NOMOSKOMMENTAR

Münder | Meysen | Trenczek [Hrsg.]

Frankfurter Kommentar zum SGB VIII

Kinder- und Jugendhilfe

6. Auflage

Thomas Lakies, Richter am Arbeitsgericht Berlin | **Dr. Thomas Meysen**, Deutsches Institut für Jugendhilfe und Familienrecht e.V., Heidelberg | **Prof. Dr. Johannes Münder**, Lehrstuhl für Sozial- und Zivilrecht, TU Berlin | **Prof. Dr. Roland Proksch**, Institut für Soziale und Kulturelle Arbeit sowie Evangelische Fachhochschule Nürnberg | **Klaus Schäfer**, Ministerium für Generation, Familien, Frauen und Integration, Düsseldorf | **Gila Schindler**, Referat Rechtsfragen der Kinder- und Jugendhilfe, Bundesministerium für Familie, Senioren, Frauen und Jugend, Berlin | **Norbert Struck**, Der PARITÄTISCHE Gesamtverband e.V., Berlin | **Britta Tammen**, Hochschule Neubrandenburg | **Prof. Dr. Thomas Trenczek**, Fachhochschule Jena

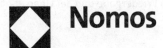 Nomos   JUVENTA

Die Deutsche Nationalbibliothek verzeichnet diese Publikation in
der Deutschen Nationalbibliografie; detaillierte bibliografische
Daten sind im Internet über http://dnb.d-nb.de abrufbar.

ISBN 978-3-8329-3936-6 (Nomos Verlag)
ISBN 978-3-7799-1887-5 (Juventa Verlag)

6., vollständig überarbeitete Auflage 2009

Vorwort zur 6. Auflage des Frankfurter Kommentars zum SGB VIII

Die Kinder- und Jugendhilfe steht in den letzten Jahren verstärkt im öffentlichen Fokus. Einerseits wird den Jugendämtern und ihren Fachkräften (insbesondere im ASD) vorgeworfen, trotz Kenntnis von Anhaltspunkten für eine Kindeswohlgefährdung untätig geblieben zu sein. Andererseits werden Fachkräfte der Jugendämter kritisiert, sie mischten sich zu stark in die „Familienautonomie" ein. Diese Debatten verkürzen nicht nur die Kinder- und Jugendhilfe unzulässig, denn das Leistungsspektrum von öffentlichen und freien Trägern der Kinder- und Jugendhilfe ist wesentlich breiter und in vielen Fällen erfolgreicher als die aktuellen Diskussionen über den Kindesschutz glauben machen wollen, trotz der mancherorts ungünstigen Rahmenbedingungen. Unterschätzt wird zuweilen, dass die soziale Arbeit in der Kinder und Jugendhilfe aufgrund der vielseitigen Aufgaben und Problemlagen sowie hohen Verantwortung und Belastung der Fachkräfte eine sehr anspruchsvolle Tätigkeit darstellt. Herausgeber und Autoren des Frankfurter Kommentars haben sich deshalb das Ziel gesetzt, eine verlässliche **Orientierung für Recht und Praxis der Kinder- und Jugendhilfe** zu geben.

Drei Jahrzehnte nach Erscheinen der ersten Ausgabe des Frankfurter Kommentars (zunächst von 1978 bis 1988 vier Auflagen zum JWG), wird hiermit die 6. Auflage des Frankfurter Kommentars zum SGB VIII vorgelegt. Trotz des langen Zeitraums von mehr als 30 Jahren ist die methodische und inhaltliche Grundorientierung des Kommentars weitgehend gleich geblieben: eine ausbildungs- und praxisrelevante Kommentierung, die die interdisziplinären Bezüge der Rechtsnormen ebenso wie den in § 1 SGB VIII normierten Handlungsauftrag der Kinder- und Jugendhilfe und die gesetzliche Orientierung an den Leistungsberechtigten und -empfängern in den Mittelpunkt stellt.

Die Praxis soll dabei unterstützt werden, die im Kinder- und Jugendhilferecht angelegten Möglichkeiten sozialpädagogischen Handelns fachlich zu nutzen. Den Juristinnen und Juristen soll ein Zugang zu den sozial- und humanwissenschaftlichen Grundlagen und Bezügen der Kinder- und Jugendhilfe ermöglicht werden. Mehr als in anderen Rechtsgebieten fließen außerjuristische Überlegungen in die Auslegung der Bestimmungen mit ein, es gibt wohl kaum ein anderes Gesetzeswerk, welches sich so stark auf sozialpädagogische Erkenntnisse und Erfahrungen stützt. Der Frankfurter Kommentar will dazu beitragen, die interdisziplinäre Fachlichkeit der Kinder- und Jugendhilfe zu stärken und die im SGB VIII liegenden Potentiale zur Verwirklichung der Rechte und Interessen von jungen Menschen und ihren Familien zu nutzen. Statt immer mehr Eingriffen und einer zunehmenden Bürokratisierung des Helfens das Wort zu reden, sollten die sozialrechtlich ausgestalteten und präventiv wirksamen Leistungen der Kinder- und Jugendhilfe ausgebaut, besser und niedrigschwelliger organisiert und zugänglich gemacht werden.

Zur Sicherung fachlicher Handlungsmöglichkeiten, erreichter Standards und der aktiven Gestaltung einer an den Lebenslagen und Bedürfnissen der Betroffenen orientierte Kinder- und Jugendhilfe kann ein Kommentar nur einen kleinen Beitrag leisten. Anspruch der Herausgeber, Autorinnen und Autoren ist gleichwohl, mit der Kommentierung die dafür notwendige juristische und fachliche Unterstützung zu geben. An der inhaltlichen und didaktischen Konzeption hat sich deshalb zu den Vorauflagen nichts geändert. Die Einleitung formuliert die Grundsätze der Kinder- und Jugendhilfe als Interessenvertretung für junge Menschen und ihre Familien. Die Vorbemerkungen zu den Kapiteln und Abschnitten geben jeweils einen Überblick über das Arbeitsfeld und die entsprechende Regelungsmaterie und sollen den Zugang zu Einzelkommentierungen erleichtern. Im Anhang findet sich eine Einführung in das sozialverwaltungsrechtliche Verfahren und zum Rechtsschutz, beides Regelungsbereiche, die für die rechtsstaatlich korrekte wie sozialpädagogisch emanzipatorische Umsetzung des materiellen Kinder- und Jugendhilferechts eine enorme Bedeutung haben.

In anderer Hinsicht hat sich in der 6. Auflage einiges geändert. Der Frankfurter Kommentar erscheint nun im Nomos Verlag Baden-Baden (in der 6. Auflage zusätzlich in Vertriebsgemeinschaft mit dem Juventa Verlag) und wird gemeinsam von Johannes Münder, Thomas Meysen und Thomas Trenczek herausgegeben. Erstmals werden auch die Bearbeiter der einzelnen Kommentierungen ausgewiesen (vgl „Zum Werk und zu den Autoren", S. 869 ff). Viel Dank hat das Ausscheiden von Jochem Baltz und Dieter Kreft, letzterer ein Mitbegründer des Frankfurter Kommentars, aus dem Kreis der Kommentatoren begleitet. Wir schätzen uns glücklich, dass beide uns nach wie vor mit Rat und Tat unterstützen.

Fest halten wir am interdisziplinären Diskurs im Entstehungsprozess und an der engen redaktionellen Zusammenarbeit der Autorinnen und Autoren, um das Konzept der sowohl rechtsdogmatisch gründlichen wie sozialwissenschaftlich/sozialpädagogisch begründeten Kommentierungen durchgehend verwirklichen zu können. Jede/r Autor/in hatte die verbindliche Unterstützung eines Gegenlesers sowie der Herausgeber. Darüber hinaus haben wir uns auch über die Hinweise und Beiträge vieler Kolleginnen und Kollegen, vor allem aus der Praxis der Kinder- und Jugendhilfe, gefreut und möchten hierfür ausdrücklich danken.

Die Kommenterung bezieht sich auf den Gesetzesstand vom 01.09.2009 und berücksichtigt die seit der letzten Auflage eingeführten Neuerungen des SGB VIII, insb. das Kindesförderungsgesetz (1.1.2009) bzw. Gesetze mit Auswirkungen auf die Kinder- und Jugendhilfe, wie z.B. das Gesetz zur Erleichterung familiengerichtlicher Maßnahmen (12.7.2008), das 2. JGG-Änderungsgesetz (1.1.2008) oder die neuen Regelungen des FamFG (1.9.2009). Die Kommentierungen wurden zu einem großen Teil völlig neubearbeitet, einerseits gestrafft, andererseits in Schwerpunkten vertieft, um den Bedürfnissen der Praxis noch besser gerecht zu werden. Rechtsprechung und Literatur wurden bis 30.07.2009 berücksichtigt. Beiträge aus Fachzeitschriften werden nicht im Literaturverzeichnis, sondern nur im Text der Kommentierung mit Hinweis auf die Fundstelle angegeben. Aktuelle statistische Daten über die Kinder- und Jugendhilfe in Deutschland findet man unter http://www.destatis.de/jetspeed/portal/search/results.psml. Gerichtsentscheidungen ab dem Jahr 2000 werden mit Datum und Aktenzeichen zitiert damit ein schnelles Auffinden im Internet möglich ist. Ob die Ansprüche, die wir an uns selbst gestellt haben, ob die Erwartungen der Fachöffentlichkeit an diesen Kommentar eingelöst werden, mögen Sie als Nutzerinnen und Nutzer bei Ihrer Arbeit mit dem Frankfurter Kommentar befinden. Um Ihre Anregungen, Hinweise, Kritik zu einer Verbesserung des Kommentars bitten wir weiterhin ausdrücklich.

Berlin/Heidelberg/Hannover, im Juli 2009

Johannes Münder/Thomas Meysen/Thomas Trenczek

Über den „Aktualitätendienst Gesetzgebung" des Nomos-Verlages und die Internetseite www.frankfurter-kommentar-sgb8.nomos.de werden wir die Nutzer des Kommentars über wichtige Änderungen des Kinder- und Jugendhilferechts sowie deren Kommentierungen auf dem Laufenden halten.

Hinweise, Anregungen, Kritik usw an

Prof. Dr.jur. Johannes Münder

TU Berlin – FR 4–7

Franklinstr. 28/29

10587 Berlin

johannes.muender@tu-berlin.de

Dr. Thomas Meysen

Deutsches Institut für Jugendhilfe und Familienrecht (DIJuF) e.V.

Postfach 10 20 20

69010 Heidelberg

thomas.meysen@dijuf.de

Prof. Dr.iur. Thomas Trenczek, M.A.

Steinbergstrasse 4

30559 Hannover

thomas@trenczek.net

Bearbeiterverzeichnis

Thomas Lakies

Vor§§ 22-26, §§ 22-26, Vor§§ 43-49, §§ 43-49

Dr. Thomas Meysen

§§ 8-10, §§ 35a-38, § 72

Prof. Dr. Johannes Münder

Einleitung, VorKap. 1 (§§ 1-10), §§ 1-7, VorKap. 2 (§§ 11-41), VorKap. 3 (§§ 42-60), VorKap. 5 (§§ 69-81), Vor§§ 73-78, §§ 73-78, Vor§§ 78a-78 g, §§ 78a-78 g

Prof. Dr. Roland Proksch

Vor§§ 16-21, §§ 16-18, Vor§§ 52a-58 a, §§ 52a-58 a, §§ 59, 60, VorKap. 4 (§§ 61-68), §§ 61-68

Klaus Schäfer

Vor§§ 11-15, §§ 11-15, Vor§§ 69-71, §§ 69-71, § 81, VorKap. 6 (§§ 82-84), §§ 82-84, VorKap. 9 (§§ 98-103), §§ 98-105

Gila Schindler

§ 72 a, VorKap. 7 (§§ 85-89 h), § 85, Vor§§ 86-88, Vor §§ 86- 86 d, §§ 86-86 d, §§ 87-88, Vor §§ 89-89 h, §§ 89-89 h, VorKap. 8 (§§ 90-97 c), §§ 90-97 c

Norbert Struck

§§ 19-21, §§ 28 - 35 (§§ 29, 30, 34, 35 gemeinsam mit Trenczek)

Britta Tammen

Vor§§ 27-41, § 27 (gemeinsam mit Trenczek), §§ 39-41, Vor§§ 79-81, §§ 79, 80

Prof. Dr. Thomas Trenczek

Vor§§ 27-41, § 27 (gemeinsam mit Tammen), §§ 29, 30, 34, 35 (gemeinsam mit Struck), § 42, Vor§§ 50-52, §§ 50-52, Anhang Verfahren und Rechtsschutz

Inhaltsverzeichnis

Vierter Abschnitt:
Hilfe zur Erziehung, Eingliederungshilfe für seelisch behinderte Kinder und Jugendliche, Hilfe für junge Volljährige

Erster Unterabschnitt
Hilfe zur Erziehung

Zweiter Unterabschnitt
Eingliederungshilfe für seelisch behinderte Kinder und Jugendliche

Dritter Unterabschnitt
Gemeinsame Vorschriften für die Hilfe zur Erziehung und die Eingliederungshilfe für seelisch behinderte Kinder und Jugendliche

Vierter Unterabschnitt
Hilfe für junge Volljährige

Drittes Kapitel
Andere Aufgaben der Jugendhilfe

Erster Abschnitt
Vorläufige Maßnahmen zum Schutz von Kindern und Jugendlichen

Zweiter Abschnitt:
Schutz von Kindern und Jugendlichen in Familienpflege und in Einrichtungen

Dritter Abschnitt:
Mitwirkung im gerichtlichen Verfahren

Vierter Abschnitt:
Beistandschaft, Pflegschaft und Vormundschaft für Kinder und Jugendliche, Auskunft über
Nichtabgabe von Sorgeerklärungen

Fünfter Abschnitt
Beurkundung und Beglaubigung, vollstreckbare Urkunden

Viertes Kapitel
Schutz von Sozialdaten

Fünftes Kapitel
Träger der Jugendhilfe, Zusammenarbeit, Gesamtverantwortung

Erster Abschnitt:
Träger der öffentlichen Jugendhilfe

Zweiter Abschnitt:
Zusammenarbeit mit der freien Jugendhilfe, ehrenamtliche Tätigkeit

Dritter Abschnitt
Vereinbarungen über Leistungsangebote, Entgelte und Qualitätsentwicklung

Vierter Abschnitt
Gesamtverantwortung, Jugendhilfeplanung

Sechstes Kapitel
Zentrale Aufgaben

Achtes Kapitel
Kostenbeteiligung

Erster Abschnitt
Pauschalierte Kostenbeteiligung

Zweiter Abschnitt
Kostenbeiträge für stationäre und teilstationäre Leistungen sowie vorläufige Maßnahmen

Dritter Abschnitt
Überleitung von Ansprüchen

Vierter Abschnitt
Ergänzende Vorschriften

Neuntes Kapitel
Kinder- und Jugendhilfestatistik

Zehntes Kapitel
Straf- und Bußgeldvorschriften

Abkürzungsverzeichnis

aA	anderer Ansicht
aaO	am aufgeführten Ort
ABGB	Österreichisches BGB
ABl.	Amtsblatt
ABlEKD	Amtsblatt Evangelische Kirche in Deutschland
Abs.	Absatz/Absätze
AcP	Archiv für die civilistische Praxis (Zeitschrift)
AdVermitG	Gesetz über das Verbot der Vermittlung von Ersatzmüttern
ÄndG	Änderungsgesetz
aE	am Ende
aF	alte Fassung
AFET	Allgemeiner Erziehungsfürsorgetag, ab 1972: Arbeitsgemeinschaft für Erziehungshilfe
AFG	Arbeitsförderungsgesetz
AG	Amtsgericht/Arbeitsgemeinschaft
AGJ	Arbeitsgemeinschaft für Jugendhilfe, Bonn
AGJWG	Ausführungsgesetz zum JWG
AGKJHG	Ausführungsgesetz zum KJHG
AGOLJB	Arbeitsgemeinschaft der Obersten Jugendbehörden der Länder
AK	Alternativkommentar
Alt.	Alternative
Anm.	Anmerkung
AO	Abgabenordnung
ArchsozArb	Archiv für Wissenschaft und Praxis der Sozialen Arbeit (Zeitschrift)
Art.	Artikel
ASD	Allgemeiner Sozialer Dienst
AsylVfG	Asylverfahrensgesetz
AufenthG	Aufenthaltsgesetz
AufenthV	Aufenthaltsverordnung
Aufl.	Auflage
AuslDÜV	Ausländerdatenübermittlungsverordnung
AuslG	Ausländergesetz
AVR	Arbeitsvertragsrichtlinien
AWO	Arbeiterwohlfahrt
BA	Bundesagentur für Arbeit
BAföG	Berufsausbildungsförderungsgesetz
BAG	Bundesarbeitsgemeinschaft, Bundesarbeitsgericht
BAGüS	Bundesarbeitsgemeinschaft der überörtlichen Träger der Sozialhilfe
BAGLJÄ	Bundesarbeitsgemeinschaft der Landesjugendämter
BAG NAM	Bundesarbeitsgemeinschaft für ambulante Maßnahmen nach dem Jugendrecht
BAT	Bundesangestelltentarif
BayObLG	Bayrisches Oberstes Landesgericht
BayVwBl.	Bayrisches Verwaltungsblatt
BB	Brandenburg
BBG	Bundesbeamtengesetz
BBiG	Berufsbildungsgesetz
BBJ	Verein zur Förderung kultureller und beruflicher Bildung von Jugendlichen und jungen Erwachsenen
Bd.	Band
BDSG	Bundesdatenschutzgesetz
BE	Berlin/Bürgerschaftliches Engagement/Berlin
Begr.	Begründung
Bem.	Bemerkung
BErzGG	Gesetz über die Gewährung von Erziehungsgeld und Erziehungsurlaub

BeurkG	Beurkundungsgesetz
BFH	Bundesfinanzhof
BGB	Bürgerliches Gesetzbuch
BGBl.	Bundesgesetzblatt
BGH	Bundesgerichtshof
BGHSt	Entscheidungen des BGH in Strafsachen
BGHZ	Entscheidungen des BGH in Zivilsachen
BHO	Bundeshaushaltsordnung
BJK	Bundesjugendkuratorium
BKA	Bundeskriminalamt
BKE	Bundeskonferenz für Erziehungsberatung
BKGG	Bundeskindergeldgesetz
BldW	Blätter der Wohlfahrtspflege
BMAS	Bundesministerium für Arbeit und Sozialordnung
BMF	Bundesministerium der Finanzen
BMFJ	Bundesministerium für Frauen und Jugend (1991–94)
BMFSFJ	Bundesministerium für Familie, Senioren, Frauen und Jugend (seit 1994)
BMJ	Bundesministerium der Justiz
BMJFFG	Bundesministerium für Jugend, Familie, Frauen und Gesundheit (1986–90)
BMJFG	Bundesministerium für Jugend, Familie und Gesundheit (1973–86)
BMWA	Bundesministerium für Wirtschaft und Arbeit/Bundesverband Mediation in Wirtschaft und Arbeitswelt
BR-Drucks.	Bundesrats-Drucksache
BRD	Bundesrepublik Deutschland
BremAGKJHG	Gesetz zur Ausführung des KJHG im Lande Bremen
BremGJBl	Gesetzes- und Justizblatt des Landes Bremen
BRRG	Beamtenrechtsrahmengesetz
BSeuchenG	Bundesseuchengesetz
BSG	Bundessozialgericht
BSGE	Entscheidungen des Bundessozialgerichts
BSHG	Bundessozialhilfegesetz
BStatG	Bundesstatistikgesetz
BT	Bundestag
BT-Drucks.	Bundestags-Drucksache
BtBG	Betreuungsbehördengesetz
BtG	Betreuungsgesetz
BVerfG	Bundesverfassungsgericht
BVerfGE	Entscheidungen des BVerfG
BVerwG	Bundesverwaltungsgericht
BVerwGE	Entscheidungen des Bundesverwaltungsgerichts
BVG	Bundesversorgungsgesetz
BW	Baden-Württemberg
BY	Bayern
BzgA	Bundeszentrale für gesundheitliche Aufklärung
BZRG	Gesetz über das Zentralregister und das Erziehungsregister/Bundeszentralregistergesetz
CDU	Christlich Demokratische Union Deutschlands
CM/Rec	EU Committee of Ministers, Recommendation
CSU	Christlich Soziale Union Deutschlands
DVJJ-Nds.	Praktikerrundbrief der DVJJ-Landesgruppe Niedersachsen
DVJJ-J/ZJJ	DVJJ-J hat seinen Untertitel im Jahr 2002 zum Haupttitel gemacht: Zeitschrift für Jugendkriminalrecht und Jugendhilfe
DAVorm	Der Amtsvormund (Zeitschrift)
DBJR	Deutscher Bundesjugendring
DBl.	Dienstblatt

DCV	Deutscher Caritasverband
DDR	Deutsche Demokratische Republik
DIFU	Deutsches Institut für Urbanistik
Diss.	Dissertation
DIV	Deutsches Institut für Vormundschaftswesen
DIJuF	Deutsches Institut für Jugendhilfe und Familienrecht
dj	Deutsche Jugend (Zeitschrift)
DJI	Deutsches Jugendinstitut
DÖV	Die öffentliche Verwaltung (Zeitschrift)
DPWV	Deutscher Paritätischer Wohlfahrtsverband
DRK	Deutsches Rotes Kreuz
Drucks.	Drucksache
DST	Deutscher Städtetag
DV	Deutscher Verein für öffentliche und private Fürsorge
DVBl.	Deutsches Verwaltungsblatt (Zeitschrift)
DVJJ	Deutsche Vereinigung für Jugendgerichte und Jugendgerichtshilfen e.V.
DVO	Durchführungsverordnung
DW	Diakonisches Werk
eA	einstweilige Anordnung
EB	Erziehungsberechtige(r)
ebd	ebenda
EFA	Europäisches Fürsorgeabkommen
EG	Einführungsgesetz
EGMR	Europäischer Gerichtshof für Menschenrechte (Straßburg)
EGV	Vertrag zur Gründung der Europäischen Gemeinschaft
EheG	Ehegesetz
Einl.	Einleitung
EinVertr	Einigungsvertrag
EMRK	Europäische Menschenrechtskonvention
Erl.	Erlass
EU	Europäische Union
EuG	Sammlung der Entscheidungen und Gutachten der Spruchstellen für Fürsorgestreitigkeiten
EuGH	Gerichtshof der Europäischen Gemeinschaften
EuGHE I	Entscheidungssammlung des Gerichtshofe der Europäischen Gemeinschaften Teil I
e.V.	eingetragener Verein
EVGVG	Einführungsgesetz zum Gerichtsverfassungsgesetz
EWG	Europäische Wirtschaftsgemeinschaft
EzFamR	Entscheidungssammlung zum Familienrecht
f, ff	folgende (Singular/Plural)
FamFg	Gesetz über das Verfahren in Familiensachen und in den Angelegenheiten der freiwilligen Gerichtsbarkeit (Familienverfahrensgesetz)
FamG	Familiengericht
FamLeistG	Familienleistungsgesetz
FamRZ	Zeitschrift für das gesamte Familienrecht (Zeitschrift)
FDJ	Freie Deutsche Jugend
FE	Fürsorgeerziehung
FEH	Freiwillige Erziehungshilfe
FEVS	Fürsorgerechtliche Entscheidungen der Verwaltungs- und Sozialgerichte
FGB-DDR	Familiengesetzbuch DDR
FGG	Gesetz über die Angelegenheiten der Freiwilligen Gerichtsbarkeit
FH	Fachhochschule
FKPG	Gesetz zur Umsetzung des Föderalen Konsolidierungsprogramms
Fn	Fußnote
FPR	Familie Partnerschaft Recht (Zeitschrift)

FreizügG/EU	Gesetz über die allgemeine Freizügigkeit von Unionsbürgern
FRV	Fürsorgerechtsvereinbarung
FuR	Familie und Recht (Zeitschrift)
gA	gewöhnlicher Aufenthalt
GBl.	Gesetzblatt
GesE	Gesetzentwurf
GewSchG	Gewaltschutzgesetz
GG	Grundgesetz
ggf	gegebenenfalls
GjS	Gesetz über die Verbreitung jugendgefährdender Schriften
GK-SGB VIII	Gemeinschaftskommentar zum SGB VIII (hrsg. von Fieseler/Schleicher)
GMBl.	Gemeinsames Ministerialblatt
GTK	Gesetz über Tageseinrichtungen für Kinder (in NW)
GV NRW	Gesetzes- und Verordnungsblatt des Landes Nordrhein-Westfalen
GVBl.	Gesetz- und Verordnungsblatt
GVBl. LSA	Gesetzes- und Verordnungsblatt des Landes Sachsen-Anhalt
GVBl. Sch.-H.	Gesetzes- und Verordnungsblatt des Landes Schleswig-Holstein
GVG	Gerichtsverfassungsgesetz
GWB	Gesetz gegen Wettbewerbsbeschränkungen
H.	Heft
HausratsVO	Hausratsverordnung
HB	Bremen
HE	Hessen
HessVGRspR	Rechtsprechung der Hessischen Verwaltungsgerichte (Zeitschrift)
HH	Hamburg
hM	herrschende Meinung
Hrsg.	Herausgeber
HzE	Hilfe zur Erziehung
idF	in der Fassung
idR	in der Regel
idS	in diesem Sinne
iE	im Einzelnen
ieS	im engeren Sinne
IGfH	Internationale Gesellschaft für erzieherische Hilfen
IJAB	Internationaler Jugendaustausch- und Besucherdienst
IKK	Innungskrankenkasse(n)
InfAuslR	Informationen zum Ausländerrecht (Zeitschrift)
info also	Informationen zum Arbeitslosenrecht und Sozialhilferecht (Zeitschrift)
insb.	insbesondere
iRd	im Rahmen der
iRv	im Rahmen von
iS	im Sinne
ISA	Institut für soziale Arbeit e.V.
ISKA	Institut für soziale und kulturelle Arbeit e.V.
ISS	Institut für Sozialarbeit und Sozialpädagogik e.V.
iSv	im Sinne von
iÜ	im Übrigen
iVm	in Verbindung mit
iwS	im weitesten Sinne
IZA	Informationsdienst zur Ausländerarbeit (Zeitschrift)
JA	Jugendamt
JÄ	Jugendämter
JAG	Jugendamtsgesetz
JAmt	Das Jugendamt (Zeitschrift)

JArbSchG	Jugendarbeitsschutzgesetz
JFG	Jahrbuch für Entscheidungen in Angelegenheiten der freiwilligen Gerichtsbarkeit und des Grundbuchrechts
JFMK	Jugend- und Familienministerkonferenz
JGG	Jugendgerichtsgesetz
JGH	Jugendgerichtshilfe
JH	Jugendhilfe (Zeitschrift)
JHA	Jugendhilfeausschuss
JHG	Jugendhilfegesetz
JiN	Jugendhilfe in Niedersachsen (Zeitschrift des Nds. Landesjugendamtes bis 2004)
JMK	Jugendministerkonferenz
JSchÖG	Gesetz zum Schutz der Jugend in der Öffentlichkeit
JugG	Jugendgericht
JugR	Rechtsprechungssammlung zur Kinder- und Jugendhilfe
JuS	Juristische Schulung (Zeitschrift)
JuSchG	Jugendschutzgesetz
JW	Juristische Wochenschrift (Zeitschrift)
JWA	Jugendwohlfahrtsausschuss
JWG	Gesetz für Jugendwohlfahrt
JZ	Juristenzeitung (Zeitschrift)
KFG	Kontingentflüchtlingsgesetz
KG	Kammergericht
KGFG	Kindergartenförderungsgesetz
KGSt	Kommunale Gemeinschaftsstelle für Verwaltungsvereinfachung
KICK	Kinder- und Jugendhilfeweiterentwicklungsgesetz
KiFöG	Kinderförderungsgesetz
KiG	Kindergartengesetz
KindRG	Kindschaftsrechtsreformgesetz
KJ	Kritische Justiz (Zeitschrift)
KJA	Kreisjugendamt
KJHG	Kinder- und Jugendhilfegesetz
Kl. Schr. DV	Kleinere Schriften des Deutschen Vereins für öffentliche und private Fürsorge
KMK	Kultusministerkonferenz
KOM	Kommission der Europäischen Gemeinschaften
KOMDAT	Kommentierte Daten der Kinder- und Jugendhilfe, Informationsdienst Dortmunder Arbeitsstelle Kinder- und Jugendhilfestatistik, Universität Dortmund
KStG	Körperschaftssteuerungsgesetz
KWG	Kindeswohlgefährdung
LAG	Lastenausgleichsgesetz
LG	Landgericht
LHO	Landeshaushaltsordnung
LJA	Landesjugendamt
LJÄ	Landesjugendämter
LJHA	Landesjugendhilfeausschuss
LJR	Landesjugendring
LJWG	Landesjugendwohlfahrtsgesetz
LPartG	Gesetz über die Eingetragene Lebenspartnerschaft – Lebenspartnerschaftsgesetz
LPK	Lehr- und Praxiskommentar
LPK-BSHG	Lehr- und Praxiskommentar zum Bundessozialhilfegesetz (im Litverz. unter Armborst)
LPK-SGB II	Lehr- und Praxiskommentar zum SGB II (im Litverz. unter Münder)
LPK-SGB VIII	Kinder- und Jugendhilfe Lehr- und Praxiskommentar (hrsg. von Kunkel)

LRV	Landesrahmenvertrag
LSG	Landessozialgericht
LT-Drucks.	Landtags-Drucksache
LVK	Landes- und Kommunalverwaltung (Zeitschrift)
LWV	Landeswohlfahrtsverband
MAGS	Ministerium für Arbeit, Gesundheit und Soziales des Landes NW
MBl.	Ministerialblatt
MdB	Mitglied des Deutschen Bundestages
MDR	Monatsschrift für Deutsches Recht (Zeitschrift)
mj./Mj.	minderjährig/Minderjährige
MSA	Minderjährigenschutzabkommen
MschKrim	Monatszeitschrift für Kriminologie und Strafrechtsreform
MSJK NRW	Ministerium für Gesundheit, Soziales, Frauen und Familie des Landes Nordrhein-Westfalen
MV	Mecklenburg-Vorpommern
mwN	mit weiteren Nachweisen
nBL	neue Bundesländer
nc	neue caritas (Zeitschrift)
NdsRpfl.	Niedersächsischer Rechtspfleger (Zeitschrift)
NDV	Nachrichtendienst des DV (Zeitschrift)
NDV-RD	NDV-Rechtsprechungsdienst (Zeitschrift)
NEhelG	Nichtehelichengesetz
nF	neue Fassung
NJ	Neue Justiz (Zeitschrift)
NI	Niedersachsen
NJW	Neue Juristische Wochenschrift (Zeitschrift)
NJW-RR	NJW-Rechtsprechungs-Report Zivilrecht (Zeitschrift)
NGO	Nongovernmental Organization
np	Neue Praxis (Zeitschrift)
NR	Neuer Rundbrief (Zeitschrift)
NW	Nordrhein-Westfalen
NStZ	Neue Zeitschrift für Strafrecht (Zeitschrift)
NVwZ	Neue Zeitschrift für Verwaltungsrecht (Zeitschrift)
NVwZ-RR	NVwZ-Rechtsprechungs-Report (Zeitschrift)
NWVBl.	Nordrhein-Westfälische Verwaltungsblätter (Zeitschrift)
o.ä.	oder ähnliches
o.J.	ohne Jahr
OLG	Oberlandesgericht
OVG	Oberverwaltungsgericht
OWiG	Gesetz über Ordnungswidrigkeiten
PDV	Polizeiliche Dienstvorschrift
PersR	Der Personalrat (Zeitschrift)
PKH	Prozesskostenhilfe
PKS	Polizeiliche Kriminalstatistik
PSB	Personensorgeberechtigte(r)
PStG	Personenstandsgesetz
PWV	Paritätischer Wohlfahrtsverband – Gesamtverband e.V.
RD	Rechtsprechungsdienst
RDG	Rechtsdienstleistungsgesetz
RdErl.	Runderlass
RdJ	Recht der Jugend
RdJB	Recht der Jugend und des Bildungswesens
RegBegr	Begründung der Bundesregierung
RegE	Regierungsentwurf

RegE-Begr.	Regierungsentwurf-Begründung
RGBl.	Reichsgesetzblatt
RJWG	Reichsjugendwohlfahrtsgesetz
RKEG	Gesetz über die religiöse Kindererziehung
RP	Rheinland-Pfalz
Rpflege	Der Deutsche Rechtspfleger (Zeitschrift)
RpflG	Rechtspflegegesetz
RR	Rechtsprechungs-Report
RsDE	Beiträge zum Recht der sozialen Dienste und Einrichtungen
RStGB	Reichsstrafgesetzbuch
RVO	Reichsversicherungsordnung
Rn	Randnummer
S.C.Qld.	Surpreme Court Queensland
SL	Saarland
s.a.	siehe auch
SächsAGSGB VIII	Ausführungsgesetz zum Sozialgesetzbuch Achtes Buch (SGB VIII) für den Freistaat Sachsen
SächsGVBl	Gesetzes- und Verordnungsblatt des Freistaates Sachsen
SDSRV	Schriftenreihe des Deutschen Sozialrechtsverbandes
SGB	Sozialgesetzbuch (nachgestellte Ziffer = Buch des SGB)
SGB I	Sozialegesetzbuch I: Allgemeiner Teil
SGB II	Sozialgesetzbuch II: Grundsicherung für Arbeitssuchende
SGB III	Sozialgesetzbuch III: Arbeitsförderung
SGB IV	Sozialgesetzbuch IV: Gemeinsame Vorschriften für die Sozialversicherung
SGB V	Sozialgesetzbuch V: Gesetzliche Krankenversicherung
SGB VI	Sozialgesetzbuch VI: Gesetzliche Rentenversicherung
SGB VII	Sozialgesetzbuch VII: Gesetzliche Unfallversicherung
SGB VIII	Sozialgesetzbuch VIII: Kinder- und Jugendhilfe
SGB IX	Sozialgesetzbuch IX: Rehabilitation und Teilhabe behinderter Menschen
SGB X	Sozialgesetzbuch X: Sozialverwaltungsverfahren
SGB XI	Sozialgesetzbuch XI: Pflegeversicherung
SGB XII	Sozialgesetzbuch XII: Sozialhilfe
SH	Schleswig-Holstein
SjE	Sammlung jugendrechtlicher Entscheidungen
SN	Sachsen
SozR	Sozialrecht, Rspr und Schrifttum, bearbeitet von den Richtern des BSG
SPD	Sozialdemokratische Partei Deutschlands
SPI	Stiftung Sozialpädagogisches Institut
SPI SOS-Kinderdorf	Sozialpädagogisches Institut des SOS-Kinderdorf e.V.
ST	Sachsen-Anhalt
StAG	Staatsangehörigkeitsgesetz
StE	Steuer-Eildienst
StGB	Strafgesetzbuch
StPO	Strafprozessordnung
str.	streitig
TAG	Tagesbetreuungsgesetz
TH	Thüringen
ThürKJAG	Thüringer Kinder- und Jugendhilfausführungsgesetz
TuP	Theorie und Praxis der Sozialen Arbeit (Zeitschrift)
TV	Tarifvertrag
TVöD	Tarifvertrag für den öffentlichen Dienst vom 13.9.2005
uÄ	und Ähnliches
UJ	Unsere Jugend (Zeitschrift)
UN	Vereinte Nationen

UN-KRK	UN-Übereinkommen über die Rechte der Kinder (UN-Kinderrechtskonvention)
UVG	Unterhaltsvorschussgesetz
v.a.	vor allem
VA	Verwaltungsakt
VersR	Zeitschrift für Versicherungsrecht (Zeitschrift)
VfK	Verein für Kommunalwissenschaften
VG	Verwaltungsgericht
VGH	Verwaltungsgerichtshof
VO	Verordnung
Vor	Vorbemerkung
Vor§	Vorbemerkung zu einem Paragraphen
VorKap.	Vorbemerkung zu einem Kapitel
VormG	Vormundschaftsgericht
VPK	Bundesverband privater Träger der freien Kinder-, Jugend- und Sozialhilfe
vs.	versus (gegen)
VSSR	Vierteljahresschrift für Sozialrecht (Zeitschrift)
VVdStRL	Veröffentlichungen der Vereinigung der Deutschen Staatsrechtslehrer
VwGO	Verwaltungsgerichtsordnung
VwVfG	Verwaltungsverfahrensgesetz
WHO	Weltgesundheitsorganisation
ZblJugR	Zentralblatt für Jugendrecht und Jugendwohlfahrt (ab 1950) (Zeitschrift)
ZESAR	Zeitschrift für Europäisches Sozial- und Arbeitsrecht (Zeitschrift)
ZfEPPP	Zeitschrift für Entwicklungspsychologie und Pädagogische Psychologie
ZfF	Zeitschrift für das Fürsorgewesen (Zeitschrift)
ZfFrauenforschung	Zeitschrift für Frauenforschung (Zeitschrift)
ZfJ	Zentralblatt für Jugendrecht (Zeitschrift)
ZfSH/SGB	Zeitschrift für Sozialhilfe und Sozialgesetzbuch (Zeitschrift)
ZJJ	Zentralblatt für Jugendrecht und Jugendwohlfahrt (bis 1945) (Zeitschrift)
ZMK	Zeitschrift für Konfliktmanagement (Zeitschrift)
ZögU	Zeitschrift für öffentliche und gemeinwirtschaftliche Unternehmen (Zeitschrift)
ZPO	Zivilprozessordnung
ZRP	Zeitschrift für Rechtspolitik (Zeitschrift)
Zspr	Zentrale Spruchstelle für Fürsorgestreitigkeiten
ZWStdJ	Zentrale Wohlfahrtsstelle der Juden in Deutschland

Literaturverzeichnis

Hinweis: Aufsätze in Fachzeitschriften werden im Literaturverzeichnis nicht aufgeführt, sondern nur im Text mit Angabe der Fundstelle.

Ader, S./Schrapper, C./Thiesmeier, M. (Hrsg.) 2001: Sozialpädagogisches Fallverstehen und sozialpädagogische Diagnostik in Forschung und Praxis, Münster

Albrecht, G. 1990: Möglichkeiten und Grenzen der Prognose „krimineller Karrieren", in: DVJJ 1990 (Hrsg.), 99 ff

Albrecht, H.-J. 2004: Sozialarbeit und Strafrecht: Strafbarkeitsrisiken in der Arbeit mit Problemfamilien, in: DIJuF 2004, 183 ff

Albrecht, P. 2000: Jugendstrafrecht, 3. Aufl., München

Alexander, N. 2006: Global Trends in Mediation, 2. Aufl., Köln

Alexander, N./Gottwald, W./Trenczek, T. 2006 a: Mediation in Germany, in: Alexander, 223 ff

Allert, T. u.a. 1994: Familie, Milieu und sozialpädagogische Intervention, Münster

Alt, C. (Hrsg.) 2007: Kinderpanel – Ergebnisse aus der zweiten Welle, 3. Band, Wiesbaden

Altrogge, A. 2007: Umgang unter Zwang: Das Recht des Kindes auf Umgang mit dem umgangsunwilligen Elternteil. Schriften zum europäischen und vergleichenden Zivil-, Handels- und Prozessrecht Band 239, Bielefeld

Appel, S./Ludwig, H. (Hrsg.) 2003: Jahrbuch Ganztagsschule 2004, Schwalbach/Ts.

Arbeiterwohlfahrt Bundesverband 1970: Vorschläge für ein erweitertes Jugendhilferecht, 3. Aufl., Bonn

Arbeitsgemeinschaft für Jugendhilfe (AGJ) (Hrsg.) 2008: Kooperation von Jugendhilfe und Ganztagsschule – eine empirische Bestandsaufnahme im Prozess des Ausbaus der Ganztagsschulen in Deutschland, Berlin

Arbeitsgemeinschaft für Jugendhilfe (AGJ) (Hrsg.) 2008 a: Reader Jugendhilfe

Arbeitsgemeinschaft für Jugendhilfe (AGJ) 2006: Handlungsempfehlungen zur Kooperation von Jugendhilfe und Schule. Beschluss des Vorstandes, Berlin

Arbeitsgemeinschaft für Jugendhilfe (AGJ) (Hrsg.) 2006 a: Zukunftsprojekt: Gemeinsame Gestaltung von Lern- und Lebenswelten; Zusammenspiel von Kinder- und Jugendhilfe & Schule im Sozialraum, Berlin

Arbeitsgemeinschaft für Jugendhilfe (AGJ) 2005: Stellungnahme zum SGB II und die Auswirkungen auf die Kinder- und Jugendhilfe, Handlungsempfehlungen der Arbeitsgemeinschaft für Jugendhilfe, Berlin

Arbeitsgemeinschaft für Jugendhilfe (AGJ) 2002: Der 11. Kinder- und Jugendbericht. Gesellschaft im Umbruch – Jugendhilfe bezieht Position, Hannover

Arbeitsgemeinschaft für Jugendhilfe (AGJ) (Hrsg.) 1995: Das Jugendamt als Dienstleistungsunternehmen. Steuerungsmechanismen in der Jugendhilfe, Bonn

Arbeitsgemeinschaft für Jugendhilfe (AGJ) (Hrsg.) 1994: Jugendhilfe 2000: Visionen oder Illusionen?, Bonn

Arnold, T./Wüstendörfer, W. 1994: Auf der Seite der Kinder. Kinderbeauftragte in Deutschland, Frankfurt/M.

Auernhammer, H. 1993: Bundesdatenschutzgesetz, Kommentar, 3. Aufl., Köln u.a.

Autorengruppe Bildungsberichterstattung (Hrsg.) 2008: Bildung in Deutschland 2008. Ein indikatorengestützter Bericht mit einer Analyse zu Übergängen im Anschluss an den Sekundarbereich I, Bielefeld

Baacke, D./Lauffer, J. 2000: Jugend im Informationszeitalter. Expertise zum 7. Kinder- und Jugendbericht der Landesregierung Nordrhein-Westfalen, Düsseldorf abc

Bach, A. 2004: Aufgaben und Rechtsgrundlagen der Tätigkeit der Jugendämter im familiengerichtlichen Verfahren, in: DIJuF (Hrsg.) 2004, 39

BAK Adoptions- und Pflegekindervermittlung 2007: Adoption aus verschiedenen Perspektiven, Idstein

Balloff, R. 2004: Kinder vor dem Familiengericht, München

Balloff, R. 2004 a: Delinquente Kinder, in: Kreft u.a., 303 ff

Balloff, R./Koritz, N. 2005: Handreichung für Verfahrenspfleger, Stuttgart

Bamberger, H. G./ Roth, H. 2008: Kommentar zum Bürgerlichen Gesetzbuch. Band 3 §§ 1297-2385. EGBGB, München

Bamberger, H./Roth, H. 2007: Kommentar zum Bürgerlichen Gesetzbuch, 2. Aufl., München (zit. mit Bearbeiter)

Bänfer, M./Tammen B. 2006: Aufsichtspflicht. Schutz von Kindern und Jugendlichen in der Erziehungshilfe (AFET – Veröffentlichung Nr. 65), Hannover

Bastine, R. u.a. 2006: Familienmediation in der Institutionellen Beratung, Aachen

Bathke, S. A./Drewes, S./Gödde, T./Knapp, H./Nörtershäuser, K./Oehlmann-Austermann, A./Waberg, G. 2008: Arbeitshilfe zur Umsetzung des Kinderschutzes in der Schule. Institut für Soziale Arbeit (ISA) e.V. (Hrsg.) Der GanzTag in NRW. Beiträge zur Qualitätsentwicklung 9/2008, Münster

Bauer, R./Dießenbacher, H. 1986: Organisierte Nächstenliebe : Wohlfahrtsverbände und Selbsthilfe in der Krise des Sozialstaats, 2. Aufl., Opladen

Bauerreiß, R./Bayer, H./Bien, W. 1997: Familienatlas II. Lebenslagen und Regionen in Deutschland, Opladen

Baumhöfener, J. 2007: Jugendstrafverteidiger - Eine Untersuchung im Hinblick auf § 74 JGG, Bonn

Baur, J./Blumenberg, F./Engel, E. 2004: Implementation und Evaluation sozialer Gruppenarbeit/sozialer Trainingskurse, in: AFET-Veröffentlichungen Nr. 62, Hannover

Baur, W. u.a. (Hrsg.) 1998: Leistungen und Grenzen von Heimerziehung, Schriftenreihe des BMFSFJ, Band 170

Bayrisches Landesjugendamt 2008: Praxis der Adoptionsvermittlung, http://www.blja.bayern.de/themen/adoption/vermittlung/praxis/index.html

Bayerisches Landesjugendamt 2007: Empfehlungen zur Handhabung des § 72 a SGB VIII, („Persönlichen Eignung von Fachkräften"): http://www.blja.bayern.de/imperia/md/content/blvf/bayerlandesjugendamt/empfehlungen/ljha_empfehlungen__72 a.pdf

Bayrisches Landesjugendamt (Hrsg.) 2007 a: Fachliche Empfehlungen zur Inobhutnahme von Kindern und Jugendlichen gemäß § 42 SGB VIII, München

Bayrisches Landesjugendamt 2004: Trennung und Scheidung. Arbeitshilfe für die Praxis der Jugendhilfe zu den Beratungs- und Mitwirkungsaufgaben gemäß §§ 17, 18 Abs. 3, 50 SGB VIII, 2. Aufl., München

Bayrisches Landesjugendamt (Hrsg.) 2001: Sozialpädagogische Diagnose. Arbeitshilfe zur Feststellung des erzieherischen Bedarfs, München

Bayerisches Landesjugendamt 1993: Empfehlungen für die Jugendgerichtshilfe. Aufgaben der Jugendhilfe in Verfahren nach dem Jugendgerichtsgesetz, München

Bayerisches Staatsministerium für Arbeit und Sozialordnung, Familie und Frauen/Institut für Pädagogik (BayStMAS/IFP)(Hrsg.) 2003: Der Bayerische Bildungs- und Erziehungsplan für Kinder in Tageseinrichtungen bis zur Einschulung, Weinheim

Becker, I./Hauser, R. 2005: Dunkelziffer der Armut. Ausmaß und Ursachen der Nichtinanspruchnahme zustehender Sozialhilfeleistungen, Berlin

Becker, I./Hauser, R. 2004: Verteilung der Einkommen 1999 – 2003. Gutachten für den Zweiten Armuts- und Reichtumsbericht der Bundesregierung herausgegeben vom Bundesministerium für Gesundheit und Soziale Sicherung, Bonn

Becker, P./Braun, K./Schirp, J. (Hrsg.) 2007: Abenteuer, Erlebnisse und die Pädagogik: kulturkritische und modernisierungstheoretische Blicke auf die Erlebnispädagogik, Opladen

Becker-Textor, I./Textor, M.2002: SGB VIII – Online-Handbuch: www.sgbviii.de

Beckmann, C./Otto, H.-U./Richter, M./Schrödter, M. 2004: Negotiating Qualities – Ist Qualität eine Verhandlungssache? in: Beckmann u.a. (Hrsg.) 2004

Beckmann, C./Otto, H./Richter, M./Schuldte, M. (Hrsg.) 2004: Qualität in der sozialen Arbeit zwischen Nutzerinteresse und Kostenkontrolle, Wiesbaden

Beelmann, A. 2001: Prognose und Prävention von sozialen Fehlentwicklungen im Kindes- und Jugendalter; in: Bay. Landesjugendamt (Hrsg.). Sozialpädagogische Diagnose, 77 f

Beher, K./Haenisch, H. u.a 2007: Die offene Ganztagsschule in der Entwicklung : empirische Befunde zum Primarbereich in Nordrhein-Westfalen/ [Wissenschaftlicher Kooperationsverbund], Weinheim/ München

Beher, K./Haenisch,H./Hermens, C. u.a. 2005: Offene Ganztagsschule im Primarbereich Begleitstudie zu Einführung, Zielsetzungen und Umsetzungsprozessen in Nordrhein-Westfalen. Weinheim

Beher, K./Liebig, R./Rauschenbach, T. 2000: Strukturwandel des Ehrenamts. Gemeinwohlorientierung im Modernisierungsprozess, Weinheim/München

Behlert, W. 2008: Zuwanderung und Recht, in: Trenczek/Tammen/Behlert 2008, 483 ff

Behnies, K. u.a. 1995: Erziehungsbeistand, Betreuungshelfer – § 30 KJHG, in: Textor, 151 ff

Belardi, N. 2007: Beratung. Eine sozialpädagogische Einführung, 5. Aufl., Weinheim/Basel

Benda, E. u.a. (Hrsg.) 1994: Handbuch des Verfassungsrechts, 2. Aufl., Berlin u.a.

Bender, D./Lösel, F. 2002: Misshandlung von Kindern: Risikofaktoren und Schutzfaktoren; in: Bergmann,/Jopt,/Rexilius

Beneke, D. 2006: Schutzauftrag bei Kindeswohlgefährdung. Fachliche Herausforderungen für freie Träger und deren Fachkräfte, in: Jordan, E. (Hrsg.) 2006, 169 ff

Bergmann, E./Jopt, U./Rexilius, G. 2002: Lösungsorientierte Arbeit im Familienrecht. Interventionen bei Trennung und Scheidung, Köln

Beyer, G. 1992: Jugendgerichtshilfe für Ausländer, Frankfurt/M.

Bindel-Kögel, G./Heßler, M./Münder, J. 2004: Kinderdelinquenz zwischen Polizei und Jugendamt, Münster

Bindel-Kögel, G./Heßler, M. 1999: Vermeidung von Untersuchungshaft bei Jugendlichen im Spannungsfeld zwischen Jugendhilfe und Justiz - Das Berliner Modell, Pfaffenweiler

Birtsch, V./Münstermann, K./Trede, W. (Hrsg.) 2001: Handbuch Erziehungshilfen, Münster

Blandow, J. 2004: Pflegekinder und ihre Familien, Weinheim/München, 210 ff

Blandow, J./Gintzel, U./Hansbauer, P. 1999: Partizipation als Qualitätsmerkmal in der Heimerziehung. Eine Diskussionsgrundlage, Münster

Blank, U./Deegener, G. 2004: Kooperation und Vernetzung von Institutionen zur Abschätzung der Risiko- und Schutzfaktoren bei Kindeswohlgefährdung, in: DIJuF 2004, 113 ff

Blanke, B. u.a. (Hrsg.) 2005: Handbuch zur Verwaltungsreform, 3. Aufl. Wiesbaden

Blum, S./Cottier, M./Migliazza, D. 2008: Anwalt des Kindes. Ein europäischer Vergleich zum Recht des Kindes auf eigene Vertretung in behördlichen und gerichtlichen Verfahren, Bern

Böckenförde, E. 1980: Elternrecht, Recht des Kindes, Recht des Staates, in: Krautscheidt/Marré, 54 ff

Boeßenecker, K.-H. 2005: Spitzenverbände der Freien Wohlfahrtspflege. Eine Einführung in Organisationsstrukturen und Handlungsfelder der deutschen Wohlfahrtsverbände, Neuausgabe, Weinheim/München

Boetticher, A. v. 2003: Die frei-gemeinnützige Wohlfahrtspflege und das europäische Beihilfenrecht, Baden-Baden.

Böhm, B./Scheurer-Englisch, H. 2000: Neue Ergebnisse der Scheidungsforschung; in Buchholz-Graf/Vergho (Hrsg.), 121 f

Bohn, I. 2002: Gender Mainstreaming und Jugendhilfeplanung, Münster

Bohn, I. 1996: Von der mädchengerechten zur integrierten mädchenbewußten Jugendhilfeplanung, Stuttgart

Böhnisch, L. 2002: Lebensbewältigung. Ein sozialpolitisch inspiriertes Paradigma für die Soziale Arbeit, in: Thole (Hrsg.) 2002, 199-213

Böhnisch, L./Gängler, H. 1991: Jugendarbeit in der Weimarer Zeit in: Böhnisch/Gängler/Rauschenbach, 49-57

Böhnisch, L./Gängler, H./Rauschenbach, T. 1991: Handbuch Jugendverbände, Weinheim/Basel

Boomgarden, T. (Hrsg.) 2001: Flexible Erziehungshilfen im Sozialraum – Theoretische Grundlagen und praktische Erfahrungen, Münster

Böttcher, W./Bastian, P./Lenzmann,V. 2008: Soziale Frühwarnsysteme – Evaluation des Modellprojekts in Nordrhein-Westfalen, Münster

Brakhage, M./Drewniak, R. 1999: „Sonst wäre ich im Knast gelandet..." Die ambulanten Maßnahmen aus der Perspektive der betroffenen Jugendlichen, Baden-Baden

Brendel, S. u.a. 2006: Berater, Unterstützer und Beistände. Profil eines modernen Dienstleisters im Jugendamt, DIJuF, Heidelberg

Breymann, K. 1991: Was erhofft und erwartet die Justiz (nicht) von der Sozialarbeit?, in: BMJ 1991 (Hrsg.), 43 ff

Bringewat, P. 2001: Tod eines Kindes – Soziale Arbeit und strafrechtliche Risiken, 2. Aufl., Baden-Baden

Bringewat, P. 2000: Sozialpädagogische Familienhilfe und strafrechtliche Risiken, Stuttgart

Brühl, A./Deichsel, W./Nothacker, G.2005: Strafrecht und Soziale Praxis, Stuttgart

Brünner, F. 2001: Vergütungsvereinbarungen in SGB XI und BSHG – Normsetzungscharakter und Bestimmtheitsgebot, in: Köbl/Brünner, 9 ff

Brunner, R./Dölling, D. 2002: JGG Kommentar, 11. Aufl., Heidelberg

Buchholz-Graf, W./Vergho, C. (Hrsg.) 2000: Beratung für Scheidungsfamilien. Das neue Kindschaftsrecht und professionelles Handeln der Verfahrensbeteiligten, Weinheim/München

Buchholz-Graf, W. 2000 a: Das neue Kindschaftsrecht bei Trennung und Scheidung; in: Buchholz-Graf/Vergho (Hrsg.), 11 f

Bundesarbeitsgemeinschaft der freien Wohlfahrtspflege (Hrsg.) 1982: Die freie Wohlfahrtspflege, Bonn

Bundesarbeitsgemeinschaft der Landesjugendämter (BAGLJÄ) 2008: Handlungsrahmen für den Umgang mit Sexueller Gewalt in Einrichtungen vom 23./25. April 2008: http://www.bagljae.de/Stellungnahmen/Sexuelle%20Gewalt.pdf

Bundesarbeitsgemeinschaft der Landesjugendämter (BAGLJÄ) 2006: Hinweise zur Eignungsüberprüfung von Fachkräften der Kinder- und Jugendhilfe nach § 72 a SGB VIII: http://www.blja.bayern.de/Textoffice/FachlicheEmpfehlungen/Empfehlungen.Startseite.htm

Bundesarbeitsgemeinschaft der Landesjugendämter (BAGLJÄ) 2006 a: Empfehlungen zur Adoptionsvermittlung; 5. Aufl., Kiel

Bundesarbeitsgemeinschaft der Landesjugendämter (BAGLJÄ) 2004: Das Fachkräftegebot des Kinder- und Jugendhilfegesetzes, München

Bundesarbeitsgemeinschaft der Landesjugendämter (BAGLJÄ) 1996: Das Fachkräfteangebot des Kinder- und Jugendhilfegesetzes, Kassel

Bundesarbeitsgemeinschaft der Landesjugendämter (BAGLJÄ)/Internationale Gesellschaft für erzieherische Hilfen (IGfH) (Hrsg.) 2003: Rechte haben – Recht kriegen. Ein Ratgeber nicht nur für Jungen und Mädchen in der Jugendhilfe, Weinheim

Bundesarbeitsgemeinschaft für ambulante Maßnahmen nach dem Jugendrecht 1992: Leitfaden für die Anordnung und Durchführung der neuen ambulanten Maßnahmen („Mindeststandards"), in: BAG-NAM (Hrsg.) 1992, 402

Bundesarbeitsgemeinschaft Neue Ambulante Maßnahmen (BAG-NAM) (Hrsg.) 2000: Neue Ambulante Maßnahmen. Grundlagen – Hintergründe – Praxis, Bonn

Bundesarbeitsgemeinschaft Neue Ambulante Maßnahmen (BAG-NAM) (Hrsg.) 1992: Ambulante Maßnahmen und sozialpädagogische Jugendhilfeangebote für junge Straffällige – Standort und Standards, Bonn

Bundesarbeitsgemeinschaft Jugendgerichtshilfe in der DVJJ (BAG JGH) 2001: Standards für den Fachdienst Jugendgerichtshilfe, 3. Aufl., Hannover

Bundesarbeitsgemeinschaft Jugendgerichtshilfe in der DVJJ (BAG JGH) 1994: Jugendgerichtshilfe - Standort und Wandel. Leitfaden für die Arbeit der Jugendgerichtshilfe, 2. Aufl., Hannover

Bundesarbeitsgemeinschaft der überörtlichen Träger der Sozialhilfe (BAGüS) 2006: Wohnformen und Teilhabeleistungen für behinderte Menschen, Münster

Bundesjugendkuratorium (BJK) 2005: Neue Bildungsorte für Kinder und Jugendliche, Positionspapier des Bundesjugendkuratoriums, Bonn

Bundesjugendkuratorium (BJK)/ Sachverständigenkommission für den Elften Kinder und Jugendbericht/ Arbeitsgemeinschaft für Kinder- und Jugendhilfe 2002: Leipziger Thesen, in: www.bmfsfj.de/Redaktion BMFSFJ/Abteilung 5/Anlagen_binaer/PRM-22373-Leipziger-Thesen-zur-aktuellen.propery=blob.doc (Download am 20.08.2006)

Bundeskonferenz für Erziehungsberatung (bke) e. V. 2006: Kindesschutz und Beratung. Empfehlungen zur Umsetzung des Schutzauftrags nach § 8 a SGB VIII. Materialien zur Beratung, Fürth

Bundeskriminalamt (Hrsg) 2008: Polizeiliche Kriminalstatistik 2008 (www.bka.de)

Bundesministerium für Arbeit und Sozialordnung (Hrsg.) 2008: Lebenslagen in Deutschland. Der dritte Armuts- und Reichtumsbericht der Bundesregierung

Bundesministerium für Bildung und Forschung (Hrsg.) 2004: Konzeptionelle Grundlagen für einen Nationalen Bildungsbericht – Non-formale und informelle Bildung im Kindes- und Jugendalter, Berlin

Bundesministerium für Familie, Senioren, Frauen und Jugend/Nationales Zentrum Frühe Hilfen (Hrsg.) 2008: Lernen aus problematischen Kinderschutzverläufen – Machbarkeitsexpertise zur Verbesserung des Kinderschutzes durch systematische Fehleranalyse, Berlin

Bundesministerium für Familie, Senioren, Frauen und Jugend (Hrsg.) 2007: Kurzevaluation von Programmen zu frühen Hilfen für Eltern und Kinder und sozialen Frühwarnsystemen in den Bundesländern, Abschlussbericht, Berlin

Bundesministerium für Familie, Senioren, Frauen und Jugend 2005: 12. Kinder- und Jugendbericht – Bildung und Erziehung außerhalb von Schule, Berlin

Bundesministerium für Familie, Senioren, Frauen und Jugend 2002: Bereitschaftspflege - Familiäre Bereitschaftsbetreuung, Empirische Ergebnisse und praktische Empfehlungen SR Band 231, Stuttgart

Bundesministerium für Familie, Senioren, Frauen und Jugend 2002 a: Bericht über die Lebenssituation junger Menschen und die Leistungen der Kinder- und Jugendhilfe in Deutschland – Elfter Kinder- und Jugendbericht. BT-Drucks. 14/8181, Bonn

Bundesministerium für Familie, Senioren, Frauen und Jugend 2002 b: 11. Jugendbericht – Aufwachsen in öffentlicher Verantwortung, Berlin

Bundesministerium für Familie, Senioren, Frauen und Jugend 2001: Die Familie im Spiegel der amtlichen Statistik, 6. Aufl., Bonn

Bundesministerium für Familie, Senioren, Frauen und Jugend (Hrsg.) 2001 a: Mehr Chancen für Kinder und Jugendliche. Stand und Perspektiven der Jugendhilfe in Deutschland. Band 2, Münster

Bundesministerium für Familie, Senioren, Frauen und Jugend 2000: Freiwilliges Engagement in Deutschland – Freiwilligensurvey 1999, 3 Bände, Stuttgart

Bundesministerium für Familie, Senioren, Frauen und Jugend (Hrsg.) 2000 a: Sechster Familienbericht. Familien ausländischer Herkunft in Deutschland. Leistungen – Belastungen – Herausforderungen, BT-Drucks. 14/4357, Berlin

Bundesministerium für Familie, Senioren, Frauen und Jugend 1999: QS 22, Qualitätsprodukt Erziehungsberatung, Materialien zur Qualitätssicherung in der Kinder- und Jugendhilfe, (http://www.bmfsfj.de/Kategorien/Publikationen/Publikationen,did=5824.html)

Bundesministerium für Familie, Senioren, Frauen und Jugend (Hrsg.) 1998: Zehnter Kinder- und Jugendbericht, Bericht über die Lebenssituation von Kindern und die Leistungen der Kinderhilfen in Deutschland, Bonn

Bundesministerium für Familie, Senioren, Frauen und Jugend (Hrsg.) 1996: Von der mädchengerechten zur integrierten mädchenbewussten Jugendhilfeplanung, Stuttgart

Bundesministerium für Frauen und Jugend (Hrsg.) 1996 a: Kinderbetreuung in Tagespflege. Tagesmütterhandbuch. Stuttgart, Berlin, Köln

Bundesministerium für Familie, Senioren, Frauen und Jugend 1994: Neunter Jugendbericht. Bericht über die Situation der Kinder und Jugendlichen und die Entwicklung der Jugendhilfe in den neuen Bundesländern, Bonn

Bundesministerium für Jugend, Familie, Frauen und Gesundheit 1990: Achter Jugendbericht – Bericht über Bestrebungen und Leistungen der Jugendhilfe, Bonn

Bundesministerium für Jugend, Familie und Gesundheit (Hrsg.) 1979: Modellprogramm Erziehungskurse. Abschlußbericht, Bonn

Bundesministerium für Jugend, Familie und Gesundheit (Hrsg.) 1974: Mehr Chancen für die Jugend. Zum Inhalt und Begriff einer offensiven Jugendhilfe, Bonn

Bundesministerium für Jugend, Familie und Gesundheit 1973: Diskussionsentwurf eines Jugendhilfegesetzes, Bonn

Bundesministerium für Jugend, Familie und Gesundheit 1972: Dritter Jugendbericht. Aufgaben und Wirksamkeit der Jugendämter in der Bundesrepublik Deutschland. BT-Drucks. VI/3170, Bonn-Bad Godesberg

Bundesministerium der Justiz 2006: Arbeitsgruppe „Familiengerichtliche Maßnahmen bei Gefährdung des Kindeswohls" Abschlussbericht vom 17.11. 2006, Berlin (zit. BMJ/AG Kindeswohl)

Bundesministerium der Justiz (Hrsg.) 1995: Grundfragen des Jugendkriminalrechts und seiner Neuregelung, 2. Aufl., Bonn

Bundesministerium der Justiz (Hrsg.) 1991: Jugendgerichtshilfe Quo Vadis?: Status und Perspektive der öffentlichen Jugendhilfe gegenüber dem Jugendgericht, Bonn

Bundesministerium der Justiz (Hrsg.) 1991 a: Täter-Opfer-Ausgleich – Zwischenbilanz und Perspektiven, Bonner Symposium, Bonn

Bürger, U. 2001: Heimerziehung, in: Birtsch/Münstermann/Trede, 632 ff

Busch, M. 1997: Der Schutz von Sozialdaten in der Jugendhilfe, §§ 61–68 SGB VIII, Stuttgart

Busch, M. 1995: Quellen- und Literaturverzeichnis zum SGB VIII (KJHG), Münster, 536

Busch, M./Hartmann, G. 1986: Soziale Trainingskurse im Rahmen des Jugendgerichtsgesetzes, 3. Aufl., Bonn

Büte, D. 2005: Das Umgangsrecht bei Kindern geschiedener oder getrennt lebender Eltern, 2. Aufl., Berlin

Classen, G. 2000: Der Anspruch ausländischer Kinder und Jugendlicher auf Hilfen gemäß Kinder- und Jugendhilfegesetz – SGB VIII, in: PRO ASYL (Hrsg.)abc

Coelen,Th./Otto, H.-U. (Hrsg.) 2008: Grundbegriffe der Ganztagsbildung. Das Handbuch, Wiesbaden

Coester, M. 1983: Kindeswohl als Rechtsbegriff; in: Vierter Deutscher Familiengerichtstag (Hrsg.), Brühler Schriften zum Familienrecht, Band 4, Bielefeld, 31 ff

Cornel, H. 2009: Haftentscheidungshilfe und Untersuchungshaftvermeidung; in Cornel u.a. (Hrsg.), 277 ff

Cornel, H./Kawamura-Reindl, G./Maelicke, B./Sonnen, B.-R. 2009: Handbuch der Resozialisierung, 3. Aufl., Baden-Baden

Cortina, K./Baumert, J./Leschinsky, A. u.a. (Hrsg.) 2008: Das Bildungswesen in der Bundesrepublik Deutschland„ Hamburg

Deegener, G./Körner, W. (Hrsg.) 2005: Kindesmisshandlung und Vernachlässigung. Ein Handbuch, Göttingen abc

Degener, K.-E. 2008: Handbuch Wirtschaftliche Jugendhilfe, Schriftenreihe des Kommunalen Bildungswerkes e.V., Band 8, Stand 1.1.2008

Deinet, U. 2003: Ganztagsangebote durch Kooperation von Schule und Jugendhilfe, in: Appel/Ludwig (Hrsg.) 2003, 141 - 163

Desens, M./Münder, J. 2004: Steuerrecht, 2. Aufl., Hagen (Materialien des Studiengangs Sozialmanagement – Institut für Verbundstudien der Fachhochschulen Nordrhein-Westfalen)

Dettenborn, H. 2001: Kindeswohl und Kindeswille, Psychologische und rechtliche Aspekte, 1. Aufl., München

Deutsche Bank Stiftung/Deutsche Kinder- und Jugendstiftung/Deutscher Verein für öffentliche und private Fürsorge (Hrsg.) 2005: Coole Schule: Lust statt Frust am Lernen, 5 Bände, Berlin

Deutsche Shell (Hrsg.)2006: Jugend 2006. Eine pragmatische Generation unter Druck, 2 Bände, Frankfurt/M.

Deutsche Shell (Hrsg.) 2004: Jugend 2004, 2 Bände, Opladen

Deutsche Shell (Hrsg.) 2000: Jugend 2000, 2 Bände, Opladen

Deutsche Vereinigung für Jugendgerichte und Jugendgerichtshilfen (DVJJ) e.V. (Hrsg.) 2009: Jugend und Kriminalität - eine Einführung in die kriminologischen und rechtlichen Grundlagen, Hannover

Deutsche Vereinigung für Jugendgerichte und Jugendgerichtshilfen (DVJJ) e.V. 2000 (Hrsg.): Neue Ambulante Maßnahmen, Schriftenreihe, Band 31, Mönchengladbach

Deutsche Vereinigung für Jugendgerichte und Jugendgerichtshilfen (DVJJ) e.V. (Hrsg.) 1990: Mehrfach Auffällige – Mehrfach Betroffene. Erlebnisweisen und Reaktionsformen, Bonn

Deutscher Bildungsrat 1972: Empfehlungen der Bildungskommission. Strukturplan für das Bildungswesen, Bad Godesberg

Deutscher Bundestag 2004: Drucksache 14/9665, in: Bundesministerium für Bildung und Forschung (Hrsg.) 2004

Deutscher Städtetag 2007: Aachener Erklärung anlässlich des Kongresses „Bildung in der Stadt" am 22./23. November 2007, in: www.deutscherstaedtetag.de/imperia/md/content/veranst/2007/58.pdf (Download am 27.01.2008)

Deutscher Verein für öffentliche und private Fürsorge (DV) (Hrsg.) 2007: Fachlexikon der sozialen Arbeit, 6. Aufl., Frankfurt/M.

Deutscher Verein für öffentliche und private Fürsorge (DV) (Hrsg.) 2007 a: Kommunale Bildungslandschaften, Fachliche Stellungnahme des Vorstandes

Deutscher Verein für öffentliche und private Fürsorge (DV) 2007 b: Diskussionspapier zum Aufbau kommunaler Bildungslandschaften (Beschluss des Vorstandes Juni 2007), in: www.deutscher-verein.de/05-empfehlungen/empfehlungen2007/pdf/Diskussionspapier_des_Deutschen_Vereins_zum_Aufbau_Kommunaler_Bildungslandschaften.pdf (Download am 30.12.2007)

Deutscher Verein für öffentliche und private Fürsorge (DV) 2006: Empfehlungen des Deutschen Vereins zur Umsetzung des § 72 a SGB VIII sowie zur Haftung und Verantwortlichkeit im Bereich von Kindeswohlgefährdung: http://www.kindesschutz.de/Externes/DV-Empfehlungen%20Umsetzung%20%A7%208a%20SGB%20VIII.pdf

Deutscher Verein für öffentliche und Private Fürsorge (DV) (Hrsg.) 2001: Wächteramt und Jugendhilfe. Dokumentation einer Fachtagung, Frankfurt/M.

Deutscher Verein für öffentliche und private Fürsorge (DV) (Hrsg.) 1999: Sozialhilfe. Eine Einführung. Texte und Materialien Band 15, Frankfurt/M.

Deutscher Verein für öffentliche und private Fürsorge (DV) 1986: Handbuch der örtlichen Sozialplanung, Frankfurt/M.

Deutsches Institut für Jugendhilfe und Familienrecht (DIJuF) 2006: Tagespflegegutachten im Auftrag des Deutschen Vereins: http://www.deutscher-verein.de/04-gutachten/pdf/Kindertagespflege_Rechtsgutachten_DIJuF_vom%2031.12.06.pdf

Deutsches Institut für Jugendhilfe und Familienrecht (DIJuF) (Hrsg.) 2004: Zusammenarbeit zwischen Familiengerichten und Jugendämtern bei der Verwirklichung des Umgangs zwischen Kindern und

Eltern; Dokumentation einer Veranstaltungsreihe des Bundesministeriums der Justiz und des Bundesministeriums für Familie, Senioren, Frauen und Jugend, Heidelberg http://www.dijuf.de/german/Fachinfo.html

Deutsches Institut für Jugendhilfe und Familienrecht (DIJuF) 2004 a: Verantwortlich Handeln – Schutz und Hilfe bei Kindeswohlgefährdung, Saarbrücker Memorandum, Köln

Deutsches Institut für Jugendhilfe und Familienrecht (DIJuF) e.V. 2003: Zusammenarbeit zwischen Familiengerichten und Jugendämtern bei der Verwirklichung des Umgangs zwischen Kindern und Eltern nach Trennung und Scheidung. Dokumentation einer Veranstaltungsreihe, Heidelberg

Deutsches Jugendinstitut 1987: Handbuch Beratung im Pflegekinderbereich, München

Deutsches PISA-Konsortium (Hrsg.) 2001: PISA 2000. Opladen

Dickmeis, F. 1992: Systemisches Handeln am Familiengericht; in: Hahn (Hrsg.)

Diemer, H./Schoreit, A./Sonnen, B. 2008: JGG – Kommentar zum Jugendgerichtsgesetz, 5. Aufl., Heidelberg

Dießner, A. 2008: Die Unterlassungsstrafbarkeit der Kinder- und Jugendhilfe bei familiärer Kindeswohlgefährdung, Berlin

Diez, H./Krabbe, H./Thomsen, C. 2005: Familien-Mediation und Kinder, 2. Aufl., Köln

Diller, A./Leu, H./Rauschenbach, D. (Hrsg.) 2004: Kitas und Kosten. Die Finanzierung von Kindertageseinrichtungen auf dem Prüfstand, München

Dilling, H./Mombour, W./Schmidt, M. H. (Hrsg.) 2008: Weltgesundheitsorganisation. Internationale Klassifikation psychischer Störungen. ICD-10 Kapitel V (F). Klinisch diagnostische Leitlinien, 6. Aufl., Bern

Dölling, D. (Hrsg.) 2004: Wohin entwickelt sich der Jugendstrafvollzug; DVJJ, Heidelberg

Dölling, D. 1990: Junge Mehrfachtäter und präventive Möglichkeiten der Jugendstrafrechtspflege. in: DVJJ 1990 (Hrsg.), 666 ff

Dölling, D./Duttge, G./ Rössner, D. 2008: Gesamtes Strafrecht StGB - StPO - Nebengesetze. Handkommentar Baden-Baden

Dolzer, R./Vogel, K./Graßhof, K. (Hrsg.) 2006: Bonner Kommentar zum Grundgesetz, Heidelberg (zit. Dolzer u.a./Bearbeiter)

Döpfner, M. u.a. (Hrsg.) 2000: Diagnostik psychischer Störungen im Kindes- und Jugendalter, Göttingen

Drewniak, R. 1996: Ambulante sozialpädagogische Maßnahmen für junge Straffällige. Eine kritische Bestandsaufnahme in Niedersachsen, Baden-Baden

Dünkel, F./Geng, B./Kirstein, W. 1998: Soziale Trainingskurse und andere ambulante Maßnahmen nach dem JGG in Deutschland, Bonn

Egle, U. u.a. (Hrsg.) 2005: Sexueller Missbrauch, Misshandlung, Vernachlässigung: Erkennung und Behandlung psychischer und psychosomatischer Folgen früherer Traumatisierungen, 3. Aufl., Stuttgart abc

Eichenhofer, E. 2004: Das Recht auf soziale Dienste, in: Kreft u.a. 2004, 168 ff

Eisenberg, U. 2009: JGG Kommentar, 13. Aufl., Heidelberg

Elz, J. (Hrsg.) 2006: Kooperation von Jugendhilfe und Justiz bei Sexualdelikten gegen Kinder. KUP Kriminologie und Praxis Schriftenreihe der Kriminologischen Zentralstelle e.V. Band 53, Wiesbaden

Enders, U. 2002: Das geplante Verbrechen – Sexuelle Ausbeutung durch Mitarbeiterinnen und Mitarbeiter aus Institutionen, Köln

Engstler, H./Menning, S. 2003: Die Familie im Spiegel der amtlichen Statistik 2003, Bonn

Erman, W. 2008: Bürgerliches Gesetzbuch. Handkommentar, 2 Bände, 12. Aufl., Köln

Ernst, R. 2006: Die Anrufung des Familiengerichts, in: Kinderschutz gemeinsam gestalten - § 8 a SGB VIII – Schutzauftrag der Kinder- und Jugendhilfe, Berlin, 117 ff

Eyferth, H./Otto, H.-U./Thiersch, H. (Hrsg.) 2001: Handbuch zur Sozialarbeit/Sozialpädagogik, völlig neu bearbeitete Auflage, Neuwied

Fachhochschule Köln/Bundesministerium für Bildung und Forschung 2006: Partner machen Schule – Bildung gemeinsam gestalten

Faltermeyer, J. 2001: Verwirkte Elternschaft? Fremdunterbringung – Herkunftseltern – Neue Handlungsansätze, Münster

Faltermeyer, J. 2000: Zum Hilfeverständnis von Herkunftseltern und ihren erzieherischen Ressourcen - Erste Ergebnisse einer biographieanalytischen Studie. Expertise zum Projekt: "Familiäre Bereitschaftsbetreuung", München (DJI-Arbeitspapier Nr. 5-161)

Faltermeyer, J./Fuchs, P. 1992: Trennungs- und Scheidungsberatung durch Jugendhilfe: Klärung der Rolle und Aufgaben öffentlicher und freier Träger, Frankfurt/M.

Fauser, K./Fischer, A./Münchmeier, R. 2006: Jugendliche als Akteure im Verband. 3 Bände, Opladen

Fegert, J. M. 2007: Vorschläge zur Entwicklung eines Diagnoseinventars sowie zur verbesserten Koordinierung und Vernetzung im Kinderschutz, in: Ziegenhain/Fegert, 195

Fegert, J. M. (Hrsg.) 2001: Begutachtung sexuell missbrauchter Kinder, Neuwied

Fegert, J. M. 2000: Kindeswohl -Definitionsdomäne der juristen oder Psychologen, in: Brühl (Hrsg.) Deutscher Familiengerichtstag, Bielefeld, 33

Fegert, J.M. 1997: Basic Needs als ärztliche und psychotherpeutische Einschätzungskriterien; in: ISA, 66

Fegert, J.M. 1994: Was ist seelische Behinderung? Anspruchsgrundlage und kooperative Umsetzung von Hilfen nach § 35 a KJHG, Münster

Fegert, J.M./Schnoor, K./Kleidt, S./Kindler, H./Ziegenhain, U. 2008: Lernen aus problematischen Kinderschutzverläufen. Machbarkeitsexpertise zur Verbesserung des Kinderschutzes durch systematische Fehleranalyse. Bundesministerium für Familie, Senioren, Frauen und Jugend, Nationales Zentrum Frühe Hilfen (Hrsg.), Berlin

Fegert, J.M./Späth, K./Salgo, L. (Hrsg.) 2001: Freiheitsentziehende Maßnahmen in der Jugendhilfe und Kinder- und Jugendpsychiatrie, Münster

Fegert, J.M./Wolff, M. (Hrsg.) 2006: Sexueller Missbrauch durch Professionelle in Institutionen. Prävention und Intervention. Ein Werkbuch, 2. Aufl., Weinheim

Fellenberg, B.: Die Anordnung von Maßnahmen durch das Familiengericht nach § 1666 BGB versus Entscheidungskompetenz des Jugendamts, in: Lipp/Schumann/Veit (Hrsg.) 2008, 65

Fichtner, O./Wenzel, G. 2005: Kommentar zur Grundsicherung, 3. Aufl., München

Fieseler, G./Herborth, R. 2008: Recht der Familie und Jugendhilfe. Arbeitsplatz Jugendamt/ Sozialer Dienst, 7. Aufl., Köln

Fieseler, G./Schleicher, H. (Hrsg.) 1998 ff: Kinder- und Jugendhilferecht. Gemeinschaftskommentar zum SGB VIII, Loseblattsammlung, Neuwied (zitiert: GK-SGB VIII-Bearbeiter), 33. Aktualisierungslieferung Januar 2009

Figdor, H. 2004: Kinder aus geschiedenen Ehen: Zwischen Trauma und Hoffnung: Wie Kinder und Eltern die Trennung erleben, Gießen

Figdor, H. 1998: Scheidungskinder – Wege der Hilfe, Gießen

Figdor, H. 1991: Kinder aus geschiedenen Ehen: zwischen Trauma und Hoffnung. Eine psychoanalytische Studie, 3. Aufl., Mainz, 76 ff

Fischer, H./Lippold, N. 2000: Die Ursprünge der „ambulanten Bewegung" – Realisierung ihrer kriminologischen Intentionen; in: DVJJ 2000 (Hrsg.), 246 ff

Fischer, J.: Die Modernisierung der Jugendhilfe im Wandel des Sozialstaates; Wiesbaden 2005

Flierl, H. 1992: Freie und öffentliche Wohlfahrtspflege: Aufbau, Finanzierung, Geschichte, Verbände, 2. Aufl., München

Flösser, G./Otto, H.-U. (Hrsg.) 1996: Neue Steuerungsmodelle für die Jugendhilfe, Neuwied

Frehsee, D. 1991: Täter-Opfer-Ausgleich aus rechtstheoretischer Perspektive; in: Bundesministerium der Justiz (Hrsg.) 1991 a, 51 ff

Freigang, W. 2003: Wirkt Heimerziehung? Heimerziehung im Spiegel empirischer Studien, in: Struck u.a., 37 ff

Freigang, W./Wolf, K. 2001: Heimerziehungsprofile, Weinheim

Frey, M./Hassan-Mansour, A./Mayer, C./Abeska, U./Kraus, L. 1997: Jugendarbeit mit Straffälligen – Theorie und Praxis des Sozialen Trainings, Freiburg

Friedrich, M./Trauernicht, G. 1991: Eindeutig – zweideutig, Münster

Frommann, M. 2002: Sozialhilfe nach Vereinbarung, Frankfurt/M.

Frommann, M. 1985: Schweigepflicht und Berufsauftrag des Sozialarbeiters, in: Frommann/Mörsberger/Schellhorn, 159 ff

Frommann, M./Mörsberger, T./Schellhorn, W. (Hrsg.) 1985: Sozialdatenschutz, Positionen, Diskussionen, Resultate, Arbeitshilfen des Deutschen Vereins, Heft 24, Frankfurt/M.

Früchtel, F. u.a. (Hrsg.) 2001: Umbau der Erziehungshilfe, Weinheim/München

Fthenakis, W. 1984: Kindeswohl – gesetzlicher Anspruch und Wirklichkeit, Bielefeld

Fthenakis, W./Niesel, R./Griebel, W. 1993: Scheidung als Reorganisationsprozess. Interventionsansätze für Kinder und Eltern, in: Menne, K. (Hrsg.) u.a., Kinder im Scheidungskonflikt, Weinheim, 261 ff

Gabriel, T. 2003: Was leistet Heimerziehung? Eine Bilanz deutschsprachiger Forschung; in: Gabriel/ Winklerabc

Gabriel, T./Winkler, M. (Hrsg.) 2003: Heimerziehung – Kontexte und Perspektiven, München

Gawlik, M./Krafft, E./Seckinger, M. 1995: Jugendhilfe und sozialer Wandel, München

Gebert, A. 2001: Erziehungsbeistand, Betreuungshelfer, in: Birtsch/Münstermann/Trede, 525 ff

Gehrmann, G./Müller, K. 2001: Praxis Sozialer Arbeit: Familie im Mittelpunkt, 2. Aufl., Regensburg/ Bonn

Geis, M.-E. 1997: Die öffentliche Förderung sozialer Selbsthilfe: verfassungsrechtliche Grundlagen und verwaltungsrechtliche Ausgestaltung, Baden-Baden

Gemeinsame Empfehlungen für die Heranziehung zu den Kosten nach §§ 91 ff SGB VIII der Arbeitsgemeinschaft der Jugendämter der Länder Bremen, Niedersachsen, Schleswig Holstein und der Landesjugendämter Hamburg, Mecklenburg-Vorpommern, Rheinland, Rheinland-Pfalz, Saarland, Thüringen, Westfalen-Lippe, und der Senatsverwaltung für Bildung, Wissenschaft und Forschung Berlin vom 01.01.2008 (http://lan2-5.lwl.org/lja-download2/LJA/erzhilf/wjh/wjh_heranz/ 1043946235_0/gemeinsameempfehlungen01012008.pdf)

Gerken, J./Schumann K.F. (Hrsg.) 1988: Ein trojanisches Pferd im Rechtsstaat. Der Erziehungsgedanke in der Jugendgerichtspraxis, Pfaffenweiler

Gernert, W. (Hrsg.) 2001: Beteiligung von Kindern und Jugendlichen in der Jugendhilfe. § 8 SGB VIII, Stuttgart

Gernert, W. 1993: Jugendhilfe. Einführung in die sozialpädagogische Praxis, 4. Aufl., München

Giese, D./Krahmer, U. 1990: Sozialgesetzbuch. Allgemeiner Teil und Verfahrensrecht (SGB I und X), Kommentar, 2. Aufl., Köln

Gintzel, U. (Hrsg.) 1996: Erziehung in Pflegefamilien. Auf der Suche nach einer Zukunft, Münster

Goldstein, J./Freud, A./Solnit, A. 1992: Diesseits des Kindeswohls, Frankfurt

Göppinger, H./Vossen, R. (Hrsg.) 1986: Rückfallkriminalität, Führerscheinentzug, Stuttgart

Gorges, M. 2006: Eltern sein - Eltern bleiben. Das Cochemer Modell als innovativer Ansatz zur Wahrnehmung gemeinsamer elterlicher Verantwortung nach Trennung und Scheidung, Diplomarbeit FH Koblenz

Gottfredson, M./Hirschie, T. 1990: A general theory of crime, Stanford

Groell, R. 1981: Vom Umgang mit Akten und Informationen – Kritische Anfragen an den Berufsalltag in der Sozialverwaltung, in: Deutscher Verein 1981, 105 ff

Grube, C./Wahrendorf, V. 2008: SGB XII, Sozialhilfe, 2. Aufl., München

Grundwald, K./Thiersch, H. 2004: Das Konzept Lebensweltorientierte Soziale Arbeit – einleitende Bemerkungen, Weinheim

Gründel, M. 1995: Gemeinsames Sorgerecht. Erfahrungen geschiedener Eltern, Freiburg/ Breisgau

Gudat, U. 1987: Beratungsmethodik und behördliche Sozialarbeit. In: Deutsches Jugendinstitut (DJI) e.V. (Hrsg.) 1987, 102 ff

Güthoff, F. 1996: Sonderformen zwischen traditioneller Familienpflege und Heimerziehung, in: Gintzel, 120 ff

Haben, P. 2004: Zur Aufgabenstellung der Polizei bei Vernachlässigung, Misshandlung und sexuellem Missbrauch von Kindern und Jugendlichen, in: DIJuF 2004, 229 ffabc

Hager, J./Sehrig, J. 1992: Vertrauensschutz in der sozialen Arbeit, Heidelberg

Hahn, J. (Hrsg.) 1992: Scheidung und Kindeswohl, Beratung und Betreuung durch scheidungsbegleitende Berufe, Heidelberg

Hahn, J. 1992 a: Die Mitwirkung der Jugendhilfe in familiengerichtlichen Verfahren, in: Hahn, 71 ff

Hamberger, M. 2008: Erziehungshilfekarrieren – belastete Lebensgeschichte und professionelle Weichenstellungen, Frankfurt/M.

Hansbauer, P. (Hrsg.) 2002: Neue Wege in der Vormundschaft? Diskurse zu Geschichte, Struktur und Perspektiven der Vormundschaft, Münster

Hansbauer, P./Mutke, B./Oelerich, G. 2004: Vormundschaft in Deutschland: Trends und Perspektiven, Opladen

Hansen, K. 1993: Das Recht der elterlichen Sorge nach Trennung und Scheidung, Neuwied

Harnach V. 2007: Psychosoziale Diagnostik in der Jugendhilfe. Grundlagen und Methoden für Hilfeplan, Bericht und Stellungnahme, 3. Aufl., Weinheim

Hasenclever, C. 1978: Jugendhilfe und Jugendgesetzgebung seit 1900, Göttingen

Hauck, K./Noftz, W. (Begr.) 2008: Rehabilitation und Teilhabe Behinderter Menschen. Loseblattsammlung, Berlin

Hauck, K./Noftz, W. 1991ff: Sozialgesetzbuch SBG VIII – Kinder- und Jugendhilfe Kommentar, Loseblattsammlung, Berlin (zitiert Bearbeiter in Hauck/Noftz)

Hauck, K./Noftz, W.: Sozialgesetzbuch SGB X – Verwaltungsverfahren, Kommentar, Loseblattsammlung, München

Hebborn, K. 2008: Städtische Bildungspolitik, in: Coelen/Otto (Hrsg.) 2008, 958

Heckmair, B./Michel, W. 2008: Erleben und Lernen. Einstieg in die Erlebnispädagogik, 6. Aufl., München

Heilmann, S. 1998: Kindliches Zeitempfinden und Verfahrensrecht, Neuwied

Heiner, M. (Hrsg.) 2004: Diagnostik und Diagnosen in der Sozialen Arbeit. Ein Handbuch, Frankfurt

Heinz, R. 2000: Kommunales Management. Überlegungen zu einem KGSt-Ansatz, Stuttgart

Heinz, W. 2008: Stellungnahme zur aktuellen Diskussion um eine Verschärfung des Jugendstrafrechts, Hannover [http://www.dvjj.de/artikel.php?artikel=989]

Heinz, W. 2005: Ambulante Sanktionen im Jugendstrafverfahren - aktuelle Konzeptionen und empirische Befunde, Universität Konstanz, [www.uni-konstanz.de/rtf/kis/HeinzAmbulanteSanktionenimJugendstrafverfahrenThesen.htm]

Heinz, W./Hügel, Ch. (Hrsg.) 1987: Erzieherische Maßnahmen im deutschen Jugendstrafrecht, Bonn

Heinze, R./Olk, T. (Hrsg.) 2001: Bürgerengagement in Deutschland. Bestandsaufnahme und Perspektiven, Opladen

Helming, E. 2001: Sozialpädagogische Familienhilfe und andere Formen familienbezogener Hilfen, in: Birtsch/Münstermann/Trede, 541 ff

Hering, S./Münchmeier, R. 2007: Geschichte der Sozialen Arbeit, 4. Aufl., Weinheim/ München

Hermann, D./Kerner, H.-J. 1985: Entscheidungen im Strafverfahren unter dem Aspekt der Kriminalisierung; in: Kury, H. (Hrsg.)

Herrmann, F. 2002: Jugendhilfeplanung, in: Schröer u.a., 869 ff

Heßler, M. 2001: Vermeidung von Untersuchungshaft bei Jugendlichen. Zielsetzungen und Konflikte, Mönchengladbach

Hinrichs, K. 2002: Selbstbeschaffung im Jugendhilferecht, Frankfurt/M.

Hinte, W./Litges, G./Springer, W. 1999: Vom Fall zum Feld, Berlin

Hinte, W./Treeß, H. 2007: Sozialraumorientierung in der Jugendhilfe. Theoretische Grundlagen, Handlungsprinzipien und Praxisbeispiele einer kooperativ-integrativen Pädagogik, Weinheim/München

Hitzler, R./Peters, H. (Hrsg.) 1998: Inszenierung: Innere Sicherheit. Daten und Diskurse, Opladen

Hohmann, J./Morawe, D. 2001: Praxis der Familienmediation. Typische Probleme mit Fallbeispielen und Formularen bei Trennung und Scheidung, Köln

Holtappels, H.-G./Klieme, E./Rauschenbach, T./Stecher, L. (Hrsg.) 2007: Ganztagsschule in Deutschland – Ergebnisse der Ausgangserhebung der „Studie zur Entwicklung von Ganztagsschulen"(StEG), Weinheim/ München

Hoops, S./Permien, H. 2006: „Mildere Maßnahmen sind nicht möglich!" Freiheitsentziehende Maßnahmen nach § 1631 b BGB in Jugendhilfe und Jugendpsychiatrie, München

Hosser, D. 2004: Jugendstrafvollzug und ihre Folgen; in Dölling (Hrsg.) 2004, 10 ff

Hottelet, H. u.a. 1978: Offensive Jugendhilfe. Neue Wege für die Jugend, Stuttgart

Hotter, I. 2004: Untersuchungshaftvermeidung für Jugendliche und Heranwachsende in Baden-Württemberg, Freiburg

Hubert, H. 2005: Zur Geschichte des Jugendamtes der Stadt Frankfurt am Main. Jugendfürsorge, Jugendwohlfahrt und Jugendhilfe, Frankfurt

Hundsalz, A. 2001: Erziehungsberatung, in: Birtsch/Münstermann/Trede, 504 ff

Hundsalz, A./Menne, K. (Hrsg.) 2004: Jahrbuch für Erziehungsberatung, Band 5, Weinheim/München

Hunner-Kreisel, C./Schäfer, A./Witte, M.D. (Hrsg.) 2008: Jugend, Bildung, Globalisierung – Sozialwissenschaftliche Reflexionen in internationaler Perspektive, Weinheim/München

Hurrelmann, K. 2007: Lebensphase Jugend, 9. Aufl., Weinheim/München

Hurrelmann, K./Lösel, F. (Hrsg.) 1990: Health Hazards in Adolescence, Berlin/New York

Institut für Sozialarbeit und Sozialpädagogik e.V. (Hrsg.) 2008: Vernachlässigte Kinder besser schützen. Sozialpädagogisches Handeln bei Kindeswohlgefährdung, Münchenabc

Institut für Sozialarbeit und Sozialpädagogik/Hinkel, N. 1979: Übungs- und Erfahrungskurse. Kurspraxis und Ergebnisse, ISS- Materialien, Frankfurt/M.

Institut für soziale Arbeit (ISA) e.V. (Hrsg.) 2007: Soziale Frühwarnsysteme in Nordrhein-Westfalen. Die Herner Materialien zum Umgang mit Verhaltensauffälligkeiten in Kindertageseinrichtungen, Münster

Institut für soziale Arbeit (ISA) e.V. 2006): Der Schutzauftrag bei Kindeswohlgefährdung - Arbeitshilfe zur Kooperation zwischen Jugendamt und Trägern der freien Kinder- und Jugendhilfe, Münster

Institut für soziale Arbeit (ISA) e.V. (Hrsg.) 1997: Familien in Krisen - Kinder in Not, Münster

Institut für soziale Arbeit (ISA) e.V. (Hrsg.) 1994: Hilfeplanung und Betroffenenbeteiligung. Soziale Praxis 15, Münster

Internationale Gesellschaft für erzieherische Hilfen (Hrsg.) 2003: Hilfeform Tagesgruppen, Frankfurt/ M.

ISA Planungs- und Entwicklungs-GmbH 2008: Wirkungsorientierte Jugendhilfe, Band 6 – Zwischenbericht der Regiestelle und der Evaluation zum Modellprogramm, Münster

Isensee, J./Kirchhof, P. (Hrsg.) 2001: Handbuch des Staatsrechts der Bundesrepublik Deutschland, Band VI, 2. Aufl., Heidelberg

Jäger, R. (Hrsg.) 1999: Psychologische Diagnostik, Münchenabc

Jall, H. 2000: Verpflichtende Programme bei familiären Veränderungsprozessen in den USA, in: Buchholz-Graf/Vergho (Hrsg.), 204

Jann, I. 2004: Vernetzung und Kooperation – Grundlage einer effektiven Unterstützung bei Trennung und Scheidung; in DIJuF (Hrsg.) 2004 a, 49

Jans, K.-W./Happe, G./Sauerbier, H./Maas, U. 2006: Kinder- und Jugendhilferecht. Kommentar. Loseblattsammlung, 3. Aufl., Stand 35. Lfg.

Janzen, D. 2000: Die Zusammenarbeit zwischen PsychologInnen und RichterInnen aus der Sicht eines Familienrichters, in: Buchholz-Graf/Vergho, 65

Jarass, H./Pieroth, B. 2007: Grundgesetz für die Bundesrepublik Deutschland, 9. Aufl., München

Jeand'Heur, B. 1993: Verfassungsrechtliche Schutzgebote zum Wohl des Kindes und staatliche Interventionspflichten aus der Garantienorm des Art. 6 Abs. 2 GG, Berlin

Jehle, J.-M./Heinz, W./Sutterer, P. 2003: Legalbewährung nach strafrechtlichen Sanktionen, Berlin

Jestaedt, M. 2008: Staatlicher Kindesschutz unter dem Grundgesetz – Aktuelle Kindesschutzmaßnahmen auf dem Prüfstand der Verfassung, in: Lipp/Schumann/Veit (Hrsg.) 2008, 5

Jestaedt, M. 2007: Das Kinder- und Jugendhilferecht und das Verfassungsrecht, in: Münder/Wiesner 2007, 106 ff

Jordan, E. (Hrsg.) 2006: Kindeswohlgefährdung. Rechtliche Neuregelungen und Konsequenzen für den Schutzauftrag der Kinder- und Jugendhilfe, Weinheim

Jordan, E. 2005: Kinder- und Jugendhilfe, 2. Aufl., Weinheim/München

Jordan, E. 2004: Sozialraumorientierung in der Kinder- und Jugendhilfe, in: Kreft u.a., 255 ff

Jordan, E. 2000: Qualitätsentwicklung und Verwaltungsmodernisierung, in: Jordan/Schone, 251 ff

Jordan, E. 2000 a: Sozialraum und Jugendhilfeplanung, in: Jordan/Schone, 331 ff

Jordan, E. (Hrsg.) 1975: Jugendhilfe. Beiträge und Materialien zur Reform des Jugendhilferechts, Weinheim/Basel

Jordan, E./Münder, J. 1987: Pädagogische Arbeit in Jugendschutzstellen, Neuwied

Jordan, E./Münder; J. (Hrsg.) 1987 a: 65 Jahre Reichsjugendwohlfahrtsgesetz, Münster

Jordan, E./Schone, R. (Hrsg.) 2000: Handbuch Jugendhilfeplanung, 2. Aufl., Münster

Jordan, E./Sengling, D. 2000: Kinder- und Jugendhilfe, Weinheim

Jung, C. 1993: Hilfe für junge Volljährige, Nachbetreuung, in: Gernert, 192 ff

Jurczyk, K./Rauschenbach, T./Titze, W. u.a. 2004: Von der Tagespflege zur Familientagesbetreuung, Weinheim

Kähler, H. 2005: Soziale Arbeit in Zwangskontexten. Wie unerwünschte Hilfe erfolgreich sein kann, München-Basel abc

Kalter, E./Schrapper, C. 2006: Was leistet Sozialraumorientierung?, Weinheim/München

Karrer, A. (Hrsg.) 1993: Einmal verknackt - für immer vermauert? Ergänzungen und Alternativen zum Jugendstrafvollzug, Tutzinger Materialie Nr. 73, Tutzing

Karsten, M.-E./Otto, H.-U. (Hrsg.) 1987: Die sozialpolitische Ordnung der Familie, Weinheim/München

Kavemann, B./Kreyssig, U. 2007: Handbuch Kinder und häusliche Gewalt, 2. Aufl., Wiesbaden

Keimeleder, L./Schumann, M./Stempinski, S./Weiß, K. 2003: Qualifizierung in der Tagespflege, München

Keimeleder, L./Schumann, M./Stempinski, S./Weiß, K. 2001: Fortbildung für Tagesmütter. Konzepte – Inhalte – Methoden, Opladen

Kerner, H.-J. 2004: Soziale Bindungen und soziale Abweichung, in: Klosinski 2004, 41

Kerner, H.-J. 1986: Mehrfachtäter, „Intensivtäter" und Rückfälligkeit. Eine Analyse der Strukturen neuerer kriminalistisch-kriminologischer Erhebungen, in: Göppinger/Vossen, 103

Kiehl, W.H. 1991: Jugendgerichtshilfe – Soziale Arbeit im Spannungsfeld zwischen Jugendhilfe und Jugendstrafgericht. in: Wiesner/Zarbock, 173 ff

Kindler, H. 2005: Verfahren zur Einschätzung der Gefahr zukünftiger Misshandlung bzw. Vernachlässigung: Ein Forschungsüberblick, in: Deegener/Körner (Hrsg.), 385

Kindler, H. 2001: Verfahren und Perspektiven zur Risikoeinschätzung bei Misshandlung und Vernachlässigung, in: Bay. Landesjugendamt (Hrsg.), 127

Kindler, H./Lillig, S./Blüml, H./Werner, A./Meysen, T. (Hrsg.) 2006: Handbuch Kindeswohlgefährdung nach § 1666 BGB und Allgemeiner Sozialer Dienst (ASD), Deutsches Jugendinstitut e.V., München

Kindler, H./Lillig, S. 2006: Der Schutzauftrag der Jugendhilfe unter besonderer Berücksichtigung von Gegenstand und Verfahren zur Risikoeinschätzung, in: Jordan, E. (Hrsg.) 2006, 85 ff

Klatetzki, T. (Hrsg.) 1995: Flexible Hilfe zur Erziehung, 2. Aufl., Münster

Klawe, W. 2001: Erlebnispädagogische Projekte in der Intensiven sozialpädagogischen Einzelbetreuung, in: Birtsch/Münstermann/Trede, 664 ff

Klawe, W./Bräuer, W. 1998: Erlebnispädagogik zwischen Alltag und Alaska: Praxis und Perspektiven der Erlebnispädagogik in den Hilfen zur Erziehung, Weinheim

Kleve, H. 2003: Konstruktivismus und Soziale Arbeit. Die konstruktivistische Wirklichkeitsauffassung und ihre Bedeutung für die Sozialarbeit/Sozialpädagogik und Supervision, Aachen

Klie, T./Maier, K./Meysen, T. 1999: Verwaltungswissenschaft. Eine Einführung für soziale Berufe, Freiburg i.Br.

Klier, R./Brehmer, M./Zinke, S. 2002: Jugendhilfe im Strafverfahren – Jugendgerichtshilfe, 2. Aufl., Berlin

Klinkhammer, M./Klotmann, U./Prinz, S. 2004: Handbuch begleiteter Umgang. Psychologische, pädagogische und rechtliche Aspekte, Köln

Klinkhardt, H. 1994: Kinder- und Jugendhilfe. SGB VIII, Kommentar, München

Klönne, A. 1991: Jugendarbeit in der Weimarer Zeit in: Böhnisch/Gängler/Rauschenbach, 58-66

Klosinski, G. (Hrsg.) 2004: Empathie und Beziehung, Tübingen

Klosinski, G. 1999: Wenn Kinder Hand an sich legen – Selbstzerstörerisches Verhalten bei Kindern und Jugendlichen, München

Knappert, C. 1992: Erfahrungen im Umgang mit Scheidungsfamilien im Rahmen behördlicher Sozialarbeit: in: Hahn, 143

Knittel, B. 2005: Beurkundungen im Kindschaftsrecht. Eine Darstellung für die Praxis der Jugendämter, Notare, Gerichte und Standesämter. 6. Aufl., Köln

Köbl, U./Brünner, F. (Hrsg.) 2001: Die Vergütung von Einrichtungen und Diensten nach dem SGB XI und BSHG, Baden-Baden

Koch, G./Lambach, R. 2000: Familienerhaltung als Programm, Münster

Koenig von und zu Warthausen, B. 2004: Das Kindeswohl in der Praxis der Jugendämter und Familiengerichte im Land Brandenburg und im Freistaat Bayern bei Inobhutnahme und Herausnahme gemäß §§ 42, 43 SGB VIII, Osnabrück

Kohaupt, G. 2006: Expertise zum Schutzauftrag bei Kindeswohlgefährdung aus Sicht eines Mitarbeiters der Kinderschutz-Zentren, erstellt im Auftrag des Instituts für Soziale Arbeit (ISA) e.V. Münster (zu finden unter www.kindesschutz.de)

Kolvenbach, F.-J. 2004: Leistungen der Jugendhilfe für junge Volljährige, in: Statist. Bundesamt (Hrsg.) Wirtschaft und Statistik 4/2004, 1 ff

Kommunale Gemeinschaftsstelle für Verwaltungsvereinfachung (KGST) 2007: Vermeidung von Kindeswohlgefährdungen bei der Stadt Bielefeld – Eine Risikoanalyse als konzeptionelles Steuerungsinstrument. www.kgst.de

Kommunale Gemeinschaftsstelle für Verwaltungsvereinfachung (KGST) 1995: Aufbauorganisation der Jugendhilfe, Bericht 3, Köln

Konsortium Bildungsberichterstattung (Hrsg.) 2006: Bildung in Deutschland: ein indikatorengestützter Bericht mit einer Analyse zu Bildung und Migration, Bielefeld

Kopp, F./ Ramsauer, U. 2008: Verwaltungsverfahrensgesetz, 10. Aufl., München

Kopp, F./Schenke, W. 2007: Verwaltungsgerichtsordnung, 15. Aufl., München

Kopper-Reifenberg, C. 2001: Kindschaftsrechtsreform und Schutz des Familienlebens nach Art. 8 EMRK. Zur Vereinbarkeit der deutschen Reform des Kindschaftsrechts mit der Europäischen Menschenrechtskonvention - eine kritische Analyse, Baden-Baden

Kostka, K. 2007: Professionsübergreifende Kooperation im Sorge- und Umgangsrecht; Kritische Anmerkungen zum „Cochemer Modell" im Kontext empirischer Erkenntnisse Thesenpapier

23.03.2007, Frankfurt am Main, http://bildungswerk.paritaet.org/fachtagungen/dokumente2007/cochemer_modell.htm (Stand 02.08.2008)

Kowalzyck, M. (Hrsg.) 2005: Untersuchungshaft, Untersuchungshaftvermeidung und geschlossene Unterbringung bei Jugendlichen und Heranwachsenden in Mecklenburg-Vorpommern, Godesberg

Krabbe, H. (Hrsg.) 1991: Scheidung ohne Richter. Neue Lösungen für Trennungskonflikte, Reinbeck bei Hamburg

Krause, H.-U./Wolff, R. 2005: Erziehung und Hilfeplanung: Über den untauglichen Versuch, Erziehungsprozesse gedankenlos zu rationalisieren, in: SPI 2005, 44 ff

Krautscheidt, P./Marré, H. 1980: Essener Gespräche zum Thema Staat und Kirche, Band 14, Münster

Kravetz, H. 2007: Adoptionsvermittlungsgesetz, in: Münder/Wiesner (Hrsg.), 599

Kreft, D. 2007: Das Jugendamt: Geschichte und Auftrag einer sozialpädagogischen Fachbehörde von 1924 – 2010, Vortrag, gehalten am 21. Mai 2007 in Freiburg i.Br.

Kreft, D. 2004: Moden, Trends und Handlungsorientierungen in der Sozialen Arbeit seit 1945. Oder: Hits und Flops – was bleibt für heute, in: Kreft u.a., 74 ff (Langfassung in ArchsozArb 4, 68 ff)

Kreft, D. 1995: Die sozialpädagogische Fachbehörde Jugendamt in der Sozialverwaltung – sozialpolitische Inpflichtnahme kontra organisationspolitischer Eigenständigkeit?, in: AGJ 1995, 40 ff

Kreft, D./Lukas, H. u.a. 1993: Perspektivenwandel der Jugendhilfe, 2 Bände, 2. Aufl., Frankfurt/M.

Kreft, D./Mielenz, I. (Hrsg.) 2008: Wörterbuch Soziale Arbeit, 6. Aufl., Weinheim/Basel

Kreft, D. u.a. 2004: Fortschritt durch Recht, hrsg. vom Sozialpädagogischen Institut im SOS-Kinderdorf e.V. – Festschrift zum 60. Geburtstag von Johannes Münder, München

Kreikebohm, R./Koch, F.v. 2008: Das Verhältnis zwischen Sozialleistungsempfängern und Sozialleistungsträgern, in: Maydell/Ruland/Becker, 248 ff

Kretschmer, H.-J./Maydell, v./Schellhorn, W. 1996: Gemeinschaftskommentar zum Sozialgesetzbuch – Allgemeiner Teil (GK-SGB I), 3. Aufl., Neuwied

Kreydenfeld, M./Spieß, C./Wagner, G. 2001: Finanzierungs- und Organisationsmodelle institutioneller Kinderbetreuung, Neuwied

Kriener, M./Petersen, K. 1999: Beteiligung in der Jugendhilfepraxis. Sozialpädagogische Strategien zur Partizipation in Erziehungshilfen und bei Vormundschaften, Münster

Kröger, R. (Hrsg.) 1999: Leistung, Entgelt und Qualitätsentwicklung in der Jugendhilfe, Neuwied

Kroiß, L./Seiler, C. 2009: Das neue FamFG, Baden-Baden

Krone, S./Langer, A./Mill, U./Stöbe-Blossey, S. 2009: Jugendhilfe und Verwaltungsreform Zur Entwicklung der Rahmenbedingungen sozialer Dienstleistungen, Wiesbaden

Krug, H./Grüner, H./Dalichau, G. 2007: Kinder- und Jugendhilfe. Kommentar. Loseblattsammlung, Starnberg/Percha

Krüger, E. u.a. (Hrsg.) 2001: Erziehungshilfe in Tagesgruppen, 3. Aufl., Frankfurt/M.

Kruse, J./Reinhard, H.-J./Winkler, J. 2005: SGB II. Grundsicherung für Arbeitssuchende, Kommentar, München (zit. Kruse ua/Bearbeiter § x SGB II Rn y)

Kunkel, P. (Hrsg.) 2006: LPK SGB VIII, 3. Aufl., Baden-Baden (zitiert Bearbeiter, LPK – SGB VIII)

Kunkel, P.-C. 2005: Schnittstellen zwischen Jugendhilfe (SGB VIII), Grundsicherung (SGB II) und Arbeitsförderung (SGB III). Diskussionspapiere Nr. 2005-6, Kehl

Kunkel, P. 2002, in: Becker-Textor/Textor, M. (Hrsg.) SGB VIII – Online-Handbuch: www.sgbviii.de

Kury, H. (Hrsg.) 1985: Entwicklungstendenzen kriminologischer Forschung, Bd. 12, Interdisziplinäre Wissenschaft zwischen Politik und Praxis, Köln

Lakies, T. 1997: Vorläufige Maßnahmen zum Schutz von Kindern und Jugendlichen: §§ 42 und 43 SGB VIII, Stuttgart abc

Lakies, T. 1996: Probleme des Jugendhilferechts im System des Sozialgesetzbuches, in: Münder/Jordan, 76 ff (auch in: ZfJ 1996, 451 ff)

Lambach, R./Thurau, H. 1992: Bestand, Entwicklung und Leistungsmöglichkeiten von Tagesgruppen. Studien zur Jugend und Familienforschung, Band 11, Frankfurt/M.

Landesamt für Soziales und Familie 2003: Qualitätssicherung bestellter Vormundschaften und Pflegschaften. Abschlussbericht zum Modellprojekt, Erfurt

Landesamt für Soziales, Jugend und Versorgung – Landesjugendamt – Rheinland Pfalz 1999: Empfehlungen für die Mitwirkung im Jugendstrafverfahren in Rheinland-Pfalz, Mainz

Landesjugendamt (LJA) Hessen 1994: Empfehlungen zur Mitwirkung im Verfahren nach dem Jugendgerichtsgesetz (§ 52 KJHG) 27.4.1994, Kassel

Landesjugendamt (LJA) Rheinland-Pfalz 2008: Kindorientierte Hilfen bei Trennung und Scheidung durch Vernetzung von Familiengerichten, Anwälten, Jugendämtern, Beratungsstellen, Kindertagesstätten und Schulen, Main

Landesjugendamt Westfalen-Lippe (Hrsg.) 1997: Moderne Sozialarbeit – ein unkalkulierbares Risiko?, Tagungsunterlagen, Münster

Landeswohlfahrtsverband Baden 2002: Das neue Recht der Beistandschaft in der Praxis. Bericht über ein Forschungsprojekt in Baden, Karlsruhe

Landschaftsverband Rheinland (Hrsg.) 2007: Pädagogik und Zwang. Minderjährigenrechte und Freiheitsschutz, 5. Aufl., Köln

Lange C. 2001: Freie Wohlfahrtspflege und europäische Integration: zwischen Marktangleichung und sozialer Verantwortung, Frankfurt/M.

Langenfeld, C./Wiesner, R. 2004: Verfassungsrechtlicher Rahmen für die öffentliche Kinder- und Jugendhilfe bei Kindeswohlgefährdungen und seine einfachgesetzliche Ausfüllung, in: DIJuF 2004, 45 ff

Laubenthal, K. 1993: Jugendgerichtshilfe in Strafverfahren, Köln

Lautmann, R./Klimke, D./Sack, F. (Hrsg.) 2004: Punitivität. 8. Beiheft des Kriminologischen Journals, Weinheim

Lempp, R. 2006: Seelische Behinderung als Aufgabe der Jugendhilfe – § 35 a SGB VIII, 5. Aufl., Stuttgart

Liebig, R. 2001: Strukturveränderungen des Jugendamtes. Kriterien für eine ,gute' Organisation der öffentlichen Jugendhilfe, Weinheim/München

Lindemann, K.-H. 1998: Objektivität als Mythos. Die soziale Konstruktion gutachterlicher Wirklichkeit. Eine Analyse der sprachpragmatischen Strukturen in Gutachten und Berichten der Sozialarbeit/Sozialpädagogik, Münster

Lindner, W. (Hrsg.) 2008: Kinder- und Jugendarbeit wirkt – Aktuelle und ausgewählte Evaluationsergebnisse der Kinder- und Jugendarbeit, Wiesbaden

Lindner, W./Thole, W./Weber, J. (Hrsg.) 2003: Kinder- und Jugendarbeit als Bildungsprojekt, Opladen

Lipp, V./Schumann, E./Veit, B. (Hrsg.): Kindesschutz bei Kindeswohlgefährdung – neue Mittel und Wege?, Göttingen 2008

Littges, G. 2007: Jugendhilfe in Deutschland. Vorurteile und Verantwortlichkeit – Empirische und systematische Rekonstruktionen, Hamburg

Lorz, R. 2003: Der Vorrang des Kindeswohls nach Art. 3 der UN-KRK in der deutschen Rechtsordnung, National Coalition, Berlin

Lösel, F. 1993: Erziehen - Strafen - Helfen: Was brauchen straffällig gewordene Jugendliche?, in: Karrer, 6

Lösel, F./Bliesener, T. 1990: Resilience in Adolescence: A Study on the Generalizability of Protective Factors; in: Hurrelmann/Lösel (Hrsg.), 299

Lüders, C. 2008: Lebenslagen von Jugendlichen – demographische Entwicklungen und empirische Eckpunkte, in: AGJ 2008

Ludewig, J./Paar, N. 2001: Schulsozialarbeit, in: Fülbier/Münchmeier

Luhmann, N. 2006: Legitimation durch Verfahren, 6. Aufl., Frankfurt

Luthin, H. 1987: Gemeinsames Sorgerecht nach der Scheidung, Bielefeld

Maas, U. 1996: Soziale Arbeit als Verwaltungshandeln, 2. Aufl., Weinheim/München abc

Mack, W./Raab, E./Rabemacker, H. 2003: Schule, Stadtteil, Lebenswelt eine empirische Untersuchung, Opladen

Mähler, G./Mähler, H.-G. 1991: Das Verhältnis von Mediation und richterlicher Entscheidung. Eine rechtliche Standortbestimmung; in: Krabbe (Hrsg.), 148-169

Marks, E./Rössner, D. (Hrsg.) 1990: Täter-Opfer-Ausgleich. Vom zwischenmenschlichen Weg zur Wiederherstellung des Rechtsfriedens, 2. Aufl., Bonn-Bad Godesberg

Marquard, P. 2005: Das Jugendamt, in: Schröer/Struck/Wolff, 545 ff.

Marschner, R./Volckart, B. 2001: Freiheitsentzug und Unterbringung, 4. Aufl., München

Mäßen, C. 2001: Gutachterliche Überprüfung und Stellungsnahme zum Rahmenvertrag nach § 93 d Abs. 2 Bundessozialhilfegesetz für das Land Sachsen-Anhalt, Stuttgart

Maunz, T./Dürig, G. (Hrsg.) 2009: Grundgesetz, Kommentar; 54. Lieferung (Loseblatt), München, (zit. mit Bearbeiter)

May, J. 2003: Nur gewollte Hilfe bringt Veränderung, in: Stadtjugendamt Ludwigshafen (Hrsg.) 2003

Maydell, B. v./Ruland, F./Becker, U. (Hrsg.) 2008: Sozialrechtshandbuch SRH), 4. Aufl., Baden-Baden

Maykus, S. (Hrsg.) 2009: Praxisforschung in der Kinder- und Jugendhilfe. Theorie, Bespiele und Entwicklungsoptionen eines Forschungsfeldes, Wiesbaden

Menne, K. 1996: Erziehungsberatung 1993. Ratsuchende und Einrichtungen. in: Menne, K./Cremer, H./Hundsalz A.. (Hrsg.) 1996, 223 ff.

Menne, K./Cremer, H./Hundsalz A. (Hrsg.) 1996: Jahrbuch für Erziehungsberatung. Band 2. Weinheim und München

Menne, M./ Grundmann, B. 2007: Das neue Unterhaltsrecht. Einführung, Texte, Materialien mit Musterberechnungen, Beispielen und Synopsen, Köln

Menne, K./Schilling, H./Weber, M. (Hrsg.) 1993: Kinder im Scheidungskonflikt, Beratung von Kindern und Eltern bei Trennung und Scheidung, Weinheim

Menne, M./ Grundmann, B. 2007: Das neue Unterhaltsrecht. Einführung, Texte, Materialien mit Musterberechnungen, Beispielen und Synopsen, Köln

Merchel, J. 2008: Trägerstrukturen in der sozialen Arbeit. Eine Einführung, 2. Aufl., Weinheim/München

Merchel, J. 2006: Hilfeplanung bei den Hilfen zur Erziehung § 36 SGB VIII, 2. Aufl., Stuttgart

Merchel, J. 2006 a: Sozialmanagement: Eine Einführung in Hintergründe, Anforderungen und Gestaltungsperspektiven des Managements in Einrichtungen der sozialen Arbeit, 2. überarbeitete Auflage, Weinheim

Merchel, J. 2004: Qualitätsmanagement in der Sozialen Arbeit, 2.Aufl., Weinheim/ München

Merchel, J. 2003: Trägerstrukturen in der Sozialen Arbeit, Weinheim/ München

Merchel, J. 2002: Sozial- und Jugendhilfeplanung, in: Thole, 617 ff

Merchel, J. (Hrsg.) 1998: Qualität in der Jugendhilfe, Münster

Merchel, J. 1994: Kooperative Jugendhilfeplanung. Eine praxisbezogene Einführung, Opladen

Merchel, J./Schrapper, C. (Hrsg.) 1996: Neue Steuerung. Tendenzen der Organisationsentwicklung in der Sozialverwaltung, Münster

Messmer, H. 2007: Jugendhilfe zwischen Qualität und Kosteneffizienz, Wiesbaden

Meyer, D. 1999: Wettbewerbliche Neuorientierung der Freien Wohlfahrtspflege, Berlin

Meyer-Goßner, L. 2009: Strafprozessordnung mit GVG und Nebengesetzen, Kommentar, 52. Aufl., München

Meysen, T. 2008: Familiengerichtliche Anordnung von Maßnahmen nach § 1666 BGB und Entscheidungskompetenz des Jugendamtes – Aus Perspektive der Jugendhilfe?, in: Lipp/Schumann/Veit (Hrsg.) 2008, 76

Meysen, T. 2007: Rechtsfolgen bei der Verletzung fachlicher Standards, in: Münder/Wiesner 2007, 423 ff

Meysen, T. 2006: Welche Bedeutung haben im Fall einer Kindeswohlgefährdung die Datenschutzbestimmungen?, in: DJI 2006, Frage 40

Meysen, T. 2006 a: In welcher straf- und haftungsrechtlichen Verantwortung stehen die MitarbeiterInnen im ASD bei einer Kindeswohlgefährdung?, in: DJI 2006, Frage 37

Meysen, T. 2006 b: Datenschutz als Hindernis oder Chance für Kooperation zwischen Jugendhilfe und Strafjustiz/Polizei?, in: Elz, J. (Hrsg.), 51 ff

Meysen, T. 2004: Pflichtenstellung des Jugendamts bei einem Aufwachsen von Kindern und Jugendlichen in Pflegefamilien, in: DIJuF e.V. (Hrsg.) 2004

Meysen, T./Balloff, R./Finke, F./Kindermann, E./Niepmann, B./Rakete-Dombek, I./Stötzel, M. 2009: Das Familienverfahrensrecht – FamFG. Praxiskommentar mit Einführung, Erläuterungen, Arbeitshilfen, Köln

Meysen, T./Mörsberger, T. 2008: Haftung, in: Kreft/Mielenz, 401 ff

Meysen, T./Schönecker, L./Kindler, H. 2009: Frühe Hilfen im Kinderschutz. Rechtliche Rahmenbedingungen und Risikodiagnostik in der Kooperation von Gesundheits- und Jugendhilfe, Weinheim/ München

Michl, W. 2009: Erlebnispädagogik, München

Mielenz, I. 1994: Wo stößt die Jugendhilfe in ihrer Leistungsfähigkeit an die Grenzen anderer sozialer Systeme? Lebenslagen und qualitative Aspekte des KJHG im Hinblick auf eine notwendige Vernetzung sozialer Leistungen und Angebote, in: AGJ 1994, 20 ff

Ministerium für Generationen, Familie, Frauen und Integration Nordrhein-Westfalen 2008: Familienzentren, Münster

Ministerium für Generationen, Familie, Frauen und Integration Nordrhein-Westfalen (Hrsg.) 2005: Frühe Hilfen für Familien – Arbeitshilfe zum Aufbau und zur Weiterentwicklung sozialer Frühwarnsysteme, Münster

Ministerium für Generationen, Familie, Frauen und Integration Nordrhein-Westfalen (Hrsg.) 2005 a: Abschlussdokumentation. Soziale Frühwarnsysteme in Nordrhein-Westfalen – Ergebnisse und Perspektiven eines Modellprojekts, Münster

Ministerium für Gesundheit, Soziales, Frauen und Familie des Landes Nordrhein-Westfalen (Hrsg.) 2005: Soziales Frühwarnsysteme – frühe Hilfen für Familien. Arbeitshilfe zum Aufbau und zur Weiterentwicklung lokaler sozialer Frühwarnsysteme, Münster

Möller, W./Nix, C. 2006: Kurzkommentar zum SGB VIII - Kinder- und Jugendhilfe, München (zitiert: Möller/Nix/Bearbeiter)

Momberg, R. 1981: Die Ermittlungstätigkeit der Jugendgerichtshilfe und ihr Einfluss auf die Entscheidung des Jugendgerichts, Göttingen

Mörsberger, T. 2004: Zur Aufgabenstellung des Jugendamts bei Vernachlässigung, Misshandlung und sexuellem Missbrauch von Kindern und Jugendlichen; in DIJuF (Hrsg.) 2004, Köln

Mörsberger, T. 1992: Zu den rechtlichen Grundlagen von Trennungs- und Scheidungsberatung im neuen KJHG, in: Faltermeyer/Fuchs, 63 ff

Mörsberger, T. 1991: Wahrheitsfindung, Datenschutz und (Jugend)Hilfe – Ein Plädoyer wider die Dominanz der Justiz und den Opportunismus der Jugendgerichtshilfe; in: BMJ (Hrsg.) Jugendgerichtshilfe – Quo vadis?, Bonn, 149

Mörsberger, T./Restemeier, J. (Hrsg.) 1997: Helfen mit Risiko. Zur Pflichtenstellung des Jugendamts bei Kindesvernachlässigung, Neuwied

Mosandl, A. 2000: Aufgaben des Jugendamtes bei Trennung und Scheidung - Das Beispiel München, in: Buchholz-Graf/Vergho (Hrsg.), 94

Mrozynski, P. 2004: SGB VIII, Kinder- und Jugendhilfegesetz, 4. Aufl., München

Müller, C.W. 2008: Helfen und Erziehen. Soziale Arbeit im 20. Jahrhundert, 2. Aufl., Weinheim/ Basel

Müller, G./Sieghörtner, R./Emmerling de Oliveira, N. 2007: Adoptionsrecht in der Praxis, Bielefeld

Müller, S. 1992: Brauchen Jugendliche einen Anwalt?, in: Otto/Hirschauer/Thiersch (Hrsg.), 61-71

Müller, S./Otto, H.-U. (Hrsg.) 1986: Damit Erziehung nicht zur Strafe wird, Bielefeld

Müller, S./Otto, H.-U. 1986 a: Sozialarbeit im Souterrain der Justiz, in: Müller/Otto 1986, VII ff

Müller, S./Trenczek, T. 2005: Jugendgerichtshilfe – Jugendhilfe und Strafjustiz, in: Otto/Thiersch 2005, 857 ff

Münchner Kommentar zum Bürgerlichen Gesetzbuch (Hrsg.: Rebmann, K./Säcker, F.J./Rixecker, R.) 2008: Band 8, Familienrecht II (§§ 1589–1921), 5. Aufl., München (zit.: MünchKomm/Bearbeiter)

Münchner Kommentar zum Bürgerlichen Gesetzbuch (Hrsg.: Rebmann, K./Säcker, F.J.) 2000: Band 7, Familienrecht I (§§ 1297–1588), 4. Aufl., München (zit.: MünchKomm/Bearbeiter)

Münder, J. (Hrsg.) 2009: Sozialgesetzbuch II – Grundsicherung für Arbeitsuchende, 3. Aufl., Baden-Baden (zitiert: Autor in LPK-SGB II)

Münder, J. 2009 a: Ist der § 13 SGB VIII noch zeitgemäß?, Gutachten der BBJ Service gGmbH

Münder, J. (Hrsg.) 2008: Sozialgesetzbuch XII – Sozialhilfe, 8. Aufl., Baden-Baden (zitiert: Autor in: LPK-SGB XII)

Münder, J. 2007: Die Leistungen und andere Aufgaben der Kinder- und Jugendhilfe als Sozialleistungen, in: Münder/Wiesner 2007, 188 ff.

Münder, J. 2007 a: Finanzierungsstrukturen bei der Leistungserbringung oder Aufgabenwahrnehmung durch Dritte in: Münder/Wiesner 2007, 476 ff.

Münder, J. 2007 b: Kinder- und Jugendhilferecht, 6. Aufl., Köln

Münder, J. 2002: Finanzierungsstrategien in der Kinder- und Jugendhilfe, in: Sachverständigenkommission Elfter Kinder- und Jugendbericht, Band 1, 105 ff

Münder, J. 2001: Sozialraumorientierung und das Kinder- und Jugendhilferecht, in: SPI SOS-Kinderdorf e.V., 6 ff

Münder, J. 1997: Die Finanzierung der Kindergärten und Horte freier Träger, Bremen

Münder, J. 1996: Qualitätsstandards bei Sozialleistungen. Einige juristische Orientierungen angesichts neuer Unübersichtlichkeiten, in: Münder/Jordan, 214 ff

Münder, J. 1994: Die Übernahme sozialstaatlicher Aufgaben durch freie Träger – eine Falle für die freien Träger?, (BBJ Consult Info III/IV), Berlin

Münder, J. 1990: Neue Subsidiarität: Ausgangslagen und Perspektiven, in: Münder/Kreft 1990, 72 ff.

Münder, J./Becker, S. 2000: Rechtliche Aspekte von Jugendhilfeplanung und Jugendhilfeplänen, in: Jordan/Schone, 207 ff

Münder, J./Boetticher, A. v. 2004: Teilnahme am Wettbewerb bei der Vergabe von Leistungen – zur Anwendung des § 7 Nr. 6 VOL/A, Berlin (Gutachten)

Münder, J./Boetticher, A. v. 2003: Wettbewerbsverzerrungen im Kinder- und Jugendhilferecht im Lichte des europäischen Wettbewerbsrechts, in: Schriftenreihe des VPK-Bundesverbands, Band I, Berlin

Münder, J./Ernst, R. 2008: Familienrecht – eine sozialwissenschaftliche orientierte Einführung, 6. Aufl., Köln

Münder, J./Hannemann, A./Bindel-Kögel, G. u.a. 2009: Verfahrenspflegschaft – Innovation durch Recht, Münster

Münder, J./Jordan, E. (Hrsg.) 1996: Mut zur Veränderung. Festschrift zum 60. Geburtstag von Dieter Kreft, Münster

Münder, J./Kreft, D. (Hrsg.) 1990: Subsidiarität heute, Münster

Münder,./Lakies, T. 1996: Entwicklung der Rechtsprechung zu § 1632 Abs. 4 BGB, in: Gintzel, 138 ff

Münder, J./Mutke, B. u.a. 2007: Das Kindschaftsrecht in der Praxis der Jugendhilfe, München

Münder, J./Mutke, B./Schone, R. 2000: Kindeswohl zwischen Jugendhilfe und Justiz. Professionelles Handeln in Kindeswohlverfahren, Münster

Münder, J./Ottenberg, P. 1999: Der Jugendhilfeausschuss, Münster

Münder, J./Wiesner, R. 2007: Kinder- und Jugendhilferecht – Handbuch, Baden-Baden

Münder, J. u.a. 1988: Frankfurter Kommentar zum Gesetz für Jugendwohlfahrt, 4. Aufl., Weinheim/ Basel

Napp-Peters, A. 1995: Familien nach der Scheidung, München abc

Napp-Peters, A. 1992: Die Familie im Prozess von Trennung, Scheidung und neuer Partnerschaft, in: Hahn, 13

Napp-Peters, A. 1988: Scheidungsfamilien (Arbeitshilfen des DV, Heft 37), Frankfurt/M.

Neufer, M.2009: Case Management. Soziale Arbeit mit Einzelnen und Familien, 4. Aufl., Weinheim

Neumann, V. 1992: Freiheitsgefährdung im kooperativen Sozialstaat, Köln

Neumann, V./Mönch-Kalina, C. 1997: Jugendhilferechtliche Sozialleistungs- und Teilhabeansprüche im Kindergartenbereich, Stuttgart

Neumann, V./Nielandt, D./Phillipp, A. 2004: Erbringung von Sozialleistungen und Vergaberecht? Gutachten im Auftrag des Deutschen Caritasverbandes und des Diakonischen Werks der EKD, Baden-Baden

Nienhaus, G. 1999: Subjektive Erklärungskonzepte jugendlicher Delinquenz: Qualitative Inhaltsanalysen sozialpädagogischer Stellungnahmen der Jugendgerichtshilfe (Diss. Univ. Essen)

Nienstedt, M./Westermann, A. 1998: Pflegekinder, Psychologische Beiträge zur Sozialisation von Kindern in Ersatzfamilien, 5. Aufl., Münster

Nothhafft, S. 2008: Landesgesetzliche Regelungen im Bereich des Kinderschutzes bzw. der Gesundheitsvorsorge. Informationszentrum Kindesmisshandlung/Kindesvernachlässigung (Hrsg.), Deutsches Jugendinstitut, München

Oberloskamp, H./Borg-Laufs, M./Mutke, B. 2009: Gutachtliche Stellungnahmen in der sozialen Arbeit, 7. Aufl., Neuwied abc

Oberloskamp, H./ Ballof, R./ Fabian, T. 2001: Gutachterliche Stellungnahmen in der sozialen Arbeit, 6. Aufl., Neuwied

Olk, T. 2008: Bürgerschaftliches Engagement, in: Kreft/Mielenz, 186 ff

Olk, T. 2005: Träger der Sozialen Arbeit, in: Otto/Thiersch, 1910 ff

Olk, T. 2000: Strukturelle und fachliche Konsequenzen der Sozialraumorientierung in der Jugendhilfe – Auswirkungen auf Träger, Adressaten und das Jugendamt, in: Schröder, 10 ff

Olk, T. 1990: Förderung und Unterstützung freiwilliger sozialer Tätigkeiten. Eine neue Aufgabe für den Sozialstaat?, in: Heinze/Offe, 244 ff

Olk, T./Otto, H.-U. (Hrsg.) 2003: Soziale Arbeit als Dienstleistung. Grundlegungen, Entwürfe und Modelle, Neuwied

Ordemann, H./Schomerus, R. 1988: Bundesdatenschutzgesetz mit Erläuterungen, 4. Aufl., München

Ossenbühl, F. 1981: Das elterliche Erziehungsrecht im Sinne des Grundgesetzes, Berlin

Ostendorf, H. 2007: Jugendgerichtsgesetz, 7. Aufl., Baden-Baden

Ostler, T./Ziegenhain, U. 2007: Risikoeinschätzung bei (drohender) Kindeswohlgefährdung; in: Ziegenhain/Fegert, 67

Otto, H.-U./Hirschauer, P./Thiersch, H. (Hrsg.) 1992: Zeit-Zeichen sozialer Arbeit, Neuwied

Otto, H-U./Oelkers, J. (Hrsg.) 2006: Zeitgemäße Bildung. Herausforderung für Erziehungswissenschaft und Bildungspolitik, München, Basel

Otto, H./Rauschenbach, T. (Hrsg.) 2008: Die andere Seite der Bildung zum Verhältnis von formellen und informellen Bildungsprozessen, 2. Aufl., Wiesbaden

Otto, H.-U./Rauschenbach,T. (Hrsg.) 2004: Bildung ist mehr als Schule, Wiesbaden

Otto, H.-U./Thiersch, H. (Hrsg.) 2005: Handbuch der Sozialarbeit/Sozialpädagogik, 3. Aufl., Neuwied

Oxenknecht-Witzsch, R./ Ernst, R./ Horlbeck, M.L. (Hrsg.) 2008: Soziale Arbeit und Soziales Recht, Festschrift für Helga Oberloskamp, Köln

Palandt, O. (Hrsg.) 2009: Bürgerliches Gesetzbuch. Kommentar, 68. Aufl., Münchenabc

Paulitz, H./Bach, R. u.a. 2006: Adoption - Positionen, Impulse, Perspektiven, 2. Aufl., München

Permien, H. 1987: Beratung und Begleitung von Pflegeverhältnissen, in: Deutsches Jugendinstitut (DJI) e.V. (Hrsg.) 1987, 212 ff

Peter, E. 2001: Das Recht der Flüchtlingskinder, Karlsruhe

Peterich, P. 2000: Zum sozialpädagogisch begründeten Umgang mit Jugendlichen und Heranwachsenden, die straffällig geworden sind, in: BAG NAM 2000 (Hrsg.), 120 ff.

Pfeiffer, C. 1992: Neue kriminologische Forschungen zur jugendrechtlichen Sanktionspraxis in der Bundesrepublik Deutschland; in BMJ (Hrsg.), Grundfragen des Jugendkriminalrechts und seiner Neuregelung, Bonn, 60 ff

Pieplow, L. 1989: Erziehung als Chiffre, in: Walter, 5 ff

PISA- Konsortium Deutschland (Hrsg.) 2004: PISA 2003 – der Bildungsstand der Jugendlichen in Deutschland – Ergebnisse des zweiten internationalen Vergleichs, Münster

Pitschas, R. 2002: Kriminalprävention und „Neues Polizeirecht". Zum Strukturwandel des Verwaltungsrechts in der Risikogesellschaft, Schriftenreihe der Hochschule Speyer (HS 148), Berlin

Planungsgruppe PETRA 1995: Erziehungsstellen – Professionelle Erziehung in privaten Haushalten, Frankfurt/M.

Plaschke, J. 1986: Subsidiarität und „neue Subsidiarität". Wandel der Aktionsformen gesellschaftlicher Problembewältigung, in: Bauer/Dießenbach 1986, 134 ff

PRO ASYL (Hrsg.) 2000: Menschenwürde mit Rabatt – Leitfaden und Dokumentation zum Asylbewerberleistungsgesetz, 2. Aufl., Frankfurt/M.

Projektgruppe WANJA (Hrsg.) 2000: Handbuch zum Wirksamkeitsdialog. Qualität sichern, entwickeln und verhandeln, Münster

Proksch, R. 2004: Theorie und Praxis von Mediation in Familienkonflikten, Köln

Proksch, R. 2002: Rechtstatsächliche Untersuchung zur Reform des Kindschaftsrechts, Köln

Proksch, R. 2002 a: Begleitforschung zur Umsetzung der Neuregelungen zur Reform des Kindschaftsrechts, Abschlussbericht, www.iska-nuernberg.de

Proksch, R. 2001: Kooperative Vermittlung (Mediation) in streitigen Familiensachen. Praxiseinführung und Evaluation von kooperativer Vermittlung zur Förderung einvernehmlicher Sorge- und Umgangsregelungen und zur Entlastung der Familiengerichtsbarkeit und Anlagenband, (Schriftenreihe des BMFSFJ, Band 159.2), Berlin/Köln

Proksch, R. 1999: Mediation – Vermittlung in familiären Konflikten. Einführung von Mediation in die Kinder- und Jugendhilfe, Nürnberg/Bonn

Proksch, R. 1998: Praxiserprobung von Vermittlung (Mediation) in streitigen Familiensachen, (Schriftenreihe des BMFSFJ, Band 159.1), Berlin/Köln

Proksch, R. 1996: Sozialdatenschutz in der Jugendhilfe, Münster

Proksch, R. 1992: Divorce Mediation (Scheidungsfolgenvermittlung), in: Faltermeier/ Fuchs, 109 ff

Proksch, R. 1991: Berufsvorbereitung, Berufsausbildung und Beschäftigung junger Menschen als Aufgabe der Jugendsozialarbeit. Ein Überblick über Regelungen nach dem neuen Kinder- und Jugendhilfegesetz – KJHG, in: BBJ-INFO, Berlin

Prölß, R. 2004: Jugendhilfe in einer neuen Kultur des Aufwachsens, in: Kreft u.a., 240 ff

Radtke, E. /Schröter, I. 2000: Soziale Trainingskurse – Soziale Gruppenarbeit, in: DVJJ (Hrsg.) 2000abc

Radüge, A. u.a. (Hrsg.) 2007: juris PraxisKommentar SGB II. Grundsicherung für Arbeitssuchende, 2. Aufl., Saarbrücken

Rauschenbach, T./Düx, W./Sass, E. 2007: Informelles Lernen im Jugendalter. Vernachlässigte Dimensionen der Bildungsdebatte, 2. Aufl., Weinheim/München

Rauschenbach, T./Sachße, C./Olk, T. 1995: Von der Wertegemeinschaft zum Dienstleistungsunternehmen. Jugend- und Wohlfahrtsverbände im Umbruch, Frankfurt/M.

Rauschenbach, T./Schilling, M. (Hrsg.) 2005: Kinder- und Jugendhilfereport 2, Analysen, Befunde und Perspektiven, Weinheim/München

Rauschenbach, T./Züchner, I. 2007: Grundlegung: gesellschaftliche Rahmen, Stellung des Kinder- und Jugendhilferechts – Lebenslagen von Kindern und Jugendlichen In Deutschland, in: Münder/Wiesner (Hrsg.) 2007, 11 ff

Redeker, K. 1995: Frage der künftigen Finanzierung von Kindertageseinrichtungen freier Träger, Bonn

Reichert-Garschhammer, E. 2003: Abwendung von Gefährdungen des Kindeswohls, in: BayStMAS/ IFP, 306 ff

Reichert-Garschhammer, E. 2001: Qualitätsmanagement im Praxisfeld Kindertageseinrichtung. Blickpunkt: Sozialdatenschutz (Staatsinstitut für Frühpädagogik), Kronach

Remschmidt, H./Schmidt, M./Poustka, F. (Hrsg.) 2006: Multiaxiales Klassifikationsschema für psychische Störungen des Kindes- und Jugendalters nach ICD-10 der WHO. Mit einem synoptischen Vergleich von ICD-10 mit DSM-IV. 5. Aufl., Bern

Remschmidt, H./Schüler-Springorum, H. (Hrsg.) 1979: Jugendpsychiatrie und Recht. Festschrift für Hermann Stutte, Köln

Renn, H./Schoch, D. 2007: Grundsicherung für Arbeitssuchende (SGB II). Das neue Sozialleistungsrecht für hilfebedürftige erwerbsfähige Personen, 2. Aufl., Baden-Baden

Richter, I. 2004: Verträge unter Ungleichen, in: Kreft u.a., 212 ff

Riechert-Rother, S. 2008: Jugendarrest und ambulante Maßnehmen. Anspruch und Wirklichkeit des 1. JGGÄndG, Hamburg

Riekenbrauk, K. 2008: Strafrecht und Soziale Arbeit, 3. Aufl., München

Röchling, W. 2006: Adoption, 3. Aufl., München

Röchling, W. 2002: Handbuch Anwalt des Kindes. Verfahrenspflegschaft für Kinder und Jugendliche, Baden-Baden

Röchling, W. 1997: Vormundschaftsgerichtliches Eingriffsrecht und KJHG, Neuwied

Rolf, A.S./Masten, D. u.a. (Hrsg.) 1990: Risk and protective factors in the development of pychopathology, Cambridge

Rosenboom, E. 2006: Die familiengerichtliche Praxis in Hamburg bei Gefährdung des Kindeswohls durch Gewalt und Vernachlässigung nach §§ 1666, 1666 a BGB, Bielefeld

Rössner, D. 1990: Wiedergutmachen statt Übelvergelten. (Straf-)Theoretische Begründung und Eingrenzung der Kriminalpolitischen Idee, in: Marks/Rössner, 7

Rothkegel, R. (Hrsg.) 2005: Sozialhilferecht: Existenzsicherung, Grundsicherung (Handbuch), Baden-Baden

Rudolph, J. 2007: Du bist mein Kind. Die „Cochemer Praxis" – Wege zu einem menschlicheren Familienrecht. Berlin

Rupp, M. 2005: Rechtstatsächliche Untersuchung zum Gewaltschutzgesetz, Köln

Rutter, M. 1990: Psychosocial resilience and protective mechanism; Psychosocial resilience and protective mechanisms; in: Rolf, A.S./Masten, D. u.a. (Hrsg.), 181

Sachs, M. (Hrsg.) 2009: Grundgesetz Kommentar, 5. Aufl., Münchenabc

Sachße, C. 2008: Subsidiarität, in: Kreft/Mielenz, 942 ff

Sachße, C./Tennstedt, F. 1998: Geschichte der Armenfürsorge in Deutschland. Vom Spätmittelalter bis zum 1. Weltkrieg, 2. Aufl., Stuttgart

Sachverständigenrat zur Begutachtung der Entwicklung des Gesundheitswesens 2009: Koordination und Integration – Gesundheitsversorgung in einer Gesellschaft des längeren Lebens. Sondergutachten, Berlin

Salgo, L. 2007: § 8 a SGB VIII - Anmerkungen und Überlegungen zur Vorgeschichte und den Konsequenzen der Gesetzesänderung; in: Ziegenhain/Fegert (Hrsg.), 9

Salgo, L. 2001: Freiheitsentziehende Maßnahmen nach § 1631 b BGB – materiellrechtliche Voraussetzungen und gerichtliches Verfahren; in: Fegert u.a. (Hrsg.), 25 ff

Salgo, L. 2001 a: Die Mitarbeiter der Kinder- und Jugendhilfe/des ASD im Spannungsfeld des Paradigmenwechsels „Sozialpädagogische Dienstleister und/oder hoheitliche Wächter des Kindeswohls", in: DV 2001, 17 ff

Salgo, L. 1996: Anwalt des Kindes, Frankfurt/M.

Salgo, S./Zenz, G./Fegert, J. M./Bauer, A./Weber, C./Zitelmann, M. (Hrsg.) 2009: Verfahrensbeistandschaft. Ein Handbuch für die Praxis, Köln

Salgo, L./Zenz, G./Fegert, J./Bauer, A./Weber, C./Zitelmann, M. 2002: Verfahrenspflegschaft für Kinder und Jugendliche. Ein Handbuch für die Praxis, Bonn

Santen, E. van/Marmir, J./Pluto, L./Seckinger, M./Zink, G. 2003: Kinder- und Jugendhilfe in Bewegung – Aktion oder Reaktion?, München

Schäfer, K. 2009: Praxisforschung und ihre Bedeutung für die Kinder- und Jugendhilfepolitik, in: Maykus 2009

Schellhorn, W. (Hrsg.) 2007: SGB VIII/KJHG – Sozialgesetzbuch. Achtes Buch. Kinder- und Jugendhilfe, Kommentar, 3. Aufl., München

Schellhorn, W./ Schellhorn, H./Hohm, K.-H. 2006: Kommentar zum SGB XII, 17. Aufl., München

Schilling, M. 2007: Kinder- und Jugendhilfestatistik, in: Münder/Wiesner (Hrsg.) 2007, 393-399

Schilling, M. 2003: Die amtliche Kinder- und Jugendhilfestatistik. Dissertation am Fachbereich 12 der Universität Dortmund. Dortmund (http://deposit.ddb.de/cgi-bin/docserv? idn=966542657, 30.06.2007)

Schlink, B. 1991: Jugendgerichtshilfe zwischen Jugend und Gerichtshilfe – Verfassungsrechtliche Bemerkungen zu § 38 JGG, in: BMJ (Hrsg.) 1991, 51 ff

Schlink, B. 1985: Gewaltenteilung in der Verwaltung. Verfassungsrechtliche Vorgabe für Amtshilfe und Datenschutz im Bereich der sozialen Arbeit, in: Frommann/Mörsberger/Schellhorn, 39 ff

Schlink, B. 1982: Die Amtshilfe. Ein Beitrag zu einer Lehre von der Gewaltenteilung in der Verwaltung, Berlin, 237 ff

Schlink, B./Schattenfroh, S. 2001: Zulässigkeit der geschlossenen Unterbringung in Heimen der öffentlichen Jugendhilfe, in: Fegert u.a., 73 ff

Schmähl, W. (Hrsg.) 2003: Soziale Sicherung und Arbeitsmarkt, Berlin

Schmid, H. 2004: Die Hilfeplanung nach § 36 SGB VIII, Frankfurt/M.

Schmidt, M. 2005: Begutachtung von Kindern und Jugendlichen; in: Egle u.a. (Hrsg.), 211

Schmitt, J. 1990: Leistungserbringung durch Dritte im Sozialrecht, Köln

Schoepffer, W. 1999: Einrichtungen und Dienste, in: DV 1999, 131 ff

Schone, R. 2008: Kontrolle als Element von Fachlichkeit in den sozialpädagogischen Diensten der Kinder- und Jugendhilfe. Expertise. Arbeitsgemeinschaft für Kinder- und Jugendhilfe – AGJ (Hrsg.), Berlin

Schone, R. 1999: Kommunikation und Kooperation – Anforderungen an die Arbeitsweise des Allgemeinen Sozialen Dienstes im Kontext der Kindeswohlgefährdung; in: Verein für Kommunalwissenschaften (VfK) e.V. 1998, 30 ff

Schone, R./Wagenblass, S. 2003: Wenn Eltern psychisch krank sind …, Münster

Schönke, A./Schröder, H. 2006: Strafgesetzbuch, 27. Aufl., München (zitiert: Schönke/Schröder/Bearbeiter)

Schrapper, C. 2008: Diagnostik, sozialpädagogische und Fallverstehen; in: Kreft/Mielenz, 189

Schrapper, C. 2008 a: Kinder vor Gefahren für ihr Wohl schützen – Methodische Überlegungen zur Kinderschutzarbeit sozialpädagogischer Fachkräfte in der Kinder- und Jugendhilfe, in: Institut für Sozialarbeit und Sozialpädagogik e.V. (Hrsg.) 2008

Schrapper, C. (Hrsg.) 2004: Sozialpädagogische Diagnostik und Fallverstehen in der Jugendhilfe, Weinheim

Schrapper, C. 2002: Welchen Beitrag kann die Jugendhilfe zur Sicherung des Kindeswohls leisten?, in: Verein für Kommunalwissenschaften (VfK) e.V. 2002, 12 ff

Schrapper, C. 1997:… mit einem Bein im Gefängnis?, in: Landesjugendamt Westfalen-Lippe 1997

Schrapper, C./Sengeling, D./Wickenbroch, W. 1987: Welche Hilfe ist die richtige?, Frankfurt/M.

Schröer, W./Struck, N./Wolff, M. (Hrsg.) 2005: Handbuch – Kinder- und Jugendhilfe, Weinheim/München

Schröder, J. (Hrsg.) 2000: Sozialraumorientierung und neue Finanzierungsformen: Konsequenzen für die Leistungsberechtigten und die Strukturen der Jugendhilfe, Bonn

Schüler-Springorum, H. (Hrsg.) 1982: Mehrfach auffällig. Untersuchungen zur Jugendkriminalität, München

Schulze, H. 2007: Handeln im Konflikt. Eine qualitativ-empirische Studie zu Kindesinteressen und professionellem Handeln im Familiengericht und Jugendhilfe, Würzburg

Schwengers, C. 2007: Eingliederungshilfen für seelisch behinderte Kinder und Jugendliche nach § 35 a SGB VIII im Verhältnis zu konkurrierenden Leistungen nach dem (Sozial-)Leistungsrecht. Zugleich ein Beitrag zu öffentlich-rechtlichen Ausgleichsansprüchen bei Doppelzuständigkeiten von Leistungsträgern, Stuttgart

Seckinger, M. u.a. 1998: Situation und Perspektiven der Jugendhilfe, München

Seidenstücker, B. 2004: Akzeptanz, Sehnsüchte und Bildungsansprüche der deutschen Jugendhilfe(n), in: Kreft, u.a., 274 ff

Sgolik, V. 2000: Aufgaben des Jugendamtes bei Trennung und Scheidung - Das Beispiel Regensburg, in: Buchholz-Graf/Vergho (Hrsg.), 78

Simitis, S. 1992: Kindeswohl - eine Diskussion ohne Ende?, in: Goldstein/Freud/Solnit, 169

Sonnen, B. 2009: Geschlossene Unterbringung, in: Cornel u.a. (Hrsg.) 2009, 148

Sonnen, B. 2004: Zwischen Jugendhilfe- und Jugendstrafrecht, in: SPI, 290 ff

Späth, K. 2001: Vorläufige Maßnahmen zum Schutz von Kindern und Jugendlichen (§§ 42 und 43 SGB VIII), in: DV 2001, 71 ff

Späth, K. 2001 a: Tagesgruppen, in: Birtsch/Münstermann/Trede u.a., 572 ff

Späth, K. 2001 b: Die Partizipation Minderjähriger in gerichtlichen Verfahren zur Genehmigung oder Anordnung freiheitsentziehender Maßnahmen unter besonderer Berücksichtigung der Rolle und Aufgabenstellung von Verfahrenspflegern; in: Fegert u.a., 59-72

SPI: Sozialpädagogisches Institut im SOS-Kinderdorf e.V. (Hrsg.) 2005: Hilfeplanung reine Formsache?, München

SPI: Sozialpädagogisches Institut im SOS-Kinderdorf e.V. (Hrsg.) 2003: Qualitätsentwicklung und Qualitätswettbewerb in der stationären Erziehungshilfe, München

Spiegel, H. v. 2004: Methodisches Handeln in der Sozialen Arbeit, 2. Aufl., München/Basel

Spieß, K./Büchel, F. 2003: Effekte der regionalen Kindergarteninfrastruktur auf das Arbeitsangebot von Müttern, in: Schmähl, 95 ff;

Spieß, K./Schupp, J./Grabka, M. 2002: Abschätzung der Brutto-Einnahmeeffekte öffentlicher Haushalte und der Sozialversicherungsträger bei einem Ausbau von Kindertageseinrichtungen, Schriftenreihe des BMFSFJ, Band 233

Staatsinstitut für Frühpädagogik (IFP) 2001: Vorläufige Deutsche Standards zum begleiteten Umgang, München

Stadt Essen 2004: Aktenführung und Methodisches Arbeiten in den Sozialen Diensten, 3. Aufl., Essen

Stadt Frankfurt a. M. 2004: Vereinbarung über die Mitwirkung des Jugend- und Sozialamts im familiengerichtlichen Verfahren; in DIJuF 2004 (Hrsg.), 131

Stadtjugendamt Ludwigshafen (Hrsg.) 2003: Hilfeplanung nach § 36 Kinder- und Jugendhilfegesetz. Eine Arbeitshilfe für die Praxis der Sozialen Dienste, Weinheim, Basel, Berlin

Stascheit, U. 2008: Junge Arbeitslose zwischen SGB II- und SGB VIII-Trägern, in: Oxenknecht-Witzsch/Ernst/Horlbeck, FS für Helga Oberloskamp, 165

Statistisches Bundesamt 2008: 16 Jahre Kinder- und Jugendhilfegesetz in Deutschland, Ergebnisse der Kinder- und Jugendhilfestatistiken Erzieherische Hilfen 1991 bis 2006, Wiesbaden

Statistisches Bundesamt (Hrsg.) 2006: Armut und Lebensbedingungen. Ergebnisse aus „Leben in Europa" für Deutschland 2005, Presseexemplar im Internet: http://www.destatis.de7dt_erheb/leben-ineuropa/ergeb.htm

Statistisches Bundesamt 2006 a: Statistiken der Kinder- und Jugendhilfe, Betreuung einzelner junger Menschen, Begonnene, Beendete und Hilfen am 31.12. 2005, Wiesbaden

Statistisches Bundesamt 2005: Kinder- und Jugendhilfestatistiken – Vorläufige Schutzmaßnahmen, Wiesbaden (http://www.destatis.de/themen/d/thm_sozial.php.)

Statistisches Bundesamt 2004: Kindertagesbetreuung in Deutschland, Wiesbaden

Statistisches Bundesamt 2004 a: Rechtspflege Familiengerichte, Wiesbaden

Statistisches Bundesamt 2003: Bevölkerung Deutschlands bis 2050, Wiesbaden

Statistisches Bundesamt 2002: Statistisches Jahrbuch für die Bundesrepublik Deutschland 2001, Stuttgart

Statistisches Bundesamt/WZB/ZUMA 2006: Datenreport 2006 – Zahlen und Fakten über die Bundesrepublik Deutschland (Schriftenreihe der Bundeszentrale für politische Bildung, Band 544), Bonn

Staudinger, J. 2007: Kommentar zum Bürgerlichen Gesetzbuch, 4. Buch Familienrecht §§ 1626-1633 (14. Bearbeitung) Berlin (zit. Staudinger-Bearbeiter)

Staudinger, J. 2006: Kommentar zum Bürgerlichen Gesetzbuch. 4. Buch Familienrecht §§ 1684-1717, Berlin

Staudinger, J. 2004: Kommentar zum Bürgerlichen Gesetzbuch, 4. Buch Familienrecht §§ 1638-1683 (13. Bearbeitung) Berlin (zit. Staudinger-Bearbeiter)

Steege, G./Szylowicki, A. 1996: Bereitschaftspflege – Zur historischen und fachlichen Entwicklung und zur aktuellen Situation einer besonderen Form der Vollzeitpflege, in: Gintzel, 180 ff

Steindorff, C. 1994: Vom Kindeswohl zu den Kindesrechten, Neuwied

Stiftung zum Wohl des Pflegekindes (Hrsg.) 1998: 1. Jahrbuch des Pflegekinderwesens, Idstein

Stöbe-Blossey, S. 2008: Auswirkungen der neuen Steuerungsmodelle auf Rahmenbedingungen des Kinderschutzes IAQ-Studie zur Verwaltungsmodernisierung im Jugendamt, Report 02/08

Stoppel, M. 2005: Pädagogik und Zwang; Minderjährigenrechte und Freiheitsschutz; LJA Rheinland, 4. Aufl.

Struck, N. 2007: Möglichkeiten der Absicherung von Unterstützungsangeboten für Kinder und Jugendliche bei häuslicher Gewalt – Konsequenzen für die Jugendhilfe, in: Kavemann/Kreyssig

Struck, N./Galuske, M./Thole, W. (Hrsg.) 2003: Reform der Heimerziehung – Eine Bilanz, Opladen

Sturzbecher, D. 2007: Ressourcen fördern - Zauberwort oder realistische Chance für Jugendhilfe und Ambulante Maßnahmen; unveröff. Vortragsmanuskript 21.-23. 11.2007, 25. BAG NAM/DVJJ Praktikertagung, Hofgeismar

Sturzbecher, D. 2003: Kinder stark machen ...; Potsdamer Beiträge zur Kinder- und Jugendforschung, Potsdam

Swientek, C. 1986: Die "abgebende Mutter" im Adoptionsverfahren: eine Untersuchung zu den sozioökonomischen Bedingungen der Adoptionsfreigabe, zum Vermittlungsprozess und den psychosozialen Verarbeitungsstrategien, Bielefeld

Tammen, B. 2007: Hilfen zur Erziehung, in: Münder/ Wiesner (Hrsg.), 244abc

Tammen, B. 2007 a: Hilfen für junge Volljährige, in: Münder/Wiesner (Hrsg.), 287

Tenhumberg, A./Michelbrink, M. 1998: Vermittlung traumatisierter Kinder in Pflegefamilien, in: Stiftung zum Wohl des Pflegekindes (Hrsg.), 106 ff

ten Venne, C. 2009: Zur Arbeit mit Herkunftseltern im Adoptionsvermittlungsprozess, Diplomarbeit, Jena

Textor, M. (Hrsg.) 1995: Praxis der Kinder- und Jugendhilfe. Handbuch für die sozialpädagogische Anwendung des KJHG, 2. Aufl., Weinheim

Thiem-Schräder, B. 1989: Normalität und Delinquenz, Bielefeld

Thiersch, H. 1995: Lebenswelt und Moral: Beiträge zur moralischen Orientierung sozialer Arbeit, Weinheim

Thole, W. (Hrsg.) 2002: Grundriss Soziale Arbeit. Ein einführendes Handbuch, Wiesbaden

Thomas, H./Putzo, H. 2008: Kommentar zur ZPO, 29. Aufl., München

Trenczek, T. 2009: Allgemeine Jugendhilfe, in: Cornel u.a., 102

Trenczek, T. 2009 a: Jugendgerichtshilfe, in: Cornel u.a., 116

Trenczek, T. 2009 b: Jugendstraffälligenhilfe, in: Cornel u.a., 128

Trenczek, T. 2008: Inobhutnahme: Krisenintervention und Schutzgewährung durch die Jugendhilfe §§ 8 a, 42 SGB VIII, 2. Aufl., Stuttgart u.a.

Trenczek, T. 2008 a: Grundzüge des Strafrechts; in Trenczek u.a. 2008, 516 ff

Trenczek, T. 2007: Eilmaßnahmen zum Schutz von Minderjährigen, in: Münder/Wiesner (Hrsg.), 311 ff

Trenczek, T. 2007 a: Die Mitwirkung der Jugendhilfe in gerichtlichen Verfahren, in: Münder/Wiesner (Hrsg.), 342 ff

Trenczek, T. 2007 b: Mitwirkung in der Jugendgerichtsbarkeit, in: Münder/Wiesner (Hrsg.), 355 ff

Trenczek, T. 2003: Die Mitwirkung der Jugendhilfe im Strafverfahren. Konzeption und Praxis der Jugendgerichtshilfe, Münster

Trenczek, T. 2002: Hilfen zur Erziehung: Leistungsvoraussetzungen und Rechtsfolgen; in: Becker-Textor/Textor (Hrsg.): SGB VIII Online Handbuch: www.sgbviii.de

Trenczek, T. 2000: Rechtliche Grundlagen der neuen ambulanten Maßnahmen und sozialpädagogischen Hilfeangebote für junge Straffällige, in: Bundesarbeitsgemeinschaft Neue Ambulante Maßnahmen (Hrsg.) 2000, 17 ff

Trenczek, T. 1996: Strafe, Erziehung oder Hilfe? Neue ambulante Maßnahmen und Hilfen zur Erziehung – Sozialpädagogische Hilfeangebote für straffällige junge Menschen im Spannungsfeld von Jugendhilferecht und Strafrecht, Forum, Bonn

Trenczek, T. 1996 a: Restitution. Wiedergutmachung, Schadensersatz oder Strafe?, Baden-Baden

Trenczek, T./Tammen, B./Behlert, W. u.a. 2008: Grundzüge des Rechts, München/Basel

Uhlendorf, U. 1997: Sozialpädagogische Diagnosen III. Ein sozialpädagogisch-hermeneutisches Diagnoseverfahren für die Hilfeplanung, Weinheimabc

Ulrich, H. 1982: Arbeitsanleitung für Jugendgerichtshelfer, Frankfurt/M.

Ulrich, H. 1979: Jugendgerichtshilfe – Bilanz einer Institution, in: Remschmidt/Schüler-Springorum, 293 ff

UNICEF Innocenti Research Centre 2007; Child Poverty in Perspective: An Overview of Child Well-Being in Rich-Countries, Report Card No. 7, Florenz

Universität Dortmund/Landesjugendämter Rheinland und Westfalen Lippe(Hrsg.) 2008: Hilfen zur Erziehung 2006, Münster

Vanistendael, S. 2003: Wachsen im Auf und Ab des Lebens; in: Sturzbecher 2003, 7abc

Verein für Kommunalwissenschaften e.V. 2002: Die Verantwortung der Jugendhilfe zur Sicherung des Kindeswohls, Berlin

Verein für Kommunalwissenschaften e.V. 2001: Das Verhältnis von Sozialen Diensten und Amtsvormundschaft/Amtspflegschaft im Jugendamt, Berlin

Verein für Kommunalwissenschaften e.V. (Hrsg.) 1999: " ... und schuld ist im Ernstfall das Jugendamt". Probleme und Risiken sozialpädagogischer Entscheidungen bei Kindeswohlgefährdung zwischen fachlicher Notwendigkeit und strafrechtlicher Ahndung. Dokumentation der Fachtagung am 16. und 17. November 1998 in Berlin, Berlin

Viehmann, H. 1989: Anmerkungen zum Erziehungsgedanken im Jugendstrafrecht aus rechtschaffender Sicht, in: Walter, 111 ff

Vierter Deutscher Familiengerichtstag (Hrsg.) 1983: Brühler Schriften zum Familienrecht, Band 4, Bielefeld

Villmow, B./Robertz, F. 2003: Untersuchungshaftvermeidung bei Jugendlichen. Hamburger Konzepte und Erfahrungen, Münster

Wabnitz, R. 2009: Grundkurs Kinder- und Jugendhilferecht für die Soziale Arbeit, 2.überarbeitete Auflage, Stuttgartabc

Wabnitz, R. 2007: Die Subventionierung/Zuwendung, in: Münder/Wiesner 2007, 485 ff

Wabnitz, R. 2007 a: Entgelte, Vereinbarungsrecht, §§ 77, 78 a ff SGB VIII, in: Münder/Wiesner 2007, 496 ff

Wabnitz, R. 2007 b: Rechtsschutz in Vereinbarungsrecht der §§ 78 a ff SGB VIII, in: Münder/Wiesner 2007, 578 ff

Wabnitz, R. 2005: Rechtsansprüche gegenüber Trägern der öffentlichen Kinder- und Jugendhilfe nach dem Achten Buch Sozialgesetzbuch (SGB VIII), Berlin

Wabnitz, R. 2003: Recht der Finanzierung der Jugendarbeit und Jugendsozialarbeit. Ein Handbuch, Baden-Baden

Wacquant, L.: Bestrafen der Armen. Zur neoliberalen Regierung der sozialen Unsicherheit, Opladen 2009

Wahler, P./Preiß, C./Schaub, G. 2005: Ganztagsangebote an der Schule – Erfahrungen –Probleme – Perspektiven, München

Walker, H.-D./Fülbier, D./Hupe, A. 1984: Gruppenarbeit in der Jugendhilfe. Ein Praxisbericht, Weinheim/Basel

Wallerstein, J./Blakeslee, S. 1992: Gewinner und Verlierer. Frauen, Männer, Kinder nach der Scheidung, München

Wallerstein, J./Lewis, J./Blakeslee, S. 2002: Scheidungsfolgen - die Kinder tragen die Last: eine Langzeitstudie über 25 Jahre, Münster

Walkenhorst, P. 1989: Soziale Trainingskurse - ein themenorientiertes Förderangebot; Pfaffenweiler

Walter, M. 2005: Jugendkriminalität, 3. Aufl., Stuttgart

Walter, M. (Hrsg.) 1997: Strafverteidigung für junge Beschuldigte: Versuch einer Bestandsaufnahme und einer Bilanz der „Kölner Richtlinien". Pfaffenweiler: Centaurus-Verlags-Ges., 99-205

Walter, M. (Hrsg.) 1989: Beiträge zur Erziehung im Jugendkriminalrecht, Köln

Walter, M. 1989 a: Über die Bedeutung des Erziehungsgedankens für das Jugendstrafrecht, in: Walter, 59 ff

Watzlawick, P./Kreuzer, F. 2007: Die Unsicherheit unserer Wirklichkeit. Ein Gespräch über den Konstruktivismus, München

Weber, C./Zitelmann, M. 1998: Standards für VerfahrenspflegerInnen. Die Interessensvertretung für Kinder und Jugendliche in Verfahren der Familien- und Vormundschaftsgerichte gemäß § 50 FGG, Frankfurt/M.

Wegehaupt-Schlund, H. 2001: Soziale Gruppenarbeit, in: Birtsch/Münstermann/Trede, 534 ff

Weitzel, W./Marx, A./Reinhardt, J./Radke, D. 2006: Internationale Adoption - Rechtslage und Verfahrensgang bei Auslandsadoptionen in: Paulitz u.a., 271

Wendels, C. 1994: Die Auswirkungen der Adoptionsfreigabe eines Kindes auf die leiblichen Mütter, Engelsbach/Frankfurt

Wendl-Kempmann, G./Wendl, P. 1986: Partnerkrisen und Scheidung, München

Werthmanns-Reppekus, U./Böllert, K. (Hrsg.) 2002: Mädchen- und Jungenarbeit – Eine ungelöste fachliche Herausforderung, München

Westerholt, M./Baltz, J./Münder, J. (Hrsg.) 2001: Kinder- und Jugendhilfe (SGB VIII) Rechtsprechungssammlung, JugR, Münster

Weyel, F. 1990: Was ist los mit der Jugendgerichtshilfe? Zur Frage der Effektivität der Jugendgerichtshilfe im Jugendstrafverfahren, in: DVJJ 1990 (Hrsg.), 141-155

Wiesner, R. 2007 a: Sozialpädagogische Angebote und staatliches Wächteramt, in: Münder/Wiesner (Hrsg.) 2007, 162

Wiesner, R. 2007: Die Entwicklung des Kinder- und Jugendhilferechts, in: Münder/Wiesner 2007, 70 ff

Wiesner, R. 2004: Möglichkeiten und Grenzen der Kooperation von Jugendamt und Familiengericht, in: DIJuF (Hrsg.) 2004, 30

Wiesner, R. 1995: Über die Indienstnahme der Jugendhilfe für das Jugendstrafrecht, in: BMJ (Hrsg.) 1995, 144

Wiesner, R./Zarbock, W. (Hrsg.) 1991: Das neue Kinder- und Jugendhilfegesetz (KJHG), Köln

Wiesner, R. u.a. 2006: SGB VIII, Kinder- und Jugendhilfe, 3. Aufl., München (zitiert: Wiesner/Bearbeiter)

Wilbrand, I./Unbehend, D. 1995: Praxisleitfaden für die Jugendgerichtshilfe, München

Wild, P. 1989: Jugendgerichtshilfe in der Praxis, München

Wilmers-Rauschert, B. 2004: Datenschutz in der freien Jugend- und Sozialhilfe, Stuttgart

Wintersberger, H. 1994: Kinderpolitik in Österreich, Prioritäten und Probleme, in: Europäisches Zentrum für Wohlfahrtspolitik und Sozialforderung (Hrsg.): Kinder-, Kinderrechte und Kinderpolitik, Wien, 107 ff

Wissenschaftlicher Beirat für Familienfragen beim Bundesministerium für Familie, Senioren Frauen und Jugend 2005: Familiale Erziehungskompetenzen, Weinheim/München

Wissenschaftlicher Beirat für Familienfragen beim Bundesministerium für Familie, Senioren Frauen und Jugend 1998: Kinder und ihre Kindheit in Deutschland. Eine Politik für Kinder im Kontext von Familienpolitik, 2. Aufl., Stuttgart

Wissmann, A. 2005: Die Vereinbarung über Leistungsangebote, Entgelt- und Qualitätsentwicklung, 2. Aufl., Stuttgart

Witte, E./Kesten, I./Sibbert, J. 1992: Trennungs- und Scheidungsberatung, Stuttgart

Wolff, H./Bachof, O./Stober, R. 2004: Verwaltungsrecht, Band 3, 5. Aufl., München

Wolffersdorff, C., v. 2003: Was tun, wenn nichts mehr geht? Zur alten und neuen Diskussion um geschlossene Unterbringung, in: Struck u.a. 53 ff

Wolffersdorff, C. v./Sprau-Kuhlen, V. 1996: Geschlossene Unterbringung in Heimen, 2. Aufl., München

World Vision Deutschland e.V. (Hrsg.) 2007: Kinder in Deutschland 2007. 1. World vision Kinderstudie, Frankfurt

Wulffen M., v. u.a. 2008: SGB X – Sozialverwaltungsverfahren und Sozialdatenschutz, 6. Aufl., München

Wuppermann, M. 2006: Adoption. Ein Handbuch für die Praxis, Köln

Zacher, H. 2001: Elternrecht, in: Isensee/Kirchhof, 265 ffabc

Zander, M. (Hrsg.) 2005: Kinderarmut. Einführendes Handbuch für Forschung und soziale Praxis, Wiesbaden

Zeidler, W. 1994: Ehe und Familie, in: Benda, u.a., Berlin, 555 ff

Zeitler, H./Schindler, H. 1995: Sozialgesetzbuch X für die Praxis der Sozialhilfe und der Kinder- und Jugendhilfe, 5. Aufl., Köln

Ziegenhain, U./Fegert, J. (Hrsg.) 2007: Kindeswohlgefährdung und Vernachlässigung, München

Ziegler, M. 2008: Verteidigung in Jugendstrafsachen, 5. Aufl., München

Zitelmann, M. 2001: Kindeswohl und Kindeswille im Spannungsfeld von Pädagogik und Recht, Münster

Zitelmann, M./Schweppe, K./Zenz, G. 2004: Vormundschaft und Kindeswohl. Forschung mit Folgen für Vormünder, Richter und Gesetzgeber, in: Bundesanzeiger

Zöller, R. (Hrsg.) 2009: ZPO. Zivilprozessordnung mit Gerichtsverfassungsgesetz und Nebengesetzen. Kommentar, 27. Aufl., München

Einleitung

I. Kinder- und Jugendhilfe als Interessenvertretung

Die detaillierte Befassung mit den Bestimmungen des SGB VIII hat sich in einem Kommentar an den **1** Inhalt dieser Regelungen auszurichten. Dabei darf aber die **Programmatik des SGB VIII** nicht aus dem Auge verloren werden. Das ergibt sich aus der besonderen Situation, denn Kinder- und Jugendhilfe ist im Unterschied zu vielen anderen SGB-Leistungsbereichen nicht zweidimensional (Leistungsträger – Leistungsberechtigter), sondern **mehrdimensional** ausgerichtet: Neben den Leistungsträgern sind nicht nur die einzelnen Leistungsberechtigten von Bedeutung, sondern (je nach Adressat der Leistungsberechtigung) Kinder, Jugendliche, Eltern, das familiale Umfeld. Das Kinder- und Jugendhilferecht ist außerdem rechtlich **final** ausgerichtet, also nicht (nur) im Modus von „wenn ... dann" (wenn die Voraussetzungen vorliegen, dann tritt die Rechtsfolge ein), sondern es sollen durch die Leistungen bestimmte Ziele erreicht werden. Die in den Normen oft nur generalklauselartig beschriebenen (Rn 59) Sachverhalte sind damit bisweilen eher der Anlass tätig zu werden, um im Interesse der Kinder und Jugendlichen bestimmte Ziele zu erreichen, als klassische Tatbestandsvoraussetzung, die entsprechende Rechtsfolgen auslöst. Ungeachtet dessen enthält das SGB VIII aber durchaus verbindlich einklagbare subjektive Rechtsansprüche.

Damit kann die Kinder- und Jugendhilfe als personenbezogene Dienstleistung (Rn 58) auch nicht Leis- **2** tungen „ohne Ansehen der Person" erbringen, sondern nur in konkreter Kenntnis und im Ansehen der betroffenen Personen tätig werden. Das macht deutlich, dass Kinder- und Jugendhilfe eine **Interessenvertretungsfunktion für junge Menschen und ihre Familien** hat (ausführlich Rn 25). Wenn auch bei der Rechtsauslegung (Rn 58 ff) die methodische und rechtsdogmatische Interpretation des SGB VIII im Vordergrund steht, so wird die alltägliche Praxis der Kinder- und Jugendhilfe aufgrund des Rechtscharakters des SGB VIII hierdurch nur teilweise gesteuert. Deswegen gilt es, sich immer wieder daran zu erinnern, dass – wie § 1 und § 2 („zugunsten") ausdrücken – Kinder- und Jugendhilfe immer auch die Interessenvertretung für junge Menschen und ihre Familien wahrzunehmen hat.

II. Kindheit und Jugend

1. Die Situation von Kindern, Jugendlichen, Familien

Die vornehmlich personenbezogenen Dienstleistungen (Rn 58) des SGB VIII beziehen sich auf Lebens- **3** lagen von Kindern, Jugendlichen, jungen Volljährigen und Familien. Ohne Kenntnis deren Situation sind die die Ziele des SGB VIII realisierende Leistungen nicht möglich. Zwar ist die **Datenlage** über Kinder, Jugendliche und Familien in der Bundesrepublik Deutschland nicht umfassend, dennoch ist sie relativ aussagekräftig. Bereits durch die in den **Statistikvorschriften** der §§ 98 ff vorgeschriebenen Erhebungen sind regelmäßig entsprechende Informationen vorhanden (im Einzelnen §§ 98 ff und Vor-Kap. 9 Rn 6). Gutes Informationsmaterial findet sich auch in den **Familien- und Jugendberichten**. In jeder Legislaturperiode muss **ein Kinder- und Jugendbericht** vorgelegt werden (im Einzelnen § 84). Immer wieder finden sich auch in Bundestagsdrucksachen oder in dem vom zuständigen Ministerium herausgegebenen Material Informationen über die Situation von Kindern und Jugendlichen. Von Bedeutung sind die **wissenschaftlichen Veröffentlichungen** (zB Deutsche Shell – zuletzt – 2006). Besondere Bedeutung in der Kinder- und Jugendhilfe kommt der Arbeit des Deutschen Jugendinstituts (DJI) zu, da es dessen Aufgabe ist, sich forschend mit dem gesamten Bereich der Jugendhilfe zu befassen. Dies geschieht etwa im Rahmen des Projekts „Jugendhilfe und sozialer Wandel – Dauerbeobachtung von Jugendhilfe" (Gawlik/Krafft/Seckinger 1995; Bauereiß/Bayer/Bien 1997; Seckinger u.a. 1998;

Santen u.a. 2003). Überblicksmaterial findet man schließlich auch in den entsprechenden Handbüchern und Wörterbüchern (zB Kreft/Mielenz 2008; Deutscher Verein 2007; Otto/Thiersch 2005).

4   Betrachtet man die **demographische Entwicklung**, so zeigt der langfristige Verlauf, dass die Geburtenzahl seit Jahrzehnten rückläufig ist (ausführlich Rauschenbach/Züchner 2007, 12 ff): Die durchschnittliche Kinderzahl ist auf unter zwei Kinder gesunken. Damit gehört Deutschland zu den kinderärmsten Ländern der Welt, die Geburtenrate je 1.000 Einwohner ist von ca. 11,5 im Jahre 1980 auf ca. 8,2 (2006) zurückgegangen. Mit 672.724 Geburten im Jahr 2006 wurde die bisher niedrigste Geburtenrate erreicht (Statistisches Bundesamt 2008). Die gegenwärtig **niedrige Geburtenrate** ist das Ergebnis eines langfristigen Trends (vgl Münder/Ernst 2008, 7, 78 ff). Modellrechnungen gehen davon aus, dass die Geburtenzahl in den nächsten Jahren auf unter 600.000 Geburten pro Jahr fallen wird (Statistisches Bundesamt 2003, 27). Die Gruppe der Kinder und Jugendlichen entwickelt sich so immer mehr zu einer Minderheit in unserer Gesellschaft (Prölß 2004, 243 f). Dies gilt (gegenwärtig noch) wesentlich für die deutsche Bevölkerung; die Bevölkerungsgruppe der **Familien mit Migrationshintergrund** dagegen ist relativ jung und verzeichnet gerade bei den jüngsten Kindern einen deutlichen Zuwachs.

5   **Erheblich gewandelt** hat sich die **Aufwuchssituation von Kindern**, die schlagwortartig durch drei Entwicklungstendenzen gekennzeichnet wird: **weniger Familien, kleinere Familien, instabilere Familien** (ausführlich Rauschenbach/Züchner 2007, 17 ff). Zwar wachsen nach wie vor die meisten Kinder (zunächst) in ihren Herkunftsfamilien auf, aber die Zahl traditioneller Familien (Ehepaar mit Kindern) nimmt ab. Besonders angestiegen über die Jahre hinweg ist die Zahl der Alleinerziehenden (insbesondere alleinerziehenden Mütter) und von nichtehelichen Lebensgemeinschaften (Statistisches Bundesamt 2006, 42). Insgesamt ist auch die Zahl der Familien mit minderjährigen Kindern zurückgegangen, so dass der Anteil der Ein-Kind-Familien erkennbar angestiegen ist (Statisches Bundesamt 2006, 44). Die Zahl der Alleinerziehenden weist auf die gesunkene Stabilität von Familien hin, denn in mehr als der Hälfte der Fälle ist Alleinerziehung auf Scheidung oder Trennung zurückzuführen, deren Zahl (Trennungen lassen sich statistisch nur eingeschränkt erfassen) kontinuierlich angestiegen ist (Statistisches Bundesamt/WZB/ZUMA 2006, 35). So erleben Kinder und Jugendliche heute häufiger den Wechsel von Familienformen. Sie haben Trennungssituationen zu verarbeiten und sich auf neue Familienformen einzulassen (ausführlich Münder/Ernst 2008, 8).

6   Widersprüchlich zu diesen empirischen Entwicklungen scheinen Aussagen von Jugendlichen selbst über die Familie zu stehen, wonach zB 72 % der Jugendlichen der Meinung sind, dass man eine Familie brauche, um wirklich glücklich zu sein und 71 % der Jugendlichen ihre Kinder genauso oder ähnlich erziehen würden, wie sie gegenwärtig erzogen werden (Deutsche Shell 2006). Diese normativen Aussagen spiegeln – gerade in Zeiten wirtschaftlicher Unsicherheit – die normative Bedeutung der Familie als emotionale Unterstützung und sozialer Rückhalt dar. Widersprüchlich scheint in diesem Zusammenhang zunächst auch, dass zugleich eine **emotionale Aufladung der Eltern-Kind-Beziehung** stattfindet. Angesichts der Tatsache aber, dass die Zahl der Kinder geringer wird, dass Kinder in den wechselnden Lebenszusammenhängen als „stabile Bezugspersonen" erhalten bleiben, erklärt sich die Intimisierung der innerfamilialen Beziehungen. Diese geht nicht selten einher mit einer emotionalen Überforderung und Instrumentalisierung von Kindern und Jugendlichen (zB als Partnerersatz, in Elternauseinandersetzungen).

7   Kinder und Jugendliche erleben beim Aufwachsen im familiären und im gesellschaftlichen Raum eine allmähliche Veränderung von **Rollenaufteilungen zwischen Männern und Frauen** (Münder/Ernst 2008, 6). Bedingt ist dies insbesondere dadurch, dass die Lebensentwürfe von Frauen nicht mehr allein auf das familiäre Leben ausgerichtet sind. Ein wachsender Anteil von Frauen ist berufstätig und wünscht Berufstätigkeit. 2003 waren in Deutschland ca. 2/3 aller Frauen, deren jüngstes Kind 6 bis 14 Jahre alt war, erwerbstätig (im Einzelnen Münder/Ernst 2008, 7). Allerdings sind Frauen weiterhin den Belastungen in Haus-, Erziehungs- und Familienarbeit in wesentlich größerem Maße ausgesetzt als Männer.

8   Innerhalb der Familien ist es zu einer allmählichen **Veränderung des Erziehungsklimas** gekommen, weg von rigiden, autoritären Erziehungsstilen hin zum eher partnerschaftlichen Verhältnis, zum „Aushandeln von Verhalten" zwischen Familienmitgliedern. Das zeigt sich auch im Recht, so zB in dem 2001 in § 1631 Abs. 2 BGB eingeführten Recht auf gewaltfreie Erziehung. Diese Entwicklung hat zwei Seiten, die dort deutlich werden, wo die Erwachsenen ihrer Aufgabe als Eltern nicht gerecht werden, sich als Eltern zurückziehen bis hin zu Vernachlässigung von Kindern. Dies führt einerseits zu einer steigenden Verunsicherung und erzeugt den Ruf nach Orientierung, bewirkt andererseits Entwicklungs-

chancen für Kinder und Jugendliche, sich aus traditionellen, den Kindern selbst nicht zugänglichen Zuschreibungen zu lösen.

Außerhalb von Familien, Schule/Ausbildung ist die Freizeit der Bereich, in dem Kinder und Jugendliche **9** ihre individuelle Selbstentfaltung erproben können. Veränderungen kennzeichnen auch dieses Feld: Der **Freizeitbereich** wird zunehmend **kommerzialisiert**. Die Freizeitindustrie vermittelt das Bild, dass sich die Freizeitaktivitäten von jungen Leuten an Orten des Konsums, in Diskotheken, Kinos, Freizeitstudios usw abspielen. Jugendliche, die sich aus materiellen Gründen nicht daran beteiligen können, geraten ins Abseits. Kaufkraftunterschiede werden auch im Freizeitbereich zu Statusdefinitionen, können zu Identitätskonflikten, zur Veränderung bestehender Freundschaften und Gruppenzusammenhänge führen (ausführlich BMFSFJ 1998, 62 ff).

Eine besondere Bedeutung haben die neuen **Medien** und die **Informationstechnologien** (vgl Wissen- **10** schaftlicher Beirat 1998, 211 ff; BMFSFJ 1998, 70 ff; Baacke/Lauffer 2000). Damit ist nicht nur der häufig beklagte Fernsehkonsum von Kindern gemeint. Die Mehrzahl der jungen Menschen hat heute problemlos Zugang zu Medien wie Video, Internet, Handy mit zT vielfältigen Übertragungsmöglichkeiten (Bilder, Nachrichten, Daten). Die Verbreitung von Medien in der Lebenswelt von Kindern und Jugendlichen bedeutet einerseits, dass ihnen ein offener Zugang zu Informationen möglich ist. Andererseits wird der Raum für selbst zu erfahrende Gestaltungsräume, für ein Möglichkeiten ausprobierendes Umfeld geringer, primäre (nicht medial aufbereitete) Erfahrungen seltener. Gleichzeitig sind junge Menschen bedeutsam als Konsumenten und Adressaten von Werbeaktivitäten. Daher werden sie strategisch an Medien herangeführt, um sie als Konsumenten halten zu können.

Zentrale Bedeutung hat die **institutionalisierte Bildung** in der **Schule** für die Chancen junger Menschen **11** (Deutsche Shell 2006 und 2004). Hier hat es das deutsche Bildungssystem bisher nicht geschafft, die sozialen Teilhabechancen von Kindern und Jugendlichen aus bildungsfernen sozialen Schichten zu erhöhen. Eher ist sogar das Gegenteil der Fall: Schule verstärkt sogar noch weitere soziale Selektionsprozesse (besonders deutlich geworden in den PISA-Studien vgl Deutsches PISA-Konsortium 2001 und PISA-Konsortium Deutschland 2004). Erkennbar ist ein – negativer – Zusammenhang zwischen Schulerfolg einerseits, sozioökonomischer Lebenslage (insbesondere Armut – vgl Rn 14), Migration (und den damit verbundenen Problemen unzugänglicher Integration), aber auch psychosozialen familiären Problemen (Alkohol, Drogen, fehlende „Normalität" im Alltag) andererseits. Dies alles sind Aspekte, die die Leistungskraft der Kinder- und Jugendhilfe für diese Personengruppen entscheidend beeinflussen, und die deswegen zu (zT inhaltlich verkürzten) Forderungen an die Jugendhilfe geführt haben, dass sich auch die vor- und außerschulischen Angebote der Jugendhilfe an den schulischen Anforderungen zu orientieren haben (ausführlich dazu Rn 39).

Wesentliche Bedeutung für Entwicklungschancen und selbständige Lebensführung für junge Menschen **12** haben **Ausbildung** und ihre spätere **Berufseinmündung**. Weit über die Hälfte der Schulabgänger durchlaufen, wenn sie eine berufliche Ausbildung wählen, das klassische duale System der Berufsausbildung (ausführlich Rauschenbach/Züchner 2007, 23 ff). Hier gibt es **Risikogruppen**. Zentraler Faktor hierbei sind die Schulabschlüsse: Junge Menschen ohne Hauptschulabschluss landen im **Übergangs- und Auffangsystem** von außerbetrieblichen Ausbildungsstätten, schulischen Ausbildungen sowie zusätzlichen Angeboten unterschiedlichster Art. Das Fehlen einer beruflichen Ausbildung erhöht anschließend deutlich das **Risiko der Arbeitslosigkeit beim Übergang in den Beruf**: Die Quote der arbeitslosen Jugendlichen ohne Berufsabschluss liegt massiv höher als die jener mit Berufsschulabschluss bzw abgeschlossenem Studium (vgl Rauschenbach/Züchner 2007, 30).

Durch den Bedeutungsanstieg von Bildung und Ausbildung ergeben sich für junge Menschen tiefgreifende **13** Veränderungen. Besonders erkennbar wird dies bei der **Verlängerung und Wandlung der Lebensphase Jugend** (Hurrelmann 2007). War ehedem die Jugendphase eine Übergangszeit zwischen Beendigung der Ausbildung (die wiederum Voraussetzung für wirtschaftliche Selbständigkeit und damit der Möglichkeit, einen eigenen Haushalt zu gründen, war), so hat sich diese Phase heute erheblich ausgeweitet. Dies hängt mit dem größeren Stellenwert von Bildung und Ausbildung zusammen, aber auch damit, dass die Einmündung in Beschäftigung und wirtschaftliche Selbständigkeit nicht ohne weiteres gegeben ist. Insofern umfasst die Jugendphase gegenwärtig eher die Altersgruppe der bis 30-Jährigen und ist damit keine Übergangsphase mehr, sondern Ausdruck einer eigenständigen Lebensphase (Deutsche Shell 2000).

Die **Armut** ist für eine zunehmende Zahl von **Kindern und Jugendlichen** zu einer zum Teil **langfristigen** **14** **Lebenserfahrung** geworden. Dies zeigt sich vornehmlich am Sozialhilfe- bzw seit 1.1.2005 (Einführung des SGB II) am Sozialgeldbezug, der häufig als Kriterium für die Grenze zur Armut herangezogen wird (zu einem kindergerechten Armutsbegriff vgl Lutz np 2004, 42 ff). Die Quote von Kindern und Jugendlichen ist kontinuierlich angestiegen, Familien mit mehreren Kindern sind von der Armutsentwicklung stärker betroffen als alle anderen Haushaltsformen (Becker/Hauser 2004; dies. 2005; UNICEF 2007; Statistisches Bundesamt 2006; Zander 2005; Alt 2007; Strengmann-Kuhn ZSR 2006, 439, 442 ff; Münder SDSRV 57 [2008], 105 ff). Der 3. Armuts- und Reichtumsbericht (BT-Drucks. 16/9915) sowie der Bildungsbericht 2008 haben deutlich gemacht, dass Armut nicht nur eine materielle Dimension, sondern vor allem auch Auswirkungen hinsichtlich von Bildungs- und Teilhabechancen hat (Struck ZJJ 2008, 288).

15 Eine an der Lebenswelt von Kindern und Jugendlichen orientierte Jugendhilfe muss zur Kenntnis nehmen, dass es **keine einheitliche Lebenswelt** von Kindern und Jugendlichen gibt, sondern dass zu differenzieren ist. Auch wenn Differenzierungen nicht dazu führen können, Lebenslagen in jeweils individuellen Lebenssituationen zerfließen zu lassen, so bedeutet es doch, dass für das Aufwachsen wichtige Differenzierungskriterien strukturell und inhaltlich die Grundorientierung der Jugendhilfe prägen müssen.

16 Differenzierungen sind hinsichtlich des **räumlichen Lebensumfeldes** erforderlich. Nicht nur das unmittelbare Wohnumfeld, sondern der weitere Lebensraum (Stadt/Land; Ost/West/Nord/Süd) hat für die Entwicklung von Kindern und Jugendlichen wichtige Bedeutung. Den zahlreichen Kultur- und Freizeitangeboten, den kommerziellen Angeboten, den differenzierten Bildungs- und Ausbildungsmöglichkeiten, der reduzierten sozialen Kontrolle großstädtischer Räume stehen die Einschränkung räumlicher Bewegungsmöglichkeiten, die Einengung informeller Spielräume (was zu einer „verhäuslichten" Kindheit führen kann), der Verlust frühzeitiger Korrekturmöglichkeiten, der Verlust sozialen Unterstützungspotentials gegenüber (Häußermann 2000). Besonders deutliche Unterschiede zeigen sich auch hinsichtlich der ökonomischen Lebenslage von Kindern, wie sie etwa durch die **Armutsproblematik** gekennzeichnet ist (Münder SDSRV 57 [2008], 108). Angesichts dieser Unterschiede hat Jugendhilfe Vorsorge zu treffen, dass die jeweils durch die konkreten räumlichen Lebensbedingungen nicht gegebenen Entwicklungsmöglichkeiten und Chancen für junge Menschen bereitgestellt werden.

17 Bedeutsam sind die **geschlechtsspezifischen Unterschiede. Mädchen** wachsen gegenwärtig unter Bedingungen auf, die sie in der Tendenz **strukturell benachteiligen.** Zwar ist nicht zu verkennen, dass sich für Mädchen in den letzten Jahrzehnten die Möglichkeiten zur Entfaltung verbessert haben, aber immer noch werden sie gerade in der Phase der Sozialisation mit tradierten Rollenbildern konfrontiert. Daraus folgend werden Mädchen in höherem Maße als Jungen in ihrer Entwicklung eingeschränkt und sozial kontrolliert. Die immer noch vorhandene geschlechtsspezifische Arbeitsteilung trägt zur Tradierung von Rollenbildern bei, und wenn Mädchen sich gegen diese ungleiche Rollenverteilung wehren, führt dies gerade im familiären Bereich häufig zu Spannungen.

18 Spezifisch ist auch die Lebenssituation von Kindern und Jugendlichen mit **Migrationshintergrund.** Mit dem Migrationsansatz wird auf die – besonders auch für die Kinder- und Jugendhilfe wichtige – relevante Frage der Zuwanderung bzw Herkunft (eigene, der Eltern) abgestellt und nicht auf die staatsrechtliche Frage der Nationalität. Der Anteil von Personen mit Migrationshintergrund ist gerade bei Kindern und Jugendlichen überdurchschnittlich hoch: Beträgt er in der Gesamtbevölkerung etwas weniger als 20 %, so liegt er bei den unter 25-Jährigen bundesweit bei knappen 30 %, bei der über 6-Jährigen etwa ein Drittel. Auch hier handelt es sich um eine durchaus heterogene Gruppe. Sie besteht aus Kindern und Jugendlichen von ausländischen Arbeitnehmern, Asylbewerbern, Flüchtlingen und Aussiedlern aus osteuropäischen Ländern. Die quantitativ größte Gruppe stellen die Kinder und Jugendlichen ausländischer Arbeitnehmerfamilien. Ihre Lebenslage unterscheidet sich von denen deutscher junger Menschen deutlich. So konzentrieren sich ausländische Familien in bestimmten Wohnquartieren mit der Folge sozialer Ab- und Ausgrenzung. Kinder in diesen Familien wachsen in anderen Familienstrukturen auf (Mehrgenerationenfamilie, höhere Anzahl von Kindern, eingeschränkte materielle Situation, zT stark tradierte Rollenzuweisungen). Als weiteres Belastungselement kommt hinzu, dass Minderjährige lernen müssen, gleichzeitig mit zwei unterschiedlichen Kulturen umzugehen. Die Zugehörigkeit zu einer besonderen ethnischen Gruppe bedeutet den Status einer Minderheit mit häufig geringer sozialer Anerkennung, Tendenzen sozialer Diskriminierung, Benachteiligung und Ausgliederung.

19 Diese Schlaglichter machen deutlich, dass Kinder und Jugendliche in einer **pluralen, heterogenen, zum Teil unübersichtlichen Welt aufwachsen.** Das bedeutet für die Kinder und Jugendlichen zugleich Bedrohung, Verlust von Orientierung und Stabilität, wie auch Chance und Aufbruch. Hier muss Kinder-

und Jugendhilfe ansetzen, mit Hilfe und Unterstützung bei Situationen, die die Entwicklung von Kindern und Jugendlichen gefährden, und mit Angeboten und Förderung zur Nutzung von Chancen. Bestimmt werden die Handlungsmöglichkeiten der Kinder- und Jugendhilfe dabei durch politische (im Folgenden) und rechtliche (Rn 40 ff) Vorgaben.

2. Kindheit, Jugend und Politik

Kinder- und Jugendhilfe ist ein **Politikbereich**, der Beziehungen zu vielen anderen Bereichen hat, insbesondere zur **Familienpolitik**. Wie das Verhältnis zu anderen Politikbereichen ausgestaltet wird, ist wegen der Offenheit der verfassungsrechtlichen Grundlagen dem Gesetzgeber nicht vorgegeben. Die verschiedenen parlamentarischen Mehrheiten haben diesen Freiraum zu verschiedenen Zeiten verschieden genutzt (vgl die Darstellung bei Münder/Ernst 2008, 16 ff). Die Spanne der Auffassungen ist weit: Von der Kinder- und Jugendpolitik, die ein Unterbereich der Familienpolitik ist, reicht sie bis dahin, dass Kinder- und Jugendpolitik ein völlig eigenständiger Bereich ist, der zur Familienpolitik überhaupt keinen Bezug hat (etwa das Konzept der Kindheitspolitik, zu einem Überblick vgl Wintersberger 1994). 20

Allein die Tatsache, dass es das SGB VIII als eigenes Gesetz für die Kinder- und Jugendhilfe gibt, weist darauf hin, dass **Kinder- und Jugendhilfepolitik** ein **eigenständiger Bereich** ist, keinem anderen Bereich untergeordnet, aber in besonders enger Nähe zur Familienpolitik stehend – schon deswegen, weil die meisten Minderjährigen in Familien aufwachsen. Aus diesem Grund bedarf es einer wechselseitigen Abstimmung von Kinder- und Jugendpolitik sowie Familienpolitik. Diese beiden Politikbereiche sind auf Komplementarität angelegt (so insbesondere das Konzept des Wissenschaftlichen Beirats 1998). Kinder- und Jugendhilfe ist insofern „**Querschnittsaufgabe**". Ausgehend von diesem Verständnis umfasst Kinder- und Jugendpolitik weite Felder von Politik, nicht nur die klassischen Bereiche der Kinder- und Jugendhilfe, sondern auch den gesamten Schulbereich, den die Kinder und Jugendlichen betreffenden Arbeitnehmerschutz und den Schutz der Jugend in der Öffentlichkeit. Neben diesen deutlich auf Kinder und Jugendliche bezogenen Politikfeldern gehören dazu aber auch die Bereiche, die für das Aufwachsen und Leben von Kindern von Bedeutung sind (Mielenz 1994), etwa der sozial-räumliche Erfahrungsbereich (Wohnung und Wohnumfeld vgl Rn 16), der Medienbereich (Rn 10), die Ausbildung und Beschäftigung (Rn 11), die strafrechtliche Sozialkontrolle (vgl § 52 Rn 47 ff) und nicht zuletzt wegen der ausländischen Kinder und Jugendlichen (Rn 18) die Ausländerpolitik. 21

In einem weitesten Sinn gehören **fast alle Bereiche von Politik** dazu, da Kinder und Jugendliche die **zukünftige Generation** darstellen und deswegen von heutiger politischer Gestaltung mannigfach betroffen sind. Das führt zu der Forderung, dass sämtliche Gesetze (in denen politische Gestaltung Gesetzesform gewinnt) auf ihre Kinder- und Jugendverträglichkeit zu überprüfen sind. Damit wird erkennbar, dass Kinder- und Jugendpolitik weit über das SGB VIII hinausreicht. Die Kinder- und Jugendhilfe ist „Ausdruck öffentlicher Verantwortung" (so der 11. Jugendbericht – BMFSFJ 2002 a,b, 60), und das SGB VIII stellt den zu Gesetz gewordenen Kernbereich der Kinder- und Jugendpolitik dar. 22

III. Kinder- und Jugendhilfe

1. Gegenstand, Funktion

Kinder- und Jugendhilferecht wird oft in Eins gesetzt mit dem SGB VIII. Materiell sind zum Kinder- und Jugendhilferecht aber auch das Gesetz über die Vermittlung der Annnahme als Kind und über das Verbot der Vermittlung von Ersatzmüttern (AdVermitG) zu rechnen (vgl § 51), ebenso wie das Jugendschutzgesetz (JuSchG – vgl § 14). Zu **anderen Sozialisationsfeldern** bestehen Verknüpfungen und es gibt Schnittmengen. Dies gilt in besonderer Weise für die **familiale Erziehung**, wie sie im Familienrecht geregelt ist: Hier kommt es immer wieder zu Unklarheiten im konzeptionellen Verständnis von Familie und Jugendhilfe und zu entsprechenden rechtlichen Abgrenzungsproblemen (im Einzelnen § 1 Rn 12 ff, vgl auch § 50 Rn 1). Schnittmengen gibt es sowohl mit der **schulischen** wie mit der **beruflichen Bildung**. Hinsichtlich der schulischen Bildung führt die faktische Ausdehnung der Schule (durch Ganztagsschulen, betreuungssichere Schulen usw.) zu einem quantitativen Bedeutungsrückgang außerschulischer Jugendhilfe. Die Überlegungen zur **Vorverlagerung der Schulpflicht** werden neue Überschneidungs- und Problembereiche der Förderung von Kindern in Tageseinrichtungen und in der Kindertagespflege (§§ 22 ff) schaffen (vgl Rn 39). Eine besondere Schnittmenge zu anderen rechtlich geregelten Sozialisationsfeldern besteht bei **delinquentem Verhalten** von jungen Menschen (Trenczek 1996; Trenczek 2008, 64 ff; Sonnen 2004, 290 ff): Kinder unter 14 Jahren sind strafrechtlich nicht 23 verantwortlich (§ 19 StGB), so dass für diese Personengruppe ausschließlich die Jugendhilfe zuständig ist (Bindel/Hessler/Münder 2004; Balloff 2004 a, 303 ff). Bei Jugendlichen (14 bis noch nicht 18 Jahre) muss die strafrechtliche Reife individuell positiv festgestellt werden (§§ 1, 3 JGG). Auch bei Heranwachsenden (18 bis noch nicht 21 Jahre), die strafrechtlich grundsätzlich voll verantwortlich sind (Ausnahmen §§ 20, 21 StGB, § 105 JGG), kommt es zu Überschneidungen mit dem **Jugendstrafrecht** (vgl § 52), wobei erst allmählich eine Klärung der unterschiedlichen Aufgaben- und Funktionsbereiche stattfindet.

24 Umso wichtiger ist es, dass sich die Kinder- und Jugendhilfe selbständig ihres eigenständigen Auftrags und ihrer **eigenständigen Funktion** vergewissert. Die Konzeption und Funktion der Kinder- und Jugendhilfe in Deutschland stellt sich dabei durchaus widersprüchlich dar. Ihr Verständnis und ihr Auftrag sind angesiedelt zwischen den Polen

- Jugendhilfe als offensive Interessenvertretung junger Menschen,
- Jugendhilfe als soziale Kontrollinstanz und reaktive Intervention,
- Jugendhilfe als ressortbezogene Leistung.

25 Jugendhilfe als **Interessenvertretung junger Menschen** bezeichnet den Auftrag, durch Intervention die Lebensbedingungen (Sozialisationsbedingungen) junger Menschen zu verbessern (§ 1 Abs. 3). Der Abbau sozialer Ungleichheit, die Sicherung der allgemeinen Förderung junger Menschen und der Ausgleich besonderer Benachteiligungen gehören zu einer offensiven Jugendhilfe, die dem Sozialstaatsgebot, der Chancengleichheit und der Emanzipation verpflichtet ist (vgl § 2 Abs. 1). Um diese Ziele zu verwirklichen, sind für Kinder und Jugendliche Bedingungen zu schaffen, die die Entfaltung und Integration von Spontaneität, Aktivität, Initiative, Kommunikation, Selbstregulierung, Selbstorganisation und Konfliktbereitschaft fördern und sichern. Insbesondere unter dem Stichwort der „Einmischung" (vgl Rn 33) von Jugendhilfe sowie „soziale Anwaltschaft" ist dieses Postulat iS einer Querschnittsaufgabe in Ansätzen praktisch umgesetzt worden.

26 Die mit dem Prinzip der Interessenvertretung verbundenen Ansprüche und Erwartungen an eine offensive, dh präventive, aktivierende und strukturverändernde Jugendhilfe stehen bisweilen immer noch im Widerspruch zu einer Praxis, die sich – eingespannt in administrativ-hierarchische Strukturen, gekennzeichnet durch materielle und personelle Mangelsituationen und unterentwickelte Fachlichkeit – lediglich auf Verhaltensauffälligkeiten und Symptome abweichenden Verhaltens bezieht, mit Interventionen reagiert, ohne den sozialen Kontext, in dem die Handlungsadressaten leben, in den Analyse- und Veränderungsprozess einzubeziehen (**reaktive Jugendhilfe**).

27 Jugendhilfe als **Ressortaufgabe** (Leistungs- und Aufgabenfelder nach dem SGB VIII) bewegt sich in dem Spannungsfeld zwischen offensiver Querschnittspolitik und reaktiver Intervention. Die Aktivitäten von Jugendämtern, freien Trägern und gesellschaftlichen Gruppen haben allerdings in den letzten Jahren Belege dafür geliefert, dass es gelingen kann, aus dem Ghetto gesellschaftlicher Randständigkeit partiell auszubrechen. Gleichzeitig muss jedoch der Anspruch auf Parteiergreifung für alle Kinder, Jugendlichen und Familien so lange fiktiv bleiben, wie Jugendhilfe kaum nachhaltige Einflussmöglichkeiten auf andere Erziehungsträger (Familie, Schule, Betrieb) hat.

2. Entwicklungen

28 Perspektiven und Handlungspotentiale von Jugendhilfe, wie sie durch das SGB VIII umrissen werden, sind vor dem Hintergrund einer seit mehr als 40 Jahren intensiv geführten Diskussion um **Anspruchsprofil, Standards und Aufgaben** der Jugendhilfe zu sehen.

29 Im Gefolge der studentischen und außerparlamentarischen Protestbewegung gegen Ende der 1960er Jahre hat auch die Jugendhilfe eine **radikale politische Kritik** erfahren. Einem als ideologisch verstandenen, individualisierenden Handlungs- und Selbstverständnis wurde eine Situationseinschätzung entgegengehalten, die auf die zudeckenden, repressiven Dimensionen der Jugendhilfepraxis abstellte. Diese Kritik hat insofern bleibende Spuren hinterlassen, als die Frage, welchen Beitrag Jugendhilfe zur ideologischen und faktischen Reproduktion der bestehenden Gesellschaft leistet (**Jugendhilfe als Instanz der sozialen Kontrolle**), in der Folgezeit zu einer größeren Sensibilität gegenüber den tatsächlichen Problemen und Lebenschancen der Handlungsadressaten und zu einer deutlichen Problematisierung repressiver Interventionen (zB geschlossene Heimerziehung) geführt hat.

30 Die radikalen Kritikpositionen haben seit Anfang der 70er Jahre auch die fachliche Diskussion um das **sozialpädagogische Profil der Jugendhilfe** mitbestimmt. Von besonderer Bedeutung war die Erarbei-

tung allgemeiner und grundlegender Sozialisationsziele (Autonomie, Sexualität, Kreativität, Produktivität, Soziabilität). Diese sollten dazu beitragen, dass sich Jugendhilfe auf die Sicherung von Entwicklungsbedingungen junger Menschen, auf die Realisierung von Emanzipation und auf Parteilichkeit ausrichtet (vgl dazu „Inhalt und Begriff moderner Jugendhilfe", BMJFG 1974; Hottelet u.a. 1978). Unter dem Begriff der **offensiven Jugendhilfe** hat diese Konzeption auf breiter Basis fachliche Diskussionen bestimmt (Schroer u.a. 2002).

Auch die **Jugendberichte** der Sachverständigenkommissionen (vgl § 84) haben zu einer fachlichen **31** Weiterentwicklung der Jugendhilfe beigetragen. Zu nennen sind hier vor allem der 3. Jugendbericht (BMJFG 1972), der aus einer kritischen Bilanz des damaligen Profils der Jugendämter in der Bundesrepublik deren Weiterentwicklung zur „Sozialpädagogischen Fachbehörde" forderte, und der 8. Jugendbericht (BMJFFG 1990), der das Konzept einer „lebensweltorientierten Jugendhilfe" vertrat, das durch Strukturmaximen wie Prävention, Regionalisierung, Alltagsorientierung, Partizipation und Integration bestimmt wird.

Parallel zu den skizzierten fachlichen Entwicklungen verlief die Diskussion um die **Reform des Ju-** **32** **gendhilferechts** (vgl Rn 40), die mit der Verabschiedung des SGB VIII 1990 ihren vorläufigen Abschluss gefunden hat (Überblick bei Münder 2007 b, 22 ff; ausführlich Wiesner 2007). Auch wenn Reichweite und Reformpotenzial des SGB VIII hinter dem seinerzeit formulierten fachlichen Anspruchsprofil (vgl Jordan 1975) zurückbleiben, so werden doch fachliche und rechtliche Standards für eine sozialpädagogische Ausgestaltung und Profilierung der Kinder- und Jugendhilfe gesetzt (Kreft np 2001, 439 ff).

3. Leitorientierungen und Standards

Schon Mitte der 1980er Jahre wurden **Zielbestimmungen und Prinzipien** einer modernen Jugendhilfe **33** mit den Begriffen „Leistung statt Eingriff", „Prävention statt Reaktion", „Flexibilisierung statt Bürokratisierung", „Demokratisierung statt Bevormundung" belegt. In der Folgezeit wurden die Beurteilungskriterien für eine zeitgemäße Jugendhilfe („Strukturmaximen", BMJFFG 1990, 85 ff; „Handlungsprinzipien", Kreft/Lukas u.a. 1993, Bd. I, 16 ff) konkretisiert. Gemeint sind hier vor allem:

- **primäre und sekundäre Prävention**, sowohl auf lebenswerte, stabile Verhältnisse abzielend, in denen Konflikte und Krisen (idealtypisch) nicht entstehen, als auch „auf vorbeugende Hilfen in Situationen [gerichtet], die erfahrungsgemäß belastend sind und sich zu Krisen auswachsen können" (BMJFFG 1990, 85);
- **lebensweltorientiertes Handeln** der Träger der Jugendhilfe, das sich strukturell, fachlich und methodisch nach den sehr unterschiedlichen Lebenslagen der einzelnen Adressaten oder Adressatengruppen ausrichtet;
- **Dezentralisierung und Regionalisierung**, die vor allem geeignete Gestaltungsformen sind, um im Orts- und Stadtteil bis in die unmittelbare Nachbarschaft, an vorhandene regionale Beziehungen anzuknüpfen sowie ihre Vernetzung und Kooperation zu ermöglichen;
- **Alltagsorientierung** in den institutionellen Settings und in den Methoden, die präzisiert, was konkret lebenswelt- und lebenslagenorientierte Ausrichtung der Jugendhilfepraxis ist: Im Alltag zugängliche, situationsbezogene Hilfen, die sich von einer fast ausschließlich individualisiert ausgerichteten Hilfe hin zu systemischem Handeln bewegen, ganzheitlich auf die komplexen Erfahrungen im Alltag der Adressaten(gruppen) gerichtet;
- dazu gehört dann auch die **integrative Orientierung** lebensweltorientierter Jugendhilfe, nach der die Träger der Jugendhilfe weder ab- noch ausgrenzen, schon gar nicht aussondern dürfen, vielmehr jeder in jeder Lebenslage prinzipiell das Recht hat, dass auch ihm noch ein Angebot gemacht wird;
- das Handlungsprinzip **Existenzsicherung/Alltagsbewältigung**, welches das konkreteste ist, weil es, ausgerichtet auf die Sicherung von Grundbedürfnissen, die Voraussetzung dafür ist, überhaupt ein selbstbestimmtes Leben führen zu können;
- **Partizipation und Freiwilligkeit**: Alle Studien zur Entwicklung neuer Handlungsfelder der Jugend- und Familienhilfe verweisen darauf, dass Annahme bzw Ablehnung von Angeboten sowohl davon abhängen, ob und ggf in welchem Umfang eine mitgestaltende Beteiligung der Adressaten zugelassen ist, als auch, ob die Angebote oktroyiert sind oder freiwillig angenommen werden können;
- die Strukturmaxime **Einmischung** (Mielenz np 1981, 57 ff), welche von der Jugendhilfe verlangt, ihren Zuständigkeitsrahmen zu verlassen und Angebote in Sektoren zu entwickeln, für die nach traditionellem Jugendhilfeverständnis andere Politikbereiche, Ämter, Organisationen zuständig sind (Schule, berufliche Bildung, Arbeit, Wohnen, Stadtentwicklung) – Bereiche, in denen vielfach

die Probleme entstehen, die dann den Trägern der Jugendhilfe zur „Lösung" übergeben werden. Auf diesen gesellschaftlichen Handlungsauftrag verweist auch der Begriff des Sozialanwalts und der entsprechende Auftrag der Jugendhilfe, bei all ihren Aufgaben zugunsten junger Menschen und ihrer Familien tätig zu werden (vgl. § 2 Rn 7).

4. Neue Diskussionen

34 Die genannten (und andere) **Zielbestimmungen** und Handlungsmaximen können auf der Ebene des praktischen Handelns mit unterschiedlichen Inhalten gefüllt werden. Sie haben damit zunächst den **Status strategischer Ziele**, über ihre operative Umsetzung ist damit noch nichts gesagt; nicht verwunderlich, dass es deswegen Diskussionen gibt, welche Elemente für die Umsetzung der Leitorientierung und der Standards von Bedeutung sind. Unter rechtlichen Gesichtspunkten ist zu beachten, dass hinsichtlich der fachgerechten Auslegung unbestimmter Rechtsbegriffe (Rn 58) und der Ausfüllung von Ermessens- und Handlungsspielräumen diesen Zielbestimmungen insofern Bedeutung zukommt, da sich die Auslegung der unbestimmten Rechtsbegriffe, die Handhabung von Ermessen an fachlich-inhaltlichen Gesichtspunkten zu orientieren hat.

35 Die **Qualitätsdebatte** (Jordan 2000 a; Merchel 1998; Merchel NDV 1998, 382 ff; vgl dazu auch § 78 b Rn 8 ff, 12 ff) ist in der Kinder- und Jugendhilfe von besonderer Bedeutung, da sie die fehlenden „Brückenglieder" zwischen den genannten Leitorientierungen und Zielen einerseits und den konkreten Arbeitsplanungen und hierauf bezogenen Arbeitsschritten in der Praxis andererseits thematisiert (Jordan ZfJ 2001, 48 ff). Mit der Qualitätsdebatte geht es auch um den Anspruch der Sozialpädagogik auf Selbstdefinition, somit darum, anderen Professionen nicht die primäre Definitionsmacht im Kontext sozialpädagogischen/sozialarbeiterischen Handelns zu überlassen (Trenczek ZfJ 2002, 384 ff). Da gegenwärtig in der sozialen Arbeit Bestimmtheiten und Sicherheiten („fachliche Standards") noch nicht hinreichend ausgebildet sind, sind es nicht selten – zwangsläufig – **rechtliche und administrative Regelungen**, die Auftrag und Grenzen beruflichen Handelns festlegen (Münder ZfJ 2001, 401 ff; Trenczek u.a. 2008, 19 ff u. 75 ff; im Einzelnen § 1 Rn 8 ff, 12 ff, 31 ff). Für die Kinder- und Jugendhilfe sind dies vor allem die **Vorgaben des Kinder- und Jugendhilfegesetzes (SGB VIII)**.

36 Bezogen auf die Tätigkeit der Träger der öffentlichen Jugendhilfe (Jugendamt) hat die Qualitätsdebatte insbesondere den Aspekt der **Verwaltungsmodernisierung** (zu einem Überblick vgl Kreft UJ 2004, 83 ff; Heinz 2000) betont und in diesem Zusammenhang „**neue Steuerungsmodelle**" (Merchel/Schrapper 1996; vgl § 69 Rn 18 f) entwickelt. Diese Modernisierung hat auch **kritische Kommentierungen** erfahren (vgl dazu im Überblick Flösser/Otto 1996; Merchel 2003, 48 ff; Kreft u.a. 2004, 89 ff; Merchel/Schrapper 1996), zumal die Diskussion einer Neuorganisation der kommunalen Verwaltung zu einem Zeitpunkt erfolgte, in der die öffentlichen Finanzen mehr als angespannt waren, dies die Organisationsentwicklung mitbestimmte und sie daher eher nicht – auch wenn dies gelegentlich plakativ behauptet wird – von dem primären Interesse an einer Steigerung der Dienstleistungs- und Kundenorientierung der kommunalen Verwaltung geleitet sein muss. Zudem hat die Diskussion um die Verwaltungsmodernisierung in der Kinder- und Jugendhilfe anscheinend kaum umfassende Auswirkungen gezeigt (vgl Kreft u.a. 2004, 84 f; Vor§ 69 Rn 21 f). Begriffe wie **Kunde, Markt, Wettbewerb**, die in diesem Zusammenhang ebenfalls immer wieder genannt werden, lassen sich außerdem nicht nahtlos aus dem Bereich der Wirtschaft in den Bereich der Jugendhilfe übertragen.

37 Diese Begriffe sind auch mit dem Stichwort der Ökonomisierung verbunden. Angesprochen ist damit die Tatsache, dass vornehmlich bei der Leistungserbringung und Aufgabenwahrnehmung eine Berücksichtigung – auch – **finanzieller**, zum Teil **fiskalischer Aspekte** stattfindet. Diese Diskussion hat verschiedene Seiten. Zum einen bedeutet die genaue Benennung der zu erbringenden Leistungen, des dafür notwendigen Aufwandes und der damit verbundenen Ergebniskontrolle eine präzisere Vergewisserung über die Inhalte und Ziele der Leistungen. Mit dem Wechsel zu einer betriebswirtschaftlichen Steuerung wird zudem eine unter ökonomischen Gesichtspunkten nachhaltige Leistungserbringung abgesichert. Nicht zu verkennen aber ist, dass in der gegenwärtigen Situation der Druck zur Kostensenkung bis zur Kostenvermeidung im Vordergrund steht. Erforderlich ist deswegen bei einer durchaus vernünftigen Beachtung des notwendigen Ressourceneinsatzes, dass die Leistungen der Kinder- und Jugendhilfe konsequent auf der Grundlage ihrer **sozialleistungsrechtlichen Vorgaben** gestaltet werden. Für den konkreten Bedarf im örtlichen Bereich sind die Instrumente der Jugendhilfeplanung konsequent zu nutzen (vgl §§ 79, 80).

38 Gegenwärtig gibt es unter dem Stichwort der **Sozialraumorientierung** (Hinte u.a. 1999; ISA Soziale Praxis 1999, 20; Olk 2005; Münder 2001; Jordan 2004 – vgl auch Vor§ 69 Rn 26 ff) eine breite Dis-

kussion über eine tendenzielle Neuausrichtung von Kinder- und Jugendhilfepolitik. Verbindendes Element der Überlegungen ist der Ansatz, dass eine Orientierung am individuellen Fall kein passender Parameter für den Einsatz von (insbesondere finanziellen) Ressourcen sei, eine Orientierung an sozialstrukturellen Daten wird für besser geeignet erachtet. Dort wo Aspekte einer Sozialraumorientierung umgesetzt werden, handelt es sich regelmäßig um Teilaspekte, da eine umfassende Umsetzung am gegenwärtigen Rechtsrahmen des SGB VIII scheitert (Münder 2001; Neumann RsDE 55 [2003] 30 ff; Münder ZfJ 2005, 89 ff; vgl dazu auch Vor§ 69 Rn 23 ff und § 69 Rn 20 f).

Aufgeschreckt durch international vergleichende Schulleistungsstudien hat das Thema **Bildung** auch in der Kinder- und Jugendhilfe besondere Bedeutung gewonnen. Im Vordergrund steht der Beitrag der frühen Bildung in den Tageseinrichtungen zur Bildungsförderung. Hier zeigen zB die Einführung verpflichtender Sprachstandsfeststellungen, zusätzliche Sprachförderung, systematische Bildungsdokumentation, die verstärkte Weiterqualifizierung des Fachpersonals einen deutlichen Reformbedarf an. Die Konzentration beim Thema Bildung auf die frühkindliche Bildung für Kinder unter sechs Jahren ist durchaus problematisch (vgl Meysen RdJB 2005, 355), insbesondere dann, wenn frühkindliche Erziehung und Bildung vornehmlich in Konzepte schulischer Anforderungen und schulischer Curricula eingeordnet wird. Vernachlässigt wird hier der Bildungsbeitrag anderer Felder, wie zB der Jugendarbeit, der Jugendsozialarbeit und der erzieherischen Hilfen. Für die Bildungsaufgabe der Kinder- und Jugendhilfe ist von zentraler Bedeutung auch die Entwicklung der Ganztagsschule. Hier ist Kinder- und Jugendhilfe in ihrem Bildungsauftrag gefordert, sei es in den Formen der engen Kooperation mit der Schule, sei es bei der Übernahme der Förderung und Betreuung außerhalb des Unterrichts. Ausgehend von einem **umfassenden Bildungsbegriff** ist für die Kinder- und Jugendhilfe daran festzuhalten, dass Bildung mehr ist als Schule, nämlich der Prozess der Entwicklung und Aneignung von Fähigkeiten, die es dem Menschen erlaubt zu lernen, individuelle Leistungspotenziale zu entwickeln, Probleme zu lösen, mit seiner sozialen Umwelt in Kontakt zu treten und Beziehungen zu gestalten (ausführlich dazu der 12. KJB BMFSFJ 2005). Damit kann Bildung nicht auf Schule reduziert werden. Zu unterscheiden ist zwischen formeller und nichtformeller Bildung, wobei die nichtformelle Bildung insbesondere in Angeboten der Kinder- und Jugendhilfe stattfindet (BJK 2002, 23 f). In diesem umfassenden Sinne ist Bildung **Aufgabe der Kinder- und Jugendhilfe** (BJK 2002; Seidenstücker 2004, 279 ff; Otto/Rauschenbach 2004; Rauschenbach/Düx/Sass 2007). Somit konzentriert sich der Bildungsauftrag der Kinder- und Jugendhilfe nicht auf die traditionellen „Bildungsfelder" wie die Kindertagesstätten und die Jugendbildungsarbeit. Denn Bildung findet in der Kinder- und Jugendhilfe überall dort statt, wo insbesondere durch die Begegnung mit Menschen, durch Betätigung in Gruppen Erfahrungen angeregt, Fähigkeiten herausgebildet und Beziehungen gestaltet werden.

IV. Kinder- und Jugendhilferecht

1. Entwicklungen zum SGB VIII

Das Gesetz zur Neuordnung des Kinder- und Jugendhilferechts (Kinder- und Jugendhilfegesetz – KJHG) vom 26.6.1990 (BGBl. I, 1163) mit seinem Kernstück (Art. 1 des KJHG – vgl Rn 45), dem SGB VIII, ist das Ergebnis einer rund dreißigjährigen Diskussion um eine **Reform des Jugendhilferechts** (ausführlich Wiesner 2007, 76 ff). Es trat an die Stelle des Jugendwohlfahrtsgesetzes (JWG) vom 11.8.1961, das wiederum in Systematik und Inhalt auf dem Reichsjugendwohlfahrtsgesetz (RJWG) vom 9.7.1922 aufbaut. Das **RJWG von 1922** (vgl ausführlich mit Dokumenten Jordan/Münder 1987 a) war, trotz seiner sozialpädagogisch inspirierten Programmformel in § 1 („Jedes deutsche Kind hat ein Recht auf Erziehung zur leiblichen, seelischen und gesellschaftlichen Tüchtigkeit.") im Kern noch kein pädagogisches Leistungsgesetz, sondern ein **Organisationsgesetz**, das die Konzentration der Aufgaben der örtlichen öffentlichen Jugendhilfe im Jugendamt herbeiführte und das Verhältnis der öffentlichen zur freien Jugendhilfe regelte. Daher überrascht es nicht, dass sich auch das **JWG von 1961**, konzipiert als Novelle zum RJWG, wesentlich als ein organisations- und ordnungsrechtlich geprägtes und weniger als ein leistungsorientiertes Gesetz (Hasenclever 1978) darstellte. Dies hatte in der Fachdiskussion schon frühzeitig Kritik (3. Jugendbericht, BMJFG 1972, 31) hervorgebracht und entsprechende Reformbemühungen (zB Arbeiterwohlfahrt 1970) ausgelöst. Erst nach mehreren vergeblichen Anläufen (vgl dazu Wiesner RdJB 1990, 112 ff) konnte die Jugendhilferechtsreform in der 11. Legislaturperiode des Bundestags (1987–1990) mit der Verabschiedung des „Gesetzes zur Neuordnung des Kinder- und Jugendhilferechts" zu ihrem vorläufigen Abschluss gebracht werden.

2. Gesetzgebungskompetenz – Bund und Länder

41 Die Gesetzgebungskompetenz des Bundes in der Kinder- und Jugendhilfe leitet sich aus Art. 74 Nr. 7 GG ab. Danach ist das Jugendhilferecht Teil der „öffentlichen Fürsorge" und gehört damit zur konkurrierenden Gesetzgebung des Bundes (sehr ausführlich Jestaedt 2007, 124 ff; Meysen RdJB 2005, 355 ff). Dennoch gab es immer wieder Diskussionen darüber, auf welche Bereiche der Kinder- und Jugendhilfe sich diese Regelungskompetenz beziehen kann. Zur Kompetenz des Bundes und der Länder bei der gesetzlichen Ausgestaltung der Jugendhilfe hat das Bundesverfassungsgericht in seiner Entscheidung vom 18.7.1967 grundsätzliche Feststellungen getroffen (BVerfGE 22, 180 ff). Damit steht dem Bund die primäre Regelungskompetenz zu. Diese Gesetzgebungskompetenz steht dem Bund jedoch nur unter der Voraussetzung des Art. 72 Abs. 2 GG zu. Eine bundesgesetzliche Regelung ist demnach nur möglich, wenn sie zur Herstellung gleichwertiger Lebensverhältnisse im Bundesgebiet, zur Wahrung der Rechtseinheit im gesamtstaatlichen Interesse oder zur Wahrung der Wirtschaftseinheit im gesamten staatlichen Interesse erforderlich ist. Nach Art. 125 a GG besteht jedoch die Kompetenz des Bundes für Regelungen fort, die vor dem In-Kraft-Treten dieses durch die Föderalismusreform neu gefassten Art. 72 getroffen worden sind, so dass der Bund weiterhin hier tätig sein kann, sofern er nicht substanzielle und grundlegende Veränderungen des SGB VIII vornimmt. Dort, wo der Bund von seinem Regelungsrecht keinen Gebrauch gemacht hat, oder dort, wo er ihnen unmittelbar die Gesetzgebungskompetenz zuweist, können die Länder (sog. Landesrechtsvorbehalt – Rn 43) in eigener Verantwortung Regelungen treffen. Allerdings sind die Grenzen zur Kulturhoheit der Länder in einigen Handlungsfeldern eher fließend. Dies trifft vor allem auf die Jugendarbeit und die Familienbildung zu. Bezogen auf den Kindergarten hat Bayern die sog. lex Bayern durchgesetzt, da in Bayern der Kindergarten in die Kulturhoheit des Landes fällt (§ 26 Satz 2 und § 26 Rn 1) Das BVerfG hat hier allerdings (BVerfGE 97, 332 ff) eindeutig im Sinne der konkurrierenden Gesetzgebungskompetenz des Bundes Stellung bezogen.

42 Die Ausführung des SGB VIII ist – wie grundsätzlich bei Bundesgesetzen (Art. 83 GG) – Angelegenheit der Länder. Sie können damit auch die Einrichtung von Behörden und das Verwaltungsverfahren regeln (Art. 84 Abs. 1 GG). Wenn ein Bundesgesetz – hier das SGB VIII – etwas anderes regelt, also zB Behörden bestimmt (etwa die Jugendämter), so gilt die bundesgesetzliche Regelung, allerdings können die Länder dann wiederum davon abweichende Regelungen treffen. Nur in Ausnahmefällen kann – wegen eines besonderen Bedürfnisses nach bundeseinheitlicher Regelung – das Verwaltungsverfahren (nicht die Errichtung von Behörden) durch Bundesgesetz mit Zustimmung des Bundesrats geregelt werden (im Einzelnen Art. 84 Abs. 1 GG).

43 Neben Landesrechtsvorbehalten zur konkreten Ausfüllung einer Grundnorm, wie zB der Höhe des Pflegegeldes (§ 39 Abs. 5), der Regelungen zur Organisation der öffentlichen Träger (§ 69 Abs. 5 Satz 4 und § 71 Abs. 4 Satz 2 und Abs. 5 Satz 1), der Zuständigkeit bei der Frühförderung (§ 10 Abs. 2), finden sich im SGB VIII vor allem Landesrechtsvorbehalte in den Bereichen zur Förderung der Jugendarbeit (§ 15), zur Förderung der Erziehung in der Familie (§ 16) und zur Förderung von Kindern in Tageseinrichtungen (§ 26). Wenn auch die Ausgestaltung der Jugendhilfe primär eine Aufgabe der örtlichen öffentlichen Träger der Jugendhilfe ist, so müssen dennoch die Bundesländer Sorge dafür tragen, dass Leistungsstruktur und Qualität gefördert werden bzw erhalten bleiben. Sie haben auf „einen gleichmäßigen Ausbau der Einrichtungen und Angebote hinzuwirken" (§ 82 Abs. 2). Hier kommt ihnen bei der Schaffung und der Sicherung der fachlich notwendigen Infrastruktur eine besondere Aufgabe zu. Sie tun dies durch eine direkte Förderung aus besonderen Programmen (zB Landesjugendpläne) bzw durch indirekte Förderung im Rahmen des kommunalen Finanzausgleichs.

44 Die Länder haben verschiedene Instrumente zur Regelung von Aufgaben der Jugendhilfe. Neben Ausführungsgesetzen sind dies in der Regel Verordnungen, Erlasse, Förderprogramme und (eher weniger) Empfehlungen. Von der Möglichkeit eigener gesetzlicher Regelungen haben sie, bezogen auf die Handlungsfelder, unterschiedlich Gebrauch gemacht. Während in allen Ländern Ausführungsgesetze zur Organisation der Jugendhilfe und zu Kindertageseinrichtungen bestehen, haben für die Bereiche Jugendarbeit/Jugendsozialarbeit und Familienbildung/Familienerholung nicht alle Länder von ihrer Regelungskompetenz Gebrauch gemacht (zB Jugendarbeit – § 15 Rn 3).

3. Aufbau des SGB VIII

45 Das Kinder- und Jugendhilfegesetz von 1990 ist ein Artikelgesetz. Es enthält neben dem zentralen Art. 1, dem SGB VIII „Kinder- und Jugendhilfe", in weiteren Artikeln Änderungen anderer Gesetze aus Anlass der Neuregelung der Kinder- und Jugendhilfe sowie Überleitungs- und Schlussvorschriften.

Das SGB VIII ist in zehn Kapitel, einige davon zudem in Abschnitte und in Unterabschnitte, unterteilt. **46** **Grundlegende Bestimmungen** des Gesetzes werden im **Ersten Kapitel** als „Allgemeine Vorschriften" aufgeführt. In § 2 (Aufgaben der Jugendhilfe) werden die im SGB VIII ausgewiesenen Leistungen und anderen Aufgaben mit Verweis auf die entsprechenden Einzelregelungen benannt. Die allgemeinen Bestimmungen gelten sowohl für das folgende 2. und 3. Kapitel. Den inhaltlichen Schwerpunkt bilden die im **Zweiten Kapitel** aufgeführten **Leistungen** der Jugendhilfe (§§ 11 bis 41). Grundsätzlich anders geartet sind die im **Dritten Kapitel** enthaltenen sogenannten **anderen Aufgaben** (§§ 42 bis 60), bei denen es sich um primär hoheitliche Aufgaben des Trägers der öffentlichen Jugendhilfe handelt (vgl VorKap. 3 Rn 7). Sowohl für das Leistungskapitel wie das Kapitel andere Aufgaben gelten die Bestimmungen des **Vierten Kapitels** der Schutz der Sozialdaten (§§ 61 bis 68). Das **Fünfte Kapitel** befasst sich mit den **Trägern der öffentlichen Jugendhilfe**, der **Zusammenarbeit** und der **Gesamtverantwortung** des Trägers der öffentlichen Jugendhilfe. Auf die Träger der öffentlichen Jugendhilfe bezieht sich dort der erste Abschnitt (§§ 69 bis 72), die Zusammenarbeit mit den Trägern der freien Jugendhilfe ist im zweiten Abschnitt (§§ 73 bis 78) geregelt. Besondere Bedeutung hat aufgrund der Gesetzesänderungen (vgl Rn 47 f) der dritte Abschnitt gewonnen, der in §§ 78 a bis 78 g das Leistungserbringungsrecht beinhaltet. Während das **Sechste Kapitel** die Aufgaben der Länder und des Bundes kurz anspricht, werden im **Siebenten Kapitel** die Fragen der sachlichen und örtlichen Zuständigkeit (§§ 85 bis 88) und die damit verbundenen Fragen der Kostenerstattung (§§ 89 bis 89 h) zwischen den öffentlichen Trägern geregelt. Das **Achte Kapitel** enthält die Beteiligung von Eltern, Kindern, Jugendlichen und jungen Menschen an den in der Jugendhilfe entstehenden Kosten, sei es durch Teilnahmebeiträge, Heranziehung zu den Kosten bzw Überleitung von Ansprüchen. Abschließend enthalten das **Neunte Kapitel** die rechtlichen Grundlagen für die Durchführung der Erhebungen zur **Kinder- und Jugendhilfestatistik**, sowie das **Zehnte Kapitel** Straf- und Bußgeldvorschriften. Maßgeblich für das Verfahren ist – wie in allen Sozialgesetzbüchern – insbesondere das SGB I und das SGB X. Wegen der Bedeutung der Durchsetzung von Ansprüchen wird es hier im **Anhang Verfahren** kommentiert.

4. Änderungen des SGB VIII

Seit seiner Verabschiedung hat das SGB VIII in seiner ursprünglichen Fassung vom 26.6.1990 **47** (BGBl. I, 1163) eine Reihe von Änderungen erfahren (vgl dazu Wiesner 2007, 86 ff). Von besonderer Bedeutung sind dabei

- die im „Umweg" über die Diskussion um die Reform des § 218 StGB in Zusammenhang mit dem „Gesetz zum Schutz des vorgeburtlichen/werdenden Lebens, zur Förderung einer kinderfreundlicheren Gesellschaft, für Hilfen im Schwangerschaftskonflikt und zur Regelung des Schwangerschaftsabbruchs" (**Schwangeren- und Familienhilfegesetz** vom 27.7.1992, BGBl. I, 1398) erstmals erfolgte Verankerung eines **Rechtsanspruchs auf einen Kindergartenplatz** für Kinder vom vollendeten dritten Lebensjahr an bis zum Schuleintritt (§ 24 Abs. 2 Satz 1);
- die mit dem **1. ÄndG** (Erstes Gesetz zur Änderung des Achten Sozialgesetzbuches vom 16.2.1993, BGBl. I, 237 ff) erfolgte Auskoppelung der Leistungen für seelisch behinderte Kinder und Jugendliche aus den Hilfen zur Erziehung und Ausweisung der **Eingliederungshilfen** für seelisch behinderte Kinder und Jugendliche in einem eigenen Unterabschnitt (§ 35 a);
- die mit dem Gesetz vom 13.6.1994 zur Änderung von Vorschriften des Sozialgesetzbuches über den Schutz der Sozialdaten sowie zur Änderung anderer Vorschriften (Zweites Gesetz zur Änderung des Sozialgesetzbuches – 2. SGBÄndG, BGBl. I, 1229 ff) im SGB VIII neu gefassten Vorschriften zum **Schutz der Sozialdaten** (§§ 61 bis 68) einschließlich der Klarstellung, dass in der Jugendhilfe die §§ 61 ff. Vorrang gegenüber den Sozialdaten-Vorschriften im SGB X haben;
- die durch das **BeistandschaftsG** (vom 4.12.1997, BGBl. I, 2846), das **KindRG** (vom 16.12.1997, BGBl. I, 2942), das **KindUG** (vom 6.4.1998, BGBl. I, 666) und das **Eheschließungsrechtsgesetz** (vom 4.5.1998, BGBl. I, 833), die zum 1.7.1998 in Kraft traten, ausgelösten Änderungen mehrerer Bestimmungen des SGB VIII, wobei vor allem die Regelung der Rechtsansprüche auf Beratung in den **§§ 17, 18**, die die Neugestaltung des Rechts der elterlichen Sorge flankieren sollen, sowie die Neuregelung der Beistandschaft, die an die Stelle der alten Amtspflegschaft für nichteheliche Kinder getreten ist, von besonderer Bedeutung sind;
- die durch Art. 2 des 2. SGB XI-ÄndG vom 29.5.1998 (BGBl. I, 1188) mit Wirkung ab dem 1.1.1999 in den §§ 78 a ff neu geregelten **Vereinbarungen über Leistungsangebote, Entgelte und Qualitätsentwicklung** und Änderungen in den Zuständigkeits- und Kostenerstattungsvorschriften, die bereits mit dem 1.7.1998 in Kraft traten;

- die mit dem **Gesetz zur Ächtung der Gewalt in der Erziehung** vom 2.11.2000 (BGBl. I, 1479) erfolgte Erweiterung der Aufgabenstellung in § 16 Abs. 1;
- die im Hinblick auf das **SGB IX – Rehabilitation und Teilhabe behinderter Menschen –** vom 19.6.2001 (BGBl. I, 1046) am 1.7.2001 in Kraft getretene Neufassung des § 35 a (vgl Art. 8 Nr. 1 SGB IX) mit entsprechenden Folgeänderungen in anderen Bestimmungen des SGB VIII unter Berücksichtigung des neuen Behindertenbegriffes (§ 2 Abs. 1 SGB IX);
- die durch das **Vierte Gesetz für Moderne Dienstleistungen am Arbeitsmarkt** vom 24.12.2003 (BGBl. I, 2954), durch das Gesetz zur **Eingliederung des Sozialhilferechts in das SGB** vom 27.12.2003 (BGBl. I, 3022) und durch das Gesetz zur optionalen Trägerschaft von Kommunen nach dem Zweiten Sozialgesetzbuch vom 30.6.2004 (BGBl. I, 2014) jeweils mit Wirkung ab 1.1.2005 vorgenommenen Änderungen, die zum Teil technischer Natur waren (Ersetzung der BSHG-Bestimmungen durch die SGB XII-Bestimmungen) bzw unter arbeitsmarktpolitischen Gesichtspunkten (bedarfsgerechtes Angebot in Tageseinrichtungen für erwerbstätige Erziehungsberechtigte) Änderungen und neue Abgrenzungsformulierungen (in § **10 Abs. 2**) brachten;
- durch das **Gesetz zum qualitätsorientierten und bedarfsgerechten Ausbau der Tagesbetreuung für Kinder** (Tagesbetreuungsausbaugesetz – TAG vom 27.12.2004 – BGBl. I, 3852) erfolgte insgesamt eine Änderung des Dritten Abschnitts des Zweiten Kapitels (§§ 22 bis 24), durch die der Ausbau von Tageseinrichtungen und Kindertagespflege zur Förderung von Kindern erreicht werden soll (sowie die damit verbundenen Ergänzungen in § 69 Abs. 5 und durch § 74 a);
- durch das **Gesetz zur Weiterentwicklung der Kinder- und Jugendhilfe** (Kinder- und Jugendhilfeweiterentwicklungsgesetz – KICK vom 8.9.2005 – BGBl. I, 2729) wurden die § **8 a**, § **36 a**, § **43**, § **72 a** neu eingefügt, § 35 a inhaltlich umgestaltet und in § 42 der bisherige Inhalt (unter auch inhaltlicher Umgestaltung) von §§ 42, 43 zusammengefügt. Eine vollständige Umgestaltung hat der 2. Abschnitt des 8. Kapitels (§§ 91 bis 96) erfahren; nicht unwichtige Änderungen brachte das KICK schließlich auch bei den Statistikvorschriften (§§ 98 ff);
- durch Art. 1 des Gesetzes zur Förderung von Kindern unter 3 Jahren in Tageseinrichtungen und der Kinderpflege (**Kinderförderungsgesetz** – KiföG vom 10.12.2008 – BGBl. I, 2403) wurde, beruhend auf den durch das TAG von 2004 (s.o.) wesentlich initiierten Ausbau der Tagesbetreuung, für die Zeit bis 2013 die Tagesbetreuung weiter ausgebaut (§§ **24, 24 a**) und in diesem Zusammenhang wurden Schritte zu einer qualitativen Verbesserung der Kindertagespflege eingeleitet (§ **23**). Verbunden mit diesem – hierdurch bedingten – deutlichen Aufgabenzuwachs für Länder und Kommunen, erfolgte in den Art. 2 und 3 des KiföG eine Veränderung der Umsatzsteuerverteilung zu Lasten des Bundes sowie die Festlegung der Beteiligung des Bundes an den investiven Kosten des Ausbaus der Kindertagesbetreuung. Zugleich erfolgte wegen der Föderalismusreform (vgl Rn 41 ff) eine Anpassung von Bestimmungen des SGB VIII an die Vorgaben der Föderalismusreform (§ 69).

5. Weiterer Entwicklungsbedarf

48 Mit dem SGB VIII wurde eine Rechtsgrundlage für die Kinder- und Jugendhilfe geschaffen, die **weitgehend fachlich angemessen** ist. Gegenwärtig besteht deswegen schwerpunktmäßig ein Bedarf nach einer entsprechenden fachlich erforderlichen Ausfüllung dieser Rechtsgrundlage. So sind manche grundsätzlichen Vorgaben des SGB VIII (zB §§ 5, 8, 9, 36, 37), insbesondere die dort enthaltene Beteiligung von Kindern und Jugendlichen, in der Praxis noch nicht entsprechend den gesetzlichen Vorstellungen umgesetzt (im Einzelnen Münder RdJB 2000, 123 ff). Mit personenbezogenen Dienstleistungen sind auf rechtstechnischer Ebene oft allgemeine, unbestimmte Rechtsbegriffe verbunden (vgl Rn 57). Das bedeutet, dass das SGB VIII selbst nur einen Rahmen vorgeben kann.

49 Die **Konkretisierung des rechtlichen Rahmens** obliegt primär den öffentlichen Trägern der Kinder- und Jugendhilfe, also den kommunalen Gebietskörperschaften (vgl § 69) selbst. Aber auch die Länder (dazu Rn 43) sind hier in der Pflicht, denn der gegenwärtige Umsetzungsstand entspricht noch nicht den Intentionen des SGB VIII. Insofern sind auch auf Landesebene durch Ausführungsbestimmungen weitere Konkretisierungen zu schaffen. Auch dies gilt namentlich für den Bereich der Beteiligung von Kindern, Jugendlichen und Personensorgeberechtigten. Die **Rechtskontrolle** im Hinblick auf die Einhaltung der Regelungen des SGB VIII obliegt den Verwaltungsgerichten (s. Anhang Verfahren Rn 56).

50 Wenn auch damit der Schwerpunkt auf der Gesetzesausfüllung und der Gesetzeskonkretisierung liegt, so besteht ebenfalls ein Entwicklungsbedarf auf der Ebene der **Normklärung für den Bundesgesetzgeber** (vgl dazu auch DV NDV 2004, 37 ff). Dies bezieht sich auf die nach wie vor nicht hinreichend geglückte Vorschrift der Eingliederungshilfe für seelisch behinderte Kinder und Jugendliche des § 35 a (vgl § 35 a Rn 5, 8), gilt aber auch beispielsweise für die Friktionen und **Widersprüche zum Zuwanderungsrecht** (siehe § 6 Rn 31) und für die in § 10 vorgesehene **Abgrenzung zu anderen Sozialleistungsträgern:** Hier ergeben sich nach wie vor rechtsdogmatisch kaum gelöste Probleme in der Abgrenzung zu den Sozialhilfeleistungen, zu den Krankenversicherungsleistungen und (seit 1.1.2005 – vgl Rn 47) zum Leistungsspektrum der Grundsicherung für Arbeitsuchende nach dem SGB II (im Einzelnen § 10). In den Zusammenhang der Normenklärung gehört auch die konsequente Ausrichtung der Leistungen auf junge Menschen (Kinder, Jugendliche und junge Volljährige): Während insbesondere in den Bestimmungen, die nachträglich geändert wurden (vgl Rn 47) die jungen Menschen Anspruchsinhaber der entsprechenden Leistungsansprüche sind, ist dies beim Kernbereich der Hilfen zur Erziehung, bei § 27, nach wie vor nicht der Fall: Der ideologisch bedingte und mit Verweis auf Art. 6 Abs. 2 GG begründete **„genetische Geburtsfehler"** des Gesetzes hat hier die bisherigen Veränderungen überstanden, auch hier ist erforderlich, dass Kinder und Jugendliche Inhaber der entsprechenden Ansprüche sind (im Einzelnen § 27 Rn 32).

Ein besonderer Konkretisierungsbedarf besteht dort, wo die Formulierung der Jugendhilfeleistung unbestimmt bleibt. Dies gilt insbesondere für die Leistungen der Jugendarbeit, vornehmlich für die der **Jugendsozialarbeit** (§ 13), und für den gesamten Komplex der **Förderung der Erziehung in der Familie und der Beratung und Unterstützung** in §§ 16 bis 18: Die dort insbesondere auch durch die Kindschaftsrechtsreform geschaffenen Anforderungen (vgl Rn 47), die vom Gesetzgeber gewollte verstärkte Beratung und Unterstützung von Erwachsenen, aber gerade auch von Kindern und Jugendlichen in schwierigen familialen Situationen, hat nach den Erfahrungen aus der Praxis (vgl. Münder/Mutke u.a. 2007) bisher noch nicht die Intensität erreicht, die bei der Reform des Kindschaftsrechts 1998 den Gesetz gewordenen Vorstellungen des Gesetzgebers entsprach. **51**

In besonders markanten Bereichen wird eine Absicherung der Lebenschancen junger Menschen nur möglich sein, wenn es zu einem **Ausbau von Angeboten, Diensten und Leistungen** kommt. Kontrovers wird in diesem Zusammenhang gegenwärtig diskutiert, ob dies durch eine entsprechende (kommunale) **Infrastrukturpolitik** der Jugendhilfeträger geschehen soll oder durch die Schaffung neuer gesetzlich verankerter **Rechtsansprüche** (Münder RdJB 2000, 123, 132). Verbindendes Element der unterschiedlichen Facetten einer Infrastrukturpolitik ist der Ansatz, dass die Orientierung am individuellen Fall ein schlechter Parameter für den Einsatz der (ja immer nur beschränkten) Ressourcen in der Kinder- und Jugendhilfepolitik ist; eine Orientierung an einem sozialstrukturellen Denken wird demgegenüber für sinnvoller erachtet. Die Skepsis gegenüber einer solchen Infrastrukturpolitik speist sich vornehmlich aus den Erfahrungen zum Ausbau der Kinder- und Jugendhilfe: Zu qualitativen und auch quantitativen Veränderungen in der Kinder- und Jugendhilfe ist es stets nur dann gekommen, wenn verbindliche Rechtsansprüche für Bürger geschaffen wurden. **52**

Während Normenklärung und Normenkonkretisierung eine Art **innere Reform** der Kinder- und Jugendhilfe darstellen, die vornehmlich rechtstechnische Aspekte beinhaltet und deswegen nicht notwendigerweise mit höheren **Kosten** verbunden ist, bedeutet eine **Rechtsanspruchsverdichtung** und insbesondere ein Ausbau von Rechtsansprüchen zwangsläufig höhere Kosten für die Leistungsträger. Dass deswegen solche Vorstellungen auf den zum Teil erbitterten Widerstand der kommunalen Gebietskörperschaften als die zentralen Leistungsträger des SGB VIII stoßen, ist nicht verwunderlich. Die von ihnen initiierten Gesetzesvorhaben zielen deswegen durchgängig auf eine **Leistungsreduktion** ab. Damit wird klar, dass diese Frage nicht innerhalb des (auch finanziell) engen Handlungsspielraums der Kinder- und Jugendhilfe verhandelt werden kann. Deswegen muss in diesem Zusammenhang zugleich die Frage der **finanziellen Leistungsfähigkeit der kommunalen Gebietskörperschaften** mit erörtert werden (DV NDV 2004, 37 ff). Ohne ein Konzept eines Ausgleichs der eingenommenen öffentlichen Mittel wird deswegen ein nachhaltiger Ausbau im Sinne einer Anspruchsverdichtung und einer Anspruchsausweitung nicht möglich sein. **53**

V. Rechtliche Grundelemente des SGB VIII

1. Leistungen und andere Aufgaben

Die **Wurzeln** der Kinder- und Jugendhilfe stammen aus dem **Fürsorge- und Ordnungsrecht** (Jordan 2005, 17 ff; Münder 2007 b, 21 ff). Mit dem SGB VIII wurde die Ablösung von diesen Wurzeln und die Etablierung sozialpädagogischer Leistungen auch rechtlich klar erkennbar; das SGB VIII ist heute rechtlich **Sozialleistung.** Dies kommt nicht nur in den programmatischen Grundsatzbestimmungen (zB **54**

§ 1) zum Ausdruck, sondern vornehmlich im Zweiten Kapitel, dem **Leistungskapitel**, und zwar dadurch, dass den Betroffenen **subjektive Rechtsansprüche** eingeräumt werden (im Einzelnen Vor Kap. 2 Rn 7). Damit sind Bürgerinnen und Bürger nicht mehr Gegenstand fürsorglichen Handelns, sondern werden rechtlich als Subjekte wahrgenommen (Eichenhofer 2004, 168 ff). Dies zeigt sich auch an den Bestimmungen über die **Beteiligungsrechte** Minderjähriger (§ 8) und über die Stellung von Kindern, Jugendlichen, Eltern bei der Erbringung von Leistungen (§§ 36, 37).

55 Unüblich in der juristischen Terminologie ist die für das Dritte Kapitel verwendete Überschrift der **anderen Aufgaben** (im Einzelnen § 2 Rn 4). Zum einen handelt es sich um Aufgaben der Kinder- und Jugendhilfe, die nicht unmittelbar mit Leistungsberechtigten zu tun haben, sondern sich auf Institutionen, Einrichtungen, Aufgabenwahrnehmung durch das Jugendamt selbst beziehen (im Einzelnen VorKap. 3 Rn 2). Zu den anderen Aufgaben gehören allerdings auch Bereiche, in denen die Träger der öffentlichen Jugendhilfe **ohne oder gegen den Willen der Betroffenen** handeln können, wie zB bei der Inobhutnahme von Minderjährigen (§ 42), bei der Mitwirkung des Jugendamtes in gerichtlichen Verfahren (§ 50 bis 52). Inhaltlich dienen auch diese anderen Aufgaben der Sorge und Fürsorge für die Minderjährigen. Gemeinsam ist diesen „anderen Aufgaben", dass sie hoheitlichen Charakter haben. Die öffentlichen Jugendhilfeträger kommen hier ihrem „staatlichen" Wächteramt nach (vgl § 1 Rn 29). Ungeachtet dieser Unterschiede muss beachtet werden, dass die **allgemeinen Handlungsgrundsätze** (insbesondere im 1., aber auch im 4. Kapitel) **für beide Bereiche gleichermaßen gelten**. So hat zB die Aufforderung zu aktiver Mitarbeit junger Menschen (nach §§ 5, 8, 9) nicht nur im Leistungsbereich, sondern auch bei den anderen Aufgaben ihre Bedeutung.

2. Personenbezogene Dienstleistung

56 Die nach dem SGB VIII gegenüber den Leistungsberechtigten zu erbringenden Leistungen sind im Wesentlichen **personenbezogene Dienstleistungen** (Beratung, Unterstützung, Erziehung); Sach- und Geldleistungen treten demgegenüber deutlich in den Hintergrund. Auch bei anderen Sozialleistungsgesetzen (zB SGB XI, SGB XII) geht es zT um die Erbringung personenbezogener Leistungen. Allerdings wird dort meist gesetzestechnisch der Weg gewählt, dass die Leistung gegenüber dem Leistungsberechtigten in Form einer Geld- oder Sachleistung erfolgt. Im Unterschied dazu besteht im SGB VIII der Anspruch der Leistungsberechtigten in der Regel unmittelbar auf eine personenbezogene Dienstleistung in Form von **Beratung, Unterstützung, Erziehung** usw. Während **Geldleistungen** nach verwaltungsmäßigen Kriterien ganz bewusst ohne Ansehen der Person erbracht werden, ist dies bei Dienstleistungen nicht möglich: Sie müssen geradezu in Ansehung der Person erbracht werden (Eichenhofer 2004, 170). Die personenbezogenen Dienstleistungen der Kinder- und Jugendhilfe können so nicht nach den allgemeinen Regeln des Verwaltungsrechts einseitig vollzogen werden, sondern erfordern Interaktion und Kommunikation mit den Leistungsberechtigten; nur dadurch ist es möglich, dass die Dienstleistung, ausgerichtet auf die Leistungsberechtigten, zu dem vom Gesetz angestrebten Ergebnis führt. Dies ist ohne die Einbeziehung sozialpädagogischer, sozialwissenschaftlicher Ergebnisse und Erkenntnisse nicht möglich. Somit müssen die fachgerechte Hilfeplanung, die sozialpädagogischen Ausführungen und die rechtlichen Interpretationen in Eins gehen.

57 Erschwert wird dies dadurch, dass das SGB VIII mit einer Vielzahl **unbestimmter Rechtsbegriffe** arbeitet, wie etwa „erforderlich" (zB in §§ 11, 23, 79), „geeignet" (zB in §§ 13, 19, 21, 23, 79), „bedarfsgerecht" (§ 24), „notwendig" (§§ 27, 41), „rechtzeitig" und „ausreichend" (§§ 79, 80). Zum einen wird dies auf Grund des Inhalts der Leistungen nicht anders möglich sein, zum anderen ergibt sich dies aus dem Charakter des SGB VIII als ein sozialpädagogisches Gesetz (Schmid 2007, 135 f). Nicht zu verkennen ist jedoch auch, dass diese Unbestimmtheit und mangelnde Verbindlichkeit zT aus politischen und fiskalischen Gründen geschah, da ansonsten die Gefahr bestanden hätte, dass entsprechende Vorschriften am Widerstand der Länder (und der kommunalen Gebieteskörperschaften) gescheitert wären. Ungeachtet dessen sind die nun Gesetz gewordenen unbestimmten Rechtsbegriffe ihrem Sinn und Zweck entsprechend (teleologisch) unter Berücksichtigung der Leit- und Zielvorgaben des SGB VIII (vgl Rn 58 ff) auszulegen.

VI. Zur Auslegung und Anwendung des SGB VIII

58 Der im Vergleich zu anderen Sozialleistungsgesetzen besondere rechtliche Charakter des SGB VIII hat Auswirkungen auf die Interpretation und Anwendung der Normen des SGB VIII. Bei **personenbezogenen Dienstleistungen** ist auch eine Befassung mit dem Inhalt der zu erbringenden Leistung notwendig. Das unterscheidet das SGB VIII von den Sozialleistungen, bei denen es üblicherweise um die Er-

bringung von Geld- oder Sachleistungen geht. Ohne Kenntnis des (sozialpädagogischen) Leistungsinhalts ist keine angemessene Rechtsauslegung möglich. Eine Auslegung bzw (bei Ermessen) Anwendung, die sich nur auf den Wortlaut rechtlicher Begriffe beschränkt, greift nicht nur zu kurz, sondern daneben. Für eine Auslegung sind auch die Gesetzgebungshistorie, die Systematik und der Sinn und Zweck (Teleologie) zu beachten. Gerade über Letzteres fließen außerjuristische (zB sozialpädagogische) Erkenntnisse mit ein. Dies ist in besonderer Weise dort zu beachten, wo es um **unbestimmte Rechtsbegriffe, Generalklauseln,** usw geht. Aufgrund des Inhaltes der Leistungen (Beratung, Betreuung, Erziehung) ist es gesetzestechnisch bisweilen nicht anders möglich, als mit solchen allgemeinen auslegungsbedürftigen Begriffen zu arbeiten (vgl Rn 57).

Deswegen gewinnen im Gegensatz zu anderen Sozialleistungsgesetzen die **Leit- und Zielvorgaben,** die   **59** im SGB VIII benannt sind, bei der Interpretation dieser unbestimmten Rechtsbegriffe besondere Bedeutung. Insofern sind etwa die in den §§ 1, 5, 8, 9, 36, 37 genannten Zielvorgaben mehr als nur programmatische Aussagen über die Vorstellungen des Gesetzgebers. Sie sind inhaltliche Vorgaben für die Auslegung. Insofern ist die Einbeziehung der sozialpädagogischen und sozialwissenschaftlichen Erkenntnisse in die Auslegung der Normen beim SGB VIII eine auch rechtswissenschaftlich vorzunehmende Aufgabe.

Die Lebenslagen der Leistungsberechtigten des SGB VIII unterscheiden sich regelmäßig von den Le-   **60** benslagen, von denen die Sozialgesetze ansonsten ausgehen. Hier geht es nicht nur um Leistungen zwischen Leistungsberechtigten und Leistungsträgern, sondern im **Mittelpunkt der Leistungen** stehen **Kinder und Jugendliche**. Selbst dort, wo Minderjährigen eigenständige Rechte eingeräumt sind, werden sie regelmäßig durch die Sorgeberechtigten vertreten (vgl Anhang Verfahren Rn 30 ff). So schaden Personensorgeberechtigte, die Leistungen nicht in Anspruch nehmen, nicht primär sich selbst, sondern regelmäßig ihren Kindern. Während das Sozialleistungssystem ansonsten von durchsetzungsbereiten Staatsbürgern ausgeht, die ein Eigeninteresse an der Leistungserbringung haben, ist dies nicht die durchgängige Ausgangslage im SGB VIII. Besondere Bedeutung hat dies im Verfahren: Zugangsschwellen zu den Sozialleistungen sind nach Möglichkeit herabzusetzen, bei der Einhaltung von Verfahrensvorschriften dürfen keine Hürden errichtet werden, insgesamt ist die Verfahrensgestaltung seitens der Verwaltung aktiv, in zugehender Weise auszugestalten. Dies ist auch deswegen erforderlich, weil neben den Leistungen die Wahrnehmung des staatlichen Wächteramts mit dem SGB VIII unauflöslich verbunden ist (vgl Rn 55).

Zu beachten ist die **Stellung des SGB VIII im Rechtssystem**. Das SGB VIII ist eine eigenständige Sozi-   **61** alleistung, die nach den inhaltlichen Vorgaben des SGB VIII und den verfahrensrechtlichen Kriterien insbesondere des SGB I und SGB X zu realisieren ist. Die aus der historischen Entwicklung der Kinder- und Jugendhilfe zum Teil erklärbaren Handlungsweisen anderer Rechtsbereiche (insbesondere der Familien- und der Jugendgerichte), die die Kinder- und Jugendhilfe als ein Instrument ihrer Tätigkeit ansehen, verkennen zT immer noch den eigenständigen Sozialleistungscharakter des SGB VIII. Ein solches Verhalten ist nicht nur rechtlich unhaltbar (vgl im Einzelnen Vor§ 50 Rn 1 ff und 23 ff), es verhindert auch, dass die im SGB VIII vorgesehenen Leistungen als personenbezogene Dienstleistung erbracht werden. Denn eine personenbezogene Dienstleistung kann ihre Wirkung nur dann entfalten, wenn es ihr gelingt, die Personensorgeberechtigten, Erziehungsberechtigten sowie die Kinder und Jugendlichen für ihre Leistungsangebote zu gewinnen.

Sozialgesetzbuch (SGB) Achtes Buch (VIII)
– Kinder- und Jugendhilfe –[1]

In der Fassung der Bekanntmachung vom 14. Dezember 2006[2] (BGBl. I S. 3134)
(FNA 860-8)
zuletzt geändert durch Art. 12 G zur Änd. des Zugewinnausgleichs- und Vormundschaftsrechts vom
6.7.2009 (BGBl. I S. 1696)

Erstes Kapitel
Allgemeine Vorschriften

Vorbemerkung zum 1. Kapitel

1 Das 1. Kap. (§§ 1 bis 10) des SGB VIII enthält unterschiedliche Aussagen:
- Definitionen und Abgrenzungen in §§ 2, 6, 7, 10;
- Aussagen zu Rechten der Leistungsberechtigten und Zielgruppen der Jugendhilfe in §§ 5, 8, 9;
- Ausführungen zur Trägersituation in §§ 3, 4 und
- Formulierungen zum Stellenwert von Kinder- und Jugendhilfe, insbesondere im Verhältnis zur familialen Sozialisation in § 1.

2 **Definitionen und Abgrenzungen** scheinen zunächst technischer Art zu sein, sie sind für den Wirkungsbereich des SGB VIII jedoch inhaltlicher Art, denn sie bestimmen, ob überhaupt bei gesellschaftlichen, sozialen, individuellen Problemlagen die Jugendhilfe tätig wird (§ 10), was zum Leistungs- und Aufgabenbereich der Jugendhilfe gehört (§ 2) und wer Leistungen der Jugendhilfe erhalten kann (§§ 6, 7). Diese Komplexe sind im 1. Kap. rechtlich abschließend und – sofern sie nicht ausdrücklich eingeschränkt werden – für den gesamten Bereich (Leistungen und andere Aufgaben) des SGB VIII geregelt, die Erläuterung findet sich bei den jeweiligen Bestimmungen.

3 Mit § 5 werden die **Leistungsberechtigten** bereits im Grundsatzkapitel bewusst in den Mittelpunkt gestellt. Diese Ausrichtung wird durch die Beteiligungsvorschrift des § 8 und die Orientierung auf die Betroffenen bei der Tätigkeit der Kinder- und Jugendhilfe nach § 9 unterstrichen. Dies hat Rechtsfolgen für den gesamten Leistungsbereich (2. Kap.) der Jugendhilfe und immer dort, wo Leistungen an Bürgerinnen und Bürger über das 2. Kap. hinaus von Bedeutung sind (zu den Einzelheiten vgl §§ 5, 8, 9).

4 Im 1. Kap. nur grundsätzlich angesprochen ist die **Trägerschaft in der Jugendhilfe** und das **Verhältnis zwischen öffentlichen und freien Trägern**. § 3 geht auf die Trägerpluralität ein: Neben den öffentlichen Trägern (im Einzelnen §§ 69 ff) ist für die Jugendhilfe die umfassende Betätigung der freien/privaten Jugendhilfeträger kennzeichnend. § 4 beschäftigt sich infolgedessen grundsätzlich mit dem Verhältnis zwischen öffentlichen und privaten Trägern, konkretisiert wird dieses dann im 2. Abschnitt des 5. Kap. (§§ 73 ff).

5 Grundsätzlich angesprochen und rechtlich behandelt wird das Verhältnis zwischen Jugendhilfe und Familie. Für die Jugendhilfe ist das Verhältnis zu den Minderjährigen und ihren Eltern von zentraler Bedeutung, denn **Jugendhilfe und Familie** waren immer **aufeinander verwiesen**, da Familie als Ort primären Aufwachsens zentrales Sozialisationsfeld ist (vgl dazu ausführlich Einl. Rn 3 ff). Die Effektivität von Jugendhilfe ist wesentlich davon abhängig, dass sie die Minderjährigen in ihren Lebenswelten erreicht und die unterschiedlichen Formen familialen Zusammenlebens bewusst miteinbezieht. Von daher entscheidet sich die Qualität von Jugendhilfe immer auch daran, inwiefern es ihr gelingt, unter Berücksichtigung familialer Situationen Minderjährigen Hilfe und Unterstützung verlässlich, berechenbar und erreichbar zur Verfügung zu stellen. Jugendhilfe orientiert sich aber nicht an Familie um der Familie selbst willen, sondern wegen der Minderjährigen, und hat so zu berücksichtigen, dass die **Familie nicht alleiniger Sozialisationsort** von Minderjährigen ist. Dieses Spannungsverhältnis versucht § 1 (vgl dort im Einzelnen) rechtlich zu bewältigen.

---

1 Die Änderungen durch G v. 10. 12. 2008 (BGBl. I S. 2403) treten teilweise erst **mWv 1. 8. 2013** in Kraft und sind insoweit im Text noch nicht berücksichtigt.
2 Neubekanntmachung des SGB VIII idF der Bek. v. 8. 12. 1998 (BGBl. I S. 3546) in der ab 1. 1. 2007 geltenden Fassung.

Hinsichtlich des **Rechtscharakters** umfassen die allgemeinen Vorschriften fast das gesamte Spektrum 6
rechtlicher Regelungen (dazu vgl VorKap. 2 Rn 4 ff): Von fast symbolischen Gesetzesaussagen in § 1
über programmatische Aussagen (ebenfalls in § 1 und §§ 8, 9) zu objektiv-rechtlich verbindlichen Regelungen (§§ 2, 6, 7, 10) und Regelungen, die subjektive Rechte von Leistungsberechtigten begründen
(§ 5).

§ 1 Recht auf Erziehung, Elternverantwortung, Jugendhilfe

(1) Jeder junge Mensch hat ein Recht auf Förderung seiner Entwicklung und auf Erziehung zu einer eigenverantwortlichen und gemeinschaftsfähigen Persönlichkeit.

(2) ¹Pflege und Erziehung der Kinder sind das natürliche Recht der Eltern und die zuvörderst ihnen obliegende Pflicht. ²Über ihre Betätigung wacht die staatliche Gemeinschaft.

(3) Jugendhilfe soll zur Verwirklichung des Rechts nach Absatz 1 insbesondere

1. junge Menschen in ihrer individuellen und sozialen Entwicklung fördern und dazu beitragen, Benachteiligungen zu vermeiden oder abzubauen,
2. Eltern und andere Erziehungsberechtigte bei der Erziehung beraten und unterstützen,
3. Kinder und Jugendliche vor Gefahren für ihr Wohl schützen,
4. dazu beitragen, positive Lebensbedingungen für junge Menschen und ihre Familien sowie eine kinder- und familienfreundliche Umwelt zu erhalten oder zu schaffen.

I. Allgemeines

1 Nach der Gesetzesbegründung hat § 1 in seiner Gesamtheit die Funktion einer **Generalklausel und Leitnorm** (BT-Drucks. 11/5948, 44). Was dies im Einzelnen rechtlich bedeutet, ist unklar, nicht zuletzt deswegen, weil § 1 verschiedene Aspekte anspricht. In **Abs. 1** wird für alle jungen Menschen ein Recht auf Förderung und auf Erziehung begründet. In **Abs. 3** wird die Jugendhilfe verpflichtet, zur Verwirklichung dieses Rechts tätig zu werden. Dadurch wird der eigenständige Handlungsauftrag der Jugendhilfe formuliert. Ausgehend von der Betonung des Rechts der jungen Menschen auf Förderung und Erziehung wird in **Abs. 2** das bereits in Art. 6 Abs. 2 GG normierte Recht der Eltern und die ihnen vorrangig obliegende Pflicht zur Erziehung und Pflege der Kinder formuliert.

2 Inhaltlich versucht § 1 eine Verknüpfung der sich aus dem allgemeinen **Persönlichkeitsrecht** des Art. 2 Abs. 1 GG ergebenden rechtlichen Subjektstellung **der jungen Menschen** mit den sich aus Art. 6 Abs. 2 GG ergebenden **Rechten und Pflichten der Eltern** und dem sich aus dem Sozialstaatsgebot des Art. 20 Abs. 1 GG ergebenden **Handlungsauftrag und der Leistungsverpflichtung der Jugendhilfe**. Dieses durch rechtliche Spannungen gezeichnete Verhältnis wird in § 1 grundsätzlich angesprochen (vgl im Folgenden Rn 12 ff).

II. Recht auf Förderung und Erziehung – Abs. 1

1. Rechtscharakter

3 Adressaten sind **alle jungen Menschen**, dh bis zur Vollendung des 27. Lebensjahres (§ 7 Abs. 1 Nr. 4). Mit der Formulierung ist klargestellt, dass sich die Aufgaben der Jugendhilfe **nicht nur** auf **deutsche** junge Menschen beziehen, sondern auf alle, die ihren tatsächlichen Aufenthalt im Inland haben (§ 6 Abs. 1); inwiefern ausländische Jugendliche Ansprüche auf Jugendhilfeleistungen haben, wird im Einzelnen in § 6 geregelt.

4 Rechtsdogmatisch **umstritten** ist, ob sich aus Abs. 1 ein **subjektiver Rechtsanspruch** auf Förderung bzw Erziehung der jungen Menschen ergibt (zu objektivem Recht, subjektiven Rechten vgl VorKap. 2 Rn 4 ff). Die Frage wurde schon unter der Geltung des ähnlich lautenden § 1 JWG intensiv diskutiert (zur Kontroverse vgl Münder u.a. 1988, § 1 Anm. 1). Die Position, die von einem Rechtsanspruch

ausgeht, stellt wesentlich auf den im Wortlaut objektivierten Willen des Gesetzgebers ab. Außerdem sei zu berücksichtigen, dass sich die klassische Funktion der Grundrechte (die ehemals nur Abwehrrechte gegen hoheitliches Handeln waren) in Richtung von Teilhaberrechten geändert habe: Grundrechte geben nunmehr auch einen Anspruch auf aktives Tätigwerden und Leistungen seitens des Staates. Unter der Geltung der Sozialstaatspflichtigkeit bedeute dies, dass das Recht auf Erziehung und Förderung grundsätzlich subjektiv-öffentliche Rechtssatzqualität habe (Denninger KJ 1969, 379 ff; ausführlich GK-SGB VIII/Fieseler § 1 Rn 5 ff).

Die hM vertritt die Auffassung, dass **kein subjektives Recht auf Erziehung** existiert (Jans u.a. § 1 **5** Rn 7; Krug u.a. § 1 Anm. II; Wiesner/Wiesner § 1 Rn 11; Schellhorn/Schellhorn § 1 Rn 4; Steffan in LPK-SGB VIII § 1 Rn 3; MünchKomm/Strick § 1 Rn 1; letztlich auch Neumann in Hauck/Noftz, SGB VIII § 1 Rn 13). Begründet wird dies vornehmlich damit, dass die Regierungsbegründung zu § 1 (BT-Drucks. 11/5948, 47) ebenso wie bereits die Regierungsbegründung zur entsprechenden Formulierung des § 1 RJWG (vgl Aktenstücke zu den Verhandlungen des Reichstags 1920/22 Nr. 1666, 1240) ausführt, dass sich aus Abs. 1 ein Rechtsanspruch auf Tätigwerden der öffentlichen Jugendhilfe nicht ableiten könne, dass die Bestimmung zu allgemein sei und dass Minderjährigen unabhängig von ihren Eltern keine eigenständige Rechtsposition eingeräumt werden könne. Zum Teil wird die Auffassung vertreten, dass es sich bei Abs. 1 nur um eine generalklauselartige Kompromissformulierung mit moralischem Appellcharakter handle, weil Abs. 1 eine Vielzahl unbestimmter Rechtsbegriffe enthalte, weswegen die Rechtsanwendung durch Abs. 1 kaum gesteuert werden könne und es sich deshalb eher um eine symbolische Norm handle (ausführlich Hoffmann VSSR 1998, 67 ff).

Die prominente Stellung des § 1 Abs. 1 lässt die herrschende Rechtsdogmatik allerdings die **besondere 6 Bedeutung des Abs. 1** betonen, sei es als Norm programmatischen Charakters (Wiesner aaO) oder als ein zwingend formulierter Programmsatz (Steffan aaO), als „grundrechtsähnliches" Recht (so Jans u.a. § 1 Rn 23). Gerade im Hinblick auf die zahlreichen, im SGB VIII verwendeten unbestimmten Rechtsbegriffe ist § 1 als zentrale **Auslegungsrichtlinie** zu begreifen. Von manchen wird darüber hinaus, wenn der Bereich des staatlichen Wächteramts und damit der Interventionsbereich der Jugendhilfe aus **Gründen des Kindeswohls** tangiert ist, erwogen, dass in diesen Fällen ein **Rechtsanspruch** der Minderjährigen auf Förderung und Erziehung bestehe (zB Coester FamRZ 1991, 256; Jean d'Heur 1993, 42 ff; Ollmann FamRZ 1992, 388; in der Tendenz auch Mrozynski § 1 Rn 7). Die **praktische Bedeutung der Kontroverse** wird relativiert, da das SGB VIII einzelne, individualbezogene Rechtsansprüche begründet hat (insbesondere §§ 24, 27, 35 a). Damit sind weite Bereiche, für die sich die Frage nach dem Rechtsanspruch stellt, abgedeckt. Relevant können die unterschiedlichen Positionen dort werden, wo ältere Minderjährige (etwa in Kontext von Autonomiekonflikten mit ihren Eltern – vgl Rn 24 ff) sich selbständig an die Jugendhilfeträger wenden und Leistungen wünschen, bezüglich derer ihnen selbst ein unmittelbarer Rechtsanspruch durch Einzelbestimmungen nicht eingeräumt ist.

Wenn so auch der praktische Ertrag der Kontroverse wegen der durch das SGB stattgefundenen Leis- **7** tungsorientierung der Kinder- und Jugendhilfe gering sein mag, so hat § 1 insbesondere wegen der bestehenden Anwendungsdefizite und der immer noch gegebenen Unbestimmtheit von Regelungen des SGB VIII (vgl Einl. Rn 59) eine wichtige Bedeutung. Insbesondere in der Zusammenschau von Abs. 1 und Abs. 2 und dem dort betonten staatlichen Wächteramts ergibt sich ein **Garantienormkonzept** und damit entsprechende Verpflichtungen für die Träger der öffentlichen Jugendhilfe (ausführlich dazu Jean d'Heur 1993, 42 ff). Im Zusammenhang mit den Einzelregelungen des Leistungskapitels liegen so im Zweifelsfall **einklagbare Ansprüche** vor. Dies folgt auch aus § 2 SGB I: Wenn auch aus § 2 Abs. 1 SGB I Ansprüche nur insoweit geltend gemacht werden können, als deren Voraussetzungen und Inhalt in den besonderen Teilen des SGB im Einzelnen bestimmt sind, so ist doch wegen § 2 Abs. 2 SGB I durch die Auslegung sicherzustellen, dass die sozialen Rechte weitgehend verwirklicht werden.

2. Sozialpädagogischer Inhalt

Abs. 1 hat hinsichtlich der Förderung und der Erziehung eine **sozialpädagogische Leitbildfunktion**. Die **8** Formulierung beinhaltet das Bild einer zugleich autonomen und sozial eingebundenen Persönlichkeit. Abs. 1 sieht das Recht auf Erziehung als Mittel zur Persönlichkeitsentfaltung. Generell ist die Reichweite rechtlicher Regelungen auf diesem stark durch unterschiedliche Vorstellungen und Persönlichkeitsbilder sowie normative Prägung beeinflussten Feld eingeschränkt; Rechtsformulierungen sind hier eher Leitvorstellungen.

Die weite Fassung ermöglicht die **Realisierung unterschiedlicher Erziehungsvorstellungen**. Gegenwär- **9** tig scheint nicht die Gefahr zu bestehen, dass staatlicherseits Erziehungsziele vorgeschrieben werden.

Die Bedeutung der Norm liegt darin, dass die Handelnden sich der Bandbreite und Unterschiedlichkeiten von Erziehungszielen bewusst werden. Die professionellen Akteure der Jugendhilfe haben nicht selten aufgrund ihrer eigenen Sozialisationserfahrungen eine stärker an den Normen der Mittelschicht orientierte Ausrichtung. Zu tun haben sie es aber weitgehend mit jungen Menschen und Familien aus benachteiligten Lebenszusammenhängen, aus defizitären Lebenslagen, aus der Unterschicht.

10   Wird die Weite der Gesetzesformulierung ernst genommen, so bedeutet das, **dass Menschen in ihren Lebenslagen akzeptiert** werden, dass sozialpädagogische Arbeit dort ansetzt, wo Menschen sich befinden, dass vorhandene Erfahrungen und Fähigkeiten nicht diskriminiert, sondern positiv verstärkt werden, um so den Aufbau einer eigenständigen, selbstbewussten Persönlichkeit zu fördern. Das bedeutet nicht kritiklose Akzeptanz existierender Verhaltensweisen (zB von körperlicher Gewalt, Misshandlung als Mittel zur Konfliktbewältigung).

11   Deswegen ist eine positive Benennung konkretisierter Erziehungsziele nicht nur schwierig, sondern auch problematisch. Sinnvoll ist die **Angabe von Faktoren, die dem Entwicklungsprozess** hinderlich sind. Es ist Aufgabe von Jugendhilfe, diese so weit wie möglich zu minimieren. Das wären etwa Faktoren, die die Eigenaktivität Minderjähriger hemmen, Kommunikationsprozesse mit Personen, Gruppen, insbesondere Gleichaltrigen unterbinden oder erschweren, der Artikulation und Realisierung eigener Interessen und Bedürfnisse zuwiderlaufen, junge Menschen von ihren sozialen Nahfeldern, der ökonomisch-ökologischen Einbeziehung in Betrieb, Nachbarschaft, Stadtteil oder Wohngegend isolieren usw.

III. Das Verhältnis Minderjährige–Eltern–Jugendhilfe – Abs. 2

12   Die Betonung des Sozialisationsortes Familie entbindet die Jugendhilfe nicht von der **Durchsetzung eigenständiger Bedürfnisse und Rechte Minderjähriger**. Die Tatsache, dass Familie nicht der Garant einer Harmonie zwischen Eltern und Kindern war und ist, hat schon immer die Jugendhilfe gefordert. Die allenthalben in Gang gekommenen Veränderungen ehemals normalen und normativen Familienlebens lassen die Aufgabe für eine an allen Lebensfeldern und Sozialisationsorten von Heranwachsenden orientierte Jugendhilfe noch bedeutsamer werden (vgl Einl. Rn 3 ff). Dieses Spannungsverhältnis zwischen dem Persönlichkeitsrecht des Kindes, dem Elternrecht der Eltern und der Sozialstaatsverpflichtung des Trägers der öffentlichen Jugendhilfe (ausführlich Jestaedt 2007, 109 ff) versucht § 1 insgesamt auszubalancieren. In Abs. 2 hat der Gesetzgeber das grundrechtlich geschützte Elternrecht des Art. 6 Abs. 2 GG in diesem Zusammenhang wiederholt.

1. Die unklare gesetzliche Struktur

13   Wie die Begründung der Bundesregierung zum Regierungsentwurf (vgl BT-Drucks. 11/5948, 42 ff und 115) und die fast zeitgleich abgegebene Stellungnahme zum 8. Jugendbericht (BMJFFG 1990, V und VIII) zeigen, ging die Bundesregierung von einem tendenziell eltern-/familienlastigen Vorverständnis aus (ausführlich Münder ZfJ 1990, 488 ff). Der Bundestag als der parlamentarische Gesetzgeber ist diesem Vorverständnis jedoch nicht gefolgt, sondern hat zB bewusst die Rechtsposition Minderjähriger verstärkt. Diese **widersprüchlichen Verständnisse** kommen in § 1 zum Ausdruck: Einerseits wird in Wiederholung von Art. 6 Abs. 2 GG in Abs. 2 das Elternrecht betont, andererseits wird in Abs. 1 das Recht auf Förderung und auf Erziehung der jungen Menschen vorangestellt. Diese Voranstellung des Rechts auf Förderung und Erziehung junger Menschen wird durch die ausdrückliche (vom Bundestag vorgenommene) Inbezugnahme des Abs. 1 in Abs. 3 unterstrichen.

14   Dass es zu keiner ganz eindeutigen, verfassungsrechtlich möglichen (vgl Jestaedt 2007, 121) Begründung der Subjektstellung Minderjähriger im SGB VIII gekommen ist, hängt damit zusammen, dass unterschiedliche rechtliche Perspektiven nicht systematisch getrennt wurden. Zu Recht sieht das SGB VIII grundsätzlich (Ausnahmen zB §§ 42, 8 a Abs. 3) keine Eingriffsbefugnisse in die Beziehungen Eltern–Kind vor, Jugendhilfe kann ihre Vorstellungen nicht einseitig im Rahmen von Eingriffen durchsetzen. Jugendhilfe hat auch dort, wo sie Leistungen erbringt, Rechtsansprüche erfüllt, keine Rechte gegenüber den Eltern oder den jungen Menschen. So existiert zB **kein Erziehungsrecht der Jugendhilfe** bei der außerfamiliären Unterbringung oder bei der Betreuung und Erziehung in Tageseinrichtungen (hM, vgl zB Wiesner/Wiesner § 1 Rn 20).

15   Mit dem **öffentlich-rechtlichen Elternrecht**, das sich an den Staat richtet, hat jedoch das privatrechtliche Verhältnis zwischen Eltern und Kindern grundsätzlich nichts zu tun: „Die zivilrechtlichen Vorschriften über die elterliche Sorge in ihrer konkreten Ausgestaltung [werden] durch Art. 6 II GG [nicht] ge-

währleistet" (BVerfG 7.5.1991 – 1 BvL 32/88 – FamRZ 1991, 915). So steht das gegen den Staat gerichtete Elternrecht der Zuweisung von **Rechtspositionen an Minderjährige** nicht entgegen (so Jestaedt aaO; tendenziell auch Wiesner/Wiesner § 1 Rn 18). Diese beiden Ebenen – **Elternrecht als Abwehrrecht gegen hoheitliche Eingriffe** einerseits, Ausgestaltung des **privatrechtlichen Eltern-Kind-Verhältnisses** andererseits – hat das SGB VIII vermengt. Die Betonung des Elternrechts im Sinne einer überschießenden Ideologie hat dazu geführt, dass rechtlich das SGB VIII an einigen Stellen in eine Gemengelage gekommen ist: So werden zB Ansprüche für Minderjährige (§§ 24, 35 a, 42 Abs. 1 Nr. 1), aber auch für Personensorgeberechtigte (§ 27) begründet. Um die Erziehung von Kindern vor staatlichen Eingriffen und Reglementierungen zu schützen, wurde das SGB VIII vornehmlich aus der Optik von Eltern und nicht zugleich aus der Beteiligungsoptik von Minderjährigen gesehen; es wurde das Kind mit dem Bade ausgeschüttet (so zu Recht Coester FamRZ 1991, 253 ff).

2. Verfassungsrechtliche Vorgaben

Diese im SGB VIII selbst widersprüchliche Gemengelage lässt sich allerdings unter Berücksichtigung verfassungsrechtlicher Erkenntnisse und der verfassungsrechtlichen Entwicklungen einigermaßen bewältigen. Zum Verhältnis **Minderjährige – Eltern – Staat** hat sich eine zunehmend als gesichert anzusehende Rechtslehre (vgl insbesondere Bockenförde 1980; Ossenbühl 1981; Zeidler 1994; Zacher 2001; Reuter AcP 1992, 108 ff; Ollmann FamRZ 1992, 388; Jean d'Heur 1993; Badura in Maunz/Düring GG Art. 6; Pieroth in Jarass/Pieroth GG Art. 6; Jestaedt BK Art. 6 Abs. 2 und 3; ders. 2007, 109 ff) und Verfassungsrechtsprechung (insbesondere BVerfG 29.7.1959 – 1 BvR 205/58 – E 10, 59 ff; BVerfG 29.7.1968 – 1 BvL 20/63, 31/66 u. 5/67 – E 24, 119 ff; BVerfG 21.5.1974 – 1 BvL 22/71 – E 37, 217 ff; BVerfG 9.2.1982 – 1 BvR 845/79 – E 59, 360 ff; BVerfG 17.2.1982 – 1 BvR 188/80 – E 60, 79 ff; BVerfG 17.10.1984 – 1 BvR 284/84 – E 68, 176 ff, sowie die im Folgenden noch gesondert behandelten Entscheidungen – zusammenfassend Münder/Ernst 2008, 9 ff; Münder ZfJ 2000, 81 ff) herausgebildet. Ausgangspunkt ist Art. 6 Abs. 2 GG, wonach die Pflege und Erziehung der Kinder als natürliches Recht der Eltern und die ihnen zuvörderst obliegende Pflicht bezeichnet wird, über deren Betätigung die staatliche Gemeinschaft wacht. Damit ist, entsprechend einem liberalen Verfassungsverständnis (Grundrecht als Abwehrrechte gegen den Staat), zunächst die **Abwehrdimension des Elternrechts** gegen staatliche Eingriffe angesprochen, begründet aus der Annahme, dass „in aller Regel Eltern das Wohl des Kindes mehr am Herzen liegt als irgendeiner anderen Person oder Institution" (BVerfG 9.2.1982 – 1 BvR 845/79 – E 59, 376; BVerfG 12.10.1988 – 1 BvR 818/88 – FamRZ 1989, 31 ff). Beim Elternrecht handelt es sich aber um ein besonderes Recht: „Eine Verfassung, welche die Würde des Menschen in den Mittelpunkt ihres Wertsystems stellt, kann bei der Ordnung zwischenmenschlicher Beziehungen grundsätzlich niemandem Rechte an der Person eines anderen einräumen, die nicht zugleich pflichtgebunden sind und die Menschenwürde des anderen respektieren" (BVerfG 29.7.1968 – 1 BvL 20/63, 1 BvL 31/66 – E 24, 144). Damit ist das Elternrecht Freiheitsrecht gegen staatliche Eingriffe, den Eltern verliehen als fremdnütziges Recht im Interesse ihrer Kinder.

Im **Verhältnis Eltern-Kinder** bedeutet dies, dass das Elternrecht ein Recht im Interesse des Kindes ist, ihnen um des Kindes willen gegeben ist, und sie deshalb auch – unmittelbar – dem Kind gegenüber zu dessen Pflege und Erziehung verpflichtet sind (BVerfG 1.4.2008 – 1 BvR 1620/04 – FamRZ 2008, 845, 852). Es ist ein „Recht" im Interesse des Kindes (BVerfG 14.4.1987 – 1 BvR 332/86 – E 75, 201, 218; BVerfG 6.2.2001 – 1 BvR 12/92 – E 103, 89, 107), das auf das Kindeswohl ausgerichtet ist. Daraus ergibt sich, dass das Kind nicht etwa Gegenstand elterlicher Rechtsausübung ist, es ist vielmehr eigenständiges Rechtssubjekt, eigenständiger Grundrechtsträger, dem die Eltern schulden, ihr Handeln an seinem Wohl auszurichten (BVerfG 1.4.2008 – 1 BvR 1620/04 – FamRZ 2008, 845, 852). Dieses **Recht des Kindes** ist in den Grundrechten „mehrfach" verankert: Es ergibt sich aus dem elterlichen Pflichtverständnis des Art. 6 Abs. 2 Satz 1 GG und steht in engem Zusammenhang mit dem Grundrecht des Kindes auf Schutz seiner Persönlichkeit aus Art. 2 Abs. 1 Art. 1 Abs. 1 GG (BVerfG 1.4.2008 – 1 BvR 1620/04 – FamRZ 2008, 845, 853). Aus dieser Verknüpfung von Art. 6 Abs. 2 Satz 1 GG und Art. 2 Abs. 1 iVm Art. 1 Abs. 1 GG hat das BVerfG die Grundrechtsposition Minderjähriger entwickelt: **Minderjährige sind autonome Rechtssubjekte** auch in Bezug auf die Eltern. Denn das Elternrecht ist untrennbar mit der Pflicht der Eltern verbunden, dem Kind Schutz und Hilfe zu seinem Wohl angedeihen zu lassen. Diese Pflicht bezieht sich nicht nur etwa als Reflex auf das Kind, diese Pflicht besteht gegenüber dem Kind: Mit dem Recht des Kindes auf Pflege und Erziehung durch seine Eltern aus Art. 6 Abs. 2 Satz 1 GG korrespondiert die Pflicht gegenüber dem Kind, es zu pflegen und zu erziehen.

18   Entsprechend der allgemeinen verfassungsrechtlichen Weiterentwicklung unter dem Sozialstaatsprinzip des GG ist Art. 6 GG aber nicht nur ein Abwehrrecht, sondern beinhaltet die Verpflichtung des Staates, „positiv die Lebensbedingungen für ein gesundes Aufwachsen des Kindes zu schaffen" (BVerfG 29.7.1968 – 1 BvL 20/63, 1 BvL 31/66 – E 24, 145; BVerfG 24.3.1981 – 1 BvR 1516/78, 1 BvR 964/80, 1 BvR 1337/80 – E 56, 384). Damit ist die **Leistungsdimension** angesprochen. Schwerpunkt dieses Aspekts in der Rechtsprechung des BVerfG war der Abbau vornehmlich materieller Benachteiligungen von Eltern mit Kindern und die Forderung an den Gesetzgeber, einen Familienlastenausgleich zu schaffen.

19   Heftig diskutiert wurde die Frage, ob sich aus Art. 6 GG ein **allgemeiner Wertordnungsgrundsatz** in der Weise ergebe, dass „Ehe und Familie" als institutionelle Vorgaben geschützt seien (dazu v. Campenhausen VVdStRL 45 [1987], 7 ff; Friauf NJW 1986, 2595 ff; Steiger VVdStRL 45 [1987], 55 ff; Zuleeg NVwZ 1986, 800 ff; Papier NJW 2002, 2129; Di Fabio NJW 2003, 993 ff). Dies hätte zur Folge, dass wesentliche Prinzipien auch des Familienrechts verfassungsrechtlich abgesichert und damit einer rechtlichen Veränderung entzogen wären, eine Position, der das BVerfG anfangs (BVerfG 17.1.1957 – 1 BvL 4/54 – E 6, 55 ff) durchaus nahestand. Diese institutionell geprägte Sichtweise hat das BVerfG in den letzten Jahren ausdrücklich zugunsten einer an den faktischen sozialen Lebensverhältnissen orientierten Rechtsprechung aufgegeben (BVerfG 12.10.1988 – 1 BvR 818/88 – FamRZ 1991, 915; im Einzelnen Münder ZfJ 2000, 81 f; Münder RdJB 2000, 46 ff; Münder/Ernst 2008, 10).

20   Das wird in der Rechtsprechung des BVerfG deutlich, in der das Verfassungsverständnis über das **Verhältnis Eltern – Kinder – Staat** präzisiert wurde (BVerfG 18.6.1986 – 1 BvR 857/85 – E 72, 122 ff; BVerfG 14.4.1987 – 1 BvR 332/86 – E 75, 201 ff; BVerfG 12.10.1988 – 1 BvR 818/88 – NJW 1989, 519 ff). Ausgangspunkt der Entscheidungen waren mögliche **Interessengegensätze** zwischen Minderjährigen und Eltern (besonders deutlich in BVerfG 18.6.1986 – 1 BvR 857/85 – E 72, 122 ff). Hier hat das BVerfG (bei Verfassungsbeschwerdeverfahren) festgehalten, dass die Rechte der Minderjährigen nicht zugunsten des Elternrechts auf der Strecke bleiben können (seit BVerfG 5.11.1980 – 1 BvR 349/80 – E 55, 171 ff; zuletzt BVerfG 29.10.1988 – 2 BvR 1206/90 – E 99, 145 ff). Das somit existierende Spannungsverhältnis Minderjährige – Eltern – Jugendhilfe lässt sich nicht grundsätzlich auflösen. Weiter kommt man nur, wenn man zur Kenntnis nimmt, dass den Eltern das Elternrecht um des Kindes und seiner Persönlichkeitsentfaltung willen gewährleistet ist. Und damit lässt es in dem Maße, in dem das Kind in die Mündigkeit hineinwächst, nach, bis es schließlich überflüssig wird. Wie dies im Einzelnen auszugestalten ist, ist in einer Abwägung zwischen **Erziehungsbedürftigkeit und Selbstbestimmungsfähigkeit** jeweils für einzelne Handlungsfelder zu konkretisieren. Dies ist primär Aufgabe des Gesetzgebers. Dabei hat er sich an der verfassungsrechtlichen Aussage zu orientieren, dass „für die Ausübung höchstpersönlicher Rechte der Grundsatz zu gelten (hat), dass der zwar noch Unmündige aber schon Urteilsfähige die ihm um seiner Persönlichkeit willen zustehenden Rechte soll eigenständig ausüben können" (BVerfG 9.2.1982 – 1 BvR 845/79 – E 59, 360, 366).

3. Folgerungen für die Praxis

21   Die Vorschriften des Jugendhilferechts begründen vielfältige **Verpflichtungen des öffentlichen Jugendhilfeträgers** (im Einzelnen vgl VorKap. 2 Rn 4 ff). Im Verhältnis Minderjährige – Eltern – Jugendhilfe ist zu berücksichtigen, dass die Eltern ihr Elternrecht nur treuhänderisch im Interesse der Minderjährigen haben. Deswegen wird der Jugendhilfeträger, wenn Minderjährige auf die Realisierung der Verpflichtung des öffentlichen Jugendhilfeträgers drängen, nicht mit dem Hinweis auf eine primäre elterliche Zuständigkeit sich seinen Verpflichtungen entziehen können. Zu beachten ist, dass es keines formellen Antrags an den Jugendhilfeträger bedarf (vgl Anhang Verfahren Rn 23). Damit muss der Träger der öffentlichen Jugendhilfe entsprechenden Anregungen von Minderjährigen nachkommen. Dies ist nur dann nicht möglich, wenn die Personensorgeberechtigten ausdrücklich erklären, dass sie eine Leistungserbringung an den Minderjährigen nicht wollen.

22   Im Übrigen ist dort, wo es um Anregungen von Minderjährigen an die Jugendhilfeträger geht, also um **tatsächliches, faktisches Verhalten**, die **Rechtsfigur des sog. einsichtsfähigen Minderjährigen** zu beachten (im Einzelnen § 9 Rn 5 f): Wo es sich um faktisches Verhalten, insbesondere in höchstpersönlichen Angelegenheiten, handelt, können Minderjährige, wenn sie die hinreichende Einsichtsfähigkeit in die konkret anstehende Angelegenheit haben, selbst (unabhängig von ihren Eltern) die entsprechende Entscheidung treffen (vgl Reuter AcP 1992, 117 ff; ausführlich Münder/Ernst 2008, 157).

In den Fällen dezidierter **Interessenkonflikte zwischen Eltern und Minderjährigen,** bei ausdrücklichem 23
Widerspruch der Personensorgeberechtigten gegenüber den Wünschen und Anregungen der Minderjährigen, sind die vom BVerfG im Zusammenhang mit der Begründung des Verfahrenspflegers entwickelten Rechtsgedanken auch im einfach-rechtlichen Verfahren anzuwenden: Eine Interessenwahrnehmung von Minderjährigen ist im einfach-rechtlichen Verfahren notwendig, um den Grundrechtsschutz Minderjähriger durch Verfahrensrecht entsprechend abzurunden (Niemeyer FuR 1991, 333;
Seibert FamRZ 1995, 1462). Das bedeutet für das Jugendhilferecht, dass bei (möglichen) Interessenkonflikten zwischen Minderjährigen und Sorgeberechtigten die mögliche Durchsetzung der eigenständigen Rechtsposition Minderjähriger verfahrensrechtlich sicherzustellen ist. Hierfür ist der in § 159
FamFG geregelte **Verfahrensbeistand** als „Anwalt des Kindes" gerade bei Interessenkonflikten zwischen Eltern und Minderjährigen von Bedeutung (Anhang § 50 Rn 9, 77; ausführlich Münder/Han-
nemann u.a. 2009; Hohmann-Dennhardt ZfJ 2001, 77 ff).

IV. Ziele der Jugendhilfe – Abs. 3

In Abs. 3 werden nicht abschließend („insbesondere") zentrale **Ziele** genannt, die die Jugendhilfe in 24
Realisierung der in Abs. 1 genannten Grundoptionen verfolgen soll. Durch die vom Gesetzgeber (Bundestag) im Gesetzgebungsverfahren ausdrücklich aufgenommene Bezugnahme auf Abs. 1 wird der eigenständige Handlungsansatz der Jugendhilfe deutlich. Abs. 3 macht die konzeptionelle Bandbreite
von Jugendhilfe deutlich: von der **Reaktion auf soziale Problemlagen** (Benachteiligungen verhindern,
abbauen) bis zur **aktiven Gestaltung der Lebensbedingungen** von Kindern und Jugendlichen, von einem
defensiven Verständnis bis hin zu einem offensiven Verständnis von Jugendhilfe. Die Gesamtbetrachtung des Abs. 3 hinsichtlich der Ziele ergibt, dass der sozialpädagogische Handlungsansatz der Jugendhilfe verfehlt wird, wenn Jugendhilfe nur reagierend, defensiv handelt.

Die Bereitstellung von Angeboten, Diensten oder Leistungen im Rahmen eines autonomen Hand- 25
lungsansatzes der Jugendhilfe ist entsprechend Abs. 3 unverzichtbarer Bestandteil einer den Zielen des
SGB VIII entsprechenden Jugendhilfe. Als **Leitnorm und verbindlicher Auslegungsgrundsatz** (vgl
Rn 7, Einl. Rn 63) bindet die Vorschrift die Tätigkeit der öffentlichen Jugendhilfe, das Wort „soll"
bewirkt diese verpflichtende Bindung; es ist eine Handlungs- und Gestaltungsverpflichtung für die
Träger der öffentlichen Jugendhilfe. Die in Abs. 3 der Jugendhilfe aufgetragene Verwirklichung des
Rechts auf Förderung und Erziehung bedeutet, dass bei den beispielhaft genannten Situationen und
dort, wo es um individuelle Lebenslagen von jungen Menschen und ihren Familien geht, Jugendhilfe
von sich aus ihre **Angebote und Leistungen** zu erbringen hat. Jugendhilfe ist auch bei individuellen
Leistungen nicht abhängig von einem formellen Antrag der Leistungsberechtigten (vgl Anhang Verfahren Rn 20 f), sondern muss bei Bekanntwerden des Jugendhilfebedarfs von Amts wegen einsetzen.

Die in **Nr. 1** genannte **Förderung der individuellen Entwicklung** steht in erster Linie in Bezug zu den 26
individuellen Leistungen (zB §§ 27 ff, § 35 a, § 41), ist aber auch bei gruppenbezogenen Angeboten
und gemeinwesenorientierten Aktivitäten in der Weise zu beachten, dass die Leistungen jeweils auch
daraufhin zu prüfen sind, dass sie den individuellen Förderungsbezug nicht verlieren. Die Förderung
der **individuellen und sozialen Entwicklung** ist ein Gestaltungsprinzip für alle Angebote und Leistungen. Das liegt etwa bei der Jugendarbeit und der Förderung von Kindern in Tageseinrichtungen nahe,
ist jedoch auch bei individuellen Rechtsansprüchen bis hin zu kriseninterventionistischen Tätigkeiten
wie Inobhutnahme (vgl § 42 Rn 10 ff) von Bedeutung.

Hinsichtlich des **Abbaus und der Vermeidung von Benachteiligung** handelt es sich oft um Faktoren, 27
die außerhalb des Handlungsraums von Jugendhilfe liegen bzw von Jugendhilfe nur teilweise, insbesondere im Rahmen ihres Einmischungsauftrages (vgl Rn 30), zu beeinflussen sind. So bedeutet die
Verpflichtung in Nr. 1 in erster Linie, dass Jugendhilfe dafür zu sorgen hat, dass sie nicht zusätzlich
anderweitig entstandene Benachteiligungen zum Teil unwillentlich verstärkt, sondern sich überlegt,
wie solch anderweitig entstandene Benachteiligungen durch Aktivitäten der Jugendhilfe gemindert,
Folgen bekämpft und Auswirkungen von Benachteiligung reduziert werden können.

Die in **Nr. 2** angesprochene **Beratung und Unterstützung** in Fragen der Erziehung korrespondiert vor- 28
nehmlich mit dem Abschnitt der Förderung der Erziehung in der Familie (§§ 16 ff). Die ausdrückliche
Betonung dieser Aufgabe weist auf die **präventive Orientierung** des SGB VIII hin. Da in Nr. 2 Eltern
und andere Erziehungsberechtigte (vgl § 7 Abs. 1 Nr. 6) ausdrücklich erwähnt werden, gilt es, sich
darüber klar zu sein, dass – schon wegen des Einleitungswortes „insbesondere" (vgl Rn 24) – zu beachten ist, dass auch gegenüber Kindern und Jugendlichen Beratungs- und Unterstützungspflichten

bestehen, sei es im Rahmen des § 8 Abs. 2, 3 oder im Rahmen der individuellen Hilfen zur Erziehung (vgl § 36 Abs. 1).

29　Die in **Nr. 3** genannte **Schutzverpflichtung** für Kinder und Jugendliche ist als **aufgabenbeschreibende, objektiv-rechtliche Norm** keine Grundlage für Eingriffe der Jugendhilfe; diese sind nur dann möglich, wenn eine spezielle Eingriffsnorm (zB §§ 42, 8 a Abs. 3) vorliegt. Die Schutzverpflichtung der Jugendhilfe ergibt sich aus dem pädagogischen Handlungsauftrag und ist deswegen konzeptionell und methodisch sozialpädagogisch auszuführen (hierzu § 42 Rn 3). Dort, wo Jugendhilfe Eingriffsbefugnisse hat oder durch Information etwa des Gerichts (§ 8 a Abs. 3 Satz 1) Eingriffe auslösen kann, ist diese sozialpädagogische Orientierung der Schutzverpflichtung zu beachten. Hier wird von den Fachkräften oft eine schwierige Gratwanderung zwischen sozialpädagogischer Handlungsorientierung und Fürsorglichkeit verlangt (ausführlich Meysen/Schindler JAmt 2004, 449; Münder 2007; Trenczek 2008, 40 ff, 173 ff). Das sich aus Art. 6 Abs. 2 Satz 2 GG ergebende **staatliche Wächteramt**, das in Nr. 3 angesprochen ist, obliegt dem Träger der öffentlichen Jugendhilfe. Dieser Verpflichtung kann sich das JA nicht entledigen (etwa durch Übertragung von Leistungserbringung oder anderer Aufgabenwahrnehmung an private Träger), es bleibt verantwortlich, und sei es in Form einer letztverantwortlichen Überwachung (vgl Heilmann ZfJ 2000, 41 ff; Heilmann UJ 2001, 411 ff). Angesichts mancher Diskussionen um den Ausbau des repressiven Instrumentariums in der Jugendhilfe (zB Forderung nach geschlossener Unterbringung) ist die auch im Schutzkonzept der Jugendhilfe angelegte sozialpädagogische Ausrichtung der gesetzliche Auftrag und die Handlungsmaxime für den Alltag der Jugendhilfe (so auch Wiesner/Wiesner § 1 Rn 38 ff).

30　**Nr. 4** weist über den engeren Zuständigkeitsbereich des Ressorts Jugendhilfe hinaus. Hier wird ausdrücklich die offensive Jugendhilfe als **Querschnittspolitik** angesprochen, das Hineinwirken in andere Politikfelder im Interesse von Kindern und Jugendlichen. Das institutionelle Hineinwirken der Jugendhilfe in für Minderjährige wichtige Felder (Schule, Ausbildung, Arbeitsmarkt, Stadtentwicklung, Baupolitik, Wohnen) geht darüber hinaus: Hier handelt es sich nicht nur um die in der Querschnittspolitik angelegte Wahrnehmung der lobbyistischen Aufgabe zugunsten Minderjähriger, sondern um die offensive Erweiterung institutionellen Handelns in alle Lebensfelder, die für Minderjährige relevant sind, und damit um die kontinuierliche Einmischung von Jugendhilfe in andere Politikfelder (Mielenz np 1981, 57 ff).

V. Rechtsfolgen bei der Verletzung fachlicher Standards

1. Allgemeines

31　Aus § 1 – und weiteren zumindest objektiv-rechtlichen, erst recht subjektiv-rechtlichen Normen (zur Begrifflichkeit vgl VorKap. 2 Rn 6 ff) – ergibt sich die Verpflichtung der Träger der öffentlichen Jugendhilfe zu entsprechendem Handeln. Damit wird auch dem in § 1 verankerten **Garantienormkonzept** (Rn 7) Rechnung getragen, die Pflichten der Träger der öffentlichen Jugendhilfe zum Handeln begründet. Im Vollzug dieser Verpflichtung haben sich die für den Träger der öffentlichen Jugendhilfe handelnden Personen an den fachlichen Standards der Jugendhilfe (dazu Einl. Rn 31) auszurichten. Diese werden besonders – auch rechtlich – thematisiert, wo es um das Spannungsfeld zwischen der sozialpädagogischen (Dienst-)Leistungsorientierung und der Verpflichtung zur Wahrnehmung des staatlichen Wächteramts (Rn 29) geht. Die Festlegung fachlicher Standards ist eine **Aufgabe der sozialpädagogischen Profession**. Hier bedarf es der klaren Angabe von Arbeitszielen, hierauf bezogener Planungen und Schritte, transparenter Verfahren und für außenstehende Dritte nachvollziehbarer fachlicher „Spielregeln" (ausführlich Jordan ZfJ 2001, 49 ff). Hieraus wird klar, dass es nicht darum geht das „Richtige" zu tun. Die Güte sozialer Arbeit wird weniger an den Ergebnissen, sondern in erster Linie an der Einhaltung des richtigen und normativ vorgeschriebenen Verfahrens bei der Entscheidung über die notwendige Intervention und die Leistungsgewährung gemessen (Trenczek ZfJ 2002, 384). Im Gegensatz zu den Inhalten, die stets Verständigungsprozessen und der Interpretation der betroffenen Personen unterliegen, sind Verfahrensabläufe objektiv bestimmbar und nachprüfbar. Das bezieht sich insbesondere auf die im SGB VIII normierten **Kommunikationsregeln** und auf die **Prozessdokumentation**, die Hilfeplanung und Teamberatung (im Einzelnen Meysen 2007, 424 ff).

32　Da in der **sozialpädagogischen Profession** teilweise (noch) kein hinreichender Konsens über fachliche Standards existiert (Jordan ZfJ 2001, 49 ff), führt dies dazu, dass zum Teil vom **Rechtssystem** festgelegt wird, was fachliche Standards der Kinder- und Jugendhilfe sind. Hier haben in der Diskussion bisher vornehmlich strafrechtliche Aspekte Aufmerksamkeit gefunden (vgl Rn 39 ff). Aufgeschreckt durch die juristischen Strafverfahren (Jordan ZfJ 2001, 49 ff; Münder ZfJ 2001, 401 ff; Trenczek ZfJ 2002, 384 ff) werden inzwischen vielfach Versuche zur **Entwicklung fachlicher Standards** unternommen. Dies hat lokal (vgl zB Hamburger Handlungsempfehlungen Merchel ZfJ 2003, 249 ff) bzw bundesweit (vgl die Empfehlungen des Deutschen Städtetages ZfJ 2004, 187 ff) zu Ergebnissen geführt, die sich vornehmlich auf die strafrechtlichen Aspekte konzentrierten. Bei der **Verletzung fachlicher Standards** geht es aber nicht nur um **strafrechtliche Aspekte**, sondern auch um **sozial-/verwaltungsrechtliche, zivilrechtliche, arbeitsrechtliche Aspekte** (ausführlich Meysen 2007, 423 ff; Trenczek/Tammen 2008, 296 ff). Ansprüche der von der Verletzung fachlicher Standards betroffenen Bürger können sich gegen die Anstellungsträger und/oder die Beschäftigten selbst richten (Münder ZfJ 2001, 401 ff).

2. Ansprüche gegen die Anstellungsträger

a) Ansprüche gegen den Träger der öffentlichen Jugendhilfe

Nur gegen den **öffentlich-rechtlichen Träger** (vgl auch § 2 Abs. 2 Satz 2) können sich Ansprüche dann **33** richten, wenn durch unfachliches Handeln der Anspruch auf entsprechende Kinder- und Jugendhilfeleistungen verletzt wird. Hier muss der Bürger sein Recht im Konfliktfall im Verwaltungsverfahren (Anhang Verfahren Rn 11 ff) bzw im Gerichtsverfahren (Anhang Verfahren Rn 69 ff) geltend machen, er kann sich nicht einfach selbst die erforderliche Leistung bei einem Leistungserbringer besorgen. Nur unter den **Voraussetzungen des § 36 a Abs. 3** besteht ein Anspruch auf **Aufwendungsersatz bei selbstbeschafften Leistungen** (zu den Voraussetzungen vgl § 36 a Rn 39 ff).

Erhält ein Leistungsberechtigter Leistung deswegen nicht, weil eine Verletzung sog. sozialrechtlicher **34** Nebenpflichten vorliegt – wurde zB nicht ordnungsgemäß beraten, aufgeklärt oder informiert – kann ggf ein sog. **sozialrechtlicher Herstellungsanspruch** bestehen. Mittels des sozialrechtlichen Herstellungsanspruchs werden die Bürger (im Wege der sogenannten Naturalrestitution) so gestellt, als hätten sie – bei der unterstellten korrekten Beratung – die unterlassene Handlung dennoch rechtzeitig und ordnungsgemäß vorgenommen (Meysen 2007, 427 f). Die mangelhafte, unvollständige Beratung darf ihnen nicht zum Nachteil gereichen, die nachteiligen Folgen werden mittels des sozialrechtlichen Herstellungsanspruchs beseitigt (ausführlich Kreikebohm/Koch 2008 Rn 71 ff; BSGE 49, 76 ff; speziell für die Jugendhilfe OVG NW 23.9.1999 – 16 A 461/99 – FEVS 51, 361 ff; BSG 27.7.2004 – B 7 SF 1/03 R – SGb 2005, 236 ff m.Anm. Münder 239 ff; allerdings ist umstritten, ob dieser von der Rechtsprechung im beitragsfinanzierten Sozialversicherungsrecht entwickelte Anspruch auch auf die einseitigen staatlichen Leistungen im Fürsorgerecht übertragbar ist – ablehnend zB OVG BE-BB 14.3.2006 – 6 M 6.06 – ZFSH 2006, 302 f).

Denkbar sind auch verschiedene **zivilrechtliche Ansprüche**. Diese können sich zB auf **Auskunft** über **35** Verwaltungsvorschriften (vgl Anhang Verfahren Rn 10), auf **Rechtslegung** (zB OLG Celle 30.1.2001 – 15 WF 15/01 – FamRZ 2001, 706; OVG NW 28.9.2001 – 12 E 489/01 – FamRZ 2002, 833 – dort allerdings abgelehnt) usw richten. Von größerer Bedeutung sind **Schadensersatzansprüche**. Diese richten sich auf Ersatz in Geld. Rechtsgrundlage für einen möglichen zivilrechtlichen Schadensersatzanspruch gegen den Anstellungsträger ist bei den öffentlich-rechtlichen Körperschaften die sog. **Haftung bei Amtspflichtverletzung gemäß § 839 BGB iVm Art. 34 GG**, da es sich bei dieser Tätigkeit regelmäßig um die Ausübung eines öffentlichen Amts handelt (OLG Stuttgart 23.7.2003 – 4 U 42/03 – ZfJ 2004, 193 ff; OVG NW 28.9.2001 – 12 E 489/01 – JAmt 2001, 596 ff bzw für vom Pflegekind verursachte Schäden: BGH 6.7.2006 – III ZR 2/06 – ZKJ 2007, 111). Derartige Ansprüche bestehen nur, wenn rechtswidriges Handeln der Mitarbeiter des öffentlichen Trägers vorliegt, diese sich also nicht an fachliche Standards oder zB auch an höchstrichterliche Rechtsprechung halten (wobei natürlich zB eine „Umgehung" einer solchen Rechtsprechung nicht verlangt werden kann – LG Saarbrücken 25.7.2003 – 4 O 176/02 – ZfJ 2005, 127 f). Außerdem muss durch zumindest fahrlässiges Handeln ein Schaden eingetreten sein (ausführlich Münder ZfJ 2001, 404 ff). Der öffentliche Träger haftet nur für Amtspflichtverletzungen seiner Bediensteten, nicht aber zB für fehlerhaftes Verhalten von Pflegepersonen (bei denen er das Kind untergebracht hat), sofern ihm bei der Auswahl der Pflegepersonen keine Amtspflichtverletzung vorgeworfen werden kann (BGH 23.2.2006 – III ZR 164/05 – JAmt 2006, 197) bzw für vom Pflegekind verursachte Schäden (BGH 6.7.2006 – III ZR 2106 – ZKJ 2007, 111). Für solche Klagen ist der Zivilrechtsweg gegeben. **Anlässe für eine Amtshaftung** können vielfältig sein (zu einem gründlichen Überblick vgl Meysen 2007, 428 f). Bejaht wurden derartige Schadensersatzansprüche bisher hauptsächlich bei Beratung, Unterstützung usw im Bereich der **Pflegschaft, Vormundschaft, Beistandschaft** (vgl OLG Celle 16.8.1996 – 16 W 40/95 – ZfJ 1998, 220; OLG Hamm 20.11.1996 – 11 U 61/96 – ZfJ 1997, 433 ff; BGH 17.6.1999 – III ZR 248/98 – DAVorm 1999,

881 ff; OLG Hamm 30.5.2000 – 29 U 144,99 – ZfJ 2001, 548), aber auch beim **allgemeinen Sozial-dienst** (OLG Stuttgart aaO ZfJ 2004, 193 ff; und BGH 21.10.2004 – III ZR 254/03 – JAmt 2005, 35 ff – hier **Schmerzensgeldanspruch**).

b) Private Träger als Leistungserbringer

36   Ansprüche können sich auch gegen private Träger richten, insbesondere wenn sie als Erbringer Leis-tungen gegenüber Personen, die Anspruch auf solche der Jugendhilfe haben – in der Regel auf ver-traglicher Grundlage im Rahmen des jugendhilferechtlichen Dreiecksverhältnisses (vgl VorKap. 2 Rn 6 ff) – erbringen (falls anerkannte Träger der freien Jugendhilfe im Rahmen von § 76 an der Wahr-nehmung von anderen Aufgaben beteiligt werden vgl Rn 44). Allerdings spielt hier der sozialrechtliche Herstellungsanspruch (Rn 34) keine Rolle, da private Träger als Leistungserbringer nicht Sozialleis-tungsträger sind. Bei ihnen sind nur **zivilrechtliche Ansprüche** von Bedeutung, so zB etwa Ansprüche auf Rechnungslegung (VG Gelsenkirchen 12.1.2004 – 19 K 3927/02 – NDV-RD 2004, 114 f). Auch hier werden vornehmlich **Schadensersatzansprüche** eine Rolle spielen. Rechtsgrundlage für solche An-sprüche gegen private Körperschaften ist regelmäßig § 278 BGB in Verbindung mit einem jeweiligen Vertrag, der zwischen der privaten Körperschaft und den Bürgern hinsichtlich der Leistungserbringung besteht, zB Verträge auf Betreuung, Erziehung, Förderung, Unterbringung usw. Auch hier ist erfor-derlich, dass rechtswidriges Handeln vorliegt, dass zumindest fahrlässig gehandelt wurde und dass ein Schaden eingetreten ist (vgl Rn 35).

3. Ansprüche gegen die Beschäftigten selbst

37   Für die Beschäftigten selbst ist zunächst der **zivilrechtliche Rückgriff des Arbeitgebers** von Bedeutung. Bei den Beschäftigten öffentlich-rechtlicher Körperschaften ergibt sich aus Art. 34 Satz 2 GG, dass ein solcher Rückgriff bei Vorsatz und grober Fahrlässigkeit besteht. Bei Beschäftigten privater Körper-schaften ergibt sich der Anspruch aus dem Arbeitsvertrag. Er besteht ebenfalls bei Vorsatz und grober Fahrlässigkeit, bei leichter Fahrlässigkeit ist er regelmäßig ausgeschlossen, bei mittlerer Fahrlässigkeit hängt er von den jeweils konkreten Umständen ab. Im Bereich der Kinder- und Jugendhilfe spielten Rückgriffsfälle ebenfalls vornehmlich dort eine Rolle, wo es um „messbare" Leistungen ging, wie in der Amtspflegschaft und Amtsvormundschaft (OLG Köln 10.1.1991 – 7 U 151/90 – VersR 1992, 576; BGH 5.5.1983 – III ZR 57/82 – VersR 1983, 1080).Besteht ein Schadenersatzanspruch gegen den Anstellungsträger, so hat dies regelmäßig gegenüber dem Beschäftigten **arbeitsrechtliche Folgen.** Diese können aber auch dann von Bedeutung sein, wenn kein Schaden eingetreten ist, sondern (nur) ein Verstoß gegen fachliche, professionelle Standards vorliegt. Die arbeitsrechtlichen Folgen sind die ver-schiedenen Sanktionsmöglichkeiten der Arbeitgeber von der Abmahnung bis zur Kündigung.

38   Ansprüche gegen – zunächst – die individuellen Beschäftigten können auch wegen der in §§ 828 f, 832 **BGB normierten Aufsichtspflicht** entstehen. Diese zunächst den Personensorgeberechtigten obliegende Pflicht (§ 1631 Abs. 1 BGB) wird in der Jugendhilfe bei der Betreuung aufsichtsbedürftiger minder-jähriger Kinder oft (zT durch stillschweigenden) Vertrag auf die privaten oder (wenn das Jugendamt selbst tätig ist) öffentlichen Leistungserbringer übertragen, die sie dann wiederum auf die konkret aufsichtspflichtigen Beschäftigten weiter übertragen (ausführlich Bänfer/Tammen 2006). Entspre-chend den von der Rechtsdogmatik entwickelten Grundsätzen zum Umfang und zu den Grenzen der Aufsichtspflicht (vgl Münder/Ernst 2008, 157; Meysen 2007, 431) haftet die **aufsichtspflichtige Fach-kraft** nach § 832 Abs. 1 bzw 2 BGB allerdings nur dann, wenn die aufsichtsbedürftigen Kinder oder durch diese andere Personen oder Sachen einen Schaden erlitten haben und dieser Schaden auf eine Aufsichtspflichtverletzung ursächlich zurückzuführen ist. In vielen Fällen werden die durch Verletzung von Aufsichtspflichten entstehenden Schäden allerdings im Rahmen entsprechender Versicherungen durch den Arbeitgeber abgedeckt.

4. Insbesondere: strafrechtliche Folgen

39   Im Vordergrund der bisherigen Erörterung bei Verstößen gegen fachliche Erfordernisse standen die **strafrechtlichen Folgen** (dazu Mörsberger/Restemeier 1997; Schrapper 1997; Bringewat 2001; Dießner 2008; Meysen ZfJ 2001, 408 ff; Bringewat UJ 2001, 418 ff; Trenczek ZfJ 2002, 384 ff; Meysen NJW 2003, 3369 ff; Wiesner ZfJ 2004, 161 ff; Hoffmann ZKJ 2007, 389 ff; ausführlich Albrecht 2004; Meysen 2007, 432 ff). Ausgangspunkt waren Strafverfahren gegen Sozialarbeiter/Sozialpädagogen (LG Osnabrück 16.3.1996 – 22 Ns VII 124/95 – NStZ 1996, 437 ff; OLG Oldenburg 2.9.1996 – Ss 249/96 – ZfJ 1997, 56ff; OLG Stuttgart 28.5.1998 – 1 Ws 78/98 – ZfJ 1998, 382ff; OLG Stuttgart

23.7.2003 – 4 U 42/03 – ZfJ 2004, 193 ff; sowie das diesbezügliche Revisionsurteil: BGH 21.10.2004 – III ZR 254/03 – JAmt 2005, 35 f) und Amtsvormünder/-pfleger (Hoffmann ZKJ 2007, 389). Relevant ist dabei nicht die Verletzung von Rechtspflichten, die jedem Bürger obliegen (insbesondere: unterlassene Hilfeleistung § 323 c StGB), sondern in der Regel geht es um die Frage, ob ein strafbares **Handeln durch Unterlassen** (§ 13 StGB) vorliegt, weil eine Pflicht zum aktiven Handeln gegenüber den betroffenen Kindern, ihren Familien usw bestand (dazu Dießner 2008).

Ungeachtet der teilweise berechtigten Kritik gegenüber der Argumentation der Strafgerichte (vgl dazu Mörsberger/Restemeier 1997; Schrapper 1997; Meysen ZfJ 2001, 408 ff; Meysen NJW 2003, 3369 ff; Trenczek ZfJ 2002, 384) ist aufgrund der etablierten Rechtsprechung und Literatur von **einer Garantenpflicht – und daraus folgenden entsprechenden Handlungspflichten – der Mitarbeiter des Trägers der öffentlichen Jugendhilfe** für die von ihnen betreuten Kinder und Jugendlichen auszugehen, sofern im konkreten Einzelfall die entsprechenden Bedingungen erfüllt sind. **Strafrechtlich** geht es immer nur um die **persönliche Vorwerfbarkeit** gegenüber einer zum Handeln verpflichteten Person, nicht um die institutionelle Verantwortung des Trägers der öffentlichen Jugendhilfe. Der konkreten Person muss aufgrund ihrer besonderen Beziehung (**Garantenstellung**) zum geschützten Rechtsgut (Leben und Gesundheit des Kindes) eine spezielle **Rechtspflicht zum Tätigwerden** (Erfolgsabwendungspflicht) obliegen. Diese Rechtspflicht muss fahrlässig (also sorgfaltswidrig) oder vorsätzlich nicht erfüllt worden sein, worauf der Schaden ursächlich (Kausalität) zurückzuführen ist. Die Garantenstellung betrifft also die tatsächlichen Umstände, die Beziehung zwischen Garant und dem zu schützenden Rechtsgut (Kind), die Garantenpflicht umschreibt die daraus folgenden normativen Handlungsanforderungen. Ungeachtet der teilweise verbissen geführten Diskussion in der strafrechtlichen Rechtsdogmatik (vgl Schönke/Schröder/Stree § 13 Rn 7 ff mwN) werden die Garantenstellung und die hieraus fließenden Garantenpflichten im Wesentlichen übereinstimmend aus ausdrücklichen gesetzlichen Pflichten, vertraglichen Abmachungen, einem vorausgegangenen gefährdenden Tun oder einer engen Lebensbeziehung zwischen Garant und geschützter Person hergeleitet.

Aus dem SGB VIII ergibt sich für **alle Mitarbeiter des Trägers der öffentlichen Jugendhilfe** (Mitarbeiter des ASD, Abteilungsleitung, Leitung des JA, aber auch Verantwortliche des kommunalen Trägers wie Sozialdezernent, Bürgermeister usw) die Pflicht, den gesellschaftlichen Handlungsauftrag aus Art. 6 Abs. 2 GG („Wächteramt") zum Schutz von Kindern umzusetzen: Die Garantienorm des **§ 1 Abs. 1 verpflichtet als objektiv-rechtliche Norm** den Träger der öffentlichen Jugendhilfe und alle seine Beschäftigten (vom Bürgermeister bis zum Mitarbeiter des ASD) zu einem seinem jeweiligen Aufgabenbereich entsprechenden Handeln, durch welches der Schutz von Kindern und Jugendlichen sichergestellt wird (so auch Wiesner ZfJ 2004, 168; Albrecht 2004, 202 ff). **Normativ konkretisierte Pflichten** ergeben sich insbesondere aus den §§ **8 a, 42, 43 ff und 50** (vgl die entsprechende Kommentierung). Diese Pflichten treffen **nicht nur die Letzten in der Kette**, den einzelnen Mitarbeiter, sondern alle genannten Personen, wobei die Pflichten entsprechend der jeweils unterschiedlichen Beziehung zu den hilfesuchenden und betreuten Personen durchaus unterschiedlich sind. So ist es etwa vorrangig die Pflicht der **administrativ Verantwortlichen**, ein dem Bedarf angemessenes Hilfeangebot in einer Gemeinde vorzuhalten (vgl § 79), die Arbeit im JA so zu organisieren, dass die Mitarbeiter sich unter Berücksichtigung von Fallzahlen, Krankheits- und Urlaubsvertretung, Betreuungsbudget, sonstiger Dienstpflichten im erforderlichen Maße um die Betreuung gefährdeter Kinder und ihrer Familien kümmern können. Hierzu gehört gemäß § 72 der Einsatz **besonders qualifizierter Fachkräfte im ASD**, die nicht nur über eine entsprechende Ausbildung, sondern auch über entsprechende Erfahrungen und Fortbildungen verfügen müssen, sowie um die kontinuierliche Sicherstellung einer entsprechenden Fortbildung. Sofern Standardangebote nicht ausreichen, um den besonderen Betreuungsbedarf für Familien gefährdeter Kinder sicherzustellen, bedarf es der Entwicklung von im Einzelfall geeigneter intensiver, familienspezifischer Beratungssettings. Wo angemessene **Hilfen fehlen**, wo sie aus Kostengründen nicht ausreichend und intensiv genug angeboten werden, wo die Ausstattung des JA (wegen Fallzahlen usw) nicht ausreichend ist, ist dies **zu dokumentieren** und im Hinblick auf die Bereitstellungspflicht der Kommune (§ 79 Abs. 2) von den Mitarbeitern zu beanstanden (vgl Trenczek ZfJ 2002, 384). Insofern besteht auch eine sozialanwaltliche Pflicht der vor Ort mit den Bürgern konkret agierenden Fachkräfte (vgl § 2 Rn 6).

Die **Garantenstellung des einzelnen Mitarbeiters des JA** wird sich neben der Ableitung aus § 1 Abs. 2 (Rn 41) und konkret aus § 8 a Abs. 1, 3 sowie § 42 meist auch aus einer (zumindest stillschweigend) geschlossenen Betreuungsvereinbarung oder doch zumindest im Rahmen eines längerfristigen Arbeits- und Betreuungszusammenhangs aus der tatsächlichen, faktischen Übernahme besonderer Schutzpflichten ergeben (vgl Bringewat 2001, 159; Albrecht 2004, 202 ff): Mit der Übernahme eines Falles sind die Minderjährigen dem Mitarbeiter des JA anvertraut, ihnen zu helfen und sie zu schützen ist die jugendamtsimmanente Dienstpflicht aller Mitarbeiter. Rechtsfolgen können sich aber auch aus einer rechtswidrig verweigerten, also abgelehnten Übernahme eines Falles ergeben (so im Fall OLG Stuttgart 23.7.2003 – 4 U 42/03 – ZfJ 2004, 193 ff; das diesbezügliche Revisionsurteil: BGH 21.10. 2004 – III ZR 254/03 – JAmt 2005, 35 ff), wenn objektiv-rechtlich die Verpflichtung zur Übernahme des Falles bestand. Solche Pflichten sind nicht grenzenlos, vielmehr – wie im Strafrecht stets – im Einzelfall konkret zu bestimmen (sei es durch die Stellenbeschreibung, eine konkrete Betreuungsvereinbarung oder aufgrund der objektiv-rechtlichen Verpflichtung des Trägers der öffentlichen Jugendhilfe). Wenn es deswegen auch in konkreten Einzelfällen durchaus bisweilen streitig sein kann, ob und in welchem Umfang eine Garantenstellung besteht (vgl die in Rn 39 genannten Entscheidungen und Stellungnahmen) so ändert dies nichts daran, dass grundsätzlich wegen der sich aus § 1 Abs. 2 ergebenden Schutzverpflichtung eine Garantenstellung besteht. Die ihnen obliegenden Pflichten erfüllen die Mitarbeiter des JA durch **fachgerechtes Handeln**, durch die Einhaltung der **fachlichen Standards**. Was fachlich angemessen ist, kann straf- oder schadensrechtlich nicht haftungslösend sein (Trenczek ZfJ 2002, 386). In der Kinder- und Jugendhilfe lässt sich die Fachlichkeit nicht an den Ergebnissen messen (da es hier keine linearen Umsetzungen wissenschaftlich-empirischen Regelwissens gibt). Damit verschiebt sich der Fokus in der sozialen Arbeit weg von den Ergebnissen hin zu den Verfahrensabläufen: Wenn schon nicht klar sein kann, ob immer das Richtige getan wird, muss das, was getan wird, richtig und begründet getan werden (Schone 1998, 37 f). Gemessen werden kann die Fachlichkeit sozialer Arbeit in erster Linie an der **Einhaltung des richtigen und normativ vorgeschrieben Verfahrens** bei der Entscheidung über die notwendige Intervention und der anschließenden Leistungsgewährung (ausführlich Jordan ZfJ 2001, 49 ff; vgl auch die Ausführung bei Rn 31 f; zu Verfahrensstandards vgl auch Merchel ZfJ 2003, 250). Damit werden Risiken zwar vermieden, die persönliche Verantwortung des einzelnen Mitarbeiters geht aber nicht verloren. Der Versuch, Teamentscheidungen zum verbindlichen Entscheidungskriterium zu machen, täuscht darüber hinweg, dass sich die einzelne Fachkraft nicht ihrer individuellen Verantwortung entledigen kann. Dies ist nicht einmal bei einer Weisung von Vorgesetzten der Fall (zur umstrittenen Weisungsbefugnis der JA-Leitung vgl § 36 Rn 44 f).

43 Die legitime Verteidigung gegenüber den strafrechtlichen Vorwürfen (so zT zu Recht Meysen ZfJ 2001, 408 ff; Meysen NJW 2003, 3369 ff) darf nicht dazu führen, dass die Weiterentwicklung fachlicher Standards, die dazu notwendige **offensive Qualitätsdiskussion** (hierzu Jordan ZfJ 2001, 49 ff; Merchel 1998) unterbleibt. Denn sonst besteht die Gefahr, dass die fachlich erreichte Professionalität dadurch, dass sich Mitarbeiter aus Angst vor entsprechenden Vorwürfen künftig zB durch rigides Vorgehen, durch den Rückfall in die „alt-bewährte" Eingriffsmentalität und durch die frühe Veranlassung gerichtlicher Interventionen „absichern" wollen, konterkariert wird.

5. Besonderheiten

44 Mögliche Abweichungen gegenüber den dargestellten sozial-, zivil- und strafrechtlichen Aspekten ergeben sich dort, wo spezialrechtliche Bestimmungen vorliegen. Dies ist zB mit § 839 a BGB für die Haftung eines **gerichtlichen ernannten Sachverständigen** der Fall, und zwar dann, wenn dieser vorsätzlich oder grob fahrlässig ein unrichtiges Gutachten erstellt und hierdurch Verfahrensbeteiligten ein Schaden entsteht. Denkbar wäre dies dort, wo zB Einzelpersonen als gerichtlich ernannte Sachverständige tätig sind oder (wohl nur ausnahmsweise) die Behörde selbst (das Jugendamt) als bestellter Sachverständiger agiert (im Einzelnen Ollmann FuR 2005, 150 ff). Ggf wäre daran zu denken, dass sich Besonderheiten dann ergeben, wenn anerkannte Träger der freien Jugendhilfe gemäß § 76 an der Wahrnehmung anderer Aufgaben **beteiligt werden**. Da sich aber durch die Beteiligung der anerkannten Träger der freien Jugendhilfe nach § 76 kein Beleihungsstatus für diese freien Träger ergibt (vgl § 76 Rn 3), bleiben sie weiterhin im Verhältnis zu den Bürgern zivilrechtlich tätig, sodass sich auch bei einer Aufgabenwahrnehmung der freien Träger im Rahmen des § 76 nur die oben geschilderten Rechtsfolgen ergeben können (Rn 36 ff).

Weiterführende Literaturhinweise zu Kap. 1. - 3.:

Albrecht 2004; *Jean d'Heur* 1993; *Jestaedt* 2007, 106 ff.

zu Kap. 5.:

Dießner 2008, *Jordan* ZfJ 2001, 49 ff; *Meysen* NJW 2003, 3369 ff; *Meysen* 2007, 423 ff; *Münder* ZfJ 2001, 401 ff; *Münder* ZfJ 2000, 817 ff; *Trenczek* 2008, 110 ff; *Wiesner* ZfJ 2004, 161 ff.

§ 2 Aufgaben der Jugendhilfe

(1) Die Jugendhilfe umfasst Leistungen und andere Aufgaben zugunsten junger Menschen und Familien.

(2) Leistungen der Jugendhilfe sind:

1. Angebote der Jugendarbeit, der Jugendsozialarbeit und des erzieherischen Kinder- und Jugendschutzes (§§ 11 bis 14),
2. Angebote zur Förderung der Erziehung in der Familie (§§ 16 bis 21),
3. Angebote zur Förderung von Kindern in Tageseinrichtungen und in Tagespflege (§§ 22 bis 25),
4. Hilfe zur Erziehung und ergänzende Leistungen (§§ 27 bis 35, 36, 37, 39, 40),
5. Hilfe für seelisch behinderte Kinder und Jugendliche und ergänzende Leistungen (§§ 35 a bis 37, 39, 40),
6. Hilfe für junge Volljährige und Nachbetreuung (§ 41).

(3) Andere Aufgaben der Jugendhilfe sind

1. die Inobhutnahme von Kindern und Jugendlichen (§ 42),
2. (weggefallen)
3. die Erteilung, der Widerruf und die Zurücknahme der Pflegeerlaubnis (§§ 43, 44),
4. die Erteilung, der Widerruf und die Zurücknahme der Erlaubnis für den Betrieb einer Einrichtung sowie die Erteilung nachträglicher Auflagen und die damit verbundenen Aufgaben (§§ 45 bis 47, 48 a),
5. die Tätigkeitsuntersagung (§§ 48, 48 a),
6. die Mitwirkung in Verfahren vor den Familiengerichten (§ 50),
7. die Beratung und Belehrung in Verfahren zur Annahme als Kind (§ 51),
8. die Mitwirkung in Verfahren nach dem Jugendgerichtsgesetz (§ 52),
9. die Beratung und Unterstützung von Müttern bei Vaterschaftsfeststellung und Geltendmachung von Unterhaltsansprüchen sowie von Pflegern und Vormündern (§§ 52 a, 53),
10. die Erteilung, der Widerruf und die Zurücknahme der Erlaubnis zur Übernahme von Vereinsvormundschaften (§ 54),
11. Beistandschaft, Amtspflegschaft, Amtsvormundschaft und Gegenvormundschaft des Jugendamts (§§ 55 bis 58),
12. Beurkundung und Beglaubigung (§ 59),
13. die Aufnahme von vollstreckbaren Urkunden (§ 60).

Der Begriff „Aufgabe" bezeichnet im Verwaltungs- und Sozialrecht üblicherweise die allgemeinen Ziele   1
eines Gesetzes und/oder benennt den Zuständigkeits- (eben Aufgaben-) Bereich des Gesetzes; der Begriff „Leistung" wird bei Ansprüchen von Berechtigten auf Leistungen verwendet. Diese übliche Terminologie wird in der Überschrift des § 2 benutzt, wo mit dem Begriff „Aufgabe" im Wesentlichen der Zuständigkeitsbereich der Jugendhilfe beschrieben wird. Die in den Abs. 2 und 3 vorgenommene Unterscheidung zwischen **Leistungen** und **anderen Aufgaben** dagegen ist eine **spezielle Terminologie** des SGB VIII. Aus den Begriffen Leistung und andere Aufgaben als solche können **keine rechtlichen Folgen** gezogen werden. So bedeutet die Bezeichnung Leistung, Anspruch oder Hilfe nicht, dass es sich hier um subjektive Rechte handelt, vielmehr ist hierzu eine spezielle, den individuellen Rechtsanspruch begründende Norm erforderlich (vgl VorKap. 2 Rn 6). Ebenso folgt aus dem Begriff „andere Aufgabe" nicht, dass der Träger der öffentlichen Jugendhilfe Eingriffsbefugnisse in Rechte von Bürgern hätte, vielmehr bedarf es dazu einer speziellen Norm, die den Eingriff ermöglicht (vgl Rn 5 und VorKap. 3 Rn 8).

Mit dem Begriff **Leistung** nach **Abs. 2** werden die Felder bezeichnet, in denen junge Menschen, Fami-   2
lien, Eltern von den Trägern der Jugendhilfe Angebote erhalten bzw Ansprüche an sie haben. Der Katalog des Abs. 2 entspricht § 27 Abs. 1 SGB I. Bei den Leistungen des Abs. 2 handelt es sich um klassische Sozialleistungen, wenngleich der Leistungscharakter zT dünn ausgeprägt ist. Terminologisch verwendet Abs. 2 die Begriffe **Angebote** (Nr. 1 bis 3) und **Hilfe** (Nr. 4 bis 6), rechtliche Folgen ergeben sich hieraus aber nicht. So folgt hieraus zB nicht, dass es sich bei den Hilfen um Leistungen im Sinne von Rechtsansprüchen handelt (vgl VorKap. 2 Rn 7 ff) oder bei den Angeboten (nur) um objektives Recht (vgl VorKap. 2 Rn 4 ff); maßgeblich sind nur die jeweils konkreten Bestimmungen selbst. Insbesondere der Begriff Angebot kann nicht so verstanden werden, dass allein ein mögliches Bereitstellen von Einrichtungen und Maßnahmen bei den in Nr. 1 bis 3 genannten Bereichen ausrei-

chend wäre. Vielmehr ist regelmäßig ein konkretes Angebot des Jugendhilfeträgers erforderlich, das die in diesen Bestimmungen angesprochene Förderung usw konkret umsetzt (OVG SH 22.2.2001 – 12 L 3001/00 – NDV-RD 2001, 55 f).

3   Für alle **Leistungen** des Abs. 1 gilt das **SGB I** (allgemeine Grundsätze, Grundsätze des Leistungsrechts, Mitwirkung der Leistungsberechtigten) und das **SGB X**; hier sind insbesondere der Grundsatz der Freiwilligkeit und das Wunsch- und Wahlrecht der Leistungsberechtigten (§ 5) von Bedeutung; hier haben freie Träger ein autonomes Betätigungsrecht (§ 3 Abs. 2).

4   Die **anderen Aufgaben** in **Abs. 3** beziehen sich auf Felder, in denen Jugendhilfe unabhängig von den Vorstellungen Beteiligter tätig wird. Die Aufgaben stehen weder zur Disposition junger Menschen, ihrer Eltern noch zu der der Träger öffentlicher Jugendhilfe. Auch anerkannte freie Träger haben hier kein autonomes Betätigungsrecht, ihre Einbeziehung ist gemäß § 3 Abs. 3 und § 76 Abs. 1 möglich.

5   Die **Unterscheidung** zwischen Abs. 2 und Abs. 3 ist weitgehend plausibel, punktuell aber nicht ganz stimmig. So ist etwa die Inobhutnahme Minderjähriger gemäß § 42 Abs. 1 Nr. 1 auch ein Anspruch des Minderjährigen (vgl § 42 Rn 9, 10 f), ebenso beinhalten die beratenden Aufgaben zB des § 51 und § 53 Abs. 2 Rechtsansprüche, auch wenn sie im 3. Kap. stehen.

6   Somit werden in § 2 die gesamten Aufgaben im Sinne einer Zuständigkeits- und Aufgabenbeschreibung des öffentlichen Jugendhilfeträgers benannt. Bezüglich der Leistungen des Abs. 2 ist der öffentliche Jugendhilfeträger **Sozialleistungsbehörde im engeren Sinn**, bezüglich der anderen Aufgaben des Abs. 3 **Sozialleistungsbehörde im weiteren Sinn** (zur entsprechenden Unterscheidung vgl Lakies ZfJ 1996, 451). Dass von einer Sozialleistungsbehörde nicht nur Leistungen, sondern auch andere Aufgaben wahrgenommen werden, ist nichts besonderes (vgl zB die Krankenkassen als Einzugsstellen des Gesamtsozialversicherungsbetrages mit Eingriffsbefugnissen gegenüber dem Arbeitgebern). Insofern handelt es sich etwa bei den Aufgaben der Pflege- und Betriebserlaubnisse (§§ 44 bis 49), bei den Erlaubniserteilungen für die Vereinsvormundschaft (§ 54) um mit der Sozialleistungserbringung zusammenhängende Aufgaben. Nur im Falle des § 42 bestehen Eingriffsbefugnisse der öffentlichen Jugendhilfeträger. Ansonsten erfolgen Eingriffe nur durch das Familiengericht, das nach § 8 a Abs. 3 vom Jugendamt zu informieren ist.

7   **Kinder- und Jugendhilfe ist** durchgängig **Hilfe** für junge Menschen und ihre Eltern **durch** die Gewährung von **Leistungen** und die Erfüllung **anderer Aufgaben**. Der Gesetzgeber macht schon im Wortlaut („**zugunsten**") deutlich, dass sie insgesamt – im Leistungsbereich wie bei den anderen Aufgaben – den **Interessen** der jungen Menschen und ihrer Familien verpflichtet ist. Damit ist auch bei den anderen Aufgaben die öffentliche Jugendhilfe als Sozialleistungsträger nach § 17 SGB I verpflichtet, darauf hinzuwirken, dass jeder Berechtigte die ihm zustehenden Sozialleistungen in zeitgemäßer Weise, umfassend und schnell erhält und die zur Ausführung von Sozialleistungen erforderlichen sozialen Dienste und Einrichtungen rechtzeitig und ausreichend zur Verfügung stehen. Die Jugendhilfe erfüllt damit eine besondere **sozialanwaltliche Funktion** (vgl Wiesner/Wiesner § 1 Rn 41), aus der sich die eigenständige Aufgabenstellung der Kinder- und Jugendhilfe ergibt (auch zB im Verhältnis zu den Gerichten vgl. § 36 a Rn 16 ff; Vor § 50 Rn 5 ff). Dadurch wird auch deutlich, dass auch bei den anderen Aufgaben die Jugendhilfeträger in Erfüllung ihrer sozialpädagogischen Gesamtaufgabe handeln. Dementsprechend ist ihre Tätigkeit auch dort sozialpädagogisch auszurichten.

§ 3 Freie und öffentliche Jugendhilfe

(1) Die Jugendhilfe ist gekennzeichnet durch die Vielfalt von Trägern unterschiedlicher Wertorientierungen und die Vielfalt von Inhalten, Methoden und Arbeitsformen.

(2) ¹Leistungen der Jugendhilfe werden von Trägern der freien Jugendhilfe und von Trägern der öffentlichen Jugendhilfe erbracht. ²Leistungsverpflichtungen, die durch dieses Buch begründet werden, richten sich an die Träger der öffentlichen Jugendhilfe.

(3) ¹Andere Aufgaben der Jugendhilfe werden von Trägern der öffentlichen Jugendhilfe wahrgenommen. ²Soweit dies ausdrücklich bestimmt ist, können Träger der freien Jugendhilfe diese Aufgaben wahrnehmen oder mit ihrer Ausführung betraut werden.

I. Allgemeines, Rechtscharakter

§ 3 benennt in Abs. 1 die Vielfalt und damit das Nebeneinander unterschiedlicher Träger sowie die **1** sich daraus ergebende Vielfalt von Inhalten, Methoden und Arbeitsformen. In Abs. 2 und 3 werden die beiden Träger und ihre Tätigkeitsfelder benannt, das rechtliche Verhältnis zwischen diesen Trägern wird zentral in § 4 behandelt. In Abs. 2 und 3 werden die unterschiedlichen Betätigungsmöglichkeiten dieser beiden Träger benannt. Die besondere Stellung des Trägers der öffentlichen Jugendhilfe kommt dadurch zum Ausdruck, dass nur er Leistungsverpflichteter sein kann (Abs. 2 Satz 2, Rn 10) und primär für die Wahrnehmung der anderen Aufgaben zuständig ist (Abs. 3, Rn 11).

Mit dem Nebeneinander von Trägern der freien Jugendhilfe (verkürzt oft als freie Träger bezeichnet) **2** und den Trägern der öffentlichen Jugendhilfe (verkürzt oft als öffentliche Träger bezeichnet) wird an **lange Traditionslinien** angeknüpft: Die Aufgaben der Wohlfahrt wurden in Deutschland jahrhundertelang vor allem von nichtstaatlichen Organisationen wie Kirchen und ihnen verbundenen Einrichtungen/Institutionen wahrgenommen (Flierl 1992). Erst nach dem Ersten Weltkrieg hat sich die Struktur der heutigen Jugend- und Wohlfahrtsverbände herausgebildet (Sachße/Tennstedt 1998; Hering/Münchmeier 2003; Sachße 2005). Dem entspricht auch die **Realität der Jugendhilfe**: Träger der freien Jugendhilfe erbringen in vielen Teilbereichen den überwiegenden Teil der Leistungen der Jugendhilfe, fast zwei Drittel aller in der Jugendhilfe tätigen Personen sind bei ihnen beschäftigt (dazu Vor § 69 Rn 17 ff).

II. Zu Abs. 1

Durch **Abs. 1** wird „die **Pluralität der Jugendhilfe** als deren Wesensmerkmal" (BT-Drucks. 11/6748, **3** 80) ausdrücklich benannt. Die besondere Hervorhebung des Rechts, aufgrund unterschiedlicher Wertorientierungen, verschiedener inhaltlicher Zielsetzungen, methodischer Ansätze und Arbeitsformen handeln zu dürfen, hat mehr als nur deklaratorische Bedeutung. So darf der Träger der öffentlichen Jugendhilfe die Förderung der freien Jugendhilfe nicht nach seiner jeweiligen politischen und fachlichen Überzeugung auf bestimmte Gruppen von freien Trägern (zB sog. bewährte freie Träger) oder auf bestimmte Wertorientierungen, Inhalte, Verfahren und Arbeitsformen begrenzen (vgl § 74 Rn 18; so auch VGH BW 18.12.2006 – 12 S 2474/06 – VBlBW 2007, 294 ff).

Die Vorschrift stellt grundsätzlich klar, dass Jugendhilfe offen ist für neue inhaltliche und organisa- **4** torische Entwicklungen. Deshalb ist die **Trägereigenschaft** auch nicht an eine bestimmte Rechtsform gebunden: Sowohl juristische als auch natürliche Personen können Träger der freien Jugendhilfe sein. Wollen Träger der freien Jugendhilfe allerdings gefördert und/oder anerkannt werden, müssen sie die Voraussetzungen der §§ 74, 75 erfüllen; dieser Rahmen darf aber nicht unzulässig verengt werden (vgl § 74 Rn 18).

Zugleich wird in § 3 bewusst zwischen Trägern der öffentlichen Jugendhilfe und Trägern der freien **5** Jugendhilfe unterschieden. Die **Trennung** zwischen **öffentlichen** und **freien Trägern** erfolgt unabhängig von der gewählten rechtlichen Handlungsform, daher kann zB eine Gebietskörperschaft, die als örtlicher Träger Aufgaben der Jugendhilfe wahrnimmt, auch in privatrechtlicher Handlungsform nicht zugleich freier gemeinnütziger Träger sein (so OVG TH 23.2.2006 – 3 KO 237/05 – ZFSH/SGB 2006, 665 ff).

6   Hinsichtlich der **Träger der öffentlichen Jugendhilfe** enthält das SGB VIII weitere Regelungen, insbesondere in §§ 69 bis 71. Neben der Festlegung, wer Träger der öffentlichen Jugendhilfe ist (§ 69), enthalten diese Normen auch Vorgaben für die Verwaltungsorganisation des Trägers der öffentlichen Jugendhilfe.

7   Angesichts der erheblichen Bedeutung der Träger der freien Jugendhilfe (Rn 2) mag es überraschen, dass das SGB VIII – anders als noch § 5 Abs. 4 JWG – nicht definiert, wer Träger der freien Jugendhilfe ist. Der Gesetzgeber hat bewusst auf eine abschließende **Definition der Träger der freien Jugendhilfe verzichtet**, um Entwicklungen und Veränderungen nicht den Weg zu verbauen. Das bedeutet, dass zB auch Einzelpersonen und privat-gewerbliche Träger jedweder Rechtsform Leistungen des SGB VIII erbringen können (Wiesner RdJB 1997, 279 ff; Münder Blickpunkt Jugendhilfe 2003 [H. 34], 20 ff; Wiesner/Wiesner § 3 Rn 10 f; offen Wabnitz Forum Jugendhilfe 2004, 78; aA Neumann in Hauck/ Noftz § 3 Rn 7; Kunkel/Papenburg § 3 Rn 10; Schellhorn/Schellhorn § 3 Rn 9). Dies ergibt sich bereits aus § 17 Abs. 3 SGB I, wo differenzierend von gemeinnützigen und freien Einrichtungen gesprochen wird. Es folgt auch aus einer sich verfestigenden Tendenz der deutschen Sozialgesetzgebung, privat-gemeinnützige und privat-gewerbliche Träger grundsätzlich gleichberechtigt zu behandeln (vgl § 11 Abs. 2 Satz 3 SGB XI, § 75 Abs. 2 SGB XII, § 78 b SGB VIII). Vor diesem Hintergrund sind als freie Träger alle natürlichen oder juristischen Personen zu verstehen, die in verwaltungsrechtlichem Sinne nicht öffentlich-rechtlich sind; dieser Bezug auf die verwaltungsrechtliche Begrifflichkeit bedeutet, dass auch die öffentlich-rechtlich verfassten Kirchen in diesem Sinne Träger der freien Jugendhilfe sind, da sie nicht „staatlich" sind.

8   Obwohl der Gesetzgeber auf eine Definition der freien Träger verzichtet hat, werden bisweilen in der Tradition des § 5 Abs. 4 JWG unter den freien Trägern nur die privat-gemeinnützigen Träger verstanden (vgl zB Neumann aaO; Papenburg aaO). Unter dem SGB VIII lässt sich diese Auffassung nicht mehr halten. Wegen der Etablierung marktähnlicher Mechanismen im Leistungserbringungsrecht (vgl VorKap. 5 Rn 5 ff) verwischen im Übrigen die Unterschiede zwischen privat-gemeinnützigen und privat-gewerblichen Trägern immer mehr. Die Unterscheidung hat allerdings dort Bedeutung, wo es nicht nur um private Träger geht, sondern um die anerkannten Träger der freien Jugendhilfe, wie in §§ 74, 75. Die hier insbesondere bei der Förderung nach § 74 bestehenden Unterschiede zwischen den privat-gewerblichen und privat-gemeinnützigen (also grundsätzlich anerkennungsfähigen) Trägern ist jedoch – bei Vorliegen der entsprechenden Voraussetzungen – europarechtlich nicht haltbar (strittig: dazu ausführlich § 74 Rn 4 ff).

9   Die Betätigung aller privaten/freien Träger (bei den Leistungen der Jugendhilfe – vgl Abs. 2) ist verfassungsrechtlich durch die Handlungs- und Vereinigungsfreiheit (Art. 2, 4, 5, 9 GG – GK-SGB VIII/ Heinrich § 3 Rn 12 und Wiesner/Wiesner § 3 Rn 5) und die Berufsfreiheit (Art. 12 GG) geschützt. Das gilt sowohl für privat-gemeinnützige wie privat-gewerbliche Träger (VG HH 5.8.2004 – 13 E 2873/04 B; OVG HH 10.11.2004 – 4 Bs 388/04 B – JAmt 2004, 592 f; VG BE 19.10.2004 –18 A 404.04 – JAmt 2005,196 und OVG BE 4.4.2005 – 6 S 415.04 – RsDE 63 [2006], 67 – jeweils zur Sozialraumorientierung – vgl Vor§ 69 Rn 26 ff). Dies bedeutet aber nicht, dass ihre Betätigung voraussetzungslos ist; so gelten etwa beim Betrieb von Einrichtungen zusätzlich die §§ 45 ff.

III. Zu Abs. 2

10   Abs. 2 benennt die autonomen Betätigungsrechte der Träger der freien Jugendhilfe bei den Leistungen, die sich wesentlich im 2. Kapitel (§§ 11 bis 41), aber zum Teil auch im 3. Kapitel (vgl § 2 Rn 5) befinden. Satz 2 bestätigt ausdrücklich, dass sich **Leistungsverpflichtungen** allerdings nur an den Träger der öffentlichen Jugendhilfe richten, denn „der staatliche Gesetzgeber kann nur Träger der öffentlichen Verwaltung zur Wahrnehmung öffentlicher Aufgaben einseitig verpflichten" (BT-Drucks. 11/5948, 48). Das bedeutet allerdings nicht, dass der Träger der öffentlichen Jugendhilfe diese Leistungen selbst erbringen muss, gerade hier liegt das große Betätigungsfeld der Träger der freien Jugendhilfe. Allerdings erfolgt die Finanzierung der Leistungserbringung der freien Träger wesentlich durch den öffentlichen Träger, sei es über den Weg der Zuwendung/Subventionierung (§ 74), über zweiseitige, gegenseitige Leistungsverträge oder bei Rechtsansprüchen im Weg der Entgeltübernahme im jugendhilferechtlichen Dreiecksverhältnis (ausführlich VorKap. 5 Rn 5 ff).

IV. Zu Abs. 3

Abs. 3 legt fest, dass **andere Aufgaben** (§ 2 Abs. 3) den Trägern der öffentlichen Jugendhilfe obliegen. 11
Weil dazu „insbesondere Eingriffsmaßnahmen, die aus dem staatlichen Wächteramt legitimiert sind"
(BT-Drucks. 11/5948, 48), zählen, dürfen Träger der freien Jugendhilfe nur damit betraut werden,
soweit es das SGB VIII ausdrücklich zulässt. Dies geschieht für die anderen Aufgaben durch § 76 (vgl
dort im Einzelnen).

Weiterführende Literaturhinweise:

Rauschenbach/Sachße/Olk 1995; *Olk* 2005, *Merchel* 2003; *Boeßenecker* 2005.

§ 4 Zusammenarbeit der öffentlichen Jugendhilfe mit der freien Jugendhilfe

(1) [1]Die öffentliche Jugendhilfe soll mit der freien Jugendhilfe zum Wohl junger Menschen und ihrer Familien partnerschaftlich zusammenarbeiten. [2]Sie hat dabei die Selbständigkeit der freien Jugendhilfe in Zielsetzung und Durchführung ihrer Aufgaben sowie in der Gestaltung ihrer Organisationsstruktur zu achten.

(2) Soweit geeignete Einrichtungen, Dienste und Veranstaltungen von anerkannten Trägern der freien Jugendhilfe betrieben werden oder rechtzeitig geschaffen werden können, soll die öffentliche Jugendhilfe von eigenen Maßnahmen absehen.

(3) Die öffentliche Jugendhilfe soll die freie Jugendhilfe nach Maßgabe dieses Buches fördern und dabei die verschiedenen Formen der Selbsthilfe stärken.

I. Allgemeines/Rechtscharakter

1 Während § 3 regelt, dass öffentliche und freie Träger (im Leistungsbereich) des SGB VIII tätig sein können und §§ 69 ff Einzelregelungen für den öffentlichen Träger bzw für die Zusammenarbeit zwischen öffentlichen und freien Trägern enthält, befasst sich § 4 grundsätzlich mit der Zusammenarbeit der öffentlichen mit der freien/privaten Jugendhilfe.

2 Der Rechtscharakter (ausführlich dazu VorKap. 2 Rn 4 ff) der einzelnen Abschnitte und Sätze des § 4 ist unterschiedlich und zT strittig. **Abs. 1** enthält neben einer objektiven Rechtsverpflichtung des öffentlichen Trägers zT programmatische Aussagen (Rn 11 ff). Ob sich aus Abs. 2 rechtliche Folgen ergeben, und wenn ja, welche, ist strittig (vgl Rn 15 ff). Abs. 3 selbst trifft keine rechtlich funktionalen Aussagen, sondern verweist auf die insofern einschlägigen Einzelbestimmungen des SGB VIII.

II. Das Grundverhältnis von öffentlichen und freien Trägern: von der Subsidiarität zum Markt

3 In Abs. 1 und 2 wird das Verhältnis zwischen den privaten/freien Trägern einerseits und den öffentlichen Trägern anderseits grundsätzlich angesprochen. Dass sich der Gesetzgeber in einer zentralen Eingangsnorm damit befasst, hat seinen Hintergrund in der Tatsache, dass Kinder- und Jugendhilfe historisch weitgehend eine Domäne privater Organisationen, vornehmlich der Wohlfahrtsverbände, Jugendverbände und Kirchen (vgl § 3 Rn 2) war, dass es eine zT ideologisch hoch aufgeladene Diskussion um das Verhältnis zwischen öffentlichen und freien Trägern gab, bei der es bisweilen eher um Macht und Einfluss, denn um professionelle Leistungserbringung und Aufgabenerledigung ging (ausführlich Münder 2007, 41 ff).

1. Subsidiarität, Korporatismus

4 Schon im RJWG (vgl Einl. Rn 40) war die Gestaltung des Verhältnisses zwischen öffentlichen und freien Trägern umstritten. Heftige Auseinandersetzungen gab es bei der Einführung des JWG (vgl Einl. Rn 40). Der Gesetzgeber von 1961 (absolute CDU/CSU-Bundestagsmehrheit) wollte den **Vorrang der freien vor der öffentlichen Wohlfahrtspflege** so zwingend festlegen, dass er für jede (auch für die sozialdemokratisch regierte) Gemeinde unumgänglich sei (vgl BT-3. Wahlperiode, stenografierte Berichte 9507, 9543). Diese intendierte vorrangige Berücksichtigung der privaten/freien Träger wurde und wird als (organisatorisches, institutionelles) **Subsidiaritätsprinzip** bezeichnet (ausführlich Münder/Kreft 1990, dort auch die Dokumentation zur Gesetzgebungssituation).

5 **Ideengeschichtlich** ist für das **Subsidiaritätsprinzip** die liberale Gesellschaftsauffassung des 19. Jahrhunderts relevant, die dem Staat die Aufgabe zuwies, die Grundprinzipien bürgerlichen Zusammenlebens zu sichern (privates Eigentum, öffentliche Sicherheit und Ordnung), ihn jedoch im Übrigen verpflichten wollte, sich jeder Einmischung in die Privatsphäre seiner Bürger zu enthalten. Wesentlich für die soziale Arbeit ist die katholische Soziallehre (Grundlage: Sozialenzyklika „Quadragesimo anno" von 1931). Vereinfacht geht diese Auffassung davon aus, dass das, was der Einzelne leisten kann, die Gesellschaft nicht übernehmen soll, beziehungsweise das, was die kleinere Einheit zu leisten ver-

mag, keiner übergeordneten Gemeinschaft übertragen werden solle (Sachße 2008; Münder/Kreft 1990).

Die 1961 politisch beabsichtigte Funktionssperre für die hoheitlichen Träger (Rn 4) führte zur Anru- 6
fung des **Bundesverfassungsgerichts**. Dieses wies die Verfassungsbeschwerden zurück, soweit sie sich auf die Bestimmungen bezogen, die für das Subsidiaritätsprinzip maßgebend sind. Inhaltlich beschäftigte es sich mit der Frage des Subsidiaritätsprinzips nicht, sondern beurteilte die entsprechenden Regelungen wesentlich unter dem Gesichtspunkt der Praktikabilität und der Wirtschaftlichkeit, wobei es festgehalten hat, dass die Bestimmungen „nicht den Zweck (verfolgen), der freien Wohlfahrtspflege schlechthin einen Vorrang einzuräumen" (BVerfG 18.7.1967 – 2 BvF 3, 4, 5, 6, 7, 8/62; 2 BvR 139, 140, 334, 335/62 – E 22, 180, 200 f), wobei es gleichzeitig festgehalten hat, dass „umgekehrt ... das Jugendamt dort, wo geeignete Einrichtungen der Träger der freien Jugendhilfe bereits vorhanden sind ... keine Mittel für die Schaffung eigener Einrichtungen einsetzen (soll), sondern vielmehr seine Mittel für die Förderung der freien Jugendhilfe verwenden (soll)" (BVerfG aaO). Die **Letztzuständigkeit** unter dem Gesichtspunkt, was in der Jugendhilfe geschehen soll, hat das Bundesverfassungsgericht den **hoheitlichen Stellen** zugesprochen: „Außerdem bleibt den Gemeinden die Gesamtverantwortung dafür, dass in beiden Bereichen (Jugendhilfe und Sozialhilfe) durch behördliche und freie Tätigkeit das Erforderliche geschieht. Wie schon ausgedrückt, bringt die Regelung nur eine Abgrenzung der Aufgaben zwischen Gemeinden und privaten Trägern, die lediglich eine vernünftige Aufgabenverteilung und eine möglichst wirtschaftliche Verwendung der zur Verfügung stehenden öffentlichen und privaten Mittel sicherstellen soll" (BVerfG aaO 2006).

Das politisch intendierte Ziel einer Funktionssperre für die hoheitlichen Träger wurde nicht erreicht, 7
die Letztkompetenz liegt bei den hoheitlichen Trägern, einen rechtlich abgesicherten Vorrang der freien Jugendhilfe gibt es nicht (MünchKomm/Tillmanns BGB/SGB VIII § 4 Rn 2). In der Folgezeit war das Verhältnis zwischen öffentlichen und freien Trägern weitgehend durch ein Zusammenwirken und Ineinandergreifen ihrer Tätigkeiten, Leistungen, Angebote gekennzeichnet. Selbiges wird nun auch mit dem in Abs. 1 verwendeten Begriff der **partnerschaftlichen Zusammenarbeit** umschrieben. Dieses Zusammenwirken und Ineinandergreifen von Aktivitäten öffentlicher und freier Träger lässt sich als **Korporatismus** bezeichnen.

2. Vom Korporatismus zum Markt

Heute mutet der Streit um Vorrang/Nachrang, um das Susidiaritätsprinzip, bisweilen etwas verstaubt 8
an. Nicht nur weil er immer ideologisch überhöht war, mit der Praxis vor Ort oft nichts zu tun hatte und über 40 Jahre zurückliegt, sondern vornehmlich deswegen, weil sich das Kinder- und Jugendhilferecht verändert hat: Das **korporatistische Modell** des Arrangements zwischen öffentlichen und freien Trägern war aus der Sicht der Betroffenen ein **fürsorgliches Modell**, sie waren nur Begünstigte aber nicht Berechtigte. Das hat sich mit dem SGB VIII als einem Sozialleistungsgesetz, mit der Begründung von Rechtsansprüchen für Bürgerinnen und Bürger geändert, Jugendhilfe ist heute im SGB VIII primär als Leistungsrecht konzipiert (im Einzelnen VorKap. 2 Rn 4 ff).

Durch den Wandel „von der Wertgemeinschaft zum Dienstleistungsunternehmen" (Rauschenbach u.a. 9
1995) und **die Ökonomisierung sozialer Dienstleistungen** hat das gegliederte Trägersystem des SGB VIII mit seiner (sich insbesondere bei der Finanzierung der privaten/freien Träger zeigenden) Privilegierung privat-gemeinnütziger Träger (im Einzelnen Vor § 69 Rn 1 ff, § 3 Rn 8) an Bedeutung verloren. Deutlich zeigt sich das daran, dass das im korporatistischen Beziehungsmodell dominante Finanzierungsmodell der Zuwendung/Subvention zunehmend durch das seit dem 1.1.1999 geltende System der Entgeltvereinbarungen (§§ 78 a ff) abgelöst wurde, innerhalb dessen alle Träger (privat-gemeinnützige und privat-gewerbliche) gleichberechtigt als Anbieter auftreten (Münder np 1998, 4).

Die **Formulierung** der **Abs. 1 und Abs. 2** ist vor diesem ideengeschichtlichen und ideologischen Hin- 10
tergrund zu erklären: Einerseits wurden in Abs. 1 die grundsätzlichen Gedanken der Entscheidung des Bundesverfassungsgerichts von 1967 aufgegriffen und formuliert, andererseits wurde in Abs. 2 weitgehend die alte Formulierung des § 5 Abs. 3 Satz 2 JWG übernommen (vgl Rn 4), um angesichts der immer ideologisch aufgeladenen Auseinandersetzung um das Verhältnis öffentliche – freie Träger das SGB VIII nicht an dieser Frage scheitern zu lassen. **Rechtlich** allerdings sind die entsprechenden Bestimmungen nicht jugend- und sozialpolitisch, sondern aufgrund der geschilderten Rechtsentwicklung und der Rechtsvorgaben der Entscheidung des Bundesverfassungsgerichts zu interpretieren.

III. Zu Abs. 1

11   **Abs. 1** normiert den **Grundsatz partnerschaftlicher Zusammenarbeit** und folgt damit den tragenden Entscheidungsgründen des BVerfG (vgl Rn 6). Durch Abs. 1 Satz 1 sind die öffentlichen Träger zur Zusammenarbeit objektiv-rechtlich verpflichtet, die Vorschrift gibt den Trägern der freien/privaten Jugendhilfe aber keinen subjektiv einklagbaren Anspruch (im Einzelnen zur objektiven Rechtsverpflichtung und subjektivem Rechtsanspruch VorKap. 2 Rn 4 ff). Die Formulierung „soll zusammenarbeiten" kann allerdings nicht so verstanden werden, als habe der öffentliche Träger größere Spielräume bei der Entscheidung, ob er mit der freien Jugendhilfe zusammenarbeiten will, er ist dazu objektiv-rechtlich verpflichtet. Bei Verstößen des öffentlichen Trägers gegen dieses objektive Rechtsgebot, kann allerdings nur die Rechtsaufsichtsbehörde angerufen werden (VorKap. 2 Rn 4).

12   Gemäß **Abs. 1 Satz 2** hat die öffentliche Jugendhilfe bei der Zusammenarbeit die inhaltliche und organisatorische **Selbständigkeit der freien Jugendhilfe** zu achten. Aus Satz 2 ergeben sich die Grenzen der Einflussnahme der öffentlichen Jugendhilfe auch dann, wenn der freien Jugendhilfe öffentliche Mittel zufließen. Trotz der begrenzenden Vorschrift des § 74 Abs. 2 (§ 74 Rn 18 ff und 25 ff) ist es mit dem Grundsatz partnerschaftlicher (gleichberechtigter) Zusammenarbeit nicht zu vereinbaren, wenn öffentliche Träger an freie Träger die Bedingungen für Zuwendungen so eng gestalten, dass im inhaltlichen Vollzug für den freien Träger keine autonomen Handlungsspielräume mehr bleiben.

13   Der öffentliche Träger hat grundsätzlich zunächst mit **jedem Träger der freien Jugendhilfe** (zur Definition Träger der freien Jugendhilfe vgl § 3 Rn 7 f) zusammenzuarbeiten. Ob sich daraus ggf eine Finanzierung, institutionelle Zusammenarbeit usw ergibt, bestimmt sich nach den jeweils einschlägigen Vorschriften (§§ 73 ff).

14   **Grenzen der Zusammenarbeit** ergeben sich unmittelbar aus § 4 nicht. Auch können etwa die in § 75 genannten Kriterien keine Anwendung finden, da sie nur bei der Anerkennung freier Träger von Bedeutung sind. Insofern fallen unter die in Abs. 1 angesprochene Zusammenarbeit alle freien/privaten Träger, auch die privat-gewerblichen. Grenzen der Zusammenarbeit können sich nur aus den inhaltlichen Vorgaben des SGB VIII ergeben: So besteht etwa keine objektiv-rechtliche Pflicht zur Zusammenarbeit mit freien Trägern, die eine an den Grundsätzen des § 1 ausgerichtete Arbeit nicht leisten wollen oder können. So zB für Träger, die die Eigenverantwortlichkeit, die individuelle und soziale Förderung, die Förderung einer kinder- und familienfreundlichen Umwelt nicht anstreben oder gar ablehnen. Da zur Erziehung zu einer eigenverantwortlichen und gemeinschaftsfähigen Persönlichkeit inhaltlich etwa Aspekte der Toleranz, der Respektierung von Andersartigkeit, der Akzeptanz gleichberechtigten, nicht diskriminierenden Verhaltens, demokratischer Umgangsformen usw gehören, können sich unter diesem Gesichtspunkt uU Grenzen der Zusammenarbeit „mit Organisationen, die verfassungsfeindliche Ziele verfolgen oder ... die Formen demokratischer Willensbildung missachten" (Wiesner/Wiesner § 4 Rn 10; tendenziell auch GK-SGB VIII/Heinrich § 4 Rn 15) ergeben, da solche Organisationen inhaltlich die insbesondere in § 1 genannten Vorgaben nicht anstreben oder ihnen zuwiderhandeln.

IV. Zu Abs. 2

15   Aus **Abs. 2** ergibt sich unter Berücksichtigung der Rechtsprechung des Bundesverfassungsgerichts (Rn 6) **kein Vorrang-Nachrang-Verhältnis** zwischen öffentlichen und freien/privaten Trägern (Rn 8 ff). Die Formulierung des Abs. 2 wird im RegE (BT-Drucks. 11/5948, 49 f) damit begründet, dass Abs. 2 zur Sicherung des Grundsatzes des Funktionsschutzes der freien Jugendhilfe geboten sei und die Interpretation des Bundesverfassungsgerichts hinsichtlich § 5 Abs. 3 Satz 2 JWG verdeutlichen solle. Insofern kann von einem grundsätzlichen Vorrang der freien/privaten Träger vor den öffentlichen Trägern nicht gesprochen werden (aA Schellhorn/Schellhorn § 4 Rn 16; Hauck/Neumann § 4 Rn 13 sprechen von einem „bedingten" Vorrang, wobei allerdings offen bleibt, was unter „bedingt" zu verstehen ist; zurückhaltend auch Wiesner/Wiesner § 4 Rn 15). Überraschend ist, dass der Gesetzeswortlaut von „anerkannten" Trägern der freien Jugendhilfe spricht, als würde die Aussage des Abs. 2 bei „nur" freien Trägern der Jugendhilfe nicht gelten. Da Abs. 2 vor dem Hintergrund der Rechtsprechung des Bundesverfassungsgerichts zu interpretieren und zu verstehen ist, ergeben sich für die Anwendungspraxis aus der Formulierung „anerkannte" Träger der freien Jugendhilfe jedoch keine Unterschiede hinsichtlich der Anwendung des Abs. 2 auf „nur" freie/private Träger der Jugendhilfe.

16   Bei den Begriffen „**geeignet**" und „**rechtzeitig**" handelt es sich um (von den Gerichten voll überprüfbare) **unbestimmte Rechtsbegriffe** (vgl GK-SGB VIII/Heinrich § 4 Rn 60 ff; Wiesner/Wiesner § 4

Rn 22 ff). Inhaltlich dürfen bei der Anwendung dieser Begriffe seitens der Träger der öffentlichen Jugendhilfe ihre jeweiligen jugend- und kommunalpolitischen Vorstellungen einfließen. Allerdings müssen sich diese Vorstellungen im Kontext der inhaltlichen Vorgaben des SGB VIII bewegen.

Bezieht man den Begriff der **Geeignetheit** auf die in diesem Zusammenhang relevanten organisatorisch-institutionellen Kriterien, so ergeben sich aus den inhaltlichen Elementen des SGB VIII vornehmlich folgende Aspekte, an denen die Geeignetheit zu prüfen ist: **17**

- **Betroffenennähe:** Die Bewältigung sozialer Probleme ist zunächst Angelegenheit der Betroffenen selbst. Wenn sie dazu nicht in der Lage sind, hat das zur Folge, dass zunächst betroffenennahe Personen/Gruppen, deren Hilfe deswegen den Betroffenen auch häufig angenehmer ist – sich um die Bewältigung der Probleme kümmern. Sofern es sich hier um Träger handelt, bedeutet Betroffenennähe, dass die Leistungsberechtigten selbst möglichst umfangreich bei der Gestaltung der Leistung mitwirken können.
- **Überschaubarkeit:** Das hat zur Folge, dass die Organisationsformen für die Betroffenen möglichst überschaubar gehalten werden müssen, also zB im lokalen, nachbarschaftlichen Bereich verankert, auf überschaubare Felder begrenzt im räumlich-gegenständlichen Erfahrungsbereich der Betroffenen angesiedelt sind.
- **Einflussnahme:** Aus dem Gedanken der Selbsthilfe ergibt sich, dass es nicht Sinn der Hilfe ist, versorgend verwaltend für andere tätig zu sein, sondern unterstützend die Betroffenen zu befähigen, ihre sozialen Probleme selbst zu bewältigen. Für die Organisationsstruktur bedeutet das, dass sie in besonderem Maße geeignet sein muss, Selbstaktivität, Selbstgestaltung, Einflussnahme der Betroffenen zu ermöglichen.
- **Toleranz:** Das bedeutet, dass auch inhaltliche Handlungs- und Gestaltungsmöglichkeiten eingeräumt werden müssen. Die Organisationen selbst müssen tolerant genug sein, um dies zu erlauben.

Damit wird deutlich, dass die organisierte Struktur der Leistung eng damit verknüpft ist, wie die Leistung im Einzelfall erbracht wird. In dieser **inhaltlichen Komponente** Betroffenennähe, Überschaubarkeit, Beeinflussbarkeit und Toleranz, nicht in einer formalen Komponente (private Träger vor hoheitlichen Trägern), liegt der Kern eines richtigen Subsidiaritätsverständnisses (Münder ZfSH/SGB 1983, 295 f; Münder 1990, 72 ff; Plaschke 1986, 134 ff). **18**

Veranstaltungen bedeuten kurzfristig geplante und zeitlich begrenzte Angebote, **Einrichtungen und Dienste**, auf Dauer angelegte in ambulanter oder stationärer Form stattfindende Angebote der Kinder- und Jugendhilfe. „**Rechtzeitig**" bedeutet, dass die beabsichtigten Veranstaltungen, Einrichtungen oder Dienste innerhalb des beabsichtigten Planungszeitraums und der zur Verfügung stehenden Finanzierungsmöglichkeiten konkret realisiert werden können. **19**

V. Zu Abs. 3

Bezüglich der **Förderung** der freien Jugendhilfe enthält § 4 selbst keine funktionale Regelung, sondern verweist auf die insofern diesbezüglichen Regelungen des SGB VIII. Dabei ist unter Förderung im engeren Sinne § 74 zu verstehen, da aber auch andere Formen von Förderung denkbar sind, etwa im Rahmen von Verträgen, bezieht sich die Formulierung generell auf die Möglichkeiten der Finanzierung der Arbeit freier/privater Träger (vgl dazu im Überblick VorKap. 5 Rn 5 ff). **20**

Mit der ausdrücklichen Benennung der Stärkung verschiedener Formen der **Selbsthilfe** wollte der Gesetzgeber vor allem neue Entwicklungen befördern (Mielenz 2008). Aufgegriffen wird dabei die im Zusammenhang mit der Alternativ- und Selbsthilfebewegung geführte Diskussion um ein Verständnis „neuer Subsidiarität" (Olk 2001, 1915). Der Gedanke der Stärkung der Selbsthilfe gilt aber für alle Formen privaten, zivilgesellschaftlichen Engagements, so dass bei allen Veranstaltungen, Einrichtungen und Diensten privater/freier Träger auf diesen Aspekt besonders zu achten ist. **21**

Weiterführende Literaturhinweise:
Kreft u.a. 2004; *Münder* np 1998, 3 ff; *Olk* 2001; *Rauschenbach/Sachße/Olk* 1995.

§ 5 Wunsch- und Wahlrecht

(1) [1]Die Leistungsberechtigten haben das Recht, zwischen Einrichtungen und Diensten verschiedener Träger zu wählen und Wünsche hinsichtlich der Gestaltung der Hilfe zu äußern. [2]Sie sind auf dieses Recht hinzuweisen.

(2) [1]Der Wahl und den Wünschen soll entsprochen werden, sofern dies nicht mit unverhältnismäßigen Mehrkosten verbunden ist. [2]Wünscht der Leistungsberechtigte die Erbringung einer in § 78 a genannten Leistung in einer Einrichtung, mit deren Träger keine Vereinbarungen nach § 78 b bestehen, so soll der Wahl nur entsprochen werden, wenn die Erbringung der Leistung in dieser Einrichtung im Einzelfall oder nach Maßgabe des Hilfeplanes (§ 36) geboten ist.

I. Allgemeines, sozialpädagogischer Inhalt

1   Die Bestimmung ist eine Konkretisierung des § 33 SGB I. Mit der Einführung der §§ 78 a ff wurde § 5 in Abs. 1 und Abs. 2 gegliedert, in Abs. 2 Satz 2 wurde die Bezugnahme auf §§ 78 a ff eingefügt. Mit § 5 hat das Wunsch- und Wahlrecht der Leistungsberechtigten eine hervorgehobene Benennung erfahren (ausführlich Münder RsDE 38 [1998], 55 ff; Oehlmann-Austermann ZfJ 1997, 455 ff; Schwenke ZfF 2000, 128 ff). Bei Erziehungshilfen unterstreicht § 36 Abs. 1 Satz 4 die Wünsche der Leistungsberechtigten in besonderer Weise, da hiernach den Wünschen nicht nur entsprochen werden soll, sondern zu entsprechen ist (vgl § 36 Rn 19 f). Darüber hinaus sind die Bürgerinnen und Bürger stets umfassend in die Leistungserbringung der Jugendhilfe einzubeziehen, wie § 8 verdeutlicht. Ihre Wünsche und Vorstellungen sind gemäß § 80 Abs. 1 Nr. 2 wichtige Grundlagen für die Jugendhilfeplanung.

2   Die besondere Betonung des Wunsch- und Wahlrechts macht sowohl einen **sozialrechtlichen als auch sozialpädagogischen Grundsatz** der Jugendhilfe deutlich: Betroffene sind **nicht Objekte** staatlichen Handelns, sondern Jugendhilfe ist Unterstützungstätigkeit zur Selbstverwirklichung nach eigenen Vorstellungen. Deswegen ist § 5 nicht nur dort relevant, wo ausdrücklich Wünsche geäußert werden bzw Leistungsberechtigte eine Wahl vornehmen, sondern die Perspektive der Betroffenen und Beteiligten ist für die gesamte Gestaltung von Leistungen, Angeboten, Diensten, Einrichtungen zu beachten.

3   Die **Hinweispflicht** durch die Jugendhilfe ist in Abs. 1 Satz 2 ausdrücklich genannt. Inhaltlich bedeutet dies nicht nur den formalen Hinweis auf die Wunsch- und Wahlmöglichkeit, sondern die Hinweispflicht verpflichtet die Jugendhilfeträger, von sich aus aktiv abzuklären, welche Gestaltung den Vorstellungen der Berechtigten entspricht. Damit ist auch die Berufung darauf, die Berechtigten hätten keine Wünsche geäußert, verwehrt.

4   Bezüglich der Begriffe **Wahl und Wunsch** ist keine Differenzierung notwendig, da an die Artikulation jeweils die gleiche Rechtsfolge geknüpft wird. Jede Äußerung, die Ausdruck der Wahl oder des Wunsches ist, ist ausreichend, ein formeller Antrag ist nicht erforderlich. Oft sind die Leistungsberechtigten in der Jugendhilfe nicht ohne weiteres in der Lage, ihre Vorstellungen konkret zu äußern. Hier haben die Fachkräfte die Aufgabe, **Wunsch und Wahl** der Betroffenen **zu eruieren**. Wunsch und Wahl müssen sich nicht auf traditionelle Ausgestaltung von Leistungen erstrecken. Gerade in solchen Situationen ergeben sich Aufgaben für die Weiterentwicklung der Jugendhilfe.

5   Die Vorschrift geht im Regelfall **nicht** von einer **Konfrontation** zwischen **Jugendhilfeträgern** und **Leistungsberechtigten** aus, etwa in der Weise, dass sich die Leistungsvorstellung des Jugendhilfeträgers und die Leistungswünsche der Berechtigten gegenüberstehen, dass der Jugendhilfeträger zunächst seine Vorstellungen entwickelt und sich erst dann mit den **Wünschen** der Berechtigten auseinandersetzt. Der Grundgedanke des § 5 ist vielmehr, dass die Wünsche der Betroffenen **von vornherein** vom Jugendhilfeträger **berücksichtigt** werden, sei es generell im Rahmen der Jugendhilfeplanung, sei es bezogen auf den Einzelfall bei der Leistungserbringung, damit es nicht zu Konfrontationen kommt (so insbe-

sondere Oehlmann-Austermann ZfJ 1997, 457 ff). So hat der Träger der öffentlichen Jugendhilfe im Rahmen seiner Planungen die Überlegungen, Entscheidungen der jungen Menschen und ihrer Eltern zu berücksichtigen und der eigenen Planung zu Grunde legen. Den Vorstellungen der Leistungsberechtigten soll möglichst entsprochen werden, so dass Planungsentscheidungen nicht unabhängig von den (vom Jugendhilfeträger zu ermittelnden) konkreten Bedarfslagen getroffen werden können (VGH BW 4.6.2008 – 12 S 2559/06). Dies bedeutet die frühzeitige und offensive Einbeziehung der Leistungsberechtigten in die Gestaltung der Leistung. Falls die Vorstellungen der Beteiligten bereits bei der Gestaltung der Leistung voll berücksichtigt wurden, ist damit das **Wunsch- und Wahlrecht verwirklicht** und für die weitere Anwendung von § 5 kein Raum mehr. Die Vorschrift ist nur dann von Bedeutung, wenn die Wünsche oder die Wahl der Berechtigten nicht oder nicht vollständig berücksichtigt wurden. Vornehmlich auf diese Konstellation bezieht sich Abs. 2 Satz 1.

II, Voraussetzungen des Wunsch- und Wahlrechts – Abs. 1

1. Leistungsberechtigte

Das Recht zu wählen und Wünsche zu äußern, haben nur Leistungsberechtigte. Damit wird ein Begriff **6** des SGB I übernommen, der allerdings dort auch nicht definiert ist. **Begrifflich** sind **Leistungsberechtigte** in diesem Sinne die **Inhaber eines subjektiven** Rechtsanspruches (vgl VorKap. 2 Rn 7 ff). Zu den subjektiven Rechtsansprüchen gehören demgemäß Ansprüche auf sog. **Muss-Leistungen** und **Soll-Leistungen**. Haben die Träger der öffentlichen Jugendhilfe **Ermessen**, so liegt auch in diesem Falle eine Leistungsberechtigung im Sinne des Abs. 1 vor, denn hier besteht ein Anspruch auf eine fehlerfreie Ermessensentscheidung über die Erbringung einer Leistung (vgl Wiesner/Wiesner § 5 Rn 6). Unter Berücksichtigung von § 36 a wird die Leistungsberechtigung durch die Entscheidung (Bescheid/VA – Anhang Verfahren Rn 45) konkretisiert, eine unmittelbare Selbstbeschaffung der Leistungen ist gemäß § 36 a Abs. 3 (§ 36 a Rn 39) möglich. Insbesondere bei Ermessensentscheidungen bedeutet dies, dass die Leistungsberechtigung erst dann konkretisiert ist, wenn die Entscheidung des Leistungsträgers vorliegt, es sei denn, es handelt sich um eine Situation mit einer Ermessensreduzierung auf Null (vgl Anhang Verfahren Rn 86). Die Berücksichtigung der Wünsche und Vorstellungen **anderer Personen**, die nicht im Rechtssinne Leistungsberechtigte sind, erfolgt insbesondere über § 8.

2. Träger, Einrichtungen, Dienste

Der Begriff **Träger** wird im SGB VIII nicht weiter differenziert. Da schon der Begriff „freie" Träger **7** jede Form der Trägerschaft umfasst – sowohl die privat-gemeinnützigen, als auch die privat-gewerblichen (vgl § 3 Rn 7) –, fallen erst recht unter den reinen Trägerbegriff alle Personengruppen, Initiativen, Personenvereinigungen oder juristischen Personen, die auf dem Gebiet der Jugendhilfe aufgrund eigener freier Entscheidung tätig sind. Damit gehören auch privat-gewerbliche, kommerzielle Leistungsanbieter zu den Trägern im Sinne des § 5 (vgl VG Düsseldorf 22.1.2001 – 19 K 11140/98 – ZfJ 2001, 201 f; VG Karlsruhe 14.2.2006 – 8 K 1141/05 – ZfF 2007, 84, 86). Mit den Begriffen **Einrichtungen und Dienste** wird im Grunde genommen nur klargestellt, dass sich das Wunsch- und Wahlrecht auf jede Form von Angeboten, sei es in stationärer, teilstationärer oder ambulanter Form bezieht. Begrifflich nicht eingeschlossen wären **Einzelpersonen**, da sie weder unter den Begriff der Einrichtung noch des Dienstes fallen. Da gerade in diesen Fällen (zB Einzelfallhelfer, Therapeut) eine Leistungserbringung in besonderem Maße von der konkreten Einzelperson abhängt, ist das Wunsch- und Wahlrecht auch hierauf zu beziehen (so auch OVG BE 21.11.2002 – 6 B 7.02 – FEVS 55, 277 ff).

3. Zulässige und geeignete Hilfen

Die geltend gemachten Vorstellungen der Berechtigten sind nur dann Ausgangspunkt, wenn sie sich **8** auf **rechtlich zulässige und fachlich geeignete Hilfen** (Münder RsDE 38 [1998], 62) richten. Wollen zB die Leistungsberechtigten eine stationäre Erziehungshilfe, obwohl sich aus der fachlichen Prüfung ergibt, dass nur eine ambulante Hilfe im konkreten Fall die fachlich geeignete Hilfe ist, so kann eine stationäre Hilfe nicht in Frage kommen. Wünschen zB Personensorgeberechtigte die geschlossene Unterbringung des Minderjährigen, so ist das rechtlich nicht möglich (vgl § 34 Rn 8, § 42 Rn 45, 47). Voraussetzung ist also, dass es **vergleichbare, geeignete Alternativen** gibt, die den rechtlich anzuerkennenden jugendhilferechtlichen Bedarf vollständig abdecken (zum vergleichbaren Wunsch- und Wahlrecht im damaligen § 3 BSHG: BVerwG 2.9.2004 – 5 B 18/04 – FEVS 57, 54, 55). Liegen solche Alternativen nicht vor, ist also nur ein konkretes Hilfeangebot, eine konkrete Leistung geeignet, den Hilfebedarf zu decken, so kann nur diese Leistung in Frage kommen (VG Schleswig 8.6.2000 – 15 A

56/00 – ZfJ 2002, 439 ff; VG Regensburg 16.2.2004 – RO 8 E 03.3106 – JAmt 2004, 493 ff; VG Aachen 25.9.2006 – 2 L 416/06 – JAmt 2007, 367 ff). In vielen Fällen haben sich standardisierte Leistungen herausgebildet (zB Kindergartenerziehung), sodass es über die fachliche Eignung meist nicht zum Dissens kommt. In anderen Situationen kann es unterschiedliche Vorstellungen zwischen Leistungsberechtigten und öffentlichen Trägern geben (zB HzE). Das Wunsch- und Wahlrecht der Leistungsberechtigten ist hier dann von Bedeutung, wenn es um unterschiedliche Auffassungen innerhalb eines Spektrums geeigneter und erforderlicher Hilfen geht. Ist der öffentliche Träger der (gerichtlich überprüfbaren) Auffassung, dass sich der Wunsch der Leistungsberechtigten auf fachlich ungeeignete Leistungen richtet, so ist das Begehren des Leistungsberechtigten als solches abzulehnen, nicht jedoch wegen einer „fehlerhaften Ausübung" des Wunsch- und Wahlrechts.

9   Die Prüfung der Geeignetheit darf nicht dazu führen, dass dem Leistungsberechtigten Leistungen aufgenötigt werden, die der öffentliche Jugendhilfeträger für die konkrete Situation für optimal hält. Im Gegensatz zu § 9 SGB XII erfordert § 5 **nicht die Angemessenheit des Wunsch- oder Wahlrechts** (Mrozynski § 5 Rn 5; BVerwG 15.6.1970 – V C 11.70 – E 35, 287). Damit sind auch eine suboptimale Wahl oder suboptimale Wünsche zu berücksichtigen, es sei denn, die gewünschte Leistung wäre nicht mehr geeignet (Münder RsDE 38 [1998], 63 f).

4. Vergleichbare Leistungen

10   Die Prüfung des Wunsch- und Wahlrechts setzt voraus, dass vergleichbare Leistungen vorhanden sind, also Alternativen für die Deckung des sozialpädagogischen Bedarfs bestehen (Rn 8). Erst wenn solche Alternativen bestehen, stellt sich die Frage der Vergleichbarkeit. **Vergleichbarkeit** bedeutet, dass beide Leistungsangebote **in gleicher Weise geeignet** sind, den Rechtsanspruch des Leistungsberechtigten zu befriedigen. Die Eignung bezieht sich vornehmlich auf die Überprüfung der fachlichen Standards und den Bedarf, der durch die Leistung befriedigt werden soll. Sofern es sich um schwierige Fragen der Eignung handelt (wie zB bei der HzE), sind ggf Gutachten erforderlich. Falls nur eine Hilfe geeignet und notwendig ist und diese von Leistungsberechtigten begehrt wird, erübrigt sich eine weitergehende Überprüfung.

11   Zu vergleichen ist mit dem **gesamten Spektrum vorhandener Leistungen**; eine Beschränkung etwa auf die in § 28 ff aufgezählten „Standardleistungen" existiert allerdings nicht, vielmehr muss die im Einzelfall geeignete, ggf atypische Hilfe („Hilfe nach Maß") angeboten werden (vgl auch § 27 Rn 16). Der Vergleich ist **nicht beschränkt** auf Leistungen bestimmter Träger, etwa die von anerkannten freien Trägern, das Wunsch- und Wahlrecht erstreckt sich auch auf Leistungen privat-gewerblicher Träger (vgl Rn 7). Die Vergleichbarkeit ist auch **nicht** beschränkt auf das **räumliche Gebiet** des zuständigen Jugendhilfeträgers (vgl. OVG Lüneburg 22.12.2008 – 4 ME 326/08 – NDV-RD 2008, 79). Somit kommen auch Leistungen außerhalb des Zuständigkeitsbereichs des zuständigen Jugendhilfeträgers in Frage, auch Leistungen außerhalb der Bundesrepublik Deutschland (vgl aber § 27 Abs. 2 sowie § 78 b Abs. 2) – immer unter der Voraussetzung, dass es sich um geeignete Leistungen handelt (vgl VG Schleswig und VG Regensburg aaO – Rn 8). Bei stationären Angeboten (Heimerziehung) ist dies seit langem anerkannte Praxis, das gilt aber auch für ambulante Angebote (so BSG 24.5.2006 – B 3 P 1/05 R – NZS 2007, 155 für das Wahlrecht bei ambulanten Pflegeleistungen beim SGB XI). Das Wunsch- und Wahlrecht erstreckt sich allerdings nur auf vorhandene Einrichtungen und vorhandene Angebote (Neumann RsDE 1 [1988], 4; VGH BY 2.12.2003 – 7 CE 03/ 2722); § 5 schafft **keinen Anspruch auf Schaffung** von gewünschten Einrichtungen (Wiesner/Wiesner § 5 Rn 10; Schellhorn/Schellhorn § 5 Rn 8).

5. Keine weiteren Voraussetzungen

12   An weitere Voraussetzungen ist das **Wunsch- und Wahlrecht** in der Jugendhilfe **nicht gebunden** (ausführlich Münder RsDE 38 [1998], 63 ff). So können Haushaltsaspekte ebenso wenig das Wunsch- und Wahlrecht einengen wie **Planungs- und Steuerungsentscheidungen** des öffentlichen Trägers (OVG BB 13.5.2005 – 4 B 275/04 – FEVS 57, 61). Auch indirekte Steuerung durch den öffentlichen Träger, zB über Subventionen an Einrichtungen freier Träger, vermögen das Wunsch- und Wahlrecht nicht zu begrenzen (so jedoch andeutungsweise OVG HH 24.10.1994 – IV 144/94 – NDV 1995, 300 ff; der im einstweiligen Anordnungsverfahren ergangene Beschluss ist jedoch auf einhellige Ablehnung gestoßen: vgl Münder NDV 1995, 275 ff; Lakies FuR 1995, 149 ff; Neumann RsDE 31 [1995], 42 ff; Wiesner/Wiesner § 5 Rn 15; Jans u.a. § 5 Rn 20; Oehlmann-Austermann ZfJ 1997, 455 ff). Bei sta-

tionären und teilstationären Angeboten ist seit dem 1.1.1999 die Neuregelung des § 5 iVm § 78 a zu beachten (vgl § 78 a Rn 1 ff, vgl auch Rn 27 f).

Nicht zu verkennen ist, dass in der Praxis bei der Darstellung der vorhandenen Angebote und Leis- 13 tungen durch die öffentlichen Jugendhilfeträger steuernde und planende Aspekte eine Rolle spielen. Das ist etwa der Fall, wenn auf bestimmte Angebote hingewiesen wird oder Angebote, die durch den öffentlichen Träger subventioniert werden, dem Leistungsberechtigten nahegelegt werden usw. Recht- lich besteht jedoch der **Vorrang des Wunsch- und Wahlrechts** gegenüber den **Planungs- und Gewähr- leistungsaufgaben** des öffentlichen Trägers. Dass das unbegrenzte Wunsch- und Wahlrecht insbeson- dere mit dem Sicherstellungs- und Planungsauftrag des öffentlichen Jugendhilfeträgers (§§ 79, 80) in Konfrontation geraten kann, ist so nicht verwunderlich. Dieses Spannungsverhältnis kann unter ge- genwärtiger Rechtslage nicht zu Lasten des Wunsch- und Wahlrechts gelöst werden (vgl Münder NDV 1995, 278). Insofern unterscheiden sich die Regelungen des SGB VIII von den vielfältig anderen Re- gelungen der §§ 75 ff SGB XII.

III. Insbesondere: Unverhältnismäßige Mehrkosten – Abs. 2 Satz 1

1. Grundsätze

Weitere Voraussetzung für die Anwendung des § 5 ist, dass **keine unverhältnismäßigen Mehrkosten** 14 entstehen. Unverhältnismäßige Mehrkosten werden erst dann zum **Prüfungsmaßstab**, wenn die vorher genannten Voraussetzungen (Rn 5 ff) vorliegen. Die Prüfung der unverhältnismäßigen Mehrkosten ist von Bedeutung, wenn die Leistungsberechtigten auf einem von den Vorstellungen der öffentlichen Träger **abweichenden Wunsch- und Wahlrecht** bestehen oder wenn sie von vornherein – über den Weg der (allerdings nur eingeschränkt zulässigen) Selbstbeschaffung der Leistung (§ 36 a Rn 39 ff) – Leis- tungen in Anspruch genommen haben. Von Bedeutung wird die Frage, ob unverhältnismäßige Mehr- kosten vorliegen, zudem nur dann, wenn nicht Angebote des konkreten öffentlichen Trägers in An- spruch genommen werden. Bei der Auslegung des Begriffes der unverhältnismäßigen Mehrkosten sind rechtsdogmatisch noch viele Fragen offen. Dies gilt insbesondere dafür, welche Kostenbestandteile einzubeziehen sind, wie der Kostenvergleich zwischen Angeboten unterschiedlicher Träger durchzu- führen ist und wie der Begriff „unverhältnismäßig" auszulegen ist.

2. Kostenbestandteile

Beim Kostenvergleich entsteht die Frage, **welche Kostenfaktoren** verglichen werden können. In die 15 konkrete Kostengestaltung fließen zT unterschiedliche Faktoren ein. Besonders bedeutsam ist dies beim Vergleich zwischen öffentlichen und privaten Trägern. Bei öffentlichen Trägern werden zT Kosten (etwa Investitionskosten) in die konkrete Kostenberechnung (da anderweitig haushaltsmäßig verbucht) nicht eingestellt. Die Rechtsdogmatik, insbesondere die Rechtsprechung, hat diese Frage bisher noch nicht befriedigend geklärt (vgl BVerwG 11.2.1982 – 5 C 85.80 – E 65, 52 ff; BVerwG 22.1.1987 – 5 C 10.85 – E 74, 343; BVerwG 22.1.1987 – 5 C 10.85 – E 75, 343 ff).

Zunächst müssen die Kosten für die konkrete benötigte und zu erbringende Leistung errechnet werden 16 (zu den einzelnen Klärungsschritten Münder RsDE 38 [1998], 67 f). **Pauschalen** sind dafür nur bedingt geeignet. Geeignet sind sie dort, wo alle Leistungsberechtigten in etwa dasselbe Leistungsangebot er- halten (zB Kindergarten). Wenig aussagekräftig sind sie dagegen zB bei Einrichtungen, wenn Gruppen mit unterschiedlichem Erziehungs-, Betreuungs-, Sozialisationsbedarf in ein und derselben Einrichtung betreut werden und für die Einrichtung ein gemeinsamer pauschaler Pflegesatz besteht. Der konkret für den Leistungsberechtigten zu erbringende Bedarf kann zB erheblich andere Kosten verursachen als im allgemeinen Pflegesatz ausgewiesen. In diesen Fällen sind die **Pauschalsätze aufzuschlüsseln**, und es sind genau die für die Befriedigung des konkreten Rechtsanspruches erforderlichen Kostenbestandteile zu ermitteln (so nunmehr ausdrücklich für Selbstzahler: BGH 7.7.1992 – KTR 15/91 – Z 119, 93 ff, vgl auch Neumann RsDE 33 [1996], 145).

Darüber hinaus sind viele **Einzelheiten**, aber auch **Grundfragen noch ungeklärt.** Zu berücksichtigen 17 sind bei Einrichtungen stets (vgl auch § 76 SGB XII) die Kosten für Unterkunft und Verpflegung (sog. **Grundpauschalen**), die Kosten für die konkrete pädagogische Leistung (die sog. **Maßnahmepauscha- len**) und die Kosten für betriebsnotwendige Anlagen inkl. der Ausstattung (sog. **Investitionsbetrag**). Insbesondere bei den **Investitionskosten** ist noch unklar, wie diese anzusetzen sind, ob mit dem An- schaffungswert, dem Wiederbeschaffungswert oder dem Zeitwert. Im Grunde genommen müssen diese

Komplexe langfristig im Rahmen von Vergütungsvereinbarungen (entsprechend § 77 bzw §§ 78 a ff) geklärt werden.

3. Kostenvergleich

18   Nach Ermittlung der einzelnen Kostenbestandteile – und damit der Feststellung, welche Kosten ent-stehen, wenn Einrichtungen und Dienste in Anspruch genommen werden, die der öffentliche Träger vorschlägt, bzw welche Kosten entstehen, wenn Einrichtungen und Dienste in Anspruch genommen werden, die der Leistungsberechtigte wünscht – kann ein **konkreter Kostenvergleich** stattfinden (zu einem konkreten Fall vgl VG Düsseldorf 22.1.2001 – 19 K 11140/98 – ZfJ 2001, 203 f). Dabei sind insbesondere die folgenden Konstellationen von Bedeutung:

19   Sofern **allgemeine Angebote der Daseinsvorsorge** vorhanden sind, die für jedermann kostenfrei oder kostengünstiger sind (im Sinne der Unverhältnismäßigkeit – vgl Rn 24) als das vom Leistungsberech-tigten gewünschte Angebot, so ist die Grenze der unverhältnismäßigen Mehrkosten überschritten, und der öffentliche Träger braucht Wunsch und Wahl der Leistungsberechtigten nicht nachzukommen (so BVerwG 25.8.1987 – 5 B 50.87 – FEVS 37, 133; Schwenke ZfF 2000, 130 f). Dies ist zB der Fall, wenn von der Schulbehörde, der Volkshochschule allgemeine Hausaufgabenhilfe angeboten wird oder Schulsozialarbeit kostenfrei durchgeführt wird.

20   Stehen sich Einrichtungen und Dienste **öffentlicher Träger** und **private Träger gegenüber**, so sind kon-kret die ermittelten Kostenbestandteile zu vergleichen. Hier werden bisweilen die **Regie- und Vorhal-tekosten** nicht korrekt berücksichtigt. Richtigerweise sind sie entweder sowohl beim öffentlichen als auch beim freien Träger zu berücksichtigen, oder sie sind bei beiden Trägern außer Acht zu lassen (BVerwG 25.8.1987 – 5 B 50.87 – FEVS 37, 133 ff). Öffentlicher Träger ist entsprechend § 69 Abs. 1 Satz 2 der Kreis oder die kreisfreie Stadt, nicht das JA. Deshalb ist die haushaltsmäßige Zuordnung (zB einer Beratungsstelle) zu einem Etattitel außerhalb des JA insofern irrelevant.

21   Beim Kostenvergleich zwischen Diensten und Einrichtungen **verschiedener privater Träger** ergeben sich dann keine Probleme, wenn die Pauschalbeträge korrekt als Pauschalbeträge angesetzt sind (zB beim Kindergarten) bzw eine entsprechende Differenzierung stattgefunden hat (vgl Rn 16 ff). Dann sind nur noch die einzelnen Kostenbestandteile in jeweils gleicher Weise zu vergleichen.

22   Einzubeziehen sind **sämtliche für die Leistungen entstehenden** Kosten (zu der insofern nötigen „Be-reinigung" Münder RsDE 38 [1998], 69 ff). Damit sind nicht nur die unmittelbar zB in die Entgelte einfließenden Kosten zu vergleichen, sondern auch die Subventionen, die anerkannte freie Träger zB durch Zuwendungen öffentlicher Träger erhalten (hM vgl jeweils Münder, Lakies, Neumann aaO; vgl Rn 12). Damit kann durch die Subventionierung eines freien Trägers (was ja stets zu Lasten anderer geschieht) das Wunsch- und Wahlrecht nicht ausgehebelt werden (so aber in der Tendenz OVG HH, vgl Rn 12, wobei der Beschluss im einstweiligen Anordnungsverfahren auf einhellige Kritik stieß – Neumann aaO: „fadenscheinig"). Zu welch ansonsten abwegigen Ergebnissen die Subventionierung von Einrichtungen zu Lasten nicht subventionierter Einrichtungen führt, zeigt das VG Aachen (25.2.2003 – 2 K 392/01).

23   Da aus rechtlichen Gründen die Träger der öffentlichen Jugendhilfe den Wunsch eines Leistungsbe-rechtigten, Leistungen in einer nicht subventionierten Einrichtung in Anspruch zu nehmen, folgen müssen, führt dies zu wirtschaftlich unsinnigen Ergebnissen: Die subventionierte Einrichtung wird (zumindest für den Lauf des Haushaltsjahres) weiter subventioniert, zuzüglich sind auf den Einzelfall bezogen entsprechende Kosten in einer anderen Einrichtung zu übernehmen. Aus diesen Gründen, aber auch wegen der zunehmenden Trennung von Leistungsverpflichtung und Leistungserbringung (vgl VorKap. 5 Rn 18 f), muss es auch aus rechtlichen Gründen zu einer **Entflechtung von Sozialsubven-tionen und Leistungsentgelten** kommen (vgl VorKap. 5 Rn 20), wie sie in anderen Gesetzen bereits angelegt wurde (vgl zB § 82 Abs. 5 SGB XI). Das bedeutet, dass dann, wenn private Körperschaften bei der Erfüllung von Rechtsansprüchen der Bürger tätig sind, eine Abwicklung so gut wie ausschließ-lich auf der Basis des jugendhilferechtlichen Dreiecksverhältnisses über entsprechende Leistungsent-gelte (vgl VorKap. 5 Rn 18 ff) stattfinden muss. Das erlaubt, die **Leistungserbringung aller Träger** (sowohl frei-gemeinnütziger, als auch privat-gewerblicher) in korrekter Weise in den Kostenvergleich einzubeziehen.

4. Unverhältnismäßigkeit

Der Begriff **Unverhältnismäßigkeit** ist ein unbestimmter Rechtsbegriff, der im vollen Umfang der ver- 24
waltungsgerichtlichen Überprüfung unterliegt (BVerwGE 64, 318, 323; BVerwG 18.8.2003 – 5 B
14.03). Aus dem Begriff ergibt sich zunächst, dass eine Überschreitung der Durchschnittskosten innerhalb eines bestimmten Rahmens noch verhältnismäßig ist. Wie hoch eine solche Überschreitung
sein kann, lässt sich generell nicht benennen, sondern hängt vom Einzelfall ab. Manche Träger gehen
in Anlehnung an Richtlinien der Sozialhilfeträger zu § 9 Abs. 2 SGB XII davon aus, dass eine Überschreitung von bis zu 20 Prozent unschädlich sei. Solche Prozentsätze können allenfalls Orientierungs-
werte sein, es ist jeweils auf den Einzelfall abzustellen. Damit ist ggf im konkreten Fall auch eine
darüber hinausgehende Überschreitung noch nicht unverhältnismäßig, wenn aufgrund der konkreten
Situation die Inanspruchnahme der gewünschten Einrichtungen oder Dienste unter Berücksichtigung
der subjektiven Gegebenheiten des Einzelfalls (zB Wohnortnähe der Hilfe, Familienzusammenhalt,
Grundrichtung der Erziehung, siehe § 9) geboten ist. Andererseits wurden auch schon Überschreitun-
gen von 16 bis 19 Prozent (OVG BE 21.11.2002 – 6 B 7.02 – FEVS 55, 278) bzw etwas über 20 Prozent
(OVG NI-HB 7.6.2007 – L 8 SO 60/07 ER – FEVS 59, 73 ff) als unverhältnismäßig angesehen. Eine
Überschreitung von mehr als 75 Prozent liegt auf jeden Fall erheblich über der Unverhältnismäßig-
keitsgrenze (BVerwGE 65, 52 ff); auch eine Überschreitung von 30 Prozent wurde – in einer sehr pauschalen Entscheidung (die allerdings in einem e.A.-Verfahren erging) – als unverhältnismäßig angesehen (OVG BB 5.9.2002 – 4 B 127/02 – ZFSH/SGB 2003, 163 ff). Neben diesem rein rechnerischen
Kostenvergleich fließt in die Beurteilung der unverhältnismäßigen Mehrkosten immer auch eine **wer-
tende Betrachtungsweise** (BVerwGE 97, 110, 116; VG Ansbach 4.10.2007 – AN 14 K 06.011 32) ein,
deswegen sind die subjektiven Gründe des Leistungsberechtigten mit der hieraus folgenden Mehrbe-
lastung der Haushalte der Leistungsträger abzuwägen (BVerwG 18.8.2003 – 5 B 14.03).

IV. Rechtsfolgen

1. Regelfall – Abs. 2 Satz 1

Liegen die Voraussetzungen vor (Rn 5 ff) und entstehen keine unverhältnismäßigen Mehrkosten 25
(Rn 24), so ist die **Rechtsfolge**, dass der Wahl und den Wünschen entsprochen werden **soll**, dh der
Jugendhilfeträger hat entsprechend dem Wunsch- und Wahlrecht die Leistungen zu erbringen (OVG
NI 18.10.2006 – 4 LA 42/05 – FEVS 58, 366 ff). Damit handelt es sich um einen **Regelrechtsanspruch** (vgl VorKap. 2 Rn 7 ff). Will der öffentliche Jugendhilfeträger von dieser Regel abweichen, ist
er nachweispflichtig dafür, dass ausnahmsweise eine Abweichung vom Regelfall in der konkreten Situation erforderlich ist.

Liegen die Voraussetzungen für das Wunsch- und Wahlrecht vor (Rn 5 ff), **entstehen** jedoch **unver-** 26
hältnismäßige Mehrkosten, so entfällt die im Regelfall gegebene Verpflichtung des Jugendhilfeträgers,
den Wünschen nachzukommen. In diesen Fällen besteht allerdings ein Anspruch auf Übernahme der,
etwa durch Rahmenvereinbarung oder Kostensatzkommission, festgelegten **üblichen Kosten**, denn die
teilweise Übernahme von Kosten im Umfang der Angemessenheit ist im Sozialrecht nicht unüblich (vgl
OVG BE 21.11.2002 – 6 B 7.02 – FEVS 2004, 285). Die darüber hinausgehenden Kosten, also die
unverhältnismäßigen Mehrkosten, sind entweder von den Personensorgeberechtigten selbst zu erbringen, sie kann der Jugendhilfeträger jedoch auch im Rahmen seiner pflichtgemäßen **Ermessensausübung**
entsprechend den Wünschen der Leistungsberechtigten in besonders gelagerten Einzelfällen übernehmen, etwa bei einer nur kurzen Dauer der Leistung uä.

2. Abs. 2 Satz 2

Abs. 2 Satz 2 beinhaltet die Bezugnahme auf die zum 1.1.1999 (vgl Rn 1) eingefügten §§ 78 a ff. Durch 27
diese Ergänzung wird das Wunsch- und Wahlrecht auf Einrichtungen, mit denen Vereinbarungen bestehen, begrenzt. Im Übrigen bedeutet die Neufassung keine inhaltliche Änderung. Handelt es sich um
Leistungen in Einrichtungen nach § 78 a (§ 78 a Rn 1), so beschränkt sich das Wunsch- und Wahlrecht
grundsätzlich auf Einrichtungen, mit denen Vereinbarungen bestehen (VG BY 8.10.2007 – 12 ZB
06.2434). Damit sind die Vereinbarungen nach § 78 b nicht nur von Bedeutung für das Verhältnis von
Leistungsträger und Leistungserbringer, sondern auch für die Leistungsberechtigten selbst (zum Dreiecksverhältnis in diesem Zusammenhang vgl VorKap. 5 Rn 6 ff). Einrichtungen ohne Vereinbarungen
können damit zwar nach wie vor Leistungen erbringen, aber eine Entgeltübernahme durch den öffentlichen Träger setzt regelmäßig eine entsprechende Leistungsvereinbarung voraus.

28   Wünscht der Leistungsberechtigte die Erbringung einer in § 78 a genannten stationären Leistung in einer **Einrichtung, mit der keine Vereinbarung existiert**, so ist die Übernahme der Kosten in diesem Fall nur möglich, wenn einer der beiden **Ausnahmefälle des Abs. 2 Satz 2** vorliegt. Zum einen sind hier die Kosten zu übernehmen, wenn die Leistungserbringung nach Maßgabe des **Hilfeplans** nach § 36 (vgl § 36 Rn 4 f) in einer nicht vereinbarungsgebundenen Einrichtung ausdrücklich geboten ist, insbesondere wenn dies ausdrücklich festgelegt wurde. Darüber hinaus ist die Erbringung der Leistung in einer vereinbarungsungebundenen Einrichtung nur dann möglich, wenn dies im **Einzelfall** geboten ist. Für solche Einzelfälle lassen sich keine allgemeinen Kriterien benennen. Gebotensein richtet sich inhaltlich nach den Vorgaben des SGB VIII. Gebotensein ist deswegen vornehmlich dann gegeben, wenn aus sozialpädagogischen, jugendhilfebezogenen Gesichtspunkten eine Leistungserbringung in einer vereinbarungsgebundenen Einrichtung wegen Unmöglichkeit oder Unzumutbarkeit nicht zur Deckung des jugendhilferechtlichen Bedarfs führen würde und deswegen die Leistungserbringung in der konkreten, nicht vereinbarungsgebundenen Einrichtung inhaltlich erforderlich ist. Kriterien hierfür können im individuellen, zB im familiären Bereich liegen, sie können sich aus der Aufrechterhaltung von wichtigen Kontakten oder aus der notwendigen Herstellung von räumlicher Trennung usw ergeben. Hier bedarf es im Einzelfall einer inhaltlichen jugendhilfepädagogischen Begründung, um ausnahmsweise die Leistungserbringung (und die damit verbundene Entgeltübernahme) zu ermöglichen. Bedeutung hat dies insbesondere für die Leistungen außerhalb der Hilfen zur Erziehung (§ 78 a Abs. 1 Nr. 1-3), da diese regelmäßig keine Hilfeplanung im Sinne des § 36 voraussetzen und damit auch im Rahmen der Hilfeplanung nicht nach § 36 zum Inhalt des Hilfeprozesses gemacht werden können.

Weiterführende Literaturhinweise:

Münder RsDE 38 (1998), 55 ff; *Schwenke* ZfF 2000, 128 ff.

§ 6 Geltungsbereich

(1) ¹Leistungen nach diesem Buch werden jungen Menschen, Müttern, Vätern und Personensorgeberechtigten von Kindern und Jugendlichen gewährt, die ihren tatsächlichen Aufenthalt im Inland haben. ²Für die Erfüllung anderer Aufgaben gilt Satz 1 entsprechend. ³Umgangsberechtigte haben unabhängig von ihrem tatsächlichen Aufenthalt Anspruch auf Beratung und Unterstützung bei der Ausübung des Umgangsrechts, wenn das Kind oder der Jugendliche seinen gewöhnlichen Aufenthalt im Inland hat.

(2) ¹Ausländer können Leistungen nach diesem Buch nur beanspruchen, wenn sie rechtmäßig oder aufgrund einer ausländerrechtlichen Duldung ihren gewöhnlichen Aufenthalt im Inland haben. ²Absatz 1 Satz 2 bleibt unberührt.

(3) Deutschen können Leistungen nach diesem Buch auch gewährt werden, wenn sie ihren Aufenthalt im Ausland haben und soweit sie nicht Hilfe vom Aufenthaltsland erhalten.

(4) Regelungen des über- und zwischenstaatlichen Rechts bleiben unberührt.

I. Bedeutung

§ 6 legt den **räumlichen und personellen Geltungsbereich** des SGB VIII fest. Abs. 1 bezieht sich auf alle dort genannten Personen und stellt für diese auf den tatsächlichen Aufenthalt ab. Für Ausländer (zur Situation vgl Einl. Rn 18) sehen allerdings die Abs. 2 und Abs. 4 Sonderbestimmungen vor; hier liegt die zentrale Bedeutung des § 6 (zur Situation von Ausländern in der Jugendhilfe vgl BMFSFJ 2002 a, b 11. KJB, 212 ff). Abs. 3 befasst sich mit dem (seltenen) Fall von Jugendhilfeleistungen an Deutsche im Ausland. Die letzten Sätze der Abs. 1 und Abs. 2 wurden durch das KICK 2005 (vgl Einl. Rn 47) eingefügt (Rn 5).   **1**

Zum **zeitlichen Geltungsbereich** trifft das Gesetz keine Aussage. Maßgeblich ist der Zeitpunkt, zu dem eine Entscheidung über die Leistung oder die andere Aufgabe erforderlich ist bzw getroffen wird. Da das SGB VIII keine (formellen) Anträge kennt (vgl Anhang Verfahren Rn 26 ff), ist auf den Zeitpunkt der Kenntnis durch die Jugendhilfeträger abzustellen.   **2**

II. Geltungsbereich des SGB VIII – Abs. 1

1. Personeller Geltungsbereich

Abs. 1 nennt in Satz 1 die **Personen, für die das SGB VIII gilt**. Die Begriffe junge Menschen und Personensorgeberechtigte werden in § 7 (§ 7 Rn 1 ff) definiert. Wer Mutter ist, bestimmt sich nach § 1591 BGB (relevant in allen Fällen künstlicher Befruchtung), der Begriff „Vater" ist in rechtlicher Hinsicht zu verstehen und bestimmt sich nach § 1592 BGB. Nicht ausdrücklich benannt werden **Erziehungsberechtigte** (zum Begriff § 7 Rn 3), sofern sie jedoch in spezifischen Einzelbestimmungen genannt werden (zB § 16 Abs. 1), gelten die dort genannten Leistungen auch für sie. Das gilt auch für die – ebenfalls nicht ausdrücklich genannten – **Schwangeren** (zB die Leistung des § 19 Abs. 3 Satz 3). Wer **Umgangsberechtigter** ist, regelt § 1684 Abs. 1 BGB, umgangsberechtigt sind demgemäß das Kind und der (nicht mit dem Kind zusammenlebende) Elternteil. § 1685 BGB erweitert diesen Personenkreis; unter den dort genannten weiteren Voraussetzungen sind umgangsberechtigt Großeltern, Geschwister sowie enge Bezugspersonen bei sozial-familiärer Beziehung (im Einzelnen Münder/Ernst 2008, 198 ff).   **3**

2. Räumlicher Geltungsbereich – zu Abs. 1

4   **Abs. 1 Satz 1** geht vom **tatsächlichen Aufenthalt** aus. Dieser Begriff unterscheidet sich vom Begriff des Wohnsitzes (§ 7 Abs. 1 BGB) und dem des in **Abs. 1 Satz 2** verwandten Begriffs des **gewöhnlichen Aufenthalts** – gA (§ 30 Abs. 1 SGB I). Der **Wohnsitz** wird durch rechtsgeschäftliche Erklärung begründet, bei Minderjährigen regelmäßig durch die Begründung des Wohnsitzes der Eltern bzw durch die Entscheidung der Eltern über den Wohnsitz des Kindes (§ 11 BGB). Der gA wird für das Sozialrecht gemäß § 30 **Abs. 3 SGB I** als der Ort definiert, an dem sich jemand uU aufhält, erkennen lässt, dass er an diesem Ort oder in diesem Gebiet nicht nur vorübergehend verweilt (vgl § 86 Rn 2). Regelmäßig ist das der sogenannte Lebensmittelpunkt, der insbesondere durch Familie, Arbeit, Ausbildung usw bestimmt wird.

5   **Abs. 1 Satz 1** stellt eine **gesetzliche Spezialvorschrift** für das SGB VIII dar. Der **tatsächliche Aufenthalt** des **Abs. 1 Satz 2** ist gegenüber dem Wohnsitz und dem gA der umfassendere Begriff, er erfordert allein die physische Anwesenheit. Der Begriff des tatsächlichen Aufenthalts ist damit unabhängig davon, ob es sich um einen ständigen, geplanten, rechtlich zulässigen usw Aufenthalt handelt, sondern auch der vorübergehende, zufällige, ungeplante, unerlaubte Aufenthalt, die Durchreise usw wird vom Begriff des tatsächlichen Aufenthalts umfasst. Durch Gesetzesänderung (vgl Rn 1) wurde in **Abs. 1 Satz 3** geregelt, dass bei Umgangsberechtigten, die ihren tatsächlichen oder gewöhnlichen Aufenthalt im Ausland haben, Anspruch auf Beratung und Unterstützung zur Ausübung ihres Umgangsrechts (vgl § 18 Abs. 3) mit ihrem in Deutschland lebenden Kind besteht, wenn dieses **Kind** seinen **gewöhnlichen Aufenthalt** im Inland hat.

6   Im Zusammenwirken von Abs. 1 Satz 1, 2 und Abs. 2 ist der **tatsächliche Aufenthalt** sowohl bei Deutschen als auch Ausländern für die Erfüllung **anderer Aufgaben** maßgeblich, außerdem ist er bei Deutschen für die Gewährung von Leistungen maßgeblich, bei Ausländern dagegen wird hinsichtlich der Gewährung von Leistungen an den Begriff des gA angeknüpft (im Einzelnen Rn 20).

III. Geltung für ausländische Personen: Abs. 2, Abs. 4

1. Ausländer

7   Der umfassende personelle und räumliche Geltungsbereich des Abs. 1 wird für Ausländer über die Bestimmungen des Abs. 2 und Abs. 4 eingeschränkt. **Ausländer** sind alle die Personen, die nicht Deutsche im Sinne des Art. 116 Abs. 1 GG sind (vgl auch § 2 Abs. 1 AufenthG). **Deutsche im Sinne des Art. 116 GG** sind Personen, die die deutsche Staatsangehörigkeit besitzen. Der Besitz, der Erwerb, der Verlust usw der deutschen Staatsangehörigkeit ist im StAG geregelt. Im Sinne des Art. 116 Abs. 1 GG sind außerdem (obwohl keine deutschen Staatsangehörigen) sogenannte Volkszugehörige Deutsche, das sind Personen, die als Flüchtlinge oder Vertriebene deutscher Volkszugehörigkeit (deren Ehegatten oder Abkömmlinge) in dem Gebiet des deutschen Reiches nach dem Stand vom 31. Dezember 1937 Aufnahme gefunden haben (zur unterschiedlichen Situation von Ausländern Knösel JH 2000, 123 ff).

2. Verhältnis von Abs. 2 und Abs. 4

8   Auf die Situation von Ausländern beziehen sich die Abs. 2 und Abs. 4. **Abs. 2** sieht vor, dass Ausländer **Leistungen** nur erhalten können, wenn sie ihren gewöhnlichen Aufenthalt in Deutschland haben **und** hier rechtmäßig oder aufgrund einer ausländerrechtlichen Duldung leben (im Einzelnen vgl Rn 21 ff). **Abs. 4** stellt jedoch klar, dass über- und zwischenstaatliche Regelungen diesem Grundsatz vorgehen. Insofern **überlagert** Abs. 4 die Bestimmungen des **Abs. 2** (Knösel JH 2000, 127; MünchKomm/ Tillmanns BGB/SGB VIII § 6 SGB VIII Rn 12). Aufgrund der bestehenden über- und zwischenstaatlichen Regelungen folgt im Ergebnis, dass aufgrund des Haager Minderjährigenschutzabkommen (MSA) für alle **Minderjährigen**, die sich (nicht nur besuchsweise) in Deutschland aufhalten, **Leistungen zu erbringen sind** (vgl im Einzelnen Rn 13 ff, 18). Da das MSA nur für Minderjährige gilt, haben **junge Volljährige** Anspruch auf Leistungen (§ 41) nur dann, wenn sich solche Ansprüche aufgrund des über- oder zwischenstaatlichen Rechts (Rn 16) ergeben, ansonsten nur auf der Rechtsgrundlage des Abs. 2 (Rn 18 ff).

3. Über- und zwischenstaatliches Recht – Abs. 4

9   **Überstaatliches Recht** ist Recht, das der deutschen Rechtsordnung vorgeht. Es entsteht vornehmlich dadurch, dass Hoheitsrechte gemäß Art. 23, 24 GG auf zwischenstaatliche Einrichtungen übertragen

wurden, wie dies insbesondere bei der Europäischen Gemeinschaft der Fall ist (dazu Trenczek/Behlert 2008, 51 ff). **Zwischenstaatliches Recht** sind Abkommen zwischen Deutschland und (einem oder mehreren) anderen Staaten, die ratifiziert und durch Zustimmungsgesetz (Art. 59 GG) Bestandteil der deutschen Rechtsordnung wurden, dh zwischenstaatliches Recht ist erst dann von rechtlicher Bedeutung, wenn es durch deutsches Gesetz übernommen wurde.

a) Überstaatliches Recht

Überstaatliches Recht, das für das **SGB VIII von Bedeutung** ist, liegt gegenwärtig nur auf der Ebene der **Europäischen Union** vor. Hierbei wird z.Z. noch zwischen den **15 alten Mitgliedstaaten** und den neu hinzugekommenen **EU-Beitrittstaaten** (seit dem 1.5.2004: Estland, Lettland, Litauen, Malta, Polen, Slowakei, Slowenien, Tschechien, Ungarn, Zypern; seit dem 1.1.2007: Bulgarien, Rumänien) durch Übergangsregelungen (bis 30.4.2011 bzw 31.12.2011) unterschieden. Die Staatsangehörigen der **15 alten Mitgliedstaaten der EU** haben nach Art. 18 EGV das uneingeschränkte **Recht der Freizügigkeit** im gesamten Gebiet der EU. Alle Angehörigen dieser EU-Staaten haben somit in Deutschland dieselben Rechte wie die Deutschen, was sich im Einzelnen aus Art. 12 EGV (Diskriminierungsverbot) und Art. 39 EGV (Freizügigkeit, konkretisiert durch Art. 7 Abs. 2 der Verordnung Nr. 1612/68) ergibt. Die Verordnung Nr. 1612/68 ist durch die Richtlinie 2004/38/E geändert worden, gemäß deren Art. 40 sind die dort geregelten Inhalte in deutsches Recht umzusetzen. Dies ist im Wesentlichen durch das **Gesetz über die allgemeine Freizügigkeit von Unionsbürgern** (Freizügigkeitsgesetz/EU – FreizügG/EU) geschehen. Danach haben sogenannte freizügigkeitsberechtigte Unionsbürger und ihre **Familienangehörigen** das Recht auf Einreise und das Recht auf Aufenthalt (§ 2 FreizügG/EU). Freizügigkeitsberechtigt sind sie insbesondere, wenn sie sich als Arbeitnehmer, zur Arbeitssuche, zur Berufsausbildung, zur Ausübung einer selbstständigen Erwerbstätigkeit, zum Zwecke der Niederlassung, zum Empfang von Dienstleistungen, nach Beendigung eines Arbeitsverhältnisses usw in Deutschland aufhalten. Ebenso haben Familienangehörige dieser Personen das Recht, sich im Gebiet der EU aufzuhalten (im Einzelnen § 3 FreizügG/EU). Darüber hinaus haben auch nicht erwerbstätige Unionsbürger und ihre Familienangehörigen – und damit letztlich alle Unionsbürger – ein Recht auf Aufenthalt nach § 4 FreizügG/EU, wenn sie über einen ausreichenden Krankenversicherungsschutz und ausreichende Existenzmittel verfügen. In diesen Fällen haben sie dann entsprechende Ansprüche auf Sozialleistungen und damit auch auf Leistungen nach dem SGB VIII. Anders verhält es sich noch bei den Angehörigen der **EU-Beitrittstaaten**: Nach § 13 FreizügG/EU sind für deren Staatsangehörige abweichende Regelungen anwendbar. Dies geschieht vornehmlich dadurch, dass für diese Staatsangehörigen die Arbeitnehmer- und Dienstleistungsfreizügigkeit eingeschränkt wird, sie können einen diesbezüglichen Aufenthaltstitel nur dann erhalten, wenn eine entsprechende Genehmigung der Beschäftigung durch die BA gemäß § 284 Abs. 1 SGB III erteilt wurde bzw erteilt werden könnte (Arbeitserlaubnis-EU); der Aufenthaltstitel selbst wird durch die Ausländerbehörde erteilt.

Die **Konvention zum Schutze der Menschenrechte und Grundfreiheiten – Europäische Menschenrechtskonvention** (EMRK vom 4.11.1950) hat, da sie durch bundesdeutsches Gesetz in nationales Recht umgesetzt wurde (1952), den Rang eines innerstaatlichen Gesetzes. Bedeutsam sind für die Jugendhilfe die Art. 12, Art. 8 und Art. 14 der EMRK (im Einzelnen Münder/Ernst 2008, 25). Durch Art. 8 EMRK wird in erster Linie das Privat- und Familienleben (Familien umfassend verstanden) geschützt. Praktische Bedeutung haben Art. 8 und Art. 14 EMRK insbesondere im Bereich des Sorge- bzw. des Umgangsrechts. Gesichert wird die Umsetzung der EMRK durch den Europäischen Gerichtshof für Menschenrechte (EGMR). Inwiefern die Urteile des EGMR für die deutschen Gerichte Bindungswirkungen haben, war heftig umstritten (EGMR 26.2.2004 – Beschwerde Nr. 74969/01 – FamRZ 2004, 1456 ff; OLG Naumburg 9.7.2004 – 14 UF 60/04 – FamRZ 2004, 1507 ff; BVerfG 14.10.2004 – 2 BvR 1481/04 – FamRZ 2004, 1857 ff; sogenannte Görgülü-Beschlüsse). Das Bundesverfassungsgericht hat in seiner letzten Entscheidung festgehalten, dass die Urteile des EGMR bei den nationalen Gerichtsentscheidungen zu berücksichtigen und in ihren Auswirkungen auf die nationalen Rechtsordnungen einzubeziehen sind.

Das **UN-Übereinkommen über die Rechte der Kinder** (vom 20.11.1989, für die Bundesrepublik in Kraft getreten am 5.4.1992) fällt zwar unter den Begriff des überstaatlichen Rechts, hat aber **keine unmittelbaren rechtlichen Wirkungen.** Das UN-Übereinkommen verpflichtet allerdings den staatlichen Gesetzgeber, das staatliche Recht den Forderungen des UN-Übereinkommens anzupassen, es ist also eine Aufforderung an den staatlichen Gesetzgeber (ausführlich Münder JAmt 2008, 294 ff). Damit ist das UN-Übereinkommen über die Rechte von Kindern von langfristiger **politischer Bedeutung,** das zeigt sich nicht zuletzt darin, dass es in der fachpolitischen Diskussion der Kinder- und Jugendhilfe eine bedeutende Rolle spielt (vgl zB BMFSFJ 2002 a, b 11. KJB, 191 f). Mit der **Reform des Kindschaftsrechts** mit Wirkung zum 1.7.1998 ist der Bundesgesetzgeber den Forderungen des UN-Übereinkommens zur Anpassung des nationalen Rechts weitgehend nachgekommen. Seit dem ist vornehmlich von Bedeutung, inwiefern die konkrete Lebenslage von Kindern und Jugendlichen in der Bundesrepublik Deutschland den Vorgaben des UN-Übereinkommens entspricht, was im Rahmen der gegenüber der UN zu erstattenden Berichte geprüft wird.

b) Zwischenstaatliches Recht

13   Zwischenstaatliches Recht lässt sich danach differenzieren, ob es nur für die Angehörigen eines oder mehrerer bestimmter Staaten gilt (dazu Rn 17) oder ob es für alle Ausländer gilt. Letzteres ist der Fall beim **Haager Minderjährigenschutzabkommen (MSA)**, welches deswegen das für die **Jugendhilfe wichtigste zwischenstaatliche Recht** ist, dem die Bundesrepublik durch Gesetz vom 30.4.1971 beigetreten ist (Olkers/Kraeft FuR 2001, 344 ff; Münder/Ernst 2008, 176 f). Der **Geltungsbereich** des **MSA** erstreckt sich in persönlicher Hinsicht auf **alle Minderjährigen**, unabhängig davon, ob der Staat des Minderjährigen dem MSA beigetreten ist. Minderjährige im Sinne des MSA (Art. 12 MSA) sind Personen, die sowohl nach dem Recht des Heimatstaates als auch des Aufenthaltsstaates minderjährig sind. Das bedeutet, dass es für alle unter 18-jährigen Ausländer in Deutschland gilt, sofern deren Volljährigkeit nach ihrem heimatstaatlichen Recht nicht vor dem 18. Lebensjahr beginnt. Maßgeblich für das Alter ist gemäß § 33 a SGB I in der Regel die Erstangabe vor einem Sozialleistungsträger; zu beachten ist allerdings der Untersuchungsgrundsatz des § 20 SGB X: Sprechen Anhaltspunkte gegen die Richtigkeit der Angabe, so ist eine Altersbestimmung nach medizinischen Gesichtspunkten vorzunehmen (zur diesbezüglich bestehenden Mitwirkungspflicht nach § 62 SGB I vgl DIJuF JAmt 2003, 527, 529).

14   **Voraussetzung** für die Anwendung des MSA ist, dass die Minderjährigen ihren **gewöhnlichen Aufenthalt – gA** in Deutschland haben; in dringenden Fällen (Art. 9 MSA) genügt ein tatsächlicher Aufenthalt. Der **Begriff des gA nach dem MSA ist nicht identisch mit** dem sozialrechtlichen Begriff des gewöhnlichen Aufenthalts nach § 30 **Abs. 3 Satz 2 SGB I**. Vielmehr ist der Begriff des gA im Sinne des MSA **nach dem Zweck des MSA** zu bestimmen (ausführlich Peter 2001, 199 f). Demnach ist gA im Sinne des MSA der Ort, der der tatsächliche Mittelpunkt der Lebensführung des Minderjährigen ist, der der Schwerpunkt seiner sozialen Bindungen ist, insbesondere in familiärer, schulischer bzw beruflicher Hinsicht, der sein „Daseinsmittelpunkt" ist (OLG Hamm NJW 1992, 637). Eine dahingehende spezifische rechtsgeschäftliche Erklärung ist nicht erforderlich (vgl BGH FamRZ 1997, 1070). Damit kann bereits zu Beginn des Aufenthalts ein gA entstehen, wenn von vornherein der Aufenthalt auf eine längere Dauer angelegt ist (OLG Celle 19.5.1992 FamRZ 1993, 95), es sei denn, dass dem beabsichtigten Aufenthalt objektive Umstände entgegenstehen, sodass eine Realisierung des beabsichtigten Aufenthalts als völlig unwahrscheinlich erscheint. In der Praxis bedeutet dies, dass auf jeden Fall dann, wenn sechs Monate vergangen sind, nicht mehr davon ausgegangen werden kann, dass objektive Umstände dem subjektiven Willen, einen längeren Aufenthalt zu begründen, entgegenstehen (vgl dazu BVerwGE 109, 155 ff). Damit liegt im Falle **minderjähriger, unbegleiteter Flüchtlinge** bereits mit ihrer Einreise **regelmäßig ein gA im Sinne des MSA** vor, da wegen bestehender rechtlicher oder tatsächlicher Abschiebungshindernisse nicht absehbar ist, dass sie in kurzer Zeit abgeschoben werden können (so auch Wiesner/Oberloskamp § 6 Rn 27).

15   **Rechtsfolge** ist, dass minderjährige Ausländer **Schutzmaßnahmen der Gerichte oder Verwaltungsbehörden** in Anspruch nehmen können. Solche Schutzmaßnahmen sind alle Maßnahmen, die im Interesse der Minderjährigen erforderlich sind (BGHZ 60, 68 ff). Neben familien- oder vormundschaftsgerichtlichen Entscheidungen der Gerichte gehören dazu nicht nur die sonstigen Aufgaben (was ja schon durch Abs. 1 Satz 2 abgedeckt wird), sondern auch die **Leistungen der §§ 11 ff**, insbesondere die **erzieherischen Hilfen** nach §§ 27 ff. Unstrittig ist dies, wenn der öffentliche Jugendhilfeträger nicht nur Leistungsträger ist, sondern auch die Leistung selbst erbringt. Aber auch dann, wenn private Körperschaften die Leistung erbringen, ist dies der Fall, da auf der Grundlage des jugendhilferechtlichen Dreiecksverhältnisses (ausführlich VorKap. 5 Rn 6 ff) nach wie vor der öffentliche Träger Leistungsträger ist (so auch Palandt/Heldrich Anhang EG BGB 24 Rn 13; Peter 2001, 179; zweifelnd Wiesner/Oberloskamp § 6 Rn 28).

16   Während das MSA für alle minderjährigen Ausländer gilt, gelten die **zwischen einzelnen Staaten geschlossenen Abkommen** nur für die Minderjährigen der vertragsschließenden Staaten. Für Angehörige

der **EWR-Staaten** (Island, Liechtenstein, Norwegen) gelten wegen § 12 FreizügG/EU dieselben Regelungen wie für die Staatsangehörigen der alten EU-Staaten (Rn 10). Die **deutsch-schweizerische Fürsorgevereinbarung** (vom 4.7.1952) gilt nur für schweizer Minderjährige in Deutschland; wobei dies – allerdings ohne Folgen für das SGB VIII – überholt ist durch das Freizügigkeitsabkommen zwischen der Schweiz und der EG vom 21.6.1999 (in Kraft seit 1.6.2002). Das **deutsch-österreichische Fürsorgeabkommen** (vom 17.1.1966) gilt entsprechend nur für österreichische Minderjährige. Einen weiteren Anwendungsbereich hat das **europäische Fürsorgeabkommen** (vom 11.12.1953), da Vertragsparteien dieses europäischen Fürsorgeabkommens (neben Deutschland) folgende Länder sind: Belgien, Dänemark, Frankreich, Griechenland, Großbritannien, Irland, Island, Italien, Luxemburg, Malta, Niederlande, Norwegen, Schweden, Spanien, Türkei. Voraussetzung ist hier allerdings, dass es sich um einen **erlaubten Aufenthalt** handelt, was sich aus dem internationalen bzw deutschen Recht ergibt. Dieser Begriff ist damit identisch mit dem des rechtmäßigen oder geduldeten Aufenthalts in Abs. 2 (Rn 22 ff), sodass der Wirkungsbereich des europäischen Fürsorgeabkommens nicht über Abs. 2 hinausreicht (so BVerwGE 71, 139 ff; zur Kritik daran Peter 2001, 180 f).

Andere internationale Abkommen (zB Vormundschaftsabkommen, Unterhaltsabkommen, Vollstreckungsabkommen, die EU-Verordnung Nr. 2201/2003 über die Zuständigkeit und die Anerkennung und Vollstreckung von Entscheidungen in Ehesachen und in Verfahren betreffend die elterliche Verantwortung usw) sind für das SGB VIII faktisch ohne Bedeutung, da sie sich inhaltlich auf **andere Aufgaben** (§ 2 Abs. 3) beziehen und bei der Erfüllung anderer Aufgaben wegen Abs. 1 Satz 2 Ausländer und Deutsche völlig identisch behandelt werden (vgl Rn 6). 17

IV. Abs. 2 – Voraussetzungen und Rechtsfolgen

Da wegen der **über Abs. 4** gegebenen Bedeutung zumindest des **MSA** (Rn 14 – ggf bereits der entsprechenden überstaatlichen Regelung – Rn 10 ff) **faktisch für alle Minderjährigen Ansprüche auf Leistungen** nach dem SGB VIII existieren, ist **Abs. 2** vornehmlich für **junge Volljährige** von Bedeutung (und, sofern man die Meinung vertritt, dass die Leistungserbringung durch private Körperschaften nicht unter den Begriff der Maßnahmen von Behörden fällt – vgl Rn 15 – auch in diesen Fällen). 18

Bezüglich der Voraussetzungen (vgl Classen 2000; Kunkel Jugendhilfe 2009, 116 ff) nach Abs. 2 ist erforderlich, dass **kumulativ** vorliegen: 19

■ gewöhnlicher Aufenthalt und
■ rechtmäßiger Aufenthalt oder ausländerrechtliche Duldung.

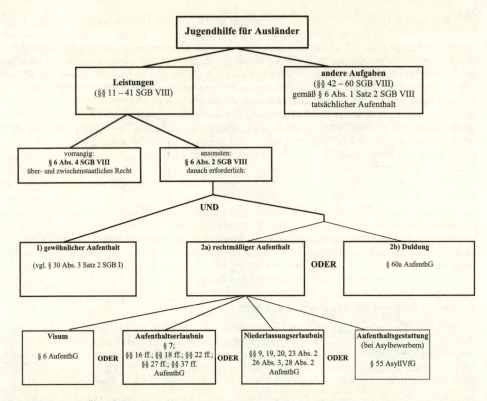

1. Gewöhnlicher Aufenthalt

20   Der Begriff des gewöhnlichen Aufenthalts – gA in Abs. 2 ist **sozialrechtlich** zu bestimmen. Insofern richtet er sich nach **§ 30 Abs. 3 Satz 2 SGB I**. Hiernach liegt ein gA an einem Ort dann vor, wenn sich jemand dort unter solchen Umständen aufhält, die erkennen lassen, dass er an diesem Ort nicht nur vorübergehend verweilt. Erforderlich ist also das subjektive Moment des Willens, an diesem Ort nicht nur vorübergehend zu verweilen, und auch ein objektives Moment, nämlich dass der junge Mensch diesen seinen Willen tatsächlich verwirklicht (ausführlich Peter 2001, 172 ff).

21   Strittig ist dies insbesondere bei **Asylbewerbern**, da hier zum Teil eingewandt wird, dass Asylbewerber noch keine bestandskräftige Anerkennung hätten und deswegen keinen gA im Bundesgebiet begründen könnten. Demgegenüber wird zu Recht darauf verwiesen, dass auch Asylbewerber sowohl den subjektiven Willen als auch die objektive Verwirklichung dieses Willens durch ihren Asylantrag realisieren. Solange ein Ende des Aufenthalts in Deutschland für die Zeit der Gewährung der Jugendhilfe also nicht abzusehen ist, ist auch bei Asylbewerbern anzunehmen, dass sie ihren gA in Deutschland haben (so Koehn/Zieger InfAuslR 1994; VG Münster ZfJ 1997, 426 ff; OVG NW ZfJ 1998, 467, 472; BVerwGE 109, 155 ff; speziell zum gA beim MSA vgl auch Rn 14). Die Bundesregierung geht in ihrer Antwort auf eine kleine Anfrage davon aus, dass ein gA bei Asylbewerbern dann anzunehmen ist, wenn sie nicht mehr verpflichtet sind, in der Erstaufnahmeeinrichtung zu wohnen (§§ 47, 50 AsylVfG – dh spätestens 3 Monate nach Asylantragstellung) bzw wenn ein Abschiebungshindernis vorliegt (vgl BT-Drucks. 13/5876).

2. Rechtmäßiger Aufenthalt oder ausländerrechtliche Duldung

22   Am **1.1.2005** ist das Zuwanderungsgesetz (ZuwG) in Kraft getreten. Art. 1 des ZuwG ist das neue **Aufenthaltsgesetz (AufenthG)**, das das bisherige AuslG ersetzt (zum Rechtszustand bis zum 31.12.2004 vgl Münder u.a. 4. Aufl. § 6 Rn 21 ff). Das AufenthG beinhaltet eine neue Systematik der Aufenthaltstitel für Ausländer und zu den Begriffen des rechtmäßigen Aufenthalts und ausländerrechtlichen Duldung (Überblick bei Blechinger/Münch NDV 2005, 227 ff; Behlert 2008, 483 ff; Kunkel

Jugendhilfe 2009, 119 f); die nachfolgende Darstellung konzentriert sich, da diese Bestimmungen regelmäßig nur für **junge Volljährige** von Bedeutung sind (vgl Rn 18), auf diese Personengruppe.

a) Rechtmäßiger Aufenthalt

Ein **rechtmäßiger Aufenthalt** ergibt sich für junge Menschen innerstaatlich aus dem **AufenthG und dem** **23**
AsylVfG. Der **rechtmäßige Aufenthalt** nach innerstaatlichem Recht kann nach § 4 AufenthG in Form
entsprechender **Aufenthaltstitel** vorliegen. § 4 AufenthG kennt drei Aufenthaltstitel: das **Visum** (§ 6
AufenthG), die **Aufenthaltserlaubnis** (§ 7 AufenthG), oder die **Niederlassungserlaubnis** (§ 9
AufenthG). Für die wegen der vorrangigen Geltung des Abs. 4 gegenüber dem Abs. 2 (vgl Rn 8) für die
Anwendung des Abs. 2 eigentlich nur noch relevante Gruppe der jungen Volljährigen (Rn 18) ist von
diesen drei grundsätzlichen Möglichkeiten vornehmlich die Aufenthalterlaubnis nach § 7 AufenthG
von Bedeutung. Hier kennt das AufenthG verschiedene (Groß-) **Formen der Aufenthaltserlaubnis:**

- Aufenthalt zum Zwecke der Ausbildung (§§ 16, 17 AufenthG – im Einzelnen Rn 24);
- Aufenthalt zum Zwecke der Erwerbstätigkeit (§§ 18 bis 21 AufenthG – im Einzelnen Rn 25);
- Aufenthalt aus völkerrechtlichen, humanitären und politischen Gründen (§§ 22 bis 26 AufenthG – im Einzelnen Rn 26);
- Aufenthalt aus familiären Gründen (§§ 27 bis 36 AufenthG – im Einzelnen Rn 27);
- außerdem besondere Aufenthaltsrechte (§ 37 AufenthG – Rückkehroption; § 38 AufenthG - Aufenthaltstitel für ehemalige Deutsche);
- grundsätzlich möglich ist eine Aufenthaltserlaubnis für sonstige Zwecke nach § 7 Abs. 1 Satz 3 AufenthG.

Diese verschiedenen Formen der Aufenthaltserlaubnisse enthalten jeweils Aufenthaltserlaubnisse für
spezifische Zwecke. Differenziert man diese verschiedenen Zwecke bei den Aufenthaltserlaubnissen,
so kommt man auf eine schwer überschaubare Zahl von ca. 50 Aufenthaltserlaubnissen. Für die für
die Anwendung des Abs. 2 relevante Gruppe der **jungen Volljährigen** ist insbesondere der Aufenthalt
aus völkerrechtlichen, humanitären oder politischen Gründen von Bedeutung (Rn 26).

Eine **Aufenthaltserlaubnis zum Zwecke des Studiums,** von Sprachkursen oder Schulbesuch umfasst die **24**
Studienbewerbung und das Studium selbst einschließlich der studienvorbereitenden Maßnahmen. Im
Falle des Studiums wird die Aufenthaltserlaubnis zunächst für zwei Jahre erteilt und kann jeweils um
diesen Zeitraum verlängert werden, um den Zweck des Aufenthalts in einem angemessenen Zeitraum
zu erreichen. Unter den Begriff der Ausbildung fällt nach § 17 AufenthG auch eine Aufenthaltserlaubnis zum Zwecke der beruflichen Aus- und Weiterbildung, wenn die BA entsprechend zugestimmt hat.

Ein **Aufenthaltstitel zur Ausübung einer Beschäftigung** (§§ 18 ff AufenthG) wird in Abhängigkeit von **25**
Erfordernissen des Wirtschaftsstandorts Deutschland und der Berücksichtigung der Arbeitsmarktverhältnisse erteilt, wenn die BA entsprechend zustimmt – damit ist klar, dass eine derartige Aufenthaltserlaubnis von den wirtschaftlichen oder arbeitsmarktpolitischen Einschätzungen in Deutschland abhängig ist. Dies gilt auch für selbstständige Tätigkeiten (§ 20 AufenthG). Dort, wo ein besonderes
Interesse an hochqualifizierten Arbeitnehmern besteht, kann über die Aufenthaltserlaubnis hinaus sogar eine Niederlassungserlaubnis (Rn 23) erteilt werden (§ 19 AufenthG).

Der **Aufenthalt aus völkerrechtlichen, humanitären oder politischen Gründen** (§§ 22 ff AufenthG) **26**
umfasst mehrere Fälle. Neben den klassischen völkerrechtlichen, dringenden humanitären Gründen
kann zur Wahrung der politischen Interessen der Bundesrepublik Deutschland (aufgrund einer Erklärung des Bundesministeriums des Inneren) die Aufnahme erklärt werden. Faktisch bedeutsamer ist die
Aufenthaltsgewährung durch die obersten Landesbehörden aus völkerrechtlichen, humanitären oder
politischen Gründen (§ 23 AufenthG), sowie der Aufenthalt auf Empfehlung der Härtefallkommissionen (§ 23 a AufenthG). Hierzu zählt auch die in § 24 AufenthG geregelte **Aufenthaltsgewährung**
zum vorübergehenden Schutz aufgrund Beschlusses der Europäischen Union (sogenannter Massenzustrom) in den Fällen, in denen aufgrund von Kriegs- oder kriegsähnlichen Ereignisse sich die EU zur
Aufnahme entsprechender Flüchtlinge oder Migranten bereiterklärt hat. Der **Aufenthalt aus humani-**
tären Gründen ist ausführlich in § 25 AufenthG geregelt. Diese Aufenthaltserlaubnis knüpft an die
Anerkennung als Asylberechtigter an. Hierzu zählen auch die Fälle, in denen eine Abschiebung des
Ausländers vollziehbar ist, jedoch wegen verschiedener, in § 60 AufenthG genannter Gründe, ausgesetzt ist (vgl § 25 Abs. 3 AufenthG). Auch der vorübergehende Aufenthalt aus humanitären Gründen
oder der verlängerte Aufenthalt wegen Vorliegens einer außergewöhnlichen Härte (§ 25 Abs. 4

AufenthG) erlaubt eine entsprechende Aufenthaltserlaubnis aus humanitären Gründen. Diese werden uU gerade für junge Volljährige von Bedeutung sein.

27   Die in §§ 27 ff AufenthG genannten **Aufenthaltserlaubnisse aus familiären Gründen** sind bei jungen Volljährigen allenfalls in Ausnahmefällen von Bedeutung. Dies gilt für den **Familiennachzug zu Deutschen** (§ 28 AufenthG) wonach eine Aufenthaltserlaubnis für den Ehegatten eines Deutschen, für das minderjährige ledige Kind eines Deutschen und für den Elternteil eines minderjährigen ledigen Deutschen zur Ausübung der Personensorge (wobei zu berücksichtigen ist, dass das Kind eines deutschen Elternteils die deutsche Staatsangehörigkeit bekommt und somit zB im Falle der Vaterschaftsanerkennung durch einen Deutschen die ausländische Mutter eines minderjährigen Kindes Anspruch auf eine Aufenthaltserlaubnis hat) zu erteilen ist, wenn die deutsche Person ihren gewöhnlichen Aufenthalt im Bundesgebiet hat. Bei einem **Familiennachzug zu Ausländern** (§ 29 AufenthG) muss die ausländische Person eine Niederlassungs- oder Aufenthaltserlaubnis besitzen, außerdem muss ausreichender Wohnraum zur Verfügung stehen. Für den **Ehegattennachzug** (§ 30 AufenthG) ist entweder eine Niederlassungserlaubnis oder eine (regelmäßig fünfjährige) Aufenthaltserlaubnis (im Einzelnen § 30 AufenthG) erforderlich. Neu geregelt wurde auch in § 32 AufenthG der **Kindernachzug**. Hiernach ist **minderjährigen ledigen Kindern** eines Ausländers eine Aufenthaltserlaubnis oder eine Niederlassungserlaubnis zu erteilen, wenn der Ausländer eine Aufenthaltserlaubnis aus humanitären Gründen oder eine Niederlassungserlaubnis nach dreijähriger Aufenthaltserlaubnis aus humanitären Gründen besitzt oder wenn das Kind mit seinem sorgeberechtigten Elternteil gemeinsam seinen Lebensmittelpunkt in die Bundesrepublik verlegt hat (im Einzelnen § 32 Abs. 1 AufenthG). Im Falle des **Nachzuges** ist eine Aufenthaltserlaubnis zu erteilen, wenn das Kind das 16. Lebensjahr noch nicht vollendet hat (und der sorgeberechtigte Elternteil eine Aufenthaltserlaubnis oder Niederlassungserlaubnis besitzt). Bei minderjährigen ledigen Kindern, die das 16. Lebensjahr vollendet haben sind Voraussetzung für die Erteilung einer Aufenthaltserlaubnis (neben einer entsprechenden Erlaubnis der Eltern) ausreichende Kenntnisse deutscher Sprache (im Einzelnen § 32 Abs. 3, Abs. 2 AufenthG). Einmal erteilte Aufenthaltserlaubnisse sind – wenn sich die Verhältnisse nicht geändert haben – grundsätzlich zu verlängern (§ 34 AufenthG). In allen diesen Fällen handelt es sich um ein an die Personensorgeberechtigten gebundenes, abgeleitetes Aufenthaltsrecht. Ein **eigenständiges, unbefristetes Niederlassungserlaubnis** erlangen minderjährige Ausländer nach § 35 Abs. 1 Satz 1 AufenthG dann, wenn sie zum Zeitpunkt der Vollendung des 16. Lebensjahres seit fünf Jahren im Besitz einer Aufenthaltserlaubnis sind. Entsprechendes gilt für (junge) volljährige Ausländer, wenn sie zusätzlich zum fünfjährigen Besitz einer Aufenthaltserlaubnis über ausreichende Kenntnisse der deutschen Sprache verfügen und ihr Lebensunterhalt gesichert ist bzw sie sich in einer entsprechenden Ausbildung befinden (§ 35 Abs. 1 AufenthG).

28   Neben den Aufenthaltserlaubnissen des AufenthG gibt es noch die **Aufenthaltsgestattung** nach § 55 **Abs. 1 AsylVfG** für **asylsuchende Personen** zur Durchführung des Asylverfahrens im Bundesgebiet. Der Aufenthalt ist nach § 55 AsylVfG gestattet und damit rechtmäßig, solange das Asylverfahren nicht bestandskräftig abgeschlossen ist (§ 19 Abs. 1 AsylVfG). Die Regelungen für Kontingentflüchtlinge wurden durch das ZuwG außer Kraft gesetzt, Übergangsvorschriften finden sich in §§ 101 Abs. 1, 103 AufenthG. Die Bestimmungen über die Rechtstellung heimatloser Ausländer im Bundesgebiet sind für junge Menschen bedeutungslos.

b) Geduldeter Aufenthalt

29   Die **Duldung** betrifft solche Ausländer, deren **Abschiebung** vorgesehen, aber zeitweise nach § 60 a AufenhG **ausgesetzt** wird. Danach kann die oberste Landesbehörde (wie in § 23 AufenthG) aus völkerrechtlichen und humanitären Gründen oder zur Wahrung politischer Interessen der Bundesrepublik Deutschland anordnen, dass die Abschiebung von Ausländern (aus bestimmten Staaten oder bestimmten Ausländergruppen) ausgesetzt wird. Die Aussetzung der Abschiebung ist grundsätzlich auf 6 Monate befristet, soll sie länger ausgesetzt werden, ist eine Entscheidung nach § 23 Abs. 1 AufenthG (vgl Rn 26) herbeizuführen. Nach § 60 a Abs. 2 AufenthG ist die Aufschiebung außerdem auszusetzen – und damit liegt eine Duldung vor –, solange eine Abschiebung aus tatsächlichen (zB unbekanntes Herkunftsland) oder aus rechtlichen Gründen (zB werden keine Einreisepapiere ausgestellt) unmöglich ist, aber keine Aufenthaltserlaubnis (insbesondere nach §§ 22, 23 AufenthG) erteilt wird.

3. Abs. 2 – Rechtsfolgen

30   Liegen die Voraussetzungen vor, dann können **Ausländer Leistungen** nach dem **SGB VIII** beanspruchen. Die Formulierung räumt den Ausländern die Befugnis zur Entscheidung über die Inanspruch-

nahme ein, nicht jedoch der Behörde Ermessen über die Gewährung von Leistungen, was eventuell aus der Formulierung „können" entnommen werden könnte (unstrittig). Damit können Ausländer bei Vorliegen der Voraussetzungen Leistungen wie Deutsche beanspruchen. Ob damit ein unbedingter Rechtsanspruch, ein Regelrechtsanspruch besteht oder die Behörde Ermessen hat (vgl VorKap. 2 Rn 8), richtet sich nach der jeweiligen in Frage stehenden Rechtsnorm. Liegen die **Voraussetzungen nicht** vor, dann liegt es im **Ermessen der Behörde**, ob sie Leistungen gegenüber Ausländern erbringt (so hM Schellhorn/Schellhorn § 6 Rn 18; Wiesner/Oberloskamp § 6 Rn 15; OVG NW ZfJ 1998, 467).

V. Ausweisungsmöglichkeit wegen Jugendhilfe?

Verschiedene Gründe können zur Ausweisung führen, so zB die rechtskräftige Verurteilung zu einer **31** Freiheits- oder Jugendstrafe von mindestens 3 Jahren (§ 53 AufenthG – zwingende Ausweisung) oder die rechtskräftige Verurteilung zu einer Jugendstrafe von mindestens 2 Jahren (§ 54 AufenthG – Regelausweisung). Nach § 55 Abs. 2 Nr. 7 AufenthG können (Ermessensausweisung) Ausländer **ausgewiesen** werden, wenn sie **HzE außerhalb der eigenen Familie** oder **Hilfe für junge Volljährige** (§ 41) erhalten. Damit kann sich die Situation ergeben, dass Ausländer zwar Ansprüche auf Leistungen haben, die Inanspruchnahme jedoch gemäß § 55 Abs. 2 Nr. 7 AufenthG zur Ausweisung führt. Dies ist ein **Wertungswiderspruch zwischen dem SGB VIII und dem Aufenthaltsrecht:** Während das SGB VIII davon ausgeht, dass bei entsprechenden Sachverhalten sozialpädagogische Leistungen erbracht werden sollen, geht das Ausländerrecht davon aus, dass „aus ausländerrechtlicher Sicht... eine Gleichbehandlung mit deutschen Staatsangehörigen grundsätzlich auf Ausländer beschränkt bleiben (muss), die hier auf Dauer rechtmäßig leben und in das wirtschaftliche, soziale und kulturelle Leben der Bundesrepublik Deutschland integriert werden sollen" (so die Regierungsbegründung zur entsprechenden Regelung im ehemaligen Ausländerrecht BT-Drucks. 11/5948, 50).

Dieser Zielkonflikt zwischen Jugendhilfe- und Ausländerrecht wird durch das geltende Recht nicht **32** aufgehoben, sondern lediglich abgeschwächt. So ist die Ausweisung eines ausländischen Minderjährigen, wenn seine **Eltern** oder der alleinsorgeberechtigte Elternteil sich **rechtmäßig im Bundesgebiet** aufhält, nur in den Fällen des § 53 AufenthG (zwingende Ausweisung, zB mindestens dreijährige Freiheits- oder Jugendstrafe) möglich; hier wird über die Ausweisung nach Ermessen entschieden. Bei **Heranwachsenden** (18- bis 21-Jährige), also bei jungen Volljährigen, sowie bei Minderjährigen ohne einen personensorgeberechtigten Elternteil, der sich rechtmäßig im Bundesgebiet aufhält, in den Fällen des § 53 (zwingende Ausweisung) bzw § 54 (Ausweisung im Regelfall) AufenthG nicht ausgewiesen, sondern es findet eine Ermessensentscheidung statt (vgl § 56 Abs. 2 Satz 1 AufenthG). Darüber hinaus kann sich ein Ausweisungsschutz für die Personen ergeben, die unter das **europäische Fürsorgeabkommen** (vgl Rn 16) fallen, denn hiernach darf eine Ausweisung nicht allein aus dem Grund der Hilfebedürftigkeit erfolgen, es sei denn, der Hilfebedürftige hat seinen gA seit weniger als 5 Jahren im Gastland, ist transportfähig und hat keine enge Bindungen an das Gastland (Art. 7 EFA).

VI. Offenbarungspflicht der JÄ bei Ausländern?

Ein Wertungswiderspruch kann sich auch zwischen möglichen Offenbarungspflichten der Jugendäm- **33** ter gegenüber den Ausländerbehörden und dem Interesse an einer effektiven sozialpädagogischen Leistungserbringung ergeben. **Auf Ersuchen** der mit der Durchführung des AuslG betrauten Behörde haben die JÄ gemäß § 71 Abs. 2 SGB X personenbezogene **Daten zu offenbaren**, die für die Entscheidung über den weiteren Aufenthalt oder dessen Beendigung erforderlich sind. Hierzu zählen auch Angaben über das künftig zu erwartende soziale Verhalten. **Ohne Ersuchen** hat das JA nach § 71 Abs. 2 Ziffer 2 SGB X für die Erfüllung der in § 87 Abs. 2 AufenthG bezeichneten Mitteilungspflichten (Aufenthalt ohne Aufenthaltstitel, Verstoß gegen eine räumliche Beschränkung, sonstiger Ausweisungsgrund) Daten zu offenbaren. Bei dieser so genannten **Spontanmitteilung nach § 71 Abs. 2 SGB X** ist hinsichtlich der verschiedenen Aufgabenfelder im Jugendamt zu differenzieren. Zwar ist die Vorschrift für die Arbeit in den sozialen Diensten anwendbar (hierzu eingehend DIJuF JAmt 2003, 406 ff), nicht aber für Vormundschaft oder Beistandschaft, da gemäß § 61 Abs. 2 SGB VIII ausschließlich § 68 SGB VIII anwendbar ist (zur Situation bei der Beurkundung von Vaterschaftsanerkennung oder Abgabe einer Sorgeerklärung vgl DIJuF-Rechtsgutachten JAmt 2004, 252).

§ 88 Abs. 4 AufenthG verweist in diesem Zusammenhang auf § 88 Abs. 1 AufenthG und **untersagt eine** **34** **Übermittlung personenbezogener Daten** und sonstiger Angaben nach § 87 AufenthG, soweit besondere gesetzliche Verwendungsregeln entgegenstehen. Solche besonderen Regelungen stellen die §§ 64, 65 dar. Nach § 64 Abs. 2 kommt eine Datenübermittlung dann nicht in Betracht, wenn dadurch der

Erfolg einer Jugendhilfeleistung gefährdet wird (vgl § 64 Rn 1 ff); darüber hinaus verpflichtet § 65 dazu, das Vertrauensverhältnis zum (ausländischen) Leistungsempfänger besonders zu schützen. Über die Gefährdung des Leistungserfolgs entscheidet die Jugendhilfe und nicht die ersuchende Ausländerbehörde. Ohne Ersuchen sind die JÄ auch nach § 71 Abs. 2 Ziffer 3 SGB X unter Verweis auf die gemäß § 99 Abs. 1 Nr. 14 AufenthG erlassene Rechtsverordnung (Aufenthaltsverordnung) nicht zu einer Datenübermittlung verpflichtet, weil sie in § 71 AufenthG nicht im Kreis der verpflichteten Behörden aufgeführt sind.

VII. Deutsche im Ausland – Abs. 3

35 Abs. 3 formuliert einen subsidiären Hilfegrundsatz. Damit ist sichergestellt, dass **Jugendhilfe auch im Ausland** geleistet werden kann, wenn nicht bereits Hilfe vom Aufenthaltsland selbst geleistet wird. Voraussetzung ist, dass die Deutschen keinen Aufenthalt in der Bundesrepublik haben. Ob ihr Aufenthalt im Ausland ein gA ist oder ein tatsächlicher Aufenthalt ist, ist irrelevant (vgl VG Saarlouis 22.8.2008 – 11 K 90/07). Da Leistungen des SGB VIII zumeist persönliche Leistungen sind, kommt aus praktischen Gründen die Erbringung von Leistungen an Deutsche im Ausland auf Dauer kaum in Betracht (ein Fall kann etwa die Zahlung von Pflegegeld sein, wenn die Pflegepersonen zB aus beruflichen Gründen oder gesundheitlichen Gründen ins Ausland ziehen); anders mag es im grenznahen Bereich sein. Es handelt sich um eine Ermessensentscheidung, so dass die entsprechenden Grundsätze bei Ermessensausübung (vgl Anhang Verfahren Rn 86) zu beachten sind. Die Zuständigkeit des Jugendhilfeträgers ergibt sich aus § 88 (zum Problem der Rückführung eines im Ausland auf Grundlage einer EG-Verordnung untergebrachten deutschen Minderjährigen DIJuF JAmt 2007, 480 ff).

Weiterführende Literaturhinweise:

Knösel JH 2000, 123; *Behlert* 2008; *Koehn/Zieger* InfAuslR 1994, 364; *Renner* RdJB 1999, 15.

§ 7 Begriffsbestimmungen

(1) Im Sinne dieses Buches ist

1. Kind, wer noch nicht 14 Jahre alt ist, soweit nicht die Absätze 2 bis 4 etwas anderes bestimmen,
2. Jugendlicher, wer 14, aber noch nicht 18 Jahre alt ist,
3. junger Volljähriger, wer 18, aber noch nicht 27 Jahre alt ist,
4. junger Mensch, wer noch nicht 27 Jahre alt ist,
5. Personensorgeberechtigter, wem allein oder gemeinsam mit einer anderen Person nach den Vorschriften des Bürgerlichen Gesetzbuchs die Personensorge zusteht,
6. Erziehungsberechtigter, der Personensorgeberechtigte und jede sonstige Person über 18 Jahre, soweit sie aufgrund einer Vereinbarung mit dem Personensorgeberechtigten nicht nur vorübergehend und nicht nur für einzelne Verrichtungen Aufgaben der Personensorge wahrnimmt.

(2) Kind im Sinne des § 1 Abs. 2 ist, wer noch nicht 18 Jahre alt ist.

(3) (weggefallen)

(4) Die Bestimmungen dieses Buches, die sich auf die Annahme als Kind beziehen, gelten nur für Personen, die das 18. Lebensjahr noch nicht vollendet haben.

§ 7 bringt in Abs. 1 Definitionen für den gesamten Bereich des SGB VIII, unabhängig davon, dass **1** einzelgesetzliche Bestimmungen (zB § 24) weitere Differenzierungen vornehmen. Die Definitionen des SGB VIII decken sich teilweise mit denen anderer Gesetze (zB § 1 Abs. 2, 1. Alt. JGG) teilweise verwenden andere Gesetze andere Begriffsbestimmungen (zB § 1 Abs. 2 2. Alt. JGG). Die Begriffe **Kind, Jugendlicher, junger Volljähriger und junger Mensch** sind aus sich selbst heraus verständlich. Zu beachten ist, dass entsprechend § 187 Abs. 2 Satz 2 BGB der Geburtstag noch bei der Berechnung des Lebensalters mitzurechnen ist. Sofern keine Klarheit über das Lebensalter besteht, trägt derjenige, der die Schätzung vornimmt, das Risiko einer fehlerhaften Altersschätzung (VG Münster 5.2.2004 – 9 K 1325/01 – JAmt 2004, 326 f) zB, wenn im Rahmen der Kostenerstattung die Frage der Rechtmäßigkeit der Hilfeleistung zu prüfen ist. Da das SGB VIII zum Teil die Begrifflichkeit anderer Gesetze (§ 1 Abs. 2) übernimmt bzw sich auf andere Gesetze bezieht (zB BGB), trifft **Abs. 1** die notwendigen Differenzierungen; **Abs. 3** wurde durch das KindRG aufgehoben; **Abs. 2 und 4** haben klarstellende Funktion.

Der Begriff des **Personensorgeberechtigten** richtet sich nach dem BGB. Personensorgeberechtigte sind **2** danach zunächst die Eltern im rechtlichen Sinne, dh die Mutter (rechtlich definiert in § 1591 BGB) und der Vater (definiert in §§ 1592 ff BGB). Sind die Eltern nicht miteinander verheiratet, hat die Mutter die elterliche Sorge (§ 1626 a Abs. 2 BGB), sofern nicht gemeinsame Sorgeerklärungen der Eltern vorliegen oder die Eltern einander heiraten (§ 1626 a Abs. 1 BGB). Im Falle der Annahme als Kind sind Personensorgeberechtigte die Adoptiveltern (§ 1754 BGB). Personensorgeberechtigt ist außerdem der Vormund (§ 1793 BGB). Für **den Entzug des Personensorgerechts** (zB durch §§ 1666, 1680 Abs. 3 BGB) gilt: Wird die gesamte elterliche Sorge entzogen, so wird der **Vormund**, auf den sie übertragen wird, Personensorgeberechtigter. Bei teilweisem Entzug des Personensorgerechts (zB nur des Aufenthaltsbestimmungsrechts) ist der **Pfleger** als Ergänzungspfleger (§ 1909 BGB) nur sorgeberechtigt für den ihm übertragenen Aufgabenbereich, er ist damit nicht generell Sorgeberechtigter im Sinne des § 7 Abs. 1 Nr. 5. Zur Frage, ob der Ergänzungspfleger HzE nach §§ 27 ff beantragen kann, vgl § 27 Rn 35 ff.

Mit dem Begriff des **Erziehungsberechtigten** (Nr. 6) reagiert das SGB VIII auf die Tatsache, dass Er- **3** ziehungsberechtigte für die Sozialisation der jungen Menschen eine wichtige Bedeutung haben können. Nr. 6 verlangt eine umfassende und nicht nur vorübergehende oder auf einzelne Bereiche beschränkte Einschaltung in den Erziehungsprozess. Grundlage einer solchen Einschaltung von dritten Personen als Erziehungsberechtigte sind **Vereinbarungen**. Besondere (Form-)Erfordernisse für solche Vereinbarungen bestehen nicht, vielmehr wird die Erziehungsberechtigung meist aufgrund stillschweigenden, schlüssigen Handelns des Personensorgeberechtigten übertragen. Eine derartige Erziehungsberechtigung wird regelmäßig vorliegen, wenn dritte Personen (zB auch Verwandte) das Kind (sei es innerhalb oder außerhalb des elterlichen Haushaltes) umfassend erziehen und betreuen. Anhaltspunkte hierfür ergeben sich aus den **zivilrechtlichen Regelungen**. So sieht § 1687 a BGB vor, dass der **nichtsorgeberechtigte Elternteil** Entscheidungsbefugnisse in Angelegenheiten des alltäglichen Lebens hat, wenn das Kind sich bei ihm – rechtmäßig – aufhält (allerdings ist entsprechend Nr. 6 ein nicht nur vorübergehender Aufenthalt erforderlich). § 1687 b BGB sieht für den **Stiefelternteil** eine entsprechende Kompetenz vor, auch hier wird man davon ausgehen können, dass die Voraussetzung der Erziehungsberechtigung nach Nr. 6 erfüllt ist. Dies gilt auch für die **§ 9 Abs. 5 LPartG** entsprechend geregelte Kompetenz des **Partners einer eingetragenen Lebenspartnerschaft**. In **§ 1688 BGB** geht das Gesetz davon aus, dass die **Pflegeperson** (§ 1688 Abs. 1 BGB), die **Erziehungspersonen bei §§ 34-35 a** Abs. 1 Satz 2 Nr. 3 und 4 (§ 1688 Abs. 2 BGB) und die **Stiefeltern** (§ 1688 Abs. 4 iVm § 1682 BGB) regelmäßig (Ausnahme § 1688 Abs. 3 BGB) zur Entscheidung und Vertretung in Angelegenheiten des täglichen Lebens für das Kind zuständig sind. Insofern sind sie regelmäßig auch Erziehungsberechtigte im Sinne des Abs. 1 Nr. 6.

§ 8 Beteiligung von Kindern und Jugendlichen

(1) ¹Kinder und Jugendliche sind entsprechend ihrem Entwicklungsstand an allen sie betreffenden Entscheidungen der öffentlichen Jugendhilfe zu beteiligen. ²Sie sind in geeigneter Weise auf ihre Rechte im Verwaltungsverfahren sowie im Verfahren vor dem Familiengericht und dem Verwaltungsgericht hinzuweisen.

(2) Kinder und Jugendliche haben das Recht, sich in allen Angelegenheiten der Erziehung und Entwicklung an das Jugendamt zu wenden.

(3) Kinder und Jugendliche können ohne Kenntnis des Personensorgeberechtigten beraten werden, wenn die Beratung aufgrund einer Not- und Konfliktlage erforderlich ist und solange durch die Mitteilung an den Personensorgeberechtigten der Beratungszweck vereitelt würde.

I. Inhalt und Bedeutung der Regelung

Als Personensorge- und Erziehungsberechtigte sind Eltern notwendig (Mit-)Adressaten der meisten Hilfebeziehungen nach dem SGB VIII. Dies heißt aber nicht, dass Kinder und Jugendliche außen vor blieben. § 8 sichert ihre Beteiligung an allen Entscheidungen (Abs. 1 Satz 1), die Aufklärung über ihre Rechte (Abs. 1 Satz 2), ihr uneingeschränktes Initiativrecht gegenüber dem JA (Abs. 2) und im Not- und Konfliktfall die Beratung unabhängig von den Personensorgeberechtigten (Abs. 3). **Gesetzessystematisch** beansprucht § 8 als „Allgemeine Vorschrift" des ersten Kapitels Geltung bei der Gewährung aller Leistungen und der Wahrnehmung aller Aufgaben nach dem SGB VIII und setzt mit seiner Programmatik für das SGB VIII die Beteiligungsvorgaben der UN-Kinderrechtskonvention um (Teuber SOS-Dialog 2007, 74; auch § 6 Rn 12).   **1**

Die Beteiligungsrechte werden teilweise durch **spezialgesetzliche Regelungen** weiter ausdifferenziert oder verdrängt (§ 17 Abs. 2, § 36 Abs. 1 Sätze 1, 2 bis 4, Abs. 2 Satz 2, § 42 Abs. 2 Sätze 1 und 2; zum rechtlichen Konkurrenzverhältnis Meysen NJW 2003, 3369, 3372). Die Pflicht zur und das Recht auf Beteiligung beansprucht auch Geltung, wenn die Kinder und Jugendlichen selbst nicht Leistungsberechtigte sind. Sind sie Leistungsberechtigte, ist bei der Beteiligung das **Wunsch- und Wahlrecht** (§ 5) zu berücksichtigen, zu dessen eigenständiger Ausübung sie insbesondere ein Recht haben, wenn sie nach Vollendung des 15. Lebensjahrs ihre Ansprüche selbst geltend machen (§ 36 SGB I). Das Beteiligungsrecht ergibt sich im **Verwaltungsverfahren**, also einem auf Erlass eines Verwaltungsakts oder -vertrags gerichteten Verfahren, auch aus § 12 SGB X. Kinder und Jugendliche sind als Leistungsberechtigte (Abs. 1 Nr. 1), Adressaten einer Inobhutnahme (Abs. 1 Nr. 2, § 42 Rn 5) oder als in ihren Rechten Berührte (Abs. 2 Satz 1) zu beteiligen (BAG LJÄ/IGfH 2003, 63 ff; im Einzelnen Anhang Verfahren Rn 29 ff). Unterbleibt die Beteiligung, leidet die Entscheidung an einem Verfahrensfehler, der allerdings durch Nachholung geheilt werden kann (§ 41 Abs. 1 Nr. 3 SGB X).   **2**

II. Anspruch auf Beteiligung und Aufklärung – Abs. 1

Abs. 1 Satz 1 begründet für die Träger der öffentlichen Jugendhilfe eine **Pflicht zur Beteiligung** und enthält damit eine rechtlich verbindliche Aufforderung, für eine entsprechende Beteiligung von Kindern und Jugendlichen zu sorgen (BAG LJÄ/IGfH 2003, 56 f, 140; auch BMFSFJ 11. KJB, 197). Gleichzeitig gibt er Kindern und Jugendlichen ein **Recht auf Beteiligung**, sie haben Anspruch hierauf (OVG BB 27.11.2002 – 4 B 196/02 – JAmt 2004, 38, 40; OLG Stuttgart 23.07.2003 – 4 U 23/03 – JAmt 2003, 592 = ZfJ 2004, 193 = NJW 2003, 3419; Wabnitz 2005, 140 f; ders. ZfJ 2005, 397, 401; Hauck/Bieritz-Harder § 8 Rn 3; aA Schellhorn ua/W. Schellhorn § 8 Rn 9; zu subjektiven Rechtsansprüchen allgemein VorKap 2 Rn 7 ff).   **3**

Die Beteiligung verschafft Kindern und Jugendlichen die Möglichkeit, aktiv sowohl auf die Gestaltung der Leistungen, die sie persönlich betreffen (individual-rechtlicher Gehalt), als auch das Leistungsangebot der Kinder- und Jugendhilfe insgesamt Einfluss zu nehmen (kinder- und jugendhilfepolitischer Gehalt). Sie ist die Grundlage, Kinder und Jugendlichen die **Beteiligung auf allen Ebenen** zu ermöglichen, zu erproben und zu realisieren (Überblick über Beteiligungsformen BMFSFJ 11. KJB, 192, 197 ff; Gernert 2001, 7, 8). Das Recht auf und die Pflicht zur Beteiligung gilt in allen Bereichen, in   **4** denen politische Entscheidungen zur Umsetzung des SGB VIII in irgendeiner Weise Kinder und Jugendliche betreffen. Dies gilt für die kommunale jugendhilfepolitische Ebene, für die rechtliche Gestaltung der Beteiligungsmöglichkeiten (Steindorff 1994; Wiesner ZfJ 1998, 173) und die gesamte Jugendhilfepraxis in ihren verschiedenen Arbeitsfeldern (Gernert 2001; Kriener/Petersen 1999; Blandow ua 1999).

5 Die Aufforderung zur **altersgerechten Beteiligung und Aufklärung** der Kinder und Jugendlichen („entsprechend ihrem Entwicklungsstand", „in geeigneter Weise") ist an keine Altersgrenze gebunden, stellt auf den individuellen Entwicklungsstand ab und erfordert die Erarbeitung differenzierter fachlicher Konzepte für den jeweiligen Hilfekontext. Anders als teilweise im familiengerichtlichen Verfahren (14 Jahre: § 159 Abs. 1, § 175 Abs. 2 FamFG, hierzu Anhang § 50 Rn 9) sind Kinder ohne Altersgrenze an allen sie betreffenden Entscheidungen nach dem SGB VIII zu beteiligen. Die von der Zivilgerichtsbarkeit entwickelte Rechtsfigur des sog. **einsichtsfähigen Minderjährigen** (§ 9 Rn 5) ist für die Beteiligung und Aufklärung nach Abs. 1 Satz 1 nicht relevant. In der Kinder- und Jugendhilfe sind Kinder und Jugendliche auch dann zu beteiligen, wenn sie Bedeutung und Tragweite der Entscheidungen nicht (vollständig) erfassen können. Eine Beteiligung ist also bereits bei Kleinkindern nicht nur sinnvoll, sondern geboten und kann, wenn Kinder sich noch nicht selbst artikulieren können, bspw durch Interaktionsbeobachtung sichergestellt werden. Unterbleibt die Beteiligung, ist ein Verwaltungsakt ggf rechtswidrig, da verfahrensfehlerhaft.

6 Die **Hinweispflicht** des **Abs. 1 Satz 2** ist als Pflicht zur Aufklärung durch Beratung und Auskunft zu verstehen. Sie entspricht weitgehend §§ 13 bis 15 SGB I (Anhang Verfahren Rn 8 ff). Die Beratung erstreckt sich auf die Beteiligung im Verwaltungsverfahren (§ 12 SGB X), das Wunsch- und Wahlrecht (§ 5), das selbstständige Antragsrecht nach § 36 SGB I und die Beteiligung des Kindes oder Jugendlichen in familien- oder verwaltungsgerichtlichen Verfahren. Bei der Mitwirkung im familien- oder jugendgerichtlichen Verfahren (§§ 50 bis 52) besteht – unabhängig von der Bestellung eines Verfahrensbeistands – eine Pflicht des JA zur Aufklärung über das Verfahren und die Rechte des Kindes oder Jugendlichen in demselben.

III. Initiativrecht – Abs. 2

7 Kinder und Jugendliche sind nicht nur Adressaten der Aufgaben nach dem SGB VIII, sondern haben ihrerseits ein Initiativrecht, sich in allen Angelegenheiten der Erziehung und Entwicklung an das JA zu wenden (Abs. 2). Sie bedürfen hierzu nicht der vorherigen Einwilligung der Personensorgeberechtigten als ihren gesetzlichen Vertretern. Darin liegt noch **kein Eingriff in die elterliche Sorge**, sondern mit dem Wenden an das JA wird der Aushandlungsprozess initiiert, in dem Eltern die wachsende Fähigkeit und das wachsende Bedürfnis zu selbstständigem verantwortungsbewusstem Handeln zu berücksichtigen haben (§ 1626 Abs. 2 BGB). Nur bei der Inobhutnahme (§ 42) oder der Beratung ohne Kenntnis (Abs. 3) kann sich – unter den dort normierten Voraussetzungen – an die Initiative des Kindes oder Jugendlichen auch ein Eingriff in elterliche Sorge ergeben.

8 Abs. 2 beinhaltet nicht nur das Recht der Minderjährigen, sich an das JA zu wenden, sondern auch einen eigenständigen **Beratungsanspruch** und die damit korrelierende Pflicht des JA, die Kinder und Jugendlichen anzuhören und sich mit ihren Anliegen zu befassen. Die Erfüllung dieses Rechtsanspruchs bedarf niedrigschwellige Zugangsmöglichkeiten für Kinder und Jugendliche (Arnold/Wüstendörfer 1994, 212).

IV. Beratung im Konflikt – Abs. 3

9 Kinder und Jugendliche haben im Konfliktfall, den Abs. 3 umschreibt, Anspruch auf Beratung ohne Kenntnis der Personensorgeberechtigten. Für eine solche Befugnis („können") ist Voraussetzung eine **Not- und Konfliktlage**, in der Regel aufgrund eines gestörten Vertrauensverhältnisses zwischen Eltern und Kind bzw Jugendlichem. Eine Gefahr für Leib oder Leben ist nicht erforderlich. Die Not bzw der Konflikt muss allerdings Einfluss haben auf die Entwicklung und physische oder psychische Befindlichkeit des Kindes oder Jugendlichen. Unterbliebe die Beratung bei Kenntnis der Personensorgeberechtigten, muss eine Beeinträchtigung von dessen Wohl zu befürchten sein. Eine Not- oder Konfliktlage ist regelmäßig anzunehmen, wenn die Öffnung gegenüber den Personensorgeberechtigten wegen innerer Konflikte (Scham, Vertraulichkeitsbedürfnisse gegenüber Dritten) oder zu erwartender Konflikte mit den Eltern (unangemessene Reaktionen, Zerwürfnisse) der **Beratungserfolg gefährdet** wäre.

Die Konfliktlage muss sich nicht notwendig auf ein aktuelles Geschehen beziehen, etwa wenn durch die Beratung allgemeine Informationsbedürfnisse befriedigt werden sollen (zB Sexualberatung).

Liegt eine Not- oder Konfliktlage vor, bedarf es darüber hinaus einer **Interessenabwägung** (BVerfGE 59, 360, 387). Die Beratung ohne Kenntnis ist zulässig, wenn das Interesse des Kindes oder Jugendlichen an der Wahrung von Vertraulichkeit bezüglich der intimen Informationen (Art. 2 Abs. 1 GG) das Interesse der Personensorgeberechtigten (Art. 6 Abs. 2 GG) an der Kenntnis, dass das Kind oder der Jugendliche beraten wird, überwiegt (DIJuF JAmt 2003, 352 f). Die beratende Fachkraft ist zu Beginn und während des Verlaufs der Beratung zur Vergewisserung über die Voraussetzungen verpflichtet. Dabei sind die sozialpädagogisch-fachlichen Grundsätze bei Aufbau und Erhalt einer Vertrauensbeziehung zwischen Kind bzw Jugendlichen und Fachkraft zu achten. Mit dem Kind oder Jugendlichen sind für die grundsätzlich notwendige **Einbeziehung der Eltern** die Hemmschwellen zu be- und ggf. ein Schutzkonzept zu erarbeiten, sofern dadurch der wirksame Schutz nicht gefährdet ist. Die Zulässigkeit der Beratung ohne Kenntnis besteht solange, wie durch eine Mitteilung der Beratungszweck unterlaufen würde und die Interessen des Kindes überwiegen. **10**

Rechtsfolge ist ein Anspruch des Kindes oder Jugendlichen auf Beratung ohne Kenntnis ihrer Eltern. „Können" bezieht sich nur auf die entsprechende Befugnis und eröffnet kein Ermessen. Abs. 3 begründet damit einen elternunabhängigen Rechtsanspruch auf Beratung (Mrozynski § 8 Rn 6; Wiesner/Wiesner § 8 Rn 46). **11**

Datenschutzrechtlich ist eine Erhebung zulässig, wenn die Beratung nach Abs. 3 zulässig ist (§ 62 Rn 4 ff; DIJuF JAmt 2008, 20 f zur Einwilligungsfähigkeit in Tonband- und Videoaufnahmen). Bei der Datenweitergabe sind die in der Konfliktberatung anvertrauten Informationen regelmäßig nach § 65 besonders geschützt und ist eine Weitergabe an die Eltern nur mit Einwilligung zulässig. Für die Weitergabe an das FamG gelten keine Besonderheiten (§ 65 Abs. 1 Satz 1 Nr. 2). Die Übermittlung nicht besonders anvertrauter Daten im Rahmen eines Strafverfahrens ist nur zulässig, wenn dadurch der Erfolg der Leistung nicht gefährdet ist (§ 69 Abs. 1 Nr. 2 SGB X iVm § 64 Abs. 2; DIJuF JAmt 2006, 497). **12**

Weiterführende Literaturhinweise:

BAG LJÄ/IGfH 2003; *Gernert* 2001; *Wiesner* ZfJ 1998, 173.

§ 8 a Schutzauftrag bei Kindeswohlgefährdung

(1) [1]Werden dem Jugendamt gewichtige Anhaltspunkte für die Gefährdung des Wohls eines Kindes oder Jugendlichen bekannt, so hat es das Gefährdungsrisiko im Zusammenwirken mehrerer Fachkräfte abzuschätzen. [2]Dabei sind die Personensorgeberechtigten sowie das Kind oder der Jugendliche einzubeziehen, soweit hierdurch der wirksame Schutz des Kindes oder des Jugendlichen nicht in Frage gestellt wird. [3]Hält das Jugendamt zur Abwendung der Gefährdung die Gewährung von Hilfen für geeignet und notwendig, so hat es diese den Personensorgeberechtigten oder den Erziehungsberechtigten anzubieten.

(2) [1]In Vereinbarungen mit den Trägern von Einrichtungen und Diensten, die Leistungen nach diesem Buch erbringen, ist sicherzustellen, dass deren Fachkräfte den Schutzauftrag nach Absatz 1 in entsprechender Weise wahrnehmen und bei der Abschätzung des Gefährdungsrisikos eine insoweit erfahrene Fachkraft hinzuziehen. [2]Insbesondere ist die Verpflichtung aufzunehmen, dass die Fachkräfte bei den Personensorgeberechtigten oder den Erziehungsberechtigten auf die Inanspruchnahme von Hilfen hinwirken, wenn sie diese für erforderlich halten, und das Jugendamt informieren, falls die angenommenen Hilfen nicht ausreichend erscheinen, um die Gefährdung abzuwenden.

(3) [1]Hält das Jugendamt das Tätigwerden des Familiengerichts für erforderlich, so hat es das Gericht anzurufen; dies gilt auch, wenn die Personensorgeberechtigten oder die Erziehungsberechtigten nicht bereit oder in der Lage sind, bei der Abschätzung des Gefährdungsrisikos mitzuwirken. [2]Besteht eine dringende Gefahr und kann die Entscheidung des Gerichts nicht abgewartet werden, so ist das Jugendamt verpflichtet, das Kind oder den Jugendlichen in Obhut zu nehmen.

(4) [1]Soweit zur Abwendung der Gefährdung das Tätigwerden anderer Leistungsträger, der Einrichtungen der Gesundheitshilfe oder der Polizei notwendig ist, hat das Jugendamt auf die Inanspruchnahme durch die Personensorgeberechtigten oder die Erziehungsberechtigten hinzuwirken. [2]Ist ein sofortiges Tätigwerden erforderlich und wirken die Personensorgeberechtigten oder die Erziehungsberechtigten nicht mit, so schaltet das Jugendamt die anderen zur Abwendung der Gefährdung zuständigen Stellen selbst ein.

I. Inhalt und Bedeutung der Regelung

1. Gesetzessystematischer Bezugsrahmen

1   Kinder und Jugendliche vor Gefahren für ihr Wohl zu schützen, ist eines der Ziele, die das SGB VIII der „Jugendhilfe" auf den Weg gibt (§ 1 Abs. 3 Nr. 3). Hilfe durch Schutz beinhaltet häufig auch die Sicherung des Kindeswohls „vor" etwas (Kälte, Hunger, anderen gefährlichen Situationen etc) oder jemandem (den Eltern, vor Geschwistern, vor sich selbst etc). Daher ist Helfen im Kontext einer potenziellen Kindeswohlgefährdung dann, wenn Eltern die Abwendung eines Schadens für das Kind nicht

selbst herbeiführen oder unterstützen, regelmäßig mit **Eingriffen in Grundrechte** von Beteiligten verbunden, sei es in das Elternrecht (Art. 6 Abs. 2 Satz 1 GG), in das Recht auf freie Entfaltung der Persönlichkeit des Kindes oder Jugendlichen oder auf informationelle Selbstbestimmung einer Person (Art. 2 Abs. 1 iVm Art. 1 Abs. 1 GG; umfassend zum verfassungsrechtlichen Bezugsrahmen Jestaedt 2007; Langenfeld/Wiesner 2004). Wollen Fachkräfte der Kinder- und Jugendhilfe im Kontext von Kindeswohlgefährdung effektiv helfen, kann unterstützend wirken, wenn sie aus einer klaren gesetzlichen Grundlage ersehen können, wie der Hilfeauftrag ausgestaltet ist, wann das Recht ihnen eine **Befugnis** einräumt, in Grundrechte von Beteiligten einzugreifen, und wann nicht. Die Zielbestimmung in §1 Abs. 3 Nr. 3 enthält keine solche konkrete Orientierung oder Ermächtigungsgrundlage (§1 Rn 29).

Um diese vormalige Lücke im SGB VIII zu füllen, beschreibt §8a, auf welche Weise Fachkräfte bei 2
Trägern der öffentlichen Jugendhilfe und bei Trägern von Einrichtungen und Diensten im Zuge der Wahrnehmung ihrer jeweils individuellen Aufgaben mit gewichtigen Anhaltspunkten für eine Kindeswohlgefährdung und bereits verdichteten Gefährdungseinschätzungen umzugehen haben. Zum einen handelt es sich bei §8a um eine **Verfahrensvorschrift** (Kunkel/Bringewat §8a Rn 5; Willutzki FPR 2008, 488, 491), so etwa wenn sie Regelungen enthält zum Zusammenwirken mehrere Fachkräfte (Abs. 1 Satz 1, Abs. 2 Satz 1 aE), zur Beteiligung der Personensorge- oder Erziehungsberechtigten (Abs. 1 Satz 2 und 3, Abs. 2 Satz 2, Abs. 4 Satz 1) oder zur Informationsweitergabe vom Träger von Einrichtungen und Diensten an den Träger der öffentlichen Jugendhilfe (Abs. 2 Satz 2 aE). Zum anderen beinhaltet die Vorschrift auch konkrete **eigenständige Aufgaben**, so etwa zur Abschätzung des Gefährdungsrisikos (Abs. 1 Satz 1, Abs. 2 Satz 1), zur Beratung der Personensorge-, Erziehungsberechtigten, Kinder oder Jugendlichen (Abs. 1 Satz 3, Abs. 2 Satz 2, Abs. 4 Satz 1), zur Anrufung des FamG (Abs. 3 Satz 1) oder zur Einschaltung anderer zuständiger Stellen außerhalb der Kinder- und Jugendhilfe (Abs. 4 Satz 2). Außerdem enthält §8a eine Aussage zur Abgrenzung zwischen der Anrufung des FamG und der Inobhutnahme nach §42 (§42 Rn 12).

Der Schutzauftrag ist somit integraler Bestandteil jeder Hilfegewährung nach dem SGB VIII. Hilfe und 3
Kontrolle gehören in der Kinder- und Jugendhilfe zusammen und sind untrennbar miteinander verbunden. Beim mitunter so bezeichneten, aber sprachlich eher fehlleitenden „doppelten Mandat" handelt es sich um ein einheitliches (Schrapper 2008, 56, 65 ff). Beide Seiten der einen Medaille bedürfen der bewussten Reflexion, um in einer funktionalen, dem Schutz und der Hilfe förderlichen Balance gehalten werden zu können (Schone 2008; Schrapper SozArb 2008, 466; Biesel Sozialmagazin 4/2009, 50; Heinitz Sozialmagazin 4/2009, 58). Die Vorgaben des §8a beanspruchen Gültigkeit im gesamten Spektrum des SGB VIII, sowohl bei jeder Leistungsgewährung und -erbringung nach dem zweiten Kapitel (§§ 11 bis 41) als auch bei jeder Wahrnehmung der anderen Aufgaben nach dem dritten Kapitel (§§ 42 bis 60). Konsequenterweise findet §8a als allgemeine Vorschrift seine **Stellung im System** des SGB VIII im ersten Kapitel (Meysen/Schindler JAmt 2004, 449, 450 f; kritisch Kunkel/Bringewat §8a Rn 9).

§8a wurde mit dem KICK (Einl. Rn 47) zum 1.10.2005 in das SGB VIII eingeführt. Die **Gesetzesbegründung** 4
sieht die Vorschrift als Reaktion darauf, dass mit dem KJHG die Funktion der Kinder- und Jugendhilfe als eine Instanz betont wurde, die die elterliche Erziehungsverantwortung in erster Linie unterstützt und ergänzt. Allerdings könne sich die Kinder- und Jugendhilfe nicht darauf beschränken, Leistungen nur „auf Antrag" bzw auf Nachfrage zu gewähren, sondern müsse – jedenfalls bei Anhaltspunkten für eine Gefährdung des Kindeswohls – im Rahmen ihres Schutzauftrags zugunsten von Kindern und Jugendlichen von Amts wegen tätig werden. Das JA bedürfe eines „Informationsbeschaffungsrechts", der eine elterliche Pflicht zur Mitwirkung an der Risikoabschätzung korreliere. Hierzu habe es bislang an einer Verdeutlichung im Gesetz gefehlt (BT-Drucks. 15/3676, 25 f, 30). Der Gesetzgeber sah die Notwendigkeit, vor dem Hintergrund strafrechtlicher Verfahren gegen Sozialarbeiter und spektakulärer Fälle von Kindeswohlgefährdung den Schutzauftrag des JA gesetzlich eindeutig zu formulieren. Er hielt §8a lediglich für eine **Klarstellung** dessen, was ohne ausdrückliche Ausformulierung bisher auch schon gegolten habe (BT-Drucks. 15/3676, 30; zur strafrechtlichen Verantwortung §1 Rn 39 ff).

Der gesetzgeberische Vorstoß in 2009, eine zwingenden Pflicht, das Kind (nicht einen Jugendlichen) 5
in Augenschein zu nehmen, und eine Regelpflicht zum Hausbesuch in Abs. 1 einzuführen, ist ebenso nicht Gesetz geworden wie die mit der Gesetzesinitiative zu einem Kinderschutzgesetz geplante Neuordnung des Abs. 2 bei gleichzeitiger Absenkung der Schwelle für die Informationsweitergabepflicht auf die Vorstufe der Erforderlichkeit einer Gefährdungseinschätzung (BT-Drucks. 16/12429). Der Ge-

setzentwurf konnte sich auf keine Erkenntnisse stützen, dass in der Praxis insoweit Probleme bestünden, die eine gesetzliche Nachjustierung des § 8 a erforderlich machen. Da gesetzliche Vorgaben zu (Regel-)Pflichten bei der Anwendung sozialpädagogischer Methoden die Fachlichkeit in einer dem Kinderschutz abträglichen Weise eingeschränkt hätten (Urban-Stahl ForE 2009, 4; Rüting ForE 2009, 12; Hensen/Schone ForE 2009, 18), hat der Bundestag das Gesetz nicht verabschiedet. Statt immer mehr Eingriffen und einer zunehmenden Bürokratisierung des Helfens das Wort zu reden, sollten die sozialrechtlich ausgestalteten und präventiv wirksamen Leistungen der Kinder- und Jugendhilfe ausgebaut, besser und niedrigschwelliger organisiert und zugänglich gemacht werden (Mörsberger Jugendhilfe Report 4/2007, 37, 38; Wolff ForE 2007, 132).

2. Sozialpädagogische Bedeutung

6   Immer wieder erreichen Fälle schwerer Vernachlässigung, körperlicher, seelischer oder sexueller Misshandlung die Öffentlichkeit und Medien. Dabei gerät regelmäßig auch die **sozialpädagogische Fachlichkeit im Kinderschutz unter Druck** (zum Helfen unter Druck Kohaupt JAmt 2005, 218, 223). Gerne entwickeln Journalisten, Politiker, Staatsanwälte und viele mehr ihre je eigenen Vorstellungen darüber, was Jugendhilfe alles tun muss oder nicht tun darf, um Kinder zu schützen. Derart in die Defensive gedrängt, kommt die Praxis mit der nicht ohne Weiteres zugänglichen Logik des Entstehens von Schutz und Hilfe leicht in Erklärungsnot. Aus Organisationen zum Schutz von Kindern und Jugendlichen werden so risikogefährdete Kinderschutzorganisationen (ForE 2007, 132, 136).

7   Die Regelung zum Schutzauftrag bei Kindeswohlgefährdung bietet ein Geländer für sozialpädagogisch-fachliches Handeln im JA und bei den Trägern von Einrichtungen und Diensten. Die bisherigen Erfahrungen geben Anlass zur Annahme, dass die Hoffnung, durch § 8 a könne die **Handlungssicherheit** im Kinderschutz erhöht und die Fachlichkeit durch die transparente Außendarstellung zukünftig gleichzeitig vor **Fremddefinition** besser geschützt werden, zumindest in der Selbsteinschätzung berechtigt war (Buchholz-Schuster ZKJ 2007, 467). Dem steht das Risiko gegenüber, dass eine Überregulierung in erster Linie die Möglichkeiten erhöht, Fehler zu machen (Prinz ForE 2008, 151) und die notwendige fachliche Einschätzung an die gesetzten Vorgaben zu delegieren (Wolff ForE 2007, 132). Dem vorzubeugen, verfolgt die Regelung konsequent das Ziel, Kindern, Jugendlichen und deren Familien aufrichtig mit der Intention gegenüber zu treten, ihnen helfen zu wollen. Die Vorgaben zur Hilfe durch Schutz kommen daher vollständig ohne Diskriminierung und Abwertung der Eltern oder anderer Beteiligter aus.

8   Der ausdrückliche **Einbezug der Fachkräfte bei Trägern von Einrichtungen und Diensten** in den Schutzauftrag (Abs. 2) zwingt zur Reflexion der eigenen Verantwortung im Kinderschutz bzw der Vorstellungen im JA hierüber. Dieser hat sich die Fachwelt seit Einführung des § 8 a in überaus intensiver Weise gestellt (Katzenstein ZKJ 2008, 148). Auch rund vier Jahre später kann dieser Prozess keinesfalls als abgeschlossen angesehen werden. Dies verdeutlicht u.a. das anhaltende Ringen um das strukturelle und fachliche Profil „insoweit erfahrener Fachkräfte" (Rn 40 ff), um die Weiterentwicklung vertraglicher Vereinbarungen zwischen JÄ und Trägern von Einrichtungen und Diensten (Rn 30 ff) oder um den Zeitpunkt und die Wege der Informationsweitergabe von der Einrichtung oder dem Dienst zum JA, wenn die Erziehungsberechtigten für die Inanspruchnahme weitergehender Hilfe (noch) nicht zu gewinnen waren (Rn 46 f).

II. Aufbau einer Hilfebeziehung – Abs. 1

1. Gewichtige Anhaltspunkte für eine Kindeswohlgefährdung – Abs. 1 Satz 1

9   Das JA hat – wie Abs. 1 Satz 1 ausdrücklich klarstellt – eine Pflicht, im Rahmen seines Schutzauftrags helfend aktiv zu werden. Zuständig ist zunächst jedes JA, dem gewichtige Anhaltspunkte bekannt werden (**Allzuständigkeit**; ähnlich Jans u.a./Harnach § 8 a Rn 20: Zuständigkeit für Schutzauftrag folgt Aufgabenzuständigkeit). Ist es für die Aufgabenwahrnehmung ausnahmsweise nicht selbst zuständig (Leistungsgewährung, Mitwirkung im gerichtlichen Verfahren, Inobhutnahme), hat es einzuschätzen, ob gleichwohl sofortiges eigenes Tätigwerden veranlasst ist oder sich die Wahrnehmung des Schutzauftrags zur Vermeidung doppelten oder gar widersprüchlichen Verhaltens in der Weitergabe der notwendigen Informationen an das nach §§ 86 ff zuständige JA beschränken kann.

10   Mit „**Jugendamt**" iSd des Abs. 1 Satz 1 sind in erster Linie die **Sozialen Dienste** im Blick, die in eigener Zuständigkeit ggf auch erforderliche Hilfen anbieten können (Abs. 1 Satz 3). Erfasst sind aber auch die **kommunalen Einrichtungen und Dienste** in der Leistungserbringung (Kindertageseinrichtungen,

Beratungsstellen, sozialpädagogische Familienhilfe etc.). Die Wahrnehmung des Schutzauftrags erfolgt in diesen Hilfekontexten sinnvollerweise nach den Logiken des Abs. 2 und wird verwaltungsintern in entsprechender Weise vereinbart oder durch Dienstanweisungen festgelegt (Jans u.a./Harnach § 8 a Rn 34; DIJuF JAmt 2007, 297). Die datenschutzrechtlichen Vorgaben der §§ 64, 65 finden – anders als bei freien Trägern – Anwendung. Werden bei der Aufgabenwahrnehmung im Rahmen der **Beistandschaft, Amtspflegschaft, Amtsvormundschaft** gewichtige Anhaltspunkte für eine Kindeswohlgefährdung bekannt, so sind diese zunächst im Sachgebiet einzuschätzen, ggf unter Hinzuziehung einer zur Gefährdungseinschätzung und weiteren Methodenwahl erfahrenen Fachkraft. Eine Informationsweitergabe an den ASD unterliegt der Grenze des § 68 und ist damit nur zulässig, wenn sie den Aufgaben der gesetzlichen Vertretung des Kindes oder Jugendlichen dient. Im Übrigen gilt die Schwelle des § 34 StGB, zu der Abs. 2 ein Verfahren bis hin zur Informationsweitergabepflicht beschreibt. Wird eine **Fachkraft beim öffentlichen Träger als „insoweit erfahrene Fachkraft"** (zB kommunale Beratungsstelle, Kita-Fachberatung) von Einrichtungen oder Diensten nach Abs. 2 hinzugezogen, wird der Schutzauftrag nach Abs. 1 nicht aktiviert, sondern besteht die Pflicht zur Vertraulichkeit in der Fachberatung (Jans u.a./Harnach § 8 a Rn 34; DIJuF JAmt 2007, 297). Das Gesetz sieht bewusst **kein jugendamtsinternes „Meldewesen"** vor, etwa an den ASD, sondern geht von der Vorstellung aus, dass jede Fachkraft ihren eigenen Hilfezugang grundsätzlich weiter aufrecht erhalten und im Interesse des Kindes oder Jugendlichen nutzen soll (zu Meldung versus Mitteilung unten Rn 48).

Ausgangspunkt des Schutzauftrags ist die Bedürfnisbefriedigung eines **Kindes oder Jugendlichen,** also **11** im Zeitraum von der Geburt bis zum 18. Geburtstag (§ 7 Abs. 1 Nr. 1 u. 2). Das ungeborene Leben ist von § 8 a hingegen nicht erfasst (DIJuF JAmt 2008, 248). Mit der „Gefährdung" (vgl § 1666 Abs. 1 BGB; hierzu Rn 58; Anhang § 50 Rn 38 ff) normiert § 8 a eine deutlich höhere Schwelle als die fehlende „Gewährleistung" einer dem Wohl des Kindes oder Jugendlichen dienenden Erziehung iSd § 27 Abs. 1 (§ 27 Rn 6 ff; Merten KJuG 2007, 33, 34).

Werden dem JA **Anhaltspunkte für eine Gefährdung** bekannt, hat es diese zunächst zu bewerten. Der **12** Wortlaut des Abs. 1 Satz 1 trägt insoweit dem Umstand Rechnung, dass sehr viele Wahrnehmungen und Informationen, insbesondere in einer wissenden Nachbetrachtung, Anhaltspunkte für eine Kindeswohlgefährdung darstellen können. Er beschränkt die Pflicht zum Tätigwerden daher auf die Kenntnis von **„gewichtigen Anhaltspunkten"** (Mörsberger JAmt 2008, 341, 344). Das sind konkrete Hinweise oder ernst zu nehmende Vermutungen für eine Gefährdung. Was unter „gewichtigen Anhaltspunkten" zu verstehen ist, ist nur sehr begrenzt juristisch, sondern in erster Linie sozialwissenschaftlich zu klären. Voraussetzung ist, dass die Hinweise in ihrer Zusammenschau nicht nur entfernt auf eine potenzielle Gefährdung hindeuten, sondern von gewissem Gewicht und im JA tatsächlich angekommen sind (Schellhorn u.a./Mann § 8 a Rn 6; Wiesner/Wiesner § 8 a Rn 13; Trenczek 2008, 148; aA Kunkel/Bringewat § 8 a Rn 19: „auch entfernt möglich erscheint"). Bspw stellt die Mitteilung einer Hebamme oder eines Kinderarztes zu einer Unterernährung des Kindes oder Depression der Mutter regelmäßig einen gewichtigen Anhaltspunkt dar. Die isolierte Mitteilung eines Nachbarn über „schreiende Kleinkinder" verdichtet sich hingegen häufig erst durch weitere Erkenntnisse zu einem gewichtigen Anhaltspunkt.

In der Praxis kursieren unterschiedliche, teilweise erheblich divergierende **Merkmalslisten** (zB bke **13** 2006, 36 ff; DV NDV 2006, 494, 495 f; LJHA BY Forum Jugendhilfe 1/2006, 31, 32). Sie basieren alle mehr oder weniger auf einer Sammlung, die in der Freien und Hansestadt Hamburg unter dem Eindruck des Hungertodes von Jessica im März 2005 erstellt wurde (veröffentlicht in ISA 2006, 95 f). Die bisher vorgelegten Merkmalslisten sind hinsichtlich ihrer Validität kritisch zu hinterfragen. Keine erläutert, ob bzw auf der Basis von welchen Forschungsergebnissen oder Praxiserprobungen sie erstellt wurden (Kindler/Lillig IKK-Nachrichten 1-2/2006, 16). Obwohl es auf konkrete Hinweise auf eine potenzielle Gefährdung ankommt, führen einige Listen auch bloße **Risikofaktoren** auf, die darauf hinweisen, dass in bestimmten Personengruppen oder bei bestimmten Lebensumständen Kindeswohlgefährdung häufiger auftritt, aber für sich allein keinesfalls ein **Anhaltspunkt für eine Gefährdung** sind (zB Armut, Alleinerziehen, Trennung und Scheidung). Andere fokussieren auf relativ feststehende Tatsachen. Dem allerdings steht eine Kinderschutzpraxis gegenüber, in der häufig auch Wahrnehmungen mit weniger gesichertem Erkenntniswert und daraus resultierenden Mutmaßungen Auslöser für ein Einsetzen des Schutzauftrags sind und sein müssen. Die Überarbeitung der beispielhaften Auflistungen gewichtiger Anhaltspunkte für eine Kindeswohlgefährdung erscheint daher dringend erforderlich. Diese sollte unter Rezeption der wissenschaftlichen Kenntnisse zum Hinweiswert und zur

Prognosestärke verschiedener Risiken sowie des Zusammentreffens mehrerer Risiken und möglichst Forschung zur aktuellen JA-Praxis erfolgen (Kindler/Lillig IKK-Nachrichten 1-2/2006, 18 f).

14 Im Umkehrschluss ergibt sich aus Abs. 1 Satz 1 auch, dass Fachkräfte im JA nicht verpflichtet sind, überall eine Gefährdung von Kindern zu vermuten (Wiesner FPR 2007, 6, 9; Kunkel ZKJ 2008, 52). Bspw ist eine von einer zentralen Meldestelle nicht festgestellte Teilnahme an einer **Früherkennungsuntersuchung** nach der Kinder-Richtlinie („U-Untersuchung") weder ein gewichtiger Anhaltspunkt für eine Gefährdung (DIJuF JAmt 2008, 137; aA ohne jede Begründung unter Berufung auf die BReg VerfGH RP 28.5.2009 – VGH B 45/08: „Indiz", dass Eltern ihrer Fürsorgepflicht nicht ausreichend nachkommen) noch sind die Früherkennungsuntersuchungen nach momentaner Fassung ein zielgerichtetes Instrument im Hinblick auf das Erkennen von gewichtigen Anhaltspunkten für eine Kindeswohlgefährdung (Sachverständigenrat zur Begutachtung der Entwicklung im Gesundheitswesen 2009, 249). Landesgesetzliche Regelungen, die Früherkennungsuntersuchungen in den Kontext von Kinderschutz stellen (Übersicht bei Nothhafft 2008; Meysen/Schönecker 2008, 141 ff; Links zu den Gesetzen unter www.dijuf.de/de/archiv_bund_laender/materialien.html), vermischen daher unzulässig gesundheitliche Vorsorge und Kindeswohlgefährdung. Staatliche Kontrollmaßnahmen allein aufgrund nicht festgestellter U-Untersuchung sind verfassungsrechtlich nicht zu rechtfertigen (aA VerfGH RP 28.5.2009 – VGH B 45/08). Gleiches gilt für standardmäßige Mitteilungen des FamG über **Privatinsolvenzen von Eltern** (DIJuF JAmt 2008, 24). JÄ sollen nicht schon bei allen denkbaren Szenarien tätig werden müssen. Keine staatliche Institution kann Kinder und Jugendliche „umfassend" vor Gefahren für ihr Wohl schützen. Weder sind das JA und seine Fachkräfte allmächtig noch ist es gesetzlich gewollt, alle Eltern bei der Pflege und Erziehung ihrer Kinder zu kontrollieren (zu den **gesellschaftlichen Erwartungen** Kohaupt JAmt 2003, 567; DIJuF JAmt 2005, 231).

15 Beim **Bekanntwerden** der gewichtigen Anhaltspunkte für eine Kindeswohlgefährdung spielt es für die Aktivierung des Schutzauftrags nach § 8 a keine Rolle, ob sie dem JA in einem laufenden Hilfeprozess oder zu einer noch unbekannten Familie, auf legale oder gegen Datenschutzbestimmungen widersprechende Weise, auf eigene Initiative oder aufgrund einer Information von außen etc. zur Kenntnis gelangt sind. Abs. 1 verpflichtet das JA auch, anonymen Hinweisen nachzugehen (Kunkel/Bringewat § 8 a Rn 18; Salgo ZKJ 2007, 12, 14). Sind gewichtige Anhaltspunkte iSd Abs. 1 Satz 1 bekannt geworden, kann notwendig sein, mehr über die Umstände und Lebenssituation des Kindes oder Jugendlichen zu erfahren. Nach Bekanntwerden gewichtiger Anhaltspunkte besteht eine entsprechende **Pflicht zur Informationsgewinnung** (§ 20 SGB X: Untersuchungsgrundsatz; Wiesner ZfJ 2004, 161, 164 f; Salgo ZKJ 2007, 12, 13). Dabei ist sowohl aus rechtlicher als auch aus sozialpädagogisch-fachlicher Sicht der Hilfeauftrag zu beachten (Rn 22 ff). Eine Pflicht zum allgemeinen Aufspüren von Kindeswohlgefährdung und damit zum vorbeugenden Überwachen von Eltern besteht nicht (Wiesner FPR 2007, 6, 9; Kunkel ZKJ 2008, 52).

2. Gefährdungseinschätzung im Fachteam – Abs. 1 Satz 1

16 Abs. 1 Satz 1 schreibt die „Abschätzung des Gefährdungsrisikos" vor. Begrifflich erscheint diese Formulierung misslungen und geeignet, zu Missverständnissen zu führen (Kindler/Lillig 2006, 85, 90 f mit Fn 7; siehe etwa die Begriffsexegese bei Bringewat ZKJ 2008, 297, 300 ff). Der Gefährdung ist die Prognose immanent, sie bedarf keiner Verstärkung durch die Anfügung des „Risikos". Gemeint ist eine **Gefährdungseinschätzung** (bzw Risikoabschätzung). Die Situation der Bedürfnisbefriedigung des Kindes oder Jugendlichen soll bewertet werden in einer Zusammenschau aller Mitteilungen, Beobachtungen und Wahrnehmungen. Sind in den Sozialen Diensten mehrere Fachkräfte an der Arbeit mit der Familie beteiligt, sollen die relevanten Erkenntnisse zusammengetragen werden.

17 Bei der Pflicht zur Durchführung einer Gefährdungseinschätzung bei Bekanntwerden gewichtiger Anhaltspunkte für eine Kindeswohlgefährdung handelt es sich um eine objektive Verpflichtung des JA. Dem Anspruch der Personensorgeberechtigten sowie des Kindes oder Jugendlichen auf Beteiligung an der Gefährdungseinschätzung (Abs. 1 Satz 2) korreliert **kein Rechtsanspruch Dritter auf Gefährdungseinschätzung**. Diese stellt vielmehr eine vorbereitende, verfahrenssteuernde Verfahrenshandlung für das Angebot von Hilfen oder die Initiierung von Interventionen zum Schutz dar (OVG NW 22.6.2209 – 12 A 1078/09).

18 Bei der Gefährdungseinschätzung soll die fallzuständige und einzelverantwortliche Fachkraft im JA einerseits nicht allein gelassen werden. Andererseits ist sie in der Pflicht, sich fachlichem Austausch zu stellen. Die Gefährdungseinschätzung soll im **Zusammenwirken mehrerer Fachkräfte** erfolgen. Abs. 1 Satz 1 normiert damit einen fachlichen Mindeststandard (Trenczek 2008, 40 ff). Soll eingeschätzt werden, ob eine Kindeswohlgefährdung vorliegt oder vorliegen könnte, sind stets (auch) Prognosen und Bewertungen vorzunehmen. Grundlage sind in der Regel mehrdeutige und ungewisse soziale, materielle und psychische Situationen sowie Prozesse (Schrapper 2008, 56, 82). Zudem kommt es in einer Hilfebeziehung zwischen Helfer und Klient regelmäßig zu Wechselwirkungen und möglicherweise Verstrickungen. Sie sind Bestandteil professionellen Handelns und deshalb ist die Reflexion der Wahrnehmungen und Fakten sowie deren Bewertung im Fachteam als verbindliche methodische Form unverzichtbar. Das Zusammenwirken mehrerer Fachkräfte bedarf geschulter und damit bewusst gestalteter Arbeitsabläufe und Regeln (Schrapper 2002, 12, 29 ff). Entscheidungen nach einer Beratung im Fachteam bleiben dabei, unabhängig ob sie gemeinsam oder von der fallzuständigen Fachkraft gefällt werden oder aufgrund einer Weisung von Vorgesetzten ergehen, in der Verantwortung der einzelnen Fachkraft (§ 36 Rn 44 f).

Aus rechtlicher Sicht handelt es sich bei der Pflicht zum Zusammenwirken mehrerer Fachkräfte um **19** eine konkrete **Vorgabe zum Verwaltungsverfahren**. Das Gesetz fordert das Zusammenwirken von mindestens zwei Personen (Schellhorn u.a./Mann § 8 a Rn 8; Jans u.a./Harnach § 8 a Rn 24; aA Trenczek 2008, 15 Fn 372: mindestens drei). Fachlich erscheint jedoch meist ein Zusammenwirken von drei oder mehr Personen angezeigt. Diese Vorgabe ist für alle Fachkräfte im JA verbindlich (zB im ASD, Pflegekinderdienst, kommunalen Kindergarten oder in der kommunalen Erziehungsberatungsstelle; zur Definition der Fachkraft § 72 Rn 3 ff). Die kollegiale Beratung im Fachteam ist dabei bewusst **nicht an § 36 angelehnt**. Als Instrument der fachlichen Reflexion findet bei ihr insbesondere keine Beteiligung der Personensorgeberechtigten, Kinder oder Jugendlichen statt.

Die verpflichtende Gefährdungseinschätzung im Fachteam macht **organisatorische Vorkehrungen in** **20** **den JÄ** erforderlich. Für sie ist in der Ablauf- und Aufbauorganisation Zeit und Raum einzuräumen, um einen fachlichen Diskurs tatsächlich zu ermöglichen und routinehafter Absicherung vorzubeugen (Merchel Sozialmagazin 2/2007, 13, 14 ff). Je nach Anhaltspunkten und individueller (potenzieller) Gefährdung gilt es, in der institutionalisierten kollegialen Beratung die benötigte Expertise vorzuhalten. Nicht jede Fachkraft im JA oder ASD hat für jede Gefährdungseinschätzung das benötigte Fachwissen (DIJuF JAmt 2007, 295). Für die Gefährdungseinschätzung kann die Expertise von speziell qualifizierten Fachkräften, anderen Abteilungen oder Diensten des JA, oder von Ärzten, Psychologen, Polizeibeamten etc. erforderlich sein. In den Strukturen sollten daher je spezifische Experten identifizierbar sein, damit die zuständige Stelle im Einzelfall den **Einbezug spezialisierter oder externer Fachkräfte** in die kollegiale Beratung sicherstellen kann (Jans u.a./Harnach § 8 a Rn 24; Bringewat ZKJ 2008, 297, 300). Die Beteiligung kann in der Fachteamberatung erfolgen. Zur Gefährdungseinschätzung kommen in der Praxis der JÄ verschiedene standardisierte, mehr oder weniger aussagekräftige und qualifizierte sowie wissenschaftlich validierte **Prüfbögen** bzw Diagnoseinstrumente zur Anwendung (Fegert u.a. 2008, 122; AFET-Arbeitshilfe 2/2007, 11 f; Gerber IKK-Nachrichten 1-2/2006, 34; Schiefer Sozialmagazin 10/2007, 22; **Datenbank unter www.dji.de/asd**; zur Diskussion über das Pro und Contra bzgl regelgeleiteter Diagnoseverfahren Kindler 2005, 385 ff; Trenczek 2008, 49 ff). Eine wissenschaftliche Untersuchung zur Aussagekraft der strukturierten Gefährdungseinschätzung und Praxistauglichkeit des Instruments liegt bislang nur zum Stuttgarter Kinderschutzbogen vor (Reich/Lukasczyk/Kindler NDV 2009, 63; dies. ZKJ 2008, 500).

Für die Gefährdungseinschätzung im Fachteam gelten spezielle, zusätzliche **datenschutzrechtliche Vorgaben**. So ist der Austausch ausdrücklich auch über sog. „anvertraute" Sozialdaten zulässig (§ 65 **21** Abs. 1 Satz 1 Nr. 4). Bei der Hinzuziehung Externer ist allerdings zu prüfen, ob die Aufgabenerfüllung es zulässt, die Sozialdaten in der Fallbesprechung zu anonymisieren oder pseudonymisieren (§ 64 Abs. 2 a; § 64 Rn 13). Ist die Kenntnis der „anvertrauten" Sozialdaten zur Abschätzung des Gefährdung erforderlich, so dürfen sie von der Fachkraft, der sie anvertraut wurden, auch bei einem jugendamtsinternen Zuständigkeitswechsel sowie bei einem Wechsel der örtlichen Zuständigkeit weitergegeben werden (§ 65 Abs. 1 Satz 1 Nr. 3; § 65 Rn 18). Die Gefährdungseinschätzung ist zu dokumentieren, wobei bei der **Aktenführung** zwischen anvertrauten (§ 65) und nicht anvertrauten Sozialdaten (§ 64) zu unterscheiden ist (Stadt Essen 2004, 21 f).

3. Einbeziehen der Beteiligten im Familiensystem – Abs. 1 Satz 2

Von der Gefährdungseinschätzung im Zusammenwirken mehrerer Fachkräfte nach Abs. 1 Satz 1 als **22** fachliche Reflexion, die grundsätzlich ohne Beteiligung der Kinder, Jugendlichen, Personensorge- und Erziehungsberechtigten erfolgt, zu unterscheiden ist die Pflicht des Abs. 1 Satz 2 zur **Einbeziehung der Personensorgeberechtigten, Kinder und Jugendlichen in die Gefährdungseinschätzung**. Die Beteiligten im Familiensystem sind erste Adressaten eines Gewinnens von Informationen und nicht außenstehende Dritte wie Nachbarn, die Schule, der Kindergarten etc (§ 62 Abs. 2 Satz 1; § 62 Rn 7 ff). Auch wenn der Gesetzeswortlaut nur die Personensorgeberechtigten, das Kind bzw den Jugendlichen nennt, sind die **Erziehungsberechtigten** (Stiefeltern, Partner eines Elternteils etc.) ebenfalls Adressaten des Schutzauftrags (Kunkel/Bringewat § 8 a Rn 34). Sie in die Gefährdungseinschätzung, Erarbeitung eines Schutzkonzepts sowie Hilfeplanung nicht einzubeziehen, stellt regelmäßig einen fachlichen Fehler dar.

23   Die Gefährdungseinschätzung im Kontext von Kindeswohlgefährdung ist **Bestandteil eines professionellen Diagnose- und Verstehensprozesses** (zu diagnostischen Verfahren und Methoden Kinderschutz-Zentrum Berlin 2009, 52 ff, 88 ff; Schrapper 2008, 56, 75 ff; Wolff ForE 2007, 132; Offe ZKJ 2007, 236; Kanthak ZfJ 2004, 180). Eltern und Kinder bzw Jugendliche sind dabei nicht Objekte einer professionellen Analyse, sondern nehmen Einfluss auf die Auswahl der geeigneten Hilfen und die Bewertung der Sachverhalte. Anders als medizinische und zum Teil auch psychotherapeutische Diagnostik gründen sozialpädagogisches Verstehen und Deuten weniger auf einen allseits anerkannten Expertenstatus. Das Einbeziehen der Klienten in die fachlichen Beurteilungen gehört daher grundsätzlich untrennbar zur Hilfe sowie zur Hilfebeziehung und ist somit entscheidendes Merkmal sozialpädagogischer Qualität (Schrapper 2008, 56, 75 ff; ders. 2002, 12, 19 ff). Die Helfer werben bei den Kindern, Jugendlichen sowie deren Eltern um eine **Mitgestaltung der Sicherstellung des Schutzes** und des Hilfeprozesses (zur Jugendhilfe als personenbezogene Dienstleistung Einl. Rn 56 f).

24   Dieser sozialpädagogische Grundsatz, dessen Einhaltung in Abs. 1 Satz 2 und 3 gesetzlich vorgegeben ist, findet seine Entsprechung in dem grundrechtlich geschützten **Elternrecht (Art. 6 Abs. 2 Satz 1 GG;** § 1 Rn 16 ff). Danach dürfen Eltern selbst und allein entscheiden, wie sie das Wohl ihres Kindes gewährleisten (sog. Erziehungs- und Deutungsprimat; Jestaedt 2007, 111; Trenczek 2008, 112 ff). Auch bei gewichtigen Anhaltspunkten für eine Kindeswohlgefährdung sind die Personensorgeberechtigten daher grundsätzlich in die Einschätzung und Abwendung einer Gefährdung einzubeziehen. Sie sind zu beraten und zu unterstützen, damit sie kompetent und eigenverantwortlich Entscheidungen zum Wohl ihres Kindes treffen können. Das Prinzip der Hilfe zur Selbsthilfe beansprucht aus fachlichen wie (grund)rechtlichen Gründen auch im Kinderschutz Geltung. Wie bei der Hilfeplanung (§ 36 Abs. 2 Satz 2; § 36 Rn 22 ff) sind allerdings nicht nur die Personensorge- und Erziehungsberechtigten, sondern auch **Kinder und Jugendliche mitgestaltende Subjekte des Hilfeprozesses.** Sie sollen je nach ihrem Alter und Stand der Persönlichkeitsentwicklung als solche in aller Regel im persönlichen Kontakt einbezogen und nicht als Objekte elterlicher Erziehungsverantwortung wahrgenommen werden (Jans u.a./Harnach § 8 a Rn 26).

25   Die weitere Klärung einer potenziellen Gefährdung, die **Problemkonstruktion,** findet folglich zuerst mit den Beteiligten im Familiensystem statt (Abs. 1 Satz 2; Kinderschutz-Zentrum Berlin 2009, 91 ff). Sie hat grundsätzlich bei den von der **Datenerhebung** Betroffenen zu erfolgen (§ 62 Abs. 2 Satz 1; § 62 Rn 7 ff). Selbstverständlich können im Gespräch mit einem Familienmitglied die anderen Personen aus dem Familiensystem nicht ausgespart werden. Daher ist diese Ausprägung einer Datenerhebung bei Dritten auch rechtlich zulässig, weil Beratung nach dem SGB VIII dies erfordert und die Kenntnis für die Feststellung der Leistungsvoraussetzungen oder der Voraussetzungen für die Wahrnehmung einer anderen Aufgabe erforderlich ist (§ 62 Abs. 3 Nr. 2; § 62 Rn 20). Das Fertigen von Foto- oder Tonaufnahmen ist – liegt im Einzelfall seine fachliche Zweckmäßigkeit vor – regelmäßig nur mit Einwilligung der Betroffenen zulässig (DIJuF JAmt 2008, 20 u. 23).

26   Eine **Ausnahme von der Einbeziehung** der Personensorgeberechtigten oder Kinder bzw Jugendlichen sieht Abs. 1 Satz 2 dann vor, wenn andernfalls der wirksame Schutz des Kindes oder Jugendlichen in Frage gestellt wird. Gehören Personen nicht dem unmittelbaren familialen System an, können bei ihnen Informationen eingeholt werden, wenn die Erfüllung des Schutzauftrags dies erfordert (§ 62 Abs. 3 Nr. 2 Buchst. d; § 62 Rn 25 f). Die Zulässigkeit einer **Erhebung von Sozialdaten bei Dritten** ergibt sich dabei nicht aus § 8 a, sondern aus § 62. Sie ist insbesondere dann zulässig, wenn die Personensorgeberechtigten nicht an der Gefährdungseinschätzung mitwirken (BT-Drucks. 15/3676, 14). Damit soll jedoch die Wichtigkeit einer Arbeit am und das Aushalten von Widerstand für den Aufbau einer Hilfebeziehung nicht in Frage gestellt werden. Bei Zweifeln ist daher eine sozialpädagogisch-fachliche Einschätzung zu treffen, ob trotz der möglicherweise negativen Folgen für die Hilfebeziehungen zur Familie die Kindesinteressen eine Informationsgewinnung bei Dritten erfordern oder ob es hilfreicher ist, den Widerstand, die Latenz und den Schwebezustand auszuhalten (ausführlich Kohaupt JAmt 2003, 567). Eine (ausschließliche) Informationsgewinnung bei Dritten ist rechtlich zulässig (§ 62 Abs. 3 Nr. 4) und fachlich gefordert, wenn die Erhebung bei dem (von der Datenerhebung) Betroffenen

den Zugang zur Hilfe ernsthaft gefährden würde (§ 62 Rn 28). Dies kommt bei Misshandlung nur in besonders gelagerten Einzelfällen zum Tragen, ist aber vor allem bei Anhaltspunkten für einen sexuellen Missbrauch zu prüfen (BT-Drucks. 15/3676, 38), u.a. deshalb, weil insbesondere hier nach einer Konfrontation des potenziellen Missbrauchers mit den Vermutungen der Geheimhaltungsdruck auf die betroffenen Kinder oder Jugendlichen häufig so erhöht wird, dass damit eine Verschärfung der Gefährdung verbunden ist.

Nach der grundrechtlichen Wertung sind Fachkräfte im JA befugt, die Eltern zur Klärung einer potenziellen Gefährdung zu befragen, und Eltern verpflichtet, die notwendigen Auskünfte zu erteilen. Würde daraus jedoch ein ausdrücklicher Rechtsbefehl (BT-Drucks. 15/4532, 7, 15), wäre dies für den Schutz von Kindern und Jugendlichen eher kontraproduktiv. Sicherlich dürfen Fachkräfte ermutigt sein, offensiv auf die Familien zuzugehen und sich nicht zu schnell entmutigen zu lassen. Mit dem Erheben des Zeigefingers durch gesetzliche Fixierung eines **„Rechts des JA auf Informationsbeschaffung"** oder einer **„Pflicht der Eltern zur Mitwirkung"** (BT-Drucks. 15/3676, 30) kann der Schutz von Kindern und Jugendlichen nicht verbessert werden. Übernehmen die Helfer diese ordnungsrechtliche Sichtweise, so ist dies allenfalls dazu geeignet, den Aufbau einer Hilfebeziehung zu blockieren. Ein solches Verständnis schafft Distanz der Helfer zu den betroffenen Familien und damit auch zu den notwendigen Informationen für Schutz und Hilfe von Kindern und Jugendlichen (Kohaupt 2005, 218). Die Informationsgewinnung nach dem SGB VIII unterscheidet sich daher grundlegend vom Vorgehen bei polizeilichen Ermittlungen und der Gesetzgeber hat mit Bedacht Jugendhilfe und Polizei unterschiedliche Aufgaben und Herangehensweisen beim Schutz von Kindern und Jugendlichen vor Gefahren für ihr Wohl zugewiesen. In einer ganz überwiegenden Mehrzahl der Fälle ist der **gelingende Aufbau einer Vertrauensbeziehung konstitutive Voraussetzung für den Schutz**. 27

Bei Bekanntwerden gewichtiger Anhaltspunkte für eine Kindeswohlgefährdung ist regelmäßig zu prüfen, ob ein Hausbesuch angezeigt erscheint. Bei Hinweisen auf eine akute Gefährdung wird er häufig das Mittel der Wahl sein (Deutscher Städtetag JAmt 2009, 231, 232 f; LJA BY Jugendhilfe 2006, 146, 148 f; Frenzke-Kulbach SozArb 2008, 473, 476). Unabhängig von der grundsätzlichen rechtlichen Zulässigkeit des Hausbesuchs zur Gefährdungseinschätzung (VG Münster 2.4.2009 – 6 K 1929/07 – JAmt 2009, 264) bedarf die **Methode Hausbesuch** vor ihrem Einsatz jedoch stets der fachlichen Reflexion, ob diese Form der Kontaktaufnahme geeignet ist, mit der Familie und ihren Problemen in Kontakt zu kommen, die Gefährdungseinschätzung und vor allen Dingen die Möglichkeiten, Veränderungen herbeizuführen, eher zu befördern oder ob sie diese eher behindert (Urban-Stahl ForE 2009, 4; Rüting ForE 2009, 12; Hensen/Schone ForE 2009, 18; Toprak ForE 2009, 24; Neuffer 2009, 182 ff; Anhang Verfahren Rn 28). Entscheidend ist das Ermöglichen eines Dranbleibens, nicht eines einmaligen Drinseins (zur aufsuchenden Arbeit als Chance Schuster neue caritas 16/2007, 15). Ziel muss sein, Bedingungen zu schaffen, in denen sich Kinder, Jugendliche und/oder deren Eltern mit ihren Problemen öffnen und anvertrauen können. Rein obrigkeitsstaatliche Kontrolle bewirkt hingegen Rückzug und Geheimhaltung (Schone 2008, 75). 28

4. Hilfen anbieten – Abs. 1 Satz 3

Als Verfahrensvorschrift ist § 8 a Bestandteil jeder Gewährung sowie Erbringung von Hilfen und Erfüllung anderer Aufgaben nach dem SGB VIII. Dies verdeutlicht die Verpflichtung, den Personensorge- oder Erziehungsberechtigten Hilfen zur Abwendung einer Kindeswohlgefährdung anzubieten, wenn die Gewährung von Hilfen zur Gefährdungsabwendung geeignet und erforderlich erscheint (Abs. 1 Satz 3). Gefährdungseinschätzung und -beseitigung sind insoweit Bestandteile eines integrierten Hilfeprozesses (Gerber IKK-Nachrichten 1-2/2006, 34, 37 f). Aus Sicht des Sozialleistungsrechts handelt es sich um eine Konkretisierung der allgemeinen **Aufklärungs- und Beratungspflicht** der Leistungsberechtigten nach §§ 13, 14 SGB I (Anhang Verfahren Rn 8 ff). Verfassungsrechtlich ist sie Ausdruck des **Verhältnismäßigkeitsgrundsatzes**. Kann einer Kindeswohlgefährdung mit der (freiwilligen) Inanspruchnahme öffentlicher Hilfen begegnet werden, so hat dies Vorrang vor Eingriffen in das Elternrecht (hierzu Rn 55, 61 f). Die zur Abwendung der Kindeswohlgefährdung geeigneten Hilfen sind den Personensorgeberechtigten *und/oder* Erziehungsberechtigten anzubieten (zu geeigneten Hilfen im frühen Kindesalter Kindler u.a. JAmt 2008, 467). **Personensorgeberechtigte** können als gesetzliche Vertreter alle Leistungen beantragen, auf die das Kind oder der Jugendliche oder sie selbst Anspruch haben. **Erziehungsberechtigte**, also erwachsene Personen, die aufgrund einer Vereinbarung mit den Personensorgeberechtigten nicht nur vorübergehend und für Einzelaspekte für das Kind sorgen (§ 7 Abs. 1 Nr. 6, zB Stiefeltern, Partner eines Elternteils, Großeltern, Pflegepersonen), sind notwendig in die Ge- 29 fährdungseinschätzung und das Anbieten von Hilfen einzubeziehen. Pflegepersonen haben bspw Anspruch auf Beratung und Unterstützung nach § 37 Abs. 2.

III. Schutzauftrag bei Trägern von Einrichtungen und Diensten – Abs. 2

1. Mitverantwortung vereinbaren

30   Der Schutzauftrag bei Kindeswohlgefährdung ist nicht allein Angelegenheit des JA. Diese Erkenntnis gehört mittlerweile zum Allgemeingut. Neben anderen haben auch Träger von Einrichtungen und Diensten seit jeher innerhalb ihrer Hilfekontexte eine **Mitverantwortung zum Schutz von Kindern und Jugendlichen**. Die Zielbestimmung des § 1 Abs. 3 Nr. 3, Kinder vor Gefahren für ihr Wohl zu schützen, richtet sich daher auch an die „Jugendhilfe" insgesamt. Die in der Kinder- und Jugendhilfe tätigen Fachkräfte verbindet somit das Ziel, – unter Beachtung der jeweiligen Aufgaben und ihrer Grenzen – die eigenen Möglichkeiten der Hilfe und Hilfebeziehung zu nutzen, um frühzeitig (erste) Gefährdungsanzeichen zu erkennen, um den betroffenen Kindern und deren Familien den Zugang zu weiterführenden Diagnose- und Hilfeangeboten zu eröffnen bzw zu erleichtern und um den Beteiligten im Familiensystem als verlässlicher Ansprech- und Kooperationspartner zur Verfügung zu stehen.

31   In Abs. 2 steht der Schutzauftrag nun auch für die Träger von Einrichtungen und Diensten „schwarz auf weiß" im Gesetz. Die Konstruktion über eine gesetzliche Verpflichtung des öffentlichen Trägers zur vertraglichen Verpflichtung der freien Träger bzw privatgewerblichen Anbieter ist verfassungsrechtlich geforderter **Ausdruck des Subsidiaritätsprinzips**. Danach können Normadressaten nur die Träger der öffentlichen Jugendhilfe sein (vgl § 3 Abs. 2 Satz 2). Die Tätigkeit der Träger der freien Jugendhilfe wird durch das Gesetz hingegen nicht geregelt (BVerfGE 22, 180, 203). Gesetzestechnisch bleibt daher nur die Möglichkeit, den JÄ aufzugeben, bei den nichtstaatlichen Leistungserbringern eine entsprechende Wahrnehmung des Schutzauftrags durch Vereinbarungen sicherzustellen (Schindler, H. u.a. neue caritas 20/2005, 34). Es findet also keine Delegation oder Beleihung statt, sondern Abs. 2 beabsichtigt die Sicherstellung fachlicher Mindeststandards im Umgang mit bekannt gewordenen gewichtigen Anhaltspunkten für eine Kindeswohlgefährdung (Krug/Grüner/Dalichau § 8 a S. 13). Dies stellt – wie andere vertragliche Anforderungen an die Qualität der Arbeit bei freien Trägern auch – keinen Eingriff in deren **Trägerautonomie** oder das kirchliche Selbstbestimmungsrecht dar (DIJuF JAmt 2007, 422; aA Diakonie Korrespondenz 4/2005, 6 ff). Die Initiative zum Abschluss oder zur Fortschreibung der Vereinbarung sollte vielmehr vermehrt auch vom Träger der Einrichtung bzw des Dienstes ausgehen (Mörsberger SRA 2009, 90, 92 f).

32   **Adressaten der Vereinbarung** sind die Träger der **Einrichtungen und Dienste**. Dies können sein die Trägervereine bzw sonstigen juristischen Personen, welche die Einrichtungen und Dienste im Rechtsverkehr repräsentieren, die regional zuständigen Zusammenschlüsse der Wohlfahrtsverbände, denen einzelne Leistungserbringer angehören bzw denen sie sich angeschlossen haben, ferner die Träger privatgewerblicher Einrichtungen und Dienste. Sind kreisangehörige Gemeinden bzw Gemeindeverbände Träger von Tageseinrichtungen oder offener Kinder- und Jugendarbeit, sind die Vereinbarungen mit diesen zu schließen (DIJuF JAmt 2007, 137); deren Abschluss kann im Bereich der Kindertagesbetreuung ggf vom Landkreis als örtlichem Träger der öffentlichen Jugendhilfe im Wege der Fachaufsicht durchgesetzt werden (DIJuF JAmt 2007, 138).

33   Die Wortwahl „Einrichtungen und Dienste" ist weit zu verstehen. Sie erfasst nahezu die gesamte Palette der Leistungserbringung und der Erfüllung anderer Aufgaben nach dem SGB VIII. **Ausnahmen** bilden **Veranstaltungen** (vgl § 1 Abs. 2; Wiesner/Wiesner § 8 a Rn 32). **Jugendinitiativen**, bei denen keine Fachkräfte (angestellt, gegen Bezahlung oder ehrenamtlich) mitwirken, sind nicht von Abs. 2 erfasst. **Kindertagespflegepersonen** zählen nicht zu den Einrichtungen und Diensten nach Abs. 2; für sie besteht – in Anlehnung an Pflegepersonen (§ 37 Abs. 3 Satz 2, § 44 Abs. 4) – eine Pflicht zur Information des JA über wichtige Ereignisse, die für die Betreuung des Kindes bedeutsam sind (§ 43 Abs. 3 Satz 6; § 43 Rn 21). Nicht erfasst sind Einrichtungen und Dienste der **Gesundheitshilfe** (Meysen/Schönecker 2008, 81 ff), der **Schwangerschafts(konflikt)beratung** (DIJuF JAmt 2007, 298) oder die **Schulen** (zu Fachberatung für Grundschulen nach dem Modell des Abs. 2 Beckmann JAmt 2007, 404; s. auch Bathke u.a. 2008). Für Fachkräfte, die als **Einzelpersonen** Leistungen nach dem SGB VIII erbringen (zB sozialpädagogische Familienhelfer, Therapeuten etc.) besteht die Pflicht des Abs. 2 ebenfalls nicht. Sie können ggf in den Vereinbarungen über die Höhe der Kosten und die Inhalte der Leistung in den Schutzauftrag eingebunden werden.

Der **Abschluss der Vereinbarungen** kann zwischen dem örtlichen Träger und den Trägern von Ein- **34** richtungen und Diensten im Zuständigkeitsbereich erfolgen oder vom überörtlichen Träger – im Einvernehmen mit den örtlichen Trägern – mit Verbindlichkeit für alle die Einrichtung belegenden bzw den Dienst nutzenden örtlichen Träger. Es kann sich um eigenständige oder um integrierte Vereinbarungen handeln, bspw um Leistungs-, Entgelt- und Qualitätsentwicklungsvereinbarungen nach §§ 78 a ff (Busch/Fieseler Jugendhilfe 2006, 327, 329). Der Abschluss einer Vereinbarung, das „Ob", ist **Pflicht**. Eine einseitige Selbstverpflichtungserklärung genügt wegen des eindeutigen Wortlauts den Anforderungen des Abs. 2 nicht (aA Kunkel ZKJ 2008, 52, 54).

Bei der inhaltlichen Ausgestaltung, dem „Wie", ist Abs. 2 jedoch keineswegs als Aufforderung zum **35** Diktat von Vorgaben durch den Träger der öffentlichen Jugendhilfe zu verstehen, sondern als Aufforderung zum **partnerschaftlichen Vereinbaren** (JMK Forum Jugendhilfe 2006, 40, 41; Frenzke-Kulbach SozArb 2008, 473, 477; Theißen IKK-Nachrichten 1-2/2006, 24). Bspw unzulässig ist, wenn das JA über allgemeine Vereinbarungen den Einrichtungen oder Diensten Kontrollaufträge erteilt. Solche können nur im Einzelfall mit den Klienten vereinbart werden (Frings JAmt 2008, 461, 464). Genauso wenig kann von den Trägern von Einrichtungen und Diensten, etwa im Hinblick auf die datenschutzrechtlichen Rahmenbedingungen, der Abschluss einer Abweichung von den gesetzlichen Vorgaben sowie der Informationspflicht an der in Abs. 2 Satz 2 beschriebenen Schwelle (Rn 47) gefordert werden (DIJuF JAmt 2007, 525; Elmauer/Schindler SRA 2007, 81).

Gefragt ist eine produktive Auseinandersetzung über **Umfang und Grenzen der Mitverantwortung** der **36** Fachkräfte bei den Trägern der freien Jugendhilfe. Ein Druckmittel, die Bereitschaft eines Trägers von Einrichtungen und Diensten zum Abschluss einer Vereinbarung zu erhöhen, besteht dann, wenn die Träger von Einrichtungen und Diensten von einem öffentlichen Träger finanziert werden. Allerdings darf der Finanzierungsvorbehalt nicht eingesetzt werden, um den notwendigen Aushandlungsprozess über Abläufe und Finanzierung der Aufgabenwahrnehmung nach Abs. 2 zu verkürzen. Mit Angeboten der offenen Kinder- und Jugendarbeit übernehmen kreisangehörige Gemeinden keine Aufgaben des örtlichen Trägers; für einen Abschluss von Vereinbarungen kann daher nur geworben werden, erzwingen kann ihn der Landkreis nicht.

Als **Pflichtinhalte der Vereinbarungen** über die Wahrnehmung des Schutzauftrags in Einrichtungen **37** und Diensten sieht Abs. 2 folgende fünf Aspekte vor (ähnlich auch § 9 Abs. 2 Kinderschutzgesetz SH):

- Die Aktivierung des Schutzauftrags, wenn einer Fachkraft in einer Einrichtung oder bei einem Dienst **gewichtige Anhaltspunkte** für eine Kindeswohlgefährdung bekannt werden (Rn 11 ff).
- Die Hinzuziehung einer „insoweit erfahrenen Fachkraft" in die Gefährdungseinschätzung und Reflexion des weiteren Vorgehens (Rn 16 ff).
- Die Verpflichtung, unmittelbar bei Personensorge- und Erziehungsberechtigten (und/oder den Kindern und Jugendlichen) **auf die Inanspruchnahme weitergehender Hilfen hinzuwirken**, wenn solche zur Abwendung einer Gefährdung erforderlich erscheinen.
- Die **Pflicht zur Mitteilung an das JA**, wenn die Hilfen, die die Beteiligten im Familiensystem tatsächlich angenommen haben, nicht ausreichend erscheinen, die Gefährdung abzuwenden.

Besteht **akuter Handlungsbedarf**, bei dem ein sofortiges Hinzuziehen des Jugendamts zur Abwendung der Gefahr erforderlich erscheint, bleibt das Überspringen einzelner Handlungsschritte unbenommen.

Soll **Kooperation im Kinderschutz** zum Qualitätsmerkmal und zur Zielperspektive in der Praxis wer- **38** den, braucht es auf örtlicher und überörtlicher Ebene eines fachlichen Diskurses. Dieser ist nicht ohne den Einsatz von ausreichenden Ressourcen zu haben. Qualitätsverpflichtungen in der Zusammenarbeit gelten daher nicht nur für den Leistungserbringer, sondern gleichermaßen für das JA (eingehend zu den Voraussetzungen gelingender Kooperation im Kinderschutz Rietmann IKK-Nachrichten 1-2/2006, 29; Blank/Deegener 2004; Schone IKK-Nachrichten 1-2/2006, 20). Bei der Ausgestaltung der Vereinbarungen sind die jeweiligen Hilfekontexte, die Ausbildungen und professionellen Erfahrungen der dort tätigen Fachkräfte ebenso zu berücksichtigen wie die Anforderungen an die Vertraulichkeit in den jeweiligen Hilfebeziehungen. Die Einbindung in die Wahrnehmung des Schutzauftrags darf insbesondere nicht dazu führen, dass dadurch die konzeptionelle Identität der Einrichtungen oder Dienste überlagert und deren spezifischen Aufgaben vorwiegend vom Kinderschutz her definiert werden (Merchel/Schone ForE 2006, 109, 111). Es erscheint daher notwendig, keine Einheitsvereinbarungen mit allen Trägern von Einrichtungen und Diensten abzuschließen, sondern **Differenzierungen je nach Aufgaben und Strukturen der einzelnen Hilfeangebote** vorzunehmen (DV NDV 2006, 494, 499 f; Merchel/Schone ForE 2006, 109; GK/Fieseler § 8 a Rn 31; für **Kindertagesbetreuung**: Krüger

JAmt 2007, 397; Beneke 2006; für **Beratung**: bke 2006; bke ZKJ 2006, 346; für **Kinder- und Jugendarbeit**: Delmas/Lindner/Mörsberger Jugendhilfe 2006, 311; Voigts JAmt 2006, 57). Eine solche ist
jedoch bislang nur in einem geringeren Teil der JA-Bezirke Praxis geworden (Münder/Smessaert ZKJ
2007, 232, 233).

2. Verpflichtende Fachberatung – Abs. 2 Satz 1

39   Die Wahrnehmung des Schutzauftrags ist auch bei Trägern von Einrichtungen und Diensten nur für
Fachkräfte verpflichtend (zum Begriff der Fachkraft § 72 Rn 3 ff). Dabei spielt keine Rolle, ob diese in
einer Festanstellung, auf Honorarbasis oder ehrenamtlich tätig sind; dies gilt auch bei rein ehrenamtlichen Angeboten, etwa eines Mütterzentrums (Wiesner/Wiesner § 8 a Rn 33; DIJuF JAmt 2007, 523;
kritisch Sauter JAmt 2008, 366). Ausgenommen sind somit Laien, also Personen ohne entsprechenden
Ausbildungsabschluss, oder Personen in der Ausbildung, etwa Studierende im Rahmen eines Prakti-
kums, die von einem Träger von Einrichtungen und Diensten in die Hilfe einbezogen sind. Personen,
die nach Abschluss ihres Studiums ein Berufspraktikum absolvieren, zählen jedoch zu den Fachkräften.

40   Fachkräfte bei Leistungserbringern helfen in vielfältiger Weise und mit unterschiedlicher Professionalität. Sie sind aufgrund ihrer Ausbildung und beruflichen Erfahrung häufig nicht (ausreichend) qualifiziert, Kindeswohlgefährdungen zu erkennen, die dahinter liegenden Problemlagen zu diagnostizieren,
mit den Beteiligten im Familiensystem mit den Erkenntnissen ins Gespräch zu gehen und letztlich die
notwendigen Schlüsse für die weitere Hilfe zu ziehen (zu den Problemen und Risiken ihrer Einbeziehung in den Schutzauftrag Schone IKK-Nachrichten 1-2/2006, 20, 22; Rietmann IKK-Nachrichten
1-2/2006, 29; Merchel/Schone ForE 2006, 109, 111). Damit sie das Potenzial ihrer Hilfebeziehung im
Kinderschutz entfalten können, bedürfen sie **fachkundiger Beratung**. Allein das Zusammenwirken
mehrerer Fachkräfte bei der Gefährdungseinschätzung allerdings qualifiziert den Umgang mit (vermeintlich) gewichtigen Anhaltspunkten für eine Kindeswohlgefährdung nicht (Rn 18 ff). Deshalb
schreibt Abs. 2 Satz 1 vor, dass eine „insoweit erfahrene" Fachkraft hinzuzuziehen ist. Die insoweit
erfahrene Fachkraft ist dabei Beraterin für die Fachkraft, die mit den Eltern, dem Kind, Jugendlichen
etc. arbeitet. Wird sie ausnahmsweise unmittelbar in den Kontakt mit den Beteiligten im Familiensystem einbezogen, hat sie hierbei eine andere Rolle, ist selbst Leistungserbringerin und insofern nicht
Fachberaterin (zu den unterschiedlichen Rollen Moch/Junker-Moch ZKJ 2009, 148). Je nachdem, ob
die fallzuständige Fachkraft selbst „insoweit erfahren" ist oder nicht, wird die Hinzuziehung als Fach-
team- oder Fachberatung bezeichnet. Abs. 2 geht davon aus, dass eine **„insoweit"**, also im Einzelfall
für den jeweiligen Hilfekontext sowie die spezielle Gefährdungssituation „erfahrene Fachkraft" hinzugezogen wird. Bspw können gefordert sein spezielle Kenntnisse zur Hilfe für suchtkranke Eltern, zu
anderen psychischen Erkrankungen von Eltern, zur Eltern-Kind-Interaktion im Säuglingsalter, zu Jugenddelinquenz, zu sexuellem Missbrauch etc. Nicht zulässig ist, für einzelne Einrichtungen oder
Dienste generell und für alle Fälle nur eine Person als Fachberater zu benennen (kritisch zu sehen daher
Frenzke-Kulbach SozArb 2008, 473, 478; Kunkel ZKJ 2008, 52, 53).

41   Das **Anforderungsprofil „insoweit erfahrener Fachkräfte"** beinhaltet (Slüter JAmt 2007, 515):
- Kenntnis der Formen und Ursachen von Kindeswohlgefährdung;
- Kenntnis der Dynamiken von Gewalt gegen Kinder sowohl in den familiären Beziehungen als auch
  in den Hilfebeziehungen;
- Einschätzungsfähigkeit zu Erziehungskompetenzen und Veränderungsfähigkeit von Eltern und
  Erziehungsberechtigten;
- Beurteilungsfähigkeit zur Wirksamkeit verschiedener Hilfen;
- Erfahrung in Gesprächsführung mit Eltern und Kindern bzw Jugendlichen, um andere für solche
  Gespräche anleiten zu können;
- notwendige Spezialkenntnisse zu einzelnen Gefährdungslagen oder Familienkonflikten;
- Kenntnisse über die Hilfesysteme (zB Kinder- und Jugendhilfe, Gesundheitshilfe, Schule);
- supervisorische Kenntnisse, um Fachkräfte in der Reflexion der eigenen Rolle und der Entwicklung
  von Handlungsstrategien unterstützen zu können;
- persönliche Belastbarkeit;
- kontinuierliche Inanspruchnahme von Angeboten zur Selbstreflexion.

Kritisch zu sehen ist daher eine beobachtbare Praxis, bei der Fachkräfte zu „insoweit erfahrenen Fachkräften" bestimmt werden (zB Leiter von Kindertageseinrichtungen), die nicht ausreichend vorquali-
fiziert sind (Mörsberger SRA 2009, 90, 93). Von der Fachberatung nach Abs. 2 abzugrenzen ist auch
die **Supervision**: Ein Supervisor kommt nur als „insoweit erfahrene Fachkraft" in Betracht, wenn er

sowohl die Feldkompetenz besitzt und das Beratungs-/Supervisionssetting nicht nur eine Selbstreflexion, sondern auch eine Fachberatung gewährleistet.

Bei der **Sicherstellung der notwendigen Fachberatung** kommt dem JA im Rahmen seiner Planungs- und 42 Gewährleistungsverantwortung eine Koordinierungsfunktion und ggf auch Finanzierungsverantwortung zu (DIJuF JAmt 2007, 420). Es stellt im Einvernehmen mit den Trägern von Einrichtungen und Diensten sicher, dass diese Fachkräfte an ihrer Seite haben, die zur Sofortberatung, zum fachlichen Austausch im Einzelfall und zur Fort- und Weiterbildung verlässlich zur Verfügung stehen. Notwendig ist, schon im Vorfeld festzulegen, wer bei Bekanntwerden gewichtiger Anhaltspunkte grundsätzlich bzw bei speziellen Gefährdungslagen als Fachberater kontaktiert werden kann. Dies sollte nicht einer spontanen Auswahl in akuten Notsituationen überlassen bleiben. Die erfahrene Fachkraft kann der gleichen Einrichtung bzw dem gleichen Dienst angehören oder, insbesondere wenn dort aufgrund der fachlichen oder personellen Ressourcen die qualifizierte Fachberatung nicht sichergestellt ist, eine sonstige entsprechend kompetente Person außerhalb der Einrichtung bzw des Dienstes sein.

Nicht mit Abs. 2 Satz 2 vereinbar ist eine direkte Information an Fachkräfte im ASD im JA als ver- 43 meintlich „insoweit erfahrene Fachkräfte" (Mörsberger SRA 2009, 90, 93; Krüger JAmt 2007, 397, 400; Greese Jugendhilfe 2007, 61, 62 f). Der ASD könnte sich nicht auf die Fachberatung beschränken, da sein eigener Schutzauftrag nach Abs. 1 ausgelöst wäre (DIJuF JAmt 2007, 295). Weder macht § 8 a das JA zur Meldebehörde noch die Leistungserbringer zu Meldern (Tammen UJ 2006, 381, 384 f; Wiesner FPR 2007, 6, 10). Vielmehr ist darauf zu achten, dass der bestehende Hilfekontakt mit der Familie nach Möglichkeit nicht verloren geht. Für die Fachkraft dient die Inanspruchnahme von fachlicher Beratung nicht die Abgabe des Falls und der Verantwortung. Zur **Sicherung der Vertraulichkeit** iSd Abs. 2 Satz 2, der eine Information des JA (ohne Einwilligung der Betroffenen) nur bei Vorliegen einer Kindeswohlgefährdung und nicht ausreichender Inanspruchnahme von Hilfen vorsieht, ist die Fachberatung jugendamts- oder zumindest ASD-extern anzusiedeln, etwa bei einer Beratungsstelle. Die Fallbesprechungen sollten, wenn möglich, in anonymisierter oder pseudonymisierter Form erfolgen (§ 64 Abs. 2 a; § 64 Rn 13). Um die kontinuierliche und spontane Erreichbarkeit der Fachberatung zu gewährleisten, sind eine entsprechende Leistungsfähigkeit sowie transparente Vertretungsregelungen erforderlich.

3. Eigene Hilfezugänge nutzen und Hemmschwellen zum JA abbauen – Abs. 2 Satz 2

Gewichtige Anhaltspunkte für eine Kindeswohlgefährdung sind stets auch Hinweise auf einen Hilfe- 44 bedarf. Deshalb zählt zur Gefährdungseinschätzung bei einem Leistungserbringer auch die Befassung mit der Frage, wie und ob die eigene Hilfe zur Sicherung des Kindeswohls beitragen kann. In ihrem jeweiligen Hilfekontakt werden sie mit den Beteiligten **Auffälligkeiten, Entwicklungsprobleme und Bedürfnisse der Kinder und Jugendlichen ansprechen.** Soweit ihre eigenen Möglichkeiten der Hilfe hierzu ausreichen, bieten sie diese den Personensorge- und Erziehungsberechtigten zur Abwendung der Gefährdung an.

Ergibt sich im Kontakt mit der Familie und nach den Einschätzungen aus der Fachberatung, dass die 45 **Inanspruchnahme weitergehender Hilfen** erforderlich erscheint, so ist es eine Aufgabe der Fachkräfte bei Trägern von Einrichtungen und Diensten, ihren Hilfezugang auch hier zu nutzen, um bei den Beteiligten darum zu werben, dass sie Zugang zu den benötigten Hilfen finden. Hierbei wird häufig notwendig sein, bei den Personensorge- oder Erziehungsberechtigten **Hemmschwellen zum JA** abzubauen. Es gilt, der Versuchung zu widerstehen, den Aufbau der eigenen Vertrauensbeziehung zu den Klienten dadurch zu erleichtern, dass die Abwehr gegenüber dem JA in den Hilfekontext in Form von zugesicherter Vertraulichkeit uneingeschränkt übernommen wird. Führt dann die Vermeidung der Inanspruchnahme von präventiven Hilfen zu einer Zuspitzung der familiären Krisensituation, verwirklicht sich im Zweifel am Ende genau die Angst einer Herausnahme der Kinder aus der Familie, die Anlass der vorherigen Abschottung vor dem JA war (Schone/Wagenblass 2002, 149 sprechen von einem „Teufelskreis des negativen Images des JA").

Insoweit ist Abs. 2 Satz 2 auch ein Leitfaden zur Verbesserung der Kooperation zwischen Trägern der 46 öffentlichen Jugendhilfe und Trägern von Einrichtungen und Diensten. Die Fachkräfte sollen – unterstützt durch kompetente Fachberatung – sich der Kinder, Jugendlichen und deren Eltern annehmen, gemeinsam mit ihnen eine Hilfeperspektive erarbeiten und dabei **nicht bei den eigenen Hilfeangeboten und -möglichkeiten stehen bleiben.** Auch die Inanspruchnahme anderer Leistungen, die bspw aufgrund einer ausdrücklichen Entscheidung des JA gewährt werden, soll in dem Hilfeprozess mitgedacht und angeregt werden. Quantitativ haben die **fallbezogenen Mitteilungen** der Träger der freien Jugendhilfe an das JA seit Einführung des § 8 a auch deutlich zugenommen (vgl für Bayern LJA BY BLJA Mitteilungsblatt 6/2008, 1, 2).

47   Rechtlich respektiert die Konstruktion des Abs. 2 beim **Informationsaustausch** die datenschutzrechtlichen Anforderungen an die Schweigepflicht und damit den notwendigen Schutz der Vertrauensbeziehung in der Hilfe (Elmauer/Schindler, H. SRA 2007, 81; Schindler, G. IKK-Nachrichten 1-2/2006, 9, 12 ff; Delmas/Lindner/Mörsberger Jugendhilfe 2006, 311, 316 f). Soll eine Information ohne Einverständnis der Betroffenen weitergegeben werden, ist dies nur zulässig, wenn die Fachkräfte ggf nach Fachberatung mit einer insoweit erfahrenen Fachkraft zu der Einschätzung gelangen, dass eine Gefährdung vorliegt, sie bei den von der Informationsweitergabe Betroffenen im Familiensystem um die Inanspruchnahme für die Gefährdungsabwendung erforderlich gehaltenen, weitergehenden Hilfen geworben haben und die Personensorge- oder Erziehungsberechtigten trotz entsprechender Motivationsarbeit diese nicht annehmen wollen oder können (Rn 44 f). In diesem Fall sind die Fachkräfte bei Trägern der freien Jugendhilfe nicht nur befugt, sondern haben auch eine Pflicht zur Information des JA. In akuten Situationen kann eine sofortige Hinzuziehung anderer Stellen erlaubt und gefordert sein. Soll die Informationsweitergabe ohne Einverständnis der Betroffenen erfolgen, gilt der Grundsatz: **Vielleicht gegen den Willen, aber nicht ohne Wissen** (Kohaupt 2006, 11; Meysen/Schönecker 2008, 86 f; Schindler IKK-Nachrichten 1-2/2006, 9, 11). Wenn möglich und fachlich nicht kontraindiziert, sollte die Informationsweitergabe in einem Übergabegespräch unter Beteiligung der betroffenen Familienmitglieder erfolgen (Krüger JAmt 2007, 397, 399).

48   Zieht eine Einrichtung oder ein Dienst das JA zur Abwendung oder Einschätzung einer Gefährdung hinzu, stellt sich in der Praxis regelmäßig die Frage nach der weiteren **Einbeziehung im weiteren Hilfeprozess.** Ausgangspunkt ist hierbei bereits die Informationsweitergabe an das JA. Ist die Kooperation so gefestigt, dass „aggressive Überweisungen" im Sinne von Meldungen (Rietmann IKK-Nachrichten 1-2/2006, 29, 31) vermieden werden können und gelingt stattdessen ein **Mitteilen**, also das *Teilen* der Sorge um ein Kind *mit* dem JA, kann gegenüber den Beteiligten im Familiensystem Transparenz darüber hergestellt werden, welche Informationen zwischen den Fachkräfte im JA und in der Einrichtung bzw im Dienst ausgetauscht werden. Es ist dann Aufgabe des JA, in seiner weiteren Gestaltung des Hilfeprozesses die Bedürfnisse und Anforderungen der Einrichtung bzw des Diensts für dessen weitere Hilfegestaltung mitzudenken und regelmäßig einen Austausch unter Beteiligung der Eltern, Kinder bzw Jugendlichen zu ermöglichen. Umfang und konkreten Inhalt der „Rückmeldung", also der Informationsweitergabe im Rahmen dieser Einbeziehung, bestimmen die Beteiligten aus dem Familiensystem mit ihrem Einverständnis; dieses ist mit ihnen von beiden Seiten (JA – Einrichtung/Dienst) vorher zu beraten und zu klären. Besteht die Hilfebeziehung nicht fort, etwa weil das Kind zwischenzeitlich aus der Kindertageseinrichtung abgemeldet wurde, kommt eine Rückmeldung über den weiteren Hilfeverlauf nur in Betracht, wenn die Eltern einverstanden sind (DIJuF JAmt 2007, 294).

IV. Anrufung des FamG und Inobhutnahme – Abs. 3

1. Anrufung des FamG als Aufgabe – Abs. 3 Satz 1

49   Die Anrufung des FamG war vor Einführung des § 8 a Element der Mitwirkung im familiengerichtlichen Verfahren. Der damalige § 50 Abs. 3 wurde in Abs. 3 Satz 1 Hs 1 übernommen. Wenn das JA familiengerichtliche Maßnahmen zur Abwendung einer Kindeswohlgefährdung durch Eröffnung des Hilfezugangs für die betroffenen Kinder und Jugendlichen als erforderlich ansieht, besteht eine **Anrufungspflicht**. Aus der Aufgabennorm des Abs. 3 lassen sich **keine weitergehenden Eingriffsbefugnisse** des JA ableiten, die über die Einschaltung des Gerichts hinausreichen. Dies macht die Vorschrift nunmehr deutlich, indem sie für die Situation der Eilbedürftigkeit in Abs. 3 Satz 2 ausdrücklich auf die Befugnisse zur Inobhutnahme nach § 42 verweist. Bezeichnet das JA die Anrufung als „**Antrag**", etwa auf teilweisen Entzug der elterlichen Sorge, handelt es sich rechtlich gesehen gleichwohl nicht um einen Antrag, sondern lediglich um eine Anregung; das materielle Recht räumt dem JA kein entsprechendes Antragsrecht ein (Meysen/Niepmann § 24 FamFG Rn 1; DIJuF JAmt 2008, 252; OLG Saarbrücken 20.3.2007 – 9 UF 167/06 – JAmt 2007, 432).

50   Bei der Frage, ob das JA das Tätigwerden des Gerichts für erforderlich hält, ob also die Tatbestandsvoraussetzungen des Abs. 3 Satz 1 gegeben sind, steht dem JA ein **Beurteilungsspielraum** zu (Fieseler Jugendhilfe 2008, 52, 53; Wiesner/Wiesner § 8 a Rn 44; Kunkel/Bringewat § 8 a Rn 52 spricht von einer „Einschätzungsprärogative"). Juristisch gesehen handelt es sich um kein Ermessen (Kunkel/Bringewat § 8 a Rn 51). Ein solches kommt erst bei der Auswahl der Hilfeformen wieder ins Spiel (zu

Ermessen und Beurteilungsspielraum Anhang Verfahren Rn 86 f). Wird die Anrufung des Gerichts zur Abwendung der Kindeswohlgefährdung für erforderlich gehalten, muss das Gericht eingeschaltet werden. Kann die Gefährdung ohne Eingriff in die elterliche Sorge, insbesondere weil angebotene Hilfen angenommen wurden, abgewendet werden, so bedarf es keiner Anrufung des Gerichts.

Die Anrufungspflicht nach Abs. 3 Satz 1 gilt **nur in Richtung FamG**, nicht aber zum Strafgericht, zur **51** Staatsanwaltschaft oder Polizei. Eine Pflicht zur Anrufung von Strafverfolgungsorganen kennen grundsätzlich weder SGB VIII noch StGB (Rn 65). Dies stellt auch die ausdrückliche Regelung zur Informationsweitergabe an solche Stellen in Abs. 4 klar (Rn 64 ff). Allerdings kann das JA eine Weitergabe der Informationen vom FamG an die Justizbehörden ungeachtet der Zweckbindung nach § 78 SGB X nicht verhindern.

2. Anrufung zur Klärung der Gefährdung – Abs. 3 Satz 1 Hs 2

Nach Abs. 3 Satz 1 Hs 2 ist das FamG in terminologischer Anlehnung an § 1666 Abs. 1 BGB auch **52** dann anzurufen, wenn die Personensorge- oder Erziehungsberechtigten zur **Mitwirkung bei der Gefährdungseinschätzung** nicht bereit oder in der Lage sind. Da die Gefährdungseinschätzung Bestandteil eines professionellen Diagnose- und Verstehensprozesses ist (Rn 22 ff), wirken Eltern auch dann bei der Problemkonstruktion mit, wenn sie die Situation anders erklären oder beschönigen. Die ausdrückliche, klarstellende Erwähnung verfolgt daher die Intention, Unsicherheiten in der Praxis zu begegnen, wonach JÄ sich im Wechselspiel mit den Gerichten teilweise erst dann befugt sahen, das FamG anzurufen, wenn sie die Kindeswohlgefährdung selbst nachweisen konnten, oder das FamG eine eigenständige Prüfung ablehnte, wenn das JA keine „schlüssigen Beweise" vorlegte (DIJuF JAmt 2002, 402 u. 456).

Einerseits macht Abs. 3 Satz 1 Hs 2 somit die **Grenzen des JA bei der Informationsgewinnung** kenntlich. **53** Es darf verschlossene Türen nicht selbst öffnen und sich dabei nur bei Gefahr im Verzug von der Polizei unterstützen lassen. Auch hat es die Grenzen der Expertise seiner Fachkräfte zu beachten. Wirken die Personensorge- oder Erziehungsberechtigten an der Gefährdungseinschätzung mit, indem sie sich oder ihr Kind einer entsprechenden Untersuchung oder Begutachtung unterziehen oder eine Entbindung von der Schweigepflicht erteilen, hat das JA die entsprechenden Schritte zur Klärung selbst zu initiieren und ggf zu finanzieren (DIJuF JAmt 2007, 301). Wenn allerdings die Mitwirkung an der Gefährdungseinschätzung nicht erreicht wird, kann das Gericht – im Gegensatz zum JA – sachverständige Begutachtung anordnen. Andererseits impliziert die Vorschrift einen indirekten Hinweis auf die **Amtsermittlungspflicht der FamG** in Sorge- und Umgangsrechtsverfahren (§ 26 FamFG). Die Gerichte sind verpflichtet, kraft eigenen Auftrags und selbstständig Hinweisen über eine Kindeswohlgefährdung nachzugehen (OLG Saarbrücken 20.3.2007 – 9 UF 167/06 – JAmt 2007, 432). Zur Sachverhaltsklärung haben sie neben der Anhörung des JA (§ 155 Abs. 2 Satz 2, § 157 Abs. 1 Satz 2, § 162 Abs. 1 FamFG) je nach den Umständen des Einzelfalls die Pflicht, die Eltern oder das Kind bzw den Jugendlichen anzuhören (§§ 159, 160 FamFG), einen Verfahrensbeistand zu bestellen (§ 158 FamFG), Zeugen zu hören oder ein Sachverständigengutachten einzuholen (§ 163 FamFG; BVerfG JAmt 2002, 307; 5.4.2005 – 1 BvR 1664/05 – JAmt 2005, 370).

Seit dem 12.7.2008 (BGBl. 2008 I, 1188) ist auch im familiengerichtlichen Verfahren eine korrelie- **54** rende **Erörterung bei einer „möglichen Gefährdung des Kindeswohls"** vorgesehen (nunmehr § 157 FamFG; Anhang § 50 Rn 32 ff). Auch das BGB unterscheidet somit zwischen Eingriffs- und Kontrollschwelle und verlagert Letztere vor (Coester JAmt 2008, 1, 7 f). Das Ziel des Gesetzgebers ist eine frühzeitigere Anrufung des FamG durch das JA (BT-Drucks. 16/6815). Über deren Funktionen lassen sich seitdem in Praxis und Wissenschaft mehr oder weniger zielführende Suchbewegungen beobachten. Neben der **Klärungsfunktion** des Abs. 3 Satz 1 Hs 2, wenn die Zugänge des JA zur Familie nicht ausreichen, die Gefährdung einzuschätzen, tritt eine **Initiierungs- und Unterstützungsfunktion**. Nach dieser soll das FamG seine Autorität nutzen, die Kooperation der Beteiligten im Familiensystem mit dem JA und ggf anderen helfenden Stellen zu befördern, Hilfeprozesse zu initiieren oder zu stützen. Ggf kann es die Inanspruchnahme von angebotenen Hilfen anordnen (§ 1666 Abs. 3 Nr. 1 BGB) oder das Gebot aussprechen, für die Einhaltung der Schulpflicht zu sorgen (§ 1666 Abs. 1 Nr. 2 BGB). Außerdem wird auf die **Warnfunktion** der Einschaltung des Gerichts verwiesen; die Eltern sollen vom erhobenen Zeigefinger des FamG auf den rechten Weg gewiesen werden (PM des BMJ 24.4.2008, 1; Fellenberg FPR 2008, 125, 127; Schlauß ZKJ 2007, 9, 10 f; Hannemann UJ 2008, 337, 341; kritisch hierzu Neumann DRiZ 2007, 66; Willutzki ZKJ 2008, 139, 141 f).

55   Bei aller Autorität des Gerichts sind bei einer frühzeitigeren Anrufung auf Seiten des FamG die fachlichen Grenzen von Erörterungen der elterlichen Erziehung und der begrenzten Wirksamkeit sowie Wirkdauer familiengerichtlicher Ermahnung und auf Seiten des JA das Bedürfnis zur eigenen Absicherung und Entlastung durch Verantwortungsdelegation zu reflektieren. So können bloße Scheinanpassungen und kurzfristige Verhaltensmodifikationen erkannt und Verzögerungen bei der Sicherstellung des Schutzes vermieden werden (Meysen/Meysen § 157 FamFG Rn 9 ff). Es bleibt beim grundrechtlichen und dem in Abs. 1 und 2 geforderten Vorrang, Gefahren für das Wohl von Kindern und Jugendlichen gemeinsam mit den Eltern und deren Kindern durch „öffentliche Hilfen" abzuwenden (§ 1666 a Abs. 1 BGB). Keinesfalls wäre dem Schutz von Kindern und Jugendlichen gedient , wenn statt den **Widerstand von Eltern gegenüber dem JA** als Ressource zu erkennen und zu nutzen, vorschnell – möglicherweise zur persönlichen Entlastung – das FamG angerufen würde (Kohaupt JAmt 2005, 218). Da in der Einschaltung des Gerichts eine erhebliche Misstrauensbekundung gegenüber den Eltern liegt, ist der Kontakt nach der Anrufung regelmäßig erheblich gestört, teilweise geht er (vorübergehend) verloren. Daher haben die Fachkräfte im JA nicht nur eine Prognose hinsichtlich der Gefährdung des Kindes oder Jugendlichen zu treffen, sondern auch die Wirkungen der Anrufung einzubeziehen. Auch hier gilt, wie bei Abs. 2 Satz 2: Die eigenen Hilfezugänge sollen genutzt, Konflikt riskiert und Kontakt gehalten werden (Rn 44 ff; Kohaupt JAmt 2005, 218).

3. Verantwortungsgemeinschaft mit dem FamG und § 1666 Abs. 1 BGB

56   **Adressat** der Pflicht zur Anrufung des FamG nach Abs. 3 Satz 1 ist das JA. Damit obliegt den zuständigen Fachkräften im JA, das Vorliegen der Tatbestandsvoraussetzungen, die Erforderlichkeit der Anrufung, zu prüfen. In der Praxis ist häufiger der Versuch einer Orientierung an der erwartbaren Entscheidungsfindung des Gerichts zu beobachten (Münder/Mutke/Schone 2000, 191 ff). Auf das Gesetz kann sich eine solche „doppelte" Prognoseentscheidung jedoch nicht stützen (Gerlach SozArb 2008, 488, 491). Bei aller Notwendigkeit einer Vermeidung von Rollenvermischungen und Aufweichung der Unabhängigkeit in der Entscheidungsfindung auf beiden Seiten bilden JA und FamG nicht zuletzt kraft der gesetzlichen Anordnung in Abs. 3 eine **Verantwortungsgemeinschaft zur Sicherung des Kindeswohls**. Daher sollte ein institutionalisierter fallübergreifender (nicht einzelfallbezogener) Austausch, etwa in Form von runden Tischen oder Arbeitskreisen, über die jeweiligen Aufgaben sowie das Rollenverständnis im Kinderschutz – auch ohne gesetzliche Absicherung – zum Standard professioneller Arbeit in beiden Institutionen gehören (hierzu Langenfeld/Wiesner 2004, 45, 77 f; Blank/Deegener 2004, 113, 139 ff; zur **Kooperation zwischen JA und FamG** s. DIJuF 2003).

57   Im Einzelfall, insbesondere bei Dringlichkeit oder bei einem Drohen zusätzlicher Gefahren aufgrund der Anrufung des Familiengerichts (Erhöhung des Geheimhaltungsdrucks, Untertauchen etc) kann eine (vorherige) mündliche oder **telefonische Anrufung bzw Rücksprache** zwischen Fachkraft im JA und FamG angezeigt sein. Wie bei der schriftlichen Kommunikation ist diese jedoch gegenüber den Beteiligten transparent zu machen, zumindest im Nachhinein (berechtigt kritisch zur „Kooperation" im Einzelfall daher Meysen/Finke FamFG A Rn 1 ff; Koenig von und zu Warthausen 2004, 165 f, 226).

58   Um seinen Beitrag zum Schutz von Kindern und Jugendlichen leisten zu können, steht dem FamG aus rechtlicher Sicht als Hauptinstrumentarium **§ 1666 Abs. 1 BGB** zur Verfügung. Erstes Tatbestandsmerkmal des § 1666 Abs. 1 BGB ist die Kindeswohlgefährdung. Diese Schwelle ist erreicht, wenn die Befriedigung der körperlichen, seelischen, geistigen oder erzieherischen Bedürfnisse des Kindes so weit defizitär ist, dass sich bei einer weiteren Entwicklung eine Schädigung des Kindes mit ziemlicher Sicherheit voraussagen lässt (BGH FamRZ 1956, 351). Diese **Definition des Begriffs Kindeswohlgefährdung** beansprucht auch für § 8 a Geltung (ausführlicher Anhang § 50 Rn 38 ff). Das zweite Tatbestandsmerkmal knüpft an den Eltern an. Sind die Eltern nicht bereit oder in der Lage, die Gefährdung abzuwenden, ordnet das FamG die zur Gefährdungsabwendung erforderlichen Maßnahmen an.

59   Eine **Gefährdungslage** ist nicht schon deshalb indiziert, weil Eltern sich (anfangs) weigern, mit dem JA zusammenzuarbeiten. Sie mögen dafür unterschiedliche Gründe haben, zB Unsicherheit, Scham, Angst vor Sanktionen, schlechte Erfahrungen mit Ämtern, Bedürfnis nach Betonung der Familienautonomie. Die Fachkräfte im JA werden den Widerstand gegenüber dem JA als Behörde mit häufig negativen Zuschreibungen wie bedrohliche Behörde, die Kinder „wegnimmt", oder schlicht gegenüber der Einmischung von außen sinnvollerweise als Ressource aufzugreifen haben, um das Vertrauen der Beteiligten im familialen System zu gewinnen (Kohaupt JAmt 2005, 218; Trenczek 2008, 137 f). Die Schwere und Häufigkeit einer das Kindeswohl gefährdenden Situation ist nicht immer offenkundig

und vielfach besteht zwischen Eltern sowie Kindern oder Jugendlichen und den Fachkräfte des ASD Uneinigkeit.

Kommen die Fachkräfte im JA zu der Einschätzung, dass eine Kindeswohlgefährdung vorliegt *und* die **60** Eltern mit eigenen Mitteln nicht zur ausreichenden Zusammenarbeit sowie Inanspruchnahme der erforderlichen Hilfen gewonnen werden können, ist eine Anrufung des FamG angezeigt. Die **Gefährdungseinschätzung** nach Abs. 3 unterliegt den gleichen Kriterien wie derjenigen bei Bekanntwerden gewichtiger Anhaltspunkte für eine Kindeswohlgefährdung nach Abs. 1. Die Diagnoseinstrumente und Prüfbögen kommen auch hier zur Anwendung.

Teilt das FamG die Einschätzung, wird es nach seiner zivilrechtlichen **Parallelwertung** des § 1666 **61** Abs. 1 BGB die erforderlichen Maßnahmen zur Eröffnung des Hilfezugangs für das Kind bzw den Jugendlichen treffen. Das Gesetz verpflichtet das FamG jedoch zur eigenständigen Prüfung, sodass auch die Ablehnung eines Sorgerechtsentzugs im Einzelfall bereits gesetzlich angelegt ist, etwa weil das FamG die vorrangige Möglichkeit der Abwendung durch öffentliche Hilfen für möglich erachtet (§ 1666a Abs. 1 BGB). Das JA kann in diesem Fall die Einlegung einer Beschwerde prüfen (§ 162 Abs. 3 Satz 2 FamFG, ggf iVm § 57 Nr. 1 FamFG). Unabhängig davon, ob Beschwerde eingelegt wird, ist die ablehnende richterliche Entscheidung bzw Nichtentscheidung des FamG in den weiteren Hilfeprozess zu integrieren. Das FamG ist in jedem Fall zu ersuchen, das Geschehen in der Familie seinerseits für einen gewissen Zeitraum weiter überprüfend zu begleiten (vgl § 166 Abs. 3 FamFG).

Will das FamG gegenüber den Eltern eine **Anordnung der Inanspruchnahme von Hilfen nach SGB VIII 62** aussprechen (§ 1666 Abs. 3 Nr. 1 BGB), erfolgt sinnvollerweise eine vorherige Vergewisserung, dass die Leistungen vom JA auch angeboten werden. Das FamG hat die Hoheit darüber, ob es die elterliche Sorge entziehen will oder nicht. Hält es die vorrangige Gewährung öffentlicher Hilfen zur Gefährdungsabwendung ausreichend (§ 1666a Abs. 1 BGB), ist das JA verpflichtet, daran anknüpfend mit den Beteiligten im Familiensystem (erneut) in eine Hilfeplanung einzusteigen und zu klären, welche Hilfen sie – unter dem Eindruck des gerichtlichen Drucks – bereit und in der Lage sind, tatsächlich anzunehmen und zu nutzen. Das JA kann die Entscheidungshoheit des FamG über die Frage des Entzugs der elterlichen Sorge auch nicht mit der – unzulässigen – Ankündigung unterlaufen, es werde keine ambulanten oder teilstationären Hilfen mehr gewähren. Allerdings kann vom JA häufig nicht unmittelbar im Termin der familiengerichtlichen Erörterung geklärt werden, welche Hilfen die Eltern bereit und in der Lage sind anzunehmen und welche sie tatsächlich nutzen können. In diesen Fällen scheint eine Anordnung des FamG zielführend, welche die Eltern auffordert, mit dem JA zu klären, mit welchen Hilfen die Gefährdung abgewendet werden kann, und das Ergebnis der Hilfeplanung dem Gericht rückzumelden.

4. Inobhutnahme – Abs. 3 Satz 2

Die Inobhutnahme eines Kindes oder Jugendlichen kommt nur in Betracht, wenn das Kind oder der **63** Jugendliche darum bittet, die Personensorgeberechtigten der Inobhutnahme bei einer dringenden Gefährdung nicht widersprechen oder eine familiengerichtliche Entscheidung nicht rechtzeitig eingeholt werden kann (§ 42 Abs. 1 Satz 1 Nr. 1 u. 2; § 42 Rn 10 ff). Mit Ausnahme der Fälle, in denen die Kinder und Jugendlichen selbst um Obhut nachsuchen oder unbegleitet nach Deutschland eingereist sind (§ 42 Abs. 1 Satz 1 Nr. 1 und 3), ist das JA somit zum Eingriff in die elterliche Sorge der Personensorgeberechtigten nur ermächtigt, wenn der Schutz des Kindes oder Jugendlichen ein Abwarten der familiengerichtlichen Entscheidung nicht erlaubt. In Anbetracht der Möglichkeit einer Eilentscheidung des FamG und des gerichtlichen Bereitschaftsdiensts wird somit eine **Inobhutnahme nur in besonders akuten Gefährdungssituationen** in Betracht kommen (§ 42 Rn 12 ff), wenn sich das FamG trotz Eilbedürftigkeit nicht zu einer Entscheidung durchringt oder – unzulässigerweise – auf die Möglichkeit der Inobhutnahme verweist (Schellhorn/Mann § 8a Rn 20). Abs. 3 Satz 2 dient insoweit der Einordnung der Inobhutnahme in den Gesamtkontext des Schutzauftrags, enthält aber keine eigenständigen inhaltlichen Aussagen zu den Voraussetzungen und Rahmenbedingungen einer Inobhutnahme (ausführlich hierzu Trenczek 2008).

V. Einschalten anderer Institutionen – Abs. 4

1. Werben um Inanspruchnahme – Abs. 4 Satz 1

Die Hilfen des JA, auch Hilfen durch die Gewährung von Schutz, und die Möglichkeiten zur Eröffnung **64** von Hilfezugängen durch das FamG decken nur einen Ausschnitt dessen ab, was für Kinder und Jugendliche sowie deren Eltern zur Abwendung einer drohenden bzw Begegnung einer bereits eingetretenen Kindeswohlgefährdung notwendig sein kann. Medizinische Versorgung, die Gewährung von Hilfen durch andere Sozialleistungsträger, insbesondere Eingliederungshilfe bei körperlicher oder geistiger Behinderung nach SGB XII oder Grundsicherungsleistungen nach SGB II, oder ein Einschreiten der Polizei als Gefahrenabwehr- oder Strafverfolgungsbehörde, etwa unter Anwendung unmittelbaren Zwangs (vgl § 42 Abs. 6), gehören nicht zu den Aufgaben von JA und FamG. Vielmehr liegt auch die **Inanspruchnahme Dritter**, zB anderer Sozialleistungsträger, der Einrichtungen der Gesundheitshilfe oder der Polizei, in der **Verantwortung der Personensorge- und Erziehungsberechtigten**, deren Recht und Pflicht die Gewährleistung des Kindeswohls ist (Art. 6 Abs. 2 Satz 1 GG). Hält das JA „fremde" Unterstützung bzw Grundrechtseingriffe zum Wohl eines Kindes oder Jugendlichen für erforderlich, hat es folglich bei den Personensorge- oder Erziehungsberechtigten bzw dem Kind oder Jugendlichen auf die Inanspruchnahme der Unterstützung der anderen Stellen hinzuwirken (Abs. 4 Satz 1).

65   Im Verhältnis zu Polizei und Strafgerichtsbarkeit betont § 8 a konsequent den Hilfeauftrag der Kinder- und Jugendhilfe im Kinderschutz. Außer bei Kapitalverbrechen aus dem Katalog des § 138 StGB (Mord, Totschlag, räuberische Erpressung, Menschenhandel etc) besteht **keine Anzeigepflicht** gegenüber den Strafverfolgungsbehörden (Hauck/Bohnert § 8 a Rn 26; DIJuF JAmt 2007, 139; 2004, 183). Auch kennt die Rechtsordnung keine generelle Pflicht zur Verhinderung von Straftaten (DIJuF JAmt 2004, 533). Dem JA sind gesetzlich weder Aufgaben noch Befugnisse zugewiesen, Aufgaben der Strafverfolgung zu übernehmen oder an einer solchen mitzuwirken, wenn dies nicht im Rahmen der Erfüllung der eigenen Aufgaben zur Hilfe von Kindern und Jugendlichen erfolgt (DIJuF JAmt 2005, 235).

66   Im Verhältnis zu den Angeboten der Gesundheitshilfe kann das JA eine **ärztliche Untersuchung oder Behandlung** von Kindern oder Jugendlichen nicht selbst sicherstellen, sondern ist dabei grundsätzlich auf die Initiative der Personensorge- oder Erziehungsberechtigten angewiesen. Die Pflicht zur Werbung um die Inanspruchnahme des Abs. 4 Satz 1 stößt auf Grenzen, wenn keine zuvor aufgebauten und gepflegten Kooperationsstrukturen vorhanden sind (Fegert ZKJ 2008, 136, 137). In der Kooperation zwischen Gesundheits- und Kinder- und Jugendhilfe hat sich in den letzten Jahren, befördert unter dem Stichwort „Frühe Hilfen" und unter Begleitung durch das Nationale Zentrum Frühe Hilfen (siehe www.fruehehilfen.de; BJK JAmt 2008, 72; Ziegenhain/Fegert 2007), den 13. Kinder- und Jugendbericht (BT-Drucks. 16/12860) sowie das Sondergutachten des Sachverständigenrats zur Begutachtung der Entwicklung im Gesundheitswesen (2009), bundesweit allerdings viel bewegt.

2. Eigenes Tätigwerden bei Gefahr im Verzug – Abs. 4 Satz 2

67   Erfordert die potenzielle oder festgestellte Gefährdung eines Kindes oder Jugendlichen ein sofortiges Tätigwerden, liegt also im Sinne des Gefahrenabwehrrechts eine „Gefahr im Verzug" vor und wirken die Personensorge- bzw Erziehungsberechtigten – aus welchen Gründen auch immer – nicht mit, so ist das JA nicht nur befugt, sondern auch verpflichtet, selbst die anderen zur Abwendung der Gefährdung zuständigen Stellen einzuschalten (Abs. 4 Satz 2). Gerade in solchen (zumindest vermuteten) prekären Notsituationen ist daher eine gut funktionierende und im Vorfeld koordinierte **Zusammenarbeit mit der Polizei und anderen Stellen** gefordert. So leistet die Polizei im Rahmen ihres Gefahrenabwehrauftrags auf der Suche nach nicht auffindbaren, (potenziell) gefährdeten Kindern und Jugendlichen ebenso Unterstützung (DIJuF JAmt 2004, 241) wie in den Fällen, in denen die zuständigen Fachkräfte im JA eine sofortige medizinische Versorgung für (wahrscheinlich) erforderlich halten und eine solche nur gegen den Widerstand der Personensorge- oder Erziehungsberechtigten sichergestellt werden kann (DIJuF JAmt 2006, 78; zur Zusammenarbeit mit der Polizei siehe Blank/Deegener 2004, 113, 146 sowie insb. die PDV 382/1995; zur Gefahrenabwehr der Polizei bei Kindeswohlgefährdung Becker Jugendhilfe 2008, 12).

68   Mit der in Abs. 4 wiederholten Betonung der Verantwortung der Personensorge- und Erziehungsberechtigten zur Pflege und Erziehung ihrer Kinder trifft der Gesetzgeber auch eine eindeutige Aussage zur Vertrauensbeziehung zwischen den Fachkräften im JA und den Familien, denen sie helfen. Sind Familien in Krisen, so sollen Fachkräfte an der Seite der Kinder, Jugendlichen sowie Eltern stehen und nur bei Gefahr im Verzug Dritte an deren Stelle „ins Vertrauen" ziehen und damit von der Familie abrücken. Vergleichbar der Beziehung zwischen Arzt und Patient normiert somit auch § 8 a für das SGB VIII einen **funktionalen Schutz der Hilfebeziehung**. Statt eines populären Mottos „Kinderschutz geht vor Datenschutz" erkennt das SGB VIII auch in Abs. 4 an: „Kinderschutz braucht Datenschutz" (Meysen 2006, 51, 52 ff). Das partizipative Entstehen von Hilfe in einer kooperativen Vertrauensbeziehung wird als konstitutive Voraussetzung gesetzlich gesichert. Die Vorschrift ist von der Erkenntnis

getragen, dass dann, wenn Kinder, Jugendliche, Eltern oder andere Beteiligte im Familiensystem Vertrauen in einen nicht grenzenlos, aber doch grundsätzlich geschützten Raum der Hilfebeziehung haben können, die Chancen deutlich erhöht sind, dass sie sich mit ihren Problemen öffnen und sich helfen lassen, dass ihnen geholfen und dass das gefährdete Kind am wirksamsten geschützt werden kann (DIJuF JAmt 2005, 235).

VI. Übersichten zum idealtypischen Ablauf

Hilfe und Schutz haben sich im Kontext von Kindeswohlgefährdung selbstredend an den Bedürfnissen des Einzelfalls auszurichten. Aus den Verfahrensvorgaben und Aufgaben des § 8a zur Wahrnehmung des Schutzauftrags ergeben sich für die Fachkräfte im JA und die Fachkräfte bei Trägern von Einrichtungen und Diensten jedoch je eigene Geländer für das fachliche Handeln beim Bekanntwerden von möglicherweise gewichtigen Anhaltspunkten für eine Kindeswohlgefährdung. Der idealtypische Ablauf, wie ihn § 8a vorsieht, ist in jeweils eigenen Übersichten dargestellt, wobei es sich in der Praxis empfiehlt, das Vorgehen von Fachkräften außerhalb der Sozialen Dienste im JA entsprechend den Vorgaben des Abs. 2 für Fachkräfte bei Trägern von Einrichtungen und Diensten zu organisieren. 69

Übersicht 1: Umgang mit „gewichtigen Anhaltspunkten" im JA – Ablaufdiagramm eines idealtypischen Vorgehens

---

Eingang der ersten Information

mit (möglicherweise) „gewichtigen Anhaltspunkten" auf eine Kindeswohlgefährdung

---

Aktivierung des Fachteams: erste Risikoabschätzung (§ 8a Abs. 1 Satz 1)

- Informationssichtung (Welche Tatsachen sind bekannt? Sind bereits Vorgänge im ASD vorhanden?)
- Hypothesenbildung (Liegen nach allem, was man weiß, gewichtige Anhaltspunkte für eine Kindeswohlgefährdung oder sogar ein akuter Notfall vor, der sofortige Schutzmaßnahmen veranlasst?)
- Methodenwahl (Welche Möglichkeiten der Kontaktaufnahme mit der Familie bestehen?)
- Dokumentation der Beratungsergebnisse; Information der Dienstvorgesetzten (evtl. schon früher)

Kontaktaufnahme mit der Familie (§ 8a Abs. 1 Satz 2)

- Daten sind grundsätzlich beim Betroffenen zu erheben (§ 62 Abs. 2)
- vereinbarter (oder unangemeldeter) Hausbesuch; ggf einzelfallangemessene anderweitige Kontaktaufnahme

---

Bei dauerhaftem Scheitern einer Kontaktaufnahme oder bei besonderer Gefährdungslage (z.B. sexueller Mißbrauch)

Rechtfertigen die vorliegenden Informationen über die Gefährdungslage die nur ausnahmsweise zulässige Informationsgewinnung in Kindergarten, Schule, Nachbarschaft etc (§ 62 Abs. 3 Nr. 2 Buchst. c und d, Nr. 4)?
- soweit nicht anders lösbar und dringende Anzeichen einer Gefährdung
- Gefährdung des Hilfezugangs bei Kontaktaufnahme mit Familie

---

Gemeinsame Problemkonstruktion mit Familie (§ 8a Abs. 1 Satz 2)

- Information der Familie, Klärung der Situation und gemeinsame Problemkonstruktion
- ggf Anbieten von Hilfen (§ 8a Abs. 1 Satz 3)
- ggf Hinwirken auf Inanspruchnahme von ärztlicher oder polizeilicher Unterstützung oder Hilfen anderer Sozialleistungsträger; in akuten Notsituationen eigene Einschaltung (§ 8a Abs. 4)

Bewertung des Hilfebedarfs/Hilfeprozesses: (wiederholte) Gefährdungseinschätzung im Fachteam (§ 8a Abs. 1 Satz 1)

- Gewährleistung des Kindeswohls? Problemakzeptanz? Problemkongruenz? Hilfeakzeptanz)
- Unterbringung außerhalb der Familie erforderlich? Mit Einverständnis möglich?
- Anrufung des FamG erforderlich (§ 8a Abs. 3 Satz 1)?
- Vorliegen eines akuten Handlungsbedarfs vor Entscheidung des FamG (§ 8a Abs. 3 Satz 2)?
- Dokumentation der Beratungs- und Entscheidungsergebnisse

Krisenintervention (§ 8a Abs. 3 Satz 2, § 42)

- Inobhutnahme in akuten Krisen bei dringender Gefahr
- vorläufige Unterbringung des Kindes/Jugendlichen
- ggf unter Hinzuziehung der Polizei (§ 42 Abs. 6)
- Information und Beratung von Kind/Jugendlichen und Eltern

Anrufung des Familiengerichts (§ 8a Abs. 3 Satz 1, § 42 Abs. 3)

- ggf Eröffnung der Hilfezugänge für Kind/Jugendlichen durch Einschränkung bzw Entzug der Personensorge
- Vollstreckung durch Gerichtsvollzieher uU durch Anwendung unmittelbaren Zwangs

Übersicht 2: Umgang mit „gewichtigen Anhaltspunkten" bei Leistungserbringern – Ablaufdiagramm eines idealtypischen Vorgehens

---

Eingang der ersten Information

mit (möglicherweise) „gewichtigen Anhaltspunkten" auf eine Kindeswohlgefährdung

---

Aktivierung des Fachteams/Inanspruchnahme von Fachberatung: erste Risikoabschätzung (§ 8a Abs. 2 Satz 1)

- Informationssichtung (Welche Tatsachen sind bekannt?)
- Hypothesenbildung (Liegen nach allem, was man weiß, gewichtige Anhaltspunkte für eine Kindeswohlgefährdung oder sogar ein akuter Notfall vor, der sofortige Information des JA veranlasst?)
- Methodenwahl (Welche Möglichkeiten der Thematisierung mit der Familie bestehen?)
- Dokumentation der Beratungsergebnisse

Auf die Familie zugehen (§ 8a Abs. 2 Satz 2)

- Information der Familie über Gefährdungseinschätzung; Ansprechen der/Konfrontation mit den gewichtigen Anhaltspunkten für eine Kindeswohlgefährdung
- ausnahmsweise vertrauliche Thematisierung mit einzelnen Familienmitgliedern oder Bezugspersonen, wenn Hilfezugang sonst gefährdet (§ 8a Abs. 1 Satz 2 a.E.)
- ggf Hinwirken auf Inanspruchnahme weiterer Hilfen (§ 8a Abs. 2 Satz 2)

Gemeinsame Problemkonstruktion mit Familie (§ 8a Abs. 2 Satz 2)

(nur wenn Fachlichkeit ausreichend und eigener Hilfekontext dazu geeignet)
- Klärung der Situation und gemeinsame Problemkonstruktion
- ggf Nutzen des Zugangs zur eigenen Hilfe zur Abwendung der Gefährdung
- ggf Hinwirken auf Inanspruchnahme weiterer Hilfen

Bewertung der Situation/des Hilfeprozesses: (wiederholte) Gefährdungseinschätzung im Fachteam/mit Fachberatung

- Gewährleistung des Kindeswohls? Problemakzeptanz? Problemkongruenz? Hilfeakzeptanz?
- Weitere Hilfen erforderlich? Personenberechtigte zur Inanspruchnahme motivierbar?
- Vorliegen eines akuten Handlungsbedarfs durch das JA?
- Dokumentation der Beratungs- und Entscheidungsergebnisse

Information des JA (§ 8a Abs. 2 Satz 2 a.E.)

- vorherige (ausnahmsweise nachträgliche) Information der Familie über Einschätzung einer Notwendigkeit, weitere Hilfe durch das JA zu aktivieren
- weitere Nutzung des Zugangs der Familie zur eigenen Hilfe – soweit möglich

---

Weiterführende Literaturhinweise:

Kinderschutz-Zentrum Berlin 2009; *Meysen/Schönecker/Kindler* 2008; *ISS* 2008; *Trenczek* 2008; *Ziegenhain/Fegert* 2007; *Kindler* u.a. 2006; *Jordan* 2006; *Kohaupt* JAmt 2005, 218; *Münder/Mutke/Schone* 2000.

§ 9 Grundrichtung der Erziehung, Gleichberechtigung von Mädchen und Jungen

Bei der Ausgestaltung der Leistungen und der Erfüllung der Aufgaben sind

1. die von den Personensorgeberechtigten bestimmte Grundrichtung der Erziehung sowie die Rechte der Personensorgeberechtigten und des Kindes oder des Jugendlichen bei der Bestimmung der religiösen Erziehung zu beachten,
2. die wachsende Fähigkeit und das wachsende Bedürfnis des Kindes oder des Jugendlichen zu selbständigem, verantwortungsbewusstem Handeln sowie die jeweiligen besonderen sozialen und kulturellen Bedürfnisse und Eigenarten junger Menschen und ihrer Familien zu berücksichtigen,
3. die unterschiedlichen Lebenslagen von Mädchen und Jungen zu berücksichtigen, Benachteiligungen abzubauen und die Gleichberechtigung von Mädchen und Jungen zu fördern.

I. Inhalt und Bedeutung der Norm

1 In den Programmsätzen des § 9 (elterliches Erziehungsprimat, alters-, milieu-, migrations- und geschlechtsspezifische Sensibilität und Gleichberechtigung) stellen die gesetzliche Grundlage für die notwendig plurale Ausrichtung der Kinder- und Jugendhilfe dar. **Rechtssystematisch** beziehen sich die als „Allgemeine Vorschrift" des ersten Kapitels auf die Ausgestaltung der Wahrnehmung sämtlicher Aufgaben nach dem SGB VIII. Sie normieren dabei aber weder eigene Voraussetzungen oder Aufgaben noch individuelle Rechtsansprüche. Die Formulierung der Grundsätze ist ebenso verbindlich wie allgemein gehalten. Vom Rechtscharakter kommt § 9 somit eine programmatisch orientierende Bedeutung zu.

II. Grundrichtung der Erziehung – Nr. 1

2 Wie Nr. 1 betont, ergibt sich aus dem SGB VIII bei der Leistungserbringung **kein (öffentliches) Erziehungsrecht**. Auch bei der außerfamilialen Erziehung leitet sich die Erziehungsberechtigung von Pflegepersonen oder Erziehern in Einrichtungen von den Personensorgeberechtigten ab. Die sorgerechtlichen Befugnisse sind ihnen nur zur Ausübung übertragen (§ 1688 BGB; ausführlich hierzu § 38 Rn 2 ff). Rechtsbasis für die Betätigung der Kinder- und Jugendhilfe ist somit das einvernehmliche Arrangement zwischen Personensorge- und Erziehungsberechtigten, Kindern bzw Jugendlichen und den Institutionen sowie Fachkräften der Kinder- und Jugendhilfe. Schon aus Rechtsgründen ist geboten, mit den Hilfeadressaten Konsens und Verständigung zu suchen (hierzu § 36 Rn 23 f) und bei einer Betreuung des Kindes oder Jugendlichen außerhalb des elterlichen Haushalts die Personensorgeberechtigten in den Hilfe- und Sozialisierungsprozess kontinuierlich einzubeziehen (zur Elternarbeit § 37 Rn 3 ff). Gefährden die Vorstellungen der Personensorgeberechtigten das Wohl des Kindes oder Jugendlichen und ändern sie sich auch nach Beratung nicht, wird ggf ein Eingriff in die elterliche Sorge erforderlich und ist das FamG anzurufen (§ 8 a Abs. 3).

3 Im Hilfeprozess, insbesondere bei außerfamilialer Erziehung und Betreuung, findet kein ständiges Hineinwirken der Personensorgeberechtigten in die Erziehungs- und Betreuungssituationen statt. Der Begriff **Grundrichtung** verdeutlicht, dass die Fachkräfte (nur) bei grundsätzlichen Entscheidungen verpflichtet sind, im Einvernehmen zu handeln. Die alltäglichen **Betreuungs- und Erziehungsaufgaben** werden von den Personensorgeberechtigten durch die Zustimmung zur Hilfe, die Anmeldung in einer Kindertageseinrichtung oder anderweitige außerfamiliale Unterbringung in der Regel an die Fachkräfte zur Ausübung übertragen (ausführlich Münder 2007, 28), es sei denn, es ist ausdrücklich etwas Anderes vereinbart (auch § 38 Rn 8 f). Die Pflicht zur Zusammenarbeit bleibt davon unberührt (vgl § 22 a Abs. 2 Nr. 1, § 23 Abs. 3 Satz 1, § 37 Abs. 1, § 43 Abs. 2 Satz 1 Nr. 1).

4 Die Betonung der **religiösen Erziehung** erklärt sich aus dem im RelKEG verankerten Bestimmungsrecht der Kinder und Jugendlichen. Das RelKEG, das generell für die weltanschauliche Erziehung gilt, sieht in seinem § 5 Satz 1 vor, dass Jugendlichen nach Vollendung des 14. Lebensjahrs die Entscheidung über ihre Weltanschauung allein zusteht; nach Vollendung des 12. Lebensjahrs kann (§ 5 Satz 2 RelKEG) kein Bekenntniswechsel gegen den Willen des Kindes oder Jugendlichen stattfinden; ab dem vollende-

ten 10. Lebensjahr sind die Kinder und Jugendlichen (§ 2 Abs. 3 Satz 5 RelKEG) bei einem Wechsel der weltanschaulichen Erziehung vom FamG zu hören.

III. Berücksichtigung der Entwicklung und Herkunft – Nr. 2

Die jungen Menschen sind Ausgangs- und Bezugspunkt des Handelns in der Kinder- und Jugendhilfe 5 (§ 1 Abs. 1). Diese Orientierung erfordert, Kindern und Jugendlichen altersgerecht zu begegnen. Wie die Eltern (§ 1626 Abs. 2 BGB) haben die Fachkräfte in der Kinder- und Jugendhilfe die wachsende Fähigkeit und das wachsende Bedürfnis des Kindes oder des Jugendlichen zu selbstständigem, verantwortungsbewussten Handeln zu berücksichtigen (Nr. 2 Alt. 1). Damit wird die Subjektstellung der Kinder oder Jugendlichen betont und deren **Autonomiebedürfnis** bei der Entwicklung zu einer eigenverantwortlichen Persönlichkeit Rechnung getragen. Auch das Sozial- und Familienrecht erkennt die wachsende Autonomie in vielfältiger Weise an und spricht insoweit von Handlungsfähigkeit (§ 36 SGB I) oder Teilmündigkeit. Unabhängig davon wurde in der Grundrechtsdogmatik die Rechtsfigur des einsichtsfähigen Kindes oder Jugendlichen entwickelt, das/der in höchstpersönliche Angelegenheiten wie die Einwilligung in eine ärztliche Behandlung oder Informationsweitergabe die Entscheidung selbst treffen kann, wenn es/er deren Tragweite überschaut (BGHZ 29, 33; stRspr). Die Einsichtsfähigkeit ist auch in der Kinder- und Jugendhilfe, etwa bei der Inobhutnahme oder bei der Erhebung oder Übermittlung persönlicher Daten, zu beachten (DIJuF JAmt 2008, 20; JAmt 2006, 497; auch § 8 Rn 5, § 42 Rn 45).

Besondere Bedeutung kommt auch der Programmatik einer **Berücksichtigung sozialer und kultureller** 6 **Bedürfnisse** der Kinder und Jugendlichen zu (Nr. 2 Alt. 2). Vor dem Hintergrund des fortwährenden gesellschaftlichen Wertewandels und angesichts der tendenziellen Auflösung traditioneller Milieus und ehedem kollektiver Lebensentwürfe (ausführlicher Einl. Rn 3 ff) unter gleichzeitiger Schaffung neuer, geraten die Lebensstile und Ausdrucksformen von Kindern und Jugendlichen in Widerspruch zu Normen und Vorgaben offizieller Kultur- und Sinnstiftung. Kinder- und Jugendhilfe kann deswegen nicht mehr Lebensentwürfe und Lebenssinn tradieren oder aus offiziellen Vorgaben ableiten. Die Aufgabenwahrnehmung nach dem SGB VIII erfordert vielmehr eine Verständigung mit diesen über unterschiedliche Konzepte, Alternativen und Optionen persönlicher Entscheidungen. Um hier hilfreich zu sein, muss Kinder- und Jugendhilfe Chancen zur Orientierung, Konfrontation und zu sozialem Lernen eröffnen (BMJFFG 1990, 108 ff).

Dieser Aspekt gilt auch für die Entwicklung hin zu einer multi- bzw interkulturellen Gesellschaft (BM- 7 JFFG 1990, 91 ff). Gefordert ist eine ausreichende **Sensibilität für unterschiedliche Lebensformen,** **-entwürfe, Milieu- und Migrationshintergründe** in allen Arbeitsfeldern der Kinder- und Jugendhilfe. Die sich hieraus ergebenden spezifischen Erfordernisse der Integration und Perspektiventwicklung verpflichten zu eigenständigen Aktivitäten, interkulturellen Ansätzen, besonders geschultem Fachpersonal und die Vielfalt widerspiegelnder Auswahl des Personals.

IV. Berücksichtigung der Lebenslagen von Mädchen und Jungen – Nr. 3

Bei der Wahrnehmung der Aufgaben nach dem SGB VIII sind die unterschiedlichen Lebenslagen weib- 8 licher und männlicher Minderjähriger zu berücksichtigen (Nr. 3; zum Lebensweltkonzept des SGB VIII 8. KJB BT-Drucks. 11/6576, 17). Je nach Altersgruppe bestehen geschlechtsspezifisch unterschiedliche differierende Hilfebedarfe und Benachteiligungen. Daraus erwächst die Pflicht, **je spezifische Angebote** **für Jungen und Mädchen** zu entwickeln und vorzuhalten (unter vielen Werthmanns-Reppekus/Böllert 2002; Frenzke-Kulbach UJ 2006, 79; Rose/Scherr dj 2000, 65; Matzner UJ 2005, 227; Schwack Forum Erziehungshilfen 2004, 147; Wanielik Forum Erziehungshilfen 2004, 150; Brenner dj 1999, 85). Dies ist bei der **Jugendhilfeplanung** zu berücksichtigen. Auch bei der individuellen **Hilfeplanung und -gestaltung** sind geschlechtsspezifische Beteiligungsformen von Kindern und Jugendlichen angezeigt (Hartwig/Kriener Forum Erziehungshilfen 2007, 202; Schimpf Forum Erziehungshilfen 2007, 196).

Ursprünglich fokussierte die Diskussion auf Mädchen, die fehlenden kompensatorischen Angebote 9 sowie die besonderen Bedürfnisse bei den Zugangswegen sowie bei der Gestaltung der Hilfen (siehe 6. Jugendbericht 1984, BT-Drucks. 10/1007; Friedrich/Trauernicht 1991, 55; zur Situation in der DDR Kunkel/Schifferdecker § 9 Rn 9). Hieraus entwickelte sich ein genereller Ansatz mädchenorientierter Kinder- und Jugendhilfe (BMFSFJ 1996). Mittlerweile sind beide Geschlechter und ihre je spezifischen **Benachteiligungen** gleichermaßen im Blick. Insbesondere durch die ökonomischen Veränderungen fällt es Jungen zunehmend schwerer, ihre Rolle in der Gesellschaft zu finden, was u.a. in Aggressionspotenzial, Delinquenzverhalten und Schulabbruch Ausdruck findet (zB Winter/Neubauer dt. jugend 2007, 509; Matzner UJ 2005, 227).

10   Das Bewusstsein für die Bedeutung der Dimension Geschlecht nimmt in der Praxis der Kinder- und Jugendhilfe zwar schleppend, aber weiter zu. Ansätze zur Mädchen- und Jungenarbeit finden zunehmende Ausdifferenzierung, haben allzu oft jedoch nur Modellcharakter und harren ihrer notwendigen Erhebung zum Standardrepertoire jeder örtlichen und überörtlichen Angebotspalette. Mit der verbindlichen Einführung der Grundsätze des **Gender Mainstreaming** im Bereich der Kinder- und Jugendhilfe sind die Wirkungen von Gesetzen und Hilfen geschlechterdifferenziert erfasst. Nr. 3 fordert, Gender Mainstreaming zur Querschrittsaufgabe zu entwickeln (Winter UJ 2006, 70; Schäfer UJ 2006, 51).

V. Praxisbedeutung der Vorschrift

11   Praktische Relevanz hat die Vorschrift bei der **Planung, Konzeption, Organisation und Entwicklung** in den verschiedenen Arbeitsfeldern der Jugendhilfe (zB für die Jugendsozialarbeit Matzner UJ 2005, 227), sowohl beim öffentlichen Träger als auch in der Zusammenarbeit mit Trägern von Einrichtungen und Diensten. Bei der Förderung der Angebote freier Träger (§ 74 Rn 25 f) sind die in § 9 genannten Grundsätze ausdrücklich zu beachten. Die Vorschrift ist dort relevant, wo den Trägern **Gestaltungsspielräume** zur Verfügung stehen, wie etwa im gesamten Bereich der Jugendarbeit, bei der Förderung der Erziehung in der Familie usw. Ihre Bedeutung haben die Gedanken aber auch bei individuellen Leistungen: Hier muss Kinder- und Jugendhilfe, ausgehend von den jeweiligen Lebensbedingungen der Betroffenen, ihr Leistungsangebot so gestalten und die Angebote so organisieren, dass die Programmatik des § 9 gleiche Chancen und gleichen Zugang für alle Adressaten gewährleistet.

Weiterführende Literaturhinweise zu Nr. 3:

Münder 1999, 138; *Werthmanns-Reppekus/Böllert* 2002; *Rose/Scherr* dj 2000, 65.

§ 10 Verhältnis zu anderen Leistungen und Verpflichtungen

(1) [1]Verpflichtungen anderer, insbesondere der Träger anderer Sozialleistungen und der Schulen, werden durch dieses Buch nicht berührt. [2]Auf Rechtsvorschriften beruhende Leistungen anderer dürfen nicht deshalb versagt werden, weil nach diesem Buch entsprechende Leistungen vorgesehen sind.

(2) [1]Unterhaltspflichtige Personen werden nach Maßgabe der §§ 90 bis 97b an den Kosten für Leistungen und vorläufige Maßnahmen nach diesem Buch beteiligt. [2]Soweit die Zahlung des Kostenbeitrags die Leistungsfähigkeit des Unterhaltspflichtigen mindert oder der Bedarf des jungen Menschen durch Leistungen und vorläufige Maßnahmen nach diesem Buch gedeckt ist, ist dies bei der Berechnung des Unterhalts zu berücksichtigen.

(3) [1]Die Leistungen nach diesem Buch gehen Leistungen nach dem Zweiten Buch vor. [2]Leistungen nach § 3 Abs. 2 und §§ 14 bis 16 des Zweiten Buches gehen den Leistungen nach diesem Buch vor.

(4) [1]Die Leistungen nach diesem Buch gehen Leistungen nach dem Zwölften Buch vor. [2]Leistungen der Eingliederungshilfe nach dem Zwölften Buch für junge Menschen, die körperlich oder geistig behindert oder von einer solchen Behinderung bedroht sind, gehen Leistungen nach diesem Buch vor. [3]Landesrecht kann regeln, dass Leistungen der Frühförderung für Kinder unabhängig von der Art der Behinderung vorrangig von anderen Leistungsträgern gewährt werden.

I. Bedeutung, Rechtsentwicklung

Die Bestimmung regelt als **Kollisionsnorm** das Verhältnis der Leistungen nach dem SGB VIII zu anderen (Sozial-)Leistungen und Verpflichtungen. Sie ordnet an, welche Leistungen im Verhältnis zu denen im SGB VIII vorrangig und welche nachrangig sind. Abs. 1 Satz 1 begründet den **Nachrang von Leistungen nach dem SGB VIII** (Rn 2 ff). Dieser findet nur wenige Durchbrechungen: In Abs. 2 wird der Vorrang der Unterhaltspflichten aufgehoben und stattdessen auf die Erhebung von Kostenbeiträgen verwiesen (Rn 31 ff). In Abs. 3 findet sich eine vorrangige Leistungspflicht in Bezug auf die Sicherstellung des Lebensunterhalts bei gleichzeitiger Vorrangigkeit von strukturellen Leistungen zur Eingliederung in Arbeit nach dem SGB II (Rn 35 ff). In Abs. 4 Sätze 1 und 2 ist der Nachrang der SGB XII-Leistungen bei gleichzeitiger Vorrangigkeit von SGB XII-Eingliederungshilfe für geistig oder körperlich behinderte junge Menschen normiert (Rn 41 ff). Abs. 4 Satz 3 regelt einen Landesrechtsvorbehalt für den Bereich der Frühförderung (Rn 54 f).

II. Verweis auf andere Verpflichtungen und Leistungen – Abs. 1

1. Vorrang, Sozialleistungsträger, Rehabilitationsleistungsträger

Abs. 1 Satz 1 und § 2 Abs. 2 Satz 1 SGB XII sind inhaltlich identisch. In beiden Fällen darf sich niemand seiner Verpflichtung gegenüber hilfesuchenden Personen entziehen, indem er diese auf Leistungen der Jugendhilfe (bzw Sozialhilfe) verweist. Der Vorrang der Verpflichtung anderer gilt aber nur so weit, wie die vorrangige Leistung tatsächlich realisiert oder demnächst realisiert werden kann. Ansonsten ist – wie in der Sozialhilfe – der abstrakte Verweis auf vorrangig Verpflichtete nicht möglich. Leistet ein vorrangig verpflichteter (Sozialleistungs-)Träger nicht, aus welchen Gründen auch immer, so greift der **Nachrang der Jugendhilfeleistungen**. Der angegangene Träger der öffentlichen Jugendhilfe muss leisten und ist insoweit „**Ausfallbürge**" für die ausbleibenden Leistungen der vorrangig Verpflichteten. Mögliche Erstattungsansprüche richten sich zB nach § 14 Abs. 4 SGB IX, §§ 102 ff SGB X (Rn 56 ff).

3　　Wird ein **Sozialleistungsträger** angegangen und besteht ein Anspruch auf Sozialleistungen, ist jedoch zwischen mehreren Leistungsträgern strittig, wer zur Leistung verpflichtet ist, so kann der zuerst angegangene Leistungsträger nach pflichtgemäßem Ermessen **vorläufige Leistungen** erbringen (§ 43 SGB I). Beantragt der Leistungsberechtigte die (vorläufige) Leistungserbringung, so hat der zuerst angegangene Leistungsträger Leistungen gem. § 43 Abs. 1 Satz 2 SGB I zu erbringen (zu Besonderheiten des § 14 SGB IX s. § 35 a Rn 81 ff). Dabei ist irrelevant, ob der Streit die sachliche Zuständigkeit (welches Leistungssystem ist überhaupt zuständig) oder die örtliche Zuständigkeit (welcher öffentliche Träger ist innerhalb des sachlich zuständigen Systems zuständig) betrifft. Die Frage, wer (vorrangig) zuständiger Leistungsträger ist, haben somit nicht die Bürger zu klären, sondern wird zwischen verschiedenen Leistungsträgern geklärt, ggf über nachträgliche Auseinandersetzungen zur Kostenerstattung (dazu Rn 56 ff).

4　　Für den Bereich der Rehabilitation und Teilhabe behinderter Menschen richtet sich das **Verfahren der Zuständigkeitsklärung nach § 14 SGB IX** (hierzu ausführlich § 35 a Rn 81 ff). Wird bei (irgend)einem Rehabilitationsträger, zu denen auch Träger der öffentlichen Jugendhilfe zählen (§ 6 Abs. 1 SGB IX), eine Leistung zur Teilhabe beantragt, so hat dieser innerhalb von zwei Wochen nach Eingang des Antrags festzustellen, ob er zuständig ist; diese Regelung gilt sinngemäß, wenn die Leistung antragsunabhängig, also von Amts wegen zu erbringen ist (§ 14 Abs. 3 SGB IX). Hält er sich für nicht zuständig, ist der Antrag unverzüglich an den nach seiner Meinung zuständigen Rehabilitationsträger weiterzuleiten. Ein Rehabilitationsträger, an den ein solcher Antrag weitergeleitet wurde, wird damit zuständig (§ 14 Abs. 2 SGB IX), er kann nicht mehr weiterleiten. Stellt sich nach Bewilligung heraus, dass letztlich doch ein anderer Rehabilitationsträger für die Leistung zuständig wäre, hat dieser dem Träger, der nach Weiterleitung die Leistung erbracht hat, dessen Aufwendungen (entsprechend der für den leistenden Rehabilitationsträger geltenden Vorschriften) zu erstatten (§ 14 Abs. 4 SGB IX; zur Kostenerstattung Rn 56).

2. Kein Vorrang der Selbsthilfe

5　　Anders als § 2 Abs. 1 SGB XII normiert das SGB VIII keinen Nachrang gegenüber der Selbsthilfe. Die Träger der öffentlichen Jugendhilfe dürfen ihre Leistungsverantwortung nicht mit Verweis auf die **Pflicht der Eltern zur Pflege und Erziehung** ihrer Kinder (Art. 6 Abs. 2 Satz 1 GG, § 1626 Abs. 1 Satz 1 BGB) negieren. Erziehungs- und eingliederungsbedürftige Kinder und Jugendliche, in deren Interesse Leistungen nach dem SGB VIII gewährt werden, haben regelmäßig keine Möglichkeit der Selbsthilfe (Wiesner/Wiesner § 10 Rn 15 f). Deshalb kann die Leistungsgewährung auch nicht vom (vorherigen) Einsatz des Einkommens und Vermögens abhängig gemacht werden, sondern ist unabhängig davon. Die Eltern werden über Kostenbeiträge in die Verantwortung genommen (Abs. 2 und § 91 Abs. 5: „bedingter Nachrang"; Rn 31 f, § 91 Rn 21 ff), auch bei Leistungen der Förderung in Tagespflege (§ 90 Rn 11; DIJuF JAmt 2005, 514; 2006, 81 u. 384).

3. Träger anderer Sozialleistungen

6　　Ist ein anderer Sozialleistungsträger nach dem SGB vorrangig leistungsverpflichtet, besteht für den nachrangig zuständigen Träger der öffentlichen Jugendhilfe ein **Leistungsverweigerungsrecht** nur, wenn der Verweis auf den vorrangigen Träger zumutbar ist (Schwengers 2007, 109 ff; VGH BW FEVS 52, 225, 226; Grube/Wahrendorf § 12 SGB XII Rn 13; Hauck/Luthe § 2 SGB XII Rn 13 ff); die vorrangige Leistung muss tatsächlich präsent und realisierbar sein (DIJuF JAmt 2004, 236; Rn 2). Im Übrigen ist das JA zur Gewährung der nachrangigen Leistung verpflichtet und kostenerstattungsberechtigt (BVerwG 23.9.1999 – 5 C 26.98 – E 109, 325, 330 = ZfJ 2000, 191, 193).

a) Abgrenzung zur Arbeitsförderung nach dem SGB III

7　　Leistungen der Arbeitsförderung nach dem SGB III sind vorrangig gegenüber Leistungen nach dem SGB VIII. Auch als **Rehabilitationsträger** kann sich die Bundesagentur für Arbeit nicht auf § 22 **Abs. 2 SGB III** berufen, wonach Leistungen zur Teilhabe am Arbeitsleben nach SGB III nur erbracht werden, sofern nicht ein anderer Rehabilitationsträger zuständig ist. Maßgeblich ist auch hier Abs. 1 Satz 1 zur vorrangigen Zuständigkeit des SGB III (VG Koblenz 12.7.2006 – 5 K 1992/05 KO – JAmt 2007, 489; aA Kunkel 2005, S. 18 f).

Für den Bereich der beruflichen Eingliederung betont § **13 Abs. 2** den ausdrücklichen **Vorrang von** 8 **Maßnahmen und Programmen anderer Träger** und Organisationen. Die Verpflichtungen im SGB VIII sind zusätzlich als Kann-Leistungen ins Ermessen der JÄ gestellt. Dahinter steht die politische Intention, die Kinder- und Jugendhilfe nicht (auch noch) zu einem „Ausfallbürgen für Wirtschafts- und Arbeitsmarktpolitik" zu machen (Kunkel/Nonninger § 13 Rn 23 f; DIJuF JAmt 2004, 74). Dies schließt aufeinander und miteinander abgestimmte Leistungsangebote im Bereich der Arbeitsförderung (zB bei der Jugendsozialarbeit) nicht aus.

Das SGB III beinhaltet vor allem die leistungsrechtlichen Grundlagen für die Förderung der Berufs- 9 ausbildung, der beruflichen Weiterbildung und die Entgeltersatzleistungen, insbesondere des Arbeitslosengelds (Arbeitslosenversicherung). Bestehen neben bzw anstelle der Leistungen nach dem SGB II (hierzu unten Rn 35 ff) Ansprüche auf Leistungen nach dem SGB III, so sind insbesondere die **Berufsausbildungsbeihilfe nach** § **59 SGB III** gegenüber Leistungen für Unterkunft und Unterhalt nach § 13 Abs. 3 oder Annexleistungen zum notwendigen Unterhalt (§ 39) vorrangig (DIJuF JAmt 2004, 236; Hauck/Bieritz-Harder § 10 Rn 18). Im Rahmen von Leistungen zur Förderung der Berufsausbildung oder der beruflichen Weiterbildung können auch die **Kosten der Kinderbetreuung** in Höhe von monatlich 130 Euro je Kind übernommen werden (§ 68 Abs. 3 Satz 3, § 83 SGB III; DIJuF JAmt 2005, 397; zur Frage des Ermessens siehe Rn 29). Bietet die Bundesagentur für Arbeit keinen den Erfordernissen des jungen Menschen entsprechenden **Ausbildungsplatz** an, kann die nachrangige Leistungspflicht nach § 41 aktiviert sein (VG Berlin 10.5.2006 – VG 18 A 904.05 – JAmt 2006, 459; kritisch hierzu Stascheit 2009, 167, 171).

b) Abgrenzung zur Krankenversicherung nach dem SGB V

Die Annexleistung Krankenhilfe (§ 40) ist nachrangig gegenüber Leistungen nach dem SGB V. Letztere 10 sind von den Leistungsberechtigten vorrangig in Anspruch zu nehmen (VG Karlsruhe 19.2.2008 – 9 K 1866/07 – JAmt 2008, 221). Auch die **Versicherungspflicht** nach § 5 Abs. 1 Nr. 13 SGB V ist vorrangig (DIJuF JAmt 2008, 199) und durch Leistungen nach § 40 nicht ausgeschlossen; diese stellen keine „anderweitige Absicherung im Krankheitsfall" iSd § 5 SGB V dar.

Abgrenzungsprobleme zu Leistungen bei Krankheit nach SGB V ergeben sich insbesondere im Bereich 11 **medizinischer Rehabilitation oder Krankenbehandlung** im Kontext (drohender) seelischer Behinderung. Die psychische Störung nach ICD-10 ist sowohl Krankheit iSd SGB V als auch Voraussetzung der (drohenden) seelischen Behinderung iSd § 35 a Abs. 1 (§ 35 a Rn 18 ff). Bei der Krankenbehandlung (§ 27 SGB V) ist den besonderen Bedürfnissen psychisch Kranker Rechnung zu tragen (§ 27 Abs. 1 Satz 3 SGB V). Bei medizinischen Rehabilitationsmaßnahmen (§ 40 SGB V) sind die nach § 43 SGB V ergänzenden Leistungen zur Rehabilitation von Bedeutung (ausführliche Gegenüberstellung bei Kunkel/Haas ZKJ 2006, 148, 152; Kunkel 2003, 329). Die medizinischen Rehabilitationsleistungen umfassen nicht die allgemeine soziale Eingliederung (§ 43 Nr. 1 SGB V; hierzu DIJuF JAmt 2004, 131). Diese ist regelmäßig Aufgabe der Kinder- und Jugendhilfe, was bei einem Zusammentreffen mit medizinischer Rehabilitation eine umfassende Leistungsverpflichtung nach SGB V nicht hindert (VGH BW FEVS 52, 225; DIJuF JAmt 2007, 27).

Bei **Adaptionsbehandlungen** im Nachgang zur einer (stationären) Suchttherapie kann sich eine ge- 12 meinsame Leistungsverantwortung nach SGB V und SGB VIII ergeben. In der Praxis bewährt hat sich eine zeitliche Teilung der Kostenträgerschaft, wobei die Krankenversicherungen die erste Hälfte finanzieren und das JA die zweite (DIJuF JAmt 2005, 182, 184; § 35 a Rn 52). Sofern bei der Behandlung die Erkrankung im Vordergrund steht, besteht eine vorrangige Leistungspflicht nach SGB V auch, wenn die **Rehabilitationsmaßnahme** bereits über eine längere Zeit geleistet wurde, etwa bei chronischer Erkrankung (DIJuF JAmt 2006, 241).

Der Vorrang von Leistungen nach dem SGB V führt jedoch ins Leere, wenn die Krankenkassen die 13 notwendige Behandlung oder Maßnahme nicht in ihren Leistungskatalog übernommen haben. Bspw besteht trotz Vorliegens einer Krankheit keine Leistungspflicht der Krankenkassen für eine **Legasthenietherapie**, da die **Heilmittel-Richtlinien** sie bei Störungen wie Lese- und Rechtschreibschwäche als nicht verordnungsfähig erklären und die Richtlinien gem. § 92 SGB V die Ärzte, Krankenversicherungen und Versicherten binden (LSG BY 23.3.2006 – L 4 KR 279/04 – JAmt 2006, 314; SG Regensburg

10.11.2004 – S 14 KR 38/04 – JAmt 2005, 89, 90). Scheitert eine **Erstattung von Fahrtkosten** zu einer Maßnahme der medizinischen Rehabilitation an den Einkommensgrenzen des SGB V, kommen entsprechende Leistungen nach § 35 a in Betracht; weder die fehlende Akzessorietät der Geldleistung zu einer Hauptleistung noch eine – nicht bestehende – vorrangige Geltung der Einkommensgrenzen des SGB V stehen einem Anspruch nach § 35 a entgegen (BVerwG 22.2.2007 – 5 C 32.05 – JAmt 2007, 260 = NJW 2007, 1991).

14   Wegen der teilweise nicht auflösbaren Abgrenzungsprobleme im frühkindlichen Alter ermöglicht die **Frühförderungsverordnung (FrühV)** zur Vermeidung von Zuständigkeitsstreitigkeiten im Einzelfall daher eine trägerübergreifende Diagnostik in interdisziplinären Frühförderstellen (§ 3 FrühV) oder sozialpädiatrischen Zentren (§ 4 FrühV) und die Erbringung von trägerübergreifenden Komplexleistungen (§§ 8 f FrühV). Zuständigkeitsanteile werden bei der Finanzierung der Leistung gequotelt (eingehend Rn 54 f; § 35 a Rn 86 ff).

15   Fallen Eltern bei der Erziehung und Pflege ihrer Kinder krankheitsbedingt vorübergehend aus, so sieht das SGB V den Einsatz einer häuslichen Krankenpflege (§ 37 SGB V) oder Haushaltshilfe (§ 38 SGB V) vor. In **Notsituationen** dauern die Entscheidungsfindungsprozesse der Krankenversicherungen teilweise so lange, dass das JA eine nachrangige Leistung nach § 20 oder, falls dies nicht möglich ist, eine **Inobhutnahme** initiieren muss, um das Kind oder den Jugendlichen nicht schutzlos zu lassen. Es besteht ein Kostenerstattungsanspruch nach § 104 SGB X (ausführlich § 42 Rn 14; DIJuF JAmt 2006, 291 u. JAmt 2007, 25; Trenczek 2008, 203 ff).

c) Abgrenzung zur Pflegeversicherung nach dem SGB XI

16   Abweichend von Abs. 1 erklärt das SGB XI Leistungen der Eingliederungshilfe nach dem SGB VIII als nicht nachrangig (§ 13 Abs. 3 Satz 3 SGB XI). Dies ist ein gesetzlicher Widerspruch, der auch durch Auslegung nur sehr bedingt aufgelöst werden kann. Da weder SGB VIII noch SGB XI ein Geltungsvorrang zukommt, kann **kein Ausschluss von Jugendhilfeleistungen** angenommen werden, wenn der junge Mensch pflegebedürftig iSd SGB XI ist (GK/Busch/Fieseler § 10 Rn 6). Im Kollisionsfall kann sich keiner der beiden (erstangegangenen) Sozialleistungsträger auf den Vorrang von Leistungen des jeweils anderen berufen. Besteht keine Kollision, etwa mit sozialpädagogischen, therapeutischen Leistungen nach dem SGB VIII, kommt eine (ergänzende) Leistungspflicht der Pflegekassen in Betracht, zB zu Leistungen der häuslichen Pflege (§§ 36 ff SGB XI) oder teilstationären und Kurzzeitpflege (§§ 41 f SGB XI). Die Begleitung eines pflegebedürftigen Kindes zur Schule zählt in der sozialen Pflegeversicherung nicht zum berücksichtigungsfähigen Pflegebedarf (BSG 5.8.1999 – B 3 P 1/99 R).

d) Abgrenzung zu anderen Sozialleistungen

17   Bei Arbeitsunfällen (§ 8 SGB VII) kommen Leistungen der **Unfallversicherung nach dem SGB VII** in Betracht. Sind Jugendliche selbst betroffen, sind sowohl die personalen Leistungen etwa der Heilbehandlung (§§ 27 ff SGB VII) oder zur Teilhabe am Arbeitsleben und am Leben in der Gemeinschaft (§§ 35, 39 ff SGB VII) als auch finanzielle Rentenleistungen (§ 56 Abs. 2 Satz 2 SGB VII) gegenüber Jugendhilfeleistungen vorrangig. Als Hinterbliebene haben junge Menschen Anspruch auf Waisenrente (§§ 67 f SGB VII). Diese ist unabhängig von der Erhebung eines Kostenbeitrags einzusetzen (§ 93 Abs. 1 Satz 2).

18   Erziehungsbeihilfe und Eingliederungshilfe nach dem **OEG** sind gegenüber Leistungen nach § 39 vorrangig (ausführlich Hoffmann JAmt 2005, 329; zu den Leistungsvoraussetzungen nach OEG Heinz SGb 2008, 145). Personenidentität zwischen Leistungsberechtigten (Personensorgeberechtigte bei Hilfe zur Erziehung, Kind/Jugendlicher bei Opferentschädigung) ist nicht erforderlich (DIJuF JAmt 2007, 245). Wenn die Leistungen der Opferentschädigung den Bedarf nicht in vollem Umfang decken (VG Freiburg JAmt 2001, 600, 601) oder wegen Überschreitens der Schongrenzen bei Vermögen keine Leistungen nach OEG mehr gewährt werden (VG Saarlouis 28.2.2007 – 10 K 80/05 – JAmt 2007, 594), sind (ergänzende) Leistungen nach SGB VIII zu gewähren. Die erzieherische bzw Eingliederungsleistung wird sinnvollerweise weiter vom Jugendhilfeträger gewährt und der zuständige Träger der Kriegsopferfürsorge erstattet die Kosten nach § 104 SGB X (RdSchr BMA v. 15.11. 1999 – VI a 2 – 52039, Rdschr und Information des BMA zum sozialen Entschädigungsrecht, 1/2000). Eine vollständige Fallabgabe empfiehlt sich nur in Ausnahmefällen (hierzu Hoffmann JAmt 2005, 329, 335 ff). Erziehungsbeihilfe und Eingliederungshilfe wie Waisen- und Ausgleichsrenten sind unabhängig von der Erhebung eines Kostenbeitrags in vollem Umfang einzusetzen (§ 93 Abs. 1 Satz 2).

Leistungen nach dem **Unterhaltsvorschussgesetz** werden während stationärer Unterbringung nach dem SGB VIII nicht gewährt (§ 1 Abs. 4 Satz 2 UVG; DIJuF JAmt 2008, 27). Werden stationäre Leistungen nur für einen Teil der Woche gewährt, ist korrelierend zur Quote des § 94 Abs. 4 Unterhaltsvorschuss zu gewähren (UVG-RL 1.11.4). **19**

Leistungen nach **BAföG** sind als zweckbestimmte Leistungen für den Lebensunterhalt und die Ausbildung abhängig vom Einkommen der Eltern. Dies gilt wegen des Vorrangs nach Abs. 1 auch, wenn das Kind im Rahmen einer Jugendhilfeleistung untergebracht ist. BAföG-Leistungen sind somit bei entsprechendem geringen Einkommen der Eltern und Vorliegen der weiteren Voraussetzungen auch während einer stationären Unterbringung nach dem SGB VIII zu gewähren. **20**

Der Nachrang des Abs. 1 ist teilweise durch sondergesetzliche Regelungen durchbrochen, vor allem des Familienleistungsausgleichs. So ist nach SGB VIII auch dann zu leisten, wenn **Elterngeld** nach dem BEEG, vergleichbare Leistungen der Länder oder Mutterschaftsgeld erbracht werden. **21**

4. Vorrangige Verpflichtung der Schulverwaltung

Die schon immer vorrangig verpflichteten Schulen wurden mit dem KICK (Einl. Rn 47) in Abs. 1 Satz 1 ausdrücklich aufgenommen. Die gesetzgeberische Intention, die teilweise wenig offensive Wahrnehmung der (sonderpädagogischen) Förderaufgaben durch die Schulen, insbesondere bei Teilleistungsstörungen, zu befördern (BT-Drucks. 15/5616, 25), kann eine gewisse Zielerreichung wohl nicht abgesprochen werden. Wiederholt haben Gerichte eine Leistungspflicht nach SGB VIII verneint und Kinder oder Jugendliche auf die Inanspruchnahme vorrangiger Angebote der Schule verwiesen (OVG SH 4.7.2006 – 2 O 20/06 – JAmt 2007, 100; VG Aachen 10.3.2008 – 2 L 283/07 – JAmt 2008, 217; VG Darmstadt 27.8.2007 – 3 E 1022/07 – JAmt 2008, 215; VG Oldenburg 16.2.2009 – 13 A 1621/07 – JAmt 2009, 319). Das Problem eines fehlenden **adäquaten Angebots an öffentlichen Schulen** bleibt bestehen (OVG NW 16.7.2004 – 12 B 1338/04 – ZfJ 2004, 463; VG Aachen 18.11.2004 – 2 L 577/04 – ZfJ 2005, 328). **22**

Bevor wegen Schulschwierigkeiten im Kontext (drohender) seelischer Behinderung eine Leistungspflicht des Trägers der öffentlichen Jugendhilfe nach SGB VIII begründet werden kann, besteht nach dem Schulrecht einiger Länder eine Pflicht der zuständigen Schulbehörden zur (vorherigen) **Feststellung des sonderpädagogischen Förderbedarfs** (Art. 41 Abs. 3 EUG BY; § 31 Abs. 1 Nr. 1 SonderpädagogikV BE; § 3 SonderpädagogikV BB; § 2 SonderpädagogikV BR; § 19 Abs. 2 SchulG HH; § 19 Sonderpädagogische FörderV HE; § 2 Abs. 1 Sonderpädagogische FörderV MV; VO über die Feststellung des sonderpädagogischen Förderbedarfs NI; §§ 11 ff Sonderpädagogische FörderV NW; § 15 SchulO für öff. Grundschulen RP iVm § 11 Abs. 1 SchulO für öff. Sonderschulen RP; §§ 6 ff IntegrationsV SL; § 12 SchulO Förderschulen SN; §§ 8 f Sonderpädagogische FörderV ST; § 3 Sonderpädagogische FörderV SH; § 5 Sonderpädagogische FörderV TH; hierzu VGH BY 6.6.2005 – 12 BV 03.3176 – FEVS 57, 125; OVG NW 30.1.2004 – 12 B 2392/03 – JAmt 2004, 203; VG Karlsruhe 16.10.2003 – 5 K 2700/03 – JAmt 2004, 35; LSG NI-BR 9.3.2007 – L 13 SO 6/06 ER – FEVS 58, 406). **23**

Kinder, Jugendliche und deren Eltern haben gegenüber den Jugendhilfeträgern keinen Anspruch auf Behebung schulischer Probleme oder auf **bestmögliche Schulausbildung** (BVerwG 12.7.2005 – 5 B 56.05 – JAmt 2005, 524; OVG SN 7.12.2005 – 4 B 131/05 – EuG 2006, 357; VG Oldenburg 16.2.2009 – 13 A 1621/07 – JAmt 2009, 319; aA wohl VGH BW 12.12.2005 – 7 S 1887/05 – JAmt 2006, 202). Auch korreliert nicht jeder (sonderpädagogische) Förderbedarf mit einer Leistungspflicht nach dem SGB VIII (OVG NI 15.9.2005 – 12 ME 354/05 – FEVS 58, 33). **Legasthenie, Dyslexie oder Dyskalkulie** aktualisieren nur dann (über das schulische Angebot des Förder-/Stützunterrichts hinaus) die Ausfallbürgschaft nach SGB VIII, wenn sie eine (drohende) Teilhabebeeinträchtigung zur Folge haben (§ 35a Rn 40). **24**

Ein **Aufmerksamkeitsdefizit-/Hyperaktivitätssyndrom** kann – bei Überforderung des Personals und der Strukturen allgemeiner Schulen – den Besuch einer Privatschule erforderlich machen. Aufgrund eines defizitären Angebot der Schulen kann ein entsprechender Anspruch nach § 35a bestehen (OVG NW 16.7.2004 – 12 B 1338/04 – ZfJ 2004, 463; OVG NW 30.1.2004 – 12 B 2392/03 – JAmt 2004, 203; VG Aachen 18.11.2004 – 2 L 577/04 – ZfJ 2005, 328). **25**

Für **Hochbegabung** steht in Deutschland kein ausreichendes Angebot an öffentlichen Schulen zur Verfügung. Die Begabung selbst ist zwar keine seelische Behinderung (Rohrmann NDV 2005, 62), kann aber in kausalem Zusammenhang stehen mit sozialen Integrationsschwierigkeiten, in deren Konsequenz sich eine psychische Störung entwickelt, was wiederum – bei Vorliegen einer Teilhabebeein- **26** trächtigung – ggf Leistungen wegen (drohender) seelischer Behinderung in einem Internat notwendig machen kann (VG Regensburg 16.2.2004 – RO 8 E 03.3106 – JAmt 2004, 493; VG Dessau 23.8.2001 – 2 A 550/00 – ZfJ 2002, 441 = NDV-RD 2002, 53; VG Schleswig 8.6.2000 – 15 A 56/00 – ZfJ 2002, 439; Bernzen ZfJ 2002, 422).

27   Bei **Autismus** oder anderen gravierenden Integrationsschwierigkeiten in der Schule besteht in geeigneten Fällen mangels schulischen Angebots und entsprechender Ansprüche der Schüler gegenüber dem Land im Schulrecht der Länder ein Anspruch gegenüber dem örtlichen Jugendhilfeträger auf einen Integrationshelfer/Schulbegleiter (§ 35 a Rn 62).

28   Bestehen Ansprüche der Schüler bzw der Eltern auf Förderung gegenüber der Schule, besteht für den Träger der öffentlichen Jugendhilfe die Möglichkeit der **Überleitung nach § 95** und der Geltendmachung für die Zukunft gegenüber den zuständigen Schulbehörden (§ 95 Rn 4; DIJuF JAmt 2004, 305; OVG RP 16.7.2004 – 12 A 10701/04 – JAmt 2004, 432, 435; Wiesner § 10 Rn 23; aA VG Göttingen 12.5.2005 – 2 A 84/04 – JAmt 2005, 584; Sidortschuk JAmt 2005, 552).

5. Nachrang bei Ermessensleistungen Anderer

29   Der Vorrang nach Abs. 1 bezieht sich auf alle anderweitigen Leistungen und Verpflichtungen. Sofern unbedingte Rechtsansprüche oder Regelrechtsansprüche der Leistungsberechtigten bestehen (Vor-Kap. 2 Rn 7 ff), ist dies unkompliziert. Bei **Ermessensleistungen** besteht ein Anspruch auf rechtmäßige Ermessensausübung. Wird die Leistung gewährt, so ist dadurch der Vorrang realisiert. Eine Ausübung des Ermessens, nach der die Leistung wegen der Möglichkeit der Inanspruchnahme von Jugendhilfeleistungen abgelehnt wird, ist nach **Abs. 1 Satz 2** rechtswidrig. Mit dieser Einschränkung des Spielraums soll verhindert werden, dass andere Leistungsträger sich bei Ermessensleistungen ihrer vorrangigen Leistungsverpflichtung entziehen. Entsprechende Dienstanweisungen sind unzulässig (DIJuF JAmt 2004, 74). Eine Kann-Leistung aufgrund anderer Vorschriften hat Vorrang auch vor Soll-Leistungen und Rechtsansprüchen nach dem SGB VIII (DIJuF JAmt 2005, 397).

6. Freiwillige Leistungen Anderer

30   Von der Nachrangregelung nicht erfasst werden **freiwillige Leistungen Dritter**. Dies sind Leistungen, die von Privatpersonen oder zB von Stiftungen auf freiwilliger Basis erbracht werden (zB Mutter-Kind-Stiftung). Diese Leistungen dürfen nicht in der Weise angerechnet werden, dass deswegen Jugendhilfeleistungen versagt oder reduziert werden. Allerdings dürfen freiwillige Leistungen aus dem öffentlich-rechtlichen Bereich (zB öffentlich-rechtliche Stiftungen) nicht mit dem Hinweis darauf versagt werden, dass Ansprüche auf Jugendhilfeleistungen bestehen. Eine Ausnahme besteht für die Möglichkeit der Reduzierung der Leistungen zum notwendigen Unterhalt bei Großelternpflege (§ 39 Abs. 4 Satz 4; hierzu § 39 Rn 24 f).

III. Verpflichtungen Unterhaltspflichtiger – Abs. 2

31   Anders als bei den meisten nicht versicherungsfinanzierten Sozialleistungen sind nach Abs. 2 die **Unterhaltspflichten nicht vorrangig** gegenüber den Leistungen nach dem SGB VIII. Dies erscheint inhaltlich konsequent, denn die Leistungsgewährung erfolgt nicht deshalb, weil die Unterhaltszahlungen ausbleiben, sondern begegnet unabhängig davon erzieherischen, behinderungsbedingten oder anderen Förderbedarfen. Durch Abs. 2 entfallen bei Fremdunterbringung auch unterhaltsrechtliche Pflichten der Eltern zur Gewährung privaten Krankenversicherungsschutzes für das Kind; ggf sind Leistungen nach § 40 zu gewähren (DIJuF JAmt 2007, 349). Unterhaltspflichtige Eltern, Ehepartner oder Lebenspartner nach dem LPartG werden entsprechend ihren Einkommensverhältnissen zu den Kosten stationärer oder teilstationärer Leistungen herangezogen (§ 92). Sie werden damit nicht aus ihrer finanziellen Verantwortung, insb. zur Pflege und Erziehung und zur Sicherstellung des materiellen Wohls ihres Kindes, entlassen (BT-Drucks. 15/3676, 31). Die „Herstellung des Nachrangs" der SGB VIII-Leistungen gegenüber der Elternverantwortung wird durch die **Erhebung öffentlich-rechtlicher Kostenbeiträge** erzielt (DIJuF JAmt 2006, 186; 2005, 511).

32   Mangels Vorrangigkeit des Unterhaltsanspruchs wirkt sich die Deckung des notwendigen Lebensunterhalts durch den Jugendhilfeträger (§ 39) auch auf den unterhaltsrechtlichen Bedarf des Kindes nach BGB aus. Wegen vollständiger **Bedarfsdeckung** bei stationärer Leistung entfällt die Unterhaltsberechtigung des Kindes (Abs. 2 Satz 2; Schellhorn FuR 2006, 490, 494; DIJuF JAmt 2006, 186, 187). Soweit der Unterhalt im Rahmen stationärer Leistungsgewährung nach SGB VIII sichergestellt wird, ist auch

der unterhaltsrechtliche Bedarf des Leistungsempfängers gedeckt (BT-Drucks. 15/3676, 31). Zwar entfällt der Unterhaltsanspruch nicht dem Grunde nach, ist aber auf Null Euro reduziert. Die Inpflichtnahme des Unterhaltspflichtigen erfolgt durch die **Erhebung eines Kostenbeitrags**. Auch bei dessen fehlender Vollstreckbarkeit, etwa im Ausland, lebt die Unterhaltspflicht nicht wieder auf (DIJuF JAmt 2007, 29). Liegt ein Unterhaltstitel vor, kann der Unterhaltsschuldner Herabsetzung verlangen (DIJuF JAmt 2006, 33) und sich gegen Vollstreckung mit der Vollstreckungsgegenklage wehren (§ 767 ZPO); möglicherweise gelingt die Vereinbarung eines Vollstreckungsverzichts (DIJuF JAmt 2006, 191, 192). Einer **doppelten Inanspruchnahme** wird vorgebeugt, indem ein Kostenbeitrag nicht erhoben werden darf, bevor nicht über die unterhaltsrechtlichen Folgen der bedarfsdeckenden Jugendhilfeleistungen aufgeklärt wurde (§ 92 Abs. 3; § 92 Rn 18 ff; DIJuF JAmt 2005, 511).

Werden während der Gewährung einer stationären Leistung nach SGB VIII **vorrangige Sozialleistungen aufgrund anderer Gesetze** erbracht, so gilt für diese nach § 10 Abs. 1 nicht nur der Leistungsvorrang, sondern auch der Vorrang der dortigen Rückgriffsregelungen. Bei der Gewährung von **BAföG-Leistungen** bleibt es beim gesetzlichen Übergang des Unterhaltsanspruchs auf den Träger der BAföG-Leistungen (§ 37 Abs. 1 BAföG). Eine Anrechnung der Bedarfsdeckung auf den Unterhaltsanspruch nach § 10 Abs. 2 Satz 2 findet bis zu der Höhe nicht statt, wie aufgrund der Gewährung dieser vorrangigen Leistungen ein Rückgriff gegenüber den Unterhaltspflichtigen zur Herstellung des Nachrangs vorgesehen ist. Die Höhe der Kostenbeiträge ist entsprechend zu reduzieren (DIJuF JAmt 2006, 33). Für das **UVG** sind solche Rückgriffskollisionen ausdrücklich ausgeschlossen (§ 1 Abs. 4 Satz 2 UVG; DIJuF JAmt 2008, 27). 33

Die Gewährung **teilstationärer Leistungen** und ggf von Annexleistungen zum notwendigen Unterhalt (§ 39) hat keine Auswirkungen auf die Unterhaltspflicht. Kostenbeitragspflichtig sind nur die betreuenden Elternteile (§ 92 Abs. 1 Nr. 5 Alt. 2). Die baruntehaltspflichtigen Elternteile, also diejenigen, die nicht mit dem jungen Menschen zusammenleben, werden nicht zu den Kosten der Leistung herangezogen und bleiben daher in vollem Umfang unterhaltspflichtig. 34

IV. Verhältnis zu Leistungen nach dem SGB II – Abs. 3

Das Verhältnis zu Leistungen der Grundsicherung für Arbeitssuchende nach dem SGB II regelt Abs. 3. Für Leistungen zur **Sicherung des Lebensunterhalts** sind im Kollisionsfall vorrangig die Jugendhilfeträger zuständig, für Leistungen der **Vermittlung in Arbeit** (§ 3 Abs. 2 SGB II) sowie zur **Eingliederung in Arbeit** (§§ 14 bis 16 g SGB II) die Arbeitsagenturen. Der begrenzte Anwendungsbereich, in dem es tatsächlich zu Überschneidungen kommen kann, ist der der Jugendsozialarbeit nach § 13. Mangels entsprechender SGB II-Leistungen bleibt Schulsozialarbeit ausschließlich in der Verantwortung des Jugendhilfeträgers. Sind junge Menschen im Rahmen von Leistungen nach dem SGB VIII stationär untergebracht, wird ihr Lebensunterhalt aus Sicht des SGB II von Trägern anderer Sozialleistungen sichergestellt (§ 39). Sie sind daher nicht hilfebedürftig (§ 9 Abs. 1 SGB II aE) und erhalten von vornherein keine SGB II-Leistungen. Es bleibt beim Vorrang der Leistungen nach dem SGB III (Rn 7 ff). 35

Die Konkurrenz von **Leistungen der Arbeitsvermittlung nach § 3 Abs. 2 SGB II** im Verhältnis zu **Leistungen nach § 13 SGB VIII** betrifft die Beratungs- und Unterstützungsleistungen für junge Menschen bei der Suche nach einer Ausbildung bzw Arbeit. Das SGB II normiert insoweit einen Rechtsanspruch als Muss-Leistung (Münder/Münder § 3 SGB II Rn 13). Für hilfebedürftige junge Menschen, die bereits einen Ausbildungsabschluss haben, besteht ein eindeutiger Vorrang der Leistungen der Arbeitsagenturen (Schruth ZfJ 2005, 223, 230). Junge Menschen ohne abgeschlossene Berufsausbildung (§ 3 Abs. 2 Satz 2 SGB II) bedürfen bei sozialen Benachteiligungen und individuellen Beeinträchtigungen häufig ergänzender Leistungen nach § 13 Abs. 1 oder §§ 27 ff, 41. 36

Oft stellt sich die Frage nach dem Vor- bzw Nachrang wegen der **unterschiedlichen Zielrichtung von SGB II und SGB VIII** nicht (Kunkel ZfJ 2005, 436). Leistungen nach dem SGB II stehen unter einer monetären Ägide und dienen der „Stärkung der Eigenverantwortung" bei der Sicherung des Lebensunterhalts (§ 2 SGB II). Leistungen nach SGB VIII verfolgen das Ziel der Förderung bei der Entwicklung und Erziehung zu einer eigenverantwortlichen und gemeinschaftsfähigen Persönlichkeit (§ 1 Abs. 1). Die Betreuungsintensität der jeweiligen Maßnahmen nach SGB II oder SGB VIII kann daher sehr unterschiedlich sein und junge Menschen mit unterschiedlichen Schwierigkeiten, Stärken und Betreuungsbedarfen betreffen. Daher ist der Zugang zu den jeweiligen Leistungen so zu gestalten, dass 37 die für eine Berufsintegration notwendige Hilfestellung geleistet wird (DV-Empfehlungen NDV 2005, 397).

38 Der **Vorrang der Leistungen nach** § 3 Abs. 2 SGB II gilt auch dann, wenn im Rahmen von Hilfe zur Erziehung, Eingliederungshilfe nach § 35 a oder Hilfe für junge Volljährige Maßnahmen der Vermittlung in Arbeit anstehen; unbenommen bleibt die Verpflichtung zur Beratung über die Angebote nach § 14 SGB I. **Keine Kollision** ergibt sich bspw bei Schulsozialarbeit, isolierten Anspruch auf sozialpädagogisch begleitetes Wohnen nach § 13 Abs. 3, Leistungen für ausländische junge Menschen ohne Arbeitserlaubnis sowie Leistungen für junge Menschen im Alter unter 15 Jahren (Schruth ZKJ 2006, 137, 138 f; ders. ZfJ 2005, 223, 228 f; weitere Bsp bei Kunkel ZfJ 2005, 436, 439).

39 Vorrangig sind auch die Leistungen zur **Eingliederung in Arbeit nach** §§ 16 bis 16 g SGB II. Der fehlende Verweis auf §§ 16 a bis 16 g SGB II ist als redaktionelles Versehen bei der Umgestaltung des § 16 SGB II durch das Gesetz zur Neuausrichtung der arbeitsmarktpolitischen Instrumente (BT-Drucks. 16/10810) unbeachtlich. § 16 Abs. 1 und 2 enthalten zahlreiche Verweise auf strukturelle Unterstützung und Dienstleistungen im Zusammenhang mit der Eingliederung in Arbeit aufgrund von Leistungen nach SGB III. Würden die Arbeitsagenturen diese umfassenden Instrumentarien (ausführliche Auflistungen bei Münder 2009; Stascheit 2009, 167, 169 f) tatsächlich und mit ausreichend sozialpädagogischer Fachlichkeit sowie lebensweltorientiertem Ansatz nicht als Aliud gewähren (daher bereits von vornherein die Kollision nach § 10 Abs. 3 Satz 2 verneinend Schruth Sozial Extra 5/2006, 25), bliebe wenig Raum für Leistungen nach SGB VIII. Aufgrund der quantitativ sowie qualitativ defizitären Angebote nach SGB II ist der nachrangige Anwendungsbereich des § 13 jedoch – mehr als derzeit gesetzlich intendiert – eröffnet. Über das ausdifferenzierte Angebot für Benachteiligte (§ 16 iVm SGB III) hinaus sollen Arbeitsgelegenheiten geschaffen werden (§ 16 d SGB II) und können Leistungen bspw der **Kindertagesbetreuung** (§ 16 a Nr. 1 SGB II), **psychosozialen Betreuung** (§ 16 a Nr. 3 SGB II) oder Suchtberatung (§ 16 a Nr. 4 SGB II) erbracht werden, wenn dies zur Eingliederung ins Erwerbsleben erforderlich ist. Das Ermessen ist entsprechend dem Zweck der Ermächtigung auszuüben (§ 39 SGB I). Dieser Zweck ist hier, die Teilnahme an der Maßnahme zu gewährleisten. Ist die Teilnahme an einer Maßnahme ohne Kinderbetreuung nicht sichergestellt, so ergibt sich regelmäßig eine Ermessensverdichtung zu einer Pflicht zur Gewährung entsprechender Leistungen. Ein Verweis auf Leistungen nach SGB VIII ist jedenfalls ermessensfehlerhaft (Rn 29). Wird die Übernahme der Kosten jedoch rechtmäßig oder rechtswidrig abgelehnt, so bleibt es bei der Leistungsverpflichtung nach SGB VIII. In letzterem Fall besteht ein Kostenerstattungsanspruch des Trägers der öffentlichen Jugendhilfe (§ 104 SGB X).

40 Gem. § 6 Abs. 1 Nr. 2 SGB II sind für Leistungen nach § 16 a SGB II die kreisfreien Städte und Kreise Leistungsträger. Da die Kommunen somit die Kosten tragen, sollen sie über diese mitentscheiden. Deshalb ist mit jedem erwerbsfähigen Hilfsbedürftigen eine **Eingliederungsvereinbarung** im Einvernehmen mit dem kommunalen Träger über die erforderlichen Leistungen zu schließen (§ 15 Abs. 1 Satz 1 SGB II; Kruse u.a./Kruse SGB II § 15 Rn 5). Aus Gründen der Effektivität der Hilfen und der Wirtschaftlichkeit ist eine enge Kooperation und das Herstellen von Einvernehmen zwischen den Leistungsträgern unbedingt erforderlich (ausführlich DV-Empfehlungen NDV 2005, 397, 400 ff). Praxisrelevanz für die **Finanzierung der Leistungen** erlangt dieser Vorrang insbesondere dann, wenn JÄ kreisangehöriger Gemeinden und Städte für die Leistungen nach §§ 22 ff SGB VIII zuständig sind und der Kreis für Leistungen nach § 16 a Nr. 1 SGB II (DIJuF JAmt 2005, 558; Renn/Schoch 2005, Rn 68).

V. Verhältnis zu Leistungen nach dem SGB XII – Abs. 4

1. Grundsatz – Abs. 4 Satz 1

41 Abs. 4 enthält eine Sonderregelung für das **Verhältnis zur Sozialhilfe**. Danach sind grundsätzlich **Jugendhilfeleistungen vorrangig** (Satz 1), insbesondere die Sicherung des notwendigen Unterhalts nach § 39 vor Hilfe zum Lebensunterhalt nach §§ 27 ff SGB XII (Grundsatz der Hilfen aus einer Hand). Besondere Bedeutung erlangt Abs. 4 Satz 1 für junge Volljährige in Bezug auf **Hilfen zur Überwindung besonderer sozialer Schwierigkeiten nach** §§ 67 f SGB XII (ausführlich § 41 Rn 14 ff; im Hinblick auf die Jugendstraffälligenhilfe Trenczek 2009 c, Rn 28). Da bspw der Auszug oder „Rauswurf" aus dem elterlichen Haushalt, ein übereilter „Umzug" aus Liebe ohne Bleibe am neuen Aufenthaltsort etc stets Bestandteil des Ablösungsprozesses vom Elternhaus und (nicht ausgereifter) Persönlichkeitsentwicklung junger Volljähriger sind, gehen Leistungen nach § 41 wegen dessen insoweit weiten Anwendungsbereichs in der Altersgruppe bis zur Vollendung des 21. Lebensjahrs regelmäßig vor (DIJuF JAmt

2003, 241; zu einer vergleichbaren Situation mit Unterbringung in einer Mutter-Kind-Einrichtung nach § 19 DIJuF JAmt 2001, 407).

2. Eingliederungshilfe – Abs. 4 Satz 2

a) Allgemeines

Vom Grundsatz des Satzes 1 formuliert Abs. 4 Satz 2 eine (Rück-)Ausnahme für Leistungen der Eingliederungshilfe für junge Menschen mit Behinderung nach §§ 53 ff SGB XII. Leistungen zur Eingliederung körperlich und geistig behinderter Menschen nach SGB XII gehen den SGB VIII-Leistungen vor. Für junge Menschen mit (drohender) seelischer Behinderung bleibt es mangels Erwähnung beim Vorrang der Leistungen nach dem SGB VIII (Abs. 4 Satz 1). Die vielfach erhobene Forderung nach **Zuordnung aller behinderten jungen Menschen** zur Jugendhilfe („große Lösung"; 13 KJB BT-Drucks. 16/12860, 12 ff; Schwengers 2007, 338 ff; Dillmann/Dannat ZfF 2009, 25, 32 f; Humme UJ 2005, 402; 11. KJB 2002; § 35 a Rn 8) entspräche den Grundsätzen der Inklusion. Stattdessen exkludiert Abs. 4 Satz 2 junge Menschen mit geistiger und körperlicher Behinderung in ein anderes Leistungssystem. 42

Das **SGB XII** regelt für Menschen mit nicht nur vorübergehenden, wesentlichen körperlichen oder geistigen Behinderungen bzw für Personen, die von einer derartigen Behinderung bedroht sind, einen Rechtsanspruch auf Leistungen der **Eingliederungshilfe** (§ 53 Abs. 1 Satz 1 SGB XII: Muss-Leistung, VorKap. 2 Rn 8). Bei geistigen und körperlichen Behinderungen, die vorübergehend oder nicht wesentlich sind, besteht Anspruch auf eine **Ermessensleistung** (§ 53 Abs. 1 Satz 2 SGB XII: Kann-Leistung, VorKap. 2 Rn 8). Gehören junge Menschen zu einer der beiden Fallgruppen, gilt gem. Abs. 4 Satz 2 der Vorrang der Sozialhilfe. Der Personenkreis der körperlich und geistig wesentlich Behinderten ist in der Verordnung nach § 60 SGB XII (EingliederungshilfeV) näher bestimmt (§§ 1, 2 EinglHV). Geht es nicht um die Überwindung der aus der Behinderung folgenden Benachteiligung, sondern um (davon unabhängige) Schwierigkeiten im Erziehungsprozess oder ganz allgemein um die Förderung der Erziehung schließt eine Behinderung weder bei den Kindern noch bei den Eltern Leistungen der Jugendhilfe aus (Rn 48 ff u. 52). 43

b) Mehrfachbehinderung

Abgrenzungsfragen entstehen bei der Zuordnung der Leistungen für **mehrfach behinderte junge Menschen**. Sofern unterschiedliche Behinderungen unterschiedliche Leistungen erfordern (zB Körperbehinderung erfordert Versorgung mit Körperersatzstücken, seelische Behinderung Betreuung während Tag und Nacht), sind jeweils unterschiedliche Leistungsträger zuständig. Sofern die Bedarfe unabhängig voneinander gedeckt werden können, besteht keine **Leistungskollision**, die Pflichten mehrerer Leistungsträger bestehen nebeneinander (Münder ZfJ 2001, 122 f; VGH BY FEVS 44, 258; OVG NI FEVS 48, 281; VG Braunschweig NDV-RD 2001, 18; VG Gelsenkirchen 27.2.2007 – 19 K 4403/04 – JAmt 2007, 491; DIJuF JAmt 2006, 130: Autismus und Blindheit). 44

Die Vorrangfrage wird aktuell, wenn es sich um **mit Jugendhilfeleistungen konkurrierende Sozialhilfeleistungen** handelt (BVerwGE 109, 325 = FEVS 51, 337 = ZfJ 2000, 191 = NDV-RD 2000, 65 = NJW 2000, 1688; VGH BY FEVS 52, 471). Werden durch eine Leistung die Eingliederungsbedarfe wegen der unterschiedlichen Behinderungen gedeckt, besteht eine Kollision iSd Rechtsprechung des BVerwG und gehen die Leistungen nach SGB XII vor. Maßgeblich ist also der durch die Leistung tatsächlich gedeckte bzw zu deckende Hilfebedarf (SG Marburg 23.2.2007 – S 9 SO 42/05 – JAmt 2007, 265; VG Göttingen 4.10.2007 – 2 A 563/05 – EuG 2008, 169). Bei identischer Leistung ist die Überschneidung evident (zB Zubringerdienst zu integrativem Hort, DIJuF JAmt 2005, 68). Leistungen nach §§ 53 ff SGB XII sind auch vorrangig, wenn die Leistung zumindest auch auf den **Hilfebedarf** wegen geistiger und/oder körperlicher Behinderung eingeht (VG Gelsenkirchen 27.2.2007 – 19 K 4403/04 – JAmt 2007, 491; VG Saarlouis 23.11.2005 – 10 K 49/05 – EuG 2006, 421). Ist ein mehrfachbehinderter junger Mensch stationär untergebracht, geht die Hilfe notwendig auf alle behinderungsbedingten Nachteile ein und ergibt sich daher ein Vorrang der SGB XII-Leistungen. 45

Auf den **Schwerpunkt der Behinderung** kommt es bei der Abgrenzung nicht an (BVerwG aaO; VG Saarlouis 2.5.2007 – 10 K 52/05 – JAmt 2007, 435). Leistungen nach SGB XII sind auch vorrangig, wenn nur eine leichte Intelligenzminderung vorliegt. Die Argumentation, der junge Mensch sei nicht wesentlich geistig behindert, ist – abgesehen davon, dass eine isolierte Feststellung regelmäßig unstatthaft ist – unzulässig, wenn insgesamt eine wesentliche Behinderung vorliegt (VGH BY 5.6.2007 – 12 46

BV 05.218 – JAmt 2007, 433; 9.6.2005 – 12 BV 02.969 – JAmt 2006, 316 = FEVS 57, 78; VG Oldenburg 16.4.2007 – 13 B 152/07 – JAmt 2007, 262; SG Aachen 8.5.2007 – S 20 SO 2/07 – JAmt 2007, 441; SG Karlsruhe 18.9.2007 – S 4 SO 4036/07 – EuG 2008, 185; aA VG Arnsberg 22.5.2007 – 11 K 2375/06 – EuG 2009, 165, 175).

47   Bei Mehrfachbehinderung hat der erstangegangene Rehabilitationsträger innerhalb von zwei Wochen nach Eingang des Antrags seine Zuständigkeit festzustellen oder den Antrag unverzüglich an den für zuständig gehaltenen Rehabilitationsträger weiterzuleiten (§ 14 Abs. 1 Sätze 1 u. 2 SGB IX). Stellt sich später heraus, dass der andere Rehabilitationsträger (vorrangig) zuständig wäre, besteht ein Anspruch auf Kostenerstattung nach § 14 Abs. 4 SGB IX (zur **Zuständigkeitsklärung nach § 14 SGB IX** Kunkel JAmt 2007, 17; § 35 a Rn 78 ff).

c) Körperliche/geistige Behinderung und erzieherischer Bedarf

48   Wenn für einen körperlich und/oder geistig behinderten jungen Menschen sowohl Eingliederungshilfe nach SGB XII als auch wegen erzieherischen Bedarfs Hilfe zur Erziehung nach §§ 27 ff in Frage kommen, so gilt auch bei der **Kollision mit erzieherischen Hilfen** der Vorrang der Sozialhilfe des Abs. 4 Satz 2 (ausführlich DIJuF JAmt 2004, 234). Auch bei einer stationären Unterbringung kann nicht darauf abgestellt werden, ob der körperlichen bzw geistigen Behinderung isoliert gesehen mit ambulanten Maßnahmen begegnet werden könne. Entscheidend ist auch hier, ob in der Einrichtung oder Pflegefamilie der behinderungsbedingte Bedarf gedeckt wird oder nicht (SG Marburg 23.2.2007 – S 9 SO 42/05 – JAmt 2007, 265; VG Göttingen 4.10.2007 – 2 A 563/05 – EuG 2008, 169). Für eine hypothetische Abgrenzung bei Isolation der Bedarfe fehlt eine Bezugsgröße, mit der die Erziehung der Eltern in Beziehung gesetzt werden müsste mit der Erziehung anderer Eltern. Die Begründung für eine Zuständigkeit nach SGB VIII würde lauten: „Bei normalen Eltern würde das Kind noch zuhause leben." Ein Vorrang der Leistungen nach §§ 53 f SGB XII würde damit begründet, das Kind sei so sehr behindert, dass selbst „normale Eltern" dieses nicht erziehen könnten. Sowohl SGB VIII als auch SGB XII vermeiden konsequent eine solche Diskriminierung von Leistungsberechtigten (so aber OVG NW 30.4.2004 – 12 B 308/04 – EuG 2005, 317: Eltern haben sich als „unfähig erwiesen"; offen gelassen Dillmann/Dannat ZfF 2009, 25, 28). Eine Prüfung, ob fiktive andere Eltern auch mit ambulanten Hilfen auskämen, verbietet sich (DIJuF JAmt 2004, 309, 311).

49   Bei stationärer Unterbringung eines geistig und/oder körperlich behinderten jungen Menschen ist notwendig auch Eingliederungshilfe wegen körperlicher und/oder geistiger Behinderung zu erbringen (verfehlt daher OVG NW 27.5.2005 – 12 A 1142/05 – JAmt 2006, 100). Diese ist keine Leistung nach SGB VIII. Unabhängig davon, was für die Unterbringung letztlich den Ausschlag gegeben hat, wird bei der Leistungserbringung sowohl auf den behinderungsbedingten als auch den erzieherischen Bedarf eingegangen. Es besteht eine Leistungskollision iSd Abs. 4 Satz 2 (DIJuF JAmt 2003, 357, 358). Bei stationärer Unterbringung nach §§ 53 ff SGB XII zählen die **ergänzenden therapeutischen Leistungen** sowie die Erziehung ebenfalls zur Sozialhilfe (LSG NW 30.7.2007 – L 20 SO 15/06 – JAmt 2007, 610; DIJuF JAmt 2008, 200; 2001, 121). Eltern haben insoweit kein **Wahlrecht** zwischen vorrangiger oder nachrangiger Leistung (DIJuF JAmt 2004, 236; vgl § 9 SGB IX).

50   Die Unterbringung in einer Pflegefamilie kann auch für viele körperlich oder geistig behinderte Kindern und Jugendlichen die am besten geeignete Hilfeform sein (BAGüS 2006, 20 ff). Eingliederungshilfe nach §§ 53 ff SGB XII ist daher – entgegen der beharrlichen Weigerung einiger überörtlicher Sozialhilfeträger – auch in **Pflegefamilien** zu gewähren (Schindler JAmt 2005, 375; DIJuF JAmt 2005, 131; JAmt 2002, 457; JAmt 2001, 119; unklar VGH BY 13.4.2005 – 12 B 01.2064 – JAmt 2005, 373 = FEVS 56, 498). Dies hat der Gesetzgeber im Sommer 2009 durch Einfügung eines § 54 Abs. 3 SGB XII nunmehr ausdrücklich klargestellt (BT-Drucks. 16/13417). Gewährt das JA nachrangige Leistungen nach § 33, kann es nach der Rechtsprechung des BVerwG Kostenerstattung nur für die Kosten für die Pflege und Erziehung, mangels Kollision der nicht als Annex ausgestalteten Leistungen nach § 28 Abs. 5 SGB XII, die nunmehr explizit Pflegefamilien nennen (BT-Drucks. 16/13417), nicht aber den Sachaufwand iSd § 39 Abs. 1 Satz 2 verlangen (BVerwG 2.3.2006 – 5 C 15.05 – JAmt 2006, 407 = FEVS 58, 100 = NVwz 2006, 939 = Sozialrecht aktuell 2006, 182; Küfner JAmt 2007, 8, 9 f). Der Jugendhilfeträger ist für die Eingliederung geistig und/oder körperlich behinderter junger Menschen unzuständig. Für die Hilfe zur Erziehung ist er nachrangig zuständig. Da der junge Mensch mit geistiger und/oder körperlicher Behinderung, der bislang in einer Pflegefamilie lebt, einer **Eingliederungshilfe über Tag und Nacht** bedarf, besteht bei einer Überleitung von einer Hilfe zur Erziehung (§§ 27, 33) in eine Leistung nach §§ 53 ff SGB XII die Gefahr, dass die Familienpflege – ohne weitere

fachliche Prüfung – beendet wird (krit. daher Küfner JAmt 2007, 8, 13 f; DIJuF JAmt 2006, 90 u 239). Dies dürfte aufgrund des neuen § 54 Abs. 3 SGB XII mittlerweile ausgeschlossen sein (BT-Drucks. 16/13417, 6 f).

d) Behinderte Eltern

Besondere Abgrenzungsfragen stellen sich bei behinderten Eltern nicht behinderter Kinder. Das Ziel **51** der Eingliederungshilfe einer (möglichst) selbstständigen und selbstbestimmten Lebensführung umfasst auch die Wahrnehmung von Elternaufgaben, die damit zu den Leistungen der Teilhabe zählen (§ 4 Abs. 1 Nr. 4 SGB IX). Eine **Leistungspflicht nach dem SGB XII** scheidet daher nicht deshalb aus, weil Erziehungsaufgaben im offenen Katalog des § 54 Abs. 1 Satz 1 SGB XII nicht genannt sind. Als Rehabilitationsträger sind auch die Träger der Sozialhilfe verpflichtet, den Bedürfnissen behinderter Mütter und Väter bei der Erfüllung ihres Erziehungsauftrags Rechnung zu tragen (§ 9 Abs. 1 Satz 2 SGB IX; LSG NW 30.7.2007 – L 20 SO 15/06 = JAmt 2007, 610; hierzu Lorenz NDV 2008, 208). Da mechanische Hilfsmittel (zB eine Beinprothese, BSG 6.6.2002 – B 3 KR 68/01 R – FEVS 54, 9; DIJuF JAmt 2004, 309, 310) keinesfalls zu den Leistungen nach dem SGB VIII gehören, ergibt sich insoweit auch keine Kollision iSd Abs. 4 Satz 2. Leistungen nach dem SGB XII erfolgen idR situationsbezogen auf der Grundlage der objektiven Lebensbedingungen, Hilfen nach dem SGB VIII knüpfen hingegen idR lebensgeschichtlich an.

Unabhängig und neben Leistungen nach SGB XII können Hilfe zur Erziehung oder andere Leistungen **52** nach SGB VIII zu gewähren sein. Bei der **Leistungspflicht nach SGB VIII** spielt keine Rolle, ob die Eltern behindert sind oder nicht. Der Erziehungsbedarf iSd § 27 Abs. 1 ist aus der Perspektive des Kindes oder Jugendlichen zu beurteilen, bei dem Erziehung nicht in ausreichendem Maße ankommt (DIJuF JAmt 2004, 309, 310 f).

Das Elterngrundrecht (Art. 6 Abs. 2 Satz 1 GG) und der verfassungsrechtliche Schutz der Familie **53** (Art. 6 Abs. 1 GG) fordern auch von den Sozialleistungsträgern, durch Hilfen Bedingungen zu schaffen, damit Eltern mit ihrem Kind in der durch Abstammung begründeten Lebensgemeinschaft auch als Familie leben können (Maunz u.a./Badura Art. 6 Abs. 1 GG Rn 60). Zur Realisierung einer **gemeinsamen Unterbringung** sind daher geeignete Angebote und Einrichtungen zur Verfügung zu stellen. Diese Unterbringung der behinderten Eltern mit ihrem Kind ist sowohl in Form der Vollzeitpflege (§ 33), Heimunterbringung bzw betreuten Wohnform (§ 34) oder in einer Vater/Mutter-Kind-Einrichtung (§ 19) möglich (VG Hamburg 26.5.2005 – 13 K 195/05 – ZfJ 2005, 486; DIJuF JAmt 2003, 354). Kommen Leistungen nach § 19 in Betracht, gehen diese als „Komplexleistungen" für Mutter und Kind, die nicht aufgespalten werden können und sollen, denjenigen nach §§ 53 ff SGB XII vor (BSG 24.3.2009 – S 16 SO 51/05; Dillmann/Dannat ZfF 2009, 25, 31). Auf die Frage, ob der behinderte Elternteil das 27. Lebensjahr noch nicht vollendet hat und damit „junger Mensch" iSd Abs. 4 Satz 2 ist, kommt es nicht an (so noch die Vorinstanz LSG NW 30.7.2007 – L 20 SO 15/06 – JAmt 2007, 610; hierzu DIJuF JAmt 2008, 200). Angebote der „Familienpflege für behinderte Mütter und ihre Kinder" werden sinnvollerweise trägerübergreifend – ggf mischfinanziert – vorgehalten (Rems-Murr-Kreis JAmt 2003, 338).

3. Landesrechtsvorbehalt für Frühförderung – Abs. 4 Satz 3

In den ersten Lebensjahren lässt sich häufig nicht eindeutig oder nur mit erheblichen Schwierigkeiten **54** feststellen, ob ein Entwicklungsrückstand durch eine geistige, seelische oder körperliche Behinderung oder durch erzieherische Gründe bedingt ist. Häufig liegt ein Bündel von Ursachen und Wirkungen vor, das sich sinnvoll nicht auflösen lässt. Abgrenzungsprobleme bei der Zuständigkeitsklärung sind unausweichlich und teilweise unauflösbar. Auf dieser Basis erscheint die **Entwicklung von integrierten Konzepten in Verbundsystemen** interdisziplinär arbeitender Frühförderstellen dringend erforderlich. Die **Frühförderung** findet in § 30 SGB IX ihre gesetzliche Definition. Die hierzu erlassene Frühförderungsverordnung (FrühV) enthält Regelungen zum Verfahren bei der Gewährung von Komplexleistungen (eingehend § 35 a Rn 86 ff).

Auf das System der Frühförderung bezieht sich auch Abs. 4 Satz 3. Darin ist den Ländern die Mög- **55** lichkeit eröffnet, durch **Landesrecht** die Zuständigkeit anderer Leistungsträger (zB der Sozialhilfeträger) beizubehalten bzw zu begründen. Hiervon haben Gebrauch gemacht Baden-Württemberg (§ 29 LKJHG BW), Bayern (Art. 64 Abs. 2 Satz 1 AGSG BY), Hessen (§ 23 Abs. 2 KJGB HE), Niedersachsen (§ 17 Abs. 2 AG KJHG NI), Nordrhein-Westfalen (§ 27 AG KJHG NW), Saarland (§ 38 AG KJHG SL), Sachsen (§ 22 a LJHG SN), Schleswig-Holstein (§ 57 a JuFöG SH), Thüringen (§ 26 Satz 1 KJHAG

TH) und damit die Zuständigkeit für die Frühförderung den Sozialhilfeträgern umfassend übertragen, unabhängig davon, ob sie in SGB IX oder FrühV ausdrücklich genannt sind oder nicht (OVG SL 4.4.2007 – 3 Q 73/06 = JAmt 2007, 604: integrative Kindertagesbetreuung; VG Saarlouis 30.1.2006 – 10 F 2/06 – JAmt 2007, 159: ambulante Autismustherapie; DIJuF JAmt 2006, 133). Falls eine landesrechtliche Regelung nicht vorliegt, gelten auch bei der Frühförderung die Abgrenzungsregeln in Abs. 4 Sätze 1 und 2.

VI. Erstattungsansprüche

56   Die Erstattungsansprüche der §§ 102 bis 114 SGB X tragen zur **Wiederherstellung des Vorrang-Nachrang-Verhältnisses** zwischen verschiedenen Sozialleistungsträgern bei, falls ein vorläufig, nachrangig oder eigentlich nicht zuständiger Sozialleistungsträger Leistungen erbracht hat. Für Jugendhilfeträger sind die Erstattungsansprüche zB von Bedeutung, wenn sie aufgrund § 43 SGB I (Rn 3), § 86 c oder § 86 d vorläufig bzw fortdauernd Leistungen erbracht haben, wenn sie leistungsverpflichtet sind und/oder der vorrangig zuständige Sozialhilfeträger keine Leistungen erbringt (zur Kostenerstattung nach § 14 Abs. 4 SGB IX s. § 35 a Rn 85). Bei der Kostenerstattung kann der erstattungsberechtigte Sozialleistungsträger gegenüber dem erstattungspflichtigen die Kostenerstattung nicht einseitig durch Verwaltungsakt festlegen, sondern ist ggf auf die allgemeine Leistungsklage verwiesen. Von den vier **Grundtypen der Kostenerstattung** (§§ 102 bis 105 SGB X) sind für die Jugendhilfeträger insbesondere § 102 und § 104 SGB X relevant.

57   Voraussetzung des **§ 102 SGB X** ist, dass ein Sozialleistungsträger als Erstangegangener, etwa aufgrund ungeklärter sachlicher Zuständigkeit (§ 43 SGB I), in **Vorleistung** getreten ist. **Rechtsfolge** ist ein Erstattungsanspruch des vorleistenden Sozialleistungsträgers, dessen **Umfang** sich nach den Vorschriften richtet, die für die Leistungsgewährung des vorleistenden Trägers gelten, also im Falle der Gewährung von Jugendhilfeleistungen nach dem SGB VIII.

58   **§ 104 SGB X** regelt den Kostenerstattungsanspruch des nachrangig verpflichteten Leistungsträgers. **Nachrangigkeit** liegt vor, wenn der vorrangig zuständige Sozialleistungsträger tatsächlich keine Leistungen erbringt und dadurch die Ausfallbürgschaft des nachrangig Verpflichteten aktiviert wurde. Der **Umfang** des Erstattungsanspruchs richtet sich nach den Vorschriften, die für den nicht leistenden, aber vorrangig verpflichteten Leistungsträger gelten. Wegen der möglicherweise unterschiedlichen Höhe des Erstattungsanspruchs nach § 102 SGB X oder § 104 SGB X kann durchaus von Bedeutung sein, nach welcher Vorschrift die Kostenerstattung verlangt werden kann (im Einzelnen Münder ZfJ 2001, 125; zu den Kostenerstattungsansprüchen vgl auch DIJuF JAmt 2001, 119 u. 121 u. 123). Insbesondere wenn wegen ausbleibender Leistung eines vorrangig verpflichteten Sozialleistungsträgers eine Inobhutnahme notwendig wird, kann es zu einer unbefriedigenden Abwälzung des Kostenrisikos auf das JA kommen (hierzu § 42 Rn 14; Trenczek 2008, 203 ff).

Weiterführende Literaturhinweise:

Kunkel JAmt 2003, 329 (jew zu Abs. 1); *Münder* 2009; *Kunkel* ZfJ 2005, 436; *Schruth* ZKJ 2006, 137; ders. ZfJ 2005, 223 (jew zu Abs. 3); *Schwengers* 2007; *Münder* ZfJ 2001, 121 (jew zu Abs. 4).

Vorbemerkung zum 2. Kapitel

I. Kinder- und Jugendhilfe als Sozialleistung

Im 2. Kap. wird der **Leistungscharakter der Jugendhilfe** (Einl. Rn 55) in besonderer Weise deutlich. **1**
Verbindendes Element und Ausdruck des Leistungscharakters aller Abschnitte ist die Tatsache, dass
rechtlich die Leistungen davon abhängen, dass die Leistungsberechtigten sie wollen (zur Problematik
der Selbstbeschaffung vgl Rn 11 ff), gegen den Willen der Leistungsberechtigten ist eine Leistungserbringung nicht möglich. Dies darf aber nicht darüber hinwegtäuschen, dass bisweilen (zB bei Eltern
als leistungsberechtigte Personensorgeberechtigte – vgl § 27 Rn 32) **erhebliche Motivationsarbeit** nötig
ist, damit sie als Leistungsberechtigte Leistungen beanspruchen (zum Doppelcharakter von Leistung
und Eingriff vgl Einl. Rn 56, 58). Gelingt dies nicht und ist das **Kindeswohl gefährdet**, so kommt es –
in der Regel mittels einer Information des Familiengerichts nach § 8 a Abs. 3 – zu Einschränkungen
oder Entzügen elterlicher Sorge und der diesbezüglichen Übertragung auf andere Personen (häufig das
JA – vgl § 27 Rn 13, 40, § 55 Rn 4 f). Rechtlich gesehen sind diese dann die Personensorgeberechtigten
und damit die Leistungsberechtigten (vgl § 27 Rn 33). Dadurch wird rechtlich sichergestellt, dass diese
nunmehrigen Personensorgeberechtigten freiwillig Leistungen in Anspruch nehmen, auch wenn dies
sozial gegen den Willen der Eltern geschieht; rechtlich gesehen handelt es sich nicht um einen Eingriff,
sondern um eine Leistung (vgl VGH BY 13.11.2003 – 12 B 99.2992 – FamRZ 2004, 990; zur gesamten
Problematik vgl Münder/Mutke/Schone 2000). Besonders deutlich wird der Leistungscharakter dann,
wenn Rechtsansprüche existieren (im Einzelnen vgl Rn 7 ff). Die Etablierung von Rechtsansprüchen
entspricht inhaltlich der **sozialpädagogischen Orientierung** der Jugendhilfe auf die Bürger als Subjekte
der Jugendhilfe. Das SGB VIII hat Abschied genommen von einer (wenn auch wohlwollenden) fürsorglichen Konzeption (vgl Einl. Rn 54 ff). Wenn die Subjektfähigkeiten der Personen, mit denen es
die Jugendhilfe zu tun hat, oft auch verschüttet, zum Teil gar nicht vorhanden sind, so ist es Aufgabe
des sozialpädagogischen Handelns, diese **Fähigkeiten** zu **entwickeln** und zu **fördern**.

Subjektive Rechtsansprüche bedeuten für die Leistungsträger einen nicht unerheblichen **finanziellen** **2**
Aufwand. Deswegen kam es an manchen Stellen nicht zu einer hinreichenden Durchformulierung des
Leistungscharakters (vgl Einl. Rn 57). Da außerdem wegen der in den einzelnen Bundesländern unterschiedlichen Entwicklung der Leistungsbereiche dezidiert ausgeformte Leistungen am Ländereinspruch gescheitert wären, hat der Gesetzgeber zahlreiche **Landesrechtsvorbehalte** aufgenommen (vgl
Einl. Rn 43). Die Erwartungen, dass Landesausführungsgesetze den Leistungscharakter ausbauen und
verbindlicher regeln würden, haben sich bisher jedoch nicht erfüllt.

Die rechtliche Ausgestaltung des **Leistungsrechts** ist eine der zentralen Reformleistungen des SGB VIII. **3**
Nicht in der gleichen Weise systematisch ausgestaltet ist das **Leistungserbringungsrecht**; die einschlägigen Bestimmungen befinden sich insbesondere im 5. Kap. (vgl VorKap. 5 Rn 2 ff).

II. Zwischen objektivem Recht und subjektiven Rechtsansprüchen

Aus dem Begriff „Leistungen" des 2. Kap. lassen sich keine Folgerungen hinsichtlich des **Rechtscha** **4**
rakters der einzelnen Normen ziehen (vgl § 2 Rn 1). So sind die einzelnen Bestimmungen zwischen
programmatischen Aussagen (vgl § 1 Rn 7), objektiven Rechtssätzen und subjektiven Rechtsansprüchen angesiedelt (vgl Mrozynski ZfJ 1999, 403 ff). Die Bestimmungen des 2. Kap. sind zunächst
objektives Recht, durch objektive Rechtssätze wird der öffentliche Jugendhilfeträger verpflichtet
(Münder 2007, 187 f). Das bedeutet, dass die Normen des 2. Kap. eine **Aufgabenzuweisung** sind, dh
der öffentliche Jugendhilfeträger ist für dieses Gebiet zuständig und hat sich auf diesem Gebiet zu
betätigen. Die **Nichttätigkeit** (was faktisch wohl nicht vorkommt) bzw die minimalisierte Aufgabenwahrnehmung, die ein weitgehendes Leerlaufen bedeuten würde, ist ein **Rechtsverstoß** gegen dieses

objektive Recht. Solche Rechtsverstöße gegen objektives Recht können und müssen ggf das Tätigwerden der **Rechtsaufsichtsbehörden** auslösen (§ 69 Rn 10).

5   Angesichts der Tatsache, dass es sich um objektive Rechtsverpflichtungen handelt, ist der Begriff „freiwillige" Aufgaben nicht nur historisch überholt und begrifflich unpräzise, sondern auch rechtlich falsch. Alle dem öffentlichen Jugendhilfeträger im SGB VIII und vornehmlich in dessen 2. Kap. zugewiesenen Aufgaben schaffen **objektive Rechtsverpflichtungen**. Mit den objektiven Rechtsverpflichtungen wollte der Gesetzgeber erreichen, dass für Kinder, Jugendliche und ihre Eltern usw ein Mindestangebot an entsprechenden kinder- und jugendhilfebezogenen Infrastrukturangeboten zur Verfügung steht.

6   Aus dem objektiven Recht folgt jedoch nicht, dass es sich dabei zugleich um **subjektive Rechtsansprüche des einzelnen Bürgers** handelt. Subjektive Rechtsansprüche gehen von der Perspektive der Leistungsberechtigten aus und räumen diesen bei Vorliegen der Voraussetzungen Ansprüche auf Leistungen ein. Ob es sich im konkreten Fall um eine objektive Rechtsverpflichtung oder um einen subjektiven Rechtsanspruch handelt, ist mit Hilfe der allgemeinen juristischen Auslegungsmethoden zu ermitteln (dazu Münder 2007a, 46). Beim SGB VIII ist zu berücksichtigen, dass es das 8. Buch des Sozialgesetzbuches ist. Damit gelten die allgemeinen Bestimmungen des Sozialgesetzbuches; gemäß § 2 SGB I ist deswegen durch Auslegung sicherzustellen, dass die sozialen Rechte möglichst weitgehend verwirklicht werden (vgl § 1 Rn 7). Im Zweifelsfall sind deswegen die öffentlichen Träger nicht nur zu entsprechenden Aktivitäten berechtigt oder verpflichtet, sondern dieser Verpflichtung steht ein Leistungsanspruch der Bürger gegenüber. Dies hat das BVerwG bereits in seiner ersten Entscheidung zum Fürsorgerecht (1954) verdeutlicht, als es den Leistungscharakter zum Ausdruck brachte: „Soweit das Gesetz den Träger der Fürsorge zugunsten der Bedürftigen Pflichten auferlegt, hat der Bedürftige entsprechende Rechte" (BVerwGE 1, 159).

III. Subjektive Rechtsansprüche, jugendhilferechtliche Besonderheiten

1. Subjektive Rechtsansprüche

7   Trotz der nur teilweisen rechtlichen Ausprägung des Leistungscharakters enthält das zweite Kapitel **eine Anzahl subjektiver Rechtsansprüche** (ausführlich Wabnitz 2005), so insbesondere die §§ 13, 17 bis 21, 23 und 24, 27 ff, 35 a, 39 f, 41. Darüber hinaus gibt es auch außerhalb des zweiten Kapitels Rechtsansprüche von Leistungsberechtigten (zB §§ 42 Abs. 1 Nr. 1, 51, 53). Rechtsanspruchsberechtigt sind unterschiedliche Personen: insbesondere Minderjährige (in unterschiedlichen Altersgruppen), Personensorgeberechtigte und junge Volljährige. Rechtsansprüche zeichnen sich üblicherweise im Wesentlichen durch zwei Elemente aus, das Gesetz benennt

■   **Tatbestandsvoraussetzungen**, die erfüllt sein müssen, damit dann im Einzelnen die
■   **Rechtsfolgen**, die das Gesetz bezeichnet, zur Anwendung kommen. Für das SGB VIII ist kennzeichnend, dass sowohl auf der Tatbestands- als auch auf der Rechtsfolgeseite häufig sogenannte unbestimmte Rechtsbegriffe verwendet werden (vgl Rn 16; Anhang Verfahren Rn 87).

8   **Rechtsansprüche** können den Leistungsverpflichteten (also den Träger der öffentlichen Jugendhilfe) **unterschiedlich in die Pflicht nehmen**. Es gibt drei qualitativ unterschiedliche Rechtskategorien für die Inanspruchnahme von Leistungen (im Einzelnen mit Beispielen Münder 2007a, 48 ff):

■   Es gibt Rechtsbestimmungen, wonach bei Vorliegen der tatbestandlichen Voraussetzungen **zwingend ein Rechtsanspruch** auf die Leistung existiert, dies bringen Formulierungen wie „ist zu leisten", „muss erbringen" oder „hat Anspruch auf" zum Ausdruck.
■   Es gibt Rechtsbestimmungen, bei denen bei Vorliegen der Voraussetzungen die Leistung erbracht werden soll, dies kommt durch Formulierungen wie „in der Regel", „soll erbracht werden" zum Ausdruck. Diese **Soll-Rechtsansprüche** werden in der traditionellen verwaltungsrechtlichen Terminologie als gebundenes bzw intendiertes Ermessen bezeichnet. Diese – der Verwaltung gegenüber sehr freundliche – Formulierung bedeutet aber gerade nicht, dass die Verwaltung Ermessen hat, vielmehr bedeutet die Formulierung, dass **im Regelfall** die Leistung zu erbringen ist und nur in einem atypischen Fall davon abgesehen werden kann, wobei für diesen Fall eine zwingende Begründung vorliegen muss, die sich aus der Natur der Sache ableitet. Finanzmangel zB ist kein atypischer Umstand, der **Regelrechtsanspruch** ist an finanzielle Aspekte nicht gebunden (BVerwG FEVS 39, 1 ff), bei **Soll-Leistungen** haben die öffentlichen Jugendhilfeträger gerade kein Ermessen. Beweispflichtig für den Ausnahmefall ist der öffentliche Träger (BVerwGE 56, 200, 223; BVerwGE 64, 318, 323; Mrozynski ZfJ 1999, 406).

■ Schließlich gibt es Bestimmungen, die bei Vorliegen der Voraussetzungen den öffentlichen Träger zur Erbringung einer Leistung berechtigen, sog. **Kann-Leistungen**. Hier liegt es im Ermessen der Behörde, ob sie leistet. Es ist nie ein freies, sondern immer ein pflichtgemäßes Ermessen, dh, es darf nur in strenger Bindung an die Ziele der jeweiligen Rechtsnorm ausgeübt werden (vgl Anhang Verfahren Rn 86). Auf die **pflichtgemäße Ausübung des Ermessens** besteht gemäß § 39 Abs. 1 Satz 2 SGB I ein **Anspruch**. Dabei ist die Behörde bei ihrer Ermessensausübung an rechtsstaatliche Grundsätze gebunden. Dazu gehört etwa die Beachtung des Anspruchs auf gleiche Zugangsbedingungen, kein Ausschluss aus willkürlichen oder unsachlichen Gründen (VGH BY 5.4.2001 – 12 B 96.2358 – FEVS 52, 466 f). Von besonderer Bedeutung ist die Beachtung des **Gleichheitsgrundsatzes** und die **Selbstbindung der Verwaltung** etwa durch Verwaltungsvorschriften. Bei der Ausübung des Ermessens darf der öffentliche Träger auch andere sachliche Gründe berücksichtigen, so zB seine beschränkten Finanzmittel, fiskalische Überlegungen. Allerdings muss er sicherstellen, dass für eine Ausgabe kontinuierlich (dh das gesamte Jahr über) Mittel zur Verfügung stehen, die Ablehnung von Leistungen allein wegen der Ausschöpfung der Mittel wäre ermessensfehlerhaft (BSG SGb 1991, 487 ff – für die fehlerhafte Ermessensausübung beim Überbrückungsgeld der Arbeitsverwaltung).

Zwingende Rechtsansprüche finden sich insbesondere im 3. (§ 24) und im 4. Abschnitt (§§ 27, 39 f, vgl hierzu OVG Bautzen 19.9.2006 – 5 B 327/06 – FEVS 58, 419). Die Hilfen für junge Volljährige nach § 41 sind als Soll-Bestimmungen ausgestaltet. Auch im 2. Abschnitt sind zwingende und Regelansprüche in nicht unerheblichem Umfang enthalten. Die Leistung, auf die ein Anspruch besteht, ist hier oft Beratung, Unterstützung o.ä. Somit handelt es sich um **harte Rechtsansprüche auf weiche Leistungen**, denn die Leistung „Beratung" oder „Unterstützung" ist im Detail nicht festgelegt, sodass hinsichtlich Intensität, Umfang, methodischer Ausrichtung usw eine zu geringe Verbindlichkeit besteht. Eine zentrale Aufgabe ist es deswegen, die unbestimmten Rechtsbegriffe auf der Basis sozialpädagogischer, human- und sozialwissenschaftlicher Erkenntnisse und Erfahrungen zu konkretisieren (ausführlich Maas 1996; Maas RsDE 25 [1996], 1 ff). **9**

Wenn Rechtsansprüche bestehen (egal ob zwingende, Regel- oder Ermessensansprüche), entsteht zwischen dem öffentlichen Jugendhilfeträger und dem leistungsberechtigten Bürger ein **Jugendhilferechtsverhältnis als Sozialleistungsverhältnis**. Bei der Ausfüllung dieses Rechtsverhältnisses sind neben der jeweils konkreten Norm die Grundsatzbestimmungen des ersten Kapitels, insbesondere §§ 1, 5, 8, 9 zu berücksichtigen. Außerdem gelten die Bestimmungen des allgemeinen Teils des Sozialgesetzbuches (SGB I) und des Verfahrensrechts des Sozialgesetzbuches (SGB X). Da sich die sozialpädagogischen Dienstleistungen des SGB VIII von den meist als Sach- oder Geldleistungen ausgestalteten Leistungen der anderen Sozialleistungsträger unterscheiden, gibt es auch im Verfahren für die sozialpädagogischen Leistungen Besonderheiten (vgl im Einzelnen Anhang Verfahren Rn 11 ff sowie die folgenden Rn). **10**

2. Verfahrensrechtliche Besonderheiten: Antrag/Selbstbeschaffung, unbestimmte Rechtsbegriffe

Nach § 40 Abs. 1 SGB I entstehen die Ansprüche auf Sozialleistungen – bei zwingenden Rechtsansprüchen und bei Regelrechtsansprüchen (Rn 8) – sobald die vom Gesetz verlangten Voraussetzungen vorliegen (zum Zeitpunkt bei Ermessensleistungen vgl § 40 Abs. 2 SGB I). Hinsichtlich eines Antrags ist deswegen entscheidend, ob sich aus den jeweiligen Anspruchnormen eine zwingende Antragserfordernis in der Weise ergibt, dass die Sozialleistung „nur auf Antrag" gewährt wird – was für viele Leistungsbereiche des SGB gilt (zB SGB II, SGB III, SGB V usw). Das SGB VIII kannte (bis 1.10.2005) keine ausdrückliche Regelung. Umstritten war deswegen, ob eine sogenannte **Selbstbeschaffung** der Leistung möglich ist (zur rechtsdogmatischen Auseinandersetzung vgl 5. Aufl. VorKap. 2 Rn 12). Die Unsicherheiten, die sich aus der Rechtsprechung ergaben, und das Bestreben, der vorherigen Information des JA praktisch Geltung zu verschaffen, waren die Gründe, in § 36 a Abs. 3 eine Regelung zu schaffen, die speziell auf die **Selbstbeschaffung** Bezug nimmt. Diese Bestimmung hat im Wesentlichen die von der Rechtsprechung entwickelte Grundlinie aufgenommen. Aufgrund der Einordnung des § 36 a gelten die dort getroffenen Regelungen zur Selbstbeschaffung für die HzE, die **Eingliederungshilfe für seelisch behinderte Minderjährige** sowie für die **Hilfe für junge Volljährige** (vgl im Einzelnen § 36 a Rn 37 ff). **11**

Eine weitere Besonderheit der Leistungen des SGB VIII ist die umfangreiche Verwendung **unbestimmter Rechtsbegriffe** sowohl auf der Tatbestands- als auch auf der Rechtsfolgenseite; außerdem ist den Jugendhilfeträgern zum Teil (auf der Rechtsfolgenseite) **Ermessen** eingeräumt (vgl Rn 8). Hier stellt sich **12** die Frage nach der **gerichtlichen Überprüfung** (vgl Anhang Verfahren Rn 86 ff; OVG RP 26.3.2007 – 7 E 10212/07 – ZFSH/SGB 2007, 296; OVG SH 4.7.2006 – 2 O 20/06 – NJW 2007, 243; Hinrichs JAmt 2006, 377 ff; speziell zum Beurteilungsspielraum bei HzE vgl § 27 Rn 54 f).

Weiterführende Literaturhinweise:

Wabnitz 2005; *Münder* 2007, 186 ff.; *Münder* 2007 a, 45 ff.

Erster Abschnitt:
Jugendarbeit, Jugendsozialarbeit, erzieherischer Kinder- und Jugendschutz

Vorbemerkung zu den §§ 11 bis 15

I. Allgemeines

Die Handlungsfelder Jugendarbeit, Jugendsozialarbeit und der erzieherische Kinder- und Jugendschutz **1**
werden der **allgemeinen Förderung** von Kindern und Jugendlichen zugeordnet. Die Angebote in diesen
Handlungsfeldern richten sich grundsätzlich an alle jungen Menschen; eingeschränkt nur in der Jugendsozialarbeit, die sich an bestimmte Zielgruppen Jugendlicher und Heranwachsender richtet. Allgemeine Förderung meint, dass im Sinne des § 1 dieses Gesetzes die Angebote so gestaltet sein sollen,
dass sie den in § 1 Abs. 1 genannten Zielen entsprechen. Die Handlungsfelder sind geprägt von der
politischen, sozialen und kulturellen Bildung, dem Bereitstellen sozialer Räume und freizeitorientierter
Maßnahmen. Dazu zählen auch Angebote der sozialen Prävention, die jungen Menschen in schwierigen Lebenslagen unterstützen und Benachteiligung überwinden helfen sollen (§ 1 Abs. 3). Die Handlungsfelder der §§ 11 bis 14 gehören zum Grundangebot einer kommunalen Kinder- und Jugendhilfestruktur. Daher obliegt den örtlichen Trägern der öffentlichen Jugendhilfe im Rahmen der Jugendhilfeplanung und der finanziellen Förderung auch eine wesentliche Gestaltungskompetenz und Ge-
staltungsverantwortung (s. § 79 Rn 6 ff).

In ihrer fachlichen und strukturellen Ausprägung unterscheiden sich die Handlungsfelder. Die **Kinder- 2**
und Jugendarbeit konzentriert sich im Kern – auch wenn sie sich in Ganztagsschulen engagiert – auf
den Freizeitbereich junger Menschen außerhalb von Familie, Schule und Beruf. Ihre Orte sind unterschiedlich; sie findet in festen Einrichtungen, in Organisationen und in losen Zusammenschlüssen statt.
Auch mobile Formen und Spielplätze können geeignete Orte sein. Ihr pädagogisches Ziel ist die Stärkung der Selbstbestimmung junger Menschen. Junge Menschen sollen selber aktiv werden, ihre „Ak-
tionen und Projekte selbst planen und umsetzen, Arbeitsinhalte und -formen mit gestalten und sich
selbst organisieren können" (BT-Drucks. 11/6576, 107). Die **Jugendsozialarbeit** hat vor allem benachteiligte Jugendliche in der Schule und im Übergang von der Schule in den Beruf im Blick. In diesem
Rahmen werden besondere Angebote für schulverweigernde oder schulmüde Jugendliche und Ausbil-
dungshilfen zur Integration in den Arbeitsmarkt für Jugendliche bereitgestellt (s. § 13 Rn 2 f). Der
erzieherische Kinder- und Jugendschutz ist kein ausgeprägtes eigenständiges Handlungsfeld sondern
eine Aufgabe die in allen Bereichen der Kinder- und Jugendarbeit und darüber hinaus stattfindet
(§ 14). Er wirkt durch besondere Angebote der Information und Aufklärung über Risiko- und Gefährdungssituationen.

Das **Trägerspektrum** in diesen Handlungsfeldern ist vor allem von freien Trägern geprägt. Es reicht **3**
von Jugendverbänden und Jugendgruppen über besondere örtliche freie Träger von spezifischen Einrichtungen, Trägern der kulturellen Jugendarbeit (Jugendkunstschulen), den Wohlfahrtsverbänden
bzw spezifischen Fachorganisationen(vorrangig in der Jugendsozialarbeit) bis hin zu kleineren örtlichen Trägern und Initiativen. Die Kommunen sind vor allem in der offenen Jugendarbeit Träger von
Jugendhäusern. Die freien Träger haben den größten Anteil an den Einrichtungen und Maßnahmen.
Auch in der Jugendsozialarbeit verfügen die freien Träger über den Großteil der Angebote. Anders als
in den neuen Bundesländern sind in den alten Bundesländern aber auch die Kommunen aktiv (van
Santen u.a. 2003, 277 ff). Insgesamt 76 % der Einrichtungen der Kinder- und Jugendhilfe sind in freier
Trägerschaft (Statistisches Bundesamt – Einrichtungsstatistik 2006). Ein großer Teil hiervon sind auch
Einrichtungen der Jugendarbeit. Die Bedeutung der freien Träger und der Zusammenschlüsse der Ju-
gend entspricht nicht nur der geschichtlichen Entwicklung sondern auch den Grundprinzipien der
Subsidiarität(s. § 4 Rn 4), der Pluralität und Wertorientiertheit (s. § 3 Rn 3). In der Jugendarbeit sind
vor allem die Jugendverbände Ausdruck der Selbstorganisation junger Menschen (Fauser/Fischer/
Münchmeier 2006).

II. Gesellschaftliche Hintergründe der Kinder- und Jugendförderung

4　Angesichts des gesellschaftlichen Wandels und damit verbundener Herausforderungen (s. Einleitung Rn 3 ff) häufen sich die Anforderungen an die Träger und Angebote der Jugendarbeit, eher kompensatorisch tätig zu werden und sich intensiver benachteiligten jungen Menschen und besonderen Problemgruppen zuzuwenden. Andererseits wird aber auch die Aufgabe als ausserschulischer Bildungsort wichtiger. Jugendarbeit steht daher vor einem gewissen Dilemma: Sie hat einerseits den Auftrag, sich mit ihren Angeboten an alle Kinder und Jugendliche zu wenden, andererseits muss sie auch **pädagogische Angebote** für besondere Zielgruppen vorhalten. Sie ist sozialpädagogisch und bildungspolitisch ausgerichtet. Dieser doppelten Funktion kann sie sich nicht entziehen. Hier hat sie einen Spagat zu leisten, denn es gehört auch zur Interessenvertretungsfunktion, die Belange der benachteiligten jungen Menschen aufzugreifen. So zeigen vor allem Maßnahmen der Kinder- und Jugenderholung, spezifische kulturpädagogische Angebote und die offene Kinder und Jugendarbeit, dass eine sinnvolle Balance zwischen den unterschiedlichen Zielsetzungen der pädagogischen Arbeit erreichbar ist.

5　Einrichtungen, Organisationen und Formen der Kinder- und Jugendarbeit sind für junge Menschen häufig Orte, an denen sie unter Gleichaltrigen sein und sich in ihrer Individualität entfalten können. Trotz eines hohen Stellenwerts der Familie(Shell Jugendstudie 2006,50) suchen sie die Gleichaltrigengruppe, um **Teilhabemöglichkeiten** auszuprobieren und **Alltagskonflikte** überwinden zu können. Gerade die Jugendarbeit kann diese Bedürfnisse aufgreifen und sie mit den Zielen des § 11 dieses Gesetzes verbinden (am Beispiel der Jugendverbandsarbeit hierzu insbesondere BMFSFJ 2002 a; Fauser/ Fischer/ Münchmeier 2006, Deinet/Sturzenecker 2005).

III. Zum Bildungscharakter dieser Handlungsfelder

6　Die Kinder- und Jugendarbeit und die Jugendsozialarbeit sind **eigenständige Bildungsbereiche.** Die in diesen Bereichen bestehenden Angebote sind hinsichtlich ihrer Bildungswirkung lange unterschätzt und eher als eine Freizeittätigkeit ohne besonderen Bildungscharakter betrachtet worden. Zwar wurde bereits in den 70-ziger Jahren intensiv der Bildungsauftrag der Kinder- und Jugendarbeit betont, so als Ausfluss der Diskussion um den Bildungsgesamtplan (Deutscher Bildungsrat 1974). Aber erst im Lichte der aktuellen Bildungsdebatte und ihrer Konzentration auf das schulische Lernen als Folge der Ergebnisse der PISA-Studie (Baumert u.a 2001) sind auch der Bildungsauftrag, das Bildungsverständnis und die Bildungsprozesse in ausserschulischen Bereichen thematisiert worden (hierzu BJK 2001; BJK 2002, Rauschenbach/Otto 2004, 17 ff). Verwiesen wird auf den Bedeutungszuwachs informeller und nonformaler Bildungsprozesse, die den lebensweltlichen Zusammenhang herstellen und Bildungsprozesse ermöglichen, die im Sinne von Kompetenz zur Lebensbewältigung einen wesentlichen Beitrag zur Persönlichkeitsentwicklung leisten können (BMBF 2004, 23 ff; BJK 2002). Gerade die in diesen Feldern angeeigneten Kompetenzen werden in den kommenden Jahren als Teil individueller Bildungsbiografien ernster genommen. Denn es sind die besonderen Bildungsmöglichkeiten, die Kindern und Jugendlichen Gelegenheit geben, außerhalb von Familie und Schule freiwillig unter Gleichaltrigen ihre Entwicklungsschritte zu erkennen und sie beeinflussen und weiterentwickeln zu lernen.

7　Im Sinne der allgemeinen Förderung junger Menschen erfüllen die Handlungsfelder der §§ 11 bis 14 wichtige Bildungsaufgaben. Merkmal ist das **ganzheitlich angelegte Bildungsverständnis** (BJK 2001). Bildung hat in diesen Handlungsfeldern eine andere Dimension. Sie macht sich an den Charakteristika "Teilhabe und Verantwortung", „Wirksamkeit des eigenen Handelns und Veränderbarkeit der Verhältnisse", „Aneignung und Gestaltung von Räumen", "Kulturelle Praxis" und "Lebensbewältigung" fest (BMBF 2004, 24). Die Handlungsfelder haben ihr eigenständiges Profil mit einem Bildungs- und Erziehungsauftrag, der sich nicht auf die Vermittlung von Kenntnissen und Fertigkeiten im Sinne von Berufsfähigkeit reduzieren lässt. Bildung ist hier zu verstehen als Aneignung von Kompetenzen für die Lebensführung. Dies schließt nicht aus, dass, wie zB in der Jugendsozialarbeit, Wissen und Fähigkeiten vermittelt werden, damit die Integration von Jugendlichen in Schule, Ausbildung oder Arbeitswelt gelingen kann. Darin liegt ihr emanzipatorischer Gehalt. Bildung in der Jugendarbeit und der Jugendsozialarbeit ist daher nicht auf eine Ausgleichsfunktion, zB bei schulischem Versagen, zu beschränken.

IV. Das Verhältnis der Handlungsfelder zur Schule

8　Ein stärkeres **strukturelles Zusammengehen von Schule und Teilbereichen der Kinder- und Jugendhilfe** findet sich in fast allen Handlungskonzepten und Fachpositionen wieder (BMFSFJ 2005; MSJK 2005, BJK 2002; s. auch § 81 Rn 7 ff). Vor allem die offene und die kulturelle Jugendarbeit haben zahlreiche Möglichkeiten des Zusammenwirkens. Ansätze für ein besseres Miteinander und ein vor allem fachlich abgestimmtes gemeinsames Lern- und Bildungskonzept bestehen inzwischen in fast allen Bundesländern. Die Zusammenarbeit mit der Schule wird durch den Ausbau der Ganztagsschulen verstärkt. In zahlreichen Kommunen entstehen erste Formen kommunaler Bildungslandschaften (Deutscher Verein 2007), regionale Bildungsnetzwerke oder andere Formen vernetzter Kooperationen. In diesen Netzwerken sind oft die relevanten Partner der Bildung, Erziehung und Betreuung eingebunden. Sie bilden zumeist die Plattform der bisher vorrangig auf einzelne Schulen und Träger konzentrierten Formen des Zusammenwirkens. Es bedarf aber weiterer Bemühungen um eine verbindliche Grundstruktur aufzubauen. Erfahrungen in der Praxis fördern Bedenken, dass die Jugendarbeit sich der übermächtigen Schule gegenüber nicht „auf gleicher Augenhöhe" behaupten kann und von dieser eher instrumentalisiert wird (Deinet 2001, AGJ 2008). Dennoch ist eine verbindlichere **Verzahnung von Jugendhilfe und Schule** auch aus der Sicht der Kinder- und Jugendhilfe zwingend (KMK/JMK 2004). Dies schon deshalb, weil die Schule immer mehr zum **Lern- und Lebensort** von Kindern und Jugendlichen wird und eine sinnvolle ganzheitlich angelegte Förderung gerade bei Jüngeren erreicht werden kann.

In diesem Kontext wird auch eine neue **ganzheitliche Bildungspolitik** (BMJSFJ 2005) gefordert, die   9
davon ausgeht, dass eine Verbesserung der Schulqualität nur durch eine Veränderung der Konstitution der Einzelschule, durch ein verändertes Verständnis der Institution Schule und der Rolle des Lehrers sowie durch einen neuen Zusammenhang von Bildungspolitik mit Familien-, Kinder- und Jugendpolitik erreicht wird (Richter 2003, 279 f, ähnlich auch AGJ 2006). Gefordert wird auch ein neues Verständnis von Bildung im Sinne einer „Ganztagsbildung" (Otto/Coelen 2004, 7ff; Coelen/Otto 2008, 17 ff) und die Entwicklung einer „kommunalen Bildungslandschaft" (DV 2007; Bertelsmann-Stiftung 2005), die Räume und Orte in den Mittelpunkt stellt, wo Kinder, Jugendliche und ihre Familien leben (Mielenz, 2003, 293). Solche integrativen Kooperationsprojekte, die auf ein strukturelles Miteinander abzielen und mehr Verbindlichkeit und Verlässlichkeit fordern, eignen sich dazu, die Aufhebung der traditionellen Abgeschlossenheit der Schule gegenüber den Lebenswelten überwinden zu helfen. Zahlreiche Projekte in den Ländern und Kommunen zeigen den Bedeutungszuwachs einer engeren fachlichen Zusammenarbeit am Ort der Schule (Holtappels u.a. 2007; AGJ 2008, 14 ff).

V. Bedeutung des bundesrechtlichen Rahmens und Förderung von Maßnahmen

Die in diesem Abschnitt aufgenommenen Regelungen setzen einen **bundeseinheitlichen Rahmen**. Dieser   10
gesetzliche Rahmen ist eine wichtige Grundlage für den allgemeinen jugendpolitischen Stellenwert der Kinder- und Jugendförderung. Für Entscheidungen über die Ausgestaltung dieser Handlungsbereiche durch JHA und LJHA hat diese bundeseinheitliche Regelung eine zentrale Bedeutung. Sie spiegelt auch die Einheit der Kinder- und Jugendhilfe wider und macht daher ihren Grundcharakter, in ihrer pädagogischen Arbeit von einer fördernden Perspektive auszugehen deutlich. Ursprüngliche Absichten, die Regelungen für diese Bereiche auszuweiten und die Rechtsverpflichtung der öffentlichen Träger präziser und verbindlicher zu fassen, konnten sich nicht durchsetzen. Auf Detailregelungen hat der Gesetzgeber schon wegen bestehender Zweifel an der Bundeskompetenz – insbesondere für die Jugendarbeit – verzichtet. **Länderregelungen** können sehr viel spezifischer die regionalen und örtlichen Verschiedenheiten berücksichtigen. Dies zeigen die unterschiedlichen Schwerpunkte und fachlichen Ausprägungen in den gesetzlichen Regelungen der Länder(§ 15 Rn 4) und in den Förderplänen, zB Landesjugendpläne.

Grundlage für die gesetzliche Regelung sind die Schlussfolgerungen aus dem Urteil des Bundesverfas-   11
sungsgerichtes vom 18.7.1967 (BVerfG von 1967 (18.7.1967 – 2 BvF 3 4, 5, 6, 7, 8/; 2 BvR 139,140, 334, 335/62 – E 22, 180 ff), nach dem die Jugendarbeit nur deshalb nicht als Teil des Bildungswesens in die Länderkompetenz verwiesen wurde, weil das Gericht ihr eine wichtige Funktion iS vorbeugender Fürsorge zugewiesen hat. Mit dieser Qualifizierung passt die Jugendarbeit zwar in den Rahmen des Art. 74 Nr. 7 GG, wonach der Bund eine Gesetzgebungskompetenz für die „Öffentliche Fürsorge" hat, dem Selbstverständnis der Jugendarbeit entspricht diese Interpretation jedoch nicht. Sie versteht sich vielmehr als **eigenständiger außerschulischer und außerfamiliärer Erziehungs- und Bildungsbereich** und nicht als Instrument fürsorgerischer Aufgaben. Der Gesetzgeber überwindet das Dilemma, dass Jugendarbeit weder schulischer Bildung noch sozialpolitisch verpflichteter Fürsorgetätigkeit zuzuordnen ist, indem er den verfassungsrechtlich nicht besetzten Begriff der „Förderung" einführt. Damit entzieht er der Jugendarbeit zugleich die familienorientierte Grundausrichtung des Gesetzes, macht die

Zielgruppe Kinder und Jugendliche selbst zum Adressaten und festigt die Eigenständigkeit dieses Handlungsfeldes.

12 Der Bund fördert Angebote in diesen Handlungsfeldern im Rahmen des **Kinder- und Jugendplan des Bundes** (s. § 83 Rn 5 f). Damit werden Mittel zur Förderung bundeszentraler Träger und Zusammenschlüsse sowie für Maßnahmen in den Handlungsfeldern der Kinder- und Jugendarbeit und die Jugendsozialarbeit bereitgestellt. Darüber hinaus fördert der Bund durch zahlreiche Sonderprogramme Maßnahmen im gesamten Bereich der Kinder- und Jugendhilfe. Die Länder fördern diese Bereiche idR auf der Grundlage ihrer Ausführungsgesetze (vgl § 15 Rn 4) und von Kinder- und Jugendförderplänen bzw Landesjugendplänen. Die Förderbreite und die Art der geförderten Maßnahmen sind jedoch unterschiedlich. Sie zielen mit ihrer Förderung jeweils darauf ab, landeszentrale Strukturen der Trägergruppen zu sichern und Einzelmaßnahmen oder Einrichtungen finanziell zu unterstützen.

13 Die finanzielle Ausstattung dieser Handlungsfelder ist grundsätzlich eine Aufgabe der öffentlichen Träger der Jugendhilfe. Sie haben die **Gesamtverantwortung** und die **Planungsverantwortung** (§ 79 Abs. 1). Bei der Wahrnehmung dieser Aufgabe sind die Kommunen von den Ländern zu unterstützen (§ 82 Abs. 1). Die Angebotsstruktur, die Schwerpunkte, Zielsetzungen, Einrichtungen und Träger weisen zwar örtlich spezifische Besonderheiten auf, idR aber sind sie in der Grundstruktur ähnlich. Unterschiede gibt es in der finanziellen Förderung, der Ausstattung und der Schwerpunktsetzung. Insgesamt sind in 2005 bundesweit rd. 1,38 Mrd. EUR in die Kinder- und Jugendarbeit seitens der öffentlichen Hand investiert worden. Die Tendenz zeigt jedoch, dass das jährliche Ausgabenvolumen rückläufig ist (Pothmann 2008), was sich besonders negativ auf die Personalausstattung auswirkt. Konnte man in den 90-ziger Jahren noch von einer Expansion der Kinder- und Jugendarbeit ausgehen, so ist in den letzten Jahren ein deutliches Schrumpfen des Personalbestandes erkennbar (KomDAT Jugendhilfe, 2008).

14 Das SGB VIII stattet diese Handlungsfelder mit **unterschiedlichen Verpflichtungsgraden** aus. Während die Förderung der Jugendarbeit und der Jugendverbände als eine „Muss-Aufgabe" gilt, sind Angebote der Jugendsozialarbeit und des erzieherischen Kinder- und Jugendschutzes eine „Soll-Aufgabe" (zum unterschiedlichen Verbindlichkeitscharakter Münder 2007; Wabnitz 2005).

15 Die Erwartungen der freien Träger, durch eine Ausfüllung des Landesrechtsvorbehalts (§ 15) zu verbindlicheren Förderregelungen zu kommen, haben sich bis heute nur vereinzelt erfüllt. Die Jugendbildungs- bzw Jugendförderungsgesetze in den Ländern schaffen eine Absicherung der Leistungen in diesem Bereich auch nur in Ansätzen. Sie enthalten idR nur Finanzierungsregelungen für die überörtlichen Aktivitäten der Träger der Jugendarbeit (s. § 15 Rn 5-9). Eine verbindlichere Regelung für die Förderung der Jugendarbeit und die Jugendsozialarbeit auch auf kommunaler Ebene ist in den gesetzlichen Regelungen nur in einigen Ländern aufgenommen worden (s. § 15 Rn 4).

Weiterführende Literaturhinweise:

BMFSFJ 2005; *BMFSFJ* 2005; *BMBF* 2004; *Coelen/Otto* 2008; *Deinet,/Sturzenhecker* 2005; *Fauser/Fischer/ Münchmeier* 2006; *Lindner* 2008; *Lüders,Ch.* AGJ 2008; *Rauschenbach/Schilling* 2005; *Münder/Wiesner* 2007; *Böhnisch* 2002.

§ 11 Jugendarbeit

(1) [1]Jungen Menschen sind die zur Förderung ihrer Entwicklung erforderlichen Angebote der Jugendarbeit zur Verfügung zu stellen. [2]Sie sollen an den Interessen junger Menschen anknüpfen und von ihnen mitbestimmt und mitgestaltet werden, sie zur Selbstbestimmung befähigen und zu gesellschaftlicher Mitverantwortung und zu sozialem Engagement anregen und hinführen.

(2) [1]Jugendarbeit wird angeboten von Verbänden, Gruppen und Initiativen der Jugend, von anderen Trägern der Jugendarbeit und den Trägern der öffentlichen Jugendhilfe. [2]Sie umfasst für Mitglieder bestimmte Angebote, die offene Jugendarbeit und gemeinwesenorientierte Angebote.

(3) Zu den Schwerpunkten der Jugendarbeit gehören:

1. außerschulische Jugendbildung mit allgemeiner, politischer, sozialer, gesundheitlicher, kultureller, naturkundlicher und technischer Bildung,
2. Jugendarbeit in Sport, Spiel und Geselligkeit,
3. arbeitswelt-, schul- und familienbezogene Jugendarbeit,
4. internationale Jugendarbeit,
5. Kinder- und Jugenderholung,
6. Jugendberatung.

(4) Angebote der Jugendarbeit können auch Personen, die das 27. Lebensjahr vollendet haben, in angemessenem Umfang einbeziehen.

I. Allgemeines

Jugendarbeit als Handlungsfeld der Jugendhilfe und als **Teil staatlicher Förderung** von Kindern und Jugendlichen hat ihre **Ursprünge** im Wesentlichen zu Beginn des 20. Jahrhunderts. Als staatlich geprägte Jugendpflege war sie vor allem ordnungspolitisch ausgerichtet. Erste rechtliche Grundlagen waren die Preußischen Jugendpflegeerlasse von 1901 und 1911 (Böhnisch 1984). Neben Lehrlingswohnheimen und offenen Einrichtungen, die vor allem unter den Bezeichnungen „Jugendheime" und „Jugendclubs" firmierten, waren es auch die in dieser Zeit entstandenen Zusammenschlüsse der Jugend, die die Anfänge der Jugendarbeit prägten. Die Angebote der offenen Jugendarbeit zielten vorrangig auf die männliche Jugend in den Großstädten ab, Träger waren staatliche Organisationen sowie die Kirchen und Verbände der Wohlfahrtspflege. Die Zusammenschlüsse der Jugend waren geprägt von der bündischen Jugend (auch als Wandervogel bekannt), der proletarisch geprägten Arbeiterjugendbewegung und der Jugendarbeit der Kirchen. Wenngleich die Jugendorganisationen in ihren gesellschaftlichen, politischen und auch pädagogischen Zielen unterschiedlich waren, so sind beide Bewegungen Ausdruck einer nach Selbstorganisation, Emanzipation und Autonomie strebenden Jugend (ausführlich va Krafeld 1984; Böhnisch/Gängler 1991). In der Zeit des Faschismus von 1933 bis 1945 waren diese demokratisch strukturierten Verbände zum großen Teil verboten (Klönne 1991). Sie gründeten sich aber direkt nach dem 2. Weltkrieg neu und wirkten vor allem an der Entwicklung einer demokratisch bewussten Jugend mit. Formen der offenen Jugendarbeit waren vor allem geprägt durch die von der amerikanischen Militärregierung eingeführte offene Clubarbeit (German Youth Activities – GYA), in der englischen und französischen Zone durch Nachbarschaftsheime, Clubs und Jugendtreffs (Gängler 2005, 512).

Jugendarbeit ist Teil einer auf Emanzipation, Partizipation und Integration abzielenden Erziehung und Bildung. Sie ist ein **eigenständiger Sozialisationsbereich** neben Elternhaus und den Institutionen des schulischen und beruflichen Bildungswesens (Gieseke 1980; BMJFFG 1990). Sie ist ein **Lern- und Erfahrungsfeld** in dem Kinder und Jugendliche ihre Belange einbringen und versteht sich als Ort der Aneignung von Kompetenzen, der Auseinandersetzung und Erschließung der Lebenswelt und der Freizeit (vor allem Gieseke 1971; Krafeld 1984). Zahlreiche Untersuchungen über das Handlungsspektrum und Angebotsfelder zeigen, dass junge Menschen „Orte brauchen, wo sie ihr Jungsein unbefangen ausleben können, mit sich experimentieren dürfen, ohne dass sie gleich in soziale Risikosituationen kommen" (Böhnisch 2000, 92). Diese „Orte der Jugend" sind Einrichtungen und Angebote von Trägern mit einer sozialpädagogischen Zielsetzung. Sie werden von Kindern und Jugendlichen „vielfach als ein nicht fremdbestimmtes Lern- und Handlungsfeld genutzt und gestaltet" (Deinet/Sturzenecker 2005, 13). Bei den genannten Trägern (Abs. 2) handelt es sich um die klassischen Formen der Jugendarbeit. Daneben sind andere, zT losere Zusammenschlüsse und Formen, entstanden, die sich als Initiativgruppen und spezifische Fachorganisationen bezeichnen lassen. Angesichts der Bedeutung des sozialen Umfelds für das Aufwachsen junger Menschen sind in den 90er Jahren neue Konzepte entwickelt worden, die sich vor allem auf die „Lebensweltorientierung" und den „Sozialraumbezug" konzentriert haben.

3　Jugendarbeit lebt von der **Ehrenamtlichkeit**. Insgesamt rd. 36 % aller Jugendlichen zwischen 16 und 21 Jahren waren 2007 ehrenamtlich engagiert und zwar in den Feldern, die allgemein dem klassischen Bereich der Kinder- und Jugendarbeit zuzuordnen sind (Shell-Jugendstudie 2006, 121 ff; DJI-Freiwilligensurvey). Darin zeigt sich die hohe Bedeutung der Jugendarbeit für die Aneignung demokratischen und sozialen Verhaltens und für die Motivation junger Menschen, sich einzubringen und mitzuwirken. Die Bereitschaft für ehrenamtliches Engagement zu wecken ist zugleich auch Ziel der pädagogischen Arbeit. Gegenüber früheren Jahren hat sich das Ehrenamtlichkeit aber gewandelt. Häufig sind junge Menschen zeitlich befristet aktiv und wirken in konkreten Projekten ihres Interesses mit. Dem Stellenwert der ehrenamtlichen Mitwirkung entspricht auch die Unterstützungsverpflichtung durch den öffentlichen Träger (s. § 73 Rn 3).

II. Sinn und Zweck der Norm

4　§ 11 stellt den **bundesgesetzlichen Rahmen** des Handlungsfeldes dar und ist die Grundlage für die Detailausführung in den Ländern und Kommunen. Mit dieser Grundnorm hat sich der Bundesgesetzgeber zur Einheit der Jugendhilfe bekannt und sicherstellen wollen, dass die Jugendarbeit als ein eigenes Handlungsfeld konstitutiv zur Kinder- und Jugendhilfe gehört und von Ländern und Kommunen zu fördern ist. Angesichts der bis heute nicht abgeschlossenen Diskussion über den Verpflichtungsgrad der Förderung der Jugendarbeit und der unterschiedlichen Ausprägung der finanziellen Förderung durch die örtlichen öffentlichen Träger kommt dieser bundesweit geltenden Regelung eine zentrale Leitfunktion zu. Sie stellt klar, dass ein entsprechendes Angebot vor Ort bereitgestellt bzw. gefördert werden muss und es sich nicht um eine freiwillige Aufgabe handelt (im Einzelnen Rn 32), sondern um eine "Muss-Leistung", die "eine klare und eindeutige Leistungsverpflichtung enthält" (Wabnitz 2007). Angesichts des breiten Engagements freier Träger ist diese Förderverpflichtung des öffentlichen Trägers auch zweckmäßig. **Umfang und Höhe der Förderung** wird in eigener Kompetenz von den Ländern bzw. den Kommunen festgelegt. Sie müssen sich dabei aber an den Zielen und Schwerpunkten dieser Norm orientieren. Förderung meint hier vor allem die finanzielle Förderung.

III. Aktuelle Herausforderungen

5　Jugendarbeit befindet sich in einer Phase gestiegener Legitimation in Bezug auf den öffentlichen Träger, der Politik und auch sich selbst gegenüber. Das macht sich an mehreren Entwicklungen fest, insbesondere aber wegen der **Konkurrenz** zu gewerblichen Einrichtungen der Jugendfreizeit, dem Ausbau der Ganztagsschulen und auch daraus, dass ihre Wirkungen und Effekte nicht deutlich sichtbar und fassbar sind. Gerade in Zeiten knapper öffentlicher Kassen erhöht sich damit der Druck auf die Träger. Die auf dem kommerziellen Freizeitmarkt gesetzten Trends haben maßgeblichen Einfluss auf individuelle Freizeitentscheidungen des einzelnen Kindes und Jugendlichen. Sportliche Angebote außerhalb von Vereinen, kulturelle und künstlerische Angebote und neue Medien stoßen bei Jugendlichen auf besonderes Interesse. Neue Treffpunkte sind auch durch die Kinozentren entstanden. Ballettschulen, Fitnessstudios, Computerkurse der Sparkassen und anderer Unternehmen, organisierte Lan-Partys, Spielezentren für Computerspiele sind solche Konkurrenten. Diese prägen auch einen großen Teil der Jugendkultur, das zeigt das Konsumverhalten junger Menschen. Sie geben den größten Teil ihres (Taschen-) Geldes häufig für elektronische Medien (Computer, Handy, Musikanlagen) aus.

6　Wachsendes Interesse Jugendlicher an lockeren „**Szenegruppen und -angeboten**" führt zu neuen Möglichkeiten der Begegnung junger Menschen und hat spontane Freizeit- und Bindungsformen entstehen lassen. Immer wichtiger wird die peer-group für junge Menschen. Sie bietet häufig den Raum an Eigenständigkeit den Jugendliche bei Institutionen der Bildung und Erziehung vermissen. Die neuen sozialen Räume sind attraktiv, weil sie gezielt aufgesucht und wieder verlassen werden können. Sie bleiben im Unverbindlichen. Jugendliche nutzen diese Szenen für ganz spezifische Belange, zB Sport treiben auf der Straße, gemeinsam Musik machen uä (Hitzler 2004). Sie entsprechen dem Bedürfnis junger Menschen nach kurzfristigen ungeplanten Begegnungen und ihrer Abkehr von größeren Organisationen.

Für die Jugendarbeit ist auch der Ausbau von **Ganztagsschulen** zu beachten. Ihre Zahl ist in den letzten   7
Jahren deutlich gestiegen. Inzwischen gibt es rd. 10.000 Ganztagsschulen im Primar- und Sekundarbereich (Konsortium Bildungsberichterstattung 2008, 71). Damit hat sich auch die Zahl der Kinder, die eine Ganztagsschule besuchen, erhöht. Verzeichnet wird ein Zuwachs von rd. 18 % gegenüber 2002 (Konsortium Bildungsberichterstattung 2008, 72). Die Konzepte bewegen sich zwischen gebundenen, teilgebundenen und offenen Ganztagsschulen (nach Definition der KMK). Damit erhöht sich für Kinder und Jugendliche die Verweildauer an der Schule. Ihr Zeitbudget für andere Aktivitäten schrumpft. Die Schulen versuchen, unter Einbezug der Träger der Kinder- und Jugendhilfe, am Nachmittag attraktive Angebote aus den Bereichen der Jugendarbeit, der Kultur und des Sports einzubeziehen. Damit öffnen sich Schulen und beziehen deren Konzepte in die Gestaltung der Schule ein. Die Chancen der Jugendarbeit sind groß. Die Form des **Einbezug in den schulischen Alltag** kann mehr als reine Kooperation sein. Die Kooperation mit der Schule wird ihr durch dieses Gesetz auferlegt (s. § 81 Rn 6). Jugendarbeit hat hier eine große Chance, wenn sie zum handelnden und verantwortlichen Akteur in und im Umfeld von Schule wird. Wenn es hier auch Grenzen gibt, so kann sie sich dennoch zu einem konstitutiven Element einer neuen Schule entwickeln.

Immer öfter wird nach den Wirkungen der Kinder- und Jugendarbeit gefragt. Erste Wege sind in den   8
letzten Jahren entwickelt worden (Wanja 2000; Lindner 2008). Gerade mit Blick auf die aktuelle Diskussion über ihren Beitrag zur individuellen Bildungsförderung (BMBF 2007) kommt den tatsächlichen Wirkungen eine hohe Bedeutung zu. Denn § 11 formuliert sehr globale Ziele, deren Erreichen sich an konkreten Kriterien festmachen lassen muss. Die in den letzten Jahren eingeführten Modelle, wie zB die Wirksamkeitsdialoge"(Wanja 2000), Konzepte zur "wirkungsorientierten Steuerung" (Otto 2007 a) oder diverse andere Controllingverfahren, zB im Rahmen der neuen Steuerung, haben erste Ergebnisse über Wirkungen gebracht (Lindner 2008). Wichtig wird diese Entwicklung va auch hinsichtlich kritischer Fragen zum effektiven Einsatz öffentlicher Mittel in der Kinder- und Jugendarbeit. Es fehlt allerdings bis heute eine entsprechende Wirkungsforschung. Weiterführende Ansätze zeigen sich in Überlegungen des Forschungsverbundes Technische Universität Dortmund/Deutsches Jugendinstitut zur Wirkung der Kinder- und Jugendarbeit (Liebig, unveröffentlichtes Manuskript 2008).

IV. Zum Rechtscharakter

§ 11 beinhaltet neben der **Aufgabenzuweisung** an die Jugendarbeit (Abs. 1) im Wesentlichen **Pro-**   9
grammsätze, die Ziele, Formen und Handlungsbereiche der Jugendarbeit umfassen. Damit wird die Grundlage für die fachliche Ausgestaltung der Jugendarbeit beschrieben. Der Gesetzgeber hat bewusst auf Detailregeln verzichtet und damit offen gelassen, wie die Jugendarbeit vor Ort ausgestaltet wird. Er hat aber klargestellt, dass sich daraus keine Unverbindlichkeit, etwa im Sinne von Leitlinien (vgl Preis ZRP, 1990, 90 f), ableiten lässt. In Abs. 1 ist daher ausdrücklich die Verpflichtung für den Träger der öffentlichen Jugendhilfe aufgenommen worden, „erforderliche Angebote der Jugendarbeit zur   ←
Verfügung zu stellen". Was erforderlich ist, muss auf der Grundlage der Jugendhilfeplanung ermittelt werden (s. § 80 Rn 10). Eine Verpflichtung zur Bereitstellung der Angebote ergibt sich auch aus § 79 dieses Gesetzes. Angebote sind Teilbereiche der „Leistung" im Sinne einer Sozialleistung nach § 11 SGB I (Schellhorn/Fischer § 11 Rn 7). Angesichts einer **objektiven Rechtsverpflichtung** (Münder 2007; Wabnitz 2005) hat der öffentliche Träger tätig zu werden und Angebote der Jugendarbeit zur Verfügung zu stellen, bzw die in Abs. 2 genannten freien Träger entsprechend zu fördern. Es besteht für den öffentlichen Träger eine Förderungspflicht, die sich in Verbindung mit § 79 Abs. 2 ableiten lässt (Münder/Wiesner 2007, 184). Danach kommt öffentlichen Trägern die Gewährleistungsverpflichtung   ←
zu, dass die zur Erfüllung der Aufgaben nach dem SGB VIII erforderlichen Angebote auch zur Verfügung stehen (vgl § 79 Rn 15 ff). In diesem Rahmen obliegt ihnen die Gesamtverantwortung für die Bereitstellung und Sicherung einer angemessenen kinder- und jugendpolitischen Infrastruktur. Mit der Formulierung "sind" in Abs. 1 wird auch klargestellt, dass es eine klare und eindeutige objektive Rechtspflicht des örtlichen öffentlichen Trägers gibt, entsprechende Leistungen zur Verfügung zu stellen. Es wäre dementsprechend "eindeutig rechtswidrig, wenn durch den öffentlichen Träger keine oder nur völlig unzureichende Angebote unterbreitet werden" (Wabnitz in Münder/Wiesner 2007, 195 unter Hinweis auf Jans u.a./Berntzen SGB VIII § 11 Rn 9 a).

10   Eine einklagbare individuelle Leistungserbringung ergibt sich für junge Menschen aus Abs. 1 Satz 1 aber nicht. Gemeint ist nicht eine konkrete Person, sondern die jungen Menschen allgemein. Es geht daher mehr um die Ausgestaltung des Handlungsfeldes insgesamt, nicht aber um die Sicherstellung einer bestimmten Leistung für einen einzelnen jungen Menschen. Bei der Ausfüllung des § 11 in der Praxis handelt es sich um allgemeine Förderungsangebote, die sich nicht auf subjektive Rechte beziehen können. Aus Abs. 1 lässt sich auch kein Rechtsanspruch eines Trägers auf Förderung ableiten (anders Kunkel/Steffan LPK-SGB VIII § 11 Rn 3 bis 5, auch Fieseler/Busch 2006). Zwar ist der Adressat dieser Norm der Träger der öffentlichen Jugendhilfe, der ein entsprechendes erforderliches Angebot bereitzustellen hat. Jedoch legen Abs. 1 und Abs. 2 keine konkreten auf den einzelnen Bereich der Jugendarbeit bezogenen Ansprüche fest. Diese können im Rahmen der ländergesetzlichen Regelungen bzw Ausführungsbestimmungen festgelegt werden. In einigen Ländern ist davon auch Gebrauch gemacht worden. Dort sind zT Ansprüche festgelegt und Regelungen für die Förderung formuliert (§ 15 Rn 4). Im Allgemeinen handelt es sich bei der Ausgestaltung der Förderung nach § 11 um eine jugendpolitische Herausforderung (Schellhorn/Fischer § 11 Rn 19), die unterschiedlich durchsetzbar zu sein scheint. Hier kommt der Jugendhilfeplanung (§ 80) und den Beratungen im Jugendhilfeausschuss einen wichtige Bedeutung zu. Denn der Jugendhilfeausschuss entscheidet auf der Grundlage dieser Planung über die Ausgestaltung der finanziellen Förderung.

V. Ziele und Methoden der Kinder- und Jugendarbeit – Abs. 1

1. Grundsätzliche Aspekte

11   Die in Abs. 1 genannten **Ziele** sind geeignet, die Ausprägung einer selbstständigen Persönlichkeit, die Förderung des demokratischen Bewusstseins und auch die Teilhabe an gesellschaftlichen Gestaltungsprozessen zu erreichen. Sie entsprechen auch dem Bildungsauftrag der Kinder- und Jugendarbeit. Selbstbildung, Eigenverantwortlichkeit. Selbstbestimmung, Mitverantwortung und soziales Engagement sind dabei von wesentlicher Bedeutung. Entscheidend ist, dass diese Ziele den jungen Menschen im Blick haben und die Interessen von Kindern und Jugendlichen der Anknüpfungspunkt pädagogischer Angebote sind. Das macht ihren **subjektbezogenen Charakter** aus. Es geht dabei auch um die Stärkung des Selbstwertgefühls und der Selbstachtung (Scherr 2002) und um die Kompetenzen zur eigenständigen Lebensführung (BMBF 2004). Wichtig ist es, dass sich die Ziele auf die von Kindern und Jugendlichen selbst gemachten Erfahrungen und ihren Interessen beziehen. Das macht die Lebensweltorientierung (BMJFFG 1990) der Jugendarbeit aus. Es kommt bei den Zielen daher nicht auf eine konkrete Verwertbarkeit, etwa in schulischer oder beruflicher Hinsicht, an. Im Zentrum steht der junge Mensch im Kontext seiner Lebenslagen und Lebensführung.

12   Die genannten Ziele orientieren sich an dem Grundverständnis, dass die **politische Bildung ein übergreifendes Prinzip** der Jugendarbeit ist. Damit ist nicht nur die Vermittlung und Aneignung ökonomischen, sozialen, kulturellen und politischen Grundwissens gemeint. Es geht um eine aktive handlungsorientierte Einbeziehung junger Menschen in Gestaltungsprozesse des örtlichen Gemeinwesens. Diese Aufgabe ist die Grundlage für ein Einmischen (Mielenz 1981) in kommunale Planungs- und Gestaltungsprozesse. Sie impliziert, dass junge Menschen befähigt werden sollen, ihre Interessen selbst vertreten zu können. Um dies zu erreichen, müssen Räume und Gelegenheiten der Beteiligung gegeben sein. Hierzu gehört u.a. die Schaffung formaler Strukturen im kommunalpolitischen Raum, zB durch die Beteiligung junger Menschen an kommunalen Planungsprozessen. Beispiele sind besondere Formen der Anhörung, die Schaffung von Kinder- und Jugendparlamenten, Kinderbüros etc. In einigen Ländern bestehen hierzu besondere gesetzliche Regelungen, so zB in Rheinland-Pfalz und Schleswig-Holstein in der Gemeindeordnung, in Nordrhein-Westfalen im Kinder- und Jugendförderungsgesetz.

2. Bildungsfunktion der Jugendarbeit

13   Abs. 1 weist der Jugendarbeit eine **Bildungsfunktion** zu (s. Vor§§ 11-15 Rn 6, 7). Dieser Bildungsauftrag wird in den genannten Handlungsfeldern unterschiedlich und auf sehr spezifische Art und Weise ausgefüllt. Bilden in der Jugendarbeit heißt aber nicht Lernen wie in der Schule durch vorgegebene formalisierte Strukturen und Angebote. Bildungsprozesse in der Jugendarbeit gehen von einem erweiterten, ganzheitlich angelegten Bildungsbegriff aus, der auf verschiedenen Grunddimensionen basiert und dem „gesamten sozialen Zusammenleben" entspringt (Sting/Sturzenecker 2005). Diese Prozesse setzen lebensweltorientiert an und beziehen die soziale Situation und die Bedürfnisse der jungen Menschen ein. Das **offene und breite Bildungsverständnis** macht es schwer, geeignete und tragfähige Kriterien zu entwickeln, nach denen eine Bewertung der Bildungsprozesse möglich ist. Das durch Jugendarbeit Kompetenzen angeeignet und vermittelt werden ist unstreitig (BMFSFJ 2005; BMBF 2004; Konsortium Bildungsberichterstattung 2006 und 2008). Offen ist die Frage, an welchen Indikatoren dieses festzumachen ist. Es fehlt zudem an geeigneten Messinstrumenten. Ansätze hierzu bestehen in der kulturellen Jugendbildung (BKJ 2005).

Abs. 1 nennt **allgemeine bildungs- und gesellschaftspolitische Ziele,** die sich aus dem humanitären **14** Menschenbild ableiten, zB Chancengleichheit, soziale Gerechtigkeit, Teilhabe und Mitverantwortung. Diese Ziele betonen die Subjektorientierung (s. Rn 11) und sind keine Ziele, die auf eine direkte ökonomische Verwertbarkeit ausgerichtet sind. Dennoch sind auch sie für die berufliche Perspektive wichtig, denn sie vermitteln Grundkompetenzen, die in sozialer und kultureller Hinsicht bedeutsam sind. Sie sind daher Grundlage für den Sozialisationsprozess junger Menschen und für die Entwicklung zu einer eigenverantwortlichen und selbstständigen Persönlichkeit (§ 1 Abs. 1). Jugendarbeit ist im Sinne einer **„Ressource zur Lebensführung"** (Münchmeier 2002) bildungspolitisch tätig. Im Zusammenhang mit Selbstfindungsprozessen wächst gerade die Bedeutung dieses Lernens in außerschulischen und außerfamiliären Zusammenhängen (BMBF 2004, 207 ff). Gerade angesichts neuer Verdichtungsprozesse von Leistungsanforderungen (zB durch eine frühere Einschulung, das Abitur nach 12 Jahren u.ä.) können die Angebote der Kinder- und Jugendarbeit neue Impulse für ein Verständnis einer Ganztagsbildung (Otto/Coelen 2004; Coelen/Otto 2008) geben.

3. Grundansatz der Jugendarbeit

Um die Ziele auch erreichen zu können, braucht Jugendarbeit bestimmte **methodische Ansätze.** Satz **15** 2 des Abs. 1 verbindet daher Ziele mit dem Gebot der Mitgestaltung und Mitverantwortung. Dieses Gebot berücksichtigt das grundlegende methodische Herangehen in der Jugendarbeit durch selbstbestimmte Aneignungsprozesse (Böhnisch/Münchmeier 1993). Jugendliche sollen sich mit ihrer Umwelt auseinandersetzen und ihre Handlungsspielräume selbst erkennen. Damit ist auch eine grundlegende gesellschaftspolitische Ausrichtung gemeint. Abs. 1 benennt das Grundelement der **Partizipation** als zwingende Bedingung für die Gestaltung der Jugendarbeit. Angesichts des Bedeutungsverlustes politischer Organisationen und der eher skeptischen Einschätzung Jugendlicher gegenüber etablierten Interessenvertretungs- und Organisationsformen (Deutsche Shell 2006, 126; Zinnecker 2004) sowie wachsender „Individualisierungsprozesse" (Münchmeier 2001), kommt diesem Ziel eine grundlegende Bedeutung zu. Jugendarbeit kann der geeignete Ort für die **Artikulation der Interessen** durch junge Menschen sein. Um die Teilhabechancen zu verbessern, muss die Jugendarbeit den dafür erforderlichen Raum bereitstellen und selbst partizipativ und selbstbestimmt angelegt sein. Deshalb ist es folgerichtig, dass über die Normierung des Ziels der Teilhabe junger Menschen an Entscheidungen der Jugendhilfe (s. § 8 Rn 3 ff) für die Jugendarbeit speziell geregelt wird, dass sie durch Kinder und Jugendliche aktiv mitbestimmt und mitgestaltet wird. Dies ist eine wesentliche Voraussetzung für gelingende Selbstorganisationsprozesse und konstitutives Merkmal der Kinder- und Jugendarbeit.

VI. Träger und Formen – Abs. 2

Abs. 2 nennt bestimmte Orte und Gelegenheiten in der Kinder- und Jugendarbeit. Er weist auf die **16** **Breite und Vielfalt des Trägerspektrums** (Satz 1) hin und bezieht **offene und gemeinwesenorientierte Angebote** ein (Satz 2). Diese Orte entsprechen der Praxis der Jugendarbeit, denn sie ist gekennzeichnet durch zT ganz unterschiedliche Träger. Dass zunächst „Verbände, Gruppen und Initiativen der Jugend" genannt sind, entspricht der Geschichte und der Bedeutung dieser Formen in der Praxis der Jugendarbeit (vgl Rn 1). Gerade weil diese Träger idR ihre Angebote wertorientiert gestalten, ermöglichen sie jungen Menschen eine höhere Identität mit den Zielen und Aufgaben des Trägers/Verbandes. Mit „anderen Trägern der Jugendarbeit" sind idR solche Organisationen gemeint, die auch in Teilbereichen der Jugendarbeit aktiv sind, so zB Wohlfahrtsverbände und Initiativgruppen. Diese „anderen" Träger sind oftmals auch in anderen Feldern der sozialen Arbeit aktiv. Auch orientieren sie sich mit ihren Angeboten zumeist an bestimmten Zielgruppen von Kindern und Jugendlichen und richten darauf ihr Programm aus. Gemeint sich auch spezifische Fachorganisationen, die sich einem bestimmten Feld in der Jugendarbeit widmen und sehr projektorientiert arbeiten. Es handelt sich bei der Aufzählung jedoch nicht um eine Rangskala. Vielmehr stehen die genannten Trägerformen gleichrangig nebeneinander.

Abs. 2 nennt auch die **Träger der öffentlichen Jugendhilfe** als Träger von Angeboten der Kinder- und **17** Jugendarbeit. Jugendämter sind zB Träger von Jugendhäusern, Jugendwerkstätten und Jugendkunstschulen, führen Kinder- und Jugenderholungsmaßnahmen durch und bieten Bildungsveranstaltungen für junge Menschen an. Hierzu gehören auch die zunehmend von Kommunen gegründeten gemeinnützigen GmbHs als organisatorisches Dach für eigene Einrichtungen. Ihr Engagement und der quantitative Umfang der Angebote ist örtlich und regional unterschiedlich ausgeprägt. Dass bei den öffentlichen Trägern von Trägern der Jugendhilfe, bei allen anderen aber (nur) von Trägern der Jugendarbeit gesprochen wird, könnte dazu verleiten, nicht auf Jugendarbeit spezialisierten Trägern der freien Jugendhilfe generell ein Mandat für die Jugendarbeit abzusprechen. Dies ist rechtlich nicht haltbar. § 3 Abs. 2 sieht für alle Leistungen der Jugendhilfe eine Zuständigkeit der Träger der freien und der öffentlichen Jugendhilfe generell vor (vgl § 3 Rn 10) Es handelt sich daher hier nur um eine nomenklatorische Ungenauigkeit des Gesetzgebers.

18   Mit der Aufnahme von „Gruppen" und „Initiativen" als Träger von Jugendarbeit wird deutlich, dass der Gesetzgeber an die **Organisationsqualität eines freien Trägers** der Jugendarbeit keine besonderen Anforderungen stellt. Er gibt keine bestimmte Form der Organisation vor und setzt daher voraus, dass es ganz unterschiedliche Formen von Zusammenschlüssen der Jugend geben kann. Insbesondere wollte der Gesetzgeber eine Grundlage schaffen, damit auch die sich häufig spontan entwickelnden Aktivitäten vor Ort außerhalb klassischer Organisationen in die Förderung einbezogen werden können. Dem entspricht auch die Entwicklung neuer Szenen in der Jugendkultur (Hitzler 2004). Es ist auch eine Reaktion auf die geringer gewordene Bereitschaft junger Menschen, sich fest an Organisationen zu binden (Shell Jugendstudie 2006). In der Praxis haben deshalb auch kurzlebige, spontane und situationsorientierte Aktionsgemeinschaften junger Menschen ihren Stellenwert und einen Anspruch auf Unterstützung. Da diese Gruppen idR nicht von langer Dauer sind, verzichtet der Gesetzgeber auch darauf, für diese die Anerkennung als Träger der freien Jugendhilfe nach § 75 als zwingende Voraussetzung für eine Förderung zu fordern (s. § 75 Rn 6 ff). Mit Verbänden sind vor allem die Jugendverbände gemeint, denn nur sie haben Mitglieder im formellen Sinn.

19   Satz 2 nennt den Bezug der Angebote, nämlich „für Mitglieder bestimmte Angebote, die offene Jugendarbeit und gemeinwesenorientierte Angebote". Mit der Aufzählung ist keine Rangfolge bzw eine Zuordnung zu bestimmten Trägern gemeint. Eine Unterscheidung dieser Formen ergibt sich zT aus den Trägerformen und den Zielen. In der Praxis vermischen sie sich häufig und verlieren an Trennschärfe. Eine so deutliche Trennung zwischen den **Angebotsformen** entspricht schon wegen des häufigen Sozialraumbezugs nicht mehr der Praxis. Sie sind vielmehr als Oberbegriffe zu verstehen, die sich in der Praxis inzwischen weit ausdifferenziert haben. Jugendverbände beziehen sich im Kern auf ihre Mitglieder, bieten aber auch ihr Programm und ihre Leistungen Nichtmitgliedern an. Die offene Jugendarbeit ist im Kern durch Einrichtungen (Jugendhäuser, Jugendcafes, Treffpunkte) gekennzeichnet. Gemeinwesenorientierte Kinder- und Jugendarbeit wird dagegen in allen Bereichen eher als eine besondere Methode angewendet. Gemeint sind hier vor allem die verbandsbezogenen Angebote der Jugendorganisationen und die offene Jugendarbeit in Einrichtungen und in mobilen Formen sowie auf den Stadtteil oder auf die Gemeinde hin bezogene Ansätze. Dieser Trend gilt für nahezu alle Bereiche der Kinder- und Jugendarbeit.

20   Abs. 2 ist keine abschließende Auflistung der Angebote und Felder. Es bestehen darüber hinaus neue Formen und Orte, an denen auch Kinder- und Jugendarbeit stattfindet. Auch diese werden vom öffentlichen Träger gefördert. So zB die kulturelle Jugendbildung, die ihre Orte zum Teil nach den Sparten ihres Bereichs aussucht. Ein zentraler Ort sind auch Jugendkunstschulen. Auch Kulturwerkstätten, Bürgerhäuser etc. können einbezogen werden. Zu den Orten der kulturellen Jugendbildung gehören auch die Angebote der verschiedenen Kultursparten, wie zB Tanz, Theater, Literatur, Medien, Bildende Kunst (BMBF 2004, 257 f). Diese Breite deutet auch auf die Vielfalt der Orte hin. Entscheidend ist, dass sie als Träger der Kinder- und Jugendhilfe agieren. Die Öffnung und die **Vielfalt der Jugendarbeit** macht eine genaue Übersicht über ihre Orte schwer.

VII. Schwerpunkte – Abs. 3

21   Das Handlungsfeld der Jugendarbeit hat sich in den letzten 30 Jahren deutlich verbreitert. Zum **Standardangebot** zählen heute Angebote wie zB die kulturelle Jugendarbeit, mobile Formen, Spielplätze, schulbezogene Jugendarbeit, Erholungsmaßnahmen, Bildungsveranstaltungen u.a.m. Die Kinder- und Jugendhilfestatistik weist für das Jahr 2005 (letzte Erfassung) rd. 97.000 Maßnahmen der Kinder- und Jugenderholung, der außerschulischen Jugendbildung, der internationalen Jugendarbeit und der Mitarbeiterfortbildung aus, an denen rd. 3,6 Mio. junge Menschen teilgenommen haben (Statistisches Bundesamt 2007). Die **Gesamtausgaben der öffentlichen Hand** in der Jugendarbeit beliefen sich in 2005 auf rd. 1,37 Mrd. EUR (Pothmann 2008). Ein Vergleich zu den Vorjahren zeigt aber, dass es in

einigen Bereichen einen deutlichen Abwärtstrend gibt. Der Bildungsbericht 2008 weist zB auf eine Reduzierung der Gesamtausgaben um rd. 6 % hin und sieht eine Tendenz eines Bedeutungsverlustes der Jugendarbeit (Konsortium Bildungsberichterstattung 2008, 78). Der Trend verläuft zwischen den Bundesländern unterschiedlich und ist auch regional verschieden.

Mit dem Begriff **„Schwerpunkte"** und mit der Formulierung „zu den" in Abs. 3 wird deutlich, dass **22** die Aufzählung der Handlungsbereiche ein offener Katalog ist. Genannt wird lediglich ein Mindestbestand an Handlungsbereichen der Jugendarbeit. Unter diesen Oberbegriffen sind ganz unterschiedliche Aktivitäten zu subsumieren, die sich jeweils vor Ort in ihrer spezifischen Ausprägung vorfinden. Die Berücksichtigung solcher Ansätze ist im Rahmen der Planung festzustellen und ihre Aufnahme in die Förderung ggf durch den JHA zu entscheiden. Auch sind die einzelnen Bereiche in sich nicht abgeschlossen und gegeneinander abzugrenzen. Vielmehr bestehen sehr viele inhaltliche und methodische Verknüpfungen zwischen ihnen. Möglich ist auch eine Begrenzung auf einen Schwerpunkt. Ein Träger muss nicht die gesamte fachliche Breite der Angebote des Abs. 3 vorhalten. Dieser Katalog ist für die Länderausführungsgesetze und für die Gestaltung der Förderung für die Jugendämter eine wichtige Orientierung. Deshalb findet sich der Katalog in ähnlicher Form in den Regelungen der Bundesländer und in kommunalen Jugendhilfeplänen wieder.

Nr. 1 nennt die Bereiche der Jugendarbeit, die ihrem Charakter nach eine **eindeutige Bildungsfunkti- 23 on** haben. Es sind Handlungsbereiche mit eigenen Methoden, die sich zT auch nach curricularen Anforderungen ausrichten, so zB Bildungsseminare. Mit dem Begriff „außerschulisch" wird sowohl auf einen institutionellen Bezugsrahmen abgestellt, als auch klargestellt, dass Bildung nicht ausschließlich in der Schule stattfindet. Mit diesem Begriff ist jedoch nicht eine räumliche Dimension gemeint. Vielmehr können die Angebote auch innerhalb der Schule, jedoch nicht als schulische Veranstaltungen stattfinden. Angesichts der wachsenden Kooperation von Trägern der Jugendarbeit mit der Schule (vgl Rn 7) erscheint es sinnvoll, unter dem Begriff „außerschulisch" auch den Begriff „außerunterrichtlich" zu fassen. Damit ist klargestellt, dass die Angebote der Jugendarbeit durchaus in Schulen, nicht aber als Unterricht stattfinden können und der Kinder- und Jugendhilfe zuzuordnen sind.

Die inhaltliche Beschreibung außerschulischer Bildung mit allgemeinbildend, politisch, sozial, gesund- **24** heitlich, kulturell, naturkundlich und technisch ist der Versuch, sowohl die Vielfalt der Interessen und Bedürfnisse einzufangen, als auch die Felder, in denen Jugendarbeit Sozialisationshilfen leisten kann, zu berücksichtigen. Die hier genannten **Bildungsschwerpunkte** überlappen sich und sind in der praktischen Arbeit häufig miteinander verknüpft. So enthält zB ein Angebot ökologischer Bildung ebenso Anteile von Gesundheit, Natur und Technik und umgekehrt. ZT sind in diesen Feldern neue Initiativen entstanden, so zB in der naturwissenschaftlich-technischen Bildung, die eindeutig dem Bereich der technischen Bildung zuzuordnen sind.

Die **politische und die kulturelle Jugendbildung** haben übergreifenden Charakter. Denn sie finden in **25** allen Bereichen der Jugendarbeit statt. Sie sind aber auch eigenständige Handlungsfelder zT mit besonderen Einrichtungen So sind zur politischen Jugendbildung neben den spezifischen Bildungsangeboten auch die Jugendbildungsstätten zu zählen. Zur kulturellen Jugendbildung gehören die Jugendkunstschulen und kulturpädagogischen Dienste sowie die diversen (Landes-) Arbeitsgemeinschaften in den Bereichen Literatur, Tanz, Theater, Film, Medien etc.

Jugendarbeit in Sport, Spiel und Geselligkeit (Nr. 2) verweist auf die Bedeutung der sozialen Gestal- **26** tungsräume, die nicht zwangsläufig mit gesellschaftlichen Zielen verbunden sind. Sie sind für die pädagogische Arbeit unverzichtbar, zumal es die Felder sind, die in großer Konkurrenz zum konsumorientierten Freizeitmarkt stehen. Sport stellt für die Jugendarbeit einen wichtigen Zugang zu jungen Menschen dar. Dabei geht es jedoch nicht darum, den Sport an sich als Teil der Jugendarbeit zu verstehen. Zwar ist das Sporttreiben durchaus mit zahlreichen pädagogischen Elementen zu verbinden, doch muss das Element der Kinder- und Jugendarbeit hinzukommen. Es geht daher um Jugendarbeit im Sport, also um die den **Sport und die Jugendarbeit** verbindenden Elemente. In verschiedenen Feldern der Jugendhilfe wird seit langem sportpraktisches Handeln unterstützend eingesetzt: zB als Bewegungserziehung in Kindertagesstätten, über Freizeitsportgruppen in Jugendfreizeitheimen, in der Arbeit mit Behinderten, in der Ganztagsbetreuung für schulpflichtige Kinder. Gerade der Sport verfügt über zahlreiche Möglichkeiten, die neue Impulse und positive Entwicklungsschübe vermitteln können (Kreft 2001, 27). Unbestritten ist, dass in Sportvereinen ein wichtiger Beitrag zur Erziehung und Bildung geleistet wird und sie einen großen Teil junger Menschen erreichen (Brettschneider 2001). Eine enge Abgrenzung zwischen sportlichen Aktivitäten und der Jugendarbeit ist nicht immer möglich.

27 Dennoch bedarf es einer eindeutigen **Abgrenzung** zwischen dem Sport als Feld der Talentsuche, bzw sportpraktischer Tätigkeit als eine auf die sportliche Förderung abstellende Aktivität des Vereins einerseits und der tatsächlich praktizierten Jugendarbeit. Die Kinder- und Jugendarbeit setzt sich bewusst von einem mit **Leistungs- und Konkurrenzelementen** arbeitenden Sport ab. Diese Distanz entspricht der Formulierung „Jugendarbeit in Sport" vom Grundsatz her. Dadurch wird klargestellt, „dass nicht jede sportliche Betätigung an sich schon Jugendarbeit ist" (Wiesner/Kaufmann § 11 Rn 20). Dies darf nicht zu einer restriktiven Auslegung führen. Vielmehr ist angesichts der Leistungen des Sports für das Aufwachsen von Kindern – auch durch intentionale Pädagogik – eine differenzierte Haltung im Verhältnis von Sport und Jugendarbeit angebracht.

28 Zu den zahlreichen Berührungspunkten hat auch die **Öffnung der Sportvereine** in die Lebenswelten junger Menschen geführt. Beigetragen hat dazu vor allem, dass Jugendliche selbst neue, nicht vereinsbezogene Sportarten entdeckt haben und dieser „Straßensport" mehr und mehr von der Jugendarbeit genutzt wird. Entscheidend ist die Zielformulierung im Sinne der Jugendhilfe und die Realisierung bestimmter Grundsätze und Leitbilder (Kreft ZfJ 2001, 27). Der Anteil der Jugendarbeit im Sport ist klar auszuweisen, wenn eine öffentliche Förderung aus Mitteln der Jugendhilfe bzw eines Landesjugendplans begehrt wird. Deshalb bedarf es auch einer Bewertung der jeweiligen Maßnahme nach Kriterien der Jugendarbeit (hierzu Kreft ZfJ 2001, 27). Als Grundverständnis gilt: „1. Bieten Sportvereine ihren Mitgliedern oder vergleichbaren Dritten (Kindern, Jugendlichen, jungen Erwachsenen- also den Zielgruppen der Jugendarbeit iSd SGB VIII) auch (neben oder verbunden mit sportlichen Angeboten) typische Jugendarbeitsleistungen iSd § 11 an, so können diese vom öffentlichen Träger der Jugendhilfe gefördert werden. 2. Alleiniges sportpraktisches Tun in Vereinen ist keine Jugendarbeit iSd § 11 und daher auch aus den Mitteln der Jugendarbeit nicht förderungswürdig" (so Kreft, in ZfJ 2001, 27 f – mit Hinweis auf die Bestätigung dieser Position durch die Mehrheit der LJÄ). Diese Grundsätze können auch auf die Förderungspraxis der Länder und der örtlichen Jugendämter angewendet werden.

29 Die in Nr. 3 genannten Formen **arbeitswelt-, schul- und familienbezogener Angebote** sollen einen Bezug zu wesentlichen Teilen der Lebenswelt junger Menschen herstellen. Auch machen sie deutlich, dass die Jugendarbeit Fähigkeiten und Fertigkeiten vermitteln soll, die sich auf diese Bereiche beziehen. Arbeitsweltbezogene Angebote sind nicht iS von Jugendsozialarbeit (§ 13) zu verstehen. Sie grenzen sich insoweit ab, als hier das Aneignen von Kenntnissen über die Arbeitswelt und die berufliche Integration im Vordergrund steht. Es geht im Wesentlichen um das Erfassen der Bedeutung der Arbeitswelt für das soziale Gefüge und für den Lebensalltag der Menschen und um ein Sich-Auseinander-Setzen mit dem Verhältnis Mensch–Gesellschaft–Arbeit.

30 **Schulbezogene Angebote** der Kinder- und Jugendarbeit haben in den letzten Jahren an Bedeutung gewonnen. Sie sind deutlich ausgebaut worden und es gibt inzwischen zahlreiche Verbindungen zwischen der Jugendarbeit und der Schule. Durch den Ausbau von Ganztagsschulen sind auch neue Perspektiven auch für die Jugendarbeit entstanden (vgl Rn 7). Die Träger der Jugendarbeit beteiligen sich daran mit ganz unterschiedlichen Angeboten. Ein Schwerpunkt ist die verantwortliche Gestaltung der Betreuung am Nachmittag. Schulbezogene Angebote der Jugendarbeit müssen aber nicht zwangsläufig in der Schule stattfinden. Wohl aber müssen sie einen Bezug zur Schule haben. Der Ausbau der Kooperation zwischen Jugendhilfe und Schule entspricht einem notwendigen Miteinander angesichts wachsender Anforderungen an die Erziehung und Bildung von Kindern. Die Angebotspalette schulbezogener Jugendarbeit ist inzwischen sehr ausdifferenziert und vielfältig. Es handelt sich einerseits um außerunterrichtliche Angebote, die zB in Ganztagsschulen von Trägern der Jugendarbeit angeboten werden, um Angebote der Jugendberatung im Sinne des Abs. 3 Nr. 6, um Bildungsarbeit im Rahmen spezifischer Seminare, aber auch um Projekte der Prävention im Rahmen von Schulsozialarbeit. Grundsätzlich unterscheiden sich diese Angebote aber von der Schulsozialarbeit. Diese wendet sich an bestimmte Zielgruppen und findet direkt in der Schule, teilweise auch unter Trägerschaft der Schule statt.

31 **Familienbezogene Jugendarbeit** findet in unterschiedlicher Intensität Niederschlag in der Praxis der Kinder- und Jugendarbeit. Darunter wird auch die Vorbereitung auf Ehe und Familie verstanden (so zB Hessen). Angesichts der immer stärkeren Wahrnehmung der Angebote der Jugendarbeit durch Kinder ist auch eine Auseinandersetzung mit der familiären Situation der Kinder vorgesehen. Hilfe und Unterstützung auch bei Problemen mit den Eltern sind daher Elemente, die in der Praxis der Kinder- und Jugendarbeit bedacht werden müssen. Denkbar wären gemeinwesen- bzw stadtteilbezogene Angebote, die die Lebenssituation von Kindern und Jugendlichen in ihrer Ganzheitlichkeit verbessern helfen können. Hier kann der Familienbezug eine wichtige Rolle spielen.

Internationale Jugendbegegnungen (Nr. 4) sind ein Kernstück vor allem der Jugendverbandsarbeit. Sie 32 zielen darauf ab, jungen Menschen Gelegenheiten zu geben, ein Verständnis für die unterschiedlichen Kulturen zu vermitteln, die unterschiedlichen Bedingungen des Aufwachsens kennen zu lernen und persönliche Kontakte zu knüpfen. Gerade die Entwicklung zur Einheit Europas und die Zunahme von kriegerischen Konflikten in der Welt machen die Begegnung von jungen Menschen unterschiedlicher Kulturen und Nationalitäten notwendig, um mehr voneinander zu lernen (Engelbert, A/Hearth, A 2005). Internationale Jugendarbeit wirkt so nach innen und nach außen integrativ. Vorrangig wird internationale Jugendarbeit aus dem Kinder- und Jugendplan des Bundes gefördert, im sog. Zentralstellenverfahren. Zur Förderung und Unterstützung des Jugendaustausches mit bestimmten Ländern sind Jugendwerke entstanden. Neben dem Deutsch-Französischem Jugendwerk sind das Deutsch-Polnische Jugendwerk, Deutsch-Israelisches Jugendforum und seit 2005 das Deutsch-Russische Koordinierungsbüro zu nennen. In den Bundesländern werden **länderspezifische Schwerpunkte** gesetzt, die sich häufig an gewachsenen internationalen Kontakten orientieren. Gefördert werden vor allem die Träger, die keine Bundesmittel im Rahmen der Zentralstellenförderung erhalten. Die örtlichen Träger der öffentlichen Jugendhilfe fördern idR nur im Rahmen ihrer direkten internationalen Bezüge (zB zu Partnerregionen) Einzelprojekte der Jugendbegegnung. Zur internationalen Jugendarbeit gehören in einigen Ländern auch die sog. Gedenkstättenfahrten. Damit wird Jugendlichen die Möglichkeit eröffnet, sich durch den Besuch der nationalsozialistischen Vernichtungslager ein eigenes Bild über den Faschismus in Deutschland zu machen. Untersuchungen über die internationale Jugendarbeit zeigen, wie wichtig diese Maßnahmen für die Entwicklung eines internationalen Bewusstseins bei jungen Menschen sind (Engelbert/Hearth 2005).

Die **Kinder- und Jugenderholung** (**Nr. 5**) als Teil der Jugendarbeit hat in bestimmten Regionen eine 33 große Bedeutung. Die Jugendverbände sehen darin eine wesentliche Bereicherung ihrer Alltagsarbeit. Sie organisieren für ihre Mitglieder zahlreiche Fahrten und bieten diese auch für Nichtmitglieder an. Entsprechende Maßnahmen werden auch von anderen Trägern und insbesondere von den örtlichen Jugendämtern angeboten. Einen neuen Stellenwert hat die Kinder- und Jugenderholung angesichts der wachsenden Zahl derjenigen jungen Menschen erhalten, die keinen Erholungsurlaub machen können. Vor dem Hintergrund der Arbeitslosigkeit und zunehmender Armut können sich die betroffenen Familien einen Erholungsurlaub kaum noch leisten. Die Träger der Jugendarbeit weisen deshalb zu Recht darauf hin, dass Angebote der Kinder- und Jugenderholung in den letzten Jahren immer wichtiger geworden sind und einen direkten Bezug zur Gesundheitsförderung und Prävention haben. Maßnahmen der Kinder- und Jugenderholung finden sowohl in städtischer Nähe (Stadtranderholung) als auch in Zeltlagern, Kinder- und Familienferienstätten, Jugendherbergen etc. statt.

Unter **Jugendberatung** (**Nr. 6**) sind weniger besondere Beratungseinrichtungen zu verstehen. Vielmehr 34 soll der Akzent auf die Notwendigkeit beratender Tätigkeit als integrativer Bestandteil der Jugendarbeit besonders für Jugendliche, die sich in Konfliktlagen befinden, gelegt werden. Hier kann es aber auch besondere Angebotsformen geben. Eigenständige Jugendberatungsstellen als Teil der Jugendarbeit haben sich aber nicht durchgesetzt. In der Praxis haben diese bis heute keine große Ausweitung erfahren. Im Rahmen geschlechtsspezifischer Jugendarbeit haben sich Ansätze besonderer Mädchenberatungsstellen und Mädchenhäuser entwickelt. Sie werden aber häufig nicht als Teil der Jugendarbeit gefördert, sondern aus Fördermittel für Beratungseinrichtungen. Eine wachsende Bedeutung haben auch die Beratungsangebote für gleichgeschlechtliche Jugendliche. Hier verzeichnen die Einrichtungen in den letzten Jahren eine deutliche Zunahme an Beratungsnachfrage durch junge Menschen.

VIII. Zielgruppe, Altersgrenze – Abs. 4

Zielgruppe der Kinder- und Jugendarbeit sind alle jungen Menschen, die noch nicht 27 Jahre alt sind. 35 Damit wird auch der Tatsache Rechnung getragen, dass ein Großteil der jungen Menschen, die sich in einer Jugendorganisation engagieren, zumeist weit über das 18. bzw 21. Lebensjahr hinaus engagiert bleibt.

Die hohe Altersgrenze reflektiert auch auf die Bedeutung der Ehrenamtlichkeit.

IX. Zuständigkeit, Kosten

Jugendarbeit ist weitgehend ein Feld der freien Träger. Aber auch die Städte, Kreise und kreisangehö- 36 rigen Gemeinden mit eigenem JA haben sich in den letzten 20 Jahren verstärkt als Träger von Einrichtungen und Angeboten eingebracht. Sie sind auch für die Sicherstellung des Angebots nach § 85

Abs. 1 **sachlich zuständig**. Sie nehmen diese Aufgabe im Rahmen ihrer Gesamtverantwortung im Sinne des § 79 Abs. 2 (vgl § 79 Rn 6 f) wahr. Soweit es sich um landesweit bezogene Aktivitäten bzw Trägerstrukturen handelt, sind die überörtlichen Träger der öffentlichen Jugendhilfe sachlich zuständig (§ 85 Abs. 2). Auf örtlicher Ebene werden bei der Ausgestaltung des Handlungsfeldes die freien Träger in die Jugendhilfeplanung einbezogen, häufig auch über das Instrument der Arbeitsgemeinschaft nach § 78 (vgl § 78 Rn 6). Die öffentlichen Träger fördern im Rahmen ihrer Verantwortung die in diesem Feld tätigen Organisationen und Einrichtungen.

37   § 90 Abs. 1 eröffnet dabei die Möglichkeit, durch **Teilnahmebeiträge oder Kostenbeiträge** eine Beteiligung der jungen Menschen an den Kosten zu erreichen (vgl § 90 Rn 2 f). Hiervon wird aber generell kaum Gebrauch gemacht. Teilnahmebeiträge werden aber bei Maßnahmen, die über mehrere Tage angelegt sind, und bei besonderen Einzelveranstaltungen wie internationalen Maßnahmen, Fortbildungsseminaren, Wochenendveranstaltungen, Kursen in künstlerischen Sparten etc. erhoben.

Weiterführende Literaturhinweise:

Düx u.a. 2005; *Ferchhoff* 2000; BMBF 2004; BMFSFJ 2005; *Müller* u.a. 1986; *Pothmann* 2008; *Scherr* 2003; *Schröer/Struck/Wolff* 2002; *Deinet/ Sturzenhecker* 2005; Lindner 2008; Coelen/Otto 2008; Konsortium Bildungsberichterstattung 2006 und 2008; Münder/Wiesner 2007.

§ 12 Förderung der Jugendverbände

(1) Die eigenverantwortliche Tätigkeit der Jugendverbände und Jugendgruppen ist unter Wahrung ihres satzungsgemäßen Eigenlebens nach Maßgabe des § 74 zu fördern.

(2) ¹In Jugendverbänden und Jugendgruppen wird Jugendarbeit von jungen Menschen selbst organisiert, gemeinschaftlich gestaltet und mitverantwortet. ²Ihre Arbeit ist auf Dauer angelegt und in der Regel auf die eigenen Mitglieder ausgerichtet, sie kann sich aber auch an junge Menschen wenden, die nicht Mitglieder sind. ³Durch Jugendverbände und ihre Zusammenschlüsse werden Anliegen und Interessen junger Menschen zum Ausdruck gebracht und vertreten.

I. Sinn und Zweck der Norm

§ 12 nennt zwei **Organisationsformen** der Jugendarbeit besonders und normiert die Verpflichtung für **1** den öffentlichen Träger, Jugendverbände und Jugendgruppen zu fördern (Abs. 1). Er weist zwar in der Überschrift ausschließlich auf die Förderung der Jugendverbände hin. Dies ist jedoch irritierend, als es tatsächlich um Regelungen für Jugendverbände und Jugendgruppen geht. Eine genaue Unterscheidung beider Organisationsformen fehlt, daher hebt § 12 Abs. 1 auch keine der beiden Organisationsformen besonders hervor. Zugleich enthält er besondere Eigenschaften und Merkmale, die diese Formen besonders auszeichnen. Insofern formuliert § 12 auch grundsätzliche programmatische Feststellungen (Abs. 2), die für die Gestaltung der Arbeit und als Kennzeichen dieser Formen von Bedeutung sind.

1. Zur Programmatik der Organisationen Abs. 2

Jugendverbände und Jugendgruppen werden im Wesentlichen durch junge Menschen organisiert. Dies **2** macht ihren besonderen Charakter als Ort der Selbstbestimmung und Eigenverantwortung aus. Abs. 2 nennt die zentralen Merkmale dieser Formen, „selbst organisiert, gemeinschaftlich gestaltet und mitverantwortet." Damit unterscheiden sich diese Formen von anderen Strukturen in der Jugendarbeit und entsprechen der in § 11 Abs. 1 formulierten Selbstbestimmung und Mitverantwortung vor allem durch die Beteiligungs- und Verantwortungsstruktur (s. § 11 Rn 6). Satz 1 stellt daher die zentralen Grundlagen der organisierten Jugendarbeit heraus. Satz 2 ergänzt die Merkmale durch bestimmte strukturelle Voraussetzungen. Es handelt sich bei dieser Norm um eine programmatische Beschreibung, die auf die innere Struktur und die Handlungsprinzipien und auch die gesellschaftspolitische Perspektive der Interessensvertretung (Satz 3) abstellt. Allerdings bestehen zwischen den genannten Formen durchaus erhebliche Unterschiede, vor allem hinsichtlich des Mitgliederbegriffs und der formalen inneren Struktur.

2. Förderung nach § 74 Abs. 1

Abs. 1 enthält die Verpflichtung, Jugendverbände und Jugendgruppen unter Wahrung ihres **satzungs-** **3** **gemäßen Eigenlebens** entsprechend den Bedingungen des § 74 zu fördern. Damit wird klargestellt, dass eine Förderung seitens des öffentlichen Trägers sich an bestimmte Grundprinzipien zu halten hat. Dies stellt sicher, dass es bei den Formen der Jugendarbeit einerseits eine klare Selbstbestimmung gibt, die auch für die Festsetzung der Aufgaben und Schwerpunkte gilt (satzungsgemäßes Eigenleben) und vom öffentlichen Träger zu beachten ist. Fördern meint nicht nur die finanzielle Förderung. Gemeint ist auch die Unterstützung hinsichtlich der Sicherung der Rahmenbedingungen. Bei der Förderung sind die Kriterien des § 74 Abs. 2 anzulegen, auch diese Formen der Jugendarbeit haben die dort genannten Bedingungen zu erfüllen (s. § 74 Rn 25 f).

II. Jugendverbände und Jugendgruppen

Jugendverbände gehören zur **Tradition der Jugendarbeit** in Deutschland. Ihre geschichtliche Entwick- **4** lung zeigt ihre Bedeutung und ihren Stellenwert für das Engagement junger Menschen in festen wertorientierten Organisationsformen. Jugendgruppen sind Formen, die sich vor allem in den letzten 30 Jahren herausgebildet haben, insbesondere vor dem Hintergrund neuer und offener Szenen Jugendlicher. Während Jugendverbände idR in allen Jugendamtsbezirken aktiv sind und eine Struktur von der örtlichen Ebene bis zur Bundesebene aufweisen, fehlt dies bei den Jugendgruppen. Sie sind zumeist nur auf örtlicher Ebene anzutreffen. Dementsprechend vielfältig und unterschiedlich kann ihre Ausrichtung sein.

5   Jugendverbände können nach vier Bereichen unterschieden werden: – fach- und sachbezogene Verbände, wie zB Freizeit-, Sport- und Naturschutzverbände; – Hilfsorganisationen wie zB DLRG-Jugend, Jugend des Deutschen Roten Kreuzes, freiwillige Jugendfeuerwehr – weltanschaulich orientierte Verbände, wie zB SJD Die Falken, Gewerkschaftsjugend; – konfessionell-kirchlich gebundene Verbände, wie zB kath. und evang. Jugend, Pfadfinder etc. (vgl BMBF 2004, 239). In den Jugendamtsbezirken werden auch andere, zT nur örtlich agierende Zusammenschlüsse der Jugend, als Jugendverband geführt. Jugendverbände haben sich in **örtliche Stadt- und Kreisjugendringe, in Landesjugendringen und im Deutschen Bundesjugendring** zusammengeschlossen. Zentrale Aufgabe der Jugendringe auf allen Ebenen ist die Wahrnehmung der Interessen der Mitglieder gegenüber der Öffentlichkeit, den Verwaltungen, den Ministerien und den Parlamenten.

6   Die Bedeutung der Jugendverbände ergibt sich auch aus ihrer Zugehörigkeit zu wichtigen gesellschaftlichen Verbänden und Strömungen und aus der Breite ihrer Aktivitäten. Zwar trifft die wachsende Distanz junger Menschen zu Organisationen und zu verbindlicher Mitgliedschaft (vgl Shell Jugendstudie 2006, 126 f) auch die Jugendorganisationen. Auch sie haben Schwierigkeiten Jugendliche anzusprechen, sie für sich zu gewinnen und vor allem auf Dauer an sich zu binden. Dennoch bleiben sie für Kinder und Jugendliche wichtige Ansprechpartner, Orte der Freizeit und Bildung und auch der Interessenvertretung. Der **Mitgliederbegriff** als Voraussetzung für die Förderung ist umstritten, da er sich auch kaum noch als reines Förderkriterium eignet. Er erfasst nicht die breiten Aktivitäten der Verbandsarbeit. Die Verbände haben das Mitgliederprinzip auch sichtbar verändert. Neben spezifischen Angeboten für Mitglieder, zB in der Gruppenarbeit und hinsichtlich der formalen Beteiligung an Gremien der Verbandsstruktur, beziehen die meisten Verbände auch Nichtmitglieder bei ihren Aktivitäten ein (zB bei Maßnahmen der Kinder- und Jugenderholung, zunehmend auch bei Bildungsveranstaltungen, in der Kooperation mit der Schule). Hier sind sie eher als Träger der freien Jugendhilfe mit ihrer pädagogischen Kompetenz tätig und weniger in ihrer Eigenschaft als Jugendorganisation. Dies muss bei der Bewertung und Förderung ihrer Arbeit berücksichtigt werden.

7   Mit dem Begriff „**Jugendgruppe**" sind nicht die Jugendgruppen eines Jugendverbandes gemeint, sondern Zusammenschlüsse Jugendlicher, die sich außerhalb der Verbände bilden. Gemeint sind damit eher spontane und lose Zusammenschlüsse, zB im Bereich der Initiativgruppen, die sich aus besonderen Interessen und Aspekten Jugendlicher ergeben haben. Es handelt sich dabei eher um auf ganz spezifische Belange abzielende Aktivitäten, die auch nicht durch professionelle Fachkräfte begleitet werden. Sie sind aber aufgrund ihrer besonderen Nähe zu jungen Menschen heute eine wichtige Ergänzung selbstbestimmter Jugendarbeit. Die in Abs. 2 Satz 2 aufgenommene Bedingung, dass auch die Arbeit der Jugendgruppen „auf Dauer angelegt" ist, dürfte idR für Jugendgruppen ohne eine feste innere Struktur schwierig aber auch nicht ausgeschlossen sein.

III. Kriterien der Jugendverbands- und Jugendgruppenarbeit – Abs. 2

8   **Abs. 2** nennt als zentrale Kriterien für die Jugendverbände und Jugendgruppen die Selbstorganisation, die gemeinschaftliche Gestaltung und die Mitverantwortung. Der Begriff der **Mitverantwortung** unterscheidet sich sprachlich von dem in Abs. 1 genannten Begriff der Eigenverantwortlichkeit. Der vermeintliche Widerspruch lässt sich dadurch aufheben, dass es konstitutiv für demokratisch strukturierte Verbände ist, Verantwortung zu teilen und an gewählte Vertreter zu delegieren. Damit kann ein Verband als solcher eigenverantwortlich handeln, und seine Mitglieder können durch Mitverantwortung an diesem Handeln beteiligt sein.

9   Mit der Formulierung, dass die Arbeit „**auf Dauer angelegt**" sein soll, ist ein Unterschied zwischen den Jugendverbänden und eher kurzlebigen Initiativen vorgenommen worden. Der Gesetzgeber impliziert, dass in diesen selbstorganisierten Formen der Jugendarbeit das Interesse der Jugendlichen auf einen verbindlichen Rahmen nur dann möglich ist, wenn auch eine längerfristige Perspektive damit verbunden ist. Die Kontinuität der Arbeit und die Verlässlichkeit der Organisationsform sind zentrale Kriterien. Damit verbunden ist zugleich eine bestimmte formale Entscheidungs- und Gestaltungsstruktur, die die Dauerhaftigkeit der pädagogischen Arbeit sicherstellt. Dies zeichnet Jugendverbände als Or-

ganisationen der Jugend in besonderer Weise aus. Es ist aber lediglich ein zusätzliches, und nicht das bestimmende Kriterium. In der Praxis erfüllen auch andere Anbieter von Jugendarbeit dieses Kriterium.

Die Formulierung „in der Regel auf die eigenen Mitglieder ausgerichtet" meint keine begrenzende **10** Tätigkeit auf eine bestimmte **Zielgruppe**, die sich als Mitglied eines Verbandes ausweisen kann. Dies entspricht auch nicht der Praxis der Jugendverbandsarbeit. Seit langem haben sich die Verbände in ihren Angeboten geöffnet. Über die spezifischen Aktivitäten (zB Gruppenarbeit) hinaus wenden sich besondere Angebote auch an alle Kinder und Jugendliche, zB im Rahmen der Zusammenarbeit mit der Schule, Beteiligung an Betreuungsangeboten, Beteiligungsprojekte etc. Eine Begrenzung der finanziellen Förderung ausschließlich auf die Angebote für Mitglieder kann hieraus nicht abgeleitet werden. Formale Mitgliederzahlen können nur ein Kriterium unter anderen sein. Sie könnten zB für die besondere Anerkennung als Jugendverband herangezogen werden. Aber auch hier würde man den Entwicklungen in der Praxis nicht entsprechen.

Abs. 2 Satz 3 attestiert den Jugendverbänden quasi ein (**interessen-)politisches Mandat**. Dies liegt in **11** der Aufgabenstellung und dem **Selbstorganisationsprinzip** begründet. Wo immer junge Menschen sich zusammentun, wollen sie ihre Interessen artikulieren und vertreten. Dabei ist die „Lebensweltbezogenheit" (BMJFG 1990) der Verbände ein besonders wichtiges Kriterium. Darin liegt auch die biographische Bedeutung der Jugendverbandsarbeit für junge Menschen. Ohne die Möglichkeit der Vertretung eigener Interessen würden Selbstbestimmung und Selbstorganisation zur Makulatur. Im Rahmen der Jugendverbandsarbeit kommt daher der Interessenvertretung eine besondere Bedeutung zu. Dass dieses Mandat den Jugendverbänden und ihren Zusammenschlüssen exklusiv zugeschrieben wird, liegt darin begründet, dass sie über große und kohärente Organisationseinheiten von der kommunalen Ebene über die Landesebene bis hin zur Bundesebene verfügen.

IV. Förderung – Abs. 1

Abs. 1 formuliert die Verpflichtung zur Förderung der **eigenverantwortlichen Tätigkeit der Jugend-** **12** **verbände unter Wahrung ihres satzungsgemäßen Eigenlebens.** Dies entspricht dem Autonomieverständnis der Jugendverbände. Sie sind in ihrer Angebotsgestaltung und ihrem inneren Aufbau frei. Eigenverantwortlichkeit bezieht sich auch auf das Verhältnis zum Erwachsenenverband. Auch ihm gegenüber sind sie in der Ausgestaltung frei. Auflagen seitens der örtlichen Jugendämter oder des Landes, die in die innere Struktur eines Verbandes oder einer Gruppe eingreifen, sind grundsätzlich nicht zulässig. Diese enge Grenze gilt auch für die Ziele und die Aufgaben der Verbände. Sie legen diese in eigener Entscheidung im Rahmen ihrer verbandlichen demokratischen Strukturen fest. Das macht das satzungsgemäße Eigenleben der Verbände aus. Mit dieser Regelung entspricht der Gesetzgeber auch den Bedingungen der Jugendverbandsarbeit, die er selbst in Abs. 1 gesetzt hat. Verpflichteter nach Abs. 1 ist der öffentliche Träger. Dies ergibt sich aus dem Hinweis auf § 74 Abs. 1. Die Beachtung der Autonomie bedeutet aber nicht, dass die finanzielle Förderung grundsätzlich ohne Bedingungen erfolgen darf. Zweckbindungen können sich schon aus der Art und der Zielsetzung der Förderung ergeben. Sie darf jedoch nicht an bestimmte Bedingungen geknüpft werden, die in die Eigenständigkeit des Verbandes eingreifen.

Das Recht der Verbände auf **Eigenverantwortlichkeit** entspricht den Zielen und Förderbedingungen **13** des § 11 Abs. 1. Zwar gilt das partizipative Gestaltungsprinzip für die Jugendarbeit insgesamt. Doch anders als zB in der offenen Jugendarbeit sind die Jugendverbände und Jugendgruppen Organisationen, die durch die Verantwortungsübernahme durch Jugendliche selbst geprägt sind. Sie geben sich eine eigene Satzung und wählen ihre Vertretungsorgane selbst. Es wäre daher kaum vertretbar, wenn der Gesetzgeber einerseits die **Selbstbestimmung** als ein zentrales Paradigma der Jugendverbandsarbeit sieht, andererseits aber mit der Förderung inhaltliche Auflagen verbunden wären, die diesem Paradigma entgegenstehen. Das bedeutet jedoch nicht, dass eine finanzielle Förderung grundsätzlich nur ohne Auflagen gewährt werden muss. Im Rahmen des Haushaltsrechts ist eine Zweckbindung der Mittel durchaus möglich und wird auch – idR bei besonderen Projekten – praktiziert. Das Prinzip der Eigenverantwortlichkeit gilt auch im Verhältnis zum Erwachsenenverband. Auch dieser muss sich bei der Ausgestaltung der praktischen Arbeit und vor allem auch hinsichtlich der Verwendung der öffentlichen Mittel im Prinzip fernhalten.

Die Förderung nach Maßgabe des § 74 bedeutet, dass auch die Jugendverbände und die Jugendgruppen **14** die **Förderkriterien** erfüllen müssen(vgl § 74 Rn 25 f) Es gelten daher für sie grundsätzlich keine anderen Förderungsgrundsätze als für alle anderen Einrichtungen und Träger. Daher haben auch sie zB die fachliche Kompetenz nachzuweisen, dass die Mittel auch entsprechend dem Zuwendungszweck verwendet werden und sind den Zielen des Grundgesetzes verpflichtet (§ 74 Abs. 1). Bei enger Anwendung der Kriterien für eine fehlerfreie Ermessensausübung in § 74 Abs. 3 bis 5 (§ 74 Rn 32) kann es hier durchaus zu Kollisionen mit dem Selbstverständnis der Jugendverbandsarbeit kommen.

15 Die **Förderungsverpflichtung** bezieht sich nicht auf den einzelnen Verband bzw auf die einzelne Jugendgruppe, sondern sie ist eine allgemeine Förderungsverpflichtung (vgl dazu Kunkel ZfJ 1997, 180 f) zur Aufrechterhaltung der jugendpolitischen Infrastruktur. Diese muss pflichtgemäß ausgeübt werden (vgl § 74 Rn 32 ff). Bei Vorliegen der Fördervoraussetzungen besteht aber eine **unbedingte Förderverpflichtung** des zuständigen öffentlichen Trägers (Wabnitz in Münder/Wiesner 2007, 196). § 12 ist auch als Spezialnorm (Preis/Steffan FuR 1993,192) zu verstehen. Höhe und Umfang der Förderung sind danach zu konkretisieren, nicht aber die Förderung dem Grunde nach (Wabnitz in Münder/Wiesner 2007, 197).

V. Zuständigkeit, Kosten

16 Die Zuständigkeit für die Förderung der Jugendverbände und ihre Anerkennung obliegt dem örtlichen Träger der öffentlichen Jugendhilfe und dem zuständigen Jugendministerium des Bundeslandes.

Kosten für Maßnahmen entstehen idR nur den Mitgliedern bzw den Teilnehmern an bestimmten Maßnahmen. Sie leisten **Mitgliedsbeiträge oder Teilnehmerbeiträge** für spezifische Aktivitäten, zB Jugenderholungsmaßnahmen, Kurse, Seminare etc. Hier gelten die Regelungen des § 90.

Weiterführende Literaturhinweise:

Fauser/Fischer/Münchmeier 2006; *BMBF* 2004; *BMJFG* 1989; *BMFSFJ* 2002 a; *2005*; *Wabnitz* in Münder/Wiesner 2007; *Scherr* 2002; Böhnisch/Gängler/Rauschenbach 1991.

§ 13 Jugendsozialarbeit

(1) Jungen Menschen, die zum Ausgleich sozialer Benachteiligungen oder zur Überwindung individueller Beeinträchtigungen in erhöhtem Maße auf Unterstützung angewiesen sind, sollen im Rahmen der Jugendhilfe sozialpädagogische Hilfen angeboten werden, die ihre schulische und berufliche Ausbildung, Eingliederung in die Arbeitswelt und ihre soziale Integration fördern.

(2) Soweit die Ausbildung dieser jungen Menschen nicht durch Maßnahmen und Programme anderer Träger und Organisationen sichergestellt wird, können geeignete sozialpädagogisch begleitete Ausbildungs- und Beschäftigungsmaßnahmen angeboten werden, die den Fähigkeiten und dem Entwicklungsstand dieser jungen Menschen Rechnung tragen.

(3) ¹Jungen Menschen kann während der Teilnahme an schulischen oder beruflichen Bildungsmaßnahmen oder bei der beruflichen Eingliederung Unterkunft in sozialpädagogisch begleiteten Wohnformen angeboten werden. ²In diesen Fällen sollen auch der notwendige Unterhalt des jungen Menschen sichergestellt und Krankenhilfe nach Maßgabe des § 40 geleistet werden.

(4) Die Angebote sollen mit den Maßnahmen der Schulverwaltung, der Bundesagentur für Arbeit, der Träger betrieblicher und außerbetrieblicher Ausbildung sowie der Träger von Beschäftigungsangeboten abgestimmt werden.

I. Sinn und Zweck der Norm

§ 13 normiert die Jugendsozialarbeit als einen eigenständigen Bereich zwischen den erzieherischen 1 Hilfen und der Kinder- und Jugendarbeit. Sie enthält Elemente aus beiden Handlungsfeldern der Kinder- und Jugendhilfe, zielt aber vorrangig darauf ab, benachteiligte junge Menschen beim Übergang von der Schule in den Arbeitsmarkt zu unterstützen. Jugendsozialarbeit ist im Kern an der Schnittstelle von Schule und dem Ausbildungs- und Arbeitsmarkt tätig. Geregelt werden die Voraussetzungen zur Inanspruchnahme von Hilfen und unterschiedliche Anspruchsgrundlagen. Zugleich bestimmt § 13 das besondere fachliche Profil der Angebote gegenüber den klassischen Hilfen zur Integration in die Berufswelt und den Arbeitsmarkt, wie zB nach SGB II und III. Entscheidend ist ihre sozialpädagogische Ausrichtung und die präventive Funktion der Angebote (Abs. 1). Genannt werden auch die Zielgruppe (Junge Menschen) und die besonderen Leistungen. Zugleich wird der Jugendsozialarbeit eine Ausgleichsfunktion zugewiesen (Abs. 2), wenn Maßnahmen anderer Leistungsträger (zB nach SGB II) nicht den gewünschten Erfolg zeigen. Die Konzentration auf sozialpädagogische Hilfen zeigt den besonderen Ansatz der Jugendsozialarbeit als Teil der Kinder- und Jugendhilfe auf. Die Bedeutung sozialpädagogischer Hilfen in der Phase des Übergangs grenzt sie damit auch von anderen Integrationshilfen ab. Allerdings wird die Möglichkeit eröffnet, dass die Jugendsozialarbeit auch Ausbildungs- und Beschäftigungsmaßnahmen dann anbieten kann, wenn sie sozialpädagogisch begleitet werden (Abs. 3). Die Nähe zum Arbeitsmarkt und insbesondere zum SGB II wird durch die Verpflichtung der Abstimmung mit Maßnahmen der Stellen der Bundesagentur für Arbeit (Abs. 4) betont.

II. Inhalt und Umfang der Jugendsozialarbeit

Jugendsozialarbeit ist ein **Reflex auf sich verändernde Ausgangsbedingungen** insbesondere beim Einstieg in den Beruf bzw den Arbeitsmarkt. Ihre maßgebliche und eigenständige Bedeutung gewann die Jugendsozialarbeit in Zeiten massiver Ausbildungs- und Berufsnot junger Menschen am Ende der Weimarer Republik und in der unmittelbaren Nachkriegszeit (vgl Breuer 1965). Vor allem in den zwischen 1945 und 1950 gegründeten „Selbsthilfewerken der Jugend" wurden die Grundsätze der Jugendsozialarbeit entworfen. Sie war von Beginn an geprägt durch Kooperationen mit der Wirtschaft (Breuer 2001, 49 ff). Es entstanden Jugendwohnheime, Grundbildungslehrgänge, Jugendgemeinschaftswerke und gemeinnützige Ausbildungsstätten, berufsfördernde Maßnahmen und überbetriebliche Ausbildungskurse (Breuer, ebd). Sie bilden bis heute die Grundstruktur der Angebote. In den 70er und 80er Jahren entwickelte die **Jugendsozialarbeit** ihre Angebote weiter und differenzierte sie aus. So entstanden im Zusammenhang mit der Jugendberufshilfe auch Angebote der Beratung, der Mädchensozialarbeit, der berufsbegleitenden Hilfen uam.

3   Angesichts der anhaltenden **Ausbildungs- und Beschäftigungsprobleme** benachteiligter junger Menschen geht es bei Jugendsozialarbeit nicht mehr allein um „begleitende" sozialpädagogische Programme im Kontext beruflicher Qualifizierung. Es haben sich neue Ansätze herausgebildet, die zT bereits in der Schule ansetzen und den Integrationsprozess junger Menschen in Beruf und Arbeit begleiten. Dies sind **berufsorientierte Ansätze** mit sozialpädagogischem Profil, wie zB sozialpädagogisch orientierter Berufsausbildung und Beschäftigung, aber auch **präventive Angebote,** häufig in Kooperation mit der Schule im Rahmen der Schulsozialarbeit (Ludewig/Paar 2001; Deutsche Bank (Hrsg.) 2005, 5 Bände). Das fachliche Profil der Jugendsozialarbeit ist dadurch deutlich breiter geworden. Sie umfasst auch die **Schulsozialarbeit** und **schulbezogene Angebote,** zT auch Formen der aufsuchenden Jugendarbeit (zB Streetwork). Zu unterscheiden ist aber die Schulsozialarbeit, die häufig in der Verantwortung der Schule am Ort der Schule angesiedelt ist. Sie wird dann auf Lehrerstellen geführt und ist nicht der Kinder- und Jugendhilfe zugeordnet. Sie orientiert sich idR an den schulischen Aufgaben und ergänzt die Bildungsförderung in der Schule. Grundsätzlich fällt eine Abgrenzung jedoch schwer und die pädagogische Zielsetzung überlappt sich. Eine Kooperation mit der örtlichen Kinder- und Jugendhilfe sollte aber zwingend geboten sein (zB RdErl. des. MSW zur Beschäftigung von Fachkräften für Schulsozialarbeit v. 23.1.2008 – BASS 21 – 13 Nr. 6). Gerade die Schulsozialarbeit steht in einem engen Kooperationsverhältnis zur Schule (Wabnitz 2007). Dort wo sie im Kontext von Schule tätig ist, zB bei Schulmüdenprojekten, bezieht sie ihr Handeln zwar auf die Schule, ist aber „frei" von schulischen Zwängen. Schulsozialarbeit bzw schulbezogene Jugendsozialarbeit sind **eigenständige Dienstleistungsangebote** der Jugendhilfe am Ort der Schule (BMFSFJ 2005, 415) und im außerunterrichtlichen Bereich angesiedelt. Die Hinwendung zur Schule wird für die Jugendsozialarbeit insgesamt auch vor dem Hintergrund der Schaffung von Ganztagsschulen bedeutsam bleiben.

4   In der Konzentration auf Jugendliche, die besonders benachteiligt sind und in ihrer Entwicklung erhebliche individuelle und soziale Defizite aufweisen, kommt der Jugendsozialarbeit neben ihrer Hilfefunktion auch eine Anwaltsfunktion für die Belange dieser Jugendlichen zu (Proksch 2001). Sie muss immer mehr auch den gesellschaftlichen/sozialräumlichen Blick dafür haben, wo die Ursachen der Benachteiligung liegen, wie ihr frühzeitig entgegen gewirkt werden kann und welche Hilfen für die Betroffenen die sinnvollsten und wirksamsten sind. Besonders die Probleme auf dem Ausbildungs- und Beschäftigungsmarkt für diese Zielgruppe und die wachsende Kompensationsfunktion der Unterstützungsangebote angesichts der schulischen Probleme machen die Jugendsozialarbeit zu einem besonderen Handlungsfeld, das im Kontext der Lebenswelt junger Menschen ansetzt.

5   Der Jugendsozialarbeit liegt ein **ganzheitliches Verständnis** der Förderung und Bildung junger Menschen zugrunde. Ihr Bildungsansatz geht weiter als der allgemeine Bildungsauftrag der Jugendhilfe. Sie geht über die Unterstützung bei der Aneignung sozialer Kompetenzen und der Identitäts- und Persönlichkeitsentwicklung, bezogen auf eine eigenverantwortliche Lebensführung (Fülbier 2003, 269), hinaus. Einbezogen ist auch die Vermittlung schulischer und beruflicher Kompetenzen durch die Berücksichtigung von Schulprogrammen und Elementen der Berufsausbildung. Sie versteht sich als umfassende Hilfe in der Erziehung und Bildung benachteiligter Jugendlicher (vgl Münder 1995, 9 f; Breuer 2001). Abs. 1 setzt diese Ganzheitlichkeit auch als ein Handlungsmerkmal und als Zielorientierung. Die Ziele „Ausgleich sozialer Benachteiligung" und „Überwindung individueller Beeinträchtigung" können nur durch ein in der Lebenswelt junger Menschen ansetzendes Bildungsverständnis erreicht werden.

III. Zum Rechtscharakter der Norm

1. Absatz 1

6   Abs. 1 sieht die die **Gewährung sozialpädagogischer Hilfen** als eine **Soll-Leistung** für eine bestimmte Zielgruppe vor. Damit soll sichergestellt werden, dass junge Menschen, die einer entsprechenden sozialpädagogischen Hilfe bedürfen, auch eine solche Hilfe in Anspruch nehmen können. Denn der Gesetzgeber wollte erreichen, dass eine geeignete Hilfestruktur vor Ort zur Verfügung steht. Unstrittig ist, dass aus der Diktion dieser Norm grundsätzlich abgeleitet werden kann, dass es sich dabei um

einen aktiven Gestaltungsauftrag für den öffentlichen Träger und nicht nur um einen unverbindlichen Programmsatz handelt, sondern um eine objektive Leistungsverpflichtung (vgl Wabnitz, in: Münder/Wiesner 2007, Kap. 3.1 Rn 12 ff mwN). Umstritten ist allerdings, ob damit auch subjektive Ansprüche einzelner Jugendlicher verbunden sind, da Abs. 1 eine konkrete Zielgruppe nennt, für die entsprechende Hilfen angeboten werden sollen (vgl zB Fischer in Schellhorn/Mann 2007, § 13 Rn 19; Wabnitz/Fieseler, in Fieseler 1998 ff, § 13 Rn 13 f; Wiesner 2006; § 13 Rn 7; Wabnitz, in: Münder/Wiesner 2007, Kap. 3.1 Rn 13). Allerdings fehlt es an der Formulierung konkreter Hilfen, was bei Bejahung eines subjektiven Rechtsanspruchs wohl eher zu gänzlich unspezifischen Hilfen führen könnte. Allerdings ist davon auszugehen, dass die Pflicht für den öffentlichen Träger darin besteht, dass er – bei Vorliegen der Voraussetzungen – auch ein geeignetes Angebot bereithalten und anbieten muss. Denn der Gesetzgeber wollte mit dieser Norm gerade diese Sicherheit für betroffene junge Menschen schaffen. Daher ist davon auszugehen, dass Abs. 1 den öffentlichen Träger verpflichtet, eine entsprechende Hilfe im Regelfall auch anzubieten. Er wäre in einem besonderen Begründungszwang, wenn er – bei Vorliegen der Voraussetzungen – dies nicht tut. Der aus dieser Pflicht abzuleitende **Regelrechtsanspruch** billigt dem öffentlichen Träger auch kein Ermessen zu. Er muss nachweisen, warum er nicht leisten will (Münder 2009 unter Verweis auf BVerwG U 17.8.1978 – 5 c 33.77 – E 56, 220,223; BVerwG U. 14.1.1982 – 5 c 70.80 – E 64, 318, 323).

2. Absatz 2

Abs. 2 formuliert – anders als Abs. 1 – eine **Kann-Regelung**. Geeignete Maßnahmen können dann 7 angeboten werden, wenn die Ausbildung nicht durch Maßnahmen und Programme anderer Träger sichergestellt werden kann. Diese Träger sind vor allem solche, die auch Maßnahmen im Rahmen des SGB II und SGB III anbieten (zum Vorrang bzw Nachrang s. § 10 Rn 7 und 35 ff). Bei den genannten Hilfen geht es nicht um die konkrete Ausbildung bzw Beschäftigung für sich allein genommen. Vielmehr muss die Besonderheit der sozialpädagogischen Begleitung hinzukommen. Das macht den besonderen Fördercharakter der Jugendsozialarbeit aus. Hier sind fachliche Standards gegeben, die sich von den Maßnahmen nach SGB II oder SGB III in ihrem Hilfecharakter unterscheiden. Die **Anspruchsqualität** geht über die des Abs. 1 hinaus. Es handelt sich im Kern um einen subjektiven Rechtsanspruch bei Vorliegen der Voraussetzungen (so zB Münder 2007 a, 71; Fischer, in: Schellhorn/Fischer/Mann 2007, § 13 Rn 20; Wabnitz in Münder/Wiesner 2007). Der Anspruch bezieht sich aber nicht auf eine bestimmte Leistung sondern auf die pflichtgemäße Ausübung des Ermessens (§ 39 Abs. 1 Satz 2 SGB VIII), ob und für welche Hilfe sich der öffentliche Träger entscheidet. Diese **Ermessensausübung** räumt dem öffentlichen Träger Handlungsspielräume ein, die auch den Charakter der Hilfe betreffen können. Ihm obliegt auch die Entscheidung, ob er unter Berücksichtigung der Nachrangigkeit gegenüber Leistungen anderer Träger und Organisationen entsprechende Angebote macht. Dies kann auch vom Gestaltungswillen und von der Finanzkraft des öffentlichen Trägers abhängen. Offen ist daher, wie intensiv und umfangreich er entsprechende Angebote bereithält. Diese Angebote sind aber wesentlich präziser genannt als in Abs. 1, denn es handelt sich um sozialpädagogisch begleitete Ausbildungs- und Beschäftigungsmaßnahmen.

3. Absatz 3

Abs. 3 eröffnet die Möglichkeit der Unterbringung in einer sozialpädagogisch begleiteten Wohnform. 8 Es handelt es sich um eine Kann-Leistung. Das Angebot ist in der Praxis häufig mit Leistungen nach Abs. 1 und Abs. 2 verbunden. Es kann sich auch auf Jugendliche bzw Heranwachsende beziehen, die ihre Ausbildung an einem anderen Ort wahrnehmen. Dabei handelt es sich bei den Einrichtungen häufig um klassische Jugendwohnheime. Die Maßnahmen sind idR zeitlich befristet, denn bei ihnen steht nicht der erzieherische Bedarf im Vordergrund, sondern die Inanspruchnahme von Wohnungsangeboten mit sozialpädagogischer Begleitung (Proksch 2000 a). Damit ist die Rechtsfolge auf eine klare Hilfeleistung, nämlich „sozialpädagogisch begleitete Wohnformen", konzentriert. Mit der Formulierung „kann... angeboten werden" ist dem öffentlichen Träger ein Ermessen hinsichtlich der Art und der Bereitstellung geeigneter Angebote eingeräumt. Dementsprechend haben junge Menschen einen Anspruch auf die **Ausübung fehlerfreien Ermessens** (s. Rn 7). Der Anspruch richtet sich gegen den örtlichen Träger der öffentlichen Jugendhilfe.

Satz 2 wurde mit dem 1. ÄndG eingefügt. Der Gesetzgeber hat damit im Fall von Leistungen nach 9 Abs. 3 Satz 1 die jugendhilferechtliche Sicherstellung des notwendigen Lebensunterhaltes und der Krankenhilfe als **Annexleistung** mit der Qualität eines Regelrechtsanspruchs (vgl VorKap. 2 Rn 7 ff) festgeschrieben. Mit der Regelung wird die Verweisung der Leistungsberechtigten an die Träger der (nachrangigen) Sozialhilfe vermieden. Damit steht dem jungen Menschen ein Anspruch auf diese Leistungen zu, so auch bei allen teilstationären Leistungen (§ 39) (vgl Münder 2007). Es bedarf aber bereits im Vorfeld einer Entscheidung, ob überhaupt eine Leistung nach Satz 1 gewährt werden soll. Auf die Sicherstellung der Krankenhilfe besteht, soweit diese Leistung nicht durch andere Träger, zB im Rahmen des SGB II oder durch Versicherungen, gewährleistet werden, ein Rechtsanspruch (Schellhorn/ Fischer/Mann 2007 § 13 Rn 21; Münder 2007 LPK-SGB II).

IV. Zielgruppen

10   § 13 nennt junge Menschen als Zielgruppe der Jugendsozialarbeit. Die Definition, wer junger Mensch ist, regelt § 7 Abs. 1 Nr. 4 dieses Gesetzes. Damit sind grundsätzlich alle jungen Menschen bis zur Vollendung des 27. Lebensjahres als Zielgruppe der Jugendsozialarbeit zu verstehen. Zugleich werden aber besondere Merkmale genannt, die die Zielgruppe differenzieren. Daher sind in Abs. 1 und Abs. 2 nur bestimmte junge Menschen als Zielgruppe definiert. Bezogen auf die Unterstützungs- und Hilfeangebote konzentriert sich die Jugendsozialarbeit auf diejenigen, die aufgrund ihrer sozialen Benachteiligungen oder ihrer individuellen Beeinträchtigungen in erhöhtem Maße auf Hilfe angewiesen sind und einer besonderen Förderung bedürfen. Abs. 3 hingegen sieht eine Einschränkung auf eine bestimmte Gruppe junger Menschen nicht vor.

11   Abs. 1 nennt als Zielgruppe junge Menschen mit sozialen Benachteiligungen oder individuellen Beeinträchtigungen, die in erhöhtem Maße auf Unterstützung angewiesen sind. **Soziale Benachteiligungen** sind idR solche mit defizitärer Sozialisation in den Bereichen Familie, Schule, Ausbildung, Berufsleben und sonstige Umwelt. Dazu zählen insbesondere Benachteiligungen, die durch die ökonomische Situation, familiäre Rahmenbedingungen und defizitäre Bildung oder das Geschlecht, die ethnische oder kulturelle Herkunft bedingt sind (zur Begriffsproblematik und zum Versuch einer Definition vgl Riemele/Petzold 1987, 11 ff; Wabnitz 2003, 50). Sie liegen immer dann vor, wenn die altersgemäße gesellschaftliche Integration nicht wenigstens durchschnittlich gelungen ist. Vorrangig betroffene Jugendliche sind Haupt- und Sonderschüler ohne Schulabschluss, Absolventen eines Berufsvorbereitungsjahres, Abbrecher und Abbrecherinnen von Maßnahmen der Stellen der Bundesagentur für Arbeit sowie schulischer und beruflicher Bildungsgänge, Langzeitarbeitslose, junge Menschen mit gesundheitlichen Einschränkungen, junge Menschen mit Sozialisationsdefiziten, junge Menschen in besonderen sozialen Schwierigkeiten; junge Menschen mit Migrationshintergrund (mit Sprachproblemen) auch dann, wenn ihre schulischen Qualifikationen höher als der Hauptschulabschluss liegen; schließlich junge Menschen mit misslungener familiärer Sozialisation und benachteiligte Mädchen und junge Frauen zu (vgl Furth/Lehning, in Kreft/Lukas 1993, Bd. 2, 65 ff).

12   Mit **individuellen Beeinträchtigungen** in Abs. 1 sind alle psychischen, physischen oder sonstigen persönlichen Beeinträchtigungen individueller Art (zB Abhängigkeit, Überschuldung, Delinquenz, Behinderung, aber auch wirtschaftliche Benachteiligung) gemeint. Zu den Beeinträchtigungen zählen auch Lernbeeinträchtigungen, Lernstörungen und -schwächen, Leistungsbeeinträchtigungen, -störungen, -schwächen, Entwicklungsstörungen. Solche Entwicklungsprobleme sind häufig gegeben bei jungen Menschen in „erschwerter Lebenslage", deren Entwicklung aufgrund der genannten Probleme, Behinderungen oder Störungen gefährdet und deren Erziehung und (Aus-)Bildung deshalb beeinträchtigt ist (vgl Erath UJ 1990, 76 und 79 f mwN). Es geht um solche jungen Menschen, die ohne besondere Hilfe keinen angemessenen Zugang zur Arbeitswelt finden und ihre berufliche wie gesellschaftliche Eingliederung allein nicht schaffen (können).

13   Mit der zusätzlichen Anspruchsvoraussetzung **„in erhöhtem Maße"** ist ein besonderes Kriterium gemeint. Es muss sich um solche Jugendliche oder junge Heranwachsende handeln, die einer der Intensität und dem Umgang nach besonderen Hilfestellung und Unterstützung bedürfen. In der Praxis ist eine solche Eingrenzung aber schwierig. Es wird daher immer auf die besondere Situation des Einzelfalls ankommen. Eine eher extensive Auslegung empfiehlt sich schon deshalb, da die in Frage kommende Zielgruppe in den letzten Jahren deutlich angewachsen ist (ausführlicher Rauschenbach/Zünder 2007; BMFSFJ 2005; BMAS 2008). Dies wird aber auch immer wieder zu Abgrenzungsproblemen führen und eine trennscharfe Benennung der Zielgruppe schwierig bleiben.

V. Angebote und Hilfen

1. Absatz 1

Die klassischen **Angebote nach Abs. 1** betreffen – allgemeine – **sozialpädagogische Hilfen,** deren 14
(Fern-)Ziele die Förderung und Unterstützung der schulischen, beruflichen Ausbildung, die Eingliederung in die Arbeitswelt und die soziale Integration junger Menschen sind. Sie müssen nicht unmittelbar berufsbezogen sein, sondern als Ziel die Förderung der schulischen und beruflichen Ausbildung (dh alle Maßnahmen der Schul- und Berufsausbildung sowie der beruflichen Fortbildung und Umschulung), die Eingliederung in die Arbeitswelt (Förderungslehrgänge, Betriebspraktika, berufsvorbereitende Bildungsmaßnahmen) und die soziale Integration haben (u.a. Beratungsdienste, Jugendgemeinschaftswerke, schulische Unterstützungshilfen, Sprachförderlehrgänge, Mädchen- und Frauenarbeit, Betreuung von Migranten). Aus der Kooperation mit der Schule sind zahlreiche Modelle entstanden, die das Angebotsspektrum des Abs. 1 erweitert haben (Rn 12). Sie verfolgen mit ihren spezifischen Methoden einen eigenständigen Bildungsauftrag und eine besondere Förderung für bestimmte Zielgruppen.

2. Absatz 2

Zum gelingenden Übergang von der Schule in den Beruf gehört insbesondere die **Vermittlung berufli-** 15
cher Fähigkeiten und die Integration in eine berufliche Maßnahme. Abs. 2 umfasst deshalb vor allem sozialpädagogisch begründete und gestaltete Ausbildungs- und Beschäftigungsmaßnahmen. In der Praxis hat sich daher für die Bezeichnung dieser Maßnahmen der Begriff der „Jugendberufshilfe" herausgebildet (Fülbier, in Fülbier/Münchmeier 2001, 486 f). Gemeint sind hier zB Jugendwerkstätten. Jugendberufshilfe ist ein Bündel von unterschiedlichen Maßnahmen, die letztendlich die Befähigung des einzelnen betroffenen Jugendlichen zur beruflichen Integration zum Ziel haben. Hierzu gehören auch Angebote im „Vorfeld" beruflicher Integrations- und Qualifizierungsmaßnahmen, zB „Sozialpädagogische Beratungsstellen", aber auch Projekte der schüler- bzw schulbezogenen Arbeit (Fülbier ebd. Gemeint sind damit grundsätzlich solche Maßnahmen, die als Voraussetzung für dieses Ziel erforderlich sind.

Die Angebote in Abs. 2 gehen über sozialpädagogische Hilfen nach Abs. 1 hinaus bzw ergänzen diese 16
um konkrete sozialpädagogisch orientierte Ausbildungs- und Beschäftigungsmaßnahmen der Jugendhilfe. Sie sind jedoch den Hilfen nach SGB II oder SGB III gegenüber nachrangig und wirken nur dann, soweit die Ausbildung dieser jungen Menschen nicht durch Maßnahmen und Programme anderer Träger und Organisationen sichergestellt wird. Angesichts des Vorrangs des SGB II und SGB III gelten Einschränkungen in der Zuständigkeit der Jugendsozialarbeit. Zwar gilt weiterhin, dass Jugendsozialarbeit auch geeignete **Ausbildungs- und Beschäftigungsmaßnahmen** für benachteiligte Jugendliche zur Verfügung stellen muss (BT-Drucks. 11/5948, 55). Dies gilt aber vor allem für diejenigen jungen Menschen, denen im Rahmen der Eingliederungshilfen nach SGB II und den Fördermaßnahmen nach SGB III nicht geholfen werden kann oder für die diese Hilfe nicht ausreichend ist. Die Einschränkung in Satz 1 gilt auch für das Verhältnis zum SGB II.

Entscheidend für die Maßnahmen nach Abs. 2 ist nicht nur, dass es sich um Hilfen handelt, die ein 17
ganz spezifisches sozialpädagogisches Profil haben und auf die Ziele des SGB VIII ausgerichtet sind. Sie müssen auch so konzeptionell gestaltet sein, dass sie die jeweils besonderen Fähigkeiten und den Entwicklungsstand des jungen Menschen berücksichtigen. Daher ergeben sich schon wegen dieser besonderen Voraussetzungen Unterschiede zu den eher allgemein gehaltenen Angeboten nach SGB II, uU auch nach SGB III. Dies bedingt, dass es sich idR um besonders intensive Hilfeformen handelt, die über das durchschnittliche Maß der Hilfeleistungen für **arbeitsmarktintegrierende Maßnahmen** hinausgehen. Diese Maßnahmen können auch in Hilfen zur Erziehung (§ 27 Abs. 3 Satz 2) integriert bzw als Hilfen für junge Volljährige ausgestaltet werden (§ 41 Abs. 3 iVm § 27 Abs. 3 Satz 2).

3. Absatz 3

Die Angebote nach Abs. 3 Satz 1 dienen der Unterstützung der jungen Menschen während ihrer Teil- 18
nahme an schulischen oder beruflichen Bildungsmaßnahmen oder bei der beruflichen Eingliederung durch die Gewährung von Unterkunft in sozialpädagogisch begleiteten Wohnformen. Das Jugendwohnen entspricht dem Bedürfnis junger Menschen nach eigenständigem Wohnen und einer autonomen Lebensführung (Münder 1995). Sozialpädagogisch begleitete Wohnformen sind zB Jugendwohnungen, betreutes Jugendwohnen, Angebote von Jugendwohngruppen oder Jugendwohngemeinschaf-

ten sowie Lehrlings- und Jugendwohnheime, in denen neben Unterkunft und Verpflegung auch sozialpädagogisch orientierte Bildungs- und Freizeitangebote, schul- und berufsbezogene Hilfen, individuelle lebenspraktische Hilfen und Hilfen zur gesellschaftlichen Integration vermittelt werden, außerhalb der Hilfen zur Erziehung (vgl Breuer 1990, 13 ff; Kiehn 1990, 26 ff; Wiesner/Kaufmann, § 13 Rn 17, BAG JAW 1999). Zu den Angeboten gehören auch solche, die sich insbesondere auch an junge Menschen richten, die bereits im Beruf stehen, aus persönlichen oder sozialen Gründen nicht mehr im Elternhaus wohnen können oder mobilitätsbedingt fernab von zu Hause einen Arbeitsplatz gefunden haben. Die Einbeziehung dieser Gruppe von jungen Menschen wird durch den Einschub „oder bei der beruflichen Eingliederung" deutlich (vgl BT-Drucks. 11/5948, 127). Über das bestehende Angebot des Jugendwohnens hinaus, sind innovative Ansätze in der Verbindung von Jugendberufshilfe und Jugendwohnen sowie konzeptionelle Weiterentwicklungen des betreuten Wohnens erforderlich. Gerade weil der Anteil des Jugendwohnens im Rahmen der Jugendsozialarbeit nur einen geringen Teil an dem gesamten Angebot des Jugendwohnens ausmacht können hier besondere Formen entstehen, die den Bedürfnissen junger Menschen Rechnung tragen.

19   Für bestimmte Jugendliche sollen im Kontext der Wahrnehmung des Jugendwohnens nach Satz 1 auch die **Kosten für den Unterhalt** sowie die erforderliche Krankenhilfe sichergestellt werden. Die Kosten für den Unterhalt beinhalten sowohl die Versorgung mit den notwendigen Mahlzeiten in der Einrichtung als auch Taschengeld u.a.

20   Bei den Angeboten nach Abs. 3 Satz 1 handelt es sich überwiegend um zeitlich befristete Angebote, meist kurz- oder mittelfristige Inanspruchnahme von **Wohnungsangeboten** mit sozialpädagogischer Begleitung (Proksch 2000 a). Bei Gewährung von HzE nach den §§ 27 ff steht der erzieherische Bedarf im Vordergrund. Übergänge in beide Richtungen sind jedoch fließend. Dennoch ist die Unterscheidung bedeutsam, weil Abs. 3 Satz 1 mit der Kann-Bestimmung den Trägern bei der Entscheidung über die Angebote ein Ermessen einräumt, während auf Leistungen im Zusammenhang mit HzE bei Vorliegen der Voraussetzungen der §§ 27 und 34 ein individueller Rechtsanspruch besteht (vgl § 27 Rn 12 f). Damit Jugendliche nicht „etikettiert" werden oder mangels Alternativen in einer Hilfe nach § 27 bleiben (müssen), haben die Träger ihr Ermessen nach Abs. 3 so auszuüben, dass die Rechte dieser Jugendlichen nach § 1 möglichst weitgehend verwirklicht werden (§ 2 Abs. 2 SGB I), ohne sie solchen „Etikettierungen" auszusetzen (vgl Rn 22 ff). Die Förderung von Wohnangeboten richtet sich nach § 78 a Abs. 1 Ziffer 1. Danach sind Vereinbarungen über den Leistungsumfang, die Entgelte und die Qualitätssicherung abzuschließen. Dies ermöglicht es, eine sichere Finanzierungsgrundlage erreichen zu können (vgl § 78 b Rn 12 ff).

21   Zur Jugendsozialarbeit gehören auch die **Jugendmigrationsdienste**. Sie werden von Trägern der freien Jugendhilfe verantwortlich gestaltet und durchgeführt. Sie konzentrieren sich in ihrer Arbeit vor allem auf junge Menschen mit Migrationshintergrund. Zu ihren zentralen Aufgaben im Rahmen der Jugendsozialarbeit gehören insbesondere die Begleitung nicht mehr schulpflichtiger NeuzuwandererInnen, die Beratung junger Menschen mit Migrationshintergrund, die Durchführung von Gruppenangeboten für diese Zielgruppe sowie die Initiierung und Durchführung von anderen Integrationsangeboten.

VI . Das Verhältnis zu anderen Hilfen

1. Zum SGB II

22   Für die Gewährung von Leistungen der Jugendsozialarbeit ist das Verhältnis der Leistungen für junge Menschen, die zur **beruflichen Eingliederung** einer entsprechenden Hilfe und Unterstützung bedürfen, entscheidend. Dieses Verhältnis ist - bezogen auf junge Menschen – geprägt von einer fast identischen Zielsetzung, die Integration in den Arbeitsmarkt. Allerdings unterscheiden sich die hierfür vorgesehenen Leistungen sowohl in ihrem Inhalt, ihren Methoden und ihrer Form. Mit der sogen. Instrumentenreform (BT-Drucks. 16/10810) sind die Leistungen des SGB II neu justiert worden. Das SGB II geht grundsätzlich von Hilfen aus, die allein der direkten Integration in den Arbeitsmarkt auf der Basis der „Eigenverantwortlichkeit" (§ 2 SGB II) dienen (LPK-SGB II/Münder 2009 § 2). Demgegenüber ist die Zielsetzung des SGB VIII von der allgemeinen Förderung junger Menschen bestimmt (§ 1 Abs. 1) die u.a. auch für diejenigen, die nicht über die Voraussetzungen verfügen, Ausbildungs- und Beschäftigungsmaßnahmen mit dem besonderen sozialpädagogischen Charakter vorsieht. Daher unterscheiden sich die Leistungen idR nach Art und Inhalt. Überschneidungen treten schon wegen der Zielrichtungen kaum auf.

Maßnahmen nach SGB II und SGB VIII sind in ihrer **Qualität und Intensität** unterschiedlich. Sie stehen 23 nicht nebeneinander sondern sind aufeinander abzustimmen (Deutscher Verein, in NDV 2005, 397). SGB II zielt auf die Grundsicherung für Arbeitssuchende ab, SGB III auf die Arbeitsförderung. Insbesondere die Regelungen des § 3 Abs. 2, § 7 Abs. 1 und der §§ 14 bis 16 g SGB II beziehen sich auch auf die Förderung junger Menschen. Es handelt sich um Leistungen zur beruflichen Eingliederung. § 3 Abs. 2 SGB II nennt ausdrücklich junge Hilfebedürftige, die das 25. Lebensjahr noch nicht erreicht haben, als Leistungsberechtigte. § 15 SGB II legt den Abschluss einer Eingliederungsvereinbarung als Basis für die Inanspruchnahme der Leistung fest. Die §§ 16 bis § 16 g SGB II nennen die Leistungen zur beruflichen Eingliederung. Bei diesen Leistungen besteht eine Verbindung zu SGB III, da verschiedene Leistungen dieses Buches auch im Rahmen der Leistungen nach SGB II in Anspruch genommen werden können. Leistungen nach SGB III, die in "Konkurrenz" zu den Leistungen nach § 13 SGB VIII stehen, sind vor allem berufsvorbereitende Bildungsmaßnahmen (§ 61), die Förderung besonders benachteiligter Jugendlicher(§ 240 Abs. 4), niedrigschwellige Angebote für Jugendliche, die auf andere Weise nicht erreicht werden können (§ 241 Abs. 3 und 3 a).

Fragen des Vor- bzw Nachrangs der Leistungen beider Gesetze regelt § 10 Abs. 3 dieses Gesetzes (s. 24 § 10 Rn 35 ff). Mit dem KICK (Einl. Rn 47) wurde eine entsprechende Bestimmung aufgenommen. Die Vorrangigkeit des SGB VIII gilt insbesondere für sozialpädagogisch orientierte Hilfen. Denn es handelt sich um originäre Aufgaben der Jugendsozialarbeit. Satz 2 hingegen stellt klar, dass bestimmte Leistungen des SGB II vorgehen. Dies betrifft vor allem die Leistungen die einen direkten Bezug zum Arbeitsmarkt haben, zB zur Vermittlung in Arbeit (§ 3 Abs. 2 SGB VIII) und die Eingliederung in Arbeit (§§ 14 bis 16 g SGB II). Sie unterscheiden sich schon ihrem Charakter nach grundlegend von den Leistungen des SGB VIII. Allerdings kann es durchaus zu Überschneidungen kommen, etwa zu den Leistungen nach § 13 Abs. 2 SGB VIII.

Der grundsätzliche Vorrang der Leistungen des SGB VIII gilt nicht für alle Leistungen des § 13. Es 25 kommt vielmehr auf den Charakter der Leistungen und ihre Zielsetzung an. Eindeutig ist der Vorrang bei den Hilfen gegeben, die auf die **sozialpädagogisch orientierte Prävention** abzielen. Diese Aufgabe und ein solcher Ansatz ist dem SGB II vom Grundsatz her fremd. Dies gilt auch für die sozialpädagogischen Hilfen und für Angebote der sozialen Eingliederung (§ 13 Abs. 1), für das Jugendwohnen (§ 13 Abs. 3) und für die schulische Förderung. Grundsätzlich auch nicht berührt sind Bereiche, die sozialpädagogischen Hilfen zuzuordnen sind, zB Schulsozialarbeit, Schulmüdenprojekte an der Schwelle des Übergangs von der Schule in den Beruf, insbesondere für unter 15-jährige junge Menschen, mobile Formen der Jugendberatung, die Volljährigenhilfe nach § 41 und Sprachfördermaßnahmen u.a. Die Gewährung von Leistungen nach § 13 SGB VIII dürfte auch dann nicht ausgeschlossen sein, wenn es sich um solche Hilfen handelt, die die Leistungen des SGB II ergänzen oder die das Hilfeangebot aufstocken, zB durch ergänzende sozialpädagogische Hilfen, für die auch ein Rechtsanspruch gegeben sein kann (s. Rn 6). Grundsätzlich ausgeschlossen ist jedoch, dass von der Kinder- und Jugendhilfe Leistungen dann gewährt werden, wenn Leistungen nach SGB II nicht ausreichend gesichert werden. Eine „nachsorgende" Funktion – etwa durch den Wegfall von Leistungen nach SGB II als Folge möglicher Sanktionen nach § 31 SGB II) – regelt das SGB VIII nicht.

SGB II bezieht sich auf die **berufliche Eingliederung** und die **Arbeitsförderung.** Mit dem „Vierten Gesetz 26 für moderne Dienstleistungen am Arbeitsmarkt" Sozialgesetzbuch Zweites Buch (SGB II) vom 24. Dezember 2003, (BGBl I, 2954) zuletzt geändert durch Gesetz zur Neuausrichtung der arbeitsmarktpolitischen Instrumente v. 21. Dezember 2008 (BGBl I, 2917) sind auch die Leistungen zur Integration ausbildungsloser und arbeitsuchender junger Menschen zwischen 15 und 25 Jahren geregelt worden. Danach haben junge Menschen unter 25 Jahren, soweit sie erwerbsfähig und hilfebedürftig sind, einen Anspruch auf Eingliederung in Arbeit. Sie sind „unverzüglich nach Antragstellung auf Leistungen nach diesem Buch in eine Arbeit, eine Ausbildung oder eine Arbeitsgelegenheit zur vermitteln" (§ 3 Abs. 2 Satz 1 SGB II). Dies gilt grundsätzlich für jeden erwerbsfähigen jungen Menschen (BT-Drucks. 15/1516, 51 zu § 3). Soweit keine Vermittlung in Ausbildung erfolgen kann, müssen die vermittelte Arbeit oder die Arbeitsgelegenheit "ein Beitrag zur Verbesserung ihrer beruflichen Kenntnisse und Fähigkeiten sein" (Münder 2007 LPK-SGB II zu § 3 Rn 15).

Um vor Ort das Verhältnis zwischen den Leistungsgesetzen im Interesse der jungen Menschen zu ge- 27 stalten, ist die örtliche Kooperation der Kinder- und Jugendhilfe mit den Arbeitsagenturen und Trägern von Beschäftigungsmaßnahmen sowie den Organisationen von Wirtschaft, Handel und Industrie unverzichtbar. Sowohl das SGB III (§ 9 Abs. 3) als auch das SGB II (§ 18 Abs. 1) schreiben ein Zusammenwirken der Stellen der Agentur für Arbeit mit den örtlichen Akteuren des Arbeitsmarktes vor. Es fehlt zwar an einer klaren Vorgabe für die Einbeziehung der Jugendhilfe bzw Jugendsozialarbeit. § 9 Abs. 1 spricht nur von den "Beteiligten des örtlichen Arbeitsmarktes", § 18 Abs. 1 SGB III von Gemeinden und Kreise (die auch örtliche Träger der öffentlichen Jugendhilfe sind bzw sein können) und von Trägern der freien Wohlfahrtspflege. Dennoch ist davon auszugehen, dass die Jugendsozialarbeit angesichts der zahlreichen Berührungspunkte und der Aufgabenstellung der Jugendsozialarbeit einzubeziehen ist. Demgegenüber besteht eine Verpflichtung für die Jugendhilfe mit den Stellen der Bundesagentur für Arbeit zusammen zu arbeiten (§ 13 Abs. 4; s. auch § 81 Rn 13). Eine besondere Verpflichtung zur Kooperation der Arbeitsagentur mit dem kommunalen Träger ergibt sich aus § 15 Abs. 1 SGB II. Die Herstellung des Einvernehmens bei der Eingliederungsvereinbarung kann somit auch unter Hinzuziehung des örtlichen Jugendamtes als öffentlicher Träger der Jugendhilfe erfolgen. Dies bietet sich jedenfalls an, wenn es zu Leistungsüberschneidungen bei der Zielgruppe kommt. Auch bei dem Verhängen von Sanktionen nach § 31 SGB II wäre dies ratsam (Näheres zur Kooperation besonders Deutscher Verein 2005, NDV 397, Bundesagentur für Arbeit/AGJ 2005).

28　Wenngleich es in der Praxis durchaus zu **Überschneidungen zwischen den Leistungen** nach SGB II und des § 13 SGB VIII kommen kann, so ist das kein Grund für den örtlichen öffentlichen Träger, sich aus dem Leistungsspektrum des § 13 zurückzuziehen. Denn das fachliche Profil der Jugendsozialarbeit bleibt grundsätzlich ein anderes. Auch die damit verbundene pädagogische Zielsetzung ist weitaus umfangreicher, als die Hilfen nach SGB II. Von Bedeutung ist dabei vor allem, dass eine Eingliederung in Arbeit oftmals nur dann nachhaltigen Bestand hat, wenn auch die individuellen Voraussetzungen gegeben sind. Dh, es muss sich um eine umfassende Hilfe handelt, die nicht allein funktional mit Blick auf die Arbeitsmarktintegration wirkt sondern vielmehr auch die persönlichkeitsbezogenen Hilfen einbeziehen muss. Daher ist eine Position, die eigenständige Leistungen nach SGB VIII mit Blick auf Ausbildungs- und Beschäftigungsmaßnahmen ablehnt (s. Rn 15), bei genauerer Betrachtung kaum vertretbar.

2. Abgrenzung zu anderen Hilfen des SGB VIII

29　Jugendsozialarbeit hat zahlreiche **Schnittstellen zu anderen Feldern der Jugendhilfe**. Sie bildet ein wesentliches Scharnier zwischen den traditionellen Bereichen allgemeiner Jugendförderung und individueller Erziehungshilfen im Rahmen der Jugendhilfe und auch der Angebote der Arbeitsverwaltung. Sie kann beides sein: allgemeine Förderung und individuelle Hilfe für junge Menschen. Sie hat aber auch eine Anwaltsfunktion für junge Menschen. Mit der Jugendarbeit bestehen diese Berührungspunkte vor allem in der arbeitsweltbezogenen Jugendarbeit (§ 11 Abs. 3 Nr. 3), aber auch im Rahmen von Projekten der sozialen Integration, die insbesondere auch von der offenen Jugendarbeit entwickelt wurden. Die Hilfen für junge Volljährige (§ 41) und die Hilfen zur Erziehung(§§ 27 ff) wirken ebenso wie die Jugendsozialarbeit auf den Abbau sozialer Benachteiligungen und individueller Beeinträchtigungen hin. In diesem Rahmen sind auch Ausbildungs- und Beschäftigungsmaßnahmen nach § 13 Abs. 2 genannt (§ 27 Abs. 3).

30　Von der **HzE** unterscheidet sich Jugendsozialarbeit vornehmlich dadurch, dass die Gründe, die den Entwicklungsprozess behindern, weniger individuell als gesellschaftlich bedingt sind (Mollenhauer 1990). Jugendsozialarbeit hat nicht ein Erziehungsdefizit zum Gegenstand (Proksch 2001). Wird ein erzieherischer Bedarf minderjähriger Personen im konkreten Einzelfall bejaht, so besteht ein Rechtsanspruch der PSB auf Hilfe zur Erziehung nach den §§ 27 ff, der nach § 27 Abs. 3 sozialpädagogisch begleitete Ausbildung und Beschäftigung junger Menschen einschließt. Die Verbindung der Hilfen für junge Volljährige (§ 41) zur Jugendsozialarbeit regelt § 41 Abs. 1 dahin, dass einem jungen Volljährigen entsprechende Hilfen gewährt werden sollen, wenn und solange die Hilfe aufgrund der individuellen Situation des jungen Menschen notwendig ist (§ 41 Abs. 1, Abs. 2). Angesichts der Erfahrung, dass Teilnehmerinnen und Teilnehmer an Maßnahmen der Jugendsozialarbeit immer häufiger Defizite in der Persönlichkeitsentwicklung aufweisen, erweist sich eine **Abgrenzung von Maßnahmen** nach den §§ 13 und 41 SGB VIII oft als schwierig. Häufig werden die Voraussetzungen beider Vorschriften vorliegen.

VII. Abstimmung mit anderen Maßnahmen – Abs. 4

31　Abs. 4 fordert die **Abstimmung der Angebote** („sollen") mit den Maßnahmen der dort genannten Träger, zB über Arbeitsgemeinschaften nach § 78 oder über sog. Verbundorganisationen (etwa als kommunal-trägerübergreifender, politisch-fachlicher Verbund), wie sie im Rahmen modellhafter Verbundarbeit des Kinder- und Jugendplans des Bundes „arbeitsweltbezogene Jugendsozialarbeit" erprobt worden sind. Abs. 4 greift sowohl die Unterschiedlichkeit der Trägerlandschaft als auch die verschiedenen zuständigen Institutionen (zB Schule und die Stellen der Bundesagentur für Arbeit, insbesondere den ARGEn nach SGB II) auf. Er zielt darauf ab, die unterschiedlichen Zuständigkeiten zu einer effektiven und effizienten Gestaltung und Abstimmung von Maßnahmen der Jugendsozialarbeit sowie zur Gestaltung von Verbundsystemen zu nutzen.

Dem Sinn und Zweck des § 13 wird nur entsprochen, wenn die verschiedenen Konzepte nicht nur **32** generell, sondern auch bei der Durchführung im Einzelfall abgestimmt werden (aA Wiesner/Kaufmann § 13 Rn 19, der eine Abstimmung im Einzelfall für nicht notwendig erachtet). Es geht um eine strukturell verankerte **Zusammenarbeit**. Hierzu gehört ein aufeinander abgestimmtes Verfahren, welches die jeweiligen Besonderheiten berücksichtigt. SGB II beinhaltet auch neue Möglichkeiten der Kooperation und fachlichen Abstimmung. Dabei geht es vor allem um eine direkte Einbeziehung der Träger der Jugendhilfe in die Gestaltung (s. Rn 34). Solche neuen Formen sind zB die JobCenter für die unter 25-Jährigen und die Jugendkonferenzen. Diese müssen vor Ort entwickelt werden und sind wegen ihrer spezifischen Aufgabenstellung für die Jugendsozialarbeit besonders bedeutsam. Abstimmung heißt aber nicht allein Kooperation sondern ein aufeinander Zugeschnittensein. Ideal wäre, wenn die Maßnahmen zur Vermittlung in den Beruf oder in Arbeit zugleich auch mit den sozialpädagogischen Hilfen passend gemacht werden (Bundesagentur für Arbeit/AGJ 2005).

Unverzichtbar ist eine **systematische und kontinuierliche Kooperation der Jugendsozialarbeit mit der** **33** **Schulverwaltung.** Diese ergibt sich aus der engen Schulbezogenheit zwingend. Auch die unterschiedlichen Zuordnungen der Schulsozialarbeit und der Ausbau der Ganztagsschulen machen das Zusammenwirken zu einer zentralen Anforderung. Eine Abstimmung der Fördermaßnahmen sollte daher zwingend und selbstverständlich sein. Um eine wirksame Hilfestruktur zu erhalten und sie weiter zu entwickeln, ist der Bezug der Jugendsozialarbeit auf die Schule für ihr Handeln konstitutiv. Damit dieses Zusammenwirken erfolgreich gestaltet wird, wäre ein Zusammenführen der Jugendhilfeplanung und der Schulentwicklungsplanung wichtig. Die Schulentwicklungsplanung würde dann zu einem qualitativen Planungsinstrument, welches genaue Zielperspektiven zu den Bildungsprozessen in der Schule und im Zusammenwirken mit anderen Trägern herausarbeiten könnte. Kooperationsformen zwischen beiden Bereichen bestehen in unterschiedlichen verbindlichen Formen, zB regelmäßige Konsultationen unter Einbezug der Schulaufsicht, regelmäßige Fachgespräche etc.

Weiterführende Literaturhinweise:

Fülbier/Münchmeier 2001; *BMJFFG* 1990; *BMFSFJ* 2005; *Münder* 2007 LPK-SGB II, *Niesel* 2002: SGB III; *Breuer* 1991; *BMBF* 2004; *Schruth* 2005; *DJI* 2004; *Thimm* 2002; Bundesagentur für Arbeit/Arbeitsgemeinschaft für Jugendhilfe, 2005; *Wabnitz* 2009; *Münder/Wiesner* 2007; *Deutsche Bank* 2005.

§ 14 Erzieherischer Kinder- und Jugendschutz

(1) Jungen Menschen und Erziehungsberechtigten sollen Angebote des erzieherischen Kinder- und Jugendschutzes gemacht werden.

(2) Die Maßnahmen sollen

1. junge Menschen befähigen, sich vor gefährdenden Einflüssen zu schützen und sie zur Kritikfähigkeit, Entscheidungsfähigkeit und Eigenverantwortlichkeit sowie zur Verantwortung gegenüber ihren Mitmenschen führen,

2. Eltern und andere Erziehungsberechtigte besser befähigen, Kinder und Jugendliche vor gefährdenden Einflüssen zu schützen.

I. Sinn und Zweck der Norm

1 § 14 weist den erzieherischen Kinder und Jugendschutz den Feldern der allgemeinen Förderung zu. **Abgestellt wird** vor allem auf den **Schutzgedanken** (§ 1 Abs. 3 Nr. 4) und dafür geeignete Maßnahmen durch den öffentlichen Träger. Das Wirken konzentriert sich im Kern auf die Prävention. Jungen Menschen sollen Risiken und Gefährdungen bewusst gemacht und Fähigkeiten vermittelt werden, um mit riskanten Lebenssituationen verantwortlich umgehen bzw sich schützen zu können. Der Sachzusammenhang zu den Zielen des § 11 ist evident. Eine Verortung in diesem Abschnitt macht daher Sinn. Dass auch Erziehungsberechtigte einbezogen sind, ist auf ihre besondere Stellung und Verantwortung im Erziehungsprozess zurückzuführen. Gerade sie haben eine große Verantwortung und bedürfen der Information und Aufklärung. Die gesonderte Regelung des erzieherischen Kinder- und Jugendschutzes entspricht auch den in den letzten Jahren wachsenden Orientierungsproblemen junger Menschen und ihren Umgang mit Gefährdungssituationen. Zugleich handelt es sich um ein übergreifendes Aufgabenfeld, das mit seinen Angeboten auch in anderen Bereichen der Kinder- und Jugendhilfe hineinwirken oder sogar verankert sein kann. Die Norm ist bewusst weit gefasst und damit hinsichtlich des Tatbestands unbestimmt. Angesichts der gefährdenden Einflüsse in einer sich verändernden Gesellschaft (Beck 1986) kann eine Gefährdung weniger konkret beschrieben werden, was auch den Ansatz einer wirksamen Prävention schwieriger macht. Mit der Offenheit dieser Norm was die Tatbestandsformulierung angeht, wird daher zugleich eine vielfältige Reaktionsmöglichkeit machbar.

II. Ziele, Handlungsrahmen

1. Ziele

2 Es handelt sich um erzieherischen Kinder- und Jugendschutz. Dieser unterscheidet sich klar vom gesetzlichen Kinder- und Jugendschutz. Erzieherisch meint hier vor allem, durch Information, Aufklärung und Befähigung auf Einsicht bei Kindern und Jugendlichen abzustellen. Klargestellt wird zugleich, dass es sich nicht um ordnungsrechtliche Maßnahmen handelt. Diese sind ausschließlich im gesetzlichen Jugendschutz geregelt (Jugendschutzgesetz – JuSchG; Gesetz über die Verbreitung jugendgefährdender Schriften – GjS; Gesetz zum Schutz der arbeitenden Jugend, Jugendarbeitsschutzgesetz – JArbSchG). Besondere Berührungspunkte gibt es beim JuSchG und beim GJS. Der erzieherische Kinder- und Jugendschutz versteht sich als ein „übergreifendes Handlungsfeld, welches in andere Bereiche hineinwirkt und somit eine **Querschnittsperspektive** hat" (Bienemann u.a. 1995).

3 Angebote des erzieherischen Kinder- und Jugendschutzes konzentrieren sich im Kern auf **Prävention, Information und Aufklärung.** Erreicht werden sollen junge Menschen und Erziehungsberechtigte, aber auch Institutionen der Bildung und Erziehung bzw deren Fachkräfte, die mit jungen Menschen arbeiten und Elternberatung anbieten. Aufgabe ist nicht der Eingriff bei Verstößen, sondern die Hilfe im Vorfeld des Kontaktes mit jugendgefährdenden Produkten. Anders der gesetzliche Jugendschutz. Dieser soll zwar auch der Prävention dienen, enthält aber zahlreiche ordnungsrechtliche Vorschriften, die sich direkt an Gewerbetreibende und Veranstalter wenden. Beide Jugendschutzbereiche sind aber nicht voneinander zu trennen. Dies zeigt sich insbesondere in der Aufgabenwahrnehmung durch die örtlichen JÄ. Sie nehmen die hoheitlich angelegten Aufgaben des gesetzlichen Kinder- und Jugendschutzes wahr, führen Jugendschutzkontrollen durch und arbeiten mit der Polizei, den Ordnungsbehörden und

der Justiz zusammen. Immer mehr entwickelt der erzieherische Kinder- und Jugendschutz ein eigenes fachliches Profil und wirkt vor allem mit den Trägern der Kinder- und Jugendarbeit, den Schulen und Familienverbänden zusammen.

Abs. 1 weist auf die Zielgruppen „Junge Menschen" und „Erziehungsberechtigte" hin. Hieraus leitet 4 sich ein **umfassendes Verständnis von Kinder- und Jugendschutz** ab. Er lässt sich nicht auf einen Bereich beschränken und stellt auch keinen isolierten „Spezialbereich" dar. Dies entspricht der Praxis, da Kinder- und Jugendschutz Bestandteil einer auf Prävention und Integration abzielenden Förderung von Kindern und Jugendlichen ist. Deshalb sind allgemeine Angebote der Erziehung und Bildung ihrem Charakter und ihrer Zielsetzung nach zugleich auch im Sinne dieser Aufgabe wirksam. Es geht um Befähigung im Umgang mit Gefährdungen. Nach Qualität und Quantität ausreichende Angebote der Jugendarbeit haben neben ihren **bildungsbezogenen Funktionen** auch einen hohen Stellenwert im Sinne des Jugendschutzes (Bienemann u.a. 1995).

2. Handlungsrahmen

Die in Abs. 1 genannten **Zielgruppen** lassen keine Beschränkung des erzieherischen Kinder- und Ju- 5 gendschutzes auf die Jugendarbeit und Jugendsozialarbeit zu. Über diese Bereiche hinaus wendet er sich zugleich an andere Institutionen der Erziehung und Bildung und ihren Fachkräften (vgl BT-Drucks. 11/5948, 53). Dieses breite Verständnis ist auch folgerichtig, da nicht nur über die Jugendarbeit und die Jugendsozialarbeit wichtige Multiplikatoren erreicht werden können. Deshalb wirkt der erzieherische Kinder- und Jugendschutz ebenso in der Schule, in der Familienberatung und -bildung, in Kindertageseinrichtungen, in der Arbeit mit Multiplikatoren etc. Immer bedeutender werden Bemühungen, Eltern zu erreichen. Gerade vor dem Hintergrund der Mediennutzung durch Kinder und Jugendliche, sind Angebote der Information und Aufklärung besonders wichtig.

Abs. 2 nennt Ziele entsprechender Maßnahmen und bezieht auch die Erziehungsberechtigten als Ziel- 6 gruppe ein (Nr. 2). Ziel ist, dass sie in der Wahrnehmung ihrer **Erziehungsverantwortung** gestärkt und unterstützt werden. Was geeignete **Angebote** sein können, überlässt er der Entscheidung der Träger von Jugendschutzmaßnahmen. Grundsätzlich aber fällt hierunter ein breites Spektrum an Vermittlungsformen und an Einflussnahme auf gefährdendes Verhalten junger Menschen. Dies kann in Einrichtungen der Jugendarbeit aber auch in der Schule, über online und Broschüren geschehen. Unter Maßnahmen sind neben der reinen Informationsveranstaltung vor allem alters- und entwicklungsspezifische Formen zu verstehen. In der Praxis gibt es verschiedene Formen der Sensibilisierung junger Menschen für Fragen des Jugendschutzes. Vor allem im Bereich der Grundschulen sind besondere kindgerechte Formen der Vermittlung sinnvoll.

Die **Aufgaben des erzieherischen Kinder- und Jugendschutzes** haben sich in den letzten Jahren ausge- 7 weitet. Zurückzuführen ist dies vor allem auf die Zunahme von Risiko- und Gefährdungssituationen, auf neue Erziehungsunsicherheiten der Eltern und einen insgesamt höheren Informations- und Beratungsbedarf für Fragen des Kinder- und Jugendschutzes. Vor allem der Umgang mit neuen Medien fordert Eltern besonders heraus. Aktuelle Debatten um die Entwicklung von Suchtverhalten im Bereich der Computerspiele und der Online-Nutzung (Beschluss JFMK 2009) machen den Handlungsbedarf im Jugendmedienschutz deutlich. Der Zugang zu diesen neuen Medien fällt Kindern und Jugendlichen immer leichter und die Mediennutzung wird immer selbstverständlicher. Zugleich beinhalten diese Medien aber auch Risiken und Gefahren. Gewaltverherrlichende, rechtsextreme und pornografische Produkte sind häufig leicht erschließbar, besonders im Online-Bereich. Die Länder haben daher eine gemeinsam finanzierte Stelle, **Jugendschutz.net**, geschaffen. Federführend für diese Stelle ist das Land Rheinland-Pfalz. Sie beobachtet die Produkte in den neuen Medien und meldet die Ergebnisse den zuständigen Behörden.

Mit der Neuregelung des Jugendmedienschutzes durch das Jugendschutzgesetz (JuSchG) 2002 8 (BGBl 2730) und des **Mediendienste-Staatsvertrags** seit dem 1.4.2003 wurde die Aufsicht über die Bereiche des privaten Rundfunks und des Internets den Landesmedienanstalten übertragen. Zentrales Aufsichtsgremium ist die Kommission für Jugendmedienschutz (KJM). Diese hat gegenüber den Obersten Landesjugendbehörden eine zweijährige Berichtspflicht. § 18 des Mediendienste-Staatsvertrags zwischen den Ländern und dem Bund bildet die Grundlage für diese besondere Stelle. Danach wird den Ländern die Aufgabe zugewiesen, eine von ihnen beauftragte Behörde zu benennen, die die Überwachung kinder- und schutzrechtlicher Bestimmungen im Medienbereich vornimmt.

9   Angesichts der Bedeutung der technischen Medien für junge Menschen besteht eine enge Verbindung zwischen dem **Jugendmedienschutz** und dem erzieherischen Kinder- und Jugendschutz. Am 1.8.2008 ist das Gesetz zur Änderung des **Jugendschutzgesetzes** in Kraft getreten (BGBl 1075 ff). Die Änderungen zielen vor allem auf einen wirksamen Schutz vor medialen Gewaltdarstellungen und auf gewaltförmige Computerspiele ab. Mit der Änderungen werden Regelungen zur besseren Sichtbarkeit der Alterskennzeichnung (§ 12 Abs. 2 JuSchG), zur Erweiterung der schwer jugendgefährdenden Trägermedien, (§ 15 Abs. 2 JuSchuG) zur Präzisierung der Indizierungskriterien(§ 18 Abs. 1JuSchG) und zum Versandhandel von Tabakwaren (§ 10 Abs. 3 JuSchG) getroffen. Diese Regelungen sind auch vom erzieherischen Kinder- und Jugendschutz zu beachten. Für die **Kennzeichnung von Computer-Spielen** ist die Unabhängige Selbstkontrolle (USK) mit Sitz in Berlin verantwortlich. Dort werden neue Computer-Spiele geprüft und bewertet. Eine Alterskennzeichnung erfolgt dann nach bestimmten Kriterien. Für diese Stelle ist die Oberste Landesjugendbehörde in Nordrhein-Westfalen für alle Länder federführend zuständig. Auf Bundesebene ist für den Kinder- und Jugendschutz noch die Bundesprüfstelle für jugendgefährdende Schriften tätig.

III. Zum Rechtscharakter

10 § 14 richtet sich an die **öffentlichen Träger der Jugendhilfe**. Sie müssen im Rahmen ihrer **Gesamtverantwortung** (§ 79) diese Aufgabe wahrnehmen bzw dafür Sorge tragen, dass geeignete Maßnahmen im Sinne des Abs. 2 vorgehalten werden. Abs. 1 enthält zwar keine Verpflichtung des öffentlichen Trägers zur Ausgestaltung des erzieherischen Kinder- und Jugendschutzes und zur Förderung von Angeboten. Sie sollen aber dafür Sorge tragen, dass jungen Menschen und Erziehungsberechtigten entsprechende Angebote gemacht werden. Insoweit besteht auch hier eine objektive Rechtsverpflichtung des öffentlichen Trägers im Sinne eines Gestaltungsauftrages (Münder 2007). Zudem kommt hier auch die Gewährleistungs- und Bereitstellungspflicht (§ 79 Abs. 2) zur Geltung (s. § 79 Rn15ff). Danach hat der öffentliche Träger über die Ausfüllung dieser Aufgabe nach pflichtgemäßem Ermessen unter Beachtung des Schutzgedankens zu entscheiden. Der einzelne junge Mensch bzw dessen Eltern können hieraus jedoch keine Leistungsansprüche ableiten (so auch Schellhorn/Fischer § 14 Rn 10).

11 Die öffentlichen Träger können die **erforderlichen Angebote** im Rahmen ihrer Möglichkeiten durch Veranstaltungen etc. selber organisieren. Zum Teil verfügen sie auch über eigene Kinder- und Jugendschutzbeauftragte. Sie können die Wahrnehmung dieser Aufgaben auch durch die Förderung von Maßnahmen freier Träger sicherstellen. Dies bietet sich auch deshalb an, weil dadurch das breite Spektrum der Jugendarbeit und der Familienbildung einbezogen werden kann. Sie erreichen vor allem durch ihre besondere Werteausrichtung (s. § 3 Rn 3 f) die Zielgruppen.

IV. Zuständigkeit, Kosten

12 Sachlich zuständig ist nach § 85 Abs. 1 der örtliche Träger der öffentlichen Jugendhilfe. Er hat darauf hinzuwirken, dass entsprechende Angebote gemacht werden. Eine Beteiligung an den **Kosten**, etwa im Sinne von Teilnahmebeiträgen oder Kostenbeiträgen, kommt nicht in Betracht.

Weiterführende Literaturhinweise:

Arbeitsgemeinschaft für Kinder- und Jugendschutz Landesstelle NRW 2000; *Gernert* ZFJ 1998, 108; *Bienemann/Hasebrink/Nikles* 1995; *Baum* u.a. 1999; *Hofmann* 2009.

§ 15 Landesrechtsvorbehalt

Das Nähere über Inhalt und Umfang der in diesem Abschnitt geregelten Aufgaben und Leistungen regelt das Landesrecht.

Der Landesrechtsvorbehalt ermöglicht den Ländern das Nähere über Inhalt und Umfang der Handlungsfelder Jugendarbeit, Jugendsozialarbeit und des erzieherischen Kinder- und Jugendschutzes durch **Landesrecht** zu regeln. Dieser Regelungskompetenz kommt eine „besondere Bedeutung" zu (BT-Drucks. 11/5948, 56), denn angesichts der eher „dünnen Ausprägung des Leistungscharakters" (vgl § 2 Rn 2) haben die Länder eine besondere Verpflichtung, rechtlich verbindlichere Regelungen zur inhaltlichen Ausgestaltung und zur finanziellen Förderung zu treffen. Denn trotz des **Pflichtcharakters der Leistungen** (vgl Wiesner § 79 Rn 20) und der **unbedingten Förderverpflichtung** (Wabnitz 2007) fehlt es in einigen Bereichen an der erforderlichen Kontinuität und Planungssicherheit der Förderung. Die Erwartung der in diesen Bereichen tätigen freien Träger, durch **Landesausführungsgesetze** einen Rechtsanspruch auf Förderung ihrer Tätigkeit zu erreichen, hat sich bisher nicht erfüllt. Die **Regelungskompetenz der Länder** zu diesem Abschnitt ergibt sich aus **verfassungsrechtlichen Grundprinzipien** (s. Vor§ 11 Rn 11). Eine Pflicht der Länder, rechtliche Regelungen vorzunehmen enthält diese Norm jedoch nicht. Mit "Landesrecht" sind nicht nur gesetzliche Regelungen sondern auch Verordnungen, Richtlinien, Erlasse etc. gemeint.

1

Die Länder haben von dem Landesrechtsvorbehalt Gebrauch gemacht und Ausführungsgesetze zu besonderen Regelungen für die in diesem Abschnitt genannten Handlungsfelder geschaffen (zu allgemeinen Ausführungsgesetzen s. VorKap. 6 Rn 3):

2

- ■ **Baden-Württemberg:** Kinder- und Jugendhilfegesetz für Baden-Württemberg (LKJHG) in der Fassung vom 14.4.2005 (GBl. 23.5.2005 Nr. 8 S. 377)
- ■ **Berlin:** Gesetz zur Ausführung des Kinder- und Jugendhilfegesetzes (AG-KJHG) vom 9.5.1995 (GVBl., 300) in der Fassung der Bekanntmachung der Neufassung vom 27.4.2001 (GVBl., 134), zuletzt geändert durch Art. V. des Gesetzes vom 23.6.2005 (GVBl., 322)
- ■ **Freie und Hansestadt Bremen:** Bremisches Kinder-, Jugend- und Familienförderungsgesetz (BREM KJFFöG), Viertes Gesetz zur Ausführung des 8. Buches Sozialgesetzbuch vom 22.12.1998.
- ■ **Freie und Hansestadt Hamburg:** Hamburgisches Gesetz zur Ausführung des Achten Buches Sozialgesetzbuch- Kinder- und Jugendhilfe (AG SGB VIII) vom 25.6.1997 HmbGVBl. 1997, S. 273, zuletzt geändert durch Gesetz vom 6.2.2007 (HmbGVBl. S. 35)
- ■ **Hessen:** Gesetz zur Zusammenführung und Änderung von Vorschriften der Kinder- und Jugendhilfe vom 18.12.2006; Hessisches Kinder- und Jugendhilfegesetzbuch - HKJGB) (GVBL. 2006 Teil I, S. 709)
- ■ **Mecklenburg-Vorpommern:** Gesetz zur Förderung und Entwicklung der Kinder- und Jugendarbeit, der Jugendsozialarbeit, des erzieherischen Kinder- und Jugendschutzes, der Freistellung ehrenamtlicher Mitarbeiter und der Fortbildung hauptberuflicher Fachkräfte und Mitarbeiter (Kinder- und Jugendförderungsgesetz – KJfG M-V) – Drittes Landesausführungsgesetz zum Kinder- und Jugendhilfegesetz vom 7.7.1997 (GVBl, 287 f)
- ■ **Niedersachsen:** Gesetz zur Förderung der Jugendarbeit (JugendfördG) Stand 15.12.2006 (Nds.GVBL. S. 597)
- ■ Gesetz zur Förderung der Jugendarbeit (Jugendförderungsgesetz) in der Fassung vom 15.7.1991 (Niders. GVBl. Nr. 26/1981), zuletzt geändert am 15.12.2006
- ■ **Nordrhein-Westfalen:** Drittes Gesetz zur Ausführung des Kinder- und Jugendhilfegesetzes, Gesetz zur Förderung der Jugendarbeit, Jugendsozialarbeit und des erzieherischen Kinder- und Jugendschutzes, Kinder- und Jugendförderungsgesetz KFJöG (GV.NW, 572)
- ■ **Rheinland-Pfalz:** Landesgesetz zur Förderung der Jugendarbeit und Jugendsozialarbeit (Jugendförderungsgesetz) vom 21.12.1993 (GVBl., 629)
- ■ **Saarland:** Gesetz Nr. 1339 zur Förderung der Kinder- und Jugendarbeit, der Jugendsozialarbeit und des erzieherischen Kinder- und Jugendschutzes (Kinder- und Jugendförderungsgesetz – 2. AGKJHG) vom 1.6.1994 (Amtsbl., 1258).
- ■ **Schleswig-Holstein:** Erstes Gesetz zur Ausführung des Kinder- und Jugendhilfegesetzes (Jugendförderungsgesetz – JuFÖG) vom 5.2.1992 (GVOBl. Sch.-H., 158), zuletzt geändert durch Gesetz vom 19.12.2000 (GVOBl. Sch.-H., 2)

■ **Thüringen**: Thüringer Gesetz zur Ausführung des Achten Buches Sozialgesetzbuch -Kinder- und Jugendhilfe (Kinder- und Jugendhilfeausführungsgesetz – ThürKJHAG) vom 23.12.2005, in der Fassung der Neubekanntmachung vom 3.2.2006 (GVBl. S. 36).

Die Länder, Bayern, Brandenburg, Sachsen und Sachsen-Anhalt beschränken sich auf Jugendförderprogramme als Grundlage für die Landesförderung, zT auf der Basis von Landesjugendplänen.

3 Die bestehenden Ausführungsgesetze zielen insbesondere darauf ab, die **Förderung der Jugendarbeit und der Jugendsozialarbeit**, teilweise auch des erzieherischen Kinder- und Jugendschutzes, verbindlicher zu regeln. In ihren zentralen Regelungsbereichen weichen die Gesetze nicht grundsätzlich voneinander ab. In der Ausprägung bzw den Förderkonsequenzen ist aber eine Vergleichbarkeit kaum gegeben. Im Wesentlichen beinhalten die Ausführungsgesetze:

■ Zielsetzung der Jugendarbeit/Jugendsozialarbeit unter Berücksichtigung des in § 1 Abs. 3 Nr. 1 und Nr. 4 enthaltenen jugendpolitischen Auftrags;

■ nähere Regelungen zur Beteiligung von Kindern und Jugendlichen in allen sie betreffenden Angelegenheiten gemäß § 8;

■ besondere Förderung zur Sicherung der Interessen und Bedürfnisse der Mädchen im Sinne des § 9 Nr. 3;

■ inhaltliche Ausfüllung der Schwerpunkte der Jugendarbeit nach § 11 Abs. 3;

■ Aufgaben der verbandlichen und der offenen Jugendarbeit sowie ihrer Arbeitsformen;

■ Förderungsgrundsätze unter Berücksichtigung einer Verstärkung der Förderungsverbindlichkeit für die Jugendverbände sowie für Gruppen und Initiativen der Jugend;

■ Ausdifferenzierung der Jugendsozialarbeit und Regelungen zur Förderung;

■ Grundsätze der Jugendhilfeplanung und Beteiligung der Träger der Jugendarbeit und der Jugendsozialarbeit;

■ Ziele und Aufgaben des erzieherischen Kinder- und Jugendschutzes.

4 **Baden-Württemberg** regelt die Förderung der Träger der außerschulischen Jugendbildung durch die Landkreise und Gemeinden ausdrücklich als eine freiwillige Aufgabe (§ 2), bestimmt aber auf der Landesebene – nach Maßgabe des Staatshaushaltsplans – relativ verbindlich die Förderung der Jugendverbände, der Bildungsreferenten und der Bildungsmaßnahmen (§§ 6 bis 8).

Berlin verpflichtet das Land und die Bezirksjugendämter zur Förderung der Jugendverbände (§ 7 AG KJHG), schreibt die Förderung der offenen Jugendarbeit und anderer Bereiche der Jugendarbeit nach Maßgabe des Landesjugendplans vor (§ 8 AG KJHG),verpflichtet das Land zur Förderung überbezirklicher Maßnahmen der Jugendarbeit (§ 9AG KJHG) und legt den in § 79 Abs. 2 geforderten Mindestanteil der Mittel für die Jugendarbeit an den Gesamtaufwendungen der Jugendhilfe auf 10 Prozent fest (§ 48 Abs. 2 AG KJHG).

Bremen regelt die Förderung von bis zu 100 Prozent für Personalkosten für die Träger der freien Jugendhilfe als eine Kann-Leistung (§ 7 BremJuBiG).

Hessen sieht eine Förderung durch das Land vor. Diese Förderung ist für die freien Träger als Kann-Leistung (§ 37 Abs. 1 und § 39) normiert. Die örtlichen öffentlichen Träger erhalten ebenfalls eine finanzielle Förderung, aber mit einem höheren Verpflichtungsgrad gegenüber freien Trägern (§ 37 Abs. 2; die Förderung ist jeweils an bestimmten Kriterien, zB die Mitbestimmung von jungen Menschen, gekoppelt.).

Mecklenburg-Vorpommern sieht eine Jugendpauschale vor. Danach erhalten die Städte und Kreise nach der jeweils dort wohnenden Zahl der Kinder und Jugendlichen im Alter von 10 bis 26 Jahre einen pauschalen Betrag vom Land, mit dem Ziel, für ausreichende Angebote und Einrichtungen der Jugendarbeit Sorge zu tragen.

Niedersachsen sieht für die Landesförderung von Jugendbildungsreferenten und von Jugendverbänden einen Rechtsanspruch vor (§§ 6 und 7 Jugendförderungsgesetz – JFG); für andere Leistungen erfolgt eine Förderung nach Maßgabe des Haushalts (§§ 10 bis 13 Jugendförderungsgesetz).

Nordrhein-Westfalen regelt vor allem einen Anspruch auf Förderung für die freien Träger auf Landesebene und im kommunalen Bereich. Zudem werden das Land und die Kommunen verpflichtet, verbindliche Kinder- und Jugendförderpläne aufzustellen, die für den Zeitraum einer Legislatur- bzw Wahlperiode gelten und den Förderrahmen regeln sollen. Für die Landesförderung wird ein jährlicher Betrag festgeschrieben.

Rheinland-Pfalz sieht eine Gewährleistungsverpflichtung für die Landesebene und die örtliche Ebene vor. Die Förderung auf örtlicher Ebene hat dabei nach den Inhalten und Vorgaben der Jugendhilfeplanung zu erfolgen (§ 5 Jugendförderungsgesetz).

Das **Saarland** räumt den Trägern einen Rechtsanspruch für die Förderung ehrenamtlicher Mitarbeiter, der Bildungsmaßnahmen und der Förderung der Jugendverbände ein (§ 4 2. AG-KJHG)); andere Leistungen erfolgen nach Maßgabe des Landeshaushalts. Auch werden Gemeinden und Gemeindeverbände zur Förderung unter Berücksichtigung der Regelungen gem. § 74 verpflichtet.

Schleswig-Holstein sieht eine Förderung nach Maßgabe des Landeshaushalts vor und verpflichtet die örtlichen öffentlichen Träger, die freien Träger nach pflichtgemäßem Ermessen zu unterstützen sowie für die erforderlichen Einrichtungen die Haushaltmittel in angemessener Höhe bereitzustellen (§ 8 JuFÖG).

Thüringen sieht eine Gewährleistungsverpflichtung zur Förderung durch die örtlichen öffentlichen Träger und das Land auf der Grundlage von Jugendförderplänen bzw des Landesjugendförderplans vor (§§ 16 bis 18 AG KJHG). Es handelt sich um eine Förderverpflichtung der örtlichen Träger der Jugendhilfe nach Maßgabe der Jugendhilfeplanung. Über das Instrument eines Gesetzes hinaus haben die meisten Länder entsprechende Ausführungsbestimmungen bzw Richtlinien für die Förderung erlassen.

Zweiter Abschnitt:
Förderung der Erziehung in der Familie

Vorbemerkung zu den §§ 16 bis 21

I. Förderung der Erziehung in der Familie

1   Mit den **Regelungen über die Förderung der Erziehung in der Familie** erfüllt der Gesetzgeber den Verfassungsauftrag aus **Art. 6 Abs. 2 Satz 1 GG**, Familien durch geeignete Angebote der Kinder- und Jugendhilfe bei ihren Erziehungspflichten zu unterstützen und sie zu befähigen, den Anspruch ihrer Kinder aus § 1 Abs. 1 bestmöglich zu erfüllen. Sollen Familien frühzeitig erreicht werden, müssen dafür niederschwellige, aufsuchende, präventiv orientierte sozialpädagogische Angebote bereit gehalten werden. Dementsprechend normieren die §§ 16- 21 vorwiegend die Familie stützende, fördernde und entlastende Leistungsangebote. Die Einfügung eines eigenen Abschnitts über die Förderung der Erziehung in der Familie unterstreicht die Bedeutung dieser Leistungen. Die Regelungen konkretisieren gleichzeitig die Vorgaben aus § 1 Abs. 3 Nrn. 2 und 4.

2   Die Hilfeangebote dieses Abschnittes unterstützen den mit dem KJHG beabsichtigten Perspektivwechsel, das „Wächteramt" des Staates gemäß **Art. 6 Abs. 2 Satz 2 GG** vornehmlich durch „helfendes, unterstützendes, auf Herstellung oder Wiederherstellung eines verantwortungsbewussten Verhaltens der natürlichen Eltern gerichtetes Vorgehen" zu verwirklichen (BVerfG E 24, 144). Ziel dieser Hilfeangebote ist es deshalb, die Fähigkeiten und Ressourcen von Familien zu fördern oder zu entwickeln, die sie zu einer eigenständigen, verantwortungsbewussten Lebensführung sowie zur eigenverantwortlichen Teilhabe am gesellschaftlichen Leben befähigen oder **wiederbefähigen (Ressourcenorientierung statt Defizitansatz)**.

3   Zentrales Angebot dieses präventiven, zugehenden Ansatzes ist die „allgemeine Förderung der Erziehung in der Familie" gemäß **§ 16.** Die Offenheit zB der Angebotspalette in § 16 bietet die Möglichkeit, ein breites Spektrum an Leistungen für die Adressaten zu entwickeln, das sich „passgenau" an den Bedürfnissen der Leistungsempfänger orientiert. Die Leistungen nach § 16 sollen Müttern und Vätern und anderen Erziehungsberechtigten ungeachtet ihrer konkreten Familien- und Lebenssituation angeboten werden. Für spezifische Krisensituationen, in denen entweder Hilfebedarf anzunehmen ist oder bereits besteht, sieht **§ 17** einen Anspruch für Mütter und Väter auf Beratung und Unterstützung zum Aufbau eines partnerschaftlichen Zusammenlebens in der Familie, zur Bewältigung von Konflikten und Krisen in der Familie und zur Wahrnehmung einer dem Wohl des Kindes oder Jugendlichen förderlichen Elternverantwortung nach Trennung und Scheidung vor. Ansprüche auf Beratung und Unterstützung bei der Ausübung der Personensorge und zur Förderung des kindeswohlorientierten Umgangs sowie bei der Geltendmachung von Unterhalts- bzw. Unterhaltsersatzansprüchen für allein erziehende Mütter oder Väter bzw für Kinder, Jugendliche und junge Menschen normiert **§ 18.** Für Notsituationen sehen schließlich **§§ 19-21** Hilfeangebote zur Entlastung der betroffenen Eltern und ihrer Kinder vor.

4   **Familie** unterliegt heute mehr denn je einem vielfältigen Funktions- und Strukturwandel. Die jüngsten Entwicklungen weisen Familien „als fragiles Unternehmen aus" (BFSFJ 2006, 68). Soziale Erfahrungen und Unterstützungsstrukturen – etwa bei fehlenden Geschwistern – gehen insb. auch für Kinder und Jugendliche verloren. Kinder und Jugendliche leben häufiger als früher in alternativen Familienformen, in „nicht- ehelichen Paargemeinschaften, in Stieffamilien und Alleinerziehendenhaushalten" (BMFSFJ 2005, 52). Veränderungen und Anforderungen in der Wirtschaft und Arbeitswelt (Mehrfachjobs, flexiblere Arbeitszeiten, Erwartungen an Mobilität) belasten insb. Mütter und Väter und ihre Kinder. Die Erwerbstätigkeit, aber auch die Erwerbsnot von Müttern und Vätern bedingen neben finanziellen, auch psychosoziale Problemlagen. Dies betrifft in besonderem Maße Familien, in denen überwiegend oder ausschließlich ein Elternteil für die Erziehung seiner Kinder verantwortlich ist (BMAS 2008, 87 ff.). Hierauf muss die Kinder- und Jugendhilfe durch familienstützende und ergänzende Angebote reagieren.

Entsprechend den veränderten Lebenswelten von und in Familien beziehen sich die familienbezogenen 5 Leistungen des 2. Abschnitts konsequent nicht auf traditionelle familienrechtliche Verbindungen als **Leitmuster von Familie** (Ehelichkeit, vollständige Familie). Adressaten der Leistungen dieses Abschnittes sind deshalb neben leiblichen ehelichen oder nichtehelichen Eltern, auch Adoptiveltern, Stief- und Pflegeeltern sowie weitere Erziehungsberechtigte iSd § 7 Abs. 1 Nr. 6 wie Pfleger und Vormünder, Großeltern, Verwandte (s. § 16 Rn 1).

Der Schwerpunkt der Angebote richtet sich allerdings immer noch vorwiegend an Eltern und sonstige 6 Erziehungspersonen. **Kinder und Jugendliche** sind lediglich mittelbar Adressaten von Hilfen, abgesehen von den Angeboten unmittelbar für sie gemäß § 18 Abs. 3. Allerdings sind Kinder und Jugendliche bei sämtlichen Leistungen der Kinder- und Jugendhilfe des Abschnitts einzubeziehen, §§ 8, 17 Abs. 2, 18 Abs. 3 und 4. Hilfen für Kinder und Jugendliche, die unmittelbar von fehlgehender oder gar nicht stattfindender familiärer Erziehung betroffen sind – wie etwa bei Kindesmisshandlung oder Kindesvernachlässigung – werden nicht ausdrücklich benannt. Im Sinne eines offensiven neuartigen und auf die Stärkung familiärer Systeme abstellenden Erziehungskonzepts wäre eine Einbeziehung entsprechender Hilfen (Kinderschutzzentren) sinnvoll gewesen.

II. Leistungen des 2. Abschnittes des 2. Kap. als Pflichtleistungen der Kinder- und Jugendhilfe

Die Leistungen dieses Abschnittes sind für öffentliche Kinder- und Jugendhilfe **gesetzliche Pflichtaufgaben** wie bei allen Leistungen und anderen Aufgaben nach dem SGB VIII. Für die öffentliche Jugendhilfe besteht dabei kein Ermessensspielraum. Sie ist verpflichtet, entsprechende Leistungen bedarfsdeckend zu planen (§§ 79, 80), vorzuhalten und sie im konkreten Bedarfsfall den Adressaten anzubieten. Für die Adressaten normiert § 16 zwar keinen Rechtsanspruch iS eines ihnen zustehenden subjektiven öffentlichen Rechts. Jedoch bedeutet der Verpflichtungsgrad „sollen", dass die Träger der öffentlichen Kinder- und Jugendhilfe diese Leistungen grds bereitstellen müssen (vgl VorKap. 2 Rn 8; Anhang Verfahren Rn 86). Die Adressaten haben einen Anspruch auf gleichen Zugang. Sie dürfen vom Zugang nicht aus unsachlichen Gründen ausgeschlossen werden (ebenso Wiesner/Struck § 16 Rn 8). Wenn den öffentlichen Trägern auch hinsichtlich der Bereitstellung der Leistungen („wie") ein weiter Gestaltungsspielraum zusteht, so berechtigt er nicht zu einer generellen Untätigkeit. Dies würde der präventiven Zielsetzung der Norm widersprechen. Denn auch „Soll-Leistungen" sind Regelleistungen, die vom Träger der öffentlichen Kinder- und Jugendhilfe nur in besonderen, begründeten, konkreten Einzelfällen versagt werden dürfen, wobei Finanzmangel kein Rechtfertigungsgrund ist (vgl Trenczek u. a. 2008, 113 ff).

III. Beratung und Unterstützung als erlaubte Rechtsdienstleistung

Im Rahmen der Beratung und Unterstützung zur Förderung der Erziehung in der Familie, vor allem 8 im Kontext der Leistungen nach §§ 17, 18, die zT einklagbare Rechtsansprüche normieren, ist **rechtliche Beratung** so notwendig wie unverzichtbar. Die dabei von Träger der öffentlichen wie der freien Kinder- und Jugendhilfe den Adressaten zu leistende Rechtsberatung ist erlaubte (außergerichtliche) Rechtsdienstleistung gemäß § 2 Abs. 1, § 8 Abs. 1 Nr. 2 und 5 RDG. Das bis zum 30. Juni 2008 geltende RBerG, das sehr restriktiv regelte, ob und in welchem Umfang in der Jugendhilfe Rechtsberatung erlaubt sei, wurde ab 1. Juli 2008 durch das Gesetz zur Neuregelung des Rechtsberatungsrechts vom 12. Dezember 2007 (BGBl I Nr. 63, 2840) abgelöst. Dessen Artikel 1 regelt nunmehr mit dem „Gesetz über außergerichtliche Rechtsdienstleistungen (RDG)" die Voraussetzungen für die Befugnis, außergerichtliche Rechtsdienstleistungen zu erbringen.

Nach der Definition des § 2 Abs. 1 RDG ist **Rechtsdienstleistung** „jede Tätigkeit in konkreten fremden 9 Angelegenheiten, sobald sie eine rechtliche Prüfung des Einzelfalles erfordert". Die selbständige Erbringung außergerichtlicher Rechtsdienstleistungen, also auch jede konkrete rechtliche Beratung im Einzelfall in der Jugendhilfe, ist gemäß § 3 RDG (nur) in dem Umfang zulässig. § 8 Abs. 1 Nr. 2 und 5 RDG „erlaubt" Rechtsdienstleistungen, die

■ „Behörden und juristische Personen des öffentlichen Rechts einschließlich der von ihnen zur Erfüllung öffentlicher Aufgaben gebildeter Unternehmen und Zusammenschlüsse"

■ „Verbände der freien Wohlfahrtspflege im Sinn § 5 SGB XII, anerkannte Träger der freien Jugendhilfe im Sinn § 75 SGB VIII …"

im Rahmen ihres Aufgaben- und Zuständigkeitsbereichs erbringen. Nach § 14 SGB I sind die zuständigen Leistungsträger nicht nur berechtigt, sondern auch verpflichtet, Adressaten von Leistungen über ihre Rechte und Pflichten nach dem SGB zu beraten (vgl BGH NJW 1957, 1873). Entsprechende Beratung durch die Kinder- und Jugendhilfe schließt daher auch Beratung über die jeweiligen, konkreten rechtlichen Möglichkeiten elterlicher Gestaltungsfähigkeit und ihrer Konsequenzen im Einzelfall mit ein. Insoweit sind die Leistungsträger auch „zuständig" zur erlaubten Rechtsdienstleistung gemäß § 8 Abs. 1 Nr. 2 RDG. Nicht erfasst sind nach wie vor Maßnahmen der Vertretung oder die gerichtlichen Durchsetzung von Ansprüchen.

10　Für die Kinder- und Jugendhilfe weiter bedeutsam ist, dass nach § 8 Abs. 1 Nr. 5 RDG auch **anerkannten freien Trägern der Jugendhilfe gemäß** § 75 Rechtsdienstleistungen im Sinne des § 2 Abs. 1 RDG erlaubt sind, soweit sie innerhalb des jeweiligen Aufgaben- und Zuständigkeitsbereichs erbracht werden. Damit entfallen endgültig die unter dem früheren Rechtsberatungsgesetz thematisierten Zweifel über die Zuständigkeit und Pflicht der Kinder- und Jugendhilfe auch zur rechtlichen Beratung.

Denn soweit anerkannte Träger der freien Jugendhilfe Aufgaben nach dem SGB VIII wahrnehmen, haben sie demzufolge dieselben Rechte und Pflichten zur rechtlichen Beratung der Leistungsadressaten wie die Träger der öffentlichen Kinder- und Jugendhilfe. In beiden Fällen geht es um die Wahrnehmung einer Aufgabe, für die ein öffentlicher Träger iSd § 8 Abs. 1 Nr. 2 RDG zuständig und zur Rechtsberatung berechtigt ist.

11　Mit dieser Regelung hat der Gesetzgeber klargestellt, dass den anerkannten Trägern der freien Jugendhilfe das gesamte Rechtsberatungsspektrum wie den Trägern der öffentlichen Kinder- und Jugendhilfe zusteht, insb. auch die rechtliche Beratung im Einzelfall zur Berechnung und Geltendmachung von Unterhalts- oder Unterhaltsersatzansprüchen und zu Rechtsfragen der elterlichen Sorge und des Umgangs gemäß §§ 17, 18. Insoweit kommt es zB für Stellen der Caritas und des DW nicht darauf an, ob sie das Privileg der Rechtsdienstleistung als Gliederungen der Religionsgesellschaften haben, die als Körperschaften des öffentlichen Rechts gemäß Art. 137 WRV unmittelbar zur Rechtsdienstleistung im Rahmen ihrer Zuständigkeit berechtigt sind. Ihnen steht es jedenfalls als anerkannte Träger der freien Jugendhilfe zu.

12　Nicht eindeutig geregelt ist die Rechtsposition von Trägern der freien Jugendhilfe, die nicht anerkannte Träger der freien Jugendhilfe sind. Hier muss jedoch gelten, dass auch ihnen die Rechte der öffentlich-rechtlichen Körperschaft zustehen, deren Aufgabe sie rechtmäßig wahrnehmen (arg. §§ 3, 4, 5, 61 Abs. 4; ähnlich LG Stuttgart info also 2001), soweit ihre Beratungstätigkeit nicht bereits gemäß § 5 Abs. 1 RDG als erlaubt anzusehen ist. Gemäß § 5 Abs. 1 RDG sind Rechtsdienstleistungen „im Zusammenhang mit einer anderen Tätigkeit erlaubt, wenn sie als Nebenleistung zum Berufs- oder Tätigkeitsbild gehören". Dies dürfte für die Tätigkeit von Trägern der freien Jugendhilfe anzunehmen sein, die Aufgaben im Rahmen des SGB VIII wahrnehmen.

13　Das Angebot der familienbezogenen Leistungen richtet sich mit Ausnahme des § 16 auf mögliche Krisen und bereits eingetretene Notstände (insb. Leistungen gemäß §§ 17 bis 21). Damit bleibt das Gesetz allerdings weiter hinter den Erkenntnissen und Forderungen des 8. Jugendberichts (BMJFFG 1990, 85) zurück, zur Verstärkung des Präventionsgedankens allgemeine sozial- und kommunalpolitische Aktivitäten zur Gestaltung von Lebensverhältnissen für Familien zu entfalten. Diese Forderungen werden durch den 7. Familienbericht noch einmal verstärkt, eine Vielfalt von Unterstützungsarrangements ermöglichen, um abgestimmt auf die Besonderheiten der einzelnen Familien jeweils optimale Lebensbedingungen für alle zu schaffen (BMFSJ 2006, 245 ff). Wirksame Hilfeangebote können dabei multifunktionale Nachbarschafts- oder Stadtteilzentren sein, die den Aufbau von Selbsthilfenetzen verfolgen und Familiengruppen-, Stadtteil- und Gemeinwesenarbeit fördern.

Weiterführende Literaturhinweise:

Engstler 2003; *Naake* NDV 2008, 450.

§ 16 Allgemeine Förderung der Erziehung in der Familie

(1) [1]Müttern, Vätern, anderen Erziehungsberechtigten und jungen Menschen sollen Leistungen der allgemeinen Förderung der Erziehung in der Familie angeboten werden. [2]Sie sollen dazu beitragen, dass Mütter, Väter und andere Erziehungsberechtigte ihre Erziehungsverantwortung besser wahrnehmen können. [3]Sie sollen auch Wege aufzeigen, wie Konfliktsituationen in der Familie gewaltfrei gelöst werden können.

(2) Leistungen zur Förderung der Erziehung in der Familie sind insbesondere

1. Angebote der Familienbildung, die auf Bedürfnisse und Interessen sowie auf Erfahrungen von Familien in unterschiedlichen Lebenslagen und Erziehungssituationen eingehen, die Familie zur Mitarbeit in Erziehungseinrichtungen und in Formen der Selbst- und Nachbarschaftshilfe besser befähigen sowie junge Menschen auf Ehe, Partnerschaft und das Zusammenleben mit Kindern vorbereiten,
2. Angebote der Beratung in allgemeinen Fragen der Erziehung und Entwicklung junger Menschen,
3. Angebote der Familienfreizeit und der Familienerholung, insbesondere in belastenden Familiensituationen, die bei Bedarf die erzieherische Betreuung der Kinder einschließen.

(3) Das Nähere über Inhalt und Umfang der Aufgaben regelt das Landesrecht.

(4) Ab 2013 soll für diejenigen Eltern, die ihre Kinder von ein bis drei Jahren nicht in Einrichtungen betreuen lassen wollen oder können, eine monatliche Zahlung (zum Beispiel Betreuungsgeld) eingeführt werden.

I. Pflicht zur allgemeinen Förderung der Erziehung in der Familie – Abs. 1 Satz 1

Die Familie steht gemäß **Art. 6 Abs. 1 GG** „unter dem besonderen Schutz der staatlichen Ordnung". 1 Konsequent zentriert § 16 Abs. 1 Satz 1 die Leistungsangebote der Kinder- und Jugendhilfe auf die „allgemeine Förderung der Erziehung in der Familie". Ziel ist die Vermittlung erzieherischer Kompetenz sowie die Stärkung der Erziehungs- und Selbsthilfekraft durch Bildungs-, Beratungs- und Erholungsangebote für Eltern und Kinder. Zentrales Angebot ist die „allgemeine Förderung der Erziehung in der Familie". Leistungsberechtigte sind junge Menschen (§ 7 Abs. 1 Nr. 4), Mütter und Väter und, um der sozialen Wirklichkeit bei der Erziehung junger Menschen Rechnung zu tragen, andere Erziehungsberechtigte (§ 7 Abs. 1 Nr. 6). Mithin rechnen dazu auch Stiefmütter, Stiefväter, Pflegeeltern sowie nichteheliche Lebenspartner. Seit dem am 1.8.2001 in Kraft getretenen Gesetz über die eingetragene Lebenspartnerschaft vom 16.2.2001 (BGBl. I, 287) sind auch Partner aus gleichgeschlechtlichen eingetragenen Lebenspartnerschaften, soweit in dieser Partnerschaft Kinder leben, zu dem Adressatenkreis zu zählen. Eine Eingrenzung der Leistungen auf Erziehungspersonen in sog. klassischen familialen Lebensformen ist daher nicht möglich.

Abs. 1 Satz 1 nimmt die abnehmende Erziehungskraft der Familie auf, ausgelöst durch gesellschaftliche 2 Wandlungsprozesse und immer komplexer werdende Erziehungssituationen (Vor§ 16 Rn 3). Mit Leistungsangeboten zur „allgemeinen Förderung der Erziehung in der Familie" öffnet der Gesetzgeber über die in Abs. 2 konkretisierten Angeboten hinaus **Spielraum für ergänzende Angebote** zur Ausgestaltung der Vorgaben gemäß § 1 Abs. 3 Nr. 2 und 4. Hierzu gehören neben individuellen Hilfen auch gemeinwesen- bzw sozialraumorientierte Ansätze. Als Teil allgemeiner Förderung enthält die Förderung der Erziehung in der Familie Elemente der Erwachsenenbildung, der Erziehungs- und Jugendberatung, der Jugendarbeit und der Arbeit mit Kindern ebenso wie Elemente der Familiengruppenarbeit und der Familienselbsthilfe. In den letzten Jahren entwickelten sich neue Programme der Familienbildung und -beratung vor allem für Familien mit Migrationshintergrund, insb. Home Instruction for Parents of Preschool Youngsters – HIPPY, ein Hausbesuchsprogramm für sozial benachteiligte Familien mit Kindern im Vorschulalter, Schritt für Schritt, OPSTABJE, ein familienorientiertes Spiel- und Lernprogramm für Familien mit Kleinkindern ab 18 Monaten und Parents as Teachers, PAT, mit dem Familien von der Schwangerschaft bis zum dritten Lebensjahr des Kindes begleitet werden. (AWOMagazin 2008, 18 f). Eine einheitliche Finanzierung dafür gibt es bislang noch nicht.

3   Der Verpflichtungsgrad „sollen" weist darauf hin, dass die Träger öffentlicher Kinder- und Jugendhilfe diese Leistungen grds. erbringen müssen, sie also Pflichtaufgabe ist, ohne dass für die Leistungsadressaten dadurch ein subjektiver Rechtsanspruch normiert ist. Die Leistungsadressaten haben ein Teilhaberecht auf gleichen Zugang. Angesichts der Bedeutung von Bildung und Erziehung für Kinder und Jugendliche, insb. in schwierigen Familienverhältnissen, haben die Träger öffentlicher Kinder- und Jugendhilfe bei der Jugendhilfeplanung (§§ 79, 80) dafür Sorge zu tragen, dass „die zur Befriedigung des Bedarfs", auch von „unvorhergesehenem Bedarf" (§ 80 Abs. 1 Nr. 3) notwendigen Angebote plural, rechtzeitig und ausreichend zur Verfügung stehen (ähnlich Wiesner/Struck § 16 Rn 8; Kunkel/Kunkel § 16 Rn 2).

II. Ziel der Förderung – Stärkung der familialen Erziehungskräfte – Abs. 1 Satz 2 und 3

4   **Abs. 1 Satz 2** zielt darauf ab, die genannten Adressaten darin zu stärken, dass sie ihre Erziehungsverantwortung „besser wahrnehmen können". Damit sind Leistungen anzubieten, die sowohl zum Erziehungsverhalten informieren und im Sinne einer Beratung auch spezifische Hilfe und Unterstützung enthalten als den strukturellen Rahmen des Erziehungshandelns verbessern helfen. Mit den Leistungen der Familienförderung soll insb. den veränderten familiären Aufgaben und den gestiegenen inner- und außerfamilialen Aufgaben und Anforderungen an Familien Rechnung getragen werden. Im Kern sind Angebote angesprochen zur

- Entlastung der Erziehungsberechtigten von sie belastenden sozialen und ökonomischen Rahmenbedingungen,
- Vermittlung von Einsichten und Einüben neuer Verhaltensweisen,
- Aktivierung von Selbsthilfekräften.

Hierzu gehören eine Vielzahl von ganz unterschiedlicher Einzelaktivitäten, die sich insb. auch auf Information und Aufklärung zu aktuellen gesellschaftlichen Fragen beziehen. Zur Voraussetzung der Wahrnehmung von Erziehungsverantwortung gehört auch die Verwirklichung des Auftrages von § 80 Abs. 2 Nr. 4, dass Familien die Aufgaben von Erziehung mit ihren Notwendigkeiten zur Erwerbstätigkeit besser vereinbaren können, konkret, eine wirksame „Balance zwischen Erwerbsarbeit und Fürsorge" herstellen zu helfen (BMFSFJ 2006, 245).

5   **Abs. 1 Satz 3 ist** mit dem Gesetz zur Ächtung der Gewalt in der Erziehung und zur Änderung des Kindesunterhaltsrechts vom 2. November 2000 (BGBl. I, 1479) neu aufgenommen worden. Gemäß des dabei ergänzten § 1631 Abs. 2 BGB haben Kinder ein Recht auf gewaltfreie Erziehung. Angebote zur Förderung der Erziehung sollen Eltern demzufolge auch befähigen, **familiäre Konfliktsituationen gewaltfrei** zu lösen. Die damit verbundenen Aufgaben sind für die Träger dieses Handlungsfeldes nicht neu. Die Auseinandersetzung mit Lösungsstrategien zur Vermeidung bzw Bewältigung von Familienkonflikten waren immer auch auf den Abbau gewaltförmigen Verhaltens ausgerichtet. Mit der expliziten Nennung dieses Ziels in § 1631 Abs. 2 BGB besteht die Chance, dass Gewaltfreiheit in der Erziehung bzw. in Familien noch intensiver befolgt werden kann. Insb. geht es dabei ebenso um die Sicherung des Kindeswohls bei gewaltförmigen Auseinandersetzungen zwischen den Eltern. Satz 3 ist damit auch als jugendhilferechtliche Ergänzung der Ziele des „Gesetzes zur Verbesserung des zivilgesetzlichen Schutzes bei Gewalt und Nachstellungen sowie zur Erleichterung der Überlassung der Ehewohnung bei Trennung" (Gewaltschutzgesetz – GewSchG; vgl Rupp 2005) zu sehen, präventiv Einfluss auf Familien zur gewaltfreien Bewältigung familiärer Konflikte zu nehmen (zu den Aufgaben des JAs s. Anhang § 50 Rn 74). Dies bedingt offensiv gestaltete und niederschwellig orientierte Angebote der Familienbildung und -beratung, um Familien frühzeitig die notwendige Hilfe und Unterstützung zu gewähren. Sie sind vom örtlichen Träger der öffentlichen Kinder- und Jugendhilfe iRd Jugendhilfeplanung vorzusehen.

III. Die klassischen Angebote – Abs. 2

6   **Abs. 2** benennt beispielhaft und auch nicht abschließend, sondern aktuell ergänzbar („insb.") wesentliche Angebote zur **Förderung von Familienarbeit**, wie sie sich in der Praxis der Kinder- und Jugendhilfe herausgebildet haben. Die aufgezählten Angebote Familienbildung, Familienberatung und Familienfreizeit bzw Familienerholung skizzieren die „klassischen" Angebote der Kinder- und Jugendhilfe. In der Praxis sind hierzu in den letzten Jahren zahlreiche weitere Angebotsformen entstanden, die wichtige

Anlaufstellen für Fragen der Erziehung geworden sind, so zB Mütterzentren, Gesprächskreise etc. Sie sind häufig stadtteil- bzw wohnbereichsbezogen angesiedelt.

Abs. 2 Nr. 1 beschreibt iS eines Förderungsrahmens maßgebliche Begriffsinhalte von **Familienbildung**. Der Gesetzgeber hat den Begriff Familienbildung gewählt, um zu verdeutlichen, dass die Leistungsangebote für alle Familienmitglieder gelten, nicht allein für Eltern. Familienbildung kann institutionell erfolgen (zB in Bildungseinrichtungen), funktional (in Einrichtungen zur Kinderbetreuung und in Schulen), medial (zB Elternbriefe, Funk und TV) oder informell (zB durch Erfahrungsaustausch, in Selbsthilfe- und Nachbarschaftsgruppen). Das Ziel der Familienbildung, die unterschiedlichen Lebenslagen und Erziehungssituationen von Familien und ihren Mitgliedern aufzugreifen und die Interessen und Bedürfnisse zum Gegenstand der Bildungsarbeit zu machen, deutet auf ein offenes Verständnis von Familienbildung hin. Familienbildung ist demnach mehr als nur Vortragsveranstaltungen und die Weitergabe von Informationen. Sie muss an den direkten Bedürfnissen und Fragen der Betroffenen ansetzen und sich bemühen, gerade die Zielgruppe der Väter, benachteiligte Familien und Familien aus anderen Kultur- und Sprachkreisen zu erreichen. Insoweit erfassen Leistungen nach Nr. 1 im Rahmen der allgemeinen Förderung der Erziehung in der Familie sowohl die Erweiterung der Handlungskompetenzen von Erziehungsberechtigten für ihr Zusammenleben mit Kindern als auch ihre Vorbereitung darauf. Maßnahmen der Gesundheitsbildung einschließlich Geburtsvor- und Geburtsnachbereitung (Stichwort Familienhebammen; vgl dazu einerseits Wagner FamRZ 2008, 457; andererseits Meysen/Schönecker FamRZ 2008, 1498) oder Hilfen für schwangere Frauen in prekären Lebenssituationen zählen zum Leistungsangebot der Gesundheitshilfe der insoweit zuständigen Stellen, Gesundheitsämter, Krankenkassen (vgl DIJuF-Rechtsgutachten JAmt 2008, 25 u. 248). Sie sind nicht aus § 16 Abs. 2 ableitbar. Ob Leistungsangebote in die Palette des § 16 aufgenommen und ggf. gemäß §§ 74, 77 entsprechend gefördert werden, obliegt dem JA im Rahmen seiner JH-Planung gemäß § 80 (Meysen/Schönecker/Kindler 2009, 11 u. 121).

7

Abs. 2 Nr. 2 benennt mit **Familienberatung** funktionale Erziehungs- und Lebensberatung als allgemeines Angebot präventiv orientierter Erziehungsberatung neben den Leistungen der Erziehungsberatung nach § 28. Damit soll deutlich werden, dass Erziehungsberatung eine wichtige Funktion hat im präventiven Bereich und sie nicht allein im Rahmen von HzE Bedeutung hat. Sie ist iRv § 16 grds. nicht einzelfallorientiert, sondern auf allgemeine Fragen bezogen. Wenn sich auch aus dieser Vorschrift zunächst nur die Beratung in Fragen der Erziehung und Entwicklung junger Menschen ableiten lässt, so zeigt die Praxis, dass die Beratung sich auch weit darüber hinaus auf die gesamte Bandbreite familialer Bedürfnisse und Problemlagen beziehen kann, so zB um Fragen der zwischenmenschlichen Beziehungen, um die Entwicklung von Lebensentwürfen und um Hilfe in konkreten Konfliktsituationen. Eine scharfe Trennung zwischen den verschiedenen Beratungsansätzen wird bewusst nicht vollzogen, da es bei dieser Beratungsform zahlreiche Schnittstellen zwischen den Bedürfnissen und Problemen der Erziehungsberechtigten und denen der Kinder gibt.

8

Das **Gesetz verzichtet auf die Nennung bestimmter Beratungsangebote**. Die Träger sind deshalb in ihrer Entscheidung über Beratungskonzepte und Methoden frei. Dies eröffnet die Chance die idR vorhandene klassische institutionelle Form der Beratung durch neue Ansätze der aufsuchenden Beratung zu ergänzen. In der Praxis findet die Beratung auch in neuen Formen zB Begegnungszentren, Mütterzentren, stadtteilbezogene Angebote, kombinierte Treffs mit Tageseinrichtungen etc. statt. Die zunehmende Orientierung der Kinder- und Jugendhilfe auf den Sozialraum eröffnet zudem die Möglichkeit direkter Verbindungen zwischen Regelangeboten zB Kinderbetreuung, Kinder- und Jugendschutz, Schuldnerberatung und der Beratung nach dieser Vorschrift.

9

Abs. 2 Nr. 3 enthält die Rechtsgrundlage für Leistungsangebote der **Familienfreizeit und Familienerholung** für alle Familienmitglieder. Urlaub und Ferienzeiten können durch gemeinsame Erlebnisse und Erfahrungen den Zusammenhalt in der Familie fördern und stärken. Geeignet sind sowohl Angebote, die über einen längeren Zeitraum gehen (zwei bis drei Wochen) – Familienerholung – wie auch kurzzeitige, eintägige oder auf ein Wochenende bezogene Erholungsmaßnahmen. Eine Kombination mit Angeboten der Familienbildung ist möglich. Die Einbeziehung der erzieherischen Betreuung soll sicherstellen, dass für die betroffenen Eltern auch eine Entlastung real eintreten kann.

10

Die Angebote wenden sich „insb." an Mütter und Väter mit Kindern oder Jugendlichen in „**belastenden Familiensituationen**". Gemeint sind damit vor allem solche Maßnahmen, die geeignet sind, Familien in schwierigen Lebenssituationen zu unterstützen und zu entlasten. Der Begriff „belastende Familiensituationen" muss jeweils im Einzelfall definiert werden. Denkbar sind ganz persönliche Konstellatio-

11

nen (zB Trennung oder Scheidung, alleinerziehend), schwierige materielle Lage, Leben in einem belastenden sozialen Umfeld, zB Obdachlosigkeit u.a.m.

IV. Abs. 3 – Landesrechtsvorbehalt

12 **Abs. 3** stellt klar, dass die nähere Konkretisierung von Angeboten gemäß § 16 Abs. 1 und 2 spezieller **Landesregelungen** bedarf. Der Landesrechtsvorbehalt eröffnet den Ländern eine Regelungsbefugnis, verpflichtet den Landesgesetzgeber jedoch nicht dazu. Der Gesetzgeber will damit den unterschiedlichen Finanzierungsmöglichkeiten der einzelnen JÄ sowie ihrer organisatorischen und personellen Selbständigkeit Rechnung tragen. Landesregelungen konzentrieren sich insb. auf die Förderung der organisatorischen und personellen Ausstattung von zB Familienbildungs- bzw Erholungsstätten. Entsprechende Regelungen dazu finden sich in Ausführungsgesetzen in Berlin, Bremen, Hessen, Rheinland-Pfalz und Schleswig-Holstein.

V. Abs. 4 – Betreuungsgeld

13 Abs. 4 in der Fassung des Art. Nr. 2 KiföG flankiert sozusagen den ab 1.8.2013 in Kraft tretenden § 24 (Art. 1 Nr. 7 KiföG), der einen entsprechenden Rechtsanspruch auf einen „Krippenplatz" ab diesem Datum auch für Kinder vorsieht, die das erste Lebensjahr noch nicht vollendet haben. Mit dem Kinderförderungsgesetz fand die politische Auseinandersetzung ein (vorläufiges?) Ende, ob und wie auch der Anspruch von Kindern, die das erste Lebensjahr noch nicht vollendet haben, auf einen Platz in einer Tageseinrichtung oder in Kindertagespflege zu gestalten sei. Der politische Streit ging darum, ob Eltern, die ihre Kinder nicht in einer Tageseinrichtung oder in Kindertagespflege bringen, für ihre häusliche Erziehung ein Betreuungsgeld erhalten sollen. Während die einen (SPD) das Betreuungsgeld als „bildungspolitisch hochproblematisch" qualifizierten, fanden die anderen (CSU) das Betreuungsgeld wegen der verfassungsrechtlich geschützten elterlichen Erziehungsverantwortung gemäß Art. 6 Abs. 2 Satz 1 GG unverzichtbar und gleichrangig mit dem geplanten Ausbau der Kindertagesbetreuung auf ca. 750.000 Betreuungsplätze bis 2013.

VI. Zuständigkeit, Kosten

14 Sachlich zuständig für die Bereitstellung der Angebote bzw ihre Sicherstellung sind nach § 85 Abs. 1 die öffentlichen Träger. Diese fördern idR die Angebote und Einrichtungen in freier Trägerschaft bzw sind selbst Träger oder Anbieter. Soweit die Länder von dem Landesrechtsvorbehalt Gebrauch gemacht haben, sind dort Finanzierung und Schwerpunkte, zB zur Familienbildung, näher geregelt. Eine Beteiligung an den Kosten im Sinne des § 90 Abs. 1 Satz 1 Nr. 2 kommt für alle Angebote außer der Familienberatung in Betracht. Letztere bleiben kostenfrei. Ermäßigungen oder Erlass sind jedoch gemäß § 90 Abs. 2 auch bei den anderen Leistungen möglich.

Weiterführende Literaturhinweise:

Rupp 2005; *Wiss. Beirat für Familienfragen beim BMFSFJ* München 2005.

§ 17 Beratung in Fragen der Partnerschaft, Trennung und Scheidung

(1) [1]Mütter und Väter haben im Rahmen der Jugendhilfe Anspruch auf Beratung in Fragen der Partnerschaft, wenn sie für ein Kind oder einen Jugendlichen zu sorgen haben oder tatsächlich sorgen. [2]Die Beratung soll helfen,

1. ein partnerschaftliches Zusammenleben in der Familie aufzubauen,
2. Konflikte und Krisen in der Familie zu bewältigen,
3. im Fall der Trennung oder Scheidung die Bedingungen für eine dem Wohl des Kindes oder des Jugendlichen förderliche Wahrnehmung der Elternverantwortung zu schaffen.

(2) Im Fall der Trennung oder Scheidung sind Eltern unter angemessener Beteiligung des betroffenen Kindes oder Jugendlichen bei der Entwicklung eines einvernehmlichen Konzepts für die Wahrnehmung der elterlichen Sorge zu unterstützen; dieses Konzept kann auch als Grundlage für die richterliche Entscheidung über die elterliche Sorge nach der Trennung oder Scheidung dienen.

(3) Die Gerichte teilen die Rechtshängigkeit von Scheidungssachen, wenn gemeinschaftliche minderjährige Kinder vorhanden sind (§ 622 Abs. 2 Satz 1 der Zivilprozessordnung), sowie Namen und Anschriften der Parteien dem Jugendamt mit, damit dieses die Eltern über das Leistungsangebot der Jugendhilfe nach Absatz 2 unterrichtet.

I. Zielsetzung der Norm

Wie gut Eltern ihre Pflicht zur Pflege und Erziehung ihrer Kinder gemäß Art. 6 Abs. 2 Satz 1 GG erfüllen (können), hängt entscheidend von der Qualität ihrer Beziehung zwischen ihnen selbst ab und davon, wie sie ihre Beziehung mit ihren Kindern gestalten (können). Die zufriedenstellende **Kommunikation der Eltern untereinander,** ihre Fähigkeit zur **eigenverantwortlichen Regelung von Konflikten** zwischen ihnen bzw zwischen ihnen und ihren Kindern und ihre Fähigkeit zur nachhaltigen Gestaltung tragfähiger Eltern/Eltern- und Eltern/Kind-Beziehungen haben sich für den Verlauf von Entwicklungsprozessen im Klein- und Schulkindalter wie auch für die Bewältigung des Übergangs ins Jugendalter als maßgebliche Größen erwiesen (Wallerstein/Blakeslee 1989, 39 ff; Wallerstein/Lewis/Blakeslee 2002, 17 ff). Im Fall von Trennung und Scheidung kann ein Abbruch der Beziehung zwischen den Eltern und das Unterbrechen der bis dahin doppelten Beziehung des Kindes/Jugendlichen zu beiden Elternteilen zu einer erheblichen emotionalen Überforderung der Kinder/Jugendlichen und damit zu einer Störung seiner Erziehung und Entwicklung führen (Figdor 2004, 25 ff). 1

Familiären Konfliktsituationen liegen häufig **nicht bewältigte Kränkungen und Enttäuschungen,** nicht eingestandene Gefühle der Angst oder die Unfähigkeit bzw Unwilligkeit zur Kooperation und Kommunikation zugrunde (vgl Wendl-Kempmann/Wendl 1986, 42 f). Eine individuelle, persönliche Krise führt dann sehr schnell in ihrer mangelhaften Bewältigung zu einer Krise der gesamten Lebensumstände der betroffenen Person und bezieht ihre Familie in die Krisensituation mit ein (BMJFFG 1990, 41; Kaufmann 1991, 18 ff). Die ungenügende Bewältigung elterlicher Partnerschaftsprobleme und familiärer Krisen führt zu einer krisenhaften Situation für das gesamte Familiensystem. Trennung und Scheidung erscheinen dann oft als der einzige Ausweg. Leidtragende dieser Situation sind nicht nur die betroffenen (Ehe-) Partner/Eltern selbst, sondern vor allem ihre Kinder (vgl Nave-Herz 1995, 102 ff). Kinder und Jugendliche erleiden in aller Regel dabei die nachhaltigsten Schädigungen (8. Jugendbericht, BT-Drucks. 11/6576, 41). So stellen Kinder aus Trennungs- und Scheidungssituationen die große Mehrzahl an allen neu beginnenden Fremdunterbringungen (vgl Menne ZfJ 2005, 290). Schon die elterliche Trennung bzw die einer Scheidung typischerweise vorausgehenden und ihr nachfolgenden Konfliktsituationen führen zu Verhaltensauffälligkeiten von Kindern (Menne ZfJ 2005, 353; ähnlich 2

10. Jugendbericht BT-Drucks. 13/11368). Trennung und Scheidung sind offenbar „Leitfaktoren" (Indikatoren) für die Notwendigkeit erzieherischer Hilfen für Kinder.

3   Zentrales Anliegen der Beratungshilfen gemäß § 17 ist daher, die Handlungskompetenz von Eltern, ihre zufriedenstellende **Kommunikation und Kooperation** miteinander und mit ihren Kindern wie ihre Fähigkeit zur einvernehmlichen und selbständigen Konfliktregelung zu sichern und zu fördern. Die zufrieden stellende Bewältigung von Krisen und Konflikten eines Familiensystems kann als Modell dienen, von denen Kinder möglicherweise mehr fürs Leben lernen können als durch Trennungen. § 17 nennt **drei inhaltliche Schwerpunkte der Beratung**, die in ihrer inhaltlichen Struktur Grundzüge eines familialen Beziehungszyklus aufweisen:

- Erhaltung bzw Aufbau eines partnerschaftlichen Zusammenlebens innerhalb der Familie (Nr. 1),
- Konflikt- und Krisenbewältigung innerhalb der Familie (Nr. 2),
- Trennungs- und Scheidungsberatung zur Schaffung der Bedingungen für eine förderliche Wahrnehmung der Elternverantwortung (Nr. 3).

4   Die Hilfen nach § 17 sind somit in ihrer Zielsetzung gleichermaßen **präventive Hilfen zur Selbsthilfe der Eltern** (Nr. 1), um Krisensituationen vorzubeugen, **Krisenhilfe** zur aktuellen Bewältigung von Konflikten und Krisen in der Familie und zur **Entlastung der Kinder** (Nr. 2) sowie **begleitende wie nachsorgende Hilfe** zur gefährdungsfreien Wahrnehmung gemeinsamer elterlicher Verantwortung nach erfolgter Trennung und Scheidung (Nr. 3). § 17 bezieht damit das Verfassungsrecht von Kindern auf Achtung ihrer Würde und ihres Rechts auf (störungs- bzw gefährdungs-)freie Entfaltung ihrer Persönlichkeit (**Art. 1, 2 GG**) in ihrer Familie und mit ihren beiden Eltern (**Art. 6 Abs. 2 GG**), das auch im internationalen Recht gewährleistet ist (**Art. 3, 4, 9, 18 UN-KRK**), ausdrücklich in das Recht der Kinder- und Jugendhilfe mit ein.

II. Beratungsinhalte

5   Die Beratungsinhalte gemäß § 17 stehen im Kontext der **Neuordnung des Rechts der elterlichen Sorge** gemäß §§ 1626, 1626 a bis 1626 e, 1671, 1672 BGB und des **Rechts auf Umgang** gemäß §§ 1684 bis 1686 BGB nach dem Kindschaftsrechtsreformgesetz. Eines der zentralen Ziele der Kindschaftsrechtsreform war die Stärkung der **Elternautonomie** gerade auch bei Trennung und Scheidung, flankiert durch Beratungshilfen, bei gleichzeitigem Abbau staatlicher (gerichtlicher und jugendhilferechtlicher) Intervention in die Entscheidungskompetenz von Eltern sowie eine Förderung der Akzeptanz der gemeinsamen elterlichen Sorge (BT-Drucks.13/8511, 81). Damit verlagert sich der Schwerpunkt jugendhilferechtlicher Aktivitäten insbesondere bei der Ausgestaltung des Rechts der elterlichen Sorge nach Trennung und Scheidung weg von der Mitwirkung in gerichtlichen Verfahren hin zur **Unterstützung der Eltern für ein einvernehmliches Konzept** nachehelicher Elternverantwortung (vgl Buchholz-Graf/Vergho 2000, 17 ff; Lohrentz Kind-Prax 2001, 43). Die Elternautonomie gemäß Art. 6 Abs. 2 GG ermöglicht den Eltern die eigenverantwortliche Gestaltung ihrer familiären Lebensverhältnisse und verpflichtet sie dazu. Dies gilt auch für Elternvereinbarungen in kindschaftsrechtlichen Auseinandersetzungen, insbesondere für elterliche Sorge oder Umgang. Sie können gemäß § 156 Abs. 2 FamFG auch rechtliche Verbindlichkeit erlangen (vgl Trenczek ZKJ 2009, 102).

6   Den rechtlichen Rahmen für eine entsprechende Beratung und Unterstützung von Eltern und Kindern zu einer eigenverantwortlichen Konfliktregelung normieren **§§ 17 Abs. 1 und 2, 18 Abs. 3 iVm §§ 133, 135, 155, 156, 162, 165 FamFG**. § 156 FamFG normiert eine besondere, über die allgemeine Pflicht der Gerichte, in jeder Lage des Verfahrens auf eine gütliche Beilegung des Rechtsstreits oder einzelner Streitpunkte bedacht zu sein (vgl § 278 Abs. 1 ZPO), hinausgehende Verpflichtung des Gerichts zur Förderung einvernehmlicher Streitbeilegungen. Gemäß § 156 Abs. 1 FamFG, der die Leitgedanken des § 52 FGG übernimmt, „soll das Gericht in Kindschaftssachen, die die elterliche Sorge bei Trennung und Scheidung, den Aufenthalt des Kindes, das Umgangsrecht oder die Herausgabe des Kindes betreffen, in jeder Lage des Verfahrens auf ein Einvernehmen der Beteiligten hinwirken, wenn dies dem Kindeswohl nicht widerspricht". Das Gericht weist dazu auf Möglichkeiten der Beratung insbesondere zur Entwicklung eines einvernehmlichen Konzepts für die Wahrnehmung der elterlichen Sorge und der elterlichen Verantwortung hin. Gemäß § 156 Abs. 1 Satz 3 FamFG „soll das Gericht in geeigneten Fällen auf die Möglichkeit der **Mediation** oder der sonstigen außergerichtlichen Streitbeilegung hinweisen". Im Scheidungsverfahren mit anhängigen Folgesachen (zB elterliche Sorge oder Umgang) **kann** das Gericht gemäß § 135 Abs. 1 FamFG anordnen, dass die Ehegatten einzeln oder gemeinsam an einem kostenfreien Informationsgespräch über Mediation oder eine sonstige Möglichkeit der außer-

gerichtlichen Streitbeilegung anhängiger Folgesachen bei einer von dem Gericht benannten Person oder Stelle teilnehmen und eine Bestätigung hierüber vorlegen". Gemäß § 135 Abs. 2 FamFG **soll** das Gericht „in geeigneten Fällen den Ehegatten eine außergerichtliche Streitbeilegung anhängiger Folgesachen vorschlagen". Zwar kann das FamG nicht über das Leistungsspektrum der Kinder- und Jugendhilfe verfügen (vgl hierzu § 36 a; Vor § 50 Rn 16), Beratung und Mediation sind aber derzeit von den kommunalen JÄ grds. kostenfrei anzubieten (vgl Trenczek ZKJ 2009, 103; ders. FPR 2009, 335).

§ 165 FamFG sieht ein **gerichtliches Vermittlungsverfahren** für Umgangskonflikte vor (vgl Schael 7 FamRZ 2005, 1796; Trenczek ZKJ 2009, 102; ders. FPR 2009, 335). Die Vorschrift soll Eltern, insbesondere im Vorfeld von Zwangsmaßnahmen zur Durchsetzung einer gerichtlich beschlossenen Umgangsregelung, unterstützen, eine einverständliche Konfliktregelung auch mit Hilfe von Beratung zu erreichen (**§ 165 Abs. 3 und 4 FamFG**). § 155 FamFG normiert für Kindschaftssachen, die den Aufenthalt des Kindes, das Umgangsrecht oder die Herausgabe des Kindes betreffen, sowie Verfahren wegen Gefährdung des Kindeswohls ein ausdrückliches Vorrang- und Beschleunigungsgebot. Die Neuordnung nach dem KindRG vollzieht damit für den privatrechtlichen Bereich der elterlichen Sorge konsequent den mit dem SGB VIII im Bereich der öffentlichen Kinder- und Jugendhilfe eingeleiteten Perspektivwechsel nach (vgl Proksch FPR 1996, 229). Der Abbau des eingriffs- und ordnungsrechtlichen Instrumentariums, die stärkere **Betonung von Beratung und Unterstützung** des JA sowie die Achtung der Familienautonomie und die Selbstverantwortlichkeit von jungen Menschen und ihren Familien waren bereits zentrale Leitprinzipien der Neuordnung des Kinder- und Jugendhilferechts vom 26.6.1990 (BT-Drucks. 11/5948, 41).

III. Rechtsanspruch / Verpflichtungsgrad

Auf Grund der Bedeutung der Beratung gemäß § 17 wurde die Beratung von Müttern und Vätern in 8 Fragen der Partnerschaft, Trennung und Scheidung nach **Abs. 1 Satz 1** als individueller Rechtsanspruch hochgestuft. Dieser individuelle Rechtsanspruch auf Beratung und Unterstützung gemäß Abs. 1 Satz 1 gilt auch für die weiteren Beratungsleistungen nach Abs. 1 Satz 2 Nr. 1, 2, 3, weil diese jeweils in einem engen, inneren Zusammenhang stehen (so auch Kunkel/Kunkel, § 17 Rn 2; Wiesner/Struck § 17 Rn 7) und für die Unterstützung der Eltern „bei der Entwicklung eines einvernehmlichen Konzepts für die Wahrnehmung der elterlichen Sorge" nach **Abs. 2, 1. HS** („sind zu unterstützen") (BT-Drucks. 13/4899, 163, 173). Gleichzeitig wurde in **Abs. 2, 1. Hs** die „angemessene Beteiligung des betroffenen Kindes oder Jugendlichen" bei der Entwicklung von einvernehmlichen Sorgerechtskonzepten vorgeschrieben.

Abs. 2, 2. Hs und Abs. 3 sind die Folgeänderungen aus der Abschaffung des bisherigen Entscheidungs- 9 verbundes elterliche Sorge, dass im Scheidungsverfahren das FamG nicht mehr von Amts wegen, sondern nur noch auf elterlichen Antrag über die elterliche Sorge gleichzeitig und zusammen mit der Scheidungssache verhandelt und entscheidet (s. Anhang § 50 Rn 20). Für diesen Fall kann gemäß **Abs. 2, 2. Hs** das einvernehmliche elterliche Konzept für die Wahrnehmung der elterlichen Sorge „auch als Grundlage für die richterliche Entscheidung dienen". **Abs. 3** soll sicherstellen, dass Eltern mit minderjährigen Kindern, die ihre Scheidung beantragen, vom JA über das Beratungs- und Unterstützungsangebot der Jugendhilfe nach Abs. 2 unterrichtet werden.

Mit diesen anspruchsbehafteten Regelungen zur Beratung und Unterstützung von Eltern in Fragen 10 ihrer Partnerschaft, Trennung und Scheidung gemäß § 17 ergänzt der Gesetzgeber das Angebot zur Förderung der Erziehung in der Familie (vgl dazu auch die Leistungen gemäß §§ 16, 18, 27 ff) als **Regelaufgabe der Jugendhilfe und als Rechtsanspruch** der Eltern. Beratung und Unterstützung in Fragen der Partnerschaft, Trennung und Scheidung sind damit noch mehr als bisher **Bestandteil eines umfassenden, integrierten Regelungskonzepts**, mit dem der Staat sein Wächteramt zugunsten von Kindern und Jugendlichen bzw seine Pflicht zur Unterstützung von Eltern bei deren Erziehungsaufgabe nach **Art. 6 Abs. 2 Satz GG** beratend und unterstützend ausfüllt. Ziel ist die Verbesserung der Lebensbedingungen von Kindern insbesondere durch Hilfen für ihre Eltern (§ 1 Abs. 2, Abs. 3). Maßgeblich ist die fördernde, nicht die intervenierende Wächterrolle des Staates, vertreten durch die öffentliche Jugendhilfe (Vor § 50 Rn 15; vgl BVerfGE 24, 144; 61, 375; Coester FamRZ 1992, 617; ders. FamRZ 1996, 1181; Trenczek 2008, 165). Grundsätzlich ist es Aufgabe des Staates bzw der Kinder- und Jugendhilfe, Eltern vorrangig zu unterstützen, um sie (wieder) zu befähigen, ihrer elterlichen Verantwortung gerecht zu werden, ehe Eingriffe erfolgen (BVerfG E 24, 145; 61, 372; hierzu Rn 33 ff).

IV. Verhältnis zu anderen Beratungspflichten

11 **Leistungen gemäß § 17 stehen in engem Zusammenhang mit §§ 18, 28.** Wird die Beratung nach § 17 nicht in Anspruch genommen oder führt sie nicht zum Erfolg, so bietet § 18 Müttern, Vätern sowie Kindern, Jugendlichen und jungen Volljährigen jeweils individuelle Rechtsansprüche auf Beratung und Unterstützung. Beratung nach § 28 kann Eltern bei der Klärung und Bewältigung individueller und familienbezogener Probleme sowie bei Trennung und Scheidung unterstützen, ggf bei zeitgleicher weiterer HzE für ihr Kind.

12 **Leistungen gemäß § 17 stehen auch im engen Zusammenhang mit § 50.** Beide Vorschriften haben grundsätzlich dasselbe Ziel. Daran ändert auch ihre unterschiedliche Zuordnung einerseits zu dem Bereich der Leistungen (§ 17), andererseits zu dem Bereich der anderen Aufgaben (§ 50) nichts, ebenso wenig wie die unterschiedlichen Rollen und Aufgaben von FamG und JA in familiengerichtlichen Verfahren (s. Vor § 50 Rn 2 ff). In beiden Fällen geht es vorrangig um die möglichst einvernehmliche Regelung elterlicher Konflikte, wie auch der Regelungsgehalt der §§ 135, 136, 156, 165 FamFG zeigt. Eltern sind verpflichtet, ihre elterliche Sorge „in eigener Verantwortung und in gegenseitigem Einvernehmen zum Wohl des Kindes auszuüben. Bei Meinungsverschiedenheiten müssen sie versuchen, sich zu einigen" (§ 1627 BGB). § 156 FamFG zielt hierauf verfahrensmäßig ab. Der Gesetzgeber geht davon aus, dass eine einvernehmliche außergerichtliche Konfliktregelung durch die Eltern selbst grundsätzlich für die verantwortliche Wahrung des Kindeswohls spricht. Ist also die einvernehmliche Regelung im Elternstreit das vorrangig erwünschte Ziel im gerichtlichen Verfahren, dann muss die Mitwirkung in Richtung Unterstützung dieses Ziels gehen. Deshalb hat das JA auch im gerichtlichen Verfahren im Rahmen seiner Mitwirkung nach § 50 zunächst durch Angebote der Beratung die Eltern zur Erarbeitung einvernehmlicher und selbständiger Konzepte zu motivieren und sie dabei zu unterstützen.

13 **§ 50 Abs. 2 stellt diese Wechselbeziehung ausdrücklich klar**, denn zu den in § 50 Abs. 2 angesprochenen Leistungen zählt vor allem die Beratung nach § 17. Wird in der Beratung ein einvernehmliches Konzept für die Wahrnehmung der nachehelichen Elternschaft entwickelt, so besteht die Unterstützung des Gerichts durch das JA darin, dem Gericht das Konzept der Eltern zu unterbreiten, damit es „Grundlage für die richterliche Entscheidung" werden kann (§ 50 Rn 6 und 20; ebenso Wiesner/Struck § 17 Rn 48 ff). Der **Verfassungsgrundsatz der Verhältnismäßigkeit** verbietet daher eine mit einem Eingriff in das Elternrecht verbundene gerichtliche Entscheidung, solange ein entsprechender Beratungsprozess noch nicht abgeschlossen ist. Dies gilt gemäß § 8 a Abs. 1 und 3 und §§ 1666, 1666 a BGB auch für Fälle der Gefährdung des Kindeswohls.

14 Insoweit ist folglich nicht die Frage aktuell, **ob Eltern Hilfe und Unterstützung nach § 17 wünschen oder „nur" Mitwirkung gemäß § 50 SGB VIII.** Vielmehr geht es darum, mit welchen Mitteln das JA im Rahmen seiner Unterstützung des Gerichts das Ziel der Mitwirkung erreicht. Das passiert am besten vorrangig mit Beratungsmethoden, die auch im Rahmen der Leistungen gemäß § 17 angewandt werden. Eine Unterrichtung der Gerichte gemäß § 50 Abs. 2, ohne dass vorab ernsthaft mit den Eltern durch eine Fachkraft beraterisch mit dem Ziel einer Konsensfindung gearbeitet worden wäre (mit beraterischer, unterstützender Grundhaltung/geeigneter situationsbezogener Rechtsaufklärung, Ermutigung, Grenzsetzung), ist mit sozialpädagogischer Fachlichkeit und dem Sinn und Zweck der Mitwirkung des JA unvereinbar (§ 50 Rn 18). Denn der Vorrang der Elternautonomie gebietet es, eine gerichtliche Entscheidung erst zu treffen, wenn sich die Eltern nicht mehr einigen können. Ob das der Fall ist, lässt sich erst beurteilen, wenn die entsprechenden Beratungshilfen nicht gegriffen haben.

15 Die Beratung kann gemäß § 3 Abs. 2 Satz 1 und § 2 Abs. 2 Nr. 2 auch von **freien Trägern** erbracht werden. Zwischen den Angeboten verschiedener Träger haben die Adressaten ein **Wahlrecht nach** § 5. Hierauf sollte das JA von sich aus hinweisen. Letztverantwortlich für die Bereitstellung eines quantitativ und qualitativ genügenden Angebotes bleiben gemäß §§ 3 Abs. 2 Satz 2, 79 jedoch **die öffentlichen Träger** aufgrund ihrer Gewährleistungsverpflichtung.

V. Beratung in Fragen der Partnerschaft – Abs. 1 Satz 1, Satz 2 Nr. 1 und 2

16 **Abs. 1 Satz 1** gibt Müttern und Vätern einen individuellen Rechtsanspruch auf Beratung in Fragen der Partnerschaft. Adressaten der Leistung sind Mütter und Väter, wenn sie für ein Kind oder einen Jugendlichen zu sorgen haben oder tatsächlich sorgen. Eine eheliche Gemeinschaft wird ebenso wenig vorausgesetzt wie eine rechtliche Elternschaft. **Auch Stiefeltern oder Pflegeeltern** sind daher, entsprechend dem Gesetzeswortlaut, als Mütter oder Väter, die für ein Kind tatsächlich sorgen, anspruchsberechtigt (so auch GK-SGB VIII/Schleicher § 17 Rn 6). Das SGB VIII knüpft für die Adressatenschaft

ausdrücklich nicht an den zivilrechtlichen Status als Mütter oder Väter gemäß §§ 1591, 1592 BGB an, sondern daran, dass sie für ein Kind oder einen Jugendlichen zu sorgen haben oder tatsächlich sorgen. Zwar findet sich in § 7 keine eigene Begriffsbestimmung für „Mütter" oder „Väter" im Sinne des SGB VIII. Dennoch ist es gerechtfertigt, den Adressatenkreis „Mütter" oder „Väter" unabhängig vom BGB zu bestimmen. Ausdrücklich ergibt sich dies zB für Stiefelternteile aus § 1687 b BGB. Diese Regelung wurde im Rahmen des **Gesetzes über die Eingetragene Lebenspartnerschaft (LPartG)** vom 16.2.2001 (BGBl. I, 266) in das BGB eingefügt. § 1687 b BGB regelt mit dem sog. kleinen Sorgerecht des Ehegatten eines allein sorgeberechtigten Elternteils, der nicht Elternteil des Kindes ist, dessen entsprechende rechtliche Sorgebefugnis, so dass der Rechtsanspruch auf Beratung dieser Eltern bereits daraus abzuleiten ist.

Die Beratung nach **Abs. 1 Satz 2 Nr. 1** ist insbesondere präventiv orientiert. Das Angebot soll den Eltern helfen, ein partnerschaftliches Zusammenleben zwischen ihnen und mit ihren Kindern zu gestalten und zu erhalten. Die Beratung nach **Nr. 2** soll Krisen- und Konfliktregelungshilfe sein. Sie soll helfen, Konflikte zu vermeiden bzw eigenverantwortlich und selbständig zu bewältigen. Maßgebliche Unterstützung erhalten die Eltern durch Hilfe zu einer eigenverantwortlichen, einvernehmlichen Regelung, zB durch **Mediation** (vgl Proksch, 1998, 22 ff; Proksch 1999, 19 ff; Trenczek ZKM 2005, 193). Erfahrungsgemäß werden einvernehmliche Regelungen eher akzeptiert und haben in der Praxis höhere Aussicht auf Bestand als „Fremdentscheidungen". **17**

Insgesamt gründet die **Beratung nach § 17** auf dem Recht von Müttern oder Vätern auf Beratung in Fragen ihrer (eigenen) Partnerschaft im Rahmen ihrer rechtlichen oder tatsächlichen Sorge für ein Kind oder einen Jugendlichen. Dieses Recht ist auch als „Pflichtrecht" der Eltern zu verstehen, (die) Beratung und Unterstützung wahrzunehmen, die zum Wohl ihrer Kinder erforderlich und notwendig ist. Die Partnerschaft der Eltern ist nicht auf eine eheliche Partnerschaft beschränkt. Die **Unterstützungspflicht von Eltern durch das JA** auch außerhalb einer ehelichen Beziehung ergibt sich bereits aus Art. 6 Abs. 1 GG. Sie entspricht den Vorgaben von § 1 Abs. 3 Nr. 2. Beratung von Müttern und Vätern muss deswegen jeder auf persönliche Beziehungen gegründeten elterlichen Gemeinschaft gelten. Die Leistung selbst ist aber nur für Personen in Bezug auf von ihnen zu versorgende Kinder bestimmt. Ehe- und Partnerschaftsberatung bei Personen ohne Kinder ist nicht Aufgabe der Jugendhilfe. **18**

Mit der Formulierung dieses Beratungs- und Unterstützungsangebotes als individuellen Rechtsanspruch der Adressaten wird kinder- und jugendpolitisch die hohe Bedeutung von Beratung von Eltern gerade auch für die Erziehung von Kindern deutlich. Die Leistung, auf die ein Rechtsanspruch besteht, ist **Beratung**. Dabei handelt es sich aber lediglich um „harte Rechtsansprüche auf weiche Leistungen", weil die Leistung „Beratung" nach Erreichbarkeit, Umfang, methodischer Ausrichtung und Qualität sehr unterschiedlich vor Ort „verfügbar" sein kann bzw ist. Damit der Rechtsanspruch tatsächlich verbindlich ist, müssen die Jugendhilfeträger vor Ort darauf achten, dass die Verfügbarkeit von Beratung für Mütter und Väter in angemessener Zeit (Problem der Wartezeiten), in angemessener Weise (Problem der Möglichkeit geeigneter Angebote) und in qualifiziert-professioneller Weise durch entsprechende Fachkräfte (§§ 72, 72 a) in angemessener Zahl (Problem der Erreichbarkeit) gewährleistet ist. **19**

Vom **Beratungsanspruch der Eltern** zu unterscheiden ist die Frage, ob die Beratung für die Eltern „freiwillig" oder verbindlich ist bzw vom Gericht sogar angeordnet werden kann. Unmittelbar aus dem Gesetz lässt sich solche Verbindlichkeit für die Eltern nicht ableiten. Allerdings ist es Teil der Elternpflicht, die vom Gesetzgeber vorgesehenen Hilfen zur Entwicklung eines einvernehmlichen Konzepts für die Wahrnehmung der elterlichen Sorge anzunehmen. Eltern haben insbesondere die Pflicht, „die elterliche Sorge in eigener Verantwortung und in gegenseitigem Einvernehmen zum Wohl des Kindes auszuüben. Bei Meinungsverschiedenheiten müssen sie versuchen sich zu einigen" (§ 1627 BGB). Das Verhalten eines Elternteils in der Beratungsphase ist Bestandteil der Kindeswohlprüfung wie der Erziehungsfähigkeit. Die Verweigerung der Annahme von Beratung wie auch das Nichterscheinen eines Elternteils zum Gespräch beim JA kann als kindeswohlschädliche Unterlassung der vorerwähnten Elternpflicht zu werten sein. Von daher wird bei elterlichem Streit eine ungenügend entschuldigte Ablehnung oder Nichtinanspruchnahme von Beratungshilfen durch das JA vom Gericht entsprechend zu bewerten sein (vgl OLG Zweibrücken FamRZ 2000, 627). Eine Verweigerung von Prozesskostenhilfe wie eine negative Berücksichtigung bei der Kostenregelung (entsprechend § 150 Abs. 4 Satz 2 FamFG), wenn angebotene Gespräche mit dem JA zwecks einverständlicher Regelung/Vermittlung einer Umgangsregelung nicht wahrgenommen wurden, erscheint in solchen Fällen angezeigt (s. Anhang § 50 Rn 15). Dementsprechend ist Beratungshilfe gemäß § 1 Abs. 1 Nr. 2 BerHG ab- **20** zulehnen, ehe nicht zB Beratung nach § 17 nachgesucht wurde (so im Ergebnis BVerfG 12.6.2007 – FamRZ 2007, 1963 mwN).

VI. Unterstützung bei Trennung und Scheidung – Abs. 1 Nr. 3, Abs. 2

21 Das weitestgehende Modell einer fortbestehenden gemeinsamen elterlichen Verantwortung auch bei Trennung oder Scheidung ist die **gemeinsame elterliche Sorge**. Ihr **Ausschluss bedarf einer besonderen Begründung**. Demzufolge ist gemäß § 1671 Abs. 2 Nr. 2 BGB bei nicht nur vorübergehender Trennung der Eltern einem (widersprochenen) Antrag auf Aufhebung der gemeinsamen Sorge nur dann stattzugeben, wenn die Alleinsorge des Antragstellers dem Wohl des Kindes „am besten" entspricht (zu den Möglichkeiten und Grenzen von Sorgerechtsmodellen, vgl die Untersuchungen von Balloff/Walter FamRZ 1990, 445; Balloff ZfJ 1996, 269; Gründel 1995; Hansen 1993; Luthin 1987). Die Beratung durch das JA soll gewährleisten bzw dazu beitragen, dass Eltern die künftige Gestaltung ihrer elterlichen Verantwortung als bewusste Entscheidung treffen, möglichst einvernehmlich und orientiert an den Interessen und Bedürfnissen ihrer Kinder. Eltern sind insoweit auch in der Pflicht gemäß Art. 6 Abs. 2 Satz 1 GG, §§ 1626 Abs. 3, 1627 BGB.

22 Konsequent sehen **Abs. 1 Nr. 3 und Abs. 2** für den Fall der Trennung oder Scheidung die Unterstützung beider Eltern bei der Entwicklung eines einvernehmlichen Konzepts für die Wahrnehmung der elterlichen Sorge unter angemessener Beteiligung des betroffenen Kindes oder Jugendlichen vor. Insoweit sind die Eltern durch das Jugendamt mit dem Ziel zu beraten und zu unterstützen, dass sie offen und sensibel bleiben/werden für ihre fortwährende, gemeinsame elterliche Verantwortung gegenüber ihren Kindern, unabhängig davon, welches Modell der elterlichen Sorge sie zukünftig leben wollen.

23 Die Beratung nach **Nr. 3** dient dem nachehelichen Erhalt beider Eltern für ihre Kinder. Eltern sollen auch bei/nach ihrer Trennung und Scheidung befähigt bleiben/werden, Konflikte selbständig und eigenverantwortlich, kommunikativ und kooperativ zu regeln. Ein positiver Entwicklungsverlauf eines Kindes steht grundsätzlich im engen Zusammenhang mit der Kontinuität seiner Beziehung zu beiden Elternteilen (Figdor 1991, 76; ders. 1998, 101; Fthenakis Archsoz Arb 1986, 174; Fthenakis/Niesel/Griebel 1993, 261; Napp-Peters 1995, 112). Infolge des Wegfalls des Entscheidungsverbundes elterliche Sorge bei Scheidung durch das KindRG muss das JA verstärkt entsprechenden Beratungs- und Unterstützungsbedarf für die Eltern vorhalten. Demzufolge müssen die Angebote motivierend gestaltet sein. Ein entsprechend gemeinsames Verständnis zwischen FamG, Rechtsanwaltschaft und JA kann dazu beitragen, dass Eltern motiviert werden können, von den Beratungsangeboten Gebrauch zu machen (vgl dazu die Erfahrungen am JA Jena bei Proksch 1998 sowie 2001).

24 Die Beratung nach **Abs. 2** zielt vor allem auf die „**Entwicklung eines einvernehmlichen Sorgekonzepts**" im Fall von Trennung und Scheidung der Eltern (zur Mediation s. Rn 38). Die Vorschrift entspricht der psychologischen bzw sozialwissenschaftlichen Erkenntnis, dass die einvernehmliche Gestaltung der elterlichen Verantwortung nach Trennung und Scheidung den betroffenen Kindern am besten helfen kann, die Trennung oder Scheidung ihrer Eltern möglichst störungs- und gefährdungsfrei zu verarbeiten (vgl Faltermeier/Fuchs 1992; Napp-Peters 1988, 14, 36; Proksch FamRZ 1989, 916; Proksch 1992, 109). Die Unterstützung nach Abs. 2 ist auch als nachsorgende personelle Hilfe zur Selbsthilfe für die Zeit nach der Trennung oder Scheidung zu verstehen. Die Eltern sind zur Annahme solcher Hilfen zu motivieren.

25 **Abs. 2, 2. Hs ist die Folgeänderung** der Regelungen zur elterlichen Sorge in § 1671 f BGB. Eine gerichtliche Entscheidung zur elterlichen Sorge ist nach § 1671 BGB bei Trennung (und Scheidung) der Eltern grundsätzlich nicht mehr vorgesehen. Muss jedoch eine gerichtliche Entscheidung getroffen werden (zB wegen eines streitigen Antrages nach § 1671 Abs. 2 BGB), so ist in diesen Fällen ein einvernehmliches Konzept zur Bewahrung des Kindeswohls von erhöhter Bedeutung. Für diesen Fall sieht die Regelung die Möglichkeit vor, dass das Konzept dem Gericht „als Grundlage für die richterliche Entscheidung über die elterliche Sorge" dient.

26 Die Beratung der Eltern schließt die **Erarbeitung eines einvernehmlichen Konzepts** für die nacheheliche Gestaltung des Umgangsrechts mit ein. Umgang mit seinen beiden Eltern ist gemäß § 1684 Abs. 1, 1. Hs BGB das Recht des Kindes. Eltern sind zum Umgang mit ihren Kindern verpflichtet und berechtigt (§ 1684 Abs. 1, 1. Hs BGB). „Eltern haben alles zu unterlassen, was das Verhältnis des Kindes zum anderen Elternteil beeinträchtigt oder die Erziehung erschwert" (§ 1684 Abs. 2 Satz 1 BGB). Deshalb ergibt sich aus Nr. 3 auch die Unterstützungspflicht der Jugendhilfe für die Erarbeitung eines einvernehmlichen Umgangsrechtskonzeptes. Erfahrungsgemäß können im Zusammenhang mit der Regelung

und Ausübung des Umgangsrechts erhebliche elterliche Streitigkeiten entstehen – zu Lasten der Kinder. Dem soll auch hier Beratung und Unterstützung entgegenwirken. Damit ergänzen die Hilfen nach Abs. 1 Nr. 3 und Abs. 2 auch insoweit die Hilfen nach § 18 Abs. 3.

VII. Beteiligung von Kindern – Abs. 2, 1. Hs

In Art. 12 Abs. 2 UN-KRK werden die Vertragsstaaten verpflichtet, „dem Kind Gelegenheit zu geben, in allen das Kind berührenden Gerichts- oder Verwaltungsverfahren entweder unmittelbar oder durch einen Vertreter oder eine geeignete Stelle ... gehört zu werden". Mit **dieser rechtlichen Verpflichtung der Vertragsparteien** (zur Problematik der Vorbehaltserklärung der Bundesregierung s. § 6 Rn 12) korrespondieren auf nationaler Ebene für den Bereich der Jugendhilfe insbesondere die §§ 8, 17 Abs. 2 (vgl auch § 34 Abs. 1, § 159 Abs. 1 FamFG, § 1671 Abs. 2 Nr. 1 BGB). § 17 Abs. 2 1. Hs sieht die **Beteiligung von Minderjährigen** nunmehr ausdrücklich vor. Abs. 2 ergänzt insoweit die Regelung in § 8 Abs. 1 Satz 2, wonach Kinder und Jugendliche in geeigneter Weise auf ihre Rechte auch im Verfahren vor dem FamG hinzuweisen sind (vgl Fricke Kind-Prax 1999, 191; Helfer/Bünder Kind-Prax 2001, 151). Die Ergänzung in Abs. 2 wurde vom Bundesrat vorgeschlagen, um die Beteiligung von Kindern bei der Erarbeitung von Sorgerechtskonzepten zu gewährleisten (BT-Drucks. 13/4899, 163). | 27

Die Beteiligung von Kindern ist entsprechend § 1626 Abs. 2 BGB und §§ 8 Abs. 1 Satz 1, 9 Nr. 2 an ihrem **Entwicklungsstand und ihrer Einsichtsfähigkeit** zu orientieren. Die Entscheidung dazu liegt gemäß § 1626 Abs. 1 BGB bei den Eltern. Die Beratung darf Kinder nicht in **Loyalitätskonflikte** bringen bzw sie in den Partnerschaftsstreit ihrer Eltern führen. Sie dürfen auch nicht das Gefühl erhalten, für Entscheidungen ihrer Eltern mitverantwortlich zu sein bzw diese gar selbst treffen zu müssen. Andererseits ist es wichtig, dass die Wünsche, Besorgnisse, Vorstellung von Kindern den Eltern deutlich werden. Deshalb ist die Beratung so auszurichten, dass Wünsche, Vorstellungen, Gedanken von Kindern von den Eltern im Beratungsprozess mit berücksichtigt werden können. Bei entsprechender Einsichtsfähigkeit und Verantwortlichkeit von Kindern, zB nach Vollendung des vierzehnten Lebensjahres, ist es bereits im Hinblick auf § 1671 Abs. 2 Nr. 1 BGB grundsätzlich geboten, Kinder im Beratungsprozess aktiv einzubeziehen. Denn bevor der Familienrichter mit einem abweichenden Vorschlag des Kindes bzw Jugendlichen konfrontiert wird, sollte versucht werden, unterschiedliche Auffassungen im Beratungsprozess zu klären und einer einvernehmlichen Regelung zuzuführen (vgl auch Wiesner/Struck § 17 Rn 27 ff). | 28

Kinder dürfen allerdings nicht überfordert werden. Oft finden sich in Berichten und Sitzungsprotokollen **Aussagen von Kindern** über das Verhalten ihrer Eltern. Kinder können nicht wissen, welche Auswirkungen ihre Aussagen auf die Dynamik des Elternstreites und auf gerichtliche Sorge- bzw Umgangsentscheidungen haben. Insoweit ist bei der „Recherche nach dem wirklichen Kindeswillen" größte Vorsicht geboten (vgl Dettenborn 2001; Balloff 2004). Weiter sind die datenschutzrechtlicher Erfordernisse gemäß §§ 62 bis 65 zu beachten. Soweit Eltern Betroffene iSd § 62 werden, sind die Informationen bei Ihnen zu erheben bzw nur nach bzw mit ihrer Zustimmung zu verwenden (§ 62 Rn 6). | 29

Der unterschiedliche Entwicklungsstand von Kindern wie auch die unterschiedlichen Konfliktsituationen bedingen **unterschiedliche methodische Vorgehensweisen bei der Beteiligung von Kindern** (Wendl-Kempmann/Wendl 1986, 229). Minderjährige reagieren auf Trennung und Scheidung ihrer Eltern mit vielen komplizierten und altersspezifischen emotionalen und sozialen Verhaltensmustern (Rönn 1987, 82; Salk 1980, 74; umfassend zu den Langzeitfolgen Wallerstein/Blakeslee 1980; 2000). Entscheidend ist daher, dass die Beratung das Wohl des Kindes nicht gefährdet, sondern sich an seiner Subjektstellung und an seinem Wohlergehen gemäß § 1 Abs. 1 orientiert (vgl hierzu auch Balloff/Walter 1990, 445). Dies kann durch entsprechende Gespräche der Eltern mit ihren Kindern außerhalb einer Beratung, aber auch im Rahmen einer Beratung nach § 17 erfolgen. | 30

VIII. Information der Eltern über die Beratungsangebote des JA – Abs. 3

Abs. 3 verpflichtet das FamG, das **JA** über die Scheidung von Eltern mit gemeinschaftlichen minderjährigen Kindern **zu informieren**, um so dem JA Gelegenheit zu geben, die betroffenen Eltern direkt und ganz konkret über seine Beratungsangebote zu informieren. Nach § 133 Abs. 1 Nr. 1 und 2 FamFG muss die Scheidungsschrift von Eltern die Erklärung darüber enthalten, ob die Eheleute/Eltern eine Regelung über die elterliche Sorge, den Umgang und die Unterhaltspflicht gegenüber gemeinschaftli- | 31 chen Kindern getroffen haben. Mit dieser Informationspflicht nach Abs. 3 soll verfahrensrechtlich abgesichert werden, dass die Beratungsangebote des JA die Scheidungseltern auf jeden Fall erreichen. Dies zu unterstützen, benötigt **eine „pro aktive" Information der Eltern durch das JA**. Die überwiegende Praxis der JA, die Eltern per „Formularbrief" zu informieren, erscheint angesichts des Gesetzeszwecks nicht ausreichend. Notwendig ist ein „offensives" und die Eltern in die Pflicht nehmendes Werben für die Annahme entsprechender Angebote des JA (zB telefonische Kontaktaufnahme, persönliches Beratungsgespräch). Unbeschadet dessen geht der jetzige Verweis in § 17 Abs. 3 ins Leere infolge der Streichung des § 622 Abs. 2 Satz 1 ZPO gemäß Art. 28 Nr. 15 FGG-RG.

32   Das JA muss die **Eltern** über alle Beratungsangebote im örtlichen Bereich **informieren.** Die Entscheidung über Ausgestaltung und Form der Information der Eltern ist dem JA überlassen. Die Information muss jedoch so gestaltet sein, dass Eltern motiviert werden, Beratung wahrzunehmen. Eine Pflicht der Eltern, Beratung anzunehmen, normiert Abs. 3 zwar nicht. Eine „unbegründete" Ablehnung dieser Möglichkeit einer kostenfreien Beratung kann aber Veranlassung sein, Anträge auf Prozesskostenhilfe oder Beratungshilfe abzulehnen (s. Rn 21; Anhang § 50 Rn 15).

IX. Das Konzept von Beratung und Unterstützung in Fragen der Partnerschaft, Trennung und Scheidung

33   § 17 verfolgt **drei Ziele**: die Verwirklichung eines **partnerschaftlichen Familienmodells**, die **Befähigung zur Konfliktbewältigung** in Ehe und Familie (Abs. 1 Satz 1, Satz 2 Nr. 1 und Nr. 2) und die **Sicherung der Kontinuität** der nachehelichen elterlichen Beziehungen des Kindes zu Mutter und Vater (Abs. 1 Satz 2 Nr. 3 sowie Abs. 2). Allen Alternativen ist gemäß Art. 6 Abs. 1 und 2 GG das zusätzliche Ziel immanent, zum Wohl der Kinder, so weit und so gut es geht, Ehe und Familie bzw eheliche, familiäre und elterliche Gemeinschaft zu erhalten und zu festigen. Der Zweck der Vorschrift wird nur erreicht, wenn die Jugendhilfe vor allem solche Beratungsangebote entwickelt und den Eltern anbietet, die sie bereits vor dem Eintritt von Krisen und Konflikten zum Aufbau und zum Erhalt einer partnerschaftlichen Familienbeziehung befähigen, sie darin bestärken und unterstützen. Dem dienen insbesondere interdisziplinär und mediativ angelegte Beratungsangebote, die die Konfliktregelungsfähigkeit von Eltern und ihre Kommunikations- und Kooperationsfähigkeit fördern und unterstützen (vgl Witte u.a. 1992, 231 ff; Fieseler/Herborth 2001, 181 ff; Wendl-Kempmann/Wendl 1986, 86 ff). Angesichts der schwierigen Situation von Kindern in/nach Trennung und Scheidung (Rn 3) muss es insbesondere das Ziel der Hilfen gemäß § 17 Abs. Nr. 1 und 2 sein, Familie und Ehe bzw die eheliche/elterliche Gemeinschaft zum Wohl der Kinder zu schützen bzw zu erhalten (Art. 6 Abs. 1 GG).

34   Der Gesetzgeber hat keine Regelungen darüber getroffen, welche fachlichen Methoden und Konzepte bei der Beratung anzuwenden sind. Er hat diese Entscheidung der fachlichen Kompetenz den jeweiligen Fachkräften überlassen. Strukturelle und inhaltliche Vorgaben für die Beratungshilfen ergeben sich aber aus Art. 6 Abs. 2 GG und § 1 Abs. 2. Danach müssen **Beratungs- und Unterstützungsangebote grundsätzlich Vorrang** vor Eingriffen erhalten (Rn 11 ff; Vor§ 50 Rn 15). Nach Art. 6 Abs. 2 Satz 1 GG ist die Sorge für das Kindeswohl vorrangig den Eltern, nicht dem Staat (einschließlich seiner Gerichte) anvertraut (vgl BVerfGE 31, 204 f). Vor einem hoheitlichen Eingriff in das elterliche Erziehungsrecht muss der öffentlichen Träger daher versuchen, durch unterstützendes auf (Wieder-) Herstellung eines verantwortungsbewussten Verhaltens der Eltern gerichtetes Vorgehen, den Schutz und die Förderung des Kindeswohls zu erreichen (BVerfGE 24, 144). Dies gilt insbesondere in Konfliktsituationen von Trennung und Scheidung, in denen die Jugendhilfe vorrangig konfliktregelnde bzw konfliktentschärfende Beratungs- (Abs. 1) und Unterstützungshilfen (Abs. 2) anbieten soll. Damit diese Hilfen wirksam werden können, müssen sie konsequent als **konsensual orientierte „Hilfen zur Selbsthilfe"** konzipiert und geleistet werden, die die Eltern befähigen, familiäre Spannungen und Krisen selbst zu bewältigen. Solche konsensualen Beratungshilfen zur Selbsthilfe sind zB **Mediation** (vgl Rn 38 ff), ferner **systemisch- und ressourcenorientierte, interdisziplinär konzipierte Interventionen.** Daneben sind aber auch familientherapeutische Ansätze, verhaltenstherapeutische, gruppendynamische und psychoanalytische Verfahren, entsprechend den jeweiligen Bedürfnissen im Einzelfall, vorzusehen (Wiesner/ Struck § 17 Rn 29).

35   Die **Organisation und Durchführung** einer integrierten Partnerschafts-, Trennungs- und Scheidungsberatung stellen an die Kompetenz der Fachkräfte gerade auch in sozialpädagogischer, kinderpsychologischer und rechtlicher Sicht neue und hohe Anforderungen. Eltern müssen erfahren, welche Rechte ihre Kinder haben und müssen dafür sensibel gemacht werden (zB Recht des Kindes auf Umgang). Viele Eltern wissen tatsächlich nicht, was ihre Erziehungspflichten sind und hoffen, bei der Jugendhilfe jemand zu finden, der gegen den Anderen Partei ergreift. Oft werden die Fachkräfte gezielt mit Hinweisen/Gerüchten zB zu angeblichen Übergriffen „versorgt", was dann für die Gespräche beim JA thematisch vorbestimmend wirkt.

Ziel der **Beratungsarbeit** ist der Erhalt der Elternautonomie. Jeder Elternteil, der einen Antrag auf **36** Alleinsorge nach § 1671 Abs. 1 iVm § 1671 Abs. 2 BGB stellt, muss darlegen, dass er alles Mögliche getan hat, um die Hindernisse zu beseitigen, die es beiden Elternteilen unmöglich machen, im Interesse des Kindes sinnvoll miteinander zu kooperieren. Der Beweis ist unter anderem dadurch erbringbar, dass die Beratungsangebote der Jugendhilfe in Anspruch genommen werden. Der Elternteil, der sich um Erhaltung der Elternautonomie auch des anderen Elternteils bemüht, ist grundsätzlich geeignet, Elternverantwortung zu behalten. Die eingesetzten Fachkräfte müssen über die erforderlichen sozialpädagogischen, psychologischen und auch rechtlichen **Kenntnisse** verfügen, um ihrem Auftrag umfassend gerecht werden zu können. Die Träger der öffentlichen Jugendhilfe müssen dafür die notwendige **Fortbildung und Praxisberatung der Fachkräfte** sicherstellen (§ 72 Abs. 3). Dies gilt insbesondere für den Erwerb spezifischer Kenntnisse auf dem Gebiet der außergerichtlichen, konsensualen Konfliktregelung (zB Mediation), der systemischen und interdisziplinären Beratungsarbeit und des dazu erforderlichen Rechts. Bei der Zusammenarbeit von Fachkräften müssen die Erfordernisse des Sozialdatenschutzes beachtet werden (§§ 62–65).

Im Rahmen der Beratung und Unterstützung nach § 17 ist **rechtliche Beratung unverzichtbar**. Die **37** rechtliche Beratung umfasst insbesondere die elterlichen Erziehungs-/Sorgerechte und Umgangspflichten einschl. Wohlverhaltenspflichten gemäß §§ 1626, 1627, 1671, 1684 BGB wie die Rechte des Kindes, zB auf Umgang gemäß § 1684 Abs. 1 BGB. Ein weiterer praktisch bedeutsamer Aspekt von Rechtsberatung ist die Aufklärung der Eltern über den Umgang mit Hinweisen/Gerüchten zB zu angeblich bestehenden sexuellen Übergriffen (Konfrontation des anderen Elternteils). Die Initiierung eines strafrechtlichen Ermittlungsverfahrens ist dagegen nicht Aufgabe des JA (vgl Trenczek 2008, 167). Die von Trägern der öffentlichen wie der freien Jugendhilfe den Adressaten zu leistende **rechtliche Beratung** ist erlaubte (außergerichtliche) Rechtsdienstleistung gemäß § 2 Abs. 1, § 8 Abs. 1 Nr. 2 und 5 RDG (Vor§ 16 Rn 8 ff).

X. Mediation

Die Regelungen in § 17 dienen insbesondere auch dem Ziel, Eltern bei ihrer eigenverantwortlichen und **38** selbständigen Gestaltung ihrer elterlichen Verantwortung zu unterstützen. Gezielte (**Vermittlungs-/ Mediations-)Beratung** der Eltern durch das JA macht eine hohe Zahl einvernehmlicher Konfliktregelungen in dem besonders sensiblen Bereich von elterlicher Sorge und Umgang möglich (vgl Proksch FPR 1996, 8 ff; Proksch 1998; BT-Drucks. 13/4899, 51 u. 75). Dies gilt vor allem für die hohe Zahl der Eltern mit beibehaltener gemeinsamer elterlicher Sorge, aber auch für die Eltern mit alleiniger elterlicher Sorge bzw ohne elterliche Sorge in ihrer Spannungssituation. Demzufolge gibt das Gesetz der eigenverantwortlichen und selbständigen (Konflikt-)Regelung der elterlichen Sorge und des Umgangsrechts durch die Eltern klaren Vorrang vor einer gerichtlichen Entscheidung (Weißbrodt KindPrax 2000, 35). Diesen Ansatz unterstützen und verstärken die Regelungen in §§ 135, 156 FamFG, nach denen vornehmlich das elterliche Einvernehmen vor einer gerichtlichen Entscheidung erreicht werden soll insbesondere auch durch Mediation.

Mediation ist eine besondere **Methode der selbständigen Konfliktregelung** durch die Eltern selbst mit **39** Unterstützung einer dritten (neutralen und allparteilichen) Person, dem Mediator (Proksch 1998; Trenczek ZKM 2005, 193; ders. ZfRsoz 2005, 3). Eltern und ihre Kinder profitieren durch Mediation primär durch ihre eigene und einvernehmliche Klärung der bestehenden Konflikte, sekundär durch die positiv veränderte Kommunikation und Kooperation und tertiär durch das Erlernen konstruktiver Konfliktbewältigungsstrategien. Von Therapie oder Beratung unterscheidet sich Mediation dadurch, dass sie nicht primär auf die Klärung ursächlicher „intra-personaler" oder „inter-personaler" Beziehungskonflikte ausgerichtet ist, sondern auf die zukunftsorientierte Regelung von Sachkonflikten, allerdings unter angemessener Berücksichtigung vorhandener Emotionen („Soviel wie nötig, so wenig wie möglich."). Die maßgeblichen rechtlichen Vorschriften können als Rahmen genutzt werden, zB zur Fairnesskontrolle. Jedoch ist nicht die rechtliche Bewältigung maßgebend, sondern der zufriedenstellende Ausgleich widerstreitender Interessen der Konfliktpartner (vgl Proksch 1998; 1999; Alexander/Gottwald/Trenczek 2003; Trenczek ZKM 2005, 193; zu den regelungsbedürftigen Aspekten und Vereinbarungsmöglichkeiten iRd Trennungs- und Scheidungsmediation Trenczek ZKJ 2007, 138). Ob im konkreten Fall Mediation die geeignete Methode ist bzw zielführend sein kann, ist jeweils von den Fachkräften zu klären.

40 **Praxiserfahrungen mit Mediation** in der öffentlichen Kinder- und Jugendhilfe zeigen (Proksch 1998), dass diese Methode geeignet ist, Konflikte und Krisen bei Trennung und Scheidung durch Eltern selbständig und eigenverantwortlich zufriedenstellend zu regeln. Dies gilt selbst für hochstrittige Elternkonflikte (Krabbe ZKM 2008, 49; Trenczek ZKJ 2009, 102). Mediation führt zur Entlastung von Eltern, ihren Kindern wie auch der Jugendhilfe und der Familiengerichte selbst (vgl Proksch 2001, 259 ff). Mediation kann allerdings verantwortungsvoll nur von besonders in der Mediationsmethode geschulten Fachkräften durchgeführt werden (Trenczek ZKM 2008, 16). Eine solche Schulung umfasst nach den Standards der bundesdeutschen Fachverbände (zB BAFM mindestens 200 Stunden; zum Curriculum einer entsprechenden Ausbildung BAFM vgl Proksch 1998, 146 ff).

XI. Scheidungsberatung und Mitwirkung im gerichtlichen Verfahren

41 Entsprechend dem Ziel der Regelung, Eltern zu befähigen, eigenverantwortlich und selbständig ihre gemeinsame elterliche Verantwortung zu gestalten, muss die Beratung nach Abs. 2 Vorrang vor einer gerichtlichen Entscheidung haben (s. § 50 Rn 18). Der Grundsatz der **Verhältnismäßigkeit der Mittel** verbietet einen gerichtlichen Eingriff, solange und soweit die Betroffenen eine eigene Konfliktregelung versuchen und das Kindeswohl nicht gefährdet ist/wird (s. Vor§ 50 Rn 5; Anderson/Fischer ZfJ 1993, 319; Riehle Kind-Prax 2000, 83). Beratung und Unterstützung bei Trennung und Scheidung nach Abs. 2 einerseits und die Mitwirkung im gerichtlichen Verfahren nach § 50 andererseits zwingen deshalb die Jugendhilfe, ihr Verhältnis zu den FamG entsprechend den Vorgaben des § 17 zu organisieren (kritisch zum bisherigen Verhältnis Hager 1992, 150). Jugendhilfe muss auch im Rahmen der Mitwirkung im gerichtlichen Verfahren sicherstellen, dass ihr Förderungs-, Beratungs- und Unterstützungsauftrag in der Praxis wirksam werden kann (hierzu § 50 Rn 8 ff).

42 Dabei hat das JA als eine vom Gericht **weisungsunabhängige, eigenständig arbeitende Fachbehörde** (so auch OLG Frankfurt/M. FamRZ 1992, 206 f; OLG Schleswig FamRZ 1994, 1129 f; Anderson/Fischer ZfJ 1993, 319 ff; DV NDV 1992, 151) die Aufgabe und die Pflicht, das Kindeswohl vor allem durch konsequente, vertrauensvolle Elternarbeit (§ 1 Abs. 2 und 3) einzulösen. Demzufolge bestimmt nicht eine gerichtliche Zeitvorgabe den Beratungsprozess, sondern das jeweilige Beratungsbedürfnis der betroffenen Eltern. Richterliche Fristsetzungen können für das JA ebenso wenig verbindlich sein wie richterliche „Arbeitsaufträge" (Verfügungen/Beschlüsse etc.) zur Abgabe einer (wertenden) „Stellungnahme" oder die Ladung der Fachkräfte als Zeugen. Insoweit sind die Aufgaben nach § 17 und § 50 nicht gegensätzlich oder unterschiedlich; sie ergänzen sich. Dies macht den konsequenten Aus- und Aufbau einer fachlich eigenständigen, konsequent sozialpädagogisch orientierten Mitwirkung der Jugendhilfe statt, wie in der Vergangenheit oft praktiziert, einer „Familiengerichtshilfe" erforderlich (ausführlich hierzu Vor§ 50 Rn 1 ff; § 50 Rn 8 ff; Mörsberger 1992, 78; Wiesner/Struck § 17 Rn 48 ff).

XII. Sicherung der Fachlichkeit der Beratung durch Sozialdatenschutz

43 Beratung und Unterstützung nach § 17 setzen die **Vertraulichkeit des Beratungsprozesses** voraus. Die Fachkräfte müssen daher die **Datenschutzverpflichtungen gemäß §§ 61 ff**, insbesondere gemäß **§§ 64, 65** bei ihrer Beratung nach § 17 (und § 50) beachten. Sozialdaten dürfen demnach ohne Zustimmung der Betroffenen bei Dritten nur erhoben werden, wenn die Voraussetzungen von § 62 Abs. 3 erfüllt sind. Das gilt auch, wenn Eltern eine Zusammenarbeit mit dem JA verweigern. Erhobene Sozialdaten dürfen weiter nur entsprechend dem Zweck ihrer Erhebung verwendet werden. Anderes gilt nur bei vorheriger Zustimmung des Betroffenen oder wenn eine Befugnis gemäß § 65 vorliegt. Beratung nach § 17 ist persönliche und erzieherische Hilfe im Sinne des § 65, auch wenn sie im Zusammenhang mit der Mitwirkungsaufgabe nach § 50 steht. Sozialdaten, die die Eltern zu diesem Zweck der Fachkraft „anvertrauen" (vgl § 65 Rn 6 ff), unterliegen dem Schutz des § 65. Selbst „kleine" Geheimnisse und/oder auch Gerüchte über Dritte, welche durch Anvertrauen **oder sonst** bekannt werden, unterliegen der auch gemäß § 203 StGB strafbewehrten Schweigepflicht. Was ein Vater über eine Mutter sagt (oder via seinen Anwalt schreiben lässt), gehört nur mit deren (beider) Einverständnis und dann auch nur unter Beachtung der Vorgabe gemäß § 64 Abs. 2 in einen Bericht zur Mitwirkung gemäß § 50 Abs. 2. Die Eltern müssen auch erfahren, wenn die Vertraulichkeit gemäß § 65 Abs. 1 Nr. 2 endet, weil die Bedingungen des § 8 a Abs. 3 erfüllt sind und auch ohne Zustimmung der Eltern gehandelt werden muss und darf.

Der **Datenschutz** ist von öffentlichen wie von freien Trägern gleichermaßen zu beachten (§ 61 Rn 24). **44** Die Fachkräfte der Träger der freien wie der öffentlichen Jugendhilfe haben jeweils dieselben fachlichen Kompetenzen und dieselben, auch persönlichen Verpflichtungen nach dem Recht des Sozialdatenschutzes. Insoweit ist aus Gründen des Sozialdatenschutzes die funktionale oder gar institutionelle Trennung der Aufgaben des § 17 und des § 50 nicht zwingend (aA Balloff ZfJ 1992, 454; Coester FamRZ 1992, 617; wie hier Wiesner/Struck § 17 Rn 56). Gegen eine regelmäßige Trennung beider Aufgaben spricht, dass jeder Personalwechsel für die betroffene Familie eine erneute Belastung ist, weil sie möglicherweise ihre ganze Familiengeschichte gegenüber der neuen Fachkraft nochmals aufrollen muss. Allerdings ist dabei darauf Bedacht zu nehmen, dass die Rolle und Aufgabe eines allparteilich arbeitenden Mediators nicht vermischt werden darf mit der sozialanwaltlichen Rolle und Aufgabe des JA im Rahmen der Mitwirkung im gerichtlichen Verfahren (s. Vor§ 50 Rn 42).

Die Beratung nach § 17 zielt auf eine **Zusammenarbeit der öffentlichen Jugendhilfe mit den Eltern**, die **45** vertrauensvoll und kooperativ erfolgen muss. Deshalb schließen sich hoheitliche Interventionen aus, soweit sie nicht wegen der Gefährdung des Kindeswohles nach § 8 a Abs. 3 gefordert sind. Liegt keine **Gefährdung des Kindeswohles** vor, so erübrigt sich eine zusätzliche jugendhilferechtliche Intervention im Rahmen des § 50. Dies gilt nicht nur, wenn Eltern die Beratung mit einer einvernehmlichen Regelung abschließen, sondern auch, wenn sie sich nicht einigen können, jedoch allein daraus keine Kindeswohlgefährdung abzuleiten ist. Deshalb ist auch das weitere Verfahren nach Beendigung der Beratung nach § 17 insbesondere gegenüber den Gerichten von den Eltern selbst zu gestalten. Zu dieser Gestaltungsaufgabe kann am besten die Jugendhilfefachkraft beitragen, mit der die Eltern bereits im Rahmen der Beratung nach § 17 zusammengearbeitet und eine vertrauensvolle (Beratungs-) Beziehung entwickelt haben.

Die **Unterrichtung der Gerichte gemäß § 50 Abs. 2** über erbrachte Beratungsleistungen darf nur unter **46** strikter Einhaltung des Datenschutzes erfolgen und nur mit Einwilligung der Eltern (§ 50 Rn 19). Eine pauschale Einwilligung „vorab" genügt nicht. Zu Beginn einer Beratung ausgefüllte „Vollmachten" genügen dem Sozialdatenschutz nicht. Die gebotene Abstimmung mit den Eltern kann ebenfalls am besten von der Fachkraft durchgeführt werden, die die bisherige Beratung geleistet hat und der die Sozialdaten anvertraut worden sind. Ein Fachkräftewechsel gegen ihren Willen wäre für die betroffene Familie nicht verständlich. Er würde dem Grundsatz der Achtung ihrer Autonomie und Selbstverantwortung widersprechen. Auch die vertrauensvolle Zusammenarbeit mit der Jugendhilfe wäre dadurch ohne Not gefährdet.

XIII. Zuständigkeit/Kosten

Die sachliche Zuständigkeit des örtlichen Trägers für die Beratung gemäß § 17 folgt aus § 85, die **47** örtliche Zuständigkeit aus § 86. Die Beratung nach § 17 ist **kostenfrei** (vgl §§ 90 ff).

Weiterführende Literatur:

Bayerisches Landesjugendamt 2004; *Buchholz-Graf/Vergho* 2000; *Diez/Krabbe/Thomsen* 2002; *Hohmann/ Morawe* 2001; *Proksch* 1999; *ders.* 2001; *ders.* 2002; *Trenczek* ZKJ 2007, 138; *ders.* FPR 2009, 335.

§ 18 Beratung und Unterstützung bei der Ausübung der Personensorge und des Umgangsrechts

(1) Mütter und Väter, die allein für ein Kind oder einen Jugendlichen zu sorgen haben oder tatsächlich sorgen, haben Anspruch auf Beratung und Unterstützung

1. bei der Ausübung der Personensorge einschließlich der Geltendmachung von Unterhalts- oder Unterhaltsersatzansprüchen des Kindes oder Jugendlichen,
2. bei der Geltendmachung ihrer Unterhaltsansprüche nach § 1615 l des Bürgerlichen Gesetzbuchs.

(2) Mütter und Väter, die mit dem anderen Elternteil nicht verheiratet sind, haben Anspruch auf Beratung über die Abgabe einer Sorgeerklärung.

(3) ¹Kinder und Jugendliche haben Anspruch auf Beratung und Unterstützung bei der Ausübung des Umgangsrechts nach § 1684 Abs. 1 des Bürgerlichen Gesetzbuchs. ²Sie sollen darin unterstützt werden, dass die Personen, die nach Maßgabe der §§ 1684 und 1685 des Bürgerlichen Gesetzbuchs zum Umgang mit ihnen berechtigt sind, von diesem Recht zu ihrem Wohl Gebrauch machen. ³Eltern, andere Umgangsberechtigte sowie Personen, in deren Obhut sich das Kind befindet, haben Anspruch auf Beratung und Unterstützung bei der Ausübung des Umgangsrechts. ⁴Bei der Befugnis, Auskunft über die persönlichen Verhältnisse des Kindes zu verlangen, bei der Herstellung von Umgangskontakten und bei der Ausführung gerichtlicher oder vereinbarter Umgangsregelungen soll vermittelt und in geeigneten Fällen Hilfestellung geleistet werden.

(4) Ein junger Volljähriger hat bis zur Vollendung des 21. Lebensjahres Anspruch auf Beratung und Unterstützung bei der Geltendmachung von Unterhalts- oder Unterhaltsersatzansprüchen.

I. Zielsetzung der Norm

1 § 18 ergänzt und erweitert die für Mütter und Väter bzw für Eltern gemäß § 17 normierten Ansprüche auf Beratung und Unterstützung in Fragen der Partnerschaft, Trennung und Scheidung. Mütter, Väter bzw Eltern und ihre Kinder erleben insb. nach Trennung und Scheidung ihre Lebenssituation oft als sehr schwierig und konflikthaft. Streitigkeiten nach Trennung und Scheidung über die Alltagspraxis der elterlichen Sorge, hier vor allem bei der Regelung der Aufenthaltsbestimmung für die gemeinsamen Kinder, über die Zahlung von Kindes(bar-)unterhalt und vor allem über die Gestaltung und Ausübung des Umgangsrechts ihrer Kinder beeinträchtigen Eltern bei ihrer Erziehungsaufgabe und belasten ihre Kinder in hohem Maß. § 18 setzt insoweit die Beratungsangebote gemäß § 17 für die nach Trennung und Scheidung folgenden Phasen der Elternschaft fort. Darüber hinaus sieht die Vorschrift Beratung und Unterstützung bei der Geltendmachung von Unterhalt im Rahmen der Betreuung nichtehelicher Kinder und junger Volljähriger vor. § 18 zielt dabei darauf ab, die Adressaten der Norm durch Beratung und Unterstützung zu befähigen und zu stärken, Fragen der elterlichen Sorge, des Umgangs und des (Bar-)Unterhalts selbständig zu klären und ggf mit den anderen betroffenen Personen eigenverantwortlich und zufriedenstellend zu regeln.

II. Änderungen seit Inkrafttreten des KJHG

§ 18 wurde durch das BeistandschaftsG, das KindRG, das KindUG und zuletzt durch das Gesetz zur **2** Weiterentwicklung der Kinder- und Jugendhilfe (**KICK**) grundlegend neu gefasst. Dem Regelungsinhalt entsprechend wurde § 18 im Rahmen des KICK ergänzt. In die Überschrift wurde die Beratung und Unterstützung „bei der **Ausübung des Umgangsrechts**" neu aufgenommen. Gestaltungs- bzw Regelungsfragen zum Umgang des Kindes mit seinen Eltern gemäß § 1684 BGB bzw mit anderen Bezugspersonen gemäß § 1685 BGB haben in der Praxis zunehmende Bedeutung. Durch das Gesetz zur Änderung des Unterhaltsrechts (UÄndG) vom 21.12.2007 (BGBl I, Nr. 64, 2933) und das Familienleistungsgesetz vom 22.12.2008 (BGBl I, Nr. 64, 2955) ist auch für § 18 neuer Beratungsbedarf zum Unterhalt entstanden. Durch das FamFG (hierzu Trenczek 2009, 97) ist Beratungsbedarf insb. für die Ausübung und Durchsetzung des Umgangs (§§ 88 ff, 151 ff FamFG) neu entstanden.

§ 18 hatte bislang lediglich Ansprüche auf Beratung und Unterstützung bei der Geltendmachung von **3** Unterhaltsansprüchen gemäß § 1615 l BGB für gemäß § 1626 a Abs. 2 BGB alleinsorgeberechtigte Mütter normiert. Mit der Neuregelung in Absatz 1 Nr. 2 wird die **Verpflichtung der Kinder- und Jugendhilfe** zur entsprechenden Beratung auf gemeinsam sorgeberechtigte Eltern und auf **allein sorgeberechtigte Väter** erstreckt. Die Regelung erschien sowohl im Hinblick auf die verfassungsrechtlich gebotenen Gleichbehandlung vergleichbarer Sachverhalte geboten (Art. 3 Abs. 2, Abs. 3 Satz 1 GG) wie auch aus sachlich inhaltlichen Gründen. Gemäß § 1615 l Abs. 4 BGB steht dem betreuenden Vater gegen die Mutter ein Anspruch auf Betreuungsunterhalt gemäß § 1615 l Abs. 2 Satz 2 BGB zu, soweit von ihm „wegen der Pflege oder Erziehung des Kindes eine Erwerbstätigkeit nicht erwartet werden kann".

Abs. 2 schließt eine bisher zu Lasten von Vätern bestehende **Beratungslücke** im Kontext des § 52 a. **4** Nach § 1626 a Abs. 1 Nr. 1 BGB steht Eltern, die bei der Geburt des Kindes nicht miteinander verheiratet sind, die elterliche Sorge gemeinsam nur dann zu, wenn sie eine entsprechende **Sorgeerklärung** abgeben, ansonsten behält die Mutter des Kindes die Alleinsorge (zur Verfassungsmäßigkeit dieser Regelung vgl BVerfG 29.1.2003 – 1 BvL 20/99 und 1 BvR 933/01 Beschluss – NJW 2003, 955). Gemäß § 52 a Abs. 1 Satz 2 Nr. 5 ist das JA verpflichtet, (nur) die Mutter eines Kindes, die mit dem Vater nicht verheiratet ist, unverzüglich nach der Geburt zu beraten und sie dabei auch auf die Möglichkeiten der gemeinsamen elterlichen Sorge durch die Abgabe einer Sorgeerklärung hinzuweisen. Für den **Vater des Kindes bestand bisher keine Möglichkeit**, sich vom JA über die Abgabe einer Sorgeerklärung beraten zu lassen. Um Mütter wie Väter sensibel zu machen für ihre gemeinsamen Elternpflichten gemäß Art. 6 Abs. 2 Satz 1 GG ist es erforderlich, beiden vergleichbare Beratungsansprüche zu geben (zum Verhältnis zwischen § 18 und § 52 a siehe § 52 a Rn 2). Dem trägt die neue Fassung von Abs. 2 Rechnung.

III. Inhalt der Norm

§ 18 normiert ganz **unterschiedliche und verschiedenartige Ansprüche** für unterschiedliche Adressaten **5** auf Beratung und Unterstützung durch die Kinder- und Jugendhilfe. Er normiert für

1. Mütter und Väter, die allein für ein Kind oder einen Jugendlichen zu sorgen haben oder tatsächlich sorgen, den Anspruch auf Beratung und Unterstützung bei der Ausübung der Personensorge einschließlich der Geltendmachung von Unterhalts- und Unterhaltsersatzansprüchen des Kindes oder Jugendlichen (Abs. 1 Nr. 1) und bei der Geltendmachung ihrer Unterhaltsansprüche nach § 1615 l BGB (Abs. 1 Nr. 2),
2. Mütter und Väter, die mit dem anderen Elternteil nicht verheiratet sind, einen Beratungsanspruch über die Abgabe der Sorgeerklärung (Abs. 2),
3. Kinder und Jugendliche, Eltern, andere Umgangsberechtigte sowie Personen, in deren Obhut sich das Kind befindet, Ansprüche auf Beratung und Unterstützung bei der Ausübung des Umgangsrechts (Abs. 3), sowie
4. für junge Volljährige bis zur Vollendung des 21. Lebensjahres Anspruch auf Beratung und Unterstützung bei dar Geltendmachung von Unterhalts- oder Unterhaltsersatzansprüchen (Abs. 4).

Der **Schwerpunkt der Hilfen** nach § 18 liegt in der Beratung und Unterstützung bei der Ausübung der **6** Personensorge einschließlich der Geltendmachung von Unterhalts- und Unterhaltsersatzansprüchen sowie bei der Ausübung des Umgangsrechts. Für die Beratung und Unterstützung alleinsorgeberechtigter Mütter ist nach wie vor ergänzend § 52 a zu beachten. Die Leistungen gemäß § 18 zählen zu den **„Leistungen der Jugendhilfe"** (§ 2 Abs. 2 Nr. 2). Sie werden gemäß § 3 Abs. 2 Satz 1 von Trägern der freien wie der öffentlichen Kinder- und Jugendhilfe erbracht. Insoweit ist das Wunsch- und Wahlrecht der Leistungsberechtigten nach § 5 zu beachten, auf das das JA hinzuweisen hat.

IV. Ausgestaltung der Leistungen

7   **Beratung und Unterstützung** gemäß § 18 ist als „persönliche Hilfe" **Dienstleistung iSd § 11 SGB I**. Sie schließt **Rechtsberatung** in allen Fragen, die im Rahmen von Beratung gemäß § 18 erheblich werden, mit ein. Finanzielle Leistungen sind nicht gemeint. Beratung umfasst die Übermittlung von Informationen sowie Ansätze zur Lösung gegebener Probleme. Immer muss sich Beratung auf die konkrete Lebenssituation der zu Beratenden sowie auf die Folgen eines Tuns oder Unterlassens erstrecken. Beratung umfasst Hilfen für die Einschätzung von Risiken, die Entwicklung von Handlungsalternativen und für Wege zu einer Entscheidungsfindung. Sie meint aber nicht die Entscheidung an sich. Diese haben die zu Beratenden selbst zu treffen. Denn Beratung will die Beratenen in den Stand setzen, zu erkennen und zu verstehen sowie nach Prämissen zu handeln und (ggf) selbst zu entscheiden (**Hilfe zur Selbsthilfe**).

8   **Unterstützung** im Rahmen des § 18 meint eine über Beratung hinausgehende tatsächliche Hilfestellung. Die inhaltliche Konkretisierung des Begriffs ergibt sich aus dem jeweiligen Verwendungszusammenhang der betreffenden Norm. Die Unterstützungsleistung kann sich auf alltagspraktische, wirkungsvolle Hilfen erstrecken, etwa auf das Fertigen von Anschreiben unter Beachtung der rechtlichen Formen und Fristen oder auf das Vermitteln von Kontakten. Die gerichtliche Durchsetzung einschließlich der Prozessvertretung wird nicht umfasst. Bei der Vermittlung einer anwaltlichen Vertretung kann das JA allerdings unterstützen. Wichtig ist Unterstützung iS einer Begleitung bei laufenden Verfahren über das Personensorgerecht oder über Unterhaltsleistungen. Die Unterstützung soll insb. dazu beitragen, etwaige Ängste oder Unsicherheiten vor einer Durchsetzung eigener Ansprüche oder denen des Kindes oder Jugendlichen abzubauen.

V. Rechtsanspruch, Verpflichtungsgrad der Norm

9   § 18 regelt in allen Absätzen für die jeweiligen Leistungsberechtigten einen **subjektiven Rechtsanspruch** auf Beratung und Unterstützung, wie sich aus dem Wortlaut („hat oder haben Anspruch") unmittelbar ergibt. Auf die Gewährung entsprechender Leistungen der Kinder- und Jugendhilfe besteht somit ausnahmslos ein vor den Verwaltungsgerichten einklagbarer Rechtsanspruch gegen die gemäß §§ 86, 86 a zuständigen Träger der öffentlichen Jugendhilfe (§ 3 Abs. 2 Satz 2). § 18 normiert allerdings nicht, wie die Leistungen konkret zu gestalten sind. Insoweit kann man von einem „harten Anspruch auf eine weiche Leistung" sprechen (vgl VorKap. 2 Rn 9). Allerdings müssen die zuständigen Träger die erforderlichen Leistungen überhaupt anbieten und so gestalten, dass der Inhalt einer in Anspruch genommenen Beratungs- und Unterstützungsleistung zweck- und zieldienlich ist. Bei fehlender bzw fachlich fehlerhafter Beratung entstehen zu Gunsten der Betroffenen **Schadensersatzansprüche aus Amtshaftung** (Art. 34 GG iVm § 839 BGB; s. § 1 Rn 35).

VI. Beratung und Unterstützung alleinsorgender Mütter und Väter bei der Ausübung der Personensorge einschließlich der Geltendmachung von Unterhalts- oder Unterhaltsersatzansprüchen des Kindes oder Jugendlichen (Abs. 1 Nr. 1)

10   Im Hinblick auf die **Leistungsberechtigten** normiert **Abs. 1 Nr. 1,** dass **(nur) Mütter und Väter,** die rechtlich oder tatsächlich für ein Kind oder einen Jugendlichen alleine sorgen, einen Anspruch auf Beratung und Unterstützung bei der Personensorge einschließlich der Geltendmachung von Unterhalts- oder Unterhaltsersatzansprüchen des Minderjährigen haben. **Großeltern und andere Sorgerechtsinhaber gehören nicht** zum begünstigten Adressatenkreis. Auch nicht Vormünder oder Pfleger eines Kindes. Ihnen stehen vergleichbare Ansprüche (allein) gemäß § 53 Abs. 2 zu. Benötigen Kinder oder Jugendliche in der Obhut von Großeltern oder anderer Personen Unterstützung bei der Geltendmachung von Unterhalts- oder Unterhaltsersatzansprüchen, so sind dafür Pflegschaften gemäß § 1909 BGB einzurichten.

11   **Die erste Alternative (rechtliche Alleinsorge)** gilt für Mütter, wenn bei nicht miteinander verheirateten Eltern eine gemeinsame Sorgeerklärung nicht vorliegt (§ 1626 a Abs. 2 BGB). Bei (miteinander verheirateten bzw gemäß § 1626 Abs. 1 Nr. 1 BGB gemeinsam sorgeberechtigten) Müttern und Vätern besteht sie nach Trennung oder Scheidung aufgrund einer familiengerichtlichen Entscheidung gemäß

§§ 1671, 1672 BGB, im Falle des Todes des anderen Elternteils, Entzug (§ 1666 BGB) oder Ruhen der Sorge oder tatsächlicher Verhinderung gemäß §§ 1678, 1680 BGB.

Die zweite Alternative (tatsächliche Alleinsorge) stellt nicht auf die rechtliche, sondern auf die faktische **12** Situation ab. Ausreichend hierfür ist, dass ein Elternteil faktisch allein für das Kind sorgt, obwohl er/ sie weiterhin rechtlich mit dem anderen Elternteil die gemeinsame elterliche Sorge teilt. Tatsächliche Alleinsorge besteht, wenn/weil den Eltern zwar die gemeinsame elterliche Sorge zusteht, aber ein Elternteil die Personensorge und/oder Betreuung und Erziehung des Kindes faktisch allein ausübt; so etwa im Falle einer beabsichtigten Trennung/Scheidung, sofern der andere Elternteil sich an der Erziehung des Kindes nicht mehr beteiligt. Diese Alternative hat zB Bedeutung für die Geltendmachung von Unterhaltsansprüchen des Kindes gegen den anderen (sorgeberechtigten) Elternteil gemäß § 1629 Abs. 2 Satz 2 BGB. Der Kreis der Adressaten geht daher weiter als bei der Beistandschaft (vgl § 52 a). Die Leistung schließt hier aber ebenfalls eine Vertretung des Kindes im Prozess aus.

Die Beratung und Unterstützung bezieht sich auf die **Ausübung der Personensorge** sowie auf allgemeine **13** Hilfen in Erziehungsfragen wie auch in praktischen Fragen (zB der Hauswirtschaft) und auch in Konfliktfällen mit dem anderen Elternteil (so auch Wiesner/Struck § 18 Rn 7). Im Zusammenhang mit der Ausübung der Personensorge ist Beratung nicht als allgemeine Familien- oder Erziehungsberatung zu verstehen. Beratung in allgemeinen Fragen der Erziehung regelt § 16, Erziehungsberatung als HzE § 28. Beratung bei der Ausübung der Personensorge gemäß § 18 Abs. 1 Nr. 1 ist als spezielle Vorschrift gerade für alleinerziehende und/oder alleinsorgende Eltern auszugestalten. Sie befasst sich mit allen Fragen, die mit der rechtlichen und tatsächlichen Ausübung der Personensorge verbunden sind. Die jeweils konkrete Situation, in der sich die alleinerziehende Person befindet, ist das ausschlaggebende Moment für die zu erbringende Beratungsleistung. Dem jeweiligen Elternteil soll die Möglichkeit geboten werden, sein Personensorgerecht mit Hilfe des öffentlichen Trägers der Jugendhilfe zum Wohl des Kindes oder Jugendlichen besser ausüben zu können.

Gegenstand der Beratung und Unterstützung ist auch die Geltendmachung von **Unterhalts- oder Un-** **14** **terhaltsersatzansprüchen** des Kindes oder Jugendlichen (nicht des Elternteils). Die Unterstützung bezieht sich auf die Beratung über Grund und Höhe des Unterhalts. Die Unterhaltsansprüche eines Kindes richten sich nach §§ 1601 ff BGB. Unterhaltsersatzansprüche können sich ergeben gemäß § 48 SGB VI, §§ 38, 45, 47 BVG, § 7 UVG, § 94 SGB XII, Schadensersatzansprüche gemäß § 844 BGB.

Die Aufgabenkreise von Beratung und Unterstützung nach Abs. 1 Nr. 1 und die Beistandschaft gemäß **15** § 1712 BGB sind somit partiell deckungsgleich, weshalb die Aufgabe nach Abs. 1 Nr. 1 auch „kleine Beistandschaft" genannt wird (Kunkel/Kunkel § 18 Rn 5). Der maßgebliche Unterschied besteht darin, dass die Beistandschaft gemäß § 1712 BGB die gesetzliche Vertretung des Kindes einschließt, was im Rahmen der Beratung nach Abs. 1 Nr.1 ausgeschlossen ist. Allerdings hat das JA die Pflicht, den betroffenen Elternteil auf die Möglichkeit der Beistandschaft nach § 1712 BGB hinzuweisen.

VII. Beratung und Unterstützung von Müttern und Vätern bei der Geltendmachung ihrer Unterhaltsansprüche nach § 1615 l des Bürgerlichen Gesetzbuchs (Abs. 1 Nr. 2)

Gegenstand von Beratung und Unterstützung gemäß Abs. 1 Nr. 2 sind Ansprüche von Müttern und **16** Vätern, die nicht miteinander verheiratet sind oder waren, wegen ihrer Ansprüche auf Unterhalt gemäß § 1615 l BGB „aus Anlass der Geburt" ihres Kindes (sog. Betreuungsunterhalt). Unterhaltsansprüche gemäß § 1615 l BGB haben auf Grund des am 1.1.2008 in Kraft getretenen „Gesetzes zur Änderung des Unterhaltsrechts" (UÄndG) wichtige Änderungen für den Unterhaltsanspruch von Eltern gebracht, die ein nichteheliches Kind betreuen. Die Änderung war eine Folge des Beschlusses des BVerfG (28.2.2007 – 1 BvR 1620/04 – JAmt 2007, 377 ff). Das Gericht erklärte in diesem Beschluss die bisherige Regelung in § 1615 l Abs. 2 Satz 3 BGB wegen Verstoßes gegen Art. 6 Abs. 5 GG für verfassungswidrig. Diese Norm hatte die Dauer von Unterhaltsansprüchen von betreuenden Eltern von ehelichen bzw nichtehelichen Kindern zu Lasten nichtehelicher Mütter, und damit faktisch auch für deren Kinder, unterschiedlich geregelt.

Aufgrund der neuen Regelungen des UÄndG wurde zum einen die Dauer des Betreuungsunterhalts für **17** Eltern nichtehelicher Kinder gemäß § 1615 l Abs. 2 Satz 2 BGB ausgeweitet und mit der des Anspruchs auf Betreuung von Eltern ehelicher Kinder gemäß § 1570 BGB in Übereinstimmung gebracht. Damit sind die Unterhaltsansprüche wegen Betreuung für eheliche wie nicht eheliche Eltern nunmehr identisch. Zum anderen wurde der Anspruch auf Betreuungsunterhalt im sog. Mangelfall verbessert, weil die Rangstellung für Unterhaltsansprüche von minderjährigen Kinder betreuenden Eltern gemäß

§ 1609 Nr. 2 BGB verbessert wurde (vgl im Einzelnen Wever FamRZ 2008, 553; Meier FamRZ 2008, 101).

18 Das UÄndG hat mit der Neufassung des § 1612 a BGB den mit der Änderung des § 1610 BGB zum 30.6.1998 weggefallenen **Mindestunterhalt** wieder eingeführt und den Regelunterhalt abgeschafft. Der Mindestunterhalt nach § 1612 a Abs. 1 Satz 2 BGB „richtet sich nach dem doppelten Freibetrag für das sächliche Existenzminimum eines Kindes (Kinderfreibetrag) nach § 32 Abs. 6 Satz 1 EStG". Das Familienleistungsgesetz (FamLeistG) vom 22.12.2008 (BGBl. I, 2955) erhöhte den Kinderfreibetrag, was zu einer Veränderung des Mindestunterhalts gemäß § 1612 a BGB führte (vgl zu den ab 1.1.2009 maßgeblichen Barunterhalts(zahl)beträgen beispielhaft die Düsseldorfer Tabelle in FuR 2009, 89). Gleichzeitig normierte Art. 2 Nr. 2 FamLeistG die Erhöhung des Kindergeldes ab 1.1.2009, was zu einer Veränderung der Höhe des Barunterhalts(zahl)betrages führt. Nach diesen Gesetzesänderungen wird der Bedarf an Beratung und Unterstützung sowohl für den Betreuungsunterhaltsanspruch nach § 1615 l BGB als auch des Kindesunterhalts gemäß §§ 1601 ff, 1609, 1612 a BGB in der Praxis noch mehr an Bedeutung gewinnen und an die Jugendhilfe neue Anforderungen stellen. Dies gilt umso mehr, als die Zahl der nichtehelich geborenen Kinder unvermindert ansteigt.

19 Für Mütter und Väter normiert § 1615 l BGB nunmehr folgende Unterhaltsansprüche:

- Ansprüche der **Mutter** gegen den Vater für die Dauer von sechs Wochen vor und acht Wochen nach der Geburt des Kindes (**Mutterschutzunterhalt**), § 1615 l Abs. 1 Satz 1 BGB;
- Ansprüche der **Mutter** hinsichtlich der Kosten, die infolge der Schwangerschaft oder der Entbindung außerhalb dieses Zeitraumes entstehen (**Kostenersatz**), § 1615 l Abs. 1 Satz 2 BGB;
- Ansprüche der **Mutter** auf fortgesetzten Unterhalt über die acht Wochen nach der Geburt des Kindes hinaus, weil sie infolge Schwangerschaft oder einer durch die Schwangerschaft oder die Entbindung verursachten Krankheit außerstande ist, einer Erwerbsarbeit nachzugehen (**Krankheitsunterhalt**), § 1615 l Abs. 2 Satz 1 BGB; die Unterhaltspflicht wegen Krankheit beginnt frühestens vier Monate vor der Geburt und besteht für mindestens drei Jahre nach der Geburt (§ 1615 l Abs. 2 Satz 1 und 3 BGB).
- Ansprüche auf **Betreuungsunterhalt der Mutter**, wenn wegen der Pflege oder Erziehung des Kindes eine Erwerbstätigkeit nicht erwartet werden kann, beginnend frühestens vier Monate vor der Geburt für mindestens drei Jahre (§ 1615 l Abs. 2 Satz 2 und 3 BGB) und verlängert sich, solange und soweit dies der Billigkeit entspricht (§ 1615 l Abs. 2 Satz 4 BGB), wobei insb. die Belange des Kindes und die bestehenden Möglichkeiten der Kindesbetreuung zu berücksichtigen sind (§ 1615 l Abs. 2 Satz 5 BGB);
- Ansprüche auf **Betreuungsunterhalt des Vaters** nach § 1615 l Abs. 2 Satz 2, Abs. 4 BGB, Abs. 2 Satz 2, § 1615 l Abs. 4 BGB.

Wie bei allen anderen Unterhaltsansprüchen gelten auch hier die allgemeinen Voraussetzungen der **Bedürftigkeit und Leistungsfähigkeit** (§ 1615 l Abs. 3 Satz 1 BGB).

20 Gemäß Abs. 1 Nr. 2 sind **auch betreuende Väter direkt anspruchsberechtigt**. Ihnen können gemäß § 1615 l Abs. 4 BGB vergleichbare Unterhaltsansprüche bei Pflege und Erziehung des Kindes gemäß § 1615 l Abs. 2 Satz 2 BGB (Betreuungsunterhalt) wie Müttern zustehen. Deshalb ist auch ein gesetzlich festgeschriebener, vergleichbarer Beratungsanspruch die logische Konsequenz.

21 Voraussetzung für die entsprechenden Leistungen nach § 18 ist, dass die Eltern des Kindes nicht miteinander verheiratet sind oder waren. Für Unterhaltsansprüche zwischen „Eheeltern" gelten §§ 1361, 1362 BGB, zwischen geschiedenen Eltern §§ 1570 ff BGB. Für die **Geltendmachung des Beratungsanspruchs** ist es nicht erforderlich, dass die Nichtehelichkeit des Kindes bereits rechtskräftig festgestellt ist oder auf Grund eines Anerkenntnisses feststeht, sondern es genügt, wenn der als Erzeuger in Betracht kommende Mann seine Vaterschaft nicht ernsthaft bestreitet. Die Beratung schließt auch die Frage ein, ob ein entsprechender Unterhaltsanspruch überhaupt besteht bzw geltend gemacht werden soll/kann. Deshalb ist für den Beratungsanspruch nicht erheblich, ob für die **Geltendmachung entsprechender Unterhaltsansprüche** es ausreicht, wenn der als Erzeuger in Betracht kommende Mann seine Vaterschaft nicht ernsthaft bestreitet (so Palandt/Diederichsen § 1615 l Rn 3; OLG Zweibrücken FamRZ 1998, 554) oder ob die Vaterschaft des in Anspruch genommenen Mannes festgestellt sein muss (so OLG Celle 17.11.2004 – 15 WF 273/2004 – FamRZ 2005, 747 mwN).

VIII. Beratung und Unterstützung von Müttern und Vätern, die mit dem anderen Elternteil nicht verheiratet sind, über die Abgabe der Sorgeerklärung, Abs. 2

Die Einfügung der Beratungshilfeleistung gemäß **Abs. 2** unterstreicht die Bedeutung der gemeinsamen 22 elterlichen Sorge auch für „nichteheliche Kinder". Gegenstand der Beratung und Unterstützung sind **Fragen zur Abgabe der Sorgeerklärung gemäß § 1626 a Abs. 1 Nr. 1 BGB**. Danach steht die elterliche Sorge den Eltern, die bei der Geburt ihres Kindes nicht miteinander verheiratet sind, (nur dann) gemeinsam zu, wenn sie erklären, dass sie die Sorge gemeinsam übernehmen wollen (Sorgeerklärungen). § 52 a Abs. 1 Nr. 5 sieht bislang insoweit lediglich die Beratung und Unterstützung der Mutter, nicht des Vaters, vor. § 52 a Abs. 1 Nr. 5 kam im Rahmen des KindRG auf Empfehlung des Rechtsausschusses im Bundestag in das SGB VIII. Die Absicht war, die Bedeutung der gemeinsamen elterlichen Sorge auch für Kinder, deren Eltern nicht miteinander verheiratet sind, zu unterstreichen (BT-Drucks. 13/8511, 82). Diese Absicht des Gesetzgebers wird dann tatsächlich effektiv, wenn neben der Mutter auch der Vater entsprechend beraten wird, um auch ihn zu motivieren, gemeinsam mit der Mutter die elterliche Sorge für das gemeinsame Kind zu übernehmen. Unbeschadet der Frage der Verfassungsmäßigkeit der Regelung des § 1626 a BGB (sie wurde vom BVerfG mit Beschluss vom 29.1.2003 – 1 BvL 20/99 und 1 BvR 933/01 – NJW 2003, 955 bejaht), müssen auf Grund der Vorgaben in Art. 6 Abs. 2 Satz 1, Abs. 5 GG auch „nichteheliche Kinder" die Möglichkeit erhalten, so gut es geht, von Eltern versorgt zu werden, die die gemeinsame elterliche Sorge leben. Dies sieht § 1626 a Abs. 1 Nr. 1 BGB vor. Damit Eltern, dh Mütter und Väter, diese Möglichkeit der rechtlichen Absicherung ihrer gemeinsamen elterlichen Sorge auch effektiv nutzen können, sieht Abs. 2 eine entsprechende Beratungs- und Unterstützungsleistung der Kinder- und Jugendhilfe vor. Diese Beratung ist umso wichtiger, als der Gesetzgeber auf Grund der Vorgabe des BVerfG eine Übergangsregelung treffen musste für sog. Altfälle, also für „nichteheliche" Eltern, die ihr Zusammenleben vor dem 1.7.1998 (Inkrafttreten des KindRG) beendeten (vgl Art. 24 § 2 Abs. 3-5 EGBGB).

IX. Beratung und Unterstützung bei der Ausübung des Umgangsrechts – Abs. 3

Inhalt des Umgangsrechts sind der persönliche Kontakt des Kindes mit dem umgangsberechtigten bzw 23 umgangsverpflichteten Elternteil bzw Auskunftsrechte der Eltern ihr Kind betreffend gemäß §§ 1684, 1686 BGB sowie der Umgang mit anderen Bezugspersonen gemäß § 1685 BGB. Kommt der Umgang nicht zustande, weil sich die Eltern nicht verständigen (können), entscheidet (auch ohne Antrag) das FamG nach Anhörung des JA gemäß §§ 151, 155, 156 ff, 162 FamFG (s. Anhang § 50 Rn 48; bis zum 31.8.2009 § 49 a Abs. 1 FGG).

Bei der Wahrung bzw Durchsetzung seines (subjektiven) Rechts auf Umgang soll das Kind beraten und 24 unterstützt werden. In der Praxis kommt es bei der Gestaltung wie bei der Ausübung des Rechts des Kindes und der Pflicht bzw des Rechts der Eltern zum/auf Umgang teilweise zu erheblichen Schwierigkeiten, die oft aus widerstreitenden Erziehungseinstellungen der Eltern zueinander bzw in vielen Fällen aus ihrem nicht bewältigten Paarkonfliktes folgen. In diesem Interessenwiderstreit benötigen die Kinder und Jugendlichen fachkundige und niederschwellige Beratung und Unterstützung, die ihnen durch die Eltern (in solchen Fällen) nicht zufrieden stellend gewährt wird. Um den Kontakt und die für die Entwicklung des Kindes so wichtigen sozialen Beziehungen und emotionalen Bindungen zu seinen Bezugspersonen zu erhalten, aufzubauen, weiterzuentwickeln und zu fördern, sieht Abs. 3 einen umfangreichen Katalog von Beratungs- und Unterstützungsansprüchen der Betroffenen im Kontext des Umgangsrechts vor.

Abs. 3 Satz 1 normiert für Kinder und Jugendliche einen Anspruch auf **Beratung und Unterstützung** 25 **bei der Ausübung ihres eigenen (subjektiven) Rechts auf Umgang**. Gemäß § 1684 Abs. 1 Hs 1 BGB hat das Kind ein Recht auf Umgang mit jedem Elternteil. Gemäß § 1684 Abs. 1 Hs 2 BGB ist jeder Elternteil zum Umgang mit dem Kind verpflichtet und berechtigt. Gemäß § 1626 Abs. 3 BGB und Art. 9 Abs. 3 UN-KRK (hierzu § 6 Rn 12) gehört zum Wohl des Kindes idR der Umgang mit beiden Elternteilen. Dem entsprechend normiert **Art. 24 Abs. 3 Charta der Grundrechte der EU**: „Jedes Kind hat Anspruch auf regelmäßige persönliche Beziehungen und direkte Kontakte zu beiden Elternteilen, es sei denn, dies steht dem Wohl des Kindes entgegen." Durch die Verankerung der **elterlichen Umgangspflicht** vor dem Umgangsrecht wird der vorrangige **Pflichtencharakter** für die Eltern betont. Eltern haben demnach die Pflicht, alles zu tun, damit das Kind zu seinem Recht kommt bzw gemäß § 1684 Abs. 2 Satz 1 BGB alles zu unterlassen, was das Verhältnis des Kindes zum jeweils anderen Elternteil beeinträchtigt oder die Erziehung erschwert. Der elterlichen Pflicht auf Umgang korrespondiert somit das Recht des Kindes auf Umgang.

26 Mit der Regelung des Umgangs als Recht des Kindes sollte ein **Bewusstseinswandel für Eltern** bewirkt werden. Eltern, bei denen das Kind lebt, sollten ermutigt werden, die Kontakte des Kindes zum anderen Elternteil offensiv anzugehen und nicht zu erschweren. Dem umgangsberechtigten Elternteil sollte bewusst gemacht werden, den Umgang wahrzunehmen und sich nicht dem Kind zu entziehen. Diese Ziele sind offensichtlich noch nicht genügend erreicht worden. Eine rechtstatsächliche Evaluation zum KindRG ergab, dass nach wie vor in erheblichem Ausmaß **Kontaktabbrüche zu den Kindern** zu verzeichnen sind, bis zu **42,8 %** innerhalb von zwei Jahren seit der Scheidung bei Eltern mit alleiniger elterlicher Sorge und **10,0 %** bei Eltern mit gemeinsamer elterlicher Sorge (Proksch 2002, 143). Für den Kontaktabbruch sind grundsätzlich beide Eltern verantwortlich. Allerdings scheint es, dass vor allem die hauptbetreuenden Eltern sich schwer tun, das Recht ihres Kindes auf Umgang mit dem anderen Elternteil zu gewährleisten. Fachkräfte beklagen insoweit, dass vor allem bei hauptbetreuenden Eltern noch nicht im erforderlichen Maß eine entsprechende Änderung des Bewusstseins feststellbar sei, während umgangsberechtigte Eltern immer mehr und deutlicher ihr Recht auf Umgang mit ihrem Kind geltend machen (Proksch 2002, 155 ff u. 226 ff). Hier erscheint weiter Beratungsbedarf für Eltern auch durch das JA. Insoweit trifft sich die Beratungsleistung nach § 18 Abs. 3 mit der nach § 52 a Abs. 1 Satz 1 Nr. 5.

27 Seinen Anspruch auf Umgang kann das Kind nicht selbst verfolgen, auch nicht mit 15 Jahren gemäß § 36 SGB I, weil das Umgangsrecht selbst keine Sozialleistung ist. Das jugendhilferechtliche Leistungsinstrument für eine effektive Verwirklichung seines Umgangsrechts ist der Anspruch des Kindes oder Jugendlichen gegenüber dem JA gemäß Abs. 3 Satz 1. Zur Verwirklichung seines Rechtsanspruchs vermittelt Abs. 3 Satz 1 einen eigenen Rechtsanspruch gegen das JA. Der Minderjährige kann sich gemäß § 8 Abs. 2 selbst an das JA wenden. Er kann gemäß § 8 Abs. 3 **auch ohne Kenntnis des oder der Personensorgeberechtigten** beraten werden, wenn die Beratung aufgrund einer Not- und Konfliktlage erforderlich ist und eine Mitteilung an den Personensorgeberechtigten, der möglicherweise den Umgang des Kindes zu dem anderen Elternteil nicht möchte, den Beratungszweck vereiteln würde. Jedoch hat das JA keine eigenen Befugnisse gegenüber dem Kind oder seinen Eltern. Es ist auf die Beratung beschränkt. Deshalb ist es sinnvoll und erforderlich, wegen des Elternrechts gemäß Art. 6 Abs. 2 Satz 1 GG auch unverzichtbar (so auch Kunkel/Kunkel § 18 Rn 9), die sorgeberechtigten Eltern bei der Regelung umgangsrechtlicher Konflikte zu beteiligen. Die über die Beratung hinausgehende, aktive Unterstützung zur Herstellung des Umgangs ist wegen Art. 6 Abs. 2 Satz 1 GG nur mit Beteiligung beider Eltern möglich.

28 Das Recht des Kindes gegen seine Eltern auf **Umgang ist grundsätzlich auch zwangsweise durchsetzbar.** Dies hat das BVerfG in seiner Entscheidung vom 1.4.2008 (1 BvR 1620/04 – FamRZ 2008, 845) ausdrücklich betont. Es hat ausgeführt, dass der mit der Verpflichtung eines Elternteils zum Umgang mit seinem Kind verbundene Eingriff in das Grundrecht aus Art. 2 Abs. 1 iVm Art. 1 Abs. 1 GG wegen der den Eltern durch Art. 6 Abs. 2 Satz 1 GG auferlegten Verantwortung für ihr Kind und dessen Recht auf Pflege und Erziehung durch seine Eltern gerechtfertigt ist. Es ist einem Elternteil zumutbar, zum Umgang mit seinem Kind verpflichtet zu werden, wenn dies dem Kindeswohl dient. Als gewichtige Basis für den Aufbau und Erhalt einer persönlichen familiären Beziehung ebenso wie für das Empfangen elterlicher Unterstützung und Erziehung ist der Umgang des Kindes mit seinen Eltern von maßgeblicher Bedeutung und trägt grundsätzlich zu seinem Wohl bei. Allerdings dient ein Umgang mit dem Kind, der nur mit Zwangsmitteln gegen seinen umgangsunwilligen Elternteil durchgesetzt werden kann, in der Regel nicht dem Kindeswohl (BVerfG FamRZ 2008, 852). Weil nicht auszuschließen sei, dass im Einzelfall „selbst ein erzwungenes Zusammentreffen mit dem Elternteil dem Wohle des Kindes dienen kann", hat das Gericht § 33 Abs. 1 Satz 1, Abs. 3 FGG nicht für verfassungswidrig erklärt. Diese Regelungen seien „verfassungsgemäß dahingehend auszulegen, dass eine zwangsweise Durchsetzung der Umgangspflicht eines den Umgang mit seinem Kind verweigernden Elternteils zu unterbleiben hat, es sei denn, es gibt im konkreten Einzelfall hinreichende Anhaltspunkte, die darauf schließen lassen, dass dies dem Kindeswohl dient" (BVerfG FamRZ 2008, 852; dazu auch Adelmann JAmt 2008, 289).

29 Zwangsmittel gemäß § 33 Abs. 1, Abs. 3 FGG mussten Eltern bislang kaum als **Sanktionen bei Verletzung des Rechts ihres Kindes auf Umgang** fürchten. Zwangsgeldverfahren zur Durchsetzung gerichtlicher Umgangsbeschlüsse kommen in der Praxis nur selten vor, die Anordnung von Zwangshaft findet praktisch so gut wie nicht statt (vgl Proksch 2002, 236 ff). Sie waren wegen der zu erfüllenden Voraussetzungen auch selten zielführend. Der Gesetzgeber des FamFG führt deshalb ab 1.9.2009 anstelle der Zwangsmittel gemäß § 33 Abs. 1 FGG Ordnungsmittel ein (§ 89 FamFG). Bei Zuwider-

handlungen gegen eine gerichtliche Anordnung (Entscheidung) zur Regelung des Umgangs kann das Gericht gegenüber dem Verpflichteten Ordnungsgeld und für den Fall, dass dieses nicht beigetrieben werden kann, Ordnungshaft anordnen (§ 89 Abs. 1 Satz 1 FamFG). Der Gesetzgeber verspricht sich dadurch mehr Effektivität bei der Umsetzung von Umgangsentscheidungen (vgl BT-Drucks. 16/6308, 168, 218). Die Anwendung „unmittelbaren Zwanges" gegen ein Kind darf nicht zugelassen werden, wenn das Kind herausgegeben werden soll, um das Umgangsrecht auszuüben (§ 90 Abs. 2 FamFG). Beibehalten wird das gerichtliche Vermittlungsverfahren gemäß § 165 FamFG (bislang 52 a FGG)

Zivilrechtlich sind grundsätzlich „Sanktionen" möglich. So kann das FamG einem umgangspflichtigen Elternteil mit (alleiniger oder gemeinsamer) elterlicher Sorge bei nachhaltiger Vereitelung des Umgangs, die § 1666 BGB erfüllt, die Personensorge bzw das Aufenthaltsbestimmungsrecht entziehen und auf den umgangsberechtigten Elternteil übertragen (OLG Brandenburg 21.11.2006 – 10 UF 128/06 – FamRZ 2007, 577). Grundsätzlich kann bei hartnäckiger Umgangsverweigerung auch eine Kürzung des Betreuungsunterhalts oder seine Verwirkung gemäß § 1579 Nr. 7 BGB in Betracht kommen (BGH 14.3.2007 – XII ZR 158/04 – FamRZ 2007, 882), soweit dadurch aber nicht das umgangsberechtigte Kind betroffen wird, sowie Schadensersatz (BGH 19.6.2002 – XII ZR 173/00 – FamRZ 2002, 1099). **30**

Nach **Abs. 3 Satz 2** sollen Kinder und Jugendliche darin unterstützt werden, dass die gemäß § 1684 BGB umgangsverpflichteten Eltern sowie die nach § 1685 BGB umgangsberechtigten (dritten) Personen (zB Pflegepersonen oder frühere Ehegatten eines Elternteils, der mit dem Kind längere Zeit in häuslicher Gemeinschaft gelebt hat) ihrer Pflicht nachkommen bzw von ihrem Recht zum Wohl des Kindes Gebrauch machen. Diese aktive Unterstützungspflicht zugunsten von umgangsberechtigten Kindern und Jugendlichen kann vor allem darin bestehen, den Kontakt zu den umgangspflichtigen bzw -berechtigten Personen aufzunehmen und sie auf die Bedeutung des Umgangs für die Entwicklung des Kindes hinzuweisen sowie den Umgang anzubahnen und Hilfestellung zu leisten bei der Ausgestaltung des Umgangs. Die Motivationsarbeit des JA kann durch Hinweise auf Regelungen gemäß § 1684 Abs. 3 BGB sowie auf Konsequenzen im Fall hartnäckiger Umgangsverweigerung erfolgen. **31**

Gleiches gilt gemäß **Abs. 3 Satz 3** für den eigenständigen Beratungs- und Unterstützungsanspruch von Eltern, anderen Umgangsberechtigten sowie **Personen, in deren Obhut sich das Kind befindet**, bei der Ausübung des Umgangs. Diese können zB Pflegeeltern sein, bei denen sich das Kind aufhält. Sie müssen den leiblichen Eltern, unabhängig von deren Recht auf Personensorge, den Umgang mit dem Kind ermöglichen. Bei **HzE außerhalb des Elternhauses** (§§ 32–34, 35 a Abs. 1 Satz 2 Nr. 3 und 4) sowie bei gemeinsamen Wohnformen für Mütter und Kinder gemäß § 19 hat das JA dafür Sorge zu tragen, dass die Bedürfnisse nach Umgangskontakten und die Umgangsrechte und Umgangspflichten aller Beteiligten beachtet werden. § 37 Abs. 1 Satz 1 und 3, der die Kinder- und Jugendhilfe verpflichtet, darauf hinzuwirken, dass die Pflegepersonen oder die in der Einrichtung für die Erziehung verantwortlichen Personen und die Eltern zum Wohl des Kindes oder des Jugendlichen zusammenarbeiten und die Beziehungen des Kindes oder Jugendlichen zur Herkunftsfamilie gefördert werden, ist zu beachten. **32**

Nach **Abs. 3 Satz 4** soll das JA bei der Auskunftsbefugnis gemäß § 1686 Satz 1 BGB, bei der Herstellung von Umgangskontakten und bei der Ausführung gerichtlicher oder vereinbarter Umgangsregelungen vermitteln bzw in geeigneten Fällen Hilfestellung leisten. Gemäß § 1686 BGB kann jeder Elternteil vom anderen Elternteil bei berechtigtem Interesse Auskunft über die persönlichen Verhältnisse des Kindes verlangen, soweit dies dem Wohl des Kindes nicht widerspricht. Über Streitigkeiten entscheidet das FamG. Das Auskunftsrecht bezieht sich zumeist auf solche Situationen, in denen der andere Elternteil keinen Kontakt zum Kind hat oder das Umgangsrecht nicht in jedem Fall dazu führt, alle notwendigen Kenntnisse von dem Kind selbst zu erfahren. Die Kenntnisse über die persönlichen Verhältnisse wiederum können aber für den umgangsberechtigten Elternteil von Wichtigkeit sein, um einen dem Kind angemessenen Umgang pflegen zu können. Bei der Verfolgung dieses Rechts nach § 1686 BGB soll die Kinder- und Jugendhilfe vermitteln bzw in geeigneten Fällen konkrete Hilfestellung leisten. Ob ein Fall geeignet ist, ist vom JA in eigener Fachlichkeit zu entscheiden. **33**

Bei der Herstellung von Umgangskontakten und bei der Ausführung gerichtlicher oder vereinbarter Umgangsregelungen setzt der Gesetzgeber auf die **Vermittlungstätigkeit** der Kinder- und Jugendhilfe mit dem Ziel, bei den Eltern, aber auch bei den umgangsberechtigten Dritten das notwendige Bewusstsein für die Bedeutung des Umgangs für die Entwicklung des Kindes zu schaffen. Die Kinder- und Jugendhilfe soll in Konflikten zwischen Umgangsberechtigten/-pflichtigen und ihren Kindern und Jugendlichen einerseits sowie andererseits zwischen Umgangsberechtigten und Umgangspflichtigen untereinander vermittelnd und schlichtend tätig werden. Bei der konkreten Ausgestaltung der jugendhilferechtlichen Beratungs- und Unterstützungsaufgaben sind im Einzelfall unterschiedliche Konstel- **34** lationen denkbar, die die Aufgabe und Methodik der Beratung sowie die Maßnahmen und Formen bei der praktischen Unterstützung zur Umsetzung des Umgangsrechts bestimmen. Je nach Höhe des jeweiligen Konfliktniveaus sind unterschiedliche Interventionsinstrumente zu nutzen. Beratende Gespräche zwischen sorgeberechtigten und umgangsberechtigten Personen, Bereitstellung von Räumen, die Anwesenheit von neutralen oder Fachpersonen, Vermittlung an der Beteiligung an Elterngruppen sowie betreuter bzw beschützter Umgang sind entsprechende Möglichkeiten. Als effektiv, auch bei hochstrittigen Beteiligten, hat sich die Durchführung von **Mediation** erwiesen, ggf gekoppelt mit Beratung oder Therapie (Proksch 1998; Trenczek ZKJ 2009, 102).

X. Begleiteter Umgang

35 Der Gesetzgeber hat das Recht des Kindes auf Umgang bewusst als dessen subjektives Recht ausgestaltet. Die Entscheidung des Gesetzgebers beruhte auf der Erkenntnis, dass der Umgang des Kindes mit Mutter und Vater für seine Entwicklung und für sein Wohlergehen (vgl § 1626 Abs. 3 BGB) von herausragender Bedeutung ist. Der Ausschluss oder die Beschränkung dieses Rechts des Kindes darf nur als „ultima ratio" ergehen, wenn andernfalls das Wohl des Kindes gefährdet wäre (§ 1684 Abs. 4 Satz 2 BGB). Primäres Ziel des **„begleiteten" Umgangs, teilweise auch „beschützter" oder „betreuter" Umgang** genannt, ist es, den Eltern-Kind-Kontakt auch in solchen Fällen zu ermöglichen, in denen, bedingt durch Konflikte auf der Eltern-Ebene oder in Gefährdungssituationen (zB Verdacht auf Missbrauch oder auf Kindesentziehung), eine Gefährdung des Kindes im Rahmen seines Kontakts mit dem umgangsberechtigten Elternteil nicht ausgeschlossen werden kann. Zu der Verpflichtung gemäß Abs. 3 Satz 4, bei der Herstellung von Umgangskontakten und bei der Ausführung gerichtlicher oder vereinbarter Umgangsregelungen zu vermitteln und in geeigneten Fällen konkrete Hilfestellung zu leisten, gehört deshalb auch die Aufgabe des begleiteten Umgangs. Für die Kinder- und Jugendhilfe ergibt sich dadurch ein weiteres Aufgabenfeld. Als ziel- und zeitbezogene Intervention (also keine Dauerlösung) stellt er eine befristete (Ausnahme-) Maßnahme dar. Sie ist stets im Kontext der jeweiligen Situation und im Rahmen weiterer Beratungsmaßnahmen der Eltern zu sehen (zum begleiteten Umgang mit Säuglingen und Kleinkindern vgl Fricke ZfJ 2005, 389).

36 Vom begleiteten Umgang wird in zwei unterschiedlichen, sich aber berührenden Kontexten, gesprochen. Zum einen kann das FamG nach § 1684 Abs. 4 Satz 3 BGB zum Wohl des Kindes das Umgangsrecht, als **milderes Mittel gegenüber dem Ausschluss des Umgangsrechts**, einschränken und insb. anordnen, dass der Umgang nur stattfinden darf, wenn ein mitwirkungsbereiteter Dritter (der seine Mitwirkungsbereitschaft dem Gericht gegenüber erklärt hat) anwesend ist. Mit dieser Entscheidung ordnet das FamG aber keine Jugendhilfeleistung an, sondern regelt im Rahmen des Familienrechts die zivilrechtlichen Voraussetzungen, unter denen Eltern und Kinder sich sehen können. Zum anderen verpflichtet **Abs. 3 Satz 4** die Kinder- und Jugendhilfe dazu, bei der Ausführung gerichtlicher oder vereinbarter Umgangsregelungen zu vermitteln und in geeigneten Fällen Hilfestellung zu leisten. Diese grundsätzlich auch von der Jugendhilfe zu finanzierende Leistung soll es ermöglichen, dass ein Kind mit einem Elternteil oder einem umgangsberechtigten Dritten Umgang haben kann. Sie besteht unabhängig davon, ob eine familiengerichtliche Anordnung nach § 1684 Abs. 4 Satz 3 BGB vorliegt.

37 Eine Verknüpfung der gerichtlichen Anordnung des begleiteten Umgangs nach § 1684 Abs. 4 Satz 3 BGB mit der Jugendhilfeleistung iSd Abs. 3 Satz 4 findet statt, wenn sich ein Träger der Kinder- und Jugendhilfe zum mitwirkungsbereiteten Dritten erklärt hat. Da das Gericht eine Mitwirkung nicht gegen den Willen eines Dritten anordnen kann, muss auch dieser seine Bereitschaft zur Übernahme der Aufgabe erklären. In Betracht kommende Einzelpersonen, private Träger der Kinder- und Jugendhilfe sowie Vereine, die nicht Träger der Jugendhilfe sind, können diese Entscheidung frei treffen. Träger der öffentlichen Kinder- und Jugendhilfe müssen bei ihrer Entscheidung beachten, dass sie gemäß Abs. 3 Satz 4 zwischen Kindern, Jugendlichen und Eltern bei der Ausübung des Umgangsrechts, bei der Herstellung von Umgangskontakten sowie bei der Ausführung gerichtlicher oder vereinbarter Umgangsregelungen vermitteln und in geeigneten Fällen Hilfestellung leisten sollen. Der Träger der öffentlichen Kinder- und Jugendhilfe kann daher in diesen Fällen aufgrund seiner **sozialrechtlichen Gewährleistungspflicht** aus § 79 Abs. 2 verpflichtet sein, seine Mitwirkungsbereitschaft in dem Verfahren vor dem FamG nach § 1684 Abs. 4 BGB zu erklären. Die fachliche Einschätzung der Kinder- und Jugendhilfe, ob im konkreten Einzelfall begleiteter Umgang geeignet ist, ist von der Entscheidung des FamG im Rahmen von § 1684 Abs. 4 BGB grundsätzlich unabhängig. Diese fachliche Einschätzung bleibt der Jugendhilfe auch vorbehalten, wenn ein „begleiteter Umgang" unmittelbar zwischen den Beteiligten vereinbart worden ist.

Eine **Ablehnung** begleiteten Umgangs **mangels Geeignetheit seitens des Trägers der öffentlichen Kin-** 38 **der- und Jugendhilfe** ist vor dem VG überprüfbar, denn bei der Formulierung „in geeigneten Fällen" handelt es sich um einen unbestimmten Rechtsbegriff, dessen Vorliegen durch die Gerichte voll über- prüfbar ist. Dagegen spricht auch nicht die Formulierung „soll" in Abs. 4 Satz 3, denn dabei handelt es sich nur um eine Konkretisierung des Rechtsanspruchs nach Abs. 4 Satz 1.

Zu unterscheiden vom begleiteten Umgang ist die **Bestellung eines Umgangspflegers** als Ergänzungs- 39 pfleger durch das FamG gemäß §§ 1666,1666 a BGB. Bei der Umgangspflegschaft handelt es sich um eine Ergänzungspflegschaft gemäß § 1909 BGB. Im Unterschied zum begleiteten Umgang, der eine Einschränkung des Umgangsrechts bedeutet, ist die Umgangspflegschaft nur im Wege der Abänderung der elterlichen Sorge möglich und kommt daher nur unter den Voraussetzungen des § 1666 BGB in Betracht. Der Umgangspfleger wird dann eingesetzt, wenn das FamG der Überzeugung ist, dass ein Umgang des Kindes mit einer ihm wichtigen Bezugsperson grundsätzlich seinem Wohl dient, aber Bedenken bestehen, dass der betreuende Elternteil den Umgang boykottieren könnte (zu den Voraus- setzungen der Einsetzung eines Umgangspflegers vgl OLG Zweibrücken 12.2.2007 – 6 UF 37/06 – FamRZ 2007, 1678). Entzieht das FamG dem betreuenden Elternteil das Umgangsbestimmungsrecht und überträgt es auf den Umgangspfleger, hat dieser die Aufgabe, auf eine einvernehmliche Regelung der Eltern hinzuarbeiten bzw wenn eine solche scheitert, von seinem Bestimmungsrecht Gebrauch zu machen (vgl DIJuF JAmt 2008, 89).

Begleiteter Umgang kommt insb. in Betracht, 40

■ wenn dadurch Ängsten von Kindern begegnet werden kann,

■ wenn bisher kein Umgang zwischen Kind und Elternteil bestanden hat oder ihr Kontakt länger zurückliegt,

■ wenn Bedenken im Hinblick auf die Person des Umgangsberechtigten bestehen, zB Zweifel an seiner Erziehungsfähigkeit oder Besorgnis wegen der Vernachlässigung des Kindes oder einer Ge- waltanwendung gegenüber dem Kind,

■ wenn eine Kindesentziehung befürchtet wird oder

■ wenn ein unbewiesener, aber nicht ausgeräumter Verdacht des (sexuellen) Missbrauchs besteht.

Die **praktische Ausgestaltung des begleiteten Umgangs,** ob mit oder ohne familiengerichtliche Anord- 41 nung, muss den unterschiedlichen Fallkonstellationen Rechnung tragen. Die Kinder- und Jugendhilfe ist aufgefordert, bei der Frage, welche Personen im Einzelfall als begleitende Dritte „geeignet" sind, auch Einzelpersonen aus dem nahen Umfeld der betroffenen Familie in Betracht zu ziehen. Deren Mitwirkung stellt allerdings keine Jugendhilfeleistung dar. Es kann jedoch im Einzelfall Aufgabe der Kinder- und Jugendhilfe sein, sie in ihrer Aufgabe zu unterstützen. Je größer das Konfliktpotenzial zwischen den Eltern ist und je stärker ein Bedürfnis nach Schutz des Kindes besteht, desto eher ist die Wahrnehmung des begleiteten Umgangs durch fachlich qualifizierte Kräfte der Kinder- und Jugendhilfe geboten. Sie sollen diese Aufgabe auf der Grundlage eines ausgearbeiteten fachlichen Konzepts wahr- nehmen. Dazu zählen insb. entsprechende Leistungsbeschreibungen des JA (vgl dazu handlungsleitend die „Vorläufigen Deutschen Standards zum begleiteten Umgang" des Staatsinstituts für Frühpädagogik München 2001; ferner Deutscher Verein NDV 1999, 200; Klinkhammer/Klotmann/Prinz 2004).

Begleiteter Umgang ist **keine auf Dauer angelegte Leistung.** Wesentliches Ziel des begleiteten Umgangs 42 ist es, bestehende Konflikte zu reduzieren und die Beteiligten baldmöglichst dazu zu befähigen, den Umgang zwischen dem Kind und seinen Eltern in eigener Verantwortung auch ohne Begleitung, ggf in Kooperation mit dem FamG, zu gestalten. Es ist Aufgabe des JA, die Möglichkeit des begleiteten Um- gangs entsprechend dem örtlichen Bedarf im Einzelfall sicherzustellen. Dies ist unabhängig davon, ob der „begleitete Umgang" zwischen den Beteiligten unmittelbar vereinbart oder gerichtlich angeordnet worden ist. Wenn sich die Träger der freien Jugendhilfe an der Erbringung dieser Jugendhilfeleistung beteiligen, kann der Träger der öffentlichen Jugendhilfe mit ihnen nach Maßgabe des Bedarfs Verein- barungen (§ 77) über die (pauschal) zur Verfügung zu stellenden finanziellen Mittel schließen.

XI. Beratung und Unterstützung für junge Volljährige – Abs. 4

Nach **Abs. 4 haben junge Volljährige bis zur Vollendung des 21. Lebensjahres** einen Anspruch auf 43 Beratung und Unterstützung bei der Geltendmachung von Unterhalts- oder Unterhaltsersatzansprü- chen. Das volljährig gewordene Kind muss seine Unterhaltsansprüche gegen den Barunterhaltspflich- tigen grundsätzlich selbständig geltend machen. Es ist auch berechtigt, für ihn titulierte (rückständige) Unterhaltsansprüche aus seiner Minderjährigkeit geltend zu machen (DIJuFJAmt 2007, 528) Gerade junge Volljährige benötigen häufig erhebliche Unterstützung bei der Geltendmachung von Unterhalts- oder Unterhaltsersatzansprüchen. Dies gilt in besonderem Maße für junge Volljährige, wenn sie aus Betreuungsverhältnissen oder Einrichtungen stammen, die ihnen die Art und Weise der Unterhaltssicherung bisher abgenommen haben. Junge Volljährige haben häufig Scheu, Unterhaltsansprüche geltend zu machen und notfalls auch rechtlich zu verfolgen. Ihnen fehlen die erforderlichen Kenntnisse über die ihnen zustehenden Ansprüche. Oft trauen sie sich auch nicht, rechtliche Schritte zur Durchsetzung einzuleiten. Der insoweit notwendige Beratungsbedarf hat sich auf Grund des UÄndG auch für junge Volljährige weiter vermehrt.

44 Gemäß §§ 1609 Nr. 1, 1603 Abs. 2 Satz 2 BGB stehen **junge Volljährige** bei der Unterhaltsregelung gemeinsam mit minderjährigen unverheirateten Kindern jetzt in Rangstufe eins, noch vor den wegen Kinderbetreuung unterhaltsberechtigten Eltern, solange sie im Haushalt ihrer Eltern oder eines Elternteils leben und sich in der allgemeinen Schulausbildung befinden (**privilegierte volljährige Kinder**), also entweder in der gesetzlichen Schulpflicht oder in deren Weiterführung wie Real-, Fachoberschulen oder Gymnasien. Nicht dazu zählen Schulen, die zu einem Beruf qualifizieren, wie zB Berufsfachschulen. Im Übrigen ist ihr Unterhaltsanspruch nachrangig gegenüber den betreuenden Elternteilen sowie Ehegatten und geschiedenen Ehegatten in Rangfolge vier (§ 1609 Nr. 4 BGB). Bei **privilegierten volljährigen Kindern iSv § 1609 Nr. 1, § 1603 Abs. 2 Satz 2 BGB** und auch bei allen anderen volljährigen Kindern wird, wie bisher, Betreuungsunterhalt nicht mehr geschuldet.

45 Eltern haften für den Barunterhalt nicht gleichmäßig, sondern anteilig entsprechend ihrem Einkommen. Das Kindergeld ist gemäß § 1612 b Abs. 1 Nr. 2 BGB in voller Höhe auf den Bedarf anzurechnen. Dabei ist unerheblich, ob ein Elternteil leistungsunfähig ist oder ob der Volljährige im Haushalt eines Elternteils lebt oder einen eigenen Haushalt führt. Die Anrechnung auf den Barbetrag hat zur Folge, dass die jeweiligen Haftungsanteile der Eltern erst dann berechnet werden, wenn das Kindergeld von dem Barbedarf abgezogen ist (zu Einzelheiten der Änderungen vgl Soyka FuR 2008, 157). Unverändert geblieben ist die bereits bisher bestehende verschärfte Unterhaltspflicht von Eltern für ihre gemäß § 1603 Abs. 2 Satz 2 BGB privilegierten volljährigen Kinder. Eltern müssen auch ihnen gegenüber alle verfügbaren Mittel zu ihrem eigenen und dem Unterhalt der Kinder gleichmäßig verwenden. Allerdings muss der (auch privilegierte) junge Volljährige, anders als das minderjährige Kind, auch den Stamm seines Vermögens zur Bestreitung seines Unterhaltsbedarfs einsetzen. Die Abschaffung der Regelbeträge durch das UÄndG hat auch Folgen für Leistungen nach dem UVG. § 2 UVG stellt seit dem 1.1.2008 auf den Mindestunterhalt ab. Darauf wird das Kindergeld angerechnet.

XII. Sozialdatenschutz, Zuständigkeit, Kosten

46 Bei der Beratung und Unterstützung gemäß § 18 müssen die Leistungserbringer den **Sozialdatenschutz gemäß §§ 62 bis 67** einhalten. Die Übermittlung von Informationen Unterhaltspflichtiger oder deren Arbeitgeber an das JA und an den betreuenden, sorgeberechtigten Elternteil ist nach § 64 Abs. 1 zwar zulässig (Zweckidentität), allerdings ist der Unterhaltspflichtige vorab darüber zu unterrichten (§ 67 a Abs. 3 Satz 1 SGB X). Soweit Fachkräfte im Rahmen des § 18 Abs. 1 und Abs. 4 beraten und vom Beratenen entsprechend bevollmächtigt sind, sind sie zu entsprechenden Auskunftsersuchen zB an Träger von Sozialleistungen, Meldebehörden und Unterhaltspflichtige berechtigt (DIJuF JAmt 2008, 419).

47 **Zuständig** ist der örtliche (§§ 86 ff) Träger (§§ 69, 85) der öffentlichen Kinder- und Jugendhilfe. Beratung und Unterstützung nach § 18 sind **kostenfrei**. Weder nach § 90 noch nach § 91 können Beiträge erhoben oder Gebühren geltend gemacht werden.

Weiterführende Literaturhinweise:

Altrogge 2007; *Büte* 2005; *Menne/Grundmann* 2007; *Proksch* 1998.

§ 19 Gemeinsame Wohnformen für Mütter/Väter und Kinder

(1) [1]Mütter oder Väter, die allein für ein Kind unter sechs Jahren zu sorgen haben oder tatsächlich sorgen, sollen gemeinsam mit dem Kind in einer geeigneten Wohnform betreut werden, wenn und solange sie aufgrund ihrer Persönlichkeitsentwicklung dieser Form der Unterstützung bei der Pflege und Erziehung des Kindes bedürfen. [2]Die Betreuung schließt auch ältere Geschwister ein, sofern die Mutter oder der Vater für sie allein zu sorgen hat. [3]Eine schwangere Frau kann auch vor der Geburt des Kindes in der Wohnform betreut werden.

(2) Während dieser Zeit soll darauf hingewirkt werden, dass die Mutter oder der Vater eine schulische oder berufliche Ausbildung beginnt oder fortführt oder eine Berufstätigkeit aufnimmt.

(3) Die Leistung soll auch den notwendigen Unterhalt der betreuten Personen sowie die Krankenhilfe nach Maßgabe des § 40 umfassen.

I. Sinn und Bedeutung der Norm

1. Einordnung der Norm

Die Hilfe wurde durch das SGB VIII – erstmals in rechtlich abgesicherter Form – als Angebot zur „Förderung der Erziehung in der Familie" eingeführt. Die systematische Einordnung der Vorschrift in den 2. Abschnitt des SGB VIII (Förderung der Erziehung in der Familie) verdeutlicht, dass die Hilfe der Entwicklung, Förderung und Stärkung der Erziehungsfähigkeit von Müttern und Vätern und damit auch ihrer **Elternautonomie** dient. Ebenso wie der Rechtsanspruch auf Förderung in Tageseinrichtungen und Kindertagespflege (§§ 24, 24 a) soll die Unterstützung dazu beitragen, Schwangerschaftsabbrüche zu vermeiden. In seiner **Rechtsqualität** handelt es sich bei der Vorschrift bezüglich der Mutter oder des Vaters nach Abs. 1 Satz 1 („soll") um eine Sozialleistung (§ 27 Abs. 1 Nr. 2 SGB I) in Form einer **Soll-Leistung** (zur Rechtsqualität vgl VorKap. 2 Rn 8). **1**

2. Änderung der Norm

Durch das 1. SGB VIII ÄndG (Einl. Rn 47) wurde die Vorschrift rechtlich und fachlich umgestaltet. Die geänderte Überschrift (früher Vater/Mutter-Kind-Einrichtungen) „Gemeinsame Wohnformen für Mütter/Väter und Kinder" macht deutlich, dass sich in der Praxis, über die traditionellen Mutter-Kind-Einrichtungen hinaus, anderweitige Wohnformen entwickelt haben (BT-Drucks. 12/2866, 19 f) und die Hilfe auch in **flexibler, integrierter Form** jeweils nach dem Hilfebedarf des Leistungsadressaten erbracht werden kann. Des Weiteren wurde durch Abs. 1 Satz 3 klargestellt, dass die schwangere Frau diese Hilfe auch bereits **vor der Geburt** des Kindes erhalten kann. Außerdem kann seither die Leistung auch auf **ältere Geschwister**, für die die Mutter/der Vater allein zu sorgen hat, **ausgedehnt** werden, um die wichtige Entwicklung von geschwisterlichen Beziehungen und Bindungen sicherzustellen (Abs. 1 Satz 2). Schließlich wurde auch der **notwendige Unterhalt** sowie die **Krankenhilfe** in den Leistungsumfang und die Leistungszuständigkeit der Jugendhilfe einbezogen (Abs. 3). **2**

Durch die Einfügung **„tatsächlich sorgen"** in Abs. 1 Satz 1 durch das KICK (Einl. Rn 47) ist klargestellt, dass es entscheidend auf die tatsächliche Sorge und Verantwortung für das Kind ankommt und weniger auf das „Sorgerecht". **3**

II. Sozialpädagogischer Inhalt der Norm

Die Leistung will Schwangeren, alleinerziehenden Müttern und Vätern Hilfe und Unterstützung anbieten, für die die (bevorstehende) Geburt eines Kindes häufig mit erheblichen persönlichen, familiären, **4** sozialen, emotionalen und/oder finanziellen Problemen verbunden ist. Diese Schwierigkeiten und der damit verbundene Hilfebedarf bestehen vor allem dann, wenn die Schwangere, die Mutter oder der Vater in ihrer/seiner eigenen Persönlichkeit noch nicht soweit entwickelt ist, dass sie/er diesen zusätzlichen Anforderungen durch die (bevorstehende) Geburt und der damit verbundenen Elternverantwortung gerecht werden kann. Damit **dient die Hilfe** zum einen der eigenen **Persönlichkeitsentwicklung des Elternteils** mit dem Ziel einer **selbstständigen Lebensführung gemeinsam mit dem Kind** und der Entwicklung einer eigenständigen und eigenverantwortlichen Elternrolle. Daneben trägt die Hilfe zur gesunden körperlichen, seelischen und geistigen Entwicklung des Kindes bei.

III. Gemeinsame Wohnformen – Abs. 1

1. Voraussetzungen

5   Neben **Müttern und Schwangeren** richtet sich die Hilfe auch an **Väter**, obwohl diese bisher nur in seltenen Fällen die Leistung in Anspruch nehmen. Eine Altersgrenze bei Schwangeren, Müttern oder Vätern sieht das Gesetz nicht vor; die Leistung beschränkt sich nicht nur auf junge Mütter (Wiesner NDV 1998, 225 f). Entscheidendes Kriterium ist, dass die oder der Leistungsberechtigte aufgrund ihrer/ seiner Persönlichkeitsentwicklung dieser Form der Unterstützung bei der Pflege und Erziehung des Kindes bedarf und diese Hilfe im Verhältnis zu anderen Hilfen angemessen und sachgerecht ist (Rn 10).

6   Voraussetzung für die Leistungsgewährung ist gleichzeitig, dass Mutter oder Vater **allein für ein Kind unter 6 Jahren Sorge zu tragen haben oder tatsächlich sorgen.** Bei mehreren Kindern darf das jüngste Kind nicht älter als 6 Jahre sein. Bezüglich der **Alleinsorge** ist – unabhängig von der elterlichen Sorge – auf das tatsächliche sich Sorgen und die Verantwortung von Mutter oder Vater abzustellen, wie jetzt klargestellt ist (Rn 3).

7   Die rechtliche oder tatsächliche Sorge muss sich auf ein **Kind unter 6 Jahren** beziehen. Der Gesetzeswortlaut lässt offen, ob bei dieser Altersbegrenzung auf den Beginn oder das Ende der Hilfe abzustellen ist. Entsprechend dem Sinn der Regelung ist **auf den Beginn der Leistung abzustellen,** weil eine abrupte Beendigung der Hilfe mit Vollendung des 6. Lebensjahrs des Kindes Sinn und Zweck der Leistung widerspräche (hM siehe Schellhorn u.a./Fischer § 19 Rn 14 mwN). Dies hätte zur Folge, dass unabhängig von der Persönlichkeitsentwicklung und einer gesicherten Lebensperspektive von Mutter/Vater und Kind die Leistung zu beenden wäre mit der Konsequenz, dass in vielen Fällen sowohl Mutter/Vater als auch das Kind anderweitiger, weitergehender ggf kostenintensiver stationärer Hilfen bedürfen.

8   Voraussetzung ist die Notwendigkeit von die Persönlichkeitsentwicklung unterstützender und fördernder Hilfen im Dienst der Pflege und Erziehung des Kindes. Ziel der Hilfe ist, Mütter und Väter zu befähigen, mit ihren Kindern selbstständig und eigenverantwortlich zu leben und sie iSv § 1 Abs. 1 zu fördern. Bei der Entscheidung über das Vorliegen dieser Tatbestandsmerkmale werden idR mehrere Faktoren, die sich durch die (bevorstehende) Geburt eines Kindes in besonderer Weise aktualisieren und verschärfen (siehe dazu DV NDV 1999, 281, 285), zusammenkommen und zu berücksichtigen sein. Diese Hilfen sollen insbesondere auch Hilfen zur schulischen und beruflichen Förderung umfassen (Abs. 2)

2. Rechtsfolgen

a) Gemeinsame Wohnformen

9   Der Begriff der **gemeinsamen Wohnform** umfasst Einrichtungen und „sonstige betreute Wohnformen" iSv § 34. Die Hilfe kann grundsätzlich in stationären, teilstationären oder in sonstigen betreuten Wohnformen erbracht werden (Rn 2). Im Rahmen der sonstigen betreuten Wohnformen besteht eine breite Varianz unterschiedlicher Konzeptionen und Modelle, jeweils geprägt durch relativ niedrige oder hohe Betreuungsintensität, relativ geringe oder größere wirtschaftliche Selbstständigkeit der zu Betreuenden. Daher kann die Betreuung von einer Unterbringung in einer Wohngruppe bis hin zum betreuten Einzelwohnen in einer selbst angemieteten Wohnung reichen. Entscheidend ist, dass die Verantwortung in Abgrenzung zu § 31 an ein Hilfesystem eines Trägers gekoppelt ist. Durch die Anbindung wird sichergestellt, dass die Mutter/der Vater im Bedarfsfall auf die organisatorische, fachliche und personelle Infrastruktur des Hilfesystems zurückgreifen kann.

b) Unterstützung bei der Pflege und Erziehung

Die Formulierung „Unterstützung bei der Pflege und Erziehung" weist darauf hin, dass ein **aktiver** 10 **Unterstützungsbedarf** Voraussetzung ist und begleitende oder beratende Hilfe nicht ausreicht. Dieser Unterstützungsbedarf muss sowohl hinsichtlich der Pflege, dh der körperlichen und gesundheitlichen Versorgung sowie der Ernährung, als auch im Hinblick auf die Erziehung als pädagogischer Prozess gegeben sein.

Die Formulierung „**solange**" macht auch deutlich, dass die Hilfe nicht auf unbegrenzte Zeit gewährt 11 werden kann, sondern abhängig vom Fortschritt der Persönlichkeitsentwicklung ist. Dies kann bedeuten, dass die Hilfe kürzer als geplant sein kann, wenn die angestrebte **Verselbstständigung** auch im schulischen oder Ausbildungsbereich früher erreicht wird.

c) Einbeziehung von älteren Geschwistern – Abs. 1 Satz 2

Abs. 1 Satz 2 stellt sicher und ermöglicht, dass auch **ältere Geschwister** des (un- oder neugeborenen) 12 Kindes in die Betreuung einbezogen werden können. In der Regel werden sie – unabhängig von ihrem Alter – genauso in die Hilfe mit einzubeziehen sein wie das Kleinkind. Gerade wenn die Mutter/der Vater bereits ein Kind oder mehrere Kinder zu erziehen, zu betreuen und zu pflegen hat, kann sich bei der Neugeburt eines Kindes eine Überforderung so zuspitzen, dass erst jetzt ein Hilfebedarf erforderlich wird. Je nach Alter der Geschwisterkinder ist ihre (alters)angemessene Betreuung zu gewährleisten.

IV. Schulische/berufliche Ausbildung, Berufstätigkeit – Abs. 2

Gem. Abs. 2 soll während der Betreuung darauf hingewirkt werden, dass die Mutter oder der Vater 13 eine **schulische oder berufliche Ausbildung** beginnt, fortführt oder eine **Berufstätigkeit** aufnimmt. Dieses Ziel, neben der Stabilisierung der Persönlichkeitsentwicklung auch eine schulische oder berufliche Qualifikation anzustreben, ist für die Gesamtentwicklung vor allem deshalb von erheblicher Bedeutung, weil eine fundierte Schul- oder Berufsausbildung häufig Voraussetzung dafür ist, dass das Ziel der Hilfe – die selbstständige und eigenverantwortliche Lebensführung – erreichbar wird. Häufig stehen aber dem Hinwirken auf dieses Ziel erhebliche subjektive und/oder objektive Hindernisse entgegen. Zum einen ist die Mutter/der Vater – die/der häufig ohnehin Brüche in der schulischen oder beruflichen Sozialisation hat – damit überfordert, neben der Betreuung eines Kleinkindes auch eine kontinuierliche Schul- oder Berufsausbildung aufzunehmen oder fortzuführen. Weitere Hindernisse ergeben sich aufgrund der aktuellen **Arbeitsmarktlage**, die Müttern/Vätern häufig keine adäquate Ausbildungsmöglichkeit oder Berufstätigkeit in sozialräumlicher Nähe zur Verfügung stellt, insbesondere mangelt es an **Angeboten zur Teilzeitbeschäftigung oder Teilzeitausbildung**. Auch der „10. Kinder- und Jugendbericht" (BT-Drucks. 13/11368, 239) weist ausdrücklich auf das Problem hin, dass ein – in Abs. 2 vorgesehenes – Hinwirken auf eine schulische oder berufliche Ausbildung oder auf eine Berufstätigkeit die Mutter häufig überfordert und es überrasche, „dass der Gesetzgeber gerade diesen Frauen nicht mit der gleichen Selbstverständlichkeit einen 3-jährigen Erziehungsurlaub zubilligt, wie Arbeitnehmerinnen oder Studentinnen".

Abs. 2 verpflichtet deshalb zur **Hinwirkung** auf dieses Ziel, sodass diese Intention in der Leistungs- 14 vereinbarung oder im Hilfeplan (Rn 16) ihren Niederschlag finden muss und im Einzelfall zu begründen ist, aus welchen subjektiven oder objektiven Gründen dieses Ziel (noch) nicht bzw lediglich Teilziele erreicht werden konnten. Eine Einstellung der Hilfe darf deshalb nicht erfolgen (Wiesner/Struck § 19 Rn 10). Die Hilfe sollte auch nicht dann unmittelbar eingestellt werden, wenn die Mutter/der Vater – dem Ziel der Hilfe entsprechend – eine Berufstätigkeit aufnimmt, wie in der Praxis in Einzelfällen geschehen, sondern noch so lange fortgesetzt werden, bis sie/er soweit stabilisiert erscheint, dass die **eigenständige und selbstverantwortliche Lebensführung mit dem Kind sichergestellt** ist.

V. Unterhalt, Krankenhilfe – Abs. 3

Der die Leistung umfassende „**notwendige Unterhalt**" analog § 39 und die ausdrücklich in Bezug ge- 15 nommene **Krankenhilfe** nach § 40 beziehen sich auf die nach der Vorschrift „betreuten Personen", dh neben Vater oder Mutter auch auf die betreuten Kinder einschließlich der in die Betreuung eingeschlossenen älteren Geschwister.

Die Hilfe nach § 19 sieht zwar nicht ausdrücklich ein Hilfeplanverfahren vor, wie dies gemäß § 36 für 16 den 4. Abschnitt (Hilfe zur Erziehung, Eingliederungshilfe für seelisch behinderte Kinder und Jugendliche, Hilfe für junge Volljährige) zwingend vorgeschrieben ist. Wegen Art und Intensität der Leistung nach § 19 erscheint eine **qualifizierte Hilfeplanung** – unabhängig von der fehlenden gesetzlichen Verortung in § 36 – unverzichtbar.

VI. Abgrenzung zu anderen Hilfen

17 Besteht bei Leistungsberechtigten nach § 19 gleichzeitig ein **Anspruch auf HzE (§§ 27, 34) oder Hilfe für junge Volljährige (§ 41) in Einrichtungen oder sonstigen betreuten Wohnformen**, so ist zu beachten, dass bei der Hilfe nach § 19 die **Persönlichkeitsentwicklung** der Leistungsberechtigten **im Vordergrund** steht und im Gegensatz zu den vorgenannten Hilfen eindeutig die Zielrichtung hat, die Persönlichkeitsentwicklung der Leistungsberechtigten so zu stützen, dass sie in der Lage sind, Pflege und Erziehung ihres Kindes eigenverantwortlich wahrzunehmen (siehe auch BVerwG 12.12.2002 – 5 C 48.01 – NDV-RD 2003, 54). Durch **§ 27 Abs. 4**, eingeführt mit dem KICK (Einl. Rn 47), ist geregelt, dass, wenn ein Kind oder eine Jugendliche während einer stationären Erziehungshilfe in einer Einrichtung oder Pflegefamilie selbst Mutter wird, die Hilfe zur Erziehung auch die Unterstützung bei der Pflege und Erziehung des Kindes umfasst (BT-Drucks. 15/5616, 25 f). Dadurch sind bisherige Abgrenzungsprobleme und unterschiedliche Rechtsauffassungen bei dieser Fallkonstellation zugunsten des **Vorrangs der Erziehungshilfe** gelöst. Aufgrund der Verweisungen in § 35 a Abs. 1 Satz 3 und § 41 Abs. 2 gilt dieser Vorrang auch zugunsten der Eingliederungshilfe für seelisch behinderte Kinder und Jugendliche und bei der Hilfe für (auch seelisch behinderte) junge Volljährige.

18 Bei der Abgrenzung von der **Eingliederungshilfe für Behinderte** gem. §§ 53 f SGB XII kommt der Vorrang der SGB XII-Leistungen nach § 10 Abs. 4 Satz 2 nicht zur Geltung. Sind die Voraussetzungen des § 19 erfüllt, gehen diese als „Komplexleistung" für Mutter und Kind, die nicht aufgespalten werden kann und soll, denjenigen nach §§ 53 ff SGB XII vor (BSG 24.3.2009 – S 16 SO 51/05; Dillmann/ Dannat ZfF 2009, 25, 31; s. auch VG Düsseldorf 31.8.1998 – 19 K 4705/95 – NDV-RD 1999, 86; VG Hamburg 26.5.2005 – 13 K 195/05 – ZfJ 2005, 486). Auf die Frage, ob der behinderte Elternteil das 27. Lebensjahr noch nicht vollendet hat und damit „junger Mensch" iSd Abs. 4 Satz 2 ist, kommt es nicht an (so noch die Vorinstanz LSG NW 30.7.2007 – L 20 SO 15/06 – JAmt 2007, 610; hierzu DIJuF JAmt 2008, 200). Unabhängig davon hat die Mutter/der Vater mit Behinderung Anspruch auf (Eingliederungs-)Hilfe bei der Versorgung ihres/seines Kindes, wenn sie/er infolge ihrer/seiner Behinderung nicht in der Lage ist, ihrer/seiner Verpflichtung zu Erziehung, Betreuung und Versorgung des Kindes nachzukommen (OVG NI NDV 1999, 281, 288).

19 Bei der Konkurrenz zu Ansprüchen aus **§ 67 SGB XII** ist zu beachten, dass hier der Vorrang der Jugendhilfe sowohl in § 10 Abs. 4 Satz 1 als auch in § 67 Satz 2 SGB XII festgeschrieben ist. Danach ist bei Vorliegen der Leistungstatbestände die Leistung nach § 19 vorrangig.

VII. Zuständigkeiten – Kostenheranziehung

20 Für die örtliche Zuständigkeit gilt § 86 b. Sachlich besteht die Verpflichtung des örtlichen Jugendhilfeträgers, die Leistung vorzuhalten (§ 85 Abs. 1, § 79). Gem. § 91 Abs. 1 Nr. 2, § 92 Abs. 1 Nr. 1, 3 und 4 werden **Kostenbeiträge** vom Kind, Jugendlichen, Leistungsberechtigten nach § 19 und dessen Ehe-/Lebenspartner erhoben.

21 Gem. § 78 a Abs. 1 Nr. 2 gelten §§ 78 b ff auch für Leistungen nach § 19, sodass der öffentliche Jugendhilfeträger zur Übernahme von Entgelten idR nur verpflichtet ist, wenn zuvor **Leistungs-, Entgelt- und Qualitätsentwicklungsvereinbarungen** mit dem Träger der Einrichtung oder seinem Verband abgeschlossen wurden (§ 5 Abs. 2 Satz 2, § 36 Abs. 1 Satz 5).

Weiterführende Literaturhinweise:

DV NDV 1999, 281; *Wiesner* NDV 1998, 225.

§ 20 Betreuung und Versorgung des Kindes in Notsituationen

(1) Fällt der Elternteil, der die überwiegende Betreuung des Kindes übernommen hat, für die Wahrnehmung dieser Aufgabe aus gesundheitlichen oder anderen zwingenden Gründen aus, so soll der andere Elternteil bei der Betreuung und Versorgung des im Haushalt lebenden Kindes unterstützt werden, wenn

1. er wegen berufsbedingter Abwesenheit nicht in der Lage ist, die Aufgabe wahrzunehmen,
2. die Hilfe erforderlich ist, um das Wohl des Kindes zu gewährleisten,
3. Angebote der Förderung des Kindes in Tageseinrichtungen oder in Kindertagespflege nicht ausreichen.

(2) Fällt ein allein erziehender Elternteil oder fallen beide Elternteile aus gesundheitlichen oder anderen zwingenden Gründen aus, so soll unter der Voraussetzung des Absatzes 1 Nr. 3 das Kind im elterlichen Haushalt versorgt und betreut werden, wenn und solange es für sein Wohl erforderlich ist.

I. Sinn und Bedeutung sowie sozialpädagogischer Inhalt der Norm

Ausweislich der Regierungsbegründung verfolgt die Vorschrift das Ziel, „eine Lücke im derzeitigen Spektrum der Jugendhilfe" zu schließen, wenn der das Kind überwiegend betreuende Elternteil aus gesundheitlichen oder – ebenso schwerwiegenden – anderen zwingenden Gründen diese Betreuung nicht (mehr) leisten kann und der andere Elternteil gezwungen wäre, seine Erwerbstätigkeit aufzugeben, um durch die Übernahme der Betreuung dem Kind seinen **familialen Lebensraum** zu **erhalten** und seine (auch kostenintensive) **Fremdunterbringung**, zB nach §§ 27 ff, zu **vermeiden**. Systemgerecht ist die Norm daher auch als familienunterstützende Hilfe (siehe dazu auch Deutscher Verein NDV 2003, 127) in den Zweiten Abschnitt „Förderung der Erziehung in der Familie" eingeordnet. **1**

II. Ausfall eines überwiegend betreuenden Elternteils – Abs. 1

1. Anspruchsvoraussetzungen

Auch wenn nach dem Wortlaut des **Abs. 1** die Hilfe den Ausfall eines **überwiegend betreuenden El-ternteils** voraussetzt, ist die Vorschrift auch bei Ausfall einer anderen Erziehungsperson, etwa Stief- oder Pflegeeltern, entsprechend anzuwenden. Dies folgt aus dem Zweck der Vorschrift, Kindern ihr vertrautes Familienumfeld zu erhalten und eine Fremdunterbringung zu vermeiden (so auch Wiesner/Struck § 20 Rn 11; Mrozynski § 20 Rn 8; GK/Schleicher § 20 Rn 5). **2**

Kritisch zu sehen ist die **Einschränkung**, dass die Hilfe nur bei Ausfall des Elternteils, der die über-wiegende Betreuung des Kindes übernommen hat, gewährt werden soll. Teilen sich die Eltern die Erziehung und Betreuung, ist eine weite Auslegung geboten, wenn durch den Ausfall eines Elternteils eine Notsituation iSd § 20 eintritt. Die Vorschrift dient nicht der Privilegierung traditioneller Rollenauf-teilung (siehe auch GK/Schleicher § 20 Rn 8). Eine Hilfe sollte auch in der akuten Krise gewährt werden, wenn ein Elternteil für die Familie ausfällt, weil er sie verlässt und nicht zur Rückkehr bereit ist. In jedem Fall kann der verbleibende Elternteil sich auf die Regelung des Abs. 2 berufen. **3**

Ohne Bedeutung für den Anspruch ist die elterliche Sorge. Der Begriff **„Kind"** bezieht sich auf § 7 Abs. 1 Nr. 1, sodass mindestens ein zu betreuendes Kind noch nicht 14 Jahre alt sein muss. **4**

Der maßgebliche Elternteil muss aus **gesundheitlichen oder anderen** – vergleichbaren – **zwingenden Gründen** (zB Entbindung, Kur, Strafhaft, Auslandsaufenthalt) ausfallen. Da es bei den Leistungen nach § 20 („Betreuung und Versorgung in Notsituationen") um den Erhalt des Umfelds und die Vermeidung von Fremdunterbringung für das Kind geht, ist dies weit auszulegen (GK/Schleicher § 20 Rn 9). Ein Ausfall muss **nicht in jedem Fall eine physische Abwesenheit** dieses Elternteils bedeuten. Vielmehr kann dies auch der Fall sein bei einer schweren Pflegebedürftigkeit des Elternteils im eigenen Haus. Ent-scheidend ist der Ausfall als Betreuungsperson, weil Eltern, auch wenn sie weiterhin im familiären Haushalt leben, aus unterschiedlichen und gravierenden Gründen (psychische Erkrankungen, Alkohol- **5** und Drogenabhängigkeit, Familien- und Lebenskrisen mit hieraus resultierenden Minderungen der Handlungskompetenzen) vorübergehend (oder auch länger) der Aufgabe der Versorgung, Betreuung und Erziehung der eigenen Kinder nicht gewachsen sein können (mit den entsprechenden negativen Folgen für das/die Kind/er).

6   Die **ausbildungs- oder berufsbedingte Abwesenheit** eines Elternteils kann nicht als Notsituation verstanden werden. Hierfür sind die Leistungen nach §§ 22 bis 26 vorgesehen.

7   Die Unterstützungsleistung zugunsten des anderen Elternteils ist von weiteren **kumulativ vorliegenden Voraussetzungen** abhängig, die in Abs. 1 Nr. 1 bis 3 aufgezählt sind:

1. Der andere Elternteil muss berufs- oder ausbildungsbedingt das Kind nicht betreuen können, was nicht eine auswärtige Berufstätigkeit, sondern nur eine berufsbedingte Abwesenheit von der Familie für einen Teil des Tages voraussetzt;
2. verfügbare Angebote von Tageseinrichtungen oder Kindertagespflege dürfen nicht ausreichen, um den Betreuungsbedarf zu decken und
3. die Hilfe ist erforderlich, um das Wohl des Kindes zu gewährleisten. Dies ist dann anzunehmen, wenn andere Unterstützungs- und Entlastungsmöglichkeiten – etwa durch Verwandte oder Nachbarschaftshilfe – nicht gegeben sind.

2. Anspruchsinhalt

8   Die Leistung nach Abs. 1 bestimmt sich nach den **speziellen Erfordernissen des konkreten Einzelfalls**. Ziel der Unterstützung ist, dem Kind den familiären Erziehungs- und Versorgungsbereich zu erhalten, bis die Eltern wieder in der Lage sind, diese Aufgabe selbst zu übernehmen. Hierzu gehören letztlich alle zur Haushaltsführung geeigneten Hilfen, aber auch jede Form erzieherischer Unterstützung, weil auch der Ausfall von Erziehungsleistungen kompensiert werden muss. Damit wird deutlich, dass diese Hilfe nicht nur eine vorübergehende oder einstweilige ist, sondern ihrem Charakter nach die **Notsituation** dauerhaft überwinden helfen soll.

III. Ausfall eines allein erziehenden Elternteils oder beider Eltern – Abs. 2

9   Eindeutiger in der Bestimmung der Hilfeart ist **Abs. 2**. Hiernach soll ein Kind in seinem elterlichen Haushalt versorgt und betreut werden, wenn und solange dies für sein Wohl erforderlich ist, weil entweder ein alleinerziehender Elternteil oder beide Eltern aus gesundheitlichen oder anderen zwingenden Gründen (Rn 5) ausfallen. Voraussetzung für die Hilfe ist, dass die Förderung des Kindes in Tageseinrichtungen oder in Kindertagespflege nicht ausreicht (Rn 6). Dies wird in schweren Krankheitsfällen und bei dauernder Abwesenheit immer anzunehmen sein. Anspruchsberechtigte Person ist bei Ausfall des allein erziehenden Elternteils oder beider Eltern das Kind selbst.

10 Bei der **Auswahl der Hilfe** ist zu berücksichtigen, dass die Notfallsituation häufig ein rasches und unbürokratisches Handeln verlangt, das etwa die Vernetzung von Bereitschaftsdiensten mit den Möglichkeiten der sozialen Dienstleistung eines freien Trägers erfordert. Aber auch der Rückgriff auf Verwandte oder Nachbarn bzw Freunde der Familie ist denkbar, wenn er ausreichend und zweckmäßig ist und den Betreuungsbedarf des Kindes abdeckt. Nicht ausgeschlossen ist auch eine (vorübergehende) stationäre Hilfe in einer Einrichtung der Erziehungshilfe (OVG NI FEVS 48, 79). Bei längerfristigen Hilfen sollte eine **Hilfeplanung** wie in § 36 vorgenommen werden, um eine sinnvolle Abstimmung familienbezogener Hilfen mit Hilfen zur Erziehung durchführen zu können.

IV. Rechtscharakter – Zuständigkeiten – Kostenheranziehung

11 Bei dem Leistungsangebot nach § 20 handelt es sich um eine sog. „**Soll-Leistung**", dh, im Regelfall besteht bei Vorliegen der Anspruchsvoraussetzungen ein Rechtsanspruch (zur Rechtsqualität vgl Vor-Kap. 2 Rn 8). Örtlich und sachlich zuständig ist gem. § 85 Abs. 1, § 86 der örtliche öffentliche Jugendhilfeträger. Er hat die Pflicht, entsprechende Leistungen vorzuhalten (§ 79). Die theoretische Möglichkeit einer Erhebung von Kostenbeiträgen bei Kindern und Jugendlichen (§ 91 Abs. 1 Nr. 3, Abs. 2 Nr. 1; § 92 Abs. 1 Nr. 1); eine solche findet allerdings nur statt bei voll- und teilstationären Leistungen und die Leistung nach § 20 wird grundsätzlich ambulant erbracht und ist daher nicht kostenbeitragspflichtig (§ 91 Rn 13).

V. Vor- und Nachrang

Nur wenn die Hilfe nach § 20 nicht ausreicht oder geeignet ist, um die Betreuung und Versorgung des 12
Kindes sicherzustellen, sind ggf auch familienersetzende Hilfen nach §§ 27 ff notwendig und zu leisten.
Die Hilfe ist gemäß § 10 Abs. 1 Satz 1 **nachrangig gegenüber Sozialleistungen anderer Träger**. Dies
betrifft insbesondere die Leistungen der gesetzlichen Krankenversicherung nach § 38 SGB V, der gesetzlichen Unfallversicherung nach § 42 SGB VII, § 54 SGB IX – Rehabilitation und Teilhabe behinderter Menschen. Die Hilfe nach § 20 geht hingegen der **Hilfe zur Weiterführung des Haushalts nach
§ 70 SGB XII** vor (§ 10 Abs. 4 Satz 1).

Weiterführende Literaturhinweise:

DV NDV 2003, 12, 129.

§ 21 Unterstützung bei notwendiger Unterbringung zur Erfüllung der Schulpflicht

[1]Können Personensorgeberechtigte wegen des mit ihrer beruflichen Tätigkeit verbundenen ständigen Ortswechsels die Erfüllung der Schulpflicht ihres Kindes oder Jugendlichen nicht sicherstellen und ist deshalb eine anderweitige Unterbringung des Kindes oder des Jugendlichen notwendig, so haben sie Anspruch auf Beratung und Unterstützung. [2]In geeigneten Fällen können die Kosten der Unterbringung in einer für das Kind oder den Jugendlichen geeigneten Wohnform einschließlich des notwendigen Unterhalts sowie die Krankenhilfe übernommen werden. [3]Die Leistung kann über das schulpflichtige Alter hinaus gewährt werden, sofern eine begonnene Schulausbildung noch nicht abgeschlossen ist, längstens aber bis zur Vollendung des 21. Lebensjahres.

I. Sinn und Bedeutung sowie sozialpädagogischer Inhalt der Norm

1. Einordnung der Norm

1 Die Jugendhilfeleistung nach § 21 beruht auf **berufsbedingten Umständen der Eltern**, derentwegen Eltern die Erziehung ihres Kindes nicht in dem erforderlichen Umfang selbst wahrnehmen können. Wenn Eltern berufsbedingt sehr häufig oder ständig ihren Arbeitsort wechseln müssen, wie es insbesondere bei Artisten, Schaustellern oder Binnenschiffern, aber auch bei Vertretern der Fall sein kann, dann wird dadurch auch die Erziehungssituation der Eltern beeinflusst. Es kann ggf zu keiner kontinuierlichen schulischen Ausbildung des Kindes oder Jugendlichen kommen. Damit ist nicht auszuschließen, dass aufgrund solcher Diskontinuitäten Erziehungsschwierigkeiten auftauchen, die weitergehende Hilfen notwendig machen. Die Leistung besteht in einem **Beratungs- und Unterstützungsanspruch** (Satz 1) bzw in der **Übernahme der Kosten der Unterbringung des Kindes/Jugendlichen** (Satz 2 und 3).

2. Änderung der Norm

2 Mit dem KiföG (2008) wurde die Voraussetzung gestrichen, die die Gewährung der Leistung von der materiellen Bedürftigkeit der Hilfesuchenden abhängig machte. Bei Einführung des § 91 Abs. 5 mit dem KICK (Einl. Rn 47) ist diese Anpassung versehentlich übersehen worden. „Damit kennt das SGB VIII keine Leistung mehr, deren Gewährleistung materielle Bedürftigkeit voraussetzt" (BT-Drucks. 16/9299, 14).

II. Beratung und Unterstützung – Satz 1

3 Nach **Satz 1** besteht ein **Rechtsanspruch auf Beratung und Unterstützung**. Voraussetzung ist zum einen, dass Personensorgeberechtigte wegen des mit der beruflichen Tätigkeit verbundenen ständigen Ortswechsels die Erfüllung der Schulpflicht ihres Kindes/Jugendlichen **nicht sicherstellen** können und zum anderen deshalb eine anderweitige Unterbringung, idR in einem Internat, notwendig ist. Der Begriff der Beratung und Unterstützung (**Rechtsfolge**) ist weit auszulegen. Damit sind alle Formen der Eltern- und Erziehungsberatung und der aktiven Unterstützung gemeint wie auch entsprechende Familienfreizeit- und Familienbildungsmaßnahmen, um den Kontakt des Kindes zu seinen Eltern aufrechtzuerhalten.

III. Unterbringung – Satz 2

4 Das Angebot der **verschiedenen Unterbringungsformen** ist durch Satz 2 sichergestellt, indem die materiellen Hilfen aus einer Hand geleistet werden. In „**geeigneten Fällen**" werden die Kosten der Unterbringung in einer geeigneten Wohnform (einschließlich Unterhalt nach § 39 sowie Krankenhilfe nach § 40) ganz oder teilweise vom Jugendhilfeträger übernommen. Der Nachrang der Jugendhilfe wird durch die Kostenheranziehung wiederhergestellt (§ 91 Abs. 1 Nr. 4).

5 Liegt ein geeigneter Fall vor, so ist das JA zur **Übernahme der Kosten** für die Unterbringung in vollem Umfang verpflichtet, Die Eignung ergibt sich aus dem Zweck der Maßnahme, der Erfüllung der Schulpflicht (OVG RP FEVS 39, 330).

6 Nach **Satz 3 können** (Ermessen) die Kosten **über das schulpflichtige Alter** hinaus unter der Voraussetzung übernommen werden, dass eine begonnene Schulausbildung noch nicht abgeschlossen ist. Höchstgrenze ist die Vollendung des 21. Lebensjahrs. Damit kann ein Zuständigkeitswechsel zur Arbeitsverwaltung vermieden werden.

Gem. § 78 a Abs. 1 Nr. 3 gelten die Vorschriften der §§ 78 b ff (Vereinbarungen über Leistungsange- **7** bote, Entgelte und Qualitätsentwicklung) auch für Leistungen nach Satz 2, sodass der öffentliche Jugendhilfeträger zur Übernahme von Entgelten idR nur verpflichtet ist, wenn zuvor Leistungs-, Entgelt- und Qualitätsentwicklungsvereinbarungen mit dem Träger der Einrichtung oder seinem Verband abgeschlossen wurden (§ 5 Abs. 2 Satz 2, § 36 Abs. 1 Satz 5).

Dritter Abschnitt:
Förderung von Kindern in Tageseinrichtungen und in Kindertagespflege

Vorbemerkung zu den §§ 22 bis 26

I. Die Förderung von Kindern in Tageseinrichtungen und in Kindertagespflege als Sozialleistung und Infrastrukturangebot

1 Die im Dritten Abschnitt geregelte Förderung von Kindern in Tageseinrichtungen und in Kindertagespflege konkretisiert das sich bereits aus der Leitnorm des § 1 Abs. 1 ergebende **Recht der Minderjährigen auf Förderung ihrer Entwicklung und auf Erziehung** zu einer eigenverantwortlichen und gemeinschaftsfähigen Persönlichkeit. Bei der Ausgestaltung der Förderung sind die Grundsätze der Jugendhilfeplanung gemäß § 80 Abs. 2 zu beachten, insbesondere das Ziel, dass Mütter und Väter Aufgaben in der Familie und Erwerbstätigkeit besser miteinander vereinbaren können.

2 Die Angebote zur Förderung von Kindern in Tageseinrichtungen und in Kindertagespflege sind, wie
durch die Einordnung in das System der Sozialgesetzbücher deutlich wird, **Sozialleistungen** (§ 2
Abs. 2 Nr. 3 SGB VIII, § 27 Abs. 1 Nr. 2 SGB I). Auf Sozialleistungen besteht grundsätzlich ein Rechtsanspruch (§ 38 SGB I). Das Gegenteil muss ausdrücklich gesetzlich geregelt sein.

3 Im Gegensatz zu den Hilfen zur Erziehung sind sie nicht einzelfallindiziert, sondern stellen ein **Regelangebot** für alle Kinder in einem bestimmten Alter (in der Regel vor Schuleintritt) dar. Der Dritte
Abschnitt macht – wie auch der Zweite Abschnitt – den Wandel moderner Kinder- und Jugendhilfe
deutlich. Nicht die Behebung von Defiziten und Korrekturen der familialen Erziehung (Defizitorien-
tierung) ist Ansatz- und Richtpunkt für die Tätigkeit der Kinder- und Jugendhilfe, sondern die Entwicklung von Fähigkeiten, Strategien und Ressourcen für eine eigenständige Lebensführung und der
Aufbau von Kompetenzen für die eigenverantwortliche Partizipation am gesellschaftlichen Leben
(„Ressourcenorientierung"). Bei den Angeboten des Dritten Abschnitts geht es zudem wesentlich um
die **Bereitstellung von Infrastrukturangeboten** für alle Kinder, jenseits einer Einzelfallindizierung.

4 Der Begriff der „**Förderung**" enthält Aspekte von Betreuung, Bildung und Erziehung. Einer Zuordnung
des Kindergartenwesens zum Bildungsbereich wurde durch die prinzipielle Zuordnung dieses Aufga-
benbereichs zur Kinder- und Jugendhilfe eine Absage erteilt, die neuerdings wieder streitig geworden
ist (vgl Rn 38 ff). Für Bayern besteht in § 26 Satz 2 eine Ausnahmeregelung, die allerdings nur eine
organisationsrechtliche, keine inhaltliche Bedeutung hat (vgl § 26 Rn 3).

Zu dem Oberbegriff der Kindertageseinrichtungen (§ 22 Abs. 1 Satz 1) gehören in der heutigen Praxis
Kinderkrippen, Krabbelstuben, Kindergärten, Kindertagesstätten, Kinderhorte – auf die konkrete Bezeichnung kommt es letztlich nicht an. In den einzelnen Bundesländern werden für gleiche Einrich-
tungsarten zum Teil unterschiedliche Begriffe verwendet. **Kinderkrippen** und **Krabbelstuben** sind Einrichtungen für Kinder bis zu 3 Jahren. **Kindergärten** richten sich an Kinder ab 3 Jahre bis zum Schuleintritt. Der **Hort** ist ein Angebot für Kinder vorwiegend im Grundschulalter, kann aber auch darüber
hinausgehen. Zusammenfassend werden die Angebote von Krippe, Kindergarten und Hort meist als
Kindertagesstätte bezeichnet. Aufgrund der zum Teil unterschiedlichen Begriffe wird als Kindertagesstätte allerdings auch der durchgängige Betrieb über die Mittagszeit (mit Öffnungszeiten, die für Voll-
zeitberufstätige geeignet sind) bezeichnet.

5 Mancherorts werden **altersgemischte Konzepte** bevorzugt, in denen in verkleinerten Gruppen Kinder
unter 3 Jahren oder im schulpflichtigen Alter mit Kindern im klassischen Kindergartenalter betreut
werden. Des Weiteren gibt es spezifische Angebote für Kinder im Jahr vor der Einschulung (**Vorschul-**

gruppen, Vermittlungsgruppen, Eingangsstufe). **Integrativ gestaltete Gruppen** mit behinderten und nicht behinderten Kindern werden immer zahlreicher. Hier beweist die Kinder- und Jugendhilfe, dass sie in der Lage ist, bei Zuständigkeit auch für behinderte Kinder Ausgrenzungsprozesse zu vermeiden. Im Kontext der Eingliederungshilfe für seelisch behinderte Kinder wird die gemeinsame Betreuung von behinderten und nicht behinderten Kindern als Regelfall angesehen (§ 35 a Rn 74). Streitig ist die Zuordnung reiner **Sonderkindergärten** für behinderte Kinder (oftmals auch homogen nach Behinderungsarten) und der **Schulkindergärten**. Letztere finden sich praktisch ausschließlich im Schulbereich, während die Sonderkindergärten vielerorts in die Zuständigkeit der Sozialhilfe fallen.

1. Kindertageseinrichtungen als Teil der Jugendhilfe oder Elementarbereich des Bildungssystems

Die Entscheidung des Gesetzgebers, Kindertageseinrichtungen der Kinder- und Jugendhilfe und nicht 6
der Schule zuzuordnen, ist im Kontext der in den 1970er Jahren in der alten Bundesrepublik entbrannten Diskussion im Rahmen der Bildungsgesamtplanung um den richtigen Standort der **Tageseinrichtungen für Kinder zwischen Erziehung und Bildung** zu sehen. Über ein bundesweites Modellprojekt und nachfolgende Erprobungsprogramme in den Bundesländern NRW, Hessen, Rheinland-Pfalz kam man zu dem Ergebnis, dass die Zuordnung zur Kinder- und Jugendhilfe unter anderem wegen ihrer bedarfsorientierten Flexibilität, ihrer kindgerechten Methodik und Didaktik („Situationsansatz"), ihrer Lebensweltorientierung und ihrer guten Beteiligungsmöglichkeiten für Eltern Vorteile gegenüber einer Einbindung in das staatliche Bildungswesen auf Länderebene hat.

Gleichwohl ist die Nähe der Kindertageseinrichtungen zum Bildungswesen nicht zu leugnen. So wird 7
etwa die „ganzheitliche **Sprachförderung**" explizit als Aufgabe von Kindergärten angesehen (vgl § 9 Abs. 2 KindergartenG BW vom 9.4.2003, GBl. 164). Insofern kann man vom **Elementarbereich des Bildungssystems** sprechen. Gerade im Hinblick auf die Situation von Kindern aus sozial benachteiligten Familien und aus Migrantenfamilien stellt sich dann auch – analog zur Schulpflicht – die Frage einer „**Kindergartenbesuchspflicht**" oder zumindest nach der Einführung eines Pflichtjahres im Kindergarten (dagegen werden freilich wegen Art. 6 Abs. 2 und Abs. 3 GG verfassungsrechtliche Bedenken geltend gemacht; vgl Bader NVwZ 2007, 537 ff).

Die Einordnung der Kindertageseinrichtungen in das SGB VIII ist nach wie vor umstritten und wird 8
auch in den nächsten Jahren, so darf prognostiziert werden, verstärkt diskutiert werden. Nicht nur im Zusammenhang mit der PISA-Studie wird eine **Ausweitung der Bildung bereits im frühen Kindesalter** diskutiert. In anderen europäischen Staaten ist eine Zuordnung der frühkindlichen Förderung in das Bildungssystem üblich. Zwar hat die Kinder- und Jugendhilfe nach ihrem eigenen Selbstverständnis sehr wohl auch einen Bildungsauftrag, dies spiegelt sich aber nur bedingt im öffentlichen Bewusstsein. Trotz der Regelung in § 22 Abs. 3, in der die Förderungstrias Erziehung, Bildung und Betreuung benannt wird, werden mit den Kindertageseinrichtungen mehr die Begriffe Pflege und Betreuung und weniger Bildung und Erziehung verbunden.

Wer Erziehung in früher Kindheit als Fundament des Bildungssystems und **Elementarbildung als staat-** 9
liche Pflichtaufgabe ansieht, wird einer Ausgliederung dieses Bereichs aus der Kinder- und Jugendhilfe und einer Zuordnung zum Bildungsbereich das Wort reden (vgl Hebenstreit-Müller/Müller np 2001, 533; Textor ZfJ 2003, 310). Ein Bekenntnis zum Bildungsauftrag von Kindertageseinrichtungen innerhalb der Jugendhilfe („**Einheit der Jugendhilfe**", so noch mal ausdrücklich der 11. Kinder- und Jugendbericht, BMFSFJ 2002, 160, 186 f; vgl auch Wiesner ZfJ 2003, 293) verlangt eine qualitative und quantitative Innovation. Notwendig wäre ein flächendeckendes ganztägiges kostenfreies Angebot an Kindertageseinrichtungen und ein qualifiziertes und gut bezahltes Personal. Die Ausbildung der Erzieher/innen wäre in das universitäre Bildungssystem zu integrieren, der Erzieherberuf als Bildungsberuf anzuerkennen und entsprechend zu bezahlen. Auch der 11. und der 12. Kinder- und Jugendbericht fordern zumindest eine **Anhebung der Ausbildung** der Erzieher/innen auf Fachhochschulniveau (vgl BMFSFJ 2002, 87 f; BMFSFJ 2005, Sachverständigenkommission 12. Kinder- und Jugendbericht, 216 ff).

2. Qualitative Aspekte der Förderung in Kindertageseinrichtungen

Kindergärten sind heute zu einem selbstverständlichen Bestandteil kindlicher Sozialisation geworden. 10
Die Kindertageseinrichtungen sind weiterzuentwickeln zu einem notwendigen Bestandteil im System der sozialen Infrastruktur (vgl Rauschenbach ZfJ 2000, 173). Das **Netzwerk Kinderbetreuung der Europäischen Kommission** hat im Jahr 1996 Vorschläge für ein zehnjähriges Aktionsprogramm vorgelegt und 40 Qualitätsziele aufgestellt (vgl Textor NDV 1999, 17).

11 Ausgangspunkt ist die folgende Aussage: „Qualitativ hochwertige Einrichtungen für kleine Kinder sind ein **notwendiger Teil der ökonomischen und sozialen Infrastruktur**. Gleichberechtiger Zugang ist unerlässlich für die Chancengleichheit von Männer und Frauen, für das Wohl von Kindern, Familien und Gemeinwesen sowie für eine produktive Wirtschaft." Dazu dient eine Vielfalt von unterschiedlichen Angeboten, unter denen die Eltern wählen können. Es sollten in öffentlich bezuschussten Einrichtungen Ganztagsplätze für mindestens 90 % der Kinder zwischen 3 und 6 Jahren und mindestens 15 % der Kinder unter 3 Jahren zur Verfügung stehen. Die Einrichtungen sollten Flexibilität in den Öffnungs- und Bringzeiten bieten. Alle Kinder mit Behinderungen sollten das Recht auf Zugang zu den gleichen Einrichtungen haben wie andere Kinder (vgl des Weiteren zu den Bildungszielen, den Zielen bezüglich des Personalschlüssels, der Aus- und Weiterbildung des Personals usw. Textor NDV 1999, 17).

12 Die Kinderbetreuung hat als infrastrukturelle Maßnahme verschiedene Funktionen (vgl BMFSFG 1998, 188 ff). **Bildungspolitisch** wird der Kernbereich des Kindergartens als Elementarbereich des Bildungswesens angesehen. Das Bildungswesen baut auf dessen Fundament, dem Kindergarten, auf, sodass im Regelfall jedes Kind den Kindergarten besuchen sollte. Unter bildungspolitischen Vorzeichen erwartet man von den Kindertageseinrichtungen eine Aktivierung von „Bildungsreserven" durch frühzeitige und gezielte Förderung sowie einen wirkungsvollen Beitrag zur Herstellung von Chancengerechtigkeit im Bildungsbereich durch eine frühe Förderung von Kindern aus „bildungsfernen" und Migranten-Familien. **Jugendhilfepolitisch** stehen Kinder vor der Situation, dass sie in unserer durchrationalisierten, urbanisierten und technisierten Industriewelt einen ihren Lebensbedürfnissen unangemessenen Anpassungsdruck an die Zeit- und Organisationsstrukturen der Erwachsenenwelt erfahren (vgl VorKap. 1 Rn 1 f).

13 **Sozialpolitisch** geht es zentral um die **Vereinbarkeit von Familie und Beruf**. Unter sozialpolitischen Vorzeichen verspricht man sich von Kindertageseinrichtungen eine verbesserte Vereinbarkeit von Familie und Erwerbstätigkeit durch ein ausreichendes Platzangebot und durch eine flexible Gestaltung von Öffnungszeiten; eine Kompensation von Begrenzungen und Einschränkungen in der familialen Sozialisation; eine Verbesserung der gesellschaftlichen Integration und einen Beitrag zur „Prävention" durch möglichst frühzeitiges Erkennen von möglichen Problemkonstellationen in der Versorgung und in der Erziehung eines Kindes. **Familienpolitisch** geht es um die wachsende Zahl Alleinerziehender, um Kinder in besonderen sozialen Lagen (Arbeitslosigkeit der Eltern, Aussiedler, Flüchtlinge) und um Überwindung der statistisch nachweisbaren Tatsache, dass die Quote des Kindergartenbesuchs mit abnehmenden Einkommen zurückgeht.

14 Es ist nicht von der Hand zu weisen, dass die frühkindliche Betreuung, Bildung und Erziehung in Tageseinrichtungen heute gleichsam die Funktion eines „**Ausfallbürgen**" für nahezu sämtliche Mängel der modernen Industriegesellschaft übernehmen soll. Wenn eine Einrichtung in der öffentlichen Funktionszuschreibung gleichermaßen als „vorweg genommene Schule", „Familienersatz und Institution zur Kompensation familiärer Defizite", „Erziehungsberatung für Eltern" und als „lebenswerter Ort für Kinder" verstanden und deren Handeln letztlich auch an diesen Zuschreibungen gemessen wird, dann besteht die große Gefahr, dass sie an solch diffusen und gleichzeitig komplexen Anforderungen scheitert (vgl Bundesjugendkuratorium, Zukunftsfähigkeit von Kindertageseinrichtungen, www.bundesjugendkuratorium.de).

15 Ein flächendeckendes bedarfsgerechtes, das heißt ganztägiges, Kinderbetreuungsangebot wird auch zunehmend aus **wirtschaftspolitischer Sicht** diskutiert. Es stellt eine Vergeudung von Ressourcen dar, wenn gut ausgebildete Frauen jahrelang zum Zwecke der Kinderbetreuung nicht am Erwerbsleben teilnehmen. Das stellt sich im internationalen Vergleich auch als „**Standortnachteil**" dar (vgl Meysen/Schindler JAmt 2004, 277; vgl aus volkswirtschaftlicher Sicht: Spieß/Büchel, 2003, 95; Spieß Sozialer Fortschritt 2003, 17; Spieß u.a., 2002).

16 Der entscheidende Impuls für die Bestrebungen zu einem deutlichen Ausbau der Kindertagesbetreuung auch für jüngere Kinder, der – bemerkenswert genug – in der 16. Legislaturperiode unter einer „großen Koalition" von einer christdemokratischen Ministerin forciert worden ist (Verabschiedung des KiföG vom 10.12.2008, BGBl. I, 2403), ist nicht kinder- und jugendhilfepolitisch, sondern demographisch und ökonomisch motiviert. Durch die Schaffung einer entsprechenden Infrastruktur erhofft man sich eine Steigerung der seit Jahren sinkenden Geburtenzahlen. Vor allem aber geht es darum – angesichts der Szenarien von drohendem Mangel an Facharbeitern und qualifiziertem Personal –, die europaweit signifikant niedrige Erwerbsbeteiligung von Frauen zu erhöhen, zumal Frauen im Vergleich zu Männern mittlerweile im Schnitt besser ausgebildet und qualifiziert sind. In der Gesetzesbegründung zum KiföG wird explizit herausgestellt, dass „der Ausbau von Kindertageseinrichtungen eine wesentliche

Voraussetzung für die Mobilisierung des Beschäftigungspotentials von Frauen" ist (BT-Drucks. 16/9299, S. 12). So wird denn auch durch das arbeitgebernahe Institut der deutschen Wirtschaft (IW) herausgestellt, dass Investitionen in familienfreundlichere Infrastrukturen (Ganztagsgrundschulen und Förderinfrastruktur, Ausbau der Betreuung für Kinder unter drei Jahren, gebührenfreie Halbtagsplätze im Kindergarten, Höherqualifizierung der Erzieherinnen) zwar jährlich 7,5 Milliarden EUR kosten würden, sich aber langfristig mit einer Rendite von acht Prozent verzinsten, u.a. durch Steigerung der Erwerbsbeteiligung und damit Erhöhung der Einnahmen aus Steuer und Sozialabgaben (Diekmann/Plünnecke/Seyda, IW-Analysen Nr. 40/2008).

3. Quantitative Aspekte der Förderung in Kindertageseinrichtungen

Unter Würdigung der qualitativen Aspekte muss man zu dem Ergebnis kommen, dass für alle Kinder   17
bis zum Schuleintritt eine bedarfsgerechte Versorgung unerlässlich wäre. Tatsächlich stellt sich die quantitative Situation anders dar (vgl auch BMFSFJ 2005, Sachverständigenkommission 12. Kinder- und Jugendbericht, 189 ff).

Eine hundertprozentige Versorgung ist vor allem für jüngere Kinder nicht gewährleistet, wobei aller-   18
dings jedenfalls seit 1995 eine Zunahme des Kindergartenbesuchs festzustellen ist (alle Zahlenangaben nach Statistisches Jahrbuch 2001, 495). Im Jahre 1995 besuchten 36,3 % der 3- bis 4-Jährigen, 64,8 % der 4- bis 5-Jährigen, 92,8 % der 5- bis 6-Jährigen einen Kindergarten oder eine Kinderkrippe. Im Jahre 1999 waren es 54,3 % der 3- bis 4-Jährigen, 83,5 % der 4- bis 5-Jährigen, 90,7 % der 5- bis 6-Jährigen und im Jahre 2000 56,3 % der 3- bis 4-Jährigen, 82,9 % der 4- bis 5-Jährigen, 89,8 % der 5- bis 6-Jährigen.

Die **Platz-Kind-Relation** (Versorgungsgrad) bei den zur Verfügung stehenden Kindergartenplätzen be-   19
trug 2002 90 %. Diese Quote hat sich gegenüber 1998 nicht verändert und ist zwischen 1994 und 1998 um 13 Prozentpunkte angestiegen. Die zwischen 1994 und 1998 verbesserte Versorgung war jedoch nur zu einem kleinen Teil auf zusätzliche Betreuungsplätze zurückzuführen. Das Platzangebot für Kindergartenkinder nahm in diesem Zeitraum lediglich um 0,6 % zu. Ausschlaggebend war der starke Rückgang von Kindern im Kindergartenalter im selben Zeitraum von 13 %. In Westdeutschland lag die allgemeine Platz-Kind-Relation 2002 bei 88 %, in Ostdeutschland bei 105 % (Statistisches Bundesamt, Kindertagesbetreuung in Deutschland, 2004, 28-32).

Ganztagsplätze für Kindergartenkinder stehen nur begrenzt zur Verfügung. Nach Mitteilung des Sta-   20
tistischen Bundesamtes (www.destatis.de) haben im Jahr 2007 bundesweit Eltern von rund 681.000 Kindern unter sechs Jahren Angebote der ganztägigen Erziehung, Bildung und Betreuung als Ergänzung zur eigenen Kindererziehung in Anspruch genommen. Bezogen auf alle Kinder in dieser Altersgruppe lag die **Ganztagsquote** bei 16 %, gegenüber 14,5 % im Jahr 2006. Als Ganztagsbetreuung wird gerechnet, wenn die Eltern eine Betreuungszeit von mehr als sieben Stunden pro Tag in einer Tageseinrichtung oder bei einer Tagesmutter oder einem Tagesvater vereinbart haben. Bei der Teilgruppe der unter 3-Jährigen haben Eltern von rund 151.500 Kindern Angebote der Ganztagsbetreuung ergänzend in Anspruch genommen. Der Anteil der Kinder in Tagesbetreuung an allen Kindern dieser Altersgruppe („Ganztagsquote") belief sich bundesweit auf 7,3 %. Deutliche Unterschiede zeigen sich im Vergleich der neuen Länder und des früheren Bundesgebiets (jeweils ohne Berlin) bei der Inanspruchnahme von Ganztagsbetreuung. Während in Ostdeutschland für mehr als ein Viertel (26,8 %) aller unter 3-Jährigen von den Eltern Ganztagsbetreuung in Anspruch genommen wurde, betrug für diese Altersgruppe in Westdeutschland die Quote lediglich 3,2 %. Die niedrigste Quote findet sich in Niedersachsen mit 1,9 %, die höchste Quote gab es in Thüringen (31,0 %). Für die Altersgruppe der Kinder von 3 bis unter 6 Jahren belief sich die Ganztagsquote bundesweit auf 24,3 %, das waren 529.000 Kinder. Auch hier lag die Ganztagsquote im Westen mit 17,3 % deutlich unter der im Osten (60,0 %). Wie schon bei den unter 3-Jährigen wies auch hier Thüringen mit 84,5 % die höchste Ganztagsquote auf, Baden-Württemberg mit 8 % die niedrigste.

Ebenfalls unzureichend ist die **Situation bei den unter 3-jährigen Kindern**. 1995 besuchten 7,7 %, 1999   21
8,5 % und im Jahr 2000 9,5 % der unter 3-jährigen Kinder in Gesamtdeutschland eine Kindertageseinrichtung. Bei Kindern von Alleinerziehenden lag der Anteil 1999 bei 15,6 % und im Jahr 2000 bei 16,2 % (alle Zahlengaben nach Statisches Jahrbuch 2001, 495). Die **Platz-Kind-Relation** bei den zur Verfügung stehenden Plätzen betrug im Krippenalter knapp 9 % (2002). Diese Quote hat sich gegenüber 1998 kaum verändert und ist im Vergleich zu 1990/1991 leicht zurückgegangen. Dabei besteht ein ausgeprägter Niveau-Unterschied zwischen Ost und West. In Westdeutschland lag die allgemeine Platz-Kind-Relation 2002 bei knapp 3 %, in Ostdeutschland bei 37 %, in Berlin bei 36 %. Wegen der

regional sehr unterschiedlichen Streuung des Angebots mit einer Konzentration auf die Stadtstaaten und Großstädte in industriellen Ballungszentren, besteht in weiten Teilen der alten Bundesländer faktisch ein Null-Angebot (Statistisches Bundesamt, Kindertagesbetreuung in Deutschland, 2004, 25-27). Nach dem Bericht der Bundesregierung gemäß § 24 a (BT-Drucks. 16/6100) betrug die Besuchsquote in Einrichtungen und in die Kindertagespflege bei Kindern unter drei Jahren in Deutschland 13,6 % (Ostdeutschland 39,7 %, Westdeutschland 8,0 %), davon bei Kindern unter einem Jahr in Deutschland 2,3 % (Ostdeutschland 6,0 %, Westdeutschland 1,5 %), bei den 1-jährigen Kindern in Deutschland 11,6 % (Ostdeutschland 40,4 %, Westdeutschland 5,4 %), bei den 2-jährigen Kindern in Deutschland 26,6 % (Ostdeutschland 72,6 %, Westdeutschland 16,7 %).

22   Auch für **Kinder im Hortalter** (6,5 bis 11 Jahre) stehen nicht bedarfsgerecht Hortplätze zur Verfügung (vgl zu Bildungsauftrag und Bildungskonzepte des Horts BMFSFJ 2005, Sachverständigenkommission 12. Kinder- und Jugendbericht, 253 ff). Die **Platz-Kind-Relation** bei den zur Verfügung stehenden Plätzen betrug im Hortalter 9 % (2002). Diese Quote hat sich gegenüber 1998 nicht verändert und ist seit 1990 um einen Prozentpunkt gestiegen. Dabei besteht ein ausgeprägter Niveau-Unterschied zwischen Ost und West. In Westdeutschland lag die allgemeine Platz-Kind-Relation 2002 bei knapp 5 %, in Ostdeutschland bei 41 %, in Berlin bei 24 % (Statistisches Bundesamt, Kindertagesbetreuung in Deutschland, 2004, 32-36).

Besuchsquote in Tageseinrichtungen am 15. März 2007 (Quelle: destatis.de)

Kinder in Tageseinrichtungen			Deutsch-land	Früheres Bundesgebiet ohne Berlin	Neue Länder ohne Berlin
Davon im Alter von ... bis unter ... Jahren	0 - 3	Anzahl	278 642	137 660	109 619
		Besuchs-quote	13,5	8,1	37,4
	3 - 6	Anzahl	1 929 276	1 580 950	273 954
		Besuchs-quote	88,7	87,8	93,6
	6 - 11	Anzahl	756 611	499 084	253 281
		Besuchs-quote	19,1	14,8	54,2
	11 - 14	Anzahl	17 464	13 614	3 844
		Besuchs-quote	0,7	0,7	1,7
Insgesamt			2 981 993	2 231 308	640 698

Besuchsquote in öffentlich geförderter Kindertagespflege am 15. März 2007 (Quelle: destatis.de)

Kinder in Tagespflege			Deutsch-land	Früheres Bundesgebiet ohne Berlin	Neue Länder ohne Berlin
Davon im Alter von ... bis unter ... Jahren	0 - 3	Anzahl	42 681	28 932	10 577
		Besuchs-quote	2,1	1,7	3,6
	3 - 6	Anzahl	14 013	11 490	1 532
		Besuchs-quote	0,6	0,6	0,5
	6 - 11	Anzahl	13 055	12 601	288
		Besuchs-quote	0,3	0,4	0,1
	11 - 14	Anzahl	3 141	3 106	14
		Besuchs-quote	0,1	0,1	0,0
Insgesamt			72 890	56 129	12 411

Ein großes Problem ist die je nach Bundesland extrem unterschiedliche Versorgungssituation. Die Pro-Kopf-Ausgaben der Länder und Kommunen für Kindertagesbetreuung im Jahr 2006 betrug etwa in Berlin 7.082 EUR, in Thüringen 4.083 EUR, in Hessen 4.001 EUR, in Baden-Württemberg 3.438 EUR und in Bayern 2.925 EUR (Textor NDV 2008, 489). Ebenso driften die Gruppengrößen auseinander: Im Jahr 2006 variierte die Größe von Ganztagsgruppen für Kinder unter drei Jahren zwischen acht (Bremen) bis zu 13 Kindern (Niedersachsen). Bei der Altersgruppe drei Jahre bis zum Schuleintritt befanden sich in Ganztagsgruppen durchschnittlich 12 Kinder in Berlin, dagegen 21 Kinder in Nordrhein-Westfalen, 23 in Niedersachsen, 24 Kinder in Bayern (Textor NDV 2008, 489). Der Personalschlüssel (Fachkraft-Kind-Relation) lag für Kinder unter drei Jahren bei 1:4,2 in Rheinland-Pfalz, in Brandenburg dagegen bei 1:7,8 (Textor NDV 2008, 489 f). Auch die pädagogische Qualifikation ist je nach Bundesland unterschiedlich. Während in Thüringen 93,8 % der in Kindertageseinrichtungen tätigen Personen eine Ausbildung als Erzieher/Heilpädagoge haben, sind dies in Berlin 88,4 %, in Hessen 70,9 %, in Nordrhein-Westfalen 66,8 %, in Hamburg 58,9 % und in Bayern nur 50,6 % (Textor NDV 2008, 490). Exorbitante Differenzen gibt es bei den Elternbeiträgen. Im Kindergartenjahr 2007/2008 mussten Eltern mit einem Jahresbruttoeinkommen in Höhe von 45.000 EUR für die Tagesbetreuung eines vierjährigen Einzelkindes in Heilbronn 0 EUR zahlen, dagegen in Mannheim 418 EUR, in Stuttgart 561 EUR, in Chemnitz 588 EUR, in Flensburg 1.524 EUR, in Cottbus 1.572 EUR, in Hamburg 1.656 EUR und in Bremen 1.752 EUR (vgl Textor NDV 2008, 492; www.insm-kindergarten-monitor.de). **23**

II. Der Rechtsanspruch auf Förderung in Tageseinrichtungen und in Kindertagespflege in der Diskussion

Angesichts des ungenügenden Ausbaus der Kindertagesbetreuung vor allem in Westdeutschland zu Beginn der 1990er Jahre wurde das Fehlen eines Rechtsanspruchs auf einen Platz in einer Kindertageseinrichtung in der ursprünglichen Fassung des SGB VIII von 1990 von vielen Seiten kritisiert. Durch das Schwangeren- und Familienhilfegesetz vom 27.7.1992 wurde in § 24 der Rechtsanspruch auf einen Kindergartenplatz verankert, der bis einschließlich 31.12.1995 nach Maßgabe des Landesrechts bestand und dann ab 1.1.1996 bundesrechtlich einheitlich gelten sollte. Nach Verabschiedung dieser Regelung war die Diskussion nicht beendet. Vor allem fiskalische Erwägungen wurden der Umsetzbarkeit des Rechtsanspruchs entgegen gestellt. Auf Initiative des Bundesrates wurde eine bis zum 31.12.1998 befristete Übergangsregelung geschaffen (§ 24 a). Seit dem 1.1.1999 gilt der Rechtsanspruch einschränkungslos. Dieser bezog sich zunächst allein auf das Kindergartenalter (3 bis 6 Jahre). **24**

Zu konzedieren war indes, dass zwar an der Wende zum 21. Jahrhundert durchaus ein (tendenziell) flächendeckendes Angebot an Kindergartenplätzen in der BRD bestand, wenn auch die Öffnungszeiten häufig nicht hinreichend bedarfsgerecht waren und sind. Unzureichend war und ist aber das Angebot **25** für Kinder unter drei Jahren und im schulpflichtigen Alter. Im Hinblick auf die „dramatische Finanz-situation der Kommunen" (so der Bundesrat in seiner Stellungnahme zum Entwurf eines Tagesbetreu-ungsausbaugesetzes, BT-Drucks. 15/3986, 1) sind Forderungen nach einem weiteren Ausbau des rechtlichen Verpflichtungsgrads hinsichtlich solcher Angebote von den Kommunen und den Länder zunächst zurückgewiesen worden. Durch das TAG mit Änderungen durch das KICK (jew. Einl. Rn 47) – sollte beginnend in 2005 das Ziel der Schaffung eines bedarfsgerechten Angebots für die Kinder im Alter unter drei Jahren und im schulpflichtigen Alter verfolgt werden. § 24 a enthielt eine diesbezügliche Übergangsregelung bis 1.10.2010. Durch das KiföG vom 10.12.2008 (Einl. Rn 47) wird unter bestimmten Voraussetzungen ein Rechtsanspruch ab dem ersten Lebensjahr mit Wirkung ab dem 1.8.2013 eingeführt. Der neu gefasste § 24 a sieht eine entsprechende Übergangsregelung mit einem stufenweisen Ausbau des Förderungsangebots für Kinder unter drei Jahren vor.

Die Ausgaben für Tageseinrichtungen stellen den **größten Ausgabenblock** in der Kinder- und Jugend-hilfe dar. Bund, Länder und Gemeinden haben im Jahr 2006 insgesamt 20,9 Milliarden EUR für Leis-tungen der Kinder- und Jugendhilfe ausgegeben. 11,8 Milliarden EUR betrafen Ausgaben für Kinder-tagesbetreuung, 10,4 Milliarden nach Abzug der Einnahmen unter anderem aus Gebühren und Teil-nahmebeträgen (www.destatis.de). Auch der Großteil des Personals der Kinder- und Jugendhilfe, rund 66 %, sind im Arbeitsfeld Kindertageseinrichtungen tätig (vgl Rauschenbach/Züchner 2007, Rn 38 ff.).

26 Grundproblem der derzeitigen rechtlichen Ausgestaltung der Förderung von Kindern in Tageseinrich-tungen und in Kindertagespflege ist, dass bundesrechtlich ein bestimmtes Niveau des Ausbaus bzw Rechtsansprüche der Leistungsberechtigten formuliert werden, während die finanziellen Lasten von den zuständigen örtlichen Trägern der Jugendhilfe zu tragen sind. Mit dem Ziel der **Entlastung der Kommunalhaushalte** wurde zum Teil gefordert, die Aufgaben- und Finanzierungszuständigkeit von der Kinder- und Jugendhilfe zum Schul- und Bildungssektor und damit von den Kommunen auf die Länder zu verlagern. Dem steht entgegen, dass es sich bei Kindergärten nicht um eine klassische Bil-dungseinrichtung handelt, sondern weitergehende Intentionen verfolgt werden (zur Diskussion Rn 5 ff). Eine zum Teil geforderte Mitfinanzierung des Ausbaus der Kindertagesbetreuung durch den Bund wurde angesichts der Regelungen zur Finanzverfassung im Grundgesetz als nicht verfassungs-gemäß angesehen (Wabnitz ZfJ 1999, 245, 249 f). Durch die Föderalismusreform 2006 wurde mit Art. 104 b GG eine Möglichkeit zur Gewährung von Finanzhilfen durch den Bund an die Länder für besonders bedeutsame Investitionen geschaffen.

27 Im Zusammenhang mit dem weiteren Ausbau der Kindertagesbetreuung für Kinder unter drei Jahren durch das KiföG vom 10.12.2008 (BGBl. I, 2403) war klar, dass dieser scheitern würde, wenn sich der Bund nicht zur finanziellen Beteiligung bereit erklärt hätte. Rechtstechnisch wurde dies umgesetzt durch **Errichtung eines Sondervermögens des Bundes „Kinderbetreuungsausbau"** (durch Gesetz vom 18.12.2007, BGBl. I, 3022). Der Bund stellte dem Sondervermögen im Jahr 2007 einen einmaligen Betrag in Höhe von 2,15 Milliarden EUR zur Verfügung. Gemäß Artikel 3 des KiföG vom 10.12.2008 (BGBl. I, 2403) trat rückwirkend zum 1.1.2008 das „Gesetz über Finanzhilfen des Bundes zum Ausbau der Tagesbetreuung für Kinder" in Kraft, das regelt, dass aus dem Sondervermögen „Kinderbetreu-ungsausbau" den Ländern in den Jahren 2008 bis 2013 nach Art. 104 b GG Finanzhilfen für Investi-tionen der Länder, Gemeinden und Gemeindeverbände zu Tageseinrichtungen und zur Tagespflege für Kinder unter 3 Jahren gewährt werden. Zudem wurde durch Art. 2 des KiföG vom 10.12.2008 (BGBl. I, 2403) das Finanzausgleichsgesetz dahingehend geändert, dass die Verteilung des Umsatz-steueraufkommens zu Lasten des Bundes verringert und zugunsten der Länder erhöht wurde. In den Jahren 2009 bis 2013 sollen den Ländern insgesamt weitere 1,85 Milliarden EUR zufließen, ab dem Jahr 2014 dauerhaft jährlich 779 Millionen EUR. Die Länder haben dafür zu sorgen, dass den örtlichen Trägern der öffentlichen Jugendhilfe die Beträge zur Finanzierung der Kindertagesbetreuung zufließen (vgl BT-Drucks. 16/9299, S. 20).

28 Die Garantie des Rechtsanspruchs auf einen Platz in einer Tageseinrichtung bedeutet nach dem gel-tenden Recht nicht, dass dieser kostenfrei zur Verfügung steht. Gemäß § 90 haben die öffentlichen Jugendhilfeträger hinsichtlich der Höhe der Elternbeiträge erhebliche Spielräume, was dazu führen kann, dass aus finanziellen Gründen die Inanspruchnahme eines entsprechenden Platzes in einer Ta-geseinrichtung unterbleibt. In der neueren Diskussion, etwa um die Gestaltung des Familienleistungs-ausgleichs (Vor § 16 Rn 3 ff), aber auch im Hinblick auf die stärkere Betonung des Bildungsauftrags der öffentlichen Kindertagesbetreuung, wird verstärkt die Forderung erhoben, dass der Besuch einer

Kindertageseinrichtung – ebenso wie der Schulbesuch – **kostenfrei** sein sollte (so auch BMFSFJ 2005, Sachverständigenkommission 12. Kinder- und Jugendbericht, 41, 350).

Unabhängig davon gibt es eine Diskussion um die gänzliche Umgestaltung des Finanzierungssystems **29** der institutionellen Kinderbetreuung. Ein Vorschlag ist, alle bisherigen Subventionen im Bereich der Kinderbetreuung (auch Steuererleichterungen usw.) zu streichen und stattdessen alle Leistungen der Kinderbetreuung in einer Kinderkasse zusammenzufassen. Die Eltern sollen bei den Jugendämtern **Kinderbetreuungsgutscheine** erhalten und diese bei einem qualitätsgeprüften und lizenzierten Anbieter ihrer Wahl einlösen können. Das wird als Übergang von der bisher üblichen Objektförderung (Trägersubventionierung) hin zu einer Subjektförderung (Nutzersubventionierung) bezeichnet (Kreyenfeld/Spieß/Wagner 2001; zusammenfassend Spieß/Wagner ZfJ 2001, 241; Bock-Famulla/Irskens NDV 2002, 257, 299; kritisch BMFSFJ 1998, 198 f; zum Hamburger „Kita-Gutschein-System" aus ökonomischer Sicht Falck Sozialer Fortschritt 2004, 68; eine Bilanz aus Sicht des öffentlichen Trägers Bange/Arlt, NDV 2008, 386, 409).

Das Hauptproblem in der Praxis ist die sachgerechte Durchsetzung des Rechtsanspruchs bei Wahrung **30** der pädagogischen Standards und Sicherstellung tatsächlich bedarfsgerechter Öffnungszeiten. Die durch das KiföG vom 10.12.2008 (BGBl. I S. 2403) angestrebte Ausbau der Förderung für Kinder unter drei Jahren (Schaffung eines Platzangebots für durchschnittlich 35 % der Kinder) erfordert bis 2013 die Einrichtung von zusätzlich 420.000 Plätzen, davon nach der Gesetzesbegründung 70 % in Tageseinrichtungen. Hierzu wird ein Personalbedarf von rund 60.000 Mitarbeitern benötigt. Wie dieser rekrutiert werden soll ohne Absenkung der Anforderungen an die fachliche Professionalität ist unklar.

In anderen Teilen des Sozialrechts wird die Verankerung des Rechtsanspruchs auf einen Kindergar- **31** tenplatz zum Mittel zur Beschränkung von sozialen Rechten. So ist einem erwerbsfähigen Hilfebedürftigen jede Arbeit zumutbar, es sei denn, dass die Ausübung der Arbeit die Erziehung seines Kindes oder des Kindes seines Partners gefährden würde; die Erziehung eines Kindes, das das dritte Lebensjahr vollendet hat, ist in der Regel nicht gefährdet, soweit seine Betreuung in einer Tageseinrichtung oder in Tagespflege sichergestellt ist; die zuständigen kommunalen Träger sollen darauf hinwirken, dass erwerbsfähigen Erziehenden vorrangig ein Platz zur Tagesbetreuung des Kindes angeboten wird (§ 10 Abs. 1 Nr. 3 SGB II).

III. Entwicklungen bei der Kindertagespflege

Vor dem Hintergrund der unzureichenden Versorgungssituation bei den Kindertageseinrichtungen, **32** vor allem für jüngere Kinder, hat die Betreuung von Kindern durch Tagespflegepersonen, vor allem Tagesmütter, eine **erhebliche Bedeutung**. Die vom Gesetz gewählte Bezeichnung Kindertages„pflege" für diese Form der Kindesbetreuung und -förderung ist nicht sinnvoll, weil diese Assoziationen zur einzelfallindizierten Familienpflege (HzE nach § 33) weckt.

Neben den von der öffentlichen Jugendhilfe geförderten Tagespflegeplätzen gibt es zahlreiche aus- **33** schließlich privat initiierte und bezahlte Tagespflegeplätze. Faktisch wurden und werden ein Großteil dieser privaten Tagespflegeverhältnisse ohne jegliche Information der öffentlichen Jugendhilfe durchgeführt. Schätzungen gehen dahin, dass einer gemeldeten Tagespflegestelle mindestens drei ungemeldete gegenüber stehen (vgl Seckinger/van Santen Soziale Arbeit 2000, 144, 146). Schätzungen für das Jahr 2000 gehen bundesweit von einem **quantitativen Umfang** von 200.000 bis 305.000 Kindern in Tagespflege aus (Kinder unter 3 Jahren: 101.000 bis 154.025). Jedenfalls lässt sich eine kontinuierliche Zunahme der Tagespflege in den letzten zehn Jahren feststellen. In den neuen Bundesländern steigt aufgrund der bisher geringen Verbreitung die Anzahl von Kindern in Tagespflege deutlich stärker als in den alten Bundesländern. In Städten ist die durchschnittliche Versorgung mit Tagespflege höher als in Landkreisen. In der DJI-Kinderbetreuungsstudie 2005 wird von 138.000 Tagespflegeplätzen ausgegangen, davon 78.000 in „informeller Tagespflege", das heißt ohne Beteiligung des Jugendamts, und eine Versorgungsquote für unter 3-Jährige von 1,9 % angenommen (vgl BMFSFJ 2005, Sachverständigenkommission 12. Kinder- und Jugendbericht, 180 ff). Nach der offiziellen Statistik befanden sich am 15.3.2008 in öffentlich geförderter Kindertagespflege 86.072 Kinder (www.destatis.de).

Der hohe Anteil nicht gemeldeter Pflegestellen war unter anderem Anlass dafür, die Tagespflege weitgehend vom Erfordernis der Pflegeerlaubnis zu befreien (§ 44 aF). Weil die Betreuung von Kindern in Tagespflege am Schnittpunkt zwischen privat verantworteter und öffentlich zu kontrollierender Betreuung liegen soll (Wiesner FamRZ 1993, 503), wurde der Rückzug der öffentlichen Kontrolle aus diesem Bereich von mancher Seite als nicht sinnvoll erachtet. Ein gewisser Wertungswiderspruch bestand insofern, als einerseits das Gesetz von einer grundsätzlichen **Gleichrangigkeit von Kindertagespflege und Tageseinrichtungen** ausging, aber andererseits nur letztere dem generellen Erlaubnisvorbehalt unterlagen (Betriebserlaubnis nach § 45). Dies ließ sich allerdings dadurch rechtfertigen, dass die Kindertagespflege mehr personengebunden ist und die Eltern im Rahmen ihrer elterlichen Sorge frei darin sind, selbst zu entscheiden, von wem sie ihr Kind zeitweise anderweit betreuen lassen.

34   Im Zuge der Neuregelung der Förderung von Kindern in Tageseinrichtungen und in Kindertagespflege durch das TAG (Einl. Rn 47) – mit partiellen Änderungen durch das KICK (Einl. Rn 47) –, durch die die prinzipielle Gleichrangigkeit von Kindertagespflege und Tageseinrichtungen noch deutlicher betont worden ist, ist auch eine Neujustierung bei der **öffentlichen Kontrolle durch Erlaubniserteilung** vorgenommen worden. Die Erlaubniserteilung für die Kindertagespflege ist neu in § 43 geregelt worden und betont nunmehr wieder mehr die öffentliche Verantwortung für diesen Bereich.

35   Durch das KiföG (Einl. Rn 47) ist die Kindertagespflege als Alternativangebot zu Tageseinrichtungen weiter herausgestellt worden. „Die Kindertagespflege soll mittelfristig eine anerkannte und damit angemessen vergütete Vollzeittätigkeit werden. Untrennbar damit verbunden sind die Sicherung und Verbesserung der Qualifizierung der Tagespflegepersonen und die Sicherung und Steigerung der Qualität der Kindertagespflege (so die Gesetzesbegründung BT-Drucks. 16/9299, S. 14). Einigkeit besteht darin, dass wesentlich für das Gelingen von Tagespflege die **Qualifizierung** dieser Betreuungsform durch Verbesserung der Rahmenbedingungen und insbesondere durch Qualifizierung der Tagespflegepersonen ist (vgl Schumann ZfJ 1996, 477; Keimeleder/Schumann/Stempinski/Weiß 2001; Jurczyk/Rauschenbach/Tietze u.a. 2004). Einher gehen damit muss auch eine leistungsgerechte Vergütung der Tagespflegeperson. Dies mag letztlich darauf hinauslaufen, dass Tagespflegepersonen – ebenso wie die Beschäftigten in Einrichtungen – nicht als „Freiberufler“, sondern als Angestellte (bei einem öffentlichen oder freien Träger) mit abgesichertem arbeits- und sozialversicherungsrechtlichen Status beschäftigt werden.

IV. Die verfassungsrechtlichen Rahmenbedingungen

1. Materielles Verfassungsrecht: Kinderbetreuung als öffentlicher Auftrag

36   Der Rechtsanspruch auf einen Kindergartenplatz wurde im Zusammenhang mit der Neuregelung des Schwangerschaftsabbruchs durch das Schwangeren- und Familienhilfegesetz eingeführt. Das BVerfG geht in seinem Urteil zum Schwangerschaftsabbruch vom 28.5.1993 (– 2 BvF 2/90, 4/92, 5/92 – BVerfGE 88, 203 = NJW 1993, 1751) davon aus, dass der Staat seiner Schutzpflicht gegenüber dem ungeborenen Leben nicht allein dadurch genüge, dass er Angriffe abwehre, die diesem von anderen Menschen drohen. Vielmehr müsse der Staat auch denjenigen Gefahren entgegentreten, die für dieses Leben in den gegenwärtigen und absehbaren realen Lebensverhältnissen der Frau und der Familie begründet liegen und der Bereitschaft zum Austragen des Kindes entgegenwirken. Zwar könne und müsse der Staat den Eltern nicht alle Belastungen und Einschränkungen abnehmen, die für sie mit der Pflege und Erziehung von Kindern verbunden sind. Indessen gebe es – über die Regelung hinaus, die das Schwangeren- und Familienhilfegesetz u.a. in Artikel 5 (Einführung des Rechtsanspruches auf einen Kindergartenplatz) getroffen hat – weitere Möglichkeiten der Entlastung. Der Staat sei gehalten, eine **kinderfreundliche Gesellschaft zu fördern**, was auch auf den Schutz des ungeborenen Lebens zurückwirke (BVerfGE 88, 203, 259 f).

37   Der Schutz des ungeborenen Lebens, der Schutzauftrag für Ehe und Familie (Art. 6 GG) und die Gleichstellung von Mann und Frau in der Teilhabe am Arbeitsleben verpflichten den Staat und insbesondere den Gesetzgeber, Grundlagen dafür zu schaffen, dass **Familientätigkeit und Erwerbstätigkeit** aufeinander abgestimmt werden können und die Wahrnehmung der familiären Erziehungsaufgabe nicht zu beruflichen Nachteilen führt. Dazu zählen auch rechtliche und tatsächliche Maßnahmen, die ein Nebeneinander von Erziehungs- und Erwerbstätigkeit für beide Elternteile ebenso wie eine Rückkehr in eine Berufstätigkeit und einen beruflichen Aufstieg auch nach Zeiten der Kindererziehung ermöglichen. Hierzu gehören nach Auffassung des BVerfG unter anderem die Regelungen, die auf eine **Verbesserung der institutionellen Kinderbetreuung** zielen (wie dem Rechtsanspruch auf einen Kindergartenplatz).

38   Das BVerfG hat in einer späteren Entscheidung bekräftigt, dass sich aus der Förderpflicht des Staates gemäß Art. 6 Abs. 1 GG auch die Aufgabe des Staates ergebe, „die Kinderbetreuung in der jeweils von den Eltern gewählten Form in ihren tatsächlichen Voraussetzungen zu ermöglichen und zu fördern“.

Infolgedessen habe der Staat „dafür Sorge zu tragen, dass es Eltern gleichermaßen möglich" sei, „teilweise und zeitweise auf eine eigene Erwerbstätigkeit zugunsten der persönlichen Betreuung zu verzichten wie auch Familientätigkeit und Erwerbstätigkeit zu verbinden". Er müsse auch Voraussetzungen dafür schaffen, dass die Angebote der institutionellen Kinderbetreuung verbessert würden (BVerfG 10.11.1998 – 2 BvR 1057/91, 1226/91, 980/91 – BVerfGE 99, 216, 234 = NJW 1999, 557). Ob daraus ein **„Grundrecht auf Kinderbetreuung"** folgt, wird kritisch beurteilt (vgl Jestaedt ZfJ 2000, 281).

2. Formelles Verfassungsrecht: Gesetzgebungskompetenz des Bundes

Die Gesetzgebungskompetenz liegt – entgegen landläufigen Vorstellungen – grundsätzlich bei den Ländern und nicht beim Bund. Es besteht ein Regel-Ausnahme-Verhältnis zugunsten der Länder, wie sich aus Art. 70 Abs. 1 GG ergibt. Danach haben die Länder das Recht der Gesetzgebung, soweit das Grundgesetz nicht dem Bund Gesetzbefugnisse verleiht. Da bezüglich des **Kinder- und Jugendhilferecht** keine ausschließliche Gesetzgebungsbefugnis des Bundes gemäß Art. 71 GG besteht, handelt es sich um einen Gegenstand der **konkurrierenden Gesetzgebung**.   **39**

Die Gegenstände der konkurrierenden Gesetzgebung sind in Art. 74 Abs. 1 Nr. 1 bis 26 GG abschließend benannt. Dazu gehört gemäß Art. 74 Abs. 1 Nr. 7 GG die **„öffentliche Fürsorge"**. Dieser Kompetenztitel umfasst nach der Rechtsprechung des BVerfG nicht nur die Jugendfürsorge im engeren Sinne, sondern auch die Jugendpflege, die das körperliche, geistige und sittliche Wohl aller Jugendlichen fördern will, ohne dass eine Gefährdung im Einzelfall vorzuliegen braucht. Durch Maßnahmen der Jugendpflege soll Entwicklungsschwierigkeiten der Jugendlichen begegnet und damit auch Gefährdungen vorgebeugt werden. Denselben Zielen diene auch die Kindergartenbetreuung. Sie helfe den Eltern bei der Erziehung, fördere und schütze die Kinder und trage dazu bei, positive Lebensbedingungen für Familien mit Kindern zu schaffen. Für das spätere Sozialverhalten der Kinder sei diese zumeist erste Betreuung außerhalb des Elternhauses in hohem Maße prägend. Dem Ziel der Jugendpflege, der präventiven Konfliktverhütung, werde dadurch auf wirksame Weise gedient. Allerdings – so ausdrücklich das BVerfG – sei der Kindergarten zugleich Bildungseinrichtung im elementaren Bereich. Dieser „Bildungsbezug" entziehe die Regelung aber nicht der Gesetzgebungskompetenz des Bundes. Die fürsorgerischen und bildungsbezogenen Aufgaben des Kindergartens seien untrennbar miteinander verbunden. Eine Aufspaltung der Gesetzgebungskompetenz anhand dieser Aspekte komme aus sachlichen Gründen nicht in Betracht. Der Schwerpunkt des Kindergartenwesens, von dem in einem solchen Fall die Bestimmung der Gesetzgebungskompetenz abhänge, sei nach wie vor eine fürsorgende Betreuung mit dem Ziel einer Förderung sozialer Verhaltensweisen und damit präventiver Konfliktvermeidung. „Der vorschulische Bildungsauftrag steht hinter dieser dem Bereich der öffentlichen Fürsorge zuzuordnenden Aufgabe zurück." Eine einheitliche Zuordnung zum Bereich der öffentlichen Fürsorge im Sinne von Art. 74 Abs. 1 Nr. 7 GG sei daher zu bejahen (BVerfG 10.3.1998 – 1 BvR 178/97 – BVerfGE 97, 332 = ZfJ 2000, 21 = NJW 1998, 2128 = FamRZ 1998, 887).   **40**

Diese Sichtweise ist durchaus nicht unumstritten, insbesondere ist fraglich, ob bei einer stärkeren Betonung des vorschulischen Bildungsauftrags die Rechtsprechung des BVerfG noch aufrechterhalten werden kann (vgl zur Diskussion Isensee DVBl. 1995, 1; Harms RdJB 1996, 99; Schoch ZfJ 2003, 301; Stein Zeitschrift für Gesetzgebung 2003, 324; Jestaedt JAmt 2005, 61; Hauck/Grube § 22 Rn 27 ff).   **41**

Geht man entsprechend der – gegenwärtigen – Rechtsprechung des BVerfG davon aus, dass ein Kompetenztitel für die konkurrierende Gesetzgebung des Bundes gegeben ist, folgt daraus noch nicht, dass der Bund zur Gesetzgebung befugt ist. Vielmehr haben die Länder gemäß Art. 72 Abs. 1 GG die Befugnis zur Gesetzgebung (Gesetzgebungskompetenz), „solange und soweit" der Bund von seiner Gesetzgebungszuständigkeit keinen Gebrauch gemacht hat. Der Bund hat jedoch u.a. für den Bereich der „öffentlichen Fürsorge" (Art. 74 Abs. 1 Nr. 7 GG) nach dem – durch die Förderalismusreform zum 1.9.2006 (BGBl. I, 2034) neu gefassten – Art. 72 Abs. 2 GG das Gesetzgebungsrecht nur, wenn und soweit die Herstellung gleichwertiger Lebensverhältnisse im Bundesgebiet oder die Wahrung der Rechts- oder Wirtschaftseinheit im gesamtstaatlichen Interesse eine bundesgesetzliche Regelung „erforderlich" macht (Art. 72 Abs. 2 GG). Durch diese **Erforderlichkeitsklausel**, die – etwas anders formuliert – bereits 1994 in das Grundgesetz eingeführt wurde, sind die Voraussetzungen für eine bundesgesetzliche Regelungsnotwendigkeit verschärft worden (vorher gab es nur eine „Bedürfnisklausel").   **42**

Das BVerfG hat in mehreren Entscheidungen (die nicht das Kinder- und Jugendhilferecht betreffen) die Konturen der **„Erforderlichkeitsklausel"** bestimmt, die bei Neuregelungen des Bundes in der Kinder- und Jugendhilfe und vor allem auch im Bereich der Förderung von Kindern in Tageseinrichtungen   **43** zu beachten sind (vgl BVerfG 24.10.2002 – 2 BvF 1/01 – E 106, 62 = NJW 2003, 41; 9.6.2004 – 1 BvR 636/02 – E 111, 10 = NJW 2004, 2363; 27.7.2004 – 2 BvF 2/02 – E 111, 226 = NJW 2004, 2803; 26.1.2005 – 2 BvF 1/03 – E 112, 226 = NJW 2005, 493; 18.7.2005 – 2 BvF 2/01 – E 113, 167; 13.9.2005 – 2 BvF 2/03 – E 114, 196). Eine Bundeskompetenz besteht insbesondere nicht, wenn landesrechtliche Regelungen zum Schutz der in Art. 72 Abs. 2 GG genannten gesamtstaatlichen Rechtsgüter ausreichen; dabei genügt allerdings nicht jede theoretische Handlungsmöglichkeit der Länder (vgl aus jugendhilferechtlicher Sicht zusammenfassend Meysen/Schindler JAmt 2004, 277, 287 ff).

44 Das SGB VIII stammt vom 26.6.1990. Solches Recht, das aufgrund des Art. 72 Abs. 2 in der bis zum 15.11.1994 geltenden Fassung erlassen worden ist, gilt als Bundesrecht fort (Art. 125 a Abs. 2 Satz 1 GG). Bei Neuregelungen stellt sich das Problem, ob der Bund zu diesen noch berechtigt wäre, wenn mittlerweile die verschärften Kriterien der „Erforderlichkeitsklausel" nicht mehr erfüllt wären. Art. 125 a Abs. 2 GG bezieht sich auf Bundesrecht, das wegen der Verschärfung der Anforderungen für den Erlass bundesgesetzlicher Regelungen bei konkurrierender Gesetzgebung in Art. 72 Abs. 2 nicht mehr erlassen werden könnte. Die Zuständigkeit zur Änderung solcher Gesetze kann allerdings weiterhin beim Bundesgesetzgeber liegen. Dieser bleibt zur Änderung einzelner Vorschriften eines Bundesgesetzes zuständig, wenn das Bundesgesetz als Bundesrecht fortgilt, obwohl die Voraussetzungen des Art. 72 Abs. 2 GG in der seit 1994 maßgebenden Fassung nicht erfüllt sind. Der Bundesgesetzgeber ist allerdings nur zur **Modifikation** einzelner Regelungen befugt. Die Änderungskompetenz des Bundes ist eng auszulegen und an die Beibehaltung der wesentlichen Elemente der in dem fortbestehenden Bundesgesetz enthaltenen Regelung geknüpft. Eine **grundlegende Neukonzeption** ist dem Bund verwehrt (vgl BVerfG 9.6.2004 – 1 BvR 636/02 – E 111, 10 = NJW 2004, 2363; 27.7.2004 – 2 BvF 2/02 – E 111, 226 = NJW 2004, 2803).

45 In dem Gesetzesentwurf zum Tagesbetreuungsausbaugesetz (TAG) ist deshalb von der Bundesregierung betont worden, dass weder die Gesamtkonzeption des Kinder- und Jugendhilferechts neu geregelt noch das Aufgabenspektrum der öffentliche Jugendhilfe verändert werde. Es gehe vielmehr nur um eine „**Konkretisierung**" der Leistungen zur Förderung von Kindern in Tageseinrichtungen und in Kindertagespflege (BT-Drucks. 15/3676, 22). Der Bundesrat sprach hingegen von einer „grundlegenden Umgestaltung der Kindertagesbetreuung (BT-Drucks. 15/3986, 1), was von der Bundesregierung (BT-Drucks. 15/3986, 3) und dem zuständigen Bundestagsausschuss explizit zurückgewiesen worden ist (BT-Drucks. 15/4045, 35).

§ 22 Grundsätze der Förderung

(1) ¹Tageseinrichtungen sind Einrichtungen, in denen sich Kinder für einen Teil des Tages oder ganztägig aufhalten und in Gruppen gefördert werden. ²Kindertagespflege wird von einer geeigneten Tagespflegeperson in ihrem Haushalt oder im Haushalt des Personensorgeberechtigten geleistet. ³Das Nähere über die Abgrenzung von Tageseinrichtungen und Kindertagespflege regelt das Landesrecht. ⁴Es kann auch regeln, dass Kindertagespflege in anderen geeigneten Räumen geleistet wird.

(2) Tageseinrichtungen für Kinder und Kindertagespflege sollen

1. die Entwicklung des Kindes zu einer eigenverantwortlichen und gemeinschaftsfähigen Persönlichkeit fördern,
2. die Erziehung und Bildung in der Familie unterstützen und ergänzen,
3. den Eltern dabei helfen, Erwerbstätigkeit und Kindererziehung besser miteinander vereinbaren zu können.

(3) ¹Der Förderungsauftrag umfasst Erziehung, Bildung und Betreuung des Kindes und bezieht sich auf die soziale, emotionale, körperliche und geistige Entwicklung des Kindes. ²Er schließt die Vermittlung orientierender Werte und Regeln ein. ³Die Förderung soll sich am Alter und Entwicklungsstand, den sprachlichen und sonstigen Fähigkeiten, der Lebenssituation sowie den Interessen und Bedürfnissen des einzelnen Kindes orientieren und seine ethnische Herkunft berücksichtigen.

I. Normkontext

§ 22 begründet keinen Rechtsanspruch, vielmehr enthält die Vorschrift **allgemeine Rahmenvorgaben** („Grundsätze der Förderung"), die sowohl für die Förderung in Tageseinrichtungen (§ 22 a) als auch für die Förderung in Kindertagespflege (§ 23) gilt. § 22 ist neben § 22 a und § 23 bei der Auslegung der anspruchsbegründenden Norm des § 24 zu berücksichtigen. Abs. 1 enthält eine allgemeine Definition des Begriffs der Kindertageseinrichtungen und der Kindertagespflege, wobei das Nähere über die Abgrenzung von Tageseinrichtungen und Kindertagespflege das Landesrecht regeln soll. Abs. 2 und 3 enthalten bundesrechtliche Vorgaben für die **Ausgestaltung des Förderungsauftrags**. **1**

Die für Tageseinrichtungen und für die Kindertagespflege gemeinsam aufgestellten Grundsätze der Förderung stehen im Kontext der fachpolitischen Tendenz zur Entwicklung eines „**Systems Tagesbetreuung**", das vielfältige Formen der Tagesbetreuung sowohl in Einrichtungen, Tagespflege wie auch in Mischformen zulässt, um den Leistungsberechtigten im Rahmen ihres Wunsch- und Wahlrechts zu ermöglichen, die passende Betreuungsform auszuwählen („Netz der Betreuungsformen"). Gleichwohl bestehen spezifische Anforderungen an die verschiedenen Tageseinrichtungen und die verschiedenen Formen der Kindertagespflege, die für die Tageseinrichtungen in § 22 a und für die Kindertagespflege in § 23 geregelt sind. **2**

Die Kindertageseinrichtungen wie auch die Kindertagespflege fallen in die **Zuständigkeit der Kinder- und Jugendhilfe**, eine Zuständigkeit etwa der Gesundheitsämter ist damit ausgeschlossen. Soweit in **Grundschulen** eine Betreuung während fester Öffnungszeiten („offene Ganztagsgrundschule") angeboten wird, handelt es sich, je nach Ausgestaltung, um Angebote der Schulverwaltung oder der Kinder- und Jugendhilfe. **3**

II. Definition: Tageseinrichtungen (Abs. 1 Satz 1)

§ 22 subsumiert sämtliche Einrichtungen, in denen Kinder sich für einen Teil des Tages oder ganztägig aufhalten und in Gruppen gefördert werden, unter den Begriff der „**Tageseinrichtungen**" (Abs. 1 Satz 1). Im Unterschied zur Kindertagespflege wird bei der Einrichtung darauf abgestellt, dass die Förderung „in Gruppen" erfolgt. Davon abgesehen ist der Einrichtungsbegriff offen. Darunter lassen sich alle Arten von Einrichtungen subsumieren (Kindergärten, Horte, Krabbelstuben, Krippen usw), auch Einrichtungen mit altersgemischten Gruppen oder integrativen Gruppen von behinderten und nicht behinderten Kindern (vgl § 22 a Abs. 4). Der Begriff der „Einrichtung" ist derselbe wie in § 45 und ver- **4** langt einen Bezug zu Gebäuden oder Gebäudeteilen (vgl § 45 Rn 5 ff). Spielplätze fallen deshalb nicht darunter, „**Waldkindergärten**" nur, wenn zumindest eine feste Räumlichkeit vorhanden ist, die jederzeit aufgesucht werden kann (Hilke ZfJ 2000, 271; Hauck/Grube § 22 Rn 49). Die **Abgrenzung** zur Kindertagespflege ergibt sich aus Abs. 1 Satz 2 (Rn 10). Im Übrigen regelt das Nähere über die Abgrenzung von Tageseinrichtungen und Kindertagespflege das **Landesrecht** (Abs. 1 Satz 3). Streitig ist die Zuordnung reiner **Sonderkindergärten** für behinderte Kinder (oftmals auch homogen nach Behinderungsarten) und der **Schulkindergärten**. Letztere finden sich praktisch ausschließlich im Schulbereich, während die Sonderkindergärten vielerorts in die Zuständigkeit der Sozialhilfe fallen (§ 10 Rn 22 ff, 41 ff).

5   Die Vorschrift erfasst nur Einrichtungen für **Kinder**, die noch nicht 14 Jahre alt sind (§ 7 Abs. 1 Nr. 1). Eine Betreuung Jugendlicher sieht das Gesetz nicht vor, auch wenn sie noch die Regelschule besuchen und von daher – wenn Ganztagsschulen fehlen – ein Betreuungsbedarf vorliegen kann. Für sie kommt bei entsprechendem erzieherischem Bedarf (§ 27) die Betreuung in einer Tagesgruppe (§ 32) in Betracht, zudem Angebote im Rahmen der Jugendarbeit (§ 11). Maßgebend für § 22 ist die **Zweckbestimmung** der Einrichtung; diese ändert sich nicht, wenn im Einzelfall mal ein 14-jähriger Jugendlicher aufgenommen wird.

6   Der Zeitumfang der Förderung ist – wie bei der Tagespflege (vgl Rn 15) – relativ offen („Teil des Tages oder ganztägig"). Der Begriff „**ganztägig**" kann durchaus 24 Stunden umfassen, sodass je nach individuellem Bedarf (zum Beispiel bei schichtarbeitenden Eltern) auch eine Betreuung in den Nachtstunden in Betracht kommt. Der Begriff „Teil des Tages" meint sowohl eine Förderung durchgehend vom Morgen bis zum späten Nachmittag wie auch vormittags oder nachmittags, vormittags und nachmittags (ohne oder mit Mittagspause) sowie andere Öffnungszeiten (zB 7.00 bis 14.00 Uhr).

III. Definition: Kindertagespflege (Abs. 1 Satz 2 bis 4)

7   Kindertagespflege wird von einer geeigneten Tagespflegeperson in ihrem Haushalt oder im Haushalt des Personensorgeberechtigten geleistet (Abs. 1 Satz 2). Die Eignung der Tagespflegeperson (als Voraussetzung für den Leistungsanspruch gemäß § 24) ist näher in § 23 Abs. 3 geregelt (vgl § 23 Rn 15 ff). Unabhängig davon sind Eignungsanforderungen in § 43 geregelt, weil unter den dort geregelten Voraussetzungen die Kindertagespflegeperson, auch wenn keine Förderung gemäß § 23, § 24 erfolgt, einer Erlaubnis zur rechtmäßigen Ausübung der Kindertagespflege bedarf. Neben der „traditionellen Form" der Tagespflege im **Haushalt der Pflegeperson** zählt zur Tagespflege auch die Betreuung des Kindes durch eine Tagespflegeperson im **Haushalt des Personensorgeberechtigten**. Beide Formen der Tagespflege werden durch Abs. 1 Satz 2 anerkannt und stehen **gleichberechtigt nebeneinander**. Bezüglich der Wahl der konkreten Ausgestaltung der Tagespflege ist das Wunsch- und Wahlrecht der Personensorgeberechtigten gemäß § 5 zu beachten.

8   Bei einer Betreuung im **Haushalt des Personensorgeberechtigten** ist dessen **Abwesenheit** in der Zeit der Betreuung **nicht Voraussetzung** für das Vorliegen von Tagespflege (Hauck/Grube § 23 Rn 10; Schellhorn/Fischer § 22 Rn 14). Es sind auch Fälle denkbar, bei denen – etwa bei einer langwierigen Erkrankung der Mutter und bei der Betreuung und Versorgung von mehreren Kindern (zB bei Mehrlingsgeburten) – die Tagespflege im Familienhaushalt geradezu angezeigt ist.

9   Denkbar ist auch, dass die Tagespflege weder im Haushalt der Pflegeperson noch im eigenen Haushalt des Personensorgeberechtigten, sondern **im Haushalt eines anderen Personensorgeberechtigten** stattfindet, zB bei der Betreuung von zwei Kindern, wenn die Betreuung beider Kinder im Haushalt eines der beiden Kinder stattfindet. Im Sinne einer bedarfsgerechten Hilfe fällt auch diese Konstellation unter § 22.

10 Auch bei einer Betreuung der Kinder in durch die Pflegeperson oder durch einen Träger der freien oder öffentlichen Jugendhilfe extra **angemieteten Räumen** ist noch von einer Kindertagespflege iSd § 22 Abs. 1 Satz 2 auszugehen, sofern die Betreuung der Kinder gerade durch die konkrete Tagespflegeperson im Vordergrund steht (während bei der institutionalisierten Betreuung in einer Kindertageseinrichtung diese Betreuungsform vom Wechsel der konkreten Betreuungsperson/Erzieherin unabhängig ist). Durch **Landesrecht** kann explizit geregelt werden, dass Kindertagespflege auch in anderen geeigneten Räumen geleistet werden kann (Abs. 1 Satz 4). Selbst wenn es an einer ausdrücklichen landesrechtlichen Normierung fehlt, ist gleichwohl die Tagespflege in anderen geeigneten Räumen als solche anzuerkennen, weil sich diese bei sachgerechter Auslegung noch unter die Definition des Abs. 1 Satz 2 subsumieren lässt.

Das Nähere über die Abgrenzung von Tageseinrichtungen und Kindertagespflege regelt das **Landes-** 11
recht (Abs. 1 Satz 3). Das bedeutet keine Pflicht zu landesrechtlichen Bestimmungen und vor allem
nicht, dass bei Fehlen entsprechender landesrechtlicher Abgrenzungsnormen ein gesetzesfreier Raum
bestünde. Vielmehr ergeben sich die Grundsätze für die Abgrenzung aus Bundesrecht (Abs. 1 Satz 1
und 2). Landesrecht kann das „Nähere" regeln, muss es aber nicht. Relevanz hat das insbesondere,
soweit landesrechtliche Regelungen im Rahmen des offenen Begriffs der Kindertagespflege weitere
Formen der Tagespflege vorsehen. So hat sich zum Beispiel der Begriff der **Tagesgroßpflegestellen**
herausgebildet. Die bundesrechtlichen Vorgaben sind entwicklungsoffen. Durch Landesrecht können
Angebotsformen, die zwischen Tageseinrichtungen und Kindertagespflege stehen, auch solche, die
bislang noch nicht etabliert sind, geregelt werden. Indes ist zu beachten, dass beim **Erlaubnisvorbe-**
halt für die Kindertagespflege gemäß § 43 Abs. 3 bundesrechtlich davon ausgegangen wird, dass die
Erlaubnis nur befugt zur „Betreuung von bis zu fünf gleichzeitig anwesenden, fremden Kindern", sodass damit eine Obergrenze auch für Tagesgroßpflegestellen definiert sein könnte. Gemäß der Neuregelung durch das KiföG (Einl. Rn 47) in § 43 Abs. 3 Satz 3 kann Landesrecht bestimmen, dass die
Erlaubnis zur Betreuung von mehr als fünf gleichzeitig anwesenden, fremden Kindern erteilt werden
kann, wenn die Person über eine pädagogische Ausbildung verfügt. Daraus ergibt sich, dass Tagesgroßpflegestellen, die der landesrechtlichen Regelung bedürfen, nur zulässig sind, wenn und soweit
eine solche vorliegt.

Die Kindertagespflege kann – wie für Tageseinrichtungen gemäß Abs. 1 Satz 1 geregelt – für einen Teil 12
des Tages oder ganztägig stattfinden. Nicht nur die stundenweise Tagespflege (vormittags oder nachmittags) fällt unter Abs. 1 Satz 2, sondern auch die Betreuung durchgehend vom Morgen bis zum
Abend. Eine **zeitliche Begrenzung** für die Tagespflege wird insoweit angenommen, als die Betreuung
über Nacht nicht mehr als „Tages"pflege anzusehen sein soll, obwohl der Begriff „ganztägig" durchaus
24 Stunden umfassen kann. Ausgehend vom Grundsatz bedarfsgerechter Hilfe ist im Einzelfall (zB bei
Alleinerziehenden, die Schicht-/Nachtdienst leisten) auch eine Betreuung während der Nacht möglich
(Hauck/Grube § 23 Rn 8), die Nachtzeit ist insoweit Teil des 24-Stunden-Tages.

Bei einer „Wochenpflege" (zB wegen ausbildungsbedingter Ortsabwesenheit der allein erziehenden
Personensorgeberechtigten) liegt keine Tagespflege mehr vor, weil hier über einen längeren Zeitraum
regelmäßig eine Betreuung auch über Nacht stattfindet. In solchen Fällen wäre ein erzieherischer Bedarf
und deshalb ein Anspruch auf HzE zu bejahen (vgl § 27 Rn 16 ff).

IV. Ausgestaltung des Förderungsauftrages (Abs. 2 und 3)

Aufgabe sowohl der Kindertageseinrichtungen wie der Kindertagespflege ist die Förderung von Kin- 13
dern. Der Förderungsauftrag in seinem umfassenden Sinne (Erziehung, Bildung und Betreuung) mit
seinen Spezifizierungen in Abs. 2 (vgl Rn 21) gilt gleichermaßen für Tageseinrichtungen wie auch für
die Kindertagespflege, was bei der näheren Auslegung der Leistungsnormen (§§ 23, 24) und auch bei
der landesrechtlichen Ausgestaltung zu beachten ist.

Der Förderungsauftrag wird in Abs. 2 und Abs. 3 näher ausgestaltet. Der Förderungsauftrag umfasst 14
gleichermaßen die **Erziehung, Bildung und Betreuung** (Abs. 3 Satz 1). Der **Erziehungsauftrag** ist deutlicher betont worden, denn nach altem Recht war in § 22 Abs. 2 aF von der „Betreuung, Bildung und
Erziehung des Kindes" die Rede. Die Umstellung der Förderungstrias macht deutlich, dass der Erziehungsauftrag im Vordergrund steht und die bloße Betreuung unzureichend ist. Die bloße „Betreuung"
ohne pädagogisches Angebot erfüllt nicht die gesetzlichen Anforderungen. Ebenso ist auch der **Bil-**
dungsauftrag von besonderer Bedeutung. Angesichts der begrenzten Gesetzgebungskompetenz des
Bundes in diesem Bereich (vgl Vor§ 22 Rn 37 ff) ist die weitere Ausgestaltung des Bildungsauftrags
Sache der Länder, die diesen in den Ausführungsgesetzen stärker als bisher akzentuieren könnten.

Die **stundenweise Kinderbetreuung** in Kaufhäusern oder an sonstigen Orten, mit der über die Betreu- 15
ung hinaus keine weiteren Ziele verfolgt werden, ist (weil unvereinbar mit dem Förderungsauftrag
gemäß Abs. 3 Satz 1) keine Einrichtung iSd Kinder- und Jugendhilfe.

Auch in Bezug auf die **Kindertagespflege** wird man im Hinblick auf den umfassenden Förderungsauf- 16
trag (Erziehung, Bildung und Betreuung) davon ausgehen müssen, dass eine bestimmte **Mindestbe-**
treuungsdauer vorausgesetzt ist, um diesem Förderungsauftrag gerecht zu werden. Orientierungsmaßstab dürfte die im Zusammenhang mit der Erlaubnispflicht (§ 43) geregelte Mindestgrenze von 15
Stunden wöchentlich sein, sodass die stundenweise Betreuung eines Kindes durch Dritte („Babysit-
ting") nicht als Kindertagespflege iSd §§ 22, 23 anzusehen ist (Schmid/Wiesner ZfJ 2005, 274, 275).

Davon zu unterscheiden ist der erforderliche Zeitumfang der Kindertagespflege als Leistung der Kinder- und Jugendhilfe. Dieser richtet sich nach dem individuellen Bedarf (§ 24 Abs. 3 Satz 3).

17   Der umfassende Förderungsauftrag (Erziehung, Bildung und Betreuung des Kindes) wird in Abs. 3 noch dahingehend weiter aufgefächert, dass er sich auf die soziale, emotionale, körperliche und geistige **Entwicklung des Kindes** bezieht. Der Förderungsauftrag ist zudem **werteorientiert**, er schließt (so Abs. 3 Satz 2) die Vermittlung orientierender Werte und Regeln ein. Die Förderung soll sich zudem gemäß Abs. 3 Satz 3 am Alter und Entwicklungsstand, den sprachlichen und sonstigen Fähigkeiten, der Lebenssituation sowie den Interessen und Bedürfnissen des einzelnen Kindes orientieren und seine ethnische Herkunft berücksichtigen. Das ist ein ehrgeiziges Programm und macht deutlich, dass dieser umfassende Förderungsauftrag nur erfüllt werden kann, wenn das entsprechende Personal, das diesen umsetzen muss, hinreichend qualifiziert ist.

18   Im Rahmen dieser Förderungstrias steht die Förderung des Kindes zu einer eigenverantwortlichen und gemeinschaftsfähigen Persönlichkeit (Erwerb von Ich-, Sozial- und Sachkompetenz; vgl auch § 1 Abs. 1) gemäß Abs. 2 Nr. 1 einerseits im Vordergrund, andererseits gleichberechtigt daneben die Unterstützung und Ergänzung der Erziehung und Bildung in der Familie (Abs. 2 Nr. 2) und der Auftrag, Eltern dabei zu helfen, Erwerbstätigkeit und Kindererziehung „besser" miteinander vereinbaren zu können (Abs. 2 Nr. 3). Damit muss sich das Leistungsangebot der Einrichtungen und der Tagespflege pädagogisch und organisatorisch sowohl an den **Bedürfnissen der Kinder** als auch denen der **Familien** orientieren.

19   Die Förderung der „Entwicklung" der Kinder, insbesondere im Hinblick auf die besondere Bedeutung der Erziehung und Bildung, verlangt nach dem Einsatz qualifizierten Personals, also **Fachkräften**, und zwar auch in der Kindertagespflege. Die Vereinbarkeit von Familie und Beruf verlangt nach entsprechenden **organisatorischen Rahmenbedingungen**. Das zielt insbesondere auf die Öffnungszeiten der Einrichtungen wie auch auf die räumliche Erreichbarkeit (**Wohnortnähe**). Eine Ausrichtung an den Bedürfnissen der Familien verlangt bedarfsgerechte und flexible **Öffnungszeiten**. Da die Bedürfnisse der Familien unterschiedlich sein können, je danach ob berufstätig oder in Ausbildung oder allein erziehend usw., ist von einer Orientierung an den spezifischen Bedürfnissen der einzelnen Familien auszugehen (vgl auch § 80 Abs. 2 Nr. 4). Dies zielt auf flexible Regelungen bei den Öffnungszeiten. Diese Vorgaben haben insbesondere auch Bedeutung für die Auslegung des Rechtsanspruchs auf Förderung (vgl § 24 Rn 16 ff).

V. Erlaubnisvorbehalt

20   Der Betrieb einer Tageseinrichtung ist ebenso erlaubnispflichtig (§ 45) wie die Erbringung von Kindertagespflegeleistungen, jedenfalls wenn diese in einem bestimmten Umfang erbracht werden (§ 43).

VI. Gesetzliche Unfallversicherung

21   Für Kinder besteht während des Besuchs von **Tageseinrichtungen**, deren Träger für den Betrieb der Einrichtungen der Erlaubnis nach § 45 SGB VIII oder einer Erlaubnis aufgrund einer entsprechenden landesrechtlichen Regelung bedürfen, der Schutz der gesetzlichen Unfallversicherung (§ 2 Abs. 1 Nr. 8 a) SGB VII). Kinder in **Tagespflege** unterlagen anders als Kinder während des Besuchs von Tageseinrichtungen nach altem Recht nicht dem Schutz der gesetzlichen Unfallversicherung. Dieser Rechtszustand wurde durch Artikel 2 des KICK (Einl. Rn 47) mit Wirkung zum 1.10.2005 geändert. Nach dem Recht der gesetzlichen Unfallversicherung sind nunmehr auch Kinder „während der Betreuung durch geeignete Tagespflegepersonen im Sinne von § 23 SGB VIII" kraft Gesetzes unfallversichert (§ 2 Abs. 1 Nr. 8 Buchst. a SGB VII, vgl § 23 Rn 62).

22   Die **Tagespflegepersonen** unterliegen dem Schutz der gesetzlichen Unfallversicherung (wie die Beschäftigten in Einrichtungen), wenn sie in einem abhängigen Beschäftigungsverhältnis (vgl § 23 Rn 51) stehen (BSG 17.2.1998 – B 2 U 3/97 R – NJW 1998, 3141). Zu weiteren Fragen der Unfallversicherung vgl § 23 Rn 63.

VII. Zuständigkeit, Kostenbeteiligung

23   **Sachlich zuständig** ist der örtliche Träger der öffentlichen Jugendhilfe (§ 85 Abs. 1, § 69 Abs. 3). Die **örtliche Zuständigkeit** bestimmt sich im Regelfall nach dem gewöhnlichen Aufenthalt der Eltern (§ 86). Mit der Bestimmung des zuständigen örtlichen Trägers wird wegen der örtlichen Finanzierung

zugleich der **Kostenträger** festgelegt (OVG NI 22.2.2001 – 12 L 3001/00 – NDV-RD 2001, 54 = ZfJ 2001, 228, zu § 86 c).

Für die Inanspruchnahme von Angeboten der Förderung von Kindern in Tageseinrichtungen und Kin- 24 dertagespflege können durch den Träger der öffentlichen Jugendhilfe **pauschalierte Kostenbeiträge** festgesetzt werden (§ 90 Abs. 1 Nr. 3). Soweit Landesrecht nichts anderes bestimmt, sind Kostenbeiträge, die für die Inanspruchnahme von Tageseinrichtungen und von Kindertagespflege zu entrichten sind, zu staffeln. Als Kriterien können insbesondere das Einkommen, die Anzahl der kindergeldberechtigten Kinder in der Familie und die tägliche Betreuungszeit berücksichtigt werden (vgl § 90 Rn 7 ff).

§ 22 a Förderung in Tageseinrichtungen

(1) [1]Die Träger der öffentlichen Jugendhilfe sollen die Qualität der Förderung in ihren Einrichtungen durch geeignete Maßnahmen sicherstellen und weiterentwickeln. [2]Dazu gehören die Entwicklung und der Einsatz einer pädagogischen Konzeption als Grundlage für die Erfüllung des Förderungsauftrags sowie der Einsatz von Instrumenten und Verfahren zur Evaluation der Arbeit in den Einrichtungen.

(2) [1]Die Träger der öffentlichen Jugendhilfe sollen sicherstellen, dass die Fachkräfte in ihren Einrichtungen zusammenarbeiten

1. mit den Erziehungsberechtigten und Tagespflegepersonen zum Wohl der Kinder und zur Sicherung der Kontinuität des Erziehungsprozesses,
2. mit anderen kinder- und familienbezogenen Institutionen und Initiativen im Gemeinwesen, insbesondere solchen der Familienbildung und -beratung,
3. mit den Schulen, um den Kindern einen guten Übergang in die Schule zu sichern und um die Arbeit mit Schulkindern in Horten und altersgemischten Gruppen zu unterstützen.

[2]Die Erziehungsberechtigten sind an den Entscheidungen in wesentlichen Angelegenheiten der Erziehung, Bildung und Betreuung zu beteiligen.

(3) [1]Das Angebot soll sich pädagogisch und organisatorisch an den Bedürfnissen der Kinder und ihrer Familien orientieren. [2]Werden Einrichtungen in den Ferienzeiten geschlossen, so hat der Träger der öffentlichen Jugendhilfe für die Kinder, die nicht von den Erziehungsberechtigten betreut werden können, eine anderweitige Betreuungsmöglichkeit sicherzustellen.

(4) [1]Kinder mit und ohne Behinderung sollen, sofern der Hilfebedarf dies zulässt, in Gruppen gemeinsam gefördert werden. [2]Zu diesem Zweck sollen die Träger der öffentlichen Jugendhilfe mit den Trägern der Sozialhilfe bei der Planung, konzeptionellen Ausgestaltung und Finanzierung des Angebots zusammenarbeiten.

(5) Die Träger der öffentlichen Jugendhilfe sollen die Realisierung des Förderungsauftrages nach Maßgabe der Absätze 1 bis 4 in den Einrichtungen anderer Träger durch geeignete Maßnahmen sicherstellen.

I. Qualitätssicherung und -entwicklung, Fachkräfte (Abs. 1)

1 § 22 a enthält in Ergänzung zu § 22 **allgemeine Rahmenvorgaben** für die „Förderung" von Kindern in Tageseinrichtungen. Die Norm ist bei der Auslegung der rechtsanspruchsbegründenden Vorschrift des § 24 zu beachten, insbesondere soweit es um den Anspruchsinhalt geht.

2 Die Träger der öffentlichen Jugendhilfe sollen die Qualität der Förderung in ihren Einrichtungen durch geeignete Maßnahmen sicherstellen und weiterentwickeln (Abs. 1 Satz 1). Zu diesen geeigneten Maßnahmen gehören gemäß Abs. 1 Satz 2 die Entwicklung und der Einsatz einer **pädagogischen Konzeption** als Grundlage für die Erfüllung des Förderungsauftrags sowie der Einsatz von Instrumenten und Verfahren zur **Evaluation** der Arbeit in den Einrichtungen.

3 Die Verwirklichung des Förderungsauftrags aus § 22 verlangt – wie auch § 22 a Abs. 1 deutlich macht – in den Tageseinrichtungen den Einsatz von **Fachkräften** (Schellhorn/Fischer § 22 a Rn 6), die ausdrücklich in Abs. 2 Satz 1 im Zusammenhang mit dem dort geregelten **Zusammenarbeitsgebot** erwähnt werden. Was unter „Fachkräften" verstehen ist, regelt Abs. 2 nicht. Auch gibt es keine § 72 entsprechende bundesrechtliche Vorgabe an die Träger, hinreichend qualifiziertes Fachpersonal einzusetzen. Landesrechtlich wären hier nähere Festlegungen möglich. Zudem ist über § 45 Abs. 2 Satz 2 im Rahmen der Entscheidung über die Erteilung der Betriebserlaubnis eine (begrenzte) Kontrolle möglich (§ 45 Rn 17 ff). Angesichts der Bedeutung der in der Tageseinrichtung tätigen Mitarbeiter für die För-

derung der Kinder ist in der Regel die Qualifikation als Erzieher/in zu fordern, in Betracht kommen auch Sozialarbeiter/innen bzw Sozialpädagog/inn/en (FH), eingeschränkt auch Kinderpfleger/innen.

Andere Mitarbeiter als Fachkräfte werden in § 22 a nicht benannt. Angesichts des hohen fachlichen **4** Anspruchs an die Aufgabenstellung von Kindertageseinrichtungen ist ein Einsatz von Nicht-Fachkräften nur im hauswirtschaftlichen oder haustechnischen Bereich zulässig. Landesrechtlich oder über Vereinbarungen nach § 45 Abs. 2 Satz 3 (§ 45 Rn 24 f) werden neue Mitarbeiter-Kategorien eingeführt. So wird als Zweitkraft neben dem/der Gruppenleiter/in eine **„Ergänzungskraft"** zugelassen (Kinderpfleger/innen oder andere Personen, die nach Qualifikation und Eignung in der Lage sind, die Gruppenleitung in der pädagogischen Arbeit zu unterstützen, ohne selbst pädagogische Fachkraft zu sein). Mit solchen Regelungen wird das Erfordernis einer formalen sozialpädagogischen Qualifikation aufgegeben, an deren Stelle tritt die kostengünstige „geistige Mütterlichkeit" (Rauschenbach NDV 1993, 99).

Auch die Regelungen im BAT zur **Eingruppierung** im Sozial- und Erziehungsdienst (die auch bei Anwendung des TVöD oder TV-L nach wie vor anzuwenden sind) sind bedenklich, weil diese unter **5** besonderen Voraussetzungen vergütungsrechtlich Beschäftigte mit bestimmten erworbenen (formalen) Qualifikationen gleichsetzen mit solchen, die eine entsprechende formale Qualifikation nicht haben („sonstige Angestellte"). Dies leistet einem Fachlichkeitsverständnis Vorschub, das die Bedeutung formaler Qualifikation, das heißt geregelter Ausbildungen, wie sie in allen wichtigen gesellschaftlichen Aufgabenbereichen völlig selbstverständlich sind, negiert oder zumindest abwertet (Rauschenbach NDV 1993, 99; Hocke/Eibeck NDV 1993, 106). Die Rechtsprechung ist hier allerdings zurückhaltend, häufig wird die Anerkennung als „sonstiger Angestellte" im tariflichen Sinne verwehrt (Ohnesorg PersR 1996, 313 f).

II. Zusammenarbeitsgebot (Abs. 2)

1. Zusammenarbeit mit und Beteiligung der Erziehungsberechtigten

Abs. 2 regelt ein umfassendes Zusammenarbeitsgebot. Die Fachkräfte in den Einrichtungen sollen zusammenarbeiten mit den Erziehungsberechtigten (§ 7 Abs. 1 Nr. 6), und zwar zum Wohl der Kinder **6** und zur Sicherung der Kontinuität des Erziehungsprozesses (Abs. 2 Satz 1 Nr. 1). Die Zusammenarbeit ist keine „Einbahnstraße". Auch das Personal der Einrichtungen hat die Verantwortung dafür zu sorgen, dass eventuell „schädigende" Einflüsse des Elternhauses im Rahmen der Kooperation und des gegenseitigen Austausches abgebaut werden.

Gemäß Abs. 2 Satz 2 sind die Erziehungsberechtigten (§ 7 Abs. 1 Nr. 6) an den Entscheidungen in **7** wesentlichen Angelegenheiten der Erziehung, Bildung und Betreuung zu beteiligen. Abs. 2 Satz 2 ist die bundesrechtliche Grundlage für die Schaffung von Organen der Elternmitwirkung in den verschiedenen Einrichtungsformen. Wie und in welcher konkreten Weise die **Beteiligung der Erziehungsberechtigten** gestaltet wird, ist allerdings bundesrechtlich nicht vorgeschrieben. Es muss nicht zwingend institutionalisierte Formen der Beteiligung geben, vielmehr sind gemäß § 26 landesrechtlich unterschiedliche Regelungen möglich und zulässig. Zumeist gibt es institutionalisierte Elterngremien; die Bezeichnungen sind unterschiedlich (Elternbeirat, Elternausschuss, Elternrat). Zwingend vorgeschrieben ist, dass die Erziehungsberechtigten an den Entscheidungen in „wesentlichen" – also nicht in allen – Angelegenheiten zu beteiligen „sind". „Beteiligung" meint eine qualifizierte Form der Einflussnahme, die auf mehr als bloße Information und Anhörung zielt. „Wesentliche Angelegenheiten" sind zB die Grundsätze des pädagogischen Konzepts, die personelle, sächliche und einrichtungsmäßige Ausstattung und die Öffnungs- und Schließungszeiten. Nach § 8 Abs. 1 sind auch die **Kinder** entsprechend ihrem Entwicklungsstand an allen sie betreffenden Entscheidungen der öffentlichen Jugendhilfe zu beteiligen.

2. Zusammenarbeit mit Tagespflegepersonen, Schulen und anderen Institutionen

Die Fachkräfte in den Einrichtungen sollen auch zusammenarbeiten mit den **Tagespflegepersonen** **8** (Abs. 2 Satz 1 Nr. 1). Das ist von Relevanz nur, wenn das Kind ergänzend in Kindertagespflege betreut wird. Ziel des Kooperationsgebots ist die Sicherung des Kindeswohls und der Kontinuität des Erziehungsprozesses. Vor allem geht es darum, Brüche bei Übergängen zwischen den einzelnen Betreuungsformen zu vermeiden.

Dem Wohl der Kinder dient gleichfalls die Zusammenarbeit mit anderen kinder- und familienbezogenen **9** nen **Institutionen und Initiativen im Gemeinwesen**, insbesondere solchen der Familienbildung und

-beratung (Abs. 2 Satz 1 Nr. 2). Explizit erwähnt (Abs. 2 Satz 1 Nr. 3) wird zudem die Zusammenarbeit mit den **Schulen**. Sie soll vor allem dazu dienen, den Kindern einen guten Übergang in die Schule zu sichern und die Arbeit mit Schulkindern in Horten und altersgemischten Gruppen zu unterstützen (zu Bildungsauftrag und Bildungskonzepte des Horts und zum Verhältnis von Jugendhilfe und Schule BMFSFJ 2005, Sachverständigenkommission 12. Kinder- und Jugendbericht, 253 ff, 292 ff).

III. Orientierung an den Bedürfnissen der Kinder und ihrer Familien (Abs. 3)

10   Das Leistungsangebot der Einrichtungen soll sich pädagogisch und organisatorisch sowohl an den Bedürfnissen der Kinder als auch denen der Familien orientieren (Abs. 3 Satz 1). Der Begriff „**pädagogisch**" zielt auf die besondere Bedeutung der Erziehung und Bildung in Kindertageseinrichtungen (§ 22 Rn 16 ff), welche den Einsatz von Fachkräften verlangt (Rn 3 ff). Der Begriff „**organisatorisch**" zielt insbesondere auf die Öffnungszeiten der Einrichtungen wie auch auf die räumliche Erreichbarkeit (**Wohnortnähe**). Eine Ausrichtung an den Bedürfnissen der Familien verlangt bedarfsgerechte und flexible Öffnungszeiten (§ 22 Rn 22).

11   Die Orientierung an den organisatorischen Bedürfnissen der Familien wird in Abs. 3 Satz 2 für „**Ferienzeiten**" präzisiert. Werden Einrichtungen in den Ferienzeiten geschlossen, so hat der Träger der öffentlichen Jugendhilfe für die Kinder, die nicht von den Erziehungsberechtigten betreut werden können, eine **anderweitige Betreuungsmöglichkeit sicherzustellen**. Es handelt sich um eine bindende Verpflichtung für die öffentlichen Jugendhilfeträger („hat ... sicherzustellen"), die (in Verbindung mit § 24 Abs. 1) einen Rechtanspruch des Kindes auf die anderweitige Betreuungsmöglichkeit in Ferienzeiten begründet. Das Gesetz definiert die „anderweitige" Betreuungsmöglichkeit nicht näher. Sie muss einerseits gleichwertig gegenüber dem Normalangebot sein, dass hier substituiert wird, andererseits sind gewisse Abstriche an der Güte des Angebots zulässig, weil das Gesetz nur von einer „Betreuungsmöglichkeit" und nicht etwa von einer gleichwertigen Einrichtung spricht.

IV. Gemeinsame Einrichtungen für Behinderte und Nichtbehinderte (Abs. 4)

12   Abs. 4 Satz 1 bestimmt explizit, dass Kinder mit und ohne Behinderung, sofern der Hilfebedarf dies zulässt, in Gruppen gemeinsam gefördert werden „sollen". Die **gemeinsame Förderung**, das heißt Erziehung, Bildung und Betreuung (§ 22 Abs. 3 Satz 1), ist also der **Regelfall**. Davon kann heute in der Praxis kaum gesprochen werden. Um dies zu erreichen, sollen die Träger der öffentlichen Jugendhilfe mit den Trägern der Sozialhilfe bei der Planung, konzeptionellen Ausgestaltung und Finanzierung des Angebots zusammenarbeiten (Abs. 4 Satz 2).

V. Realisierung des Förderungsauftrages in Einrichtungen anderer Träger (Abs. 5)

13   Die Regelungen des § 22 a sind unmittelbar verpflichtend nur für die leistungsverpflichteten Träger der öffentlichen Jugendhilfe. Tatsächlich wird vielfach die Förderung in Tageseinrichtungen von anderen Trägern erbracht, insbesondere von Trägern der freien Jugendhilfe. Die Träger der öffentlichen Jugendhilfe sollen gemäß Abs. 5 die **Realisierung des Förderungsauftrages** nach Maßgabe der Absätze 1 bis 4 in den Einrichtungen anderer Träger **durch geeignete Maßnahmen sicherstellen**. Das Gesetz gibt bindend vor, dass die Träger der öffentlichen Jugendhilfe die Realisierung des Förderungsauftrages in anderen Einrichtungen sicherzustellen haben, schreibt aber nicht vor, wie dies zu geschehen hat. Das ist auch angesichts der Betätigungsfreiheit für die freien Träger nicht möglich. In der Regel wird sich hier anbieten, dies durch **Vereinbarungen** mit den freien Träger sicherzustellen. Soweit die Finanzierung der Tageseinrichtungen (vgl § 74 a) über **Zuwendungsbescheide** erfolgt, ist auch denkbar, dass in diesen die Erfüllung des Förderungsauftrags zur Voraussetzung für die Subventionierung gemacht wird.

§ 23 Förderung in Kindertagespflege

(1) Die Förderung in Kindertagespflege nach Maßgabe von § 24 umfasst die Vermittlung des Kindes zu einer geeigneten Tagespflegeperson, soweit diese nicht von der erziehungsberechtigten Person nachgewiesen wird, deren fachliche Beratung, Begleitung und weitere Qualifizierung sowie die Gewährung einer laufenden Geldleistung an die Tagespflegeperson.

(2) Die laufende Geldleistung nach Absatz 1 umfasst

1. die Erstattung angemessener Kosten, die der Tagespflegeperson für den Sachaufwand entstehen,
2. einen Betrag zur Anerkennung ihrer Förderungsleistung nach Maßgabe von Absatz 2 a,
3. die Erstattung nachgewiesener Aufwendungen für Beiträge zu einer Unfallversicherung sowie die hälftige Erstattung nachgewiesener Aufwendungen zu einer angemessenen Alterssicherung der Tagespflegeperson und
4. die hälftige Erstattung nachgewiesener Aufwendungen zu einer angemessenen Krankenversicherung und Pflegeversicherung.

(2 a) [1]Die Höhe der laufenden Geldleistung wird von den Trägern der öffentlichen Jugendhilfe festgelegt, soweit Landesrecht nicht etwas anderes bestimmt. [2]Der Betrag zur Anerkennung der Förderungsleistung der Tagespflegeperson ist leistungsgerecht auszugestalten. [3]Dabei sind der zeitliche Umfang der Leistung und die Anzahl sowie der Förderbedarf der betreuten Kinder zu berücksichtigen.

(3) [1]Geeignet im Sinne von Absatz 1 sind Personen, die sich durch ihre Persönlichkeit, Sachkompetenz und Kooperationsbereitschaft mit Erziehungsberechtigten und anderen Tagespflegepersonen auszeichnen und über kindgerechte Räumlichkeiten verfügen. [2]Sie sollen über vertiefte Kenntnisse hinsichtlich der Anforderungen der Kindertagespflege verfügen, die sie in qualifizierten Lehrgängen erworben oder in anderer Weise nachgewiesen haben.

(4) [1]Erziehungsberechtigte und Tagespflegepersonen haben Anspruch auf Beratung in allen Fragen der Kindertagespflege. [2]Für Ausfallzeiten einer Tagespflegeperson ist rechtzeitig eine andere Betreuungsmöglichkeit für das Kind sicherzustellen. [3]Zusammenschlüsse von Tagespflegepersonen sollen beraten, unterstützt und gefördert werden.

I. Normkontext

Die Kindertagespflege ist durch das TAG – mit partiellen Änderungen durch das KICK (jeweils Einl. Rn 47) – neu profiliert worden als gleichrangiges Förderungsangebot neben den Tageseinrichtungen. Das ist durch das KiföG (Einl. Rn 47), das einen weiteren Ausbau der Tagesbetreuung für Kinder im Alter unter drei Jahren auf der Basis des TAG zum Ziel hat, weiter betont worden. Mit einem geplanten Anteil von (bundesdurchschnittlich) 30 % an den neu zu schaffenden Plätzen kommt der Kindertagespflege beim Ausbau der Kindertagesbetreuung eine große Bedeutung zu (BT-Drucks. 16/9299, 1

S. 14). Rechtlich spiegelt sich dies darin, dass § 22 Grundsätze der Förderung sowohl für Tageseinrichtungen als für die Kindertagespflege regelt. § 24 ist die Anspruchsnorm zugunsten des Kindes ebenfalls für Tageseinrichtungen wie für die Kindertagespflege. § 23 ist die Spezialnorm für die „Förderung in Kindertagespflege", wobei die Überschrift der Norm insofern missverständlich ist, weil die Norm ganz wesentlich auch die **Rechtsstellung der Kindertagespflegeperson** regelt, soweit es um Leistungen geht. Die ordnungsrechtliche Seite, nämlich das Erfordernis der Erteilung einer Erlaubnis zur Kindertagespflege, ist in § 43 geregelt.

2   Mit der Profilierung der Kindertagespflege als Alternativangebot zu Kindertageseinrichtungen einher gehen muss eine **Qualifizierung** der Personen, die diese anbieten, nämlich der Kindertagespflegepersonen. Konsequent wäre es entweder einen eigenständigen Ausbildungsberuf „Tagespflegeperson" zu schaffen oder als Regelfall den erfolgreichen Abschluss (mindestens) einer Erzieherinnenausbildung zu verlangen. Das Gesetz geht (bislang nur) einen Mittelweg. Verlangt wird gemäß Abs. 3 Satz 2 der Nachweis „vertiefter Kenntnisse hinsichtlich der Anforderungen der Kindertagespflege" (Rn 15 ff). In der Gesetzesbegründung zum KiföG (Einl. Rn 47) wird deutlich darauf abgestellt, dass der Kindertagespflege beim Ausbau der Kindertagesbetreuung eine große Bedeutung zukommt. „Um dieser Bedeutung gerecht zu werden, muss das Berufsbild der Tagesmütter und -väter attraktiver werden. Die Kindertagespflege soll mittelfristig eine anerkannte und damit angemessen vergütete Vollzeittätigkeit werden. Untrennbar damit verbunden sind die Sicherung und Verbesserung der Qualifizierung der Tagespflegepersonen und die Sicherung und Steigerung der Qualität der Kindertagespflege." (BT-Drucks. 16/9299, 14).

3   Jedenfalls üben die Tagespflegeperson einen eigenständigen **Beruf iSd Art. 12 Abs. 1 GG** aus. Ihre Berufsfreiheit darf deshalb nur durch Gesetz oder aufgrund eines Gesetzes eingeschränkt werden. Gesetzliche Einschränkungen dürfen nach dem verfassungsrechtlichen Verhältnismäßigkeitsprinzip nur soweit gehen, wie dies zum Schutz der Rechte anderer erforderlich ist. Da das Wirken der Tagespflegeperson dem Wohl der Kinder dienen soll (ein Begriff, der im Wortlaut des jetzigen § 23, im Gegensatz zur alten Fassung, nicht mehr auftaucht), sind Einschränkungen der Berufsfreiheit der Tagespflegeperson zulässig, aber auch nur soweit, wie tatsächlich eine Kollision mit den Kinderinteressen droht. Da § 23 Leistungsansprüche der Kindertagespflegeperson, insbesondere einen Anspruch auf eine **Geldleistung** (Rn 21 ff), regelt, könnte man einwenden, dass insoweit ein Eingriff in die Berufsfreiheit gar nicht vorliegen könne. Anders ist es aber jedenfalls, soweit die Berufsausübung an das Erfordernis einer vorherigen Erlaubnis geknüpft wird, wie bei § 43. Dass der Gesetzgeber in der Leistungsnorm dieselben Kriterien an die Tagespflegeperson aufgestellt hat (Rn 15 ff) wie in der Eingriffsnorm (§ 43), ist rechtssystematisch kaum nachvollziehbar, allerdings im Kontext des § 43 zu problematisieren (§ 43 Rn 14).

4   Bei der Auslegung des § 23 ist unter verfassungsrechtlichen Gesichtspunkten zu beachten, dass auch **Vergütungsregelungen** in den **Schutzbereich des Art. 12 Abs. 1 GG** fallen können. Nach der Rechtsprechung des BVerfG greifen Vergütungsregelungen und hierauf gründende Entscheidungen, die an die Einnahmen, welche durch eine berufliche Tätigkeit erzielt werden können, und damit auf die Existenzerhaltung von nicht unerheblichem Einfluss sind, in die Freiheit der Berufsausübung ein (BVerfG 30.3.1993 – 1 BvR 1045/89, 1381/90 u. 1 BvL 11/90 – E 88, 145, 159 = NJW 1993, 2861 [Konkursverwalter]; 15.12.1999 – 1 BvR 1904/95 u.a. – E 101, 331, 347 [Vergütung von Berufsbetreuern]). Die Freiheit, einen Beruf auszuüben, ist untrennbar verbunden mit der Freiheit, eine angemessene Vergütung zu fordern (BVerfG 30.3.1993 – 1 BvR 1045/89, 1381/90 u. 1 BvL 11/90 – E 88, 145, 159 = NJW 1993, 2861). Das ist ggf bei der Auslegung des Abs. 2 und Abs. 2 a (Rn 21 ff), der den Anspruch der Tagespflegeperson auf die Geldleistung regelt, zu beachten. In der Gesetzesbegründung zum KiföG (Einl. Rn 47) wird konstatiert, dass sich derzeit die öffentlich finanzierte Kindertagespflege überwiegend im **Niedriglohnsektor** bewegt, was „mittelfristig" mit dem Ziel einer anerkannten und damit angemessen vergüteten Vollzeittätigkeit geändert werden soll (BT-Drucks. 16/9299, 14).

5   Bei der Kindertagespflege sind **verschiedene Rechtsverhältnisse** auseinander zu halten: öffentlicher Träger – Eltern/Kind; öffentlicher Träger – Tagespflegeperson; Tagespflegeperson – Eltern/Kind (zum Dreiecksverhältnis VorKap. 5 Rn 3 ff). Ggf kommt als weiteres Rechtsverhältnis hinzu: öffentlicher Träger – Träger der freien Jugendhilfe. Die Tätigkeit von freien Trägern (privat-gemeinnützigen oder privat-gewerblichen Anbietern; vgl § 3 Rn 5 ff) wird durch § 23 nicht tangiert. Es besteht im Bereich der Tagespflege **kein Vermittlungsmonopol** für die öffentlichen Träger. Die private Vermittlung bleibt zulässig.

Bei der Tagespflege handelt es sich – wie bei der Förderung von Kindern in Tageseinrichtungen – um **6** eine **Infrastrukturleistung** der Kinder- und Jugendhilfe, die nicht von einem Hilfebedarf im Einzelfall abhängig ist. Rechtlich handelt es sich um eine **Sozialleistung** gem. § 27 Abs. 1 Nr. 3 SGB I, § 2 Abs. 2 Nr. 3 SGB VIII. Die öffentlichen Träger haben eine entsprechende **Gewährleistungspflicht**. § 2 Abs. 2 differenziert die Leistungen der Kinder- und Jugendhilfe dahin, dass es einzelfallbezogene Hilfen (§ 2 Abs. 2 Nr. 4-6) und „Angebote" (§ 2 Abs. 2 Nr. 1-3), zu denen auch die Angebote zur Förderung von Kindern in Tagespflege gehören, gibt. Angebot in diesem Sinne ist jedoch nicht schon und allein das Bereitstellen von entsprechenden Maßnahmen, etwa im Bereich der Kindertagespflege. Das **Angebot** iSd § 2 Abs. 2 Nr. 3 ist vielmehr dahin zu verstehen, dass zu dem Bereithalten ein konkretes Angebot des Trägers der Jugendhilfe treten muss, das die Förderung konkret umsetzt. Es reicht also nicht aus, dass entsprechende Maßnahmen vorhanden sind. Seiner Leistungsverpflichtung kommt der öffentliche Träger nur dann nach, wenn er – auf entsprechende Nachfrage – ein entsprechend konkretes Leistungsangebot macht (vgl OVG NI 22.2.2001 – 12 L 3001/00 – NDV-RD 2001, 54 = ZfJ 2001, 228, zu § 86 c).

II. Tagespflege als Förderungsangebot

1. Die Tagespflege als Alternativangebot zur institutionalisierten Betreuung in Einrichtungen

Die Kindertagespflege steht im Kontext mit Kindertageseinrichtungen und stellt damit aus der Sicht **7** des Gesetzes ein Parallel- oder Alternativangebot zu der institutionellen Betreuung von Kindern in Einrichtungen dar. Die Kindertagespflege ist damit grundsätzlich ein **gleichrangiges Förderungsangebot**. In Hinblick auf das Wunsch- und Wahlrecht nach § 5 können die Personensorgeberechtigten wählen, ob sie für ihr Kind Kindertagespflege oder eine Tageseinrichtung in Anspruch nehmen wollen. In der Praxis wird die Kindertagespflege häufig auch als ein ergänzendes Angebot zur institutionellen Betreuung verstanden und ausgestaltet.

Aus der Gleichrangigkeit folgt, dass auch die Tagespflege einen umfassenden Auftrag hat. Sie dient – **8** wie die Tageseinrichtungen – der **Förderung der Entwicklung des Kindes** zu einer eigenverantwortlichen und gemeinschaftsfähigen Persönlichkeit und umfasst die Aufgabe der Erziehung, Bildung und Betreuung des Kindes. Das Leistungsangebot der Tagespflege soll sich dabei pädagogisch und organisatorisch an den Bedürfnissen der Kinder und ihrer Familien ausrichten (§ 22 a Rn 11 ff). Wichtig hierfür ist eine entsprechende Qualifizierung der Tagespflegepersonen.

Bei der Kindertagespflege handelt es sich **nicht** um eine **Hilfe zur Erziehung** iSd § 27. Während § 27 **9** von einem erzieherischen Bedarf ausgeht, ist dies keine Voraussetzung für die Kindertagespflege. Die Kindertagespflege ist eine Hilfe bei der Betreuung des Kindes und zwar zur Förderung der Entwicklung des Kindes. Bei der Kindertagespflege handelt es sich – wie bei den Tageseinrichtungen (§ 22) – aus der Sicht der Eltern um eine familienergänzende oder -unterstützende Maßnahme und aus der Sicht des Kindes um eine Maßnahme zur Verwirklichung seines Rechts auf Förderung der Entwicklung (§ 8 SGB I, § 1 Abs. 1). Hiervon zu trennen ist die Frage, ob bei Vorliegen eines erzieherischen Bedarfs iSd § 27 im Einzelfall auch eine „Kindertagespflege" als die geeignete und notwendige Hilfe zur Erziehung iSd § 27 Abs. 2 in Betracht kommen kann (§ 27 Rn 16 ff).

2. Organisationsstruktur innerhalb der Jugendämter

Die Ausgestaltung der Kindertagespflege als Alternative zur institutionalisierten Tagesbetreuung be- **10** rührt auch die **Organisationsstruktur innerhalb der Jugendämter**. In der Praxis wurden in der Vergangenheit drei Lösungen favorisiert:

- die Vermittlung und Beratung von Tagespflegepersonen wird ausgestaltet als zusätzliche Aufgabe von Pflegekinderdiensten, die auch für die Vollzeitpflege nach § 33 (= Hilfe zur Erziehung) zuständig sind;
- dort wo es keine speziellen Pflegekinderdienste gibt, wird die Tagespflege allgemein im Bereich der Erziehungshilfen angesiedelt bzw beim ASD;
- die Vermittlung und Beratung von Tagespflegepersonen wird von der Fachabteilung für die Kindertageseinrichtungen (ggf durch einen Spezialdienst innerhalb dieser Fachabteilung) mit abgedeckt.

Für die Variante Pflegekinderdienst/ASD wird geltend gemacht, dass die Mitarbeiter/innen der Pfle- **11** gekinderdienste häufig geeignete Tagespflegepersonen auch als Vollzeitpflegepersonen gewinnen können oder Vollzeitpflegepersonen häufig bereit sind, zusätzlich auch ein Tagespflegekind zu betreuen.

Dagegen spricht, dass es sich bei der Vollzeitpflege und bei der Tagesbetreuung um sozialpädagogisch unterschiedliche Angebote mit unterschiedlichen Zielsetzungen handelt. Erwartungen und Ansprüche der beteiligten Personen sind andere, ebenso die Anforderungen, die an die Pflegeperson zu stellen sind. Daher spricht Vieles dafür, dies auch durch eine **organisatorische Trennung** innerhalb des Amtes deutlich zu machen. Die gesetzliche Zuordnung der Tagespflege außerhalb der Hilfen zur Erziehung spricht ebenso dafür. Die Profilierung der Kindertagespflege als Infrastrukturleistung für alle Kinder – wie sie durch das TAG ausdrücklich vollzogen und durch das KiföG (jew. Einl. Rn 47) weiter bekräftigt worden ist – bedarf der organisatorischen Ansiedlung in der Fachabteilung für die Kindertageseinrichtungen. Alle anderen Lösungen sind nicht mehr als sachgerecht anzusehen.

III. Förderung in Kindertagespflege: Anspruchsinhalt

12   Der Leistungsanspruch des Kindes auf Kindertagespflege ergibt sich – unter den dort geregelten Voraussetzungen – aus § 24. Folglich spricht § 23 Abs. 1 von der Förderung in Kindertagespflege „nach Maßgabe von § 24". Sind die Leistungsvoraussetzungen gemäß § 24 Abs. 1, Abs. 2 oder Abs. 3 erfüllt (§ 24 Rn 7 ff), ergibt sich der Inhalt und der Umfang der Förderungsleistung Kindertagespflege aus § 23. Die verschiedenen Formen der Tagespflege (im Haushalt der Tagespflegeperson, im Haushalt der Erziehungsberechtigten, Tagesgroßpflegestellen) sind nicht mehr – wie nach bisherigem Recht – in § 23, sondern in § 22 geregelt (§ 22 Rn 10 ff).

1. Vermittlung des Kindes zu einer geeigneten Tagespflegeperson (Abs. 1)

13   Die Förderung in Kindertagespflege nach Maßgabe von § 24 „umfasst" gemäß Abs. 1 die **Vermittlung des Kindes zu einer geeigneten Tagespflegeperson**. Soweit § 24 eine objektiv-rechtliche Leistungsverpflichtung des öffentlichen Trägers regelt (§ 24 Rn 35 ff), ist diese Verpflichtung vom **Anspruchsinhalt** her auf die Vermittlung einer Kindertagespflegeperson gerichtet. Gefordert ist ein aktives Tun des öffentlichen Trägers, es sei denn, es wird von der erziehungsberechtigten Person (§ 7 Abs. 1 Nr. 6) eine Tagespflegeperson nachgewiesen. Bezüglich einer selbst gesuchten Tagespflegeperson hat der öffentliche Träger die Eignungsfeststellung gemäß Abs. 3 zu treffen (Rn 19).

14   Soweit das **BVerwG** zum alten Recht davon gesprochen hat, dass das „Eingreifen der Jugendhilfe im Bereich der Tagespflege" in das **Ermessen** des JA gestellt sei (BVerwG 5.12.1996 – 5 C 51.95 – NDV-RD 1997, 82 = NJW 1997, 2766), kann diese Rechtsauffassung nach neuem Recht nicht mehr aufrechterhalten werden.

a) Eignung der Tagespflegeperson (Abs. 3)

15   Die Vermittlungspflicht des öffentlichen Trägers bezieht sich auf eine „geeignete" Tagespflegeperson. Die Kriterien der Eignung sind in Abs. 3 geregelt. Es handelt sich jeweils um **unbestimmte Rechtsbegriffe**, die der vollen gerichtlichen Kontrolle unterliegen.

16   Geeignet sind Personen, die sich zum einen durch ihre **Persönlichkeit, Sachkompetenz und Kooperationsbereitschaft** mit Erziehungsberechtigten und anderen Tagespflegepersonen auszeichnen (Abs. 3 Satz 1). Neben persönlichen Eigenschaften wie Zuverlässigkeit, Belastbarkeit sowie Achtung, Interesse und Einfühlungsvermögen gegenüber Kindern und ihren Familien geht es um bestimmte Schlüsselqualifikationen. Die Tagespflegeperson muss über personale, fachliche, methodische und kooperative Kompetenzen verfügen, die das Herausbilden eines professionellen Profils unterstützen. Hierzu gehört bspw die Fähigkeit zu differenzierter Wahrnehmung, zur Reflexion, zum Dialog und zum konstruktiven Umgang mit Konflikten und Kritik (Schmid/ Wiesner ZfJ 2005, 274, 278).

17   Zum anderen müssen die Tagespflegepersonen über **kindgerechte Räumlichkeiten** verfügen. Grundvoraussetzungen sind hier kindersichere Einrichtungen, Sauberkeit, Vorhandensein von Ruhemöglichkeiten sowie ausreichend Platz, damit die Kinder die Möglichkeit zur Anregung, Entwicklung und Förderung haben durch Bewegung, Spiel, Begegnung und Erkundung (Schmid/Wiesner ZfJ 2005, 274, 278). Diesbezüglich sollten durch Landesrecht oder durch fachliche Vorgaben der örtlichen Träger bestimmte Mindestanforderungen aufgestellt werden.

18   Gemäß Abs. 3 Satz 2 gehört zur Eignung auch, dass die Personen über **vertiefte Kenntnisse hinsichtlich der Anforderungen der Kindertagespflege** verfügen „sollen", die sie **in qualifizierten Lehrgängen erworben** oder in anderer Weise nachgewiesen haben. Erforderlich ist der Erwerb eines bestimmten Fachwissens (Grundkenntnisse der Pädagogik, Gesundheitsvorsorge und -sicherung, Kooperations-

formen mit Eltern). Der Nachweis „in anderer Weise" kann insbesondere erfolgen durch eine entsprechende Ausbildung in einem einschlägigen Ausbildungsberuf (Erzieherin oder mindestens Kinderpflegerin) oder ggf auch durch eine langjährige Tätigkeit als Kindertagespflegeperson. Gerade vor dem Hintergrund der gewollten Aufwertung der Kindertagespflegeperson kann ein Nachweis durch eine langjährige Tätigkeit (ohne Nachweis entsprechender Lehrgänge) nur für eine Übergangszeit anerkannt werden, sodass zukünftig der Regelfall die Absolvierung von qualifizierten Lehrgängen ist. Wobei bundesrechtlich keine näheren Anforderungen an den Umfang und die Güte dieser „Lehrgänge" aufgestellt sind. Hier bieten sich landesrechtliche Konkretisierungen an.

b) Selbstgesuchte Tagespflegeperson

Ob hinsichtlich einer von der erziehungsberechtigten Person nachgewiesenen Tagespflegeperson dieselbe Eignungsprüfung stattzufinden hat, lässt der Wortlaut des Gesetzes offen. An die Prüfung der Eignung einer von den Personensorgeberechtigten **selbst organisierten Tagespflegeperson** sind jedenfalls – wie auch nach altem Recht – keine übertriebenen Anforderungen zu stellen. In der Regel ist die Eignung der Pflegeperson, die sich die Erziehungsberechtigten selbst gesucht haben, zu unterstellen (so auch Schellhorn/Fischer, § 23 Rn 16). Der öffentliche Träger hat nur bei begründetem Anlass eine Überprüfung der Eignung vorzunehmen. Es liegt nämlich in der Autonomie der elterlichen Sorge, wie sie für das Wohl ihrer Kinder sorgen. Zu beachten ist, dass unter den Voraussetzungen des § 43 Abs. 1 die Tagespflegeperson ihre Tätigkeit nur ausüben darf, wenn sie über die Erlaubnis gemäß § 43 verfügt, sodass über dem Wege der Erlaubniserteilung auch bei „selbstgesuchten" Tagespflegepersonen eine (eingeschränkte) Qualitätskontrolle möglich ist. 19

2. Fachliche Beratung, Begleitung und weitere Qualifizierung der Tagespflegeperson

Die Förderung in Kindertagespflege erschöpft sich nicht in der Vermittlung. Vielmehr hat der Träger der öffentlichen Jugendhilfe gemäß Abs. 1 weitergehende Leistungsverpflichtungen. Die Förderung in Kindertagespflege nach Maßgabe von § 24 umfasst neben der Vermittlung des Kindes zu einer geeigneten Tagespflegeperson die fachliche Beratung, die „Begleitung" und die weitere Qualifizierung der Tagespflegeperson. Ziel ist es, die soziale und pädagogische Kompetenz der Tagespflegepersonen zu erhöhen und sie bei Umsetzung des gesetzlichen Förderungsauftrags gemäß § 22 zu unterstützen. Es geht also um begleitende Fachberatung, zeitnahe Konfliktberatung, Erfahrungsaustausch, Übungsangebote (Schmid/Wiesner ZfJ 2005, 274, 278). 20

3. Rechtsanspruch der Tagespflegeperson auf eine laufende Geldleistung (Abs. 2, Abs. 2a)

Gemäß Abs. 1 iVm Abs. 2 und Abs. 2a hat die Tagespflegeperson einen **Rechtsanspruch auf eine „laufende Geldleistung"**. Privat-rechtlich betrachtet erbringt die Tagespflegeperson eine Dienstleistung, die den Umständen nach nur gegen eine Vergütung zu erwarten ist (§§ 611, 612 BGB). Diese Vergütung schuldet an und für sich derjenige, der die Dienstleistung in Anspruch nimmt, also die Eltern. Soweit die Kindertagespflege als Sozialleistung vom öffentlichen Träger zu gewähren ist, schuldet der öffentliche Träger die Vergütung für die Erbringung der Dienstleistung. Obwohl der Begriff vom Gesetz nicht verwendet wird, geht es letztlich um nichts anderes als einen **Vergütungsanspruch der Tagespflegeperson**. Die Vergütung setzt sich aus drei Teilen zusammen: Sachaufwendungsersatz (Nr. 1), Aufwendungsersatz für Versicherungen und Alterssicherung (Nr. 3 und Nr. 4) sowie das eigentliche Entgelt für die Erbringung der Dienstleistung, das vom Gesetz verschämt als „Anerkennungsbetrag" (Nr. 2) bezeichnet wird. Dem Ziel der weiteren Profilierung und Professionalisierung der Kindertagespflege wäre es eher gedient, wenn die Vergütung als Gegenleistung für die Erbringung der Dienstleistung auch tatsächlich so bezeichnet würde. Schließlich erhalten auch Erzieher/innen in Kindertageseinrichtungen nicht irgendwelche „Anerkennungsbeträge", sondern ein Gehalt. 21

Die Förderung in Kindertagespflege nach Maßgabe von § 24 umfasst gemäß Abs. 1 die „Gewährung einer laufenden Geldleistung an die Tagespflegeperson". Abs. 2 und Abs. 2a regeln die näheren Einzelheiten hinsichtlich der Bemessung der Höhe der Geldleistung. Ist eine Vermittlung erfolgt oder bei einer selbstgesuchten Kindertagespflegeperson die Eignung der Pflegeperson festgestellt, so besteht ein **Rechtsanspruch** auf die Geldleistung. Der Rechtsanspruch steht, wie sich im Umkehrschluss aus Abs. 2 ergibt und durch das KiföG (Einl. Rn 47) zudem ausdrücklich klargestellt worden ist, **der Tagespflegeperson** zu (Gesetzesbegründung BT-Drucks. 16/9299, S. 14). 22

23   Aufgrund der neuen Gesetzeslage ist die bisherige Rechtsprechung überholt. Nach der Rechtsprechung des **BVerwG** (5.12.1996 – 5 C 51.95 – NDV-RD 1997, 82 = NJW 1997, 2766; dazu Grube ZfJ 1997 361) galt früher, dass die Gewährung von Aufwendungsersatz im **Ermessen** des Jugendhilfeträgers stand, wobei der Anspruch **auf fehlerfreie Ausübung des Ermessens** den Personensorgeberechtigten zugestanden haben soll (kritisch Fischer/Mann FuR 1998, 250). Entsprechend dem Ziel (Ausbau der Kindertagesbetreuung auch durch Schaffung von mehr Kindertagespflegeplätzen) ist die Rechtstellung der Kindertagespflegepersonen durch die Zuerkennung eines Rechtsanspruchs auf eine Geldleistung deutlich ausgebaut worden.

24   Der Rechtsanspruch auf die Geldleistung besteht auch für **unterhaltspflichtige Personen**. Die bisherige Regelung in Abs. 2 Satz 3 („Über die Gewährung einer Geldleistung an unterhaltspflichtige Personen entscheidet der Träger der öffentlichen Jugendhilfe nach pflichtgemäßem Ermessen.") ist durch das KiföG (Einl. Rn 47) ersatzlos gestrichen worden. Eine Unterhaltspflicht besteht nur in gerader Linie (§ 1601 BGB), also etwa für Groß- oder Urgroßeltern des Kindes. Diese kommen grundsätzlich auch, bei deren Eignung, als Tagespflegepersonen in Betracht. Das gilt auch für Tanten, Onkel oder (ältere) Geschwister, die dem Kind allerdings nicht zum Unterhalt verpflichtet sind. Die ältere Rechtsprechung war hier **restriktiv**. Das **BVerwG** (12.9.1996 – 5 C 37.95 – NDV-RD 1997, 100 = FamRZ 1997, 934 = NJW 1997, 2768) hat gemeint, dass bei einer Betreuung durch die Großmutter ein Bedarf auf Förderung nach § 23 voraussetze, dass die Großmutter weder zur unentgeltlichen Betreuung bereit sei noch mit der Betreuung des Kindes eine diesem gegenüber bestehende Unterhaltspflicht erfülle (zu Recht ablehnend Fischer/Mann FuR 1998, 204, 254). Das VG HH (30.6.1999 – 13 VG 355/99 – ZfJ 2000, 36) meint, dass die Verwaltungspraxis des Jugendhilfeträgers, Tagespflege durch nahe Verwandte nicht zu fördern, auf der Linie des Gesetzgebers liege, keine finanziellen Anreize für familiäre Hilfeleistungen zu geben. Da der Gesetzgeber des KiföG den Abs. 2 Satz 3 ausdrücklich ersatzlos gestrichen hat, ist eine **restriktive Auslegung** des § 23 **nicht gerechtfertigt**. Ist eine mit dem Kind verwandte Person für die Tagespflege geeignet, hat sie – ebenso wie jede andere Tagespflegeperson – einen Rechtsanspruch auf die Geldleistung gemäß Abs. 2 und Abs. 2 a.

a) Anspruchsgegner

25   Der Anspruch auf die Geldleistung richtet sich als Leistungsverpflichteter (Anspruchsgegner) gegen den örtlich zuständigen **Träger der öffentlichen Jugendhilfe** (§ 3 Abs. 2 Satz 2). Davon zu trennen ist die Frage, ob das JA gegenüber den Eltern oder dem Kind einen Anspruch auf Kostenbeteiligung hat (vgl OVG SH 28.2.2001 – 2 L 61/01 – ZfJ 2001, 424 = ZFSH/SGB 2001, 485). Dementsprechend hat die Tagespflegeperson gegenüber dem öffentlichen Träger einen Anspruch auf die volle Geldleistung gemäß Abs. 3. Der öffentliche Träger seinerseits kann gegenüber den Eltern/Kind den Anspruch auf Kostenbeteiligung geltend machen (vgl Rn 65). Rechtswidrig wäre es, wenn die Tagespflegeperson gegenüber den Eltern bzw dem Kind die Kostenbeteiligung einzuziehen hätte und sie vom öffentlichen Träger nur noch die Differenz zwischen der zustehenden Geldleistung (seitens des Trägers der öffentlichen Jugendhilfe) und der Kostenbeteiligung (der Eltern) erhielte. Genauso problematisch wäre die Konstruktion der Abtretung der dem öffentlichen Träger geschuldeten Kostenbeteiligung als Forderung an die Tagespflegeperson. Damit würde der öffentliche Träger das (von diesem zu tragende) Risiko der Beitreibung der Kostenbeteiligung auf die Tagespflegeperson abwälzen.

b) Umfang der Geldleistung

26   Der gesetzliche Begriff „laufende" Geldleistung ist unglücklich gewählt, weil die Geldleistung weder läuft noch laufend ist. Gemeint ist, dass ein Anspruch auf eine **regelmäßig** (in der Regel monatlich) **zu gewährende Geldleistung** (Vergütung) besteht und nicht nur auf eine Einmalleistung. Der Begriff der Geldleistung knüpft an die Leistungsarten von Sozialleistungen gemäß § 11 SGB I an, wonach es Dienst-, Sach- und Geldleistungen gibt. Der Umfang der Geldleistung ergibt sich kumulativ aus Abs. 2 Nr. 1 bis 4 in Verbindung mit Abs. 2 a.

27   Die Geldleistung umfasst gemäß Abs. 2 Nr. 1 die **Erstattung angemessener Kosten**, die der Tagespflegeperson für den **Sachaufwand** entstehen. Der Begriff „Sachaufwand" bezieht sich auf die Ausgaben, die für das Kind oder im Zusammenhang mit der Kindertagespflege anfallen (Schmid/Wiesner ZfJ 2005, 274, 279), wie

- Verpflegungskosten,
- Ausgaben für Pflegematerialien und Hygienebedarf,

- Ausgaben für Ausstattungsgegenstände (Möbel, Teppich etc.), Spielmaterialien und Freizeitgestaltung,
- Verbrauchskosten (Miete, Strom, Wasser, Heizung, Müllgebühren, jeweils anteilig),
- Fahrtkosten und Wegezeitentschädigung für die Tagespflegeperson, die im Haushalt der Erziehungsberechtigten tätig wird.

Orientierungsmaßstab für den Umfang der Geldleistung sind grundsätzlich die tatsächlichen Aufwendungen. Diese sind zu „erstatten", wobei die Höhe dadurch begrenzt wird, dass sie „angemessen" sein müssen. Eine Erstattung von „Luxusaufwendungen" kommt also nicht in Betracht. **28**

Die Geldleistung umfasst gemäß Abs. 2 Nr. 2 einen **Betrag zur Anerkennung ihrer Förderungsleistung** nach näherer Maßgabe von Absatz 2 a. Das Gesetz ist insoweit abgerückt von dem früheren Begriff der „Kosten der Erziehung". Der Sache nach geht es um die Bezahlung der von der Tagespflegeperson zu erbringenden Erziehungs-, Bildungs- und Betreuungsleistung, die zusammengefasst als „Förderungsleistung" bezeichnet wird. Der Bundesgesetzgeber gibt in Abs. 2 a Satz 2 vor, dass der Betrag zur Anerkennung der Förderungsleistung „leistungsgerecht" auszugestalten ist. Dabei sind der zeitliche Umfang der Leistung und die Anzahl sowie der Förderbedarf der betreuten Kinder zu berücksichtigen (Abs. 2 a Satz 3). Nähere Vorgaben, welche Höhe der Förderungsleistung (schon oder noch) „leistungsgerecht" ist, enthält das Bundesrecht nicht, vielmehr soll insoweit die „Gestaltungfreiheit der Länder und der Träger der öffentlichen Jugendhilfe weitgehend erhalten bleiben" (Gesetzesbegründung BT-Drucks. 16/9299, S. 15). Bei der Bemessung der Höhe der Geldleistung ist das zentrale Ziel des KiföG (Einl. Rn 47) zu beachten, nämlich die „erstrebte Profilierung der Kindertagespflege" zur „Attraktivitätssteigerung". Mittelfristig soll die Kindertagespflege eine anerkannte und „damit angemessen vergütete Vollzeittätigkeit werden" (vgl BT-Drucks. 16/9299, S. 14). Siehe näher hierzu Rn 33 ff. **29**

Die Geldleistung umfasst schließlich gemäß Abs. 2 Nr. 3 und Nr. 4 die Erstattung „nachgewiesener" Aufwendungen für Beiträge zu einer **Unfallversicherung** der Tagespflegeperson sowie die hälftige Erstattung „nachgewiesener" Aufwendungen zu einer „angemessenen" **Alterssicherung** der Tagespflegeperson und die hälftige Erstattung nachgewiesener Aufwendungen zu einer „angemessenen" **Krankenversicherung** und **Pflegeversicherung**. **30**

Die hälftige Erstattung nachgewiesener Aufwendungen zu einer angemessenen **Krankenversicherung und Pflegeversicherung** ist durch das KiföG (Einl. Rn 47) neu eingefügt worden. Ausgangspunkt ist die Überlegung, dass auch insoweit eine angemessene wirtschaftliche Absicherung der Tagespflegeperson angestrebt werden soll. Tagespflegepersonen unterliegen nicht kraft Gesetzes der Kranken- und Pflegeversicherungspflicht (es sei denn, sie sind ausnahmsweise als Arbeitnehmer tätig; vgl Rn 51). Tagespflegepersonen, die ein monatliches Einkommen in Höhe von derzeit maximal 355 EUR erzielen (Stand: 2008), sind beim Ehepartner über die Familienversicherung in der Kranken- und Pflegeversicherung gemäß § 10 SGB V mitversichert (sofern dieser gesetzlich krankenversicherungspflichtig ist). Bei einem Einkommen oberhalb dieser Grenze muss die Tagespflegeperson sich als Selbstständige freiwillig versichern. Die Aufwendungen zu einer „angemessenen" Krankenversicherung und Pflegeversicherung sind der Tagespflegeperson dann zur Hälfte zu erstatten. „Angemessen" ist die Krankenversicherung und Pflegeversicherung jedenfalls dann, wenn es sich um eine freiwillige Versicherung im Rahmen der *gesetzlichen* Krankenversicherung und Pflegeversicherung handelt (so die Gesetzesbegründung BT-Drucks. 16/9299, S. 14 f). Nichts anderes gilt bei einer Versicherung bei einem privaten Versicherungsträger, sofern diese die Sätze bei einem vergleichbaren gesetzlichen Versicherungsträger nicht überschreitet. **31**

Der Deutsche Verein schlägt hinsichtlich der **Alterssicherung** Folgendes vor (DV-Empfehlungen NDV 2005, 479, 487): **32**

- Die anzuerkennende Aufwendung wird an der Höhe der laufenden Geldleistung (ohne Beiträge zur Alterssicherung und Unfallversicherung) geknüpft. Damit erfolgt eine – sachgerechte – Koppelung an die Leistung, die die Tagespflegeperson erbringt. Zudem ist die Berechnung für das JA ohne Aufwand möglich.
- Als Orientierungsfaktor für die konkrete Höhe des zu erstattenden Betrags kann die Alterssicherung einer selbstständig tätigen Tagespflegeperson bei privat finanzierter Kindertagespflege dienen, die bei einem über 400 EUR liegenden Monatseinkommen gemäß § 2 Nr. 2 SGB VI rentenversicherungspflichtig ist. Der zurzeit geltende Mindestbeitragssatz zur gesetzlichen Alterssicherung

beträgt 19,5 %. Das entspricht 78 EUR. Demnach wäre eine monatliche Erstattungshöhe durch das JA von 39 EUR (50 Prozent) angemessen.

■ Dieser Betrag von 39 EUR sollte für einen vom JA zu definierenden Standardfall gelten, das heißt für eine Tagespflegeperson, die eine Geldleistung im o.g. Sinne in einer bestimmten Höhe (von ... bis) erhält. Für Tagespflegepersonen, die geringere oder höhere Geldleistungen erhalten, sollte dieser Betrag geringer oder höher ausfallen.

c) Bemessung der Höhe der Geldleistung

33   Der Umfang der Geldleistung wird in Abs. 2 Nr. 1-4 näher umschrieben, ohne dass eine bestimmte Höhe festgelegt wird. Die Höhe der laufenden Geldleistung wird vielmehr gemäß Abs. 2 a Satz 1 vom **Träger der öffentlichen Jugendhilfe** festgelegt, soweit Landesrecht nicht etwas anderes bestimmt. Diese Formulierung ist insofern missverständlich, weil durch Abs. 2 Nr. 1-4 und Abs. 2 a Satz 2 und Satz 3 jedenfalls Rahmenvorgaben für die Bemessung der Höhe getroffen werden, sodass die Höhe vom Träger der öffentliche Jugendhilfe nicht willkürlich, sondern nur unter Beachtung der gesetzlichen Vorgaben, festgesetzt werden kann.

34   Der Betrag zur Anerkennung der Förderungsleistung der Tagespflegeperson ist leistungsgerecht auszugestalten. Dabei zu berücksichtigen sind der zeitliche Umfang der Leistung und die Zahl der betreuten Kinder sowie deren Förderbedarf. Hieraus ergibt sich gleichsam eine Mindesthöhe, wobei diese wegen der unbestimmten Rechtsbegriffe in Abs. 2 und Abs. 2 a nicht exakt bestimmt ist. Da die Höhe der Geldleistung, insbesondere der „Betrag zur Anerkennung der Förderungsleistung" „leistungsgerecht" sein muss (Abs. 2 a Satz 2), ist diese je nach Qualifikation der Tagespflegeperson unterschiedlich auszugestalten. Weil die Förderungsleistung bezogen auf das Kind von höherer Qualität ist, je höher die Qualifikation der Tagespflegeperson ist, muss dementsprechend die Geldleistung höher bemessen werden. Es wäre rechtswidrig, wenn dies bei der Festlegung der Höhe der Geldleistung nicht berücksichtigt würde. Die vom öffentlichen Jugendhilfeträger „festgelegte" Höhe unterliegt ggf der **gerichtlichen Kontrolle** dahin, ob sie den Vorgaben des Abs. 2 und Abs. 2 a entspricht.

35   Es ist gesetzlich nicht ausdrücklich geregelt, dass die Geldleistung regelmäßig an die Entwicklung der Lebenshaltungskosten anzupassen ist. Eine solche **Anpassungspflicht** folgt aber daraus, dass die Geldleistung gemäß Abs. 2 zum einen „angemessen" sein muss und zum anderen bestimmte nachgewiesene „Aufwendungen" zu erstatten sind, sodass die Geldleistung der Höhe nach steigen muss, soweit sich die Aufwendungen (im Rahmen des Abs. 2 Nr. 3 und 4) erhöhen. Zudem ergibt sich aus Abs. 2 a Satz 2, dass die Geldleistung „leistungsgerecht" auszugestalten ist. Auch daraus folgt eine Pflicht zur Dynamisierung der Geldleistung je nach Entwicklung der Lebenshaltungskosten und der Lohn- und Gehaltsentwicklung im Übrigen.

36   Missverständlich ist, wenn es in Abs. 2 a Satz 1 heißt, dass die Höhe der laufenden Geldleistung vom Träger der öffentlichen Jugendhilfe festgelegt wird, „soweit Landesrecht nicht etwas anderes bestimmt". Der **Landesrechtsvorbehalt** des Abs. 2a1 bezieht sich jedenfalls nicht auf Abs. 2, sodass durch Landesrecht nichts Abweichendes von Abs. 2 Satz 1 Nr. 1 bis 4 bestimmt werden kann. Unzulässig wäre es etwa durch Landesrecht zu bestimmen, dass keine Erstattung der Aufwendung für eine Unfallversicherung erfolgt.

37   Da der Landesrechtsvorbehalt sich nur auf Abs. 2 a Satz 1 bezieht, geht es insoweit nur um die Regelung der **Kompetenz zur Festlegung der Höhe**, also der Frage: Wer darf die Höhe festlegen? Gemäß Abs. 2 a Satz 1 ist dies grundsätzlich der örtliche öffentliche Jugendhilfeträger. Landesrecht kann etwas anderes bestimmen. Gibt es keine landesrechtliche Regelung, bleibt es bei der Festlegungskompetenz des örtlichen Trägers. Durch Landesrecht kann demgemäß bestimmt werden, dass nicht der örtliche Träger der öffentlichen Jugendhilfe die Höhe der Geldleistung festlegt, sondern etwa der überörtliche Träger oder es kann auch unmittelbar durch Landesrecht die Höhe der Geldleistung festgelegt werden.

38   Die finanziellen Leistungen sind entsprechend dem Betreuungs- und Kostenaufwand der Tagespflegeperson, dem Alter und Förderbedarf der betreuten Kinder und der täglichen oder wöchentlichen Betreuungsdauer zu bemessen und leistungsgerecht auszugestalten. In der Praxis ist die Regel die Zahlung eines monatlichen **Pauschalbetrags**. Aufgrund der Entwicklung der Lebenshaltungskosten, die für die Bemessung der „Aufwendungen" maßgeblich ist, ist im Regelfall eine jährliche Erhöhung der Pauschalbeträge erforderlich. Gegen die Pauschalierung der Aufwendungen und des Betrags zur Anerkennung der Förderungsleistung bestehen grundsätzlich keine Bedenken, sie findet ihre Grenze allerdings, soweit es um die Berücksichtigung von Besonderheiten des Einzelfalls geht. Mit der Zahlung eines

monatlichen Pauschalbetrags werden nicht in jedem Einzelfall die **tatsächlichen Aufwendungen** abgedeckt. Auch die „anzuerkennende" Förderungsleistung kann im Einzelfall, etwa bei schwierigen oder behinderten Kindern, höher sein als der allgemein veranschlagte Pauschalbetrag. Um die Bestimmung der Höhe des Pauschalbetrags nachvollziehbar zu gestalten, ist erforderlich, dass die in diesem Pauschalbetrag enthaltenen Bestandteile gemäß Abs. 2 Satz 1 Nr. 1 bis 4 getrennt der Höhe nach ausgewiesen werden.

Der Deutsche Verein hatte früher empfohlen, auf der Basis von 60 % der jährlich fortzuschreibenden **39** Sätze für die Vollzeitpflege nach den diesbezüglichen Empfehlungen des DV zu differenzieren nach Alter der Kinder sowie nach dem zeitlichen Umfang, der für die einzelne Tagespflege erforderlich ist. Die Tagessätze, abgestellt auf eine Tagespflege von 8 bis 12 Stunden, betragen danach (für das Jahr 2009) monatlich (einschließlich „Kosten der Erziehung", jetzt Anerkennungsbetrag für die Förderungsleistung) 415,80 EUR für Kinder bis zum vollendeten 7. Lebensjahr (460 EUR für Schulkinder).

Diese Zahlen wurden früher als **Orientierungspunkte** angesehen, die jedenfalls dann maßgeblich sein **40** sollten, wenn es an landesrechtlichen Bestimmungen fehlt (OVG SH 28.2.2001 – 2 L 61/01 – ZfJ 2001, 425 = ZFSH/SGB 2001, 485). Es wird bezweifelt, ob angesichts der deutlichen Akzentuierung der Kindertagespflege als gleichrangiges Angebot neben Tageseinrichtungen diese Honorierung noch als angemessen gelten kann. Die Bundesregierung hat in ihrer Kostenschätzung ein deutlich höheres Entgelt angesetzt, nämlich 480 EUR monatlich pro Kind (Schmid/Wiesner ZfJ 2005, 274, 279). Der Deutscher Verein hat sich neuerdings einer ausdrücklichen Empfehlung enthalten (NDV 2008, 151).

4. Ausfallzeiten der Tagespflegepersonen (Abs. 4 Satz 2)

Für Ausfallzeiten einer Tagespflegeperson ist rechtzeitig eine andere Betreuungsmöglichkeit für das **41** Kind sicherzustellen (Abs. 4 Satz 2). Adressat dieser Verpflichtung ist – wie stets – der Träger der öffentlichen Jugendhilfe, der für „Ausfallzeiten" ein Alternativangebot „sicherzustellen" hat. Wie bei § 22a Abs. 3 für Tageseinrichtungen (vgl § 22a Rn 12) ist auch bei der Kindertagespflege die **Betreuungskontinuität** sicherzustellen (Schellhorn/Fischer § 23 Rn 22). Dies dient unter anderem auch der Zielsetzung gemäß § 22 Abs. 2 Nr. 3, nämlich der Vereinbarkeit von Erwerbstätigkeit und Kindererziehung (vgl § 22 Rn 16 ff). Bei der **Bedarfsplanung** sind also von vornherein Ausfallzeiten der Tagespflegepersonen mit zu berücksichtigen.

„Ausfallzeiten" sind jegliche Zeiten, in denen die Tagespflegeperson tatsächlich (gleich aus welchen **42** Gründen) nicht zur Verfügung steht, sei es wegen Urlaub, Krankheit oder aus sonstigen Gründen. Sicherzustellen ist eine **„andere Betreuungsmöglichkeit"** für das Kind, ohne dass gesetzlich näher vorgegeben ist, wie diese auszusehen hat, es kann sich mithin sowohl um eine „Betreuung" in einer Einrichtung als auch bei einer anderen Tagespflegeperson handeln. Die Betreuungsmöglichkeit ist „rechtzeitig" sicherzustellen, das heißt es soll nach Möglichkeit keine tatsächliche Betreuungslücke entstehen.

IV. Beratungsanspruch (Abs. 4 Satz 1)

Sowohl die Erziehungsberechtigten (§ 7 Abs. 1 Nr. 6) als auch die Tagespflegepersonen haben gemäß **43** Abs. 4 Satz 1 einen **Rechtsanspruch auf Beratung** in allen Fragen der Kindertagespflege. Das gilt in Abgrenzung zu Abs. 1, wo auch ein Beratungsanspruch geregelt ist (vgl Rn 20) für die Fälle, in denen nicht gemäß Abs. 1 (nach Maßgabe von § 24) ohnedies ein Leistungsanspruch auf Kindertagespflege besteht. Von Abs. 4 Satz 1 sind alle Fälle von Kindertagespflege erfasst, auch solche, die ohne Vermittlung des öffentlichen Trägers und/oder ohne Zahlung einer Geldleistung gemäß Abs. 2 abgewickelt werden. Insoweit ist es auch unerheblich, ob ein Erlaubnisvorbehalt gemäß § 43 besteht. Auch für die erlaubnisfreie Tagespflege besteht der Beratungsanspruch gemäß Abs. 4 Satz 1. Der Beratungsanspruch gemäß Abs. 4 Satz 1 bezieht sich mithin auf alle, auch auf privat vermittelte, Kindertagespflegeverhältnisse. Dieser besteht nicht erst dann, wenn bereits eine Tagespflegeperson tatsächlich tätig geworden ist, sondern bereits im Vorfeld.

Um diesem Rechtsanspruch auf Beratung entsprechen zu können, haben die Träger der öffentlichen **44** Jugendhilfe die Pflicht, ein **geeignetes und ausreichendes Beratungsangebot vorzuhalten.** Da die Tagespflegepersonen überwiegend auf sich selbst gestellt sind, besteht ein besonders hoher Beratungsbedarf, sodass unabhängig von einem Beratungsbedarf im Einzelfall, die öffentlichen Jugendhilfeträger verpflichtet sind, ein kontinuierliches Fortbildungs- und Qualifizierungsangebot für die Tagespflegepersonen bereit zu stellen. Nähere Einzelheiten legt das Bundesrecht nicht fest, landesrechtliche Ausführungsvorschriften (§ 26) sind möglich und sinnvoll.

V. Zusammenschlüsse von Tagespflegepersonen (Abs. 4 Satz 3)

45   Abs. 4 Satz 3 bestimmt, dass auch **Zusammenschlüsse von Tagespflegepersonen** beraten, unterstützt und gefördert werden sollen. Da meist nur solche Zusammenschlüsse den Tagesmüttern Fachberatung, Supervision usw anbieten bzw vermitteln, ist Aufgabe der öffentlichen Jugendhilfeträger, solche Zusammenschlüsse im Interesse einer dem Kindeswohl förderlichen Tätigkeit und der Qualifizierung der Tagespflege zu fördern. Auch eine **finanzielle Unterstützung** ist damit gefordert. Dies gilt vor allem dann, wenn die öffentlichen Jugendhilfeträger nicht selbst ein ausreichendes Beratungs-, Unterstützungs- und Fortbildungsangebot vorhalten. Zusammenschlüsse, die zum Ziel die Förderung von Tagespflege haben, können daneben bei Vorliegen der Voraussetzungen gemäß § 74 finanziell gefördert werden.

VI. Erfordernis einer Erlaubnis zur Kindertagespflege

46   Das Erfordernis einer Erlaubnis zur Kindertagespflege ist in § 43 geregelt. Unabhängig davon besteht aber auch bei erlaubnisfreier Kindertagespflege ein Rechtsanspruch auf Beratung in allen Fragen der Kindertagespflege gemäß Abs. 4 Satz 1.

VII. Ausgestaltung der Tagespflege

1. Verhältnis Eltern/Kinder und Tagespflegeperson

47   Was die konkrete Ausgestaltung der Tagespflege angeht, ist neben dem Verhältnis öffentlicher Träger-Eltern/Kind und öffentlicher Träger-Tagespflegeperson vor allem die Beziehung Tagespflegeperson-Eltern/Kind angesprochen. Die genannten Rechtsverhältnisse sind unabhängig voneinander zu betrachten. Mit der Verabredung zwischen den Personensorgeberechtigten und der Tagesbetreuungsperson über die Betreuung und Versorgung des Kindes wird ein privatrechtlicher Betreuungsvertrag geschlossen (**Pflege- oder Betreuungsvertrag**). Der – möglichst schriftliche – Pflegevertrag sollte folgende Fragen regeln:

■ Beginn und zeitlicher Umfang der Tagespflege,
■ Ort der Betreuung,
■ Honorar/Vergütung,
■ Urlaub, Verhinderung und Vertretung,
■ Regelung der Verlässlichkeit und Flexibilität der Tagespflege,
■ Verhalten bei Unfällen, Erkrankungen, Arztbesuchen des Kindes,
■ Bekleidung und Ernährung des Kindes,
■ besondere gesundheitliche Aspekte des Kindes,
■ Schweigepflichten der Tagespflegeperson und der Erziehungsberechtigten,
■ Kündigung des Betreuungsvertrages,
■ Unfall- und Haftpflichtversicherung,
■ Berücksichtigung der Rechte und Wünsche des Kindes,
■ Verpflichtung zur partnerschaftlichen Zusammenarbeit.

48   Der öffentliche Träger hat grundsätzlich **keine Einwirkungsbefugnis** auf das Rechtsverhältnis Tagespflegeperson-Eltern/Kind. Deshalb sind Regelungen, die vorsehen, dass die Tagespflegeperson von den Eltern und dem Kind kein Entgelt fordern dürfen, das von dem von der zuständigen Behörde berechneten Teilnahmebeitrag abweicht, rechtlich unzulässig.

49   Verschiedene Formen der Ausgestaltung der Tagespflege sind denkbar. Meist wird die Tagespflege ausgeübt

■ in einer Tagespflegestelle, die das zuständige JA vermittelt und bei der das JA die Kosten ersetzt,
■ als private selbstständige Tätigkeit (§ 18 EStG) der Tagespflegeperson,
■ in Anstellung bei einem Träger der öffentlichen oder der freien Jugendhilfe,
■ im Rahmen der Mitgliedschaft bei einem Trägerverein für Tagespflegepersonen.

2. Kindertagespflege als selbstständige Tätigkeit oder abhängige Beschäftigung

50   Wie man aus der Regelung zur Zahlung einer Geldleistung (insbesondere Abs. 2 Satz 1 Nr. 3 und Nr. 4; vgl Rn 32) schließen darf, geht der Gesetzgeber davon aus, dass die Tagespflegeperson als **Selbstständige** tätig ist. Das entspricht der heute überwiegenden Praxis, kann aber im Einzelfall durchaus anders sein. Die rechtliche Qualifizierung der Tagespflegetätigkeit als selbständige Tätigkeit ist

durch die Regelung in § 23 nicht zwingend vorgegeben. Der Vergleich mit den in den Taseseinrichtungen tätigen Personen zeigt, dass diese vielmehr als Arbeitnehmer tätig sind.

Vielfach wird übersehen, dass ein Rechtsformzwang besteht, das heißt: die Ausgestaltung einer beruflichen Tätigkeit als **selbstständige Tätigkeit** oder **abhängige Beschäftigung (Arbeitnehmer)** unterliegt keinesfalls der freien Disposition oder der vertraglichen Vereinbarung, sondern folgt aus der tatsächlichen Handhabung. Demgemäß ist auch bei der Tätigkeit einer Tagespflegeperson nach der ständigen Rechtsprechung der Arbeits- und Sozialgerichte eine **Gesamtwürdigung aller Umstände des Einzelfalls** erforderlich. Entscheidend ist der Grad der persönlichen, nicht der wirtschaftlichen Abhängigkeit. Ein Arbeitsverhältnis liegt vor, wenn der Betreffende in eine fremde Arbeitsorganisation eingegliedert ist und insbesondere einem Weisungsrecht unterliegt (Lakies Forum Jugendhilfe 3/2000, 29; DIJUF 2007, 49). Bei einer Tätigkeit **im Haushalt des Personensorgeberechtigten** dürfte in der Regel von einem Arbeitsverhältnis auszugehen sein (Geck NDV 1999, 40). Bei einer Tätigkeit **im eigenen Haushalt der Tagespflegeperson** kann je nach den Umständen des Einzelfalls eine abhängige oder selbständige Beschäftigung vorliegen. Dementsprechend hat das **BSG** in einem Fall ein abhängiges Beschäftigungsverhältnis bejaht (zum Unfallversicherungsschutz einer Tagesmutter: BSG 17.2.1998 – B 2 U 3/97 R – NJW 1998, 3141) und in einem anderen Fall verneint (zum Arbeitslosengeldanspruch einer Tagesmutter: BSG 16.9.1999 – B 7 AL 80/98 R – ZfJ 2000, 150 = FEVS 51, 253). 51

In einem **Rundschreiben der Spitzenverbände der Sozialversicherungsträger** vom 5.7.2005 (Anlage 4: Katalog bestimmter Berufsgruppen zur Abgrenzung zwischen abhängiger Beschäftigung und selbständiger Tätigkeit; abrufbar im Internet unter www.vdr.de) ist zu „Tagesmüttern" festgelegt: „Tagesmütter, die sich der häuslichen Beaufsichtigung und Betreuung von Kindern widmen, gehören grundsätzlich nicht zu den abhängig Beschäftigten. Die Übernahme der Betreuung der Kinder für Fremde ist nicht durch eine Weisungsabhängigkeit geprägt." Das Rundschreiben ist allerdings nicht wie eine gesetzliche Regelung verbindlich für die Gerichte, sodass diese abhängig von Einzelfall zu einem anderen Ergebnis kommen können. 52

Im Falle der **Anstellung bei einem Träger** der öffentlichen oder freien Jugendhilfe oder bei einem Trägerverein für Tagespflegepersonen liegt in der Regel ein Arbeitsverhältnis vor. Die konkrete – vor allem vergütungsrechtliche – Ausgestaltung bereitet indes Schwierigkeiten (Lakies Jugendhilfe 1999, 22, 28 ff), sodass in der Praxis – gegenwärtig – die Ausgestaltung als Arbeitsverhältnis die Ausnahme ist. 53

3. Rentenversicherung

Handelt es sich um eine **selbstständige Tätigkeit**, kann diese unter bestimmten Voraussetzungen der gesetzlichen **Rentenversicherungspflicht** (gemäß § 2 SGB VI) unterliegen, wenn die Tätigkeit erwerbsmäßig ausgeübt wird, das heißt auf Gewinnerzielung ausgerichtet ist. Dies kommt regelmäßig nur in Betracht, wenn die Tagespflegeperson für ihre Tätigkeit nicht ausschließlich einen Aufwendungsersatz vom JA erhält (also zumindest teilweise von den Eltern „privat" bezahlt wird) oder mehr als fünf Kinder betreut (vgl auch Antwort der Bundesregierung auf eine Kleine Anfrage BT-Drucks. 14/7725 = ZfJ 2002, 107 ff). 54

Ist im konkreten Einzelfall von einer erwerbsmäßig ausgerichteten Tätigkeit auszugehen, kann gemäß § 2 Satz 1 Nr. 9 SGB VI Rentenversicherungspflicht bestehen. Danach sind selbstständig tätige Personen rentenversicherungspflichtig, die im Zusammenhang mit ihrer selbstständigen Tätigkeit regelmäßig keinen versicherungspflichtigen Arbeitnehmer beschäftigen (dessen Arbeitsentgelt aus diesem Beschäftigungsverhältnis regelmäßig 325 EUR im Monat nicht übersteigt) und auf Dauer und im Wesentlichen nur für einen Auftraggeber tätig sind. Bei Tagespflegepersonen wird eine Rentenversicherungspflicht nach § 2 Satz 1 Nr. 9 SGB VI nur selten vorliegen, weil sie in der Regel für mehrere Auftraggeber tätig sind. Personen, die nach § 2 Satz 1 Nr. 9 SGB VI versicherungspflichtig sind, können unter den Voraussetzungen des § 6 Abs. 1 a SGB VI von der Versicherungspflicht befreit werden. 55

Je nach den Umständen des Einzelfalls kann eine Rentenversicherungspflicht gemäß § 2 Satz 1 Nr. 1 SGB VI als **selbstständige Erzieher** vorliegen (DIJUF 2007, 94). Das **BSG** hat hierzu entschieden (BSG 22.6.2005 – B 12 RA 12/04 R), dass es für den Begriff des Erziehers (im Sinne des Rentenversicherungsrechts) genüge, wenn jemand als „Tagesmutter" tätig sei. Es sei unerheblich, ob eine besondere Ausbildung durchlaufen wurde oder ob es ein durch Ausbildungsordnungen geregeltes Berufsbild gebe. Wird eine Tagespflegeperson ohne Gewinnerzielungsabsicht tätig, fehlt es schon am Merkmal der „selbstständigen" Tätigkeit. Erhält sie indes (wenn auch nur zum Teil) Leistungen aus privater Hand (und nicht nur aus öffentlichen Mitteln), dürfte von einer selbständigen Tätigkeit auszugehen sein, 56 wenn die Grenze einer nur geringfügigen Tätigkeit überschritten wird. Besteht eine Rentenversicherungspflicht nach § 2 Satz 1 Nr. 1 SGB VI richtet sich die Beitragszahlung nach der Höhe der Einkünfte, ggf ist nur der gesetzliche Mindestbeitrag zu zahlen (§ 165 Abs. 1 SGB VI).

4. Steuerrecht

57   Besteht ein **abhängiges Beschäftigungsverhältnis** (vgl Rn 51), unterliegt die entsprechende Vergütung (Arbeitsentgelt) der Steuerpflicht wie jedes Arbeitsentgelt (Einkünfte aus nichtselbständiger Arbeit, § 2 Abs. 1 Nr. 4 EStG). Betreut die Tagespflegeperson ein Kind in dessen Familie nach Weisungen der Personensorgeberechtigten, ist sie nach Auffassung des Bundesfinanzministeriums in der Regel Arbeitnehmer, die Personensorgeberechtigten sind die Arbeitgeber (BMF-Schreiben vom 17.12.2007 – IV C 3 – S 2342/07/0001, www.bundesfinanzministerium.de).

58   Handelt es sich um eine **selbstständige Tätigkeit**, unterliegen die Einkünfte der Steuerpflicht wie bei jeder anderen freiberuflichen Tätigkeit (§ 2 Abs. 1 Nr. 2; § 18 Abs. 1 Nr. 1 EStG). Es ist unerheblich, ob die Tagespflegeperson ihr Einkommen bezieht ausschließlich von privater Seite oder (auch) aus öffentlichen Mitteln. Das Einkommen ist auch dann steuerpflichtig, wenn die Tagespflegeperson ausschließlich eine Geldleistung gemäß § 23 Abs. 2 vom Träger der öffentlichen Jugendhilfe erhält. **Steuerfrei** sind insoweit lediglich die Erstattungen nach § 23 Abs. 2 Nr. 3 und 4 (so ausdrücklich der durch Artikel 6 des KiföG geänderte § 3 Nr. 9 EStG).

59   Bei der Ermittlung der Einkünfte aus selbstständiger Arbeit wird aus Vereinfachungsgründen zugelassen, dass anstelle der tatsächlichen Betriebsausgaben von den erzielten Einnahmen 300 EUR je Kind und Monat **pauschal als Betriebsausgaben** abgezogen werden. Diese Pauschale bezieht sich auf eine Betreuungszeit von 8 Stunden und mehr pro Kind und Tag. Bei einer geringeren Betreuungszeit wird die Pauschale anteilig (um 1/8) gekürzt. Die Anrechnung der pauschalen Betriebsausgaben erfolgt monatlich und je Kind. Die Betriebsausgabenpauschale darf nur bis zur Höhe der Betriebseinnahmen abgezogen werden. Grundsätzlich besteht auch die Möglichkeit, statt der Pauschale höhere Betriebsausgaben geltend zu machen (das sind etwa tätigkeitsbezogene Aufwendungen für Nahrungsmittel, Ausstattungsgegenstände (Mobiliar), Beschäftigungsmaterialien, Fachliteratur, Hygieneartikel; Miete und Betriebskosten der zur Kinderbetreuung genutzten Räumlichkeiten; Kommunikationskosten; Weiterbildungskosten; Beiträge für Versicherungen, soweit unmittelbar mit der Tätigkeit im Zusammenhang stehend; Fahrtkosten; Freizeitgestaltung). Diese höheren Ausgaben müssen belegt werden. Die Betriebsausgabenpauschale kann dann aber nicht zusätzlich geltend gemacht werden. Ein Wechsel zwischen der Betriebsausgabenpauschale oder dem Einzelnachweis ist innerhalb eines Jahres nicht zulässig. Findet die Betreuung im Haushalt der Personensorgeberechtigten oder in unentgeltlich zur Verfügung gestellten Räumlichkeiten als selbstständige Tätigkeit statt, kann die Betriebsausgabenpauschale *nicht* abgezogen werden. In diesen Fällen ist immer ein Einzelnachweis der tatsächlich anfallenden Aufwendungen notwendig. (vgl BMF-Schreiben vom 17.12.2007 – IV C 3 – S 2342/07/0001, www.bundesfinanzministerium.de).

60   Gemäß § 3 Nr. 11 EStG sind steuerfrei „Bezüge aus öffentlichen Mitteln oder aus Mitteln einer öffentlichen Stiftung, die wegen Hilfsbedürftigkeit oder als Beihilfe zu dem Zweck bewilligt werden, die Erziehung oder Ausbildung, die Wissenschaft oder Kunst unmittelbar zu fördern". Nach Auffassung des Bundesfinanzministeriums findet ab dem Veranlagungszeitraum 2009 diese Vorschrift ausdrücklich keine Anwendung (vgl BMF-Schreiben vom 17.12.2007 – IV C 3 – S 2342/07/0001, www.bundesfinanzministerium.de; zur alten Rechtslage vgl die Vorauflage).

61   Eine **Umsatzsteuerpflicht** besteht für die Kindertagespflege in der Regel nicht (§ 4 Nr. 25 UStG; vgl ausführlich BMF-Schreiben vom 2.7.2008 – IV B 9 – S 7183/07/10001, www.bundesfinanzministerium.de).

5. Gesetzliche Unfallversicherung

62   **Kinder** in Tagespflege unterlagen, anders als Kinder während des Besuchs von Tageseinrichtungen, nicht dem Schutz der gesetzlichen Unfallversicherung. Dieser Rechtszustand wurde durch Artikel 2 des KICK (Einl. Rn 47) mit Wirkung zum 1.10.2005 geändert. Nach dem Recht der gesetzlichen Unfallversicherung sind nunmehr auch Kinder „während der Betreuung durch geeignete Tagespflegepersonen im Sinne von § 23 SGB VIII" kraft Gesetzes unfallversichert (§ 2 Abs. 1 Nr. 8 a) SGB VII). Zuständig ist die Unfallkasse Nordrhein-Westfalen. Diese geht davon aus, dass der gesetzliche Unfallversicherungsschutz nur besteht, wenn eine Vermittlung durch das Jugendamt erfolgt ist (Schlaeger

ZfSH/SGB 2008, 527). Dem kann nicht gefolgt werden, weil sich das nicht aus dem Wortlaut des Gesetzes ergibt. Es reicht, dass es sich um „geeignete Tagespflegepersonen im Sinne von § 23 SGB VIII" handelt.

Die **Tagespflegeperson** unterliegt dem Schutz der gesetzlichen Unfallversicherung gemäß § 2 Abs. 1 63 Nr. 1 SGB VII, wenn sie in einem abhängigen Beschäftigungsverhältnis (vgl Rn 51) steht (vgl BSG 17.2.1998 – B 2 U 3/97 R – NJW 1998, 3141). Betreut die Tagespflegeperson überwiegend Kinder einer Familie in der Familienwohnung, so wird sie als Angestellte des Haushalts angesehen und ist dann ebenfalls als „Beschäftigte" gemäß § 2 Abs. 1 Nr. 1 SGB VII unfallversichert. Ist die Tagespflegeperson selbstständig tätig (und betreut die Kinder beispielsweise bei sich zu Hause), so ist sie gemäß § 2 Abs. 1 Nr. 9 SGB VII bei der Berufsgenossenschaft für Gesundheitsdienst und Wohlfahrtspflege versichert (DIJUF 2007, 88). Dort hat eine Meldung innerhalb einer Woche nach Aufnahme der Tätigkeit zu erfolgen. Für 2007 errechnete sich ein Jahresbeitrag für eine pflichtversicherte selbstständig tätige Tagespflegeperson ohne Personal in den alten Bundesländern in Höhe von 79,38 EUR und in den neuen Bundesländern in Höhe von 70,56 EUR (vgl zur Beitragshöhe für die Folgejahre www.bgw-online.de).

VIII. Rechtsverwirklichung

Die Entscheidung über die Gewährung oder Nichtgewährung einer Tagespflege ist ein **Verwaltungs-** 64 **akt** (ausführlich Anhang Verfahren Rn 39 ff). Inhaber des Anspruchs auf die Geldleistung gemäß Abs. 2 ist die Tagespflegeperson selbst (vgl Rn 22), sodass diese auch den Anspruch gegen das JA verfolgen kann.

IX. Zuständigkeit, Kostenbeteiligung

Sachlich zuständig ist der örtliche Träger der öffentlichen Jugendhilfe (§ 85 Abs. 1). Die **örtliche Zu-** 65 **ständigkeit** bestimmt sich in der Regel nach dem gewöhnlichen Aufenthalt der Eltern (§ 86). Mit der Bestimmung des zuständigen örtlichen Trägers wird wegen der örtlichen Finanzierung zugleich der **Kostenträger** festgelegt (vgl OVG NI 22.2.2001 – 12 L 3001/00 – NDV-RD 2001, 54 = ZfJ 2001, 228, zu § 86 c).

Für die Inanspruchnahme von Angeboten der Förderung von Kindern in Tageseinrichtungen und Kin- 66 dertagespflege können **Kostenbeiträge** festgesetzt werden (§ 90 Abs. 1 Nr. 3). Es handelt sich um eine pauschalierte Kostenbeteiligung. Die frühere nach Bundesrecht unterschiedliche Kostenheranziehung je nach Inanspruchnahme einer Tageseinrichtung oder Tagespflege ist durch das KICK aufgegeben worden (§ 90 Rn 1 ff).

§ 24 Anspruch auf Förderung in Tageseinrichtungen und in Kindertagespflege

(1) [1]Ein Kind hat vom vollendeten dritten Lebensjahr bis zum Schuleintritt Anspruch auf den Besuch einer Tageseinrichtung. [2]Die Träger der öffentlichen Jugendhilfe haben darauf hinzuwirken, dass für diese Altersgruppe ein bedarfsgerechtes Angebot an Ganztagsplätzen oder ergänzend Förderung in Kindertagespflege zur Verfügung steht.

(2) Für Kinder im Alter unter drei Jahren und im schulpflichtigen Alter ist ein bedarfsgerechtes Angebot an Plätzen in Tageseinrichtungen und in Kindertagespflege vorzuhalten.

(3) [1]Ein Kind, das das dritte Lebensjahr noch nicht vollendet hat, ist in einer Tageseinrichtung oder in Kindertagespflege zu fördern, wenn

1. diese Leistung für seine Entwicklung zu einer eigenverantwortlichen und gemeinschaftsfähigen Persönlichkeit geboten ist oder
2. die Erziehungsberechtigten

    a) einer Erwerbstätigkeit nachgehen, eine Erwerbstätigkeit aufnehmen oder Arbeit suchend sind,
    b) sich in einer beruflichen Bildungsmaßnahme, in der Schulausbildung oder Hochschulausbildung befinden oder
    c) Leistungen zur Eingliederung in Arbeit im Sinne des Zweiten Buches erhalten.

[2]Lebt das Kind nur mit einem Erziehungsberechtigten zusammen, so tritt diese Person an die Stelle der Erziehungsberechtigten. [3]Der Umfang der täglichen Förderung richtet sich nach dem individuellen Bedarf.

(4) [1]Die Träger der öffentlichen Jugendhilfe oder die von ihnen beauftragten Stellen sind verpflichtet, Eltern oder Elternteile, die Leistungen nach Absatz 1 oder 2 in Anspruch nehmen wollen, über das Platzangebot im örtlichen Einzugsbereich und die pädagogische Konzeption der Einrichtungen zu informieren und sie bei der Auswahl zu beraten. [2]Landesrecht kann bestimmen, dass Eltern den Träger der öffentlichen Jugendhilfe oder die beauftragte Stelle innerhalb einer bestimmten Frist vor der beabsichtigten Inanspruchnahme der Leistung in Kenntnis setzen.

(5) [1]Geeignete Tagespflegepersonen im Sinne von § 23 Abs. 3 können auch vermittelt werden, wenn die Voraussetzungen nach Absatz 3 nicht vorliegen. [2]In diesem Fall besteht die Pflicht zur Gewährung einer laufenden Geldleistung nach § 23 Abs. 1 nicht; Aufwendungen nach § 23 Abs. 2 Satz 1 Nr. 3 können erstattet werden.

(6) Weitergehendes Landesrecht bleibt unberührt.

I. Bedeutung der Norm und Rechtsentwicklung

§ 24 wird hier in der aktuellen Fassung kommentiert (§ 24 in der Fassung ab dem 1.8.2013 wird am   1
Ende der Kommentierung informationshalber abgedruckt). § 24 ist die **zentrale Rechtsanspruchs-
norm** für die Förderung von Kindern in Tageseinrichtungen und in Kindertagespflege. Die Norm ist
zunächst durch das Tagesbetreuungsausbaugesetz (TAG) – mit partiellen Änderungen durch das KICK
– völlig neu und durch das KiföG (jew. Einl. Rn 47) erneut wesentlich neu gefasst worden und regelt
nicht nur den Rechtsanspruch auf einen Kindergartenplatz für Kinder von drei Jahren bis zum Schuleintritt, sondern auch den Anspruch auf Förderung für jüngere und ältere Kinder in Tageseinrichtungen
und in Kindertagespflege. Der Rechtsanspruchscharakter der Norm ist durch die Änderung der Überschrift durch das KiföG nochmals deutlich betont worden. Es geht nicht nur um die „Inanspruchnahme" (so die bisherige Überschrift) von Tageseinrichtungen und Kindertagespflege, sondern um den
Anspruch auf Förderung in Tageseinrichtungen und in Kindertagespflege.

Das Fehlen eines Rechtsanspruchs auf einen Platz in einer Kindertageseinrichtung in der ursprüngli-   2
chen Fassung des SGB VIII wurde von vielen Seiten kritisiert. Durch das **Schwangeren- und Familienhilfegesetz** vom 27.7.1992 (in Kraft getreten am 5.8.1992) wurde der Rechtsanspruch auf einen Kindergartenplatz geschaffen, der bis einschließlich 31.12. 1995 nach Maßgabe des Landesrechts bestand
und dann ab 1.1.1996 bundesrechtlich einheitlich gelten sollte (vgl zu den verfassungsrechtlichen
Rahmenbedingungen Vor§ 22 Rn 34 ff). Nach Verabschiedung dieser Regelung war die Diskussion
nicht beendet. Dem Rechtsanspruch wurde entgegengehalten, dass dieser – vor allem aus fiskalischen
Gründen – nicht realisierbar sei (zur Diskussion Struck/Wiesner ZRP 1992, 452; Articus/Knauer RdJB
1993, 38). Auf Initiative des Bundesrates wurde § 24 durch das 2. SGB VIII-Änderungsgesetz vom
15.12.1995 geändert, der Rechtsanspruch auf einen Kindergartenplatz wurde grundsätzlich beibehalten, allerdings in einer Übergangsregelung (§ 24 a) die Möglichkeit eröffnet, durch Landesrecht – befristet bis 31.12.1998 – Einschränkungen des Rechtsanspruchs vorzunehmen. **Seit 1.1.1999** galt der
Rechtsanspruch auf einen Kindergartenplatz **einschränkungslos.** Für **Kinder unter drei Jahren** und für
schulpflichtige Kinder war kein Rechtanspruch geregelt, sondern nur die Pflicht, ein „bedarfsgerechtes" Angebot „vorzuhalten". Ähnliches galt für **Ganztagesplätze.**

Mit Wirkung seit 1.1.2005 ist die Förderung in **Tageseinrichtungen und in Kindertagespflege** in einer   3
Norm zusammengefasst worden. Für beide – grundsätzlich gleichrangigen – Förderungsangebote gibt
es hinsichtlich der Intensität des Anspruchscharakters der Norm eine **Differenzierung nach Altersgruppen:** Kinder unter drei Jahren, Kinder vom vollendeten dritten Lebensjahr bis zum Schuleintritt,
Kinder im schulpflichtigen Alter. Durch das KiföG (Einl. Rn 47) ist diese Differenzierung nach Altersgruppen grundsätzlich beibehalten worden, jedoch für die Kinder unter drei Jahren noch deutlicher
betont worden, dass diese bei Vorliegen bestimmter Voraussetzungen einen Anspruch auf Förderung
haben. Der Regelungszweck wird deutlich dadurch, dass zugleich eine Neufassung der Norm mit Wirkung ab dem 1.8.2013 verabschiedet worden ist (Artikel 1 Nr. 7 des KiföG, Einl. Rn 47) und eine
Übergangsregelung in § 24 a. Ab dem **1.8.2013** haben alle Kinder ab dem ersten Lebensjahr einen
zwingenden Rechtsanspruch auf Förderung, ebenso auch bereits Kinder vor Vollendung des ersten
Lebensjahrs, wobei insoweit der Anspruch von bestimmten weiteren Voraussetzungen abhängig ist
(wie etwa Erwerbstätigkeit der Eltern). Folglich tritt dann am 1.8.2013 die Übergangsregelung des
§ 24 a außer Kraft (Artikel 10 Abs. 3 des KiföG, Einl. Rn 47).

II. Normkontext

Bei der Förderung von Kindern in Tageseinrichtungen handelt es sich um eine **Sozialleistung** gemäß   4
§ 27 Abs. 1 Nr. 3 SGB I, § 2 Abs. 2 Nr. 3 SGB VIII. Der Leistungsverpflichtung entspricht eine **Gewährleistungspflicht** des öffentlichen Trägers (OVG SL 16.12.1997 – NDV-RR 1998, 81 = NVwZ-
RR 1998, 435 = ZfJ 1998, 80 = FEVS 48, 399).

§ 24 gilt bundeseinheitlich (§ 26 Rn 3). Die **Gesetzgebungskompetenz des Bundes** folgt aus Art. 74   5
Abs. 1 Nr. 7 GG (Vor§ 22 Rn 37 ff). Über § 24 hinausgehende landesgesetzliche Regelungen sind möglich, also etwa die Verankerung weitergehender Rechtsansprüche auf einen Platz in einer Kindertageseinrichtung, zum Beispiel auch für jüngere oder ältere Kinder. Abs. 6 stellt dies dahingehend klar,
dass „weitergehendes" Landesrecht „unberührt" bleibt.

III. Systematik der Norm

6   § 24 regelt den Anspruch auf Förderung bezüglich verschiedener Tageseinrichtungen und bezüglich der Kindertagespflege in Abstufungen. Abs. 1 Satz 1 regelt für Kinder ab dem dritten Lebensjahr bis zum Schuleintritt einen Rechtsanspruch auf den Besuch einer Tageseinrichtung (Rn 7 ff), Abs. 1 Satz 2 für diese Altersgruppe das bedarfsgerechte Angebot an Ganztagsplätzen oder ergänzend die Förderung in Kindertagespflege. Abs. 2 regelt für Kinder unter drei Jahren und im schulpflichtigen Alter die Pflicht, ein „bedarfsgerechtes Angebot" an Plätzen in Tageseinrichtungen und in Kindertagespflege „vorzuhalten", diese Pflicht wird bei besonderen Bedarfslagen für Kinder im Alter unter drei Jahren in Abs. 3 konkretisiert (Rn 42 ff). Abs. 4 regelt eine Informations- und Beratungspflicht der Jugendämter (vgl Rn 55) und Abs. 5 enthält eine Spezialregelung für einen Teilbereich der Kindertagespflege (vgl Rn 56). Abs. 6 bestimmt, dass „weitergehendes" Landesrecht „unberührt" bleibt.

IV. Rechtsanspruch auf den Besuch einer Tageseinrichtung für Kinder ab dem dritten Lebensjahr (Abs. 1 Satz 1)

7   Abs. 1 Satz 1 garantiert einen **Rechtsanspruch** auf den Besuch einer Tageseinrichtung für Kinder ab dem dritten Lebensjahr bis zum Schuleintritt. Die besondere Bedeutung eines Rechtsanspruchs liegt darin, dass dieser einem Einzelnen ein subjektives öffentliches Rechts einräumt, vom Staat oder einem sonstigen Träger öffentlicher Verwaltung ein konkretes Tun verlangen zu können (vgl VorKap. 2 Rn 3 ff).

1. Anspruchsinhaber, Leistungsverpflichteter, Leistungspflicht

8   Inhaber des Rechtsanspruchs ist das **Kind**, und zwar **ab dem vollendeten dritten Lebensjahr**. Das geltende Recht enthält **keine Stichtagsregelung** als Eintrittsdatum (zB 1.8. eines Jahres). Auch durch Landesrecht kann eine Stichtagsregelung nicht eingeführt werden (Bundesrecht bricht Landesrecht, Art. 31 GG). Allerdings kann Landesrecht bestimmen, dass Eltern den Träger der öffentlichen Jugendhilfe oder die beauftragte Stelle innerhalb einer bestimmten Frist vor der beabsichtigten Inanspruchnahme der Leistung in Kenntnis setzen (Abs. 4 Satz 2). Das ist aber nicht gleichzusetzen mit einer Stichtagsregelung.

9   Zeitlich begrenzt ist der Rechtsanspruch **bis zum Schuleintritt**. Abzustellen ist auf den individuellen Schuleintritt, der auch erst nach dem sechsten Lebensjahr des Kindes liegen kann. Die Vorschule, die nicht von der Schulpflicht umfasst wird, führt noch nicht zum Schuleintritt im Sinne des § 24 Abs. 1 (vgl zum alten Recht VG HH 5.8.1996 – 8 VG 4507/96 – nicht veröffentlicht), sodass trotz der Möglichkeit des Besuchs einer Vorschulklasse der Rechtsanspruch auf den Besuch einer Tageseinrichtung bestehen bleibt.

10   **Leistungsverpflichteter** (Anspruchsgegner) ist der örtlich zuständige **Träger der öffentlichen Jugendhilfe** (§ 3 Abs. 2 Satz 2; vgl Rn 61). Dem gesetzlichen Anspruch auf den Besuch einer Tageseinrichtung entspricht eine **Gewährleistungspflicht** des örtlichen Trägers der öffentlichen Jugendhilfe (vgl OVG SL 16.12.1997 – 8 W 6/97 – NDV-RR 1998, 81 = NVwZ-RR 1998, 435 = ZfJ 1998, 80 = FEVS 48, 399).

11   Die **Länder** sind damit nicht aus ihrer Verantwortung entlassen, denn gemäß § 82 Abs. 2 haben die Länder auf einen gleichmäßigen Ausbau der Einrichtungen und Angebote hinzuwirken und die örtlichen und überörtlichen Träger der Jugendhilfe bei der Wahrnehmung ihrer Aufgaben zu unterstützen. In allen Ländern bestehen entsprechende gesetzliche Regelungen und Fördersysteme.

12   Die **Leistungspflicht** des Trägers der öffentlichen Jugendhilfe besteht darin, dem Kind einen Platz in einer Kindertageseinrichtung zur Verfügung zu stellen, ihm einen konkreten Platz in einer eigenen Einrichtung oder in der Einrichtung eines anderen Trägers nachzuweisen, der bereit ist, das Kind aufzunehmen. Der Anspruch gegen den öffentlichen Träger ist mithin gerichtet auf die **Bereitstellung oder Verschaffung eines Kindergartenplatzes** in einer eigenen oder einer Einrichtung eines anderen Trägers (Hauck/Grube § 24 Rn 14 f).

13   Die Inanspruchnahme der Einrichtungen der Träger der freien Jugendhilfe (das heißt privat-gewerblicher wie privat-gemeinnütziger Träger; vgl § 3 Rn 3 ff) ist allerdings nur möglich, wenn der öffentliche Träger entsprechende Vereinbarungen mit diesen (etwa gemäß § 77) geschlossen hat, so genannte „Leistungssicherstellungsvereinbarungen" (Hauck/Grube § 24 Rn 21). Damit der öffentliche Träger seiner Verpflichtung zur Verschaffung eines Platzes in einer Tageseinrichtung Genüge tun kann, wird

er sich bemühen müssen, über entsprechende Vereinbarungen sicherzustellen, dass er auch Plätze bei privaten Trägern den Leistungsberechtigten zur Verfügung stellen kann.

Die privaten Träger sind indes ihrerseits nicht verpflichtet, Kinder, die der öffentliche Träger „zu- **14** weist", aufzunehmen. Für Zwangszuweisungen gibt es keine gesetzliche Ermächtigung (Haccius KuR 1995, 44; Rüfner Jugendwohl 1996, 377). Steht kein freier Platz in einer Tageseinrichtung zur Verfügung, hat der öffentliche Träger ggf einen neuen zu schaffen. Das ist indes streitig. Zum Teil wird vertreten, dass §24 keinen Anspruch auf Schaffung neuer Plätze einräumt, vielmehr allenfalls ein Schadensersatzanspruch (Rn 26 ff) in Betracht komme (OVG SH 1.11.2000 – 2 M 32/00 – NordÖR 2001, 363).

Nimmt der öffentliche Träger zur Erfüllung des Rechtsanspruchs auf einen Platz in einer Tageseinrichtung, für den ausschließlich dieser einzustehen hat, über entsprechende Vereinbarungen die Einrichtungen freier Träger in Anspruch, hat der **freie Träger** gegen den öffentlichen Träger einen – wie **15** im Einzelnen auch immer rechtsdogmatisch zu begründenden – **Anspruch auf Kostenerstattung** (vgl bereits zum alten Recht Münder Jugendhilfe 1997, 75; Rüfner Jugendwohl 1996, 377; aA Stähr ZfJ 1998, 24; vgl nunmehr §74 a). Die Abwicklung der jeweiligen Rechtsverhältnisse Kind/Eltern-öffentlicher Träger und öffentlicher Träger-freier Träger sind rechtlich unabhängig voneinander zu betrachten (vgl zum so genannten jugendhilferechtlichen Dreiecksverhältnis VorKap. 5 Rn 3 ff). Deshalb ist der freie Träger (vorbehaltlich vertraglicher Vereinbarungen mit dem öffentlichen Träger und des Einverständnisses des Leistungsberechtigten) nicht verpflichtet, für den öffentlichen Träger die Teilnahmebeiträge/Gebühren (Rn 63 ff) „einzutreiben".

2. Anspruchsinhalt

Der Rechtsanspruch bezieht sich auf den **Besuch einer Tageseinrichtung** (vgl §22 Rn 4 ff). Den Begriff **16** „Kindergarten" verwendet das Gesetz nicht mehr. Es handelt sich um eine **Sozialleistung** (§27 Abs. 1 Nr. 3 SGB I), und zwar um eine Sach- oder Dienstleistung iSd §11 SGB I.

Was unter dem Begriff der Tageseinrichtung zu verstehen ist, definiert Abs. 1 Satz 1 nicht. Als **an- 17 spruchsausfüllende Norm** ist einerseits §22 (vgl §22 Rn 16 ff) und andererseits §24 Abs. 1 Satz 2 (vgl Rn 32 ff) zu beachten. Im Hinblick auf die veränderten Familienstrukturen, die hohe Zahl erwerbstätiger Mütter und die Zielsetzung gemäß §22 Abs. 2 Nr. 3 (vgl §22 Rn 21) wird der Rechtsanspruch nur durch eine **Mindestbetreuungszeit von sechs Stunden** erfüllt (vgl bereits zum alten Recht Lakies ZfJ 1996, 301; Georgii NJW 1996, 688; Wrase ZfJ 2004, 138 f; Wiesner/Struck §24 Rn 15; Schellhorn/Fischer §24 Rn 11). Abweichende landesgesetzliche Regelungen, die etwa nur einen Anspruch auf eine vierstündige Betreuung vorsehen, sind gemäß Art. 31 GG unwirksam (Bundesrecht bricht Landesrecht).

Die Mindestbetreuungszeit von sechs Stunden ist im Sinne einer **durchgehenden Betreuungszeit** (von **18** morgens über mittags) zu verstehen und schließt die Möglichkeit der **Einnahme eines Mittagessens** ein. Andererseits besteht ein individueller Rechtsanspruch auf einen **Ganztagsplatz** nicht. Allerdings ergibt sich aus Abs. 1 Satz 2 die objektiv-rechtliche Verpflichtung (vgl Rn 32 ff), ein bedarfsgerechtes Angebot an Ganztagsplätzen zur Verfügung zu stellen (zur näheren Bestimmung des Bedarfs und zu einer möglichen Verdichtung bei besonderen Bedarfslagen zu einem Rechtsanspruch vgl Rn 42 ff).

Dementsprechend kann der Rechtsanspruch auf den Besuch einer Tageseinrichtung nicht durch Zur- **19** verfügungstellung nur eines **Vormittagsplatzes** (von vier Stunden) erfüllt werden. Ein (ausschließlicher) **Nachmittagsplatz** ist nur anspruchserfüllend, wenn er im Hinblick auf die individuelle Bedarfssituation vom Kind (vertreten durch die Eltern) gewünscht wird. Da der öffentliche Träger für die Erfüllung des Rechtsanspruchs einzustehen hat, ist der Einwand, die Kapazitäten in den vorhandenen Einrichtungen seien erschöpft und deshalb könne etwa nur ein (nicht gewünschter) Nachmittagsplatz angeboten werden, rechtlich ohne Belang. Der öffentliche Träger hat einen Platz zur Verfügung zu stellen, ggf zu schaffen (vgl OVG NI 24.1.2003 – 4 ME 596/02 – NJW 2003, 1826 = ZfJ 2003, 341 = JAmt 2003, 429 = FEVS 54, 552).

Der Rechtsanspruch bezieht sich nach seinem Wortlaut auf den **„Besuch"** einer **Tageseinrichtung**, trifft **20** aber keine weiteren Festlegungen bezüglich der **konkreten Ausgestaltung** der Erziehung, Bildung und Betreuung in der Tageseinrichtung (Gruppengröße, Personalschlüssel, Binnendifferenzierung usw). Das Nähere über den Inhalt dieser Leistung kann daher gemäß §26 das Landesrecht regeln, allerdings im Rahmen der bundesgesetzlichen Vorgaben. Dabei ist insbesondere §22 zu beachten (vgl §22

Rn 16 ff). In der Praxis wird vor allem in der Gruppenaufstockung ein Potenzial zum Ausgleich von „Bedarfsengpässen" gesehen. Das entspricht nicht der gesetzlichen Intention.

21 Die Tageseinrichtung muss vom Wohnsitz des Kindes aus in vertretbarer Zeit erreichbar sein (Oehlmann-Austermann ZfJ 1996, 7; Schellhorn/Fischer § 24 Rn 15). Die **Wohnortnähe** ist ein allgemeines Grundprinzip der Jugendhilfe (vgl § 80 Abs. 2 Nr. 1) und ergibt sich aus der anspruchsausfüllenden Norm des § 22 Abs. 2 (§ 22 Rn 33). In der Regel ist von der am nächsten gelegenen Einrichtung am Wohnort des Kindes auszugehen. Welche Entfernung zwischen Wohnort und Kindergarten noch zumutbar ist, kann nicht exakt bestimmt werden. Es ist jedenfalls einerseits die Zumutbarkeit für das Kind selbst und andererseits auch der Zeitaufwand für den begleitenden Elternteil zu berücksichtigen. Im ländlichen Bereich kann es auch zumutbar sein, öffentliche Verkehrsmittel zu benutzen. Ein kombinierter Fuß- und Busweg von 30 Minuten für eine Strecke ist jedenfalls nicht mehr zumutbar (vgl zum alten Recht VG Schleswig 12.1.2000 – 15 B 62/99 – ZfJ 2000, 193). Zum Teil wird die Grenze auch schon bei 20 Minuten gezogen (vgl OVG SL 16.12.1997 – 8 W 6/97 – NDV-RR 1998, 81 = NVwZ-RR 1998, 435 = ZfJ 1998, 80 = FEVS 48, 399). Das Prinzip der Wohnortnähe verlangt aber nicht, dass in jeder kleinen Siedlung eine Einrichtung vorgehalten werden muss. Besteht aber ein offenkundiger, auch vom Träger der öffentlichen Jugendhilfe anerkannter Bedarf an Schaffung einer Kindertageseinrichtung oder an einer Vergrößerung einer solchen Einrichtung oder einer Schaffung von einer oder mehreren weiteren Gruppen, ist die Gewährleistungspflicht des öffentlichen Jugendhilfeträgers nicht durch das Angebot freier Plätze in nicht ortsnahen, auswärtigen Einrichtungen erfüllbar (vgl OVG SL 16.12.1997 – 8 W 6/97 – NDV-RR 1998, 81 = NVwZ-RR 1998, 435 = ZfJ 1998, 80 = FEVS 48, 399).

22 Der Rechtsanspruch zielt auf die Inanspruchnahme eines Platzes in einer Tageseinrichtung des öffentlichen Trägers oder auf den Nachweis eines Platzes bei einer kreisangehörigen Gemeinde oder bei einem freien Träger einschließlich der Übernahme der Kosten für die Inanspruchnahme, soweit sie nicht vom Kind oder seinen Eltern als Kostenbeitrag gefordert werden können (Rn 63 ff). Der Anspruch kann nicht durch jeden beliebigen Platz in einer Einrichtung erfüllt werden, vielmehr geht es um die Erfüllung eines bedarfsgerechten Angebots. Bedarfsgerecht ist nur ein Angebot, das die Nachfrage befriedigt. Maßgeblich ist die **tatsächliche Nachfrage**. Allerdings bezieht sich der Anspruch nicht auf einen bestimmten Platz in einer bestimmten Tageseinrichtung (vgl BVerwG 25.4.2002 – 5 C 18/01 – E 116, 226 = NDV-RD 2002, 100 = FEVS 54, 49 = ZfJ 2002, 30 = JAmt 2003, 85).

23 Erforderlich ist, dass ein **plurales Angebot** zur Verfügung steht. Dies ergibt sich aus dem durch § 5 garantierten **Wunsch- und Wahlrecht**. Bedarfsgerecht in diesem Sinne ist ein Angebot nur, wenn es freie Plätze in Einrichtungen in der von den Erziehungsberechtigten gewünschten Art (insbesondere hinsichtlich des Erziehungskonzepts) gibt (vgl OVG SH 17.1.2001 – 2 L 102/99 – NVwZ-RR 2001, 589). Das Wahlrecht bezieht sich nicht nur auf die Einrichtungen verschiedener Träger, sondern auch auf verschiedene Einrichtungen desselben Trägers.

24 Der Anspruch ist **nicht beschränkt auf den Besuch einer Tageseinrichtung im Bereich des örtlich zuständigen Trägers der öffentlichen Jugendhilfe** (vgl Rn 62). Die Eltern können für ihr Kind auch einen Platz in einer Einrichtung mit einem spezifischen pädagogischen Profil und mit überörtlichem Einzugsbereich (zB Waldorf-Kindergarten) oder in einem Kindergarten in der Nähe der Arbeitsstätte der Eltern wählen (vgl OVG SH 17.1.2001 – 2 L 102/99 – NVwZ-RR 2001, 589). Das Problem des internen Kostenausgleichs zwischen den jeweils zuständigen örtlichen Jugendhilfeträgern ändert nichts an dem Bestehen des Wahlrechts gemäß § 5. Allerdings dürfen durch die Inanspruchnahme eines auswärtigen Kindergartens keine unverhältnismäßigen Mehrkosten (§ 5 Abs. 2 Satz 1) entstehen (vgl § 5 Rn 14 ff). Ob diese schon daraus resultieren können, weil der örtlich zuständige Träger die finanziellen Mittel bereits in vollem Umfang für die Bereitstellung von Kindergärten im eigenen Einzugsbereich „verplant" hat, ist zweifelhaft (so aber VG HH 3.4.2001 – 13 VG 2501/00 – ZfJ 2001, 395). Bei einer Konkurrenz zwischen ortsansässigen und gemeindefremden Kindern, wenn nicht genügend Plätze in Kindergärten für die gemeindeangehörigen Kinder zur Verfügung stehen, nimmt der VGH BY (31.8.1999 – 7 ZS 99.2168 – NVwZ-RR 2000, 815) einen Vorrang der gemeindeangehörigen Kinder an.

25 Wünschen die Personensorgeberechtigten von sich aus nur eine **kurze Betreuungszeit** oder nur eine Betreuung in einer „**Kleingruppe**", so stellt sich zum einen das Problem der Abgrenzung zur Kindertagespflege (§ 23). Zum anderen ist eine Subsumtion unter den Begriff des Platzes in einer Tageseinrichtung nur möglich bei Erfüllung bestimmter **Mindestbedingungen**. Sind diese Mindestbedingungen nicht erfüllt, besteht auch keine „Einstandspflicht" des öffentlichen Trägers, das Wunsch- und Wahl-

recht ist insoweit nicht berührt, weil es sich nur auf gleichermaßen geeignete Einrichtungen bezieht. Die Aufgabe der Erziehung, Bildung und Betreuung in der Tageseinrichtung (vgl § 22 Rn 16 ff) ist nur bei einer Tageseinrichtung mit einer bestimmten Mindestkinderzahl und Mindestbetreuungszeit, die kontinuierlich angelegt sein muss, gegeben. Im Regelfall wird von einer Betreuung an vier bis fünf Tagen von mindestens 3 Stunden täglich auszugehen sein und zwar kontinuierlich in einer Kindergruppe, damit diesem Kriterium noch genügt werden kann. Deshalb fallen Kurzzeitbetreuungen zB in Kaufhäusern nicht unter den Begriff der Kindertageseinrichtung. Auch bei so genannten Mini-Clubs (oder anderen „Kurzzeit"einrichtungen) ist zu prüfen, ob sie in diesem Sinne noch unter den Begriff der Tageseinrichtung zu subsumieren sind.

3. Rechtsfolgen bei Nichterfüllung des Anspruchs

Da der öffentliche Träger für die Erfüllung des Rechtsanspruchs einzustehen hat, ist der Einwand, die Kapazitäten in den vorhandenen Einrichtungen seien erschöpft, rechtlich ohne Belang. Der öffentliche Träger hat einen Platz zur Verfügung zu stellen, ggf zu schaffen (vgl OVG NI 24.1.2003 – 4 ME 596/02 – NJW 2003, 1826 = ZfJ 2003, 341 = JAmt 2003, 429 = FEVS 54, 552). Das ist indes in der Rechtsprechung umstritten. Es wird auch angenommen, es bestehe kein Anspruch auf Schaffung neuer Plätze, es komme vielmehr (nur) ein **Schadensersatzanspruch** in Betracht (vgl OVG SH 1.11.2000 – 2 M 32/00 – NordÖR 2001, 363). **26**

Geht man von einem **Anspruch auf Schadensersatz** wegen Amtspflichtverletzung (Amtshaftungsanspruch, § 839 BGB iVm Art. 34 GG) aus (allgemein § 1 Rn 31 ff) geht dieser auf Geldersatz (vgl Georgii NJW 1996, 689 f). Der Höhe nach kann sich ein solcher Schadensersatzanspruch aus den Kosten einer Tagesmutter abzüglich der ersparten Aufwendungen für den Besuch eines Kindergartens ergeben (vgl LG Wiesbaden 19.1.2000 – 5 O 182/99 – Jugendhilfe 2001, 105). Allerdings kann in dem Fall Schadensersatz nur verlangt werden, wenn zuvor versucht wurde, die Gewährung eines Platzes in einer Einrichtung gerichtlich durchzusetzen (§ 839 Abs. 3 BGB). **27**

Denkbar ist auch ein **Anspruch auf Ersatz der Aufwendungen** (nach den §§ 670, 683, 677 BGB), die die Eltern tätigen, um dem Kind eine mit dem Tageseinrichtungsplatz vergleichbare Tagesbetreuung zu verschaffen, oder soweit sie die Betreuung selbst vornehmen, nach den Regeln der so genannten Geschäftsführung ohne Auftrag (GoA), der allerdings auf besondere Eil- oder Notfälle beschränkt sein dürfte (vgl weitergehend Georgii NJW 1996, 690 f). **28**

Einschlägig ist auch ein **Kostenerstattungsanspruch bezüglich eines selbst beschafften Kindergartenplatzes** aufgrund der Regelung in § 24 selbst. Erfüllt der Träger der öffentlichen Jugendhilfe den Anspruch auf einen Kindergartenplatz nicht in einer eigenen (oder ggf – falls möglich – fremden) Einrichtung oder wünscht das Kind (vertreten durch seine Eltern) einen Platz in einer Einrichtung der freien Jugendhilfe (Wunsch- und Wahlrecht, § 5), kann sich das Kind (vertreten durch die Eltern) die vorenthaltene Leistung selbst beschaffen und die Kosten des selbst beschafften Kindergartenplatzes erstattet verlangen. **29**

Diese Möglichkeit der **Selbstbeschaffung** einer Leistung nach dem SGB VIII hat seit dem KICK (Einl. Rn 47) in § 36 a eine Regelung erfahren. Die Vorschrift gilt nach dem Wortlaut und systematischen Zusammenhang der Norm allerdings nur für Hilfen zur Erziehung, Eingliederungshilfe und Hilfe für junge Volljährige, nicht aber für andere Leistungen der Jugendhilfe, ist also für § 24 nicht einschlägig (für eine entsprechende Anwendung Meysen § 36 a Rn 2). **30**

Zu beachten ist zudem die Neuregelung in § 24 Abs. 4 Satz 2: **Landesrecht** kann bestimmen, dass Eltern das Jugendamt oder die beauftragte Stelle innerhalb einer bestimmten Frist vor der beabsichtigten Inanspruchnahme der Leistung in Kenntnis setzen. Insofern kommt es ggf auf landesrechtliche Regelungen an, die den öffentlichen Träger in die Lage versetzen, dass dieser vor der Inanspruchnahme in Kenntnis zu setzen ist. **31**

4. Ganztagsplätze oder ergänzende Förderung in Kindertagespflege (Abs. 1 Satz 2)

Die Träger der öffentlichen Jugendhilfe haben darauf hinzuwirken, dass für die in Abs. 1 Satz 1 genannte Altersgruppe (Kinder ab dem dritten Lebensjahr bis zum Schuleintritt, vgl Rn 8) ein bedarfsgerechtes Angebot an **Ganztagsplätzen** oder ergänzend Förderung in **Kindertagespflege** zur Verfügung steht (Abs. 1 Satz 2). Ein „Ganztagsplatz" ist nicht frei definierbar, sondern muss über die ohnehin geforderte Mindestbetreuungszeit von sechs Stunden (Rn 17) hinausgehen. Es muss eine durchgehende Betreuungszeit gewährleistet sein, die es den Eltern ermöglicht, einer **Vollzeiterwerbstätigkeit** nachzu- **32** gehen. Unter Berücksichtigung der notwendigen Fahrtzeiten ist das ein Zeitraum von mindestens zehn Stunden, während der die Mittags- und sonstige Verpflegung sicherzustellen ist.

33   Wie bei Abs. 2 (Rn 35 ff) wird auch bei Abs. 1 Satz 2 der „Bedarf" durch die Nachfrage bestimmt. Erforderlich ist eine auf die Abdeckung des Bedarfs bezogene Jugendhilfeplanung. Ein subjektiver Rechtsanspruch auf einen Ganztagsplatz besteht nicht, sondern es handelt sich – wie bei Abs. 2 – um eine **objektiv-rechtliche Verpflichtung** zu Lasten der Träger der öffentlichen Jugendhilfe.

34   Die **Hinwirkungspflicht** der Träger der öffentlichen Jugendhilfe bezieht sich auf ein bedarfsgerechtes Angebot an Ganztagsplätzen, der allerdings nicht zwingend durch den Ausbau der **Tageseinrichtungen** (gemäß Abs. 3 Satz 1) abgedeckt werden muss, sondern auch durch „ergänzende" **Tagespflegeplätze** abgedeckt werden kann. Insofern besteht aber kein Wahlrecht der Träger der öffentlichen Jugendhilfe. Vielmehr bezieht sich die Pflicht zur Schaffung eines „bedarfsgerechten Angebots" sowohl auf die Ganztagsplätze (in Tageseinrichtungen) wie auf die ergänzende Förderung in Kindertagespflege, sodass ausgehend von dem durch die Nachfrage bestimmten Bedarf dieser bedarfsentsprechend abgedeckt werden muss. Besteht ein Bedarf ausschließlich an Ganztagsplätzen in Tageseinrichtungen, ist ein entsprechendes Angebot zu schaffen, der Träger der öffentlichen Jugendhilfe darf nicht von sich aus auf ergänzende Kindertagespflege verweisen, weil es sich insoweit nicht um ein „bedarfsgerechtes" Angebot handeln würde.

V. Leistungsangebot für Kinder im Alter unter drei Jahren und im schulpflichtigen Alter (Abs. 2 und Abs. 3)

35   Für Kinder im Alter unter drei Jahren und im schulpflichtigen Alter ist gemäß Abs. 2 ein **bedarfsgerechtes Angebot** an Plätzen in Tageseinrichtungen und in Kindertagespflege vorzuhalten. In Abgrenzung zu Abs. 1 Satz 1 ergibt sich daraus zum einen, dass diese Altersgruppe keinen Rechtsanspruch auf die konkrete Leistung (einen Platz in einer Tageseinrichtung oder in Kindertagespflege) hat, zum anderen handelt es sich aber bei Abs. 2 um mehr als nur um einen bloßen Programmsatz. Bei der in Abs. 2 verankerten **bedarfsgerechten Angebotspflicht** handelt es sich um eine **objektiv-rechtliche Verpflichtung** des Trägers der öffentlichen Jugendhilfe. Sinn und Ziel dieser objektiv-rechtlichen Hinwirkenspflicht ist, dass ein bedarfsgerechtes Angebot zur Verfügung steht. Wird sie erfüllt, steht also ein bedarfsgerechtes Angebot zur Verfügung, kann und soll daraus als Jugendhilfeleistung im Einzelfall dem Kind abhängig vom Gewicht der Gründe ein entsprechender Platz konkret nachgewiesen oder zugeteilt werden. Erst damit erfüllt der Jugendhilfeträger dann seine bestehende Leistungsverpflichtung (vgl BVerwG 14.11.2002 – 5 C 57/01 – E 117, 184 = NDV-RD 2003, 52 = FEVS 54, 297 = JAmt 2003 367 = ZfJ 2003, 338). Darüber hinaus besteht für Kinder im Alter unter drei Jahren bei besonderen Bedarfslagen ein Rechtsanspruch auf Förderung (Rn 42).

36   Den öffentlichen Träger trifft eine **Gewährleistungspflicht** (§ 79 Abs. 1), was sich auch im Umkehrschluss aus der Übergangsregelung in § 24 a ergibt. Bestünde schon gar keine Gewährleistungspflicht des öffentlichen Trägers, bedürfte es keiner Übergangsregelung mit zwingenden jährlichen Ausbaustufen (§ 24 a Rn 3 ff). Für Kinder im Alter unter drei Jahren gilt bei **besonderen Bedarfslagen** eine noch weitergehende Vorhaltepflicht (vgl Rn 42 ff).

1. „Bedarfsgerechtes" Angebot

37   Für die in Abs. 2 genannten Kinder sind je nach Bedarf Plätze in Tageseinrichtungen und in Kindertagespflege vorzuhalten. Der Bedarf kann nach Umfang, Art und Dauer differieren und ist im Hinblick auf alle diese Kriterien zu erheben. Erforderlich ist die Erhebung, wie viele Kinder einen Platz in Tageseinrichtungen oder in Tagespflege wünschen oder benötigen und für welche Zeitdauer am Tag.

38   Es ist eine **Bedarfsplanung** aufzustellen (§ 80) und entsprechend dem Bedarf sind die erforderlichen Plätze vorzuhalten. Für jedes Kind, welches einen solchen Platz nachfragt (= Bedarf), müssen entsprechende Plätze zur Verfügung stehen (= „sind... vorzuhalten"). **Bedarfsgerecht** ist ein Angebot nur, das geeignet ist, die **Nachfrage** zu befriedigen, und zwar entsprechend den verschiedenen von den Eltern gewünschten Erziehungskonzepten. Vorstellungen in der Praxis, dass es einen „Wunschbedarf" und demgegenüber einen „unabweisbaren" Mindestbedarf geben soll (wobei letzterer faktisch durch den örtlichen Träger der öffentlichen Jugendhilfe definiert wird) finden keine Stütze im Gesetz.

39   Wie bei Abs. 1 Satz 2 (vgl Rn 32 ff) haben auch für Kinder im Alter unter drei Jahren bedarfsgerecht **Ganztagsplätze** zur Verfügung zu stehen. Für schulpflichtige Kinder hat wegen des Schulbesuchs der

Ganztagsplatz keine Bedeutung. Insoweit geht es um die Absicherung eines ergänzenden Angebots nach Ende des Schulunterrichts und mit der Möglichkeit der Einnahme eines Mittagessens, sofern nicht durch die Schule ein entsprechendes Angebot gesichert ist.

Das BVerwG (27.1.2000 – 5 C 19/99 – E 110, 320 = NDV-RD 2000, 67 = FEVS 51, 347 = ZfJ 2000, 235) hat allerdings zu § 24 Abs. 1 Satz 2 aF entschieden, dass der Begriff des „Bedarfs" **nicht im Sinne einer faktischen Nachfrage zu bestimmen** sei. Das BVerwG bestimmt den Bedarf nicht subjektiv, sondern von einem **objektiven Bedarf** aus. Der Bedarf im Rechtssinne sei als normativer Begriff im Zusammenhang mit der Gesamtverantwortung des Jugendhilfeträgers (§ 79) und im Rahmen der Planungsverantwortung nach § 80 Abs. 1 Nr. 2 zu sehen, wonach der Bedarf „unter Berücksichtigung der Wünsche, Bedürfnisse und Interessen der jungen Menschen und der Personensorgeberechtigten" und nicht nach alleiniger Maßgabe der Nachfrage zu ermitteln sei. Das BVerwG hat allerdings nicht näher festgelegt, welchen rechtlichen Voraussetzungen eine Festlegung von Bedarfskriterien im Einzelnen genügen muss. Es hat aber darauf verwiesen, dass auf der Grundlage des verfassungsrechtlichen Gebots – Voraussetzungen dafür zu schaffen, dass Familien- und Berufstätigkeit aufeinander abgestimmt werden können und die Wahrnehmung der familiären Erziehungsaufgabe nicht zu beruflichen Nachteilen führen soll (BVerfGE 88, 203, 258 ff, insb. 260) – davon auszugehen sei, dass im Rahmen der Angebotsplanung jedenfalls einem Bedarf Rechnung getragen werden muss, der entsteht, wenn die Eltern sich in Ausbildung befinden oder aus wirtschaftlichen Gründen erwerbstätig sein müssen.

Rechtswidrig wäre es aber, den „Bedarf" gleichsam unter einen **„Haushaltsvorbehalt"** zu stellen, also die Befriedigung des Bedarfs davon abhängig zu machen, ob genügend Haushaltsmittel vorhanden sind (Wrase ZfJ 2004, 138; anders – aber unzutreffend – OVG HH 10.11.2003 – 4 Bs 435/03 – ZfJ 2004, 155). Vielmehr ist der Jugendhilfeträger gehalten, eine Jugendhilfeplanung aufzustellen und der hiernach festgestellte Bedarf ist im Rahmen der Gewährleistungspflicht (§ 79) zu erfüllen, die erforderlichen Haushaltsmittel sind zur Verfügung zu stellen. Das folgt aus der objektiv-rechtlichen Verpflichtung des § 24 Abs. 2, die für die Träger der öffentlichen Jugendhilfe eine Bindung an das Gesetz iSd Art. 20 Abs. 3 GG schafft. Insofern ist es irreführend, wenn in der Praxis immer noch von sog. „freiwilligen" Aufgaben oder Leistungen gesprochen wird. Die durch Art. 20 Abs. 3 GG geforderte Bindung an das Gesetz ist nicht freiwillig. Vielmehr ist eine objektiv-rechtliche Pflicht für den öffentlichen Träger ebenfalls bindend.

2. Rechtsanspruch für Kinder, die das dritte Lebensjahr noch nicht vollendet haben, bei besonderen Bedarfslagen (Abs. 3)

Neben der allgemeinen Pflicht zum Vorhalten eines bedarfsgerechten Angebots gemäß Abs. 2 besteht bei besonderen Bedarfslagen für Kinder im Alter unter drei Jahren gemäß dem durch das KiföG (Einl. Rn 47) neu formulierten Abs. 3 weitergehend ein **Rechtsanspruch auf Förderung** in einer Tageseinrichtung oder in Kindertagestagespflege (Münder RdJB 2009, 4). Abs. 3 regelt anders als vorher nicht nur eine objektiv-rechtliche Verpflichtung, weil dies dem erweiterten Konzept des KiföG, der neuen Überschrift und der Systematik des § 24 nicht gerecht würde. Die neu formulierte Überschrift spricht ausdrücklich von einem „Anspruch auf Förderung". Dieser wird – von dem unstreitigen Anspruch gemäß Abs. 1 abgesehen – gestuft ausgestaltet. Während Abs. 2 lediglich davon spricht, dass ein „Angebot ... vorzuhalten" ist, ist in Abs. 3 nicht nur – wie vorher – von „vorzuhalten" die Rede, sondern davon, dass ein Kind bei Vorliegen der Voraussetzungen gemäß Abs. 3 Satz 1 Nr. 1 oder Nr. 2 „zu fördern ist, wenn ...". Eine solche Kombination von Anspruchsvoraussetzungen („wenn ...") mit einer Rechtsfolge („ist ... zu fördern") ist typisch für die Formulierung von Rechtsansprüchen und entspricht auch dem Wortlaut des künftigen § 24 Abs. 1 (ab dem 1.8.2013). Soweit in der Gesetzesbegründung lediglich von einer objektiv-rechtlichen Verpflichtung gesprochen wird (BT-Drucks. 16/9299, S. 15), kann dem nicht gefolgt werden. Abs. 3 unterscheidet sich mit der Formulierung „ist ... zu fördern" deutlich von Abs. 2, der als objektive Rechtsverpflichtung nur von „vorzuhalten" spricht. Damit wird auch aus dem systematischen Zusammenhang der Absätze 2 und 3 deutlich, dass es sich bei Abs. 3 um einen Rechtsanspruch handelt, wie auch die geänderte Überschrift des § 24 deutlich macht, in der nicht mehr nur von „Inanspruchnahme" die Rede ist, sondern von einem „Anspruch auf Förderung".

Abs. 3 gilt, anders als Abs. 2, nicht für schulpflichtige Kinder. Weitergehendes Landesrecht bleibt unberührt (Abs. 6). Die bundesrechtlichen Anspruchsvoraussetzungen regeln alternativ Abs. 3 Satz 1 Nr. 1 und Nr. 2. Gemäß Abs. 3 Satz 1 Nr. 1 geht es um die Konstellation, dass die Leistung (Platz in einer Tageseinrichtung oder in Kindertagspflege) für die Entwicklung des Kindes zu einer eigenverantwortlichen und gemeinschaftsfähigen Persönlichkeit „geboten ist". Im Hinblick auf die Zweck-

40

41

42

43

richtung der Förderung gemäß § 22 Abs. 2 Nr. 1 ist dies eigentlich bei jedem Kind anzunehmen, insbesondere aber bei Kindern aus Migrationsfamilien, „bildungsfernen" Familien und bei Kindern von Alleinerziehenden. Jedenfalls ist nicht Voraussetzung, dass ansonsten eine Hilfe zur Erziehung indiziert wäre, weil nicht auf eine Nichtgewährleistung des Kindeswohls abgestellt wird.

44   Gemäß Abs. 3 Satz 1 Nr. 2 geht es um die Konstellationen, in denen die **Erziehungsberechtigten** (oder der alleinige Erziehungsberechtigte, Abs. 3 Satz 2) wegen anderweitiger Verpflichtungen, insbesondere **Erwerbstätigkeit** oder **Ausbildung**, an der tatsächlichen Betreuung der Kinder gehindert sind. Das Gesetz erwähnt im Einzelnen die Kinder von Erziehungsberechtigten, die

- einer Erwerbstätigkeit nachgehen oder
- eine Erwerbstätigkeit aufnehmen oder
- Arbeit suchend sind,
- sich in einer beruflichen Bildungsmaßnahme,
- in der Schulausbildung oder
- Hochschulausbildung befinden oder
- Leistungen zur Eingliederung in Arbeit iSd SGB II erhalten (gemeint sind damit Leistungen gemäß § 16 SGB II).

45   Der **Umfang der täglichen Förderung** (Betreuungszeit) richtet sich nach dem individuellen Bedarf im Hinblick auf die in Abs. 3 Satz 1 Nr. 1 und 2 genannten Kriterien (Abs. 3 Satz 3). Die Gesetzesformulierung muss so verstanden werden, dass eine Förderung zu gewährleisten ist, sofern und soweit sie nach dem individuellen Bedarf (gemäß Abs. 3 Satz 1) erforderlich ist. Bei einer Vollzeittätigkeit (von 8 Stunden) iSd Abs. 3 Satz 1 Nr. 2 wäre dies (unter Berücksichtigung von Pausen- und Anfahrtszeiten) eine tägliche Betreuungszeit von 9 bis 10 Stunden (bei längeren Anfahrtszeiten noch länger). Wie bei Abs. 1 Satz 2 (vgl Rn 32 ff) haben auch für Kinder im Alter unter drei Jahren bedarfsgerecht **Ganztagsplätze** zur Verfügung zu stehen.

3. Andere Bedarfslagen bei Kindern im Alter unter drei Jahren und bei schulpflichtigen Kindern

46   Bestimmt man der Rechtsprechung des BVerwG folgend den Bedarf normativ (Rn 40), folgt daraus, dass der öffentliche Jugendhilfeträger, um seiner Planungsverantwortung gerecht zu werden, auch jenseits des Abs. 3 einen **Bedarfskriterienkatalog** aufstellen muss. Unterlässt er dies, ergibt sich im Umkehrschluss für die Leistungsberechtigten ein Anspruch auf einen entsprechenden von ihnen gewünschten Platz.

47   Liegt ein Bedarfskriterienkatalog vor, besteht gemäß § 39 SGB I ein **Anspruch auf eine ermessensfehlerfreie Entscheidung über die Leistungsgewährung** entsprechend dem gesetzgeberischen Zweck der Vorschrift. Der Sachverhalt muss (von Amts wegen, § 20 SGB X) zutreffend festgestellt und alle wesentlichen tatsächlichen Umstände müssen in die Entscheidung einbezogen werden (Anhang Verfahren Rn 23). Im Einzelfall kann dadurch über eine Ermessensreduzierung auf Null ein **Anspruch auf die konkrete Leistung** bestehen. Das OVG HH (5.2.1999 – 4 Bs 9/99 – ZfJ 2000, 112) meint, dass im Rahmen der Ermessensentscheidung zu Lasten der Betroffenen berücksichtigt werden könne, dass mit dem Träger der Tageseinrichtung eine Pflegesatzvereinbarung nicht bestehe und mangels Bedarfs auch nicht beabsichtigt sei.

VI. Kindertagespflege

48   Die Inanspruchnahme von Kindertagespflege ist in § 24 ebenfalls geregelt und soll hier zusammengefasst dargestellt werden. Zu unterscheiden ist – was den Grad der Anspruchsqualität angeht – je nach Altersgruppen. Auch bei der Kindertagespflege bleibt wie bei Tageseinrichtungen **„weitergehendes Landesrecht"** unberührt (Abs. 6). Durch Landesrecht können über die bundesrechtlichen Vorgaben hinausgehende Ansprüche verankert, nicht aber Einschränkungen des Bundesrechts geregelt werden.

1. Kinder vom dritten Lebensjahr bis zum Schuleintritt (Abs. 1 Satz 2)

49   Ein Kind vom vollendeten dritten Lebensjahr bis zum Schuleintritt hat gemäß Abs. 1 Satz 1 Anspruch auf den Besuch einer „Tageseinrichtung". Hier wird die Kindertagespflege zunächst nicht genannt. Doch haben gemäß Abs. 1 Satz 2 die Träger der öffentlichen Jugendhilfe darauf hinzuwirken, dass für diese Altersgruppe (drei Jahre bis zum Schuleintritt) ein bedarfsgerechtes Angebot an Ganztagsplätzen „oder ergänzend Förderung in Kindertagespflege" zur Verfügung steht. Hierbei handelt es sich um eine **objektiv-rechtliche Verpflichtung** (für die die Ausführungen in Rn 35 ff entsprechend gelten). In

Ausnahmefällen, in denen dem Kind der Besuch einer Tageseinrichtung nicht zumutbar ist (zB wegen chronischer Krankheit) wird man davon ausgehen können, das der Rechtsanspruch auf den Besuch einer Tageseinrichtung durch Kindertagespflege gänzlich substituiert werden kann (Schmid/Wiesner ZfJ 2005, 274, 277).

2. Kinder bis zum dritten Lebensjahr und im schulpflichtigen Alter (Abs. 2 und 3)

Für Kinder im Alter unter drei Jahren und im schulpflichtigen Alter ist gemäß Abs. 2 ein bedarfsgerechtes Angebot an Plätzen in Tageseinrichtungen „und in Kindertagespflege" vorzuhalten. Dabei handelt es sich um eine **objektiv-rechtliche Verpflichtung** (die Ausführungen in Rn 35 ff gelten entsprechend). Aus dem objektiv-rechtlichen Charakter folgt, dass es nicht in das Belieben des Trägers der öffentlichen Jugendhilfe gestellt ist, ob er Tagespflegeplätze vorhält. Vielmehr ist eine **Bedarfsplanung** aufzustellen (§ 80) und entsprechend dem Bedarf sind die erforderlichen Plätze vorzuhalten. Der Bedarf ergibt sich aus der tatsächlichen **Nachfrage** (Rn 38). Das bedeutet: Für alle Kinder, die einen Tagespflegeplatz nachfragen (= Bedarf), haben entsprechende Tagespflegestellen zur Verfügung zu stehen. **50**

Diese Pflicht des Abs. 2 wird in Abs. 3 für bestimmte Bedarfslagen dahingehend konkretisiert, dass ein Kind unter den dort geregelten Voraussetzungen in einer Tageseinrichtung „oder in Kindertagespflege" zu fördern ist. Es besteht in diesen Fällen (weitergehend als nach Abs. 2) ein Rechtsanspruch auf Förderung (vgl Rn 42). **51**

Das BVerwG hat zu § 23 Abs. 3 in der alten Fassung gemeint, dass die Förderung eines Kindes in Tagespflege, wenn beide Elternteile sich in Ausbildung befinden, nur dann erforderlich sei, wenn keinem der Elternteile auch unter Berücksichtigung ihrer besonderen elterlichen Erziehungs- und Betreuungsverantwortung zugemutet werden könne, seinen Ausbildungswunsch ganz oder zeitweilig zurückzustellen (BVerwG 5.12.1996 – 5 C 51.95 – NDV-RD 1997, 82 = NJW 1997, 2766; kritisch hierzu Grube ZfJ 1997, 361, 365; Lakies Jugendhilfe 1999, 22, 26; vgl auch – mit unterschiedlichen Tendenzen – VGH HE 4.1.2000 – 1 UE 4582/96 – ZfJ 2000, 113; OVG NI 15.1.2003 – 4 ME 335/02 – NJW 2003, 1473 = NDV-RD 2003, 60 = FEVS 54, 359 = JAmt 2003, 428). Diese restriktive Rechtsprechung kann angesichts des neuformulierten Gesetzes nicht mehr gelten. **52**

Nach der **neuen Rechtslage** ist bei Kindern unter drei Jahren gemäß Abs. 3 Satz 1 Nr. 2 jegliche Form der Berufstätigkeit oder Ausbildung als besondere Bedarfslage anzusehen, die einen Anspruch auf Förderung in Kindertagespflege auslöst. Eine weitergehende Abwägung, ob es zumutbar sei, den Berufs- oder Ausbildungswunsch zurückzustellen, ist unzulässig. Dies gilt ebenfalls für die Fälle des Abs. 3 Satz 1 Nr. 1. Der **Umfang der täglichen Betreuungszeit** richtet sich nach dem individuellen Bedarf im Hinblick auf die in Abs. 3 Satz 1 Nr. 1 und 2 genannten Kriterien. Maßstab ist der **individuelle Bedarf**, nicht die Vorstellungen des öffentlichen Trägers, was dieser für ausreichend hält. **53**

3. Umfang der Förderungsleistung

Sind die Leistungsvoraussetzungen gemäß Abs. 1, 2 oder 3 erfüllt (vgl Rn 7 ff), bestimmt sich der Inhalt und der Umfang der Förderungsleistung Kindertagespflege nach § 23. Der öffentliche Träger schuldet **54**

- die Vermittlung einer geeigneten Tagespflegeperson oder die Feststellung der Eignung bei einer von den Erziehungsberechtigten selbst gesuchten Tagespflegeperson (vgl § 23 Rn 13 ff),
- die fachliche Beratung, Begleitung und weitere Qualifizierung der Tagespflegeperson (vgl § 23 Rn 20),
- die Gewährung einer Geldleistung an die Tagespflegeperson (vgl § 23 Rn 21 ff),
- die Sicherstellung der Betreuungskontinuität bei Ausfall der Tagespflegeperson (§ 23 Rn 41).

4. Informations- und Beratungspflicht (Abs. 4)

Die Informations- und Beratungspflicht gemäß Abs. 4 (vgl Rn 57) gilt wegen des systematischen Zusammenhangs auch für Tagespflegeplätze. **55**

5. Vermittlung von Tagespflegepersonen bei Nichtbestehen eines Bedarfs (Abs. 5)

Geeignete Tagespflegepersonen (im Sinne von § 23 Abs. 3; vgl § 23 Rn 15 ff) können gemäß Abs. 5 Satz 1 auch vermittelt werden, wenn die Voraussetzungen nach § 24 Abs. 3 (vgl Rn 42 ff) nicht vorliegen. In diesem Fall besteht allerdings gemäß Abs. 5 Satz 2 keine Pflicht zur Gewährung einer lau- **56** fenden Geldleistung nach § 23 (vgl § 23 Rn 21 ff); Aufwendungen nach § 23 Abs. 2 Satz 1 Nr. 3 „können" erstattet werden (Ermessen).

VII. Informations- und Beratungspflicht der Träger der öffentlichen Jugendhilfe

57   Die Träger der öffentlichen Jugendhilfe oder die von ihnen beauftragten Stellen sind gemäß Abs. 4 Satz 1 verpflichtet, Eltern oder Elternteile, die Leistungen nach Abs. 1 oder 2 in Anspruch nehmen wollen,

- über das Platzangebot im örtlichen Einzugsbereich und
- die pädagogische Konzeption der Einrichtungen zu informieren und
- sie bei der Auswahl zu beraten.

58   Landesrecht kann bestimmen, dass Eltern den Träger der öffentlichen Jugendhilfe oder die beauftragte Stelle innerhalb einer bestimmten Frist vor der beabsichtigten Inanspruchnahme der Leistung in Kenntnis setzen (Abs. 4 Satz 2).

VIII. Rechtsverwirklichung

59   Für den Fall, dass der Träger der öffentlichen Jugendhilfe keinen Platz in einer Tageseinrichtung oder – je nach Sachverhaltskonstellation – einen Kindertagespflegeplatz zur Verfügung stellt, kann der Anspruchssteller, das Kind, vor dem VG Klage erheben. Das Kind wird gesetzlich vertreten durch die Personensorgeberechtigten (in der Regel durch die Eltern, § 1629 BGB). Geklagt werden kann sowohl auf Zulassung zu einer Tageseinrichtung, also auf Erlass eines Verwaltungsakts (Verpflichtungsklage), als auch im Wege der allgemeinen Leistungsklage direkt auf Bereitstellung eines entsprechenden Platzes (zum alten Recht Georgii NJW 1996, 688 f).

60   Da das normale verwaltungsgerichtliche Klageverfahren erhebliche Zeit dauert, ist zur Gewährung effektiven Rechtsschutzes (Art. 19 Abs. 4 GG) der **Erlass einer einstweiligen Anordnung** gemäß § 123 VwGO möglich (vgl OVG NI 9.12.2005 – 12 ME 422/05 – NDV-RD 2006, 38; Lakies ZfJ 1996, 302; Georgii NJW 1996, 689; vgl auch Anhang Verfahren Rn 93 ff).

IX. Zuständigkeit, Kostenbeteiligung

61   Sachlich zuständig (§ 85 Abs. 1) ist der örtliche Träger der Jugendhilfe. Die **örtliche Zuständigkeit** bestimmt sich im Regelfall nach dem gewöhnlichen Aufenthalt der Eltern (vgl § 86). Sofern der Kreis örtlich zuständig ist, ist der Anspruch gegen diesen und nicht gegen die Gemeinde geltend zu machen, selbst wenn diese Träger des Kindergartens ist. Mit der Bestimmung des zuständigen örtlichen Trägers wird wegen der örtlichen Finanzierung zugleich der **Kostenträger** festgelegt (vgl OVG NI 22.2.2001 – 12 L 3001/00 – NDV-RD 2001, 54 = ZfJ 2001, 228, zu § 86 c).

62   Nach geltendem Recht ist ein Platz in einer Tageseinrichtung oder in Kindertagespflege nicht unentgeltlich. Für die Inanspruchnahme von Angeboten der Förderung von Kindern in Tageseinrichtungen und Kindertagespflege können Kostenbeiträge festgesetzt werden (§ 90 Abs. 1 Nr. 3). Es handelt sich um eine **pauschalierte Kostenbeteiligung**. Die alte nach Bundesrecht unterschiedliche Kostenheranziehung je nach Inanspruchnahme einer Tageseinrichtung oder Tagespflege ist durch das KICK (Einl. Rn 47) aufgegeben worden (vgl im Einzelnen § 90 Rn 6 ff). Eine Festsetzung der **Höhe der Elternbeiträge** in der Weise, dass diese de facto dazu führt, dass wegen der Höhe der Kosten auf die Inanspruchnahme einer Tageseinrichtung oder Kindertagespflege verzichtet wird, ist in Hinblick auf die gesetzlichen Vorgaben unverhältnismäßig und damit unzulässig, weil ein gesetzlich verankerter Rechtsanspruch nicht mit Hürden versehen werden darf, die faktisch seine Inanspruchnahme verhindern oder wesentlich erschweren (ähnlich Hauck/Grube § 24 Rn 17).

§ 24 in der Fassung ab 1. August 2013:

§ 24   Anspruch auf Förderung in Tageseinrichtungen und in Kindertagespflege

(1) Ein Kind, das das erste Lebensjahr noch nicht vollendet hat, ist in einer Einrichtung oder in Kindertagespflege zu fördern, wenn

1. diese Leistung für seine Entwicklung zu einer eigenverantwortlichen und gemeinschaftsfähigen Persönlichkeit geboten ist oder

2. die Erziehungsberechtigten

a) einer Erwerbstätigkeit nachgehen, eine Erwerbstätigkeit aufnehmen oder Arbeit suchend sind,

b) sich in einer beruflichen Bildungsmaßnahme, in der Schulausbildung oder Hochschulausbildung befinden oder

c) Leistungen zur Eingliederung in Arbeit im Sinne des Zweiten Buches erhalten.

Lebt das Kind nur mit einem Erziehungsberechtigten zusammen, so tritt diese Person an die Stelle der Erziehungsberechtigten. Der Umfang der täglichenFörderung richtet sich nach dem individuellen Bedarf.

(2) Ein Kind, das das erste Lebensjahr vollendet hat, hat bis zur Vollendung des dritten Lebensjahres Anspruch auf frühkindliche Förderung in einer Tageseinrichtung oder in Kindertagespflege. Absatz 1 Satz 3 gilt entsprechend.

(3) Ein Kind, das das dritte Lebensjahr vollendet hat, hat bis zum Schuleintritt Anspruch auf Förderung in einer Tageseinrichtung. Die Träger der öffentlichen Jugendhilfe haben darauf hinzuwirken, dass für diese Altersgruppe ein bedarfsgerechtes Angebot an Ganztagsplätzen zur Verfügung steht. Das Kind kann bei besonderem Bedarf oder ergänzend auch in Kindertagespflege gefördert werden.

(4) Für Kinder im schulpflichtigen Alter ist ein bedarfsgerechtes Angebot in Tageseinrichtungen vorzuhalten. Absatz 1 Satz 3 und Absatz 3 Satz 3 gelten entsprechend.

(5) Die Träger der öffentliche Jugendhilfe oder die von ihnen beauftragten Stellen sind verpflichtet, Eltern oder Elternteile, die Leistungen nach den Absätzen 1 bis 4 in Anspruch nehmen wollen, über das Platzangebot im örtlichen Einzugsbereich und die pädagogische Konzeption der Einrichtungen zu informieren und sie bei der Auswahl zu beraten. Landesrecht kann bestimmen, dass die erziehungsberechtigten Personen den zuständigen Träger der öffentlichen Jugendhilfe oder die beauftragte Stelle innerhalb einer bestimmten Frist vor der beabsichtigten Inanspruchnahme der Leistung in Kenntnis setzen.

(6) Weitergehendes Landesrecht bleibt unberührt.

§ 24 a Übergangsregelung und stufenweiser Ausbau des Förderangebots für Kinder unter drei Jahren (die Norm tritt am 1.8.2013 außer Kraft)

(1) Kann ein Träger der öffentlichen Jugendhilfe das zur Erfüllung der Verpflichtung nach § 24 Abs. 3 erforderliche Angebot noch nicht vorhalten, so ist er zum stufenweisen Ausbau des Förderangebots für Kinder unter drei Jahren nach Maßgabe der Absätze 2 und 3 verpflichtet.

(2) Die Befugnis zum stufenweisen Ausbau umfasst die Verpflichtung,

1. jährliche Ausbaustufen zur Verbesserung des Versorgungsniveaus zu beschließen und
2. jährlich zum 31. Dezember jeweils den erreichten Ausbaustand festzustellen und den Bedarf zur Erfüllung der Kriterien nach § 24 Abs. 3 zu ermitteln.

(3) Ab dem 1. Oktober 2010 sind die Träger der öffentlichen Jugendhilfe verpflichtet, mindestens ein Angebot vorzuhalten, das eine Förderung aller Kinder ermöglicht,

1. deren Erziehungsberechtigte

   a) einer Erwerbstätigkeit nachgehen oder eine Erwerbstätigkeit aufnehmen,
   b) sich in einer beruflichen Bildungsmaßnahme, in der Schulausbildung oder Hochschulausbildung befinden oder
   c) Leistungen zur Eingliederung in Arbeit im Sinne des Zweiten Buches erhalten;

   lebt das Kind nur mit einem Erziehungsberechtigten zusammen, so tritt diese Person an die Stelle der Erziehungsberechtigten;
2. deren Wohl ohne eine entsprechende Förderung nicht gewährleistet ist.

(4) Solange das zur Erfüllung der Verpflichtung nach § 24 Abs. 3 erforderliche Angebot noch nicht zur Verfügung steht, sind bei der Vergabe der frei werdenden und der neu geschaffenen Plätze Kinder, die die in § 24 Abs. 3 geregelten Förderungsvoraussetzungen erfüllen, besonders zu berücksichtigen.

(5) Die Bundesregierung hat dem Deutschen Bundestag jährlich einen Bericht über den Stand des Ausbaus nach Absatz 2 vorzulegen.

I. Bedeutung der Norm

1   Bundesrechtlich besteht seit dem 1.1.1996 ein Rechtsanspruch aller mindestens dreijährigen Kinder auf einen Kindergartenplatz. Durch das 2. SGB VIII-ÄndG vom 15.12.1995 wurde in § 24 a eine Übergangsregelung eingeführt, nach der durch Landesrecht vorübergehend bis zum 31.12.1998 dieser Rechtsanspruch unter bestimmten Voraussetzungen eingeschränkt werden konnte. Seit dem 1.1.1999 besteht der Rechtsanspruch auf einen Kindergartenplatz einschränkungslos.

2   Mit der Neuregelung der Förderung von Kindern in Tageseinrichtungen und in Kindertagespflege durch das TAG – mit partiellen Änderungen durch das KICK (jew. Einl. Rn 47) – und der „Neujustierung" der Anspruchsnorm des § 24 zum 1.1.2005 verbunden war die Schaffung einer neuen Übergangsregelung in § 24 a. Diese ließ eine partielle Abweichung von den bundesrechtlichen Vorgaben bis spätestens 30.9.2010 zu. Durch das KiföG (Einl. Rn 47) ist der „Anspruch auf Förderung in Tageseinrichtungen und in Kindertagespflege" gemäß § 24 neu gefasst worden. Zugleich wurde die Übergangsregelung in § 24 a neu gefasst. Ab dem **1.8.2013** haben alle Kinder gemäß dem § 24 in der dann geltenden Fassung ab dem ersten Lebensjahr einen zwingenden Rechtsanspruch auf Förderung, ebenso auch bereits Kinder vor Vollendung des ersten Lebensjahres, wobei insoweit der Anspruch von bestimmten weiteren Voraussetzungen abhängig ist (wie etwa Erwerbstätigkeit der Eltern). Zugleich tritt dann am 1.8.2013 die Übergangsregelung des § 24 a außer Kraft (Artikel 1 Nr. 7, Artikel 10 Abs. 3 des KiföG, Einl. Rn 47).

II. Ausgestaltung der Übergangsregelung

3   Kann ein Träger der öffentlichen Jugendhilfe das zur Erfüllung der Verpflichtung nach § 24 Abs. 3 erforderliche Angebot noch nicht vorhalten, so ist er **zum stufenweisen Ausbau des Förderangebots**

für Kinder unter drei Jahren nach Maßgabe der Absätze 2 und 3 verpflichtet. Gegenstand der Übergangsregelung ist allein der Anspruch auf Förderung gemäß § 24 Abs. 3 für Kinder unter drei Jahren. Ausgangspunkt ist die Sachlage zum Zeitpunkt des Inkrafttretens des KiföG am 16.12.2008.

Der Anspruch gemäß § 24 Abs. 1 Satz 1 für **Kinder ab dem dritten Lebensjahr bis zum Schuleintritt** 4 auf den Besuch einer **Tageseinrichtung** („Kindergartenplatz") gilt uneingeschränkt. Abweichende Regelungen sind unzulässig. Auch haben die Träger der öffentlichen Jugendhilfe gemäß § 24 Abs. 1 Satz 2 die Pflicht, für diese Altersgruppe auf ein bedarfsgerechtes Angebot an Ganztagsplätzen oder ergänzend Förderung in Kindertagespflege hinzuwirken. Auch insoweit besteht **keine Übergangsregelung**.

Nur soweit es um den Anspruch auf Förderung für die Altersgruppe gemäß § 24 Abs. 3 geht, ist eine 5 Übergangsregelung zulässig. Voraussetzung ist, dass ein Träger der öffentlichen Jugendhilfe das erforderliche Angebot „noch nicht vorhalten" kann. Abgestellt wird nicht auf das Bundesland, sondern auf den jeweiligen örtlichen Träger. Um festzustellen, ob der Träger das „erforderliche Angebot" noch nicht vorhält, das heißt gewährleisten kann, ist es erforderlich, dass eine Jugendhilfeplanung gemäß § 80 vorliegt. Erforderlich ist also eine **Bestands- und Bedarfserhebung** (vgl § 80 Rn 9 ff). Ergibt diese, dass das erforderliche Angebot nicht gewährleistet werden kann, darf zulässigerweise ein entsprechender Feststellungsbeschluss durch den örtlichen Träger gefasst werden. Auch wenn dies – anders als in der Vorläuferregelung – explizit nicht geregelt ist, bedarf es eines **Beschlusses des örtlichen Trägers**, das heißt der zuständigen Vertretungskörperschaft. Zuständig für die Beschlussfassung ist zunächst innerhalb des JA der **Jugendhilfeausschuss** gemäß § 71 Abs. 2 Nr. 2. Letztlich bedarf es aber eines Beschlusses der zuständigen **Vertretungskörperschaft**, weil nur diese im Außenverhältnis verbindlich für den örtlichen Träger handeln kann. Fehlt es an einer entsprechenden Jugendhilfeplanung, ist eine Beschlussfassung gemäß § 24 a Abs. 1 unzulässig.

Zuständig ist der jeweilige „Träger der öffentlichen Jugendhilfe", also derjenige, der die Gewährleis- 6 tungspflicht gemäß § 79 Abs. 1 hat. Das sind für die Angebote gemäß § 24 die **örtlichen Träger** gemäß § 85 Abs. 1.

Andererseits sind die Gemeinden und Kreise Teil der Bundesländer und soweit die Länder, und als Teil 7 der Länder die Gemeinden und Kreise, Bundesgesetze (wie das SGB VIII) ausführen, unterliegen sie gemäß Art. 84 Abs. 3 GG der **Bundesaufsicht**. Diese verfassungsrechtlich gewährte Bundesaufsicht ist offenbar Hintergrund für die Regelung in § 24 a.

Sofern der örtliche Träger auf der Basis der erforderlichen Jugendhilfeplanung feststellen kann, dass 8 das Angebot nach § 24 Abs. 3 nicht im erforderlichen Umfang gewährleistet werden kann, ist er zum stufenweisen Ausbau der Förderung verpflichtet. Die **Befugnis zum stufenweisen Ausbau umfasst die Verpflichtung**, jährliche Ausbaustufen zur Verbesserung des Versorgungsniveaus zu beschließen (Abs. 2 Nr. 1) und jährlich zum 31.12. jeweils den erreichten Ausbaustand festzustellen und den Bedarf zur Erfüllung der Kriterien nach § 24 Abs. 3 zu ermitteln (Abs. 2 Nr. 2). Die Festlegung der „jährlichen Ausbaustufen" ist nicht beliebig, sondern hat sich zu orientieren an der Bestands- und Bedarfserhebung.

Die entsprechenden Daten gemäß Abs. 2 sind von den örtlichen Trägern an die Bundesregierung wei- 9 terzuleiten, weil diese einen jährlichen Bericht über den Stand des Ausbaus gemäß Abs. 5 vorzulegen hat (vgl Rn 15 ff).

Spätestens ab dem **1.10.2010** sind die örtlichen Träger verpflichtet, „mindestens" ein Angebot für die 10 vorzuhalten, die alternativ die Voraussetzungen gemäß Abs. 3 Nr. 1 oder 2 erfüllen. Abweichungen hiervon sind ab diesem Zeitpunkt (jedenfalls nach dem derzeit geltenden Recht) nicht zulässig, auch nicht durch Landesrecht. Spätestens ab dem **1.8.2013** (dem Datum des Außerkrafttretens der Übergangsregelung) muss für alle Kinder gemäß der Neufassung des § 24 das erforderliche Angebot je nach der Nachfrage zur Verfügung stehen.

III. Rechtsfolge der Übergangsregelung bei der Vergabe von Plätzen

Abs. 4 trifft (iVm Abs. 3) Vorgaben, wie bei der Vergabe der frei werdenden und der neu geschaffenen 11 Plätze zu verfahren ist, solange das erforderliche Angebot noch nicht zur Verfügung steht. Diese Regelung steht aufgrund des Regelungszusammenhangs im Kontext der Übergangsregelung und greift nur, wenn ein Fall des § 24 a Abs. 1 vorliegt. Liegt ein solcher Fall vor, so sind bei der Vergabe der neu geschaffenen Plätze bestimmte Kinder „besonders" (das meint: bevorzugt) „zu berücksichtigen", und zwar zum einen Kinder, deren Wohl ohne eine entsprechende Förderung nicht (hinreichend) gewährleistet ist (Abs. 3 Nr. 2), zum anderen Kinder, deren Eltern oder allein erziehende Elternteile eine Ausbildung oder Erwerbstätigkeit aufnehmen oder Leistungen zur Eingliederung in Arbeit im Sinne des SGB II erhalten (Abs. 3 Nr. 1). Der Begriff des „Kindeswohls" ist hier anders als in § 24 Abs. 3 Nr. 2, wo er sich auf die Förderung bezieht (vgl § 24 Rn 44), zu verstehen und eher im Sinne einer Nichtgewährleistung iSd § 27 gemeint (vgl § 27 Rn 5 ff).

IV. Berichtspflicht der Bundesregierung

12   Die Bundesregierung hat dem Deutschen Bundestag gemäß Abs. 5 jährlich einen **Bericht über den Stand des Ausbaus** nach Abs. 2 vorzulegen. Diese im Gesetz verankerte Berichtspflicht weist mehrere „Schönheitsfehler" auf. Zum einen sieht das Gesetz keine Sanktionen bei Verletzung der Berichtspflicht vor. Zum anderen trifft die Berichtspflicht die Bundesregierung, obwohl diese für die Gewährleistung des bedarfsgerechten Angebots gemäß § 24 nicht einzustehen hat, sondern die Gewährleistungspflicht bei den örtlichen Trägern der öffentlichen Jugendhilfe liegt. Schließlich ist die Berichtspflicht (oder ihre Verletzung) ohne unmittelbare Bedeutung für die Anspruchsberechtigten (die Kinder und deren Eltern), weil diese bei mangelndem Ausbau des Angebots ohnedies darauf verwiesen sind, individuell von ihren Rechtsschutzmöglichkeiten Gebrauch zu machen.

13   Andererseits hat die Berichtspflicht offenbar zum Hintergrund, dass die Bundesregierung gemäß Art. 84 Abs. 3 Satz 1 GG die Aufsicht darüber ausübt, dass die Länder (und als Teil der Länder die örtlichen Träger) die Bundesgesetze dem geltenden Rechte gemäß ausführen (**Bundesaufsicht**). Durch die ausdrücklich verankerte Berichtspflicht soll die Bundesregierung gleichsam an ihr Bundesaufsichtsrecht „erinnert" werden. Zum anderen bietet der jährliche Bericht die Möglichkeit, öffentlich im Bundestag den Stand des Ausbaus des Förderungsangebots zu diskutieren.

14   Der Bericht der Bundesregierung ist „**jährlich**" vorzulegen. Bereits nach der Vorgängerregelung hatte eine entsprechende jährliche Berichtspflicht seit dem 1.1.2005 bestanden. Vorgelegt worden ist aber nur ein Bericht für das Jahr 2007 (BT-Drucks. 16/6100). Zu welchem Zeitpunkt genau der Bericht vorgelegt werden muss, regelt das Gesetz nicht. Der neu geregelte § 24 a ist mit dem KiföG am 16.12.2008 in Kraft getreten, sodass der erste Bericht nach dem neuen § 24 a zum Jahresende 2009 vorliegen sollte.

§ 25 Unterstützung selbst organisierter Förderung von Kindern

Mütter, Väter und andere Erziehungsberechtigte, die die Förderung von Kindern selbst organisieren wollen, sollen beraten und unterstützt werden.

I. Bedeutung der Norm

Die Mangelsituation in der Versorgung mit Plätzen für Kinder in Tageseinrichtungen und Tagespflege 1
hat zu einer Vielzahl von **Selbsthilfeinitiativen** geführt, die Spielstuben, Mini-Clubs, Krabbelgruppen, Kindergärten, Schulkindergruppen usw planen bzw betreiben. Dabei decken sie u.a. auch einen nicht unerheblichen Anteil des Versorgungsbedarfs mit ab, der über den Eigenbedarf hinausgeht. Soweit solche Selbsthilfeinitiativen Angebote machen, die dem Förderungsanspruch gemäß § 24 entsprechen, greift diese Regelung als die speziellere. Nimmt der öffentliche Träger zur Erfüllung des Rechtsanspruchs gemäß § 24, für den ausschließlich dieser einzustehen hat, über Vereinbarungen Einrichtungen privater Träger in Anspruch, oder nimmt der Leistungsberechtigte selbst über sein Wunsch- und Wahlrecht nach § 5 ein solches Förderungsangebot gemäß § 24 in Anspruch, so hat der private Träger gegen den öffentlichen Träger der Sache nach einen – wie im Einzelnen auch immer rechtsdogmatisch zu begründenden – Anspruch auf Kostenerstattung (vgl Münder Jugendhilfe 1997, 75; Rüfner Jugendwohl 1996, 377; aA Stähr ZfJ 1998, 24), der unabhängig von § 25 besteht. § 25 hat daher im Wesentlichen nur noch für Angebote außerhalb von § 24 Bedeutung, soweit es um die **finanzielle Unterstützung** geht. § 25 erfasst nicht nur Förderangebote in Einrichtungsform, sondern bezieht sich auf die selbst organisierte Betreuung, Bildung und Erziehung in verschiedenen Formen (vgl Hilke ZfJ 2000, 271, 271; Hauck/Grube § 25 Rn 5). Zur **Erlaubnispflicht** von selbstorganisierter Kinderbetreuung vgl § 45 Rn 12.

II. Voraussetzungen

§ 25 stellt eine Rechtsgrundlage für die Beratung und Unterstützung solcher Eltern(gruppen) dar. Erfasst werden Mütter, Väter und andere Erziehungsberechtigte, die die Förderung von Kindern selbst organisieren wollen. Neben den leiblichen Elternteilen werden auch Erziehungsberechtigte (§ 7 Abs. 1 Nr. 6) ausdrücklich erwähnt. Durch die Redewendung „Förderung von Kindern" ist der Bezug zu § 22 hergestellt. Nach dem Wortlaut bezieht sich die Vorschrift nur auf solche Eltern, die die Förderung von Kindern selbst organisieren „wollen". Danach wären die Eltern nicht mehr erfasst, die bereits eine entsprechende Förderung organisiert haben. Für diese kann aber ggf eine Förderung nach § 74 in Betracht kommen. Auch in diesen Fällen haben die Eltern einen **Beratungs- und Unterstützungsanspruch**. Der Gesetzgeber hat übersehen, das ausdrücklich zu regeln. Insoweit ist von einem Redaktionsversehen auszugehen. Ein besonderer Beratungsbedarf besteht nämlich gerade auch dann, wenn die selbstorganisierte Förderung bereits praktiziert wird (vgl auch Schellhorn/Fischer, § 25 Rn 5).

III. Rechtsfolge

Mütter, Väter und andere Erziehungsberechtigte, die die Förderung von Kindern selbst organisieren 3
wollen, „sollen" beraten und unterstützt werden. Eine Soll-Leistung im Sinne eines Rechtsanspruchs im Regelfall (vgl VorKap. 2 Rn 8) lässt sich aus dieser Norm nicht herleiten. Es handelt sich lediglich um eine **objektiv-rechtliche Verpflichtung ohne Rechtsanspruchscharakter**, weil die Vorschrift keine Regelungen über nähere Anspruchsvoraussetzungen trifft und auch keine konkreten Rechtsfolgen benennt (Schellhorn/Fischer § 25 Rn 4).

Weder der Inhalt und der Umfang der „Beratung" noch der „Unterstützung" sind im Gesetz um- 4
schrieben. „Unterstützung" meint in erster Linie eine personelle und sächliche Unterstützung, kann aber auch im Einzelfall eine **finanzielle Förderung** umfassen (Schellhorn/Fischer § 25 Rn 6; Mrozynski § 25 Rn 1). Landesrechtliche Regelungen nach § 26 können hier nähere Regelungen treffen. Als ergänzende Vorschrift ist § 73 und ggf § 74 zu beachten.

§ 26 Landesrechtsvorbehalt

[1]Das Nähere über Inhalt und Umfang der in diesem Abschnitt geregelten Aufgaben und Leistungen regelt das Landesrecht. [2]Am 31. Dezember 1990 geltende landesrechtliche Regelungen, die das Kindergartenwesen dem Bildungsbereich zuweisen, bleiben unberührt.

1   Bei dem Kinder- und Jugendhilferecht handelt es sich um einen Gegenstand der **konkurrierenden Gesetzgebung** (vgl Vor§ 22 Rn 37 ff). Die Länder haben hier die Gesetzgebungskompetenz, „solange und soweit" der Bund von seiner Gesetzgebungszuständigkeit keinen Gebrauch gemacht hat (Art. 72 Abs. 1 GG). Soweit also im Bundesgesetz SGB VIII keine Regelungen getroffen worden sind, sind weiterhin die Länder zur Gesetzgebung berechtigt. Der Landesrechtsvorbehalt, der sich an verschiedenen Stellen im Gesetz findet bringt dies – mehr deklaratorisch – zum Ausdruck. Durch Landesrecht kann „das Nähere" über „**Inhalt und Umfang**" der Förderung von Kindern in Tageseinrichtungen und in Tagespflege geregelt werden. Soweit, wie der Inhalt und Umfang durch das SGB VIII geregelt ist, kann es durch Landesrecht nicht abweichend geregelt werden (Bundesrecht bricht Landesrecht, Art. 31 GG). Bspw würde die Einführung einer Stichtagsregelung hinsichtlich des Rechtsanspruchs auf einen Kindergartenplatz durch Landesrecht gegen die bundesgesetzliche Regelung des § 24 verstoßen und wäre daher nichtig.

2   Eine Regelung durch „**Landesrecht**" verlangt nicht zwingend eine gesetzliche Regelung, soweit nicht in die Rechtssphäre der Bürger eingegriffen wird. Auch eine untergesetzliche Regelung durch Verwaltungsvorschriften oder Runderlasse der zuständigen Obersten Landesjugendbehörden ist denkbar. Soweit in die Rechtssphäre der Bürger eingegriffen wird, ist eine demokratische Legitimation durch das Parlament, eine gesetzliche Regelung, erforderlich.

3   Die Regelung des Satzes 2, dass am 31.12.1990 geltende landesrechtliche Regelungen, die das Kindergartenwesen dem **Bildungsbereich** zuweisen, „unberührt" bleiben, zielte auf **Bayern**. Das Bayerische Kindergartengesetz vom 25.7.1972 (GVBl., 297) wurde nicht als Ausführungsgesetz zum JWG erlassen, sondern in Wahrnehmung der Länderkompetenz für das Bildungswesen. Diese Rechtslage ist inzwischen überholt. Das neue Bayerische Kinderbildungs- und -betreuungsgesetz vom 8.7.2005 (GVBl., 236) versteht sich als Gesetz auf dem Gebiet der Kinder- und Jugendhilfe. § 26 Satz 2 hat faktisch keinen Anwendungsbereich mehr (Krüger JAmt 2008, 406; Hauck/Grube § 26 Rn 6).

Vierter Abschnitt:
Hilfe zur Erziehung, Eingliederungshilfe für seelisch behinderte Kinder und Jugendliche, Hilfe für junge Volljährige

Vorbemerkung zu den §§ 27 bis 41

I. Die Bedeutung des vierten Abschnitts

1. Regelungsbereiche der §§ 27 bis 41

Die §§ 27 bis 41 regeln schwerpunktmäßig Leistungen, die von individuellen, persönlichkeitsbezoge- **1**
nen Voraussetzungen abhängig sind. Hier finden sich in den §§ 27 bis 35 die Regelungen zu den Hilfen
zur Erziehung, in § 35 a die Eingliederungshilfe für seelisch behinderte Kinder und Jugendliche und in
§ 41 die Hilfe für junge Volljährige. Zu diesen inhaltlichen Regelungsbereichen erfolgen zudem flankierende Regelungen, etwa zur Gewährung von materiellen Leistungen und Krankenhilfe während der
Hilfegewährung (§§ 39, 40) und Verfahrensvorschriften, wie etwa zum Hilfeplanverfahren (§ 36).

2. Stellung der §§ 27 bis 41 im Gesamtkontext des SGB VIII

Der vierte Abschnitt des 2. Kapitels bildet den Schwerpunkt des **Leistungsbereichs** des SGB VIII. Hier **2**
werden die „klassischen" individuellen Hilfen geregelt (Münder 2007, 101; Tammen 2007 Rn 1).
Problematisch ist die Verzahnung der Leistungen des vierten Abschnitts – speziell der HzE und der
Hilfe für junge Volljährige – mit dem **Jugendstrafrecht**. Indem verschiedene (HzE-ähnliche) sozialpädagogische Maßnahmen vom Jugendgericht als sogenannte Erziehungsmaßregeln im Jugendstrafverfahren angeordnet werden können, werden Aspekte des staatlichen Sanktionssystems mit dem
Recht der Jugendhilfe als Sozialleistungsrecht in Verbindung gebracht. Es kommt notwendigerweise
zu systematischen Brüchen und Widersprüchen (s. Rn 27 ff; § 52 Rn 1 ff; Trenczek 1996; 2009 a und
2009 b; Wiesner/Wiesner Vor § 27 Rn 44). Die Stärkung des Entscheidungsvorrangs des öffentlichen
Jugendhilfeträgers mit Einführung des § 36 a zur Steuerungsverantwortung des JA zum 1.10.2005 hat
in diesem Zusammenhang klargestellt, dass ein Alleingang des Jugendgerichts bei der Anordnung von
Maßnahmen unter Außerachtlassung der jugendhilferechtlichen Entscheidungskriterien unzulässig ist
(Rn 24; vgl § 36 a Rn 22 ff).

Im vierten Abschnitt des 2. Kapitels zeigt sich der **Perspektivenwandel der Jugendhilfe**, der mit dem **3**
Wechsel vom JWG zum SGB VIII vollzogen wurde, besonders deutlich (ebenso Wiesner/Wiesner § 27
Rn 18). Im JWG waren erzieherische Hilfen teilweise als Eingriffsrecht der öffentlichen Jugendhilfe
ausgestaltet (Münder 2007, 101), Rechtsansprüche für seelisch behinderte Minderjährige waren nicht
vorhanden und Hilfen für junge Volljährige nur unter sehr eingeschränkten Voraussetzungen möglich.
Demgegenüber finden sich heute in allen Bereichen des vierten Abschnitts nur noch **Leistungen** und
keine Möglichkeiten zum Eingriff in Rechtspositionen von Eltern oder von Minderjährigen. In allen
Hilfebereichen liegen Regelungen mit **hoher rechtlicher Verbindlichkeit** vor: Auf HzE und Eingliederungshilfe für seelisch behinderte Kinder und Jugendliche besteht jeweils ein zwingender Rechtsanspruch, bei der Hilfe für junge Volljährige handelt es sich um eine Soll-Leistung, die im Regelfall ebenfalls zwingend zu erbringen ist. Die Vorschriften sind sprachlich neutral und wertfrei gefasst, um negative Zuschreibungen („Verwahrlosung", „Verhaltensauffälligkeit") zu vermeiden (S. § 27 Rn 5).
Das Verfahren ist an Stelle von einseitigen Anordnungen („Maßnahmen") durch das JA durch kooperative Entscheidungsprozesse unter Einbeziehung der betroffenen jungen Menschen und der Eltern
der Minderjährigen gekennzeichnet.

3. Änderungen innerhalb des vierten Abschnitts durch das KICK

4   Durch das KICK ist es zum 1. Oktober 2005 an mehreren Stellen zu Änderungen im vierten Abschnitt des 2. Kapitels gekommen. Die **Änderungen** betrafen insbesondere §§ 27 (s. § 27 Rn 2) und 35 a (s. § 35 a Rn 7). Zudem wurde unter dem Stichwort der **Steuerungsverantwortung der Träger der öffentlichen Jugendhilfe** zur Regelung der bislang umstrittenen Frage der Selbstbeschaffung **§ 36 a neu eingefügt** (s. § 36 a Rn 39 ff) und insoweit auch das Kooperationsverhältnis von JA und (Fam bzw Jug)Gericht klargestellt (s. Vor§ 50 Rn 16). Sonstige Gesetzesentwürfe, die zB den Wegfall des § 35 a aus dem Leistungsspektrum der Jugendhilfe (s. § 35 a Rn 8) oder eine deutliche Einschränkung der Hilfen für junge Volljährige (s. § 41 Rn 2) vorsahen (BR-Drucks. 279/03; BR-Drucks. 712/04), konnten sich hingegen nicht durchsetzen.

II. Schwerpunkte im Bereich der HzE

1. Anspruchsgrundlage, Rechtsstellung

5   Ein **Anspruch auf HzE** wird generell daran geknüpft, dass „eine dem **Wohl des Kindes oder des Jugendlichen entsprechende Erziehung nicht gewährleistet** ist" (§ 27 Abs. 1, vgl § 27 Rn 5 ff). Damit wird der Blick von „Verhaltensauffälligkeiten" und „Störungen" des Kindes oder Jugendlichen auf die Bedingungen des Aufwachsens, das soziale Umfeld (Familie, Schule, Nachbarschaft – vgl § 27 Abs. 2 Satz 2) und die hier problemverursachenden Faktoren gelenkt. Dies begünstigt umwelt- und lebensweltorientierte Ansätze in der Sozialarbeit und Sozialpädagogik. Dabei ist Versuchen entgegenzuwirken, umfassend angelegte Leistungsangebote durch Betonung der primären elterlichen Verantwortung wieder zurückzudrängen (vgl dazu zB die Begründung zum Regierungsentwurf BT-Drucks. 11/5948, 68: „Eine allzu offene Formulierung von Leistungs- und Tatbeständen kann... ein überzogenes Anspruchsdenken in der Gesellschaft fördern und dazu führen, dass persönliche Verantwortung und Einsatzbereitschaft erlahmt."). Insofern sind die entsprechenden Tatbestandsmerkmale des § 27 so auszulegen, dass sie dem im § 1 formulierten Handlungsauftrag umfassend gerecht werden.

6   Wird festgestellt, dass im konkreten Einzelfall ohne eine sozialpädagogische Hilfe eine dem Wohl des Kindes/Jugendlichen entsprechende Erziehung nicht gewährleistet werden kann und ein auf diese Situation ausgerichtetes Angebot der erzieherischen Hilfe für die Entwicklung des Kindes/Jugendlichen „geeignet und notwendig" ist (§ 27 Abs. 1, vgl § 27 Rn 9 ff), so besteht für die Personensorgeberechtigten ein Rechtsanspruch auf diese Hilfe. Die Tatsache, dass der **Personensorgeberechtigte Inhaber des Rechtsanspruchs** ist (§ 27 Abs. 1), lässt die betroffen Minderjährigen als Erziehungsobjekte erscheinen. Kritisch ist bereits (vgl § 1 Rn 13 ff) auf die Eltern- und Familienlastigkeit des SGB VIII hingewiesen worden (vgl auch § 27 Rn 32 ff).

7   Allerdings sind **Kinder und Jugendliche** entsprechend ihrem Entwicklungsstand **an allen sie betreffenden Entscheidungen** der öffentlichen Jugendhilfe **zu beteiligen** (§ 8 Abs. 1), sie sind in geeigneter Weise im Verwaltungsverfahren (s. Anhang Verfahren Rn 34) sowie in Verfahren vor dem FamG und dem VG **auf ihre Rechte hinzuweisen**. Sie haben das Recht, sich „in allen Angelegenheiten der Erziehung und Entwicklung an das JA zu wenden" (§ 8 Abs. 2). Die Kinder und Jugendlichen können in Konflikten ohne Kenntnis der Personensorgeberechtigten beraten werden (§ 8 Abs. 3). Auch bei der Einschätzung eines Gefährdungsrisikos sind die Minderjährigen nach § 8 a Abs. 1 einzubeziehen. Die Rechte der Kinder und Jugendlichen nach dem RKEG sind zu beachten (§ 9 Satz 1) und schließlich sind die Kinder und Jugendlichen im Zusammenhang mit der Entscheidung und Ausführung von Erziehungshilfen zu beteiligen (§ 36). Gleichwohl bleiben wesentliche Kritikpunkte. Eine weitergehende Verbesserung der Rechtsstellung Minderjähriger ist in verfassungskonformer Weise – also unter grundsätzlicher Respektierung der elterlichen Rechte – möglich. Schon heute gewährt das SGB VIII Minderjährigen unmittelbare Rechtsansprüche (zB §§ 24, 35 a, vgl auch § 42 Rn 5). Zudem gibt es in verschiedenen Rechtsgebieten (zB BGB, RKEG, FamFG, SGB) Teilmündigkeiten und Teilhaberechte von Minderjährigen (vgl § 1 Rn 15). Eine in diesem Sinne mitbestimmungsorientierte Weichenstellung hat das Gesetz bei den HzE nicht vorgenommen.

2. HzE als sozialpädagogische Dienstleistung

8   Die im SGB VIII zum Ausdruck kommende fachliche und sozialpolitische Grundorientierung lässt sich in die Formel fassen: „**Gestaltung der HzE als sozialpädagogische Dienstleistung**". Diese Ausgestaltung der HzE als ein Leistungsangebot für Familien, Kinder und Jugendliche zielt auf ein Konzept, das sich absetzt von traditionellen Vorstellungen, in denen HzE in die Nähe eines obrigkeitlichen Eingriffs

gerückt wurden. Statt als Eingriffsinstrumentarium zu wirken, soll HzE ein fachlich qualifiziertes Leistungsangebot für Familien und Kinder/Jugendliche in schwierigen Lebenssituationen sein, dessen Inanspruchnahme und konkrete Ausgestaltung im Einzelfall in Zusammenarbeit der Familien und Kinder/Jugendlichen mit den Fachkräften des JA und den Fachkräften in den beteiligten Einrichtungen und Diensten erfolgt. Dem sozialpädagogischen Erfordernis der **Einbeziehung der Betroffenen in den Hilfeprozess** entspricht die im SGB VIII vorgenommene Festlegung von Beteiligungsrechten (Hilfeplanung gem. § 36; Wunsch- und Wahlrecht gem. § 5).

Der Aspekt der **Dienstleistung**, dh die Tatsache, dass Angebote und Leistungen nicht einseitig von   **9**
Seiten der Träger realisiert werden können, sondern nur dann, wenn die Leistungsberechtigten (Minderjährige, junge Menschen, Personensorgeberechtigte) dies wollen, dominiert auch bei den HzE. Dennoch darf nicht verkannt werden, dass die Voraussetzungen der HzE eine **inhaltliche Nähe zu § 1666 BGB** als Generalklausel des zivilrechtlichen Kindesschutzes aufweisen (zu den unterschiedlichen Interventionsschwellen s. § 27 Rn 6; Trenczek/Tammen/Behlert 2008, 386 ff). So kann es unter der Zielsetzung des zivilrechtlichen Kinderschutzes (staatliches Wächteramt) im **Einzelfall** auch erforderlich sein, dass das JA das FamG anruft (§ 8 a Abs. 3), um notwendige **Hilfen** zur Abwendung einer Gefährdung des Kindes oder des Jugendlichen auch **gegen den Willen der Personensorgeberechtigten** zu realisieren (vgl § 27 Rn 13; § 8 a Rn 49 ff).

3. Gleichrangigkeit aller Hilfen

Mit der Auffächerung einer **breiten Palette von möglichen HzE** will das SGB VIII die ambulanten und   **10**
teilstationären Hilfen gegenüber den tradierten familiensetzenden Hilfen (§§ 33 und 34) stärken und damit einer fachlichen **Orientierung in Richtung auf familienunterstützende Angebote und Leistungen** Rechung tragen. Dies spiegelt sich in der Verteilung der Inanspruchnahme von Hilfen wider. Im Jahr 2006 erhielten 651361 junge Menschen unter 27 Jahren erzieherische Hilfen nach dem 4. Kapitel. Zu 74 % wurden dabei ambulante Hilfen in Anspruch genommen, von denen die institutionelle Beratung mit 48 % aller erzieherischer Hilfen den größten Anteil ausmachte. Bei 23 % der in Anspruch genommenen Hilfen handelte es sich um stationäre Hilfen, wobei die Heimerziehung mit 13 % der Gesamtgruppe der erzieherischen Hilfen die häufigste stationäre Hilfeform war. Die Erziehung in einer Tagesgruppe als teilstationäre Hilfe machte 4 % der erzieherischen Hilfen aus (Statistisches Bundesamt 2008, 5) Der Anteil ambulanter Hilfen an den HzE ist innerhalb der letzten Jahre immer weiter angewachsen. Im Jahr 1991 lag der Anteil von Hilfen außerhalb der Familie noch bei 40 % im Vergleich zu 23 % im Jahr 2006 (Statistisches Bundesamt 2008, 5). 1994 entfielen noch rund drei Viertel aller registrierten HzE (ohne Erziehungsberatung) auf Hilfen nach den §§ 33 und 34 und nur etwa 17 Prozent auf Hilfen nach §§ 29, 30 und 31 (vgl 3. Aufl. Vor§ 27 Rn 6). Ein Trend zur Umsteuerung im Sinne einer „Ambulantisierung" im Bereich der HzE ist somit zu erkennen.

Zwischen den einzelnen im SGB VIII genannten **Hilfearten** besteht **keine Rangfolge** (vgl § 27 Rn 19)   **11**
in dem Sinne, dass eine intensivere Hilfe (zB SPFH oder Heimerziehung) den vorherigen Einsatz einer weniger intensiven Hilfeform (zB Erziehungsberatung oder Erziehungsbeistandschaft) voraussetzen würde. Jede Hilfeform hat ihr eigenes fachliches Profil und ist in ihren Wirkungsmöglichkeiten auf bestimmte familiäre und/oder individuelle Problemkonstellationen ausgerichtet. Die Hilfeformen dürfen daher nicht als miteinander konkurrierende Hilfen verstanden werden, sondern müssen als Hilfen mit jeweils eigenem sozialpädagogischen Wirkungsprofil, aber auch als **einander ergänzende und miteinander verzahnte Hilfen** angesehen und entsprechend organisiert werden.

Bei der Erörterung von Hilfen, die dem erzieherischen Bedarf im Einzelfall angemessen sind, sind allerdings die Möglichkeiten des Einsatzes insbesondere solcher Hilfen zu prüfen und mit Vorrang zu   **12**
versehen, die das vorhandene Sozialisationsfeld des Kindes/Jugendlichen erhalten und stützen (vgl § 27 Abs. 2). Lebensweltorientierte Hilfeangebote sind aus sozialpädagogischer Sicht besonders wichtig (8. Jugendbericht BT-Drucks. 11/6576, 17, Grundwald/Thiersch 2004; Thiersch 1995). Im Hinblick auf die Jugendhilfeplanung (§ 80) gilt es, den besonderen Stellenwert lebensweltorientierter Hilfen als ein wichtiges Kriterium bei der Gestaltung der Angebotsstruktur in der HzE zu beachten. Das **Prinzip des Lebensweltbezugs** gilt auch für Heimerziehung, die mit einer zumindest zeitweise vorgenommenen räumlichen Trennung der Lebensfelder von Familien und Kind/Jugendlichem einhergeht. Dies hat Folgen zum einen für eine Unterbringungspraxis, die die regionalen und sozialen Bezüge des Kindes/Jugendlichen und der Familie einzubeziehen hat (zB durch ortsnahe Unterbringung), und zum anderen für eine Verkoppelung der auf das Kind/den Jugendlichen mit den auf die Familie ausgerichteten Hilfen. Das Konzept der Lebensweltorientierung ist emanzipatorisch angelegt und darf nicht zu

einer weiteren Benachteiligung von jungen Menschen aus Familien in belasteten und prekären Lebenslagen führen. Der Bezug zur Lebenswelt der Betroffenen darf nicht zu negativen Auswirkungen auf die Hilfe führen in dem Sinne, dass eine Orientierung an den bisherigen ungünstigen familiären Lebensbedingungen erfolgt.

4. Offenheit der Angebotspalette

13 Die Auflistung der in §§ 27 ff skizzierten Hilfeformen ist nicht abschließend. § 27 Abs. 2 macht deutlich, dass HzE **„insbesondere" als Leistung nach den §§ 28 bis 35** zu erbringen ist (vgl § 27 Rn 17 ff). Durch diese **Öffnungsklausel** bleibt der Weg frei für neue Entwicklungen, Praxiskonzepte und Lösungsversuche, bleibt die Möglichkeit, im Einzelfall unkonventionelle und im Gesetz nicht beschriebene Leistungen zu erbringen. Entscheidend ist allein der individuelle erzieherische Bedarf und die Geeignetheit und Erforderlichkeit der Hilfe im Einzelfall. Notwendige aber nicht vorhandene, atypische **Hilfeformen** sind deshalb **„nach Maß"** zu schneidern und zu initiieren (zur Flexibilisierung der HzE vgl Rn 16, § 27 Rn 14 ff).

14 Die HzE steht mit ihren vielfältigen, zT spezialisiert angebotenen Hilfeformen auch immer in **Bezug zu den anderen Bereichen** (Arbeitsfeldern) **der Jugendhilfe.** Sachliche Zusammenhänge zum Bereich „Förderung der Erziehung in der Familie" (2. Kapitel, 2. Abschnitt) existieren vor allem im Hinblick auf Angebote für Familien in belastenden Lebenssituationen (zB §§ 17-21). Weitere Bezüge lassen sich im Verhältnis zu den pädagogischen Angeboten in Einrichtungen der Tagesbetreuung von Kindern (§§ 22 ff) finden. Bedeutsam für die Praxis ist hier vor allem, dass als Leistungen zur HzE nach § 27 nicht nur die in §§ 28 ff genannten Leistungen **Anspruchscharakter** erhalten können, sondern auch Leistungen, die in anderen Abschnitten des SGB VIII aufgeführt werden (so zB Leistungen der Jugendsozialarbeit oder Leistungen nach dem zweiten und dem dritten Abschnitt des 2. Kapitels SGB VIII), wenn die Leistungsvoraussetzungen der §§ 27 ff gegeben sind, dh im Hilfeplanverfahren (§ 36) insbesondere festgestellt wird, dass diese anderen Leistungen (also eben die vor den §§ 27 ff genannten) geeignete und notwendige Hilfsangebote sind (vgl § 27 Rn 18 mit Hinweis auf abweichende Meinungen).

15 Wenn die HzE fachlich in der Tendenz als eine Dienstleistung anzusehen ist, dann muss dies in den konkreten Kontakten zwischen Fachkräften des JA und Familien/Kindern/Jugendlichen erfahrbar werden (Ausgestaltung der Beteiligung der Leistungsberechtigten). Auch muss das JA durch geeignete Formen der Öffentlichkeitsarbeit dafür Sorge tragen, dass das **traditionelle Negativ-Image des JA abgebaut** und der Leistungscharakter der Jugendhilfe den Adressaten nahe gebracht werden. Nicht zuletzt liegt auch in der Realisierung des Dienstleistungsgedankens und in seiner Vermittlung nach außen ein wichtiger Aspekt in der Herausbildung einer präventiven Jugendhilfe.

5. Flexibilisierung der HzE

16 Das Aufrechterhalten der Balance zwischen dem jeweils fachlich eigenständigen Profil der einzelnen Angebotsformen und der notwendigen Verzahnung der Hilfen sowie das Ermöglichen einer einzelfallbezogenen Flexibilität des Einsatzes von Hilfeangeboten erfordert eine **kontinuierliche fachliche Kooperation** zwischen den verschiedenen Einrichtungen und dem JA. Wenn eine solche Kooperation nicht hergestellt und gepflegt wird, besteht zum einen die Gefahr einer gegenseitigen Abgrenzung von Einrichtungen, zum anderen reduziert eine mangelnde Kooperation die Chancen für ein flexibles Handeln im Einzelfall. Die fachliche Perspektive der Ergänzung und inhaltlichen Verzahnung verschiedener Hilfeangebote muss sich auch in einer entsprechenden Kooperationsstruktur zwischen den Einrichtungen/Trägern widerspiegeln. Neben der Kooperation im Einzelfall und anderen Kooperationsbezügen zwischen dem JA und einem einzelnen freien Träger stellen insbesondere trägerübergreifende Arbeitsgemeinschaften (nach § 78) eine wichtige Form der Zusammenarbeit dar.

17 Unter den Begriffen „Kinder- und Familienhilfezentrum", „Jugendhilfestation", „Integrierte Erziehungshilfen", „Flexible Erziehungshilfen im Sozialraum" etc. wurden organisatorisch-strukturelle Konzepte diskutiert (Boomgaarden 2001; Klatetzki 1995; Winter 1993) und realisiert, die unterschiedliche Hilfen aus dem Bereich der Jugendhilfe (hier HzE) und perspektivisch auch Hilfen aus anderen Hilfesystemen (zB Frühförderung) sowie Selbsthilfeaktivitäten (zB selbstorganisierte Kinderbetreuung) in maßgeschneiderten Angeboten zusammenfassen (vgl dazu auch die entsprechenden Prämissen und Forderungen des 8. Jugendberichtes; vgl BMJFFG 1990, 17, 85 ff). „Wenn dem § 27 Abs. 1 SGB VIII für die Hilfegestaltung das entscheidende Gewicht verliehen wird, dann folgt daraus, dass die Jugendhilfe strukturell so zu organisieren ist, dass sie geeignete, für die Persönlichkeit von

Kindern und Jugendliche **maßgeschneiderte sozialpädagogische Arrangements für den Einzelfall** stets neu schaffen kann. Damit ändert sich der Blickwinkel: Nicht das ‚Vorhalten' von einzelnen Hilfeformen, denen dann Kinder und Jugendliche zugewiesen werden, ist strukturell sicherzustellen, sondern die Einrichtungen der Jugendhilfe sind so lern- und wandlungsfähig zu organisieren, dass sie ad hoc in der Lage sind, für jeden Jugendlichen und für jedes Kind eine Betreuungsform zu generieren" (Klatetzki 1995).

Ziel ist es, **Spezialisierungen und Separierungen einzelner Hilfeformen aufzubrechen** und diese wieder   **18** zusammenzuführen. Damit soll die Möglichkeit eröffnet werden, alle ambulanten und teilstationären (zT auch stationäre) Hilfen für Kinder, Jugendliche und Familien an einem Ort und flexibel zu erbringen, Übergänge zwischen Hilfeformen „abzufedern", Trägerwechsel und Abbrüche zu vermeiden (vgl dazu vor allem den Stuttgarter Modellversuch, Früchtel u.a. 2001).

Aufgabe der in den Kinder- und Familienhilfezentren tätigen Fachkräfte ist die Durchführung von   **19** alltagsorientierten, entlastenden, unterstützenden, beratenden und begleitenden Hilfen. Das Kinder- und Familienhilfezentrum soll die traditionelle „Versäulung" der erzieherischen und beratenden Hilfen überwinden und eine Angebotsform bieten, die – abgestimmt auf die spezifischen (und im Zeitablauf wechselnden) Bedürfnisse und Anforderungen des Einzelfalls – aus einer im Team arbeitenden Gruppe von Fachkräften (mit Vertiefungsgebieten) heraus geleistet wird. Die **Kinder- und Familienhilfezentren** sollen (vergleichbar den Sozialstationen) einen **regionalen Versorgungsauftrag** übernehmen und insofern regionaler Dreh- und Angelpunkt für die familienunterstützenden und familienergänzenden HzE sein. Dabei dürfen aber individuelle Rechtsansprüche, Träger- und Angebotspluralität und das Wunsch- und Wahlrecht der Leistungsberechtigten nicht „ausgehebelt" werden (vgl Münder 2001).

Der Verzicht auf das Vorhalten einzelner Hilfearten („Säulen") hat den Vorteil, dass das sozialpäd-   **20** agogische Handeln individuell erbracht und zeitnah im Hilfeprozess modifiziert werden kann (zB bezüglich der zeitlichen Intensität, des methodischen Ansatzes), weil nicht im Vornherein schon eine Festlegung auf eine bestimmte Angebotsform erfolgt. Dies bedeutet aber gleichzeitig, dass die **Form der HzE eines eindeutigen Rahmens bedarf** (um nicht beliebig bzw willkürlich gehandhabt zu werden). Zu diesem Rahmen gehört eine präzise Hilfezielbestimmung und eine (schriftliche) Hilfeplanung (§ 36), die Ziele, Teilziele, Aufgaben, Bearbeitungsschritte, Verantwortlichkeiten, Zeitressourcen Rückkopplungsschritte etc. klar benennt und den Beteiligten und Betroffenen so die Möglichkeit gibt, die Aktivitäten der Fachkräfte im Kontext der Zielbestimmungen zu überprüfen.

III. Eingliederungshilfe für seelisch behinderte Kinder und Jugendliche

Problematisch war vor Inkrafttreten des SGB VIII das Wechselspiel zwischen **Jugendhilfe und Einglie-**   **21** **derungshilfe für Behinderte** nach dem BSHG. Nach § 10 Abs. 4 wird bei seelisch behinderten Kindern und Jugendlichen ein Vorrang der Jugendhilfe vor der Sozialhilfe nach dem SGB XII begründet. Durch das 1. ÄndG wurde zudem klargestellt, dass der Vorrang der Jugendhilfe bei Leistungen für seelisch behinderte Minderjährige auch dann gegeben ist, wenn nicht zugleich die Voraussetzungen für eine HzE nach § 27 vorliegen (vgl §§ 10, 35 a).

Aus Sicht der Jugendhilfe bleiben erhebliche **Zweifel an der produktiven Funktion einer eigenständigen**   **22** **Ausweisung der „seelischen Behinderung" als Leistungsvoraussetzung** und der Verankerung entsprechender Sonderbestimmungen im SGB VIII. Unter Berücksichtigung des vorrangigen Ziels der Jugendhilfe, zur Entwicklung junger Menschen durch geeignete Hilfen beizutragen, unabhängig von der Art der jeweils im Einzelfall vermuteten (diagnostizierten) Störung, hat die pädagogische Förderung (ergänzt durch spezifische und erforderliche therapeutische und medizinische Leistungen) im Vordergrund zu stehen. Dies schließt für den konkreten Einzelfall weder vorrangige Verpflichtungen und Zuständigen anderer Sozialleistungsträger (zB Krankenkassen) noch eine Kombination von (psycho-)therapeutischen und (heil-)pädagogischen Leistungen (vgl dazu auch § 27 Abs. 3) aus (vgl dazu auch § 35 a Rn 9 ff).

Weiter bleibt zu **fordern,** dass im Rahmen zukünftiger Novellierungen **alle Kinder und Jugendlichen**   **23** **mit Behinderungen,** also auch die körperlich und geistig behinderten jungen Menschen, für die jetzt ein Vorrang der Sozialhilfe besteht, **in den Regelungsbereich des SGB VIII einbezogen** werden. Dadurch werden Abgrenzungsprobleme – insbesondere zwischen seelischer und geistiger Behinderung (vgl § 35 a Rn 12) – vermieden und es wird dem Gedanken der Integration und der umfassenden Gleichstellung von behinderten mit nicht behinderten Kindern Rechung getragen. Klarstellend ist nur darauf hinzuweisen, dass auch bei einer körperlichen und geistigen Behinderung selbstverständlich bereits jetzt davon unabhängig erzieherische Bedarfe gegeben und insoweit geeignete pädagogische Hilfen erforderlich sein können.

IV. Hilfe für junge Volljährige

24 1975 wurde die Volljährigkeit in der Bundesrepublik von 21 auf 18 Jahre vorverlegt. Schon damals – heute noch viel ausgeprägter – war aber auch zu erkennen, dass längere Ausbildungszeiten und in der Folge davon längere wirtschaftliche Abhängigkeiten sowie die Anforderungen einer hochentwickelten Leistungsgesellschaft **den Weg in die Selbständigkeit und das Erwachsenwerden schwieriger werden lassen** (vgl Einl. Rn 3 ff). Dies erfordert Möglichkeiten der Beratung, Unterstützung und Hilfe für junge Menschen, die zwar volljährig sind, aber ihr Leben noch nicht eigenständig gestalten und bewältigen können (Flexibilisierung des Übergangs). Eine **Parallele** hierzu findet sich im **JGG**, das für die Altersgruppe der 18- bis 20-Jährigen den Status des Heranwachsenden kennt und die strafrechtliche Behandlung dieser Altersgruppe ggf an der der Jugendlichen orientiert (§ 1 Abs. 2, § 105 JGG). Hier schafft § 41 eine gegenüber den Möglichkeiten im Rahmen des JWG deutlich verbesserte und als Soll-Leistung mit hoher rechtlicher Verbindlichkeit ausgestaltete Hilfe (vgl § 41 Rn 3 f).

25 Damit gewinnen **Beratungs-, Wohn-, Ausbildungs- und Beschäftigungshilfen für junge Volljährige** im Rahmen der Jugendhilfe an Bedeutung. Es ist damit auch häufiger möglich, jungen Menschen im Rahmen der Jugendhilfe betreuungsintensive Leistungen anzubieten, anstatt sie auf die Sozialhilfe zu verweisen. Angebote der Jugendsozialarbeit sind vor Ort für die jungen Volljährigen in Kooperation mit den Trägern von Maßnahmen nach § 13 Abs. 4 zu gestalten.

26 Die Hilfe für junge Volljährige nach § 41 ist in besonderer Weise von **Diskussionen um** ihre **Einschränkung** betroffen. In jüngster Zeit gab es Bestrebungen, die Vorschrift von einer Soll- in eine Kann-Bestimmung umzuwandeln. Darüber hinaus sollte die Altersgrenze für die Beendigung der Hilfe von der Vollendung des 27. auf die Vollendung des 21. Lebensjahrs gesenkt werden. Der Beginn einer Hilfe nach Eintritt der Volljährigkeit sollte ausgeschlossen werden und damit nur noch die Möglichkeit von sog. Fortsetzungshilfen bestehen. Es sollte zudem eine gesetzlich festgeschriebene Mitwirkungs- und Ausbildungsverpflichtung der jungen Volljährigen eingeführt werden (s. zum Gesetzesentwurf § 41 Rn 2). Bislang konnten sich die in erster Linie durch Einsparungswünsche motivierten Einschränkungspläne politisch nicht durchsetzen, es ist jedoch mit einer Fortsetzung der Diskussion um die Volljährigenhilfe und mit weiteren Einschränkungsvorschlägen zu rechnen.

V. Qualifizierte Entscheidungs- und Hilfeplanung

27 Zentrale Bedeutung für die Bestimmung der konkreten Hilfe im Einzelfall haben für die Leistungen des vierten Abschnitts die Verfahrensvorschriften der §§ 36, 37. Von Bedeutung sind hier vor allem die **Berücksichtigung des Wunsch- und Wahlrechts, das Zusammenwirken zwischen mehreren Fachkräften** und die umfassende **Beteiligung aller Betroffenen** bei der Auswahl der konkreten Hilfe und der Aufstellung des Hilfeplans. In § 36 wird auch das Wunsch- und Wahlrecht nochmals besonders betont. Die Vorstellungen der Betroffenen sind schon deswegen von Bedeutung, da sie die Eignung der Hilfe beeinflussen. Die Wirkung erzieherischer Hilfen hängt entscheidend von der Akzeptanz der Adressaten ab. Bei Ablehnung oder Verweigerung durch die Betroffenen ist ihre Geeignetheit (s. § 27 Rn 9) fraglich, zumindest kann die angebotene Hilfe nur eine sehr bedingte Reichweite haben. Für die sozialpädagogische Arbeit ist es deswegen besonders wichtig, die Beteiligten für die Mitwirkung am Hilfeprozess zu gewinnen und das Wunsch- und Wahlrecht zum Ausgangspunkt für die Entwicklung von Hilfeangeboten zu machen (vgl § 27 Rn 29 ff).

28 Die angesprochene Ausdifferenzierung des Angebots im Bereich der HzE hat auch Konsequenzen für die Entscheidungspraxis in den JÄ. Wurde in der Vergangenheit auf Entwicklungsprobleme von Kindern und Jugendlichen zumeist erst dann reagiert, wenn familientrennende Maßnahmen nicht mehr vermieden werden konnten bzw dies auch die einzig relevanten Handlungsstrategien waren, konnten Hilfeplanungen weitgehend auf Einrichtungen der Fremderziehung delegiert werden. Wenn nun auf kommunaler Ebene selbst ein differenzierteres Angebot im Rahmen von HzE und Volljährigenhilfe zur Verfügung steht, zudem nun auch die Eingliederungshilfen für seelisch behinderte Kinder und Jugendliche in den Zuständigkeitsbereich der Jugendhilfe fallen, stellt sich hier verschärft die Frage nach **Zeitpunkt, Grundlage und Lösungsvorschlägen in fachlich begründeten Entscheidungsprozessen.** Die §§ 36 und 37 (Mitwirkung, Hilfeplan, Zusammenarbeit bei Hilfen außerhalb der eigenen Familie) geben hierzu einige Grundorientierungen. Insoweit gilt es mit in der Praxis vorfindlichen Missver-

ständnissen aufzuräumen: Eine **Hilfeplanung** (d.h. eine fachlich qualifizierte Prüfung der Leistungsvoraussetzungen) ist bei allen Leistungen der Jugendhilfe (immer) erforderlich (dies ist zu unterscheiden vom Vorliegen eines schriftlichen Hilfeplans, s. § 27 Rn 49), nur die sog. Teamkonferenz ist nach § 36 Abs. 2 S. 1 erst bei einer Entscheidung über voraussichtlich länger dauernde Hilfen (im Hinblick auf das Lebensalter von Kindern und Jugendlichen teilweise schon ab 3 Monaten) verbindlich (Trenczek/Tammen/Behlert 2008, 394). Darüber hinaus können die § 72 (Mitarbeiter, Fortbildung), § 79 (Gesamtverantwortung, Grundausstattung) und § 80 (Jugendhilfeplanung) Grundlagen für eine fundiertere Fachlichkeit kommunaler Jugendhilfe geben. Das Gesetz definiert hier gleichwohl nur Mindeststandards.

Angesichts der Bedeutung, die der Jugendhilfe mit ihren Leistungen – aber auch mit ihren Interven- **29** tionen – für die Entwicklung von Kindern und Jugendlichen zukommt, bedarf es zweifelsohne noch erheblicher Anstrengungen, um akzeptable Standards von Fachlichkeit und Rechtsstaatlichkeit (**Qualitätsstandards**) zu erreichen (vgl § 1 Rn 31; schon Jordan ZfJ 2001 und Münder ZfJ 2001, 285).Der Auftrag der Jugendhilfe verlangt von den Fachkräften oftmals in kürzester Zeit komplexe und komplizierte (Risiko)Einschätzungen und (Diagnose- und Interventions-)Entscheidungen. „Durchblicken und unterscheiden können (Bedeutung des griechischen diágnosis), was Menschen prägt und Situationen ausmacht", gehört zu den Kernaufgaben sozialpädagogischer Fachkräfte (Schrapper 2005, 189). Wissenschaft und Praxis der sozialen Arbeit haben mitunter ein gespanntes Verhältnis zu diagnostischen Verfahren (hierzu Ader u.a. 2001; Bayerisches LJA 2001; Heiner 2004; Harnach 2007; Schrapper 2003 a, 2004; zusammenfassend Trenczek 2008, 40 ff), weil sie sich dabei lediglich der Einschätzungsautorität anderer Professionen bediene, die der Tradition des hermeneutischen Fallverstehens widersprächen. Letztlich ist aber die auf fachlichen Kriterien beruhende Einschätzung von Hilfebedarfen und Gefährdungssituationen, also eine fachlichen Standards genügenden **psychosozialen/sozialarbeiterischen Diagnose** sowohl zur Abwägung von Risiken (vgl § 8 a Rn 9 ff, 16 ff) als auch zur Entwicklung geeigneter Unterstützungsleistungen unabdingbar (Trenczek 2008, 4; vgl Dettenborn FPR 2003; 293; Fegert u.a. 2007; Kindler u.a. 2006; Salgo ZKJ 2006, 533; Ostler/Ziegenhain 2007).

Bezüglich des Entscheidungsprozesses im Vorfeld der Hilfegewährung hat durch den im Wege des **30** KICK zum 1. Oktober 2005 eingeführten § 36 a eine verstärkte Betonung der Rolle des JA stattgefunden. Während zuvor umstritten war, ob bzw unter welchen Voraussetzungen die Leistungsberechtigten die Möglichkeit hatten, sich die Leistung ohne vorherige Einschaltung des JA selbst zu beschaffen und die Übernahme bzw Erstattung der Kosten durch das JA verlangen konnten, regelt nun der neu eingefügte § 36 a Abs. 1 unter den Stichworten **Steuerungsverantwortung und Selbstbeschaffung**, dass der Träger der öffentlichen Jugendhilfe die Kosten der Hilfe grundsätzlich nur dann trägt, wenn sie auf der Grundlage seiner Entscheidung nach Maßgabe des Hilfeplans unter Beachtung des Wunsch- und Wahlrechts erbracht wird. Die Kosten werden in den Fällen der Selbstbeschaffung nur dann vom JA getragen, wenn ein **Systemversagen** vorliegt, also die selbst beschaffte Leistung nicht rechtzeitig erbracht oder zu Unrecht abgelehnt wurde (Ständige Fachkonferenz 1 des DIJuF JAmt 2002, 498, vgl § 27 Rn 48; § 36 a Rn 39 ff).

VI. Verhältnis der HzE und der Volljährigenhilfe zum Maßnahmenkatalog des JGG

Das **JGG** bestimmt, dass aus Anlass einer Straftat eines Jugendlichen (bzw eines Heranwachsenden) **31** „**Erziehungsmaßregeln**" angeordnet werden können (§ 5 Abs. 1 JGG). Durch diesen Bezug auf sozialpädagogische Reaktionsweisen wird die Jugendhilfe als Träger sozialpädagogischer Leistungen und Angebote nach dem SGB VIII im Zusammenhang mit jugendstrafrechtlichen Verfahren – über die Aufgabe der Mitwirkung in Verfahren nach dem JGG (§ 52) hinausgehend – gefordert. Von Bedeutung sind hier insbesondere

- die als sog. Neue Ambulante Maßnahmen (NAM, hierzu § 52 Rn 53, BAG 2000; Trenczek 2009 c) bezeichneten Weisungen nach § 10 JGG (zB sozialer Trainingskurs, Täter-Opfer-Ausgleich) und in diesem Zusammenhang die soziale Gruppenarbeit (§ 29) und der Betreuungshelfer (§ 30);
- die Verpflichtung eines Jugendlichen (ggf Heranwachsenden), im Rahmen der „Erziehungsmaßregeln" nach § 12 JGG, einen Erziehungsbeistand bzw eine HzE in einer Einrichtung über Tag und Nacht oder in einer sonstigen betreuten Wohnform in Anspruch zu nehmen,
- die bis zur Rechtskraft des Urteils mögliche Anordnung einer „einstweilige(n) Unterbringung in einem geeigneten Heim der Jugendhilfe" (§ 71 Abs. 2 JGG) bzw
- die Anordnung zur Vermeidung von Untersuchungshaft (§ 72 Abs. 4 JGG).

32　**Sozialpädagogische Hilfen für junge Straffällige** sind wie wohl kein anderes Arbeitsfeld durch ihren **doppelten rechtlichen Bezugsrahmen** gekennzeichnet (Trenczek 2009 104 ff). In der Praxis wird allerdings die Regelungsrelevanz des SGB VIII häufig nicht ausreichend beachtet. Das vom Gesetzgeber angestrebte Ziel, das Leistungsangebot der Jugendhilfe stärker als bisher in die Praxis des Jugendstrafrechts zu integrieren (BT-Drucks. 11/5829, 11 ff), lässt sich nur umsetzen, wenn man bereit ist, die tradierten Meinungen über Aufgaben und Verhältnis von Jugendhilfe/Sozialer Arbeit und Justiz grundsätzlich zu überdenken und am Maßstab der heute geltenden normativen Vorgaben zu überprüfen (hierzu ausführlich § 52 Rn 51; Trenczek 1996, 2009 und 2009 b). Die Leistungen der Jugendhilfe sind mit den jugendstrafrechtlichen Weisungen nicht deckungsgleich, insoweit besteht zum sozialen Trainingskurs, einer Betreuungsweisung oder anderen Sanktionen des JGG ein Unterschied. Die Jugendhilfe und die Justiz haben unterschiedliche Verantwortungsbereiche und wesensverschiedene Aufgaben wahrzunehmen. Während die Jugendhilfe von den Prinzipien Angebot und Freiwilligkeit geprägt ist, geht es im Jugendstrafrecht um Verpflichtung, Anordnung und Verurteilung. Das SGB VIII enthält keinen Auftrag zur Durchführung von Erziehungsmaßregeln oder Zuchtmitteln nach dem JGG, die **Jugendhilfe nimmt** deshalb auch **keine strafrechtlichen Sanktionsaufgaben wahr**. Damit werden durch jugendgerichtliche Entscheidungen (Weisungen und Anordnungen gegenüber dem Jugendlichen/Heranwachsenden) jugendhilferechtliche Umsetzungen nicht automatisch mit entschieden (vgl § 52 Rn 55 f; Trenczek 1996, 123 ff; Miehe DVJJ-J 1997, 266) Die jugendgerichtliche Entscheidung richtet sich allein an den Jugendlichen und ggf an seine Eltern (im Rahmen der **Diversion** sind Auflagen und Weisungen nur mit Zustimmung der Eltern zulässig; § 52 Rn 52) bzw den Heranwachsenden, nicht aber an das JA (zum **jugendkriminalrechtlichen Dreiecksverhältnis** Trenczek 2007 a Rn 10 ff; 2009 Rn 16 ff). Ausdrücklich ist darauf hinzuweisen, dass eine jugendstrafrechtliche Weisung des Jugendrichters nach § 10 JGG (noch) keine sozialrechtliche Leistungs- und/oder Kostentragungspflicht des Trägers der Jugendhilfe auslöst (Trenczek 1996, 139; 2009 b Rn 5).

33　Der Träger der öffentlichen Jugendhilfe ist nach §§ 27, 31 SGB I zur Leistung von Erziehungs- oder anderen sozialpädagogischen Hilfen nur verpflichtet und berechtigt, wenn die **Leistungsvoraussetzungen des SGB VIII** vorliegen (Gesetzesvorbehalt). Das JA hat dies ungeachtet der Durchführung eines Strafverfahrens bzw einer Entscheidung eines Jugendgerichts eigenverantwortlich und in jedem Einzelfall zu prüfen und dabei die erforderliche Hilfeplanung durchzuführen (vgl § 36 a Abs. 1, Satz 1, 2. Halbs.; zur Steuerungsverantwortung des JA mit Blick auf das Jugendstrafverfahren, Trenczek ZJJ 2007, 31; § 52 Rn 55). Die Auswahl der erzieherischen Hilfen nach dem SGB VIII hat sich nicht an strafrechtlichen Kriterien (zB Art des Delikts, Vorauffälligkeit), sondern ausschließlich an den jugendhilferechtlich normierten pädagogischen Gesichtspunkten zu orientieren (vgl § 52 Rn 51 ff). Besteht kein sozialpädagogischer Handlungsbedarf (insb. kein „erzieherischer" Bedarf nach § 27) oder verspricht die Hilfe offensichtlich keinen Erfolg, liegen also die Leistungsvoraussetzungen der erzieherischen Hilfen nicht vor, dürfen auch im Strafverfahren durch das JA keine Angebote der Jugendhilfe vorgeschlagen oder durchgeführt werden (Trenczek 2009 b, 131). Andererseits kann die wiederholte Begehung von nicht nur jugendtypischen Delikten die soziale Integration des jungen Menschen gefährden (zur Zielgruppe der NAM vgl Trenczek 2009 b 136 f) und es unabhängig von der strafrechtlichen Relevanz des abweichenden Verhaltens (nicht nur bei strafunmündigen Kindern, sondern auch bei Jugendlichen) ggf notwendig sein, dass das JA aufgrund seiner Schutzverpflichtung nach § 8 a Abs. 3 das FamG informiert (s. § 52 Rn 23).

VII. Zuständigkeit und Kosten

34　Für die Leistungen des vierten Abschnitts ist jeweils der **örtliche Träger der öffentlichen Jugendhilfe** nach § 85 Abs. 1 zuständig. Für stationäre Hilfen im Rahmen von HzE, von Eingliederungshilfe für seelisch behinderte Kinder oder Jugendliche und von Hilfe für junge Volljährige werden nach § 91 Abs. 1 Nr. 5, 6 und 8 **Kostenbeiträge** erhoben. Für teilstationäre Leistungen werden Kostenbeiträge nach § 91 Abs. 2 Nr. 2, 3 und 4 erhoben. Bei Leistungen der HzE und der Eingliederungshilfe werden zunächst die **Minderjährigen** zu den Kosten herangezogen (§ 92 Abs. 1 Nr. 1) und bei Leistungen nach § 41 die **jungen Volljährigen** (§ 92 Abs. 1 Nr. 2). An zweiter Stelle werden **Ehegatten und Lebenspartner** der jungen Menschen zu den Kosten der Leistungen herangezogen (§ 92 Abs. 1 Nr. 4). **Elternteile** der jungen Menschen werden zu den Kosten der stationären Unterbringung herangezogen. Eine Heranziehung zu den Kosten einer teilstationären Leistung erfolgt hingegen nur für Elternteile, die mit dem Minderjährigen zusammenleben (§ 92 Abs. 1 Nr. 5). Zur Finanzierung der Jugendhilfeleistungen im Rahmen der Straffälligenhilfe s. Trenczek 2009 b, 138 ff.

Weiterführende Literaturhinweise:

Birtsch/Münstermann/Trede 2001; *Jordan/Sengling* 2000; *Kreft/Lukas* u.a.1993; Lakies, Jugendhilfe 1997; *Schröer/Struck/Wolff* 2002; *Tammen* 2007 a und b; *Trenczek* 1996, 2000, 2009 a und 2009 b.

§ 27 Hilfe zur Erziehung

(1) Ein Personensorgeberechtigter hat bei der Erziehung eines Kindes oder eines Jugendlichen Anspruch auf Hilfe (Hilfe zur Erziehung), wenn eine dem Wohl des Kindes oder des Jugendlichen entsprechende Erziehung nicht gewährleistet ist und die Hilfe für seine Entwicklung geeignet und notwendig ist.

(2) [1]Hilfe zur Erziehung wird insbesondere nach Maßgabe der §§ 28 bis 35 gewährt. [2]Art und Umfang der Hilfe richten sich nach dem erzieherischen Bedarf im Einzelfall; dabei soll das engere soziale Umfeld des Kindes oder des Jugendlichen einbezogen werden. [3]Die Hilfe ist in der Regel im Inland zu erbringen; sie darf nur dann im Ausland erbracht werden, wenn dies nach Maßgabe der Hilfeplanung zur Erreichung des Hilfezieles im Einzelfall erforderlich ist.

(2 a) Ist eine Erziehung des Kindes oder Jugendlichen außerhalb des Elternhauses erforderlich, so entfällt der Anspruch auf Hilfe zur Erziehung nicht dadurch, dass eine andere unterhaltspflichtige Person bereit ist, diese Aufgabe zu übernehmen; die Gewährung von Hilfe zur Erziehung setzt in diesem Fall voraus, dass diese Person bereit und geeignet ist, den Hilfebedarf in Zusammenarbeit mit dem Träger der öffentlichen Jugendhilfe nach Maßgabe der §§ 36 und 37 zu decken.

(3) [1]Hilfe zur Erziehung umfasst insbesondere die Gewährung pädagogischer und damit verbundener therapeutischer Leistungen. [2]Sie soll bei Bedarf Ausbildungs- und Beschäftigungsmaßnahmen im Sinne des § 13 Abs. 2 einschließen.

(4) Wird ein Kind oder eine Jugendliche während ihres Aufenthaltes in einer Einrichtung oder einer Pflegefamilie selbst Mutter eines Kindes, so umfasst die Hilfe zur Erziehung auch die Unterstützung bei der Pflege und Erziehung dieses Kindes.

I. Sinn und Bedeutung der Norm

1 § 27 ist **die zentrale** Grundnorm **für den individuellen Rechtsanspruch auf erzieherische Hilfen,** der schon im JWG existierte (ausführlich Münder ZfJ 1991, 285 ff). Mit dem Begriff der Hilfe zur Erziehung wurde auf die Formulierung des ehemaligen § 6 JWG Bezug genommen, um die Rechtsprechung und die inhaltlichen Überlegungen hierzu in die Anwendung des § 27 mit einzubeziehen (BT-Drucks. 11/4948, 67). Ursprünglich war im ehemaligen Abs. 4 der Norm das Verhältnis der Hilfe zur Erziehung (HzE) zur Eingliederungshilfe der Sozialhilfe geregelt. Dieser Absatz wurde durch das 1. ÄndG gestrichen. Die Eingliederungshilfe für seelisch behinderte Kinder und Jugendliche ist seither im 2. Unterabschnitt im § 35 a geregelt.

2 **Abs. 1** benennt die **Tatbestandsvoraussetzungen** und die Rechtsfolgen des Anspruches auf HzE. **Abs. 2** regelt, nach welchen Kriterien sich **die im Einzelfall zu gewährende Hilfe** bestimmt (Rn 15 f). Dabei wird der in §§ 28-35 enthaltene Katalog standardisierter Hilfearten angesprochen, nach denen HzE insbesondere erbracht wird. Durch das KICK hat Abs. 2 zum 1. Oktober 2005 Ergänzung durch einen Satz 3 erhalten, wonach Hilfen grundsätzlich nur im Inland zu gewähren sind (hierzu Rn 20 ff). Der ebenfalls mit dem KICK eingeführte **Abs. 2 a** trifft eine spezielle Regelung zur **Verwandtenpflege,** nach der HzE in Form der Vollzeitpflege ausdrücklich auch bei Unterhaltsverpflichtung der Pflegepersonen zulässig ist (Rn 23 f). **Abs. 3** benennt die inhaltliche Ausrichtung der Hilfen zur Erziehung als **sozialpädagogische Hilfen.** Ebenfalls seit dem 1. Oktober 2005 gilt **Abs. 4,** wonach eine HzE Unter-

stützung der **minderjährigen Mutter** als Leistungsempfängerin bei der Pflege und Erziehung ihres Kindes umfasst, wenn diese während ihres Aufenthalts in einer Einrichtung oder Pflegefamilie ein Kind bekommt (Rn 28).

§ 27 **Abs. 1** ist rechtsdogmatisch keine einfache Norm: Teilweise ist immer noch umstritten, welche 3 Begriffe (insb. „geeignet" und „notwendig") dem Tatbestand und welche der Rechtsfolge zuzuordnen sind (vgl Lakies ZfJ 1996, 83 ff, s. Rn. 4). Zudem enthält die Vorschrift mehrere unbestimmte Rechtsbegriffe. In diesem Zusammenhang besteht Streit über den Umfang der gerichtlichen Überprüfbarkeit der Auslegung dieser Rechtsbegriffe durch den Träger der öffentlichen Jugendhilfe (Rn 54 ff). Die Notwendigkeit unbestimmter Rechtsbegriffe ergibt sich daraus, dass es sich bei den Hilfen zur Erziehung um individuelle, personenbezogene Dienstleistungen handelt, die weder hinsichtlich ihrer Voraussetzungen noch hinsichtlich der Ausgestaltung der Leistung genauere Definitionen zulassen.

II. Tatbestandsvoraussetzungen

Die HzE als Leistungen der Jugendhilfe sind zu erbringen, sofern die **formellen und materiellen Leis-** 4 **tungsvoraussetzungen** vorliegen (§ 31 SGB I). Dies ist insb. auch im Zusammenhang mit (jugend- bzw familien-) gerichtlichen Verfahren zu beachten (s. Vor§ 27 Rn 2; Vor§ 50 Rn 16 ff; § 52 Rn 51 ff; Trenczek 2009 a Rn 15). Tatbestandsvoraussetzung für den Rechtsanspruch auf HzE ist zunächst, dass eine dem **Wohl eines Kindes oder eines Jugendlichen entsprechende Erziehung nicht gewährleistet** ist (vgl Rn 5 ff). Hinsichtlich der Formulierung des Abs. 1 „und die **Hilfe** für seine Entwicklung **geeignet und notwendig** ist" wird teilweise immer noch vertreten, es handele sich dabei um eine Konkretisierung der Rechtsfolge dahingehend, dass eine geeignete und notwendige Hilfe zu erbringen sei, wenn ein Anspruch auf HzE besteht (Maas RsDE (1995) 25, 1, 6; RsDE (1998) 39, 1, 6 ff; ZfJ 1997, 75; Wiesner/Wiesner § 27 Rn 25 a). Bereits der Wortlaut („und") spricht jedoch dafür, die Eignung und Notwendigkeit der Hilfe als weitere Tatbestandsvoraussetzung zu werten, da Eignung und Notwendigkeit der Hilfe als weitere Voraussetzungen nach der fehlenden Gewährleistung des Wohls des Minderjährigen aufgeführt werden. Der Sinn dieser Formulierung liegt darin festzulegen, dass ein Anspruch nach § 27 nur dann in Frage kommt, wenn gerade HzE zur Verbesserung der bestehenden Problemlage geeignet und notwendig ist (Lakies ZfJ 1996, 454 ff; Kunkel ZfJ 1998, 205; Stähr in Hauck/Noftz § 27 Rn 18; Trenczek 2002, 3; aA Wiesner/Wiesner § 27 Rn 25 a; Maas RsDE 25 (1995), 6; ZfJ 1997, 75). Eignung und Notwendigkeit der Hilfe sind damit als Tatbestandsvoraussetzungen für einen Anspruch auf die Hilfe nach § 27 zu werten (ebenso Wabnitz 2007, 74), für ein Auswahlermessen bleibt kein Raum (Rn 57).

1. Erzieherischer Bedarf

Erste Voraussetzung für den Anspruch auf HzE ist, dass eine dem **Wohl des Kindes oder des Jugend-** 5 **lichen entsprechende Erziehung nicht gewährleistet** ist. Diese Formulierung vermeidet bewusst negative Zuweisungen, wie sie im JWG mit den dort vorherrschenden Begriffen der Verwahrlosung, Verhaltensauffälligkeit oder Störung noch erfolgten. Maßstab für das Wohl des Kindes oder des Jugendlichen ist die Generalklausel des § 1 (vgl auch Vor§ 50 Rn 2), der als Leitnorm für die gesamte Jugendhilfe Standards für die Erziehung und Entwicklung von Minderjährigen vorgibt (vgl auch § 1 Rn 1).

Mit dem Begriff **„Wohl des Kindes"** knüpft § 27 an die Begrifflichkeit im Familienrecht an (vgl 6 Vor§ 50 Rn 2). So ist u.a. in der Generalklausel des zivilrechtlichen Kindesschutzes des § **1666 BGB** eine Gefährdung des Kindeswohls definiert. Sie liegt vor, wenn durch die soziale, psychosoziale oder individuelle Sozialisationssituation, in der sich der Minderjährige befindet, konkret benennbare Schädigungsfolgen wahrscheinlich eintreten werden, sodass die Nichtveränderung der Situation eine Gefahr für das persönliche Wohl des Kindes bedeutet (vgl Anhang § 50 Rn 39 ff). Die Begriffe „Nichtgewährleistung einer dem Wohl des Minderjährigen entsprechenden Erziehung" nach § 27 und „Gefährdung des Wohls des Minderjährigen" nach § 1666 BGB sind allerdings **nicht deckungsgleich:** Der Begriff des Nichtgewährleistens bedeutet für die Sozialisationslage des Minderjährigen eine niedrigere Schwelle als der der Gefährdung (vgl Vor§ 50 Rn 6; BT-Drucks. 11/5948, 68; Tammen 2007 Rn 32 ff; Wiesner/Wiesner § 27 Rn 18). Während § 1666 BGB als Eingriffsnorm in Elternrechte eine Gefährdung des Kindeswohls verlangt, setzt das Leistungsrecht des § 27 aus **Präventions**gründen (BT-Drucks. 11/5948, 68; Proksch ZfJ 1995, 90; Trenczek 2002, 1) viel früher an: Ein Anspruch auf HzE besteht bereits, wenn das Wohl des Minderjährigen nicht gewährleistet ist. Diese Formulierung ist weiter als die des § 1666 BGB und erlaubt und verpflichtet dazu, früher Hilfeangebote zu machen, als erst bei eingetretener Kindeswohlgefährdung. Eine Gefährdung im Sinne des § 1666 BGB soll durch die Hilfe nach Möglichkeit verhindert werden. Ist eine solche bereits eingetreten, so liegt weiterhin automatisch die Grundvoraussetzung des § 27 vor: Ist das Wohl des Minderjährigen gefährdet, so ist es auch nicht gewährleistet.

7   Ist eine dem Wohl des Minderjährigen entsprechende Erziehung nicht gewährleistet, so bedeutet dies, dass ein **erzieherischer Bedarf** bzw eine erzieherische Mangelsituation bei dem Minderjährigen besteht. Eine derartige Mangelsituation ist gegeben, wenn sich die **Sozialisationslage des Minderjährigen im Vergleich** als **benachteiligt** erweist (vgl § 1 Abs. 3; zu den Auslegungsregeln vgl Einleitung Rn 58; Trenczek/Tammen/Behlert 2008, 105 ff u. 366 ff). Dabei ist auch ein Vergleich zwischen der konkreten Lebenslage des Minderjährigen und den potenziellen Entwicklungsmöglichkeiten maßgeblich. Nicht zu verkennen ist, dass hierbei normative Zuschreibungen einfließen. Gefordert ist ein Balanceakt zwischen dem Respekt vor andersartigen Lebensentwürfen (zumal sich die pädagogischen Fachkräfte in aller Regel aus einer anderen sozialen Schicht und anderen Lebensbezügen rekrutieren) und dem Bemühen, Benachteiligungen abzubauen (§ 1 Abs. 3 SGB VIII) um weitestmögliche soziale Teilhabechancen zu eröffnen (Trenczek 2002, 2). Das Wohl des Minderjährigen ist nicht gewährleistet, wenn die konkrete Lebenssituation durch Mangel oder soziale Benachteiligung gekennzeichnet ist: wenn Mangel an Anregung, an Kommunikation, an pädagogischer Unterstützung, aber auch an Ausbildungsmöglichkeiten besteht, wenn Mangel an geeignetem Wohnraum besteht oder wenn die Möglichkeiten zur Freiheitsentfaltung im öffentlichen und politischen Raum eingeschränkt sind, wenn Benachteiligung im Bildungsbereich existiert usw. Vergleichsmaßstab ist dabei das, was in unserer Gesellschaft „normal", dh üblich ist (Normalitätsperspektive; Trenczek 2002, 2; vgl auch Vor§ 50 Rn 6). Um einen Anspruch nach § 27 Abs. 1 auszulösen, ist es erforderlich, dass die jeweilige Mangellage zu einem Bedarf an erzieherischer, sozialpädagogischer Unterstützung führt. Ein ausschließlich materieller Bedarf etwa führt nicht zu einem Anspruch auf HzE (vgl Rn 9, 12).

8   Wegen der Problematik von **Wertungen** ist die Tendenz der Rechtsprechung, auf **quantitative Aspekte** abzustellen, zu begrüßen. Hiernach liegt die Voraussetzung der fehlenden Gewährleistung des Wohls des Minderjährigen auf jeden Fall immer dann vor, wenn für einen wesentlichen Teil von Minderjährigen Bedingungen gegeben sind, die beim konkreten Minderjährigen nicht vorhanden sind. Diese quantitative Betrachtungsweise trägt besonders dort, wo es um messbare Vergleiche geht (zB Teilnahme bei Betreuungs-/Erziehungsaktivitäten – so hinsichtlich eines Rechtsanspruchs auf einen Kindergartenplatz iRd Hilfen zur Erziehung; OVG NI RsDE 11, 78 ff, bestätigt durch BVerwGE 91, 250).

2. Eignung und Notwendigkeit

9   Neben dem erzieherischen Bedarf sind weitere Voraussetzungen für einen Anspruch auf HzE, dass gerade eine solche Hilfe zur Deckung des erzieherischen Bedarfs **geeignet und notwendig** ist. Aus dem Begriff der **Eignung** ergibt sich das Erfordernis, dass gerade das sozialpädagogische Instrumentarium der Jugendhilfe (voraussichtlich) in der Lage sein muss, die bestehende Mangellage zu beheben bzw günstig zu beeinflussen (ebenso Wiesner/Wiesner § 27 Rn 23). Es besteht mithin schon im Hinblick auf die gesetzlichen Leistungsvoraussetzungen eine **Wechselbeziehung zwischen Problemlage und Jugendhilfeangebot** (Trenczek 2002, 3). An der Eignung fehlt es also zB, wenn ein Bedarf an ausschließlich schulischen oder beruflichen Hilfen ohne Verbindung zu einem sozialpädagogischen Bedarf oder rein materieller Unterstützung besteht. Allerdings ist eine pädagogische Förderung des jungen Menschen im Rahmen von HzE zum Abbau von Benachteiligungen im Bildungsbereich grundsätzlich geeignet. Bei Bedarf sind sowohl Minderbegabte als auch Teil- oder Hochbegabte zu fördern (Möller/Nix/Hartleben-Balidon § 27 Rn 1). In diesem Zusammenhang kommen etwa auch Leistungen für eine Legastheniker-Therapie im Rahmen von HzE in Frage (VGH BW 31.5.2005 –7 S 2445/02; aA VGH BW 6.4.2005 – 9 S 2633/03). Neben dieser generellen Eignung von HzE ist auch erforderlich, dass die konkret zu leistende Hilfe geeignet ist. Zweifel an der Geeignetheit bestehen, wenn die Hilfe von den Leistungsberechtigten bzw -empfängern nicht gewollt oder akzeptiert wird. Nach der Formulierung des Abs. 1 kann ein Anspruch der Personensorgeberechtigten nur auf eine im Einzelfall geeignete Hilfe bestehen. Eine ungeeignete Hilfe kann also weder vom Träger der öffentlichen Jugendhilfe in rechtmäßiger Weise gewährt, noch von den Personensorgeberechtigten in Ausübung ihres Wunsch- und Wahlrechts eingefordert werden.

10   Die **Notwendigkeit** der Hilfe setzt voraus, dass HzE auch nötig ist, um die Mangellage zu beheben. Ebenso wie hinsichtlich der Eignung der Hilfe gilt auch hier, dass zunächst HzE generell notwendig sein muss, um den erzieherischen Bedarf des Minderjährigen zu decken. Zudem kann ein Anspruch nur auf eine im konkreten Fall notwendige Hilfe bestehen. Eine konkrete Hilfe ist dann nicht notwen-

dig, wenn der bestehende erzieherische Bedarf auch mit einer weniger intensiven Hilfe gedeckt werden kann.

HzE ist überhaupt nicht notwendig, wenn die Personensorgeberechtigten selbst mit vertretbarem Auf- **11** wand in der Lage sind, eine dem Wohl des Minderjährigen entsprechende Erziehung zu gewährleisten (Vorrang der Selbsthilfe). Notwendig ist HzE auch dann nicht, wenn der bestehende erzieherische Bedarf durch kostenlose Hilfe Dritter abgewandt werden kann. Teilweise wird systematisch ungenau bereits der erzieherische Bedarf verneint, wenn das Wohl des Minderjährigen zwar nicht durch die Personensorgeberechtigten, wohl aber anderweitig sichergestellt wird (BVerwG NJW 1997, 2831). Für die Verwandtenpflege stellt Abs. 2a seit der Gesetzesänderung im Wege des KICK zum 1. 10. 2005 allerdings klar, dass der Anspruch auf HzE nicht dadurch entfällt, dass eine unterhaltspflichtige Person bereit ist, das Kind außerhalb des Elternhauses zu erziehen (ausführlich Rn 23f). Insoweit ist die einschränkende Rechtssprechung des BVerwG (FEVS 47, 433) nun überholt.

III. Rechtsfolge

Sind die Voraussetzungen gegeben, so besteht ein **zwingender Rechtsanspruch** auf HzE (VorKap. 2 **12** Rn 8). Wie schon aus dem Wortlaut erkennbar, muss es sich um **sozialpädagogische, erzieherische Hilfen** handeln. Diese sind das Kernstück der HzE. Abs. 3 verdeutlicht dies für die im Zusammenhang der Hilfen zur Erziehung häufig wichtigen therapeutischen Leistungen und Ausbildungs- und Beschäftigungshilfen. Fehlt es an der vorrangigen erzieherischen Hilfe, so sind für die anderen Hilfen ggf andere Leistungsträger (zB ARGE, Job-Center, Sozialhilfeträger) und nicht die Jugendhilfeträger zuständig. Dies gilt etwa dann, wenn nur materielle Hilfen (§ 39) geleistet werden, hier besteht der Vorrang des Sozialhilfeträgers bzw des Trägers nach SGB II; wenn therapeutische Leistungen nur zum Zwecke der Krankenbehandlung stattfinden, dann besteht entsprechend § 10 gem. § 27 SGB V der Vorrang der Krankenkassen (§ 10 Rn 10ff).

Der **öffentliche Träger** erlangt beim Vorliegen der Tatbestandsvoraussetzungen **keine eigenständigen** **13** **Rechtspositionen**. So steht ihm insbesondere kein eigenständiges Erziehungsrecht zu, auch dann nicht, wenn im Rahmen der HzE Minderjährige außerhalb der Herkunftsfamilie untergebracht sind (zur Vertretungskompetenz der konkreten betreuenden Personen nach § 1688 BGB s. § 38; vgl auch § 9 Rn 2ff). Die Gewährung von HzE setzt in jedem Fall das **Einverständnis der Personensorgeberechtig-ten** voraus, da die Annahme von Sozialleistungen stets zur Disposition des Anspruchsberechtigten steht (OVG NW 12. 9. 2002 – 12 A 4352/01 – ZfJ 2003, 152, dazu Tammen UJ 2004, 90ff). Sind sie zur Annahme einer solchen Hilfe nicht bereit und liegt lediglich ein erzieherischer Bedarf nach § 27 vor, so kann ihnen die Hilfe nicht aufgenötigt werden. Liegt über die Voraussetzungen des § 27 hinaus auch eine Gefährdung des Wohls des Minderjährigen im Sinne des **§ 1666 BGB** vor und ist zu deren Abwendung die von den Personensorgeberechtigten abgelehnte Hilfe erforderlich, so hat sich der öffentliche Träger gem. § 8a Abs. 3 an das Familiengericht zu wenden (vgl § 8a Rn 49ff). Im Rahmen der Änderung des § 1666 BGB durch das Gesetz zur Erleichterung familiengerichtlicher Maßnahmen bei Gefährdung des Kindeswohls im Juli 2008 ist in Absatz 3 ein beispielhafter Katalog möglicher Maßnahmen des Familiengerichts zur Abwendung der Gefahr aufgenommen worden. Hier werden zur Verdeutlichung der Bandbreite möglicher Maßnahmen auch unterhalb der Schwelle des Sorgerechtsentzugs verschiedene Alternativen genannt und dabei ausdrücklich die Möglichkeit angesprochen, **Gebote an die Eltern zu richten, öffentliche Hilfen in Anspruch zu nehmen.** Es bleibt abzuwarten, inwieweit die Gerichte diese Maßnahme nutzen werden. In jedem Fall ist auch hier § 36a zu beachten, nachdem das JA die Kosten grundsätzlich nur dann zu tragen hat, wenn die Hilfe auf Grundlage seiner Entscheidung nach Maßgabe des Hilfeplans erbracht wird (vgl Rn 45ff).

Um die Realisierung von Hilfen zur Erziehung nach einem **(Teil-)Entzug der elterlichen Sorge** zu er- **14** möglichen, ist es nicht ausreichend, dass das Familiengericht den Eltern des Minderjährigen nur das Aufenthaltsbestimmungsrecht entzieht und auf einen Pfleger überträgt, wie dies bis vor einigen Jahren überwiegend praktiziert wurde (Anhang § 50 Rn 41). Der **Aufenthaltsbestimmungspfleger** ist nicht Inhaber der Teilaspekte der elterlichen Sorge, die die Entscheidungsbefugnis über die Inanspruchnahme von HzE beinhalten. Es ist daher erforderlich, dass das Familiengericht den Eltern die **gesamte Perso-nensorge** entzieht, oder zumindest ausdrücklich die Berechtigung, über die Inanspruchnahme von Hilfe zur Erziehung zu entscheiden und am Hilfeplanprozess mitzuwirken und die jeweiligen Rechtspositionen auf einen Pfleger überträgt (Rn 35ff).

1. Bestimmung der konkreten Hilfe

15 § 27 verknüpft das Vorliegen der Anspruchsvoraussetzungen (Nichtgewährleistung einer dem Wohl des Minderjährigen entsprechenden Erziehung, Eignung und Notwendigkeit der Hilfe) nicht mit einer bestimmten Hilfeart als Rechtsfolge, sondern sagt nur allgemein, dass ein Anspruch auf HzE besteht. Die Kriterien der Eignung und Notwendigkeit der Hilfe in Verbindung mit dem erzieherischen Bedarf konkretisieren den Anspruch auf HzE bereits bei den Tatbestandsvoraussetzungen in hohem Maße: Ein Anspruch besteht nur auf eine zur Deckung des jeweiligen individuellen erzieherischen Bedarfs geeignete und notwendige Hilfe. Somit kommt es für die einzelne Hilfe entscheidend auf die **konkrete Situation** an; je **genauer** diese eruiert wird, desto **präziser** lässt sich die konkrete Hilfe benennen. Deswegen kommt der sozialpädagogischen Diagnose und der Entwicklung des Hilfeplans nach § 36 eine große Bedeutung zu. Insofern sind das Ob (Vorliegen der Voraussetzung) und das Wie (welche konkrete Hilfe) eng miteinander verbunden.

16 Indem sich der Anspruch bereits bei der Bestimmung seiner Voraussetzungen anhand des individuellen erzieherischen Bedarfs konkretisiert, verbietet sich die Annahme, der öffentliche Träger könne die im Einzelfall zu leistende Hilfe aus einem breiten Spektrum von möglichen Hilfearten auswählen, für ein **Ermessen ist kein Raum** (Tammen 2007 Rn 67; Trenczek 2002, 3, vgl Rn 57). Bei gründlicher Ermittlung des erzieherischen Bedarfs aufgrund einer fachlichen Standards genügenden psychosozialen/sozialarbeiterischen Diagnose (s. Vor§ 27 Rn 25; hierzu Harnach 2007; Schrapper 2004; Trenczek 2008, 40 ff) wird nur eine geringe Bandbreite von Hilfen in Frage kommen, die sowohl notwendig als auch geeignet zur Besserung der Mangellage sind. Denkbar bleibt, dass verschiedene Hilfen möglich bzw mehrere Hilfen zugleich nötig sind. In diesen Fällen ist unter Berücksichtigung der **gesetzlichen Verhältnisse der Hilfen** untereinander (Rn 17) und des **Wunsch- und Wahlrechts** der Betroffenen (Rn 29 ff) die konkrete Hilfe zu ermitteln.

2. Die in Abs. 2 benannten Rechtsfolgen

17 Nach **Abs. 2** wird HzE insbesondere nach Maßgabe der §§ 28 bis 35 gewährt. Der Begriff „insbesondere" besagt, dass es sich bei den angesprochenen §§ 28 bis 35 nicht um einen abschließenden Katalog möglicher Hilfen handelt. Es handelt sich dabei um eine Auflistung standardisierter, etablierter Erziehungshilfen, die sich in der Praxis noch unter Geltung des JWG entwickelt haben. Es ist nicht erforderlich, einzelne Leistungen den Hilfearten der §§ 28 bis 35 zuzuordnen. So ist sowohl der Übergang von einer Hilfe zu einer anderen möglich als auch die Gewährung mehrerer Hilfen nebeneinander, soweit sie sich nicht hinsichtlich ihrer inhaltlichen Ausrichtung gegenseitig ausschließen (hM Wiesner/Wiesner § 27 Rn 29; DIJuF JAmt 2002, 118). Zudem ist die Entwicklung neuer, individueller Hilfen möglich und vielfach aufgrund des besonderen erzieherischen Bedarfs auch notwendig. Die Mitarbeiter des JA dürfen sich nicht mit dem Standardkatalog der erzieherischen Hilfen zufrieden geben, sondern müssen im konkreten Einzelfall „maßgeschneiderte" (entsprechend der niederländischen Konzeption „hulp naar maat") Leistungen entwickeln (zur Flexibilisierung der HzE s. Vor§ 27 Rn 14 ff). So kommt etwa als atypische HzE außerhalb des Elternhauses im Anschluss an die Drogenentziehung der Eltern die Unterbringung des Kindes gemeinsam mit seinen Eltern in einer Nachsorgeeinrichtung in Betracht (VGH HE 12.12.2000 – 1 TG 3964/00 –ZfJ 2002, 71 f). Möglich ist zB auch die Unterbringung in einer Mutter-Kind-Einrichtung des Strafvollzugs im Rahmen von HzE (BVerwG 12.12.2002 – 5 C 48.01 – FEVS 54, 311 ff; vgl dazu Tammen UJ 2004, 43 ff) Die JÄ werden künftig noch stärkere Anstrengungen unternehmen müssen, um flexible, bedarfsgerechte Hilfen anzubieten bzw zu initiieren (zum quantitativen Umfang flexibler Hilfen vgl Schilling KOMDAT 3/2001, 1 f).

18 **Umstritten** ist, ob auch im SGB VIII **anderweitig angesprochene Angebote** als HzE in Frage kommen, zB Beratungsangebote, Angebote der Familienerholung oder der Betreuung Minderjähriger in Tageseinrichtungen. Dies ist **im Ergebnis zu bejahen** (hM, vgl etwa VG Frankfurt/M. ZfJ 1991, 604 f; VG Frankfurt/M. ZfJ 1991, 606; OVG SH ZfJ 1994, 396 zur Tagespflege; ausführlich Münder ZfJ 1991, 290 f, in Auseinandersetzung mit Kunkel ZfJ 1991, 145 ff). § 27 gewährt Anspruch auf sozialpädagogische, erzieherische Hilfe, die geeignet und notwendig ist, einen bestehenden erzieherischen Bedarf zu decken. Liegen die Voraussetzungen des § 27 Abs. 1 vor und erweist sich im Einzelfall eine Hilfe als geeignet und notwendig, die bereits in einem anderen Abschnitt des Gesetzes als Angebot vorgesehen ist, so würde es eine ungerechtfertigte Schlechterstellung des Anspruchsberechtigten bedeuten, ihm diese Hilfe als HzE zu versagen (aA unter Hinweis auf die Systematik des Gesetzes Wiesner/Wiesner § 27 Rn 24). Aber auch sozialpädagogisch-konzeptionell sowie aus ökonomischen Gründen ist eine

Versagung von in aller Regel niedrigschwelligen Leistungen und eine Verweisung auf intensivere Erziehungshilfen im Rahmen eines HzE-Rechtsanspruches nicht sinnvoll.

Die Hilfen der §§ 28 bis 35 sind systematisch hinsichtlich ihrer Intensität geordnet. Der **Katalog** beginnt in § 28 mit der Erziehungsberatung und setzt sich mit immer intensiver werdenden Hilfen bis zur intensiven sozialpädagogischen Einzelbetreuung in § 35 fort. Bei den §§ 28 bis 31 handelt es sich um ambulante Hilfen, es folgt mit der Erziehung in einer Tagesgruppe eine teilstationäre Hilfe, bevor in §§ 33 und 34 vollstationäre Hilfen angesprochen werden. Aus der Systematik ergibt sich **keine rechtliche Rangfolge der Hilfen**. Es ist nicht etwa mit der schwächsten Hilfe zu beginnen, bevor zu intensiveren Hilfen übergegangen werden kann. Maßgeblich ist allein der erzieherische Bedarf. Die Intensität der Hilfen spielt eine Rolle bei der **Frage der Notwendigkeit** der Hilfe. Wenn bereits eine weniger intensive Hilfe voraussichtlich in der Lage sein wird, den erzieherischen Bedarf zu decken, ist eine intensivere Hilfe nicht notwendig, auf sie besteht kein Anspruch. Einen Hinweis auf den Vorrang von Hilfen, die das engere soziale Umfeld des Minderjährigen erhalten, gibt auch § 1666 a BGB. Hiernach soll eine Trennung des Minderjährigen von der elterlichen Familie nur dann vorgenommen werden, wenn andere Hilfen nicht möglich sind. Obwohl § 1666 a BGB unmittelbar nur Anwendung auf das familiengerichtliche Verfahren in Fällen der Kindeswohlgefährdung hat, lässt sich hieraus eine Wertung entnehmen, die sozialisationsfelderhaltende Hilfen favorisiert. Ist jedoch das familiäre Umfeld des Minderjährigen auch mit Unterstützung nicht hinreichend tragfähig, um sein Wohl zu gewährleisten, so kommt als geeignete Hilfen nur eine Hilfe in Form einer Fremdunterbringung in Frage, die auch unmittelbar, ohne vorheriges „Ausprobieren" anderer Hilfen zu erbringen ist (ebenso Wiesner/Wiesner § 27 Rn 28).

Mit dem KICK wurde zum 1. Oktober 2005 **Abs. 2 Satz 3** eingefügt, wonach HzE **in der Regel im Inland** zu erbringen ist. Die Hilfe darf nur dann im Ausland erbracht werden, wenn dies nach Maßgabe der Hilfeplanung zur Erreichung des Hilfeziels im konkreten Einzelfall erforderlich ist. Hintergrund der Regelung ist die Tatsache, dass vor der Gesetzesänderung sich die Möglichkeit der Steuerung und Kontrolle insbesondere intensivpädagogische Projekte im Ausland als sehr eingeschränkt erwiesen hat (BT-Drucks. 15/3676, 35). So gerieten mehrfach Fälle in das Zentrum der Aufmerksamkeit, in denen sich Teilnehmer derartiger Projekte im Ausland delinquent verhielten. Vereinzelt hatte dies zur Folge, dass deutsche Betreuungsprojekte dort nicht mehr zugelassen werden bzw dass ein solcher Schritt erwogen wurde. Die pädagogischen Konzepte der verantwortlichen Träger wurden – nicht zuletzt in den Medien und in der Öffentlichkeit – scharf kritisiert. Kritik machte sich auch daran fest, dass die Durchführung intensivpädagogischer Projekte im Ausland nicht selten mit erheblichen Kosten verbunden ist („Pädagogik unter Palmen"), während vergleichbare Maßnahmen im Inland unter Umständen preisgünstiger zu realisieren sein könnten. Andererseits ist jedoch nicht zu verkennen, dass Auslandsmaßnahmen oft kostengünstiger sind als eine vollstationäre Unterbringung im Inland. Aufgrund der genannten Probleme und Risiken besteht nun die Möglichkeit derartiger Maßnahmen im Ausland nur noch in Einzelfällen. Die verantwortliche Fachkraft hat hierzu im **Hilfeplan nachvollziehbar zu begründen**, weshalb im konkreten Einzelfall die **Erbringung der Hilfe im Inland nicht erfolgsversprechend** ist. Der Neuregelung kommt vor allem eine klarstellende Bedeutung zu, da auch vor der Gesetzesänderung die Durchführung einer Hilfe im Ausland aus fachlichen Gründen einer Begründung bedurfte.

Obwohl der Wortlaut die Erbringung von HzE generell im Regelfall auf das Inland beschränkt, sollen nach der Gesetzesbegründung **nicht alle Auslandsaufenthalte im Rahmen von HzE von der Regelung umfasst** sein. Danach sollen mit der Regelung nur solche Maßnahmen erfasst werden, die in einem Hilfeplan nach § 36 definierte Ziele der Nachsozialisation und Reintegration verfolgen. Nicht darunter fallen dagegen Auslandsaufenthalte im Rahmen der HzE, die der Erholung, Freizeit, Bildung oder Ausbildung dienen oder die nicht aus pädagogischen Gründen veranlasst sind (BT-Drucks. 15/3676, 35).

Soll die HzE im Ausland erbracht werden, so ist auch § 36 Abs. 3 2. Halbsatz zu beachten, der ebenfalls im Rahmen des KICK neu in das Gesetz eingefügt worden ist. Für den Fall, dass die Hilfe ganz oder teilweise im Ausland erbracht werden soll, soll zum Ausschluss einer seelischen Störung mit Krankheitswert die Stellungnahme einer in § 35 a Abs. 1 a Satz 1 genannten Person eingeholt werden (vgl § 36 Rn 35 ff). Zu diesem Personenkreis gehören Ärzte für Kinder- und Jugendpsychiatrie und -psychotherapie, Kinder- und Jugendpsychotherapeuten und Ärzte oder psychologische Psychotherapeuten, die über besondere Erfahrungen auf dem Gebiet seelischer Störungen bei Kindern und Jugendlichen verfügen (vgl § 35 a Rn 47 ff).

19

20

21

22

3. HzE durch unterhaltspflichtige Personen nach Abs. 2 a

23 Durch das KICK wurde zum 1. Oktober 2005 Absatz 2 a eingefügt. Danach entfällt ein Anspruch auf HzE nicht dadurch, dass eine dem Kind gegenüber unterhaltspflichtige Person bereit ist, dieses außerhalb des Elternhauses zu erziehen. Der Hintergrund dieser Regelung liegt darin, dass das BVerwG in seiner Rechtsprechung zur Verwandtenpflege die Möglichkeit von Vollzeitpflege im Haushalt unterhaltspflichtiger Personen deutlichen Einschränkungen unterworfen hatte (BVerwG 12.9.1996 – 5 C 31.95 – FEVS 47, 433; 4.9.1997 – 5 C 11.96 –48, 289; zur Kritik vgl Zeitler NDV 1997, 249 f; Grube ZfJ 1997, 366 ff; Happ NJW 1998, 2411 ff; Tammen JugR Nr. 1 zu § 33, UJ 2004, 391 ff). Der Gesetzgeber wollte durch die Einfügung des Absatz 2 a die Vollzeitpflege im Interesse der betroffenen Minderjährigen als HzE auch für Großeltern offen halten. Durch die klarstellende Regelung sollte sichergestellt werden, dass die **Bereitschaft unterhaltspflichtiger Personen, das Kind in ihren Haushalt aufzunehmen,** den Anspruch auf **HzE in Form von Vollzeitpflege** bei diesen Personen **nicht ausschließt** (BT-Drucks. 15/3676, 35 f). Voraussetzung dafür, dass die Erziehung im Haushalt einer unterhaltspflichtigen Person als HzE in Form von Vollzeitpflege stattfinden kann, ist, dass die betreffende Person bereit und geeignet ist, den Hilfebedarf in Zusammenarbeit mit dem öffentlichen Jugendhilfeträger nach Maßgabe der §§ 36, 37 zu decken. Nach § 39 Abs. 4 Satz 4 können allerdings die Leistungen zum Unterhalt des Kindes gekürzt werden, wenn die Pflegeperson dem Kind gegenüber unterhaltspflichtig ist (vgl § 39 Rn 24 f).

24 Laut Gesetzesbegründung folgt aus der Regelung in Absatz 2 a auch, dass **nicht jede Unterbringung** eines Minderjährigen **in dem Haushalt einer unterhaltspflichtigen Person automatisch im Rahmen von HzE** erfolgt. Voraussetzung ist immer, dass im Einzelfall die Voraussetzungen des § 27 Abs. 1 vorliegen, die Unterbringung bei den Großeltern also geeignet und notwendig ist, um einen erzieherischen Bedarf des Kindes oder des Jugendlichen zu decken. Sofern bei einem solchen Betreuungsverhältnis ausschließlich ein finanzieller Bedarf zu decken ist und kein erzieherischer, kommt nicht § 27 zur Anwendung, sondern für das Kind oder den Jugendlichen kommen Leistungen nach dem SGB II oder Hilfe zum Lebensunterhalt nach dem SGB XII in Betracht (BT-Drucks. 15/3676, 36).

4. Die Ausgestaltung der Hilfe – Abs. 3

25 **Abs. 3** trifft Aussagen zu den schwerpunktmäßigen Leistungsinhalten der HzE. **Wesentliche Bestandteile der Hilfe** sind insbesondere **pädagogische** und **damit verbundene therapeutische Leistungen.** Therapeutische Leistungen kommen damit im Rahmen von HzE nicht als eigenständige Hilfeart in Betracht, sondern sind nur in Verbindung mit pädagogischen Leistungen zu gewähren. Ihnen kommt damit eine die Pädagogik flankierende Funktion zu. Die therapeutischen Leistungen sollen den pädagogischen Prozess unterstützen, fördern und im Extremfall überhaupt erst (wieder) ermöglichen (Wiesner/Wiesner § 27 Rn 32).

26 Nach Abs. 3 Satz 2 soll die HzE bei Bedarf **Ausbildungs- und Beschäftigungsmaßnahmen** iSv § 13 Abs. 2 einschließen (ausführlich vgl § 13 Rn 15 ff). Die Regelung trägt dem Umstand Rechnung, dass das Erlernen eines Berufs ein wichtiger Beitrag für das Selbständigwerden junger Menschen und die Entwicklung zu einer eigenverantwortlichen und gemeinschaftsfähigen Persönlichkeit ist. Am wichtigsten ist die Berufsausbildung im Zusammenhang mit Hilfen nach §§ 33 bis 35, die außerhalb des Elternhauses geleistet werden. Allerdings kommen die Maßnahmen auch für Jugendliche in Betracht, für die HzE geleistet wird, während sie noch im Elternhaus leben.

27 Bezüglich der Ausbildungs- und Beschäftigungsmaßnahmen ist die **Abgrenzung** der **Zuständigkeit** von den Trägern der Grundsicherung für Arbeitssuchende nach dem **SGB II** zu beachten. Nach § 10 Abs. 3 Satz 1 gehen Leistungen nach dem SGB VIII den Leistungen nach dem SGB II vor. Allerdings gehen abweichend von diesem Grundsatz nach § 10 Abs. 3 Satz 2 Leistungen nach § 3 Abs. 2 und §§ 14 bis 16 SGB II den Leistungen des SGB VIII vor. Nach § 3 Abs. 2 SGB II sind erwerbsfähige Hilfebedürftige, die das 25. Lebensjahr noch nicht vollendet haben, unverzüglich nach Antragstellung auf Leistungen nach dem SGB II in eine Arbeit, eine Ausbildung oder eine Arbeitsgelegenheit zu vermitteln. Unter Hinweis auf die Vorrangigkeit von § 3 Abs. 2 SGB II erfolgt teilweise in der Praxis ein Rückzug der Jugendhilfe aus dem Bereich der Ausbildungs- und Beschäftigungsmaßnahmen. Dabei wird jedoch verkannt, dass die Vorrangigkeit der Leistungen des SGB II nur soweit gilt, wie die in Frage kommenden Angebote der Jugendhilfe vom Ziel und ihrer Ausrichtung her wirklich identisch mit der Leistung des SGB II sind. Geht es dagegen in erster Linie um eine sozialpädagogische Leistung für den jungen Menschen, insb. um den Ausgleich von sozialer Benachteiligung oder individueller Beeinträchtigungen,

so bleibt es bei der Leistungsverpflichtung der Kinder- und Jugendhilfe (vgl Münder/Münder SGB II § 3 Rn 17 mwN; § 13 Rn 28 ff; Tammen UJ 2009, 34 ff).

5. HzE bei minderjährigen Müttern nach Abs. 4

Durch das KICK wurde zum 1. Oktober 2005 der Abs. 4 eingefügt, der den Umfang von HzE bei **28**
jungen Mädchen regelt, die während ihres Aufenthalts in einer Einrichtung oder einer Pflegefamilie im Rahmen von HzE selbst Mutter eines Kindes werden. Durch die Vorschrift wird die HzE ausdrücklich auf die Unterstützung des jungen Mädchens bei der Pflege und Erziehung ihres Kindes erstreckt. Anspruchsinhaberin ist die junge Mutter. Demzufolge müssen für das neugeborene Kind nicht die Voraussetzungen des § 27 Abs. 1 auf HzE vorliegen. Die Regelung soll verhindern, dass sich die Hilfestellung in Bezug auf die Geburt des Kindes und die Mutterrolle des jungen Mädchens auf das Leistungsspektrum des § 19 beschränkt. Es soll sichergestellt werden, dass die weitergehenden Hilfemöglichkeiten der HzE auch für diese spezifische Lebenslage zum Tragen kommen, zB therapeutische Leistungen erbracht werden können, die im Leistungsbereich des § 19 nicht vorgesehen sind. Zudem soll die Unterstützung nicht auf die Rolle als Mutter beschränkt werden, sondern auch darüber hinaus Hilfe zur individuellen Persönlichkeitsentwicklung des jungen Mädchens leisten. Durch die Neuregelung in Abs. 4 soll gewährleistet werden, dass die Minderjährige die ihrem Bedarf entsprechende Hilfe erhält und das neugeborene Kind in die Leistung einbezogen wird. Die Leistungen zum Unterhalt nach § 39 umfassen auch den notwendigen Unterhalt dieses Kindes (vgl § 39 Rn 2). Ebenso ist für dieses Kind Krankenhilfe nach § 40 zu erbringen. Der Vater und die Mutter des neugeborenen Kindes können als Elternteile zu der Leistung für ihr Kind zu den Kosten herangezogen werden (§ 92 Abs. 1 Nr. 5).

6. Mitwirkung der Betroffenen, Wunsch- und Wahlrecht

Entscheidende Bedeutung für die Bestimmung der konkreten Hilfe im Einzelfall haben die **Verfah-** **29**
rensvorschriften der §§ 36, 37. Von Bedeutung sind hier insbesondere die Berücksichtigung des Wunsch- und Wahlrechts, das Zusammenwirken zwischen mehreren Fachkräften und die gemeinsam mit den Personensorgeberechtigten und Minderjährigen vorzunehmende Aufstellung des Hilfeplans (zur **Hilfeplanung** s. Vor§ 27 Rn 23 ff; § 36 Rn 46 ff). Diese Bestimmungen sind Ausdruck der Ausrichtung der Leistungen des SGB VIII an den Leistungsberechtigten und Leistungsempfängern: Betroffene sind nicht Objekt, sondern Subjekt des Hilfeprozesses, und Hilfe zur Selbsthilfe kann nur dort gelingen, wo die Beteiligten soweit wie möglich in ihrer Subjektstellung ernst genommen werden.

Für die Auswahl der konkreten HzE ist § 36 **von besonderer Bedeutung.** Hier wird nochmals besonders **30**
auf das Wunsch- und Wahlrecht hingewiesen, das gemäß § 5 für die gesamte Jugendhilfe gilt (§ 5 Rn 2 ff). Das **Wunsch- und Wahlrecht** bezieht sich ausschließlich auf geeignete und erforderliche Hilfen, denn nur auf eine solche Hilfe kann nach § 27 Abs. 1 ein Anspruch bestehen. Ebenso wenig wie der öffentliche Träger können die Anspruchsinhaber also eine Hilfe aus einem breiten Spektrum abstrakt möglicher Hilfearten auswählen. Es geht im Wesentlichen um die Ausgestaltung der (geeigneten und erforderlichen) HzE. Die Vorstellungen der Betroffenen sind allerdings bereits bei den Voraussetzungen des § 27 von Bedeutung, da sie die Eignung der Hilfe beeinflussen. Die Wirkung erzieherischer Hilfen hängt entscheidend von der Akzeptanz derer ab, für die sie gedacht sind. Bei Ablehnung oder Verweigerung durch die Betroffenen wird die von Professionellen angebotene Hilfe nur eine sehr bedingte Reichweite haben. Für die sozialpädagogische Arbeit ist es deswegen besonders wichtig, die Beteiligten für die Mitwirkung am Hilfeprozess zu gewinnen. Daher ist das Wunsch- und Wahlrecht zum Ausgangspunkt für die Entwicklung von Hilfeangeboten zu machen.

Im Rahmen des **Verfahrens nach** § 36 wird i.R.d. durch das Gesetz gegebenen Möglichkeiten, der **31**
Eignung und Notwendigkeit der Hilfe, jeweils die **konkrete Hilfe zur Erziehung bestimmt**. Falls eine Übereinstimmung nicht zu erzielen ist (Problemakzeptanz, Problemkongruenz und Hilfeakzeptanz), hat das JA zu prüfen, ob die Unterlassung der von ihm für erforderlich gehaltenen Leistung eine Kindeswohlgefährdung im Sinne des § 1666 BGB darstellt; ggf hat es gem. § 8 a Abs. 3 das Gericht zu informieren (vgl Rn 13). Für die Leistungsberechtigten, deren Vorstellungen bezüglich einer konkreten erzieherischen Hilfe (zB Pflegestelle statt Heimerziehung) vom Jugendamt abgelehnt wurden, stellt sich die Frage nach der verwaltungsgerichtlichen Überprüfung der Entscheidung des Jugendamtes (Rn 54 ff).

IV. Inhaber des Rechtsanspruchs

32   Inhaber des Rechtsanspruchs ist der/die **Personensorgeberechtigte** (zum Hintergrund dieses Vorverständnisses vgl § 1 Rn 12 ff). Die Tatsache, dass Minderjährige als Anspruchsinhaber nicht ausdrücklich genannt werden, brach mit §§ 5, 6 JWG, wonach Minderjährige Anspruchsinhaber der HzE waren (vgl im Einzelnen die 2. Aufl. § 27 Rn 20).

33   Der **Begriff des Personensorgeberechtigten** bestimmt sich nach den Regelungen des BGB (vgl § 7 Abs. 1 Nr. 5). Grundsätzlich sind dies die leiblichen **Eltern** oder ein alleinsorgeberechtigter leiblicher Elternteil, etwa die Mutter des Minderjährigen, wenn die Eltern nicht miteinander verheiratet sind und keine Sorgeerklärung abgegeben haben (§ 1626 a BGB) oder wenn einem Elternteil nach Trennung bzw Scheidung die alleinige Sorge übertragen worden ist (§ 1671 Abs. 1, 2 BGB). Bei gemeinsamer elterlicher Sorge ist grundsätzlich auch eine gemeinsame Rechtsinhaberschaft gegeben. Sofern der Anspruch beiden Elternteilen zusteht, haben auch beide die Berechtigung, über die Inanspruchnahme der Hilfe zu entscheiden. Entscheidet sich nur ein Elternteil für die Inanspruchnahme, kann die Hilfe gegen den entgegenstehenden Willen des anderen Elternteils nicht in rechtmäßiger Weise erbracht werden. Ist die Meinung eines Elternteils nicht bekannt, muss sie idR vor der Gewährung der Hilfe eingeholt werden. Etwas anderes kann nur bei einer niedrigschwellig angebotenen Hilfe von geringer Intensität gelten, wie etwa einer Erziehungsberatung (vgl § 36 a Abs. 2; Bundeskonferenz für Erziehungsbratung ZfJ 2002, 66, 67), wenn es sich also um keine wesentliche, die Personensorge erheblich tangierende Entscheidung handelt. Können sich die Eltern nicht einigen, kann ein Elternteil nach § 1628 BGB das Familiengericht zur Klärung der Frage anrufen.

34   Bei **getrennt lebenden Eltern**, denen die gemeinsame elterliche Sorge zusteht, hat gem. **§ 1687 Abs. 1 BGB** der Elternteil, bei dem sich das Kind mit Einwilligung des anderen Elternteils oder aufgrund gerichtlicher Entscheidung aufhält, die Befugnis zur alleinigen Entscheidung in Angelegenheiten des täglichen Lebens. Bei Entscheidungen, deren Regelung für das Kind von erheblicher Bedeutung ist, ist dagegen gegenseitiges Einvernehmen der Eltern erforderlich (zu den Angelegenheiten des täglichen Lebens und zu solchen von erheblicher Bedeutung vgl auch § 38 Rn 4 f). Ist eine dem Wohl des Minderjährigen entsprechende Erziehung nachhaltig beeinträchtigt und sind für ihre Gewährleistung Erziehungshilfen notwendig, die in das Erleben oder die Persönlichkeit des Minderjährigen mit tiefer, schwer abänderbarer Wirkung eingreifen, so geht die Entscheidung über derartige Maßnahmen über die Regelung von Angelegenheiten des täglichen Lebens hinaus (Bundeskonferenz für Erziehungsbratung ZfJ 2002, 66, 67). Jedenfalls bei Hilfen, die mit einer Fremdunterbringung verbunden sind, aber auch bei längeren ambulanten Hilfen handelt es sich nicht um Angelegenheiten des täglichen Lebens, sodass Einvernehmen beider Elternteile nötig ist (Wiesner/Wiesner § 27 Rn 11). Bei kürzeren, weniger intensiven Hilfen ist dagegen eine differenzierte Betrachtung des Einzelfalls erforderlich. Wenn eine dem Wohl des Minderjährigen entsprechende Erziehung vorübergehend nicht gewährleistet ist und mit einer Hilfe wiederhergestellt werden kann, die nicht tiefer in die Persönlichkeit des Minderjährigen einwirkt, ist die Entscheidung hierüber – ähnlich wie eine alltägliche medizinische Versorgung – Alltagsgeschäft des Elternteils, bei dem sich das Kind gewöhnlich aufhält und kann auch ohne Rücksprache mit dem anderen Elternteil in Anspruch genommen werden (Bundeskonferenz für Erziehungsbratung ZfJ 2002, 66, 67). Will ein Elternteil keine entsprechenden HzE und ergibt sich (daraus) eine Gefährdung des Kindeswohls, so ist ggf nach § 8 a Abs. 3 Satz 1 das Familiengericht anzurufen (vgl Rn 13; aA: Unbeachtlichkeit der Ablehnung wegen rechtsmissbräuchlicher Ausübung der elterlichen Sorge entsprechend § 242 BGB: Bundeskonferenz für Erziehungsbratung ZfJ 2002, 66, 67).

35   Ist der Minderjährige außerhalb seiner Herkunftsfamilie untergebracht, so ist die **Pflegeperson nicht im Rahmen des § 1688 BGB befugt**, einen Anspruch auf HzE gegenüber dem JA geltend zu machen (OVG NI 17.10.2008 – 4 LA 193/06 -; OVG SN 19.9.2006 – 5 B 327/06 -; ausführlich DIJuF-Rechtsgutachten JAmt 2004, 185 f; zur entsprechenden Regelung des § 38 SGB VIII aF OVG NW 28.3.2001 – L 68/01 –JAmt 2001, 426 ff). Falls die gesamte elterliche Sorge auf einen **Vormund** übertragen wurde, ist dieser Inhaber des Anspruches auf HzE. Wenn Teile der elterlichen Sorge auf einen **Pfleger** übertragen wurden, ist entscheidend, ob die Übertragung auch das Recht beinhaltet, HzE in Anspruch zu nehmen (VGH BY 24.11.2005 – 12 B 04.2024 - FEVS 57, 526 ff; vgl Rn 13). Bei § 1666 BGB zB findet oft der Entzug des Aufenthaltsbestimmungsrechtes statt. Dieses beinhaltet grundsätzlich nicht das Recht, Hilfen zur Erziehung in Anspruch zu nehmen (OVG NW 12.9.2002 – 12 A 4352/01 – ZfJ 2003, 152 ff, dazu Tammen UJ 2004, 90 ff; BVerwG 21.6.2001 – 5 C 6.00 –ZfJ 2002, 30 ff; VGH BW 19.4.2005 – 9S 109/03; aA LG Darmstadt FamRZ 1995, 1435 f: Entzug des Aufenthaltsbestimmungs-

rechts genüge, da es als „Annex" Erziehungs- und Betreuungskompetenz beinhaltet), und schließt die Eltern, die (noch) Personensorgeberechtigten sind, von der Hilfeplanung (§ 36) nicht aus.

Ist ein Vormund oder Pfleger zu bestellen, so ist zu beachten, dass Rechtsanspruchsverpflichteter der 36 HzE der öffentliche Jugendhilfeträger ist. Damit richtet sich der Anspruch gegen ihn. Nicht zuletzt deswegen ist zur Vermeidung von **Interessenskollisionen** im Einzelfall zu prüfen, ob nicht eine ehrenamtliche Einzelperson oder ein Verein (§ 1791 a BGB) vorrangig vor dem JA zum **Vormund bzw Ergänzungspfleger** bestellt werden kann (§ 1791 b Abs. 1 BGB). Wird das JA bestellt, so müssen die zwingend personal getrennten Bediensteten unterschiedliche Rollen wahrnehmen: die des Personensorgeberechtigten als Antragsteller und die des verantwortlichen Leistungsverpflichteten sowie des Gewährleistungsträgers nach § 79 (hierzu StJA Mannheim DAVorm 2000, 735; Hauser JAmt 2002, 6; Meysen 2002; Hansbauer/Mutke/Oelerich 2004).

Ist ein Vormund oder Pfleger Personensorgeberechtigter im Sinne des Abs. 1, so kommt es für den 37 Anspruch auf HzE nicht darauf an, ob diese Person bzw das JA als bestellter Amtsvormund oder Amtspfleger willens und in der Lage ist, eine dem Wohl des Minderjährigen entsprechende Erziehung selbst zu gewährleisten. Bei der Frage, ob ein erzieherischer Bedarf des Minderjährigen besteht, wird nach wie vor darauf abgestellt, ob die Eltern als ursprünglich Verpflichtete eine dem Wohl des Minderjährigen entsprechende Erziehung gewährleisten. Der **Anspruch** fällt also nicht weg, **wenn Vormund oder Pfleger den erzieherischen Bedarf selbst decken** (einschränkend VGH BY 24.11.2005 – 12 B 04.2024 – FEVS 57, 526 ff). Daher ist auch HzE durch Vollzeitpflege in der Familie des Vormunds möglich (OVG NI FEVS 43, 157 ff). Erzieher in einer Einrichtung, in der Kind oder der Jugendliche betreut wird, dürfen nicht zum Vormund bestellt werden (§ 1791 a Abs. 3 Satz 1 Halbs. 2 BGB).

Besonders umstritten ist, ob Minderjährige selbst die Inhaber des Rechtes auf HzE sein können. Die 38 unterschiedlichen Positionen haben mit dem Grundverständnis des Verhältnisses Minderjährige–Eltern–Jugendhilfe zu tun (vgl § 1 Rn 12 ff). Auf der Grundlage der aktuellen Fassung des § 27 kommt ein **eigenständiger Rechtsanspruch der Minderjährigen** nicht in Frage. Der Zuweisung des Rechtsanspruchs an die Personensorgeberechtigten liegt die Vorstellung zugrunde, das Elternrecht aus Art. 6 Abs. 2 Satz 1 GG verbiete es, den Minderjährigen eigene Rechtspositionen einzuräumen, die dazu führen könnten, dass der Staat als Anspruchsverpflichteter hinsichtlich der Erziehung in Konkurrenz zu den Eltern tritt (Wiesner/Wiesner § 27 Rn 3 ff). Eine solche Konkurrenz würde jedoch im Hinblick auf die Stellung der personensorgeberechtigten Eltern als gesetzliche Vertreter des Minderjährigen ohnehin im Regelfall nicht eintreten. Der Minderjährige kann seine Ansprüche nur durch seine gesetzlichen Vertreter geltend machen. Erst mit Vollendung des 15. Lebensjahrs können Ansprüche auf Sozialleistungen durch den Minderjährigen selbst geltend gemacht werden (§ 36 Abs. 1 SGB I). Diese Handlungsfähigkeit kann jedoch durch den gesetzlichen Vertreter eingeschränkt werden (§ 36 Abs. 2 Satz 1 SGB I). Eine vom Minderjährigen initiierte staatliche Erziehung entgegen den elterlichen Erziehungsvorstellungen wäre nicht zu befürchten. Eine Zuweisung des Rechtsanspruchs an die Minderjährigen im Wege einer Gesetzesänderung wäre also **verfassungsrechtlich zulässig** (vgl auch § 1 Rn 16 ff). Zudem ist nach dem Grundrechtsverständnis des GG das Kind in seiner Individualität selbst Grundrechtsträger (vgl BVerfG 29.7.1968 – 1 BvL 20/63 –E 24, 119, 144), weshalb ein eigenständiges Recht auf Erziehungshilfe durchaus systemimmanent wäre.

Auf der **Grundlage der aktuellen Gesetzeslage** gilt bezüglich der Inhaberschaft des Rechtsanspruchs 39 Folgendes: Wenn zwischen Personensorgeberechtigten und Minderjährigen **Interessenidentität** hinsichtlich der Inanspruchnahme von erzieherischen Hilfen besteht, entstehen keine rechtlichen Probleme. Wenn Minderjährige (faktisch vornehmlich Jugendliche) aktiv werden (vgl § 8 Abs. 2), um HzE zu erhalten, so können sie dies verfolgen, wenn die **Personensorgeberechtigten einverstanden** sind, ihre Aktivitäten **billigen** oder **dulden**.

Wenn sich Kinder und Jugendliche in Konfliktlagen ohne Kenntnis ihrer Eltern an das JA wenden 40 (§ 8 Abs. 3), so muss dies das JA veranlassen, von Amts wegen zu prüfen, ob HzE in Betracht kommen. Ohne Einschaltung der Eltern ist aber eine Bewilligung von HzE nicht möglich. Rechtlich zum Problem wird also die Rechtsinhaberschaft der Personensorgeberechtigten, wenn es zu **Gegensätzen zwischen Sorgeberechtigten und Minderjährigen** kommt und Minderjährige gegen den Willen der Personensorgeberechtigten HzE in Anspruch nehmen wollen. Wenn hier eine dem Wohl des Minderjährigen entsprechende Erziehung nicht gewährleistet ist, ist eine Realisierung des Rechtsanspruchs nicht möglich, es sei denn, es läge zugleich eine Gefährdung des Wohls des Minderjährigen iS von § 1666 BGB vor (vgl Rn 13). In diesen Fällen ist das FamG einzuschalten (vgl § 8 a Abs. 3). Da nur bei der Gefährdung des Wohls des Minderjährigen eine gerichtliche Entscheidung im Rahmen von § 1666 BGB möglich ist, bleibt somit dort eine Lücke, wo das Wohl des Minderjährigen „nur" nicht gewährleistet ist.

41 Teilweise wird vorgeschlagen, diese Lücke entsprechend dem vom BVerfG entwickelten Grundsatz (§ 1 Rn 23) zu schließen, dass bei möglichen Interessenkonflikten zwischen Sorgeberechtigten und Minderjährigen zur Interessenwahrnehmung für die Minderjährigen ein **Verfahrensbeistand** (§ 158 Abs. 1 Nr.1 FamFG, früher Verfahrenspfleger, s. Anhang § 50 Rn 77 ff) zu bestellen ist. Wenn also die Voraussetzungen des § 27 vorliegen, der Minderjährige eine HzE wünscht, der Personensorgeberechtigte sie jedoch ablehnt, sei zumindest ein Verfahrenspfleger zu bestellen (so 3. Aufl. Rn 23; weitergehend Coester FamRZ 1991, 256, der im Bereich des staatlichen Wächteramts – Kindeswohlgefährdung – dem Minderjährigen einen Rechtsanspruch auf Jugendhilfeleistungen einräumt). Die Bestellung eines Verfahrensbeistands ist unter dem Aspekt sinnvoll, dass dieser die Interessen und Wünsche des Minderjährigen im Verfahren einbringen kann. Damit kann er unterstützend dabei mitwirken, die Eltern von der Notwendigkeit einer Hilfe zu überzeugen und so darauf hinwirken, dass sie sich dazu entscheiden, die Hilfe in Anspruch zu nehmen. Lehnen sie die Hilfe jedoch im Ergebnis weiterhin ab, so kann der Verfahrensbeistand nicht bewirken, dass sie im Interesse des Minderjährigen dennoch gewährt wird. Dies resultiert daraus, dass die materielle Rechtslage den Personensorgeberechtigten den Rechtsanspruch zuweist und auch eine Stärkung der Position von Kindern und Jugendlichen im Verfahren diese materiellrechtliche Hürde letztlich nicht überwinden kann. Die angesprochene Lücke hinsichtlich der Gewährleistung des Wohls des Minderjährigen resultiert daraus, dass ihm bereits der materielle Rechtsanspruch auf HzE nicht zusteht und nicht erst aus Problemen bei der Geltendmachung im Verfahren. Eine Verbesserung der Rechtsstellung von Kindern und Jugendlichen im Falle der endgültigen Ablehnung der Hilfe durch die anspruchsberechtigten Eltern kann nicht entgegen der eindeutigen materiellen Rechtslage über einen Verfahrensbeistand erfolgen, sie würde vielmehr eine Gesetzesänderung voraussetzen. Im Hinblick darauf, dass die bestehende Gesetzeslage die Gewährleistung des Wohls der Kinder/Jugendlichen nicht sicherstellen kann, wäre eine Gesetzesänderung angebracht, die es im Konfliktfall ermöglicht, das Interesse des Minderjährigen an einer sein Wohl gewährleistenden Erziehung auch dann zu verfolgen, wenn die Eltern die Hilfe endgültig ablehnen.

V. Verfahrenshinweise

1. Allgemeines

42 Bei den Hilfen zur Erziehung handelt es sich rechtlich um ein Jugendhilferechtsverhältnis als Sozialleistungsverhältnis (VorKap. 2 Rn 10). Damit kommen im Außenverhältnis zum Leistungsberechtigten generell die **allgemeinen Verfahrensgrundsätze zur Anwendung** (VorKap. 2 Rn 11 f; Anhang Verfahren Rn 11 ff). Die Tatsache, dass es sich hier um zT schwierig zu gestaltende sozialpädagogische Leistungen handelt, bewirkt davon keine Abweichung. Besonderheiten ergeben sich aus dem in § 36 verankerten kooperativen Verfahren zur Bestimmung der konkret zu erbringenden Hilfeleistung (Rn 29 ff). Umstritten sind hinsichtlich des Verfahrens insbesondere die Fragen, ob ein Antragserfordernis besteht und in welchem Umfang eine gerichtliche Überprüfbarkeit von Entscheidungen des öffentlichen Trägers gegeben ist (Rn 54 ff). Ein weiterer bislang streitiger Punkt, nämlich die Frage, ob und unter welchen Voraussetzungen sich die Anspruchsberechneten die Leistung selbst beschaffen können, ist durch den im Rahmen des KICK zum 1. Oktober 2005 eingefügten § 36 a weitgehend durch den Gesetzgeber geregelt worden (Rn 44 ff)

2. Antragserfordernis

43 Während es eindeutig ist, dass den Anspruchsberechtigten HzE nicht gegen ihren Willen aufgenötigt werden kann, ist die Frage umstritten, ob zur Leistung der Hilfe ein **Antrag** der Personensorgeberechtigten vorliegen muss (vgl Trenczek 2000, 54 ff). Das SGB VIII enthält keine Regelung zur Frage des Antragserfordernisses. Es finden daher die allgemeinen Regelungen des SGB I und des SGB X Anwendung (vgl Anhang Verfahren Rn 9 ff). Es besteht weitgehend Einigkeit darüber, dass jedenfalls **kein förmlicher Antrag** der Leistungsberechtigten erforderlich ist (vgl VorKap. 2 Rn 11; Anhang Verfahren Rn 24; Wiesner/Wiesner § 27 Rn 26). Es reicht aus, wenn die Personensorgeberechtigten zu erkennen geben, dass sie mit der Inanspruchnahme der Hilfe **einverstanden** sind. Im Hinblick auf den Zweck der HzE, Gefährdungen Minderjähriger im Sinne des § 1666 BGB zu verhindern, ist es zudem auch möglich und ggf geboten, dass der öffentliche Träger zu einem Zeitpunkt Aktivitäten entfaltet, zu dem sich die Leistungsberechtigten noch nicht positiv über die Inanspruchnahme von HzE geäußert haben. So kann zB auch eine Anregung durch den betroffenen Minderjährigen (s.o. Rn 40) oder von dritter

Seite Ermittlungen im Hinblick auf das Vorhandensein eines erzieherischen Bedarfs einleiten und dazu führen, dass der öffentliche Träger Kontakt mit den Personensorgeberechtigten aufnimmt, um sie für die Inanspruchnahme von HzE zu gewinnen (ebenso Wiesner/Wiesner § 27 Rn 26). Ein derartiges offensives Vorgehen des öffentlichen Trägers verstößt nicht gegen das Elternrecht aus Art. 6 Abs. 2 Satz 1 GG, da die letztendliche Entscheidung über die Inanspruchnahme der Hilfe unterhalb der Gefährdungsschwelle des § 1666 BGB bei den Personensorgeberechtigten verbleibt. Ist die Gefährdungsschwelle überschritten, so fordert § 8 a Abs. 1 ausdrücklich, dass das JA den Betroffenen Hilfen anbietet, wenn es diese für geeignet und notwendig hält.

3. Selbstbeschaffung

Eng mit der Frage des Antragserfordernisses verknüpft ist die Frage der Zulässigkeit der **Selbstbeschaffung** durch die Leistungsberechtigten. Hier hat die Gesetzesänderung im Rahmen des KICK zu einer Regelung dieser bislang im Gesetz nicht ausdrücklich angesprochenen Frage geführt. Unter den Stichworten Steuerungsverantwortung und Selbstbeschaffung regelt der neu eingefügte § 36 a Abs. 1, dass der Träger der öffentlichen Jugendhilfe die Kosten der Hilfe grundsätzlich nur dann trägt, wenn sie auf der Grundlage seiner Entscheidung nach Maßgabe des Hilfeplans unter Beachtung des Wunsch- und Wahlrechts erbracht wird. Laut Gesetzesbegründung ist die Regelung als Reaktion darauf erfolgt, dass vielfach beklagt worden sei, dass die JÄ sowohl von anderen Institutionen (Schule, Psychiatrie, Arbeitsverwaltung), aber auch von Bürgerinnen und Bürgern als bloße „Zahlstelle" für von dritter Seite angeordnete oder selbst beschaffte Leistungen missbraucht würden. Diese Praxis stehe im Widerspruch zur Systematik des Gesetzes, das dem JA die Funktion eines Leistungsträgers zuweise, der die Kosten grundsätzlich nur dann trage, wenn er selbst vorab auf der Grundlage des SGB VIII und dem dort vorgesehenen Verfahren über die Eignung und Notwendigkeit der Hilfe entschieden habe. Um diesem Prinzip praktische Geltung zu verschaffen und dem JA wieder zu seinem Entscheidungsprimat zu verhelfen, erschien dem Gesetzgeber eine klarstellende Regelung im SGB VIII notwendig (vgl auch Ständige Fachkonferenz 1 „Grund- und Strukturfragen des Jugendrechts" des DIJuF, in: ZfJ 2003, 68 = JAmt 2002, 498). **44**

Vor der Regelung in § 36 a war die Frage der Selbstbeschaffung in Rechtsprechung und Literatur umstritten (ausführlich Hinrichs ZfJ 2003, 449 ff; VG Gelsenkirchen 14.7.2000 – 19 K 5288/98 –NDV-RD 2000, 115 f; VG Minden 13.1.2000 –7 K 902/98 –ZfJ 2000, 314; BVerwG 28.9.2000 – 5 C 29.99 –ZfJ 2001, 310 ff, dazu mit Anm. Fischer/Mann Jugendhilfe 2001, 157 ff; Tammen KJ 2003, 235 ff). Die Regelung in § 36 a greift die Rechtsprechung des BVerwG hierzu auf. Werden Hilfen vom Leistungsberechtigten selbst beschafft, so ist der Träger der öffentlichen Jugendhilfe zur Übernahme der erforderlichen Aufwendungen nur dann verpflichtet, wenn der Leistungsberechtigte den Träger vor der Selbstbeschaffung über den vorliegenden Bedarf informiert hat, die Voraussetzungen für die Hilfeleistung gegeben waren und die Deckung des Bedarfs unaufschiebbar war, also die Entscheidung des Trägers über die Gewährung der Leistung oder die Entscheidung über ein Rechtsmittel bei rechtswidriger Ablehnung der Hilfe nicht abgewartet werden konnte. **45**

Unabhängig von der Frage nach der generellen Zulässigkeit der Selbstbeschaffung in der Jugendhilfe (vgl VorKap. 2 Rn 11 ff) ist die Regelung des § 36 a für den Bereich der Leistungen des **vierten Abschnitts des zweiten Kapitels** im Hinblick auf das gesetzlich vorgeschriebene **Verfahren des § 36 konsequent**. Als qualitätssicherndes Element geht § 36 von einem kooperativen Prozess unter Mitwirkung aller Beteiligten aus, der zur Entscheidung über die im Einzelfall zu gewährende Hilfe führt (vgl § 36 Rn 4 ff). Mit der Regelung des § 36 hat der Gesetzgeber deutlich gemacht, dass er im Regelfall eine Einschaltung des öffentlichen Trägers und die Durchführung des dort vorgegebenen Verfahrens vor Inanspruchnahme einer Leistung der HzE fordert. Daraus ergibt sich, dass der öffentliche Träger die Möglichkeit haben muss, ein Verfahren nach § 36 durchzuführen. Die Selbstbeschaffung des Leistungsberechtigten unter Umgehung dieser Regelung kann somit grundsätzlich im Bereich der HzE nicht zulässig sein (vgl Tammen UJ 2003, 235 ff). **46**

Eine **Ausnahme** von der in § 36 a Abs. 1 getroffenen grundsätzlichen Regelung, nach der die Kosten einer Hilfe durch den öffentlichen Träger nur dann zu tragen sind, wenn dieser zuvor über die Leistungsgewährung entschieden hat, trifft § 36 a Abs. 2 für **niedrigschwellige ambulante Hilfen**. Der Träger der öffentlichen Jugendhilfe soll die unmittelbare Inanspruchnahme solcher Hilfen zulassen, wobei insbesondere die Erziehungsberatung angesprochen wird. Diese Ausnahme trägt dem Umstand Rechnung, dass sich ratsuchende Eltern oder Minderjährige in den meisten Fällen unmittelbar an einen **47**

Beratungsdienst wenden. Dieser unmittelbare Zugang, der dem niedrigschwelligen Charakter der Erziehungsberatung entspricht, soll erhalten bleiben (vgl § 28 Rn 17).

48   Die Möglichkeit der **Selbstbeschaffung** besteht darüber hinaus nach § 36 a Abs. 3 in allen Hilfebereichen für den Fall des sog. **Systemversagens**: Fehlentscheidungen oder Verzögern des Verfahrens durch den öffentlichen Träger dürfen nicht zu Lasten der Leistungsberechtigten gehen. Wird eine von ihnen gewünschte Hilfe also unrechtmäßig abgelehnt (vgl § 36 a Rn 41 ff) oder das Verfahren nicht in der angemessenen Zeit durchgeführt (vgl § 36 a Rn 45 ff), können sich die Anspruchsberechtigten die Leistung selbst beschaffen und haben einen Anspruch auf Erstattung der Kosten durch den öffentlichen Träger, wenn ein weiteres Zuwarten (auch die Durchführung eines Widerspruchverfahrens; s. Anhang Verfahren Rn 24) unzumutbar ist. Die Tatsache, dass in diesen Fällen das Verfahren des § 36 nicht durchlaufen wurde, lässt den Anspruch auf Erstattung der Kosten nicht scheitern.

4. Anspruchskonkretisierender Bericht

49   Spezifische Verfahrensvorschriften für die HzE enthalten die §§ 36 und 37. Kernstück des Verfahrens über die Gewährung einer konkreten Hilfe ist – jedenfalls bei voraussichtlich für längere Zeit zu leistenden Hilfen – das kooperative Hilfeplanverfahren nach § 36. Das Verfahren sieht das Zusammenwirken mehrerer Fachkräfte vor, die gemeinsam mit den Personensorgeberechtigten, dem Kind/Jugendlichen und ggf an der Hilfe zu beteiligenden Leistungserbringern einen Hilfeplan aufstellen, der Feststellungen über den Bedarf, die zu gewährende Art der Hilfe, sowie die notwendigen Leistungen (vgl § 36 Rn 53) enthält. Allein das Fehlen der Aufstellung eines formellen, schriftlichen Hilfeplans führt nicht dazu, dass das Verfahren nicht den Vorschriften des Gesetzes entspricht, sofern Notwendigkeit und Geeignetheit auch in anderer Weise unter Berücksichtigung der gesetzlichen Vorgaben festgestellt werden kann (OVG SH 28.3.2001 – 2 L 68/01 – FEVS 53, 25, 30 f). Daraus darf aber nicht gefolgert werden, eine **Hilfeplanung** sei nicht immer notwendig. Vielmehr ist diese, dh eine fachlich qualifizierte Prüfung der Leistungsvoraussetzungen bei allen Leistungsentscheidungen der Jugendhilfe stets erforderlich, nur die sog. Teamkonferenz ist nicht immer, sondern nach § 36 Abs. 2 S. 1 erst bei einer Entscheidung über voraussichtlich länger dauernde Hilfen (im Hinblick auf das Lebensalter von Kindern und Jugendlichen teilweise schon ab 3 Monaten) zwingend (Trenczek/Tammen/Behlert 2008, 394). Ist die Entscheidung über die Hilfe im Zusammenwirken mehrerer Fachkräfte unter Einbeziehung der Personensorgeberechtigten, des Kindes/Jugendlichen und den Pflegeeltern als weiteren beteiligten Personen zustande gekommen, so kann auch das in einem Protokoll (hier einer Team-Besprechung) festgehaltene Ergebnis inhaltlich einem Hilfeplan gleichzustellen sein (OVG SH 28.3.2001 – 2 L 68/01 – FEVS 53, 25, 30 f). Mit den §§ 36, 37 wird deutlich, dass es sich in den meisten Fällen der Leistungserbringung um einen spezifischen Verständigungsprozess zwischen Leistungsberechtigten, öffentlichen Trägern und ggf leistungserbringenden freien Trägern handelt. In diesem Klärungs- und Verständigungsprozess findet die Einigung über die konkret zu erbringende HzE statt. Das in diesem Klärungsprozess erzielte Ergebnis hat vornehmlich **verwaltungsinterne Wirkungen**, die in beschränktem Umfang auch Außenbedeutung erlangen können.

50   Sowohl bei der Voraussetzung des Rechtsanspruchs (Ob) als auch bei der Frage nach der konkreten HzE (Wie) findet sich eine Anhäufung unbestimmter Rechtsbegriffe: Wohl des Kindes oder Jugendlichen, entsprechende Erziehung, geeignet, notwendig, erzieherischer Bedarf; hinzu kommt das Wunsch- und Wahlrecht der Betroffenen. Deswegen kommt der **Methodik der Feststellung** der Voraussetzungen und der Art und des Umfangs der HzE **große Bedeutung** zu. Der Gesetzgeber hat diese Aufgabe ausdrücklich dem JA als sozialpädagogischer Fachbehörde zugeordnet. Für die Rechtsverwirklichung kommt damit der fachlich-sozialpädagogischen **Diagnose und Stellungnahme** entsprechend qualifizierter Kräfte des JA das entscheidende Gewicht zu. Fachfremde, nicht-sozialpädagogische Aspekte und Methoden sind ausgeschlossen. Gem. § 36 ist bei HzE für voraussichtlich längere Zeit die Entscheidung im Zusammenwirken mehrerer Fachkräfte verbindlich vorgeschrieben. Unzulässig wäre es also, wenn die Entscheidung sozialpädagogisch nicht qualifizierten Kräften übertragen würde. Problematisch ist unter diesem Aspekt auch ein etwaiges „Letztentscheidungsrecht" der Amtsleitung oder anderer Vorgesetzter.

51   Aus den Ausführungen der Fachkräfte müssen sich die notwendigen Aspekte zur Feststellung der Voraussetzungen (Nichtgewährleistung einer dem Wohl des Minderjährigen entsprechenden Erziehung) und zur Eignung sowie Notwendigkeit der konkreten Erziehungshilfe ergeben. Sofern die Stellungnahmen hierzu qualifizierte Ausführungen enthalten, haben die Berichte **anspruchskonkretisierende Wirkung**, denn sie sind der erste und entscheidende Schritt der Präzisierung der generalklauselartigen

Formulierungen für den konkreten Einzelfall. Ergeben sich zu einer solchen fachlich begründeten Entscheidung des JA keine Widersprüche durch die Betroffenen, so ist damit zugleich der Rechtsanspruch auf HzE realisiert (zur Hilfeplanung und anspruchsbegründenden Wirkung vgl Trenczek 2000, 59).

Rechtliche Bedeutung haben die anspruchskonkretisierenden Berichte **vornehmlich verwaltungsintern**: Diese das Verfahren gem. § 36 dokumentierenden Berichte konkretisieren die allgemeinen gesetzlichen Vorgaben für die jeweils einzelnen Fälle. Entspricht das Verfahren § 36 – zB Entscheidung mehrerer Fachkräfte (iS des § 72 Abs. 1) –, so kann verwaltungsintern an diesem Ergebnis nicht mehr vorbeigegangen werden. Fachfremde, nichtsozialpädagogische Überlegungen (zB finanzielle) können nicht zu einer Revision des so gefundenen Ergebnisses führen. Wird dennoch das im Verfahren nach § 36 in Abstimmung mit den Leistungsberechtigten und den sonstigen Beteiligten gefundene Ergebnis vom öffentlichen Jugendhilfeträger nicht umgesetzt, sondern zB eine andere Hilfe angeboten oder gar das Begehren nach HzE abgelehnt, und versuchen die Personensorgeberechtigten die von ihnen gewünschte Hilfe im Wege eines verwaltungsgerichtlichen Verfahrens zu realisieren, so können die anspruchskonkretisierenden Berichte im **Gerichtsverfahren auch externe Wirkung** entfalten. 52

Das Gericht wird zu prüfen haben, ob ein Rechtsanspruch dem Grunde nach besteht oder welche HzE die geeignete und notwendige ist. Grundlage für die Entscheidung wird regelmäßig zunächst die Stellungnahme des JA als sozialpädagogischer Fachbehörde sein, von den Betroffenen selbst eingebrachte Gutachten oder vom Gericht eigenständig eingeholte Gutachten. Regelmäßig kommt es zur Beiziehung der Akten des JA (§ 99 VwGO) und es besteht ein Akteneinsichtsrecht für die Beteiligten (Anhang Verfahren Rn 40). Sofern sich aus der Stellungnahme der sozialpädagogischen Fachkräfte ergibt, dass eine dem Wohl des Minderjährigen entsprechende Erziehung nicht gewährleistet ist oder sich die Notwendigkeit einer bestimmten HzE ergibt, die jedoch aus anderen Gründen (zB aus finanziellen Überlegungen) abgelehnt wurde, werden die Gerichte regelmäßig auf die sozialpädagogische Stellungnahme zurückgreifen. So können die anspruchskonkretisierenden Berichte/Vermerke im verwaltungsgerichtlichen Überprüfungsverfahren auch externe Wirkung erlangen (ausdrücklich auf die fachliche Stellungnahme der Sozialarbeiterin des JA abstellend: VGH HE FEVS 38 (1989), 58). 53

5. Gerichtliche Überprüfung

Umstritten ist, welchen Umfang im Streitfall die **verwaltungsgerichtliche Kontrolle** der Entscheidung des öffentlichen Trägers hat. Bezüglich der Tatbestandsvoraussetzungen wird die Kontroverse unter dem Stichwort des Beurteilungsspielraums ausgetragen (Rn 55 f). Auch bezüglich der Rechtsfolgen, dh, welche Hilfe als konkrete Hilfe erbracht wird, wird zT die Auffassung vertreten, dass die verwaltungsgerichtliche Kontrolle eingeschränkt sei. Begründet wird diese Auffassung damit, dass hinsichtlich der Auswahl der konkreten Hilfe dem öffentlichen Jugendhilfeträger ein sog. Auswahlermessen zustehe (Rn 57). 54

Die Frage, ob das Vorliegen der **Tatbestandsvoraussetzungen** von den Verwaltungsgerichten voll überprüfbar ist, hängt davon ab, ob ein Beurteilungsspielraum des öffentlichen Trägers bei der Auslegung der **unbestimmten Rechtsbegriffe** besteht, der eine gerichtliche Überprüfung nur eingeschränkt zulässt. Unter einem Beurteilungsspielraum oder Bewertungsvorrecht wird verstanden, dass die Auslegung unbestimmter Rechtsbegriffe nur eingeschränkt nachprüfbar ist (hierzu Anhang Verfahren Rn 87; Trenczek u.a. 2008, 111 ff). Der Grundsatz ist auch bei unbestimmten Rechtsbegriffen die volle gerichtliche Kontrolle von Verwaltungsentscheidungen, sodass ein **Beurteilungsspielraum grundsätzlich nicht anerkannt** wird (ständige Rechtsprechung des Bundesverfassungsgerichts seit BVerfGE 7, 129 ff). Nur in Ausnahmesituationen (zB Prüfungs- Planungs- und Prognoseentscheidungen; vgl Kunkel Jugendhilfe 1995, 351) wurde bzw wird der Verwaltung ein Beurteilungsspielraum eingeräumt. Das Bundesverfassungsgericht (BVerfGE 84, 34 ff; 84, 59 ff; 88, 40 ff; BVerfG NVwZ 1992, 55; NJW 1993, 917) hat die Anerkennung von Beurteilungsspielräumen erheblich eingeschränkt und klargemacht, dass auch bei besonderer fachlicher Kompetenz der Verwaltung und bei komplexen fachlichen Einschätzungen kein Beurteilungsspielraum besteht. Dem folgt die Rechtsprechung der Fachgerichte weitgehend (für den Begriff „schwerpflegebedürftig" vgl BSG NDV 1994, 266 ff, mwN). 55

Im Bereich des vierten Abschnitts des zweiten Kapitels und damit auch der HzE wird demgegenüber seitens der **Rechtsprechung** in den letzten Jahren zunehmend ein **Beurteilungsspielraum des Jugendamts** und somit eine eingeschränkte gerichtliche Überprüfbarkeit angenommen (VGH BW NDV-RD 1997, 133 ff; BVerwG 24.6.1999 – 5 C 24.98 –ZfJ 2000, 31, 35 f; OVG RP 11.5.2000 – 12 A 12335/99 –ZfJ 2001, 23 ff; VGH BY 28.6. 2005 –12 CE 05.1287 -; VG Gelsenkirchen 14.7.2000 – 19 K 5288/98 –NDV-RD 2000, 115 f; teilweise unter der an dieser Stelle falschen, weil nur die Rechtsfolgenseite 56 betreffenden Terminologie des Auswahlermessens). Argumentiert wird dabei mit dem Prognosecharakter der Entscheidung des JA. Zudem könne eine gerichtliche Entscheidung auf der Grundlage eines Sachverständigengutachtens dem in § 36 verankerten kooperativen Interaktionsprozess zur Entscheidungsfindung unter Beteiligung aller Betroffenen und dem Zusammenwirken mehrerer Fachkräfte nicht Rechnung tragen (Wabnitz 2005, 199; VGH BW NDV-RD 1997, 133, 134). Die Rechtsprechung des BVerfG fordert allerdings für die Anerkennung eines Bewertungsvorrechts der Verwaltung, dass es sich um eine derartig komplexe Einschätzung handelt, dass eine gerichtliche Überprüfung an ihre Funktionsgrenzen stoßen würde (BVerfGE 84, 34 ff u. 59 ff). Dies ist bei der Prüfung der Voraussetzungen des § 27 nicht der Fall (so auch VG Karlsruhe 9.6.1998 – 8 K 428/97 (nicht rechtskräftig) – NDV-RD 2002, 12, 13). Zudem würde es dem Sinn des Verfahrens nach § 36, den Beteiligten möglichst umfangreiche Rechte einzuräumen, zuwiderlaufen, ihnen unter Berufung auf eben diese Verfahrensvorschriften den effektiven Rechtsschutz zu verkürzen (Trenczek u.a. 2008, 111 f). Das bedeutet im Ergebnis, dass auch bei den **Tatbestandsvoraussetzungen** des § 27 **nicht** von einem **Beurteilungsspielraum** des Jugendhilfeträgers ausgegangen werden kann (ausführlich Hinrichs JAmt 2006, 377 ff; Ollmann ZfJ 1995, 45 ff; auch Gerlach ZfJ 1998, 134 ff; Kunkel Jugendhilfe 1995, 350 f; Lakies 1996, 83 f; Münder Jugendhilfe 2001, 136, 143; VG Karlsruhe 9.6.1998 – 8 K 428/97– NDV-RD 2002, 12, 13). Damit ist das Vorliegen der Voraussetzungen als Rechtsfrage von den Verwaltungsgerichten voll überprüfbar (aA Hoffmann ZfJ 2003, 41 ff). Die Überprüfung bezieht sich sowohl auf die Frage des erzieherischen Bedarfs als auch auf Eignung und Notwendigkeit der Hilfe.

57 Neben der Frage nach einem möglichen Beurteilungsspielraum auf der Tatbestandsseite ist auch im Bereich der **Rechtsfolge** der Umfang der gerichtlichen Überprüfbarkeit umstritten. Hier wird teilweise vertreten, der öffentliche Träger habe bei der Bestimmung der konkret zu leistenden Hilfe ein **Auswahlermessen** (Werner NDV 1995, 367 f; tendenziell Maas RsDE 25 (1995), 1 ff; Wiesner/Wiesner § 27 Rn 66; missverständlich VGH BW NDV-RD 1997, 133 ff). Läge ein derartiges Ermessen vor, wäre die verwaltungsgerichtliche Überprüfung der Entscheidung auf die Überprüfung von Ermessensfehlern beschränkt (vgl Anhang Verfahren Rn 86). Da sich der Anspruch jedoch bereits auf der Tatbestandsseite durch den jeweiligen erzieherischen Bedarf sowie die Eignung und Notwendigkeit der Hilfe konkretisiert, **bleibt für ein Auswahlermessen kein Raum** (Tammen 2007 Rn 67; Trenczek 2002, 3; vgl Rn 16). Bleiben hier Wahlmöglichkeiten offen, so kommt das Wunsch- und Wahlrecht der Leistungsberechtigten zum Tragen (vgl Rn 30 ff). Damit ist die volle verwaltungsgerichtliche Kontrolle (vgl auch Höfling RdJB 1995, 387 ff) auch bezüglich der Entscheidung einer konkreten Hilfe durch das JA möglich (ausführlich und überzeugend Ollmann ZfJ 1995, 45 ff; ebenso Kunkel Jugendhilfe 1995, 350 f; Lakies 1996, 84 f; Hinrichs JAmt 2006, 377, 381; aA Wiesner/Wiesner § 27 Rn 66).

58 Der **Tenor der Gerichtsentscheidung** richtet sich nach § 113 Abs. 5 VwGO. Bei Spruchreife (§ 113 Abs. 5 Satz 1 VwGO) – dh Entscheidungsreife – hat das VG über Tatbestandsvoraussetzungen und Rechtsfolgen im Verfahren selbst zu entscheiden. Grundsätzlich muss das Verwaltungsgericht ein Verfahren spruchreif machen (Amtsermittlungsgrundsatz – BVerwGE 69, 198 ff; im Einzelnen Anhang Verfahren Rn 85). Rechtsfragen sind durch das Gericht ohnehin zu klären, fehlende Sachaufklärung ist – wenn möglich – mit den möglichen gerichtlichen Beweismitteln nachzuholen (im Einzelnen: Anhang Verfahren Rn 80).

VI. Zuständigkeit und Kosten

59 Die sachliche **Zuständigkeit** für die Gewährung von Leistungen nach § 27 liegt nach § 85 Abs. 1 beim örtlichen Träger. Die örtliche Zuständigkeit richtet sich nach § 86 und damit grundsätzlich nach dem Ort, an dem die Eltern ihren gA haben. Bei Hilfen, die mit einer stationären oder teilstationären Unterbringung des Kindes/Jugendlichen außerhalb des Elternhauses verbunden sind, werden der Minderjährige und seine Eltern gem. § 91 Abs. 1 Nr. 5 bzw Abs. 2 Nr. 2 zu den **Kosten herangezogen**. Bei ambulanten Hilfen erfolgt keine Heranziehung der Leistungsberechtigten bzw der Minderjährigen zu den Kosten (hierzu VorKap. 8 Rn 11).

Weiterführende Literaturhinweise:

Hinrichs ZfJ 2003, 449; *Hinrichs* JAmt 2006, 377; *Hoffmann* ZfJ 2003, 41; *Kunkel* ZfJ 1998, 205 ff u. 250 ff; *Maas* RsDE 25 (1995), 1 ff; *Tammen* 2007 a und 2007 b; *Trenczek* 1996; 2002; 2009 und 2009 b.

§ 28 Erziehungsberatung

[1]Erziehungsberatungsstellen und andere Beratungsdienste und -einrichtungen sollen Kinder, Jugendliche, Eltern und andere Erziehungsberechtigte bei der Klärung und Bewältigung individueller und familienbezogener Probleme und der zugrunde liegenden Faktoren, bei der Lösung von Erziehungsfragen sowie bei Trennung und Scheidung unterstützen. [2]Dabei sollen Fachkräfte verschiedener Fachrichtungen zusammenwirken, die mit unterschiedlichen methodischen Ansätzen vertraut sind.

I. Allgemeines

Das SGB VIII benennt an verschiedenen Stellen (vgl §§ 1 Abs. 3 Satz 2, 8 Abs. 3, 11 Abs. 3 Nr. 6, 16 Abs. 2 Nr. 2, 17, 18, 21, 23 Abs. 2 und 4, 25, 28, 34, 36 Abs. 1, 37 Abs. 1 und 2, 41 Abs. 4, 42 Abs. 1, 51, 53) **Beratung als funktionale Aufgabe und Leistung** der Jugendhilfe und Erziehungsberatung als **institutionelle Beratung.** § 28 stellt die Erziehungsberatung in den Kontext der HzE (vgl dazu auch Rn 18 ff). Sie hat die Aufgabe, die Entwicklung von Kindern und Jugendlichen zu fördern sowie die Eltern im Erziehungsprozess zu unterstützen, wenn zB Kinder durch ihr Verhalten auffällig geworden sind, in familialen Krisen sowie bei bzw nach Trennung und Scheidung. **1**

§ 28 beschreibt die Erziehungsberatung als Leistungsangebot der HzE. Diese Leistung kann in verschiedenen **Organisationsformen** erbracht werden. Die Aufgaben der Erziehungsberatung können somit von speziellen Einrichtungen (Erziehungsberatungsstellen), aber auch von anderen Diensten und Einrichtungen (zB Jugend-, Familien-, Lebensberatungsstellen, Jugendhilfestationen und spezialisierten Beratungsstellen) wahrgenommen werden, sofern dabei die Voraussetzung erfüllt wird, dass hier Fachkräfte verschiedener Fachrichtungen, die mit unterschiedlichen methodischen Ansätzen vertraut sind (vgl § 28 Satz 2), zusammenwirken. **2**

Aufgabe der Beratung soll sein, „die Ratsuchenden bei der Lösung von Problemen der Lebensführung zu unterstützen, ohne ihnen eine bestimmte Lösung aufzudrängen" (Wissenschaftlicher Beirat für Familienfragen beim BMFSFJ 1993, 8 und 30). Beratung nach dem SGB VIII ist „klassische Hilfe zur Selbsthilfe" (Proksch BldW 1990, 323). Erziehungsberatung kann im Schwerpunkt als **personenbezogene Beratung** (in Abgrenzung zur inhalts-, aufgaben- oder themenbezogenen Beratung wie zB Verbraucherberatung, Schuldnerberatung, Beratung für Wohnungslose etc.) bestimmt werden. **3**

Erziehungsberatung setzt das Zusammenwirken von (mindestens drei) Fachkräften verschiedener Disziplinen in einem **Team** voraus. Zu den wichtigsten Fachrichtungen zählen: Psychologie, Sozialarbeit/Sozialpädagogik, Kinder- und Jugendlichenpsychotherapie, Medizin, Pädagogik und Heilpädagogik, ggf auch Recht. Die Fachkräfte müssen mit unterschiedlichen methodischen Ansätzen vertraut sein (vgl Rn 5). Ende 2006 arbeiteten in Erziehungs- und Familienberatungsstellen insgesamt 9.478 Fach- und Verwaltungskräfte (Stat. Bundesamt, Einrichtungen und tätige Personen 2006, Tab. 74.1). Die – idR die Leitungsfunktionen wahrnehmenden – PsychologInnen und die Sozialarbeiterinnen/Sozialarbeiter, Sozial-, Heil-, Diplom-Pädagoginnen/-pädagogen waren hier die am stärksten vertretenen Berufsgruppen. Nach den Bestimmungen des § 28 Satz 2 ist die interdisziplinäre Zusammenarbeit als Regelfall zu erwarten (ganzheitlicher Ansatz, das multidisziplinäre Team trägt der multifaktoriellen Verursachung der Probleme Rechnung; vgl dazu auch § 72 Rn 18). **4**

Die Erziehungsberatung hat ihre Wurzeln in der Psychoanalyse. 1920 gründete August Aichhorn in Wien erstmals explizit ‚Erziehungsberatungsstellen'. In den 1970er Jahren bekamen neben der Psychoanalyse auch weitere psychotherapeutische Verfahren wie zB die Verhaltenstherapie und die Gesprächspsychotherapie stärkere Bedeutung. Heute hat jede zweite in der Erziehungsberatung tätige Fachkraft eine Weiterbildung in Familientherapie oder systemischer Therapie abgeschlossen. Nach eine Phase der Professionalisierung, die sich stark an psychotherapeutische Schulen anlehnte, hat die Erziehungsberatung heute diese Orientierung weitgehend abgelegt zugunsten einer Orientierung an den Problemen der Ratsuchenden und des Einsatzes von Interventionen aus verschiedenen **Methoden-repertoires.** Die Leistung der Erziehungsberatung wird auf den Einzelfall hin jeweils methodisch neu kreiert und kann in verschiedenen Settings stattfinden. „Beratung erfolgt je nach Besonderheit des **5**

Falles in Form von Einzel- Paar- und Familienberatung oder auch in Gruppen. Zur Aufgabe institutioneller Beratung gehört auch fallübergreifende Arbeit: Projektarbeit, prophylaktische Arbeit, Kooperation mit sozialen Einrichtungen u.a.m." (DAK 2001, 8).

II. Leistungsumfang und Profil

6   Eine klare Abgrenzung von Beratung und Therapie ist sachlich nicht möglich. Bei Anerkennung von Überlappungen und Mischformen lässt sich die Erziehungsberatung nach § 28 von einer **Therapie** auf Basis des SGB V durch die im Vordergrund stehende Bearbeitung eines erzieherischen Bedarfs unterscheiden. „Für die Abgrenzung zwischen medizinischen und nicht-medizinischen Maßnahmen und damit für die Zuständigkeit der Krankenversicherung kommt es in erster Linie auf die **Zielsetzung der Maßnahme** an ..." (BSG 3.9.2003 – B 1 KR 34/01 R). Weiterhin ist die Erziehungsberatung in der Regel auf einen kürzeren Zeitraum angelegt (85 Prozent der Beratungen dauern weniger als ein Jahr) und offener als die methodisch eng definierten ‚Richtlinienverfahren' der Psychotherapie in der GKV. Erziehungsberatung exploriert gemeinsam mit den Ratsuchenden mögliche Veränderungen, die zu einer Lösung des vorgestellten Problems führen. „Therapie in der Erziehungsberatung entspricht in ihrer komplexen Einbindung und konkreten Zielorientierung dem Auftrag der Jugendhilfe" (bke 2005, 8; bke ZKJ 2008, 419).

7   Erziehungsberatung kann von Kindern, Jugendlichen, jungen Volljährigen, Eltern und Erziehungsberechtigten in Anspruch genommen werden. Die Beraterinnen und Berater sind weitgehend zur **Verschwiegenheit** verpflichtet. Zur Weitergabe von Sozialdaten sind sie nur im engen Rahmen der Vorschriften der §§ 64 und 65 befugt. Fachkräfte einer anerkannten Familien- und Erziehungsberatungsstelle unterliegen zudem der Pflicht zur Wahrung des Privatgeheimnisses, dessen Verletzung nach § 203 Abs. 1 Nr. 2, 4, 5 StGB strafrechtlich sanktioniert ist. Die Offenbarung von Inhalten des Beratungsgesprächs gegenüber Dritten setzt grundsätzlich die Einwilligung der beratenen Personen oder eine gesetzliche Offenbarungsbefugnis (vgl §§ 8 a, 65) voraus.

8   Für die **Abklärung eines Gefährdungsrisikos** bei anderen Einrichtungen und Diensten der Jugendhilfe (vgl § 8 a) nehmen derzeit ca. 1.600 Fachkräfte der Erziehungsberatung die Aufgabe einer im Kinderschutz erfahrenen Fachkraft wahr. Diese haben in der Regel spezielle Fortbildungen zu den Themen „Kinderschutz", „Sexueller Missbrauch" oder „Gewalt in der Familie" absolviert und verfügen über eine entsprechende Beratungspraxis.

9   2006 gab es in Deutschland 1.379 Erziehungs- und Familienberatungsstellen die im Rahmen der Kinder- und Jugendhilfestatistik erfasst wurden (Stat. Bundesamt, Einrichtungen und tätige Personen 2006, Tab. 74.1). In ihnen arbeiteten 9.478 Personen, 75 Prozent davon bei freien Trägern. Bei der Diskussion um die Bedarfsdeckung sind allerdings die zT enormen **regionalen Unterschiede** in der Angebotspalette und der Inanspruchnahme zu berücksichtigen. Im Rahmen der **institutionellen Beratung** innerhalb der Jugendhilfe wurden im Jahr 2006 (1993) 310.561 (197.955) Beratungen abgeschlossen. Die Kontaktaufnahme zur Beratungsstelle erfolgte in der überwiegenden Mehrzahl der Fälle durch die Mutter (66 Prozent). Jede fünfzehnte Beratung ging auf die Eigeninitiative der jungen Menschen selbst zurück. Die Beratungen fanden zu rund 56 Prozent für männliche junge Menschen statt. 57 Prozent befanden sich im schulpflichtigen Alter von 6 bis unter 15 Jahren, jeweils rund 20 Prozent waren unter 6 Jahren bzw 15 Jahre und älter. Nur etwa jeder zweite junge Mensch, um dessentwillen die Beratung in Anspruch genommen wurde, lebte 2006 noch bei beiden Eltern. Bei allein Erziehenden lebten 31,9 Prozent; 13,4 Prozent waren Stiefkinder. Ein wichtiger Vorstellungsgrund waren Schul- und Leistungsprobleme. Sie betrugen in der Altersgruppe der 9- bis unter 15-Jährigen etwa 51 Prozent.

III. Auftrag

10   Erziehungsberatung hat die Aufgabe, Kinder, Eltern und andere Erziehungsberechtigte zu unterstützen, um eine dem Wohl des Kindes entsprechende Erziehung sicherzustellen (Vgl § 1 Abs. 1 u. 3). Ihre wichtigsten Aufgaben sind dabei Beratung und Therapie (vgl Rn 6), präventive Angebote und Vernetzungsaktivitäten. (vgl BMFSFJ 1999, 8) Als spezifische Ziele der Erziehungsberatung lassen sich benennen:

■ frühzeitige und lebensweltorientierte Hilfe,
■ Stärkung der Ressourcen und Selbsthilfekräfte der Familien und ihrer Mitglieder
■ Klärung von als konflikthaft empfundenen individuellen und familialen Situationen,
■ Bewältigung von Problemlagen, Krisen und Störungen,

Struck

- Schaffen von Verbindungen zu eventuell erforderlichen weiteren Hilfen,
- Vermeidung der Notwendigkeit familienersetzender Maßnahmen (vgl BMFSFJ 1999, 12 f).

Anlässe für die Inanspruchnahme von Erziehungsberatung (vgl Menne 1996) sind zumeist: **11**

- emotionale Probleme (zB Ängste, Einsamkeit, depressive Zustände),
- soziale Verhaltensauffälligkeiten (zB Kontaktschwierigkeiten, Aggressivität, Geschwisterrivalität),
- Probleme im Schul- und Leistungsbereich (zB Leistungsversagen, Schulschwänzen, Teilleistungsstörungen),
- Schwierigkeiten in der familialen Interaktion (z.B: Gesprächsverweigerung, körperliche Züchtigung, Ablösung vom Elternhaus),
- psychosomatische Auffälligkeiten (zB Einnässen, Einkoten, Ess- oder Sprachstörungen),
- Trennung und Scheidung, Arbeitslosigkeit und andere Belastungen (der Erziehungssituation).

Die **Ausgestaltung** der Erziehungsberatung kann folgende Bestandteile vollständig oder teilweise beinhalten: **12**

- Klärung des Beratungsbedarfs,
- Diagnose des Entwicklungsstandes des Kindes oder Jugendlichen, ggf unter Einsatz von Testverfahren,
- Diagnose der familialen Situation,
- Therapeutische Arbeit mit jungen Menschen,
- Beratung der Eltern oder Elternteile,
- Arbeit mit der gesamten Familie,
- Intervention im sozialen Umfeld,
- Koordination der Hilfe mit anderen Maßnahmen.

Aufgaben der fallübergreifenden Beratung (vgl § 16) müssen Beratungsstellen, die Erziehungsberatung **13** nach § 28 durchführen, wahrnehmen, um Hilfebedürftigen bekannt zu sein und um schnell adäquate andere Hilfeformen anbieten zu können. Solche Aufgaben sind insbesondere.

- Darstellung der Leistungen der Erziehungsberatung in der Öffentlichkeit als allgemein zugängliche psychosoziale Dienstleistung (Gemeindenähe),
- Erreichen von beratungsfernen (hilfsbedürftigen) Bevölkerungsgruppen durch niedrigschwellige Angebote, lebensweltorientierte Methoden,
- Förderung von Eltern und jungen Menschen in ihrer pädagogischen und/oder sozialen Kompetenz,
- Thematisieren von allgemeinen, aus der Beratungspraxis erfahrenen Fragen, Tabus und Problemen des Gemeinwesens oder unserer Gesellschaft in der Öffentlichkeit, zB in Form gemeinwesenorientierter Arbeit,
- Förderung eines positiven Erziehungsklimas, einer positiven Einstellung zu Bedürfnissen von Kindern, Jugendlichen und Familien in der Öffentlichkeit und Aufbau unterstützender Strukturen (örtliche und regionale Sozialpolitik),
- Kooperation mit anderen psychosozialen und pädagogischen Einrichtungen, Initiativen und Selbsthilfegruppen und Angebot beraterischer Unterstützung.

Aufgabe der Erziehungsberatung ist auch die Unterstützung der Kinder und Jugendlichen und ihrer **14** Eltern bei **Trennung und Scheidung.** Im Gegensatz zum Beratungsanspruch der Mütter und Väter nach § 17 ist hier jedoch auch die direkte Unterstützung der Kinder und Jugendlichen mit erfasst, bei denen es in der Folge von Trennungs- und Scheidungskonflikten der Eltern häufig zu massiven Belastungen und Problemreaktionen kommt.

In den letzten Jahren haben sich neben und in Verbindung mit der traditionellen Erziehungs- und **15** Lebensberatung vielfältige **zielgruppenorientierte Beratungsangebote** entwickelt. Hierzu gehören – neben Angeboten bei Scheidung und Trennung – Angebote zur Unterstützung alleinerziehender Elternteile, Angebote für Eltern von Kleinstkindern, Angebote zur Prävention von Kindesmisshandlung und zur Beratung und Unterstützung misshandelter, sexuell missbrauchter sowie suizidgefährdeter Kinder und Jugendlicher, Angebote für junge Menschen, die den Ausstieg aus Prostitution und Drogenmilieu suchen und Angebote für ausländische Kinder und Jugendliche in Lebenskrisen.

IV. Kritische Bewertung und neuere Lösungen

Die **Jugendberichte** der Bundesregierung (vgl § 84) haben sich mehrfach mit Fragen der Erziehungs- **16** beratung befasst. Im 10. Kinder- und Jugendbericht (1998) heißt es zu diesem Thema u.a.: „Die im

Achten Jugendbericht geäußerte Kritik, die Erziehungsberatung halte sich aus der mühseligen und schwierigen Arbeit mit wirklichen Problemsituationen heraus und habe sich infolgedessen längst aus der Jugendhilfe verabschiedet...muss relativiert werden. Nach neueren Untersuchungen werden Erziehungsberatungsstellen auch wegen der Vernetzung mit anderen Diensten der Jugendhilfe durchaus von Familien mit komplexen Problemstrukturen in Anspruch genommen" (BT-Drucks. 13/11368, 245). Der Bericht weist allerdings darauf hin, dass ‚Multiproblemfamilien' und Nichtdeutsche von den Beratungsstellen nur schwer bzw unterdurchschnittlich erreicht werden: „die größte Herausforderung für die institutionelle Beratung nach § 28 KJHG ist nach wie vor, bestimmte Hilfeempfänger nicht auszugrenzen, dh die Angebote niedrigschwellig und gemeinwesenorientiert zu gestalten" (ebd, 246). Allerdings fordert der Bericht auch, dass „das Ziel des KJHG, die Erziehungsberatung in die örtliche Jugendhilfestruktur einzubinden, nicht gleichzeitig dadurch wieder in Frage gestellt werden darf, dass der individuelle Zugang für Kinder und Eltern erschwert wird" (ebd, 263) und zieht ein überwiegend positives Fazit: „Das breite Beratungsangebot von Informationen über kürzere Beratungen in Fragen der Erziehung bis zu Beratungen mit begleitender therapeutischer Hilfe hat sich insbesondere dort, wo es wohnumfeldorientiert war, als Jugendhilfeangebot bewährt, wie die ständig ansteigende Nachfrage dokumentiert" (ebd, 265). 2007 wurde Erziehungsberatung zu 34,1 % von Alleinerziehenden in Anspruch genommen. Knapp 17 % derer, die in eine Erziehungsberatungsstelle gingen, lebten ganz oder teilweise von Transferleistungen, 19 % hatten einen Migrationshintergrund. (KomDat 1/2009, 9 ff).

17   Bei den Erziehungsberatungsstellen sind seit einigen Jahren verstärkte Bemühungen erkennbar, institutionalisierte Beratungsangebote **in lebensweltorientierte Konzepte** einzubeziehen (vgl dazu Jordan 2005, 137 ff). Die Einrichtungen öffnen sich zum Umfeld, zum Stadtteil, beziehen neben der Familie auch die Arbeits- und Wohnumwelt und die hier vorhandenen formellen und informellen Netzwerke in den Beratungs- und Unterstützungsprozess ein (von der Fall- zur Feldorientierung; von der „Komm-" zur „Gehstruktur"). Hierzu gehören dann auch: Eröffnung kurzer Wege für die Adressaten, Abbau institutioneller Schwellen, offene Sprechstunden, Ausbau der Kooperation mit anderen Institutionen, entsprechende Öffentlichkeitsarbeit, Förderung sozialer Vernetzung, Unterstützung selbstständiger Gruppen, Erweiterung der Angebotspalette in Richtung auf Unterstützung und Krisenintervention (zB durch Integration in ein Kinderschutzzentrum oder Jugendhilfestationen).

V. Erziehungsberatung im Kontext der HzE

18   Erziehungsberatungsstellen unterscheiden sich von den anderen HzE (§§ 29 bis 35) dadurch, dass ratsuchende Eltern oder Jugendliche sich zumeist (vgl Rn 7) unmittelbar an den Beratungsdienst wenden. Dieser **unmittelbare Zugang** entspricht dem Charakter der Erziehungsberatung. Sie ist damit im Vergleich zu den anderen HzE als ein niedrigschwelliges Angebot angelegt. Dem hat der Gesetzgeber Rechnung getragen, indem er im Rahmen des § 36 a Abs. 2 (vgl § 36 a Rn 31 ff) ausdrücklich die Möglichkeit geschaffen hat, durch Vereinbarungen zwischen öffentlichen und freien Trägern die Selbstbeschaffung von ambulanten Hilfen, insbesondere Erziehungsberatung, zuzulassen.

19   In der überwiegenden Mehrzahl der Beratungsfälle kann auf ein **Hilfeplanverfahren** unter Beteiligung des JA verzichtet werden, denn dieses Verfahren soll nur dann Anwendung finden, „wenn Hilfe voraussichtlich für längere Zeit zu leisten ist" (§ 36 Abs. 2), worunter in der Praxis ein Zeitraum von mehr als sechs Monaten verstanden wird. Im Sinne der niedrigschwelligen Ausgestaltung des Hilfeangebots sollte ein Hilfeplanverfahren nur dann angestoßen werden, wenn weitere Hilfen in Erwägung gezogen werden. Auch die Tatsache, dass der Gesetzgeber insb. bei der Erziehungsberatung auch die Selbstbeschaffung – auf der Basis von Vereinbarungen zwischen öffentlichem Träger und Leistungserbringer – zulässt (vgl § 36 a) spricht sehr dafür, den Zugang zur Beratung nicht durch ein Hilfeplanverfahren höherschwellig zu machen.

20   Die genannten Vorschläge setzen allerdings voraus, dass es zu differenzierten Absprachen und Festlegungen zwischen Beratungsstellen und örtlichem Träger der Jugendhilfe auf der Grundlage von Ergebnissen der **Jugendhilfeplanung** kommt, damit dann auch tragfähige Festlegungen zu Art und Umfang der von den Beratungsstellen zu leistenden Arbeit (Dokumentation der Beratungsarbeit) einerseits und zu verlässlichen und bedarfsgerechten Finanzierungsgrundlagen (Finanzierungsverträge) andererseits möglich werden (vgl dazu auch die Hinweise in den Empfehlungen DST und AGJ 1995).

21   Im Rahmen der HzE kann Erziehungsberatung dann **besonders geeignet** sein, wenn die Beteiligten (Kinder, Jugendliche und Eltern) mit den Fachkräften kooperativ zusammenarbeiten können und wollen (Freiwilligkeit), die Bewältigung der Probleme (auch auf einen längeren Zeitraum bezogen) im

Rahmen des gegebenen Umfeldes realisierbar erscheint (Aktivierung von Problemlösungsressourcen) und dem Einzelfall adäquate Beratungs- und Therapieangebote bereitgestellt werden können.

VI. Zuständigkeit, Kosten

Zuständig für die Gewährleistung eines bedarfsgerechten Angebots (vgl § 79) ist der örtliche Träger **22** der öffentlichen Jugendhilfe (vgl §§ 86 ff). Die Inanspruchnahme der Erziehungsberatung ist für die Ratsuchenden kostenfrei, da für dieses ambulante Leistungsangebot keine pauschalierte Kostenbeteiligung gestattet ist (vgl § 90).

Weiterführende Literaturhinweise:

BMFSFJ 1999; *bke* 2004; *Hundsalz* 2001; *Hundsalz/Menne* 2004.

§ 29 Soziale Gruppenarbeit

[1]Die Teilnahme an sozialer Gruppenarbeit soll älteren Kindern und Jugendlichen bei der Überwindung von Entwicklungsschwierigkeiten und Verhaltensproblemen helfen. [2]Soziale Gruppenarbeit soll auf der Grundlage eines gruppenpädagogischen Konzepts die Entwicklung älterer Kinder und Jugendlicher durch soziales Lernen in der Gruppe fördern.

I. Allgemeines

1 Soziale Gruppenarbeit ist ein aus der Praxis der Jugendhilfe (vgl BMJFG 1979; ISS/Hinkel 1979; Reineke/Fuchs RdJB 1983, 359; Walkenhorst 1989) entwickeltes **Angebot zum sozialen Lernen in Gruppen**, das auf der Freiwilligkeit der Inanspruchnahme beruht und neben Jugendlichen auch ältere Kinder einbezieht (vgl Seybold Sozialmagazin 1997, 41; Trenczek 2000, 38 ff). Soziale Gruppenarbeit steht als Oberbegriff für Angebote einer zeitlich befristeten (Kurs) oder fortlaufenden pädagogischen Betreuung von Kindern und Jugendlichen in Krisen ihrer Entwicklung, bei denen über konkrete inhaltliche Angebote unter Einbeziehung des sozialen Umfelds Chancen zur **Entwicklung und Stärkung der sozialen Kompetenzen** gesehen werden.

2 Soziale Gruppenarbeit ist von ihren Möglichkeiten her ein **vielgestaltiges Angebot**, das auf verschiedenste Bedarfslagen hin geschlechtsspezifisch, altersmäßig und sozialraumbezogen ausgestaltet werden kann. Schon die Daten der Kinder- und Jugendhilfestatistik verdeutlichen das breite Spektrum. Ende 2007 nahmen 7.336 junge Menschen Angebote der Sozialen Gruppenarbeit wahr (Statistisches Bundesamt 2009). 68 % davon waren männlich und 50 % unter 12 Jahren. Andererseits bezogen sich 13 % der in 2007 begonnenen Hilfen auf junge Volljährige. Der geschlechtsspezifische Bias bei der Gewährung der Hilfe wird verstärkt durch die Inanspruchnahme dieser Hilfe im Zusammenhang mit einer jugendgerichtlichen Weisung (vgl Rn 7 u. § 52 Rn 9 u. 51 ff). 46 % der Hilfen für männliche Jugendliche wurden 2006 von Gerichten und Staatsanwaltschaften initiiert, während dies nur 22 % der Hilfen für weibliche Jugendliche betraf. Anlass begonnener Hilfe sind bei männlichen jungen Menschen zu 60 % Straftaten, bei weiblichen hingegen nur zu 29 % (Statistisches Bundesamt 2007).

3 Soziale Gruppenarbeit wird sowohl in **Kursform** ausgestaltet wie auch als **fortlaufende Gruppenarbeit** (vgl Radtke/Schröter 2000). Kurse sind zeitlich befristet und häufig thematisch konkretisiert. Bei der fortlaufenden Gruppenarbeit können Aufnahmen zu jedem Zeitpunkt erfolgen ebenso wie Austritte. Die (ein- bis zweimal wöchentliche) Gruppenarbeit kann durch mehrtägige Fahrten und („Intensiv")Wochenendseminare ergänzt werden. Die praktische Gestaltung der Angebote erfolgt in einem **gruppenpädagogischen Ansatz** (themen- und gesprächsorientierte Gruppentreffen sowie aktions-, handlungs- und erlebnisorientierte Angebote). Neben relativ kurzen Kursen (von einem Wochenende über wenige Wochen oder zB 3 Monaten) sind Gruppenangebote der Erlebnispädagogik (vgl Becker/Braun/Schirp 2007; Heckmeier/Michl 2008; Michl 2009) insb. im Hinblick auf erheblich belastete Zielgruppen als sog. intensivpädagogisches Angebot (s. § 35 Rn 9) in höchst unterschiedlichen Settings zwischen „Alltag und Alaska" (Klawe/Bräuer 1998) häufig auf einen längeren Zeitraum (bis und über 6 Monate) angelegt (ggf. verbunden mit einem Auslandsaufenthalt, vgl aber § 27 Abs. 2 Satz 1).

4 Anzustreben ist die **Verbindung** von Angeboten der sozialen Gruppenarbeit (unter Berücksichtigung örtlicher Ausgangssituationen und zur Vermeidung von Betreuungswechseln) mit anderen Angeboten (zB Erziehungsbeistand/ Betreuungshelfer – § 30 – oder der intensiven sozialpädagogischen Einzelbetreuung – § 35 –, vgl auch Vor§ 27 Rn 11 ff).

II. Eignung

5 Soziale Gruppenarbeit kann angesiedelt werden zwischen **offenen pädagogischen Angeboten** (Jugendarbeit), **beratenden Hilfen** (zB Jugend-/Erziehungsberatung) und **der Erziehung außerhalb der eigenen Familie**. Überwiegend befinden sich im Betreuungsfeld der sozialen Gruppenarbeit Kinder und Jugendliche aus sozial benachteiligten Familien, bei denen jedoch das familiäre Beziehungsnetz als ausreichend tragfähig eingeschätzt wird, um ein Verbleiben in der Familie zu ermöglichen. Wenn auch soziale Gruppenarbeit Fremdunterbringungen nicht ersetzen kann, so können doch über die Vermittlung positiver Erlebnisse und Angebote sozialen Lernens Verhaltensänderungen bei den betreuten Kindern und Jugendlichen bewirkt werden. Im Unterschied etwa zum **Erziehungsbeistand** wirkt die soziale Gruppenarbeit weniger in das familiäre bzw engere soziale Umfeld des Minderjährigen ein. Statistische Analysen deuten darauf hin, dass die Hilfeformen Erziehungsbeistandschaft/Betreuungs-

Struck/Trenczek

helfer und Soziale Gruppenarbeit regional- oder landesspezifisch sich substituieren (vgl Baur u.a. 2004, 25).

Liegt eine Vereinbarung zwischen Leistungserbringer und öffentlichem Träger nach § 36 a Abs. 2 vor, so kann diese ambulante Hilfe auch niedrigschwellig unmittelbar in Anspruch genommen werden. Solche Vereinbarungen erlauben eine größere konzeptionelle Flexibilität. **6**

III. Abgrenzung zu den „sozialen Trainingskursen" (JGG)

Ausgehend von den ersten Entwürfen zur Reform des Jugendhilferechts (vgl BMJFG 1973) und den darin enthaltenen **pädagogischen Alternativen zu den Sanktionen** nach dem **JGG**, haben sich modellhaft Angebote unter dem Oberbegriff **soziale Trainingskurse** (vgl BAG NAM 2000; Busch/Hartmann 1983; Dünkel/Geng/Kirstein 1998; Fischer/Lipphold 2000; Frey ua 1997) entwickelt. Bei diesen Kursen handelt es sich um ein gruppenpädagogisches Angebot (nicht nur) für straffällig gewordene Jugendliche, zu dessen Annahme der Jugendliche durch jugendrichterliche Entscheidungen (Weisung nach § 10 JGG) verpflichtet oder das im Hinblick auf die Diversionsmöglichkeiten des Jugendstaatsanwalts (§ 45 JGG) oder des Jugendrichters (§ 47 JGG) durchgeführt wird (Trenczek 2000, 85 ff). Diese Angebote könnten aber auch über Anordnungen des FamG nutzbar gemacht werden (vgl § 1666 Abs. 3 Nr. 1 BGB, § 52 Rn 23). **7**

Der als Sanktion gegenüber den jungen Menschen angeordnete soziale Trainingskurs (§ 10 Abs. 1 Nr. 6 JGG) entspricht nicht per se der sozialen Gruppenarbeit (Trenczek 2009 b Rn 6). Im Hinblick auf die Leistungsvoraussetzungen und Konzeption der sozialen Gruppenarbeit sind nicht strafrechtliche, sondern allein die sozialrechtlichen Kriterien der §§ 27, 29 entscheidend (s. § 52 Rn 51 ff, zu den Unterschieden ausführlich Trenczek 1996 und 2000, 38 ff und 85 ff). Bei der Durchführung als Weisung angeordneter sozialer Trainingskurse muss insb. der Zwangskontext (s. § 52 Rn 1) beachtet werden, zB dass bei schuldhafter Nichtbefolgung (§ 11 Abs. 3 JGG) Zwangsmaßnahmen (insb. der Ungehorsamsarrest) drohen (Drewniak/Höynck ZfJ 1998, 490; Trenczek 2000, 95 ff). **8**

IV. Zuständigkeit, Kosten

Zuständig für die Gewährleistung eines bedarfsgerechten Angebots (vgl § 79) der sozialen Gruppenarbeit ist der örtliche Träger der öffentlichen Jugendhilfe (vgl §§ 86 ff). Die Inanspruchnahme der sozialen Gruppenarbeit ist kostenfrei (vgl § 90). Ein sozialer Trainingskurs nach dem JGG (Weisung) der nicht als HzE iSd §§ 27 und 29 untersetzt ist, ist vom JA weder anzubieten noch zu finanzieren (vgl Vor§ 27 Rn 19 f, § 52 Rn 56; Trenczek 2009 b Rn 19 ff). **9**

Weiterführende Literaturhinweise:

BAG NAM 2000; *Baur* u.a. 2004; *Radtke/Schröter* 2000; *Trenczek* 1996 und 2009 b; *Walkenhorst* 1989; *Wegehaupt-Schlund* 2001.

§ 30 Erziehungsbeistand, Betreuungshelfer

Der Erziehungsbeistand und der Betreuungshelfer sollen das Kind oder den Jugendlichen bei der Bewältigung von Entwicklungsproblemen möglichst unter Einbeziehung des sozialen Umfelds unterstützen und unter Erhaltung des Lebensbezugs zur Familie seine Verselbständigung fördern.

I. Erziehungsbeistand

1. Entstehungsgeschichte

1 Die aus der **Schutzaufsicht** (vgl §§ 56 ff RJWG) entwickelte und ursprünglich ehrenamtlich angelegte Erziehungsbeistandschaft hat sich zunehmend zu einem von hauptamtlichen Fachkräften getragenen pädagogischen Angebot weiterentwickelt. Auch inhaltlich hat sich die Erziehungsbeistandschaft, die ursprünglich auf „Verwahrlosung" (RJWG) bzw Gefährdung oder Schädigung der Entwicklung (JWG) abstellte, zu einem Angebot zur „Bewältigung von Entwicklungsproblemen" ausdifferenziert. Die Bestandszahlen der Erziehungsbeistandschaft zum Jahresende sind von 1996 bis 2006 kontinuierlich gestiegen. 2006 erhielten 14.854 junge Menschen Erziehungsbeistandschaft. 63 % der Hilfen wurden männlichen jungen Menschen zuteil (Statistisches Bundesamt 2007).

2. Konzeption und Praxis

2 Die Aufgabe des Erziehungsbeistandes besteht darin, Problemlagen von Kindern und Jugendlichen unter Einbezug ihres sozialen Umfelds zu bearbeiten (zu den Zielen und Erfolgskriterien, Trenczek 2009 b Rn 10 ff). **Gegenstand der Betreuung** sind insbesondere:

- Beziehungen zwischen Eltern und Kindern/Jugendlichen,
- Identitätsbildung und Handlungskompetenzen,
- Schwierigkeiten in Schule, Ausbildung und Arbeit,
- andere soziale Bezüge des Kindes/Jugendlichen (zB Freundeskreis, Freizeit),
- Unterstützung beim Zugang zu Systemen der materiellen Grundabsicherung (Gesundheit, Wohnen, Einkommen, …).

3 Nach dem Wortlaut des § 30 wird die Erziehungsbeistandschaft als ein sozialpädagogisches Hilfeangebot verstanden, das insbesondere auf **die Unterstützung des Minderjährigen** ausgerichtet ist (Trenczek 2000, 41 ff) und sich damit von Methoden sozialpädagogischer Hilfen unterscheidet, die stärker die Familie in den Blick nehmen. Nach dem Konzept des SGB VIII arbeiten die Erziehungsbeistände auch mit den Personensorgeberechtigten zusammen, die im Rahmen der Hilfeplanung ihre Zustimmung zu einer Erziehungsbeistandschaft geben müssen, und tragen zur Bewältigung von Erziehungsproblemen im Familienalltag bei. Dabei soll jedoch im Unterschied zB zur SPFH stärker das Kind/der Jugendliche selbst und dessen Wunsch nach Unterstützung im Mittelpunkt sozialpädagogischen Handelns stehen.

4 In der Praxis ist die **Altersspanne** der jungen Menschen, die im Rahmen einer Erziehungsbeistandschaft betreut werden, relativ groß. So weist die Kinder- und Jugendhilfestatistik für das Jahr 2007 735 begonnene Hilfen für unter 6-Jährige aus und 3.950 Hilfen für junge Volljährige. Der Altersschwerpunkt der begonnenen Hilfen aber liegt zwischen 12 und 15 (5.025) und zwischen 15 und 18 (7.977) Jahren. Die Beistandschaften und Betreuungen dauerten 2007 im Schnitt 11 Monate. Dabei ist eine Tendenz erkennbar, im Rahmen einer Erziehungsbeistandschaft vor allem mit älteren Jugendlichen auch in Richtung auf eine **Verselbstständigung** (Übergang in eine eigene Lebensform) zu arbeiten. Diese Akzentsetzung wird der Erziehungsbeistandschaft nun explizit als Aufgabenstellung zugewiesen („Lebensbezug zur Familie" ist als Beziehungsfunktion nicht notwendig auch als räumliche Beziehung zu verstehen).

5 Erziehungsbeistandschaften, die idR durch erfahrene, hauptamtliche Kräfte Sozialarbeiter/Sozialpädagogen) durchgeführt werden sollten, sind meist **längerfristig** (1 bis 3 Jahre) **angelegt**. Es werden unterschiedliche **Methoden** der Sozialarbeit/Sozialpädagogik (Einzel- und Gruppenarbeit) angewendet. Kernstück der Arbeit sind zumeist regelmäßige Beratungsgespräche mit den Kindern/Jugendlichen und deren Eltern. Auch wenn es sich zunächst um eine auf den einzelnen jungen Menschen fokussierte Hilfe

zu handeln scheint, ist die **Elternarbeit** (bzw die Beratung und Unterstützung anderer Personen aus dem sozialen Umfeld, vgl § 27 Abs. 2 Satz 2, 2. Halbs.) integraler und aus systemischer Perspektive unverzichtbarer Bestandteil der Beistandschaft/Betreuung. Formen der Gruppenarbeit (zB gemeinsame Freizeitaktivitäten) haben sich bewährt (vgl dazu den Überschneidungsbereich zur „sozialen Gruppenarbeit", § 29 Rn 4). Unverantwortlich sind Billiglösungen, bei denen nur dürftig angelernten, häufig studentischen Hilfskräften eine Erziehungsverantwortung übertragen wird, die den im Rahmen einer Erziehungsbeistandschaft auftretenden Problemlagen nicht gerecht werden. Für die Fortentwicklung der Erziehungsbeistandschaft ist neben einer weiteren Durchsetzung von Professionalität und Fachlichkeit der Erziehungsbeistände der Verbund dieses Angebots mit anderen Hilfen (zB soziale Gruppenarbeit nach § 29, aber auch als Begleitung bei Klinikaufenthalten, zB im Rahmen der Psychiatrie) zu fordern.

In der Literatur wird — wenn die Erziehungsbeistandschaft als Sonderdienst (beim JA oder einem **6** freien Träger) eingerichtet ist — von **Fallzahlen** von 10 bis 30 Fällen je Erziehungsbeistand ausgegangen. Dort, wo die Erziehungsbeistandschaft als intensive Form der ambulanten Hilfe praktiziert wird, finden sich auch niedrigere Fallrelationen. Um eine effektive Arbeit mit den jungen Menschen und ihren Familien leisten zu können, sollte eine Fallzahl von 20 nicht überschritten werden. Sie ist entsprechend herabzusetzen, wenn noch ehrenamtliche Erziehungsbeistände zu beraten sind oder diese Aufgabe Fachkräften des ASD übertragen wird.

Im Gegensatz zu der Konzeption der Erziehungsbeistandschaft als einer auf Freiwilligkeit und Einver- **7** nehmlichkeit gegründeten Hilfeform steht nach § 12 JGG die in der Praxis kaum genutzte Möglichkeit der **Anordnung als Erziehungsmaßregel.** Entbehrlich ist die Anordnungsmöglichkeit schon allein deswegen, weil nach dem JGG der „Betreuungshelfer" zur Verfügung steht. Darüber hinaus verpflichtet die jugendgerichtliche Anordnung nur den Jugendlichen und seine Eltern, nicht jedoch das JA als Leistungsträger (vgl § 29 Rn 8, § 52 Rn 56) Die Aufnahme der Erziehungsbeistandschaft in den Katalog des § 12 JGG ändert nichts daran, dass es sich bei der Erziehungsbeistandschaft um eine Leistung der Jugendhilfe handelt. Die nach § 12 JGG erforderliche „Anhörung" des JA setzt also voraus, dass dieses (zuvor) festgestellt hat, ob die im „Achten Buch Sozialgesetzbuch genannten Voraussetzungen" vorliegen. Damit lässt das jugendgerichtliche Urteil das sozialrechtliche Verfahren unberührt (Trenczek 1996, 128).

3. Eignung

Erziehungsbeistandschaften sind eine auf verschiedene Kontexte hin gestaltbare Hilfe zur Erziehung, **8** zu deren realen Ausgestaltungen derzeit wenig aktuelle Befunde zur Verfügung stehen. Erziehungsbeistandschaften können ein wichtiges Unterstützungsmittel sein, wenn andere Sozialleistungsträger (etwa nach SGB V oder SGB XII) eine primäre Zuständigkeit haben. ZB zur Klärung der Anschlussperspektiven einer Jugendlichen an eine längerfristige Unterbringung im Rahmen der Kinder- und Jugendpsychiatrie kann eine Erziehungsbeistandschaft ein wichtiges Instrument sein. Auch in allen Situationen, in denen sich strukturelle Risiken für junge Menschen identifizieren lassen – zB bei psychisch kranken Eltern (vgl Schone/Wagenblass 2002) oder bei Kindern im Frauenhaus oder im Kontext von Maßnahmen nach dem Gewaltschutzgesetz (vgl Struck 2005) kann diese Hilfe notwendig und geeignet sein.

II. Betreuungshelfer

Der Terminus Betreuungshelfer wurde im Hinblick auf das mit der Novellierung des JGG verfolgte **9** Ziel, den Erziehungs- und Hilfegedanken zu stärken, erstmalig in das Jugendhilferecht als besondere Betreuungsperson gerade straffälliger Jugendlicher eingeführt. Inhaltlich handelt es sich aber in beiden Fällen um eine Erziehungs- und Betreuungshilfe iSd SGB VIII. Beide, der Betreuungshelfer wie der Erziehungsbeistand, haben den **selben pädagogischen Auftrag,** sie sollen den jungen Menschen „bei der Bewältigung von Entwicklungsproblemen möglichst unter Einbeziehung des sozialen Umfelds unterstützen und unter Erhaltung des Lebensbezugs zur Familie seine Verselbstständigung fördern". Betreuungshelfer und Erziehungsbeistand unterscheiden sich nur insoweit, dass ersterer immer dann tätig wird, wenn die Jugendhilfe einen mit Weisung verpflichteten Jugendlichen betreut (Trenczek 2000, 41 ff u. 87 ff). Es handelt sich dabei weitgehend nur um einen terminologischen Unterschied, auch der Betreuungshelfer handelt nicht auf Anweisung des Jugendgerichts (zur Problematik des § 38 Abs. 2 S. 7 JGG, vgl § 52 Rn 48 ff; zur Steuerungsverantwortung des JA im Hinblick auf das Strafverfahren § 52 Rn 55; Trenczek ZJJ 2007, 31). Allerdings ist zu beachten, dass bei einer vom Gericht auferlegten

Betreuungsweisung auf Seiten des jungen Menschen (selbst die ohnehin stets nur begrenzte) Freiwilligkeit nicht gegeben ist (Soziale Arbeit im **Zwangskontext**, § 52 Rn 1). Aufgrund des auf dem Jugendlichen lastenden Sanktionsdrucks kommt insbesondere der JGH bei dem Vorschlag und der Initiierung der Betreuungshilfe eine große Verantwortung zu (§ 52 Rn 39 ff). Im Unterschied zur Erziehungsbeistandschaft ist die Betreuungshilfe aus strafrechtlichen Gründen befristet, allerdings steht einer Verlängerung der Betreuung bei Vorliegen der Voraussetzungen nach §§ 27, 30 nichts im Wege, wenn die jungen Menschen und ihre Personensorgeberechtigten dies wünschen.

10　Die Betreuungsweisung nach § 10 Abs. 1 Ziff. 5 JGG ist als **Sanktion** bei wiederholter Begehung von Straftaten als Alternative zu freiheitsentziehenden Sanktionen, Arrest und Jugendstrafe, angedacht. Sie kann auch als vorläufige Maßnahme, insbesondere zur Vermeidung von Untersuchungshaft (§ 71 Abs. 1 § 72 Abs. 1 JGG) angeordnet werden. Ihre Stellung im Rechtsfolgesystem ergibt sich zum einen daraus, dass sie ebenso wenig wie der soziale Trainingskurs im Rahmen eines informellen Verfahrens (**Diversion**) angeordnet werden darf (vgl Eisenberg § 45 Rn 21 ff; Trenczek DVJJ-J 1991, 9; 2000, 86), zum anderen aus dem Umstand, dass sie mit einer gesetzlich vorgesehenen Regeldauer von 6-12 Monaten von hoher Eingriffsintensität ist. Sie soll grundsätzlich als alleinige Maßnahme angeordnet werden (BT-Drucks. 11/5829, 16). Die Verbindung der Betreuungsweisung mit anderen Sanktionen ist gesetzlich nur in Ausnahmefällen zulässig, eine Verknüpfung gerade mit freiheitsentziehenden oder anderen „Zuchtmitteln" („Sanktionscocktail") ist abzulehnen, weil diese idR der im Rahmen der Betreuungshilfe dringend erforderlichen intensiven und vertrauensvollen Zusammenarbeit zwischen dem Jugendlichen und dem Betreuungshelfer entgegenwirken (BAG NAM 2000, 426; Eisenberg § 10 Rn 22; Trenczek 2000, 88).

11　Nach Angaben der amtlichen Jugendhilfestatistik wurden Ende 2006 3.908 junge Menschen durch einen Betreuungshelfer betreut. Dieser Wert ist seit 1999 fast konstant. Die Quote der Mädchen und jungen Frauen beträgt 30 %. 43 % dieser Hilfen wurden jungen Volljährigen gewährt.

III. Zuständigkeit, Kosten

12　Zuständig für die Gewährleistung eines bedarfsgerechten Angebots (vgl § 79) ist der örtliche Träger der öffentlichen Jugendhilfe (vgl §§ 86 ff). Im Hinblick auf das jugendstrafrechtliche Verfahren darf die Betreuungshilfe nur geleistet bzw refinanziert werden, wenn die Leistungsvoraussetzungen des SGB VIII vorliegen (s. § 52 Rn 55 ff; Trenczek 2009 b Rn 19 ff). Die Erziehungsbeistandschaft und die Betreuungshilfe sind kostenfrei (vgl § 90).

Weiterführende Literaturhinweise:

BAG NAM 2000; *Behnies u.a.* 1992; *Gebert/Schone* 1993; *Gebert* 2001; *Trenczek* 1996 und 2009 b.

§ 31 Sozialpädagogische Familienhilfe

[1]Sozialpädagogische Familienhilfe soll durch intensive Betreuung und Begleitung Familien in ihren Erziehungsaufgaben, bei der Bewältigung von Alltagsproblemen, der Lösung von Konflikten und Krisen sowie im Kontakt mit Ämtern und Institutionen unterstützen und Hilfe zur Selbsthilfe geben. [2]Sie ist in der Regel auf längere Dauer angelegt und erfordert die Mitarbeit der Familie.

I. Allgemeines

Im Rahmen des Ausbaus familienorientierter ambulanter erzieherischer Hilfen hat der Einsatz der **1** sozialpädagogischen Familienhilfe (SPFH) bundesweit Beachtung und **Verbreitung** gefunden (vgl Allert u.a. 1994; Helmig 2001; Hofgesang 2001; kritisch Karsten/Otto 1987). Ergänzend – und zT konkurrierend – haben sich zudem ab Mitte der 90er Jahre **neue Formen familienorientierter Kurzzeithilfen** unter Bezeichnungen wie „Families First", „Familie im Mittelpunkt", „Familienaktivierung" (Koch/Lambach 2000; Helming 1999; Gehrmann/Müller 1998) entwickelt und etabliert, um damit intensive familienbezogene Hilfen auch kurzfristig und in Krisensituationen verfügbar zu machen.

Seit Beginn der 90er Jahre hat die SPFH einen beträchtlichen Ausbau erfahren. Im Jahr 2007 wurden **2** 31.689 Familien (Ende 1991: 9.089 Familien) durch die SPFH unterstützt. 66,2 % von ihnen bestritten ihren Lebensunterhalt ganz oder zum Teil aus stattlichen Transferleistungen. Die SPFH betraf Ende 2007 91.057 Kinder und Jugendliche (Statistisches Bundesamt 2009).

II. Ziele

Die SPFH ist eine pädagogische Dienstleistung, die durch eine gezielte Verbindung von **pädagogischen** **3** **und alltagspraktischen Hilfen** die Selbsthilfekompetenzen der Familie zu stärken sucht. Es ist ein Kennzeichen des Handlungsfeldes, dass die pädagogische Hilfe in der Umwelt der Familie stattfindet und dass daher die SPFH zu ihrer Wirksamkeit einer besonderen Bereitschaft der Familie zur Mitarbeit und einer besonderen Beziehung zwischen dem/der jeweiligen Familienhelfer/in und der Familie bedarf.

SPFH ist idR eine ambulante Hilfe (vgl Rn 13), die sich auf die **gesamte Familie richtet**. Es besteht die **4** Erwartung, dass die Familie durch die Betreuung und Begleitung die Fähigkeit zur **Problemlösung und** **Alltagsbewältigung** (wieder)gewinnt. In den meisten Fällen bedarf es hierzu einer längeren Zeitspanne. Die durchschnittliche Betreuungsdauer betrug 2006 16 Monate. Aber immerhin 20 % der Hilfen dauerten länger als 2 Jahre. In jedem Fall ist die Mitarbeit der Familie in diesem Prozess eine notwendige Voraussetzung zur Erreichung der Ziele. SPFH bezieht sich auf unterschiedliche Aspekte, zB erzieherische Situation, Beziehungen zwischen Eltern und Kindern sowie zwischen Elternteilen, gesundheitliche Situation von Eltern und Kindern, materielle Situation der Familie (einschließlich der Wohnsituation), Verhältnis von Familie und sozialem Umfeld.

SPFH wird vor allem durch folgende **Prinzipien** bestimmt: **5**

- Es handelt sich um eine **längerfristige Hilfe** (im Gegensatz zu den kurzfristigen Hilfen zur Aufrechterhaltung der Haushaltsführung nach § 70 SGB XII bzw der Betreuung und Versorgung eines Kindes in Notsituationen nach § 20).
- Die pädagogische Hilfe findet in der **Umwelt der Familien** statt; der/die Familienhelfer/in erlebt unmittelbar die Alltagsprobleme der Familien.
- SPFH ist weniger ein therapeutisches Angebot als vielmehr eines der **konkreten, praktischen Lebenshilfe**.
- Es ist eine **bestimmte Einzelperson** für die Betreuung der Familie zuständig, die zudem eine relativ große Nähe zu den Betroffenen und ihren Problemen hat.
- Familienhilfe versucht die **Isolation der Familien aufzubrechen** und deren Öffnung nach außen (Institutionen und informelle Gruppen) zu unterstützen.

III. Kritische Aspekte

6   Neben diesen durchweg positiv zu beurteilenden Aspekten gibt es aber Gesichtspunkte, die bei einer Wertung der SPFH — auch bei deren Vergleich mit anderen sozialen Diensten — Beachtung finden müssen. Zu diesen eher problematisch einzuschätzenden Momenten gehören folgende:

- Die Anwesenheit eines/einer Familienhelfer/in in der Familie bedeutet einen **starken Einbruch in den familiären Intimbereich** („gläserne Familie"). Von daher werden Verhaltensbereiche der Familienmitglieder einer Bewertung und Kontrolle zugänglich, die andere soziale Dienste in dieser Form nicht haben (Frings JAmt 2008, 461).
- Die Familien haben idR nicht von sich aus die Familienhilfe in Anspruch genommen. Nicht selten hat erst ein mehr oder minder deutlicher **Druck von außen** (drohende Eingriffe, Fremdplatzierungen oder anderweitig nicht erfüllter Wunsch nach Rückführung von Kindern) die Familien zur Akzeptanz dieses Angebots veranlasst (vgl dazu aber die Anforderungen des § 31: Mitarbeit der Familie).
- Die Familienhelfer/innen arbeiten in dem **emotionalen Spannungsfeld** der Familie. Darin einbezogen, können sich Parteilichkeiten, Ambivalenzen und Ablehnungen entwickeln, die der fortwährenden Kontrolle bzw Korrektur bedürfen.
- Durch die längerfristige Einbindung einer außenstehenden Fachkraft in die Familiendynamik kann das der Familie eigene **Problemlösungspotenzial weiter geschwächt** werden (Experten- und Schiedsrichterfunktion der Familienhilfe).

7   In der fachlichen Kontroverse befindet sich weiterhin die Frage, in welchem Verhältnis SPFH – primär verstanden als praktische Lebenshilfe und Hilfe zur Selbsthilfe – zu **therapeutischen Arbeitsansätzen** steht. Hierbei ist zu beachten, dass die sozialpädagogische Arbeit in den Familien nicht den Standards und Rahmenbedingungen therapeutischer Intervention entspricht. Zudem kann eine Therapiezentrierung in der SPFH zu einer Verkürzung der Problemsicht (Ausblendung materieller und struktureller Deprivationen) und zu einer Vernachlässigung lebenspraktischer Beratung und Unterstützung führen.

IV. Angebotsformen und Standards

8   SPFH verwirklicht sich **durch beratende Gespräche, modellhaftes Handeln und praktische Hilfe**. Die dabei wahrgenommenen Aufgaben können gekennzeichnet werden als Erziehungsberatung, Partnerberatung, Einzelberatung, Hausaufgabenbetreuung, Anleitung bei der Arbeit im Haushalt, Unterstützung bei der materiellen Lebenssicherung, Unternehmungen (Aktivitäten) mit Eltern und Kindern. Dabei können ergänzend andere Institutionen in Anspruch genommen werden (zB Tagesbetreuung von Kindern außerhalb der Familie, Schuldnerberatung).

9   Einen besonderen Stellenwert hat die Verbesserung des Verhältnisses der Familie **zum sozialen Umfeld**. Viele Familien sind in ihrem sozialen Umfeld isoliert und erfahren von daher keine entsprechende Unterstützung. Wichtig ist auch, dass SPFH regionalisiert angeboten wird. Die Arbeit kann sich dann darauf richten, dass die Familien Einrichtungen des Stadtteils (zB soziale Infrastruktur) verstärkt nutzen, ärztliche und andere professionelle Hilfen in Anspruch nehmen, die Kooperation mit der Schule verbessert wird. **Gruppenangebote** für Familien (zB Frauengruppe, Kindergruppe) machen es möglich, die Präsenz der Familienhelfer/innen im Privatbereich der Familie zu verringern und die Kontakte und Selbsthilfeaktivitäten zwischen den Familien zu fördern.

10 Die für die Arbeit mit den Familien veranschlagte **Wochenarbeitszeit** beträgt zwischen 5 und 20 Stunden (einschließlich Teamsitzung, Supervision, Verwaltungstätigkeit usw.), abhängig vom (erzieherischen) Bedarf im konkreten Einzelfall (vgl § 27 Rn 5 ff). SPFH für eine Familie wird idR für einen Zeitraum von 1 bis 2 Jahren (mit der Möglichkeit der Verlängerung) geleistet. Diese Zeit wird aufgrund der praktischen Erfahrungen in den meisten Fällen benötigt, um die Ziele bzw Teilziele der Familienarbeit zu erreichen.

11 Die mit der SPFH als ambulanter HzE gegebenen Möglichkeiten können erst bei einer **Sicherung fachlicher Mindeststandards** voll erschlossen werden. Hierzu gehören unter anderem:

- Die **Festanstellung** der sozialpädagogischen Familienhelfer/innen muss zur Regel werden, wie dies in anderen Arbeitsfeldern der Sozialarbeit/Sozialpädagogik selbstverständlich ist. So wurde auch in einem Grundsatzurteil des BAG vom 6.5.1998 (AZR 347/97 auch in: NDV-RD 1999, 3; vgl Stadelmann/Marquard, NDV 2000) entschieden, dass Familienhelfer/innen nach § 31 regelmäßig Arbeitnehmer/innen und nicht freie Mitarbeiter/innen sind.

■ SPFH erfordert eine **sozialpädagogische Qualifikation**, die idR erfüllt wird durch Sozialarbeiter/innen, Sozialpädagogen/innen, Diplom-Pädagogen/innen sowie – mit Einschränkungen – durch Erzieher/innen.

■ Familienhelfer/innen brauchen berufsbegleitende Möglichkeiten der Qualifikation durch fachlichen Austausch, **Beratung, Fortbildung und Supervision**.

■ Familienhilfedienste brauchen eine angemessene räumlich-sachliche Ausstattung.

■ Die Betreuung im Einzelverhältnis der Familienhelfer zur Familie ist zu ergänzen durch **familienübergreifende Angebote**.

■ In der SPFH, die in besonderer Weise den Privatbereich der Familie berührt, sind die **Prinzipien des Datenschutzes** (**Datenschutzvorschriften** nach den §§ 61, 64, 65) besonders sorgfältig zu reflektieren und zu beachten.

Der Aspekt des **Datenschutzes** ist deshalb von zentraler Bedeutung, weil die SPFH so dicht wie kaum ein anderer sozialer Dienst in den Intimbereich der Familie hineindringt (vgl dazu auch Frings JAmt 2008, 461). Die diesbezüglichen Absprachen mit allen Mitgliedern der Familie müssen klar und transparent sein. Bei gravierenden Gefahren für das Kindeswohl sind die Verpflichtungen des Leistungserbringers und seiner Fachkräfte aus § 1 und § 8 a iVm den §§ 64 f strikt einzuhalten. **12**

Wird eine sozialpädagogische Familienhilfe in Einzelfällen in stationärer Form erbracht („stationäre Familienbetreuung"), so sind für diese Hilfe Leistungs-, Entgelt- und Qualitätsentwicklungsvereinbarungen nach § 78 a ff abzuschließen (s. § 78 a Abs. 1 Nr. 4 d). In diesem Fall werden auch Kostenbeiträge nach § 91 ff erhoben (s. § 91 Abs. 1 Nr. 5 d). **13**

V. Eignung

Für das Profil der SPFH ist charakteristisch, dass sie sich primär an Familien richtet, deren Lebenssituation durch **massive materielle Probleme und familiäre Belastungen** gekennzeichnet wird, weniger dagegen durch Verhaltensauffälligkeiten der Kinder selbst. Allerdings kann diese Hilfe bei Familien mit (seelisch) behinderten Kindern und Jugendlichen ebenfalls sinnvoll und hilfreich sein. SPFH scheint **besonders erfolgreich** bei Familien in akuten Einzelkrisen, beim Tod eines Partners, bei Trennung, bei besonderen Schwierigkeiten mit Kindern, bei Problemen alleinerziehender Eltern. Demgegenüber scheint SPFH **eher ungeeignet** bei Familien, die dauerhaft überfordert sind und sich in extremen, sich gegenseitig verstärkenden Lebenskrisen (zB Arbeitslosigkeit, Überschuldung, Isolierung, hohe Kinderzahl) befinden und/oder durch massive Strukturkrisen (zB gewalttätige Väter/Eltern, Suchtabhängigkeiten, psychische Leiden) gekennzeichnet sind. **14**

Dabei sollte vor einer SPFH geprüft werden, ob **durch weniger intensive Hilfestellungen** (zB Betreuung und Versorgung des Kindes in Notsituationen nach § 20, Erziehungsbeistandschaft nach § 30, Tagespflege nach § 23 bzw eine individuelle Hilfe nach dem erzieherischen Bedarf im Einzelfall nach § 27 Abs. 2 einer Vermittlung von Kuren und anderen entlastenden Hilfen, Aktivierung informeller Netze etc.) ausreichende Hilfestellung gegeben werden kann. **15**

Die im Rahmen der SPFH tätigen hauptberuflichen Fachkräfte definieren dieses Angebot im Regelfall als eine eigenständige ambulante Hilfe, **die kein bloßer Ersatz für andere Hilfen** (zB Fremdunterbringung) sein soll. Im Verhältnis zum Fremdunterbringungsbereich wird verstärkt eine präventive Orientierung angestrebt, dh ein Beginn von Familienhilfe schon dann, wenn Problemlagen noch nicht so verfestigt sind und an Veränderungsmotivationen und Veränderungschancen bei den Familien angesetzt werden kann. **16**

VI. Zuständigkeit, Kosten

Zuständig für die Gewährleistung eines bedarfsgerechten Angebots (vgl § 79) ist der örtliche Träger der öffentlichen Jugendhilfe (vgl §§ 86 ff). Die Inanspruchnahme der SPFH in ambulanter Form (s. aber Rn 13) ist kostenfrei (vgl § 90). **17**

Weiterführende Literaturhinweise:
Allert u.a. 1994; *Helmig* 2001; *Hofgesang* 2001.

§ 32 Erziehung in einer Tagesgruppe

[1]Hilfe zur Erziehung in einer Tagesgruppe soll die Entwicklung des Kindes oder des Jugendlichen durch soziales Lernen in der Gruppe, Begleitung der schulischen Förderung und Elternarbeit unterstützen und dadurch den Verbleib des Kindes oder des Jugendlichen in seiner Familie sichern. [2]Die Hilfe kann auch in geeigneten Formen der Familienpflege geleistet werden.

I. Allgemeines

1 Die Tagesgruppe (vgl Krüger u.a. 2001; Lambach/Thurau 1992; Späth 2001) soll für Familien, die sich in besonders belasteten Lebenssituationen befinden, den Verbleib des Kindes oder Jugendlichen in der Familie und im sozialen Milieu ermöglichen, indem die Familie von der **Betreuung und Versorgung des Kindes oder Jugendlichen** tagsüber entlastet wird und gleichzeitig durch eine intensive **Beratung, Betreuung und Unterstützung der Familie** mittelfristig eine Bewältigung der Problemursachen und eine Neuorientierung ermöglicht wird. Die Tagesgruppe ist eine **teilstationäre Leistung** der Kinder- und Jugendhilfe iS des § 91 Abs. 2.

2 Mit der Erziehung in einer Tagesgruppe sollen **Angebote des sozialen Lernens, der schulischen Förderung und der unterstützenden Elternarbeit** in die Angebotspalette der HzE aufgenommen werden. Tagesgruppen haben sich seit Beginn der 80er Jahre aus ersten Modellversuchen teilstationärer Gruppen von Kinder- und Jugendheimen heraus entwickelt. In den meisten Fällen fand ihre Gründung als Differenzierung oder als Umwandlung eines Heimes statt. Mehr als drei Viertel aller Tagesgruppen sind an ein Heim gebunden. Tagesgruppen werden weit überwiegend von freien Trägern betrieben. Von den 2006 verfügbaren 14.501 Plätzen in Tagesgruppen wurden nur 7,5 Prozent von öffentlichen Trägern vorgehalten. Über eine längere Tradition verfügen Tagesgruppen in der **Arbeit mit Behinderten** (heilpädagogische Tagesstätten) als Leistung der Eingliederungshilfe (§§ 53 ff SGB XII).

3 Die Tagesgruppe im Kontext der HzE hebt sich bezüglich der **Voraussetzungen** (§ 27), der **Ziele** und der **Kostenregelungen** (§ 91 Abs. 2 Nr. 2) von der Förderung der Kinder in Tageseinrichtungen (§ 22 ff) ab. Von Bedeutung sind in diesem Kontext auch die Bestimmungen über Mitwirkung und Hilfeplan (§ 36), Zusammenarbeit bei Hilfen außerhalb der eigenen Familie (§ 37, vgl dort auch Rn 1) und Leistungen zum Unterhalt (§ 39).

4 Obschon die Tagesgruppe als ein eigenständiges Angebot in Abgrenzung zu ambulanten und stationären HzE angesehen werden kann, ist sie im SGB VIII eher im **Kontext der Hilfen außerhalb des Elternhauses** angesiedelt (vgl Späth 2001, 574 f). Dies bezieht sich insbesondere auf die **Sicherstellung des notwendigen Unterhalts** (Verpflegung) während der Betreuung und die **Kostenübernahme** durch das JA (§ 39 Abs. 1), die **Betriebserlaubnis** (§ 45) und die damit zusammenhängenden Prüfungs- und Aufsichtsrechte sowie Meldepflichten (§§ 46, 47 iVm § 85 Abs. 2), die Grundsätze der **Kostenheranziehung** (vgl Rn 17), die Erhebungsmerkmale im Zusammenhang mit der **Jugendhilfestatistik** (§ 99 Abs. 1) und den Einbezug in die Bestimmungen der §§ 78a–g (**Vereinbarungen über Leistungsangebote, Entgelte und Qualitätsentwicklung**).

5 Nach den Zahlen der amtlichen **Jugendhilfestatistik** gab es Ende 2007 15.153 belegte Plätze in Tagesgruppen. Die Zahl der begonnenen Hilfen lag 2007 bei 8.655. Tagesgruppen werden zu 73,5 Prozent für männliche Kinder und Jugendliche in Anspruch genommen. Der Altersschwerpunkt liegt bei den 6- bis 12-jährigen Kindern. Ca. 25 % der Hilfen in einer Tagesgruppe beziehen sich auf junge Menschen mit mindestens einem Elternteil ausländischer Herkunft. In 13,5 % der Familien dieser jungen Menschen wir nicht vorrangig Deutsch gesprochen. Die durchschnittliche Aufenthaltsdauer in einer Tagesgruppe betrug 2007 16 Monate (Statistisches Bundesamt 2009).

II. Konzeptionen und Ziele

6 Vor dem Hintergrund der bisherigen Entwicklung finden sich sehr **unterschiedliche Begrifflichkeiten** (zB heilpädagogische, sozialtherapeutische, teilstationäre Gruppenarbeit) und **Konzeptionen** der Arbeit in Tagesgruppen hinsichtlich pädagogisch-therapeutischer Ausrichtung, Altersgruppen, Betreuungsdauer, Zahl und Qualifikation der Mitarbeiterinnen und Mitarbeiter. Dennoch lassen sich fol-

gende **Grundmerkmale** festhalten: Die Gruppen sind in der Regel alters- und geschlechtsgemischt, haben 8 bis 12 Plätze und nehmen Kinder zwischen 8 und 14 Jahren auf. Zusätzlich gibt es vereinzelt Gruppen für Vorschulkinder und Jugendliche mit meist kleinerer Platzzahl. Die Tagesgruppen sind entweder auf dem Heimgelände oder ähnlich wie Außengruppen im Gemeinwesen angesiedelt. Der Betreuungsschlüssel liegt meist zwischen 1 : 3 und 1 : 5. Manche Tagesgruppen verzichten gänzlich auf gruppenübergreifende Dienste, andere werden von zahlreichen Fachdiensten begleitet.

Die im Gesetz genannten Arbeitsziele umfassen im Wesentlichen: 7

- sozialpädagogische **Gruppenarbeit** mit den Kindern (soziales Lernen in der Gruppe) mit dem Ziel ein strukturiertes Lernfeld zu schaffen, in dem (auch durch gemeinsames Spielen, Freizeitangebote im handwerklichen und musischen Bereich, Feste und andere Unternehmungen) soziales Verhalten eingeübt und Integration in die Gruppe gefördert wird;
- sozialpädagogische bzw heilpädagogische und/oder **therapeutische Einzelförderung**;
- **Förderung der schulischen Entwicklung**, bei der es über die Hausaufgabenhilfe hinaus auch um die Bearbeitung von Schulängsten, Schulverweigerung bzw misslungene Integration in die schulische Lerngruppe geht;
- **Elternarbeit** zumeist über Hausbesuche, Elternnachmittage, Gespräche mit einzelnen Elternpaaren. Auch Freizeitaktivitäten mit Eltern und Kindern können in diesem Zusammenhang durchgeführt werden.

Ziele der Arbeit in den Tagesgruppen liegen in der emotionalen Entwicklung und Stabilisierung des 8 Kindes, der Förderung und Begleitung der schulischen Integration und der Verbesserung und Stabilisierung der Beziehungen zwischen Eltern und Kindern. Fernziel ist dabei auch, über die Erfolge der Förderung und der flankierenden Elternarbeit die Betreuung in einer Tagesgruppe allmählich durch weniger intensive Betreuungs- und Beratungsangebote, vor allem im Umfeld der Familien und ihrer Kinder, abzulösen.

III. Diskussionen

Bei der Konzeption der Arbeit von Tagesgruppen stellt sich die Frage nach Gemeinsamkeiten und 9 Abgrenzungen gegenüber der Arbeit im **Hort**. Hinweise auf Zielsetzungen und Arbeitsansätze können daraus abgeleitet werden, dass die Tagesgruppe ihre Bedeutung wesentlich aus dem Ziel ableitet, fremdunterbringende Maßnahmen zu vermeiden. Gegenüber der Hortarbeit treten somit das Ziel der Betreuung und Erziehung schulpflichtiger Kinder berufstätiger Eltern und die Bewältigung von Schulschwierigkeiten in den Hintergrund (bestenfalls Teilziele).

In der Praxis haben sich **unterschiedliche Profile** von Tagesgruppen herausgebildet, die von zwei Ex- 10 tremtypen markiert werden.

- Es gibt einen Typus von Einrichtungen, die **Züge eines Hortes** tragen (zB auch durch längere Öffnungszeiten). Sie sind jedoch personell besser ausgestattet und orientieren sich stärker am Konzept einer Elternarbeit als viele Horte.
- Die andere Ausprägung bilden ausgesprochen intensive, meist zeitlich begrenzte, häufig in eine **familientherapeutische Richtung** gehende, eher teure Angebotsformen. Dieser Angebotstyp erfüllt dann auch bewusst die Hortfunktionen nicht mehr. Dies schlägt sich u.a. nieder in kürzeren Öffnungszeiten, einer anspruchsvolleren Auswahl von Kindern und den Erwartungen in Bezug auf die (erwartete) Veränderung von Familienstrukturen.

Bei den Tagesgruppen liegt ein Problem darin, dass die Kinder und Jugendlichen in speziellen Gruppen 11 oder gar Einrichtungen zusammengeführt werden (**Gefahr der Ausgrenzung**) und die Tagesgruppe somit nicht so sehr zur Vermeidung von Fremdunterbringungen führt, als vielmehr Abschiebeprozesse aus dem Hortbereich begünstigt. Zudem werden Kinder und Jugendliche nicht selten aus ihren sozialen Bezügen herausgenommen, da es in den wenigsten Fällen gelingt, sie wohnortnah in Tagesgruppen unterzubringen. Dieser Aspekt kommt insbesondere bei weitflächigen Landkreisen zum Tragen. Ein stark dezentralisiertes Angebot würde aufwändige Transporte entbehrlich machen.

IV. Eignung

Die Erziehung in einer Tagesgruppe ist eine Hilfe für Kinder und Jugendliche, die sich in belastenden 12 sozialen, psychosozialen und individuellen Lebenssituationen befinden und deren Entwicklung gefährdet ist und dauerhaft Schaden zu nehmen droht. In Tagesgruppen werden vor allem Kinder und

Jugendliche im schulpflichtigen Alter betreut, deren Eltern/Elternteile bereit sind, das erzieherische Anliegen der Tagesgruppe zu unterstützen, mit den Mitarbeiter/innen der Tagesgruppe zusammenzuarbeiten und auf diesem Wege die eigene Erziehungskompetenz wiederzuerlangen.

13 Die Tagesgruppe als Angebot der HzE hat ihren Standort zwischen ambulanten/beratenden Hilfen einerseits und Fremdunterbringungen andererseits. Sie soll zur **Vermeidung von Fremdunterbringungen** beitragen. Die Betreuung von Kindern und Jugendlichen in Tagesgruppen kann Unterbringungen außerhalb der eigenen Familie dann substituieren, wenn die Aktivierung materieller und personaler Ressourcen in der Familie unter Mitwirkung der Eltern gelingt. Bei grundsätzlich tragfähigen Beziehungen innerhalb der Familie liegt ein Vorteil der Tagesgruppe darin, dass diese einen **weniger starken Eingriff** in den privaten Lebensraum der Familie darstellt als zB die SPFH bzw eine Unterbringung außerhalb der eigenen Familie. Da dieses Angebot von der Organisation einem Hortangebot vergleichbar ist, wird es auch von den Betroffenen als weniger stigmatisierend und eingreifend erlebt.

14 Über die sozioökonomischen Verhältnisse der Kinder und Jugendlichen in Tagesgruppen als auch über die Bedeutung von bestimmten **Zielgruppen** für den Erfolg dieser Hilfe liegen keine bzw nur wenige Informationen vor. Nach einer bundesweiten Bestandsaufnahme der Planungsgruppe Petra (Lambach/ Thurau 1992) zeigte sich, dass häufig Kinder mit schulischen Problemen (im Leistungsbereich, im Umgang mit anderen Kindern etc.) und Kinder mit familiären Schwierigkeiten (Eltern sind überfordert, Beziehungsprobleme in der Familie) in Tagesgruppen Aufnahme fanden.

15 Wenn § 32 gleichzeitig die Möglichkeit eröffnet, dass „die Hilfe auch in geeigneten Formen der **Familienpflege** geleistet werden" kann, so wird hiermit eine Betreuungsform aufgeführt, die sich nicht aus der Tradition der Tagesgruppenarbeit ableitet (vgl dazu auch die Berührungspunkte zur „einfachen" Tagespflege nach § 23 und zur Vollzeitpflege für „entwicklungsbeeinträchtigte Kinder und Jugendliche" nach § 33 S. 2). Hier geht es vielmehr um spezifische Formen der **intensiven Einzelförderung** in geeigneten Familien, die allerdings nur selten zur Anwendung kommt. 2006 betraf dies nur 5,5 % der Fälle (Statistisches Bundesamt 2007 b).

V. Zuständigkeit, Kosten

16 Zuständig für die Gewährleistung eines bedarfsgerechten Angebots (vgl § 79) ist der örtliche Träger der öffentlichen Jugendhilfe (vgl §§ 86 ff). Das Kind oder der Jugendliche und dessen Eltern werden nach §§ 91 ff zu den Kosten der teilstationären Leistung herangezogen.

Weiterführende Literaturhinweise:

Späth 2001; *IGfH* 2003.

§ 33 Vollzeitpflege

[1]Hilfe zur Erziehung in Vollzeitpflege soll entsprechend dem Alter und Entwicklungsstand des Kindes oder des Jugendlichen und seinen persönlichen Bindungen sowie den Möglichkeiten der Verbesserung der Erziehungsbedingungen in der Herkunftsfamilie Kindern und Jugendlichen in einer anderen Familie eine zeitlich befristete Erziehungshilfe oder eine auf Dauer angelegte Lebensform bieten. [2]Für besonders entwicklungsbeeinträchtigte Kinder und Jugendliche sind geeignete Formen der Familienpflege zu schaffen und auszubauen.

I. Allgemeines

Unter **Vollzeitpflege** wird im Gegensatz zur **Kindertagespflege** (§ 23) die Unterbringung, Betreuung und Erziehung eines Kindes oder Jugendlichen über Tag und Nacht außerhalb des Elternhauses in einer anderen Familie (zum Familienbegriff vgl Rn 5 ff; § 44 Rn 3 ff) verstanden. **1**

Die Familienpflege ist neben der Heimerziehung eine traditionelle Form der Erziehung außerhalb des Elternhauses. Diese soll dem Kind oder Jugendlichen die familiäre Erziehung durch die Eltern – je nach den Erfordernissen des Einzelfalls auf **kurze (befristete) Zeit oder auf Dauer** – ersetzen. Beide Formen (vgl auch § 27 Rn 4 ff) stehen gleichberechtigt nebeneinander. Die Regelungen zur Vollzeitpflege sind iVm §§ 36 (Mitwirkung und Hilfeplan), 37 (Zusammenarbeit bei Hilfen außerhalb der eigenen Familie), 38 (Ausübung der Personensorge), 39, 40 (Leistungen zum Unterhalt und zur Krankenhilfe), 44 (Pflegeerlaubnis), 91 ff (Heranziehung zu den Kosten) und den Vorschriften des § 1632 Abs. 4 BGB (Schutz vor Herausgabeverlangen der leiblichen Eltern; vgl Münder/Lakies 1996) zu sehen. **2**

Neben der Vollzeitpflege nach den §§ 27, 33 gibt es **Pflegeverhältnisse, die nicht im Rahmen von HzE begründet werden** (zB Unterstützung der Eltern durch Nachbarschafts- bzw Verwandtschaftspflege, ohne dass die Voraussetzungen des § 27 gegeben sind). Da hier keine sozialpädagogischen Leistungen nach § 27 erbracht werden, besteht in diesen Fällen kein Anspruch auf Leistungen zum Unterhalt nach § 39 (ggf aber auf Hilfe zum Lebensunterhalt nach SGB XII). Ein Pflegeverhältnis iSd § 33 erfordert eine sozialpädagogische Betreuung und setzt voraus, dass das JA die Möglichkeit hat, sich über den Erziehungsprozess zu informieren und ggf aktiv zu werden. Leistungen nach § 39 setzen somit eine Einbeziehung des JA in das Pflegeverhältnis voraus (vgl auch § 39 Rn 4). **3**

Im Jahr 2007 betrug die Zahl der begonnenen Vollzeitpflegeverhältnisse 13.080, davon ca. 20 % Verwandtschaftspflegeverhältnisse. 20,7 % der Kinder und Jugendlichen hatten einen Migrationshintergrund und bei 72,6 % bestritt die Familie ihren Lebensunterhalt ganz oder teilweise aus staatlichen Transferleistungen. Das Geschlechterverhältnis ist ausgeglichen. Der Schwerpunkt der begonnenen Hilfen liegt bei jüngeren Kindern, aber bei immerhin 27 % der begonnen Hilfen waren die Kinder über 12 Jahre alt. Vollzeitpflege dauerte 2007 im Schnitt 46 Monate (Statistisches Bundesamt 2009). **4**

II. Zum Familienbegriff

Vollzeitpflege nach § 33 ist eine HzE „in einer anderen Familie". Der Begriff der „anderen Familie" definiert sich in Abgrenzung zu dem Begriff der Herkunftsfamilie. Als solche ist die Kernfamilie zu verstehen, aus der der Minderjährige ursprünglich stammt (vgl dazu auch Gutachten DV NDV 2001, 303 f). **5**

Die **Herkunftsfamilie** bezieht sich allein auf die Eltern eines Minderjährigen. Somit umfasst die HzE „in einer anderen Familie" (Vollzeitpflege) auch **Verwandtenpflegestellen** (vgl § 44 Rn 17 und § 27 Abs. 2 a). Ausschlaggebend ist hier, dass ein erzieherischer Bedarf besteht, der durch die leiblichen Eltern des Kindes oder Jugendlichen nicht erfüllt wird und die Unterbringungsform die notwendige und geeignete HzE im Sinne des § 27 darstellt. Sind diese Voraussetzungen gegeben, sind die Kosten der Erziehung (vgl § 39) für Minderjährige, die von Verwandten – auch von Großeltern (ausführlich § 27 Rn 23) – betreut werden, neben dem notwendigen Unterhalt für das Kind oder den Jugendlichen zu zahlen. Zu berücksichtigen ist hierbei allerdings, dass ggf bestehende Unterhaltsverpflichtungen der **6**

Pflegepersonen gegenüber dem Minderjährigen zu einer Kürzung der monatlichen Pauschalbeträge führen können (vgl § 39 Abs. 4). Auch einem **Vormund**, der sein Mündel in seiner Familie betreut, stehen, wenn die Voraussetzungen des § 27 erfüllt sind, die Kosten der Erziehung neben dem notwendigen Unterhalt zu (OVG NI 4 L 7121/96 – FEVS 48, 116).

7   Wenn neben dem Begriff der „andern Familie" bzw der Familienpflege in § 33 in den §§ 37, 44 der Begriff der **Pflegeperson** Verwendung findet, so wird deutlich, dass bei der Vermittlung von Kindern in Vollzeitpflegestellen ein „offener" Familienbegriff zugrunde liegt. Jugendhilfe darf sich daher bei der Auswahl von Pflegepersonen nicht am Modell der traditionellen Kleinfamilie orientieren, sondern hat auch unverheiratete Paare, Einzelpersonen, in größeren und anderen Haushaltsgemeinschaften lebende Personen zu berücksichtigen, wenn diese im Einzelfall eine erfolgversprechende Erziehungsarbeit gewährleisten.

III. Perspektiven und Betreuungsformen

8   Für die betroffenen Kinder und Jugendlichen, die Herkunftsfamilien und die Pflegefamilien ist von entscheidender Bedeutung, welche **zeitliche und sachliche Perspektive** mit der Unterbringung verbunden ist (vgl Jordan ZfJ 1992, 22 ff). In § 33 wird auf die entscheidende Differenzierung hingewiesen: Vollzeitpflege kann „eine zeitlich befristete Erziehungshilfe oder eine auf Dauer angelegte Lebensform bieten". Nach Dauer und Zielsetzung der Vollzeitpflege lassen sich zwei grundlegende Formen unterscheiden:

- **Befristete Pflege**: Sie kann als **Kurzzeitpflege** bei einem befristeten Ausfall der Herkunftsfamilie die Versorgung und Erziehung eines Kindes übernehmen oder aber als **Bereitschaftspflege** die Aufnahme von Kindern in Krisen- und Notsituationen, in denen Kinder aus ihren bisherigen Lebenszusammenhängen herausgenommen werden müssen (oder selbst aus ihnen flüchten) und in einem Übergangszeitraum bis zur Klärung ihrer weiteren Entwicklungsperspektive Schutz und Zuwendung erfahren (vgl dazu auch § 42 Inobhutnahme;. Steege/Szylowicki 1996). Hier kommen auch Inkognitovermittlungen in Frage.
- **Dauerpflege**: In diesen auf Kontinuität angelegten Pflegeverhältnissen werden Minderjährige mit oder ohne eine kontinuierliche Mitwirkung ihrer Eltern auf Dauer in einer Pflegefamilie untergebracht. Blandow weist auf einen Mangel an konkretisierenden Bestimmungen in der Pflegekinderhilfe hin, durch die die verschiedenen Formen und Funktionen der Pflegekinderhilfe für alle Beteiligten klare Konturen und Verlässlichkeit erhalten (Blandow 2004, 202 ff). „Im Haus des Pflegekinderwesens gibt es viel Platz für sehr unterschiedliche Belange. Es empfiehlt sich aber, sie zu sortieren und für jedes von ihnen ein eigenes Zimmer vorzusehen und es seinem Zweck gemäß zu möblieren." (Blandow 2004, 210)

9   Bei der **Adoptionspflege** handelt es sich um eine von den vorgenannten Typen abzugrenzende und rechtlich besonders bestimmte Form (§ 1744 BGB) eines Pflegeverhältnisses. Das Kind wird mit dem Ziel der Adoption zur „Eingewöhnung" bei überprüften Adoptionsbewerbern aufgenommen (§ 8 AdVermG).

10   Die Grenzen zwischen befristeter Pflege und Dauerpflege können fließend sein. Eine ursprünglich als kurzzeitig gedachte Unterbringung kann sich zu einer länger andauernden, dann möglicherweise auch dauerhaften Unterbringung entwickeln. Ein ursprünglich auf Zeit mit Rückkehrperspektive angelegtes Pflegeverhältnis kann sich zu einem Dauerpflegeverhältnis ausgestalten. Aber auch ein als dauerhaft geplantes Pflegeverhältnis kann sich ggf als eines erweisen, das wieder aufgelöst werden muss. Für die **Hilfeplanung** (vgl §§ 36, 37) kommt es dabei entscheidend darauf an, im Rahmen qualifizierter sozialpädagogischer **Entwicklungsprognosen** Aussagen über die erwartete Funktion der Vollzeitpflege zu treffen und diese ggf im Rahmen regelmäßiger Überprüfungen des Hilfeplans (vgl § 36 Rn 52 ff) zu revidieren. Die Pflegeeltern sind an der Hilfeplanung zu beteiligen (§ 36 Abs. 2 Satz 4).

11   Vor allem im Zusammenhang mit den Bestimmungen über Mitwirkung und Hilfeplan (§ 36) und der Zusammenarbeit bei Hilfen außerhalb der eigenen Familie (§ 37) ist eine weitere **Qualifizierung der Pflegekinderarbeit** notwendig. Im Rahmen der gesetzlich vorgegebenen komplexeren Entscheidungs- und Planungssituation bedarf es eines hohen Aufwands an fachlicher Initiative, Planung und Begleitung, um angemessene Lebensperspektiven für die hier zu betreuenden Kinder und Jugendlichen zu entwickeln. In diesen Zusammenhang gehört auch, dass **Zusammenschlüsse von Pflegepersonen** (Pflegeelterngruppen) als Ansprechpartner für betroffene Pflegeeltern zu beraten und zu unterstützen sind (vgl § 37 Abs. 2 Satz 2 iVm § 23 Abs. 4).

Vor diesem Hintergrund bedarf auch die bisherige **Personalausstattung** im Bereich der Pflegekinder- 12
dienste einer kritischen Überprüfung. Richtwerte sehen daher auch günstigere Relationen vor als die
in der Praxis häufig anzutreffenden Fallzahlen. Wiesner/Wiesner (§ 37 Rn 12) hält einen Richtwert
von maximal 25 Pflegekinderverhältnisse pro Fachkraft für angemessen.

IV. Konzeptionelle Entwicklungen und fachliche Kontroversen

Die Situation bzw die **Diskussion in der Pflegekinderhilfe** wird durch zwei zentrale Aspekte bestimmt: 13
den Ausbau offener und ambulanter familienbezogener Hilfen einerseits, die fachliche Aufwertung der
Arbeit mit der Herkunftsfamilie bzw die Betonung der Rückkehroption andererseits.

Durch den in der Praxis bereits erfolgten **Ausbau qualifizierter ambulanter Erziehungshilfen** kann ein 14
Teil früherer Unterbringungen in Dauerpflege substituiert. Dies hat zur Konsequenz, dass Vollzeitpflege häufiger auch durch ambulante und teilstationäre Formen der HzE ersetzt wird, aber auch Auswirkungen auf das Alter und die Problemlagen der in Vollzeitpflege vermittelten Kinder und Jugendlichen hat. Der Anteil der jungen Kinder junger lediger Mütter geht zurück, und es werden häufiger
Vollzeitpflegestellen für ältere Kinder bzw Jugendliche, Geschwisterkinder und Kinder mit belastenden
sozialen Vorerfahrungen gesucht. Dies stellt **höhere Anforderungen** an Pflegepersonen, wie die fachlich
begleitenden Dienste, und wirft zugleich die Frage nach einer angemessenen Honorierung dieser Erziehungstätigkeit auf. Diesen Anforderungen steht oft die Realität entgegen: „Ein größerer Teil der
Jugendämter hält für das Pflegekinderwesen keine fachlichen Anforderungen gerecht werdende personelle und finanzielle Ausstattung vor." (Blandow 2004, 200)

Neben dem Aspekt der Vermeidung familientrennender Interventionen werden in der fachlichen Dis- 15
kussion um die Funktion der Pflegekinderhilfe die Respektierung der **Bindungen eines Kindes** zu seiner
Herkunftsfamilie und die potenzielle **Rückführung** eines Kindes in die Herkunftsfamilie betont (vgl
§ 37). Das Gesetz favorisiert keines der genannten Konzepte, trifft **keine Option** zugunsten eines vermeintlichen „Ergänzungsmodells" oder eines vermeintlichen „Ersatzmodells". Vielmehr wird akzeptiert, dass die Vielfalt der unterschiedlichen Problemlagen von Kindern und Jugendlichen nach unterschiedlichen Lösungsmöglichkeiten verlangt (vgl auch § 27 Rn 4 u. 9 ff). Da unterschiedliche Aufga-
benstellungen und Zielsetzungen regelmäßig dann zu Problemen führen, wenn für Betroffene und Beteiligte (Pflegeeltern, Kind, Herkunftsfamilie) die Ziele und Perspektiven der Inpflegegabe nicht eindeutig erkennbar sind, bzw konfligierende Einschätzungen (vor allem bei Familienpflege auf Zeit bzw
auf Dauer) nicht bearbeitet werden, ist eine **qualifizierte Erziehungs- und Entwicklungsplanung** (Hilfeplan, vgl dazu §§ 36, 37) von zentraler Bedeutung. Blandow verweist auf die oft unzureichenden
Ressourcen für die unterstützende Arbeit mit den Herkunftseltern und warnt: „Eine Rückkehroption
ist nicht nur mit der Frage zu verbinden, ob sie grundsätzlich realisierbar wäre, sondern auch damit,
ob hierfür konkrete Chancen bestehen" (Blandow 2004, 205).

Probleme der Abgrenzung von Vollzeitpflege (s. § 44) und Erziehung in einer Einrichtung (s. § 45) bzw 16
sonstigen betreuten Wohnformen (s. § 48 a) ergeben sich in Bezug auf die rechtliche Zuordnung von
sog. „Erziehungsstellen". Dabei ist zu beachten, dass Landesrecht Erziehungsstellen teils als Maßnahme nach § 34, teils aber auch als besondere Form der Großpflegestelle nach § 33 definiert. Davon
unberührt stellt sich die Frage der Anwendbarkeit von § 86 Abs. 6, der einen Wechsel der örtlichen
Zuständigkeit begründet, wenn ein Kind nach zwei Jahren auf Dauer bei einer Pflegeperson verbleiben
soll, da diese Norm lediglich auf ein faktisch schützenswertes Pflegeverhältnis abhebt (vgl § 86 Rn 15).

V. Besondere Formen der Familienpflege

In der Praxis der Jugendhilfe haben sich in den letzten Jahren zunehmend professionalisierte Ange- 17
botsformen entwickelt, vor allem auch gedacht für schwierigere und ältere Kinder bzw Jugendliche
(vgl Satz 2: „besonders entwicklungsbeeinträchtigte Kinder und Jugendliche"). Diese sind besonders
darauf ausgerichtet, Kinder und Jugendliche, die in „Normalpflegestellen" kaum vermittelt werden
können (hohes Abbruchsrisiko), intensiv pädagogisch und/oder therapeutisch zu betreuen. In diesem
Zusammenhang wird von den Pflegepersonen eine zumeist auch formal ausgewiesene pädagogische
Qualifikation erwartet (ist jedoch idR keine zwingende Voraussetzung). Bezeichnungen für diese Sonderformen sind u.a.: **Heilpädagogische Pflegestellen** oder **Erziehungsstellen** (vgl dazu auch Güthoff
1996; Planungsgruppe Petra 1995; BAG der LJÄ 1996). Bei diesen Unterbringungen wird in aller Regel
auch ein erhöhter **Unterhaltsbedarf** anerkannt. Dieser bezieht sich sowohl auf die materiellen Aufwendungen als auch auf die Kosten der Erziehung (vgl dazu auch § 39 Rn 10 ff).

18   Den JÄ wird die Aufgabe auferlegt, solche Pflegestellen **vermehrt anzubieten** (vgl Satz 2: „sind… zu schaffen und auszubauen"). Überschneidungsbereiche gibt es hier zu anderen Formen familiärer (bzw familienanaloger) Ersatzerziehung, die über Entgelte (analog zum Heimbereich) finanziert (wie Erzieherfamilie, Kinderhäuser, Außenwohngruppen etc.) und aus haushalts- und aufsichtsrechtlichen Gründen dem Bereich der institutionellen Erziehung (§ 34) zugeordnet werden. Nach dem SGB VIII erfolgt die Unterscheidung zwischen Vollzeitpflege nach § 33 und Heimerziehung nach § 34 nicht aus dem Blickwinkel der Betreuungspersonen, sondern des fremd untergebrachten jungen Menschen. Wer ein Kind oder einen Jugendlichen außerhalb des Elternhauses in seiner Familie regelmäßig betreut oder Unterkunft gewähren will, ist eine Pflegeperson (§ 44 Abs. 1 S. 1). Der Begriff der Familie ist dabei nicht formal, sondern funktional zu verstehen. Maßgeblich ist also allein, ob das Kind von einer (volljährigen) Betreuungsperson in ihren Haushalt aufgenommen wird (Hauck/Noftz/Stähr § 44 Rn 5 f; Jans/Happe/Saurbier § 44 Rn 22; Krug/Grüner/Dalichau § 44 S. 10; Kunkel/Nonninger § 44 Rn 8; Mrozynski § 44 Rn 2; Schellhorn/Mann § 44 Rn 5; Wiesner/Wiesner § 44 Rn 21;). Die Qualifizierung als Unterbringung in einer Einrichtung, dem hier maßgeblichen Differenzierungskriterium der Heimerziehung von der Familienpflege, ist hingegen orts- und gebäudebezogen (§ 44 Rn 5; BT-Drucks. 11/5948, 83; Mrozynski § 45 Rn 1). Die Aufnahme in einen Privathaushalt, wie bei der Betreuung von Kindern in Erziehungsstellen, ist somit nicht als Erziehung in einer Einrichtung, sondern als Erziehung in einer Familie nach § 33 anzusehen (ausführlich hierzu Meysen JAmt 2002, 326).

VI. Eignung

19   Nach der bisherigen Praxis der Vermittlung von Minderjährigen in Vollzeitpflegestellen handelt es sich überwiegend um Kinder, die im **Vorschulalter** untergebracht werden. Dabei sind Situationen von besonderer Bedeutung, in denen Eltern zentrale Versorgungs- und Erziehungsfunktionen nicht wahrnehmen. Wenn die Vollzeitpflege weiterhin eine Alternative zur Unterbringung im Heim sein soll, so wird es verstärkt darauf ankommen, **qualifizierte Pflegestellen** zu finden, die in der Lage sind, auch ältere Kinder mit massiveren Verhaltensproblemen aufzunehmen (vgl auch § 33 Satz 2). Weiterhin wird es verstärkt darum gehen, Pflegestellen „auf Zeit" und Pflegepersonen, die in besonderem Maße zu Kooperationen mit den leiblichen Eltern bereit sind, zu gewinnen (vgl dazu auch die Verpflichtung des Trägers der öffentlichen Jugendhilfe in § 79 Abs. 2 Satz 1).

VII. Zuständigkeit, Kosten

20   Zuständig für die Gewährleistung eines bedarfsgerechten Angebots (vgl § 79) ist der örtliche Träger der öffentlichen Jugendhilfe (vgl §§ 86 ff). Das Kind oder der Jugendliche und dessen Eltern werden zur Kostenbeteiligung herangezogen (§§ 91 ff).

Weiterführende Literaturhinweise:

Blandow 2004.

§ 34 Heimerziehung, sonstige betreute Wohnform

[1]Hilfe zur Erziehung in einer Einrichtung über Tag und Nacht (Heimerziehung) oder in einer sonstigen betreuten Wohnform soll Kinder und Jugendliche durch eine Verbindung von Alltagserleben mit pädagogischen und therapeutischen Angeboten in ihrer Entwicklung fördern. [2]Sie soll entsprechend dem Alter und Entwicklungsstand des Kindes oder des Jugendlichen sowie den Möglichkeiten der Verbesserung der Erziehungsbedingungen in der Herkunftsfamilie

1. eine Rückkehr in die Familie zu erreichen versuchen oder
2. die Erziehung in einer anderen Familie vorbereiten oder
3. eine auf längere Zeit angelegte Lebensform bieten und auf ein selbständiges Leben vorbereiten.

[3]Jugendliche sollen in Fragen der Ausbildung und Beschäftigung sowie der allgemeinen Lebensführung beraten und unterstützt werden.

I. Allgemeines

Heimerziehung (einschließlich der Unterbringung in einer sonstigen betreuten Wohnform) ist im Gegensatz zur Tagesgruppe (§ 32) die Unterbringung, Betreuung und Erziehung eines Kindes oder Jugendlichen über **Tag und Nacht außerhalb des Elternhauses** in einer Einrichtung (zum Einrichtungsbegriff vgl § 45 Rn 6 ff). Im Zusammenhang mit und ergänzend zu den Regelungen des § 34 sind vor allem die Bestimmungen zu Mitwirkung und Hilfeplan (§ 36), Zusammenarbeit bei Hilfen außerhalb der Familie (§ 37 Abs. 1), Ausübung der Personensorge (§ 38), Leistungen zum Unterhalt (u.a. Taschengeld) und zur Krankenpflege (§§ 39, 40) und die Heranziehung zu den Kosten (§§ 91 ff) zu sehen. **1**

Heimerziehung (hierzu Bürger 2001; Struck u.a. 2003) umfasst heute eine **Vielzahl unterschiedlicher Lebensorte** (größere Einrichtungen mit mehreren Gruppen, heilpädagogische und therapeutische Heime, Kinderdörfer, Kinderhäuser, Kleinsteinrichtungen, Einrichtungen mit Schichtbetrieb oder kontinuierlicher Betreuung in familienähnlichen Lebensformen). Neben der institutionalisierten Betreuungsvariante („Einrichtung") werden in § 34 gleichrangig sonstige betreute Wohnformen aufgeführt, wozu u.a. familienähnliche Betreuungsangebote, Wohngemeinschaften, Jugendwohnungen, aber auch Formen betreuten Einzelwohnens (vgl dazu u.a. mobile Betreuung, flexible Betreuung, betreutes Wohnen, betreutes Jugendwohnen, sozialpädagogisch betreutes Wohnen, ausgelagerte Heimplätze etc.) gehören (zur Abgrenzung des betreuten Einzelwohnens nach § 34 zur „intensiven sozialpädagogischen Einzelbetreuung" vgl § 35 Rn 3 u. 6). Mit der Vielfalt der Begriffe korrespondieren unterschiedliche pädagogische Konzeptionen (vgl Hansbauer 2001). Von der Heimerziehung und sonstigen betreuten Wohnformen sind auch Großpflegestellen abzugrenzen, bei denen idR bis zu fünf Minderjährige außerhalb des Elternhauses betreut werden können. Großpflegestellen gehören in den Regelungsbereich des § 33 (vgl dazu auch § 44 Rn 7). Sog. Erziehungsstellen werden je nach landesrechtlichen Bestimmungen teils als Großpflegestelle teils als sonstige Wohnform zugeordnet. **2**

§ 34 ist 1993 im Zusammenhang mit dem 1. ÄndG zum SGB VIII (vgl Einl. Rn 47) – als einzige Bestimmung im Kontext der HzE (§§ 28 bis 35) – redaktionell überarbeitet worden. **3**

2007 wurden 28.706 Hilfen in Form von Heimerziehung oder sonstigen betreuten Wohnformen (inkl. junge Volljährige) begonnen. Am Ende des Jahres waren insgesamt 52.793 junge Menschen nach § 34 untergebracht. Der Anteil der Mädchen und jungen Frauen an den begonnenen Hilfen betrug 46,8 %. Der Anteil der unter 12-Jährigen beträgt bei den in 2007 begonnenen Hilfen 26,7 %. 58 % der jungen Menschen kamen aus Elternhäusern, deren Lebensunterhalt ganz oder teilweise aus Transferleistungen gedeckt wird. 23,3 % der jungen Menschen hatten einen Migrationshintergrund (vgl Statistisches Bundesamt 2009). Ende 2006 zählte die Kinder- und Jugendhilfestatistik 1.113 Stammhäuser, 177 Lebensgemeinschaftsformen auf einem Heimgelände, 1.065 ausgelagerte Schichtdienstgruppen mit Anbindung an ein Stammhaus, 440 ausgelagerte Lebensgemeinschaftsformen, 913 Einrichtungen des betreuten Wohnens, 771 Kleinsteinrichtungen und 455 Erziehungsstellen, die insgesamt über 77.212 Plätze verfügten und in denen 46.501 Personen beschäftigt waren – zu 69 % Frauen (vgl Statistisches Bundesamt 2008). **4**

II. Heimkritik und Entwicklungen

5　Infolge der **Heimkampagnen** in den 70er Jahren in der damaligen Bundesrepublik (vgl Arbeitsgruppe Heimreform 2000) entwickelte sich eine beachtliche öffentliche Aufmerksamkeit für Institutionen der Heimerziehung und die dort vorfindbaren Lebensbedingungen junger Menschen. Kritisiert wurden dabei vor allem:

- die anonymen und beziehungsarmen Milieus in (großen) Einrichtungen der Heimerziehung,
- die identitätsstörenden und stigmatisierenden Wirkungen „institutioneller Erziehung",
- die Künstlichkeit und Abgehobenheit des pädagogischen Milieus im Heim,
- die medizinisch-psychiatrisch überzogene Heimdifferenzierung,
- die an repressiven Mustern ausgerichteten Einweisungskriterien („Verwahrlosung"),
- lange Heimaufenthalte bei gleichzeitig fehlender Erziehungsplanung,
- unüberschaubare und wenig verlässliche Bezugssysteme im Heimmilieu,
- bürokratische Handlungsabläufe, Schichtdienst und Personalfluktuation mit der Folge von Beziehungsverlusten und Desorientierung bei den Kindern und Jugendlichen,
- die räumliche, institutionelle und soziale Abkapselung der Heime von den sie umgebenden sozialen Umwelten,
- die **geschlossene Unterbringung** in der Heimerziehung (Rn 8, § 42 Rn 45 ff).

Ähnliche Einwände wurden gegen das System der **Heimerziehung in der DDR** (vgl Krause 2004) vorgebracht.

6　Ein Rückblick auf **Entwicklungen** im Bereich der Heimerziehung zeigt, dass viele Forderungen und Positionen der kritischen Auseinandersetzung inzwischen auf breiterer Basis fachliche Anerkennung gefunden haben. Dies bezieht sich vor allem auf folgende Bereiche:

- **Ausdifferenzierung** von Einrichtungen der Heimerziehung iS einer Einbeziehung von teilstationären und ambulanten Angeboten,
- milieunaher Auf- und Ausbau von **Kleinstheimen** (Kinderhäusern) und familienähnlichen Betreuungsformen mit dem Ziel einer beziehungsintensiven Ausgestaltung des pädagogischen Milieus,
- Ausbau und Verbesserung der **Nachbetreuung** von heimentlassenen Jugendlichen,
- Entwicklung von **Alternativen zur geschlossenen Unterbringung** in der Heimerziehung,
- **Dezentralisierung** von Einrichtungen der Heimerziehung, Bildung von Wohngemeinschaften,
- betreutes **Einzelwohnen, mobile Betreuung**.

7　In anderen Bereichen sind sichere Ergebnisse und Umsetzungen noch weniger klar. Dies bezieht sich unter anderem auf Versuche, das **Leistungsprofil** von Heimerziehung – auch in Abgrenzung zu ambulanten, teilstationären Hilfen und Pflegefamilien sowie Erziehungsstellen – genauer zu bestimmen. Weiterhin offen ist die Frage, in welchem Umfang interne und externe **Spezialisierungen** von Einrichtungen erforderlich sind bzw unter einer integrativen Perspektive (**Normalisierung**) Differenzierungen – und damit der Gefahr von Ausgrenzung und Abschiebung – entgegengearbeitet werden muss. Klärungsbedürftig ist weiter, für welche Situationen und Zielgruppen intensive, kontinuierliche und **belastbare Formen des Zusammenlebens** mit pädagogischen Fachkräften zentral und unverzichtbar sind und wieweit – gerade bei älteren Jugendlichen – **offenere Arrangements** angemessener wären, die die Heranwachsenden bei der eigenen Gestaltung ihres Lebensalltags unterstützen und beraten.

8　Auch in der Diskussion über Sinn und Nutzen einer **geschlossenen Unterbringung** im Rahmen der Jugendhilfe zeichnet sich noch kein Konsens ab (hierzu Bernzen/Trenczek Forum Jugendhilfe 2003, 242 ff; Fegert/Späth/Salgo 2001; Hoops/Permien 2006; Trenczek DVJJ-J 1994, 288; ZfJ 2000, 121; 2008, 242 ff; Neubacher ZJJ 2009, 106; Sonnen 2009, 148; Wolffersdorf 2003; Wolffersdorf/Sprau-Kuhlen 1990). § 34 ist keine Rechtsgrundlage für die freiheitsentziehende Unterbringung in Einrichtungen der Jugendhilfe. Das SGB VIII sieht – kurzfristige – freiheitsentziehende Maßnahmen nur im Rahmen des § 42 Abs. 5 vor (ausführlich § 42 Rn 45 ff). Inwieweit im Rahmen der Kinder- und Jugendhilfe über die dort formulierten engen Kriterien hinaus eine geschlossene Unterbringung im Rahmen der Kinder- und Jugendhilfe auf Basis einer richterlichen Genehmigung nach § 1631 b BGB statthaft sein kann, ist umstritten. Doch ist eine klare Absage (Trenczek 2008, 248: „Freiheitsentziehung aus erzieherischen Gründen ist unzulässig."; § 42 Rn 47) an diese Möglichkeit der Erziehung unter Zwang bundesweit noch nicht erreicht. Hilfreich war hier das klare Votum der Kommission zum **8. Jugendbericht** gegen jede Form geschlossener Unterbringung im Rahmen der Jugendhilfe (BMJFFG 1990, 152 f), das die Kommission des **9. Jugendberichtes** vollinhaltlich übernommen hat (BMFSFJ 1994, 542); vgl dazu aber auch das ablehnende Votum in der Stellungnahme der **Bundesregierung**:

BMJFFG 1990, XII f; zur Diskussion vgl Fegert u.a. 2006; Wolffersdorf 2003). Die Kommission des **11. Kinder- und Jugendberichts** hat sich allerdings in dieser Frage mehrdeutig geäußert (BMFSFJ 2002, 240 f).

Dezentralisierung, Entspezialisierung und Flexibilisierung sind heute zu Schlüsselbegriffen einer sich 9 wandelnden Heimerziehung geworden. Durch kleinere Lebenseinheiten (Wohngruppen) soll der Anonymität eines fremdbestimmten (zentralverwalteten) Alltags entgegengewirkt und der Individualität der betreuten Mädchen und Jungen entsprochen werden. Entspezialisierung beinhaltet den Verzicht auf Differenzierung und daraus resultierender Ausgrenzung, Versetzung und Stigmatisierung. Flexibilisierung meint schließlich, dass Grenzen zwischen ambulanter, teilstationärer und stationärer Unterbringung aufgebrochen werden, fließende Übergänge möglich sind – dies vor allem auch mit Blick auf individuell gestaltete Formen des Übergangs von Heimerziehung in Formen betreuten Einzelwohnens bzw anderen Formen der Begleitung und Nachbetreuung. Im Gesetz wird diese Tendenz zur Entinstitutionalisierung und Flexibilisierung auch dadurch unterstrichen und gefördert, dass die „sonstige betreute Wohnform" in den Geltungsbereich des § 34 einbezogen wird. Dadurch sollen auch lebensweltnahe Unterbringungen ermöglicht werden, die Lebenszusammenhänge (zur Familie und zur Schule) erhalten. Problematisch ist es allerdings, wenn unter Bezug auf eine angebliche „Entspezialisierung" nicht mehr bedarfsgerechte Angebote vorgehalten werden, sondern lediglich noch preisgünstige Standardangebote.

III. Zielsetzungen

Einrichtungen der Heimerziehung und betreute Wohnformen bieten Kindern und Jugendlichen (wie 10 die Vollzeitpflege § 33) unter Berücksichtigung ihrer wachsenden Fähigkeiten und Bedürfnisse zu selbstständigem verantwortungsbewusstem Handeln (§ 9 Rn 5) und ihrer Beziehung zur Herkunftsfamilie (§ 37 Abs. 1) eine **zeitlich befristete Erziehungshilfe oder auf Dauer angelegte Lebensform**. Je nach den Anforderungen im Einzelfall ist dies mit besonderen pädagogischen und ggf therapeutischen Angeboten oder Ausbildungs- bzw Beschäftigungsangeboten zu verbinden (§ 27 Abs. 3). Als Zielsetzungen werden ausdrücklich benannt:

- Förderung der Rückkehr in die Familie,
- Vorbereitung der Erziehung in einer anderen Familie (Vollzeitpflege),
- Angebot einer auf längere Zeit angelegten Lebensform (vgl dazu auch Rn 3 f),
- Vorbereitung auf ein selbstständiges Leben.

Als weitere Zielsetzungen lassen sich noch die Funktionen der **Krisenintervention** und **der Aufnahme** 11 **in Notsituationen** (vgl § 42; Trenczek 2008) hinzufügen — sei es auf Wunsch des Kindes oder Jugendlichen selbst, sei es, weil hierdurch eine sozialpädagogische Schutzfunktion ausgeübt wird. Hierbei ist darauf zu achten, dass die Inobhutnahme nicht vorschnell in eine Hilfe nach § 34 überführt werden darf. Dies kann nur geschehen, wenn ein Hilfeplanverfahren ordnungsgemäß durchgeführt worden ist. (s. § 42 Rn 4; Trenczek 2008, 108; vgl Zitelmann 2007, 19).

Diese Zielsetzungen sind auch im Kontext mit den Vorschriften über **Mitwirkung und Hilfeplan** 12 (§ 36) bzw **Zusammenarbeit bei Hilfen außerhalb der eigenen Familie** (§ 37) zu sehen. Ebenso wie bei der Unterbringung von Kindern und Jugendlichen in Pflegefamilien (Vollzeitpflege) wird auch hier von der Jugendhilfe ein qualifizierter, beteiligungsorientierter Prüfprozess erwartet, der Veränderungen der Situation mitreflektiert und dazu auffordert, hieraus ggf Konsequenzen zu ziehen. Es sind dies Aufgaben, die nicht den Einrichtungen und ihren Trägern überlassen werden können, sondern das JA zu einer aktiven Prozessbegleitung verpflichten.

IV. Eignung

Mit Blick auf das breite **Spektrum der möglichen Zielsetzungen** überrascht es nicht, dass die institu- 13 tionelle Fremdunterbringung auf sehr unterschiedliche Problemlagen von Kindern und Jugendlichen reagiert. Dies kann Schutz und Versorgung, Familienersatz oder Gestaltung jugendspezifischer Lebenswelten (Verselbstständigung) beinhalten, kann auf kurze oder lange Zeit bezogen sein, intensive sozial- und heilpädagogische Betreuung zur Kompensation von Sozialisationsmängeln einschließen (pädagogisch-therapeutischer Umgang mit sozial nicht akzeptierten Verhaltensweisen Minderjähriger bzw auch von diesen selbst so erlebten Problemen in der Alltagsbewältigung). Die Symptome können in Schulschwierigkeiten, in nicht gelingender Integration in Ausbildungs- und Arbeitsstrukturen, im partiellen bis massiven Rückzug aus sozialen Kontakten und in psychosozialen Störungen liegen.

14   Dementsprechend kann Heimerziehung geeignet sein für Mädchen und Jungen, die nicht durch einen besonders hohen Grad von Verhaltensauffälligkeit charakterisiert werden, hier aber verschiedene **ungünstige familiale Lebensbedingungen** (Ausfall von Eltern bzw Elternteilen, Suchtproblematik von Eltern, Misshandlung, extreme Vernachlässigung usw.) die Unterbringung außerhalb der eigenen Familie notwendig erscheinen lassen. Bei anderen Kindern und Jugendlichen sind zwar soziale und materielle Probleme der Familien von nachgeordneter Bedeutung, während familiale Belastungen, insbesondere ein **hohes familiales Konfliktniveau** und spezifische **Verhaltensauffälligkeiten** der Mädchen und Jungen, von besonderer Bedeutung sind.

15   Zu den Bedingungen von Erfolg und zur Wirkung von Heimerziehung liegen mittlerweile einige empirische **Untersuchungen** vor (vgl Freigang 2003; Gabriel 2003, Wolf 2007). Im Ergebnis einer Metastudie kommt Wolf zu folgendem Ergebnis: „Es sind nicht einzelne Interventionsformen und Organisationsstrukturen, die generell eine spezifische Wirkung entfalten, sondern eine zentrale Qualitätsdimension ist, ob die Strukturen für diesen Jugendlichen/diese Familie geeignet sind. Je leistungsfähiger die Fachkräfte (JA, HzE-Einrichtung) darin sind, diese Passungen herzustellen, umso wahrscheinlicher werden günstige, intendierte Wirkungen. Die Partizipation ist eine professionelle Strategie, um diese Passung herzustellen" (Wolf 2007, 39).

V. Heimerziehung und Jugendstrafrecht

16   Das Jugendgericht kann einen Jugendlichen im Rahmen der „Erziehungsmaßregeln" nach § 12 Nr. 2 JGG aus Anlass der Straftat verpflichten, eine **HzE in einer Einrichtung über Tag und Nacht oder sonstige betreuten Wohnform** in Anspruch zu nehmen (vgl auch Vor § 27 Rn 31). Die Aufnahme in den Katalog des § 12 JGG ändert aber nichts daran, dass es sich bei dieser HzE um eine Leistung der Jugendhilfe nach § 34 handelt. Die nach § 12 JGG erforderliche „Anhörung" des JA setzt also voraus, dass dieses (zuvor) festgestellt hat, ob die „im Achten Buch Sozialgesetzbuch genannten Voraussetzungen" gegeben sind (s. Vor § 50 Rn 16, § 52 Rn 55; zur Steuerungsverantwortung des JA § 36 a; Trenczek ZJJ 2007, 31). Damit lässt das jugendgerichtliche Urteil die Entscheidung über die Leistungsgewährung durch den Jugendhilfeträger und damit das sozialrechtliche Verwaltungsverfahren unberührt (Trenczek 1996, 129 ff; 2009 Rn 14 ff).

17   Darüber hinaus kann das Jugendgericht im Rahmen der vorläufigen Maßnahmen nach § 71 Abs. 2 JGG bis zur Rechtskraft des Urteils gegenüber dem Jugendlichen und seinen Personensorgeberechtigten „die einstweilige Unterbringung in einem geeigneten Heim der Jugendhilfe" und nach § 72 Abs. 4 JGG die einstweilige Unterbringung in einem Heim der Jugendhilfe zur **Vermeidung von Untersuchungshaft** anordnen (hierzu § 52 Rn 43 ff; Bindel-Kögel/Heßler 2004; Cornel 2009 Rn 104 f; Heßler 2001; Trenczek JiN 1997; 2009 b Rn 21; Villmow ZJJ 2009, 226). Im Unterschied zum § 12 JGG ist nach dem Wortlaut der Vorschrift bei diesen Anordnungen eine Anhörung des JA nicht gefordert. § 71 Abs. 2 S. 3 JGG bestimmt allerdings, dass sich die „Ausführung der einstweiligen Unterbringung (...) nach den für das Heim der Jugendhilfe geltenden Regelungen" zu richten hat. Aufgrund der eigenverantwortlichen Gestaltungsbefugnis muss deshalb eine Einrichtung der Jugendhilfe (Heim) weder einen Jugendlichen aufnehmen noch sich nach den spezifischen Erwartungen der Justiz – insbesondere der nach einer durch bauliche Maßnahmen bewirkten **fluchtsicheren Unterbringung** – ausrichten, vielmehr haben hier die Regelungen und Prinzipien des SGB VIII Vorrang (ebenso Eisenberg § 71 Rn 10 a). Meint man es ernst mit dem Ziel der Untersuchungshaftvermeidung, dann bedarf es grundsätzlich einer längerfristig ausgerichteten **Kooperationsstruktur** von JA, Einrichtungsträgern und Justiz aufgrund derer im konkreten Einzelfall eine schnelle Abstimmung zwischen den Verfahrensbeteiligten möglich ist (vgl Trenczek JiN 1997, 19 ff; vgl auch die Vereinbarungen/Runderlasse auf Landesebene zw. den Justiz- und Sozialministerien, zB Nds. RdErl d. MJ und des MK v. 23.10.1996 und v. 29.12.2006 (4210 I – S3.135). Wird ein Jugendlicher in einer Einrichtung der Jugendhilfe aufgrund eines Unterbringungsbefehls (§ 71 Abs. 2, § 72 Abs. 4 JGG) zur Vermeidung von U-Haft untergebracht, so sind die **Kosten der Unterbringung** von der Justiz als Kosten des Strafverfahrens gem. § 74 JGG, § 464 a Abs. 1 StPO zu übernehmen (§ 52 Rn 44; Eisenberg § 71 Rn 19; Diemer/Schoreit/Sonnen § 71 Rn 20; Ostendorf § 71 Rn 10; Trenczek 2009 b Rn 21). Anders ist dies bei der allgemeinen Weisung nach § 71 Abs. 1 JGG, vom JA angebotene Leistungen anzunehmen und sich insoweit in einem Heim der Jugendhilfe aufzuhalten. Eine solche Weisung lässt sich nicht unmittelbar vollstrecken und steht einem Unterbringungsbefehl nicht gleich (Eisenberg § 71 Rn 19). Liegt aber in diesen Fällen auch noch ein (wenn auch ausgesetzter) Haftbefehl vor, besteht eine mit § 72 Abs. 4 JGG vergleichbare

Situation, selbst wenn die Unterbringung in der Heimeinrichtung auf Anregung des JA erfolgt (DIJuF JAmt 2003, 411).

VI. Zuständigkeit, Kosten

Zuständig für die Gewährleistung eines bedarfsgerechten Angebots (vgl § 79) ist der örtliche Träger **18** der öffentlichen Jugendhilfe (vgl §§ 86 ff). Das Kind oder der Jugendliche und dessen Eltern werden durch einen Kostenbeitrag zu den Kosten der Hilfe herangezogen (§§ 91 ff).

Weiterführende Literaturhinweise:

Bürger 2001; *Struck* u.a. 2003; *Wolf* 1999; *Freigang/Wolf* 2001; *Hamberger* 2008.

§ 35 Intensive sozialpädagogische Einzelbetreuung

[1]Intensive sozialpädagogische Einzelbetreuung soll Jugendlichen gewährt werden, die einer intensiven Unterstützung zur sozialen Integration und zu einer eigenverantwortlichen Lebensführung bedürfen. [2]Die Hilfe ist in der Regel auf längere Zeit angelegt und soll den individuellen Bedürfnissen des Jugendlichen Rechnung tragen.

I. Allgemeines

1 Mit dem Angebot der intensiven sozialpädagogischen Einzelbetreuung (vgl Gintzel/Schrapper 1991; Klawe 2001) werden **sehr unterschiedliche Erwartungen** verbunden. Einerseits ist es ein sehr offenes, nicht an tradierte Formen bzw Institutionen gebundenes Angebot, ambulant oder mit Wohnhilfen verbunden, ganz auf die Bedürfnisse des Einzelfalls ausgerichtet, andererseits stellt die Gesetzesbegründung heraus, dass es sich hierbei um ein Angebot vor allem für Jugendliche handeln soll, die sich anderen Hilfeangeboten entziehen, sich in besonders gefährdenden Lebenssituationen befinden (BT-Drucks. 11/5948, 72).

2 Seit ihrer Verankerung im SGB VIII hat die intensive sozialpädagogische Einzelbetreuung einen **deutlichen Ausbau** erfahren. Wurden 1991 erst 457 Maßnahmen begonnen, so waren es 2007 schon 3.186. Der Anteil männlicher Jugendliche beträgt 55 %. Ca. 600 Betreuungen werden im Ausland durchgeführt. Der Altersschwerpunkt liegt bei den 15- bis 18-jährigen (Statistisches Bundesamt 2007 a, ZR2; Statistisches Bundesamt 2009).

II. Formen und Inhalte

3 Die intensive sozialpädagogische Einzelbetreuung unterscheidet sich von anderen Betreuungsangeboten (vgl dazu § 34 Rn 2 zum betreuten Einzelwohnen) vor allem durch

- **größere Formenvielfalt** (ambulantes oder mit Unterbringungshilfen verbundenes Angebot),
- **größere Offenheit der Inhalte** (zB Einbezug erlebnispädagogischer Angebote),
- eine von vornherein auf **längere Zeit angelegte Betreuung**,
- eine von der individuellen Situation des Jugendlichen (jungen Volljährigen) ausgehende Angebotsgestaltung (**keine Standardisierung**) und
- (dies als herausragendes Merkmal) eine deutlich **höhere Betreuungsintensität**.

Sie kann als **ambulante Hilfe** durchgeführt werden, häufiger gelten sie aber als **stationäre Leistung** iSd § 91 Abs. 1 Nr. 5 c.

4 Die Betreuung ist sehr stark auf die individuelle Lebenssituation des jungen Menschen abzustellen und erfordert mitunter eine Präsenz bzw **Ansprechbereitschaft** des Pädagogen **rund um die Uhr**. Seine Tätigkeit umfasst neben der intensiven Hilfestellung bei persönlichen Problemen und Notlagen auch Hilfestellung bei der Beschaffung und dem Erhalt einer geeigneten Wohnmöglichkeit, bei der Vermittlung einer geeigneten schulischen oder beruflichen Ausbildung bzw der Arbeitsaufnahme, bei der Verwaltung der Ausbildungs- und Arbeitsvergütung und anderer finanzieller Hilfen sowie bei der Gestaltung der Freizeit (BT-Drucks. 11/5948, 72). Diese Beschreibung der Hilfe nach § 35 stellt darauf ab, dass bei dieser Hilfe der junge Mensch seinen **Lebensort** in der Regel außerhalb seiner Familie hat.

5 Intensive sozialpädagogische Einzelbetreuung erfordert in aller Regel besondere Motivationen und Belastbarkeiten der sozialpädagogischen **Fachkräfte**; vor allem deshalb, weil zu den Jugendlichen auch in sehr schwierigen und belastenden Situationen und Entwicklungsphasen enge personale Beziehungen aufrechtzuerhalten sind. Außerdem verlangt diese Arbeit ein hohes Maß an Reflexion, Spontaneität und Risikobereitschaft.

6 Einzelbetreuung bedeutet, dass eine sozialpädagogische Fachkraft für einen oder mehrere Betreute zuständig ist. Mit Blick auf das zentrale Merkmal der Einzelbetreuung nach § 35, deren Intensität, bietet sich als pragmatisches **Abgrenzungskriterium** von anderen Hilfen der Bezug auf den Personalschlüssel an. Dieser lässt als Richtgröße Aussagen darüber zu, mit welchem zeitlichen Aufwand pädagogische Fachkräfte die Betreuungsarbeit gestalten können. Wenn also Betreuungsintensitäten gefordert sind, die über die üblichen (u.a. in den Entgelten geregelten) Relationen hinausgehen, dürfte

eine Zuordnung dieses Angebots zur intensiven sozialpädagogischen Einzelbetreuung nach § 35 gegeben sein.

Formale Abgrenzungen sollten allerdings nicht den Blick verstellen auf Chancen, die eine praktische **7** und örtliche **Verknüpfung** des Angebots der intensiven Einzelbetreuung mit anderen ambulanten Hilfen, hier vor allem dem Erziehungsbeistand/Betreuungshelfer (§ 30) und der sozialen Gruppenarbeit (§ 29), bietet. Dadurch wird der Aufbau eines integrierten Angebots für Jugendliche und Herangewachsene gefördert, der Wechsel zwischen Betreuungsformen unterschiedlicher Intensität sowie zwischen Individual- und Gruppenarbeit erleichtert.

Insgesamt ist davon auszugehen, dass dieses Betreuungsangebot gegenüber der Heimunterbringung **8** eine substituierende, zT eine ergänzende Funktion (als Anschlusshilfe) einnehmen kann. Diese bezieht sich sowohl auf die **Vermeidung** einer Heimunterbringung bei älteren Jugendlichen als auch auf die **Ablösung** einer Heimunterbringung durch eine intensive Einzelbetreuung.

Auch **erlebnispädagogische Angebote** (zB Auslandsreisen, Segeltörns, soziale Einsätze und Projekte in **9** Entwicklungsländern) können im Rahmen des § 35 (aber auch über § 29) realisiert werden (vgl Heckmeier//Michl 2008; Klawe 2001; Michl 2009). Dies gilt auch dann, wenn die betreuten Jugendlichen gemeinsam mit anderen Jugendlichen an der Reise bzw dem Projekt teilnehmen. Hier ist in besonderem Maße eine reflektierte Planung und eine intensive Darstellung der beabsichtigten Wirkungen (Hilfeplanung) im Zusammenhang mit der Durchführung entsprechender Aktivitäten erforderlich. Dabei spielen allerdings Kostenargumente (Wirtschaftlichkeit) eine untergeordnete Rolle, da in aller Regel die Kosten für derartige Angebote unter (bzw nicht wesentlich über) den durchschnittlichen Tagesentgelten von Einrichtungen nach § 34 liegen. Bei alltags- und milieufernen Betreuungsarrangements sind insb. die Übergänge und der **Transfer der Leistung** und der hierbei gemachten Erfahrungen **in den Alltag** des jungen Menschen besonders zu beachten und zu organisieren (Klawe 2001, 674).

Im Hinblick auf Maßnahmen, die im **Ausland** durchgeführt werden, hat das KICK 2005 Neuregelun- **10** gen ins SGB VIII eingeführt. Danach sind Hilfen zur Erziehung in der Regel im Inland zu erbringen. Sie dürfen nur dann im Ausland erbracht werden, wenn dies nach Maßgabe des Hilfeplans zur Erreichung des Hilfeziels im Einzelfall erforderlich ist (§ 27 Abs. 2 Satz 3). Nach § 36 Abs. 3 muss bei Hilfen, die ganz oder teilweise im Ausland erbracht werden, zum Ausschluss einer seelischen Störung mit Krankheitswert zuvor eine Stellungnahme einer in § 35 a Abs. 1 a Satz 1 genannten Person, also insb. eines Arztes oder Kinder- und Jugendpsychotherapeuten, eingeholt werden. Vereinbarungen nach §§ 78 a ff dürfen bei Auslandsmaßnahmen nur mit Trägern abgeschlossen werden, die die Voraussetzungen des § 78 b Abs. 2 Satz 2 erfüllen.

Im Zusammenhang mit einer Hilfe nach § 35 sind u.a. die Regelungen bezüglich Mitwirkung und **11** Hilfeplan (§ 36), Ausübung der Personensorge (§ 38), Leistungen zum Unterhalt (u.a. Taschengeld) und zur Krankenhilfe (§ 39, 40), Kostenbeiträge (§§ 91 ff) zu beachten.

III. Eignung

Die intensive sozialpädagogische Einzelbetreuung ist für junge Menschen mit einem erheblichen „er- **12** zieherischen" Bedarf gedacht bzw für junge Volljährige, die einer entsprechenden Unterstützung bei ihrer Persönlichkeitsentwicklung bedürfen (§ 41). Sie ist besonders geeignet für Jugendliche, die in ihrer bisherigen Entwicklung vielfältige und/oder massive Beziehungsabbrüche und Beziehungstraumata (zB Gewalt, sexueller Missbrauch) erlebt haben und mit den konventionellen Angeboten der Jugendhilfe nicht mehr angesprochen (erreicht) werden können, weil sie zB ohne feste Unterkunft (Obdachlosigkeit) und in subkulturellen Milieus (Drogen, Kriminalität, Prostitution) gelebt haben. Gerade mehrfach benachteiligte und auch **mehrfach strafrechtlich auffällige** junge Menschen können mit dieser intensiven Hilfe wieder in das Regelangebot der Jugendhilfe einbezogen werden (Trenczek 2000, 44 ff). Befürchtungen, diese (sozialpädagogisch intensive) Form der Erziehungshilfe könne als ultimativ letztes Angebot der Jugendhilfe missverstanden werden und zu einer verstärkten Ausgrenzung und Stigmatisierung der betroffenen Jugendlichen führen, haben sich nicht bestätigt.

IV. Zuständigkeit, Kosten

Zuständig für die Gewährleistung eines bedarfsgerechten Angebots (vgl § 79) ist der örtliche Träger **13** der öffentlichen Jugendhilfe (vgl §§ 86 ff; zur Nutzung und Finanzierung im Rahmen der Jugendstraffälligenhilfe § 52 Rn 51 ff; Trenczek 2009 b Rn 17 ff). Der junge Mensch und ggf dessen Eltern werden zu den Kosten der Hilfe durch einen Kostenbeitrag herangezogen (§§ 91 ff), sofern diese stationär außerhalb des Elternhauses erfolgt.

Weiterführende Literaturhinweise:

Gintzel/Schrapper 1991; *Heckmeier//Michel* 2008; *Klawe* 2001; *Peterich* 2000, 120 ff; *Wendelin/ Pforte* 2007; *Trenczek* 2009 b.

Zweiter Unterabschnitt
Eingliederungshilfe für seelisch behinderte Kinder und Jugendliche

§ 35 a Eingliederungshilfe für seelisch behinderte Kinder und Jugendliche

(1) [1]Kinder oder Jugendliche haben Anspruch auf Eingliederungshilfe, wenn

1. ihre seelische Gesundheit mit hoher Wahrscheinlichkeit länger als sechs Monate von dem für ihr Lebensalter typischen Zustand abweicht, und

2. daher ihre Teilhabe am Leben in der Gesellschaft beeinträchtigt ist oder eine solche Beeinträchtigung zu erwarten ist.

[2]Von einer seelischen Behinderung bedroht im Sinne dieses Buches sind Kinder oder Jugendliche, bei denen eine Beeinträchtigung ihrer Teilhabe am Leben in der Gesellschaft nach fachlicher Erkenntnis mit hoher Wahrscheinlichkeit zu erwarten ist. [3]§ 27 Abs. 4 gilt entsprechend.

(1 a) [1]Hinsichtlich der Abweichung der seelischen Gesundheit nach Absatz 1 Satz 1 Nr. 1 hat der Träger der öffentlichen Jugendhilfe die Stellungnahme

1. eines Arztes für Kinder- und Jugendpsychiatrie und -psychotherapie,

2. eines Kinder- und Jugendpsychotherapeuten,

3. eines Arztes oder eines psychologischen Psychotherapeuten, der über besondere Erfahrungen auf dem Gebiet seelischer Störungen bei Kindern und Jugendlichen verfügt,

einzuholen. [2]Die Stellungnahme ist auf der Grundlage der Internationalen Klassifikation der Krankheiten in der vom Deutschen Institut für medizinische Dokumentation und Information herausgegebenen deutschen Fassung zu erstellen. [3]Dabei ist auch darzulegen, ob die Abweichung Krankheitswert hat oder auf einer Krankheit beruht. [4]Die Hilfe soll nicht von der Person oder dem Dienst oder der Einrichtung, der die Person angehört, die die Stellungnahme abgibt, erbracht werden.

(2) Die Hilfe wird nach dem Bedarf im Einzelfall

1. in ambulanter Form,

2. in Tageseinrichtungen für Kinder oder in anderen teilstationären Einrichtungen,

3. durch geeignete Pflegepersonen und

4. in Einrichtungen über Tag und Nacht sowie sonstigen Wohnformen geleistet.

(3) Aufgabe und Ziel der Hilfe, die Bestimmung des Personenkreises sowie die Art der Leistungen richten sich nach § 53 Abs. 3 und 4 Satz 1, den §§ 54, 56 und 57 des Zwölften Buches, soweit diese Bestimmungen auch auf seelisch behinderte oder von einer solchen Behinderung bedrohte Personen Anwendung finden.

(4) [1]Ist gleichzeitig Hilfe zur Erziehung zu leisten, so sollen Einrichtungen, Dienste und Personen in Anspruch genommen werden, die geeignet sind, sowohl die Aufgaben der Eingliederungshilfe zu erfüllen als auch den erzieherischen Bedarf zu decken. [2]Sind heilpädagogische Maßnahmen für Kinder, die noch nicht im schulpflichtigen Alter sind, in Tageseinrichtungen für Kinder zu gewähren und lässt der Hilfebedarf es zu, so sollen Einrichtungen in Anspruch genommen werden, in denen behinderte und nicht behinderte Kinder gemeinsam betreut werden.

I. Inhalt, Bedeutung, Systematik der Regelung

1. Rechtssystematische Einordnung

1   Kinder und Jugendliche mit einer (drohenden) seelischen Behinderung erhalten vorrangige Leistungen der Eingliederungshilfe nach SGB VIII (einführend hierzu Tammen 2007). Durch die Verweisung in § 41 Abs. 2 sind auch junge Volljährige in den Leistungsbereich einbezogen (§ 41 Rn 18 f). Hingegen ergeben sich Ansprüche auf Eingliederungshilfe für junge Menschen mit einer (drohenden) geistigen oder körperlichen Behinderung allein aus SGB XII (hierzu Rn 81 ff, § 10 Rn 42 ff). Soweit es bei der Hilfe nicht um Verbesserung oder Ermöglichung von Teilhabe durch Eingliederungshilfen geht, sind junge Menschen mit geistiger oder körperlicher Behinderung und ihre Personensorgeberechtigten Adressaten der SGB VIII-Leistungen wie alle anderen jungen Menschen auch.

2   Die Regelung des § 35 a schließt direkt an die Hilfen zur Erziehung in §§ 27 bis 35 an, ist aber in einen eigenen Unterabschnitt, den 2. des 4. Abschnitts im 2. Kapitel, eingeordnet. Der Unterschied liegt in der Anspruchsberechtigung: Hilfen zur Erziehung erhalten die Personensorgeberechtigten, Eingliederungshilfe erhält der junge Mensch selbst (Rn 14 f). Ansonsten gelten für Leistungen nach § 35 a die gleichen „gemeinsamen Vorschriften" aus dem 3. Unterabschnitt (§§ 36-40).

3   Aufgrund der Zuständigkeit der Träger der öffentlichen Jugendhilfe für junge Menschen mit (drohender) seelischer Behinderung werden diese zu Rehabilitationsträgern iSd SGB IX – Rehabilitation und Teilhabe behinderter Menschen (§ 6 Abs. 1 Nr. 6 SGB IX). Auch wenn diese nicht immer auf die Anforderungen an die Leistungsgewährung nach SGB VIII zugeschnitten sind, gilt das SGB IX grundsätzlich auch bei der Gewährung von Eingliederungshilfe nach § 35 a (Rn 77 ff). Zur koordinierten Erbringung von Komplexleistungen bei der Früherkennung und Frühförderung enthält § 30 SGB IX iVm der Verordnung zur Früherkennung und Frühförderung behinderter und von Behinderung bedrohter Kinder (Frühförderungsverordnung – FrühV) konkrete Vorgaben (Rn 86 ff).

4   In der Binnensystematik des § 35 a normiert Abs. 1 die Tatbestandsvoraussetzungen (Rn 14 ff). Abs. 1 a enthält mit seiner Pflicht zur Einholung einer ärztlichen oder psychotherapeutischen Stellungnahme eine Verfahrensregelung (Rn 45 ff). Die folgenden Absätze regeln die Rechtsfolgen. Abs. 2 befasst sich mit den Hilfeformen nach SGB VIII (Rn 54 ff). Abs. 3 öffnet mit einem Verweis auf das SGB XII und damit indirekt das SGB IX den Weg zu Zielen und weiteren Maßnahmen der Eingliederungshilfe (Rn 59 ff). Abs. 4 benennt die Ziele der ganzheitlichen und integrativen Hilfe (Rn 74 ff).

2. Rechtsentwicklung

5   Die Eingliederungshilfe wurde mit dem 1. ÄndG (1993) als eigenständiger Leistungstatbestand ins SGB VIII eingeführt. Zuvor ging das Gesetz davon aus, dass Eingliederungshilfe für junge Menschen mit (drohender) seelischer Behinderung im Zusammenhang mit HzE zu erbringen sei (§ 27 Abs. 4 F. 1991). Die Einführung war notwendig, da HzE nicht ausreicht, um (drohender) seelischer Behinderung zu begegnen, und fachlich unauflösbare Abgrenzungsprobleme zur Eingliederungshilfe nach BSHG bestanden (Einl. Rn 47).

6   Durch Art. 3 des Gesetzes zur Reform des Sozialhilferechts (v. 27.6.1996) wurde § 35 a geändert. Die bisher in § 35 a Abs. 1 Satz 3 enthaltene Verweisung auf Vorschriften des BSHG zur näheren Ausgestaltung der Eingliederungshilfe für seelisch wesentlich behinderte Kinder und Jugendliche wurde in

einen eigenen Absatz eingestellt. Im Zuge des In-Kraft-Tretens des **SGB IX – Rehabilitation und Teil-habe behinderter Menschen** – zum 1.7.2001 wurde die Definition des Begriffs der Behinderung in § 35a Abs. 1 an § 2 Abs. 1 SGB IX angelehnt und die bisherige Verweisung auf die Verordnung nach § 47 BSHG gestrichen.

Erneute Änderung hat § 35a durch das zum 1.10.2005 durch das KICK (Einl. Rn 47) erfahren. In Anlehnung an § 53 Abs. 2 SGB XII wurde Abs. 1 in einem Satz 2 ergänzt durch eine Definition der drohenden Behinderung (BT-Drucks. 15/3676, 36). Außerdem wurde die Rolle des Arztes bzw Psychotherapeuten bei der Feststellung der Leistungsvoraussetzungen nach Abs. 1 Satz 1 Nr. 1 in einem Abs. 1a spezifiziert, von derjenigen des JA als Leistungsbehörde klarer abgegrenzt, Vorgaben für die Zusammenarbeit normiert und Interessenkollisionen durch den Ausschluss einer personellen Verknüpfung von Diagnose und Leistungserbringung vorgebeugt (Rn 45 ff; BT-Drucks. 15/3676, 36). **7**

Die zahlreichen Abgrenzungsprobleme bestehen fort (§ 10 Rn 42 ff). Nach wie vor werden **unterschiedliche Konzepte zur Verankerung der Eingliederungsleistungen** diskutiert. Geworben wird für eine Zusammenführung der Eingliederungshilfe für alle jungen Menschen mit (drohender) Behinderung bis zu einer zu bestimmenden Altersgrenze, entweder als sog. „große Lösung" kombiniert mit den erzieherischen Hilfen im SGB VIII (Stellungnahme der BReg zum 13. KJB, BT-Drucks. 16/12860, 12 ff; Schwengers 2007, 338 ff; Dillmann/Dannat 2009, 25, 32 f; Humme UJ 2005, 402; Wiesner ZfJ 2001, 281, 285; BMFSFJ 2002, 11. KJB) oder als Rückführung in das SGB XII mit Abgrenzung zu den erzieherischen Hilfen nach SGB VIII (BT-Drucks. 15/4532). **8**

3. Sozialpädagogik an der Schnittstelle zu Gesundheitswesen und Schule

Die Feststellung einer (drohenden) seelischen Behinderung erfordert ein Zusammenwirken verschiedener Disziplinen. Grundlage und Ausgangspunkt ist eine Abweichung von der seelischen Gesundheit (Abs. 1 Satz 1 Nr. 1) bzw eine **psychische Störung** iSd Internationalen Klassifikation der Weltgesundheitsorganisation (ICD–10; Rn 18 ff). Deren Diagnose erfordert entsprechend spezialisierte ärztliche oder psychotherapeutische Expertise (Abs. 1a Satz 1). Um von einer Behinderung sprechen zu können, muss zur psychischen Störung eine **Teilhabebeeinträchtigung** hinzukommen (Abs. 1 Satz 1 Nr. 2; hierzu Rn 33 ff). Für die Beurteilung der Integration in Familie, Verwandtschafts- und Freundeskreis, Kindergarten/Schule und Freizeit ist (sozial)pädagogische Kompetenz gefragt (Rn 33 ff). Die Teilhabe des jungen Menschen am Leben in der Gesellschaft betrifft zudem die Achsen V (assoziierte abnorme psychosoziale Umstände) und VI (Globalbeurteilung der psychosozialen Anpassung) des multiaxialen Klassifikationsschemas für psychische Störungen im Kindes- und Jugendalter nach ICD–10 (Rn 21 ff). **9**

Seelische Behinderung und psychische Erkrankung sind – selbst im Erwachsenenalter – schwer voneinander abgrenzbar. Bei Kindern und Jugendlichen stehen alle Störungsbilder und Teilhabebeeinträchtigungen zudem in **Wechselwirkung zum Entwicklungs- und Reifeprozess**. Darüber hinaus ist häufig gar nicht möglich oder erscheint kaum sinnvoll, in krisenhaften Situationen bei jungen Menschen zwischen erzieherischem oder behinderungsbedingtem Bedarf zu unterscheiden (Lempp ZfJ 1991, 466). Beeinträchtigungen der seelischen Gesundheit stellen regelmäßig auch besondere Anforderungen an die Erziehung. Probleme bei der Erziehung wiederum haben Einfluss auf das Störungsbild und die Teilhabe eines Kindes oder Jugendlichen mit (drohender) seelischer Behinderung (Fegert 1994). Deshalb bedarf es eines **ganzheitlichen Hilfeansatzes**, der sowohl Rehabilitation als auch (Sozial-)Pädagogik umfasst. Im Einzelfall kann sogar die Ablehnung von Eingliederungshilfe angezeigt sein, wenn nicht gleichzeitig die Erziehungsproblematik Bearbeitung findet (VGH BY 20.7.2004 – 12 CE 04.1285 – JAmt 2005, 362). **10**

Eingliederungshilfe nach § 35a ist eine Leistung an der **Schnittstelle zu verschiedenen anderen Hilfesystemen**, insbesondere der Sozialhilfe (Eingliederungshilfe für Menschen mit geistiger/körperlicher Behinderung und Erwachsene mit seelischer Behinderung), dem Gesundheitswesen (SGB V-Leistungen wegen psychischer Krankheit), der Arbeitsverwaltung (Integration in Arbeit für seelisch Behinderte) und der Schule (sonderpädagogische Förderung). Die geforderte Interdisziplinarität bei Feststellung des Hilfebedarfs und Gestaltung des Hilfeprozesses stellt zusätzliche Anforderungen an die Fachkräfte in inhaltlich-fachlicher Hinsicht (Ziegler EJ 3/2005, I). Wegen des notwendigen Zusammenwirkens von Fachleuten mit unterschiedlicher Expertise sind die Fachkräfte im JA zudem noch häufiger als sonst als Koordinatoren gefragt. **11**

Eingliederungshilfe für geistig und körperlich behinderte junge Menschen findet sich nur in §§ 53 ff SGB XII. Daher kommt es bei Mehrfachbehinderung oder schwieriger Diagnose zu Abgrenzungspro- **12** blemen (Rn 30 ff; § 10 Rn 44 ff). Liegt eine psychische Störung iSd ICD-10 vor, stellt sich regelmäßig die Frage nach Leistungen der Krankenbehandlung und medizinischen Rehabilitation nach **SGB V**; es bedarf der Kooperation mit Ärzten sowie einer Abgrenzung zu Leistungen der Krankenkassen (Abs. 1 a; Rn 51 f, § 10 Rn 10 ff). Insbesondere Teilleistungsstörungen bei Kindern und Jugendlichen im schulpflichtigen Alter werfen die Frage nach der Koordination der Hilfen mit der (sonder)pädagogischen Förderung aufgrund des **Schulrechts** der Länder auf (Rn 40 f, § 10 Rn 22 ff).

13   Anhand der **Kinder- und Jugendhilfestatistik** lässt sich der Umfang der Leistungen nach § 35 a erst seit 2007 belegen (§ 101 Abs. 1 Satz 1). Bekannt waren bislang nur die Kosten. In 2007 betrugen die Ausgaben für Leistungen nach § 35 a für Kinder und Jugendliche rund 531 Mio. EUR. Vor Ort ist eine uneinheitliche Praxis zu verzeichnen. Während in einigen JÄ die Eingliederungshilfen – vor allem im ambulanten und teilstationären Bereich – einen beachtlichen Umfang einnehmen, weisen andere JÄ deutlich geringere Inanspruchnahmen auf. Wegen des großen Überschneidungsbereichs zu den Hilfen zur Erziehung dürfte bei den Quantitäten in den einzelnen JÄ die jeweilige Etikettierungspraxis zu den konkreten Hilfeformen von maßgeblichem Einfluss sein, aber auch die Versorgungsdichte mit niedergelassenen Kinder- und Jugendpsychiatern, sozialpädiatrischen Zentren, kinder- und jugendpsychiatrischen Kliniken sowie privatgewerblichen Anbietern von therapeutischen Leistungen dürften eine nicht unwesentliche Rolle spielen.

II. Rechtsanspruch, Tatbestandvoraussetzungen – Abs. 1

1. Anspruchsberechtigung

14   § 35 a gewährt einen **Rechtsanspruch** auf Eingliederungshilfe. Liegen die gesetzlichen Voraussetzungen für die Leistung vor (Abs. 1), hat der öffentliche Jugendhilfeträger Leistungen zu gewähren. Ermessen, ob er leistet, steht ihm nicht zu (vgl VorKap. 2 Rn 8). **Anspruchsberechtigte** nach § 35 a sind die Kinder bzw Jugendlichen selbst. Im Gegensatz zur Hilfe zur Erziehung, wo der Rechtsanspruch den Personensorgeberechtigten zugewiesen ist, haben hier die jungen Menschen einen **eigenen Anspruch** auf Eingliederungshilfe. Im Gegensatz zur Hilfe zur Erziehung (§ 27 Rn 32 ff) wird hier der Hilfebedarf nicht der elterlichen Erziehungsverantwortung zugeordnet. Dies entspricht den Regelungen zur Rehabilitation Minderjähriger in anderen Gesetzen (vgl § 53 Abs. 1 SGB XII, § 27 Abs. 1, § 40 Abs. 1 SGB V, § 97 Abs. 1 SGB III; hierzu Mrozynski ZfJ 2000, 251, 253 f).

15   Bis zum Alter von 14 Jahren müssen die Kinder und Jugendlichen bei der **Geltendmachung des Anspruchs** von den Personensorgeberechtigten gesetzlich vertreten werden. Mit Vollendung des 15. Lebensjahrs erlangen die Jugendlichen jedoch die allgemeine sozialrechtliche Handlungsfähigkeit nach **§ 36 Abs. 1 SGB I** und können die Leistung der Eingliederungshilfe selbst beantragen und entgegennehmen, sofern die Personensorgeberechtigten ihre Handlungsfähigkeit nicht nach § 36 Abs. 2 SGB I einschränken (Anhang Verfahren Rn 31). Da § 36 Abs. 1 SGB I das Aufenthaltsbestimmungsrecht nicht einschränkt, setzen stationäre Hilfen stets das Einverständnis der Personensorgeberechtigten voraus. Lebt ein Kind oder Jugendlicher in Familienpflege, so sind die Pflegepersonen nach § **1688 Abs. 1 Satz 2 BGB** kraft Gesetzes befugt, das Kind oder den Jugendlichen beim Geltendmachen der Ansprüche nach § 35 a zu vertreten. Gleiches gilt im Rahmen der Gewährung von Leistungen nach §§ 34, 35 oder 35 a für die Erzieher in Einrichtungen, in denen das Kind oder der Jugendliche untergebracht ist, oder für die Betreuer bei betreutem Wohnen (§ 1688 Abs. 2 iVm Abs. 1 Satz 2; § 38 Rn 2).

2. Begriff der seelischen Behinderung

16   Die Definition der seelischen Behinderung in Abs. 1 Satz 1 trägt der **Zweigliedrigkeit des Behinderungsbegriffs** Rechnung: Sie differenziert zwischen der Abweichung der seelischen Gesundheit (Nr. 1) und der Teilhabebeeinträchtigung (Nr. 2). Die Definition erfolgt hierbei in **Anlehnung an § 2 Abs. 1 Satz 1 SGB IX**. Erforderlich ist sowohl eine Abweichung vom für das Lebensalter typischen Zustand, die mit hoher Wahrscheinlichkeit länger als sechs Monate andauert, als auch eine (erwartete) Beeinträchtigung der Teilhabe am Leben in der Gesellschaft. Diese bestimmt sich anhand der Leitlinien der Internationalen Klassifikation der Funktionsfähigkeit, Behinderung und Gesundheit (ICF; vgl BT-Drucks. 14/5074, 98).

17   Die ICF betrachtet die nunmehr gängige Formulierung der Funktionsbeeinträchtigung nicht nur negativ anhand der aufgezeigten Defizite, sondern ermöglicht auch die Darstellung positiver Gegebenheiten (ausführlich zur ICF Rn 33 ff). Sie rückt das **Ziel der gesellschaftlichen Teilhabe** ins Zentrum

der Betrachtung, fokussiert auf Möglichkeiten der Partizipation und orientiert sich an Gesundheit und Funktionsfähigkeit. Nach SGB IX ist Behinderung keine persönliche Eigenschaft, sondern eine soziale Situation aufgrund individueller und gesellschaftlicher Faktoren (Welti NJW 2001, 2210, 2211). Behinderung beschreibt entweder einen Zustand oder den Vorgang, dass jemand behindert wird (Specht Praxis der Kinderpsychologie und Kinderpsychiatrie 1995, 345). Dies gilt für Kinder und Jugendliche im Besonderen, da sie sich in einem nicht abgeschlossenen Entwicklungsprozess befinden. Zudem beinhaltet „Behinderung" immer auch die Interpretation einer Situation, ist eine Frage der Wahrnehmung, Einschätzung sowie Definition und kein eindeutig objektivierbarer Tatbestand (zum Behinderungsbegriff Jans u.a./Harnach-Beck Vorb § 35 a Rn 21 ff).

3. Abweichung von der seelischen Gesundheit – Abs. 1 Satz 1 Nr. 1

a) Internationale Klassifikation psychischer Störungen (ICD-10)

Grundlage für die Beurteilung, ob gem. Abs. 1 Satz 1 Nr. 1 eine Abweichung von der seelischen Gesundheit vorliegt, ist die **Internationale Klassifikation psychischer Störungen – Kapitel V (F) der ICD-10** (BT-Drucks. 14/5074, 98). Dies unterstreicht Abs. 1 a Satz 2 ausdrücklich. Die Aufzählung in § 3 EinglHV findet keine Anwendung (aA Jans u.a./Harnach-Beck § 35 a Rn 13 ff, 18 ff). ICD steht für „International Statistical Classification of Diseases and Related Health Problems"; die Zahl 10 bezeichnet deren 10. Revision. Die Klassifikation wurde von der WHO erstellt und vom Deutschen Institut für medizinische Dokumentation und Information (DIMDI) ins Deutsche übertragen. Die ICD-10 enthält in 21 Kapiteln und 1.182 Kategorien aufgelistete Diagnosen, die mit 3- bis 5-stelligen Schlüsselzahlen versehen sind. Insofern ermöglicht die ICD-10 eine äußerst differenzierte Beschreibung von Krankheitsbildern. Die ICD-10 wird regelmäßig auf der Grundlage des fachlichen Kenntnisstands aktualisiert. **18**

Die ICD-10 Kapitel V (F) spricht nicht von Abweichungen von der seelischen Gesundheit, sondern von **psychischen Störungen**. Die Verwendung dieses Begriffs soll „einen klinisch erkennbaren Komplex von Symptomen oder Verhaltensauffälligkeiten anzeigen, die immer auf der individuellen und oft auch auf der Gruppen- oder sozialen Ebene mit Belastung und mit Beeinträchtigung von Funktionen verbunden sind. Soziale Abweichungen oder soziale Konflikte allein, ohne persönliche Beeinträchtigungen sollten nicht als psychische Störung im hier definierten Sinne angesehen werden" (Dilling u.a. 2000, 22 f). Die ICD-10 enthält für Störungen, die im Kindheits-, Jugend- und Erwachsenenalter gleichermaßen auftreten, gemeinsame Kategorien. Darüber hinaus bestehen Kategorien für altersbezogene Störungen, die nur im Kindes- und Jugendalter typischerweise auftreten, sowie für Entwicklungsrückstände (ausführliche Darstellungen der Störungsbilder bei Wiesner/Fegert § 35 Rn 45 ff). **19**

Da die Entscheidung über die Gewährung von Leistungen nach § 35 a im JA zu treffen sind, ist wichtig, dass die dortigen Fachkräfte ärztliche oder psychotherapeutische Stellungnahmen kompetent lesen und bewerten können. Die **Kenntnis der Grundzüge der ICD–10 im JA** ist daher unverzichtbar. Die diagnostischen Kategorien sind: **20**

F0	Organische, einschließlich symptomatischer psychischer Störungen
F1	Psychische und Verhaltensstörungen durch psychotrope Substanzen
F2	Schizophrenie, schizotype und wahnhafte Störungen
F3	Affektive Störungen
F4	Neurotische, Belastungs- und somatoforme Störungen
F5	Verhaltensauffälligkeiten in Verbindung mit körperlichen Störungen und Faktoren
F6	Persönlichkeits- und Verhaltensstörungen
F7	Intelligenzminderung
F8	Entwicklungsstörungen
F9	Verhaltens- und emotionale Störungen mit Beginn in der Kindheit und Jugend

Für psychische Störungen des Kindes- und Jugendalters nach ICD–10 wurde ein spezielles **multiaxiales Klassifikationsschema** eingeführt (Remschmidt u.a. 2006), das als fachliche Grundlage der mit seelischer Behinderung nach § 35 a befassten Professionellen dienen sollte. Es umfasst sechs Achsen: **21**

Achse I:	Klinisch-psychiatrisches Syndrom
Achse II:	Umschriebene Entwicklungsstörung
Achse III:	Intelligenzniveau

Achse IV: Körperliche Symptomatik oder Krankheiten aus anderen Kapiteln der ICD–10 (andere als psychiatrische Erkrankungen)
Achse V: Assoziierte aktuelle abnorme psychosoziale Umstände
Achse VI: Globalbeurteilung des psychosozialen Funktionsniveaus (Adaption/Beeinträchtigung).

22   Ob eine psychische Störung im Sinne eines **klinisch-psychiatrischen Syndroms (Achse I)** vorliegt, ergibt sich aus Anamnese, Exploration und dem psychopathologischen Befund der Untersuchung des jungen Menschen. Zur Diagnostik sind die jeweiligen wissenschaftlich anerkannten Verfahren (zB Persönlichkeitstests, Fragebogen und Schätzskalen zur psychischen Entwicklung, projektive Verfahren, familiendiagnostische Verfahren, Interaktionsbeobachtungen) heranzuziehen.

23   Die **umschriebenen Entwicklungsrückstände (Achse II)** zählen zu den in der ICD–10 unter den Kennziffern F80 bis F89 zusammengefassten Störungen. Sie haben im Allgemeinen die Merkmale, dass ihr Beginn ausnahmslos im Kleinkindalter oder in der Kindheit liegt, eine Einschränkung oder Verzögerung in der Entwicklung von Funktionen vorliegt, die eng mit der biologischen Reifung des Zentralnervensystems verknüpft sind, und dass sie einen stetigen Verlauf nehmen, der nicht die für viele psychische Störungen typischen charakteristischen Remissionen und Rezidive zeigt (Remschmidt u.a. 2006, 281).

24   Bei der Messung wird das **Intelligenzniveau (Achse III)** auf der Basis eines Mittelwerts von 100 und einer Standardabweichung von 15 angegeben. Entsprechend dem Intelligenzquotienten wird in acht Kategorien eingeteilt:

1. Sehr hohe/weit überdurchschnittliche Intelligenz – IQ über 129
2. Hohe/überdurchschnittliche Intelligenz – IQ 115–129
3. Normvariante/durchschnittliche Intelligenz – IQ 85–114
4. Niedrige/unterdurchschnittliche Intelligenz – IQ 70–84 (Grenzdebilität)
5. Leichte Intelligenzminderung/intellektuelle Behinderung – IQ 50–69 (F70 Debilität)
6. Mittelgradige Intelligenzminderung/intellektuelle Behinderung – IQ 35–49 (F71 Imbezillität)
7. Schwere Intelligenzminderung/intellektuelle Behinderung – IQ 20–39 (F72 ausgeprägte Imbezillität)
8. Schwerste Intelligenzminderung/intellektuelle Behinderung – IQ unter 30 (F73 Idiotie).

Bei den Kategorien fünf bis acht ist von einer Intelligenzminderung (F7) im Sinne einer **geistigen Behinderung** auszugehen (VGH BY 5.6.2007 – 12 BV 05.218 – JAmt 2007, 433; VG Saarlouis 2.5.2007 – 10 K 52/05 – JAmt 2007, 435; SG Aachen 8.5.2007 – S 20 SO 2 /07 – JAmt 2007, 441; Dillmann/Dannat ZfF 2009, 25, 28). Bei leichter Intelligenzminderung (Kategorie 5) können die Umstände des Einzelfalls zu berücksichtigen sein. Keine geistige Behinderung liegt vor bei IQ 70 oder höher (aA VG Oldenburg 16.4.2007 – 13 B 152/07 – JAmt 2007, 262, 263; SG Aachen 27.1.2009 – S 20 SO 45/08). Ab der Kategorie 6 ist die geistige Behinderung in jedem Fall wesentlich iSd § 53 Abs. 1 SGB XII (SG Marburg 23.2.2007 – S 9 SO 42/05 – JAmt 2007, 265, 266; Grube/Wahrendorf SGB XII § 53 Rn 16; Remschmidt u.a. 2006, 303 ff).

25   Im Zusammenhang mit psychischen Störungen aus dem Kapitel V (F) der ICD–10 werden bestimmte **körperliche Symptomatiken oder andere als psychiatrische Erkrankungen (Achse IV)** gefunden. Mithilfe der klinischen Beschreibung und diagnostischen Leitlinien werden die häufigsten kombinierten Diagnosen durch entsprechende Terminologie und Kodierung erleichtert (hierzu Baving/Späth Sozialmagazin 5/2005, 30, 33 f).

26   Zur Feststellung der psychischen Störung nach ICD–10 gehören auch Kenntnis und Bewertung der psychosozialen Lebensumstände des Kindes oder Jugendlichen. Die **assoziierten aktuellen abnormen psychosozialen Umständen (Achse V)** werden kodiert („Z") und beschreiben Aspekte der psychosozialen Situation des jungen Menschen, die in Bezug auf seinen Entwicklungsstand, seinen Erfahrungsschatz und die herrschenden soziokulturellen Umstände signifikant von der Norm abweichen. Diese Faktoren bedürfen regelmäßig auch der **Überprüfung im JA mittels sozialpädagogischer Kompetenz.** Es sind (Remschmidt u.a. 2006, 331 ff):

1. Abnorme intrafamiliäre Beziehungen, etwa Mangel an Wärme in der Eltern-Kind-Beziehung (Z62.5), Disharmonie in der Familie zwischen Erwachsenen (Z63.0), feindliche Ablehnung oder Sündenbockzuweisung gegenüber dem Kind (Z62.3), körperliche Misshandlung (Z61.6) oder sexueller Missbrauch (Z61.4)
2. Psychische Störung, abweichendes Verhalten oder Behinderung in der Familie, etwa psychische Störung/abweichendes Verhalten eines Elternteils (Z63.7), Behinderung eines Elternteils (Z63.7) oder der Geschwister (Z63.7)

3. Inadäquate oder verzerrte intrafamiliäre Kommunikation (Z62.8)
4. Abnorme Erziehungsbedingungen, etwa elterliche Überfürsorge (Z62.1), unzureichende elterliche Aufsicht und Steuerung (Z62.0), Erziehung, die eine unzureichende Erfahrung vermittelt (Z62.8), unangemessene Anforderungen und Nötigungen durch die Eltern (Z62.6);
5. Abnorme unmittelbare Umgebung, etwa die Erziehung in einer Institution (Z62.2), eine abweichende Elternsituation (Z60.1), eine isolierte Familie (Z63.7) oder Lebensbedingungen mit möglicher psychosozialer Gefährdung (Z59.1)
6. Akute, belastende Lebensereignisse, etwa Verlust einer liebevollen Beziehung (Z61.0), bedrohliche Umstände infolge von Fremdunterbringung (Z61.1), negativ veränderte familiäre Beziehungen durch neue Familienmitglieder (Z61.2), Ereignisse, die zur Herabsetzung der Selbstachtung führen (Z61.3), sexueller Missbrauch außerhalb der Familie (Z61.5) oder unmittelbare, beängstigende Erlebnisse (Z61.7)
7. Gesellschaftliche Belastungsfaktoren, etwa Verfolgung und Diskriminierung (Z60.5) oder Migration oder soziale Verpflanzung (Z60.3)
8. Chronische zwischenmenschliche Belastung im Zusammenhang mit Schule oder Arbeit, etwa Streitbeziehungen mit Schülern/Mitarbeitern (Z55.4/Z56.4), Sündenbockzuweisung durch Lehrer/Ausbilder (Z55.4/56.4) oder allgemeine Unruhe in der Schule bzw Arbeitssituation (Z55.8/56.8)
9. Belastende Lebensereignisse/Situationen infolge von Verhaltensstörungen/Behinderungen des jungen Menschen, etwa institutionelle Erziehung (Z62.2), bedrohliche Umstände infolge von Fremdunterbringung (Z61.1) oder abhängige Ereignisse, die zur Herabsetzung der Selbstachtung führen (Z61.3)

Bei der Diagnose, ob eine psychische Störung vorliegt, sollen auch die psychische, soziale und schulische bzw berufliche Leistungsfähigkeit des jungen Menschen zum Zeitpunkt der diagnostischen Evaluation wiedergegeben werden. Die **globale Beurteilung des psychosozialen Funktionsniveaus (Achse VI)**, aber auch die Achse V, liefern einen Beitrag zur Feststellung der sozialen Beeinträchtigung und der Teilhabe eines jungen Menschen am Leben in der Gesellschaft (Fegert u.a. JAmt 2008, 187, 189; Baving/Späth Sozialmagazin 5/2005, 30, 34; DIJuF JAmt 2005, 452). Auch diese Achse ist in vollem Umfang der **Überprüfung durch das JA** zugänglich (Rn 26). Auf ihr werden folgende Stufen der Ausprägung unterschieden (Remschmidt u.a. 2001, 391 ff): 27

0 Herausragende/gute soziale Funktionen: Herausragende/gute soziale Funktionen in allen sozialen Bereichen. Gute zwischenmenschliche Beziehungen mit Familie, Gleichaltrigen und Erwachsenen außerhalb der Familie; kann sich mit allen üblichen sozialen Situationen effektiv auseinander setzen und verfügt über ein gutes Spektrum an Freizeitaktivitäten und Interessen
1 Mäßige soziale Funktion: Insgesamt mäßige soziale Funktion, aber mit vorübergehenden oder geringeren Schwierigkeiten in nur ein oder zwei Bereichen (das Funktionsniveau kann – aber muss nicht – in ein oder zwei anderen Bereichen hervorragend sein)
2 Leichte soziale Beeinträchtigung: Adäquates Funktionsniveau in den meisten Bereichen, aber leichte Schwierigkeiten in mindestens ein oder zwei Bereichen (wie zB Schwierigkeiten mit Freundschaften, gehemmte soziale Aktivitäten/Interessen, Schwierigkeiten mit innerfamiliären Beziehungen, wenig effektive soziale Coping-Mechanismen oder Schwierigkeiten in den Beziehungen zu Erwachsenen außerhalb der Familie)
3 Mäßige soziale Beeinträchtigung: Mäßige Beeinträchtigung in mindestens ein oder zwei Bereichen
4 Ernsthafte soziale Beeinträchtigung: Ernsthafte Beeinträchtigung in mindestens ein oder zwei Bereichen (zB erheblicher Mangel an Freunden, Unfähigkeit, mit neuen sozialen Situationen zurecht zu kommen oder Schulbesuch nicht mehr möglich)
5 Ernsthafte und durchgängige soziale Beeinträchtigung: Ernsthafte Beeinträchtigung in den meisten Bereichen
6 Funktionsunfähig in den meisten Bereichen: Benötigt ständige Aufsicht oder Betreuung zur basalen Alltagsbewältigung; ist nicht in der Lage, für sich selbst zu sorgen
7 Schwere und durchgängige soziale Beeinträchtigung: Manchmal unfähig für eine minimale Körperhygiene zu sorgen, oder braucht zeitweise strenge Beaufsichtigung um Gefahrensituationen für sich selbst oder andere zu verhüten, oder schwere Beeinträchtigung in allen Bereichen der Kommunikation
8 Tiefe und durchgängige soziale Beeinträchtigung: Ständige Unfähigkeit für die eigene Körperhygiene zu sorgen, oder ständige Gefahr, sich selbst oder Andere zu verletzen oder völliges Fehlen von Kommunikation

b) Abweichung vom alterstypischen Zustand

Bei jungen Menschen ist bei der Prüfung einer psychischen Störung in Bezug auf die Abweichung von der seelischen Gesundheit eine **Berücksichtigung der Entwicklung** gefordert (Abs. 1 Satz 1 Nr. 1). Mit der Formulierung „für ihr Lebensalter typischen Zustand" geht § 35 a davon aus, dass die kognitiven, psychischen und körperlichen Funktionen eines jungen Menschen sowie deren Verhalten Normalver- 28 läufen folgt, die sich jeweils einem bestimmten Lebensalter zuordnen lassen (Baving/Späth Sozialmagazin 5/2005, 30, 32 f; Hauck/Stähr § 35 a Rn 15). Die **„Norm" als Bezugsgröße** kann dabei soziale oder kulturelle Wertnorm sein, die das Normale an der Einhaltung der sozialen Regeln misst, eine ideale Norm, die von optimalen Bedingungen ausgeht, eine statistische Norm, die sich am Durchschnitt orientiert, oder eine funktionelle Norm, die auf die Fähigkeit zur Aufgabenerfüllung abstellt (Jans u.a./Harnach-Beck § 35 a Rn 10). Bei der Beurteilung des Entwicklungsstands eines jungen Menschen müssen stets mehrere der verschiedenen Normbegriffe kombiniert werden (Welti NJW 2001, 2210). Entwicklungsschwierigkeiten, die sich im normalen Rahmen bewegen, stellen somit keine Beeinträchtigungen der seelischen Gesundheit dar. Für die Annahme einer psychischen Störung müssen aber auch **Normabweichungen** einen gewissen Grad erreichen. Die Symptome sind daher differenziert wahrzunehmen je nach ihrer Intensität zwischen leichter und hochgradiger Abweichung sowie ihrer Häufigkeit, Dauer (Rn 29) und Vielfalt. Es ist zu berücksichtigen, ob die aktuellen Lebensumstände mit besonderen Belastungen verbunden sind oder nicht. Der Diskontinuität der Entwicklungsverläufe, also plötzlichen Verhaltensänderungen und Brüchen, kommen besondere Signalfunktionen zu. Außerdem ist Abweichung zu kontextualisieren, dh, es ist zu berücksichtigen, ob sie generell oder nur in bestimmten und wenn ja, welchen Situationen beobachtbar ist (Jans u.a./Harnach-Beck § 35 a Rn 11).

c) Dauer der Abweichung

29   Liegt eine Störung oder liegen mehrere Störungen nach den Definitionen der ICD–10 vor, so ist gem. Abs. 1 Satz 1 Nr. 1 eine Prognoseentscheidung zu treffen, ob die Abweichung mit hoher Wahrscheinlichkeit **länger als 6 Monate** andauern wird. Symptomatiken, die eine Abweichung vom alterstypischen Zustand nahe legen, können insbesondere dann vorübergehend sein, wenn sie auf Belastungen aufgrund veränderter Lebensumstände beruhen (zB Geburt eines Geschwisterkindes, Einschulung, Umzug, Trennung der Eltern, neuer Partner eines Elternteils).

d) Mehrfachbehinderung: Abgrenzung zur Sozialhilfe

30   Im Kindes- und Jugendalter gibt es kaum (drohende) Behinderungen, die nur einen Funktionsbereich betreffen (Lempp 2006, 23 f). Auch bei den Ursachen sind mitunter unterschiedliche Formen der Behinderung betroffen. So können bspw körperliche oder geistige Behinderungen bei jungen Menschen zu schweren seelischen Fehlentwicklungen führen und damit zu einer Folgebehinderung in Form einer (drohenden) seelischen Behinderung (Wiesner/Fegert § 35 a Rn 96). Die Zusammenhänge von körperlicher Symptomatik und seelischer Behinderung werden auf der Achse IV des multiaxialen Klassifikationsschemas dargestellt (Rn 25). Aber auch wenn kein Ursachenzusammenhang besteht, können **Mehrfachbehinderungen** auftreten. Dabei können geistige, körperliche und seelische Behinderungen nicht immer eindeutig voneinander getrennt werden (Baving/Späth Sozialmagazin 5/2005, 30, 33; Wiesner ZfJ 1996, 280).

31   Im Kindes- und Jugendalter, insbesondere bei Kleinkindern, bestehen **Schwierigkeiten bei der Einordnung** der Ursachen für die verschiedenen Erscheinungsformen von Entwicklungsverzögerungen zu erzieherischen Bedarfen, geistiger oder seelischer Behinderung. Eine solche wird mitunter erst mit fortgeschrittenem Alter oder nach längerem Beobachtungs- und Diagnosezeitraum möglich. Für Störungsbilder, bei denen typischerweise solche Abgrenzungsprobleme bestehen (bspw bei Autismus), gilt es daher zwischen JA und Sozialhilfeträger generelle Absprachen über die **(vorläufige) Leistungsgewährung** und spätere Kostenerstattung zu treffen, falls sich dann, wenn die Diagnose möglich wird, eine andere Zuständigkeit ergibt (OVG NW 20.2.2002 – 12 A 5322/00 – JAmt 2002, 304). Nur so kann gewährleistet werden, dass die Kinder so früh wie möglich die notwendige Hilfe erhalten und aufgrund der schwierigen Zuständigkeitsklärung keine Nachteile haben (DIJuF JAmt 2003, 355). Die FrühV gibt wichtige Hinweise, wie ein solches koordiniertes Vorgehen funktionieren kann (Rn 86 ff).

32   Bei **Zuständigkeitsstreitigkeiten zwischen Jugendhilfe- und Sozialhilfeträgern** gilt der Vorrang der Eingliederungshilfe wegen geistiger oder körperlicher Behinderung nach § 10 Abs. 4 Satz 2. Voraussetzung ist, dass es sich um Hilfebedarfe handelt, bei denen auf der einen Seite eine seelische Behinderung vorliegt und auf der anderen Seite der junge Mensch zugleich geistig oder körperlich behindert ist. Auf den Schwerpunkt der Behinderung ist nicht abzustellen. Wird durch die Leistung auch der Eingliederungsbedarf wegen der körperlichen und/oder geistigen Behinderung gedeckt, ergibt sich eine generelle **Vorrangigkeit der Leistungen nach dem SGB XII** (ausführlich § 10 Rn 44 ff).

4. Teilhabebeeinträchtigung – Abs. 1 Satz 1 Nr. 2

a) Internationale Klassifikation der Funktionsfähigkeit (ICF)

Allein das Vorliegen einer psychischen Störung (Abs. 1 Satz 1 Nr. 1) begründet noch keinen Anspruch 33 auf Eingliederungshilfe. Weitere Tatbestandsvoraussetzung ist die (drohende) Beeinträchtigung der Teilhabe am Leben (Abs. 1 Satz 1 Nr. 2). Ausreichend ist nicht jede geringfügige, sondern nur eine nachhaltige Beeinträchtigung der sozialen Funktionsfähigkeit (BVerwG FEVS 33, 45). Die **Feststellung der Teilhabebeeinträchtigung** erfordert sozialpädagogische Fachlichkeit (s.u. Rn 45). Sie ist **Aufgabe des Trägers der öffentlichen Jugendhilfe** (OVG NI 11.6.2008 – 4 ME 184/08 – FEVS 60, 28 = NVwZ-RR 2008, 792 = NDV-RD 2009, 49; VG Braunschweig 13.10.2005 – 3 A 78/05 – JAmt 2005, 525; Fegert u.a. JAmt 2008, 177, 179; Kunkel JAmt 2007, 17, 18; aA VGH BW 12.12.2005 – 7 S 1887/05 – JAmt 2006, 202: fachärztlichem Gutachten kommt größeres Gewicht zu).

Für die Feststellung der Teilhabebeeinträchtigung gilt der Untersuchungsgrundsatz nach § 20 SGB X 34 (Baving/Späth Sozialmagazin 5/2005, 30, 35 f). Bei jungen Menschen maßgeblich ist insb. die Integration in den drei Bereichen Familie/Verwandtschaft, Kindergarten/Schule/Beruf, Freundeskreis/Freizeit (VG Düsseldorf 5.3.2008 – 19 K 1659/07 – JAmt 2008, 212; VG Hannover 20.5.2008 – 3 A 3648/07; VG Sigmaringen 25.1.2005 – 4 K 2105/03 – JAmt 2005, 246; Wiesner/Fegert § 35 a Rn 19 f; Kölch u.a. JAmt 2007, 1; auch VGH BY 21.1.2009 – 12 CE 08.2731 – JAmt 2009, 317, 318). **Fachliche Grundlage** für die Beurteilung ist die Internationale Klassifikation der Funktionsfähigkeit, Behinderung und Gesundheit der Weltgesundheitsorganisation **(ICF)** (www.dimdi.de, Stand Okt. 2005; Kölch u.a. JAmt 2007, 1). Wie die ICD–10 verfolgt diese das Ziel, in einheitlicher und standardisierter Form eine Kommunikationsgrundlage zur Beschreibung von Gesundheits- und mit Gesundheit zusammenhängenden Zuständen zur Verfügung zu stellen. Die ICF klassifiziert die einem Gesundheitsproblem verbundene Funktionsfähigkeit und Behinderung.

Die **ICF** definiert Komponenten von Gesundheit und einiger mit diesen zusammenhängenden Komponenten von Wohlbefinden, wie der Erziehung, Bildung und Arbeit. Diese beiden Domänen (Gesundheit, Wohlbefinden) werden unter den Gesichtspunkten des Körpers, des Individuums und der Gesellschaft in den beiden Hauptlisten Körperfunktionen und Körperstrukturen (1) sowie Aktivitäten und Partizipation/Teilhabe (2) beschrieben. Funktionsfähigkeit umfasst als Oberbegriff alle Körperfunktionen sowie die Teilhabe.

Nach den **Definitionen der ICF** ist „**Aktivität**" die Durchführung einer Aufgabe oder einer Handlung 36 (Aktion) durch einen Menschen. „Partizipation/Teilhabe" ist das Einbezogensein in eine Lebenssituation. Eine „Beeinträchtigung der Aktivität" ist eine Schwierigkeit oder Unmöglichkeit, die ein Mensch haben kann, die Aktivität durchzuführen. Eine **„Beeinträchtigung der Partizipation/Teilhabe"** ist ein Problem, das ein Mensch im Hinblick auf sein Einbezogensein in Lebenssituationen erleben kann. Die Komponenten für die Beschreibung der Beeinträchtigung der Aktivität und/oder Partizipation/Teilhabe sind in einer einzigen Liste enthalten, die alle Lebensbereiche vom elementaren Lernen oder Zuschauen bis zu zusammengesetzten Bereichen wie soziale Aufgaben umfasst.

Daneben steht **Behinderung als Oberbegriff** für Schädigungen und Beeinträchtigungen der Aktivität 37 sowie Beeinträchtigung der Partizipation/Teilhabe. Die ICF beschreibt die gesamte Bandbreite der Aspekte der Funktionsfähigkeit aus individueller und gesellschaftlicher Perspektive und ist daher für die Beeinträchtigungen wegen psychischer Störung des Kindes- und Jugendalters nicht ausreichend kontextualisiert, um unmittelbare Anwendung zu finden. Mittlerweile sind daher erste Instrumente zur Erfassung entwickelt (Kölch u.a. JAmt 2007, 1; dies. Prävention und Rehabilitation 2007, 8; Hillmeier Prävention und Rehabilitation 2007, 19).

Die ICF verwendet die **Beurteilungsmerkmale Leistung und Leistungsfähigkeit**. Leistung beschreibt, 38 was ein Mensch in seiner gegenwärtigen, tatsächlichen Umwelt tut. Da hiervon der soziale Kontext mit allen materiellen, sozialen und einstellungsbezogenen Aspekten umfasst ist, kann als Leistung auch das Einbezogensein in eine Lebenssituation oder die gelebte Erfahrung verstanden werden. Leistungsfähigkeit beschreibt die Fähigkeit, eine Aufgabe oder Handlung durchzuführen und bezieht sich dabei auf das höchst mögliche Niveau der Funktionsfähigkeit, die ein Mensch in einer bestimmten Domäne zu einem bestimmten Zeitpunkt erreichen kann. Die Messung bezieht sich auf eine Standardumwelt. Das Ausmaß des Problems wird skaliert. Als **Indikatoren** werden für die Teilhabebeeinträchtigung junger Menschen werden beschrieben (Kölch u.a. JAmt 2007, 1, 6):

– sozioökonomische Lebenslage
– Integration

- Beziehungsqualitäten
- Selbstkompetenzen
- Leistung

39 Als **Analysebereiche** dieser standardisierter, für die Teilhabe junger Menschen relevanten Indikatoren, die das Funktionsniveau abbilden, werden beschrieben (Kölch u.a. JAmt 2007, 1, 6):

- **Lebensumstände der Familie** (Familienzusammensetzung, gesundheitliche/wirtschaftliche Wohnsituation, gesellschaftliche Besonderheiten, belastende Lebensereignisse)
- **Werte, Kultur der Familie** (Rituale, Konfliktlösungsstrategie, religiöse/politische Überzeugung)
- **Beziehungsgefüge in der Familie** (Vater und Mutter, Kind und Elternteile, Kind und Geschwister)
- **Relevante Aspekte für den Analysebereich Freizeit** (Zugang zu/Interesse an Hobbies – sportlich, musisch, kulturell –, Einbeziehung/Mitgliedschaft: Verein, Jugendgruppe, Clique, Peer-Group-Teilnahme an Gesellligkeit – Zugang zu/Interesse an Medien, Zugang zu/Interesse an Suchtmitteln, finanzielle Möglichkeiten, familiäre Freizeitgestaltung: kulturelle Aspekte)
- **Relevante Aspekte für den Analysebereich soziales Umfeld** (Wohn-, Lebensbereich – Struktur –, Integration im Wohnumfeld, soziale/kulturelle Angebote – Betreuungsangebote, Kontakt/Umgang mit Gleichaltrigen, Umgang mit Erwachsenen wie Nachbarn etc, religiöse/ethnische Zugehörigkeit der Familie)

b) Teilleistungsstörungen: Abgrenzung zur Schule

40 Besondere Relevanz erlangt die Prüfung der Teilhabebeeinträchtigung im Bereich der sog. **Teilleistungsstörungen**. Die Beeinträchtigung der Partizipation am Leben ist nach Intensität der Auswirkungen auf das gesamte Leben in der Gemeinschaft zu beurteilen und von regelmäßig bzw häufiger auftretenden Problemen abzugrenzen. Bloße Schulprobleme oder Schulängste, die andere Kinder teilen, reichen nicht aus. Erforderlich für eine **Teilhabebeeinträchtigung** iSd Abs. 1 Satz 1 Nr. 2 ist eine nachhaltige Beeinträchtigung der (psycho)sozialen Integration, die in totaler Schul- und Lernverweigerung, Rückzug aus allen Sozialkontakten sowie sekundären Neurotisierungen ihren Ausdruck finden können (OVG NI 2.11.2004 – 13 3835/04 – EuG 59, 508; VGH HE 8.9.2005 – 10 UE 1647/04 – JAmt 2006, 37; OVG RP 26.3.2007 – 7 E 1021/07 – NJW 2007, 1993 = JAmt 2007, 365 = FEVS 58, 477; VG Göttingen 10.7.2007 – 2 A 483/05 – JAmt 2007, 539; 6.2.2007 – 2 A 148/05 – JAmt 2007, 157; 26.1.2006 – 2 A 161/05 – JAmt 2006, 150; VG Sigmaringen 25.1.2005 – 4 K 2105/03 – JAmt 2005, 246; VG Braunschweig 13.10.2005 – 3 A 78/05 – JAmt 2005, 525; VG Düsseldorf 5.3.2008 – 19 K 1659/07 – JAmt 2008, 212). Diese hohen Anforderungen stoßen auf Kritik (VG Hannover 20.5.2008 – 3 A 3648/07; Marwege Zeitschrift für Legasthenie und Dyskalkulie 3/2005, 9), verdeutlichen jedenfalls die Notwendigkeit, dass das Schulwesen seine vorrangige Verpflichtung zur Förderung von Kindern und Jugendlichen mit Lern- und Leistungsstörungen, insbesondere mit leichter und mittlerer Ausprägung, als solche annimmt und entsprechende Angebote vorhält bzw in die schulische Bildung und Erziehung integriert (OVG SH 4.7.2006 – 2 O 20/06 – JAmt 2007, 100; VG Darmstadt 27.8.2007 – 3 E 1022/07 – JAmt 2008, 215; § 10 Rn 22 ff).

41 Teilleistungsstörungen können bei stärkerer Ausprägung zu einer (drohenden) seelischen Behinderung führen (BVerwG FEVS 46, 360) oder mit solchen einhergehen (VG Göttingen 10.7.2007 – 2 A 483/05 – JAmt 2007, 539). Hochbegabung bspw stellt keine psychische Störung dar, kann jedoch (mit)auslösender Faktor zur Entwicklung einer solchen und damit bei der Planung und Durchführung von Hilfen zu berücksichtigen sein (Rohrmann NDV 2005, 62; § 10 Rn 26). Teilleistungsstörungen gehen zudem keineswegs stets mit einem Bedarf nach Hilfe zur Erziehung einher (BVerwG 12.7.2005 – 5 B 56/05 – JAmt 2005, 524). Die **Verpflichtung der Schulen** zur (sonderpädagogischen) Förderung bleibt unabhängig vom Grad der Teilleistungsstörung und vom erzieherischen Bedarf stets und durchgängig bestehen (OVG NW 16.7.2004 – 12 B 1338/04 – ZfJ 2004, 463). Die Jugendhilfe kann auf schulische Förderung indes nur verweisen, wenn diese tatsächlich bedarfsgerecht zur Verfügung steht. Ansonsten wird die nachrangige Leistungspflicht nach dem SGB VIII aktualisiert („**Jugendhilfe als Ausfallbürge**"; ausführlich § 10 Rn 24; zu den Formen die schulische Förderung ergänzender Leistungen nach § 35 a unten Rn 62).

5. Drohende seelische Behinderung – Abs. 1 Satz 2

42 Abs. 1 Satz 2 konkretisiert das **Drohen einer seelischen Behinderung**. Während es nach § 2 Abs. 1 Satz 2 SGB IX vorliegt, wenn die Beeinträchtigung zu erwarten ist, fasst das SGB VIII den Kreis der Leistungsberechtigten enger und setzt voraus, dass die Behinderung mit hoher Wahrscheinlichkeit zu er-

warten ist. Die gesetzliche Definition lehnt sich dabei an § 53 Abs. 2 Satz 1 SGB XII an, orientiert sich jedoch zutreffend nicht an der seelischen Behinderung insgesamt, sondern ausschließlich an der Teilhabebeeinträchtigung und damit den zu erwartenden Beeinträchtigungen der Funktionen und Fähigkeiten (Münder/Bieritz-Harder § 53 SGB XII Rn 17; Mrozynski § 2 SGB IX Rn 43).

Ein Drohen **mit hoher Wahrscheinlichkeit** liegt vor, wenn die Behinderung mit einer Wahrscheinlichkeit von wesentlich mehr als 50 Prozent zu erwarten ist (BVerwG 26.11.1998 – 5 C 38.97 – FEVS 49, 487, 489).   43

6. Einbezug von Kindern minderjähriger Mütter – Abs. 1 Satz 3

Erhält ein Kind, eine Jugendliche oder eine junge Volljährige Leistungen nach § 35 a in stationärer   44
Form und wird sie in dieser Zeit Mutter, so stellt Abs. 1 Satz 3 iVm § 27 Abs. 4 ausdrücklich klar, dass ein eigenständiger Anspruch besteht, die Hilfe auch auf dieses Kind zu erweitern. Die ggf verfassungsrechtlich gebotene gemeinsame Unterbringung von (seelisch behinderter) Mutter mit ihrem Kind (LSG NW 30.7.2007 – L 20 SO 15/06 – JAmt 2007, 610; Lorenz NDV 2008, 208; DIJuF JAmt 2008, 200) ist damit auch außerhalb von Mutter-Kind-Einrichtungen nach § 19 SGB VIII möglich. Im Interesse der minderjährigen Mutter kann die **Kontinuität des Hilfeprozesses**, des Lebensorts und der Betreuungspersonen auch nach Geburt eines Kindes gewahrt bleiben (ausführlich § 27 Rn 28).

III. Ärztliche bzw psychotherapeutische Stellungnahme – Abs. 1 a

1. Beurteilung der Leistungsvoraussetzungen zwischen JA und Gutachter

Die Aufteilung der Tatbestandsmerkmale in Nr. 1 und 2 des Abs. 1 Satz 1 macht die **Zweigliedrigkeit**   45
des Behindertenbegriffs deutlich. Seelische Behinderung iSd § 35 a setzt eine individuelle psychische Störung (impairment) sowie individuelle Einschränkungen (disability) voraus, die zu sozialen Beeinträchtigungen (handicap) führen. Während die Beurteilung, ob die seelische Gesundheit von dem für das Lebensalter typischen Zustand abweicht, regelmäßig Aufgabe von Ärzten oder Psychotherapeuten ist, fällt die Einschätzung, ob die Teilhabe des jungen Menschen am Leben in der Gesellschaft beeinträchtigt ist bzw eine solche Beeinträchtigung droht, in die Kompetenz sozialpädagogischer Fachlichkeit (Rn 33).

Für die Prüfung, ob die Voraussetzungen des § 35 a Abs. 1 vorliegen, und für eine zielgenaue Hilfe-   46
planung müssen medizinisch-psychiatrische und sozialpädagogische Kompetenz koordiniert werden (§ 36 Abs. 3 Satz 1 Halbs. 1; ausführlich § 36 Rn 35 ff). Die Kinder- und Jugendhilfe ist bei der Abklärung seelischer Krankheiten auf **interdisziplinäre Kooperation** mit Ärzten und Psychotherapeuten angewiesen und umgekehrt ist jugendpsychiatrisches Handeln nicht ohne Einbeziehung psychosozialer Kompetenz denkbar (Beschluss der Jugend- und Gesundheitsminister ZfJ 1991, 466; s.a. Hillmeier BLJA Mitteilungsblatt 3/2005, 1, 6 ff; Baving/Späth Sozialmagazin 5/2005, 30). Die **ärztliche bzw psychotherapeutische Stellungnahme** nach Abs. 1 a ist für das JA externer Sachverstand, der bei der koordinierten Planung von Hilfen Beachtung finden muss. Sie ist aber keine fachliche Setzung, die quasi automatisch zur Leistungsgewährung oder gar nur Kostenübernahme führt (Fegert Praxis der Kinderpsychologie und der Kinderpsychiatrie 1995, 355).

2. Personenkreis – Abs. 1 a Sätze 1 u. 4

Der Träger der öffentlichen Jugendhilfe hat die Verpflichtung, vor bzw zur Fortsetzung der vorläufigen   47
Gewährung einer Hilfe nach § 35 a die Stellungnahme eines Arztes oder Psychotherapeuten einzuholen. In dieser soll diagnostiziert sein, ob eine psychische Störung iSd **Abs. 1 Satz 1 Nr. 1** vorliegt. Die Kinder und Jugendlichen, in der Regel vertreten durch ihre Personensorgeberechtigten, sind im Rahmen ihrer **Mitwirkungspflichten** zur Einholung einer entsprechenden Stellungnahme verpflichtet (§ 62 SGB I). Entspricht die eingeholte Stellungnahme den Regeln der Kunst, kann keine zweite Diagnostik verlangt werden (Fegert u.a. JAmt 2008, 177, 180). Abs. 1 a benennt ausdrücklich den **Personenkreis**, der befähigt sein soll, eine solche Stellungnahme abzugeben. Dies sind Fachärzte für Kinder- und Jugendpsychiatrie und -psychotherapie (Nr. 1), approbierte Kinder- und Jugendlichenpsychotherapeuten (Nr. 2). Soweit sonstige Ärzte bzw approbierte psychologische Psychotherapeuten (Nr. 3) eine Stellungnahme abgeben, müssen diese über besondere Erfahrungen im Feld der psychischen Störungen von Kindern und Jugendlichen verfügen. In Betracht kommen hier Stellungnahmen von spezialisierten Ärzten aus Pädiatrie oder Gesundheitsamt oder von psychologischen Psychotherapeuten in Beratungsstellen.

48 Um **Interessenkollisionen** zu vermeiden, darf der Arzt bzw Psychotherapeut, der eine Stellungnahme nach Abs. 1 a abgibt, nicht in irgendeiner Form an der Leistungserbringung beteiligt sein (Abs. 1 a Satz 4; BT-Drucks. 15/3676, 36). Die Eingliederungshilfe nach § 35 a darf nicht von Einrichtungen oder Diensten erbracht werden, welchen der Arzt oder Psychotherapeut „angehört". Dies ist der Fall, wenn er dort beschäftigt ist, aber auch, wenn er bspw im Vorstand eines Trägervereins oder in Aufsichtsgremien einer Klinik ist. Der Träger der öffentlichen Jugendhilfe kann vom jungen Mensch fordern, dass dieser im Rahmen seiner Mitwirkungspflichten (§ 62 Abs. 1 SGB I) eine **unabhängige Stellungnahme entsprechend Abs. 1 Satz 4** einholt und kann Stellungnahmen eines iSd Abs. 1 a involvierten Arztes bzw Psychotherapeuten zurückweisen. Ist der Arzt bzw Psychotherapeut beim Träger der öffentlichen Jugendhilfe beschäftigt, scheidet eine Interessenkollision nach Abs. 1 a Satz 4 von vornherein aus (DIJuF JAmt 2006, 181).

49 Der Träger der öffentlichen Jugendhilfe kann **Anregungen** geben, bei welcher Stelle die Diagnose durchgeführt werden soll. IdR soll er drei geeignete Stellen vorschlagen (vgl § 14 Abs. 5 Satz 3 SGB IX). Dies können sein ein Gesundheitsamt, ein sozialpädiatrisches Zentrum, eine interdisziplinäre Frühförderstelle, eine Beratungsstelle, bei der ein psychologischer Psychotherapeut beschäftigt ist, oder ein anderer Arzt bzw Psychotherapeut, mit dem eine funktionierende Zusammenarbeit besteht. Der Vorschlag ist nicht bindend, sondern es besteht ein **Wahlrecht der Leistungsberechtigten**, bei welcher Stelle iSd Abs. 1 a sie sich der ärztlichen oder psychologischen Untersuchungsmaßnahme unterziehen (§ 62 Abs. 1 SGB I).

3. Inhalt – Abs. 1 a Sätze 2 u. 3

50 **Abs. 1 a Satz 2** legt explizit fest, dass die ärztliche bzw psychotherapeutische Stellungnahme auf der Grundlage der ICD–10 (Rn 18 ff) zu erstellen ist, möglichst mit Feststellungen zu den sechs Achsen des multiaxialen Klassifikationsschemas (Rn 21 ff). Damit bestimmt das Gesetz die **ICD–10 als gemeinsame Kommunikations- und Kooperationsgrundlage** (Rn 18). Dies ermöglicht bzw erleichtert gegenseitige Verständigung sowie Kontrolle. Das JA kann auf dieser Basis eine differenzierte Prüfung vornehmen, ob die Stellungnahme den fachlichen Anforderungen genügt, insbesondere ob die Einschätzungen zu den psychosozialen Umständen bzw dem psychosozialen Funktionsniveau in den Achsen V und VI (Rn 26 f) geteilt werden – wenn denn solche, wie nach den Regeln der Kunst bei der Diagnose gefordert, überhaupt getroffen wurden (Hillmeier BLJA Mitteilungsblatt 3/2005, 1, 5; zu einer Musterstellungnahme siehe Fegert u.a. JAmt 2008, 177, 181 ff).

51 Die Ärzte und Psychotherapeuten, die nach Abs. 1 a eine Stellungnahme abgeben, werden dazu angehalten festzustellen und zu unterscheiden, ob eine Abweichung mit Krankheitswert vorliegt oder eine Abweichung, die auf einer Krankheit beruht. Da die ICD–10 in Kapitel V ausschließlich psychische Störungen beschreibt und alle psychischen Störungen eine Krankheit iSd SGB V darstellen, kann die tradierte Terminologie in Abs. 1 a Satz 3 als überholt bezeichnet werden. Einen Sinngehalt erhält sie, wenn in ihr eine Aufforderung zu sehen ist, die **Prüfung einer vorrangigen Leistungspflicht der Krankenversicherungen** nach dem SGB V vorzunehmen (§ 10 Abs. 1 Satz 1; § 10 Rn 10 ff; DIJuF 2005, 452, 453). Eine solche Leistungspflicht entfällt auch dann nicht, wenn psychische Erkrankungen über einen längeren Zeitraum bestehen und chronifiziert sind (BSG 20.1.2005 – B 3 KR 9/03 R – BSGE 94, 139).

52 An der Schnittstelle zur **medizinischen Rehabilitation bzw Krankenbehandlung** ergeben sich vielfältige **Abgrenzungsprobleme** (§ 10 Rn 10 ff; Kunkel JAmt 2003, 329). Liegt eine psychische Störung nach Abs. 1 Satz 1 Nr. 1 vor, besteht grundsätzlich (auch) eine Leistungspflicht der Krankenversicherungen nach dem **SGB V**. Bei den Krankenkassenleistungen nach SGB V liegt der entscheidende Akzent auf der Behandlungsmöglichkeit (Akutbehandlung und/oder Heilung) oder auf der Rehabilitation unter ärztlicher Aufsicht (vgl §§ 26 ff SGB IX). Bei Leistungen nach **SGB VIII** steht die Integration des behinderten Menschen im Vordergrund, entweder über Anpassung der Umfeldbedingungen an die spezifische Situation des behinderten Menschen oder die Rehabilitation, dh die Steigerung der Fähigkeiten des behinderten Menschen, sich in einem gegebenen Umfeld zurecht zu finden. Die Grenzen sind teilweise fließend. Medizinische Rehabilitation enthält auch pädagogisch ausgerichtete Hilfen, die zur psychischen Stabilisierung beitragen. Deshalb gehören bspw die Adaptionsbehandlung im Anschluss an eine stationäre Suchttherapie zumindest anteilig zu den Leistungen nach SGB V (DIJuF JAmt 2004, 131; 2005, 22; 2005, 182; Mrozynski ZfJ 1996, 165). Besteht die Krankheit nach erfolgloser medizinischer Rehabilitation fort, bestehen weiter Ansprüche nach SGB V (DIJuF JAmt 2006, 241). Weitgehend der medizinischen Rehabilitation zugeordnet ist auch der Bereich der Frühförderung (§ 26 Abs. 2 Nr. 2 SGB IX; Rn 86 ff). Trotz Vorliegens einer psychischen Störung, mithin Krankheit, entfällt eine Leistungspflicht nach SGB V, wenn in den Leistungskatalogen der Krankenversicherung keine entsprechenden Hilfen aufgenommen sind (vgl in Bezug auf die Legastheniietherapie SG Regensburg 10.11.2004 – S 14 KR 38/04 – JAmt 2005, 89).

4. Kosten der Stellungnahmen

Für Stellungnahmen nach Abs. 1 a Satz 1 fallen **Kosten** an und es ist zu klären, wer diese trägt. Die **53** jungen Menschen (bzw deren Eltern als gesetzliche Vertreter) schließen einen Behandlungsvertrag mit dem von ihnen ausgewählten (ggf vom JA vermittelten) Arzt bzw Psychotherapeuten ab. Die Diagnose ist als Leistung nach SGB V von den Krankenversicherungen zu bezahlen (Fegert u.a. JAmt 2008, 177, 181). Schickt der Arzt oder Psychotherapeut lediglich seinen Arztbericht bzw seine Dokumentation an das JA, so entstehen keine weiteren (relevanten) Kosten (DIJuF JAmt 2006, 85). Fordert das JA jedoch die Abgabe einer Stellungnahme entsprechend einem bestimmten Muster oder die Beantwortung bestimmter, vorgegebener Fragen, so kann der Arzt bzw Psychotherapeut dem JA den zusätzlichen Aufwand in Rechnung stellen. Zur Bestimmung einer **angemessenen Vergütung** bietet sich die Orientierung an den Sätzen des Justizvergütungs- und -entschädigungsgesetz für die Erstellung von Sachverständigengutachten in Gerichtsverfahren an (Fegert u.a. JAmt 2008, 177, 181; Wiesner/Fegert § 35 a Rn 11).

IV. Hilfeformen – Abs. 2

In Anlehnung an die Grundformen der Hilfe zur Erziehung (§§ 28 bis 35) unterscheidet auch die Ein- **54** gliederungshilfe je nach **Bedarf im Einzelfall** zwischen ambulanten Angeboten, Tageseinrichtungen/ teilstationären Einrichtungen, geeigneten Pflegepersonen und stationären Einrichtungen oder sonstigen Wohnformen. Es kann auf das gesamte Spektrum der im Rahmen der Hilfen zur Erziehung entwickelten Hilfen zurückgegriffen werden (Hauck/Stähr § 35 a Rn 37). Eine Erweiterung erfährt die Aufzählung der Hilfeformen durch die Möglichkeit der Gewährung persönlicher Budgets (§ 17 SGB IX; ausführlich Rn 71 ff). Verschiedene Hilfen können kumulativ kombiniert werden. Der psychischen Störung ist ggf multimodal zu begegnen, indem sozialpädagogische, psychotherapeutische und psychiatrische sowie (erzieherische) Leistungen im familiären System und in Schule bzw Arbeitsumfeld miteinander verknüpft werden (Jans u.a./Harnach-Beck § 35 a Rn 50).

Zur Eingliederungshilfe **in ambulanter Form (Nr. 1)** gehören alle Beratungs- und therapeutischen Leis- **55** tungen, die von Beratungsstellen, in psychologischen oder ärztlichen Praxen, in interdisziplinären Frühförderstellen nach § 3 FrühV (Rn 89) oder von aufsuchenden psychosozialen Diensten erbracht werden (OVG BE 21.11.2002 – 6 B 7.02 – FEVS 55, 277; OVG NW 31.5.2002 – 12 A 4699/99 – ZfJ 2003, 118). Auch Hilfen vergleichbar sozialer Gruppenarbeit, Erziehungsbeistand oder Betreuungshelfer, sozialpädagogischer Familienhilfe oder Einzelbetreuung können im Rahmen des Abs. 2 Nr. 1 gewährt werden. Bei mobilen Hilfsdiensten können sich Abgrenzungsschwierigkeiten zur psychiatrischen häuslichen Krankenpflege ergeben (BSGE 50, 73). Verfassungsrechtlich sind ambulante (und teilstationäre) Hilfen – unter Einbeziehung familienentlastender und -unterstützender Dienste (§ 19 Abs. 2 SGB IX) – vorrangig zu gewähren, wenn damit der Erhalt der Familie gewährleistet werden kann (Maunz u.a./Badura Art. 6 Abs. 1 GG Rn 60; DIJuF JAmt 2003, 354).

Zu Tageseinrichtungen für Kinder und anderen **teilstationären Einrichtungen (Nr. 2)** zählen insbeson- **56** dere integrative oder spezialisierte Kindertageseinrichtungen oder entsprechend qualifizierte Tagespflegepersonen (OVG TH 19.4.2002 – 3 EO 55/00 – JAmt 2003, 34). Die Erziehung, Bildung und Betreuung von Kindern mit seelischer Behinderung in Kindertagesbetreuung (Rn 75 f) erfolgt somit nicht nach §§ 22 ff, sondern § 35 a. Dies gilt auch für integrative Tagesbetreuung (Wiesner/Fegert § 35 a Rn 121). Damit ist sichergestellt, dass während der teilstationären Betreuung der besondere Förderbedarf Beachtung findet bzw in geeigneter Form die notwendige psychiatrische Versorgung, Beratung, Therapie oder Behandlung – multimodal – gewährleistet ist. Insbesondere für ältere Kinder und Jugendliche kommen als teilstationäre Leistung iSd Nr. 2 auch Hilfen in einer integrativen oder spezialisierten Tagesgruppe oder anderen individuellen Betreuungszusammenhängen in Betracht. Die Kostenheranziehung richtet sich nicht nach § 90, sondern §§ 91 ff (§ 91 Abs. 2 Nr. 3) und unterscheidet sich von derjenigen in integrativer Tagesbetreuung geistig und/oder körperlich behinderter Kinder und Jugendlicher, denen die Aufbringung der Kosten des Lebensunterhalts (insb. die Verpflegungskosten) zugemutet wird (§ 92 Abs. 2 Nr. 1und 3 SGB XII; aA Wiesner/Fegert § 35 a Rn 121).

Das SGB VIII hebt ausdrücklich hervor, dass auch und gerade für junge Menschen mit (drohender) **57** seelischer Behinderung häufig die Unterbringung bei **geeigneten Pflegepersonen (Nr. 3)** eine geeignete

Hilfeform darstellt (Küfner JAmt 2007, 8). Wenn der Bedarf des jungen Menschen dies erfordert, kann die Familienpflege als stationäre Form der Eingliederungshilfe (vgl § 91 Abs. 1 Nr. 6) ggf mit ambulanten oder teilstationären Leistungen kumulativ ergänzt werden. Bei der materiellen Ausstattung der Pflegepersonen sind die besonderen Anforderungen an die Eignung und Belastbarkeit der Pflegepersonen zu berücksichtigen, was in der Praxis vielerorts zur Etablierung von entsprechend qualifizierten Sonderpflegestellen geführt hat (§ 33 Rn 17 f).

58   Eingliederungshilfe nach § 35 a kann, in Anlehnung an § 34, in **Einrichtungen über Tag und Nacht sowie in sonstigen Wohnformen (Nr. 4)** geleistet werden. Zur vollstationären Leistung zählt regelmäßig ein aufeinander abgestimmtes Konzept der Hilfe bei der Entwicklung der Persönlichkeit und Erweiterung der Eigenverantwortlichkeit sowie Selbstständigkeit, der (sozial)pädagogischen Unterstützung bei der strukturierten Lebensführung, der Einbeziehung schulischer Bildung bzw beruflicher Integration, der Gewährung psychotherapeutischer Hilfen zur Bewältigung und Verbesserung der seelischen Problematik sowie der Arbeit mit der Familie (Jans u.a./Harnach-Beck § 35 a Rn 56). Eine Kinder- und Jugendhilfeeinrichtung ist für erwachsene Behinderte nicht mehr geeignet, wenn ihre Entwicklung dort nicht mehr angemessen gefördert wird (LSG SH 16.6.2008 – L 9 B 358/08 SO ER – FEVS 60, 134). Die stationäre Hilfe erfasst auch flexible Arrangements der ambulanten bzw teilstationären Einzelbetreuung Jugendlicher oder junger Volljähriger bei gleichzeitiger Unterbringung in einer geeigneten Wohnform. Dies wird durch das Fehlen des Zusatzes „betreute" Wohnform angedeutet (Wiesner/Fegert § 35 a Rn 123; kritisch zur defizitären Praxis Schmid/Fegert ZKJ 2006, 30; zweifelnd Kunkel/Vondung § 35 a Rn 19 a). Im Bereich der Drogenhilfe gibt es hierzu eine Tradition, die zunehmend Erweiterung bei allgemeiner jugendpsychiatrischer Versorgung findet (Mrozynski § 35 a Rn 24). **Stationäre Krankenhausaufenthalte** nach Suizidversuch zählen nicht zu Leistungen nach Abs. 2 Nr. 4, sondern zur Krankenbehandlung bzw medizinischen Rehabilitation (VG Aachen 25.5.2004 – 2 K 2838 – EuG 59, 425, 431 ff).

V. Ziele und weitere Maßnahmen der Eingliederungshilfe – Abs. 3

1. Verweis auf das SGB XII

59   Der Verweis in Abs. 3 in das SGB XII bezieht sich nur auf Aufgabe, Ziel, Bestimmung des Personenkreises und Art der Hilfe (**Rechtsfolgen**), nicht aber auf die Abweichung von der seelischen Gesundheit sowie die Teilhabebeeinträchtigung (Tatbestandsvoraussetzungen). Er bezieht sich auf folgende Vorschriften:

§ 53 SGB XII. Leistungsberechtigte und Aufgabe

(3) Besondere Aufgabe der Eingliederungshilfe ist es, eine drohende Behinderung zu verhüten oder eine Behinderung oder deren Folgen zu beseitigen oder zu mildern und die behinderten Menschen in die Gesellschaft einzugliedern. Hierzu gehört insbesondere, den behinderten Menschen die Teilnahme am Leben in der Gemeinschaft zu ermöglichen oder zu erleichtern, ihnen die Ausübung eines angemessenen Berufs oder einer sonstigen angemessenen Tätigkeit zu ermöglichen oder sie so weit wie möglich unabhängig von Pflege zu machen.

(4) Für die Leistungen zur Teilhabe gelten die Vorschriften des Neunten Buches, soweit sich aus diesem Buch und den auf Grund dieses Buches erlassenen Rechtsverordnungen nicht Abweichendes ergibt. Die Zuständigkeit und die Voraussetzungen für die Leistungen zur Teilhabe richten sich nach diesem Buch.

§ 54 SGB XII. Leistungen der Eingliederungshilfe

(1) Leistungen der Eingliederungshilfe sind neben den Leistungen nach den §§ 26, 33, 41 und 55 des Neunten Buches insbesondere

1. Hilfen zu einer angemessenen Schulbildung, insbesondere im Rahmen der allgemeinen Schulpflicht und zum Besuch weiterführender Schulen einschließlich der Vorbereitung hierzu; die Bestimmungen über die Ermöglichung der Schulbildung im Rahmen der allgemeinen Schulpflicht bleiben unberührt,
2. Hilfe zur schulischen Ausbildung für einen angemessenen Beruf einschließlich des Besuchs einer Hochschule,
3. Hilfe zur Ausbildung für eine sonstige angemessene Tätigkeit,
4. Hilfe in vergleichbaren sonstigen Beschäftigungsstätten nach § 56,

5. nachgehende Hilfe zur Sicherung der Wirksamkeit der ärztlichen und ärztlich verordneten Leistungen und zur Sicherung der Teilhabe der behinderten Menschen am Arbeitsleben.

Die Leistungen zur medizinischen Rehabilitation und zur Teilhabe am Arbeitsleben entsprechen jeweils den Rehabilitationsleistungen der gesetzlichen Krankenversicherung oder der Bundesagentur für Arbeit.

(2) Erhalten behinderte oder von einer Behinderung bedrohte Menschen in einer stationären Einrichtung Leistungen der Eingliederungshilfe, können ihnen oder ihren Angehörigen zum gegenseitigen Besuch Beihilfen geleistet werden, soweit es im Einzelfall erforderlich ist.

(3) Eine Leistung der Eingliederungshilfe ist auch die Hilfe für die Betreuung in einer Pflegefamilie, soweit eine geeignete Pflegeperson Kinder und Jugendliche über Tag und Nacht in ihrem Haushalt versorgt und dadurch der Aufenthalt in einer vollstationären Einrichtung der Behindertenhilfe vermieden oder beendet werden kann. Die Pflegeperson bedarf einer Erlaubnis nach § 44 des Achten Buches. Diese Regelung tritt am 31. Dezember 2013 außer Kraft.

§ 56 SGB XII. Hilfe in einer sonstigen Beschäftigungsstätte

Hilfe in einer der anerkannten Werkstätten für behinderte Menschen nach § 41 des Neunten Buches vergleichbaren sonstigen Beschäftigungsstätte kann geleistet werden.

§ 57 SGB XII. Trägerübergreifendes Persönliches Budget

Leistungsberechtigte nach § 53 können auf Antrag Leistungen der Eingliederungshilfe auch als Teil eines trägerübergreifenden Persönlichen Budgets erhalten. § 17 Abs. 2 bis 4 des Neunten Buches in Verbindung mit der Budgetverordnung und § 159 des Neunten Buches sind insoweit anzuwenden.

Eingliederungshilfe ist in **§ 53 Abs. 3 Satz 1 SGB XII** als eine doppelte Aufgabe umschrieben: zum einen **60** einer drohenden Behinderung zu begegnen bzw eine vorhandene Behinderung zu beseitigen oder zu mildern und zum anderen die Behinderten in die Gesellschaft einzugliedern (Inklusion). Dies bedeutet nicht, dass Behinderte bereits ausgegliedert sein müssen, sondern dass – was gerade bei Kindern und Jugendlichen relevant ist – die Aufgabe der Eingliederungshilfe darin besteht, eine ansonsten drohende Exklusion zu verhindern. Die Eingliederung zielt auf **Verbesserungen bei der Teilhabe**. In § 53 Abs. 3 Satz 2 SGB XII angesprochen sind die Förderung sozialer Kompetenz durch Ermöglichung oder Erleichterung der Teilnahme am Leben in der Gemeinschaft, die Integration in die Arbeitswelt bzw die Bildung durch Ermöglichung der Ausübung eines angemessenen Berufs oder einer sonstigen angemessenen Tätigkeit und die Verselbstständigung durch anzustrebende weitest mögliche Unabhängigkeit von Pflege.

Der weite Leistungskatalog in Abs. 2 wird ergänzt durch den ebenso offenen („insbesondere") in § 54 **61** **Abs. 1 Satz 1 SGB XII**; der Verweis auf die klarstellende Aufnahme der Familienpflege als Leistung der Eingliederungshilfe (BT-Drucks. 16/13417) hat neben Abs. 2 Nr. 3 keinen eigenen Anwendungsbereich Die Hilfen sind in § 54 so allgemein beschrieben, dass eine hohe **Flexibilität für die individuelle Ausgestaltung des Angebots** besteht. Im Einzelfall kann eine Kombination von in Abs. 2 und § 54 SGB XII genannten Leistungen oder medizinischen (SGB V) und sozialpädagogischen (SGB VIII) Leistungen angezeigt sein. Besteht bspw. nach SGB V keine Erstattungspflicht für die Fahrtkosten zu einer medizinischen Rehabilitation, greift der subsidiäre Anspruch nach Abs. 3 (BVerwG 22.2.2007 – 5 C 32.05 – NJW 2007, 1991 = JAmt 2007, 260 = ZKJ 2007, 410 = FEVS 58, 385 = Sozialrecht aktuell 2007, 186). Die Leistungen können inhaltlich an den Leistungen im SGB V bzw SGB II oder III zu orientieren sein (§ 54 Abs. 1 Satz 2 SGB XII). Aus dem Katalog des § 54 SGB XII sind im Rahmen der Hilfe nach § 35 a von besonderer Relevanz:

Hilfe zu einer angemessenen Schulbildung (§ 54 Abs. 1 Satz 1 Nr. 1 SGB XII): Vermittlung einer Schul- **62** ausbildung ist vorrangig Aufgabe der Schule, wie schon die Gesetzesformulierung hervorhebt. Nach dem Schulrecht der Länder sind Behinderte, die nicht am allgemeinen Schulunterricht teilnehmen können, zum Besuch einer Sonderschule bzw eines Sonderunterrichts verpflichtet bzw – wenn dies nicht möglich ist – von der Schulpflicht zu befreien. Leistungen nach SGB VIII sind nachrangig gegenüber sonderpädagogischer Förderung (§ 10 Abs. 1 Satz 1). Leistungspflichten nach § 35 a bestehen daher nur, soweit die Förderung durch die Schule nicht ausreicht oder ein Kind bzw Jugendlicher von der Schulpflicht befreit ist (Grube/Wahrendorf § 54 SGB XII Rn 22). Als Eingliederungshilfe kommen schulbegleitende Leistungen in Betracht, die erforderlich und geeignet sind, den Schulbesuch im Rahmen der allgemeinen Schulpflicht zu ermöglichen, zB heilpädagogische Kindertagesstätten, psycho-therapeutische Maßnahmen,

- **Internatsunterbringung** (VG Arnsberg 22.5.2007 – 11 K 2375/06 – EuG 2009, 165, 175; VG Regensburg 16.2.2004 – RO 8 E 03.3106 – JAmt 2004, 493; VG Dessau 23.8.2001 – 550/00 – ZfJ 2002, 441; VG Schleswig 8.6.2000 – 56/00 – ZfJ 2002, 439; Bernzen ZfJ 2002, 422).
- der Besuch einer bestimmten **Privatschule** (OVG NW 16.7.2004 – 12 B 1338/04 – ZfJ 2004, 463; 30.1.2004 – 12 B 2392/03 – ZfJ 2004, 346; VG Aachen 18.11.2004 – 2 L 577/04 – ZfJ 2005, 328; VG Frankfurt a.M. 10.1.2007 – 10 E 5375/04 – JAmt 2008, 218), wenn keine – vorrangige – Möglichkeit der Beschulung in einer öffentlichen Schule besteht (VG Aachen 10.3.2008 – 2 L 283/07 – JAmt 2008, 217); nicht beansprucht werden kann der Besuch eines Internats zum Erwerb der allgemeinen Hochschulreife, wenn der Besuch der gymnasialen Oberstufe nach schulischer Beurteilung nicht geeignet erscheint (VGH BY 23.2.2005 – 12 CE 04.3152 – FEVS 56, 562).
- die Ermöglichung des Schulbesuchs durch einen **Schulbegleiter/Integrationshelfer** (BVerwG 26.10.2007 – 5 C 35.06 – EuG 2008, 265; 28.4.2005 – 5 C 20.04 – ZfJ 2005, 482 = NDV-RD 2005, 94; VGH HE 10.11.2004 – TG 1413/04 – FEVS 56, 152; OVG NI 23.2.2006 – 12 ME 474/05 – JAmt 2006, 200; 15.9.2005 – 12 ME 354/05 – FEVS 58, 33; OVG RP 24.9.2004 – 12 B 11686/04 – JAmt 2004, 492; OVG RP 16.7.2004 – 12 A 10701/04 – JAmt 2004, 432; VG Karlsruhe 21.12.2006 – 8 K 2759/06 – ZfF 2008, 179; 16.10.2003 – 5 K 2700/03 – JAmt 2004, 35; VerfGH BY 23.8.2006 – Vf. 110-VI-05 – NVwZ-RR 2007, 109; LSG BW 9.1.2007 – L 7 SO 5701/06 ER-B – FEVS 58, 2007; LSG NI-BR 9.3.2007 – L 13 SO 6/06 ER – NVwZ-RR 2007, 538 = FEVS 58, 406; Münder/Bieritz-Harder § 54 SGB XII Rn 47).
- Kosten für eine **Beförderung** zum Besuch der Sonderschule (BVerwG NDV 1993, 197; OVG BB 12.9.2002 – 4 B 129/02 – FEVS 54, 231) oder die Stellung einer **Begleitperson für die Beförderung** zur Schule, wenn das Schulrecht insoweit keinen Anspruch vorsieht (OVG NW 25.11.2005 – 19 E 808/05 – FEVS 57, 378).
- Therapie wegen **Legasthenie, Dyslexie oder Dyskalkulie** (LJA BY Mitteilungsblatt 5/07, 11; zu Abgrenzungsfragen § 10 Rn 24 ff).

63   **Schulische Ausbildung für einen Beruf** (§ 54 Abs. 1 Satz 1 Nr. 2 SGB XII): Hilfen werden geleistet, wenn zu erwarten ist, dadurch das Ziel der Ausbildung oder Vorbereitungsmaßnahmen zu erreichen, wenn der beabsichtigte Ausbildungsweg erforderlich ist, der Beruf oder die Tätigkeit voraussichtlich eine angemessene Lebensgrundlage sichert oder mit zur Lebensgrundlage beiträgt und keine anderen vorrangigen Leistungsverpflichtungen, insbesondere nach SGB III, bestehen (zu den Abgrenzungsfragen § 10 Rn 7 ff).

64   **Ausbildung für eine sonstige angemessene Tätigkeit** (§ 54 Abs. 1 Satz 1 Nr. 3 SGB XII): Die Hilfe kommt insbesondere in Frage, wenn die Ausbildung für einen Beruf aus besonderen Gründen, vor allem wegen Art und Schwere der Behinderung, unterbleibt (Grube/Wahrendorf § 54 SGB XII Rn 24).

65   **Ausbildung in sonstigen Beschäftigungsstätten** (§ 54 Abs. 1 Satz 1 Nr. 4 iVm § 56 SGB XII): Für diese Hilfen, deren Leistungsinhalt in § 56 SGB XII konkretisiert wird, sind die Jugendhilfeträger als Träger der beruflichen Rehabilitation nach § 42 Abs. 2 Nr. 2 SGB IX ausdrücklich für zuständig erklärt, sofern die Voraussetzungen des § 35 a vorliegen; die SGB VIII-Leistung aber regelmäßig nachrangig verpflichtet gegenüber Leistungen nach SGB III (§ 10 Rn 7 ff).

66   **Nachgehende Hilfe** (§ 54 Abs. 1 Satz 1 Nr. 5 SGB XII): Wird die nachgehende Hilfe zur beruflichen Rehabilitation gewährt (§ 33 Abs. 1 SGB IX), findet auch § 17 EinglHV Anwendung. Sofern mit der Maßnahme jedoch Ziele der medizinischen Rehabilitation (§ 26 Abs. 1 SGB IX) verfolgt werden, ergibt sich eine (vorrangige) Zuständigkeit nach SGB V (Münder/Bieritz-Harder § 54 SGB XII Rn 61).

67   **Unterstützung von Umgangskontakten mit Angehörigen** (§ 54 Abs. 2 SGB XII): Anders als bei den stationären Hilfen etwa nach §§ 33 bis 35 wird für stationäre Eingliederungshilfe nach § 35 a ausdrücklich finanzielle „Besuchsbeihilfe" als Ermessensleistung („können") normiert, damit Angehörige den jungen Menschen besuchen oder von ihm besucht werden können. Auch ehemalige Pflegeeltern zählen zu Angehörigen iSd § 54 Abs. 2 SGB XII (DIJuF JAmt 2006, 393, 394). Der wirtschaftlichen Verantwortung des öffentlichen Trägers für die Besuche der und bei den Angehörigen korreliert eine sozialpädagogische Beratungs- und Unterstützungsaufgabe.

2. Weiterverweisungen ins SGB IX in § 54 Abs. 1 Satz 1 SGB XII

Die Auflistung der Hilfeformen bzw Hilfeziele in § 54 Abs. 1 Satz 1 SGB XII, auf die § 35 a Abs. 3 **68**
verweist, wird im Einleitungssatz ergänzt durch die Aufzählung der Vorschriften über die **Leistungen
zur Rehabilitation** nach §§ 26, 33, 41 und 55 SGB IX. Von besonderer Relevanz sind hierbei Leistungen zur Teilhabe am Leben in der Gemeinschaft (§ 55 SGB IX). Die medizinische Rehabilitation (§ 26
SGB IX) ist nur ausnahmsweise Aufgabe des Jugendhilfeträgers, wenn Leistungen erbracht werden
sollen, die über die Krankenversicherung nicht abrechenbar sind. Auch bezüglich der Leistungen zur
Teilhabe am Arbeitsleben (§ 33 SGB IX) und im Arbeitsbereich (§ 41 SGB IX) wird meist die Bundesagentur für Arbeit nach SGB III oder SGB II vorrangig zuständig sein (§ 10 Rn 7 ff und 35 ff).

Leistungen zur Teilnahme am Leben in der Gemeinschaft führt § 55 SGB IX in einem nicht abschlie- **69**
ßenden Katalog auf. Von besonderer Bedeutung für den Personenkreis des § 35 a sind **heilpädagogische
Leistungen** für Kinder, die noch nicht eingeschult sind (§ 55 Abs. 2 Nr. 2 SGB IX). Diese sollten sinnvollerweise im möglichst frühen Kindesalter einsetzen. Die heilpädagogischen Maßnahmen sind auch
dann zu gewähren, wenn die Behinderung eine spätere Schulbildung oder Ausbildung für einen angemessenen Beruf oder für eine sonstige angemessene Tätigkeit voraussichtlich nicht zulassen wird (aA
Grube/Wahrendorf § 54 SGB XII Rn 15). Zu den heilpädagogischen Maßnahmen zählen vor allem
Einzel- und Gruppenmaßnahmen, aber auch Frühförderprogramme in sozialpädagogischen Einrichtungen (zur FrühV Rn 86 ff) oder sprachtherapeutische Behandlungen in einem Sondertagesheim.

Für seelisch behinderte ältere Jugendliche und junge Volljährige kommen Hilfen zu **selbstbestimmtem** **70**
Leben in betreuten Wohnmöglichkeiten in Betracht (§ 55 Abs. 2 Nr. 6 SGB IX), die insoweit eine Konkretisierung zur „sonstigen Wohnform" in Abs. 2 Nr. 4 enthält (Rn 58). Relevant werden können auch
Hilfen zur **Teilhabe am gemeinschaftlichen und kulturellen Leben** (§ 55 Abs. 2 Nr. 7 SGB IX). Hierzu
gehören unter anderem die Förderung von Begegnungsmaßnahmen behinderter und nichtbehinderter
Personen, Hilfen zum Besuch von Veranstaltungen und Einrichtungen, die der Geselligkeit, der Unterhaltung oder kulturellen Zwecken dienen, Bereitstellung von Hilfsmitteln, die eine Teilnahme am
Leben in der Gemeinschaft erleichtern oder ermöglichen.

3. Persönliches Budget – § 57 SGB XII, § 17 SGB IX

Nach Abs. 3 iVm § 57 Satz 1 SGB XII können Leistungsberechtigte nach § 35 a auf Antrag auch Ein- **71**
gliederungshilfe als Teil eines **trägerübergreifenden Persönlichen Budgets** erhalten. Das Budget wird
nach § 17 Abs. 2 SGB IX, auf den § 57 Satz 2 SGB XII verweist, dem Leistungsberechtigten bzw seinem
gesetzlichen Vertreter zur Verfügung gestellt, damit sich dieser die Leistung selbstständig einkaufen
kann. Das Persönliche Budget wird von den Leistungsträgern als Komplexleistung erbracht (§ 17
Abs. 2 Satz 3 SGB IX) und bezieht sich auf regelmäßig wiederkehrende sowie regiefähige Bedarfe
(§ 17 Abs. 2 Satz 4 SGB IX). Der Leistungsberechtigte ist an die Entscheidung sechs Monate lang gebunden (§ 17 Abs. 2 Satz 6 SGB IX).

Persönliche Budgets werden idR als **Geldleistung** erbracht, in begründeten Fällen können auch Gut- **72**
scheine ausgegeben werden (§ 17 Abs. 3 Sätze 1 u. 2 SGB IX). Sie sind in der Höhe so zu bemessen,
dass eine Deckung des festgestellten Bedarfs unter Beachtung der Grundsätze der Wirtschaftlichkeit
und Sparsamkeit möglich ist und die erforderliche Beratung und Unterstützung erfolgen kann (§ 17
Abs. 3 Satz 3 SGB IX). Durch diese Form der Leistungsgewährung wird dem Wunsch- und Wahlrecht
in besonderer Weise zur Geltung verholfen und die Position der Leistungsberechtigten gestärkt.

Zweifel an der **Praktikabilität** des Persönlichen Budgets im Bereich des § 35 a werden unter dem Aspekt **73**
geäußert, dass die Eltern die Leistung vielfach als Belastung empfänden und somit ihrerseits mit keiner
nennenswerten Eigeninitiative im Erkaufen einer Leistung zu rechnen sei. In Fällen problematischer
finanzieller Verhältnisse der Familie bestehen zudem Zweifel, ob die ausgezahlten Geldmittel bei den
Leistungserbringern tatsächlich ankommen (Wiesner ZfJ 2001, 281, 284 f; Fegert ZfJ 2000, 441, 444;
Jans u.a./Harnach-Beck § 35 a Rn 101). Die Kritik überzeugt jedoch nur bedingt (Siebert/Klie NDV
2008, 341; Bonfig NDV 2008, 145; Böll-Schlereth NDV 2007, 489). Wenn regional bspw gemeinsame
örtliche Servicestellen (§§ 22 ff SGB IX) eingerichtet sind (Rn 78 ff) und die psychische Störung flexible
Nutzung verschiedener Angebote erfordert, so werden auch im Bereich der Leistungen nach § 35 a
erfolgreiche Erfahrungen mit dem Persönlichen Budget gesammelt. Persönliche Budgets sind auch unter
Praktikabilitätsgesichtspunkten geeignet, um Leistungsberechtigten und -träger Einzelabrechnung etwa bei Fahrtkostenerstattungen zu ersparen.

VI. Ganzheitliche und integrative Hilfe – Abs. 4

1. Gleichzeitiger HzE-Bedarf – Abs. 4 Satz 1

74   Besteht ein behinderungsbedingter Bedarf nach § 35 a und ein erzieherischer iSd § 27 Abs. 1, sollen nur solche Einrichtungen, Dienste und Personen Leistungen erbringen, die beide Hilfebedarfe gleichermaßen decken können (Abs. 4 Satz 1). Dadurch kann in einem **ganzheitlichen Hilfekonzept** auf die Unterscheidung zwischen Erziehung und Therapie verzichtet werden. Ohnehin sind bei Eingliederungshilfe nach § 35 a die erzieherischen Aspekte stets mitzudenken. Neben der Vermeidung von Abschieben bzw Hin- und Herverweisen in „ausdifferenzierten, spezialisierten Versorgungsketten" (gemeinsames Positionspapier der Jugend- und Gesundheitsministerkonferenz ZfJ 1991, 466) geht es bei diesem erweiterten Blick insbesondere um die **Einbeziehung der Eltern und deren Erziehungsverhaltens**. Die Eltern sollen für die besonderen Herausforderungen bei der Erziehung eines Kindes mit (drohender) seelischer Behinderung Unterstützung erfahren, die Anteile ihrer Erziehung an den Entwicklungsschwierigkeiten ihres Kindes sollen Bearbeitung finden. Bspw sind Angebote der Legasthenie-/Dyskalkulietherapie regelmäßig nur dann geeignet, als Leistung nach § 35 a gewährt zu werden, wenn sie die Eltern beratend einbeziehen, damit diese mit ihren Reaktionen auf die schulischen Schwierigkeiten angemessen und unterstützend für ihr Kind wirken, auch wenn ein Bedarf nach HzE nicht besteht (BVerwG 12.7.2005 – 5 B 56.05 – JAmt 2005, 524; OVG NI 18.10.2006 – 4 LA 42/05 – JAmt 2007, 101).

2. Integrative Tagesbetreuung für seelisch behinderte Kinder – Abs. 4 Satz 2

75   Das Gesetz geht – abgesehen von atypischen Konstellationen („sollen") – von einer Vorzugswürdigkeit der Förderung der Entwicklung von Kindern im Vorschulalter mit (drohender) seelischer Behinderung in **integrativer Tagesbetreuung** zusammen mit nichtbehinderten Kindern aus. Auch im Schulrecht etlicher Länder ist ein Trend zur integrativen „Beschulung" in allgemein bildenden Schulen zu verzeichnen, bspw mit Unterstützung eines sog. Integrationshelfers/Schulbegleiters. Nach dem Grundsatz der **Inklusion** im SGB IX sind Leistungen so zu planen und gestalten, dass behinderte junge Menschen nach Möglichkeit nicht von ihrem sozialen Umfeld getrennt und gemeinsam mit nicht Behinderten betreut werden können (§ 4 Abs. 3 SGB IX). Bei allen Leistungen für Kinder mit (drohender) Behinderung ist eine gemeinsame Betreuung mit nichtbehinderten Kindern anzustreben (§ 19 Abs. 3 SGB IX).

76   Der Integrationsanspruch unterliegt der Einschränkung, dass der „Hilfebedarf" des Kindes bzw Jugendlichen es zulässt. Das Regel-Ausnahmeverhältnis wird ihnen nur gerecht, wenn für die Berücksichtigung der individuellen Bedürfnisse im Einzelfall Raum bleibt. Somit ist das Primat der integrativen Tagesbetreuung insbesondere als ein gesetzlicher **Auftrag zu flexiblen und bedarfsgerechten Anpassungen und Weiterentwicklungen** im Bereich der bestehenden pädagogischen Einrichtungen zu interpretieren. Dies bezieht sich sowohl auf die Entwicklung und Etablierung neuer Konzepte mit Blick auf Gruppenstruktur und Integration als auch auf die Veränderung bestimmter institutioneller Standards (Personalschlüssel, Supervision, Kooperation mit psychiatrischen Diensten), die Qualifikation des pädagogischen Personals und den Rückbezug auf den sozialen Kontext der Kinder und Jugendlichen (zB spezifische schulische Angebote, Begleitung und Stützung bei Ausbildung und Arbeit).

VII. Verfahrensregelungen des SGB IX

1. Allgemeines zur Anwendbarkeit des SGB IX

77   Die Träger der öffentlichen Jugendhilfe sind **Rehabilitationsträger im Rahmen des SGB IX** (§ 6 Abs. 1 Nr. 6 SGB IX). Somit finden, soweit das SGB VIII keine eigenständigen Regelungen enthält, die Vorschriften des SGB IX Anwendung (§§ 1, 7 SGB IX). Der Verweis in Abs. 3 iVm § 53 Abs. 4 Satz 1 SGB XII bekräftigt die Anwendbarkeit des SGB IX. Neben Aussagen zu Zielsetzungen und Hilfeformen (Rn 54 ff, 59 ff, 74 ff), die das SGB VIII teilweise schon mittelbar über Verweis des Abs. 3 auf das SGB XII für anwendbar erklärt, enthält das SGB IX ergänzend spezifische Vorschriften über das Verfahren, so über die Einrichtung gemeinsamer örtlicher Servicestellen in §§ 22 ff SGB IX (Rn 78 ff) und der Zuständigkeitsklärung in §§ 14 f SGB IX (Rn 81 ff).

2. Gemeinsame örtliche Servicestellen

78   § 22 SGB IX enthält – auch für die Träger der öffentlichen Jugendhilfe – die **Verpflichtung zur unverzüglichen Einrichtung** gemeinsamer örtlicher Servicestellen der Rehabilitationsträger zur Beratung und

Unterstützung behinderter und von Behinderung bedrohter Menschen sowie ihrer Personensorgeberechtigten. Die Servicestellen sollen als Anlaufstellen für die Leistungsberechtigten fungieren, in denen die zuständigen Rehabilitationsträger festgestellt, deren Entscheidung vorbereitet und zwischen den Rehabilitationsträgern untereinander sowie im Verhältnis zu den Beteiligten vermittelt wird.

Der Aufbau von Servicestellen begegnet häufiger **Skepsis**, da die jeweiligen Leistungssysteme einen   79
Autonomieverlust befürchten. Die Kinder- und Jugendhilfe wähnt sich mitunter in einer insoweit schwachen Stellung (Wiesner ZfJ 2001, 281, 285). Jedoch haben sich nicht wenige örtliche JÄ in den letzten Jahren zu hochkompetenten Rehabilitationsträgern entwickelt, die im Konzert der „Großen", wie Krankenversicherungen oder überörtlichen Sozialhilfeträgern, nicht selten den fachlichen Ton angeben.

Der mühsame, zeit- und kontroversenintensive **Aufbau einer Kooperation der Rehabilitationsträger**   80
ist im Bereich der Eingliederungshilfe jedoch alternativlos, sollen Perspektiven für junge Menschen entwickelt und die Teilhabe der jungen Menschen bestmöglich gefördert und erleichtert werden. Am deutlichsten wird dies vielleicht am **Beispiel des Autismus**. Autistische Kinder und Jugendliche bedürfen regelmäßig gleichzeitig Leistungen verschiedener Rehabilitationsträger, die es zu koordinieren gilt (Remschmidt/Frese SGb 2007, 410; Klie JAmt 2007, 14; DIJuF JAmt 2003, 355). An manchen Orten (zB Berlin) ist es sogar gelungen, die **Schulen**, obwohl keine Rehabilitationsträger iSd § 6 SGB IX, im Rahmen von institutionalisierten Koordinierungsgremien in die abgestimmte Gewährung von Hilfen einzubinden.

3. Zuständigkeitsklärung – § 14 SGB IX

Zur Beschleunigung der Klärung der Zuständigkeit für Rehabilitationsleistungen legt § 14 SGB IX   81
Fristen für die inhaltliche Entscheidung fest (s.a. § 10 Rn 4). Der Rehabilitationsträger, bei dem der Antrag gestellt wird, hat innerhalb von zwei Wochen nach Antragstellung festzustellen, ob er hierfür zuständig ist. Hält er sich für unzuständig, so hat er den Antrag an den nach seiner Auffassung zuständigen Träger weiterzuleiten. Der weiterleitende Träger ist damit nicht mehr zuständig (VG Stuttgart 20.6.2006 – 7 K 861/06 – EuG 2006, 424, 430) und der empfangende Träger wird zuständig. Dieser kann sich seiner Zuständigkeit auch nicht durch Befristung der Leistungsgewährung entziehen (DIJuF JAmt 2007, 251). Hält sich der erstangegangene Rehabilitationsträger dagegen für zuständig, so hat er unverzüglich den Rehabilitationsbedarf festzustellen und – soweit das ohne Gutachten möglich ist – innerhalb von drei Wochen über den Antrag zu entscheiden. Für den Fall, dass ein Gutachten erforderlich ist, erstellt der beauftragte Sachverständige gem. § 14 Abs. 5 Satz 5 SGB IX innerhalb von zwei Wochen ein Gutachten. Der Rehabilitationsträger muss nach § 14 Abs. 2 Satz 4 SGB IX innerhalb von zwei Wochen nach Vorliegen des Gutachtens eine Entscheidung treffen.

Die **Weiterleitungsregel des § 14 Abs. 1 SGB IX** findet sowohl Anwendung bei Unzuständigkeit (bspw   82
enthält das SGB VIII keine Leistungen der Eingliederungshilfe für geistig und/oder körperlich behinderte junge Menschen) als auch nachrangiger Zuständigkeit (Schwengers 2007, 186 ff; Kunkel JAmt 2003, 329, 331 f; aA Vorauflage § 35 a Rn 83; DIJuF JAmt 2006, 131). Anwendbar ist § 14 auch bei der Klärung der örtlichen Zuständigkeit zwischen Trägern der öffentlichen Jugendhilfe (DIJuF JAmt 2004, 75), nicht jedoch für Streitigkeiten zwischen Jugend- und Sozialamt bei Trägeridentität (VG Oldenburg 16.4.2007 – 13 B 152/07 – JAmt 2007, 262, 264 f). Nicht anwendbar ist sie in der Abgrenzung zur Schule (BVerwG 11.8.2005 – 5 C 18.04 – NDV-RD 2006, 72, 74).

Umstritten ist, ob die Möglichkeit bzw Pflicht des erstangegangenen Leistungsträgers zur **vorläufigen**   83
Leistungserbringung nach § 86 d oder § 43 SGB I besteht. Nach überzeugenderer Auffassung bleibt sie neben der Regelung des § 14 SGB IX anwendbar, wenn der Rehabilitationsträger, dem der Antrag weitergeleitet wurde, untätig bleibt (VGH HE 21.9.2004 – 10 TG 2293/04 – FEVS 56, 328; OVG NI 23.7.2003 – 12 ME 297/03 – FEVS 55, 384; LSG BY 6.12.2005 – L 11 642/05 SO – FEVS 58, 11; DIJuF JAmt 2007, 249, 250; JAmt 2005, 407, 408; JAmt 2005, 23; Ulrich SGb 2008, 452, 460; Hauck/Götze § 14 SGB IX Rn 19; Mrozynski § 14 SGB IX Rn 34; ders. § 35 a SGB VIII Rn 36; differenzierend Schwengers 2007, 195 f). Die – im Rechtsweg zu den Verwaltungsgerichten zu verfolgende (§ 114 Satz 2 SGB X) – Kostenerstattung richtet sich dann nach § 89 c bzw § 102 SGB X. Nach anderer Auffassung ist nach Weiterverweisung eine vorläufige Leistungsgewährung nach § 43 SGB I ausgeschlossen (VGH BY 6.12.2006 – 12 CE 06.2732 – JAmt 2007, 494; 1.12.2003 – 12 CE 03.2683 – FEVS 56, 188; LSG NW 16.2.2006 – L 9 AL 88/05; LSG SH 9.11.2005 – L 9 B 268/05 – FEVS 57, 237); die Leistungsberechtigten bleiben auf Rechtsschutz gegenüber dem nach § 14 SGB IX zuständigen, aber untätig bleibenden Rehabilitationsträger verwiesen. Unter gewissen Voraussetzungen besteht ein Recht

auf **Selbstbeschaffung nach § 15 SGB IX** hinsichtlich der Leistung des anderen Rehabilitationsträgers und ein entsprechender Aufwendungsersatzanspruch (DIJuF JAmt 2005, 23).

84 Werden **andere Rehabilitationsträger** angegangen und sollen diese die sachliche Zuständigkeit klären, so findet § 14 SGB IX im Verhältnis gegenüber Jugendhilfeträgern Anwendung, wenn Leistungen wegen (drohender) seelischer Behinderung in Betracht kommen. Nicht anzuwenden ist § 14 SGB IX jedoch, wenn für einen geistig und/oder körperlich behinderten jungen Menschen erzieherische Leistungen als vorrangig angesehen werden.

85 Wird das JA oder ein anderer Rehabilitationsträger aufgrund der Weiterleitung eines Antrags nach § 14 Abs. 1 SGB IX zuständig und stellt sich später seine nachrangige oder Unzuständigkeit heraus, besteht ein Anspruch auf **Kostenerstattung nach § 14 Abs. 4 SGB IX** (ausführlich Schwengers 2007, 213 ff). Auch bei verspäteter oder Nichtweiterleitung besteht ein Erstattungsanspruch (BSG 28.11.2007 – B 11 a AL 29/06 R – FEVS 59, 492; Ulrich SGb 2008, 452).

VIII. Frühförderungsverordnung (FrühV)

86 Für Kinder mit (drohender) seelischer Behinderung im Vorschulalter besteht die Möglichkeit, unterschiedliche Leistungen der medizinischen Rehabilitation und unterschiedliche heilpädagogische Leistungen in integrierter Form als **anteilig finanzierte Komplexleistung** ohne Erforderlichkeit einer Einzelabrechnung zu gewähren. Hierzu legt § 30 SGB IX die Grundlage, die in der Verordnung zur Früherkennung und Frühförderung behinderter und von Behinderung bedrohter Kinder (Frühförderungsverordnung – FrühV) ihre Konkretisierung erfährt. Ziele der FrühV sind Verbesserungen bei der Früherkennung und Frühförderung von behinderten Kindern, die Beseitigung von Rechtsunsicherheiten bei den Frühförderstellen und bei den Eltern der behinderten Kinder und die Entlastung der Eltern von Fragen der Zuständigkeit und etwaigen Kostenstreitigkeiten (zur Umsetzung der FrühV Breitkopf/ Sommer NDV 2005, 365; DV NDV 2005, 408).

87 Leistungen werden nach § 2 Satz 2 FrühV unter Inanspruchnahme von fachlich geeigneten und zur Zusammenarbeit verpflichteten (§ 8 Abs. 4 Satz 1 FrühV) interdisziplinären Frühförderstellen und sozialpädiatrischen Zentren ausgeführt; dabei ist das soziale Umfeld einzubeziehen. **Interdisziplinäre Frühförderstellen** sind familien- und wohnortnahe Dienste und Einrichtungen, deren Aufgabe ist, in interdisziplinärer Zusammenarbeit von qualifizierten medizinisch-therapeutischen und pädagogischen Fachkräften eine drohende oder bereits eingetretene Behinderung zum frühestmöglichen Zeitpunkt zu erkennen und die Behinderung durch gezielte Förder- und Behandlungsmaßnahmen auszugleichen oder zu mildern (§ 3 Satz 1 FrühV). Die Leistungserbringung erfolgt idR in ambulanter, einschließlich aufsuchender Form (§ 3 Satz 2 FrühV). **Sozialpädiatrische Zentren** sind Einrichtungen des Gesundheitswesens zur ambulanten sozialpädiatrischen Behandlung von Kindern, die wegen Art, Schwere oder Dauer ihrer (drohenden) Behinderung nicht von geeigneten Ärzten oder interdisziplinären Frühförderstellen behandelt werden können (§ 4 FrühV).

88 Anders als Leistungen zur medizinischen Rehabilitation (§ 5 FrühV) fallen **heilpädagogische Leistungen** (§ 6 FrühV) je nachdem in die Verantwortung der Jugend- und/oder Sozialhilfeträger. Ist die Zuständigkeit für die Frühförderung nicht beim Sozialhilfeträger gebündelt (§ 10 Rn 54 f), umfassen sie alle Maßnahmen nach § 35 a, die die Entwicklung des Kindes und die Entfaltung seiner Persönlichkeit mit pädagogischen Mitteln anregen. Dazu gehören jeweils die erforderlichen sozial- und sonderpädagogischen, psychologischen und psychosozialen Hilfen. Bestandteil der heilpädagogischen Leistung ist die **Einbeziehung und Beratung der Erziehungsberechtigten** (§ 6 iVm § 5 Abs. 2 FrühV). Mit ihnen sind ein Erstgespräch und anamnestische Gespräche durchzuführen, die Diagnose ist zu vermitteln, der Förder- und Behandlungsplan ist zu erörtern, über den Entwicklungs- und Förderprozess des Kindes einschließlich der Verhaltens- und Beziehungsfragen hat ein Austausch stattzufinden. Die Erziehungsberechtigten erhalten Anleitung und Hilfe bei der Gestaltung des Alltags sowie Unterstützung bei der Verarbeitung der Krankheit bzw Behinderung ihres Kindes. Weitere Hilfs- und Beratungsangebote sind zu vermitteln.

89 Die interdisziplinären Frühförderstellen und die sozialpädiatrischen Zentren stellen für den individuellen Förderungs- und Behandlungsbedarf zusammen mit den Erziehungsberechtigten einen interdisziplinär entwickelten **Förder- und Behandlungsplan** auf (§ 7 Abs. 1 Satz 1 FrühV). Dieser wird im Verlauf des Hilfeprozesses spätestens nach zwölf Monaten angepasst (§ 7 Abs. 1 Satz 2 FrühV). Die erforderlichen Hilfen werden von den beteiligten Rehabilitationsträgern zuständigkeitsübergreifend als **ganzheitliche Komplexleistung** erbracht (§ 8 Abs. 1 Satz 1 FrühV). Die Anspruchsberechtigten

können dabei den Antrag auf Leistung bei allen Rehabilitationsträgern stellen (§ 8 Abs. 1 Satz 2 FrühV). Die Rehabilitationsträger informieren sich gegenseitig und entscheiden binnen zwei Wochen nach Vorliegen des Förder- und Behandlungsplans über die Leistung (§ 8 Abs. 1 Satz 3 u. 4 FrühV). Erbringt ein Rehabilitationsträger Leistungen für einen anderen Rehabilitationsträger, so ist dieser zur Kostenerstattung verpflichtet (§ 8 Abs. 3 Satz 1 FrühV).

Die **Kosten der Komplexleistung** werden geteilt (hierzu Breitkopf/Sommer NDV 2005, 365, 367 f). Als **90** Grundlage hierfür dient eine Vereinbarung der jeweils beteiligten Rehabilitationsträger über die Entgelte für die Leistungen zur medizinischen Rehabilitation und für die heilpädagogischen Leistungen (§ 9 Abs. 1 FrühV) sowie Vereinbarungen über die Aufteilung der Kosten. Kriterien hierfür sind die Leistungszuständigkeit nach Spezialisierung und Leistungsprofil des Diensts oder der Einrichtung, insbesondere der vertretenen Fachdisziplinen und dem Diagnosespektrum der leistungsberechtigten Kinder (§ 9 Abs. 2 FrühV). Die Aufteilung der Entgelte kann pauschaliert werden, wobei der Anteil des zuständigen Leistungsträgers für heilpädagogische Leistungen nach § 35 a bei Leistungen in interdisziplinären Frühförderstellen 80 Prozent und in sozialpädiatrischen Zentren 20 Prozent nicht übersteigen darf (§ 9 Abs. 3 FrühV).

IX. Zuständigkeit, Kostenbeteiligung

Anders als bei der Eingliederungshilfe nach SGB XII besteht im SGB VIII eine **einheitliche sachliche** **91** **Zuständigkeit** des örtlichen Trägers (§ 85 Abs. 1), abhängig davon, ob die Hilfe stationär, teilstationär oder ambulant gewährt wird. In der Regel ist der örtliche Träger der öffentlichen Jugendhilfe zuständig. Damit werden Zuständigkeitsstreitigkeiten vermieden und wird der Ausbau ambulanter Maßnahmen nicht dadurch gehemmt, dass stationäre Hilfen einen anderen Kostenträger haben.

Die **örtliche Zuständigkeit** richtet sich nach § 86. Bei Hilfen, die mit einer stationären oder teilstatio- **92** nären Unterbringung des Minderjährigen außerhalb des Elternhauses verbunden sind, werden der junge Mensch und seine Eltern zu den Kosten herangezogen (§ 91 Abs. 1 Nr. 6, Abs. 2 Nr. 3, § 92 Abs. 1 Nr. 1 u. 5). Bei ambulanten Hilfen erfolgt keine Heranziehung zu den Kosten (hierzu VorKap. 8 Rn 11).

Weiterführende Literaturhinweise:

Schwengers 2007; *Fegert* u.a. JAmt 2008, 177; *Kölch* u.a. JAmt 2007, 1; LJA BY 2005; *Baving/Späth* Sozialmagazin 5/2005, 30; *Tammen* 2007.

Dritter Unterabschnitt
Gemeinsame Vorschriften für die Hilfe zur Erziehung und die Eingliederungshilfe für seelisch behinderte Kinder und Jugendliche

§ 36 Mitwirkung, Hilfeplan

(1) [1]Der Personensorgeberechtigte und das Kind oder der Jugendliche sind vor der Entscheidung über die Inanspruchnahme einer Hilfe und vor einer notwendigen Änderung von Art und Umfang der Hilfe zu beraten und auf die möglichen Folgen für die Entwicklung des Kindes oder des Jugendlichen hinzuweisen. [2]Vor und während einer langfristig zu leistenden Hilfe außerhalb der eigenen Familie ist zu prüfen, ob die Annahme als Kind in Betracht kommt. [3]Ist Hilfe außerhalb der eigenen Familie erforderlich, so sind die in Satz 1 genannten Personen bei der Auswahl der Einrichtung oder der Pflegestelle zu beteiligen. [4]Der Wahl und den Wünschen ist zu entsprechen, sofern sie nicht mit unverhältnismäßigen Mehrkosten verbunden sind. [5]Wünschen die in Satz 1 genannten Personen die Erbringung einer in § 78 a genannten Leistung in einer Einrichtung, mit deren Träger keine Vereinbarungen nach § 78 b bestehen, so soll der Wahl nur entsprochen werden, wenn die Erbringung der Leistung in dieser Einrichtung nach Maßgabe des Hilfeplans nach Absatz 2 geboten ist.

(2) [1]Die Entscheidung über die im Einzelfall angezeigte Hilfeart soll, wenn Hilfe voraussichtlich für längere Zeit zu leisten ist, im Zusammenwirken mehrerer Fachkräfte getroffen werden. [2]Als Grundlage für die Ausgestaltung der Hilfe sollen sie zusammen mit dem Personensorgeberechtigten und dem Kind oder dem Jugendlichen einen Hilfeplan aufstellen, der Feststellungen über den Bedarf, die zu gewährende Art der Hilfe sowie die notwendigen Leistungen enthält; sie sollen regelmäßig prüfen, ob die gewählte Hilfeart weiterhin geeignet und notwendig ist. [3]Werden bei der Durchführung der Hilfe andere Personen, Dienste oder Einrichtungen tätig, so sind sie oder deren Mitarbeiter an der Aufstellung des Hilfeplans und seiner Überprüfung zu beteiligen. [4]Erscheinen Maßnahmen der beruflichen Eingliederung erforderlich, so sollen auch die für die Eingliederung zuständigen Stellen beteiligt werden.

(3) Erscheinen Hilfen nach § 35 a erforderlich, so soll bei der Aufstellung und Änderung des Hilfeplans sowie bei der Durchführung der Hilfe die Person, die eine Stellungnahme nach § 35 a Abs. 1 a abgegeben hat, beteiligt werden.

(4) Vor einer Entscheidung über die Gewährung einer Hilfe, die ganz oder teilweise im Ausland erbracht wird, soll zur Feststellung einer seelischen Störung mit Krankheitswert die Stellungnahme einer in § 35 a Abs. 1 a Satz 1 genannten Person eingeholt werden.

I. Inhalt und Bedeutung der Regelung

1. Gesetzessystematischer Bezugsrahmen

1 Die Vorschrift über die Mitwirkung und Hilfeplanung enthält aus rechtlicher Sicht **spezielle Vorgaben zur Beteiligung und zum Verfahren,** die bei der Entscheidung über die Gewährung von Hilfen sowie

bei der Steuerung der andauernden Hilfeprozesse zu beachten sind. Sie bezieht sich auf Hilfen zur Erziehung (§§ 27–35), Eingliederungshilfe für Kinder und Jugendliche mit (drohender) seelischer Behinderung (§ 35 a) und Hilfe für junge Volljährige (§ 41).

Die Beteiligung im Verwaltungsverfahren anlässlich der Gewährung einer Sozialleistung (§ 8 SGB X; Anhang Verfahren Rn 11 ff) ist nach § 36 eine qualifizierte. Sie ist als **Mitwirkung** von Kindern, Jugendlichen und Personensorgeberechtigten ausgestaltet, also terminologisch und inhaltlich im Sinne einer Koproduktion. Bei der **Beteiligung** sichern die Abs. 2 und 3 eine möglichst breite Basis an Input durch den Einbezug der Fachkräfte bei Diensten und Einrichtungen, die bei der Durchführung der Hilfe involviert sind (Abs. 2 Satz 3), des Sachverstands der Bundesagentur für Arbeit (Abs. 2 Satz 4) und der kinder- und jugendpsychiatrischen/-psychotherapeutischen Expertise (Abs. 3). Auch Leistungserbringer, insbesondere Pflegepersonen, sind hinzuzuziehen (Abs. 2 Satz 3). Die fachliche Kompetenz bei der Hilfeplanung sowie deren Fortschreibung wird durch das institutionalisierte Zusammenwirken mehrerer Fachkräfte erhöht (Abs. 2 Satz 1). 2

§ 36 hat diverse ergänzende **Gesetzesänderungen** erfahren. Zum 1.1.1999 wurde mit Einführung der Vorschriften über die Leistungs-, Entgelt- und Qualitätsvereinbarungen (§§ 77, 78 a bis 78 g) **Abs. 1 Satz 5** angefügt und damit das Wunsch- und Wahlrecht der Leistungsberechtigten eingeschränkt, soweit mit Einrichtungen keine Vereinbarung nach § 78 b abgeschlossen ist (Rn 19 ff; § 5 Rn 27 f). Zum 1.10.2005 mit dem KICK eingefügt und mit dem KiföG (Einl. Rn 47) systematisch neu geordnet wurde die bisher unspezifizierte Beteiligung von Ärzten bei der Gewährung von Eingliederungshilfe nach § 35 a konkret und verbindlich auf Kinder- und Jugendpsychiater/-psychotherapeuten bezogen, von denen nach § 35 a Abs. 1 a eine Stellungnahme einzuholen ist (**Abs. 3**; Rn 35 ff) und die Einführung einer Pflicht zum Einholen einer ärztlichen oder psychotherapeutischen Stellungnahme vor der Durchführung einer Hilfe zur Erziehung im Ausland (**Abs. 4** – im KICK Abs. 3 Satz 1 Halbs. 2; Rn 55 f). Die Beteiligung der Bundesagentur für Arbeit wurde von Abs. 3 Satz 2 verschoben in **Abs. 2 Satz 4** (Rn 34). 3

2. Sozialpädagogische Bedeutung

Die Vorgaben des § 36 zur Mitwirkung und zum Verfahren bei der Gewährung von Hilfen gießen **sozialpädagogische Fachlichkeit in Gesetzesform** (kritisch allerdings Krause/Wolff 2004, 44). Sie respektieren die Autonomie der Familien oder rechtlich gesprochen den Subjektstatus der Beteiligten. Eine „Fürsorgebehörde" JA kann nicht einseitig festgelegen, was alles hilfreich und wünschenswert wäre für eine Familie. § 36 berücksichtigt, dass gelingende Hilfe Akzeptanz und aktive Mitarbeit zur Erreichung der Hilfeziele der Adressaten bedarf. Der Entscheidung über die zu gewährende Hilfe ist daher notwendigerweise ein Verständigungsprozess mit den Beteiligten vorgeschaltet (DV NDV 2006, 343, 345; May 2003, 14 ff). 4

Es ist sozialpädagogisch-fachliche Aufgabe, für die Inanspruchnahme der aus Sicht der Fachkräfte geeigneten und erforderlichen Hilfen zu werben. Damit es dabei nicht zu Überforderungen der Beteiligten kommt, bedürfen Eltern sowie ihre Kinder **ermutigender und befähigender Beratung** und Unterstützung. Damit soll gewährleistet werden, dass das, was die Familie will, braucht und wünscht, sowohl tatsächlich Berücksichtigung finden kann als auch in die Lage versetzt, eine dem Wohl des Kindes oder Jugendlichen entsprechende Erziehung zu gewährleisten (§ 27 Abs. 1). Fachkräfte sollen unter Einsatz des methodischen Handwerkszeugs Prozesse der Beteiligung und Mitwirkung von Kindern, Jugendlichen und Eltern gestalten und moderieren. Gleichzeitig sind kollegiale Beratung, externe Unterstützung und Evaluation als **Mittel sozialpädagogischer Reflexion** verbindlich zu organisieren. 5

Die Anforderungen des § 36 werden in der Praxis bislang nur teilweise eingelöst (Pluto Forum Erziehungshilfen 2008, 196; Gragert ZKJ 2007, 277; Merchel ZKJ 2006, 353). Die relative rechtliche Folgenlosigkeit von Defiziten dürfte hierzu ihren Beitrag leisten. Hierfür spielen Begrenzungen und Einschränkungen in den zeitlichen und finanziellen Ressourcen sicherlich eine nicht unbedeutende Rolle (Mummert EJ 2008, 102, 106 ff). Die Zielorientierungen des § 36 werden dadurch jedoch nicht entwertet. Je näher die Praxis ihnen kommt, desto besser. Es lohnen alle Anstrengungen, um die **Diskrepanzen zwischen Handlungsrealität und Gesetzesanspruch** zu überwinden. 6

II. Mitwirkung als Stärkung kompetenter Inanspruchnahme – Abs. 1

1. Beratung über Art, Umfang und Folgen – Abs. 1 Satz 1

7   Die Inanspruchnahme von Hilfe zur Erziehung, Eingliederungshilfe oder Hilfe für junge Volljährige ist eine Entscheidung, die erhebliche Auswirkungen auf die Entwicklung eines jungen Menschen und seiner Familie haben kann. Daher fordert Abs. 1 Satz 1 vom JA, Personensorgeberechtigte, Kinder, Jugendliche oder junge Volljährige auch tatsächlich in die Lage zu versetzen, ihre Rechte wahrzunehmen. In Abgrenzung zur besserwisserischen Fürsorglichkeit sollen die Fachkräfte die Familie kompetent machen, eine bewusste und **freie Entscheidung über die Inanspruchnahme** der Leistungen zu treffen. Da es sich bei erzieherischen Hilfen stets um Prozesse der Koproduktion handelt, ist von entscheidender Bedeutung, dass sowohl Personensorgeberechtigte als auch junge Menschen wissen, warum und worauf sie sich einlassen.

8   **Adressaten der Beratungsansprüche des Abs. 1** sind die Personensorgeberechtigten sowie die Kinder und Jugendlichen. Junge Volljährige sind selbst Leistungsberechtigte und gehören aufgrund der Verweisung in § 41 Abs. 2 ebenfalls zu den Adressaten der Mitwirkungs- und Beteiligungsrechte nach § 36. Die Einbeziehung von nicht sorgeberechtigten Eltern (Rn 29 f) ist nur bei Fremdunterbringung verpflichtend (§ 37 Abs. 1).

9   Nach Abs. 1 Satz 1 sind **Gegenstand der Beratung** Art und Umfang möglicher Hilfen. Dies gilt sowohl vor Inanspruchnahme als auch vor einem potenziellen Wechsel des Hilfearrangements während laufender Hilfegewährung. Außerdem sind Eltern die wesentlichen Informationen zur Entwicklung ihres Kindes sowie zu möglichen Folgen der verschiedenen in Betracht kommenden Hilfen zu geben. Die Formulierung erinnert an die Hinweispflicht zu „Risiken und Nebenwirkungen" bei der Werbung für Medikamente. Die Information über entwicklungspsychologische und pädagogische Zusammenhänge geht jedoch über die Vermittlung genereller Erkenntnisse hinaus. Sie hat differenziert und individuell die Situation der einzelnen Familie sowie jungen Menschen zu berücksichtigen. Die Pflicht zur Beratung bezieht sich insbesondere auch auf die **entwicklungspsychologische Bedeutung von Fremdunterbringung**. Personensorgeberechtigter, Kind bzw Jugendlicher sind damit vertraut zu machen, dass ihr Kind bzw sie bei einem längeren Verbleib in einer Pflegestelle oder Einrichtung neue Bindungen und Bezüge entwickelt/-n, die einer weiteren Beziehung zur Herkunftsfamilie nicht notwendigerweise hinderlich sein müssen, aber doch zu beachtende Konsequenzen auf mögliche Rückkehroptionen und -perspektiven haben (vgl § 1632 Abs. 4 BGB; hierzu § 37 Rn 10 ff).

10   Beratung meint hierbei eine umfassende und aktive Verpflichtung zur Aufklärung und zur Bereitstellung von Informationen. Sie dient der **Herstellung von Beteiligungsfähigkeit**, ist als solche sozialpädagogische Aufgabe und selbst wesentlicher Bestandteil der Hilfe (Jager Forum Erziehungshilfe 2004, 269; zu Kritik an der Praxis Urban ZKJ 2006, 126). Fachkräfte im JA sollen den Leistungsadressaten als gleichberechtigte Koproduzenten von Hilfe begegnen, Eigensinnigkeit Raum geben sowie Widerstand als Ressource und sozialpädagogisch-fachliche Herausforderung für den Beziehungsaufbau annehmen.

11   Zur offensiven **Erfüllung des Beratungsanspruchs** nach Abs. 1 Satz 1 ist das JA stets unaufgefordert verpflichtet, wenn die Leistungsberechtigten eine Inanspruchnahme von Hilfe zur Erziehung, Eingliederungshilfe oder Hilfe für junge Volljährige begehren. Nach den Empfehlungen des LWV/LJA Baden (in: ISA 1994, 201 ff) soll eingegangen werden auf

- die Leistungspalette der Kinder- und Jugendhilfe, weil Klienten nur dann über ausreichende Informationen für ihre Entscheidungen verfügen;
- die internen Abläufe, weil Klienten wissen müssen, wie Informationen über sie verwertet werden (datenschutzrechtliches Transparenzgebot; Vor§ 61 Rn 10);
- die Mitwirkungsrechte und -pflichten (zB Verpflichtung zur Offenbarung erforderlicher Informationen, §§ 60 ff SGB I, § 97 a);
- die Beteiligungsrechte von Kindern und Jugendlichen (§ 8);
- das Wunsch- und Wahlrecht (§ 5);
- die Beachtung der Grundrichtung der Erziehung (§ 9);
- die Möglichkeiten und Grenzen der Ausübung der Personensorge durch Pflegepersonen bzw verantwortliche Personen in Einrichtungen (§ 38);
- die möglichen Folgen für die Entwicklung des Kindes oder Jugendlichen, die bei jeder Intervention mit Rückwirkungen auf das familiäre Gefüge und den Entwicklungsweg des jungen Menschen

eintreten können, aber oft nicht voraussehbar und – wenn überhaupt – erst im Verlauf des Hilfe-prozesses zu konkretisieren sind (zB § 1632 Abs. 4 BGB);

■ die Kostenbeteiligung (§§ 91 ff);

■ die Beteiligungsrechte der Klienten bei der Erstellung und Fortschreibung des Hilfeplans (Abs. 2 Satz 2).

Die Verfahrensgestaltung ist nicht bürokratischer Selbstzweck, sondern wesentliches Mittel zur **Ver- 12 wirklichung der Rechtspositionen** der am Verfahren Beteiligten. Die Leistungsadressaten erlangen mit den Fachkräften im JA eine gemeinsame Definitionsmacht bei der Auslegung der unbestimmten Rechtsbegriffe (zB zu der dem Kindeswohl entsprechenden Erziehung nach § 27 Abs. 1). Ziel des so-zialpädagogischen Bemühens soll sein, auch die Entscheidung über die **Auswahl der Hilfe** und nicht nur über die konkrete Ausgestaltung einer vom JA gewählten Hilfe mit Akzeptanz der Beteiligten zu treffen.

2. Verhältnis zu § 8 und § 37

Die Mitwirkung nach § 36 ist im Verhältnis zur Pflicht der Beteiligung von Kindern und Jugendlichen 13 an allen sie betreffenden Entscheidungen (**§ 8 Abs. 2**) die speziellere, konkretere Norm und lässt der Regelung aus den allgemeinen Vorschriften keinen eigenen Anwendungsbereich. § 37 Abs. 1 ist für die Zusammenarbeit zwischen Eltern und Pflege-/Erziehungspersonen bei Hilfen außerhalb der eigenen Familie die speziellere Norm, konkretisiert und ergänzt insoweit § 36. ZB werden die Erarbeitung zeitlicher Perspektiven sowie konkreter Hilfeangebote für die Rückkehr zu den Eltern oder den Ver-bleib in Heim oder Pflegefamilie sowie die Gestaltung der Kontakte des Kindes oder Jugendlichen zu den Herkunftseltern zum notwendig integralen Bestandteil der Hilfeplanung nach § 36 erklärt (§ 37 Abs. 1 Sätze 2 bis 4).

3. Verhältnis zu § 14 und §§ 60 ff SGB I

Der **Beratungsanspruch nach** § 14 SGB I bezieht sich auf die allgemeine Beratung über Rechte und 14 Pflichten nach dem Sozialgesetzbuch insgesamt. Er ist damit zT etwas Anderes und zT weiter als § 36, der sich konkret nur auf die Entscheidungsfindung zur Gewährung einer Leistung nach §§ 27 bis 35, 35 a oder 41 bezieht.

Leistungsberechtigte haben entsprechend den **Mitwirkungspflichten nach §§ 60 ff SGB I** im erforder- 15 lichen Umfang mitzuwirken (Anhang Verfahren Rn 35 f). Diese Regelungen orientieren sich vornehm-lich an konditionalprogrammierten Sozialleistungen, bei denen das Vorliegen der Voraussetzungen (zB fehlendes Einkommen, Rentenversicherungsansprüche, Krankheit) anhand von Wenn-dann-Mecha-nismen geprüft werden kann. Die Hilfen nach §§ 27 ff, 35 a, 41 haben hingegen idR einen vorwiegend finalprogrammierten Charakter. Es geht in einer personalen Hilfebeziehung um das koproduktive Er-arbeiten von Hilfezielen und deren gemeinsame Verwirklichung im Rahmen einer sozialen Dienstleis-tung (Lutz u.a. JAmt 2008, 347). Die formelle Pflicht zur Mitwirkung spielt bei der sozialpädagogi-schen Aufgabe der Aktivierung von Problemakzeptanz, Problemkongruenz und Hilfeakzeptanz daher eher eine untergeordnete Rolle (Wiesner/Wiesner § 36 Rn 4).

Haben Leistungsberechtigte nicht die Möglichkeit bzw Fähigkeit, ihren Mitwirkungspflichten nach- 16 zukommen, ist zunächst Aufgabe des öffentlichen Jugendhilfeträgers, ihnen **beratende oder unterstüt-zende Hilfestellungen** anzubieten. Ausgeschlossen ist jedoch ein Einfordern von Leistungen unter (vollständiger) Weigerung, sich auf den Hilfeplanungsprozess einzulassen (VGH BY 20.7.2004 – 12 CE 04.1285 – JAmt 2005, 362 = FEVS 56, 276). Gefährdet die dauerhafte und nachhaltige Ablehnung bzw mangelhafte Mitwirkung das Wohl des Kindes oder Jugendlichen, hat das JA zur Sicherung des Kindeswohls das FamG anzurufen (§ 8 a Abs. 3 Satz 1).

4. Prüfung einer Adoption – Abs. 1 Satz 2

Gesetzessystematisch etwas überraschend platziert enthält Abs. 1 Satz 2 die Aufforderung, vor und 17 während einer langfristigen Fremdunterbringung die Möglichkeit einer Adoption zu prüfen. Unter „langfristig" wird in diesem Zusammenhang ein mehrjähriger Zeitraum zu verstehen sein. Die Prüfung der **Möglichkeit einer Annahme als Kind** nach §§ 1741 ff BGB soll nach der gesetzlichen Vorgabe während des gesamten Hilfeprozesses mitschwingen (Salgo ZfJ 2004, 410, 411; kritisch hierzu Jans u.a./Werner § 36 Rn 17 f).

18   Wird im JA über die Option einer Annahme als Kind nachgedacht, sind Eltern – unabhängig von sorgerechtlichen Befugnissen – und Kind bzw Jugendlicher notwendigerweise einzubeziehen. Willigen Eltern nach eingehender Beratung nicht in die Adoption ein, kommt nur dann eine **Ersetzung der Einwilligung** in Betracht, wenn eine anhaltende gröbliche oder besonders schwere Pflichtverletzung oder eine Gleichgültigkeit seitens der Eltern bzw des nicht einwilligenden Elternteils vorliegt (§ 1748 Abs. 1 BGB; § 51 Rn 5 ff). Nehmen Eltern Hilfen zur Erziehung an, demonstrieren sie grundsätzlich erst einmal Interesse am Wohlergehen ihres Kindes (Jans u.a./Werner § 36 Rn 17 a). Ausbleibende Wahrnehmung von Umgangskontakten kann nicht per se als Gleichgültigkeit gewertet werden, insbesondere dann nicht, wenn sie nach fachlicher Beratung ausdrücklich im Interesse des Kindes erfolgt oder wenn (Mit-)Ursache eine mangelhafte Unterstützung der Eltern durch das JA (§ 37 Rn 16) bei der Verarbeitung der Fremdunterbringung sowie Kontaktgestaltung ist (§ 51 Rn 7 ff; Palandt/Diederichsen § 1748 BGB Rn 4 ff; BayObLG 12.10.2004 – 1Z BR 71/04 – FamRZ 2005, 541; 10.9.2003 – 1Z BR 36/03 – FamRZ 2004, 397).

5. Wunsch- und Wahlrecht – Abs. 1 Sätze 3 bis 5

19   Abs. 1 enthält in seinen Sätzen 3 und 5 Konkretisierungen zum **Wunsch- und Wahlrecht nach § 5.** Satz 4 wiederholt den ohnehin Geltung beanspruchenden § 5 Abs. 2 Satz 1 (hierzu § 5 Rn 14 ff). Nach **Abs. 1 Satz 3** sind Personensorgeberechtigte, Kinder und Jugendliche bei Fremdunterbringungen an der Wahl des neuen Lebensorts zu beteiligen. Ihnen sind daher vom JA idR mehrere **alternative Angebote für die Fremdunterbringung** zu machen. Anders als bei der „Soll-Vorschrift" des § 5 handelt es sich hier um eine „Muss-Vorschrift". Die potenziellen verschiedenen Pflegepersonen oder Einrichtungen sind vor der Fremdplatzierung vor- und zur Wahl zu stellen. Das Wunsch- und Wahlrecht findet seine Grenze in der Geeignetheit der Einrichtung oder Pflegeperson (VGH HE 6.11.2007 – 10 TG 1954/07 – JAmt 2008, 327).

20   Nicht unmittelbar aus dem Wunsch- und Wahlrecht (§ 5), aber aus der Freiwilligkeit der Inanspruchnahme von Leistungen nach SGB VIII abzuleiten ist die **Mitgestaltungsmöglichkeit der Leistungsberechtigten hinsichtlich der Art der Hilfe.** Fachkräfte im JA können sich oft viele Hilfen vorstellen, die noch geeigneter wären oder die eine Familie noch in Anspruch nehmen könnte. Zu gewähren haben sie aber diejenigen der geeigneten Leistungen, auf die sich Personensorgeberechtigte sowie junge Menschen einlassen wollen (VG Hannover 4.3.2008 – 3 A 6111/07 – NJW 2008, 3371). Deshalb kann bspw einer Wahl der Hilfeart Einrichtung anstelle einer vom JA präferierten Unterbringung in einer Pflegefamilie der Mehrkostenvorbehalt nicht entgegengehalten werden. Die Einbeziehung der Personensorgeberechtigten sowie des Kindes oder Jugendlichen kann so u.a. die Chancen erhöhen, Beziehungen zum Herkunftsmilieu auch über die räumliche Trennung hinaus aufrechtzuerhalten, Kontinuitäten und Verantwortlichkeiten der Personensorgeberechtigten (vgl §§ 1626 ff BGB) zu sichern und diese am weiteren Entwicklungsprozess ihres Kindes zu beteiligen. Risiken können so vermindert werden, dass eine Rückkehr der Kinder oder Jugendlichen als erneuter Bruch erlebt wird.

21   Abs. 1 Satz 5 enthält eine **Einschränkung des Wunsch- und Wahlrechts.** Einrichtungen, mit denen keine Leistungs-, Entgelt- und Qualitätsvereinbarung nach §§ 78 a ff abgeschlossen wurde, können nur unter engen Voraussetzungen von den Leistungsberechtigten gewählt werden. Die Vorschrift nimmt ausdrücklich Bezug auf die (Qualitäts-)Anforderungen an den Leistungserbringer in § 78 b. Die Wahl von Einrichtungen, mit denen keine solche Vereinbarung besteht, müssen vom JA nur ausnahmsweise akzeptiert werden, wenn die Gewährung der Hilfe ausgerechnet in dieser Einrichtung „geboten" erscheint. Die geeignete Leistung muss entsprechend dem individuellen Hilfebedarf gerade in der bestimmten von den Leistungsberechtigten gewünschten Einrichtung und nur dort in der notwendigen Art sowie im erforderlichen Umfang zu erbringen sein. Dies erscheint nur in Ausnahmefällen mit atypischen Hilfebedarfen denkbar (VGH BY 20.7.2004 – 12 CE 04.1285 – JAmt 2005, 362 = FEVS 56, 276: Internatsunterbringung in Schottland).

III. Beteiligung – Abs. 2 Sätze 2 bis 4, Abs. 3 und 4

1. Personensorgeberechtigte, Kinder und Jugendliche – Abs. 2 Satz 2

22   Zur Ausgestaltung der Hilfe soll zusammen mit Personensorgeberechtigten und Kind bzw Jugendlichen ein Hilfeplan erarbeitet werden. Sie haben nach Abs. 2 Satz 2 einen subjektiv-rechtlichen **Anspruch auf weitere qualifizierte Beteiligung** an der Entscheidungsfindung im Hilfeplanungsprozess (Wabnitz 2005, 210 f); dem korreliert eine Pflicht zur Beteiligung durch das JA. Die Partizipation ist Struktur-

merkmal nicht nur bei der Leistungserbringung, sondern auch bei der Entscheidung über die Gewährung persönlicher Hilfe mit pädagogischen (und therapeutischen) Mitteln (Wiesner/Wiesner § 36 Rn 8). (Sozial-)Pädagogische Hilfe erfordert Mitwirkung der Familie nicht nur bei der Feststellung der Tatbestandsvoraussetzungen einer Leistung, sondern Mitgestaltung und Mitarbeit bei der Erarbeitung von Verhaltensänderungen bzw Kompetenzen zur Problembewältigung. Insbesondere vor und während einer Fremdunterbringung, aber nicht nur dann, ist ein **eigenständiger Einbezug des Kindes oder Jugendlichen** gefordert, der eine Hilfebeziehung im persönlichen Kontakt mit der zuständigen Fachkraft vermittelt, die als eigene neben der Hilfebeziehung zu Eltern, ggf anderen Familienangehörigen und Pflege-/Erziehungspersonen Raum und Beachtung findet (BGH 21.10.2004 – III ZR 254/03 – JAmt 2005, 35; Meysen NJW 2003, 3369, 3372; ders. 2004, 157, 169 f).

Hilfeplanung ist ein **partizipatorischer Gestaltungsprozess** zwischen Leistungsberechtigten und sonstigen Leistungsempfängern sowie den Fachkräften im JA (VGH HE 8.9.2005 – 10 E 1647/04 – JAmt 2006, 37, 39; OVG SH 4.7.2006 – 2 O 20/06 – NJW 2007, 243 = JAmt 2007, 100). Die Partizipation vollzieht sich, indem Personensorgeberechtigte und junge Menschen ihr Erleben und Wissen um die bisherige Erziehung und Entwicklung sowie ihre Kompetenzen und Bereitschaft zur Veränderung und die Fachkräfte ihr Fachwissen, ihre fachliche Erfahrung sowie aktivierenden fachlichen Methoden einbringen. Sie hat das Ziel einer gemeinsamen Entscheidungsfindung (Jans u.a./Werner § 36 Rn 18). Die Beteiligung nach Abs. 2 Satz 2 ist somit vom Grundgedanken einer subjektorientierten Jugendhilfe getragen (Busch ZfJ 1995, 203, 205), bei welcher auch **Diagnostik als interaktives Geschehen** zu verstehen ist (Pies/Schrapper UJ 2006, 361, 364 f; Jager Forum Erziehungshilfen 2004, 269). Damit nicht vereinbar ist eine jeder Gewährung von Leistungen nach §§ 27 ff, 35 a, 41 vorgeschaltete umfassende und standardisierte Anamnese bzw Diagnostik; eine solche unterläge auch verfassungs- und datenschutzrechtlichen Bedenken (DIJuF JAmt 2003, 404) und hat sich vielmehr am konkreten Hilfekontext auszurichten. Nach § 62 Abs. 1 ist weder ein (vollständiges) „Entblättern" als Vorbedingung einer Hilfegewährung noch eine **Erhebung von Sozialdaten** erfasst, die nicht zur Erfüllung der jeweiligen Aufgabe (hier der Hilfeplanung) erforderlich sind (Merchel 2006, 70 ff).

23

Auch wenn es sich bei der Entscheidungsfindung des JA unter aktiver Mitwirkung und Einbeziehung der Beteiligten im Familiensystem um **keinen Aushandlungsprozess** handelt, ist Ziel eine gemeinsame Sichtweise zur Geeignetheit und Notwendigkeit konkreter Hilfen, um gemeinsame Zielsetzungen für die für notwendig erachtete Hilfe absprechen zu können (DV NDV 2006, 343, 344; Jans u.a./Werner § 36 Rn 22 f). Lehnen die Beteiligten eine Hilfeart ab, ist diese aus subjektiven Gründen nicht geeignet (VG Hannover 4.3.2008 – 3 A 6111/07 – NJW 2008, 3371). Das (sozial)pädagogisch-kooperative Verfahren nach § 36 kann daher konsequenterweise keinen Anspruch auf objektive Richtigkeit erheben, sondern berücksichtigt sowohl die **subjektive Wirklichkeit** der Personensorgeberechtigten sowie Kinder bzw Jugendlichen als auch die wegen **begrenzter Planbarkeit** kindlicher Entwicklung notwendigerweise erratischen fachlichen Prognosen der Fachkräfte im JA (aus sozialpädagogisch-fachlicher Sicht Krause/Wolff 2005, 44; Pies/Schrapper UJ 2006, 361, 363 ff; aus juristischer Sicht zB VGH BY 17.6.2004 – 12 E 04.578 – JAmt 2004, 545, 546).

24

Eine differenzierende Partizipation der Personensorgeberechtigten, Kinder und Jugendlichen (Merchel ZKJ 2006, 353, 355) nach Abs. 2 Satz 2 darf nicht allein von deren Eigeninitiative abhängen. Die **Herstellung von Beteiligungsfähigkeit** und damit die Unterstützung bei der Realisierung des Anspruchs ist eine fachliche Aufgabe für die sozialpädagogischen Fachkräfte im JA (Wiesner/Wiesner § 36 Rn 11 ff). Den erzieherischen Bedarf der Kinder und Jugendlichen beurteilen zu können, setzt Kenntnis von den jeweiligen Bedürfnissen, Ressourcen, Vorstellungen und Wünschen aller Beteiligten voraus. Die Einbeziehung ist folglich unerlässlich (OLG Stuttgart 23.7.2003 – 4 U 42/03 – JAmt 2003, 592 = NJW 2003, 3419). Scheitert der Aufbau einer Hilfebeziehung, so hängt es unterhalb der Schwelle einer Kindeswohlgefährdung in letzter Konsequenz von der Bereitschaft und dem Willen ab, ob die Ansprüche, in die Entscheidungsfindungsprozesse involviert zu werden, von den Beteiligten aus der Familie tatsächlich eingelöst werden (Meysen 2004, 157, 169; vgl auch § 27 Rn 29 f).

25

Die Beteiligung der Personensorgeberechtigten oder jungen Menschen als Leistungsberechtigte (§ 12 Abs. 1 Nr. 1 SGB X) oder als Vertretungsberechtigte bzw als unmittelbar von den Wirkungen der Leistungsgewährung Betroffene (§ 12 Abs. 2 Satz 2 Halbs. 1 SGB X) hat verschiedene **Verfahrensrechte und -pflichten nach SGB X** zur Folge. So besteht ein Anspruch auf Einsicht in die Verfahrensakten (§ 25 SGB X) und eine Pflicht zur Anhörung vor belastenden Entscheidungen (§ 24 SGB X). Verfahrensbeteiligte haben, neben den erwähnten Rechten, allerdings auch die Pflicht zur Mitwirkung (Rn 15 f).

26

Meysen 343

27   Die Beteiligten haben (nicht nur) während des Verwaltungsverfahrens über die Gewährung, Änderung oder Fortsetzung einer Leistung nach §§ 27 ff, 35 a, 41 das Recht, sich im Verfahren durch Bevollmächtigte (Rechtsanwälte) und Beistände vertreten zu lassen (§ 13 SGB X; Anhang Verfahren Rn 39). **Bevollmächtigte und Beistände** können hilfreich sein, um die Leistungsberechtigten sowohl mit Blick auf inhaltliche Aspekte wie auch auf die Gesprächs- und Verhandlungssituation selbst zu stärken. Rechtsanwälte können nicht, Beistände nur höchst ausnahmsweise von der Teilnahme am Gespräch mit den Beteiligten ausgeschlossen werden. Bei der Gestaltung der Gesprächssituation hat das JA aber die sozialpädagogisch-fachliche Steuerungshoheit. Sollen im Hilfeplangespräch sensible Fragen aus den Beziehungen im (erweiterten) Familiensystem thematisiert werden oder ist durch den Rechtsanwalt oder Beistand der Eltern in Anwesenheit des Kindes oder Jugendlichen aufgrund konkreter Vorerfahrung eine Konfliktverschärfung zu erwarten, kann Beteiligung von Eltern(teilen) und Kindern bzw Jugendlichen in getrennten Terminen erfolgen (DIJuF JAmt 2008, 309).

28   Ist für das Kind oder den Jugendlichen ein **Vormund oder Ergänzungspfleger** mit Aufgabenkreis der Beantragung der betreffenden Leistungen bestellt, so richtet sich das Beteiligungsrecht an diesen (Wolf DAVorm 2000, 283, 291). Lebt das Kind oder der Jugendliche nicht mit seinem (professionellen) Vormund/Ergänzungspfleger zusammen, verliert die Partizipation mangels Selbstbetroffenheit im (sozial)pädagogischen Prozess der Leistungserbringung ihren Charakter der Koproduktion hin zu einem fachlichen Austausch über die für geeignet und notwendig erachtete Hilfe. Bei der Hilfeplanung für eine minderjährige Mutter ist der **gesetzliche Amtsvormund** für deren Kind nicht beteiligter Personensorgeberechtigter nach Abs. 2 Satz 2, kann aber hinzugezogen werden, wenn dies der Hilfeplanung dient (DIJuF JAmt 2004, 489).

2. Beteiligung nicht sorgeberechtigter Eltern

29   Die Beteiligung **nicht sorgeberechtigter Eltern**, denen insbesondere das Recht zur Beantragung von Hilfe zur Erziehung oder die Vertretung ihres Kindes bei der Beantragung von Eingliederungshilfe nach § 35 a nicht mehr zusteht, ist in § 36 Abs. 1 und 2 nicht ausdrücklich vorgesehen. Ergänzend zu der Pflicht, auf die Zusammenarbeit zwischen Eltern und Pflege-/Erziehungspersonen bei Fremdunterbringung hinzuwirken (§ 37 Abs. 1 Satz 1; hierzu § 37 Rn 3 ff), erscheint die Beteiligung nach einem **Sorgerechtsentzug** insbesondere dann geboten, wenn dies der Aufrechterhaltung der Eltern-Kind-Beziehung oder Vergewisserung dient, dass für das Kind oder den Jugendlichen gut gesorgt wird, oder wenn eine Rückkehr des Kindes zur Herkunftsfamilie bzw eine Rückübertragung der elterlichen Sorge möglich erscheint. Bei Alleinsorge eines Elternteils sind die **nicht sorgeberechtigten Elternteile** insbesondere dann in die Hilfeplanung einzubeziehen, wenn eine Prüfung sinnvoll erscheint, ob deren Ressourcen im Interesse des Kindes oder Jugendlichen genutzt werden können. Aufgrund der Mitteilungspflichten vor einer Erhebung von Kostenbeiträgen ist bei stationärer Unterbringung eine Kontaktaufnahme ohnehin möglichst vor Hilfebeginn angezeigt (§ 92 Abs. 3; § 92 Rn 18 ff).

30   Da auch nicht sorgeberechtigte Eltern von der Hilfegewährung für ihr Kind stets mitbetroffen sind, ist ihnen in aller Regel zumindest der schriftliche Hilfeplan zuzuschicken (DIJuF JAmt 2003, 239). Die Entscheidung über die **Information** obliegt allein dem JA als Verantwortlichen für die Steuerung des Hilfeprozesses und ist unabhängig von der Pflicht der Pflege-/Erziehungspersonen zur Auskunft über die persönlichen Verhältnisse des Kindes oder Jugendlichen (§ 1686 BGB).

3. Leistungserbringer – Abs. 2 Satz 3

31   Bei der Durchführung der Hilfen nach §§ 27 ff, 35 a, 41 werden regelmäßig **Einrichtungen und Dienste sowie Einzelpersonen** tätig. Zur Qualifizierung der Hilfeplanung sind diese ebenfalls an der Hilfeplanung zu beteiligen (Abs. 2 Satz 3). Dies betrifft Erziehungsberater (§ 28), Leiter sozialer Gruppenarbeit (§ 29), Erziehungsbeistände oder Betreuungshelfer (§ 30), Familienhelfer (§ 31), Fachkräfte in einer Tagesgruppe (§ 32), die Pflege- oder Erziehungspersonen bei einer Fremdunterbringung (§§ 33 bis 35) sowie die Leistungserbringer bei Hilfen nach §§ 35 a, 41.

32   Insbesondere bei Fremdunterbringung sind die in Aussicht genommenen Pflege- oder Erziehungspersonen möglichst vor der Entscheidung über die konkrete Leistungsgewährung zu beteiligen. Bei der Fortschreibung der Hilfeplanung können deren Kenntnisse und Erfahrungen als maßgebliche Bezugspersonen über die Entwicklung des betreuten Kindes oder Jugendlichen wesentlich zur Qualifizierung der Hilfe beitragen (GK/Nothacker § 36 Rn 51; Jans u.a./Werner § 36 Rn 49). Die Beteiligung von Pflegepersonen (sowie die der Kinder oder Jugendlichen) kann erleichtert werden, wenn die Hilfeplangespräche im häuslichen Umfeld der Pflegepersonen stattfinden (§ 37 Abs. 3 Satz 1).

Den an der Leistungserbringung beteiligten Personen, Einrichtungen und Diensten, auch Pflegeperso- **33** nen, räumt Abs. 2 Satz 3 **keinen Anspruch auf Beteiligung** ein. Die Beteiligung hat nur jugendamtsinterne, verfahrensdienende Funktion und findet rechtlich gesehen nur im Interesse der Leistungsberechtigten sowie der jungen Menschen statt (Wabnitz 2005, 210 f; Kunkel/Kunkel § 36 Rn 43). Die Entscheidung über die Teilnahme von **Rechtsanwälten oder Beiständen von Pflegepersonen** an Hilfeplangesprächen obliegt daher allein dem JA im Rahmen seiner Steuerung der Hilfeplanung (DIJuF JAmt 2006, 23; 2005, 454 f). Ggf ist nach geeigneten anderen Foren für die Einbeziehung der Rechtsanwälte bzw Beistände der Pflegepersonen zu suchen. Auch **Verfahrenspfleger** haben keinen Anspruch auf Beteiligung nach Abs. 2 Satz 3 (VG Gelsenkirchen 22.2.2002 – 19 K 2071/00 – JAmt 2002, 524).

4. Berufliche Eingliederung – Abs. 2 Satz 4

Bei der Gewährung von Hilfen für junge Menschen, die sich im Übergang von der Schule in die Aus- **34** bildung oder das Berufsleben befinden, ergibt sich häufig neben der Zuständigkeit des JA eine solche der **Bundesagentur für Arbeit** aus dem SGB III oder SGB II. Im Interesse des jungen Menschen sind die Hilfen zu koordinieren und Zuständigkeitsstreitigkeiten zu vermeiden (hierzu § 10 Rn 35 ff, 7 ff). Der Pflicht zur Beteiligung der zuständigen Stellen bei der Bundesagentur für Arbeit nach Abs. 2 Satz 4 korreliert bei Leistungen nach dem SGB II die Pflicht der Arbeitsagenturen, im Einvernehmen mit dem kommunalen Träger mit jedem erwerbsfähigen Hilfebedürftigen eine **Eingliederungsvereinbarung** über die erforderlichen Leistungen zu schließen (§ 15 Abs. 1 Satz 1 SGB II; hierzu § 10 Rn 40). Die Zusammenarbeit von JA und Arbeitsagenturen bei der Hilfeplanung dient der Effektivität der Hilfen und der Wirtschaftlichkeit (DV NDV 2006, 341, 347 f; 2005, 397, 400 ff). Die Beteiligung der **Schulen** hat bislang keinen Eingang in § 36 gefunden (hierzu DV NDV 2006, 343, 346).

5. Eingliederungshilfe nach § 35 a – Abs. 3

Bei der Gewährung von Eingliederungshilfe nach § 35 a ist die Expertise von in der Diagnose psychi- **35** scher Störungen **spezialisierten oder erfahrenen Ärzten oder Psychotherapeuten** einzubeziehen (§ 35 a Abs. 1 a). Die Pflicht zur Beteiligung in Abs. 3 (Soll-Vorschrift) bezieht sich ganz konkret auf die Ärzte und Psychotherapeuten, von denen das JA verpflichtend eine Stellungnahme zur Abweichung von der seelischen Gesundheit einzuholen hat. Diese mit dem KICK (Einl. Rn 47) aufgenommene Konkretisierung ist Bestandteil einer Strukturierung sowie Festschreibung der Zusammenarbeit von Fachkräften im JA mit Ärzten und Psychotherapeuten bei der Gewährung von Hilfen nach § 35 a (hierzu § 35 a Rn 45 ff; Fegert u.a. JAmt 2008, 177; DV NDV 2006, 341, 346 f).

Die **Pflicht zur Beteiligung** trifft das JA. Es soll den betreffenden Ärzten oder Psychotherapeuten die **36** Möglichkeit einräumen, sich an der Hilfeplanung zu beteiligen. Ob sie davon Gebrauch machen, steht ihnen grundsätzlich frei. Ein finanzieller Ausgleich für die Beteiligung ist weder seitens des JA noch idR seitens der Krankenversicherungen vorgesehen. Nicht zuletzt deshalb lassen sich Ärzte und Psychotherapeuten nicht immer zur Teilnahme an Hilfeplangesprächen motivieren. Es gilt – möglicherweise unter vorherigem Eingehen von Konflikten –, im vertrauensvollen Miteinander Möglichkeiten und Bedingungen zu erarbeiten, unter denen die Beteiligung und damit der **Einbezug der speziellen Expertise** realisiert werden kann (Fegert u.a. JAmt 2008, 177). So können Hilfeplangespräche etwa in Arztpraxis, Krankenhaus oder sozialpädiatrischem Zentrum stattfinden oder die Stellungnahme kann zwischen der zuständigen Fachkraft und dem Arzt oder Psychotherapeut zumindest telefonisch oder persönlich vorbesprochen werden, um die Inhalte in das Hilfeplangespräch einzubringen (DIJuF JAmt 2005, 452, 453). Gelingt es trotz intensiver Bemühungen nicht, die Ärzte oder Psychotherapeuten für die Beteiligung zu gewinnen, genügt das JA seiner Beteiligungspflicht, wenn es angemessene Gelegenheit zur Beteiligung gibt (DIJuF JAmt 2005, 452, 453).

Die Beteiligung an der Hilfeplanung bedeutet nicht, dass der Arzt oder Psychotherapeut Vorgaben **37** machen könnte, ob bzw welche Leistungen vom JA zu gewähren sind. Erforderlichkeit einer Hilfe sowie Auswahl der geeigneten Hilfeform und des Leistungserbringers unterliegen – unter Beachtung des Wunsch- und Wahlrechts – allein der **Entscheidung des JA**. Es ist dessen Aufgabe und Pflicht, aufgrund eigener Überzeugung im Einzelfall den ärztlichen Einschätzungen zu folgen oder bei Einwänden mit differenzierter Begründung davon abzuweichen (DIJuF JAmt 2005, 515, 516). Zur Vermeidung von Fehlvorstellungen oder falscher Erwartungen bei den Familien sollten **ärztliche oder psychotherapeutische Anregungen** zur Auswahl einer konkreten Hilfe(form) sinnvollerweise zunächst bilateral gegenüber dem JA erfolgen.

IV. Zusammenwirken mehrerer Fachkräfte – Abs. 2 Satz 1

38   Das differenzierte Angebot ambulanter und teilstationärer Hilfen erfordert **qualifizierte Entscheidungen** über die geeignete und erforderliche Hilfe, dh „Feststellungen über den Bedarf, die zu gewährende Art der Hilfe sowie die notwendigen Leistungen" (Abs. 2 Satz 2). Angesichts der Differenziertheit der Programme und Möglichkeiten sowie der Grenzen des Fachwissens Einzelner fordert Abs. 2 Satz 1 zur Qualifizierung der Entscheidungen über die Hilfegewährung sowie der Planung und Überprüfung von Hilfeprozessen neben der Beteiligung das **Zusammenwirken mehrerer Fachkräfte** (hierzu Schmid 2004, 48 ff mit Hinweisen zu Empfehlungen der LJÄ, 145 ff; Merchel 2006, 83 ff).

39   Das Zusammenwirken iSd Abs. 2 Satz 1 ist verpflichtend, wenn die Hilfe **voraussichtlich für längere Zeit** zu leisten ist. Das Gesetz verzichtet auf eine exakte Zeitvorgabe. Im Hinblick auf die unterschiedliche Intensität der Hilfen (zB Tagesgruppe, Erziehungsberatung im Zweiwochenrhythmus oder SPFH, stationären Leistungen) oder unterschiedliche Qualität des Hilfebedarfs (zB geplante, kurzfristige Abwesenheit eines Elternteils oder massive familiäre Krise) und angesichts der unterschiedlichen Zeitrelevanz aufgrund des Lebensalters verbieten sich starre Grenzziehungen. Vielmehr ist der Zeitraum hilfe- und bedarfsspezifisch zu bestimmen (Wiesner/Wiesner § 36 Rn 45 f). Fremdunterbringungen oder auch eine SPFH sind idR immer mit besonderen Belastungen für Kind, Jugendlichen oder Personensorgeberechtigte verbunden und daher regelmäßig über Beratung im Fachteam zu qualifizieren. Bei weniger intensiven Hilfen wird spätestens bei einer erwartbaren Dauer der Leistungsgewährung von mindestens sechs Monaten das Verfahren der Hilfeplanung zum Einsatz kommen müssen (Schmid 2004, 44 ff mwN).

40   Abs. 2 Satz 1 fordert das Zusammenwirken mehrerer **Fachkräfte**, also mindestens zwei (aA Trenczek 2008, 175 Fn 372: mindestens drei). Fachkräfte iSd § 72 Abs. 1 müssen sich für die Aufgabe hinsichtlich ihrer Persönlichkeit eignen und eine der Aufgabe entsprechende Ausbildung erfahren haben (§ 72 Rn 3 ff). Hierzu zählen entsprechend qualifizierte Fachkräfte des ASD. Je nach Arbeitsorganisation und Verteilung der Fachkompetenzen können dies auch Fachkräfte aus besonderen sozialen Diensten im JA (zB Pflegekinderdienst, Fachdienst für Heimkinder, Fachberatung) oder aus kommunalen Einrichtungen und Diensten (zB Beratungsstelle) sein. Wenn es die Aufgabenstellung erfordert, sollen „Fachkräfte verschiedener Fachrichtungen" (§ 72 Abs. 1 Satz 3) zusammenwirken.

41   Bei der Entscheidungsfindung kann auch die Expertise der **Fachkräfte aus dem Sachgebiet der Wirtschaftlichen Jugendhilfe** gefragt sein: Herstellung von Transparenz über die Höhe der erwartbaren Kostenbeiträge, Prüfung der Zuständigkeit, Kalkulation der Maßnahmekosten, Aussagen zu Mehrkostenvorbehalt oder Vereinbarungen nach § 78 b bei Ausübung des Wunsch- und Wahlrechts (Abs. 1 Sätze 4 u. 5). Sind diese Fragen nicht im Vorfeld des Hilfeplangesprächs oder durch allgemeine Vorgaben zu klären, kann eine Teilnahme zulässig und sinnvoll sein, wenn damit die im Wesen (sozial)pädagogische Entscheidungsfindung keinen sachfremden Erwägungen ausgesetzt ist (Meysen JAmt 2002, 55, 56 f; Schmid 2004, 50 f mwN auch zur Gegenauffassung). Im Einzelfall können **Personen außerhalb des JA** zur Fachteamberatung hinzugezogen werden; diese weitet sich dann zu einer Helferkonferenz aus (Erzieher im Kindergarten, Lehrer, Fachkräfte bei Leistungserbringern, Ärzte, Polizei, Richter etc).

42   Soll die Hilfeentscheidung fachlich auf solider Basis stehen, gehört die Teamkonferenz zum Standard jeder Hilfeplanung. In begrifflicher Abgrenzung zum Hilfeplangespräch mit den Beteiligten (Rn 46 ff) handelt es sich hier um eine **Beratung im Fachteam**. Forschung konnte nachweisen, dass es einen deutlichen Zusammenhang gibt zwischen teamartigen Arbeitsformen und differenzierterer Reaktionspalette auf Erziehungsschwierigkeiten bei einer gleichzeitig geringeren Fremdunterbringungsquote in Relation zu vergleichbaren JÄ ohne teamartige Arbeitsform (Schrapper u.a. 1987). Auch Berichte und Empfehlungen der KGSt haben mehrfach auf die Vorteile von Fachteams in der Kinder- und Jugendhilfe hingewiesen (vgl KGSt 3/1995). In den JÄ ist die Fachteamberatung durch organisatorische Vorkehrungen als **institutionalisierte Arbeitsform** sicherzustellen. Zur Steigerung des effektiven Ressourceneinsatzes empfiehlt sich ein strukturiertes Verfahren.

43   Wenn Abs. 2 Satz 1 vorschreibt, dass die „Entscheidung" im Zusammenwirken mehrerer Fachkräfte getroffen wird, ist damit keine verbindliche Aussage getroffen, wem im JA letztlich die **Entscheidungskompetenz** zu übertragen ist. In der Praxis finden sich unterschiedliche Formen, zB Beratung der fallzuständigen Fachkraft, die selbst die Entscheidung trifft, oder verbindlicher (einstimmiger oder mehrheitlicher) Teambeschluss. Die Entscheidung durch die **fallzuständige Fachkraft** berücksichtigt die besondere Vorkenntnis aus der persönlichen Hilfebeziehung zu Eltern und jungen Menschen und schafft entsprechende Verantwortlichkeit. Soll die Entscheidung durch die **Gruppe** getroffen werden, bedarf es einer überschaubaren personellen Zusammensetzung, der Gewährleistung von Kontinuität im zeitlichen Ablauf sowie einer Regelung zum Umgang mit verbleibenden Meinungsverschiedenheiten. Besteht auch nach eingehenden Beratungen im Team Dissens, ist – zumindest bei Gruppenentscheidungen – unter Beteiligung von Leitungsverantwortlichen eine Lösung zu suchen. Sind jugendamtsexterne Fachleute hinzugezogen, wirken diese im Fachteam lediglich mit beratender Stimme mit.

Die gesetzliche Anordnung der Entscheidungsfindung im Fachteam schränkt die **Weisungsbefugnis der** **44** **Leitung** ein. Das Fachkräftegebot (§ 72 Abs. 1) fordert, dass die Entscheidung von einer Fachkraft mit sozialwissenschaftlicher Ausbildung gefällt wird (§ 72 Rn 13). Zudem geht Abs. 2 Satz 1 davon aus, dass die Entscheidung auf der Grundlage eines kooperativen und koproduzierenden Entscheidungsfindungsprozesses ergeht. Dies schließt eine Entscheidung von einer nicht an der Hilfeplanung beteiligten Person allein nach Aktenlage aus. Weisungen der Leitung sind daher regelmäßig auf **Rechtsaufsicht** beschränkt, also auf eine Prüfung, ob die Entscheidung rechtmäßig ist. Entscheidungen zu Gesichtspunkten der Zweckmäßigkeit, die sich aus der sozialpädagogischen Fachlichkeit ergeben, dürfen von Leitung nicht geändert werden (zur „anspruchskonkretisierenden Wirkung des Hilfeplans" Rn 53, § 27 Rn 39 ff). Eine Vorlagepflicht an Leitung vor Gewährung einer Hilfe nach §§ 27 ff, 35 a, 41 kann daneben aus rechtlicher Sicht „nur" die Funktion einer dienstlichen Aufsicht zur Qualifizierung der Arbeit der Fachkräfte einnehmen. Verlagerungen der „Letztentscheidungskompetenz" in das Sachgebiet der Wirtschaftlichen Jugendhilfe sind rechtswidrig; die dortigen Fachkräfte haben beratende Aufgaben (Rn 41).

In Fachteamberatungen werden personenbezogene Daten offenbart. Eine **datenschutzrechtliche Über-** **45** **mittlungsbefugnis** ergibt sich bei einer Einwilligung oder aus § 64 Abs. 2 bzw im Kontext von Gefährdungseinschätzungen aus § 65 Abs. 1 Satz 1 Nr. 3. Bei einem Einbezug externer Fachkräfte ist zu prüfen, ob die Aufgabenerfüllung zulässt, die Fallbesprechung anonymisiert oder pseudonymisiert durchzuführen (§ 64 Abs. 2 a; § 64 Rn 13). Die Fachteamberatungen grundsätzlich anonymisiert abzuhalten (Wiesner/Wiesner § 36 Rn 55) ist sinnvoll, aber gesetzlich nicht gefordert. Zu edv-gestützter Dokumentation DV NDV 2006, 341, 353 f.

V. Hilfeplan – Abs. 2 Satz 2

1. Vorbereitung im Hilfeplangespräch

Wenn eine Hilfe **voraussichtlich für längere Zeit** zu leisten ist, sollen die Fachkräfte im JA zusammen **46** mit Personensorgeberechtigten, Kind bzw Jugendlichen für die „Ausgestaltung der Hilfe" einen Hilfeplan aufstellen. § 36 enthält hierfür keine exakte Zeitvorgabe. Die Notwendigkeit, einen Hilfeplan aufzustellen, ist anhand der konkreten Umstände im Einzelfall, insbesondere der unterschiedlichen Intensität der Hilfen sowie differierenden Qualität des Hilfebedarfs, zu bestimmen (Rn 39). Spätestens bei einem Leistungszeitraum von voraussichtlich mehr als sechs Monaten ist eine qualifizierte Hilfeplanung nach Abs. 2 und 3 gefordert. Zur Vorbereitung des Hilfeplans dient das **Hilfeplangespräch**, das zu unterscheiden ist von der Fachteamberatung der Fachkräfte nach Abs. 2 Satz 1 (hierzu Rn 38 ff). Am Hilfeplangespräch sollen nach Möglichkeit neben Eltern, Kind bzw Jugendlichen die an der Durchführung der Hilfe beteiligten Personen, Einrichtungen und Dienste (Abs. 2 Satz 3; Rn 31 ff), ggf die involvierten Bundesagentur für Arbeit (Abs. 2 Satz 4; Rn 34) oder Ärzte bzw Psychotherapeuten (Abs. 3; Rn 35 ff) oder weitere am Hilfeprozess beteiligte Personen teilnehmen.

Kommunikation und äußerlicher Rahmen sollte partizipationsförderlich und so wenig wie möglich **47** formalisiert sein (Merchel ZKJ 2006, 353, 355; DV NDV 2006, 341, 345). Wenn ein Kind bzw Jugendlicher entgegen der üblichen Lebensweltorientierung vom bisherigen gewöhnlichen Aufenthalt weiter entfernt untergebracht ist, stellt sich die Frage nach dem **Ort für die Durchführung der Hilfeplangespräche**. § 36 macht insoweit keine Vorgaben und lässt Raum für eine pragmatische Orientierung am Einzelfall. Kriterien können sein, wie die Beteiligung für das Kind oder den Jugendlichen erleichtert werden kann, etwa indem die Gespräche in der Einrichtung oder Pflegefamilie stattfinden (auch § 37 Rn 26), oder wie weniger Personen ggf weite Anreisen in Kauf nehmen müssen. Können die Beteiligten die **Reisekosten** zu Hilfeplangesprächen nicht selbst tragen, sind sie vom JA zu übernehmen.

Bei Unterbringung in einer weiter entfernten Einrichtung oder Pflegefamilie kann das Hilfeplange- **48** spräch zur Fortschreibung des Hilfeplans in **Amtshilfe** (§ 3 SGB X; Anhang Verfahren Rn 22) durchgeführt werden. Sind keine wesentlichen Änderungen bei der Hilfegewährung zu erwarten, kann sich das ersuchte JA der Amtshilfe nur entziehen, wenn unter Anlegung eines strengen Maßstabs aufgrund der Durchführung nach § 4 Abs. 3 SGB X die Erledigung der eigenen Aufgaben ernsthaft gefährdet wäre (DIJuF JAmt 2004, 363). Bei dauerhafter Unterbringung in einer Pflegefamilie tritt nach zwei Jahren kraft Gesetzes ein dann meist voraussehbarer **Zuständigkeitswechsel nach § 86 Abs. 6** ein (§ 86 Rn 15 f; § 37 Rn 21), was eine frühzeitige Zusammenarbeit bei der Hilfeplanung nahe legt.

2. Hilfeplan als Instrument sozialpädagogischer Hilfesteuerung

49   Das JA steuert den gesamten Hilfeprozess. Der Hilfeplan ist Bestandteil der Entscheidung über die längerfristig zu gewährende Leistung. Die **Pflicht und Befugnis zur Aufstellung des Hilfeplans** kann daher nur vom Leistungsträger, dem JA, nicht aber von einem Träger der freien Jugendhilfe erstellt werden. Dies gilt auch für vorbereitende Maßnahmen. Das JA hat hierbei die Bestimmungen zum Verwaltungsverfahren einzuhalten. Bei Erziehungsberatung liegt häufig eine atypische Konstellation iSd § 36 zugrunde, bei der eine Ausnahme von der Soll-Vorschrift zulässig ist (dazu § 28 Rn 19 f).

50   Der Hilfeplan ist mehr als ein Instrument zur Selbstkontrolle und Koordinierung der Aktivitäten des JA und anderer an der Hilfe beteiligter Personen und Institutionen. In ihm werden die Sichtweisen, Erwartungen, Absprachen und Hilfeperspektiven der Personensorgeberechtigten, Kinder und Jugendlichen sowie der an der Hilfe beteiligten Einrichtungen, Dienste oder Personen dokumentiert. Auch die Erziehungsplanung der durchführenden Einrichtungen bzw Dienste ist integraler Bestandteil des Hilfeplans. In der Praxis der JÄ wird er häufig von allen Beteiligten (JA und Personensorgeberechtigte, junge Volljährige und ggf Leistungserbringer) unterschrieben, ist damit aus sozialpädagogisch-fachlicher Sicht einerseits eine konsentierte Dokumentation und erfüllt andererseits die **Funktion eines Hilfekontrakts** (SPI 2005).

51   Was in diese Verschriftlichung der Ergebnisse der Hilfeplanung aufgenommen wird, hat sich grundsätzlich an den Bedürfnissen des Einzelfalls zu orientieren. Der **Inhalt des Hilfeplans** sollte jedoch zumindest folgende Grundelemente enthalten:

- Nennung der Beteiligten und der Beteiligungsformen,
- Darstellung der hilferelevanten Aspekte der Familiensituation und der möglicherweise zwischen den Fachkräften und Beteiligten divergierenden Problemkonstruktionen,
- Konkretisierung des erzieherischen Bedarfs ggf aus den verschiedenen Perspektiven,
- Darstellung der bisher geleisteten Hilfen,
- Überlegungen und Vorschläge für geeignete Hilfen aus der Sicht von Kind, Jugendlichem, Eltern/Personensorgeberechtigten, JA, anderen Personen, Stellen, Trägern,
- Form und konkrete Ausgestaltung der Hilfe bzw Hilfen, die gewährt werden sollen,
- Beginn, voraussichtliche Dauer und ggf zeitliche Intensität (Umfang) sowie Anlässe oder Zeitpunkte für die regelmäßige Überprüfung der gewählten Hilfen,
- Ziele und konkrete Aufgaben, die mit den anvisierten Hilfen erreicht werden sollen,
- bei Hilfen außerhalb der eigenen Familie zusätzlich Aussagen zur Zusammenarbeit mit den Eltern, zu Umgangskontakten, zur Rückkehroption bzw zur Perspektive eines dauerhaften Verbleibs.

52   Ohne eine genaue Zeitspanne anzugeben, schreibt Abs. 2 Satz 2 Halbs. 2 die regelmäßige Überprüfung der gewährten Hilfeart in Bezug auf ihre Geeignetheit und Notwendigkeit (**Fortschreibung des Hilfeplans**) vor. Zu Beginn eines Hilfeprozesses wird die Frequenz grundsätzlich höher sein müssen als bei langjährigem kontinuierlichen Hilfeprozess. Mindestens sollte eine Fortschreibung halbjährlich erfolgen, um ggf erforderliche Korrekturen rechtzeitig vornehmen zu können (ausführlich Schmid 2004, 80 f mwN). Eine **zeitliche Befristung der Hilfe zur Erziehung** ist wegen der potenziellen Wirkungen auf den Hilfeprozess eingehend zu reflektieren (Kultscher Forum Erziehungshilfe 2004, 265).

3. Rechtscharakter des Hilfeplans

53   Der Hilfeplan selbst ist von seinem **Rechtscharakter** her sog. „schlichtes Verwaltungshandeln" und kein Verwaltungsakt. Unabhängig von der fehlenden Verwaltungsaktsqualität kommt ihm anspruchskonkretisierende Wirkung zu (§ 27 Rn 49 ff; vgl Trenczek 2000, 59). Er enthält eine sozialpädagogisch-fachliche Präzisierung der Entscheidung über die (Fort-)Gewährung einer Leistung. Die Bekanntgabe der Entscheidung und damit des Verwaltungsakts über die Hilfegewährung (§ 37 Abs. 1 SGB X) kann zwar durch den Hilfeplan, aber auch bereits vorher mündlich erfolgen. Setzt die Leistungserbringung mit Wissen unter Billigung des JA ein, so ist spätestens dann von einem konkludenten Erlass des Verwaltungsakts auszugehen. Die in der Praxis übliche Zusendung eines „Leistungsbescheids" hat daher

idR keine konstitutive Wirkung, sondern dient lediglich der Schaffung zusätzlicher Transparenz über die formellen Voraussetzungen der Hilfegewährung.

Ist eine Hilfeplanung durchgeführt und sind Notwendigkeit und Geeignetheit nach außen dokumen- **54** tierbar festgestellt, hindert ein **fehlender förmlicher Hilfeplan** die Rechtmäßigkeit der Leistung nicht (BVerwGE 109, 156 = ZfJ 2000, 31 = FEVS 51, 152 = NDV-RD 2000, 7; OVG NI 8.5.2008 – 4 LA 128/07 = FEVS 60, 25; 11.6.2008 – 4 ME 184/08 = FEVS 60, 28 = NVwZ-RR 2008, 792). Die Durchführung eines Hilfeplangesprächs und die Hilfeplanung sind umgehend nachzuholen. Die Ablehnung einer Leistung setzt eine vorherige Hilfeplanung nicht voraus, wenn anderweitig festgestellt werden kann, dass die Leistungsvoraussetzungen nicht vorliegen (OVG NI 11.6.2008 – 4 ME 184/08 – NDV-RD 2009, 49, 51; 8.5.2008 – 4 LA 128/07 = FEVS 60, 25).

VI. Auslandsmaßnahmen – Abs. 4

Vor Gewährung von **Hilfen im Ausland** soll stets die Stellungnahme eines Arztes oder Psychothera- **55** peuten iSd § 35 a Abs. 1 a eingeholt werden, um das Vorliegen oder Nichtvorliegen einer psychischen Störung festzustellen (Abs. 4). Die **Gesetzesbegründung** zum KICK (Einl. Rn 47), mit dem der Satz eingefügt wurde, verweist auf misslungene intensivpädagogische Projekte im Ausland, bei denen junge Menschen ohne vorherige Klärung der seelischen Gesundheit im Rahmen einer Jugendhilfeleistung ins Ausland verbracht wurden und dort ohne ärztliche Versorgung geblieben sind (BT-Drucks. 15/3676, 36).

Der **Anwendungsbereich** bezieht sich nach dem Wortlaut auf alle Formen und Anlässe der Gewährung **56** von Hilfen zur Erziehung im Ausland (BT-Drucks. 16/9299, 16). Nach Sinn und Zweck sowie gesetzgeberischer Intention, fehlgeschlagenen intensivpädagogischen Maßnahmen im Ausland zu begegnen, ist allerdings eine Begrenzung des Anwendungsbereichs anzunehmen. Eine grundsätzliche Überprüfungspflicht bei jeder Gewährung von Hilfe im Ausland wäre unverhältnismäßig. Nicht nur in atypischen Fällen („soll"), sondern in der Mehrzahl findet die Hilfe im Ausland in Grenznähe statt. Abs. 4 ist daher auf Fälle zu beschränken, in denen die Möglichkeit besteht, dass es im Ausland zu Versorgungsdefiziten wegen einer (unerkannten) psychischen Erkrankung eines jungen Menschen kommt (DIJuF JAmt 2005, 400). Ist die medizinische Versorgung sichergestellt, steht die Feststellung einer psychischen Störung der Hilfe im Ausland nicht entgegen. Hält sich das Kind oder der Jugendliche gewöhnlich im Inland auf und besucht bspw eine Erziehungsberatung (§ 28), soziale Gruppenarbeit (§ 29) oder Tagesgruppe (§ 32) im grenznahen Ausland, findet Abs. 4 keine Anwendung (DIJuF JAmt 2005, 400).

VII. Übersicht zum idealtypischen Ablauf

Die Hilfeplanung hat sich in ihrem Ablauf an den Bedürfnissen im Einzelfall auszurichten. Hinsichtlich **57** der verschiedenen Beratungs-, Mitwirkungs- und Beteiligungsaufgaben kann jedoch ein mehrschichtiger **idealtypischer Ablauf** für die Entscheidungsfindung über die Gewährung einer Hilfe nach §§ 27 ff, 35 a, 41 sowie Aufstellung und Fortschreibung eines Hilfeplans skizziert werden (vgl dazu nachstehende Übersicht; Trenczek u.a. 2008, 394).

Idealtypischer Verlauf des Planungsprozesses

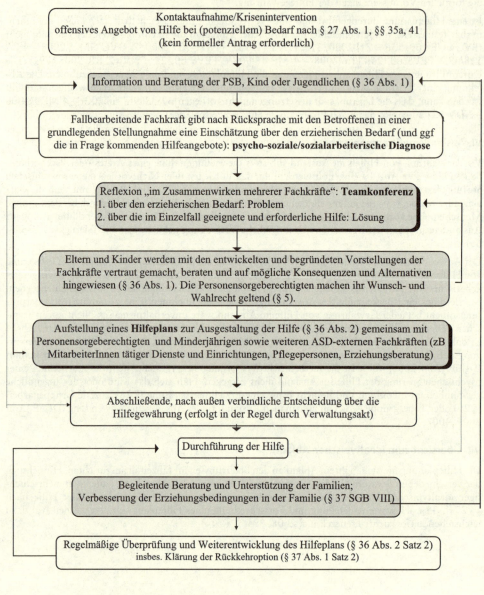

Kontaktaufnahme/Kriseninttervention
offensives Angebot von Hilfe bei (potenziellem) Bedarf nach § 27 Abs. 1, §§ 35a, 41
(kein formeller Antrag erforderlich)

Information und Beratung der PSB, Kind oder Jugendlichen (§ 36 Abs. 1)

Fallbearbeitende Fachkraft gibt nach Rücksprache mit den Betroffen in einer
grundlegenden Stellungnahme eine Einschätzung über den erzieherischen Bedarf (und ggf
die in Frage kommenden Hilfeangebote): **psycho-soziale/sozialarbeiterische Diagnose**

Reflexion „im Zusammenwirken mehrerer Fachkräfte": **Teamkonferenz**
1. über den erzieherischen Bedarf: Problem
2. über die im Einzelfall geeignete und erforderliche Hilfe: Lösung

Eltern und Kinder werden mit den entwickelten und begründeten Vorstellungen der
Fachkräfte vertraut gemacht, beraten und auf mögliche Konsequenzen und Alternativen
hingewiesen (§ 36 Abs. 1). Die Personensorgeberechtigten machen ihr Wunsch- und
Wahlrecht geltend (§ 5).

Aufstellung eines **Hilfeplans** zur Ausgestaltung der Hilfe (§ 36 Abs. 2) gemeinsam mit
Personensorgeberechtigten und Minderjährigen sowie weiteren ASD-externen Fachkräften (zB
MitarbeiterInnen tätiger Dienste und Einrichtungen, Pflegepersonen, Erziehungsberatung)

Abschließende, nach außen verbindliche Entscheidung über die
Hilfegewährung (erfolgt in der Regel durch Verwaltungsakt)

Durchführung der Hilfe

Begleitende Beratung und Unterstützung der Familien;
Verbesserung der Erziehungsbedingungen in der Familie (§ 37 SGB VIII)

Regelmäßige Überprüfung und Weiterentwicklung des Hilfeplans (§ 36 Abs. 2 Satz 2)
insbes. Klärung der Rückkehroption (§ 37 Abs. 1 Satz 2)

———▶ häufige, nicht unbedingt korrekte Praxis

Weiterführende Literaturhinweise:

DV NDV 2006, 343; *Merchel* 2006; SPI 2005; *Schmid* 2004; Stadt Ludwigshafen 2003.

§ 36 a Steuerungsverantwortung, Selbstbeschaffung

(1) ¹Der Träger der öffentlichen Jugendhilfe trägt die Kosten der Hilfe grundsätzlich nur dann, wenn sie auf der Grundlage seiner Entscheidung nach Maßgabe des Hilfeplans unter Beachtung des Wunsch- und Wahlrechts erbracht wird; dies gilt auch in den Fällen, in denen Eltern durch das Familiengericht oder Jugendliche und junge Volljährige durch den Jugendrichter zur Inanspruchnahme von Hilfen verpflichtet werden. ²Die Vorschriften über die Heranziehung zu den Kosten der Hilfe bleiben unberührt.

(2) ¹Abweichend von Absatz 1 soll der Träger der öffentlichen Jugendhilfe die niedrigschwellige unmittelbare Inanspruchnahme von ambulanten Hilfen, insbesondere der Erziehungsberatung, zulassen. ²Dazu soll er mit den Leistungserbringern Vereinbarungen schließen, in denen die Voraussetzungen und die Ausgestaltung der Leistungserbringung sowie die Übernahme der Kosten geregelt werden.

(3) ¹Werden Hilfen abweichend von den Absätzen 1 und 2 vom Leistungsberechtigten selbst beschafft, so ist der Träger der öffentlichen Jugendhilfe zur Übernahme der erforderlichen Aufwendungen nur verpflichtet, wenn

1. der Leistungsberechtigte den Träger der öffentlichen Jugendhilfe vor der Selbstbeschaffung über den Hilfebedarf in Kenntnis gesetzt hat,
2. die Voraussetzungen für die Gewährung der Hilfe vorlagen und
3. die Deckung des Bedarfs

    a) bis zu einer Entscheidung des Trägers der öffentlichen Jugendhilfe über die Gewährung der Leistung oder

    b) bis zu einer Entscheidung über ein Rechtsmittel nach einer zu Unrecht abgelehnten Leistung

keinen zeitlichen Aufschub geduldet hat.

²War es dem Leistungsberechtigten unmöglich, den Träger der öffentlichen Jugendhilfe rechtzeitig über den Hilfebedarf in Kenntnis zu setzen, so hat er dies unverzüglich nach Wegfall des Hinderungsgrundes nachzuholen.

I. Inhalt und Bedeutung der Regelung

1. Gesetzessystematische Einordnung

Die Vorschrift des § 36 a zur Steuerungsverantwortung und Selbstbeschaffung ist 2005 mit dem KICK (Einl. Rn 47) ins SGB VIII eingeführt und mit dem KiföG (Einl. Rn 47) modifiziert worden. Der Abschluss von Vereinbarungen nach Abs. 2 war ursprünglich verpflichtend und nunmehr „soll" er erfolgen. § 36 a bezieht sich als „gemeinsame Vorschrift" des Dritten Unterabschnitts im Vierten Abschnitt des Zweiten Kapitels systematisch nur auf die Hilfen zur Erziehung (§§ 27 ff), die Eingliederungshilfe für seelisch behinderte Kinder und Jugendliche (§ 35 a) sowie die Hilfen für junge Volljährige (§ 41). Dies ergibt sich für Abs. 1 auch aus dem Verweis auf den Hilfeplan (nach § 36). Zur entsprechenden Anwendung in anderen Leistungsbereichen Rn 5.

1

2   Mit der Einführung des § 36 a hat der Gesetzgeber auf Kritik aus der Jugendamtspraxis reagiert, die beklagt hatte, das JA werde in zunehmendem Maße **als bloße „Zahlstelle" missbraucht** (vgl Ständige Fachkonferenz 1 des DIJuF JAmt 2002, 498 = ZfJ 2003, 68). Die Gesetzesbegründung hebt – unter Verweis auf das BVerwG (ZfJ 2001, 310, 312) – hervor, dass darin ein Widerspruch zur Systematik des SGB VIII liegt. Diese weist dem JA die Funktion eines Leistungsträgers zu, der die Kosten grundsätzlich nur dann trägt, wenn er vorab selbst auf Grundlage des SGB VIII und dem dort vorgesehenen Verfahren über die Eignung und Notwendigkeit der Hilfe entschieden hat (BT-Drucks. 15/3676, 36; 15/5616, 26).

3   Dieses allgemeine Prinzip gießt § 36 a in Gesetzesform. Abs. 1 enthält Aussagen zur **Entscheidungskompetenz** des Trägers der öffentlichen Jugendhilfe im Verhältnis zu Leistungsempfängern und Gerichten. Diese haben rein klarstellenden Charakter (BT-Drucks. 15/3676, 36; 15/5616, 26; Wiesner ArchSozArb 2007, 58, 65 ff; Trenczek ZJJ 2007, 31). Damit die Hervorhebung der Steuerungsverantwortung nicht zu einer Reduzierung notwendiger **niedrigschwelliger Angebote** führt, stellt Abs. 2 deren Vorhaltung ausdrücklich sicher.

4   Abs. 3 regelt den Anspruch auf **Aufwendungsersatz nach Selbstbeschaffung** von Leistungen der Kinder- und Jugendhilfe, also nach Bedarfsdeckung ohne vorherige Entscheidung des öffentlichen Jugendhilfeträgers über die Leistungsgewährung (Grube JAmt 2002, 490). Das SGB VIII berücksichtigt dabei – in Abgrenzung zu anderen Sozialleistungssystemen, bspw zum Rehabilitationsrecht (vgl § 15 Abs. 1 Satz 4 SGB IX, § 13 Abs. 3 SGB V) – die Besonderheiten des kooperativen (sozial)pädagogischen Entscheidungsfindungsprozesses bei der Leistungsgewährung (§ 36 Rn 23 f). Voraussetzung ist ein **Systemversagen**, also dass die selbst beschaffte Leistung nicht rechtzeitig erbracht oder zu Unrecht abgelehnt wurde (Ständige Fachkonferenz 1 des DIJuF JAmt 2002, 498). Die Vorschrift normiert damit für das SGB VIII ein zuvor von der Rechtsprechung „richterrechtlich" entwickeltes Haftungsinstitut. Der Anspruch auf eine Leistung nach SGB VIII (**Primäranspruch**) wandelt sich bei zulässiger Selbstbeschaffung in einen Anspruch auf Erstattung der Kosten (**Sekundäranspruch**; OVG NW 18.8.2004 – 12 A 1174/01 – EuG 59, 273, 274; JAmt 2003, 482, 483).

5   Auf die übrigen Leistungen des Ersten (§§ 11 ff), Zweiten (§§ 16 ff) und Dritten Abschnitts (§§ 22 ff) des Zweiten Kapitels ist § 36 a nicht unmittelbar anwendbar. Allerdings ist von einer **entsprechenden Anwendbarkeit** auszugehen. Die klarstellenden Aussagen in den Abs. 1 und 2 enthalten allgemeingültige Aussagen und haben keinen ausschließlich inhaltlichen Bezug zu Hilfen nach §§ 27 ff, 35 a, 41. Sie beanspruchen ohnehin für das SGB VIII insgesamt Geltung.

6   Die Grundsätze, die in Abs. 3 für die Kinder- und Jugendhilfe festgelegt sind, konkretisieren einen von der Rechtsprechung allgemein anerkannten Rechtsgedanken, von dessen **entsprechender Geltung** im gesamten Leistungsspektrum des SGB VIII auszugehen ist (s.a. Rn 39). Allerdings ist die Feststellung des haftungsauslösenden Systemversagens erleichtert, wenn zur Annahme des Primäranspruchs nicht zunächst ein erzieherischer oder sonstiger psycho-sozialer Bedarf festgestellt werden muss (zB bei Tagesbetreuung). Rechtssystematisch handelt es sich bei § 36 a um eine allgemeine Vorschrift, die im Ersten Kapitel besser aufgehoben wäre.

2. Sozialpädagogische Bedeutung

7   Obwohl die Vorschrift in Formulierung und Inhalt Organisationsfragen betrifft, beinhaltet sie doch in der Konsequenz einen wichtigen Beitrag zur **Sicherung sozialpädagogisch-fachlichen Handelns im JA**. Hilfen nach SGB VIII sind nicht konditionalprogrammiert, funktionieren also nicht nach einem Wenn-dann-Schema, nach dem das Vorliegen von Leistungsvoraussetzungen als „harte Fakten" abgeprüft werden könnte, um die nötigen Schlüsse für die Rechtsfolgen zu ziehen. Die Gewährung von Leistungen der Kinder- und Jugendhilfe sind vielmehr finalprogrammiert (Klie/Maier/Meysen 1999, 219 ff). Ihrer Ziel- und Prozessorientierung korreliert ein **kooperativer sozialpädagogischer Entscheidungsprozess**, in dem die besonderen Beteiligungserfordernisse (§ 36) Raum brauchen für ein gemeinsames Entstehen von Hilfe, in dem zur Effektivierung des Leistungserfolgs bei den Klienten etwa Problemakzeptanz erweitert, Problemkongruenz verbessert und Hilfeakzeptanz erhöht werden (hierzu unten Rn 47 ff, § 8 a Rn 22 ff).

8   Ähnliche Wirkungen entfaltet die Regelung im Zusammenspiel zwischen JA und FamG bzw JugG. Es besteht **keine gerichtliche Anordnungskompetenz**, das JA zur Gewährung bestimmter Leistungen zu verpflichten (Vor § 50 Rn 16). Die Gewährung konkreter ambulanter oder stationärer Leistungen nach SGB VIII verantwortet das JA auf Grundlage sozialpädagogisch-fachlicher Einschätzung. Die Träger

der öffentlichen Jugendhilfe sind im Lichte des § 1 gehalten, nur erzieherisch sinnvolle und (sozial)pädagogisch vertretbare Hilfe zu gewähren und die Geeignetheit im Hilfeverlauf fortwährend zu überprüfen (§ 36 Abs. 2 Satz 2). Die Gerichte stellen ggf die notwendige Verbindlichkeit zur Inanspruchnahme von Leistungen her (Trenczek ZJJ 2007, 37; 2009 a Rn 17 f) und überantworten deren Gewährung dem JA, das die Gewährung der geeigneten und erforderlichen Hilfen verantwortet und im weiteren Hilfeverlauf fortlaufend (und unabhängig vom gerichtlichen Verfahren) überprüft (hierzu Rn 12; Vor§ 50 Rn 32; § 52 Rn 54 ff).

II. Entscheidungsverantwortung des Jugendamts – Abs. 1

1. Koppelung von Entscheidungs- und Finanzierungsverantwortung – Abs. 1 Satz 1 Halbs. 1

In Abs. 1 Satz 1 Halbs. 1 kommt ein Grundprinzip der rechtsstaatlichen Ordnung zum Ausdruck: Das **9** SGB VIII als Teil des Sozialleistungsrechts gehört – in Abgrenzung zum Zivilrecht und Strafrecht – zum öffentlichen Recht. Überträgt (Sozial-)Verwaltungsrecht einer staatlichen Behörde Aufgaben, so ist damit auch bestimmt, dass allein diese Behörde zuständig ist, die zur Erfüllung der Aufgaben gesetzlich aufgegebenen Entscheidungen zu treffen. Dies ist Ausdruck der **Gewaltenteilung nach Art. 20 Abs. 2 GG**. Behörden, Gerichte, freie Träger oder Bürger dürfen in diese Kompetenzverteilung nicht eingreifen, es sei denn, das Gesetz sieht es ausdrücklich vor. Der **Vorrang des Gesetzes aus Art. 20 Abs. 3 GG** gilt auch für Zuständigkeitsfragen (BVerwG NVwZ 1992, 264). Im öffentlichen Recht sind Aufgaben und Zuständigkeiten durch kompetenzbegründende und kompetenzbegrenzende Regelungen verbindlich festgelegt.

Mit der Zuweisung von Zuständigkeiten, wie etwa in § 10 oder §§ 85 ff, werden auch die ggf beste- **10** henden Entscheidungs- und Handlungsspielräume geschützt. Die Aufgaben der örtlichen Träger der öffentlichen Jugendhilfe nach SGB VIII sind, soweit es sich nicht um die Führung von Beistandschaften, Vormundschaften und Ergänzungspflegschaften handelt, **Aufgaben der kommunalen Selbstverwaltung** (DIJuF JAmt 2005, 290). Im Rahmen ihrer Zuständigkeit haben die Kommunen folglich bei der Aufgabenerfüllung die Organisations-, Personal- und Finanzhoheit (Art. 28 Abs. 2 GG; hierzu Trenczek/Tammen/Behlert 2008, 134). Die Ausgabenverantwortung ist im **Verhältnis zu anderen Verwaltungs- oder Sozialleistungsträgern** daher strikt an die Aufgabenverantwortung gekoppelt (**Konnexitätsprinzip** nach Art. 104 a Abs. 1 GG). Die Kosten einer Maßnahme sind grundsätzlich an die Verwaltungszuständigkeit gebunden.

Auch im **Verhältnis zu den Bürgern** widerspricht die öffentlich- bzw sozialrechtliche Aufgabenzuwei- **11** sung und Wahrnehmungszuständigkeit einer Legitimation zur Selbstvornahme. Die Gesamtverantwortung des Trägers der öffentlichen Jugendhilfe (§ 79) und seine Planungsverantwortung (§ 80 Abs. 1) stehen dem entgegen (BVerwG ZfJ 2001, 310, 312; OVG NW JAmt 2003, 479, 480). Ermessens- und Beurteilungsspielräume der Sozialleistungsträger würden unzulässig überspielt (hierzu Anhang Verfahren Rn 87). Der Bürger hat keine Kompetenz, im Wege der Selbsthilfe einen behördlichen Verantwortungsbereich zu übernehmen, gleichzeitig die Kostenlast bei der hiermit übergangenen Behörde zu belassen und sie so nicht kalkulierbaren Kostenbelastungen auszusetzen (OVG NI Die Gemeinde SH 1990, 260; Meysen 2000, 266 ff). Es gilt daher der **Vorrang des Primärrechtsschutzes**, wonach Bürger bei Untätigkeit oder Ablehnung der Behörde zuerst ihre Rechtsschutzmöglichkeiten auszuschöpfen haben. In Eilfällen sind sie auf den vorläufigen Rechtsschutz (§§ 80, 123 VwGO) verwiesen (BVerwG NJW 1998, 3288; NVwZ 1999, 426), bevor sie sich Leistungen selbst beschaffen und hinterher Aufwendungsersatz verlangen können (Abs. 3 Satz 1 Nr. 3 Buchst. b).

2. Maßgabe des Hilfeplans – Abs. 1 Satz 1 Halbs. 1

Bei der Klarstellung der gesetzlich gesicherten Steuerungsverantwortung des Trägers der öffentlichen **12** Jugendhilfe bei der Leistungsgewährung verweist Abs. 1 Satz 1 Halbs. 1 auf die „Maßgabe des Hilfeplans". Dieser Merkposten erinnert, dass für die Gewährung von Leistungen nach §§ 27 ff, 35 a, 41 die **besonderen Beteiligungsregeln des § 36 SGB VIII** gelten. Jugendamtliche Entscheidungen über die Gewährung von Leistungen sind Ergebnis eines kooperativen pädagogischen Prozesses (§ 36 Rn 23 f). Das SGB VIII geht von einer Mitgestaltung der Hilfeprozesse durch Eltern und ihre Kinder aus (BVerwG ZfJ 2001, 311, 312). Steuerung der Hilfen bedeutet folglich auch im Lichte des § 36 a **keine** „fürsorgerische" Entscheidungsfindung, bei welcher das JA besser weiß, wie den Familien geholfen werden kann und diesen vorschreibt, wie sie sich helfen zu lassen haben – und wie nicht (§ 36 Rn 4).

Eltern und junge Menschen sind aufgefordert, aktiv und konstruktiv an der Entscheidungsfindung mitzuwirken, wollen sie Leistungen nach SGB VIII beziehen (Rn 46 ff; § 36 Rn 22 ff).

13 Ein eigener Regelungsgehalt wohnt dem **Hinweis auf die Hilfeplanung** nicht inne. Wann eine Mitwirkung und Hilfeplanung stattzufinden hat und wann diese nicht erforderlich ist, ergibt sich allein aus § 36 (hierzu § 36 Rn 39; s.a. OVG BB 1.11.2001 – 4 B 258/01 – JAmt 2001, 597 = ZfJ 2002, 147). Auch Umfang und Grenzen der Beachtlichkeit eines Hilfeplans als **anspruchskonkretisierende Grundlage** für die (sozial)pädagogische, therapeutische und wirtschaftliche Ausgestaltung der Hilfe („nach Maßgabe") ist allein aus der jeweiligen Verbindlichkeit desselben zu entnehmen (hierzu § 36 Rn 46 ff).

3. Beachtung des Wunsch- und Wahlrechts – Abs. 1 Satz 1 Halbs. 1

14 Die Stärkung der Entscheidungsverantwortung des JA dient der Sicherung sozialpädagogischer Fachlichkeit in der Hilfe (siehe oben Rn 7 f). Zu dieser gehört, die Leistungsberechtigten nicht zu Objekten staatlichen Handelns zu machen, sondern bei einer Selbstverwirklichung nach den eigenen Vorstellungen zu unterstützen (vgl § 5 Rn 5). Daher wiederholt Abs. 1 Satz 1 Halbs. 1 die Pflicht, bei der **Auswahl zwischen verschiedenen Einrichtungen und Diensten** der Wahl und den Wünschen der Leistungsberechtigten zu entsprechen, sofern dies nicht mit unverhältnismäßigen Mehrkosten verbunden ist (§ 5 Abs. 2 Satz 1, § 36 Abs. 1 Satz 4; hierzu § 5 Rn 14 ff). Der **Mehrkostenvorbehalt** kann einer Selbstbeschaffung von Leistungen folglich entgegen stehen (OVG BB 1.11.2001 – 4 B 258/01 – JAmt 2001, 597, 599 = ZfJ 2002, 147, 149; aA Hinrichs 2002, 330 f). Dies gilt jedoch nicht, wenn das JA den Leistungsberechtigten keine Alternativen zu der von ihnen gewählten Hilfeform aufzeigt (OVG NW 30.1.2004 – 12 B 2392/03 – JAmt 2004, 203, 205; JAmt 2003, 479, 482).

15 Bei Inanspruchnahme von Leistungen der Unterbringung in einer Einrichtung ist das Wunsch- und Wahlrecht durch den Vorbehalt begrenzt, dass mit dem Leistungserbringer eine **Vereinbarung nach § 78 b** besteht. Wählen die Eltern bzw der junge Mensch eine Einrichtung, mit der keine Vereinbarung nach § 78 b abgeschlossen ist, ist die Leistung nur zu gewähren, wenn die spezielle Ausgestaltung der **Hilfe alternativlos** ist (§ 5 Abs. 2 Satz 2, § 36 Abs. 1 Satz 5; § 36 Rn 21; VG Regensburg 16.2.2004 – RO 8 E 03.3106 – JAmt 2004, 493, 496; dies verkennend OVG NI JAmt 2003, 486). Dies gilt unabhängig von etwaigen Mehrkosten durch die Wahl des betreffenden Leistungserbringers. Im Übrigen ist das JA regelmäßig nur dann in der Lage, seinen Gewährleistungspflichten und Planungsaufgaben gerecht zu werden, wenn es die Trägerauswahl beeinflussen und den Ressourceneinsatz eigenverantwortlich steuern kann (Stähr ZfJ 2002, 449, 452; aA VG Regensburg 16.2.2004 – RO 8 E 03.3106 – JAmt 2004, 493, 496).

4. Verhältnis zu Entscheidungen des FamG – Abs. 1 Satz 1 Halbs. 2

16 Die Aufgaben- und Zuständigkeitszuweisung im SGB VIII (§§ 85 ff) und die damit verbundene Kompetenzverteilung räumt den Trägern der öffentlichen Jugendhilfe eine **gegenüber den Gerichten unabhängige Entscheidung** ein (Rn 9 ff). Behördliche Entscheidungen bzw Untätigkeit des JA unterliegen der gerichtlichen Kontrolle vor den Verwaltungsgerichten (§ 40 VwGO). Wenn gesetzlich nichts anderes bestimmt ist, können JÄ gerichtlich nur im Wege des **Verwaltungsrechtsschutzes** zur Gewährung von Leistungen verpflichtet werden. Ermessens- und Beurteilungsspielräume unterliegen hierbei eingeschränkter Kontrolle (§ 113 Abs. 5 Satz 2, § 114 VwGO; ausführlich Anhang Verfahren Rn 86 ff).

17 Es gibt **keine gesetzliche Befugnis des FamG**, das JA zur Gewährung von Leistungen nach SGB VIII zu verpflichten (DIJuF JAmt 2004, 420 f; Trenczek 2007 b Rn 8). Eine **Gegenauffassung** findet sich nur noch für die Konstellation, in der das JA die Hilfe „ohne sachliche Begründung" verweigere (Staudinger/Coester 2005, § 1666 Rn 186 u. § 1666 a Rn 13). Dies überzeugt nicht. Die Verfahrensordnungen für den gerichtlichen Rechtsschutz lassen keine solchen „übergesetzlichen" Ausnahmen zu. **Gegenstand des Verfahrens in Kindschaftssachen nach FamFG** ist nicht die Behördenentscheidung.

18 Zu Konflikten kann es in der Praxis kommen, wenn das FamG entgegen der Einschätzung des JA einen Entzug der elterlichen Sorge nicht für verhältnismäßig hält, weil aus seiner Sicht zur Abwendung einer Gefährdung Leistungen der Kinder- und Jugendhilfe gewährt werden könnten (§ 1666 a BGB). Das FamG hat eigenständig zu prüfen und zu entscheiden, ob es Eingriffe in die elterliche Sorge für erforderlich hält oder nicht. In der Folge der familiengerichtlichen (Nicht-)Entscheidung liegt es in der Verantwortung des JA, die notwendigen Leistungen zur Sicherung bzw Gewährleistung des Kindeswohls zu gewähren. Die (vorherige) Anrufung des FamG (§ 8 a Abs. 3 Satz 1) entbindet das JA nicht von

seiner Aufgaben- und damit **Hilfeverantwortung nach dem SGB VIII**. Die Wahrnehmung des Schutzauftrags durch das JA wird erleichtert, wenn das FamG die Eltern zur Zusammenarbeit mit dem JA
anhält (§ 157 Abs. 1 FamFG), ihnen die Inanspruchnahme einzelner vom JA angebotener Leistungen
auferlegt (§ 1666 Abs. 3 Nr. 1 BGB) oder die Entscheidung über den Nichtentzug der elterlichen Sorge
nach angemessener Zeit überprüft (§ 166 Abs. 3 FamFG).

Wenig zielführend erscheint die Anordnung der Inanspruchnahme bestimmter Leistungen gegenüber 19
den Eltern, wenn das JA diese Leistungen nicht anbietet (OLG Oldenburg 27.11.2007 – 4 WF 240/07
– JAmt 2008, 330). Das Recht vermeidet eine solche **Helferkonkurrenz** (VGH HE 6.11.2007 – 10 TG
1954/07 – JAmt 2008, 327; VG Darmstadt 29.8.2007 – 3 G 1267/07 – JAmt 2008, 323). Es erkennt
an, dass das FamG die Verantwortung für Hilfeplanung und -prozess nicht tragen kann und entlässt
das JA nicht aus seiner Verantwortung zur Sicherstellung von Schutz und Hilfe (DIJuF 2007, 141, 143;
Meysen FamRZ 2008, 562, 565 ff).

Bei der **Anordnung begleiteten Umgangs** erkennt das BGB das Entscheidungsprimat für Leistungen 20
nach SGB VIII ausdrücklich an. Das FamG kann begleiteten Umgang nur anordnen, wenn ein mitwir-
kungsbereiter Dritter zur Verfügung steht (§ 1684 Abs. 4 Satz 3 BGB). Davon muss sich das FamG vor
seiner Entscheidung überzeugen (Palandt/Diederichsen § 1684 BGB Rn 29). Das JA oder eine sonstige
Person können nicht gegen ihre fachliche Einschätzung bzw gegen ihren Willen zur Umgangsbegleitung
verpflichtet werden (DIJuF JAmt 2006, 91; JAmt 2003, 359; MünchKomm/Finger § 1684 BGB
Rn 55; Staudinger/Rauscher § 1684 BGB Rn 319; Kunkel/Kunkel § 18 Rn 18). Das angefragte JA bzw
die Beratungsstelle prüft aus fachlicher Sicht, ob ein geeigneter Fall zur Umgangsbegleitung nach § 18
Abs. 3 Satz 4 und damit die Leistungsvoraussetzungen vorliegen (§ 18 Rn 35 ff; DIJuF JAmt 2003, 348,
351 f; JAmt 2001, 470).

Wird vor Ort kein bedarfsdeckendes Angebot an Umgangsbegleitung vorgehalten, reagieren die FamG 21
darauf gelegentlich, indem sie das JA zum Umgangspfleger mit dem Aufgabenkreis der Umgangsbegleitung bestellen (OLG Köln 15.10.2004 – 27 UF 174/04 – JAmt 2005, 93; DIJuF JAmt 2008, 89;
JAmt 2008, 91; JAmt 2008, 92; JAmt 2007, 84). Die Umgangsbegleitung zählt jedoch nicht zu den
Aufgaben der – mit dem FamFG eingeführten – **Umgangspflegschaft**. Diese umfasst allein das Recht,
die Herausgabe des Kindes zur Durchführung des Umgangs zu verlangen und für die Dauer des Umgangs dessen Aufenthalt zu bestimmen (§ 1684 Abs. 3 Satz 4 BGB; BT-Dr 16/6308, 345 f). Die Umgangsbegleitung bleibt Sozialleistung nach § 18 Abs. 3.

5. Verhältnis zu Entscheidungen des JugG – Abs. 1 Satz 1 Halbs. 2

Die Jugendgerichtsbarkeit ist auf eine **funktionierende Zusammenarbeit** mit den Trägern der öffentli- 22
chen und freien Jugendhilfe angewiesen (Ständige Fachkonferenz 1 des DIJuF JAmt 2007, 406;
Höynck/Goerdeler JAmt 2006, 170; Trenczek Forum Jugendhilfe 2001, 9). Dies betrifft nicht nur die
Mitwirkung im jugendgerichtlichen Verfahren (§ 52 sowie §§ 38, 45 Abs. 2, § 47 Abs. 1 Nr. 2, § 50
JGG), sondern auch das Angebot ausreichender und bedarfsgerechter Leistungen für straffällig ge-
wordene junge Menschen und deren Familien (hierzu ausführlich Trenczek 2009). Das Verhältnis des
JugG zum JA ist hierbei kein hierarchisches (aA Ostendorf ZJJ 2006, 155, 160 f; ders. ZfJ 2005, 415,
423 f; hierzu § 52 Rn 7 ff).

Beim Ausspruch von Anordnungen und Weisungen nach § 10 JGG ist das JugG in **Ermangelung eigener** 23
Angebote, Strukturen und Finanzmittel im Justizhaushalt auf die Angebote der Kinder- und Jugendhilfe angewiesen, will sie ihre täterorientierte Zielvorgabe des § 2 Abs. 1 JGG erfüllen. Dies führt in
der Praxis zu Auseinandersetzungen über die Geeignetheit einzelner jugendgerichtlicher Reaktionen
bzw Leistungen nach SGB VIII und wirft mitunter die Frage auf, ob die fehlende Bereitschaft des JA
zur Leistungsgewährung fachliche oder finanzielle Hintergründe hat (Trenczek 2009, Rn 19 ff). Die
Jugendgerichtsbarkeit reagiert hierauf mit dem Ruf nach einer gesetzlich normierten Anordnungskompetenz (Strafrechtsausschuss der JuMiKo ZJJ 2007, 439, 449: „Stichentscheid" bei Meinungsverschiedenheiten). Eine verfassungswidrige Einschränkung der richterlichen Unabhängigkeit durch
§ 36 a ist ausgeschlossen, solange die Justiz eigene Mittel zur Umsetzung der Entscheidung einsetzen
kann (BVerfG 11.1.2007 – 2 BvL 7/06 – JAmt 2007, 211 = ZJJ 2007, 213; so auch Wiesner Arch-
SozArb 2007, 68, 67; aA AG Eilenburg 23.1.2006 – 11 Ls 254 Js 66216/05 – ZJJ 2006, 85; Bareis
ZJJ 2006, 11; kritisch Möller/Schütz ZKJ 2007, 282; dies. ZKJ 2007, 178, 183; Franzen ZJJ 2008,
17).

24   Wie alle Sozialleistungen dürfen auch Leistungen nach SGB VIII nur erbracht werden, wenn ein Gesetz dies vorschreibt oder zulässt (§§ 27, 31 SGB I). Eine jugendstrafrechtliche Weisung des Jugendrichters nach § 10 JGG begründet (noch) **keine sozialrechtliche Leistungs- und/oder Kostentragungspflicht**. Erziehungsmaßregeln oder Zuchtmittel nach dem JGG gehören nicht zu den Sozialleistungen, sodass sich eine Leistungs- und Kostentragungspflicht des JA nur ergibt, wenn es Leistungen aus seinem sachlichen und örtlichen Zuständigkeitsbereich erbringt (Trenczek 1996, 128 f; 2000, 17, 27 ff). Für die Gewährung einer Leistung müssen insbesondere die **formellen und materiell-rechtlichen Voraussetzungen nach SGB VIII** gegeben sein (Trenczek 2000, 17, 27 ff; ders. JAmt 2004, 115 f). Liegen die Leistungsvoraussetzungen nicht vor, kann und darf das JA SGB VIII-Leistungen weder durchführen noch finanzieren (vgl Vor § 27 Rn 4; § 52 Rn 54; zur Steuerungsverantwortung im kriminalrechtlichen Arbeitsfeld ausführlich Trenczek ZJJ 2008, 31; ders. 2009 a, Rn 14 ff).

25   Die Sanktionen und Reaktionen des JGG sind vom **Erziehungsgedanken** getragen (§ 2 Abs. 1 Satz 2 JGG). Jedoch nicht alles, was (vermeintlich oder empirisch bestätigt) der Erziehung dient (zu den unterschiedlichen Inhalten der Erziehungsbegriffe ausführlich Trenczek 1996, 39 ff u 68 ff; ders. 2000, 20 ff u.71 ff), ist damit auch gleichzeitig Leistung nach dem SGB VIII. Insbesondere „Erziehung durch Sanktion" ist den Leistungen nach SGB VIII wesensfremd. Hilfen zur Erziehung setzen an der Interaktion zwischen Eltern und ihren Kindern an (§ 27 Abs. 1), rein tatbezogene erzieherische Maßnahmen sind hiervon nicht erfasst. Die Öffnungsklausel in § 27 Abs. 2 ermöglicht zwar Flexibilität, begründet aber keine Zuständigkeit für alles, was (vermeintlich) **erzieherische Wirkung** erzielt. Erforderlich ist auch hier eine dem Wohl des Jugendlichen nicht gewährleistete Erziehung (§ 27 Rn 5 ff; Meier ZJJ 2006, 261, 266). Für junge Volljährige scheidet mangels Verweises in § 41 Abs. 2 die Gewährung sog. unbenannter Leistungen von vornherein aus (§ 27 Rn 10; DIJuF JAmt 2005, 296).

26   Ausgeschlossen ist die Gewährung einer **Heimunterbringung** allein zum Zweck der Vermeidung einer U-Haft (§ 72 Abs. 4 JGG) sowie zur einstweiligen Unterbringung nach § 71 Abs. 2 JGG (Höynck/Goerdeler JAmt 2006, 170, 172; DIJuF JAmt 2002, 63). Die Unterbringung hat in einer iSd SGB VIII geeigneten Einrichtung zu erfolgen. Eine Erziehung unter Haftbedingungen scheidet aus. Ausdrückliche Vorgaben des JugG, wie die Gewährung der Leistung nach § 34 auszugestalten sei, haben den Charakter unverbindlicher Anregungen (Goerdeler ZJJ 2005, 315, 316). Erfolgt eine Heimunterbringung allein auf Anfrage des JugG beim Träger der freien Jugendhilfe, ist dieser auf Finanzierung durch und ggf Rechtsschutz gegen die Justizkasse verwiesen (OLG Dresden 25.4.1997 – 1 VAs 3/97; DIJuF JAmt 2003, 411).

27   Als Vorschrift außerhalb des SGB VIII verpflichtet § 38 Abs. 2 Satz 5 JGG das JA zur Überwachung jugendgerichtlicher Weisungen und Auflagen. Verstöße müssen daher zum Gegenstand sozialpädagogisch-fachlicher Arbeit mit den jungen Menschen gemacht werden (Trenczek ZJJ 2004, 62). Dies ist zu unterscheiden von strafvollstreckungsähnlicher Überwachung justiziell angeordneter Maßnahmen (ausführlich § 52 Rn 47 ff). Eine Pflicht zur **Durchführung von Weisungen und Auflagen** ergibt sich aus § 38 JGG nicht (DIJuF JAmt 2004, 128, 130; Trenczek ZJJ 2007, 35). Dem Hinweis, „die Jugendgerichtshilfe [habe] schon immer Arbeitsweisungen durchgeführt" (Ostendorf JGG § 38 Rn 19) liegt der nachvollziehbare Wunsch nach Ausgleich fehlender Ressourcen und Strukturen in der Landesjustizverwaltung durch die Kinder- und Jugendhilfe zugrunde. Eine **Rechtspflicht aus Tradition** gibt es indes auch hier nicht.

28   Das JA kann die Erfüllung von **Weisungen und Auflagen** nur durch entsprechende Leistungsgewährung unterstützen, wenn sich hierfür im SGB VIII ein gesetzlicher Leistungstatbestand findet, die jugendgerichtlichen Vorgaben sinnvoll sind, für den jungen Menschen einleuchtend und ihn nicht überfordern (Trenczek ZJJ 2004, 61 f; Goerdeler ZJJ 2005, 315, 316). Sie dürfen keine Vergeltung oder Repression darstellen. Um einen konstruktiven Lerneffekt erzielen zu können, müssen sie den jungen Menschen etwa durch Zuspruch, Lob und Erfolg positiv verstärken. Die Weisung oder Auflage darf nicht durch diskriminierende Inhalte und Formen als Sanktionsfolge verstärkt werden (Klier/Brehmer/Zinke 2002, 208). Die Überwachung der Weisungen und Auflagen durch das JA (§ 38 Abs. 2 Sätze 5 u.6 JGG) bleibt von § 36 a unberührt (Höynck/Goerdeler JAmt 2006, 170, 172).

29   **Arbeitsweisungen** als gerichtlich auferlegte schuldausgleichende und tatorientierte Sanktionen widersprechen dem Erziehungsgedanken nach SGB VIII und können daher vom JA weder gewährt (§ 52 Rn 50 ff; Trenczek ZJJ 2007, 31, 35 f; ders. ZJJ 2004, 61; Höynck/Goerdeler JAmt 2006, 170, 172 f; aA Strafrechtsausschuss der JuMiKo ZJJ 2007, 439, 444 f) noch vollstreckt werden (DIJuF JAmt 2008, 428). Das JA ist bspw weder berechtigt noch verpflichtet, Gelegenheiten zur Ableistung von Arbeitsweisungen in einem Umfang von über 60 Stunden zu vermitteln (DIJuF JAmt 2004, 128, 130 f;

Trenczek ZJJ 2004, 59; demgegenüber BAG NAM 2000, 429: 80 Stunden). Die Durchführung sozialpädagogisch betreuter Arbeits- und Beschäftigungsmaßnahmen kann indes von § 13 Abs. 2 (iVm § 27 Abs. 3) erfasst sein (§ 52 Rn 52; Ständige Fachkonferenz 1 des DIJuF JAmt 2007, 406, 408), wenn damit die schulische und berufliche Ausbildung, die Eingliederung in die Arbeitswelt und die soziale Integration gefördert werden. Allerdings sind insoweit Leistungen nach SGB II und SGB III vorrangig (§ 10 Rn 7 ff, 35 ff). Pflichten zur **Vermittlung von Arbeitsweisungen** ergeben sich aus SGB VIII nicht, insbesondere auch nicht aus § 13 Abs. 1.

Ambulante Leistungen der **sozialen Gruppenarbeit,** soziale Trainingskurse (§ 29), Betreuungshelfer **30** und Erziehungsbeistand (§ 30) sind unter den Voraussetzungen des SGB VIII unbeschadet jugendgerichtlicher Entscheidungen offensiv zu gewähren (§ 52 Abs. 2). Ein Verweis auf andere jugendgerichtliche Maßnahmen aus sachfremden, insbesondere fiskalischen Erwägungen heraus, ist unzulässig (kritisch zur Jugendhilfepraxis Ostendorf ZfJ 2005, 415; Sommerfeld ZJJ 2005, 295; Goerdeler ZJJ 2005, 315, 317 f).

Der **Täter-Opfer-Ausgleich** (TOA) wird teilweise als unbenannte Leistung auf Grundlage des § 27 **31** Abs. 2 zum regelhaft SGB VIII-Angebot gezählt (Strafrechtsausschuss der JuMiKo ZJJ 2007, 439, 446; Meier ZJJ 2006, 261, 263; Ostendorf ZfJ 2005, 415, 424; Kunkel ZJJ 2006, 311, 312). Auch wenn der TOA unbestreitbar über eine dem Konfliktlösungsansatz inhärente „erzieherische" Wirkung verfügt, so macht dies den TOA nicht schon zu einer Erziehungshilfe iSd § 27 (ausführlich Trenczek ZJJ 2007, 31, 36; auch Möller/Schütz ZKJ 2007, 178, 181; Höynck/Goerdeler JAmt 2006, 170, 173). Die Leistungsvoraussetzungen des § 27 Abs. 1 bzw § 41 liegen nicht per se vor.

6. Kein Einfluss auf die Kostenheranziehung – Abs. 1 Satz 2

Um Missverständnissen vorzubeugen, stellt Abs. 1 Satz 2 klar, dass die Kostenheranziehung nach **32** §§ 91 ff **unabhängig von der Leistungs- und Finanzierungsverantwortung** nach Satz 1 ist. Eine Leistung kann insbesondere nicht unter Verweis auf die wirtschaftliche Leistungsfähigkeit der Leistungsberechtigten versagt werden (§ 91 Abs. 5; § 91 Rn 21).

III. Sicherung niedrigschwelliger Angebote – Abs. 2

1. Pflicht zu niedrigschwelligem Angebot – Abs. 2 Satz 1

Mit der Stärkung der Steuerungsverantwortung des JA trifft § 36 a keine Aussage über die Notwen- **33** digkeit bzw Entbehrlichkeit niedrigschwelliger Hilfen. Er erkennt deren Existenz – insbesondere im Bereich der Erziehungsberatung – in Abs. 2 vielmehr ausdrücklich an. Die Träger der öffentlichen Jugendhilfe „sollen" die Inanspruchnahme fachlich **notwendig niedrigschwelliger Leistungen** ohne vorherige Antragstellung bzw ohne vorheriges Kontaktieren des JA zulassen. Es besteht eine Pflicht, entsprechende Angebote vorzuhalten.

Ausdrückliche Erwähnung findet in Abs. 2 nur die Erziehungsberatung nach § 28. Zwar ist der **An-** **34** **wendungsbereich** auch für andere Hilfen eröffnet („insbesondere"), aber mit dieser Einschränkung auch ausdrücklich nicht auf alle ambulanten Leistungen ausgeweitet (Trenczek ZJJ 2007, 38; aA Kunkel ZKJ 2007, 241; Späth EJ 2006, 317). Der gesetzessystematische Zusammenhang des Abs. 2 als Ausnahme zu den Vorgaben in Abs. 1 und 3 sowie der gesetzgeberisch intendierte Sinn und Zweck des § 36 a, die Steuerungsverantwortung zu stärken sowie einen Missbrauch des JA als „Zahlstelle" zu beschränken (BT-Drucks. 15/3676, 36, 15/5616, 26), eröffnet insoweit den öffentlichen Trägern einen weiten Gestaltungsspielraum. Bei Notwendigkeit einer Hilfeplanung nach § 36 scheidet Niedrigschwelligkeit iSd Abs. 2 aus (s.a. § 52 Rn 53, 56). Die **Möglichkeit jugendamtsferner Inanspruchnahme** ist jedoch zu eröffnen, wenn die Niedrigschwelligkeit – wie bei der Erziehungsberatung – idR für den Hilfeerfolg konstitutiv bzw zur Eröffnung der Hilfezugänge unverzichtbar ist. Dies kann der Fall sein bspw für spezielle Zielgruppen bei sozialer Gruppenarbeit (§ 29; siehe aber § 52 Rn 56) oder bestimmten Beratungsleistungen im Rahmen der Eingliederungshilfe für seelisch behinderte Kinder und Jugendliche (§ 35 a Abs. 2 Nr. 1; aA Stähr ZfJ 2002, 449, 456).

Aufgrund seiner systematischen Stellung bezieht sich § 36 a nur auf Leistungen nach §§ 27 ff, 35 a **35** sowie 41 (Rn 5). Eine Pflicht zur **Sicherstellung der Niedrigschwelligkeit von anderen Leistungen** ergibt sich daher weiterhin aus der Gesamt- und Planungsverantwortung (§§ 79, 80). Da insbesondere bei Beratungsleistungen und Kriseninterventionen in vielen Fällen nur dann effektiv geholfen werden kann, wenn die Leistungsgewährung nicht von einer expliziten Entscheidung des JA abhängig ist, ist von einer Pflicht zu einem niedrigschwelligen Angebot insbesondere für Leistungen der Förderung der

Erziehung in der Familie (§ 16), der Partnerschafts-, Trennungs- und Scheidungsberatung (§ 17), der Beratung und Unterstützung bei der Durchführung von Umgangskontakten (§ 6 Abs. 1 Satz 2, § 18 Abs. 3), der Krisenberatung für Kinder- und Jugendliche (§ 8 Abs. 3) und der Klärung einer Konfliktsituation im Vorfeld einer Inobhutnahme (§ 42 Abs. 2 u. 3) auszugehen.

2. Sicherung in Vereinbarungen – Abs. 2 Satz 2

36 Niedrigschwellige Leistungen werden auch von Diensten und Einrichtungen bei Trägern der freien Jugendhilfe erbracht. Sie bedürfen der **Finanzierung** ihres Angebots (auch) durch den örtlichen Träger der öffentlichen Jugendhilfe (zu der besonderen Situation im Bereich der Straffälligenhilfe Trenczek 2009). Nach Abs. 2 Satz 2 soll dieser mit den Leistungserbringern Vereinbarungen über Voraussetzungen und Ausgestaltung der Leistungserbringung sowie die Kostenübernahme schließen, um den Rahmen für eine Inanspruchnahme ohne vorherige „Erlaubnis" des JA abzustecken. Bei Beratungsleistungen ist anhand des Konzepts der Beratungsstelle zu klären, auf welche Anlässe der Erziehungsberatung sie sich bezieht; sie kann spezialisiert sein bspw auf Fragen des Kinderschutzes, des sexuellen Missbrauchs, im Zusammenhang mit Trennung und Scheidung (ggf inklusive der Mitwirkung im familiengerichtlichen Verfahren, §§ 50, 76), die Beratung und Unterstützung bei der Durchführung von Umgangskontakten usw (hierzu § 28 Rn 6 ff).

37 Bei Vereinbarungen mit Leistungserbringern niedrigschwelliger Angebote handelt es ich um solche nach § 77. Es soll die **Ausgestaltung des Hilfe- bzw Beratungssettings** eine Konkretisierung erfahren. Neben den inhaltlichen Aspekten der Leistungserbringung soll auch die **Kostenübernahme**, also der Zuwendungen geklärt werden (zur Differenzierung § 77 Rn 3 ff). Da die Beschreibung regelmäßig sowohl der Sicherung von Qualität als auch als Bemessungsgrundlage für die Höhe der Zuwendungen dient, erscheint eine differenzierte Betrachtung des jeweiligen niedrigschwelligen Angebots angezeigt. Bspw wird im Feld der Kinderschutz-Beratung von erhöhtem Personalaufwand durch verpflichtendes Zusammenwirken mehrerer Fachkräfte (§ 8 a Abs. 1 Satz 1, Abs. 2 Satz 1), durch häufigere Notwendigkeit einer Beratung zu zweit, durch ein erhöhtes Erfordernis für die Inanspruchnahme von Supervision oder durch Bereitschaftsdienste auszugehen sein. Bei einem niedrigschwelligen Angebot der Umgangsbegleitung ist zu berücksichtigen, dass diese häufig in den Abendstunden und an Wochenenden stattfindet.

38 Die **Übernahme der Kosten** kann durch pauschale Finanzierung erfolgen oder durch vorab vereinbarte Vergütung späterer Leistungserbringung, die der Leistungserbringer im Wege der Einzelabrechnung gegenüber dem öffentlichen Träger geltend macht. Beide Finanzierungsarten können in einem Mischmodell kombiniert werden. Hierbei können die Leistungs- und Qualitätskriterien bei den Einzelzuwendungen jeweils differenzierte Berücksichtigung finden oder durchschnittliche Werte festgelegt werden, die später ohne Berücksichtigung des konkreten Aufwands im Einzelfall jeweils gleich vergütet werden. Modelle einheitlicher Vergütung der Beratungsleistungen aller Beratungsstellen unabhängig von ihrem Aufgabenzuschnitt und ihrer Zielgruppe entsprechen den Anforderungen des Abs. 2 regelmäßig nicht. Sie werden dem **Erfordernis einer Spezialisierung und Differenzierung** nach den jeweils besonderen fachlichen, personellen und sächlichen Anforderungen an die Leistungserbringung nicht gerecht.

IV. Aufwendungsersatz bei Selbstbeschaffung – Abs. 3

39 Aus juristischer Sicht enthält Abs. 3 ein in der Rechtsprechung entwickeltes und richterrechtlich, also bislang ohne ausdrückliche gesetzliche Grundlage, anerkanntes Haftungsinstitut. Der Anspruch auf Aufwendungsersatz für selbst beschaffte Sozialleistungen ist fester Bestandteil des Staatshaftungsrechts (BVerwG FEVS 37, 133). Die einfachgesetzliche Regelung beseitigt Rechtsunsicherheiten und konkretisiert die **Tatbestandsvoraussetzungen für den Aufwendungsersatzanspruch**. Sie knüpft an eine richtungsweisende Entscheidung vom 28.9.2000 des BVerwG an (5 C 29.99 = E 112, 98 = ZfJ 2001, 310 = FEVS 52, 532; hierzu Bespr. Grube ZfJ 2001, 288; Stähr ZfJ 2002, 449).

1. Kenntnis des JA – Abs. 3 Satz 1 Nr. 1

40 Wollen Leistungsberechtigte Hilfen in Anspruch nehmen, bleibt ihnen dies „auf dem freien Markt" unbenommen. Wollen sie die Aufwendungen für die selbst beschaffte Hilfe jedoch im Nachhinein von einem Sozialleistungsträger erstattet bekommen, müssen sie diesen grundsätzlich vorher von dem Hilfebedarf persönlich in Kenntnis gesetzt haben (zur Ausnahme siehe Rn 52 ff; VG Hamburg ZfJ 2001,

394, 395). Dies gilt unabhängig von der Pflicht der JÄ, offensiv Leistungen anzubieten. Es bleibt bei der Verantwortung der Leistungsberechtigten, das **zuständige „Hilfesystem" (rechtzeitig) zu aktivieren** (Ständige Fachkonferenz 1 des DIJuF JAmt 2002, 498; BVerwG 11.8.2005 – 5 C 18.04 – NDV-RD 2006, 72; VG Oldenburg 16.2.2009 – 13 A 1621/07 – JAmt 2009, 319). Die Pflicht des Sozialleistungsträgers zu eigenständigem Prüfen der Voraussetzungen einer Leistung (Untersuchungsgrundsatz, § 20 SGB X) besteht dabei auch, wenn der Hilfebedarf an eine unzuständige Stelle herangetragen wurde, vorausgesetzt diese Stelle ist zur Weiterleitung verpflichtet (§ 16 SGB I) und das Übergehen der zuständigen Stelle vor der Selbstbeschaffung ist den Leistungsberechtigten nicht zuzurechnen (Ständige Fachkonferenz 1 des DIJuF JAmt 2002, 498, 499; OVG NW 18.8.2004 – 12 A 1174/01 – EuG 59, 273, 275; zur Rechtzeitigkeit eines Antrags s.a. § 28 Satz 2 SGB X). Wird der Hilfebedarf von dritter Seite an das JA herangetragen, so genügt dies den Anforderungen an einen späteren Aufwendungsersatzanspruch nach Selbstbeschaffung nicht (Bauer JAmt 2002, 496, 497; aA Hinrichs 2002, 198 ff).

2. Vorliegen der Leistungsvoraussetzungen – Abs. 3 Satz 1 Nr. 2

Ein Anspruch auf Ersatz der Aufwendungen besteht nur, wenn zum Zeitpunkt der Selbstbeschaffung **41** die Voraussetzungen für die Gewährung der Leistung durch den Träger der öffentlichen Jugendhilfe vorlagen. Hierzu gehört aus formeller Sicht, dass vor der Selbstbeschaffung – durch eindeutige Willensbekundung (§ 27 Rn 43) – ein „Antrag" auf die begehrte Leistung gestellt wurde (BVerwG 28.9.2000 – 5 C 29.99 = E 112, 98 = ZfJ 2001, 310 = FEVS 52, 532; OVG NW 11.12.2003 – 12 E 233/03 – EuG 59, 397; 14.3.2003 – 12 A 1193/01 = JAmt 2003, 482 = ZfJ 2003, 490 = FEVS 55, 86; aA Hinrichs ZfJ 2003, 449, 451; ders. 2003, 197 ff). Die – als Antrag zu bewertende – **eindeutige Willensbekundung**, bspw Hilfe zur Erziehung in Anspruch zu nehmen, kann sowohl schriftlich als auch mündlich erfolgen oder sich konkludent aus dem Zusammenhang des Beratungskontakts heraus ergeben (OVG NW – 18.8.2004 – 12 A 1174/01 – EuG 59, 273, 275 f). Ggf hat das JA darauf hinzuwirken, dass das Hilfebegehren von den Betroffenen konkretisiert und spezifiziert wird (§ 16 Abs. 3 SGB I; BVerwG aaO). Wenn das JA den Leistungsberechtigten aktiv davon abhält, eine Leistung zu „beantragen", ist Systemversagen unabhängig von Satz 1 Nr. 2 anzunehmen (Grube ZfJ 2001, 288, 290).

Zum Zeitpunkt der Selbstbeschaffung müssen auch die **materiell-rechtlichen Anspruchsvoraussetzungen** **42** vorgelegen haben und zum Zeitpunkt der Geltendmachung des Aufwendungsersatzes noch positiv festgestellt werden können, etwa eine (drohende) seelische Behinderung nach § 35 a Abs. 1 (BVerwG 28.9.2000 – 5 C 29.99 = E 112, 98 = ZfJ 2001, 310 = FEVS 52, 532; VGH BY 21.1.2009 – 12 CE 08.2731 – JAmt 2009, 317, 318; 17.6.2004 – 12 CE 04.578 – JAmt 2004, 545; OVG NI 19.3.2003 – 4 LG 111/02 – JAmt 2003, 486 = ZfJ 2003, 493; OVG NW 18.8.2004 – 12 A 1174/01 – EuG 59, 273; 30.1.2004 – 12 B 2392/03 – JAmt 2004, 203; 14.3.2003 – 12 A 122/02 – JAmt 2003, 479 = ZfJ 2003, 487 = FEVS 55, 16; 14.3.2003 – 12 A 1193/01 = JAmt 2003, 482 = ZfJ 2003, 490 = FEVS 55, 86; VG Düsseldorf 22.1.2002 – 19 K 11140/98 – ZfJ 2001, 196; VG Regensburg 16.2.2004 – RO 8 E 03.3106 – JAmt 2004, 493). Bei Eingliederungshilfe nach § 35 a verdrängt Abs. 3 die rehabilitationsrechtliche Regelung des **§ 15 Abs. 1 Satz 4 SGB IX** (OVG NW 14.3.2003 – 12 A 1193/01 = JAmt 2003, 482, 485 = ZfJ 2003, 490, 492 = FEVS 55, 86, 89; aA Hinrichs ZfJ 2003, 449, 454, auch entgegen § 15 Abs. 1 Satz 5 SGB IX).

Bei Leistungen der Hilfe zur Erziehung muss eine das Wohl des Kindes oder Jugendlichen entsprechende **43** Erziehung nicht gewährleistet (§ 27 Abs. 1) und die selbst beschaffte Hilfe für die Entwicklung **geeignet und erforderlich** gewesen sein (OVG BB 1.11.2001 – 4 B 258/01 – JAmt 2001, 597 = ZfJ 2002, 147; VG Hamburg 12.2.2001 – 13 VG 1030/00 – ZfJ 2001, 394). Bei zulässiger Selbstbeschaffung kann den Leistungsberechtigten später nicht vorgehalten werden, das JA hätte eine andere Hilfe für geeigneter erachtet (VG Arnsberg 13.12.2005 – 11 K 910/05 – EuG 2006, 506). In Betracht kommt auch eine Selbstbeschaffung der Beratungs- und Unterstützungsleistung von Pflegepersonen nach § 37 Abs. 2 (OVG NW 16.7.2002 – 12 E 643/01 – JAmt 2002, 474 = ZfJ 2003, 77 = FEVS 54, 127).

Der **Anwendungsbereich** der Haftung wegen Systemversagens erstreckt sich jedoch nicht nur auf Leistungen, für die § 36 a unmittelbar gilt (siehe oben Rn 5). Er ist entsprechend anwendbar, wenn eine **44** Förderung in Kindertagespflege (OVG NI 15.1.2003 – 4 ME 335/02 – NJW 2003, 1473 = JAmt 2003, 428 = FEVS 54, 428; OVG NW 20.6.2001 – 12 A 31/01 – JAmt 2001, 420 = ZfJ 2001, 472 = FEVS 53, 151; hierzu Fischer JAmt 2002, 492, 494 f), ein Krippen- bzw Kindergartenplatz (BVerwG ZfJ 2000, 235; hierzu Fischer JAmt 2002, 492, 493 f), eine Unterstützung bei der Durchführung begleiteter Umgangskontakte nach § 18 Abs. 3 Sätze 3 u. 4 (DIJuF JAmt 2006, 91; JAmt 2001, 470) oder die

Unterbringung in einer Mutter-Kind-Einrichtung nach § 19 (DIJuF JAmt 2005, 562) selbst beschafft wurde.

3. Unzumutbarer zeitlicher Aufschub – Abs. 3 Satz. 1 Nr. 3

45 Der Aufwendungsersatzanspruch steht unter dem zusätzlichen Vorbehalt, dass die Deckung des Bedarfs **keinen zeitlichen Aufschub** geduldet hat. Von einem **Systemversagen** ist dann auszugehen, wenn es dem Leistungsberechtigten nicht zumutbar war, entweder die Entscheidung des Trägers der öffentlichen Jugendhilfe über die Gewährung der Leistung (Buchst. a) oder die Entscheidung der Widerspruchsbehörde bzw des VG nach zu Unrecht abgelehnter Leistung (Buchst. b) abzuwarten. Es muss folglich eine **Eilbedürftigkeit** vorgelegen haben, die es notwendig gemacht hat, die Hilfe sofort zu erhalten (vgl § 15 Abs. 1 Satz 4 SGB IX; § 13 Abs. 3 SGB V). Der Hilfeerfolg muss durch die Verzögerung nachhaltig gefährdet sein oder das weitere Abwarten muss eine unzumutbare Belastung für die betroffenen Leistungsberechtigten darstellen. Unaufschiebbar ist eine Leistung dann, wenn sie sofort, dh ohne nennenswerten zeitlichen Aufschub erbracht werden muss (OVG NW 14.3.2003 – 12 A 1193/01 = JAmt 2003, 482, 485 = ZfJ 2003, 490, 492 = FEVS 55, 86, 89; 14.3.2003 – 12 A 122/02 – JAmt 2003, 479, 481 = ZfJ 2003, 487, 489 = FEVS 55, 16, 20; VG Frankfurt a.M. 10.1.2007 – 10 E 5375/04 – JAmt 2008, 218).

46 **Buchst. a** erfasst die Fälle, in denen dem JA zwar der Hilfebedarf bekannt ist und die Leistungsvoraussetzungen vorliegen, es die Entscheidung über die Gewährung der Leistung aber nicht fällt. Der Anspruch auf Aufwendungsersatz kann bestehen, wenn die besondere Unaufschiebbarkeit (Rn 45) bestand, das JA vom Hilfebedarf Kenntnis hatte (Rn 40) und alle Leistungsvoraussetzungen vorlagen (Rn 41 ff), zu der nach § 36 Abs. 2 auch der kooperative Entscheidungsfindungsprozess gehört (Rn 4). Entscheidet das JA in diesem Fall nicht, so handelt es sich um eine **rechtswidrige Verzögerung**. Sind dem JA allerdings noch nicht alle Leistungsvoraussetzungen bekannt (Abs. 3 Satz 1 Nr. 2), etwa weil die (potenziell) Leistungsberechtigten ihren Mitwirkungsverpflichtungen nach §§ 60 ff SGB I nicht nachkommen (Hinrichs 2002, 341), indem sie eine Begutachtung zur Beurteilung einer vermuteten seelischen Behinderung verweigern, sich auf die Hilfeplanung nach § 36 Abs. 1 bzw Abs. 2 Satz 2 nicht ausreichend einlassen oder die Leistung nicht rechtzeitig vor Leistungsbeginn beantragen (VGH BY 23.6.2005 – 12 CE 05.1128 – FEVS 57, 128; OVG NW 14.3.2003 – 12 A 1193/01 – JAmt 2003, 482, 484 = ZfJ 2003, 490, 492 = FEVS 55, 86, 90; VG Oldenburg 16.2.2009 – 13 A 1621/07 – JAmt 2009, 319), besteht ein Aufwendungsersatzanspruch nur unter den Voraussetzungen des Abs. 3 Satz 2 (Rn 52 ff). Bestehen **vorrangige Leistungsansprüche** nach SGB V, sind diese geltend zu machen und scheidet Aufwendungsersatz bei Selbstbeschaffung aus (VG Karlsruhe 19.2.2008 – 9 K 1866/07 – JAmt 2008, 221).

47 Leistungen nach SGB VIII sind nicht als Geld-, sondern als personenbezogene, soziale Leistungen ausgestaltet (Nonninger JAmt 2002, 495; Stähr ZfJ 2002, 449, 454). Die Selbstbeschaffung von Leistungen nach SGB VIII steht daher im **Spannungsverhältnis** zwischen der kooperativen Entscheidungsfindung (§ 36) und den Bedürfnissen der Leistungsberechtigten nach einer Befriedigung des Hilfebedarfs entsprechend ihrer (dezidierten) Wünsche (Münder Jugendhilfe 2001, 136, 141 f). Somit kann ein Zuwarten auch dann zuzumuten sein, wenn zwar möglicherweise alle „digitalen" Informationen für die Beurteilung des Vorliegens der Anspruchsvoraussetzungen einer Leistung nach SGB VIII bekannt sind, jedoch bei der Beteiligung der Personensorgeberechtigten sowie der Kinder oder Jugendlichen die konkrete Auswahl der im Einzelfall geeigneten und erforderlichen Hilfe noch getroffen werden muss (Stähr ZfJ 2002, 449, 450).

48 Die Mitgestaltung des Hilfeprozesses durch die Leistungsberechtigten geht davon aus, dass die Hilfeakzeptanz für die Auswahl der konkreten Leistung entscheidende Bedeutung gewinnen kann und die Beratung im Zuge des **kooperativen (sozial)pädagogischen Entscheidungsfindungsprozesses** aus sozialpädagogisch-fachlicher Sicht bereits Teil der Hilfe ist (Bauer JAmt 2002, 496, 497; Jager Forum Erziehungshilfe 2004, 269) und wesentlichen Einfluss auf den späteren Hilfeerfolg haben kann (Jans u.a./Werner § 36 Rn 15 ff, 18 ff, 21 ff; Stähr ZfJ 2002, 449, 451; aA Hinrichs ZfJ 2003, 449, 452 f). In den Klärungsprozessen wird die Autonomie der Hilfeempfänger gerade erhalten und gestärkt (Nonninger JAmt 2002, 495). Dient sie nicht fiskalisch motiviertem Hinauszögern der Leistungsgewährung oder als „Nottugend" für Versorgungsdefizite (Bauer JAmt 2002, 496, 497), kann eingehende **Beratung sowie Diagnostik/Anamnese** im Vorfeld einer Entscheidung über die Leistungsgewährung daher Qualitätsmerkmal für qualifizierte Steuerung von erzieherischen Hilfeprozessen darstellen (§ 36 Rn 23; DIJuF JAmt 2003, 404).

Fristen bis zur Entscheidung (vgl § 14 SGB IX) sieht § 36 a bewusst nicht vor, sondern überlässt die 49
Frage der angemessenen Dauer bis zur Entscheidung der Beurteilung der konkreten Umstände im Einzelfall (DIJuF 2007, 33; Münder Jugendhilfe 2001, 136, 141; für eine generelle 2-Wochen- Hinrichs
ZfJ 2003, 449, 453 bzw 6-Wochenfrist Bauer JAmt 2002, 496, 497). Gerade im Bereich der Hilfen
für seelisch behinderte oder von einer solchen Behinderung bedrohte junge Menschen kann fachlich
notwendig und zulässig sein, neben der ärztlich oder psychotherapeutisch diagnostizierten (drohenden)
seelischen Störung auch das familiale System und die Erziehungsbedingungen in den Blick zu nehmen
und bei den Eltern um eine Reflexion ihrer Möglichkeiten zur Verbesserung der Situation des Kindes
zur werben (vgl VGH BY 20.7.2004 – 12 CE 04.1285 – JAmt 2005, 362; VG Sigmaringen 25.1.2005
– 4 K 2105/03 – JAmt 2005, 246).

Buchst. b betrifft das Verhältnis der Selbstbeschaffung zu den Rechtsschutzmöglichkeiten und ist Aus- 50
druck des verwaltungsrechtlichen Grundsatzes vom **Vorrang des Primärrechtsschutzes** (Rn 11). Danach sind auch Bürger, denen ein Sozialleistungsträger die Gewährung von Leistungen versagt, darauf
verwiesen, ihre Ansprüche durch das Einlegen eines Widerspruchs oder das Ergreifen gerichtlichen
Rechtsschutzes zu verwirklichen. Aufwendungsersatzansprüche wegen Selbstbeschaffung bestehen
daher nur, wenn selbst das Ergreifen von **Eilrechtsschutz** (§ 123 VwGO) unzumutbar und der Hilfebedarf so dringlich war, dass ein Abwarten der gerichtlichen Eilentscheidung den Leistungsberechtigten nicht verlangt werden konnte. Dies ist im Einzelfall zu prüfen (aA Hinrichs ZfJ 2003, 449, 452;
ders. 2003, 285 ff: Befriedigung eines jugendhilferechtlichen Bedarfs immer eilbedürftig).

Der Vorrang des Primärrechtsschutzes findet durch Abs. 3 Satz 1 Nr. 3 Buchst. b allerdings insoweit 51
eine Einschränkung, als die Leistungsberechtigten bei rechtswidriger Nichtentscheidung des JA nicht
zuerst auf eine Inanspruchnahme von verwaltungsgerichtlichem Rechtsschutz im Wege der **Untätigkeitsklage** (§ 75 VwGO) verwiesen sind.

4. Ausnahme: Nachträgliches Inkenntnissetzen – Abs. 3 Satz 2

In Abs. 3 Satz 2 wurde eine **Ausnahme vom Erfordernis eines Systemversagens** aufgenommen (kritisch 52
zu dieser Konstellation allgemein Grube ZfJ 2001, 288, 290 f). War es dem Leistungsberechtigten
unmöglich, den Träger der öffentlichen Jugendhilfe rechtzeitig von seinem Bedarf in Kenntnis zu setzen, so soll er abweichend von Abs. 3 Satz 1 Nr. 1 die Kosten erstattet verlangen können, vorausgesetzt
die Leistungsvoraussetzungen – mit Ausnahme der an das JA herangetragenen eindeutigen Willensbekundung – lagen im Übrigen vor (Abs. 3 Satz 1 Nr. 2) und die Deckung des Bedarfs duldete keinen
Aufschub (Abs. 3 Satz 1 Nr. 3).

Welche Konstellationen der Gesetzgeber hierbei im Blick hatte, bleibt unklar. Da es sich allenfalls um 53
Leistungen in extremen Krisen handeln kann, zu denen Inobhutnahmen als andere Aufgaben iSd § 2
Abs. 3 nicht zählen (Grube ZfJ 2001, 288, 291), findet sich im SGB VIII wohl kaum eine Hilfe, die ein
vorheriges Kontaktieren des JA vor der Inanspruchnahme aus zeitlichen Gründen ausschlösse (Krei-
chelt ZfJ 2001, 179, 182; aA Hinrichs ZfJ 2003, 449, 452). In Betracht könnten allenfalls die Selbstbeschaffung von nach Abs. 2 notwendigerweise niedrigschwellig anzubietender (Rn 33 ff), aber in einem Zuständigkeitsbereich nicht angemessen vorgehaltener Hilfen kommen.

Aus rechtlicher Sicht normiert Abs. 3 Satz 2 den einzigen in Rechtsprechung und Literatur bislang 54
richterrechtlich allgemein anerkannten Fall der sog. öffentlich-rechtlichen Geschäftsführung ohne
Auftrag eines Privaten für einen Verwaltungsträger, den sog. „echten" Notfall (Meysen 2000, 269 f).
Der Aufwendungsersatzanspruch wird hierbei vom zusätzlichen Erfordernis abhängig gemacht, dass
der Leistungsberechtigte das JA von dem (bereits selbst beschafften) Hilfebedarf im Nachhinein unverzüglich, also so früh wie (vorher nicht) möglich **in Kenntnis setzt**, wenn der Hinderungsgrund entfallen ist.

5. Aufwendungsersatz und Beweislast

Liegen die Tatbestandsvoraussetzungen des Abs. 3, ein Systemversagen, vor, besteht für die selbst be- 55
schaffte Leistung ein spezieller Haftungsanspruch. **Anspruchsberechtigte** sind die Leistungsberechtigten nach SGB VIII, bei Hilfe zur Erziehung die Personensorgeberechtigten, bei Leistungen nach § 35 a
aber die Kinder/Jugendlichen (VG Karlsruhe 19.2.2008 – 9 K 1866/07 – JAmt 2008, 221; 14.2.2006
– 8 K 1141/05 – NVwz-RR 2006, 621). Der Leistungsberechtigte kann die **Aufwendungen** für die
Leistung erstattet verlangen, die er bei rechtmäßigem Handeln durch (rechtzeitige) Leistungsgewährung durch den Träger der öffentlichen Jugendhilfe erspart hätte. Die Höhe orientiert sich dabei an

den Rechtsgedanken des Aufwendungsersatzes in zivilrechtlichen Auftragsverhältnissen aus § 670 (iVm § 683 Satz 1) BGB. Hiervon erfasst sind auch **Zinsen** im Falle einer Darlehensaufnahme zur Finanzierung der selbstbeschafften Leistung (Grube JAmt 2002, 490), nicht hingegen eine generelle Verzinsung (Hinrichs ZfJ 2003, 449, 455). Vom Mehrkostenvorbehalt des § 5 Abs. 2 ist der Inhaber eines Anspruchs nach § 36 a befreit, es sei denn der Mehrkostenvorbehalt hat die Leistungsverweigerung, die zur Selbstbeschaffung geführt hat, gerechtfertigt (siehe Rn 14). Demjenigen, der eine Leistung nach SGB VIII selbst beschafft, obliegt eine **Pflicht zu wirtschaftlichem Handeln** (Ständige Fachkonferenz 1 des DIJuF JAmt 2002, 498, 499).

56   Verschafft sich ein Bürger selbst eine Leistung, so trägt er im Nachhinein das Risiko, dass die Voraussetzungen des Aufwendungsersatzanspruchs nachzuweisen sind. Ihn trifft die **Beweislast** für die Umstände, wegen derer davon auszugehen ist, dass der Träger der öffentlichen Jugendhilfe Kenntnis vom Hilfebedarf hatte, für das Vorliegen der Leistungsvoraussetzungen zum Zeitpunkt der Selbstbeschaffung, für die Dringlichkeit der Bedarfsdeckung und im Falle des Abs. 3 Satz 2 auch der ausreichenden Bemühungen bei der nachträglichen Kenntnisverschaffung (Ständige Fachkonferenz 1 des DIJuF JAmt 2002, 498, 499).

Weiterführende Literaturhinweise:

Meysen FamRZ 2008, 562; *Trenczek* ZJJ 2007, 31; Ständige Fachkonferenz 1 des *DIJuF* JAmt 2007, 406 und JAmt 2002, 498 = ZJJ 2002, 147; *Hinrichs* 2002.

§ 37 Zusammenarbeit bei Hilfen außerhalb der eigenen Familie

(1) [1]Bei Hilfen nach §§ 32 bis 34 und § 35 a Abs. 2 Nr. 3 und 4 soll darauf hingewirkt werden, dass die Pflegeperson oder die in der Einrichtung für die Erziehung verantwortlichen Personen und die Eltern zum Wohl des Kindes oder des Jugendlichen zusammenarbeiten. [2]Durch Beratung und Unterstützung sollen die Erziehungsbedingungen in der Herkunftsfamilie innerhalb eines im Hinblick auf die Entwicklung des Kindes oder Jugendlichen vertretbaren Zeitraums so weit verbessert werden, dass sie das Kind oder den Jugendlichen wieder selbst erziehen kann. [3]Während dieser Zeit soll durch begleitende Beratung und Unterstützung der Familien darauf hingewirkt werden, dass die Beziehung des Kindes oder Jugendlichen zur Herkunftsfamilie gefördert wird. [4]Ist eine nachhaltige Verbesserung der Erziehungsbedingungen in der Herkunftsfamilie innerhalb dieses Zeitraums nicht erreichbar, so soll mit den beteiligten Personen eine andere, dem Wohl des Kindes oder des Jugendlichen förderliche und auf Dauer angelegte Lebensperspektive erarbeitet werden.

(2) [1]Die Pflegeperson hat vor der Aufnahme des Kindes oder des Jugendlichen und während der Dauer der Pflege Anspruch auf Beratung und Unterstützung; dies gilt auch in den Fällen, in denen dem Kind oder dem Jugendlichen weder Hilfe zur Erziehung noch Eingliederungshilfe gewährt wird oder die Pflegeperson der Erlaubnis nach § 44 nicht bedarf. [2]§ 23 Abs. 4 gilt entsprechend.

(3) [1]Das Jugendamt soll den Erfordernissen des Einzelfalls entsprechend an Ort und Stelle überprüfen, ob die Pflegeperson eine dem Wohl des Kindes oder des Jugendlichen förderliche Erziehung gewährleistet. [2]Die Pflegeperson hat das Jugendamt über wichtige Ereignisse zu unterrichten, die das Wohl des Kindes oder des Jugendlichen betreffen.

I. Inhalt der Norm

Ergänzend zur Beteiligung an der Hilfeplanung nach § 36 enthält § 37 weitere **Vorgaben für das sozialpädagogisch-fachliche Handeln**, insbesondere in der Zusammenarbeit zwischen den Herkunftsfamilien bzw Eltern einerseits und den Personen, die das Kind außerhalb des Elternhauses betreuen und erziehen, dh Pflegepersonen und Erziehungspersonen in Heimen bzw beim betreuten Wohnen (Rn 3 ff). Darüber hinaus wird in Abs. 2 Pflegepersonen ein eigenständiger **Beratungs- und Unterstützungsanspruch** eingeräumt (Rn 20 ff). Abs. 3 regelt die **Kontrolle** von Familienpflegeverhältnissen im Rahmen von Leistungen nach SGB VIII. Dem JA wird eine Pflicht zur Überprüfung der Pflegepersonen auferlegt; die Pflegeperson wird verpflichtet, das JA über wichtige Ereignisse das Wohl des Kindes betreffend zu informieren (Rn 23 ff).   1

Organisatorisch möglich ist eine Aufgabenwahrnehmung nach § 37 in spezialisierten Pflegekinderdiensten oder Fachdiensten Heimerziehung im JA oder im ASD oder eine Beteiligung von freien Trägern. Unzulässig ist eine gleichzeitige Führung von Vormundschaften und Ergänzungspflegschaften (DIJuF JAmt 2004, 196).   2

II. Zusammenarbeit und Entwicklung von Lebensperspektiven – Abs. 1

1. Zusammenarbeit – Abs. 1 Satz 1

Bei stationärer oder teilstationärer Unterbringung soll das JA auf eine Zusammenarbeit zum Wohl des Kindes oder Jugendlichen hinwirken. **Adressaten** der Aufgabe nach Abs. 1 sind einerseits Eltern, unabhängig von sorgerechtlichen Befugnissen, und andererseits Pflegepersonen im Rahmen der Gewährung von Hilfen nach § 33 oder § 35 a Abs. 2 Nr. 3, Erzieher in vollstationären Einrichtungen oder in sonstigen betreuten Wohnformen nach § 34 oder § 35 a Abs. 2 Nr. 4 sowie Fachkräfte in Tagesgruppen nach § 32. Für die **teilstationäre Unterbringung in einer Tagesgruppe** kann nur Abs. 1 Satz 1 gelten, da es sich bei ihr nicht um eine Verlagerung des Lebensmittelpunkts des Kindes oder Jugendlichen handelt und sich die für Fremdunterbringungen bedeutsame Frage – Unterbringung auf Zeit oder   3

Dauer (Rn 10 ff) – bei der Tagesgruppe nicht stellt. Die Einbeziehung der Tagesgruppe in § 37 ist nicht plausibel, da hier die Bestimmungen des § 36 ausreichend sind. Auch Eingliederungshilfe für seelisch behinderte Kinder und Jugendliche „Tageseinrichtungen für Kinder" und „andere teilstationäre Einrichtungen" (§ 35 a Abs. 2 Nr. 2) ist nicht in den Anwendungsbereich von § 37 einbezogen. § 35 (intensive sozialpädagogische Einzelbetreuung) ist nicht von § 37 erfasst, da es sich hier primär um eine Hilfe zur Verselbstständigung Jugendlicher handelt (§ 35 Rn 12).

4   Abs. 1 Satz 1 trägt dem Umstand Rechnung, dass Kinder oder Jugendliche in Fremdunterbringung neben den Pflege-/Erziehungspersonen als soziale Eltern auch noch leibliche Eltern haben (hierzu Rohrmann UJ 2005, 332). Für das **Ziel einer Zusammenarbeit** zwischen Pflegeperson, Heimerzieher bzw Fachkraft beim betreuten Wohnen und den Eltern gibt es aus juristischer und entwicklungspsychologischer Sicht vielfältige Gründe. Abs. 1 Satz 1 ist Ausdruck der Partizipation im Rahmen des Hilfeprozesses, wie sie auch bei der Mitwirkung am kooperativen Hilfeprozess nach § 36 Abs. 1 und 2 vorgesehen ist. Verfassungsrechtlich ergibt sie sich aus dem Elternrecht (Art. 6 Abs. 2 Satz 1 GG), das jenseits von elterlicher Sorge auch bei Fremdunterbringung Geltung beansprucht, und zivilrechtlich aus den verbleibenden Entscheidungs- und Vertretungsrechten der Personensorgeberechtigten in Angelegenheiten von erheblicher Bedeutung für die Entwicklung ihres Kindes (hierzu § 38 Rn 4 f). Eine gelingende Zusammenarbeit hilft aus Sicht des Kindes oder Jugendlichen Loyalitätskonflikte zu vermindern und berücksichtigt bestehende Bindungen und Beziehungen, sie nutzt die Ressourcen von Eltern und Pflege-/Erziehungspersonen bei der Erziehung.

5   Die Regelung bezieht auch **nicht sorgeberechtigte Eltern** ein (s. auch § 36 Rn 29 f). Es geht damit nicht nur um die Sicherung der Rechte von Personensorgeberechtigten, sondern auch um die Pflege von Beziehungen und Kontakten zur Herkunftsfamilie, unabhängig von sorgerechtlichen Befugnissen. Orientierungsmaßstab ist dabei aber immer die Situation bzw das Wohl des Kindes oder Jugendlichen.

6   Diskussion und Entwicklung sozialpädagogisch-fachlicher **Konzepte der Elternarbeit** sind in der Heimerziehung deutlich fortgeschrittener (zB Koch/Lambach Forum Erziehungshilfen 2008, 15; Gragert/ Seckinger Forum Erziehungshilfen 2008, 4; dies./van Santen ArchSozArb 2005, 74; Bohlken/Krüger UJ 2007, 472; Schulze-Krüdener UJ 2005, 20; Vonderbank UJ 2005, 382) als bei der Familienpflege (zB Rohrmann UJ 2005, 332; zur Forschung in England Sinclair Forum Erziehungshilfe 2008, 10). Das Kooperationsgebot nach Abs. 1 Satz 1 ist dabei umfassender, als der Begriff Elternarbeit nahe legt. Es umfasst nicht nur eine sozialpädagogische (zT therapeutische) Arbeit mit den Eltern, sondern auch die Sicherung ihrer Beteiligungs- und Mitentscheidungsrechte. Hierzu kann in der schwierigen Eingewöhnungsphase direkt nach einer Fremdunterbringung der Einsatz eines „Integrationshelfers" sinnvoll sein (DIJuF JAmt 2005, 130).

7   Die Vorschrift erteilt eine Absage an einen grundsätzlichen Kontaktabbruch bei der Unterbringung eines Kindes oder Jugendlichen in einer Pflegefamilie (etwa bei Tenhumberg/Michelbrink 1998, 106, 122; Nienstedt/ Westermann 1995). Die – auf diese Konzepte gestützte – **Nichteinbeziehung der Herkunftseltern in die Hilfeprozesse** hat zu mehreren Verurteilungen durch den Europäischen Gerichtshof für Menschenrechte geführt (EGMR 26.2.2002 – Beschwerde Nr. 46544/99 [Kutzner/Deutschland]; 8.4.2004 – Beschwerde Nr. 11057/02 [Haase/Deutschland] – NJW 2004, 3401; auch 26.2.2004 – Beschwerde Nr. 74969/01 [Görgülü/Deutschland] – JAmt 2004, 551). Das BVerfG verurteilt den verengten Blickwinkel in diesen Hilfefällen als grundrechtswidrig (BVerfG 23.8.2006 – 1 BvR 476/04 – JAmt 2006, 516; 5.4.2005 – 1 BvR 1664/05 – JAmt 2005, 370; 28.12.2004 – 1 BvR 2790/04 – JAmt 2005, 51; 14.10.2004 – 2 BvR 1481/04 – JAmt 2004, 601; 21.6.2002 – 1 BvR 605/02 – JAmt 2002, 307). Die Inpflegenahme von Kindern darf nicht schematisch zu einem Kontaktabbruch mit den Eltern führen (OLG Hamm 19.11.2003 – 8 WF 300/03 – ZfJ 2005, 207).

8   Im Interesse aller Beteiligten ist bei der Gestaltung der Zusammenarbeit eine **differenzierte Wahrnehmung der jeweiligen Bedürfnisse im Einzelfall** gefordert. Objektiver Hintergrund dieser Problematik ist, dass rechtlich die Zuordnung zur Herkunftsfamilie bleibt und die konkrete Erziehungsarbeit sowie der Aufbau von Bindungen in der Einrichtung bzw Pflegefamilie erfolgt. Zur Realisierung einer vertrauensvollen und dem Kind dienlichen Zusammenarbeit, bei der Konkurrenz um die (bessere) Elternschaft soweit wie möglich vermieden wird, bedarf es von Fachkräften der Jugendhilfe (ASD, Pflegekinderdienst, spezialisierte freie Träger) in verstärktem Umfang der vermittelnden, moderierenden und konfliktschlichtenden Aktivität (zu den Anforderungen an eine fachgerechte **Mediation** Trenczek ZKM 2008, 16).

Aufgabe der Fachkräfte ist, die Bedürfnisse des **Kindes oder Jugendlichen** sowie seine Belastungen und 9
Ambivalenzen den Eltern und Pflege-/Erziehungspersonen zu erklären und sie im Bemühen um einen
kindeswohlförderlichen Umgang mit der Situation zu stärken und zu beraten. Daneben gilt es, die
Herkunftseltern mit der besonderen Belastung durch den einschneidenden Autonomieverlust – auch
in der Anfangsphase einer Fremdunterbringung – beratend und unterstützend zu begleiten (Rn 16) und
gleichzeitig die **Pflegepersonen** sowohl mit ihren emotionalen sowie motivationalen Barrieren als auch
mit möglichen faktischen Überforderungssituationen (Einmischung der Herkunftsfamilie, irritierende
bzw widersprüchliche Konsequenzen für das Kind) zu begleiten (Rn 20 ff).

2. Entwicklung einer dauerhaften Lebensperspektive – Abs. 1 Sätze 2 bis 4

Bei Fremdunterbringung im Rahmen der Gewährung einer Leistung nach SGB VIII ist von Beginn an 10
die **zeitliche Perspektive** in die Hilfeplanung aufzunehmen. Das JA wird durch Abs. 1 Sätze 2 bis 4 in
die Pflicht genommen, weder die Möglichkeit einer Rückführung in die Herkunftsfamilie den faktischen Entwicklungen und dem Zeitablauf zu überlassen noch die Verfestigung einer dauerhaften
Fremdunterbringung. Insbesondere für Kinder und Jugendliche können diffuse Zukunftsperspektiven
irritierend und ihrer psychischen und sozialen Entwicklung abträglich sein (Jordan ZfJ 1992, 22).

Bei **Pflegefamilien** kommt hinzu, dass in diesen – idR stärker als in Einrichtungen – emotionale Bin- 11
dungen und Beziehungen zum Pflegekind aufgebaut werden. Daher besteht ein gesteigertes Interesse
an Klarheit und Sicherheit innerhalb der (objektiv gedoppelten) familiären Beziehungen, was einen
transparenten Umgang mit etwaiger Offenheit oder Gewissheit über den zukünftigen Verbleib fordert
(Permien 1987, 212). Die **frühzeitige Berücksichtigung der möglichen Dauer**, der Kriterien für eine
zukünftige Klärung sowie der möglichen Offenheit hilft Konflikte zu vermeiden. Solche können entstehen, wenn Kinder oder Jugendliche an Pflegepersonen vermittelt werden, für die wesentliches Motiv
der Inpflegenahme die dauerhafte Einbindung des Kindes oder Jugendlichen in ihre Familie ist, obwohl
eine Rückkehr in die Herkunftsfamilie möglich bzw der Verbleib in der Pflegefamilie anderweitig unsicher ist.

Die **Entscheidung über den Lebensmittelpunkt** soll „innerhalb eines im Hinblick auf die Entwicklung 12
des Kindes oder Jugendlichen vertretbaren Zeitraums" getroffen werden. Die Gesetzesbegründung
führt hierzu aus (BT-Drucks. 11/5948, 74 f): „Kommt das JA deshalb nach einer sorgfältigen Prüfung
der Situation in der Herkunftsfamilie zu der Überzeugung, dass Bemühungen zur Verbesserung der
Erziehungsbedingungen in der Herkunftsfamilie mit dem Ziel der Rückführung des Kindes innerhalb
eines angemessenen Zeitraums offensichtlich erfolglos sind oder sein werden, dann ändert sich sein
‚Auftrag'. Fortan hat es seine Bemühungen darauf auszurichten, die Eltern davon zu überzeugen, dass
sie ihrer Elternverantwortung in der konkreten Situation am besten gerecht werden können, dass sie
einem dauerhaften Verbleib des Kindes in der Pflegefamilie ggf auch einer Adoption (möglichst durch
die Pflegeeltern) zustimmen. Gelingt dies nicht und handeln die Eltern zum Schaden des Kindes, so hat
das JA den ‚Schwebezustand' möglichst bald durch die Anrufung des Vormundschaftsgerichts (heute
FamG, d. Verf.) zu beenden."

Die **Rückkehr des Kindes oder Jugendlichen zu den Eltern** ist vorrangiges Ziel der Fremdunterbringung 13
(**Abs. 1 Satz 2**). Voraussetzung ist, dass eine Verbesserung der Erziehungsbedingungen in der Herkunftsfamilie in – aus der Perspektive des Kindes – vertretbarer Zeit erwartet werden kann und die
Rückkehr mit dem Wohl des Kindes oder Jugendlichen vereinbar ist. Schon bei der Entscheidung über
eine Hilfe außerhalb der eigenen Familie (§ 36) gilt es regelmäßig, eine **Prognose** darüber abzugeben,
ob diese Unterbringung im Interesse des Kindes oder Jugendlichen zeitlich befristet oder aber auf Dauer
angelegt sein soll. Prognosen bedürfen einer fortwährenden Evaluation hinsichtlich ihrer Verwirklichung (§ 36 Abs. 2 Satz 2 Halbs. 2). Wird sie jedoch ausdrücklich formuliert, so ergibt sich daraus die
Notwendigkeit, die jeweilige Option zu begründen und zur Erreichung des jeweils angegebenen Ziels
die erforderlichen Ressourcen anzugeben und einzusetzen.

Abs. 1 Satz 2 fordert vor dem Hintergrund der Ziele des § 1 Abs. 1 und 3 **Rückführungsbemühun-** 14
gen nur dort, wo positive emotionale Bindungen der Kinder und Jugendlichen zur Herkunftsfamilie
die Rückführung in ihrem Interesse und mit ihrem Wohl vereinbar erscheinen lassen. Haben sich bei
lang andauernder Misshandlung (Vernachlässigung, physische, psychische Misshandlung oder sexueller Missbrauch) die Beziehungen zur Herkunftsfamilie angstbesetzt, traumatisch und/oder destruktiv
entwickelt, ist besonders sorgfältig zu prüfen, ob positive emotionale Bindungen bestehen oder realis-
tischerweise entstehen können. Bei der Klärung der Perspektive über den Lebensmittelpunkt sind dabei

entwicklungshemmende Entscheidungsverzögerungen zu vermeiden und ggf bei der Hilfe außerhalb der eigenen Familie von vornherein auf eine auf Dauer angelegte Lebensperspektive hinzuarbeiten.

15 Ist die Unterbringung des Kindes oder Jugendlichen nur auf Zeit und mit dem **Ziel der Rückführung** geplant, ist der Identifikations- und Statusbezug zu den (temporär) abwesenden Eltern zu erhalten. Kinder und Jugendliche, die nur für eine vorübergehende Zeit bzw für eine Übergangsphase in Pflegestellen bzw Einrichtungen untergebracht werden, sind sowohl von den Pflege-/Erziehungspersonen einerseits ein Bindungsaufbau anzubieten als auch gleichzeitig die Beziehung zu den abwesenden Eltern zu erhalten und zu pflegen. Von daher bedeutet die befristete Aufnahme eines Kindes oder Jugendlichen für „Fremderzieher" eine **besondere Anforderung**. Dem ist durch entsprechende Vorbereitung der Pflegepersonen sowie Professionalisierungs- und Honorierungsüberlegungen Rechnung zu tragen (vgl § 33 Rn 17 f).

16 Kommt eine Rückkehr in Betracht, ist die Herkunftsfamilie in der Zeit der Fremdunterbringung zu begleiten und auf die Anforderungen an eine förderliche Erziehung ihres Kindes vorzubereiten (**Abs. 1 Satz 3**). Dies erfordert **Beratung und Unterstützung der Herkunftseltern** sowohl bei der Verarbeitung der meist als Scheitern empfundenen Fremdunterbringung sowie Stärkung ihrer verlorenen Erziehungsautonomie (Permien 1987, 212, 223; Faltermeier 2001, 140 ff) als auch bei der Behebung der Erziehungsschwierigkeiten (Suchtbehandlung, Beschaffung von Wohnraum und/oder Arbeit, Trennung von gewalttätigem Partner, Einzel- oder Familientherapie etc). Wenn die Erarbeitung einer möglichen Rückkehroption dem Wohl ihres Kindes dient, haben Herkunftseltern einen entsprechenden **Anspruch** auf Beratung und Unterstützung nach Abs. 1 Sätze 2 und 3 (aA VG Düsseldorf 19.10.2004 – 19 L 2724/04 – JAmt 2005, 153 = ZfJ 2005, 331). Hierzu kann auch die Übernahme von Kosten für die Kontakte der Eltern mit dem Kind gehören (DIJuF JAmt 2005, 24, 25). Entgegen der gesetzlichen Vorgabe ist in der Praxis immer wieder zu beobachten, dass mit der Fremdunterbringung die – dann oftmals hoch konflikthafte – Arbeit mit der Herkunftsfamilie eingestellt wird, obwohl diese Phase für die Eltern, aber auch für die in der Familie verbleibenden Geschwisterkinder mit vielfältigen Belastungen verbunden ist (Gragert/van Santen/Seckinger ArchSozArb 2005, 74).

17 Ist eine nachhaltige Verbesserung der Erziehungsbedingungen in der Herkunftsfamilie nicht in einem im Hinblick auf die Entwicklung des Kindes oder Jugendlichen vertretbaren Zeitraum zu erreichen, ist nach **Abs. 1 Satz 4** für das Kind oder den Jugendlichen eine **auf Dauer angelegte Lebensperspektive** zu erarbeiten. Adressaten der Erarbeitung sind auch hier wieder alle beteiligten Personen. Sowohl Kind bzw Jugendlicher als auch Pflege-/Erziehungspersonen und Herkunftseltern sind bei der Klärung des Lebensmittelpunkts und der Sicherung der kindeswohldienlichen Kontinuität des Hilfeprozesses einzubeziehen.

18 Auch wenn ein Kind oder Jugendlicher auf Dauer in einer Pflegefamilie oder einem Heim aufwachsen wird, kann es hilfreich (identitätsfördernd) sein, wenn die Rückbezüge zur Herkunftsfamilie nicht verdrängt bzw verhindert werden. Zur Steuerung und Planung des Hilfeprozesses in Fremdunterbringung gehört daher bei Fremdunterbringung stets auch die Frage nach der **Regelung der Umgangskontakte** mit den Eltern, Geschwistern, Pflege-/Erziehungs- oder anderen Bezugspersonen des Kindes oder Jugendlichen (allgemein § 36 Rn 51). Gefordert ist eine bewusste Reflexion darüber, welchen Zweck die Kontakte verfolgen sollen (Beziehungspflege, Vergewisserung über das Wohlergehen des Kindes, Verarbeitung von Vergangenem, Abgleich des Elternbilds mit der Wirklichkeit etc) und ob bzw unter welchen Bedingungen Kontakte mit diesem intendierten Zweck mit dem Wohl des Kindes oder Jugendlichen vereinbar sind (zu Umgangskontakten während Vollzeitpflege Kindler JAmt 2005, 541; Salgo ZfJ 2003, 361). Häufig brauchen bei der Durchführung von Umgangskontakten während einer Fremdunterbringung sowohl Kind oder Jugendlicher (§ 18 Abs. 3 Sätze 1 und 2) als auch Herkunftseltern (§ 18 Abs. 3 Sätze 3 und 4) sowie Pflegeeltern (§ 37 Abs. 2) **Beratung und Unterstützung** und haben hierauf auch einen Anspruch, den offensiv zu befriedigen sich in der Begleitung des komplexen Beziehungsgeflechts bei Fremdunterbringung lohnt.

19 Kommt es bei Erarbeitung einer dauerhaften Perspektive oder der Initiierung einer Rückführung zu Konflikten über den zukünftigen Aufenthalt des Kindes oder Jugendlichen, können die Pflegepersonen beim FamG den Erlass einer **Verbleibensanordnung** beantragen (§ 1632 Abs. 4 BGB; Anhang § 50 Rn 49). In der Rechtsprechung haben sich dabei – je nach Lebensalter und individuellen Gesamtumständen – höchst uneinheitliche Zeitgrenzen herausgebildet (Kindler/Lillig/Küfner JAmt 2006, 9; Staudinger/Salgo § 1632 BGB Rn 47 ff), nach der im Konfliktfall aufgrund der bis dahin neu entstandenen Bindungen des Kindes einer Rückführung auf Antrag der Eltern nicht mehr stattgegeben wird (vgl § 86 Abs. 6). Ein Verbleib in der Pflegefamilie kann nicht allein damit begründet werden, dass das

Kind oder der Jugendliche es dort besser hätte als bei den Herkunftseltern (OLG Frankfurt a.M. 4.9.2002 – 2 UF 228/02 – JAmt 2003, 39), sondern erfordert eine Gefährdung des Kindeswohls durch die Rückführung (§ 1632 Abs. 4 BGB).

III. Beratung und Unterstützung der Pflegeperson – Abs. 2

Abs. 2 Satz 1 normiert einen **eigenständigen Anspruch der Pflegepersonen** auf Beratung und Unterstützung. Er bezieht sich nicht nur auf Pflegepersonen als Leistungserbringer im Rahmen von Hilfen nach SGB VIII, sondern auch Pflegepersonen in privatrechtlich begründeten Pflegeverhältnissen – mit oder ohne erforderliche Erlaubnis zur Vollzeitpflege (§ 44) – (Abs. 1 Satz. 1 Halbs. 2). Der Beratungs- und Unterstützungsanspruch besteht bereits vor Vermittlung eines Kindes oder Jugendlichen durch das JA. Dieses hat die Pflicht, die Pflegepersonen auf die besonderen Anforderungen an die Aufnahme eines Pflegekindes vorzubereiten und zu qualifizieren. Während der gesamten Dauer der Pflege bezieht er sich auf alle Fragen im Zusammenhang mit der Pflege und Erziehung der Kinder bzw Jugendlichen, in pädagogischer, rechtlicher und sonstiger Hinsicht. Der selbstständige Anspruch unterliegt der Kostenerstattung und zählt nicht zu Verwaltungskosten iSd § 109 SGB X (VG Hamburg 13.3.2008 – 13 K 1163/07 – JAmt 2008, 223; DIJuF JAmt 2007, 31). 20

Zur Sicherstellung eines ortsnahen Beratungs- und Unterstützungsanspruchs wechselt gem. § 86 Abs. 6 nach zwei Jahren die **örtliche Zuständigkeit** auf das JA am gewöhnlichen Aufenthalt des Kindes oder Jugendlichen. Mit dem **gesetzlichen Wechsel der Zuständigkeit nach § 86 Abs. 6** wird häufig die Kontinuität einer gewachsenen Hilfebeziehung zwischen vermittelndem JA und Pflegepersonen als Leistungserbringer gestört. Etliche wollen weiter von dem JA beraten und unterstützt werden, das ihnen das Kind oder den Jugendlichen vermittelt hat. Die von benachbarten JÄ „geerbten" Pflegekinderverhältnisse sind beim neu zuständigen JA oftmals unbeliebt. Regional werden entgegen § 86 Abs. 6 immer wieder (rechtswidrige) Vereinbarungen zwischen den JÄ über eine fortgesetzte Verantwortlichkeit für selbst vermittelte Pflegeverhältnisse geschlossen (DIJuF JAmt 2003, 408). Lebt die Pflegefamilie indes weit von dem vormals örtlich zuständigen JA entfernt, besteht ein gesteigertes Interesse an ortsnaher Beratung und Unterstützung, sodass § 86 Abs. 6 hier auch aus Gründen des Wohls des Kindes oder Jugendlichen eine wichtige Funktion erfüllt (Struzyna ZfJ 2005, 104; § 86 Rn 15 f). 21

Der Verweis in **Abs. 2 Satz 2** auf § 23 Abs. 4 bezieht sich auf dessen Satz 3. Danach sollen auch **Zusammenschlüsse von Pflegepersonen** beraten, unterstützt und gefördert werden. Im Interesse einer dem Kindeswohl förderlichen Wahrnehmung der Aufgaben der Familienpflege ist Aufgabe der Träger der öffentlichen Jugendhilfe, Pflegeelternverbände bzw -vereinigungen zu fördern. Diese leisten regelmäßig einen wesentlichen Beitrag zur Qualifizierung der Pflegepersonen insbesondere durch Fachberatung und Aus- bzw Fortbildung. Wenn die örtlichen JÄ keine ausreichenden Beratungs-, Unterstützungs- oder Aus- bzw Fortbildungsangebote vorhalten, aber nicht nur dann, ist daher idR eine **finanzielle Förderung** unter den Voraussetzungen der §§ 74, 77 geboten (zur Tagespflege § 23 Rn 45). Kostenersatz für die eigenständige (selbst beschaffte) Inanspruchnahme von Beratung durch einen vom JA nicht beauftragten Träger können Pflegepersonen indes nicht verlangen (OVG NW 16.7.2002 – 12 E 653/01 – JAmt 2002, 474 = ZfJ 2003, 77). 22

IV. Prüfung und Mitteilung – Abs. 3

Das JA hat nicht nur die Aufgabe einer Eignungsprüfung zu Beginn eines Familienpflegeverhältnisses bzw unter bestimmten Voraussetzungen auch bei Bekanntwerden einer privaten Inpflegegabe (vgl § 44 Abs. 1 Sätze 1 und 2), sondern auch der Kontrolle von laufenden Pflegeverhältnissen (Abs. 3 Satz 1) – auch wenn Pflegeeltern zum Vormund bestellt sind (DIJuF JAmt 2006, 23). Während im § 44 Abs. 3 und 4 **Prüfungs- und Mitteilungspflichten** im Zusammenhang mit erlaubnispflichtigen Pflegestellen geregelt sind, betrifft Abs. 3 nur Familienpflegeverhältnisse im Rahmen einer Leistung nach SGB VIII, bei denen keine Pflegeerlaubnis erforderlich ist (§ 44 Abs. 1 Satz 2 Nr. 1). 23

Die Erkenntnisse der Entwicklungspsychologie und Sozialpädagogik, dass „Aufsicht" in Form der Beratung und Unterstützung für die betroffenen Kinder und Jugendlichen protektiver ist als eine hoheitliche Aufgabenwahrnehmung (Gudat 1987, 102, 105 ff), setzt die pädagogische und rechtliche Systematik des SGB VIII nicht auf Überwachung von Pflegefamilien, normiert aber mit Abs. 3 Satz 1 bewusst eine ausdrückliche Kontrollpflicht (BT-Drucks. 11/5948, 83, 133). Die Kontrolle wird jedoch von einem **kooperativen Grundverständnis** getragen und dient dazu, partnerschaftlich und unter Achtung der familialen Autonomie Konflikte und Probleme im Zusammenleben mit dem Kind oder Ju- 24 gendlichen möglichst gemeinsam mit der Pflegeperson zu erkennen und Gefährdungen des Kindeswohls zu vermeiden (BT-Drucks. 11/5948, 42; Nassall JAmt 2005, 6, 7).

25   Bei länger andauernden Pflegeverhältnissen genießen die Familienbande in der Pflegefamilie aufgrund der wachsenden Bindung zwischen Kind oder Jugendlichen und seinen Pflegeeltern **verfassungsrechtlichen Schutz** (Art. 6 Abs. 1 GG; BVerfGE 68, 176, 187). Aus dem grundrechtlichen Schutz der Familienpflegeverhältnisse ergeben sich für die Kontrollpflichten aus Abs. 3 Satz 1 Grenzen. Jede Kontrolle kann vor diesem Hintergrund nur mit dem Schutz anderer Grundrechte, hier dem Recht der Kinder oder Jugendlichen auf Entfaltung ihrer Persönlichkeit und auf körperliche Unversehrtheit (Art. 2 Abs. 1 iVm Art. 1 Abs. 1, Art. 2 Abs. 2 Satz 1 GG), gerechtfertigt werden und muss überdies verhältnismäßig sein (Wiesner/Wiesner § 37 Rn 41; GK/Nothacker § 37 Rn 27). Grundsätzlich soll ein Minimum an hoheitlichem Eingriff und ein Maximum an Beratung durch das JA erfolgen (BGH 21.10.2004 – III ZR 254/03 – JAmt 2005, 35, 39).

26   Gefordert ist eine den **Erfordernissen des Einzelfalls entsprechende Überprüfung**. Diese soll nach Möglichkeit „an Ort und Stelle", also im Haus bzw der Wohnung der Pflegefamilie stattfinden. Eine schematische, routinemäßige und sich in regelmäßigen Abständen wiederholende Aufsicht verbietet sich jedoch (BGH 21.10.2004 – III ZR 254/03 – JAmt 2005, 35, 39; Meysen 2004, 157, 165 mwN; § 44 Rn 24; aA Krug/Grüner/Dalichau § 37 Anm. IV.1., offensichtlich davon ausgehend, Abs. 3 Satz 1 enthalte das Wort „laufend"). Vor unangemeldeten Hausbesuchen ist die Verhältnismäßigkeit zu prüfen. Für ein Betreten der Wohnung der Pflegeperson gegen deren Willen bietet Abs. 3 Satz 1 keine ausreichende Ermächtigungsgrundlage iSd Art. 13 Abs. 2 GG.

27   Der partnerschaftliche Grundgedanke des Verhältnisses zwischen Pflegeperson und JA (Jans u.a./ Werner § 37 Rn 43) und das Kindeswohl erfordern Kontinuität des Hilfeprozesses (BGH 21.10.2004 – III ZR 254/03 – JAmt 2005, 35, 39; DIJuF JAmt 2002, 18, 19). Herausnahmen bedürfen mit zunehmender Dauer eines triftigen Grundes (vgl § 1632 Abs. 4 BGB; MünchKomm/Huber § 1632 BGB Rn 43 ff; Bamberger/Roth/Veit § 1632 BGB Rn 20 ff; Staudinger/Salgo § 1632 BGB Rn 81 ff). Daher haben sich dann auch Überprüfungen auf Fälle zu beschränken, in denen gewichtige Anhaltspunkte oder ein Verhalten der Pflegepersonen Anlass hierzu geben (Hauck/Stähr § 37 Rn 18). Üblicherweise wird die **Prüfintensität und -häufigkeit** in der Anfangsphase eines Pflegeverhältnisses höher sein und nimmt mit zunehmender Dauer ab (Schindler JAmt 2004, 169, 174 f). Je länger die Vollzeitpflege andauert, desto mehr ist das JA darauf angewiesen, dass ihm die relevanten Entwicklungen ohne standardisierte Kontrolle vor Ort, meist informell, bekannt werden (Krug/Grüner/Dalichau § 37 Anm. IV. 1.). Zu den Schwierigkeiten einer Beratung, Unterstützung und Kontrolle nach Verbleibensanordnung entgegen der fachlichen Einschätzung des JA siehe DIJuF JAmt 2008, 428; 2007, 141.

28   Bei **Zuständigkeitswechseln** ist nach der Rechtsprechung eine zeitnahe persönliche Vergewisserung über die Situation des Kindes bzw Jugendlichen sowie der Erziehungsbedingungen in der Pflegefamilie erforderlich (BGH 21.10.2004 – III ZR 254/03 – JAmt 2005, 35, 38; OLG Stuttgart 23.7.2003 – 4 U 42/03 – JAmt 2003, 592, 595; Fieseler Forum Erziehungshilfen 2005, 58). Entgegen dieser formellen Anknüpfung an einen Zuständigkeitswechsel sollte aus der Perspektive des Kindes oder Jugendlichen bei Überprüfungspflichten eher angeknüpft werden an **wesentliche Veränderungen der Lebensumstände** (Umzug, Aufnahme weiterer Pflegekinder, Geburt – weiterer – leiblicher Kinder der Pflegepersonen, Trennung der Pflegepersonen etc; Nassall JAmt 2005, 6, 7). Die Pflicht zum zeitnahen Aufbau einer neuen Hilfebeziehung zwischen zuständigen Fachkräften und Beteiligten nach Zuständigkeitswechseln bleibt hiervon unberührt.

29   Das SGB VIII setzt bei der Kontrolle in erster Linie auf die **Mitteilungspflicht der Pflegepersonen nach Abs. 3 Satz 2** (hierzu § 44 Rn 33). Dies gilt vor allen Dingen, wenn sich die Pflegepersonen kontinuierlich an der Ausgestaltung des Hilfeprozesses beteiligen (§ 36 Abs. 2 Satz 3). Eine Pflicht der Erziehungspersonen im Heim zur Information über relevante Entwicklungen des Kindes oder Jugendlichen ergibt sich außerhalb von § 36 Abs. 2 Satz 3 nur gegenüber dem Vormund/Ergänzungspfleger (hierzu DIJuF JAmt 2004, 138).

Weiterführende Literaturhinweise:

Kindler JAmt 2005, 541; *ders./Lillig/Küfner* JAmt 2006, 9; *Blandow* 2004; *Meysen* 2004.

§ 38 Vermittlung bei der Ausübung der Personensorge

Sofern der Inhaber der Personensorge durch eine Erklärung nach § 1688 Abs. 3 Satz 1 des Bürgerlichen Gesetzbuchs die Vertretungsmacht der Pflegeperson soweit einschränkt, dass dies eine dem Wohl des Kindes oder des Jugendlichen förderliche Erziehung nicht mehr ermöglicht, sowie bei sonstigen Meinungsverschiedenheiten sollen die Beteiligten das Jugendamt einschalten.

I. Einleitung

Leben Kinder oder Jugendliche nicht mit den Personensorgeberechtigten zusammen, ist erforderlich, **1** dass den Personen, bei denen ein Kind oder Jugendlicher lebt, bei der Pflege und Erziehung bestimmte Entscheidungs- und Vertretungsbefugnisse zustehen. Diesem Bedürfnis trägt § **1688 BGB** Rechnung, der seit dem KindRG (1.7.1998) die familienrechtlichen Befugnisse zur **Ausübung der elterlichen Sorge** durch nicht sorgeberechtigte Pflegepersonen oder Erzieher in Einrichtungen aus § 38 aF übernommen hat. Seitdem enthält § 38 eine Aufforderung zur sozialpädagogischen Intervention bei Konflikten über die Ausübung der elterlichen Sorge zwischen Pflege-/Erziehungspersonen und Personensorgeberechtigten.

II. Ausübung der elterlichen Sorge bei Fremdunterbringung

1. Gesetzliche Vertretungsbefugnisse nach § 1688 BGB

§ 1688 BGB regelt die sorgerechtlichen Befugnisse von nicht personensorgeberechtigten Personen, bei **2** denen Kinder oder Jugendliche leben. Als **Personenkreis** erfasst sind **Pflegepersonen**, bei denen das Kind oder der Jugendliche für längere Zeit in Familienpflege lebt (§ 1688 Abs. 1 BGB; zum Zeitrahmen „für längere Zeit" Staudinger/Salgo § 1688 Rn 15 ff). Der Anwendungsbereich erfasst auch rein privat initiierte Pflegeverhältnissen, bei denen die Familiepflege nicht Bestandteil einer Sozialleistung ist; unbeachtlich ist auch, ob eine Vollzeitpflegeerlaubnis (§ 44) benötigt wird oder nicht. Gleiche Rechte haben **Erzieher und Betreuer** im Rahmen stationärer Hilfen nach §§ 34, 35 und 35 a Abs. 2 Nr. 4 (§ 1688 Abs. 2 BGB).

Die **Vertretungsbefugnis** hat zwei Komponenten. Zum einen können die Personensorgeberechtigten **3** bei der Ausübung der elterlichen Sorge bezüglich Entscheidungen in Angelegenheiten des täglichen Lebens vertreten werden (§ 1688 Abs. 1 Satz 1 BGB). Außerdem können Kind oder Jugendlicher unmittelbar vertreten werden bei der Verwaltung des Arbeitsverdienstes und der Geltendmachung von Unterhalts-, Versicherungs-, Versorgungs- und sonstiger Sozialleistungen (§ 1688 Abs. 1 Satz 2 BGB). Zudem dürfen bei besonderer Dringlichkeit („Gefahr im Verzug") alle Rechtshandlungen vorgenommen werden, die zum Wohl des Kindes oder Jugendlichen erforderlich sind (§ 1688 Abs. 1 Satz 3 iVm § 1629 Abs. 1 Satz 4 BGB). Grundlage dieser gesetzlichen Wertung ist die privatrechtliche Einigung zwischen Personensorgeberechtigten und Pflege-/Erziehungspersonen über die Pflege und Erziehung des Kindes oder Jugendlichen (Hauck/Stähr § 38 Rn 7). Es handelt sich idR um einen Auftrag (§§ 662 ff BGB) oder entgeltliche Geschäftsbesorgung (§§ 675 ff BGB).

Die **Angelegenheiten des täglichen Lebens** lehnen sich begrifflich und inhaltlich an die Vorgaben bei **4** getrennt lebenden, gemeinsam sorgeberechtigten Eltern in § 1687 Abs. 1 BGB an. Sie sind abzugrenzen von Angelegenheiten, deren Regelung für Kind bzw Jugendlichen von erheblicher Bedeutung sind. Die Pflege-/Erziehungspersonen sind nach § 1688 Abs. 1 Satz 1 BGB somit gesetzlich zur Vertretung der Personensorgeberechtigten ermächtigt, wenn es sich um Angelegenheiten handelt, die keine schwer abzuändernden Auswirkungen auf die Entwicklung des jungen Menschen haben (ausführlich Staudinger/Salgo § 1687 BGB Rn 26 ff, § 1688 BGB Rn 20 ff). Die Berechtigung zur Vertretung der Personensorgeberechtigten bei der Ausübung der Personensorge bezieht somit auf die im üblichen Sozialisationsprozess anfallenden, eher alltäglichen Entscheidungen, die ohne große Bedeutung für Kind bzw Jugendlichen bleiben.

5   **Beispiele** sind etwa Fragen der alltäglichen Erziehung (Schlafzeiten, Kleidung, Besuch von Kino, Abholen vom Kindergarten etc.), die Mitgliedschaft in Vereinen, die Verwendung von – das Taschengeld übersteigenden – geringeren finanziellen Mitteln, der Abschluss von nicht außergewöhnlichen Kauf-, Miet-, Reise- oder Unterrichtsverträgen (wie zB Musikunterricht). Keine Vertretungsberechtigung gibt § 1688 Abs. 1 Satz 1 BGB bspw für Entscheidungen über die Inanspruchnahme von Leistungen der HzE (OVG NI 17.10.2008 – 4 LA 193/06 – NDV-RD 2009, 78), die Anmeldung zu Kindergarten oder Schule (DIJuF JAmt 2005, 568), die berufliche Ausbildung, gravierende medizinische Eingriffe, einen Schwangerschaftsabbruch oder die religiöse Kindererziehung. Ob eine Angelegenheit des täglichen Lebens oder von erheblicher Bedeutung vorliegt, kann teilweise nur im Einzelfall getroffen werden (ausführlich Meysen JAmt 2005, 105, 110 f).

6   Bei der **unmittelbaren Vertretungsbefugnis nach § 1688 Abs. 1 Satz 2 BGB** kann das Kind oder der Jugendliche bei der Geltendmachung seiner Unterhaltsansprüche vertreten werden – allerdings nur in Bezug auf Ansprüche gegenüber insoweit nicht sorgeberechtigten Personen, da deren gesetzliche Vertretung (anders als bei § 1629 Abs. 3 BGB) nicht eingeschränkt ist. Beim Geltendmachen von Sozialleistungen (zB Leistungen der Sozialhilfe, Krankenversicherung, Ausbildungsförderung, Waisenrente etc.) sind nur solche erfasst, für die **Kind bzw Jugendlicher selbst Anspruchsinhaber** ist (OVG NI 17.10.2008 – 4 LA 193/06 – NDV-RD 2009, 78; DIJuF JAmt 2005, 185), insbesondere Leistungen der Eingliederungshilfe nach § 35 a oder §§ 53 ff SGB XII (aA OVG TH 19.4.2002 – 3 EO 55/00 – JAmt 2003, 34). Demgegenüber sind für Hilfe zur Erziehung die Personensorgeberechtigten anspruchsberechtigt (OVG SN 19.9.2006 – 5 B 327/06 – FEVS 58, 419). Weder die Hauptleistung noch die Nebenleistungen nach §§ 39, 40 können nach § 1688 Abs. 1 Satz 2 BGB von Pflege-/Erziehungspersonen gegenüber dem JA geltend gemacht werden (DIJuF JAmt 2005, 185 mwN). Pflegepersonen haben auch kein Antragsrecht auf Fortsetzung einer Hilfe zur Erziehung gem. § 27 Abs. 1, nachdem die Personensorgeberechtigten selbst – nach Wertung der Gerichte in rechtsmissbräuchlicher Weise – ihr Einverständnis mit der Hilfe zurückziehen (OVG NW ZfJ 2001, 467; aA OVG NI FEVS 48, 116; VG Aachen ZfJ 2001, 391). Nach der rechtlichen Systematik kann der Ablehnung der Personensorgeberechtigten nicht das VG, sondern allenfalls das FamG mit sorgerechtlichen Maßnahmen begegnen.

7   Durch die Regelung des § 1688 BGB entsteht **kein eigenständiges Erziehungsrecht** der Pflege-/Erziehungspersonen. Die Pflege-/Erziehungspersonen üben das Recht der elterlichen Sorge nur aus, ohne selbst Sorgerechtsinhaber zu werden. Die elterliche Sorge wird durch § 1688 BGB nicht eingeschränkt. Die Personensorgeberechtigten können (soweit die elterliche Sorge nicht aufgrund einer Entscheidung des FamG eingeschränkt ist) jederzeit selbst Entscheidungen auch in den in § 1688 BGB geregelten Bereichen treffen und das Kind gesetzlich vertreten. Bei abweichenden Erklärungen durch Personensorgeberechtigte und Pflege-/Erziehungspersonen gelten die Entscheidungen der Personensorgeberechtigten.

2. Vereinbarungen nach § 1688 Abs. 3 BGB

8   Der Pflegevertrag wird – nur – zwischen den Personensorgeberechtigten und den Pflege-/Erziehungspersonen abgeschlossen (BGH 6.7.2006 – III ZR 2/06 – JAmt 2007, 162 = FamRZ 2006, 1264). Letztere werden damit zu Erziehungsberechtigten iSd § 7 Abs. 1 Nr. 6. Die Vertragsparteien können eine von den gesetzlichen Vorgaben des § 1688 Abs. 1 BGB abweichende **Übertragung der Ausübung** vereinbaren (§ 1688 Abs. 3 BGB). Die Vertretungsbefugnisse können dabei eingeschränkt oder erweitert werden. Diese Vereinbarungen unterliegen keinen Formerfordernissen, sie können schriftlich oder mündlich geschlossen werden. Auch aus den Umständen und dem Verhalten kann sich konkludent ergeben, dass bestimmte Entscheidungs- und Vertretungsbefugnisse nicht oder über § 1688 Abs. 1 BGB hinausgehend übertragen werden sollen.

9   Unzulässig sind dabei **vom JA initiierte Vereinbarungen**, bei denen Personensorgeberechtigte bei der Inpflegegabe standardmäßig dazu angehalten werden, die Ausübung der elterlichen Sorge in (nahezu) allen Bereichen auf die Pflege-/Erziehungspersonen zu übertragen. Ein solcher institutionell unterstützter „kalter" Sorgerechtsentzug unterliegt durchgreifenden verfassungsrechtlichen Bedenken (DIJuF JAmt 2002, 346). Eine Zulässigkeit setzt eingehende Beratung und Aufklärung, insbesondere über die jederzeitige formlose Widerruflichkeit der Übertragung (§ 671 Abs. 1 BGB) sowie eine tatsächlich freie, kompetente Entscheidung der Personensorgeberechtigten zum Abschluss der Vereinbarung voraus (DIJuF JAmt 2004, 185, 186).

III. Vermittlungsaufgaben des JA

Nach § 37 Abs. 1 Satz 1 wirkt das JA darauf hin, dass Personensorgeberechtigte und Pflege-/Erzie- 10
hungspersonen zum Wohl des Kindes zusammenarbeiten. Diese Aufgabe wird durch die Vermittlungsaufgabe in Fragen der elterlichen Sorge in § 38 konkretisiert.

Die erste Alternative in § 38 betrifft die **übermäßige Einschränkung der Erziehungstätigkeit** durch die 11
Personensorgeberechtigten. Da Pflege-/Erziehungspersonen kein eigenständiges Erziehungsrecht erlangen (Rn 7), können die Personensorgeberechtigten die Ausübung der Personensorge jederzeit einschränken und Entscheidungen selbst treffen. Damit können die Personensorgeberechtigten im Konfliktfall die Erziehung, Pflege und Betreuung durch die Pflege-/Erziehungspersonen lahm legen oder
jedenfalls deutlich erschweren. Ist durch ein solches Verhalten eine dem Kind bzw Jugendlichen förderliche Erziehung nicht mehr möglich, weist § 38 dem JA die Aufgabe zu, zwischen Personensorgeberechtigten und Pflege-/Erziehungspersonen zu vermitteln. Es wird auf eine Vereinbarung hinwirken,
bei welcher den real betreuenden und erziehenden Personen ausreichend Entscheidungsfreiräume zu
einer Pflege und Erziehung bleiben, die dem Kindeswohl zuträglich ist, und den Personensorgeberechtigten als formal entscheidungsberechtigten Personen befriedigende Einflussmöglichkeiten verbleiben.

Die zweite Alternative in § 38 bezieht die Vermittlungsaufgabe auch auf **Meinungsverschiedenheiten** 12
in einzelnen Angelegenheiten der Ausübung der elterlichen Sorge. Dies kann Relevanz erlangen bspw
in Fragen der religiösen Kindererziehung, der Anmeldung zu einem Kindergarten oder einer Schule,
der Durchführung nicht eilbedürftiger medizinischer Eingriffe, des Abschlusses eines Ausbildungsver-
trags, eines Schwangerschaftsabbruchs etc. Häufig bleiben auch bei teilweisem Entzug der elterlichen
Sorge diese Teilbereiche in der Entscheidungsbefugnis der Eltern.

Kommt es zu Konflikten, ist im Interesse des Kindes oder Jugendlichen eine konsensuale Lösung an- 13
zustreben. Das JA hat nach § 38 vornehmlich eine **Beratungs-, Unterstützungs- und Vermittlungsauf-**
gabe, ggf unter Einsatz der Methode der Mediation (zu den Anforderungen an fachgerechte Mediation
Riehle Kind-Prax 2000, 83; Trenczek ZKM 2008, 16). Ziel ist eine von den Beteiligten akzeptierte
Perspektive, die zugleich das Wohl des Kindes oder Jugendlichen sichert. Ist dies nicht erreichbar und
durch das Verhalten der Personensorgeberechtigten das Wohl des Kindes oder Jugendlichen gefährdet,
so besteht ggf Anlass, das FamG einzuschalten (§ 8 a Abs. 3 Satz 1).

Weiterführende Literaturhinweise:

Meysen JAmt 2005, 105; *Salgo* FamRZ 1999, 337; *Lakies* ZfJ 1998, 129.

§ 39 Leistungen zum Unterhalt des Kindes oder des Jugendlichen

(1) ¹Wird Hilfe nach den §§ 32 bis 35 oder nach § 35 a Abs. 2 Nr. 2 bis 4 gewährt, so ist auch der notwendige Unterhalt des Kindes oder Jugendlichen außerhalb des Elternhauses sicherzustellen. ²Er umfasst die Kosten für den Sachaufwand sowie für die Pflege und Erziehung des Kindes oder Jugendlichen.

(2) ¹Der gesamte regelmäßig wiederkehrende Bedarf soll durch laufende Leistungen gedeckt werden. ²Sie umfassen außer im Fall des § 32 und des § 35 a Abs. 2 Nr. 2 auch einen angemessenen Barbetrag zur persönlichen Verfügung des Kindes oder des Jugendlichen. ³Die Höhe des Betrages wird in den Fällen der §§ 34, 35, 35 a Abs. 2 Nr. 4 von der nach Landesrecht zuständigen Behörde festgesetzt; die Beträge sollen nach Altersgruppen gestaffelt sein. ⁴Die laufenden Leistungen im Rahmen der Hilfe in Vollzeitpflege (§ 33) oder bei einer geeigneten Pflegeperson (§ 35 a Abs. 2 Nr. 3) sind nach den Absätzen 4 bis 6 zu bemessen.

(3) Einmalige Beihilfen oder Zuschüsse können insbesondere zur Erstausstattung einer Pflegestelle, bei wichtigen persönlichen Anlässen sowie für Urlaubs- und Ferienreisen des Kindes oder des Jugendlichen gewährt werden.

(4) ¹Die laufenden Leistungen sollen auf der Grundlage der tatsächlichen Kosten gewährt werden, sofern sie einen angemessenen Umfang nicht übersteigen. ²Die laufenden Leistungen umfassen auch die Erstattung nachgewiesener Aufwendungen für Beiträge zu einer Unfallversicherung sowie die hälftige Erstattung nachgewiesener Aufwendungen zu einer angemessenen Alterssicherung der Pflegeperson. ³Sie sollen in einem monatlichen Pauschalbetrag gewährt werden, soweit nicht nach der Besonderheit des Einzelfalls abweichende Leistungen geboten sind. ⁴Ist die Pflegeperson in gerader Linie mit dem Kind oder Jugendlichen verwandt und kann sie diesem unter Berücksichtigung ihrer sonstigen Verpflichtungen und ohne Gefährdung ihres angemessenen Unterhalts Unterhalt gewähren, so kann der Teil des monatlichen Pauschalbetrags, der die Kosten für den Sachaufwand des Kindes oder Jugendlichen betrifft, angemessen gekürzt werden. ⁵Wird ein Kind oder ein Jugendlicher im Bereich eines anderen Jugendamts untergebracht, so soll sich die Höhe des zu gewährenden Pauschalbetrages nach den Verhältnissen richten, die am Ort der Pflegestelle gelten.

(5) ¹Die Pauschalbeträge für laufende Leistungen zum Unterhalt sollen von den nach Landesrecht zuständigen Behörden festgesetzt werden. ²Dabei ist dem altersbedingt unterschiedlichen Unterhaltsbedarf von Kindern und Jugendlichen durch eine Staffelung der Beträge nach Altersgruppen Rechnung zu tragen. ³Das Nähere regelt Landesrecht.

(6) ¹Wird das Kind oder der Jugendliche im Rahmen des Familienleistungsausgleichs nach § 31 des Einkommensteuergesetzes bei der Pflegeperson berücksichtigt, so ist ein Betrag in Höhe der Hälfte des Betrages, der nach § 66 des Einkommensteuergesetzes für ein erstes Kind zu zahlen ist, auf die laufenden Leistungen anzurechnen. ²Ist das Kind oder der Jugendliche nicht das älteste Kind in der Pflegefamilie, so ermäßigt sich der Anrechnungsbetrag für dieses Kind oder diesen Jugendlichen auf ein Viertel des Betrages, der für ein erstes Kind zu zahlen ist.

(7) Wird ein Kind oder eine Jugendliche während ihres Aufenthaltes in einer Einrichtung oder einer Pflegefamilie selbst Mutter eines Kindes, so ist auch der notwendige Unterhalt dieses Kindes sicherzustellen.

I. Notwendiger Unterhalt als Annex der erzieherischen Hilfe –Abs. 1

1 Bei der Unterbringung und Erziehung Minderjähriger außerhalb der Familie ist neben der erzieherischen Hilfe der **notwendige Unterhalt** des Minderjährigen Bestandteil der Hilfe (Abs. 1). Dies gilt für die Hilfen nach den §§ 32 bis 35 und 35 a Abs. 2 Nr. 2 bis 4 sowie nach § 41 (s. Rn 3). Damit wird jede Form der völligen bzw teilweisen Erziehung außerhalb der Familie im Rahmen der HzE und der Eingliederungshilfe erfasst. Wegen der weiten Begrifflichkeit in § 34 bzw § 35 a Abs. 2 Nr. 4 (Einrich-

tung, sonstige Wohnform) und in § 35 (sozialpädagogische Einzelbetreuung) sind auch sich neu entwickelnde Formen eingeschlossen. Der Umfang der Leistungen ist abhängig vom zeitlichen Umfang der außerfamilialen HzE; findet diese zB nur an einem Teil des Tages statt (Tagesgruppe), werden die Leistungen auch nur für diesen Teil übernommen, da nur insofern Hilfe „außerhalb des Elternhauses" geleistet wird. Die „Außerfamilialität" der Betreuung oder Erziehung muss konzeptioneller Bestandteil des Hilfsprozesses sein. Wenn der Minderjährige nur außerhalb des Elternhauses wohnt und dort vom Jugendhilfeträger beraten wird (zB nach §§ 28, 30), so ist diese sozialpädagogische Beratung allein keine Hilfe zur Erziehung nach den §§ 32 bis 35.

Durch das KICK wurde zum 1.10.2005 der neue **Absatz 7** eingefügt und damit der Leistungsbereich   **2** des § 39 erweitert. Die Ergänzung hat ihren Hintergrund in der Erweiterung der HzE in § 27 Abs. 4. Dort ist der Fall geregelt, dass ein Mädchen oder eine Jugendliche während ihres Aufenthalts in einer Einrichtung oder bei einer Pflegeperson im Rahmen von HzE selbst Mutter eines Kindes wird. Die HzE umfasst dann auch die Unterstützung der jungen Mutter bei der Pflege und Erziehung dieses Kindes (vgl § 27 Rn 28). Durch die Neuregelung in § 39 Abs. 7 wird sichergestellt, dass in diesen Fällen auch der **notwendige Unterhalt für das Kind der minderjährigen Mutter** im Rahmen der Leistungen erbracht wird. Weitere (klarstellende) Änderungen wurden durch das KiFöG zum 1. Januar 2009 vorgenommen (s. Rn 7, 24, 26 f).

Leistungen zum Unterhalt spielen über die in § 39 Abs. 1 genannten Hilfen hinaus auch in anderen   **3** Bereichen eine Rolle. **§ 41 Abs. 2** verweist hinsichtlich der Ausgestaltung der Hilfe auf § 39, somit sind auch im Rahmen der Hilfe für junge Volljährige bei Hilfen entsprechend den §§ 33 bis 35 a Leistungen zum Unterhalt des jungen Volljährigen zu erbringen. Gem. **§ 13 Abs. 3** soll der notwendige Unterhalt von jungen Menschen sichergestellt werden, wenn diesen während der Teilnahme an schulischen oder beruflichen Bildungsmaßnahmen oder bei der beruflichen Eingliederung Unterkunft in sozialpädagogisch begleiteten Wohnformen angeboten wird. Ebenso soll gem. **§ 19 Abs. 3** bei der gemeinsamen Betreuung von Müttern bzw Vätern und Kindern in einer geeigneten Wohnform die Leistung auch den notwendigen Unterhalt der betreuten Personen umfassen. Nach **§ 21** können Leistungen zum notwendigen Unterhalt des jungen Menschen in geeigneten Fällen auch im Rahmen der Unterstützung bei Unterbringung zur Erfüllung der Schulpflicht geleistet werden.

Der Anspruch auf Leistungen zum Unterhalt nach § 39 ist ebenso wie auch die Krankenhilfe nach   **4** § 40 **unselbstständiger Annex zu den jeweiligen sozialpädagogischen Leistungen**, in deren Zusammenhang sie erbracht werden. Materielle Leistungen kommen nach dem SGB VIII generell nur begleitend zu sozialpädagogischen Hilfen in Frage. Die ausschließliche Gewährung materieller Leistungen ist auf der Grundlage des SGB VIII iRd Kinder- und Jugendhilfe nicht möglich. In Frage kommen in diesem Fall nur Hilfen auf der Grundlage anderer Leistungsgesetze – insbesondere Hilfen nach dem SGB II oder dem SGB XII – durch den jeweils hierfür zuständigen Leistungsträger. Nicht nur zu Beginn, sondern während der gesamten Zeit des Bezuges von Unterhaltsleistungen nach § 39 muss HzE bzw eine der sonstigen in Rn 3 genannten Hilfen vorliegen. Für den Bereich der Hilfen zur Erziehung setzt dies voraus, dass das JA „die Erziehung des Minderjährigen unter Kontrolle hält" (BVerwGE 36, 92). Das bedeutet nicht ständige sozialpädagogische Betreuung o. Ä., setzt aber voraus, dass das JA die Möglichkeit hat, sich über den Erziehungsprozess zu informieren und ggf aktiv zu werden.

Liegen diese Voraussetzungen vor, so besteht ein zwingender **Rechtsanspruch** auf Sicherstellung des   **5** notwendigen Unterhalts. Da es sich bei dem Anspruch nach § 39 um einen Annex-Anspruch zur eigentlichen sozialpädagogischen Jugendhilfeleistung handelt, ist **Inhaber des Rechtsanspruches** grundsätzlich die Person, die Inhaber des Hauptanspruches ist (Münder 2007, 118). Bei einer Hilfe nach § 27 (vgl § 27 Rn 32 ff) ist demnach der Personensorgeberechtigte auch Inhaber des Anspruchs auf Leistungen nach § 39 (BVerwG NDV-RD 1997, 80, 81; FEVS 47, 433, 435; NJW 1997, 2831; VGH BY 17.5.2001 – 12 ZB 00.1589 – FEVS 52, 565, 566 f; OVG NW 12.9.2002 – 12 A 4352/01 – ZfJ 2003, 152; zur entsprechenden Regelung des § 38 SGB VIII aF OVG NW 25.4.2001 – 12 A 924/99 – JAmt 2001, 426 ff; aA: DIJuF-Rechtsgutachten JAmt 2004, 184; JAmt 2003, 581; Wabnitz 2007, 97; Wiesner/Wiesner § 39 Rn 16: stets Anspruch des Minderjährigen). Die Pflegeperson, bei der der Minderjährige lebt, kann den Anspruch allenfalls in Vertretung, also im Namen des Personensorgeberechtigten geltend machen und nicht in eigenem Namen (VGH BY 17.5.2001 – 12 ZB 00.1589 – FEVS 52, 565, 566 f). Der **Minderjährige** hat allerdings Anspruch auf den **Barbetrag** nach Abs. 2 Satz 2, da dieser ausdrücklich zur persönlichen Verfügung des Minderjährigen bestimmt ist (vgl Rn 14 ff). Bei Hilfen nach § 35 a und § 41 ist demgegenüber der junge Mensch Inhaber des gesamten Anspruchs nach § 39.

6   **Faktisch** werden die Kosten des notwendigen Unterhalts oft vom JA direkt an die betreffende Einrichtung oder Pflegeperson erbracht. **Rechtlich** hat diese Vorgehensweise ihren Grund darin, dass die Personensorgeberechtigten bzw die Minderjährigen selbst ihrerseits aufgrund – zumeist stillschweigender – vertraglicher Vereinbarung verpflichtet sind, den betreffenden Einrichtungen oder Pflegepersonen die Kosten des notwendigen Unterhalts zu erbringen (zum dabei entstehenden **jugendhilferechtlichen Dreiecksverhältnis** vgl VorKap. 5 Rn 6 ff mit weiteren Nachweisen). Anstatt die Leistungen des öffentlichen Trägers selbst in Empfang zu nehmen, um sie dann an die Einrichtung bzw Pflegeperson weiterzugeben, treten die nach § 39 Berechtigten ihren Anspruch gegen den öffentlichen Träger an die Einrichtung oder Pflegeperson als Leistungserbringer ab (ausführlich Münder Jugendhilfe 2001, 247 ff).

II. Bestandteile des notwendigen Unterhalts

1. Kosten für den Sachaufwand sowie für die Pflege und Erziehung

7   Es ist der **gesamte Lebensbedarf** der Minderjährigen abzudecken; dies umfasst die Kosten für den Sachaufwand und die Kosten für Pflege und Erziehung des Minderjährigen. Diese Formulierung wurde im Rahmen der Gesetzesänderungen durch das KiFöG zum 1. Januar 2009 aus Klarstellungsgründen aufgenommen, nachdem zuvor nur von Kosten der Erziehung die Rede war. Da dieser Begriff im Rahmen des Unterhaltsrechts nach § 1610 Abs. 2 BGB eine andere Bedeutung hat als bezüglich der Leistungen zum Unterhalt nach § 39, wurde nun aus Gründen der Rechtsklarheit eine eigenständige Definition gewählt (BT-Drucks. 16/9299, 16). Der Begriff des **Sachaufwandes** bezeichnet die Kosten, für Unterkunft, Ernährung, Bekleidung und Dinge des persönlichen Bedarfs (BT-Drucks. 16/9299, 16). Dies entspricht den einzelnen Bedarfsbestandteilen des notwendigen Lebensunterhalts nach dem SGB II und dem SGB XII, die insbesondere in § 20 Abs. 1 SGB II und § 27 SGB XII genannt sind. Hinsichtlich der Unterkunftskosten ist bei Vollzeitpflege eine Aufteilung nach Anzahl der Personen vorzunehmen, Hinzu kommen (anteilige) Unterkunftsnebenkosten und Heizungskosten. Bei den Kosten der Ernährung ist der wachstumsbedingte Ernährungsbedarf von Kindern und Jugendlichen besonders zu berücksichtigen. Umfasst sind insbesondere auch Kosten für Hausrat, Körperpflege, Reinigung, Energiebedarf sowie die persönlichen Bedürfnisse des täglichen Lebens (umfangreicher Überblick bei Münder/Münder § 27 SGB XII Rn 9 ff, vgl auch Münder/Brünner § 20 SGB II Rn 7 f).

8   Ausdrücklich erwähnt werden die **Kosten für Pflege und Erziehung.** Bei außerfamilialer Unterbringung werden Minderjährige von Personen betreut und erzogen, die hierzu gesetzlich nicht verpflichtet sind und insofern schien ein besonderer Hinweis nötig. Mit diesen Kosten wird die Vergütung der Pflegeperson bei Vollzeitpflege und der pädagogischen Fachkräfte in Einrichtungen erfasst (BT-Drucks. 16/9299, 16). Bei der Unterbringung in Einrichtungen werden die Kosten iRd Personalkosten mit abgegolten. Auch im Rahmen der Vollzeitpflege ist der erzieherische Aufwand der Pflegeperson auszugleichen. Kosten der Erziehung sind damit die den betreuenden und erziehenden Personen zu zahlenden Gelder (nicht etwa Schul-, Kindergarten- o.Ä. Kosten).

9   Die Kosten der Erziehung sind Bestandteil des Unterhaltsanspruchs des Minderjährigen und aus **sozialhilferechtlicher Sicht kein Einkommen der Pflegeperson** (OVG NW FamRZ 1996, 900 = FEVS 46, 452). Es handelt sich um eine Teilleistung der Hilfe zur Erziehung außerhalb des Elternhauses. Insofern ist die Leistung iSd § 83 Abs. 1 SGB XIII zweckbestimmt für die Kosten von Pflege und Erziehung des Minderjährigen. Selbst wenn der Betrag an die Pflegeperson weitergegeben wird, ist er nicht dazu bestimmt, deren Lebensunterhalt sicherzustellen und damit nicht zweckidentisch mit Leistungen der Sozialhilfe für die Pflegeperson (vgl Münder/Brühl § 83 SGB XII Rn 35). Auch im Rahmen der **Grundsicherung nach dem SGB II** handelt es sich bei den Kosten für Pflege und Erziehung um „zweckbestimmte Einnahmen" iSd § 11 Abs. 3 SGB II. Es war zunächst umstritten, ob bzw in welchem Umfang die Leistungen als Einkommen der Pflegeperson zu berücksichtigen sein sollten (vgl Schindler JAmt 2005, 1, 3). Auch die Rechtsprechung kam zu unterschiedlichen Ergebnissen (vgl etwa SG Aurich 24.2.2005 – S 25 AS 6/05 ER - JAmt 2005, 194 und 15.4.2005 – S 15 AS 27/05 ER - JAmt 2005, 417; SG Leipzig 18.7.2005 – S 16 AS 236/05 ER; SG Gießen 10.4.2006 – S 26 AS 323/05 SAR 2006, 69; LSG HH 23.6.2005 – L 5 B 80/05 ER AS FEVS 57, 29 ff). Im Rahmen des Gesetzes zur Fortentwicklung der Grundsicherung für Arbeitsuchende (Fortentwicklungsgesetz) wurde zum 1.1.2007 im neu eingefügten § 11 Abs. 4 SGB II eine spezielle Regelung der Anrechnung der Kosten für Pflege und Erziehung getroffen. Danach wird der Teil des Pflegegeldes nach dem Achten Buch, der für den erzieherischen Einsatz gewährt wird, für das erste und zweite Pflegekind gar nicht, für das dritte Pflegekind zu 75 %

und für das vierte und jedes weitere Pflegekind in voller Höhe als Einkommen der Pflegeperson berücksichtigt (BT-Drucks. 16/1410, 50).

2. Laufende und einmalige Leistungen, Barbetrag

Die Leistungen zum Unterhalt nach § 39 werden als laufende und einmalige Leistungen erbracht. Gem. Abs. 2 Satz 1 soll durch „laufende Leistungen" der **gesamte regelmäßig wiederkehrende Bedarf** abgedeckt werden. Insofern entspricht die Regelung weitgehend der Systematik des SGB II und des SGB XII, wonach seit dem 1.1.2005 sowohl im Rahmen der Grundsicherung für Arbeitsuchende als auch im Sozialhilferecht der regelmäßige Bedarf durch laufende Leistungen abgedeckt wird (vgl Münder/Münder Einleitung SGB II Rn 14, Münder /Münder SGB XII Einleitung Rn 9). Regelmäßig wiederkehrend ist der Bedarf, der ohne Besonderheiten des Einzelfalls bei vielen Leistungsberechtigten gleichermaßen besteht und nicht nur einmalig ist (OVG NI FEVS 45, 23). Es ist unerheblich, in welchem zeitlichen Abstand der Bedarf jeweils entsteht, so muss er nicht etwa in jedem Monat auftreten. Der Bedarf ist dann regelmäßig, wenn er periodisch auftritt. Zum regelmäßigen Bedarf gehören insbesondere Unterkunft mit Nebenkosten, Ernährung, Bekleidung, Körperpflege, Schul- und Bildungsbedarf, Hausrat und persönliche Bedürfnisse des täglichen Lebens. **10**

Die **Kosten für die Pflege und Erziehung** fallen fortlaufend an und ergeben sich damit aus einem regelmäßig wiederkehrenden Bedarf. Deswegen sind auch diese Kosten iRd **laufenden Leistungen** zu erbringen. Es empfiehlt sich für den Träger der öffentlichen Jugendhilfe, bei den Pauschalbeträgen zur Abdeckung der laufenden Kosten den Bereich der Erziehungskosten gesondert auszuweisen. **11**

Zum Bedarf gehört nach Abs. 2 Satz 2 auch ein **angemessener Barbetrag** (Taschengeld) zur persönlichen Verfügung des Minderjährigen. Sinn des Barbetrags ist die Möglichkeit individueller Verfügung über Geld zur Befriedigung persönlicher Bedürfnisse und der Erlernung des Umgangs mit Geld. Festgesetzt wird der angemessene Barbetrag im Falle von §§ 34, 35, 35 a Abs. 2 Nr. 4 von der landesrechtlich zuständigen Behörde (idR das LJA, vgl Rn 21). Entsprechend dem Rechtsgedanken aus Abs. 4 Satz 5 empfiehlt es sich, einheitlich auf den Betrag abzustellen, der für das JA maßgeblich ist, in dem der jeweilige Erziehungsort des Minderjährigen gelegen ist (vgl Rn 22). Würde auf die Höhe des Barbetrags für das einzelne für die Leistung zuständige JA abgestellt, so könnten sich für Kinder oder Jugendliche derselben Altersstufe in derselben Einrichtung unterschiedlich hohe Barbeträge ergeben. Es wäre für die Minderjährigen nicht nachvollziehbar, dass die Höhe ihres Taschengeldes davon abhängen sollte, welches JA für sie zuständig ist oder dass sich zB die Höhe des Taschengeldes bei einem Zuständigkeitswechsel verändern könnte. **12**

Bei **Pflegestellen** ist der angemessene Barbetrag **in den** nach Abs. 4–6 pauschal zu bemessenden **Unterhaltsbeträgen enthalten** (zur Zuordnung von Pflegestellen zur Vollzeitpflege nach § 33 vgl Meysen JAmt 2002, 326). Dort obliegt es dem Personensorgeberechtigten bzw der Pflegeperson, die Höhe des Barbetrags für den Minderjährigen festzulegen. Die **Angemessenheit** ist als unbestimmter Rechtsbegriff in vollem Umfang gerichtlich überprüfbar (so Hauck u.a./Stähr § 39 Rn 10; zur gerichtlichen Überprüfbarkeit unbestimmter Rechtsbegriffe vgl Anhang Verfahren Rn 87 ff). **13**

Wer **Rechtsinhaber** des Anspruches auf den Barbetrag ist, ergibt sich nicht unmittelbar aus dem Gesetz. Unkompliziert ist es bei § 35 a: Hier sind die Kinder und Jugendlichen selbst Inhaber des Rechtsanspruches auf Eingliederungshilfe, damit auch des Annex-Anspruches nach § 39 und somit auch des angemessenen Barbetrags. Bei § 27 iVm §§ 33, 34 sind – wegen der Elternzentriertheit des SGB VIII – die Personensorgeberechtigten Inhaber des Anspruches (vgl § 27 Rn 32 ff) und damit grundsätzlich auch Inhaber des Annex-Anspruchs (vgl Rn 5). Insofern könnte man annehmen, dass sie damit auch Rechtsinhaber bezüglich des Barbetrags seien (zB Hauck u.a./Stähr § 39 Rn 11). Die Zuschreibung des Anspruchs an die Personensorgeberechtigten würde jedoch mit der eindeutigen Aussage des Gesetzes kollidieren, dass der Barbetrag zur **persönlichen Verfügung des Minderjährigen** steht, ihm also ausdrücklich persönlich zugeschrieben wird. Daher ist davon auszugehen, dass Minderjährige selbst unmittelbar Rechtsinhaber sind (auch Späth UJ 1993, 460). Bei §§ 34, 35 ergibt sich der Betrag, auf den sie einen Rechtsanspruch haben, unmittelbar durch die entsprechende Festlegung der landesrechtlichen Behörde. Bei der Vollzeitpflege nach § 33 ist der Betrag in die pauschal bemessenen Unterhaltsbeträge eingeschlossen (vgl Rn 18 ff). Hier ist es sinnvoll (etwa im Pflege- und Betreuungsvertrag mit den Pflegepersonen), diesen Betrag extra auszuweisen. **14**

Rechtsinhaber des Barbetrags sind die Minderjährigen, sie haben einen Anspruch gegen den öffentlichen Träger auf diesen Betrag. Kürzungs- oder Versagungsgründe werden im Gesetz nicht genannt. **15**

Der Anspruch des Minderjährigen ist an keine Bedingungen geknüpft. Damit hat die nicht selten geübte Praxis in Einrichtungen, als Disziplinarmaßnahme den **Barbetrag zu kürzen, keine Rechtsgrundlage**. Kürzungen oder gar die Versagung des Barbetrages durch die Einrichtungen oder die Pflegeperson sind unzulässig (Wiesner/Wiesner § 39 Rn 20; im Grundsatz auch Hauck u.a./Stähr in § 39 Rn 11).

16 Da alle regelmäßig wiederkehrenden Bedarfstatbestände durch laufende Leistungen abgedeckt werden, sind **einmalige Leistungen** (Abs. 3) die **Ausnahme**. In Zweifelsfällen ist deswegen von vornherein der entsprechende Bedarf bei den laufenden Leistungen einzustellen. Einmalige Leistungen beziehen sich auf im Voraus nicht berechenbare, nicht wiederkehrende Bedarfstatbestände. Das Gesetz nennt in beispielhafter Aufzählung einige Bedarfstatbestände für einmalige Leistungen, wie etwa die Erstausstattung für die Pflegestelle. Unter die erwähnten wichtigen persönlichen Anlässe fallen etwa Kosten für weltanschauliche Initiationsriten (Taufe, Kommunion, Konfirmation, Bar-Mizwa, Beschneidungsfeiern, Jugendweihe usw.), Bewirtungskosten anlässlich solcher Feste oder Fahrtkosten aufgrund solcher besonderen Anlässe. Das Gesetz erwähnt außerdem die Kosten für Urlaubs- und Ferienreisen; Grund dafür ist, dass das Pflegekind an den Lebensgewohnheiten der Pflegestelle teilhaben soll. Darüber hinaus sind durch einmalige Beihilfen zB Fahrtkosten etwa zu Verwandten- oder Elternbesuchen, mehrtägige Klassenfahrten (vgl § 31 Abs. 1 Nr. 3 SGB XII, § 23 Abs. 3 Nr. 3 SGB II, dazu BSG 13.11.2008 – B 14 AS 36/07 R), Nachhilfeunterricht (OVG NI 28.7.1993 – L 4683/92 – FEVS 45, 19 ff) usw abzudecken. Sofern nicht im Rahmen der laufenden Leistungen berücksichtigt, sind hier auch Kosten für Wohnungsreparaturen, Schönheitsreparaturen usw zu berücksichtigen.

17 Es kommen zur Gewährung der einmaligen Leistungen sowohl **Beihilfen** als auch **Zuschüsse** in Frage. Es können damit durch den Träger der öffentlichen Jugendhilfe sowohl die vollen Kosten übernommen werden, die aus dem Bedarf entstehen, als auch ein Teil der Kosten. Über die Gewährung von einmaligen Beihilfen oder Zuschüssen ist durch den Träger der öffentlichen Jugendhilfe nach **pflichtgemäßem Ermessen** zu entscheiden. Dies betrifft die Fragen, ob überhaupt eine einmalige Leistung gewährt wird, ob sie in Form einer Beihilfe oder eines Zuschusses erbracht wird und in welcher Höhe sie gewährt wird (Wiesner/Wiesner § 39 Rn 26; aA: Ermessen nicht hinsichtlich des „Ob", sondern nur hinsichtlich der Höhe der Beihilfe bzw des Zuschusses: Hauck u.a./Stähr § 39 Rn 19). Für die Übernahme von Kosten für mehrtägige Klassenfahrten durch den Träger der Grundsicherung für Arbeitsuchende auf der Grundlage von § 23 Abs. 3 Nr. 3 SGB II hat das BSG entschieden, dass die Kosten in voller Höhe zu übernehmen sind. Die Übernahme eines der Höhe nach begrenzten Betrags reicht nicht aus, da Kinder gerade im schulischen Bereich nicht benachteiligt werden sollen (BSG 13.11.2008 – B 14 AS 36/07 R). Diese Argumentation lässt sich auf die Leistungen nach § 39 übertragen. Eine Schlechterstellung von Minderjährigen im Bereich der Fremdunterbringung im Rahmen der Kinder- und Jugendhilfe gegenüber denen, die sich im Leistungsbezug nach dem SGB II befinden, ist nicht gerechtfertigt.

3. Laufende Leistungen bei Vollzeitpflege – Abs. 4 bis 6

18 Spezielle Regelungen für die laufenden Leistungen iRd Hilfe in Vollzeitpflege bzw bei einer geeigneten Pflegeperson liegen mit den Absätzen 4 bis 6 vor. Grundlage der laufenden Leistungen sind die **tatsächlichen Kosten**, sofern sie einen angemessenen Umfang nicht übersteigen. Damit ist abzustellen auf die konkreten Lebensverhältnisse in der Pflegestelle. Dem liegt die Erwägung zugrunde, dass es aus sozialisatorischen Gesichtspunkten dem Wohl des Minderjährigen abträglich wäre, wenn eine Differenzierung zwischen den eigenen Kindern der Pflegepersonen und dem Pflegekind vorgenommen werden müsste. Im Gegensatz zum SGB II und SGB XII wird somit nicht auf eine Absicherung des Existenzminimums, sondern auf die konkreten Lebensverhältnisse der Pflegeperson abgestellt. Bereits hieraus ergibt sich, dass höhere Beträge anzusetzen sind als bei den Regelleistungen nach dem SGB II und den Regelsätzen im SGB XII. Hinzu kommt, dass im Rahmen des § 39 auch die Kosten der Unterkunft zu den laufenden Leistungen zählen, die in den Regelleistungen nach dem SGB II und den Regelsätzen nach dem SGB XII nicht enthalten sind (vgl §§ 20 Abs. 1, 22 SGB II, 28 Abs. 1 SGB XII).

19 Das Gesetz sieht eine **Kappung** vor, wenn die auf dieser tatsächlichen Kostenbasis ermittelten Leistungen einen angemessenen Umfang übersteigen, also bei finanziell besonders günstig gestellten Pflegestellen. Das Gesetz nennt keine Anhaltspunkte für den Begriff der Angemessenheit, insbesondere sind Vergleichsmaßstäbe schwer erkennbar. Da die Praxis idR mit Pauschalbeträgen arbeitet (Rn 20) ist es deswegen erforderlich, dass vor Inpflegegabe mit der Pflegeperson Klarheit geschaffen wird über die Höhe der zu erbringenden Leistungen, um so der Pflegeperson Entscheidungsmöglichkeiten auch hinsichtlich des finanziellen Aufwands zu geben.

Die Orientierung der Leistungen an den tatsächlichen Kosten relativiert sich deutlich dadurch, dass 20 gem. Abs. 4 Satz 3 für die laufenden Leistungen ein monatlicher **Pauschalbetrag** festgesetzt werden soll. Die Pauschalierung führt dazu, dass eine Ausrichtung der Leistungen an den individuellen Verhältnissen der konkreten Pflegefamilie nicht erfolgt. Stattdessen bemisst sich die Höhe der Leistungen anhand der in einer durchschnittlichen Familie entstehenden Kosten. Von den Pauschalbeträgen ist abzuweichen, wenn dies nach den Besonderheiten des Einzelfalls geboten ist. In Frage kommen insbesondere erhöhte Anforderungen an die Pflegeperson, etwa durch Krankheit oder Behinderung des Minderjährigen. Als derartige Besonderheiten des Einzelfalls sind Abweichungen im Lebensstandard der Pflegefamilie von durchschnittlichen Verhältnissen durch ein höheres Niveau der Lebenshaltung und etwa eine überdurchschnittliche Miete nicht anerkannt. Auch eine pädagogische Qualifikation der Pflegeperson führt nicht automatisch zu einem Anspruch auf höhere Leistungen für die Pflege und Erziehung des Minderjährigen. Entscheidend ist, ob der spezifische Bedarf des Kindes oder des Jugendlichen erhöht ist und die Betreuung durch eine entsprechend qualifizierte Person erforderlich macht (Wiesner/Wiesner § 39 Rn 34).

Die Festsetzung der Pauschalbeträge soll nach Abs. 5 Satz 1 durch die nach Landesrecht zuständige 21 Behörde erfolgen. Meist ist nach Landesrecht das **LJA oder die oberste Landesjugendbehörde zuständig**. Andere Regelungen sind jedoch möglich, so werden etwa in Niedersachsen die monatlichen Pauschalbeträge durch Erlass des Kultusministeriums festgesetzt (für zulässig erklärt durch OVG NI 10.3.1999 – 4 L 2667/98 – FEVS 51, 80 ff). Die Festlegung erfolgt verbindlich für alle JÄ. Bei der Festsetzung ist zwingend nach Altersgruppen zu differenzieren (Abs. 5 Satz 2). Da nach Abs. 5 Satz 3 das Nähere durch Landesrecht geregelt werden kann, sind weitere Differenzierungen landesrechtlich möglich. Regelmäßig erfolgt eine Differenzierung nach Art der Pflegestelle (vgl § 33 Rn 17 f), so etwa allgemeine, heilpädagogische Pflegestellen, Kurz-, Übergangs-, Tages-Vollzeit-Pflegestellen, allgemeine oder heilpädagogische Tagespflege, Bereitschaftspflegestellen usw.

Aufgrund der landesrechtlichen Zuständigkeit für die Festsetzung der Pauschalbeträge gibt es unter- 22 schiedliche Höhen dieser Beträge. **Abs. 4 Satz 5** bestimmt bei unterschiedlichen Pauschalbeträgen, dass idR die Verhältnisse an dem **Ort maßgeblich** sind, **wo der Minderjährige in der Pflegestelle untergebracht** ist. Damit soll verhindert werden, dass Kinder und Jugendliche, die in derselben Pflegestelle bzw Pflegefamilie untergebracht sind und für die JÄ aus verschiedenen Bundesländern zuständig sind, unterschiedliche Leistungen erhalten. Zudem soll sichergestellt werden, dass alle Pflegepersonen im Bereich eines JA für ihre Pflegekinder das gleiche Pflegegeld bekommen. Entscheidend sind daher nicht die Pauschalbeträge, die für das jeweils im Einzelfall für die Leistung zuständige JA gelten, sondern die Beträge, die für das JA maßgeblich sind, in dessen Bereich die Pflegestelle gelegen ist (Wiesner/Wiesner § 39 Rn 36).

Sinnvoll ist es, innerhalb der Pauschalbeträge Sachkosten (materielle Aufwendungen) und Erziehungs- 23 kosten gesondert auszuweisen, dies schon deswegen, weil die Sachkosten altersbedingt unterschiedlich festzusetzen sind (Abs. 5 Satz 2). Für die Höhe der Pauschalbeträge gibt es **Empfehlungen des DV**. Diese unterscheiden hinsichtlich der materiellen Aufwendungen zwischen drei Altersgruppen, um dem altersbedingt unterschiedlichen Unterhaltsbedarf von Kindern und Jugendlichen gerecht zu werden (§ 39 Abs. 5 Satz 2 SGB VIII. Sie basieren auf den Ausgaben von Paarhaushalten mit einem Kind und sollen ein mittleres Konsumniveau widerspiegeln. Die Empfehlungen des DV liegen aktuell (2009) für materielle Aufwendungen entsprechend den drei Altersstufen für Minderjährige im Alter von 0 bis 5 Jahren bei 473 EUR, von 6 bis 11 Jahren bei 547 EUR und von 12 bis 18 Jahren bei 628 EUR. Als Kosten der Erziehung werden für alle Altersstufen einheitlich 227 EUR empfohlen (DV NDV 2008, 449).

Durch das KICK wurde zum 1.10.2005 Abs. 4 Satz 4 eingefügt, wonach der **Pauschalbetrag angemes-** 24 **sen gekürzt** werden kann, wenn die **Pflegeperson dem Minderjährigen gegenüber unterhaltsverpflichtet** ist. Diese Formulierung ließ nicht erkennen, ob eine Kürzung bereits dann in Frage kommen sollte, wenn eine Unterhaltspflicht dem Grunde nach bestand, oder ob im Einzelfall zu ermitteln war, ob und in welchem Umfang die betreuende Person dem Minderjährigen gegenüber unterhaltspflichtig war. Zudem blieb unklar, ob die gesamte Leistung nach § 39 gekürzt werden konnte, oder ob nur eine Kürzung der Sachkosten in Betracht kam (vgl Tammen 2007 Rn 50; ausführlich Wiesner/Wiesner § 39 Rn 35 a ff) Zur Klarstellung dieser Fragen wurde die Regelung im Rahmen des KiFöG dahingehend präzisiert, dass das JA zur **angemessenen Kürzung** der Leistungen berechtigt ist, wenn die Pflegeperson in **gerader Linie** mit dem Kind oder Jugendlichen **verwandt** ist und sie in der Lage ist, dem Minderjährigen unter Berücksichtigung ihrer sonstigen Verpflichtungen und ohne Gefährdung ihres angemessenen Unterhalts **Unterhalt zu gewähren**. Dabei können nur die Kosten für den Sachaufwand des Kindes oder Jugendlichen angemessen gekürzt werden, nicht jedoch die Kosten der Pflege und Erziehung. Die Regelung knüpft an § 27 Abs. 2 a an, wo klargestellt wird, dass HzE in Form von Vollzeitpflege (§ 33) auch im Haushalt einer unterhaltsverpflichteten Person erfolgen kann, wenn die Leistungsvoraussetzungen vorliegen und der Hilfebedarf auf diese Weise gedeckt werden kann (vgl § 27 Rn 23 f). Allerdings geht der Gesetzgeber laut Gesetzesbegründung davon aus, dass Großeltern (um die es bei diesen Fallkonstellationen in aller Regel geht) aufgrund ihrer engen verwandtschaftlichen Beziehung zu dem Kind oder Jugendlichen und der daraus resultierenden Unterhaltspflicht auch eine von der Rechtsordnung anerkannte Pflichtenposition haben. Aus diesem Grund dürften sie von der staatlichen Gemeinschaft nicht ohne weiteres dieselbe finanzielle Honorierung für ihre Betreuungs- und Erziehungsleistungen innerhalb der Verwandtschaft erwarten wie Pflegepersonen, die dem Kind oder Jugendlichen nicht so eng verbunden sind (BT-Drucks. 15/3676, 36). Deshalb wurde die Möglichkeit zur Kürzung der Pauschalbeträge nach § 39 Abs. 4 Satz 4 eröffnet.

25   Das JA hat über die Frage der Kürzung auf der Grundlage der Besonderheit des Einzelfalls nach **pflichtgemäßem Ermessen** zu entscheiden. Bei der Frage, ob eine jeweilige Kürzung erfolgt bzw ob sie angemessen ist, wird es auch zu berücksichtigen haben, dass die Großeltern weder nach § 92 zu den Kosten der anderweitigen Unterbringung des Minderjährigen im Rahmen von HzE herangezogen werden können, noch der öffentliche Träger der Jugendhilfe Unterhaltsansprüche des Minderjährigen gegen die Großeltern nach § 95 auf sich überleiten kann (zur Gesetzessystematik in dem Zusammenhang vgl Tammen UJ 2004, 391).

26   Durch das KICK wurde zum 1.10.2005 die Ergänzung in **Abs. 4** aufgenommen, dass die laufenden Leistungen auch die **Erstattung nachgewiesener Aufwendungen für Beiträge zu einer Unfallversicherung** sowie die **hälftige Erstattung** nachgewiesener Aufwendungen zu einer **angemessenen Alterssicherung** umfassen. Durch das KiFöG wurde klarstellend der Hinweis hinzugefügt, dass es sich dabei um eine Unfallversicherung und Alterssicherung **der Pflegeperson** handelt (vgl § 23 Rn 30). Mit dieser Erweiterung findet eine Angleichung an die Bemessung des Pflegegeldes für Tagespflegepersonen nach § 23 statt, in dessen Rahmen ebenfalls die entsprechenden nachgewiesenen Aufwendungen der Pflegeperson zu erstatten sind. In den meisten Bundesländern wird als hälftiger Beitrag für die Alterssicherung ein Betrag von 39 EUR erstattet. Überwiegend wird dieser Betrag für eine Pflegeperson in der Pflegestelle geleistet. Das Land Mecklenburg-Vorpommern erstattet demgegenüber die hälftige Alterssicherung für zwei Pflegepersonen, sofern mit beiden ein entsprechender Vertrag über die Pflege eines Minderjährigen abgeschlossen worden ist. Der Betrag von 39 EUR orientiert sich an dem Mindestbeitrag, der für die Versicherung einer Person in der gesetzlichen Rentenversicherung zu entrichten ist. Die Pflegeperson kann die Form ihrer Alterssicherung jedoch frei wählen, insbesondere auch eine private Rentenversicherung abschließen. In Frage kommt auch eine kapitalbildende Lebensversicherung. Als angemessene Alterssicherung stellt sich eine solche grundsätzlich aber nur dann dar, wenn ihre Verwertung vor dem Eintritt in den Ruhestand vertraglich ausgeschlossen ist. Sowohl bei Frauen als auch bei Männern kann vom Eintritt in den Ruhestand grundsätzlich frühestens mit der Vollendung des 60. Lebensjahres ausgegangen werden (OVG RP 07.08.2008 - 7 A 10142/08).

27   Abs. 6 enthält eine Regelung zur **Anrechnung des Kindergeldes**. Die Regelung betrifft Fälle, in denen die Pflegeperson für einen Minderjährigen, für den Leistungen nach § 39 erbracht werden, Kindergeld oder einen Kinderfreibetrag erhält. Hiernach wird für ein Pflegekind, das das älteste Kind in der Pflegefamilie ist, die Hälfte des für das erste Kind zu zahlenden Kindergeldes auf die Leistungen nach § 39 angerechnet. Das Kindergeld beträgt aktuell (2009) für das erste Kind 164 EUR, die anzurechnende Hälfte also 82 EUR. Um in Fällen, in denen das Pflegekind nicht das älteste Kind ist, finanzielle Nachteile gegenüber der früheren Rechtslage zu vermeiden, wird in all den Fällen, in denen das Pflegekind nicht das älteste Kind ist, nur ein Viertel des Erstkindergeldbetrages (also 41 EUR) angerechnet. Um den jeweiligen Betrag vermindert sich die Leistung nach § 39.

Weiterführende Literaturhinweise:

Späth UJ 1993, 458 ff; *Meysen* NJW 2003, 3369 ff; *Schindler* JAmt 2005, 1 ff.

§ 40 Krankenhilfe

[1]Wird Hilfe nach den §§ 33 bis 35 oder nach § 35 a Abs. 2 Nr. 3 oder 4 gewährt, so ist auch Krankenhilfe zu leisten; für den Umfang der Hilfe gelten die §§ 47 bis 52 des Zwölften Buches entsprechend. [2]Krankenhilfe muss den im Einzelfall notwendigen Bedarf in voller Höhe befriedigen. [3]Zuzahlungen und Eigenbeteiligungen sind zu übernehmen. [4]Das Jugendamt kann in geeigneten Fällen die Beiträge für eine freiwillige Krankenversicherung übernehmen, soweit sie angemessen sind.

I. Krankenhilfe als Annex der erzieherischen Hilfe

Indem neben den Leistungen zum Unterhalt auch Krankenhilfe durch den öffentlichen Träger der Jugendhilfe zu leisten ist, wird gewährleistet, dass im Bereich der erzieherischen Hilfen nach den §§ 33 bis 35 und nach § 35 a die **Hilfe aus einer Hand** geleistet wird. Dagegen wird keine Krankenhilfe erbracht, wenn HzE in Form der Erziehung in einer Tagesgruppe nach § 32 geleistet wird. Da **§ 41 Abs. 2** hinsichtlich der Ausgestaltung der Hilfe auf § 40 verweist, ist auch im Rahmen der Hilfe für junge Volljährige bei Hilfen entsprechend den §§ 33 bis 35 a Krankenhilfe zu leisten. Die Krankenhilfe ist auch im Rahmen anderer Leistungen von Bedeutung: Gem. **§ 13 Abs. 3** soll Krankenhilfe nach Maßgabe von § 40 geleistet werden, wenn jungen Menschen während der Teilnahme an schulischen oder beruflichen Bildungsmaßnahmen oder bei der beruflichen Eingliederung Unterkunft in sozialpädagogisch begleiteten Wohnformen angeboten wird. Ebenso soll gem. **§ 19 Abs. 3** bei der gemeinsamen Betreuung von Müttern bzw Vätern und Kindern in einer geeigneten Wohnform Krankenhilfe erbracht werden. Nach **§ 21** kann Krankenhilfe auch im Rahmen der Unterstützung bei notwendiger Unterbringung zur Erfüllung der Schulpflicht geleistet werden. Ebenso wie die Leistungen zum Unterhalt nach § 39 ist auch der Anspruch nach § 40 unselbstständiger Annex zu den jeweiligen sozialpädagogischen Leistungen, in deren Zusammenhang er erbracht wird (vgl § 39 Rn 4). **1**

Auf Krankenhilfe besteht nach Satz 1 ein zwingender **Rechtsanspruch**, wenn begleitend zu den genannten Hilfen Leistungen nach § 39 erbracht werden. Dies gilt aber nur insoweit, als nicht **andere Sozialleistungsträger** nach § 10 Abs. 1 Satz 1 zur Leistung von Krankenhilfe **vorrangig verpflichtet** sind. Vorrangige Verpflichtungen ergeben sich insbesondere aus der Mitgliedschaft in einer gesetzlichen Krankenkasse (§ 5 SGB V), aus der freiwilligen Mitgliedschaft in einer gesetzlichen Krankenkasse (§ 7 SGB V) sowie aus der Familienversicherung (§ 10 Abs. 1, 2 und 4 SGB V). Zu den vorrangigen Leistungen gehören jedoch nicht die Leistungen der Sozialhilfe (§ 10 Abs. 4 Satz 1). **2**

II. Inhalt und Umfang der Hilfe

Satz 1, 2. Halbsatz verweist mit den §§ 47–52 SGB XII auf die einschlägigen **Bestimmungen des SGB XII**, um den **Umfang der Hilfe** zu bestimmen. § 47 SGB XII regelt die vorbeugende Gesundheitshilfe, § 48 SGB XII Hilfe bei Krankheit, § 49 SGB XII Hilfe zur Familienplanung, § 50 SGB XII Hilfe bei Schwangerschaft und Mutterschaft, § 51 SGB XII Hilfe bei Sterilisation und § 52 SGB XII die Leistungserbringung und Vergütung (zu den Einzelheiten vgl Münder/Bieritz-Harder/Birk SGB XII §§ 47 ff). Gem. § 52 Abs. 1 SGB XII **entsprechen** die genannten Hilfen den **Leistungen der gesetzlichen Krankenversicherung**. **3**

Im Bereich der **Hilfe zur Familienplanung** gingen die Leistungen nach dem BSHG über die der gesetzlichen Krankenversicherung hinaus, indem in § 36 BSHG aF die Kostenübernahme für empfängnisverhütende Mittel für alle Personen vorgesehen war, während die Kostenübernahme im Rahmen der gesetzlichen Krankenversicherung auf Personen bis zur Vollendung des 20. Lebensjahrs beschränkt ist. Dem Wortlaut nach enthält auch § 49 SGB XII keine Beschränkung des Leistungsanspruchs auf Personen unter 20 Jahren. Allerdings ist in § 52 Abs. 1 SGB XII festgelegt, dass die Hilfen der §§ 47 bis 51 SGB XII den Leistungen der gesetzlichen Krankenversicherung entsprechen, ohne dass dies für den Fall eingeschränkt wird, dass abweichende Regelungen im SGB XII selbst getroffen werden. Insofern wird man den Anspruch auf Kostenübernahme für **empfängnisverhütende Mittel** ebenso wie bei den gesetzlichen Krankenversicherungen **nur bis zur Vollendung des 20. Lebensjahrs** bejahen können (vgl Münder u.a./Bieritz-Harder/Birk SGB XII § 49 Rn 4). **4**

Durch das KICK wurde zum 1.10.2005 die Sätze 2 und 3 eingefügt, wonach die Krankenhilfe den im Einzelfall bestehenden Bedarf in voller Höhe befriedigen muss. **Zuzahlungen und Eigenbeteiligungen**, etwa die Praxisgebühr in Höhe von 10 Euro pro Quartal, sind ausdrücklich zu übernehmen. Insofern geht die Krankenhilfe über die Leistungen der gesetzlichen Krankenversicherung hinaus. Vor Inkraft- **5** treten des SGB XII bestand eine entsprechende Regelung in § 38 Abs. 2 BSHG aF, die analog auf § 40 angewandt wurde. Nach § 38 Abs. 2 BSHG aF mussten die Hilfen bei Krankheit und die vorbeugenden Hilfen im Rahmen der Sozialhilfe den im Einzelfall vorliegenden Bedarf in voller Höhe befriedigen, wenn im Krankenversicherungsrecht Eigenleistungen des Versicherten vorgesehen waren, insb. die Zahlung von Zuschüssen, die Übernahme eines Teils der Kosten oder eine Zuzahlung. Diese Regelung wurde in das SGB XII nicht übernommen (vgl Münder/Bieritz-Harder/Birk SGB XII § 48 Rn 1, 34). Aus diesem Grund wurde es erforderlich, die entsprechende Regelung direkt in § 40 aufzunehmen. Die Übernahme von Zuzahlungen und Eigenbeteiligungen hat im Rahmen von § 39 auch für junge Menschen zu erfolgen, die die Voraussetzungen der Vorschrift erfüllen und **in der gesetzlichen Krankenversicherung** versichert sind (vgl. Wiesner/Wiesner § 39 Rn 7 a f).

III. Übernahme von Beiträgen für eine freiwillige Krankenversicherung

6 Ebenso wie die Sozialhilfe nach § 32 Abs. 2 SGB XII kann auch das JA in geeigneten Fällen nach Satz 2 die Beiträge für eine **freiwillige Krankenversicherung** übernehmen, soweit sie angemessen sind. Diese Leistung ist eine **Kann-Leistung** (vgl VorKap. 2 Rn 8). Kriterien für die Ermessensausübung sind der Grundsatz der präventiven Hilfe, die Dauer einer bereits bestehenden Krankenversicherung und Kostengesichtspunkte, allerdings auch die Vermeidung von Stigmatisierungseffekten (Wiesner/Wiesner § 40 Rn 16, 18; Münder/Bieritz-Harder/Birk SGB XII § 32 Rn 20). Freiwillige Beiträge können nur übernommen werden, wenn sie **angemessen** sind. Zunächst ist zu prüfen, ob die freiwillige Versicherung dem Grunde nach angemessen ist; davon ist im Regelfall auszugehen, wenn die freiwillige Versicherung bei einer gesetzlichen Krankenkasse erfolgt. Bei einer privaten Krankenkasse wird es auf den Umfang des Versicherungsschutzes und die Dauer der Bedürftigkeit iSv § 40 ankommen. Für die Angemessenheit spielt maßgeblich auch die Höhe der Beiträge eine Rolle. Die Beitragshöhe der gesetzlichen Krankenkassen kann hier als Maßstab dienen (Münder/Brühl SGB XII § 82 Rn 67). Hier gilt seit dem 1.1.2009 ein einheitlicher allgemeiner Beitragssatz, der von der Bundesregierung durch Rechtsverordnung festgelegt wird (§ 241 SGB V). Unterschiede kann es somit nur bezüglich des Zusatzbeitrags geben, den die Krankenkassen individuell festlegen und erheben können.

Vierter Unterabschnitt
Hilfe für junge Volljährige

§ 41 Hilfe für junge Volljährige, Nachbetreuung

(1) [1]Einem jungen Volljährigen soll Hilfe für die Persönlichkeitsentwicklung und zu einer eigenverantwortlichen Lebensführung gewährt werden, wenn und solange die Hilfe aufgrund der individuellen Situation des jungen Menschen notwendig ist. [2]Die Hilfe wird in der Regel nur bis zur Vollendung des 21. Lebensjahres gewährt; in begründeten Einzelfällen soll sie für einen begrenzten Zeitraum darüber hinaus fortgesetzt werden.

(2) Für die Ausgestaltung der Hilfe gelten § 27 Abs. 3 und 4 sowie die §§ 28 bis 30, 33 bis 36, 39 und 40 entsprechend mit der Maßgabe, dass an die Stelle des Personensorgeberechtigten oder des Kindes oder des Jugendlichen der junge Volljährige tritt.

(3) Der junge Volljährige soll auch nach Beendigung der Hilfe bei der Verselbständigung im notwendigen Umfang beraten und unterstützt werden.

I. Bedeutung der Norm

§ 41 beinhaltet mit der **Hilfe für junge Volljährige** (§ 7 Abs. 1 Nr. 3) unterschiedliche Leistungsphasen: **1** nach Abs. 1 zunächst eine **eigenständige Hilfe** für 18- bis 21-Jährige sowie die **Fortsetzungshilfe** für über 21-Jährige, und die **Nachbetreuungshilfe** (Abs. 3). Ausgangspunkt für diese Hilfen ist die Tatsache, dass mit der formellen Vollendung der Volljährigkeit keine abrupte Beendigung von Hilfen eintreten soll (zum Wandel der Jugendphase vgl. Einl. Rn 3 ff; Köpcke-Duttler ZfJ 2001, 126). So können auch nach der Volljährigkeit Hilfesituationen bestehen, die mit den Methoden und Mitteln der sozialpädagogischen Jugendhilfe am besten bearbeitet werden können. Deswegen werden derartige Hilfen für junge volljährige Menschen der Jugendhilfe zugeordnet. Zum Ende des Jahres 2005 erhielten insgesamt 4386 junge Menschen Hilfen nach § 41. Im Laufe des Jahres wurden 7803 Hilfen beendet, jedoch nur 5902 Hilfen begonnen (Statistisches Bundesamt 2006). Das SGB VIII kennt **weitere Leistungen für junge Volljährige**. So richtet sich die gesamte Jugendarbeit an junge Menschen und damit auch an junge Volljährige, von besonderer Bedeutung ist hier § 13. In vielen Fällen wird die Hilfe nach § 19 ebenfalls jungen volljährigen Müttern und (seltener) Vätern erbracht. Die Unterstützung bei der Unterbringung zur Erfüllung der Schulpflicht kann ebenfalls gem. § 21 **Satz 3** bei noch nicht abgeschlossener Schulbildung bis längstens zur Vollendung des 21. Lebensjahres gehen.

In den letzten Jahren ist immer wieder die **Einschränkung der Hilfe nach § 41 in der Diskussion** gewesen. In jüngerer Zeit wurde in dem Entwurf eines Gesetzes zur Entlastung der Kommunen im Sozialen Bereich (KEG) vorgeschlagen, die Vorschrift von einer Soll- in eine Kann-Bestimmung umzuwandeln. Darüber hinaus sollte die Altersgrenze für die spätmöglichste Beendigung der Hilfe (Rn 9) von der Vollendung des 27. auf die Vollendung des 21. Lebensjahrs gesenkt werden. Der Beginn einer Hilfe nach der Vollendung des 18. Lebensjahrs sollte ausgeschlossen werden und damit nur noch die Möglichkeit von Fortsetzungshilfen bestehen, die an Hilfen anknüpfen, die bereits vor der Volljährigkeit begonnen wurden. Es sollte zudem eine gesetzlich festgeschriebene Mitwirkungs- und Ausbildungsverpflichtung der jungen Volljährigen eingeführt werden (BT-Drucks. 15/4532, 6). Der Gesetzesentwurf stieß auf deutliche Kritik (vgl ISA 2005, 18; Nüsken JAmt 2006, 1 ff) und blieb in der Bundestagsabstimmung erfolglos. Durch das KICK 2005 hat § 41 nur marginal Änderung erfahren in Abs. 2 durch den ergänzenden Verweis auf § 27 Abs. 4. In Anbetracht der finanziellen Engpässe der Kommunen sind jedoch weitere Reformvorschläge mit dem Ziel der Reduzierung der Hilfen und damit der Kosten nicht unwahrscheinlich. Die Praxis verhält sich in diesem Bereich vielerorts rechtswidrig (Rn 24). **Über 18jährige** scheinen mancherorts nur noch im Zusammenhang mit einer engagierten Jugendgerichtshilfe (§ 52 Rn 7 ff) als Heranwachsende iSd § 1 Abs. 2, 2. Halbs. JGG ihre jugendhilferechtlichen Leistungsansprüche realisieren zu können (Kolvenbach 2004, 469; Trenczek 2009 a Rn 9;

ausführlich zur Straffälligenhilfe Trenczek 2009 c), ansonsten werden sie aus dem Leistungsbereich der Jugendhilfe vielerorts systematisch ausgegrenzt (Nüsken JAmt 2006, 1).

II. Hilfe für junge Volljährige – Abs. 1 und 2

1. Rechtscharakter, Anspruchsinhaber

3　Bei Vorliegen der Voraussetzungen (Rn 4 ff) besteht im **Regelfall** („soll") ein **Rechtsanspruch auf Hilfe** (vgl VorKap. 2 Rn 8). Das bedeutet, dass regelmäßig die Hilfe zu erbringen ist und nur in Ausnahmefällen, für die der Jugendhilfeträger ggf beweispflichtig ist, die Hilfe verweigert werden kann. Das gilt **auch** für die **Fortsetzungshilfe** (vgl Rn 9). Hier kommt allerdings als zusätzliche Tatbestandsvoraussetzung hinzu, dass ein **begründeter Einzelfall** vorliegen muss, in dem bei Vollendung des 21. Lebensjahrs die individuelle Situation, die den Hilfebedarf auslöst, noch gegeben ist. Ist ein solcher Einzelfall gegeben, so besteht auch für die Fortsetzungshilfe ein Regelrechtsanspruch. Unproblematisch liegt die **Anspruchsinhaberschaft** in allen Varianten jeweils bei dem jungen Volljährigen.

2. Anspruchsvoraussetzungen

4　Mit der Formulierung, dass die Hilfe gewährt werden soll, wenn sie aufgrund der **individuellen Situation** des jungen Menschen erforderlich ist, verwendet der Gesetzgeber bewusst eine sehr weite Begrifflichkeit. Es soll damit ein möglichst großer Kreis junger Volljähriger umfasst werden. Die sehr allgemeine Formulierung wird dadurch konkretisiert, dass die Hilfe für die **Persönlichkeitsentwicklung** und für die **eigenverantwortliche Lebensführung** gewährt werden soll. Das bedeutet, dass die individuelle Situation des jungen Menschen durch Einschränkungen in der Persönlichkeitsentwicklung und in der Fähigkeit ein eigenständiges Leben zu führen gekennzeichnet sein muss. Anknüpfungspunkt ist die Tatsache, dass mit Erreichen des Volljährigkeitsalters bei den betreffenden Personen noch nicht die dieser formalen Grenze entsprechende inhaltliche Autonomie, Selbständigkeit und Persönlichkeit entwickelt ist und diese durch Unterstützungen der Jugendhilfe erreicht werden kann. Voraussetzung für die Hilfeleistung nach § 41 ist ebenso wie bei anderen Hilfen des SGB VIII, dass die Leistungsberechtigten diese wünschen und akzeptieren (vgl Jung 1993, 192 ff; Struck ZfJ 1993, 183 ff; Mrozynski ZfJ 1996, 159, 161).

5　**Individuelle Situationen**, in denen eine Hilfe für die jungen Menschen nach § 41 notwendig ist, lassen sich nur **beschränkt pauschalierend** beschreiben. Mangelnde Kompetenzen zur Gestaltung einer eigenverantwortlichen Lebensführung ergeben sich nicht nur aus **individuellen Beeinträchtigungen**, sondern auch aus **sozialen Benachteiligungen**. Bezogen auf die Altersgruppe der jungen Menschen liegen solche Benachteiligungen vor, wenn die altersgemäß übliche individuelle Entwicklung und gesellschaftliche Integration unzureichend bzw unterdurchschnittlich gelungen ist. Dies ist etwa der Fall bei fehlenden oder nicht hinreichenden schulischen und beruflichen Ausbildungsgängen, bei Menschen mit gesundheitlichen Einschränkungen und bei Menschen mit schwierigen Beziehungen zur sozialen Umwelt. Individuelle Beeinträchtigungen sind insbesondere psychische, physische oder sonstige Belastungen individueller Art (zB Abhängigkeiten, Behinderungen, häufige Delinquenz, aber auch wirtschaftliche Benachteiligung; zu den sog. NAM aus Anlass strafrechtlicher Verfahren, vgl Trenczek 2000, 32 ff). Häufig wird es sich um junge Menschen handeln, die mit kulminierenden Krisen in der Familie und in Bezug auf ihre sozialen Beziehungen zu tun haben, die unmittelbar oder nach kurzzeitiger Unterbrechung im Anschluss an eine außerfamiliale Unterbringung in einer Pflegefamilie, in einem Heim oder in Jugendschutzstellen entsprechende Schwierigkeiten haben, die sich auf Trebe befanden, von Obdachlosigkeit betroffen waren oder aktuell betroffen bzw bedroht sind, die aus einer stationären Unterbringung in psychiatrischen Einrichtungen kommen, suchtmittelabhängig oder in strafrechtliche Verfahren involviert sind oder nach Abschluss eines Aufenthalts in Jugendstrafanstalten oder Untersuchungshaftanstalten Hilfen benötigen (hierzu Trenczek 2009 c).

6　Hilfreich ist zur Vermittlung von Leitlinien für die Praxis die **Bildung von Fallgruppen**, die als vorläufige Regelbeispiele zu verstehen sind, keinesfalls aber als abschließender Katalog von Konstellationen, in denen die Hilfe nur zu erbringen ist (Wiesner/Wiesner § 41 Rn 15). Das erlaubt zum einen eine rationalere Auslegung der Begriffe „Persönlichkeitsentwicklung" und „individuelle Situation" und schafft zum anderen die Voraussetzungen dafür, dass für vergleichbare Lebenslagen Standards von geeigneten und notwendigen Hilfen entwickelt werden. So sind zB die personellen Voraussetzungen für § 41 vorhanden, wenn eine **Eingliederung in die Arbeitswelt** aufgrund schulischer, beruflicher oder sonstiger Abbrüche bisher nicht erreicht werden konnte oder gefährdet erscheint. Daneben sind allgemein **problembelastete Lebenslagen** von Bedeutung (zB Obdachlosigkeit, Suchtkrankheit), wenn deswegen die Entwicklung von Unabhängigkeit und Autonomie nicht möglich ist. Auch **brüchige, gestörte Lebenswege** (etwa bei Strafentlassenen oder bei lange Zeit in Einrichtungen lebenden Menschen) schaffen oft Situationen, in denen die Persönlichkeitsentwicklung nach Vollendung der Volljährigkeit hinter einer durchschnittlich altersgemäßen zurückgeblieben ist. Leistungen nach § 41 sind auch für junge Menschen relevant, die sich **bis zur Volljährigkeit in einer Hilfe nach §§ 33 oder 34 befunden haben** und weitere Unterstützung benötigen. Hilfe nach § 41 wird auch dann gewährt, wenn junge Menschen mit **seelischen Belastungen** in die Übergangsphase zur Selbstständigkeit kommen (zur Anwendung des § 35 a s. Rn 18). Neben psychischen Störungen und Erkrankungen können die Ursachen auch in nicht aufgearbeiteten Konflikten in Kindheit und Jugend, etwa in der Familie, liegen. Sind Lebenslagen durch die **Kumulation von Mängeln** in der äußeren Lebensgestaltung (zB fehlende Wohnung, fehlende berufliche Ausbildung, Schwierigkeiten bei zwischenmenschlichen Beziehungen, keine Zugänge zu Sozialleistungssystemen) gekennzeichnet, so sind in besonderer Weise die Voraussetzungen des § 41 in personeller Hinsicht gegeben.

Auch bei der Volljährigenhilfe muss es sich wie bei der HzE um eine **geeignete Hilfe** für die Persönlichkeitsentwicklung und die eigenverantwortliche Lebensführung handeln. Das bedeutet aber nicht, dass zum Zeitpunkt der Entscheidung über die Hilfe eine Prognose abgegeben werden muss, dass innerhalb eines bestimmten Zeitraums (etwa bis zur Vollendung des 21. Lebensjahrs) die Persönlichkeitsentwicklung abgeschlossen, die eigenverantwortliche Lebensführung erreicht wird (so deutlich BVerwG 23.9.1999 – 5 C 26.98 – ZfJ 2000, 192 = FEVS 51, 337 = NDV-RD 2000, 55 ; OVG NW FEVS 47, 505; VG Minden NDV-RD 1997, 58; Busch/Fieseler ZfJ 2003, 462, 463 f). Auch darf die Hilfe nicht von einer Mitwirkung des jungen Menschen, wie sie der zuständige Träger für sinnvoll hält (etwa regelmäßiger Schulbesuch oder Durchführung einer Therapie) abhängig gemacht werden. Die Motivation zur Mitwirkungsbereitschaft ist gerade eine der Aufgaben der Jugendhilfe (GK/Diedrichs-Michel § 41 Rn 17 f; Busch/Fieseler ZfJ 2003, 462; VG Gießen, 20.6.2000 – 6 G 2077/00). Nur wenn nicht einmal Teilerfolge zu erwarten sind, ist die Hilfe ungeeignet und damit zu versagen (VG Minden NDV-RD 1997, 58). Allerdings ist eine an sich nicht mehr geeignete Betreuung eines jungen Volljährigen für eine Übergangszeit fortzusetzen, in der nach einer anderen geeigneten Maßnahme gesucht wird, wenn weiterhin ein Betreuungsbedarf besteht (OVG NI FEVS 49, 73).

3. Altersgrenzen

Bis zur Vollendung des 21. Lebensjahrs wird die Hilfe für junge Volljährige, wenn die Voraussetzungen vorliegen, als Regelfall erbracht. Es bedarf keiner vorhergehenden Jugendhilfeleistung. Ausreichend ist, dass innerhalb dieses Zeitraums die Hilfe nach § 41 erstmals beginnt und einsetzt.

Nach Vollendung des 21. Lebensjahrs ist eine Hilfe nach § 41 nur möglich, wenn es sich um eine sog. **Fortsetzungshilfe** handelt. Voraussetzung ist, dass es sich um einen begründeten Einzelfall handelt und dass eine Jugendhilfeleistung bereits zuvor erbracht wurde, die nun fortgesetzt wird. Ein **begründeter Einzelfall** liegt vor, wenn es aufgrund der individuellen Situation inhaltlich nicht sinnvoll ist, die Hilfe mit dem 21. Lebensjahr zu beenden. Das kann zB gelten, wenn mit Vollendung des 21. Lebensjahrs eine schulische oder berufliche Ausbildung noch nicht vollständig abgeschlossen ist, Maßnahmen schulischer oder beruflicher Art, aber auch sozialpädagogischer bzw therapeutischer Art noch nicht beendet sind. Zur Feststellung des begründeten Einzelfalls bedarf es einer am Einzelfall ausgerichteten individuellen Überprüfung und Begründung. Die Fortsetzungshilfe soll für einen begrenzten Zeitraum gewährt werden. Die in der Praxis teilweise als Orientierungswert gesetzte Zeitspanne von einem halben oder einem ganzen Jahr ist weder vom Gesetzestext noch von der Intention des Gesetzgebers gedeckt (Mrozynski ZfJ 1996, 159, 163; Busch/ Fieseler ZfJ 2003, 462, 464; GK /Diedrichs-Michel § 41 Rn 21). Die Grenze des maximalen Zeitraums der Hilfe nach § 41 ist die Vollendung des 27. Lebensjahrs (§ 7 Abs. 1 Nr. 3). Ob ein **begründeter Einzelfall** vorliegt, ist - da es sich um einen unbestimmten Rechtsbegriff handelt - gerichtlich voll überprüfbar (vgl dazu auch Rn 24 mwN). Eine **Fortsetzungshilfe** liegt vor, wenn eine Jugendhilfeleistung fortgesetzt wird. Nicht erforderlich ist, dass die Hilfe auf derselben Rechtsgrundlage fortgeführt wird, auf der sie vor Erreichen der Altersgrenze begonnen wurde. So kann zB ein Übergang einer Hilfe nach § 34 in eine Hilfe nach § 35 erfolgen (Busch 1995, 536; Mrozynski ZfJ 1996, 159, 162). Eine kurzzeitige Unterbrechung der Hilfe ist unschädlich (Wiesner/Wiesner § 41 Rn 26 a; Mrozynski ZfJ 1996, 159, 162 f).

4. Anspruchsinhalt, Hilfearten – Abs. 2

10 Bezüglich der **Ausgestaltung der Hilfe** verweist Abs. 2 auf § 27 Abs. 3 und 4, sowie auf §§ 28 bis 30, 33 bis 36, 39 und 40. Ein Verweis auf § 27 Abs. 2, wonach die Hilfe insbesondere nach §§ 28 bis 35 gewährt wird, erfolgt nicht. Im Gegensatz zur HzE fehlt es damit an einer Öffnung für sonstige im Einzelfall bedarfsgerechte Hilfen. Insofern handelt es sich bei den in Abs. 2 aufgeführten Hilfen um eine **abschließende Aufzählung.** Eine Anregung des Bundesrates, § 27 im Rahmen des Abs. 2 vollständig in Bezug zu nehmen (BT-Drucks. 11/5948, 134), blieb erfolglos (zu den Möglichkeiten und Grenzen flexibler Leistungsgewährung für junge Volljährige DIJuF JAmt 2005, 296).

11 Die Zuordnung der Hilfe für junge Volljährige zum SGB VIII verdeutlicht, dass es sich um Hilfesituationen handeln muss, die mit dem Instrumentarium der Jugendhilfe zu bewältigen sind auch wenn es sich bei über 18-Jährigen nicht mehr um „Erziehungshilfen" im engeren Sinne handelt. Im Mittelpunkt stehen deswegen auch hier **sozialpädagogische Leistungen.** Neben der **Beratung,** die häufig Schwerpunkt der Nachbetreuung ist (Rn 20 ff), umfasst die **Unterstützung** etwa die Hilfe bei der Wohnungsbeschaffung, der Besorgung eines Arbeitsplatzes, bei Behördenkontakten, bei der Freizeitgestaltung, der Haushaltsführung und kann bis hin zu einzelnen finanziellen Zuschüssen gehen. Entsprechend dem allgemeinen Verständnis der Jugendhilfe gehören hierzu auch **therapeutische Hilfen** sowie Hilfen im Rahmen der Ausbildung und der Beschäftigung. Weitere Hilfen (Besorgung von Wohnraum, Geldleistungen usw.) kommen – entsprechend den allgemeinen jugendhilferechtlichen Bestimmungen (vgl § 27 Rn 12) – als Ergänzungsleistungen der sozialpädagogischen Hilfen in Frage. Werden ausschließlich materielle Hilfen bzw eine Unterkunft benötigt, kommen diese Leistungen im Rahmen des § 41 nicht in Betracht. Der junge Volljährige ist dann insb. im Hinblick auf die Hilfen zur Überwindung besonderer sozialer Schwierigkeiten (§ 67 SGB XII) an den Träger der Sozialhilfe zu verweisen (Rn 15 f).

12 **Abs. 2** verweist hinsichtlich der **Ausgestaltung** der Hilfe auf **§ 27 Abs. 3 und 4.** Damit umfasst die Hilfe nach § 41 ebenso wie die HzE insbesondere die Gewährung **pädagogischer** und damit verbundener **therapeutischer Leistungen.** Bei Bedarf soll sie Ausbildungs- und Beschäftigungsmaßnahmen im Sinne des § 13 Abs. 2 einschließen (**§ 27 Abs. 3**). Mit dem Verweis auf **§ 27 Abs. 4** ist der Fall geregelt, dass eine junge Volljährige während ihrer Unterbringung in einer Einrichtung oder bei einer Pflegeperson selbst Mutter eines Kindes wird. Im Rahmen der Hilfe nach § 41 ist auch **Unterstützung der Mutter bei der Pflege und Erziehung des Kindes** zu leisten.

13 Konkret verweist **Abs. 2** hinsichtlich der Ausgestaltung der Hilfe auf einzelne **Hilfen zur Erziehung** nach §§ 28 ff. Auch hier gilt, dass die in Frage kommende Hilfe jeweils geeignet und notwendig sein muss. Für die Situation junger Volljähriger meist ungeeignet sind Hilfen angesehen, die auf die Herkunftsfamilie orientiert sind (§§ 31, 32), da das Ziel der Volljährigenhilfe die Entwicklung von Autonomie und Selbstständigkeit ist. Diese Hilfen sind daher im Rahmen des § 41 ausgeschlossen. Aus dem in §§ 28 ff genannten Katalog der HzE sind diejenigen von besonderer Bedeutung, die die Verselbstständigung der jungen Menschen unterstützen (Beratung, Beistandschaft, Einzelbetreuung), und Angebote zur schulischen und beruflichen Bildung (Jugendsozialarbeit). Zwar nicht mit dem formalen Eintritt der Volljährigkeit, aber mit der zunehmenden Selbstständigkeit ist eine Überprüfung erforderlich, ob der Verbleib des jungen Menschen im Heim, in seiner Wohngruppe o.ä. seinem Bedarf noch entspricht und damit geboten ist, oder ob die Überführung einer etwaigen bisherigen HzE in eine Unterstützung für eine selbstständige Lebensform des jungen Menschen durch eine entsprechende Umstellung der Steuerung angezeigt ist. Erforderlich ist auch eine entsprechende Hilfeplanung nach § 36.

5. Abgrenzungsfragen

14 Abgrenzungsfragen ergeben sich bei § 41 vornehmlich zu § 67 und § 53 SGB XII, in der Praxis nicht zuletzt deswegen, weil hier zum Teil eine andere Kostenträgerzuständigkeit besteht. Besondere Probleme bereitet die **Abgrenzung zu § 67 SGB XII** (Trenczek 2009 Rn 28), der nahezu wortgleich § 72 BSHG aF abgelöst hat. Dabei gibt es weniger bei der praktischen Leistungserbringung Schwierigkeiten; hier werden (sei es im stationären, sei es im ambulanten Bereich) von Trägern und Einrichtungen Hilfen auf der Rechtsgrundlage beider Bestimmungen erbracht. Im Vordergrund der Auseinandersetzungen stehen häufig Abwehrstrategien der jeweiligen (Sozialhilfe- oder Jugendhilfe-)Träger: Aus Kostenwägungen wird nicht selten versucht, die konkrete Hilfeleistung dem jeweils anderen Träger zuzuschieben. Dabei war die **Intention des Gesetzgebers** in Bezug auf das Verhältnis von § 41 zu § 72 BSHG aF klar: Nach einer Übergangszeit (vgl dazu 2. Aufl. § 41 Rn 14 ff) sollten Hilfen für junge Volljährige

weitgehend vom Jugendhilfeträger übernommen werden. Nicht zuletzt in den Kostenschätzungen hat der Gesetzgeber dies deutlich gemacht: Die Kosten der Leistung nach § 41 sind der als zweithöchster eingeschätzte Kostenposten nach dem Ausbau der intensiven ambulanten Erziehungshilfen (BT-Drucks. 11/5948, 44).

§ 67 SGB XII hat als Ziel der Hilfe die Teilnahme am Leben in der Gemeinschaft. Ausgangspunkt der **15** Hilfen nach § 67 SGB XII sind **besondere Lebensverhältnisse**, die im Vergleich zu normalen Lebensverhältnissen vorrangig durch äußere, weniger personenbedingte Mängellagen gekennzeichnet sind: Mangel an Arbeit, an Wohnraum, an Beziehungen zu Angehörigen, Freunden, Kollegen, Mangel an Möglichkeiten der Freiheitsentfaltung, Mangel an sozialer Sicherung, Mangel an Bildung usw. (Münder/Roscher SGB XII § 67 Rn 19 ff). § 41 stellt demgegenüber stärker auf die **individuelle Lebenslage** des jungen Volljährigen, auf seine noch nicht abgeschlossene Persönlichkeitsentwicklung und auf den sich daraus ergebenden Bedarf an Hilfen ab. Steht also die noch nicht abgeschlossene Persönlichkeitsentwicklung im Vordergrund ist Rechtsgrund der Hilfe § 41, geht es um die Bewältigung sonstiger Mängellagen ergibt sich ein Hilfeanspruch aus § 67 SGB XII.

Im Übrigen ist im Verhältnis von § 67 SGB XII und § 41 die **Grundregel** des § 10 zu berücksichtigen **16** (vgl § 10 Rn 39 ff): Grundsätzlich gilt der **Vorrang der Jugendhilfe**; in allen Zweifelsfällen ist deswegen Jugendhilfe zuständig (vgl Busch/Fieseler ZfJ 2003, 462). In Situationen, in denen sowohl die Voraussetzungen des § 41 wie die des § 67 SGB XII gegeben sind, ist außerdem der **interne Nachrang** der Hilfe nach § 67 **SGB XII** zu beachten: Gem. § 67 Satz 2 SGB XII gehen Leistungen der Jugendhilfe vor. Vorrang besteht für Leistungen, auf die ein unbedingter Rechtsanspruch besteht, und für Leistungen, auf die ein Regelrechtsanspruch besteht, sog. Soll-Leistungen. Damit kommt § 67 SGB XII für junge Volljährige regelmäßig nicht zur Anwendung. Die Zuständigkeit der Sozialhilfe wird sich in erster Linie in den Fällen ergeben, in denen es sich um junge Volljährige jenseits der Altersgrenze von 21 Jahren handelt, die erstmals mit dem Hilfesystem in Kontakt kommen (zur Abgrenzung der Leistungen nach § 41 und nach §§ 67 f SGB XII DIJuF JAmt 2003, 241).

Weitere Abgrenzungsfragen ergeben sich insbesondere im Verhältnis zur **Grundsicherung für Arbeit-** **17** **suchende** nach dem **SGB II**. Nach § 9 Abs. 3 S. 1 sind Leistungen nach diesem Buch gegenüber denen des SGB II vorrangig. Etwas anderes gilt jedoch für Leistungen nach § 3 Abs. 2 und §§ 14 bis 16 g SGB II. Diese Leistungen sind gegenüber möglichen Leistungen im Rahmen des Kinder- und Jugendhilferechts vorrangig (§ 10 Abs. 3 S. 2; vgl § 10 Rn 35 ff). Dies gilt allerdings nur, soweit die in Frage kommenden Angebote der Jugendhilfe vom Ziel und ihrer Ausrichtung her tatsächlich mit der Leistung des SGB II konkurrieren. Geht es in erster Linie um eine sozialpädagogische Leistung für den jungen Menschen, insbesondere um den Ausgleich von sozialer Benachteiligung oder individueller Beeinträchtigungen, so bleibt es bei der Leistungsverpflichtung der Kinder- und Jugendhilfe (vgl Münder/Münder SGB II § 3 Rn 17; Tammen UJ 2008, 434 ff). Ein Ausschluss von Leistungen des SGB VIII für alle Fälle, in denen ein junger Volljähriger auch in das Arbeitsleben integriert werden könnte, besteht nicht, sondern die – möglicherweise nachrangige – Leistungspflicht nach SGB VIII ist unberührt (VG Trier 19.7.2007 6 K 1037/06.TR).

§ 41 verweist auch auf § 35 a, sodass **Eingliederungshilfe für seelisch behinderte junge Menschen** nicht **18** mit der Volljährigkeit endet, sondern bis zur Vollendung des 27. Lebensjahres gewährt bzw fortgesetzt werden kann. Damit ist der Personenkreis seelisch behinderter junger Volljähriger von § 41 unmittelbar erfasst, mit der Folge, dass entsprechend der Vorrangsregelung des § 10 die Leistungen nach §§ 53 ff **SGB XII nachrangig** sind. Ein Übergang zu Hilfen nach §§ 53 ff SGB XII erscheint aber dann als geboten, wenn keine Verbesserung in Bezug auf die eigenverantwortliche Lebensführung erwartet werden kann, oder wenn die Kontinuität des Hilfeprozesses bei einem Übergang zur Erwachsenenhilfe besser gewährleistet ist, etwa wenn die dauerhafte Unterbringung in einer Behinderteneinrichtung sinnvoll erscheint (vgl DIJuF JAmt 2005, 18 f).

Unabhängig von der vorrangigen Zuständigkeit des jeweiligen Sozialleistungsträgers sind die Bestim- **19** mungen über die **vorläufige Sozialleistungserbringung** (hier insbesondere § 14 SGB IX und generell § 43 SGB I) zu beachten (im Einzelnen vgl § 10 Rn 3, § 35 a Rn 83, Anhang Verfahren Rn 18). Erfolgt im Rahmen dieser Vorschriften eine vorläufige Sozialleistungserbringung so entstehen für den vorleistenden Sozialleistungsträger – im Rahmen der entsprechenden Vorschriften – Kostenerstattungsansprüche (vgl § 10 Rn 56 ff).

III. Nachbetreuung – Abs. 3

20 Abs. 3 betrifft die Fälle, in denen die eigentliche Jugendhilfeleistung iS der §§ 27 ff beendet, das angestrebte Ziel der **Verselbstständigung** aber noch nicht gesichert worden ist. Vom **Rechtscharakter** her handelt es sich um eine Soll-Vorschrift, dh bei Vorliegen der Voraussetzungen ist in der Regel eine entsprechende Hilfe zu erbringen (vgl VorKap. 2 Rn 8). Falls der Jugendhilfeträger trotz Vorliegen der Voraussetzungen entsprechende Leistungen nicht erbringen will, ist er nachweispflichtig dafür, dass eine Ausnahmesituation vorliegt.

21 Die **Voraussetzungen** werden im Gesetzestext nicht dezidiert genannt, sie ergeben sich aber daraus, dass die **Verselbstständigung noch nicht im erforderlichen Umfang** erreicht wurde. Durch die Stichworte der Beratung und Unterstützung wird außerdem klar, dass es sich um eine Bedarfssituation handeln muss, in der keine intensiven Hilfen mehr erforderlich sind (sonst ggf Leistungen nach Abs. 1, 2); damit ist hinsichtlich der Voraussetzungen nur ein sehr allgemeiner Rahmen benannt. Erforderlich ist es deswegen, dass in der Anwendungspraxis der sich hinsichtlich der noch nicht erreichten Verselbstständigung ergebende Bedarf genau und präzise benannt wird.

22 Als Leistungen benennt das Gesetz **Beratung und Unterstützung**. Diese hat sich an den jeweiligen Erfordernissen des Einzelfalls auszurichten und kann deswegen sehr unterschiedlich sein. In Frage kommt eine kontinuierliche, ambulante (etwa wöchentliche) Beratung, denkbar sind auch Hilfen in besonderen Situationen, wie etwa im Zusammenhang mit Behörden-, Ausbildungs- oder Arbeitsplatzangelegenheiten. In Frage kommen zB auch die Mithilfe bei der Wohnungssuche oder die Beratung beim Abschluss eines Mietvertrags oder der Eröffnung eines Bankkontos (Wiesner/Wiesner § 41 Rn 41). Intentional sind die Beratungen und Unterstützungen darauf auszurichten, dass das Ziel der Verselbstständigung erreicht wird. Insofern bedarf es auch einer entsprechenden dahingehenden Hilfeplanung. Durch entsprechende klar definierte Ziele und Vereinbarungen kann so das Ziel der Nachbetreuung, nämlich die Festigung der Verselbstständigung, schrittweise erreicht werden.

IV. Zuständigkeit, Kostenheranziehung

23 Die örtliche Zuständigkeit ist in § 86 a geregelt. Bei der Hilfe für junge Volljährige in stationärer oder teilstationärer Form werden grundsätzlich **Kostenbeiträge nach § 91** erhoben. Der **junge Volljährige** wird zu diesen Kosten gemäß § 92 Abs. 1 Nr. 2 herangezogen, sein **Ehegatte oder Lebenspartner** nach § 92 Abs. 1 Nr. 4 und seine **Eltern** nach § 92 Abs. 1 Nr. 5.

V. Praxis, Rechtsdurchsetzung

24 Die Praxis ist gegenwärtig ganz offensichtlich dadurch gekennzeichnet, dass die örtlichen Träger der Jugendhilfe versuchen, sich ihren **Leistungsverpflichtungen gegenüber jungen Volljährigen zu entziehen**, bzw junge Volljährige in die Sozialhilfe abzuschieben (zur Praxis vgl GK /Diedrichs-Michel § 41 Rn 1 ff; Kolvenbach 2004). Die Gewährung von Hilfen nach § 41 variiert erheblich zwischen verschiedenen Regionen (Nüsken 2006, 18 ff). Ist die Altersgrenze von 18 Jahren erreicht, scheinen junge Volljährige vielerorts nur noch aus Anlass eines Strafverfahrens mit ambulanten Jugendhilfeleistungen rechnen zu können (Rn 2; vgl § 52 Rn 8; ausführlich zur Straffälligenhilfe für junge Menschen Trenczek 2009 c). Mehr als die Hälfte der ambulanten Leistungen für junge Volljährige werden auf Anregung der JGH bzw aus Anlass eines Strafverfahrens bewilligt (Kolvenbach 2004, 469; Trenczek 2009 a Rn 9). Werden überhaupt Hilfen nach § 41 erbracht, so sind diese vielfach von vornherein auf einen bestimmten Zeitraum, meist auf sechs Monate, befristet. Verantwortlich dafür ist in erster Linie die finanziell angespannte Situation der Kommunen, dies kann jedoch die zum Teil **rechtswidrige Praxis** nicht rechtfertigen. Bereits bei der Verabschiedung des Gesetzes war klar, dass die Leistungen für junge Volljährige einer der Bereiche sind, die – insbesondere nach Ablauf der Übergangsfrist und der damit verbundenen Etablierung eines Regelrechtsanspruches – deutlich zusätzliche Kosten in der Jugendhilfe verursachen würden. Vor diesem gesamten Hintergrund, ist die gegenwärtig anzutreffende Praxis bei nicht wenigen Jugendhilfeträgern schlicht skandalös (zur Bestätigung dieses Befunds durch Ergebnisse von Forschung Nüsken JAmt 2006, 1; Nüsken 2006, 18 ff). Bei der Anwendung des § 41 und insbesondere bei der Auslegung der unbestimmten Rechtsbegriffe hat der Auftrag der Jugendhilfe nach § 1 Grundlage der fachlichen Entscheidung zu sein. Was die zurückhaltende Bewilligung der Fortsetzung von Hilfen nach § 33 über das 18. Lebensjahr hinaus angeht, so muss Berücksichtigung finden, dass es heute weitgehend üblich ist, dass junge Menschen über den Eintritt der Volljährigkeit hinaus noch für einige Zeit im Elternhaus leben, und dass nicht gerade bei Pflegekindern angenommen werden kann, dass sie im Regelfall in diesem Alter keine Unterstützung und damit keine Leistung nach dem SGB VIII mehr benötigen (Busch/Fieseler, ZfJ 2003, 462.; zur Fortsetzung der Vollzeitpflege im Rahmen des §41 VG Bremen 19.8.2005 7 K 511/04).

Die Aussicht für die **Rechtsdurchsetzung** der Ansprüche junger Volljähriger ist bei Leistungen bis zur 25 Vollendung des 21. Lebensjahrs hoch, denn hier handelt es sich um Regelrechtsansprüche (Rn 3, Rn 8). Schwieriger mag es bei der Fortsetzungshilfe sein, da hier ein begründeter Einzelfall vorliegen muss; allerdings handelt es sich dabei um einen unbestimmten Rechtsbegriff, der ebenfalls gerichtlich voll überprüfbar ist (Rn 2, Rn 9). Bei Ablehnung einer vom jungen Menschen begehrten Hilfeleistung ist – in beiden Fällen –, nach Durchführung des Vorverfahrens, **Verpflichtungsklage** vor dem Verwaltungsgericht zu erheben (im Einzelnen vgl Anhang Verfahren Rn 66 ff). Entsprechend der grundsätzlich umfassenden Überprüfung der Tatbestandsvoraussetzungen besteht auch bei §41 kein **Beurteilungsspielraum** (aA aber VGH BW NDV-RD 1997, 133).

Weiterführende Literaturhinweise:

Nüsken JAmt 2006, 1; 2006; *Köpcke-Duttler* ZfJ 2001, 126; *Busch/Fieseler* ZfJ 2003, 462; *Tammen* 2007 b; *Trenczek* 2000; 2009 c.

Drittes Kapitel
Andere Aufgaben der Jugendhilfe

Vorbemerkung zum 3. Kapitel

I. Andere Aufgaben – unterschiedliche Aufgaben

1 Ein großer Teil der anderen Aufgaben des 2. Kap. stammt aus dem **Traditionsbestand der Jugend-wohlfahrt** (vgl Einl. Rn 54 ff). Verbindender Aspekt im weitesten Sinne ist die Tatsache, dass es bei diesen Bestimmungen um die Sicherung des Wohls der Minderjährigen und ihre Unterstützung geht. Die jeweiligen Aufgaben sind unterschiedlich. Die in den 5 Abschnitten des 3. Kap. benannten Aufgaben konzentrieren sich inhaltlich auf drei Aspekte.

1. Das JA als Interventions- und Erlaubnisbehörde

2 Im 1. Abschnitt erhält das JA zum vorläufigen Schutz von Kindern und Jugendlichen ein **Interventionsrecht**, das begrenzt ist auf kurzfristige Eilsituationen. Längerfristige Maßnahmen bedürfen immer einer gerichtlichen Entscheidung, sofern die Personensorgeberechtigten widersprechen (§ 42 Rn **36** ff). Im 2. Abschnitt wird der sog. **Erlaubnisvorbehalt** für Kindertagespflege, Vollzeitpflege und Einrichtungen geregelt. Bei diesen Erlaubnissen handelt es sich um öffentlich-rechtliche Ordnungsbefugnisse zur Gefahrenabwehr, die den **Schutz des Kindeswohls präventiv** garantieren sollen. Die Erlaubnis soll vor allem zeitlich längere außerfamiliale Aufenthalte von Kindern und Jugendlichen sichern. Dementsprechend sind kurzfristige und familiennahe Aufenthalte von dem Erfordernis der Erlaubnis ebenso ausgenommen (§ 44 Abs. 1) wie die Situationen, in denen das Kindeswohl aufgrund anderer Rechtsvorschriften (§ 45 Abs. 1) ausreichend gesichert erscheint. Mit der Neuaufnahme der Erlaubnisse für Kindertagespflege wurde auf den Ausbau der Kindertagespflege in §§ 22 ff reagiert (Einl. Rn 47).

2. Das JA als sozialpädagogische Fachbehörde in gerichtlichen Verfahren

3 Das SGB VIII verstärkt die Position des JA als **sozialpädagogische Fachbehörde** in familien- und jugendgerichtlichen Verfahren. Das JA hat in den gerichtlichen Verfahren vor dem Familien- und Jugendgericht eine **eigenständige fachliche Position** einzubringen (Vor§ 50 Rn 6 ff). Hierbei hat das JA seine fachliche Sicht des zur Verhandlung anstehenden Sachverhaltes vorzubringen. Die dem JA vorgeschriebene Mitwirkung in gerichtlichen Verfahren kann im Einzelfall dann zu Konflikten führen, wenn für leistungsberechtigte Eltern oder Kinder diese unterschiedliche Funktion des JA nicht klar ist. Im Rahmen der Beratungsarbeit etwa gemäß § 8 Abs. 3 (Kinder- und Jugendberatung ohne Kenntnis der Personensorgeberechtigten) und §§ 17, 18 (Trennungs- und Scheidungsberatung, Personensorge und Umgangsrechtsberatung) können Erkenntnisse und Daten anfallen, die bei einer Offenbarung nach § 8 a Abs. 3, §§ 50, 52 das gewonnene Vertrauen in die Institution JA erheblich beeinträchtigen. Dem – möglichen – **Verlust des Vertrauens** kann nur durch eine entsprechende Aufklärung von Anfang an bzw vom Zeitpunkt einer sich abzeichnenden gerichtlichen Information begegnet werden oder durch ein entsprechend umfassendes Zeugnisverweigerungsrecht im Hinblick auf §§ 64, 65 (vgl Vor§ 50 Rn 37 VorKap. 4 Rn 15 ff). Im Übrigen ist zwischen den verschiedenen Tätigkeiten der JÄ bei den Gerichten zu unterscheiden, so zwischen Tätigkeiten bei Trennung und Scheidung, bei Kindeswohlgefährdung oder bei delinquenten Verhalten von Jugendlichen (im Einzelnen Münder 2007 a, 145 ff).

4 Für das JA besteht für **familiengerichtliche Verfahren** eine Mitwirkungspflicht. Diese Pflicht erstreckt sich insbesondere auf die Darstellung von angebotenen und erbrachten Leistungen und die in diesem Zusammenhang gewonnenen erzieherischen und sozialen Erkenntnisse zur Entwicklung des Kindes oder des Jugendlichen. Solche Erkenntnisse sind fast immer auch solche über die Eltern oder sonstigen Erziehungsberechtigten, um deren Vertrauen es u.a. auch geht. Der Gesetzgeber hat die verfahrensrechtlichen Vorschriften im FamFG geregelt.

5 Auch für die **jugendgerichtlichen Verfahren** wird für das JA eine Mitwirkungspflicht begründet. Es soll als sozialpädagogische Fachbehörde tätig werden und die frühzeitige Gewährung von Jugendhilfeleistungen prüfen und vornehmen. Damit löst das SGB VIII das JA aus der übergewichtigen Nähe des Jugendgerichts und versucht, ihm mehr Handlungsspielraum bei der selbständigen Lösung des erzieherischen Problems, das sich hinter der Straffälligkeit der jugendlichen Person verbergen kann, zu verschaffen (§ 52 Rn 1 ff).

3. Das JA als Beistand, Amtspfleger, Amtsvormund und als Beurkundungsbehörde

Die Amtspflegschaft für nichteheliche Kinder ist durch die Abschaffung der Amtspflegschaft (seit 6
1.7.1998 – vgl. Einl. Rn 47) weggefallen und durch die **Beratung nach § 52 a** sowie die **Beistandschaft nach §§ 1712 ff** BGB ersetzt worden. Die Beratung und Unterstützung nach § 52 a sowie die von Pflegern und Vormündern (§ 53) und die Beistandschaft sind klassische **Leistungen,** auch wenn sie in dem Kapitel über andere Aufgaben stehen. Zur **Amtspflegschaft und -vormundschaft** kann es weiterhin vor allem aufgrund gerichtlicher Einschränkung der elterlichen Sorge kommen. Unverändert geblieben sind die Aufgaben der **Beurkundung** und **Beglaubigung.** Wegen der seit 1.7.1998 bestehenden Möglichkeit einer gemeinsamen elterlichen Sorge von miteinander nicht verheirateten Personen (vgl Einl. Rn 47) bedürfte es in § 58 a einer Regelung über die Registrierung von und die Auskünfte über solche Sorgeerklärungen.

II. Andere Aufgaben – gemeinsame Elemente

Verbindender Aspekt der verschiedenen Aufgaben ist die Tatsache, dass es sich hierbei ausschließlich 7
um **hoheitliche Tätigkeiten** handelt, von der Krisenintervention (§ 42) bis zur Beurkundung (§§ 59, 60). Nur bei bestimmten Aufgaben können anerkannte Träger der freien Jugendhilfe nach § 76 an der Wahrnehmung solcher **Aufgaben beteiligt** werden.

Die Benennung der anderen Aufgaben stellt objektives Recht dar. Die Aufgabenbeschreibung allein 8
gibt **keine Befugnisse zum Eingriff** für den hoheitlichen Träger. Hier bedarf es stets einer ausdrücklichen Rechtsnorm, die entsprechende Eingriffsbefugnisse vorsieht (zB § 42 Abs. 1 Nr. 3, § 8 a Abs. 3). So, wie sich aus der Benennung von Leistungen als objektives Recht noch kein subjektiver Rechtsanspruch ergibt, so bedarf es auch hier stets einer ausdrücklichen Norm, die das Eingriffsrecht des Trägers der öffentlichen Jugendhilfe begründet.

Die Zuordnung der verschiedenen Aufgaben an die sozialpädagogische Fachbehörde JA war eine be- 9
wusste Entscheidung des Gesetzgebers. Das hat zur Folge, dass die Tätigkeit auch im gesamten Bereich der anderen Aufgaben **inhaltlich und methodisch sozialpädagogisch zu gestalten** ist: Bei den Pflege- und Betriebserlaubnissen geht es nicht um obrigkeitsstaatliche Aufsicht, sondern um fachliche Beratung; bei der Amtspflegschaft/Amtsvormundschaft nicht um entmündigende Bevormundung, sondern um unterstützende Dienstleistung; bei den gerichtlichen Verfahren nicht um eine „verlängerte" gerichtliche Tätigkeit, sondern um sozialpädagogische Unterstützung junger Menschen.

Erster Abschnitt
Vorläufige Maßnahmen zum Schutz von Kindern und Jugendlichen

§ 42 Inobhutnahme von Kindern und Jugendlichen

(1) [1]Das Jugendamt ist berechtigt und verpflichtet, ein Kind oder einen Jugendlichen in seine Obhut zu nehmen, wenn

1. das Kind oder der Jugendliche um Obhut bittet oder
2. eine dringende Gefahr für das Wohl des Kindes oder des Jugendlichen die Inobhutnahme erfordert und
   a) die Personensorgeberechtigten nicht widersprechen oder
   b) eine familiengerichtliche Entscheidung nicht rechtzeitig eingeholt werden kann oder
3. ein ausländisches Kind oder ein ausländischer Jugendlicher unbegleitet nach Deutschland kommt und sich weder Personensorge- noch Erziehungsberechtigte im Inland aufhalten.

[2]Die Inobhutnahme umfasst die Befugnis, ein Kind oder einen Jugendlichen bei einer geeigneten Person, in einer geeigneten Einrichtung oder in einer sonstigen Wohnform vorläufig unterzubringen; im Fall von Satz 1 Nr. 2 auch ein Kind oder einen Jugendlichen von einer anderen Person wegzunehmen.

(2) [1]Das Jugendamt hat während der Inobhutnahme die Situation, die zur Inobhutnahme geführt hat, zusammen mit dem Kind oder dem Jugendlichen zu klären und Möglichkeiten der Hilfe und Unterstützung aufzuzeigen. [2]Dem Kind oder dem Jugendlichen ist unverzüglich Gelegenheit zu geben, eine Person seines Vertrauens zu benachrichtigen. [3]Das Jugendamt hat während der Inobhutnahme für das Wohl des Kindes oder des Jugendlichen zu sorgen und dabei den notwendigen Unterhalt und die Krankenhilfe sicherzustellen. [4]Das Jugendamt ist während der Inobhutnahme berechtigt, alle Rechtshandlungen vorzunehmen, die zum Wohl des Kindes oder Jugendlichen notwendig sind; der mutmaßliche Wille der Personensorge- oder der Erziehungsberechtigten ist dabei angemessen zu berücksichtigen.

(3) [1]Das Jugendamt hat im Fall des Absatzes 1 Satz 1 Nr. 1 und 2 die Personensorge- oder Erziehungsberechtigten unverzüglich von der Inobhutnahme zu unterrichten und mit ihnen das Gefährdungsrisiko abzuschätzen. [2]Widersprechen die Personensorge- oder Erziehungsberechtigten der Inobhutnahme, so hat das Jugendamt unverzüglich

1. das Kind oder den Jugendlichen den Personensorge- oder Erziehungsberechtigten zu übergeben, sofern nach der Einschätzung des Jugendamts eine Gefährdung des Kindeswohls nicht besteht oder die Personensorge- oder Erziehungsberechtigten bereit und in der Lage sind, die Gefährdung abzuwenden oder
2. eine Entscheidung des Familiengerichts über die erforderlichen Maßnahmen zum Wohl des Kindes oder des Jugendlichen herbeizuführen.

[3]Sind die Personensorge- oder Erziehungsberechtigten nicht erreichbar, so gilt Satz 2 Nr. 2 entsprechend. [4]Im Fall des Absatzes 1 Satz 1 Nr. 3 ist unverzüglich die Bestellung eines Vormunds oder Pflegers zu veranlassen. [5]Widersprechen die Personensorgeberechtigten der Inobhutnahme nicht, so ist unverzüglich ein Hilfeplanverfahren zur Gewährung einer Hilfe einzuleiten.

(4) Die Inobhutnahme endet mit

1. der Übergabe des Kindes oder Jugendlichen an die Personensorge- oder Erziehungsberechtigten,
2. der Entscheidung über die Gewährung von Hilfen nach dem Sozialgesetzbuch.

(5) [1]Freiheitsentziehende Maßnahmen im Rahmen der Inobhutnahme sind nur zulässig, wenn und soweit sie erforderlich sind, um eine Gefahr für Leib oder Leben des Kindes oder des Jugendlichen oder eine Gefahr für Leib oder Leben Dritter abzuwenden. [2]Die Freiheitsentziehung ist ohne gerichtliche Entscheidung spätestens mit Ablauf des Tages nach ihrem Beginn zu beenden.

(6) Ist bei der Inobhutnahme die Anwendung unmittelbaren Zwangs erforderlich, so sind die dazu befugten Stellen hinzuzuziehen.

I. Sinn, Rechtscharakter und Bedeutung der Norm

Die Vorschrift regelt Voraussetzungen und Inhalt der Inobhutnahme genannten **sozialpädagogischen** 1
Krisenintervention und Schutzgewährung durch die Kinder- und Jugendhilfe (**betreuende Schutzgewährung**) und ermöglicht damit vorläufige Interventionen in Eil- und Notfällen zum Schutz von Kindern und Jugendlichen (ausführlich Trenczek 2008). In der Bundesrepublik wurden nach einem deutlichen Rückgang zwischen 2002 und 2006 (auf 26.500) im Jahr 2008 32.300 Kinder und Jugendliche in Obhut genommen, eine deutliche Zunahme insb. unter Berücksichtigung der Bevölkerungsentwicklung (2008: 23 von 10.000 Kinder/Jugendlichen; gegenüber 18-20 pro 10.000 in den Jahren zuvor; vgl BT-Drucks. 16/13803, 2). Zugenommen hat v.a. die Inobhutnahme aufgrund einer nicht anders abwendbar erscheinenden Kindeswohlgefahr insb. bei jüngeren Kindern; nur noch 1/4 der Unterbringungen erfolgt auf eigenen Wunsch (sog. Selbstmelder; vgl BT-Drucks. 16/13803, 1; s. Trenczek 2008, 69 ff). Deutlich wird hier nicht eine zunehmende Gefahrenlage, sondern ein verändertes Vorgehen der JÄ. In der Praxis fallen starke regionale Unterschiede auf, die darauf hinweisen, dass im Hinblick auf Organisation und Verfahrensweisen **keine einheitlichen Standards** existieren und die Inobhutnahme und der Schutz der Kinder auch sehr von regionalen/lokalen Traditionen und Zufälligkeiten abhängen.

Mehr als ¾ der Kinder und Jugendlichen lebte vor der Inobhutnahme bei ihren Eltern, einem Elternteil 2
oder Verwandten, in mehr als der Hälfte aller Fälle findet die Inobhutnahme unmittelbar aus der Familie statt. Die **Anlässe für eine Inobhutnahme** sind vielfältig und unterscheiden sich von den der gerichtlichen Sorgerechtsverfahren. Der häufigste Grund sind nicht Vernachlässigung, Misshandlung, Missbrauch, sondern die Überforderung der Eltern in einer akuten Krisensituation sowie massive Beziehungsprobleme zwischen Eltern und ihren Kindern (Trenczek 2008, 86 ff).

Die früher in §§ 42 und 43 aF geregelten vorläufigen Maßnahmen zum Schutz von Kindern und Ju- 3
gendlichen wurden durch das KICK 2005 systematisch neu geordnet und im Wesentlichen in einer Vorschrift zusammengefasst (vgl § 8 a Abs. 3 Satz 2). § 42 beginnt zunächst chronologisch wie rechtsdogmatisch stimmig in Abs. 1 Satz 1 Nr. 1 bis 3 mit den **Anlässen** (also den Tatbestandsvoraussetzungen) und regelt anschließend Inhalt und Ablauf (die Rechtsfolgen) der Inobhutnahme. In Abs. 1 Satz 2 werden die **Befugnisse** des JA zur Heraus- bzw Wegnahme (Rn 18) sowie zur Unterbringung (Rn 19 ff) beschrieben. In Abs. 2 werden die **Aufgaben** des JA bei der Durchführung der Inobhutnahme zusammengefasst und hierbei insbesondere auf die Pflicht zur eigentlichen, sozialpädagogischen Arbeit hingewiesen (Rn 24 ff). In Abs. 2 S. 4 werden die Befugnisse des JA im Hinblick auf die rechtsgeschäftlichen Befugnisse erweitert. Abs. 3 richtet den Blick auf die Eltern und ausdrücklich auf die sich bereits unmittelbar aus Art. 6 Abs. 2 GG ergebende Pflicht des JA zur Zusammenarbeit (vgl Rn 31 ff). Im Abs. 3 Satz 2 werden die Rechtsfolgen eines Widerspruchs geregelt (Rn 36). In Abs. 4 werden die Beendigungstatbestände definiert (Rn 40). Abs. 5 regelt die engen Grenzen der freiheitsentziehenden Maßnahmen (Rn 45 ff). In Abs. 6 findet sich eine klarstellende Regelung zur Anwendung von unmittelbarem Zwang (Rn 51).

Die Inobhutnahme ist gesetzessystematisch den "anderen Aufgaben" der Jugendhilfe zugeordnet, die 4
gemeinhin in Abgrenzung zu den im 2. Kapitel des SGB VIII geregelten "Leistungen" den **hoheitlichen Aufgabenbereich** des JA bezeichnen (zur Beteiligung freier Träger, s.u. Rn 55 ff). Allerdings handelt es

sich nicht um eine klassische „Eingriffsverwaltung". Zwar kommt es im Rahmen der Inobhutnahme, insbesondere von gefährdeten Kindern und Jugendlichen, die sich bei ihren Eltern aufhalten, häufig zu einem **Eingriff in die Personensorge** der Eltern, ein solcher ist aber **kein Wesensmerkmal** der Schutzmaßnahme (Abs. 1 Nr. 1 a, Abs. 3 Satz 5; Trenczek 2008, 189). Es ist durchaus möglich, dass die Eltern dieser nicht widersprechen oder gar einwilligen, zB um eine Krise nicht eskalieren zu lassen. Das macht die Krisenintervention aber **nicht** schon zu einer erzieherischen Hilfe iSd § 27 (zur Abgrenzung zur HzE, Trenczek 2008, 190; missverständlich Wiesner/Wiesner § 42 Rn 9), es handelt sich vielmehr um den Normalfall der Inobhutnahme und den Einstieg in die unverzügliche Hilfeplanung (s. Rn 27).

5 § 42 Abs. 1 Nr. 1 beinhaltet einen **Rechtsanspruch** (subjektiv-öffentliches Recht) des Kindes bzw Jugendlichen auf Schutzgewährung (Hauck/Noftz-Mainberger § 42 Rn 10; Jans u.a. § 42 Rn 20; GK-Busch/Schleicher § 42 Rn 15; Krug u.a. § 42, 18; Schellhorn/Mann 2007 § 42 Rn 7; Trenczek 2007 a Rn 3, 2008, 190; aA Kunkel/Röchling § 42 Rn 22 f). Sind die Tatbestandsvoraussetzungen der Inobhutnahme erfüllt, wird die Schutzpflicht des Staates ausgelöst. Für ein (Entschließungs-)Ermessen des JA ist kein Raum. Zusätzliche die Schutzverpflichtung bzw Ansprüche unterlaufende Ausschlusskriterien jedweder Art (zB im Hinblick auf den Krisenanlass, die Problemausprägung oder Eigenschaften und Verhaltensweisen) sind **unzulässig** (Trenczek 2008, 191).

6 Schutzmaßnahmen der Jugendhilfe werden ausschließlich *zugunsten* junger Menschen und ihrer Familien erbracht (vgl § 2 Rn 7). Damit ist eine **Abgrenzung** der Inobhutnahme von Maßnahmen der Polizei- und Ordnungsbehörden erforderlich, deren Tätigkeit sich auf das Interesse der Allgemeinheit richtet, was sich auch in dem polizeirechtlichen Gefahrenabwehrbegriff niederschlägt. Zwar kann auch die Polizei zB nach § 8 JSchG Minderjährige in Gewahrsam nehmen, allerdings nur, um sie den Eltern zuzuführen oder sie der Obhut des JA zu übergeben (vgl die entsprechenden Regelungen der Polizeigesetze der Länder, zB Art. 17 Abs. 2 PAG BY; § 30 Abs. 2 ASOG BE, § 18 Abs. 3 SOG NI; § 35 Abs. 2 PolG NW). Außerhalb des JA stehende Dritte (zB Schule oder Privatpersonen) können sich nicht auf § 42 berufen. Das gilt auch für **Jugendschutzstellen freier Träger**, die deshalb eine Inobhutnahme **nicht** ohne eine vorherige Einzelfallentscheidung des JA durchführen dürfen (s. Rn 55).

II. Beginn und Anlass der Krisenintervention (Abs. 1 Satz 1)

1. Allgemeines

7 Die Inobhutnahme beginnt nicht schon mit dem ersten Kontakt zwischen dem Kind bzw Jugendlichen und dem JA bzw der Jugendschutzstelle. Eine Zuführung durch die Polizei (vgl zB § 8 Nr. 2 JuSchG) löst nicht zwingend eine Inobhutnahme aus, eine Selbstmeldung (Rn 10) ist hier ebenso wenig ausgeschlossen wie eine Kindeswohlgefahr (Rn 12) begründet. Solange keine Herausnahme (s. Rn 18) erfolgt ist bzw noch keine Entscheidung über die Unterbringung des jungen Menschen getroffen wurde (zum Rechtscharakter der Entscheidung vgl Rn 53), handelt es sich um eine Beratung ggf auch ohne Einschaltung der Personensorgeberechtigte (vgl § 8 Abs. 2 und 3).

8 § 42 findet auch dann Anwendung, wenn sich das Kind/der Jugendliche bereits bei der betreuenden Person bzw in einer Einrichtung befindet und dieser Aufenthalt fortgesetzt werden soll (**Inobhutnahme am sicheren Ort**), zB wenn er sich weigert, zu den sorgeberechtigten Personen zurückzukehren (vgl Trenczek 2008, 193; aA Ollmann FamRZ 2000, 262; Wiesner/Wiesner § 42 Rn 20). Allein schon zur Absicherung der beteiligten Personen gegenüber dem Vorwurf der widerrechtlichen Entziehung Minderjähriger (§ 235 StGB) bedarf es einer hoheitlichen Entscheidung des JA. Entsprechendes gilt für die **Inobhutnahme von Kindern im Krankenhaus** zB nach der Entbindung oder während einer stationären Therapie, wenn die Eltern ihr Kind trotz der ihm dadurch drohenden Gefahren nach Hause holen wollen (DIJuF JAmt 2004, 76). Das gilt auch für den Fall, dass Säuglinge anonym abgeben bzw zurücklassen werden („**Babyklappe**") und keine (vorrangige) gesetzliche oder vertragliche Behandlungsverpflichtung des Krankenhauses besteht (DIJuF JAmt 2003, 235; Mielitz JAmt 2006, 120).

9 In Obhut genommen werden dürfen nur minderjährige junge Menschen. Befinden sich (junge) **Volljährige** (§ 7 Abs. 1 Nr. 3) in einer Krisensituation mit Selbst- oder Fremdgefährdung sind sie ggf nach den Unterbringungsgesetzen (UBG bzw PsychKG) bzw den allgemeinen Polizeigesetzen der Länder im Rahmen der Gefahrenabwehr vorbeugend „in Gewahrsam" zu nehmen (vgl Trenczek 2008, 194). Das **Risiko der fehlerhaften Altersschätzung** und der deshalb rechtswidrig durchgeführten Inobhutnahme darf nur dann dem JA auferlegt werden, wenn diesem der Vorwurf einer nicht sorgfältigen Prüfung gemacht werden kann (ebenso DIJuF JAmt 2004, 312; vgl Rn 13). Zur fachgerechten Prüfung gehört es freilich, sich mit zumutbaren Mitteln selbst von dem Alter der betroffenen Person wie vom Vorliegen

aller sonstigen Tatbestandsvoraussetzungen zu überzeugen. Es ist nicht ausreichend, auf die Angaben der aufnehmenden Einrichtung zu vertrauen.

2. Inobhutnahme auf Wunsch des Kindes/Jugendlichen (Nr. 1)

Das JA muss Kinder und Jugendlichen in Obhut nehmen, wenn diese darum bitten (sog. „Selbstmel- **10** der"). An diesen Wunsch sind keine formellen und inhaltlichen Anforderungen zu richten, er muss insb. nicht begründet werden. Ein objektiver Hilfebedarf ist nicht erforderlich, ausreichend ist das **subjektive Schutzbedürfnis** (ganz hM Trenczek 2008, 195 ff mwN). Die Inobhutnahme darf bei Selbstmeldern deshalb **nicht** von einer mit § 42 Abs. 1 Nr. 2 vergleichbaren **Gefährdungseinschätzung** abhängig gemacht werden (vgl OLG Hamm ZfJ 1997, 433). Vor anders lautenden Dienstanweisungen oder bzw missverständlichen Empfehlungen (BayLJA 2007, 6) ist auch mit Blick auf die Haftung (zur Garantenstellung aus § 42 vgl § 1 Rn 39) zu warnen. Aus der wie auch immer formulierten Bitte folgt die **Verpflichtung zur Inobhutnahme**, selbst dann wenn das Kind/der Jugendliche nicht einmal seinen Namen nennt (zur anonymen Aufnahme, s. Trenczek 2008, 228). Entscheidend ist der (durch fachkundige Auslegung zu ermittelnde) Wille des Kindes/Jugendlichen. Sucht es/er im Konflikt nur das Gespräch und Hilfe, geht es um Beratung nach § 8 Abs. 2 und 3 (s.o. Rn 7). Will es/er - aus welchen Gründen, begründet oder nicht - über Nacht nicht mehr nach Hause, muss es/er in Obhut genommen werden. Die Selbstmeldung trägt die Inobhutnahme allerdings nicht auf Dauer (zur Beendigung der Inobhutnahme, Rn 40). Ob und ggf wie lange die Inobhutnahme nach einer Selbstmeldung aufrecht erhalten bleibt, insb. wenn sich ein Jugendlicher wiederholt in Obhut nehmen lassen will, hängt ganz wesentlich von der Reaktion der Eltern ab (Rn 31 ff) und ggf ob bei Beendigung der Inobhutnahme eine Kindeswohlgefährdung droht (vgl Trenczek 2008, 197).

Nicht vorgesehen ist die Inobhutnahme auf Antrag oder **Bitten der Eltern** (für den Fall, dass Kinder **11** Gewalt gegen ihre Eltern ausüben, vgl Trenczek 2008, 198). Bei der Inobhutnahme handelt es sich nicht um eine zivilrechtliche, sondern öffentlich-rechtliche Unterbringung. Das Einverständnis der Eltern mit der Inobhutnahme macht diese nicht schon zu einer HzE, der Wille eine solche HzE-Leistung in Anspruch nehmen zu wollen, muss eindeutig erkennbar sein (vgl Rn 4). Eine solche Bitte muss aber das JA regelmäßig veranlassen zu prüfen, ob HzE oder andere Leistungen in Betracht kommen oder eine Inobhutnahme aufgrund einer akuten Kindeswohlgefährdung erforderlich ist (vgl Rn 12).

3. Inobhutnahme bei dringender Gefahr für das Kind oder den Jugendlichen (Nr. 2)

Eine Inobhutnahme ist vorzunehmen, wenn eine **dringende Gefahr für das Wohl** des Kindes/Jugend- **12** lichen nicht anders abgewendet werden kann (§§ 8 a Abs. 3 Satz 2, 42 Abs. 1 Nr. 2). Bei der Inobhutnahme nach Abs. 1 Nr. 2 handelt es sich lediglich um den Ausnahmefall des „ersten Zugriffs" in besonderen Eilsituationen. Im Hinblick auf die vorrangige Erziehungsverantwortung der Eltern (Art. 6 Abs. 2 GG) sind diese aufgrund Abs. 1 Nr. 2 a mit Blick auf eine einvernehmliche Regelung grds. *vor* der Entscheidung über die Inobhutnahme zu kontaktieren, soweit hierdurch der wirksame Schutz des Kindes oder des Jugendlichen nicht in Frage gestellt wird (vgl § 8 a Abs. 1 S. 2). Ist dies der Fall, muss grds. erst versucht werden, eine Entscheidung des FamG einzuholen (§§ 8 a Abs. 3, 42 Abs. 1 Nr. 2 b). Nur wenn aufgrund der dringenden Gefahr die Entscheidung des FamG nicht abgewartet werden kann, ist die Inobhutnahme erforderlich. Die Gefahr ist **dringend**, wenn eine Sachlage oder ein Verhalten bei ungehindertem Ablauf des Geschehens mit hinreichender Wahrscheinlichkeit das Wohl des Kindes oder des Jugendlichen gefährden wird. Nicht notwendig ist, dass die Verletzung oder Schädigung unmittelbar bevorsteht (vgl BVerwGE 47, 31, 40). Zur Risikoeinschätzung und Abwägung im konkreten Einzelfall vgl § 8 a Rn 16 ff; Deutscher Städtetag JAmt 2003, 226; Stadt Dormagen 2001; Kinderschutzzentrum Berlin 2000, Kindler u.a. 2006; Kohaupt JAmt 2005, 218 ff; Trenczek 2008, 40 ff u. 199 ff).

Im Hinblick auf die **Art der Gefahr**, die dem Kind oder Jugendlichen droht, ist der **Maßstab des § 1666** **13** **BGB** zu Grunde zu legen und damit *nicht* auf den polizeirechtlichen Gefahrenabwehrbegriff (zB Störung der öffentlichen Ordnung zB durch Straftaten) abzustellen (Trenczek 2008, 200 mwN; OLG Bremen v. 24.4.2002 – 5 WF 25/02 b - FamRZ 2003, 54; aA Hauck/Noftz/Bohnert § 42 Rn 15). Es geht also ausschließlich um das körperliche, geistige oder seelische Wohl des Kindes/Jugendlichen (vgl Vor§ 50 Rn 2 ff; Trenczek 2008, 112 ff u. 121 ff mwN) *und* um die mangelnde Gefahrabwendungsbereitschaft oder -fähigkeit der Eltern (vgl Trenczek 2008, 126 ff). Dabei müssen die Anhaltspunkte für eine Kindeswohlgefährdung objektiv erkennbar sein. Stellt sich hinterher rückblickend (ex post) heraus, dass die Gefahrenlage nicht bestanden hat, so macht dies die Inobhutnahme nur dann rechtswidrig, wenn die Voraussetzungen zum Zeitpunkt der Intervention (ex ante) nicht sorgfältig, dh fachgerecht, geprüft worden waren.

14   Besondere Praxisprobleme im Hinblick auf die Erforderlichkeit bereitet die Abgrenzung zu den Hilfe- und Unterstützungsleistungen anderer (vorrangig verpflichteter) Personen und Sozialleistungsträger (vgl § 10 Abs. 1), insb. der **Krankenversicherungen** bei krankheitsbedingten Ausfall der Eltern, wenn durch den Einsatz einer häuslichen Krankenpflege (§ 37 SGB V) oder Haushaltshilfe (§ 38 SGB V) eine Notsituation hätte abgewendet werden können. Bei einer Notlage ist das JA immer in der Pflicht, da es Minderjährige nicht schutzlos lassen darf. Das JA hat allerdings einen Erstattungsanspruch gegen die Krankenkasse gemäß § 104 Abs. 1 SGB X. Es wäre insoweit rechtsmissbräuchlich darauf hinzuweisen, dass mit der außerhäusigen Inobhutnahme die Voraussetzungen einer Haushaltshilfe entfallen sind (Trenczek 2008, 203 ff mit Hinweisen auf Alternativen nach § 20 bzw der „Inobhutnahme im eigenen Haushalt").

4. Unbegleitete minderjährige Ausländer (Nr. 3)

15   Der Gesetzgeber hat im Hinblick auf **ausländische Kinder und Jugendliche** (zur Schutzgewährung bei Angehörigen des Nato-Truppenstatuts DIJuF 2009, 125) die Erstversorgung unbegleiteter minderjähriger Flüchtlinge und Migranten ausdrücklich geregelt. § 42 Abs. 1 Nr. 3 bezieht sich aber auch auf Kinder, die zB mit dem Ziel der Prostitution oder illegalen Adoption nach Deutschland geschleust und hier aufgegriffen werden. § 42 wird durch die **Regelungen des Asylrechts** (AsylVfG, AsylLG) *nicht* verdrängt; insb. enthält das AsylLG keine mit dem im SGB VIII vergleichbaren Leistungen (BVerwG DÖV 2000, 204 ff). Zur Verpflichtung zur Schutzgewährung durch Inobhutnahme gegenüber minderjährigen Flüchtlingen und Migranten vgl das Haager MSA sowie Art. 19, 22 UN-KRK. Ungeachtet der klaren auch internationalen Regelungen muss man gerade im Hinblick auf die Aufnahme und Betreuung minderjähriger Flüchtlinge erhebliche Umsetzungsprobleme, ja zT eine geradezu rechtsstaatswidrige Praxis beobachten (vgl BT-Drucks. 16/2633, 3; Löhlein/Struck BldW 2007; Peter JAmt 2006, Trenczek 2008, 207 ff). Die Aufnahmeeinrichtungen für Asylbewerber erfüllen zumeist nicht den fachlichen Standard, der für die Erteilung einer Betriebsgenehmigung nach § 45 erforderlich ist, ohne dass sie den Befreiungstatbestand nach § 45 Abs. 1 Nr. 3 erfüllen (zur Unterbringung in besonderen Clearingshäusern vgl Riedelsheimer/Wiesinger 2004).

16   Das JA muss bei minderjährigen unbegleiteten Migranten unverzüglich (nach BVerwG DÖV 2000, 206: max. 3 Werktage) die **Bestellung eines Vormundes** oder Pflegers veranlassen (Abs. 3 Satz 4). Der Vormund stellt dann einen Antrag auf eine Aufenthaltsgenehmigung bzw einen Asylantrag und kann darüber hinaus weitere Jugendhilfeleistungen beantragen. Allein mit der Bestellung des Vormundes wird die Inobhutnahme nicht beendet (BVerwG 08.07.2004 - 5 C 63.03 - ZfJ 2005, 25).

III. Rechtsfolgen - Durchführung der Inobhutnahme - Befugnisse und Pflichten des JA

1. Inhalt der Inobhutnahme

17   "Obhut" bedeutet ein allgemeines Schutzverhältnis und ist daher traditionell gekoppelt an den Begriff der „Für-Sorge" (Jordan/Münder 1987, 41). Sinn und Inhalt der Inobhutnahme ist die Schutzgewährung und fachgerechte sozialpädagogische Kriseninterventtion (vgl BT-Drucks. 11/5948, 79). Im Wesentlichen umfasst die Inobhutnahme beginnend mit der Herausnahme oder Selbstmeldung die vorläufige Unterbringung des Kindes oder Jugendlichen, die sozialpädagogische Betreuung und Klärungshilfe, die Zusammenarbeit mit den Eltern und dem FamG sowie die verwaltungsrechtliche Ausgestaltung der Inobhutnahme.

a) Weg- und Herausnahme des Kindes und Jugendlichen

18   Liegen die Voraussetzungen der Inobhutnahme vor, so dürfen die Mitarbeiter des JA Kinder und Jugendliche aus dieser Situation heraus in Obhut nehmen. Die in der Praxis meistens Herausnahme genannte **Befugnis zur Wegnahme** des Kindes von einer anderen Person wurde ausdrücklich in Abs. 1 Satz 2 a.E. geregelt, ohne hierbei die personensorgeberechtigten Eltern auszunehmen. Eine Befugnis zur Gewaltanwendung ist damit allerdings nicht verbunden (hierzu Rn 50 ff).

b) Unterbringung

Die (vorläufige) Unterbringung ist ein **Wesensmerkmal** der Inobhutnahme, auch wenn sie sich hierin 19
nicht erschöpft. Das „Ob" der schutzgewährenden Unterbringung steht nicht im (Ent-
schließungs-)Ermessen des JA, ein (Auswahl)Ermessen besteht lediglich im Hinblick auf das „Wie" der
Unterbringung, da unter mehreren *geeigneten* Unterbringungsformen ausgewählt werden kann. Ermessen ist stets pflichtgemäß, dh nach verbindlichen rechtlichen Kriterien auszuüben (Trenczek u.a.
2008, 114 ff vgl Anhang Verfahren Rn 86), dh es muss die dem Anlass angemessene, zweckmäßigste
Unterbringungsform gewählt werden, wobei auch die (potentiellen) Wünsche der Betroffenen und ihrer
Eltern (s. § 5) berücksichtigt werden müssen (vgl EGMR Moser vs. Austria 21.9.2006 - 12643/02
wegen Verletzung des Art. 8 EMRK bei einer Unterbringung eines neugeborenem Kindes durch ein
österreichisches JA weil nicht ausreichend nach einer Möglichkeit der gemeinsamen Unterbringung mit
der Mutter gesucht wurde).

Eine „Unterbringung" liegt grds. nur vor, wenn sich der ständige Aufenthalt eines Kindes außerhalb 20
des Elternhauses (der sorgeberechtigten Eltern) befindet, sei es in einer Institution oder einer anderen
Familie (MünchKomm/Huber § 1631 b BGB Rn 2; zur atypischen Inobhutnahme im eigenen Haushalt
vgl Trenczek 2008, 212). Im Hinblick auf die **Art und Weise der Unterbringung** ermöglicht Abs. 1 Satz
2 die Wahl zwischen drei gleichwertigen Alternativen, die insb. im Hinblick auf die Krisenintervention
allesamt **geeignet**, dh insb. personell und sachlich angemessen ausgestattet sein müssen. Das JA hat bei
der Auswahl und Kontrolle der Unterbringungsstelle die erforderliche Sorgfalt zu beachten (vgl § 37
Abs. 3; § 44 Abs. 3). Es haftet für Pflichtverletzungen von Pflegepersonen, wenn es die Geeignetheit
der Pflegepersonen nicht fachgerecht geprüft und deren Kontrolle vernachlässigt hat (vgl OLG Stuttgart 6.7.2005 - 4 U 81/05 - JAmt 2005, 476).

Im Hinblick auf die erste Alternative („geeignete Person") sind insb. die sog. **Bereitschaftspflegestel-** 21
len von großer praktischer Bedeutung (§ 33 Rn 8; vgl BMFSFJ 2002). Es kann aber jede andere natürliche Person sein, zB ein Nachbar; erwachsener Freund, auch der **nicht sorgeberechtigten Elternteil**
(vgl OLG Zweibrücken ZfJ 1996, 241; Kunkel/Röchling § 42 Rn 11), wenn diese im konkreten Fall
geeignet ist. Eine sozialpädagogische Ausbildung ist nicht erforderlich.

Zu den geeigneten **Einrichtungen** zählen insb. die sog. Kinder- und Jugendschutzstellen, Mädchen- 22
häuser sowie alle Einrichtungen, in denen Erziehungshilfen nach § 34 durchgeführt werden (ausführlich Trenczek 2008, 214 f). Zwar muss es sich nicht mehr um eine „betreute" Wohnform (dh mit
eigenem Betreuungsangebot) handeln, die sozialpädagogische **Betreuung** ist aber gleichwohl Wesensmerkmal der Schutzgewährung (hierzu Rn 24 ff). In Ausnahmesituationen (zB wenn traditionelle Betreuungsformen von schwer dissozialisierten jungen Menschen nicht angenommen werden) kann die
Betreuung durch externe Zugänge geleistet werden. Entscheidend ist, dass die Krisenintervention und
damit die Unterbringung (die Person, die Einrichtung, der Ort) im konkreten Fall im Hinblick auf das
Wohl des Kindes und Jugendlichen **geeignet** ist (s. Rn 25)

Wenn Kinder und Jugendliche von zuhause ausreißen und fern ihres Heimatortes um Inobhutnahme 23
bitten (zur Information des Heimatjugendamtes Rn 27) spricht nichts gegen eine **Verlegung** in eine
heimatnähere Jugendschutzstelle, wenn dies nicht zu einer (neuen) Kindeswohlgefährdung führt (hierzu Trenczek 2008, 216). Weigert sich aber der/die Minderjährige und besteht die ernsthafte Gefahr
des erneuten Weglaufens, hat eine Verlegung als ungeeignet und damit unverhältnismäßig zu unterbleiben haben, ohne dass das dazu führen darf, jedes Ansinnen an eine heimatnähere Unterbringung
von vorn herein abzulehnen.

c) Klärungshilfe und sozialpädagogische Betreuung

Die Schutz gewährende Unterbringung von Kindern und Jugendlichen ist wesentlicher Bestandteil der 24
Inobhutnahme, ihren besonderen Charakter als Krisenintervention entfaltet sie dabei durch die intensive sozialpädagogische Betreuung. Nicht die rechtliche Entscheidung als solche oder die durch die
Unterbringung ermöglichte Auszeit allein führt zu einer Veränderung der Situation des jungen Menschen, sondern die hier initiierten und sich anschließenden Veränderungsprozesse. Inobhutnahme ist
nicht nur Schutzgewährung, sondern gleichzeitig **sozialpädagogische Krisenintervention und Klä-**
rungshilfe (zum Normzweck s. Rn 1 ff; ausführlich Trenczek 2008, 20 ff u. 216 ff). Gerade im Krisen-
und Gefahrenfall kommt der Jugendschutzstelle innerhalb des Netzes sozialer Einrichtungen eine
„Schlüssel- und Drehscheibenfunktion" zu.

25 Das JA hat im Rahmen seiner Gesamt- und Planungsverantwortung (§§ 79, 80) unterschiedliche geeignete, dh **niedrigschwellige, zielgruppenspezifische Angebote** (insb. geschlechtsspezifische) zu garantieren bzw selbst vorzuhalten, um der unterschiedlichen Situation von (missbrauchten) Mädchen, Ausreißern, jungen Wohnsitzlosen, Trebegängern und auf der Straße lebenden Kindern und Jugendlichen sowie unbegleiteten Flüchtlingen gerecht zu werden. Die Krisensituation erfordert es, dass entsprechende Hilfen sofort und **rund um die Uhr,** zu jeder Tages- und Nachtzeit verfügbar sind. Neben der leichten geographischen Erreichbarkeit der Jugendschutz- oder zumindest von Anlaufstellen ist deshalb eine funktionierende 24-stündige **Rufbereitschaft** des JA unabdingbar, weil nur das JA die Inobhutnahme verfügen kann (Verwaltungsakt, s Rn 53). Diese Entscheidungsbefugnisse und damit die Rufbereitschaft können nicht an freie Träger oder die Polizei delegiert werden (Trenczek 2008, 274).

26 Mit der Inobhutnahme ist den Minderjährigen **unverzüglich** Gelegenheit zu geben, eine **Person ihres Vertrauens** zu benachrichtigen (Abs. 2 Satz 2), dh dass sie in aller Regel gleich zu Beginn der Aufnahme gefragt werden müssen, ob sie jemanden informieren wollen. Sie können dann selbst entscheiden, wann und auf welche Weise (zB Telefon, SMS) sie dies tun wollen. Die Minderjährigen bestimmen selbst, welche Personen ihr Vertrauen genießen, diese muss nicht einmal namentlich benannt werden (Trenczek 2008, 219; Wiesner/Wiesner § 42 Rn 29). Nur in extremen Ausnahmefällen (zB bei einem Zuhälter oder Dealer) darf nach Sinn und Zweck des Schutzgedankens die Kontaktaufnahme unterbunden werden, wenn diese als solche schon zu einer erheblichen Gefahr für das Kindeswohl führt.

27 Die Inobhutnahme ist gleichzeitig der **Einstieg in einen Hilfeplanungsprozess** (Abs. 2 Satz 1, Abs. 3 Satz 5; vgl BT-Drucks. 15/3676, 37). Man spricht insoweit gelegentlich von der Clearingfunktion im Hinblick auf die Anschlusshilfe (DIJuF 2002, 18; 2008, 251; Trenczek 2008, 28 u. 220; Wiesner/Wiesner § 42 Rn 40). Widersprechen die Eltern der Inobhutnahme nicht, macht dies die Unterbringung nicht schon zu einer HzE, vielmehr ist ein Hilfeplanverfahren unverzüglich (dh hier: sofort) einzuleiten. Im Hinblick auf die oftmals unterschiedlichen funktionalen Zuständigkeiten innerhalb eines JA haben sich Konzepte von JÄ als vorteilhaft erwiesen, in denen die Verantwortung für die Krisenintervention (Inobhutnahme) und Hilfeplanung auch organisatorisch stärker gebündelt werden (vgl zB Clearingstelle des JA Hannover, vgl Trenczek 2008, 101 f). Stammen die Minderjährigen aus einem anderen JA-Bereich, sollte das für die Leistungsgewährung nach §§ 86 ff zuständige **Heimatjugendamt** alsbald von der Inobhutnahme informiert werden. Nach dem Wortlaut von § 42 Abs. 3 Satz 5 ist das für die Inobhutnahme zuständige JA auch für den die Anschlusshilfe steuernden Hilfeplanungsprozess verantwortlich. Insoweit können aber nur erste Perspektiven entwickelt werden. Im Hinblick auf die in §§ 86 ff geregelte Zuständigkeitsverteilung (inkl. der Kostenverantwortung) dürfen ohne die Einschaltung des für Leistungen zuständigen JA Zusagen im Hinblick auf weiterführender Hilfen nicht gemacht werden (zur Kooperation der beteiligten JÄ Trenczek 2008, 220).

d) Ausübung der Personensorge

28 Nach Abs. 2 Satz 3 hat das JA während der Inobhutnahme für das Wohl des Kindes oder Jugendlichen zu sorgen. Das JA übt im Rahmen einer öffentlich-rechtlichen, das Elternrecht vorübergehend substituierenden Notkompetenz (vgl Czerner ZfJ 2000, 373; Ollmann FamRZ 2000, 261; Trenczek 2008, 221 f) Teilbereiche der Personensorge (insb. Beaufsichtigung und Aufenthaltsbestimmung) aus. Es geht um (Rechts-)Handlungen, die zur Wahrung des Kindeswohls notwendig sind, weil die Eltern aus tatsächlichen oder rechtlichen Gründen gehindert sind, solche Entscheidungen zu treffen. Dies beinhaltet auch das Recht und die Verpflichtung, dem Minderjährigen ggf **Anweisungen** zu geben, zB im Hinblick auf seine Anwesenheit in der Einrichtung, dem Schulbesuch oder ganz allgemein, bestimmte Sachen zu tun oder zu unterlassen (vgl Trenczek 2008, 221 ff). Im Hinblick auf Ausgehzeiten, Medien- und Alkoholkonsum haben sich die Mitarbeiter an die Regelungen des JSchG zu halten. Das betrifft auch die (landes)rechtlichen Regelungen zum Nichtraucherschutz.

29 Nach Abs. 2 Satz 4 steht dem JA auch die **rechtsgeschäftliche Vertretung** (zB im Hinblick auf Abschluss von ärztlichen Behandlungsverträgen) zu soweit dies aus Gründen der Eilbedürftigkeit notwendig ist. Der mutmaßliche Wille der Personensorgeberechtigten (zB bzgl. Unterbringung, religiöser Erziehung) ist dabei angemessen zu berücksichtigen (Abs. 2 Satz 4, 2. HS). Im Hinblick auf ärztliche Untersuchungen und Eingriffe reicht die rechtsgeschäftliche Vertretungsmacht zum Abschluss eines Behandlungsvertrages allein nicht immer aus; besitzt der Minderjährige die notwendige Einwilligungs- und Verstandesreife muss er dem Eingriff selbst zustimmen (vgl BGH NJW 1964, 1177; DIJuF JAmt 2003, 238).

e) Unterhalt und Krankenhilfe

Mit der Unterbringung sind nach Abs. 2 Satz 3 der notwendige **Unterhalt** und die **Krankenhilfe** si- 30
cherzustellen. Der Unterhalt einschließlich der „Kosten der Erziehung" wird durch Leistungsentgelte
(Pflegesätze) sichergestellt. Insoweit kann auf die **Annexleistung** der Hilfen zur Erziehung verwiesen
werden (vgl § 39 f). Im Hinblick auf die Krankenhilfe ist auf den allgemeinen Nachrang von Leistungen
der Kinder- und Jugendhilfe (§ 10 Abs. 1) hinzuweisen, dh Krankenhilfe nach § 40 wird nur geleistet,
soweit nicht ein anderer Versicherungsschutz des Kindes/Jugendlichen besteht (zB gesetzliche Familienversicherung der Eltern, Beihilfe oder freiwillige/private Versicherung). Im Hinblick auf den Unterhalt geht es um die Unterkunfts(neben)kosten sowie um die Erfüllung materieller Grundbedürfnisse,
die Verpflegung, um Kleidung und Schuhe, die Körperpflege und anderer Sachaufwendungen für die
täglichen Bedürfnisse des Lebens (vgl § 39 Rn 7 ff). Nach § 39 Abs. 2 Satz 2 erhält das Kind oder der
Jugendliche auch ein (alters)angemessenes **Taschengeld** (Barbetrag) zur persönlichen Verfügung.

2. Elternarbeit im Rahmen der Inobhutnahme (Abs. 3)

a) Benachrichtigung der Personensorgeberechtigten

Wurden die Personensorge- oder Erziehungsberechtigten nicht bereits im Vorfeld kontaktiert (Rn 12), 31
müssen sie vom JA (nicht von der Einrichtung) nach Abs. 3 Satz 1 **unverzüglich** von der (durchgeführten) Inobhutnahme unterricht werden. Im Hinblick auf den Zeitpunkt muss einerseits die elterliche
Erziehungsverantwortung (Art. 6 Abs. 2 GG) berücksichtigt werden, der Begriff der Unverzüglichkeit
bestimmt sich aber letztlich aus der Sorge um das Wohl des Kindes/Jugendlichen (Schutzzweck der
Norm, Rn 1 ff; Trenczek 2008, 225; vgl BVerwG DÖV 2000, 204). Die Befürchtung, die Eltern könnten der Inobhutnahme widersprechen und ihr Kind sofort herausverlangen, ist kein zulässiger Grund,
die Unterrichtung zu unterlassen oder hinauszuzögern. Die Konfliktklärung mit den Eltern und damit
der mögliche Widerspruch sind integraler Teil der Inobhutnahme.

Zwar wird die Unterrichtung in den meisten Fällen unmittelbar im Anschluss an die Inobhutnahme 32
erfolgen können, stets ist aber zu beachten, dass eine vorschnelle Unterrichtung der Eltern den Schutz
des Kindes nicht vereiteln darf. Da durch die Benachrichtigung allein bereits eine (weitere) Gefährdung
eintreten kann, muss vorher genügend **Zeit zur Abklärung, Beratung und Unterstützung** des Minderjährigen bleiben. Eine vorgegebene **Frist** (zB 48 Stunden, 3 Werktage) widerspricht der Notwendigkeit
einer Einzelfallprüfung. Ist abzusehen, dass diese Abklärung nicht kurzfristig geleistet werden kann,
müssen die Eltern zumindest **mittelbar** über die Polizei oder die Bereitschaftsstelle darüber benach-
richtigt werden, dass ihr Kind in der Obhut des JA ist.

Das Gesetz gibt im Hinblick auf den **Umfang der Information** nichts Genaues vor, weshalb diese in 33
das pflichtgemäße Ermessen des JA gestellt ist. Dabei muss gerade auch im Hinblick auf Art. 6 Abs. 2
GG und den Zweck der gemeinsamen Risikoeinschätzung (hierzu Trenczek 2008, 229 ff) beachtet
werden, dass Eltern grundsätzlich in die Lage zu versetzen sind, ihr Personensorgerecht auszuüben. Im
Interesse eines effektiven Kindesschutzes kann es insb. beim Verdacht einer (fortdauernden) Kindesmisshandlung oder sexuellen Missbrauchs gerechtfertigt sein, den Personensorgeberechtigten Name
und Adresse des Aufenthaltsortes nicht mitzuteilen (Trenczek 2008, 227; ebenso GK-Busch/Schleicher
§ 42 Rn 26; Wiesner/Wiesner § 42 Rn 38). Ausreichend ist insoweit die Angabe des zuständigen JA
sowie aller Umstände, die ohne Gefährdung des Kindes mitgeteilt werden können.

Im Übrigen soll die Information die auch und gerade in der Krise notwendige Zusammenarbeit mit 34
den Eltern sicherstellen (Abs. 3 Satz 1). Im Rahmen der **Klärungshilfe** ist die aktuelle Einschätzung der
Krisensituation transparent und nachvollziehbar vorzunehmen. Über die akute Risikoeinschätzung
hinaus ist durch die gemeinsame Problemkonstruktion mit den weiterhin verantwortlichen Eltern die
Grundlage für deren Problem- und Hilfeakzeptanz zu schaffen (Trenczek 2008, 31 ff u. 229). Mit
Widerstand konstruktiv zu arbeiten und Perspektiven aufzuzeigen ist in dieser Situation besonders
anspruchsvoll und gefordert, will man die Eltern als Partner des Erziehungsprozesses zum Wohl des
Kindes nicht verlieren (zum Umgang mit Widerstand, vgl Kinderschutz-Zentrum Berlin 2000, 105 ff;
Kohaupt JAmt 2005, 218). Vielfach wird man die Eltern dazu bewegen können, ihr Einverständnis
zum vorläufigen Verbleib des Kindes oder des Jugendlichen in der Schutzstelle zu erklären. Je mehr
Zeit man sich für die Eltern nimmt, desto weniger Widerstände, Widersprüche und Verschließungen
werden provoziert und desto größer ist die Akzeptanz nicht nur im Rahmen der Krisenintervention,
sondern auch im Hinblick auf ggf erforderliche Anschlusshilfen.

35 Scheitert die Kontaktaufnahme weil die **Eltern nicht bekannt** (zur anonymen Aufnahme s. Trenczek 2008, 228) oder **nicht erreichbar** sind, ist nach § 42 Abs. 3 Satz 3 das FamG unverzüglich (dh hier, da keine vernünftigen Gründe des Abwartens ersichtlich sind: sofort) am besten schriftlich mittels Fax zu informieren. Von einem Scheitern der unverzüglichen Kontaktaufnahme kann erst gesprochen werden, wenn die Eltern mehrfach zu verschiedenen Zeiten, insbesondere auch am nächsten Tag nicht erreicht werden konnten. Auch in diesen Fällen empfiehlt es sich zumindest vorbeugend die örtliche Polizeidienststelle zu informieren, damit diese auf Such- und Vermisstenmeldungen entsprechend reagieren können.

b) Widerspruch der Sorgeberechtigten und Anrufung des FamG

36 Ist ein Personensorge-/Erziehungsberechtigter (bei widersprüchlichen Aussagen von Elternteilen bzw von Eltern und Vormündern s. Trenczek 2008, 230) mit der weiteren Unterbringung in der Obhut des JA **nicht einverstanden** (= Widerspruch) und lassen sich einvernehmliche Regelungen nicht erarbeiten, liegt es *nicht* im Ermessen des JA, welche der beiden Möglichkeiten (Nr. 1: Übergabe des Kindes oder Nr. 2: Anrufung des FamG) es wählt. Das Kind bzw der Jugendliche muss und darf nach Abs. 3 Satz 2 Nr. 1 den Eltern übergeben werden, wenn nach Einschätzung des JA eine Gefährdung für das Kindeswohl (vgl § 1666 BGB) nicht besteht bzw die Eltern gewillt und in der Lage sind, diese abzuwenden. Solange das Kindeswohl nicht durch das elterliche Verhalten gefährdet wird, ist für eine gerichtliche Entscheidung kein Raum (vgl Coester JAmt 2008, 6 ff; Trenczek 2008, 123 ff). Verlangen die Eltern das Kind heraus und ist für das JA in diesem Fall keine Kindeswohlgefahr zu erkennen, muss das Kind den Eltern übergeben werden, wenn sich die Mitarbeiter des JA nicht einer rechtswidrigen **Entziehung Minderjähriger** (§ 235 StGB) strafbar machen wollen. Das gilt auch für den Fall, dass das Kind nicht nach Hause will - insoweit trägt die Zugangsregelung für Selbstmelder nach Abs. 1 Nr. 1 nicht mehr.

37 Bei diesem durch einen **Widerspruch ausgelösten Rechtsschutzverfahren** handelt es sich um einen der durch Bundesgesetz geregelten Ausnahmefälle nach § 62 SGB X, § 40 Abs. 1 VwGO, dh insofern gelten - anders als sonst bei Verwaltungsakten des JA - nicht die Regelungen des Widerspruchverfahrens nach §§ 40 ff, 68 - 80 b VwGO. Der Widerspruch kann von den Personensorge- und Erziehungsberechtigten deshalb - solange die Inobhutnahme andauert - jederzeit und auch mündlich eingelegt werden (s. Trenczek 2008, 270 ff)

38 Eine Unterbringung gegen den Willen der Eltern bedarf stets einer Entscheidung des FamG nach §§ 1666 f BGB (OLG Köln 25.9.2000- 14 UF 66/00 - ZfJ 2001, 157 f). Die **Unterrichtung des sachlich und örtlich zuständige FamG** (nach § 152 Abs. 2 FamFG ist dies grds. der Ort des gewöhnlichen Aufenthalts des Kindes, nicht mehr der Wohnsitz wie noch nach §§ 64 Abs. 1 u. 3, 36, 43 FGG, §§ 621 Abs. 1 Nr. 1, 621 a ZPO aF; vgl Trenczek 2008, 232) hat im Fall des Abs. 3 Satz 2 und 3 unverzüglich zu erfolgen. In diesem Zusammenhang kann „unverzüglich" nur **sofort** bedeuten. Hier sind keine tatsächlichen oder rechtlichen Gründe denkbar, die eine Verzögerung rechtfertigen könnten.

39 Die **Entscheidung des FamG** bezieht sich ausschließlich auf sorgerechtliche Maßnahmen, insb. die Herausgabeverfügung nach § 1632 BGB oder die (vorläufige) Beschränkung oder Entziehung der Personensorge nach §§ 1666, 1666 a BGB (nicht ausreichend ist nur die Entziehung des Aufenthaltsbestimmungsrechts; zum notwendigen Umfang der Regelung, Trenczek 2008, 234), nicht aber auf die Rechtmäßigkeit der Inobhutnahme als solche. Es geht nicht um die „Genehmigung" der Inobhutnahme, sondern des Sorgerechtseingriffs (vgl DIJuF 2008, 250). Die Beurteilung der fachlichen Voraussetzungen der Inobhutnahme ist dem FamG entzogen und steht lediglich den VG oder den Strafgerichten (vgl § 235 StGB) zu. Entsprechendes gilt für über die Sorgerechtsentscheidung hinausreichende, oftmals zur Unterstützung der Familie notwendige Hilfeleistungen (zur Steuerungsverantwortung des JA vgl insb. § 36 a Rn 16 ff sowie § 50 Rn 16). Im Hinblick auf angebotene Hilfen zur Erziehung und § 1666 Abs. 3 Nr. 1 u. 5 BGB bedarf es zumindest einer **einstweiligen Anordnung** des FamG (vgl § 157 Abs. 3 FamFG), da ansonsten HzE weder geleistet noch die Inobhutnahme beendet werden kann. Bis zur Entscheidung des FamG verbleibt der Minderjährige in der Obhut des JA, mit den entsprechenden öffentlich-rechtlichen Pflichten und Kompetenzen (OLG Köln 25.9.2000 – 14 UF 66/00 – ZfJ 2001, 157). Auf die Rechtmäßigkeit der Inobhutnahme hat eine überlange Dauer des Verfahrens vor dem FamG keinen Einfluss.

IV. Ende der Inobhutnahme (Abs. 4)

Die Inobhutname ist zwar eine vorläufige und deshalb idR kurzfristige Unterbringung, das Gesetz gibt **40** eine genaue Zeitgrenze für die **Dauer der Inobhutnahme** aber nicht vor. Kriseninvention muss auf die konkrete Konflikt- und Notlage im Einzelfall gerichtet sein. Eine von vornherein festgelegte Befristung der Inobhutnahme ist unzulässig (Trenczek 2008, 12 ff u. 235 ff). Sie darf und muss erst beendet werden, wenn die (Hilfe auslösenden, normativen) Voraussetzungen der Inobhutnahme nicht mehr vorliegen. Es kommt stets auf die konkreten Umstände des Einzelfalls an (nach VG Würzburg NDV-RD 2000, 80 ist eine Inobhutnahme von elf Tagen bereits ungewöhnlich lang, während in einem anderen Fall selbst eine Dauer von 19 Tagen nicht unbedingt die zulässigen Grenzen überschreitet; vgl VG Würzburg 17.5.2004 – W 6 K 03.102 – JAmt 2004, 597; nach BVerwG 8.7.2004 – 5 C 63.03 – JAmt 2004, 438 kann u.U. auch eine Unterbringung von mehr als 3 Monaten rechtmäßig sein). Solange kein Beendungstatbestand nach Abs. 4 vorliegt, dauert die Inobhutnahme an.

Die Inobhutnahme endet nicht schon mit Verlassen des Unterbringungsortes, sondern erst mit der **41** **Übergabe des Kindes oder Jugendlichen** in die Obhut der Personensorge-/Erziehungsberechtigten. Kinder darf das JA im Hinblick auf die ihnen drohenden Gefahren in aller Regel nicht alleine „nach Hause" auf die Straße schicken, selbst dann nicht, wenn die Personensorgeberechtigte dies – aus welchen Gründen auch immer – wünschen (Aufsichtspflicht). Die bei der Begleitung und Rückführung anfallenden Aufwendungen sind damit **Kosten** der Inobhutnahme (Trenczek 2008, 236; aA aber mittlerweile überholt BayLJA 2007, 16 u. 20; Schellhorn/Mann § 42 Rn 19; Kunkel/Röchling § 42 Rn 80).

Eine Übergabe an die Personensorge-/Erziehungsberechtigte liegt auch dann vor, wenn der Minder- **42** jährige nicht nach Hause zurückkehrt, sondern mit ihrem Einverständnis „entlassen" oder an einem anderen Ort, zB bei Verwandten, einer Einrichtung (zB Internat oder eine andere Jugendhilfeeinrichtung) untergebracht wird (Trenczek 2008, 236 ff). Durch diese (**mittelbare**) **Übergabe** wird die Inobhutnahme beendet, auch wenn eine Hilfe zur Erziehung dadurch noch nicht begründet oder gewährt worden ist. Die neue Unterbringung ist ggf als „andere" atypische Sozialleistung iSd Abs. 4 Nr. 2, u.U. aber auch als erneute Inobhutnahme zu behandeln.

Nach der zweiten Alternative wird die Inobhutnahme durch **Entscheidung über die Hilfegewährung** **43** beendet. Zur Vermeidung von „rechtsfreien" Zeiträumen (Meysen/Schindler JAmt 2004, 462), die insb. bei Refinanzierungsfragen Konflikte zwischen den öffentlichen (vgl zB § 89 b), aber auch mit freien Trägern produzieren, muss § 42 Abs. 4 Nr. 2 so ausgelegt werden, dass eine Inobhutnahme erst beendet ist, wenn eine **Überleitung in eine andere Hilfeform tatsächlich erfolgt** ist (Trenczek 2008, 237 f). Bis zu dieser einsetzenden Leistungsgewährung ist die Unterbringung und Betreuung von Kindern und Jugendlichen mangels anderer besonderer Regelungen als Inobhutnahme zu qualifizieren.

Das **Ende** der Inobhutnahme steht nur bedingt zu ihrer Disposition der jungen Menschen (Trenczek **44** 2008, 240). Erst wenn das JA davon überzeugt ist, dass dem jungen Menschen bei **Verlassen der Jugendschutzstelle** keine (neue) Gefahr (iSd Abs. 1 Nr. 2) droht, darf und muss die Inobhutnahme beendet werden. Eine Inobhutnahme wird allerdings auch dadurch (zunächst faktisch, dann rechtlich) beendet, dass der in Obhut genommene Minderjährige die Inobhutnahmestelle verlässt und das JA, die Einrichtung oder Pflegepersonen nicht mehr ihre Aufsichtspflichten (hierzu Trenczek/Tammen/Behlert 2008 296 ff) und sonstige sorgerechtliche Verantwortung wahrnehmen können. Ist das Kind oder der Jugendliche nicht nur unerheblich verspätet, sondern „abgängig" und kehrt nicht bis zum Abend zurück (mitunter kürzere Zeit, wenn eine konkrete Uhrzeit abgesprochen war), muss die Inobhutnahme als beendet gelten (vgl Wiesner/Wiesner § 42 Rn 54; zu lang Schellhorn/Mann § 42 Rn 31 „innerhalb weniger Tage"). Davon unberührt ist die Frage, ob die betreuende Person ihre Aufsichtspflichten verletzt hat.

V. Freiheitsentziehende Maßnahmen (Abs. 5)

Freiheitsentzug ist nach **Art. 104 GG** nur unter sehr eingeschränkten Voraussetzungen zulässig. Er ist **45** dadurch gekennzeichnet, dass besondere Eingrenzungs- und Abschlussvorrichtungen oder andere Sicherungsmaßnahmen vorhanden sind, um ein Entweichen, also ein unerlaubtes Verlassen des gesicherten Bereiches zu erschweren oder zu verhindern und die Anwesenheit des Jugendlichen sicherzustellen (Trenczek 2008, 242 ff). Entscheidend ist, ob die körperliche Bewegungsfreiheit allseitig beeinträchtigt ist, ob dies aus „erzieherischen" Gründen erfolgt, spielt keine Rolle (vgl BVerfGE 10, 302, 322 f; OLG Düsseldorf NJW 1963, 398; Dreier/Schulze-Fielitz 2000 Art. 104 Rn 23; Jarass/Pieroth 2007 Art. 104 Rn 12; Lakies 1997, 41). Eine Freiheitsentziehung liegt dagegen nicht vor bei einer nur kurzfristigen Maßnahme, bei der die körperliche Bewegungsfreiheit unvermeidlich aufgehoben wird (vgl BVerwGE 82, 243 (245), NJW 2004, 3697), zB beim An- und kurzfristigen Festhalten, bei der Mitnahme in einem Dienstfahrzeug des JA oder der Polizei (zur Sistierung oder Zuführung) oder Maßnahmen, die nicht auf die Einschränkung der Bewegungsfreiheit gerichtet sind, sondern lediglich der Ermöglichung einer Inobhutnahme dienen, oder wenn es sich um (vom Erziehungsrecht der Eltern nach Art. 6 Abs. 2 GG umfassten) altersgemäßen **Freiheitsbeschränkungen** handelt ist (Trenczek 2008, 243 mit Beispielen; enger Marschner/Volckart § 1631 b Rn 6). Dagegen ist im Hinblick auf das Vorliegen einer Freiheitsentziehung das **Einverständnis der Eltern** oder anderer Personensorgeberechtigter (zB dem JA als Vormund) **unbeachtlich**. Das Kind ist selbst Grundrechtsträger (vgl BVerfG 29.07.1968 – 1 BvL 20/63 – E 24, 119, 144). Deshalb beseitigt lediglich das Einverständnis des (einsichtsfähigen) Betroffenen den Zwangscharakter der Maßnahme (BVerfGE 10, 302, 309 f; Hauck-Bohnert § 42 Rn 55; Marschner/Volckart 2001 § 1631 b Rn 6; Jans u.a. § 42 Rn 55; aA Kunkel/Röchling § 42 Rn 105; Schellhorn/Mann § 42 Rn 25).

46 Freiheitsentziehende Maßnahmen sind in der Kinder- und Jugendhilfe nach § 42 Abs. 5 ausschließlich als **besondere (Krisen)Intervention im Rahmen einer Inobhutnahme** zulässig (hierzu ausführlich Trenczek 2008, 242 ff mwN; aA Kunkel 2003, 278; Wiesner/Wiesner Vor § 27 Rn 26, § 34 Rn 21). Nach dem SGB VIII stellen weder die Heimerziehung nach § 34 (so selbst Wiesner/Wiesner § 34 Rn 21) noch die Befugnis zur Unterbringung nach § 42 Abs. 1 Satz 2 als solche eine ausreichende Rechtsgrundlage für die geschlossene Unterbringung in der Jugendhilfe dar. **§ 1631 b BGB** stellt keine Rechtsgrundlage für öffentlich-rechtliches Handeln dar, sondern begrenzt lediglich das elterliche Sorge- und Aufenthaltsbestimmungsrecht (vgl auch Schlink/Schattenfroh 2001, 111 ff). Eine **geschlossene Unterbringung** (hierzu Kindler/Permien/Hoops ZJJ 2007, 40; Wolffersdorff/Sprau-Kuhlen 1990) außerhalb der besonderen Krisensituation des Abs. 5 ist damit ebenso rechtswidrig wie eine auf § 34 gestützte Praxis oder Betriebserlaubnis. Eine Ausnahme außerhalb des SGB VIII besteht im Rahmen der richterlich angeordneten **U-Haft-Vermeidung** nach § 71 Abs. 2, § 72 Abs. 4 JGG (vgl § 52 Rn 43).

47 Freiheitsentziehung aus rein „erzieherischen" Gründen ist unzulässig. Nach Abs. 5 Satz 1 sind freiheitsentziehende Maßnahmen nur zulässig, wenn und soweit sie erforderlich sind, um eine dringende **Gefahr für Leib und Leben** des Minderjährigen oder eines Dritten abzuwenden. Eine Gefährdung anderer Rechtsgüter wie Besitz und Eigentum, selbst die wiederholte Begehung von (sonstigen) Straftaten oder die Störung der öffentlichen Ordnung sind nach dem eindeutigen Wortlaut kein Anlass für freiheitsentziehende Maßnahmen (Kunkel/Röchling § 42 Rn 101; Staudinger-Salgo § 1631 b Rn 17; Trenczek 2000, 127).

48 Freiheitsentziehende Maßnahmen sind zudem nur zulässig, wenn sie zur Abwehr der Gefahr für Leib und Leben nicht nur geeignet, sondern auch **erforderlich** sind (Abs. 5 Satz 1). Die Gefahrenlage muss sich deshalb aus Tatsachen ergeben, reine Spekulationen, hypothetische Erwägungen oder lediglich auf Alltagserfahrungen gestützte, fallunabhängige Vermutungen reichen gerade im Hinblick auf den erheblichen Grundrechtseingriff nicht aus (vgl BVerfG 20.2.2001 – 2 BvR 1444/00 – NJW 2001, 1122 f). Die geschlossene Unterbringung ist auch dann nur zulässig, wenn nicht-freiheitsentziehende, lediglich räumlich und zeitlich („wenn und soweit") freiheitsbeschränkende Maßnahmen oder andere sozialpädagogische Hilfen (zB eine intensive Einzelbetreuung nach § 35) nicht zur Verfügung stehen, um Leib und Leben zu schützen (vgl BVerfGE 20, 45, 49 f; 30, 292, 316; 33, 171, 187; Marschner/Volckart § 1631 b Rn 8). Es ist ausreichend darzulegen und substantiiert zu begründen, warum Alternativen zur freiheitsentziehenden Unterbringung, zB durch eine (personal)intensive, sozialpädagogische Einzelbetreuung („**Menschen statt Mauern**") nicht ausreichen, nicht vorliegen oder geschaffen werden können. Deutlich wird hier die Wechselbeziehung zwischen dem verfassungsrechtlichen Verhältnismäßigkeitsprinzip und der **Leistungsfähigkeit der Jugendhilfe**. Es mag zwar immer wieder Einzelfälle und Notsituationen geben, bei denen ein junger Mensch auch physisch festgehalten werden muss, um ihn und andere in Gefahrsituationen zu schützen und zur Besinnung kommen zu lassen. Das können aber immer nur extreme Ausnahmefälle zur nicht anders möglichen Schutzgewährung sein, die sich zur Legitimation einer **institutionellen Regelpraxis**, in der geschlossene Einrichtungen vorgehalten werden (sollen), nicht eignen (ebenso Wiesner JAmt 2003, 112; zur skandalösen Praxis der Abschiebung von schwierigen Jugendlichen in die Psychiatrie, s. Trenczek 2008, 260 f). Stattdessen scheint hier in der Praxis gelegentlich ein rigoroser Pragmatismus Platz zu greifen, der rechtsstaatliche Grenzen aus „erzieherischen Gründen" faktisch außer Kraft setzt, von der Einhaltung höchster rechtsstaatlicher und fachlicher Standards ganz zu schweigen (vgl Salgo 2001, 25; zu den durch das FamFG normierten Neuerungen s. Anhang § 50 Rn 51 ff, vgl Trenczek ZKJ 2009, 97).

Verfahrensrechtlich ist deshalb eine Freiheitsentziehung nach § 42 Abs. 5 nur mit **vorheriger Zustim-** 49
mung des FamG (vgl Trenczek 2008, 254) zulässig (auch wenn § 1631 b BGB von „Genehmigung"
spricht; vgl BVerfG 2 BvR 447/05 - 13.12.2005, Rn 37). § 42 Abs. 5 ermöglicht lediglich bei einer
akuten Gefahr eine freiheitsentziehende Unterbringung ohne vorherige Einholung der richterlichen
Anordnung. Ist dies nicht möglich, muss die gerichtliche Entscheidung **unverzüglich** (Art. 104 Abs. 2
Satz 2 GG), dh hier grds. sofort erfolgen. Das Gericht muss spätestens in ein, zwei Stunden nach Beginn
des Freiheitsentzugs eingeschaltet werden, ungeachtet ob dies tagsüber, in den Abendstunden oder am
Wochenende erfolgt. Keinesfalls darf die Frist des Abs. 5 Satz 2 abgewartet werden (Czerner 2000,
382; Mrozynski § 42 Rn 17; Hauck/Bohnert § 42 Rn 64). Vielmehr sind freiheitsentziehende Maßnahmen ohne gerichtliche Entscheidung spätestens mit Ablauf des Tages, der dem Tag der Freiheitsentziehung folgt (dh bis spätestens 24 Uhr des Folgetages) zu beenden. Erfolgt die gerichtliche Entscheidung nicht innerhalb dieser kurzen Frist, dann ist die Maßnahme zwingend aufzuheben (**absolute**
zeitliche Schutzgrenze; vgl Mrozynski § 42 Rn 12; Marschner/Volckart § 1631 b Rn 12; Trenczek
2008, 258 f; nach Wiesner/Wiesner § 42 Rn 64 sei dies „nicht sachgerecht"), jedes weitere Festhalten
einer Person ist als Freiheitsberaubung (§ 239 StGB) zu qualifizieren, so weit diese nicht durch die
Nothilfebestimmungen (§§ 32, 34 StGB) gerechtfertigt werden können.

Das FamG kann die geschlossene Unterbringung nicht anordnen, sondern überprüft und ggf genehmigt 50
lediglich deren Zulässigkeit (OLG Naumburg 13.05.2008 - 8 WF 90/08 - JAmt 2009, 40; Münch-
Komm/Huber § 1631 b BGB Rn 12; Salgo 2001, 48). Nach § 1631 b BGB ist eine freiheitsentziehende
Unterbringung nur zulässig, wenn sie zum Wohl des Kindes erforderlich ist. Eine geschlossene Unterbringung allein zu Zwecken einer Sanktionierung ist weiterhin rechtswidrig (vgl BT-Drucks. 16/6816,
10). Sind die **Eltern** (oder andere Personensorgeberechtigte, zB das JA als Amtsvormund) nicht mit
einer freiheitsentziehenden Unterbringung einverstanden, müsste das FamG das Personensorgerecht
nach § 1666 BGB beschränken oder entziehen, dh gerade die verweigerte Zustimmung, sein Kind ein-
sperren zu lassen, müsste im konkreten Fall eine Gefährdung des Kindeswohls und ein Versagen der
Eltern darstellen. **Verfahrensrechtlich** sind auch die Bestimmungen des FamFG in den sog. Unterbringungssachen (§§ 167, 312 ff FamFG) sowie die aus der UN-KRK folgenden Grundsätze zu beachten;
vgl Kunkel/Röchling 2006 § 42 Rn 113; Salgo 2001, 42 ff; Späth 2001, 63 ff; Trenczek 2008, 254 ff)

VI. Unmittelbarer Zwang (Abs. 6)

Zwar darf ein Kind aus einer sein Wohl gefährdenden Situation heraus- und in Obhut genommen 51
werden (Rn 18), damit ist aber **keine Befugnis zur Gewaltanwendung** (sog. „unmittelbarer Zwang",
zB Aufbrechen von Haustüren, Unterdrückung der Gegenwehr einer Person) verbunden. Die Fachkräfte sind insoweit auf die **Vollzugshilfe der Polizei** angewiesen (hierzu Trenczek 2008, 262 f). Die
Anwendung von Gewalt kann im Ausnahmefall durch den allgemeinen Notwehrtatbestand (vgl
§§ 32, 34 StGB, §§ 227 ff BGB) gerechtfertigt sein.

VII. Verfahrensrecht: Zuständigkeit, Kosten und Rechtsschutz

Für die Inobhutnahme sind die JÄ der örtlichen Träger zuständig (§§ 42, 85 Abs. 1). Geographisch ist 52
der örtliche Jugendhilfeträger zuständig, in dessen Bereich sich der Minderjährige vor Beginn der Unterbringung tatsächlich aufhält (§ 87). Dieser trägt zunächst auch die **Kosten der Inobhutnahme**, die
Kostenerstattung richtet sich nach §§ 89 b, 89 f (im Einzelnen Trenczek 2008, 268 f). Zu den Kosten
einer rechtmäßig durchgeführten Inobhutnahme können die Minderjährigen und deren Eltern gem.
§ 91 Abs. 1 Nr. 7, § 92 Abs. 1 Nr. 1 bzw 5 herangezogen werden (beachte aber § 92 Abs. 4). Es ist
jedoch stets zu prüfen, ob gem. § 92 Abs. 5 Satz 1 von der Heranziehung abzusehen ist, weil sonst Ziel
und Zweck der Inobhutnahme gefährdet oder sich eine besondere Härte ergeben würde.

Die Entscheidung des JA, einen Minderjährigen in Obhut zu nehmen, ist ein **Verwaltungsakt** (§ 31 Satz 53
1 SGB X), der beiden Adressaten (dem Kind/Jugendlichen sowie seinen Personensorgeberechtigten)
bekannt zu geben ist. Bei der Begründung der Inobhutnahme (§ 35 Abs. 1 SGB X) reichen formelhafte
Textbausteine nicht aus. Vielmehr sind neben den rechtlichen die wesentlichen tatsächlichen Gründe
mitzuteilen, die das JA zur Inobhutnahme bewogen haben (§ 35 Abs. 1 Satz 2 SGB X). Im Hinblick
auf einen Widerspruch ist zwischen dem familien- (hinsichtlich des Eingriffs in die Personensorge) und
verwaltungsgerichtlichen **Rechtsschutz** (zB hinsichtlich der Kosten) zu unterscheiden (ausführlich
Trenczek 2008, 270 ff).

54 Die nachfolgende Übersicht ermöglicht einen schnellen Einstieg in den chronologischen Ablauf und das Verfahren der Inobhutnahme und ergänzen die notwendigen Erläuterungen der rechtlichen Regelung (Trenczek 2008, 264).

Chronologischer Ablauf und Verfahren der Inobhutnahme

24h - Bereitschaftsdienst des JA (Information der Mitarbeiter ggf. über Polizei oder Rettungsleitstelle) ausgebautes System zielgruppenspezifischer Jugendschutz- und Bereitschaftspflegestellen

---

Anlass der Inobhutnahme (Abs. 1 Nr. 1 -3)
- Selbstmelder
- dringende Gefahr für das Wohl des Kindes
- unbegleiteter minderjähriger Ausländer

nur im Fall Nr. 2: vor Entscheidung erste Risikoabschätzung insb. mit den Eltern; Vorliegen einer Gefährdungssituation, deren Abwendung keinen Aufschub duldet (Personensorgeberechtigte widersprechen nicht oder Entscheidung des FamG kann nicht abgewartet werden)

➢ Zugang über Jugendschutzstelle eines freien Trägers: **sofortige** Information des JA!

➢ **Entscheidung durch das JA,** dass Kind/Jugendliche in Obhut genommen wird (VA, nicht an freie Träger delegierbar) = **Beginn** der Inobhutnahme.

➢ ggf. Heraus- und **Wegnahme** (aus der das Kindeswohl gefährdenden Situation (Abs. 1 S. 2 a.E.).
 ▪ unter **Zwang** grds. nur mit polizeilicher Hilfe (Abs. 6).

➢ **Schutzgewährung** - Sicherstellung von Kindeswohl, Unterhalt und Krankenhilfe (Abs. 2 S. 3) ggf. sofortige **ärztliche Versorgung**!

➢ **Unterbringung** bei einer geeigneten Person oder Einrichtung **und Betreuung** (Abs. 1 S. 2, Abs. 2).

➢ **Situationsklärung** und Risikoabschätzung mit dem Kind bzw. Jugendlichen (Abs. 2 S. 1) und

➢ unverzüglich (sofort) dem Mj. Gelegenheit geben, eine **Vertrauensperson** zu informieren (Abs. 2 S. 1);

➢ bei minderjährigen **unbegleiteten Migranten**: unverzügliche Bestellung eines Vormunds (Abs. 3 S. 3).

➢ (unverzügliche) **Unterrichtung der Personensorgeberechtigten** (bzw. Erziehungsberechtigten) und gemeinsame Risikoabschätzung (Abs. 3 S. 1):

Zustimmung	Widerspruch	Scheitern der Kontaktaufnahme
• vorläufige Fortführung der Inobhutnahme • Einstieg in die **Hilfeplanung** (Abs. 3 Satz 5)	• wenn keine Kindeswohlgefahr: Beendigung der Inobhutnahme durch **Übergabe** des Minderjährigen an die Eltern (Abs. 3 S. 2 Nr. 1) • bei Vorliegen einer Kindeswohlgefahr unverzüglich (hier: sofortige) Herbeiführung einer Entscheidung des **FamG** (Abs. 3 S. 2 Nr. 2) • vorläufige Fortführung der Inobhutnahme bis zur Entscheidung des FamG, in der Zwischenzeit **Hilfeplanung** (§ 36)	• unverzüglich (hier: sofortige) Herbeiführung einer Entscheidung des **FamG** (Abs. 3 S. 3) • vorläufige Fortführung der Inobhutnahme bis zur Entscheidung des FamG oder Beendigung der Kindeswohlgefahr

➢ **Beendigung** der Inobhutnahme durch Übergabe des Minderjährigen an die Personensorge- bzw. Erziehungsberechtigten oder Überleitung in eine andere Hilfeform (Abs. 4).

Beachte: <u>Vor **freiheitsentziehenden Maßnahmen**</u> ist die Genehmigung des FamG einholen (Art. 104 Abs. 2 S. 1 GG), ausnahmsweise **sofort** nach Beginn. Ohne richterliche Entscheidung ist der Freiheitsentzug spätestens am Ende des nächsten Tages zu beenden (Abs. 5 S. 2).

VIII. Beteiligung freier Träger

Eine Beteiligung **anerkannter freier Träger** ist nach § 3 Abs. 3 Satz 2, § 76 Abs. 1 möglich. „Durch- 55
führung" und „Ausführung" betreffen aber nicht die hoheitlichen **Entscheidungsbefugnisse**. Mangels
einer ausdrücklichen gesetzlichen Regelung ist die hoheitliche Befugnis, durch VA zu entscheiden, ob
eine Inobhutnahme erfolgt, **nicht übertragbar** (vgl § 76 Rn 3). Eine Inobhutnahme ohne oder erst aufgrund der nachträglichen Einschaltung des JA ist deshalb unzulässig (ganz h.M. vgl Trenczek 2008,
273 mwN; aA nur noch Kunkel 2006, 361; die Empfehlungen der BAGLJÄ ZfJ 1995, 541 sowie des
Bay LJA 2008, 5 sind insofern missverständlich formuliert). Schon deshalb muss im JA eine 24stündige
Rufbereitschaft des JA (s.o. Rn 25) vorgehalten werden.

Freiheitsentziehende Maßnahmen betreffen das staatliche Gewaltmonopol und dürfen im Kernbereich 56
(ausgenommen die u.U. mit dem Freiheitsentzug verbundene pädagogische Betreuung) nicht in privaten Formen durchgeführt werden. Die **freiheitsentziehende Unterbringung durch freie Träger** der Jugendhilfe im Rahmen einer Inobhutnahme wird man deshalb als **rechtswidrig** ansehen müssen
(Trenczek 2008, 275).

Weiterführende Literaturhinweise:

Trenczek 2008.

Zweiter Abschnitt:
Schutz von Kindern und Jugendlichen in Familienpflege und in Einrichtungen

Vorbemerkung zu den §§ 43 bis 49

I. Regelungszweck der Erlaubnisvorbehalte

1 Bei dem im zweiten Abschnitt des dritten Kapitels geregelten „Schutz von Kindern und Jugendlichen in Familienpflege" und in Einrichtungen handelt es sich um **andere Aufgaben der Jugendhilfe** im Sinne des § 2 Abs. 1, Abs. 3 Nr. 3 bis 5. Diese Aufgaben gehören damit nicht in den Katalog der Sozialleistungen. Geregelt werden die Erlaubnis zur Kindertagespflege (§ 43), zur Vollzeitpflege (§ 44) und für den Betrieb einer Einrichtung und damit im Zusammenhang stehender Vorschriften (§§ 45 bis 48 a).

2 Im Gegensatz zu den Regelungen im JWG sind die §§ 43 bis 49 SGB VIII nicht mehr in erster Linie ordnungspolitisch-hoheitlich im Sinne von Kontrolle ausgestaltet, sondern vorwiegend **präventiv ausgerichtet.** Die Aufsicht im engeren Sinne wird im Wesentlichen ersetzt durch sozialpädagogische **Beratung und Unterstützung** der Herkunftsfamilie, Pflegepersonen und Einrichtungen. Dahinter steht zum einen die Auffassung, dass der Schutz von Kindern in Familienpflege und Einrichtungen besser und effektiver durch Beratung, Hilfe und Unterstützung erreicht werden kann, als durch hoheitliche Kontrolle und Eingriffe und zum anderen die Absicht des Gesetzgebers, die Verantwortung für den Schutz von Kindern und Jugendlichen in Familienpflege und Einrichtungen stärker in die Hände der Pflegepersonen, Einrichtungen und Herkunftsfamilien zu legen.

3 Die sozialpädagogische Ausgestaltung der erzieherischen Hilfen in Einrichtungen und Familienpflege, der Ablauf und Inhalt des sozialpädagogischen Entscheidungsprozesses, der zur Hilfegewährung führt, die Beteiligung der Personensorgeberechtigten und der Minderjährigen, die Auswahl der Einrichtung oder der Pflegeperson sind nicht in erster Linie Gegenstand der Vorschriften über das Erlaubnisverfahren (§§ 43 bis 49), sondern in den Leistungsnormen und Verfahrensvorschriften (§§ 22 bis 24, §§ 27, 33, 34, 36 und 37) im Detail geregelt. Die präventiv ausgerichteten hoheitlichen Aufgaben sind entsprechend reduziert und in diesem Abschnitt zusammenfassend geregelt worden.

4 Andererseits hat der Staat aber auch ein **Informationsrecht** gegenüber den Trägern und ihren Einrichtungen, weil es ein besonderes Bedürfnis des öffentlichen Trägers der Jugendhilfe als Träger der Letztverantwortung (§ 79) in diesem Bereich gibt. Der öffentliche Träger kann seine Aufgabe, die Rechte der Minderjährigen zu schützen und zu sichern, nur erfüllen, wenn er auch Möglichkeiten gegenüber den Trägern hat, eventuelle Fehlentwicklungen zu korrigieren.

5 Bei dem im Gesetz ausgestalteten Erlaubnisvorbehalt handelt es sich letztlich daher nur um eine **Missbrauchsaufsicht** (vgl Lakies ZfJ 1995, 9 ff). Auf die Erteilung der Erlaubnisse besteht ein Rechtsanspruch. Wobei die Erlaubnis zur Kindertagespflege positiv formuliert die Eignung der Kindertagespflegeperson verlangt, während bei der Erlaubnis zur Vollzeitpflege und für den Betrieb einer Einrichtung negativ abgestellt wird auf das Fehlen von Versagungsgründen. Im Ergebnis geht es aber stets um die Sicherstellung von **Mindeststandards**, ein – wie auch immer zu definierendes – Optimum ist schon aus verfassungsrechtlichen Gründen (Verhältnismäßigkeitsprinzip) nicht durchsetzbar. Aus Sicht der Kindertagespflegepersonen und der Einrichtungsträger stellt nämlich der Erlaubnisvorbehalt einen Eingriff in deren Berufsfreiheit dar (Art. 12 GG). Andererseits geht es gerade bei der Kindertagespflege und bei Kindertageseinrichtungen darum, dass der Erlaubnisvorbehalt auch dem „**Verbraucherschutz**" dient. Diejenigen, die die Infrastrukturleistung „Kindertagesbetreuung in Tagespflege und Tageseinrichtungen" als „Verbraucher" in Anspruch nehmen, sollen sich darauf verlassen können, dass dort eine qualifizierte Betreuung durch qualifizierte Fachkräfte stattfindet.

6 Unzulässig ist ist eine **Bedarfssteuerung mit dem Mittel der Erlaubniserteilung**. Der Rechtsanspruch auf die Erteilung einer Pflege- oder Betriebserlaubnis hängt von den im Gesetz geregelten Voraussetzungen ab, nicht davon, ob tatsächlich oder vermeintlich ein Bedarf besteht. Auch wenn im Rahmen der Jugendhilfeplanung ein bestimmter Bedarf festgestellt oder nicht festgestellt wird, hat dies keine Bedeutung für die Frage der Erlaubniserteilung.

II. Zuständigkeit

7 Die örtliche und sachliche Zuständigkeit für Pflegestellen liegt beim örtlichen Träger der Jugendhilfe (§ 85 Abs. 1, § 87 a Abs. 1). Im Unterschied dazu ist für den Schutz von Minderjährigen in Einrichtungen der überörtliche Träger der Jugendhilfe zuständig (§ 85 Abs. 2 Nr. 6, § 87 a Abs. 2). Dies findet

seine Rechtfertigung darin, dass nicht selten kommunale Gebietskörperschaften selbst Träger von Einrichtungen sind oder die Inanspruchnahme solcher Einrichtungen finanzieren und deshalb eine neutrale Kontrollinstanz sinnvoll erscheint. Eine Verlagerung auf die örtliche Ebene, wie sie insbesondere von kommunalen Spitzenverbänden gefordert wird, ist deshalb nicht sinnvoll (vgl Gernert ZfJ 1997, 1 ff).

§ 43 Erlaubnis zur Kindertagespflege

(1) Eine Person, die ein Kind oder mehrere Kinder außerhalb des Haushalts des Erziehungsberechtigten während eines Teils des Tages und mehr als 15 Stunden wöchentlich gegen Entgelt länger als drei Monate betreuen will, bedarf der Erlaubnis.

(2) [1]Die Erlaubnis ist zu erteilen, wenn die Person für die Kindertagespflege geeignet ist. [2]Geeignet im Sinne des Satzes 1 sind Personen, die

1. sich durch ihre Persönlichkeit, Sachkompetenz und Kooperationsbereitschaft mit Erziehungsberechtigten und anderen Tagespflegepersonen auszeichnen und
2. über kindgerechte Räumlichkeiten verfügen.

[3]Sie sollen über vertiefte Kenntnisse hinsichtlich der Anforderungen der Kindertagespflege verfügen, die sie in qualifizierten Lehrgängen erworben oder in anderer Weise nachgewiesen haben.

(3) [1]Die Erlaubnis befugt zur Betreuung von bis zu fünf gleichzeitig anwesenden, fremden Kindern. [2]Im Einzelfall kann die Erlaubnis für eine geringere Zahl von Kindern erteilt werden. [3]Landesrecht kann bestimmen, dass die Erlaubnis zur Betreuung von mehr als fünf gleichzeitig anwesenden, fremden Kindern erteilt werden kann, wenn die Person über eine pädagogische Ausbildung verfügt; in der Pflegestelle dürfen nicht mehr Kinder betreut werden als in einer vergleichbaren Gruppe einer Tageseinrichtung. [4]Die Erlaubnis ist auf fünf Jahre befristet. [5]Sie kann mit einer Nebenbestimmung versehen werden. [6]Die Tagespflegeperson hat den Träger der öffentlichen Jugendhilfe über wichtige Ereignisse zu unterrichten, die für die Betreuung des oder der Kinder bedeutsam sind.

(4) Erziehungsberechtigte und Tagespflegepersonen haben Anspruch auf Beratung in allen Fragen der Kindertagespflege.

(5) Das Nähere regelt das Landesrecht.

I. Bedeutung der Norm

1   Es handelt sich bei § 43 um eine Spezialvorschrift für die Erteilung der Erlaubnis zur Kindertagespflege in Abgrenzung zur Erlaubniserteilung für die Vollzeitpflege (§ 44) und für Einrichtungen (§ 45). Sie wurde in dieser Form durch das **KICK** neu eingeführt und durch das **KiföG** partiell geändert (vgl Einl Rn 47).

2   Diese Spezialregelung zur Erlaubniserteilung muss im Kontext gesehen werden mit der Profilierung der Kindertagespflege **als eigenständige Alternative zur Förderung und Betreuung von Kindern in Tageseinrichtungen**, die durch das Tagesbetreuungsausbaugesetz (TAG) vom 27.12.2004 (vgl Einl Rn 47) herausgestellt und durch das KiföG (vgl Einl Rn 47) weiter ausgebaut worden ist (vgl im Einzelnen § 23). Die Erlaubnispflicht gemäß § 43 besteht – bei Vorliegen der Voraussetzungen gemäß Abs. 1 – auch dann, wenn keine öffentliche Förderung gemäß § 23 angestrebt wird. Auch die rein private Kindertagespflege ist, wenn die Voraussetzungen gemäß Abs. 1 vorliegen, erlaubnispflichtig. Umgekehrt entfällt die Erlaubnispflicht gemäß § 43 nicht dadurch, dass der öffentliche Träger Leistungen gemäß § 23 gewährt oder die Kindertagespflegeperson vermittelt. Unabhängig von dem Erlaubnisvorbehalt, der für die Person gilt, die die Dienstleistung Kindertagespflege anbieten will, ist der zivilrechtliche Kindertagespflegebetreuungsvertrag zu betrachten. Dieser ist auch dann wirksam, wenn die betreffende Person – rechtswidrig – keine Erlaubnis gemäß § 43 beantragt oder keine bewilligt bekommen hat.

3   Mit der Norm wird ähnlich wie bei der Vollzeitpflege (§ 44) und der Betriebserlaubnis für Einrichtungen (§ 45) ein **präventiver Erlaubnisvorbehalt zur Mindeststandardsicherung** auch im Bereich der Kindertagespflege geregelt (vgl Vor§ 43 Rn 5). Durch die Legaldefinition in Abs. 1, welche Angebote

der Kindertagespflege der Erlaubnis bedürfen, wird zugleich definiert, welche Angebote erlaubnisfrei sind. Wie im Bereich der Vollzeitpflege und bei der Betriebserlaubnis für Einrichtungen besteht auch bei der Kindertagespflege ein Rechtsanspruch auf die Erlaubnis, wenn die in Abs. 2 geregelten Voraussetzungen vorliegen (iE Rn 12 ff). Ein Ermessen der Erlaubnisbehörde besteht nicht. Liegen die Voraussetzungen nicht vor, ist die Erteilung der Erlaubnis zu versagen. Die Erlaubnis ist kraft Gesetzes auf fünf Jahre befristet (Rn 20). Die Regelhöchstgrenze liegt bei fünf fremden Kindern, kann allerdings im Einzelfall nach unten weiter begrenzt und durch Landesrecht unter bestimmten Voraussetzungen nach oben geöffnet werden (Rn 19).

II. Erlaubnisvorbehalt (Abs. 1)

Die Vorschrift stellt die Kindertagespflege unter bestimmten Voraussetzungen unter einen Erlaubnisvorbehalt. Liegen die in Abs. 1 genannten Tatbestandsvoraussetzungen **kumulativ** vor, bedarf die Person der Erlaubnis für die Betreuung eines Kindes oder mehrerer Kinder in Tagespflege. Umgekehrt bedeutet das: liegt auch nur eine der in Abs. 1 genannten Voraussetzungen *nicht* vor, ist die Kindertagespflege erlaubnisfrei. Erlaubnisfrei ist insbesondere die Kindertagespflege, die unentgeltlich (zB durch Verwandte, Freunde oder Nachbarn) oder innerhalb des Haushalts der Erziehungsberechtigten oder regelmäßig nicht mehr als 15 Stunden wöchentlich oder perspektivisch nicht länger als drei Monate erfolgt.   4

Abgestellt wird jeweils auf die **Kindertagespflegeperson** („Eine Person, die ..., bedarf der Erlaubnis."), nicht auf die zu betreuenden Kinder. Erlaubnispflichtig ist die Kindertagespflege bereits, wenn auch nur ein Kind betreut werden soll, sofern die weiteren Voraussetzungen des Abs. 1 kumulativ erfüllt werden, und zwar wenn die Betreuung erfolgen soll   5

- ■ außerhalb des Haushalts der Erziehungsberechtigten,
- ■ während eines Teils des Tages (sonst Vollzeitpflege nach § 44),
- ■ mehr als 15 Stunden wöchentlich,
- ■ gegen Entgelt
- ■ (voraussichtlich) länger als drei Monaten.

Das Tatbestandsmerkmal **„außerhalb des Haushalts der Erziehungsberechtigten"** stellt klar, dass Kindertagespflege im Haushalt der Erziehungsberechtigten (wo das Kind in der Regel wohnt) von der Erlaubnispflicht ausgeschlossen ist (zum Begriff der Erziehungsberechtigten § 7 Abs. 1 Nr. 6). Demgegenüber besteht der Erlaubnisvorbehalt für die Kindertagespflege sowohl in den Fällen, wenn sie im Haushalt der Kindertagespflegeperson stattfinden soll als auch in den Fällen, wenn sie in sonstigen Räumen Dritter, zB angemieteten Räumen, vorgesehen ist.   6

Das Tatbestandsmerkmal **„während eines Teils des Tages"** will in Abgrenzung zur Vollzeitpflege (§ 44) deutlich machen, dass es nicht um Betreuung über Tag *und* Nacht geht, sondern um jede Form der Betreuung während eines Teils des Tages (wobei der Gesamttag 24 Stunden umfasst). Erlaubnispflichtig ist damit auch eine Kindertagespflege in den Abend- oder Nachtstunden (zB bei Schichtarbeit).   7

Das Tatbestandsmerkmal **„mehr als 15 Stunden wöchentlich"** stellt auf die Betreuungszeit ab, die durch die Kindertagespflegeperson erbracht wird („Eine Person, die ... mehr als 15 Stunden wöchentlich ... betreuen will."). Das bedeutet, dass die Kindertagespflege erlaubnispflichtig ist, wenn ein Kind mehr als 15 Stunden wöchentlich oder mehrere Kinder zusammen insgesamt mehr als 15 Stunden wöchentlich von der Kindertagespflegeperson betreut werden. Abzustellen ist auf die regelmäßige Gesamtstundenzahl bezogen auf ein Kind oder mehrere zu betreuende Kinder. Maßgebend ist die durch die Kindertagespflege (für wie viele Kinder gleichzeitig auch immer) gebundene Zeit der Kindertagespflegeperson. Abzustellen ist auf die durchschnittliche angestrebte Betreuungszeit („betreuen will"). Einmalige oder kurzzeitige Unterschreitungen dieser Stundenzahl lassen die Erlaubnispflicht nicht entfallen.   8

Mit dem Tatbestandsmerkmal **„gegen Entgelt"** wird jede Zuwendung von Geld oder geldwerten Leistungen in welcher Form oder welcher Höhe auch immer (auch Leistungen des öffentlichen Trägers gemäß § 23) erfasst. Die Bezeichnung des Entgelts als Aufwandsentschädigung, Honorar, Beihilfe, Geschenk oder was auch immer ist ohne Bedeutung. Unter den Begriff „Entgelt" fällt jede Form von „Bezahlung, Vergütung, Entschädigung, Ersatz" (vgl Wahrig Deutsches Wörterbuch, 8. Auflage 2006). Soweit vertreten wird, das der Begriff des Entgelts nicht Erstattungen von Aufwendungen für das Kind, zB Verpflegungskosten, Spielmaterialien umfasst (vgl Schmid, in: Münder/Wiesner Kap. 3.13 Rn 9; Wiesner/Mörsberger § 43 Rn 15) kann dem nicht gefolgt werden. Der Begriff „Entgelt" ist näm-   9 lich weit zu verstehen und offen, so dass hierunter auch ein Aufwendungsersatz zu subsumieren ist, ansonsten hätte der Gesetzgeber dies ausdrücklich anders regeln müssen. Ohnedies kann es, um Umgehungen der Erlaubnispflicht zu verhindern, auf die bloße Bezeichnung etwa als Aufwendungsersatz nicht ankommen. Als Verbotsnorm mit Erlaubnisvorbehalt, die bußgeldbewehrt ist (§ 104), müssen überdies die Tatbestandsvoraussetzungen klar und bestimmt sein, so dass jede Form des Entgelts (auch ein etwaiger Aufwendungsersatz) zur Erlaubnispflicht gemäß Abs. 1 führt, sofern die weiteren Voraussetzungen des Abs. 1 vorliegen. Nicht erforderlich ist die positive Feststellung, dass die Kindertagespflegeperson die Kindertagespflege erwerbsmäßig oder mit Gewinnerzielungsabsicht ausüben will. Abzustellen ist wiederum auf die Kindertagespflegeperson (die der Erlaubnis bedarf), nicht darauf, ob sämtliche zu betreuende Kinder (bzw die Eltern) ein Entgelt zahlen, es reicht, wenn nur ein Kind (bzw die Eltern) ein Entgelt zahlen (vgl Schmid in: Münder/Wiesner, Handbuch KJHR, Kap. 3.13 Rn 9). Erlaubnisfrei ist die unentgeltliche Kindertagespflege durch welche Person auch immer (in der Regel wird es sich um Verwandte, Freunde oder Nachbarn handeln).

10   Das Tatbestandsmerkmal „**länger als drei Monate**" verlangt eine Prognose („betreuen will"). Maßgeblich ist das Betreuungsangebot der Kindertagespflegeperson, nicht der Aufenthaltszeitraum der einzelnen Kinder (vgl Schmid in: Münder/Wiesner, Kap. 3.13 Rn 8). Erlaubnisfrei ist die Kindertagespflege, die von vornherein nur angelegt ist auf längstens drei Monate. Maßgeblich ist aber wiederum nicht die Kindertagespflege bezogen auf ein konkretes Kind, sondern die Absicht der Kindertagespflegeperson, für welchen Zeitraum sie Kindertagespflege anbieten will. Will eine Person Kindertagespflege als Dienstleistung anbieten, ist normalerweise davon auszugehen, dass dies auf unabsehbare Zeit erfolgen soll, so dass prognostisch von einem Zeitraum von länger als drei Monaten auszugehen ist, sofern keine anderen Anhaltspunkte vorliegen.

11   Die **Erlaubnis** ist, sofern die angestrebte Tagespflege gemäß Abs. 1 erlaubnispflichtig ist, von der betreffenden Person **vor Aufnahme der Kindertagespflegetätigkeit** bei der Erlaubnisbehörde zu beantragen („Eine Person, die ... betreuen *will*", bedarf der Erlaubnis"). Aus dem Tatbestandsmerkmal „länger als drei Monate" folgt, weil es prognostisch gemeint ist („... betreuen will ..."), insbesondere nicht, dass die Person zunächst drei Monat erlaubnisfrei tätig werden kann.

Wird Kindertagespflege, die erlaubnispflichtig ist, ohne Erlaubnis betrieben, ist dies rechtswidrig, ohne dass eine Untersagungsverfügung der Erlaubnisbehörde vorliegen muss. Es handelt sich um eine bußgeldbewehrte Ordnungswidrigkeit gemäß § 104 Abs. 1 Nr. 1, unter den zusätzlichen Voraussetzungen des § 105 um eine Straftat.

III. Erlaubniserteilung (Abs. 2, Abs. 3))

1. Rechtsanspruch

12   Ist die beabsichtigte Kindertagespflege erlaubnispflichtig, besteht ein **Rechtsanspruch** auf die Erteilung der Erlaubnis („ist zu erteilen"), wenn die Person für die Kindertagespflege geeignet ist (Abs. 2 Satz 1). Ist die Eignung zu bejahen, ist zwingend die Erlaubnis zu erteilen, ein Ermessen der Erlaubnisbehörde besteht nicht. Der Rechtsbegriff der Eignung wird konkretisiert durch Abs. 2 Satz 2 und Abs. 2 Satz 3. Es handelt sich jeweils um unbestimmte Rechtsbegriffe, die der vollen gerichtlichen Kontrolle unterliegen, ohne dass ein Beurteilungsspielraum der Verwaltung besteht. Die Erlaubnis zur Kindertagespflege wird der Kindertagespflegeperson erteilt. An deren Eignung ist anzuknüpfen. Die Erlaubnis wird also - anders wie bei der Erlaubnis zur Vollzeitpflege gemäß § 44 - nicht für ein bestimmtes Kind oder bestimmte Kinder erteilt.

13   Anders als bei den Erlaubnisvorbehalten für die Vollzeitpflege (§ 44) und bei Einrichtungen (§ 45) verlangt § 43 nach dem Wortlaut des Abs. 2 Satz 1 eine positive Eignungsfeststellung. Da die Kindertagespflegeperson jedoch einen eigenständigen **Beruf im Sinne des Art. 12 Abs. 1 GG** ausübt und deshalb ihre Berufsfreiheit nur durch Gesetz oder aufgrund eines Gesetzes eingeschränkt werden darf und gesetzliche Einschränkungen nach dem verfassungsrechtlichen Verhältnismäßigkeitsprinzip nur soweit gehen dürfen, wie dies zum Schutz der Rechte anderer erforderlich ist, kommt die Versagung der Erlaubnis nur bei einer feststehenden Nichteignung der Kindertagespflegeperson in Betracht. Bloße Zweifel genügen nicht.

2. Anspruchsvoraussetzung: Eignung der Kindertagespflegeperson

14   Der in Abs. 2 Satz 1 genannte Begriff der Eignung der Person für die Kindertagspflege wird in Abs. 2 Satz 2 und Satz 3 durch persönliche und sachliche Eignungskriterien konkretisiert. Diese Eignungs-

kriterien entsprechen denen in § 23 Abs. 3 (vgl § 23 Rn 16 ff.). Das ist rechtssystematisch nicht nachvollziehbar, weil § 23 Abs. 3 Voraussetzungen für einen Leistungsanspruch regelt, während § 43 eine ordnungsrechtliche Eingriffsnorm ist. Vor dem Hintergrund, dass § 43 für die Kindertagespflegeperson einen Eingriff in ihre grundrechtlich geschützte Berufsfreiheit (Art. 12 Abs. 1 GG) darstellt, dürfen hier – anders ggf. bei § 23 - nur **Mindeststandards** verlangt werden.

Die Kindertagespflegeperson muss sich durch ihre Persönlichkeit, Sachkompetenz und Kooperations- **15** bereitschaft mit Erziehungsberechtigten und anderen Kindertagespflegepersonen „auszeichnen" (Abs. 2 Satz 2 Nr. 1). Die fachlichen Voraussetzungen der **vertieften fachspezifischen Kenntnisse über die Anforderungen der Kindertagespflege,** die in qualifizierten Lehrgängen erworben sein müssen oder in anderer Weise (zB durch eine fachspezifische sozialpädagogische oder Ausbildung als Erzieher/Erzieherin) nachzuweisen sind (Abs. 2 Satz 3), hat der Gesetzgeber in Form einer Soll-Vorschrift zu einer Voraussetzung gemacht, die als Eignungskriterium vorliegen „soll", aber nicht zwingend in jedem Einzelfall vorliegen muss. Bei nicht speziell ausgebildeten Kindertagespflegepersonen oder Personen, die über eine andere einschlägige Ausbildung verfügen (zB als Erzieherin) ist auf das Gesamtbild der Persönlichkeit und deren soziale und kommunikative Kompetenzen abzustellen. Auch die Fähigkeit zum angemessenen und transparenten Austausch mit den Erziehungsberechtigten (**Elternarbeit**) und zum **Fach- und Erfahrungsaustausch mit anderen Kindertagespflegepersonen** hat wesentliche Bedeutung.

Die Kindertagespflegeperson muss über **kindgerechte Räumlichkeiten** verfügen (Abs. 2 Satz 2 Nr. 2). **16** Es muss ein ausreichend großes Raumangebot vorhanden sein, mit Rückzugsmöglichkeiten und Schlafgelegenheiten, Platz für Spielmöglichkeiten, eine anregungsreiche Ausgestaltung, geeignete Spiel- und Beschäftigungsmaterialien, unfallverhütende und gute hygienische Verhältnisse. Zumindest in erreichbarer Nähe sollte Raum, auch im Freien, zum Austoben vorhanden sein. Landesrechtliche Regelungen sind hier möglich und sinnvoll (Abs. 5).

3. Erlaubnisinhalt: Kindertagespflegeerlaubnis für eine bestimmte Zahl von Kindern

Der Erlaubnis befugt kraft Gesetzes im Regelfall zur **Betreuung von bis zu fünf gleichzeitig anwesenden,** **17** **fremden Kindern** (Abs. 3 Satz 1). Etwaige eigene Kinder der Kindertagespflegeperson bleiben unberücksichtigt („fremde Kinder"). Kinder in Vollzeitpflege, die bei der Kindertagespflegeperson leben, zählen ebenfalls nicht mit. Für diese ist gemäß § 44 eine eigene Erlaubnis mit eigenen Voraussetzungen erforderlich. Nach der Neufassung durch das KiföG (Einl. Rn 47) ist klargestellt, dass es auf „gleichzeitig anwesende" fremde Kinder ankommt, so dass während des Tages auch mehr als fünf fremde Kinder betreut werden dürfen, sofern nicht mehr als fünf gleichzeitig anwesend sind.

Die Erlaubnisbehörde kann **im Einzelfall die Erlaubnis für eine geringere Zahl von Kindern** erteilen **18** (Abs. 3 Satz 2). Da die Einschränkung der Erlaubnis einen Eingriff in die Berufsfreiheit der Kindertagespflegeperson darstellt und der Regelfall durch Abs. 3 Satz 1 vorgegeben ist, ist eine solche Einschränkung nur zulässig, wenn sachliche Gründe bestehen und die Einschränkung verhältnismäßig ist, zB wenn die Räumlichkeiten die Betreuung nur einer geringeren Zahl von Kinder zulassen. Da eine höhere Zahl von Kindern erhöhte Anforderungen an die Kindertagespflegeperson und die Kooperationsbereitschaft mit den Erziehungsberechtigten stellt, kann auch je nach Qualifikation die Erlaubnis nur für eine geringere Zahl von Kindern erteilt werden. Wird die Erlaubnis nur für eine geringere Zahl von Kindern erteilt, kann die Kindertagespflegeperson gegen die teilweise Versagung der Erlaubnis Widerspruch einlegen und ggf. Verpflichtungsklage auf die Erteilung der Erlaubnis für die Betreuung von fünf Kindern erheben (vgl Anhang Verfahren Rn 51 ff).

Neben den zu beachtenden bundesrechtlichen Vorgaben gemäß Abs. 3 Satz 1 und 2 kann **Landes-** **19** **recht** bestimmen (Abs. 3 Satz 3), dass die **Erlaubnis zur Betreuung von mehr als fünf gleichzeitig anwesenden, fremden Kindern** erteilt werden kann, wenn die Person über eine pädagogische Ausbildung verfügt. Mit dieser durch das KiföG (Einl. Rn 47) eingefügten Regelung ist klargestellt, dass nach den bundesrechtlichen Vorgaben Kindertagespflegestellen mit mehr als fünf Kindern (**Kindertagesgroßpflegestellen**) nicht zulässig sind. Zugelassen werden können solche Kindertagesgroßpflegestellen ausschließlich, wenn es entsprechende Regelungen durch Landesrecht gibt, wobei bundesrechtlich vorgegeben ist, dass die Kindertagespflegeperson in solchen Fällen zwingend eine pädagogische Ausbildung haben muss und zudem in der Pflegestelle nicht mehr Kinder betreut werden dürfen als in einer vergleichbaren Gruppe einer Kindertageseinrichtung. Problematisch kann die Abgrenzung von Kindertagespflegestellen zu Einrichtungen sein, die der Erlaubnis gemäß § 45 unterliegen. Während Einrichtungen orts- und gebäudebezogen sind (vgl § 45 Rn 5 ff.), sind Kindertagespflegestellen personenbezogen. Ist die Kindertagespflegestelle unmittelbar an die Person gebunden, ist § 43 mit entsprechendem Landesrecht einschlägig, während eine Einrichtung unabhängig vom möglichen Wechsel der konkreten Betreuungsperson als Institution existiert.

4. Befristung der Erlaubnis, Nebenbestimmung

20   Die Erlaubnis ist kraft Gesetzes **auf fünf Jahre befristet** (Abs. 3 Satz 4). Die gesetzliche Vorgabe ist zwingend. Die Erlaubnisbehörde ist nicht befugt, die Erlaubnis auf eine kürzere oder längere Zeit zu befristen. Mit Zeitablauf endet automatisch die Erlaubnis zur Kindertagespflege. Möchte die Kindertagespflegeperson nach Ende der fünf Jahre weiterhin eine erlaubnispflichtige Kindertagespflege anbieten, muss sie rechtzeitig eine neue Erlaubnis beantragen.

21   Die Erlaubnis kann mit einer **Nebenbestimmung** versehen werden (Abs. 3 Satz 5). In Betracht kommt vor allem eine Bedingung/Befristung oder Auflage. Die **Auflage** unterscheidet sich von der Bedingung und Befristung vor allem dadurch, dass es sich bei ihr – unabhängig von der Erlaubnis im Übrigen – um einen selbständig vollstreckbaren Verwaltungsakt handelt. Dagegen ist der Bestand des Verwaltungsaktes Kindertagespflegeerlaubnis direkt von dem Eintritt oder Nichteintritt der **Bedingung** oder dem Ablauf eines bestimmten Zeitraums, bei der Befristung, abhängig. Falls etwa die Wohnung der Kindertagespflegeperson ungeeignet ist, kommt eine Bedingung in Betracht, dass innerhalb einer bestimmten Frist eine andere, zB größere Wohnung nachzuweisen ist, ansonsten die Kindertagespflegeerlaubnis keinen Bestand hat. Aus Gründen der Rechtsklarheit empfiehlt es sich in solchen Fällen aber, die Erlaubnis zunächst gänzlich zu versagen und die Person darauf zu verweisen, dass sie nach Behebung des Mangels einen neuen Antrag auf Erteilung der Erlaubnis stellen kann.

IV. Unterrichtungspflichten der Tagespflegeperson

22   Dem kontinuierlichen Prozess des vorrangig durch präventive Beratung und Begleitung geprägten Erlaubnisverfahrens dient die Verpflichtung der Kindertagespflegeperson, die den Träger der öffentlichen Jugendhilfe **über wichtige Ereignisse zu unterrichten** hat, die für die Betreuung des Kindes oder der Kinder bedeutsam sind (Abs. 3 Satz 6). Solche wichtigen Ereignisse sind zB schwerere Erkrankungen, soziale Auffälligkeiten des Kindes oder seiner Eltern, Entwicklungsverzögerungen, Probleme in der Familie des Kindes. Durch Landesrecht können hier nähere Konkretisierungen getroffen werden (Abs. 5).

V. Rechtsanspruch auf Beratung (Abs. 4)

23   Erziehungsberechtigte (§ 7 Abs. 1 Nr. 6) und Kindertagespflegepersonen haben Anspruch auf Beratung in allen Fragen der Kindertagespflege. Um diesen Rechtsanspruch auf Beratung entsprechen zu können, haben die öffentlichen Träger die Verpflichtung, ein ausreichendes Beratungsangebot vorzuhalten oder durch Vereinbarungen mit freien Trägern zur Verfügung zu stellen. Da die Kindertagespflegepersonen überwiegend auf sich selbst gestellt sind, besteht ein besonders hoher Beratungsbedarf. Die öffentlichen Träger können durch die Zurverfügungstellung eines kontinuierlichen Fortbildungs- und Qualifizierungsangebots für die Kindertagespflegepersonen ihrer Beratungspflicht nachkommen, wobei daneben, bei Bedarf, noch ein Beratungsangebot im Einzelfall zur Verfügung stehen muss. Landesrechtliche Ausführungsvorschriften sind möglich und sinnvoll (Abs. 5). Der Rechtsanspruch auf Beratung besteht unabhängig davon, ob das Kindertagespflegeverhältnis vom öffentlichen Träger vermittelt worden ist oder ob ein Leistungsanspruch gemäß § 23 besteht. Der Beratungsanspruch besteht auch bei rein privater Kindertagespflege.

VI. Landesrechtsvorbehalt (Abs. 5)

24   **Abs. 5 normiert** einen ausdrücklichen Landesrechtsvorbehalt. Danach kann durch Landesrecht das „Nähere" bezüglich des Erlaubnisvorbehalts geregelt werden, allerdings nur soweit die bundesrechtlichen Vorgaben in § 23 keine abschließenden Regelungen getroffen haben. Die Regelung ist an sich wegen § 49 überflüssig und weil zudem die Länder ohnedies zur Regelung befugt sind, soweit die bundesrechtliche Regelung noch Regelungsspielräume lässt. Unabhängig davon enthält Abs. 3 Satz 3 noch eine speziellen Landesrechtsvorbehalt (Rn 19).

VII. Zuständigkeit

Zuständig für die Erteilung der Erlaubnis zur Kindertagespflege ist gem. § 85 Abs. 1, § 87 a Abs. 1 **der** 25 **örtliche Jugendhilfeträger,** in dessen Bereich die Kindertagespflegeperson ihren gewöhnlichen Aufenthalt hat.

VIII. Rechtsschutz

Die Entscheidung des örtlichen Jugendhilfeträgers über die Erteilung oder Versagung oder den Entzug 26 der Kindertagespflegeerlaubnis ist ein **Verwaltungsakt** (§ 31 SGB X; Anhang Verfahren Rn 39 ff), der im Verwaltungsrechtsweg angefochten werden kann (Anhang Verfahren Rn 51 ff). Bei Nichterteilung der Erlaubnis kann die Kindertagespflegeperson, die diese beantragt hat, nach Durchführung des Widerspruchsverfahrens **Verpflichtungsklage** auf Erteilung der Erlaubnis vor dem VG erheben, ebenso, wenn die Erlaubnis für weniger Kinder erteilt wird, als beantragt worden ist (vgl Rn 17). Eine **einstweilige Anordnung** auf (vorläufige) Erteilung der Kindertagespflegeerlaubnis nach § 123 VwGO ist wegen des Verbots der Vorwegnahme der Hauptsache nur eingeschränkt möglich, aber auch nicht gänzlich ausgeschlossen, weil zum Schutz der Berufsfreiheit der Kindertagespflegeperson ein effektiver Rechtsschutz ermöglicht werden muss.

Wird die einmal erteilte Kindertagespflegeerlaubnis entzogen, so kann die betroffene Kindertagespflegeperson hiergegen innerhalb eines Monats Widerspruch einlegen (Anhang Verfahren Rn 51 ff). Nach § 80 Abs. 1 VwGO hat der **Widerspruch aufschiebende Wirkung.** Das bedeutet, dass die Kindertagespflegeperson vorerst weiter im Besitz einer gültigen Kindertagespflegeerlaubnis ist. Der öffentliche Träger hat lediglich die Möglichkeit, ausnahmsweise die sofortige Vollziehung des Entzugs der Erlaubnis, zB wegen einer Gefahrenlage, anzuordnen (§ 80 Abs. 2 Nr. 4, Abs. 3 VwGO). Hiergegen kann die Kindertagespflegeperson mit einem Antrag an das VG auf Wiederherstellung der aufschiebenden Wirkung nach § 80 Abs. 5 VwGO vorgehen. **Landesrechtliche Bestimmungen,** die die aufschiebende Wirkung ausschließen, entfalten keine Rechtswirkungen, weil nach § 80 Abs. 2 Nr. 3 VwGO die aufschiebende Wirkung in diesem Fall nur durch Bundesgesetz ausgeschlossen werden kann. 27

§ 44 Erlaubnis zur Vollzeitpflege

(1) [1]Wer ein Kind oder einen Jugendlichen über Tag und Nacht in seinem Haushalt aufnehmen will (Pflegeperson), bedarf der Erlaubnis. [2]Einer Erlaubnis bedarf nicht, wer ein Kind oder einen Jugendlichen

1. im Rahmen von Hilfe zur Erziehung oder von Eingliederungshilfe für seelisch behinderte Kinder und Jugendliche aufgrund einer Vermittlung durch das Jugendamt,
2. als Vormund oder Pfleger im Rahmen seines Wirkungskreises,
3. als Verwandter oder Verschwägerter bis zum dritten Grad,
4. bis zur Dauer von acht Wochen,
5. im Rahmen eines Schüler- oder Jugendaustausches,
6. in Adoptionspflege (§ 1744 des Bürgerlichen Gesetzbuchs)

über Tag und Nacht aufnimmt.

(2) Die Erlaubnis ist zu versagen, wenn das Wohl des Kindes oder des Jugendlichen in der Pflegestelle nicht gewährleistet ist.

(3) [1]Das Jugendamt soll den Erfordernissen des Einzelfalls entsprechend an Ort und Stelle überprüfen, ob die Voraussetzungen für die Erteilung der Erlaubnis weiter bestehen. [2]Ist das Wohl des Kindes oder des Jugendlichen in der Pflegestelle gefährdet und ist die Pflegeperson nicht bereit oder in der Lage, die Gefährdung abzuwenden, so ist die Erlaubnis zurückzunehmen oder zu widerrufen.

(4) Wer ein Kind oder einen Jugendlichen in erlaubnispflichtige Familienpflege aufgenommen hat, hat das Jugendamt über wichtige Ereignisse zu unterrichten, die das Wohl des Kindes oder des Jugendlichen betreffen.

I. Bedeutung der Norm

1 Die Vorschrift gilt für Kinder und Jugendliche (§ 7 Abs. 1 Nr. 1 und 2) und regelt die **hoheitlichen Aufgaben des Trägers der öffentlichen Jugendhilfe (Jugendamtes)** im Zusammenhang mit der Unterbringung eines Minderjährigen bei Pflegepersonen außerhalb der eigenen Familie. Sofern HzE geleistet wird, sind die §§ 33, 36 und 37 zu beachten. Der Schwerpunkt der Arbeit der Jugendämter im Bereich des Pflegekinderwesens liegt nicht in Aufsichtstätigkeiten, sondern bei der Beratung und Unterstützung der Herkunfts- wie der Pflegefamilie. Erlaubnisvorbehalt und andere hoheitlichen Aufgaben der Pflegekinderaufsicht müssen, da sie nur reaktiven, nicht steuernden Charakter haben, in den Hintergrund treten oder können ganz entfallen (BT-Drucks. 11/5948, 81; Schindler JAmt 2004, 169).

2 Der **Erlaubnisvorbehalt** soll sicherstellen, dass die betroffenen Minderjährigen nur in Pflegestellen betreut werden, in denen ihr Wohl gewährleistet ist. Insofern ist die Pflegeerlaubnis nicht nur eine ordnungsrechtliche Aufgabe, sondern hat wesentlich die sozialpädagogische Funktion, dafür zu sorgen, dass qualifizierte, den pädagogischen Standards von Jugendhilfe entsprechende Leistungen erbracht werden. Es geht also um eine **präventive Standardsicherung durch Pflegeerlaubniserteilung**. Nach erfolgter Fremdunterbringung – ob mit oder ohne Beteiligung des JA – hat die pädagogische Begleitung zum Aufbau eines neuen Sozialisationszusammenhangs des Minderjährigen in der Pflegestelle im Vordergrund zu stehen. Vornehmliche Aufgabe ist es dann, bei evtl Schwierigkeiten durch Beratung und Unterstützung sicherzustellen, dass ein Verbleib des Minderjährigen in der Pflegestelle weiterhin möglich ist.

II. Gesetzesänderungen

Nachdem durch das 1. SGB VIII-ÄndG vom 16.2.1993 (BGBl. I S. 239, 242) und das 2. SGB VIII- **3**
ÄndG vom 15.12.1995 (BGBl. I S. 1775) bereits Änderungen bei den erlaubnisfreien Tatbeständen
vorgenommen wurden, wurde durch das KICK (vgl Einl. Rn 47) die Vorschrift, die zuvor die Pflegeerlaubnis für sämtliche „Pflegeverhältnisse", auch die Kindertagespflege, regelte, auf die Erlaubnis zur
Vollzeitpflege begrenzt und – rechtssystematisch zutreffend - die Erlaubnis zur Kindertagespflege gesondert in § 43 geregelt (siehe im Einzelnen dort). Die Abgrenzung wird dadurch verdeutlicht, dass
§ 44 auf eine Aufnahme in den Haushalt „über Tag *und* Nacht" abstellt, während die Kindertagespflege gemäß § 43 „während eines Teils des Tages" stattfindet.

III. Erlaubnisvorbehalt (Abs. 1)

1. Erlaubnispflicht und Ausnahmen

Voraussetzung für die Aufnahme eines Kindes über Tag und Nacht in den Haushalt der Pflegeperson **4**
ist gemäß Abs. 1 Satz 1 grundsätzlich die Erteilung einer **Pflegeerlaubnis** durch den öffentlichen Jugendhilfeträger (JA). Das Gesetz spricht in der Überschrift von der „Erlaubnis zur Vollzeitpflege",
obwohl der Begriff „Vollzeitpflege" im weiteren Gesetzestext nicht auftaucht. Es wird mit der Überschrift eine Assoziation geweckt zur Vollzeitpflege im Sinne des § 33, was insofern irreführend ist, weil
der Erlaubnisvorbehalt gerade für Pflegeverhältnisse besteht, die nicht im Rahmen von HzE erfolgt
(Rn 10).

In Abs. 1 Satz 2 Nr. 1 bis 6 sind die **Ausnahmen** von der Regel aufgeführt, dh die Fälle, in denen keine **5**
Pflegeerlaubnis benötigt wird (Rn 10 ff). Obwohl es sich rechtssystematisch um Ausnahmetatbestände
handelt, wird damit faktisch das Regel-Ausnahme-Verhältnis in der Praxis umgekehrt: in der jugendamtlichen **Praxis** ist der **Großteil der Pflegeverhältnisse nicht erlaubnispflichtig.**

Das Gesetz geht von dem Begriff der **Pflegeperson** aus, das ist, wer ein Kind oder einen Jugendlichen **6**
über Tag und Nacht in seinem Haushalt aufnehmen will. In Abs. 2 und Abs. 3 ist auch von der „Pflegestelle" die Rede. Vom „Pflegekind" ist in § 44 explizit nicht die Rede, faktisch geht es aber um
Pflegeverhältnisse, bei denen eine Person (oder mehrere Personen) in den eigenen Haushalt (also außerhalb des Elternhauses) ein Kind für längere Zeit aufnehmen wollen. Die „längere Zeit" wird im
Gesetzestext nicht ausdrücklich benannt, ergibt sich aber im Umkehrschluss aus Abs. 2 Satz 2 Nr. 4,
weil eine Pflegeerlaubnis erst erforderlich ist bei einer Dauer von mehr als acht Wochen. Die Erlaubnispflicht knüpft an den Realakt der **Aufnahme in den Haushalt** an. Ob ein (wirksamer) Pflegevertrag
zwischen den Eltern und der Pflegeperson vereinbart worden ist, ist für die Erlaubnispflicht ohne Bedeutung (vgl Hauck/Stähr § 44 Rn 17).

Die **Pflegestelle** ist abzugrenzen von der **Einrichtung** (§ 45). Abs. 1 Satz 1 macht durch die Anknüpfung **7**
an die „Pflegeperson" deutlich, dass die **Pflegestelle personenbezogen** ist, während die Einrichtung
orts- und gebäudebezogen und unabhängig von einem Wechsel der Bezugspersonen ist (vgl § 45
Rn 6 ff).

Die Pflegeerlaubnis muss **vor der Aufnahme** eines Pflegekindes erteilt sein („Wer... aufnehmen *will*"). **8**
Eine nachträgliche Erteilung der Pflegeerlaubnis ist nicht ausgeschlossen, allerdings sollte sie spätestens
innerhalb von acht Wochen (vgl Abs. 1 Satz 2 Nr. 4) beantragt sein. Die Pflegeerlaubnis für die Vollzeitpflege wird – anders als bei der Kindertagespflege gemäß § 43 – nicht der Pflegeperson, sondern
jeweils für ein bestimmtes Kind erteilt (vgl Schellhorn/Mann § 44 Rn 7; Schindler JAmt 2004, 169,
170). Daneben ist die Erteilung einer sog. **Unbedenklichkeitsbescheinigung** durch das JA denkbar,
wobei kein Rechtsanspruch auf eine solche Bescheinigung besteht. Mit der Bescheinigung soll die generelle Eignung einer Pflegeperson anerkannt werden, sie ersetzt aber gerade nicht die erforderliche
Pflegeerlaubnis für ein konkretes Kind, die die Pflegeperson im jeweiligen Einzelfall beantragen muss.

Wer einen Minderjährigen ohne die erforderliche Erlaubnis in seinen Haushalt aufnimmt, obwohl ein **9**
Ausnahmetatbestand gemäß Abs. 1 Satz 2 nicht vorliegt, handelt rechtswidrig, ohne dass eine Untersagungsverfügung der Erlaubnisbehörde vorliegen muss. Es handelt sich um eine bußgeldbewehrte
Ordnungswidrigkeit gemäß § 104 Abs. 1 Nr. 1, unter den zusätzlichen Voraussetzungen des § 105 um
eine **Straftat.**

2. Erlaubnisfreie Pflegeverhältnisse (Abs. 1 Satz 2 Nr. 1 bis 6)

10   **Hilfe zur Erziehung/Eingliederungshilfe:** Der Erlaubnisvorbehalt gilt nicht, wenn das JA das Kind im Rahmen einer HzE bzw einer Eingliederungshilfe nach § 35 a in eine geeignete Pflegestelle vermittelt hat. In diesem Zusammenhang hat das JA bereits die Eignung der Pflegeperson für das konkrete Pflegekind geprüft, so dass eine zusätzliche Pflegeerlaubnis ein unnötiger Formalismus wäre. Die ggf erforderlichen Eingriffsrechte des JA ergeben sich bei der HzE aus § 37 Abs. 3. Einer Erlaubnis bedarf es nicht, wenn kumulativ sowohl eine HzE/Eingliederungshilfe vorliegt als auch eine **Vermittlung durch das JA** („aufgrund einer Vermittlung durch das Jugendamt"). Erforderlich ist also eine Mitwirkung des JA bei der Begründung des Pflegeverhältnisses im Sinne einer Eignungsprüfung von Pflegestelle und Pflegeperson (vgl Hauck/Stähr § 44 Rn 10; Schindler JAmt 2004, 169, 173). Eine Vermittlung durch einen freien Träger genügt nicht; in dem Fall ist eine Pflegeerlaubnis erforderlich (vgl Wiesner/Mörsberger § 44 Rn 13; Schindler JAmt 2004, 169, 173).

11   **Vormund/Pfleger** im Rahmen des Wirkungskreises: Sowohl der Vormund als auch der Pfleger üben das Sorgerecht aus (§§ 1773, 1793 bzw 1909, 1915, 1793 BGB), so dass insoweit kein Raum für einen Erlaubnisvorbehalt besteht, wenn das Kind bei diesem lebt.

12   **Verwandtenpflege:** Verwandte sind nach § 1589 BGB die Großeltern, Onkel und Tanten, Geschwister, Neffen und Nichten, auch der Vater des nichtehelichen Kindes (LG Köln 8.1.1992 – 1 T 338/91 – DAVorm 1992, 232). Verschwägerte sind die Ehegatten der genannten Verwandten (§ 1590 BGB). Unabhängig von der nicht erforderlichen Pflegeerlaubnis (kritisch Wiesner/Mörsberger § 44 Rn 15) besteht aber auch für die Verwandtenpflege ein Anspruch auf Beratung und Unterstützung (§ 37 Abs. 2). Auch kann bei einer Verwandtenpflege im Einzelfall eine HzE nach § 33 vorliegen mit dem Annex-Anspruch auf wirtschaftliche Jugendhilfe nach § 39 (vgl § 39 Rn 1 ff).

13   Die **Kurzpflege bis zur Dauer von acht Wochen** ist nicht erlaubnispflichtig. Damit soll die Nachbarschaftshilfe usw bei kurzzeitigen Ausfällen der Eltern der jugendamtlichen Einflussnahme entzogen werden. Die Inpflegegabe darf von vornherein für nicht länger als acht Wochen geplant sein, andernfalls ist eine Pflegeerlaubnis erforderlich. Kurzzeitige Unterbrechungen jeweils nach acht Wochen führen nicht jeweils zur Begründung einer neuen erlaubnisfreien Kurzpflege.

14   **Schüler- oder Jugendaustausch:** Der Schüler- und Jugendaustausch ist nicht erlaubnispflichtig, weil die erforderliche Aufsicht durch die Schulbehörden sichergestellt ist.

15   Die **Adoptionspflege** (§ 1744 BGB) unterliegt nicht dem Erlaubnisvorbehalt. Da dieser nämlich bereits eine Vermittlung durch eine fachlich kompetente Adoptionsvermittlungsstelle vorausgeht, besteht kein Bedarf für einen zusätzlichen Erlaubnisvorbehalt (BT-Drucks. 12/3711, 43).

IV. Erlaubniserteilung (Abs. 2)

1. Rechtsanspruch auf Pflegeerlaubnis

16   Auf die Erteilung der Pflegeerlaubnis besteht ein **Rechtsanspruch**, wenn das Wohl des Minderjährigen in der Pflegestelle gewährleistet ist. Dies ergibt sich im Umkehrschluss aus der Formulierung in Abs. 2 („Die Erlaubnis ist zu versagen, wenn…"), die so zu lesen ist, dass die Erlaubnis nur unter diesen Voraussetzungen versagt werden darf und ansonsten zu erteilen ist. Es besteht also kein Ermessensspielraum der Erlaubnisbehörde (hM, vgl nur Wiesner/Mörsberger § 44 Rn 10; Schellhorn/Mann § 44 Rn 9; Schindler JAmt 2004, 169, 172). Bei den Termini in Abs. 2 „Wohl des Kindes … nicht gewährleistet" handelt es sich um **unbestimmte Rechtsbegriffe**. Es ist gerichtlich voll überprüfbar, ob diese Versagungsgründe vorliegen. Es besteht kein kontrollfreier Beurteilungsspielraum der Erlaubnisbehörde (vgl Hauck/Stähr § 44 Rn 29).

2. Anspruchsvoraussetzung

17   Die Pflegeerlaubnis darf nur versagt werden, wenn das **Kindeswohl** in der Pflegestelle nicht gewährleistet ist (Abs. 2). Das bedeutet umgekehrt, dass die Pflegeerlaubnis zu erteilen ist, wenn keine Anhaltspunkte dafür bestehen, dass das Kindeswohl in der Pflegestelle nicht gewährleistet ist. Aus der Formulierung folgt, dass die Erlaubnis nur dann versagt werden darf, wenn feststeht, dass die Voraussetzung für die Erteilung der Erlaubnis nicht vorliegt. Die Bestimmung enthält damit eine Beweislastumkehr, dh die **Darlegungs- und Beweislast für das Vorliegen von Versagungsgründen liegt beim JA** (vgl Schellhorn/Mann § 44 Rn 13).

Der unbestimmte Rechtsbegriff des Kindeswohls findet sich auch in § 1666 BGB. Die dort entwickelten 18
Rechtsgrundsätze können aber nicht umstandslos übertragen werden, weil der Regelungszusammenhang ein anderer ist. Während § 1666 BGB einen Eingriff in das grundrechtlich geschützte Elternrecht
legitimieren soll, geht es bei § 44 um die vorübergehende Betreuung des Kindes außerhalb des Elternhauses. Weil die Pflegeerlaubnis jeweils für ein bestimmtes Kind erteilt wird (Rn 8), hat sich die Prüfung
nicht an abstrakten Erwägungen, sondern konkret an der Eignung der Pflegeperson für das bestimmte
Kind zu orientieren.

Wesentlich ist die **persönliche Eignung der Pflegeperson**, die sich nach der Art der Pflegestelle, den 19
individuellen Bedürfnissen und dem Entwicklungsstand des aufzunehmenden Minderjährigen richtet.
Notwendig ist stets eine **Einzelfallprüfung**, dabei sind keine übersteigerten Anforderungen zu stellen.
Pflegeperson kann jede volljährige Einzelperson sein, die einen Minderjährigen in ihren Haushalt aufnimmt, sodass als Pflegepersonen sowohl verheiratete wie auch nicht verheiratete Männer und Frauen
in Betracht kommen. Auch miteinander nicht verwandte Personen können ein gemeinsames Pflegekind
aufnehmen, auch homosexuelle Frauen und Männer (vgl GK-SGB VIII/Fieseler § 44 Rn 21 ff; Kentler
1989, 109 ff und 145 ff gegen LG Berlin 10.12.1987 – 83T425/87). Das Gesetz spricht neutral von der
Aufnahme in den „Haushalt" der Pflegeperson, nicht etwa von der Aufnahme in eine „Familie" (wobei
mittlerweile auch der Familienbegriff als offen anzusehen ist). Davon zu trennen ist die Frage der
Eignung der konkreten Pflegeperson. Diese ist vom Wohl des Kindes her im Einzelfall zu prüfen und
entscheidet sich nicht nach abstrakten Erwägungen etwa bezüglich des familienrechtlichen Status der
Personen oder der sexuellen Orientierung.

Neben der persönlichen Eignung der Pflegeperson sind auch die häuslichen Verhältnisse zu würdigen. 20
Die Einrichtungen für die Pflege des Kindes oder Jugendlichen müssen vorhanden und der Wohnraum
ausreichend sein (vgl VG Düsseldorf 11.5.1984 – 19 L 591/84 – ZfJ 1985, 40). Durch Landesrecht
(§ 49) können hier konkretisierende Kriterienkataloge aufgestellt werden, die allerdings nicht die stets
erforderliche Einzelfallprüfung ersetzen können.

3. Nebenbestimmungen

Die Möglichkeit der Erteilung von Nebenbestimmungen zur Pflegeerlaubnis ist im Gesetz – anders bei 21
der Kindertagespflege (§ 43 Abs. Satz 5) und der Betriebserlaubnis (§ 45 Abs. 2 Satz 1) – nicht ausdrücklich vorgesehen. Dennoch ist es gemäß § 32 Abs. 1 SGB X möglich, die Erlaubnis mit einer Nebenbestimmung zu versehen, wenn diese sicherstellen soll, dass die gesetzlichen Voraussetzungen des
VA erfüllt werden, dh um sicherzustellen, dass das Kindeswohl in der Pflegestelle gewährleistet ist.
Nur unter dieser Voraussetzung ist eine Nebenbestimmung zur Pflegeerlaubnis ausnahmsweise zulässig. In Betracht kommt vor allem eine Bedingung/Befristung oder Auflage (vgl entsprechend § 43
Rn 21).

V. Überprüfung der Pflegestelle (Abs. 3 Satz 1)

Das JA soll gemäß Abs. 3 Satz 1 den Erfordernissen des Einzelfalls entsprechend an Ort und Stelle 22
überprüfen, ob die Voraussetzungen für die Erteilung der Erlaubnis weiter bestehen. Da Anknüpfungspunkt für die Überprüfung die Erlaubniserteilung ist, können **erlaubnisfreie Pflegestellen** nicht
nach dieser Vorschrift überprüft werden. Wird HzE/Eingliederungshilfe geleistet, bestimmt sich das
Verhältnis zwischen Pflegeperson und JA, so auch die Überprüfung der Pflegestelle, nicht nach § 44,
sondern nach § 37 Abs. 3.

Grundsätzlich gilt, dass nach der Inpflegegabe des Kindes zugleich ein **Minimum an Intervention** und 23
Maximum an Beratung durch das JA erfolgen soll. Die Prüfung nämlich, ob die Pflegestelle geeignet,
dh das Wohl des Kindes in dieser gewährleistet ist, hat bereits bei der Entscheidung über die Erteilung
der Pflegeerlaubnis stattgefunden.

Das **Überprüfungsrecht** des JA besteht nur entsprechend den **Erfordernissen des Einzelfalls**. Eine re- 24
gelmäßige, routinemäßige Überprüfung ohne konkrete Anhaltspunkte ist deshalb nicht zulässig (vgl
Hauck/ Stähr § 44 Rn 31). Eine Überprüfung kommt etwa dann in Betracht, wenn es Hinweise aus der
Nachbarschaft, aus dem Kindergarten oder der Schule gibt, dass die Betreuung des Pflegekindes unzureichend ist. Ein Instrumentarium, um zu sehen, ob im Einzelfall eine Überprüfung erforderlich ist,
ist die in Abs. 4 verankerte Unterrichtungspflicht der Pflegeperson. Wenn dem JA Tatsachen bekannt
werden, die eine Überprüfung rechtfertigen, wird das Überprüfungsrecht zu einer **Überprüfungspflicht**, da es um die Gewährleistung des Kindeswohls geht. Die Überprüfung bezieht sich auf die Frage,

ob die Voraussetzungen für die Erteilung der Erlaubnis fortbestehen, dh ob das Wohl des Minderjährigen in der Pflegestelle gewährleistet ist (Abs. 2). Die Überprüfung sollte weniger als eine eingreifende Maßnahme verstanden werden, vielmehr hat sie den Charakter von fachlicher Beratung und Unterstützung. Wenn insofern Anlass für Beratung der Pflegeperson besteht, so sind auch die „Erfordernisse des Einzelfalls" zu bejahen.

25   Der **Inhalt der Überprüfung** richtet sich vor allem danach, aufgrund welcher Tatsachen („Erfordernisse des Einzelfalls") das JA sich zu einer Überprüfung veranlasst gesehen hat. Im Übrigen hat sich die Überprüfung, wenn sie erfolgen muss, auf alle Fragen zu erstrecken, die für das Wohl des Minderjährigen in der Pflegestelle relevant sind. Auch ein persönliches Gespräch mit den Pflegekindern kann sinnvoll sein. Die Überprüfung erfolgt an „**Ort und Stelle**", also im Haushalt der Pflegeperson. Sie kann im Einzelfall, falls erforderlich, insbesondere bei einer akuten Gefahrenlage für das Kind, **auch unangemeldet** erfolgen.

26   Ein zwangsweise durchsetzbares **Zutrittsrecht** für das JA ergibt sich aus der Bestimmung nicht. Allerdings kann durch ein Landesgesetz (§ 49) geregelt sein, dass JA-Mitarbeiter ein Zutrittsrecht haben; das Grundrecht der Unverletzlichkeit der Wohnung (Art. 13 Abs. 1 GG) ist dann insoweit eingeschränkt. Ein Recht zum Betreten der Wohnung für rein **präventive Kontrollen** ist mit Art. 13 GG nicht vereinbar (vgl Schellhorn/Mann § 44 Rn 15).

27   Die **Rechtsfolgen der Überprüfung** ergeben sich, wenn das Kindeswohl in der Pflegestelle gefährdet ist, aus Abs. 3 Satz 2 (Rn 28 ff). Eine **Befugnis** des JA **zur Herausnahme** des Minderjährigen aus der Pflegestelle besteht nur ausnahmsweise unter den Voraussetzungen des § 42 Abs. 1 Satz 1 Nr. 2.

VI. Entzug der Pflegeerlaubnis (Abs. 3 Satz 2)

28   Ist die Pflegeerlaubnis einmal erteilt, ist die Hürde für den Entzug der Pflegeerlaubnis entsprechend hoch, weil bei Erteilung der Pflegeerlaubnis festgestellt worden ist, dass in der Pflegestelle das Wohl des Kindes gewährleistet ist. Die Regelung geht als **Sonderregelung** (lex specialis) den §§ 44 ff SGB X, die den Widerruf und die Rücknahme eines VA regeln, vor (vgl Schellhorn/Mann § 44 Rn 16; Hauck/Stähr § 44 Rn 34). Die **Rücknahme** der Pflegeerlaubnis hat zu erfolgen, wenn bereits die Erteilung der Pflegeerlaubnis rechtswidrig war. Der **Widerruf** meint die Konstellation, dass zwar die Erteilung der Pflegeerlaubnis ursprünglich rechtmäßig war, aber aufgrund späterer Änderungen eine Kindeswohlgefährdung eingetreten ist.

29   Erste Voraussetzung für den Entzug der Pflegeerlaubnis ist die **Gefährdung des Kindeswohls** in der Pflegestelle. Dieser unbestimmte Rechtsbegriff ist gerichtlich voll überprüfbar (vgl OVG Berlin 19.6.1997 – 6 B 65.94 –). Das Kindeswohl ist gefährdet, wenn die dringende Gefahr besteht, bei ungehindertem, objektiv zu erwartendem Geschehensablauf werde eine Schädigung des Kindeswohls eintreten (OVG Berlin aaO). Auf ein Verschulden der Pflegeperson hinsichtlich der Kindeswohlgefährdung kommt es nicht an, sondern darauf, ob das Kindeswohl objektiv gefährdet ist.

30   Zweite Voraussetzung für den Entzug der Pflegeerlaubnis ist, dass die Pflegeperson nicht bereit oder in der Lage ist, die **Gefährdung abzuwenden**. Die beiden Voraussetzungen müssen **kumulativ** vorliegen. Wird die Pflegeperson von sich aus tätig, um die festgestellte Gefährdung zu beseitigen, so kommt ein Entzug der Erlaubnis nicht in Betracht.

31   Der Entzug der Erlaubnis hat in jedem Fall das letzte Mittel zu sein. Nach dem **Verhältnismäßigkeitsgrundsatz** ist zunächst zu prüfen, ob nicht andere (etwa Beratungs- und Unterstützungs-)Maßnahmen ausreichen. Möglicherweise kann auch analog § 45 Abs. 2 Satz 6 die Erteilung einer nachträglichen Auflage angezeigt sein. Da es um das Wohl der Minderjährigen geht, ist das JA aber auch zu unverzüglichem Einschreiten verpflichtet, wenn andere Maßnahmen nicht ausreichen. Ist die Pflegeperson trotz gutwilligem Bemühen nicht in der Lage, innerhalb einer angemessenen Frist die Gefährdung zu beseitigen, muss das JA einschreiten. Es handelt sich um eine gebundene Entscheidung. Liegen die Voraussetzungen für den Entzug der Pflegeerlaubnis – auch unter Beachtung des Verhältnismäßigkeitsgrundsatzes – vor, besteht **kein Ermessensspielraum**.

32   Erforderlich ist stets eine **Einzelfallprüfung**. Da es sich aber nicht um eine Ermessensentscheidung handelt, kann die Einzelfallabwägung nicht im Rahmen einer Ermessensentscheidung stattfinden, sondern hat bei der Prüfung der tatbestandlichen Voraussetzungen anzusetzen. Erforderlich ist eine Gefährdung des Wohls des Minderjährigen, die anhand objektiver Merkmale feststellbar sein muss, bloße Mutmaßungen reichen nicht aus. Bei einer längeren Dauer des Pflegeverhältnisses ist häufig eine Her-

ausnahme des Kindes aus der Pflegestelle aus sozialpädagogischen Gründen nicht vertretbar. Was die längere Zeit anbelangt, so kann man sich hierbei an der Rechtsprechung zu § 1632 Abs. 4 BGB orientieren (Lakies ZfJ 1989, 521 ff; Lakies/Münder RdJB 1991, 428 ff).

VII. Informationspflichten der Pflegeperson (Abs. 4)

Die Pflegeperson hat das JA über **wichtige Ereignisse**, die das Kindeswohl betreffen, zu informieren. Hierzu zählen insbesondere der tatsächliche Beginn und das tatsächliche Ende der Familienpflege, Wohnungswechsel, Trennung oder Scheidung der Pflegepersonen, Schulwechsel und schwere Krankheiten. Bei Gewährung von HzE in einer Pflegestelle ist § 37 Abs. 3 Satz 2 anzuwenden. Die Länder können im Rahmen des Landesrechtsvorbehalts nach § 49 Näheres regeln, insbesondere die wichtigen Ereignisse konkret bestimmen. 33

VIII. Zuständigkeit

Sachlich zuständig ist der örtliche Träger (§ 85 Abs. 1, § 69 Abs. 3). Die **örtliche Zuständigkeit** bestimmt sich nach dem gA der Pflegeperson (§ 87 a Abs. 1), welcher idR dort ist, wo die Pflegeperson ihre Wohnung hat. Bei einem Wohnungswechsel, der zur Änderung der örtlichen Zuständigkeit führt, ist bei dem dann zuständigen JA eine neue Pflegeerlaubnis zu beantragen. 34

IX. Rechtsschutz

Die Entscheidung des Jugendamtes über die Erteilung oder Versagung oder den Entzug der Pflegeerlaubnis ist ein **Verwaltungsakt** (§ 31 SGB X; Anhang Verfahren Rn 43 ff), der im Verwaltungsrechtsweg angefochten werden kann (vgl entsprechend § 43 Rn 26). 35

§ 45 Erlaubnis für den Betrieb einer Einrichtung

(1) ¹Der Träger einer Einrichtung, in der Kinder oder Jugendliche ganztägig oder für einen Teil des Tages betreut werden oder Unterkunft erhalten, bedarf für den Betrieb der Einrichtung der Erlaubnis. ²Einer Erlaubnis bedarf nicht, wer

1. eine Jugendfreizeiteinrichtung, eine Jugendbildungseinrichtung, eine Jugendherberge oder ein Schullandheim betreibt,
2. ein Schülerheim betreibt, das landesgesetzlich der Schulaufsicht untersteht,
3. eine Einrichtung betreibt, die außerhalb der Jugendhilfe liegende Aufgaben für Kinder oder Jugendliche wahrnimmt, wenn für sie eine entsprechende gesetzliche Aufsicht besteht oder im Rahmen des Hotel- und Gaststättengewerbes der Aufnahme von Kindern oder Jugendlichen dient.

(2) ¹Die Erlaubnis kann mit Nebenbestimmungen versehen werden. ²Sie ist zu versagen, wenn

1. die Betreuung der Kinder oder der Jugendlichen durch geeignete Kräfte nicht gesichert ist oder
2. in sonstiger Weise das Wohl der Kinder oder der Jugendlichen in der Einrichtung nicht gewährleistet ist; dies ist insbesondere dann anzunehmen, wenn bei der Förderung von Kindern und Jugendlichen in Einrichtungen

   a) ihre gesellschaftliche und sprachliche Integration oder
   b) die gesundheitliche Vorsorge und medizinische Betreuung

   erschwert wird.

³Der Träger der Einrichtung soll mit dem Antrag die Konzeption der Einrichtung vorlegen. ⁴Über die Voraussetzungen der Eignung sind Vereinbarungen mit den Trägern der Einrichtungen anzustreben. ⁵Die Erlaubnis ist zurückzunehmen oder zu widerrufen, wenn das Wohl der Kinder oder der Jugendlichen in der Einrichtung gefährdet und der Träger der Einrichtung nicht bereit oder in der Lage ist, die Gefährdung abzuwenden. ⁶Zur Sicherung des Wohls der Kinder und der Jugendlichen können auch nachträgliche Auflagen erteilt werden. ⁷Widerspruch und Anfechtungsklage gegen die Rücknahme oder den Widerruf der Erlaubnis haben keine aufschiebende Wirkung.

(3) ¹Sind in einer Einrichtung Mängel festgestellt worden, so soll die zuständige Behörde zunächst den Träger der Einrichtung über die Möglichkeiten zur Abstellung der Mängel beraten. ²Wenn die Abstellung der Mängel Auswirkungen auf Entgelte oder Vergütungen nach § 75 des Zwölften Buches haben kann, so ist der Träger der Sozialhilfe an der Beratung zu beteiligen, mit dem Vereinbarungen nach dieser Vorschrift bestehen. ³Werden festgestellte Mängel nicht abgestellt, so können den Trägern der Einrichtung Auflagen erteilt werden, die zur Beseitigung einer eingetretenen oder Abwendung einer drohenden Beeinträchtigung oder Gefährdung des Wohls der Kinder oder Jugendlichen erforderlich sind. ⁴Wenn sich die Auflage auf Entgelte oder Vergütungen nach § 75 des Zwölften Buches auswirkt, so entscheidet über ihre Erteilung die zuständige Behörde nach Anhörung des Trägers der Sozialhilfe, mit dem Vereinbarungen nach dieser Vorschrift bestehen. ⁵Die Auflage ist nach Möglichkeit in Übereinstimmung mit Vereinbarungen nach den §§ 75 bis 80 des Zwölften Buches auszugestalten.

(4) ¹Besteht für eine erlaubnispflichtige Einrichtung eine Aufsicht nach anderen Rechtsvorschriften, so hat die zuständige Behörde ihr Tätigwerden zuvor mit der anderen Behörde abzustimmen. ²Sie hat den Träger der Einrichtung rechtzeitig auf weitergehende Anforderungen nach anderen Rechtsvorschriften hinzuweisen.

Lakies

I. Bedeutung der Norm

Die Vorschrift – die ergänzt wird durch die §§ 46 bis 48 a sowie durch Landesrecht nach § 49 – regelt 1
einen im Wesentlichen präventiv ausgerichteten generellen **Erlaubnisvorbehalt** für den Betrieb einer
Einrichtung. Durch diese präventive Orientierung soll es zu Schließungen von Einrichtungen möglichst
gar nicht erst kommen. Im Hinblick auf das Wohl der in einer Einrichtung betreuten oder untergebrachten Minderjährigen ist dies auch schon deshalb anzustreben, weil die Schließung einer Einrichtung für die betroffenen Minderjährigen das Herausreißen aus einem bestehenden – unter Umständen
seit Jahren gefestigten – Sozialisationszusammenhang bedeutet. Neben der **Betriebserlaubnis** für die
Einrichtung ist eine besondere Erlaubnis für die Betreuung des einzelnen Minderjährigen in der Einrichtung nicht erforderlich.

In der Praxis bezieht sich der Erlaubnisvorbehalt für den Betrieb von Einrichtungen zu seiner ganz 2
überwiegenden Zahl auf Kindertageseinrichtungen (§ 22, § 22 a). Gerade in diesem Zusammenhang
dient der Erlaubnisvorbehalt auch dem „**Verbraucherschutz**". Diejenigen, die „Kindertagesbetreuung
in Tageseinrichtungen" als „Verbraucher" in Anspruch nehmen, sollen sich darauf verlassen können,
dass dort eine qualifizierte Betreuung durch qualifizierte Fachkräfte stattfindet. Die Betätigungsfreiheit
der Einrichtungsträger, die durch die **Berufsfreiheit** (Art. 12 GG) geschützt ist, soll andererseits nicht
unverhältnismäßig eingeschränkt werden. Deshalb verlangt das Gesetz, dass Versagungsgründe vorliegen müssen, um die Berufsfreiheit einzuschränken und bei Nichtvorliegen von Versagungsgründen
ein Rechtsanspruch auf die Erteilung der Erlaubnis besteht (vgl Rn 13).

Die Erlaubnis für den Betrieb der Einrichtung benötigt der **Träger der Einrichtung, nicht die Einrich-** 3
tung selbst. Träger einer Einrichtung nach Abs. 1 kann jede Privatperson, Personengemeinschaft oder
juristische Person des öffentlichen oder privaten Rechts sein. Es muss sich nicht um einen nach § 75
anerkannten Träger handeln. Erlaubnispflichtig ist auch der Betrieb von Einrichtungen staatlicher oder
kommunaler Träger (Schellhorn/Mann § 45 Rn 6). Ein Verstoß gegen die kommunale Selbstverwaltung liegt hierin nicht (VGH B-W 24.3.1998 – 9 S 967/96 – FEVS 49, 129 = NVwZ-RR 1999, 317).

Der Träger der Einrichtung braucht **für jede einzelne Einrichtung** eine gesonderte Betriebserlaubnis. 4
Diese muss **vor der Betriebsaufnahme** eingeholt werden. Bei einer räumlichen Verlegung der Einrichtung, bei einer Änderung der Zweckbestimmung oder bei einem Wechsel der Trägerschaft ist eine neue
Erlaubnis erforderlich. Die bisherige Erlaubnis wird gegenstandslos (§ 39 Abs. 2 SGB X), dh sie erlischt, ohne dass es eines Widerrufs bedarf (Hauck/Stähr § 45 Rn 34). Ein Verstoß gegen § 45 stellt
eine **Ordnungswidrigkeit** (§ 104 Abs. 1 Nr. 2), unter bestimmten Voraussetzungen gar eine **Straftat**
(§ 105) dar.

II. Gesetzesänderungen

Durch das Gesetz zur Reform des Sozialhilferechts v. 23.7.1996 (BGBl. I S. 1088) wurde in § 45 ein 5
neuer Absatz 3 eingefügt und der bisherige Absatz 3 wurde zu Absatz 4. Durch das KICK (vgl Einl.
Rn 47) wurde die Vorschrift geändert. Zum einen soll mit Abs. 2 Nr. 2 der Integrationsgedanke in der
Kinder- und Jugendhilfe stärker zum Tragen kommen (BT-Drucks. 15/5616, 26, siehe dazu Rn 19).
Zum anderen wurde die Pflicht verankert, mit dem Antrag auf Erteilung einer Betriebserlaubnis die
Konzeption der Einrichtung vorzulegen (Rn 21). Daneben gab es noch einige sprachliche Änderungen
und Abs. 2 wurde insgesamt neu gefasst.

III. Erlaubnisvorbehalt

1. Begriff der Einrichtung

Grundsätzlich wird jede Einrichtung, in der Minderjährige betreut werden oder Unterkunft erhalten, 6
dem Erlaubnisvorbehalt unterstellt, es gibt nur wenige in Abs. 1 Satz 2 Nr. 1 bis 3 enumerativ aufgeführten Ausnahmen. Die Erlaubnis wird, so denn kein Versagungstatbestand gegeben ist, für den „Betrieb" der Einrichtung erteilt, das heißt dafür, dass die Einrichtung tatsächlich betrieben wird. Zentraler Begriff ist der der Einrichtung. Unter „**Einrichtung**" ist eine auf eine gewisse Dauer angelegte
Verbindung von sächlichen und persönlichen Mitteln zu einem bestimmten Zweck unter der Verantwortung eines Trägers zu verstehen. Ihr Bestand und Charakter muss vom Wechsel der Personen, die
betreut werden oder Unterkunft erhalten, weitgehend unabhängig sein (vgl BVerwG 24.2.1994 – 5 C
17.91 –, 5 C 42.91 –, 5 C 42.92 –, FEVS 45, 52 = NDV 1994, 431 zu § 100 BSHG). Die Einrichtung
ist **orts- und gebäudebezogen**, ambulante Maßnahmen fallen nicht darunter (BT-Drucks. 11/5948, 83;

Schellhorn/Mann § 45 Rn 4; Wiesner/Mörsberger § 45 Rn 14 ff; Hauck/Stähr § 45 Rn 7; Mrozynski ZfJ 1994, 147; vgl zu sog. „Waldkindergärten" Hilke ZfJ 2000, 271 ff). Auf die Zahl der betreuten Personen bzw auf die vorhandene Platzzahl kommt es nicht an. Auch Kleineinrichtungen und Kleinheime fallen unter den Begriff der Einrichtung. Die **Abgrenzung zur Pflegestelle** (§ 44) folgt aus der Anknüpfung in § 44 an die „Pflegeperson". Die Pflegestelle ist personenbezogen, während die Einrichtung orts- und gebäudebezogen und unabhängig von einem Wechsel der Bezugspersonen ist. **Sonstige Wohnformen** unterliegen nach § 48 a dem Erlaubnisvorbehalt. Nach der Rechtsprechung des BVerwG (aaO) gehört auch die dezentrale Unterkunft betreuter Personen (etwa in einer Außenwohngruppe oder in einer Einzelwohnung im Rahmen einer „Mobilen Betreuung") zu den Räumlichkeiten „der" Einrichtung, wenn die Unterkunft der Rechts- und Organisationssphäre des Einrichtungsträgers so zugeordnet ist, dass sie als Teil des Einrichtungsganzen anzusehen ist.

7   Der Erlaubnisvorbehalt gilt für alle Einrichtungen, in die **Kinder und Jugendliche** (§ 7 Abs. 1 Nr. 1 und 2) aufgenommen werden. Es kommt allerdings nicht darauf an, ob in der Einrichtung ausschließlich oder überwiegend Minderjährige aufgenommen werden. Der Erlaubnisvorbehalt ist, wie auch im Umkehrschluss aus Abs. 4 folgt, unabhängig von der Zahl der Minderjährigen in der Einrichtung (sog. **gemischt belegte Einrichtung**; vgl Hauck/Stähr § 45 Rn 13). Handelt es sich indes um eine Einrichtung ausschließlich für **(junge) Volljährige** (§ 7 Abs. 1 Nr. 3), so greift § 45 nicht ein, sondern es besteht dann ggf ein Erlaubnisvorbehalt nach anderen Rechtsvorschriften (zB dem Heimgesetz).

8   Um einen möglichst weiten Kreis von Einrichtungen im Interesse des Wohls der Minderjährigen zu erfassen, **genügt jede irgendwie geartete Betreuung oder auch die bloße Unterkunftsgewährung** (vgl zu „Koranschulen" OVG NW InfAuslR 1988, 12 = RdJB 1989, 346). Auch Einrichtungen, die lediglich in den Ferien Kinder aufnehmen bzw denen von den Eltern Kinder während eines Ferienaufenthalts anvertraut werden, fallen unter den Erlaubnisvorbehalt (vgl OVG NW FEVS 39, 161, 164). Dies folgt auch im Umkehrschluss aus Abs. 1 Satz 2 Nr. 3, weil Einrichtungen, die außerhalb der Jugendhilfe liegende Aufgaben wahrnehmen, nur dann nicht unter den Erlaubnisvorbehalt fallen, wenn anderweitig eine gesetzliche Aufsicht besteht.

9   Von Einrichtungen im Sinne des § 45 sind aber solche Einrichtungen zu unterscheiden, die **besonderen Zwecken außerhalb des Jugendhilfebereichs** dienen und bei denen der Aspekt der Betreuung oder Unterkunftsgewährung von bloß untergeordneter Bedeutung ist. Dies gilt etwa für Krankenhäuser, Kurheime, Lehrwerkstätten, Sporteinrichtungen.

10   Der Erlaubnisvorbehalt gilt für alle Einrichtungen, in denen Minderjährige **ganztägig** oder **für einen Teil** des Tages betreut werden oder Unterkunft erhalten. Hinsichtlich der temporären Kriterien ist die Terminologie im SGB VIII nicht ganz einheitlich. So definiert § 22 Abs. 1 Tageseinrichtungen als solche, in denen sich Kinder für einen Teil des Tages oder ganztägig aufhalten. § 34 definiert Heimerziehung als HzE in einer Einrichtung über Tag und Nacht. § 43 spricht hinsichtlich der Kindertagespflege davon, dass diese „während eines Teils des Tages" stattfinde. Nach Sinn und Zweck des Erlaubnisvorbehalts in § 45 werden alle Einrichtungen erfasst, in denen Kinder betreut werden (oder Unterkunft erhalten), unabhängig davon, wie kurz oder lang die Aufenthalts- oder Betreuungszeit der Minderjährigen ist. Erfasst werden teil- wie vollstationäre Einrichtungen, Vollzeitheime wie auch alle andere Tageseinrichtungen für Kinder, unabhängig davon, wie kurz auch immer die Aufenthalts- oder Betreuungszeit der Minderjährigen ist.

11   **Eltern-Kinder-Gruppen**, die überwiegend in der Verantwortung der Eltern geführt werden, fallen nicht unter den Erlaubnisvorbehalt. Insoweit handelt es sich nämlich nicht um „Einrichtungen", dh institutionalisierte Fremderziehung, sondern um gemeinsame Kinderbetreuung, die im Rahmen der Autonomie der Eltern oder Personensorgeberechtigten liegt. Insofern kann man auch dann, wenn die Aufnahme der Kinder von der Erziehungskonzeption der Eltern und von deren Bereitschaft zu aktiver Mitarbeit abhängig gemacht wird, davon sprechen, dass eine „private Einrichtung" vorliegt, die nicht zu den öffentlich allgemein zugänglichen Einrichtungen gerechnet werden kann. Abzustellen ist aber maßgeblich auf die überwiegende Verantwortung der Eltern, eine bloße Beteiligung an der Betreuung der Kinder, die wesentlich von angestellten Betreuungskräften übernommen wird, reicht nicht. Im letzteren Fall liegt dann nämlich wieder ein „betreut werden", dh eine Fremdbetreuung, vor, während bei überwiegender Verantwortung der Eltern eine Eigenbetreuung vorliegt (Lakies NDV 1991, 227; Hauck/Stähr § 45 Rn 14; Mrozynski ZfJ 1994, 149).

2. Ausnahmen vom Erlaubnisvorbehalt (Abs. 1 Satz 2)

Grundsätzlich wird jede Einrichtung, in der Minderjährige betreut werden oder Unterkunft erhalten, 12
dem Erlaubnisvorbehalt unterstellt. Es gibt nur wenige in Abs. 1 Satz 2 Nr. 1 bis 3 enumerativ aufgeführten Ausnahmen. Die Regelungen sind aus sich heraus verständlich. **Beispiele** für Einrichtungen
nach der Nr. 1: Häuser der offenen Tür, Jugendbüchereien, Jugendtheater, Jugendcafes. Schülerheime
sind gemäß der Nr. 2 nur dann vom Erlaubnisvorbehalt ausgenommen, wenn diese landesgesetzlich
der Schulaufsicht unterstehen. Für die Nr. 3 ist entscheidend, dass die primäre Aufgabe dieser Einrichtungen nicht in der regelmäßigen Betreuung/Unterkunftsgewährung Minderjähriger liegt und außerhalb der Jugendhilfe liegende Aufgaben wahrgenommen werden, weshalb ein Unterstellen unter
die Regelung des § 45 nicht sinnvoll ist. Eine entsprechende gesetzliche Aufsicht iSd der Nr. 3 besteht
etwa nach den §§ 30 und 51 JArbSchG; ferner für Kinderkurheime und Kinderkrankenhäuser (näher
Abel 1995, 28 ff). Dienen Einrichtungen im Rahmen des Hotel- und Gaststättengewerbes der Aufnahme von Minderjährigen, unterliegen diese einer Aufsicht nach dem Hotel- und Gaststättenrecht.
Auch **Betreuungsangebote an der Schule**, etwa im Rahmen der Ganztagschule, bedürfen, falls der Einrichtungsbegriff einschlägig ist, keiner Erlaubnis gemäß § 45, weil insofern die Schulaufsicht einschlägig ist.

IV. Erlaubniserteilung

1. Rechtsanspruch

Auf die Erteilung der Betriebserlaubnis besteht ein **Rechtsanspruch**, wenn das Wohl des Minderjähri- 13
gen in der Einrichtung gewährleistet ist. Dies ergibt sich im Umkehrschluss aus der Formulierung in
Abs. 2 Satz 2 (Die Erlaubnis „ist zu versagen, wenn…"), die so zu lesen ist, dass die Erlaubnis nur unter
diesen Voraussetzungen versagt werden darf und ansonsten zu erteilen ist (hM, vgl nur Schellhorn/
Mann § 45 Rn 10; Wiesner/Mörsberger § 45 Rn 38). Es besteht also kein Ermessensspielraum der Erlaubnisbehörde. Bei den einzelnen Termini in Abs. 2 Satz 2 handelt es sich um **unbestimmte Rechtsbegriffe**. Es ist gerichtlich voll überprüfbar, ob diese Versagungsgründe vorliegen. Es besteht kein
kontrollfreier Beurteilungsspielraum der Erlaubnisbehörde.

2. Anspruchsvoraussetzungen

Voraussetzung für die Erteilung der Betriebserlaubnis ist – wie sich aus Abs. 2 Satz 2 ergibt –, dass das 14
Wohl der Minderjährigen in der Einrichtung gewährleistet ist. Besonders bedeutsam ist, ob die Betreuung der Minderjährigen durch „geeignete Kräfte" gesichert ist (Abs. 2 Satz 2 Nr. 1), aber auch „in
sonstiger Weise" muss das Kindeswohl „gewährleistet" sein (Abs. 2 Satz 2 Nr. 2), wobei dieses Kriterium – nicht abschließend – durch die Buchstaben a) und b) der Nr. 2 konkretisiert wird.

Liegen Versagungsgründe vor, ist zunächst zu prüfen, ob etwaige Mängel über **Nebenbestimmungen** 15
(Rn 24) ausgeglichen werden können. Ist das möglich, ist – wegen des Rechtsanspruchs auf die Erlaubnis (wie auch das Verhältnis von Abs. 2 Satz 1 zu Abs. 2 Satz 2 deutlich macht) – die Erlaubnis
mit Nebenbestimmungen zu erteilen. Können etwaige Versagungsgründe auch nicht über die Erteilung
von Nebenbestimmungen ausgeglichen werden, ist die Erlaubnis zu versagen. Es soll allerdings nicht
möglich sein, die positive Eignungsfeststellung durch Nebenbestimmungen über generelle Mindestanforderungen an die Eignung, etwa die fachliche Qualifikation der Betreuungskräfte, zu ersetzen. Vielmehr sei die Eignung des Leitungs- und Betreuungspersonals vor der Erteilung der Betriebserlaubnis
positiv festzustellen, während bei einer entsprechenden Nebenbestimmung die Einhaltung der Vorgaben erst nach Betriebsaufnahme überprüft werde, was nicht sachgerecht sei. Bei einem Wechsel des
Personals müsse dementsprechend eine neue (bzw eine Änderung der erteilten) Betriebserlaubnis vom
Einrichtungsträger beantragt werden (vgl OVG NW 21.11.2007 – 12 A 4697/06 – ZKJ 2008, 258).
Die Erlaubnisbehörde (Rn 35) trifft die **Darlegungs- und Beweislast** dafür, dass das Wohl der Min-
derjährigen in der Einrichtung nicht gewährleistet ist, bloße Verdachtsmomente genügen nicht (vgl
Schellhorn/Mann § 45 Rn 10; Hauck/Stähr § 45 Rn 40).

Erforderlich ist insbesondere (Abs. 2 Satz 2 Nr. 1), dass die **Betreuung durch geeignete Kräfte** gesichert 16
ist (vgl OVG NW 21.11.2007 – 12 A 4697/06 – ZKJ 2008, 258). Maßgeblich sind die **Qualifikation**
und die **Zahl** der betreuenden Kräfte. Nach dem Wortlaut der Vorschrift wird darauf verzichtet, eine
fachliche Ausbildung als Voraussetzung für die Betreuung Minderjähriger als Regelfall vorzuschreiben
(zum Begriff der Fachkräfte vgl auch § 72 Rn 1 ff). Die Anforderungen an die Qualifikation werden
je nach der Einrichtungsart differenziert betrachtet. Je anspruchsvoller die Aufgabenstellung einer

Einrichtung, desto höhere Anforderungen sind an die Eignung der in ihr tätigen Kräfte zu stellen (vgl Hauck/Stähr § 45 Rn 26). Ausgehend vom Wohl der Minderjährigen ist der Begriff der „geeigneten Kraft" so auszulegen, dass in der Regel eine fachliche Ausbildung Voraussetzung ist (ähnlich Wiesner/ Mörsberger § 45 Rn 44).

17 Die **personelle Mindestausstattung** richtet sich nach dem Wohl der Kinder, das über eine bloße Beaufsichtigung eine Betreuung im Sinne einer Entwicklungsförderung verlangt (vgl OVG SL 4.7.2000 – 3 Q 105/99 –; OVG NI 13.02.2006 – 12 LC 538/04 – NDV-RD 2006, 35). Gesichert ist die Betreuung nur, wenn ausreichend Betreuungskräfte, auch bei Krankheit, Urlaub usw., zur Verfügung stehen. In einem eingruppigen Kindergarten muss somit mehr als eine Betreuungsperson tätig sein (VGH BW 24.3.1998 – 9 S 967/96 – FEVS 49, 129; VGH HE 18.10.1988 – 9 OE 15/83 – FEVS 38, 232 = FamRZ 1989, 902). Die „Zweitkraft" müsse nach der Rechtsprechung nicht in jedem Fall über eine staatlich anerkannte oder eine gleichwertige Fachausbildung verfügen (vgl VGH BW 28.11.1994 – 7 S 122/94 –). Für mehrgruppige Kindergärten wird ein Personalschlüssel von 1,5 vollen Fachkräften pro Kindergartengruppe verlangt (vgl OVG SL 4.7.2000 – 3 Q 105/99 –), je nach Öffnungszeiten auch von 1,7 Fachkräften (VGH B-W 15.8.1997 – 7 S 2203/95 –). Bei großen altersgemischten Gruppen stellt die Betreuung durch zwei Fachkräfte idR den notwendigen personellen Mindeststandard dar, um das Wohl der Minderjährigen in der Einrichtung zu gewährleisten. Die Sicherstellung der Betreuung der Kinder in der Einrichtung erfordert die Anwesenheit des nötigen Betreuungspersonals nicht nur während der eigentlichen Betreuungszeit (zB Öffnungszeit des Kindergartens), sondern auch während einer zusätzlichen Verfügungszeit (VGH BW 24.3.1998, aaO). In Zeiten des Früh- oder Spätdienstes eines Kindergartens soll es ausreichend sein, wenn eine Kraft die Aufsicht führt (OVG NI OVGE 42, 453).

18 Über besondere Fähigkeiten müssen **Leiter und Leiterinnen** verfügen. Neben erzieherischen Aufgaben obliegen ihnen die Personaleinstellung und -führung, häufig auch wirtschaftliche und Verwaltungsaufgaben. Eine mehrjährige Berufserfahrung ist in aller Regel unerlässlich.

19 Das Kindeswohl muss in der Einrichtung auch **„in sonstiger Weise"** gewährleistet sein (Abs. 2 Satz 2 Nr. 2), wobei dieses Kriterium – nicht abschließend – durch die Buchstaben a) und b) der Nr. 2 konkretisiert wird, die durch das KICK (Einl. Rn 47) eingeführt worden sind. Versagungsgründe liegen dann vor, wenn bei der Förderung von Kindern und Jugendlichen in Einrichtungen ihre **gesellschaftliche und sprachliche Integration** oder die **gesundheitliche Vorsorge** und **medizinische Betreuung** erschwert wird. So sehr der Wille des Gesetzgebers zu begrüßen ist, die gesellschaftliche und sprachliche Integration, vor allem von ausländischen und sozial benachteiligten Kindern und die für Minderjährige existentielle gesundheitliche Vorsorge und medizinische Betreuung stärker zum Tragen zu bringen, so unbestimmt ist doch die getroffene Regelung. Die Versagung der Betriebserlaubnis erfordert eine konkret dargelegte und im Zweifel aufgrund objektiv feststellbarer Tatsachen im Einzelfall nachgewiesene Nichtgewährleistung des Kindeswohls durch fehlende oder mangelnde gesellschaftliche und sprachlichen Integrationsmaßnahmen bei ausländischen Minderjährigen (zB Koranschulen, bei Kopftuchpflicht, unterbliebene Sprachkurse) bzw bei unzureichender gesundheitlicher Vorsorge und medizinischer Betreuung durch die Einrichtung.

20 Zur Klärung, ob das Kindeswohl in der Einrichtung in sonstiger Weise gewährleistet ist, hat die Erlaubnisbehörde eine **umfassende Prüfungspflicht**. Zu prüfen sind u.a. die hygienischen und gesundheitlichen Verhältnisse, die der Aufgabenstellung der jeweiligen Einrichtung entsprechende bauliche Gestaltung und Ausstattung der Räumlichkeiten, das Vorhandensein von ausreichendem Spiel- und Beschäftigungsmaterial, die Qualität der vorgesehenen Verpflegung, ferner die Geborgenheit, Sicherheit und die Qualität der Betreuung in der Einrichtung, das pädagogische Konzept (ausführlich Abel 1995, 31 ff). Auch die wirtschaftlichen Verhältnisse des Trägers der Einrichtung sind von Relevanz (vgl OVG NI 17.4.1996 – 4 M 1604/96). Der Träger muss den Nachweis ausreichender Finanzierung führen sowie die Gewähr einer ordnungsgemäßen Wirtschaftsführung bieten. Zu geringe Mittel oder zerrüttete Finanzverhältnisse können sich auf die Qualität der Betreuung und damit auf das Kindeswohl negativ auswirken (Hauck/ Stähr § 45 Rn 30). Zum Problemkreis HIV-Infektion und AIDS-Erkrankung Münder 1989, 108 ff. Auch die **Größe der zu betreuenden Gruppe** ist für die Sicherung des Kindeswohls relevant. Die Größe einer Kindergartengruppe darf im Regelfall 28 Kinder nicht überschreiten (VGH BW 24.3.1998 – 9 S 967/96 – FEVS 49, 129).

3. Pflichten des Einrichtungsträgers

21 Die regelmäßige Pflicht („soll"), mit dem Antrag auf Betriebserlaubnis die Konzeption der Einrichtung vorzulegen (Abs. 2 Satz 3), normiert nur das, was ohnehin bereits in der sozialpädagogischen Praxis

in der Regel der Fall ist. Die Konzeption – als Beurteilungsmaßstab für eine Betriebserlaubniserteilung (siehe BT-Dr. 15/5616, 26) – muss Angaben zum vorgehaltenen Leistungsangebot des Trägers, zu den Zielen und Inhalten des Angebots sowie zur Qualitätsentwicklung enthalten. Häufig werden diese Konzeptionen einhergehen mit den Leistungsbeschreibungen, die Grundlage der Leistungs- und Qualitätsentwicklungsvereinbarungen nach §§ 78 a ff sind oder diesen sogar entsprechen (siehe dazu § 78 b Rn 1 ff, §§ 78 c Rn 1 ff). Die Anforderungen an die Konzeption dürfen aber nicht zu hoch gesetzt werden, weil es bei der Betriebserlaubnis nur um eine fachliche „Mindeststandardgarantie" zur Kindeswohlgewährleistung geht, sodass eine Versagung der Betriebserlaubnis wegen unzureichender Konzeption nur im Ausnahmefall in Betracht kommen dürfte. Aus Verhältnismäßigkeitsgründen wäre zudem der Träger bei der Konzeptionsentwicklung zunächst zu beraten, bevor eine Versagung der Betriebserlaubnis in Betracht kommt.

4. Vereinbarungen mit dem Einrichtungsträger

Nach Abs. 2 Satz 4 sind mit den Trägern der Einrichtungen Vereinbarungen über die Voraussetzungen der Eignung anzustreben. Dieser **Vereinbarungsvorbehalt** ist zwingend, er hat der einseitigen hoheitlichen Regelung vorzugehen. Es entspricht auch dem Grundsatz partnerschaftlicher Zusammenarbeit (§ 4 Abs. 1), eine weitgehende Mitwirkung der Träger anzustreben. **22**

Mit dieser Regelung wird auch herausgestellt, dass eine Regelung der fachlichen Qualifikation und sonstigen Voraussetzungen wie auch eines Personalschlüssels für die Einrichtungen besonders dringlich ist. Maßstab sind die Anforderungen, die für die in der öffentlichen Jugendhilfe tätigen Einrichtungen gelten. Solche Vereinbarungen sind aber nur für die daran beteiligten Träger verbindlich, nicht für alle anderen. Gleichwohl bieten solche Vereinbarungen einen Orientierungsmaßstab für alle anderen Einrichtungen. **23**

V. Nebenbestimmungen zur Erlaubnis

Die Betriebserlaubnis kann gemäß Abs. 2 Satz 1 mit Nebenstimmungen versehen werden. Kann durch Auferlegung einer Nebenbestimmung die vollständige Versagung der Betriebserlaubnis vermieden werden, so muss die erforderliche Nebenbestimmung ergehen. Die Versagung der Betriebserlaubnis ist dann nach dem Verhältnismäßigkeitsgrundsatz nicht zulässig (vgl aber auch Rn 15). Als **Nebenbestimmungen** kommen (gemäß § 32 SGB X) vor allem die Bedingung, die Befristung, der Widerrufsvorbehalt und die Auflage in Betracht (Beispiele bei Abel 1995, 37 f). **Beispiele** für Auflagen: Die Verpflichtung, dass bestimmte Minderjährige in die Einrichtung nicht aufgenommen werden dürfen, weil dafür die Einrichtung von der räumlichen oder personellen Ausstattung her nicht geeignet ist (zB bei verhaltensgestörten, lernbehinderten Minderjährigen); die Verpflichtung, eine bestimmte Anzahl von Personalkräften einzustellen, um eine ausreichende Betreuung der Minderjährigen sicherzustellen; in Einrichtungen für ältere Jugendliche die Verpflichtung einer überwiegenden Unterbringung in Einzelzimmern; Auflagen zur Veränderung der baulichen Verhältnisse; bezüglich der Qualifikation der Beschäftigungskräfte (Hauck/Stähr § 45 Rn 38); Regelungen, die die personelle Ausstattung oder die Gruppengröße betreffen (VGH BW 24.3.1998 – 9 S 967/96 – FEVS 49, 129). Je nachdem, ob die Nebenbestimmung als abtrennbarer oder unabtrennbarer Bestandteil der Erlaubnis ausgestaltet ist, ist sie selbständig (unabhängig von der Erlaubnis im Übrigen) anfechtbar. Die im Regelfall ergehenden Auflagen sind selbständig anfechtbar (vgl VGH BW 24. 3. 1998, aaO). **24**

Zu beachten ist das **Verhältnis zu § 48**. Ist das Wohl der Minderjährigen durch einzelne in der Einrichtung Beschäftigte gefährdet, so kann dem Träger der Einrichtung die weitere Beschäftigung dieser Person(en) untersagt werden. Eine solche Maßnahme hat nach dem Verhältnismäßigkeitsgrundsatz einer Maßnahme, die den Betrieb der gesamten Einrichtung betrifft, vorzugehen. **25**

VI. Mängel in der Einrichtung

1. Abgestufte Reaktionsweise

Ist die Erlaubnis für den Betrieb einer Einrichtung von der zuständigen Behörde (Rn 35) erteilt worden, wird sie vom Einrichtungsträger rechtmäßig betrieben. Um der Erlaubnisbehörde die Möglichkeit zu geben zu prüfen, ob in der Einrichtung weiterhin das Kindeswohl gewährleistet ist, haben die Einrichtungsträger bestimmte Meldepflichten (§ 47) und die zuständige Behörde hat nach den Erfordernissen des Einzelfalls die Befugnis, die Einrichtung an Ort und Stelle zu überprüfen (§ 46). Werden hierbei oder aufgrund anderer Umstände in der Einrichtung Mängel festgestellt, so gebietet der **Verhältnis-** **26** mäßigkeitsgrundsatz eine **abgestufte Vorgehensweise:** Zunächst ist der Träger der Einrichtung gemäß Abs. 3 Satz 1 über die Möglichkeiten zur Abstellung der Mängel zu beraten (**Beratungspflicht**). Diese Beratungspflicht ist zwar in Abs. 3 Satz 1 verankert, gilt nach dem Verhältnismäßigkeitsgrundsatz aber für sämtliche Einrichtungen. Auch die Sanktionen im Übrigen (nachträgliche Auflagen, Entzug der Erlaubnis) sind je danach, welche Maßnahmen erforderlich sind, bei allen Einrichtungen zu prüfen. Werden die Mängel nicht abgestellt, so können dem Träger der Einrichtung **nachträgliche Auflagen** erteilt werden (Abs. 2 Satz 6, Abs. 3 Satz 3), die zur Beseitigung einer eingetretenen oder zur Abwendung einer drohenden Beeinträchtigung oder Gefährdung des Wohls der Minderjährigen erforderlich sind. Schließlich kommt der **Entzug der Erlaubnis** in Betracht. Da es um das Wohl der Minderjährigen geht, ist die zuständige Behörde aber auch zu unverzüglichem Einschreiten verpflichtet, wenn andere Maßnahmen nicht ausreichen. Ist der Träger der Einrichtung nicht bereit oder in der Lage, alsbald innerhalb einer angemessenen Frist die Gefährdung zu beseitigen, so muss die zuständige Behörde einschreiten (kein Ermessen). Auf ein Verschulden des Trägers der Einrichtung kommt es nicht an, sondern auf die objektive Gefährdung des Kindeswohls.

Wenn zur Sicherung des Wohls der Minderjährigen **nachträgliche Auflagen** ausreichend sind, so darf nach dem Grundsatz der Verhältnismäßigkeit ein Entzug der Erlaubnis nicht erfolgen. Insoweit besteht ein Stufenverhältnis zwischen nachträglicher Auflage und dem gänzlichen Entzug der Erlaubnis. Dies gilt aber nur, soweit bereits durch Erfüllung der entsprechenden Auflage das Wohl der Minderjährigen in der Einrichtung gesichert werden kann. Als nachträgliche Auflage kommt zB unter Berücksichtigung räumlicher oder personeller Kapazitäten der Einrichtung die Untersagung von Neuaufnahmen in Betracht. Bei der Entscheidung über den Entzug der Erlaubnis für die Einrichtung ist zu bedenken, dass dies für die betroffenen Minderjährigen die Beendigung der Einbindung in einen bestehenden Sozialisationszusammenhang bedeuten kann. Zum Verhältnis zu § 48 vgl Rn 25.

27   **Abs. 2 Satz 5** regelt die **Rücknahme** bzw den **Widerruf der Betriebserlaubnis.** Die Rücknahme ist einschlägig, wenn die Erlaubnis von Anfang an nicht erteilt werden durfte, der Widerruf, wenn sich erst später eine Gefährdung ergibt. Es handelt sich um eine **Sonderregelung** (lex specialis) gegenüber den §§ 44 ff SGB X (vgl Schellhorn/Mann § 45 Rn 17). Bei der Prüfung, ob ein Entzug der Erlaubnis notwendig ist, muss auf den Zeitpunkt der Entscheidung abgestellt werden, so dass zB eine anfangs rechtswidrige Erlaubnis nicht mehr zurückgenommen werden darf, wenn mittlerweile bereits durch das Erteilen von Auflagen das Wohl der Minderjährigen in der Einrichtung sichergestellt werden kann. Mit dem **Entzug der Betriebserlaubnis** darf die Einrichtung, auch wenn ein Rechtsbehelf eingelegt worden ist, nicht mehr weiter betrieben werden. Widerspruch und Anfechtungsklage gegen den Entzug der Erlaubnis haben keine aufschiebende Wirkung (Abs. 2 Satz 7). Zuwiderhandlungen sind als Ordnungsgeld bußgeldbewehrt, unter Umständen gar strafbar (vgl Rn 4). Wird eine Einrichtung gleichwohl weiterbetrieben, ist eine ausdrückliche Untersagungsverfügung nach Landesrecht (§ 49) möglich, sofern es eine spezielle Regelung hierzu gibt, sonst nach allgemeinem Ordnungs- und Polizeirecht (vgl Hauck/Stähr § 45 Rn 44).

28   Der **Entzug der Erlaubnis** ist von zwei Voraussetzungen abhängig. Es muss erstens eine **Kindeswohlgefährdung** vorliegen und zweitens muss der Träger der Einrichtung nicht bereit oder unverschuldet nicht in der Lage sein, die **Gefährdung abzuwenden.** Beide Voraussetzungen müssen **kumulativ** vorliegen. Hinsichtlich der Kindeswohlgefährdung müssen objektiv feststellbare Tatsachen vorliegen, reine Verdachtsmomente genügen nicht (vgl VG Trier 15.5. 1997 – 5 L 621/97 TR). Wird der Träger einer Einrichtung von sich aus tätig, um die festgestellte Gefährdung zu beseitigen, so kommt ein Entzug der Erlaubnis nicht in Betracht. Die **Darlegungs- und Beweislast** für das Vorliegen der Voraussetzungen für den Entzug der Erlaubnis liegt bei der zuständigen Behörde. Körperliche Züchtigungen der Kinder in einer Tageseinrichtung rechtfertigen im Regelfall den Entzug der Betriebserlaubnis (VG Trier aaO).

29   Bei der Frage, ob das Wohl der Minderjährigen in der Einrichtung gefährdet ist, kommt es wie bei der Erlaubniserteilung (Abs. 2 Satz 2) wesentlich auf die **Betreuung durch geeignete Kräfte** an. Dies folgt aus dem Schutzzweck der Bestimmung, denn Erziehung geschieht durch den Einfluss, den die Erzieher auf die betreuenden Minderjährigen ausüben. Unzuträgliche Personalverhältnisse sind daher ein besonders wesentlicher Anlass für ein Eingreifen der zuständigen Behörde (vgl OVG BE FEVS 30, 331, 336; OVG HB 6.12.1983 – 1 B 55/83 – ZfSH/SGB 1984, 232 f = ZfJ 1984, 298; OVG NW InfAuslR 1988, 12 = RdJB 1989, 346; OVG NW, FEVS 39, 161, 166). Eine auf Mängel der Betreuung zurückzuführende Stagnation in der Entwicklung der Minderjährigen kann bereits eine Gefährdung sein (OVG BE aaO).

2. Verhältnis zu Vereinbarungen nach den §§ 75 bis 80 SGB XII

Durch das Gesetz zur Reform des Sozialhilferechts v. 23.7.1996 (BGBl. I. S. 1088) wurde in § 45 ein 30 neuer Absatz 3 eingefügt. Zwar gelten die Bestimmungen des SGB XII nur für die Träger der Sozialhilfe bzw solche Einrichtungen, in denen Leistungen nach dem SGB XII erbracht werden, doch können solche Einrichtungen gleichzeitig auch dem Erlaubnisvorbehalt nach § 45 unterstehen. Dies gilt insbesondere für Einrichtungen, in denen körperlich und/oder geistig behinderte Minderjährige untergebracht sind. Da Maßnahmen der Gefahrenabwehr, wie Auflagen, mit Aufwendungen für die Einrichtungsträger verbunden sein können, wirken sie auf Vereinbarungen über Leistungsentgelte zwischen den Trägern der Sozialhilfe und dem Einrichtungsträger ein. Deshalb sollen die Träger der Sozialhilfe mit einbezogen werden. Abs. 3 Satz 1 schreibt vor, dass bei Mängelfeststellung in der Einrichtung die nach § 45 zuständige Behörde (Rn 35) den Träger der Einrichtung zunächst über die Möglichkeiten zur Abstellung der Mängel beraten soll (**Beratungspflicht**).

Nur dann, wenn die Abstellung der Mängel Auswirkungen auf Entgelte oder Vergütungen nach § 75 31 SGB XII haben „kann", ist der Träger der Sozialhilfe, mit dem entsprechende Vereinbarungen bestehen, zwingend an der Beratung zu beteiligen (**Beteiligungspflicht**, Abs. 3 Satz 2). Welche Rechtsqualität dieses Beteiligungsverfahren haben soll, ist unklar. Letztlich verantwortlich für die notwendigen Maßnahmen und Entscheidungen bleibt die zuständige Behörde.

Werden die Mängel nicht abgestellt, so können dem Träger der Einrichtung **nachträgliche Auflagen** 32 erteilt werden (Abs. 3 Satz 3). Sofern sich eine solche Auflage auf Entgelte oder Vergütungen nach § 75 SGB XII auswirkt, ist vor der Entscheidung über die Erteilung der Auflage durch die zuständige Behörde der Träger der Sozialhilfe, mit dem eine solche Vereinbarung besteht, anzuhören (**Anhörungspflicht**, Abs. 3 Satz 4). Allein entscheidungsbefugt nach der Anhörung des Sozialhilfeträgers ist aber die nach dem SGB VIII zuständige Behörde.

Die Auflage ist „nach Möglichkeit" in Übereinstimmung mit Vereinbarungen nach den §§ 75 bis 80 33 SGB XII auszugestalten (Abs. 3 Satz 5). Die Vorschrift hat rein appellativen Charakter und kann Schutzmaßnahmen, die zur Gewährleistung des Kindeswohls erforderlich sind, nicht verhindern.

VII. Verhältnis zur Aufsicht nach anderen Gesetzen

Je nach Zweckbestimmung sowie der Art und Form der Betreuung kann eine nach Abs. 1 erlaubnis- 34 pflichtige Einrichtung auch der Aufsicht/Überwachung nach anderen Rechtsvorschriften unterliegen (zB nach dem Heimgesetz). Bei solchen gemischt belegten Einrichtungen sind **zwei Erlaubnisverfahren** durchzuführen, das nach Abs. 1 sowie das nach dem Heimgesetz oder anderen gesetzlichen Bestimmungen. Um widersprüchliche Entscheidungen zu vermeiden, ist die zuständige Behörde (Rn 35) verpflichtet, ihr **Tätigwerden** zuvor mit der nach den anderen Rechtsvorschriften zuständigen Behörde **abzustimmen** (Abs. 4 Satz 1). Außerdem ist sie verpflichtet, den Träger der Einrichtung rechtzeitig darauf hinzuweisen, welche weiteren Anforderungen nach anderen Rechtsvorschriften evtl bestehen (Abs. 4 Satz 2).

VIII. Zuständigkeit

Die **sachliche Zuständigkeit** für Einrichtungen (§§ 45-48 a) liegt gemäß § 85 Abs. 2 Nr. 6 beim über- 35 örtlichen Träger (vgl § 69) oder bei der nach Landesrecht bestimmten Behörde (vgl § 85 Abs. 4 und 5). Die **örtliche Zuständigkeit** bestimmt sich danach, in welchem Bereich die Einrichtung gelegen ist (§ 87 a Abs. 2).

IX. Rechtsschutz

Siehe entsprechend § 44 Rn 35 f. Im Falle der Erlaubniserteilung, die mit einer **Auflage** (Rn 24) ver- 36 bunden ist, ist die Auflage im Regelfall selbständig (unabhängig von der Erlaubnis im Übrigen) anfechtbar (vgl VGH BW 24.3.1998– 9 S 967/96 – FEVS 49, 129). Zu beachten ist, dass – anders als bei der Pflegeerlaubnis – nach Abs. 2 Satz 7 **Widerspruch und Anfechtungsklage** gegen den **Entzug der Erlaubnis keine aufschiebende Wirkung** haben. Mit dem Entzug der Betriebserlaubnis darf die Einrichtung, auch wenn ein Rechtsbehelf eingelegt worden ist, nicht mehr weiter betrieben werden. Es besteht aber die Möglichkeit vor dem VG den Antrag auf Anordnung der aufschiebenden Wirkung zu stellen (§ 80 Abs. 5 VwGO), der allerdings nur dann Aussicht auf Erfolg hat, wenn der Entzug der Erlaubnis offensichtlich rechtswidrig ist.

§ 46 Örtliche Prüfung

(1) [1]Die zuständige Behörde soll nach den Erfordernissen des Einzelfalls an Ort und Stelle überprüfen, ob die Voraussetzungen für die Erteilung der Erlaubnis weiterbestehen. [2]Der Träger der Einrichtung soll bei der örtlichen Prüfung mitwirken. [3]Sie soll das Jugendamt und einen zentralen Träger der freien Jugendhilfe, wenn diesem der Träger der Einrichtung angehört, an der Überprüfung beteiligen.

(2) [1]Die von der zuständigen Behörde mit der Überprüfung der Einrichtung beauftragten Personen sind berechtigt, die für die Einrichtung benutzten Grundstücke und Räume, soweit diese nicht einem Hausrecht der Bewohner unterliegen, während der Tageszeit zu betreten, dort Prüfungen und Besichtigungen vorzunehmen, sich mit den Kindern und Jugendlichen in Verbindung zu setzen und die Beschäftigten zu befragen. [2]Zur Abwehr von Gefahren für das Wohl der Kinder und der Jugendlichen können die Grundstücke und Räume auch außerhalb der in Satz 1 genannten Zeit und auch, wenn sie zugleich einem Hausrecht der Bewohner unterliegen, betreten werden. [3]Der Träger der Einrichtung hat die Maßnahmen nach den Sätzen 1 und 2 zu dulden.

I. Überprüfungsrecht und Überprüfungspflicht

1 § 46 – der auch für sonstige betreute Wohnformen gilt (§ 48 a) – ergänzt die Bestimmungen über den Erlaubnisvorbehalt. Die zuständige Behörde (§ 45 Rn 35) soll nach den Erfordernissen des Einzelfalls an Ort und Stelle überprüfen, ob die Voraussetzungen für die Erteilung der Erlaubnis weiter bestehen (Abs. 1 Satz 1). Die Überprüfung bezieht sich damit auf die Frage, ob das Kindeswohl in der Einrichtung gewährleistet, insbesondere die Betreuung durch geeignete Kräfte gesichert ist (§ 45 Abs. 2 Satz 2). Daraus folgt, dass bei **erlaubnisfreien Einrichtungen** (§ 45 Rn 12) **kein Überprüfungsrecht** besteht.

2 Bei erlaubnispflichtigen Einrichtungen besteht ein **Überprüfungsrecht** abhängig von den „**Erfordernissen des Einzelfalls**". Eine regelmäßige, routinemäßige Überprüfung aller Einrichtungen ist weder verlangt noch zulässig (vgl entsprechend § 44 Rn 24). Die Erfordernisse des Einzelfalls, die Anlass für eine Überprüfung vor Ort sind, können sich u.a. ergeben aus konkreten Hinweisen oder Vorfällen oder daraus, dass die Erlaubnis nach § 45 mit einschränkenden Nebenbestimmungen versehen worden ist oder dass es bereits in der Vergangenheit zu Beanstandungen gekommen war. Ein Überprüfungsrecht besteht des Weiteren insbesondere bei Personalveränderungen, beim Wechsel der Leitung, ferner bei einer Veränderung des pädagogischen Konzepts, Veränderungen der Gruppenstruktur und Veränderungen beim Kreis der Minderjährigen, die in die Einrichtung aufgenommen werden oder werden sollen. Die Überprüfung sollte weniger als eine eingreifende Maßnahme verstanden werden, vielmehr hat sie den Charakter von fachlicher **Beratung und Unterstützung**. Wenn insofern Anlass für Beratungstätigkeit besteht, so sind auch die Erfordernisse des Einzelfalls für eine Überprüfung zu bejahen. Wenn der zuständigen Behörde Tatsachen bekannt werden, die eine Überprüfung rechtfertigen, so muss diese idR erfolgen. Insofern beinhaltet das Überprüfungsrecht eine **Überprüfungspflicht**, die sich aus der Gewährleistung des Kindeswohls in der Einrichtung rechtfertigt.

II. Inhalt und Ablauf der Überprüfung

3 Ist eine Überprüfung angezeigt, hat sie an „Ort und Stelle" (Abs. 1 Satz 1), also in der Einrichtung, zu erfolgen. Sie sollte in der Regel nach vorheriger Anmeldung erfolgen, um das für eine Beratung wichtige Vertrauensverhältnis nicht ohne Not zu stören. Der Träger der Einrichtung soll ja auch an der örtlichen Prüfung mitwirken (Abs. 1 Satz 2) Bei akuter Gefahr für das Kind kann sie aber auch **unangemeldet** durchgeführt werden. Der **Inhalt der Überprüfung** richtet sich vor allem danach, aufgrund welcher Tatsachen („Erfordernisse des Einzelfalls") die zuständige Behörde sich zu einer Überprüfung veranlasst gesehen hat. In Betracht kommt insbesondere die Überprüfung der Ausstattung und des Zustandes der Einrichtung, des Angebots an Bildungsmitteln (Lehr- und Spielmaterialien etc.), der ärztlichen und gesundheitlichen Betreuung, der Verpflegung und Bekleidung, der Besetzung des Fach-, Haus- und Wirtschaftspersonals, der pädagogischen und ggf schulischen Betreuung, die Nachprüfung der abgegebenen Meldungen nach § 47. Darüber hinaus hat sich die Überprüfung auf alle Bereiche zu erstrecken, die für das Wohl der Minderjährigen in der Einrichtung relevant sind. Eine Befugnis zur Einsicht in schriftliche Unterlagen sieht das Gesetz nicht vor. Die zuständige Behörde ist berechtigt, sich mit den Minderjährigen in Verbindung zu setzen und die Beschäftigten zu befragen (Abs. 2 Satz 1 am Ende). Eine Beantwortungsverpflichtung für diese Personen besteht aber nicht. Ergänzende landesrechtliche Vorschriften sind möglich (§ 49).

Sofern eine Überprüfung erfolgt, „soll" die zuständige Behörde gemäß Abs. 1 Satz 3 das örtlich **zu- 4 ständige JA** und einen **zentralen Träger der freien Jugendhilfe**, wenn diesem der Träger der Einrichtung angehört, **an der Überprüfung beteiligen**. Beteiligung meint nicht nur eine Mitteilung des Überprüfungs-/Besichtigungstermins, sondern idR ist der Termin mit diesen in der Weise abzustimmen, dass eine tatsächliche Teilnahme an dem Termin möglich ist. Dies ist schon deshalb sinnvoll und geboten, um an Ort und Stelle eventuelle Mängel erörtern und für dessen Abhilfe sorgen zu können. Die zentralen Träger der freien Jugendhilfe verfügen häufig über entsprechend qualifiziertes Beratungspersonal. Das örtliche JA hat zudem eher Kenntnisse über die Verhältnisse vor Ort als die überprüfende Behörde, insbesondere in größeren Flächenstaaten. Eine Teilnahmeverpflichtung des örtlichen JA lässt sich dem Gesetzestext aber nicht entnehmen.

Abs. 2 Satz 1 enthält die für die Überprüfung nach **Art. 13 Abs. 3 GG** notwendige **Befugnis zum Be- 5 treten der Einrichtung** und die Konkretisierung der Maßnahmen, die der Träger der Einrichtung im Einzelnen zu dulden hat (Abs. 2 Satz 3). Grundsätzlich darf die Einrichtung **nur zur Tageszeit** (§ 188 ZPO) betreten werden, **ausnahmsweise** zur Abwehr von Gefahren für das Wohl der Minderjährigen **auch zu anderen Zeiten** (Abs. 2 Satz 3). Eingeschränkt ist die örtliche Prüfung auch im Hinblick auf ein etwaig bestehendes Hausrecht der Bewohner. Lediglich ausnahmsweise zur Gefahrenabwehr (Abs. 2 Satz 2) dürfen Räumlichkeiten, die dem Hausrecht der Bewohner unterliegen, betreten werden, und nur soweit dies zur konkreten Gefahrenabwehr notwendig ist.

III. Folgen der Überprüfung

Werden Mängel festgestellt, die das Wohl der Minderjährigen tangieren, so richten sich die **Folgen 6 nach Art und Umfang der Mängel**. Bei Gefahr in Verzug kommt eine Herausnahme nach § 42 Abs. 1 Satz 2 in Betracht. Im Übrigen dürfte es vor allem um Beratungs- und Unterstützungsmaßnahmen für die Einrichtung gehen. Reichen diese nicht aus, können Maßnahmen gemäß § 48 angezeigt sein, sofern es um einzelne Beschäftigte geht, oder nachträgliche Auflagen gemäß § 45 Abs. 2 Satz 6 (s. § 45 Rn 32, letztlich auch ein Entzug der Erlaubnis gemäß § 45 Abs. 2 Satz 5 (s. iE § 45 Rn 28 ff). Dabei ist das Wohl der Minderjährigen auch insoweit zu berücksichtigen, als für diese ein Wechsel der Einrichtung und damit ein Herausreißen aus bestehenden sozialen Bezügen die Folge sein kann. Diese Folgen sind gegenüber der Bedeutung der festgestellten Mängel und möglicher Alternativlösungen zu einem Entzug der Erlaubnis abzuwägen. Werden in einer Einrichtung gravierende Mängel festgestellt, so kann sich daraus auch für die Zukunft die Notwendigkeit einer kontinuierlichen Überprüfung der Einrichtung ergeben (vgl Hauck/Stähr § 46 Rn 5).

§ 47 Meldepflichten

[1]Der Träger einer erlaubnispflichtigen Einrichtung hat der zuständigen Behörde

1. die Betriebsaufnahme unter Angabe von Name und Anschrift des Trägers, Art und Standort der Einrichtung, der Zahl der verfügbaren Plätze sowie der Namen und der beruflichen Ausbildung des Leiters und der Betreuungskräfte sowie
2. die bevorstehende Schließung der Einrichtung

unverzüglich anzuzeigen. [2]Änderungen der in Nummer 1 bezeichneten Angaben sowie der Konzeption sind der zuständigen Behörde unverzüglich, die Zahl der belegten Plätze ist jährlich einmal zu melden.

1   Der jeweilige **Träger** einer nach § 45 erlaubnispflichtigen Einrichtung oder einer sonstigen betreuten Wohnform (§ 48 a), nicht die einzelne Einrichtung, ist von sich aus verpflichtet, der zuständigen Behörde (§ 45 Rn 35) die in Satz 1 Nr. 1 und 2 genannten **Meldungen** zu erstatten. Die Verletzung der Meldepflicht stellt eine **Ordnungswidrigkeit** dar, die mit einem Bußgeld geahndet werden kann (§ 104 Abs. 1 Nr. 3).

2   Die Meldepflicht gemäß Satz 1 bezieht sich auf die Einrichtung, deren Betrieb und das Personal. Zu unterscheiden ist bezüglich der Angaben nach Satz 1 Nr. 1 die sog. **Erstmeldung** sowie (bei Änderungen) die **Änderungsmeldung**, die jeweils **unverzüglich** (ohne schuldhaftes Zögern) zu erfolgen hat (Satz 2). Daneben gibt es die **jährliche Meldung** bezüglich der Zahl der belegten Plätze (Satz 2) sowie die notwendige Meldung der bevorstehenden **Schließung der Einrichtung** (Satz 1 Nr. 2), die unverzüglich zu erfolgen hat. Auch eine **Änderung der Konzeption der Einrichtung** (vgl § 45 Rn 21) ist unverzüglich zu melden (Satz 2).

3   Zu **melden** sind nach Satz 1 Nr. 1 die Betriebsaufnahme unter Angabe von Name und Anschrift des Trägers sowie Art (Zweckbestimmung) und Standort der Einrichtung und die Zahl der verfügbaren Plätze. In Bezug auf das Personal der Einrichtung sind die Namen (nicht auch alle anderen Personalien) und die berufliche Ausbildung (Art und Zeitpunkt der Abschlussprüfung) des Leiters sowie der anderen Betreuungskräfte zu melden. Die **Personalunterlagen** muss der Träger nicht von sich aus zur Verfügung stellen. Auch die (routinemäßige) Vorlage von Führungszeugnissen der Beschäftigten kann im Rahmen dieser Bestimmung nicht verlangt werden, allenfalls nach § 48. Ergänzende landesrechtliche Vorschriften (§ 49) sind möglich.

§ 48 Tätigkeitsuntersagung

Die zuständige Behörde kann dem Träger einer erlaubnispflichtigen Einrichtung die weitere Beschäftigung des Leiters, eines Beschäftigten oder sonstigen Mitarbeiters ganz oder für bestimmte Funktionen oder Tätigkeiten untersagen, wenn Tatsachen die Annahme rechtfertigen, dass er die für seine Tätigkeit erforderliche Eignung nicht besitzt.

I. Bedeutung der Norm

Die Vorschrift – die auch für sonstige betreute Wohnformen gilt (§ 48 a) – gestattet der zuständigen **1** Behörde (§ 45 Rn 35) zum Schutz von Kindern und Jugendlichen die Anordnung einer **Untersagungsverfügung** bezüglich der Beschäftigung eines Mitarbeiters, sofern dieser nicht die für seine Tätigkeit erforderliche Eignung hat. Die Vorschrift ist auch im **Verhältnis zu** einem nach § 45 Abs. 2 Satz 5 möglichen **Entzug der Betriebserlaubnis** zu sehen. Geht die Gefährdung des Kindeswohls von bestimmten Beschäftigten der Einrichtung aus, ist die Tätigkeitsuntersagung die mildere Maßnahme gegenüber dem gänzlichen Entzug der Betriebserlaubnis und hat daher nach dem Verhältnismäßigkeitsgrundsatz Vorrang.

II. Voraussetzung

Die Vorschrift bezieht sich auf sämtliche Beschäftigte einer Einrichtung, unabhängig davon, in wel- **2** chem Rechtsverhältnis diese stehen, auch ehrenamtliche Mitarbeiter werden erfasst. Voraussetzung für die Untersagungsverfügung ist, dass Tatsachen vorliegen, die die Annahme rechtfertigen, dass die entsprechende Person die für die auszuübende Tätigkeit **erforderliche Eignung** nicht besitzt. Es müssen Tatsachen vorliegen, bloße Mutmaßungen reichen nicht.

Unter „Eignung" im Sinne dieser Vorschrift ist sowohl die **fachliche Qualifikation** als auch die **per-** **3** **sönliche Zuverlässigkeit** zu verstehen. Zum Begriff der „Eignung" vgl § 45 Rn 16. Diesbezüglich sind auch Vereinbarungen mit den Trägern der Einrichtungen nach § 45 Abs. 2 Satz 4 (§ 45 Rn 22) und auch landesrechtliche Regelungen nach § 49 möglich. Bei einer Verurteilung wegen einer Straftat zum Nachteil von Kindern und Jugendlichen ist idR die Eignung zu verneinen. Im Übrigen ist die Eignung nach den Erfordernissen der jeweils auszuübenden Tätigkeit zu beurteilen. Abzustellen ist nicht auf die allgemeine Eignung zum Beruf, sondern die spezifische Eignung bezogen auf den aktuellen Arbeitsbereich und die Anforderungen am individuellen Arbeitsplatz. Danach sind an den Leiter einer Einrichtung andere Maßstäbe anzulegen als an die übrigen Mitarbeiter. Vom Schutzzweck der Norm her reicht die bloße Feststellung der mangelnden Eignung nicht aus, vielmehr ist es erforderlich, dass bei Fortsetzung der Tätigkeit der nicht geeigneten Person das Wohl der Minderjährigen in der Einrichtung nicht gewährleistet ist (vgl Hauck/Stähr § 48 Rn 5). Die fehlende Eignung muss aber nicht schon zu einer konkreten Gefährdung des Wohls der Minderjährigen in der Einrichtung geführt haben.

III. Rechtsfolge

Als Rechtsfolge kommt die Untersagung der Beschäftigung insgesamt oder lediglich für bestimmte **4** Funktionen oder Tätigkeiten in Betracht. So kann etwa die Beschäftigung des Leiters in der Leitungsfunktion untersagt werden, aber im Übrigen die weitere Beschäftigung geduldet werden. Der zuständigen Behörde ist ein **Ermessen** („kann") eingeräumt. Dabei handelt es sich sowohl um ein Entschließungsermessen – ob überhaupt eingeschritten wird – als auch um ein Auswahlermessen – in welcher Weise eingeschritten wird (vollständige oder teilweise Untersagung der Beschäftigung). Dabei ist der **Verhältnismäßigkeitsgrundsatz** unter Berücksichtigung der grundrechtlich geschützten Berufsfreiheit nach Artikel 12 GG zu beachten. Sofern die Untersagung der Tätigkeit in einem bestimmten Teilbereich hinreichend ist, wäre die Untersagung der Beschäftigung insgesamt unverhältnismäßig und damit unzulässig.

Die Untersagungsverfügung ist **gegenüber dem Träger** der Einrichtung, nicht dem jeweiligen Beschäf- **5** tigten gegenüber auszusprechen und regelt nicht die privatrechtlichen Rechtsfolgen bezüglich des Rechtsverhältnisses Träger der Einrichtung – Mitarbeiter. Sofern eine anderweitige Beschäftigungsmöglichkeit (etwa in einer anderen Einrichtung) nicht besteht, kann im Einzelfall eine Kündigung des Mitarbeiters in Betracht kommen. Die Rechtsfolgen bezüglich des Mitarbeiters richten sich nach den arbeitsrechtlichen Vorschriften, insbesondere des Kündigungsschutzgesetzes. Keinesfalls führt die Untersagungsverfügung des öffentlichen Trägers der Jugendhilfe gegenüber dem Einrichtungsträger unmittelbar zur Beendigung des Beschäftigungsverhältnisses, das zwischen dem Einrichtungsträger und dem Beschäftigten besteht. Vielmehr muss der Einrichtungsträger prüfen, ob er den Mitarbeiter anderweitig in der Einrichtung, in einer anderen Einrichtung oder sonst wo weiterbeschäftigten kann. Ist dies nicht möglich, kann - je nach den Umständen des Einzelfalls – eine Kündigung in Betracht kommen, wobei die arbeitsrechtlichen Normen zu beachten sind.

6   Die **Untersagungsverfügung** ist ein **Verwaltungsakt**, der nach Durchführung des Widerspruchsverfahrens im Verwaltungsrechtsweg angefochten werden kann. Der Widerspruch und die Klage haben aufschiebende Wirkung (§ 80 Abs. 1 VwGO). Da die Untersagungsverfügung sowohl in die Rechte des Adressaten (des Trägers der Einrichtung) als auch des Beschäftigten als Betroffenen eingreift, handelt es sich um einen VA mit Doppel- bzw Drittwirkung. Deshalb kann die Untersagungsverfügung vom Beschäftigten selbständig und unabhängig davon, ob der Träger der Einrichtung gegen diese vorgeht, angefochten werden.

7   Sog. **Warnmitteilungen**, in denen sich die zuständigen Behörden im Wege eines regelmäßigen Informationsaustausches die Fälle mangelnder Eignung von Betreuungskräften mitteilen, sind **unzulässig**. Es handelt sich um eine Datenweitergabe von personenbezogenen Daten, für die eine Rechtsgrundlage vorliegen müsste, die jedoch fehlt. Faktisch würden solche Warnmitteilungen auch einem allgemeinen Berufsverbot gleichkommen und damit mangels gesetzlicher Ermächtigung gegen die Berufsfreiheit des Art. 12 Abs. 1 GG verstoßen (vgl Hauck/Stähr § 48 Rn 17; Wiesner/Mörsberger § 48 Rn 12).

§ 48 a Sonstige betreute Wohnform

(1) Für den Betrieb einer sonstigen Wohnform, in der Kinder oder Jugendliche betreut werden oder Unterkunft erhalten, gelten die §§ 45 bis 48 entsprechend.

(2) Ist die sonstige Wohnform organisatorisch mit einer Einrichtung verbunden, so gilt sie als Teil der Einrichtung.

Die Vorschrift greift den in § 34 und in § 42 Abs. 1 Satz 2 verwendeten Begriff der sonstigen betreuten **1** Wohnform auf, ohne ihn näher zu definieren. Für den Betrieb einer sonstigen Wohnform sind die §§ 45 bis 48 entsprechend anzuwenden. Nach der Rechtsprechung des BVerwG gehört auch die dezentrale Unterkunft betreuter Personen (etwa in einer Außenwohngruppe oder in einer Einzelwohnung im Rahmen einer „Mobilen Betreuung") zu den Räumlichkeiten „der" Einrichtung, wenn die Unterkunft der Rechts- und Organisationssphäre des Einrichtungsträgers so zugeordnet ist, dass sie als Teil des Einrichtungsganzen anzusehen ist (BVerwG 24.2.1994 – 5 C 17/91, 42/91, 42/92 – NDV 1994, 431 zu § 100 BSHG). § 48 a hat von daher eine **klarstellende Bedeutung**.

Die entsprechende Anwendung verbietet aber eine schematische Übertragung der Regelungen für die **2** erlaubnispflichtige Einrichtung auf die sonstigen Wohnformen (zB Jugendwohngemeinschaften, betreutes Einzelwohnen), die geprägt sind von einer weitgehenden Selbstbestimmung und Selbstorganisation. Diese Sondersituation ist vom öffentlichen Träger zu achten.

Ist die sonstige Wohnform **organisatorisch mit der Einrichtung verbunden** (unselbständige sonstige **3** betreute Wohnform), so gilt sie gemäß Abs. 2 als Teil der Einrichtung (zB Außenwohngruppe). Es bedarf dann also keiner zusätzlichen Erlaubnis. Zu verlangen ist in jedem Fall eine räumliche Anbindung sowie eine gewisse personelle „Oberaufsicht" durch die Leitung der Einrichtung, so dass die sonstige Wohnform damit „Teil" der übergeordneten Einrichtung ist. Nicht erforderlich ist aber, dass die Leitung der Einrichtung etwa in jeder Frage die Letztentscheidungsbefugnis hat. Die sonstige Wohnform muss ein weites Feld an Selbständigkeit und Unabhängigkeit behalten, ansonsten hört sie auf „sonstige Wohnform" zu sein und ist nur noch Teil der Einrichtung. Abs. 2 bestimmt aber gerade, dass die sonstige Wohnform nicht Teil der Einrichtung **ist**, sondern als Teil der Einrichtung **gilt** (Fiktion). Es wird zur Vereinfachung (keine eigene Erlaubnis) so getan, als ob die Wohnform Teil der Einrichtung ist, ohne es tatsächlich zu sein. Organisatorisch „verbunden" bedeutet mithin weniger als „einer einheitlichen Organisation/Leitung unterstehend".

Die **sachliche Zuständigkeit** liegt gemäß § 85 Abs. 2 Nr. 6 beim überörtlichen Träger oder bei der nach **4** Landesrecht bestimmten Behörde (vgl § 85 Abs. 4 und 5). Die **örtliche Zuständigkeit** bestimmt sich danach, in welchem Bereich die sonstige Wohnform gelegen ist (§ 87 a Abs. 2 und 3).

§ 49 Landesrechtsvorbehalt

Das Nähere über die in diesem Abschnitt geregelten Aufgaben regelt das Landesrecht.

1   Bei dem Kinder- und Jugendhilferecht handelt es sich um einen Gegenstand der **konkurrierenden Gesetzgebung** (Art. 74 Abs. 1 Nr. 7 GG). Die Länder haben hier die Gesetzgebungskompetenz, „solange und soweit" der Bund von seiner Gesetzgebungszuständigkeit keinen Gebrauch gemacht hat (Art. 72 Abs. 1 GG). Soweit also im Bundesgesetz SGB VIII keine Regelungen getroffen worden sind, sind weiterhin die Länder zur Gesetzgebung berechtigt. Der Landesrechtsvorbehalt bringt dies – mehr deklaratorisch (vgl Wiesner/Struck § 15 Rn 2) – zum Ausdruck. Durch Landesrecht kann „das Nähere" bezüglich des Schutzes von Minderjährigen in Familienpflege und in Einrichtungen geregelt werden. Ob, inwieweit und mit welchem Inhalt die Länder von ihrer Regelungskompetenz Gebrauch machen, liegt im Rahmen ihrer gesetzgeberischen Entscheidungsfreiheit. Der Bund kann ein Tätigwerden der Länder nicht erzwingen (vgl Wiesner/Struck § 15 Rn 3). Bezüglich der Erlaubnis zur Kindertagespflege finden sich in § 43 Abs. 3 Satz 3 und § 43 Abs. 5 spezielle Landesrechtsvorbehalte (s. dort).

2   Eine Regelung durch „**Landesrecht**" verlangt nicht zwingend eine gesetzliche Regelung, soweit nicht in die Rechtssphäre der Bürger eingegriffen wird. Auch eine untergesetzliche Regelung durch Verwaltungsvorschriften oder Runderlasse der zuständigen Obersten Landesjugendbehörden ist denkbar. Soweit in die Rechtssphäre der Bürger eingegriffen wird, ist eine demokratische Legitimation durch das Parlament, also eine gesetzliche Regelung, erforderlich.

3   Die Konkretisierungen zur Pflegeerlaubnis (§ 44) durch die Länder beziehen sich insbesondere auf die Frage der Erteilung der Pflegeerlaubnis, der Regelung von Versagungsgründen, der Rücknahme der Pflegeerlaubnis sowie der Aufsicht (insbesondere Zutrittsrechte) und Informations- und Anzeigepflichten. Ferner finden sich häufig landesrechtliche Regelungen zur Abgrenzung Pflegestelle/Einrichtung. Landesrechtliche Regelungen zur Ausgestaltung des Pflegegeldes (§ 39) stehen dagegen im Kontext der HzE (§§ 27, 33), weil das Pflegegeld ein Annex-Anspruch zur HzE ist (vgl § 39 Rn 1 ff).

4   Hinsichtlich der Erlaubnis für den Betrieb einer Einrichtung (**Betriebserlaubnis**) wird vor allem das Verfahren bei der Erlaubniserteilung bzw bei der Untersagung landesrechtlich geregelt. Darüber hinaus kann der Landesgesetzgeber Standards bezüglich der Eignung von Einrichtungen setzen, zB die Voraussetzungen für die fachliche Ausgestaltung der Einrichtungen im Interesse des Kindeswohls ausgestalten (§ 45 Abs. 2). Auch nähere Regelungen zur örtlichen Prüfung (§ 46) und zu den Meldepflichten (§ 47) sind denkbar.

Vorbemerkung zu den §§ 50 bis 52

I. Jugendhilfe und Justiz

Der dritte Abschnitt des Dritten Kapitels regelt die Aufgaben der JÄ, die diese aus Anlass gerichtlicher 1
Verfahren vor den Familien- und Jugendgerichten wahrzunehmen haben. Dieses Arbeitsfeld ist durch
unterschiedliche Aufgaben, Sichtweisen, Interessen und Traditionen der beteiligten Disziplinen gekennzeichnet und gelegentlich nicht frei von Konflikten zwischen den beteiligten Institutionen.
§§ 50-52 stellen die **interdisziplinäre Kooperation von JA und Gerichten** auf eine verlässliche Grundlage, um die in der Vergangenheit gepflegten Missverständnisse und diffuse Verfahrensweisen zu
beseitigen (vgl BT-Drucks. 11/5948, 86 f).

1. Gemeinsamkeiten und Unterschiede in den Orientierungen

Das **Kindeswohl** (vgl Balloff 2004, 64 ff; Coester 1986; Dettenborn 2001, 49 ff; Fthenakis 1984; 2
Jeand'Heur 1993, 17 ff; Jesteadt 2007, 109; ders. 2008, 12 ff; Münder/Ernst 2009, 11 ff u. 163 ff;
Trenczek 2008, 112 ff; Zitelmann 2001, 113 ff) ist Maßstab und Richtschnur jedes richterlichen
(§ 1697 a BGB) ebenso wie jugendamtlichen (zB § 1 Abs. 3, § 4 Abs. 1, § 8 a Abs. 1, § 27 Abs. 1, § 42
Abs. 1 Nr. 2) Handelns. Schwierigkeiten bereitet dies, weil der (unbestimmte Rechts-)Begriff für die
praktische Handhabung nur schwer zu operationalisieren und positiv im Hinblick auf die heterogenen
Wertpräferenzen in der modernen Gesellschaft kaum angemessen zu füllen ist (zur gerichtlichen Überprüfung der Auslegung s. Anhang Verfahren Rn 87). Deshalb wird der Begriff zumeist negativ im
Hinblick auf die **Kindeswohlgefährdung** (§ 1666 BGB) abgegrenzt (hierzu Trenczek 2008, 123 ff; vgl
§ 8 a Rn 9 ff; Anhang § 50 Rn 32 u. 38).

Das Kindeswohl ist weder in der EMRK noch im Grundgesetz ausdrücklich erwähnt, es stellt aber die 3
„spezifische, nämlich auf die Sondersituation des (noch) nicht selbstbestimmungsfähigen Kindes ausgerichtete Ausprägung der **Menschenwürde** gemäß Art. 1 Satz 1 GG" dar (Jesteadt 2007, 109). Nach
Art. 3 Abs. 1 UN-KRK (s. § 6 Rn 12; Lorz 2003) ist das Wohl des Kindes bei allen Maßnahmen vorrangig zu berücksichtigen. Das Wohl des Kindes ist nicht nur verbindlicher Orientierungspunkt für
staatliches Handeln, sondern die darin liegende Ausrichtung am Menschenbild des Grundgesetzes ist
das verbindliche **Ziel jeder Erziehung** gleich ob sie von privater oder staatlicher Seite ausgeht (Jesteadt
2007, 109). Allerdings muss das Kindeswohl im Hinblick auf Art. 6 Abs. 2 GG/Art. 8 EMRK (Recht
auf Achtung des Privat- und Familienlebens; vgl Kopper-Reifenberg 2001) in einem Gesamtgefüge mit
anderen geschützten Interessen und Rechten insb. der Eltern gesehen und abgewogen werden. Dies ist
leider in der Praxis in einigen Fällen nicht immer gelungen, worauf insb. der EGMR hingewiesen hat
(zB Görgülü vs. Germany 26.2.2004 – 74969/01 – FamRZ 2004, 1456 ff).

Bei der Bestimmung des Kindeswohls ist das durch Art 6 Abs. 2 GG geschützte **Erziehungs- und Deu-** 4
tungsprimat der Eltern zu beachten (BVerfGE 24, 119 143; 31, 194, 204; 47, 46, 69 f; Böckenförde
1980, 76; Jesteadt 2007, 111 ff; Trenczek 2008, 112 ff). Im Rahmen der Auslegung spielen zudem
außerjuristische, vor allem psychosoziale Aspekte eine wesentliche Rolle. Im konkreten Einzelfall ist
es notwendig, rekonstruktiv und detailliert die Situation des jungen Menschen in seinem gesamten
sozialisatorischen Umfeld zu beachten. Im Hinblick auf notwendige Bedingungen und Interventionen
zur Gewährleistung des (körperlichen, geistigen und seelischen) Wohls von Kindern und Jugendlichen
wird neben der Sicherstellung der leiblich-physiologischen und geistig-intellektuellen Grundbedürfnisse bzgl. des seelischen Wohls v.a. der **Beziehung und Bindung,** Kontinuitätsaspekten sowie systemischen und familiendynamischen Kategorien eine besondere Bedeutung beigemessen (vgl Balloff
2004, 64 ff; Dettenborn 2001, 49 ff; Fegert 1997, 68 u. 2000, 38 ff; Münder/Ernst 2009, 163 ff;
Zitelmann 2001, 122 ff). Da das Kindeswohl kein fixer Zustand, sondern ein **dynamischer Prozess** ist,
kommen der künftigen Entwicklung und hier sog. interne und externe **Schutzfaktoren** (sog. Resilienz

vgl Bender/Lösel 2005; Lösel/Bliesener 1990; Matt/Siewert ZJJ 2008, 268; Rutter 1990, 181 ff; Sturzbecher 2007; Ulich ZfEPPP 1988, 146; Vanistendael 2003, 7 ff; zu bindungs- und kontrolltheoretischen Ansätzen vgl Gottfredson/Hirschi 1990; Kerner 2004; Walter 2005, 58 ff) sowie den **soziale Integration fördernden Hilfen** eine besondere Bedeutung zu (vgl BT-Drucks. 11/5948, 88).

5　Gerichte wie die Jugendverwaltung haben bei ihren Entscheidungen im Hinblick auf das Kindeswohl stets das verfassungsrechtliche **Subsidiaritäts- und Verhältnismäßigkeitsgebot** zu beachten (Trenczek ZRP 1993, 184; ders. 2008, 117 ff). Nach diesem an mehreren Stellen gesetzlich (zB §§ 8 a, 27; §§ 5, 45 JGG; § 1666 a BGB) und vom BVerfG gerade im Hinblick auf Art. 6 GG (zB BVerfGE 60, 79, 89 ff; 79, 51, 60; 1 BvR 605/02 – 21.06.2002 – JAmt 2002, 308) immer wieder mahnend hervorgehobenen Verfassungsgrundsatz muss jede behördliche und gerichtliche Entscheidung verhältnismäßig, dh geeignet, erforderlich und angemessen sein. Die Geeignetheit einer Intervention ist empirisch zu überprüfen (vgl BVerfG 29.01.2003 – 1 BvL 20/99). Im Hinblick auf die Erforderlichkeit ist das „mildeste", dh die Betroffenen sowie die soziale Gemeinschaft am wenigsten beeinträchtigende Mittel zu wählen. Angemessen ist eine an sich erforderliche Intervention nicht, wenn die Nachteile den vom Gesetz bezweckten Nutzen übersteigen.

6　Ungeachtet gleicher Ausgangspunkte bestehen zwischen der zivil- bzw strafrechtlichen und **sozialrechtlichen Perspektive** insb. im Hinblick auf die Geeignetheit und Erforderlichkeit von Interventionen durchaus Unterschiede (ebenso Mörsberger 2004, 92 f), insb. soweit es um Angebote der Kinder- und Jugendhilfe geht. Die Jugendhilfe muss das **Wohl des Kindes/Jugendlichen stets mit Blick auf den Standard des § 1** bestimmen (hierzu Einleitung Rn 58, § 1 Rn 6). Das Kindeswohl konkretisiert sich nach dem SGB VIII gerade nicht erst durch seine Gefährdung aufgrund eines „elterlichen Versagens". Deshalb darf bei der Entscheidung über Leistungen der Jugendhilfe - anders als bei der sorgerechtlichen Entscheidung des FamG gegen den Willen der Eltern (§§ 1666, 1666 a BGB; vgl Anhang § 50 Rn 40) - das „Milieu" nicht einschränkend berücksichtigt werden. Angebote der Kinder- und Jugendhilfe können abgelehnt werden, es fehlt der hinter den sorgerechtlichen Eingriffen stehende, zusätzliche Legitimation erfordernde Zwang. Für die präventiv orientierte Kinder- und Jugendhilfe ist dies gelegentlich schwer auszuhalten, wobei der Unterschied zwischen Hilfeorientierung einerseits und staatlichem Zwangseingriff andererseits in der Praxis des erhobenen Zeigefingers gelegentlich aus dem Blick gerät. Die Leistungen der Jugendhilfe sind gerade nicht von einer Kindeswohlgefährdung abhängig (s. § 27 Rn 6; Tammen 2007 Rn 3 ff u. 33; Trenczek 2008, 151 ff), sondern **frühzeitig** anzubieten, um Benachteiligungen abzubauen und weitestgehende Integrationschancen zu eröffnen. Gerade auch in und aus Anlass von gerichtlichen Verfahren ist die öffentliche Jugendhilfe als Sozialleistungsträger nach § 17 Abs. 1 SGB I verpflichtet, darauf hinzuwirken, dass jeder Berechtigte die ihm zustehenden Sozialleistungen in zeitgemäßer Weise, umfassend und schnell erhält. Diese besondere **sozialanwaltliche Funktion** (vgl § 2 Rn 7) unterstreicht die gegenüber den Gerichten eigenständige Aufgabenstellung der JÄ.

7　Auch wenn beide Institutionen, Gericht und JA, sich mit Fragen der elterlichen Erziehungsverantwortung und des Kindeswohls befassen, sind ihre Ziele, Aufgaben und Funktionen nicht identisch (Rn 11). Zwar ist die Jugendhilfe, insb. das JA, in die gesellschaftliche **Sozialkontrolle** eingebunden und damit ein Teil dieses Kontrollsystems (insoweit auch die gängige Sentenz vom „JA zwischen Hilfe und Kontrolle"; vgl zB Oberloskamp 2008), der **Systemzweck der Kinder- und Jugendhilfe** (Schutz und Förderung des Wohles des jungen Menschen) wird dem Systemzweck der Justiz (Rechts- und Verfahrensschutz, bindende Streitentscheidung bzw Sanktionierung) nicht untergeordnet (Maas 1996, 246; Trenczek 2008, 160 ff). Während sich die Gerichte innerhalb einer möglichst kurzen Zeit darum bemühen, aufgrund der Beurteilung eines bestimmten Lebenssachverhalts eine unter Beachtung der materiellen Rechtslage sachgerechte Entscheidung zu fällen, müssen die JÄ zur Verbesserung der künftigen Situation von Kindern und Jugendlichen beitragen. Während das Gericht im Konfliktfall die „objektive Wahrheit" zu ermitteln und eine „richtige" Entscheidung zu treffen versucht (Luhmann 1969, 20 ff), geht es der Kinder- und Jugendhilfe darum, die zu Verfügung stehenden Ressourcen und Methoden zur nachhaltigen Sicherung und Förderung des Kindeswohls zu nutzen und deshalb soweit als möglich (Grenze ist die akute Kindeswohlgefährdung, vgl § 8 a Abs. 3) um die **intersubjektive Rekonstruktion der Lebenswirklichkeit** und kooperative Problembewältigung gemeinsam mit den Familien (hierzu zB Bergmann u.a. 2002; Kohaupt JAmt 2003, 568; JAmt 2005, 218).

8　Die **elterliche Erziehungsverantwortung** wird von einem (straf)gerichtlichen Verfahren nicht nur nicht aufgehoben (Ausnahme zB §§ 1666, 1741 ff BGB), sondern ist weiterhin vorrangig (vgl BVerfG 16. 1. 2003 – 2 BvR 716/01 – ZJJ 2003, 68). Nicht die rechtliche Entscheidung als solche führt zu einer

Veränderung der Situation von Kindern, Jugendlichen und ihrer Familien, sondern die von und mit ihnen gestalteten **Entwicklungs- und Veränderungsprozesse** (vgl zB Böhm/Scheurer-Englisch 2000, 132 ff; Brakhage/Drewniak 1999, 98 ff; Knappert 1992, 146; Offe 1992, 48; Wallerstein 2002, 307 ff). Der Deutungsvorrang sowie die Partizipationsrechte der Eltern wie auch die der jungen Menschen (§§ 8, 9) sind ernst zu nehmen. Im Hinblick auf das Kindeswohl muss es das Ziel sein, die von außen auferlegte „Intervention einzugrenzen, diese an Voraussetzungen und Verfahren zu binden, die darauf bedacht sind, den Entscheidungsprozess in der Familie zu belassen, statt den Konflikt in der Familie in ein Entscheidungsvorrecht außerfamiliärer Instanzen umzumünzen" (Simitis 1992, 171). Vorrangig sind deshalb helfende, unterstützende, auf (Wieder)Herstellung eines verantwortungsgerechten Verhaltes gerichtete einvernehmliche Konfliktregelungen (vgl BVerfGE 24, 119, 145). Das JA hat noch stärker als die Gerichte die **zukünftigen Entwicklungsmöglichkeiten** der Kinder und Jugendlichen sowie ihrer Familien und damit die möglichen Unterstützungsleistungen im Auge (zu behalten).

Während die Gerichte zunächst einmal den Ist-Zustand entscheiden (müssen), ist das **Denken und** **9** **Handeln der Jugendhilfe** prozesshaft. Schon deshalb geht es in der Kinder- und Jugendhilfe nicht um die „objektive Wahrheitsfindung" (was aus konstruktivistischer Sicht ohnehin nicht möglich ist; vgl Kleve 2003; Lindemann 1998, 46; Schulze 2007, 23 ff; Watzlawick/Kreuzer 2007), sondern um die Problemlösung insb. durch eine **einvernehmliche Konfliktregelung.** Auch im gerichtlichen Verfahren haben informelle Lösungswege Vorrang, nicht zuletzt deshalb, weil formelle, kontradiktorisch auf Wahrheitsfindung (vgl § 27 Abs. 2 §§ 29 ff FamFG; § 244 Abs. 2 StPO) ausgerichtete Verfahren zwar eine materiell-rechtlich richtige Regelung hervorzubringen vermögen, die Problemlösung aber mitunter erschweren wenn nicht gar verhindern (vgl Mähler/Mähler 1993, 149 ff; Trenczek ZfRsoz 2005, 15; Wiesner/Mörsberger Vor§ 50 Rn 12). Obwohl am Kindeswohl ausgerichtet, repräsentiert das Gericht primär den äußeren Druck, während die Fachkräfte der Kinder- und Jugendhilfe und die Verfahrensbeistände (Anhang § 50 Rn 77) die Chance nutzen können, psychosoziale Beratungs- und mediative Aspekte einzubringen (vgl Schulze 2007, 515; Janzen 2000; Trenczek FPR 2009, 335). Immerhin soll auch das FamG auf einvernehmliche Regelungen hinwirken (§§ 36, 156, 165 FamFG). Auch im Strafverfahren haben unter Beachtung des Wiedergutmachungs- und Ausgleichsgedankens einvernehmliche Konfliktklärungen Vorrang (Frehsee 1991, 51 ff; Rössner 1989, 7 ff; Trenczek 1996 a, 217 ff; s. § 52 Rn 6 u. 51). Diese systemische und konstruktivistische Betrachtungsweise ist mittlerweile zumindest von den FamG akzeptiert und teilweise sogar übernommen worden (vgl Balloff 2004; Dickmeis ZfJ 1995, 55; Janzen 2000; Schulze 2007, 437), während die Strafjustiz hiermit noch größere Schwierigkeiten hat (Trenczek ZKM 2003, 104). Freilich stellen sich einvernehmliche Lösungen nicht immer von selbst her. Bewährt haben sich in beiden Arbeitsfeldern (fachgerechte) **Mediationsverfahren**, die von besonders geschulten Vermittlern (Mediatoren) durchgeführt werden (zum Stand der Mediation und den Qualifikationsanforderungen in Deutschland vgl Alexander/Gottwald/Trenczek 2006; Proksch 2004; Riehle Kind-Prax 2000, 83; Trenczek ZKM 2008, 16; SchiedVZ 2008, 135).

Zur Gewährleistung des Kindeswohls und der fachlichen Unterstützung der Eltern bei der Wahrneh- **10** mung ihrer Erziehungsverantwortung bedarf es umfangreicher sozial- und humanwissenschaftlicher sowie (sozial)pädagogischer Kenntnisse und Erfahrungen, die in der juristischen Ausbildung nicht vermittelt werden (vgl Simitis 1982, 170 f; Staudinger/Coester § 1666 BGB Rn 69 f; Vieten-Groß DVJJ-J 1997, 247). Die **transdisziplinäre Verschränkung von Wissenssträngen und Erfahrungen** stellt eine Leistung dar, die in der Regel nur gut ausgebildete Sozialpädagogen und Sozialarbeiterinnen einbringen können (s. Rn 25, § 72). Deshalb soll das **JA als sozialpädagogische Fachbehörde** seine besondere Fachlichkeit in das Verfahren ein- und zur Geltung bringen.

2. Aufgaben des JA in gerichtlichen Verfahren

Ungeachtet der Spezifika der in §§ 50-52 normierten Arbeitsfelder handelt es sich nicht um besondere, **11** vom allgemeinen Aufgabenkanon und Handlungsauftrag des JA losgelöste Aufgaben, vielmehr ist die Mitwirkung im gerichtlichen Verfahren untrennbar in die allgemeine Aufgabenstellung des JA eingebunden (Zweckbindung). Die Mitwirkung im gerichtlichen Verfahren ist zwar eine sog. „**andere**" **Aufgabe** der Kinder- und Jugendhilfe, diese muss nach § 2 Abs. 1 freilich ebenso wie die Leistungen „*zugunsten* junger Menschen und Familien" erbracht werden, dh die Jugendhilfe hat zur Verbesserung der Situation von Kindern und Jugendlichen beizutragen. Die Tätigkeit der Jugendhilfe steht auch bei ihrer Mitwirkung in gerichtlichen Verfahren unter dem Primat sozialpädagogischer, jugendrechtlich normierter **Handlungsstandards.** Zu beachten ist dabei die im SGB VIII vorgenommene Trennung von **Zielorientierung** (autonome, reflexive Persönlichkeit), **Aufgaben** (Förderung und Prävention durch die

Erfüllung fachgerechter Leistungen und anderer Aufgaben) und (Eingriffs-)**Befugnissen** (zB § 42 Abs. 2 Satz 2, §§ 62 ff). Die §§ 50-52 beschreiben die Aufgaben des JA und weiten die Befugnisse des JA nicht aus. Die systematische Einordnung der gerichtsbezogenen Aufgaben des JA zu den sog. „anderen Aufgaben" (§ 2 Abs. 3 Nr. 6-8) machen diese nicht zu einer Eingriffsverwaltung, vielmehr verknüpfen sich in diesem Bereich leistungsorientierte mit anderen fachlichen Aufgaben der Jugendhilfe.

12 Mitwirkung im gerichtlichen Verfahren kann nur Erfüllung eigener Aufgaben, nicht Erfüllung gerichtlicher Angelegenheiten sein, da es sonst zu einer unzulässigen Vermischung unterschiedlicher Staatsfunktionen käme (BT-Drucks. 11/5948, 86 f). Bereits die gesetzliche Formulierung der Überschrift „Mitwirkung im gerichtlichen Verfahren" (im Unterschied zur früher üblichen Bezeichnung „Familien-" bzw „Jugendgerichtshilfe") macht deutlich, dass das JA nicht als Hilfsorgan des Gerichts, sondern als **Träger eigener Aufgaben** tätig wird und diese gegenüber dem Gericht wahrzunehmen hat (BT-Drucks. 11/5948, 86 ff; MünchKomm/Tillmanns SGB VIII § 50 Rn 1; Trenczek RdJB 1993, 316; 2007 b Rn 1 ff; Wiesner/Mörsberger Vor§ 50 Rn 2 f). Aufgaben, Pflichten und Rechte des JA als Teil der öffentlichen Verwaltung ergeben sich – auch soweit sie im gerichtlichen Verfahren mitwirken – aus dem Gesetz (Art. 20 Abs. 3 GG, § 31 SGB I). Sie werden – im Unterschied zu früheren Regelung (§§ 48, 48 c JWG) – nicht durch das Gericht bestimmt. Dieses kann das JA zu Eingriffen weder ermächtigen noch verpflichten (vgl BT-Drucks.11/5948, 86). Soweit nicht ausdrücklich eine gesetzliche Vorschrift das JA legitimiert, Maßnahmen auch ohne oder gegen den Willen der Betroffenen zu ergreifen, sind diese unzulässig (vgl VorKap. 3 Rn 8). **Rechtsgrundlage** für das Handeln der JÄ gegenüber dem Bürger ist im Wesentlichen das SGB VIII, nicht das BGB oder FamFG bzw JGG oder die StPO.

13 Die im Dritten Kapitel des SGB VIII beschriebenen Aufgaben sind zwar inhaltlich sehr verschieden, ihr gemeinsamer Kern ist der **öffentlich-rechtliche**, „hoheitliche" **Charakter**, weshalb die Aufgabenerfüllung den öffentlichen Trägern obliegt (zur Einbeziehung freier Träger s. Rn 40). Die Mitwirkung des JA im gerichtlichen Verfahren steht (anders als Sozialleistungen) nicht zur Disposition der Betroffenen, dh nicht sie, sondern die JÄ entscheiden über das Ob und Wie der Mitwirkung im gerichtlichen Verfahren. Freilich geht es auch hier nicht ohne **Akzeptanz**. Verweigern die Kinder und Jugendlichen oder ihre Eltern eine Zusammenarbeit mit dem JA, so kann dieses seiner Mitwirkungspflicht kaum nachkommen. JÄ dürfen sich aber nicht vorschnell mit einer Ablehnung oder dem Nichterscheinen begnügen, auch wenn man dadurch Kosten zu sparen glaubt. Es bedarf auch hier einer aufsuchenden und nachgehenden sozialen Arbeit (zur Zulässigkeit und Angemessenheit von Hausbesuchen, s. § 50 Rn 27; Anhang Verfahren Rn 28).

14 Im Hinblick auf die Zusammenarbeit mit den Klienten muss beachtet werden, dass die Tätigkeit des JA in gerichtlichen Verfahren (insb. vor den JugG, bzgl § 1666 und § 1748 BGB aber auch bei den FamG) in einen spezifischen Zusammenhang gestellt ist, der sich für die Betroffenen mitunter als „**Zwangskontext**" darstellt. Dies muss kein unüberbrückbares Hindernis für die Arbeit mit den Klienten sein (vgl Conen ZJJ 2007, 370; Kähler 2005; Landschaftsverband Rheinland 2007; Salgo 2007, 14 ff; Schrapper JAmt 2003, 116; Stoppel ZJJ 2007, 357; Trenczek 2009 c Rn 1 ff). Verpflichtungen können zusätzliche, möglicherweise unbekannte Optionen eröffnen, weshalb die Pflicht zur Beratung (zB § 156 Abs. 1 Satz 4 FamFG; s. Anhang § 50 Rn 15) nicht als „Zwangsberatung" diskreditiert werden sollte. Auch zum Schutz von Kindern und Jugendlichen, die sich nicht selbst schützen können, kann die Jugendhilfe nicht immer auf Zwang verzichten (vgl § 8 a Abs. 3, § 42 Abs. 1 Satz 2). Wenn sich Soziale Arbeit aber eines rechtlich legitimierten Zwangs bedient, muss dies konzeptionell und handlungsmethodisch u.a. im Hinblick auf die Motivation und Partizipation (insb. §§ 5, 8, 9) der Klienten aufgefangen werden.

15 Zwischen der Leistungsgewährung und den anderen Aufgaben, insb. in gerichtlichen Verfahren, besteht eine **Wechselwirkung**. Die Tätigkeit der JÄ setzt nicht erst mit dem Beginn eines gerichtlichen Verfahrens ein, vielmehr machen insb. § 8 a Abs. 3, § 50 Abs. 2 und § 52 Abs. 2 deutlich, dass das JA seine Aufgaben unabhängig von einem ggf durchzuführenden Gerichtsverfahren zu erfüllen und seine Kompetenz dann in dieses einzubringen hat. Einige der Beratungs- und Hilfeangebote der Jugendhilfe stehen in einem spezifischen Zusammenhang mit einem gerichtlichen Verfahren und gehen über die Beratungspflicht des JA zur Aufklärung über das Verfahren und die Rechte des Kindes oder Jugendlichen in demselben hinaus. Die JÄ haben ihre Beratungsleistungen offensiv und frühzeitig(er) anzubieten (vgl zB § 17 Rn 17, Vor§ 27 Rn 27 ff, § 52 Rn 51 ff). Sie dürfen in gerichtlichen Verfahren grds (Grenze ist die Kindeswohlgefahr, vgl § 8 a) nichts unternehmen, was den Erfolg von Jugendhilfeleistungen gefährden (vgl § 64 Abs. 2) oder das besondere Vertrauen der Klienten (vgl § 65) enttäuschen würde.

Für die im Zusammenhang eines Gerichtsverfahrens initiierten Leistungen trägt der Träger der öffentlichen Jugendhilfe grundsätzlich nur dann die Kosten, wenn sie auf der Grundlage seiner Entscheidung nach Maßgabe des Hilfeplans unter Beachtung des Wunsch- und Wahlrechts erbracht werden (§ 36 a Abs. 1). Zwar wird insofern teilweise immer noch behauptet oder gewünscht, dass die Gerichte Jugendhilfeleistungen anordnen könnten (vgl AG KICK ZJJ 2007, 449; Fellenberg 2008, 71; Münch-Komm/Tillmanns § 50 SGB VIII Rn 5; Staudinger/Coester § 1666 BGB Rn 186), für eine solche Anordnungskompetenz fehlt es allerdings an der notwendigen gesetzlichen Grundlage. Der Gesetzgeber hat vielmehr 2005 die **Steuerungsverantwortung des JA** (§ 36 a) im Sinne der früheren Kommentierung (vgl 4. Aufl. 2003 § 50 Rn 28 mwN, § 52 Rn 76; Meysen 2008, 81 ff; Röchling 1997, 239 ff; Trenczek 1996, 123 ff; 2000, 103 ff; Wiesner/Oberloskamp Anhang § 50 Rn 135) ausdrücklich hervorgehoben. Die im familien- wie im jugendstrafrechtlichen Verfahren erforderliche Anhörung des JA setzt also (nicht nur nach § 12 JGG, sondern) im Hinblick auf ggf vom Gericht für sinnvoll gehaltene Interventionen („Maßnahmen") der Jugendhilfe stets voraus, dass dieses zuvor festgestellt hat, ob die „im Achten Buch Sozialgesetzbuch genannten Voraussetzungen" gegeben sind (§ 36 a Rn 16 ff, 22 ff). Erst dann können FamG und JugG Kinder, Jugendliche und ihre Personensorgeberechtigten verpflichten, angebotene Leistungen der Kinder- und Jugendhilfe und der Gesundheitsfürsorge in Anspruch zu nehmen (§ 1666 Abs. 3 BGB).   **16**

Das JA entscheidet in eigener, am Kindeswohl ausgerichteter fachlicher Verantwortung, *wie* es seine Aufgaben im Rahmen der Mitwirkung im gerichtlichen Verfahren erfüllt. Das JA ist weder Ermittlungsbehörde noch ausführendes Organ oder Erfüllungsgehilfe, sondern Kooperationspartner der Gerichte. Das JA unterliegt **keinen gerichtlichen Weisungen**, weder im Hinblick auf die Art und Weise der Aufgabenwahrnehmung (vgl § 50 Rn 10 ff, § 52 Rn 5) noch auf ein persönliches Erscheinen der Fachkräfte des JA. Das Gericht hat keine Befugnis, die Fachkräfte des JA zu einem Verhandlungstermin einzubestellen oder die Art und Weise der Mitwirkung vorzuschreiben. Will das Gericht seiner Aufklärungs- und Anhörungspflicht (§§ 26, 162, 176, 194, 205, 213 FamFG bzw § 50 Abs. 3 JGG, § 244 Abs. 2 StPO) nachkommen, muss es das JA anhören und ggf um eine Stellungnahme ersuchen. Vom Gericht gesetzte **Fristen** sind als Bitte und Orientierung zu verstehen, in welchen Zeitabläufen das Gericht seine Aufgaben zu erledigen gedenkt (ebenso GK/Schleicher § 50 Rn 13 und 27; Willutzki ZfJ 1994, 203; Wiesner/Mörsberger Vor§ 50 Rn 56). Bei Verhinderungen und Verzögerungen auf Seiten des JA sollten frühzeitige Rückmeldungen an das Gericht selbstverständlich sein. Unterlässt das FamG die vorgeschriebene Anhörung, kann seine Entscheidung angefochten werden (§ 59 Abs. 3, § 162 Abs. 3 Satz 2 FamFG, vgl Anhang § 50 Rn 11). Entsprechendes gilt bzgl. der Heranziehung des JA iRd Jugendstrafverfahrens (§ 52 Rn 47).   **17**

Das Gericht verfügt nicht über **Zwangsmittel**, das JA zu der von ihm gewünschten Aufgabenerledigung anzuhalten; hierfür gibt es keine Rechtsgrundlage, weder im Hinblick auf das familiengerichtliche Verfahren (vgl § 50 Rn 16; OLG Schleswig FamRZ 1994, 1129; OLG Oldenburg NJW-RR 1996, 650; MünchKomm/Tillmanns § 50 SGB VIII Rn 6) noch im Jugendstrafverfahren (§ 52 Rn 18). Weder können die Gerichte dem JA Zwangsgelder noch Kosten auferlegen, die dadurch entstanden sein sollen, dass ein Mitarbeiter des JA seine Aufgaben nicht erledigt habe und nicht bei Gericht erschienen sei (vgl OLG Karlsruhe NStZ 1992, 251; Eisenberg § 50 JGG Rn 26; Ostendorf § 50 JGG Rn 13; GK/Schleicher § 50 Rn 28). FamG und JugG haben keine Prüfungskompetenz im Hinblick auf die Aufgabenwahrnehmung durch das JA (ebenso Meysen 2008, 81 ff; aA offenbar KICK ZJJ 2007, 449; Fellenberg 2008, 71). Gegenstand der gerichtlichen Entscheidung ist stets die sorgerechtliche bzw strafrechtliche Maßnahme, nicht aber die Tätigkeit des JA. Die **gerichtliche Kontrolle der JÄ** ist eine Sache der Verwaltungsgerichte (s. Anhang Verfahren Rn 69 ff; zur Verpflichtung der Eltern, Rechtsschutz zu suchen, vgl MünchKomm/Olzen § 1666 BGB Rn 177). Sofern sich ggf unterschiedliche Sichtweisen nicht durch die fachliche Kooperation lösen lassen, insb. bei Meinungsverschiedenheiten über Inhalt und Umfang der Mitwirkungspflichten, besteht für die FamG/JugG die Möglichkeit, bei der Behördenleitung Dienstaufsichtsbeschwerde gegen das Verhalten eines Mitarbeiters zu erheben, die kommunale Rechtsaufsicht oder ggf das VG einzuschalten (vgl OLG Schleswig FamRZ 1994, 1130; Oberloskamp FamRZ 1992, 1247; Röchling ZfJ 1999, 202; Wiesner ZfJ 2003, 128). Dem Träger der Kinder- und Jugendhilfe die **Kosten des Verfahrens** (zB Gutachterkosten) aufzuerlegen, weil er seine im öffentlichen Interesse gesetzlich vorgeschriebenen Aufgaben im Rahmen der Mitwirkung im gerichtlichen Verfahren erfüllt (vgl DIJuF JAmt 2002, 402 f) ist abwegig. Allerdings ist es nun nach § 81 Abs. 4 FamFG möglich, dem JA die Kosten eines Verfahrens aufzuerlegen, wenn die Tätigkeit des Gerichts durch ein *nicht* fachgerechtes Handeln veranlasst wurde und die Mitarbeiter des JA ein grobes Verschulden trifft (Anhang § 50 Rn 12).   **18**

19   Bei der Mitwirkung der JÄ im gerichtlichen Verfahren handelt es sich **nicht** um (eine „Art sachverständiger") **Amtshilfe** (vgl §§ 3 ff SGB X) für das Gericht (missverständlich Kunkel/Kunkel § 50 Rn 2), weil es sich um eine eigene, originär dem JA obliegende Aufgabe handelt (§ 3 Abs. 2 Nr. 2 SGB X), das JA also keine Aufgaben des Gerichts wahrnimmt. Die in Art. 35 GG verankerte Verpflichtung besteht nur zwischen Behörden mit grundsätzlich gleichen Befugnissen. Amtshilfe kann zwar die Grenzen örtlicher, nicht aber die der sachlichen Zuständigkeit überwinden (Schlink 1985; 1991, 52). Sie erlaubt einer Behörde nur dann ihre Befugnisse in den Dienst der anderen Behörde zu stellen, wenn die Aufgaben beider Behörden sachlich gleich sind. Gerade dies sind sie im Hinblick auf die Gerichte und die JÄ nicht.

20   Auch wenn ihre Aufgaben und Perspektiven unterschiedlich sind, mit Blick auf das Kindeswohl und das staatliche Wächteramt stehen JA und Gerichte in einer **Verantwortungsgemeinschaft** (BMJ/AG Kindeswohl 2006, 11; DIJuF 2004; Wiesner ZfJ 2003, 121; ders. 2007 a, 171). Deshalb ist in und außerhalb des gerichtlichen Verfahrens die Institutionen übergreifende und interdisziplinäre **Kooperation** unter Wahrung der gesetzlich zugewiesenen Aufgaben, Befugnisse und Verantwortlichkeiten unverzichtbar (Blank/Deegener 2004, 113; DIJuF 2004; Jann 2004; Trenczek Forum Jugendhilfe 2001, 9; Wiesner 2004). Die §§ 50-52 konkretisieren im Hinblick auf die Gerichte die allgemeine Verpflichtung der JÄ, mit anderen Stellen und öffentlichen Einrichtungen zusammen zu arbeiten (§ 81). Die fachgerechte **Unterstützung für das Gericht** ist kein Gegensatz zur Hilfe für das Kind und seine Familie. Auch wenn die JÄ vorrangig Hilfe „zugunsten" von Kindern, Jugendlichen und ihren Familie leisten (§ 2 Abs. 1), unterstützen („helfen") sie doch durch ihre fachlich qualifizierte und angemessene Mitwirkung gleichzeitig auch die Gerichte bei deren Aufgaben und Entscheidungsfindung (zu den in diesem Zusammenhang wichtigen fachlichen Stellungnahmen s. Rn 23 ff). Entsprechendes gilt vice versa.

21   Aufgrund der Beteiligung verschiedener Institutionen, der Interdisziplinarität des Arbeitsfelds und des unterschiedlichen rechtlichen Bezugsrahmens kann es allerdings nicht verwundern, dass sich zwischen Justiz und Jugendhilfe mitunter Meinungsverschiedenheiten, Konflikte und **Spannungen** ergeben (vgl Balloff ZfJ 1994, 301; Dickmeis ZfJ 1995, 55; GK/Schleicher § 50 Rn 10 ff; Mörsberger JAmt 2002, 434; Proksch Jugendhilfe 1993, 158; Simitis 1982, 169; Trenczek 2007 b Rn 12; 2008, 160 ff). Juristen und Fachkräfte der Kinder- und Jugendhilfe gehen zB hinsichtlich der methodischen Vorgehensweise, der diagnostischen Einschätzung des Sachverhalts oder der Geeignetheit und Notwendigkeit von Interventionen häufig von sehr verschiedenen Sichtweisen aus. Die unterschiedlichen Perspektiven sind jedoch im Streben um das Kindeswohl notwendig. Sie sind deshalb nicht als Machtkampf oder Zänkereien abzutun, zumal die „Fronten" nicht so eindeutig verlaufen, als dies eine Gegenüberstellung, hier die Justiz, dort die Jugendhilfe, glauben machen will. Vielmehr kann vielen Fehlentwicklungen und Engpässen in der praktischen Arbeit durch eine angemessene Kooperation von Justiz und Sozialer Arbeit begegnet werden.

22   Im Hinblick auf die **Terminologie** („Familiengerichtshilfe" bzw „Jugendgerichtshilfe") werden gelegentlich neue Vorschläge gemacht (vgl zB Fieseler/Herborth 2005, 222; GK/Schleicher § 50 Rn 31; Jans u.a./Harnach § 50 Rn 4; Klier/Brehmer/Zinke 2002, 11 ff), allerdings haben sich neue Wortschöpfungen in der Praxis bislang nicht durchgesetzt. Der Appendix „-gerichtshilfe" suggeriert eine besondere, vom JA getrennte und den Justizbehörden untergeordnete Institution, vergleichbar etwa mit der Gerichtshilfe in den allgemeinen Strafverfahren (vgl § 160 Abs. 3, § 463 d StPO). Die gesetzliche Terminologie („Mitwirkung im gerichtlichen Verfahren") bricht mit den tradierten Begriffen aus der Zeit vor dem KJHG und damit auch einem überkommenen Verständnis von Aufgaben und Funktionen der Jugendhilfe (vgl BT-Drucks. 11/5948, 89, BT-Drucks. 11/7421, 1).

3. Fachliche Stellungnahmen

23   Soweit dies nicht durch das Gesetz ausdrücklich vorgeschrieben ist (vgl § 189 FamFG), ist das JA nicht verpflichtet, (schriftliche, gutachtliche) **Stellungnahmen** bzw eine „**fachliche Äußerung**" abzugeben (vgl Fieseler/Herborth 2005, 225; Schellhorn § 50 Rn 19; GK/Fieseler § 50 Rn 6; Wiesner/Mörsberger § 50 Rn 33; aA noch Ensslen RsDE 39/1998, 51; Jans u.a./Harnach § 50 Rn 28; Kunkel/Kunkel § 50 Rn 12; Röchling ZfJ 2004, 258; im Einzelnen vgl § 50 Rn 10 bzw § 52 Rn 33). Es ist ein immer noch verbreiteter Denkfehler anzunehmen, das JA könne seine Mitwirkungspflicht fachgerecht nur durch eine (der Justiz dienenden) Stellungnahme („Berichte") nachkommen. Allerdings sind fachliche Stellungnahmen als Teil der sozialpädagogischen Arbeit gerade im Hinblick auf die interdisziplinäre Kommunikation mit der Justiz und anderen Berufsgruppen oft notwendig. Ohne die Berücksichtigung der mit fachlichem Hintergrundwissen erläuterten Lebenssituation von jungen Menschen und ihrer Familien, ohne die Kenntnis ihrer subjektiven Deutungsmuster, ohne die sozialpädagogisch fundierte Diagnose, Risikoeinschätzung und Abklärung des aktuellen Hilfebedarfs und -angebots ist weder eine Hilfeplanung noch eine sachgerechte Entscheidung der Justiz möglich. Eine gerichtliche Entscheidung wird allerdings nicht unmöglich gemacht, wenn ein JA mitteilt, derzeit keine Äußerung abgeben zu können (vgl BayObLG 4.8.2000 – 1 Z BR 103/00 – FamRZ 2001, 647 im Fall eines Adoptionsantrags mit einer allerdings problematischen Begründung). Freilich muss auch ein Gericht die gesetzlich zugewiesenen Aufgaben und Befugnisse der Jugendbehörden respektieren.

Die Praxis der fachlichen Äußerungen, Diagnosen und Berichte und Stellungnahmen der Jugendhilfe **24** ist einer zT heftigen **Kritik** ausgesetzt (vgl Erben/Schade ZfJ 1994, 209; Harnach 2007, 29 ff; Gohde/ Wolff Neue Praxis 1990, 316; Jans u.a. § 50 Rn 32 f; Lindemann Neue Praxis 1992, 220 ff; ders. 1998; Müller/Trenczek 2000, 867; Klier 1987, 191 ff; Trenczek 2008, 40 ff; Wiesner/Oberloskamp Anhang § 50 Rn 15; Wild 1989, 115 ff; s. a. § 52 Rn 33). Voraussetzung einer fachlichen Stellungnahme neben dem Zugang zu den Betroffenen und dem zugrunde liegenden Sachverhalt (unter Berücksichtigung der datenschutzrechtlichen Regelungen, s. VorKap. 4 Rn 13 ff) ist eine differenzierte Diagnostik (Rn 26) und häufig auch eine normbezogene Subsumtion (vgl Trenczek/Tammen/Behlert 2008, 97 ff). Die **Fehlerquellen** bei der Informationsgewinnung und -bewertung sind zahlreich (zB unvollständiger Sachverhalt, selektive Wahrnehmung, Schwierigkeiten bei der Gewichtung und Verknüpfung von Informationen; sonstige Fehler bei der Urteilsbildung; Bewertungs- und Logikfehler; vgl Harnach 2007, 29 ff; Jans u.a. § 50 Rn 33; Oberloskamp/Balloff/Fabian 2001, 60 ff), sie werden ebenso wie die immanenten Grenzen und Verfälschungslatenzen rekonstruktiver Dokumentationen nicht immer ausreichend transparent gemacht. Zu kritisieren ist u.a. das stillschweigende Festhalten an einem erkenntnistheoretisch nicht haltbaren Objektivitätskonzept sowie eine häufig anzutreffende Fokussierung auf Defizite. Komplexe Sachverhalte werden gelegentlich ungeachtet der fehlenden disziplinären Qualifikation verkürzt und trivialisiert wieder-, die gebotene Zurückhaltung bei prognostischen Aussagen aufgegeben. Bewertungen werden nicht immer belegt oder als subjektive Einschätzungen kenntlich gemacht und spiegeln nicht selten nicht hinterfragte persönliche Moral- und Wertvorstellungen wider. Enttäuschte Erwartungen werden bisweilen als fachliche Einschätzung weitergegeben, als abweichendes Verhalten und Normverletzung interpretiert. Gelegentlich muss man feststellen, dass die wissenschaftlichen Befunde zur Entwicklung und Sozialisation von Kindern und Jugendlichen nicht rezipiert, zur Normalität und Episodenhaftigkeit von abweichenden Verhalten immer noch negiert, defizitfixierte Sozialisationsmythen (zB das broken-home-Syndrom) und zweifelhafte Alltagstheorien sorgsam gepflegt und ein überkommenes Erziehungs- und Resozialisierungsmodell selbst dort bemüht werden, wo es weder etwas zu erziehen noch zu (re)sozialisieren gibt. Die Stellungnahmen sind manchmal lapidar, manchmal stigmatisierend, zum Teil pädagogisch nichts sagend und diagnostisch wertlos. Freilich ist dies nicht überall so (und zudem kein Alleinstellungsmerkmal der Kinder- und Jugendhilfe) und Bemühungen um Professionalisierung haben auch in diesem Bereich durchaus Erfolg gehabt. Allerdings haben sich die fachlichen Standards noch nicht überall durchgesetzt und angesichts verkürzter Ausbildungsgänge ist zu befürchten, dass das Potenzial zur qualitativen Verbesserung der Handlungskompetenzen von Berufsanfängern erheblich ist. Darüber hinaus führen institutionelle Zwänge auch in der Jugendhilfe zu Verkürzungen und verführen zu Erwartungen, dass „Probleme in gesetzlich vorgegebenen Maßnahmen oder Strukturen hineindefiniert werden, also in die traditionell individualisierenden Verständnismuster verwaltungstechnischer, pädagogischer oder therapeutischer Provenienz, deren Wirkung oft noch verstärkt wird durch die reduktionistischen und stigmatisierenden Konsequenzen von Fallberichterstattung und Aktenführung. Die Arbeitsbelastung und der situative Handlungsdruck der Mitarbeiter kommen erschwerend hinzu" (8. Jugendbericht BT-Drucks. 11/6576, 133). Hieran hat sich bis heute wenig geändert.

Eine fachlich qualifizierte Stellungnahme der Kinder- und Jugendhilfe ist mehr als der bloße Bericht **25** über biographische Daten, Fakten und Meinungen. Sie muss der sozialpädagogisch fundierten **Vorbereitung der konkreten Hilfeleistung** dienen. Wird eine (schriftliche) Stellungnahme abgegeben, so sollte diese unter Berücksichtigung besonderer, entscheidungsrelevanter Fragestellungen (zB dient eine Regelung dem Kindeswohl, Entwicklungsstand und strafrechtliche „Reife") insb. zu den nachfolgenden Aspekten Auskunft geben können (zur **Gliederung und Inhalt fachlicher Stellungnahmen der Sozialen Arbeit**, vgl zB Harnach 2007; Oberloskamp/Balloff/Fabian 2001, 65 ff; Trenczek ZJJ 2003, 35), wobei nicht immer alle Punkte in aller Ausführlichkeit ausgeführt werden (können/müssen):

- Darstellung der **empirischen Grundlage** der Unterrichtung/Stellungnahme (Angabe der Quellen, Kontakte und Informationen, auf denen die Stellungnahme basiert);

- Beschreibung der **Vorgeschichte und aktuellen Situation**, womit ein Einblick in komplexe intra-psychische und psychosoziale Gegebenheiten ermöglicht werden soll. Im Hinblick auf das künftige Verhalten von (jungen) Menschen und den Ergebnissen der Resilienz- und Kontrollforschung (Rn 4) sollte dabei der Blick aber nicht nur auf die in der Vergangenheit liegenden biographischen Belastungen („Defizite"), sondern auf Risiko- und **Schutzfaktoren** sowie **aktuelle** (bzw aktivier-bare) **Bindungs- und Integrationsmechanismen** gelegt werden:

  - Beschreibung der innerfamiliären Beziehungsnetze, Betreuungssituation und Ressourcen,
  - Dokumentation der sozialen und räumlichen Umgebung (zB Wohn- und Arbeitsverhältnisse),
  - Entwicklung und Situation der Kinder, insb. familiäre und soziale Einbindung der Kinder,
  - Verhaltensweisen und Bewältigungsmechanismen (zB im Hinblick auf eine Trennung der Eltern), Wünsche und Vorstellungen (zB über die künftige Gestaltung der Beziehungen zu seinen Eltern),
  - Sichtweisen und Vorstellungen der Betroffenen (insb. Problemakzeptanz- und -kongruenz, s. Rn 27),
  - Darstellung von Verlauf und Folgen bisher erbrachter (Jugendhilfe-)Leistungen; ggf Gründe für die mangelnde Akzeptanz;

- **psycho-sozialer Befund** zur Erläuterung der konstanten Erlebens- und Verhaltensweisen (Konsis-tenz), die sich auf Grund einer Bündelung der Einzelfakten als beständige Muster herausfiltern lassen (Persistenz/Längsschnittkonstanz), ggf unter ausdrücklicher Berücksichtigung von gegen-sätzlichen, widersprüchlichen Verhaltensweisen; insb. Feststellung von Handlungskompetenzen, Erziehungspotentialen und -fähigkeiten;

- **psychosoziale Diagnose** (hierzu Rn 26);

- ggf **Prognose** (Verlängerung des Befundes in die Zukunft; hierzu Rn 27);

- abschließende, sorgfältig abwägende **Gesamtbetrachtung**, ggf mit entscheidungsbezogener Sub-sumtion und sozialpädagogischem Vorschlag zu sozialpädagogisch wie jugendhilferechtlich be-gründeten Interventionen und ihren Alternativen; ggf Hinweis auf Gründe, die *gegen* eine Anhö-rung des Kindes vor Gericht oder justizielle Interventionen sprechen.

26 Als **Diagnose** bezeichnet man die Erklärung und Zuordnung der Befunde vor dem Hintergrund spe-zifischen Fachwissens (hierzu Ader u.a. 2001; BY LJA 2004; Heiner 2004; Harnach 2007; Oberlos-kamp/Balloff/Fabian 2001, 89 ff; Projahn ZJJ 2003, 350 ff; Schrapper ZJJ 2003, 336; ders. 2004; Trenczek 2008, 40 ff; Uhlendorf 1997; ders. Neue Praxis 2005, 524; Uhlendorff/Cinkl ZJJ 2003, 343). Diagnosen sind immer nur fachlich begründete Vermutungen, die man der Kontrolle der Betroffen unterwerfen, in Frage stellen und korrigieren muss, um Stigmatisierungen zu vermeiden. Psychosoziale Diagnosen verknüpfen die zentralen sozialen Entwicklungsbedingungen mit den Verhaltensmustern und typischen Problemlagen von Personen/Systemen und berücksichtigen dabei insb. den psychoso-zialen Entwicklungsstand der Klienten. Von Bedeutung sind insb. die Gestaltung der (sozial)pädago-gischen Prozesse mit Blick auf Entwicklungsmöglichkeiten. In der Kinder- und Jugendhilfe geht es im Hinblick auf den Leistungsbereich wie auch im Hinblick auf ihre Mitwirkung im gerichtlichen Ver-fahren (zu § 3 JGG, vgl § 52 Rn 36 mwN) vorrangig um eine entscheidungsorientiert-legitimatorische psychosoziale Diagnostik, die ebenso sozialarbeiterisch legitim und methodisch korrekt ist wie andere Verfahren des sozialpädagogischen (zB biographisch-rekonstruktiven) Fallverstehens, wobei insb. auch die Möglichkeiten von (begleiteten) Veränderungsprozessen prognostisch im Rahmen der Pro-zesssteuerung berücksichtigt werden sollen. Dabei muss mit Blick auf die Ergebnisse der Resilienzfor-schung und kontrolltheoretische Überlegungen, nicht zuletzt aber gerade aus sozialpädagogischer Per-spektive darauf hingewiesen werden, dass nicht (nur) die negativen Eigenschaften und abweichendes Verhalten erklärungsbedürftig sind, sondern vielmehr die internen und externen Schutzfaktoren, die dazu beitragen, dass sich trotz (außerordentlich) belastender Lebensumstände Muster einer die soziale Integration fördernden, gelingenden Sozialisation ergeben haben (und in dessen Folge, wie diese zu verstärken sind). Nicht immer ist die Abweichung erklärungsbedürftig, sondern der trotz allem gelin-gende Alltag. Hauptziel jeder psycho-sozialen Diagnose ist nicht (nur) das Erkennen von Mangelsym-ptomen, Gefährdungslagen und Krisen, sondern stets die darüber hinausreichende Indikationsstellung und differenzierte Planung von pädagogischen, psychologischen oder sonstigen therapeutischen **Inter-ventionen**. Auch eine qualifizierte Risikoeinschätzung, Verdachtsabklärung und Hilfeplanung der So-zialdienste kann eine darüber hinausgehende psychologische, medizinische oder psychiatrische Begut-achtung (vgl Balloff 2004, 119 ff; Döpfner 2000; Fegert 2001; Jäger 1988; Kanthak ZfJ 2004, 180; Schmidt 2005) nicht ersetzen, sondern geht ihr notwendig voraus; ggf sind deshalb entsprechende Gutachten anzuregen.

Bei der **Prognose** ist größte Zurückhaltung angeraten. Im konkreten Einzelfall bleiben Prognosen stets   27
unsicher, auch eine Reihe von in der Vergangenheit festgestellten Einzelmerkmalen prädisponieren
nicht automatisch zu einem bestimmten Verhalten in der Zukunft (Albrecht 1990; Walter 2005,
289 ff; s. § 52 Rn 37). Im Hinblick auf die **Einschätzung von (Gefährdungs-)Risiken** für das Kindeswohl (vgl Beelmann 2001; Kindler 2001 u. 2005; Ostler/Ziegenhain 2007; Trenczek 2008, 44 ff; zu
Arbeitshilfen und regelgeleiteten Diagnoseverfahren für das Erkennen von Gefährdungslagen s. § 8 a
Rn 20) geht es nicht um hellseherische Fähigkeiten, wesentlich ist die in der dialogischen Auseinandersetzung mit den Betroffenen gewonnene Einschätzung der Situation. Hierbei geht es vor allem um
die sog. **Problemakzeptanz** (Sehen die Betroffenen/Eltern/Sorgeberechtigten selbst ein Problem oder ist
dies weniger oder gar nicht der Fall?), **Problemkongruenz** (Stimmen die Betroffenen/Eltern/Sorgebe-
rechtigten und die beteiligten Fachkräfte in der Problemkonstruktion überein oder ist dies weniger
oder gar nicht der Fall?) sowie der **Hilfeakzeptanz** (Sind die Betroffenen/Eltern/Sorgeberechtigten bereit, die ihnen gemachten Hilfeangebote anzunehmen und zu nutzen oder ist dies nur zum Teil oder
gar nicht der Fall?) (vgl Kinderschutzzentrum Berlin 2000, 111 ff; Kohaupt JAmt 2005, 221 f). Wenn
prognostische Aussagen gewagt werden, sollten sie v.a. auch zu den Auswirkungen initiierter Unterstützungsleistungen und justizieller Entscheidungen auf den Alltag der Betroffenen Stellung nehmen.

Die Betroffenen sollten über den Inhalt sie betreffender Stellungnahmen informiert werden. Der junge   28
Mensch und seine Eltern haben ein **Auskunftsrecht** (§ 61 iVm § 83 SGB X), worüber sie zu informieren
sind. Zur Minimierung von Verfälschungslatenzen und Stigmatisierungen sollte es selbstverständlich
sein, dass die Inhalte der Stellungnahmen gegenüber den Betroffenen transparent gemacht und mit
ihnen durchgesprochen werden.

Bei der Erarbeitung fachlicher Stellungnahmen muss darauf geachtet werden, dass die deskriptive   29
Darstellung der Daten und die daran anknüpfenden Erklärungen, **Fakten und Beurteilungen**, sowie
die (rechtsbezogene) Subsumtion und sich daraus ergebende Konsequenzen voneinander unterschieden
und nachvollzogen werden können. Strittige Punkte sind von einvernehmlichen Regelungen abzuhe-
ben.

Eine ausführliche, differenzierte Stellungnahme ist in vielen Fällen nicht erforderlich, insb. wenn es nur   30
Normalität zu berichten gibt; ist eine solche aber zum Verständnis von Person, deren Verhaltensweisen
und sozialem Umfeld erforderlich, macht dies in der Regel eine **schriftliche Bearbeitung** notwendig,
gesetzlich vorgeschrieben ist sie nicht. In Eilverfahren, in Anhörungen, mit Rücksicht auf laufende
Beratungs- und Vermittlungsprozesse zugunsten von einvernehmlichen Regelungen der Betroffenen
oder im Rahmen der JGH-Aufgaben verzichten v.a. erfahrene JA-Fachkräfte mitunter bewusst auf
(ausführliche) schriftliche Stellungnahmen, weil sie ihre Gesichtspunkte **mündlich** besser zur Geltung
bringen, im Vorfeld übersandte Berichte schon wieder überholt sind oder (in strafrechtlichen Verfahren) gelegentlich als Diktatvorlage für gerichtliche Entscheidungen dienen. Vor Gericht kann öfters
auf ein bisweilen langatmiges Verlesen schriftlicher Ausführungen zugunsten einer prägnanten mündlichen Äußerung verzichtet werden, in der v.a. die aktuellen Bezüge und Handlungsoptionen dargestellt
und die sozialpädagogische Perspektive der Jugendhilfe zur Geltung gebracht werden.

Das pflichtgemäße Ermessen des JA bezieht sich auch auf die vielfach von der Justiz gewünschten   31
Entscheidungsvorschläge. Eine gesetzliche Pflicht besteht hierzu weder im familien- (§ 50 Rn 19) noch
im jugendgerichtlichen Verfahren (hierzu § 52 Rn 39). Die Fachkräfte des JA entscheiden im konkreten
Einzelfall, ob ein Vorschlag fachlich angemessen ist. Sie dürfen freilich in ihren Stellungnahmen nur
das in das gerichtliche Verfahren einbringen, was sie aus ihrer eigenen Arbeit und um ihrer eigenen
Aufgaben willen zu sagen haben (ebenso DIJuF JAmt 2005, 14). Sie werden im Interesse und zugunsten
des Wohls des jungen Menschen zu den Auswirkungen justizieller Entscheidungen auf seine Entwick-
lungsperspektiven Stellung nehmen, schlagen aber grundsätzlich nur solche Interventionen vor, die
dem Jugendhilfe- und Erziehungsverständnis des Sozialrechts entsprechen und deshalb von der Kinder-
und Jugendhilfe initiiert bzw selbst angeboten werden können. Werden eigene Vorschläge gemacht,
so sind stets die Alternativen darzustellen (vgl Mörsberger ZfJ 1990, 370).

§ 36 a unterstreicht die **Steuerungs- und Planungsverantwortung des JA**, lässt selbst aber Ausnahmen   32
(„grundsätzlich") bei Fehlern im Verfahrensablauf zu (zB hat das Fehlen eines schriftlich fixierten
Hilfeplans nicht zur Folge, dass das JA eine dem Bedarf entsprechende geeignete und erforderliche
Hilfe verweigern könnte; vgl BVerwG 24.6.1999 – 5 C 24.98 – ZfJ 2000, 33 - DÖV 2000, 204 ff).
Anspruchskonkretisierende Wirkung kommt zwar in aller Regel erst dem Hilfeplan zu (§ 36 Rn 53).
Im Hinblick auf die Mitwirkung im gerichtlichen Verfahren ist zu beachten, dass Stellungnahmen im
Hinblick auf empfohlene Jugendhilfeleistungen **anspruchskonkretisierende Wirkung** haben (vgl § 27

Rn 49; Tammen 2007 Rn 62; Trenczek 1996, 101; 2000, 59; Wiesner/Wiesner § 27 Rn 66). Nach den allgemeinen Regeln des Rechtsverkehrs sind die von (mit Aufgaben nach §§ 50-52 betrauten) Fachkräften gegenüber dem Gericht abgegebenen Stellungnahmen als externe Äußerung des JA bindend, selbst wenn sie unter Verstoß gegen die Vorschriften der §§ 36, 36 a SGB VIII oder interne Anweisungen abgegeben wurden (vgl § 36 Rn 54; Trenczek 2009 Rn 16).

II. Verfahrensrechtliche Aspekte der Mitwirkung der Jugendhilfe

33   Während sich Aufgaben, Art und Weise des Vorgehens und Befugnisse des JA aus dem Sozial- und Sozialverwaltungsrecht ergeben (insb. SGB I, VIII und X), bestimmt sich seine **prozessrechtliche Stellung** im Gerichtsverfahren aus den jeweiligen Verfahrensnormen der entsprechenden Regelungsbereiche des FamFG (hierzu Anhang § 50) und teilweise noch aus GVG und ZPO sowie andererseits des JGG und der StPO. Die Fachkräfte der JÄ können die Gesichtspunkte der Kinder- und Jugendhilfe im gerichtlichen Verfahren zur Geltung bringen, weil sie unabhängig von ihrer förmlichen Stellung als **Verfahrensbeteiligte** durch eigene Willenserklärungen aktiv und gestaltend am Prozess mitwirken. Im familiengerichtlichen Verfahren wird das JA zum (förmlichen) Verfahrensbeteiligten, wenn es dies ausdrücklich wünscht (§ 162 Abs. 2 Satz 1, § 172 Abs. 2 Satz 1, § 188 Abs. 2 Satz 1, § 204 Abs. 2 Satz 1, § 212 Abs. 2 Satz 1 FamFG; sog. **Zugriffslösung**, s. Anhang § 50 Rn 10). Im Jugendstrafverfahren verfügt das JA über umfangreiche Beteiligungsrechte, die förmliche Stellung als Verfahrensbeteiligter ist aber aufgrund nur beschränkter Gestaltungsrechte umstritten (§ 52 Rn 12). Ungeachtet einer solchen förmlichen Beteiligtenstellung ist im Hinblick auf das Kindeswohl die **Anhörung des JA** stets erforderlich (vgl §§ 162 Abs. 1 Satz 1, §§ 176, 194, 205, 213 FamFG; § 38 Abs. 2 Satz 2, Abs. 3 Satz 3, § 50 Abs. 3 JGG). Die fehlende Anhörung des JA kann eine Verletzung des Grundsatzes auf ein faires Verfahren (Art. 6 EMRK) begründen (Röchling ZfJ 2004, 257). Die Nichtbeachtung der Anhörungspflichten muss deshalb regelmäßig zu der Aufhebung und Zurückweisung der Entscheidung führen.

34   Die Gerichte sind an Interventionsvorschläge des JA nicht gebunden. Allerdings sollte in den **Entscheidungsgründen** dargelegt werden, wenn/warum das Gericht in psychosozialen Fragestellungen bzw im Hinblick auf geeignete und erforderliche Interventionen von dem Votum der Fachkräfte abweicht (vgl § 38 Abs. 3 FamFG; § 54 Abs. 1 JGG).

35   Die Fachkräfte der JÄ sind ungeachtet der von ihnen ggf erstellten gutachtlichen Stellungnahmen keine Sachverständigen im Sinne der gerichtlichen Verfahrensvorschriften (vgl §§ 30,163 FamFG, §§ 402 ff ZPO; §§ 72 ff StPO), da die Zuständigkeit der JÄ gesetzlich geregelt und sie – anders als die **Sachverständigen** (vgl § 404 Abs. 1 ZPO) – nicht vom Richter ausgewählt werden können. Welche Fachkräfte die Leitung des JA mit der Aufgabenerfüllung betraut, liegt in der Personal- und Organisationshoheit des kommunalen Trägers (vgl Wolff/Bachof/Stober 2004 § 94 Rn 68 ff). Es steht dem Gericht auch nicht zu, ein erneutes Tätigwerden des JA anzuordnen, wenn es dessen bisherige Mitwirkung im Verfahren nicht für ausreichend hält. Schließlich können die Fachkräfte der JÄ nicht wegen Befangenheit abgelehnt werden und sie erhalten auch keine Sachverständigengebühren.

36   Die besondere Stellung der Kinder- und Jugendhilfe im gerichtlichen Verfahren schließt eine förmliche Vernehmung ihrer Fachkräfte als **Zeugen** nicht aus. Sie können insoweit über die Ergebnisse ihrer Arbeit als auch über den ihnen zu Ohren gekommenen Sachverhalt vernommen werden. Es ist allerdings Aufgabe des Gerichts und nicht des JA-Mitarbeiters dafür Sorge zu tragen, dass eine auf das konkrete Beweisthema gerichtete **Aussagegenehmigung** des Dienstherrn (§ 30 FamFG iVm § 376 ZPO, § 54 StPO) vorliegt. Hierbei sind insb. die Grenzen der §§ 64 Abs. 2, 65 einzuhalten. Wird sie nicht erteilt, ist eine Vernehmung unzulässig, das Fernbleiben der Fachkraft trotz Ladung als Zeuge entschuldigt (OLG Köln 15.3.2004 – 27 WF 26/04 – JAmt 2004, 255). Liegt eine wirksame Aussagegenehmigung vor, sind die Fachkräfte wegen des Gebots der Vollständigkeit der Zeugenaussage grds verpflichtet, alles auszusagen, was ihnen – auf welchem Weg auch immer – zu dem vom Gericht formulierten Beweisthema bekannt ist.

37   Etwas Anderes gilt nur, wenn sich die Fachkraft wirksam auf ein **Zeugnisverweigerungsrecht** berufen kann. Hierbei geht es im Unterschied zur Aussagegenehmigung um den Schutz der persönlichen Rechte und Vertrauensstellung des einzelnen Zeugen. Während ein Zeugnisverweigerungsrecht in den Verfahren vor den Zivil- und Verwaltungsgerichten (vgl § 30 FamFG, § 383 Abs. 1 Nr. 6 ZPO, § 98 VwGO) im Hinblick auf die Schweigepflicht nach § 203 StGB mittlerweile anerkannt ist (vgl OLG Hamm FamRZ 1992, 201 ff; OLG Köln FamRZ 1986, 709; Zöller-Stephan § 383 ZPO Rn 19 ff) wird

das Zeugnisverweigerungsrecht im Strafverfahren mit Verweis auf eine überholte Entscheidung des BVerfG aus dem Jahre 1972 (BVerfGE 33, 381 f; NJW 1972, 2214) in der strafrechtlichen Literatur noch weitgehend abgelehnt (vgl § 52 Rn 19). Ein solches lässt sich allerdings heute durchaus mit Verweis auf die veränderten Aufgaben der Kinder- und Jugendhilfe und die **datenschutzrechtlichen Regelungen** begründen (hierzu § 52 Rn 30 f, VorKap. 4 Rn 15). Das sozialrechtliche Zeugnisverweigerungsrecht verdichtet sich für Mitarbeiter öffentlicher Träger aufgrund § 35 Abs. 3 SGB I sogar zu einer Zeugnisverweigerungspflicht soweit keine Übermittlungsbefugnisse nach den §§ 68 f, 73 SGB X bestehen (GK/Kunkel § 61 Rn 54; Kunkel ZJJ 2004, 428; Röchling ZfJ 2004, 258).

Für die örtliche **Zuständigkeit** der JÄ zur Mitwirkung im gerichtlichen Verfahren gelten nach § 87 b **38** Abs. 1 die Regelungen des § 86 Abs. 1-4 entsprechend. Zuständig ist damit idR der örtliche Träger der Jugendhilfe (§ 69 Abs. 1, § 85 Abs. 1), in dessen Gebiet die (personensorgeberechtigten) Eltern des Kindes oder Jugendlichen ihren gewöhnlichen Aufenthalt haben (§ 86) und nicht (bzw nur subsidiär) das JA, in dessen Bezirk sich der Minderjährige aufhält. Sofern sich das Gericht, was insb. bei Strafverfahren häufiger vorkommt, in einem anderen Zuständigkeitsbereich befindet, halten manche Gerichte fälschlicherweise das im jeweiligen Gerichtsbezirk liegende JA für zuständig (vgl Kiehl DVJJ 1997, 40). Zwar kann das am Sitz des Gerichts tätige JA das zuständige JA ggf im Wege der **Amtshilfe** unterstützen. Es darf aber nicht von sich aus oder weil das Gericht aus Unkenntnis der Zuständigkeitsnormen des SGB VIII darum bittet, tätig werden, da es mangels Zuständigkeit und mangels einer Rechtsgrundlage an der notwendigen Legitimation (§ 31 SGB I) fehlt (Wiesner/Mörsberger Vor§ 50 Rn 59). Die fehlende Anhörung des örtlich zuständigen JA ist ein Verfahrensfehler und muss idR zur Aufhebung der Entscheidung führen.

Im Interesse der kontinuierlichen Betreuung auch über das 18. Lebensjahr hinaus bestimmt § 87 b **39** Abs. 2, dass eine einmal nach Abs. 1 Satz 1 begründete Zuständigkeit bis zum Abschluss des Verfahrens bestehen bleibt (sog. perpetuatio fori). Ein Wechsel des gewöhnlichen Aufenthaltes während eines laufenden Verfahrens führt deshalb *nicht* zu einem **Zuständigkeitswechsel**.

III. Aufgabenwahrnehmung und Organisation

Im Hinblick auf die Träger der Kinder- und Jugendhilfe wird in den §§ 50-52 die institutionelle Verpflichtung und **funktionale Zuständigkeit des JA** hervorgehoben. An der Durchführung der ihm nach **40** §§ 50-52 obliegenden Aufgaben kann das JA allerdings **anerkannte freie Träger** beteiligen oder diesen die Aufgaben generell zur Ausführung übertragen (§ 3 Abs. 3 Satz 2, § 76 Abs. 1). In beiden Fällen ist damit nicht eine Übertragung hoheitlicher Befugnisse verbunden, der freie Träger handelt nicht als Beliehener. Das JA bleibt für die Erfüllung der Aufgabe verantwortlich (§ 76 Abs. 2).

Die mit der Mitwirkung im gerichtlichen Verfahren verbundenen Aufgaben stellt die Kinder- und Jugendhilfe vor besondere bereichsspezifische Anforderungen, die nur qualifizierte **Fachkräfte** (§ 72) adäquat zu bewerkstelligen in der Lage sind. Hier sind nicht nur Diagnose- und Beratungskompetenz, **41** sondern im Kooperationsbereich zur Justiz besondere **Rechtskenntnisse** (zB materielles und formelles Familien- und Strafrecht; zu den Grundlagen vgl Trenczek/Tammen/Behlert 2008) **und Kommunikationsfähigkeiten** erforderlich (ebenso Jans u.a. § 50 Rn 39 ff). Während sich in den letzten Jahren einerseits ein Streit um die Frage der Garantenstellung von Mitarbeitern der Jugendhilfe entzündet hat (hierzu § 1 Rn 39 ff), kreist die Diskussion andererseits um die Frage der Erforderlichkeit **spezialisierter Fachkräfte** (insb. im Hinblick auf die JGH; § 52 Rn 62 f).

Fachlich-methodische Standards sind auch durch organisatorische Strukturen sicherzustellen. So sollte **42** in bestimmten Beratungskontexten, insb. im Hinblick auf ein Mediationsverfahren im Trennungs- und Scheidungskonflikt oder im sog. Täter-Opfer-Ausgleich, die **personelle Trennung** von (allparteilichen) Mediatoren einerseits und (parteilichen) Beratern bzw Entscheidern (zB über Inhalte von Stellungnahmen, Leistungen nach SGB VIII) andererseits selbstverständlich sein (§ 17 Rn 44; vgl Oberloskamp KindPrax 2002, 3; Trenczek 1996, 96; ders. ZKM 2003, 105; Willutzki ZfJ 1994, 204). Zumindest wird bei Scheitern der Beratung im Hinblick auf die Mitwirkung im gerichtlichen Verfahren ein Personalwechsel angeraten (Balloff 2004, 117; Buchholz-Graf ZfJ 2001, 214; Coester FamRZ 1992, 617). Das fachliche Handeln allein über den Datenschutz sicherstellen zu wollen (zB LJA Rh.-Pf 2008, 18), ignoriert die notwendig unterschiedlichen Aufgaben, professionellen Haltungen und methodischen Standards und übersieht, dass sich die Rollendiffusion aus der Perspektive der Betroffenen destruierend auf das – sowohl für die Vermittlung wie für die (sozialanwaltliche) Hilfe – unverzichtbare Vertrauensverhältnis auswirkt.

Weiterführende Literaturhinweise:

Balloff 2004; *Harnach* 2007; *Münder/Mutke/Schone* 2000; *Oberloskamp/Borg-Laufs/Muttke* 2009; *Zitelmann* 2001; *Trenczek* 2008.

§ 50 Mitwirkung in Verfahren vor den Familiengerichten

(1) [1]Das Jugendamt unterstützt das Familiengericht bei allen Maßnahmen, die die Sorge für die Person von Kindern und Jugendlichen betreffen. [2]Es hat in folgenden Verfahren nach dem Gesetz über das Verfahren in Familiensachen und in den Angelegenheiten der freiwilligen Gerichtsbarkeit mitzuwirken:

1. Kindschaftssachen (§ 162 des Gesetzes über das Verfahren in Familiensachen und in den Angelegenheiten der freiwilligen Gerichtsbarkeit),
2. Abstammungssachen (§ 176 des Gesetzes über das Verfahren in Familiensachen und in den Angelegenheiten der freiwilligen Gerichtsbarkeit),
3. Adoptionssachen (§ 188 Abs. 2, §§ 189, 194, 195 des Gesetzes über das Verfahren in Familiensachen und in den Angelegenheiten der freiwilligen Gerichtsbarkeit),
4. Ehewohnungssachen (§ 204 Abs. 2, § 205 des Gesetzes über das Verfahren in Familiensachen und in den Angelegenheiten der freiwilligen Gerichtsbarkeit) und
5. Gewaltschutzsachen (§§ 212, 213 des Gesetzes über das Verfahren in Familiensachen und in den Angelegenheiten der freiwilligen Gerichtsbarkeit).

(2) [1]Das Jugendamt unterrichtet insbesondere über angebotene und erbrachte Leistungen, bringt erzieherische und soziale Gesichtspunkte zur Entwicklung des Kindes oder des Jugendlichen ein und weist auf weitere Möglichkeiten der Hilfe hin. [2]In Kindschaftssachen informiert das Jugendamt das Familiengericht in dem Termin nach § 155 Abs. 2 des Gesetzes über das Verfahren in Familiensachen und in den Angelegenheiten der freiwilligen Gerichtsbarkeit über den Stand des Beratungsprozesses.

I. Sinn, Rechtscharakter und Bedeutung der Norm - Rechtsentwicklung

§ 50 verankert die **Mitwirkung des JA in gerichtlichen Verfahren vor dem FamG** als eine im Interesse des Kindeswohls (Vor § 50 Rn 2) auch gegenüber den Gerichten selbstständig und verantwortlich zu erfüllende Aufgabe des JA als **sozialpädagogischer Fachbehörde** zugunsten junger Menschen und ihrer Familien (Vor § 69 Rn 1; vgl Bach 2004; Ensslen RsDE 39/1998, 38; Hahn 1992; Röchling ZfJ 2004, 257; Trenczek 2007 a; Wiesner 2004), die oftmals unzureichend als „Familiengerichtshilfe" bezeichnet wurden (zur Terminologie Vor § 50 Rn 22). Die früher in § 50 Abs. 3 aF geregelte Anrufungsverpflichtung des JA bei einer durch eigene Interventionen nicht abwendbaren Kindeswohlgefährdung (vgl Münder u.a. 4. Aufl. 2003, § 50 Rn 21 ff) wurde 2005 im Zusammenhang mit dem Schutzauftrag des JA wortgleich in § 8 a Abs. 3 eingefügt und somit „vor die Klammer" gezogen (vgl § 8 a Rn 4; Trenczek 2008, 173 ff), der Zusammenhang zum gerichtlichen Verfahren bleibt aber erhalten. § 50 betrifft schließlich auch das gerichtliche Rechtsschutzverfahren bei einem Widerspruch gegen eine Inobhutnahme (§ 42 Rn 35; Trenczek 2008, 230 ff).   **1**

Mit der **Reform des familienrechtlichen Verfahrens** (FGG-RG/FamFG, vgl BT-Drucks. 16/6308; 16/9733) wurde das Vormundschaftsgericht aufgelöst, dessen Kinder und Jugendliche betreffenden Aufgaben dem FamG übertragen und das familiengerichtliche Verfahren grundsätzlich neu geregelt (hierzu Anhang § 50 Rn 1 ff; Kretzschmar/Meysen FPR 2009, 1; Trenczek ZKJ 2009, 97). In diesem Zusammenhang wurde § 50 durch Art. 105 FGG-Reformgesetz neu gefasst, wobei der Gesetzgeber der Zusammenarbeit der verschiedenen am familiengerichtlichen Verfahren beteiligten Disziplinen, insb. der **Kooperation von FamG und Jugendhilfe**, ausdrücklich besondere Bedeutung zugemessen hat (BT-Drucks. 16/6308, 236 ff u. 427). In den letzten Jahren sind in der Praxis an verschiedenen Orten v.a. in Trennungs- und Scheidungsverfahren durch Netzwerke verschiedener Institutionen und Dienste (Familiengericht, JA/ASD, Familienberatungsstellen, Rechtsanwaltschaft, Verfahrenspfleger/beiständen, Mediatoren und Gutachter) Verfahrensabläufe und Kooperationsformen erprobt worden, die v.a. als „**Cochemer Modell**" bekannt wurden (Füchsle-Voigt FPR 2004, 600; Gorges 2005; LJA RP 2008; Rudolph 2007; zu innovativen Formen konstruktiver interdisziplinärer Kooperation an anderen Orten vgl zB Kölner Fachkreis Familie Kind-Prax 2005, 202; für Regensburg in Buchholz-Graf/Vergho 2000, 46; Hannover: www.hannfampraxis.de). Danach sollen die verschiedenen (insb. professionellen) Beteiligten in familiengerichtlichen Verfahren zum Wohle der betroffenen Kinder kooperativ und be-   **2** schleunigt zusammenwirken. JA und Anwälte sollen auf (den Konflikt anheizende) Schriftsätze verzichten, notwendige (gerichtliche und Beratungs-)Termine sollen zeitnah (idR 14 Tage) durchgeführt, die Beratung der Eltern durch JA und externe Beratungsstellen wird verpflichtend gemacht. Elternteile, die bei der Lösungsfindung nicht konstruktiv mitwirken, riskieren für sie negative (Sorgerechts- und Umgangs-)Entscheidungen. Allerdings wurden im Hinblick auf das Cochemer Modell auch **kritische Stimmen** laut, die u.a. auf die mangelnde rechtsstaatliche Verankerung der Praxis, mangelnde Differenzierungen und Ausgrenzung (insb. im Hinblick auf gewaltbereite Partner bzw Familien) sowie die mangelnde Übertragbarkeit auf (groß)städtische Regionen hinweisen (vgl zB Kölner Fachkreis Forum Familienrecht 2006, 214; Kostka 2007; OLG Zweibrücken FamRZ 2000, 672). Das **FGG-RG** hat die interdisziplinäre Zusammenarbeit verfahrensrechtlich durch das FamFG auf eine neue Grundlage gesetzt und ergänzt die korrespondierenden Regelungen des SGB VIII, um die Praxis, die an einigen Orten als „Modell" praktiziert wurde, bundesweit in eine gute Alltagspraxis zu überführen (BT-Drucks. 16/6308, 164; BR-Drucks. 309/07, 356; ausführlich zu den für die Kooperation wichtigen Regelungen des FamFG s. Trenczek ZKJ 2009, 97; s. Anhang § 50 Rn 1 ff).

3 Im Hinblick auf die Beteiligung des JA im familiengerichtlichen Verfahren wurde der Katalog der §§ 49, 49a FGG aF durch § 50 Abs. 1 Satz 2 ausgeweitet (im Einzelnen s. Anhang § 50 Rn 18 ff). Das JA ist nicht in allen Familiensachen, sondern nur insofern beteiligt als minderjährige Kinder/Jugendliche betroffen sind. Die Regelung des § 50 Abs. 1 Satz 2 ist aber nicht abschließend (vgl zB § 1851 BGB). Vielmehr hat das JA das FamG in **allen Angelegenheiten der Personensorge** zu unterstützen (Abs. 1 Satz 1) und insb. in den in Abs. 1 Satz 2 aufgezählten Verfahren mitzuwirken. Ausdrücklich vorgesehen ist zB die Beteiligung des JA auch zur Unterstützung bei der Vollstreckung von Entscheidungen über Herausgabe und Umgang (§ 88 Abs. 2 FamFG, s. Anhang § 50 Rn 5). Keine Pflicht zur Unterstützung durch das JA besteht bei Maßnahmen der Vermögenssorge (zB § 1640 Abs. 3, §§ 1667, 1683 BGB).

4 Im Hinblick auf alle gerichtliche Entscheidungen, durch die das Kindeswohl betroffen sein kann, ist aufgrund der gerichtlichen Amtsermittlungspflicht (§ 26 FamFG; s. Anhang § 50 Rn 4) eine **Anhörung des JA** grds. geboten (vgl BT-Drucks. 11/5948, 87; Trenczek ZKJ 2009, 98), zumindest dann, wenn einvernehmliche Regelungen (zB im Rahmen einer Mediation) in den Familien nicht getroffen werden können oder diese dem Kindeswohl zu widersprechen scheinen. Die Anhörungspflicht besteht grds. auch im Eilverfahren vor Erlass einer einstweiligen Anordnung (§ 155 Abs. 2 Satz 2, § 162 Abs. 1 FamFG).

5 Die in § 50 Abs. 1 und 2 normierten Unterstützungs- und Mitwirkungspflichten des JA im Kooperationsbereich zu den FamG ergänzen die parallelen Beratungs- und Leistungsverpflichtungen gegenüber den Familien (zB §§ 8, 8a, 17, 18, 28). Sie stehen damit in einem besonders engen Zusammenhang mit dem **Leistungsbereich** (vgl Vor§ 50 Rn 15, Hahn 1992, 74 ff; Mosandl 2000; Sgolik 2000), weshalb der **sozialanwaltliche Handlungsauftrag der Jugendhilfe** (vgl § 2 Rn 7, Vor§ 50 Rn 6) auch im Rahmen der Mitwirkung nach § 50 zu beachten ist. Das JA ist verpflichtet zu prüfen, ob und inwieweit auch aus Anlass eines familiengerichtlichen Verfahrens fachgerechte Hilfe- bzw Leistungsangebote der Jugendhilfe zugunsten junger Menschen und Familien erforderlich sind. Der enge Zusammenhang der leistenden und anderen Aufgaben einerseits und der Unterstützung der Gerichte andererseits wird insb. im Hinblick auf die **Konfliktberatung junger Menschen** nach § 8 Abs. 2 und 3, die **Trennungs- und Scheidungsberatung** (s. § 17 Rn 13) sowie im Hinblick auf die **Beratung und Unterstützung bei Fragen des Personensorge-, Umgangs- und Unterhaltsrechts** (§ 18) besonders deutlich (vgl LJA BY 2004). Die Erkenntnisse dieser Prüfungs- und Beratungspflicht nutzt das JA – unter Beachtung der datenschutzrechtlichen Regelungen (hierzu Rn 26; VorKap. 4 Rn 13) – ggf zugleich im Hinblick auf die Unterstützung des Gerichts, damit dieses eine sachgerechte Entscheidung treffen kann. Dies erfordert nicht immer fachliche Stellungnahmen (hierzu s. Vor§ 50 Rn 23), vielmehr liegt gerade in der fachlich sachgemäßen Hilfeleistung und Unterstützung der Eltern in kindschaftsrechtlichen Streitigkeiten, insb. zur Erarbeitung einer einvernehmlichen Regelung, gleichzeitig auch eine Unterstützung für das Gericht.

6 Sowohl aus Sicht der Justiz als auch der Kinder- und Jugendhilfe geht es vorrangig um die **einvernehmliche Regelung elterlicher Konflikte** (vgl §§ 1627, 1628 BGB; §§ 36, 156, 165 FamFG; § 278 ZPO; s. § 17 Rn 13; Vor§ 50 Rn 9). Die Verantwortung für ihre Kinder und die insb. bei Trennung und Scheidung ggf notwendige Konfliktlösung kann das JA den Eltern nicht nehmen, sie aber dabei unterstützen, tragfähige Regelungen für die Zukunft zum Wohl des Kindes zu treffen. Es geht darum, die „Selbstheilungskräfte" zu aktivieren, die das Beziehungsgefüge von Familien bei Trennung und Scheidung neu organisieren lassen (Proksch NDV 1992, 318; Wiesner 2004, 33; Wiesner/Mörsberger

§ 50 Rn 21). Hierbei müssen zumeist sehr schwierige und schmerzhafte Entscheidungen getroffen, eigene Interessen zum Wohl der gemeinsamen Kinder hintangestellt werden. Beratung und eine fachgerechte (Familien-)**Mediation** (hierzu § 17 Rn 38 ff; Bastine 2006; Diez/Krabbe/Thomsen 2002; Hohmann/Morawe 2001; Menne u.a. 1997; Proksch 1999 u. 2004; Riehle Kind-Prax 2000, 83; Trenczek ZKM 2005, 193; ZKJ 2007, 138) dienen der Förderung einer einvernehmlichen Regelung. Ziel ist, dass „die Eltern die künftige Gestaltung des Sorgerechts nicht aus vordergründigen Motiven im Scheidungsverfahren ausklammern, sondern zur Wahrung des Kindeswohls eine bewusste Entscheidung für den Fortbestand der gemeinsamen Sorge oder für den Wunsch nach einer gerichtlichen Regelung zu treffen" (BT-Drucks. 13/4899, 160). Deshalb ist die Leistung nach § 17 Abs. 2 kein Gegensatz zur Unterstützung oder Mitwirkung nach § 50, sondern beide sind integrale, sich ergänzende Bestandteile des ganzheitlichen Hilfeauftrags des JA (vgl Lakies ZfJ 1996, 452; Wiesner/Mörsberger § 50 Rn 21; im Hinblick auf organisatorische Aspekte s. Rn 22).

Von der Mitwirkung nach § 50 zu unterscheiden sind die Aufgaben des JA im familiengerichtlichen **7** Verfahren als **Amtsvormund** bzw -pfleger (vgl §§ 1791 b f, 1909, 1915 BGB) sowie die **Beistandschaft** nach §§ 1712 ff BGB in Abstammungs- oder Unterhaltssachen (Meysen 2009, Kap. Jugendamt Rn 2). Insoweit nimmt das JA als gesetzlicher Vertreter des Kindes an den Terminen und Anhörungen teil, kann Anträge stellen und Rechtsbehelfe einlegen (s. Anhang § 50 Rn 25; § 55 Rn 3).

II. Unterstützung und Mitwirkung als Aufgabe der Jugendhilfe (Abs. 1)

Der Gesetzgeber hat mit unterschiedlichen Formulierungen in Abs. 1 (Satz 1: unterstützt; Satz 2: hat **8** mitzuwirken) den beiden Begriffen auch inhaltlich unterschiedliche Bedeutungen zugeschrieben (vgl BT-Drucks. 11/5948, 18, 138; Wiesner/Mörsberger § 50 Rn 16 ff). Abs. 1 Satz 1 benennt als Aufgabe des JA die – im Rahmen der **interdisziplinären Kooperation** für eine Fachbehörde geradezu selbstverständliche – Unterstützung des FamG/ bei allen Maßnahmen, die die Personensorge von Kindern und von Jugendlichen betreffen. Die Unterstützung der Gerichte obliegt dem JA als eine generelle und originäre Aufgabe, unabhängig von den konkreten Mitwirkungspflichten nach Abs. 1 Satz 2 bzw den entsprechenden Anhörungspflichten des Gerichts. Es spielt damit auch keine Rolle, von wem das JA über das familiengerichtliche Verfahren in Kenntnis gesetzt wurde, vom FamG, von den betroffenen Kindern oder deren Eltern. Unterstützung ist gegenüber der Mitwirkung der weitere Begriff und bezieht sich auf alle Maßnahmen des Gerichts, die die Sorge für das Kind oder Jugendlichen betreffen und im Interesse des Kindeswohls vorgesehen bzw getroffen werden können (§ 1697 a BGB).

Inhaltlich bedeutet **Unterstützung** (Abs. 1 Satz 1) die allgemeine, gesetzlich nicht näher definierte Auf- **9** gabe des JA, die diese „zugunsten junger Menschen und Familien" (§ 2 Abs. 1) wahrzunehmen hat. Ungeachtet der durch den Gebrauch des Indikativ weniger verbindlich erscheinenden Formulierung („unterstützt") besteht eine Handlungspflicht des JA (Wabnitz 2005, 228 spricht insoweit sogar von einem Rechtsanspruch des Minderjährigen), wenn auch nicht unmittelbar aus Abs. 1 Satz 1, so doch aus den übrigen Leistungs- und Aufgabennormen des SGB VIII (anders Wiesner/Mörsberger § 50 Rn 22, nach dessen Ansicht § 50 Abs. 1 Satz 1 lediglich eine Handlungsermächtigung iSv § 31 SGB I bzw Art. 20 Abs. 3 GG darstelle). § 50 Abs. 1 legt aber nicht die **Art und Weise der Unterstützung** fest, sondern überlässt es dem JA zu entscheiden, *wie* es seine Mitwirkungspflicht erfüllt. Unterstützende Jugendhilfe im Rahmen gerichtlicher Verfahren ist damit vorrangig Gestaltungshilfe und nicht Entscheidungs- oder Ordnungshilfe (vgl Vor§ 50 Rn 2 ff; ebenso Meysen/Meysen 2009, Kap. Jugendamt Rn 16; ders. § 155 FamFG Rn 14 ff; zum verfassungsrechtlichen Hintergrund § 1 Rn 16 ff).

Abs. 1 Satz 2 normiert die **Pflicht des JA zur Mitwirkung** („es hat mitzuwirken") in den aufgezählten **10** Verfahren. Die Aufgabe steht nicht zur Disposition des JA. Das JA hat kein Ermessen bei der Frage, ob es mitwirkt. Damit wird die aktive Rolle des JA, als Träger eigener Aufgaben in gerichtlichen Verfahren mitzuwirken, gestärkt. Allerdings schreibt Abs. 1 Satz 2 dem JA nicht vor, *wie* (in welcher Form – schriftlich/mündlich – und in welchem Umfang) es mitwirken muss (vgl Vor§ 50 Rn 17; GK/ Schleicher § 50 Rn 30; Meysen/Meysen 2009, Kap. Jugendamt Rn 18 f; Wiesner/Mörsberger § 50 Rn 25; die andere Intention des Bundesrates – BT-Drucks. 11/5948, 138 – hat sich nicht durchgesetzt). Im Hinblick den frühen, ersten Termin (§ 155 Abs. 2 FamFG) liegt der Verzicht auf schriftliche Stellungnahmen und die mündliche Erörterung in der Natur des beschleunigten Verfahrens (Anhang § 50 Rn 28). Dass das JA sich im Übrigen schriftlich zu äußern hätte, ergibt sich aus dem Gesetz nicht. Soweit dies nicht ausdrücklich vorgeschrieben ist (§§ 189, 194 FamFG sprechen nicht mehr von einer „gutachtlichen", sondern „fachlicher Äußerung"; Anhang § 50 Rn 72), ist das JA nicht zu einer bestimmten Form der Mitwirkung verpflichtet (zu Stellungnahme und Entscheidungsvorschlag, Vor§ 50

Rn 23). Mitwirken iSv Abs. 1 Satz 2 bedeutet vornehmlich, den sozialpädagogischen Sachverstand gemäß den **fachlichen Standards** (vgl § 1 Rn 31 ff; Jordan ZfJ 2001, 48; Merchel 1998) in das Verfahren ein- und zur Geltung zu bringen. Eine Verpflichtung des JA, im Rahmen der Mitwirkungspflicht nach Abs. 1 Satz 2 stets eine Wertung vorliegender Fakten vorzunehmen und in der Rolle eines Gutachters Empfehlungen auszusprechen (so Kunkel/Kunkel § 50 Rn 12; die früher von Hauck u.a. vertretene Auffassung wurde mittlerweile aufgegeben, Hauck/Bohnert § 50 Rn 51), ergibt sich nicht aus dem Gesetz.

11   Das JA ist auch nicht verpflichtet, **tatsächliche Ermittlungen zur Feststellung des Sachverhalts** oder zum Zwecke der Anhörung anzustellen (GK/Schleicher § 50 Rn 12; Schellhorn/Schellhorn § 50 Rn 20; Wiesner/Mörsberger Vor§ 50 Rn 16, § 50 Rn 23). Dies bleibt Aufgabe des Gerichtes (§ 26 FamFG; bislang § 12 FGG vgl BVerfG FamRZ 1999, 85, 88 f; BVerfG 1 BvR 605/02 – 21.6.2002 – JAmt 2002, 307 f), das JA klärt den Sachverhalt durch eine entsprechende Datenerhebung nur soweit auf, als dies zur Wahrnehmung seiner eigenen Aufgaben erforderlich ist (Rn 26). Deshalb fließen die Äußerungen der JA-Fachkräfte nur zusätzlich in die Stoffsammlung des Gerichts ein (OLG Stuttgart FamRZ 1987, 406).

12   Die Art und Weise der Mitwirkung im Verfahren betrifft auch die Frage der **persönlichen Anwesenheit** der Fachkräfte im Gerichtsverfahren. Auch hier ist eine kategorische Antwort (zB generelle oder keine Anwesenheitspflicht) unangemessen. Vielmehr steht die Anwesenheit im pflichtgemäßen Ermessen der Fachkräfte des JA. Soweit sie im konkreten Fall zur Überzeugung gelangen, die sozialpädagogische und sozialrechtliche Perspektive nur durch die persönliche Präsenz während der Verhandlung ein- und zur Geltung bringen zu können, ist eine Anwesenheit auch geboten. In anderen Fällen mag die telefonische Unterrichtung oder die Übersendung einer schriftlichen Notiz bzw einer ausführlichen Stellungnahme angemessen sein. Das Gericht kann das JA bzw dessen Mitarbeiter nicht zwangsweise vorladen. Es steht allein in der Organisationshoheit des kommunalen Trägers, ob und ggf welchen seiner Fachkräfte er mit welchen Aufgaben und der Vertretung vor Gericht betraut (vgl Vor§ 50 Rn 17). Will das Gericht einen bestimmten Mitarbeiter in der mündlichen Verhandlung hören, so bleibt ihm nur die Möglichkeit, diesen persönlich als Zeuge zu laden und sich gleichzeitig um eine dienstliche Aussagegenehmigung zu bemühen (grundsätzlich zur Problematik der Zeugenbestellung von Fachkräften des JA im familiengerichtlichen Verfahren; DIJuF JAmt 2004, 243 ff; zum Zeugnisverweigerungsrecht vgl Vor§ 50 Rn 37 sowie VorKap. 4 Rn 15).

13   Die Mitwirkungsverpflichtung des JA beschränkt sich nach § 50 Abs. 1 zwar auf Verfahren vor dem FamG, sie umfasst dabei nicht nur die im Gerichtssaal erforderliche Unterstützung, sondern schließt die außergerichtliche wie die Unterstützung nach dem Gerichtstermin mit ein (zur Wechselwirkung mit den Leistungsverpflichtungen s. Vor§ 50 Rn 15). Bislang (bis 30.08.2009) bestand im **Vollstreckungsverfahren** keine Mitwirkungsverpflichtung des JA, zB im Rahmen der (zwangsweisen) Vorführung (§§ 70 c, 68 Abs. 3 FGG), der Durchsetzung der Herausgabe eines Minderjährigen (§ 33 Abs. 2 FGG) oder Zuführung zur zivilrechtlichen Unterbringung (ebenso Hauck/Bohnert § 50 Rn 32). Dies ist nach den neuen Regelungen des § 88 Abs. 2 FamFG anders; danach „leistet" das JA im Vollstreckungsverfahren in den „geeigneten Fällen" Unterstützung (Anhang § 50 Rn 5). Damit ist einerseits die grundsätzliche Verpflichtung normiert, die Frage der Geeignetheit betrifft andererseits u.a. die Rolle des JA im weiteren Hilfeprozess und den Zugang zu den Beteiligten in der Familie (Meysen/ Meysen § 88 FamFG Rn 8 f). Man wird dem JA im Hinblick auf die insoweit notwendigen Prognosen einen ähnlichen „Beurteilungsspielraum" einräumen müssen, wie dies bei § 8 a Abs. 3 im Hinblick auf die Erforderlichkeit der Einschaltung des FamG anerkannt ist (§ 8 a Rn 50; Trenczek/Tammen/Behlert 2008, 111 f).

14   Umstritten war bislang, ob das JA Eltern, den Betreuer, Vormund oder Pfleger auf ihren Wunsch hin bei der Zuführung zur **Unterbringung Minderjähriger** unterstützen darf (bisher § 70 g Abs. 5 FGG; vgl DIJuF JAmt 2005, 185). Auch dies ist nun durch § 167 Abs. 5 iVm § 326 Abs. 1 FamFG klargestellt. Soweit sich die begleitende Betreuung im Rahmen der allgemeinen sozialpädagogischen (Betreuungs-)Aufgaben des JA zugunsten junger Menschen und ihrer Familien hält, war und ist dies ohnehin unproblematisch, da mit der die Betroffenen unterstützende Begleitung keine darüber hinausgehende Befugnisse (zB zur Gewaltanwendung) verbunden sind; das JA ist auch nicht „zuständige Behörde" für die (freiheitsentziehende) Unterbringung von Kindern und Jugendlichen (vgl § 326 Abs. 2 FamFG; Meysen/ Stötzel/Kindermann § 167 FamFG Rn 16 u.24).

III. Unterrichtung (Abs. 2)

Abs. 2 konkretisiert die Aufgaben der Unterstützung und Mitwirkung indem es die Unterrichtung des **15** Gerichts über angebotene und erbrachte Leistungen sowie das Einbringen der erzieherischen und sozialen Gesichtspunkte zur Entwicklung des Kindes bzw Jugendlichen exemplarisch hervorhebt. Das JA als Fachbehörde (zur personalen Trennung vgl Rn 22) kann sich zB in Trennungs- und Scheidungsverfahren nicht auf eine reine Beratung der Eltern und der Minderjährigen (vgl §§ 8, 17, 18, 28; § 9 AdVermG) beschränken, sondern ist gleichzeitig zur Mitwirkung im gerichtlichen Verfahren und dabei verpflichtet, die jugendhilfefachliche Perspektive ein- und zur Geltung zu bringen. Es geht hierbei um eine fachliche Beratung und **sachverständige Unterstützung des Gerichts.** Die Unterrichtung gibt dem Gericht Gelegenheit zu prüfen, inwieweit auf gerichtliche Streitentscheidungen aufgrund von vorrangigen, von den Familien angenommenen Unterstützungsleistungen und einvernehmlichen Regelungen verzichtet werden kann (vgl § 156 FamFG).

Die Unterrichtungspflicht des Abs. 2 bezieht sich insb. auf die durch das JA angebotenen und bereits **16** erbrachten Leistungen. Diese stehen in der alleinigen Aufgaben- und Entscheidungskompetenz des JA (**Steuerungsverantwortung,** s. § 36 a Rn 16). Das FamG hat gegenüber dem JA weder eine Anordnungs- und Weisungsbefugnis bei Leistungsansprüchen der Betroffenen (ganz hM), noch ermöglichen §§ 1666, 1666 a BGB dem Gericht, das JA zu anderen Aufgaben zu verpflichten (zB der Beaufsichtigung von Umgangsregelungen; vgl DIJuF 2003, 359; Röchling ZfJ 2004, 260; vgl § 18 Rn 36). Die Regelungen des BGB stellen lediglich Eingriffsgrundlagen gegen handlungsunfähige bzw -unwillige Eltern dar und die „erforderliche Maßnahme" ist allein der zivilrechtliche Sorgerechtseingriff. Lediglich das VG kann bei Vorliegen der Leistungsvoraussetzungen das JA dazu verpflichten, eine bestimmte Leistung zu erbringen (Anhang Verfahren Rn 69 ff).

Die Pflicht zur Unterrichtung über Jugendhilfeleistungen und das Einbringen erzieherischer und so- **17** zialer Gesichtspunkte darf nicht als Umschreibung der klassischen gutachtlichen, bewertenden **Stellungnahme mit Entscheidungsvorschlag** (zB im Hinblick auf die Übertragung des Sorgerechts) missverstanden werden. Genauso wenig wie Abs. 1 schreibt Abs. 2 die **Art und Weise der Unterrichtung** vor, sondern überlässt es der fachlichen Praxis, *wie* sie ihre Gesichtspunkte einbringt. Das JA ist insb. nicht verpflichtet, stets eine (gutachtliche, schriftliche) Stellungnahme abzugeben (Schellhorn/ Schellhorn § 50 Rn 19; Wiesner/Mörsberger § 50 Rn 33; a.A. Jans u.a./Harnach § 50 Rn 28; Kunkel/ Kunkel § 50 Rn 12). Ungeachtet der inhaltlichen Kritik gegenüber sozialarbeiterischen Stellungnahmen (vgl Vor§ 50 Rn 24; Erben/Schade ZfJ 1994, 209; Jans u.a./Harnach § 50 Rn 32 ff; Lindemann 1998) sind sie nach der Auflistung in Abs. 2, wie sich aus der Öffnungsklausel „insbesondere" ergibt, grundsätzlich möglich und sollten wenn, dann den fachlichen Standards entsprechend erarbeitet werden.

Entscheidungsvorschläge sind kontraproduktiv und untunlich, solange **einvernehmliche Regelungen 18** möglich erscheinen oder vom JA noch nicht einmal initiiert worden sind. In diesen Fällen werden die FamG sinnvoller Weise schon gar keine sich für eine Partei aussprechende Stellungnahme erwarten (vgl Jann 2004, 51; Meysen/Meysen 2009, Kap. Jugendamt Rn 24; Stadt Frankfurt 2004, 104). Es bleiben aber Fälle und Konstellationen, in denen die Beteiligten eine Mediation ablehnen bzw in denen im Hinblick auf eine sachgerechte Entscheidung des Gerichts eine qualifizierte sozialpädagogische Stellungnahme der Fachbehörde notwendig ist. Soweit aber das Gesetz dies nicht ausdrücklich vorschreibt (wie noch in § 56 d Satz 2 FGG), ist das JA nicht zu Tendenzaussagen und Positionierungen oder gar verpflichtet, ein Gutachten oder einen eigenen Entscheidungsvorschlag zu unterbreiten (vgl Bach 2004, 39; Bay. Staatsministerium ZfJ 1995, 145; Ensslen RsDE 39/1998, 53; GK/Schleicher § 50 Rn 26; Münch-Komm/Tillmanns § 50 SGB VIII Rn 9; Wiesner/Mörsberger § 50 Rn 33; Willutzki ZfJ 1994, 203; OLG Schleswig FamRZ 1994, 1129). Die andere Auffassung (zB des Bundesrates BT-Drucks. 11/5948, 138, Kunkel/Kunkel § 50 Rn 9; Oberloskamp/Balloff/Fabian 2001, 26 f; missverständlich Fieseler/Herborth 2005, 224 ff) hatte sich schon im Hinblick auf das FGG nicht durchgesetzt. Auch der Wortlaut in §§ 189, 194 FamFG, mit dem der Gesetzgeber ganz bewusst auf die Formulierung „gutachtliche" zugunsten einer „fachlichen Äußerung" verzichtet hat (s. BT-Drucks. 16/9733, 102 f, 368 f), impliziert keinen Entscheidungsvorschlag, schließt einen solchen aber auch nicht aus.

Über **Inhalt und Umfang der Unterrichtung** entscheidet das JA grds. im Rahmen seines pflichtgemäßen **19** Ermessens nach sozialpädagogischen Gesichtspunkten (zu möglichen Gliederungspunkten s. Vor§ 50 Rn 25). Nur im Hinblick auf Kindschaftssachen schreibt Abs. 2 Satz 2 vor, dass das JA das FamG im sog. ersten frühen Termin nach § 155 Abs. 2 FamFG (hierzu Anhang § 50 Rn 27) über den Stand des Beratungsprozesses informiert. Im Übrigen müssen die Fachkräfte in jedem Einzelfall abwägen, welche Vorgehensweise dem Kindeswohl (Vor§ 50 Rn 2 ff) auch unter Berücksichtigung des weiteren Hilfeverlaufes am Besten entspricht. Mag in dem einem Fall ein eigener Vorschlag im Hinblick auf eine nicht anders mögliche Abwendung einer Kindeswohlgefährdung erforderlich sein, mag in einem anderen Fall, zB aufgrund einer vorausgehenden oder noch andauernden Trennungs- und Scheidungsberatung (§ 17), die Mitteilung des JA über die erfolgte Vereinbarung der Eltern ausreichen bzw der mit den Eltern erarbeitete Sachstandsbericht, dessen Inhalt dem Gericht mit Einwilligung der Eltern übermittelt werden darf. Art und Umfang der Mitwirkung werden also vom Ergebnis der Beratung abhängen. Die Mitwirkung des JA im familiengerichtlichen Verfahren darf die Leistungen der Jugendhilfe nicht gefährden (Vor§ 50 Rn 15, s. auch § 64 Abs. 2). Ein Entscheidungsvorschlag des JA kann u.U. einer weiteren kooperativen und konstruktiven Zusammenarbeit der Eltern mit dem JA entgegenstehen (vgl Mann ZfJ 1995, 307; Deutschen Verein NDV 1992, 148; Bay. Staatsministerium ZfJ 1995, 141). Demzufolge ist im Hinblick auf Inhalt und Form der Unterrichtung nach Abs. 2 je nach Anlass und Problemlage zu differenzieren, welche Hinweise und Mitteilungen an das Gericht im Sinne der Aufgabenstellung zweckmäßig sind und welche nicht. Das Spektrum der unterschiedlichen Verfahrensanlässe muss sich im Spektrum der unterschiedlichen methodischen Möglichkeiten der Kinder- und Jugendhilfe spiegeln.

20 In familiengerichtlichen Verfahren bedürfen die FamG Unterstützung bei der Klärung der Frage, ob aus Gründen des **Kindeswohls** (Vor§ 50 Rn 2 ff) Entscheidungen des FamG erforderlich sind bzw wie sich die Entscheidungen des FamG auf das Wohl des Kindes oder Jugendlichen auswirken. Im Hinblick auf den Vorrang des Elternrechts (Art. 6 Abs. 2 u. 3 GG) und unter Beachtung des Verhältnismäßigkeitsgebots (s. Vor§ 50 Rn 5) muss bei der gebotenen Zurückhaltung staatlicher Interventionen (BVerfGE 24, 119, 145; 56, 363, 382; BVerfG FamRZ 1982, 567; Bonner Kommentar/Jestaedt Art. 6 Abs. 2 und 3 GG Rn 178; Jestaedt 2007 Rn 6 ff; Trenczek 2008, 110 ff) der Blick des JA - sofern das Gesetz dies mit Blick auf konkurrierende Elternrechte nicht ausdrücklich anders regelt (§ 1671 Abs. 2 Nr. 2, § 1672 Abs. 1 Satz 2, § 1678 Abs. 2, § 1680 Abs. 2 Satz 2 BGB) - grds. darauf gerichtet sein, ob eine von den Eltern intendierte Handlung oder Entscheidung dem Kindeswohl *widerspricht*, nicht aber (immer) darauf, ob es ihm dient. Droht für das Kind kein Schaden, so ist eine Entscheidung der Eltern hinzunehmen, auch wenn eine andere Entscheidung dem Kindeswohl (besser) dienen könnte (**Erziehungsprimat der Eltern**; Vor§ 50 Rn 4). Stehen sich gleich starke (Eltern)Rechte gegenüber und führt eine Entscheidung notwendig zu Lasten eines Teils, muss sie dem – letztlich entscheidenden – Kindeswohl dienen. **Einvernehmliche Regelungen der Eltern** bzw Sorgeberechtigten **gehen** den „amtlichen" Vorstellungen grds. **vor** (hierzu Anhang § 50 Rn 13 ff, Grenze ist die Kindeswohlgefährdung), auch wenn das JA meint, dem Kind gehe es bei einer anderen Lösung „besser". Alternativen sind in der Beratung anzubieten und diskursiv zu eruieren, nicht aber via Stellungnahme vorzuschreiben. Die Inhaltskontrolle einvernehmlicher Regelung obliegt allein dem FamG, das überprüft, ob diese „dem Kindeswohl nicht widerspricht" (**gerichtlich gebilligter Vergleich**; vgl § 156 Abs. 2 FamFG).

21 Bei der Erstellung von **Stellungnahmen** müssen die bei der Datenerhebung und in Diagnosen geradezu typischen Wahrnehmungs- und Bewertungsfehler beachtet, methodische und sonstige handwerkliche Fehler durch fachgerechtes, dh an anerkannten fachlichen Standards (s. Vor§ 50 Rn 23 ff mwN), ausgerichtetes und sorgfältiges Arbeiten möglichst minimiert und gleichwohl auf die Grenzen der rekonstruktiven Dokumentation und auf die – insb. im Hinblick auf die bei prognostischen Einschätzungen immanente Zukunftsperspektive unvermeidlichen – Risiken der Fehleinschätzung hingewiesen werden.

22 Welche organisatorischen Konsequenzen aus dem Spannungsfeld unterschiedlicher Aufgaben gezogen werden, steht in der **Organisationsverantwortung** und -hoheit der Träger der Kinder- und Jugendhilfe (vgl Vor§ 50 Rn 40, § 69 Rn 11 ff). Aus fachlichen (wie zT aus rechtlichen) Gründen wird eine **personelle Trennung** der Aufgabeerledigung, zumindest aber bei Scheitern der Beratung im Hinblick auf die Mitwirkung im gerichtlichen Verfahren ein Personalwechsel für notwendig erachtet (Balloff 2004, 117; Buchholz-Graf ZfJ 2001, 214; Coester FamRZ 1992, 617, 623; GK/Schleicher § 50 Rn 74 f; Oberloskamp KindPrax 2002, 3; Willutzki ZfJ 1994, 204). Im Hinblick auf eine durchgeführte Mediation ist das im Hinblick auf die fachlichen Standards unabdingbar (Vor§ 50 Rn 42; Trenczek ZKM 2008, 17 ff). Die Organisation der Praxis zeigt insofern allerdings aus vermeintlich „ganzheitlichen", in Wirklichkeit wohl kurzsichtigen Kostengründen ein anderes Bild (vgl Buchholz-Graf ZfJ 2001, 214).

23 Die gleichzeitige Erfüllung von Jugendhilfeleistungen und die Wahrnehmung der anderen Aufgaben durch eine Person ist nur dann ohne wechselseitige Beeinträchtigung möglich, wenn und soweit die **fachlich-methodischen Standards** eingehalten werden. Diesem Ziel dienen gerade auch die besonderen Datenschutzvorschriften des SGB VIII (vgl Rn 26; §§ 61 ff). Weder beseitigt die integrative Wahrneh-

mung noch überwindet eine organisatorische Trennung die Grenzen der Datenerhebung und -weitergabe (vgl GK/Schleicher § 50 Rn 75; Wiesner/Mörsberger § 50 Rn 50 ff), insb. bei einer möglichen Leistungsgefährdung (§ 64) und bei anvertrauten Informationen (§ 65), oder den Informationsfluss im Hinblick auf notwendige Interventionen zur Abwendung einer Kindeswohlgefahr nach § 1666 BGB (§ 8 a Abs. 3, § 65 Abs. 1 Satz 1 Nr. 2).

Die **Mitarbeit der Eltern** basiert in beiden Fällen auf ihrer eigenen, „freiwilligen" Entscheidung. Das **24** JA hat auch bei der Mitwirkung im gerichtlichen Verfahren keine eigenen Möglichkeiten, die Eltern zur Annahme von Leistungen oder zur Kooperation zu zwingen. Deshalb muss das JA seine Angebote und Hilfen so motivierend gestalten, dass die Eltern sie im Bedarfsfall akzeptieren können. Dazu ist eine eindeutige Information der Eltern durch das JA über die Leistungen und anderen Aufgaben der Jugendhilfe erforderlich. Eine Verbindung von „Leistungen" mit „anderen Aufgaben" ist grundsätzlich nur mit Einwilligung der betroffenen Eltern, Kinder oder Jugendlichen zulässig. Wenn trotz eingehenden Bemühens einvernehmliche Regelungen nicht getroffen werden können oder scheitern und das Kindeswohl vor massiven Gefahren (zB Tod, Misshandlung, Missbrauch) nicht anders geschützt werden kann, muss das JA im Konflikt mit den Eltern aber notfalls den Abbruch der Beziehung in Kauf nehmen (ebenso Jans u.a./Harnach § 50 Rn 31).

IV. Verwaltungsverfahrensrechtliche Ausgestaltung der Mitwirkung

Da die Tätigkeit des JA im Rahmen ihrer Mitwirkung im gerichtlichen Verfahren nicht auf den Erlass **25** eines Verwaltungsakts gerichtet ist, handelt es sich nicht um ein Verwaltungsverfahren nach den §§ 8 ff SGB I. Das JA bestimmt im Rahmen der sozialrechtlichen Bestimmungen (SGB I, VIII und X) nach fachlichem Ermessen, auf welche Weise es diese Aufgaben erfüllt. Die Fachkräfte haben insoweit selbstverständlich die allgemeinen **verwaltungsrechtlichen Grundsätze** und datenschutzrechtlichen Bestimmungen zu beachten.

Die für die Erfüllung ihrer Aufgaben im Rahmen der Mitwirkung im gerichtlichen Verfahren notwen- **26** digen Informationen, muss sich das JA selbst beschaffen (sog. **Untersuchungsgrundsatz**, § 20 SGB X analog). Ist hierfür ein Eingriff in die Rechtsposition der Betroffenen erforderlich, bedarf es dazu einer ausdrücklichen, gesetzlich geregelten Befugnis. Aus den Aufgabenregelungen des § 50 lässt sich keine Befugnis zur Erhebung, Verwendung, Weitergabe bzw Offenbarung von Sozialdaten ableiten und zwar weder für die Aufhebung der Schweigepflicht nach § 203 Abs. 1 StGB noch nach den sozialrechtlichen Datenschutznormen (vgl BT-Drucks. 11/5948, 88). Auch die Regelungen über die Amtsermittlungspflicht (Anhang § 50 Rn 4) und die Anhörungspflicht der Gerichte (vgl § 26, §§ 162, 176, 194, 205, 213 FamFG) regeln keine entsprechende Befugnis des JA. Das JA hat daher unter Beachtung des **Sozialdatenschutzes** nach den Grundsätzen der §§ 61, 62 Abs. 2 (insb. **Zweckbindung**) die für die Anhörung wichtigen Daten grds. bei den Betroffenen zu erheben, dh es ist der Kontakt zu der Familie zu suchen und ihre Mitwirkung zu gewinnen. Darüber hinaus können nur in den Grenzen des § 62 Abs. 3 andere Personen, deren Erkenntnisse für die Erfüllung der Aufgabe nach § 50 von Bedeutung sind, befragt werden (§ 62 Rn 15).

Aus Abs. 2 können keine Verpflichtungen und gar Befugnisse zu weiteren „Unterstützungsmaßnah- **27** men", insb. die Verpflichtung zur Durchführung eines **Hausbesuches** abgeleitet werden (Röchling ZfJ 2004, 259; aA OLG Köln FamRZ 1999, 1517; wohl immer noch Kunkel/Kunkel § 50 Rn 13, „JA als allgemeine Polizeibehörde"; soweit Hauck/Bohnert § 50 Rn 68 von einem „Recht, ggf Pflicht ... die Wohnung zu betreten" spricht, geht dies im Hinblick auf die verfassungsrechtlichen Grenzen viel zu weit). Freilich kann der Hausbesuch im konkreten Einzelfall fachlich angemessen sein und in Abstimmung mit den Inhabern des Wohnungs- und Hausrechts (Art. 13 GG) durchgeführt werden, um sich einen Eindruck von den Lebensumständen eines Kindes zu machen. Geht es um die Sorgerechtsentscheidung halten die FamG es mitunter für unverzichtbar, dass das JA sich im Rahmen eines Hausbesuches einen unmittelbaren Eindruck von den örtlichen Verhältnissen verschafft hat (vgl OLG Köln 5.1.2001 – 25 UF 202/00 – KindPrax 2000, 92). Ohne und gegen den Willen der Betroffenen ist die Durchführung von Hausbesuchen grundsätzlich unzulässig, das JA kann einen Hausbesuch iRv § 50 nicht erzwingen. Eine Verpflichtung auf Seiten der Betroffenen, einen Hausbesuch zuzulassen, kann sich nur in ganz engen Grenzen zB im Rahmen einer Beweisaufnahme durch „Einnahme des Augenscheins" ergeben (§ 21 Abs. 1 Nr. 4, Abs. 2 SGB X; vgl Anhang Verfahren Rn 28; Ollmann ZfJ 2001, 1; Hirschboek ZfSH/SGB 2004, 463; Witzsch BayVwBl 1998, 705).

28 Die **Weitergabe personenbezogener Daten** unterliegt dem Zulässigkeitsvorbehalt der §§ 61 ff; §§ 67 a ff SGB X und bedarf deshalb grundsätzlich der Zustimmung der Betroffenen (vgl § 64 Rn 2 ff; Wiesner/Mörsberger Vor§ 50 Rn 38). Liegen die datenschutzrechtlichen Voraussetzungen zur Datenerhebung bzw Datenverarbeitung nicht vor, besteht auch keine Auskunfts-, Zeugnispflicht und keine Pflicht zur Vorlegung oder Auslieferung von Schriftstücken, Akten und Dateien (§ 35 Abs. 3 SGB I). Nach § 64 Abs. 1 u. 2, §§ 69 Abs. 1 Nr. 2 SGB X, ist die Übermittlung von Daten an das FamG zur Durchführung eines mit der eigenen Aufgabe zusammenhängenden Verfahrens zulässig. Dabei darf aber die Datenweitergabe nicht den Erfolg einer zu gewährenden Leistung in Frage stellen (§ 64 Abs. 2); ist das zu befürchten, hat eine Übermittlung zu unterbleiben. Im Hinblick auf anvertraute Daten ist die Datenweitergabe zur Abwendung einer akuten Kindeswohlgefährdung nur zulässig, wenn ohne diese Mitteilung eine für die Gewährung von Leistungen notwendige gerichtliche Entscheidung nicht ermöglicht werden könnte (§ 65 Abs. 1 Nr.2). Im Übrigen kann eine Datenweitergabe nur mit Verweis auf § 8 a Abs. 3, § 65 Abs. 1 Nr. 3 bzw aufgrund eines rechtfertigenden Notstands (vgl § 34 StGB) erfolgen; anderenfalls hat sie zu unterbleiben. Das neue FamFG hat insoweit keine Änderungen gebracht. Mitteilungen von personenbezogenen Daten an das FamG durch andere Gerichte oder Behörden sind zwar nach § 22 a Abs. 2 Satz 1 FamFG zulässig, wenn aus ihrer Sicht deren Kenntnis für familiengerichtliche Maßnahmen erforderlich ist und soweit nicht schutzwürdige Interessen des Betroffenen an dem Ausschluss der Übermittlung das Schutzbedürfnis eines Minderjährigen oder das öffentliche Interesse an der Übermittlung überwiegen. Das Gesetz schränkt allerdings selbst ein, dass die Übermittlung zu unterbleiben hat, wenn besondere bundes- oder landesrechtliche Regelungen dem entgegenstehen (§ 22 a Abs. 2 Satz 3 FamFG). §§ 64 Abs. 2, 65 stellen solche einschränkende, auch vom FamG zu beachtende bundesrechtliche Regelungen dar.

29 Umstritten ist, ob mit der Information des Gerichts gleichzeitig auch der **Hilfeplan** mitgeliefert werden darf oder muss. Im Hinblick auf den im Datenschutzrecht geltenden Zweckbindungsgrundsatz (s. Rn 24 und VorKap. 4 Rn 9) ist dies nicht pauschal zu bejahen (GK/Nothacker § 36 Rn 59; Jans u.a./ Harnach § 50 Rn 36; Kunkel/Kunkel § 50 Rn 12; aA Salgo FamRZ 1999, 341; Wiesner/Wiesner § 36 Rn 73 „Pflicht zur Vorlage des Hilfeplans"). Da die Datensammlung zum Zwecke der Hilfeplanung einem anderen Erhebungszweck dient als die Mitwirkung im gerichtlichen Verfahren, bedarf die Weitergabe dieser Daten einer besonderen Legitimation. Soweit die Einwilligung der Betroffenen nicht vorliegt, ist eine Vorlage des Hilfeplans im konkreten Einzelfall nur unter den gleichen in Rn 28 dargelegten Voraussetzungen, damit idR (nur) in Verfahren zulässig, in denen es um die Abwendung einer Kindeswohlgefahr geht (insb. §§ 155, 157 FamFG).

30 Aufgrund der rechtlichen Regelungen empfiehlt sich für die Unterrichtung der Gerichte nach Abs. 2 folgendes Vorgehen: Ist im Rahmen der Mitwirkung auf der Grundlage einer Mediation bzw Beratung (§§ 17 f) ein **einvernehmliches Konzept** erarbeitet worden oder haben sich die Eltern ohne Inanspruchnahme von Beratungsleistungen auf ein Konzept geeinigt, so ist grundsätzlich davon auszugehen, dass es im Einklang mit dem Kindeswohl steht, soweit nicht triftige Gründe offenkundig sind, die befürchten lassen, dass die elterliche Einigung die Entwicklung des Kindes gefährdet. In diesen einvernehmlichen Fällen beschränkt sich die Unterrichtung des FamG auf die Mitteilung über angebotene oder erbrachte Leistungen und auf die Übermittlung des einvernehmlichen Konzepts. Gefährdet der einvernehmliche Elternvorschlag (nach feststehenden Tatsachen) das Kindeswohl und ist die Gefährdung des Kindeswohls nicht anderweitig abzuwenden (vgl § 8 a Abs. 3), handelt es sich um einen Fall des § 65 Abs. 1 Satz 1 Nr. 2. Finden die Eltern keine einvernehmliche Lösung, ist das JA nicht schon deshalb zur Unterrichtung des Gerichts über die Beratungsinhalte befugt. Vielmehr muss sich das JA auf das „negative" Ergebnis der Beratung sowie darauf beschränken, das Gericht über die angebotenen Jugendhilfeleistungen zu informieren. Sofern nicht ein Fall der Kindeswohlgefährdung vorliegt, hat sich das JA im Übrigen einer Wertung und Gewichtung der familiären Verhältnisse zu enthalten, um eine zukünftige vertrauensvolle Zusammenarbeit mit den Eltern zum Wohle der Kinder nicht zu gefährden. Eine gutachtliche, bewertende Stellungnahme erfolgt daher in diesen Fällen grundsätzlich nicht.

31 Das JA ist den Betroffenen gegenüber gem. § 61 Abs. 1, § 83 SGB X zur **Auskunft** über die gespeicherten Daten verpflichtet. Der Auskunftsanspruch des Betroffenen erstreckt sich auf Akten, auch auf die Gerichtsakten, sowie auf sonstige Datenträger. Damit ist jedoch kein Anspruch auf Akteneinsicht beim JA verbunden (vgl Anhang Verfahren Rn 40, Proksch 1996, 210 ff). Über das Begehren auf Akteneinsicht ist allerdings ermessensfehlerfrei zu entscheiden.

V. Übertragung der Mitwirkung auf freie Träger

Das JA kann anerkannte freie Träger an der Durchführung der Mitwirkung im familien- und vor- **32** mundschaftsgerichtlichen Verfahren beteiligen bzw ihnen die Ausführung der Aufgabe übertragen (§ 76). Die Beteiligung und Übertragung ändert aber nichts an der dem JA weiterhin obliegenden **Gesamtverantwortung** im Hinblick auf die Mitwirkungsaufgaben (§ 76 Abs. 2, § 79). Durch vertragliche Regelungen sind Ziel, Inhalt und Verfahren der übertragenen Aufgabenwahrnehmung, Schutz- und Sorgfaltspflichten, Kooperation, Datenschutz, Informationsaustausch klar zu regeln. Ist dies aus fachlichen, personellen oder institutionellen Gründen nicht möglich, hat eine Übertragung zu unterbleiben.

Die freien Träger sind in den Vereinbarungen mit den öffentlichen Trägern insb. zu verpflichten, die **33** Regeln des **Sozialdatenschutzes** gemäß § 35 SGB I, §§ 67 ff SGB X und §§ 61 ff zu beachten und sie zur Grundlage ihres Hilfekontrakts mit den Klienten zu machen (hierzu VorKap. 4 Rn 28 f; vgl DIJuF JAmt 2005, 14 ff). Eine direkte Übermittlung von Stellungnahmen und sonstigen Daten durch den freien Träger an das FamG ist dann – sofern die Betroffenen dem nicht widersprochen haben – im Rahmen der nach § 76 Abs. 1, § 50 übertragenen Mitwirkung zulässig (§ 61 Abs. 1; § 69 Abs. 1 Nr. 1 SGB X), wenn der Erfolg einer – ggf von dem freien Träger parallel erbrachten – Leistung (zB § 17, Trennungs- und Scheidungsberatung oder -mediation) nicht gefährdet wird. Im Fall von anvertrauten Daten (§ 65 Rn 7) bedarf die Daten- und Informationsweitergabe grundsätzlich einer ausdrücklichen Einwilligung der Betroffenen (Grenze Schutzverpflichtung § 8 a Abs. 3, § 65 Abs. 1 Nr.2). Da das JA weiterhin in der Verantwortung der gesetzlichen Mitwirkungspflicht nach § 50 bleibt, ist eine Übermittlung von Stellungnahmen des freien Trägers sowie anderer Daten an das JA unter den gleichen Voraussetzungen wie im Hinblick auf das FamG zulässig (§ 64 Abs. 2; § 69 Abs. 1 Nr. 1 SGB X).

Weiterführende Literaturhinweise:

Balloff 2004, *Bay. LJA* 2004; *Harnach* 2007; *Münder/Mutke/Schone* 2000; *Oberloskamp/Balloff/Fabian* 2001; *Röchling* 2002; *Proksch* 2004; *Salgo u.a.* 2002; *Trenczek* 2008.

§ 50 Anhang

I. Das familienrechtliche Verfahren nach dem FamFG

1. Grundstrukturen und allgemeine Vorschriften

1   Die Mitwirkung des JA im gerichtlichen Verfahren nach § 50 knüpfte (bis zum 30.8.2009) überwiegend an die Regelungen der §§ 49, 49 a FGG aF an. Mit der bereits im Juni 2008 vom Bundestag beschlossenen Reform des Verfahrens in Familiensachen und den Angelegenheiten der freiwilligen Gerichtsbarkeit (**FGG-Reformgesetz**; vgl BT-Drucks. 16/6308; 16/9733; BR-Dr. 617/08; Trenczek ZKJ 2009, 97) wurde das VormG aufgelöst und seine Aufgaben dem (sog. „großen") FamG bzw dem neuen Betreuungsgericht (§ 23 c Abs. 1 GVG) übertragen. Gleichzeitig wurden auch die Regelungen über die Mitwirkung der Jugendhilfe in gerichtlichen Verfahren nach § 50 neu gefasst (§ 50 Rn 2).

Wesentlicher Teil des FGG-RG war die Einführung des **FamFG**, in dem alle spezifischen familienver- **2** fahrensrechtlichen Regelungen normiert wurden. Dessen Allgemeiner Teil (I. Buch) tritt an die Stelle der §§ 1 bis 34 FGG und enthält die allgemeinen Vorschriften über das familiengerichtliche Verfahren. Für die Kinder- und Jugendhilfe von besonderer Relevanz sind insb. die **Familiensachen** (II. Buch: §§ 111 – 270 FamFG, s.u. Rn 18 ff). Einige Regelungen des neuen Gesetzes (zB §§ 155,157 FamFG, Rn 26 u. 32) wurden bereits im April 2008 gemeinsam mit der Neufassung des § 1666 BGB durch das „Gesetz zur Erleichterung familiengerichtlicher Maßnahmen bei Gefährdung des Kindeswohls" (BT-Drucks. 16/8914; hierzu Meysen JAmt 2008, 233; Röchling FamRZ 2008, 1495; Veit FPR 2008, 598) vorgezogen.

Für Familiensachen sachlich zuständig sind die Amtsgerichte (§ 23 a GVG) und dort die Abteilungen **3** für FamG (§ 23 b Abs. 1 Nr. 2-4 GVG). Im Hinblick auf die internationale **Zuständigkeit** der deutschen **Familiengerichte** betont § 97 Abs. 1 FamFG den Vorrang des internationalen Verfahrensrechts (Meysen/Meysen § 97 Rn 3 ff; vgl auch 3 Abs. 3 EGBGB; vgl Andrae IPrax 2006, 82). Die Vorschriften zur örtlichen Zuständigkeit richten sich nach dem jeweiligen Verfahrensgegenstand (zB in § 122 FamFG für Ehesachen). In **Kindschaftssachen** (§§ 152 ff FamFG) beschränkt sich das FamFG auf drei Anknüpfungspunkte: Anhängigkeit der Ehesache, gewöhnlicher Aufenthalt des Kindes und Fürsorge-bedürfnis. Für alle Kindschaftssachen, die gemeinschaftliche Kinder der Ehegatten betreffen, ist das Gericht der Anhängigkeit der Ehesache zuständig (§ 152 Abs. 1 FamFG). Soweit eine Ehesache nicht anhängig ist, ist der gewöhnlichen Aufenthalt des Kindes der zentrale Anknüpfungskriterium für die Zuständigkeit (§ 152 Abs. 2 FamFG), nicht mehr der Wohnsitz (vgl u.a. § 64 Abs. 1 u. 3, §§ 36, 43 FGG, §§ 621 Abs. 1 Nr. 1, 621 a ZPO aF). Dies ist insb. auch in dem Rechtschutzverfahren nach einer Inobhutnahme zu berücksichtigen (vgl § 42 Rn 38). Zu beachten ist § 155 FamFG für den Fall, dass ein Elternteil den Aufenthalt des Kindes ohne vorherige Zustimmung des anderen geändert hat. Für den Fall, dass ein gewöhnlicher Aufenthalt des Kindes im Inland nicht besteht oder feststellbar ist, dient als Auffangtatbestand der Bezirk, in dem das Bedürfnis der Fürsorge bekannt wird (§ 152 Abs. 3 FamFG). Bei Kollisionen ist unter mehreren örtlich zuständigen Gerichten das Gericht zuständig, das zuerst mit der Angelegenheit befasst ist (§ 2 Abs. 1 FamFG). Die örtliche Zuständigkeit eines Gerichts bleibt bei Veränderung der sie begründenden Umstände erhalten (§ 2 Abs. 2 FamFG).

Im familiengerichtlichen Verfahren gilt grds. das **Prinzip der Amtsermittlung** (§ 26 FamFG), dh die **4** Feststellung der entscheidungserheblichen Tatsachen obliegt grds. dem Gericht von Amts wegen (sog. Offizialmaxime). In Familienstreitsachen, zu denen insb. die Unterhaltssachen, Güterrechtssachen und sonstigen Familiensachen zählen (§ 112 FamFG), gilt weiterhin die Beteiligtenmaxime und der Bei-bringungsgrundsatz (dieser ist nur in den engen Grenzen der Auskunftspflicht nach §§ 235, 236 FamFG durchbrochen). Die Amtsermittlung ist (partiell) eingeschränkt in Ehesachen (§ 127 FamFG), Abstammungssachen (§ 177 FamFG) sowie in Ehewohnungs- und Haushaltssachen (§ 206 Abs. 2 und 3 FamFG). Grds. entscheidet das FamG nach pflichtgemäßem Ermessen, ob es sich zur Beschaffung der für seine Entscheidung erheblichen Tatsachen mit formlosen Ermittlungen (§ 29 FamFG) begnügen kann oder ob es eine förmliche Beweisaufnahme nach den Vorschriften der ZPO (§ 30 FamFG) durch-führen muss. Aus dem Grundsatz der Amtsermittlung folgt auch die Pflicht des Gerichts zur **Anhörung des JA** bei allen Feststellungen, die das Wohl des Kindes betreffen können (§ 50 Rn 4).

Neu geregelt im FamFG wurden die Regelungen zur **zwangsweisen Durchsetzung von gerichtlichen** **5** **Anordnungen** (§ 35 FamFG). Die Anwendung dieser Zwangsmittel (zB Zwangsgeld oder Zwangshaft) ist zu unterscheiden von der im 8. Abschnitt (§§ 86 ff FamFG) geregelten Vollstreckung der ein Ver-fahren abschließenden Entscheidungen. Zudem können zur Durchsetzung von Herausgabe- und Um-gangsanordnungen (vgl BVerfG 1.4.2008 – 1 BvR 1620/04 – FamRZ 2008, 845; s. § 18 Rn 28) nach 89 Abs. 1 FamFG auch **Ordnungsmittel** (Ordnungsgeld und Ordnungshaft) angeordnet werden, die anders als reine Zwangsmittel auch Sanktionscharakter haben und auch dann noch festgesetzt und vollstreckt werden können, wenn die zu vollstreckende Handlung, Duldung oder Unterlassung wegen Zeitablaufs nicht mehr vorgenommen werden kann (BT-Drucks. 16/6308, 218). Schließlich kann das FamG nach § 90 Abs. 1 FamFG zur Vollstreckung auch **unmittelbaren Zwang** anordnen. Geht es um die Herausgabe eines Kindes zur Durchsetzung eines Umgangsrechts, darf aber nach § 90 Abs. 2 FamFG (vgl § 33 Abs. 2 FGG aF) die Anwendung unmittelbaren **Zwangs gegen ein Kind** nicht zuge-lassen werden (zum insoweit vorrangigen Vermittlungsverfahren nach § 165 FamFG, s. Rn 16). Im Übrigen darf unmittelbarer Zwang gegen ein Kind nur zugelassen werden, wenn dies unter Berück-sichtigung des Kindeswohls gerechtfertigt ist und eine Durchsetzung der Verpflichtung mit milderen Mitteln nicht möglich ist. Nach § 88 Abs. 2 FamFG hat das **JA dem Gericht bei der Vollstreckung** von

Entscheidungen über die Herausgabe von Personen und die Regelung des Umgangs „in geeigneten Fällen" **Unterstützung zu leisten**. Über die „Eignung" und ihre Unterstützungsleistung entscheidet nicht das FamFG, sondern das JA als Fachbehörde (Meysen/Meysen § 88 FamFG Rn 5 ff).

2. Beteiligte des familienrechtlichen Verfahrens

6   Das familienrechtliche Verfahren findet weiterhin grds. unter Ausschluss der Öffentlichkeit (§ 170 GVG), mithin **beteiligtenöffentlich** statt, dh das nur die (formell) am Verfahren Beteiligten während dessen anwesend sein dürfen und bei einem berechtigten Interesse auch ein **Akteneinsichtsrecht** (§ 13 FamFG) haben. Damit sind allen Verfahrensbeteiligten die in der Gerichtakte befindlichen Stellungnahmen des JA (zB von Erziehungsberatungsstellen, des ASD) zugänglich, andererseits hat auch das JA als Verfahrensbeteiligte (Rn 10) Zugang zum Akteninhalt (zB psychologische Gutachten).

7   Das FamFG enthält eine gesetzliche **Definition des Beteiligtenbegriffs** (Trenczek ZKJ 2009, 98; Zimmermann FPR 2009, 5). Diese (formell) am Verfahren beteiligten Personen verfügen über eine besonders geschützte Rechtsstellung (zB Anwesenheits-, Anhörungs-, Akteneinsichtsrecht) und können zB durch eigene Willenserklärungen (Anträge) gestaltend am Prozess mitwirken. Andererseits haben die Beteiligten auch eine **Mitwirkungspflicht**, denn sie sollen bei der Ermittlung des Sachverhalts mitwirken und haben ihre Erklärungen über tatsächliche Umstände vollständig und der Wahrheit gemäß abzugeben (§ 27 Abs. 1 u. 2 FamFG). Neben dem Antragsteller (§ 7 Abs. 1 FamFG) sind als Beteiligte des familiengerichtlichen Verfahrens nach § 7 Abs. 2 FamFG und alle Personen hinzuzuziehen (dh insb. zu benachrichtigen und anzuhören), deren (materielles) Recht durch das Verfahren unmittelbar betroffen wird (Nr. 1) und diejenigen, die aufgrund einer gesetzlichen Vorschrift von Amts wegen oder auf Antrag zu beteiligen sind (Nr. 2; zur verfahrensrechtlichen Stellung des JA s.u. Rn 10).

a) Verfahrensrechtliche Stellung von Eltern, Kinder und Jugendlichen

8   Die **Eltern** eines Kindes sind aufgrund ihres elterlichen Sorgeverantwortung (Art. 6 Abs. 2 GG, §§ 1626 ff BGB) stets (förmlich) am familienrechtlichen Verfahren Beteiligte (§ 7 Abs. 1 bzw Abs. 2 Nr. 1 FamFG). Sie sollen (§ 160 Abs. 1 FamFG), in Verfahren nach den §§ 1666, 1666 a BGB müssen sie stets persönlich angehört werden (§ 160 Abs. 2 FamFG). Eltern können sich stets von einem Anwalt oder Beistand begleiten lassen, das Gericht kann die persönliche Anwesenheit der Eltern anordnen (s. § 157 Abs. 2, § 165 Abs. 2 FamFG).

9   Grundsätzlich agieren die personensorgeberechtigten Eltern für ihre (minderjährigen) Kinder auch im (familien)gerichtlichen Verfahren als gesetzliche Vertreter (§ 1629 BGB). Im Hinblick auf die **verfahrensrechtliche Stellung von Kinder und Jugendlichen** erweitert § 9 Abs. 3 FamFG die Verfahrensfähigkeit von Minderjährigen, die das 14. Lebensjahr vollendet haben. Allerdings erlaubt das FamFG ihnen die eigenständige Verfahrensstellung nur soweit sie über eine eigene materielle Rechtsstellung verfügen, die aber nach dem BGB – wie übrigens auch nach dem SGB VIII (vgl § 1 Rn 12 ff) – nicht sehr ausgeprägt ist. Kinder/Jugendliche über 14 Jahren sind als Verfahrensbeteiligte anzuhören (vgl § 34 Abs. 1; § 159 Abs. 1 FamFG). Nach § 159 Abs. 2 FamFG sind darüber hinaus auch noch nicht 14jährige Kinder persönlich anzuhören, wenn ihre Neigungen, Bindungen oder ihr Wille für die Entscheidung von Bedeutung sind oder wenn eine **persönliche Anhörung** aus sonstigen Gründen angezeigt ist. Von einer persönlichen Anhörung darf das Gericht nach § 159 Abs. 3 FamFG nur aus schwerwiegenden Gründen absehen. Kinder/Jugendliche haben ein **Informationsrecht** über den Gegenstand, Ablauf und möglichen Ausgang des Verfahrens und sollen in einer geeigneten und ihrem Alter entsprechenden Weise informiert werden, soweit nicht Nachteile für ihre Entwicklung, Erziehung oder Gesundheit zu befürchten sind (§ 164 FamFG). Zur Wahrung ihrer Interessen ist Kindern/Jugendlichen insb. in Konflikten mit ihren Eltern ein **Verfahrensbeistand** (früher Verfahrenspfleger; Rn 77; vgl Trenczek ZKJ 2009, 196) zu bestellen (§§ 158, 174, 191 FamFG).

b) Verfahrensrechtliche Stellung des JA

10   Nach dem FGG wurde das JA ungeachtet seiner Mitwirkung zumindest nach der hM nicht als förmlich Verfahrensbeteiligter iSd § 20 Abs. 1 FGG angesehen. Auch nach dem FamFG ist im Hinblick auf die **verfahrensrechtliche Stellung des JA** zu beachten, dass allein die an verschiedenen Stellen normierte **Mitwirkungs- und Anhörungsverpflichtung** (zB § 162 Abs. 1 Satz 1, §§ 176, 194, 205, 213 FamFG) oder Auskunftserteilung das JA noch nicht zum Beteiligten macht (§ 7 Abs. 6 FamFG). Das JA (in Adoptionssachen auch das LJA, s. Rn 72) wird zum (förmlichen) Verfahrensbeteiligten nur, wenn es

dies ausdrücklich wünscht (§ 162 Abs. 2 Satz 1, § 172 Abs. 2 Satz 1, § 188 Abs. 2 Satz 1, § 204 Abs. 2 Satz 1, § 212 Abs. 2 Satz 1 FamFG; sog. **Zugriffslösung**). Die JÄ wie auch andere Behörden haben damit die Wahl, ob sie nur im Rahmen der Anhörung am Verfahren teilnehmen wollen oder als Beteiligte aktiv mit einer erweiterten Rechtsstellung (zB Akteneinsichtsrecht, Beweisantragsrecht) am Verfahren mitwirken. Auch ohne formale Beteiligungsstellung besteht in den gesetzlich bestimmten Fällen stets eine **Anhörungspflicht**. Stellt das JA einen Antrag auf Beteiligung, hat das Gericht gemäß Absatz 2 Nr. 2 seine Hinzuziehung zu veranlassen; das FamG hat dabei keinen Ermessensspielraum (BT-Drucks. 16/6308, 179).

Darüber hinaus ist dem JA unabhängig von der Bestellung als formeller Verfahrensbeteiligter eine **11** besondere **Beschwerdebefugnis** zugewiesen, wenn sie zur Wahrnehmung öffentlicher Interessen anzuhören sind und sich an dem Verfahren beteiligen können (§ 59 Abs. 3 FamFG). Die umfassende Beschwerdeberechtigung des JA in Kindschafts-, Abstammungs-, Adoptions- und Ehewohnungs- sowie Gewaltschutzsachen ergibt sich aus § 162 Abs. 3 Satz 2, § 176 Abs. 2 Satz 2, § 194 Abs. 2 Satz 2, § 205 Abs. 2 Satz 2, § 213 Abs. 2 Satz 2 FamFG. Den Behörden sind deshalb die Endentscheidungen in Angelegenheiten zu denen sie zu hören waren unabhängig von ihrer Beteiligtenstellung mitzuteilen (§ 162 Abs. 3 Satz 1, § 176 Abs. 2 Satz 1, § 194 Abs. 2 Satz 1, § 205 Abs. 2 Satz 1, § 213 Abs. 2 Satz 1 FamFG). Die Beschwerde ist innerhalb einer **Frist** von einem Monat (§ 63 Abs. 1 FamFG, Beschwerden gegen einstweilige Anordnungen innerhalb von zwei Wochen, § 63 Abs. 2 Nr. 1 FamFG) bei dem Gericht einzulegen, dessen Beschluss angefochten wird (§ 64 Abs. 1 FamFG).

Das FGG-Reformgesetz hat zu einer **Aufwertung der verfahrensrechtlichen Position des JA** geführt. In **12** diesem Zusammenhang sei auch das sog. **Behördenprivileg des JA** erwähnt, das es in allen Verfahren in sämtlichen Instanzen vom Anwaltszwang befreit (§ 114 Abs. 3 FamFG). Allerdings wächst damit auch die Verantwortung und das **Haftungsrisiko** zB im Hinblick auf die Verfahrensbeteiligten mitunter aufzuerlegenden Kosten. Beteiligten – auch dem JA als Beteiligter – werden die Kosten nach billigem Ermessen auferlegt (§ 81 Abs. 1 FamFG). Selbst in Fällen, in denen das JA künftig nicht formell beteiligt ist, besteht nach § 81 Abs. 4 FamFG die Möglichkeit, dem JA (bzw dem öffentlichen oder freien Träger) als „Dritten" die Kosten des Verfahrens aufzuerlegen, soweit die Tätigkeit des Gerichts durch ihn veranlasst wurde und ihn ein grobes Verschulden trifft. Das könnte zum Beispiel bei einer vorschnellen, mangelhaften, weil nicht den fachlichen Standards entsprechenden Anrufung des FamG zur Initiierung eines (überflüssigen) Sorgerechtsverfahrens der Fall sein, wenn entgegen der Ansicht des JA eine kindeswohlgefährdende Situation nicht vorliegt bzw die Eltern durchaus (ggf mit fachgerechter Unterstützung) in der Lage und bereit sind, eine solche Gefahr von ihrem Kind abzuwenden. Gerade im Hinblick auf die Schutzverpflichtung des JA (§ 8 a) und den in diesem Zusammenhang kontinuierlichen Abwägungsprozess mag deutlich werden, dass durch das FamFG die Anforderungen an eine **qualifizierte Fachlichkeit** gerade im Hinblick auf den Spagat zwischen Hilfe und Kontrolle gestiegen sind.

3. Förderung einvernehmlicher Regelungen

Der Gesetzgeber hat der **einvernehmlichen Regelung** in Kindschafts- und anderen Familiensachen eine **13** besondere Bedeutung zu gemessen (zB §§ 36, 133 Abs. 1 Nr. 2, §§ 135, 156, 165, 176 FamFG; vgl Trenczek FPR 2009, 335). Das familiengerichtliche Verfahren ist wie keine andere gerichtliche Auseinandersetzung von emotionalen Konflikten geprägt, die letztlich nicht justiziabel sind, aber einen maßgeblichen Einfluss auf das Streitpotenzial und die Möglichkeiten zur gütlichen Beilegung einer Auseinandersetzung haben (vgl Carl FPR 2004, 187). In § 36 FamFG wird den Beteiligten umfassend der Abschluss einer einvernehmlichen Regelung (rechtstechnisch durch einen sog. Vergleich) eingeräumt, soweit sie über den Gegenstand des Verfahrens verfügen können (vgl Trenczek ZKJ 2007, 138; bzgl. Gewaltschutzsachen s. Rn 75). Das Gericht kann in Scheidungsverfahren nach § 135 Abs. 1 FamFG anordnen, dass die Ehegatten einzeln oder gemeinsam an einem kostenfreien Informationsgespräch über **Mediation** oder eine sonstige Möglichkeit der außergerichtlichen Streitbeilegung anhängiger Folgesachen bei einer von dem Gericht benannten Person oder Stelle teilnehmen und eine Bestätigung hierüber vorlegen.

Auch in Kindschaftssachen (Rn 24 ff) soll auf ein Einvernehmen der Eltern hingewirkt werden, es sei **14** denn, dass dies dem Kindeswohl nicht entspricht (§ 156 Abs. 1 Satz 1 FamFG). Soweit in diesem Zusammenhang zB die (offenbar noch als atypisch angesehenen) Fälle **häuslicher Gewalt** angeführt werden (vgl BT-Drucks. 16/6308, 236; 16/9733, 293) darf man freilich nicht den falschen Schluss ziehen, dass nach Fällen der häuslichen Gewalt einvernehmliche Regelungen nicht mehr in Betracht kämen. Erkenntnisse aus der Mediationspraxis (zB der Waage Hannover e.V.) in Fällen von Partnergewalt und **in hochstrittigen Sorge- und Umgangskonflikten** legen eine differenzierte Betrachtung nahe. § 36 Abs. 1 Satz 2 FamFG schließt einvernehmliche Regelungen zugunsten des Kindeswohls nicht aus. In § 156 Abs. 2 FamFG wird der **Vorrang einvernehmlicher Regelungen** (Vor§ 50 Rn 9; Trenczek FPR 2009,335) auf Verfahren über das Umgangsrecht sowie die Herausgabe eines Kindes und damit sogar auf Regelungsgegenstände ausgeweitet (vgl § 52 a FGG aF; Coester Kindprax 2003, 79 ff), über die Eltern an sich nicht disponieren können (s. § 1684 BGB). Die insoweit stattfindende **gerichtliche Inhaltskontrolle** (gerichtlich gebilligter Vergleich, § 156 Abs. 2, § 165 Abs. 4 FamFG) ist nicht mediationsfeindlich, stehen doch alle Regelungen stets unter dem Vorbehalt des nicht-dispositiven Rechts (Trenczek perspektive mediation 2006, 94), hier also des Kindeswohls (hierzu Vor§ 50 Rn 2). Eine Zustimmung des JA und Verfahrensbeistands (hierzu Rn 77 ff) ist nur erforderlich, wenn diese durch die einvernehmliche Regelung der Eltern selbst betroffen sind (zB beim begleiteten Umgang, s. § 18 Rn 37).

15   Gelingt es dem FamG nicht selbst, die Eltern zu einem Einvernehmen zu motivieren, so weist es nach § 156 Abs. 1 Satz 2 FamFG auf Möglichkeiten der **Beratung zur Entwicklung eines einvernehmlichen Konzepts** für die Wahrnehmung der elterlichen Sorge und der elterlichen Verantwortung durch die Beratungsstellen und -dienste der Träger der Kinder- und Jugendhilfe hin (**Hinweispflicht**). Darüber hinaus soll das Gericht in geeigneten Fällen auf die Möglichkeit der **Mediation** oder der sonstigen außergerichtlichen Streitbeilegung hinweisen (§ 156 Abs. 1 Satz 3 FamFG). Das Gericht kann sogar anordnen, dass die Eltern an einer Beratung, nicht aber an einer Mediation teilnehmen (§ 156 Abs. 1 Satz 4 FamFG). Der diskreditierende Begriff „Zwangsberatung" verschleiert, dass in einer fachgemäßen Beratung gerade keine Entscheidungen (gar von Dritten) für die Betroffenen getroffen, sondern neue Handlungsalternativen und (mitunter bislang unbekannte) Entscheidungsoptionen geklärt werden. Das Gericht soll vor Erlass dieser Anordnung dem **JA Gelegenheit zur Stellungnahme** geben, um mit diesem abzustimmen (Einvernehmen), bei welcher Beratungsstelle und binnen welcher Frist die Eltern sich beraten lassen sollen. Die Anordnung ist nicht selbständig anfechtbar und nicht mit Zwangsmitteln durchsetzbar. Allerdings können Kostenfolgen an die Weigerung geknüpft werden (vgl § 81 Abs. 2 Nr. 5 FamFG).

16   § 165 FamFG erweitert das bereits in § 52 a FGG vorgesehene **Vermittlungsverfahren in Umgangskonflikten**. Nach Abs. 1 ist eine solche Vermittlung nun nicht nur bei Konflikten im Rahmen der Umsetzung einer gerichtlichen Entscheidung, sondern auch dann durchführbar, wenn ein Elternteil geltend macht, dass der andere Elternteil die Durchführung eines gerichtlich gebilligten Vergleichs, also einer zu einem früheren Zeitpunkt getroffenen einvernehmlichen Regelung über den Umgang mit dem gemeinschaftlichen Kind vereitelt oder erschwert. Ob und inwieweit die Familienrichter/innen zeitlich wie methodisch in der Lage sind, den Konflikt, insb. hoch strittige Umgangskonflikte, mediativ zu bearbeiten, ist allerdings fraglich. Die Kostenregelung des § 165 Abs. 5 Satz 3 FamFG ist auslegungsbedürftig.

17   Durch das FamFG ist nicht geregelt, wer die **Kosten** einer (mediativen) Beratung oder gar eines den **fachlichen Standards entsprechenden** (außergerichtlichen) **Mediationsverfahrens** (hierzu vgl die gemeinsamen Regelungen der Fachverbände BAFM, BM und BMWA) trägt. Unter Beachtung der kommunalen Selbstverwaltung und Steuerungsverantwortung kann auch die in § 135 Abs. 2, § 156 Abs. 1 Satz 2 FamFG erwähnte (kostenlose) Beratung nicht über die Leistungspflichten des § 17 hinausgehen (hierzu § 17 Rn 8). Zu einer mediativ angelegten Beratung oder gar einer fachgerechten Mediation sind aber derzeit weder Familienrichter/innen noch die Fachkräfte in den JÄ ohne erhebliche zusätzliche Qualifizierung in der Lage (vgl Krabbe/Höynck/Mersmann ZKJ 2006, 496; Meysen JAmt 2008, 237; Riehle KindPrax 2000, 83; Trenczek ZKJ 2007, 138). Wohl auch deshalb hat der Gesetzgeber von einer **Verpflichtung zur Mediation** abgesehen, obwohl es gegen eine solche keine durchschlagenden Gründe gibt (vgl BVerfG 14.2.2007 – 1 BvR 1351/01; Alexander 2006; Jall 2000; Prosch Familiendynamik 1992, 402; Trenczek SchiedVZ 2008, 141; Kriegel ZKM 2006, 55).

II. Die Mitwirkung des JA in Familiensachen

18   Von den in § 111 FamFG geregelten **Familiensachen** ist nach § 50 Abs. 1 eine Beteiligung des JA insb. vorgesehen in

1. Kindschaftssachen (§§ 151 ff,162 FamFG, s. Rn 24 ff),
2. Abstammungssachen (§§ 169 ff, 176 FamFG; hierzu Rn 55),
3. Adoptionssachen (§§ 186 ff, 188 Abs. 2, 189, 194, 195 FamFG; hierzu Rn 58),

4. Ehewohnungssachen (§§ 200 ff, 204 Abs. 2, 205 FamFG; hierzu Rn 73) und
5. Gewaltschutzsachen (§§ 210 ff, 212, 213 FamFG; hierzu Rn 74).

Ausdrücklich vorgesehen die Beteiligung des JA auch zur **Unterstützung bei der Vollstreckung** von Entscheidungen über Herausgabe und Umgang (§ 88 Abs. 2 FamFG, s.o. Rn 5 ff). Unabhängig von ggf beabsichtigen bzw anhängigen familiengerichtlicher Verfahren besteht eine „außergerichtliche" **Leistungspflicht** des JA aufgrund der Beratungsansprüche für Mütter und Väter nach § 17 und § 18 Abs. 1 und 4 (s. § 17 Rn 13 ff; § 50 Rn 6; Beinkinstadt JAmt 2004, 513).

§ 50 Abs. 1 listet die Fälle, in denen eine Beteiligung des JA geboten und eine Verpflichtung der Gerichte zur Anhörung des JA besteht, **nicht abschließend** auf. Weitere Anhörungspflichten sind zT explizit benannt (zB § 1779 Abs. 1 BGB) oder können sich aus anderen Vorschriften ergeben. Schon der Wortlaut von Abs. 1 Satz 1 spricht von **allen Maßnahmen, die die Sorge für die Person des Kindes** und Jugendlichen betreffen. Das JA hat das FamG also in mehr Verfahren zu unterstützen als sich aus den ausdrücklich normierten Anhörungsverpflichtungen ergibt (s.a. Rn 22); insoweit hat sich zur alten Rechtslage nichts geändert (vgl Vorauflage § 50 Rn 4; Wiesner/Oberloskamp Anhang § 50 Rn 5 a u. 67). Die Sorge für ein Kind oder einen Jugendlichen umfasst dabei auch 19

- § 1303 Abs. 2 BGB (Befreiung vom Erfordernis der Volljährigkeit, vgl § 49 a Nr. 1 FGG aF),
- § 1315 Abs. 1 Satz 3, 2. Hs BGB (Verfahren zur Ersetzung der Zustimmung zur Bestätigung der Ehe),
- § 1618 Satz 4 BGB (Einbenennung),
- § 1630 Abs. 2 BGB (Entscheidung des FamG bei Nichteinigung von Eltern und Pflegern),
- § 1779 Abs. 1 BGB (Anhörung des JA bei Auswahl des Vormunds durch das FamG; vgl auch die Mitteilungspflicht nach § 1851 BGB),
- § 1846 BGB (einstweilige Maßregeln des FamG im Hinblick auf die Vormundsbestellung),
- § 1887 Abs. 3, § 1889 Abs. 2 BGB (Ablösung des JA oder eines Vereins als Pfleger bzw Vormund) sowie
- bzw alle Änderungsentscheidungen des FamG (§ 1696 BGB).

Eine Mitwirkung des JA in **Scheidungsverfahren** (§§ 133 ff FamFG) ist nicht immer, sondern nur notwendig, soweit mit der Scheidung auch eine sog. Folgesache anhängig ist, die das Wohl der von der Scheidung betroffenen Kinder betrifft (vgl insb. § 137 Abs. 3 FamFG; hierzu LJA BY 2001; Bergmann u.a. 2002; zu den Folgen von Trennung und Scheidung für die Kinder vgl Böhm/Scheurer-Englisch 2000; Napp-Peters 1992; Wallerstein/Lewis/Blakeslee 2002). Das ist insb. der Fall bei einem im sog. „Scheidungsverbund" (vgl § 137 FamFG) anhängigen Antrag bzw Streit über die elterliche Sorge (Rn 42) bzw Umgangsregelungen (Rn 48). Die Möglichkeit der gemeinsamen Sorge nach Trennung und Scheidung (vgl § 1671 BGB) hat zwar vielfach zur Konfliktentschärfung in Ehescheidungen geführt, die Mitwirkung des JA in Trennungs- und Scheidungsverfahren hat in der Praxis aber nach wie vor eine hohe Bedeutung, da die zur Trennung und Scheidung führenden Konflikte sich in zahlreichen Fällen auch danach noch fortsetzen. Häufig kommt es anstelle der Konflikte um das Sorgerecht nun vermehrt zu Streitigkeiten bei Umgangsregelungen (vgl Bucholz-Graf ZfJ 2001, 211; Jäger FPR 2005, 70). Nicht immer dient das **gemeinsame Sorgerecht** dem Wohl der Kinder, insb. wenn es von den Eltern vorschnell nur zur Vermeidung von aktuellen Konflikten gewählt wird (Rn 42). 20

Im Bereich der sog. Scheidungsfolgesachen (§ 137 Abs. 2 FamFG) ist eine Mitwirkung des JA in den in § 50 Abs. 1 Nr. 4 ausdrücklich genannten **Ehewohnungssachen** (§§ 200 ff FamFG, s. Rn 73) vorgesehen, sofern ein Kind im Haushalt lebt. 21

Sofern durch die Entscheidungen des FamG das Kindeswohl (hierzu Vor§ 50 Rn 2) betroffen ist und die Eltern keine einvernehmliche Regelung treffen (zu deren Vorrang s. Rn 14), ist im Hinblick auf die gerichtliche **Amtsermittlungspflicht** (§ 26 FamFG; beachte die Einschränkungen, Rn 4) eine **Anhörung des JA** geboten (vgl BT-Drucks. 11/5948, 87 f). 22

Besonders geregelt ist die Unterrichtung und Mitwirkung des JA in Verfahren zur Aus- und Durchführung bestimmter Rechtsinstrumente auf dem Gebiet des **internationalen Familienrechts** (§ 9 IntFamRVG). 23

1. Verfahren in Kindschaftssachen (§§ 151 ff FamFG)

Eine besondere Bedeutung für die Kinder- und Jugendhilfe haben die durch § 151 FamFG (anders und weiter als bisher in § 640 Abs. 2 ZPO) definierten **Kindschaftssachen** (vgl § 50 Abs. 2 Satz 2). Die 24

Sammelbezeichnung bezieht sich auf Verfahren, die ein minderjähriges Kind bzw einen Jugendlichen betreffen. Sie umfasst nicht nur die bislang in § 621 Abs. 1 Nr. 1 – 3 ZPO, sondern alle dem FamG zugewiesenen Verfahren, die das **Kindeswohl** (s. Vor§ 50 Rn 2) **und die elterliche Erziehungsverantwortung** betreffen und nicht einer anderen Verfahrensgruppe der Familiensachen (zB Abstammungs- und Adoptionssachen) zugeordnet sind. Im Einzelnen betreffen diese Verfahren nach § 151 FamFG

1. die elterliche Sorge (§§ 1626 ff BGB; s. Rn 35 ff),
2. das Umgangsrecht (§ 1632 Abs. 2, §§ 1684 und 1685 BGB; s. Rn 48),
3. die Kindesherausgabe (§ 1632, 1682 BGB; s. Rn 49)
4. die Vormundschaft (vgl zB § 56; s. Rn 50)
5. die Pflegschaft oder die gerichtliche Bestellung eines sonstigen Vertreters für einen Minderjährigen oder für eine Leibesfrucht (vgl §§ 1697, 1909, 1912 BGB, hierzu Rn 50),
6. die Genehmigung der freiheitsentziehenden Unterbringung eines Minderjährigen (§§ 1631 b, 1800 und 1915 BGB; hierzu Rn 51),
7. die Anordnung der freiheitsentziehenden Unterbringung eines Minderjährigen nach den Landesgesetzen über die Unterbringung psychisch Kranker (PsychKG und UBG; hierzu Rn 51) sowie
8. die Aufgaben nach dem JGG (hierzu Rn 54).

25　**Unterhaltssachen** (§§ 231 ff FamFG), auch soweit sie die Unterhaltspflicht gegenüber einem gemeinschaftlichen Kind betreffen, gehören nicht zu den Kindschaftssachen, sondern sind sog. Familienstreit- bzw Folgesachen (§ 112 Nr. 1, § 137 Abs. 2 FamFG), die nach den Regelungen der ZPO durchgeführt werden. Insoweit leistet das JA allerdings Beratung und Unterstützung bei der Geltendmachung von **Unterhalts- oder Unterhaltsersatzansprüchen** des Kindes oder Jugendlichen nach §§ 17 u. 18 (§ 18 Rn 14 ff). Von § 50 zu unterscheiden sind auch die Aufgaben des JA als **Beistand** bei der Geltendmachung von Unterhaltsansprüchen nach § 1712 Abs. 1 Nr. 2 BGB, § 234 FamFG (s. § 52 a Rn 2).

a) Beschleunigungsgebot

26　§ 155 Abs. 1 FamFG (§ 50 e FGG aF) normiert ein ausdrückliches **Vorrang- und Beschleunigungsgebot** für Kindschaftssachen, die den Aufenthalt des Kindes, das Umgangsrecht oder die Herausgabe des Kindes betreffen sowie für Verfahren wegen Gefährdung des Kindeswohls (hierzu im Einzelnen Meysen u.a./Meysen FamFG § 155 Rn 4). Beide Gebote sollen eine Verkürzung der Verfahrensdauer insb. in sorge- und umgangsrechtlichen Verfahren bewirken. Die derzeitige Dauer von durchschnittlich 6-7 Monaten kann insb. in Sorge- und Umgangskonflikten zu einer faktischen Präjudizierung der Streitsache führen (BT-Drucks. 16/6308, 235; Heilmann 1998, 24 ff). Der Gesetzgeber weist aber darauf hin, dass das Beschleunigungsgebot nicht schematisch gehandhabt werden dürfe, sondern im Einzelfall – zB im Hinblick auf eine einvernehmliche Regelung des Streits (s. Rn 13 ff) – zumindest in der Hauptsache auch einmal ein Zuwarten angeraten sein könne: „Der Grundsatz des Kindeswohls prägt und begrenzt zugleich das Beschleunigungsgebot" (BT-Drucks. 16/6308, 236). Gerade in hochstrittigen Sorgerechts- und Umgangskonflikten bedarf die Erarbeitung einer tragfähigen, nachhaltigen einvernehmliche Regelung mitunter einer tiefgehenden Konfliktklärung und diese wiederum erfordert Zeit und Geduld. In diesen Fällen bedarf es zur Konfliktklärung nicht der Beschleunigung, sondern vielmehr einer Entschleunigung (vgl bke 2005; Fellenberg FPR 2008, 128; Meysen JAmt 2008, 236; Trenczek ZKM 2005, 194). Die **Aussetzung des Verfahrens** (§ 21 FamFG) kann hier geboten sein (BT-Drucks. 16/6308, 184). In diesen Fällen muss das Kindeswohl ggf durch einstweilige Anordnungen (s. Rn 29) vorläufig gesichert werden.

27　Der zügigen Verfahrenserledigung dient insb. ein **früher erster Termin**, der spätestens **einen Monat** nach Eingang der Antragsschrift stattfinden soll (§ 155 Abs. 2 FamFG). Dem familiengerichtlichen Erörterungstermin kommt Vorrang vor allen anderen Terminen und Verpflichtungen zu. Zwingende Gründe für eine Verschiebung sind nur solche, die eine Teilnahme am Termin tatsächlich unmöglich machen, wie zB eine Erkrankung. Kein ausreichender Grund ist das Vorliegen einer Terminskollision für einen Beteiligtenvertreter in einem anderen Verfahren, sofern es sich nicht ebenfalls um eine Kindschaftssache handelt (BT-Drucks. 16/6308, 236).

28　Durch die schnelle Terminierung soll eine Eskalation des Elternkonflikts vermieden, eine einvernehmliche Konfliktlösung gefördert und die Eltern im **persönlichen Gespräch** zur Übernahme gemeinsamer Verantwortung motiviert werden (BT-Drucks. 6308, 236). Zwar sieht das Gesetz nicht ausdrücklich einen **Verzicht auf schriftliche Stellungnahmen** vor, eine mündliche Erörterung liegt aber in der Natur des frühen Erörterungstermins, zu dem das Gericht nach § 155 Abs. 3 FamFG das **persönliche Erscheinen** der verfahrensfähigen Beteiligten anordnen soll (zur Kritik an der eingeschränkten

Beteiligung von Kindern und Jugendlichen s. Trenczek ZKJ 2009, 101). Auch das JA sollte zur Vermeidung einer Eskalation und auch im Hinblick auf ggf laufende bzw erforderliche Vermittlungsbemühungen in der Regel auf eine schriftliche Stellungnahme verzichten (vgl Meysen JAmt 2008, 236).

Im Hinblick auf das Beschleunigungsgebot sind die neuen Regelungen über **einstweilige Anordnungen** **29** von besonderer Bedeutung (vgl Vorwerk FPR 2009, 8). Sie sind in Familiensachen anders als nach bisherigen Recht (§§ 620 ff ZPO aF) nicht mehr von der Anhängigkeit einer Hauptsache abhängig (§§ 49, 51 Abs. 3 FamFG; ausführlich Meysen/Meysen § 51 Rn 15 ff). Gerade im Hinblick auf die Regelung von Umgangskontakten vermeidet mitunter nur eine sofortige Regelung die Gefahr einer für das Kindeswohl abträglichen Unterbrechung von Umgangskontakten zwischen dem Kind und dem nicht betreuenden Elternteil (BT-Drucks. 16/6308, 76). Auch in Verfahren nach den §§ 1666 und 1666 a BGB hat das Gericht nach § 157 Abs. 3 FamFG im Rahmen der Erörterung einer Kindeswohlgefährdung unverzüglich den Erlass einer einstweiligen Anordnung zu prüfen.

Dem Beschleunigungsgebot dient auch, dass die **Rechtsmittel** (vgl Beschwerde nach §§ 58 ff FamFG) **30** künftig der Befristung unterliegen (idR ein Monat, s. § 63 FamFG). Dem Gericht ist jetzt – anders als noch nach dem FGG – die rasche Selbstkorrektur für alle Beschwerden erlaubt, sofern das Gericht die Beschwerde für begründet hält (§ 68 Abs. 1 Satz 1 FamFG). Zu den **Rechtsmittelbefugnissen des JA** s.o. Rn 11.

Das Beschleunigungsgebot hat erhebliche **Auswirkungen für die Aufgabenwahrnehmung des JA**, des- **31** sen Vertreter/in bereits im ersten, frühen Termin (persönlich) angehört werden muss (§ 155 Abs. 2 Satz 3 FamFG). Durch die mündliche Stellungnahme des JA kann nicht nur der aktuelle Sachstand dargestellt, sondern auch vermieden werden, dass sich ein Elternteil durch einen schriftlichen Bericht in ein schlechtes Licht gesetzt und benachteiligt fühle und sich als Reaktion noch weiter von der Übernahme gemeinsamer Elternverantwortung entfernt (BT-Drucks. 16/6308, 236). Ungewöhnlich ist, dass der Bundesgesetzgeber in der Gesetzesbegründung darauf hinweist, dass das (kommunale) JA **organisatorische Vorkehrungen** zu treffen hat – bspw durch entsprechende Vertretungsregelungen –, die es ermöglichen, dass eine Fachkraft am Termin teilnehmen kann (BT-Drucks. 16/6308, 236 u. 427). Dem Gesetzgeber hat aber der Mut gefehlt, die Ressourcenfrage (zur Notwendigkeit angemessener Personalausstattung s. Meysen JAmt 2008, 237; Willutzki ZKJ 2006, 229) klarer anzusprechen oder gar zu regeln.

b) Erörterung einer Kindeswohlgefährdung

Bereits mit dem durch das im April 2008 beschlossenen „Gesetz zur Erleichterung familiengerichtlicher **32** Maßnahmen bei Gefährdung des Kindeswohls" (BT-Drucks. 16/8914) wurde die sog. **Erörterung der Kindeswohlgefährdung** eingeführt (§ 50 f FGG), zu dem das persönliche Erscheinen der Eltern verbindlich angeordnet werden soll (zur Teilnahme des Kindes s. Trenczek ZKJ 2009, 105). Die entsprechende Regelung findet sich nun in § 157 Abs. 1 FamFG. Mit der Klärung einer „möglichen" Gefährdung ist eine **Vorverlagerung der staatlichen Kontrolle** beabsichtigt: „Dem Familiengericht steht damit – bereits im Vorfeld und unabhängig von Maßnahmen nach §§ 1666, 1666 a BGB – ein wirksames Instrumentarium zur Verfügung, um die Eltern stärker in die Pflicht zu nehmen" (BT-Drucks. 16/6815, 12; kritisch hierzu Coester JAmt 2008, 8 ff; Trenczek 2008, 147 f). Der Gesetzgeber verzichtete aber auf den im Gesetzgebungsverfahren noch diskutierten Begriff „Erziehungsgespräch", um den Eindruck zu vermeiden, dass Familienrichter im Verfahren selbst als Erzieher auftreten (BT-Drucks. 16/8516, 2). Vielmehr soll nach § 157 Abs. 1 Satz 2 FamFG das JA zu diesem Anhörungstermin (ein)geladen werden, um die Verbindlichkeit des Anhörungstermins zu nutzen.

Gegen die Intention des Gesetzgebers, Kindeswohlgefährdungen möglichst frühzeitig zu erkennen und **33** abzuwenden, wird vernünftigerweise niemand etwas einwenden können. Ungeachtet dessen wird in der Gesetzesbegründung eine **Unschärfe** deutlich. Zwar hat das JA das FamG bereits dann anzurufen, wenn die Eltern bei der Abschätzung des Gefährdungsrisikos nicht mitwirken (§ 8 a Abs. 3 Satz 1, 2. Hs). Ob das Gespräch deshalb bereits unterhalb der Schwelle zur Kindeswohlgefährdung erfolgen könne, ist aber umstritten (vgl Coester JAmt 2008, 8 ff). Denn § 157 Abs. 1 FamFG bezieht sich auf „Verfahren nach den §§ 1666, 1666 a BGB" und setzt damit – zumindest soweit dies nach § 8 a Abs. 3 eingeleitet werden – eine aus der Sicht der JA-Fachkräfte **tatsächlich bestehende**, aufgrund der mangelnden Abwendungsbereitschaft oder -fähigkeit der Eltern allerdings **nicht anders abwendbare Kindeswohlgefährdung** voraus (Trenczek 2008, 181 ff; hierzu § 8 a Rn 12). Zwar muss das JA nach § 8 a Abs. 1 bereits bei „gewichtigen Anhaltspunkten" für die Gefährdung des Wohls des Kindes bzw Jugendlichen tätig werden, in dieser ersten Phase geht es allerdings zunächst um die Einschätzung des

Gefährdungsrisikos insb. durch mehrere Fachkräfte und im Zusammenwirken mit den Eltern und nicht um die Anrufung des FamG. Das JA soll erst dann das FamG anrufen, wenn seine eigenen (sozialpädagogischen) Interventionen und Ressourcen nicht ausreichen, um eine festgestellte Gefährdung abzuwenden (Meysen JAmt 2008, 239; Trenczek 2008, 181). Der Beurteilungsspielraum des JA bezieht sich allein auf die Einschätzung des Hilfeprozesses und damit auf die Kooperationsbereitschaft und -fähigkeit der Eltern im Hinblick auf die Gefahrenabwehr. Die subjektive Ungeeignetheit der Sorgerechtsinhaber zur Gefahrenabwehr ist das alles entscheidende Tatbestandsmerkmal auch mit Blick auf § 1666 BGB (Rn 38 ff; ausführlich Trenczek 2008, 123 ff). Im Hinblick auf § 1666 BGB ist deshalb für eine Erörterung „unterhalb der Schwelle zur Kindeswohlgefährdung" kein Raum. Um im Namen der Prävention nicht alles und jeden Eingriff zuzulassen, bedarf es unter Berücksichtigung der Elternverantwortung (Art 6 Abs. 2 GG) einer konkreten Gefährdung (Coester JAmt 2008, 8). Forderungen nach weitergehenden Eingriffs- und damit „Erziehungsrechten" des Staates (zB Röchling FamRZ 2007, 432; Rosenboom 2006, 194 u. 201) mögen aus dem Wunsch eines effektiven Kinderschutzes resultieren, sie sind aber in ihren Konsequenzen höchst zweifelhaft. Statt immer mehr Eingriffen das Wort zu reden, sollten die sozialrechtlich ausgestalteten und präventiv wirksamen Leistungen der Jugendhilfe bundesweit ausgebaut, besser und niedrigschwelliger organisiert und zugänglich gemacht werden.

34　In Kindesschutzverfahren hat das Gericht unverzüglich den Erlass einer einstweiligen Anordnung zu prüfen (§ 157 Abs. 3 FamFG). Von besonderer Bedeutung ist bei diesen Verfahren auch die **Überprüfungspflicht des Gerichts** (§ 166 Abs. 3 FamFG). Dieses soll seine Entscheidung in einem angemessenen Zeitabstand, in der Regel nach drei Monaten, überprüfen, wenn es von einer Maßnahme nach den §§ 1666 bis 1667 BGB absieht. Das soll verhindern, dass Eltern nach einem für sie folgenlosen Gerichtsverfahren sich als „Gewinner" fühlen, nicht mehr mit dem JA kooperieren und ihrem Kind damit notwendige Hilfen vorenthalten (BT-Drucks. 16/6308, 243; vgl Bundeskonferenz Erziehungsberatung ZKJ 2007, 361; Fellenberg FPR 2008, 127). Zum Zweck der Überprüfung kann das Gericht zum Beispiel das JA um Mitteilung der Ergebnisse der Hilfeplangespräche und der durchgeführten Hilfen bitten (BT-Drucks. 16/6308, 243). Davon unberührt ist die Verantwortung des JA, das FamG nach § 8 a Abs. 3 ggf erneut anzurufen.

c) Einzelne Kindschaftssachen

aa) Verfahren im Hinblick auf die elterliche Sorge (§ 151 Nr. 1 FamFG)

35　Verfahren im Hinblick auf die elterliche Sorge (§§ 1626 ff BGB) betreffen einen weiten Kreis unterschiedlicher Regelungen (sowie alle hieraus resultierende Abänderungsentscheidungen, vgl § 1696 BGB, § 166 FamFG), u.a. die bisher in § 640 Abs. 2 Nr. 5 ZPO aF (Feststellung des Bestehens oder Nichtbestehens der elterlichen Sorge) sowie insb. die bereits in § 49 a FGG aF genannten Verfahren.

(1) Übertragung der elterlichen Sorge auf eine Pflegeperson (§ 1630 Abs. 3 BGB),

36　Geben die Eltern das Kind für längere Zeit in Familienpflege, so können sie den Pflegeeltern mit einer Vereinbarung rechtsgeschäftlich die Erziehungsberechtigung (§ 7 Abs. 1 Nr. 6) einräumen. Die **Übertragung von Angelegenheiten der elterlichen Sorge auf eine Pflegeperson** kann aber auch auf Antrag der Eltern oder der Pflegeperson durch das Gericht erfolgen (§ 1630 Abs. 3 BGB). Die **Anhörung des JA** (§ 49 a Nr. 3 FGG aF) dient der Frage, ob die Übertragung der Angelegenheiten der Personensorge auf die Pflegeperson dem Kindeswohl entspricht.

(2) Unterstützung der Eltern bei der Ausübung der Personensorge (§ 1631 Abs. 3 BGB)

37　Gemäß § 1631 Abs. 3 BGB hat das FamG die Eltern auf Antrag bei der **Ausübung der Personensorge** in geeigneten Fällen zu unterstützen. Die Befugnis ist kein Erziehungsersatzmittel bei deviantem Verhalten von Kindern oder straffällig gewordenen Jugendlichen. Angesichts des differenzierten Leistungskatalogs des SGB VIII kommt die Befugnis des FamG nur subsidiär zum Tragen. Bedarf es eines Eingriffs in das elterliche Erziehungsrecht, so kommen die §§ 1666, 1666 a BGB zur Anwendung.

(3) Maßnahmen zur Abwendung einer Gefährdung des Kindeswohls (§§ 1666, 1666 a BGB)

38　Die Anhörung des JA im Hinblick auf die **Abwendung einer Gefährdung des Kindeswohls** (§§ 1666 bis 1667 BGB; § 49 a Abs. 1 Nr. 8 FGG aF) steht eng im Zusammenhang mit dessen Schutzverpflichtung (§ 8 a) sowie der sog. „Erörterung einer Kindeswohlgefährdung" (§ 157 Abs. 1 Satz 2 FamFG, s.o. Rn 32). Zwischen 2000 und 2007 hat sich die Zahl der gerichtlichen Maßnahmen zum vollständigen oder teilweisen Entzug der elterlichen Sorge von 7.505 auf 10.769 (43 %) erhöht (BT-Drucks. 16/13803, 5). Voraussetzung für den familiengerichtlichen Eingriff nach § 1666 Abs. 1 BGB ist, dass zwei Bedingungen erfüllt sind: eine tatsächliche („objektive") Gefährdungslage (Rn 39) und die persönliche Ungeeignetheit der Sorgerechtsinhabers (Rn 40; ausführlich Trenczek 2008, 123 ff).

Nach ständiger Rechtsprechung ist der Begriff **Kindeswohlgefährdung** definiert als eine gegenwärtige, **39** in einem solchen Maße vorhandene Gefahr, dass sich bei der weiteren Entwicklung eine erhebliche Schädigung des Kindeswohls mit ziemlicher Sicherheit voraussehen lässt (so seit BGH FamRZ 1956, 350). Eine Gefährdung nach § 1666 BGB liegt damit erst vor, wenn die durch tatsächliche Anhaltspunkte begründete Sorge besteht, dass eine für das Kind oder den Jugendlichen nachteilige (Krisen)Situation bei ausbleibender Intervention gegenwärtig oder zumindest unmittelbar zu einer erheblichen und nachhaltigen Beeinträchtigung oder Schädigung ihres körperlichen, geistigen oder seelischen Wohls führt (OLG Celle 14.3.2003 – 19 UF 35/03 – FamRZ 2003, 1490). Das ist insb. bei extremer Vernachlässigung, Misshandlungen und (insb. sexueller) Missbrauch der Fall (seit 2008 verzichtet § 1666 BGB aber auf die Auflistung einzelner Gefährdungslagen; s. Trenczek 2008, 125 ff). Der Begriff der Gefährdung setzt zwar eine bereits eingetretene Beeinträchtigung oder einen Schaden nicht voraus. Andererseits kann auch aus vereinzelt gebliebenen Vorfällen in der Vergangenheit nicht zwingend auf eine (zukünftige) Gefährdung geschlossen werden (Staudinger/Coester § 1666 BGB Rn 80). Für die eher präventiv orientierte Jugendhilfe ist dies gelegentlich schwer auszuhalten (vgl Vor§ 50 Rn 6). Aus dem in Benachteiligungslagen begründbaren „erzieherischen Bedarf" (§ 27) kann aber nicht auf eine Kindeswohlgefährdung geschlossen werden (zu den unterschiedlichen Interventionsschwellen s. Trenczek 2008, 152).

Im Hinblick auf das **Unvermögen** („Versagen") **der Sorgerechtsinhaber** wurde mit der Neufassung des **40** § 1666 Abs. 1 BGB darauf verzichtet, ausdrücklich an ein elterliches Fehlverhalten in der Vergangenheit anzuknüpfen (vgl Trenczek 2008, 126 ff). Der Eingriff in das Sorgerecht ist nur zulässig, wenn die Eltern **künftig** nicht gewillt oder in der Lage sind, die Gefahr für das Kindeswohl abzuwenden (§ 1666 Abs. 1 BGB). Es spielt keine Rolle, ob die Eltern in der Lage, aber nicht gewillt oder willig, aber nicht in der Lage sind, die Gefahr abzuwenden. Wegen des Zwangscharakters der gerichtlichen Sorgerechtsentscheidung muss das „*Milieu, in das das Kind hineingeboren wird und dessen positiven wie negativen Gegebenheiten es schicksalhaft ausgesetzt ist*" berücksichtigt werden (OLG Hamm ZfJ 1983, 277 f; ZfJ 1984, 370). Der Staat konkurriert nicht mit den Eltern um die bestmögliche Kindesförderung, er darf sich nicht ohne wesentlichen Grund an die Stelle der Eltern setzen (Coester JAmt 2008, 2), sondern muss ihnen vorrangig Unterstützung und Hilfe anbieten. Das Recht legitimiert freilich keine „milieu- oder kulturbedingten" Misshandlungen und Missbräuche (vgl OLG Düsseldorf NJW 1985, 1291; BayObLG FamRz 1993, 229; vgl auch das Gebot der gewaltfreien Kindererziehung § 1631 Abs. 2 BGB). Ein Unvermögen ist aber nicht schon deshalb indiziert, weil Eltern sich anfangs weigern, mit dem JA zusammenzuarbeiten. Widerstand und Verweigerung mögen aus manchen Gründen (zB Unsicherheit, schlechten Erfahrungen mit Ämtern, Betonung der Familienautonomie) nachvollziehbar sein. Hier haben die Mitarbeiter der JÄ mitunter auch die Bürde der in der Vergangenheit überwiegend eingriffsorientierten Aufgabenwahrnehmung zu tragen und das Vertrauen der Eltern (zurück) zu gewinnen.

Das Spektrum der möglichen **familienrechtlichen Maßnahmen** nach §§ 1666, 1666 a BGB ist sehr weit. **41** Maßstab und Richtschnur jeder gerichtlichen Entscheidung ist das **Kindeswohl** (§ 1697 a BGB; s. Vor§ 50 Rn 2). Das FamG hat die Maßnahmen zu treffen, die zur Abwendung der Gefahr geeignet und erforderlich sind. Familiengerichtliche Entscheidungen betreffen zumeist nur Teilbereiche der Personensorge. Der bloße Entzug des Aufenthaltsbestimmungsrechts beseitigt nicht die anderen zum Personensorgerecht gehörenden elterlichen Befugnisse, insb. berührt dies nicht die Befugnis der Eltern zu entscheiden, ob und ggf welchen Hilfen zur Erziehung (§§ 27 ff) sie zustimmen. Das Gericht kann allerdings nach § 1666 Abs. 3 BGB nicht nur Ge- und Verbote aussprechen, sondern auch Erklärungen des Inhabers der elterlichen Sorge ersetzen (zB Zustimmung zu Erziehungshilfen). Das FamG kann unter Beachtung des Verhältnismäßigkeitsgebotes (s. Vor§ 50 Rn 5) letztlich alle Maßnahmen anordnen, die dem Kindeswohl dienen und unterhalb der Schwelle des vollständigen Entzugs der Personensorge verbleiben. Das FamG kann aber Leistungen der Kinder- und Jugendhilfe nicht gegenüber dem JA anordnen (zur Steuerungsverantwortung des JA § 36 a Rn 16, Vor§ 50 Rn 16), sondern die Eltern nur zur Annahme angebotener Hilfen verpflichten (§ 1666 Abs. 3 Nr. 1 BGB). Die **Anhörung des JA** (§ 157 Abs. 1 Satz 2, § 162 Abs. 1 FamFG) dient sowohl der Klärung der Frage, ob überhaupt eine kindeswohlgefährdende Situation besteht und ob und ggf welche Interventionen erforderlich sind.

(4) Übertragung der alleinigen elterlichen Sorge bei Getrenntleben (§§ 1671, 1672 BGB)

42   In Verfahren, die die elterliche Sorge bei Getrenntleben der Eltern (§§ 1671, 1672 Abs. 1 BGB) betreffen, geht es um die **Übertragung der alleinigen elterlichen Sorge auf einen Elternteil**. Entgegen einem verbreiteten Missverständnis besteht keine gesetzliche Vermutung, dass im Fall der Trennung die Aufrechterhaltung der **gemeinsamen Sorge** stets die beste Form der Wahrnehmung elterlicher Verantwortung ist (Fieseler/Herboth 2005, 237 kritisieren eine „äußerst lebensfremde Überhöhung gemeinsamer elterlicher Sorge"). Weder die Verfassung noch § 1672 BGB räumen der gemeinsamen Sorge einen Vorrang ein (BVerfG 18.12.2003 – 1 BvR 1140/03 – JAmt 2004, 92; vgl BT-Drucks. 13/4899, 63). Es besteht kein Regel-Ausnahme-Verhältnis zugunsten der gemeinsamen Sorge (BGH FamRZ 1999, 1646), entscheidend ist stets das Wohl der Kinder im konkreten Einzelfall. Die gemeinsame Ausübung der Elternverantwortung setzt eine tragfähige soziale Beziehung zwischen den Eltern und ein Mindestmaß an Übereinstimmung zwischen ihnen voraus (vgl BVerfG JAmt 2004, 92). Der Gesetzgeber verzichtete im KindRG lediglich darauf, das FamG zu einer Sorgerechtsentscheidung zu verpflichten, so dass es bei Trennung und Scheidung der Eltern mangels einer anderen Regelung bei der gemeinsamen elterlichen Sorge verbleibt. Dahinter steht der Grundgedanke, dass es am sinnvollsten ist, dass sich die Eltern im Interesse ihrer Kinder **einvernehmlich** (zB auf Grund einer **Mediation**, s. Rn 13 ff) über die Handhabe der elterlichen Sorge verständigen (vgl § 156 FamFG), sei es die gemeinsame oder die alleinige Sorge eines Elternteils. Bei Eltern mit gemeinsamer elterlicher Sorge ist dem Alleinübertragungsantrag (nur) stattzugeben, wenn der andere Elternteil zustimmt und das mindestens **14 Jahre alte Kind** nicht widerspricht (§ 1671 Abs. 2 Nr. 1 BGB) **oder** wenn zu erwarten ist, dass die Aufhebung der gemeinsamen Sorge und die Alleinübertragung auf den Antragsteller dem **Wohl des Kindes am besten entspricht** (§ 1671 Abs. 2 Nr. 2 BGB). Im Fall der bisherigen Alleinsorge der Mutter kann dem Vater mit Zustimmung der Mutter die elterliche Sorge oder ein Teil allein übertragen werden, wenn die Übertragung dem **Wohl des Kindes dient** (§ 1672 Abs. 1 BGB). Das **JA** hat das Gericht im Rahmen seiner Anhörung (§ 162 Abs. 1 FamFG) bei der Klärung dieser Fragen zu beraten. Zuvor hat es aber auf eine möglichst **einvernehmliche Regelung** der Eltern hinzuwirken (s. § 17 Rn 6, § 50 Rn 18).

(5) Ruhen der elterlichen Sorge (§ 1674, 1678 Abs. 2 BGB)

43   Ruht die elterliche Sorge (zB wegen Geschäftsunfähigkeit, vgl § 1673 BGB) der nach § 1626 a Abs. 2 BGB allein verantwortlichen Mutter und besteht keine Aussicht, dass der Ruhensgrund wegfallen wird, hat das FamG die **Übertragung der elterlichen Sorge** auf den Vater anzuordnen, wenn dies dem Wohle des Kindes dient (§ 1678 Abs. 2 BGB). Die **Mitwirkung des JA** (§ 162 Abs. 1 FamFG) dient auch hier der Gestaltung einer möglichst einvernehmlichen kindeswohlbezogenen Regelung und ggf der Klärung der im Rahmen der Anhörung (§ 162 Abs. 1 FamFG) zu erörternden Frage, ob die Übertragung dem Kindeswohl dient.

(6) Übertragung der elterlichen Sorge nach Tod (§ 1680 Abs. 2, 1681 BGB)

44   Stand die elterliche Sorge den Eltern gemeinsam zu und ist ein Elternteil gestorben, so steht die elterliche Sorge dem überlebenden Elternteil zu (§ 1680 Abs. 1 BGB). Zu einer **Übertragung der elterlichen Sorge** kommt es **nach dem Tod eines Elternteils**, dem die elterliche Sorge nach Trennung gemäß §§ 1671 oder 1672 Abs. 1 BGB allein zustand, es sei denn, dass dies dem Wohl des Kindes widerspricht (§ 1680 Abs. 2 Satz 1 BGB). Stand die elterliche Sorge der Mutter gemäß § 1626 a Abs. 2 BGB allein zu, so hat das FamG die elterliche Sorge beim Tod der Mutter dem Vater zu übertragen, wenn dies dem Wohl des Kindes dient (§ 1680 Abs. 2 Satz 2 BGB). Die Entscheidung des Gerichts soll ggf eine Herauslösung des Kindes aus der vertrauten Umgebung bei seinem Stiefelternteil verhindern (vgl Rn 49). Auch hier ist das **JA** zunächst gefordert, durch Beratung und Unterstützung den Beteiligten zu helfen, eine einvernehmliche Regelung zu erreichen.

(7) Übertragung der elterlichen Sorge nach Entziehung (§ 1680 Abs. 3 BGB)

45   § 1680 Abs. 3 BGB regelt den **Sorgeübergang** in Fällen, in denen einem Elternteil die elterliche Sorge **nach § 1666 BGB** entzogen wird. Stand die Sorge beiden Eltern gemeinsam zu und wurde sie einem Elternteil entzogen, so steht sie nunmehr dem anderen Elternteil allein zu (§ 1680 Abs. 3 iVm Abs. 1 BGB). Stand die elterliche Sorge der Mutter gemäß § 1626 a Abs. 2 BGB allein zu, so hat das FamG die elterliche Sorge dem Vater zu übertragen, wenn dies dem Wohl des Kindes dient (§ 1680 Abs. 3 iVm Abs. 2 Satz 2 BGB). In Fällen, in denen dem Elternteil die Alleinsorge entzogen werden muss, die ihm anlässlich der Trennung der Eltern gemäß § 1671 BGB übertragen worden ist, muss die Personensorge dem anderen Elternteil zurück bzw einem Vormund oder Pfleger übertragen werden

(§§ 1698, 1671 BGB). Entsprechendes gilt, wenn dem Vater die ihm gemäß § 1672 Abs. 1 BGB übertragene Alleinsorge entzogen werden muss. Die **Anhörung des JA** (§ 162 Abs. 1 FamFG) dient der Klärung, ob die Entziehung des Sorgerechts im Hinblick auf das Kindeswohl geeignet und erforderlich bzw ob sie zu vermeiden ist.

(8) Befreiung vom Erfordernis der Volljährigkeit (§ 1303 Abs. 2 BGB) und Verfahren zur Ersetzung der Zustimmung zur Bestätigung der Ehe (§ 1315 Abs. 1 Satz 3, 2. HS BGB).

Auch die bislang in § 49a Nr. 1 und 2 FGG genannten Verfahren zur **Befreiung vom Erfordernis der** 46 **Volljährigkeit** (§ 1303 Abs. 2 BGB) und Verfahren zur Ersetzung der Zustimmung zur **Bestätigung der Ehe** (§ 1315 Abs. 1 Satz 3, 2. Hs BGB) sind Kindschaftssachen (§ 151 Nr. 1 bzw Nr. 4 FamFG). In beiden Verfahren dient die **Mitwirkung des JA** der Klärung Frage, ob die Befreiung bzw ob die Bestätigung und damit Fortsetzung der Ehe dem Wohl der minderjährigen Person dient.

(9) Weitere Verfahren im Hinblick auf die elterliche Sorge

Darüber hinaus fallen unter § 155 Nr. 1 FamFG Entscheidungen **in einzelnen Angelegenheiten der** 47 **elterlichen Sorge** oder zu ihrer Ausübung (vgl Meysen/Meysen FamFG § 151 Rn 5) zB

- die Genehmigung des selbstständigen Betriebs eines Erwerbsgeschäfts durch einen Minderjährigen (§ 112 BGB),
- Ersetzung der Einwilligung bei Einbenennung (§ 1618 Satz 4 BGB),
- Übertragung der elterlichen Sorge bei Meinungsverschiedenheiten in einzelnen Angelegenheiten (§ 1628 BGB),
- § 1630 Abs. 2 BGB (Entscheidung des FamG bei Nichteinigung von Eltern und Pflegern),
- Genehmigung bestimmter Rechtsgeschäfte (§§ 1643 ff BGB),
- Einschränkung der sorgerechtlichen Befugnisse bei Getrenntleben, Fremdunterbringung u.ä. (§ 1687 Abs. 2, §§ 1687a, 1687 Abs. 3, § 1688 Abs. 4 BGB),
- Gerichtliche Maßnahmen bei Verhinderung der Eltern (§ 1693 BGB),
- Rückübertragung der elterlichen Sorge nach § 1751 Abs. 3 BGB,
- Ersetzung der Zustimmung in Fragen der religiösen Kindererziehung (§ 2 Abs. 3, § 3 Abs. 2, § 7 RelKErzG),
- Genehmigung einer Namensänderung (§ 2 Abs. 1 NamÄndG),
- Genehmigung eines Antrags auf Erklärung eines Kindes als tot (§ 16 Abs. 3 VerSchG),
- Entziehung des Vertretungsrechts der Eltern in einzelnen Angelegenheiten oder für einen bestimmten Kreis von Angelegenheiten (§ 1629 Abs. 2 Satz 3, § 1796 BGB).

bb) Verfahren über das Umgangsrecht (§ 1632 Abs. 2, §§ 1684 und 1685 BGB; § 151 Nr. 2 FamFG)

Unter § 151 Nr. 2 FamFG fallen alle (bislang in § 49a Abs. 1 Nr. 7 FGG genannten) Verfahren, die 48 Inhalt, Ausübung, Einschränkung und Ausschluss des **Umgangsrechts** von Kindern oder Eltern (§ 1632 Abs. 2, § 1684 BGB), Großeltern und anderen Bezugspersonen (§ 1685 BGB) betreffen, nicht aber die Bestellung eines Umgangspflegers (§ 1684 Abs. 3 Sätze 3 bis 5 BGB, s. § 151 Nr. 5 FamFG). Die Personensorge umfasst nach § 1632 Abs. 2 BGB das Recht, den Umgang des Kindes auch mit Wirkung für und gegen Dritte zu bestimmen (hierzu Büte 2005). Das Kind hat ein subjektives Recht auf Umgang mit jedem Elternteil; jeder Elternteil ist zum Umgang mit dem Kind berechtigt aber auch verpflichtet (§ 1684 Abs. 1 BGB; zur zwangsweisen Durchsetzung von Umgangsanordnungen vgl BVerfG 1.4. 2008 – 1 BvR 1620/04 – FamRZ 2008, 845; s. § 18 Rn 27). Gemäß § 1685 Abs. 1 BGB haben auch Großeltern und Geschwister ein Recht auf Umgang, allerdings nur, wenn dieser dem Wohl des Kindes dient (hierzu Kindler ZKJ 2009, 110). Das gleiche gilt nach § 1685 Abs. 2 BGB im Fall der Trennung von leiblichem Elternteil und dem Stiefelternteil, das mit dem Kind längere Zeit in häuslicher Gemeinschaft gelebt hat, sowie für Personen, bei denen das Kind längere Zeit in Familienpflege war. Das FamG kann in allen Fällen nähere Regelungen zum Umfang des Umgangsrechts und dessen Ausübung treffen (§ 1632 Abs. 3 BGB), soll aber zuvörderst auf ein Einvernehmen der Beteiligten hinwirken (§§ 156, 165 FamFG, s. Rn 13 ff). **Aufgabe des JA** ist es vorrangig, die Beteiligten beim Aushandeln einvernehmlicher, am Kindeswohl orientierter Regelungen zu unterstützen (vgl § 18 Rn 34). Nur wenn diese nicht möglich oder gescheitert sind, kann im Rahmen der Anhörung eine Stellungnahme zur Umgangsregelung abgegeben werden (zur notwendigen personalen Trennung im Hinblick auf Mediation und Stellungnahme, Vor§ 50 Rn 42).

cc) Verfahren über die Kindesherausgabe (§ 1632, 1682 BGB; § 151 Nr. 3 FamFG)

49   Das JA ist nach § 162 Abs. 1 FamFG anzuhören in Verfahren bzgl. der **Herausgabe des Kindes** (§ 1632 Abs. 1 BGB), **Wegnahme von der Pflegeperson** (§ 1632 Abs. 4 BGB) **oder von dem Ehegatten oder Umgangsberechtigten** (§ 1682 BGB). Die Personensorge umfasst nach § 1632 Abs. 1 BGB das Recht, die **Herausgabe** von jedem zu verlangen, der es den Eltern oder einem Elternteil widerrechtlich vorenthält. Lebt das Kind seit längerer Zeit in Familienpflege und wollen die Eltern das Kind von der Pflegeperson wegnehmen, so kann das FamG gemäß § 1632 Abs. 4 BGB von Amts wegen oder auf Antrag der Pflegeperson anordnen, dass das Kind bei der Pflegeperson verbleibt (**Verbleibensanordnung**), wenn und solange das Kindeswohl durch die Wegnahme gefährdet würde (vgl BVerfG 17.10.1984 – 1 BvR 284/84 – E 68, 176). Im Hinblick auf das Tatbestandsmerkmal „längere Zeit" ist eine höchst uneinheitliche Praxis zu beobachten, wobei das Lebensalter in Relation zu der Zeit, die das Kind in der Pflegefamilie verbracht hat, in Verhältnis gesetzt wird (Kindler/Lillig/Küfner JAmt 2006, 11). Die früher üblichen Zeitgrenzen zwischen einem halben Jahr (bei einjährigen Kindern) bis etwa zwei Jahren (bei älteren Kindern), nach der einer Rückführung auf Antrag der Eltern nicht mehr stattgegeben wurde (vgl Münder/Lakies 1996; Staudinger/Salgo § 1632 BGB Rn 47 ff) scheinen ihre Orientierungskraft verloren zu haben. Entscheidend ist, ob die Pflegezeit dazu geführt hat, dass das Kind in der Pflegefamilie seine Bezugswelt gefunden hat (Kindler/Lillig/Küfner JAmt 2006, 11). Ein Verbleib in der Pflegefamilie kann nicht allein damit begründet werden, dass das Kind oder der Jugendliche es dort besser hätte als bei den Herkunfteltern (OLG Frankfurt/M. 4.9.2002 – 2 UF 228/02 – JAmt 2003, 39), vielmehr muss die Rückführung zu einer Gefährdung des Kindeswohls führen (§ 1632 Abs. 4 BGB). Hat ein Kind seit längerer Zeit in einem Haushalt mit einem leiblichen Elternteil in einem neuen Familienverbund gelebt und der leibliche Elternteil stirbt oder ist aus anderen Gründen an der Wahrnehmung des Sorgerechts verhindert (§§ 1678, 1680, 1681 BGB), so kann das FamG zugunsten der nicht elterlichen Bezugsperson von Amts wegen oder auf Antrag des Stiefelternteils nach § 1682 BGB anordnen, dass das Kind in der Familie verbleibt, wenn und solange das Kindeswohl durch die Wegnahme gefährdet würde. Die Bestellung eines **Verfahrensbeistands** für das minderjährige Kind ist idR erforderlich (§ 158 Abs. 1 und Abs. 2 Nr. 4 FamFG). **Aufgabe des JA** ist es vorrangig, einvernehmliche Regelungen zu fördern (vgl § 17 Rn 22).

dd) Verfahren über die Vormundschaft, die Pflegschaft oder die gerichtliche Bestellung eines sonstigen Vertreters für einen Minderjährigen oder für eine Leibesfrucht (§ 151 Nr. 4 und 5 FamFG)

50   § 151 Nr. 4 bzw 5 FamFG betreffen die **Vormundschaft bzw Pflegschaft** (vgl § 56) insb. in Verfahren zu deren

- Anordnung, Bestellung und Bestallung (§§ 1773 ff, 1789 ff BGB BGB), wobei die Auswahl des Vormunds/Pflegers nach der Streichung des § 1697 BGB aF BGB nunmehr ausschließlich dem Rechtspfleger obliegt (vgl § 14 Nr. 10 RPflG).
- Führung, insb. Aufsicht über die Führung der Vormund-/Pflegschaft (§§ 1837 ff BGB, § 53 Abs. 3, § 56), Aufwandsersatz, -entschädigung und Vergütung des Vormunds/Pflegers (§§ 1835 ff BGB), Haftung des Vormunds (§§ 1833 f BGB) sowie
- Beendigung, insb. die Entlassung des Vormunds/Pflegers (§§ 1886 ff BGB) sowie die Ablösung des JA oder eines Vereins als Pfleger bzw Vormund (§ 1887 Abs. 3, § 1889 Abs. 2 BGB) und schließlich
- „einstweilige Maßregeln" des FamG, wenn ein Vormund noch nicht bestellt ist oder dieser an der Erfüllung seiner Pflichten verhindert ist (§ 1846 BGB).

Darüber hinaus geht es um sämtliche Angelegenheiten im Zusammenhang mit der Ausübung der **Personen- oder Vermögenssorge durch einen Vormund** oder (Ergänzungs-)Pfleger (im Einzelnen s. Rn 47) soweit sie nicht einen anderen von § 151 FamFG Verfahrensgegenstand betreffen. Ausdrücklich in Nr. 5 erwähnt ist die Pflegschaft für eine Leibesfrucht (§ 1912 BGB).

ee) Verfahren zur Genehmigung der freiheitsentziehenden Unterbringung eines Minderjährigen (§§ 1631 b, 1800 und 1915 BGB) bzw Verfahren zur Anordnung der freiheitsentziehenden Unterbringung eines Minderjährigen nach den Landesgesetzen über die Unterbringung psychisch Kranker (§ 151 Nr. 6 und 7 FamFG)

51   Eltern haben zwar die elterliche Sorge und damit die Erziehungsverantwortung. Dabei dürfen sie aber keine Gewalt ausüben (§ 1631 Abs. 2 BGB). Unzulässig sind nicht nur körperliche Bestrafungen, seelische Verletzungen und andere entwürdigende Maßnahmen, Eltern ist es auch grds. verwehrt, ihre Kinder einzusperren. Deshalb ist eine Unterbringung des Kindes, die mit **Freiheitsentziehung** verbunden ist, nur mit Zustimmung des FamG zulässig (§ 1631 b Satz 1 BGB).

Soweit Eltern ihre Kinder nicht privat, sondern in Einrichtungen der Jugendhilfe unterbringen lassen **52** wollen, muss beachtet werden, dass es im SGB VIII außerhalb der Krisenintervention im Rahmen der Inobhutnahme **keine Rechtsgrundlage** für eine geschlossene Unterbringung gibt (§ 42 Rn 45; ausführlich Trenczek 2008, 244 ff). § 34 ist keine ausreichende Befugnisnorm (§ 34 Rn 9). Weder § 1631 b BGB noch die im Rahmen des § 151 Nr. 6 und 7 FamFG vorgesehene Mitwirkung des JA können die fehlende (materiell-rechtliche) Rechtsgrundlage ersetzen. Im Rahmen der U-Haft-Vermeidung kann das JugG eine einstweilige Anordnung in einem Heim der Jugendhilfe anordnen (§§ 71, 72 JGG), das JA ist im Rahmen des § 52 iVm § 72 a JGG beteiligt (hierzu § 52 Rn 43). Darüber hinaus kommt eine freiheitsentziehende Unterbringung lediglich nach den Unterbringungsgesetzen der Länder (PsychKG bzw UBG) in die geschlossenen Abteilungen der **Psychiatrie** in Betracht. Eine Abschiebung von besonders schwierigen, „dissozialen" jungen Menschen in die Psychiatrie ist aber nicht weniger problematisch als die rechtswidrige Freiheitsentziehung in Einrichtungen der Jugendhilfe (vgl Trenczek 2008, 260 f).

Das JA hat im Rahmen seiner Anhörung in **Verfahren zur Genehmigung der freiheitsentziehenden** **53** **Unterbringung** eines Minderjährigen (§§ 162, 167 FamFG) differenziert darzulegen, warum aus Sicht der Kinder- und Jugendhilfe ambulante Betreuungs- und (nicht-freiheitsentziehende) Unterbringungsleistungen nicht ausreichen und das **Wohl des Kindes** gerade eine geschlossene Unterbringung erfordert (vgl Trenczek 2008, 250 ff). Darüber hinaus hat eine förmliche Beweisaufnahme durch Einholung eines Sachverständigengutachtens (vgl § 167 Abs. 6 FamFG) über die Notwendigkeit der Maßnahme stattzufinden (§ 327 Abs. 1 FamFG). Zur Wahrnehmung der Interessen des Betroffenen hat das FamG dem betroffenen Kind/Jugendlichen einen Verfahrensbeistand (§ 158 Nr. 1 und 3, § 167 Abs. 1 Satz 2 iVm § 317 FamFG) zu bestellen.

ff) Verfahren, die Aufgaben nach dem Jugendgerichtsgesetz betreffen (§ 151 Nr. 8 FamFG)

§ 151 Nr. 8 FamFG betrifft nur die **Überlassung einzelner Aufgaben des Jugendrichters** an das FamG **54** (vgl §§ 53, 104 Abs. 4 JGG), insb. die Auswahl und Anordnung von Erziehungsmaßregeln (§ 9 JGG), die in der Praxis seltene Verpflichtung zur Inanspruchnahme von Hilfen zur Erziehung nach § 12 JGG oder die Bestellung eines Pflegers zur Vertretung des Jugendlichen im Strafverfahren (§ 67 Abs. 4 Satz 3 JGG; BT-Drucks. 16/6308, 234). Auch über diese Fälle hinaus ist eine unmittelbare Intervention des FamG aufgrund der rechtzeitigen Information des JA sinnvoll. Durch die rechtzeitige Einschaltung des FamG kann ggf eine verhängnisvolle Sanktionseskalation verhindert werden (§ 52 Rn 23; vgl Ostendorf/Hinghaus/Kasten FamRZ 2005, 1514; Trenczek 2009 Rn 19). Die Übertragung familienrichterlicher Aufgaben (zB Maßnahmen nach §§ 1666, 1666 a BGB) auf den Jugendrichter sieht zwar § 34 Abs. 2 JGG vor, dies wird allerdings in der Praxis ebenso selten realisiert wie die früher gesetzlich vorgesehene Personalunion von Jugend- und Familienrichtern.

2. Abstammungssachen (§§ 169 ff FamFG)

Abstammungssachen sind nach § 169 FamFG Verfahren **55**
1. auf Feststellung des Bestehens oder Nichtbestehens eines Eltern-Kind-Verhältnisses, insb. der Wirksamkeit oder Unwirksamkeit einer Anerkennung der Vaterschaft,
2. auf Ersetzung der Einwilligung in eine genetische Abstammungsuntersuchung und Anordnung der Duldung einer Probeentnahme,
3. auf Einsicht in ein Abstammungsgutachten oder Aushändigung einer Abschrift sowie
4. auf Anfechtung der Vaterschaft (vgl § 640 Abs. 2 Nr. 1 und 2 ZPO aF; inkl. § 1600 e Abs. 2 BGB).

Das Verfahren wird, anders als ein ZPO-Verfahren, ohne formalen Gegner durchgeführt, es gibt nur noch den Antragsteller und die weiteren Beteiligten (§ 172 FamFG). Andererseits bleiben die für das zivilprozessuale Verfahren nach § 640 ff ZPO typischen Elemente, wie zB der Strengbeweis (§ 177 Abs. 1 FamFG; vgl §§ 355 ff ZPO) und die Wirkung der Entscheidung für und gegen alle (§ 184 Abs. 2 FamFG; vgl § 640 h Abs. 1 Satz 1 ZPO) erhalten.

Das JA ist nicht in allen Abstammungssachen **Verfahrensbeteiligte** (s. Rn 10), sondern nach § 172 **56** Abs. 2, § 176 Abs. 1 Satz 1 FamFG nur in Verfahren nach § 169 Nr 4 FamFG bei einer **Anfechtung** **der Vaterschaft** nach § 1600 Abs. 1 Nr. 2 und 5 BGB sowie einer Anfechtung nach § 1600 Abs. 1

Nr. 4 BGB, wenn die Anfechtung durch den gesetzlichen Vertreter erfolgt, und auch dann nur **auf Antrag des JA**. In diesen Fällen soll das JA – auch ohne Beteiligtenstellung – zumindest angehört werden (**Anhörungsverpflichtung**), im Übrigen kann das Gericht das JA anhören, wenn ein Beteiligter minderjährig ist (§ 176 Abs. 1 Satz 2 FamFG). Indem die **sozial-familiäre Vater-Kind-Beziehung** in bestimmten Konstellationen als materiell-rechtliches Kriterium für die Zulässigkeit einer Vaterschaftsanfechtung etabliert wurde, haben in Abstammungssachen auch erzieherische und soziale Gesichtspunkte zur Entwicklung des Kindes oder Jugendlichen Bedeutung erlangt, die im Rahmen der Anhörung zur Geltung gebracht werden können (Meysen/Meysen § 176 FamFG Rn 1).

57   Von der Mitwirkung des JA nach § 50 Abs. 1 Nr. 2 zu unterscheiden ist die Vertretung des Kindes als **Beistand** (§ 1712 Abs. 1 Nr. 1 BGB, s. Vor§ 52 a Rn 3 ff; § 55) oder Ergänzungspfleger (§ 1909 BGB, s. § 55) in Verfahren zur Feststellung der Vaterschaft (§ 169 Nr. 1 FamFG; vgl Meysen/Meysen § 176 FamFG Rn 4). Durch die Beistandschaft wird das JA aber nicht zum Verfahrensbeteiligten, insoweit gelten vielmehr § 172 Abs. 2, § 176 Abs. 1 FamFG. Das Gericht hat zudem für das Kind einen **Verfahrensbeistand** (Rn 77) zu bestellen, wenn dies zur Wahrnehmung seiner Interessen erforderlich ist (§ 174 FamFG). § 158 Abs. 2 Nr. 1 sowie Abs. 3 bis 7 gelten entsprechend.

3. Adoptionssachen (§ 186 ff FamFG)

58   § 186 FamFG definiert als Adoptionssachen alle **Verfahren auf Annahme als Kind** sowie bestimmte weitere Einzelverfahren mit Bezug zur Adoption. § 186 Abs. 1 Nr. 1 FamFG umfasst das gesamte Adoptionsverfahren einschließlich seiner unselbstständigen Teile (zB Ausspruch zur Namensführung § 1757 BGB); 186 Abs. 1 Nr. 2 FamFG behandelt das selbstständige Verfahren, das die Ersetzung der Einwilligung zur Annahme als Kind betrifft (sog. Zwischenverfahren nach den §§ 1748, 1749 Abs. 1 Satz 2 BGB (s. § 51 Rn 5). Nr. 3 betrifft Verfahren zur Aufhebung der Adoption (näher zu den Verfahrensgegenständen Meysen/Meysen § 186 FamFG Rn 2 ff). Nach den **aktuell verfügbaren Daten** werden in Deutschland nach einem drastischen Rückgang seit 1993 im Jahr 2008 nur noch 4.200 Kinder und Jugendliche adoptiert (vgl Statistisches Bundesamt 2009, Adoptionen, Tab. 1.1).

a) Grundlegende Regelungen des Adoptionsrechts

59   Die „Annahme als Kind" umfasst sowohl die Annahme Minderjähriger (§§ 1741-1766 BGB; hierzu Müller u.a. 2007; Paulitz u.a. 2006; Röchling 2006; Wuppermann 2006) als auch die Annahme Volljähriger (§§ 1767 ff BGB); das JA wird in das Verfahren nur einbezogen, wenn Kinder und Jugendliche adoptiert werden. Wichtige Regelungen finden sich auch in internationalen Dokumenten, insb. § 8 EMRK; Haager Adoptionsübereinkommen von 1993 (Rn 70). **Ziel der Adoption** ist die Herstellung eines umfassenden, rechtlich wie sozialen Eltern-Kind-Verhältnisses zwischen Annehmenden und einem minderjährigen Kind. Geht es einerseits häufig (etwa 50 %) um die sog. **Stiefkindadoption** durch neue Partner (Stiefeltern), verbergen sich andererseits auf der Seite der abgebenden Eltern zumeist ein komplexes Bündel von **massiven sozialen Problemlagen** insb. von allein erziehenden Müttern, die sich in von ihnen als ausweglos wahrgenommenen Situationen befinden (s. § 51 Rn 1).

60   Die Adoption wird auf Antrag der Adoptionseltern durch einen Beschluss (**Dekret**) des FamG begründet (§ 1752 Abs. 1 BGB), womit das Kind die rechtliche Stellung eines Kindes des Annehmenden erlangt bzw im Fall der (sog. Stiefeltern-)Adoption durch Ehegatten die rechtliche Stellung eines gemeinschaftlichen Kindes der Ehegatten (§§ 1754 ff BGB). Mit dieser sog. **Volladoption** verbunden ist die umfassende Integration des Minderjährigen in die neue Verwandtschaft mit den entsprechenden Folgen für Erbe, Unterhalt und elterliche Sorge. Ein ausländisches, minderjähriges Kind erlangt mit der Adoption durch einen Deutschen zudem die deutsche Staatsangehörigkeit (§ 3 Abs. 1 Nr. 3, § 6 StAG). Gleichzeitig erlöschen mit der Annahme nach § 1755 BGB das Verwandtschaftsverhältnis des Kindes und seiner Kinder zu den bisherigen Verwandten und die sich daraus ergebenden Rechte (zB Staatsangehörigkeit; Unterhalt, Erbe). Bei der Stiefkindadoption gilt das nur bzgl. des abgebenden Elternteils (§ 1755 Abs. 2 BGB); auch bei der sog. Verwandtenadoption, insb. nach Tod der Eltern bleiben nach § 1756 Abs. 1 BGB Verwandtschaftsverhältnisse bestehen. Das Kind erhält den Geburtsnamen des Annehmenden (§ 1757 BGB); sogar der Vorname kann geändert werden (§ 1757 Abs. 4 BGB). Die Adoption stellt damit einen sehr weit reichenden Eingriff in die Rechtsstellung und das Leben eines Menschen dar und ist nur zulässig, wenn sie dem **Wohl des Kindes** dient (§ 1741 Abs. 1 Satz 1 BGB) und zu erwarten ist, dass zwischen dem Annehmenden und dem Kind ein **Eltern-Kind-Verhältnis** entsteht (§ 1741 Abs. 1 Satz 1 BGB), andererseits überwiegende Interessen bereits vorhandener Kinder des Annehmenden nicht entgegenstehen (§ 1745 BGB). Der Staat muss deshalb sein Wächteramt be-

sonders sorgfältig ausüben und hat den Jugendbehörden wesentliche Aufgaben im Rahmen des Adoptionsverfahrens übertragen (Rn 71). Der Annahme soll zudem in der Regel eine **Adoptionspflege** von angemessener Dauer vorausgehen (§ 1744 BGB; vgl § 33 Rn 9).

Ohne Zustimmung des Annehmenden dürfen Tatsachen nicht offenbart werden, die die Annahme und **61** ihre Umstände aufdecken (§ 1758 BGB). Aus diesem **adoptionsspezifischen Sozialdatenschutz** begründen sich die unterschiedlichen **Adoptionsformen**: Neben der sog. offenen Adoption (in denen den Eltern des Kindes die Person des Annehmenden bekannt ist) und der sog. Inkognitoadoption (die annehmenden Personen sind nur der Adoptionsvermittlungsstelle bekannt, nicht aber den abgebenden Eltern; § 1747 Abs. 2 BGB; BVerfGE 24, 119, 153), gibt es die sog. halboffene Adoption, in denen die Adoptiveltern zu den leiblichen Eltern des Kindes Kontakt in anonymisierter Form halten (zur Diskussion über die Vor- und Nachteile der verschiedenen Formen, vgl BAGLJÄ 2006, 18 ff; LJA BY 2009; Wuppermann 2006, 27 ff). Die sog. Blankoadoption (allgemeine Freigabe des Kindes zur Adoption ohne dass geeignete Adoptionspersonen konkret feststehen) ist nicht zulässig. Der Adoptierte selbst darf nach § 61 Abs. 2 PStG ab Vollendung des 16. Lebensjahres den die tatsächliche Abstammung ausweisenden Geburtseintrag einsehen. Zudem muss zur Überprüfung der Eheverbote (§§ 1307 f BGB) bei einer beabsichtigten Heirat die Abstammungsurkunde vorgelegt werden, in der – im Unterschied zur Geburtsurkunde – die leiblichen Eltern aufgeführt werden (§ 62 PersStdG).

Nicht Verheiratete können ein Kind nur allein (§ 1741 Abs. 2 Satz 1 BGB), Ehepaare nur gemein- **62** schaftlich (§ 1741 Abs. 2 Satz 2 BGB), ein Ehegatte ein Kind seines Ehegatten allein annehmen (sog. Stiefkindadoption, § 1741 Abs. 2 Satz 3 u. 4 BGB). § 1743 BGB setzt als **Mindestalter der Adoptiveltern** grds. das 25. Lebensjahr fest. Eingetragenen Lebenspartnerschaften ist eine gemeinsame Adoption verwehrt, möglich ist aber die Annahme eines Kindes des Lebenspartners (§ 9 Abs. 7 LPartG) als auch die Annahme eines Kindes durch einen Lebenspartner allein (§ 9 Abs. 6 LPartG).

Nur in den wenigsten Fällen werden Vollwaisen adoptiert, ganz überwiegend leben die leiblichen El- **63** tern. Diese müssen im Hinblick auf Art. 6 Abs. 2 GG/Art. 8 EMRK ihr Kind zur Adoption „freigeben" und der Annahme des Kindes durch eine annehmende Person vorher zustimmen (§ 1747 Abs. 1, § 183 BGB). Die **Einwilligung als Teil des natürlichen Elternrechts** ist auch dann erforderlich, wenn die Eltern die elterliche Sorge nicht (mehr) innehaben (vgl BayObLG 10.9.2003 – 1 Z BR 36/03 – FamRZ 2004, 397). Ein Entzug des Sorgerechts nach § 1666 BGB reicht im Hinblick auf die Adoptionseinwilligung nicht aus. Einer solchen Einwilligung bedarf es ausnahmsweise nicht, wenn die leiblichen Eltern dauernd geschäftsunfähig sind (§ 104 BGB) oder ihr Aufenthalt (zB bei sog. Babyklappen- oder Findelkindern) dauerhaft unbekannt ist (§ 1747 Abs. 4 BGB). Dass umfasst auch die Fälle, in denen die nicht verheirate Kindsmutter den Namen des Vaters nicht kennt bzw nicht preis gibt (sie kann nicht gezwungen werden, den Erzeuger zu nennen; vgl LG Freiburg v. 28.5.2002 – 4 T 238/01 – FamRZ 2002, 1647; DIJuF 2008, 82).

Das FamG ist nach § 26 FamFG zur **Vaterschaftsfeststellung** verpflichtet, insb. auch den vermutlichen **64** biologischen Vater festzustellen und zu informieren, damit dessen Rechte gewahrt werden können. Diese Verpflichtung ist angesichts der Rechtsprechung des EGMR, der die verwandtschaftlichen Beziehungen zwischen Kind und Vater ohne Rücksicht darauf schützt, ob die Vaterschaft formell festgestellt wurde oder nicht (vgl Keegan vs. Irland 18 EHRR 342 1994 – FamRZ 1995, 110 ff) sehr ernst zu nehmen (vgl die vorläufige **Vaterschaftsvermutung** nach §§ 1747 Abs. 1, § 1600 d Abs. 2 Satz 1 BGB). Im Hinblick auf den **Aufenthalt des Elternteils** sind im Rahmen der Amtsermittlung (§ 26 FamFG) angemessene Nachforschungen des Gerichts erforderlich; das JA hat im Hinblick auf § 51 eine entsprechende Ermittlungspflicht (s. § 51 Rn 21). Lässt sich selbst mit ordnungsbehördlichen Ermittlungen innerhalb von 6 Monaten der Aufenthalt nicht feststellen, kann idR von einem „dauernd unbekannten Aufenthalt" iSv § 1747 Abs. 4 BGB ausgegangen werden (vgl BAGLÄ 2006, 40). In diesen Fällen fehlt ein beteiligungsfähiger Vater (vgl MünchKomm/Maurer § 1747 BGB Rn 23).

Mit der Einwilligung ruht die elterliche Sorge des einwilligenden Elternteils und er verliert zugleich **65** sein Umgangsrecht (§ 1751 Abs. 1 Satz 1BGB). Das **JA wird** im gleichen Moment (bis zum Ausspruch der Adoption) **Vormund**, es sei denn der andere Elternteil ist noch alleiniger Sorgeberechtigter oder ein Vormund war bereits bestellt (§ 1751 Abs. 1 Satz 2 BGB). Befindet sich das Kind in Adoptionspflege (§ 1744 BGB) obliegt den Adoptionsbewerbern die sog. Alltagssorgebefugnis (§ 1751 Abs. 1 Satz 5, § 1688 Abs. 1 BGB) sowie die vorrangige Unterhaltspflicht (§ 1751 Abs. 4 Satz 1 BGB).

Neben den ihr Elternrecht abgebenden Eltern ist für eine Adoption auch die **Einwilligung des Kindes** **66** (§ 1746 BGB) erforderlich. Für ein geschäftsunfähiges bzw noch nicht 14 Jahre altes Kind kann nur sein gesetzlicher Vertreter die Einwilligung erteilen. Weigern sich diese, müsste zunächst das FamG die elterliche Sorge nach § 1666 BGB rechtskräftig einschränken und die Befugnisse auf einen Pfleger übertragen. Bei erheblichen Interessensgegensätzen ist die Bestellung eines Ergänzungspflegers (§ 1629 Abs. 2 Satz 3, § 1796 BGB, vgl OLG Celle v. 21.2.2001 – FamZ 2001, 1732) erforderlich. Über 14 Jahre alte Kinder (Jugendliche iSd § 7 Abs. 1 Nr. 2) können die Einwilligung nur selbst erteilen, ihre Einwilligung kann nicht ersetzt werden, sie brauchen aber für die Einwilligung die Zustimmung ihres gesetzlichen Vertreters (§ 1746 Abs. 1 Satz 2 BGB).

67 Nicht immer geben Eltern(teile) ihre Kinder zur Adoption frei. Eine **Ersetzung der Einwilligung** geht in ihren Wirkungen noch über den Entzug des Sorgerechts nach § 1666 BGB hinaus und ist im Hinblick auf Art. 6 Abs. 2 GG nach § 1748 BGB nur in extremen Ausnahmefällen möglich (vgl BVerfG 24, 119, 138 ff; im Einzelnen § 51 Rn 5 ff). § 51 normiert im Hinblick auf den Ersetzungsgrund der Gleichgültigkeit der Eltern (§ 1748 Abs. 2 BGB; s. § 51 Rn 7) **besondere Beratungs- und Belehrungspflichten des JA** (hierzu § 51 Rn 15 ff).

68 Die **persönliche Anhörung** der Beteiligten (§ 188 Abs. 1 FamFG) dient der Wahrung des rechtlichen Gehörs (Art. 113 Abs. 1 GG; §§ 34, 192 FamFG; BVerfG 4.6.2003 – 1 BvR 2114/02 – Amt 2004, 81) und ist auch im sog. Zwischenverfahren nach § 1748 BGB erforderlich (OLG Karlsruhe FamRZ 1995, 1012). Von der Anhörung eines minderjährigen Beteiligten kann nach § 192 Abs. 3 FamFG nur ausnahmsweise abgesehen werden (vgl BayObLG 4.8.2000 – 1Z BR 103/00 – FamRZ 2001, 647 f; OLG Stuttgart 14.12.2004 – 8 W 313/04 – FamRZ 2005, 543).

69 **Strenge Formerfordernisse** sollen die Einhaltung der Adoptionsregelungen sicherstellen. Die Adoption setzt formell einen Antrag des Annehmenden voraus (§ 1752 BGB) voraus, die Ersetzung der Adoptionsfreigabe einen Antrag des Kindes (§ 1748 Abs. 1 Satz 1 BGB). Die notwendigen Einwilligungserklärungen sind allesamt bedingungsfeindlich, sie müssen notariell beurkundet (§ 128 BGB) und dem FamG gegenüber abgegeben werden (§ 1750 BGB). Nach § 191 FamFG hat das Gericht einem minderjährigen Beteiligten in allen Adoptionssachen einen **Verfahrensbeistand** zu bestellen, sofern dies zur Wahrnehmung seiner Interessen erforderlich ist.

70 Im Bereich der **Auslands- oder internationalen Adoption** von Minderjährigen (hierzu BAGLJÄ 2006, 45 ff; Müller/Sieghörtner/Emmerling de Oliveira 2007 Rn 51; Weitzel/Marx/Reinhard/Radke 2006, 271; Röchling 2006, 125; Steiger 2002; Wuppermann 2006, 39) ergeben sich einige Besonderheiten. Nach den Regelungen des internationalen Privatrechts unterliegt die Adoption zunächst dem **Recht des Staates, dem der Annehmende angehört** (Art. 22 Abs. 1 EGBGB), im Hinblick auf die notwendigen Zustimmungen bzw deren Ersetzungen zusätzlich dem Recht des Heimatstaates des Kindes (vgl Art. 23 Satz 1 EGBGB). Nach Art. 23 AdÜbk werden in einem Mitgliedsstaat durchgeführte (Auslands)Adoptionen kraft Gesetzes anerkannt, eine (nochmalige) Adoption nach deutschem Recht ist nicht erforderlich. Nur ausnahmsweise, wenn es für das Wohl des Kindes erforderlich ist, ist stattdessen (nur) das deutsche Recht anzuwenden (Art. 23 Satz 2 EGBGB; vgl BayObLG FamRZ 1995, 634; Röchling 2006, 133; Wuppermann 2006 Rn 41). Das kann zB der Fall sein, wenn nach dem aufgrund der Staatsangehörigkeit der Annehmenden eigentlich anzuwendenden ausländischen Recht (zB einiger islamischer Staaten) eine Ersetzung der Einwilligung oder gar eine Adoption ausgeschlossen ist und im konkreten Fall mit **wesentlichen Grundsätzen des deutschen Rechts** offensichtlich unvereinbar ist (Art. 6 EGBGB; zum Schutz des Kindeswohls durch den sog. ordre public; vgl § 109 FamFG; Steiger 2002 Rn 332 ff; OLG Saarbrücken FamRZ 1992, 848 ff; OLG Karlsruhe FamRZ 1998, 56). Zu beachten sind in diesem Zusammenhang zudem stets die Rechtswirkungen der EMRK (§ 6 Rn 11). Zwar setzt Art. 8 EMRK grds. die Existenz einer Familie voraus, dies betrifft allerdings die leibliche ebenso wie die Pflege- und Stieffamilie, sie kann sich aber auch auf die lediglich potentielle Beziehung zwischen dem leiblichen Vater und seinem unehelichen Kind ebenso wie auf das Adoptivkind und die annehmenden Adoptiveltern erstrecken (vgl Görgülü vs. Germany 26.2.2004 – 74969/01; Kopper-Reifenberg 2001, 345 ff).

b) Mitwirkung des JA

71 Die **Mitwirkung des JA** ist nur bei der Adoption von Minderjährigen (§§ 1741 ff BGB) vorgesehen (§ 50 Abs. 1 Nr. 3, § 51). Unterschieden wird häufig zwischen den im Vorfeld der eigentlichen Adoption zu leistenden Aufgaben im Rahmen der sog. **Adoptionsvermittlung**, die sich im vorherrschenden (die abgebenden Eltern ausblendenden) „Adoptionsdreieck" vorrangig an das Kind und die Adoptiveltern richten, und andererseits der **Beratung und** ggf **Belehrung** der („abgebenden") natürlichen Eltern iRd ASD insb. nach § 51. Die Adoptionsvermittlung wurde bereits 1976 in einem eigenständigen Gesetz (AdVermiG) als Teil des SGB (§ 68 Nr. 12 SGB I) geregelt (hierzu BAGLJA 2006; BayLJA 2009; Kravets 2007; Wiesner/Oberloskamp Anhang III). Die Beratung und Belehrung in Verfahren zur Annahme als Kind (§ 51) ist im 3. Abschnitt des 3. Kapitels des SGB VIII als „andere", hoheitliche Aufgabe der Kinder- und Jugendhilfe (§ 2 Abs. 3 Nr. 7) beschrieben, die die adoptionsfördernden Aufgaben des JA iRd Hilfeplanung und Leistungsgewährung (vgl § 36 Abs. 1 Satz 2) ergänzen. ASD-Aufgaben und Adoptionsvermittlung überschneiden sich (hierzu Oberloskamp ZfJ 2005, 346), zB im Hinblick auf die Adoptionsbegleitung (vgl § 9 AdVermiG), Stellungnahmen (§ 189 FamFG) und insb. weil auch im Rahmen der Adoptionsvermittlung durch „sachdienliche Ermittlungen" bei den leiblichen Eltern festzustellen ist, ob sie in die Adoption einwilligen werden (§ 7 Abs. 1 AdVermiG). Die Belehrung und Beratung nach § 51 ist allerdings keine Aufgabe der Adoptionsvermittlungsstellen. Zwar haben die JÄ die Aufgaben der Adoptionsvermittlung sicherzustellen (§ 9 a AdVermiG), hierzu haben sie aber teilweise mit Nachbar-JÄ gemeinsame Stellen geschaffen oder die Aufgabe an freie Träger delegiert (vgl § 76 und § 2 Abs. 2 AdVermiG). Notwendig wäre eine die abgebenden Eltern stärker in den Blick nehmende Perspektive („Adpoptionsviereck"), nicht zuletzt im Hinblick auf mögliche Alternativen (vgl §§ 27 ff, § 36 Abs. 1 Satz 2, § 37 Abs. 1 Satz 4), die nicht dem strukturellen Interessenskonflikt der kostenbelasteten Jugendhilfeträger zum Opfer fallen dürfen.

72 Im familienrechtlichen Adoptionsverfahren wird das (Landes)JA nach § 188 Abs. 2 FamFG nur auf seinen **Antrag zum Beteiligten**. Vor der Adoptionsentscheidung (Dekret) muss das FamG eine **Stellungnahme** (§§ 189, 194 FamFG: „fachliche Äußerung"; vgl § 56 d FGG aF) der Adoptionsvermittlungsstelle, die die Adoption vorbereitet hat, darüber einholen, ob das Kind und die Familie des Annehmenden für die Annahme geeignet sind. Ist keine Adoptionsvermittlungsstelle tätig geworden, ist eine fachliche Äußerung des JA oder einer Adoptionsvermittlungsstelle einzuholen (§ 189 Satz 2 FamFG). Der Gesetzgeber spricht ausdrücklich nicht von einer gutachtlichen, sondern von einer **fachlichen Äußerung**, um eine irreführende Parallele zur förmlichen Beweisaufnahme zu vermeiden (BT-Drucks. 16/9733, 295). Die fachliche Stellungnahme ist nicht zwingend schriftlich, nach § 189 Satz 3 FamFG jedenfalls kostenlos abzugeben. Die **Anhörung des JA** (§ 194 FamFG) **bzw des LJA** (§ 195 FamFG) ist ungeachtet einer formellen Beteiligtenstellung (§ 188 Abs. 2 FamFG) bei der Adoption eines Kindes/Jugendlichen zwingend. Ein Adoptionsantrag kann aber nicht deshalb zurückgewiesen werden, weil das JA mitgeteilt hat, zu einer Stellungnahme wegen der mangelnden Mitwirkung des personensorgeberechtigten Elternteils nicht in der Lage zu sein (BayObLG 4.8.2000 – 1 Z BR 103/00 – FamRZ 2001, 647).

4. Ehewohnungssachen (§§ 200 ff FamFG)

73 Das Verfahren in Ehewohnungs- und Haushaltssachen ist nun im 6. Abschnitt des 2. Buches (§§ 200 – 209 FamFG) geregelt (hierzu Götz/Brudermüller FPR 2009, 38; Meysen/Finke Vorb § 200). Die **Anhörung des JA** ist nach § 205 Abs. 1 FamFG verpflichtend vorgesehen, wenn Kinder im Haushalt leben und zwar unabhängig davon, wie das Verfahren voraussichtlich enden wird, da die Zuweisung der Wohnung zumeist erhebliche **Auswirkungen auf das Wohl der betroffenen Kinder** hat unabhängig davon, ob sie selbst in der Wohnung verbleiben oder nicht. Die **Anhörung des JA** ist ungeachtet einer solchen förmlichen Beteiligtenstellung erforderlich. § 204 Abs. 2 FamFG bestimmt, dass das **JA** in Ehewohnungssachen auf seinen Antrag **als Beteiligter** hinzuzuziehen ist, wenn Kinder im Haushalt der Ehegatten leben. Das Gericht darf nur in einer völlig atypischen Sonderkonstellation von einer Anhörung absehen. Auch in Ehewohnungs- und Haushaltssachen haben einvernehmliche Regelungen (§ 36 FamFG, s. Rn 13) eine besondere Bedeutung, denn wenn sich die Ehegatten bereits ganz oder teilweise wirksam geeinigt haben, fehlt es insoweit am Regelungsinteresse für ein gerichtliches Verfahren (BT-Drucks. 16/6308, 249). Das Gericht hat nach § 205 Abs. 2 FamFG seine Entscheidung dem JA mitzuteilen. Gegen den Beschluss steht dem JA unabhängig von § 59 FamFG die Beschwerde zu (§ 205 Abs. 2 Satz 2 FamFG).

5. Gewaltschutzsachen (§§ 210 ff FamFG)

74 Nach den 2002 eingeführten Regelungen ist die **Zuweisung der Ehewohnung** (§ 1361 b BGB) bzw einer gemeinsam genutzten Wohnung (§ 2 GewSchG) an das Opfer von Gewalttaten durch den (Ehe-)Partner möglich (hierzu Rupp 2005; Schumacher FamRZ 2002, 645). Nach § 3 GewSchG gilt das GewSchG nicht, wenn Kinder oder Jugendliche durch einen Elternteil gefährdet werden. In diesen Fällen gelten aber die §§ 1666 f BGB, eine **Wegweisung** ist nach § 1666 a Abs. 1 Satz 2 BGB möglich. Droht die Kindeswohlgefahr durch Dritte, kann eine Schutzverfügung nach dem GewSchG neben

Maßnahmen nach § 1666 BGB ergehen. Im umgekehrten Fall – also wenn Kinder ihre Eltern und andere Personen, zB Geschwister, misshandeln – ist das GewSchG ebenfalls anwendbar.

75 Das FamG ist künftig für alle Gewaltschutzsachen (§§ 1 und 2 GewSchG) zuständig, der im Verfahrensrecht der freiwilligen Gerichtsbarkeit geltende **Amtsermittlungsgrundsatz** (§ 26 FamFG; Rn 4) entlastet die Antragsteller, die Möglichkeit formloser Beweiserhebungen beschleunigt das Verfahren. Die Verhandlung ist grundsätzlich nichtöffentlich (§ 170 GVG). Besondere praktische Bedeutung haben in Gewaltschutzsachen die Vorschriften über den hauptsacheunabhängigen **einstweiligen Rechtsschutz** (§ 214 FamFG). Das FamG teilt nach § 216 a FamFG seine Anordnungen sowie deren Änderung oder Aufhebung den zuständigen Polizeibehörde und anderen öffentlichen Stellen (zB dem JA), die von der Durchführung der Anordnung betroffen sind, unverzüglich mit. § 36 Abs. 1 Satz 2 FamFG schließt **einvernehmliche Regelungen** (zugunsten des Kindeswohls; vgl Rn 14) in Gewaltschutzsachen nicht aus, es besteht insoweit aber keine aktive Hinwirkungspflicht des Gerichts.

76 Nach § 212 FamFG ist das **JA auf seinen Antrag zu beteiligen,** wenn ein Kind in dem Haushalt lebt. Vorrangig sind insoweit die Initiierung und Sicherstellung der notwendigen Unterstützungshilfen für (mittelbar) von Gewalt betroffene Kinder und Jugendliche. Ebenso wie bei den Ehewohnungssachen soll das JA unabhängig von seiner förmlichen Beteiligung **angehört** werden, wenn Kinder im Haushalt der Ehegatten leben (§ 205 Abs. 1 FamFG) und zwar unabhängig davon, wie das Verfahren voraussichtlich enden wird (vgl bislang § 49 a Abs. 2 FGG Anhörung nur vor einer ablehnenden Entscheidung). § 213 Abs. 2 Satz 2 FamFG enthält die von § 59 FamFG unabhängige Beschwerdebefugnis des JA.

III. Verfahrensbeistand

77 Im FamFG wird die Interessensvertretung von Kindern und Jugendlichen als **Verfahrensbeistand** bezeichnet (§§ 158, 174, 191 FamFG; hierzu Menne ZKJ 2009; Trenczek ZKJ 2009, 196; zur mitunter als „Anwalt des Kindes", in § 50 FGG aF als Verfahrenspfleger bezeichneten Interessensvertretung vgl Balloff/Koritz 2005; Blum u.a. 2008; Münder/Hannemann/Bindel-Kögel 2009; Röchling 2002; Salgo u.a. 2002; Weber/Zitelmann 1998). Vorgesehen ist dieser nicht nur in Kindschafts- (§ 158 FamFG), sondern auch in Abstammungs- (§ 174 FamFG) und Adoptionssachen (§ 191 FamFG) sowie in Unterbringungssachen (§ 158 Abs. 1, § 312 iVm § 167 Abs. 1 FamFG; vgl Meysen/Stötzel § 167 FamFG Rn 11). Der Begriff hat eine **minderjährigenspezifische Bedeutung,** da im Übrigen, zB im Betreuungs- und Unterbringungsrecht, der Verfahrenspfleger weiterhin vorgesehen ist (§§ 276, 317, 419 FamFG).

78 § 158 Abs. 1 FamFG unterscheidet sich vom bisherigen § 50 Abs. 1 FGG in erster Linie dadurch, dass der Gesetzeswortlaut nicht mehr nur eine Kann-Bestimmung, sondern eine **Verpflichtung** des Gerichts **zur Bestellung eines Verfahrensbeistands** enthält. Erforderlich ist die Bestellung zB wenn sich die Eltern eines Kindes mit unterschiedlichen, widerstreitenden Anträgen gegenüber und ihre Kinder „dazwischen" stehen (vgl BT-Drucks. 16/6308, 238; vgl Balloff 2004, 102 ff; Meysen/Stötzel § 158 FamFG Rn 4 ff; Salgo FPR 2006, 12).

79 Die in § 158 Absatz 2 FamFG genannten **Regelbeispiele** (s. Trenczek ZKJ 2009, 197 f) sind nicht abschließend und können auch als Orientierung zur Auslegung des Begriffs der Erforderlichkeit in Absatz 1 dienen (vgl Salgo FPR 2006, 14 für Gewaltschutzsachen). Trotz Vorliegens eines Regelbeispiels darf von einer Bestellung aus besonderen Gründen abgesehen werden. Denkbar seien solche **Ausnahmen** insb. bei Entscheidungen von geringer Tragweite oder wenn die Interessen des Kindes in anderer Weise ausreichend im Verfahren zur Geltung gebracht werden (zB durch einen Ergänzungspfleger). Verfehlt ist allerdings die Regelung des § 158 Abs. 5 FamFG, nach der die Bestellung eines Verfahrensbeistands unterbleiben oder aufgehoben werden soll, wenn die Interessen des Kindes von einem Rechtsanwalt oder einem anderen geeigneten Verfahrensbevollmächtigten angemessen vertreten werden. Verfahrensbeistände und (nicht als Verfahrensbeistände agierende) Rechtsanwälte haben unterschiedliche Funktionen, zumal letztere in aller Regel von den Eltern beauftragt und bezahlt werden.

80 Nach § 158 Abs. 3 Satz 1 FamFG hat die **Bestellung** des Verfahrensbeistands **so früh wie möglich** zu erfolgen, damit der Verfahrensbeistand bzw das Kind mit dessen Unterstützung Einfluss auf die Gestaltung und den Ausgang des Verfahrens nehmen können (BT-Drucks. 16/6308, 239). Liegen die Voraussetzungen nach Absatz 1 bzw 2 vor, sollte die Einsetzung eines Verfahrensbeistands vom JA angeregt werden.

81 Das Gesetz enthält in § 158 Abs. 4 FamFG erstmals Bestimmungen über **Aufgaben und Rechtsstellung** des Verfahrensbeistands. Der Verfahrensbeistand handelt im eigenen Namen (nicht als gesetzli-

cher Vertreter) und hat nach Abs. 4 Satz 1 das **Interesse des Kindes** (vgl Art. 3 Abs. 1 UN-KRK „**best interest of the child**") festzustellen und im gerichtlichen Verfahren zur Geltung zu bringen. Das Kindesinteresse erfordert die Berücksichtigung sowohl des Willens des Kindes („subjektive Interesse") als auch des Kindeswohls („objektive Interesse"). Der Verfahrensbeistand hat zwar „in erster Linie" den Kindeswillen deutlich zu machen und in das Verfahren einzubringen, der Gesetzgeber knüpft aber an die materiellrechtliche Konzeption des **Kindeswohls** an (BT-Drucks. 16/6308, 239; vgl OLG Karlsruhe 27.12.2000 – 2 WF 126/00 – FamRZ 2001, 1166 f; BAG Verfahrenspflegschaft FamRZ 2005, 777; Münder/Ernst 2008, 175; Salgo 2002 Rn 66 f; Zitelmann 2001, 338 ff; aA zugunsten einer reinen Interessensvertretung noch BVerfG FamRZ 1999, 87). Auch wenn sich der Verfahrensbeistand am Kindeswohl orientieren kann, er unterscheidet sich in seiner Funktion sowohl vom JA (das allein dem Kindeswohl verpflichtet ist, § 1 Abs. 1 und 3) und andererseits Rechtsanwälten, die vorrangig den von der Selbstbestimmung getragenen Willen ihrer Parteien zu vertreten haben.

Zwar wird die Funktion und Aufgabe des Verfahrensbeistands mit einem maximalen Anspruch (Kindesinteresse – Kindeswille und Kindeswohl – feststellen und zur Geltung bringen) formuliert, das **Instrumentarium**, das der Gesetzgeber ihm an die Hand gibt, bleibt sehr beschränkt (Trenczek ZKJ 2009, 198 f). Der Verfahrensbeistand hat nach § 158 Abs. 4 Satz 2 FamFG das Kind über Gegenstand, Ablauf und möglichen Ausgang des Verfahrens in geeigneter Weise (zB altersgemäß) zu informieren. Nach der jetzt geltenden Regelung ist es grds. *nicht* (mehr) Aufgabe des Verfahrensbeistands, Gespräche mit den Eltern und weiteren Bezugspersonen des Kindes zu führen sowie am Zustandekommen einer einvernehmlichen Regelung mitzuwirken. Dies kann das FamG dem Verfahrensbeistand nach § 158 Abs. 4 Satz 3 FamFG im Einzelfall als **zusätzliche Aufgabe** übertragen. Inhalt und Aufgaben, fachliche Standards des Verfahrensbeistands (vgl BAG Verfahrenspflegschaft in Salgo u.a. 2002 Rn 1055; Weber/Zitelmann 1998) werden somit nicht mehr in einem fachlichen Qualifizierungsprozess entwickelt, sondern jeweils im Einzelfall vom Gericht bestimmt. Es handelt sich damit trotz der eigenen **Beteiligtenstellung** (§ 7 Abs. 2 Nr. 2 FamFG) insofern um eine von den Interessen und Ansichten des einzelnen Familienrichters **abgeleitete Tätigkeit**. Die Höhe der **Vergütung der Verfahrensbeistände** (Fallpauschale im Regelfall von 350 €) orientiert sich auch eher an dem zeitsparenden und rechtsorientierten Vorgehen vieler (nicht aller!) Rechtsanwälte und weniger an einer Interessensvertretung, die sich in zahlreichen und zeitintensiven Gesprächen mit den Beteiligten darum bemüht, die Interessen des Kindes zu klären und (gerichtlich wie außergerichtlich) zur Geltung zu bringen. 82

Das **Verhältnis von Verfahrensbeiständen und JA** ist nicht immer ohne Spannungen. Anders als der Verfahrensbeistand ist das JA nicht eindeutig auf die Interessen des Kindes oder Jugendlichen ausgerichtet, sondern ist dem Kindeswohl verpflichtet und hat das Familiensystem als Ganzes im Blick. Weitere strukturelle Interessenskollisionen der Mitarbeiter des JA sind damit noch überhaupt nicht angesprochen (zB im Hinblick auf die Kostenverantwortung des Trägers der Jugendhilfe, vgl BT-Drucks. 4899, 130; Fricke ZfJ 1999, 53; Münder/Mutke/Schone 2000, 37). Im familiengerichtlichen Verfahren geht es auch häufig implizit um eine Bewertung des bisherigen Vorgehens des JA (OLG Naumburg DAVorm 1999, 713; OLG Naumburg 10.3.1999 – 8 WF 69/99 – FamRZ 2000, 300; Koenig von und zu Warthausen 2004, 212). Es ist bedauerlich, wenn es zwischen Mitarbeitern der JÄ und Verfahrensbeiständen deshalb gelegentlich zu Konflikten kommt. Vielmehr sollte das JA im Interesse der Kinder und Jugendlichen auch über die gesetzlich ausdrücklich geregelten Fälle auf die Bestellung eines Verfahrensbeistands drängen. 83

Weiterführende Literaturhinweise:

Balloff 2004; *Balloff/Koritz* 2005; *Meysen* 2009; *Münder/Mutke/Schone* 2000; *Münder/Hannemann u.a.* 2009;*Salgo u.a.* 2009; *Trenczek* 2008; *ders.* ZKJ 2009, 98; *ders.* ZKJ 2009, 196; *Zitelmann* 2001.

§ 51 Beratung und Belehrung in Verfahren zur Annahme als Kind

(1) [1]Das Jugendamt hat im Verfahren zur Ersetzung der Einwilligung eines Elternteils in die Annahme nach § 1748 Abs. 2 Satz 1 des Bürgerlichen Gesetzbuchs den Elternteil über die Möglichkeit der Ersetzung der Einwilligung zu belehren. [2]Es hat ihn darauf hinzuweisen, dass das Familiengericht die Einwilligung erst nach Ablauf von drei Monaten nach der Belehrung ersetzen darf. [3]Der Belehrung bedarf es nicht, wenn der Elternteil seinen Aufenthaltsort ohne Hinterlassung seiner neuen Anschrift gewechselt hat und der Aufenthaltsort vom Jugendamt während eines Zeitraums von drei Monaten trotz angemessener Nachforschungen nicht ermittelt werden konnte; in diesem Fall beginnt die Frist mit der ersten auf die Belehrung oder auf die Ermittlung des Aufenthaltsorts gerichteten Handlung des Jugendamts. [4]Die Fristen laufen frühestens fünf Monate nach der Geburt des Kindes ab.

(2) [1]Das Jugendamt soll den Elternteil mit der Belehrung nach Absatz 1 über Hilfen beraten, die die Erziehung des Kindes in der eigenen Familie ermöglichen könnten. [2]Einer Beratung bedarf es insbesondere nicht, wenn das Kind seit längerer Zeit bei den Annehmenden in Familienpflege lebt und bei seiner Herausgabe an den Elternteil eine schwere und nachhaltige Schädigung des körperlichen und seelischen Wohlbefindens des Kindes zu erwarten ist. [3]Das Jugendamt hat dem Familiengericht im Verfahren mitzuteilen, welche Leistungen erbracht oder angeboten worden sind oder aus welchem Grund davon abgesehen wurde.

(3) Sind die Eltern nicht miteinander verheiratet und haben sie keine Sorgeerklärungen abgegeben, so hat das Jugendamt den Vater bei der Wahrnehmung seiner Rechte nach § 1747 Abs. 1 und 3 des Bürgerlichen Gesetzbuchs zu beraten.

I. Zur Bedeutung der Norm - Zweck der Regelung

1 Die Grundlagen für die Annahme Minderjähriger (**Adoption**) als Kind regelt das Familienrecht in den §§ 1741-1766 BGB (hierzu Anhang § 50 Rn 58 ff). Nur in den wenigsten Fällen werden Vollwaisen adoptiert, ganz überwiegend leben die leiblichen Eltern. Diese müssen im Hinblick auf Art. 6 Abs. 2 GG/Art. 8 EMRK ihr Kind zur Adoption „freigeben", dh in die Annahme des Kindes durch eine annehmende Person einwilligen (vorherige Zustimmung, § 1747 Abs. 1, § 183 BGB). Adoptionen können an der verweigerten **Adoptionsfreigabe** scheitern. Die unwiderrufliche Einwilligung in die Adoption und damit Weggabe des eigenen Kindes ist für leibliche Eltern ganz überwiegend eine sehr schwierige und schmerzhafte Entscheidung, niemand gibt sein Kind „leichtfertig" ab (Paulitz u.a./Paulitz/Baer in 2006, 198). Schuldgefühle, das Gefühl versagt zu haben oder gegenüber den Adoptiveltern zurückgesetzt zu werden, erschweren die Freigabe. Abgebende Mütter (Väter tauchen insofern kaum auf) entsprechen zwar nicht dem verbreiteten Klischee der drogensüchtigen, minderjährigen Jugendlichen, sie befinden sich aber zumeist in besonders schwierigen, belastenden und als ausweglos wahrgenommenen Lebenslagen (BAK Adoptions- und Pflegekindervermittlung 2007, 10; Swientek 1986, 29 ff, 69 ff u. 195 ff; ten Venne 2009, 30 ff u. 69 ff; Wendels 1994, 490 ff). Die Freigabeentscheidung wird häufig als fremdbestimmt erlebt, aufgrund geringer wirtschaftlicher und sozialen Ressourcen und mangelnder Unterstützung fühlt sich ein großer Teil der abgebenden Mütter gezwungen, ihr Kind zur Adoption freizugeben. Wenn sie es tun, steht das Kindeswohl und die Zukunftschancen des Kindes im Mittelpunkt. Eltern, die ihr Kind zur Adoption freigeben, entscheiden sich nicht gegen, sondern bei Abwägung anderer Alternativen für das Kind. Gleichwohl leiden sie auch lange Zeit nach der Freigabe an Schuldgefühlen und den Symptomen stark ausgeprägter Trauer (ten Venne 2009, 35 ff u. 100). Selbst wenn die Eltern von sich aus die Adoption betreiben und dieser zunächst positiv gegenüber stehen, stellen sich immer wieder Zweifel ein. Es ist deshalb unverzichtbar, dass gerade die (abgebenden) Eltern im Adoptions- und ihrem Entscheidungsprozess intensiv und fachlich angemessen begleitet werden. Die **Ersetzung der Adoptionseinwilligung** (Rn 5 ff) geht in ihren Wirkungen über den Entzug

des Sorgerechts nach § 1666 BGB hinaus und ist der massivste Eingriff in das Elternrecht. Sie soll deshalb die absolute Ausnahme sein (2007 war dies 345 Mal der Fall = 7 % der Adoptionsverfahren), weshalb eine eingehende Belehrung und Beratung der abgebenden Eltern unverzichtbar ist. Diese sind aber nicht Aufgabe des FamG, sondern **Pflichten des JA** und erfordern von den Fachkräften detaillierte Rechtskenntnisse und eine besonders sorgfältige Abwägung widerstreitender Interessen.

§ 51 regelt zwei voneinander unabhängige **Belehrungs- und Beratungsaufgaben des JA** bei der Adoption von Minderjährigen (§§ 1741 ff BGB, hierzu Anhang § 50 Rn 58 ff) und zwar: 2

- die Belehrung (Abs. 1) und Beratung (Abs. 2) der (zumeist leiblichen) Eltern über die Möglichkeit der gerichtlichen Ersetzung der Einwilligung der Adoption nach § 1748 Abs. 2 Satz 1 BGB (Ersetzung der Einwilligung wegen Gleichgültigkeit, die nicht zugleich eine anhaltende gröbliche Pflichtverletzung ist; s. Rn 7 ff);
- die Beratung (Abs. 3) des Vaters eines Kindes, der nicht mit der Mutter verheiratet ist, die (mangels einer gemeinsamen Sorgeerklärung) allein sorgeberechtigt ist (§ 1626 a Abs. 2 BGB), bei der Wahrnehmung seiner Rechte in den Fällen des § 1747 Abs. 1 und 3 BGB (s. Rn 31).

Ziel und Zweck der Regelungen: Die Belehrung (Abs. 1) und Beratung (Abs. 2) soll (bislang gleich- 3 gültigen) Eltern helfen, sich über ihr Verhalten bewusst zu werden, ihnen Gelegenheit zur Verhaltensänderung geben, um ggf die Ersetzung zu vermeiden und die Entscheidung über die Annahme selbst zu treffen. Gleichzeitig stellt Abs. 2 Satz 3 die notwendige Kooperation von JA und FamG auf eine gesetzliche Grundlage. Die Beratung nach Abs. 3 soll dem (nicht ehelichen und nicht sorgeberechtigten) Vater des Kindes ermöglichen, seine Rechte verantwortungsvoll und informiert zu nutzen (Rn 34). In § 51 verknüpfen sich andere, hoheitliche mit leistungsrechtlichen Aufgaben des JA. Eine Beratung, mit der die Eltern lediglich von der Notwendigkeit der Adoption überzeugt werden sollen, entspricht nicht den gesetzlichen Vorgaben (Hauck/Bohnert § 51 Rn 14; MünchKomm/Tillmanns § 51 SGB VIII Rn 3; Staudinger/Frank § 1748 BGB Rn 35).

Im Bereich der **Auslands- oder internationalen Adoption** von Minderjährigen (vgl Anhang § 50 Rn 70) 4 findet § 51 nur Anwendung soweit das deutsche Recht gilt.

II. Ersetzung der Adoptionseinwilligung

Das deutsche Adoptionsrecht setzt für die zwangsweise Ersetzung der Adoptionseinwilligung sehr enge 5 Grenzen, nicht zuletzt weil während der Nazizeit als auch in der DDR staatliche **Zwangsadoptionen** vorgeblich zur Wahrung des Kindeswohls durchgeführt worden waren (Bach in Paulitz 2006, 228; Paulitz/Kannenberger ZfJ 2000, 105 ff). Die Ersetzung durch das FamG ist nur möglich in gewichtigen Ausnahmefällen und hat in einem besonderen, im Hinblick auf das Adoptionsverfahren selbständigen **Zwischenverfahren** zu erfolgen (vgl BVerfG 24, 119, 138 ff; Röchling 2006, 64 ff; Willutzki ZKJ 2007, 18 ff). § 1748 BGB nennt zunächst vier Konstellationen, in denen die verweigerte bzw fehlende Einwilligung in die Adoption ersetzt werden kann. Diese vier Fallgruppen knüpfen an ein **elterliches Versagen** iSd § 1666 BGB an (Fehlverhalten bzw Ausfall; auf „Schuld" kommt es hier ebenso wenig an wie in § 1666 BGB, die Pflichtverletzung muss für den Elternteil nur erkennbar sein; vgl BT-Drucks. 7/421, 9), erfordern aber eine Situation, die über den Gefährdungstatbestand des § 1666 BGB hinausgeht. Nur im Fall der Gleichgültigkeit der Eltern erfordert das Gesetz eine Belehrung und Beratung der Eltern. Hinzu kommt eine **Sonderregelung für nicht eheliche Väter**, denen das Sorgerecht nicht zusteht (§ 1748 Abs. 4 BGB, s. Rn 31).

Ersetzungsgründe ohne Belehrung und Beratung durch das JA: Gröbliche Pflichtverletzungen (§ 1748 6 Abs. 1 Satz 1 BGB) sind solche, die zu einem Entzug des Sorgerechts nach § 1666 BGB führen können (vgl bereits BVerfGE 24, 119, 146), insb. die extreme Vernachlässigung oder der Missbrauch des Sorgerechts (vgl die Beispiele bei Trenczek 2008, 123 ff). Bei besonders schweren Pflichtverletzungen (zB schwerer sexueller Missbrauch, schwere Formen anderer Kindesmisshandlung, Tötungsversuch) reichen auch einmalige Vorfälle aus, wenn es voraussichtlich dauernd unmöglich bzw nicht vertretbar ist, dass Kind der Obhut der Eltern anzuvertrauen (§ 1748 Abs. 1 Satz 2 BGB). **Strafrechtliche relevante Gewalthandlungen** gegen das oder mit unmittelbaren Auswirkungen auf das Kind (zB Misshandlung, Tötung der Mutter) sind als besonders schwere Pflichtverletzungen zu werten auch wenn eine rechtskräftige Entscheidung eines Strafgerichts noch aussteht (vgl BVerfG 12.12.2007 – 1 BvR 2697/07). Eine besonders schwere Pflichtverletzung liegt idR auch bei der lebensgefährlichen Aussetzung (§ 221 StGB) Neugeborener (Findelkinder) vor, nicht aber bei dem Ablegen des Kindes in einer **Babyklappe**. Wird hier die Mutter ermittelt, ist die Ersetzung ihrer Adoptionseinwilligung nicht zwingend (s.

Rn 12). Im Fall des § 1748 Abs. 3 BGB muss die **schwere psychische Krankheit**, geistige oder seelische Behinderung so schwerwiegend sein, dass das Kind nicht in einer Familie, sondern in einer Heimeinrichtung untergebracht werden muss (vgl BGH FamRZ 1997, 85 f; BayObLG FamRZ 1999, 1688; AG Limburg JAmt 2001, 430; vgl aber OLG Schleswig 24.1.2001 - 2 W 168/00 - FamRZ 2003, 1042).

7 Die Ersetzung der Einwilligung ist nach § 1748 Abs. 2 BGB zulässig, wenn der Elternteil durch sein Verhalten gezeigt hat, dass ihm das Kind gleichgültig ist. Die rein innere Haltung und Bindungslosigkeit reicht hierzu nicht, die **Gleichgültigkeit** muss sich im äußeren Verhalten zeigen (vgl BT-Drucks. 7/421, 8; BayObLG 9.1.2002 - 1 Z BR 30/01 - FamRZ 2002, 1142, 1144), zB Verlassen und Alleinlassen, völliges Desinteresse am Schicksal des Kindes. Die Gleichgültigkeit kann u.U. auch gleichzeitig eine gröbliche Pflichtverletzung iSd § 1748 Abs. 1 BGB sein (Rn 6). Maßgebliches Unterscheidungskriterium ist, ob der Elternteil noch durch eine **Verhaltenänderung** eine Gefährdung bzw Nachteile vom Kind abwenden kann. Im Fall des (nur) gleichgültigen Elternverhaltens wird angenommen, dass das Eltern-Kind-Verhältnis (noch) nicht zerstört, sondern „reparabel" geblieben ist und deshalb eine Wiederherstellung einer tragenden Eltern-Kind-Beziehung zum Wohl des Kindes noch möglich erscheint (vgl BayObLG FamRZ 1982, 1129 f).

8 Die dauerhafte Weigerung, seinen **Unterhaltsverpflichtungen** trotz bestehender Leistungsfähigkeit nachzukommen, muss grds. (in Ermangelung besonderer atypischer Ausnahmen) wenn nicht schon als gröbliche Pflichtverletzung (s.o. Rn 6), dann aber zumindest als Gleichgültigkeit angesehen werden, wenn das Kind nur aufgrund der Leistung eines anderen (Pflegeeltern, öffentliche Sozialleistungen) nicht in Not gerät (vgl BayObLG FamRZ 1994, 1349). Die (durch Unterhaltszahlungen oder öffentliche Hilfen abgesicherte) Betreuung des Kindes durch einen (zuverlässigen) Dritten stellt als solche keine Gleichgültigkeit dar (vgl Willutzki ZKJ 2007, 22; aA MünchKomm/Maurer § 1748 BGB Rn 5). Andererseits schließt die bloße Zahlung von Unterhalt ohne jedes persönliches Interesse an dem Kind die Gleichgültigkeit nicht aus.

9 Nehmen Eltern **Hilfen** (insb. **der öffentlichen Jugendhilfe**) an, so demonstrieren sie grds. ein Interesse am Wohlergehen ihres Kindes (ebenso Jans u.a./Werner § 36 Rn 17 a), selbst und gerade auch wenn es sich um außerfamiliäre Unterbringung (zB bei Pflege- oder Heimerziehung) handelt. Als gleichgültig kann aber ein Verhalten der Eltern gewertet werden, wenn sie ohne zwingenden Grund völlig auf Besuche, auf Wochenend- und Ferienaufenthalte in der Familie verzichten, wenn sie es bei einem längeren Krankhausaufenthalt weder besuchen noch abholen, wenn sie ohne zwingenden Grund über längere Zeit wenig oder keinen (nicht einmal Brief- oder telefonischen) Kontakt zu ihrem Kind halten. Ausbleibende Wahrnehmung von (Umgangs)Kontakten kann allerdings nicht per se als Gleichgültigkeit gewertet werden (vgl BayObLG 10.09.2003 - 1Z BR 36/03 - FamRZ 2004, 397 f; 12.10.2004 – 1Z BR 71/04 – FamRZ 2005, 541), insb. dann nicht, wenn auf Kontakte womöglich nach fachlicher Beratung im Interesse des Kindes verzichtet wird, wenn insb. bei der beabsichtigten Stiefkindadoption der sorgeberechtigte Elternteil (Umgangs-)Kontakte des anderen Elternteiles zu dem Kind ablehnt, erschwert oder gar verhindert oder wenn sie ihre (Mit-)Ursache in einer mangelhaften Unterstützung der Eltern durch das JA (§ 37 Rn 7) bei der Verarbeitung der Fremdunterbringung sowie der Kontaktgestaltung hat.

10 Im Hinblick auf Art. 6 Abs. 2 GG/Art. 8 EMRK verlangt die Rechtsprechung bzgl. des Tatbestands der Gleichgültigkeit eindeutige Fallgestaltungen (BayObLG 12.10.2004 – 1Z BR 71/04 – FamRZ 2005, 542). Dieses Postulat ist nicht einfach durchzuhalten, da der Ersetzungsgrund zwar an dem **objektiven Verhalten** anknüpft, letztlich aber eine Bewertung der subjektiven Einstellung des Elternteils darstellt. Bei einem objektiv mehrdeutigen Verhalten darf Gleichgültigkeit nur dann angenommen werden, wenn Rücksichtnahme ausgeschlossen werden kann. Andererseits wird Gleichgültigkeit insb. dann angenommen, wenn die Weigerung in die Adoptionsfreigabe lediglich Ausdruck eines „Besitzanspruches" ohne echte gefühlsmäßige Bindung, aus „Eifersucht, verletztem Stolz, Neid, Rachsucht, Böswilligkeit oder durch bloße Besorgnis um das eigene Wohl" bestimmt ist (BayObLG 12.10.2004 - 1Z BR 71/04 - FamRZ 2005, 541 f). Mit Ausnahme der Obstruktion des betreuenden Elternteiles (Rn 9) sind sonstige für die Gleichgültigkeit mitbestimmende Gründe (eigenes schweres Lebensschicksal, gesundheitliche Schwierigkeiten; Drogensucht) gegenüber dem vorrangigen Kindeswohl letztlich nicht ausschlaggebend, auch wenn es Eltern oft nicht leicht haben, Kontakt zu ihren Kindern zu halten (ebenso Wiesner/Oberloskamp § 51 Rn 9; Willutzki ZKJ 2007, 22; aA Hauck/Bohnert § 51 Rn 10; Münch-Kom/Maurer § 1748 BGB Rn 8). Die Gründe sind allerdings durchaus Ansatzpunkte im Rahmen der vom JA zu leistenden Beratung (s. Rn 25). Das gleichgültige Verhalten muss mindestens 3

Monate nach der (für die Ersetzung grds. konstitutiven) Belehrung und Beratung des JA fortdauern, grds. darf erst dann die Einwilligung ersetzt werden.

In drei der vier Fallgruppen setzt eine Ersetzung der Einwilligung darüber hinaus voraus, dass das **11** Unterbleiben der Adoption zu einem **unverhältnismäßigen Nachteil** für die Entwicklung des Kindes führt (Ausnahme § 1748 Abs. 1 Satz 2 BGB; vgl OLG Zweibrücken 8.2.2001 - 3W 266/00 - FamRZ 2001, 1731) bzw in Abs. 3 zu einer (vergleichbar) schweren Entwicklungsgefährdung. Diese Grenze ist deutlich höher als eine „bloße" Förderung des Kindeswohls durch die Adoption (§ 1741 BGB) oder dessen Gefährdung (§ 1666 BGB) wegen Unterbleibens der Annahme. Es muss sich in den Fällen des § 1748 Abs. 1-3 BGB um ein besonders schweres „Versagen" der Eltern handeln, welches nicht nur durch einen Entzug der elterlichen Sorge und daran anschließende Hilfen (zB Vollzeitpflege), dh gegenüber der Adoption und insb. der erzwungenen Freigabe „milderen" Mittel kompensiert werden kann (vgl BVerfGE 24, 119, 146; BVerfG v. 16.1.2002 - 1 BvR 1069/01 Rn 12 - ZfJ 2002, 295 f). Anders herum ausgedrückt: Reicht eine Sorgerechtsentscheidung nach § 1666 BGB zur Wahrung der Interessen und des Wohls des Kindes aus, so ist unter Beachtung des Verhältnismäßigkeitsprinzips (Vor§ 50 Rn 5) für § 1748 BGB kein Raum (ebenso Staudinger/Frank § 1748 BGB Rn 37).

Aus § 1748 Abs. 3 BGB kann allerdings der Hinweis entnommen werden, dass der Gesetzgeber die **12** Heimerziehung für die Entwicklung eines Kindes im Vergleich mit dem Aufwachsen in einer (Pflege)Familie als unverhältnismäßigen Nachteil ansieht (MünchKomm/Maurer § 1748 BGB Rn 13). Nicht unisono unwidersprochen bleibt allerdings die apodiktisch formulierte These, die Adoption sei nach erzieherischen und vor allem entwicklungspsychologischen Erkenntnissen einem Pflegekindschaftsverhältnis vorzuziehen (BVerfGE 79, 51, 65; BVerfG FamRZ 1989, 145 f; BVerfG v. 16.1.2002 – 1 BvR 1069/01 Rn 12 – ZfJ 2002, 295; vgl Coester FamRZ 1991, 253, 259 f; kritisch hierzu Münder 2005, 226; Röchling ZfJ 2000, 214, 21; Schellhorn/Schellhorn § 51 Rn 8). Hinter dem auch im § 36 Abs. 1 Satz 2 postulierten **Vorrang der Adoption** stehen nicht nur entwicklungspsychologische und sozialpädagogische Gründe, sondern auch fiskalische Interessen, da hierdurch Aufwendungen für die Unterbringung von Kindern in Heimen und Pflegestellen vermindert werden (BR-Drucks. 7/75, 2; Münder/Ernst 2009, 216 f; vgl auch Jans u.a./Werner § 36 Rn 17 f; GK/Nothacker § 36 Rn 32). Insoweit deutet sich hier bereits die **Widersprüchlichkeit der Regelung des § 51 Abs. 2** an. Die wirtschaftliche und unterhaltsrechtliche Situation (Verlust des Pflegegelds nach § 39 bei Adoption durch bisherige Pflegeeltern) sind ebenso zu berücksichtigen wie im weiteren Leben mitunter zunehmende Interesse an der eigenen Herkunft und Identität sowie die mittlerweile (zB seit dem Entzug des Sorgerechts) veränderten Bedingungen in der Herkunftsfamilie (vgl OLG Karlsruhe FamRZ 1995, 1012 f). Insb. die **Stiefelternadoption** wird nicht per se als vorteilhaft angesehen (vgl BVerfG 29.11.2005 – 1BvR 1444/01 – FamRZ 2006, 94; BGH 23.03.2005 – XII ZB 10/03 – FamRZ 2005, 891). Während die deutschen FamG tendenziell eher adoptionsfreundlich entscheiden, hat der EGMR wiederholt auf die Verpflichtung des Staates hingewiesen, auf eine Zusammenführung eines leiblichen Elternteils mit seinem Kind hinzuwirken (Görgülü vs Germany 26.2.2004 – 74969/01 – FamRZ 2004, 1456; Keegan vs Irland 18 EHRR 342 1994 – FamRZ 1995, 110).

Mit Rücksicht auf die Gleichstellung ehe- und nichtehelicher Kinder und ihrer Eltern (BT-Drucks. **13** 13/4899, 112 ff) und der Adoptionsfreigabe durch beide Eltern bedarf es auch der ausdrücklichen **Einwilligung des** nicht ehelichen und mangels Sorgeerklärung (§ 1626 a Abs. 2 BGB) **nicht sorgeberechtigten** (ggf nur vermuteten, s. Rn 31) **Vaters.** Allerdings kann dessen Einwilligung nach § 1748 Abs. 4 BGB leichter ersetzt werden. Hier kommt es auf ein Fehlverhalten oder elterliches Versagen (Pflichtverletzung oder Gleichgültigkeit) nicht an (vgl BT-Drucks. 13/4899, 71 u. 170). Die Adoption muss aber im Hinblick auf Art. 8 EMRK (vgl EGMR Görgülü vs. Germany 26.2.2004 – 74969/01) einen solch erheblichen Vorteil bzw das Unterbleiben ein besonders großer Nachteil für das Kind darstellen, dass ein sich verständig sorgender Vater auf die Erhaltung des Verwandtschaftsbandes nicht bestehen würde. Die Kinderinteressen müssen die des Elternteils erheblich überwiegen (vgl BGH 23.3.2005 – XII ZB 10/03 – FamRZ 2005, 891; OLG Stuttgart 14.12.2004 – 8 W 313/04 – FamRZ 2005, 542).

Beantragt der nicht eheliche Vater die Übertragung der elterlichen Sorge nach § 1672 Abs. 1 BGB, dann **14** darf seine Einwilligung vom FamG erst ersetzt werden, wenn das Gericht über den **Antrag nach § 1672 Abs. 1 BGB** rechtskräftig entschieden hat, weil erst dann feststeht, wer die elterliche Sorge innehat und gesetzlicher Vertreter ist (so zurecht OLG Naumburg 24.7.2003 – FamRZ 2004, 810 in der ansonsten im Hinblick auf die EMRK und das GG höchst problematischen Entscheidung; vgl Anm. v. Gemeiner FamRZ 2994, 812 f). Die Übernahme der Sorge durch den nichtehelichen und bislang nichtsorgeberechtigten Vater geht im Adoptionsverfahren – ungeachtet eines mitunter gegenteiligen Willens der das Kind zur Adoption freigebenden Mutter – der Annahme des Kindes durch einen Dritten vor (vgl EGMR Görgülü vs. Germany 26.2.2004 - 74969/01).

III. Aufgaben des JA im Hinblick auf die mögliche Ersetzung der Adoptionseinwilligung

15   **Die Beteiligung des JA** (§ 188 FamFG) sowie dessen Anhörung (§ 194 FamFG) im sog. Zwischenverfahren erfolgt aufgrund der allgemeinen Regeln für Adoptionssachen (Anhang § 50 Rn 58 ff). Die Belehrung und Beratung nach § 51 sind keine Aufgaben der Adoptionsvermittlungsstellen und grds. vom JA im Rahmen des ASD wahrzunehmen (s. Rn 40). Eine Pflicht zur Belehrung und Beratung der Eltern besteht nur im Hinblick auf den Ersetzungsgrund der Gleichgültigkeit (die nicht gleichzeitig eine anhaltende gröbliche Pflichtverletzung darstellt), damit diese ihr Verhalten überdenken und ändern können (§ 51; § 1748 Abs. 2 Satz 1 BGB).

1. Belehrung (Abs. 1)

16   In Abs. 1 wurde die Regelung des § 1748 Abs. 2 Satz 1 BGB (Ersetzung wegen Gleichgültigkeit; Rn 7) aufgegriffen, wonach eine Einwilligung eines leiblichen Elternteils in die Adoption nicht mit der Begründung der Gleichgültigkeit ersetzt werden darf, bevor er vom JA nicht über die **Möglichkeit der Ersetzung belehrt** und nach Maßgabe des § 51 Abs. 2 beraten worden ist und seit der Belehrung wenigstens drei Monate verstrichen sind.

17   Die Belehrung ist eine Pflichtaufgabe des JA („hat zu belehren"). Eine **Belehrungspflicht** des JA besteht ausnahmsweise nicht, wenn die Gleichgültigkeit gleichzeitig eine „anhaltend gröbliche" oder „besonders schwerer Pflichtverletzung" (§ 1748 Abs. 1 Satz 2 BGB) darstellt oder ein solches Verhalten bzw eine schwere psychische Krankheit oder seelische bzw geistige Behinderung (§ 1748 Abs. 3 BGB) des Elternteils unabhängig von oder neben der Gleichgültigkeit vorliegt (Rn 6).

18   **Ziel und Zweck der Belehrung** ist es, den Elternteil nicht mit dem Vorwurf der Gleichgültigkeit und der Möglichkeit der Ersetzung der Einwilligung zu überraschen, sondern ihm Gelegenheit zu geben, seine Einstellung und sein Verhalten gegenüber dem Kind zu ändern, um entweder aus freien Stücken der Adoption zuzustimmen oder diese durch die (Wieder-)Übernahme der Elternverantwortung abzuwehren (Staudinger/Frank § 1748 BGB Rn 31; Wiesner/Oberloskamp § 51 Rn 31).

19   Die **Belehrung** der abgebenden Eltern (auch des mit der Mutter verheirateten, nicht biologischen „Scheinvaters", § 1592 Nr. 1 BGB) muss der Ersetzung zwingend voraus gehen (nach BAGLÄ 2006, 39 Ausnahme, wenn durch diesen eine Gefahr für Leib und Leben der Mutter ernsthaft zu befürchten ist), sie ist für den Fall des § 1748 Abs. 2 Satz 1 BGB **konstitutiv** (BayObLG FamRZ 1997, 514; OLG Hamm ZfJ 1991, 427, 428; Schellhorn/Schellhorn § 51 Rn 10; Staudinger/Frank § 1748 BGB Rn 32). Eine **Belehrung bereits im laufenden Ersetzungsverfahren** (BayObLG FamRZ 1998, 55; Wiesner/Oberloskamp § 51 Rn 14) genügt – anders als eine nachgeholte Beratung (s.u. Rn 25) – den Anforderungen des Art. 6 Abs. 2 GG/Art. 8 EMRK grds. nicht (Ausnahme nur, wenn der Aufenthalt erst im Laufe des Adoptionsverfahrens nach Ablauf der 3-Monatsfrist ermittelt wird, vgl OLG Köln FamRZ 1987, 203; nicht aber wenn das JA fälschlicherweise zunächst eine „gröbliche Pflichtverletzung" angenommen und damit eine Belehrungspflicht verneint hat, zu einem späteren Zeitpunkt aber auf den Tatbestand der „Gleichgültigkeit" abmildern musste).

20   Erst drei Monate nach der erfolgten Belehrung darf die Einwilligung in die Adoption ersetzt werden (§ 1748 Abs. 2 Satz 1 BGB; § 51 Abs. 1 Satz 2), das Adoptionsverfahren wird dadurch gehemmt. Die **Belehrung** durch das JA hat gerade auch im Interesse des Kindes **so früh wie möglich** zu erfolgen, also bereits vor Ende der 8-Wochen-Frist des § 1747 Abs. 2 BGB (vgl Staudinger/Frank § 1748 BGB Rn 31; Kunkel/Binschus § 51 Rn 14; Wiesner/Oberloskamp § 51 Rn 14), insb. schon dann, wenn sich Anhaltspunkte für eine künftige Gleichgültigkeit der Eltern oder des Elternteils ergeben. Es darf dabei aber nicht suggeriert werden, es handele sich im Hinblick auf die Einwilligung um eine 8-Wochen bzw 3-Monate Ausschlussfrist. Die **Dreimonatsfrist** beginnt erst mit der vollständig erteilten und aktenkundig gemachten Belehrung bzw der ersten auf die Ermittlung des Aufenthaltes gerichteten und in den Akten dokumentierten Amtshandlung. Die Fristen laufen (unter Berücksichtigung der 8-Wochenfrist von § 1747 Abs. 2 BGB) frühestens fünf Monate nach der Geburt des Kindes ab (Abs. 1 Satz 4).

21   Die Pflicht zur Belehrung besteht auch im Hinblick auf einen nach § 1747 Abs. 1, § 1600 d Abs. 2 Satz 1 BGB nur vermuteten biologischen Vater. Dieser ist mit angemessenen Mitteln ausfindig zu machen und zu informieren, nicht aber wenn sich kein Vater ermitteln lässt, zB weil die Mutter keine An-

gaben zum Vater macht (DIJuF 2008, 81). Einer Belehrung bedarf es ausnahmsweise nach § 51 Abs. 1 Satz 3 (vgl § 1748 Abs. 2 Satz 2 BGB) nicht, wenn der Elternteil **„unbekannt verzogen"** ist und sein **Aufenthaltsort** trotz angemessener Nachforschungen in einem Zeitraum von drei Monaten nicht ermittelt werden konnte. Erforderlich und angemessen sind idR Erkundigungen bei den Bürger- und Ordnungsämtern, Krankenkassen und anderen Sozialversicherern, Arbeitsämtern und sonstigen Behörden, Staatsanwaltschaften und Gerichten, in der Nachbarschaft, am früheren Arbeitsplatz, bei der Post, usw, bei ausländischen Staatsangehörigen auch beim Ausländerzentralregister in Köln und mitunter im Herkunftsland.

Zwar fehlt es insoweit an einer ausdrücklichen Regelung zur **Datenerhebung ohne Mitwirkung des** **22** **Betroffenen** (vgl § 62 Abs. 3), datenschutzrechtlich sind solche „Nachforschungen" allerdings zulässig, da es sich um die Gewährleistung des **Rechts auf rechtliches Gehör** (Art. 103 Abs. 1 GG) handelt, es also gerade um den Schutz der Rechte des Elternteils geht. Das BVerfG lässt insoweit Ausnahmen nur in engen Grenzen zu; insb. sind sämtliche Möglichkeiten auszuschöpfen; über Dritte (Rechtsanwälte, Betreuer u.a.) ist Kontakt aufzunehmen auch wenn im Hinblick auf die Adoptionseinwilligung eine Vertretung ausgeschlossen ist (vgl BVerfG 4.6.2003 –1 BvR 2114/02 Rn 12 ff – FamRZ 2003, 1448 ff = JAmt 2004, 82). Nach dem EGMR verstößt eine Freigabe eines nichtehelichen Kindes zur Adoption durch Dritte ohne vorheriges Wissen und Zustimmung des leiblichen Vaters, der am Adoptionsverfahren überhaupt nicht beteiligt ist, gegen den **Grundsatz eines fairen Verfahrens** nach Art. 6 Abs. 1 EMRK (EGMR FamRZ 1995, 110).

Die Belehrungspflicht des JA hat sowohl einen rechtlichen wie einen sozialpädagogisch-fachlichen **23** **Inhalt** (zu Fehlern in der Belehrung, Rn 36). Das JA hat den Elternteil über die Grundzüge, Sinn und Zweck und die Reichweite der Adoption sowie über die Möglichkeiten der Ersetzung der Einwilligung aufzuklären und darauf hinzuweisen, dass das FamG die Einwilligung ersetzen kann, wenn auch erst drei Monate nach der Belehrung (Abs. 1 Satz 2). Das JA muss dem Elternteil ferner erläutern, warum sein Verhalten als „Gleichgültigkeit" bewertet wird und weshalb das Unterbleiben der Adoption sich zu einem unverhältnismäßigen Nachteil für das Kind auswirkt. Damit die Belehrung ihren Zweck erreicht, sollte sie grds. im Rahmen eines **persönlichen Gesprächs** erfolgen (ebenso Wiesner/Oberloskamp § 51 Rn 15); ggf ist ein Dolmetscher hinzuzuziehen (Hauck/Bohnert § 51 Rn 17; zu § 19 SGB X und den Ausnahmen vgl Trenczek u.a. 2008, 321). Entzieht sich der zu belehrende Elternteil wiederholt einem persönlichen Gespräch bleibt nur die aktenkundig zu machende schriftlichen Belehrung, um der Belehrungspflicht genüge zu tun.

Behördenschreiben werden nicht immer gelesen oder verstanden. Deshalb bedarf es im Hinblick auf **24** den mit dem Entzug der Elternstellung verbundenen Grundrechtseingriff mehr als der postalischen Zusendung eines Informationsschreibens mit Hinweis auf ein beiliegendes Belehrungsformular. Vielmehr wird hier die förmliche Zustellung des Schreibens (zB durch die Post mit Zustellungsurkunde; vgl § 3 VwZG) erforderlich sein, auch wenn diese gesetzlich nicht ausdrücklich vorgeschrieben ist (ebenso Wiesner/Oberloskamp § 51 Rn 16). Nicht ausreichend ist eine schriftliche Mitteilung via Normalpost; wenn der eingeladene Elternteil darauf nicht reagiert oder erscheint, muss zumindest das Wiederholungsschreiben zugestellt werden. Das JA hat demgegenüber seiner Belehrungspflicht Genüge getan, wenn der eingeladene, aber nicht erschienene Elternteil ausdrücklich erklärt, dass er keine Belehrung wünscht und aus seinem ganzen Verhalten geschlossen werden kann, dass der Zweck der Belehrung nicht erfüllt werden kann (vgl BayObLG FamRZ 1997, 514, 516).

2. Beratung über mögliche Erziehungshilfen (Abs. 2)

Die Pflicht zur Beratung über mögliche Erziehungshilfen (Abs. 2) setzt die Belehrung nach Abs. 1 vor- **25** aus (sog. Akzessorietät). Umgekehrt hat jedoch nicht jede Belehrungspflicht nach Abs. 1 auch eine **Beratungspflicht** nach Abs. 2 zur Folge. Allerdings erlaubt Abs. 2 Satz 1 gerade kein Ermessen, sondern ist als (eine in ihrer Verbindlichkeit mitunter unterschätzte) Soll-Regelung formuliert (zu den Unterschieden Anhang Verfahren Rn 86). Beabsichtigt war damit nicht die Einräumung einer Wahlmöglichkeit der Verwaltung, sondern lediglich, dass nicht jeder Fehler im Beratungsprozess die Ersetzung der Einwilligung in Frage stellen soll (vgl BT-Drucks. 11/5948, 89; Willutzki ZKJ 2007, 23). Ein **Absehen von der Beratung** ist dem JA nicht nach „seinem pflichtgemäßen Ermessen" (so noch BayObLG FamRZ 1997, 514, 516), sondern nur in atypischen Ausnahmefällen gestattet. Dies entspricht der Regelung in § 1748 Abs. 2 BGB, der die Entscheidung des FamG nicht nur von der durchgeführten Belehrung, sondern grds. auch von einer fachgerechten Beratung abhängig macht (vgl MünchKomm/Maurer § 1748 BGB Rn 9; Krug u.a § 51, 11; Jans u.a./Happe/Saurbier § 51 Rn 41 f;

aA Wiesner/Oberloskamp § 51 Rn 26). In der Gerichtspraxis (vgl BayObLG FamRZ 1997, 514, 516; OLG Hamm ZfJ 1991, 427, 429) wird die „Soll-Regelung" teilweise fehlerhaft ausgelegt und der Regelungsgehalt des § 1748 Abs. 2 BGB verkannt (Ermessen ist nie „frei", sondern stets „pflichtgemäß" auszuüben; vgl Trenczek u.a. 2008, 115 f). Zudem muss insoweit die aus Art. 8 EMRK fließende Verpflichtung der staatlichen Behörden, auf eine Zusammenführung eines leiblichen Elternteils mit seinem Kind hinzuwirken, berücsichtigt werden (EMRK Görgülü vs. Germany 26.2.2004 – 74969/01). Deshalb folgt aus der Pflicht zur Beratung auch ein individueller **Rechtsanspruch** (ebenso Jans u.a./Sauerbier § 51 Rn 11).

26 Allerdings normiert das Gesetz selbst zwei **explizite Ausnahmen**, die in der Praxis quantitativ die Regel darstellen. Zum einen beschränkt Abs. 2 den Anwendungsbereich der Norm und damit die Beratung auf die Unterstützungsleistungen, die die **Erziehung in der Herkunftsfamilie** ermöglichen können und umfasst damit nur die Fälle, in denen sich das Kind noch in dieser befindet oder in denen eine Rückkehr unter Berücksichtigung des Kindeswohls zumindest noch möglich erscheint. Eine Beratung über außerfamiliäre Erziehungshilfen soll nicht mehr stattfinden, was im Hinblick auf Art. 6 Abs. 2 GG und die Rspr. des EGMR zu Art. 8 EMRK nicht unproblematisch ist (vgl Rn 9; ebenso Wiesner/Oberloskamp § 51 Rn 23). Anknüpfend an die frühere Regelung verfolgt die Beratungsverpflichtung aber weiterhin das Ziel, das Wohl des Kindes ggf durch auf Unterstützung der Ursprungsfamilie gerichtete Maßnahmen zu sichern und insb. eine seelische oder wirtschaftliche Notlage als Ursache für die Gleichgültigkeit auszuschließen (BT-Drucks 7/471, 11). Die Beratung hat auch hier sowohl einen **rechtlichen wie sozialpädagogischen Inhalt**. Der Satz, das JA habe grds. „nur zu beraten, nicht selbst zu helfen" (Münch-Komm/Maurer § 1748 BGB Rn 10) ist missverständlich und könnte ein verkürztes Verständnis sozialpädagogischer Beratungsprozesse offenbaren. Die Beratung zielt auf die **Beendigung der Gleichgültigkeit** und damit darauf ab, die Einstellung zum Kind zu verändern und die Gründe für das bisher gleichgültige Verhalten zu beseitigen. Damit stehen die Beratungsaufgaben nach § 51 in einem Wechselverhältnis zum Leistungsbereich (§§ 11 ff). Die Beratung darf sich gerade nicht darauf beschränken, die Adoption als Ausweg zu präsentieren. Das JA hat umfassend über alle denkbaren Unterstützungsleistungen für Familien nach den verschiedenen Sozialleistungsgesetzen (vgl §§ 14 f SGB I; u.a. ALG II/Sozialhilfe nach SGB XII, UVG, Kinder-, Erziehungs- und Wohngeld) adressatengerecht zu informieren, um einen weiteren Verbleib des Kindes bei seinen Eltern zu ermöglichen. Eine Beratung, die nicht auf die Beseitigung der Gleichgültigkeit abstellt, sondern nur dazu dient, dem Elternteil die vom JA favorisierte Adoption klar zu machen, wird den Anforderungen an die Beratung nicht gerecht (BayObLG FamRZ 1982, 1129 f; Hauck/Bohnert § 51 Rn 14; MünchKomm/Tillmanns § 51 SGB VIII Rn 3; Staudinger/Frank § 1748 BGB Rn 35).

27 Im **zweiten Ausnahmefall** nach Abs. 2 Satz 2 bedarf es einer Beratung nicht, wenn das Kind seit längerer Zeit bei den Annehmenden in **Familienpflege** lebt und durch eine Herausnahme und mögliche Rückführung zu dem Elternteil eine schwere und nachhaltige Schädigung des körperlichen und seelischen Wohlbefindens des Kindes zu erwarten ist (vgl BT-Drucks. 11/5948, 89; BVerfG 17.10.1984 - 1 BvR 284/84 – E 68, 176). Im Hinblick auf die Beratung nach § 51 Abs. 2 ist es deshalb sinnlos, beim Elternteil Hoffnungen auf eine Rückkehr in die eigene Familie zu wecken, wenn das FamG eine Verbleibensanordnung nach § 1632 Abs. 4 BGB getroffen hat oder jederzeit treffen könnte (vgl § Anhang § 50 Rn 49).

28 Zwar ist der Katalog des § 51 Abs. 2 Satz 2 („insbesondere") nicht abschließend, der Verzicht auf die Beratung stellt aufgrund des durch Art. 6 Abs. 2 GG/Art. 8 EMRK geschützten Elternrechts gleichwohl nur eine Ausnahme dar, weshalb von ihr nur bei konkreten Gefahren für das Wohl des Kindes abgesehen werden darf. Als weiterer **Ausnahmefall**, in dem es einer Beratung nicht bedarf, ist nur noch denkbar, dass der zu beratende Elternteil (mittlerweile) unbekannten Aufenthalts ist (weil dadurch bereits die Belehrungspflicht entfällt, s.o. Rn 21) oder eine Beratung selbst verweigert.

29 Eine fachgerechte Beratung erfordert im Hinblick auf die besondere Situation der Beratenden – noch mehr als bei der Belehrung nach Abs. 1 – ein **persönliches Gespräch**. Hierzu ist im Rahmen der notwendig auch aufsuchenden Sozialarbeit ggf ein Hausbesuch (s. Anhang Verfahren Rn 28) anzubieten. Nimmt der Elternteil wiederholt angemessene Beratungsangebote nicht an, reicht das im Rahmen der Belehrung zugestellte Belehrungsschreiben aus (vgl BayObLG FamRZ 1997, 514, 516). Eine erfolgte Beratung ist im Hinblick auf Abs. 2 Satz 3 sowie § 36 Abs. 1 Satz 2 in den Akten zu dokumentieren.

3. Informationspflicht des JA gegenüber dem FamG (Abs. 2 Satz 3)

Das JA hat in jedem Fall, auch wenn die Beratung nach Abs. 1 Satz 1 unterbleibt, eine **Informations-** 30
pflicht gegenüber dem FamG. Es muss nach Abs. 2 Satz 3 dem FamG im Ersetzungsverfahren nach
§ 1748 BGB mitteilen, welche Leistungen den Eltern angeboten und erbracht wurden oder weshalb sie
unterblieben sind. Das FamG muss erkennen und beurteilen können, ob die Gleichgültigkeit des Elternteils trotz Belehrung und Beratung noch besteht und ob bei Unterbleiben der Adoption dem Kind
ein unverhältnismäßiger Nachteil droht (§ 1748 Abs. 2 Satz 1 BGB). In welcher Form (mündlich, telefonisch, schriftlich, …) diese Mitteilung zu erbringen ist, bestimmt das Gesetz nicht. Das JA erledigt
seine Aufgaben insoweit nach pflichtgemäßen Ermessen (hierzu s. Vor§ 50 Rn 17).

4. Beratung des nichtehelichen und nicht sorgeberechtigten Vaters (Abs. 3)

Im Hinblick auf die (erleichterte) Ersetzungsmöglichkeit der Adoptionsfreigabe bei einem nicht eheli- 31
chen, **nicht sorgeberechtigten**, mitunter auch nur (nach § 1747 Abs. 1 Satz 2, § 1600 d Abs. 2 Satz 1
BGB) vermuteten **Vater** („Vater im adoptionsrechtlichen Sinne", vgl Wiesner/Oberloskamp § 51
Rn 36) nach § 1748 Abs. 4 BGB ist dieser bei der Wahrnehmung seiner Rechte nach § 1747 Abs. 1 und
3 BGB zu beraten. Es handelt sich nicht nur um eine objektive Beratungsverpflichtung (sog. Muss-
Vorschrift), sondern um eine Regelung mit individuellen **Rechtsanspruch**, da die Beratungsverpflichtung zur Sicherung des nach Art. 6 Abs. 2 GG verfassungsrechtlich geschützten Elternrechts gerade im
Interesse der betroffenen Väter besteht. Die JÄ haben von sich aus ein entsprechendes Beratungsangebot zur Verfügung zu stellen und den betroffenen Personenkreis hierüber zu informieren.

Der **Inhalt der Beratung** des Vaters bezieht sich auf die Wahrnehmung seiner Rechte nach § 1747 32
Abs. 1 und 3 BGB. Das betrifft nicht nur die Erteilung oder Versagung der Adoptionsfreigabe, sondern
schließt die Information und Beratung über die Möglichkeiten (Antrag bzw Antragverzicht) der Übertragung der alleinigen Sorge nach § 1672 BGB mit ein (zum Vorrang s.o. Rn 14). Die Beratung beinhaltet deshalb nicht nur eine Information über die Rechtslage, sondern betrifft auch die Lebenssituation und eine gemeinsame Abwägung der verschiedenen Handlungsmöglichkeiten. Maßgebend ist
hierbei stets das **Kindeswohl**. Dem Vater muss dabei klar werden, dass ein Blockieren der Adoption
ohne Übernahme einer eigenen Sorgeverantwortung nicht möglich ist (Wiesner/Oberloskamp § 51
Rn 37). Der Vater muss insb. auch darauf aufmerksam gemacht werden, dass die Einwilligung in die
Adoption bedingungs- und befristungsfeindlich sowie aufgrund der Erklärung gegenüber dem FamG
unwiderruflich ist (§ 1747 Abs. 3 Satz 1 Nr. 3, § 1750 Abs. 1 und 2 BGB) und auch bei beschränkt
geschäftsfähigen Vätern nicht der Zustimmung des gesetzlichen Vertreters bedarf (§ 1750 Abs. 3 BGB).

Der **Verzicht des Vater auf die Übertragung des Sorgerechts** nach §§ 1672, 1747 Abs. 3 Nr. 3 BGB ist 33
noch keine Adoptionsfreigabe. Deshalb muss das JA in der Beratung auf die Unterschiede hinweisen,
dann aber mit Blick auf eine im konkreten Fall dem Kindeswohl dienenden Adoption „Nägel mit
Köpfen" machen und ggf darauf hinwirken, dass der Vater gleichzeitig auch eine notariell beurkundete
Einwilligung in die Annahme als Kind erteilt (Wiesner/Oberloskamp § 51 Rn 42 u. 47). Anders als den
Verzicht auf die Übertragung der elterlichen Sorge nach § 1747 Abs. 3 Nr. 3 BGB (vgl § 59 Abs. 1
Nr. 7) kann das JA allerdings die Einwilligung in die Adoption nicht selbst beurkunden.

Die Beratung soll im Interesse des Kindes **frühzeitig** stattfinden, im Hinblick auf § 1747 Abs. 3 Nr. 1 34
BGB bereits vor der Geburt des Kindes zumindest begonnen werden, jedenfalls vor Beginn einer Adoptionspflege (Wiesner/Oberloskamp § 51 Rn 48) und spätestens vor Abgabe der fachlichen Äußerung
im Rahmen des familiengerichtlichen Verfahrens (vgl § 189 FamFG; bislang § 56 d FGG). Die Einwilligung des nichtehelichen Vaters kann – anders als die der Mutter (§ 1747 Abs. 2 BGB) sogar bereits
vor Geburt erteilt werden (§ 1747 Abs. 3 Satz 1 Nr. 1 BGB).

Ist der Vater unbekannt oder (zB bei einem **Babyklappen-/Findelkind** oder weil die Mutter den Namen 35
nicht nennt) nicht zu ermitteln (vgl LG Freiburg 28.5.2002 – 4 T 238/01– FamRZ 2002, 1647), so
kann nur in entsprechender Anwendung von § 1747 Abs. 4 BGB verfahren werden, wonach die Einwilligung eines Elternteils nicht erforderlich ist, wenn sein Aufenthalt „dauernd unbekannt ist"
(Rn 21). Eine Beratung ist dann nicht möglich, womit die Beratungspflicht entfällt (MünchKomm/
Maurer § 1747 BGB Rn 32; Kunkel/Binschus § 51 Rn 19; Schellhorn/Schellhorn § 51 Rn 24).

5. Fehler bei der Belehrung und Beratung des JA

Die **fehlende Belehrung** ist zwar eine Amtspflichtverletzung (mit entsprechenden Haftungsfolgen, s. 36
§ 1 Rn 35), nach Ansicht eines Teil der Literatur führe dies aber **nicht** zu einer **Unwirksamkeit des**

Adoptionsbeschlusses, auch sei die Rechtmäßigkeit des Ersetzungsverfahrens („zunächst") nicht berührt (MünchKomm/Maurer § 1747 BGB Rn 35; MünchKomm/Tillmanns§ 51 SGB VIII Rn 10). Da aber nach § 1748 Abs. 2 Satz 1 BGB die Belehrung für die Ersetzung der Adoptionseinwilligung konstitutiv ist (Rn 19), kann die Adoption nach § 1760 Abs. 1 BGB auf **Antrag aufgehoben** (§ 1762 BGB) werden, weil es an einer wirksamen (Ersetzung der) Einwilligungserklärung mangelt. Es besteht gerade kein **Aufhebungshindernis** iSd § 1761 Abs. 1 Satz 1 BGB, weil die Voraussetzungen der Ersetzung bei Gleichgültigkeit nicht vorgelegen haben; anders ist dies nur, wenn die Voraussetzungen mittlerweile im Zeitpunkt der Entscheidung über den Aufhebungsantrages vorliegen oder wenn durch die Aufhebung das Kindeswohl erheblich gefährdet wäre, es sei denn, dass überwiegende Interessen des Annehmenden die Aufhebung erfordern (§ 1761 Abs. 2 BGB).

37 Fehlt die **Belehrung** nicht völlig, sondern ist sie „nur" **fehlerhaft**, so muss zwischen den widerstreitenden Interessen des Kindes, der Annehmenden und der leiblichen Eltern abgewogen werden. Der versehentlich unterbliebene Hinweis auf die 3-Monatsfrist macht die Belehrung nicht unwirksam, da es „lediglich" Zweck der Belehrung ist, dem Elternteil vor Augen zu führen, dass eine Adoption wegen Gleichgültigkeit in Betracht kommt und ihm deshalb die Gelegenheit gegeben wird, seine Einstellung und sein Verhalten zu ändern, um die drohende Ersetzung abzuwenden (vgl OLG Hamm ZfJ 1991, 428). Fehlt der Hinweis auf die Gleichgültigkeit und welche Möglichkeiten es gibt, das Verhalten zu ändern, so ist die „Belehrung" wertlos.

38 Ist die **Beratung mangelhaft** oder kommt das JA seiner Beratungspflicht nach Abs. 2 oder Abs. 3 überhaupt nicht nach, so ist die **Adoption** gleichwohl **wirksam**, im Hinblick auf Abs. 2 ist dies mit Bezug auf die Gesetzesgenese (BT-Drucks. 11/5948, 89) nicht mehr umstritten; nach der wohl überwiegenden Meinung ist im Hinblick auf Abs. 3 eine Aufhebung nach § 1763 BGB nicht zu rechtfertigen (Staudinger/Frank § 1747 BGB Rn 47; MünchKomm/Maurer § 1747 BGB Rn 32; MünchKomm/Tillmanns § 51 SGB VIII Rn 10; aA Willutzki ZKJ 2007, 23; Palandt/Diederichsen § 1747 BGB Rn 9). Beratungsfehler bleiben trotzdem nicht folgenlos (missverständlich Hauck/Bohnert § 51 Rn 36; Wiesner/Oberloskamp § 51 Rn 50), sondern können durchaus Amtshaftungsansprüche nach sich ziehen (s. § 1 Rn 35).

IV. Zuständigkeit und Beteiligung anerkannter Träger der freien Jugendhilfe

39 Die **sachliche und örtliche Zuständigkeit** ergibt sich aus § 85 Abs. 1, § 87 b Abs. 1, § 86 Abs. 1 bis 4. Funktional zuständig ist das JA (Abs. 1) des zuständigen Trägers. Die Beurkundung der Verzichtserklärung des Vaters (§§ 1672, 1747 Abs. 3 Nr. 3 BGB) ist nach § 59 Abs. 1 Nr. 7 auch bei jedem anderen JA möglich (§ 87 e), nicht aber die Einwilligung in die Adoption (dies muss vor einem Notar erfolgen). Für die Mitwirkung im Verfahren werden von den Verfahrensbeteiligten keine Kosten erhoben. Kostenerstattung ist gemäß § 87 b Abs. 3, §§ 86 d, 89 c Abs. 1 Satz 2, Abs. 3 möglich.

40 Die Mitwirkung im Adoptionsverfahren nach § 51 ist eine „andere", hoheitliche Aufgabe, wobei gemäß § 76 **anerkannte Träger der freien Jugendhilfe** an der Durchführung (ganz oder zum Teil) beteiligt oder ihnen diese Aufgaben zur Ausführung übertragen werden können. Das betrifft nach § 9 Abs. 1 AdVermiG auch die Beratung der leiblichen Eltern im Rahmen der Adoptionsbegleitung. Im Hinblick auf die durchaus unterschiedliche Zielrichtung von § 51 und § 9 AdVermiG überwiegt in der Praxis die **institutionelle Trennung der Beratungsaufgaben**. Die Beratungsaufgaben nach § 51 sind jedenfalls keine Aufgaben der Adoptionsvermittlungsstellen.

Weiterführende Literaturhinweise:

Paulitz u.a. 2006; *Röchling* 2006; *Wuppermann* 2006.

§ 52 Mitwirkung in Verfahren nach dem Jugendgerichtsgesetz

(1) Das Jugendamt hat nach Maßgabe der §§ 38 und 50 Abs. 3 Satz 2 des Jugendgerichtsgesetzes im Verfahren nach dem Jugendgerichtsgesetz mitzuwirken.

(2) [1]Das Jugendamt hat frühzeitig zu prüfen, ob für den Jugendlichen oder den jungen Volljährigen Leistungen der Jugendhilfe in Betracht kommen. [2]Ist dies der Fall oder ist eine geeignete Leistung bereits eingeleitet oder gewährt worden, so hat das Jugendamt den Staatsanwalt oder den Richter umgehend davon zu unterrichten, damit geprüft werden kann, ob diese Leistung ein Absehen von der Verfolgung (§ 45 JGG) oder eine Einstellung des Verfahrens (§ 47 JGG) ermöglicht.

(3) Der Mitarbeiter des Jugendamts oder des anerkannten Trägers der freien Jugendhilfe, der nach § 38 Abs. 2 Satz 2 des Jugendgerichtsgesetzes tätig wird, soll den Jugendlichen oder den jungen Volljährigen während des gesamten Verfahrens betreuen.

§ 38 JGG Jugendgerichtshilfe

(1) Die Jugendgerichtshilfe wird von den Jugendämtern im Zusammenwirken mit den Vereinigungen für Jugendhilfe ausgeübt.

(2) Die Vertreter der Jugendgerichtshilfe bringen die erzieherischen, sozialen und fürsorgerischen Gesichtspunkte im Verfahren vor den Jugendgerichten zur Geltung. Sie unterstützen zu diesem Zweck die beteiligten Behörden durch Erforschung der Persönlichkeit, der Entwicklung und der Umwelt des Beschuldigten und äußern sich zu den Maßnahmen, die zu ergreifen sind. In Haftsachen berichten sie beschleunigt über das Ergebnis ihrer Nachforschungen. In die Hauptverhandlung soll der Vertreter der Jugendgerichtshilfe entsandt werden, der die Nachforschungen angestellt hat. Soweit nicht ein Bewährungshelfer dazu berufen ist, wachen sie darüber, daß der Jugendliche Weisungen und Auflagen nachkommt. Erhebliche Zuwiderhandlungen teilen sie dem Richter mit. Im Fall der Unterstellung nach § 10 Abs. 1 Satz 3 Nr. 5 üben sie die Betreuung und Aufsicht aus, wenn der Richter nicht eine andere Person damit betraut. Während der Bewährungszeit arbeiten sie eng mit dem Bewährungshelfer zusammen. Während des Vollzugs bleiben sie mit dem Jugendlichen in Verbindung und nehmen sich seiner Wiedereingliederung in die Gemeinschaft an.

(3) Im gesamten Verfahren gegen einen Jugendlichen ist die Jugendgerichtshilfe heranzuziehen. Dies soll so früh wie möglich geschehen. Vor der Erteilung von Weisungen (§ 10) sind die Vertreter der Jugendgerichtshilfe stets zu hören; kommt eine Betreuungsweisung in Betracht, sollen sie sich auch dazu äußern, wer als Betreuungshelfer bestellt werden soll.

I. Zur Bedeutung der Norm

§ 52 konkretisiert die Aufgaben des JA (zur Mitwirkung freier Träger, Rn 63) aus Anlass eines (jugend)strafrechtlichen Verfahrens und umfasst die Gesamtheit der Aktivitäten der Jugendhilfe zur Sicherung des Wohl des jungen Menschen (vgl Vor § 50 Rn 2) aus Anlass eines gegen ihn gerichteten Strafverfahrens. Während sich die Stellung und Aufgaben des JA als Beteiligte des Jugendstrafverfahrens aus Abs. 1 und dem Verweis zum JGG ergeben, normiert § 52 in Abs. 2 und 3 typisch leistungs- 1 rechtlich gestaltete Aufgaben. Hierbei ist zu beachten, dass sich die Jugendhilfe in einem durch strafrechtliche Normen gekennzeichneten Arbeitskontext (**Soziale Arbeit im Zwangskontext**, s. Vor§50 Rn 14; vgl Conen ZJJ 2007, 370; Kähler 2005; Plewig ZJJ 2008, 41; Solte np 2002, 153 ff; Trenczek 2009 c 128 ff) bewähren muss, der wie kaum ein anderes Arbeitsfeld durch problematische Vorverständnisse, politische Interessen und eine medial inszenierte Diskussion über „die" **Jugendkriminalität** (Rn 21) geprägt ist. Hier prallen juristische und sozialpädagogische, strafrechtliche und jugendhilferechtliche Sichtweisen wie in kaum einem anderen Feld aufeinander (ebenso Breymann 1991 u. ZJJ 2009, 22). Im Mittelpunkt steht dabei der strukturelle Widerspruch von sozialpädagogisch begründetem Helfen und kriminalrechtlich legitimiertem Strafen, der seit einigen Jahren durch betriebswirtschaftliche Vorgaben bei der Ökonomisierung der Jugendhilfe und eine gleichzeitig zunehmende Bedeutung der „inneren Sicherheit" im Rahmen der Sozialkontrolle verstärkt wird (vgl Fischer 2005; Hitzler/Peter 1998; Lautmann/Klimke/Sack 2004; Wacquant 2009).

2   Die erstmalige Berücksichtigung der „Jugendgerichtshilfe" (JGH) im RJGG von 1923 (§§ 22, 41), aber auch die Fassung des § 38 JGG von 1953 korrespondierte in einem hohen Maße mit den Erwartungen der Strafjustiz, einen Gehilfen zur Erledigung der Justizaufgaben an der Seite zu haben (zur historischen Entwicklung und den traditionellen **Aufgabenzuschreibungen**, vgl Hubert 2005; Müller/Trenczek 2001, 857; Trenczek DVJJ-J 1999, 151; Weyel ZJJ 2008, 132). Diese traditionellen Sichtweisen und Erwartungen der Strafjustiz haben sich teilweise bis heute und bis in die Praxis der JÄ hinein und unbeeindruckt von der Einführung des KJHG 1991 konserviert, wobei die sozialrechtlichen Rechtsgrundlagen nicht selten ignoriert werden (vgl Brunner/Dölling JGG § 38; Dölling u.a./Hartmann StGB/ StPO § 160). Die sozialpädagogische Aufgabenstellung und rechtlichen Grundlagen der Jugendhilfe wurden lange Zeit weder inhaltlich noch methodisch angemessen in den Blick genommen (vgl Sozialarbeit im „Souterrain der Justiz", Müller/Otto 1986).

3   Die im Hinblick auf einerseits sozialrechtliche, andererseits jugendstrafrechtliche Zielvorstellungen widersprüchlich erscheinende Aufgabenstellung führte in der Praxis zu Konflikten im **Aufgaben- und Selbstverständnis** der Fachkräfte. In Anbetracht der Unmöglichkeit, den widersprüchlichen Erwartungen gleichermaßen gerecht zu werden, hatten sich die Mitarbeiter der JÄ in weiten Teilen pragmatisch eingerichtet und sich auf die Vorlage von JA-Berichten, die Äußerung von Sanktionsvorschlägen und die Wahrnehmung von Gerichtsterminen konzentriert. Die praktischen Auswirkungen der vorwiegend strafjustizorientierten Tätigkeit des JA wurden schon in der Zeit vor Einführung des KJHG zT heftig kritisiert (vgl zB BT-Drucks. VI/3170, 66; Bettmer np 1991, 34; Heinz/Hügel 1987 mit Replik von Weyel BewHi 1988, 313; Hermann/Kerner 1986, 187; Trenczek ZJJ 2003, 141 mwN;). Mittlerweile hat sich eine auf den sozialrechtlichen Grundlagen basierende, am **Kindeswohl** (vgl Vor§50 Rn 2) orientierte, sozialpädagogische Konzeption von Jugend(gerichts)hilfe herausgeschält (BAG JGH 1997; Klier/Brehmer/Zinke 2002; Thiem-Schräder 1989; Trenczek DVJJ-J 1991, 361; RdJB 1993, 317; 2007 b; 2009 a). Die Entwicklung von **fachlichen Standards** und eine zunehmende Transparenz ihrer Arbeit (Trenczek 2003) dient dabei der Rationalität des professionellen Handelns. Der aus der Aufgabenvielfalt allenthalben beklagte **Rollenkonflikt** (vgl Laubenthal 1993, 54 ff; Wiesner/ Mörsberger § 52 Rn 23) wird weit überbewertet. Sozialarbeiter geraten stets in ein Spannungsfeld unterschiedlicher Erwartungen und haben - zumindest soweit sie mit einem gesellschaftlichen Auftrag handeln - immer ein **doppeltes Mandat**. Der Begriff der „Doppelagentin", mit der die Jugendhilfe im Jugendstrafverfahren zuweilen bedacht wurde (Ostendorf ZfJ 1991, 9), ist genau so plakativ wie falsch, suggeriert er doch das Bild eines heimatlosen Spitzels, der ohne Loyalität seine Auftraggeber verrät.

4   Das SGB VIII vermeidet bewusst den eine besondere Institution nahe legenden **Begriff** "Jugendgerichtshilfe" und spricht stattdessen von der "Mitwirkung in Verfahren nach dem JGG". Schon durch die Wortwahl betont das Gesetz die Einbindung der **Aufgabe** in den Verantwortungsbereich des JA. Die aus strafrechtlicher Sicht zugeschriebene Rolle als „Prozessorgan eigener Art" (Eisenberg § 38 JGG Rn 23) hat bis heute teilweise seltsame Missverständnisse (zB Brunner/Dölling § 38 JGG Rn 1 b: „Prozesshilfsorgan"; Hauck/Bohnert § 52 Rn 7: „eigenständigen Organs der Strafrechtspflege") erzeugt, obwohl damit nur die besondere verfahrensrechtliche Stellung hervorgehoben werden sollte (s.u. Rn 10 ff). Der Gesetzgeber hat nachdrücklich auf die **jugendhilferechtlichen Funktionen** des JA hingewiesen (BT-Drucks. 11/5948, 89, BT-Drucks. 11/7421, 1; Trenczek 2007 b, 357). Die Jugendhilfe ist auch im Jugendstrafverfahren *kein* justizieller Sozialdienst wie die Bewährungs- (§ 56 d StGB) oder Gerichtshilfe (§§ 160 Abs. 3, 463 d StPO). „JGH" ist Jugendhilfe, sie hat keine vom JA losgelösten Aufgaben oder Befugnisse, vielmehr muss sie im Rahmen eines Strafverfahrens die durch das SGB VIII

definierten fachlichen Aspekte zur Geltung (Rn 19 ff) bringen. Daran ändert auch der Verweis auf § 38 JGG nichts, vielmehr sind die Regelungen aufgrund des durch das SGB VIII veränderten Kontextes anders als noch zu Zeiten des JWG auszulegen (Kiehl 1991, 183 u. 191; Trenczek RdJB 1993, 316; 2007 b; 2009 a Rn 4; Wiesner DVJJ-J 1991, 358; Wiesner/Mörsberger § 52 Rn 29). Dies wurde durch das KICK 2005 noch einmal besonders unterstrichen (zur **Steuerungsverantwortung** des JA, Rn 54).

Strafjustiz und Jugendhilfe haben im Rahmen der öffentlichen Sozialkontrolle **wesensverschiedene –** 5 für die Jugendhilfe im SGB VIII definierte – **Aufgaben** wahrzunehmen (hierzu ausführlich Trenczek 1996 und 2003). Weder Jugendstraf- noch das Jugendhilferecht lassen eine "In-Dienst-Stellung" der Jugendhilfe für die Zwecke der Strafjustiz zu (vgl BT-Drucks. 11/5948, 89; Schlink 1991, 54; Trenczek DVJJ-J 1991 a, 361; 2003, 19 ff; Wiesner 1995, 144). Das JA unterliegt **keinen** gerichtlichen **Anweisungen,** weder im Hinblick auf die Art und Weise der Aufgabenwahrnehmung, konkrete Mitwirkungshandlungen (zB bestimmte Ermittlungen durchzuführen, Entscheidungsvorschläge zu machen) noch im Hinblick auf ein persönliches Erscheinen der Fachkräfte des JA (s.u. Rn 16 f). Jugend(gerichts)hilfe ist zunächst sozialpädagogische **Hilfe** (insb. „vor Gericht") **für den** noch in der Entwicklung befindlichen **jungen Menschen** (Trenczek 1996, 68 ff). Sie unterscheidet sich damit auch von der reinen Parteivertretung von Beiständen (§ 69 JGG) oder rechtsanwaltlichen Verteidigern (vgl Baumhöfener 2007; Müller 1992; Walter 1997; Ziegler 2008). Die Jugendhilfe muss das immer wieder an sie gestellte Ansinnen, Sanktionsaufgaben der Strafjustiz zu übernehmen, zurückweisen. Dies betrifft nicht nur die Forderungen nach vermehrter geschlossener Unterbringung (vgl Trenczek ZfJ 2000, 121; 2008, 242 ff), sondern das gesamte Handlungsrepertoire der Jugendhilfe im Überschneidungsbereich zur strafrechtlichen Sozialkontrolle.

Zu Konflikten mit der Strafjustiz kommt es aber nicht nur, wenn und soweit die Justiz einer justiziellen 6 Sichtweise sozialpädagogischer Aufgaben verhaftet bleibt und (sozial)pädagogische Prozesse nicht verstanden bzw ausreichend vermittelt werden, sondern vor allem auch dann, wenn die Ziele und Aufgaben des Jugendstrafrechts verkannt werden. Bei dem **Erziehungsbegriff des JGG** (vgl Breymann ZJJ 2009, 23; Müller DVJJ-J 1991, 344; Ostendorf Grdl. z. §§ 1-2 JGG Rn 3 ff; Pieplow 1989; Trenczek 1996, 39 ff; Viehmann 1989; Walter 1989; Wolffersdorf ZJJ 2009, 96) handelt es sich lediglich um ein **strafrechtliches Konstrukt,** mit dem sich erzieherische Hilfen weder begründen noch legitimieren lassen. Das JGG gibt keine Antwort auf die von der Jugendhilfe zu klärende Frage nach dem erzieherischen Hilfebedarf, sondern regelt die Voraussetzungen der (jugendspezifischen) Reaktion auf und Sanktionierung von Straftaten. **Jugendstrafrecht ist Strafrecht** (zur Einführung Brühl/Deichsel/Nothacker 2005; Riekenbrauk 2004; Trenczek 2008 a, 516 ff), es gibt im JGG aber weder bestimmte Mindeststrafen noch die zwingende Notwendigkeit, in einer bestimmten Art und Weise zu sanktionieren (vgl § 5 JGG), vielmehr sieht das JGG in den noch zu selten genutzten **Diversionsvorschriften** §§ 45, 47 JGG gerade einen Ausweg aus der kontraproduktiven Sanktionsspirale, insb. zur Vermeidung weiterer Ausgrenzung durch Freiheitsentzug vor (Trenczek DVJJ 1991, 8 ff; vgl insb. auch Nr. 2 u. 5 der European Rules for Juvenile Offenders, CM/Rec 2008-11 v. 05.11.2008) und weist damit der Jugendhilfe auch eine Verantwortung zu, die in der korrespondierenden Vorschrift des § 52 Abs. 2 ihre Entsprechung findet. Der Gesetzgeber hat in einem neu gefassten § 2 Abs. 1 JGG die spezialpräventive Orientierung hervorgehoben und klargestellt, dass das **Ziel des JGG** allein der Rechtsgüterschutz durch die Verhinderung von (weiteren) Straftaten (Legalbewährung) ist und damit auch, dass nicht Erziehung selbst Ziel oder Anliegen des Jugendstrafrechts ist (vgl BT-Drucks. 16/6296, 9). Es ist deshalb problematisch, wenn Straffälligkeit per se als Anlass dafür genommen wird, die vermeintlich in ihr zum Ausdruck gekommenen „Defizite" in der jugendlichen Biographie „erzieherisch" aufzuarbeiten (ebenso Kunkel/Riekenbrauk § 52 Rn 5). In der Praxis führt dies teilweise zu einer Schlechterstellung der jungen gegenüber den erwachsenen Beschuldigten (Albrecht 2000, 75; Eisenberg JGG Einleitung Rn 5 b, § 31 Rn 35 u. 55, § 55 Rn 55; Gerken/Schumann 1988; Pfeiffer 1992, 60), was sich offenbar auch in der zunehmenden Inhaftierungspraxis niederschlägt (vgl Pfeiffer/Windizio/Kleimann MschKrim 2004, 415; Wolffersdorf ZJJ 2009, 104).

Für die Jugendhilfe ist der Schutz, die Förderung und Unterstützung junger Menschen und ihrer Familien (§ 1 Abs. 3, § 2 Abs. 1: *„zugunsten"*) im Jugendstrafverfahren vorrangig. Gleichzeitig unterstützt die Jugendhilfe im Rahmen der **interdisziplinären** und Institutionen übergreifenden **Kooperation** auch die Justiz, in dem sie die sozialrechtlichen und sozialpädagogischen Gesichtspunkte im Verfahren zur Geltung bringt, ohne sich von ihrem jugendhilferechtlichen Handlungsauftrag zu lösen. Die Kooperation zwischen Justiz und Jugendhilfe darf nicht (nur) dem Eigennutz der beteiligten Personen dienen (Breymann ZJJ 2009, 25; Walter ZJJ 2009, 224). Falsche, aber immer noch tradierte Erwartungen muss das JA enttäuschen. Die Unterstützungsleistung für das Gericht besteht in dem Einbringen des sozialpädagogischen Sachverstands, insb. im Hinblick auf die Einschätzung des jungen Menschen und seiner Lebenswelt und dem Aufzeigen der Möglichkeiten, auf strafrechtliche Maßnahmen zugunsten helfender, die soziale Integration fördernder Leistungen der Jugendhilfe zu verzichten (Rn 50 ff). Hierfür sind die § 52 einerseits sowie §§ 5, 45, 47 JGG eine gute Grundlage. Das Klagen über die Widersprüche der unterschiedlichen Rechtgrundlagen lenkt von dem notwendigen Veränderungsbedarf in der Praxis ab.

II. Mitwirkung im Verfahren nach dem Jugendgerichtsgesetz - Abs. 1

8   Abs. 1 normiert die **Pflicht** des JA **zur Mitwirkung** im jugendstrafrechtlichen Verfahren („hat mitzuwirken"), die Aufgabe steht nicht zur Disposition. Das JA hat kein Ermessen bei der Frage, ob es im Jugendstrafverfahren mitwirkt, vielmehr muss es seine Aufgaben **von Amts wegen** wahrnehmen (§ 18 SGB X iVm § 52), im Hinblick auf den leistungsrechtlichen Teil der Aufgabe sogar **frühzeitig** (Abs. 2, s. Rn 52 ff) und **durchgehend** (Abs. 3, s. Rn 59 ff). Allerdings schreibt Abs. 1 dem JA im Einzelnen nicht vor, *wie* es mitwirken muss. Bei der Mitwirkung im Strafverfahren handelt es sich um eine originär jugendhilferechtlich begründete, „andere" Aufgabe des JA (§ 2 Abs. 3 Nr. 8, § 52). Durch den Verweis („nach Maßgabe") auf die Regelungen des JGG wird zwar der strafverfahrensrechtliche Bezug hergestellt, damit sind aber die Aufgaben der Jugendhilfe weder abschließend noch vorrangig beschrieben. Auch § 38 JGG, auf den Abs. 1 Satz 1 verweist, macht deutlich, dass das JA die strafverfahrensbezogenen Aufgaben ausschließlich zum Zweck der Verwirklichung der sozialpädagogischen Gesichtspunkte wahrnimmt (**Zweckbindung der Jugendhilfe**; vgl Laubenthal 1993, 63; Trenczek DVJJ-J 1991, 361; 2003, 21). **§ 38 JGG ist keine Befugnisnorm** (Trenczek DVJJ-J 1991, 251; mittlerweile ganz h.M. auch aus strafrechtlicher Sicht, vgl Eisenberg § 38 JGG Rn 43 a). Die Verknüpfung zu den Bestimmungen des JGG führt nicht zu einer Loslösung der JGH von den sonstigen Aufgaben oder Befugnissen des JA (so ausdrücklich BT-Drucks. 11/5948, 89). Der Systemzweck der Jugendhilfe, nämlich die Verwirklichung des Wohles des jungen Menschen, wird dem Systemzweck der Strafjustiz, nämlich Strafverfolgung und Verfahrensschutz, nicht untergeordnet (vgl Maas 1996, 246). Die Betreuung junger Menschen ist nicht die Kür, sie steht nicht „neben" den aus überkommener Sicht der Justiz „zentralen" „Pflicht"-Aufgaben des JA (insb. Persönlichkeitserforschung und Berichterstattung; vgl Brunner/Dölling § 38 JGG Rn 4 a f), sondern ist der wesentliche Teil und Zweck der Mitwirkung der Jugendhilfe im Strafverfahren (ebenso Kunkel/Riekenbrauk § 52 Rn 31 u. 48).

9   Im Hinblick auf die **Zielgruppe der Jugendhilfe** ergeben sich Unterschiede zum allgemeinen Schutz- und Leistungsauftrag der Jugendhilfe. Da Kinder strafrechtlich nicht verantwortlich sind (§ 19 StGB), darf ein Strafverfahren gegen sie nicht durchgeführt werden. Hier ist neben der Jugendhilfe im Rahmen ihres Schutzauftrages allein das FamG gefragt (zum Umgang mit Kinderdevianz, DVJJ-J 2/2002; Bindel-Kögel/Heßler/Münder 2004). **Junge Volljährige** (§ 7 Abs. 1 Nr. 3, § 41), die aus der Kinder- und Jugendhilfe vielfach verdrängt werden (vgl § 41 Rn 24), scheinen in der Praxis zumindest über den Kontakt zu engagierten Fachkräften aus Anlass des Jugendstrafverfahrens mit Jugendhilfeleistungen rechnen zu können. Obwohl das Gesetz in § 52 Abs. 2 Satz 1 ausdrücklich davon spricht, dass das JA zu prüfen hat, ob Leistungen für den Jugendlichen oder jungen Volljährigen (dh noch nicht 27 Jahre alte Personen) in Betracht kommen, beschränkt sich das JA traditionell auf die Betreuung von jugendlichen (14-17 Jahre alten) und heranwachsenden (18-20 Jahre alten, vgl § 1 Abs. 2 JGG) Beschuldigten. Dies ist zwar dem vom Strafrecht geprägten Arbeitskontext geschuldet, wird aber dem Betreuungsauftrag des SGB VIII nicht gerecht (vgl Jans/Ensslen/Törnig § 52 Rn 56).

10   Weder der Jugendliche noch sein Verteidiger oder seine Erziehungsberechtigten und gesetzlichen Vertreter können wirksam auf die Wahrnehmung der Aufgaben nach Abs. 1 verzichten, denn die Wahrnehmung der „anderen", hoheitlichen Aufgaben der Jugendhilfe (§ 2 Abs. 3) ist der Disposition der Betroffenen entzogen. Etwas anderes ist allerdings die jugendhilferechtlich trotz aufsuchender und nachgehender Sozialarbeit letztlich zu akzeptierende Weigerung des jungen Menschen, mit dem JA zusammenzuarbeiten. Nur durch eine aktive Beteiligung der Betroffenen (vgl §§ 8 f) kann **Akzeptanz** her- und sichergestellt werden, dass ihre Sichtweisen und Ressourcen in den Hilfeprozess mit einbezogen werden, dass die Betroffenen ihre Kräfte selbst mobilisieren und ein Hilfeerfolg überhaupt möglich erscheint.

1. Prozessrechtliche Stellung des Jugendamts im Jugendstrafverfahren

Das JA kann die fachlichen Gesichtspunkte der Jugendhilfe im Strafverfahren zur Geltung bringen, **11** weil es prozessual als am Verfahren beteiligte Institution über eine eigenständige Rolle verfügt und durch eigene Willenserklärungen gestaltend am Prozess mitwirken kann („Prozessorgan eigener Art"; Eisenberg § 38 JGG Rn 23 ff; Meyer-Goßner StPO Einleitung Rn 71 u. 74, Ostendorf § 38 JGG Rn 6 und 22 ff). Die konkrete verfahrensrechtliche Stellung bestimmt sich v.a. nach den Regeln des JGG, das der JGH folgende Beteiligungsrechte einräumt:

- **Informationsrechte:** Mitteilung von Ort und Zeit der Hauptverhandlung (§ 50 Abs. 3 Satz 1 JGG); Recht auf Unterrichtung von der Einleitung und dem Ausgang eines Verfahrens (auch des vereinfachten Jugendverfahrens) gegen den Jugendlichen (§ 70 Satz 1, § 78 Abs. 3 JGG) bzw gegen einen Heranwachsenden (§ 109 Abs. 1 Satz 2 JGG); insb. Mitteilung von Erlass und Vollstreckung eines Haftbefehls bzw der vorläufigen Festnahme (§ 72 a Sätze 1 und 2 JGG).
- Recht auf **Anwesenheit in der Hauptverhandlung** sowie im vereinfachten Verfahren(§ 50 Abs. 3 Satz 1, § 48 Abs. 2 Satz 1, § 78 Abs. 3 JGG; vgl hierzu auch Rn 16 u. 42).
- **Anhörungs- und Äußerungsrechte:** Recht auf Äußerung in jedem Verfahrensstadium, insb. im Hinblick auf die zu ergreifenden Maßnahmen (§ 38 Abs. 2 Satz 2, Abs. 3 Satz 3 JGG), sowohl im informellen Verfahren, in der Hauptverhandlung (§ 50 Abs. 3 Satz 2 JGG) wie auch danach, zB vor nachträglichen Entscheidungen über Weisungen und Auflagen (§ 65 Abs. 1 Satz 2 JGG) oder vor Vollstreckung des Jugendarrests (§ 87 Abs. 3 Satz 4 JGG).
- **Verkehrs- und Kontaktrechte:** Kontakt und Verkehr mit dem Verurteilten während des Vollzugs einer Jugendstrafe (§ 38 Abs. 2 Satz 9 JGG); Verkehr mit dem in Untersuchungshaft befindlichen Beschuldigten (§ 93 Abs. 3 JGG, § 148 StPO). Dieses Umgangsrecht steht den Fachkräften der Jugendhilfe in demselben Umfang wie einem Verteidiger zu, dh Gespräche und Briefwechsel dürfen nicht überwacht werden.
- **Antragsrecht** zur Beseitigung des Strafmakels bei Minderjährigen (§ 97 Abs. 1 Satz 2 JGG).

Weitere Verfahrensrechte hat das JA nicht, insb. hat es kein **Akteneinsichtsrecht,** kein allgemeines **12** Fragerecht (§ 240 StPO), kein formelles (Beweis-)Antragsrecht und kein Recht, selbstständig Rechtsmittel einzulegen. Sie unterscheidet sich deshalb von der rechtsanwaltlichen Verteidigung (§ 137 StPO, § 68 JGG) oder einem Beistand (§ 69 JGG), wobei letztere Rolle auch von einer Fachkraft des JA übernommen werden kann (Eisenberg § 69 JGG Rn 6). Angesichts der durch das FamFG erweiterten Verfahrensrechte und die ausdrückliche Normierung der förmlichen Verfahrensbeteiligung auf Antrag (sog. Zugriffslösung; s. Anhang § 50 Rn 10) erscheint eine Angleichung sinnvoll. Andererseits sind für eine sozialanwaltliche, auf die Selbsthilfe des jungen Menschen ausgerichteten Mitwirkung diese strafprozessualen Verfahrensrechte nicht unbedingt erforderlich (anders noch BAG JGH 1994, 44). Entscheidend ist vielmehr, dass die Jugendhilfe die jugendhilfeorientierten Gesichtspunkte in Inhalt und Darstellung **offensiv zur Geltung** bringt (s. Rn 20 ff). Dies kann man weitgehend auch ohne formale Antragsrechte, sei es im Vorfeld der oder der gerichtlichen Hauptverhandlung. Nach § 50 Abs. 3 Satz 2 JGG ist der JGH **auf ihr Verlangen das Wort zu erteilen,** dh sie kann sich **zu jeder Zeit** zu Wort melden. Der klare Wortlaut der Vorschrift lässt dem Gericht kein Ermessen hinsichtlich des „Ob" der Worterteilung (Ensslen RsDE 42 [1999], 30), der/die Vorsitzende entscheidet lediglich darüber, ob dies im konkreten Zeitpunkt im Hinblick auf die Verhandlungsleitung dienlich ist. Insoweit ist freilich ein Beschwerderecht des JA entsprechend den verfahrensrechtlichen Regelungen im Familienrecht (vgl §§ 59 Abs. 3, 162 Abs. 3 Satz 2 FamFG) überfällig. Die Jugendhilfe sollte sich mit sachverständigen Hinweisen und Anregungen (zB auch Beiordnung eines Rechtsanwalts, Einschaltung eines jugendpsychiatrischen Sachverständigen) sowie insb. *nach* dem Plädoyer der Staatsanwaltschaft zu Wort melden, v.a. wenn die von dieser beantragten Maßnahmen aus jugendhilferechtlicher, (sozial)pädagogischer Sicht kritisch zu hinterfragen sind (ebenso Klier/Brehmer/Zinke 2002, 106 und 127).

Das Mitwirkungs- und Anwesenheitsrecht der Jugendhilfe korrespondiert mit der Informations- und **13** sog. **Heranziehungspflicht des Gerichts** (§ 38 Abs. 3 Satz 1 und 2 JGG). Die JGH muss nach § 70 JGG durch die Staatsanwaltschaft schon von der Einleitung eines Strafverfahrens (und nicht erst von der Anklageerhebung, vgl auch Nr. 32 Nr. 1 und 4 MiStra) unterrichtet werden, sofern das Verfahren nicht ohne weitere jugendstrafrechtliche Maßnahme eingestellt wird (Verhältnismäßigkeitsprinzip). Ob Jugendhilfeleistungen angezeigt sind, hat nicht die Staatsanwaltschaft zu entscheiden (missverständlich Ostendorf § 70 JGG Rn 2). Darüber hinaus ist die Jugendhilfe bei Gefährdungen des jungen Menschen oder wenn Leistungen der Jugendhilfe infrage kommen schon durch die Polizei frühzeitig, also nicht erst nach „Durchermittlung" des Falls, zu informieren, um eine schnelle Kontaktaufnahme und ggf Hilfeangebote der Jugendhilfe zu ermöglichen (vgl PDV 382, 3.2.7).

14 Der Jugendhilfe sind insb. **Ort und Zeit der Hauptverhandlung** mitzuteilen (§ 50 Abs. 3 Satz 1 JGG), und zwar sämtliche Termine (Ostendorf § 50 JGG Rn 12) und rechtzeitig, dh mit einem angemessenem Vorlauf, damit das JA prüfen kann, ob es Anlass sieht, sich in der Hauptverhandlung zu beteiligen, sowie sich entsprechend vorbereiten kann (vgl Nr. 117 Abs. 2 Satz 2 RiStBV; Eisenberg § 38 JGG Rn 53; Ensslen RsDE 42 [1999], 29; Trenczek 2003, 25). Es genügt nicht, dass das JA am Tag vor oder der Hauptverhandlung (telefonisch) vom Termin verständigt wird (BGH StV 1982, 336; Laubenthal 1993, 108; Ostendorf § 50 JGG Rn 12). Nicht ordnungsgemäß herangezogen ist die Jugendhilfe auch dann, wenn das örtlich unzuständige JA (s.u. Rn 60) informiert wurde (vgl Eisenberg § 50 JGG Rn 31).

15 Im Hinblick auf das **vereinfachte Jugendverfahren** (§§ 76 ff JGG) wird man eine kurzfristige (auch telefonische) Information für ausreichend halten können. Doch ist das JA nach § 38 Abs. 3 JGG so rechtzeitig zu informieren, dass seine aktive Mitwirkung am Verfahren möglich ist (Diemer/Schoreit/ Sonnen § 78 JGG Rn 12; Laubenthal 1993, 144; Ostendorf §§ 76-78 JGG Rn 16; vgl RLJGG zu § 78). Die Jugendhilfe im vereinfachten Verfahren nur ausnahmsweise zu beteiligen (so Hauck/Bohnert § 52 Rn 9) ist rechtswidrig; auch insoweit darf nur ausnahmsweise von einer Heranziehung abgesehen werden (Eisenberg § 38 JGG Rn 4, § 78 JGG Rn 26).

16 Im **Bußgeldverfahren nach dem OWiG** kann nur dann von der Heranziehung abgesehen werden, wenn die Mitwirkung des JA für die sachgemäße Durchführung des Verfahrens entbehrlich ist (vgl § 46 Abs. 6 OWiG). Das wird allerdings in Verfahren wegen Schulverweigerung und insb. bei einem drohenden Arrest nicht der Fall sein.

17 Aus der gerichtlichen Heranziehungspflicht folgt, dass das Gericht grundsätzlich nicht ohne JGH-Fachkräfte verhandeln darf, wenn diese ihre Mitwirkung für geboten hält (vgl BGH StV 1989, 308). Die **Anwesenheit der Jugendhilfe** ist aber prozessrechtlich nicht in jedem Einzelfall erforderlich (Rn 45 ff; Trenczek DVJJ-J 2002, 352), insb. dann nicht, wenn aus Gründen des jugendstrafrechtlichen Subsidiaritätsgebots eine informelle Erledigung des Verfahrens nach den § 47 JGG erfolgt oder das JA aus anderen Gründen für seine Anwesenheit ausdrücklich keinen Anlass sieht (vgl BGHSt 27, 252). Zur Anwesenheitspflicht aufgrund Abs. 3 s. Rn 59.

18 Aufgrund der rechtlichen und organisatorischen Unabhängigkeit sind im Hinblick auf die Mitwirkung oder bestimmte Einzelhandlungen des JA (Anwesenheit, Stellungnahmen) **Zwangsmassnahmen des Gerichts** unzulässig. Es ist insb. nicht möglich, dem öffentlichen Träger der Jugendhilfe die Kosten einer unterbrochenen oder ausgesetzten Hauptverhandlung aufzuerlegen (OLG Karlsruhe NStZ 1992, 251; Brunner/Dölling § 50 JGG Rn 12; Eisenberg § 50 JGG Rn 26; Laubenthal 1993, 124; Ostendorf § 50 JGG Rn 13).

19 Allerdings könnten die Fachkräfte der JÄ als **Zeuge** vernommen werden (hierzu kritisch Eisenberg § 38 JGG Rn 30), wenn und solange ihnen kein **Zeugnisverweigerungsrecht** zugestanden wird (Rn 30) und sie von ihrem Dienstherrn wider Erwarten eine Aussagegenehmigung (§ 54 StPO iVm § 9 Abs. 1 BAT, § 61 BBG, § 39 BRRG) erhalten sollten (vgl Vor§ 50 Rn 36). In diesen Fällen könnten die Mitarbeiter der Jugendhilfe auch zur Aussage gezwungen werden (§ 70 Abs. StPO). Schon die Ladung eines JA-Mitarbeiters als Zeugen steht unter dem verfassungsrechtlichen Vorbehalt der Verhältnismäßigkeit (zur Beschlagnahme der JA-Akten, Rn 31). Von der Ladung als Zeugen wird auch aus strafrechtlicher Sicht abgeraten (Diemer/Schoreit/Sonnen § 38 Rn 26).

2. Zur Geltung bringen sozialpädagogischer Gesichtspunkte (§ 38 Abs. 2 Satz 1 JGG)

20 Nach § 38 Abs. 2 Satz 1 JGG wirken die JÄ im jugendgerichtlichen Verfahren mit, indem sie im Strafverfahren "die erzieherischen, sozialen und fürsorgerischen", dh – in der aktuellen Terminologie des SGB VIII (vgl § 1 Abs. 3) – die das Wohl des jungen Menschen fördernden, unterstützenden und Benachteiligungen abbauenden, also die Gesichtspunkte der Jugendhilfe *zur Geltung bringen*. Diese unterscheiden sich nicht von den im SGB VIII normierten allgemeinen Positionen und Interessen, **Zielen und Handlungsmaximen der Jugendhilfe** (vgl § 1 Rn 24 ff; Vor§ 50 Rn 2 ff), sie müssen fachlich, also sozialpädagogisch (dh sozialwissenschaftlich/kriminologisch wie handlungsmethodisch) wie sozialrechtlich begründet sein.

Das **Spektrum der sozialpädagogischen Aufgaben** des JA ist weit gefächert (Trenczek 2009 a, b und c) **21** und umfasst präventive, verfahrensbegleitende wie nachgehende Tätigkeitsbereiche. Es reicht über die Beratung, informelle Betreuung und unmittelbare Unterstützung des jungen Menschen und seiner Eltern (zu deren besonderer Stellung im Jugendstrafverfahren vgl BVerfG 16.1.2003 – 2 BvR 716/01 – ZJJ 2003, 68) und die als „klassisch" (Ulrich 1982, 37) angesehenen Tätigkeitsbereiche der JGH,

- die „Erforschung" der Persönlichkeit und der sozialen Umwelt des Jugendlichen (Rn 24 ff),
- die Erarbeitung von Stellungnahmen (hierzu Rn 32 und Vor § 50 Rn 23 ff) sowie
- die Begleitung des jungen Menschen (Rn 58) insb. bei Gerichtsterminen hinaus und beinhaltet zB
- vielfältige Kriseninterventionen, insb. die Organisation und Durchführung von Angeboten zur U-Haft-Vermeidung (Rn 42 ff),
- die Initiierung und ggf Durchführung von sozialpädagogischen Hilfen, zB sog. Neuer Ambulanter Maßnahmen (NAM) (hierzu Rn 50 ff).
- die Betreuung während des Freiheitsentzugs (insb. Durchführung von Haftbesuchen) und Unterstützung bei der Entlassungsvorbereitung (hierzu Lauterbach ZJJ 2009, 44),
- insb. im Hinblick auf die Kriminalprävention (zur jugendhilfespezifischen Definition des Präventionsbegriffs vgl Breternitz/Trenczek DVJJ-J 2001, 54) der Aufbau und Unterhaltung eines Netzwerks mit anderen Trägern, Beratungsstellen sowie den Kooperationspartnern aus Polizei, Justiz und Sozialarbeit, die Arbeit in Gremien der Kriminalrechtspflege/Kriminalpräventionsräte und Jugendhilfe sowie
- eine verstärke Öffentlichkeitsarbeit als Gegengewicht dramatisierender Medienberichterstattung über Jugendkriminalität.

Die **Rezeption der sozialwissenschaftlichen Erkenntnisse** über die Ubiquität und Episodenhaftigkeit **22** jugendtypischer Delinquenz (zu Umfang und Art der **Jugendkriminalität** vgl Baier/Pfeiffer/Simson/Rabold ZJJ 2009, 112; BKA 2009; Heinz ZJJ 2008, 60; ders. 2008; Walter 2005, 216 ff) zwingt die JGH zu einer Aufgabe der an Abweichung orientierten Interventionsstrategien (Defizitkonzept) zugunsten einer betont sozialpädagogischen Integrations- und Normalisierungsarbeit, für die nicht die Delinquenz das entscheidende Problem ist, sondern die realen Schwierigkeiten und Bedürfnisse der Jugendlichen (BAG JGH 1994; Klier/Brehmer/Zinke 2002; Münder DVJJ 1991, 329; Trenczek DVJJ-J 1991, 360; RdJB 1993, 316; 2003, 19). Straffälligkeit ist für die Jugendhilfe kein hinreichendes, noch nicht einmal ein besonders geeignetes Kriterium für eine sozialpädagogisch begründete Intervention, sondern allenfalls ein Symptom, welches auf dahinter liegende Schwierigkeiten und Probleme hinweisen kann (vgl Trenczek 1996, 117 ff; Wiesner DVJJ-J 1995, 175 f). Die mehrfache und massive Straffälligkeit weist mitunter auf erhebliche Benachteilungslagen und mangelnde Handlungskompetenzen hin. Die traditionellen, insb. freiheitsentziehenden Sanktionen unterbinden die soziale Integration und verschärfen die Belastungen. Deshalb hat die Jugendhilfe die – eigentlich grotesk zu nennende – Aufgabe, die negativen Auswirkungen des Strafverfahrens, insb. die schädlichen Folgen des Freiheitsentzugs, durch ihre alternativen sozialpädagogischen Interventionen abzumildern oder zu verhindern (BT-Drucks. 11/5948, 89; Eisenberg § 38 JGG Rn 19; Klier/Brehmer/Zinke 2002, 15; Trenczek DVJJ-J 1991, 364). Nicht die Straffälligkeit, sondern das strafrechtliche Verfahren ist Anlass für die Mitwirkung des JA nach § 52, der Hilfebedarf ist Anknüpfungspunkt für die zu leistende Hilfe (Abs. 2, Rn 50 ff). Unter Berücksichtigung des Hilfebedarfs der jungen Menschen geht es im Hinblick auf die **Zielgruppe der JGH** deshalb v.a. um die sog. mehrfach auffälligen, mehrfach belasteten jungen Menschen (hierzu Dölling 1990; Kerner 1986; Schüler-Springorum 1982; Trenczek 1996, 33 ff).

Aus Art. 6 Abs. 2 GG und dem **Schutzauftrag des JA** (§ 8 a) ergibt sich die Pflicht des JA, die Eltern **23** bei der Erziehung ihrer Kinder zu unterstützen. Allerdings weist weder die erstmalige noch wiederholte Delinquenz auf ein Erziehungsversagen der Eltern (s. Anhang § 50 Rn 40; Trenczek 2008, 126 ff) oder auf die Erfolglosigkeit einer sozialpädagogischen Intervention hin. Die wiederholte Begehung von nicht nur jugendtypischen Delikten kann aber die soziale Integration des jungen Menschen gefährden, nicht zuletzt wegen der einschneidenden und stigmatisierenden Folgen des Strafrechts, und deshalb bei weiterer Eskalation zu einer **Kindeswohlgefährdung** führen (vgl Ostendorf u.a. FamRZ 2005, 1514; Trenczek 2009, 111 f). Sind Eltern in diesen Fällen nicht in der Lage oder bereit, Hilfen zur Abwendung einer solchen Gefährdung anzunehmen, so ist das JA unabhängig vom Alter des Minderjährigen (also nicht nur bei strafunmündigen Kindern, sondern auch bei Jugendlichen) ggf verpflichtet, das **FamG anzurufen** (§ 8 a Abs. 3), damit dieses ggf personensorgerechtliche Maßnahmen ergreifen kann (§ 1666 Abs. 3 BGB, zB im Hinblick auf die Annahme von Erziehungshilfen, den Schulbesuch oder zur Sicherung einer gewaltfreien Umgebung). Es kann und darf insoweit nicht darum gehen, die Strafmündigkeitgrenze zu unterlaufen oder gar den Maßnahmekatalog des JGG ins Familienrecht zu übernehmen.

Vielmehr besteht durch die rechtzeitige Einschaltung des FamG bei gewichtigen Anhaltspunkten einer Kindeswohlgefährdung die Chance, die Strafjustiz so lange wie möglich aus dem Erziehungsprozess heraus zu halten, um damit einer verhängnisvollen Sanktionseskalation vorzubeugen.

24   Anders als bei der vermittelnden Konfliktbearbeitung zB im Rahmen einer institutionalisierten Konfliktvermittlung (zum sog. TOA s. Rn 54) gibt es in der Jugendhilfe unter Beachtung von § 1 Abs. 1 und 3 und § 2 Abs. 1 **keine** - strafrechtlich oft angemahnte (Brunner/Dölling § 38 JGG Rn 1 a; Ostendorf § 38 JGG Rn 6) - **neutrale** (vermeintlich „objektive") Rolle. Sie ist nicht der (allparteiliche) Vermittler zwischen zwei grundsätzlich gleich starken Personen, sondern muss versuchen, die Handlungskompetenz der Seite fördern zu helfen, deren Situation von Versäumnissen, Mängellagen und Benachteiligung gekennzeichnet ist. Gerade deshalb ist das JA gesetzlich verpflichtet, auch im Rahmen ihrer Mitwirkung im Strafverfahren nicht „objektiv-neutral", sondern als **Sozialanwalt** „zugunsten" junger Menschen und ihrer Familie zu agieren (§ 2 Abs. 1). Es geht im Rahmen der Mitwirkung im Jugendstrafverfahren um die Wesensaufgabe sozialer Arbeit insgesamt: um Beratung und Initiierung lebensweltnaher Konflikthilfen, um die Unterstützung bei der Neu- oder Reorganisation sozialer Beziehungen und Lebenslagen durch die Bereitstellung von materiellen und immateriellen Hilfen.

3. Persönlichkeits- und Umwelterforschung (§ 38 Abs. 2 Satz 2 JGG)

25   Die **Erforschung von Persönlichkeit und sozialer Umwelt** des jugendlichen Beschuldigten und die Zusammenfassung der Ergebnisse in einer fachlichen Stellungnahme („Bericht"; hierzu Vor § 50 Rn 23) gelten als „klassische" Aufgaben der JGH. Ohne die Berücksichtigung der Lebenssituation von Jugendlichen, ohne die Kenntnis ihrer subjektiven Deutungsmuster, ohne die sozialpädagogisch fundierte Einschätzung des aktuellen Hilfebedarfs und -angebots wird eine sachgerechte Entscheidung der Justiz im Jugendstrafverfahren nicht möglich sein. Die sozialpädagogische Fachlichkeit ist insoweit nicht verzichtbar. Allerdings kann das Gericht ebenso wenig wie die Staatsanwaltschaft Berichte "anfordern", sondern hat vielmehr die JGH zu dem Verfahren "heranzuziehen" (Rn 12).

26   Bei der sog. „Erforschung" geht es zudem nicht um tatbezogene Ermittlungen, sondern um die **Erhebung von psychosozialen Daten** und die **verstehende Untersuchung von Biographie und Lebenslage** des jungen Menschen und seiner Lebenswelt. In der Praxis kann man häufig feststellen, dass sich die Jugendhilfe bei der Erledigung ihrer Aufgaben fälschlich an dem Fragenkatalog des § 43 JGG ausrichtet (zB Möller/Nix § 52 Rn 43), der sich allerdings allein an die strafrechtlichen Ermittlungsorgane richtet (Eisenberg StV 1998, 307; Trenczek DVJJ-J 1991, 254; missverständlich Ostendorf § 43 JGG Rn 7; Fieseler/Herborth 2005, 257). Das JA ist aber kein (Hilfs-)Organ der Strafverfolgung oder Ermittlungsorgan der Justiz (anders offenbar Hauck/Bohnert § 52 Rn 7; missverständlich Jans/Ensslen/Törnig § 52 Rn 56, nach denen sich insoweit die Verpflichtungen von JA und Justiz „decken").

27   Die „ermittelnde" Mitwirkung erfolgt zum **Zweck** der jugendhilferechtlich normierten Intervention und Tätigkeit und wird durch ihre Hilfefunktion begrenzt (ebenso Wiesner/Mörsberger § 52 Rn 34). Deshalb hat das JA bei der Erforschung von Persönlichkeit und sozialer Umwelt auch die **datenschutzrechtlichen Vorschriften** zu beachten (hierzu Feldmann ZJJ 2008, 21; Mörsberger 1991; Trenczek DVJJ-J 1991, 251). Die jugendhilferechtlichen Bestimmungen (§§ 61 ff) gelten uneingeschränkt für die Mitwirkung des JA im gerichtlichen Verfahren, insb. dürfen nur solche Daten erhoben, gespeichert und genutzt werden, die zur Erfüllung der Mitwirkungsaufgaben unentbehrlich sind (**Erforderlichkeits- und Zweckbindungsprinzip**, §§ 61 ff iVm § 67 a Abs. 1 SGB X). Die Erhebung der Daten hat grundsätzlich beim Betroffenen zu erfolgen (§ 62 Abs. 2; § 67 a Abs. 2 Satz 1 SGB X). Der junge Mensch hat keine Auskunftspflicht, weshalb er über die Freiwilligkeit seiner Angaben sowie über den (richtigen) Zweck und die Rechtsgrundlage aufzuklären ist (§ 62 Abs. 2; § 67 a Abs. 3 SGB X; zur Belehrungspflicht aus strafprozessualer Sicht insb. im Hinblick auf § 136 StPO, vgl BGH 21.9.2004 – 3 StR 185/04 – ZJJ 2005, 75).

28   Das **Gespräch mit dem Jugendlichen** ist nicht nur aus datenschutzrechtlichen Gründen unverzichtbare Grundlage jeder Tätigkeit nach § 52. Ohne/gegen die Mitwirkung des Betroffenen ist eine Erhebung nach § 62 Abs. 3 Nr. 2 Buchst. c nur zulässig, soweit ihre Erhebung beim Betroffenen nicht möglich ist oder die jeweilige Aufgabe ihrer Art nach eine Erhebung bei anderen erfordert, in beiden Fällen aber die Kenntnis der Daten zur Wahrnehmung der Aufgaben nach § 52 erforderlich ist. Die Mitwirkungsaufgaben des JA machen es ihrer Art nach aber gerade in aller Regel *nicht* erforderlich, dass die Daten ohne Mitwirkung des Beschuldigten beim Dritten erhoben werden (vgl Trenczek DVJJ 1991, 251; Goerdeler ZJJ 2005, 319; a.A. insoweit ohne Rücksicht auf die Handlungsstandards der Jugendhilfe Feldmann ZJJ 2008, 23).

Die bloße **Heranziehung von Altakten** oder alten Berichten verschärft die der Legitimation institutio- 29
nellen Handelns innewohnende Verfälschungslatenz gegenüber der empirisch erfassbaren Wirklichkeit, die Festschreibung auch von phasenbedingten Auffälligkeiten und die Pflege von Stereotypen und
führt letztlich zu einer sich verselbstständigenden Aktenrealität (Eisenberg ZfJ 2000, 400). Dies ist
nicht nur unprofessionell, sondern auch schon im Hinblick auf § 38 JGG unzulässig (vgl Schlink 1991,
56). Zulässig ist allenfalls eine ergänzende Verwendung von bereits vorhandenen Akteninformationen
(Hoffmann ZJJ 2005, 60). Die Information bei Dritten ist ohne Einwilligung des jungen Menschen
nur ausnahmsweise zulässig (Rn 27) und findet jedenfalls dort ihre Grenze, wo Leistungen der Jugendhilfe oder das besondere Vertrauensverhältnis zu den betroffenen Jugendlichen gefährdet wäre
(Rechtsgedanke aus §§ 64, 65). Eltern, Angehörige oder sonstige Dritten sind über ihre Zeugnis- und
Auskunftsverweigerungsrechte (§§ 52 ff StPO) zu informieren. Machen diese später von ihren Rechten
Gebrauch, dürfen ihre gegenüber dem JA gemachten Angaben nicht in der Stellungnahme verwendet
oder sonst von dieser in das Strafverfahren eingebracht werden (BGH 21.9.2004 – 3 StR 185/04 – ZJJ
2005, 75).

4. Datennutzung und Weitergabe

Der Austausch von Informationen und Daten innerhalb einer verantwortlichen Stelle (zB zwischen 30
Fachkräften in einer Jugendhilfestation; zum sog. funktionalen Stellenbegriff s. § 61 Rn 15) ist noch
keine Übermittlung von Daten, sondern deren Nutzung (§ 67 Abs. 7 SGB X). Die **Weitergabe von**
ordnungsgemäß erhobenen **Daten** (zB an die Staatsanwaltschaft und das Gericht, aber auch an jede
andere Stelle) erfolgt grds. nur mit Einwilligung des Betroffenen (§ 61 Abs. 1, § 67 b Abs. 1 SGB X)
und unterliegt im Übrigen der Zweckbindung (Rn 26). Krankenberichte und andere von Dritten übermittelte, besonders schutzwürdige Informationen (zB Berichte von Familien- oder Suchtberatungsstel-
len) dürfen nur unter den Voraussetzungen übermittelt werden, unter denen diese Stelle zur Offenbarung befugt ist (§ 76 SGB X), insb. bei Einwilligung der Betroffenen, bei einer gesetzlichen Offenba-
rungspflicht oder nicht anders abwendbaren Notsituation (vgl Eisenberg § 38 JGG Rn 30 b). Von den
Informationen, die bei der Leistungsgewährung angefallen (§ 64 Abs. 2) oder im Rahmen eines Bera-
tungsgespräch anvertraut (§ 65 Abs. 1) worden sind, fallen einige für die Weitergabe an Richter und
Staatsanwalt aus. Ein „**Anvertrauen**" ist im Bereich der JGH-Aufgabenwahrnehmung nicht ausgeschlossen (missverständlich Feldmann ZJJ 2008, 25), die Betreuung nach Abs. 3 ist sogar eine Kern-
aufgabe der Mitwirkung. Zum Schutz des Vertrauensverhältnisses darf die Fachkraft dann nicht nur,
vielmehr *muss* sie auch im Strafverfahren schweigen (Eisenberg § 38 JGG Rn 44 a; Kiehl 1991, 190 f;
Kunkel ZJJ 2004, 427; Schlink 1991, 55). Nicht das Informationsbedürfnis der Strafjustiz, sondern
die Effektivität und Funktionsfähigkeit der Jugendhilfe entscheiden letztlich darüber, welche Daten
verschlossen bleiben und welche an die Justiz übermittelt werden dürfen.

Dem justiziellen Aufklärungsinteresse steht das Interesse der Jugendhilfe an der Wahrung des Ver- 31
trauensverhältnisses und damit der Funktionsfähigkeit der Jugendhilfe gegenüber. Eine **Zeugenpflich-**
tigkeit der JA-Mitarbeiter vor Gericht (vgl Eisenberg § 38 JGG Rn 23; Trenczek DVJJ-J 1991, 254)
wird sich negativ auf das Vertrauensverhältnis zu den Klienten auswirken. Gerade aus diesem Grund
verweigern die Dienstvorgesetzten der öffentlichen Träger ihren Mitarbeitern in solchen Konfliktfällen
zurecht die erforderliche Aussagegenehmigung (§ 54 StPO; vgl VG Schleswig DVJJ-J 1990, 43; von
Pirani DVJJ-J 1993, 190). Den Mitarbeitern des JA muss deshalb auch im Rahmen der Mitwirkung
im jugendgerichtlichen Verfahren ein strafprozessuales **Zeugnisverweigerungsrecht** zuerkannt werden
(vgl Vor § 50 Rn 37). Dass das BVerfG im Jahr 1972 (BVerfGE 33, 367 = NJW 1972, 2214) ein solches
noch verneint hat, kann seit Einführung des SGB VIII nicht mehr als Gegenargument gelten. Auch
wenn das JA/JGH in § 53 StPO nicht ausdrücklich erwähnt wird, bedeutet das nicht, dass es ein solches
Recht nicht gibt, da die Zeugnisverweigerung sich aus dem SGB ergeben kann (Vor § 50 Rn 37; Kunkel
ZJJ 2004, 426). Diesen sozialrechtlichen Datenschutz dürfen die Strafgerichte nicht ignorieren, vielmehr gilt er mittelbar über § 78 Abs. 1 SGB I auch für die Justiz als Empfänger der Sozialdaten. Das
Zeugnisverweigerungsrecht widerspricht gerade nicht dem gesetzlichen oder dienstlichen Auftrag der
Jugendhilfe (so aber Brunner/Dölling § 38 JGG Rn 14; Feldmann ZJJ 2008, 26), vielmehr sind die
JGH-Aufgaben entsprechend den jugendhilferechtlich verfassten Handlungsgrundsätzen durchzufüh-
ren. Der jugendhilferechtlich nach §§ 61 ff gebotene Schutz der Vertrauensbeziehung ist „Geschäftsgrundlage" des Jugendhilfeauftrags (Olbricht-Sondershaus DVJJ-J 1990, 14; Trenczek DVJJ-J 1991,
254), der hier ja dazu führen soll, Einsicht zu wecken und Veränderungen zu initiieren, um weitere
Straftaten zu verhindern und potenzielle **Opfer zu schützen**.

32   Die **Beschlagnahme der JA-Akten** ist unzulässig, stellt diese doch eine Umgehung der im Jugendhilfe- und Sozialbereich gesetzlich normierten Datenschutzvorschriften dar (vgl LG Fulda 6.5.2004 – 2 Qs 34/04 – JAmt 2004, 439; LG BE DVJJ-J 1993, 189; LG HH NStZ 1993, 401; Eisenberg § 38 JGG Rn 30 a; Meyer-Goßner StPO § 161 Rn 6; Kunkel/Kunkel § 61 Rn 208; aA LG Trier 19.1.2000 – 2 a Os 2/00 Js 8347/99 jug – NStZ-RR 2000, 248 mit abl. Anm. Krahmer DVJJ-J 2000, 314). Sie wider- spräche schon der gemäß § 35 Abs. 2 und 3 SGB I iVm § 69 Abs. 1 Nr. 1 SGB X bestehenden Freiheit des JA, selbst auszuwählen, welche Daten an das Gericht übermittelt werden (Eisenberg ZfJ 2000, 399, Laubenthal 1993, 137). Eine Beschlagnahme unterliefe die Grenze der nach § 54 StPO erforder- lichen, aber aus Gründen der Funktionsfähigkeit der Jugendhilfe nicht erteilten Aussagegenehmigung. Es bedarf deshalb nicht einmal einer sog. Sperrerklärung nach § 96 StPO analog, mit der festgestellt wird, dass das Bekanntwerden des Inhalts der Akten oder Schriftstücke dem Wohl des Bundes oder eines deutschen Landes (im Hinblick auf Art. 28 Abs. 2 GG wohl auch der Kommunen) Nachteile bereiten würde (vgl Laubenthal 1993, 135). Eine Beschlagnahme der JA-Akten verstößt schließlich gegen den Verhältnismäßigkeitsgrundsatz, soweit nicht ausnahmsweise davon ausgegangen werden kann, dass eine Beschlagnahme die Belange des JA nur unwesentlich beeinträchtigt und seine Funkti- onsfähigkeit nicht gefährdet wird. Die Gegenansicht (Brunner/Dölling § 38 JGG Rn 19 a; Ostendorf § 50 JGG Rn 13) verkennt, dass es nicht darum geht, dass das JA ein Tätigwerden „entgegen", sondern gerade aufgrund seines Gesetzesauftrags im nicht anders aufzulösenden Konfliktfall ablehnen muss. Das dem Beschluss des LG Trier (DVJJ-J 2000, 186 f) zugrunde liegende Verständnis von Jugendhilfe basiert auf einem in den Entscheidungen des OLG Köln (NStZ 1986, 570) und LG Bonn (ZfJ 1986, 67) bemühten, nach Einführung des SGB VIII aber überholten Verständnisses der Kinder- und Ju- gendhilfe.

a) Stellungnahmen der Jugendhilfe im jugendgerichtlichen Verfahren

33   Das Gesetz schreibt weder die Form noch den Umfang der Mitwirkung im gerichtlichen Verfahren vor. In welcher Weise sich die Jugendhilfe im gerichtlichen Verfahren beteiligt und ihre Gesichtspunkte zur Geltung bringt, ob und ggf in welcher Weise sie dem Gericht gegenüber eine **Stellungnahme** abgibt, entscheidet sie im pflichtgemäßen Ermessen unter Beachtung ihrer fachlichen Standards (hierzu Trenczek ZJJ 2003, 35). Das heißt, dass sie weder in allen Fällen (ausführliche) Stellungnahmen er- arbeiten, „Bericht erstatten" noch mündlich berichten wird, weil es für die überwiegende Zahl der jugendlichen Beschuldigten aus sozialpädagogischer und jugendkriminologischer Sicht nur "Norma- lität" zu berichten gibt. Leider gab und gibt die Qualität der Stellungnahmen nicht selten Anlass zur Kritik (s. Vor§50 Rn 24; vgl Eisenberg § 38 JGG Rn 46 f; Gohde/Wolff 1990; Kiehl 1991, 175; Klier 1987, 191; Momberg 1981; Müller/Trenczek 2001, 867; Nienhaus 1999; Wild 1989, 115 ff). Schon gar nicht beschränkt sich die Mitwirkung der Jugendhilfe im Vorfeld der Hauptverhandlung auf „schriftliche Beiträge" (s. aber Hauck/Bohnert § 52 Rn 11). Vor allem erfahrene JGH-Fachkräfte ver- zichten immer häufiger auf schriftliche Stellungnahmen, bringen ihre Gesichtspunkte besser mündlich zur Geltung, da ihre im Vorfeld übersandten Berichte mitunter nur als Diktatvorlage für das richter- liche Urteil dienten (vgl Eisenberg § 38 JGG Rn 42; Trenczek MschKrim 2000, 273 f; 2003, 128; Weyel 1990, 153). Das Fehlen einer (schriftlichen) Stellungnahme als solches ist kein Revisionsgrund (Eisenberg § 38 JGG Rn 55).

34   Eine fachlich qualifizierte Stellungnahme der Jugendhilfe ist mehr als der bloße Bericht über biogra- phische Daten, Fakten und Ereignisse. Sie muss der sozialpädagogisch fundierten Vorbereitung der konkreten Hilfeleistung dienen (vgl Vor§50 Rn 23). Die Mitarbeiter des JA bringen insb. in ihren Stellungnahmen nur das in das Verfahren ein, was sie aus ihrer eigenen Arbeit und um ihrer eigenen Aufgaben willen zu sagen haben (zu den **Kernpunkten sozialpädagogischer Stellungnahme** s. Vor§50 Rn 25 ff). Im Hinblick auf den Aufbau und Inhalt der Stellungnahmen ist die Verwendung von Form- blättern, Textbausteinen und Berichtsvordrucken abzulehnen, da sie wesentliche Erkenntnisse auf Stichworte reduzieren, nicht die Besonderheiten des Einzelfalls berücksichtigen und zur Entstehung von unangemessenen Routineberichten verleiten (vgl Oberloskamp/Balloff/Fabian 2001, 67 f; Laubenthal 1993, 86; Ullrich 1982, 53).

35   Äußerst problematisch sind (auch nur mittelbare) **Angaben zur vorgeworfenen Straftat** (Tatmotiv, besondere Umstände, die zur Tat führten, Haltung des Jugendlichen zur Tat, …) da sie – wenn sie vor Feststellung der strafrechtlichen Verantwortlichkeit eingebracht werden – die **Unschuldsvermutung** (Art. 6 Abs. 2 EMRK) missachten und die strafprozessualen Rechte des Beschuldigten gefährden. So- weit diese Informationen für die Hilfegewährung überhaupt als wichtig angesehen und deshalb erhoben werden, sind sie nicht in eine schriftliche Stellungnahme an die Staatsanwaltschaft und das Gericht aufzunehmen.

Im Hinblick auf den psychosozialen Befund geht es auch um Aussagen zur **strafrechtlichen Verant-** **36** **wortlichkeit** iSd § 3 JGG (hierzu Eisenberg § 3 JGG Rn 4 ff; Ostendorf § 3 JGG Rn 5 ff; Streng DVJJ-J 1997, 382; Trenczek ZJJ 2003, 36 f) bzw zur **Jugendlichkeit von Heranwachsenden** bzw Vorliegen einer Jugendverfehlung iSd § 105 JGG (Eisenberg § 105 JGG Rn 7 ff; Esser u.a. MSchKrim 1991, 356; Kowalzyck ZJJ 2003, 52; Ostendorf § 105 JGG Rn 5 ff; Trenczek ZJJ 2003, 37 f). Hierzu bedarf es spezifischer Kompetenzen in der psychosozialen Diagnostik (hierzu Harnach 2007; LJA BY 2001; Schrapper ZJJ 2003, 336).

Bei **prognostischen Aussagen** ist größte Zurückhaltung gerade im Hinblick auf die künftige Straffäl- **37** ligkeit bzw Legalbewährung geboten. Als ernüchterndes Ergebnis aller wissenschaftlichen Untersuchungen muss man festhalten, dass es keine (mitunter als „kriminogen" apostrophierten) Einzelmerkmale gibt, mit Hilfe derer bei einem jungen Beschuldigten die Vorhersage von späterer, wiederholter Straffälligkeit möglich wäre (Walter 2005, 289 ff). Besonderes Augenmerk ist deshalb nicht nur auf die bekannten Risiko- und Mangellagen (u.a. Bildungsarmut und geringer ökonomischer Status, Gewalterfahrungen, mangelnde Handlungskompetenz, Alkohol und andere Drogen, kulturell geprägte Leitbilder, …) zu legen. Unter kriminalpräventiven Gesichtspunkten sind vielmehr **resilienz- und kontrolltheoretische Überlegungen** (Vor§ 50 Rn 4; vgl Matt/Siewert ZJJ 2008, 268; Sturzbecher 2007; Walter 2005, 58 ff) in den Vordergrund gerückt, nach denen nicht die Vorstrafen oder andere in der Vergangenheit liegende biographische Belastungen, sondern aktuelle Bindungs- und Integrationsmechanismen entscheidende Bedeutung für die zukünftige Legalbewährung haben (vgl Peterich 2000; Trenczek 1996, 33 ff).

Die jungen Menschen sollten über den Inhalt sie betreffender Stellungnahmen informiert werden (zum **38** Auskunftsrecht nach § 61 iVm § 83 SGB X s. Vor§50 Rn 28). Im Urteil dürfen die Stellungnahmen nur soweit verwendet werden, wie sie mündlich vorgetragen wurden (Unmittelbarkeit und Mündlichkeit des Strafverfahrens, § 250 StPO; ausführlich zur **Verwertung der Stellungnahmen im Jugendstrafverfahren**, Trenczek ZJJ 2003, 38 f). Gegen eine bloße Verlesung der Stellungnahme durch das Gericht spricht, dass schriftlich erarbeitete Stellungnahmen lediglich der Vorbereitung dienen und erst im Hauptverfahren aktuell werden, insb. wenn dieses Wochen nach der schriftlichen Abfassung stattfindet. Inzwischen kann sich die Situation des jungen Menschen völlig verändert haben bzw es können sich in der Hauptverhandlung neue Erkenntnisse ergeben. Dies ist dann nicht durch sog. Ergänzungsberichte mit Hinweis auf frühere Stellungnahmen aufzufangen (s. Rn 29).

b) Äußerung zu den zu ergreifenden Maßnahmen (§ 38 Abs. 2 Satz 2 JGG)

Es gibt weder eine Pflicht zu einem **Entscheidungsvorschlag** noch ist ein solcher immer tunlich. Zu **39** kritisieren ist v.a. die Unsitte durch Zuschreibung „schädlicher Neigungen" (vgl § 17 Abs. 2 JGG; hierzu Deichsel ZJJ 2004, 266; Dünkel NKP 1989, 37) oder durch die in der Arrestforderung (vgl Riechert-Rother 2008, 304 ff) zuweilen dokumentierte eigene Hilflosigkeit zur Legitimation repressiver, freiheitsentziehender Sanktionen beizutragen. Mit einer an pädagogischen Grundsätzen orientierten „Erziehung" lassen sich diese ohnehin nicht begründen (vgl Plewig ZJJ 2008, 34; Wolffersdorf ZJJ 2009, 102 f), auch wenn die „Lust am Strafen" auch in der sozialen Arbeit teilweise wieder Anklang findet (vgl Lautmann/Klimke/Sack 2004; Oelkers/Ziegler ZJJ 2009, 38; Plewig ZJJ 2008, 363). Es ist **nicht** Aufgabe des JA, (jugend)strafrechtliche **Sanktionen** vorzuschlagen (aA Ostendorf § 38 JGG Rn 6 und 17), sondern lediglich, sich zu den zu ergreifenden Maßnahmen „zu äußern" (vgl § 38 Abs. 2 Satz 2 JGG). Dh die Fachkräfte des JA sollen aus sozialpädagogischer Sicht zu den Auswirkungen der (jugend)strafrechtlichen Entscheidung insb. auf die Entwicklung und die Handlungskompetenz des jungen Menschen Stellung nehmen, sie schlagen selbst aber grds. nur solche Interventionen vor, die dem Jugendhilfe- und Erziehungsverständnis des Jugendhilferechts (Hilfebedarf des jungen Menschen) entsprechen und deshalb vom JA initiiert bzw angeboten werden können (Trenczek 1996, 116; ZJJ 2007, 35; 2009a, 122; vgl Jans u.a./Ensslen/Törnig § 52 Rn 70; LJA RP 1999, 11; Laubenthal 1993, 95; Wiesner/Mörsberger § 52 Rn 38). „Sanktions-" und „Ahndungsvorschläge" (vgl BayLJA 1993, 35; Wilbrand/Unbehend 1995, 11, 25 und 30) – insb. skandalös vor der gerichtlichen Feststellung von Täterschaft und strafrechtlicher Verantwortlichkeit – haben zu unterbleiben.

Besteht kein Hilfebedarf, dann kann und darf das JA Jugendhilfeleistungen weder durchführen noch **40** finanzieren (Trenczek 2009b, 138 ff; s. Rn 51). § 36a Abs. 1 SGB VIII betont ausdrücklich die Steuerungsverantwortung des JA auch im Hinblick auf die Kooperation mit dem Jugendgericht (Rn 54). Im

Rahmen der Mitwirkung im jugendgerichtlichen Verfahren gibt es kein Privileg zur Entscheidung über die Gewährung von Jugendhilfeleistungen, eine **fachgerechte Hilfeplanung** unter Mitwirkung der Betroffenen und ggf mehrerer Fachkräfte (vgl §§ 5, 8, 9, 36, 36 a Abs. 1) muss deshalb selbstverständlich sein und die Stellungnahme des JA hierauf basieren. Allerdings ist die gegenüber dem Gericht abgegebene Stellungnahme als externe Äußerung des JA nach den allgemeinen Regeln des Rechtsverkehrs bindend, selbst wenn die Äußerung unter Verstoß gegen die Vorschriften der §§ 36, 36a oder interne Anweisungen abgegeben wurde. Die JA-Stellungnahmen haben deshalb im Hinblick auf die empfohlenen Jugendhilfeleistungen faktisch **anspruchskonkretisierende Wirkung** (vgl § 27 Rn 49 ff; Vor§50 Rn 32; Tammen 2007 Rn 62; Trenczek 2000, 59; ZJJ 2007, 38).

41 Beobachtungen aus der Praxis geben Anlass zu der Vermutung, dass die nach dem Konzept der Hilfeangebote vorgesehenen **Zielgruppen** häufig verfehlt werden (Brakhage/Drewniak 1999; Drewniak 1996; Riechert-Rother 2008, 158 f u. 341 ff). Dies mag auf mangelnde Abstimmungsprozesse in der Kooperation, auf die (bewusste oder unbewusste) Antizipation strafrechtlicher Perspektiven durch die Jugendhilfe sowie darauf zurückzuführen sein, dass sich die Fachkräfte im Jugendstrafverfahren zu irgendwelchen Angeboten verpflichtet sehen, um „Schlimmeres zu verhüten" (vgl Drewniak 1996, 63 ff; Trenczek RdJB 1993, 323; MschKrim 2000, 278). Sie geraten damit mitunter in einen verhängnisvollen Kreislauf, der zur **Eskalation des Strafens** beiträgt.

42 Die Fachkräfte müssen im Rahmen der Mitwirkung der Versuchung widerstehen, eine für sinnvoll erachtete informelle Erledigung des Verfahrens (**Diversion**) bzw richterliche Entscheidung durch eine jugendhilferechtlich/sozialpädagogisch nicht indiziertes Leistungsangebot zu erkaufen (Wiesner DVJJ-J 1995, 176). Das ist nicht immer einfach, denn in der Tat könnte man annehmen, dass durch eine Anklage gerade deshalb ein (erzieherischer) Unterstützungsbedarf ausgelöst wird, weil ein – wider dem Vorrang der informellen Verfahrenserledigung (vgl §§ 5, 45, 47 JGG, s. Rn 51) – weiter betriebenes Strafverfahren und eine strafrechtliche Sanktionierung die Benachteiligungssituation des jungen Menschen – angesichts der Ubiquität jugendtypischer Delinquenz und der selektiven Sozialkontrolle – verschärft oder gar erst begründet. Die Strafjustiz entschiede damit zwar nicht über einen erzieherischen Bedarf im Sinne des SGB VIII, der Staatsanwalt löste aber durch die Anklage einen solchen (Unterstützungs-)Bedarf geradezu aus. Ungeachtet dessen hat sich die **Auswahl der einzelnen Hilfen nach dem SGB VIII** auch dann nicht an strafrechtlichen Kriterien (zB Art des Delikts, Vorauffälligkeit), sondern ausschließlich an den erzieherischen/pädagogischen Erfordernissen (insb. Hilfebedarf) im Einzelfall zu orientieren.

5. Beteiligung in Haftsachen (§ 38 Abs. 2 Satz 3, § 72 a JGG)

43 Nach § 72 a Satz 1 JGG ist die JGH unverzüglich von der Vollstreckung eines Haftbefehls zu unterrichten; ihr soll bereits der Erlass eines Haftbefehls mitgeteilt werden, damit sie **Alternativen zur Untersuchungshaft** initiieren kann (vgl BT-Drucks. 11/5948, 89; zu Projekten der Haftvermeidungshilfe Banike ZJJ 2004, 290; Bindel-Kögel/Heßler 1999 und DVJJ-J 1999, 289; Cornel 2009; Heßler 2001; Hotter 2004; Kowalzyck 2005; Schäfer DVJJ-J 2002, 313; Trenczek JiN 1997, 16 ff; Villmow ZJJ 2009, 226). Es widerspricht dem eindeutigen Willen des Gesetzgebers, wenn im JA kein **Bereitschaftsdienst** zur Abwendung der U-Haft vorgehalten wird (vgl Trenczek 2003, 122 f). Wird ein Jugendlicher oder Heranwachsender in Haft genommen, haben die JGH-Fachkräfte genauso wie Verteidiger ein **unbeschränktes und unkontrolliertes Verkehrsrecht** mit dem Beschuldigten (§ 93 Abs. 3 JGG, § 148 StPO). Dies betrifft sowohl den schriftlichen wie mündlichen Kontakt.

44 Nach § 72 Abs. 4 JGG kann der Jugendrichter zur Vermeidung des Vollzugs der Untersuchungshaft unter denselben Voraussetzungen, unter den ein Haftbefehl erlassen werden kann, auch die **einstweilige Unterbringung in einem Heim der Jugendhilfe** anordnen. Nach § 71 Abs. 2 JGG ist auch die einstweilige Unterbringung in einem geeigneten Heim der Jugendhilfe zulässig, wobei nur im Fall eines entsprechenden Unterbringungsbefehls die Kosten der Justiz als Auslagen des Verfahrens zu tragen sind (s. § 34 Rn 17; DIJuF JAmt 2003, 411 f; Eisenberg § 71 JGG Rn 19). Weder § 71 Abs. 2 JGG noch § 72 Abs. 4 begründen eine Leistungspflicht des Trägers der Jugendhilfe (ebenso Jans u.a. § 34 Rn 60), weshalb die U-Haft-Vermeidung nur über Vereinbarungen mit der Jugendhilfe zu erreichen ist. Die Ausführung der einstweiligen Unterbringung nach § 71 Abs. 2 Satz 3 JGG richtet sich ausdrücklich nach den für das Heim der Jugendhilfe geltenden Regelungen (insb. §§ 27, 34 und 42). In diesem Zusammenhang ist darauf hinzuweisen, dass nach den jugendhilferechtlichen Bestimmungen eine „geschlossene Unterbringung" im Rahmen der Krisenintervention nur bei akuten Gefahren für Leib und Leben zulässig ist (vgl § 42 Rn 45 ff) sowie darauf, dass als U-Haft-Alternativen nicht nur stationäre

Einrichtungen in Betracht kommen, sondern auch **ambulante Betreuungsangebote** (vgl Trenczek JiN 1997, 21).

6. Teilnahme an der Hauptverhandlung (§ 38 Abs. 2 Satz 4, § 50 Abs. 3 JGG)

Nach § 50 Abs. 3 Satz 1 JGG sind dem JA Ort und Zeit der Hauptverhandlung mitzuteilen. In die **45** Hauptverhandlung soll nach § 38 Abs. 2 Satz 4 JGG die Fachkraft entsandt werden, die die Nachforschungen zur Persönlichkeit und sozialen Umwelt des Jugendlichen angestellt hat. Auch nach § 52 Abs. 3 ist eine durchgehende Betreuung während des gesamten Verfahrens vorgeschrieben. Damit soll die früher übliche Praxis der sog. „**Gerichtsgänger**", dh speziell nur zur Teilnahme an Gerichtsterminen abgestellte Mitarbeiter, unterbunden werden, ohne im Ausnahmefall (das ist zB eine überraschende Krankheit, nicht aber der langfristig geplante Urlaub) eine Vertretung durch Kollegen des JA auszuschließen.

Aus der gerichtlichen Heranziehungspflicht folgt keine korrespondierende Verpflichtung des JA, im- **46** mer an der Hauptverhandlung teilzunehmen (vgl § 50 Abs. 3 JGG; vgl Eisenberg § 38 JGG Rn 23; § 50 JGG Rn 26; Laubenthal 1993, 110; Kunkel/Riekenbrauk § 52 Rn 27; Trenczek ZJJ 2002, 352; anders nur AG KICK ZJJ 2007, 449; Ostendorf § 50 JGG Rn 12). Das **Mitwirkungsrecht** „verdichtet" sich selbst dann nicht zu einer Anwesenheitspflicht, wenn das Gericht darauf hingewiesen hat, dass eine Hauptverhandlung ohne Anwesenheit eines Mitarbeiters des JA nicht durchgeführt werden könne (vgl OLG Brandenburg DVJJ-J 2002, 351 mit abl. Anm. Trenczek DVJJ-J 2002, 352). Dieser inzwischen gestrichene Passus in den Richtlinien zum JGG (RLJGG aF Nr. 8 Satz 3 zu § 43) hatte – wie die RLJGG insgesamt – nur justizinterne Bedeutung und ist für die Jugendhilfe irrelevant. Auch mittelbar lassen weder JGG noch SGB VIII eine „In-Dienst-Stellung" der Jugendhilfe zu (s.o. Rn 4). Die Entscheidung über die Mitwirkung im Strafverfahren, insb. eine **Teilnahme an einer Hauptverhandlung**, liegt allein im pflichtgemäßen Ermessen der Jugendhilfe. Dieses Ermessen reduziert sich auf Null im Sinne einer individuellen **Betreuungspflicht**, wenn der junge Mensch eine Begleitung benötigt und wünscht, da der Mitarbeiter des JA ihn während des gesamten Verfahrens betreuen soll (vgl Rn 58 ff). Das Gericht kann die JÄ nicht zur einer Entsendung einer Fachkraft zwingen. Anderseits kann aber die rechtswidrige (dh nicht im Einklang mit § 52 Abs. 3 stehende) Nichtteilnahme für den einzelnen JA-Mitarbeiter insb. aufgrund einer Dienstaufsichtsbeschwerde des Gerichts zu dienstrechtlichen Konsequenzen führen (GK/Fieseler § 52 Rn 22).

Das Fehlen des JA in der Hauptverhandlung als solches ist kein absoluter **Revisionsgrund** nach § 338 **47** Nr. 5 StPO. Die Beschränkung ihres Teilnahme- und Anhörungsrechts begründet aber einen Gesetzesverstoß, welcher nach § 337 StPO zur Aufhebung des Urteils führen muss, soweit die Entscheidung auf diesem beruht (Diemer/Schoreit/Sonnen JGG § 38 Rn 36; Eisenberg § 38 JGG Rn 52; Laubenthal 1993, 138). Dies kann zB der Fall sein, wenn die Vorbereitung einer Stellungnahme oder eine Teilnahme aufgrund des unzumutbar kurzen Vorlaufs der Information über die Termine der Hauptverhandlung nicht möglich ist (vgl BGH StV 1982, 336). Das gleiche gilt, wenn die JGH-Fachkraft aufgrund von Krankheit oder aus anderen, terminlichen Gründen (zB andere Verhandlungen, Urlaub, Fortbildung) nicht teilnehmen kann, insb. wenn sie nach dem ersten von ihr wahrgenommenen Termin erkrankt und die Hauptverhandlung ohne ihn fortgeführt wird (Eisenberg § 50 JGG Rn 24; Ostendorf § 50 JGG Rn 12). Hier ist es an dem Gericht, den Hauptverhandlungstermin bei nicht änderbaren Terminkollisionen zu verlegen. Wird die Verhandlung dennoch ohne Beteiligung des JA (weiter) durchgeführt, so kommt dies einer unterbliebenen Ladung gleich (BGH StV 1989, 308). Eine solche unterbliebene Heranziehung des JA stellt regelmäßig eine die Revision begründende Verletzung der richterlichen Aufklärungspflicht nach § 244 Abs. 2 StPO dar, wenn sich das Gericht die entscheidungserheblichen Informationen nicht auf andere, gleichwertig verlässliche Weise (zB durch einen Sachverständigen) beschaffen kann (vgl BGH StV 1985, 153; StV 1989, 308; BayObLG FamRZ 1995, 254; Brunner/Dölling § 38 JGG Rn 8; Eisenberg § 38 JGG Rn 53; Ostendorf § 38 JGG Rn 26). Der BGH hat im Hinblick auf die Beteiligung der Jugendhilfe sehr strenge Regeln aufgestellt. Ein Verstoß gegen die richterliche Aufklärungspflicht kann sogar in der Nichtanhörung des JA in der Sitzung liegen, selbst wenn dessen Mitarbeiter – was eigentlich nicht vorkommen sollte – nicht um das Wort gebeten hat (Brunner/Dölling § 38 JGG Rn 8).

7. Kontrolle von Weisungen und Auflagen (§ 38 Abs. 2 Sätze 5 - 7 JGG)

§ 38 JGG regelt in Abs. 2 Sätze 5 bis 7 die **Übertragung von Überwachungsaufgaben** und erweckt **48** damit zumindest den Anschein, das Gericht könnte die Mitarbeiter des JA insoweit anweisen und verpflichten. Allerdings ist sehr umstritten, ob und inwieweit die Übertragung einer strafvollstreckungsähnlichen Sanktionsüberwachung auf die kommunale Jugendhilfe zulässig ist (vgl Trenczek 2009 a Rn 8). Teilweise wird das für zulässig gehalten, weil die Jugendhilfe insoweit nicht auf Grundlage der §§ 27 ff agiere und sich die Rechtsgrundlage hierfür aus § 52 Abs. 1 iVm § 38 Abs. 2 Nr. 7, 10 Abs. 1 Nr. 5 JGG ergebe (vgl Ostendorf § 38 JGG Rn 19). Dabei wird freilich das **Zweckbindungsprinzip** (Rn 7) verkannt, insb. dass die Mitwirkung der Jugendhilfe im Strafverfahren nur zum Zweck und unter dem Vorbehalt der Verwirklichung der jugendhilferechtlich normierten Grundsätze erfolgt. Die Übertragung von justiziellen Vollstreckungs- und Vollzugsaufgaben sprengt den von § 52 („Mitwirkung") gezogenen Rahmen, weshalb man § 38 Abs. 2 JGG auch insoweit einschränkend auslegen muss (Trenczek 2003, 28 f; für eine restriktive Auslegung ebenso Eisenberg § 38 JGG Rn 17; Kunkel/Riekenbrauk § 52 Rn 44). Die Erwartung, rechtswidrige Anordnungen (zB von der Staatsanwaltschaft im Rahmen der Diversion erwarteter Arbeitsleistungen; Diemer/Schoreit/Sonnen § 45 Rn 14; Eisenberg § 45 Rn 21; Trenczek DVJJ-J 1991, 9) zu überwachen, muss das JA ohnehin entschieden zurückweisen.

49   Problematisch ist die Übertragung von justiziellen Aufgaben auch im Hinblick auf den Grundsatz der **Konnexität von Aufgabenverantwortung und Finanzierung,** weil der Anschein erweckt wird, das JugG könne den öffentlichen Jugendhilfeträger verpflichten und über die Mitarbeiter und Ressourcen des JA verfügen. Dies greife systemwidrig in den geschützten Zuständigkeitsbereich der Sozialleistungsträger ein (Trenczek 1996, 113 f; 2003, 28 f). Der Gesetzgeber hat ausdrücklich darauf aufmerksam gemacht, dass eine eigenständige Befugnis der Gerichte, über den "Umweg" der Betreuungsweisung oder Bewährungsaufsicht zusätzliche Aufgaben anzuordnen, die Kompetenzen der kommunalen Gebietskörperschaften (Organisations-, Personal- und Finanzhoheit) als Träger der Jugendhilfe in verfassungswidriger Weise beschnitte (BT-Drucks. 11/5948, 67 und 89). Durch das KICK 2005 wurde die Kosten- und Steuerungsverantwortung des JA in § 36 a Abs. 1 nochmals ausdrücklich auch mit Verweis auf das JugG hervorgehoben (vgl Rn 54). Ein "Durchgriff" auf das kommunale JA ist deshalb nicht zulässig (BT-Drucks. 11/5948, 67 und 89; DIJuF JAmt 2004, 129; Kunkel/Riekenbrauk § 52 Rn 44; Trenczek 1996, 113 f; 2003, 28 f; Wiesner/Wiesner § 30 Rn 22; vgl auch AG Eilenburg in BVerfG 2 BvL 7/06 v. 11.1.2007 – ZJJ 2007, 214).

50   Eine vom Gericht angeordnete (Betreuungs)Weisung dürfen die Mitarbeiter der JÄ nur dann „übernehmen", wenn die jugendhilferechtlichen Leistungsvoraussetzungen vorliegen (s. Rn 51 ff). Die Mitarbeiter der JA dürfen dem Gericht zudem (nur erhebliche) **Zuwiderhandlungen des Jugendlichen** gegen richterliche Anordnungen nur unter Wahrung der jugendhilferechtlich verfassten sozialpädagogischen Betreuung und unter Beachtung der datenschutzrechtlichen Vorschriften (s. §§ 64, 65) mitteilen (vgl Eisenberg § 38 JGG Rn 17; Ostendorf § 38 JGG Rn 19; Kunkel/Riekenbrauk § 52 Rn 43). Der Verstoß gegen Weisungen und Auflagen muss schon im Hinblick auf den drohenden Ungehorsamsarrest (§ 11 Abs. 3 Satz 1; § 15 Abs. 3 Satz 2 JGG) Gegenstand sozialpädagogischer Arbeit mit dem Jugendlichen sein (Trenczek 2000, 95 ff).

III. Leistungsangebot der Jugendhilfe - Abs. 2

51   Durch die **Hervorhebung informeller und ambulanter sozialpädagogischer Reaktionsmöglichkeiten** wollte der Gesetzgeber im JGG die Bedeutung der jugendhilfeorientierten Handlungsalternativen in einem besonderen Maße unterstreichen (BT-Drucks. 11/5829, 11 ff), nicht zuletzt mit Blick auf die Ergebnisse der **empirischen Sanktionsforschung,** nach der Strafschärfungen, insb. freiheitsentziehende Sanktionen, keine positiven Effekte (zB im Hinblick auf die Legalbewährung) bewirken. Die gesetzliche Konstruktion (§ 52 Abs. 2 einerseits - §§ 5, 45, 47 JGG andererseits) trägt „der Erkenntnis Rechnung, dass informelle Erledigungen als kostengünstigere, schnellere und humanere Möglichkeiten der Bewältigung von Jugenddelinquenz auch kriminalpolitisch im Hinblick auf Prävention und Rückfallvermeidung wirksamer sind". Es hat sich gezeigt, dass die Neuen Ambulanten Maßnahmen die traditionellen Sanktionen (Geldbuße, Jugendarrest, Jugendstrafe) weitgehend ersetzen können, ohne dass sich damit die Rückfallgefahr erhöhe (BT-Drucks. 11/5829, 11; BT-Drucks. 11/7421, 1; vgl Heinz 2005, ders. ZJJ 2008, 60; 2008, 3; Jehle/Heinz/Suttner 2003). Aus dem Rechtsstaatsprinzip (insb. Subsidiaritätsprinzip und Gebot der Verhältnismäßigkeit, s. Vor§50 Rn 5) ergibt sich deshalb der Vorrang informeller Reaktionen vor den formellen, ambulanter vor den freiheitsentziehenden Maßnahmen sowie unterstützender Leistungen der Jugendhilfe vor den strafrechtlichen Maßnahmen (Trenczek ZRP 1993, 184). Explizites Ziel der Jugendhilfe ist die soziale **Integration junger Menschen,** insb. durch die Vermeidung freiheitsentziehender Maßnahmen nach dem JGG (vgl BT-Drucks. 11/5948, 89; s.a. European Rules for juvenile offenders EU-CM/Rec 2008 - 11 No. 15 v. 05.11.2008) und die Förderung

der informellen Verfahrenserledigung (**Diversion**; Trenczek DVJJ-J 1991, 8; Heinz ZJJ 2005, 166). § 52 Abs. 2 unterstreicht ebenso wie §§ 5, 45, 47 JGG den **Vorrang der Jugendhilfe vor dem Strafrecht** (Trenczek 1996, 47 ff).

Die Jugendhilfe hat nach Abs. 2 **frühzeitig** (dh unmittelbar nach Kenntnis der durch Straftatbegehung 52 oder polizeilichen Festnahme ausgelösten Krisensituation und insb. vor Anklageerhebung) **von Amts wegen** (also auch ohne Antrag) zu prüfen, ob und ggf welche Leistungen in Betracht kommen (s. Anhang Verfahren Rn 23). Zweck der Prüfungs- und Informationspflicht nach Abs. 2 ist es, die Angebote der Jugendhilfe frühzeitig zu initiieren, um die Chancen für eine soziale Integration zu erhöhen und die Justiz verstärkt zur **Diversion** zu veranlassen. Dem entspricht es nicht, wenn die JA trotz frühzeitiger, zB von der Polizei vorgenommener Information, regelmäßig erst nach Anklageerhebung mit dem jungen Menschen in Kontakt treten (Trenczek 2003, 111 ff; zum Umgang mit polizeilichen Meldungen vgl Breternitz/Trenczek DVJJ-J 2000, 59; DJI 1999, 35 ff). Allerdings bietet das JA seine Leistungen nicht an, weil ein Jugendlicher oder junger Volljähriger eine Straftat begangen hat, sondern weil er ggf (insb. auch im Strafverfahren) der Hilfe bedarf (im Hinblick darauf, was straffällige Jugendliche wirklich brauchen, nach wie vor grundlegend Lösel 1993; zu resilienz- und kontrolltheoretischen Ansätzen vgl Matt/Siewert ZJJ 2008, 268; Walter 2005, 58 ff; vgl auch Trenczek 2009 b Rn 10 ff). **Leistungsauslösendes Moment** ist ein entsprechender "erzieherischen Bedarf" (ausführlich § 27 Rn 5), nicht die Straffälligkeit (s. Rn 22). Freilich deutet die über die ubiquitäre, jugendtypische und episodenhafte Begehung von Delikten hinausgehende Devianz auf Schwierigkeiten in der Lebensbewältigung hin (vgl Trenczek 1996, 68 ff und 117 ff). Hier bedarf es ggf der Förderung von sozialen Handlungskompetenzen und eines Ausgleichs sozialer Desintegrationslagen. Im Rahmen der Diversion bedarf die Leistung von Erziehungshilfen allerdings stets der Zustimmung der Eltern (Vor§ 27 Rn 32).

Das JA als Teil der öffentlichen Jugendhilfe und damit als Sozialleistungsträger ist nach § 17 SGB I 53 verpflichtet, darauf hinzuwirken, dass jeder Berechtigte die ihm zustehenden **Sozialleistungen** in zeitgemäßer Weise umfassend und schnell erhält und die zur Ausführung von Sozialleistungen erforderlichen sozialen Dienste und Einrichtungen rechtzeitig und ausreichend zur Verfügung stehen. Die Fachkräfte sind auch im Rahmen der Mitwirkung nach § 52 verpflichtet, für einen jungen Menschen (auch) im Fall seiner Straffälligkeit und ungeachtet eines gegen ihn gerichteten Strafverfahrens ggf das gesamte Leistungsprogramm der Jugendhilfe „abzurufen" (Trenczek 2009 b). Die Jugendhilfe darf sich also nicht nur auf die **„Neuen Ambulanten Maßnahmen"** (hierzu BAG NAM 1992 und 2000; DVJJ ZJJ 2008, 405; Drewniak 1996, Trenczek 1996; 2000) beschränken. Das SGB VIII enthält keinen Auftrag zur Durchführung von Erziehungsmaßregeln oder Zuchtmitteln nach dem JGG, die Jugendhilfe nimmt auch keine strafrechtlichen Sanktionsaufgaben wahr. Deshalb lassen sich die im JGG als Sanktion vorgesehenen Maßnahmen *nicht* per se als jugendhilferechtliche Erziehungshilfen ansehen, sondern nur soweit sie im Einzelfall die Voraussetzungen des SGB VIII, insb. der §§ 27 ff erfüllen (s. hierzu Vor§27 Rn 31 ff; § 29 Rn 7; § 30 Rn 9; § 34 Rn 16; § 35 Rn 12; Trenczek 1996, 77 ff; 2000, 27 ff; irrig AG KICK ZJJ 2007, 447 f). Dies ist insb. bei den rein tatorientierten (schuldausgleichenden) Sanktionen (**Arbeitsleistungen**) in der Regel nicht der Fall (DIJuF JAmt 2004, 131; Trenczek JAmt 2004, 113; ZJJ 2004, 57; 2009 c Rn 7 ff).

Auch wenn der **Täter-Opfer-Ausgleich** (TOA) unbestreitbar über eine dem Konfliktlösungsansatz inhärente "erzieherische" Wirkung verfügt, so macht es diese im JGG vorgesehene Alternative (vgl § 10 54 Abs. 1 Nr. 7, § 45 Abs. 2 Satz 2 JGG) nicht schon zu einer Erziehungshilfe iSd § 27 (Trenczek ZRP 1992, 130; 2000, 47 ff; ZKM 2003, 104; demgegenüber verfolgt das sog. Family Conferencing eine Pädagogik des „erhobenen Zeigefingers", ist aber gerade deshalb nicht unumstritten, Trenczek ZJJ 2002, 393). § 45 Abs. 2 JGG stellt das Ausgleichsbemühen des jungen Menschen nur verfahrensrechtlich mit bereits erfolgten „Maßnahmen" gleich. Im Einzelfall wird man ein vom JA im Rahmen des § 52 initiiertes Vermittlungsgespräch als atypische Erziehungshilfe ansehen können. Allerdings ist gerade die Konfliktschlichtung möglichst frühzeitig, tatnah und niedrigschwellig zu organisieren, was aufgrund der im Rahmen der § 36 a Abs. 1, § 52 notwendige Hilfeplanung und Einzelfallprüfung durch das JA so nicht möglich ist. Insoweit kommen allerdings Vereinbarungen über die unmittelbare Inanspruchnahme des TOA als niedrigschwellige ambulante Hilfe nach § 36 a Abs. 2 in Betracht (Trenczek 2009 b Rn 9).

Mit dem KICK 2005 wurde die **Steuerungsverantwortung** des JA in § 36 a Abs. 1 ausdrücklich auch 55 mit Verweis auf das Jugendgericht hervorgehoben ohne dass sich inhaltlich etwas an der Rechtslage geändert hätte (vgl § 36 a Rn 22 ff; Vor§ 50 Rn 16; DIJuF JAmt 2007, 239; Trenczek 1996, 123 ff; ZJJ 2007, 31; durchsichtig AG KICK ZJJ 2007, 439 ff). §§ 36 a, 52 Abs. 2; § 31 SGB I knüpfen die Bewilligung, Durchführung und die Kostenerstattung von Leistungen durch die öffentliche Jugendhilfe an die fachgerechte Hilfeplanung (§ 36) und abschließende Entscheidung des JA. Der Träger der öffentlichen Jugendhilfe ist zur Bewilligung, Leistung und Finanzierung von Erziehungs- oder anderen sozialpädagogischen Hilfen (auch soweit diese über § 12 JGG gegenüber dem Jugendlichen und seinen Eltern angeordnet werden sollten) nur verpflichtet und berechtigt, wenn die Leistungsvoraussetzungen (hier insb. der §§ 13, 27 ff) des SGB VIII vorliegen (sozialrechtlicher Gesetzesvorbehalt, vgl §§ 27, 31 SGB I). **Anspruchs- und leistungskonkretisierende Wirkung** hat allein die aufgrund der fachlich-pädagogischen Einschätzung getroffene Entscheidung und Stellungnahme des JA (vgl Rn 39, § 27 Rn 49; Vor § 50 Rn 32). Will das JugG auf die Leistungen der Jugendhilfe zurückgreifen, dann muss es das JA vor seiner Entscheidung anhören.

56   Die **Anordnungen der Justiz** richten sich nicht an den Träger der Jugendhilfe (missverständlich Möller/ Nix § 52 Rn 2 aE), sondern stets nur an die jungen Menschen und ihre Personensorgeberechtigten (zu diesem **jugendkriminalrechtlichen Dreiecksverhältnis** s. Trenczek 2007 a Rn 10 ff; 2009 Rn 14 ff). Diese können durch ihren Hilfebedarf und -wunsch („Antrag"), die Justiz durch eine Anregung ein Tätigwerden der Jugendhilfe auslösen. Das jugendgerichtliche Urteil ersetzt zwar die Zustimmung der Personensorgeberechtigten (das gilt nicht für Maßnahmen im Rahmen der Diversion, s. Rn 52), lässt aber das sozialrechtliche Verwaltungsverfahren unberührt und ersetzt nicht die fachliche Entscheidung des JA als Sozialleistungsbehörde. Mitnichten stellt das Gericht selbst in seiner Entscheidung implizit fest, dass die Voraussetzungen für eine Jugendhilfeleistung gegeben sind (Mrozynski ZfJ 1992, 446; Trenczek 2000, 104). Eine jugendstrafrechtliche Weisung nach § 10 JGG begründet deshalb (noch) *keine* sozialrechtliche Leistungs- und/oder **Kostentragungspflicht des kommunalen Jugendhilfeträgers** nach §§ 27, 85 ff (Trenczek DVJJ-J 1991, 361; ders. 1996, 128; 2009 Rn 14 ff; ebenso DIJuF 2004, 128 f). Genauso wenig wie die Entscheidung des JA, eine Jugendhilfeleistung (nicht) anzubieten, der richterlichen Sanktionsentscheidung nach dem JGG vorgreift, präjudiziert das jugendgerichtliche Urteil die auf der Grundlage des SGB VIII zu treffende Entscheidung des JA (Mrozynski ZfJ 1992, 446; Trenczek ZJJ 2007, 36; Wiesner DVJJ-J 1995, 176). Teilt das JA im Rahmen seiner Anhörung mit, dass die sozialrechtlichen Voraussetzungen einer sog. „ambulanten Maßnahme" oder anderen Jugendhilfeleistung nicht vorliegen, so geht eine richterliche Anordnung nach §§ 9 ff JGG ins Leere. Kommt es zu einem jugendrichterlichen Urteil, insb. zu den von der Justiz durchaus häufiger ausgesprochenen **Sanktionscocktails** von ambulanten und freiheitsentziehenden Sanktionen, so muss (erneut) geprüft werden, ob die Leistungsvoraussetzungen für Jugendhilfeleistungen noch vorliegen oder ob sich aufgrund der Strafvollstreckung etwas ändert (vgl Jans u.a./Happe/Saurbier § 27 Rn 38 c). So ist zB die Gewährung eine Heimerziehung neben der Vollstreckung von Freiheitsentzug aufzuheben, weil sie nicht mehr geeignet ist. Welche ambulanten Betreuungsleistungen – weil (noch) geeignet und erforderlich – aufrecht zu erhalten sind, kann nur im Einzelfall geklärt werden.

57   Leistungen der Jugendhilfe können auf Veranlassung der Justiz zwar auch ohne Beteiligung des JA durch freie Träger durchgeführt werden – die öffentliche Jugendhilfe trägt dann aber hierfür nicht die Kosten (§ 36 a Abs. 1). Möglich sind aber **Vereinbarungen über die unmittelbare Inanspruchnahme** ambulanter Hilfen (§ 36 a Abs. 2). Die „Niedrigschwelligkeit" bezieht sich sowohl auf das Verfahren als auch auf die Art der Hilfe, da der Gesetzgeber mit § 36 a Abs. 2 nicht das grundsätzlich für notwendig erachtete Hilfeplanverfahren aushebeln wollte (BT-Drucks. 15/3676, 36; 15/5616, 26; vgl § 36 a Rn 33 ff). Neben dem TOA kommt hier allenfalls eine zeitlich begrenzte Soziale Gruppenarbeit in Betracht. Durchsichtig ist demgegenüber die im Bericht der Justizministerkonferenz (AG KICK ZJJ 2007, 447 f) gemachte Behauptung, dass die ambulanten Maßnahmen von § 36 a Abs. 2 nicht berührt werden, wenn sie von einem Gericht angeordnet worden sind.

58   Mit großer Sorge muss die in manchen JÄ feststellbare **Tendenz zur systematischen Leistungsverweigerung** betrachtet werden, sei es durch interne, Rechtsansprüche unterlaufende Weisungen (zB keine Leistungen insb. bei mehrfach straffälligen Jugendlichen oder jungen Volljährigen zu initiieren) oder andere verwaltungstechnische Strukturen, Tricks und Schwellen (Bestehen auf formaler Antragstellung der Eltern; Weisung an JA-Mitarbeiter, keine HzE initiieren zu dürfen; langwierige Entscheidungsfindung, so dass sich das „Problem" bei weiteren Krisen und Straftaten aufgrund von Inhaftierung von selbst erledigt; vgl Goerdeler ZJJ 2005, 318; Ostendorf ZJJ 2004, 295; Schruth Forum Jugendhilfe 2009, 46). Soweit hier der Begriff Steuerungsverantwortung bemüht wird, verkleistert er den alltäglichen Rechtsverstoß gegen den sich die Betroffenen mangels Durchblick und Handlungskompetenzen kaum wehren können (zum Wandel des sorgenden Sozialstaats zum strafenden Staat s.o. Rn 1; vgl Fischer 2005, 292; Wacquant 2009). Umso wichtiger ist eine verlässliche Kooperation der Mitarbeiter

der Jugendhilfe und der Justiz im Interesse gefährdeter und straffällig gewordener junger Menschen. Sofern das JA seinen sozialanwaltlichen Auftrag nicht wahrnimmt, muss den Interessen der jungen Menschen und ihrer Familien durch eine anwaltliche Unterstützung Geltung verschafft werden (vgl Schruth Forum Jugendhilfe 2009, 46; Berliner Rechtshilfefond www.brj-berlin.de).

IV. Betreuung während des Verfahrens Abs. 3

Die zentrale Aufgabe der Jugendhilfe ist auch während eines Strafverfahrens die **Betreuung und Be-** **59** **gleitung der jungen Menschen** mit dem Ziel der sozialen Integration. Nach Abs. 3 soll die Fachkraft des JA oder anerkannten Trägers der freien Jugendhilfe, die nach § 38 Abs. 2 Satz 2 JGG tätig wird, den Jugendlichen oder den jungen Volljährigen während des gesamten Verfahrens (nicht nur während der Hauptverhandlung) betreuen. Die das Ermessen einschränkende „Soll"-Regelung betrifft nicht die Betreuungsaufgabe als solche, sondern die Betreuungskontinuität durch die jeweilige Fachkraft der Jugendhilfe, um die früher übliche Praxis der sog. „Gerichtsgänger" (s.o. Rn 44) zu unterbinden. Betreuung findet auch im Strafverfahren, insb. bei Vernehmungen und im Rahmen der gerichtlichen Hauptverhandlung statt. Bedarf der Jugendliche in diesen für ihn schwierigen Situationen einer Begleitung, so besteht eine Betreuungs- und damit eine **Anwesenheitspflicht** der fallzuständigen Fachkraft bei entsprechenden Terminen.

Nach § 38 Abs. 2 Satz 8 JGG soll die JGH während einer Strafaussetzung zur Bewährung eng mit dem **60** **Bewährungshelfer** zusammenarbeiten. Dagegen spricht nichts, soweit die unterschiedlichen Aufgaben und Stellung der Bewährungshilfe als justizieller Sozialdienst berücksichtigt werden. Die Überwachung ist Aufgabe der Bewährungshilfe, die Fachkräfte des JA sollten in dieser Zeit weiter Kontakt halten und – in gegenseitiger Absprache – die Betreuung unterstützen, so dass es nicht zu kontraproduktiven Doppelbetreuungen, Reibungsverlusten und Konkurrenzkonflikten kommt (vgl Eisenberg § 38 JGG Rn 18).

V. Zuständigkeit und Organisation der Mitwirkung im Jugendstrafverfahren

Die **örtliche Zuständigkeit** des JA richtet sich nicht nach strafprozessualen, sondern nach den jugend- **61** hilferechtlichen Regelungen. § 87 b verweist auf die Zuständigkeitsvorschriften für Leistungen und knüpft damit grundsätzlich an den gewöhnlichen Aufenthalt der Eltern an (vgl § 87 b Rn 2). Für junge Volljährige verweist § 87 b Abs. 1 S. 2 auf § 86 a, der auf den gewöhnlichen Aufenthalt des jungen Volljährigen abstellt.

Die **Organisation der Aufgaben** des JA liegt wie die Ablauforganisation in der sog. Organisationshoheit **62** der kommunalen Träger der Jugendhilfe. Überwiegend werden die Mitwirkungsaufgaben nach § 52 durch (teil)spezialisierte (mitunter kriminologisch geschulte und forensisch erfahrene) Mitarbeiter wahrgenommen, wobei sich hier im Hinblick auf die Stadt/Land-Struktur und noch stärker regional zwischen den Bundesländern große Unterschiede feststellen lassen (Trenczek 2003, 53 ff). Bei der Suche nach der geeigneten Organisationsform der Mitwirkungsaufgaben muss darauf geachtet werden, in welcher Weise die durch das SGB VIII gemachten Vorgaben am besten realisiert werden (können). Im Kooperationsfeld mit Polizei und Justiz sind die besonderen rechtlichen und kriminologischen Qualifikationen und erhöhten methodischen und kommunikativen Anforderungen zu beachten. Die Wahrnehmung der Aufgaben nach § 52 ist deshalb durch (zumindest teil-)spezialisierte Fachkräfte sicherzustellen.

Die Mitwirkungsaufgaben sind so zu organisieren, dass das JA die jungen Menschen auch erreicht **63** (insoweit bedarf es auch einer JGH-spezifischen Öffentlichkeitsarbeit zB in Jugendhäusern, Schulzentren) ohne ihre spezifische Fachlichkeit zu verlieren. Die Mitwirkung im jugendgerichtlichen Verfahren darf nicht zu einer Fokussierung auf den „Täter" und dazu führen, dass das System, in dem der junge Mensch lebt, aus dem Blick gerät. Entgegen immer noch gepflegter Vermutungen lassen sich spezialisierte Fachkräfte in ihrem professionellen Handeln deutlich stärker als ihre Kollegen aus dem ASD von jugendhilfeorientierten Aspekten leiten, während letztere sich mangels Erfahrung häufiger an strafrechtlich-justiziellen Kriterien und Erwartungen orientieren (vgl Trenczek 2003, 170 ff; MschrKrim 2000, 278). Als optimal erscheint eine **stadtteil-/bezirksorientierte (Arbeits-)Organisation** bei gleichzeitiger Aufrechterhaltung fachkompetenter Aufgabenwahrnehmung. So sollten in dezentralen Jugendhilfestationen einige Fachkräfte ausschließlich oder spezialisiert für die JGH-Aufgaben zuständig, gleichzeitig aber in ein Jugendhilfe-Fachteam integriert sein (zur Hilfeplanung im Rahmen der Mitwirkung nach § 52, s. Rn 40 u. 55). Der fachspezifische Austausch kann durch Querverbindungen der (teil)spezialisierten Fachkräfte in Dienstbesprechungen und Arbeitsgruppen sichergestellt werden. Die interne Organisation der Fallzuständigkeit erfolgt in den JA ganz überwiegend regionalbezogen, während für die Justiz das Buchstabenprinzip noch die vorherrschende Zuständigkeitsverteilung darstellt. Die sich daraus ergebenden Reibungsverluste, insb. aufgrund von Terminüberschneidungen, lassen sich nur durch eine intensivere Abstimmung minimieren. Schon im Hinblick auf die Außenbindung der Stellungnahme im Rechtsverkehr (s.o. Rn 39) sollte die für die Aufgaben nach § 52 zuständige Fachkraft für die Koordination der Hilfeplanung verantwortlich bzw zumindest eingebunden sein (ebenso Jans u.a./Happe/Saurbier § 27 Rn 38 c); entgegenstehende Weisungen (keine Hilfeplanung durch JGH-Mitarbeiter) sind im Hinblick auf § 52 Abs. 2 problematisch.

VI. Beteiligung freier Träger

64   Nach § 2 Abs. 3, § 76 Abs. 1, § 52 können **anerkannte Träger der freien Jugendhilfe** (§ 75) an der Mitwirkung im jugendgerichtlichen Verfahren beteiligt oder ihnen diese Aufgaben übertragen werden. Die JGH im „Zusammenwirken mit den [freien] Vereinigungen für Jugendhilfe" (§ 38 Abs. 1 JGG) kann auf eine lange Tradition bis auf die Anfänge der Jugendgerichtsbewegung zurückblicken (vgl § 42 RJGG 1923; Müller/Trenczek 2001). Dabei haben sich spezielle Angebote freier Träger für bestimmte Zielgruppen, zB für junge Migranten in Großstädten bewährt (vgl Barut/Demichieli/Zengin DVJJ-J 1993, 390; Beyer 1992; Schmitz DVJJ-J 1993, 375). Im Unterschied zum Leistungsbereich hat ein freier Träger im Rahmen der hoheitlichen, „anderen" Aufgaben allerdings kein freies Betätigungsrecht, sondern es bedarf einer entsprechenden vertraglichen Vereinbarung mit dem JA. Daran ändert auch § 38 Abs. 1 JGG nichts, denn im Hinblick auf die Organisation der Jugendhilfe kann das (ältere) JGG nicht über die sich aus dem (neueren) SGB VIII resultierende Verpflichtung zur Zusammenarbeit hinausgehen (vgl Ensselen RsDE 42 [1999], 33).

65   Während Aufgaben der (verfahrens)begleitenden Mitwirkung ganz überwiegend von den öffentlichen Trägern wahrgenommen werden, werden Aufgaben der nachgehenden Jugend(gerichts)hilfe (also insb. die **Durchführung der sog. neuen ambulanten Maßnahmen** und sozialpädagogischen Betreuungen) sehr häufig an freie Träger delegiert. Den Trägern der freien Jugendhilfe ist es verwehrt, eine verbindliche Hilfeplanung durchzuführen und Leistungszusagen zu machen. Die Gewährung einer nach Abs. 2 zu prüfenden Hilfeleistung ist ein Verwaltungsakt, zu dessen Erlass freie Träger nicht befugt sind (hierzu Anhang Verfahren Rn 7). In Betracht kommen hier ggf Vereinbarungen über die unmittelbare Inanspruchnahme ambulanter Hilfen (§ 36 a Abs. 2). Diese Vereinbarungen müssen sich allerdings auf „niedrigschwellige" ambulante Leistungen (zB TOA, ggf soziale Gruppenarbeit) beschränken (s. Rn 57; § 36 a Rn 33).

Weiterführende Literaturhinweise:

Klier/Brehmer/Zinke 2002; *Ostendorf* 2004; *Trenczek* 1996, 2009, 2009 a und 2009 b.

Vierter Abschnitt:
Beistandschaft, Pflegschaft und Vormundschaft für Kinder und Jugendliche, Auskunft über Nichtabgabe von Sorgeerklärungen

Vorbemerkung zu den §§ 52 a bis 58 a

I. Änderungen des Vierten Abschnittes durch das BeistandschaftsG und das KindRG

Die Regelungen des 4. Abschnitts wurden 1998 durch das BeistandschaftsG und das KindRG wesentlich geändert und neu gefasst. Sie fassen die Vorschriften über die Beistandschaft, Pflegschaft und Vormundschaft für Kinder und Jugendliche zusammen. Die Normen ergänzen und modifizieren die Bestimmungen für die **freiwillige Beistandschaft** gemäß §§ 1712 bis 1717 BGB und die **Vormundschaft** gemäß §§ 1773 ff BGB. 1

Mit der freiwilligen Beistandschaft will das Gesetz die Beratung und Unterstützung allein erziehender oder getrennt lebender Eltern durch das JA sichern, jedoch ohne hoheitliche Eingriffe und ohne Eingriffe in das Recht der elterlichen Sorge. Aufgabenkreise sind die Vaterschaftsfeststellung, die Geltendmachung von Unterhaltsansprüchen des Kindes und Informationen über die gemeinsame elterliche Sorge. Der Beistandschaft nach dem BGB wird ein **spezifisches jugendhilferechtliches Beratungsangebot** nach dem neuen § 52 a vorgeschaltet. Das Gesetz normiert gemäß § 2 Abs. 3 Nr. 9 die entsprechenden Informationsaufgaben des JA als andere Aufgaben der Jugendhilfe und nicht als „Leistung", was dem Charakter dieser Aufgabe als ergänzendes Angebot zur Beratung und Unterstützung der Eltern nach § 18 Abs. 1 SGB VIII besser entsprochen hätte. 2

II. Das neue Recht der Beistandschaft

Die Beistandschaft ist ein Beratungs- und Unterstützungsangebot, das nur freiwillig und auf Antrag sowohl von dem allein sorgeberechtigten Elternteil als auch im Falle der gemeinsamen elterlichen Sorge von dem Elternteil beantragt werden kann, in dessen Obhut sich das Kind befindet (§ 1713 Abs. 1 BGB) Die Beistandschaft tritt ohne vorherige Prüfung eines konkreten Hilfebedürfnisses ein. Sie ist weder von der Zustimmung des JA abhängig, noch bedarf es der gerichtlichen Bestellung eines Beistandes. Eine Beistandschaft kann auch schon vor der Geburt des Kindes beantragt werden (§ 1713 Abs. 2 BGB). 3

Die Beistandschaft tritt kraft Gesetzes ein, sobald der schriftliche **Antrag** einer Antragsberechtigten dem JA zugeht (§§ 1712 Abs. 1, 1714 Satz 1 BGB). Dies gilt auch, wenn der Antrag vor der Geburt des Kindes gestellt wird (§ 1714 Satz 2 BGB). Damit kann eine werdende Mutter – auch wenn sie in der Geschäftsfähigkeit beschränkt ist – eine Beistandschaft wirksam beantragen und erhalten. Die Beistandschaft kann **auf einzelne Aufgaben beschränkt werden** (§ 1712 Abs. 2 BGB). Sie endet, wenn der Antragsteller dies schriftlich verlangt, die in § 1713 BGB genannten Voraussetzungen entfallen (zB Verlust der Alleinsorge) oder das Kind seinen gewöhnlichen Aufenthalt im Ausland nimmt (§§ 1715, 1717 BGB) (ausführlich zu Beginn und Ende der Beistandschaft Meysen JAmt 2008, 120). 4

Beistand des Kindes wird das **JA** (§ 1712 Abs. 1 BGB). Landesgesetze können jedoch bestimmen, dass das JA die Beistandschaft mit Zustimmung des Elternteils auf einen rechtsfähigen Verein übertragen kann, dem dazu eine Erlaubnis nach § 54 erteilt worden ist (Art. 144 EGBGB). 5

Durch die Beistandschaft wird die **elterliche Sorge nicht eingeschränkt** (§ 1716 Satz 1 BGB). Damit existieren grundsätzlich nebeneinander zwei rechtliche Handlungsbefugnisse, die des sorgeberechtigten Elternteils und die des Beistandes mit gesetzlicher Vertretungsmacht für das Kind für die vom sorgeberechtigten Elternteil beantragten Aufgabenkreise. Um zu verhindern, dass in einem Prozess durch den sorgeberechtigten Elternteil und durch den Beistand widerstreitende Erklärungen abgegeben werden, ist die **Prozessvertretung durch den sorgeberechtigten Elternteil ausgeschlossen,** wenn eine Beistandschaft beantragt worden ist und der **Beistand das Kind im Prozess vertritt** (§ 53 a ZPO). 6

Für die neue Beistandschaft gelten nach § 1716 Satz 2 BGB die **Vorschriften über die Pflegschaft sinngemäß,** mit Ausnahme derjenigen über die Aufsicht des VormG und die Rechnungslegung sowie der §§ 1791 BGB (Erteilung einer Bestallungsurkunde) und § 1791 c Abs. 3 BGB (Erteilung einer Bescheinigung). Unter Beachtung der Weiterverweisung des Pflegschaftsrechts auf das Vormundschaftsrecht (§ 1915 Abs. 1 BGB) ist folgendes zu beachten: 7

- Das JA ist – unbeschadet der Vertretungsbefugnisse des antragstellenden Elternteils – **gesetzlicher Vertreter des Kindes** (§ 1915 Abs. 1, § 1793 Satz 1 BGB). Es handelt durch seinen Beamten oder Angestellten, dem die Ausübung der Aufgaben des Beistandes nach § 55 SGB VIII übertragen worden ist.
- Für die **Haftung bei Pflichtverletzungen** des JA bzw der handelnden Beamten oder Angestellten gelten die § 1915 Abs. 1, § 1833 BGB sowie § 839 BGB, Art. 34 GG.
- Dem JA kann **keine Vergütung** bewilligt werden und ihm steht auch keine Aufwandsentschädigung zu (§ 1915 Abs. 1, § 1836 Abs. 3).

8   Die Beistandschaft tritt nach § 1717 Satz 1 BGB nur ein, wenn das Kind seinen **gewöhnlichen Aufenthalt im Inland** hat, wobei auf den tatsächlichen Mittelpunkt der Lebensführung abzustellen ist. Auf die Staatsangehörigkeit kommt es nicht an. Sie endet, wenn das Kind seinen gA im Ausland begründet. Damit begrenzt § 1717 BGB den Eintritt von Beistandschaften deutscher JÄ auf Fälle mit ausreichender Inlandsberührung und regelt zugleich als Sondervorschrift zu Art. 24 EGBGB die Voraussetzungen für die Anwendung des deutschen Rechts in Übereinstimmung mit den Regelungen der Art. 1 und 3 Haager MSA.

III. Bedeutung und Inhalt der Regelungen des Vierten Abschnitts

9   Der Vierte Abschnitt enthält, neben der Beratung und Unterstützung bei Vaterschaftsfeststellung und Geltendmachung von Unterhaltsansprüchen nach § 52 a, die Regelungen über die Beratung und Unterstützung von Pflegern und Vormündern (§ 53), die Rechte und Pflichten des JA (bzw des LJA nach § 54) im Zusammenhang mit der Beistandschaft, Amtspflegschaft, Amtsvormundschaft und Gegenvormundschaft des JA für Kinder und Jugendliche (§§ 54 bis 58), sowie die Auskunftspflicht des JA über die Nichtabgabe von Sorgeerklärungen (§ 58 a).

Weiterführende Literaturhinweise:

Landesamt für Soziales und Familie 2003; *Hansbauer* 2002; *Hansbauer/Mutke/Oelerich* 2004; *Zitelmann/ Schweppe/Zenz* 2004.

§ 52 a Beratung und Unterstützung bei Vaterschaftsfeststellung und Geltendmachung von Unterhaltsansprüchen

(1) [1]Das Jugendamt hat unverzüglich nach der Geburt eines Kindes, dessen Eltern nicht miteinander verheiratet sind, der Mutter Beratung und Unterstützung insbesondere bei der Vaterschaftsfeststellung und der Geltendmachung von Unterhaltsansprüchen des Kindes anzubieten. [2]Hierbei hat es hinzuweisen auf

1. die Bedeutung der Vaterschaftsfeststellung,
2. die Möglichkeiten, wie die Vaterschaft festgestellt werden kann, insbesondere bei welchen Stellen die Vaterschaft anerkannt werden kann,
3. die Möglichkeit, die Verpflichtung zur Erfüllung von Unterhaltsansprüchen nach § 59 Abs. 1 Satz 1 Nr. 3 beurkunden zu lassen,
4. die Möglichkeit, eine Beistandschaft zu beantragen, sowie auf die Rechtsfolgen einer solchen Beistandschaft,
5. die Möglichkeit der gemeinsamen elterlichen Sorge.

[3]Das Jugendamt hat der Mutter ein persönliches Gespräch anzubieten. [4]Das Gespräch soll in der Regel in der persönlichen Umgebung der Mutter stattfinden, wenn diese es wünscht.

(2) Das Angebot nach Absatz 1 kann vor der Geburt des Kindes erfolgen, wenn anzunehmen ist, dass seine Eltern bei der Geburt nicht miteinander verheiratet sein werden.

(3) [1]Wurde eine nach § 1592 Nr. 1 oder 2 des Bürgerlichen Gesetzbuchs bestehende Vaterschaft zu einem Kind oder Jugendlichen durch eine gerichtliche Entscheidung beseitigt, so hat das Gericht dem Jugendamt Mitteilung zu machen. [2]Absatz 1 gilt entsprechend.

(4) Das Standesamt hat die Geburt eines Kindes, dessen Eltern nicht miteinander verheiratet sind, unverzüglich dem Jugendamt anzuzeigen.

I. Bedeutung und Inhalt der Norm

§ 52 a normiert zur Flankierung der neuen zivilrechtlichen Beistandschaftsregelungen ein **spezifisches jugendhilferechtliches Beratungs- und Unterstützungsangebot**. Die Beratungs- und Unterstützungspflicht des JA wurde in das Dritte Kapitel „Andere Aufgaben der Jugendhilfe" und nicht in das Zweite Kapitel „Leistungen der Jugendhilfe" eingestellt. Der Gesetzgeber macht damit deutlich, dass die Vorschrift nicht in erster Linie Sozialleistungscharakter, sondern Fürsorge- und Schutzfunktion hat. Um der Mutter die Tragweite der von ihr zu treffenden Entscheidung zu verdeutlichen, ließ es der Gesetzgeber nicht bei einem bloßen Rechtsanspruch auf Beratung und Unterstützung bewenden, sondern normierte eine entsprechende Amtspflicht des JA. Das JA hat von sich aus auf die betroffenen Mütter zuzugehen, um sie frühzeitig zu informieren und so insb. die Feststellung der Vaterschaft sicherzustellen und Entscheidungen zur elterlichen Sorge zu erreichen (BT-Drucks. 13/892, 44). Durch die Zuordnung dieser Aufgabe des JA zu den „anderen Aufgaben" iSd § 2 Abs. 3 ist Trägern der freien Jugendhilfe eine eigenständige Wahrnehmung grundsätzlich verwehrt. Das JA kann ihnen diese Aufgabe aber übertragen oder sie daran beteiligen, § 76 Abs. 1). [margin: 1]

Die Vorschrift ist **abzugrenzen** vom Rechtsanspruch auf Beratung und Unterstützung von Müttern und Vätern bei der Ausübung der Personensorge nach § 18 Abs. 1 und der Einrichtung einer **Beistandschaft gemäß §§ 1712 ff BGB**. Sie unterscheidet sich von § 18 Abs. 1 durch den Adressatenkreis, der sich bei § 18 Abs. 1 auf tatsächlich und rechtlich sorgende Eltern erstreckt und den Gegenstand, der hinsichtlich § 18 Abs. 1 auf die Beratung und Unterstützung bei der Personensorge einschl. der Geltendmachung von Unterhalts- und Unterhaltsersatzansprüchen von jungen Menschen begrenzt ist. Ebenso wie § 18 gibt die Vorschrift der Mutter aber einen Rechtsanspruch auf Beratung und Unterstützung, wenn sie das Angebot des JA annehmen will (Wiesner § 52 a Rn 16; Kunkel § 52 a Rn 4). § 52 a unterscheidet sich – ebenso wie § 18 Abs. 1 – von der Beistandschaft (§§ 1712 ff BGB) vor allem dadurch, dass die Beistandschaft – im Gegensatz zu §§ 18, 52 a – eine gesetzliche Vertretung, einschließlich alleiniger [margin: 2]

Prozessvertretung (§ 53 a ZPO), für den Minderjährigen für die Bereiche Vaterschaftsfeststellung und Unterhalt umfasst. Das JA hat Beratung und Unterstützung **„insbesondere"** bei der Vaterschaftsfeststellung und der Geltendmachung von Unterhaltsansprüchen anzubieten. Das Wort „insbesondere" macht deutlich, dass die beiden erwähnten Bereiche hervorgehobene Bedeutung haben, die Beratung und Unterstützung sich jedoch nicht darauf beschränken darf. Vielmehr muss sie alle Bereiche umfassen, in denen die Mutter aufgrund ihrer besonderen Lebenssituation Unterstützung und Beratung benötigt, zB auch die Möglichkeiten und die Bedeutung der Beistandschaft, der gemeinsamen elterlichen Sorge oder das Angebot der Unterstützung bei der Geltendmachung von Unterhaltsansprüchen der Mutter, auf die ebenfalls ein Anspruch nach § 18 Abs. 1 Nr. 2 besteht (Kunkel/Kunkel § 52 a Rn 3).

II. Beratung und Unterstützung der Mutter – Abs. 1

3   Die Beratung und Unterstützung nach **Abs. 1** soll die betroffenen Mütter umfassend und detailliert über die durch die Beistandschaft möglichen Hilfen und über die Wichtigkeit der Vaterschaftsfeststellung, der Geltendmachung von Unterhaltsansprüchen und der gemeinsamen elterlichen Sorge informieren. Die Vorschrift zielt auf eine **intensive und umfassende Beratung** der Mütter. Die Informationen sollen so gestaltet werden, dass sich die Mütter die für die Vaterschaftsfeststellung, die Unterhaltssicherung und die gemeinsame elterliche Sorge erforderlichen Kenntnisse verschaffen können. Deshalb normiert **Abs. 1 Satz 1** die Pflicht des JA, der nicht mit dem Vater des Kindes verheirateten Mutter unverzüglich (dh ohne schuldhaftes Zögern) nach der Geburt des Kindes insb. Beratung und Unterstützung bei Vaterschaftsfeststellung und der Geltendmachung von Unterhaltsansprüchen des Kindes anzubieten. Die Hilfe des JA kann praktisch jedoch erst nach Kenntnis von der Geburt des Kindes einsetzen. Deshalb normiert Absatz 4, der (im Zuge der Reform des Personenstandsgesetzes) an die Stelle des **§ 21 b Personenstandsgesetzes** trat (in Kraft seit Januar 2009), dass das Standesamt die Geburt eines Kindes, dessen Eltern nicht miteinander verheiratet sind, unverzüglich dem JA anzuzeigen hat.

4   Die **Begriffe „Beratung" und „Unterstützung"** sind gesetzlich nicht definiert. Sie sind daher nach der üblichen psychosozialen Bedeutung, im konkreten Regelungszusammenhang und nach ihrem Zweck und Ziel zu interpretieren. **„Unterstützung"** bedeutet, dass sich die unterstützende aktive Tätigkeit ganz konkret an den jeweiligen Erfordernissen und Bedürfnissen der einzelnen Mutter zu orientieren hat. **„Beratung"** ist als ein bewusster Ausgleich eines Wissens- und Einsichtsgefälles zu verstehen, die sich an Ratsuchende richtet mit dem Ziel, sie zu stärken, ein problemadäquates, interessenorientiertes Handeln und Entscheiden zu gewährleisten. Beratung meint daher mehr, als „einfach" Informationen weiterzugeben. Beratung bedeutet jedoch nicht, jemand zu sagen, was er/sie tun sollte. Beratung muss vielmehr zieloffen sein. Der/die Berater/in soll sich als „Klärungshelfer/in" mit aktiv unterstützenden Elementen gegenüber der Mutter verstehen. **Zweck der Beratung** im Kontext des § 52 a ist die Verschaffung der notwendigen Informationen über die in Absatz 1 Sätze 1 und 2 benannten Bereiche. Die Beratung erfasst neben psychosozialer und sozialpädagogischer Beratung auch die notwendige Rechtsberatung. Die Mütter müssen über den konkreten rechtlichen Hintergrund informiert sein, damit sie die erforderlichen Entscheidungen auch nach rechtlichen Erfordernissen angemessen treffen können. Eine solche auch rechtliche Beratung durch das JA ist durch § 8 Abs. 1 Nr. 2 RDG ausdrücklich zugelassen.

5   § 52 a verpflichtet allein das JA, nicht die Adressaten. Ob die Mutter die Beratung annimmt, hat sie selbst (autonom) zu entscheiden. Deshalb wäre es nicht zulässig, das Angebotsschreiben an die Mutter mit Antwortfristen zu versehen. Bleibt das Angebot des JA ohne Reaktion, so ist dies hinzunehmen. Eine Legitimation für ein Zweitschreiben gibt es auch dann nicht, wenn dem JA anderweitig bekannt geworden ist, dass die Mutter nichts zur Vaterschaftsfeststellung unternommen hat (Wiesner/Wiesner § 52 a Rn 15).

6   Nach Absatz 1 Satz 2 hat das JA die Pflicht, die Mutter im Rahmen der zu leistenden Beratung und Unterstützung hinzuweisen auf

-   die rechtliche, psychosoziale und finanzielle **Bedeutung der Vaterschaftsfeststellung** insb. für das Kind,
-   die **Möglichkeiten der Vaterschaftsfeststellung** gemäß §§ 1592 bis 1600 e BGB und darüber, bei welchen Stellen die Vaterschaft anerkannt werden kann (zB beim Notar, § 20 BNotO; Amtsgericht, § 62 Nr. 1 BeurkG; Standesbeamten, § 29 a Abs. 1 PStG, § 58 BeurkG; bei der Urkundsperson beim JA, § 59 Abs. 1 Satz 1 Nr. 1 SGB VIII, § 59 BeurkG),

- die Möglichkeiten einer (kostengünstigen) **Beurkundung** der Verpflichtung zur Erfüllung von Unterhaltsansprüchen nach § 59 Abs. 1 Satz 1 Nr. 3 u.a. durch das JA (vgl § 59 Rn 15),
- die Möglichkeit, gemäß §§ 1712 ff BGB eine **Beistandschaft** zu beantragen, und auf ihre Rechtsfolgen,
- die Möglichkeiten zur Erlangung der **gemeinsamen elterlichen Sorge** nach §§ 1626 a bis 1626 e BGB und ihre Bedeutung für die Mutter und ihr Kind.

Nach **Abs. 1 Satz 3** hat das JA der Mutter ein **persönliches Gespräch** anzubieten. Das persönliche   **7**
Gespräch soll helfen, eventuelle Bedenken, Besorgnisse oder Befürchtungen der Mutter im Hinblick auf ihre persönliche Situation auszuräumen und eine vertrauensvolle Zusammenarbeit mit dem JA zu fördern. Ob die Mutter von dem Gesprächsangebot Gebrauch macht, entscheidet sie selbst. Findet das Gespräch statt (oder mehrere Gespräche), soll es nicht in den Räumen des JA, sondern in der Regel **in der persönlichen Umgebung der Mutter** stattfinden, wenn diese es wünscht (**Abs. 1 Satz 4**).

III. Beratung und Unterstützung der Mutter vor der Geburt – Abs. 2

Erfährt das JA von der Schwangerschaft einer Frau und ist anzunehmen, dass die Frau bei der Geburt   **8**
nicht mit dem Vater des Kindes verheiratet sein wird, kann nach **Abs. 2** das Beratungs- und Unterstützungsangebot des JA nach Abs. 1 bereits vor der Geburt erfolgen. Durch die **Kann-Bestimmung** wird dem JA Gelegenheit gegeben, den Umständen gemäß sensibel zu reagieren und zu prüfen, ob und ggf wie es die Frau beraten und unterstützen will. Keinesfalls darf sich das JA aufdrängen und der Frau das Gefühl der nicht erwünschten „Überfürsorge" vermitteln. Die Würde der Frau und ihr Persönlichkeitsrecht (Art. 1 Abs. 1, Art. 2 Abs. 1 GG) sind zu respektieren. Eine Mitteilungspflicht bzw ein Mitteilungsrecht zB von Schwangerschaftsberatungsstellen gegenüber dem JA besteht nicht. Ihnen bleibt es jedoch unbenommen, die schwangeren Frauen auf dieses Hilfeangebot des JA hinzuweisen.

IV. Mitteilungspflicht des Gerichts – Abs. 3

Abs. 3 Satz 1 regelt eine **Mitteilungspflicht des Gerichts gegenüber dem JA,** wenn sich aus einer gerichtlichen Entscheidung ergibt, dass eine gemäß § 1592 Nr. 1 oder 2 BGB bestehende Vaterschaft   **9**
beseitigt wurde. Die Norm soll gewährleisten, dass das JA seine Pflicht nach Absatz 1 auch in den Fällen erfüllen kann, in denen das Kind nicht bereits bei der Geburt, sondern erst später als nichtehelich zu gelten hat. Systematisch ungewöhnlich erscheint zum einen, dass eine Mitteilungspflicht des Gerichtes im SGB VIII geregelt worden ist und nicht in den für die Gerichte maßgeblichen Vorschriften der ZPO oder des FGG. Zum anderen ist die Konnexität des Abs. 3 im Verhältnis zu Abs. 1 nicht gewahrt. Während Abs. 1 an die nicht mit dem Vater des Kindes verheiratete Mutter adressiert ist, macht Abs. 3 die Beseitigung der Vaterschaftsfeststellung zum Anknüpfungspunkt der Beratungs- und Unterstützungsverpflichtung des JA.

V. Zuständigkeiten – Kosten

Die sachliche und örtliche **Zuständigkeit** liegt beim JA des gewöhnlichen Aufenthaltes der Mutter   **10**
(§ 87 c Abs. 5), das aufgrund seiner Gewährleistungspflicht (§ 79) die Leistung erbringen bzw vorhalten und finanzieren muss.

Weiterführende Literaturhinweise:

Brendel u.a. 2006; *Katzenstein* JAmt 2008, 126; *Meysen* JAmt 2001, 261; *Roos* JAmt, 2006, 480.

§ 53 Beratung und Unterstützung von Pflegern und Vormündern

(1) Das Jugendamt hat dem Familiengericht Personen und Vereine vorzuschlagen, die sich im Einzelfall zum Pfleger oder Vormund eignen.

(2) Pfleger und Vormünder haben Anspruch auf regelmäßige und dem jeweiligen erzieherischen Bedarf des Mündels entsprechende Beratung und Unterstützung.

(3) [1]Das Jugendamt hat darauf zu achten, dass die Vormünder und Pfleger für die Person der Mündel, insbesondere ihre Erziehung und Pflege, Sorge tragen. [2]Es hat beratend darauf hinzuwirken, dass festgestellte Mängel im Einvernehmen mit dem Vormund oder dem Pfleger behoben werden. [3]Soweit eine Behebung der Mängel nicht erfolgt, hat es dies dem Familiengericht mitzuteilen. [4]Es hat dem Familiengericht über das persönliche Ergehen und die Entwicklung eines Mündels Auskunft zu erteilen. [5]Erlangt das Jugendamt Kenntnis von der Gefährdung des Vermögens eines Mündels, so hat es dies dem Familiengericht anzuzeigen.

(4) [1]Für die Gegenvormundschaft gelten die Absätze 1 und 2 entsprechend. [2]Ist ein Verein Vormund, so findet Absatz 3 keine Anwendung.

I. Eigenständigkeit des JA bei Pflegschaft und Vormundschaft

1   § 53 fasst die **Aufgaben, Pflichten und Befugnisse** des JA zusammen, die ihm bei Einzelvormundschaft, -pflegschaft, Vereinsvormundschaft und -pflegschaft obliegen. Er formuliert die Pflichten und Befugnisse des JA als eigenständige Aufgaben. § 53 schafft damit eine klare Abgrenzung für die Zusammenarbeit mit dem FamG. Das **JA ist als eigenständige Behörde** kein gerichtliches Ausführungsorgan. Seine Aufgaben bestehen darin, seine eigenen gesetzlichen Aufgaben im Rahmen der dafür vorgesehenen Befugnisse zu erfüllen. § 53 steht in engem Zusammenhang mit dem BGB, das – vorbehaltlich der Regelungen in § 56 – ausschließlich regelt, in welchen Fällen ein Pfleger oder Vormund bestellt werden muss oder kann, ferner, wie die Pflegschaft/Vormundschaft begründet, geführt und aufgehoben wird.

II. Vorschlags- und Gewährleistungspflicht – Abs. 1

2   Abs. 1 betrifft die **Pflegschaft nach §§ 1909 und 1912 BGB** sowie die **Vormundschaft nach § 1773 BGB**. Abs. 1 regelt das Vorschlagsrecht und die (in Bezug auf § 1779 Abs. 1 BGB korrespondierende) Vorschlagspflicht des JA, geeignete (natürliche) Personen und Vereine als Pfleger oder Vormund vorzuschlagen. Die Vorschlagspflicht wird ergänzt durch die Gewährleistungspflicht des Trägers der öffentlichen Jugendhilfe zur Gewinnung neuer Pfleger und Vormünder (§ 79 Abs. 2 Satz 1 Halbs. 2). Die bereits vom JA festzustellende Geeignetheit hat sich insb. an dem Wohl der betroffenen Minderjährigen zu orientieren. Sie ist für Personen an sachlichen, intellektuellen und charakterlichen Kriterien, für Vereine neben der Fachlichkeit auch an ihrer Organisation und Wirtschaftlichkeit zu messen. Im Übrigen sind die für das FamG geltenden Auswahlkriterien des § 1779 BGB auch vom JA zu beachten.

3   Die **Vorschlagspflicht** dient dem Ziel, dem **Vorrang der Einzelvormundschaft und -pflegschaft** (§§ 1791 b, 1915 BGB) Geltung zu verschaffen. Die Suche nach geeigneten Pflegern und Vormündern ist allerdings nicht alleinige Sache des JA. Vielmehr ist dazu auch das FamG selbst berechtigt und verpflichtet, das im Einzelfall auch Vorschläge der Eltern zu beachten hat. Die vorzuschlagenden „Vereine" müssen rechtsfähige Vereine des Privatrechts sein, denen das LJA die Erlaubnis zur Übernahme von Pflegschaften und Vormundschaften nach § 54 Abs. 1 erteilt hat. Sie sind aber lediglich subsidiär zu berücksichtigen, wenn geeignete Einzelpersonen nicht zur Verfügung stehen (vgl §§ 1791 a, 1791 b, 1915 BGB). Die Vorschlagspflicht des zuständigen JA (§ 87 d) kommt somit nur in den Fällen zur Anwendung, in denen das FamG selbst die Personen auszuwählen und zu berufen hat, nicht dagegen bei der Übertragung der Ämter auf bereits nach den §§ 1776, 1792 Abs. 4, § 1899 BGB berufene.

Die **Bestellung** der in Abs. 1 genannten Personen ist **eigenverantwortliche Aufgabe des Familiengerichts**, das nicht an den Vorschlag des JA gebunden ist. Da die Bestellung eines Vormunds/Pflegers die Person des Kindes oder Jugendlichen betrifft, steht dem JA ein Beschwerderecht zu (§ 162 Abs. 3 Satz 2 FamFG), auch gegen eine Entscheidung, durch die es selbst zum Amtsvormund/-pfleger bestellt wurde. Die Beschwerde kommt vor allem in Betracht, wenn das FamG eine für das jeweilige Amt ungeeignete Person auswählt oder das Vorschlagsrecht des JA ganz übergeht. Mit der Vorschlagspflicht des JA korrespondiert kein Recht des FamG, auf Aufforderung hin eine im Einzelfall geeignete Person vorgeschlagen zu bekommen. 4

Da das BGB auch die **Vereinspflegschaft** und **Vereinsvormundschaft** vorsieht (§§ 1791a, 1915 BGB) – wenn auch nachrangig (§ 1791a Abs. 1 Satz 2, § 1887 Abs. 1 und Abs. 2 Satz 3, §1899 Abs. 2 BGB) –, berücksichtigt Abs. 1 auch Vereine. 5

III. Einvernehmliche Problemregelung vor Kontrolle und Eingriff – Abs. 2, Abs. 3

Abs. 2 begründet einen Rechtsanspruch von Pflegern und Vormündern (sowie des Gegenvormunds nach Abs. 4 Satz 1) auf regelmäßige, bedarfsorientierte Beratung und Unterstützung. **Beratung und Unterstützung (Abs. 2)** sowie **einvernehmliche Problemregelung (Abs. 3)** haben Vorrang vor Kontrolle und Eingriff. Dies entspricht dem grundsätzlichen **Perspektivenwandel** auch in der Jugendhilfe. Der Anspruch steht dem Vormundschaftsverein bzw seinen Mitgliedern und Angestellten (Abs. 4 Satz 2) wie auch Berufsvormündern und –pflegern (DIJuF JAmt 2008, 266) zu. 6

Beratung und Unterstützung beziehen sich sowohl auf die pädagogische, wirtschaftliche als auch auf die rechtliche Seite der Aufgaben von Pflegern und Vormündern. Möglich sind allgemeine Beratung, Abgabe entsprechender Merkblätter, Fortbildungsveranstaltungen, Vorträge, aber auch konkrete Hilfen bei Einzelangelegenheiten wie Abfassen von Eingaben, Gesuchen und Klagen sowie Hinweise auf die erzieherische Hilfen geeigneten Beratungsstellen, Pflegefamilien, Heime usw. **Ungenügende oder falsche Beratung kann eine Haftung nach § 839 BGB, Art. 34 GG begründen** (so auch Kunkel/Kunkel § 53 Rn 3). 7

IV. Mitteilungs- und Auskunftspflicht – Abs. 3

Abs. 3 schränkt die Pflichten des JA gegenüber dem FamG weiter ein. Überwachung und Kontrolle von Pflegern, Vormündern, Beiständen und Gegenvormündern ist nicht (mehr) wesentliche Aufgabe des JA. Deshalb sieht Abs. 3 keine Überwachung vor, sondern verpflichtet das JA, darauf zu achten (**Abs. 3 Satz 1**), dass die Vormünder und Pfleger für die Person des Mündels Sorge tragen. Der Mitteilungspflicht gegenüber dem FamG schaltet Satz 2 entsprechend dem Grundsatz der Verhältnismäßigkeit die Pflicht vor, im Wege der Beratung auf die Beseitigung der Mängel hinzuwirken (Satz 2). Die normierten Aufsichts-, Mitteilungs- und Auskunftspflichten geben **keine Befugnisse des JA zum Eingriff in die Rechtssphäre des Vormunds oder Pflegers**. Solche Rechte können seit der Rechtsprechung des BVerfG zum besonderen Gewaltverhältnis (BVerfG 14.3.1972 – 2 BvR 41/41 – E 33, 1) auch nicht mehr aus Sinn und Zweck der Überwachungspflichten hergeleitet werden. Abs. 3 ermächtigt deshalb auch nicht zum Betreten von Räumen. Verweigert der Vormund oder Pfleger den Zutritt, so bedarf es weiterer Anhaltspunkte für ein pflichtwidriges Verhalten gegenüber dem Mündel, das dann auch zum Einschreiten des FamG nach § 1837 BGB führen kann (vgl Wiesner/Wiesner § 53 Rn 13 f). 8

Abs. 3 Sätze 1 und 2 unterstreichen das Ziel, das Wohl des Mündels vorrangig durch **Kooperation des JA mit Pfleger oder Vormund** zu sichern, auch wenn Mängel festgestellt worden sind. Nur soweit die Mängel trotz entsprechender Beratung und Unterstützung nicht behoben werden, hat das JA dies dem **Familiengericht mitzuteilen (Satz 3)**. Mitteilungspflichtig sind – dem Sinn der Vorschrift entsprechend – nur solche Pflichtwidrigkeiten, die nach Auffassung des JA dem FamG Anlass zum Einschreiten geben können. Auskünfte über das persönliche Ergehen und die Entwicklung des Mündels dienen der Information des FamG (**Abs. 3 Satz 4**). Im Bereich der Vermögenssorge hat das JA im Fall der Vermögensgefährdung jedoch keine eigenständigen Mängelbeseitigungsbefugnisse, sondern allein die Verpflichtung zur familiengerichtlichen Anzeige (**Abs. 3 Satz 5**). 9

V. Gegenvormundschaft – Abs. 4

Abs. 4 Satz 1 sieht die entsprechende Anwendung der Regelungen der Absätze 1 und 2 für die Gegenvormundschaft (§ 58) vor. Aufgabe und Funktionen der Gegenvormünder sind denen der Pfleger ver- 10 gleichbar, so dass Abs. 4 Satz 1 die Geltung der Abs. 1 bis 2 vorschreibt. Für den **Gegenvormund** nach §§ 1792, 1895 BGB **sind keine entsprechenden Kontroll- und Mitteilungspflichten** aufgrund der unterschiedlichen Aufgaben erforderlich. Dem Gegenvormund obliegt die Aufsicht gegenüber dem Vormund, er vertritt jedoch nicht das Mündel. Deshalb ist hier Abs. 3 nicht anzuwenden. Durch **Abs. 4 Satz 2** wird die Anwendung der in Abs. 3 normierten Überwachungspflichten auf den Vereinsvormund ausgeschlossen, weil hierzu der Erlaubnisvorbehalt nach § 54 ausreichende Kontrollmöglichkeiten bietet.

VI. Zuständigkeit

11 Die sachliche und örtliche **Zuständigkeit** liegt beim JA des gA des Pflegers oder Vormunds (§ 87 d Abs. 1), das aufgrund seiner Gewährleistungspflicht (§ 79) die Leistung erbringen bzw vorhalten und finanzieren muss.

Weiterführende Literaturhinweise:

Bathke JAmt 2006, 165; *ders.* JAmt 2007, 67; *Institut für soziale Arbeit (ISA) e.V.* JAmt 2004, 350; *Wagener* JAmt 2002, 233.

§ 54 Erlaubnis zur Übernahme von Vereinsvormundschaften

(1) ¹Ein rechtsfähiger Verein kann Pflegschaften oder Vormundschaften übernehmen, wenn ihm das Landesjugendamt dazu eine Erlaubnis erteilt hat. ²Er kann eine Beistandschaft übernehmen, soweit Landesrecht dies vorsieht.

(2) Die Erlaubnis ist zu erteilen, wenn der Verein gewährleistet, dass er

1. eine ausreichende Zahl geeigneter Mitarbeiter hat und diese beaufsichtigen, weiterbilden und gegen Schäden, die diese anderen im Rahmen ihrer Tätigkeit zufügen können, angemessen versichern wird,
2. sich planmäßig um die Gewinnung von Einzelvormündern und Einzelpflegern bemüht und sie in ihre Aufgaben einführt, fortbildet und berät,
3. einen Erfahrungsaustausch zwischen den Mitarbeitern ermöglicht.

(3) ¹Die Erlaubnis gilt für das jeweilige Bundesland, in dem der Verein seinen Sitz hat. ²Sie kann auf den Bereich eines Landesjugendamts beschränkt werden.

(4) ¹Das Nähere regelt das Landesrecht. ²Es kann auch weitere Voraussetzungen für die Erteilung der Erlaubnis vorsehen.

I. Vereinspflegschaft, Vereinsvormundschaft, Vereinsbeistandschaft

Die Vorschrift bestätigt für die Jugendhilfe die Möglichkeit der Übernahme von Pflegschaften und **1** Vormundschaften durch einen rechtsfähigen Verein, belässt es aber bei dem grundsätzlichen **Nachrang der Vereinsvormundschaft** gegenüber der Einzelvormundschaft und ergänzt insoweit § 1791a BGB. Einem Anliegen einzelner Bundesländer Rechnung tragend, haben die Länder mit Art. 144 EGBGB die Möglichkeit, durch Landesgesetz zu bestimmen, dass das JA die Beistandschaft mit Zustimmung des Elternteils auf einen rechtsfähigen Verein übertragen kann, dem dazu die Erlaubnis nach § 54 erteilt worden ist. Demzufolge lässt **Abs. 1 Satz 2** die Übernahme einer **Vereinsbeistandschaft** nach Maßgabe des jeweiligen Landesrechts zu. Landesrecht muss dann die Voraussetzungen für die Erlaubniserteilung regeln.

II. Erlaubnisvorbehalt – Abs. 1

Abs. 1 Satz 1 normiert für die Übernahme von Vereinsvormundschaften und Vereinspflegschaften ein **2** **präventives Verbot mit Erlaubnisvorbehalt**. Die vorherige Erteilung der Erlaubnis ist also Voraussetzung für eine familiengerichtliche Bestellung im Einzelfall. Im Hinblick auf die verwaltungsrechtliche Terminologie verwendet das Gesetz nicht den Begriff „Eignungserklärung" (§ 1791a BGB), sondern den Begriff „Erlaubnis". **Abs. 1 Satz 2** lässt die Übernahme von Beistandschaften nach Maßgabe des Landesrechts zu.

III. Rechtsanspruch - Erlaubnisvoraussetzungen - Abs. 2

Nach **Abs. 2** besteht ein **Rechtsanspruch** auf die Erlaubnis, wenn der Verein die Erfüllung der in **3** Nr. 1 bis 3 genannten Voraussetzungen „gewährleistet". Dies setzt zum einen voraus, dass die Voraussetzungen zum Zeitpunkt der Antragstellung erfüllt sind, zum anderen aber auch, dass ihr Vorliegen zukünftig (sozusagen permanent) zu erwarten ist. Mit **Abs. 2 Nr. 1 bis 3** ist eine **bundeseinheitliche Regelung** getroffen, die allerdings nur dann abschließend ist, wenn es keine weitergehenden landesrechtlichen Regelungen gibt. Denn nach **Abs. 4 Satz 2** kann das Landesrecht auch weitere Voraussetzungen für die Erteilung der Erlaubnis vorsehen.

Abs. 2 Nr. 1 normiert **Anforderungen bezüglich der Vereinsmitarbeiter**. Die entsprechend fachlich **4** ausgebildeten Personen, deren sich der Verein bedient, müssen nicht Mitglieder des Vereins sein. Sie können als Angestellte des Vereins tätig werden. Dem tragen Nr. 1 und § 1791a Abs. 3 Satz 1 und 2 BGB Rechnung. Nach § 1791a Abs. 3 Satz 2 BGB haftet der Verein für ein Verschulden des „Mitglieds oder des Mitarbeiters", dem die Führung der Vormundschaft obliegt, wie für ein Verschulden eines verfassungsmäßig berufenen Vertreters. Zur Sicherung möglicher Ansprüche fordert Nr. 1 eine angemessene (Haftpflicht-)Versicherung.

Abs. 2 Nr. 2 verlangt vom Verein seinen geplanten, also zeitlich und inhaltlich abgestimmten Einsatz **5** zur Gewinnung von Einzelvormündern und Einzelpflegern.

6 **Abs. 2 Nr. 3** fordert die Gewährleistung eines Erfahrungsaustausches zwischen den Mitarbeitern. Er dient sowohl der Förderung der eigenen Arbeit wie den Interessen der zu Betreuenden. Der Verein muss hierzu entsprechende Vorkehrungen nachweisen (zB regelmäßige Teamsitzungen, Arbeitsbesprechungen, Supervision).

IV. Geltungsbereich, Landesrechtsvorbehalt – Abs. 3, Abs. 4

7 **Abs. 3 Satz 1** beschränkt die Geltung der Erlaubnis auf das **Bundesland des Vereinssitzes** (vgl § 1980 f Abs. 2 BGB). Eine weitere Begrenzung auf den Bereich nur eines LJA, wenn es in einem Bundesland mehrere LJÄ gibt, ist nach **Abs. 3 Satz 2** möglich. Die Entscheidung hat das LJA nach pflichtgemäßem Ermessen zu treffen. Kriterien für eine entsprechende Entscheidung können die ausschließlich regionale Tätigkeit des Vereins und seine wirtschaftlichen Verhältnisse sein.

8 Der **Landesrechtsvorbehalt** nach **Abs. 4 Satz 1** erstreckt sich entsprechend der Regelung des § 1908 f Abs. 3 BGB zB auf die Erlaubniserteilung selbst (widerruflich, befristet, unter Bedingungen und Auflagen, bei noch fehlenden oder unzureichenden Erlaubnisvoraussetzungen), auf die nachzuweisenden Gewährleistungen (etwa über die fachliche Qualifikation der Mitarbeiter, Mindestanzahl bestimmter Professionen, Zahl der Vormundschaften oder Pflegschaften pro Fachkraft) sowie auf die Anforderungen an den Verein (zB Nachweis angemessenen Vereinsvermögens für den nicht abzusichernden Haftungsfall, Rechnungsprüfung durch unabhängige Prüfungseinrichtungen). Nach **Abs. 4 Satz 2** ist es ausdrücklich zulässig, dass Landesrecht auch weitere Voraussetzungen (über Abs. 2 hinausgehend) für die Erteilung der Erlaubnis vorsehen kann.

V. Zuständigkeit

9 Sachlich (§ 85 Abs. 2 Nr. 10) und örtlich (§ 87 d Abs. 2) zuständig ist der überörtliche Träger, in dessen Bereich der Verein seinen Sitz (§§ 24, 57 Abs. 1 BGB) hat.

Weiterführende Literaturhinweise:

Kampschulte JAmt 2002, 235; *Wagener* JAmt 2002, 233.

§ 55 Beistandschaft, Amtspflegschaft und Amtsvormundschaft

(1) Das Jugendamt wird Beistand, Pfleger oder Vormund in den durch das Bürgerliche Gesetzbuch vorgesehenen Fällen (Beistandschaft, Amtspflegschaft, Amtsvormundschaft).

(2) ¹Das Jugendamt überträgt die Ausübung der Aufgaben des Beistands, des Amtspflegers oder des Amtsvormunds einzelnen seiner Beamten oder Angestellten. ²Die Übertragung gehört zu den Angelegenheiten der laufenden Verwaltung. ³In dem durch die Übertragung umschriebenen Rahmen ist der Beamte oder Angestellte gesetzlicher Vertreter des Kindes oder des Jugendlichen.

I. Bedeutung der Regelung

Die Vorschrift ermöglicht dem JA und verpflichtet es, in den im BGB vorgesehen Fällen **Beistandschaften, Pflegschaften und Vormundschaften** zu übernehmen. Das BGB normiert, unter welchen Voraussetzungen das JA kraft Gesetzes oder durch richterliche Bestellung zum Beistand, Amtspfleger oder Amtsvormund wird. Da diese Funktionen jedoch nur durch natürliche Personen ausgeübt werden können, regelt § 55 Abs. 2 Satz 1, dass die Ausübung der in Betracht kommenden Aufgaben das JA einzelnen seiner Beamten oder Angestellten überträgt. Insofern regelt § 55 das Innenverhältnis zwischen der Organisationseinheit JA und den Beamten oder Angestellten, die die Aufgaben der Beistandschaft, Amtspflegschaft/-vormundschaft übernommen haben.   **1**

Abs. 2 legt fest, dass das JA die **Ausübung der Aufgaben** des Beistands, Amtspflegers oder des Amtsvormunds nicht kollektiv wahrnimmt, sondern einzelnen seiner **Beamten** oder **Angestellten** überträgt, die für die ihnen übertragenen Aufgaben gesetzliche Vertreter der Kinder oder Jugendlichen werden. Die Übertragung gehört zu den **Aufgaben der laufenden Verwaltung.**   **2**

II. Begriff, Rechtsnatur der Beistandschaft/Amtspflegschaft/Amtsvormundschaft – Abs. 1

Beistandschaft, Amtspflegschaft oder Amtsvormundschaft bedeuten, dass das JA als Amt – also nicht als Einzelperson und auch nicht als Träger der öffentlichen Jugendhilfe – Beistand, Pfleger oder Vormund des minderjährigen Kindes ist. Diese Funktionen sind ihm durch **Abs. 1** übertragen. Insoweit ist es wegen Abs. 1 im Rechtsverkehr die Stelle, die Beistand, Amtspfleger bzw Amtsvormund ist. Das JA bleibt auch dann Beistand, Amtspfleger/Amtsvormund, wenn die Ausübung der Aufgaben Einzelnen übertragen wird (Abs. 2).   **3**

III. Eintritt und Beendigung der Beistandschaft/Amtspflegschaft/Amtsvormundschaft

Das JA wird Beistand, Amtspfleger oder Amtsvormund in folgenden durch das BGB vorgesehen Fällen: **4**
- Beistandschaft (§§ 1712 ff BGB),
- gesetzliche Vormundschaft (§§ 1791 c, 1751 Abs. 1 Satz 2 BGB),
- bestellte Amtspflegschaft/Amtsvormundschaft (§§ 1909, 1912, 1915, 1791 b BGB).

Beendet werden **Amtspflegschaft und Amtsvormundschaft** jeweils durch Entlassung zwecks Bestellung eines Einzelpflegers, Einzelvormunds, Vereins bzw anderen JA (§§ 1887 Abs. 1, 1889 Abs. 2 BGB) oder bei Wegfall der Voraussetzungen (§ 1882 BGB; zB Volljährigkeit, bei Adoption des Mündels oder – bei der Amtsvormundschaft – bei Volljährigkeit der Mutter des nichtehelichen Kindes). Die **Beistandschaft** endet, wenn der Antragsteller dies schriftlich verlangt (§ 1715 Abs. 1 Satz 1 BGB; auch wenn dies zur „Unzeit" passiert, zB während der mündlichen Verhandlung vor dem FamG DIJuF JAmt 2002, 245), sobald der Antragsteller keine der in § 1713 BGB geforderten Voraussetzungen mehr erfüllt (§ 1715 Abs. 2 BGB; Wegfall der elterlichen Sorge) oder das Kind seinen gewöhnlichen Aufenthalt im Ausland begründet (§ 1717 Satz 1 BGB; der Besuch einer Schule in Deutschland allein genügt nicht, DIJuF 2007, 479; ausführlich zu Beginn und Ende der Beistandschaft Meysen JAmt 2008, 120).   **5**

IV. Geltung für ausländische Minderjährige mit gewöhnlichem Aufenthalt in Deutschland

6   Für **ausländische Minderjährige** trifft § 55 **keine Sonderregelung**, wenn sie ihren tatsächlichen Aufenthalt im Inland haben (§ **6 Abs. 1 Satz 2**). Für sie ist die Frage nach einer Amtspflegschaft/Amtsvormundschaft nach **Art. 24 EGBGB** iVm internationalen Abkommen, vor allem dem **Haager MSA**, zu beantworten. Für die Beistandschaft gilt § **1717 BGB**. Danach kommt es auf den gA im Inland, unabhängig von der Staatsangehörigkeit, an.

V. Übertragung der Ausübung/Interessenkollisionen/Haftung

7   Nach **Abs. 2 Satz 1** überträgt das JA im **Rahmen der laufenden Verwaltung (Abs. 2 Satz 2, § 70 Abs. 2**) die Ausübung dieser Aufgaben einzelnen Mitarbeitern. Das JA selbst bleibt aber Beistand, Amtspfleger oder Amtsvormund. Während die Ausübung der Aufgaben der Beistandschaft/Amtsvormundschaft/ Amtspflegschaft privatrechtlich zu qualifizieren ist, ist der Übertragungsakt öffentlich-rechtlicher Natur (Wiesner/Wiesner § 55 Rn 78). Die Übertragung ist jedoch nicht im Rahmen einer pauschalen Organisationsverfügung möglich, sondern erfordert eine in jedem Fall der Beistandschaft, Amtsvormundschaft/Amtspflegschaft **notwendige Einzelverfügung** (vgl DIJuFJAmt 2003, 521).

8   Der Beamte oder Angestellte ist in dem durch die Übertragung umschriebenen Rahmen **gesetzlicher Vertreter** des Kindes oder Jugendlichen (**Abs. 2 Satz 3**). Durch die Formulierung „ist... gesetzlicher Vertreter" soll verdeutlicht werden, dass die Vertretung nicht nur eine Berechtigung, sondern auch eine Verpflichtung zur Amtsführung beinhaltet. Abs. 2 stellt den (Einzel-)Aspekt der gesetzlichen Vertretung in den Vordergrund, der jedoch nur einen Teil der Aufgaben erfasst. Im Hinblick auf § 1793 Satz 1 BGB ist die Vorschrift daher so auszulegen, dass das JA als Vormund das Recht und die Pflicht hat, für die Person und das Vermögen des Kindes zu sorgen, der Bedienstete hingegen die Aufgaben des Vormunds/Pflegers (in diesem Rahmen auch die gesetzliche Vertretung) wahrnimmt (vgl Wiesner/Wiesner § 55 Rn 82 ff).

9   Der **Beamte oder Angestellte**, dem die Ausübung der Aufgaben des Beistandes, Amtspflegers oder Amtsvormunds übertragen ist, bleibt zwar im JA hierarchisch integriert, doch bedingt seine Stellung als gesetzlicher Vertreter des Kindes oder des Jugendlichen (Abs. 2 Satz 3) Weisungsfreiheit vom FamG, begrenzte Dienstaufsicht bzw eingeschränktes Weisungsrecht (DIJuFJAmt 2004, 233; JAmt 2005, 124). Das Ziel einer konsequent kindeswohlorientierten Betreuung und der Grundsatz einer selbstständigen, nicht fremdbestimmten/fremdbeeinflussten Amtsführung der Beistandschaft, Vormundschaft/Pflegschaft, der im Kern auch für die Wahrnehmung der Aufgabe durch eine Behörde gilt, verlangen einen freien Handlungsspielraum.

10   Eine strikte Weisungsgebundenheit des Beamten oder Angestellten im Einzelfall würde den persönlichen Kontakt zum Kind stören, einer anonymen Amtsführung Vorschub leisten und die notwendige langfristige und stetige Beziehung und den Kontakt zum Mündel beeinträchtigen (**Problem der Interessenkollision**, DIJuF JAmt 2004, 196 f u. 375). Nur soweit der Handlungsspielraum des JA und damit des Beamten/Angestellten durch die **Eingriffsbefugnisse des FamG** begrenzt wird/ist, die nur gegenüber dem JA selbst bestehen, ist es gerechtfertigt, dem Leiter des JA ein Weisungsrecht zu erteilen, in dem Umfang, wie es dem FamG gegenüber dem JA zusteht. Der Leiter des JA ist daher nur bei Pflichtwidrigkeiten iS von § 1837 BGB zur Erteilung von Weisungen gegenüber dem Beauftragten befugt. Der große Bereich der Zweckmäßigkeitsentscheidungen oder auch die Personalkontrolle sind dem Weisungsrecht des Leiters der Verwaltung bzw in seinem Auftrag des Leiters des JA entzogen („relative Weisungsfreiheit"; vgl Wiesner/Wiesner § 55 Rn 84).

11   Die Konstruktion der Beistandschaft/Amtspflegschaft/-vormundschaft im JA, ausgeübt durch Beamte/ Angestellte, kann dazu führen, dass der Beamte/Angestellte als gesetzlicher Vertreter des Minderjährigen ein gerichtliches Verfahren gegen das JA führen muss (**In-sich-Prozess**). Eine Beeinträchtigung dieses Rechts durch Ausübung von Weisungs- oder Direktionsrechten des Leiters des JA ist rechtswidrig und ein Grund für das FamG seinerseits einzugreifen (vgl OVG Berlin FEVS 37, 228).

12   **Absatz 2 regelt nicht ausdrücklich die Qualifikation** der Mitarbeiter, die die Aufgaben des Beistandes ausüben. Zu denken ist an erfahrene Verwaltungsfachkräfte bzw sozialpädagogisch und sozialwissenschaftlich ausgebildete Fachkräfte, die in der Regel auch über die erforderliche Sozial- und kommunikative Kompetenz verfügen. So können die Erfahrungen, die Beamte und Angestellte bereits als Amtspfleger gewonnen haben und Erkenntnisse der Sozialpädagogik und Sozialwissenschaft in sinnvoller und dem Wohl des Kindes förderlicher Weise genutzt und miteinander verknüpft werden.

Eine Haftung der Beamten oder Angestellten bzw der Anstellungskörperschaft ergibt sich nach den 13
Grundsätzen der **Amtshaftung** (§ 839 BGB iVm Art. 34 GG; so auch Wiesner/Wiesner § 55 Rn 87)
sowie nach § 1833 BGB bei Verletzung von pflegerischen und vormundschaftlichen Aufgaben (zB
Nichtverfolgung von Ansprüchen, Fristversäumnissen). Die Haftung nach § 839 BGB auf Schadens-
ersatz setzt voraus, dass der Bedienstete die ihm einem Dritten gegenüber obliegende Amtspflicht
schuldhaft verletzt. Nach Art. 34 GG haftet jedoch im Außenverhältnis gegenüber Dritten nicht der
Bedienstete selbst, sondern die Anstellungskörperschaft (die kommunale Gebietskörperschaft). Nur
bei Vorsatz oder grober Fahrlässigkeit ist im Innenverhältnis der Rückgriff der Behörde gegen den
Bediensteten möglich. Für den Anspruch auf Schadensersatz und für den Rückgriff ist der ordentliche
Rechtsweg (vor den Zivilgerichten) gegeben. **Datenschutzrechtlich** gilt die Sonderregelung des § 68.

VI. Zuständigkeit

Die örtliche und sachliche Zuständigkeit richtet sich nach § 87c. Für die Vormundschaften nach 14
§ 1791c BGB ist das JA zuständig, in dessen Bereich die Mutter ihren gA hat (§ 87c Abs. 1), das bei
einem Wechsel des gA der Mutter, bei dem anderen JA die Übernahme der Amtsvormundschaft zu
beantragen hat (§ 87c Abs. 2). Für die Pflegschaft oder Vormundschaft, die durch Bestellung des FamG
eintritt, ist die Zuständigkeit des JA gegeben, in dessen Bereich das Kind oder der Jugendliche seinen
gA hat (§ 87c Abs. 3). Für die Vormundschaft im Rahmen eines Adoptionsverfahrens ist das JA zuständig, in dessen Bereich die annehmende Person ihren gA hat (§ 87c Abs. 4).

Weiterführende Literaturhinweise:

Verein für Kommunalwissenschaften e.V. 2001; *Hansbauer/Oelerich/Wunsch* JAmt 2002, 229.

§ 56 Führung der Beistandschaft, der Amtspflegschaft und der Amtsvormundschaft

(1) Auf die Führung der Beistandschaft, der Amtspflegschaft und der Amtsvormundschaft sind die Bestimmungen des Bürgerlichen Gesetzbuchs anzuwenden, soweit dieses Gesetz nicht etwas anderes bestimmt.

(2) [1]Gegenüber dem Jugendamt als Amtsvormund und Amtspfleger werden die Vorschriften des § 1802 Abs. 3 und des § 1818 des Bürgerlichen Gesetzbuchs nicht angewandt. [2]In den Fällen des § 1803 Abs. 2, des § 1811 und des § 1822 Nr. 6 und 7 des Bürgerlichen Gesetzbuchs ist eine Genehmigung des Familiengerichts nicht erforderlich. [3]Landesrecht kann für das Jugendamt als Amtspfleger oder als Amtsvormund weitergehende Ausnahmen von der Anwendung der Bestimmungen des Bürgerlichen Gesetzbuchs über die Vormundschaft über Minderjährige (§§ 1773 bis 1895) vorsehen, die die Aufsicht des Familiengerichts in vermögensrechtlicher Hinsicht sowie beim Abschluss von Lehr- und Arbeitsverträgen betreffen.

(3) [1]Mündelgeld kann mit Genehmigung des Familiengerichts auf Sammelkonten des Jugendamts bereitgehalten und angelegt werden, wenn es den Interessen des Mündels dient und sofern die sichere Verwaltung, Trennbarkeit und Rechnungslegung des Geldes einschließlich der Zinsen jederzeit gewährleistet ist; Landesrecht kann bestimmen, dass eine Genehmigung des Familiengerichts nicht erforderlich ist. [2]Die Anlegung von Mündelgeld gemäß § 1807 des Bürgerlichen Gesetzbuchs ist auch bei der Körperschaft zulässig, die das Jugendamt errichtet hat.

(4) Das Jugendamt hat in der Regel jährlich zu prüfen, ob im Interesse des Kindes oder des Jugendlichen seine Entlassung als Amtspfleger oder Amtsvormund und die Bestellung einer Einzelperson oder eines Vereins angezeigt ist, und dies dem Familiengericht mitzuteilen.

I. Bedeutung und Inhalt der Vorschrift

1 Die Vorschrift ergänzt die Regelungen des § 55 zur Beistandschaft/Amtspflegschaft und Amtsvormundschaft durch das JA und stellt die **Generalverweisung auf das BGB** dar, insb. auf die Vorschriften über die Beistandschaft, (Einzel-)Vormundschaft und die (Einzel-)Pflegschaft (s.o. Vor § 52 a Rn 10). Da diese Vorschriften grundsätzlich auf den Einzelvormund zugeschnitten sind, ergibt sich hieraus die Nichtanwendung bestimmter Bestimmungen des BGB (zB §§ 1801, 1886 BGB).

II. Führung der Beistandschaft/Amtspflegschaft/-vormundschaft – Abs. 1 bis 3

2 Abs. 1 verweist für die Führung der Beistandschaft, Amtspflegschaft und der Amtsvormundschaft auf die Bestimmungen des BGB. Sie gelten dann unmittelbar, soweit nicht in Abs. 2 bis 4 Sonderregelungen getroffen sind. Für die Führung der Amtsvormundschaft sind dies die §§ 1793 ff BGB. Für die Führung einer Amtspflegschaft gelten die Vorschriften über die Vormundschaft entsprechend (§ 1915 BGB). Beistandschaft, Amtspflegschaft und Amtsvormundschaft sind **amtsbezogene Ausformungen** der betreffenden zivilrechtlichen Institute. Daraus folgt, dass neben den BGB-Vorschriften über „die Führung der Beistandschaft, Amtspflegschaft und Amtsvormundschaft" grundsätzlich die übrigen Vorschriften des BGB, insb. über die Aufsicht des FamG, gelten, soweit nicht wiederum im BGB Sonderregelungen dazu bestehen. Solche gelten für die Beistandschaft gemäß § 1716 Satz 2 BGB. Für die Amtsvormundschaft/Amtspflegschaft folgt daraus, dass **kein Gegenvormund** bestellt werden kann, wenn das JA Pfleger oder Vormund ist (§ 1792 Abs. 1 Satz 2 BGB). Daher sind die Regelungen des BGB für die Amtsvormundschaft/Amtspflegschaft nicht anzuwenden. Ferner gelten die Sondervorschriften, die gleichzeitig auch für die Vereinsvormundschaft gelten (§ 1835 Abs. 5 BGB: kein Vorschuss und nur begrenzter Einsatz für Aufwendungen; § 1836 Abs. 3 BGB: keine Vergütung; § 1857 a BGB: Anwendung der für den Vater geltenden Befreiungen). Für die Amtsvormundschaft/Amtspflegschaft gelten schließlich auch die Vorschriften des EGBGB, insb. Art. 24 EGBGB.

3 Abs. 2 Satz 1 regelt weitere **Befreiungen von den Vorschriften des BGB** für die Amtsvormundschaft/-pflegschaft. Dadurch wird der Handlungsspielraum des Amtsvormunds/-pflegers weiter vergrößert. Abs. 2 Satz 1 befreit das JA als Amtspfleger oder Amtsvormund von der Verpflichtung,

■ ein ungenügend eingereichtes Vermögensverzeichnis auf Anordnung des FamG durch eine zuständige Behörde oder durch einen zuständigen Beamten oder Notar neu aufnehmen zu lassen (§ 1802 Abs. 3 BGB) und

■ auf Anordnung des FamG aus besonderen Gründen, auch solche zu dem Vermögen des Mündels gehörende Wertpapiere, zu deren Hinterlegung er nach § 1814 BGB nicht verpflichtet ist sowie Kostbarkeiten des Mündels in der in § 1814 bezeichneten Weise, zu hinterlegen.

Die weitere **Befreiungsmöglichkeit nach § 1811 BGB** (Gestattung einer anderen Mündelgeldanlage als   **4** die nach §§ 1807 und 1808 vorgeschriebene) ist durch das 1. SGB VIII ÄndG in **Abs. 2 Satz 1** gestrichen und in **Abs. 2 Satz 2** eingefügt worden.

Abs. 2 Satz 2 regelt die erweiterte Befreiung von den Erfordernissen einer familiengerichtlichen Genehmigung   **5**

■ zur Abweichung von Anordnungen zur Vermögensverwaltung bei Erbschaft oder Schenkung (§ 1803 Abs. 2 BGB),

■ zu einer anderen Anlage von Mündelgeld, als sie in § 1807 BGB vorgeschrieben ist (§ 1811 BGB),

■ zu einem Lehrvertrag, der für länger als ein Jahr geschlossen wird (1822 Nr. 6 BGB),

■ zu einem Dienst- oder Arbeitsvertrag, der für länger als ein Jahr geschlossen wird (§ 1822 Nr. 7 BGB).

Nach **Abs. 2 Satz 3** kann **Landesrecht** weitere Befreiungen von der Anwendung der §§ 1773 bis 1895   **6** BGB vorsehen, die die Aufsicht des FamG in vermögensrechtlicher Hinsicht (zB nach § 1822 BGB betr. Erklärungen des Amtsvormunds/-pflegers für die Ausschlagung einer Erbschaft/eines Vermächtnisses/ Pflichtteils; DIJuF JAmt 2007, 207) sowie beim Abschluss von Lehr- und Arbeitsverträgen betreffen.

Pflicht des Vormunds/Pflegers zur **Verwaltung des Mündelvermögens** ist vor allem, für eine sachge-   **7** mäße und sichere Anlage des Vermögens zu sorgen. Geld, das bei Eintritt der Vormundschaft oder bei Erwerb von Mündelvermögen noch nicht angelegt ist, ist vom Amtsvormund/-pfleger zwar nicht mündelsicher (§ 1811 BGB), aber entsprechend den Grundsätzen einer wirtschaftlichen Vermögensverwaltung anzulegen (§§ 1807, 1811 BGB). Nach **Absatz 3 Satz 1** kann mit Genehmigung des FamG Mündelgeld auf Sammelkonten des JA bereitgehalten und angelegt werden, sofern dies den Interessen des Mündels dient und die sichere Verwaltung, Trennbarkeit und Rechnungslegung des Geldes einschließlich Zinsen jederzeit gewährleistet ist. Diese Erschwerung einer einfachen und zweckmäßigen Verwaltung des Mündelgeldes relativiert **Abs. 3 Satz 1, 2. Halbsatz**, wonach Landesrecht bestimmen kann, dass eine Genehmigung des FamG nicht mehr erforderlich ist. Damit soll eine in der Praxis einfache Handhabung ermöglicht werden. Für die Pflicht zur Rechnungslegung gelten die Erleichterungen gemäß §§ 1857 a, 1852 Abs. 2, §§ 1853, 1854 BGB.

Abs. 3 Satz 2 stimmt mit § 1805 Satz 2 BGB überein. Danach kann Mündelgeld auch bei Institutionen   **8** des Trägers (zB der Stadt-/Kreissparkasse) angelegt werden. Satz 1 lässt in Ergänzung von Satz 2 unter den genannten Voraussetzungen mit Genehmigung des FamG die Bereithaltung und Anlage des Mündelgeldes auf Sammelkonten des JA zu. Der Grund für diese Regelung ist, dem JA hier als besonders sicher angesehene Anlageformen des § 1807 Abs. 1 Nr. 1, 4 und 5 BGB bei Kommunalsparkassen, in Form von Kommunalpfandbriefen und Hypotheken auf Grundstücken der Trägerkörperschaft zu eröffnen. Diese Anlageformen gelten vor allem deshalb als besonders sicher, weil diese Institute der öffentlichen Rechnungsprüfung unterliegen und die Vollstreckungserschwerungen gegenüber Körperschaften des öffentlichen Rechts einen Zugriff auf die für den Vormund angelegten Gelder verhindern (vgl Wiesner/Wiesner § 56 Rn 16 f).

III. Sicherung des Vorrangs von Einzelpersonen als Vormünder/Pfleger – Abs. 4

Durch die in Abs. 4 vorgeschriebene regelmäßige Verpflichtung des JA, die Notwendigkeit einer Fort-   **9** führung der Amtspflegschaft/-vormundschaft zu überprüfen und sie ggf abzugeben, soll die gewünschte stärkere Inanspruchnahme von Einzelpersonen oder Vereinen für die Aufgaben des Pflegers oder Vormunds gefördert werden (Prinzip der Subsidiarität der Amtspflegschaft/-vormundschaft, § 1791 b Abs. 1 BGB). Diese Prüfung hat von Amts wegen zu erfolgen. Die jährliche Frist darf zwar nicht zur Routine werden, ist aber einzuhalten, wenn es keine zwingenden Gründe gibt, davon abzuweichen. Die **Prüfungspflicht des JA** ist mit einer **Mitteilungspflicht gegenüber dem FamG** verknüpft, damit dieses nach § 1887 BGB tätig werden kann. Prüfungsmaßstab ist das Interesse des Kindes oder Jugendlichen.

10   Ob bzw wann eine Ablöse durch eine Einzelperson angezeigt ist, hängt von den Umständen des Einzelfalles ab, zB davon, ob die besondere Sachkunde des JA als gesetzlicher Amtspfleger/-vormund weiter gefordert ist, weil noch schwierige Vaterschaftsfeststellungen oder Unterhaltsklärungen anstehen. Die **Entlassung des JA** als Amtspfleger oder Amtsvormund und die **Bestellung einer Einzelperson oder eines Vereins** ist jedoch angezeigt, wenn die Führung der Vormundschaft oder Pflegschaft durch die in Aussicht genommene Einzelpersönlichkeit dem Wohl des Kindes förderlich ist (zB bei gewachsenen Beziehungen und Bindungen zu dieser Person oder wenn sich Spannungen zwischen dem JA und den leiblichen Eltern des Kindes auf das Kind auswirken). Voraussetzung ist aber stets das Vorhandensein einer geeigneten Ersatzperson (§§ 1887, 1889 Abs. 2 Satz 1 BGB). Der Gesetzgeber hat die Entlassung des Amtsvormunds/-pflegers zugunsten eines Vereins ermöglicht (§ 1887 Abs. 1 BGB; Erwartung einer individuelleren Aufgabenwahrnehmung Wiesner/Wiesner § 56 Rn 20; ähnlich Kunkel/Kunkel § 56 Rn 7).

§ 57 Mitteilungspflicht des Jugendamts

Das Jugendamt hat dem Familiengericht unverzüglich den Eintritt einer Vormundschaft mitzuteilen.

§ 57 verpflichtet das JA, dem FamG unverzüglich den Eintritt einer Vormundschaft mitzuteilen. Die 1
Mitteilung des JA über den Eintritt der Vormundschaft löst die Aufsicht des FamG über das JA als
Amtsvormund aus (§ 1837 BGB).

Die Vorschrift ist im Zusammenhang mit (dem neuen) § 52 a Abs. 4 PStG zu sehen. Danach hat der 2
Standesbeamte die Geburt eines Kindes, dessen Eltern nicht miteinander verheiratet sind, unverzüglich
dem JA anzuzeigen. Damit der Standesbeamte seine Anzeigepflicht erfüllen kann, ist die Geburt eines
Kindes dem Standesamt, in dessen Zuständigkeitsbereich es geboren wurde, binnen einer Woche anzuzeigen, § 18 PStG. Der Standesbeamte hat die Meldung über die Geburt ohne Prüfung der gesetzlichen Zuständigkeit (§ 87 c Abs. 1) dem JA bekannt zugeben, das für den Standesamtssitz zuständig ist.

Mit der Geburt eines Kindes, dessen Eltern nicht miteinander verheiratet sind und das eines Vormunds 3
bedarf (zB weil die Mutter minderjährig ist), tritt die gesetzliche Amtsvormundschaft des JA ein
(§ 1791 c BGB). Um seiner unverzüglichen **Mitteilungspflicht** gegenüber dem FamG nachzukommen,
muss das JA ohne Zeitverlust tätig werden und insb. prüfen, ob die Voraussetzungen für den Eintritt
einer Amtsvormundschaft vorliegen. Die Information des **FamG** gibt diesem seinerseits die Möglichkeit, seinen Aufsichtspflichten nachzukommen. Das FamG erteilt dem JA unverzüglich die (deklaratorische) **Bescheinigung** über den **Eintritt der Amtsvormundschaft** (§ 1791 c Abs. 3 BGB). Wegen der
gesetzlichen Zuständigkeit des JA des gewöhnlichen Aufenthaltsortes der Mutter gemäß § 87 c Abs. 1
hat das JA des Standesamtssitzes das FamG bei der Feststellung des gewöhnlichen Aufenthaltsortes zu
unterstützen. Die Mitteilungspflicht erstreckt sich auch auf den Eintritt der **Vormundschaft über ausländische minderjährige Kinder**, die ihren gA in Deutschland haben (§ 1791 c Abs. 1 Satz 1 BGB).

§ 58 Gegenvormundschaft des Jugendamts

Für die Tätigkeit des Jugendamts als Gegenvormund gelten die §§ 55 und 56 entsprechend.

§ 58 vervollständigt mit der Regelung der Gegenvormundschaft die Vorschriften der §§ 55, 56.

Das JA kann nach § 1792 Abs. 1 BGB Gegenvormund sein. Die Bestellung des JA zum Gegenvormund erfolgt entsprechend §§ 55, 56.

Der **Gegenvormund** hat die Aufgabe, den Vormund zu überwachen, insb. dann, wenn die Vormundschaft mit einer erheblichen Vermögensverwaltung verbunden ist (§ 1792 Abs. 2, § 1799 BGB). Der Amtsmitvormund kann zum Gegenvormund bestellt werden, wenn die Führung der Vormundschaft unter den Mitvormündern nach verschiedenen Wirkungskreisen verteilt ist (§ 1792 Abs. 3, § 1797 Abs. 2 BGB). Die örtliche Zuständigkeit für die Gegenvormundschaft richtet sich nach dem gewöhnlichen bzw tatsächlichen Aufenthalt des Kindes oder Jugendlichen (§ 87 c Abs. 3 S. 4).

§ 58 a Auskunft über Nichtabgabe und Nichtersetzung von Sorgeerklärungen

(1) Sind keine Sorgeerklärungen nach § 1626 a Abs. 1 Nr. 1 des Bürgerlichen Gesetzbuchs abgegeben worden und ist keine Sorgeerklärung nach Artikel 224 § 2 Abs. 3 des Einführungsgesetzes zum Bürgerlichen Gesetzbuche ersetzt worden, kann die Mutter von dem nach § 87 c Abs. 6 Satz 1 zuständigen Jugendamt unter Angabe des Geburtsdatums und des Geburtsortes des Kindes oder des Jugendlichen sowie des Namens, den das Kind oder der Jugendliche zur Zeit der Beurkundung seiner Geburt geführt hat, darüber eine schriftliche Auskunft verlangen.

(2) Zum Zwecke der Auskunftserteilung nach Absatz 1 wird bei dem nach § 87 c Abs. 6 Satz 2 zuständigen Jugendamt ein Register über abgegebene und ersetzte Sorgeerklärungen geführt.

§ 58 a regelt die schriftliche Auskunftspflicht des JA über die Nichtabgabe von Sorgerklärungen nach **1** § 1626 a Abs. 1 Nr. 1 BGB. Sind die Eltern bei der Geburt des Kindes nicht miteinander verheiratet, so steht ihnen die elterliche Sorge dann gemeinsam zu, wenn sie erklären, dass sie die Sorge gemeinsam übernehmen wollen (Sorgeerklärungen) oder einander heiraten (§ 1626 a Abs. 1 Nr. 1, Nr. 2 BGB). Trifft beides nicht zu, hat (behält) die Mutter nach § 1626 a Abs. 2 BGB die alleinige elterliche Sorge. In Art. 224 § 2 Abs. 3 bis 5 EGBGB ist eine familiengerichtliche Ersetzung der Sorgeerklärung auf Antrag eines Elternteils normiert, wenn die nicht miteinander verheirateten Eltern längere Zeit in häuslicher Gemeinschaft gemeinsam die elterliche Verantwortung für ihr Kind getragen und sich vor dem 1. Juli 1998 getrennt haben, wobei längere Zeit im Sinne dieser Vorschrift in der Regel vorliegt, wenn die Eltern mindestens sechs Monate ohne Unterbrechung mit dem Kind zusammengelebt haben.

Muss die Mutter im Rechtsverkehr ihre alleinige elterliche Sorge nachweisen, könnte sie Probleme mit **2** der Nachweisführung haben, da ihre Alleinsorge wegen § 1626 a Abs. 1 BGB nicht (mehr) ohne weiteres unterstellt werden darf. Sie wird dann belegen müssen, dass keine Sorgeerklärungen abgegeben oder gemäß Art. 224 § 2 Abs. 3 EGBGB ersetzt wurden. Diese Nachweismöglichkeit eröffnet § 58 a der Mutter. Sind keine (übereinstimmenden) Sorgeerklärungen gemäß § 1626 a Abs. 1 Nr. 1 BGB abgegeben oder durch Art. 224 § 2 Abs. 3 EGBGB familiengerichtlich ersetzt worden, so hat das JA des gewöhnlichen Aufenthaltsortes (§ 87 c Abs. 6 Satz 1) der Mutter auf ihr Verlangen eine schriftliche Auskunft hierüber zu erteilen (zur Formulierung von entsprechenden Bescheinigungen DIJuF JAmt 2007, 243). Die Formulierung „kann die Mutter... Auskunft verlangen" regelt nicht eine Ermessensleistung des JA, sondern den Anspruch der Mutter, den das JA erfüllen muss. Mit dieser schriftlichen Auskunft ist die Mutter in der Lage, im Rechtsverkehr ihre Alleinsorge nachzuweisen. Dritte, zB Einwohnermeldeamt, Standesamt, Wirtschaftliche Jugendhilfe, haben kein unmittelbares Auskunftsrecht (DIJuF JAmt 2008, 155; Knittel 2006, Rn 473).

Das zuständige JA erhält die zur Auskunftserteilung erforderlichen Informationen auf dem Weg des **3** § 1626 d BGB. Gemäß § 1626 d Abs. 1 BGB müssen Sorgeerklärungen öffentlich beurkundet werden. Die beurkundende Stelle kann die Urkundsperson beim JA sein (§ 59 Abs. 1 Nr. 8). Die beurkundende Stelle hat gemäß § 1626 d Abs. 2 BGB die Abgabe von Sorgeerklärungen unter Angabe des Geburtsdatums und -ortes des Kindes sowie des Namens, den das Kind zur Zeit der Beurkundung seiner Geburt geführt hat, dem JA am Geburtsort des Kindes (§ 87 c Abs. 6 Satz 2) zum Zwecke der Auskunftserteilung nach § 58 a unverzüglich mitzuteilen (Mitteilungspflicht). Das JA am Geburtsort des Kindes teilt dem nach § 58 a anfragenden JA auf Verlangen mit, ob eine Sorgeerklärung vorliegt (§ 87 c Abs. 6 Satz 3).

Zur Erleichterung des Verfahrens und eindeutigen Identifizierung muss die Mutter Geburtsdatum und **4** Geburtsort des Kindes oder des Jugendlichen sowie den Namen, den das Kind oder der Jugendliche zur Zeit der Beurkundung seiner Geburt geführt hat, angeben und dies im Zweifel durch die Vorlage des Ausweises oder der Geburtsurkunde des Kindes belegen (DIJuFJAmt 2003, 186). Nach einem Wohnsitzwechsel der Mutter muss sich das dann neu zuständige JA (§ 87 c Abs. 6 Satz 1 iVm § 87 c Abs. 1 Satz 1) durch Rückfrage beim JA des Geburtsortes versichern, ob eine Mitteilung nach § 1626 d Abs. 2 BGB vorliegt. Eine elektronische Speicherung und Nutzung von Daten im Zusammenhang mit abgegebenen Sorgeerklärungen ist gemäß §§ 63, 64 zulässig, wenn sie für Auskunftszwecke gespeichert werden.

Ob das Instrument der Sorgeerklärung überhaupt ein taugliches Instrument ist, die mit ihr verbundene **5** Nachweispflicht im Rechtsverkehr zu erreichen, ist äußerst zweifelhaft. Mit der Auskunft nach § 58 a wird allein nachgewiesen wird, dass zur Zeit der Auskunftserteilung voraussichtlich keine Sorgeerklärungen vorlagen und daher zu diesem Zeitpunkt keine gemeinsame Sorge der Eltern bestand. Zwischenzeitliche Veränderungen werden nicht erfasst, auch nicht familiengerichtliche Einschränkungen oder Übertragungen der elterlichen Sorge. Weiter ist zu bedenken, dass Sorgeerklärungen jederzeit, auch nach der Erteilung der Auskunft, abgegeben werden können, die die frühere Auskunft unrichtig machen (so auch Wiesner/Wiesner § 58 a Rn 7).

6   Abs. 2 regelt die rechtliche Registrierungspflicht des nach § 87 c Abs. 6 Satz 2 für den Geburtsort des Kindes zuständigen JA, die aber faktisch in der Regel schon praktiziert wurde. Diese Informationen fließen dem JA nach § 1626 d Abs. 2 BGB zu. Es hat diese Informationen gemäß § 87 c Abs. 6 Satz 3 an das nach § 87 c Abs. 6 Satz 1 zuständige JA zur Auskunftserteilung nach § 58 a weiterzuleiten (BT-Drucks. 15/1552, 11).

Fünfter Abschnitt
Beurkundung und Beglaubigung, vollstreckbare Urkunden

§ 59 Beurkundung und Beglaubigung

(1) ¹Die Urkundsperson beim Jugendamt ist befugt,

1. die Erklärung, durch die die Vaterschaft anerkannt oder die Anerkennung widerrufen wird, die Zustimmungserklärung der Mutter sowie die etwa erforderliche Zustimmung des Mannes, der im Zeitpunkt der Geburt mit der Mutter verheiratet ist, des Kindes, des Jugendlichen oder eines gesetzlichen Vertreters zu einer solchen Erklärung (Erklärungen über die Anerkennung der Vaterschaft) zu beurkunden,

2. die Erklärung, durch die die Mutterschaft anerkannt wird, sowie die etwa erforderliche Zustimmung des gesetzlichen Vertreters der Mutter zu beurkunden (§ 44 Abs. 2 des Personenstandsgesetzes),

3. die Verpflichtung zur Erfüllung von Unterhaltsansprüchen eines Abkömmlings zu beurkunden, sofern die unterhaltsberechtigte Person zum Zeitpunkt der Beurkundung das 21. Lebensjahr noch nicht vollendet hat,

4. die Verpflichtung zur Erfüllung von Ansprüchen auf Unterhalt (§ 1615 l des Bürgerlichen Gesetzbuchs) zu beurkunden,

5. die Bereiterklärung der Adoptionsbewerber zur Annahme eines ihnen zur internationalen Adoption vorgeschlagenen Kindes (§ 7 Abs. 1 des Adoptionsübereinkommens-Ausführungsgesetzes) zu beurkunden,

6. den Widerruf der Einwilligung des Kindes in die Annahme als Kind (§ 1746 Abs. 2 des Bürgerlichen Gesetzbuchs) zu beurkunden,

7. die Erklärung, durch die der Vater auf die Übertragung der Sorge verzichtet (§ 1747 Abs. 3 Nr. 3 des Bürgerlichen Gesetzbuchs) zu beurkunden,

8. die Sorgeerklärungen (§ 1626 a Abs. 1 Nr. 1 des Bürgerlichen Gesetzbuchs) sowie die etwa erforderliche Zustimmung des gesetzlichen Vertreters eines beschränkt geschäftsfähigen Elternteils (§ 1626 c Abs. 2 des Bürgerlichen Gesetzbuchs) zu beurkunden,

9. eine Erklärung des auf Unterhalt in Anspruch genommenen Elternteils nach § 648 der Zivilprozessordnung aufzunehmen; § 129 a der Zivilprozessordnung gilt entsprechend.

²Die Zuständigkeit der Notare, anderer Urkundspersonen oder sonstiger Stellen für öffentliche Beurkundungen und Beglaubigungen bleibt unberührt.

(2) Die Urkundsperson soll eine Beurkundung nicht vornehmen, wenn ihr in der betreffenden Angelegenheit die Vertretung eines Beteiligten obliegt.

(3) ¹Das Jugendamt hat geeignete Beamte und Angestellte zur Wahrnehmung der Aufgaben nach Absatz 1 zu ermächtigen. ²Die Länder können Näheres hinsichtlich der fachlichen Anforderungen an diese Personen regeln.

I. Befugnis der Urkundspersonen beim JA

Die Vorschrift gibt den JÄ die Befugnis, Beurkundungen der in Abs. 1 Satz 1 Nr. 1 bis 8 abschließend 1
aufgeführten Erklärungen durch bestellte geeignete Beamte und Angestellte (Urkundspersonen beim JA; Abs. 1 Satz 1, Abs. 3 Satz 1) selbst vorzunehmen bzw Erklärungen iSd Nr. 9 aufzunehmen. Seit dem KindRG enthält § 59, entgegen dem Text in der Überschrift, keine Zuständigkeiten zur Beglaubigung der Echtheit von Unterschriften mehr; die Bestätigung der Übereinstimmung einer Urkunde mit dem Original (§ 42 BeurkG) war und ist von §§ 59, 60 nicht erfasst (DIJuF JAmt 2009, 256 ff).

Beurkundungen sind nach dem Beurkundungsgesetz in erster Linie Aufgaben des Notars. Die Befugnis 2
des JA ergänzt die Zuständigkeit des Notars und anderer Urkundspersonen, ersetzt sie aber nicht (Abs. 2). Im Hinblick auf die Funktion des JA zur Beratung und Unterstützung und als Beistand dient

die **Befugnis des JA zur Beurkundung** von Erklärungen der **Verfahrensvereinfachung und -erleichterung**. Sie soll einen Anreiz darstellen, gerichtliche Auseinandersetzungen über Vaterschaft und Unterhalt zu vermeiden und das Fachwissen der Urkundspersonen beim JA zu nutzen. Gleichzeitig soll sie die Schwelle mindern, ohne gerichtliche Aktivitäten einen Unterhaltstitel zu erreichen.

3   Zur Wahrnehmung der Aufgaben nach Abs. 1 Satz 1 muss das JA „geeignete" Beamte und Angestellte ermächtigen. Abs. 3 Satz 1 stellt insoweit lediglich auf die Eignung zur Wahrnehmung der entsprechenden Beurkundungsaufgabe ab. Eine **bestimmte (formale) Qualifikation** ist **nicht gefordert**. Vorausgesetzt sind entsprechende **theoretische und praktische**, insb. auch **rechtliche Befähigungen**, die durch Berufserfahrung sowie qualifizierte Fortbildung nachgewiesen sind. Näheres hierzu regeln die Länder (Abs. 3 Satz 2; ausführlich Knittel 2005, Rn 14).

4   Nicht das JA ist Inhaber der Urkundsbefugnis, sondern der zur Beurkundung Ermächtigte im JA. Abs. 3 Satz 1 regelt eine entsprechende Verpflichtung des JA („hat... zu ermächtigen"). Die Ermächtigung ist ein laufendes Geschäft der Verwaltung und somit Aufgabe des Leiters der Verwaltung des JA (§ 70 Abs. 2). Sie bedarf deshalb nicht der Mitwirkung des JHA (§ 71; OLG Düsseldorf FamRZ 1994, 1614).

5   Die Urkundsperson beim JA hat dieselbe Stellung wie der Rechtspfleger bei der Urkundstätigkeit nach § 62 des Beurkundungsgesetzes (§ 9 RpflG) und wie der Notar (§ 2 Abs. 1 BNotO). Für die Rechtmäßigkeit ihrer Beurkundungstätigkeit ist die Urkundsperson allein verantwortlich und insoweit auch **sachlich und fachlich unabhängig**. Sie unterliegt insoweit keiner dienstlichen Weisung. Ob und wie die Urkundsperson zu beurkunden hat, entscheidet sie selbstständig und ausschließlich in eigener Verantwortung (Knittel 2005, Rn 17 ff; zur Amtshaftung bei Ablehnung einer Beurkundung vgl LG Hamburg ZfJ 1994, 245).

6   Die Prüfungs- und Belehrungspflichten des § 17 BeurkG treffen die Urkundsperson selbst und nicht die ermächtigende Stelle. Entsprechend § 1 Abs. 2 BeurkG beurkundet die **Urkundsperson beim JA auf der Ebene eines Notars**. Ihre Urkundsakte haben die gleiche, herausgehobene, aus den §§ 415, 418 ZPO sich ergebende Beweiskraft wie die eines Notars.

7   Die **Urkundspersonen** müssen **Bedienstete des JA** sein. Sie können nicht anderen Ämtern der Trägerkörperschaft angehören (vgl § 59 Abs. 1 Satz 1: „Urkundsperson beim JA", § 87e: „bei jedem JA" sowie § 60 Abs. 1 Satz 1: „Beamten oder Angestellten des JA").

8   Beurkundungen sind „andere Aufgaben" des JA (§ 2 Abs. 3 Nr. 12), deren Wahrnehmung von den Aufgaben als Sozialleistungsträger zu trennen ist. Damit wird die „sozialstaatliche Funktion der Beurkundungstätigkeit" des JA nicht verkannt (so aber GK/Fieseler § 59 Rn 3), sondern lediglich in den der Beurkundungstätigkeit angemessenen Rahmen gestellt. Die Erklärungen, die im JA nach Abs. 1 Satz 1 Nr. 1 bis 8 zu beurkunden sind, betreffen oft Aufgaben, die zur Tätigkeit des JA als Beistand, Amtspfleger oder Amtsvormund zählen. Insoweit ist das JA nicht neutrale Instanz, sondern selbst Beteiligter. Deshalb müssen die Aufgaben der Beurkundung **grundsätzlich von anderen Aufgaben personell und organisatorisch deutlich abgegrenzt werden**. Das JA hat dies bei seiner Verwaltungsorganisation zu beachten.

II. Einzelne Tätigkeiten

9   **§ 59 Abs. 1 Satz 1** regelt die einzelnen Befugnisse abschließend. § 59 betrifft amtliche Beurkundungen. Gemeint ist damit die „öffentlichen Urkunde", wie sie in § 415 ZPO definiert ist. **Beurkundung** ist die amtliche Feststellung einer vor der beurkundenden Stelle (Behörde oder Urkundsperson) abgegebenen Erklärung. Die vorgeschrieben Form der öffentlichen Beurkundung ist die förmliche, nach den Regeln der §§ 8 ff. Beurkundungsgesetz aufgenommene Niederschrift.

10   **Nr. 1** betrifft die Erklärung über die **Anerkennung der Vaterschaft** und alle damit zusammenhängenden Zustimmungserklärungen (§§ 1592 bis 1600 a BGB), ferner den **Widerruf der Anerkennung**. Nunmehr kann „wegen des engen Sachzusammenhangs zu den übrigen Erklärungen über die Anerkennung der Vaterschaft" (vgl BT-Drucks. 14/8131, IV 7) auch der Widerruf der Anerkennung durch die Urkundsperson beim JA beurkundet werden (keine Beurkundung einer Vaterschaftsanerkennung vor der Zeugung des Kindes (zB vor künstlicher Befruchtung DIJuF JAmt 2007, 419).

11   **Nr. 2** erstreckt die Beurkundungskompetenz auf **Mutterschaftsanerkennungen** und die etwa erforderlichen Zustimmungen des gesetzlichen Vertreters der Mutter (vgl § 44 Abs. 2 PStG). Nr. 2 trägt dem

Umstand Rechnung, dass in verschiedenen ausländischen Rechtsordnungen die Anerkennung der Mutterschaft vorgesehen ist (näher Knittel 2005, Rn 443).

Nr. 3 umfasst nunmehr die Möglichkeit der Beurkundung auch der ersten Berechnung des **Unterhalts** nach Eintritt der Volljährigkeit **bis zur Vollendung des 21. Lebensjahres**. Die Begrenzung auf die Vollendung des 21. Lebensjahres lässt jedoch noch eine Beurkundung der ersten Unterhaltsberechnung nach Eintritt der Volljährigkeit zu, etwa im Anschluss an eine Beratung gemäß § 18 Abs. 4 zu Einzelheiten (Knittel 2005, Rn 257 ff). **12**

Nr. 4 betrifft den nach § 1615 l Abs. 1 BGB zu gewährenden **Unterhalt** durch den **Vater an die Mutter** für die Dauer von sechs Wochen vor und acht Wochen nach der Geburt des Kindes, ferner den Betreuungsunterhalt der Mutter gemäß § 1615 l Abs. 2 BGB bzw des Vaters gemäß § 1615 l Abs. 4 BGB. Die Erfüllung der in Nr. 4 benannten Ansprüche setzt die wirksame Feststellung der Vaterschaft voraus. Davor darf auch keine Vollstreckungsklausel nach § 60 erteilt werden. Eine Ausnahme macht nur die Verpflichtung auf Ansprüche der Frau schon vor der Entbindung und bei Tot- oder Fehlgeburt. Hier bestehen die Ansprüche gegen den Kindeserzeuger. **13**

Nr. 5 knüpft an § 7 Abs. 1 des Übereinkommens vom 29.5.1993 über den Schutz von Kindern und die Zusammenarbeit auf dem Gebiet der internationalen Adoption (AdÜbAG) an, der die öffentliche Beurkundung der gegenüber dem JA abzugebenden Erklärung der Adoptionsbewerber vorsieht, wenn diese bereit sind, das ihnen vorgeschlagene Kind anzunehmen. Zuständig für die Entgegennahme der Erklärung ist das JA, in dessen Bereich der Adoptionsbewerber zur Zeit der Aufforderung, die Erklärung abzugeben, mit Hauptwohnsitz gemeldet ist. Die Adoptionsvermittlungsstelle hat die Adoptionsbewerber nach Beratung gemäß § 5 Abs. 2 AdÜbAG fristgebunden zur Abgabe der Erklärung nach § 7 Abs. 1 AdÜbAG aufzufordern. **14**

In **Nr. 6** geht es um den **Widerruf der Einwilligung des Kindes in die Annahme als Kind**, den das Kind ab Vollendung des 14. Lebensjahres ohne Zustimmung des gesetzlichen Vertreters bis zum Wirksamwerden der Adoption gegenüber dem FamG erklären kann. **15**

Nr. 7 nimmt Bezug auf die Möglichkeit der Übertragung der elterlichen Sorge auf den Vater nach § 1672 Abs. 1 BGB sowie auf den Verzicht dieser Möglichkeit im Adoptionsverfahren gemäß § 1747 Abs. 3 Satz 1 Nr. 3 BGB. **16**

Nr. 8 gestattet die Beurkundung der **Sorgeerklärung nicht miteinander verheirateter Eltern** zur Erlangung der gemeinsamen elterliche Sorge für ihr Kind gemäß § 1626 a Abs. 1 Nr. 1 BGB. Die Sorgeerklärung eines minderjährigen Elternteils bedarf der Zustimmung des gesetzlichen Vertreters (weitere Einzelheiten bei Knittel 2005, Rn 449). **17**

Nr. 9 regelt die Aufnahme von Erklärungen gemäß § 648 Abs. 2 ZPO bei **Einwendungen des Unterhaltsschuldners** im sog. „vereinfachten Verfahren" für die Festsetzung des Unterhalts gemäß §§ 645 ff ZPO. In entsprechender Anwendung von § 129 a ZPO ist die Urkundsperson im JA verpflichtet, die nach dem eingeführten Vordruck (§ 648 Abs. 2, § 657 Satz 2 ZPO) aufzunehmende Erklärung unverzüglich dem zuständigen Gericht zu übersenden oder die Übersendung nach einer entsprechenden Belehrung des unterhaltspflichtigen Elternteils diesem zu überlassen. **18**

III. Konkurrierende Beurkundungskompetenzen

Die Beurkundungskompetenzen der Urkundspersonen beim JA stehen in Konkurrenz zu denen der Notare, anderer Urkundspersonen oder sonstiger Stellen für öffentliche Beurkundungen, die gemäß Abs. 1 Satz 2 unberührt bleiben. **Notare** können in ihrer Allzuständigkeit nach dem Beurkundungsgesetz auf allen denjenigen Gebieten tätig werden, die §§ 59, 60 erfassen. Den Notaren gleichgestellt sind deutsche Konsularbeamte im Ausland (§ 10 Abs. 2 KonsularG). **Andere Urkundspersonen** sind zB Standesbeamte. **Andere Stellen** sind das Prozessgericht (jeder Instanz) im Vaterschaftsprozess für alle Erklärungen im Zuge der Anerkennung der Vaterschaft, die zum Sitzungsprotokoll erfolgen (§ 641 c ZPO) und das Gericht der freiwilligen Gerichtsbarkeit in der Person des Rechtspflegers (§ 3 Abs. 1, 2 RpflG) in Statussachen des nichtehelichen Kindes (§ 62 Nr. 1 BeurkG). **19**

IV. Befangenheit, Interessenskollisionen – Abs. 2

Die Urkundsperson beim JA unterliegt – gleich einem Notar – dem Gebot neutraler, allen Beteiligten gleichmäßig verpflichteten Amtstätigkeit (§§ 6,7 BeurkG). Abs. 2 soll möglicher Befangenheit oder Interessenskollision bei Beurkundungen begegnen. Die Regelung ist als Soll-Vorschrift ausgestattet. **20**

Eine Urkunde, die im Widerspruch zu der Regelung aufgenommen worden ist, bleibt deshalb grundsätzlich beurkundungsrechtlich gültig.

V. Zuständigkeit, Kostenbeteiligung

21   Örtlich zuständig für Beurkundungen ist die Urkundsperson bei **jedem JA** (§ 87 e). Für die Erteilung
     einer Ausfertigung einer Urkunde ist das JA zuständig, das die Urschrift verwahrt (§ 48 Satz 1 BeurkG).

22   Beurkundung sowie die Erteilung von Ausfertigungen sind **gebühren- und auslagenfrei** (§ 64 Abs. 1
     und 2 Satz 3 Nr. 2 SGB X), es sei denn, Landesrecht regelt Anderes (§ 97 c Rn 2). Soweit nach § 16
     BeurkG die Beziehung eines Dolmetschers als einer Hilfsperson des Urkundsbeamten erforderlich ist,
     hat das JA die entstehenden Kosten zu tragen.

Weiterführende Literaturhinweise:

Knittel 2005.

§ 60 Vollstreckbare Urkunden

[1]Aus Urkunden, die eine Verpflichtung nach § 59 Abs. 1 Satz 1 Nr. 3 oder 4 zum Gegenstand haben und die von einem Beamten oder Angestellten des Jugendamts innerhalb der Grenzen seiner Amtsbefugnisse in der vorgeschriebenen Form aufgenommen worden sind, findet die Zwangsvollstreckung statt, wenn die Erklärung die Zahlung einer bestimmten Geldsumme betrifft und der Schuldner sich in der Urkunde der sofortigen Zwangsvollstreckung unterworfen hat. [2]Die Zustellung kann auch dadurch vollzogen werden, dass der Beamte oder Angestellte dem Schuldner eine beglaubigte Abschrift der Urkunde aushändigt; § 173 Satz 2 und 3 der Zivilprozessordnung gilt entsprechend. [3]Auf die Zwangsvollstreckung sind die Vorschriften, die für die Zwangsvollstreckung aus gerichtlichen Urkunden nach § 794 Abs. 1 Nr. 5 der Zivilprozessordnung gelten, mit folgenden Maßgaben entsprechend anzuwenden:

1. Die vollstreckbare Ausfertigung sowie die Bestätigungen nach § 1079 der Zivilprozessordnung werden von den Beamten oder Angestellten des Jugendamts erteilt, denen die Beurkundung der Verpflichtungserklärung übertragen ist. Das Gleiche gilt für die Bezifferung einer Verpflichtungserklärung nach § 790 der Zivilprozessordnung.
2. Über Einwendungen, die die Zulässigkeit der Vollstreckungsklausel oder die Zulässigkeit der Bezifferung nach § 790 der Zivilprozessordnung betreffen, über die Erteilung einer weiteren vollstreckbaren Ausfertigung sowie über Anträge nach § 1081 der Zivilprozessordnung entscheidet das für das Jugendamt zuständige Amtsgericht.

Die Vorschrift ist § 794 Abs. 1 Nr. 5 ZPO nachgebildet. Satz 1 ermöglicht eine **sofortige Zwangsvollstreckung** (nur) der nach § 59 Abs. 1 Satz 1 Nr. 3 und 4 beurkundeten Verpflichtungen auf Zahlung einer bestimmten Geldsumme (vgl §§ 794 ff ZPO). Das ist auch der unter Bezug auf den Mindestunterhalt (etwa als Prozentsatz) festgelegte, jederzeit bestimmbare und damit vollstreckbare Unterhalt. Die Verpflichtungsurkunde mit der Unterwerfung unter die sofortige Zwangsvollstreckung ersetzt die richterliche Entscheidung und den Festsetzungsbeschluss des Rechtspflegers. Sie muss von einem hierzu ermächtigten Beamten oder Angestellten des JA „innerhalb seiner Grenzen" aufgenommen worden sein. 1

Gemäß Sätzen 2 und 3 gelten für die Zwangsvollstreckung die **Regelungen der ZPO** in modifizierter Form. Das sind die Regelungen, die für die Zwangsvollstreckung aus Urkunden gemäß § 794 Abs. 1 Nr. 5 ZPO gelten, also gemäß § 795 ZPO die Vorschriften der §§ 724 bis 793 ZPO. 2

Gemäß **Satz 3 Nr. 1** erteilt der Beamte oder Angestellte des JA, dem die Beurkundung der Verpflichtungserklärung übertragen ist, die **vollstreckbare Ausfertigung, die Bestätigung nach § 1079 ZPO sowie die Bezifferung der Verpflichtungserklärung nach § 790 ZPO** (zum Verfahren bei Verlust einer vollstreckbaren Ausfertigung DIJuF JAmt 2008, 307; zur Frage der Erteilung von Rechtsnachfolgeklauseln für Unterhaltstitel an die ARGE, die selbst keine siegelführende eigenständige Behörde ist DIJuF JAmt 2008, 362) Gemäß **Satz 3 Nr. 2** entscheidet das für das JA zuständige Amtsgericht über Einwendungen des Schuldners gegen die Zulässigkeit der Vollstreckungsklausel bzw über das Verlangen des Gläubigers für eine weitere vollstreckbare Ausfertigung sowie des Weiteren über die Zulässigkeit der Bezifferung nach § 790 ZPO und über Anträge nach § 1081 ZPO. 3

Die in § 64 Abs. 1 SGB X bestimmte **Gebührenbefreiung gilt nicht** für die Zustellung und Zwangsvollstreckung im Rahmen des § 60, da es sich dabei nicht um „das Verfahren bei den Behörden nach diesem Gesetzbuch" iSd § 64 Abs. 1 SGB X handelt, sondern um Maßnahmen der Zwangsvollstreckung. Die Zustellung ist Teil der Zwangsvollstreckung. Insofern ist es konsequent, sie aus der Kostenfreiheit herauszunehmen (anders für die Zustellung GK-SGB VIII/Fieseler § 60 Rn 4). Der Bedienstete des JA muss für die Zustellung des Vollstreckungstitels und für die Zwangsvollstreckung ggf beim Gericht die Bewilligung von **Prozesskostenhilfe** gemäß §§ 114 ff ZPO beantragen. 4

Viertes Kapitel
Schutz von Sozialdaten

Vorbemerkung zum 4. Kapitel

I. Verfassungsrechtliche Grundlagen des Sozialdatenschutzes in der Kinder- und Jugendhilfe

1   Das **Bundesverfassungsgericht** (BVerfG) hat mit seinem Urteil vom 15.12.1983 zum Volkszählungs-gesetz 1983 (BVerfGE 65, 1 ff) grundlegende verfassungsrechtliche Aussagen und Vorgaben getroffen, die die Novellierung bzw völlige Neugestaltung des allgemeinen und des bereichsspezifischen Daten-schutzrechtes in den 1990er Jahren beeinflusst haben. Danach gewährleistet Art. 2 Abs. 1 GG iVm Art. 1 Abs. 1 GG ein **Grundrecht auf informationelle Selbstbestimmung des Einzelnen** gegen unbe-grenzte Erhebung, Speicherung, Verwendung und Weitergabe seiner persönlichen Daten. Es beinhaltet die Befugnis des einzelnen, grundsätzlich selbst über die Preisgabe und Verwendung seiner persönlichen Daten zu bestimmen (BVerfGE 65, 43). Gesetzliche Einschränkungen des Grundrechts auf informa-tionelle Selbstbestimmung sind nur zulässig im überwiegenden Allgemeininteresse. Ihre Vorausset-zungen und ihr Umfang müssen für den Bürger im Voraus klar erkennbar sein. Der Verwendungszweck der Daten muss **bereichsspezifisch und präzise** bestimmbar und bestimmt, die Daten müssen für diesen **Zweck geeignet und erforderlich** sein" (BVerfGE 65, 43 ff). Zur Sicherung der Verhältnismäßigkeit sind ergänzende verfahrensrechtliche Vorkehrungen zur Durchführung und Organisation des Daten-schutzes, Aufklärungs- und Belehrungspflichten sowie Vorschriften zur Löschung von Daten, sobald diese nicht mehr benötigt werden, vorzusehen (BVerfGE 65, 49). Für die Auslegung der Regelungen im SGB VIII ist das Urteil des BVerfG insoweit bedeutsam, als bei ihrer Auslegung die Interpretation zu wählen ist, die das Recht auf informationelle Selbstbestimmung am besten zur Geltung bringen hilft (so auch Wiesner/Mörsberger Vor§ 61 Rn 14).

2   Die automatisierte bzw elektronische Datenverarbeitung ist heute in allen Lebensbereichen für die Bürger präsent. Über sie sind vielfältige Daten gespeichert, in Registern, Akten, Dateien oder elektro-nischen Rechnern, die von vielen Stellen nach unterschiedlichen Gesichtspunkten ausgewertet werden können. Die elektronisierte Informationstechnik gibt die Möglichkeit, Informationen in großer Zahl festzuhalten, sie in kürzester Zeit auch über große Entfernungen hin verfügbar zu machen und in Erkenntnisse und Entscheidungen umzusetzen. In Behörden mit (psychosozialen) Beratungsangeboten, also insb. auch in der Kinder- und Jugendhilfe liegt der entsprechende Konflikt auf der Hand: Je in-tensiver, effektiver die erforderliche Beratung ist, desto mehr – auch intime – Informationen werden gebraucht. **Individuelle Selbstbestimmung** setzt deshalb gerade auch unter den Bedingungen moderner **Informationsverarbeitungstechnologien** voraus, dass dem Einzelnen die Entscheidungsfreiheit gegeben ist und bei ihm bleibt, welche ihn betreffende Informationen in welchen Bereichen wem bekannt sind und wie mit den erhaltenen Daten umgegangen wird, insb. im Verhältnis zu Kollegen, zu anderen Ämtern oder zu Vorgesetzten. Der Gesetzgeber war deshalb verpflichtet, im SGB VIII Regelungen zum Schutz personenbezogener Daten vorzusehen, die über den Stand des Sozialdatenschutzes hinausgehen, wie er nach § 35 SGB I und den §§ 67 bis 85 SGB X bisher ausschließlich in den allgemeinen Teilen des Sozialrechts geregelt war. Der Gesetzgeber hatte dabei die **bereichsspezifischen Besonderheiten der Jugendhilfe** verfassungsrechtlich klar zu beantworten.

3   Die bereichsspezifischen Datenschutzregelungen im Recht der Kinder- und Jugendhilfe spiegeln den Wesensgehalt professioneller Arbeit in der Kinder- und Jugendhilfe, Diskretion und Verschwiegenheit als existentielle Bedingung, nicht Begrenzung, an der Würde des Einzelnen (Art. 1 Abs. 1, Art. 2

Abs. 1 GG) orientierte Hilfe zur Selbsthilfe. Soziale Arbeit in der Kinder- und Jugendhilfe ist helfende Sozialdienstleistung von Menschen für Menschen. Informationelle Selbstbestimmung und Angewiesenheit auf Hilfe können in einem Spannungsverhältnis stehen, das **Zielkonflikte** programmiert (besonders deutlich im Rahmen des § 8 a). Hier müssen die Achtung der Persönlichkeit und der Selbstbestimmung der Leistungsberechtigten Leitlinie sein. Diesem Zweck dient im Besonderen auch der Datenschutz in der Kinder- und Jugendhilfe. Die Informationsbeziehungen müssen hier so gehandhabt werden können, dass die vorgeschriebenen Aufgaben nach Recht und Gesetz (Art. 20 Abs. 3 GG) erfüllt werden. Die Leistungsberechtigten fühlen sich anerkannt, in ihrer Lage verstanden und schließlich in der persönlichen Beziehung geborgen, wenn die zuständigen Stellen und deren Mitarbeiter ihnen datenschutzrechtlich korrekt gegenübertreten. Dies fördert sowohl die Ziele der sozialen Arbeit als auch den Datenschutz. Der Datenschutz zielt dabei darauf ab, die **soziale und die personale Identität** Hilfesuchender aufrechtzuerhalten. Deshalb sind Datenschutz und Jugendhilfe **keine Gegensätze**, sondern in ihren Zielen grundsätzlich deckungsgleich. Fachlichkeit in der Jugendhilfe erfordert demzufolge denknotwendig auch effektiven, modernen, bereichsspezifischen Datenschutz.

II. Struktur des Sozialdatenschutzes

§ 35 SGB I ist die Grundnorm für den Sozialdatenschutz allgemein mit seinen Regelungen zum Schutz-   **4** bereich des Sozialdatenschutzes nach Umfang und Inhalt. Er wird ergänzt und ausgefüllt durch das 2. Kapitel des SGB X, Schutz der Sozialdaten, das in § 67 SGB X Begriffsbestimmungen nennt, in den §§ 67 a bis 78 SGB X die allgemeinen Voraussetzungen regelt, unter denen die Erhebung und Verwendung von Sozialdaten nur zulässig ist, in den §§ 78 a bis 80 Maßnahmen zur Datensicherung regelt und in §§ 81 bis 85 a SGB X Kontroll- und Sanktionsvorschriften enthält. Die Regelungen der §§ 61 bis 68 bilden die erforderlichen bereichsspezifischen Schutzvorschriften für die Kinder- und Jugendhilfe. Sie gehen als die spezielleren Normen den allgemeinen Regelungen des Datenschutzes vor, also zB den Regelungen des übrigen SGB (vor allem SGB X) und des allgemeinen Datenschutzrechtes (BDSG und Landesdatenschutzgesetze). Für die Jugendhilfe sind Normen des BDSG nur anwendbar, wenn das SGB X Regelungen davon ausdrücklich für anwendbar erklärt (§ 82 SGB X iVm §§ 7, 8 BDSG, 68 Abs. 3 Satz 2 SGB X iVm § 15 Abs. 2 Sätze 2, 3 BDSG, § 84 Abs. 1 a SGB X iVm § 20 Abs. 5, § 75 Abs. 4 SGB X iVm § 38 BDSG). Aus den Landesdatenschutzgesetzen gelten die Vorschriften über die Kontrolle durch die jeweiligen Landesdatenschutzbeauftragten (§ 81 Abs. 1 Nr. 2 SGB X), ferner entsprechende Datenschutzregelungen für Aktivitäten des JA außerhalb des SGB, zB nach dem Jugendschutzgesetz (§ 61 Rn 3).

Die Umsetzung der **Richtlinie 95/46/EG** des Europäischen Parlaments und des Rates vom 24. Oktober   **5** 1995 durch das „Gesetz zur Änderung des Bundesdatenschutzgesetzes und anderer Gesetze" vom 18.5.2001 (BGBl. I, 904) führte zu einer Reihe von Neuerungen im BDSG, SGB I und SGB X. Zum Teil handelt es sich um **begrifflich-definitorische Anpassungen** an die datenschutzrechtliche Terminologie der Europäischen Datenschutzrichtlinie, in einigen Fällen sind auch materiell-rechtliche Änderungen zur Verbesserung der Rechte Betroffener erfolgt (zB Ergänzungen der §§ 67, 67 a Abs. 1 und § 67 b Abs. 1 SGB X; Maas NDV 2001, 281). Von dieser Novellierung wurden die §§ 61 ff allerdings nicht erfasst, was zu Unstimmigkeiten zwischen den Regelungen im SGB X und SGB VIII führte.

Das KICK (Einl. Rn 47) holte die **begriffliche und materiell-rechtliche Anpassung** des SGB VIII an das   **6** BDSG bzw SGB X nach und regelte weitere Bereinigungen bzw Ergänzungen. In §§ 61, 62, 68 erfolgten Anpassungen an die (neue) datenschutzrechtliche Regelung (§ 67 Abs. 6 und 7 SGB X). § 67 wurde gestrichen. § 66 war bereits durch Art. 5 Nr. 7 des 2. SGB-Änderungsgesetzes gestrichen. Aufgehoben wurde der bisherige Verweis in § 61 Abs. 3 aF auf das JGG mangels praktischer Bedeutung; Den Datenschutz für die Mitwirkung in Jugendstrafverfahren gemäß § 52 regelt jetzt § 62 Abs. 3 Nr. 2 c neu. Weitere **Ergänzungen** erfolgten im Rahmen der Einführung des neuen § 8 a (§ 62 Abs. 3 Nr. 2 d und Nr. 4, § 64 Abs. 2 a, § 65 Abs. 1 Nr. 3 und 4).

III. Erforderlichkeit, Betroffenenerhebung, Zweckbindung - zentrale Prinzipien

Aus dem **Grundrecht** auf informationelle Selbstbestimmung leiten sich grundlegende Prinzipien ab, die   **7** die (einfach) gesetzlichen Regelungen aufnehmen müssen und die Praxis strikt zu beachten hat. Personenbezogene Daten sind Teil der individuellen Einzelperson. Die Betroffenen müssen wissen, wer, welche Sozialdaten über sie aus welchem Grund und für welche Zwecke erheben, verarbeiten oder/ und nutzen will. Nach modernem Datenschutzverständnis, vor allem aber aus den Verfassungsgrundsätzen der Würde und persönliche Handlungsfreiheit jedes Menschen (Art. 2 Abs. 1, Art. 1 Abs. 1 GG) hat insb. auch das Sozialdatenschutzrecht dafür Sorge zu tragen, dass diese Rechte der Betroffenen im Mittelpunkt insb. jeder Datenaktivität der öffentlichen Verwaltung, damit auch der öffentlichen Kinder- und Jugendhilfe stehen.

Das Prinzip der **Erforderlichkeit** jeder Datenerhebung nimmt auf, dass die Kenntnis von Sozialdaten für einen sozialrechtlichen Hilfeprozess unverzichtbar ist, dass jedoch nur die Sozialdaten erhoben werden dürfen, deren Kenntnis für die jeweilige Hilfeleistung im Einzelfall aktuell und konkret unverzichtbar ist (Verfassungsprinzip der **Verhältnismäßigkeit der Mittel**).

Bürgernah und verfassungsrechtlich korrekt ist weiter nur, die erforderlichen Daten grundsätzlich beim Betroffenen direkt zu erheben (**Grundsatz der Betroffenenerhebung**). Dies gilt für alle gesetzlichen Einschränkungen der informationellen Selbstbestimmung und auch für den Fall, dass sich der Betroffene mit der Verarbeitung seiner Daten einverstanden erklärt. Seine Einwilligung ist also kein Verarbeitungsfreibrief.

8   Die **Zweckbindung** legt das Verarbeitungsziel fest und begrenzt den Verarbeitungsumfang. Die Betroffenen müssen wissen und darauf vertrauen können, dass die ihre Person betreffenden Informationen nur zu dem Zweck verarbeitet werden, zu dem sie erhoben wurden. Alle Phasen des Datenumgangs, Datenerhebung (§ 62, §§ 67 Abs. 5, 67a SGB X), Datenverarbeitung und Datennutzung (§§ 63 bis 65; §§ 67 Abs. 6, Abs. 7, 67b ff SGB X), sind der Zweckbindung unterworfen. Änderungen der Zweckbindung bedürfen einer besonderen Befugnis durch ein formelles Gesetz. Das Prinzip der Zweckbindung erfordert deshalb auch einen „**amtshilfefesten" Schutz gegen Zweckentfremdung** durch **Weitergabe- und Verwertungsverbote**. Insoweit kann die öffentliche Verwaltung nicht als Informationseinheit betrachtet werden. Unterstützt werden diese Regelungen durch die Verpflichtung zu getrennter Aktenführung in verschiedenen Aufgabenbereichen der Jugendhilfe (§ 63 Abs. 2), die Notwendigkeit einer Führung von Sonderakten zur Aufnahme besonders geschützter „anvertrauter" Daten (§ 65) sowie die Pflicht zur Löschung oder Sperrung aller Daten, sobald sie für den Zweck, zu dem sie erhoben und gespeichert worden sind, nicht mehr gebraucht werden (§ 63 Abs. 1, § 84 SGB X, vorher § 66). Umfassende Auskunftsrechte des Betroffenen (§ 83 SGB X, vorher § 67) vervollständigen seinen datenrechtlichen Schutz. Für die Amtspflegschaft, Amtsvormundschaft, Beistandschaft und Gegenvormundschaft werden Erleichterungen geschaffen (§ 68).

IV. Sozialdatenschutz und Kinderschutz – kein Widerspruch

9   Maßgebliches Ziel der Kinder- und Jugendhilfe, Aufgabe und Leitlinie aller jugendhilferechtlichen Aktivitäten zugleich ist das Recht junger Menschen (§ 7 Abs. 1 Nr. 4) auf Förderung ihrer Entwicklung und auf Erziehung zu einer eigenverantwortlichen und gemeinschaftsfähigen Persönlichkeit (§ 1 Abs. 1, Abs. 3; BVerfG E 24, 144). Dabei hat die Kinder- und Jugendhilfe dem grundsätzlichen Vorrang der Eltern Rechnung zu tragen (Art. 6 Abs. 2 Satz 1 GG; § 1 abs. 2 Satz). Deshalb hat sie grundsätzlich mit den Eltern und zunächst nicht ohne oder gegen sie zu versuchen, „durch helfende, unterstützende, auf Herstellung oder Wiederherstellung eines verantwortungsbewussten Verhaltens der natürlichen Eltern gerichtete Maßnahmen ihr Ziel zu erreichen" (BVerfG E 24, 144 f).

10 Rechtlich gilt dieser kooperative und partnerschaftliche Ansatz sowohl für den Bereich der Leistungen gemäß §§ 2, 11 bis 41 wie auch für den anderen Aufgaben gemäß § 2 Abs. 3, 42 bis 60 (vgl Wiesner Mörsberger, Vor§ 61 Rn 26). Er kommt allgemein in den §§ 5, 9, 8, für den Bereich HzE in den §§ 27, 36 und auch bei Kindeswohlgefährdung in den Regelungen § 8a Abs. 1 Sätze 2 und 3, Abs. 3 Satz 1, Halbs. 2, 42 Abs. 3 Nr. 1 sowie § 1666 Abs. 1 BGB zum Ausdruck. Betroffene (Eltern und Kinder) sind eigenverantwortlich handelnde (Rechts-) Subjekte, für die Kinder- und Jugendhilfe sozialpädagogisch orientierte Hilfen anzubieten hat, die die eigenen Vorstellungen der Betroffenen zu respektieren und handlungsleitend zu berücksichtigen hat. Dieser Arbeitsansatz setzt eine wirksame Vertrauensbeziehung zwischen Fachkräften und Leistungsberechtigten bzw Betroffenen voraus. Diese Vertrauensbeziehung ihrerseits muss darauf aufbauen können, dass sich die Leistungsberechtigten bzw Betroffenen (unbedingt) darauf verlassen können, dass von ihnen nur die konkret, aktuell und im Einzelfall nötigen Informationen abgefragt (erhoben), verarbeitet und genutzt werden. Soweit für Eltern und ihre Kinder Hilfe in Form von Beratung und Unterstützung gemäß § 1 Abs. 3 Nr. 2 zu leisten ist, insb. auch zur Vermeidung oder Abwendung von Kindeswohlgefährdungen iSd § 8a fördert effektiver Sozialdatenschutz das Vertrauen der Betroffenen und hilft ihnen, sich den Fachkräften „zu öffnen". Nur bei größtmöglicher Vertraulichkeit, Offenheit, Übersichtlichkeit und Durchsichtigkeit (Transparenz) staatlicher Aktivitäten können sich Eltern und ihre Kinder auf eine Hilfebeziehung ein-

lassen. Die Leistungsberechtigten/Betroffenen fühlen sich in ihrer Subjektstellung anerkannt, in ihrer sozialen (Bedürfnis-) Lage verstanden und schließlich in der personalisierten Arbeitsbeziehung geborgen. Insoweit ist Datenschutz in der Kinder- und Jugendhilfe nicht allein konkretisiertes Verfassungsrecht, sondern unverzichtbarer Teil sozialpädagogischer Professionalität.

V. Ausländerrechtliche Datenschutzkonflikte

Regelungskonflikte können sich ergeben aus den Datenerhebungs- und -übermittlungsvorschriften der   11
§§ 86 bis 88, 90 AufenthG und §§ 71, 76 SGB X. Nach § 86 Satz 1 AufenthG dürfen die Ausländerbehörden zur Ausführung des AufenthG zweckgebunden personenbezogene Daten erheben auch ohne die Mitwirkung des Betroffenen. **Auf Ersuchen** der mit der Ausführung des AufenthG betrauten Behörden ist gemäß **§ 71 Abs. 2 Satz 1 Nr. 1 SGB X** eine Übermittlung von Sozialdaten eines Ausländers zulässig, soweit sie im Einzelfall erforderlich ist für die Entscheidung über den Aufenthalt des Ausländers bzw seine Beendigung. **Ohne Ersuchen ist nach** § 71 Abs. 2 Satz 1 Nr. 2 SGB X eine Übermittlung von Sozialdaten eines Ausländers zulässig für die Erfüllung der in § 87 Abs. 2 AufenthG bezeichneten Mitteilungspflichten (Aufenthalt ohne Aufenthaltstitel, Verstoß gegen räumliche Beschränkungen, sonstiger Ausweisungsgrund) und nach **§ 71 Abs. 2 Satz 2 Nr. 1 SGB X**, „wenn der Ausländer die öffentliche Gesundheit gefährdet und besondere Schutzmaßnahmen zum Ausschluss der Gefährdung nicht möglich sind oder vom Ausländer nicht eingehalten werden". Diese Regelung gilt auch in der Kinder- und Jugendhilfe. Damit wird allerdings keine Übermittlungspflicht normiert, die mit dem Schutz in den §§ 64 und 65 kollidieren kann (vgl DIJu, JAmt 2009, 20) .Ergänzend stellt § 88 Abs. 1 AufenthG klar, dass eine Übermittlung personenbezogener Daten zu unterbleiben hat, „soweit besondere gesetzliche Verwendungsregelungen entgegenstehen". Insoweit ist im Einzelfall zu prüfen, ob und inwieweit der Grundsatz der Verhältnismäßigkeit, des Verwendungszusammenhangs und der Zweckbindung eine Datenweitergabe zulassen. Dabei sind vor allem die besonderen Datenschutzregelungen der §§ 64, 65 zu berücksichtigen, die den Datenschutzregelungen des SGB I und SGB X und damit auch der Übermittlungsregelung nach § 71 Abs. 2 SGB X vorgehen (§ 64 Rn 6, 7). Die Vorschrift des § 99 Abs. 1 Nr. 14 AufenthG, wonach auch die Jugendämter **ohne Ersuchen** den Ausländerbehörden personenbezogene Daten von Ausländern... mitzuteilen haben... „, läuft für die JÄ leer, weil die entsprechende Rechtsverordnung noch nicht vorliegt. Unabhängig davon ist – auch wegen § 88 Abs. 1 AufenthG – eine Datenoffenbarung immer an §§ 61 ff zu messen (DIJuF JAmt 2004, 252; DIJuF JAmt 2009, 20).

Die Übermittlung personenbezogener Daten eines Leistungsberechtigten nach § 1 AsylblG ist gemäß   12
§ 71 Abs. 2 a SGB X zulässig, „soweit sie für die Durchführung des Asylbewerberleistungsgesetzes erforderlich ist". Wird das JA für Asylbewerber tätig, sind ergänzend vor allem §§ 61, 64, 65 zu beachten.

VI. Sozialdatenschutz im Rahmen der Mitwirkung in gerichtlichen Verfahren

Für die Aufgabenerfüllung der Jugendhilfe im Rahmen ihrer Mitwirkung in gerichtlichen Verfahren   13
(§§ 50, 52) ist der Datenschutz von hervorragender Bedeutung. Dabei geht es vor allem im Spannungsfeld „Leistungen der Jugendhilfe" und „Wahrnehmung anderer Aufgaben" darum, inwieweit die Datenschutzvorschriften Datenerhebungen durch die Jugendhilfe und Datenübermittlungen an die Gerichte ohne oder gegen den Willen der Betroffenen – noch bzw schon – zulassen. Die konsequente Anwendung der Datenschutzvorschriften hier ist gleichzeitig ein wichtiger Schritt zur Umsetzung des mit dem SGB VIII auch bezweckten und mit dem KindRG verstärkten Perspektivenwechsels, nämlich den Betroffenen differenzierte Hilfe bzw Leistungsangebote als Hilfe zur Selbsthilfe durch Beratung und Kooperation nahe zu bringen. **Mitwirkung in gerichtlichen Verfahren ist nicht „Gerichtshilfe",** sondern eigenständige, fachliche Jugendhilfetätigkeit zugunsten einvernehmlicher oder zumindest wenig verletzender Konfliktregelung der Betroffenen. Dies müssen auch die beteiligten Professionen, insbesondere Gerichte, Rechtsanwaltschaft, Sachverständige bei ihren Aktivitäten bedenken (zB bei der Frage, welche bei bzw von Betroffenen erhobenen Daten an Dritte übermittelt bzw genutzt werden dürfen).

Die datenschutzrechtlichen Fragen des Vorliegens einer ausreichenden Ermächtigung/Befugnis zur   14
Datenermittlung und Datenübermittlung (Berichterstattung) sind nicht bloß formaler Natur. Sie sind vielmehr konstituierend für das materiell-rechtliche Verständnis von Funktion und Aufgaben der Kinder- und Jugendhilfe im Rahmen ihrer Mitwirkung in gerichtlichen Verfahren. **Vertrauensschutz** ist die **„Geschäftsgrundlage"** jeder sozialpädagogisch orientierten helfenden bzw beratenden und unterstützenden Beziehung. Innerhalb eines solchen vertraulichen Beziehungsrahmens muss die Kinder- und

Jugendhilfe die Betroffenen zur Kooperation und zur Annahme von Hilfen motivieren und dabei alles unterlassen, was die Akzeptanz ihrer Angebote mindern könnte. Nur so fördert sie die Effektivität ihrer Hilfeangebote als Krisen- oder Präventionshilfen. Dies gilt insb. bei der Mitwirkung in gerichtlichen Verfahren, um auch dort den Perspektivenwechsel des SGB VIII zu vollziehen, dem sozialpädagogischen Leistungsansatz auch bei der Erfüllung der „anderen Aufgaben" im Sinne des § 2 Abs. 3 Vorrang einzuräumen.

VII. Geheimnisschutz und Zeugnisverweigerungsrecht

15   Nach Vorschriften des StGB bzw nach arbeitsrechtlichen Normierungen richtet sich die **persönliche Geheimhaltungspflicht** der in den Stellen des Trägers der öffentlichen Jugendhilfe tätigen Mitarbeiter. Sie sind – unabhängig vom Datenschutz – im Hinblick auf die besonderen Inhalte ihrer Tätigkeit und ihrer Berufe jeweils persönlich verpflichtet, Geheimnisse der von ihnen betreuten Personen nach Maßgabe der entsprechenden Geheimhaltungsvorschriften zu wahren. Nach § 203 Abs. 1 StGB sind bestimmte Berufsgruppen (zB Sozialarbeiter, Sozialpädagogen, Diplom-Psychologen) verpflichtet, Geheimnisse, die ihnen anvertraut oder sonst bekannt geworden sind, nicht unbefugt zu offenbaren. Der Begriff „Geheimnis" umfasst – vergleichbar zum Datenschutz – Tatsachen, die nur einem beschränkten Personenkreis bekannt (geworden) sind und an deren Geheimhaltung der Betroffene von seinem Standpunkt aus ein sachlich begründetes Interesse hat. § 203 Abs. 3 StGB erstreckt diese Verpflichtung auf ihre berufsmäßig tätigen Gehilfen und auf andere Personen, die bei ihnen zur Vorbereitung auf den Beruf tätig sind. § 203 Abs. 2 StGB verpflichtet im öffentlichen Dienst Stehende in gleicher Weise zur Geheimhaltung fremder Geheimnisse. Arbeitsrechtlich verpflichtet der TVöD Angestellte im öffentlichen Dienst zur Wahrung von Dienstgeheimnissen; § 39 BRRG und § 61 BBG regeln eine entsprechende Verpflichtung für Beamte.

16   Ordnet ein Gericht die Vernehmung eines Mitarbeiters, der bei einem öffentlichen Sozialleistungsträger angestellt ist, über dienstlich bekannt gewordene Tatsachen an, so ist hinsichtlich der Frage einer Zeugnisverweigerung zu unterscheiden, ob es sich um ein Strafverfahren nach der StPO bzw dem JGG oder um ein Zivilverfahren nach der ZPO oder dem FamFG handelt. Ein **Zeugnisverweigerungsrecht** ergibt sich **in zivilrechtlichen Verfahren bzw in Verfahren nach dem FamFG** gemäß § 383 Abs. 1 Nr. 6 ZPO für Personen, denen Kraft ihres Amtes, Standes oder Gewerbes Tatsachen anvertraut sind, deren Geheimhaltung durch ihre Natur oder durch gesetzliche Vorschrift geboten ist, ein Zeugnisverweigerungsrecht hinsichtlich der Tatsachen ein, auf die die Verpflichtung zur Verschwiegenheit sich bezieht. Dies bedeutet, dass Jugendhilfefachkräfte allgemein, die zB im Rahmen des § 65 zur Geheimhaltung verpflichtet sind und die keine Mitteilungspflichten haben, in entsprechenden Zivilprozessen ein Zeugnisverweigerungsrecht geltend machen können (Zöller/Stephan § 383 ZPO Rn 18).

17   Das strafprozessuale Zeugnisverweigerungsrecht ist enger und umfasst nur die in § 53 Abs. 1 Nr. 1-5 StPO aufgezählten Personen (zu denen die Fachkräfte der Jugendhilfe qua Profession nicht zählen) und ihre Hilfspersonen gemäß § 53 a StPO. Dieser Personenkreis ist nicht identisch mit den Personen, denen gemäß § 203 Abs. 1 StGB eine strafrechtliche Schweigepflicht obliegt. Für Mitarbeiter der öffentlichen Jugendhilfe besteht aber auch in diesen Verfahren ein Zeugnisverweigerungsrecht, das über § 35 SGB I zu einer Zeugnisverweigerungspflicht wird. Damit besteht für diesen Personenkreis auch in Strafverfahren die Pflicht, eine Zeugenaussage zu unterlassen, soweit es sich um ein gemäß § 35 Abs. 1 SGB I geschütztes Sozialdatum handelt und keine sozialrechtliche Übermittlungsbefugnis gemäß §§ 64, 65 sowie §§ 68 – 75 SGB X besteht. Wenngleich 35 SGB I allein für die Träger der öffentlichen Jugendhilfe gilt, so muss dieses Recht auf Zeugnisverweigerung auch für freie Träger im Rahmen des § 78 SGB X, also nach Übermittlung von Daten an sie gelten. Denn im Rahmen des § 61 Abs. 3 sind die freien Träger aufgrund der Sicherstellungspflicht durch das zuständige JA zum entsprechenden Sozialdatenschutz verpflichtet. (Kunkel/Kunkel § 61 Rn 203,204).

18   **Im Einzelfall** kann sich ein **strafprozessuales Zeugnisverweigerungsrecht** unmittelbar **aus verfassungsrechtlichen Grundsätzen** ergeben. Dies ist dann der Fall, wenn unabhängig von der Berufszugehörigkeit des Zeugen dessen Vernehmung wegen der Eigenart des Beweisthemas in den durch die Art. 1 und 2 GG grundrechtlich geschützten Bereich der privaten Lebensgestaltung des einzelnen, insbesondere seine Intimsphäre eingreifen würde. Ein solches übergesetzliches Zeugnisverweigerungsrecht im Einzelfall kann gerade auch im Strafprozess in Anspruch genommen werden (BVerfGE 33, 367 für den Fall eines Drogenberaters).

Bestehen Zeugnisverweigerungspflichten, können sie auch nicht durch eine Aussagegenehmigung von **19** Dienstvorgesetzten aufgehoben werden. Nur wenn keine Zeugnisverweigerungspflicht besteht, ist eine Aussagegenehmigung nach § 54 StPO bzw § 376 ZPO notwendig und zulässig, um die schweigeverpflichtete Person von ihrer Schweigepflicht zu entbinden. Unbeschadet dessen darf ein Mitarbeiter der Kinder- und Jugendhilfe als Zeuge sowohl in Strafverfahren wie in Zivilverfahren über Sozialdaten nur aussagen, wenn der Dienstherr eine Aussagegenehmigung erteilt hat. Diese ist aber nur zu erteilen, wenn und soweit eine **Offenbarungsbefugnis** zusteht. Im Übrigen besteht kein strafprozessrechtliches Zeugnisverweigerungsrecht nach § 53 StPO (vgl BVerfGE 33, 367; Giese/Krahmer § 35 SGB I Rn 14; § 50 Rn 22 und § 52 Rn 43).

Das Recht auf **Zeugnisverweigerung** bedeutet nicht, dass die betreffende Person die Aussage verwei- **20** gern muss. Die Entscheidung darüber bleibt ihr jeweils selbst überlassen. Sie muss sich jedoch an den Datenschutzregelungen des SGB VIII orientieren. Besteht für sie eine – nach § 203 StGB strafbewehrte – Verpflichtung zur Verschwiegenheit (zB nach § 65), so ist eine Aussage unbefugt, also unzulässig. Das Recht der Zeugnisverweigerung besteht jedoch dann nicht, wenn ausdrücklich von der Schweigepflicht durch den Betroffenen entbunden worden ist. Diese Regelung steht im Einklang mit der Einwilligungsregelung nach den §§ 62, 65. Unabhängig davon ist hier zu beachten, dass das Gericht die **Aussagegenehmigung** des Dienstherren jeweils einzuholen hat, wenn es Fachkräfte des JA als Zeuge hören will und deshalb zum Beweistermin lädt. In den Fällen der Mitwirkung in gerichtlichen Verfahren (§§ 50, 52) ist die Unterscheidung wichtig, ob das Gericht die betreffende Fachkraft lediglich „informatorisch anhört" oder zu einer Zeugenvernehmung übergeht, für die dann das Zeugnisverweigerungsrecht aktuell wird. Bei der „**Anhörung**" im Rahmen des gerichtlichen Verfahrens (§§ 33, 34, 162 FamFG ist in jedem Fall der **Datenschutz strikt einzuhalten**. Konsequent schließt § 35 Abs. 3 SGB I, wenn eine Übermittlung nicht zulässig ist, die Auskunftspflicht und die Pflicht zur Vorlegung oder Auslieferung von Schriftstücken, Akten und Dateien aus (Proksch 1996, 198; LG Saarbrücken JAmt 2007, 321; DIJuF JAmt 2007, 139.; LG Berlin NDV 1992, 417 Anm Pirani 418; LG Siegen DVJJ-Journal 1996, 84; nach OLG Köln, FuR 1994, 104 muss eine gerichtliche Aktenanforderung geeignet und erforderlich sein).

Da der Sozialleistungsträger als Institution nicht als Zeuge geladen werden kann, ist § 35 Abs. 3 **21** SGB I nach seinem Zweck und Inhalt als Richtschnur für eine Entscheidung heranzuziehen, ob eine Aussagegenehmigung für die jeweilige Fachkraft (überhaupt) erteilt werden darf. Wird sie erteilt, hat die Fachkraft gleichwohl ihre individuelle Verschwiegenheitspflicht gemäß §§ 64, 65 Abs. 1, § 203 StGB, insbesondere ihr Recht auf Zeugnisverweigerung gemäß §§ 383 ZPO, § 29 Abs. 2 FamFG zu beachten.

VIII. Grundsätze zu Anzeige- und Auskunftspflichten

Die Praxis zeigt nach wie vor erhebliche **Unsicherheiten** bei der Frage, ob und wenn ja welche bzw in **22** welchem Umfang **Anzeige- und Auskunftspflichten bestehen**. Die Fragen spitzen sich insbesondere bei Gefährdung des Kindeswohls gemäß § 8 a dahin zu, ob und wann die Fachkräfte des JA dem FamG, der Polizei oder der Staatsanwaltschaft das (vermutete) Vorliegen einer Kindeswohlgefährdung bzw einer **Straftat anzeigen müssen/dürfen**. Hierbei wird zu wenig unterschieden zwischen einer Aufgabe der Kinder- und Jugendhilfe, zB nach § 8 a Abs. 4 die Polizei einzuschalten und der Befugnis, gemäß §§ 64, 65 Sozialdaten zu übermitteln. Grundsatz nach dem Sozialdatenschutzrecht des SGB, insb. auch des SGB VIII, ist, dass eine Anzeige- und Auskunftspflicht, wie auch eine Zeugnispflicht nur insoweit besteht, wie das Sozialdatenschutzrecht eine entsprechende Übermittlung von Sozialdaten zulässt bzw dazu befugt (§ 35 Abs. 3 SGB I, §§ 69 ff SGB X, §§ 64, 65). Die Erstattung einer Anzeige, die Erteilung einer Auskunft bzw einer Auskunftsgenehmigung und die Herausgabe von Akten ist deshalb nur dann zulässig, wenn eine entsprechende Übermittlungsbefugnis sich aus dem SGB ergibt (vgl DIJuF 2007, 139).

Für die Jugendhilfe ergibt sich aus § 65 Abs. 1 Nr. 2, 4 eine entsprechende datenschutzrechtlich kon- **23** kretisierte Befugnis zur Übermittlung von Sozialdaten in den Fällen des § 8 a Abs. 3 nur gegenüber dem FamG. Das JA (und damit die zuständige Fachkraft) darf und muss (nur) das FamG gemäß § 8 a Abs. 1 Satz 1, 1. Halbsatz anrufen (nicht die Polizei, Staatsanwaltschaft oder Strafgericht) und damit Sozialdaten übermitteln, „wenn das JA das Tätigwerden des Familiengerichts für erforderlich hält". Das gilt auch, „wenn die Personenberechtigten oder die Erziehungsberechtigten nicht bereit oder in der Lage sind, bei der Abschätzung des Gefährdungsrisikos (betreffend die Gefährdung des Wohls des Kindes oder Jugendlichen) mitzuwirken". Eine Weitergabe von Informationen durch das FamG an die Strafjustiz ist gemäß § 78 Abs. 1 Sätze 3, 4 SGB X nur insoweit zulässig, als „eine in § 35 SGB I genannte Stelle zur Übermittlung an den weiteren Empfänger befugt wäre". Danach muss eine Weitergabe wegen § 65 unterbleiben, wenn der Zweck des § 8 a Abs. 3 allein durch Maßnahmen des FamG erreicht werden kann. Zum Beispiel muss das FamG entscheiden, ob für das Kind trotz familiengerichtlicher Maßnahmen eine weitere Gefährdung besteht, die nur strafrechtlich, zB durch Inhaftnahme des Täters, behebbar ist. Eine Anzeigepflicht im Hinblick auf „strafbare Handlungen" besteht für Fachkräfte der Jugendhilfe, wie für jede andere Person, (nur) im Rahmen des § 138 StGB. Soweit zum Zweck der Beweissicherung oder zur Abwendung einer akuten Kindeswohlgefährdung die Einschaltung der Polizei gemäß § 8 a Abs. 4 Satz 2 notwendig wird, ergibt sich die entsprechende datenschutzrechtliche Befugnis hierzu aus §§ 62 Abs. 3 Nr. 2 Buchst. d, 65 Abs. 1 Nr. 4.

IX. Grundsätze zur Vorlage und Beschlagnahme von Jugendhilfeakten

24 Sozialleistungsträger sind nach § 35 Abs. 3 SGB I grundsätzlich nicht verpflichtet, der Polizei, der Staatsanwaltschaft oder dem Strafrichter Akten oder Dateien vorzulegen oder auszuliefern, die Sozialdaten enthalten. § 35 Abs. 3 SGB I lässt auch die Vorlage von Akten nur insoweit zu, wie entsprechende Übermittlungsbefugnisse nach dem SGB bestehen. Eine Übermittlungsbefugnis kann sich aus § 69 Abs. 1 Nr. 2 SGB X ergeben, wenn der Leistungsträger selbst ein Ermittlungsverfahren einleitet, ferner aus §§ 71, 73, 74 SGB X. Die Übermittlung von Sozialdaten für die Durchführung eines Strafverfahrens setzt jedoch immer eine richterliche Anordnung voraus (§ 73 Abs. 3). Polizei und Staatsanwaltschaft haben keinen eigenen Anspruch auf Auskunft. Die Leistungsträger haben aber zusätzlich immer auch die zusätzlichen Einschränkungen aus anderen Rechtsnormen zu beachten, die vorgehen, so aus § 76 SGB X und für die Jugendhilfe aus §§ 64, 65. Die Regelungen zB in § 99 VwGO, §§ 94 ff StPO über die Vorlegung bzw Beschlagnahme von Akten sind dadurch eingeschränkt. Gegen gerichtliche Ersuchen, die auf eine unzulässige Vorlegung gerichtet sind, schützt sich der Leistungsträger durch einen entsprechenden Sperrvermerk der zuständigen obersten Dienstbehörde (vgl § 96 StPO, § 99 Abs. 1 Satz 2 VwGO, § 119 SGG; dazu BVerfG NJW 1984, 2275).

25 Für **Beschlagnahmen** gilt ebenfalls der Grundsatz gemäß § 35 Abs. 3 SGB I. Danach besteht ein Verbot der Beschlagnahme, soweit Sozialdaten nach den Bestimmungen des SGB nicht übermittelt werden dürfen. Die Strafjustiz hat zu prüfen, ob die Voraussetzungen der § 67 c SGB X gegeben sind. Besondere Bedeutung kommt dabei allerdings § 64 Abs. 2 zu, der die Erforderlichkeit iSv § 69 SGB X dahingehend konkretisiert, als die Datenübermittlung nur zulässig ist, „soweit dadurch der Erfolg einer zu gewährenden Leistung nicht in Frage gestellt wird". Auch § 203 StGB und § 65 schränken die entsprechenden Befugnisse ein. In jedem Fall ist das Verfassungsgebot der Verhältnismäßigkeit zu beachten (Wiesner/Mörsberger Vor § 61 Rn 47). Gegen die Anordnung der Beschlagnahme ist die Beschwerde zulässig. Es empfiehlt sich, gleichzeitig die Aussetzung der Vollziehung der Beschlagnahme zu beantragen.

26 Soweit personenbezogene Daten Unbeteiligter bei Durchsuchungen oder Beschlagnahmen der Staatsanwaltschaft bekannt werden, kommt zum Schutz des Verfassungsrechts auf informationelle Selbstbestimmung (Art. 2 Abs. 1 GG) und zur Sicherung des Vertrauensverhältnisses von Berufsgeheimnisträgern ein Beweisverwertungsverbot in Betracht (BVerfG NJW 2005, 1917). Der Sozialdatenschutz „schottet" damit die Sozialleistungsträger von anderen Behörden „ab". Das bedeutet nicht „Tatenschutz durch Täterschutz", sondern ganz konkret rechtlich die Beachtung des Grundrechts auf informationelle Selbstbestimmung Verfassungsrechts gemäß Art. 2 Abs. 1 GG wie auch sozialpädagogischer Grundsätze, dass personalisierte Hilfe nur effektiv und nachhaltig geleistet werden und wirken kann, wenn zwischen den Fachkräften der Sozialleistungsträger und den Hilfesuchenden ein Vertrauensverhältnis etabliert und erhalten werden kann. Trotz sehr klarer gesetzlicher Regelungen versuchen Gerichte und Staatsanwaltschaften immer wieder, sich Zugriff auf Daten/Akten zu erzwingen, für die der Sozialdatenschutz gilt (LG Fulda JAmt 2004, 438;). Sie pochen auf die Herausgabe von Akten und beschlagnahmen bei Widerspruch ohne Rücksicht auf die Folgen für die Arbeit der Jugendhilfe mit den Betroffenen. Oft scheint es so, als ob weder die agierenden Zivil- und Strafjuristen noch die einlenkenden Juristen in den Kommunen oder bei den freien Trägern ein klares Bild von der Gesetzes- und Rechtslage haben. Sehr deutlich kritisiert zB das OLG Celle diese Praxis als „objektiv willkürlich, wenn die Entscheidung unter keinem rechtlichen Aspekt rechtlich vertretbar ist und sich der Verdacht aufdrängt, dass sie auf sachfremden Überlegungen beruht" (NJW 1997, 2964; auch LG Saarbrücken, JAmt 2007, 321).

27 Ein unzulässiger Umgang mit geschützten Sozialdaten macht Behörden gemäß § 839 BGB iVm Art. 34 GG schadensersatzpflichtig. Fachkräfte, die unbefugt Sozialdaten übermitteln, können sich strafbar machen (§ 85 SGB X, § 203 StGB).

X. Datenschutz durch kirchliche Träger und sonstige freie Träger und durch Religionsgemeinschaften

Beim Sozialdatenschutz durch Religionsgesellschaften, kirchliche und andere freie Träger ist wie bei **28** öffentlichen Trägern zu unterscheiden zwischen dem stellen- und dem personenbezogenen Sozialdatenschutz. Der **personenbezogene Sozialdatenschutz** folgt aus § 203 StGB und gilt uneingeschränkt für die betroffenen Fachkräfte auch bei den freien (dh allen nicht öffentlichen) Trägern. Der **stellenbezogenen Sozialdatenschutz** iSd § 35 Abs. 1 SGB I, §§ 67 ff SBG X und §§ 61 ff gilt nicht im Bereich der freien Träger, nicht im Bereich der freien Wohlfahrtsverbände oder der Kirchen, weil sie nicht Leistungsträger iSv § 35 Abs. 1 SGB I sind. Für sie gelten grundsätzlich nur deren trägerinterner Sozialdatenschutz und die allgemeinen Regelungen des BDSG (§§ 27 ff BDSG) bzw der jeweiligen Landesdatenschutzgesetze. Das Sozialdatenschutzrecht des SGB findet jedoch mittelbar über eine Sicherstellungsverpflichtung der freien Trägern gemäß § 61 Abs. 3 Anwendung. Dies führt zu einer faktischen Gleichbehandlung des Sozialdatenschutzes bei freien und bei öffentlichen Trägern. In jedem Fall gilt aber **Zweckbindung** gemäß § 78 SGB X. Gemäß § 78 Abs. 1 Satz 2 SGB X haben „die Empfänger die Daten in demselben Umfang geheim zu halten wie die in § 35 SGB I genannten Stellen". Nach § 78 Abs. 2 SGB X sind die bei freien Trägern beschäftigten Personen, die übermittelte Daten verarbeiten oder nutzen, spätestens bei der Übermittlung auf die Einhaltung der Sozialdatenschutzverpflichtung nach Abs. 1 hinzuweisen. Schließlich gelten personenbezogen jeweils die gesetzlichen, tariflichen und individualrechtlich vereinbarten arbeits- und dienstrechtlichen Geheimhaltungsregelungen (vgl im Einzelnen Proksch 1996, 204 ff.

Für Einrichtungen der **Caritas** und der **Diakonischen Werke** gelten wie bei den anderen freien Trägern **29** ebenfalls die jeweiligen arbeits- bzw dienstvertraglichen Schweigeverpflichtungen, die strafrechtliche Schweigepflicht gemäß § 203 StGB, die entsprechenden Zeugnisverweigerungsbefugnisse, die Notwendigkeiten einer Aussagegenehmigung und die Sozialdatenschutzvorschriften des SGB gemäß § 78 SGB X, § 61 Abs. 3. Der allgemeine Datenschutz richtet sich ferner nach den entsprechenden **Datenschutzverordnungen der Kirchen**. Die evangelische wie auch die katholische Kirche haben eigene Datenschutzgesetze erlassen, die für ihren Bereich gelten. Für die evangelische Kirche gilt derzeit das „Kirchengesetz über den Datenschutz der EKD" vom 15.12.2002 (ABl EKD, 381), für die katholische Kirche für die meisten Diözesen seit dem 1.1.1994 die Anordnung über den kirchlichen Datenschutz (KDO) vom 23.6.2003 (www.datenschutz-kirche.de).

Der Sozialdatenschutz bei der **Caritas** bzw beim **Diakonischen Werk** mit ihren Einrichtungen richtet **30** sich deshalb auch nach dem **Datenschutzrecht der katholischen bzw der evangelischen Kirche**. Die Prinzipien der Zweckbindung, der Erforderlichkeit, des Auskunftsrechts des Betroffenen und auch die Bestellung der Datenschutzbeauftragten sind in beide kirchlichen Datenschutzgesetze eingeflossen. Die besonderen Bestimmungen über den Schutz des Beicht- und Seelsorgergeheimnisses sowie über die Amtsverschwiegenheit gehen dem Sozialdatenschutz vor. Die Vorschriften reichen im Einzelnen weiter als die staatlichen und individualrechtlichen Schweigeverpflichtungen. Diözesenbeschäftigte gelten im Rahmen von Staatsverträgen Kirche-Bundesland als „andere Personen des öffentlichen Dienstes"; sie brauchen eine Aussagegenehmigung (OLG Zweibrücken FamRZ 1995, 679). Bei der Wahrnehmung von Aufgaben nach dem SGB VIII, insbesondere nach § 8 a, sind sie vom öffentlichen Träger darauf zu verpflichten, in den Verträgen mit den Ratsuchenden, die kinder- und jugendhilfespezifischen Besonderheiten beim funktionalen Schutz der Hilfebeziehungen zu beachten (DIJuF JAmt 2007, 525, 526).

Weiterführende Literaturhinweise:

Proksch 1996; *Wilmers-Rauschert* 2004 *Tammen* Grundzüge des Sozialdatenschutzes, UJ 2007, 126; 176; 225.

§ 61 Anwendungsbereich

(1) ¹Für den Schutz von Sozialdaten bei ihrer Erhebung und Verwendung in der Jugendhilfe gelten § 35 des Ersten Buches, §§ 67 bis 85 a des Zehnten Buches sowie die nachfolgenden Vorschriften. ²Sie gelten für alle Stellen des Trägers der öffentlichen Jugendhilfe, soweit sie Aufgaben nach diesem Buch wahrnehmen. ³Für die Wahrnehmung von Aufgaben nach diesem Buch durch kreisangehörige Gemeinden und Gemeindeverbände, die nicht örtliche Träger sind, gelten die Sätze 1 und 2 entsprechend.

(2) Für den Schutz von Sozialdaten bei ihrer Erhebung und Verwendung im Rahmen der Tätigkeit des Jugendamts als Amtspfleger, Amtsvormund, Beistand und Gegenvormund gilt nur § 68.

(3) Werden Einrichtungen und Dienste der Träger der freien Jugendhilfe in Anspruch genommen, so ist sicherzustellen, dass der Schutz der personenbezogenen Daten bei der Erhebung und Verwendung in entsprechender Weise gewährleistet ist.

I. Bereichsspezifischer Vorrang des Jugendhilfe-Datenschutzes

1 § 61 regelt die Grundlagen des **bereichsspezifischen Jugendhilfe-Datenschutzes**. Nach Abs. 1 Satz 1 gelten für den Schutz von Sozialdaten bei ihrer Erhebung und Verwendung in der Jugendhilfe § 35 SGB I, §§ 67 bis 85 a SGB X sowie die bereichsspezifischen Regelungen der §§ 61 bis 68. Letztere sollen die Regelungen des Sozialdatenschutzes der § 35 SGB I, §§ 67 ff. SGB X im Bereich der Jugendhilfe enger knüpfen, um einen Missbrauch von Daten und Informationen zu verhindern, die bei der Tätigkeit des JA über den betroffenen Minderjährigen und sein soziales Umfeld einfließen. Sie stellen also „Einschränkungen der Schranken (Schranken-Schranken) für die Jugendhilfe" dar (Kunkel ZfJ 1995, 354).

2 Soweit das SGB VIII abschließende Regelungen bzw Abweichungen vom allgemeinen Sozialdatenschutzrecht nach dem SGB I, SGB X, dem BDSG und den Landesdatenschutzgesetzen enthält, gehen seine Datenschutzregelungen als **Spezialvorschriften** den Regelungen im SGB I, SGB X, im BDSG sowie in den Landesdatenschutzgesetzen vor. Letztere gelten für die Jugendhilfe nur, wenn es keine spezielle Regelung in den §§ 61 bis 68 gibt und eine evtl vorhandene Lücke nicht gewollt war. So gilt für den Datenschutz im Rahmen der Tätigkeit des JA als Amtspfleger, Amtsvormund, Beistand und Gegenvormund wegen § 61 Abs. 2 nur § 68 (§ 68 Rn 1).

3 Die Regelungen des Sozialdatenschutzes im SGB VIII sind mit § 37 SGB I vereinbar. § 37 SGB I bezweckt die **Garantie einer struktur- und inhaltsbeständigen Systematik** des SGB. § 37 Satz 2 SGB I schützt die Regelung des Sozialgeheimnisses in § 35 SGB I vor abweichenden Regelungen in den besonderen Teilen des SGB. Auf Regelungen des Sozialdatenschutzes, die vom Zweiten Kapitel des SGB X abweichen, bezieht sich diese Sperre nach dem Wortlaut des § 37 Satz 2 SGB I nicht mehr. Daher sind in den einzelnen Büchern des SGB zwar keine Veränderungen gegenüber § 35 SGB I zulässig, doch sind Abweichungen vom SGB X möglich. Nach § 37 Satz 1 gelten SGB I und SGB X für alle Sozialleistungsbereiche dieses Gesetzbuchs (also des gesamten SGB I bis XII), soweit sich aus den übrigen Büchern (zB dem SGB VIII) nichts Abweichendes ergibt. Die Sozialdatenschutzvorschriften der §§ 61 bis 68 sind deshalb für die Kinder- und Jugendhilfe vorrangig zu beachtende Regelungen, die nach § 37 Satz 1, 2 SGB I sozialrechtlich möglich und nach den Vorgaben des BVerfG (E 65, 1 ff) verfassungsrechtlich geboten sind.

II. Gegenstand des Sozialdatenschutzes

4 Abs. 1 Satz 1 schützt **Sozialdaten** in der Begrifflichkeit des § 35 SGB I, der §§ 67 ff SGB X und des BDSG (§ 1 Abs. 1 BDSG). Danach sind Sozialdaten Einzelangaben über persönliche oder sachliche Verhältnisse einer bestimmten oder bestimmbaren natürlichen Person (Betroffener; § 3 Abs. 1 BDSG, § 67 Abs. 1 Satz 1 SGB X).

Betroffener ist nach diesen Regelungen die „bestimmte oder bestimmbare Person", auf die sich die 5 jeweiligen Einzelangaben beziehen. Damit kommt es datenschutzrechtlich grundsätzlich auf ihn an.

Einzelangaben iSd Definition sind Daten, dh Informationen (Giese/ Krahmer § 35 SGB I Rn 7; Wiesner/ 6 Mörsberger Anhang § 61, § 67 SGB X Rn 4), die sich auf eine natürliche Person beziehen (zB Name, Geschlecht, Alter) oder geeignet sind, einen Bezug zu ihr herzustellen (zB Ausweis- und Versicherungsnummer). Erfasst werden also alle Identifikationsdaten der jeweiligen **natürlichen Person** über berufliche, wirtschaftliche, familiäre, gesundheitliche Verhältnisse sowie weitere Informationen (zB Freiheitsstrafen, rassische, politische Zugehörigkeit). Immer muss es sich um Einzelangaben zu natürlichen Personen handeln. Juristische Personen (zB eV oder GmbH) und Personengemeinschaften (nichtrechtsfähige Vereine, Gesellschaften des BGB, offene Handelsgesellschaften oder Wohngemeinschaften) werden vom Gesetz nicht geschützt (Ordemann/Schomerus § 21 Erl. 5). Einzelangaben sind zu unterscheiden von aggregierten oder anonymisierten Daten sowie von Sammelangaben über Personengruppen. Keine Einzelangaben sind Angaben über eine einzelne Person, die aber nicht identifizierbar ist (vgl Ordemann/Schomerus § 21 Erl. 1).

Persönliche Verhältnisse sind Angaben über den Betroffenen selbst, seine Identifizierung und Charak- 7 terisierung (zB Name, Anschrift, Familienstand, Geburtsdatum, Staatsangehörigkeit, Konfession, Beruf, äußeres Erscheinungsbild, Charaktereigenschaften, Krankheiten, Überzeugungen). Auch der vorübergehende Aufenthalt bei einem Leistungsträger gehört dazu (LG Berlin NDV 1983, 151; KG NDV 1985, 52). Werturteile können Einzelangaben über persönliche Verhältnisse des Betroffenen sein, denn „Angaben" über „Verhältnisse" sind nicht begriffsnotwendig nur Tatsachen (Ordemann/Schomerus § 21 Erl. 2).

Sachliche Verhältnisse sind Angaben über einen auf den Betroffenen beziehbaren Sachverhalt, zB 8 Grundbesitz, bewegliches Eigentum, Einkommen, Vermögen, vertragliche oder sonstige Beziehungen zu Dritten (Ordemann/ Schomerus § 21 Erl. 2).

III. Inhaber des Anspruchs – Definition Betroffener

Inhaber des Anspruchs auf Sozialdatenschutz ist „jeder **Betroffene**" iSd (Sozial-) Datenschutzrechts 9 (§ 67 Abs. 1 Satz 1 SGB X; § 3 Abs. 1 BDSG), also die Person, auf die die personenbezogenen Daten unmittelbar bezogen sind. Der „Betroffene" ist zu unterscheiden vom „Dritten" (vgl die Definition in § 67 Abs. 10 SGB X) und vom „Klienten" (Hilfeempfänger, Ratsuchender) oder sonst an einer Sozialleistung Beteiligten (vgl § 62 Abs. 4). Betroffene ist jede Person, über die Informationen erhoben, gespeichert oder verwendet werden. Macht eine Person (Geheimnisübermittler) Angaben über eine (andere) dritte Person (Geheimnisinhaber; zB Kind über seine Eltern), handelt es sich um Sozialdaten mit Doppelbezug oder Drittwirkung. Betroffener ist jede der beiden Personen (hier also zB Kind und seine Eltern). Denn sowohl die Mitteilung als auch die mitgeteilte Information sind als Sozialdatum geschützt. Deshalb ist die Einwilligung zur Datenverarbeitung und Datennutzung (§ 67 b SGB X) oder zur Datenerhebung am Betroffenen vorbei (§ 62 Abs. 2) vom Betroffenen selbst zu erteilen bzw ist die Datenweitergabe nach § 65 nur mit (vorheriger) Einwilligung dessen zulässig, der die Daten anvertraut hat. Es bedarf daher für jeden Einzelfall der klaren begrifflichen Erklärung, wer „Betroffener" iSd Sozialdatenschutzes ist (Wiesner/Mörsberger § 62 Rn 11 ff; § 65 Rn 15 ff; Anhang § 61, § 67 b SGB X Rn 3–5).

Betroffene sind danach zunächst die Leistungsberechtigten und darüber hinaus alle dritten natürlichen 10 Personen, über die anlässlich der Beantragung oder Gewährung einer Sozialleistung in der Kinder- und Jugendhilfe durch einen Leistungsberechtigten oder auf eine andere Art Informationen bekannt geworden sind. Solche Dritte können zB Verwandte eines Leistungsberechtigten sein, über die bei der Familienanamnese Informationen erhoben worden sind oder wegen deren Vermögensverhältnisse die Kostentragungspflicht geprüft werden mussten. Betroffene können schließlich mehrere Personen gleichzeitig sein. Denn ist durch eine Information der unmittelbare Bezug zu mehreren Personen gegeben, so ist jede Person als Betroffene und damit als Inhaber des Sozialdatenanspruchs anzusehen. Dies ergibt sich vor allem bei Beziehungsinformationen, wie zB „Kind von", „verheiratet mit", „Patient des".

IV. Anspruchsinhalt

Anspruchsinhalt ist ein umfassender **positiver und abwehrender Schutz**. Der positive Schutz von So- 11 zialdaten muss durch personelle, organisatorische oder technische Vorkehrungen gesichert werden (vgl

Anlage zu § 78 a SGB X; zB die sorgfältige Auswahl externer Hilfspersonen; Einlegung von Rechtsmitteln oder anderen Rechtsbehelfen, soweit Zweifel an der Rechtmäßigkeit eines Ermittlungsersuchens bestehen, ohne dass eine eigene Entscheidungsbefugnis gegeben ist). Der abwehrende Schutzinhalt besteht darin, dass die Adressaten des Datenschutzes sich personenbezogener Daten nur in dem Maß bedienen dürfen, wie es nach den Datenschutzvorschriften erlaubt ist. Soweit eine Übermittlung bzw Weitergabe nicht zulässig ist, besteht auch keine Auskunftspflicht, keine Zeugnispflicht und keine Pflicht zur Vorlegung oder Auslieferung von Schriftstücken, Akten und Dateien (§ 35 Abs. 3 SGB I, § 65 Abs. 2; VorKap. 4 Rn 24). Damit ist sichergestellt worden, dass eine nach dem Sozialdatenschutzrecht unzulässige Übermittlung oder Weitergabe von Sozialdaten auch nicht auf dem Wege der Rechtshilfe, der Auskunftserteilung, der Berichterstattung oder Unterrichtung, der Zeugenaussage, der Beschlagnahme von Informationsträgern oder auf andere Weise prozessual erzwungen werden kann (Wiesner/Mörsberger Anhang § 61, § 35 SGB I Rn 13 ff; VorKap. 4 Rn 24 ff, § 65 Rn 22).

V. Datenschutzrechtlich schutzwürdige Eingriffe

12 Abs. 1 Satz 1 nennt die **Erhebung und Verwendung** (Rn 13) von Sozialdaten als datenschutzrechtlich schutzwürdige Eingriffe in das Grundrecht auf informationelle Selbstbestimmung. Solche Eingriffe bedürfen einer ausdrücklichen und eindeutigen gesetzlichen Ermächtigungsgrundlage (**Eingriffsbefugnis**). Sie müssen dem verfassungsrechtlichen Übermaßverbot (**Verhältnismäßigkeitsprinzip**) entsprechen. Dabei erhalten die für die Rechtmäßigkeit von Datenerhebung, -verarbeitung und -nutzung maßgeblichen Rechtsbegriffe der **Erforderlichkeit** und **Zweckbindung** entscheidende Bedeutung (§ 62 Abs. 1, §§ 63, 64 Abs. 1). Die maßgeblichen Eingriffstatbestände sind im SGB X (vor allem in § 67 SGB X) definiert. Danach ergeben sich folgende Begriffsbestimmungen, die auch im SGB VIII gelten:

13 ■ **Erheben** als Beschaffen von Daten über den Betroffenen (§ 67 Abs. 5 SGB X). Hierunter ist jedes gezielt betriebene Gewinnen personenbezogener Daten unter Mitwirkung des Betroffenen (zB Befragungen oder Fragestellungen in einem Antrag, Beobachten, Untersuchen; auch Fotografieren), anderer Behörden oder privater Dritter sowie durch zweckgerichtete Beobachtungen (vgl Ordemann/Schomerus § 92) zu verstehen. Datenerhebung iSd Datenschutzes ist nicht die zufällig erlangte oder aufgedrängte Information. Für sie gelten jedoch ebenfalls die Schutzvorschriften der §§ 63 ff. Der Schutz von Sozialdaten ist also nicht von ihrer Erhebung abhängig. Allerdings unterliegt die Erhebung den datenschutzrechtlichen Sonderbestimmungen des SGB VIII. Das Erheben kann zusammenfallen mit dem Speichern oder mit dem Übermitteln (zB wenn Dritte befragt werden).

■ **Verwenden** als Oberbegriff für Verarbeiten und Nutzen von Sozialdaten (§ 67 Abs. 7 SGB X). Im Rahmen der Neuregelung auch des Sozialdatenschutzes im SGB VIII durch das KICK wurden die Begriffe an das SGB X angepasst (VorKap. 4 Rn 7). So verwendet das SGB VIII nunmehr durchgehend auch in den Datenschutzregelungen (vgl § 61 Abs. 2 und 3, § 62 Abs. 2 Satz 2, § 68 Abs. 1 und 4) den Begriff „Verwenden", der Verarbeiten und Nutzen einschließt.

■ **Verarbeiten** als Speichern, Verändern, Übermitteln, Sperren und Löschen von Sozialdaten (§ 67 Abs. 6 Satz 1 SGB X). Datenverarbeitung meint grundsätzlich die nach der Datenerhebung beginnenden geschützten Phasen des Speicherns (§ 63), Veränderns, Übermittelns/Nutzens/ Weitergebens (§§ 64, 65), des Sperrens und Löschens (§ 84 SGB X). Im Sinne des Datenschutzrechts ist, ungeachtet der dabei verwendeten Verfahren, also unabhängig davon, ob es im Wege der automatischen/elektronischen Datenverarbeitung oder mit herkömmlichen Methoden (zB Karten/Akten) erfolgt. **Speichern** als Erfassen, Aufnehmen oder Aufbewahren von Sozialdaten auf einem **Datenträger zum Zwecke ihrer weiteren Verarbeitung oder Nutzung** (§ 67 Abs. 6 Satz 2 Nr. 1 SGB X). Zu den erfassten Datenträgern zählen auch Akten. **Speichern beginnt mit dem Fixieren** der erhobenen Daten auf einem Datenträger. Das Erheben und Speichern fallen häufig zusammen, zB bei der Aufnahme von anlässlich eines Gesprächs erhobener Daten in einen Antrag. „Verantwortliche" Stelle iSd § 67 Abs. 9 SGB X ist auch die „speichernde" Stelle, weil das „Verarbeiten" von Sozialdaten das „Speichern" einschließt, wie sich aus der Legaldefinition des Verarbeitens in § 67 Abs. 6 Satz 1 SGB X ergibt.

■ **Verändern** als inhaltliches Umgestalten gespeicherter Sozialdaten (§ 67 Abs. 6 Satz 2 Nr. 2 SGB X), was einen zielgerichteten Eingriff in den Inhalt der Daten voraussetzt. Eine reine formale Umgestaltung ohne Einwirkung auf den Inhalt ist keine Veränderung.

■ **Übermitteln** als Bekanntgeben gespeicherter Sozialdaten oder durch Datenverarbeitung gewonnener Sozialdaten an einen Dritten (Empfänger außerhalb der speichernden Stelle, wobei der Dritte nicht der Betroffene ist) in der Weise, dass die Daten durch die speichernde Stelle an den Dritten weitergegeben werden oder der Dritte von der speichernden Stelle zur Einsicht oder zum Abruf bereitgehaltene Daten einsieht oder abruft; Übermitteln ist aber auch das Bekanntgeben nicht gespeicherter Sozialdaten (§ 67 Abs. 6 Satz 2 Nr. 3 SGB X).

- **Sperren** als vollständiges oder teilweises Untersagen der weiteren Verarbeitung oder Nutzung von Sozialdaten durch entsprechende Kennzeichnung (§ 67 Abs. 6 Satz 2 Nr. 4 SGB X).
- **Löschen** als Unkenntlichmachen gespeicherter Sozialdaten (§ 67 Abs. 6 Satz 2 Nr. 5 SGB X). Unter Löschung ist jede Form des vollständigen Unkenntlichmachens gespeicherter Daten zu verstehen, von der physischen Vernichtung der Daten oder der Datenträger (zB Reißwolf bei Schriftgut, technischen Maßnahmen/Befehle bei Computern) bis hin zur Unkenntlichmachung einzelner Passagen (zB endgültiges Unleserlichmachen durch nicht identifizierbares Überschreiben oder Schwärzen). Bloße kennzeichnende Hinweise, dass die Informationen nicht mehr gelten sollen, sind keine Löschung. Deshalb reichen bloße organisatorische Maßnahmen, den Zugriff zu verhindern oder ihn nur zu verbieten, nicht aus. Ausreichend ist jedoch, nur den Teil der Datensammlung zu vernichten, der zu löschen ist, den anderen Teil der Daten aus einer Sammlung jedoch bestehen zu lassen.
- **Nutzen** als jede Verwendung von Sozialdaten, soweit es sich nicht um Verarbeitung handelt, auch die Weitergabe innerhalb der verantwortlichen (bisher: speichernden; s.o.) Stelle (§ 67 Abs. 7 SGB X).
- **Anonymisieren** als Verändern von Sozialdaten derart, dass die Einzelangaben über persönliche oder sachliche Verhältnisse nicht mehr oder nur mit einem unverhältnismäßig großen Aufwand an Zeit, Kosten und Arbeitskraft einer bestimmten oder bestimmbaren natürlichen Person zugeordnet werden können (§ 67 Abs. 8 SGB X; § 64 Abs. 2 a).
- **Pseudonymisieren** als Ersetzen des Namens und anderer Identifikationsmerkmale durch ein Kennzeichen zu dem Zweck, die Bestimmung des Betroffenen auszuschließen oder wesentlich zu erschweren (§ 67 Abs. 8 a SGB X; § 64 Abs. 2 a)
- **Weitergeben** ist im SGB X nicht ausdrücklich definiert. Der Begriff wird in § 65 statt des bisherigen Begriffes „Offenbarung" gebraucht und ist als Oberbegriff zur „Übermittlung" (nur außerhalb) und zur „Nutzung" auch innerhalb der speichernden Stelle (vgl § 67 Abs. 7 SGB X) zu verstehen.

Nach Abs. 1 Satz 1 gelten die Bestimmungen nur für das **Tätigwerden im Rahmen der Aufgabenerfüllung in der Jugendhilfe.** Daher fallen personenbezogene Informationen nicht in den Anwendungsbereich der §§ 61 ff, wenn sie in der Funktion als Arbeitgeber oder sonst wie außerhalb des SGB VIII (zB privat) erlangt worden sind. Für solche Informationen greifen Normen allgemeinen Datenschutzrechtes (Giese/Krahmer, § 35 SGB I Rn 7.4; GK/Kunkel § 61 Rn 16 ff.). **14**

VI. Adressaten des Datenschutzes

Nach Abs. 1 Satz 2 gilt der bereichsspezifische Datenschutz der Jugendhilfe für **alle Stellen des Trägers der öffentlichen Jugendhilfe** (§ 27 Abs. 2 SGB I; § 69 Abs. 1), **soweit sie Aufgaben nach diesem Buch wahrnehmen** (zu den Abweichungen gegenüber § 35 SGB I Jans u.a./Maas/Törnig § 61 Rn 7, 8), zB auch für Einrichtungen und Anstalten der öffentlichen Jugendhilfe wie Erziehungsberatungsstellen, Kindergärten und Jugendhäuser. Hierzu zählen insb. auch die Mitwirkungsaufgaben in gerichtlichen Verfahren, auch in Verfahren nach dem JGG (§ 27 SGB I, §§ 52, 62 Abs. 3 Nr. 2 Buchst. c), wie auch Tätigkeiten, die in den Ausführungsgesetzen zum KJHG/SGB VIII vorgesehen sind. Da nach Abs. 1 Satz 2 der sachliche Zusammenhang zwischen Aufgaben und Befugnissen entscheidend ist für die Geltung des Datenschutzes nach dem SGB VIII, ist auf den **funktionalen Stellenbegriff** abzustellen. Der funktionale Stellenbegriff orientiert sich grundsätzlich an den gesetzlich geregelten, sachlichen Aufgaben, Befugnissen und Zusammenhängen. **15**

Mit den klarstellenden Begriffsbestimmungen „verantwortliche Stelle" (§ 67 Abs. 9 SGB X „Übermitteln" (§ 67 Abs. 6 Nr. 3 SGB X), „Empfänger" (§ 67 Abs. 10 Satz 1 SGB X) und „Dritter" (§ 67 Abs. 10 Sätze 2 und 3 SGB X) erhält die „funktionale" Bestimmung des Begriffs der Stelle auch für das SGB VIII eine klare gesetzliche Grundlage. Vom Begriff „Stelle" hängt ab, ab wann die Weitergabe von Sozialdaten legitimationsbedürftig ist. Das „Übermitteln" ist die Weitergabe durch die speichernde Stelle an einen Dritten, also jede Person oder Stelle außerhalb der speichernden Stelle. Die **„speichernde Stelle"** ist die **Organisationseinheit, die eine Aufgabe funktional durchführt.** Somit ist die Übermittlung dann legitimationsbedürftig, wenn Daten von einer funktional zuständigen Stelle zur anderen weitergegeben werden. Innerhalb einer Kommune ist funktional für das SGB VIII das JA die zuständige Stelle, so dass kein freier Datenfluss, etwa zwischen JA oder Sozialamt oder anderen Ämtern, erlaubt ist. **16**

Soweit die Stelle ämterübergreifend organisiert ist (zB der ASD), ist bezüglich seiner Aufgabe von einer funktionellen Einheit dieser Stelle auszugehen (Giese/Krahmer § 35 SGB I Rn 9.3).

17   **Innerhalb des einzelnen Amtes** ist stets auf die **funktional kleinste Einheit** abzustellen. Damit ist klargestellt, dass zwischen einzelnen Stellen derselben Behörde kein freier Datenfluss zulässig ist, also auch nicht innerhalb der Stellen des JA selbst (zB der Erziehungsberatung und dem Sozialen Dienst). Lediglich innerhalb der jeweils – funktional definierten – einheitlichen Stelle ist die Nutzung der Daten unter Beachtung des konkreten Zwecks der Datenerhebung und unter Berücksichtigung sonstiger beschränkender Normen (zB § 65) zulässig (vgl Wiesner/Mörsberger § 61 Rn 7 ff; s.u. § 63 Rn 6). Dabei umfasst der datenschutzrechtliche Stellenbegriff den **hierarchischen Stellenaufbau**, also die **vertikale Stellenorganisation** von der Mitarbeiterin an der Basis bis hin zur Vorgesetzten oder Stellenleiterin bzw Dezernentin. Inwieweit der Oberbürgermeister anstelle der Beigeordneten/Dezernenten oder über ihnen als Hierarchiespitze zur Stelle zählt, ergibt sich aus den einzelnen Gemeindeordnungen. Dies bedeutet zugleich eine datenschutzrechtliche Abschottung zu den anderen (nebeneinander, **horizontal organisierten**) Stellen derselben Behörde. Diese Interpretation gilt auch für die Aufgabenerfüllung durch Teams/Hilfekonferenzen o. ä. Stets ist auf eine zweckbezogene Stellenklärung zu achten.

18   Die **Träger der öffentlichen Jugendhilfe** sind die in § 69 Abs. 1 Satz 1 benannten örtlichen und überörtlichen Träger. Dies bedeutet für den Datenschutz, dass nicht nur etwa das JA datenschutzrechtlich verpflichtet ist, sondern alle Stellen der örtlichen und überörtlichen Träger, „soweit sie Aufgaben nach diesem Buch wahrnehmen", etwa die Kämmerei des örtlichen Trägers als Kasse für Jugendhilfeleistungen, das Rechtsamt, das örtliche Statistikamt, das Gesundheitsamt, das Wohnungsamt.

19   Abs. 1 Satz 3 stellt klar, dass der Datenschutz auch für **kreisangehörige Gemeinden und Gemeindeverbände**, die nicht örtliche Träger sind, gilt, soweit sie entsprechende Aufgaben der Jugendhilfe wahrnehmen. Nach § 69 Abs. 5 bleibt jedoch bei dem örtlichen Träger die Gesamtverantwortung für die Einhaltung des Datenschutzes in diesen Stellen. Er hat die organisatorischen Vorkehrungen dafür zu treffen, dass der erforderliche Datenschutz auch dort sichergestellt ist.

20   Die einzelnen **Mitarbeiter/innen** in den Stellen sind nicht persönlich Adressaten des Datenschutzes. Anderes gilt nur im Sonderfall des § 65. Dort ist der einzelne Mitarbeiter **unmittelbarer** Normadressat, nicht die Stelle, der er angehört. Allerdings werden im Falle des § 65 auch die Stelle bzw der (Sozialleistungs-)Träger **mittelbar** verpflichtet, weil sie nach § 61 Abs. 1 Satz 2 dafür Sorge tragen müssen – und verantwortlich sind –, dass die einzelnen Mitarbeiter die Verpflichtung des § 65 einhalten können. Für die Mitarbeiterinnen persönlich gelten neben § 65 die maßgeblichen **arbeitsrechtlichen** (zB des TVöD), vor allem aber **strafrechtliche Geheimhaltungspflichten** (§ 203 StGB). Der Arbeitgeber hat hier entsprechende Organisationsfürsorgepflichten, damit der Datenschutz gewährleistet bleiben kann (Problem der doppelt besetzten bzw den Schall nicht genügend isolierender Arbeitszimmer, Mithören von Telefonaten und sonstigem, unklare Posteingangs- und Schreibdienstorganisation, Urlaubs-/Krankheits-/Stellenvertretung).

21   Nach Abs. 2 gilt für den Schutz von Sozialdaten bei ihrer Erhebung und Verwendung im Rahmen der Tätigkeit des JA als Amtspfleger, Amtsvormund, Beistand und Gegenvormund nur § 68. Damit sind die §§ 62 bis 67, aber auch § 35 SGB I und §§ 67 bis 85 a SGB X für diesen spezifischen Bereich der einzelnen Beamten oder Angestellten im JA ausgeschlossen, soweit § 68 nicht ihre Geltung ausdrücklich zulässt (§ 68 Abs. 2). Diese datenschutzrechtliche Sonderregelung rechtfertigt sich aus der untypischen Struktur ihrer Tätigkeit im Rahmen der Jugendhilfe als gesetzliche Vertreter (§ 55 Abs. 2 Satz 3) der Minderjährigen wie auch daraus, dass es sich dabei nicht um eine typische Sozialleistung als Gegenstand sozialer Rechte iSv § 11 SGB I handelt. Insoweit ist der Ausschluss des sozialrechtlichen Datenschutzes mit § 37 SGB I vereinbar (dazu Maas NDV 1990, 219; GK/Kunkel § 61 Rn 267).

VII. Datenschutz bei der Mitwirkung im Jugendstrafverfahren – § 52

22   Das KICK hat den bisherigen Verweis auf das JGG in Absatz 3 aufgehoben und stattdessen in § 62 Abs. 3 Nr. 2 Buchst. c für die Bedürfnisse des JA bei seiner Mitwirkung nach § 52 eine Befugnis zur Erhebung von Sozialdaten ohne die Mitwirkung des Betroffenen eingeführt.

VIII. Verlängerung des Datenschutzes – Abs. 3

23   Abs. 3 regelt die **Verlängerung der Datenschutzverpflichtungen** im Fall der Inanspruchnahme von Einrichtungen und Diensten der **Träger der freien Jugendhilfe** abweichend von Abs. 1 (lediglich) für den

Schutz „der **personenbezogenen Daten** bei der Erhebung und Verwendung". Die Träger der freien Jugendhilfe gehören nicht zu den Stellen nach Abs. 1, so dass der Datenschutz des SGB VIII auf sie nicht unmittelbar anwendbar ist. Sie erheben und verwenden aber (lediglich) personenbezogene Daten. Deshalb war sicherzustellen, dass der Datenschutz hier in entsprechender Weise gewährleistet ist, wie für Stellen des Trägers der öffentlichen Jugendhilfe. Der Schutz gilt für alle **personenbezogenen Daten**, die der freie Träger selbst einholt und die auch das JA zu schützen hätte. Der Schutz gilt aber auch gegenüber dem JA selbst (Proksch 1996, 204 ff). Der Träger der öffentlichen Jugendhilfe ist also Garant dafür, dass der Datenschutz bei den freien Trägern entsprechend den Vorgaben im SGB VIII beachtet wird. Dies gilt sowohl für die zu beachtenden **Beschränkungen wie auch für Eingriffsbefugnisse**. Datenschutz iS dieser Normen heißt auch, dass den Einrichtungen und Diensten der Träger der freien Jugendhilfe nur die zur Wahrnehmung ihrer jeweiligen Aufgabe erforderlichen Daten zugänglich gemacht werden und umgekehrt, dass der öffentliche Träger der Jugendhilfe vom freien Träger nur die Informationen verlangt, aber auch verlangen kann, die für seine Aufgabenerfüllung erforderlich sind. Die Durchsetzbarkeit entsprechender Rechte von Betroffenen gegenüber freien Trägern, für die der Zivilrechtsweg eröffnet ist (VG Gelsenkirchen v. 12.1.2002 – 19 K 3927.02, ZfJ 2005, 35), hat das JA sicherzustellen.

Die Sicherstellung „in entsprechender Weise" lässt eine **Vielfalt von Gestaltungen** zu. Sie kann durch 24 vertragliche Vereinbarungen erfolgen, durch Nachweis, Zusicherung oder – was dem Charakter der freien Träger am ehesten entspricht – durch Selbstverpflichtung (aA Busch 1997, 33, der die Selbstverpflichtung aus „grundsätzlichen Erwägungen heraus" ablehnt). Eine pauschale Selbstverpflichtung (zB in der Formulierung: „Der SGB-Datenschutz wird garantiert/wird beachtet/bleibt gewährt" o. ä. Formulierungen) genügt aber nicht. Notwendig ist vielmehr die konkrete Gewährleistung für einzelne Dateneingriffe sowie der Schutzmaßnahmen iS § 78 a SGB X (so auch Wiesner/Mörsberger, § 61 Rn 29). In jedem Fall ist der öffentliche Träger jedoch aufgrund seiner Gesamtverantwortung (§ 79) verpflichtet, den freien Träger unmittelbar anzuhalten, den Sozialdatenschutz entsprechend §§ 61 ff zu gewährleisten. Der **öffentliche Träger** hat insoweit auch eine auf die konkrete Zusammenarbeit bezogene **Sicherstellungspflicht** zur aktiven Vorsorge und Kontrolle des Sozialdatenschutzes. Verletzt er diese Pflicht, liegt eine Amtspflichtverletzung vor, die gemäß § 839 BGB iVm Art. 34 GG zum Schadensersatz verpflichtet (GK/Kunkel § 61 Rn 291).

Ein Verweis der freien Träger auf die bei ihnen gültigen Datenschutzregelungen ist dann nicht genü- 25 gend, wenn diese Regelungen keinen entsprechenden Schutz gewährleisten. Für den Bereich der Kirchen gelten deren Vorschriften (VorKap. 4 Rn 28 f). Evtl. vorhandene Regelungslücken hier sind aus der Verfassung unmittelbar (Art. 1 Abs. 1, Art. 2 Abs. 1 GG) zu schließen. Das BDSG gilt wegen des Vorrangs des kirchlichen Selbstbestimmungsrechts nicht (§§ 2, 12 Abs. 1, 2, § 15 Abs. 4 BDSG). Für die kirchlichen Verbände und deren Einrichtungen und Dienste (zB Diakonisches Werk, Caritas) gilt der Sozialdatenschutz jedoch wie für nicht kirchliche Verbände (AWO, Der Paritätische, DRK) aufgrund einer Verpflichtung gemäß § 61 Abs. 3 bzw aus der konkreten vertraglichen oder vertragsähnlichen Beziehung zum öffentlichen Träger bzw aufgrund der Kontrakte in der Hilfebeziehung zum Klienten (Wiesner/Mörsberger § 61 Rn 28).

Unabhängig von den Pflichten gemäß § 61 Abs. 3 sind die Träger der freien Jugendhilfe als Empfänger 26 von Sozialdaten nach **§ 78 Abs. 1 SGB X** verpflichtet, diese **nur dem Übermittlungszweck** gemäß zu nutzen. Sie haben die Daten im selben Umfang zu schützen wie die Sozialleistungsträger. Bei Übermittlung von Sozialdaten an eine nicht-öffentliche Stelle sind die dort beschäftigten Personen, welche diese Daten verarbeiten oder nutzen, von der übermittelnden öffentliche Stelle auf ihre Datenschutzpflichten nach § 78 Abs. 1 SGB X hinzuweisen (§ 78 Abs. 2 SGB X; Wiesner/Mörsberger Anhang § 61, § 78 SGB X Rn 2, 6).

§ 62 Datenerhebung

(1) Sozialdaten dürfen nur erhoben werden, soweit ihre Kenntnis zur Erfüllung der jeweiligen Aufgabe erforderlich ist.

(2) ¹Sozialdaten sind beim Betroffenen zu erheben. ²Er ist über die Rechtsgrundlage der Erhebung sowie die Zweckbestimmungen der Erhebung und Verwendung aufzuklären, soweit diese nicht offenkundig sind.

(3) Ohne Mitwirkung des Betroffenen dürfen Sozialdaten nur erhoben werden, wenn

1. eine gesetzliche Bestimmung dies vorschreibt oder erlaubt oder
2. ihre Erhebung beim Betroffenen nicht möglich ist oder die jeweilige Aufgabe ihrer Art nach eine Erhebung bei anderen erfordert, die Kenntnis der Daten aber erforderlich ist für
   a) die Feststellung der Voraussetzungen oder für die Erfüllung einer Leistung nach diesem Buch oder
   b) die Feststellung der Voraussetzungen für die Erstattung einer Leistung nach § 50 des Zehnten Buches oder
   c) die Wahrnehmung einer Aufgabe nach den §§ 42 bis 48 a und nach § 52 oder
   d) die Erfüllung des Schutzauftrages bei Kindeswohlgefährdung nach § 8 a oder
3. die Erhebung beim Betroffenen einen unverhältnismäßigen Aufwand erfordern würde und keine Anhaltspunkte dafür bestehen, dass schutzwürdige Interessen des Betroffenen beeinträchtigt werden oder
4. die Erhebung bei dem Betroffenen den Zugang zur Hilfe ernsthaft gefährden würde.

(4) ¹Ist der Betroffene nicht zugleich Leistungsberechtigter oder sonst an der Leistung beteiligt, so dürfen die Daten auch beim Leistungsberechtigten oder einer anderen Person, die sonst an der Leistung beteiligt ist, erhoben werden, wenn die Kenntnis der Daten für die Gewährung einer Leistung nach diesem Buch notwendig ist. ²Satz 1 gilt bei der Erfüllung anderer Aufgaben im Sinne des § 2 Abs. 3 entsprechend.

I. Grundprinzip der Erforderlichkeit der Datenerhebung – Zweckbindung

1　Die Erhebung von Sozialdaten durch das JA ist ein Eingriff in das per Verfassung (Art. 2 Abs. 1 iVm Art 1 Abs. 1 GG; BVerfGE 65 1) geschützte Recht auf informationelle Selbstbestimmung der Betroffenen. Sozialdatenschutz beginnt mit der Datenerhebung. Sie ist der zentrale Ausgangspunkt für die Befugnis zur weiteren Datenverwendung. In der Systematik des Sozialdatenschutzrechtes ist die Erforderlichkeit nicht nur der „legitimierende Türöffner" jeder Datenerhebung, sondern auch die Begrenzung für den weiteren Umgang mit den erhobenen Daten. Sie bedarf einer verfassungsgemäßen, formellen gesetzlichen Grundlage (Art. 2 Abs. 1, Art. 20 Abs. 3 GG), die die Zulässigkeit der Datenerhebung auf deren konkrete **aufgabenbezogene Erforderlichkeit** der erhebenden Stelle beschränkt. Mit dieser Beschränkung auf die konkrete Aufgabe ist auch der Zweck der Datenerhebung definiert. Dieser ist demnach die Rechtfertigungshürde im Sinne des § 69 Abs. 1 SGB X für die Frage nach der Zulässigkeit bzw Unzulässigkeit ihrer Übermittlung bzw Nutzung (Prinzip der Zweckbindung).

II. Verhältnis von § 62 zu § 67 a SGB X

2　§ 62 weicht teils in den Formulierungen, teils im Regelungsumfang von der Normierung der Datenerhebung durch § 67 a SGB X ab. **§ 62 enthält eine gegenüber § 67 a SGB X speziellere Regelung** und hat daher grundsätzlich Vorrang. Die Regelungen in § 67 a SGB X, auch in ihren Neuerungen, erstrecken sich nicht auf § 62. Soweit jedoch § 67 a SGB X datenschutzrechtlich günstigere oder ergänzende Regelungen enthält, sind diese vor § 62 anzuwenden (aA Kunkel, § 62 Rn 1 unter Hinweis auf die Sperrwirkung des § 37 Satz 2 SGB I). Für die Aufklärungspflicht nach § 62 Abs. 2 Satz 2 regelt § 67 a

Abs. 3 Satz 3 SGB X ergänzend, dass der Betroffene bei gesetzlichen Auskunftspflichten oder wenn die Auskunft Voraussetzung für die Gewährung von Rechtsvorteilen ist, hierauf und auf die Folgen einer Auskunftsverweigerung hinzuweisen ist.

Werden Sozialdaten statt beim Betroffenen bei einer nicht öffentlichen Stelle erhoben, so ist die Stelle **3** auf die Rechtsvorschrift, die zur Auskunft verpflichtet, sonst auf die Freiwilligkeit ihrer Angaben hinzuweisen (§ 67a Abs. 4 SGB X). § 67a Abs. 1 Satz 3 SGB X lässt die Erhebung von „Angaben über die rassische Herkunft" ohne Einwilligung des Betroffenen, die sich ausdrücklich auf diese Daten beziehen muss, nicht zu. In diesen Fällen ist § 67a SGB X anzuwenden. Ein Absehen zugunsten § 62 kann wegen des verfassungsrechtlichen Gebots einer gesetzlichen Grundlage nicht damit begründet werden, dass diese Regelungen auch iS einer Ermächtigung zu informationellen und kommunikativen Handlungsspielräumen zu verstehen seien und eine vom SGB VIII abweichende Regelung insofern begründet sei, „als die im SGB X vorgesehene Förmlichkeit der Aufklärung bzw Belehrung der Art der Kontakte zwischen Mitarbeiter und Klient in der Jugendhilfe nicht entsprechen würde" (so Wiesner/Mörsberger Anhang § 61, § 67a SGB X Rn 2).

III. Konkrete Aufgabenbezogenheit der Datenerhebung - Keine Datenerhebung auf „Vorrat"

Abs. 1 knüpft an die in § 67 Abs. 5 SGB X enthaltene Legaldefinition des Begriffes „Datenerhebung" **4** (§ 61 Rn 12) an und ergänzt sie durch eine Befugnisnorm. Abs. 1 lässt die Erhebung von Sozialdaten nur zu, wenn und soweit ihre Kenntnis zur Erfüllung der jeweils konkreten Aufgabe der erhebenden Stelle der öffentlichen Jugendhilfe konkret und aktuell erforderlich ist. Der Begriff der **Erforderlichkeit zur Erfüllung der jeweiligen Aufgabe** enthält die verfassungsrechtlich gebotene strikte **Zweckbindung** und **Einzelfallorientierung.** Der Begriff ist eng auszulegen und zwar in gleicher Weise für Leistungen und andere Aufgaben und auch für die dazu veranstalteten Erstgespräche oder allgemeinen Beratungsgespräche. Mit der „jeweiligen Aufgabe" ist der Einzelfall gemeint, nicht die generelle Aufgabenbeschreibung (sachliche Zuständigkeit) der in Betracht kommenden Stelle. Es dürfen deshalb stets nur die Sozialdaten erhoben (beschafft/erfragt) werden, deren Kenntnis für die jeweilige, konkrete Einzelmaßnahme/Entscheidung/Leistung oder andere Aufgabe für die erhebende Stelle unentbehrlich ist (Prinzip des sine qua non). Dass die Kenntnis generell für Maßnahmen dieser Art notwendig oder geeignet ist, genügt nicht. Der Umfang der Sozialdatenerhebung im Einzelfall wird bestimmt von den Tatbestandsmerkmalen der konkreten gesetzlichen Ermächtigung oder Anspruchsgrundlage, die das JA durch eigenverantwortliche Auslegung auszufüllen hat. Geht es um eine Leistungsgewährung iSd § 2 Abs. 2, ergeben sich die notwendigen Angaben aus der jeweiligen Anspruchsnorm. Bei einer Beratung ist auf die Beratungsaufgabe des einzelnen Falles abzustellen. Bei den „anderen Aufgaben" iSd § 2 Abs. 3 sind die Erfordernisse unter fachlich-methodischen Gesichtspunkten an den Anforderungen der jeweiligen Aufgabenstellung und Situation zu messen, ggf angesichts der absehbaren Effekte abzuwägen (Wiesner/Mörsberger § 62 Rn 8).

Der erforderliche Datenbedarf ist stets das Ergebnis rechtlicher und fachlicher Erwägungen, die trans- **5** parent zu machen sind (**Transparenzgebot**). Insoweit zwingt der Grundsatz der Erforderlichkeit für die Datenerhebung sowohl im Verwaltungsverfahren (§§ 8, 20 Abs. 1 Satz 1 SGB X) wie auch im Beratungszusammenhang zur fachlichen Legitimation des jeweiligen Datenbedarfs (Maas NDV 1990, 216). Der Grundsatz der Erforderlichkeit schließt die Erhebung von Daten „auf Vorrat" aus. Daten auf Vorrat zu sammeln, würde bedeuten, dass ihr Verwendungszweck zur Zeit der Erhebung noch unbestimmt ist. Deshalb ist für jeden Einzelfall zu prüfen, welche Informationen zur Erfüllung der jeweiligen Aufgabe des Trägers nur und aktuell (**Aktualitätsgebot**) erforderlich sind.

Das Verbot des Sammelns von Daten auf Vorrat ist insb. beim Einsatz von Formularen im Rahmen **6** von Leistungsgewährungen zu beachten. Dies gilt auch beim vorbeugenden Kinderschutz für die immer mehr eingesetzten „Anhaltsbögen zu Risikofaktoren (Risikoscreening)" (Meysen u.a. 2009, 128 ff; Kindler, 2009, 173 ff.). Auch bei der Umsetzung des Schutzauftrages gemäß § 8a iVm Hilfen zur Erziehung gemäß §§ 27 ff. sind Sozialdaten ausschließlich zur notwendigen Klärung der Voraussetzungen für den konkreten Eingriff bzw für die Inanspruchnahme oder die Änderung einer HzE, die Erstellung eines Hilfeplans, die Zusammenarbeit bei Hilfen außerhalb einer Familie, die Ausübung der Personensorge und die Gewährung von Leistungen zum Unterhalt des Minderjährigen oder von Krankenhilfe zu erheben. Der Sozialdatenschutz fordert von den sozialpädagogischen Fachkräften eine Reflexion ihres eigenen Fachverständnisses von der zu erfüllenden Aufgabe und ihres Verhältnisses zu den Betroffenen. Allerdings ist zu beachten, dass über die jeweilige, konkret zu gewährende HzE erst am Ende eines Hilfeplanverfahrens entschieden werden kann, so dass sich die Erforderlichkeit einer Datenerhebung aus der Notwendigkeit des Hilfeplanprozesses ergibt. Die Datenerhebung zum Zwecke der Hilfeplanung kann daher im Einzelfall über das hinausgehen, was für die Aufstellung des Hilfeplans erforderlich ist (Wiesner § 36 Rn 53 f, Wiesner/ Mörsberger § 62 Rn 7; Proksch 1996, 226 ff; Busch 1997, 84; DV NDV 1994, 317, 320, 326).

IV. Datenerhebung beim Betroffenen

7   Nach **Abs. 2 Satz 1** sind die erforderlichen Sozialdaten „**beim**" Betroffenen zu erheben (zum Begriff § 61 Rn 9; Wiesner/Mörsberger § 62 Rn 11). Dieses „**Kardinalprinzip der Erhebungsregelung**" (Auernhammer § 13 Rn 11) gilt vorrangig und unabhängig davon, ob die Datenerhebung im Einzelfall mit oder ohne die Einwilligung/Mitwirkung der Betroffenen zulässig ist. Sozialdaten müssen daher grundsätzlich immer direkt beim Betroffenen selbst, mit seinem Willen und seiner Kenntnis/Mitwirkung erhoben werden („mit ihm, nicht ohne oder gegen ihn"). Sozialdaten dürfen also – vorbehaltlich Abs. 3 – nicht bei Dritten, nicht über ihn oder an ihm vorbei („hinter seinem Rücken") oder sonst ohne sein Wissen erhoben werden (Kunkel/Kunkel, § 62 Rn 6 spricht deshalb von „Mitwirkungserhebung" oder „Betroffenenerhebung"). Die – ersatzweise – Erhebung bei Familienangehörigen, Eltern, Ehefrau, Ehemann der Betroffenen ist also grundsätzlich ausgeschlossen. Im Fall einer – vorherigen – Einwilligung (Bevollmächtigung) eines Familienangehörigen ist stets zu prüfen, ob sich die Einwilligung eindeutig auf die konkrete reale Erhebungssituation bezieht und der Bevollmächtigte iSd Abs. 2 Satz 2 aufgeklärt ist. Im Zweifel ist eine Bevollmächtigung abzulehnen.

8   Als von der Datenerhebung „Betroffenen" meint das Gesetz die bestimmte oder bestimmbare Person, über die Einzelangaben über persönliche und sachliche Verhältnisse erhoben, verarbeitet oder genutzt werden (§§ 67 Abs. 1 Satz 1 SGB X). Betroffene können aufgabenbeteiligte Personen sein und Unbeteiligte. Für HzE können dies zB der Leistungsberechtigte (der Personenberechtigte) und der Leistungsempfänger (das Kind oder der Jugendliche) sein. Der Betroffene muss das Datum entweder selbst liefern oder, wie der Gegenschluss zu Abs. 3 ergibt, ein Dritter, jedoch nur mit Einwilligung des Betroffenen. Immer ist aber mit zu beachten, dass die Erhebung der Daten „erforderlich" ist.

9   Der in Abs. 2 Satz 1 normierte Vorrang der Betroffenenerhebung gilt auch bei der Datenbeschaffung bei anderen Behörden im Wege der Amts- oder Informationshilfe. Mit der Erhebung beim Betroffenen ist jede Informationsbeschaffung gemeint, insb. durch schriftliche oder mündliche Befragung, ebenso die Beobachtung sowie Bild- oder Tonaufnahmen. Sie sind nur zulässig, wenn sie in Kenntnis und bewusster Mitwirkung des Betroffenen erfolgen. **Minderjährige**, die in datenschutzrechtlichen Aspekten einsichts- und urteilsfähig sind (§ 8 Rn 8), **entscheiden selbst**, nicht ihre Personensorgeberechtigten, es sei denn, die erforderliche Einsichtsfähigkeit fehlt. Werden Minderjährige selbst befragt, ist darauf zu achten, dass sie nicht über Eltern befragt oder sonst um Auskunft über Dritte gebeten werden, weil insoweit die Eltern und die weiteren Dritten selbst Betroffene sind und eine Datenerhebung ohne ihre Mitwirkung nur nach den Voraussetzungen von Abs. 3 und 4 zulässig ist.

V. Pflicht zur Aufklärung der Betroffenen – Abs. 2 Satz 2

10   Abs. 2 Satz 2 normiert **Aufklärungspflicht** der Betroffenen durch die erhebende Stelle Die Aufklärung **hat vor Beginn der Datenerhebung** zu erfolgen. Sie umfasst die Aufklärung hinsichtlich der „**Rechtsgrundlage der Erhebung**" sowie über „**die Zweckbestimmungen der Erhebung und Verwendung**", soweit diese nicht offenkundig sind. Der Betroffene ist also aufzuklären, aufgrund welcher Rechtsnorm die Erhebung erfolgt, dh § 62 iVm der jeweiligen Aufgabennorm des SGB VIII, welchem konkreten Zweck die Erhebung und eine spätere Verwendung (also Verarbeitung und Nutzung) **konkret** dienen. Diese **Aufklärungspflicht** soll gewährleisten, dass der Betroffene weiß, warum diese Daten erhoben werden und was danach mit ihnen geschehen soll. Damit ist auch der zulässige Übermittlungs- und Nutzungszweck (§ 64) festgelegt. Unvollständige oder unterbliebene Aufklärung führt zur Fehlerhaftigkeit der Datenerhebung. Damit ist die Verwendung dieser Daten unzulässig.

11   Die Betroffenen sind über bestehende Mitwirkungspflichten (§§ 60 ff SGB I) und darüber zu unterrichten, dass eine Leistung nicht erbracht werden kann, wenn die erforderlichen Angaben von ihnen nicht gemacht werden (§§ 66 f SGB I). Ist der Betroffene minderjährig, erfolgt die Aufklärung ihm gegenüber, soweit er einsichtsfähig ist. Die Aufklärung kann **formlos** erfolgen. Der Hinweis muss so erfolgen, dass der Betroffene ihn verstehen kann. Werden Sozialdaten durch mündliche Befragung erhoben, kann die Aufklärung auch mündlich erfolgen. Bei schriftlicher Befragung ist die schriftliche Aufklärung vorzuziehen. Ein Hinweis auf die ermächtigende Rechtsvorschrift reicht dann nicht aus,

wenn sich daraus der Erhebungszweck nicht eindeutig ableiten lässt (Wiesner/Mörsberger § 62 Rn 17). Im Bereich der „anderen Aufgaben" gemäß § 2 Abs. 3, insb. bei der Mitwirkung in gerichtlichen Verfahren nach §§ 50, 52, ist zu beachten, dass keine Rechtspflicht der Betroffenen zur Mitwirkung/Aussage besteht. Die Betroffenen sind auch hier ausdrücklich auf die Freiwilligkeit ihrer Angaben hinzuweisen.

Die **Datenerhebung kann mit der Speicherung zusammenfallen**, etwa wenn sie auf Formularen erfolgt **12** (§ 63 Rn 5). Deshalb ist die Aufklärungspflicht auch hier strikt einzuhalten und zu beachten, zB bei der Entgegennahme ausgefüllter Fragebögen, mündlichen Befragungen, Recherchen, Beobachtungen oder bei der Einholung von Auskünften. Ist in einem Erhebungsformular ein Teil der Fragen aufgrund einer gesetzlichen Aufgabenstellung erforderlich, ein Teil jedoch freiwillig, so ist dies kenntlich zu machen. Als ermächtigende Rechtsvorschrift ist die aufzuführen, die den Betroffenen verpflichtet, die Angaben zu machen.

Wenn die Betroffenen von sich aus der Verwaltung eine größere Zahl von Informationen geben, als **13** für die Entscheidung benötigt wird, ist die **datenerhebende Stelle** unmittelbar selbst dafür **verantwortlich, dass nur die erforderlichen Sozialdaten verarbeitet werden**. Das Handeln des Betroffenen legitimiert diejenige Stelle, die die Daten erhebt und weiterverarbeitet, nicht, den Grundsatz der Erforderlichkeit außer Betracht zu lassen, da dieser Grundsatz nicht zur Disposition steht (§ 84 a SGB X). Dies bedeutet, dass Daten, die offensichtlich oder nach Bewertung durch die Verwaltung nicht erforderlich sind, nicht in die Datenerhebung, etwa auch iS weiterer Ermittlungen, einbezogen werden dürfen, sondern gelöscht werden müssen (§ 84 SGB X).

§ 67 a Abs. 3 Satz 2 SGB X erweitert in Ergänzung zu § 62 Abs. 2 Satz 2 die Aufklärungspflichten der **14** datenerhebenden Stelle gegenüber den Betroffenen, gibt ihr aber keine Befugnis, Sozialdaten zu erheben, die nicht erforderlich sind. Daten, die ohne die gebotene Aufklärung erhoben wurden, sind rechtswidrig erhoben worden. Sie unterliegen einem **Verwertungsverbot**. Eine ohne genügende Aufklärung erlangte Einwilligung ist unwirksam. Die Rechtswidrigkeit wirkt sich als Verfahrensverstoß auf die Entscheidung der Verwaltung aus, die damit anfechtbar wird.

VI. Datenerhebung ohne Mitwirkung des Betroffenen – Abs. 3

Abs. 3 regelt, unter welchen Voraussetzungen Sozialdaten **ausnahmsweise nicht „beim Betroffenen"** **15** selbst, sondern ohne dessen Mitwirkung auch **bei anderen Personen oder Stellen** erhoben werden dürfen. Zwingende Voraussetzung ist zunächst – wie auch sonst –, dass die Informationen überhaupt erhoben werden dürfen, sie also zur Erfüllung der jeweils konkreten Aufgabe, dem die Datenerhebung dient, erforderlich sind. Darüber hinaus hängt die Zulässigkeit davon ab, dass die Voraussetzungen der Ausnahmefälle Nr. 1 bis 4 erfüllt sind. Handelt es sich um einen Minderjährigen, kommen die Ausnahmen gemäß Abs. 3 nur dann in Betracht, wenn entweder der Personensorgeberechtigte oder der Minderjährige selbst nicht zur Mitwirkung bereit sind. Der Begriff der **„Mitwirkung"** in Abs. 3 macht deutlich, dass die Voraussetzungen des Abs. 3 auch dann gegeben sein müssen, wenn der Betroffene zwar von der Erhebung beim Dritten weiß, er daran aber nicht bewusst beteiligt war/ist (zB bei der Erhebung über ihn beim Ehegatten).

Nach **Nr. 1** dürfen Sozialdaten bei Dritten und ohne die Mitwirkung der Betroffenen nur erhoben **16** werden, wenn dies eine **gesetzliche Bestimmung (im formellen und materiellen Sinn)** als **Befugnisnorm** vorschreibt oder erlaubt. Eine bloße gesetzliche Aufgabenbeschreibung (zB § 1666 BGB, §§ 38, 43 JGG, §§ 8 a, 50, 52) genügt deshalb nicht (Wiesner/Mörsberger § 62 Rn 21). Die entsprechende Befugnisnorm muss auch klar bestimmen, dass bzw welche Daten zur konkreten Aufgabenerfüllung auch ohne Mitwirkung des Betroffenen erhoben werden dürfen. Ob die Erfüllung der Aufgabe die Mitwirkung des Betroffenen voraussetzt, ist für die Zulässigkeit der Datenerhebung unerheblich. Der Mitwirkungsvorbehalt des § 62 Abs. 2 ist unabhängig von der Mitwirkungspflicht gemäß §§ 60 ff SGB I. Wenn es um Leistungen an den Betroffenen geht, kommt es immer auf seine Mitwirkung an (§§ 60 ff SGB I). Reichen seine Informationen/Angaben zur Ermittlung der Leistungsvoraussetzungen nicht aus und stimmt der Betroffene der Erteilung der erforderlichen Auskünfte durch Dritte nicht zu, hat er die Konsequenzen selbst zu verantworten und die ganze oder teilweise Versagung oder den Entzug der beantragten Leistungen hinzunehmen (§§ 66, 67 SGB I). Die Erhebung von Sozialdaten ohne die Mitwirkung der Betroffenen kommt hier deshalb auf keinen Fall in Betracht. Geht es um die Erfüllung einer anderen Aufgabe durch das JA und wirkt der Betroffene nicht mit, so benötigt das JA eine entsprechende Eingriffsbefugnis, will es am Betroffenen vorbei, zB bei Dritten Daten erheben, etwa im Rahmen von Aufgaben des JA nach §§ 50, 52. Für welche Fälle dies möglich ist, regeln ergänzend zu **Nr. 1 die Nr. 2–4 sowie Abs. 4.**

17   **Nr. 1** kommt deshalb **nur in den Fällen zur Anwendung,** in denen das JA die gesetzliche „Befugnis" zur Datenerhebung ohne Mitwirkung der Betroffenen hat, es also um einen Anwendungsfall der Nr. 1, 2. Alternative geht (zB §§ 97, 97 a), und der Betroffene durch die Verweigerung seiner Mitwirkung die Durchführung der jugendhilferechtlich vorgesehenen Maßnahmen vereiteln könnte. **Nr. 1** gilt daher nicht für Fälle nach **§ 8 a iVm §§ 1666, 1666 a BGB.** Weder die §§ 1666, 1666 a BGB noch § 8 a Abs. 3 enthalten für sich gesehen diese Befugnis (Wiesner/Mörsberger § 62 Rn 26; Kunkel/ Kunkel, § 62 Rn 12). Für diese Fälle trifft Nr. 2 Buchst. d zu. Eine Datenerhebung zielt hier auf einen Eingriff (zB Eingriff in die elterliche Sorge, um Hilfen zur Abwendung einer Gefährdung leisten zu können und Anrufung des Gerichts gemäß § 8 a Abs. 3). Auch die Tätigkeit des JA gemäß § 50 Abs. 1 und 2 fällt nicht unter Nr. 1. Sie fällt unter Nr. 2, Alt. 2. Allerdings fehlen dafür die zusätzlichen Voraussetzungen nach Buchst. a–d. Deshalb ist hier die Datenerhebung nur beim Betroffenen selbst (Mutter, Vater, Kind) zulässig. Daten anderer Personen aus dem Familiensystem (zB Geschwister) dürfen gemäß Abs. 4 Satz 2 bei den Betroffenen (Mutter, Vater, Kind) erhoben werden (Kunkel/ Kunkel, § 62 Rn 12).

18   Für die Aufgabennorm des JA nach § 51 bzw § 1748 BGB kommt Nr. 1 ebenso wenig in Betracht, weil auch dort keine entsprechende Befugnisnorm normiert ist. Auch für diese Aufgabe kommt Nr. 2 Buchst. d in Betracht.

19   **Nr. 2** lässt eine Datenerhebung ohne Mitwirkung der Betroffenen nach zwei Fallgruppen mit folgenden Voraussetzungen zu: Eine Erhebung beim Betroffenen ist (individuell) nicht möglich (erste Fallgruppe) oder die jeweilige Aufgabe erfordert ihrer Art nach eine Erhebung bei anderen (zweite Fallgruppe). Hinzukommen muss bei beiden Fallgruppen, dass die Kenntnis der Daten für die einzelnen in den Buchst. a bis d aufgeführten Zwecke erforderlich ist. Die **erste Fallgruppe** (Datenerhebung ist beim Betroffenen nicht möglich) bezieht sich nur auf die Fälle der objektiven und subjektiven Unmöglichkeit, ist aber auch bei bloßem subjektiven Unvermögen erfüllt. Abzustellen ist auf den Betroffenen, dh Unmöglichkeit/Unvermögen ist gegeben, wenn der Betroffene, selbst wenn er Informationen geben wollte, dazu nicht in der Lage ist. Fälle der verweigerten Mitwirkung fallen nicht unter diese Vorschrift. Sie sind nach den Vorschriften über die Mitwirkungspflichten der Betroffenen (§§ 66 ff SGB I) zu lösen (Rn 16). Der Anwendungsbereich dieser Ausnahmen ist schmal. Beispiele, die genannt werden (wie etwa die Nichterreichbarkeit der Personen- oder Erziehungsberechtigten bei Inobhutnahme nach § 42 Abs. 3 Satz 3) fallen bereits unter die Buchst. b bis d der Nr. 2.

20   Bei der **zweiten Fallgruppe** (die jeweilige Aufgabe erfordert ihrer Art nach eine Erhebung bei anderen und die Kenntnis der Daten ist für bestimmte, im Gesetz ausdrücklich genannte Zwecke erforderlich) ist der Betroffene selbst zur Information nicht in der Lage. Die ordnungsgemäße Aufgabenerfüllung setzt jedoch hier unabdingbar die Information durch Dritte typischerweise voraus. Dies ist zB der Fall, wenn das JA zur Aufgabenerfüllung Informationen gewinnen muss, um einen Eingriff in die elterliche Sorge durch das Gericht möglich zu machen (zB nach § 8 a Abs. 3) dann Buchst. d, oder um Aufgaben nach §§ 42 bis 48 a, 52 wahrzunehmen, dann Buchst. c. Für die Mitwirkung des JA in Verfahren nach dem JGG gemäß § 52 schaffte das KICK mit einer entsprechenden Ergänzung in Buchst. c (Verweis auf § 52) die notwendige Befugnisnorm (Rn 19). Die Erhebung von Daten betrifft auch das Einholen von Auskünften, die Information über Beobachtungen bzw die Durchführung von Recherchen „am Betroffenen vorbei". Zu beachten ist, dass die Datenerhebungen bei Dritten immer auch mit einer Datenoffenbarung verbunden sein können, so dass insoweit die Zulässigkeitsvorschriften der §§ 64, 65 berücksichtigt werden müssen. Eine Erhebung von Daten nach beiden Alternativen der Fallgruppe der Nr. 2 ist nur zulässig, wenn **zusätzlich** eine der Voraussetzungen der Buchst. a bis d erfüllt ist. Damit wird dem verfassungsrechtlichen **Grundsatz der Verhältnismäßigkeit** entsprochen, der die Prinzipien der Erforderlichkeit und der Geeignetheit der Datenerhebungen umfasst. Dadurch soll der Gefahr einer Verletzung des Persönlichkeitsrechts der Betroffenen entgegengewirkt werden (BVerfGE 65, 44).

21   **Nr. 2 Buchst. a** regelt die Befugnis zur Ermittlung gemäß § 20 SGB X. Wie bei den anderen Normierungen des Abs. 3 Nr. 2 Buchst. b bis d gilt auch hier, dass die Erhebung beim Betroffenen nicht möglich ist oder die jeweilige Aufgabe ihrer Art nach die Erhebung bei Dritten erfordert (Wiesner/Mörsberger § 62 Rn 24). Diese Befugnisnorm betrifft somit die Fälle, in denen die Feststellung der Voraussetzungen einer Leistung oder Erfüllung einer Leistung iSd § 2 Abs. 2 von den Angaben Dritter abhängt (zB von den Angaben der Pflegeeltern oder von den Angaben des Trägers einer Einrichtung).

Der in **Nr. 2 Buchst. b** angesprochene Erstattungsanspruch richtet sich gegen den Leistungsberechtig- 22
ten. § 50 SGB X bezieht sich auf die Erstattung zu Unrecht erbrachter Leistungen. Da die entscheidenden Anspruchsvoraussetzungen regelmäßig bei anderen überprüft werden müssen, lässt das
SGB VIII die Datenerhebung ohne Mitwirkung des Betroffenen bei anderen zu. Nr. 2 Buchst. b deckt
aber nicht die Praxis, für die Kostenübernahme oder den Kostenbeitrag die Daten beim Träger der
Einrichtung zu erheben (Busch 1997, 36).

Nach **Nr. 2 Buchst. c** ist zum Zwecke der Aufgabenwahrnehmung nach den §§ 42 bis 48 a, und (neu) 23
nach § 52 (durch das KICK neu eingefügt als Folgeänderung zur Streichung von § 61 Abs. 3) die Datenerhebung bei anderen in dem erforderlichen Maß zulässig. Betroffene iSd Sozialdatenschutzvorschriften können aufgrund der Vorgaben nach den §§ 42 bis 48 a, 52 auch die Mitarbeiter von Einrichtungen sein. Bei der **Mitwirkung in Verfahren nach dem JGG** muss das JA prüfen, ob und ggf
welche Leistungen der Jugendhilfe für den jungen Menschen in Betracht kommen (§ 52 Abs. 1 Satz 2).
Da es sich um Leistungen handelt, ist eine Datenerhebung ohne Mitwirkung der Betroffenen grundsätzlich nicht möglich. Bei einer Verweigerung der Mitwirkung der betroffenen Jugendlichen wäre hier
eine Jugendhilfeleistung gemäß §§ 66, 67 SGB I abzulehnen. In Ergänzung dessen, zur Erfüllung der
Aufgabe des JA gemäß § 52 im Rahmen der §§ 38, 43 JGG gibt Nr. 2 Buchst. c nun auch die Möglichkeit der Datenerhebung ohne Mitwirkung der Betroffenen.

Nr. 2 Buchst. d zielt auf die Verwirklichung des Schutzauftrages des JA gemäß § 8 a iVm §§ 1666 24
1666 a BGB und lässt die Datenerhebung bei anderen als den Betroffenen zu, „wenn die Kenntnis der
Daten aber erforderlich ist für die Erfüllung des Schutzauftrages bei Kindeswohlgefährdung nach
§ 8 a". Diese Norm betrifft insb. die Fälle nach § 8 a Abs. 1, in denen eine Gefährdungseinschätzung
erforderlich ist, die Erziehungsberechtigten sowie Kinder und Jugendliche aber nicht ausreichend hieran mitwirken. Normadressat sind die Träger der öffentlichen Jugendhilfe, über die Vereinbarung nach
§ 61 Abs. 3 bzw § 8 a Abs. 2 auch die Träger der freien Jugendhilfe bzw von Einrichtungen und Diensten. Es geht in Nr. 2 Buchst. d für die Datenerhebung am Betroffenen vorbei oder ohne seine Mitwirkung (nur) um solche Maßnahmen, bei denen eine Gefährdung des Kindeswohls konkret besteht und
deshalb die Gewährung von Hilfen unabdingbar geboten ist (§ 8 a Abs. 1 Satz 3) oder das Tätigwerden
des Familiengerichts vorbereitet werden soll (§ 8 a Abs. 3). Einschlägige Fälle sind solche, bei denen
eine Gefährdung des Kindeswohls wegen der unterlassenen oder verweigerten Inanspruchnahme von
Jugendhilfeleistungen besteht oder zu besorgen ist und familiengerichtliche Eingriffe in das Personensorgerecht notwendig werden mit dem Ziel einer Leistungserbringung iS des § 2 Abs. 2, nicht aber mit
dem Ziel einer reinen Eingriffsmaßnahme.

Nr. 2 Buchst. d betrifft zunächst den Fall, dass eine familiengerichtliche Maßnahme gemäß §§ 1666, 25
1666 a BGB herbeigeführt werden soll, um danach eine Leistung gemäß § 2 Abs. 2 zu erbringen.
Nr. 2 Buchst. d trifft nun nach seinem Wortlaut weiter neu und ergänzend insb. die Fälle, in denen bei
gewichtigen Anhaltspunkten die Risikoabschätzung allein mit den Personensorgeberechtigten sowie
dem Kind oder Jugendlichen den wirksamen Schutz in Frage stellen würde und dadurch die rechtzeitige
Erbringung einer Leistung gemäß § Abs. 2 gefährdet werdet kann (§ 8 a Abs. 1 Satz 2). Relevant kann
diese Ausnahme insb. bei Fällen von (potenziellem) sexuellem Missbrauch innerhalb des familiären
Systems werden. Hier erhöht eine – sofortige – Konfrontation den Geheimhaltungsdruck häufig so
sehr, dass dadurch die Gefährdung des Kindes oder Jugendlichen zusätzlich verschärft würde (Meysen/
Schindler JAmt 2004, 449, 452). Verfassungsrechtlich ist die erhebliche Erweiterung der Eingriffsbefugnis in Buchst. d nicht zu beanstanden, wenn/weil die Abwägung betroffener Schutzgüter gemäß
Art. 2 Abs. 1 GG (Verfassungsrecht der informationellen Selbstbestimmung des Betroffenen und Verfassungsrecht des Kindes auf persönliche Freiheit/Unversehrtheit) dies als „ultima ratio" notwendig
macht.

Die Kinder- und Jugendhilfe darf sich nicht darauf beschränken, Leistungen für Kinder gemäß § 2 26
Abs. 2 nur „auf Antrag" bzw auf Nachfrage zu gewähren (§ 8 a Rn 24). Bei „gewichtigen Anhaltspunkten für eine Gefährdung des Kindeswohls" hat das JA, und hatte es schon immer, von Amts wegen
tätig zu werden, wenn die Beteiligten im Familiensystem eine (versuchte) Mitwirkung verweigern oder
dadurch der wirksame Schutz des Kindes in Frage gestellt wird und dem nicht allein über eine Anrufung
des Familiengericht nach § 8 a Abs. 3 Satz 1 Halbs. 2 begegnet werden könnte. Hier ist jeweils eine
fundierte sozialpädagogische Abwägung zu treffen, dass trotz möglicherweise negativer Folgen für die
Hilfebeziehungen zur Familie eine Datenerhebung bei Dritten (zB Schule, Kindergarten, Hort, Nachbarn) entweder unabdingbar oder die Verweigerung auszuhalten ist. Weiter muss deutlich sein, welche
Hilfeleistungen zur Abwehr der Kindeswohlgefährdung konkret nach der Datenerhebung erbracht

werden sollen. Diese datenschutzrechtlich präzisierte Auslegung der weit gefassten Regelung in Nr. 2 Buchst. d greift nicht allein die Aufgabe nach § 8 a auf, sondern verknüpft die datenschutzrechtlichen Erfordernisse ganz konkret mit der konkret gewordenen unabdingbaren Jugendhilfeleistung. Dies entspricht gleichzeitig der Ratio des § 8 a Abs. 1, der sich nicht auf Sanktionen oder Eingriffe, sondern auf Hilfeleistungen bezieht (§ 8 a Rn 21 ff) und des Sozialdatenschutzes als Garant der persönlichen Freiheit gemäß Art. 2 Abs. 1 GG.

27 **Nr. 3** knüpft an § 65 Abs. 1 Nr. 3 SGB I an, wonach die Mitwirkungspflichten nach den §§ 60–64 SGB I nicht bestehen, wenn der Leistungsträger sich durch einen geringeren Aufwand als der Antragsteller oder Leistungsberechtigte die erforderlichen Kenntnisse selbst beschaffen kann. Während aber § 65 Abs. 1 Nr. 3 SGB I der Entlastung des Bürgers dient, stellt Abs. 3 Nr. 3 einen Eingriff in die Sphäre des Bürgers im Interesse der Entlastung der Verwaltung dar. Mit dieser Regelung fällt das SGB VIII hinter die Regelung der Mitwirkungspflichten im SGB I zurück. Für sie besteht kein Anlass, weil das Instrumentarium der §§ 65, 66 SGB I vollständig ausreicht, um die Verhältnismäßigkeit des Ermittlungsaufwands beim Betroffenen abzuwägen und um fehlende Mitwirkungsbereitschaft zu sanktionieren. Abs. 3 Nr. 3 eröffnet damit die Möglichkeit, die Regelungen der §§ 60 ff SGB I zu unterlaufen (Wiesner/Mörsberger § 62 Rn 28). Als **Vorschrift**, die in Rechte der Betroffenen eingreift, **muss** sie deshalb äußerst **restriktiv ausgelegt werden**. Schutzwürdige Belange sind beeinträchtigt, wenn der Betroffene ein aus seiner Sicht berechtigtes Interesse an der Geheimhaltung hat. Eine Beeinträchtigung ist jedenfalls immer dann anzunehmen, wenn aus den besonderen, konkreten Umständen geschlossen werden darf, dass der Betroffene der Offenbarung widersprechen würde. Führt die Erhebung generell zu Nachteilen für den Betroffenen oder ergeben sich im Einzelfall besondere Nachteile für ihn, so sind bereits deshalb seine schutzwürdigen Belange beeinträchtigt. Abzulehnen ist in diesem Zusammenhang die Auffassung, dass der öffentliche Träger am Kostenbeitragspflichtigen vorbei sich gemäß Nr. 3 bei Dritten (Arbeitgeber) Informationen über dessen Einkünfte verschaffen darf. Dem öffentlichen Träger ist zumutbar, sich im Klagewege diese Informationen zu verschaffen (VG Schleswig 30. 8.2006 15 A 135/06, JAmt 2007, 47; DIJuF JAmt 2007, 80).

28 **Nr. 4** ergänzt die Befugnisse nach Nr. 2 Buchst d. Danach ist die Datenerhebung „am Betroffenen vorbei" zulässig, wenn „die Erhebung bei dem Betroffenen den Zugang zur Hilfe ernsthaft gefährden würde". Es geht um die Vorbereitung einer (notwendigen) Jugendhilfeleistung. Diese Befugnis hat insb. Bedeutung bei der Informationsgewinnung im Rahmen von Anhaltspunkten erhebliche Kindeswohlgefährdungen. Der Gesetzgeber geht davon aus, dass bei oder nach einer Konfrontation der potenziellen Gefährdungsperson mit den „gewichtigen Anhaltspunkten" für die Gefährdung des Kindeswohls der Geheimhaltungsdruck auf die betroffenen Kinder und Jugendlichen häufig so erhöht wird, dass damit nicht nur eine Verschärfung der Gefährdungssituation verbunden ist, sondern auch der Zugang zur erforderlichen Hilfe ernsthaft gefährdet würde (vgl BT-Drucks. 15/3676, 38; § 8 a Rn 17 ff).

VII. Betroffener ist nicht Leistungsberechtigter – Abs. 4 Satz 1 und 2

29 In der Regel bezieht sich die Datenerhebung bei der Leistungserbringung auf den Leistungsberechtigten (zB den Personensorgeberechtigten) oder den Leistungsbegünstigten (zB das Kind oder den Jugendlichen), so dass diese Betroffene iS der Abs. 2 und 3 sind. Um in allen Fällen ein Verwaltungsverfahren (zB der Leistungsfeststellung) oder ein sonstiges Verwaltungshandeln (zB Beratungstätigkeit) ordnungsgemäß durchführen zu können, ermöglicht **Abs. 4 Satz 1** die Beschaffung von Daten auch über Dritte (zB beim nichtsorgeberechtigten Elternteil), die datenschutzrechtlich Betroffene, aber nicht Leistungsberechtigte sind. Im Hinblick darauf, dass ein sorgeberechtigter Elternteil mit seinem Kind/Jugendlichen datenschutzrechtlich eine Einheit bildet und er/sie im Übrigen meist selbst leistungsberechtigt ist, sind damit die Fälle gemeint, in denen zB über den nichtsorgeberechtigten Elternteil oder einen anderen Außenstehenden, der damit zum Betroffenen wird, Daten erhoben werden müssen, um die entsprechenden Leistungen erbringen zu können. In diesen Fällen dürfen die Informationen über diesen anderen Elternteil oder die sonstigen Außenstehenden auch bei dem Leistungsberechtigten (dies ist – § 27 Abs. 1 – im Zweifel der sorgeberechtigte Elternteil) oder dem sonst Beteiligten (das Kind/der Jugendliche) eingeholt werden. Sie sind in Anwendung des Abs. 2 Satz 2 über die Datenerhebung zu informieren, denn Abs. 2 Satz 2 wird durch Abs. 4 nicht eingeschränkt. Auch hier wird vorausgesetzt, dass diese Daten für die Gewährung der Leistung erforderlich sind. **Abs. 4 Satz 2** erweitert die Möglichkeiten des Abs. 4 Satz 1 auf die Erfüllung anderer Aufgaben iSd § 2 Abs. 3.

§ 63 Datenspeicherung

(1) Sozialdaten dürfen gespeichert werden, soweit dies für die Erfüllung der jeweiligen Aufgabe erforderlich ist.

(2) ¹Daten, die zur Erfüllung unterschiedlicher Aufgaben der öffentlichen Jugendhilfe erhoben worden sind, dürfen nur zusammengeführt werden, wenn und solange dies wegen eines unmittelbaren Sachzusammenhangs erforderlich ist. ²Daten, die zu Leistungszwecken im Sinne des § 2 Abs. 2 und Daten, die für andere Aufgaben im Sinne des § 2 Abs. 3 erhoben worden sind, dürfen nur zusammengeführt werden, soweit dies zur Erfüllung der jeweiligen Aufgabe erforderlich ist.

I. Grundsatz der Datenspeicherung

§ 63 übernimmt den Begriff der Datenspeicherung aus § 67 Abs. 6 Nr. 1 SGB X (§ 61 Rn 12) und ergänzt die Regelung durch eine **Befugnisnorm**, unabhängig davon, ob sie von der Stelle erhoben wurden oder ihr auf sonstige Weise bekannt wurden. § 63 normiert, wann eine Speicherung zulässig ist, jedoch nicht, dass sie auch erfolgen muss. Abs. 1 erfasst alle der speichernden Stelle bekannten Sozialdaten, auch die, die (von ihr) nicht erhoben, sondern ihr auf sonstige Weise bekannt geworden sind. § 63 erfasst auch Sozialdaten aus Beratungsvorgängen, die aktenkundig gemacht wurden. Für alle diese Daten gilt § 67c Abs. 1 Satz 2 SGB X unmittelbar, weil er gegenüber § 63 die weitergehende Schutznorm ist. Dies bedeutet, dass Daten, für die keine Erhebung vorausgegangen ist, nur für die Zwecke geändert oder genutzt werden dürfen, für die sie gespeichert worden sind.

II. Speichermedien

Speichermedien sind in der Kinder- und Jugendhilfe (nach wie vor) überwiegend **Akten**. Die frühere Unterscheidung zwischen Dateien und Akten in den Abs. 1 und 2 wurde, auch zur Angleichung an § 67c SGB X mit dem KICK (Einl. Rn 47), aufgegeben. Dies ist unschädlich, weil Akten uneingeschränkt als Datenträger gelten, denn § 67 Abs. 6 Satz 2 Nr. 1 SGB X erfasst das Datenspeichern „unabhängig der dabei angewendeten Verfahren".

Akte ist jede sonstige amtlichen oder dienstlichen Zwecken dienende Unterlage. Unter Akten ist nicht nur die klassische Zusammenfassung von Unterlagen in einem Ordner zu verstehen, sondern jede einzelne, amtlichen oder dienstlichen Zwecken dienende Unterlage, soweit sie zur Erfüllung einer öffentlichen Aufgabe bestimmt ist (vgl § 3 Abs. 3 BDSG). Hierzu gehören auch Tonbänder, Filme und Fotos (DIJuF JAmt 2008, 20). Akte ist grundsätzlich eine Einzelfallakte (zur Aktenführung DV, NDV 1990, 335, 337). Nach der Aufhebung des Aktenbegriffs durch das KICK bedürfen auch Vermerke, Vorentwürfe in Form handschriftlicher Notizen, auch wenn sie nicht Bestandteil eines Vorgangs werden sollen, der Speicherbefugnis (so auch Kunkel/Kunkel § 63 Rn 2; Wiesner/Mörsberger § 63 Rn 5).

Speichermedien sind weiter alle **sonstige Datenträger**, die zur Aufnahme von Sozialdaten geeignet sind. Dafür kommen als Datenträger neben maschinell bzw elektronisch steuerbaren Datenträgern (zB Magnetbänder, CD-ROM, Disketten, Mikrofilme) und Akten auch andere, manuell nutzbare Medien in Betracht, die nicht als Bestandteile von Dateien verwendbar sind. Dies gilt namentlich für Fragebögen, Formulare, Karteikarten, Fotos, aber auch für lose Vorgänge. Aus dem Begriff „speichern" ergibt sich, dass die Daten für eine gewisse Dauer fest- und bereitgehalten werden sollen. Deshalb ist die Aufnahme handschriftlicher Notizen über Eindrücke, Vermutungen, Überlegungen, Entwürfe, Strategien usw dann nicht als Speichern iS dieser Vorschrift aufzufassen, wenn sie nur zur vorübergehenden Gedächtnisstütze Verwendung finden und nur vorübergehend, ohne Zugriffsmöglichkeiten durch Dritte, dienstlich verwahrt werden (ähnlich Wiesner/Mörsberger § 63 Rn 5).

III. Befugnis zur Datenspeicherung

Nach **Abs. 1** dürfen Sozialdaten (nur) gespeichert werden, **soweit dies für die Erfüllung der jeweiligen Aufgabe erforderlich ist (Prinzip der Erforderlichkeit)**. Die Regelung der Datenspeicherung folgt damit der Regelung der Datenerhebung in § 62 Abs. 1. Zu prüfen ist dabei, ob die Einwilligung zur Erhebung auch die Einwilligung zur Speicherung umfasst (DIJuF JAmt 2008, 20 für den Fall der Tonbandaufzeichnung des Gesprächs mit einem Minderjährigen zur Verdachtsklärung des sexuellen Missbrauchs).

Für die Befugnis zur Datenspeicherung ist ihre **Zweckorientierung** maßgeblich. Die Speicherung ist nur zu dem Zweck zulässig, zu dem die Sozialdaten zulässigerweise erhoben worden sind (Grundsatz der Zweckbindung). Eine Speicherung für andere Zwecke als die, für die die Daten erhoben wurden, ist Zweckänderung. Sie bedarf einer konkreten gesetzlichen Ermächtigung im SGB VIII. Die Kriterien der Zweckbindung und Erforderlichkeit der Datenerhebung stellen somit auch einen Prüfmaßstab zur Fachlichkeit der Speicherung dar (Wiesner/Mörsberger § 63 Rn 7).

6   Wann Daten gespeichert werden **müssen**, ergibt sich aus den Grundsätzen verfahrensrechtlich geordneter Aktenführung. Soweit verfahrensrechtlich die Falldokumentation Teil der fachlich-professionell notwendigen Sachbearbeitung ist (Vollständigkeit von Akten nach dem Grundsatz der „Aktenklarheit und Aktenwahrheit"), zB in Fällen der Gefährdung gemäß § 8 a Abs. 1, ist die entsprechende Datenspeicherung zulässig. Wann Daten gespeichert werden **dürfen**, ergibt sich aus der jeweiligen Aufgabe. Diese Aufgabe ist konkret auf den Kinder- und Jugendhilferechtlichen **Einzelfall** zu beziehen. Dabei ist maßgeblich zu beachten, was der Einzelfall zu speichern gebietet. Dazu zählen nicht subjektive Vermutungen, Einschätzungen, die sich tatbestandsmäßig nicht erhärten lassen (ähnlich Wiesner/Mörsberger § 63 Rn 3). Andere Speicherungszwecke sind ausgeschlossen. Lediglich für Aufgaben der Kinder- und Jugendhilfeplanung gemäß § 80 erlaubt § 64 Abs. 3 eine Ausnahme. In diesem Fall sind die Daten jedoch unverzüglich zu anonymisieren.

7   Das Merkmal der Erforderlichkeit betrifft nicht auch die Frage der Speicherungsdauer. Das heißt, dass nicht nur anlässlich der Datenerhebung, sondern auch anlässlich ihrer Speicherung zu prüfen ist, inwieweit und wie lange diese Speicherung tatsächlich erforderlich ist. Die Speicherung darf nicht „für alle Fälle" und „für alle Zeiten" erfolgen. Wenn ihre Speicherung für die Aufgabenerfüllung nicht mehr erforderlich ist, sind die Daten zu löschen bzw zu sperren (§ 84 SGB X). Die Speicherung der **Daten** von strafrechtlich in Erscheinung getretenen strafunmündigen **Kindern** ist nur im Rahmen **einer konkreten, aktuellen Kinder- und Jugendhilfeaufgabe** zulässig (zum Problem Walter-Freise DVJJ-Journal 1995, 314; Hussels DVJJ-Journal 1996, 73). Kommt es bei ihnen später, wenn sie strafmündig sind, zu einem Strafverfahren, so ist eine Übermittlung der zuvor gespeicherten Daten an Polizei, Staatsanwaltschaft oder Strafgerichte, auch im Rahmen einer Mitwirkung nach § 52, mangels datenschutzrechtlicher Befugnisse unzulässig (Proksch 1996, 276).

IV. Zusammenführung von Daten – Abs. 2

8   **Abs. 2 Sätze 1 und 2** lassen Ausnahmen von dem nach Abs. 1 geltenden Grundsatz der Einzelfallorientierung zu. Satz 1 erlaubt die **Zusammenführung von Daten**, die zur Erfüllung unterschiedlicher Aufgaben der öffentlichen Kinder- und Jugendhilfe erhoben worden sind, **ausnahmsweise**, wenn und solange dies **wegen eines aktuell unmittelbaren Zusammenhangs** erforderlich ist (sog. Annexfälle: zB Abwicklung von Kosten, Erstattungen, Hinzuziehung von Sachverständigen). Einzelfallakten dürfen nur unter dem Gesichtspunkt des – auch in zeitlicher Hinsicht – unmittelbaren Sachzusammenhangs mit anderen Einzelfallakten zusammengeführt werden. Dies ist datenschutzrechtlich besonders wegen der nahezu unbegrenzten Kombinierbarkeit von Daten per Computer unabdingbar. Die Verwendung des Begriffs „unmittelbar" besagt, dass ein direkter und enger sachlicher Zusammenhang wenigstens für die Erledigung einer dieser Aufgaben für die Zusammenführung vorliegen muss (zB mehrere Kinder einer Familie erhalten zur selben Zeit HzE). Dies gilt auch für den Stellenleiter, dem aus unterschiedlichen Kontexten Daten bekannt werden. Nur so wird der „gläserne Sozialklient" vermieden.

9   **Satz 2** enthält eine Einschränkung der nach Satz 1 erlaubten Zusammenführung. Zu Leistungszwecken (§§ 11 bis 41) erhobene Daten, dürfen mit Daten, die zu anderen Aufgaben (§§ 42 bis 60) erhoben worden sind, nur zusammengeführt werden, wenn dies zur Erfüllung der jeweiligen Aufgabe erforderlich ist. Dem Gesetzgeber ist die strikte Trennung von Leistungsgewährungen und anderen – mit Eingriffsmöglichkeiten verbundenen – Aufgabenerfüllungen wichtiges Anliegen. Insoweit ist die Zusammenführung von Daten zB aus Aktivitäten zum Schutzauftrag gemäß § 8 a und aus der Mitwirkung in gerichtlichen Verfahren gemäß §§ 50, 52 nur unter strengen Voraussetzungen der §§ 64, 65 mit den Daten aus Beratungsgesprächen (§§ 16 ff) oder aus Hilfen zur Erziehung (§§ 27 ff) möglich (Wiesner/Mörsberger § 63 Rn 14). Zwar kann ein unmittelbarer Zusammenhang zwischen einer Aktivität nach § 8 a, der Beratung nach §§ 17, 18 und der Mitwirkung nach § 50 Abs. 1 oder der HzE mit der Mitwirkung gemäß § 52 bestehen. Eine Zusammenführung setzt aber voraus, dass dies zur Erfüllung der jeweiligen Aufgabe konkret erforderlich ist. Dies ist in der Regel dann nicht (mehr) der Fall, wenn nach einer Leistungsgewährung die Durchführung anderer Aufgaben nicht mehr aktuell ist (ähnlich Kunkel/Kunkel § 63 Rn 6; Wiesner /Mörsberger § 63 Rn 14 für den Fall, dass Entscheidungen des Familien-

gerichts nicht mehr erforderlich sind, weil die Eltern selber, wenn auch mit Hilfe von Kinder- und Jugendhilfeleistungen, kindeswohlfördernd aktiv werden bzw geworden sind).

Abs. 2 ist ein **Kompromiss** zwischen der erforderlichen informationellen Abschottung personenbezo- 10 gener Informationen innerhalb von Stellen/Institutionen und der praktischen Verknüpfung von Lebenszusammenhängen. Für die Praxis bedeutet dies vor allem die Notwendigkeit konsequenter Trennung der Akten nach ihren jeweiligen Zwecken und Gegenständen. **Getrennte Aktenführung** hat danach die Regel zu sein (zur Aktenführung vgl DV 1990, 335; zu praktischen Vorschlägen einer diesen gesetzlichen Anforderungen angepassten Aktenorganisation/-führung und -gliederung sowie zur Korrektur korrekturbedürftiger Daten Wiesner/Mörsberger § 63 Rn 15 ff, 21). Dies bedeutet, dass für den jeweils durch den Beratungsvertrag (Kontrakt) definierten Beratungszweck eine eigenständige Akte zu führen ist, deren Inhalt nur die zu diesem definierten Beratungszweck erhobenen Daten werden dürfen. Anvertraute Daten iS des § 65 müssen davon vollständig getrennt und so aufbewahrt werden, dass sie nur der zuständigen Beratungsperson zugänglich sind bzw werden (Maas NDV 1990, 217; aA Wiesner/ Mörsberger § 63 Rn 14).

Werden gespeicherte Daten iSd Abs. 2 zusammengeführt, ist dies ein Nutzen von Daten iSd § 67 11 Abs. 7 SGB X. Deshalb müssen dafür gleichzeitig die Voraussetzungen für die Datennutzung gemäß § 67 c SGB X vorliegen. Werden gespeicherte Daten iSd Abs. 2 von verschiedenen Stellen iSd § 67 Abs. 9 SGB X zusammengeführt, ist dies eine Datenübermittlung. Hierfür müssen die Voraussetzungen gemäß § 67 d SGB X gegeben sein.

§ 64 Datenübermittlung und -nutzung

(1) Sozialdaten dürfen zu dem Zweck übermittelt oder genutzt werden, zu dem sie erhoben worden sind.

(2) Eine Übermittlung für die Erfüllung von Aufgaben nach § 69 des Zehnten Buches ist abweichend von Absatz 1 nur zulässig, soweit dadurch der Erfolg einer zu gewährenden Leistung nicht in Frage gestellt wird.

(2 a) Vor einer Übermittlung an eine Fachkraft, die der verantwortlichen Stelle nicht angehört, sind die Sozialdaten zu anonymisieren oder zu pseudonymisieren, soweit die Aufgabenerfüllung dies zulässt.

(3) Sozialdaten dürfen beim Träger der öffentlichen Jugendhilfe zum Zwecke der Planung im Sinne des § 80 gespeichert oder genutzt werden; sie sind unverzüglich zu anonymisieren.

I. Grundsatz der Zweckbindung der Datenübermittlung und Datennutzung – Abs. 1

1 § 64 regelt die **Zulässigkeit** der **Nutzung** (zum Begriff § 67 Abs. 7 SGB X; § 61 Rn 12) und – zusammen mit § 65 – der **Übermittlung** (zum Begriff § 67 Abs. 6 Nr. 3 SGB X; § 61 Rn 12) von Sozialdaten in der Kinder- und Jugendhilfe. Nach Abs. 1 dürfen Sozialdaten zu dem Zweck übermittelt oder genutzt werden, zu dem sie (rechtmäßig) erhoben worden sind. Jedes Übermitteln von Sozialdaten erweitert den Personenkreis, dem die Informationen bekannt werden. Jede Nutzung von Sozialdaten vergrößert die Zahl der Angelegenheiten, zu deren Erledigung die Informationen in der speichernden Stelle verwendet werden. Schutzzweck des § 64 ist daher, den Personenkreis, der die Informationen erhält, im Interesse der informationellen Selbstbestimmung der Betroffenen zu beschränken. Abs. 1 bindet damit auch die Datenübermittlung und Datennutzung in der Kinder- und Jugendhilfe an den **Verfassungsgrundsatz der strikten Zweckbindung** (BVerfGE 65, 46), wie er bereits für die Datenerhebung (§ 62) und für die Datenspeicherung (§ 63) Gültigkeit hat. Erhebungs-, Übermittlungs- und Nutzungszweck müssen also durch die einzelnen Verwendungsphasen hindurch grundsätzlich identisch sein und bleiben.

2 Erfolgt die Übermittlung oder Nutzung zu demselben Zweck, zu dem die Sozialdaten (rechtmäßig) erhoben worden sind, so sind sie zulässig. Dies hat der Gesetzgeber durch die Streichung des Wortes „nur" im bisherigen Abs. 1 durch das 2. SGB-ÄndG klargestellt. Dies bedeutet umgekehrt, dass die **Übermittlung und Nutzung** von Sozialdaten **zu anderen Zwecken** einer besonderen **Befugnis** bedürfen, sei es durch eine erneute Einwilligung des Betroffenen, sei es durch eine besondere gesetzliche Ermächtigung, die eine Ausnahme von dem in Abs. 1 aufgestellten Grundsatz zulässt. Einer detaillierten datenschutzrechtlichen Prüfung bedarf es daher bei der Datenübermittlung und Datennutzung nur, wenn sie mit einer Zweckänderung verbunden sind. Dies gilt unabhängig davon, ob die Daten aufgrund einer Auskunftspflicht des Betroffenen oder aufgrund seiner freiwilligen Mitwirkung erhoben wurden. Die Zweckänderung bei der Datenübermittlung oder Datennutzung betrifft das informationelle Selbstbestimmungsrecht der Betroffenen und bedarf deshalb entweder ihrer Einwilligung (§ 67 b SGB X) oder im Einzelfall einer besonderen gesetzlichen Befugnis, deren Anwendungsfälle in den §§ 67b–78 SGB X, §§ 64, 65 abschließend geregelt sind.

3 Mit der Streichung der Worte „nur" in § 64 Abs. 1 aF hat der Gesetzgeber weiter klargestellt, dass die Nutzungs- und Übermittlungsbefugnisse im SGB VIII neben denen der in §§ 67 b ff SGB X geregelten Übermittlungsbefugnisse anzuwenden sind. Dadurch hat der Gesetzgeber für den bereichsspezifischen Sozialdatenschutz die beiden Strukturprinzipien der strikten **Zweck- und Aufgabenorientierung** nebeneinander gesetzt (§ 67 c Abs. 1 SGB X, § 64 Abs. 1 für die Datennutzung und § 69 Abs. 1 SGB X für die Datenübermittlung). Für die konkrete Anwendung des § 64 Abs. 1 bedeutet dies auch, dass für die Übermittlung und Nutzung neben der Zweckbindung immer die Grundsätze der **Erforderlichkeit**

und **Verhältnismäßigkeit** im Hinblick auf die jeweilige konkrete Aufgabenerfüllung gemäß § 67 c Abs. 2, §§ 67 d ff SGB X zu beachten sind. Datenübermittlungen und -nutzungen, die nicht erforderlich bzw unverhältnismäßig sind, sind rechtswidrig.

§ 64 gilt sowohl für die Bekanntgabe von Sozialdaten an Personen oder Stellen **außerhalb der verant-** **4** **wortlichen Stelle (Datenübermittlung)** wie auch für die Datenverwendung von Personen und Stellen **innerhalb der verantwortlichen Stelle (Datennutzung). Verantwortliche Stelle** (§ 67 Abs. 9 SGB X) ist jede Person oder Stelle, die Sozialdaten für sich selbst speichert oder durch andere im Auftrag speichern lässt. Werden Sozialdaten bei einem Leistungsträger iSv § 12 SGB I gespeichert, ist dieser speichernde Stelle. Ist der Leistungsträger eine Gebietskörperschaft, so sind die Organisationseinheiten speichernde Stelle, die eine Aufgabe nach dem SGB VIII funktional durchführen. Da Leistungsträger in der Kinder- und Jugendhilfe gemäß § 69 Abs. 1 die örtlichen und überörtlichen Gebietskörperschaften sind, ist als **verantwortliche** Stelle nur die **(kleinste) funktionale Organisationseinheit** anzusehen, die eine Aufgabe nach dem SGB VIII funktional durchführt.

Damit ist weder die überörtliche oder örtliche Gebietskörperschaft **verantwortliche** Stelle noch die **5** Organisationseinheit JA oder Abteilung als Ganzes, sondern die Einheit im JA, die nach dem jeweiligen Geschäftsverteilungsplan für die Erfüllung der konkreten Einzelaufgabe (intern) zuständig ist, also zB für die Entscheidung über eine Leistung HzE oder die Erfüllung der anderen Aufgaben der Inobhut- nahme bzw der Mitwirkung in gerichtlichen Verfahren (Kunkel ZfJ 1995, 355 sowie Nr. 17 der Grundsatzthesen des DV NDV 1985, 227 ff). Dies schließt ein, dass die Bearbeitung eines Einzelfalls auch im Team (zB im Rahmen von Hilfekonferenzen, Hilfeplanungen nach § 36) und durch Mitar- beiter im Schreibbüro oder der Registratur erfolgen kann, wenn sie jeweils Teil der kleinsten funktio- nalen zuständigen Einheiten zur Erfüllung der jeweiligen Aufgabe sind. Dies bedeutet, dass auch in- nerhalb der sozialen Dienste im JA die entsprechenden Nutzungs- bzw Übermittlungsbeschränkungen zu beachten sind, und zwar nicht nur zwischen den dort tätigen Mitarbeitern, sondern auch von den Einzelmitarbeitern selbst, wenn sie in unterschiedlichen Funktionen Informationen erhalten haben, zB als Fachkräfte im ASD im Rahmen der Mitwirkung in gerichtlichen Verfahren und zur Entscheidung über HzE (Kunkel ZfJ 1995, 355; Wiesner/Mörsberger § 64 Rn 12).

II. Weitere Übermittlungsbefugnisse – Abs. 2

§ 64 Abs. 2 zielt auf den Schutz des Erfolgs der Kinder- und Jugendhilfeleistung. Abs. 2 knüpft un- **6** mittelbar an § 69 SGB X an und lässt die Übermittlung von Sozialdaten zu einem anderen als dem Erhebungszweck in dem Umfang zu, in dem dies zur Erfüllung von Aufgaben **nach § 69 SGB X** erfor- derlich ist, soweit dadurch der **Erfolg einer zu gewährenden Kinder- und Jugendhilfeleistung** (§§ 11 bis 41) **nicht in Frage gestellt wird.** Die Regelung ist sprachlich unklar (Wiesner/Mörsberger § 64 Rn 12 ff). Nach dem Wortlaut bezieht sie sich auf eine „zu gewährende" Leistung, also auf eine solche, über deren Bewilligung noch nicht entschieden ist. Diese Auslegung widerspricht allerdings dem Zweck der Norm, die gerade den „Erfolg" der Leistung sichern soll. Deshalb ist der Begriff so auszulegen, dass er für Leistungen gilt, die in einem aktuellen und inhaltlichen Zusammenhang zur erwogenen Datenübermittlung stehen und dass der gesamte Verlauf der Leistung eingeschlossen ist, von der Ab- sicht bzw der Antragstellung über die tatsächliche Leistungserbringung bis zu ihrer sachlichen Been- digung. Demzufolge ist sowohl auf absehbare mögliche Leistungen abzustellen, auf noch nicht abge- schlossene wie auch auf abgeschlossene Leistungen, da eine Datenübermittlung in all diesen Bereichen den Erfolg einer zu gewährenden Leistung gefährden kann.

Nicht erforderlich ist also insb., dass die Leistungsgewährung bereits begonnen wurde. Schon die In- **7** fragestellung des Erfolgs genügt, allerdings nur in kausalem Zusammenhang mit der konkreten Da- tenübermittlung. Die Schranke des Abs. 2 greift nämlich nur, soweit „durch" die Übermittlung der Erfolg einer Kinder- und Jugendhilfeleistung nicht in Frage gestellt wird. Mit der Verwendung des Wortes „soweit" wird die Notwendigkeit einer konkreten und differenzierenden Betrachtungsweise klargestellt. Bei mehreren Beteiligten sind die Zielkonflikte durch eine fachliche Abwägung zu lösen (Proksch 1996, 143 f; Wiesner/Mörsberger § 64 Rn 12 ff). Über die Datenübermittlung entscheidet „die Stelle", also die insoweit verantwortliche Fachkraft.

Zwar kommt Abs. 2 nicht zur Anwendung, wenn eine andere Übermittlungsbefugnis oder -pflicht **8** gegeben ist. Gleichwohl ist auch eine Übermittlung „nach § 69 SGB X" nur zulässig, soweit dadurch der Erfolg einer zu gewährenden Leistung nicht in Frage gestellt wird. Deshalb ist für eine **Datenüber-** **mittlung für die Erfüllung von Aufgaben nach § 69** neben den Zulässigkeitsvoraussetzungen im

SGB X zusätzlich die Schranke des § 64 Abs. 2 Halbs. 2 zu berücksichtigen (unklar insoweit Wiesner/ Mörsberger § 64 Rn 14 ff; Kunkel/Kunkel § 64 Rn 2 ff). Entsprechendes gilt bei Datennutzungen (so auch Jans u.a./Maas/Törnig § 64 Rn 38). Insoweit wird die sehr weitreichende Befugnisnorm des § 69 SGB X für die Kinder- und Jugendhilfe im Hinblick auf den Erfolg einer zu gewährenden Leistung deutlich eingeschränkt. Die Beschränkung bezieht sich nur auf die in § 69 Abs. 1 SGB X vorgesehenen, nicht auf andere Übermittlungsbefugnisse und nur auf Leistungen der Kinder- und Jugendhilfe, nicht auf die Erfüllung „anderer Aufgaben" (§§ 42 bis 60). Die Träger der öffentlichen Kinder- und Jugendhilfe bzw die entsprechenden Stellen haben daher vor einer Datenübermittlung zu prüfen, ob dies den Erfolg der Kinder- und Jugendhilfeleistung in Frage stellen könnte. Dies gilt auch für einen Fall der Kindeswohlgefährdung gemäß § 8 a Abs. 1. Die Erforderlichkeit einer Datenweitergabe ist grundsätzlich erst dann gegeben, wenn andere Mittel, die Kindeswohlgefährdung abzuwenden, fehlgeschlagen oder als vergeblich erscheinen müssen (Wiesner/Mörsberger Vor§ 61 Rn 36; zum Fall, dass das JA die Eltern warnt, wenn ein wegen fortgesetzten sexuellen Missbrauchs Verurteilter ihre Kinder von der Schule abzuholen versucht, bejahend VG Münster 8.11.2007 – 9 K1619/05 – JAmt 2008, 32). Es handelt sich bei dem Begriff um einen **unbestimmten Rechtsbegriff**, dessen Anwendung die Wertung eines nicht wiederholbaren bzw sehr komplexen Sachverhalts erfordert. Daraus folgt, dass die Entscheidung nur eine eingeschränkte gerichtliche Überprüfung zulässt (BVerfG NJW 1991, 2005). Die Entscheidung erfordert eine vorausschauende Einschätzung, die wegen der Offenheit von Kinder- und Jugendhilfeleistungen oft nicht eindeutig sein kann. Es ist die Akzeptanz des Betroffenen für die Informationsweitergabe anzustreben, weil der Erfolg einer Leistung oft auch von seiner Akzeptanz abhängt. Bei Zielkonflikten ist eine aufgaben- und rechtsgutorientierte Abwägung vorzunehmen unter Beachtung des Grundsatzes der Verhältnismäßigkeit.

9 Informationen, die bei der Gewährung von Leistungen (zB HzE; Beratung nach § 17 Abs. 2) erlangt wurden, dürfen bei der Mitwirkung in gerichtlichen Verfahren nur weitergegeben werden, wenn sichergestellt ist, dass der Erfolg der konkreten Kinder- und Jugendhilfeleistung nicht gefährdet ist. Bei **Sozialdaten aus einem Beratungs(leistungs)zusammenhang** ist grundsätzlich davon auszugehen, dass ihre Übermittlung ohne Wissen oder Billigung der Betroffenen an eine andere Stelle (zB an das FamG im Rahmen der Mitwirkung nach § 50) die Leistungs- und Beratungsbeziehungen grundlegend beeinträchtigen und in Frage stellen, so dass ihre Übermittlung bzw Nutzung zu anderen Zwecken – ohne Einwilligung – nach § 64 Abs. 2 ausgeschlossen ist. Zusätzlich ist immer auch zu prüfen, inwieweit die Informationen gemäß § 65 anvertraut wurden und bereits deshalb eine Übermittlung ausgeschlossen ist.

10 **Abs. 2** ist von den (funktionalen) „Stellen" nach § 61 Abs. 1 Satz 2 zu beachten, die die Adressaten der Datenschutzverpflichtung in der Kinder- und Jugendhilfe sind. Damit sind auch zwischen einzelnen Stellen desselben JA Datenübermittlungen nur unter den Voraussetzungen dieser Vorschrift zulässig. Innerhalb einer Stelle ist die sachlich erforderliche notwendige Information befasster Mitarbeiter ohne die Begrenzung des Abs. 2 zulässig, jedoch sind auch dabei die Datenschutzvorschriften zu beachten, die insoweit auch innerhalb von (verantwortlichen) Stellen gelten, insb. die Beschränkung des § 65. Mit dem funktionalen Stellenbegriff nach § 67 Abs. 9 Satz 3 SGB X liegt bei der Einzelfallbearbeitung im Rahmen einer **Mitarbeitergruppe (Team)** dann kein Übermitteln vor, wenn die Mitarbeiter nach der Dienst- oder Geschäftsordnung mit der Leistungsentscheidung, -erbringung oder -erfüllung als Team zuständigkeitshalber rechtmäßig befasst sind. Soweit im Fall § 8 a Abs. 2 der freie Träger das JA eingeschaltet hat, ist eine Rückmeldung des JA an den freien Träger über die Ergebnisse der Gefährdungsabschätzung nur dann möglich, wenn JA und freier Träger im konkreten Einzelfall in einer „funktionalen Verantwortungsgemeinschaft stehen. Dies ist nur dann der Fall, wenn der freie Träger das JA lediglich hinzugezogen hat, jedoch verantwortlich bleibt für die weitere Fallbearbeitung (vgl DIJuF JAmt 2007, 294). Stets ist jedoch zu prüfen, ob nicht die Beschränkung des § 65 gilt. Für die Datenweitergabe innerhalb der speichernden Stelle selbst (§ 67 Abs. 7 SGB X) sind die entsprechenden Beschränkungen nach §§ 67 b, 67 c SGB X zu beachten. Die Weitergabe von Einzelfalldaten an den an den Geschäften der laufenden Verwaltung nicht zu beteiligenden Kinder- und Jugendhilfeausschuss (§ 70 Abs. 2, § 71 Abs. 2) stellt regelmäßig eine Übermittlung iSd § 64 Abs. 2 dar. Die Wahrnehmung der Rechts- bzw Fachaufsicht von vorgeordneten Stellen ist im Rahmen der (**vertikalen**) **Stellenhierarchie** und für die Befugnisse der (politisch) Verantwortlichen innerhalb der Kommune (Dezernenten/ Beigeordnete/berufsmäßig Gestattete) zulässig. Jedoch geht auch hier der personenbezogene Sozialdatenschutz nach § 65 vor.

Ebenso ist das **Konkurrenzverhältnis** im Hinblick auf die Übermittlungspflichten an **Ausländerbehör-** 11 **den** (§ 87 AufenthG) bzw auf die darauf abgestimmten Offenbarungsbefugnisse in § 71 Abs. 2 SGB X zu lösen. Die durch § 87 AufenthG begründete Pflicht „öffentlicher Stellen" zur Übermittlung personenbezogener Daten an Ausländerbehörden legitimiert die Stelle nicht automatisch, die entsprechenden Daten zu übermitteln. Steht der Mitteilungspflicht nämlich keine entsprechende gesetzliche Übermittlungsbefugnis gegenüber, so läuft die Mitteilungspflicht leer (§ 88 Abs. 1 AufenthG). Dies gilt auch für die Verpflichtung der Kinder- und Jugendhilfe zur Amtshilfe (§ 3 SGB X) gegenüber dem Ausländeramt: **Grenzen der Amtshilfe** sind nach § 4 Abs. 2 Nr. 1 SGB X die datenschutzrechtliche Zulässigkeit und nach § 4 Abs. 3 Nr. 3 SGB X die ernstliche Gefährdung der eigenen Aufgabenerfüllung (vgl den Rechtsgedanken in Abs. 2). Übermittlungs- und Nutzungsbefugnisse ergeben sich demnach lediglich aus einer Einwilligung (§ 67 b SGB X) oder aus den gesetzlichen Offenbarungstatbeständen nach den §§ 67 d bis 78 SGB X unter den in §§ 64, 65 und § 4 Abs. 3 Nr. 3 SGB X normierten Beschränkungen. Demzufolge sind die JÄ nicht befugt, Daten an die Ausländerbehörde zu übermitteln, wenn diese ausländerrechtlich unbeachtlich sind. Eine Befugnis zur Datenübermittlung setzt nach § 88 Abs. 1 AufenthG voraus, dass die Datenübermittlung nicht nach anderen Vorschriften unzulässig ist.

Für die an den Sozialdatenschutz des SGB gebundenen Stellen enthält § 71 Abs. 2 Ziff. 1–3 SGB X jene 12 den Mitteilungspflichten nach § 87 Abs. 1 AufenthG zugeordneten Übermittlungsbefugnisse, die allerdings alle unter dem Vorbehalt besonderer gesetzlicher Übermittlungsbefugnisse stehen, wie sie sich aus den Datenvorschriften der § 35 SGB I, §§ 67ff SGB X und §§ 61 ff, insb. §§ 64, 65 und 68 ergeben. Wenn auch die Beschränkung des § 64 Abs. 2 ausdrücklich nur für Übermittlungsbefugnisse nach § 69 SGB X gilt, so ist die in dieser Vorschrift enthaltene Regelung als Rechtsgedanke im Rahmen der Prüfung von Übermittlungsbefugnissen gemäß den Voraussetzungen nach § 4 Abs. 3 Nr. 3 SGB X insoweit allgemein heranzuziehen (Wiesner/Mörsberger § 64 Rn 13). Sofern diese Vorschriften eine Übermittlung nicht gestatten, wirken sie auch als **Sperre für Mitteilungspflichten** nach ausländerrechtlichen Normen und schließen damit eine Übermittlung nach § 71 Abs. 2 SGB X aus (DV NDV 1991, 322). Informationen, die gemäß § 65 anvertraut wurden, dürfen auch den Ausländerbehörden nur unter den Voraussetzungen dieser Vorschrift mitgeteilt werden. Nach der Systematik des Gesetzes soll § 65 einschließlich des von ihm in Bezug genommenen § 203 StGB die grundsätzlich gegebenen Übermittlungsbefugnisse der Kinder- und Jugendhilfebehörden einschränken. Dasselbe gilt auch für § 68. Von diesen Beschränkungen der Übermittlungsbefugnisse gemäß §§ 65, 68 normiert § 88 Abs. 2 Nr. 1 AufenthG **Ausnahmen.** Gefährdet ein Ausländer die öffentliche Gesundheit, ohne dass diese Gefahr ausgeschaltet werden könnte, dürfen die Ausländerbehörden auch in den Fällen der §§ 65, 68 informiert werden. Gerade in diesen Fällen haben die Kinder- und Jugendhilfebehörden jedoch ihre Ermessensspielräume entsprechend der Rechtsgedanken der § 4 Abs. 3 Nr. 3 SGB X, § 64 Abs. 2 zu beachten.

III. Sozialdatenschutz durch Anonymisierung oder Pseudonymisierung – Abs. 2 a

Abs. 2 a regelt, dass vor einer Übermittlung von Sozialdaten an eine Fachkraft, die der verantwortlichen 13 Stelle nicht angehört, sie zu anonymisieren oder zu pseudonymisieren sind. Wegen des Verfassungsprinzips der Verhältnismäßigkeit ist vor einer Datenübermittlung stets zu prüfen, welche Möglichkeiten bei der Fallbearbeitung bestehen und auch genutzt werden müssen, die Sozialdaten „geheim" zu belassen. Eine solche Möglichkeit stellt in der Regel die **Anonymisierung und Pseudonymisierung von Sozialdaten** dar (zum Begriff vgl die Legaldefinition in § 67 Abs. 8 und 8 a SGB X). Sie ist zB bei der **Fallbesprechung im Team** geboten, insb. dann, wenn im Einzelfall Externe (Ärzte, Psychotherapeuten, Polizei etc) zu einer Risikoabschätzung nach § 8 a Abs. 1 oder 2 hinzugezogen werden. **Abs. 2 a** greift diesen Grundsatz auf. Er wurde durch das KICK neu eingefügt und soll insb. auch die Aktivitäten des JA nach § 8 a flankieren. Bei der Risikoabschätzung nach § 8 a Abs. 1 ist im jeweiligen Einzelfall daher stets zu prüfen, ob sie auch in anonymisierter oder/und pseudonymisierter Form erfolgen kann (§ 8 a Rn 16, 31).

IV. Sozialdatenverwendung zum Zwecke der Planung

Abs. 3 erlaubt die Speicherung und Nutzung von Sozialdaten zum Zwecke der Jugendhilfeplanung. 14 Auch sie gehört – wie die in § 67 c Abs. 3 SGB X genannten Kontroll- und Aufsichtsaufgaben – zum sachlich notwendigen Bearbeitungsvorgang, der arbeitsteilig verschiedenen Personen oder Abteilungen im JA übertragen ist. Wie § 75 SGB X als Sonderregelung zur Übermittlungsbefugnis nach § 69 Abs. 1 Nr. 1 SGB X zu verstehen ist, ist Abs. 3 als Sonderregelung zu Abs. 2 aufzufassen. Die Verwendung von Sozialdaten zum Zwecke der Planung (§ 80) ist unverzichtbar. Allerdings ist es nicht erforderlich, den Personenbezug der Daten aufrechtzuerhalten. Deshalb ist Zulässigkeitsvoraussetzung für eine rechtmäßige Datenverwendung zu Planungszwecken die **unverzügliche Anonymisierung** aller Sozialdaten (§ 67 Abs. 8 SGB X). Sichergestellt sein muss, dass die erfolgte Anonymisierung **nicht mehr rückgängig** zu machen ist. Dies ist nur dann der Fall, wenn sich eine Reidentifizierung auch nicht mit Hilfe von Zusatzwissen und unter Einsatz von Kombinationsmöglichkeiten elektronischer Datenverarbeitung herstellen lässt (§ 67 Abs. 8 SGB X, § 3 Abs. 7 BDSG). Lassen sich die Daten nicht oder nicht ausreichend anonymisieren, etwa weil die betroffene Gruppe zu klein oder die Unterteilung zu spezifisch ist, ist die Verwendung im Rahmen des Abs. 3 unzulässig. Dies gilt auch für die statistische Verwendung erhobener Daten nach den § 98 ff.

V. Datenverwendung zur Erfüllung von Aufsichts- und Kontrollaufgaben, zur Rechnungsprüfung oder zur Durchführung von Organisationsuntersuchungen

15　Nach § 67 c Abs. 3 SGB X liegt eine Speicherung, Veränderung oder Nutzung von Sozialdaten für andere Zwecke nicht vor, wenn sie für die Wahrnehmung von **Aufsichts-, Kontroll- und Disziplinarbefugnissen**, der Rechnungsprüfung oder der Durchführung von Organisationsuntersuchungen für die verantwortliche Stelle erforderlich ist. Die Vorschrift regelt somit eine Übermittlungsbefugnis für eine tatsächliche Zweckänderung. Diese Änderung oder Nutzung von Sozialdaten zu Ausbildungs- und Prüfungszwecken durch die verantwortliche Stelle ist danach ebenfalls zulässig, jedoch nur, soweit nicht überwiegend schutzwürdige Interessen der Betroffenen entgegenstehen. Regelmäßig kann die in § 67 c Abs. 3 SGB X angesprochene Aufsicht und Kontrolle nicht ausgeübt werden, ohne dass dabei auch Informationen herangezogen werden, die sich auf Einzelpersonen beziehen. Während der **Informationsfluss in horizontaler Richtung** durch die Übermittlungsbeschränkungen des SGB X geregelt ist, regelt § 67 c Abs. 3 SGB X die Übermittlungsbefugnis in **vertikaler (hierarchischer) Richtung** für Aufsichts-, Kontroll- und Disziplinarbefugnisse sowie der Rechnungsprüfung oder der Durchführung von Organisationsuntersuchungen (Busch 1997, 55 ff). Die Vorschrift stellt klar, dass ein Informationsfluss vertikal erlaubt ist, wenn es um die dort genannten Aufgaben geht, beschränkt diese Erlaubnis aber auf das unbedingt Erforderliche zur Erfüllung des konkreten Aufsichts- und Kontrollzwecks Im übrigen gelten auch hier die allgemeinen Beschränkungen der §§ 65, 68.

§ 65 Besonderer Vertrauensschutz in der persönlichen und erzieherischen Hilfe

(1) ¹Sozialdaten, die dem Mitarbeiter eines Trägers der öffentlichen Jugendhilfe zum Zweck persönlicher und erzieherischer Hilfe anvertraut worden sind, dürfen von diesem nur weitergegeben werden

1. mit der Einwilligung dessen, der die Daten anvertraut hat, oder

2. dem Vormundschafts- oder dem Familiengericht zur Erfüllung der Aufgaben nach § 8 a Abs. 3, wenn angesichts einer Gefährdung des Wohls eines Kindes oder eines Jugendlichen ohne diese Mitteilung eine für die Gewährung von Leistungen notwendige gerichtliche Entscheidung nicht ermöglicht werden könnte, oder

3. dem Mitarbeiter, der auf Grund eines Wechsels der Fallzuständigkeit im Jugendamt oder eines Wechsels der örtlichen Zuständigkeit für die Gewährung oder Erbringung der Leistung verantwortlich ist, wenn Anhaltspunkte für eine Gefährdung des Kindeswohls gegeben sind und die Daten für eine Abschätzung des Gefährdungsrisikos notwendig sind, oder

4. an die Fachkräfte, die zum Zwecke der Abschätzung des Gefährdungsrisikos nach § 8 a hinzugezogen werden; § 64 Abs. 2 a bleibt unberührt, oder

5. unter den Voraussetzungen, unter denen eine der in § 203 Abs. 1 oder 3 des Strafgesetzbuches genannten Personen dazu befugt wäre.

²Gibt der Mitarbeiter anvertraute Sozialdaten weiter, so dürfen sie vom Empfänger nur zu dem Zweck weitergegeben werden, zu dem er diese befugt erhalten hat.

(2) § 35 Abs. 3 des Ersten Buches gilt auch, soweit ein behördeninternes Weitergabeverbot nach Absatz 1 besteht.

I. Gesteigerter Schutz für anvertraute Sozialdaten

§ 65 bezweckt einen gegenüber § 64 gesteigerten Schutz **anvertrauter Sozialdaten** im Fall persönlicher und erzieherischer Hilfe (im weiten Sinn von § 11 Satz 2 SGB I und nicht im engeren Sinn der §§ 27 ff; so auch Kunkel/Kunkel § 65 Rn 6). § 65 erweitert insoweit auch den Anwendungsbereich des § 76 SGB X. Als **Spezialvorschrift** schließt § 65 die über § 203 StGB hinausgehenden Übermittlungsmöglichkeiten der §§ 67 b bis 75 SGB X aus. Daten, die einem Mitarbeiter der öffentlichen Kinder- und Jugendhilfe, gleich welcher Profession, vom Ratsuchenden anvertraut wurden, dürfen damit nur weitergegeben werden, wenn zusätzlich zu den Voraussetzungen einer Weitergabe nach § 67 bis 76 SGB X noch die Weitergabebefugnisse gemäß § 65 Abs. 1 Satz 1 gegeben sind. Mit diesem **besonderen Vertrauensschutz in der persönlichen und erzieherischen Hilfe** durch § 65 anerkennt der Gesetzgeber, dass Hilfe nach dem SGB VIII nur effektiv erbracht werden kann, wenn die Leistungsberechtigten eine vertrauensvolle personale Beziehung zu den einzelnen Fachkräften entwickeln können, die auch im Datenschutz ihren besonderen Ausdruck erhält. Erkenntnisse aus der Beratungstätigkeit sollen nicht bei der sonstigen Aufgabenerfüllung der JÄ verwertet und möglicherweise gegen die Beratenden verwendet werden. Der besondere Vertrauensschutz ist nicht auf Leistungen nach § 2 Abs. 2 beschränkt, sondern gilt im selben Maß für andere Aufgaben nach § 2 Abs. 3 (Wiesner/Mörsberger § 65 Rn 11). Auszuscheiden sind lediglich wirtschaftliche oder administrative Maßnahmen wie zB Erteilung oder Aufhebung von Pflegeerlaubnissen, Beurkundungen, Kostenbeitragsangelegenheiten (Kunkel/Kunkel § 65 Rn 6). Neben den Weitergabebefugnissen gemäß § 65 Abs. 1 sind zusätzlich stets auch noch die Einschränkungen gemäß § 64 Abs. 2 zu beachten. Wenn auch die Weitergabe nach § 65 Abs. 1 zulässig ist, so ist vor einer Weitergabe stets noch zu prüfen, ob durch die Datenübermittlung nicht der Erfolg einer zu gewährenden Leistung in Frage gestellt ist.

2   § 65 schränkt gleichzeitig die **Nutzungsbefugnis innerhalb der verantwortlichen Stelle** selbst ein. Nach § 65 Satz 1 Halbsatz 1 dürfen dem Mitarbeiter eines Trägers der öffentlichen Kinder- und Jugendhilfe anvertraute Sozialdaten „von diesem nur weitergegeben werden", wenn die Voraussetzungen nach einer der Nr.1 bis 5 erfüllt sind. Denn der Begriff „weitergeben" bezieht sich sowohl auf die „Übermittlung", dh auf die Weitergabe an Dritte, an Personen oder Stellen außerhalb der verantwortlichen Stelle (§ 67 Abs. 6 Nr. 3, Abs. 10 SGB X) als auch innerhalb (§ 67 Abs. 7, 9 SGB X; BT-Drucks. 12/5187, 34). Anvertraute Daten sind demzufolge auch gegenüber vorgesetzten Personen „offenbarungsfest" (so auch Kunkel/Kunkel § 65 Rn 3; DIJuF JAmt 2008, 371, 372). § 65 bezieht sich auf die (Einzel-) Person des Mitarbeiters. Eine Ausdehnung von Zugriffsmöglichkeiten innerhalb der Institution ist unzulässig (Wiesner/Mörsberger § 65 Rn 8). Auch die Weitergabe zu Kontrollzwecken oder zur Rechnungsprüfung ist damit untersagt. Sie ist nur zulässig in anonymisierter Weise oder mit Einwilligung der Betroffenen.

3   „Weitergabe" iSd § 65 liegt bereits vor, wenn das Sozialdatum einer anderen Person „mitgeteilt" wird, gleichgültig, ob diese Person für die Fallbearbeitung zuständig ist oder nicht. Damit unterscheidet sich § 65 auch begrifflich von „Datenübermittlung" gemäß § 67 Abs. 6 Satz 2 Nr. 3 SGB X. Anvertraute Sozialdaten sind also auch geschützt vor einer (bloßen) Kenntnisnahme durch Vorgesetzte, Vertreter, Supervisoren, Teammitarbeiter oder Beteiligte an Hilfeplanungen gemäß § 36 (Kunkel/Kunkel § 65 Rn 10; Wiesner/Mörsberger § 65 Rn 8). Mit § 65 unterstreicht der Gesetzgeber die fachlich-methodische Notwendigkeit einer **besonderen vertrauensvollen Personalbeziehung zwischen Fachkräften und Ratsuchenden**, die auch datenschutzrechtlich besonders abgesichert werden muss (Proksch 1996, 28 ff; 130).

II. Normadressaten

4   Normadressaten des § 65 sind **die einzelnen Mitarbeiter** eines Trägers der öffentlichen Kinder- und Jugendhilfe – im Gegensatz zum Grundsatz des § 61 Abs. 1 Satz 2, nach dem Adressaten des Datenschutzes „alle **Stellen des Trägers** der öffentlichen Kinder- und Jugendhilfe" sind – und zwar ungeachtet ihrer Profession oder ihrer Stellung im Amt oder in der jeweiligen Stelle. Die Vorschrift gilt also auch, aber nicht nur, für die in § 203 Abs. 1-3 StGB genannten Berufsgruppen, Funktionsgruppen oder deren berufsmäßig tätigen Gehilfen (Kunkel/ Kunkel § 65 Rn 5). Nicht nur, weil auch sie Empfänger entsprechend sensibler personenbezogener Daten sein können, sondern vor allem auch, weil persönliche und erzieherische Hilfe nicht von einer Behörde als solcher zu leisten ist, sondern nur im vertrauensvollen personellen Miteinander von Fachkräften und Ratsuchenden.

5   Damit stellt § 65 klar, dass die den einzelnen Mitarbeitern anvertrauten Informationen rechtlich nicht so behandelt werden dürfen, als seien sie zugleich der Stelle/dem Träger der öffentlichen Kinder- und Jugendhilfe bekannt geworden. Im Übrigen normiert § 65 nur eine **Befugnis zur Weitergabe von Sozialdaten, keine Verpflichtung.** Diese muss sich vielmehr aus einem entsprechenden Gesetz ergeben, zB bei rechtfertigendem Notstand gemäß § 34 StGB oder einer Zeugnispflicht gemäß §§ 53, 54 StPO. Eine Weitergabe wird nicht dadurch befugt, dass die Empfänger ebenfalls zur persönlichen Verschwiegenheit verpflichtet bzw Kollegen oder Vorgesetze sind (trifft zB Supervision/Fallbesprechung). Die Annahme einer konkludenten oder gar mutmaßlichen Einwilligung ist grundsätzlich ausgeschlossen.

III. Datenschutzgegenstand

6   Geschützt sind Sozialdaten, die „zum Zwecke persönlicher und erzieherischer Hilfe anvertraut" sind. Der Begriff „persönliche und erzieherische Hilfe" knüpft an § 11 Satz 2 SGB I an, wonach sie Dienstleistung ist. Es kommt daher darauf an, dass die Fachkraft mit den erhaltenen Daten eine individuelle persönliche bzw erzieherische Leistung erbringt, die nicht bloß wirtschaftlicher oder administrativer Art ist (Kunkel/Kunkel § 65 Rn 6). Umfasst sind **alle Formen persönlicher Betreuung, Beratung/Unterstützung**, wie sie sowohl bei „Leistungen" (§ 2 Abs. 2) wie auch als „andere Aufgaben" (§ 2 Abs. 3) vorgesehen sind (so auch Wiesner/Mörsberger § 65 Rn 11). § 65 schützt vorrangig die Beratungs- und Hilfebeziehung der Fachkräfte mit den Hilfesuchenden im materiell-inhaltlichen Sinn. Allein entscheidend ist, ob zwischen dem Mitarbeiter und dem Betroffenen aufgrund der konkret gewährten persönlichen (Beratungs-/Unterstützungs-)Hilfe ein zu schützendes Vertrauensverhältnis besteht, in dem nach § 65 zu schützende personenbezogene Daten ausgetauscht werden (sollen).

IV. Anvertraute Sozialdaten

Dem **besonderen Schutz des** § 65 unterliegen **alle die Sozialdaten,** die von **Betroffen** zum Zwecke   7
persönlicher und erzieherischer Hilfe dem Mitarbeiter eines Trägers der öffentlichen Kinder- und Jugendhilfe „anvertraut" worden sind. Der Begriff „anvertraut" in § 65 ist ebenso auszulegen wie der
in § 203 Abs. 1 StGB. Danach bedeutet „anvertraut" die Mitteilung einer vertraulichen Information
durch den Betroffenen an den Mitarbeiter im inneren Zusammenhang mit der Ausübung seines Berufes
mündlich, schriftlich oder auf sonstige Weise unter Umständen, aus denen sich ein Interesse des Betroffenen an einer Geheimhaltung ergibt. Der Betroffene teilt ihm seine Sozialdaten mit im Vertrauen
auf seine besondere Schutzpflicht und in der (bestätigten) Erwartung, dass sie Dritten nicht übermittelt
oder in sonstiger Weise zugänglich gemacht werden bzw zugänglich sind. Das heißt, dass der Mitarbeiter dem Betroffenen die besondere Schutzpflicht erklärt und klarstellt, in welcher Rolle er ihm gegenüber steht.

Ein „Anvertrauen" ist dann **nicht gegeben,** wenn der Mitarbeiter ermittelnd tätig wird, dies dem Be-   8
troffenen gegenüber ausdrücklich und unmissverständlich klarstellt und der Betroffene in Kenntnis
dessen (dennoch) Sozialdaten preisgibt. Die erforderliche „persönlich **vertrauliche Beratungssituation**" besteht dann nicht (mehr). § 65 schützt das Interesse der Betroffen an der Verschwiegenheit der
Mitarbeiter des Trägers der öffentlichen Kinder- und Jugendhilfe, denen sie Daten aus ihrer Intimsphäre aufgrund einer in einem persönlichen Vertrauensverhältnis ruhenden Beratungssituation offenbart haben. Ohne eine solche geschützte Vertrauensbeziehung können Mitarbeiter ihre – auch im
Interesse der Allgemeinheit liegende – Aufgaben nicht oder nur unvollkommen erfüllen, denn ohne
Zuverlässigkeit ist Vertrauensberatung nicht denkbar. Damit sind aber nicht nur die Informationen
anvertraut, die ausdrücklich unter dem Siegel der Verschwiegenheit gegeben werden, sondern auch
die, die der Beratungsperson allein bekannt werden, weil eine persönlich **vertrauliche Beratungssituation** besteht (Maas NDV 1990, 219). Als anvertraut müssen daher auch alle die Daten gelten, in die
der Betroffene den Mitarbeiter einweiht, dabei die Verschwiegenheit des Mitarbeiters voraussetzt und
sich auf diese (auch stillschweigend) verlässt. Insoweit fallen auch die Daten unter den Schutz des
§ 65, die dem Mitarbeiter im Rahmen des Vertrauensverhältnisses vom Betroffenen schlicht „mitgeteilt" oder ihm „auf sonstige Weise", zB einem Hausbesuch, aber im Kontext der Vertrauensbeziehung,
bekannt werden. Denn wenn Sozialdaten im „vertraulichen" Beratungskontakt bekannt werden, dann
werden die Daten im Kontext der Vertraulichkeit bekannt und nicht bei „schlichter Gelegenheit"
(Wiesner/Mörsberger § 65 Rn 12; aA Kunkel/Kunkel § 65 Rn 8). Im Zweifelsfall hat die Fachkraft
selbst zu klären, wie die Vorstellungen und Wünsche der Ratsuchenden zur Vertraulichkeit der anvertrauten Sozialdaten konkret sind und sich entsprechend zu erklären.

Sozialdaten sind **nicht anvertraut,** wenn sie den Mitarbeitern „gelegentlich" ihrer Tätigkeit, sozusagen   9
zufällig, bekannt werden, ehe die Mitarbeiter sie im Rahmen der Ausführung ihres Arbeitsauftrages
oder im Rahmen eines Verwaltungsverfahrens erfahren. Kein Vertrauenstatbestand liegt vor, wenn die
Daten „in sonstiger Weise bekannt geworden" sind, ohne dass in diesem Kontext bereits eine vertrauliche Beratungssituation bestanden hat bzw besteht. Dies unterstreicht die funktionale und nicht be-
rufsgruppenspezifische Orientierung der Norm. Geschützt sind nur die im Verlauf der Hilfeleistung
anvertrauten Daten, nicht jedoch Informationen über die konkret gewährte Leistung. Für ihre Weitergabe gelten aber die Einschränkungen nach § 64 Abs. 2, 2 a.

Zielt der Arbeitskontakt der Mitarbeiter mit den Betroffen eindeutig und für die Betroffen er-   10
kennbar auf die Informationsbeschaffung für andere Mitarbeiterinnen oder Stellen (zB zum Zwecke
der Gewährung von Sach- und Geldleistungen), kann nicht von einem Anvertrauen ausgegangen werden. Soweit im Einzelfall die Abgrenzung zwischen Dienstleistung einerseits und Sach- oder Geldleistung andererseits deshalb problematisch ist, weil die entsprechende Hilfe sowohl Dienstleistung wie
Sach- oder Geldleistung sein kann, ist darauf abzustellen, zu welchem Zweck die Mitarbeiterin die
jeweilige Information erhalten hat. Die Bewertung der Vertraulichkeit hat die Fachkraft selbst vorzunehmen. Bei **Daten,** die innerhalb der **Mitwirkungspflicht der Betroffen** nach den §§ 60 ff SGB I
mitgeteilt werden, spricht eine Vermutung gegen ein Anvertrautsein.

Demgegenüber ist das Merkmal des Anvertrautseins nicht zweifelhaft, wenn die Informationspreisgabe   11
durch die Betroffen auf Leistungen zielt, wie sie vergleichbar in den in § 203 Abs. 1 Nr. 4 StGB
genannten Einrichtungen gewährt werden, Verschwiegenheit also methodische Voraussetzung für die
Erfüllung des beruflichen Auftrags ist oder der Mitarbeiter Verschwiegenheit zusichert und die Betroffen in diesem Zusammenhang informiert. Dies gilt selbstverständlich bei der Mitwirkung im
Hilfeplanverfahren gemäß §§ 27, 36. Hier werden Daten zum Zwecke persönlicher und erzieherischer

Hilfe anvertraut. Hiervon ist aber auch bei der **Wahrnehmung des Schutzauftrages nach § 8 a** und **bei der Mitwirkung in gerichtlichen Verfahren nach §§ 50, 52** auszugehen. Auch dort geht es im Ergebnis um eine Leistungserbringung der Kinder- und Jugendhilfe (Proksch 1996, 262 ff mwN; aA Kunkel/Kunkel § 65 Rn 7). Werden dabei Informationen gegeben, die über den Kenntnisstand hinausgehen, der auf den zum Zweck der Mitwirkung geführten Gesprächen beruht und sind diese „anvertraut" worden, so unterliegen sie dem besonderen Vertrauensschutz des § 65 (LJA BY 2004, 17). Eine ganz andere Frage ist, ob auch in diesen Kontexten anvertraute Sozialdaten weitergegeben werden dürfen. Diese Frage beantwortet sich gemäß § 65 nach dessen Abs. 1 Satz 1.

V. Weitergabebefugnis kraft Einwilligung – Abs. 1 Satz 1 Nr. 1

12   Nach **Abs. 1 Satz 1 Nr. 1** dürfen die anvertrauten Daten (nur) mit Einwilligung dessen weitergegeben werden, der sie anvertraut hat. Anders als in § 203 StGB, § 67 b Abs. 1 Satz 1 Alt. 2 SGB X kommt es nur dann auf den Betroffenen an, wenn dieser identisch ist mit dem, der die Information anvertraut hat. Dies ist nicht immer zugleich auch der Betroffene. Hat zB ein Dritter Informationen über einen Betroffenen anvertraut (zB der Elternteil über den anderen), so muss nach § 65 die Einwilligung nicht der Betroffene, sondern der Dritte erteilen. § 65 regelt insoweit den Konflikt, wenn Betroffene und anvertrauende Personen nicht identisch sind, konsequent zugunsten des Anvertrauenden.

13   Unter **Einwilligung** ist eine aus dem Selbstbestimmungsrecht begründete Erklärung zu verstehen, durch die **im Voraus** auf den Schutz eines Rechtsguts im Einzelfall verzichtet wird. Eine **Zustimmung nach der Datenweitergabe (Genehmigung)** genügt **nicht**. Die Einwilligung ist nicht identisch mit der Einwilligung in die Datenerhebung nach § 62 Abs. 2, sondern muss **gesondert noch einmal erteilt werden**. Eine rechtswirksame Einwilligung setzt voraus, dass die Betroffenen sich über Inhalt und Tragweite ihrer Einwilligung vorher im Klaren sind, erforderlichenfalls vorher hierüber ausreichend aufgeklärt worden sind. Ein solcher Aufklärungsbedarf ist in der Praxis regelmäßig zB dann gegeben, wenn Fachkräfte von den Betroffenen die Einwilligung zur Weitergabe ihrer „Akte" einholen, über deren Inhalt die betroffene Person aber nicht vollständig informiert ist. Eine Weitergabe ohne ausreichende Information würde den Vertrauensschutz der Betroffenen berühren, weil sie in diesem Fall über eine Weitergabe entscheiden würden, deren Inhalt und Umfang ihnen in der Situation nicht ausreichend klar ist (Wiesner/Mörsberger § 65 Rn 16).

14   **Förmliche Anforderungen** werden an die Einwilligung zwar nicht gestellt, so dass Schriftform – im Gegensatz zu § 67 b Abs. 2 SGB X – dafür nicht gefordert ist. Die Einwilligung kann mündlich, auch fernmündlich, erteilt werden. Wegen der rechtlichen Bedeutung der Aufklärung von Betroffenen über die Reichweite ihrer Einwilligung, vor allem aber aus Beweissicherungsgründen, ist es jedoch empfehlenswert, die Einwilligung schriftlich nachzuholen und zu den Akten zu nehmen, zumindest aber explizit zu dokumentieren. Dies sollte mindestens in den Fällen Standard sein, in denen eine aktenmäßige Dokumentation des Vorgehens unerlässlich ist, zB in Fällen des § 8 a. Für eine mutmaßliche oder stillschweigende Einwilligung ist bei Abwägung der Schutzgüter regelmäßig kein Raum. Auch die stillschweigende Einwilligung setzt rechtlich in jedem Fall eine ausdrückliche Einwilligung voraus, derer sich die Fachkräfte vorab versichern müssen.

15   Da die Einwilligung **keine rechtsgeschäftliche Erklärung** ist, können und müssen **Minderjährige** die entsprechende Einwilligung selbst erteilen, wenn sie die dafür erforderliche Einsichtsfähigkeit nach ihrem individuellen Entwicklungsstand haben. Gesetzlich sind hierfür keine festen Vorgaben oder gar Altersgrenzen normiert. Die **Einsichtsfähigkeit** ist also grundsätzlich im Einzelfall nach dem jeweiligen individuellen Entwicklungsstand der Minderjährigen zu beurteilen. Bei fehlender Einsichtsfähigkeit kommt es auf die Einwilligung der (beiden) Personensorgeberechtigten an. Sie haben das Recht, über die Einwilligung für die Minderjährigen selbst zu entscheiden. Dies gilt auch, wenn das Kind oder die Jugendlichen sich ohne ihr Wissen an das JA gewandt haben (§ 8 Abs. 3). Blockieren die Personensorgeberechtigten die erforderliche Einwilligung, ist diese Entscheidung grundsätzlich hinzunehmen, es sei denn, es liegt eine Übermittlungsbefugnis nach Nr. 2 bis 5 vor.

VI. Weitergabebefugnis an das Familiengericht bei Kindeswohlgefährdung – Abs. 1 Satz 1 Nr. 2

16   Nr. 2 befugt zur **Datenweitergabe an das FamG** auch ohne Einwilligung der Betroffenen zur Erfüllung der Aufgaben nach § 8 a Abs. 3 (bzw § 42 Abs. 3 Satz 2 Nr. 2) **nur dann**, wenn das JA zur Abwendung einer Gefährdung des Wohls des Kindes oder des Jugendlichen das Tätigwerden des Gerichts für erforderlich hält und ohne diese Mitteilung eine für die Gewährung von Leistungen notwendige gericht-

liche Entscheidung nicht ermöglicht werden könnte (etwa in den Fällen der §§ 1666, 1666 a BGB). Die Anrufungspflicht nach § 8 a Abs. 3 schließt nicht gleichzeitig die Pflicht oder die Befugnis zur Durchbrechung der Schweigepflicht mit ein, auch nicht für Fachkräfte einer Beratungsstelle des JA iSd § 203 Abs. 1 Nr. 4 StGB (Wiesner/Mörsberger Vor§ 61 Rn 36). Auch wenn die Voraussetzungen der Anrufungspflicht gemäß § 8 a Abs. 3 gegeben sind, genügt für die Weitergabe nicht allein die Tatsache der Kindeswohlgefährdung. Die Weitergabe der anvertrauten Sozialdaten ist auch in diesen Fällen (nur) dann gerechtfertigt, wenn das JA gleichzeitig eine konkrete, die Kindeswohlgefährdung abwehrende (notwendige und geeignete) **konkrete Kinder- und Jugendhilfeleistung** vorgesehen hat, deren Gewährung ohne die notwendige gerichtliche Entscheidung nicht ermöglicht werden könnte. Diese Ausnahme vom Datenschutz des § 65 ist das Ergebnis einer Güterabwägung zugunsten des Kindes oder Jugendlichen. Der Grundsatz der Verhältnismäßigkeit ist gewahrt, weil es nicht um einen Eingriff der Kinder- und Jugendhilfe geht, sondern um die Gewährung von Leistungen zugunsten von betroffenen Kindern oder Jugendlichen (ähnlich Wiesner/Mörsberger Vor§ 61 Rn 35; § 65 Rn 18; aA Kunkel/Kunkel § 65 Rn 15, der diesen Zusammenhang für unvereinbar hält mit Art. 6 Abs. 2 GG; zum Problemkreis Katzenstein ZKJ 2008, 148; Meysen/Schönecker/Kindler, 2009, 54 ff).

VII. Weitergabebefugnis wegen des Zuständigkeitswechsels bei Kindeswohlgefährdung – Abs. 1 Satz 1 Nr. 3

Nr. 3 befugt zur Weitergabe anvertrauter Sozialdaten **an den Mitarbeiter**, der aufgrund eines **Wechsels** **17** **der Fallzuständigkeit im Jugendamt oder eines Wechsels der örtlichen Zuständigkeit** für die Gewährung oder Erbringung der Leistung (neu) verantwortlich ist, wenn Anhaltspunkte für eine Gefährdung des Kindeswohls gegeben sind und die Daten für eine Gefährdungsabschätzung notwendig sind. Im Interesse eines effektiven Schutzes von Kindern und Jugendlichen bei gewichtigen Anhaltspunkten für eine Kindeswohlgefährdung wird die Befugnis zur Weitergabe anvertrauter Daten erweitert. Insb. in den Fällen des Wechsels der Fallzuständigkeit im JA oder eines Wechsels der örtlichen Zuständigkeit infolge Umzugs der Betroffenen kann es für die Sicherung des Kindeswohl notwendig werden, möglichst unverzüglich die notwendigen Sozialdaten an die neu zuständige Fachkraft weiterzugeben. Wechselt die Fallzuständigkeit oder die örtliche Zuständigkeit, muss die nun verantwortliche Fachkraft die notwendigen Informationen zum Gefährdungsrisiko erhalten, damit sie dem Schutzauftrag gemäß § 8 a nachkommen kann. Dies gilt auch, wenn die Leistung vom öffentlichen Träger (rechtlich) gewährt, tatsächlich aber von einem freien Träger erbracht wird, also rein rechtlich kein Zuständigkeitswechsel vorliegt. Obwohl der Gesetzgeber in Nr. 3 lediglich von „Gewährung oder Erbringung" einer Leistung ausgeht, muss diese Norm auch im Fall der Erfüllung einer anderen Aufgabe (zB § 42) angewandt werden (so auch Kunkel/Kunkel § 65 Rn 17). Nr. 3 befugt zur Datenweitergabe lediglich zur notwendigen Gefährdungsabschätzung. Deshalb muss für die Weitergabe genau geprüft werden, welche Daten hierfür notwendig sind. Eine ungeprüfte Weitergabe kompletter Aktenvorgänge ist deshalb unzulässig (Wiesner/Mörsberger § 65 Rn 19).

VIII. Weitergabebefugnis zur Gefährdungseinschätzung – Abs. 1 Satz 1 Nr. 4

Nr. 4 befugt zur **Weitergabe anvertrauter Daten an die Fachkräfte**, die zum Zwecke der Gefährdungs- **18** abschätzung nach § 8 a hinzugezogen werden. Für eine effektive Hilfegewährung in Fällen vermuteter Kindeswohlgefährdung ist eine Zusammenarbeit und Nutzung der unterschiedlichen Kompetenzen von Fachkräften unverzichtbar. Ihnen müssen alle dafür notwendigen Informationen zur Verfügung stehen. Diesem Ziel dient die mit dem KICK eingeführte neue Regelung der Nr. 4. In jedem Fall ist aber, auch nach dem Grundsatz der Verhältnismäßigkeit, vor einer Übermittlung an Fachkräfte verantwortlich zu prüfen und zu entscheiden, ob die anvertrauten Sozialdaten nicht vor der Weitergabe zu anonymisieren oder pseudonymisieren sind. Dem dient der Verweis auf § 64 Abs. 2 a.

IX. Weitergabebefugnis unter den Voraussetzungen des § 203 Abs. 1 oder 3 StGB – Abs. 1 Satz 1 Nr. 5

Nr. 5 lässt eine Datenweitergabe nur zu, wenn die nach **§ 203 Abs. 1 oder 3 StGB** genannten Personen **19** aufgrund gesetzlicher Bestimmungen dazu befugt wären. Dies ist, abgesehen von einer Einwilligung der Betroffenen, die auch hier möglich ist (zB durch die Entbindung der Ärzte von ihrer Schweigepflicht), der Fall bei Anzeigepflicht nach § 138 StGB, nach dem Bundesseuchengesetz, dem Gesetz zur Verhütung ansteckender Krankheiten, dem Personenstandsgesetz, dem Kassenarztrecht und im Rahmen von gerichtlichen Verfahren, soweit die Weitergabe von Informationen erforderlich ist und Informationen außerhalb eines vertraulichen Beratungskonzepts bekannt geworden sind. Soweit sich aus § 71 Abs. 1 Nr. 1 und 2, Abs. 2 Satz 2 SGB X Befugnisse zur Datenweitergabe ergeben können, sind neben den Voraussetzungen des § 65 auch die allgemeinen Voraussetzungen für eine Datenweitergabe zu beachten, nämlich, dass dadurch der Erfolg einer zu gewährenden Kinder- und Jugendhilfeleistung nicht in Frage gestellt werden darf (Rechtsgedanke des § 64 Abs. 2) bzw dass die Datenweitergabe die Erfüllung der Aufgaben des JA nicht ernstlich gefährden kann (§ 4 Abs. 3 Ziff. 3 SGB X).

X. Weitergabebefugnis wegen rechtfertigenden Notstandes – § 34 StGB

20   Nach § 34 StGB, „rechtfertigender Notstand", handelt nicht rechtswidrig, wer in einer gegenwärtigen, nicht anders abwendbaren Gefahr für Leben, Leib, Freiheit, Ehre, Eigentum oder ein anderes Rechtsgut eine Tat begeht (etwa Geheimnisbruch nach § 203 StGB), um die Gefahr von sich oder einem anderen abzuwenden (namentlich in Fällen der Kindeswohlgefährdung), wenn bei Abwägung der widerstreitenden Interessen, namentlich der betroffenen Rechtsgüter und des Grades der ihnen drohenden Gefahren, das geschützte Interesse das beeinträchtigte wesentlich überwiegt. § 34 StGB legitimiert zur Datenoffenbarung nicht nur den Arzt, sondern auch Fachkräfte der Kinder- und Jugendhilfe, wenn dies zum Schutz bedrohter, vom Gesetz anerkannter Rechtsgüter erforderlich ist und diese bei einer Gesamtabwägung aller Interessen überwiegen. Dies gilt jedoch nur, soweit die Tat (also die Datenweitergabe) ein angemessenes Mittel ist, die akute (konkrete) Gefahr abzuwenden. Die Weitergabebefugnisse des § 65 heben lediglich die Verpflichtung zum besonderen Vertrauensschutz nach dieser Vorschrift auf. In jedem Fall sind jedoch für die Datenweitergabe entsprechende weitere gesetzliche Befugnisse Voraussetzung. Diese Weitergabevoraussetzungen ergeben sich auch aus den Regelungen der § 64 Abs. 2 (Wiesner/Mörsberger § 65 Rn 23).

XI. Verlängerung des Vertrauensschutzes durch Zweckbindung – Abs. 1 Satz 2

21   **Abs. 1 Satz 2** verlängert den Schutz zum Zwecke persönlicher und erzieherischer Hilfe anvertrauter Sozialdaten auf den Empfänger. Werden gemäß § 65 anvertraute Sozialdaten befugt weitergegeben, so darf auch der Empfänger der Daten, wenn er sie (noch einmal) weitergeben möchte, nur zu diesem Zweck weitergeben. Der Empfänger dieser Daten ist dabei an dieselben Kriterien gebunden wie derjenige, dem die Informationen selbst anvertraut worden waren. Deshalb muss dem Datenempfänger auch mitgeteilt werden, warum und zu welchem Zweck er die Informationen erhält. Nur dadurch wird dem Weitergebenden bewusst, ob und warum er die Daten von sich aus trotz der Sperre des § 65 weitergeben darf. Abs. 1 Satz 2 wurde durch das 2. SGB-ÄndG eingefügt, weil die allgemeine Zweckbindungsnorm des § 78 SGB X als Normadressat nur die Sozialleistungsträger betraf, während § 65 lediglich die einzelnen Mitarbeiter verpflichtet. Abs. 1 Satz 2 übernimmt nicht die in § 78 Abs. 1 und Abs. 3 SGB X normierten Ausnahmen von der strikten Zweckbindung. Die verlängerte Zweckbindung wird, wenn der Empfänger ebenfalls Sozialleistungsträger ist, nicht durch die Befugnisse der §§ 68 ff SGB X erweitert. Wird an **nicht-öffentliche Stellen** (zB freie Träger) weitergegeben, sind die Empfänger in analoger Anwendung der Regelungen des § 61 Abs. 3 als verpflichtet anzusehen, den weiteren Empfänger ebenfalls zu veranlassen, sich auch seinerseits auf die Verfolgung dieses Zweckes zu beschränken (Wiesner/Mörsberger § 65 Rn 24).

XII. Absicherung des besonderen Vertrauensschutzes gegenüber Behörden – Abs. 2

22   Die Regelung des Abs. 2 zielt auf die **behördliche Absicherung des Sondervertrauensschutzes** der nach § 65 Abs. 1 besonders geschützten Sozialdaten. § 35 Abs. 3 SGB I legt fest, dass keine Auskunftspflicht, keine Zeugnispflicht und keine Pflicht zur Vorlage oder Auslieferung von Schriftstücken, nicht automatisierten Dateien und automatisiert erhobenen, verarbeiteten oder genutzten Daten besteht, soweit ihre Übermittlung nicht zulässig ist. Dies gilt insb. auch gegenüber der Strafjustiz (also keine Sicherstellung oder Beschlagnahme gemäß §§ 98 ff StPO; DIJuf JAmt 2007, 139, 140; LG Saarbrücken JAmt 2007, 321). Dasselbe gilt gemäß Abs. 2, wenn keine Weitergabebefugnis gemäß § 65 Abs. 1 Satz 1 Nr. 1 bis 5 besteht.

23   Die Weitergabe der nach § 65 Abs. 1 geschützten Sozialdaten innerhalb der für den Schutz dieser Daten verantwortlichen Stelle ist eine Nutzung gemäß § 67 Abs. 7 SGB X. Dafür müssen zusätzlich zu den Nutzungsvoraussetzungen gemäß § 67 c SGB X noch die Weitergabebefugnisse gemäß § 65 Abs. 1 Satz 1 Nr. 1 bis 5 vorliegen. Das gleiche gilt für die Frage der Zulässigkeit einer Aktenzusammenführung innerhalb der verantwortlichen Stelle gemäß § 63 Abs. 2.

XIII. Organisation

Wegen der datenschutzrechtlich verschärften Sensibilität „anvertrauter" Sozialdaten haben die Mit-   24
arbeiter der öffentlichen Kinder- und Jugendhilfe besondere Sicherungspflichten für solche Daten. Sie
haben durch organisatorische Regelungen sicherzustellen, dass ihnen anvertraute Informationen weder
in die Akten aufgenommen (§ 63) noch sonst Dritten zugänglich (gemacht) werden (können). Ratsuchende haben das Recht, ohne die Anwesenheit Dritter ihre Daten der für sie zuständigen Fachkraft
anzuvertrauen. Team-/Fachgespräche müssen so geführt werden, dass eine Individualisierung der betroffenen Personen ausgeschlossen bleibt. Für den Fall der Vertretung oder des Ausscheidens eines
Mitarbeiters aus dem Dienst, ist, unbeschadet der Regelung in § 65 Abs. 1 Satz 1 Nr. 3, mit dem Betroffenen eine einvernehmliche Regelung (Einwilligung) über die Weitergabe von Daten vorab herbeizuführen.

Die Träger selbst haben aufgrund ihrer eigenen Verpflichtung zur Wahrung des Sozialdatenschutzes   25
(§ 61 Abs. 1 Satz 2) sowie aufgrund ihrer mitarbeiterbezogenen Fürsorgepflichten den Dienstgang so
zu organisieren und zu kontrollieren, dass der Datenschutz auch nach § 65 umfassend gewährleistet
bleibt. Angesichts der Sensibilität und Intimität der nach § 65 anvertrauten personenbezogenen Daten
müssen verwaltungsinterne Probleme zurückstehen, wie sie etwa aus der Ausübung von Leitungs- und
Aufsichtsfunktionen, der Kooperation der Fachkräfte untereinander, der Abwesenheitsvertretung oder
der Mitarbeiternachfolge entstehen können. So darf der als „Vertraute/r" tätige Mitarbeiter ohne Einwilligung der Betroffenen im selben Fall nicht zugleich ermittelnd tätig werden. Ist aber eine Vermischung von unterschiedlichen Funktionen tatsächlich unvermeidbar, etwa im Falle der Aufgaben nach
§ 8 a Abs. 3, §§ 50, 52 ist der Betroffene darauf hinzuweisen und ihm zu erklären, welche Daten ver-
traulich bleiben und welche offenbart werden können/müssen. Aus Gründen des Vertrauensschutzes
und der Vertraulichkeit muss der Betroffene zu Beginn der Zusammenarbeit im Rahmen der Informationen des Betroffenen nach § 62 Abs. 1 ausdrücklich und klar hierauf hingewiesen werden.

§ 66 Datenlöschung, Datensperrung

(weggefallen)

I. Rechtsentwicklung

1 Die erforderlichen Regelungen zur **Datenlöschung und Datensperrung** sind auch für das SGB VIII § 84 SGB X zu entnehmen. § 84 SGB X verpflichtet die Sozialleistungsträger, unrichtige Sozialdaten zu berichtigen (Abs. 1), sie zu löschen oder zu sperren, wenn ihre Speicherung unzulässig ist (Abs. 2, 3). Der Anspruch auf Berichtigung, Löschung oder Sperrung von Sozialdaten entsteht zu dem Zeitpunkt, zu dem die jeweiligen Voraussetzungen vorliegen. Er bedarf keines Antrags des Betroffenen. Sein Anspruch ist vielmehr von Amts wegen und unverzüglich zu erfüllen (aA Wiesner/Mörsberger Anhang § 61, § 84 SGB X Rn 4, der eine angemessene Frist einräumen will). Bei besonders sensiblen Daten (zB die in § 67 Abs. 12 SGB X definierten „besonderen Arten personenbezogener Daten") ist darüber hinaus eine sofortige Berichtigung gefordert.

II. Pflicht zur Berichtigung – § 84 Abs. 1 SGB X

2 **Unrichtige Daten** sind, weil nicht (mehr) erforderlich (§ 63 Abs. 1), zu berichtigen (§ 84 Abs. 1 Satz 1 SGB X). Die Berichtigung erfolgt durch Korrektur, durch völlige oder teilweise Löschung oder Hinzufügung von Daten oder Datenbestandteilen. Die Unrichtigkeit muss nicht vom Betroffenen bewiesen werden, vielmehr hat die verantwortliche Stelle die Beweislast für die Richtigkeit. Wird die Richtigkeit von Sozialdaten von dem Betroffenen bestritten und lässt sich weder die Richtigkeit noch die Unrichtigkeit feststellen, so ist dies in der Datei oder Akte zu vermerken oder auf sonstige Weise festzuhalten. Die bestrittenen Daten dürfen dann nur mit einem Hinweis hierauf genutzt und übermittelt werden (§ 84 Abs. 1 Sätze 2, 3 SGB X).

III. Pflicht zur Löschung – § 84 Abs. 2 SGB X

3 Sozialdaten sind zu löschen, wenn ihre **Speicherung unzulässig** ist **oder** wenn ihre **Kenntnis** für die verantwortliche Stelle zur rechtmäßigen Erfüllung der in ihrer Zuständigkeit liegenden Aufgaben **nicht mehr erforderlich** ist und kein Grund zu der Annahme besteht, dass durch die Löschung schutzwürdige Interessen der Betroffenen beeinträchtigt werden (§ 84 Abs. 2 SGB X). Für die Löschung sind die organisatorischen und technischen Sicherungen zu treffen (§ 78 a SGB X), die notwendig sind, um die Daten tatsächlich und ohne Kenntnisnahme durch Dritte vor oder nach der Löschung wirksam (und kontrolliert durch ausgewähltes Personal) zu vernichten.

4 Daten sind nach § 84 Abs. 2 Satz 2 SGB X auch zu löschen, wenn ihre **Kenntnis für die verantwortliche Stelle nicht mehr erforderlich** ist. Dies setzt voraus, dass die Erhebung (§ 62) und Speicherung (§ 63) zulässig waren. Bei zu Unrecht erhobenen oder gespeicherten Daten ergibt sich die Löschungspflicht bereits unmittelbar aus §§ 67 a, 67 c, 84 Abs. 2 Satz 1 SGB X, § 62 Abs. 1, § 63 Abs. 1. Dies bedeutet vor allem, dass eine Löschung nicht deshalb unterbleiben darf, weil die Daten irgendwann und für irgendeinen (anderen) Zweck doch noch gebraucht werden könnten (Bekräftigung des Verbots der Datensammlung auf Vorrat). Ist zweifelhaft, ob die Daten aktuell noch erforderlich sind oder nicht, sind mindestens potenziell nachteilige Informationen (bzw negative Wertungen und nicht belegte negative Tatsachenbehauptungen/Vermutungen, Wiesner/Mörsberger Anhang § 61, § 84 SGB X Rn 15) möglichst unverzüglich auszuschalten. In Zweifelsfällen ist eine Anfrage beim Betroffenen vorzunehmen.

5 **Keine Pflicht zur Löschung** besteht, wenn Grund zur Annahme besteht, dass **schutzwürdige Interessen des Betroffenen** durch die Löschung beeinträchtigt würden (§ 84 Abs. 3 Nr. 2 SGB X). Der Begriff ist weit zu fassen. Schutzwürdige Interessen sind dann gegeben, wenn der Betroffene aus seiner Sicht ein berechtigtes Interesse an der weiteren Datenspeicherung geltend machen kann. Ein solches Interesse ist zu bejahen, wenn durch die Löschung Daten vernichtet würden, die der Betroffene später wieder selbst mühsam beibringen müsste, oder wenn ihm dadurch wichtige Beweismittel oder ihm nicht mehr zur Verfügung stehende Gedächtnisstützen verloren gingen. Lässt sich diese Frage nicht eindeutig beantworten, ist entweder eine Äußerung des Betroffenen herbeizuführen oder es sind die Daten gemäß § 84 Abs. 3 SGB X zu sperren.

IV. Pflicht zur Sperrung – § 84 Abs. 3 SGB X

An die Stelle der Löschungspflicht tritt eine **Pflicht zur Sperrung** der Daten (Nutzungs- und Übermitt- 6
lungsverbot; zum Begriff § 67 Abs. 6 Nr. 4 SGB X) nach § 84 Abs. 3 SGB X, soweit einer Löschung
gesetzliche, satzungsmäßige oder vertragliche Aufbewahrungsfristen entgegenstehen (Nr. 1) oder
Grund zu der Annahme besteht, dass durch eine Löschung schutzwürdige Interessen des Betroffenen
beeinträchtigt würden (Nr. 2) oder eine Löschung wegen der besonderen Art der Speicherung nicht
oder nicht mit angemessenem Aufwand möglich ist (Nr. 3). Die Sperrung der Daten macht eine weitere
Datennutzung unmöglich, vermeidet aber zugleich die mit der Löschung, also der Datenvernichtung,
verbundenen Nachteile. Sie kann wieder rückgängig gemacht werden. Eine Sperrung ist nur zulässig,
wenn die Voraussetzungen für eine Löschung erfüllt sind und zusätzlich eine der Alternativen des
§ 84 Abs. 3 SGB X gegeben ist. Daten sind bis zur endgültigen Löschung zu sperren, wenn es aus
Gründen einer ordnungsgemäßen Datenverarbeitung nicht möglich ist, zu löschende Daten in einem
Arbeitsvorgang (physisch) zu löschen.

V. Übermittlungs- und Nutzungsverbot gesperrter Sozialdaten – § 84 Abs. 4 SGB X; Informationspflichten – § 84 Abs. 5 SGB X

Gesperrte Sozialdaten dürfen nach § 84 Abs. 4 **ohne Einwilligung** des Betroffenen nur übermittelt oder 7
genutzt werden, wenn dies zu wissenschaftlichen Zwecken, zur Behebung einer bestehenden Beweisnot
oder aus sonstigen im überwiegenden Interesse der speichernden Stelle oder eines Dritten liegenden
Gründen unerlässlich ist (Nr. 1) und die Sozialdaten hierfür übermittelt oder genutzt werden dürften,
wenn sie nicht gesperrt wären (Nr. 2). Diese Tatbestände sind eng auszulegen. Die Datenweitergabe
sensibler und anvertrauter Daten iSv § 203 Abs. 1 StGB und § 65 sind ohne Einwilligung auch hier
nicht möglich. Eine bestehende Beweisnot liegt vor, wenn entscheidungserhebliche Tatsachen nicht
anders als durch Vorlage gesperrter Daten bewiesen werden können. Auch wenn ein sonstiger Dritter
in Beweisschwierigkeiten gerät, die nur durch Vorlage der gesperrten Daten behoben werden können,
ist die Entsperrung zulässig (Wiesner/ Mörsberger Anhang § 61, 84 SGB X Rn 20). Bestrittene Daten
dürfen nur mit einem Hinweis hierauf genutzt und übermittelt werden (§ 84 Abs. 1 Satz 2, Abs. 5
SGB X). Die Benachrichtigung soll die Empfänger in die Lage versetzen, ihren eigenen Verpflichtungen
aus den §§ 20, 35 BDSG bzw § 84 SGB X nachzukommen.

§ 67 Auskunft an den Betroffenen

(weggefallen)

I. Rechtsanspruch auf Auskunft

1 § 67 regelte die **Auskunftsansprüche von Betroffenen** in Anlehnung an § 83 SGB X. § 67 wurde durch das KICK (Einl. Rn 47) zur Bereinigung bzw Vermeidung von Doppelregelungen aufgehoben. Die erforderlichen Regelungen sind in **§ 83 SGB X** enthalten.

2 Nach § 83 Abs. 1 Satz 1 SGB X ist dem Betroffenen auf Antrag Auskunft zu erteilen über die zu seiner Person gespeicherten Sozialdaten, auch soweit sie sich auf die Herkunft dieser Daten beziehen, über die Empfänger oder Kategorien von Empfängern, an die Daten weitergegeben werden, und über den Zweck der Speicherung. Der Auskunftsanspruch bezieht sich auf alle Informationen, die auf einem Datenträger, gleich welcher Art, fixiert sind, auch in Akten.

3 Der Anspruch auf Datenkenntnis hat zentrale Bedeutung im Datenschutzrecht. Er ist maßgeblicher Teil des Verfassungsrechtes auf informationelle Selbstbestimmung. Der Bürger muss wissen, „wer was wann und bei welcher Gelegenheit über ihn weiß" (BVerfGE 65, 43). Ohne diesen Auskunftsanspruch sind Folgeansprüche wie solche auf Berichtigung von Daten bzw Löschung und Sperrung (§§ 81, 82, 84, 84 a SGB X) kaum durchführbar. § 83 begründet jedoch **keinen Anspruch auf Akteneinsicht**. Akteneinsicht darf jedoch gewährt werden (vgl BVerwGE 30, 154 f; zum Recht auf Akteneinsicht als Beteiligter eines Verwaltungsverfahrens § 25 SGB X). Das Recht auf Auskunft gibt grundsätzlich nur ein Recht, Auskünfte am Ort der Datenspeicherung zu erhalten. Über Ausnahmen ist nach pflichtgemäßem Ermessen zu entscheiden. Telefonauskünfte sind nur zu erteilen, wenn sichergestellt ist, dass der Datenschutz gewahrt bleibt. Daten Dritter, das sind auch Familienangehörige oder (Namen von) Informanten, dürfen nicht mitgeteilt werden (vgl Wiesner/Mörsberger Anhang § 61, § 83 SGB X, Rn 5). Ihre Daten sind daher von den Daten des Auskunftsuchenden zu trennen. Ist dies nicht möglich, darf Auskunft nur mit Einwilligung dieser Dritten oder aufgrund sonstiger Ermächtigung erteilt werden. Der Anspruch auf Auskunft ist nicht an einen behaupteten tatsächlichen oder angeblichen Missbrauchstatbestand gekoppelt.

II. Grenzen des Auskunftsanspruchs

4 Nach § 83 Abs. 2, 3 SGB X bestehen **Ausnahmen von der Auskunftspflicht**. Dies betrifft archivierte Daten oder zur Datensicherung oder Datenschutzkontrolle gespeicherte Daten (§ 83 Abs. 2 SGB X). Bezieht sich die Auskunftserteilung auf die Übermittlung von Daten an Behörden der Strafverfolgung und der Gefahrenabwehr, so ist sie nur mit Zustimmung dieser Stellen zulässig (§ 83 Abs. 3 SGB X). Nach § 83 Abs. 4 SGB X besteht ferner kein Auskunftsanspruch, wenn die Auskunft die ordnungsgemäße Erfüllung der Aufgaben der verantwortlichen Stelle, die öffentliche Sicherheit oder Ordnung oder das öffentliche Wohl gefährden würde oder die Daten nach einer Rechtsvorschrift oder wegen des überwiegenden Interesses eines Dritten oder sonst ihrem Wesen nach geheim gehalten werden müssen und deswegen das Interesse des Betroffenen an der Auskunftserteilung zurücktreten muss. In allen diesen Fällen ist aber stets zu prüfen, ob der Auskunftsanspruch zB durch Aktentrennung oder Informationstrennung erfüllt werden kann.

III. Verfahren zur Erfüllung des Auskunftsanspruchs

5 Die Auskunft setzt einen **Antrag** voraus. Dieser kann **formlos**, also auch mündlich gestellt werden. Da **Minderjährige** Grundrechtsträger sind, stehen ihnen eigenständige Auskunfts- und Antragsrechte zu. Die **sozialrechtliche Handlungsfähigkeit**, also die Vollendung des 15. Lebensjahrs gemäß § 36 Abs. 1 SGB I, ist deshalb bei § 67 – im Gegensatz zum Anspruch auf Akteneinsicht nach § 25 SGB X – **nicht Voraussetzung**. Abzustellen ist auf ihre Einsichts- und Urteilsfähigkeit. In dem Antrag „soll" die Art der Sozialdaten, über die Auskunft erteilt werden soll, näher bezeichnet werden (vgl dazu § 83 Abs. 1 Sätze 2, 3 SGB X).

6 Die verantwortliche Stelle bestimmt das **Auskunftsverfahren**, insb. die Form der Auskunftserteilung, nach pflichtgemäßem Ermessen (§ 83 Abs. 1 Satz 4 SGB X). Die Auskunftserteilung ist als Wissenserklärung „schlichtes Verwaltungshandeln". Ist die Auskunft unrichtig oder unvollständig, so besteht ein Anspruch auf Berichtigung bzw Vervollständigung, der auch verwaltungsgerichtlich geltend gemacht werden kann. Entsteht dadurch dem Betroffenen ein Schaden, so ist der auskunftspflichtige

Rechtsträger zum Schadensersatz verpflichtet. Die Erteilung der Auskunft kann durch allgemeine Leistungsklage durchgesetzt werden. Die Ablehnung der Auskunftserteilung bedarf dann keiner Begründung, soweit durch die Mitteilung der tatsächlichen und rechtlichen Gründe, auf die die ablehnende Entscheidung gestützt wird, der mit der Auskunftsverweigerung verfolgte Zweck gefährdet würde. In diesem Fall ist der Betroffene aber darauf hinzuweisen, dass er sich an die nach Landesrecht für die Kontrolle des Datenschutzes zuständige Stelle wenden kann (§ 83 Abs. 5 SGB X). Diese Stelle hat zu prüfen, ob die Ablehnung der Auskunftserteilung rechtmäßig war (§ 83 Abs. 6 SGB X).

Für die Auskunftserteilung gilt **§ 25 Abs. 2 SGB X** entsprechend (§ 83 Abs. 1 Satz 5 SGB X). Danach **7** soll die speichernde Behörde Angaben über gesundheitliche Verhältnisse des Betroffenen durch einen Arzt bzw Angaben, die die Entwicklung und Entfaltung seiner Persönlichkeit beeinträchtigen können, durch einen Arzt oder durch eine andere geeignete Persönlichkeit, zB einen psychologisch geschulten Sozialarbeiter oder Sozialpädagogen, vermitteln lassen, wenn zu befürchten ist, dass die Akteneinsicht dem Betroffenen einen unverhältnismäßigen Nachteil, insb. an der Gesundheit, zufügen würde. Der Auskunftsanspruch des Betroffenen wird dadurch aber nicht eingeschränkt, so dass er auf seinem Auskunftsrecht bestehen kann (§ 25 Abs. 2 Satz 4 SGB X). Die Erteilung der **Auskunft** wie auch ihre Ablehnung ist entsprechend dem sozialrechtlichen Charakter dieser Auskunftspflicht **unentgeltlich** (§§ 64, 83 Abs. 7 SGB X, § 19 Abs. 7 BDSG).

§ 68 Sozialdaten im Bereich der Beistandschaft, Amtspflegschaft und der Amtsvormundschaft

(1) ¹Der Beamte oder Angestellte, dem die Ausübung der Beistandschaft, Amtspflegschaft oder Amtsvormundschaft übertragen ist, darf Sozialdaten nur erheben und verwenden, soweit dies zur Erfüllung seiner Aufgaben erforderlich ist. ²Die Nutzung dieser Sozialdaten zum Zweck der Aufsicht, Kontrolle oder Rechnungsprüfung durch die dafür zuständigen Stellen sowie die Übermittlung an diese ist im Hinblick auf den Einzelfall zulässig.

(2) Für die Löschung und Sperrung der Daten gilt § 84 Abs. 2, 3 und 6 des Zehnten Buches entsprechend.

(3) ¹Wer unter Beistandschaft, Amtspflegschaft oder Amtsvormundschaft gestanden hat, hat nach Vollendung des 18. Lebensjahres ein Recht auf Kenntnis der zu seiner Person gespeicherten Informationen, soweit nicht berechtigte Interessen Dritter entgegenstehen. ²Vor Vollendung des 18. Lebensjahres können ihm die gespeicherten Informationen bekannt gegeben werden, soweit er die erforderliche Einsichts- und Urteilsfähigkeit besitzt und keine berechtigten Interessen Dritter entgegenstehen. ³Nach Beendigung einer Beistandschaft hat darüber hinaus der Elternteil, der die Beistandschaft beantragt hat, einen Anspruch auf Kenntnis der gespeicherten Daten, solange der junge Mensch minderjährig ist und der Elternteil antragsberechtigt ist.

(4) Personen oder Stellen, an die Sozialdaten übermittelt worden sind, dürfen diese nur zu dem Zweck verwenden, zu dem sie ihnen nach Absatz 1 befugt weitergegeben worden sind.

(5) Für die Tätigkeit des Jugendamts als Gegenvormund gelten die Absätze 1 bis 4 entsprechend.

I. Sonderregelung für den Datenschutz im Bereich Beistandschaft, Amtspflegschaft und der Amtsvormundschaft

1 § 68 normiert eine abschließende Sonderregelung, die auch abschließend ist, für die **Erhebung und Verwendung von Sozialdaten**. Umfasst ist damit die Befugnis zur Beschaffung von Sozialdaten über den Betroffenen und ihre Nutzung, dh ihre Verwendung, einschließlich ihrer Weitergabe innerhalb der verantwortlichen Stelle (§ 67 Abs. 5 und 7 SGB X) durch das **JA im Rahmen seiner Aufgaben als Beistand, Amtspfleger, Amtsvormund und Gegenvormund** (Abs. 5). Es muss sich um eine **konkrete Aufgabe im konkreten Einzelfall** handeln. Es genügt nicht, als Aufgabe (allgemein) die Wahrnehmung von Interessen zugunsten des Kindes zu benennen (so auch Kunkel/Kunkel § 68 Rn 1; aA Wiesner/Mörsberger § 68 Rn 7).

§ 68 ist eine **Sonderregelung** für seinen Anwendungsbereich, der andere Datenschutzregelungen (zB §§ 62, 64 und §§ 67 ff SGB X) insoweit ausschließt. Durch § 68 nicht verdrängt werden straf- oder dienstrechtliche Geheimhaltungspflichten, die nicht an die Funktion des Amtspflegers etc. anknüpfen, sondern an seine persönliche Berufszugehörigkeit (zB § 203 Abs. 1 StGB) oder an seine Amtszugehörigkeit (zB § 353 b StGB, § 39 BRRG, § 61 BBG). Diese Datenschutzsonderregelung ist begründet durch die für die Jugendhilfe untypische Funktion der Beistandschaft, Amtspflegschaft und der Amtsvormundschaft. Die Tätigkeit dieser Personen ist und nicht Sozialleistung. Die Vertretungsaufgabe des Beistands, Amtspflegers/ Amtsvormunds als Inhaber der elterlichen Sorge ist klar abzugrenzen von den Aufgaben, die das JA als sozialleistungsgewährende Stelle hat, insb. auch, wenn verwaltungsintern von anderer Seite Informationen angefordert werden. Damit wird der Beistand, Amtspfleger/ Amtsvormund auch datenschutzrechtlich grundsätzlich einem privaten Pfleger/Vormund gleichgestellt (Wiesner/Mörsberger § 68 Rn 1 a).

2 Daraus folgt, dass die Normen, die sich speziell auf die Gewährung von Sozialleistungen (§ 1 ff, SGB I) und auf das damit verbundene Verwaltungsverfahren beziehen (§§ 8 ff SGB X), einschließlich der maßgeblichen Vorschriften zur Amtshilfe (§§ 3, 4 SGB X) für die Beistandschaft, Amtspflegschaft/

Amtsvormundschaft/Gegenvormundschaft nicht anwendbar sind, weil damit keine öffentlich-rechtliche Verwaltungstätigkeit verbunden ist. Der Beistand, Amtspfleger/Amtsvormund ist bei der Ausübung der elterlichen Sorge nicht auf eine formale Wahrnehmung von Vertretungsaufgaben eingeengt. Vielmehr hat er im Einzelfall erzieherische oder anwaltliche Funktionen wahrzunehmen (Wiesner/Mörsberger § 68 Rn 1 a).

Aufgrund der Ausschlussregelung in § 61 Abs. 2 gelten für den Schutz von Sozialdaten im Rahmen der **3** entsprechenden Tätigkeiten des JA die Datenschutzvorschriften der § 35 SGB I, §§ 67ff. SGB X nicht, auch nicht subsidiär. Ausgeschlossen ist auch die Anwendung des BDSG (§ 1 Abs. 4 BDSG) und der Landesdatenschutzgesetze. So ist auch **kein Zugriff der Strafverfolgungsorgane** auf Akten über § 73 SGB X möglich, ebenso wenig durch die Ausländerbehörde nach § 71 SGB X. Konsequent ist auch eine Beschlagnahme abzulehnen. Die Befugnis zum Recht der Zeugnisverweigerung ergibt sich für den Beistand/Amtspfleger/Amtsvormund aus den für ihn maßgeblichen entsprechenden allgemeinen Vorschriften (ebenso GK/Kunkel § 68 Rn 5).

Die **Privilegierung des § 68** gilt nicht für die Gewährung von Beratungs- oder Unterstützungsleistungen **4** zB gemäß §§ 18, 52 a oder § 53 Abs. 2, Abs. 3 Satz 4. Die Zulässigkeit einer Datenübermittlung an Amtspfleger/-vormund, Beistand und Gegenvormund wird durch § 68 nicht berührt. Diese richtet sich nach den Vorschriften, die für die übermittelnde Stelle gelten. Hierbei ist allerdings zu beachten, dass Amtspfleger/-vormund, Beistand und Gegenvormund zwar (auch) eine gesetzliche Aufgabe nach dem SGB erfüllen, sie jedoch keine Stelle nach § 35 SGB I sind.

II. Datenerhebung, Datenverwendung – Abs. 1

Normadressat ist „der Beamte oder Angestellte, dem die Ausübung der Beistandschaft, Amtspfleg- **5** schaft oder Amtsvormundschaft übertragen ist". Damit wird die Eigenständigkeit und Eigenverantwortlichkeit dieser Personen gerade auch innerhalb der Hierarchie des JA hervorgehoben. Gemäß Abs. 1 Satz 1 darf er „Sozialdaten **nur** erheben und verwenden, soweit dies zur Erfüllung seiner Aufgaben erforderlich ist".

Maßgebliche Prinzipien sind also die Grundsätze **der Erforderlichkeit** der Datenerhebung und der **strikten Zweckbindung** ihrer Verwendung (Abs. 1 Sätze 1, 2) im Rahmen der **jeweiligen konkreten Aufgabenerfüllung.** Auch eine Einwilligung kann die Notwendigkeit der gesetzlichen Befugnis demnach nicht ersetzen. Der Beistand, Amtspfleger/Amtsvormund darf also nur solche Sozialdaten erheben und verwenden, die er zur Erfüllung „seiner Aufgaben" im konkreten Einzelfall benötigt (Wiesner/Mörsberger § 68 Rn 8). Zwar spricht Abs. 1 Satz 1 nur von den gemäß § 55 Abs. 2 Beauftragten, jedoch ist hier wie auch sonst immer auch das JA als Beistand/Amtspfleger/Amtsvormund durch § 68 berechtigt und verpflichtet. Für die Erfüllung der Aufgaben „erforderlich" ist alles, was nach der jeweiligen Aufgabenstellung im Interesse des Mündels/Pfleglings liegt. Andere Interessen, etwa die der Kommune oder anderer Sozialleistungsträger, dürfen dabei aber nicht berücksichtigt werden (vgl ausführlich dazu Wiesner/Mörsberger § 68 Rn 7).

Eine **Datenerhebung oder Datenverwendung für andere Aufgaben** des JA (zB für solche nach dem **6** Unterhaltsvorschussgesetz oder für Aufgaben der wirtschaftlichen Jugendhilfe) ist also ausgeschlossen (aA Wiesner/Mörsberger § 68 Rn 7, weil auf die Wahrnehmung der Kindesinteressen abzustellen sei). Demzufolge ist auch eine Übermittlung von Daten zB an die Kindergeldkasse, an eine Vollstreckungsstelle oder an Umgangsberechtigte nur dann zulässig, wenn dies der Ausübung der elterlichen Sorge in den übertragenen Aufgabenkreisen dient. Für die Datenerhebung gilt daher inhaltlich nur § 62 Abs. 1. Beistand, Amtspfleger/Amtsvormund sind, anders als in § 62 Abs. 2, nicht darauf beschränkt, Informationen über jemanden nur bei diesem selbst (dem jeweiligen Betroffenen) einzuholen. Vielmehr können sie selbst entscheiden, wo sie die Information einholen. Richtschnur ist allein das Interesse des Kindes oder Jugendlichen.

Abs. 1 Satz 1 normiert lediglich eine **Berechtigung,** Sozialdaten einzuholen. Er regelt nicht gleichzeitig **7** die Verpflichtung anderer Sozialleistungsträger, auch nicht anderer Stellen des JA (zB auch nicht bei Verletzung der Unterhaltspflichten, § 74 SGB X) zur Weitergabe von Sozialdaten an den Beistand, Amtspfleger/Amtsvormund. Die um Amtshilfe ersuchte andere Stelle darf die Daten immer nur dann weitergeben, wenn sie ihrerseits dazu aufgrund der für sie maßgeblichen Sozialdatenschutzvorschriften berechtigt wäre. Ob zB ein Arbeitgeber eine Lohnauskunft erteilen darf, regeln die entsprechenden arbeitsrechtlichen Vorschriften. Für Sozialleistungsträger (zB Unterhaltsvorschusskassen, Sozialämter,

Wohngeldämter etc.) ergeben sich entsprechende Befugnisse aus den maßgeblichen Vorschriften des SGB I, SGB X.

8   Entsprechend den vorgenannten Grundsätzen ist eine Weitergabe von Daten, die zur Erfüllung der Aufgaben als Amtspfleger/Amtsvormund erhoben wurden, gegenüber anderen Behörden, JÄ, aber auch gegenüber anderen Stellen und gegenüber Mitarbeitern desselben JA und derselben Stellen, etwa als Amtshilfe, Auskunftserteilung, Terminwahrnehmung, Urlaubsvertretung usw., nur zulässig, soweit dies der **Erfüllung der konkreten Aufgabe** dient. Dies hat auch für den Empfänger Bedeutung. Stellen oder Personen, an die übermittelt wurde, dürfen diese Daten nur für die Zwecke verwenden, für die sie ihnen der Beistand, Amtspfleger/Amtsvormund weitergegeben hat und auch nach Maßgabe von Abs. 1 Satz 1 nur weitergeben durfte. Diese Regelung ist vor allem zu beachten bei der Übermittlung von Sozialdaten an Kollegen in anderen JÄ, die zB um Wahrnehmung von Gerichtsterminen gebeten werden, bei Urlaubs- oder Krankheitsvertretung, bei der Wahrnehmung anderer auswärtiger oder sonstiger Behördentermine (vgl DIV DAVorm 1990, 1074).

9   Es besteht **keine Verpflichtung oder Befugnis** zur Weitergabe personenbezogener Daten im innerbehördlichen Mitteilungsweg an andere Stellen des eigenen JA. Insoweit ist zu beachten, dass der Beistand, Amtspfleger/Amtsvormund diesbezüglich kein weisungsgebundenes Organ der Verwaltung ist (BayObLG ZfJ 1991, 556). Nur dann, wenn auch jede Privatperson Auskunft geben muss, wie zB im Rahmen des § 1605 BGB, § 138 StGB, oder wenn im Rahmen von zivil- oder strafgerichtlichen- oder staatsanwaltlichen Verfahren (§§ 383 ff ZPO; §§ 55 ff StPO; § 161 StPO) Aussagepflichten bestehen, muss auch der Beistand, Amtspfleger/Amtsvormund Sozialdaten weitergeben. Insofern normieren diese Vorschriften Befugnisse gemäß § 203 StGB.

10 Die Nutzung bzw Übermittlung „dieser Sozialdaten gemäß **Abs. 1 Satz 2** zum Zwecke der **Aufsicht, Kontrolle oder Rechnungsprüfung** durch die dafür zuständigen Stellen" ist im Hinblick auf den Einzelfall zulässig. Damit wird der Kontrollzweck den Aufgabenzwecken gleichgestellt. Mit dieser Regelung hat der Gesetzgeber die Selbstständigkeit des Beistands, Amtspflegers/Amtsvormunds insoweit zurückgenommen und den Konflikt zugunsten der Aufsicht, Kontrolle und Rechnungsprüfung geregelt. In der Praxis sind jedoch die entsprechenden Prüfinstanzen gehalten, ihre Aufsicht, Kontrolle und Rechnungsprüfung derart sachgerecht auszuüben, dass die Stellung des Beistands, Amtspflegers/Amtsvormunds im JA funktional nicht eingeschränkt wird. Dies ergibt sich aus dem Wortlaut in Abs. 1 Satz 2, wonach sich die Nutzungs- bzw Übermittlungsbefugnis zum Zwecke der Aufsicht, Kontrolle oder Rechnungsprüfung „auf den Einzelfall" zu beschränken hat (Wiesner/Mörsberger § 68 Rn 10).

III. Datenlöschung und Datensperrung – Abs. 2

11 Für die **Löschung und Sperrung der Sozialdaten** gilt § 84 Abs. 2 und 3 SGB X entsprechend. Eine Aktenaufbewahrung ist über das Ende der Beistandschaft, Amtsvormundschaft/-pflegschaft hinaus nur zulässig, wenn sie zur Erfüllung der daraus folgenden Aufgaben erforderlich bleibt. Dies kann Probleme schaffen, weil die Aufbewahrung von Aktenunterlagen beim gesetzlichen Vertreter grundsätzlich eine andere Bedeutung als bei einer Behörde hat. Die Akte des Beistands, Amtspflegers/Amtsvormunds gibt nicht nur den Ablauf von verwaltungsmäßigen Vorgängen wieder. Sie ist auch ein Hinweis auf die Biografie des Betroffenen. Mit der Beendigung der Vertretungsmacht des Beistands, Amtspflegers/Amtsvormunds ist hinsichtlich der Sozialdaten die weitere Verpflichtung bzw Berechtigung nach Abs. 3 aktuell, wonach die Betroffenen ein Recht auf Datenkenntnis haben (Wiesner § 68 Rn 11 ff). Deshalb ist vor der Löschung zu prüfen, ob wegen schutzwürdiger Interessen des Betroffenen die Daten zunächst nur zu sperren sind. Allerdings kann die weitere Aufbewahrung von Akten nicht mit dem Hinweis der Abwehr einer bloß möglichen Schadenersatz- bzw Haftungsklage begründet werden, weil § 84 Abs. 3 SGB X allein auf die Interessen des Betroffenen, nicht aber des JA als Amtsvormund abstellt (vgl Busch 1997, 111).

IV. Rechtsanspruch auf Datenkenntnis – Abs. 3

12 § 68 enthält keinen Verweis auf § 83 SGB X. Daher ergeben sich Informationsrechte des Betreuten allein aus **§ 68 Abs. 3 Satz 1**. Diese Norm gibt dem Pflegling/Mündel ab Volljährigkeit einen Rechtsanspruch auf Kenntnis der zu seiner Person in Akten oder auf sonstigen Datenträgern gespeicherten Informationen, soweit nicht berechtigte Interessen Dritter entgegenstehen. Der Begriff der gespeicherten Information ist nicht anders zu definieren als der Begriff der Sozialdaten (Wiesner/Mörsberger § 68 Rn 15). Abs. 3 Satz 1 verdeutlicht die Funktion der gesetzlichen Vertretung in diesem Bereich.

Wie der gesetzlich Vertretene sollen auch der Pflegling oder das Mündel grundsätzlich das Recht haben, Kenntnis über das zu erhalten, was an Informationen in Akten oder auf sonstigen Datenträgern über sie gespeichert ist. Zwar folgt aus diesem Recht auf Datenkenntnis **kein umfassendes (globales) Akteneinsichtsrecht oder Auskunftsrecht iS der §§ 67, 83 SGB X, § 25 SGB X** (DIV DAVorm 1990, 889), doch ist der Begriff „der zu seiner Person gespeicherten Information" im Licht des verfassungsrechtlichen Persönlichkeitsrechts (Art. 2 Abs. 1 GG) offensiv auszulegen. Zwar gewährt § 68 kein Recht auf Aushändigung der Akte, doch gewährt er einen Anspruch auf Kenntnis der Sozialdaten und nicht nur auf Auskunft über die Sozialdaten.

Vor **Vollendung des 18. Lebensjahrs** können den Betroffenen gemäß **Abs. 3 Satz 2** die gespeicherten   **13** Informationen bekannt gemacht werden, soweit sie die erforderliche Einsichts- und Urteilsfähigkeit besitzen und keine berechtigten Interessen Dritter entgegenstehen (**Abs. 3 Sätze 1, 2**). Während bei Personen nach Vollendung des 18. Lebensjahrs also ein Rechtsanspruch besteht, besteht für Personen vor Vollendung des 18. Lebensjahrs lediglich ein Anspruch auf ermessensfehlerfreie Entscheidung gemäß § 39 SGB I. Gegen diese Regelung bestehen verfassungsrechtliche Bedenken, soweit die Ermessensbefugnis zur Verweigerung des Verfassungsrechts auf informationelle Selbstbestimmung führt. Das Grundrecht auf informationelle Selbstbestimmung gemäß Art. 2 Abs. 1 iVm Art. 1 Abs. 1 GG gewährt auch dem Minderjährigen diesen Rechtsanspruch soweit er einsichts- und urteilsfähig ist.

Der **Rechtsanspruch auf Kenntnisnahme** ist nicht nur auf die Daten der eigenen „biografischen Herkunft" beschränkt, sondern umfasst das gesamte Netz/Spektrum seiner personenbezogenen Daten.   **14** Begrenzt wird das Recht auf Kenntnis durch die **berechtigten Interessen** Dritter, also aller Personen, die außerhalb der Beziehung des Beistands, Amtspflegers/Amtsvormunds zum Pflegling/Mündel stehen (Wiesner/Mörsberger § 68 Rn 19). Überwiegende berechtigte Interessen Dritter auf Geheimhaltung sind solche, die dem Recht des Betroffenen auf Transparenz zwingend vorgehen. Hier ist jeweils eine Güterabwägung vorzunehmen, denn beide Parteien können jeweils das Grundrecht auf informationelle Selbstbestimmung aus Art. 2 Abs. 1 iVm Art. 1 Abs. 1 GG für sich in Anspruch nehmen.

Zu berechtigten Interessen Dritter zählen rechtliche, wirtschaftliche und auch ideelle Interessen. Ist   **15** dem Dritten Vertraulichkeit zugesichert worden und ist diese Zusicherung gegenüber dem Betroffenen schutzwürdig, dürfen die Sozialdaten nur mit seiner Einwilligung übermittelt werden. Ein überwiegendes berechtigtes Interesse der Mutter kann darin bestehen, dass ihr Kind Einzelheiten ihrer Intimsphäre nicht erfährt (wie zB aus geführten Vaterschaftsprozessen). Informationen, die die Lebensumstände der Eltern des Pfleglings/Mündels in einem „schlechten" Licht erscheinen lassen können, rechtfertigen jedoch für sich allein noch nicht die Annahme „überwiegend berechtigter Drittinteressen". Ähnliches gilt, wenn es um das Wissen um den leiblichen Elternteil des ehemaligen Mündels geht. Dieser hat grundsätzlich ein Recht, Informationen über seinen Vater oder den als Vater in Betracht kommenden Mann zu erhalten. Dies sind nicht nur Angaben darüber, wer der Vater ist bzw sein kann, sondern auch solche, die erkennen lassen, was das für ein Mann ist bzw war. Einzelheiten der Beziehungen der Mutter zu Männern sind jedoch nur insoweit mitzuteilen, wie ihre Kenntnis für die Beurteilung der konkreten Vaterfrage benötigt wird.

Rechenschaft darüber, wie die Geltendmachung des Unterhaltsanspruchs und dessen Erfüllung verlaufen sind, kann jedoch nicht verlangt werden, weil Abs. 3 nur die Informationen „zur Person" betrifft, nicht gegenüber Dritten. Der Anspruch auf eine solche Rechenschaftslegung ist in § 1890 BGB geregelt. Im Zweifelsfall ist eine Güterabwägung vorzunehmen und danach zu entscheiden, welches Rechtsgut verfassungsrechtlich höher einzustufen ist. Eine grundsätzliche Ablehnung des Rechts auf Kenntnis ist jedoch aus Gründen des verfassungsrechtlichen Persönlichkeitsrechts nach Art. 1, 2 GG nicht gerechtfertigt. Die Interessen Dritter müssen insb. dann zurückstehen, wenn es sich um Interessen von professionell oder institutionell betroffenen Personen (zB der Beistände, Beistandschaft, Amtspfleger, Amtsvormünder selbst) handelt. Nicht als berechtigtes Interesse Dritter ist die Abwehr der Behörde vor möglicherweise berechtigter Kritik anzusehen (zB an der Art der Dokumentation, an diskriminierenden Formulierungen und Bewertungen).

Mit der Einfügung des **Satz 3 in Abs. 3** durch das KICK (Einl. Rn 47) wurde eine Regelungslücke   **17** geschlossen, das nunmehr der Elternteil, der die Beistandschaft beantragt hatte und die ganze Zeit uneingeschränkt sorgeberechtigt geblieben ist, ein eigenes Recht auf Kenntnis der im Jugendamt gespeicherten Beistandschaftsdaten hat, solange das Kind noch minderjährig ist. Sobald der Elternteil nicht mehr antragsberechtigt ist oder der Jugendliche volljährig geworden ist, erlischt dieser Anspruch (Satz 3 aE).

V. Verlängerung der Zweckbindung – Abs. 4

18   **Abs. 4 normiert die Verlängerung** des Datenschutzes entsprechend der Regelung des § 78 SGB X, der wegen § 61 Abs. 2 hier keine unmittelbare Gültigkeit hat. Aus Abs. 4 folgt, dass die im Rahmen der Tätigkeit als Beistand, Amtspfleger/Amtsvormund beschafften Daten an Dritte nur übermittelt werden und von diesen nur verwendet werden dürfen, soweit dies zur Erfüllung der konkreten Aufgabe, für die die Daten beschafft wurden, erforderlich ist. Für die praktische Umsetzung der Norm empfiehlt es sich, mit allen Empfängern Vereinbarungen darüber zu schließen. Zum Ausschluss von Zweifeln hat die weitergebende Person oder Stelle den konkreten Verwendungszweck so genau zu bezeichnen, dass dies dem Empfänger bewusst wird und ihm subjektiv und objektiv einhaltbar ist.

VI. Geltung für den Gegenvormund – Abs. 5

19   Absatz 5 stellt ausdrücklich klar, dass die Vorschriften des § 68 auch für die Tätigkeit des JA als Gegenvormund gelten. Der Gegenvormund hat gemäß § 1799 BGB eine Kontrollaufgabe gegenüber dem Vormund. Ausschließlich zur Erfüllung dieser Aufgabe ist er befugt, Sozialdaten zu erheben und zu verwenden.

Fünftes Kapitel
Träger der Jugendhilfe, Zusammenarbeit, Gesamtverantwortung

Vorbemerkung zum 5. Kapitel

I. Überblick

Das 5. Kapitel umfasste ursprünglich 3 Abschnitte, die jetzigen Abschnitte 1, 2 und 4. Mit Wirkung **1** vom 1.1.1999 wurde der 3. Abschnitt aufgenommen.

- Der 1. Abschnitt (§§ 69 bis 72) nennt die **Träger der öffentlichen Jugendhilfe**, enthält die wesentlichen Vorschriften über ihre **Verwaltungsorganisation** und normiert in § 72 die Verpflichtung zur Beschäftigung von **Fachkräften**; er ist im Zusammenhang mit dem 6. Kap. (zentrale Aufgaben der Länder und des Bundes, §§ 82 bis 84) zu sehen.
- Der 2. Abschnitt (§§ 73 bis 78) befasst sich, ausgehend von §§ 3, 4 näher mit der Zusammenarbeit und Beteiligung freier Träger und enthält schwerpunktmäßig **Finanzierungsregelungen**: Während die Förderung gem. § 74 und die Beteiligung iSv § 76 sich ausschließlich auf anerkannte freie Träger beziehen, umfassen die Finanzierungsbestimmungen des § 74 a (speziell für die Tageseinrichtungen) und die generelle Bestimmung des § 77 die Einrichtungen aller freien/privaten (gemeinnütziger und gewerblicher) Träger (zur Definition des Begriffs freie Träger vgl. § 3 Rn 7 ff).
- Der 3. Abschnitt (§§ 78 a bis 78 g) regelt (aufbauend auf § 77, der inhaltlich eigentlich zu diesem Abschnitt gehört) die **Leistungserbringung in Einrichtungen und deren Finanzierung**.
- Der 4. Abschnitt (§§ 79 bis 81) benennt die intrastrukturelle **Gesamtverantwortung** der öffentlichen Träger inklusive der **Jugendhilfeplanung** und verpflichtet sie zu einer angemessenen **Grundausstattung** der JÄ/LJÄ.

Damit ist das 5. Kapitel das zentrale Kapitel des **Leistungserbringungsrechts**, das in den letzten Jahren **2** **Schwerpunkt** von **Veränderungen** war. Aktuelle Stichworte dazu sind gegenwärtig die Verwaltungsmodernisierung (vgl Vor§ 69 Rn 21), die Zweigliedrigkeit des JA (vgl § 70 Rn 2), die Diskussion um die Sozialraumorientierung (vgl Vor§ 69 Rn 23 ff). Damit verbunden (zB deutlich bei der Sozialraumorientierung) und Schwerpunkt der Diskussion ist die Finanzierung der Leistungserbringung durch Dritte (vgl im Folgenden Rn 5 ff, Vor§ 73 Rn 3 sowie die §§ 74, 74 a, 77), wie es sich insbesondere bei der Entgeltfinanzierung (vgl Vor§ 78 a Rn 2 ff) zeigt.

II. Leistungserbringung und Aufgabenwahrnehmung

Die **Träger der öffentlichen Jugendhilfe** sind als zuständige (§§ 69, 85) **Sozialleistungsträger** verpflich- **3** tet, die Erbringung der Leistungen bzw die Wahrnehmung der Aufgaben sicherzustellen; dies wird durch die Gesamtverantwortungs- und Gewährleistungsaussagen der §§ 79, 80 unterstrichen. Das bedeutet aber nicht, dass (insbesondere) die personenbezogenen Dienstleistungen vom öffentlichen Träger der Jugendhilfe selbst zu erbringen sind, sondern hier ist die **Leistungserbringung durch Dritte** möglich und üblich. Eine Besonderheit des Kinder- und Jugendhilferechts ist die Tatsache, dass auch **Aufgaben**, die hoheitlich sind (vgl VorKap. 3 Rn 7), in einigen Fällen allerdings nur auf anerkannte privat-gemeinnützige Träger **übertragen werden können** (im Einzelnen § 76).

Rechtstatsächlich wird nur der geringere Teil der Leistungen durch die Träger der öffentlichen Ju- **4** gendhilfe als **Leistungsträger** unmittelbar erbracht (Überblick Münder 2007 a, 38 ff; Vor§ 69 Rn 14 f). Rechtliche Probleme über die Feststellung von Tatbestand und Rechtsfolge der jeweiligen Norm hinaus entstehen hier grundsätzlich nicht: Durch die Auslegung der Norm wird festgestellt, ob die jeweiligen Personen Ansprüche haben und damit **Leistungsberechtigte sind**. Zusätzliche – auch rechtliche – Probleme entstehen, wenn die Leistungen von Dritten, von **Leistungserbringern**, erbracht werden. Auch hier ist zunächst zu prüfen, inwiefern die einzelnen Personen Ansprüche haben. Hinzukommen jedoch Probleme, die sich aus den **Beziehungen zwischen Leistungserbringern** und den **Leistungsberechtigten** bei der Inanspruchnahme der Leistungen ergeben, sowie aus dem **Verhältnis zwischen Leistungsträgern und Leistungsberechtigten**. In diesem Zusammenhang erfolgt auch die Abwicklung der Finanzierung der erbrachten Leistungen und – sofern eine entsprechende Aufgabenübertragung stattgefunden hat – der erbrachten Aufgaben.

III. Leistungserbringungsrecht, Finanzierung

5   Ursprünglich war die Finanzierung bei der Leistungserbringung durch Dritte nur in § 74 und § 77 (**Zuwendungsfinanzierung** und **Vereinbarungsfinanzierung**) normiert, die Finanzierung der Aufgabenwahrnehmung war und ist in § 76 geregelt. Durch spätere Änderungen wurden diese Bestimmungen modifiziert, insbesondere die §§ 78 a ff sehen explizit Sonderregelungen vor, für Tageseinrichtungen wurde die Bestimmung des § 74 a geschaffen. Damit ist die Finanzierung der Leistungserbringung unübersichtlich geworden (vgl **Schaubild** Finanzierung bei Leistungserbringung durch Dritte – Rn 17; zur Gesamtproblematik vgl Überblick bei Münder 2007, 477 f; Münder JAmt 2005, 161 ff; Münder 2002; Bundeskonferenz für Erziehungsberatung ZfJ 2002, 97 ff; Mrozynski ZfSH/SGB 2004, 3 ff).

1. Finanzierung von Rechtsansprüchen – das jugendhilferechtliche Dreiecksverhältnis – Entgeltübernahme

6   Dort, wo **Rechtsansprüche** (vgl dazu VorKap. 2 Rn 8) durch Bescheid des Leistungsträgers konkretisiert, oder wo bei Ermessen Leistungen durch eine Entscheidung des Jugendhilfeträgers bewilligt werden (vgl Anhang Verfahren Rn 16), geschieht im Falle der Leistungserbringung durch Dritte die Leistungserbringung und die darauf aufbauende Finanzierung auf der Rechtsgrundlage des **jugendhilferechtlichen Dreiecksverhältnisses**. Für die in § 78 a Abs. 1 genannten Leistungen ist dies durch §§ 78 b ff verbindlich vorgeschrieben (im Einzelnen vgl Vor§ 78 a Rn 3). Bei Leistungen, die in § 78 a Abs. 1 nicht benannt sind, wurde in der Literatur schon längere Zeit die Auffassung vertreten, dass auch hier das jugendhilferechtliche Dreiecksverhältnis die Rechtsgrundlage für die Leistungserbringung und für die Finanzierungsabwicklung ist (im Einzelnen Münder 2002, 137 ff). Da andere mögliche **Finanzierungsformen** bei der Leistungserbringung durch Dritte – Zuwendungen (Rn 12) bzw direkte gegenseitige Leistungsverträge (Rn 14) – **für Rechtsanspruchsleistungen** bzw durch Bescheid bewilligte Ermessensleistungen von der hM als **rechtlich unzulässig** angesehen werden (BVerwG 14.11.2002 – 5 C 57.01 – ZfJ 2003, 338 ff; VG Münster 22.6.2004 – 5 L 756/04 – RsDE 57 [2005], 75 ff; OVG NW 30.3.2005 – 12 B 2444/04 – ZfJ 2005, 485; entsprechendes gilt für die einschlägigen Bestimmungen der Sozialhilfe – jetzt §§ 75 ff SGB XII: OVG NW 27.9.2004 – 12 B 1397/04 – NDV-RD 2005, 32 f; inhaltlich gleichlautend mit OVG NW 27.9.2004 – 12 B 1390/04), ist davon auszugehen, dass hier Leistungserbringung und Finanzierungsabwicklung **auf der Basis des jugendhilferechtlichen Dreiecksverhältnisses** erfolgen muss. Auswirkungen hat dies insbesondere dahingehend, dass eine unmittelbare Finanzierung im rechtsanspruchsgesicherten Leistungsbereich zwischen Leistungsträgern und Leistungserbringern (wie zB im Rahmen der Sozialraumorientierung oft gefordert) nicht möglich ist (vgl dazu VG HH 5.8.2004 – 13 E 273/84 – ZfJ 2005, 110 ff; OVG HH 10.11.2004 – 4 Bs 288/04 – JAmt 2004, 592 ff; VG BE 19.10.2004 – 18 A 404.4 – JAmt 2005, 196; ausführlich auch mit weiteren Entscheidungen Münder JAmt 2005, 161 ff; Münder ZfJ 2005, 88 ff). Rechtsgrundlage sind die §§ 78 a ff bzw für die nicht in § 78 a Abs. 1 genannten Leistungen (insbesondere die ambulanten Leistungen) § 77.

7   Dreh- und Angelpunkt aller Rechtsbeziehungen im **jugendhilferechtlichen Dreiecksverhältnis** sind die Bürger: Die Leistungsberechtigung des Bürgers wird bei Rechtsansprüchen (vgl VorKap. 2 Rn 7 ff) durch Verwaltungsakt des Jugendhilfeträgers konkretisiert bzw (bei Ermessen) durch Verwaltungsakt des Jugendhilfeträgers festgelegt (Anhang Verfahren Rn 86). Somit hat der **Leistungsberechtigte** einen Anspruch auf Leistungen gegen den Jugendhilfeträger, den **Leistungsträger**. Nehmen die Leistungsberechtigten (im Rahmen ihres Wunsch- und Wahlrechts) Leistungen von Leistungsanbietern wahr, so sind diese **Leistungserbringer**. Diese verschiedenen Rechtsbeziehungen verbinden sich zum sogenannten **jugendhilferechtlichen** (oder allgemeiner: zum **sozialrechtlichen**) Dreiecksverhältnis (vgl ausführlich Münder 2007 a, 170 ff):

■   Es existiert ein durch Verwaltungsakt konkretisierter bzw festgestellter **Anspruch** des **Leistungsberechtigten** gegen den **Leistungsträger**: Maßgeblich dafür, ob und in welchem Umfang ein Rechtsanspruch besteht, sind die Bestimmungen des SGB VIII. Dabei handelt es sich um öffentliches Recht, Sozialrecht.

■ Des Weiteren existiert ein gegenseitiger (oft stillschweigend oder konkludent geschlossener) **Vertrag** zwischen dem **Leistungserbringer** und dem (im Verhältnis zum Leistungserbringer) **Bürger**, dabei handelt es sich um **Privatrecht** (VG Gelsenkirchen 12.1.2004 – 19 K 3927/02 – NDV-RD 2004, 114 f). Inhalt des Vertrages ist einerseits die Erbringung von Beratungs-, Unterstützungs-, Betreuungs-, Erziehungsleistungen usw seitens des Leistungserbringers, und andererseits die Pflicht des Bürgers zur Entgeltzahlung an den Leistungserbringer. Diese Verträge zwischen den Bürgern und den Leistungserbringern sind einerseits **rechtlich unabhängig** von dem Rechtsanspruch des Leistungsberechtigten gegen den Leistungsträger, und andererseits von den Vereinbarungen zwischen Leistungserbringern und Leistungsträgern: So ist zB im Rahmen dieses Rechtsverhältnisses die Frage zu prüfen, ob ein zwischen Bürger und Leistungserbringer vereinbartes Entgelt vertraglich zu Stande gekommen ist; unabhängig davon ist im Rechtsverhältnis Leistungsberechtigter gegen Leistungsträger zu prüfen, ob dieses vereinbarte Entgelt übernommen wird, was zB an dem Mehrkostenvorbehalt des § 5 (vgl § 5 Rn 14) scheitern kann (vgl dazu OVG NW 31.5.2002 – 12 A 4699/99 – FEVS 54, 236 f).

■ Daneben (regelmäßig zB bei Leistungen nach § 78 a Abs. 1) bestehen **vertragliche Beziehungen** zwischen dem **Leistungsträger** (**Jugendhilfeträger**) und dem **Leistungserbringer**, meist (zur Ausnahme der Finanzierung auf zweiseitiger Rechtsebene nach § 74, vgl Rn 14 f) auf der Rechtsgrundlage des §§ 78 a ff bzw des § 77. In diesen Vereinbarungen werden u.a. die Entgelte für die zu erbringende Leistung im Einzelnen festgelegt. Bei den Vereinbarungen handelt es sich um öffentlich-rechtliche Verträge (BGHZ 116, 339 ff; BVerwGE 94, 202 ff).

Jugendhilferechtliches Dreiecksverhältnis   8

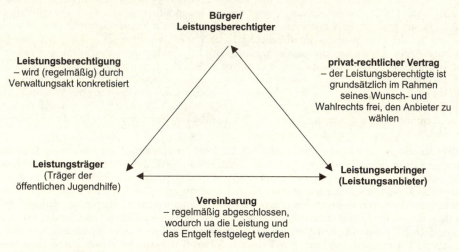

Die **Finanzierung** der durch den **Dritten erbrachten Leistungen** erfolgt ebenfalls auf der Basis des jugendhilferechtlichen **Dreiecksverhältnisses**: Liegen die (in Rn 7 genannten) Voraussetzungen vor, hat der leistungsberechtigte Bürger gegen den leistungsverpflichteten Leistungsträger (Jugendhilfeträger) einen Anspruch auf Übernahme des dem Leistungsträger zustehenden Entgelts. Das ergibt sich für die in § 78 a genannten Leistungen unmittelbar aus dem Gesetz, für § 78 b (ausführlich § 78 b Rn 26 ff) bei den dort nicht genannten Leistungen (also insbesondere ambulanten Leistungen) aus der Rechtsdogmatik des jugendhilferechtlichen Dreiecksverhältnisses (vgl dazu die in Rn 6 genannten verwaltungsgerichtlichen Entscheidungen). Im Falle der in § 78 a genannten Leistungen ist weitere Voraussetzung, dass es zu entsprechenden Vereinbarungen zwischen Leistungserbringer und Jugendhilfeträger gemäß §§ 78 b ff kommt, ansonsten erfolgt die Übernahme des Entgelts nur nach § 78 b Abs. 3. Die Heranziehung (der Eltern, der jungen Menschen, der Ehegatten) zu den Kosten erfolgt für die in § 91 genannten Leistungen entsprechend der Bestimmungen der §§ 92 ff.   9

In der **Praxis** erfolgt die finanzielle Abwicklung regelmäßig nicht über die Leistungsberechtigten/Bürger, sondern durch **unmittelbare Zahlung von den Leistungsträgern an die Leistungserbringer**. Das kann rechtlich zulässig in der Weise geschehen, dass der **Leistungsberechtigte/Bürger** seinen **Anspruch** auf Kostenübernahme gegen den Leistungsträger an den Leistungserbringer **abtritt** (für Abtretung unter Ablehnung von Geschäftsführung ohne Auftrag oder analoger Anwendung von § 121   10

BSHG [jetzt: § 25 SGB XII]: BVerwG FEVS 44, 309 ff). Aufgrund dieser (zivilrechtlichen) Abtretung können die Leistungserbringer direkt vom Leistungsträger das Entgelt verlangen. Da es sich bei dem abgetretenen Anspruch um das öffentlich-rechtliche Rechtsanspruchsverhältnis zwischen leistungsberechtigtem Bürger und öffentlichem Jugendhilfeträger handelt, empfiehlt es sich, trotz der zivilrechtlichen Formfreiheit der Abtretung diese schriftlich vorzunehmen, um somit auch dem Schriftformerfordernis aus § 56 SGB X Rechnung zu tragen. Da es sich beim ursprünglichen Anspruch um ein öffentlich-rechtliches Rechtsverhältnis handelt, ist für die Durchsetzung des Zahlungsanspruchs gegenüber dem Leistungsträger der verwaltungsgerichtliche Rechtsweg gegeben.

11 Rechtsdogmatisch unklar ist der **Rechtscharakter** einer **Kostenzusage** bzw Kostenübernahmeerklärung. In Frage kommt die Schuldübernahme (entsprechend § 414 BGB), der – im BGB nicht gesetzlich geregelte – Schuldbeitritt oder das Schuldanerkenntnis (§ 781 BGB). Die hM tendiert zum Schuldbeitritt (so für den Fall einer vom Sozialhilfeträger gegebenen Mietgarantie das OVG BE NJW 1984, 2593; LG Lüneburg NJW 1989, 1288; OVG HB NJW 1990, 1314; aA VG Würzburg NJW 1988, 2815; für Schuldanerkenntnis Neumann 1992, 229). Angesichts der noch nicht geklärten Fragen sollte wegen der Schriftformerfordernis im Falle eines Schuldanerkenntnisses nach § 781 BGB eine Kostenübernahmeerklärung stets in schriftlicher Form erfolgen. Dies gilt auch dann, wenn man sie als eine öffentlich-rechtliche Erklärung betrachtet (vgl § 56 SGB X).

2. Zuwendungen, Förderung, Sozialsubvention

12 **Zuwendungen** sind im Kinder- und Jugendhilferecht auf der **Rechtsgrundlage** des § 74 möglich; zu beachten sind die entsprechenden Bestimmungen der BHO/LHO (§§ 23, 44 BHO/LHO; im Einzelnen Münder 2002, 119 ff). Zur Anwendung kommt die Zuwendungsfinanzierung, wenn **keine Rechtsansprüche Leistungsberechtigter** existieren, denn bei individuellen Rechtsansprüchen ist eine Finanzierung **nur** auf der Grundlage des jugendhilferechtlichen Dreiecksverhältnisses möglich (vgl Rn 6 ff). Allerdings findet sich die Zuwendungsfinanzierung auch bei „Rechtsansprüchen auf weiche Leistungen" (vgl VorKap. 2 Rn 9, 16), dh wenn sich wegen der Häufung unbestimmter Rechtsbegriffe der Leistungsumfang im Einzelfall uU schwer feststellen lässt. Eine Besonderheit ist die **Erziehungsberatung**, die nach § 16 Abs. 2 in Form der rechtsanspruchslosen allgemeinen Beratung (vgl § 16 Rn 5) und im Fall des § 28 als rechtsanspruchsgesicherte Erziehungsberatung (vgl § 28 Rn 1) im SGB VIII erwähnt ist (zur Besonderheit der diesbezüglichen Finanzierung siehe Bundeskonferenz für Erziehungsberatung ZfJ 2002, 97 ff).

13 Die Finanzierung über Zuwendungen findet sich auch bei der **Förderung von Kindern in Tageseinrichtungen**, da in diesen Einrichtungen sowohl rechtsanspruchsgesicherte Leistungen (§ 24 Abs. 1) als auch nicht rechtsanspruchsgesicherte Leistungen (§ 24 Abs. 2) zusammentreffen. Die konkreten Finanzierungen sind hier sehr unterschiedlich. Nach den rechtlichen Vorgaben des SGB VIII müsste die Finanzierung der Rechtsanspruchsleistungen über das jugendhilferechtliche Dreiecksverhältnis erfolgen (Münder JH 1997, 75 ff mwN). Angesichts der trotz des Rechtsanspruchs bestehenden ganz unterschiedlichen Finanzierungen hat der Bundesgesetzgeber kapituliert und mit § 74 a unterschiedliche Formen der Finanzierung zugelassen (im Einzelnen § 74 a). Die **Form der Zuwendungsfinanzierung** kann unterschiedlich sein: entweder in Form eines einseitigen Bescheids als VA (**Zuwendungsbescheid**) oder als **Zuwendungsverträge** (im Einzelnen Münder 2002, 121). Über das SGB VIII hinaus ergeben sich Rechtsprobleme insbesondere bei der Frage, ob Zuwendungen an anerkannte, gemeinnützige Träger als staatliche Beihilfe mit dem Europäischen Gemeinschaftsrecht vereinbar und damit rechtlich überhaupt zulässig sind (im Einzelnen § 74 Rn 4 ff).

3. Zweiseitige, gegenseitige Leistungsverträge

14 Rechtlich möglich sind auch unmittelbare, **gegenseitige (Austausch-)Leistungsverträge** (zur Begrifflichkeit vgl Münder 2002, 124) zwischen den öffentlichen Jugendhilfeträgern und den Leistungserbringern. Dort, wo ausdrücklich die Finanzierung auf der Rechtsgrundlage des jugendhilferechtlichen Dreiecksverhältnisses rechtlich vorgegeben ist (vgl Rn 6 ff), kommen solche Verträge nicht in Frage, ansonsten aber sind sie möglich (im Einzelnen Münder 2002, 124 ff; § 77 Rn 11). Faktisch haben derartige gegenseitige Austauschverträge ihre Bedeutung als **Alternativen zur Zuwendung** (zB bei der Finanzierung von Beratungsstellen). **Rechtsgrundlage** für derartige Austauschverträge im SGB VIII ist § 77. Da es sich dabei immer um Verträge handelt, an denen öffentliche Träger beteiligt sind, ist das **Haushaltsrecht** (BHO/LHO) zu beachten (im Einzelnen Münder 2002, 126 ff). Umstritten ist, ob auf derartige Verträge (nationales) **Wettbewerbsrecht** und damit Vergaberecht (§§ 97 ff GWB) und ge-

meinschaftsrechtliches Wettbewerbsrecht (Art. 81 ff EGV) Anwendung findet (im Einzelnen §§ 77 Rn 8).

4. Mischfinanzierung

In der **Praxis** kommt es (immer noch) zur **Vermischung von Finanzierungsformen**. Nicht selten findet   **15**
sich etwa die **Vermischung von Zuwendungen und Entgeltübernahme**, zB dann, wenn bei Kosten, die für die Erfüllung von Rechtsansprüchen entstehen (zB bei §§ 27 ff) ein Teil der Gesamtkosten (etwa die Investitionskosten) durch Zuwendungen, andere Teile über Entgeltübernahme finanziert werden. Die Vermischung hat in der Kinder- und Jugendhilfe insofern Tradition, als es lange Zeit nur gering entwickelte Rechtsansprüche von Leistungsberechtigten gab (vgl Einl. Rn 55, VorKap. 2 Rn 4 ff), was die Zuwendungsfinanzierung und die erst allmähliche Umstellung auf die Entgeltübernahme erklärt. Nicht verwunderlich, dass sich deswegen bei der **Betreuung in Tageseinrichtungen** die Mischfinanzierung findet, da hier zugleich rechtsanspruchsgesicherte und nicht rechtsanspruchsgesicherte Leistungen erbracht werden (Rn 13).

Wie sich aus den obigen Ausführungen (Rn 6 ff) ergibt, ist dort, wo es um die Finanzierung von   **16**
Rechtsanspruchsleistungen geht, grundsätzlich die Entgeltübernahme auf der Basis des jugendhilfe-rechtlichen Dreiecksverhältnisses die rechtlich gebotene Finanzierungsform. Deswegen wird in diesen Fällen die **Mischfinanzierung** zT ausdrücklich für **rechtlich unzulässig** gehalten (Neumann SDSRV 43 [1998], 17, 30). Diese Position ist im Grunde richtig. Allerdings ist zu beachten, dass der Gesetzgeber sich nicht für ein konsequentes Verdikt der Mischfinanzierung ausgesprochen hat. Für §§ 78 a ff hat er (wohl angesichts der existierenden Praxis) eine „mildere", eher pragmatische Lösung gewählt, wenn er in § 78 c Abs. 2 Satz 4 im Zusammenhang mit der Festlegung der Leistungsentgelte davon spricht, dass die Förderung aus öffentlichen Mitteln anzurechnen sei – und damit davon ausgeht, dass die Förderung aus öffentlichen Mitteln rechtlich zulässig sei. Ebenso hat er mit dem zum 1.1.2005 neu eingeführten § 74 a für den Bereich der Finanzierung von Tageseinrichtungen für Kinder unterschiedliche Formen der Finanzierung und damit auch die Mischfinanzierung zugelassen (vgl § 74 a Rn 3 f).

Finanzierung bei Leistungserbringung durch Dritte   **17**

Entgeltübernahme	Zuwendung	gegenseitiger Leistungsvertrag	Mischfinanzierung
bei Rechtsansprüchen über das jugendhilfe-rechtliche Dreiecksver-hältnis	bei nicht rechtsan-spruchsgesicherten Leistungen; zum Teil bei „weichen Leistun-gen"	grundsätzlich nur bei nicht rechtsanspruchs-gesicherten Leistungen	Mischung zwischen 1 und 2 oder zwischen 1 und 3
Rechtsgrundlage: – §§ 78 a ff bei Leistungen nach § 78 a Abs. 1 – § 77	Rechtsgrundlage: – § 74	Rechtsgrundlage: – § 77 – § 55 BHO/LHO	Rechtsgrundlage (Zuläs-sigkeit umstritten): – § 78 c Abs. 2 Satz 4 – § 74 a
Finanzierung – monistisch – subjektbezogen	Finanzierung – monistisch – objektbezogen	Finanzierung – monistisch – objektbezogen	Finanzierung – dual – teils objektbezogen – teils subjektbezogen

IV. Jugendhilfefachliche Implikationen von Leistungserbringung und Finanzierung

Dass Leistungen durch private Dritte und nicht durch den öffentlichen Träger der Jugendhilfe erbracht   **18**
werden, hat auch mit dem spezifischen Charakter von Jugendhilfe als **personenbezogene Dienstleistung** zu tun. Personenbezogene Dienstleistungen sind – wenn sie produktiv sein wollen – auf die Zusam-menarbeit mit den Leistungsberechtigten angelegt. Damit entspricht dem Charakter einer personen-bezogenen Dienstleistung eine auf Kooperation angelegte Beziehungsstruktur. Rechtlich umgesetzt bedeutet dies, dass sich die jeweiligen **Kooperanten** (Leistungsberechtigte und Leistungserbringer) „auf gleicher Augenhöhe", **gleichberechtigt gegenüberstehen**. Rechtlich entspricht dem die Rechtsform von **privatrechtlichen Verträgen**. Dem Handeln des leistungsverpflichteten Sozialleistungsträgers ent-

spricht klassischer Weise die Handlungsform des öffentlichen Rechts, die durch ein Über-/Unterord-nungsverhältnis gekennzeichnet ist. Das jugendhilferechtliche Dreiecksverhältnis, das auf der Achse Leistungsberechtigter-Leistungsträger öffentlich-rechtlich, auf der Achse Leistungsberechtigter-Leis-tungserbringer privat-rechtlich gestaltet ist, wird diesem **Spannungsverhältnis zwischen öffentlichem Recht und privatem Recht** gerecht (Eichenhofer 2004, 175 ff).

19   Die **Finanzierung auf der Basis des jugendhilferechtlichen Dreiecksverhältnisses** und die damit ver-bundene Entgeltübernahme hat Auswirkungen. Eine derartige Finanzierungsstruktur bedingt eine grundsätzlich **monistische Subjektfinanzierung.** Das bedeutet, dass sämtliche bei der Leistungserbrin-gung entstehenden Kosten in das Leistungsentgelt einfließen. In der **Vermischung von Finanzierungs-systemen** drückt sich die **dualistische Finanzierung** aus, die bedeutet, dass ein Teil des Leistungsent-geltes durch Zuwendungen (ggf auch durch gegenseitigen Leistungsvertrag) finanziert wird und nur der darüber hinaus verbleibende Teil im Rahmen von Entgelten und Entgeltübernahme verrechnet wird. Die monistische Finanzierung erfasst präziser die konkreten Kosten und das konkrete Entgelt für die konkrete Leistung, während eine dualistische Finanzierung es schwer und bisweilen fast un-möglich macht, die Kosten einer Leistung korrekt zu erfassen.

20   Sowohl bei der Zuwendung als auch bei dem gegenseitigen Leistungsvertrag wird die Einrichtung, das Angebot, der Dienst als solches finanziert. Die Zuwendung und die gegenseitigen Verträge sind somit **objektbezogene Finanzierungen.** Die Leistungen kommen nur vermittelt durch diese Objekte den ei-gentlich begünstigten Adressaten zugute. Der Vorteil dieser Finanzierung ist, dass regelmäßig die (Zu-gangs-)Berechtigung der Adressaten nicht geprüft wird, somit insbesondere niederschwellige Angebote (zB Erziehungsberatung, Jugendfreizeitstätten) auf diese Weise finanziert werden. Die auf dem ju-gendhilferechtlichen Dreiecksverhältnis beruhende Entgeltübernahmefinanzierung ist dagegen **sub-jektbezogen.** Die Finanzierung der Angebote, Dienste und Einrichtungen erfolgt „über" die Leistungs-berechtigten. Sofern keine (oder nicht genügend) Leistungsberechtigten vorhanden sind, ist die Finan-zierung der entsprechenden Angebote nicht sichergestellt. Der Vorteil dieser Finanzierungsform ist, dass sie sehr zielgenau an dem Bedarf (und der daraus folgenden Berechtigung) der jeweiligen Indivi-duen ansetzt. Insofern eignen sich die unterschiedlichen Finanzierungsformen in unterschiedlicher Weise für die unterschiedlichen Regelungsinhalte des SGB VIII (ausführlich Münder 2002, 134 ff).

Weiterführende Literaturhinweise:

Geis 1997; *Münder* 2002; *Münder* 2007, 476 ff; *Neumann* 1992; *Neumann* SDSRV 43 (1998), 17; *Schmitt* 1990; *Hinte/Menninger/Zinner* BldW 2007, 163; *Cremer* TUP 2007, 4 f.

Erster Abschnitt:
Träger der öffentlichen Jugendhilfe

Vorbemerkung zu den §§ 69 bis 71

I. Allgemeines

Der erste Abschnitt trifft Regelungen zu den Grundstrukturen der Kinder und Jugendhilfe einschließlich der Organisationsformen. Träger der Kinder- und Jugendhilfe sind öffentliche und private/freie Träger. Öffentliche Träger waren bisher die örtlichen und überörtlichen Träger (s. Münder u.a. 2005 § 69 Rn 1). Mit der Neufassung des § 69 wird die Regelung grundlegend geändert. Eine Festlegung, wer Träger der öffentlichen Jugendhilfe ist, darf nach der Föderalismusreform I nicht mehr durch den Bundesgesetzgeber vorgenommen werden. Dies wird nunmehr dem Landesrecht übertragen. Eine grundlegende Änderung bisheriger Praxis dürfte aber kaum zu erwarten sein. Die Länder hatten bereits in ihren Ausführungsgesetzen entsprechende Regelungen (Zuletzt NW durch Änderung des 1. AGK-JHG zum 1.1.2009). Bedeutsam für die Gestaltung der Kinder- und Jugendhilfe ist aber die weiterhin bestehende Verpflichtung der örtlichen bzw der überörtlichen Träger der öffentlichen Jugendhilfe, für die Wahrnehmung der Aufgaben ein Jugendamt bzw ein Landesjugendamt einzurichten. Wenngleich sich durch die Föderalismusreform I eine Zuständigkeitsverlagerung auf die Länder ergeben hat (s. Rn 2 ff) und ab 2009 die Länder auch hiervon abweichende Regelungsmöglichkeiten haben, so hat der Bundesgesetzgeber die Bedeutung einer entsprechenden Fachbehörde mit dieser Regelung hervorgehoben. Dies gilt grundsätzlich auch für die Zweigliedrigkeit des Jugendamt und des Landesjugendamtes entsprechend § 70 (Zur Möglichkeit von dieser Behördenbestimmung bzw Aufgabenbestimmung abzuweichen s. Rn 3). Das Verhältnis der öffentlichen zu den freien Trägern wird damit auch strukturell insoweit bestimmt, als diese bei der Besetzung des Jugendhilfeausschusses bzw des Landesjugendhilfeausschusses entsprechend den Vorgaben nach § 71 zu berücksichtigen sind. Dieses Zusammenwirken der öffentlichen Träger und der freien Träger im JHA bzw LJHA entspricht den Grundprinzipien des SGB VIII und ist vor allem auch durch die Regelungen zur Subsidiarität (§ 3) und partnerschaftlichen Zusammenarbeit (§ 4) sowie dem Wunsch- und Wahlrecht (§ 5) begründet. **1**

II. Schlussfolgerungen aus der Föderalismusreform

Mit dem In-Kraft-Treten der **Föderalismusreform I** (Gesetz zur Änderung des Grundgesetzes vom 28.8.2006, BGBl I S. 2034) hat sich die Regelungskompetenz des Bundes bezüglich der Benennung der Träger der öffentlichen Jugendhilfe geändert. Die Neuordnung bezieht sich zunächst auf die **Gesetzgebungsbefugnis** zwischen Bund und Länder. Zwar bleibt die Kompetenz des Bundes im Rahmen der konkurrierenden Gesetzgebung auf dem Gebiet der Kinder- und Jugendhilfe (Art. 74 Abs. 1 Nr. 7 GG „öffentliche Fürsorge") bestehen. Eingeschränkt aber ist die inhaltliche Regelungsbefugnis. Der Bund darf für die Kommunen keine neuen Aufgaben gesetzlich regeln (Art. 84 Abs. 1 Satz 7 GG nF „Durch Bundesgesetz dürfen Gemeinden und Gemeindeverbänden Aufgaben nicht übertragen werden."). Dies bleibt zukünftig allein den Ländern überlassen. Aus dieser Begrenzung der Regelungskompetenz des Bundes ergibt sich die Änderung des § 69 Abs. 1. Danach bestimmen die Länder zukünftig, wer örtlicher Träger der öffentlichen Jugendhilfe ist. **2**

Durch die Änderung in Art. 84 Abs. 1 Sätze 2 und 3 und Art. 125 a sowie die Einfügung des Art. 125 b GG ist es zu einer Erweiterung der **Regelungskompetenzen der Länder** hinsichtlich der Einrichtung von Behörden und der Verfahren für die Erfüllung der Aufgaben auf dem Gebiet der Kinder- und Jugendhilfe gekommen. Danach dürfen die Länder Regelungen treffen, die vom SGB VIII abweichen. Will der Bund dennoch im Bereich der konkurrierenden Gesetzgebung grundlegend etwas ändern (reine Modifizierungen sind zulässig), darf er dies nur, wenn die Erforderlichkeit festgestellt ist **3**

(Art. 72 Abs. 2 GG). Diese Barriere basiert aber auf hohen Anforderungen und unterliegt strengen Maßstäben" (BVerfG 24.10.2002 – 2 BvF 1/01 = E 106, 62 = NJW 2003, 41).

4   Mit diesen Änderungen ist zugleich verbunden, dass mit einer Regelung neuer bzw erweiterter Aufgaben im SGB VIII diese erst aufgrund der landesgesetzlichen Regelungen von den Ländern auf die Kommunen übertragen werden. Dies löst das **Konnexitätsprinzip** aus. Konnexität bedeutet in diesem Zusammenhang, dass die Übertragung einer neuen Aufgabe an die Kommunen voraussetzt, dass vorher eine Kostenfolgenabschätzung vorgenommen wird. Eine Übertragung löst eine Erstattung der entstehenden Kosten durch die Länder aus. Hierzu dient das Konnexitätsverfahren, das strukturell zum Gesetzgebungsverfahren auf Landesebene gehört. Diese landesverfassungsrechtliche Regelung dient dem Schutz der Kommunen vor finanziellen Mehrbelastungen.

5   Die Regelungen zur **Organisation des Jugendamtes** und des **Landesjugendamtes** (§ 70) und auch zur Besetzung des JHA und des LJHA (§ 71) sind Behördenbestimmungen. Für sie gilt, dass sie durch Landesrecht jederzeit ersetzt und auch verändert werden können (Art. 125 b Abs. 2 GG). Die Fachverbände und die gesamte Fachöffentlichkeit haben diese Regelung abgelehnt, sich aber nicht durchsetzen können (beispielhaft AGJ Beschluss des VS vom September 2006). Sie befürchten dass es zu einem „Flickenteppich" hinsichtlich der Ausgestaltung des Jugendamtes und der Zuordnung der Aufgaben der Kinder- und Jugendhilfe kommt. Auch könnte das Profil des Jugendamtes als sozialpädagogische Fachbehörde beeinträchtigt werden (AGJ 2006). Die Umsetzung der Föderalismusreform kann zu einem fachlich nicht begründeten Eingriff in die Einheit der Jugendhilfe, zB durch Organisationsveränderungen, führen. Auch ist die Gefahr einer Zersplitterung der Aufgabenwahrnehmung möglich. Ob dies aber tatsächlich eintrifft, muss abgewartet werden. Bislang hat Baden-Württemberg als einziges Land eine Veränderung in der Struktur ermöglicht. Es hat abweichend von § 70 SGB VIII den Kommunen freigestellt, ob sie den JHA als beratenden oder beschließenden Ausschuss einrichten (§ 2 Abs. 1 LKJHG).

III. Träger der Jugendhilfe: Überblick über das Trägernetz

6   Das **Trägernetz** ist von öffentlichen und freien Trägern sowie privat-gewerblichen Trägern bestimmt. Auf eine **Definition der Träger der freien Jugendhilfe** und der öffentlichen Träger **verzichtet** das Gesetz. Bezüglich der freien Träger nennt das SGB VIII an verschiedenen Stellen und aus unterschiedlichen Gründen Kirchen, Verbände, Gruppen, Gemeinschaften und andere: § 4 Abs. 3 (Formen der Selbsthilfe), § 11 Abs. 2 (Verbände, Gruppen und Initiativen der Jugend, andere Träger der Jugendarbeit), § 12 (Jugendverbände und ihre Zusammenschlüsse, Jugendgruppen), § 23 Abs. 4 Satz 3 (Zusammenschlüsse von Tagespflegepersonen), § 25 (selbstorganisierte Kinderbetreuungseinrichtungen), § 75 Abs. 3 (Kirchen und Religionsgemeinschaften des öffentlichen Rechts sowie auf der Bundesebene zusammengeschlossene Verbände der freien Wohlfahrtspflege). In eine systematische Gliederung gebracht, ergibt sich ein Trägernetz der Jugendhilfe, das sich wie folgt gliedern lässt:

1. Träger der öffentlichen Jugendhilfe

7   Träger der öffentlichen Jugendhilfe sind örtliche und überörtliche Träger (§ 69). Derzeit gibt es in Deutschland (Stand 1.1.2009) insgesamt 573 örtliche Träger der öffentlichen Jugendhilfe (identisch mit der **Zahl der Jugendämter**). Zu den Jugendämtern gehören auch die Jugendämter kreisangehöriger Gemeinden. Die Bestimmung, wer **überörtlicher Träger** ist, überlässt das SGB VIII - wie bisher auch schon - dem Landesrecht (vgl § 69 Rn 16). Derzeit haben die überörtlichen Träger insgesamt 12 Landesjugendämter eingerichtet.

2. Träger der freien Jugendhilfe

8   **Träger der freien Jugendhilfe** (einschließlich der Religionsgemeinschaften des öffentlichen Rechts) **sind private Träger**, entweder **privat-gemeinnützige oder privat-gewerbliche Träger** (Anbieter; ausführlich Münder Blickpunkt Jugendhilfe 2003, 20). Während für die Träger der öffentlichen Jugendhilfe (als öffentlich-rechtliche Körperschaften) das im Anhang Verfahren und Rechtsschutz genauer beschriebene Verwaltungs- und Gerichtsverfahren gilt (Verwaltungsverfahren, Widerspruchsverfahren, Verfahren vor dem Verwaltungsgericht), gelten diese Verfahrensvorschriften „nicht für private Körperschaften, so auch nicht für die privat-gemeinnützigen, nach § 75 anerkannten Träger". Dies gilt erst recht, wenn private Träger im Bereich der Leistungen tätig sind, da hier die Rechtsbeziehungen ausschließlich privatrechtlich im Rahmen des sozialrechtlichen Dreiecksverhältnisses begründet sind (VG

Gelsenkirchen 12.1.2004 – 19 K 3927/02 – NDV-RD 2004, 114 f). Soweit die Rechtssphäre von Bürgern durch handeln privater Körperschaften im Bereich des SGB VIII tangiert, so kann dies durchaus rechtliche Folgen haben (zur Wirkung s. Anhang Rn 7).

a) Privat-gemeinnützige Träger

Kirchen und Religionsgemeinschaften des öffentlichen Rechts (dazu Kessler 2005; zur Präzisierung   **9**
BVerfG 19.12.2000 –2 BvR 1500/97).

Die in der BAG Freie Wohlfahrtspflege zusammengeschlossenen sechs Spitzenverbände (**Wohlfahrts-**   **10**
verbände) mit ihren Untergliederungen, die idR rechtlich selbstständige Organisationen mit einer über
ihre Satzungen vorgegebenen Bindung an die Spitzenverbände sind; zum Verbändebegriff Münder
NDV 1996, 350): Arbeiterwohlfahrt, Bundesverband e.V.; Deutscher Caritasverband e.V.; Deutsches
Rotes Kreuz e.V.; Diakonisches Werk der evangelischen Kirche in Deutschland e.V.; Der Paritätische
– Gesamtverband e.V.; Zentralwohlfahrtsstelle der Juden in Deutschland e.V. Diese Spitzenverbände
sind auch in den Ländern und auf kommunaler Ebene vertreten und dort in der Landesarbeitsgemein-
schaft bzw der örtlichen AG der Spitzenverbände der freien Wohlfahrtspflege zusammengeschlossen.

Jugendverbände und ihre Zusammenschlüsse (dazu: Kreft/Mielenz 2005- Anhang I; Böhnisch u.a.   **11**
1991; Rauschenbach u.a. 1995; Gängler 2001) mit den in den §§ 11, 12 genannten anderen Formen
jugendbezogener freier Jugendhilfe: (Jugend-)Gruppen und Initiativen als lose Zusammenschlüsse mit
idR nur regionaler Ausrichtung sind ebenfalls zu dieser Trägerform zu zählen. Zu den in § 11 Abs. 2
genannten ,anderen Trägern' gehören alle Jugendarbeitsaktivitäten (vgl § 11 Rn 20) von Anbietern,
die nicht Jugendverbände sind: der Kirchen und Religionsgemeinschaften, Wohlfahrtsverbände, uU
auch der kreisangehörigen Gemeinden und Gemeindeverbände, wenn sie derartige Aufgaben wahrnehmen (§ 69 Abs. 6; so auch Wiesner/Wiesner § 11 Rn 13). Auch Organisationen, die Angebote der
Jugendarbeit nur neben anderen Aufgaben wahrnehmen, sind regelmäßig unter ,andere Träger' zu
subsumieren. Bedenklich ist daher eine Entscheidung des VG Dessau (28.1.1998 – A 2 K 90/96), in
der dem Landes-Chorverband Sachsen-Anhalt e.V. die Anerkennung als Träger der freien Jugendhilfe
verweigert wurde, weil „sein Angebot... nur in einem kleinen Teilbereich den Katalog des § 2 Abs. 2
(umfasst)". Denn Träger der freien Jugendhilfe kann auch sein, wer nur auf ein kleines Segment des
gesamten Jugendhilfespektrums bezogen handelt (s. § 75 Rn 10).

Selbsthilfe-/selbstorganisierte Gruppen: Seit nunmehr 30 Jahren gibt es in allen Bereichen der sozialen   **12**
und kulturellen Arbeit diese Gruppen/Initiativen, von Betroffenen oder zugunsten bestimmter Betrof-
fenengruppen gegründet, immer noch auch bewusst alternativ zu bestehenden bürokratischen Groß-
strukturen organisiert und selbstverwaltet (Mielenz 2005). Gerade für die Jugendhilfe stellten/stellen
diese Gruppen/Initiativen/Projekte ein bedeutendes Innovationspotential dar. Sie sind nicht nur Ausdruck der Übernahme sozialer Verantwortung und des privaten Engagements. Sie unterscheiden sich
auch in ihrer Grundstruktur grundlegend von traditionellen privat-gemeinnützigen Trägern, da sie im
Kern nach dem Selbstverwaltungsprinzip organisiert sind. Zu diesen Formen zählen daher auch die
Elterninitiativen. Der fachliche Schwerpunkt dieser Gruppen liegt überwiegend in Angeboten der frühen Bildung und Erziehung im Elementarbereich.

Viele dieser Gruppen haben sich – aus Schutz-, Beratungs- und Förderungsgründen – Wohlfahrtsver-   **13**
bänden (va dem PWV, dessen Zahl der Mitgliedsorganisationen vor allem dadurch von 2.858 [1980]
auf ca. 10.000 [Stand: 3/2009] stieg) angeschlossen. Für die Selbsthilfe-/selbstorganisierten Gruppen
bleibt von Bedeutung, dass das SGB VIII die Trägereigenschaft nicht mehr daran bindet, dass die
Rechtsform einer juristischen Person angenommen wurde (vgl § 3 Rn 3; zu den Bedingungen der Anerkennung § 75 Rn 5.).

b) Privat-gewerbliche Träger

Des Weiteren können andere Träger/Anbieter Träger der freien Jugendhilfe außerhalb dieser vier Ty-   **14**
pen (Rn 5-8) sein, wenn sie auf dem Gebiet der Jugendhilfe tätig sind; das gilt auch für Einzelpersonen
und privat-gewerbliche Träger (Anbieter) jedweder Rechtsform (§ 3 Rn 7; § 78 b Rn 5; zu den Ein-
grenzungen bei Förderung/Anerkennung vgl § 3 Rn 3; ausführlich Münder Blickpunkt Jugendhilfe
2003, 20 ff). **Privat-gewerbliche Träger** haben häufig ihren Schwerpunkt im Bereich Hilfen zur Erziehung, der Tageeinrichtungen für Kinder und in der Vermittlung von Tagesmüttern und Tagesvätern
in der Kindertagespflege.

IV. Träger der Jugendhilfe: ihre vertikale und horizontale Vernetzung

15 Die **Träger der Jugendhilfe** haben idR eine **vertikale Organisationsstruktur** über die drei Ebenen Kommunen, Länder sowie Bund und arbeiten, auf ihre Trägersäule bezogen, in vielfältigen Formen überregional zusammen. So zB

■ die überörtlichen Träger der öffentlichen Jugendhilfe in der BAGLJÄ, die Länder in der Arbeitsgemeinschaft der Obersten Landesjugend- und Familienbehörden und in den drei kommunalen Spitzenverbänden (Städtetag, Landkreistag, Städte- und Gemeindebund) auf Länder- und Bundesebene;

■ die privat-gemeinnützigen in der BAG Freie Wohlfahrtspflege, die Jugendverbände im Bundesjugendring, auf Landesebene und im kommunalen Bereich in entsprechenden Zusammenschlüssen;

■ die privat-gewerblichen im VPK-Bundesverband.

Dies sind sämtlich wichtige Formen der überregionalen Meinungsbildung und der Bündelung der Vertretung gemeinsamer Interessen gegenüber den Kommunen, den Ländern und dem Bund. Die Bedeutung der Träger besteht vor allem darin, dass sie direkte Anbieter zugunsten junger Menschen und ihrer Familien sind; sie werden deshalb auch als **unmittelbare oder Träger im engeren Sinne** bezeichnet.

16 Daneben können auch Institutionen/Organisationen (idR in Form eines e.V.) den Status eines freien Trägers der Jugendhilfe beanspruchen, selbst wenn sie nicht oder nicht unmittelbar Jugendhilfe leisten, aber mittelbar die Entwicklungen der Jugendhilfe fördern (Beispiele für entsprechende wissenschaftliche Institute, Beratungs- und Fortbildungseinrichtungen bei Kreft/Mielenz 2005, Anhang I). Diese Träger im weitesten Sinne

■ arbeiten sowohl fachgebietsbezogen (zB Arbeitsgemeinschaft für Erziehungshilfe, Internationale Gesellschaft für erzieherische Hilfen, Deutsche Vereinigung für Jugendgerichte und Jugendgerichtshilfen, BAG Jugendsozialarbeit) als auch fachgebietsübergreifend zusammen (AGJ, DV; vgl dazu die Organisationsübersicht bei Kreft/Mielenz 2005, Anhang I B 3 Kinder- und Jugendhilfe, und die Einzelbeschreibungen im Fachlexikon des DV 2002);

■ lassen idR sowohl Vertreter/Vertreterinnen öffentlicher und freier Träger zur Mitarbeit zu (wenngleich auch bislang fast ausschließlich des Segments „privat-gemeinnützige Träger");

■ **vernetzen** vor allem in den wichtigsten zentralen Vereinigungen, der AGJ und dem DV, die Träger der Jugendhilfe horizontal, indem sie trägersäulenübergreifend arbeiten. Daraus ergibt sich auch die besondere bundesweite Bedeutung, die beide Organisationen einnehmen.

17 Auch ohne eine entsprechende Definitionsnorm sind diese Organisationen Träger der Jugendhilfe. Das dem SGB VIII zugrunde liegende sehr offene freie Trägerverständnis (vgl Rn 1) fasst darunter zunächst alle **privaten Organisationen** (idR – aber nicht zwingend – in Form eines e.V., seltener einer GmbH oder einer Stiftung), die auf Gebieten der Jugendhilfe tätig sind (sein wollen). Erst wer gefördert und/oder anerkannt werden will, muss besondere Voraussetzungen erfüllen, zB gemeinnützige Ziele verfolgen (§§ 74, 75 zur Gemeinnützigkeit als Anerkennungserfordernis she § 75 Rn 11; zu anderen Auffassungen vgl § 3 Rn 7 ff). Hinsichtlich der privat-gewerblichen Träger wurde mit dem KiFöG (s. Einl. Rn 47) in § 74 a eine grundsätzliche Fördermöglichkeit eingeräumt, die Entscheidung darüber ab er den Ländern überlassen (s. § 74 a Rn 3 ff). In einigen Ländern sind bereits Regelungen zur Förderung getroffen worden (zB in Bayern und Niedersachsen).

V. Bedeutung der Trägergruppen

18 Die Bedeutung der Trägergruppen in der Praxis ist außerordentlich unterschiedlich. Die Angebote und Leistungen der Träger der freien Jugendhilfe dominieren sowohl bei den Diensten als auch bei den Einrichtungen: Insgesamt wurden am 31.12.2006 (Einrichtungen der Kinder- und Jugendhilfe ohne Kindertageseinrichtungen) und am 15.03.2007 (Kindertageseinrichtungen) 79.837 Institutionen der Jugendhilfe (Einrichtungen) gezählt (25.263 = 31,6 % bei öffentlichen Trägern, 54.574 = 68,4 % bei freien Trägern). In den Jugendhilfeinstitutionen waren am 31.12.2006 bzw 15.03.2007 618.647 Beschäftigte tätig (205.847 = 33,3 Prozent bei öffentlichen Trägern, 412.800 = 66,7 Prozent bei freien Trägern). Dem entsprachen auch die Anteile an den Ende 2006/Anfang 2007 gezählten rd. 3,51 Mio. verfügbaren Plätzen in Einrichtungen: 1.266.492 (36 %) bei öffentlichen, 2.243.185 (64 %) bei freien Trägern (alle Zahlen nach: Statistisches Bundesamt, Statistiken der Kinder- und Jugendhilfe, Einrichtungen und tätige Personen (ohne Kindertageseinrichtungen) am 31.12.2006 sowie Kinder und tätige Personen in Tageseinrichtungen am 15.03.2007, zusammengestellt und berechnet von der Dortmunder Arbeitsstelle Kinder- und Jugendhilfestatistik).

Diese Dominanz ergibt sich aus dem Subsidiaritätsprinzip(§ 3) und dem Wunsch- und Wahlrecht 19
(§ 5). Sie bedeutet aber **nicht zwangsläufig, dass** vor Ort eine breit gestreute **Träger-Angebotsvielfalt**
(Pluralismus) und demzufolge **Wahlfreiheit** für die jungen Menschen und ihre Familien besteht. vor
allem die Kirchen/Religionsgemeinschaften des öffentlichen Rechts (vor allem die beiden großen Kirchen) und die konfessionellen Wohlfahrtsverbände (DCV, DW) haben den größten Anteil und bestimmen eindeutig vor anderen Wohlfahrts- und Jugendverbänden sowie Jugendgruppen das Ange-
botsbild. Nur auf die freien Träger bezogen ergibt sich Folgendes:

**Einrichtungen und tätige Personen in der Kinder- und Jugendhilfe nach Art des Trägers (31.12.2006
sowie 15.03.2007*; Deutschland)**

	Einrichtungen		Personal	
	abs.	in %	abs.	in %
Freie Träger	54.574	68,4	412.800	66,7
davon:				
Kirchen/Religionsgemeinschaften	28.642	35,9	216.224	35,0
davon:				
Diakonisches Werk/sonstige der EKD angeschlossene Träger	13.263	16,6	101.093	16,3
Caritasverband/sonstige katholische Träger	14.589	18,3	111.440	18,0
Zentralwohlfahrtsstelle der Juden in Deutschland	43	0,1	207	0,0
Sonstige Religionsgemeinschaften öffentlichen Rechts	747	0,9	3.484	0,6
Sonstige juristische Personen/andere Vereinigungen	10.473	13,1	74.278	12,0
Deutscher Paritätischer Wohlfahrtsverband	7.152	9,0	65.872	10,6
Jugendgruppen /-verbände /-ringe	2.268	2,8	7.371	1,2
Arbeiterwohlfahrt	3.153	3,9	27.194	4,4
Deutsches Rotes Kreuz	1.670	2,1	13.504	2,2
Wirtschaftsunternehmen	1.216	1,5	8.357	1,4

* Die Erhebung zum 31.12.2002 war die letzte Gesamterhebung zu den Einrichtungen und tätigen
Personen in der Kinder- und Jugendhilfe. Seit 2006 werden die Angaben zu den Kindertageseinrich-
tungen jährlich jeweils zum 15.03. eines Jahres sowie die zu anderen Einrichtungen der Kinder- und
Jugendhilfe weiterhin alle vier Jahre zum Ende eines Jahres erhoben.

Quelle: (alle Zahlen nach: Statistisches Bundesamt, Statistiken der Kinder- und Jugendhilfe, Einrichtungen und tätige Personen (ohne Kindertageseinrichtungen) am 31.12.2006 sowie am 15.03.2007,
Wiesbaden 2008; zusammengestellt und berechnet von der Dortmunder Arbeitsstelle Kinder- und Jugendhilfestatistik).

Aus der Dominanz der freien Träger bei den Einrichtungen/tätigen Personen (und speziell wieder der
Kirchen und der ihnen nahestehenden Wohlfahrtsverbände) zu schließen, sie hätten die zentrale Position im Trägernetz der Jugendhilfe, ist jedoch nicht zulässig.

VI. Fachliche Entwicklungen

1. Neupositionierung der Träger der freien Jugendhilfe

Seit Anfang der 1970er Jahre wird das bislang korporatistisch geordnete Beziehungssystem der Träger 20
der Jugendhilfe durch verschiedene Entwicklungen berührt und (sich öffnend) verändert (iE § 4 Rn 4).
Insbesondere die frei-gemeinnützigen Großorganisationen (vor allem die Wohlfahrts-, aber auch Ju-
gendverbände) sind gezwungen, sich ‚zwischen Markt und Mildtätigkeit‘ neu zu positionieren, ihre
Angebote zwischen den Polen ‚Wettbewerbs- und Sozialwohlstrategie‘ zu platzieren (Ottnad u.a. 2000,
174 ff, 184, 194; Olk 2001, Kreft uj 2004). Die Kritik an **Managementdefiziten** (Seibel 1994), der
Zwang zur **Dienstleistungsorientierung** (Rauschenbach u.a. 1995), die Einführung eines inszenierten
Wettbewerbs (1993 im SGB XI und in der Sozialhilfe – jetzt SGB XII,1999 auch im SGB VIII – vgl

§§ 78 a ff; vgl auch § 4 Rn 15), zwingen die traditionellen frei-gemeinnützigen Träger zu neuer ‚Profilbildung und **Leitbild**-Debatte' (Merchel 2003), um (auch) gegenüber der vom Gesetzgeber bewusst zugelassenen privat-gewerblichen Konkurrenz bestehen zu können (§ 78 b Rn 8 ff).

21   Die **Öffnung für neue Träger (Anbieter)** berührt bereits das traditionelle Trägersystem des SGB VIII mit seinem bisherigen Primat der Träger der öffentlichen und der privat-gemeinnützigen (sog. freien) Träger der Jugendhilfe (§ 3 Rn 12). Hier wird inzwischen gesetzgeberischer Handlungsbedarf gesehen, weil angesichts der **wachsenden quantitativen Bedeutung privat-gewerblicher Träger** (Anbieter etwa bei der HzE und in der Kinderbetreuung) ihr Ausschluss aus dem Meinungsbildungs- und Entscheidungssystem des SGB VIII (§ 71 Abs. 1 Nr. 2: Zur Zusammensetzung des JHA und § 78: Die Mitarbeit in Arbeitsgemeinschaften – zur entwicklungskonformen Auslegung vgl § 78 Rn 7 und § 80: Die Beteiligung an der Jugendhilfeplanung) auf Dauer zu hinterfragen wäre. Einige Länder, zB Bayern und Niedersachsen, aber auch Kommunen fördern auch privat-gewerbliche Träger im Bereich der frühen Bildung. Mit dem KiFöG ist eine erste Öffnung vorgenommen worden (s. § 74 a Rn 2). Eine Einbeziehung dieser Träger in die örtliche Planung und Gestaltung findet ebenfalls statt, allerdings regional mit deutlichen Unterschieden.

2. Verwaltungsmodernisierung

22   Vor dem Hintergrund verschiedenster Entwicklungen unterschiedlicher Qualität (zB der demographischen, der wirtschaftlichen, der fortschreitenden europäischen Integration und vor allem einer strukturellen öffentlichen Finanzkrise) ist seit den 1990er Jahren mit Strategien der **Verwaltungsmodernisierung** reagiert worden (zur Entwicklung s. Münder u.a. 2006 5. Auflage; Neue Steuerungssysteme wurden erprobt und eingeführt (Krone, S. u.a. 2009; Bogumil, J. u.a. 2006). Begründet wurde sie vor allem damit, das einerseits das bürokratisch-kameralistische System dringend veränderungsbedürftig sei, andererseits seien Staat und Kommunen in der BRD aus unterschiedlichen Gründen in eine strukturelle Finanzkrise geraten, der nicht mehr mit den bislang üblichen Haushaltskonsolidierungen begegnet werden könne (KGSt 5/1993). Auch die enge plurale und neokorporatistische Struktur sollte durch die Abkehr vom Zuwendungsprinzip hin zu Leistungsvereinbarungen eine ökonomische und marktorientierte Öffnung überwunden werden(Grohe 2008). Denn es wuchs auch der Druck zur „Modernisierung" des Verwaltungshandelns und zur Entwicklung neuer Konzepte kundenorientierter Jugendhilfe. Allerdings wurde die Übernahme eines betriebswirtschaftlichen Verständnisses zunehmend kritisch bewertet, zumal die gewollte Nutzerqualität angesichts des überwiegend eintretenden Kostendrucks kaum eintrat (zur kritischen Einschätzung bereits Merchel JAmt 1999; Beckmann u.a. 2004) Die Wirkungen zeigen sich vor allem in der Verwaltungsorganisation (DIJuF 2005).

23   Von den unterschiedlichen Reform- und Managementkonzepten (zB New Public Management, Neues Steuerungsmodell, Wettbewerb und Privatisierung, Aufgabenkritik und Konzentration auf Kernaufgaben, Reengineering, Public Private Partnership, Neubau der Region sowie Bürgeraktivierung und Verwaltungsmodernisierung: so nacheinander beschrieben in Blanke u.a. 2005, 63 ff) hat sich das von der KGSt propagierte und fortlaufend entwickelte Neue Steuerungsmodell als „die derzeit herrschende Richtung – und Stimmung – der Verwaltungsmodernisierung in Deutschland" durchgesetzt (Jann 2005, 74 ff; Liebig 2001, 36 ff); zumindest werden regelmäßig bei Verwaltungsmodernisierungen Elemente des Modells der Neuen Steuerung eingesetzt. Die KGSt hat (orientiert an dem sog. Tilburger Modell, KGSt 19/1992) 1993 ein völlig neues Steuerungsverfahren vorgestellt (Leitbild „Dienstleistungsunternehmen Kommunalverwaltung", KGSt 3/1993), es in seinen Kernteilen präzisiert (Budgetierung, KGSt 6/1993; Definition von Produkten, KGSt 8/1994) und vor allem versucht, es für die Jugendhilfe zu konkretisieren (Outputorientierte Jugendhilfe, KGSt 9/1994; Aufbauorganisation der Jugendhilfe, KGSt 3/1995; Integrierte Fach- und Ressourcenplanung in der Jugendhilfe, KGSt 3/1996; Kontraktmanagement zwischen öffentlichen und freien Trägern in der Jugendhilfe, KGSt 12/1998; differenziert hierzu AGJ/Städtetag Hinweise und Empfehlungen zur Steuerung der Jugendhilfe. Gemeinsame Stellungnahme des Deutschen Städtetages (DST) und der Arbeitsgemeinschaft für Jugendhilfe (AGJ). Die Umsetzung stellt sich in den JÄ unterschiedlich dar. Häufig besteht eine Mischung/ Verknüpfung aus neuen Steuerungsmodellen und fachlichen Profilen (Krane u.a. 2009, 22). Die bisherige Bilanz der neuen Steuerungssysteme fällt im Vergleich zu ihren Zielsetzungen allerdings eher zwiespältig aus(va Bogumil, J. u.a. 2006; Merchel 2006; Littges 2007;). Dennoch ist eine Verbindung zwischen NSM und Prozessen der fachlichen Weiterentwicklung durchaus auch im positiven Sinn gegeben (Kreft 2008). Die erwarteten Veränderungsprozesse, zB in den Trägerstrukturen, sind ebenso

wenig eingetreten wie eine konsequente Ökonomisierung (Zur kritischen Einschätzung va. Merchel 2006).

3. Sozialraumorientierung

Forderungen nach **Orientierung an der Lebenswelt** (,der individuelle Blick') **und dem Sozialraum** (,der   **24** infrastrukturelle Blick') haben in der Jugendhilfe eine lange Tradition. Die heute zu beobachtende ,**Renaissance des sozialen Raumes'** hat viele Grundlagen und aktuelle Ausprägungen, sie stützen sich auf die Erfahrungen der Gemeinwesenarbeit nach 1945 und basieren auf den Ideen der Alltags- und Lebensweltorientierung, der Strategie der Einmischung (heute in § 1 Abs. 3 Nr. 4 verankert), auf gemeinwesenorientiertem Handeln als Arbeitsprinzip (der Fall im Feld), der Dienstleistungsorientierung, des Neuen Steuerungsmodells (Rn 22), der Qualitätsdebatte (dem ,Zwang, immer kleinräumiger zu gestalten und zu handeln'), den Überlegungen zum Sozialraumbudget (KGSt 12/1998; SPI SOS-Kinderdorf 2001) bis hin zu Projekten/Vorhaben wie soziale Stadt, Quartiersmanagement und das Programm Entwicklung und Chancen junger Menschen (so zusammenfassend Kreft BMFSFJ 2001, 185; Hinte socialmanagement 6/2001, 10, jeweils mwN).

Sozialraumorientierung erweist sich trotz seiner vielfältigen Propagierung (aber) noch (immer) als ein   **25** relativ **diffuser Konzeptbegriff** (Merchel NP 2001, 384). Für die einen ist es vorrangig ein **fachliches Konzept,** unter dessen Dach auch die Parzellierung/Versäulung der Leistungen aufgehoben werden kann (muss) (Hinte SPI SOS-Kinderdorf 2001, 128, 132 ff; zur abbildbaren Realität von Dezentralisierung/Regionalisierung in der Jugendhilfe Mamier u.a. 2002, 298 ff; zuletzt erneut Hinte NDV 2005). Für andere ist für die Realisierung neuer fachlicher Überlegungen zentrale Voraussetzung ein sozialräumlich gestaltetes ,**Soziales Amt von morgen'** (Kreft BMFSFJ 2001, 186 ff). Wieder andere stellen in diesem fachlichen Kontext Überlegungen der Finanzierung in das Zentrum (Sozialraumorientierung und Sozialraumbudgets: vgl dazu KGSt 12/1998; Münder SPI SOS-Kinderdorf 2001; Mamier u.a. 2002, 302 ff; eine Zusammenfassung bei Hinte/Kreft 2005).

Die **Fortentwicklung des Konzepts der Sozialraumorientierung,** das seine fachlichen, organisatorischen   **26** und finanziellen Überlegungen integrierend bündeln wollte, zöge **gesetzgeberischen Handlungsbedarf** nach sich, der sowohl § 69 Abs. 3 berührt (heute eindeutig festgelegt: ein Amt/eine Organisationseinheit für alle Aufgaben der Kinder- und Jugendhilfe nach SGB VIII – vgl § 69 Rn 4 ff),als auch mindestens eine eindeutige Verpflichtung des öffentlichen Trägers für fallunspezifische, präventive Infrastrukturleistungen zur Folge haben müsste. Jede einfach gesetzliche Änderung des SGB VIII könnte aber weiterhin nicht die verfassungsrechtlichen Bedenken ausräumen , die die Gerichte inzwischen markiert haben (Art. 12: die Betätigung aller Träger der freien Jugendhilfe ist im Leistungserbringungsrecht des sozialrechtlichen Dreiecksverhältnisses danach nicht einschränkbar: zB VG BE – 19.10.2004 – 18 A 404.04 und OVG BE – 4.4.2005 – 6 S 415.04).

Zu Konzepten einer **Sozialraumgliederung,** die über **Sozialraumbudgets** einzelne Träger der freien/   **27** privaten Jugendhilfe oder Trägerverbünde bevorzugen (dh uU andere Träger ausschließen) liegen inzwischen mehrere Entscheidungen vor (VG Hamburg 5.8.2004 – 13 E 2873/04 B.; OVG Hamburg 10.11.2004 – 4 Bs 388/04 B.; VG Berlin 19.10.2004 – 18 A 404.04 B.– sämtlich abgedruckt in ZfJ 2005, 110 ff und OVG BE – 4.4.2005 – 6 S 415.04). Aufgrund von einstweiligen Anordnungen wurde den jeweiligen Trägern der öffentlichen Jugendhilfe untersagt, das **Finanzierungskonzept der Sozialraumbudgetierung** zu praktizieren (so in Hamburg) bzw entsprechende Leistungen der Jugendhilfe in Höhe von 80 Prozent der neu beginnenden Hilfen an entsprechend ausgewählte Träger zu vergeben (so in Berlin). In Hamburg wurde der Beschluss des VG Hamburg vom OVG Hamburg bestätigt und ist damit im einstweiligen Anordnungsverfahren bestandskräftig geworden (i E bei Münder ZfJ 2005, 89).

Auch aufgrund der **Gewährleistungs- und Planungsverpflichtung** der §§ 79 und 80 ergibt sich keine   **28** Berechtigung zum Abschluss von sozialraumorientierten Vereinbarungen, die andere Leistungsanbieter ausschließen. Die Begründung, dass Träger, die nach einer (sorgfältigen) Vorauswahl für ,einen Sozialraum als fachlich geeignet klassifiziert wurden', erlaubt ebenfalls keinen Trägerausschluss. Denn „individuelle Leistungen zeichnen sich eben durch ihre Individualität aus. Der Abschluss von Vereinbarungen mit einer begrenzten Zahl von Anbietern ist aber gerade eine generalisierende Regelung" (Münder ZfJ 2005, 94, näher 96). Damit entfällt auch die Möglichkeit, sozialräumliche Sozialbudgets über § 74 zu legitimieren.

29 Vor diesem rechtlichen Hintergrund **ist das Konzept einer konsequenten Sozialraumorientierung nur begrenzt zulässig,** wenn die folgenden Voraussetzungen erfüllt sind: Die Sozialraumorientierung ist an den kritischen Punkten der Trägervielfalt und der Berufsfreiheit nur dann möglich, „wenn mit allen geeigneten Leistungsanbietern (unabhängig von ihrer sozialräumlichen Beteiligung) entsprechende Vereinbarungen abgeschlossen werden, eine ergebnisoffene Beratung der Leistungsberechtigten stattfindet, eine (wirkliche) Befristung (auf längstens drei Jahre) vorgesehen ist und bei zweiseitigen Subventionsfinanzierungen ein korrektes Verfahren eingehalten wurde." (Münder ZfJ 2005, 98).

Weiterführende Literaturhinweise:

Zu den Trägern der Jugendhilfe: *Böhnisch* u. a. 1991; *Rauschenbach* u. a. 1995; *Liebig* 2001; DV 2002; *Kreft/Mielenz* 2005; *Merchel* 2008: zur Neupositionierung der Träger der freien Jugendhilfe: *Ottnad* u.a. 2000; *Merchel* 2003; *Olk* 2001; zur Verwaltungsmodernisierung/Neues Steuerungsmodell: *v. Bandemer* 2005, *Jordan/Reismann* 1998, *Kühn* 1999, *Heinz* 2000, *Liebig* 2001, *Mamier* u.a. 2002; *Merchel* 1999; *Merchel* 2006; *Dahme/Wohlfahrt* 2005; *Littges* 2007; *Krone* u.a. 2009; *Grohs, S.* in FoJus Diskussionspapiere Nr. 2/2008; zur Sozialraumorientierung: SPI SOS-Kinderdorf 2001 (dort v. a. *Münder* und *Hinte*); *Kreft* BMFSFJ 2001; *Liebig* 2001; *Mamier* u.a. 2002; *Hinte/Kreft* 2005; *Hinte/Treeß* 2006; *Münder* ZfJ 2005, 95 und JAmt 4/2005, 161

§ 69 Träger der öffentlichen Jugendhilfe, Jugendämter, Landesjugendämter

(1) Die Träger der öffentlichen Jugendhilfe werden durch Landesrecht bestimmt.

(2) (aufgehoben)

(3) Für die Wahrnehmung der Aufgaben nach diesem Buch errichtet jeder örtliche Träger ein Jugendamt, jeder überörtliche Träger ein Landesjugendamt.

(4) Mehrere örtliche Träger und mehrere überörtliche Träger können, auch wenn sie verschiedenen Ländern angehören, zur Durchführung einzelner Aufgaben gemeinsame Einrichtungen und Dienste errichten.

I. Sinn und Zweck der Norm

§ 69 wurde mit dem KiföG (s. Einl. Rn 47) grundlegend geändert. Wurde bisher in Abs. 1 bestimmt, dass die Kreise und kreisfreien Städte örtliche Träger der öffentlichen Jugendhilfe sind, so hat der Bundesgesetzgeber nunmehr diese Kompetenz den Ländern übertragen. Sie haben zukünftig festzulegen, wer öffentlicher Träger ist. Da dem Bund seit der **Föderalismusreform I** untersagt ist, den Kommunen durch Bundesgesetz direkt Aufgaben zu übertragen (Art. 84 Abs. 1 Satz 7 GG, Vor§ 69 Rn 2), konnte er die Kommunen auch nicht mehr zu örtlichen Trägern bestimmen. Die Aufgabenerweiterungen durch das KiföG wären ihm andernfalls nicht gestattet gewesen. **1**

Mit dieser Vorschrift wird nunmehr Folgendes geregelt:

- Abs. 1 ermächtigt die Länder, die **Träger der öffentlichen Jugendhilfe** in eigener Kompetenz zu bestimmen; dies gilt auch für die Zulassung kreisangehöriger Gemeinden als örtliche Träger der öffentlichen Jugendhilfe.
- Abs. 3 stellt (idF des 1. ÄndG) weiterhin klar, dass **JÄ und LJÄ** zu schaffen sind und diese die Aufgaben nach diesem Gesetz (und dh alle) wahrzunehmen haben (vgl iE Rn 13 ff).
- Abs. 4 regelt, dass mehrere örtliche und mehrere überörtliche Träger in engen Grenzen **gemeinsame Einrichtungen und Dienste** errichten können.
- Entfallen sind die Regelungen, wonach kreisangehörige Gemeinden auf Antrag zum örtlichen Träger bestimmt werden können (Abs. 2) und die Kreise unter bestimmten Voraussetzungen die Wahrnehmung von Aufgaben nach diesem Gesetz auch kreisangehörigen Gemeinden, die nicht örtlicher Träger der Jugendhilfe sind, übertragen können. Auch diese Regelungskompetenz liegt folgerichtig in der Kompetenz der Länder.

II. Jugendämter und Landesjugendämter (eine Übersicht)

Auf örtlicher und überörtlicher Ebene bestehen derzeit folgende JÄ und LJÄ: **2**

| Bundesland | Jugendämter[1] | | | Landes-jugendämter[3] | Gesamt (ohne LJÄ) |
	Kreisfreie Städte	(Land-)Kreise	Kreisangehörige Gemeinden		
Baden-Württ.	09	35	5	1	049
Bayern	25	71	–	1	096
Berlin	01	–	–	-	01
Brandenburg	04	14	–	1	018
Bremen	02	–	–	1	002

Bundesland	Jugendämter[1]			Landes-jugendämter[3]	Gesamt (ohne LJÄ)
	Kreisfreie Städte	(Land-)Kreise	Kreisangehörige Gemeinden		
Hamburg	01	–	–	1	01
Hessen	05	21	7	-	033
Meckl.-Vorp.	06	12	–	1	018
Niedersachsen	08	37	11+7[2]	-	063
Nordrhein-Westf.[4]	24	29	129	2	182
Rheinland-Pfalz	12	24	5	1	041
Saarland	01	05	–		06
Sachsen	074	06	–	1	013
Sachsen-Anhalt	04	10	–	1	014
Schleswig-Holst.	04	09	–	1	013
Thüringen	06	17	–		023
Gesamt				12	573

1 DIJuF Stand 31.12.2008 und eigene Ermittlungen
2 In der Region Hannover: mit JA der Stadt Hannover (1), JA der Region Hannover (1) und Städten der Region Hannover (5)
3 Die Länder Berlin, Hessen, Saarland, Sachsen, Schleswig-Holstein, Thüringen haben das Landesjugendamt in die Oberste Landesjugendbehörde integriert. Niedersachsen hat das Landesjugendamt aufgelöst und die Aufgaben verschiedenen Landesbehörden zur Ausübung übertragen; Nordrhein-Westfalen und Baden-Württemberg haben kommunale LJÄ; in den anderen Ländern ist das LJA in einer Landesoberbehörde integriert.
4 In Nordrhein-Westfalen haben zahlreiche kreisangehörige Gemeinden(ab 20.000 Einwohner) davon Gebrauch gemacht, auf Antrag örtlicher Träger der öffentlichen Jugendhilfe zu werden.

III. Zur Entwicklung der Träger der öffentlichen Jugendhilfe

3   Mit der Einrichtung von Jugendämtern durch das RJWG wurde nach dem Inkrafttreten am 1. April 1924 eine einheitliche Behörde und Behördenstruktur(Kollegiales Prinzip) geschaffen (1928 gab es 1251 Jugendämter – Hasenclever 1978,100). Dies war erforderlich, weil nur dadurch eine „wirkungsvolle Institution"(Münder/Wiesner/Wiesner 2007, 90) entstehen konnte, die sich um die Belange von Kindern und Jugendlichen zu kümmern hatte (Hasenclever 1978,100). Es ging dabei um die besondere sozialpädagogische Kompetenz eines solchen Amtes, denn nur damit konnte den Herausforderungen an die Erziehung junger Menschen adäquat begegnet und eine entsprechende Hilfeleistung gewährleistet werden. Diese Regelung, die auch vom JWG und von KJHG (SGB VIII) übernommen wurde, stand immer wieder in der Kritik, denn aus Sicht der Länder handelte es sich um einen Eingriff in ihre Regelungskompetenz für die Gestaltung der Verwaltung. Doch das BVerfG hatte in seinem berühmten Urteil (BVerfG 18.7.1967 – 2 BvF3 ff; 2 BvR 139 ff/62 – E 22, 180, 211 ff, die Regelung im RJWG (§ 13) bestätigt. Das Jugendamt ist bis heute die zentrale Fachbehörde für die Belange junger Menschen und die Gestaltung der Kinder- und Jugendhilfe.

4   Trotz eines bereits in den Anfangsjahren formulierten sozialpädagogischen Anspruchs (Hasenclever 1978, 75 ff) hat sich die tatsächliche Entwicklung des JA zu einer eigenständigen sozialpädagogischen Fachbehörde über einen langen Zeitraum hingezogen. Bis weit in die 1960-iger Jahre hinein (in einzelnen Regionen noch darüber hinaus) war es in erster Linie eine Eingriffsbehörde, geprägt von ordnungsrechtlichen Vorstellungen von Erziehung und von restriktiven Maßnahmen, wie zB die Fürsorgeerziehung. Erst in den 70-iger Jahren – auch im Zuge einer verstärkten jugendpolitischen Debatte zum gesellschaftlichen Stellenwert der Jugendhilfe – bildete sich ein sozialpädagogisches professionelles Profil sichtbarer heraus (AWO 1969; BMJFG 1974, Dritter Jugendbericht). Heute ist das JA die zentrale Anlaufstelle für die Gestaltung und Wahrnehmung der Leistungen der Kinder- und Jugendhilfe. Als ein besonderes Amt in der Kommunalverwaltung ist seine besondere sozialpädagogische Kompetenz und seine Struktur von grundlegender Bedeutung. Der klassische Zuschnitt des Amtes(nur Auf-

gaben der Kinder- und Jugendhilfe) hat sich in einigen Kommunen in den letzten Jahren verändert. So sind JÄ zB in ein Amt für Familie, Kinder und Jugend ausgebaut; einige Jugendämter sind auch mit dem Schulamt bzw mit Teilen daraus zusammengeführt worden.

Über die kreisfreien Städte und Kreise hinaus können auch kreisangehörige Gemeinden örtliche öf- **5** fentliche Träger werden. Der bisherige Abs. 2 übertrug dies dem Landesrecht. Vorraussetzung war, dass sie sicherstellen können, dass sie auch die Leistungsbedingungen des SGB VIII erfüllen. Von dieser Möglichkeit ist va in den Ländern Baden-Württemberg; Hessen, Niedersachsen, Nordrhein-Westfalen, Rheinland-Pfalz und Schleswig-Holstein Gebrauch gemacht worden. Landesrecht kann diese Regelung in eigener Zuständigkeit weiterhin treffen. Die Voraussetzungen in den Ländern sind unterschiedlich. So können zB in NW dies Gemeinden ab einem Einwohnerschwellenwert von 20.000 beantragen(GO § 4); in anderen Ländern, zB S-H, Hessen und NS müssen sie „leistungsstark" sein. Diese Regelung hat in Nordrhein-Westfalen bisher zu 129 neuen Jugendämtern in Trägerschaft kreisangehöriger Gemeinden geführt (Stand 31.12.2008), mit weiter steigender Tendenz.

IV. Aufgaben der Jugendämter

Der örtliche Träger hat die **Sach- und Finanzverantwortung** für die Jugendhilfe. Dieser Verpflichtung **6** werden die örtlichen Träger allerdings nur nachkommen können, wenn sie entsprechend leistungs- starke JÄ unterhalten und für die Jugendhilfe ihres Zuständigkeitsbereichs angemessene Mittel zur Verfügung stellen Zwischen 1958 und 1988 ging in der früheren BRD die Zahl der JÄ um rund 30 % zurück (von 688 auf 480: Kreft/Lukas u.a. 1993, Bd. I, 317); nach dem Beitritt der neuen Bundesländer erhöhte sich die Zahl deutlich. Inzwischen ist sie auf 573 JÄ gesunken(s. Rn 2). Dies ist u.a. eine Folge der Gebietsreformen vor allem in Ostdeutschland, was auch zu **leistungsstarken Kreisen und kreisfreien Städten** führte, „die besser in der Lage sind, den personellen und finanziellen Aufwand für eine qua- lifizierte Jugendhilfe zu tragen" (so bereits RegE-Begr., BT-Drucks. 11/5948, 93).

JÄ verstehen sich als sozialpädagogische Fachbehörden (BMJFG 1974). Die **Qualität der Jugendämter 7** ist aber unterschiedlich. Sie hängt neben den fachlichen Kompetenzen der Fachkräfte va auch von der finanziellen und personellen Ausstattung ab. Nimmt man die Personalsituation in den Jugendämtern zum Qualitätsmaßstab, so bestehen zwischen den alten und den neuen Bundesländern kaum noch Unterschiede. Es sind ähnliche Entwicklungslinien im Ausbau und im Umbau von Stellen zu verzeich- nen. Ende 2006 waren insgesamt rd. 33.500 Personen in kommunalen Jugendämtern tätig, davon in der Verwaltung (einschließlich wirtschaftliche Jugendhilfe) 30,4 % und im Allgemeinen Sozialen Dienst 24,2 % (KOMDATHeft 1 + 2 2008). JÄ sind auch als Träger von Einrichtungen und pädago- gischen Angeboten in allen Feldern des SGB VIII aktiv. So sind sie zB Träger von Jugendtreffs und Jugendzentren im Rahmen der offenen Jugendarbeit, teilweise auch in der Jugendkulturarbeit; umfas- sender im Elementarbereich und vor allem in den Leistungen der Erziehungshilfe.

Die Träger der öffentlichen Jugendhilfe haben für eine **ausreichende Ausstattung der JÄ und der LJÄ 8** zu sorgen(§ 79 Abs. 3). Auch den LJÄ (§ 85 Abs. 2) und den Obersten Landesjugendbehörden/Ländern (§ 82) kommt die besondere Verpflichtung zu, nachhaltig darauf hinzuwirken, dass alle JÄ – unter Berücksichtigung der jeweils besonderen Lebenslagen und Lebensbedingungen ihres JA-Bezirks – über eine angemessene Grundausstattung (personelle, finanzielle Grundausstattung, Grundangebote) ver- fügen. Hier besteht ein Zusammenhang mit der Wahrnehmung der Gesamtverantwortung(§ 79). Die Auseinandersetzungen um eine angemessene Grundausstattung werden von fachpolitischen Aushand- lungsprozessen im kommunalen und staatlichen Bereich (vor allem im Kontext der Jugendhilfepla- nung; § 80 iVm § 71 Abs. 2 Nr. 2) geprägt, **denn einklagbare subjektive Rechtsansprüche** bietet das SGB VIII nur in den Hilfen zur Erziehung (§§ 27 ff) und - für den Besuch von Tageseinrichtungen (s. § 24 Rn 7 . Für andere Felder bestehen solche Anspruchsgrundlagen nicht, wohl aber eine objektiv- rechtliche Verpflichtung des öffentlichen Trägers zur Leistungserbringung. Das SGB VIII enthält je- doch an verschiedenen Stellen strukturelle und allgemeine Aussagen (Leitlinien), die die fachliche For- derung nach einer angemessenen Grundausstattung und nach vergleichbaren Lebensbedingungen stüt- zen (Kreft np 2001).

V. Bestimmung der öffentlichen Träger durch die Länder – Abs. 1

Landesrecht bestimmt zukünftig, wer Träger der öffentlichen Jugendhilfe ist.. Örtliche Träger sind **9** bisher i.d.R. die Kreise und die kreisfreien Städte. Daran wird sich auch kaum etwas ändern, denn die Kommune bleibt der wichtigste politische Raum, der Regelungen für die Bürger trifft und entsprechende Leistungen vorzuhalten hat. Änderungen sind auch angesichts der bestehenden gesetzlichen Regelungen in den Ausführungsgesetzen der Länder(s. VorKap. 6 Rn 3) kaum zu erwarten. Zur Regelungskompetenz der Länder gehört auch die Bestimmung kreisangehöriger Gemeinden zu örtlichen Trägern der öffentlichen Jugendhilfe(s. Rn 5). An der bisher geltenden Regelungskompetenz der Länder zur Bestimmung des überörtlichen öffentlichen Trägers ändert sich nichts. Überörtliche Träger sind idR die Länder bzw die Stadtstaaten, Ausnahmen bestehen nur in einigen Ländern (s. Rn 2)

10 Die örtlichen Träger der öffentlichen Jugendhilfe handeln i.R. des kommunalen Selbstverwaltungsrechts (weisungsfreie Pflichtaufgabe im eigenen Wirkungskreis). Der örtliche Träger unterliegt somit nur der **Rechtsaufsicht**, dh die Kontrolle der zuständigen Rechtsaufsichtsbehörde ist begrenzt auf die Prüfung der Rechtmäßigkeit der Aufgabenerfüllung (als ein Beispiel § 80 Rn 2). Eine fachliche Überprüfung (**Fachaufsicht** = Zweckmäßigkeit der Aufgabenerfüllung) ist nicht zulässig (so auch Kunkel/Vondung § 69 Rn 2 a; iE zur Rechtsaufsicht bei GK-SGB VIII/Busch/Fieseler § 69 Rn 19; zur **Haftung der Träger der öffentlichen Jugendhilfe** § 1 Rn 31 ff).

VI. Errichtung von Jugendämtern/Landesjugendämtern – die besondere Bedeutung des Abs. 3

11 Abs. 3 verpflichtet die Träger der öffentlichen Jugendhilfe zur **Einrichtung von Jugendämtern bzw Landesjugendämter.** Jeder örtliche Träger errichtet ein JA, jeder überörtliche Träger ein LJA (Abs. 3; vgl die Übersicht bei Rn 2); JÄ und LJÄ sind Behörden (§ 1 Abs. 2 SGB X), die auch als **sozialpädagogische Fachbehörde JA/LJA** bezeichnet werden, um deren Sonderstellung gegenüber der allgemeinen Verwaltung (§ 70 Rn 4) und ihre besondere Aufgabenzuweisung deutlich zu machen (vgl dazu ISS 1993, 31 ff; zum JA als Fachbehörde Maas ZfJ 1997, 70 ff). An dieser Regelung hat der Bundesgesetzgeber festgehalten. Die Föderalismusreform hat aber abweichende Regelungen durch die Länder zugelassen(s. Vor§ 69 Rn 2 ff). Ob die Länder eine Veränderung in der Struktur des Amtes vornehmen werden ist derzeit nicht absehbar. In einigen Kommunen ist es bereits vor der Föderalismusreform zu Umgestaltungen gekommen, so zB durch die Zusammenlegung des Schulverwaltungsamtes und des Jugendamtes. Mit der Föderalismusreform I wurden den Ländern mit Wirkung vom 1. September 2006), die Gesetzgebungskompetenz zugewiesen, abweichend vom Bundesrecht die Einrichtung von Behörden zu bestimmen(BGBl I Nr. 41 vom 28.8.06).

12 Die Behördenbestimmung des Abs. 3, das JA als selbständige Organisationseinheit im System der Kommunalverwaltung zu erhalten, entspricht dem fachlichen Gebot, der Besonderheit des Amtes in seiner Struktur (Zweigliedrigkeit) und va. der besonderen sozialpädagogischen Aufgabenstellung. Bereits mit der Neufassung des Abs. 3 durch das 1. ÄndG wurde eindeutig klargestellt, dass die JÄ (und die LJÄ) auch die Aufgaben nach diesem Gesetz – und zwar eindeutig alle Aufgaben (§ 2) – wahrzunehmen haben, weil „der Befehl, Jugendämter und Landesjugendämter einzurichten, in untrennbarem Zusammenhang mit der Pflicht steht, die Aufgaben der Kinder- und Jugendhilfe dieser Organisationseinheit zuzuweisen" (BT-Drucks. 12/2866, 19); dazu gehört auch die Aufgabe der Jugendhilfeplanung (iE bei § 80). Dies entsprach der früheren Regelung in § 13 Abs. 3 JWG, die das BVerfG bereits 1967 als verfassungsgemäß angesehen hat, da sie als Annexregelung zum Vollzug des materiellen Rechts notwendig sei (18.7.1967 – 2 BvF 3, 4, 5, 6, 7, 8/62; 2 BvR 139, 140, 334, 335/62 – E 22, 180).

13 Zur Wahrnehmung der Aufgaben haben die Länder – entsprechend der gesetzlichen Vorgabe - Landesjugendämter eingerichtet. Bei den LJÄ sind aber erhebliche Unterschiede in ihrer organisatorischen Struktur gegeben(s. Rn 2). Ihre Aufgaben sind im Einzelnen in § 85 festgelegt. Sie nehmen zudem auch die von den zuständigen Ministerien übertragene Aufgaben wahr. Dies gilt auch für die kommunal organisierten LJÄ. Zudem sind sie idR Träger von Fortbildungsmaßnahmen und nehmen die Abwicklung der Abwicklung der finanziellen Förderung von Aufgaben und der freien Träger im Auftrag der jeweiligen OLJB wahr.

14 **Organisatorische Verbindungen des JA mit anderen Ämtern** der Gebietskörperschaften (etwa als Jugend- und Sozialamt oder als Jugend- und Schulverwaltungsamt) sind zukünftig ebenfalls durch die Länder möglich. Allerdings sind bei Veränderungen bestimmte Grundstrukturen zu berücksichtigen: So muss die besondere (zweigliedrige) Struktur des JA (s. § 70 Rn 2-4) erhalten bleiben. Sie kann aber durchaus strukturell sich verschieben. Der JHA kann auch als „normaler" Rastausschuss eingerichtet werden, wenn eine entsprechende gesetzliche Regelung auf Landesebene gegeben ist. Allerdings darf der JHA dadurch in seinen besonderen Beschluss- und Antragsrechten (§ 71 Abs. 3) nicht berührt und eingeengt werden. Das gilt auch für die Besetzung der stimmberechtigten Mitglieder. Ebenso ist die umfassende Aufgabenwahrnehmung iS des Abs. 3 zu sichern. Die eigenständigen Sozialdatenschutz-

regelungen der Jugendhilfe (§§ 61 bis 68) müssen über organisatorisch gesicherte Trennungen der Dienst- und Fachaufsicht garantiert bleiben (dazu iE ISS 1993, 31 ff; so auch Busch/Fieseler § 69 Rn 4). Eine Zusammenlegung des Jugendamtes mit anderen Ämtern ist bisher nicht die Regel. Angesichts der komplexer werdenden Herausforderungen an die Bildung und Erziehung und der Schaffung von besonderen Netzwerken zeigt sich die Tendenz, dass Ämter, die mit Kindern und Jugendlichen bzw mit Einrichtungen der Bildung, Erziehung und Betreuung in besonderer Weise zu tun haben (zB Jugendamt und Schulverwaltungsamt), unter dem "Dach" eines Dezernats zusammengeführt werden(Zur Bildung von Fachbereichen s. auch DIJuF-GutA. JAmt 2004, 363). Damit kommt man va der zunehmenden Bedeutung der Zusammenarbeit von Schule und Jugendhilfe und der Bildung von Ganztagsschulen entgegen, mit denen die Träger der Kinder- und Jugendhilfe intensiv kooperieren Vor dem Hintergrund der Regelungen zum präventiven Kinderschutz (§ 8 a) kommt auch der Zusammenarbeit mit dem öffentlichen Gesundheitsdienst wachsende Bedeutung zu.

Die kontroverse **Diskussion um die Organisation des ASD** ist im Kern beendet. Vor allem die in den 90ziger Jahren geführte Diskussion über den ASD als eigenständige Verwaltungseinheit ist nicht mehr aktuell. Vorschläge zur Neuorganisation des ASD, in denen mit guten fachlichen Gründen ein selbstständiger Sozialer Dienst für alle relevanten kommunalen Ämter (Alten-/Senioren-, Gesundheits-, Jugend-, Sozial-, u. U. auch Wohnungsamt) gefordert wurde (NDV 1995, 307) haben sich nicht durchgesetzt (zur Diskussion in den 90ziger Jahren s. Münder u.a. FK SGB VIII 5.Auflage § 69 Rn 21 ff) Der ASD als Teil des Jugendamtes stellt aber die größte Organisationseinheit dar. Sie umfasst den breiten Bereich der allgemeinen Hilfen für Kinder, Jugendliche und Familien. Jeder vierte Mitarbeiter des JA arbeitet im ASD (Pothmann, in: Kom Dat 1+ 2/08, 11 ff.). Damit bleibt der ASD weiterhin eine wichtige Basis des Jugendamtes. **15**

Das Gebot des Abs. 3, alle Aufgaben dieses Gesetzes allein durch das jeweils zuständige JA wahrnehmen zu lassen, wird nicht immer erfüllt. Die in den Rn 14 und 15 genannten Vorgaben und Beschränkungen gelten auch für die **Übertragung einzelner Aufgabenblöcke der Kinder- und Jugendhilfe an selbstständige Ämter**, wie zB Amt für Kinderinteressen, die Zuordnung der Kindergärten und Horte zum Stadtschulamt, ein selbstständiges Amt für Kindertagesstätten, die Zuordnung der Hilfen zur Erziehung zu einem eigenständigen Amt für Soziale Dienste. Ist die Fachaufsicht (vgl Rn 15) nicht jeweils eindeutig geregelt, sind auch derartige organisatorische Zuordnungen nicht mit § 69 Abs. 3 vereinbar. Die Vorgaben und Beschränkungen gelten auch für die Gründung und Unterhaltung eines kommunalen Betriebs, der Aufgaben nach dem SGB VIII wahrnimmt (Kreft/Lauer 1998; Seckinger ZfJ 2003; DIJuF JAmt 2005, 293). Eine Ausnahmeregelung nur für das Kindergartenwesen enthält jedoch § 26 Satz 2 (vgl dort die Rn 3). **16**

Sonstige Aufgaben können dem JA zur Durchführung nur übertragen werden, wenn dadurch seine besondere Organisation und Aufgabenstellung in der Gebietskörperschaft nicht gefährdet werden. **17**

Auch nach der Föderalismusreform hat der Bund die Regelungskompetenz für die Einrichtung von Behörden. Eine Öffnungsklausel im Art. 84 Abs, 1 Satz 2 GG ermöglicht aber den Ländern, abweichende Regelungen zu treffen. Ob die Rechtsfigur „selbständige Fachbehörde JA" mit ihrer Allzuständigkeit für die Jugendhilfe nach SGB VIII aufgrund fachlicher Entwicklungen oder im Prozess der Verwaltungsmodernisierung (Vorb § 69 Rn 22, 23) verändert wird, entscheiden zukünftig die Länder. Für die Träger der öffentlichen Jugendhilfe gilt aber der Gesetzesbefehl des § 69 Abs. 3 zur Errichtung eines JA und eines LJA weiter. **18**

Angesichts der wachsenden Herausforderungen an die Bildung und Erziehung von Kindern und Jugendlichen und dem Bedarf an unterstützenden Hilfen für die Familien spricht vieles für den Erhalt des bisherigen Fachamtes in seiner zweigliedrigen Struktur. Besonders die Unterstützungsfunktion familialer Erziehung und der zunehmenden Bedeutung der vor- und außerschulischen Bildung und ihre Einbettung in kommunale Bildungs- und Erziehungsplanung sprechen dafür. Sie erfordern ein solches besonderes Amt. Das JA lebt aber auch von seiner besonderen Struktur und der Beteiligung der freien Träger an den Entscheidungsprozessen. Hier könnte es aber zu Veränderungen kommen. Erste Anzeichen zeigen sich in Baden-Württemberg. Dort ist den örtlichen Trägern die Kompetenz übertragen worden, darüber zu entscheiden, den Jugendhilfeausschuss als rein beratenden und nicht mehr beschließenden Ausschuss einzurichten(§ 2 Abs. 1 LKJHG BW; Änderung durch Artikel 41 des Gesetzes zur Weiterentwicklung der Verwaltungsstrukturreform). Angesichts der bundesgesetzlichen Vorgabe des §71 dieses Gesetzes (s. § 71 Rn1) ist dies eine durch die Föderalismusreform (Behördenbestimmung) zwar gedeckte aber fachlich dennoch problematische Regelung. Sie engt die Handlungs- und Gestaltungsspielräume kommunaler Jugendhilfepolitik und die Mitwirkung der freien Träger ein- **19** schließlich der partnerschaftlichen Zusammenarbeit zwischen öffentlichen und freien Trägern deutlich ein.

VII. Gemeinsame Einrichtungen und Dienste Abs. 4

20   Abs. 4 ermöglicht es örtlichen und überörtlichen Trägern, zur Durchführung einzelner Aufgaben **gemeinsame Einrichtungen und Dienste** zu bilden. Die bestehenden Ansätze sind unterschiedlich. Einerseits zeigt sich bei kreisangehörigen Gemeinden mit einem eigenen Jugendamt, dass bei diesen – trotz Ablösung von der Kreiszuständigkeit – gemeinsame Dienste entweder mit dem Kreis oder mit anderen Jugendämtern, so zB in der Familienberatung und Erziehungsberatung, entstehen. Auch besteht ein entsprechendes Bedürfnis für Adoptionsvermittlungsdienste und zentrale Adoptionsdienste. Insoweit ergänzt die Vorschrift § 2 Abs. 1 Satz 3 und 4 AdVermG. Die ausschließliche Zuständigkeit der Jugendfachverwaltung wird dadurch nicht in Frage gestellt" (RegE-Begr. in BT-Drucks. 11/5948, 94). Die örtlichen Träger sind zudem frei, auch andere gemeinsame Dienste einzurichten (zB Mädchenhäuser, Einrichtungen zur Inobhutnahme, Schutzzentren, Dienste der Jugendgerichtshilfe); die örtliche Zuständigkeit im Leistungsfall wird dadurch nicht berührt (so auch Wiesner/Wiesner § 69 Rn 47).

21   Diese Möglichkeit des Abs. 4 bedeutet aber nicht die Auslagerung von Aufgabenfeldern. Vielmehr muss man eher von einer engen Auslegung ausgehen (Kunkel/Vondung § 69 Rn 10; Happe/Saurbier § 69 Rn 53). Eine Auslagerung würde auch zu einer Schwächung der Zuständigkeit der JHA führen, denn sie wären in ihren Gestaltungs- und Entscheidungsmöglichkeiten reduziert. Der Gesetzgeber hat mit der Verpflichtung zur Schaffung von Jugendämtern ein leistungsstarkes Amt gewollt, was daher durch diese Regelung nicht ausgehöhlt werden darf. „Rumpfjugendämter" wären demnach unzulässig (JAmt 2007, 240). Die Schaffung gemeinsamer Einrichtungen und Dienste ist auch über die Landesgrenze hinweg möglich. Das kommt vor allem für Stadtstaaten in Frage; aber auch in grenznahen Bereichen wäre dies möglich.

Weiterführende Literaturhinweise:

Kreft 2007; *Marquard* 2005; *Mamier* u.a. 2001; *van Santen* u.a. 2002; *Marquard* ForumJHilfe 2005,58; *Merchel*, JHilfe 1999, 138; *Merchel* 2005; *Liebig* 2001; DIJuF JAmt 2005, 293; JAmt 2004, 393.

Schäfer

§ 70 Organisation des Jugendamts und des Landesjugendamts

(1) Die Aufgaben des Jugendamts werden durch den Jugendhilfeausschuss und durch die Verwaltung des Jugendamts wahrgenommen.

(2) Die Geschäfte der laufenden Verwaltung im Bereich der öffentlichen Jugendhilfe werden vom Leiter der Verwaltung der Gebietskörperschaft oder in seinem Auftrag vom Leiter der Verwaltung des Jugendamts im Rahmen der Satzung und der Beschlüsse der Vertretungskörperschaft und des Jugendhilfeausschusses geführt.

(3) ¹Die Aufgaben des Landesjugendamts werden durch den Landesjugendhilfeausschuss und durch die Verwaltung des Landesjugendamts im Rahmen der Satzung und der dem Landesjugendamt zur Verfügung gestellten Mittel wahrgenommen. ²Die Geschäfte der laufenden Verwaltung werden von dem Leiter der Verwaltung des Landesjugendamts im Rahmen der Satzung und der Beschlüsse des Landesjugendhilfeausschusses geführt.

I. Sinn und Zweck der Norm

§ 70 zielt auf die Organisationsstruktur des Jugendamtes und des Landesjugendamtes sowie auf die **1** Aufgabenteilung zwischen Verwaltung und Ausschuss. Die Regelungsnotwendigkeit ergibt sich aus der besonderen Struktur dieser Ämter. Danach bestehen das Jugendamt und das Landesjugendamt jeweils aus der Verwaltung und aus dem JHA bzw dem LJHA. Diese Zweigliedrigkeit macht die Besonderheit der Ämter gegenüber allen anderen Ämtern in der öffentlichen Verwaltung aus. Klargestellt wird zugleich, dass die Aufgaben der Ämter grundsätzlich vom Ausschuss und von der Verwaltung wahrgenommen werden. Diese Zweigliedrigkeit der Ämter bedarf einer Aufgabenklarheit. Daher ist es folgerichtig, dass in dem Abs. 2 und 3 klargestellt wird, dass die Geschäfte der laufenden Verwaltung jeweils von den Leiter der Verwaltung oder von dem fachlichen Vertreter, dem Leiter der Verwaltung des Jugendamtes bzw des Landesjugendamtes geführt werden. Zugleich werden auf kommunaler Ebene diese in ihrer Amtsausübung an die Satzung und die Beschlüsse der Gebietskörperschaft und des JHA gebunden. Die Aufgabenwahrnehmung der Landesjugendämter durch die Verwaltung und dem LJHA wird begrenzt auf die in der Satzung festgelegten Aufgaben und den zur Verfügung gestellten Mittel (Abs. 2 Satz 1). Da die meisten Landesjugendämter nach- geordnete Behörden des zuständigen Ministeriums sind verfügen sie nicht über eigene Mittel und können ihre Aufgaben auch nicht weiter fassen. Die Besonderheit der Stadtstaaten Berlin, Bremen und Hamburg ist in einer Stadtstaatenklausel (s. dazu Jans/Happe/Saurbier Art. 22 KJHG) geregelt. Sie können von den strukturellen Vorgaben für die öffentlichen Träger abweichen, müssen dann aber in anderer geeigneter Weise die Aufgabenwahrnehmung sicherstellen.

II. Das JA als zweigliederige Behörde – Abs. 1

Die **Zweigliedrigkeit des JA** (und des LJA) ist seit der RJWG-Novelle 1953 vorgegeben. Seitdem ist **2** das JA als Amt gegliedert in den JHA und die Verwaltung. Das SGB VIII beließ es bei dieser Zweigliedrigkeit auch deshalb, weil mit dieser Konstruktion gerade die Besonderheit der Tätigkeit des Jugendamtes entsprochen werden soll. Es handelt sich nämlich im Kern um familienergänzende Aufgaben, die unter Achtung der Grundorientierung der Rechte der Eltern geleistet werden. Daher kommt der Pluralität der Wertvorstellungen eine besondere Bedeutung zu. Auch die Besonderheit der Stellung der freien Träger (§ 3) wird mit ihrer Einbeziehung in den JHA bzw LJHA entsprochen. Daher auch die Regelung, dass dem **JHA** nicht nur Mitglieder der Vertretungskörperschaft, sondern auch Trägervertreter und sachkundige Bürger angehören. Zudem hat der JHA eigenständige Beschluss- sowie Anhörungs- und Antragsrechte gegenüber der Vertretungskörperschaft (Stadtrat, Gemeinderat, Kreistag) (§ 71).

Das JA als **zweigliedrige Behörde** verfügt über einen erweiterten Handlungsspielraum in fachlichen **3** Fragen der Kinder und Jugendhilfe. Es handelt nicht nur auf der Grundlage der Beschlüsse der Gebietskörperschaft, sondern wird in fachlichen Fragen durch Beschlüsse des JHA legitimiert. Der JHA ist daher nicht nur ein Fachgremium wie andere Ratsausschüsse auch. Er hat eine gesellschaftspolitische Funktion und ist – gemeinsam mit der Verwaltung des Jugendamtes - in diesem Rahmen auch Anwalt für Kinder und Jugendliche (BMJFG 1974). Die besondere Konstruktion hat immer wieder zu Kritik an der Wahrnehmung der Aufgaben des JA und zu der Forderung geführt, der JHA müsse in die übliche kommunalverfassungsrechtliche Struktur eingeordnet werden (so RegE-Begr. BT-Drucks. 11/5948, 95; (Kreft BMFSFJ 2001, 179; für die LJÄ vgl Rn 14). Bis heute hat sich diese Forderung im Kern nicht durchgesetzt (anders jetzt B-W s. § 69 Rn 5). Das BVerfG hat die Bedeutung der Zweigliedrigkeit unterstrichen. Danach handelt es bei der Zweigliedrigkeit um eine „sachbezogene und für die Gewährleistung eines wirksamen Gesetzesvollzugs notwendige Annexregelung (akzeptiert), die der Bund im Rahmen seiner Gesetzgebungszuständigkeit zur materiellen Regelung der öffentlichen Fürsorge treffen kann" (BVerfGE 22,180).

4   Die **Diskussion um die Sonderstellung** des JA im **kommunalen Organisationsgefüge** ist aber nicht beendet. Durch die Föderalismusreform dürfte die Diskussion um die Organisationsstruktur erneut aufgegriffen werden. Grundsätzlich gelten zwar die bundesrechtlichen Vorgaben dieser Norm weiter. Eine Einschränkung ist durch die Föderalismusreform nicht gegeben. Die Länder können aber ab dem 1.1.2009 von dieser Vorgabe abweichen und eigene Organisationsregelungen treffen. Sie konnten dies bereits seit dem Inkrafttreten des Gesetzes zur Änderung des Grundgesetzes am 1. September 2006. Baden-Württemberg hat durch Änderung des § 2 Abs. 1 LKJHG bereits eine Öffnungsklausel für die Organisation des JA geschaffen. Ein Abweichen gibt es bereits bei dem Status des JHA (s. Vor § 69 Rn 5) und bei den Landesjugendämtern (s. § 69 Rn 2). Angesichts dieser Entwicklung steht sowohl die Einheit der Jugendhilfe als auch die Zweigliedrigkeit auf dem Prüfstand. Eine Aufteilung der Aufgabenwahrnehmung auf verschiedene Ämter hätte schwerwiegende Folgen für die Umsetzung des SGB VIII und würde die umfassende Tätigkeit des Jugendamtes für die Belange von Kindern und Jugendlichen erschweren.

III. Verhältnis JHA zur Verwaltung des JA – Abs. 2

5   Der JHA ist im **Verhältnis zur Verwaltung des JA** rechtlich das „übergeordnete Gremium", denn auch die Geschäfte der laufenden Verwaltung werden (unter anderem) im Rahmen der Beschlüsse des JHA geführt. Nach § 71 Abs. 2 hat der JHA das Recht, sich mit allen Angelegenheiten der Jugendhilfe zu befassen. Es gilt daher, dass **grundsätzliche Angelegenheiten allein dem JHA vorbehalten sind** (im Verhältnis zur Verwaltung des JA und im Verhältnis zur Vertretungskörperschaft vgl § 71 Rn 7 bis 9). Angelegenheiten der laufenden Verwaltung kann er an sich ziehen und die Verwaltung des JA durch Beschlüsse in ihrem Handeln binden. Fehlt es an dieser Bindung, kann die Verwaltung des JA insofern andere Rechtsbindungen (also va. des SGB VIII und der landesrechtlichen Ausführungsgesetze) gelten selbstverständlich immer fort – selbstständig tätig werden. Grenzen für den JHA ergeben sich aber insbesondere bei der Personalausstattung und der Haushaltsaufstellung. Hier hat er kein Entscheidungsrecht. Die Ausstattung der Verwaltung ist allein Angelegenheit der Gebietskörperschaft. Darüber entscheidet der Stadtrat bzw der Leiter der Verwaltung entsprechend der gegebenen rechtlichen Rahmenbedingungen.

6   Deswegen ist auch für die Verwaltung des JA die **Abgrenzung zwischen grundsätzlichen Angelegenheiten** (bei denen der JHA immer rechtzeitig einzuschalten ist) und **Geschäften der laufenden Verwaltung** (bei denen die Verwaltung des JA durch den JHA nur gebunden ist, wenn er entsprechende Beschlüsse gefasst hat) wichtig. Diese rechtliche Abgrenzungsproblematik ist allerdings für das tatsächliche (bürgerbezogene) Handeln des JA kaum von Bedeutung (vgl Rn 9).

7   Das SGB VIII definiert nicht, was **Geschäfte der laufenden Verwaltung** sind. Als laufende Geschäfte wurden bereits 1955 (BGH DVBl 1955, 462) allgemein diejenigen bezeichnet, die zu einer ungestörten und ununterbrochenen Fortdauer der Verwaltungstätigkeit notwendig sind, es sei denn, dass es sich um einmalige (außergewöhnliche) Geschäfte oder solche von erheblicher finanzieller Bedeutung handelt.

8   Tatsächlich wird der Begriff **Geschäfte der laufenden Verwaltung** sehr weit gefasst. Er beinhaltet selbstverständlich nicht nur die Ausführung der Beschlüsse des JHA, sondern überlässt der Verwaltung des JA zumindest alle Entscheidungen und Rechtshandlungen, die nach Regelmäßigkeit und Häufigkeit übliche Exekutivaufgaben sind (dh vor allem Ausführung von Gesetzen) und die nach feststehenden Grundsätzen von der Verwaltung erledigt werden (Schellhorn/W. Schellhorn § 70 Rn 7). Faktisch wird nur ein geringer Ausschnitt der JA-Tätigkeit im JHA behandelt. Die Beratungen begrenzen sich zumeist auf grundsätzliche Aspekte der Gestaltung der Kinder- und Jugendhilfe, der Setzung neuer inhaltlicher

und politischer Schwerpunkte und auf Förderentscheidungen. Der JHA, für den im SGB VIII keine Mindestzahl von Beratungstagen vorgesehen ist (zu den Verfahrensfragen vgl § 71 Rn 16 f), wäre auch ansonsten völlig überfordert (zur Realität der JHA-Arbeit vgl Münder/Ottenberg 1999). In streitigen Grenzfällen hat allerdings das „jugendhilfepolitische Gremium" JHA Vorrang.

Der **Vorrang der Verwaltung des JA im Handlungsalltag** ist auch bezogen auf die Betroffenen sinnvoll 9 und angemessen. Für die Auswirkung gegenüber dem Bürger ist entscheidend, dass ihm die Verwaltung des JA gegenübertritt; die internen Prozesse der Entscheidungsfindung sind für den Bürger rechtlich nicht oder nur von geringer Bedeutung, so zB, besondere Maßnahmen zur Prävention, Schwerpunkte in den erzieherischen Hilfen uä. Anders ist dies bei Feldern die unter einer großen öffentlichen Beobachtung stehen, wie zB die Festlegung des Ausbaus der Betreuungsplätze in Tageseinrichtungen. Hier kommt den Entscheidungen des JHA eine große Bedeutung zu. Grundsätzlich gelten für die Tätigkeit der Verwaltung die allgemeinen Grundsätze des Verwaltungsrechts. Hat zB die Verwaltung des JA anstelle des JHA entschieden oder etwa eine Zustimmung des JHA nicht eingeholt, so liegt ein nicht rechtmäßiges Verwaltungshandeln vor. Wenn dies dem Bürger gegenüber bereits Wirkung erlangt hat, kommen die Grundsätze des Sozialverwaltungsrechts (§§ 39 ff SGB X; Rücknahme/Widerruf §§ 44 bis 47 SGB X) zur Anwendung. Entsprechendes gilt, wenn der JHA nachträglich in einer laufenden Angelegenheit eine Entscheidung der Verwaltung des JA ändert – auch hier gelten die allgemeinen Grundsätze über die Bestandskraft von Verwaltungsakten (Anhang Verfahren Rn 49 ff).

Abs. 2 stellt auch die Verantwortung des Leiters der Verwaltung bei der Führung der Geschäfte klar. 10 **Leiter der Verwaltung der Gebietskörperschaft** sind in den Kreisen die Landräte, in den kreisfreien Städten die Oberbürgermeister; entsprechendes gilt für die kreisangehörigen Gemeinden (inzwischen dort regelmäßig die Bürgermeister). Anders in der Hessischen Magistratsverwaltung. Hier ist der Leiter der Verwaltung der/die jeweils zuständige Beigeordnete, da diese(r) eine eigenständige Funktion im System der Kommunalverwaltung einnimmt. Der **Leiter der Verwaltung des JA** (Jugendamtsleiter) wird nur im Auftrag tätig (zur weiteren Delegation der Aufgabenwahrnehmung im JA Wiesner/Wiesner § 70 Rn 12 ff). die Wahrnehmung der Geschäfte kann sich aber nur im Rahmen der Satzung bzw der Beschlüsse der Vertretungskörperschaft bzw des JHA bewegen. Die für die Kinder- und Jugendhilfe zuständigen politischen Wahlbeamten (Dezernenten, Beigeordnete, Berufsmäßige Stadträte – idR als Sozialdezernent/in bezeichnet) nehmen ihre Tätigkeit im Auftrag des Leiters der Verwaltung wahr. Nach dem Wortlaut des SGB VIII haben sie jedoch kein fachliches Durchgriffsrecht gegenüber dem Leiter der Verwaltung des JA bei den Geschäften der laufenden Verwaltung; dieses wird sich jedoch regelmäßig aus Kommunalrecht ergeben.

IV. Die Organisation der LJÄ – Abs. 3

Abs. 3 regelt die **Organisation des LJA**. Es gelten grundsätzlich die auf das JA bezogenen vorhergehenden Ausführungen(Rn 2-4), dh auch das LJA als Amt setzt sich zusammen aus dem LJHA und der Verwaltung des LJA. Unterschiede ergeben sich aber daraus, dass LJÄ sowohl in kommunaler als auch in staatlicher Trägerschaft gebildet werden können (vgl § 69 Rn 13, 14 und die Übersicht bei § 69 Rn 2;). Die Aufgaben der LJÄ sind in § 85 Abs. 2 festgelegt(s. § 85 Rn 3 ff). LJÄ sind in ihren Handlungsmöglichkeiten unterschiedlich zu bewerten. Entscheidend hierfür ist ihre Zuordnung im Verhältnis zum jeweiligen Ministerium.

Das **Verhältnis LJA–Staat** (dh zum Land) richtet sich danach, ob das LJA kommunal oder staatlich 12 organisiert ist. Handelt es sich um ein **kommunales LJA** (nur in Nordrhein-Westfalen und Baden-Württemberg) und nimmt es Selbstverwaltungsaufgaben wahr, so steht dem Staat nur die Rechtsaufsicht zu. Bei einem staatlichen LJA dagegen besitzt der zuständige Landesminister bzw Landesministerin als Oberste Landesjugendbehörde die Rechts- und Fachaufsicht. Allerdings nehmen auch kommunale LJÄ Aufgaben wahr, die vom jeweils zuständigen Ministerium übertragen werden, so zB die Abwicklung der finanziellen Förderung der Träger und die Aufsichtsfunktion über Einrichtungen nach § 45. Hier besteht ein Zugriffsrecht des Landes und auch die Fachaufsicht. Dem LJHA kommt hier nur ein eingeschränktes Gestaltungsrecht zu.

Im **Verhältnis des LJHA zur Verwaltung des LJA** ist ebenfalls zu unterscheiden zwischen kommunalem 13 und staatlichem LJA. Das kommunal verfasste LJA ist insgesamt gebunden durch entsprechende Beschlüsse der es tragenden Kommunalversammlung, in NW die Landschaftsversammlung (Vertretungskörperschaft'). Die Verwaltung des LJA kann darüber hinaus auch durch Beschlüsse des LJHA in ihrem

Handeln verpflichtet werden. Das staatliche LJA ist ebenfalls doppelt gebunden: als eine dem zuständigen Landesministerium nachgeordnete Verwaltungsbehörde und durch Beschlüsse des LJHA.

14 Die Rolle und Struktur der LJÄ wird unterschiedlich bewertet: Einerseits wird weiterhin eine Instanz der Jugendhilfe auf Landesebene wichtige Aufgaben der Gestaltung der Kinder- und Jugendhilfe übernehmen müssen (va. in Flächenstaaten); andererseits wird auch bezweifelt, dass es eine solche Ebene geben muss(Kreft, BMFSFJ 2001, 190). In der Praxis haben sich in jüngster Zeit hinsichtlich der Zuordnung von LJÄ zum zuständigen Ministerium bereits Veränderungen ergeben. Hierzu gehört auch die Einbeziehung der LJÄ in das zuständige Fachministerium (s. § 69 Rn 2). (Wiesner/Wiesner § 69 Rn 26 hält eine Zuweisung der LJA-Aufgaben zu Obersten Landesjugendbehörden unter bestimmten Voraussetzungen für zulässig; eindeutig für die Beibehaltung BAG LJÄ hrsg. vom Landschaftsverband Rheinland/LJA, Köln 5.1.99).

Weiterführende Literaturhinweise:

BAG LJÄ 2007; *Kreft* BMFSFJ 2001; *Merchel/Reismann* 2004; *Mamier* u.a. 2001; *Münder/Ottenberg* 1999.

§ 71 Jugendhilfeausschuss, Landesjugendhilfeausschuss

(1) Dem Jugendhilfeausschuss gehören als stimmberechtigte Mitglieder an

1. mit drei Fünfteln des Anteils der Stimmen Mitglieder der Vertretungskörperschaft des Trägers der öffentlichen Jugendhilfe oder von ihr gewählte Frauen und Männer, die in der Jugendhilfe erfahren sind,

2. mit zwei Fünfteln des Anteils der Stimmen Frauen und Männer, die auf Vorschlag der im Bereich des öffentlichen Trägers wirkenden und anerkannten Träger der freien Jugendhilfe von der Vertretungskörperschaft gewählt werden; Vorschläge der Jugendverbände und der Wohlfahrtsverbände sind angemessen zu berücksichtigen.

(2) Der Jugendhilfeausschuss befasst sich mit allen Angelegenheiten der Jugendhilfe, insbesondere mit

1. der Erörterung aktueller Problemlagen junger Menschen und ihrer Familien sowie mit Anregungen und Vorschlägen für die Weiterentwicklung der Jugendhilfe,

2. der Jugendhilfeplanung und

3. der Förderung der freien Jugendhilfe.

(3) [1]Er hat Beschlussrecht in Angelegenheiten der Jugendhilfe im Rahmen der von der Vertretungskörperschaft bereitgestellten Mittel, der von ihr erlassenen Satzung und der von ihr gefassten Beschlüsse. [2]Er soll vor jeder Beschlussfassung der Vertretungskörperschaft in Fragen der Jugendhilfe und vor der Berufung eines Leiters des Jugendamts gehört werden und hat das Recht, an die Vertretungskörperschaft Anträge zu stellen. [3]Er tritt nach Bedarf zusammen und ist auf Antrag von mindestens einem Fünftel der Stimmberechtigten einzuberufen. [4]Seine Sitzungen sind öffentlich, soweit nicht das Wohl der Allgemeinheit, berechtigte Interessen einzelner Personen oder schutzbedürftiger Gruppen entgegenstehen.

(4) [1]Dem Landesjugendhilfeausschuss gehören mit zwei Fünfteln des Anteils der Stimmen Frauen und Männer an, die auf Vorschlag der im Bereich des Landesjugendamts wirkenden und anerkannten Träger der freien Jugendhilfe von der obersten Landesjugendbehörde zu berufen sind. [2]Die übrigen Mitglieder werden durch Landesrecht bestimmt. [3]Absatz 2 gilt entsprechend.

(5) [1]Das Nähere regelt das Landesrecht. [2]Es regelt die Zugehörigkeit beratender Mitglieder zum Jugendhilfeausschuss. [3]Es kann bestimmen, dass der Leiter der Verwaltung der Gebietskörperschaft oder der Leiter der Verwaltung des Jugendamts nach Absatz 1 Nr. 1 stimmberechtigt ist.

I. Sinn und Zweck der Norm

Angesichts der Bedeutung des JHA im Gefüge der kommunalen Selbstverwaltungsstruktur und insbesondere hinsichtlich der Zweigliedrigkeit hat der Bundesgesetzgeber zu Recht auch seine Zusammensetzung und Aufgabenbestimmung bundesgesetzlich geregelt. § 70 und § 71 sind eng miteinander verbunden. Denn mit beiden Regelungen ist die Grundlage für eine bundeseinheitliche Ausgestaltung der JHA gegeben. § 71 regelt die personelle Zusammensetzung sowohl der JHA als auch der LJHA. Berücksichtigt werden die Belange der Träger der freien Jugendhilfe hinsichtlich ihrer Mitwirkung an Entscheidungen in der Kinder- und Jugendhilfe, in dem ihnen eine Platzgarantie gegeben wird (Abs. 1 Nr. 2). Verpflichtet werden die Kommunen (für den LJHA auch die überörtlichen Träger) eine breite Einbeziehung dieser Träger zu gewährleisten. Mit dieser Norm werden auch die Aufgaben des JHA genannt. Es handelt sich dabei um die grundlegenden Aufgaben, die für die Kinder- und Jugendpolitik vor Ort bedeutsam sind. Dem JHA werden umfassende Aufgaben übertragen (Rn 7 ff) und es werden ihm Beschluss-, Antrags- und Anhörungsrechte zugewiesen (Rn 11 ff); die gewollte Zuständigkeit ist qualitativ und quantitativ von erheblicher Bedeutung (exemplarisch für NW Merchel/Reismann 2004, 13). Zugleich wird klargestellt, dass sich das Beschlussrecht nur in den Grenzen der Beschlüsse der Vertretungskörperschaft bewegen kann. Für den LJHA regelt Abs. 4 nur die Besetzung, die sich an der

1

des JHA orientiert. Weitere Regelungen trifft das Landesrecht. Die sachliche Zuständigkeit des LJA, und damit auch des LJHA ist in § 85 geregelt.

2   Unter Beachtung dieser **bundesrechtlichen Vorgaben** können weitere Einzelheiten (insbesondere in organisatorischer, verfahrensmäßiger Hinsicht) auf den jeweiligen Länderebenen durch den **Landesgesetzgeber** getroffen werden. Weitere Regelungen werden auf kommunaler Ebene unter Beachtung des vorrangigen Landes- und Bundesrechts – durch **Beschlüsse** des Stadt-, Gemeinde- bzw Kreisrats (meist in Form von Satzungen, Geschäftsordnungen) vorgenommen (vgl Rn 11, 16 und 20 ff). § 71 steht im Zusammenhang mit § 70. Dieser regelt die Stellung des **JHA im Verhältnis zur Verwaltung** des Jugendamtes (s. § 70 Rn 5 ff). Das Verhältnis des **JHA zur Vertretungskörperschaft** dagegen ist hier in Abs. 3 (Rn 11 ff) geregelt.

II. Stimmberechtigte Mitglieder – Abs. 1

3   Abs. 1 regelt die Zusammensetzung der Mitglieder und das Verhältnis zwischen den stimmberechtigten Mitgliedern (zur Stimmberechtigung des Leiters der Verwaltung der Gebietskörperschaft und des Leiters der Verwaltung des JA (s. Rn 22; zu den beratenden Mitgliedern Rn 21). Bundesrechtlich ist keine Zahl vorgegeben, aufgrund der in Nr. 1 bzw Nr. 2 genannten Zahlen muss es sich jedoch um eine durch 5 teilbare Zahl handeln. Sowohl in Nr. 1 wie in Nr. 2 ist von **Frauen und Männern** die Rede, was bedeutet, dass jeweils mindestens zwei Vertreter beider Geschlechter in den jeweiligen Gruppen Mitglieder des JHA sein müssen (Münder/Ottenberg 1999, 27).

4   Nr. 1 spricht von zwei **Personengruppen**: den Mitgliedern der Vertretungskörperschaft des Trägers der öffentlichen Jugendhilfe und den von ihr gewählten, in der Jugendhilfe erfahrenen Frauen und Männern (letztere müssen nicht der Vertretungskörperschaft angehören). Damit können die 3/5-Stimmen im JHA entweder allein aus Mitgliedern einer oder aus einer „Mischung" aus beiden Gruppen zusammengesetzt werden; die Vertretungskörperschaft ist in ihrer Zusammensetzungskompetenz grundsätzlich frei, sollte aber regelmäßig beide Gruppen berücksichtigen. Mit dem Begriff „erfahren" werden bundesrechtlich relativ geringe Anforderungen formuliert. Ob eine solche Erfahrung gegeben ist, liegt in der Beurteilungskompetenz der Vertretungskörperschaft, die hierfür einen Spielraum hat. Dieser ist überschritten, wenn keine in der Sache begründeten substanziellen Erfahrungen und Bezüge zur Jugendhilfe vorhanden sind, dh, wenn Frauen und Männer gewählt werden sollen oder gewählt wurden, die weder ehrenamtlich oder beruflich (so auch § 5 Abs. 4 Satz 3 AGKJHG-Org MV) über Erfahrungen im Aufgabenspektrum des § 2 verfügen. Sollte die Entscheidung außerhalb dieses Beurteilungsspielraums liegen, sind aufsichtsrechtliche Maßnahmen zu ergreifen (Münder/Ottenberg 1999, 29).

5   Gem. Nr. 2 sind zwei Fünftel der Frauen und Männer auf **Vorschlag der Träger der freien Jugendhilfe** von der Vertretungskörperschaft zu wählen. Mit „freie Träger" wurde bewusst ein weiter Begriff gewählt, um klarzumachen, dass alle auf dem Gebiet der Jugendhilfe aktiven Organisationen, zB auch Selbsthilfegruppen, lokale Initiativen, Organisationen, die nicht in das klassische Trägerspektrum einzuordnen sind (vgl Vorb § 69 Rn 12), Vorschläge machen können. Die Erweiterung des **Vorschlagsrechts** auf „neue" Träger bedeutet mehr Bürgernähe, eine größere Offenheit zur Jugendhilfeszene, die unverzichtbar erscheint und so besser genutzt werden kann (BMJFFG 1990, 82).

6   Das **Vorschlagsrecht** setzt die **förmliche Anerkennung** gem. § 75 voraus. Mit der Anerkennung als Träger der freien Jugendhilfe ist die Kompetenz verbunden, Vorschläge nach Abs. 1 machen zu können, es kommt allein auf die formelle Anerkennung an (zu dem Problem des dadurch bewirkten Ausschlusses privat-gewerblicher Träger vgl § 75 Rn 5 f). Die freien Träger müssen außerdem im Bereich des öffentlichen Trägers wirken; damit soll der örtliche Bezug sichergestellt werden. Sie müssen aber ihren Sitz nicht in dem Jugendamtsbezirk haben. Ausgeschlossen ist damit, dass bundesweite Organisationen, die konkret vor Ort nicht in der Jugendhilfe aktiv sind, Beteiligungsansprüche erheben. Den Vorschlägen der Jugendverbände und der Wohlfahrtsverbände wird eine besondere Berücksichtigung eingeräumt. Dies entspricht ihrer besonderen Bedeutung zum einen als Organisationen der Jugend, zum andern als umfassender klassischer Anbieter von Leistungen nach diesem Gesetz. **Landesrechtlich** finden sich hinsichtlich des Vorschlagsrechts und der Auswahl durch Vertretungskörperschaften weitere Regelungen (dazu Münder/Ottenberg 1999, 30 ff).

III. Aufgaben des JHA – Abs. 2

7   Grundsätzlich kann und hat sich der JHA mit **allen Angelegenheiten der Jugendhilfe** zu befassen. Der Begriff ist bewusst weit gewählt: Sollte etwa der ressortmäßige Zuschnitt der Verwaltung des JA eng

sein, so ist der JHA daran nicht gebunden. Einige Aspekte sind besonders hervorgehoben. Da es sich um eine **beispielhafte Hervorhebung** („insbesondere") handelt, kann sich der JHA auch mit vielen anderen Bereichen befassen. Hierin liegt auch seine besondere Rolle als fachpolitisches Organ für die Gestaltung der Lebenswelten junger Menschen und seiner Anwaltsfunktion. Auch kann er Beschlüsse zur Öffentlichkeitsarbeit fassen.

Nr. 1 macht die **Aufgaben des JHA** deutlich: Die Aufgaben des JHA umfassen bereichsübergreifend **8** auch Fragen zB der Arbeitsmarkt-, Umwelt-, Struktur-, Wohnungs- und Planungspolitik, jeweils in Bezug auf die Lebenswelten von Kindern und Jugendlichen. Dies entspricht der Querschnittsfunktion der Jugendhilfe gem. § 1 Abs. 3 Nr. 4 (s. § 1 Rn 30). **Nr. 2** hebt ausdrücklich die **Jugendhilfeplanung** als eine Aufgabe des JHA hervor (vgl iE § 80), die damit zur originären Kompetenz des JHA gehört. Die **Förderung der freien Jugendhilfe(Nr. 3)** bezieht sich auf die Förderung und Unterstützung im Allgemeinen, aber auch auf konkrete Förderung einzelner Vereine, Projekte, Initiativen.

Der JHA kann wegen des sich aus § 70 Abs. 2 ergebenden **Vorrangs gegenüber der Verwaltung** des JA **9** (§ 70 Rn 9) letztlich alle Angelegenheiten der Jugendhilfe von der Verwaltung an sich ziehen. Wegen der ausdrücklichen Nennung bestimmter Aufgaben in Abs. 2 ist jugendamtsintern der JHA hierfür originär zuständig, so zB für Förderrichtlinien, ggf auch für die Entscheidungen über Zuwendungen (VGH FEVS 36, 135; OVG NW FEVS 47, 394; OVG BE FEVS 49, 368), über Anträge auf Trägerschaft für Einrichtungen (VG Frankfurt/M. RsDE 5, 76; § 74 Rn 18). Die Kompetenz des JHA gegenüber der Verwaltung des JA ergibt sich hier regelmäßig schon daraus, dass es sich nicht um Geschäfte der laufenden Verwaltung iSd § 70 Abs. 2, sondern um grundsätzliche Angelegenheiten handelt (vgl § 70 Rn 6). Entscheidet hier die Verwaltung anstelle des JHA, so ist dies rechtswidrig. Auch die Rahmen setzenden Regelungen für die Vereinbarungen nach §§ 78 a ff sind vom JHA zu beschließen, die einzelnen Abschlüsse sind dann als Geschäfte der laufenden Verwaltung Angelegenheit der Verwaltung des JA.

Über seine Zusammensetzung und die Notwendigkeit einer stärkeren Profilierung in der örtlichen **10** Kinder- und Jugendpolitik (Merchel/Reismann 2004, 217) wird immer wieder diskutiert. Gefragt wird zB, ob die **Privilegierung** der anerkannten, **privat-gemeinnützigen Träger** (s. § 75 Rn 5 und 12) vor dem Hintergrund der wachsenden Bedeutung **privat-gewerblicher Träger** (zB bei den HzE und im Elementarbereich) weiterhin zulässig sei und ob „das normierte, alte Organisationsgefüge" des SGB VIII noch (stimmt)" (Kreft BMFSFJ 2001, 185; § 75 Rn 5). Die Privilegierung ist jedoch nachvollziehbar angesichts der Breite ihrer Tätigkeit und ihrer besonderen Fachlichkeit in der Kinder- und Jugendhilfe (Näheres zur Stellung privatgewerblicher Träger s. § 75 Rn 12). In einigen JHA sind sie inzwischen mit beratender Stimme Mitglied. Dies vor allem dort, wo ihre Tätigkeit auf einem bestimmte Feld der Kinder- und Jugendhilfe für den kommunalen Raum bedeutsam ist.

IV. Beschluss-, Antrags-, Anhörungsrecht – Abs. 3

Das **Beschlussrecht** des JHA gilt für alle Angelegenheiten der Kinder- und Jugendhilfe. Dabei ist der **11** Begriff weit zu fassen. Es geht nicht nur um direkte Gestaltungsaufgaben in Einzelfällen, wie zB der Förderung von Einrichtungen. Es geht auch um ein jugendpolitisches Mandat, zB kinderfreundliche Stadt. Deshalb ist durch diese Kompetenzzuweisung auch eine Verpflichtung gegeben, sich mit den Lebenslagen junger Menschen zu befassen. Daraus leitet sich auch die Querschnittsfunktion der Kinder- und Jugendhilfe ab. Das Beschlussrecht ist begrenzt durch die von der Vertretungskörperschaft bereitgestellten **Mittel**, durch die von ihr erlassene **Satzung**, insbesondere die des JA, es kommen aber auch andere Satzungen (zB die Hauptsatzung) in Frage (OVG NW NWVBl 1992, 17), und durch die von ihr gefassten **Beschlüsse** (ausführlich zu dem das Beschlussrecht des JHA regelnden Vorgaben der Vertretungskörperschaft vgl Münder/Ottenberg 1999, 84 ff; Busch/Fieseler Jugendhilfe 2005, 49). Insofern besteht ein **Vorrang der Vertretungskörperschaft**; sie ist im Verhältnis zum JHA das übergeordnete Organ. Sie kann den JHA durch Beschlüsse binden (zB den JHA zugunsten anderer kommunaler Organe (zB Bezirksvertretung) einschränken (BVerwG ZfSH/ SGB 1995, 303), Beschlüsse des JHA aufheben und ggf durch eigene ersetzen (VG Frankfurt/M. ZfJ 1995, 340). Die Vertretungskörperschaft sollte sich dabei aber auf grundlegende Fragen der Jugendhilfe beschränken, um nicht faktisch das Beschlussrecht des JHA auszuhöhlen. Dem JHA müssen **Aufgaben von substanziellem Gewicht** zur eigenen Entscheidung verbleiben (OVG NW NWVBl 1992, 17; BVerwG ZfSH/ SGB 1995, 303; GutA DV NDV 1996, 334; genauer zu den unverzichtbaren Spielräumen Münder/ Ottenberg 1999, 86). Fühlt sich der JHA übergangen, so kann er gegen die Vertretungskörperschaft verwaltungsgerichtlich vorgehen (Rn 28).

12 Sinnvollerweise wird sich der JHA im **Verhältnis zur Verwaltung des JA** (§ 70 Rn 5 ff) auf grundlegende, richtungsweisende Bereiche beschränken und sich nicht unbedingt mit detaillierten Einzelfragen befassen. Die **Beschlüsse** des JHA haben zunächst nur **verwaltungsinterne Wirkung** (OVG BE FEVS 49, 368). Sie sind nach außen durch entsprechendes Verwaltungshandeln (regelmäßig Verwaltungsakt – vgl Anhang Verfahren Rn 45 ff) der Verwaltung des JA umzusetzen. Hält die Verwaltung Beschlüsse des JHA für rechtswidrig, sind sie vom Leiter der (Gesamt-)Verwaltung zu beanstanden, ggf zu suspendieren (zu den Rechtsschutzmöglichkeiten des JHA dagegen vgl Rn 27 f).

13 Auch das **Antragsrecht** bezieht sich auf alle Angelegenheiten der Jugendhilfe (vgl Rn 11 ff). Meist geht es darum zu erreichen, dass die Vertretungskörperschaft bestimmte Entscheidungen trifft. Anträge sind damit formalisierte Anregungen des JHA. In der Praxis konzentrieren sie sich oft auf finanzielle Aspekte, die Jugendhilfeplanung, organisatorische Fragen usw. Die Verwaltung ist verpflichtet, Anträge des JHA der Vertretungskörperschaft zuzuleiten; die Vertretungskörperschaft ist verpflichtet, sich zu den Anträgen zu äußern.

14 Vor jeder Beschlussfassung der Vertretungskörperschaft in Fragen der Jugendhilfe soll der JHA gehört werden. Damit ist die **Anhörung** des Jugendhilfeausschusses der Regelfall; wenn sie unterbleibt, muss dies von der Vertretungskörperschaft begründet werden, da sie dann von der Regel abweicht (vgl Münder/Ottenberg 1999, 85). Liegt keine Ausnahme vor, so stellt allein die Verletzung des formellen Anhörungsrechts einen Verfahrensfehler dar und kann vom JHA durch Erhebung einer Klage vor dem VG gerügt werden (BVerwGE 87, 62; Herbert ZfJ 1991, 571).

15 Das Anhörungsrecht gilt auch bei der **Berufung eines Leiters des JA** Der JHA soll angehört werden. Das bedeutet, dass die vorherige Anhörung des JHA hinsichtlich dieser Personalentscheidung immer erforderlich ist. Sinn der Vorschrift ist eindeutig, dem JHA Gelegenheit zu geben, Bewerber für die Leitung der Verwaltung des JA hinsichtlich ihrer persönlichen und fachlichen Eignung beurteilen zu können (zur Qualifikationsanforderung an den Leiter vgl § 72 Rn 26).

V. Verfahrensfragen: Einberufung, Öffentlichkeit

16 **Verfahrensfragen** sind weitgehend landesrechtlich geregelt. Landesrecht kann die Regelungen dem Kommunalrecht überlassen, so dass kommunales Satzungsrecht von Bedeutung ist. Außerdem sind ggf die jeweiligen Gemeinde- bzw Landkreisordnungen anzuwenden. In verfahrensrechtlicher Hinsicht existieren bei verschiedenen JHA ggf Geschäftsordnungen. In der Gemengelage dieser Materialien werden Verfahrensfragen angesprochen. Bundesrechtlich sieht das Gesetz nur zwei verfahrensrechtliche Vorgaben vor. Zum einen das **Zusammentreten** des JHA nach Bedarf. Zum andern auf Antrag von mindestens 1/5 der Stimmberechtigten. Ob ein Bedarf vorliegt, ist vom Vorsitzenden des JHA (nicht: Leiter der Verwaltung des JA) zu beurteilen. IdR tagen die Jugendhilfeausschüsse jedoch in regelmäßigen Abständen, wie andere Ausschüsse auch. Landesrechtlich wird vornehmlich die Frage der förmlichen Konstituierung, der erstmaligen Einberufung, angesprochen (Münder/Ottenberg 1999, 48 f).

17 Bundesrechtlich ist außerdem die **Öffentlichkeit der Sitzungen** (Abs. 3 Satz 4) festgelegt. Dies soll zu einer größeren Öffentlichkeitswirksamkeit führen. Dass in einem JHA durch die Behandlung von Tagesordnungspunkten das Wohl der Allgemeinheit beeinträchtigt werden könnte, ist kaum vorstellbar. Dass berechtigte Interessen einzelner Personen (zB berufliche/wirtschaftliche Interessen, aber auch solche im Komplex persönlicher Datenschutz) oder schutzbedürftiger Gruppen (zB Angelegenheiten eines Mädchenhauses/eines bestimmten Heims) berührt werden können, ist dagegen durchaus denkbar. In jedem Falle muss aber die Prüfung eng angelegt sein, denn Öffentlichkeit ist der Grundsatz, Nichtöffentlichkeit die Ausnahme (zu den zT detaillierten landesrechtlichen Regelungen zum Ausschluss der Öffentlichkeit vgl Münder/Ottenberg 1999, 55 f). Die öffentliche Bekanntmachung der Sitzungen ist nicht vorgeschrieben, allerdings besteht ein Anspruch, auf entsprechende Anfragen Auskunft über Ort und Termin der öffentlichen Sitzungen des JHA zu erhalten (VGH HE HessVGRspR 1997, 68).

VI. LJHA – Abs. 4

18 Die Tatsache, dass die Bestimmungen über den JHA und den **LJHA** in einem Paragrafen zusammengefasst sind, macht deutlich, dass in organisatorisch-formeller Hinsicht **weitgehende Übereinstimmung** besteht, bei einigen Unterschieden: So werden die auf Vorschlag der freien Träger benannten Frauen und Männer von der obersten Landesjugendbehörde berufen. Die übrigen drei Fünftel der stimmberechtigten Mitglieder sind entsprechend Satz 2 durch das Landesrecht zu bestimmen, womit

bundesrechtlich keine Entscheidung über die Zusammensetzung dieser stimmberechtigten Mitglieder getroffen wird. Hier bleibt den Ländern ein größerer Spielraum. Sie haben davon auch durch landesgesetzliche Regelungen in Ausführungsgesetzen Gebrauch gemacht (s. VorKap. 6 Rn3).

Unterschiede zum JHA gibt es hinsichtlich der **Aufgaben des LJHA.** Zwar gilt nach Satz 3 der Abs. 2 **19** (Rn 11 ff) entsprechend. Da sich aber die Aufgaben des LJA insgesamt (vgl § 89 Abs. 2) von denen des JA erheblich unterscheiden, folgt daraus, dass auch die Aufgaben des LJHA faktisch differieren. Die Tatsache, dass auf Abs. 3 nicht verwiesen wird, bedeutet aber nicht, dass der LJHA kein Beschlussrecht hätte, sondern nur, dass es Aufgabe des Landesrechts ist (Abs. 5), dies zu regeln. Durch den Verweis auf Abs. 2 ist der LJHA wie ein JHA für beispielhaft aufgeführte allgemeine und besondere Angelegenheiten der Jugendhilfe seines Bereiches zuständig (dazu Rn 7ff), im Übrigen gilt die Zuständigkeitsbindung des § 85 Abs. 2.

VII. Landesrechtsvorbehalt – Abs. 5

Abs. 5 Satz 1 verweist nähere Regelungen an das **Landesrecht.** Das gilt insbesondere für die **Zusam-** **20** **mensetzung** und das **Verfahren.** Dies geschieht durch die **Ausführungsgesetze zum SGB VIII** (zur Zusammenstellung entsprechender Landesgesetze s VorKap. 6 Rn 3). Die Regelungsdichte dieser Ausführungsgesetze ist unterschiedlich. Sofern sie keine oder nur teilweise Aussagen zur Mitgliedschaft, zum Verfahren usw treffen, wird zT auf die einschlägigen Bestimmungen der **Gemeindeordnungen** verwiesen. Auch ohne Verweis finden die kommunalrechtlichen Vorschriften über Befangenheit, Interessenkollision bei Mitgliedern der Jugendhilfeausschüsse unmittelbar Anwendung (VG Gelsenkirchen Jugendwohl 1995, 143).

Gemäß **Abs. 5 Satz 2** ist die Zugehörigkeit **beratender Mitglieder** landesrechtlich zu regeln. Beratende **21** Mitglieder nach Landesrecht sind zB kommunale Gleichstellungsbeauftragte/Frauenbeauftragte, Interessensvertreter ausländischer Mitbürger, Vertretung von Kinderinteressen, Vertreter von Familiengerichten, Gesundheitsämtern, Schulen, Arbeitsämtern, Polizei usw. (ausführlich Münder/Ottenberg 1999, 39 ff mit einer tabellarischen Zusammenstellung der Zusammensetzung der beratenden Mitglieder des JHA in den einzelnen Bundesländern – 41 ff).

Landesrechtlich ist schließlich entsprechend **Abs. 5 Satz 3** festzulegen, ob der **Leiter der** (Ge- **22** samt-)**Verwaltung der Gebietskörperschaft** oder der **Leiter der Verwaltung des JA** stimmberechtigt ist. Aus dem Wortlaut folgt, dass entweder der eine oder der andere dieser Funktionsträger stimmberechtigt sein kann. Bislang ist der Leiter der Verwaltung des JA nur beratendes Mitglied. Der Leiter der Verwaltung der Gebietskörperschaft (Landräte bzw Bürgermeister/Oberbürgermeister) ist in Baden-Württemberg, Bayern, Hessen, Rheinland-Pfalz, Saarland, Thüringen stimmberechtigt (Münder/ Ottenberg 1999, 38 f). Wenn eine dieser Personen stimmberechtigt ist, so muss sie als Vertreter der öffentlichen Hand bei deren drei Fünftel (Abs. 1 Nr. 1) mitgerechnet werden, damit auf jeden Fall der Stimmanteil von zwei Fünftel für die freien Träger der Jugendhilfe erhalten bleibt.

Landesrechtliche (und ergänzende kommunalrechtliche) Bestimmungen finden sich insbesondere für **23** das **Verfahren des und im JHA selbst.** So enthalten die entsprechenden landes- und kommunalrechtlichen Vorschriften regelmäßig Ausführungen zur Frage des Vorsitzes, der Einberufung, der Beschlussfähigkeit, der Stimmberechtigung und der damit zusammenhängenden Befangenheit von Mitgliedern des JHA (dazu VG Gelsenkirchen Jugendwohl 1995, 143; OVG BE FEVS 49, 368), der Bildung von Unterausschüssen, der Öffentlichkeit von Sitzungen und des Ausschlusses der Öffentlichkeit (dazu OVG SN SächsGVBl 2000, 1652 f bei der Anhörung von Bewerbern für das Amt des Jugendamtsleiters), zur Bekanntgabe von Beschlüssen, Regelungen über Aufwandsentschädigungen, Sitzungsgelder usw (ausführlich Münder/Ottenberg 1999, 47 ff).

VIII. Befangenheit von Mitgliedern des JHA

Das SGB VIII trifft keine eigenen **Regelungen zur Befangenheit** von Mitgliedern der JHA, es gelten **24** insofern die jeweiligen kommunalrechtlichen Regelungen. Diese „knüpfen – trotz aller Unterschiede – im Kern ... an den Tatbeständen der **Beteiligung** der Betroffenen am Verfahren, der Möglichkeit eines unmittelbaren **Vor- oder Nachteiles** durch Mitwirkung an einer Entscheidung und an einer besonderen Abhängigkeits- und Nahbeziehung zu einem Beteiligten an" (Lederer LKV 2005, 432). Diese Befangenheitsregelungen können mit der Absicht des SGB VIII-Gesetzgebers kollidieren, gerade über den JHA sicherzustellen, dass in der Kinder- und Jugendhilfe erfahrene Frauen und Männer (§ 71 Abs. 1 Nr. 1) und auf Vorschlag von Trägern der freien Jugendhilfe gewählte Frauen und Männer (§ 71

Abs. 1 Nr. 2) mitwirken. Und zwar als stimmberechtigte Mitglieder eines ‚Forums der Jugendhilfe', zunächst ohne Einschränkung in Bezug auf die Beschluss- und Antragsrechte des JHA (§ 71 Abs. 3). Diese Frauen und Männer können gerade wegen ihrer Nähe zu anerkannten Trägern der freien Jugendhilfe des JA-Bezirks auf die erforderlichen Erfahrungen verweisen, die sie erst wählbar machen (Rn 4), sie sind regelmäßig haupt-, neben- oder ehrenamtlich an bestimmte Träger gebunden.

25   Deshalb ist ihre Teilnahme an sog. **Globalentscheidungen** (zB Sammelvergabe von Mitteln der Kinder- und Jugendhilfe oder für bestimmte Aufgabenbereiche – zB Jugendarbeit) kein Grund, ihre Befangen-heit anzunehmen, wenn sie in einer besonderen Beziehung zu einem bestimmten Träger der freien Jugendhilfe stehen; das gilt auch für andere Beteiligungen, bei denen es nicht um unmittelbare Aus-wirkungen auf bestimmte Träger geht (zB Sozialraumorientierung, Jugendhilfeplanung). Sie handeln insofern in Vertretung der Gesamtinteressen der Kinder- und Jugendhilfe nach § 71 (vgl auch VG Gelsenkirchen 9.11.1993 – 15 L 3130/93).

26   Wenn **spezielle Interessen eines bestimmten Trägers** der freien Jugendhilfe durch einen Beschluss be-rührt werden oder ein Ausschussmitglied dadurch einen **persönlichen Vorteil** hatgilt folgendes: (1) Aus-schussmitglieder, die in einer besonderen Beziehung zu einem Träger der freien Jugendhilfe stehen (zB Geschäftsführer, hauptamtliche Mitarbeiter/innen, aber auch Mitglieder von Vorständen oder eines Kontrollgremiums des Trägers), sind befangen, wenn es bei Einzelabstimmungen im JHA konkret um die Belange dieses Trägers geht (als Antragsteller oder auch als Konkurrent) (so auch Wiesner/Wiesner SGB VIII, Rn 13). In diesen Fällen sind auch keine **Globalabstimmungen** möglich, es muss dann einzeln abgestimmt werden und an den Abstimmungen, die den Träger betreffen, zu dem das Ausschussmit-glied eine besondere Beziehung hat, darf es wegen Befangenheit nicht teilnehmen. Eine Ausnahme wird hier bislang noch für einfache Mitglieder eines bestimmten Trägers angenommen. (2) Alle Ausschuss-mitglieder sind darüber hinaus befangen, wenn ein Beschluss ihnen, ihrem Ehegatten, einem nahen Verwandten oder einer von ihnen vertretenen natürlichen Person (zB einem Pflegekind) einen Vorteil bringt (zB Arbeitsplatzsicherung; i E die jeweiligen kommunalrechtlichen Regelungen).

27   Die **Befangenheitsannahme** beschränkt sich auf eine im Einzelfall erkennbare persönliche Verbindung eines JHA-Mitglieds zu einem bestimmten Träger der freien Jugendhilfe oder auf eine erkennbare per-sönliche Vorteilswirkung (umfassend Lederer LKV 2005, 431). Eine Entscheidung, an der befangene Ausschussmitglieder teilgenommen haben, ist rechtswidrig. Gegen diese können die betroffenen Aus-schussmitglieder verfahrensrechtlich vorgehen

IX. Rechtsschutz

28   Fragen des Rechtsschutzes stellen sich in zweierlei Hinsicht, einmal für den JHA insgesamt als Organ und zum anderen für einzelne Mitglieder des JHA. Der JHA ist ein Organ besonderer Art. Er ist nicht kommunales Parlament (unterliegt deswegen zB nicht dem im Parlamentsrecht geltenden Grundsatz der Diskontinuität; BVerwG ZfSH/SGB 1995, 303), sondern Teil des auf Dauer errichteten JA, ist aber gleichzeitig kommunales Verfassungsorgan (BVerwG aaO). Damit stehen dem JHA auch gerichtliche Möglichkeiten im Rahmen eines sog. Kommunalverfassungsstreits vor den Verwaltungsgerichten zu (vgl auch Nothacker Jugendhilfe 1995, 243). Die konkrete Verfahrensart hängt von der im Streit ste-henden Rechtsfrage ab. Geht es um eine (mögliche) grundsätzliche Kompetenzbeschneidung des JHA als solchen (zB durch die Hauptsatzung, durch Beschluss der Vertretungskörperschaft), ist die **Fest-stellungsklage** die entsprechende Klageart, für die der JHA aktiv und die Vertretungskörperschaft pas-siv legitimiert ist (OVG NW NVWBl 1992, 17; BVerwG ZfSH/SGB 1995, 303). Handelt es sich darum, dass eine einzelne Maßnahme unter Verletzung der Rechte des JHA vorgenommen wurde (zB Be-schlussfassung durch die Vertretungskörperschaft ohne Anhörung, Berufung eines Leiters des JA ohne Anhörung; Rn 14,15), so ist je nach Sachlage nach hM die **Feststellungs- oder allgemeine Leistungs-klage** die entsprechende Klageart (Bauer/Krause JuS 1996, 414 f mwN). Dieses Recht steht dem JHA als Organ zu, es bedarf also eines entsprechenden Mehrheitsbeschlusses des JHA, um hier Klage zu erheben.

29   Werden die **Rechte einzelner Mitglieder des JHA** eingeschränkt (zB Ausschluss wegen Befangenheit, nicht rechtzeitiger Einladung, Ausschluss von einzelnen Sitzungen usw.), so kann das einzelne Mitglied dagegen ebenso verfahrensrechtlich vorgehen. Beklagter ist derjenige, von dem behauptet wird, dass er die Rechte des einzelnen Mitglieds verletzt hat (etwa der gesamte – restliche – JHA, Vorsitzende des JHA usw). In diesem Zusammenhang ist auch der Antrag auf Erlass einer einstweiligen Anordnung (§ 123 VwGO) möglich, um zB zu erreichen, dass das entsprechende Mitglied an den Sitzungen teil-

nehmen kann (VG Gelsenkirchen Jugendwohl 1995, 143). Auch die Verletzung von Rechten des Kollektivorgans JHA kann – vornehmlich bei formellen Rechten, Verfahrensrechten – zugleich eine Verletzung individueller Rechte einzelner Mitglieder des JHA sein (zB Unterlassung der vorgeschriebenen Anhörung des JHA). Auch hier kann das einzelne Mitglied wegen Verletzung seiner individuellen Rechte vorgehen.

Weiterführende Literaturhinweise:

Landschaftsverband Westfalen-Lippe Landesjugendamt 2000; *Münder/Ottenberg* 1999; *Merchel/Reismann* 2004, *Kreft* TuP 2005.

§ 72 Mitarbeiter, Fortbildung

(1) ¹Die Träger der öffentlichen Jugendhilfe sollen bei den Jugendämtern und Landesjugendämtern hauptberuflich nur Personen beschäftigen, die sich für die jeweilige Aufgabe nach ihrer Persönlichkeit eignen und eine dieser Aufgabe entsprechende Ausbildung erhalten haben (Fachkräfte) oder aufgrund besonderer Erfahrungen in der sozialen Arbeit in der Lage sind, die Aufgabe zu erfüllen. ²Soweit die jeweilige Aufgabe dies erfordert, sind mit ihrer Wahrnehmung nur Fachkräfte oder Fachkräfte mit entsprechender Zusatzausbildung zu betrauen. ³Fachkräfte verschiedener Fachrichtungen sollen zusammenwirken, soweit die jeweilige Aufgabe dies erfordert.

(2) Leitende Funktionen des Jugendamts oder des Landesjugendamts sollen in der Regel nur Fachkräften übertragen werden.

(3) Die Träger der öffentlichen Jugendhilfe haben Fortbildung und Praxisberatung der Mitarbeiter des Jugendamts und des Landesjugendamts sicherzustellen.

I. Rechtsnatur der Norm, Entwicklungen

1 Vergleichbar mit der Regelung in § 6 SGB XII werden die Träger der öffentlichen Jugendhilfe unmittelbar verpflichtet („sollen"; VorKap. 2 Rn 4), **hauptberuflich nur Fachkräfte zu beschäftigen.** Es handelt sich um eine objektive Verpflichtung, aus der niemand Rechtsansprüche auf Einhaltung oder Beschäftigung ableiten kann. Die Beschäftigung von Personen, die aufgrund besonderer Erfahrungen in der sozialen Arbeit in der Lage sind, die Aufgabe zu erfüllen, war als begründungspflichtige Ausnahme bei der Einführung des Fachkräftegebots mit dem KJHG (Einl. Rn 47) als Übergangsvorschrift notwendig und ist mittlerweile ohne Anwendungsbereich (Rn 3). **Hauptberuflich Beschäftigte** sind Vollzeit- und Teilzeitmitarbeiter. Entscheidend ist dabei die arbeits- und beamtenrechtlich geregelte, regelmäßige Tätigkeit gegen Entgelt (auch über Zeitverträge); nicht erfasst sind Honorarkräfte.

2 § 72 verpflichtet direkt nur die Träger der öffentlichen Jugendhilfe. Über die in § 74 Abs. 1 Nr. 1 und § 75 Abs. 1 Nr. 3 geregelten fachlichen Voraussetzungen wird sein **Bestimmungskern bei der Förderung der Arbeit der Träger der anerkannten freien Jugendhilfe** wirksam bzw übertragbar. Es besteht eine Bindungmöglichkeit

- für alle Träger/Anbieter (unabhängig von ihrem körperschaftlichen Status) über die Betriebserlaubnis (§ 45);
- bei anerkannten Trägern der freien Jugendhilfe nach § 74;
- für die in § 78 a Abs. 1 genannten Angebote über §§ 78 a ff und
- für die dort nicht genannten Angebote ggf über § 77, sofern Vereinbarungen nach § 77 abgeschlossen werden (§ 77 Rn 1).

Der nicht geförderte, nicht über Vereinbarungen gebundene und zB nicht über § 45 verpflichtete Träger der freien Jugendhilfe (zum Begriff § 3 Rn 7 ff, Vor§ 69 Rn 8 ff) ist „frei" bei seiner Personalwahl.

II. Allgemeines Fachkräftegebot – Abs. 1

1. Fachkräfte

3 **Fachkräfte** sind nach der Definition des Abs. 1 nur Personen, die eine ihrer jeweiligen Aufgabe entsprechende Ausbildung erhalten (und formal abgeschlossen) haben. Die Zulassung von Personen ohne entsprechende Ausbildung, aber mit besonderer Erfahrungen in der Sozialen Arbeit war bei der Einführung des Fachkräftegebots als begründungspflichtige Ausnahme vom Grundsatz der ausschließlichen Beschäftigung ausgebildeter hauptamtlicher Fachkräfte notwendig, weil § 72 ansonsten einem Beschäftigungsverbot gleichgekommen wäre. Mittlerweile kommt ihr kein Anwendungsbereich mehr zu (BAGLJÄ 2004, 8; Kunkel/Nonninger § 72 Rn 17; GK/Fieseler § 72 Rn 3). Die sozialpädagogische Fachbehörde JA ist (wie das LJA) für die Erfüllung ihrer Aufgaben auf qualifiziertes Personal angewiesen und nur so in der Lage, ihren allgemeinen (§ 1) und besonderen Verpflichtungen (§§ 2, 79, 80,

81) nachzukommen (dazu die sehr differenzierten Empfehlungen der BAGLJÄ 2004 zum Fachkräftegebot).

Abs. 1 gibt nicht vor, welche **Berufsausbildung für Fachkräfte** erwartet wird. Es besteht aber die mittelbare Pflicht, die Ämter ausreichend auszustatten, dh, ihnen das **Handeln als (sozialpädagogische) Fachbehörde** zu ermöglichen (§ 79 Abs. 2 und 3; zur Konkretisierung des Fachlichkeitsgebots Kreft uj 2004, 363; BAGLJÄ 2004).   4

Der Gesetzgeber hatte mit Einführung des Fachkräftegebots allein die sozialwissenschaftlichen Berufe im Blick. Die Begründung zum KJHG (BT-Drucks. 11/5948, 97) nennt als **Fachkräfte der Jugendhilfe** Sozialarbeiter, Sozialpädagogen, Erzieher, Psychologen, Diplom-Pädagogen, Heilpädagogen, Sonderschulpädagogen, Psychagogen, Jugendpsychiater, Psychotherapeuten und Pädiater. Damit ist aber noch nicht die gesamte Bandbreite sozialer Berufe hinreichend abgedeckt (dazu Rauschenbach 2005, 801 ff): Es fehlen etwa Kinderpfleger, Familien- und Hauspfleger; auch Diakone und Religionspädagogen, wenn sie in fachlichen Schwerpunkten Sozialer Arbeit ausgebildet worden sind, sowie Logopäden, uU auch andere sozialwissenschaftliche Qualifikationen wie die der Diplom-Sozialwirte, Diplom-Politologen, Diplom-Soziologen usw; inzwischen auch sozialpädagogische/sozialarbeiterische Abschlüsse zum **Bachelor** und **Master** (zur Übersicht BAGLJÄ 2004 zum Fachkräftegebot; DV NDV 2005, 307 zur Einführung gestufter Studiengänge).   5

Das Fachkräftegebot des Abs. 1 bezieht sich jedoch nicht nur auf sozialpädagogische, erzieherische oder sonstige Aufgaben, deren kompetente Erfüllung sozial- oder humanwissenschaftliche Expertise erfordert, sondern auf die **Wahrnehmung sämtlicher Aufgaben** nach dem SGB VIII. Zu beschäftigen sind somit nicht nur Personen mit einer formal abgeschlossenen Berufsqualifikation in sozialen/sozialpädagogischen/sozialarbeiterischen Ausbildungsgängen, sondern auch mit entsprechender Qualifikation für die Wahrnehmung der Aufgaben der **Jugendhilfeplanung** oder den eher **rechtlichen Aufgaben des SGB VIII** (Beistandschaft, Kostenheranziehung, Klärung der örtlichen und sachlichen Zuständigkeit sowie Kostenerstattung). Die Grundqualifikation bspw als Diplom-Verwaltungswirt oder Jurist allein qualifiziert jedoch noch nicht zur Wahrnehmung der beraterischen sowie kinder- und jugendhilfespezifischen Aufgaben, etwa im Sachgebiet Beratung, Unterstützung, Beistandschaft. Als Fachkraft iSd Abs. 1 firmieren für Verwaltungs- oder juristische Aufgaben qualifizierte Beschäftigte erst, wenn sie durch Fort- oder Weiterbildung **Kompetenzen in Gesprächsführung** erworben und für den spezifischen Aufgabenbereich eine Zusatzausbildung, zumindest in Form eines mehrtägigen Einführungslehrgangs, durchlaufen haben (Abs. 1 Satz 2). Vorher dürfen sie nicht im JA beschäftigt werden. Eine Verwaltungspraxis, bei der Verwaltungsfachkräfte aus anderen Ämtern der Kommunalverwaltung (Kämmerei, Schulamt, Bauamt etc) ins JA wechseln, ohne auf die dortigen (Beratungs-)Aufgaben vorbereitet zu werden, ist mit dem Fachkräftegebot nicht vereinbar.   6

Welche **Qualifikation im konkreten Fall** die angemessene ist, kann nicht allgemein vorgegeben werden. Wichtige Hinweise zum Konsens darüber, wer in welchen Aufgaben mit welcher Qualifikation tätig sein soll, geben allerdings die Vereinbarungen der Tarifvertragsparteien (insbesondere die Anlage C TVöD-Eingruppierungsmerkmale Sozial- und Erziehungsdienst, Geltung ab 1.11.2009) und vergleichbare landesbeamtenrechtliche Regelungen über die Zulassungsvoraussetzungen zum gehobenen und höheren Sozialdienst).   7

Zum 1.10.2005 löste der **Tarifvertrag für den öffentlichen Dienst**/ TVöD (http://www.verdi.de/neues_tarifrecht_oed) den seit 45 Jahren geltenden BAT und die Tarifverträge für Arbeiter/innen und Auszubildende mit ihren rund 17.000 Tätigkeitsmerkmalen ab. Unter den TVöD fallen Beschäftigte (Angestellte und Arbeiter/innen), die in einem Arbeitsverhältnis zum Bund oder zu einem Arbeitgeber stehen, der Mitglied der Vereinigung der Kommunalen Arbeitgeber ist. Für die im Bereich der Länder Beschäftigten gelten bis auf Weiteres die Vorschriften des BAT und des BAT-O. Für den Bereich des Sozial- und Erziehungsdiensts wurde mit der Tarifeinigung vom 27.7.2009 ein neuer Anhang C zum TVöD mit Inkrafttreten am 1.11.2009 vereinbart. Er löst die BAT-Vergütungsordnung für den Sozial- und Erziehungsdienst ab. Zugleich gilt für diesen Bereich ab 1.11.2009 eine neue Entgelttabelle mit Entgeltgruppen „S3" bis „S18" in Kraft.   8

Der TVöD kann auch als neuer **„Leittarif" für öffentliche Dienstleistungen** iwS bezeichnet werden. Er wirkt auf alle Träger (Kirchen, Wohlfahrts-, Jugendverbände und andere freie Träger), die ihre Beschäftigtenregelungen bislang am BAT orientierten (etwa die AVR der meisten WFV; vgl iE ver.diPUBLIKextra vom September 2005).   9

10 Neben zahlreichen anderen Regelungen ordnete der TVöD die **Eingruppierungen** neu und führte 15 Entgeltgruppen/E-Gruppen ein. Angestellte mit mindestens dreijähriger Ausbildung wurden ab E-Gruppe 5, Fachhochschulabsolventen ab E-Gruppe 9, Angestellte mit Universitätsabschlüssen ab E-Gruppe 13 eingruppiert (Rn 11). Ab 1.11.2009 gilt eine neue, eigene Entgelttabelle für den Sozial- und Erziehungsdienst mit Entgeltgruppen „S3" bis „S18":

S 18	Leiter/in Erziehungsheim	S 9	Koord. Erzieher/in
S 17	Leiter/in KiTa (ab 180 Plätze)	S 8	Erzieher/in schwierige Tätigkeit/Heilpädagoge/-in
S 16	Leiter/in KiTa (ab 130 Plätze)	S 7	Leiter/in KiTa (bis 40 Plätze)
S 15	Leiter/in KiTa (ab 100 Plätze)	S 6	Erzieher/in
		S 5	handwerkl. Erziehungsdienst
S 14	Sozialarbeiter/in in Garantenstellung	S 4	Kinderpfleger/in schwierige Tätigkeit
S 13	Leiter/in KiTa (ab 70 Plätze)	S 3	Kinderpfleger/in
S 12	Sozialarbeiter/in schwierige Tätigkeit		
S 11	Sozialarbeiter/in		
S 10	Leiter/in KiTa (ab 40 Plätze)		

11 Die bisherigen **Tätigkeitsmerkmale** des BAT (Allgemeiner Teil bzw der Anlage 1 a zu § 22 BAT: Eingruppierung der Angestellten im Sozial-, Erziehungs- und handwerklichen Erziehungsdienst ...), die zunächst weitergalten, werden ab dem 1.11.2009 durch eine neue Anlage C für den Sozial –und Erziehungsdienst abgelöst.

12 Nach Art. 28 Abs. 2 GG haben die Kommunen für Aufgaben der kommunalen Selbstverwaltung, zu denen die Aufgaben nach dem SGB VIII weitgehend gehören, die **Personalhoheit** (Schellhorn/ Schellhorn § 72 Rn 3). § 72 begrenzt diese, indem er einen Rahmen für die Sicherstellung der sachgerechten Aufgabenwahrnehmung festlegt. Er definiert aber nicht, für welche Aufgabe der öffentliche (Einstellungs-)Träger welchen berufsqualifizierenden (sozialen) Abschluss als ausreichend anzusehen hat. Dies ist unabhängig von den tarif- und beamtenrechtlichen Regelungen anhand der Tätigkeit zu bestimmen.

13 Für die Aufgabenwahrnehmung in den **Sozialen Diensten** (ASD, Pflegekinderdienst, Mitwirkung im jugendgerichtlichen Verfahren) werden anerkannt die Abschlüsse als Diplom-Sozialarbeiter bzw -Sozialpädagoge oder Bachelor (Fachhochschul-/Universitätsabschlüsse zumindest für Gruppen des „gehobenen Diensts") und Diplom-Pädagogen oder Master (allerdings nur in der Fachrichtung Sozialpädagogik; Universitätsabschlüsse und für Gehalts-/Vergütungs-/Entgeltgruppen des „höheren Diensts"), aber auch Psychologen oder psychologische Psychotherapeuten. Nicht ausreichend ist die Ausbildung zum Erzieher (DIJuF JAmt 2009, 250). Vergleichbares gilt auch für die Tätigkeit in **kommunalen Beratungsstellen**.

14 Für Aufgaben der **Kindertagesbetreuung** in kommunalen Einrichtungen wird der Abschluss Erzieher (Fachschulabschluss zumindest für die Tätigkeiten in entsprechenden Vergütungs-/Entgeltgruppen des „mittleren Diensts") als hinreichend angesehen. Sonstige Einstellungs- und Beschäftigungsvoraussetzungen (zB persönliche Eignung; Rn 14 und § 72 a) müssen unabhängig davon zusätzlich beurteilt werden. Ob der regional anzutreffende Einsatz von Kinderpflegern als Zweitkräfte dem Fachkräftegebot genügt, erscheint zweifelhaft. Der Einsatz als Hauptkräfte im – besonders anspruchsvollen – Krippenbereich entspricht nicht dem Fachkräftegebot (aA BAGLJÄ 2004, 18). In Gruppen mit Kindern mit Behinderungen ist der Einsatz von speziell qualifizierten Fachkräften gefordert (Heilpädagogen, Logopäden, Stützpädagogen, Therapeuten oder Erzieher mit Zusatzausbildung; BAGLJÄ 2004, 19).

15 Bei allen **anderen Berufsqualifikationen** ist zu begründen, ob es sich für die hauptberuflich auszuübende konkrete Aufgabe um eine dieser Aufgabe entsprechende Ausbildung handelt (weitere Ausdifferenzierungen zu den Arbeitsfeldern Kinder- und Jugendarbeit, Jugendsozialarbeit, erzieherischer Kinder- und Jugendschutz, allgemeine Förderung in der Erziehung, Beratung in Fragen der Partnerschaft, Trennung und Scheidung nach § 17, Beratung und Unterstützung bei der Wahrnehmung der Personensorge nach § 18, verschiedene Formen der Hilfen zur Erziehung, Adoptionsvermittlung, gemeinsame Wohnformen für Mütter/Väter und Kind nach § 19, für die Betreuung und Versorgung in Notsituationen nach § 20 und für Inobhutnahmen s. BAGLJÄ 2004, 15 ff). Die Beschäftigung von Personen mit anderen als den in der Gesetzesbegründung aufgeführten sozialpädagogischen/-arbeiterischen/-wissenschaftlichen Berufsqualifikationen (Rn 5) ist immer dann zulässig, wenn sich aus der besonderen Aufgabenstellung eindeutig ergibt, dass für die angemessene Aufgabenwahrnehmung auf eine andere (spezielle) Berufsqualifikation zurückgegriffen werden muss.

Hinreichende **andere Berufsbefähigungen** können sowohl solche aus dem Spektrum sozialer Berufe **16** iwS (zB Heilpädagogen/Psychagogen in Heimen, Diplom-Psychologen in der Erziehungsberatung, Logopäden, Musiktherapeuten, Diplom-Politologen in der Jugendarbeit, Diplom-Soziologen/Diplom-Sozialwirte in der Planung u.a.) als auch Qualifikationen des allgemeinen nichttechnischen Verwaltungsdienstes, Rechtspfleger, volkswirtschaftliche/betriebswirtschaftliche und juristische Abschlüsse, aber auch handwerkliche Befähigungsnachweise sein (zB für Tätigkeiten in den Abteilungen wirtschaftliche Hilfen der JÄ, als Leiterin/Leiter eines Beschäftigungs-Betriebs, in Controlling-Abteilungen der JÄ/LJÄ, als Justitiar, als Handwerker in der Jugendsozialarbeit); regelmäßig sind das dann aber nur „Fachkraftanerkennungen" für eine bestimmte Tätigkeit in der Kinder- und Jugendhilfe (zB als Zimmermann auf einem Abenteuerspielplatz, Künstler mit Akademieabschluss in einem Jugendfreizeitheim) und nicht mit allgemeiner Anerkennungswirkung. Ist mit dem Aufgabenfeld Beratungstätigkeit verbunden, bedarf es zumindest einer entsprechenden Zusatzqualifikation (Abs. 1 Satz 2; Rn 6).

Andere Berufsbefähigungen (Rn 6) können allenfalls in Kombination mit jugendhilfebezogenen **Fort- 17 und Weiterbildungsangeboten** sowie **Zusatzqualifikationen** zum Status der Fachkraft führen (Rn 20 f).

2. Persönliche Eignung

Alle hauptberuflich tätigen Personen müssen **nach ihrer Persönlichkeit** für die wahrgenommene Auf- **18** gabe **geeignet** sein. Damit wurde (als unbestimmter Rechtsbegriff) eine schwierige Vorschrift in das Jugendhilferecht eingeführt. Dass „angesichts der großen Verantwortung, die alle in der Jugendhilfe Tätigen für die Entwicklung junger Menschen tragen, ... neben der fachlichen Qualifikation die persönliche Eignung unabdingbare Voraussetzung" ist (BT-Drucks. 11/5948, 97), dürfte unbestritten sein. Die Forderung positiv zu belegen, hat sich aber bereits im Kontext von § 102 BSHG (jetzt: § 6 SGB XII) als wenig praktikabel erwiesen. Negativ abgrenzend ist grundsätzlich darauf zu verweisen, dass über diese Bindung nicht subjektive Beurteilungen (uU auch vorurteilsbehaftete Auffassungen) zugelassen werden für die Einstellungs- und Beschäftigungsentscheidungen. Über den „unbestimmte Rechtsbegriff ,persönliche Eignung' ... (wird zwar) einen Beurteilungsspielraum (eröffnet). Zur Ausfüllung muss (aber) auf den Aufgabenzusammenhang verwiesen werden, der das Maß der Verantwortung und damit der persönlichen Voraussetzungen der betreffenden Person bestimmt. Die Erstellung eines pauschalen Kriterienrasters zur persönlichen Eignung ist nicht möglich". Im Einzelfall muss „die Einschätzung transparent und nachvollziehbar" sein (BAGLJÄ 2004, 7 f).

Nach § 72 a sollen die Träger der öffentlichen Jugendhilfe hinsichtlich der persönlichen Eignung iSd **19** § 72 Abs. 1 insbesondere sicherstellen, dass sie keine Personen beschäftigen oder vermitteln, die rechtskräftig wegen bestimmter Straftaten verurteilt worden sind (iE bei § 72 a). Immer wenn auf den **Tatbestand „nicht geeignete Persönlichkeit"** abgestellt wird, besteht eine nachprüfbare Begründungspflicht des Anstellungsträgers. So sind zB homosexuelle Lebensweisen von Bewerbern keine, aber auch eine Aidserkrankung, irgend eine Vorstrafe (zB aus dem Verkehrsstrafrecht), die politische Einstellung oder Zugehörigkeit zu bestimmten Initiativen/Organisationen a priori noch keine zulässigen Gründe, eine nicht geeignete Persönlichkeit anzunehmen. In der Regel darf für diese Beurteilung nur auf offenliegende Erfahrungen über die Bewerber zurückgegriffen werden: etwa in Fällen vorangegangener Tätigkeiten bei anderen Trägern der Sozialen Arbeit auf Dienstleistungsberichte oder Zeugnisse; für bestimmte Tätigkeiten darf auch die Forderung des Nachweises mehrjähriger (unbeanstandeter) Tätigkeit in der Jugend- und Sozialarbeit erhoben werden. Wird ein Bewerber als ungeeignet abgelehnt, muss dies begründet und im Streitfall bewiesen werden (GK/Busch/Fieseler § 72 Rn 4; Wiesner/Wiesner § 72 Rn 6).

3. Besonderes Fachkräftegebot, Zusatzausbildung

Abs. 1 Satz 2 verschärft die Anforderungen an die Fachlichkeit für Aufgaben, die nur durch Fachkräfte **20** fachgerecht wahrgenommen werden können. Das sind heute bereits alle **Kernaufgabenbereiche der JÄ** (sämtliche allgemeinen und besonderen sozialen Dienste; so auch Wiesner/Wiesner § 72 Rn 11). Andere Personen ohne entsprechende Ausbildung als Fachkräfte zB im ASD, der Adoptionsvermittlung, der Erziehungsberatung, den ambulanten und stationären Erziehungshilfen oder sozialpädagogischen Einrichtungen zu beschäftigen, ist ausgeschlossen.

21   Dass bestimmte Aufgaben nur noch **Fachkräften mit Zusatzausbildung** zu übertragen sind, verstärkt diesen Trend. Zu fordernde Zusatzausbildungen sind abschließend nicht zu benennen; es können sowohl fachbezogene sein wie die des Psychagogen oder des Supervisors als auch Zusatzausbildungen für bestimmte Tätigkeiten – etwa in der Amtsvormundschaft/Amtspflegschaft oder für die Jugendhilfeplanung –, aber auch solche in Projekt- und Sozialmanagement. Hier gilt aber weiterhin das Recht und die Pflicht des öffentlichen Trägers zu bestimmen, für welche Aufgabe er welche Zusatzqualifikation verlangt.

4. Interdisziplinäre Zusammenarbeit

22   Die in Abs. 1 Satz 3 vorgeschriebene **Zusammenarbeit verschiedener Fachkräfte** soll „einer einseitigen Fixierung bzw der Beschränkung auf bestimmte Therapieformen vorbeugen und die Entwicklung neuer Erkenntnisse und Methoden offen halten" (BT-Drucks. 11/5948, 97). Sie erhält ihre besondere Bedeutung vor allem beim Zusammenwirken mehrerer Fachkräfte nach § 8 a Abs. 1 (§ 8 a Rn 18 ff) und § 36 Abs. 2 Satz 1 (§ 36 Rn 38 ff).

III. Leitende Funktionen – Abs. 2

23   Abs. 2 gilt nicht nur für **die Leitung der Verwaltung des JA/LJA,** sondern für alle **leitenden Funktionen der öffentlichen Träger.** Die Gesetzesbegründung bezeichnet als leitende Funktion bereits alle diejenigen, „mit denen die Fachaufsicht über mehrere Fachkräfte verbunden ist" (BT-Drucks. 11/5948, 97). Im Sinnzusammenhang des Fachkräfte-Beschäftigungsgebots des Abs. 1 ist das abschwächende „In-der-Regel"-Gebot des Abs. 2 kritisch zu sehen. Heute werden und müssen Fachkräfte beschäftigt werden. Diese sind nur von Fachkräften angemessen anzuleiten. Die in Einzelfällen praktizierte **Übertragung einer leitenden Funktion an mehrere Personen** ist zulässig, auch die des Leiters des JA/LJA.

24   Diese Vorgaben gelten für die Besetzung von **leitenden Funktionen** aller Organisationsebenen und -einheiten des JA (entsprechend des LJA). Sowohl in der Verwaltung des JA (LJA) für alle denkbaren Gliederungen (zB Arbeitsgruppen, Unterabteilungen, Abteilungen) als auch in den Einrichtungen (zB Kindertagesstätten, Häuser der Jugend u.a.m.) für die Leiter und seine Stellvertreter, dh allgemein für anleitende Funktionen und nicht nur für die wenigen Spitzenpositionen eines JA/LJA.

25   Die **Leitung der Verwaltung des JA** ist nur mit besonderen Fachkräften angemessen besetzt, die zunächst hinsichtlich ihrer sozialpädagogischen/sozialarbeiterischen bzw kinder- und jugendhilfespezifischen Kompetenz ausgewiesen sein müssen und die über eine für diese Aufgabe angemessene Verwaltungserfahrung verfügen, entweder als Doppelqualifikation oder über Zusatzausbildungen (zB Projekt- und Sozialmanagement, Betriebswirtschaft, Organisations-/Personalentwicklung, über Erfahrungen in der Leitung von Dienststellen o.ä. des Jugend-, Sozial-, Gesundheitsamts oder vergleichbarer Tätigkeiten bei Trägern der freien Jugendhilfe). Eine eindeutige Regelung trifft § 34 Abs. 3 AG KJHG Berlin: „Die Leitung der Verwaltung des Jugendamtes darf nur einer persönlich geeigneten und in der Jugendhilfe erfahrenen Fachkraft übertragen werden; der Jugendhilfeausschuss ist vorher zu hören."

26   Soll zB ein Angestellter/Beamter des nichttechnischen allgemeinen Verwaltungsdiensts, ein Jurist, ein Betriebs- oder Volkswirt, ein Diplom-Soziologe oder Diplom-Psychologe mit der Leitung der Verwaltung des JA/LJA beauftragt werden, besteht eine besondere Begründungspflicht: Die **Beschäftigung von Bewerbern mit nicht sozialwissenschaftlichen berufsqualifizierenden Abschlüssen** ist in diesen Positionen nur zulässig, wenn sie auf belegbare mehrjährige und einschlägige Erfahrungen in der Kinder- und Jugendhilfe verweisen können und sich über Fort- und Weiterbildungsangebote für Tätigkeiten der Kinder- und Jugendhilfe fachlich zusätzlich qualifiziert haben (uU auch nachgewiesen durch Zusatzqualifikationen für leitende Mitarbeiter der Jugend- und Sozialhilfe oder weiterbildender Studiengänge der Hochschulen).

27   Insgesamt gilt, dass rechtlich (Änderung von „dürfen nur" in § 16 JWG zu „sollen" im SGB VIII) eine **besondere Begründungspflicht** immer dann besteht, wenn leitende Funktionen des JA/LJA nicht mit Fachkräften besetzt werden sollen. Die Auffassung, dass Verwaltungsfachkräften der Abteilung Amtspflegschaft nicht grundsätzlich die Eignung abzusprechen sei, Amtsleiterin/Amtsleiter des gesamten JA zu werden (so Klinkhardt § 72 Fn 18) ist nur insofern richtig, wenn diese zusätzlich zu ihrer Verwaltungsfachkraftqualifikation eine kinder- und jugendhilfespezifische und beraterische Zusatzqualifikation nachweisen können (Rn 6). Das Fachkräftegebot des Abs. 2 ist auch vom JHA/LJHA im Rahmen der verpflichtenden Anhörung vor einer Einstellung zu überprüfen (§ 71 Abs. 3 Satz 2: „soll", ausnahmsweise Abweichungen sind aber nicht – mehr – begründbar; § 71 Rn 15).

IV. Besonderheiten in den neuen Bundesländern

Zu den **Ausbildungs- und Studienabschlüssen**, die in der **DDR** für Tätigkeiten des Spektrums der 28
Dienste und Einrichtungen der Kinder- und Jugendhilfe befähigten, galten zunächst Übergangsregelungen (siehe BMFSFJ 1994, insb. das Kapitel V). Allerdings verlieren rund 20 Jahre nach dem Beitritt
der DDR zur BRD die ehedem notwendigen Übergangsregelungen ihre Bedeutung und gilt inzwischen
auch in den neuen Bundesländern das Fachkräftegebot des Abs. 1 uneingeschränkt. Die Einstellung
minder qualifizierten Personals, die in der Zeit des Aufbaus der JÄ notwendig war, ist mittlerweile
eindeutig unzulässig (DIJuF JAmt 2009, 250).

V. Fortbildung/Supervision – Abs. 3

Abs. 3 verpflichtet die JÄ/LJÄ (objektiv-rechtlich: haben), die **Fortbildung/Supervision** sicherzustellen 29
– über eigene Einrichtungen/Veranstaltungen/Angebote des JA/LJA, uU auch der Gebietskörperschaft
– oder entsprechende Mittel im Haushalt einzusetzen, so dass Mitarbeiter sich bei Dritten fortbilden
können oder über Dritte supervidiert werden. Fort-, Weiterbildung und Supervision sind unter fachlichen und Modernisierungsgesichtspunkten (Vor§ 69 Rn 21 f) unverzichtbar, um die Mitarbeiter zu
befähigen, stets nach den „aktuellen Regeln der Kunst" (Jordan ZfJ 2001, 48) zu handeln (hierzu Kreft
BldW 1998, 254). Stellt der Träger der öffentlichen Jugendhilfe keine oder nur unzureichende eigene
Angebote und Mittel für Fortbildung und Supervision bei Dritten bereit, ist das eine uU aufsichts-
rechtlich zu beanstandende Rechtsverletzung. Dabei dürfen Mindeststandards beim Angebot nicht
unterschritten werden. Bspw wäre nicht als ausreichend zu bewerten, wenn nicht mit entsprechender
Finanzierung sowohl Fortbildung als auch Supervision angeboten werden und jede Fachkraft nicht
mindestens alle zwei Jahre an einer mehrtägigen Fortbildung zu aktuellen Themen ihres Arbeitsbe-
reichs teilnehmen kann.

Die Befähigung, nach den **Regeln der Kunst** zu handeln, ist nicht durch eine einmal erworbene Be- 30
rufsqualifikation zu sichern, sondern ist eine „berufslebenslange Aufgabe"; dazu dienen vor allem
regelmäßige Fortbildungen. Ermöglicht der Arbeitgeber nachweisbar keine regelmäßigen Fortbildungen, kann sich der Arbeitnehmer uU bei Vorwürfen wegen Verletzung aktueller fachlicher Standards
exkulpieren (§ 1 Rn 37 ff).

Weiterführende Literaturhinweise:

BAGLJÄ 2004; *Kreft* uj 2004, 363; *Rauschenbach/Schilling* 2005.

§ 72 a Persönliche Eignung

¹Die Träger der öffentlichen Jugendhilfe dürfen für die Wahrnehmung der Aufgaben in der Kinder- und Jugendhilfe keine Person beschäftigen oder vermitteln, die rechtskräftig wegen einer Straftat nach den §§ 171, 174 bis 174 c, 176 bis 180 a, 181 a, 182 bis 184 f, 225, 232 bis 233 a, 234, 235 oder 236 des Strafgesetzbuchs verurteilt worden ist. ²Zu diesem Zweck sollen sie sich bei der Einstellung oder Vermittlung und in regelmäßigen Abständen von den betroffenen Personen ein Führungszeugnis nach § 30 Abs. 5 des Bundeszentralregistergesetzes vorlegen lassen. ³Durch Vereinbarungen mit den Trägern von Einrichtungen und Diensten sollen die Träger der öffentlichen Jugendhilfe auch sicherstellen, dass diese keine Personen nach Satz 1 beschäftigen.

I. Inhalt und Bedeutung der Regelung

1 Der mit dem KICK neu eingeführte und mit dem KiföG geänderte § 72 a dient dem **präventiven Schutz von Kindern und Jugendlichen in Einrichtungen** (BT-Drucks. 15/3676, 39; 16/9299, 39 f). Ziel ist, die Betätigung von Personen in der Kinder- und Jugendhilfe zu verhindern, die das Wohl von Kindern und Jugendlichen aufgrund schädlicher Neigungen gefährden (Kreft JAmt 2006, 66; kritisch Merten UJ 2007, 322). Für den Träger der öffentlichen Jugendhilfe gilt daher ein **Beschäftigungs- und Vermittlungsverbot** von Personen mit einschlägigen Vorstrafen. Träger der freien Jugendhilfe sollen dies im Rahmen einer Selbstverpflichtung gleichermaßen befolgen (Rn 17 ff).

2 Die Prüfung der persönlichen Eignung kann sich, soweit strafrechtlich relevantes Verhalten in den Blick genommen wird, nur an rechtskräftigen Verurteilungen orientieren, die in einem Führungszeugnis aufgenommen werden (Meysen/Schindler JAmt 2004, 449, 463). Solange eine Person wegen entsprechenden Verhaltens nicht strafrechtlich verurteilt wurde, ist kaum eine Möglichkeit der Überprüfung verfügbar (DIJuF JAmt 2005, 348). Es ist also zu bezweifeln, ob § 72 a verhindert, dass bspw Personen mit sog. pädophilen Neigungen in der Kinder- und Jugendhilfe tätig sind (BT-Drucks. 15/3676, 39; Blumenstein DGgKV 3/2005, 10). Allerdings bleibt die Hoffnung, dass die **Verpflichtung zur regelmäßigen Überprüfung eine Abschreckungswirkung** auf potenzielle Bewerber hat. Für einen weitergehenden präventiven Schutz wäre erforderlich, dass die Kinder- und Jugendhilfe das Thema nicht tabuisiert, sondern aktiv angeht. Hierzu gehört insbesondere in Konzept und Leistungsbeschreibung darzustellen, wie der Schutz von Mädchen und Jungen vor körperlicher, psychischer und sexueller Gewalt konkret gewährleistet wird (BAGLJÄ 2008, 9 f; Fegert/Conen 2002, 53). Die Träger sollen im Rahmen des **Qualitätsmanagements** der Einrichtung bzw des Dienstes dafür Sorge tragen, dass eine derartige schützende Haltung fester Bestandteil der Personalkultur ist (BAGLJÄ 2005, 41 ff, 48; als Beispiel angemessenen Handelns: Diakonieverbund Schweicheln 2004).

3 Während § 72 a in der ursprünglichen Fassung den Trägern der öffentlichen Jugendhilfe hinsichtlich der Beschäftigung/Vermittlung ein Ermessen eröffnete, wurde mit dem KiföG nicht nur eine Anpassung an das veränderte StGB vorgenommen, sondern darüber hinaus eine Verschärfung durchgesetzt, die als **Beschäftigungs- bzw Vermittlungsverbot einschlägig vorbestrafter Personen** bezeichnet werden kann. Mit Inkrafttreten der Änderung des Bundeszentralregistergesetzes Mitte 2010 und der damit einhergehenden Einführung des sog. erweiterten Führungszeugnisses wird zusätzlich eine erweiterte Auskunftserteilung ermöglicht (BT-Drucks. 16/12427).

4 Mit Satz 1 wird dem Träger der öffentlichen Jugendhilfe verbindlich untersagt, Personen in der Kinder- und Jugendhilfe zu beschäftigen oder zu vermitteln, die wegen Begehung einer der ausdrücklich benannten Straftaten rechtskräftig verurteilt wurden. In Satz 2 wird als Nachweis die Vorlage eines Führungszeugnisses nach § 30 Abs. 5 des Bundeszentralregistergesetzes verlangt. Mit Satz 3 wird die Selbstverpflichtung zu entsprechender Prüfung der Träger der freien Jugendhilfe geregelt.

II. Persönlicher Anwendungsbereich

5 § 72 a betrifft unmittelbar alle Personen, die vom Träger der öffentlichen Jugendhilfe für die Wahrnehmung von Aufgaben der Kinder- und Jugendhilfe **beschäftigt oder vermittelt** werden. Hierzu ge-

hören nicht nur **hauptberuflich Beschäftigte**, auf die sich das Fachkräftegebot in § 72 bezieht (aA LJA BY 2007), sondern auch **Honorar- und Aushilfskräfte** (DV 2006, 5). Der Begriff der Beschäftigung bezieht sich im Sozialversicherungsrecht auf nichtselbstständige Arbeit, insbesondere in einem Arbeitsverhältnis (§ 7 Abs. 1 SGB IV). Auch für die Anwendung von § 72 a gilt, dass es sich bei einer Beschäftigung um eine **abhängige, weisungsgebundene und entgeltliche Tätigkeit** handeln muss. Personen, die sich ehrenamtlich in der Kinder- und Jugendhilfe betätigen, sind nicht beschäftigt iSd Satz 1 und unterfallen folglich keinem Beschäftigungsverbot (Blumenstein DGgKV 3/2005, 10). Nicht beschäftigt idS werden außerdem Tages- oder Vollzeitpflegepersonen (BVerwG 8.11.1989 – 5 B 85.89, Buchholz 436.51 § 6 JWG Nr 12). Bei diesen Personengruppen ist der **Begriff der Vermittlung maßgeblich**. Soweit der Träger der öffentlichen Jugendhilfe Vollzeit- oder Tagespflegepersonen oder aber auch ehrenamtlich tätige Personen zur Erfüllung von Aufgaben der Kinder- und Jugendhilfe vermittelt, hat er sich ebenfalls ein Führungszeugnis vorlegen zu lassen. Nicht konsequent ist, dass die Vorlage eines Führungszeugnisses nur bei Vermittlung von Tages- oder Vollzeitpflegepersonen erforderlich ist, nicht aber bei **Erteilung einer Pflegeerlaubnis nach §§ 43, 44.**

Ob die Beschäftigung oder Vermittlung **zur Wahrnehmung von Aufgaben der Kinder- und Jugendhilfe** erfolgt, ist gesondert zu prüfen. Hierzu gehören nicht nur die pädagogische Arbeit im direkten Kontakt mit den jungen Menschen, sondern auch Verwaltungs- und Organisationsaufgaben auf gesetzlicher Grundlage des SGB VIII, sodass auch die in diesem Bereich beschäftigten Personen dem Beschäftigungsverbot unterfallen (aA BAGLJÄ 2006, 31, 34; DV 2006, 5). Personen hingegen, die bspw besondere Veranstaltungen in Einrichtungen für Kinder und Jugendliche ausrichten und kurzfristig in direktem Kontakt mit ihnen stehen, nehmen zumindest dann keine Aufgaben der Kinder- und Jugendhilfe wahr, solange damit keine selbstständige pädagogische Arbeit mit den jungen Menschen einhergeht. **6**

III. Einschlägige Straftaten – Satz 1

§ 72 a Satz 1 nennt ausdrücklich **folgende Straftaten**, deren Begehung für eine Tätigkeit in der Kinder- und Jugendhilfe disqualifizierend wirkt: **7**

§ 171 StGB (Verletzung der Fürsorge- und Erziehungspflicht)

§ 174 StGB (Sexueller Missbrauch von Schutzbefohlenen)

§ 174 a StGB (Sexueller Missbrauch von Gefangenen, behördlich Verwahrten oder Kranken und Hilfsbedürftigen in Einrichtungen)

§ 174 b StGB (Sexueller Missbrauch unter Ausnutzung einer Amtsstellung)

§ 174 c StGB (Sexueller Missbrauch unter Ausnutzung eines Beratungs-, Behandlungs- oder Betreuungsverhältnisses)

§ 176 (Sexueller Missbrauch von Kindern)

§ 176 a (Schwerer sexueller Missbrauch von Kindern)

§ 176 b (Sexueller Missbrauch von Kindern mit Todesfolge)

§ 177 (Sexuelle Nötigung; Vergewaltigung)

§ 178 (Sexuelle Nötigung und Vergewaltigung mit Todesfolge)

§ 179 (Sexueller Missbrauch widerstandsunfähiger Personen)

§ 180 (Förderung sexueller Handlungen Minderjähriger)

§ 180 a (Ausbeutung von Prostituierten)

§ 181 a (Zuhälterei)

§ 182 (Sexueller Missbrauch von Jugendlichen)

§ 183 (Exhibitionistische Handlungen)

§ 183 a (Erregung öffentlichen Ärgernisses),

§ 184 (Verbreitung pornographischer Schriften)

§ 184 a (Verbreitung gewalt- oder tierpornographischer Schriften)

§ 184 b (Verbreitung, Erwerb und Besitz kinderpornographischer Schriften)

§ 184 c (Verbreitung, Erwerb und Besitz jugendpornographischer Schriften)

§ 184 d (Verbreitung pornographischer Darbietungen durch Rundfunk, Medien- oder Teledienste)

§ 184 e (Ausübung der verbotenen Prostitution)

§ 184 f (Jugendgefährdende Prostitution)

§ 225 (Misshandlung von Schutzbefohlenen)

§ 232 (Menschenhandel zum Zweck der sexuellen Ausbeutung)

§ 233 (Menschenhandel zum Zweck der Ausbeutung der Arbeitskraft)

§ 233 a (Förderung des Menschenhandels)

§ 234 (Menschenraub)

§ 235 (Entziehung Minderjähriger)

§ 236 (Kinderhandel).

8   Satz 1 verlangt eine **rechtskräftige Verurteilung**. Ein Ermittlungsverfahren oder die Anklageerhebung reichen iSd Satzes 1 noch nicht aus. Doch kann in solchen Fällen die persönliche Eignung der betreffenden Personen iSd § 72 Abs. 1 in Frage stehen. § 72 a liefert insoweit nur eine Präzisierung, nicht aber eine abschließende Definition der „persönlichen Eignung".

IV. Einholung eines Führungszeugnisses – Satz 2

9   Die Träger der öffentlichen Jugendhilfe haben sich **bei Einstellung bzw Vermittlung bzw Erteilung einer Pflegeerlaubnis und in regelmäßigen Abständen** ein Führungszeugnis nach § 30 Abs. 5 BZRG vorlegen zu lassen. Allerdings werden sie künftig auch die Möglichkeit haben, sich ein sog. **erweitertes Führungszeugnis** nach § 30 a Abs. 1 BZRG vorlegen zu lassen, das (nur) von Personen beantragt werden kann, die in einem kinder- und jugendnahen Bereich tätig sind bzw sich hierfür bewerben (BT-Drucks. 16/12427, 5). Gegenüber dem regulären Führungszeugnis nimmt das erweiterte Führungszeugnis Verurteilungen auf, die unterhalb einer Bagatellgrenze liegen, sich aber auf einschlägige Straftatbestände beziehen. So kann bspw eine Verurteilung zu unter 90 Tagessätzen wegen Besitzes von Kinderpornografie nur über das erweiterte Führungszeugnis nachvollzogen werden (BT-Drucks. 12/12425, 4).

10   Mit Vorlage des Führungszeugnisses wird nicht nur die Begehung einschlägiger, sondern auch anderer Straftaten bekannt. Die Pflicht zur Preisgabe dieser Informationen ist mit Blick auf das **informationelle Selbstbestimmungsrecht** der Betroffenen nicht unproblematisch (DIJuF JAmt 2005, 348). Auch in Übereinstimmung mit dem **Fragerecht des Arbeitgebers** im Bewerbungsverfahren, das grundsätzlich nur Fragen zu tätigkeitsrelevanten Straftaten zulässt (Kittner/Becker 2005 § 29 Rn. 28), könnte die Einholung weitergehender Informationen über das Führungszeugnis unzulässig sein (Wohlgemuth 1985, 3). Trotz dieser Bedenken ist im Ergebnis wohl festzustellen, dass die **Vorlage des Führungszeugnisses erforderlich ist, da es die einzige Ermittlungsmöglichkeit für den Arbeitgeber ist, ob einschlägige Vorstrafen vorliegen** (DIJuF JAmt 2005, 348 mwN; i.E. wohl auch Wocken Sozialrecht aktuell 2006, 78, 79). Ggf ist danach zu differenzieren, ob die Begehung einer nicht einschlägigen Straftat die persönliche Eignung für die Tätigkeit ausschließt. Soweit durch die Vorlage des Führungszeugnisses Straftaten bekannt werden, die objektiv betrachtet solche Zweifel nicht rechtfertigen können, ist von einem **Verwertungsverbot** auszugehen. Denn das Führungszeugnis wird dem Arbeitgeber nur in Bezug auf den Strafenkatalog des § 72 a Abs. 1 Satz 1 zur Verfügung gestellt und beinhaltet eine insoweit nur bedingte Einwilligung zur Informationsnutzung (DIJuF JAmt 2005, 348). Entsprechendes gilt für die Bewerbungen auf Beamtenstellen.

11   Bereits nach geltendem Recht sind Gerichte und Staatsanwaltschaften nach den Vorgaben des EGGVG (§§ 12 ff; DIJuF JAmt 2006, 395) zur **Mitteilung personenbezogener Daten von Amts wegen an öffentliche Stellen befugt bzw verpflichtet** (Anordnung über Mitteilungen in Strafsachen [MiStra] vom 21.8.2008 – BAnz Nr. 126 a mit entsprechenden AV der Länder). Eine Meldepflicht besteht nicht nur bei **Strafsachen gegen Arbeiter, Angestellte und Beamte des öffentlichen Dienstes** (MiStra Nr. 15 f), sondern auch bei Strafsachen gegen Personen, die bei öffentlich-rechtlichen Religionsgemeinschaften beschäftigt sind (MiStra Nr. 22), gegen Zivildienstleistende (MiStra Nr. 21) und bei Strafsachen gegen Angehörige von Heilberufen und gegen sonstige Angehörige von Lehr- und erzieherischen Berufen (MiStra Nr. 26, 27). Im letzteren Falle sind die Meldungen an die zuständige Aufsichtsbehörde zu

richten. Das sind bei freien Trägern von Einrichtungen und Diensten die LJÄ. In der Praxis hat sich allerdings erwiesen, dass entsprechende Mitteilungen nicht durchgängig und nicht flächendeckend erfolgen (DIJuF JAmt 2006, 395), so dass die **Vorlage des Führungszeugnisses** nach § 72 a nicht nur bei der Einstellung oder Vermittlung, sondern auch **in regelmäßigen Abständen** verlangt werden soll, um sicherzustellen, dass auch rechtskräftige Verurteilungen bekannt werden, die im laufenden Arbeitsverhältnis stattgefunden haben (BAGLJÄ 2006, 33).

Regelmäßige Abstände sollten Zeitabstände von nicht unter drei und nicht über fünf Jahren sein (DIJuF JAmt 2006, 395). Sinnvolle Abstände der Wiedervorlage sind durch den Arbeitgeber unter Berücksichtigung des Schikaneverbots festzusetzen (Wocken Sozialrecht aktuell 2006, 178). **12**

Ist der/die Beschäftigte nicht zu einer **wiederholten Vorlage eines Führungszeugnisses** bereit, kann dies eine Verletzung einer Nebenpflicht aus dem Arbeitsvertrag darstellen. Eine beharrliche Weigerung, dieser Pflicht nachzukommen, kann zu einer verhaltensbedingten Kündigung führen (DIJuF JAmt 2005, 348). Bei Beamten führt ein entsprechendes Verhalten uU zu einem Dienststrafverfahren (zur Einschränkung der Auskunftsverwertung vgl Rn 10). Dies gilt nicht, wenn der/die Beschäftigte/Beamte das Führungszeugnis bei einem Notar hinterlegt und dieser gegenüber dem Arbeitgeber versichert, dass eine einschlägige Vorstrafe nicht vorliegt. **13**

Die **Kosten für die Erstellung des Führungszeugnisses** gehören bei der Erstausstellung zu den allgemeinen Bewerbungsunterlagen. Es besteht insoweit – anders als bei der Vorlagepflicht im laufenden Beschäftigungsverhältnis – kein Erstattungsanspruch der Bewerber (DIJuF 2005, 348; aA Wocken Sozialrecht aktuell 2006, – 178). Im laufenden Beschäftigungsverhältnis besteht ein Anspruch des Arbeitnehmers gegenüber dem Arbeitgeber auf Ersatz seiner Aufwendungen (§ 670 BGB). Die Kosten sind arbeitsvertraglich idR auch nicht auf den Arbeitnehmer abzuwälzen, da der Arbeitgeber sicherstellen muss, keine einschlägig vorbestraften Personen zu beschäftigen. Folglich hat er auch die entsprechenden Kosten zu übernehmen (DIJuF 2005, 348; Wocken Sozialrecht aktuell 2006, 178). **14**

Ergibt sich, dass der/die Beschäftigte **während des Beschäftigungsverhältnisses rechtskräftig wegen einer Straftat nach Satz 1 (Rn 7) verurteilt** worden ist, kann dies nicht automatisch zur **Beendigung des Arbeitsverhältnisses** führen. Vielmehr hat der Arbeitgeber den Weg über eine außerordentliche oder ordentliche Kündigung zu prüfen (Fegert/Burgsmüller 2002, 128, 133). Dabei sind die arbeitsrechtlichen Kündigungsschutznormen wie auch die Sonderkündigungsschutznormen (für Schwerbehinderte, nach dem Mutterschutzgesetz usw) und die Beteiligungspflichten des Personalrats zu beachten. Regelmäßig wird der Arbeitnehmer jedoch sofort zu suspendieren oder ggf anderweitig zu beschäftigen sein. **15**

Das **Beamtenverhältnis** eines Beamten, der im ordentlichen Strafverfahren durch ein Urteil eines deutschen Gerichts im Geltungsbereich des Beamtenrechtsrahmengesetzes wegen einer vorsätzlichen Tat zu einer Freiheitsstrafe von mindestens einem Jahr verurteilt wird, endet mit der Rechtskraft des Urteils (§ 24 BRRG). Diese Bestimmung findet sich wieder im Bundesbeamtengesetz (§ 48 BBG) und in den Landesgesetzen (zB BE § 83 LBG). Im Falle der Verurteilung zu einer niedrigeren Strafe wird ein Disziplinarverfahren durchgeführt, das mit der Entfernung aus dem Beamtenverhältnis enden kann (§ 10 iVm § 14 Bundesdisziplinarordnung). Im Übrigen gilt auch bei Beamten die Prüfpflicht, ob er ggf zu suspendieren ist (Rn 15). **16**

V. Vereinbarungen mit freien Trägern – Satz 3

Satz 3 verpflichtet die Träger der öffentlichen Jugendhilfe, über **Vereinbarungen mit den Trägern von Einrichtungen und Diensten** sicherzustellen, dass diese keine Personen nach Satz 1 beschäftigen (Rn 7). Wie in § 8 a Abs. 2 ist diese vertragliche Selbstverpflichtung der Träger der freien Jugendhilfe erforderlich, weil der Gesetzgeber nicht unmittelbar in die Betätigungsfreiheit freier Träger eingreifen darf (vgl § 8 a Rn 26). Diese Konstruktion hat zur Folge, dass die Vorgaben des Satz 1 für die Träger der freien Jugendhilfe nur über die jeweiligen Vereinbarungen modifiziert gelten. Dh, **maßgeblich ist zunächst der Inhalt** der jeweiligen, den **Träger bindenden Vereinbarung**. **17**

Die **Pflicht zum Abschluss entsprechender Vereinbarungen** richtet sich nur an den Träger der öffentlichen Jugendhilfe. Dies bedeutet, dass insbesondere bei der Betriebserlaubnis (zB bei der Vorlage einer Einrichtungskonzeption – § 45 Abs. 2), bei der Anerkennung als Träger der freien Jugendhilfe (§ 75 – dort insbesondere Abs. 1 Nr. 3 die zu prüfenden fachlichen und persönlichen Voraussetzungen) oder allgemein bei der Förderung der freien Jugendhilfe (§ 74 Abs. 1 Nr. 1) sowie beim Abschluss von Ver- **18** einbarungen nach §§ 78 a ff (bei den Leistungs- und Qualitätsentwicklungsverfahren nach § 78 b Abs. 1 Nr. 1 und 3) darauf zu achten ist, dass auch Vereinbarungen nach § 72 a abgeschlossen werden.

19 **Inhalt dieser Vereinbarungen** ist die Sicherstellung, dass die Träger der freien Jugendhilfe keine einschlägig vorbestraften Personen beschäftigen. Der persönliche Anwendungsbereich ist bei Trägern der freien Jugendhilfe folglich enger (Rn 5). Mit „beschäftigen" sind alle **entgeltlichen Arbeitsverhältnisse** gemeint (Rn 5). Betroffen sind Voll- und Teilzeitbeschäftigte, wie auch Honorarkräfte bzw entgeltlich tätige freie Mitarbeiter/innen. Bei dem hohen Anteil Ehrenamtlicher in den Arbeitsfeldern der Kinder- und Jugendhilfe – vor allem in der Jugendarbeit (vgl § 73 Rn 8 f) – wäre grundsätzlich zu erwägen, ob diese in den Vereinbarungen aufgenommen werden (DV 2006, 5). Eine Pflicht dazu besteht nicht. Allerdings gilt auch mit Blick auf Ehrenamtliche, dass die Träger von Einrichtungen und Diensten grundsätzlich für ein angemessenes internes Qualitätsmanagement verantwortlich sind (Blumenstein DGgKV 3/2005, 10; vgl Rn 2).

20 **Wie die Sicherstellung erfolgen soll,** keine einschlägig vorbestraften Personen zu beschäftigen, wird vom Gesetz nicht vorgegeben. Grundsätzlich wären die Vertragspartner frei, hierfür eigene Maßgaben zu entwickeln. Dies könnte bspw die verbindliche Vorlage von Konzepten der Träger zu einem speziellen Qualitätsmanagement zum präventiven Schutz von Minderjährigen in ihren Einrichtungen und Diensten sein, die insbesondere auch auf sinnvolle Strategien bei der Personalauswahl abzielen (Fegert/Conen 2002, 58). Bislang hat sich in der Praxis allerdings nur das Einholen von Führungszeugnissen als ausreichend sicher erwiesen, einschlägige Vorbestrafungen auszuschließen.

Weiterführende Literaturhinweise:

BAGLJÄ, 2006 und 2008; *Fegert/Wolff* 2002; *Kreft* JAmt 2006, 66; *Wocken* Sozialrecht aktuell 2006.

Zweiter Abschnitt:
Zusammenarbeit mit der freien Jugendhilfe, ehrenamtliche Tätigkeit

Vorbemerkung zu den §§ 73 bis 78

I. Allgemeines

In den §§ 73 bis 78 wird die in § 4 grundsätzlich angesprochene Zusammenarbeit der öffentlichen 1
Jugendhilfe mit der freien/privaten Jugendhilfe (zum Begriff § 3 Rn 7 ff) ausdifferenziert. Angesprochen
sind neben der Ehrenamtlichkeit insbesondere die **Anerkennung** und die **Beteiligung** von, sowie die
Zusammenarbeit in Arbeitsgemeinschaften. Faktischer Schwerpunkt ist die **Finanzierung** der Tätigkeit
freier/privater Träger durch öffentliche Mittel (§§ 74, 74 a, 77). Bedeutsam ist dies vor dem Hintergrund, dass Angebote und Leistungen in der Jugendhilfe zum überwiegenden Teil von privaten Trägern
erbracht werden (vgl Vor§ 69 Rn 3 ff).

II. Finanzierung der Arbeit freier Träger

Ursprünglich waren im 2. Abschnitt (neben der speziellen Regelung des § 76 bei der Aufgabenbeteili- 2
gung durch freie Träger) hinsichtlich der Finanzierung **nur § 74 und § 77** vorhanden. Durch die mit
der Etablierung von Rechtsansprüchen verbundene zunehmende Verschiebung der Finanzierung auf
die Leistungserbringung (vgl Rn 3) bestand die Notwendigkeit, diesen Bereich gründlicher zu regeln.
Hinsichtlich der in § 78 a Abs. 1 genannten Aufgaben geschieht dies im 3. Abschnitt (vgl Vor§ 78 a
Rn 3).

1. Die Förderung der freien Jugendhilfe durch Zuwendungen/Sozialsubventionen – § 74

Inhaltlich deckt sich die Förderung nach § 74 mit dem **Begriff der Subvention** (im Einzelnen § 74 3
Rn 1). In der Jugendhilfe war die Förderung lange Zeit der klassische Weg zur Absicherung von Angeboten und Leistungen privat-gemeinnütziger Träger. Die Förderung/Sozialsubvention entspricht einem traditionellen Modell korporatistischen Zusammenwirkens zwischen öffentlichem und privatem
Bereich (vgl § 4 Rn 8 ff, 13). Mit der Verlagerung der Leistungserbringung und ihrer Finanzierung auf
die – rechtlich regelmäßig zwingende – Finanzierungsform der Entgeltübernahme (vgl VorKap. 5
Rn 6 ff) hat die **Zuwendungs-/Subventionsfinanzierung an Bedeutung verloren**. Sie ist dort relevant,
wo sich die öffentlichen Jugendhilfeträger – insbesondere aus fiskalischen Überlegungen – vom Instrument der Zuwendungsfinanzierung nicht lösen wollen. **Rechtlich zulässig** ist die Zuwendungs-/
Subventionsfinanzierung, wenn es um nicht rechtsanspruchsgesicherte Leistungserbringung geht. Sie
kann (möglicherweise neu) Relevanz erlangen, wo es um die Förderung privater (gemeinnütziger, anerkannter) Träger als solche geht (also nicht als Leistungserbringer), da sie gesellschaftlich wichtige
Funktionen (zB Anwaltsfunktion) als intermediäre Organisationen wahrnimmt. Davon zu trennen ist
allerdings – auch finanzierungstechnisch – ihre Funktion als Leistungserbringer, hier darf es – rechtlich
– nicht zu Vermischungen kommen (vgl VorKap. 5 Rn 16).

2. Vereinbarungen nach § 77

Der in § 77 verwendete Begriff der Vereinbarungen über die Höhe der Kosten ist sehr allgemein (im 4
Einzelnen § 77 Rn 3). Wegen der weiten Formulierung kann § 77 deswegen die Rechtsgrundlage für
die Finanzierung auf der Basis des **jugendhilferechtlichen Dreiecksverhältnisses** (wenn es sich nicht um
Leistungen handelt, die in § 78 a Abs. 1 genannt sind – vgl VorKap. 5 Rn 6 ff), sowie die Rechtsgrundlage für **zweiseitige, gegenseitige Leistungsverträge** zwischen dem öffentlichen Jugendhilfeträger und
privaten Anbietern sein (VorKap. 5 Rn 14; im Einzelnen § 77).

§ 73 Ehrenamtliche Tätigkeit

In der Jugendhilfe ehrenamtlich tätige Personen sollen bei ihrer Tätigkeit angeleitet, beraten und unterstützt werden.

I. Rechtsnatur der Norm, Unterstützung, Infrastruktur

1 § 73 konstituiert eine als Soll-Vorschrift ausgestaltete **Förderungspflicht ehrenamtlicher Tätigkeit in der Jugendhilfe.** § 73 ist eine **objektiv-rechtliche Norm**; ein Rechtsanspruch auf entsprechende Leistungen besteht für die ehrenamtlich tätige Person nicht (VorKap. 2 Rn 4 ff; zu den aktuellen Förderungskriterien und Förderungsinhalten vgl Beschluss der Jugendministerkonferenz vom 17./18.5.2001, „Freiwilliges und bürgerschaftliches Engagement fördern" in: Forum Jugendhilfe 2001, 32 ff).

2 Bei der **Finanzierung der Arbeit anerkannter freier Träger** (§ 75 Rn 1 ff) ist für die Förderung der Fortbildung ehrenamtlicher Mitarbeiter § 74 Abs. 6 Spezialvorschrift. Bei der Finanzierung über Vereinbarungen nach § 77 bzw über Entgeltvereinbarungen nach §§ 78 a ff sind Mittelanteile zur Anleitung, Beratung und Unterstützung ehrenamtlich tätiger Personen in den Vereinbarungen. zu berücksichtigen (vgl § 72 Rn 30).

3 Tatsächlich fließen den Wohlfahrts- und Jugendverbänden heute bereits **Mittel für die Erfüllung zentraler Aufgaben** (aber auch gezielt Mittel für Fort- und Weiterbildung) zu, die sie auch für Anleitung und Beratung der bei ihnen ehrenamtlich Tätigen einsetzen. Für Selbsthilfe-/selbstorganisierte Jugendhilfeträger (vgl Vor§ 69 Rn 8 f) mit ihren starken Anteilen ehrenamtlicher Tätigkeit sind zudem besondere Förderungskonzepte entwickelt worden, die deren Aktivitäten sowohl direkt finanziell als auch indirekt über infrastrukturelle Angebote (Kontakt- und Beratungsstellen) fördern (Enquete-Kommission bürgerschaftliches Engagement BT-Drucks. 14/8900, 142 ff).

4 **Anleitung** meint Hinführung, einführende Informationen, auch Werbung für ehrenamtliches Tun, **Beratung** ist fachliche Begleitung bei der ehrenamtlichen Aufgabenwahrnehmung, **Unterstützung** ist der umfassende Sammelbegriff für alle denkbaren Formen der Förderung ehrenamtlichen Handelns. Zum Teil nehmen landesrechtliche Ausführungsgesetze auf die Förderung der Ehrenamtlichkeit Bezug, etwa durch Regelungen zum Bildungsurlaub, Freistellung für die Tätigkeit in der Jugendarbeit usw (vgl zB § 18 a ThürKJHAG). Unter den weiten Begriff fallen eine Vielzahl unterschiedlicher Möglichkeiten, zB der Abschluss von Haftpflicht-, Unfallversicherung für Ehrenamtliche, die Übernahme von Kosten für die Teilnahme an Fortbildungsveranstaltungen, notwendiger Auslagenersatz, die Zurverfügungstellung von Räumen und Materialien für Arbeit usw.

5 Als objektiv-rechtliche Norm hat § 73 neben der Rechtsgrundlage für entsprechende Unterstützungsmaßnahmen insbesondere für die Jugendhilfeplanung im infrastrukturellen Bereich Bedeutung. Um die Aufgaben der fachlichen **Anleitung, Fortbildung, Beratung und Information,** auch des Erfahrungsaustauschs oder der Vermittlung potenziell Hilfsbereiter an Hilfebedürftige erfüllen zu können, sollte eine flächendeckende Infrastruktur von Treffpunkten, Vermittlungsbörsen, Einrichtungen und Diensten entwickelt werden (so bereits Olk 1990, 258).

II. Ehrenamtliche Tätigkeit: Begriff, Bedeutung, Wandel

6 Der **Begriff ehrenamtliche Tätigkeit** ist weit zu verstehen: „Ehrenamtliche Mitarbeit ist freiwillige, nicht auf Entgelt ausgerichtete Tätigkeit im sozialen Bereich. Um ehrenamtliche, dh unentgeltliche Mitarbeit handelt es sich auch dann, wenn nur Aufwandsentschädigung oder Auslagenersatz gewährt werden" (BAG Freie Wohlfahrtspflege 1982, 5). Trotz der immer wieder betonten Bedeutung ist der Begriff „ehrenamtliche Tätigkeit" aber weiterhin unscharf und gilt als Obertitel für Tätigkeiten in „nahezu allen Bereichen der Gesellschaft und auch des Staates: Politik, Kultur, Justiz, Freizeit, Jugendarbeit, Sport, Kirchen und Religionsgemeinschaften, Gesundheit und Sozialwesen, Katastrophenschutz und Rettungswesen, Freiwillige Feuerwehren, Arbeitsschutz, Tarifparteien in der Wirtschaft, Wissenschaft, Umwelt- und Naturschutz etc." (BT-Drucks. 13/5674, 3).

7 Inzwischen setzt sich für die Vielfalt ehrenamtlicher Tätigkeiten fachpolitisch der Begriff **Bürgerschaftliches Engagement** durch, weil er auf weniger formalisiertes, nicht so stark in Regeln eingebundenes Engagement verweist, das offen in den Formen und Handlungsbereichen ist (Enquete-Kommission „Zukunft des bürgerschaftlichen Engagements" BT-Drucks. 14/8900; Olk 2008, 186 ff). Zudem gibt es eine enge Nähe zur **Selbsthilfe,** denn Ehrenamt bezieht sich heute nicht nur auf die professio-

nellen Angebote und Versorgungsnetze, sondern – und dies wird in der Selbsthilfe deutlich – versteht sich bisweilen auch als Gegenentwurf professionell erbrachter Dienstleistungen (Beher u.a. 2000, 15). So zeigt sich in der Praxis vor Ort oft eine enge Verwebung von professionellen Angeboten und Diensten, ehrenamtlicher Tätigkeit und Selbsthilfehandeln.

Dem entspricht, dass **ehrenamtliche Tätigkeit nur unzureichend statistisch erfasst** wird. Relevante empirische Untersuchungen sind die 1999 vom BMFSFJ beauftragte repräsentative Bevölkerungsbefragung zum Freiwilligenengagement und die Auswertungen des sozioökonomischen Panels (SOP). Beide Untersuchungen kommen zu relativ hohen Anteilen ehrenamtlich engagierter Personen: ca. ein Drittel der über 14-Jährigen Personen engagieren sich in irgendeiner Form im Rahmen des freiwilligen Engagements, allerdings weit über den Bereich der sozialen Arbeit oder gar der Kinder- und Jugendhilfe hinaus. **8**

Der Bericht der **Enquete-Kommission „Zukunft des Bürgerschaftlichen Engagements"** (BT-Drucks. 14/8900 vom 3.6.2002) bietet umfassende quantitative und qualitative Darstellungen und Analysen der **Bürgergesellschaft**, dh für „jenes Netzwerk von selbstorganisierten, freiwilligen Assoziationen – Vereine und Verbände, NOGs, Bürgerinitiativen und Selbsthilfegruppen, Stiftungen und Freiwilligendienste, aber auch politische Parteien und Gewerkschaften usw.", das inzwischen „ein Tätigkeitsfeld eigener Art zwischen Staat, Wirtschaft und Familie (bildet)" (BT-Drucks. 14/8900, 3). Mit ihren differenzierten Handlungsempfehlungen (BT-Drucks. 14/8900, 281 ff) benennt die Enquete-Kommission Förderungsbedarfe und -möglichkeiten, die in vielen Teilen auch auf die Kinder- und Jugendhilfe übertragbar sind (vgl aaO, 325 ff). Diese Empfehlungen sind für die Weiterentwicklung der Anleitungs-, Beratungs- und Unterstützungsprofile des § 73 heranzuziehen. **9**

Insgesamt ist von einem Wandel des **Ehrenamts** auszugehen (ausführlich Beher u.a. 2000). Hieraus ergibt sich, dass ehrenamtliche Betätigung nicht nur wie bisher an traditionelle Mitgliederorganisationen gebunden ist, sich vielmehr pluralisiert, eine Ausdifferenzierung des Engagements stattfindet, das bis hin zur Semiprofessionalität reicht. Oft ist ehrenamtliche Tätigkeit auch zeitlich befristet, nicht (wie eine Mitgliedschaft) dauerhaft angelegt. Ehrenamtliche Tätigkeit muss in die jeweiligen biografischen Phasen der Ehrenamtlichen passen, sie ist schon deswegen geschlechtsspezifisch unterschiedlich. Sie ist darüber hinaus auch dadurch gekennzeichnet, dass es nicht allein um selbstloses Handeln geht, sondern auch darum, dass die Ehrenamtlichen ihr Engagement als befriedigend empfinden. **10**

Weiterführende Literaturhinweise:

Beher u.a. 2000; *Enquete-Kommission* BT-Drucks. 14/8900; *Heinze/Olk* 2001; *Olk* 2008; *Schütte* ZFSH/SGB 2003, 80 ff.

§ 74 Förderung der freien Jugendhilfe

(1) ¹Die Träger der öffentlichen Jugendhilfe sollen die freiwillige Tätigkeit auf dem Gebiet der Jugendhilfe anregen; sie sollen sie fördern, wenn der jeweilige Träger

1. die fachlichen Voraussetzungen für die geplante Maßnahme erfüllt,
2. die Gewähr für eine zweckentsprechende und wirtschaftliche Verwendung der Mittel bietet,
3. gemeinnützige Ziele verfolgt,
4. eine angemessene Eigenleistung erbringt und
5. die Gewähr für eine den Zielen des Grundgesetzes förderliche Arbeit bietet.

²Eine auf Dauer angelegte Förderung setzt in der Regel die Anerkennung als Träger der freien Jugendhilfe nach § 75 voraus.

(2) ¹Soweit von der freien Jugendhilfe Einrichtungen, Dienste und Veranstaltungen geschaffen werden, um die Gewährung von Leistungen nach diesem Buch zu ermöglichen, kann die Förderung von der Bereitschaft abhängig gemacht werden, diese Einrichtungen, Dienste und Veranstaltungen nach Maßgabe der Jugendhilfeplanung und unter Beachtung der in § 9 genannten Grundsätze anzubieten. ²§ 4 Abs. 1 bleibt unberührt.

(3) ¹Über die Art und Höhe der Förderung entscheidet der Träger der öffentlichen Jugendhilfe im Rahmen der verfügbaren Haushaltsmittel nach pflichtgemäßem Ermessen. ²Entsprechendes gilt, wenn mehrere Antragsteller die Förderungsvoraussetzungen erfüllen und die von ihnen vorgesehenen Maßnahmen gleich geeignet sind, zur Befriedigung des Bedarfs jedoch nur eine Maßnahme notwendig ist. ³Bei der Bemessung der Eigenleistung sind die unterschiedliche Finanzkraft und die sonstigen Verhältnisse zu berücksichtigen.

(4) Bei sonst gleich geeigneten Maßnahmen soll solchen der Vorzug gegeben werden, die stärker an den Interessen der Betroffenen orientiert sind und ihre Einflussnahme auf die Ausgestaltung der Maßnahme gewährleisten.

(5) ¹Bei der Förderung gleichartiger Maßnahmen mehrerer Träger sind unter Berücksichtigung ihrer Eigenleistungen gleiche Grundsätze und Maßstäbe anzulegen. ²Werden gleichartige Maßnahmen von der freien und der öffentlichen Jugendhilfe durchgeführt, so sind bei der Förderung die Grundsätze und Maßstäbe anzuwenden, die für die Finanzierung der Maßnahmen der öffentlichen Jugendhilfe gelten.

(6) Die Förderung von anerkannten Trägern der Jugendhilfe soll auch Mittel für die Fortbildung der haupt-, neben- und ehrenamtlichen Mitarbeiter sowie im Bereich der Jugendarbeit Mittel für die Errichtung und Unterhaltung von Jugendfreizeit- und Jugendbildungsstätten einschließen.

I. Allgemeines

1 § 74 verwendet die Begriffe Anregung und Förderung. Rechtlich bedeutsam ist die Förderung. **Begrifflich** handelt es sich bei der **Förderung** um (meist vermögenswerte) Leistungen, die vom öffentlichen Träger ohne marktmäßige Gegenleistung gewährt werden, um die geförderten Träger in die Lage zu versetzen, einen öffentlichen Zweck zu erfüllen (wegen der Abgrenzung zur Vereinbarung nach § 77 vgl VorKap. 5 Rn 6 ff). Unter **Förderung** ist grundsätzlich jede Form der Unterstützung freier Träger zu verstehen. Faktisch von Bedeutung sind die **finanziellen Zuwendungen**, aber auch zB die kostenlose Überlassung von Räumen, die Bereitstellung von Büromaschinen, Telefonen etc. stellen Förderung dar. Inhaltlich handelt es sich um Subventionen. Subventionen sind vermögenswerte Leistungen, die von einem Träger der öffentlichen Verwaltung einem Privaten gewährt werden, damit dieser einen öffentlichen Zweck erfüllt, ohne dass der Subvention eine konkrete, marktmäßige Gegenleistung gegen-

übersteht. Der Begriff **Sozialsubvention** macht deutlich, dass es sich um Subventionen mit sozialer Zweckrichtung handelt. § 74 nennt die **spezifischen jugendhilferechtlichen Voraussetzungen** für die **Förderung** und ist zugleich Rechtsgrundlage für die Förderungszuständigkeit, ohne damit eine Eingriffsermächtigung (auch indirekt gegenüber Dritten) zu verknüpfen (BVerwG 27.3.1992 – 7 C 21.90 – E 90, 112).

Die Förderung der freien Jugendhilfe ist Ausfluss der in § 4 angesprochenen **partnerschaftlichen Zu-** **2** **sammenarbeit**. Sie ist zugleich eine der **Formen der Finanzierung** der Arbeit der freien Träger durch die öffentlichen Träger (VorKap. 5 Rn 12 f). Wegen der Voraussetzungen – insbesondere der Gemeinnützigkeit (Rn 21) und der Anerkennung (Rn 24) – kommt diese Form der Finanzierung der Arbeit freier Träger jedoch nur für gemeinnützige und in der Regel anerkannte freie Träger in Frage. Die finanzielle Förderung nach § 74 ist **Zuwendung/Sozialsubvention**. Neben den jugendhilferechtlichen Voraussetzungen gelten die im Subventionsrecht entwickelten Grundsätze und die in der BHO (bzw in den gleichlautenden LHOen) festgelegten rechtlichen Vorgaben (zu den Einzelheiten, zB bei den Zuwendungsarten, Finanzierungsarten usw, vgl Münder 2002, 119 ff).

Mit der umfassenderen Etablierung von Rechtsansprüchen im SGB VIII wird das ehedem **korporatis-** **3** **tische Verhältnis** zwischen öffentlichen und privat-gemeinnützigen Trägern (vgl § 4 Rn 8 ff , 13), das sich in der Zuwendungsfinanzierung kristallisierte (Münder np 1998, 3 ff), offener. Von Seiten der freien Träger wird erkannt, dass durch die Zuwendungsfinanzierung eine Einbeziehung in mittelbare Staatstätigkeit stattfindet, was sich nur zum Teil mit dem Selbstverständnis der freien Träger vereinbaren lässt. Die öffentlichen Träger ihrerseits haben Interesse daran, dass die freien Träger beschreibbare und nachprüfbare Leistungen erbringen. Insofern ist ein Rückgang der Zuwendungsfinanzierung festzustellen. Für die Leistungen nach § 78 a Abs. 1 ist gesetzlich die Finanzierung von Rechtsansprüchen auf der Basis des jugendhilferechtlichen Dreiecksverhältnisses und die Entgeltübernahme vorgeschrieben (im Einzelnen §§ 78 a ff). Für die dort nicht genannten Leistungen, auf die Rechtsansprüche bestehen, ergibt sich dies aus dem Stand der Rechtsdogmatik (vgl VorKap. 5 Rn 9). Das bedeutet, dass im gesamten rechtsanspruchsgesicherten Leistungsbereich die Abwicklung der Leistungserbringung durch Dritte über das (dreiseitige) jugendhilferechtliche Dreiecksverhältnis erfolgen muss, (zweiseitige) Zuwendungen sind hier nicht möglich. Ist deswegen schon der **Anwendungsbereich des § 74 enger** geworden, so ist außerdem dort, wo noch Zuwendungen möglich wären (VorKap. 5 Rn 12), sowohl von Seiten der freien Träger wie von Seiten der öffentlichen Träger eine Hinwendung zu den zweiseitigen, gegenseitigen Verträgen (VorKap. 5 Rn 14) anstelle der Zuwendungen festzustellen (Goetz RsDE 44 [2000], 12 ff). Insgesamt geht die Bedeutung von Zuwendungen/Sozialsubventionen zurück.

II. Rechtliche Zulässigkeit – insbesondere europäisches Wirtschafts- und Wettbewerbsrecht (Binnenmarkt- und Beihilfenrecht)

Bei der Förderung/Sozialsubvention steht die Unterstützung von Vorhaben, Angeboten, Diensten im **4** Vordergrund. Hier stellt sich die Frage der **rechtlichen Zulässigkeit von Sozialsubventionen**. Sofern die Zuwendungsfinanzierung **jugendhilferechtlich zulässig** ist (vgl Rn 18 ff), stellt sich darüber hinaus die Frage nach der rechtlichen Zulässigkeit der Gemeinnützigkeitsprivilegien auch aus **gemeinschaftsrechtlicher Sicht**. Hier geht es um das Verhältnis der **inländischen Trägergruppen** der Kinder- und Jugendhilfe **zu Trägern aus anderen EU-Mitgliedstaaten** (während die Ungleichbehandlung inländischer Trägergruppen untereinander aus europarechtlicher Sicht als sog. **Inländerdiskriminierung** nur aus nationaler Perspektive zu beurteilen ist). Die Privilegien des Gemeinnützigkeitsrechts können gemäß § 51 Abs. 2 AO iVm § 5 Abs. 2 Nr. 2 und § 2 Nr. 1 KStG in der derzeit noch geltenden Fassung nur von solchen Trägern in Anspruch genommen werden, die ihren Sitz oder zumindest ihre Geschäftsleitung in Deutschland haben. Die unterschiedliche Behandlung in- und ausländischer Träger allein aufgrund der Nationalität ist jedoch mit den Grundfreiheiten des europäischen Binnenmarktes nicht vereinbar (so der EuGH 14.9.2006 – Rs. C-386/04 [Stauffer] auf Vorlagebeschluss des BFH 14.7.2004 – I R 94/02 – E 206, 350, dazu Boetticher ZESAR 2007, 131 ff). Die Bundesregierung hat aus dem Urteil die Konsequenz gezogen und im Entwurf des Jahressteuergesetzes 2009 bezüglich der Steuerprivilegien eine Gleichstellung von inländischen wie ausländischen gemeinnützigen Trägern vorgesehen (BT-Drucks. 16/10189).

Da die Europäische Kommission in nahezu allen Dienstleistungsbranchen erhebliches Wachstums- **5** potential sieht, welches durch einzelstaatliche Auflagen und Beschränkungen behindert wird, hat sie eine **Richtlinie über Dienstleistungen im Binnenmarkt** erlassen (Richtlinie 2006/123/EG vom 12.12.2006, ABl. EG L 376/ 36 ff), mittels derer diese Beschränkungen weitgehend aufgehoben bzw in jedem Einzelfall rechtfertigungsbedürftig werden sollen. Vom Anwendungsbereich dieser Richtlinie ausgenommen (Art. 2 Abs. 2 j der Richtlinie 2006/123/EG) sind jedoch u.a. außer den Gesundheitsdienstleistungen auch „soziale Dienstleistungen im Zusammenhang mit Sozialwohnungen, der Kinderbetreuung und der Unterstützung von Familien und dauerhaft oder vorübergehend hilfsbedürftigen Personen zu erfassen, die vom Staat selbst, durch von ihm beauftragte Dienstleistungserbringer oder durch von ihm als gemeinnützig anerkannte Einrichtungen erbracht werden". Angesichts der weiten Formulierung ist davon auszugehen, dass damit sämtliche Leistungen des SGB VIII von dieser Ausnahme erfasst sind und somit nicht den strengen Anforderungen der Dienstleistungsrichtlinie unterfallen. Gleichwohl bleibt es bei der Anwendbarkeit der allgemeinen Dienstleistungsfreiheit (Art. 49, 55 EGV), die eine unterschiedliche Behandlung in- und ausländischer Träger allein aufgrund des Ortes des Sitzes oder der Geschäftsleitung als diskriminierend untersagt (vgl Boetticher/Münder 2009, 20 f, 25).

6   Für das Verhältnis **gemeinnütziger und gewerblicher Träger** sind die Regeln des **europäischen Wettbewerbsrechts** (Art. 81 ff EGV) und dabei insbesondere die **Vorschriften über die Gewährung staatlicher Beihilfen** von Bedeutung (Art. 87 EGV – ausführlich dazu Boetticher 2003; Münder/Boetticher 2003; Boetticher/Münder 2009; sowie Lange 2001; Luthe SGb 2000, 505 ff). Nach langjähriger Diskussion um die sog. Leistungen der Daseinsvorsorge, angeregt durch eine Mitteilung der Europäischen Kommission mit diesem Titel (KOM 2000, 580), ist es nunmehr Konsens, dass soziale Dienste trotz ihrer gemeinwohlorientierten Zielsetzung zu einem nicht geringen Teil auch wirtschaftlicher Natur sind und europaweit überwiegend in marktähnlichen Strukturen erbracht werden, so dass insoweit grundsätzlich auch das **EU-Wettbewerbs- und speziell dessen Beihilfenrecht Anwendung findet** (Münder/Boetticher ZESAR 2004, 15 ff; Maucher SF 2005, 145; Kunkel LPK-SGB VIII § 74 Rn 49; SG Schwerin 21.4.2006 – S 9 ER 27/06 SO – RsDE 65 [2007], 90 ff; vgl auch DV NDV 2007, 7 ff). Hintergrund dafür ist zum einen die Zulassung privat-gewerblicher Träger und die zunehmende Einführung marktwirtschaftlicher Elemente im sozialen Leistungserbringungsrecht (§§ 78 a ff zum 1.1.1999 – vgl Vor § 69 Rn 17 f). Zum anderen hat im Gemeinschaftsrecht durch die Rechtsprechung des EuGH eine Präzisierung des Anwendungsbereichs des europäischen Beihilfenrechts stattgefunden, so dass dessen Anwendungsbereich und die Anwendungstiefe für den nationalen Bereich zunehmend erkennbar wird.

7   Das Beihilfenrecht hat die Sicherstellung fairer Wettbewerbsbedingungen zum Ziel. **Art. 87 Abs. 1 EGV untersagt** den Mitgliedstaaten generell, nur bestimmten Unternehmen **staatliche Beihilfen** zu gewähren, wenn dadurch der Wettbewerb verzerrt und der grenzüberschreitende Handel bzw Dienstleistungsverkehr beeinträchtigt werden. Voraussetzungen für die Anwendung der Vorschriften über die Gewährung staatlicher Beihilfen sind, dass

- es sich bei dem Empfänger um ein Unternehmen handelt (Rn 8),
- Beihilfen aus staatlichen Mitteln gewährt werden (Rn 9),
- es dadurch zu Wettbewerbsverzerrungen kommt (Rn 10),
- eine Beeinträchtigung des innergemeinschaftlichen Handels vorliegt (Rn 11),
- die Beihilfen von einem gewissen Gewicht sind (Rn 12) und
- keine Rechtfertigungsgründe bestehen (Rn 13).

8   Ein **Unternehmen** ist **jede eine wirtschaftliche Tätigkeit ausübende Einheit**, unabhängig von ihrer Rechtsform und der Art ihrer Finanzierung. Wirtschaftlich ist dabei jede Tätigkeit, die darin besteht, Güter oder Dienstleistungen auf einem bestimmten Markt anzubieten und die zumindest grundsätzlich auch von einem Privaten mit Gewinnerzielungsabsicht angeboten bzw ausgeübt werden könnte (EuGH 22.1.2002 – Rs. C-218/00 [Batistello] – E I 2002, 691, Rn 22 f mwN). Die Tätigkeit privat-gemeinnütziger Träger der Kinder- und Jugendhilfe ist dann und soweit wirtschaftlich in diesem Sinne, wie sie Leistungen gegen Entgelt erbringen. Die vom EuGH aufgestellte Ausnahmekategorie der Einrichtungen ohne Gewinnstreben mit ausschließlich sozialer Zwecksetzung (EuGH aaO Rn 37 ff mwN) ist insoweit nicht einschlägig, da diese Kategorie ausschließlich für die außerhalb des Wettbewerbs agierenden Sozial(ver)sicherungssysteme geschaffen worden ist und neben den beiden genannten Kriterien jenes der Solidarität von entscheidender Bedeutung ist (EuGH 17.2.1993 – Rs. C-159/91 und C-160/91 [Poucet und Pistre] – E I 1993, 637, Rn 19). Solidarität bedeutet in diesem Fall, dass im Rahmen einer Zwangsmitgliedschaft die zu zahlenden Beiträge nicht in einem unmittelbar äquivalenten Verhältnis zu den empfangbaren Leistungen stehen, sondern es zu einer Umverteilung zwischen Vermögenden und weniger Vermögenden kommt. Zur möglichen Finanzierung nicht wirtschaftlicher Aktivitäten gemeinnütziger Organisationen durch Zuwendungen, vgl Rn 17.

Unter den **Begriff der Beihilfe** fallen alle Maßnahmen aus staatlichen Mitteln, die – gleich welcher 9 Form – die Belastungen verringert, die ein Unternehmen normalerweise zu tragen hat, **ohne** dabei **marktgerechte Gegenleistung** zu sein (EuGH 22.3.1977 – Rs. C-78/76 [Steinke und Weinlig] – E I 1977, 595, Rn 22). Gängige Formen staatlicher Beihilfen sind direkte finanzielle Zuwendungen durch die öffentliche Hand, zinslose oder zinsarme Kredite, öffentliche Bürgschaften und Garantien, Befreiungen von öffentlichen Leistungsverpflichtungen (zB Steuererleichterungen). Neben der Möglichkeit der staatlichen Förderung nach § 74 Abs. 1 (vgl Rn 2) erhalten frei-gemeinnützige Träger wirtschaftliche Vorteile seitens des Staates durch unmittelbare Steuervergünstigungen, die die Steuerlast gemeinnütziger Körperschaften vermindern (zB § 5 Abs. 1 Nr. 9 KStG; § 3 Nr. 6 GewStG; §§ 44 a Abs. 4 Nr. 1 bzw 44 c Abs. 1 Nr. 1EStG; § 4 Nr. 18 Nr. 25 UstG) und mittelbare Steuervergünstigungen durch Steueranreize für Dritte, den Gemeinnützigen vermögenswerte Vorteile durch Geld-, Sach- und Zeitspenden zuzuwenden (§§ 10 b; 6 Abs. 1 Nr. 4 S. 4; 3 Nr. 26 EStG). Da diese Begünstigungen jeweils an den Status der Gemeinnützigkeit nach den §§ 51 bis 68 AO geknüpft sind, kommen sie nur gemeinnützigen Trägern, nicht aber privat-gewerblichen Trägern zugute. Um **europaweit** eine **einheitliche Anwendung** der **Beihilfenregeln** zu gewährleisten, erfolgt die Qualifizierung einer Maßnahme als Beihilfe ausschließlich **anhand ihrer wettbewerbsverzerrenden Wirkung**: ob sie einen wirtschaftlichen Vorteil bewirkt, den das Empfängerunternehmen andernfalls nicht hätte. Gründe ihrer Gewährung bleiben bei der Anwendung von Art. 87 Abs. 1 EGV außer Betracht (EuGH 20.11.2003 – Rs. C-126/01 [GEMO] – E I 2003, 13769, Rn 34) und sind erst im Rahmen möglicher Ausnahmen einzubeziehen. Somit sind staatliche Beihilfen nicht schon wegen ihres sozialen Charakters von einer Einordnung als Beihilfen im Sinne des Art. 87 EGV ausgenommen (EuGH 7.3.2002 – Rs. C-310/99 [Italien] – E I 2002, 2289, Rn 50).

Die **wettbewerbsverfälschende Wirkung** von Beihilfen sieht der EuGH im Sinne eines Regel-Ausnahme- 10 Verhältnisses regelmäßig als gegeben an, da staatlichen Wirtschaftsinterventionen, die nicht gleichermaßen allen Unternehmen eines Wirtschaftszweiges offen stehen, die Tendenz innewohnt, das freie Spiel der Marktkräfte zu stören (EuGH 22.11.2001 – Rs. C-184/00 [OPW] – E I 2001, 9115, Rn 11). Etwas anderes gilt seit der wegweisenden Altmark-Trans-Entscheidung des EuGH (Rn 14) dann, wenn der Beihilfenempfänger dadurch einen Wettbewerbsnachteil hat, dass er in staatlichem Auftrag genau festgelegte, nicht rentable Leistungen im öffentlichen Allgemeininteresse – sogenannte Dienstleistungen von allgemeinem wirtschaftlichem Interesse – erbringt und durch die Beihilfen lediglich dieser Kostennachteil ausgeglichen wird.

Eine **Beeinträchtigung des innergemeinschaftlichen Handels** liegt nach ständiger Rechtsprechung des 11 EuGH vor, sofern eine Beihilfe die Wettbewerbssituation des begünstigten Unternehmens verbessert (EuGH 22.11.2001 – Rs. C-253/00 [Ferring] – E I 2001, 9067, Rn 21). Da der innergemeinschaftliche Handel beeinträchtigt werden muss, erfordert dieses Kriterium, dass es einen **grenzübergreifenden** Dienstleistungsverkehr geben kann. Rein innerstaatliche Handelshemmnisse, dh Beihilfen mit nur lokal, regional oder national begrenzten Auswirkungen, fallen nicht unter die Art. 87 ff EGV. Über den innerstaatlichen Raum hinausgehende Auswirkungen sind schon dann gegeben, wenn das begünstigte Unternehmen, obwohl selbst nur im Inland tätig, mit Produkten oder Dienstleistungen aus anderen Mitgliedstaaten konkurriert. Dies gilt insbesondere dann, wenn es sich um Unternehmen mit Standort in der Nähe einer Grenze zwischen zwei Mitgliedstaaten handelt (EuGH 7.3.2002 – Rs. C-310/99 [Italien/Kommission] – E I 2002, 2289 Rn 85). Auch wenn soziale Dienstleistungen oftmals Vertrauensgüter sind und daher bevorzugt im vertrauten, regionalen Umfeld nachgefragt werden, kann – jedenfalls in Grenzregionen – Angebot und Nachfrage mittlerweile grenzüberschreitend erfolgen. Das Merkmal der Zwischenstaatlichkeit des Handels ist also nur dort auszuschließen, wo soziale Dienste mit ausschließlich lokalen Bezügen erbracht werden (Maucher SF 2005, 145).

Um allerdings eine beeinträchtigende Wirkung auf den Wettbewerb und den grenzüberschreitenden 12 Dienstleistungsverkehr haben zu können, müssen die **Beihilfen von einem gewissen Gewicht** sein. Vom Beihilfenverbot ausgenommen sind daher durch eine europäische Verordnung geringfügige Beihilfen – sogenannte **de-minimis Beihilfen** – solange sie ein Volumen von 200.000 Euro in einem Dreijahreszeitraum nicht überschreiten (2 VO [EG] Nr. 1998/2006 vom 15.12.2006, ABl. EU 2006 L 379/5). Dabei ist jedoch der wirtschaftliche Wert sämtlicher o.g. Beihilfen (Zuwendungen, Steuervergünstigungen, vergünstigte Kredite etc.) zu addieren.

Sofern die Gemeinnützigkeitsprivilegien im konkreten Einzelfall die Voraussetzungen der verbotenen 13 Beihilfen nach Art. 87 Abs. 1 EGV erfüllen, stellt sich die Frage nach **Rechtfertigungsmöglichkeiten**. Das Beihilfenverbot ist nicht absolut, vielmehr will die Europäische Kommission ein Auge auf die

Wirtschaftsförderung der Mitgliedstaaten haben, um vorab Wettbewerbsbeschränkungen verhindern zu können, die der Idee des gemeinsamen, grenzenlosen Binnenmarktes widersprechen. Daher unterliegen die Mitgliedstaaten der Pflicht, **vor Gewährung einer Beihilfe** diese der Kommission gemäß Art. 88 Abs. 3 **zur Prüfung anzuzeigen**. Diese prüft, ob einer der ausdrücklichen Ausnahmetatbestände des EGV, insbesondere die in Art. 87 Abs. 2 und 3 EGV genannten, greift. Letzteres ist für Gemeinnützigkeitsprivilegien nicht der Fall (Boetticher 2003, 103 ff). Der Versuch, sie unter der Rubrik „Erhaltung des kulturellen Erbes" einzuordnen (Kunkel § 74 Rn 52) ist absurd – mit diesem Argument könnte jeder Mitgliedstaat seine verschiedenen althergebrachten Wirtschaftszweige und -formen subventionieren.

14 Die Diskussion um die Aufrechterhaltung der Förderung frei-gemeinnütziger Träger bewegt sich daher um die in **Art. 86 Abs. 2 EGV geregelten Dienstleistungen von allgemeinem wirtschaftlichem Interesse (DAWI)** – in Deutschland auch Daseinsvorsorgeleistungen genannt. Danach sind für Unternehmen, die in hoheitlichem Auftrag genau festgelegte, nicht rentable wirtschaftliche Leistungen zur Deckung eines Grundbedarfes der Allgemeinheit (= DAWI) erbringen, Ausnahmen u.a. vom europäischen Beihilfenrecht möglich, soweit sie erforderlich sind, um die Erfüllung des Gemeinwohlauftrags zu gewährleisten. Für das Beihilfenrecht hat der EuGH (EuGH 24.7.2003 – Rs. C-280/00 [Altmark-Trans GmbH] – E I, 2003, 7747, Rn 87 ff) dieses Konzept dahingehend präzisiert, dass **keine verbotene Beihilfe iSd Art. 87 Abs. 1 EGV** vorliegt, wenn

- eine tatsächliche Beauftragung des begünstigten Unternehmens durch einen staatlichen Hoheitsakt mit der Erfüllung gemeinwirtschaftlicher Verpflichtungen gegeben ist, wobei die Verpflichtungen klar definiert sein müssen;
- der gewährte wirtschaftliche Vorteil lediglich einen Ausgleich für die mit dem Gemeinwohlauftrag verbundenen Mehrkosten darstellt und die Kriterien, anhand derer der Ausgleich berechnet wird, zuvor objektiv und transparent aufgestellt werden;
- der Ausgleich nicht höher ist, als zur Deckung der Kosten erforderlich ist, die bei der Erfüllung der gemeinwirtschaftlichen Verpflichtung (unter Berücksichtigung dabei erzielter Einnahmen und eines angemessenen Gewinns) entstanden sind und
- die Auswahl des Unternehmens entweder im Rahmen eines Vergabeverfahrens erfolgt oder die Höhe des notwendigen Ausgleichs auf der Grundlage einer Analyse derjenigen Kosten erfolgt, die ein durchschnittliches, gut geführtes Unternehmen, das angemessen ausgestattet ist, bei der Erfüllung der betreffenden Verpflichtungen hätte.

15 Anwendung finden diese Regelung vor allem auf die sogenannten Netzwerkindustrien wie Telekommunikation-, Verkehr-, Energie- und Postdienstleistungen (vgl KOM 2000, 580), um eine flächendeckende Versorgung der Bevölkerung in guter Qualität zu erschwinglichen Preisen sicherzustellen. Mittlerweile hat auch die Europäische Kommission akzeptiert, dass der **Bereich der Sozial- und Gesundheitsdienstleistungen** nicht mit diesen Netzwerkindustrien gleichzusetzen ist, sondern einer **gesonderten Betrachtung bedarf** (KOM 2004, 374, 19 f). Ein sich anschließender, mehrjähriger Konsultationsprozess führte Ende 2007 zu einer **Mitteilung der Kommission** (KOM 2007, 725). Darin präsentiert die Kommission ihre ambivalenten Erkenntnisse, dass soziale Dienste einerseits zwar spezielle menschliche Bedürfnisse befriedigen und sich insoweit von anderen Produktionszweigen mit substituierbaren Leistungen unterscheiden, deren Besonderheiten sich aber andererseits schwer in wirtschaftsrechtlich griffige Kriterien umsetzen lassen, so dass gleichwohl die allgemeinen Regeln voll anzuwenden und zu beachten sind.

16 Gemessen an diesem beschränkten Erkenntnisgewinn sind daher die **Begleitdokumente der Mitteilung** interessanter, in denen die Kommission gezielt auf einzelne Fragen im Zusammenhang von Sozialdienstleistungen und Vergaberecht (KOM SEK [2007], 1514) sowie zu dem im Zusammenhang mit den Dienstleistungen von allgemeinem wirtschaftlichem Interesse veröffentlichten „Altmark-Trans" Paket eingeht, in welchem die Anwendung der Beihilferegelungen auf DAWI näher erläutert werden (Entscheidung 2005/842/EG der Kommission und Gemeinschaftsrahmen für staatliche Beihilfen, die als Ausgleich für die Erbringung öffentlicher Dienstleistungen gewährt werden, ABl. EU 2005 C 297/04). Diesen Service will die Kommission im Rahmen eines „interaktiven Informationsdienstes" auf einer eigens dafür einzurichtenden Webseite fortführen, um über eine Reihe von Einzelfallentscheidungen/Präzedenzfällen zu Rechtssicherheit zu kommen. Über diese Website sollen Bürger, Dienstleister, Behörden und sonstige Beteiligte sich informieren und Fragen an die Kommission richten können (KOM SEK [2007], 1516).

Die gemeinschaftsrechtliche Zulässigkeit der **Privilegierung frei-gemeinnütziger Träger** sozialer Diens- **17**
te u.a. im Rahmen des § 74 Abs. 1 lässt sich vor dem dargestellten Hintergrund derzeit nicht abschließend beurteilen. Klar ist, dass sie **in einigen Punkten** sowohl **mit** den **Binnenmarktfreiheiten** als auch
mit dem **europäischen Beihilfenrecht** nach dem Wortlaut **in Widerspruch stehen kann.** Sicherlich problematisch sind Zuwendungen dort, wo mittels dieser Beihilfen die Tätigkeit der privat-gemeinnützigen
Leistungsanbieter im Leistungserbringungsrecht subventioniert wird; auch aus diesen Gründen verbieten sich deshalb Mischfinanzierungen dort, wo es um Leistungserbringung im jugendhilferechtlichen Dreiecksverhältnis geht (vgl Rn 4, VorKap. 5 Rn 15). Anders kann es dort sein, wo Zuwendungen
(= Beihilfen) eine Rolle spielen, um die Tätigkeit gemeinnütziger Organisationen zu fördern, so zB in
ihrer Rolle als sozialanwaltschaftliche Akteure für benachteiligte Bevölkerungsgruppen oder in ihrer
Funktion als Organisationen, denen es gelingt, bürgerschaftliches Engagement für gesellschaftlich
wichtige Bereiche zu aktivieren.

III. Rechtliche Zulässigkeit nach dem SGB VIII – Voraussetzungen

1. Allgemeine Voraussetzungen – Abs. 1

Die **allgemeinen Voraussetzungen** für die Förderungen sind in Abs. 1 genannt (vgl auch Wabnitz ZfJ **18**
2003, 166 ff; ders. 2007, 485 ff). Bei diesen in Abs. 1 genannten Voraussetzungen handelt es sich um
einen **abgeschlossenen Katalog: Darüber hinausgehende** Voraussetzungen können **nicht** gefordert werden. Die Kriterien sind zT Wertungsgesichtspunkten zugänglich; deswegen ist zu beachten, dass der
öffentliche Jugendhilfeträger seine Wertungsgesichtspunkte nicht dazu verwendet, die Selbständigkeit
freier Träger zu unterminieren (vgl dazu § 3 Rn 5 ff). Gefördert werden können nur **freie Träger,** dh
Organisationen, die ihre Leistungen freiwillig anbieten; Einrichtungen der öffentlichen Hand (zB Ei-
genbetriebe), die ihre Leistungen aufgrund gesetzlicher Verpflichtungen unmittelbar mit öffentlichen
Mitteln erfüllen, fallen nicht unter den Begriff der freien Träger (OVG TH 19.10.2004 – 2 KO 385/03
– FEVS 56, 469 ff; 6.4.2006 – 3 KO 237/05 – ZFSH/SGB 2006, 66 ff).

Die **fachlichen Voraussetzungen** der **Nr. 1** beziehen sich idR auf die fachliche Qualifikation des Per- **19**
sonals (§ 72 Rn 5), die konzipierten Angebote und Leistungen sowie auf die Einhaltung inhaltlicher
Standards. Da es in vielen Bereichen der Jugendhilfe – auch aufgrund der notwendigen Weiterentwicklung – keine endgültigen objektiven Feststellungen gibt, sind auch subjektiv geprägte Werturteile
zulässig (so OVG BE 8.9.1988 – 3 B 5.87 – RsDE 9, 100, 106).

Um die in **Nr. 2** geforderte zweckentsprechende und wirtschaftliche **Verwendung der Mittel** nachzu- **20**
weisen, sind regelmäßig Abrechnungen notwendig (auf Bundesebene sehen die allgemeinen Richtlinien
für den Kinder- und Jugendplan Verwendungsnachweise vor). Aus der Prüfung der zweckentsprechenden und wirtschaftlichen Verwendung der Mittel ergeben sich keine inhaltlichen Kontrollbefug-
nisse oder Aufsichtsrechte; auf die **Selbständigkeit der freien Träger** ist zu achten (vgl auch § 17
Abs. 3 SGB I). Im Rahmen der Zuwendungsbescheide ist regelmäßig das sich aus der BHO/LHO ergebende Kontrollrecht der **Rechnungshöfe** für die Prüfung der Mittelverwendung bei den privat-gemeinnützigen Trägern vorgesehen. Da die zweckentsprechende Mittelverwendung gesichert sein muss,
ist die Gewähr bereits dann nicht mehr gegeben, wenn Zweifel an der ordnungsgemäßen Verwendung
bestehen (OVG NW 16.9.1992 – 24 B 1859/92 – FEVS 43, 164 ff, OVG BE 19.2.1987 – OVG 6 B
23.85 – RsDE 7, 105).

Die in **Nr. 3** geforderte **Gemeinnützigkeit** schließt gewerbliche, auf Gewinnerzielung gerichtete Träger **21**
aus (was rechtlich als zulässig betrachtet wurde; so für die Sozialhilfe BVerwG 27.1.1988 – 7 B 1.88
– RsDE 3, 75; VGH BW 7.3.1988 – 6 S 2088/86 – FEVS 38, 329). Gemeinnützigkeit liegt immer dann
vor, wenn die steuerrechtlichen Voraussetzungen für die Anerkennung als steuerbegünstigte Körperschaft gegeben sind (§§ 51 bis 68 AO) und die Anerkennung durch die Steuerbehörde erfolgt ist (ausführlich zum Gemeinnützigkeitsrecht Desens/Münder 2004, 99 ff). Eine eigenständige jugendhilferechtliche Gemeinnützigkeitsdefinition hat sich nicht entwickelt. Mit der Voraussetzung, dass Gemeinnützigkeit vorliegen muss, ist § 74 im SGB VIII eine der zentralen Normen für die Privilegierung
der privat-gemeinnützigen Träger (ausführlich Boetticher 2003, 18 ff), weswegen hier die generelle
Frage der rechtlichen Haltbarkeit der Bevorzugung privat-gemeinnütziger Körperschaften von besonderer Bedeutung ist (vgl Rn 5 ff).

Nr. 4 erfordert die Erbringung einer **angemessenen Eigenleistung.** Eigenleistungen sind nicht nur fi- **22**
nanzielle Mittel, sondern auch Dienstleistungen ehrenamtlicher Mitarbeiter, personelles Engagement
im Rahmen von Initiativen, Selbsthilfegruppen, Sachleistungen usw. Aus Abs. 1 Nr. 4 ergibt sich, dass

überhaupt Eigenleistungen zu erbringen sind (OVG NI 11.9.1992 – 4 M 3953/92 – ZfF 1994, 84). Die Höhe der Eigenleistungen richtet sich vornehmlich nach der unterschiedlichen Finanzkraft der privat-gemeinnützigen Träger (vgl Rn 39).

23   Die in **Nr. 5** angesprochene **Gewähr für eine den Zielen des GG förderliche Arbeit** hat in Zeiten kontroverser Konfliktaustragung ihre jugendpolitische Bedeutung (vgl Münder u.a. 1988 § 9 Anm. 2 mit der alten Entscheidung BVerwG 16.2.1978 – 5 C 33.76 – E 55, 232 ff). Die Gewähr für eine den Zielen des GG förderliche Arbeit bedeutet nicht die Festlegung von Trägern auf den Mehrheitskonsens über das GG. Der Verfassungsrechtsprechung ist es bisher nicht hinreichend gelungen, zentrale Aspekte präzise genug herauszuarbeiten. Betont wurden insbesondere die Achtung der Menschenrechte, vor allem des Rechts auf Leben und freie Entfaltung, die Volkssouveränität, die Gewaltenteilung, die Gesetzmäßigkeit der Verwaltung, die Unabhängigkeit der Gerichte, das Mehrparteienprinzip und die Chancengleichheit für alle politischen Parteien. Im Kernbereich bedeutet „freiheitlich-demokratische Grundordnung" eine rechtsstaatliche Herrschaft auf demokratischer Grundlage unter Ausschluss jeglicher Gewalt- und Willkürherrschaft. Die vom BVerfG entwickelten Ordnungsprinzipien haben eher exemplarischen Charakter. Soweit im Kontext der Realisierung der materiellen Grundwerte (Würde des Menschen, freie Entfaltung der Persönlichkeit) **alternative Verfassungskonzepte** vorgeschlagen werden, ist eine solche Arbeit von privat-gemeinnützigen Trägern den Zielen des GG förderlich, solange nicht die in Art. 79 Abs. 3 sowie Art. 1 und 20 GG festgehaltenen Unantastbarkeiten tangiert werden (so auch Wabnitz ZfJ 2003, 168; ders. 2007, 487).

24   Bei einer nicht auf Dauer angelegten Förderung müssen die Voraussetzungen für die **Anerkennung als freier Träger** (§ 75 Rn 6) nicht gegeben sein. Erforderlich ist auch hier allerdings, dass es sich um eine Tätigkeit auf dem Gebiet der Jugendhilfe handelt (dazu § 75 Rn 12). Bei einer **auf Dauer angelegten Förderung** ist die Anerkennung als Träger gemäß § 75 erforderlich. „Auf Dauer angelegt" erfordert eine Prognoseentscheidung; Indiz dafür kann die Dauer der bisherigen Tätigkeit des Trägers sein. Von dem Regelfall des Anerkennungserfordernis bei dauerhafter Förderung kann nur ausnahmsweise abgewichen werden (zB kurzfristig notwendiger Handlungsbedarf; Zeitperspektive zu Beginn noch nicht genau überschaubar): Die Anerkennung entbindet aber nicht von der Prüfung der weiteren in **Abs. 1** genannten Voraussetzungen (OVG NW 16.9.1992 – 24 B 1859/92 – FEVS 43, 164).

2. Besondere Förderungsgrundsätze – Abs. 2

25   Die Regelung in Abs. 2 beruht auf folgender Problemstellung: Einerseits ist die Unabhängigkeit der privat-gemeinnützigen Träger, die die Träger der meisten Einrichtungen, Dienste und Veranstaltungen in der Jugendhilfe sind, zu achten, andererseits besteht die Verpflichtung für die öffentlichen Träger, dem gesetzlichen Auftrag entsprechend Leistungen und Dienste bedarfsgerecht zur Verfügung zu stellen. Abs. 2 versucht hier einen Lösungsweg aufzuzeigen. Soweit es um die Förderung von Einrichtungen, Diensten und Veranstaltungen geht, die zur Erbringung von Leistungen (§§ 11 bis 41) notwendig sind, kann die Förderung davon abhängig gemacht werden, dass die privat-gemeinnützigen Träger ihre Einrichtungen etc. nach Maßgabe der **Jugendhilfeplanung** (§ 80) und unter Beachtung der in § 9 genannten Grundsätze anbieten. Die Bestimmung ist im Grundsatz sinnvoll. Sie darf aber nicht dazu führen, dass bei einem zu intensiven Interessenarrangement zwischen öffentlichen und privat-gemeinnützigen Trägern (vgl Rn 26) die Bürger als die eigentlichen Adressaten der Jugendhilfe auf der Strecke bleiben. Die Gefahr besteht besonders dort, wo Rechtsansprüche existieren, da hier durch eine Zuwendungsfinanzierung unter Umständen das Wunsch- und Wahlrecht der Leistungsberechtigten (§ 5 Rn 12, 22 f) umgangen werden könnte. Dieses Problem gilt in besonderem Maße auch bei der Mischfinanzierung bestehend aus Zuwendungsfinanzierung und Entgeltfinanzierung (vgl VorKap. 5 Rn 15 ff).

26   Entsprechend einem partnerschaftlichen Umgang zwischen öffentlichen und privat-gemeinnützigen Trägern ist bereits im Verfahren der **Erstellung von Jugendhilfeplänen** gegenseitige Abstimmung und Berücksichtigung gemäß § 80 Abs. 3 erforderlich. Für die privat-gemeinnützigen Träger bedeutet dies, dass allein das Interesse an finanzieller Förderung die Abstimmung über konzeptionelle Fragen kaum erleichtert wird. Erforderlich ist vielmehr, dass auch die privat-gemeinnützigen Träger ihre eigenen Angebote in die Jugendhilfeplanung einbeziehen und bereit sind, sie ggf zu verändern (BMJFFG 1990, 183). Der Verweis auf § 9 soll dessen besondere Bedeutung betonen. Die **Sicherung inhaltlicher Standards** von Einrichtungen, Diensten und Veranstaltungen freier Träger erfolgt über die Begriffe der Fachlichkeit (Abs. 1 Nr. 1; Rn 19) und Eignung (Abs. 3; Rn 35).

IV. Rechtsfolge: Rechtsanspruch oder Ermessen?

Liegen die Voraussetzungen vor, so sollen die Träger der öffentlichen Jugendhilfe die jeweiligen Träger der freien Jugendhilfe fördern. **Strittig** ist, ob sich hieraus ein **Rechtsanspruch** von Trägern der freien Jugendhilfe auf Förderung ergibt (dieselbe Fragestellung ergibt sich bei dem vergleichbaren § 5 Abs. 3 Satz 2 SGB XII hinsichtlich einer Förderungsverpflichtung gegenüber der freien Wohlfahrtspflege auf dem Gebiet der Sozialhilfe – vgl dazu LPK-SGB XII/Münder § 5 Rn 32 ff). **Nach hM** ergeben sich aus **Abs. 1** grundsätzlich (zur möglichen Ermessensreduzierung auf Null vgl Rn 29) **keine subjektiven Rechtsansprüche** (BVerfGE 22, 288 ff; E 45, 197 ff; E 116, 226 ff; OVG NDV-RD 1996, 100 ff mit Anm. Baltz; OVG BE FEVS 49, 368 ff; OVG NW 26.9.2003 – 12 B 1727/03 – JAmt 2004, 42 ff; OVG SN 12.4.2006 – 5 B 370/04 – EuG 2007, 55; VGH HE 6.9.2005 – 10 UE 3025/04 – ZFSH/SGB 2005, 730 ff; GK-SGB VIII/Heinrich § 4 Rn 24; Krug/Grüner/Dalichau § 74 Anm. VI 3; Wiesner/Wiesner SGB VIII § 74 Rn 41; DIJuF JAmt 2004, 26 ff; vgl auch Nachweise bei Wabnitz ZKJ 2007, 189 Fn 9). Dies ergibt sich vornehmlich aus dem ausdrücklichen Willen des Gesetzgebers (vgl zum Entwurf des § 66, des späteren § 74: BT-Drucks. 11/5948, 97 f). Auch aus dem Gesamtzusammenhang der Normen folgt, dass es „die freie Entscheidung der Träger öffentlicher Jugendhilfe ist, welche Haushaltmittel für die Jugendhilfe insgesamt ... bereitgestellt werden sollen" (BVerfGE 22, 206 f, 208; VG BE 14.6.1999 – VG 20 A 2399 – ZfJ 2000, 194 ff; aA zum Rechtsanspruch: VGH BW 18.12.2006 –12 S 2474/06 – VBlBW 2007, 294 ff; 11.1.2007 – 12 S 2472/06 – ZKJ 2007, 203 f; Wabnitz 2005, 271 ff; ders. 2007, 488 f; ders. mwN ZKJ 2007, 190, Fn 12, 13; GK-SGB VIII/Wabnitz § 74 Rn 40 ff; Kunkel ZfJ 2000, 413), so dass er hier nicht im Sinne eines Rechtsanspruchs der freien Träger rechtlich verpflichtet ist.   27

Auch **aus verfassungsrechtlichen Gründen** ergibt sich **kein Anspruch** auf Förderung. Zwar hat das BVerfG (E 23, 327, 347; E 27, 362 ff; E 75, 40 ff) eine objektiv-rechtliche Verpflichtung des Staates zur Subventionierung begründet. Diese – umstrittene – Rechtsprechung bezog sich jedoch nur auf die Subventionierung des Privatschulwesens und wurde wesentlich damit begründet, dass das Grundgesetz hier institutionelle Garantien beinhaltet. Diese Rechtsprechung lässt sich auf den Bereich der Trägerschaft in der Wohlfahrtspflege nicht übertragen.   28

Die Auseinandersetzung, ob ein subjektiver Rechtsanspruch auf Förderung besteht oder nicht, ist rechtsdogmatischer Art, rechtspraktische Unterschiede ergeben sich aus den beiden unterschiedlichen Auffassungen nicht. Denn dort, wo ein Rechtsanspruch bejaht wird, ist unstrittig, dass die Höhe der Förderung (die auch Null Euro betragen kann) vom Ermessen einer entsprechenden Ermessensausübung abhängig ist. Dort wo ein Rechtsanspruch bejaht wird, ist es ebenfalls so, dass die **Förderung im Ermessen** der öffentlichen Träger steht. Da Abs. 1 eine Formulierung auch im Interesse der privatgemeinnützigen Träger ist („sollen sie fördern"), haben diese einen **Anspruch auf fehlerfreie Ermessensausübung** (BVerwGE 27, 297 ff; E 45, 197; OVG HH FEVS 31, 404; OVG RP FEVS 48, 208 ff; G DV NDV 1992, 334; Frings/Siemes ZfF 1995, 3; Schellhorn/Schellhorn § 74 Rn 12; für die vergleichbare Situation des § 5 SGB XII, vgl LPK-SGB XII/Münder § 5 Rn 32 ff). Bei Vorliegen entsprechender Konstellationen kann – wie bei der Ermessensausübung stets – eine Ermessensreduzierung auf Null stattfinden (vgl zu einem entsprechenden Fall VGH BY 23.8.2006 – 12 CE 06.1468).   29

Die Grundaussage, dass kein Rechtsanspruch, sondern nur ein Anspruch auf fehlerfreie Ermessensausübung besteht, gilt nicht nur für eine **Erstbewilligung** einer Förderung/Zuwendung, sondern grundsätzlich auch für die **Weiterbewilligungen** bzw **Reduzierung/Beendigung** der Förderung (BVerwG 11.5.2006 – 5 C 10/05 – NJW 2006, 3450; OVG NW NDV-RD 1996, 100; VG München RsDE 23, 95; VGH BY 11.11.1993 – 19 B 92.2206; VG Düsseldorf RsDE 25, 92; VG Köln RsDE 29, 109; diese Auffassung wird – konsequenter Weise – auch von denen vertreten, die generell einen subjektiven Rechtsanspruch ablehnen – vgl die Angaben in Rn 27; aA Wabnitz Rn 7 aE). Das ergibt sich regelmäßig bereits aus dem kameralistischen Grundsatz der Jährlichkeit des öffentlichen Haushaltsrechts (OVG NI 17.5.2006 – 12 ME 93/05 – FEVS 2006, 57). Damit besteht auch bei langjähriger Förderung grundsätzlich **kein Vertrauensschutz** (OVG NW 26.9. 2003 – 12 B 1727/03 – JAmt 2004, 43). Der Gedanke, bei Beendigung/Reduzierung der Förderung einen (kurzen) Förderungsübergangszeitraum im Sinne einer Auslauffinanzierung zu akzeptieren (um die Arbeit ordnungsgemäß abwickeln zu können; VG München aaO; VG Düsseldorf aaO), hat sich bisher noch nicht generell durchsetzen können (OVG NW aaO; VG Düsseldorf aaO). Allerdings wurde der Gedanke einer Auslauffinanzierung aufgrund eines geschaffenen Vertrauenstatbestands in spezifischen Fallkonstellationen als grundsätzlich möglich erwogen (zB VG Köln aaO; VG Frankfurt/M. ZfJ 1995, 335; offen bei OVG NW aaO – JAmt 2004, 43 f; VG HH 6.4.2006 – 13 K 1709/05 – Sozialrecht aktuell 2007, 36 ff), zT wird diese Mög-   30 lichkeit grundsätzlich bejaht (Wabnitz ZfJ 2003, 174; ders. 2007, 491 ff; Kunkel ZfJ 2000, 413, 416). Hieraus können sich erhebliche Risiken für privat-gemeinnützige Träger ergeben (vgl dazu Münder 1994).

31   Auch die Auffassung, dass die Reduzierung/Einstellung der Förderung nur dann möglich sei, wenn die Schließung der Einrichtung, des Dienstes o.ä. in der **Jugendhilfeplanung** vorgesehen sei (so Ludemann Jugendwohl 1994, 397; Preis/Steffan FuR 1993, 203; ähnlich Baltz NDV 1996, 362), hat sich nicht durchgesetzt (abgelehnt zB von VG Köln aaO; OVG NW aaO; BVerwG 30.12.1996 – 5 B 27.96 – FEVS 47, 529); zur Bedeutung der Jugendhilfeplanung für die Ermessensausübung vgl Rn 34. Bei beabsichtigten Kürzungen oder Streichungen der Zuwendungen besteht allerdings die **Pflicht**, durch **möglichst frühzeitige Information** dafür zu sorgen, dass die privat-gemeinnützigen Träger sich rechtzeitig auf die Kürzung oder Streichung einstellen können.

V. Kriterien für die fehlerfreie Ermessensausübung – Abs. 3 bis 5

32   § 74 nennt in Abs. 3 bis 5 einige wichtige **Kriterien**, die **bei der Ermessensausübung** zu beachten sind. Darüber hinaus hat die Rechtslehre im Kontext des allgemeinen Subventionsrechts weitere Aspekte entwickelt (Überblick bei Baltz NDV 1996, 362 ff; Münder 2007, 176; Wabnitz 2007, 489 ff). Öffentliche Träger selbst haben zT für die Förderung **Richtlinien** aufgestellt. Diese binden die Behörden; eine Abweichung von den Richtlinien wird deswegen regelmäßig einen Verstoß gegen den Gleichheitsgrundsatz darstellen.

33   Erforderlich ist zunächst, dass das **Ermessen** überhaupt **ausgeübt wird**. Erkennbar wird dies regelmäßig dadurch, ob entsprechend § 35 SGB X der Verwaltungsakt in Entscheidungsausspruch und Begründung gegliedert ist. Die Nichtausübung des Ermessens ist ein Ermessensfehler und damit rechtswidrig. Das gilt auch dann, wenn die Nichtausübung des Ermessens damit begründet wird, dass keine Haushaltsmittel zur Verfügung stehen (weil sie zB schon für andere, jahrelang geförderte Träger gebunden seien; vgl VG Stade 13.11.1996 – 1 A 298/96; vgl auch Rn 18). Bei der Ausübung des Ermessens sind die öffentlichen Träger an die kommunal-haushaltsrechtlichen Grundsätze der Wirtschaftlichkeit und Sparsamkeit gebunden. Bei der Ausfüllung dieser Grundsätze steht ihnen jedoch ein **Wertungsrahmen** zu, den sie im Rahmen der kommunalpolitischen Optionen ausschöpfen können (VG Ansbach RsDE 18, 85 ff). Stets jedoch muss sich die Ermessensentscheidung an der jugendpolitischen Konzeption des öffentlichen Trägers, am Bedarf und damit am sinnvollen Einsatz der verfügbaren Mittel orientieren (OVG RP FEVS 48, 208 ff).

34   Das **Vorliegen eines Jugendhilfeplans** ist generell kein Kriterium, das für die Ermessensausübung erforderlich wäre; die fehlende Jugendhilfeplanung für sich allein begründet weder in positiver noch in negativer Hinsicht die Fehlerhaftigkeit einer Ermessensentscheidung des öffentlichen Trägers (BVerwG 25.4.2002 – 5 C 18/01 – E 226, 231; OVG NW 5.12.1995 – 16 A 4932/94 – NDV-RD 1996, 100 ff; OVG NI 7.2.2006 – 4 LB 389/02 – NVwZ-RR 2006, 483). Liegt allerdings eine Jugendhilfeplanung vor, ist sie bei der Förderungsentscheidung zu berücksichtigen, sie hat **ermessensleitende Wirkung** (BVerwG aaO; VGH HE 6.9.2005 – 10 UE 3025/04 – ZFSH/SGB 2005, 730; OVG RPFEVS 48, 208 ff; VG Hannover 9.11.1999 – 15 A 795/99). Ist zB eine Einrichtung in den Bedarfsplan aufgenommen (und das Angebot zur Bedarfsdeckung erforderlich), ist das Ermessen des öffentlichen Jugendhilfeträgers idR dahingehend reduziert, dass diese Einrichtung zu fördern ist (OVG NI FEVS 48, 213; VG Braunschweig 18.1.2007 – 3 A 77/06 – Jugendhilfe 2007, 326 ff). Bei der Verlagerung einer Maßnahme auf einen anderen Träger (zB vom privat-gemeinnützigen auf den öffentlichen Träger), wird einer solchen Verlagerungsentscheidung eine entsprechende Jugendhilfeplanung vorausgehen müssen.

35   Im Rahmen der Ermessensausübung ist in **Abs. 3** die **Eignung** der Maßnahme angesprochen. Inhaltlich handelt es sich aber um kein Kriterium der Ermessensausübung, sondern um eine **Voraussetzung**, die gegeben sein muss, damit überhaupt eine Förderung möglich ist. Ungeeignete Maßnahmen kommen von vornherein nicht in Betracht; deswegen ist der Begriff der Eignung auch **gerichtlich voll überprüfbar** (OVG HH FEVS 31, 404, 413; VG Frankfurt/M. ZfJ 1995, 339; Preis/Steffan FuR 1993, 200).

36   Wichtigster Aspekt der Ermessensausübung ist der **Gleichheitsgrundsatz**. Dieser ermöglicht und erfordert eine Differenzierung bei Vorliegen sachlicher Gründe, er bedeutet nicht Gleichförmigkeit und Einheitlichkeit. Der Gleichheitsgrundsatz schließt insbesondere den Grundsatz der Chancengleichheit ein, etwa wenn es um die Frage der Trägerschaft von Einrichtungen, Diensten und Veranstaltungen geht. Hier ist grundsätzlich allen privat-gemeinnützigen Trägern, die Interesse artikulieren, die Teil-

nahme an entsprechenden Verfahren zu ermöglichen. In der Rechtsprechung ist in diesem Zusammenhang der **Bewerbungsverfahrensanspruch** entwickelt worden (VG Frankfurt/M. RsDE 5, 76, bestätigt durch VGH HE RsDE 6, 110), der das Recht auf eine faire, chancengleiche Behandlung unter Einhaltung des vorgeschriebenen Verfahrens einschließlich etwaiger Anhörungs- und Beteiligungsrechte beinhaltet. Ein Verweis darauf, dass keine Mittel zur Verfügung stehen, da „bewährte" Träger bereits jahrelang gefördert würden, ist damit nicht vereinbar und somit rechtswidrig (VG Stade aaO; Rn 37).

Der **Gleichheitsgrundsatz** beinhaltet auch den formalen Grundsatz der **Gleichmäßigkeit**. Dies ist entsprechend **Abs. 5 Satz 1** dort von Bedeutung, wo verschiedene Träger **gleichartige Maßnahmen** anbieten (zB Beratung, Ferienaktivitäten). Hier sind die verschiedenen privat-gemeinnützigen Träger grundsätzlich gleichmäßig zu berücksichtigen. Das gilt auch dann, wenn andere Träger seit langer Zeit gefördert wurden und nun ein weiterer Träger einer Förderung beantragt (vgl OVG NW 15.6.2001 – 12 A 3045/99 – JAmt 2002, 28 ff; OVG NW 26.9.2003 – 12 B 1727/03 – JAmt 2004, 42 ff). Die gleichmäßige Förderung aller privat-gemeinnütziger Träger findet entsprechend Abs. 3 seine Grenze dort, wo nur eine Maßnahme notwendig oder möglich ist (OVG NW aaO – JAmt 2004, 42 ff); hier sind dann die Aspekte der fachlichen Voraussetzung und der Geeignetheit von entscheidender Bedeutung. Der formale Hinweis auf andere Aspekte (etwa die bewährte Zusammenarbeit) kann die Auseinandersetzung mit den Voraussetzungen der Fachlichkeit und der Geeignetheit nicht ersetzen.

Der **Gleichheitsgrundsatz** findet gemäß **Abs. 5 Satz 2** auch dann Anwendung, wenn es um **Maßnahmen der öffentlichen und freien Jugendhilfe nebeneinander** geht; hier soll er eine Benachteiligung privatgemeinnütziger Träger verhindern. Die Formulierung ist Ausfluss der partnerschaftlichen Zusammenarbeit entsprechend § 4. Bedeutung hat dies hinsichtlich der Ausstattungsstandards in personeller, räumlicher und sonstiger sachlicher Hinsicht (vgl zB OVG NI 7.2.2006 – 4 LB 389/02 – NVwZ-RR 2006, 483). Besondere Auswirkung hat dieser Grundsatz hinsichtlich der **Personal- und Gehaltsstruktur** des öffentlichen Dienstes (OVG SN 12.4.2006 – 5 B 370/04 – EuG 2007, 55) und der privatgemeinnützigen Träger und hier wiederum dem zuwendungsrechtlichen **Besserstellungsverbot** (ausführlich VGH BY 25.2.1998 – 19 B 94. 3076 – RsDE 44, 87 ff m.Anm. Goetz). Dieses Besserstellungsverbot schließt nicht aus, dass die privat-gemeinnützigen Träger ihren Mitarbeitern höhere Vergütungen zahlen als durch den Zuwendungsbescheid gefördert wird, es bedeutet nur, dass Personalkosten nur insoweit zuschussfähig sind, als sie mit der im öffentlichen Dienst gezahlten Vergütung vergleichbar sind. Aus Abs. 5 Satz 2 kann allerdings nicht gefolgert werden, dass der öffentliche Träger notfalls Haushaltsansätze für eigene Kräfte kürzen müsste, wenn ansonsten bisherige Zuwendungen für die Träger der freien Jugendhilfe nicht ungeschmälert weiter gewährt werden könnten (OVG NI Jugendhilfe 2000, 46 ff).

Sachliche **Differenzierungsgesichtspunkte** sind die von den privat-gemeinnützigen Trägern erbrachten Eigenleistungen, dies in Abhängigkeit von der **unterschiedlichen Finanzkraft** und den sonstigen Verhältnissen der privat-gemeinnützigen Träger. Damit wird dem vom BVerfG bereits 1967 festgelegten Grundsatz, dass die Förderungsleistungen der Kommunen nicht in einem festen Verhältnis zur Höhe der Eigenleistung der privat-gemeinnützigen Träger stehen müssen (BVerfGE 22, 208), Rechnung getragen. Neben den vorhandenen Mitteln sind die unterschiedlichen Möglichkeiten zur Mittelschöpfung zu beachten (VG Frankfurt/M. ZfJ 1995, 339). So verfügen die kirchennahen Organisationen über den finanziellen Rückhalt bei den Kirchen, die ihrerseits über Steuereinnahmen finanziert werden (Flierl 1992, 80), die großen Wohlfahrtsverbände über etablierte Spendenformen (Haus-, Straßensammlungen, Wohlfahrtsmarken, Fernsehsendungen usw; Überblick bei Flierl 1992, 77 ff). Deswegen werden und können gerade kleinere, lokale Träger trotz zT geringerer finanzieller Eigenmittel ebenso gefördert werden. Bei Initiativen, Selbsthilfegruppen usw muss bei der Förderung insbesondere das sehr häufig vorzufindende hohe Personalengagement als „Eigenmittel" (Einsatz von Arbeitskraft) berücksichtigt werden.

Abs. 4 spricht ausdrücklich die **Betroffenenorientierung** als ein Ermessensentscheidungskriterium an (VGH HE 6.9.2005 – 10 UE 3025/04 – ZFSH/SGB 2005, 730). Sie gilt für Maßnahmen, so dass auch große, traditionelle Träger bei Projekten, die diesen Grundsätzen entsprechen, den Vorzug erhalten können. Durch Abs. 4 soll auch erreicht werden, dass jenseits standardisierter Angebote neue betroffenenorientierte Projekte entwickelt werden. Dieser Ansatz entspricht der generellen Orientierung der Jugendhilfe, Betroffene nicht zu Objekten staatlichen Handelns zu machen, sondern Unterstützung zur Selbstverwirklichung nach eigenen Vorstellungen zu bieten. Der Ausrichtung an den Interessen der Betroffenen entsprechen Angebote, Dienste, Maßnahmen von Trägern besonders dann, wenn dies nicht nur allgemeine Leitlinie ist, sondern die entsprechenden Maßnahmen sozialpädagogisch konzeptionell so angelegt sind und dies auch in der Praxis umgesetzt wird. Ein wichtiger Indikator dafür ist zB auch die Nachfrage von Betroffenen an entsprechenden Angeboten (vgl zB OVG NI 7.2.2006 – 4 LB 389/02 – NVwZ-RR 2006, 483). Damit werden die Möglichkeiten zu demokratischen Willensbildungsprozessen, Partizipationschancen für Betroffene und pluralistische Vorstellungen bewusst in die Förderungsgrundsätze einbezogen, um so auch Wahlmöglichkeiten entsprechend § 5 für die Betroffenen zu schaffen.

VI. Zu Abs. 6

41   Da § 74 sich weitgehend auf die Leistungen und Angebote der Kinder- und Jugendhilfe bezieht, schien in Abs. 6 der Verweis auf die Bereitstellung von Förderungsmitteln für die **Fortbildung** von Mitarbeitern (dazu § 72 Rn 28) als eine Art Merkposten dem Gesetzgeber sinnvoll. Die ausdrückliche gesetzliche Nennung hat auch klarstellende Funktion: Fortbildung der Mitarbeiter ist angesichts von Veränderungen und Weiterentwicklungen in der Jugendhilfe unverzichtbar. Die Erwähnung der Mittel für die Errichtung und den Unterhalt von Jugendfreizeit- und Jugendbildungsstätten ist ebenso ein beherzigenswerter Hinweis. Die Formulierung als „Soll"-Vorschrift beinhaltet für den Jugendhilfeträger einen hohen Verpflichtungsgrad.

VII. Verfahrenshinweise, Rechtsschutz

42   **Zuständig** für die Entscheidung über die Förderung ist der (regelmäßig: örtliche) Träger der öffentlichen Jugendhilfe nach § 69 Abs. 1. Gemäß (bisherigem) Landesrecht sind dies regelmäßig die Landkreise und die kreisfreien Städte; kreisangehörigen Gemeinden darf nicht nur die Übertragung einzelner Aufgaben zugewiesen worden sein, sondern sie müssen ausdrücklich zu Trägern der öffentlichen Jugendhilfe erklärt worden sein (VGH HE 6.9.2005 – 10 UE 3025/04 – ZFSH/SGB 2005, 730). Sofern sich die Zuwendungen nicht unmittelbar auf Einrichtungen beziehen, sondern Personen gefördert werden (wie zB Kinder beim Besuch von Kindertageseinrichtungen) sind die Träger, in deren Gebiet die jeweiligen Kinder wohnen, zuständig (OVG NI 7.2.2006 – 4 LB 389/02 – NVwZ-RR 2006, 483). Im Verhältnis zwischen Verwaltung des JA und **Jugendhilfeausschuss** liegt die Kompetenz über die Förderungsentscheidung gemäß § 71 Abs. 2 Nr. 3 regelmäßig beim JHA (Münder/Ottenberg 1999, 84 ff; vgl § 70 Rn 8). Eine Entscheidung ohne Beteiligung des JHA ist damit rechtswidrig (OVG NW FEVS 47, 394; OVG BE FEVS 49, 368 ff). Da im JHA aufgrund der Zusammensetzung (vgl § 71 Rn 2) Vertreter der privat-gemeinnützigen Träger mitentscheiden, die in nicht seltenen Fällen mögliche Konkurrenten um Zuwendungen, Trägerschaft von Einrichtungen usw sind, hat die Beachtung des **Bewerbungsverfahrensanspruchs** (Rn 36) besonderes Gewicht (dazu Barabas/Barabas RsDE 5 [1989], 53 ff).

43   Die Förderung kann im Rahmen eines öffentlich-rechtlichen Vertrags (§ 53 SGB X) bewilligt werden oder durch Verwaltungsakt, was die regelmäßige Form sein wird. Der VA kann mit **Nebenbestimmungen** versehen werden. Sofern die Auszahlung der Fördermittel (etwa in einer Nebenbestimmung) erst **nach Rechtskraft** möglich ist, ist dies bezogen auf den gesamten Zuwendungsbescheid rechtswidrig (VG Münster 5.5.2006 – 5 L 242/06 – Sozialrecht aktuell 2007, 34 ff). Denn es würde bedeuten, dass auch bei Einlegung nur eines Teilwiderspruchs (etwa weil eine höhere Fördersumme abgelehnt wurde) die Auszahlung der unstreitigen Summe nicht vorgenommen werden könnte. In diesen Fällen wird der Zuwendungsbescheid hinsichtlich des bewilligten Betrags durch Bekanntgabe an den Antragsteller fällig (§ 39 Abs. 1 SGB X), auch wenn gegen den VA im Übrigen (zB hinsichtlich einer höheren beantragten Förderungssumme) Widerspruch eingelegt wird.

44   Auch wenn die Förderung im Ermessen des öffentlichen Trägers liegt (Rn 29), ist die Bestimmung dennoch im Interesse der privat-gemeinnützigen Träger geschaffen worden. Deswegen ist auch eine Klage auf Förderungen (bzw Fortsetzung der Förderung) **zulässig**; die Klageart ist regelmäßig die **Verpflichtungsklage** (§ 42 Abs. 1 2. Alt.) auch wenn es um „Einstellung" einer Förderung geht, da diese wegen des Jährlichkeitsprinzips jährlich neu bewilligt wird. Ein Anspruch auf Förderung **verjährt** innerhalb von vier Jahren (§ 45 SGB I) nachdem er entstanden ist: Da es sich bei § 74 um eine Ermessensvorschrift handelt (vgl Rn 27 f) beginnt die Verjährungsfrist erst mit der Entscheidung des Trägers der öffentlichen Jugendhilfe über die Förderung zu laufen (VG Stuttgart 29.6.2007 – 9 K 2361/06 – NDV-RD 2008, 47 f). Die Klage muss sich **gegen** den zuständigen (Rn 42) **Träger der öffentlichen Jugendhilfe** richten. **Begründet** ist eine solche Klage allerdings nur, wenn Ermessensfehler vorliegen; in diesem Fall wird regelmäßig die gerichtliche Entscheidung auf Neubescheidung des Antragstellers gehen, nur wenn ausnahmsweise eine Ermessensreduzierung auf Null (vgl Anhang Verfahren Rn 86 f) vorliegt, könnte das Verwaltungsgericht selbst entscheiden.

Die Förderung eines Trägers kann wegen Beeinträchtigung des aus Art. 2 Abs. 1 GG sich ergebenden **45** Rechts auf Wettbewerbsfreiheit subventionsrechtlich die **Benachteiligung eines nichtgeförderten Trägers** sein. Dies ist allerdings nur dann der Fall, wenn eine konkrete, nicht nur abstrakte Konkurrenzsituation vorliegt, denn ansonsten würde es sich um eine unzulässige Popularklage handeln (OVG HH RsDE 27 [1995], 81 ff). Die Klageart ist damit die **negative Konkurrentenklage** auf Unterlassung der Subvention des konkurrierenden Trägers. Bedeutsam sind derartige Fragen im Zusammenhang mit der **Sozialraumorientierung** und der Finanzierung über **Sozialraumbudgets** geworden (vgl VorKap. 5 Rn 6, 9; Münder JAmt 2005, 161 ff; Münder ZfJ 2005, 89 ff).

In Jugendhilfesachen werden keine **Gerichtskosten** erhoben (Anhang Verfahren Rn 99). Da der Begriff **46** der Jugendhilfesachen umfassend zu verstehen ist, gehören auch Streitigkeiten um Zuwendungen an privat-gemeinnützige Träger zu dem Sachgebiet der Jugendhilfe, so dass hier keine Gerichtskosten erhoben werden (so für den vergleichbaren Fall der Sozialhilfe OVG NI FEVS 48, 298 ff).

Weiterführende Literaturhinweise allgemein:

Boetticher 2003; *Boetticher/Münder* 2009; *Desens/Münder* 2004; *Münder* 2002; *Münder/Boetticher* 2003; *Münder/Boetticher* ZESAR 2004, 15 ff; *Wabnitz* 2007, 485 ff; *Wabnitz* ZKJ 2007, 189 ff.

§ 74 a Finanzierung von Tageseinrichtungen für Kinder

[1]Die Finanzierung von Tageseinrichtungen regelt das Landesrecht. [2]Dabei können alle Träger von Einrichtungen, die die rechtlichen und fachlichen Voraussetzungen für den Betrieb der Einrichtung erfüllen, gefördert werden. [3]Die Erhebung von Teilnahmebeiträgen[1] nach § 90 bleibt unberührt.

I. Sinn der Regelung

1   Die **Finanzierung der Tageseinrichtungen** ist **bundesweit unterschiedlich.** In den meisten Bundesländern werden die Tageseinrichtungen für Kinder (zumindest auch) über **Zuwendungen** finanziert (vgl Wiesner ZfJ 2003, 298; ausführlich Diller/Leu/Rauschenbach 2004), trotz der Tatsache, dass nach § 24 (vgl § 24 Rn 7) Rechtsansprüche realisiert werden, was dazu führen müsste, dass die Finanzierung auf der Basis des jugendhilferechtlichen Dreiecksverhältnisses abzuwickeln wäre (vgl VorKap. 5 Rn 6 ff; ausführlich zu dieser Thematik Redeker 1995; Rüfner Jugendwohl 1996, 377 ff; Münder 1997; Münder JH 1997, 75 ff; Neumann/Mönch-Kalina 1997; Mönch-Kalina RsDE 38 [1998], 29 ff; Wiesner/Struck SGB VIII Vor§ 22 Rn 27; aA Stähr ZfJ 1998, 24 ff). Sofern die Finanzierung der Kindertageseinrichtungen (auch) über die Förderung erfolgt, ist diese grundsätzlich an die bundesrechtlichen Vorgaben des § 74 gebunden (speziell zu Kindertagesstätten BVerwG 25.4.2002 – 5 C 18.01 – E 116, 226; BVerwG 25.11.2004 – 5 C 66.03 – FEVS 56, 294). Damit wäre insbesondere die Förderung von privat-gewerblichen Trägern nicht möglich.

2   Dies war der wesentliche Grund für die **Einführung des jetzigen Satzes 1 des § 74 a** (durch das TAG – vgl Einl. Rn 47). Von dieser Möglichkeit, auch privat-gewerbliche Träger von Tageseinrichtungen zu fördern, hatten verschiedene öffentliche Träger keinen Gebrauch gemacht, manche hatten sogar privat-gewerbliche Träger von der Förderung ausgeschlossen. Die BReg wollte mit der Einführung eines **Satz 2** durch das KiföG (Einl. Rn 47) mit der Formulierung, dass alle Träger von Einrichtungen, die die rechtlichen und fachlichen Voraussetzungen für den Betrieb der Einrichtung erfüllen, gleich zu behandeln **sind,** erreichen, dass privat-gewerbliche und privat-gemeinnützige Träger gleich behandelt werden. Aufgrund massiver Interventionen hat Satz 2 die nunmehrige Fassung gefunden.

II. Zur Auslegung

3   Nach **Satz 1** ist es den Ländern möglich, völlig **eigenständig** die Finanzierung von Tageseinrichtungen zu regeln. Sie haben **alle Möglichkeiten** der Finanzierungen (vgl VorKap. 5 Rn 5 ff; vgl auch BT-Drucks. 15/3676/2004): Die Finanzierung auf der Basis des jugendhilferechtlichen Dreiecksverhältnisses durch die Entgeltübernahme, die Finanzierung über den Weg der Zuwendung im Rahmen des § 74 sowie die Finanzierung über zweiseitige, gegenseitige Leistungsverträge. Schon durch Satz 1 ist es landesrechtlich möglich, Modifikationen im Rahmen dieser Finanzierungsmöglichkeiten vorzusehen, so zB im Rahmen der Zuwendungsfinanzierung auf die Voraussetzung der Gemeinnützigkeit und der Anerkennung zu verzichten. Diese Möglichkeit, von der Anerkennung und damit dem Gemeinnützigkeitserfordernis abzusehen, ist wesentlicher Sinn des nunmehr offen formulierten **Satz 2,** der es den Ländern überlässt, dass sie nicht an den Status (privat-gewerblich oder privat-gemeinnützig) anknüpfen, sondern an den rechtlichen und fachlichen Voraussetzungen.

4   **Satz 3** ist in diesem Zusammenhang nur **klarstellend:** Unabhängig von der von den Ländern ggf gewählten Finanzierungsform erfolgt die Erhebung von Teilnahmebeiträgen nach wie vor auf der Rechtsgrundlage des § 90.

III. Weiter bestehende Probleme

5   Durch § 74 a wird die Finanzierungsstruktur der Tageseinrichtungen nicht geändert. Damit bleiben die **Probleme** weiter bestehen, die mit der **Zuwendungsfinanzierung** verbunden sind. Dies gilt sowohl dort, wo die Tageseinrichtungen allein über Zuwendungen finanziert werden, als auch dort, wo Mischformen der Finanzierung (vgl VorKap. 5 Rn 15) zur Anwendung kommen. Dies ist noch überwiegend der Fall, eine (auf dem jugendhilferechtlichen Dreiecksverhältnis beruhende) Entgeltübernahmefinanzierung findet sich nur beschränkt und nur ansatzweise (zB in Berlin, Hamburg, Mecklenburg-Vorpommern – zu der Hamburger Regelung vgl Münder 1999). Nicht zu verkennen ist, dass die Finanzierung der Tageseinrichtungen kompliziert ist. Denn neben den „Rechtsanspruchskindern"

---

1   Richtig wohl: „oder Kostenbeiträgen".

(§ 24 Abs. 1 Satz 1 Abs. 2, Abs. 3 Satz 1 – vgl § 24 Rn 7) befinden sich auch „Bedarfskinder" (§ 24 Abs. 3 Satz 2, Abs. 4 – § 24 Rn 32 ff), also Kinder, bei denen kein Rechtsanspruch besteht. In diesen Fällen besteht kein Anspruch, die Finanzierung auf der Basis des jugendhilferechtlichen Dreiecksverhältnisses in Form der Entgeltübernahme zu gestalten.

Die zentrale Problematik der gegenwärtigen Finanzierung liegt darin, dass mit der Zuwendungsfinan- **6** zierung (aber auch der Mischfinanzierung) eine **Objektfinanzierung** verbunden ist (vgl VorKap. 5 Rn 19). Damit wird die Einrichtung als solche, nicht jedoch die betroffenen Kinder und Jugendlichen unterstützt und „finanziert". Dies bringt immer wieder Probleme, wenn zB Kinder (im Rahmen des Wunsch- und Wahlrechts) Einrichtungen außerhalb des Gemeindegebiets oder umgekehrt, Kinder von außerhalb, Einrichtungen in einer Gemeinde in Anspruch nehmen oder unter Weiterbesuch der bisherigen Einrichtung umziehen (zB BVerwG 14.11.2002 – 5 C 57.01 – ZfJ 2003, 338 ff). Dies alles führt zu einer Fehlallokation der Finanzierung (vgl OVG NI DVBl. 1999, 466; BVerwG 25.4.2002 – 5 C 18.01 – E 116, 226 ff; 25.11.2004 – 5 C 66/03 – FEVS 56, 294).

Insofern ist es erforderlich, die **Finanzierung der Tageseinrichtungen neu zu gestalten**. Eine **Problem-** **7** **lösung** wird sich nur auf der Grundlage einer **Subjektfinanzierung** finden, wobei es hier verschiedene Modifikationen geben kann (umfassend vgl Kreydenfeld u.a. 2001; zusammenfassend Spieß/Wagner ZfJ 2001, 241 ff). Dies erlaubt eine genauere und leistungsgerechtere Finanzierung und ermöglicht, dem Unterschied zwischen Rechtsanspruchskindern und Bedarfskindern (Rn 5) gerecht zu werden und sichert angesichts des – insbesondere in den alten Bundesländern – bestehenden, nach wie vor unzureichenden Platzangebotes (insbesondere für Kinder unter drei Jahren) die Aspekte der Gleichbehandlung und Chancengleichheit (dazu Wiesner ZfJ 2003, 297).

§ 75 Anerkennung als Träger der freien Jugendhilfe

(1) Als Träger der freien Jugendhilfe können juristische Personen und Personenvereinigungen anerkannt werden, wenn sie

1. auf dem Gebiet der Jugendhilfe im Sinne des § 1 tätig sind,
2. gemeinnützige Ziele verfolgen,
3. aufgrund der fachlichen und personellen Voraussetzungen erwarten lassen, dass sie einen nicht unwesentlichen Beitrag zur Erfüllung der Aufgaben der Jugendhilfe zu leisten imstande sind, und
4. die Gewähr für eine den Zielen des Grundgesetzes förderliche Arbeit bieten.

(2) Einen Anspruch auf Anerkennung als Träger der freien Jugendhilfe hat unter den Voraussetzungen des Absatzes 1, wer auf dem Gebiet der Jugendhilfe mindestens drei Jahre tätig gewesen ist.

(3) Die Kirchen und Religionsgemeinschaften des öffentlichen Rechts sowie die auf Bundesebene zusammengeschlossenen Verbände der freien Wohlfahrtspflege sind anerkannte Träger der freien Jugendhilfe.

I. Allgemeines

1 Mit dieser Vorschrift wird geregelt, **unter welchen Voraussetzungen** Träger der freien Jugendhilfe anerkannt werden. Es gilt ein „abgestuftes Recht auf Anerkennung" (Wiesner/Wiesner § 75 Rn 2): Abs. 1 regelt die Anerkennung nach pflichtgemäßem Ermessen, Abs. 2 benennt, unter welchen Voraussetzungen ein (Rechts-)Anspruch auf Anerkennung besteht, Abs. 3 spricht für bestimmte Organisationen die Anerkennung kraft Gesetzes aus.

2 Die Vorschrift ist noch verbleibender Ausfluss der korporatistischen Beziehungen zwischen öffentlichen und freien, anerkannten Trägern (vgl § 4 Rn 7 f). Dadurch sollen „verlässliche Partnerschaftsbeziehungen" zwischen den Trägergruppen (Schellhorn/Schellhorn § 75 Rn 1) geschaffen werden. Wegen der zunehmenden Bedeutung der Finanzierung über Vereinbarungen/Entgelte (§§ 77, 78 a ff, dort ist keine Anerkennung vorgesehen) sinkt die Bedeutung dieser Norm (so auch Wiesner/Wiesner § 75 Rn 4).

II. Trägerbegriff und Privilegierung gemeinnütziger Träger

3 Das SGB VIII hat darauf verzichtet zu definieren, wer Träger der freien Jugendhilfe ist (§ 3 Rn 3 f). Neben den Kirchen und Religionsgemeinschaften des öffentlichen Rechts sind Träger der freien Jugendhilfe private Organisationen (s. Rn 7), die in der Kinder- und Jugendhilfe tätig sein können – sie werden hier zusammenfassend als private Träger im verwaltungsrechtlichen Sinne bezeichnet, insofern können es privat-gemeinnützige oder privat-gewerbliche (auf Gewinnerzielung ausgerichtete) Träger (jedweder Rechtsform, dh auch des Handelsrechts, und Einzelpersonen; vgl § 3 Rn 7 ff, dort auch Hinweise auf das unterschiedliche Meinungsbild; im Übrigen zur Systematik Vor § 69 Rn 6 ff) sein.

4 Das **Kriterium der Anerkennung** wird in verschiedenen Vorschriften als Voraussetzung **ausdrücklich** genannt: § 4 Abs. 2, § 71 Abs. 1 Nr. 2 (JHA) und Abs. 4 (LJHA), § 74 Abs. 1 Satz 2 und Abs. 6, § 76 Abs. 1, § 78 (Arbeitsgemeinschaften), § 80 Abs. 3 (Jugendhilfeplanung). Strukturell betrachtet heißt das, dass die Folgen der Anerkennung sich inhaltlich um 3 Aspekte gruppieren:

- institutionelle Privilegierungen: JHA/LJHA, Arbeitsgemeinschaften, Jugendhilfeplanung;
- förderrechtliche Privilegierung nach § 74, insbesondere in materieller, finanzieller Hinsicht;
- statusbezogene Privilegierung durch Beteiligung oder Übertragung von anderen Aufgaben im Rahmen des § 76.

5 Das bedeutet eine **Privilegierung der anerkannten Träger der freien Jugendhilfe** gegenüber den Trägern der freien/privaten Jugendhilfe, die nicht anerkannt sind, weil sie nicht anerkannt werden wollen oder – wohl regelmäßig – meist wegen fehlender Gemeinnützigkeit nicht anerkannt werden können. Im Verlauf des Gesetzgebungsverfahrens wurde das zunächst vorgesehene Kriterium der „anerkannten

fachlichen Arbeit" gestrichen und durch das Kriterium der Gemeinnützigkeit ersetzt (vgl in VG Hamburg 17.1.2006 – 13 K 1657/04 – ZKJ 2006, 378). Es ist einsichtig, dass der Gesetzgeber sowohl die institutionelle Mitwirkung, die (materielle) Förderung, als auch die Beteiligung an den in § 76 genannten anderen Aufgaben auf solche Träger beschränkt, die sich auf dem Gebiet der Jugendhilfe durch Fachlichkeit und gewisse Kontinuität bewährt haben. Die zentrale Anknüpfung an ein steuerrechtliches Kriterium (Gemeinnützigkeit) und damit ein Bezug zur körperschaftsrechtlichen Struktur der Träger anstelle des Bezugs auf die Fachlichkeit (und Kontinuität) der Arbeit ist jedoch kein sonderlich geeignetes Kriterium, das zudem rechtlich problematisch ist (vgl § 74 Rn 4 ff).

III. Anerkennungsvoraussetzungen nach Abs. 1

Durch das 1. ÄndG ist klargestellt, dass nur **juristische Personen** und **Personenvereinigungen** als Träger der freien Jugendhilfe anerkannt werden können, wenn sie die in Abs. 1 Nr. 1–4 genannten Voraussetzungen erfüllen. Damit soll die nach § 75 Abs. 1 aF mögliche Anerkennung einzelner Personen ausgeschlossen werden (nach BT-Drucks. 12/2866, 33). **6**

Juristische Person ist die Zusammenfassung von (natürlichen oder juristischen) Personen (und ggf Sachen) in einer rechtlich geregelten Struktur, der durch Entscheidung der Rechtsordnung Rechtsfähigkeit verliehen ist. In der Jugendhilfe von Relevanz sind insbesondere der e.V. (§§ 21 ff BGB), die GmbH (GmbH-Gesetz), in manchen Fällen die Stiftung bürgerlichen Rechts (§§ 80 BGB), die Genossenschaft (GenG) und neuerlich auch die Aktiengesellschaft (AktG). **7**

Zu den **Personenvereinigungen** gehören die voll rechtsfähigen Personenvereinigungen (Körperschaft des öffentlichen Rechts, Körperschaft des privaten Rechts – vgl Rn 7) sowie die teilrechtsfähigen Personenvereinigungen, aber auch die nicht rechtsfähigen Personenvereinigungen. Mit der Erwähnung der Begriffe Personenvereinigung neben dem Begriff juristische Personen hat der Gesetzgeber hier vornehmlich die teilrechtsfähigen Personenvereinigungen gemeint, wie zB nicht eingetragene Vereine (§ 54 BGB), Gesellschaften des bürgerlichen Rechts (§§ 705 ff BGB), Partnergesellschaften (nach PartG). In der Kinder- und Jugendhilfe ist dies von Relevanz insbesondere für Selbsthilfegruppen und Selbstorganisationsformen. Somit sind grundsätzlich auch **Selbsthilfe-/selbstorganisierte Gruppen/Initiativen/Projekte** anerkennungsfähig, wenn ihre Organisations- und Entscheidungsstrukturen transparent (nachvollziehbar) sind und ihr Handeln auf Dauer (‚Gedanke der Kontinuität': Nr. 1.1 der Anerkennungsgrundsätze der AG der Obersten Landesjugendbehörden vom 14.4.1994; so auch LPK-SGB VIII/Papenheim § 75 Rn 6; GK-SGB VIII/Heinrich § 75 Rn 6) angelegt ist. Eine Gebietskörperschaft (zB Landkreis), der Aufgaben der Jugendhilfe als örtlicher Träger übertragen sind, kann nicht zugleich freier gemeinnütziger Träger sein; dies gilt unabhängig von der privatrechtlichen Handlungsform, in der er sich betätigt (OVG TH 6.4.2006 – 3 KO 237/05 – ZFSH/SGB 2006, 665). **8**

Abs. 1 nennt in Nr. 1 bis 4 **abschließend** die übrigen **Voraussetzungen**, die sämtlich, also kumulativ, erfüllt sein müssen, um als Träger freier Jugendhilfe anerkannt zu werden. **9**

Nr. 1 verweist auf § 1 und damit darauf, dass der Träger, der die Anerkennung begehrt, auf dem in § 1 insgesamt genannten Gebiet und damit im **Aufgabenspektrum der Jugendhilfe** nach dem SGB VIII tätig sein muss. Diese Voraussetzung ist daher auch dann erfüllt, wenn der freie Träger nur auf ein kleines Segment des gesamten Jugendhilfespektrums bezogen handelt oder handeln will (zB Ferienangebote für Kinder nur eines Stadtteils) oder wenn er auf junge Menschen bezogene Aktivitäten als Ziel angibt, die nach allgemeinem Verständnis nicht oder noch nicht überwiegend zur Jugendhilfe gehörend angesehen werden, die aber iwS dem Förderungsgebot des § 1 Abs. 1 zuzurechnen sind (zB Verein Wohnhilfen für junge Menschen; vgl hierzu insbesondere § 1 Abs. 3 Nr. 4). **10**

Nr. 2 setzt die **Verfolgung gemeinnütziger Ziele** voraus. Damit werde zwar laut Gesetzesbegründung „nicht die Gemeinnützigkeit iS des Steuerrechts verstanden" (BT-Drucks. 11/6748, 82). Allein aus Praktikabilitätsgründen kann aber einem freien Träger, der von der zuständigen Steuerbehörde zumindest als vorläufig gemeinnützig anerkannt wurde (dazu Desens/Münder 2004), die Anerkennung nach Nr. 2 nicht verwehrt werden. Das heißt, die Voraussetzung der Nr. 2 wird in jedem Fall durch die Anerkennung der Gemeinnützigkeit iSv § 51 AO erfüllt (vgl § 74 Rn 21). Wenn diese Anerkennung der steuerrechtlichen Gemeinnützigkeit fehlt, muss geprüft werden, ob nicht dennoch aus der selbstbestimmten Aufgabenstellung des freien Trägers heraus (im Allgemeinen anhand des Satzungs-, Gesellschaftsvertrags- und Stiftungsurkundentexts zu beurteilen) die Verfolgung gemeinnütziger Ziele angenommen werden kann. **11**

12   Für ein **autonomes jugendhilferechtliches Verständnis der Gemeinnützigkeit** sprechen auch grundrechtliche sowie gemeinschafts(europa)rechtliche Überlegungen. Die Bevorzugung privat-gemeinnütziger Träger bei der Zugrundelegung eines steuerrechtlichen Gemeinnützigkeitsbegriffs tangiert die verfassungsrechtliche Stellung der privat-gewerblichen Träger nach Art. 2 und Art. 12 GG (ausführlich VG Hamburg 17.1.2006 – 13 K 1657/04 – ZKJ 2006, 378; aA OVG HH 22.4.2008 – 4 Bf 104/06 – Sozialrecht aktuell 2008, 238). Hinsichtlich der gemeinschaftsrechtlichen Wettbewerbsbestimmungen ist zu beachten, dass die privat-gewerblichen Träger bei der Leistungserbringung im Wettbewerb zu privat-gemeinnützigen Trägern stehen können. Die den privat-gemeinnützigen Trägern eingeräumte privilegierte Stellung nicht nur bei der Förderung (vgl § 74 Rn 21), sondern auch in institutioneller und statusrechtlicher Hinsicht (Rn 4) hat Auswirkungen auf die wirtschaftliche Betätigung zwischen privat-gemeinnützigen und privat-gewerblichen Trägern. Allerdings wurden untergerichtliche Entscheidungen, wonach aus wettbewerbsrechtlichen Gründen auch privat-gewerblichen Trägern eine Anerkennung nicht verwehrt werden darf (VG HH 17.1.2006 – 13 K 1657/04 – ZKJ 2006, 377 ff durch das Instanzgericht aufgehoben OVG HH 22.4.2008 – 4 Bf 104/06 – Sozialrecht aktuell 2008, 238).

13   Über die **Nr. 3** soll erreicht werden, dass die mit der Anerkennung verbundenen Berechtigungen (vgl Rn 5) nur Trägern der freien Jugendhilfe mit einem **gewissen fachlichen Standard** und auch einer zeitlichen Kontinuität des Handelns (Abs. 2) zukommen; die Neufassung des Abs. 1 1. Hs durch das 1. ÄndG bestätigt diese Ausrichtung. Die Messlatte, was „einen nicht unwesentlichen Beitrag ... zu leisten imstande" zu sein heißt, darf jedoch nicht zu hoch angelegt werden. Immer dann, wenn ein Träger kontinuierlich handelt oder handeln will, auf personelle (auch ehrenamtliche) Ressourcen verweisen kann und eine Jugendhilfe-Teilzielgruppe zu nennen in der Lage ist, die Interesse an seinen Angeboten hat, wird nicht anzunehmen sein, dass sein Beitrag unwesentlich ist. Über eine restriktive Handhabung dieser Anerkennungsvoraussetzung dürfen jedenfalls nicht die traditionellen privat-gemeinnützigen Träger indirekt privilegiert werden.

14   Nr. 4 ist wort- und inhaltsgleich mit § 74 Abs. 1 Nr. 5 (vgl § 74 Rn 23).

IV. Rechtsanspruch auf Anerkennung – Abs. 2

15   Die **Entscheidung nach Abs. 1** ergeht nach pflichtgemäßem Ermessen („kann"). Bei den in Abs. 1 geregelten Anerkennungsvoraussetzungen handelt es sich um **unbestimmte Rechtsbegriffe**, die gerichtlich voll überprüfbar sind (siehe dazu Anhang Verfahren Rn 87 ff).

16   Ebenso ist die fehlerfreie Ausübung des Ermessens im Rahmen des § 114 VwGO gerichtlich voll überprüfbar (siehe dazu Anhang Verfahren Rn 86). Sofern die in Abs. 1 genannten Voraussetzungen vorliegen, ist schwer erkennbar, welche Gründe für eine Versagung vorliegen könnten. So führen zB mangelnde oder fachliche Voraussetzungen eben schon dazu, dass die Voraussetzung nach Nr. 3 nicht erfüllt ist, wenn aber die Voraussetzungen des Abs. 1 erfüllt sind, wird regelmäßig eine sog. Ermessensreduzierung auf Null vorliegen, weil nur die Anerkennung – als einzige rechtmäßige fehlerfreie Ermessensentscheidung – in Betracht kommt (siehe auch dazu Anhang Verfahren Rn 86).

17   Abs. 2 konstituiert einen weitergehenden materiellen **Rechtsanspruch** auf Anerkennung, sofern die gerichtlich voll überprüfbaren Voraussetzungen nach Absatz 1 erfüllt sind und der Träger mindestens 3 Jahre auf dem Gebiet der Jugendhilfe tätig gewesen ist. Für eine Ermessensausübung ist kein Raum, der Rechtsbegriff „3 Jahre auf dem Gebiet der Jugendhilfe tätig" eröffnet kein Ermessen, sondern ist verwaltungsgerichtlich voll überprüfbar.

V. Anerkennung kraft Gesetzes – Abs. 3

18   **Kirchen und Religionsgemeinschaften des öffentlichen Rechts** sowie die sechs auf Bundesebene zusammengeschlossenen **Wohlfahrtsverbände** (vgl Vor § 69 Rn 9 f) sind (bleiben) anerkannte Träger. Für die ebenfalls auf Bundesebene zusammengeschlossenen Jugendverbände ist auf eine entsprechende Regelung verzichtet worden, weil „angesichts einer starken Fluktuation eine gesetzliche Anerkennung zu weitgehend" wäre (RegE-Begr., BT-Drucks. 11/5948, 99). Bereits erteilte Anerkennungen nach dem JWG gelten gemäß Art. 16 Nr. 1 KJHG fort.

VI. Wirkung der Anerkennung

19   Die in **Abs. 3** gesetzlich vorgesehene Anerkennung wirkt wegen der bundesweiten Geltung des SGB VIII im gesamten Bundesgebiet. Im Übrigen hat die Anerkennung nur **Wirkung** im Gebiet des jeweilig anerkennenden **Trägers der öffentlichen Jugendhilfe** (OVG BB 26.2.2008 – 6 L 40.07). Dies ist auch aus sachlichen Gründen gerechtfertigt, denn bei einem zB nur örtlich begrenzt tätigen Träger sind geringere Anforderungen an dessen Beitrag zur Erfüllung von Aufgaben der Jugendhilfe zu stellen, als bei einem überregional tätigen Träger, der eine landesweite Anerkennung begehrt. Abgesehen von Abs. 3 sind damit Anerkennungen nur auf dem Gebiet des jeweils örtlich tätigen Trägers der Jugendhilfe oder bei einem überörtlichen Träger auf Landesebene möglich. Die in den „Grundsätzen für die Anerkennung von Trägern der freien Jugendhilfe nach § 75 SGB VIII" der Arbeitsgemeinschaft der obersten Landesbehörden vom 14.4.1994 (Rn 8) getätigte Aussage, dass die Rechtswirkungen einer Anerkennung grundsätzlich nicht räumlich begrenzt sind, führt zu keinem anderen Ergebnis, denn die Arbeitsgemeinschaft kann lediglich Empfehlungen für die Verwaltungspraxis abgeben, rechtlich verbindliche Regelungen mit Rechtsnormqualität kann sie nicht treffen (so richtig OVG BB 26.2.2008 – 6 L 40.07).

VII. Zuständigkeit, Verfahren

Zuständigkeit und Verfahren der **Anerkennung** ist bundesrechtlich nicht geregelt, Regelungen enthalten zT die Ausführungsgesetze der Länder bzw hierzu ergangene VO. Zuständigkeiten können sich nur für die örtlichen oder überörtlichen Träger (nicht dem Bund) ergeben. Die Arbeitsgemeinschaft der Obersten Landesjugendbehörden hat (14.4.1994) Grundsätze für die Anerkennung von Trägern der freien Jugendhilfe vereinbart, dort sind auch Verfahrensfragen angesprochen (abgedruckt bei Wiesner, Anhang zu § 75). 20

Die **Entscheidung über einen Anerkennungsantrag** gehört nicht zu den laufenden Geschäften des JA (§ 70 Rn 5 f), sondern ist Angelegenheit des JHA (entsprechendes gilt für LJA/LJHA); ansonsten würde die Handlungsbefugnis der Verwaltung des JA, die grundsätzlich Förderungsentscheidungen auch ohne Anerkennung treffen kann (vgl § 74), unzulässig erweitert (aA Klinkhardt § 75 Rn 8). Gegen die Ablehnung der Anerkennung ist nach Widerspruchsverfahren der Verwaltungsrechtsweg gegeben (vgl Anhang Verfahren Rn 69 ff). 21

§ 76 Beteiligung anerkannter Träger der freien Jugendhilfe an der Wahrnehmung anderer Aufgaben

(1) Die Träger der öffentlichen Jugendhilfe können anerkannte Träger der freien Jugendhilfe an der Durchführung ihrer Aufgaben nach den §§ 42, 43, 50 bis 52 a und 53 Abs. 2 bis 4 beteiligen oder ihnen diese Aufgaben zur Ausführung übertragen.

(2) Die Träger der öffentlichen Jugenhilfe bleiben für die Erfüllung der Aufgaben verantwortlich.

I. Allgemeines

1 **Leistungen der Jugendhilfe** können von allen **privaten** (natürlichen oder juristischen) Personen erbracht werden (vgl § 3 Rn 7 ff). Andere Aufgaben der Jugendhilfe sind gekennzeichnet durch hoheitliches Handeln (VorKap. 3 Rn 1 ff), das grundsätzlich nur dem öffentlichen Träger der Jugendhilfe möglich ist; Ausnahmen sieht § 76 vor. Die **Beteiligung** ist die teilweise, die **Übertragung** die vollständige Erledigung von anderen Aufgaben durch Dritte. Beteiligung oder Übertragung kann nur auf **anerkannte Träger** (§ 75) der freien Jugendhilfe erfolgen.

II. Beteiligung, Übertragung – Abs. 1

1. Rechtsnatur

2 Strittig ist die **Rechtsnatur** und die sich daraus ergebende **Rechtsfolge** der Übertragung/Beteiligung. Zum Teil wird die Auffassung vertreten, dass die Beteiligung/Übertragung nach Abs. 1 als **Beleihung** möglich sei (Neumann 1992, 226 ff, 229). Dies hätte zur Folge, dass nicht nur die Befugnisse zu schlichtem Verwaltungshandeln, sondern insbesondere die **Befugnisse zum formellen Verwaltungshandeln** (Verwaltungsakt) bis hin zu (möglicherweise damit verbundenen) Eingriffsbefugnissen auf die freien Träger übergehen könnten.

3 Solche weitreichenden Folgen können nach hM zu Recht aus dem Wortlaut der Norm nicht gezogen werden. § 76 spricht von der Durchführung von Aufgaben bzw von der Übertragung von Aufgaben zur Ausführung. Er spricht nicht von der Übertragung der Aufgaben selbst. Dies ergibt sich auch aus Abs. 2, wonach die Verantwortlichkeit für die Aufgabe selbst beim öffentlichen Träger bleibt (vgl Wiesner/Wiesner § 76 Rn 10 f; Schellhorn/Schellhorn § 76 Rn 7; LPK-SGB VIII/Papenheim § 76 Rn 16). Insofern bietet **Abs. 1 nicht die Rechtsgrundlage für** eine Beleihung, sondern erlaubt es dem öffentlichen Träger bei den anderen Aufgaben, wo grundsätzlich ausschließliches Handeln der öffentlichen Hand vorgesehen ist, in den genannten Einzelfällen, anerkannte freie Träger zu beteiligen bzw ihnen die Ausführung von Aufgaben zu übertragen. Damit ist in Abs. 1 (nur) die **Rechtsgrundlage für** einen entsprechenden **öffentlich-rechtlichen Vertrag** nach §§ 53 ff SGB X, 54 ff VwVfG gegeben (hM vgl zB Jans u.a./Maas/Törnig § 76 Rn 7; Wiesner/Wiesner § 76 Rn 13 ff; GK-SGB VIII/Heinrich § 76 Rn 14 ff; Schellhorn/Schellhorn § 76 Rn 8; Hauck/Grube § 76 Rn 5). Da dieser Vertrag nicht an Stelle eines Verwaltungsaktes tritt – die anerkannten freien Träger müssen solche Aufgaben nicht übernehmen und sind somit dem öffentlichen Träger nicht untergeordnet –, handelt es sich um einen **koordinations-**, nicht aber subordinationsrechtlichen Vertrag.

2. Rechtsfolgen

4 Ob der **öffentliche Träger** einen Vertrag abschließt, liegt in seinem **Ermessen**, das er nach den allgemeinen Grundsätzen der Ermessensausübung zu betätigen hat (hM, Grube in Hauck/Noftz § 76 Rn 4; Jans u.a./Maas/Törnig § 76 Rn 5). Mit welchen von mehreren in Frage kommenden freien Trägern er ggf eine vertragliche Vereinbarung trifft, liegt ebenso in seinem Ermessen. In diesem Zusammenhang sind der Gleichheitsgrundsatz und die Chancengleichheit der Bewerber von besonderer Bedeutung.

5 **Rechtsfolge** davon, dass Abs. 1 keine Beleihung bewirkt, sondern die Beteiligung bzw Übertragung auf der Basis eines öffentlich-rechtlichen Vertrags erfolgt, ist die Tatsache, dass für die anerkannten Träger der freien Jugendhilfe **kein Handeln mit verwaltungsrechtlichen Folgen** möglich ist. Insbesondere kön-

nen sie **keine Verwaltungsakte** erlassen (vgl Anhang Verfahren Rn 45 ff) und damit auch nicht die Rechtsfolgen auslösen, die an einen Verwaltungsakt anknüpfen. Möglich ist schlichtes (Verwaltungs-) Handeln, also Tätigkeiten, die keine verwaltungsrechtlichen Folgen auslösen.

Die Tatsache, dass nur schlichtes Handeln möglich ist, ist bei den **übertragungsfähigen Aufgaben** zu **6** beachten. **Unproblematisch** ist dies bei **§§ 50 Abs. 1, 2, 51, 52, 52 a** und **53 Abs. 2–4**, denn hier handelt es sich stets nur um schlichtes Handeln, wie etwa Beratung, Abgabe von Stellungnahmen usw. (vgl zB OLG ST 10.4.2002 – 8 UF 57/02 – UJ 2003, 451 f). Bei der in **§ 42 geregelten Inobhutnahme** ist zu beachten, dass hier bei einer Beteiligung, Übertragung die anerkannten Träger **keine hoheitlichen Kompetenzen** erlangen (Jans u.a./Maas/Törnig § 76 Rn 11), sie können also nicht selbst Kinder eingreifend in Obhut nehmen (wie es zB in Fällen dringender Gefahr nach § 42 Abs. 1 Nr. 2 regelmäßig erforderlich ist), sondern nur auf ein Tätigwerden der hoheitlichen Organe (JA, Polizei) hinwirken. Sie können allerdings Minderjährige, die sich selbst melden (Selbstmelder gem. § 42 Abs. 1 Nr. 1), die ihnen „zugeführt werden" und mit dem Verbleib in der Jugendschutzstelle o. ä. einverstanden sind (z.B. ausländische Kinder ohne Begleitung iSd § 42 Abs. 1 Nr. 3), betreuen, erziehen, ihnen vorläufige Unterbringung gewähren usw (vgl hierzu im Einzelnen § 42 Rn 10, 15). Wird jedoch im Verlauf der Maßnahmen die Freiwilligkeit aufgegeben bzw das Einverständnis zurückgenommen, stellt deren Fortführung wiederum einen Rechtseingriff dar und bedarf der hoheitlichen Legitimation durch die entsprechend befugten Stellen.

Auch die **freien Träger** sind in ihrer **Entscheidung** zum Vertragsschluss **frei**, dh ihre Einrichtungen, **7** Angebote können nicht durch einseitigen Akt des öffentlichen Trägers in Anspruch genommen werden (Rn 3). Eine Beteiligung, Übertragung kommt damit nur zustande, wenn die beiden Vertragsparteien sich einigen und entsprechende Vereinbarungen treffen. Es gilt das vertragliche Konsensualprinzip.

Für den öffentlich-rechtlichen Vertrag ist die **Schriftform** (§ 56 SGB X) erforderlich. Da die Beteiligung, **8** Übertragung an einen freien Träger eine nur selten vorkommende, grundsätzliche Angelegenheit ist, handelt es sich nicht um ein laufendes Geschäft der Verwaltung des JA, so dass im Innenverhältnis beim JA der Jugendhilfeausschuss zuständig ist (§ 70 Rn 5 f).

Inhaltlich werden die Verträge meist als **öffentlich-rechtliche Auftragsverhältnisse** bezeichnet (zB **9** Wiesner/Wiesner § 76 Rn 15; Schellhorn/Schellhorn § 76 Rn 8). Dies mag in vielen Fällen so sein, ist jedoch nicht zwingend. Das Gesetz selbst gibt keine Vorgaben zum **Inhalt des Vertrages**. Inhaltlich sind im Vertrag alle Einzelheiten insbesondere fachlicher, konzeptioneller und organisatorischer Art zu regeln. Faktisch bedeutsam sind die finanziellen Vereinbarungen, die das Entgelt für die Tätigkeit der freien Träger bestimmen. Grundsätzlich sind die Vertragsparteien frei, sachangemessene Regelungen zu treffen. Im Vertrag zwischen öffentlichem und freiem Träger können Vereinbarungen zu Lasten Dritter, also insbesondere zuungunsten von Bürgerinnen und Bürgern, nicht getroffen werden, da eine solche Vereinbarung mit dem Prinzip der Privatautonomie nicht vereinbar wäre.

Bei Streitigkeiten ist immer der **Verwaltungsrechtsweg** zu beschreiten, dh sowohl darüber, ob ein öf- **10** fentlich-rechtlicher Vertrag zustande gekommen ist, als auch bei Auseinandersetzungen um seine Inhalte.

III. Zu Abs. 2

Abs. 2 stellt klar, dass die **Letztverantwortung** trotz Beteiligung/Übertragung beim **öffentlichen Trä-** **11** **ger** verbleibt. Die Betroffenen können sich also immer – insbesondere im Konflikt mit einem freien Träger, dem zB eine andere Aufgabe vollständig übertragen wurde – an den zuständigen öffentlichen Träger wenden. Deswegen ist es empfehlenswert, andere Aufgaben nur widerruflich zu übertragen bzw hieran zu beteiligen und im Vertrag bei entsprechenden Beanstandungen von Bürgerinnen und Bürgern ggf Kündigungsmöglichkeiten vorzusehen. Die Letztverantwortlichkeit des JA gilt auch (bei §§ 50 bis 52 a) gegenüber dem Gericht, das JA bleibt dem Gericht gegenüber für die Erfüllung der Mitwirkungsaufgaben verantwortlich.

Strittig ist, welche Auswirkungen Abs. 2 im **Nebeneinander von öffentlichen und privaten Trägern** hat. **12** Bisher wurde die Frage hauptsächlich erörtert, wenn die privaten Träger in Abstimmung mit dem JA Leistungen gegenüber den Leistungsberechtigten erbringen. Während zT davon ausgegangen wird, dass in diesen Fällen ein unmittelbares Weisungsrecht des JA gegenüber den freien Trägern besteht (so zB OLG Oldenburg ZfJ 1997, 56 f m. Anm. Oelmann-Austermann aaO, 58; Bringewat, 1997, 71; völlig verfehlt BAG NDV-RD 1999, 3 ff m.Anm. Baltz) wird zu Recht darauf hingewiesen, dass zumindest in den Fällen der Leistungserbringung ein solches Weisungsrecht dem eigenständigen Betätigungsrecht der privaten Träger widerspricht (zB GK-SGB VIII/Schleicher § 50 Rn 34; Wiesner/ Mörsberger Vor§ 50 Rn 47 f). Dieser Grundsatz des **eigenständigen Betätigungsrechts der freien Träger** gilt auch bei der Beteiligung/Übertragung anderer Aufgaben nach § 76, es sei denn, es sind in den vertraglichen Absprachen im Zusammenhang der Beteiligung/Übertragung ausdrücklich andere Regelungen getroffen.

Weiterführende Literaturhinweise:

Happe RsDE 23 (1994), 25 ff.

§ 77 Vereinbarungen über die Höhe der Kosten

[1]Werden Einrichtungen und Dienste der Träger der freien Jugendhilfe in Anspruch genommen, so sind Vereinbarungen über die Höhe der Kosten der Inanspruchnahme zwischen der öffentlichen und der freien Jugendhilfe anzustreben. [2]Das Nähere regelt das Landesrecht. [3]Die §§ 78 a bis 78 g bleiben unberührt.

I. Allgemeines

Die Mehrzahl der Einrichtungen und Dienste in der Kinder- und Jugendhilfe wird von privaten Trägern gestellt (vgl Vor § 69 Rn 14). Aus dieser Interessenlage haben die privaten Träger (Deckung ihrer Kosten) und die öffentlichen Träger (Erfüllung ihrer Gewährleistungspflicht) das Bestreben, dass es zu **direkten Beziehungen** zwischen ihnen kommt. Seit 1.1.1999 ist für die in § 78 a Abs. 1 genannten Leistungen der Abschluss der in § 78 b genannten (Leistungs-, Entgelt-, Organisations-) Vereinbarungen zwingend vorgeschrieben. Der **Anwendungsbereich des § 77** liegt somit außerhalb der in § 78 a Abs. 1 genannten Leistungen, wenn sie in Einrichtungen oder Diensten privater Träger erbracht werden. Eine **Einrichtung** ist die Zusammenfassung der sächlichen Mittel und des Personals, sie ist auf eine gewisse Dauer angelegt, organisatorisch strukturiert, um bestimmte Aufgaben und Ziele zu erreichen. In Einrichtungen werden Leistungsempfänger stationär oder teilstationär betreut. Bei **Diensten** handelt es sich eher um personenbezogene Angebote, insbesondere im ambulanten Bereich. Eine trennscharfe Abgrenzung zwischen Einrichtungen und Diensten ist nicht notwendig, da beide erwähnt werden. **1**

§ 77 wurde mehrfach geändert: Durch das Gesetz zur Reform des Sozialhilferechts wurden im Zeitraum vom 1.8.1996 bis zum 31.12.1998 die Abs. 2 und 3 eingefügt, die den Kostenanstieg im stationären Bereich begrenzen sollten, die sogenannte **Deckelung der Pflegesätze** (zu der Rechtslage von 1996 – 1998 ausführlich 3. Aufl. § 72 Rn 12 ff). Mit Wirkung vom 1.1.1999 wurden diese Bestimmungen durch die §§ 78 a bis 78 g ersetzt. **Satz 2** stellt klar, dass für die Leistungen nach § 78 a Abs. 1 ausschließlich die dortigen Regelungen gelten. **2**

II. Anwendungsbereich

Der Begriff **Vereinbarung** lässt inhaltlich **viel Spielraum**. Erforderlich ist nur ein irgendwie gearteter Bezug zu der Höhe der Kosten. Damit fallen unter Vereinbarungen nach § 77 u.a. Rahmenvereinbarungen, die das Verfahren der konkreten Feststellung der Höhe der Kosten regeln, Vereinbarungen, in denen Personalfragen, Ausstattungsaspekte, Investitionsbelange geregelt werden. **Klassische Vereinbarungen** im Sinne von § 77 sind die **Entgelte** (Tagessätze) von nicht unter § 78 a Abs. 1 fallenden Einrichtungen. Bei ambulanten Diensten spielen **Fachleistungsstunden** eine Rolle. Bezugspunkt der Vereinbarungen können Einzelfallpauschalen, aber auch eine Gesamtpauschale (zB im Jugendfreizeitbereich) sein. Wegen der weiten Fassung von § 77 ergeben sich **systematisch** folgende **Anwendungsbereiche**: **3**

- **Bei rechtsanspruchsgesicherten Leistungen** (Variante 1): Hier bildet das **jugendhilferechtliche Dreiecksverhältnis** die Rechtsgrundlage für die Finanzierung und damit auch für Vereinbarungen über die Höhe der Kosten. Bei den Vereinbarungen nach § 77 handelt es sich um die entsprechenden Beziehungen zwischen dem Leistungsträger (Jugendhilfeträger) und dem Leistungserbringer (ausführlich VorKap. 5 Rn 7). Von ihrer Struktur her entsprechen diese Vereinbarungen den nach § 78 b zu schließenden Vereinbarungen. In der Praxis besteht oft inhaltliche Parallelität zwischen diesen beiden Vereinbarungstypen. Es handelt sich um **öffentlich-rechtliche Verträge** (BGHZ 116, 339 ff; BVerwGE 94, 202 ff). Nur ausnahmsweise können einzelne Klauseln (zB Bindung privater Heimträger bezüglich der Preisgestaltung gegenüber privaten Dritten) inhaltlich dem Privatrecht zugeordnet werden (bei Selbstzahlern BGHZ 119, 93). Im Gegensatz zu § 78 b verwendet § 77 noch die ältere Formulierung der „Träger der freien Jugendhilfe". Entsprechend dem weiten Verständnis des Begriffes (vgl § 3 Rn 7 ff) sind hierunter **alle privaten Träger** (privat-gemeinnützige und privat-gewerbliche) zu verstehen. Der Abschluss solcher Vereinbarungen kann insbesondere **4** nicht von Bedarfsgesichtspunkten abhängig gemacht werden (zum Anspruch auf Abschluss einer Vereinbarung vgl Rn 10 ff).

5   ■ **Bei nicht anspruchsgesicherten Leistungen** (Variante 2): Hier muss die Finanzierung nicht auf der Basis des jugendhilferechtlichen Dreiecksverhältnisses erfolgen, mögliche Finanzierungen sind hier die Zuwendung (auf der Rechtsgrundlage des § 74) bzw ein gegenseitiger Leistungsvertrag (im Einzelnen VorKap. 5 Rn 6 ff). Für einen solchen gegenseitigen Leistungsvertrag kann wegen der weiten Fassung ebenfalls **§ 77 die Rechtsgrundlage** bilden. Als **gegenseitiger Leistungsvertrag** beinhaltet ein solcher Vertrag den **Austausch von Leistung und Gegenleistung**. Er kann damit eine Alternative zur Zuwendung/Sozialsubvention nach § 74 darstellen (vgl § 74 Rn 2). Auch hier handelt es sich um einen öffentlich-rechtlichen Vertrag, weil es im Kern um Vereinbarungen über Leistungen geht, die allein dem öffentlichen Jugendhilfeträger aufgrund seiner Gewährleistungs- und Planungsverpflichtung (§§ 79, 80) obliegen. Auch hier handelt es sich um **öffentlich-rechtliche koordinationsrechtliche Verträge**. Es kommt allerdings im Unterschied zur Variante 1 zu einem unmittelbaren Austausch von Leistung und Gegenleistung. Anwendung finden diese gegenseitigen Leistungsverträge zur Beschaffung von Leistungen vornehmlich in Bereichen von Angeboten, die für die Bürger kostenfrei sind (zB Beratungsstellen – vgl BKE ZfJ 2002, 97 ff; Jugendfreizeitzentren, offenen Treffs usw).

6   Unmittelbare Austauschverträge zwischen öffentlichen Trägern und freien Trägern (Variante 2) sind im nicht rechtsanspruchsgesicherten Bereich zulässig, im **rechtsanspruchsgesicherten Bereich** dagegen **unzulässig**. Insofern ist zwischen diesen beiden Bereichen genau zu differenzieren (nicht hinreichend zB bei Richter 2004, 217 f).

III. Wettbewerbsrecht

7   Entsprechend dem unterschiedlichen Rechtscharakter und Rechtsinhalt der beiden Varianten ergibt sich aus den Vereinbarungen Unterschiedliches. Während sich bei den **gegenseitigen Verträgen aus dem Vertrag** selbst ein **Anspruch** des freien Trägers auf entsprechende Entgelte ergibt, besteht bei den Vereinbarungen zwischen Jugendhilfeträger und Leistungserbringer im Rahmen des **jugendhilferechtlichen Dreiecksverhältnisses** kein Anspruch auf entsprechende Entgelte. Diese Vereinbarungen sind nur die Grundlage für die **Entgeltübernahme** (gegenüber dem jeweiligen Leistungsberechtigten) bzw für die **Kostenzusage** (gegenüber dem Leistungserbringer; zu den Einzelheiten der Kostenzusage, zu ihrem Rechtscharakter vgl VorKap. 5 Rn 11 f).

8   Bezüglich der Vereinbarungen nach § 77 wird strittig erörtert, ob derartige Verträge den **wettbewerbsrechtlichen Vorschriften** (zu den wettbewerbsrechtlichen Fragen bei Zuwendungen/Subventionen vgl § 74 Rn 4 ff) über die Vergabe öffentlicher Aufträge nach §§ 97 ff GWB unterliegen (Meyer 1999; Neumann/Nielandt/Phillipp 2004; Neumann/Bieritz-Harder RsDE 48 [2001], 1 ff; Mrozynski ZfSH/SGB 2004, 3 ff; Brünner neue caritas 3/2005, 16 ff; Hermanns/Messow NZS 2007, 25). Häufig wird hier nicht systematisch **unterschieden** zwischen den geschilderten **beiden Vertragstypen**. Dort, wo Vereinbarungen nach § 77 bei **rechtsanspruchsgesicherten Leistungen** dazu dienen, die Einzelheiten der Leistungen, der Entgelte, der Qualitätsentwicklung zu vereinbaren, findet kein unmittelbarer Leistungsaustausch statt. Dieser erfolgt nur auf der Ebene zwischen dem Leistungsberechtigten und Leistungserbringer. Damit ist klar, dass hier schon deswegen, weil der öffentliche Jugendhilfeträger nicht Auftraggeber ist, das **Vergabeverfahren keine Anwendung** findet (so zu Recht VG Münster 18.8.2004 – 9 L 970/04 – JAmt 2005, 440; Brünner aaO mwN; OVG NW 18.3.2005 – 12 B 1931/04 – ZfJ 2005, 484 f; ausführlich zu weiteren Entscheidungen Münder JAmt 2005, 162 f mwN).

9   Sofern bei **nicht rechtsanspruchsgesicherten Leistungen** unmittelbare Austauschverträge im Sinne von Leistung und Gegenleistung zwischen den Trägern der öffentlichen Jugendhilfe und privaten Anbietern stattfinden, wird es sich allerdings regelmäßig um Beschaffungsverträge im Sinne des § 97 GWB handeln. Sofern die weiteren Voraussetzungen gegeben sind, kommen damit die **wettbewerbsrechtlichen Bestimmungen** zur Anwendung. Von besonderer Bedeutung ist in diesem Zusammenhang die Verdingungsordnung für Leistungen – ausgenommen Bauleistungen – (VOL) Teil A (allgemeine Bestimmungen für die Vergabe von Leistungen (VOL/A); für viele Unklarheiten hat dabei § 7 Nr. 6 VOL/A gesorgt, nach dessen Formulierung u.a. Einrichtungen der Jugendhilfe zum Wettbewerb mit gewerblichen Unternehmen nicht zuzulassen sind, was bei Ausschreibungen vornehmlich im Bereich der Berufsförderung, der Jugendsozialarbeit Relevanz erlangte (gegen den Ausschluss: Vergabekammer des Bundes 19.9.2003 – VK 1-77/03 – JH 2004, 211 f; für den Ausschluss: OLG Düsseldorf 23.12.2003 – VII-

Verg 58/03 – JH 2004, 213 ff; dazu auch G DV NDV 2004, 141 ff; Neumann/Nielandt/Philipp 2004; Münder/Boetticher 2004). Sofern die Voraussetzungen des europäischen Gemeinschaftsrechts vorliegen (vgl dazu § 127 GWB sowie Art. 81 ff EGV), kommen auch die gemeinschaftsrechtlichen Wettbewerbsregelungen zur Anwendung (ausführlich v. Boetticher/Münder 2009). Die Anwendung dieser Bestimmung scheitert insbesondere nicht am Unternehmensbegriff der freien Träger (vgl § 74 Rn 8; ausführlich Boetticher 2003). Die Anwendung des (nationalen und gemeinschaftsrechtlichen) Wettbewerbsrechts ist auch systemkonform. Denn die gegenseitigen Leistungsverträge auf der Basis des § 77 stellen in den meisten Fällen eine Alternative zu der Finanzierung auf Zuwendungsbasis dar. Und bei dieser ist die Einhaltung der zentralen, durch die wettbewerbsrechtlichen Vorschriften gesicherten Elemente (Chancengleichheit, Wettbewerbsgleichheit) im Rahmen der Entscheidung über die Förderung zu berücksichtigen (im Einzelnen § 74 Rn 4 ff).

IV. Anspruch auf Abschluss einer Vereinbarung?

Rechtsdogmatische Klarheit kann hier nur gewonnen werden, wenn entsprechend den o.a. Vertragsvarianten (Rn 4 ff) differenziert wird: **10**

- Sofern es sich um Vereinbarungen zwischen den Jugendhilfeträgern und den Leistungserbringern bei rechtsanspruchsgesicherten Leistungen im Rahmen des **jugendhilferechtlichen Dreiecksverhältnisses** (Variante 1) handelt, besteht **grundsätzlich ein Anspruch auf Abschluss** entsprechender Vereinbarungen. Voraussetzung dafür ist, dass die zu vereinbarenden Leistungen fachlich geeignet und notwendig sind, und dass die zu vereinbarenden Entgelte leistungsgerecht sind. Weitere Kriterien spielen keine Rolle, insbesondere ist seitens des öffentlichen Trägers **keine Bedarfsprüfung** vorzunehmen. Der Abschluss derartiger Vereinbarungen bedeutet – wie bei § 78 b (§ 78 b Rn 12 ff) –, dass die entsprechenden Anbieter auf dem „Markt der Jugendhilfe" als Anbieter zugelassen werden. Hier sind seitens des öffentlichen Trägers ernsthafte Verhandlungen aufzunehmen und bei Erfüllung der Voraussetzungen, ein entsprechender Vertrag abzuschließen (diesbezüglich zu Recht die hM und ebenso BVerwGE 94, 202 ff; ausführlich Neumann RsDE 31 [1996], 51 ff mwN).

- Anders ist es, wenn es um den Abschluss **gegenseitiger Verträge** mit unmittelbarem Leistungsaustausch geht. Hier besteht **kein Anspruch auf Vertragsabschluss**. Ansprüche der Bewerber bestehen hier nur auf die Durchführung eines den wettbewerbsrechtlichen Vorgaben entsprechenden Verfahrens (vgl dazu auch OVG NW 30.3.2005 – 12 B 2444/04 – ZfJ 2005, 485 f). Nur der Bewerber, der in diesem Verfahren nach den vorher offenzulegenden Kriterien den Zuschlag erhält, hat Anspruch auf Abschluss entsprechender Vereinbarungen. Gemäß § 97 Abs. 4 GWB können fachspezifische weitergehende Anforderungen gestellt werden, da das SGB VIII als Bundesgesetz Anforderungen an die entsprechende Leistungserbringung in seinen jeweiligen Teilkapiteln und Einzelbestimmungen stellt.

V. Verfahrenshinweise

Auch hier ist hinsichtlich der beiden unterschiedlichen Vertragsvarianten, die auf der Rechtsgrundlage des § 77 möglich sind, zu unterscheiden: **11**

- Sofern es um Vereinbarungen im Rahmen des **jugendhilferechtlichen Dreiecksverhältnisses** geht (Variante 1), unterschiedet sich die Situation nicht von der Frage nach dem Rechtsanspruch auf Vereinbarungsabschluss nach § 78 b Abs. 2. Dementsprechend besteht ein Rechtsanspruch, wenn die (fachlichen) Voraussetzungen bei den Leistungen und die leistungsgerechten Voraussetzungen bei den Entgelten gegeben sind (vgl § 78 b Rn 4). Es handelt sich um eine öffentlich-rechtliche Streitigkeit (vgl Rn 4), so dass die Verwaltungsgerichte zuständig sind. Die Klageart ist regelmäßig die **Leistungsklage** (gesetzlich nicht geregelt, aber in §§ 43 Abs. 2, 111 VwGO erwähnt) gerichtet auf Abschluss der Vereinbarung, denn sofern der Träger die – vom Gericht voll nachprüfbaren – Voraussetzungen erfüllt, hat er (im Dreiecksverhältnis) einen Anspruch auf Abschluss einer Vereinbarung, denn durch die Vereinbarung selbst erfolgt ja noch keine Inanspruchnahme, sondern der Träger wird gewissermaßen „zugelassen" für die Leistungserbringung (vgl auch Neumann RsDE 31 [1996], 52, mit Ausführungen zur Leistungsklage). Bei Streit um den **Inhalt** einer Vereinbarung handelt es sich ebenfalls um eine öffentlich-rechtliche Streitigkeit. Wenn es hier um Leistungen aus dem Vertrag geht, kommt ebenfalls die Leistungsklage in Frage, wenn es um die Vertragsauslegung geht, und insbesondere dann, wenn davon auszugehen ist, dass bei Klarstellung über den Vertragsinhalt die Parteien sich daran halten werden, ist die Feststellungsklage die entsprechende Klageart.

■ Sofern es um **gegenseitige Leistungsverträge** geht (Variante 2), ist das wettbewerbsrechtliche Verfahren zu beachten, die Vergabe öffentlicher Aufträge unterliegt damit der **Nachprüfung durch die Vergabekammern** (§ 102 ff GWB); das Nachprüfungsverfahren ist im Einzelnen in §§ 102 ff GWB geregelt: Danach ist ein Nachprüfungsverfahren vor den Vergabekammern nur auf Antrag möglich, gegen die Entscheidung der Vergabekammern ist die sofortige Beschwerde zulässig (im Einzelnen §§ 102 bis 129 GWB).

12 Von diesen Verfahren ist ein möglicher **Rechtsstreit** hinsichtlich der **Übernahme der Kosten bzw der Entgelte** (in der Variante 1 – Rn 4) bzw der **Zahlung der vereinbarten Vergütung** (in der Variante 2 – Rn 5) zu unterscheiden: Anspruch auf Entgeltübernahme hat im jugendhilferechtlichen Dreiecksverhältnis regelmäßig der Leistungsberechtigte (vgl VorKap. 5 Rn 9; § 78 b Rn 26 ff), unmittelbare Zahlungen von Leistungsträger an die Leistungserbringer ist bei Abtretung des Anspruchs bzw ausdrücklicher Entgeltzusage möglich (im Einzelnen VorKap. 5 Rn 10, 11). Hierbei handelt es sich um eine **öffentlich-rechtliche** Streitigkeit (Verwaltungsrechtsweg), da sie aus dem Rechtsanspruch des Leistungsberechtigten gegen den öffentlichen Träger folgt.

§ 78 Arbeitsgemeinschaften

¹Die Träger der öffentlichen Jugendhilfe sollen die Bildung von Arbeitsgemeinschaften anstreben, in denen neben ihnen die anerkannten Träger der freien Jugendhilfe sowie die Träger geförderter Maßnahmen vertreten sind. ²In den Arbeitsgemeinschaften soll darauf hingewirkt werden, dass die geplanten Maßnahmen aufeinander abgestimmt werden und sich gegenseitig ergänzen.

I. Allgemeines, Ziel der Vorschrift

Die **Träger der Jugendhilfe arbeiten** bereits seit langem **vielfältig zusammen**, sowohl allein auf die 1
einzelne Trägergruppe bezogen in einer **vertikalen Vernetzung** – idR über die drei Ebenen Kommunen, Länder, Bund – als auch trägergruppenübergreifend in **horizontaler Vernetzung** – zB in den sog zentralen Vereinigungen wie der AGJ und dem DV (vgl iE Vor § 69 Rn 14 ff; Kreft/Mielenz 2008, Anhang I, B 3.3.2 und A 3, 1063 f, 1039 f).

Ziel der Vorschrift ist es, die Träger der freien Jugendhilfe für die Diskussionen um die angemessene 2
aktuelle fachliche Gestaltung der Angebote und Dienste der Kinder- und Jugendhilfe im jeweiligen Zuständigkeitsbereich zu gewinnen und ihre **gebündelten Meinungsäußerungen** in die im SGB VIII vorgegebenen besonderen Entscheidungs- und Entwicklungsstrukturen (§§ 71, 80) einzuführen. Damit wird an zT seit langem praktizierte Formen freiwilliger institutioneller Zusammenarbeit der verschiedenen Trägergruppen angeknüpft (zB Stadt-, Kreis- und Landesarbeitsgemeinschaften der öffentlichen und freien Träger; vgl Kreft 2008, 91 f).

II. Rechtscharakter

Nach § 78 **sollen** (alle) Träger der öffentlichen Jugendhilfe **Arbeitsgemeinschaften anstreben**. Damit 3
liegt eine **objektiv-rechtliche Verpflichtung** der Träger der öffentlichen Jugendhilfe vor (vgl VorKap. 2 Rn 4 ff). Die Bildung von Arbeitsgemeinschaften hängt jedoch nicht nur vom Wollen der Träger der öffentlichen Jugendhilfe ab, sondern ist nur möglich, wenn sich die privaten Träger beteiligen. Diese jedoch können nicht rechtlich verpflichtet werden, an Arbeitsgemeinschaften teilzunehmen.

Der Gesetzgeber hat bewusst eine **offene Formulierung** gewählt, weil „die Vielfalt der Trägerstrukturen 4
im nichtstaatlichen Bereich ... neue Instrumente der Zusammenarbeit mit der öffentlichen Jugendhilfe (verlangt)" (RegE BT-Drucks. 11/5948, 100). Welche Arbeitsgemeinschaften und zu welchen Themen gebildet werden sollen, ist nicht vorgegeben. Offenheit ist bei der Auslegung der Norm und ihrer praktischen Umsetzung zu beachten (zB Rn 8).

Im Sinne der beabsichtigten Einbindung ist es geboten, dass der **JHA/LJHA** über die anzustrebende 5
Bildung von Arbeitsgemeinschaften beschließt, und damit auch über ihre jeweilige Themen-/Aufgabenstellung, ihre Handlungsdauer – ständige Arbeitsgemeinschaft oder zeitweise Projekt- oder Modellbegleitung, im Rahmen der Neuen Steuerung auch als Qualitätszirkel – uU über ihre Zusammensetzung und vor allem darüber, wie die Meinungsäußerung der Arbeitsgemeinschaften zu behandeln sind.

III. Zusammensetzung

Nach dem Wortlaut des § 78 sollen in den **Arbeitsgemeinschaften** die anerkannten sowie geförderten 6
Träger der freien Jugendhilfe vertreten sein. Die Formulierung ist tendenziell eine Verdoppelung, denn die Förderung setzt regelmäßig die Anerkennung voraus (§ 74 Rn 24). Wegen der Anknüpfung an das Erfordernis der Anerkennung (§ 75) bzw das der Förderung (§ 74) im Wortlaut des § 78 sind **privatgewerbliche Träger** von der Mitwirkung in den Arbeitsgemeinschaften ausgeschlossen. Seit Inkrafttreten der Vereinbarungsregelungen gem. §§ 78 a ff sind jedoch alle Trägergruppen für den dortigen Anwendungsbereich zugelassen (öffentliche, frei-gemeinnützige, privat-gewerbliche, § 78 b Rn 5). Aus grundsätzlichen Überlegungen (Privilegierung anerkannter Träger, vgl § 75 Rn 5), aber auch wegen der in manchen Arbeitsfeldern und Regionen gegebenen Bedeutung dieser Anbieter bestehen Bedenken gegen den Ausschluss der privat-gewerblichen Anbieter, insbesondere in den Bereichen, in denen sie tätig sind. Einen praktikablen Umgang mit dieser rechtlichen Problematik eröffnet die Möglichkeit, auch andere Teilnehmer als die in § 78 ausdrücklich genannten Organisationen in den Arbeitsgemeinschaften durch Beschluss des JHA/LJHA zu beteiligen (vgl auch Rn 5).

7   In großen Städten und Kreisen würde die Vertretung aller existierenden Träger der freien Jugendhilfe zu arbeitsunfähigen (Groß-)Arbeitsgemeinschaften führen. Sinnvoll ist deswegen dort – allerdings nur im Konsens aller freien Träger – entweder **repräsentativ** zusammengesetzte Arbeitsgemeinschaften anzustreben, auf **Regionen** (Sozialräume) ausgerichtete oder für **bestimmte Jugendhilfebereiche** (etwa Tageseinrichtungen für Kinder) beschränkte Arbeitsgemeinschaften zu bilden. Auch andere Teilnehmer sind im Einvernehmen denkbar (Schellhorn/Schellhorn § 78 Rn 2; Wiesner/Wiesner § 78 Rn 4; so im Ergebnis auch GK-SGB VIII/Heinrich § 78 Rn 6; in der Tendenz auch Frings ZfF 2003, 54).

IV. Kompetenzen, Handlungsmöglichkeiten

8   Arbeitsgemeinschaften können koordinieren, unterschiedliche inhaltliche Vorstellungen diskutieren, uU aufeinander abstimmen, Planungen vorbereiten, empfehlen. Sie können **Beschlüsse fassen** (auch mehrheitlich), denn sie sollen auch abstimmend und ergänzend zur Meinungsbildung beitragen. Materielle Wirkung iSv rechtlichen Bindungen entfalten diese Beschlüsse (als Empfehlungen, Vorschläge, Grundlagen für Vereinbarungen) nicht. Erst wenn sie innerhalb der Entscheidungsstrukturen der Jugendhilfe ‚übernommen' worden sind (zB Beschluss des JHA/LJHA oder Vereinbarung mit der Verwaltung des JA/LJA), erlangen sie rechtliche Bedeutung.

9   Die Arbeitsgemeinschaften der örtlichen Träger werden ihre **inhaltliche Bedeutung** (Satz 2) vor allem im Kontext des § 80 Abs. 3 (Beteiligung anerkannter freier Träger an der Jugendhilfeplanung) entwickeln. Über diese sachbezogene Verzahnung ergibt sich dann auch ein indirektes Mitwirkungsrecht lediglich geförderter Träger an den Inhalten/Festlegungen der Jugendhilfeplanung ihrer Region (zur Mitwirkung privat-gewerblicher Träger Rn 7).

10   **Landesrecht** (AGKJHG, JAG u.a.) enthält verschiedene Zusammenarbeitsgebote. Die Arbeitsgemeinschaften sind jedoch nicht mit den landesrechtlich vorgesehenen Ausschüssen, Beiräten, Kommissionen zu verwechseln.

Dritter Abschnitt
Vereinbarungen über Leistungsangebote, Entgelte und Qualitätsentwicklung

Vorbemerkung zu den §§ 78 a bis 78 g

I. Zur Geschichte der Neuregelungen

Vor dem **Hintergrund steigender Kosten**, insbesondere bei den stationären Leistungen, wurden auf 1
Initiative der kommunalen Spitzenverbände die §§ 78 a ff entwickelt und im Zusammenhang mit einer
Änderung des SGB XI (2. Gesetz zur Änderung SGB XI – Soziale Pflegeversicherung – BT-Drucks.
13/10330) verabschiedet (BGBl. I, 1188; Wiesner ZfJ 1999, 79). Die Neuregelung ist am 1.1.1999 in
Kraft getreten. Sie **orientiert sich** an der vorangegangenen Entwicklung in anderen Sozialleistungsbe-
reichen, zunächst in der gesetzlichen Kranken- und Pflegeversicherung und später **insbesondere in der
Sozialhilfe** (§§ 93 ff BSHG – seit 1.1.2005: §§ 75 ff SGB XII), berücksichtigt aber die „**spezifischen
Anforderungen der Kinder- und Jugendhilfe**" (BT-Drucks. 13/10330, 16; Baltz NDV 1998, 377 f).

Inhaltlich-strukturell sollen mit den neuen Finanzierungsregelungen die bis dahin die Finanzierungs- 2
praxis in der Kinder- und Jugendhilfe bestimmenden, selbstkostendeckenden Pflegesätze durch ein
System von prospektiven, transparent gestalteten und an zu entwickelnden **Qualitätskriterien orientierten Leistungsentgelten** ersetzt werden, mit dem **Ziel**

- die **Kostenentwicklung** in der Kinder- und Jugendhilfe, insbesondere im Bereich der stationären
  und teilstationären Leistungen, zu **dämpfen,**
- eine **stärkere Transparenz** von Kosten und Leistungen zu erreichen und
- die **Effizienz** der eingesetzten Mittel zu verbessern (BT-Drucks. 13/10330, 16).

Das Ziel der Kostendämpfung wurde (zumindest) kurz- und mittelfristig nicht erreicht. Inzwischen
gibt es überall entsprechende Vereinbarungen, die Unterschiede zwischen den einzelnen Vereinbarungen sind jedoch ganz erheblich (ausführlich Münder/Tammen VfK 2003, 22 ff, 47 ff). Während die
Leistungsvereinbarungen meist vollständig sind und auch die **Entgeltvereinbarungen** regelmäßig praktikable Regelungen vorsehen, hat eine umfassende Umstellung auf ein Vertrags-/Vereinbarungssystem
noch nicht in voller Gänze stattgefunden. So fehlen insbesondere Regelungen zur Leistungsabwicklung
und auch zur Leistungsstörung. Erhebliche Schwierigkeiten gibt es bei den **Qualitätsentwicklungsvereinbarungen**: Vereinbarungen im Sinne einer Fortentwicklung der gegebenen Qualität liegen meist nur
rudimentär vor. Die Anwendungspraxis weiß offensichtlich nicht, wie sie mit dem Instrument der
Qualitätsentwicklungsvereinbarung umgehen soll (ausführlich Münder/Tammen aaO, 36 f, 51 ff).

II. Systematische Einordnung der Entgeltregelungen

Die §§ 78 a bis 78 g sind eine Form der **Finanzierung bei der Leistungserbringung durch Dritte** (vgl 3
VorKap. 5 Rn 5 ff). Für den Anwendungsbereich dieser Leistungen (vgl § 78 a Rn 1 ff) erfolgt die Leistungserbringung und Finanzierung ausschließlich auf der Basis des **jugendhilferechtlichen Dreiecksverhältnisses** und der damit verbundenen **Entgeltübernahme** (vgl VorKap. 5 Rn 6 ff). Eine Subventionsfinanzierung ist hier nicht möglich (VorKap. 5 Rn 65 f). Die §§ 78 a ff sind eine **Spezialregelung** zu
den allgemeinen Bestimmungen des § 77 (vgl § 77 Rn 3 ff), der bis zur Gesetzesänderung aufgrund
seiner allgemeinen Formulierung die Rechtsgrundlage für die Entgeltübernahme darstellte. Aus systematischen Gründen hat der Gesetzgeber die neuen Finanzierungsregelungen in einem **neuen Abschnitt** geregelt. Dies hat vor allem damit zu tun, dass der Gesetzgeber bewusst **alle Einrichtungen**, dh
auch die Einrichtungen in öffentlicher Trägerschaft, die der Gemeinden ohne eigenes JA sowie der
privat-gewerblichen Träger einbeziehen wollte (BT-Drucks. 13/10330, 17).

Mit der Einführung der neuen Finanzierungsvorschriften ist zugleich ein **abgestuftes Zuständigkeits-** 4
system für die Umsetzung der §§ 78 a ff entstanden:

- Die Vorschriften der **§§ 78 a ff bilden die bundesrechtlich zwingenden Vorgaben** für den Anwendungsbereich des § 78 a. Damit ist in den Grundlagen ein bundesweit einheitliches System der
  Finanzierung in der Kinder- und Jugendhilfe gewährleistet.
- Auf dieser bundesrechtlichen Grundlage sind auf Landesebene **Rahmenverträge nach § 78 f** zwischen den kommunalen Spitzenverbänden, den Verbänden der Träger der freien Jugendhilfe und
  den Vereinigungen sonstiger Leistungserbringer über den Inhalt der Vereinbarungen nach § 78 b
  Abs. 1 abzuschließen, die jeweils landesweit eine wichtige Vorbild-, Entlastungs-, Orientierungs-
  und Konsensfunktion haben.

- Die detaillierte, konkrete Ausgestaltung der Leistungs-, Entgelt- und Qualitätsentwicklungsvereinbarungen ist nach § 78 e der örtlichen Ebene zugewiesen, wobei die kommunalen Spitzenverbände auf Landesebene und die Verbände der Träger der freien Jugendhilfe sowie die Vereinigung sonstiger Leistungserbringer nach § 78 e Abs. 3 regionale oder landesweite Kommissionen bilden können, die im Auftrag ihrer Mitglieder auf örtlicher Ebene die konkreten Vereinbarungen nach § 78 b abschließen.
- Der Umsetzungsstand der für die Finanzierung und Entgeltübernahme letztlich maßgeblichen **einrichtungsbezogenen Vereinbarungen** ist sehr unterschiedlich und bedarf in den nächsten Jahren noch der fachlichen Qualifizierung (vgl Münder/Tammen VfK 2003, 11 ff).

5   Die Auswirkungen der Neuregelung zeigen Folgewirkungen dort, wo es um das **Wunsch- und Wahlrecht der Leistungsberechtigten** geht: Dieses Recht wird faktisch begrenzt auf Einrichtungen, mit denen entsprechende Vereinbarungen bestehen (iE vgl § 5 Rn 28 ff; § 36 Rn 11).

Weiterführende Literaturhinweise:

Baltz NDV 1999, 2 ff; *ISA* 2008; *Merchel* 2004; *Merchel* ZfJ 2006, 78 ff; *Messmer* 2007; *Münder/Tammen* VfK 2003, 11 ff; *Stähr/Hilke* ZfJ 1999, 155 ff; *Trenczek* 2009 Rn 19 ff; *Wabnitz* 2007; *Wiesner* ZfJ 1999, 79 ff; *Wissmann* 2005; *Stähr* ZfJ 2006, 180.

§ 78 a Anwendungsbereich

(1) Die Regelungen der §§ 78 b bis 78 g gelten für die Erbringung von

1. Leistungen für Betreuung und Unterkunft in einer sozialpädagogisch begleiteten Wohnform (§ 13 Abs. 3),
2. Leistungen in gemeinsamen Wohnformen für Mütter/Väter und Kinder (§ 19),
3. Leistungen zur Unterstützung bei notwendiger Unterbringung des Kindes oder Jugendlichen zur Erfüllung der Schulpflicht (§ 21 Satz 2),
4. Hilfe zur Erziehung
    a) in einer Tagesgruppe (§ 32),
    b) in einem Heim oder einer sonstigen betreuten Wohnform (§ 34) sowie
    c) in intensiver sozialpädagogischer Einzelbetreuung (§ 35), sofern sie außerhalb der eigenen Familie erfolgt,
    d) in sonstiger teilstationärer oder stationärer Form (§ 27),
5. Eingliederungshilfe für seelisch behinderte Kinder und Jugendliche in
    a) anderen teilstationären Einrichtungen (§ 35 a Abs. 2 Nr. 2 Alternative 2),
    b) Einrichtungen über Tag und Nacht sowie sonstigen Wohnformen (§ 35 a Abs. 2 Nr. 4),
6. Hilfe für junge Volljährige (§ 41), sofern diese den in den Nummern 4 und 5 genannten Leistungen entspricht, sowie
7. Leistungen zum Unterhalt (§ 39), sofern diese im Zusammenhang mit Leistungen nach den Nummern 4 bis 6 gewährt werden; § 39 Abs. 2 Satz 3 bleibt unberührt.

(2) Landesrecht kann bestimmen, dass die §§ 78 b bis 78 g auch für andere Leistungen nach diesem Buch sowie für vorläufige Maßnahmen zum Schutz von Kindern und Jugendlichen (§ 42) gelten.

I. Bundesrechtlicher Anwendungsbereich – Abs. 1

Abs. 1 nennt die Leistungsbereiche, bei denen Vereinbarungen nach den folgenden Bestimmungen abzuschließen sind. Die Bestimmung ist weitgehend aus sich heraus verständlich. **Abs. 1 Nr. 1–6** umfasst die Formen der teilstationären und stationären Leistungserbringung. Durch die durch das KICK 2005 erfolgte Einführung (vgl Einl Rn 47) der **Nr. 4 d** ist klargestellt, dass die Regelungen der § 78 a ff für alle Hilfen zur Erziehung in **teilstationärer oder stationärer Form** gelten, auch für solche, die nicht unmittelbar unter die §§ 32, 34, 35 fallen, insbesondere also auch für neu entwickelte Hilfeformen. Während sich das Merkmal teilstationär/stationär bei den Leistungen nach Nr. 1 bis 3 bzw Nr. 4 a, 4 b und 4 d unmittelbar aus Art und Inhalt dieser Leistungen ergibt, ergibt es sich bei der Leistung nach Nr. 4 c aus der Erwähnung, dass es sich um eine Einzelbetreuung außerhalb der eigenen Familie handeln muss. Damit ist nun bei allen Fällen einer teilstationären und stationären Leistungserbringung der Anwendungsbereich für §§ 78 a ff gegeben. Das Merkmal teilstationär und stationär korrespondiert damit mit der Leistungserbringung „ganz oder teilweise in einer Einrichtung" in § 78 b (vgl § 78 b Rn 4).

Ungeklärt ist die **Abgrenzung** zwischen den **sonstigen betreuten Wohnformen** gem. Ziff. 4 b 2. Alt. und den **besonderen sozialpädagogischen Pflege- oder Erziehungsstellen** gem. § 33 Satz 2 (§ 33 Rn 17). Einbezogen sind nur Leistungen in sonstigen betreuten Wohnformen, soweit sie ganz oder teilweise in einer Einrichtung erbracht werden und nicht reine Vollzeitpflegeleistungen in einer Pflegefamilie nach § 33 sind. Von einer sonstigen betreuten Wohnform iSv § 34 ist auszugehen, wenn die Betreuung eine Orts- und Gebäudebezogenheit aufweist und vom Wechsel der Betreuungspersonen und der zu betreuenden jungen Menschen unabhängig ist. Des Weiteren ist maßgebend, dass die Betreuungskraft in einem Arbeitsverhältnis oder sonstigem weisungsgebundenen Verhältnis zum Träger steht und ein organisatorischer Gesamtzusammenhang von Träger und Einrichtungen besteht, der dem Zweck der Zielsetzung des § 34 entspricht. Hingegen ist bei einer Pflege- oder Erziehungsstelle iSv § 33 Satz 2 das Betreuungsverhältnis durch die Pflegeeltern an ein bestimmtes Kind gebunden und es besteht kein Anstellungsverhältnis oder ein sonstiges weisungsgebundenes Verhältnis zu einem Träger. Die Zahl der Pflegekinder ist nach oben begrenzt und Pflegeperson und Pflegekind leben im Privathaushalt der Pflegepersonen (siehe dazu auch § 44 Rn 6; Empfehlung der BAGLJÄ vom Mai 1996 zum Thema „Hilfe zur Erziehung in Pflegefamilien und in familienähnlichen Formen").

Nach **Nr. 7** sind in den Anwendungsbereich der Vereinbarungen ausdrücklich die Unterhaltsleistungen mit einbezogen, die im Rahmen der Erziehungshilfe (§§ 32, 34 f), Eingliederungshilfe (§ 35 a) und Hilfe für junge Volljährige (§ 41) zusammen mit diesen erbracht werden. Das **gilt** aber **auch für** die mit Unterhalt und Krankenhilfe verknüpften Leistungen nach **Abs. 1 Nr. 1–3.** Im Gegensatz zu den teilstationären und stationären Leistungen nach Nr. 4–6, für die §§ 39, 40 den notwendigen Unterhalt und die Krankenhilfe als Annexleistung einbeziehen, sind diese Leistungen nach Nr. 1 bis 3 jeweils in §§ 13 Abs. 3, 19, 21 Satz 2 unmittelbar einbezogen, so dass es einer ausdrücklichen Einbeziehung in den Anwendungsbereich in einer gesonderten Nr. nicht bedarf. Der Hinweis auf § 39 Abs. 2 Satz 3 im 2. Halbsatz von Nr. 7 stellt klar, dass der dort genannte **Barbetrag** nicht zum Anwendungsbereich der Vereinbarungen zählt, sondern weiterhin durch die nach Landesrecht zuständige Behörde festgesetzt wird.

4   **Abs. 1 beschränkt** den bundesrechtlichen **Anwendungsbereich auf die dort genannten Leistungsbereiche** und nimmt damit alle ambulanten Leistungen und solche in Kindertageseinrichtungen aus dem bundesrechtlichen Anwendungsbereich heraus. Begründung für die **Herausnahme der ambulanten Leistungen** sind die in den Bundesländern und regional unterschiedlich entwickelten Angebots- und Finanzierungsstrukturen (BT-Drucks. 13/ 10330, 17). Hintergrund für die **Nichteinbeziehung des Kindertagesstättenbereichs** ist das Interesse der Länder, die Kindergartenfinanzierung weiterhin traditionell über den Weg der Zuwendungen zu finanzieren und nicht über den Weg der Entgeltvereinbarung (vgl VorKap. 5 Rn 13; Vor § 73 Rn 3; § 74 a), wegen der Sorge, dass bei Entgeltvereinbarungen höhere Kosten für die öffentlichen Haushalte entstünden als bei der Finanzierung über Zuwendungen, da hier von den Einrichtungsträgern entsprechende Eigenanteile verlangt werden können (§ 74 Rn 1 ff; § 74 a).

II. Erweiterung des Anwendungsbereiches durch Landesrecht – Abs. 2

5   **Abs. 2** ermöglicht den Anwendungsbereich der Vereinbarungen durch **Landesrecht auch auf weitere Leistungen** (§ 2 Abs. 2) als die in Abs. 1 genannten Leistungen **zu erweitern.** Eine Ausdehnung des Anwendungsbereichs durch Landesrecht auf „andere Aufgaben" (§ 2 Abs. 3) ist nur bezüglich § 42 zulässig. Was die anderen Leistungen anbelangt, so deutet der Wortlaut darauf hin, dass sämtliche anderen Leistungen (iSd § 2 Abs. 2) durch den Abs. 2 in den Anwendungsbereich des § 78 a ff einbezogen werden können. Allerdings wird überwiegend die Auffassung vertreten, dass dies wegen der Systematik der §§ 78 a ff nur bei Einzelfallleistungen (Hauck/Stähr § 78 a Rn 16) oder bei Leistungen, bei denen ein individuelles Leistungsentgelt ermittelt wird und deshalb auch übernommen werden kann (Wiesner/Wiesner § 78 a Rn 6), gelten könne (VorKap. 5 Rn 2 ff). Wenn auch einzuräumen ist, dass Grundlage der neuen Finanzierungsregelungen der Rechtsanspruch von Leistungsberechtigten im Rahmen des sogenannten „sozialrechtlichen Dreiecksverhältnisses" ist (VorKap. 5 Rn 6 ff; Wiesner/ Wiesner Vor § 78 a Rn 13, Wiesner ZfJ 1999, 79, 81 f), so bedeutet dies doch nicht zwangsläufig, dass der Landesrechtsvorbehalt in Abs. 2 auf den individuellen Leistungsbereich begrenzt sein muss.

III. Abgestuftes Modell der Leistungsfinanzierung und Zuständigkeiten

6   Mit der Einführung der §§ 78 a ff ist für die Kinder- und Jugendhilfe ein **abgestuftes und differenziertes Modell für die Leistungsfinanzierung** entstanden:

- Für die in **Abs. 1** aufgeführten teilstationären und stationären Leistungen gelten als **Spezialregelung** die Vorschriften der §§ 78 b ff unmittelbar und zwingend.
- **Für andere Leistungen,** insbesondere die ambulanten Einzelfallhilfen und die Kindertageseinrichtungen (§§ 22, 24) sowie vorläufige Schutzmaßnahmen (§ 42) **kann Landesrecht** ebenfalls die **unmittelbare, zwingende und vorrangige Anwendung der §§ 78 b ff bestimmen;** eine solche Übertragung des Regelungssystems auf den Bereich der ambulanten Hilfen ist aber bisher in keinem Bundesland erfolgt (Stähr ZfJ 2006, 180).
- Finden die §§ 78 b ff weder unmittelbar nach Abs. 1 noch über Abs. 2 durch Landesrecht Anwendung, sind die **verschiedenen Finanzierungsmöglichkeiten** des SGB VIII bei der Leistungserbringung durch Dritte anwendbar (vgl VorKap. 5 Rn 5 ff). Das bedeutet im Einzelnen, dass bei **individueller Leistungsberechtigung und Leistungserbringung** durch Dritte die öffentlichen Träger der Jugendhilfe diese auf der Basis des **jugendhilferechtlichen Dreiecksverhältnisses** zu finanzieren haben (vgl VorKap. 5 Rn 6 ff). Sofern die §§ 78 a ff nicht zur Anwendung kommen, ist die entsprechende **Rechtsgrundlage** § 77 (vgl § 77 Rn 11 – Variante 1). Dort wo es sich um Leistungserbringung handelt, jedoch **keine individuelle Leistungsberechtigung** besteht, kommen die objektbezogenen Finanzierungsmöglichkeiten zur Anwendung (vgl VorKap. 5 Rn 12 ff, 20), dh eine Finan-

zierung entweder auf der Basis von **Zuwendungen/Sozialsubventionen** nach § 74 oder gegenseitige Austauschverträge auf der Rechtsgrundlage des § 77 (vgl § 77 Rn 11 – Variante 2).

§ 78 b Voraussetzungen für die Übernahme des Leistungsentgelts

(1) Wird die Leistung ganz oder teilweise in einer Einrichtung erbracht, so ist der Träger der öffentlichen Jugendhilfe zur Übernahme des Entgelts gegenüber dem Leistungsberechtigten verpflichtet, wenn mit dem Träger der Einrichtungen oder seinem Verband Vereinbarungen über

1. Inhalt, Umfang und Qualität der Leistungsangebote (Leistungsvereinbarung),
2. differenzierte Entgelte für die Leistungsangebote und die betriebsnotwendigen Investitionen (Entgeltvereinbarung) und
3. Grundsätze und Maßstäbe für die Bewertung der Qualität der Leistungsangebote sowie über geeignete Maßnahmen zu ihrer Gewährleistung (Qualitätsentwicklungsvereinbarung)

abgeschlossen worden sind.

(2) ¹Die Vereinbarungen sind mit den Trägern abzuschließen, die unter Berücksichtigung der Grundsätze der Leistungsfähigkeit, Wirtschaftlichkeit und Sparsamkeit zur Erbringung der Leistung geeignet sind. ²Vereinbarungen über die Erbringung von Hilfe zur Erziehung im Ausland dürfen nur mit solchen Trägern abgeschlossen werden, die

1. anerkannte Träger der Jugendhilfe oder Träger einer erlaubnispflichtigen Einrichtung im Inland sind, in der Hilfe zur Erziehung erbracht wird,
2. mit der Erbringung solcher Hilfen nur Fachkräfte im Sinne des § 72 Abs. 1 betrauen und
3. die Gewähr dafür bieten, dass sie die Rechtsvorschriften des Aufenthaltslandes einhalten und mit den Behörden des Aufenthaltslandes sowie den deutschen Vertretungen im Ausland zusammenarbeiten.

(3) Ist eine der Vereinbarungen nach Absatz 1 nicht abgeschlossen, so ist der Träger der öffentlichen Jugendhilfe zur Übernahme des Leistungsentgelts nur verpflichtet, wenn dies insbesondere nach Maßgabe der Hilfeplanung (§ 36) im Einzelfall geboten ist.

I. Regelungsinhalt und Bedeutung der Vorschrift

1 Die Vorschrift hat zentrale Bedeutung für den 3. Abschnitt, weil sie die **entscheidenden Rechten und Pflichten** normiert. **Abs. 1** knüpft die Übernahme des Entgelts gegenüber dem Leistungsberechtigten an den Abschluss einer Leistungs-, Entgelt- und Qualitätsentwicklungsvereinbarung zwischen dem örtlich zuständigen öffentlichen Jugendhilfeträger (§ 78 e) und dem Träger der Einrichtung, in dem die Leistung ganz oder teilweise erbracht wird, oder seinem Verband. **Abs. 2 Satz 1** verpflichtet die öffentlichen Träger der Jugendhilfe unter bestimmten Voraussetzungen, Vereinbarungen mit den Einrichtungsträgern abzuschließen. **Abs. 2 Satz 2** wurde durch das KICK (Einl. Rn 47) eingeführt, er enthält Sonderregelungen für im Ausland durchgeführte HzE. **Abs. 3** begrenzt die Übernahme des Leistungsentgeltes für nicht vereinbarungsgebundene Träger und beschränkt damit auch das Wunsch- und Wahlrecht (§§ 5 Abs. 2 Satz 2, 36 Abs. 1 Satz 5; vgl § 5 Rn 27). Während die Inhalte der Leistungs- und Entgeltvereinbarungen in § 78 c näher konkretisiert werden, sind die Qualitätsentwicklungsvereinbarungen nur hier angesprochen. Der Vereinbarungszeitraum wird in § 78 d geregelt.

2 Obwohl die Regelungen insbesondere auf Vorbilder in der Sozialhilfe zurückgehen (vgl Vor § 78 Rn 1), unterscheiden sich die abzuschließenden Leistungs-, Entgelt- und Qualitätsentwicklungsvereinbarungen deutlich von den vergleichbaren **Vereinbarungen nach § 75 ff SGB XII**; sofern Übereinstimmung besteht, können die Erkenntnisse der Rechtsdogmatik und Rechtsprechung zu § 75 ff SGB XII

berücksichtigt werden. Unterschiede zur Sozialhilfe gibt es zB dahingehend, dass § 75 Abs. 3 SGB XII unter Nr. 2 eine Vereinbarung über die Vergütung vorsieht, die sich aus Pauschalen und Beträgen für einzelne Leistungsbereiche zusammensetzt (vgl § 76 Abs. 2 SGB XII). Hingegen werden in den Vereinbarungen des **Abs. 1** die **spezifischen Besonderheiten der Kinder- und Jugendhilfe** berücksichtigt, weil sich in der Jugendhilfe bestimmte Leistungen nicht pauschalisieren und für bestimmte einzelne Leistungsbereiche einheitlich festlegen lassen, sondern sich aus dem individuellen jugendhilferechtlichen Bedarf als Ergebnis eines fachlichen Hilfeplanverfahrens ergeben. Vorgesehen sind – im Gegensatz zur Sozialhilfe – **in Abs. 1 Nr. 2 differenzierte Entgelte** für die (differenziert und flexibel zu erbringenden) **Leistungsangebote** und betriebsnotwendigen **Investitionen.** Diese Differenzierung erfolgt aufgrund der individuellen Bedarfsermittlung des Leistungsangebots, zB nach dem jeweils zu ermittelnden und erforderlichen erzieherischen Hilfebedarf (BT-Drucks. 13/10330, 16).

Bewusst nicht übernommen wurde auch die in § 75 Abs. 3 Nr. 3 SGB XII geregelte Prüfungsvereinbarung über die Wirtschaftlichkeit und Qualität der Leistung. Für die Jugendhilfe tritt an deren Stelle in Abs. 1 Nr. 3 eine Qualitätsentwicklungsvereinbarung, die Grundsätze und Maßstäbe für die Bewertung der Qualität der Leistungsangebote sowie über geeignete Maßnahmen zu ihrer Gewährleistung umfassen muss (im Einzelnen Rn 8 ff).   3

II. Voraussetzungen der Entgeltübernahme – Abs. 1

1. Einrichtung, Träger

Abs. 1 stellt die Verpflichtung zur Übernahme des Leistungsentgelts gegenüber dem Leistungsberechtigten unter zwei Voraussetzungen: Neben dem Abschluss der unter Nr. 1–3 genannten Vereinbarungen (Rn 8 ff) – auf den gem. Abs. 2 unter den dort genannten Voraussetzungen (Rn 12) ein Anspruch besteht (Rn 21) – muss die Leistung ganz oder teilweise in einer Einrichtung erbracht werden. **Einrichtung iSv Abs. 1** ist „ein in einer besonderen Organisationsform unter verantwortlicher Leitung zusammengefasster Bestand an persönlichen und sächlichen Mitteln, der auf eine gewisse Dauer angelegt ist und für einen größeren, wechselnden Personenkreis bestimmt ist" (siehe § 45 Rn 6; BVerwG FEVS 45, 52, 54) zu verstehen. Ein, aber nicht das alleinige Indiz für die Beantwortung der Frage, ob es sich um eine Einrichtung handelt, ist dabei auch, ob eine Betriebserlaubnis für die Einrichtung gem. § 45 durch den überörtlichen Träger, dh in der Regel durch das LJA, erteilt worden ist. Weil die Platzzahl kein entscheidendes Kriterium ist, können auch Kleinsteinrichtungen und Kleinstheime unter den Einrichtungsbegriff fallen, wenn sie die o.g. Kriterien erfüllen, sofern es sich nicht um familienähnliche Betreuungsangebote iSv §§ 43, 44 handelt (Wiesner/Mörsberger § 45 Rn 16).   4

Vertragspartner der Vereinbarung ist auf der einen Seite der Träger der Einrichtung. Diese Trägerschaft ist nicht weiter spezifiziert, Träger kann jede natürliche oder juristische Person des öffentlichen oder privaten Rechts sein. Damit gelten die Bestimmungen für **alle Einrichtungen in öffentlicher, privat-gemeinnütziger und privat-gewerblicher Trägerschaft,** die Leistungen iSv § 78 a erbringen (siehe dazu auch Vor§ 78 a Rn 1 f). Dies ergibt sich schon daraus, dass in Abs. 1 eine Differenzierung der Einrichtung entsprechend unterschiedlicher Trägerschaften nicht vorgenommen wurde. Vor allem die Einbeziehung von **Einrichtungen in öffentlicher Trägerschaft** wirft Folgefragen und -probleme auf (zB unzulässiges sog. „Insichgeschäft" nach § 181 BGB, wenn der nach § 78 e örtlich zuständige öffentliche Jugendhilfeträger Vereinbarungen mit sich selbst als Einrichtungsträger abschließt), die rechtlich noch nicht abschließend geklärt und beantwortet sind (siehe dazu auch § 78 e Rn 4). Vor allem müssen bei dem Vereinbarungsabschluss mit öffentlichen Einrichtungen alle Kosten in die Entgeltberechnung einfließen, zB auch sog. Overheadkosten, um diese öffentlichen Einrichtungen im Verhältnis zu Einrichtungen freier Träger nicht zu privilegieren.   5

Anstelle des Trägers der Einrichtung kann auch **dessen Verband** eine entsprechende Vereinbarung abschließen. Dies erfordert allerdings, dass der Verband in rechtlich korrekter Weise für den Träger der Einrichtung tätig ist. Dies kann durch entsprechende Einzelbeauftragung oder auch dadurch, dass durch die Verbandssatzung uä eine generelle Beauftragung stattfindet, erfolgen.   6

Vertragspartner auf der Seite der Leistungsträger ist der **Träger der öffentlichen Jugendhilfe.** § 78 e regelt die örtliche Zuständigkeit des öffentlichen Trägers (vgl dort).   7

2. Vereinbarungen, Qualitätsentwicklungsvereinbarungen

In Abs. 1 werden die **drei zu schließenden Vereinbarungen** angesprochen. Während der Inhalt der Leistungs- und Entgeltvereinbarung in § 78 c weiter ausdifferenziert wird, sind die **Qualitätsentwick-**   8 lungsvereinbarungen nur hier angesprochen. Anstatt des Begriffs der Qualitätssicherung (Qualitätssicherungsvereinbarung) wurde der Begriff der **Qualitätsentwicklung** gewählt. Damit wird deutlich gemacht, dass sich der Qualitätsbegriff in der sozialen Arbeit, aufgrund höherer Komplexität und subjektiver Elemente, die zB darin liegen, dass der Leistungsberechtigte auch immer Ko-Produzent seiner eigenen Leistung ist, unterscheidet und abhebt von dem Begriff der Qualitätssicherung, der dem industriellen oder produktiven Bereich entlehnt ist (BT-Drucks. 13/10330, 17 re. Sp.).

9   Auch wenn sich die Maßstäbe der Qualität und Qualitätsentwicklung nach dem Wortlaut der Vorschrift nur auf die Leistungen der Einrichtungsträger beziehen, ergeben sich dadurch zumindest mittelbar **auch erhöhte Anforderungen an die Qualität der Arbeit der öffentlichen Träger**, die zB hinsichtlich der Hilfeplanung (§ 36) unmittelbar Einfluss auf einen Erfolg und die Wirksamkeit der geleisteten Hilfe haben.

10   Bisher haben die Qualitätsentwicklungsvereinbarungen noch nicht das Niveau erreicht, das sich der Gesetzgeber mit der Aufnahme der Bestimmung erhofft hatte (ausführlich Münder/Tammen VfK 2003, 36, 49 ff). So sind die Anforderungen des Gesetzgebers an jene Qualitätsvereinbarungen in 82,6 % von ca. 200 in Nordrhein-Westfalen untersuchten Fällen nicht erfüllt worden (Merchel ZKJ 2006, 78 ff). Als Ursache für den Umsetzungsmangel wurde dabei u.a. die mangelnde Akzeptanz der Qualitätsentwicklungsvereinbarung als fachliches Gestaltungselement, das vorrangige Interesse an der Legitimation des eigenen Handelns statt an der Qualitätsentwicklung sowie Defizite in der Herausbildung professionellen Handelns bei den beteiligten Akteuren genannt. Sofern mehr als formelhafte Vereinbarungen vorhanden sind, beziehen sie sich **häufig** weniger auf die Qualitätsentwicklung als **auf die Qualität**. So hat die seit einiger Zeit in der Jugendhilfe stattfindende Qualitätsdebatte (zB Merchel NDV 1998, 382; Hansbauer ZfJ 2000, 50 ff; Halfar Sozialrecht aktuell 2003, 51 ff; ausführlich SPI-SOS-Kinderdorf 2003) bisher noch nicht dazu geführt, dass in der Anwendungspraxis diese Erkenntnisse in Qualitätsentwicklungsvereinbarungen eingeflossen sind. Aufgrund der Diskussion wird insbesondere zwischen **Struktur-, Prozess- und Ergebnisqualität** unterschieden (vgl dazu Münder 1996, 214 ff; SPI-SOS-Kinderdorf 2003). Ein über diese Elemente hinausgehender grundsätzlicher Qualitätsmaßstab wird sein, inwieweit die Leistungsempfänger als Subjekte in die Leistungserbringung einbezogen werden.

11   Der Begriff der **Strukturqualität** bezieht sich auf die personelle, sächliche und finanzielle Ausstattung einer Einrichtung. Er beinhaltet Kriterien wie Grundausstattung mit qualifiziertem Personal, Gruppenzusammensetzung und -größe, Vorhandensein einer ausdifferenzierten Konzeption der Einrichtung und ihrer Gruppen, Orientierung am sozialen Umfeld, notwendige Grundausstattung mit Sachmitteln, Lage und Größe der Einrichtung, bauliche Standards, Wirtschaftlichkeit. Mit **Prozessqualität** ist die Ausführung der Leistung gemeint. Sie umschreibt ein Angebot, welches an einer förderdiagnostisch orientierten Planung ausgerichtet ist, dh der jeweilige individuelle Entwicklungsstand der Fähigkeiten und Fertigkeiten des Leistungsberechtigten wird zum Ausgangspunkt der pädagogischen Arbeit gemacht. Die **Ergebnisqualität** ist das Resultat einer Prüfung, inwieweit die Ziele der Leistungserbringung erreicht worden sind. Sie bemisst sich vorrangig an den festgestellten Entwicklungsverläufen der Leistungsberechtigten und der Zielsetzung der sozialpädagogischen (und gegebenenfalls therapeutischen) Arbeit. Ein weiteres wichtiges Merkmal der Ergebnisqualität liegt im subjektiven Wohlbefinden der Leistungsberechtigten. Auch wenn die **Messung von Ergebnisqualität** schwierig ist, so gibt es inzwischen doch professionelle und fachlich akzeptierte Verfahren (vgl Lambach 2003, 95 ff; ausführliches Material dazu liefert das Bundesmodellprogramm „Qualifizierung der Hilfen zur Erziehung durch wirkungsorientierte Ausgestaltung der Leistungs-, Entgelt- und Qualitätsentwicklungsvereinbarungen nach §§ 78 a ff SGB VIII", vgl ISA 2008), weswegen letztlich die Ergebnisqualität zentrales Merkmal für eine inhaltliche Beurteilung von Qualität und Qualitätsentwicklung ist, wobei die Ergebnisqualität wiederum entscheidend von der Qualität der fachlichen Entscheidungs- und Leistungsprozesse abhängig ist.

III. Voraussetzungen für den Abschluss der Vereinbarungen – Abs. 2

1. Generelle Voraussetzungen – Satz 1

12   **Abs. 2** nennt in **Satz 1** die generell notwendigen Voraussetzungen für den Abschluss von Vereinbarungen. **Satz 2** enthält darüber hinaus weitere zusätzliche Voraussetzungen für die Fälle, in denen die HzE im Ausland erbracht werden.

Alle abzuschließenden Vereinbarungen müssen den Grundsätzen der **Leistungsfähigkeit, Wirtschaft-** 13 **lichkeit und Sparsamkeit** entsprechen. Diese Begriffe sind generell im sozialen Leistungserbringungs-recht von Bedeutung (vgl § 17 Abs. 2 SGB II; §§ 19 Abs. 4, 35 Satz 2 Nr. 4 SGB IX; § 72 Abs. 3 SGB XI). Im Gegensatz zu dem insofern vergleichbaren § 75 Abs. 3 Satz 2 SGB XII für die Sozialhilfe hat der Gesetzgeber hier den Begriff der Leistungsfähigkeit bewusst vorangestellt. Damit verknüpft Abs. 2 inhaltliche (Leistungsfähigkeit) und materielle (Wirtschaftlichkeit, Sparsamkeit) Aspekte. Aus dem Zusammenhang dieser beiden Aspekte muss sich ergeben, dass geeignete Leistungen gegenüber den Leistungsberechtigten erbracht werden. Für das Verhältnis von Leistungsfähigkeit einerseits und Wirtschaftlichkeit, Sparsamkeit andererseits gibt es in der Praxis unterschiedliche Ansätze dieser Zu-sammenhänge, zB allgemeine Leistungsbeschreibungen mit Bezugnahme auf gesetzliche Vorgaben oder stark ausdifferenzierten Hilfebedarfs- und Leistungsangebotsbeschreibungen mit jeweils entsprechender Zuordnung der Entgelte. Aus der Sicht der Leistungsberechtigten und ihres Hilfebedarfs ist einer **ausdifferenzierten Leistungsbeschreibung** der Vorzug zu geben, denn dann lässt sich sowohl eine be-darfsgerechte Hilfeplanung vornehmen, als auch dokumentieren, dass der erzieherische Bedarf durch die Leistungen der Einrichtung erbracht wurde.

Wirtschaftlichkeit bedeutet, dass die zu erbringende Leistung mit dem geringsten Mitteleinsatz (Mi- 14 nimalprinzip) bzw mit dem vorhandenen Mitteleinsatz möglichst optimal (Maximalprinzip) erreicht wird, so dass es sich um eine günstige Zweck-Mittel-Relation im Sinne eines angemessenen ausgewo-genen Verhältnisses zwischen angestrebten Leistungen und den hierfür geforderten Entgelten handelt (BVerwGE 108, 47 ff). Aus der Sicht der Leistungserbringer bedeutet Wirtschaftlichkeit, dass von ih-nen keine Verhaltensweise verlangt werden kann, die dazu führt, dass die Einrichtung perspektivisch mit Verlust arbeiten muss; insofern ist auch das Interesse der Einrichtung berücksichtigt (OVG NI FEVS 34, 64, 68). **Sparsamkeit** bedeutet, dass die zu erfüllende Aufgabe mit einem möglichst geringen Mitteleinsatz erbracht werden soll. Damit sollen unnötige Kosten verhindert werden und der Begriff soll dazu zwingen, unter den geeigneten Mitteln nach dem Gesichtspunkt der Kostengünstigkeit aus-zuwählen (BVerwG aaO). **Leistungsfähigkeit** bedeutet, dass es den Einrichtungen möglich sein muss, mit den ihnen zur Verfügung zu stellenden Mitteln eine bedarfsgerechte Leistungserbringung sicher-zustellen.

Bei den zu schließenden Vereinbarungen sind **Vorgaben, die die Vertragsparteien binden** (die sich 15 möglicherweise aus anderen Rechtsmaterien ergeben), zu beachten, zB baurechtliche, brandschutz-rechtliche Anforderungen. Von besonderer Bedeutung sind ordnungsrechtliche, heimaufsichtsrechtli-che Vorgaben. Sowohl die Leistungserbringer als auch die Jugendhilfeträger sind beim Vertragsab-schluss an diese Vorgabe gebunden (VGH BW NDV-RD 1998, 83; bestätigt durch BVerwG FEVS 49, 485 ff).

Die Kriterien der **Wirtschaftlichkeit und Sparsamkeit** sind letztlich nur im Vergleich zu den Vergü- 16 tungen anderer Träger zu beurteilen. Ob Wirtschaftlichkeit und Sparsamkeit vorliegen, ist damit re-gelmäßig nicht durch eine interne Analyse der Kostenstruktur der jeweiligen Einrichtungen und Dienste zu ermitteln, sondern durch einen **externen Vergleich** mit Vergütungen anderer Träger bei vergleich-baren Leistungen (zur Berücksichtigung von Zuwendungen im Rahmen der hier rechtlich vorgeschrie-benen Entgeltfinanzierung vgl § 78 c Rn 17 f). Maßgeblich ist, dass der externe Vergleich ergibt, dass die verlangte Vergütung nicht höher ist als die Vergütungen anderer Leistungserbringer für vergleich-bare Leistungen (BVerwGE 108, 47 ff). Auch wenn es möglich ist, dass einzelne Kostenansätze über-prüft werden (vgl BVerwG FEVS 49, 485), bedeutet dies letztlich, dass die jeweiligen **Gesamtvergü-tungen** zu vergleichen sind. Damit ist es auch möglich, dass (privat-gewerbliche) Leistungserbringer einen kalkulatorischen Gewinn ansetzen, wenn sich ergibt, dass die verlangte Gesamtvergütung (in-klusive des kalkulatorischen Gewinns) nicht höher ist als das Entgelt anderer Leistungsträger, die kei-nen kalkulatorischen Gewinn ansetzen (BVerwGE 108, 56).

Bei den Begriffen der Wirtschaftlichkeit, Sparsamkeit und Leistungsfähigkeit handelt es sich um **un-** 17 **bestimmte Rechtsbegriffe**. Das bedeutet, dass die Auslegung und Anwendung dieser Begriffe (von den Gerichten) überprüft werden kann (BVerwGE 108, 47; BVerwG FEVS 49, 485). Allerdings haben die **Schiedsstellen** bei den von ihnen zu prüfenden Entgeltvereinbarungen eine **Einschätzungsprärogative** (im Einzelnen § 78 g).

Der Gesetzeswortlaut stellt zudem darauf ab, dass die **Träger geeignet** sein müssen, letztlich kommt 18 es jedoch darauf an, dass die Einrichtung zur Leistungserbringung geeignet ist, möglichst adressenge-recht die Hilfe zu erbringen. Geeignet sind Einrichtungen dann, wenn sie dem Zweck der jeweiligen Hilfe entsprechen und Gewähr dafür bieten, dass der gegenüber dem Jugendhilfeträger **bestehende**

Individualanspruch des Leistungsberechtigten erfüllt wird (OVG HH FEVS 31, 404; VG Hannover RsDE 30 [1995], 72, 77 f). Maßgeblicher Gesichtspunkt ist die Überlegung, ob ein Anbieter im jeweiligen Einzelfall die Leistung möglichst optimal zugeschnitten auf den Hilfebedarf erbringen kann. Dabei können die örtlichen Verhältnisse im unmittelbaren Lebensumfeld eine Rolle spielen (Stähr ZfJ 2006, 181). Die Regierungsbegründung formuliert als wesentliches Kriterium für die Eignung die Erteilung der Betriebserlaubnis nach § 45 (BT-Drucks. 13/10330, 18). Die Beurteilung, ob eine Einrichtung geeignet ist, unterliegt ebenfalls der (gerichtlichen) Kontrolle. Auch hier haben die Schiedsstellen, die nach § 78 g Abs. 2 (im Gegensatz zur Sozialhilfe) für alle drei Vereinbarungen zuständig sind, eine entsprechende Einschätzungsprärogative (im Einzelnen § 78 g).

2. Zusätzliche Voraussetzungen bei im Ausland erbrachten Leistungen – Satz 2

19　Insbesondere die im Ausland durchgeführten **intensivpädagogischen Projekte** waren Anlass für die durch das KICK (vgl Einl. Rn 47) erfolgte Aufnahme des **Satz 2** (vgl. auch § 27 Abs. 2 Satz 2). Zum Teil wurden derartige Projekte von Trägern durchgeführt, die ihren alleinigen Sitz im Ausland hatten und die deswegen nach alter Rechtslage an die nationalstaatlichen deutschen Regelungen nicht zu binden waren. Dem Druck der medialen Öffentlichkeit aufgrund einiger weniger Fälle nachgebend, hat der Gesetzgeber Satz 2 aufgenommen. Die Regelung ist fachlich und rechtlich problematisch, wird doch zum Teil dadurch der Eindruck erweckt, dass die in Satz 2 genannten Voraussetzungen (insbesondere Nr. 2 und 3) nur bei Hilfeerbringung im Ausland von Bedeutung wären, im Inland dagegen nicht. Dabei ist gerade die Leistungserbringung durch Fachkräfte und die Einhaltung rechtlicher Vorgaben ein generelles Kriterium, das auch bei Leistungserbringung im Inland von Bedeutung ist. Rechtliche Probleme ergeben sich gemeinschaftsrechtlich (EG) daraus, dass dadurch ausländische Träger von der Leistungserbringung ausgeschlossen sind, da sie (selbst wenn sie nach ausländischem Recht gemeinnützig wären) nach deutschem Recht nicht anerkannte Träger sind bzw eben nicht Träger von Einrichtungen im Inland sind. Gemeinschaftsrechtlich ist dies nicht haltbar (im Einzelnen Boetticher/ Münder 2009).

20　**Nr. 1** versucht den **Trägerkreis** solcher Hilfen einzuengen. Dies geschieht dadurch, dass als Träger grundsätzlich nur solche in Frage kommen, die entweder nach § 75 **anerkannt** sind bzw nach § 45 eine **Einrichtungserlaubnis** benötigen. Bei der Anerkennung nach § 75 ist insbesondere der dortige Abs. 1 Nr. 3 in Bezug genommen, mit den genannten **fachlichen und personellen Voraussetzungen**. Ähnliches gilt für die Erlaubnispflicht nach § 45, wo gemäß § 45 Abs. 2 Satz 2 auf die Betreuung durch **geeignete Kräfte** und die **Sicherung des Kindeswohls** abgestellt wird. Da die Erlaubniserteilung nach § 45 nicht an die speziellen Voraussetzungen des § 75 (insbesondere Gemeinnützigkeit) gebunden ist, kommen damit alle Träger, auch privat-gewerbliche, in Frage. Gesichert werden soll über Nr. 1 damit vornehmlich die Fachlichkeit und die Gewährleistung des Kindeswohls. Im Rahmen des Anerkennungsverfahrens bzw des Erlaubniserteilungsverfahrens ist dies – so die Vorstellung des Gesetzgebers – prüfbar und damit auch für Hilfeerbringung im Ausland sicherstellbar. Insofern besteht eine Nähe zu **Nr. 2**, die ausdrücklich **Fachkräfte** im Sinne des § 72 Abs. 1 benennt, die im Rahmen der Leistungserbringung tätig sind. Damit wird eine Selbstverständlichkeit ausgesagt, die natürlich ebenso für die Leistungserbringung im Inland gilt, was sich schon daraus ergibt, dass die Träger entsprechend den generellen Voraussetzungen zur Leistungserbringung geeignet sein müssen (Rn 18), und ein wesentliches Kriterium der Geeignetheit ist die Tatsache, dass fachliche Leistungen durch fachlich qualifizierte Personen erbracht werden. Die in **Nr. 3** genannte Einhaltung der Rechtsvorschriften des Aufenthaltslandes bezieht sich auf die zusätzliche Einhaltung der entsprechenden ausländischen Bestimmungen. Die Einhaltung der Rechtsvorschriften ist im Übrigen eine generelle Voraussetzung. Das weitere Kriterium der Zusammenarbeit mit den Behörden des Aufenthaltslandes sowie den deutschen Vertretungen im Ausland kann von Bedeutung werden, falls sich gezeigt hat, dass diese Zusammenarbeit nicht klappt. Hintergrund dieser Überlegung ist, dass bei Problemen durch die Kooperation mit Behörden und deutschen Vertretungen auch in schwierigen Fällen eine entsprechende qualitative Leistungserbringung sichergestellt werden kann.

3. Keine weiteren Voraussetzungen – Rechtsanspruch auf Vereinbarungsabschluss

21　Ob sich bei Vorliegen der allgemeinen und speziellen Voraussetzungen ein subjektives Recht im Sinne eines Rechtsanspruchs (vgl VorKap. 2 Rn 4 ff) auf **Abschluss von Vereinbarungen** ergibt, lässt sich aufgrund des Wortlauts der Norm nicht eindeutig beantworten, denn die Formulierung „sind ... abzuschließen" kann sowohl verstanden werden als eine Verpflichtung zum Abschluss, als auch dahingehend, dass Vereinbarungen nur mit solchen Trägern abzuschließen sind, die die Voraussetzungen erfüllen. Für die weitgehend ähnliche, aber nicht identische Formulierung für die Sozialhilfe in § 75 SGB XII ist rechtsdogmatisch geklärt, dass kein Anspruch auf Abschluss einer Vereinbarung besteht. Da aber die entsprechenden Bestimmungen auch im Interesse der Einrichtungsträger bestehen, haben sie ein subjektiv-öffentliches Recht auf eine **Entscheidung nach pflichtgemäßem Ermessen** über den Abschluss einer Vereinbarung (so hM vgl BVerwGE 94, 202, 205; BVerwGE 108, 56; OVG NI FEVS 38, 26 f; OVG NI 14.7.1999 – 1 B 11044/99 – NDV-RD 2000, 49; OVG NW 26.4.2004 – 12 A 858/03 – NDV-RD 2005, 15 f; Schmitt 1990, 438 ff; ausführlich Neumann RsDE 31 [1996], 51 ff; Wabnitz 2007, 500 f mwN). Zwar sind die Formulierungen des § 75 Abs. 2 SGB XII gegenüber denen des § 78 b einschränkend, in der Anwendungspraxis ergeben sich faktisch jedoch keine Unterschiede. Denn wenn die Voraussetzungen vorliegen, **reduziert sich das Ermessen** des Jugendhilfeträgers **auf Null**, denn außer den genannten Kriterien darf der Jugendhilfeträger keine weiteren Kriterien in seine Ermessensentscheidung einfließen lassen. So darf er zB nicht verlangen, dass sich die Einrichtungen den Landesrahmenvereinbarungen nach § 78 f unterwerfen. **Kein Kriterium ist** insbesondere auch die Frage, ob ein entsprechender **Bedarf** vorliegt. Derartigen im Gesetzgebungsverfahren geäußerten Überlegungen ist der Gesetzgeber nicht gefolgt. Bedarfsgesichtspunkte können deswegen zur Verweigerung eines Vertragsabschlusses nicht herangezogen werden (OVG NW 27.9.2004 – 12 B 1390/04 – NVwZ 2005, 834; OVG NI FEVS 38, 26; Neumann 1992, 189 ff; BVerwGE 94, 202; Baltz NDV 1998, 377, 380). Klar ist damit auch, dass es keinen Schutz vorhandener Einrichtungen davor gibt, dass weitere Einrichtungen über den Abschluss von Vereinbarungen „zugelassen" werden, denn das Gesetz sichert die Chancengleichheit aller geeigneten Bewerber. Mit den Neuregelungen ist der Gesetzgeber den Weg gegangen, den Abschluss der Vereinbarungen nicht von der Nachfrage nach entsprechenden Leistungen abhängig zu machen, sondern die Angebote von Einrichtungen und den Abschluss von Vereinbarungen mit den Einrichtungen nur an die genannten gesetzlichen Kriterien zu binden.

In Konfliktfällen wird es meist **Differenzen** darüber geben, **ob die genannten Kriterien vorliegen.** Ob 22 dies der Fall ist, wird sich regelmäßig nicht von vornherein feststellen lassen. Insofern bedeuten die Regelungen des Abs. 2, dass ein Anspruch auf Aufnahme von Vertragsverhandlungen besteht. Im Rahmen dieser Vertragsverhandlungen wird dann zwischen den (potenziellen) Vertragsparteien zu klären sein, ob die genannten Kriterien erfüllt sind, bzw was ggf noch für die Erfüllung der Kriterien erforderlich ist. Liegen die genannten Kriterien vor, so handelt es sich um eine zur Leistungserbringung geeignete Einrichtung im Sinne des Abs. 2. In diesem Falle ist eine **Ermessenreduzierung auf Null** gegeben (es besteht quasi ein Anspruch auf Abschluss einer entsprechenden Vereinbarung). Insgesamt kommt die Regelung damit einem **Rechtsanspruch auf Zulassung sehr nahe** (vgl Wabnitz 2007, 500 f).

Bei den Kriterien der Erforderlichkeit, der bedarfsdeckenden Leistungserbringung sowie der Vergü- 23 tungshöhe handelt es sich um **unbestimmte Rechtsbegriffe,** die der vollen rechtlichen Überprüfung zugänglich sind (BVerwGE 108, 47 ff; BVerwG FEVS 49, 485). Allerdings haben die Schiedsstellen bei den von ihnen zu prüfenden Entgeltvereinbarungen eine Einschätzungsprärogative (im Einzelnen § 78 g).

IV. Rechtscharakter der Vereinbarungen

Der Rechtsbegriff der **Vereinbarung** beinhaltet das Zustandekommen eines Vertrages durch **zwei** 24 **übereinstimmende Willenserklärungen** über die wesentlichen Vertragsgegenstände. Unter den Begriff fällt nicht die einseitige Zuwendungsförderung. Auch der Zuwendungsvertrag fällt nicht darunter, da er keine Vereinbarung über „Entgelte" ist, sondern über eine Förderung. Wesentliche Voraussetzung für das Vorliegen einer „Vereinbarung" ist somit die Tatsache, dass keine der Parteien der „Vereinbarung" letztlich einseitig den Vereinbarungsinhalt festlegt (etwa durch bloße Mitteilung des festgelegten Entgelts), sondern es zu zweiseitigen, ausgehandelten Ergebnissen kommt.

Die Vereinbarungen sind **öffentlich-rechtlicher Natur** iSd §§ 53 ff SGB X (BGHZ 116, 339; BVerwG 25 NDV 1994, 197, Wiesner/Wiesner § 78 b Rn 7), weil der Kern der Vereinbarungen sich aus der Gewährleistungspflicht der Jugendhilfeträger ergibt und der Sicherstellung von Rechtsansprüchen der Leistungsberechtigten dient. Da es sich bei den öffentlichen und den anderen Trägern um gleichberechtigte Partner handelt, sind es **öffentlich-rechtliche-koordinationsrechtliche Verträge.** Nur ausnahmsweise können einzelne Klauseln (zB Bindung privater Heimträger bezüglich der Preisgestaltung gegenüber privaten Dritten) inhaltlich dem Privatrecht zugeordnet werden, etwa bei Selbstzahlern oder wenn Vertragsbestimmungen wettbewerbsrechtlichen Beurteilungen (durch die Kartellsenate) unterzogen werden (BGHZ 119, 93; BGH 5.7.2001 – III ZR 310/00 – FamRZ 2001, 1361).

V. Anspruchsinhaber der Entgeltübernahme, unmittelbare Zahlung an Leistungserbringer

26   Im Gegensatz zum Sozialhilferecht (vgl Münder in LPK-SGB XII § 75 Rn 31) ist in Abs. 1 ausdrücklich festgelegt, dass bei Vorliegen der Vereinbarungen ein Anspruch zur **Übernahme des Entgelts gegenüber dem Leistungsberechtigten** besteht (hM, VG Berlin 21.6.2005 – 18 A 12.05; Wiesner/Wiesner § 78 b Rn 5). Dieser hat dem Jugendhilfeträger gegenüber einen Anspruch auf Übernahme des Entgelts, das ihm vom Leistungserbringer in Rechung gestellt wird, und das der Höhe nach den Vereinbarungen nach Abs. 2 entspricht, der Jugendhilfeträger kann von der mit dem Leistungserbringer vereinbarten Vergütung nicht (einseitig) abweichen (VGH BY 24.11.2004 – 12 CE 04.2057/AU 3E 04.989 – FEVS 56, 270). Der Einrichtungsträger hat keine unmittelbaren Ansprüche gegen den Träger der Sozialhilfe, auch nicht aus Geschäftsführung ohne Auftrag analog §§ 683, 679, 670 (BVerwGE 77, 181).

Für die Regelung des § 73 Abs. 3 Satz 1 SGB XII, in der allerdings nur von der „Übernahme der Verpflichtung" die Rede ist, hat das BSG entschieden (BSG 28.10.2008 – B 8 SO 19, 20, 21, 22, 24, 27, 28/07 R – Sozialrecht aktuell 2009, 16; ZFSH/SGB 2009, 144), dass „Übernahme" eine Schuldübernahme (durch VA mit Drittwirkung), in Form eines Schuldbeitritts (kumulative Schuldübernahme) bedeute, was zu einem unmittelbaren Zahlungsanspruch des Leistungserbringers gegen den (hier: Sozialhilfe) Leistungsträger führe (ähnlich VG Bayreuth 14.8.2006 – B 3 K 04.73 unter Bezugnahme auf die Sozialhilfeentscheidung des VGH BY 24.11.2004 – 12 CE 04.2057; offen gelassen, ob Schuldübernahme oder Schuldbeitritt: VG Hamburg 8.1.2007 – 13 K 5810/04 – RsDE [2007], 99). Der Wortlaut des § 78 b Abs. 1 „Übernahme...gegenüber den Leistungsberechtigten" spricht jedoch dafür, dass der Leistungsberechtigte den Anspruch auf Übernahme hat.

27   **In der Praxis** erfolgt die finanzielle Abwicklung jedoch regelmäßig nicht über die Leistungsberechtigten, sondern durch **unmittelbare Zahlung** von den Leistungsträgern an die Leistungserbringer. Das ist unter Beachtung der rechtlichen Vorgaben möglich. Zwei Varianten kommen hier vornehmlich in Betracht (vgl Rothkegel/Münder 2005 III 33 Rn 26). Der Leistungsberechtigte **tritt seinen Anspruch** gegen den Jugendhilfeträger an den Leistungserbringer **ab**, der Anspruch ist nach § 53 Abs. 2 Nr. 1 SGB I abtretbar (VG Berlin 21.6.2005 – 18 A 12.05), für Abtretung unter Ablehnung von Geschäftsführung ohne Auftrag oder analoger Anwendung von § 121 BSHG: BVerwG FEVS 44, 309). Aufgrund dieser Abtretung können die Leistungserbringer direkt vom Jugendhilfeträger das Entgelt verlangen. Da es sich dabei um das öffentlich-rechtliche Rechtsanspruchsverhältnis zwischen dem Hilfeempfänger und dem öffentlichen Träger der Jugendhilfe handelt (Rn 26), sind bei der vertraglichen Abtretung die Bestimmungen der §§ 53 ff SGB X zu beachten; im Übrigen kommen gemäß § 61 SGB X die zivilrechtlichen Vorschriften (§§ 398 ff BGB) zur Anwendung. Da es sich nach wie vor um ein öffentlich-rechtliches Rechtsverhältnis handelt, ist für die Durchsetzung der sozialrechtliche Rechtsweg gegeben.

28   In der Praxis erfolgt bei Aufnahme eines Leistungsberechtigten in eine Einrichtung oft eine **Kostenzusage (Kostenübernahme) des Jugendhilfeträgers** gegenüber der Einrichtung. Aus der Kostenzusage kann sich ein unmittelbarer Zahlungsanspruch des Leistungserbringers gegen den Jugendhilfeträger ergeben. Ob sich aus der Kostenzusage ein Anspruch ergibt, hängt vom Inhalt der Kostenzusage ab (dazu Frommann 2002, 82 ff). Grundsätzlich steht die Kostenzusage nur im rechtlichen Zusammenhang mit der gesetzlichen Verpflichtung des Trägers der Jugendhilfe zur Bedarfsdeckung gegenüber dem Leistungsberechtigten. Sie ist damit akzessorisch zum Rechtsanspruch des Leistungsberechtigten (BVerwGE 96, 71 f; OVG NW 17.10.2000 – 22 A 5519/98 – FEVS 52, 303 ff; OVG BB 27.11.2002 – 4 A 457/01.Z – FEVS 54, 351 ff). Einen eigenen Zahlungsanspruch hat die Einrichtung nur dann, wenn in der Kostenzusage unzweifelhaft der Rechtswille des Jugendhilfeträgers zum Ausdruck kommt, dadurch selbst unmittelbar gegenüber der Einrichtung die Kosten übernehmen zu wollen (BVerwG aaO; OVG NW aaO; OVG BB a.a.O). Rechtsdogmatisch unklar ist der **Rechtscharakter** einer **Kostenzusage**. In Frage kommen die Schuldübernahme (entsprechend § 414 BGB), der – im BGB nicht gesetzlich geregelte – Schuldbeitritt oder das Schuldanerkenntnis (§ 781 BGB). Die hM tendiert zum **Schuldbeitritt** (so für den Fall einer vom Träger der Sozialhilfe gegebenen Mietgarantie das OVG BE NJW 1984, 2593; LG Lüneburg NJW 1989, 1287, 1288; OVG HB NJW 1990, 1313, 1314; aA VG Würzburg NJW 1988, 2815; Frommann 2002, 83; für **Schuldanerkenntnis** Neumann 1992, 229). Angesichts der noch nicht geklärten Fragen sollte wegen des Schriftformerfordernisses im Falle eines Schuldanerkenntnisses nach § 781 BGB eine Kostenübernahmeerklärung stets in schriftlicher Form

erfolgen. Dies gilt auch dann, wenn man sie als eine öffentlich-rechtliche Erklärung betrachtet (vgl § 56 SGB X).

VI. Entgeltübernahme in nicht vertragsgebundenen Einrichtungen – Abs. 3

Abs. 3 ermöglicht die Übernahme des Leistungsentgelts auch für Leistungen in Einrichtungen, mit 29
denen keine Vereinbarung abgeschlossen worden ist. Abs. 3 kommt bereits zur Anwendung, wenn **eine der drei Vereinbarungen nicht** abgeschlossen wurde, die Gründe für den Nichtabschluss sind irrelevant. Weitere Voraussetzung ist, dass entsprechend Abs. 2 die Leistungsfähigkeit, Wirtschaftlichkeit und Sparsamkeit der Leistungserbringung gewährleistet ist. Als besonders herausgehobene Voraussetzung hat Abs. 3 formuliert, dass die Leistungserbringung speziell in dieser Einrichtung insbesondere nach § 36 im Einzelfall geboten ist (vgl §§ 5 Abs. 2 Satz 2, 36 Abs. 1 Satz 5). Liegt eine entsprechende Hilfeplanung nicht vor, aus der sich die Leistungserbringung in der spezifischen, nicht vereinbarungsgebundenen Einrichtung ergibt, wird eine Leistungsentgeltübernahme regelmäßig nicht in Frage kommen (VGH BY 24.3.2004 – 12 CE 03.3203 – FEVS 55, 554 ff; VGH BY 17.10.2006 – 12 CE 06.2451). Damit ist andererseits sichergestellt, dass dann, wenn sich ein spezieller individueller Hilfebedarf nach Maßgabe des Hilfeplans ergibt, dieser auch in einer Einrichtung erfüllt werden kann, mit der keine Vereinbarung abgeschlossen worden ist.

VII. Rechtsdurchsetzung

Rechtsdurchsetzungsfragen stellen sich beim Abschluss der genannten Vereinbarungen und wenn es 30
um die Übernahme der Vergütung gegenüber dem Leistungsberechtigten geht.

1. Beim Abschluss von Vereinbarungen

Hinsichtlich der **Entgeltvereinbarungen** sieht § 78 g das **Schiedsstellenverfahren** vor. Damit muss zu- 31
nächst das Schiedsstellenverfahren betrieben werden. Ist eine der Vertragsparteien mit der Entscheidung der Schiedsstelle nicht einverstanden, ist ihr der Rechtsweg zu den Gerichten eröffnet (im Einzelnen § 78 g Rn 15). Regelmäßig werden die Verwaltungsgerichte jedoch nicht selbst entscheiden, sondern wegen der Einschätzungsprärogative der Schiedsstellen (vgl § 78 g Rn 19) die Angelegenheit an die Schiedsstellen zurückverweisen. Gibt die Schiedsstelle dem Antrag auf Abschluss statt, so wird damit dem Träger der Einrichtung die „Chance" eröffnet, Leistungsberechtigten in der Einrichtung Leistungen zu erbringen. Es bedeutet aber noch nicht, dass die Einrichtung vom Leistungsberechtigten tatsächlich in Anspruch genommen wird. Dies ist etwa bei der Streitwertfestsetzung zu beachten (vgl OVG NI 7.3.2000 – 4 L 3272/99 – NDV-RD 2000, 56).

2. Klage auf Übernahme der Vergütung

Der Anspruch auf Übernahme des Entgeltes steht sowohl im Falle der vertragsgebundenen Einrich- 32
tungen (Rn 4) als auch im Falle der nichtvertragsgebundenen Einrichtungen (Rn 29) dem **Leistungsberechtigten** zu. Allerdings ist eine Abtretung an den Leistungserbringer möglich (Rn 26). Auch hier handelt es sich um eine öffentlich-rechtliche Streitigkeit. Der **Verwaltungsrechtsweg** ist eröffnet (§ 40 Abs 1 VwGO), wenn der öffentliche Träger der Jugendhilfe die Übernahme der Vergütung abgelehnt hat. Dies ist ein Verwaltungsakt, so dass zunächst das Vorverfahren (Widerspruch) durchzuführen ist. Die richtige Klageart ist die Verpflichtungsklage, da das Begehren des Leistungsberechtigten dahin geht, dass der Träger der Jugendhilfe die vom Leistungsberechtigten an den Leistungserbringer zu zahlende Vergütung übernimmt (vgl Anhang Verfahren Rn 58 ff).

§ 78 c Inhalt der Leistungs- und Entgeltvereinbarungen

(1) [1]Die Leistungsvereinbarung muss die wesentlichen Leistungsmerkmale, insbesondere

1. Art, Ziel und Qualität des Leistungsangebots,
2. den in der Einrichtung zu betreuenden Personenkreis,
3. die erforderliche sächliche und personelle Ausstattung,
4. die Qualifikation des Personals sowie
5. die betriebsnotwendigen Anlagen der Einrichtung

festlegen. [2]In die Vereinbarung ist aufzunehmen, unter welchen Voraussetzungen der Träger der Einrichtung sich zur Erbringung von Leistungen verpflichtet. [3]Der Träger muss gewährleisten, dass die Leistungsangebote zur Erbringung von Leistungen nach § 78 a Abs. 1 geeignet sowie ausreichend, zweckmäßig und wirtschaftlich sind.

(2) [1]Die Entgelte müssen leistungsgerecht sein. [2]Grundlage der Entgeltvereinbarung sind die in der Leistungs- und der Qualitätsentwicklungsvereinbarung festgelegten Leistungs- und Qualitätsmerkmale. [3]Eine Erhöhung der Vergütung für Investitionen kann nur dann verlangt werden, wenn der zuständige Träger der öffentlichen Jugendhilfe der Investitionsmaßnahme vorher zugestimmt hat. [4]Förderungen aus öffentlichen Mitteln sind anzurechnen.

I. Allgemeines

1   § 78 c konkretisiert den Inhalt der **Leistungsvereinbarung** (**Abs. 1**) und der **Entgeltvereinbarung** (**Abs. 2**). Die Leistungsvereinbarung bietet gemeinsam mit der Qualitätsentwicklungsvereinbarung die Grundlage, auf der die differenzierten Entgelte im Rahmen der Entgeltvereinbarung zu ermitteln und zu vereinbaren sind. Während § 78 c (einige) Konkretisierungen zur Leistungs- und Entgeltvereinbarung enthält, fehlen hinsichtlich der Qualitätsentwicklungsvereinbarungen Konkretisierungen, die über § 78 b hinausgehen (vgl § 78 b Rn 8 ff). In der **Sozialhilfe** sind die Inhalte der Leistungs- und Vergütungsvereinbarung in § 76 SGB XII wesentlich ausführlicher geregelt. Sofern einige Merkmale, Begriffe usw in § 76 SGB XII verwendet werden, kann auf die dortigen Erkenntnisse zurückgegriffen werden.

II. Leistungsvereinbarung – Abs. 1

1. Leistungsmerkmale – Satz 1

2   In den Leistungsvereinbarungen müssen die **wesentlichen Leistungsmerkmale** festgelegt werden. Wesentliche Leistungsmerkmale sind diejenigen Parameter, durch die die konkrete Leistung qualitativ und quantitativ bestimmt wird. Diese wesentlichen Leistungsmerkmale müssen in Leistungsvereinbarungen so **hinreichend konkretisiert** werden, dass sie rechtlich überprüfbar sind. Allerdings gilt dies nur für die wesentlichen Leistungsmerkmale. Damit wird sichergestellt, dass die Leistungserbringer für die Erbringung der konkreten Leistung **Flexibilität** und Gestaltungsmöglichkeiten haben. Die Festlegung der wesentlichen Leistungsmerkmale kann auch durch Verweis auf andere Regelwerke erfolgen, zB auf Landesrahmenvereinbarungen, auch wenn die Vertragspartner der einrichtungsbezogenen Vereinbarungen nicht Vertragspartner der Landesrahmenvereinbarungen sind (zur Bedeutung der nach § 78 f zu schließenden **Rahmenvereinbarungen** vgl § 78 f Rn 5 ff). Da in den meisten Fällen die Initiative zum Abschluss von Leistungsvereinbarungen von den Leistungserbringern ausgehen wird, bedeutet es, dass sie – wenn sie sich nicht auf anderweitige Leistungsbeschreibungen beziehen wollen – ihre Leistungsangebote so konkret beschreiben müssen, dass auf der Basis dieser Angebote eine Vereinbarung abgeschlossen werden kann. **Satz 1** nennt die **Mindestmerkmale**, die der Gesetzgeber selbst als wesentlich („insbesondere") ansieht.

Nr. 1 verpflichtet dazu, das **Leistungsangebot nach Art, Ziel und Qualität** zu differenzieren. Damit ist 3 in konzentrierter Vereinbarungsform das umfasst, was der **Konzeptionsbeschreibung** der Einrichtung zugrunde liegt. Die Definition des **Leistungsumfangs** ist abhängig von den verschiedenen Leistungen. Während es Leistungen geben wird, die in gewisser Weise standardisiert sind, zB hinsichtlich der Gruppengröße, des Personalschlüssels, der sachlichen Ausstattung usw (zB §§ 13 Abs. 3, 19, 21 Satz 2), wird zB bei den Leistungen im Bereich der HzE das Angebotsspektrum wesentlich größer sein. Aufgrund von Erfahrungen aus anderen Sozialleistungsbereichen bei der Beschreibung des Leistungsumfangs lassen sich generell drei Verfahrensweisen unterscheiden:

- bei der pauschalen Ableitung des Leistungsumfangs aus einem allgemeinen Versorgungsanspruch und einem **durchschnittlichen Hilfebedarf** liegen Erfahrungswerte durchschnittlicher Hilfebedarfe zugrunde (unberührt bleiben nach diesem pauschalierten Verfahren besondere Bedarfslagen, zB Psychotherapien),
- bei der Bildung von Bedarfs- und Fallgruppen werden Personen zusammengefasst, die in Inhalt und Umfang **vergleichbare Hilfebedarfe** aufweisen; die einzelnen „Betreuungsstufen" beinhalten jeweils einen durchschnittlichen Aufwand von Betreuungsinhalt und Betreuungsintensität, aus denen sich das leistungsgerechte Entgelt ableitet,
- bei der **individuellen Ermittlung** des Hilfebedarfs handelt es sich um ein am Einzelfall und damit am Hilfebedarf jeder einzelnen Person orientiertes Verfahren. Bei diesem Verfahren der Hilfebedarfsermittlung werden Bemessungskriterien als normative Entscheidungen offengelegt, denn die Bestimmung des Leistungsumfangs ist auch von normativen Entscheidungen, vom Maß der den Leistungsberechtigten zugestandenen Leistungen und Entwicklungsverläufe abhängig.

In **Nr. 1** und **Nr. 4** ist **Qualität** im weitesten Sinne dadurch angesprochen, dass als wesentliche Leistungsmerkmale Vereinbarungen über die Qualität der Leistung und die Qualifikation des Personals benannt werden. Inhaltlich geht es um die in den Vereinbarungen festzulegenden **fachlichen Standards**, wobei der Gesetzgeber die Qualifikation des Personals als zentralen Faktor für die Erreichung der Qualität und die Sicherung der fachlichen Standards ansieht. Durch die zwischen den Beteiligten vereinbarten Ziele soll eine entsprechende **Leistungsqualität** sichergestellt werden. Durch die Erwähnung der Qualität in Nr. 1 und der ausdrücklichen Nennung der **Qualitätsentwicklungsvereinbarungen** in § 78 d Abs. 1 entstehen für die Praxis erhebliche Probleme in der Anwendung der Normen, da aus ihrer Sicht neben der Benennung der entsprechenden Qualitätsmerkmale dann kaum Raum für Qualitätsentwicklungsvereinbarungen bleibt (ausführlich Münder/Tammen VfK 2003, 11 ff).

Zu **Nr. 2** ist im Hinblick auf den zu **betreuenden Personenkreis** der Regierungsbegründung ausdrück- 5 lich zu entnehmen, dass diese Verpflichtung nicht zum Ziel hat „Spezialeinrichtungen oder spezielle Angebote zu schaffen, in denen besonders auffällige Jugendliche betreut werden sollen" (BT-Drucks. 13/10330, 18). Allerdings ist durchaus denkbar, dass neben dem Alter und dem Geschlecht des zu betreuenden Personenkreises die Leistungsvereinbarung zB auch Aussagen darüber enthält, dass die Einrichtung zB ein besonderes Leistungsangebot der Eingliederungshilfe für seelisch behinderte Kinder und Jugendliche (§ 35 a) oder junge Volljährige (§ 41) vorhält oder bestimmte Personenkreise von einer Betreuung ausschließt (siehe dazu auch Rn 8). Wegen der differenzierten und flexiblen Hilfegewährung sowie der Entwicklungsfähigkeit von Kindern und Jugendlichen ist allerdings von besonderer Bedeutung, dass im Gegensatz zur Sozialhilfe gemäß § 76 Abs. 2 Satz 2 SGB XII „Maßnahmepauschalen nach Gruppen für Hilfeempfänger mit vergleichbarem Hilfebedarf" **nicht vorgesehen** sind, weil solche **Pauschalisierungen** der Jugendhilfe im Grundsatz fremd sind.

Bei der erforderlichen **sächlichen und personellen Ausstattung** (Nr. 3) und der **Qualifikation des Per-** 6 **sonals** (Nr. 4) wird man allerdings auch in der Jugendhilfe gewisse einheitliche Maßstäbe annehmen können, vor allem was die Gruppengröße, den Personalschlüssel, standardisierte Sachausstattungen und eine Mindestqualifikation des Personals angeht. Hinsichtlich der Qualifikation des Personals kann als wichtige Grundlage die Arbeitshilfen der **BAGLJÄ zum Fachkräftegebot** (BAGLJÄ 1996; 2004) gelten, die differenzierte Aussagen zu der erforderlichen Qualifikation der Fachkräfte in den verschiedensten Arbeitsfeldern enthält.

Gem. **Nr. 5** muss die Leistungsvereinbarung auch die **betriebsnotwendigen Anlagen** der Einrichtung 7 festlegen. Die Vorschrift orientiert sich im Wesentlichen an der vergleichbaren Regelung des § 76 Abs. 1 SGB XII, die ebenfalls als wesentliche Leistungsmerkmale u.a. Aussagen zu den betriebsnotwendigen Anlagen der Einrichtung verlangt. Hierzu gehören u.a. der Investitionsaufwand für Erst- und Wiederbeschaffung von Anlagegütern, Miete/Pacht und Darlehenszinsen. Welche Anlagen und Ausstattungen dabei konkret betriebsnotwendig sind, richtet sich nach der Aufgabenstellung der Einrichtung, insbesondere nach ihrem Leistungsangebot und dem vom Jugendhilfeträger zu finanzierenden Standard (BT-Drucks. 13/2440, 30), allerdings unter Berücksichtigung der in § 78 b Abs. 2 genannten Vorgaben der Wirtschaftlichkeit und Sparsamkeit (§ 78 b Rn 13). Eine pauschale Aussage darüber hinaus, was konkret betriebsnotwendig ist, lässt sich aber nicht treffen, sondern hängt im **Einzelfall** davon ab, **welche sozialpädagogische Leistung** der Jugendhilfe die Einrichtung nach ihrer Leistungsbeschreibung vorhält. So kann zB die Errichtung und Unterhaltung eines Reiterhofes einschließlich der dazu notwendigen Gebäude betriebsnotwendig sein, wenn die Einrichtung die Arbeit mit Pferden pädagogisch-therapeutisch anbietet, während zB das Betreiben eines denkmalgeschützten Gebäudes nicht als betriebsnotwendig angesehen werden kann, weil dies nicht dem Zweck der fachlichen Leistungserbringung, sondern dem Erhalt des Gebäudes dient. In den Leistungsvereinbarungen empfiehlt es sich deshalb, konkrete Absprachen über das Leistungsangebot, vor allem auch über die sich daraus ergebenden betriebsnotwendigen Anlagen und Ausstattungen zu treffen.

8   Den Vertragsparteien steht es frei, darüber hinaus **weitere Inhalte** zu vereinbaren. Regelmäßig werden Vereinbarungen über die Gegenstände getroffen, die im Rahmen der Vergütungsvereinbarung von Bedeutung sind, so zB bei Einrichtungen immer über Unterkunft und Verpflegung. Mit der Vereinbarung weiterer sonstiger Inhalte ist es möglich, **spezifische Leistungen**, Angebote, Profile usw von Einrichtungen und Diensten zum Gegenstand der Leistungsvereinbarungen zu machen. Erforderlich ist – wie stets –, dass diese zusätzlichen Inhalte so präzise sind, dass sich aus ihnen ergibt, welche konkreten Leistungen zu erbringen sind (Rn 2).

2. Leistungserbringungsverpflichtung – Satz 2

9   Im Gegensatz zu § 76 Abs. 1 SGB XII verzichtet Abs. 1 darauf, in die Vereinbarung die **Verpflichtung der Einrichtungen** einzubeziehen, im Rahmen des vereinbarten Leistungsangebotes **Hilfeempfänger aufzunehmen** und zu betreuen, und verlangt gemäß **Abs. 1 Satz 2** in der Vereinbarung nur zu regeln, unter welchen Voraussetzungen der Träger der Einrichtung sich zur Erbringung von Leistungen verpflichtet. Damit wird im Interesse von Einrichtungen die Möglichkeit eröffnet, aus pädagogischen oder konzeptionellen Gründen bestimmte Leistungsangebote, dh auch bestimmte Personengruppen, auszuschließen, und gleichzeitig sichergestellt, dass der öffentliche Träger für das vereinbarte Leistungsangebot seiner **Gewährleistungspflicht** (§§ 79, 80) nachkommt und dass Leistungsberechtigte zu den in der Vereinbarung beschriebenen Leistungen und Kosten in den Einrichtungen aufgenommen werden. Da bei Abschluss der Leistungsvereinbarung keine konkreten Leistungsempfänger im Blick der Vertragspartner stehen, ist hieraus kein Anspruch eines einzelnen Hilfeempfängers auf Aufnahme in eine bestimmte Einrichtung ableitbar. Allerdings dient diese Verpflichtung auch dazu, einer Segregation von Hilfeempfängern entgegenzuwirken, dh zu gewährleisten, dass nicht nur „pflegeleichte“, sondern auch und gerade Kinder und Jugendliche mit schwierigen Problemlagen aufgenommen werden müssen.

10   Wird durch die Leistung der Einrichtung der individuelle **Leistungsanspruch** des Leistungsberechtigten **im Einzelfall nicht erfüllt**, so wird der **Rechtsanspruch** des einzelnen Leistungsberechtigten gegen den öffentlichen Jugendhilfeträger durch die Vereinbarungen **nicht eingeschränkt**. In diesen Fällen muss der Leistungsberechtigte seinen jugendhilferechtlichen Anspruch auf eine bedarfsgerechte Hilfe gegen den öffentlichen Träger einfordern. Dies gilt auch dann, wenn in einem konkreten Fall die zwischen öffentlichen Jugendhilfeträgern und Einrichtungsträgern vereinbarten Leistungen den über diese Leistungen hinausgehenden individuellen Bedarf eines Leistungsberechtigten nicht abdecken können. In diesen Fällen muss der öffentliche Jugendhilfeträger den Bedarf entweder über ein ergänzendes (ggf externes) Leistungsangebot abdecken; uU muss ein Einrichtungswechsel in Betracht gezogen werden.

3. Geeignet, ausreichend, zweckmäßig, wirtschaftlich – Satz 3

11   Satz 3 legt in Konkretisierung des (allgemeinen Verhältnismäßigkeits-)Gebotes aus § 78 b Abs. 2 noch einmal den allgemeinen Grundsatz ausdrücklich fest, dass die **Leistungsangebote geeignet, ausreichend, zweckmäßig und wirtschaftlich** sein müssen, verzichtet aber – im Gegensatz zu § 76 Abs. 1 SGB XII – darauf, auch ausdrücklich festzuschreiben, dass diese Leistungen das Maß des Notwendigen nicht überschreiten dürfen. Dass vom Leistungsangebot nur das jugendhilferechtlich Erforderliche umfasst ist, gilt selbstverständlich auch für die Jugendhilfe und ist bereits in den Tatbestandsmerkmalen „zweckmäßig und wirtschaftlich" erfasst. **Ausreichend** sind die Leistungen dann, wenn aus der Gesamtheit der für die Leistungsberechtigten zu zahlenden Entgelte der jeweilige Bedarf des individuellen Leistungsberechtigten gedeckt werden kann. Der Begriff **zweckmäßig** bezieht sich insbesondere auf

den in § 1 Abs. 3 verankerten Gesetzeszweck (s. § 1 Rn 24 ff) und damit auf die Berücksichtigung der jeweils vorhandenen fachlichen, wissenschaftlichen Erkenntnisse und will sicherstellen, dass die fachlichen Standards im Rahmen der Leistungsvereinbarungen berücksichtigt werden. Dies alles soll insgesamt **wirtschaftlich** sein, wodurch der Bezug zu § 78 a Abs. 2 hergestellt wird.

All diese Begriffe sind **unbestimmte Rechtsbegriffe.** Da die Begriffe für die Leistungsvereinbarungen **12** maßgeblich sind, steht den jeweiligen Vertragsparteien kein sogenannter Beurteilungsspielraum zu (vgl Anhang Verfahren Rn 87). Vielmehr sind diese unbestimmten Rechtsbegriffe – wie üblich – in vollem Umfang (gerichtlich) überprüfbar. Da für alle Vereinbarungen jedoch nach § 78 g das Schiedsstellenverfahren vorgesehen ist, ist zunächst dieses Verfahren durchzuführen. Hierbei haben die Schiedsstellen eine Einschätzungsprärogative (vgl § 78 g Rn 19), so dass – bis auf Ausnahmefälle – die Überprüfung allein durch die Schiedsstellen stattfindet.

III. Entgeltvereinbarung – Abs. 2

1. Leistungsgerechtigkeit – Satz 1, 2

Nach **Abs. 2 Satz 1** müssen die Entgelte **leistungsgerecht** sein. Der Begriff der Leistungsgerechtigkeit **13** fügt sich nur bedingt in das System der Entgeltvereinbarung ein, nimmt aber darauf Bezug, dass in diesem Bereich kein Markt im klassischen Sinn existiert, sondern die öffentlichen Träger mit erheblicher Nachfragemacht ausgestattet sind. Deswegen bedeutet der Begriff der leistungsgerechten Entgelte, dass **Leistung und Entgelt in einem angemessenen Verhältnis** zueinander stehen müssen. Die Höhe des Entgeltes muss daher so vereinbart werden, dass die Einrichtung damit die nach Abs. 1 vereinbarten Leistungen auch finanzieren kann. Dem gemäß schreibt **Satz 2** folgerichtig vor, dass die in den Leistungsvereinbarungen und in den Qualitätsentwicklungsvereinbarungen festgelegten Inhalte, insbesondere die Leistungsmerkmale und die Qualitätsmerkmale, die Grundlage sind, aus denen sich die Vergütung ergibt. Dies weist nochmals darauf hin, dass bei den Leistungs- und Qualitätsentwicklungsvereinbarungen sehr präzise, genaue, operationalisierbare Merkmale zu vereinbaren sind, so dass sich daraus nach Möglichkeit eine Ableitung für die leistungsgerechte Vergütung ergibt. Die Entgelte müssen wegen § 78 b Abs. 1 Nr. 2 **differenziert** sein. Je genauer die vorgelagerten Leistungs- und Qualitätsentwicklungsvereinbarungen sind, desto präziser lassen sich die notwendigen Entgelte errechnen. Die Notwendigkeit der Präzision gilt insbesondere für Abs. 1 Satz 1 Nr. 3, 4, 5. Auf weitere Vorgaben für die Entgeltvereinbarung, zB in Form von Pauschalen hat der Gesetzgeber – im Gegensatz etwa zu § 76 Abs. 2 SGB XII – verzichtet. Die Vertragspartner sind damit bei der Gestaltung der Entgeltvereinbarung grundsätzlich frei. Dennoch ist denkbar und zulässig, in Anlehnung an § 76 SGB XII die **Entgeltvereinbarungen** aufzuteilen in **Pauschalen** für Unterkunft und Verpflegung (Grundpauschale), für die zu erbringenden sozialpädagogischen Leistungen („Leistungspauschale") und für die betriebsnotwendigen Anlagen einschließlich ihrer Ausstattung (Investitionsbetrag), soweit dadurch nicht die im Einzelfall notwendige differenzierte und flexible Leistungserbringung berührt wird.

2. Erhöhung der Investitionsvergütung – Satz 3

Weil neben den Personalkosten die Investitionskosten idR den höchsten Kostenfaktor in Einrichtungen **14** bilden, sieht **Satz 3** eine Sonderregelung für die Erhöhung der Vergütung für Investitionen vor. Da das SGB VIII selbst keine **Definition der Investition** enthält, muss auf in anderen gesetzlichen Zusammenhängen gebräuchliche Definitionen zurückgegriffen werden. Während § 13 Abs. 3 Nr. 2 Satz 2 der Bundeshaushaltsordnung (BHO) einen weiten haushaltsrechtlichen Investitionsbegriff zugrunde legt, enthält § 82 Abs. 3 Satz 1 iVm Abs. 2 Nr. 1 SGB XI eine **sozialrechtliche Definition** der betriebsnotwendigen Investitionsaufwendungen, der analog bei der Auslegung der Begriffe in § 78 c Abs. 2 Satz 2 herangezogen werden kann. Danach sind „betriebsnotwendige Investitionsaufwendungen" Maßnahmen, die dazu bestimmt sind, die für den Betrieb der Einrichtung notwendigen Gebäude und sonstigen abschreibungsfähigen Anlagegüter herzustellen, anzuschaffen, wieder zu beschaffen, zu ergänzen, instand zu halten oder instand zu setzen, wobei die zum Verbrauch bestimmten Güter (Verbrauchsgüter) ausgenommen sind. Die Kosten hierfür werden regelmäßig in Form von **Investitionsfolgekosten** (insbesondere Abschreibung) festgelegt, was zur Folge haben kann, dass sie sich ändern, weswegen der Investitionsbetrag (und mit ihm letztlich die gesamte Entgeltvereinbarung) dann neu zu vereinbaren wäre.

Nach **Satz 3** ist eine **Erhöhung der Vergütung** aufgrund von **Investitionsmaßnahmen** nur möglich, wenn **15** der öffentliche Jugendhilfeträger der Investitionsmaßnahme vorher zugestimmt hat. Damit soll dem

Jugendhilfeträger zwar Einfluss auf Ausmaß und Kosten der Investitionen ermöglicht werden, da aber die erforderliche sächliche und personelle Ausstattung bzw die betriebsnotwendigen Anlagen bereits Gegenstand der Leistungsvereinbarung sind, ist der öffentliche Träger bei der Zustimmung zu den betriebsnotwendigen Investitionen an diese „Erstzustimmung" zu den Grundinvestitionen gebunden.

16   Die Zustimmung liegt grundsätzlich im **Ermessen** des Jugendhilfeträgers, das er entsprechend den allgemeinen Grundsätzen über die Ermessenbetätigung ausüben muss. Eine Reduzierung seines Ermessens auf Null dahingehend, dass **dem Grunde nach** zuzustimmen ist, liegt etwa dann vor, wenn aufgrund ordnungsrechtlicher Vorschriften (Baurecht, Heimrecht, Heimaufsicht usw) Investitionen vorgenommen werden müssen. Wenn es sich in diesem Sinne um eine **betriebsnotwendige Investitionsmaßnahme** handelt, wird der öffentliche Jugendhilfeträger deshalb seine **Zustimmung in der Regel erteilen müssen**, sofern sich die betriebsnotwendige Investitionsmaßnahme auch als erforderlich und wirtschaftlich erweist. Darüber hat der öffentliche Träger im Rahmen einer fehlerfreien Ermessenausübung zu entscheiden. Auf jeden Fall wäre eine **willkürliche Verweigerung** dieser Zustimmung, um eine Kostenübernahme zu verhindern, **nicht zulässig**.

3. Anrechnung von Förderung – Satz 4

17   Das Finanzierungssystem für die Leistungserbringung nach § 78 a ff auf der Basis der dreiseitigen Rechtsbeziehungen (sog. sozialrechtliches Dreiecksverhältnis) zwischen Leistungsberechtigten, Leistungsträger und Leistungserbringer (vgl VorKap. 5 Rn 6 ff) entspricht einer **monistischen Finanzierung** (VorKap. 5 Rn 19). Damit ist eine **duale Mischfinanzierung** (die meist über Zuwendungen/Subventionen erfolgt) nicht kompatibel, ja rechtlich unzulässig (VorKap. 5 Rn 15 ff). Eine Finanzierung mittels Zuwendungen ist nur dann unproblematisch, wenn alle (privat-gemeinnützigen, privat-gewerblichen) Träger in gleicher Weise Zuwendungen erhalten können, wie dies etwa durch Mittel des Ausgleichsfonds (nach § 78 SGB IX) oder für begleitende Hilfe im Arbeitsleben durch das Integrationsamt (§ 102 Abs. 3 Nr. 3 SGB IX) möglich ist.

18   Lange Zeit wurde insbesondere der Erwerb/der Bau von Einrichtungen mittels Zuwendungen (§ 74) finanziert. Diese Finanzierungsweise wirkt fort. Deswegen schreibt Satz 4 vor, dass die **Förderung** bei der Berechnung der Vergütungen **zu berücksichtigen** ist. Diese generelle Aussage wirkt in verschiedenen Richtungen, insbesondere dann, wenn es auf einen Vergleich der Vergütungen ankommt. Während sich bei nicht geförderten Einrichtungen und Diensten der Kostenvergleich auf die Entgelte beschränkt, sind bei den geförderten Einrichtungen die öffentlichen Mittel hinzuzurechnen. Bedeutung hat dies zB bei dem nach § 78 b Abs. 2 vorzunehmenden externen Vergleich (§ 78 b Rn 16), ebenso wie bei dem nach § 5 Abs. 2 im Rahmen der Ausübung des Wunsch- und Wahlrechts eines Leistungsberechtigten vorzunehmenden Mehrkostenvergleich (§ 5 Rn 14 ff).

IV. Rechtsschutz

19   Da alle **Vereinbarungen schiedsstellenfähig** sind, ist bei Rechtsauseinandersetzungen über die Vereinbarungen die Schiedsstelle anzurufen (iE § 78 g). Eine Besonderheit besteht bei den **Erhöhungen der Vergütung** für Investitionen. Hier sieht Abs. 2 Satz 3 im Grunde genommen ein zweistufiges Verfahren vor:

- die Zustimmung zur Investitionsmaßnahme und
- die wegen der durchgeführten Investitionsmaßnahme erhöhte Vergütung.

Entsprechend ist der Rechtsschutz unterschiedlich ausgestaltet. Sofern es um die Zustimmung zur Investitionsmaßnahme geht, handelt es sich nicht um die Vereinbarung selbst. Damit gilt für die **Zustimmung zur Investitionsmaßnahme** der übliche verwaltungsrechtliche Rechtsschutz (vgl Anhang Verfahren Rn 57 ff). Wird die Zustimmung verweigert und ist ein dagegen eingelegter Widerspruch erfolglos geblieben, kann der Leistungserbringer vor dem VG mittels Verpflichtungsklage auf Zustimmung klagen, wobei das VG den Leistungsträger regelmäßig nur zur Neubescheidung verpflichten wird (vgl § 113 Abs. 5 Satz 2 VwGO - iE Anhang Verfahren Rn 70).

20   Denkbar ist allerdings auch, dass der Leistungserbringer bei nicht erteilter oder nicht eingeholter Zustimmung die Investitionsmaßnahme durchführt und dann eine entsprechende **erhöhte Entgeltvereinbarung** anstrebt. Kommt es nicht zum Abschluss einer solchen Entgeltvereinbarung, ist die Auseinandersetzung vor der Schiedsstelle zu führen. Diese Vorgehensweise beinhaltet allerdings das Risiko, dass bei der inzidenten Prüfung im Rahmen der angestrebten Entgeltvereinbarung die Schiedsstelle zu dem Ergebnis kommt, dass die durchgeführte Investitionsmaßnahme nicht den Kriterien der Wirtschaft-

lichkeit, Sparsamkeit usw entsprochen hat; damit würde eine solche Investitionsmaßnahme nicht zu einer Entgelterhöhung führen.

§ 78 d Vereinbarungszeitraum

(1) [1]Die Vereinbarungen nach § 78 b Abs. 1 sind für einen zukünftigen Zeitraum (Vereinbarungszeitraum) abzuschließen. [2]Nachträgliche Ausgleiche sind nicht zulässig.

(2) [1]Die Vereinbarungen treten zu dem darin bestimmten Zeitpunkt in Kraft. [2]Wird ein Zeitpunkt nicht bestimmt, so werden die Vereinbarungen mit dem Tage ihres Abschlusses wirksam. [3]Eine Vereinbarung, die vor diesem Zeitpunkt zurückwirkt, ist nicht zulässig; dies gilt nicht für Vereinbarungen vor der Schiedsstelle für die Zeit ab Eingang des Antrages bei der Schiedsstelle. [4]Nach Ablauf des Vereinbarungszeitraums gelten die vereinbarten Vergütungen bis zum Inkrafttreten neuer Vereinbarungen weiter.

(3) [1]Bei unvorhersehbaren wesentlichen Veränderungen der Annahmen, die der Entgeltvereinbarung zugrunde lagen, sind die Entgelte auf Verlangen einer Vertragspartei für den laufenden Vereinbarungszeitraum neu zu verhandeln. [2]Die Absätze 1 und 2 gelten entsprechend.

(4) Vereinbarungen über die Erbringung von Leistungen nach § 78 a Abs. 1, die vor dem 1. Januar 1999 abgeschlossen worden sind, gelten bis zum Inkrafttreten neuer Vereinbarungen weiter.

I. Abschlusszeitraum, Prospektivität – Abs. 1

1 **Abs. 1** schreibt gesetzlich die **Prospektivität der Vereinbarungen** vor. Dies gilt vom Wortlaut her zwar für alle drei Vereinbarungen nach § 78 d Abs. 1, **faktisch** ist Abs. 1 jedoch nur für die **Entgeltvereinbarung** von Bedeutung. Dies macht **Satz 2** deutlich, der die **nachträglichen Ausgleiche** für unzulässig erklärt. Mit diesen Formulierungen wollte der Gesetzgeber erreichen, dass die sogenannte nachträgliche Spitzabrechnung mit der Abrechnung der Kosten auf der Grundlage von Selbstkostenblättern nicht mehr stattfindet. Insgesamt sollte dadurch wirtschaftliches Verhalten gefördert werden. Da keine Ausgleiche und Rückabrechnungen mehr stattfinden, verbleiben Defizite ebenso wie Überschüsse beim Einrichtungsträger.

2 Damit haben es die Vertragsparteien in der Hand, die **Laufzeit der Vereinbarungen** individuell zu vereinbaren. Leistungs- und Qualitätsentwicklungsvereinbarungen werden in der Regel für längere, Entgeltvereinbarungen dagegen für kürzere Zeiträume abgeschlossen, so dass es möglich ist, Faktoren, auf die die Vertragsparteien keinen Einfluss haben (zB Tarifabschlüsse), zeitnah zu berücksichtigen.

II. Inkrafttreten, Geltungsdauer – Abs. 2

3 **Abs. 2** befasst sich mit dem **Zeitpunkt des Inkrafttretens** und der **weiterwirkenden Geltungsdauer** nach Ablauf von Vereinbarungen. Zunächst ist nach **Satz 1** der Zeitpunkt maßgebend, der in den Vereinbarungen bestimmt worden ist. Fehlt eine ausdrückliche Regelung (was in der Praxis kaum der Fall sein wird), wird die Vereinbarung mit dem Tag ihres Abschlusses wirksam (**Satz 2**). Durch **Satz 3** wird die umfassende Prospektivität der Vereinbarungen sichergestellt, da ein rückwirkendes Inkrafttreten der Vereinbarungen – mit Ausnahme für Vereinbarungen vor der Schiedsstelle für die Zeit ab Eingang des Antrages bei der Schiedsstelle – nicht möglich ist. Damit vermieden wird, dass es Zeiträume gibt, in denen keine Vereinbarungen bestehen, dh der alte Vereinbarungszeitraum abgelaufen ist und eine neue Vereinbarung noch nicht vorliegt, wird in **Satz 4** bestimmt, dass nach Ablauf des Vereinbarungszeitraumes die Vereinbarung bis zum Inkrafttreten neuer Vereinbarungen weiter gilt. Der Vereinbarungszeitraum kann dadurch ablaufen, dass in der Vereinbarung selbst ein bestimmter Ablaufstichtag festgelegt oder die Vereinbarung (ggf entsprechend den in der Vereinbarung geregelten Zeiträumen) gekündigt wird. Satz 4 bezieht sich auf den möglichen Ablauf aller drei Vereinbarungen, also auch auf den möglichen Ablauf der Leistungs- oder Qualitätsentwicklungsvereinbarungen (die ja auch Voraussetzungen für die Entgeltvereinbarung sind), nicht nur auf den Ablauf der Entgeltvereinbarung. Dies wird auch durch die Verwendung der Mehrzahl des Wortes „Vereinbarungen" („Inkrafttreten neuer Vereinbarungen") unterstrichen. Damit gelten die vereinbarten Vergütungen weiter unabhängig davon, welche der drei Vereinbarungen (oder auch alle drei Vereinbarungen insgesamt) abgelaufen ist (so Neumann RsDE 63 [2006], 32, 47; insofern unrichtig VGH BY 12.9.2005 – 12 CE 05/1725 – NDV-RD 2006, 64).

III. Unvorhersehbare, wesentliche Veränderungen – Abs. 3

Abs. 3 stellt eine **ergänzende Regelung im Verhältnis** zur auch für das SGB VIII geltenden Regelung **4** des § 59 SGB X dar. Die Regelung des § 59 SGB X sieht in besonderen Fällen ebenfalls eine Anpassung (und Kündigung) der Vereinbarung vor. Sie gilt nachrangig auch für das SGB VIII, wenn eine Anpassung der Vereinbarung auf dem Verhandlungswege bzw mittels der Schiedsstelle (Rn 6) scheitert (BT-Drucks. 13/10330, 18). Die **vorrangige Regelung des Abs. 3** sieht einen **Anspruch auf Neuverhandlungen** für die Vertragsparteien bei unvorhersehbaren wesentlichen Veränderungen der Vereinbarung vor. Dies gilt auch bei wesentlichen Veränderungen, die der Annahme der **Schiedsstellenentscheidung** zu Grunde lagen (vgl § 78 g Abs. 3 Satz 3). Grundsätzlich gilt im prospektiven System für die Beteiligten der Grundsatz „pacta sunt servanda" (Verträge sind einzuhalten), es sei denn, eine Partei könnte sich auf Abs. 3 berufen. Abs. 3 beruht auf dem seit 2002 kodifizierten Institut der **Störung der Geschäftsgrundlage**, § 313 BGB. Geschäftsgrundlage sind die bei Abschluss des Vertrags (bzw der Schiedsstellenentscheidung) zutage getretenen, dem anderen Teil erkennbar gewordenen und von ihm nicht beanstandeten Vorstellungen einer Partei oder die gemeinsamen Vorstellungen von dem Vorhandensein oder dem künftigen Eintritt bestimmter Umstände, sofern der Geschäftswille der Parteien auf diesen Vorstellungen aufbaute (so in ständiger Rechtsprechung seit RG 3.2.1922 – II 640/21 – RZ 103, 328, 332; vgl BGHZ 121, 391). Die Formulierung macht deutlich, dass es dabei immer um die Beurteilung unterschiedlicher Einzelsituationen gehen wird. Um hier tatsächlich zu einer Risikominimierung hinsichtlich der zukünftigen Entwicklung für die Einrichtungen zu kommen, ist es notwendig, dass möglichst detailliert die Vorstellungen in den Vereinbarungen selbst festgehalten werden.

Bezüglich dieser Vorstellungen muss es zu **Veränderungen** gekommen sein, bereits bei Vereinbarungs- **5** abschluss vorliegende Vorstellungen (zB Berechnungs-, Kalkulationsfehler) genügen nicht (VG Sigmaringen 26.2.2002 – 4 K 1468/01 – RsDE 54 [2003], 93). Im Übrigen eröffnen nur **wesentliche Änderungen** die Möglichkeit des Abs. 3. Wesentlich ist sie, wenn die Vertragspartner bei Abschluss des Vertrages mit ihr nicht gerechnet haben und die Änderung – objektiv betrachtet – so erheblich ist, dass das Festhalten am Vertrag für eine Partei zu einem unzumutbaren, gegen Treu und Glauben verstoßenden Ergebnis führen würde (vgl GK/Schnapp SGB X § 59 Rn 8 f, Engelmann/von Wulffen SGB X § 59 Rn 6). Dies ist beispielsweise dann der Fall, wenn in die Einrichtung Personen mit einem wesentlich höheren Betreuungs- und Erziehungsaufwand aufgenommen werden sollen als bisher Kalkulationsgrundlage war, oder bei Umstellung von teil- auf vollstationär (BT-Drucks. 13/2440, 29). Es muss sich stets um **unvorhersehbare** Änderungen handeln, geplante Veränderungen, Umstellungen usw genügen nicht.

Liegen diese Voraussetzungen vor, ist **zunächst** zu prüfen, ob durch eine **Auslegung der Vereinbarung** **6** eine Anpassung an die veränderte Sachlage möglich ist. Ist dies nicht möglich, kommt eine **Anpassung der Vereinbarung auf dem Verhandlungswege** zwischen den Vertragsparteien in Betracht – ggf unter Einschaltung der Schiedsstelle nach § 78 g Abs. 2. Als **letzte Möglichkeit**, wenn die auf Verlangen einer Partei aufgenommenen Verhandlungen nicht zu einem Ergebnis führen, das die Vereinbarungen oder Bestandteile der Vereinbarungen für beide Vertragsparteien wieder zumutbar macht und die erhebliche Störung des Gegenseitigkeitsverhältnisses beseitigt, kommt auch eine **Kündigung** einzelner Bestandteile oder des gesamten Vertrages gem. § 59 **Abs. 1 Satz 1 SGB X** in Betracht.

Mit **Satz 2** wird die entsprechende Geltung der Absätze 1 und 2 – des **Schiedsstellenverfahrens** und der **7** **Prospektivität** – auch in diesem Fall sichergestellt. So gelten die alten Vereinbarungen bis zum Inkrafttreten einer neu verhandelten Vereinbarung weiter. Lehnt die andere Vertragspartei die Aufnahme von Neuverhandlungen ab, so ist als **Rechtsschutz** der Antrag zur **Schiedsstelle** gegeben; für die Voraussetzungen zur Anrufung, für den Rechtscharakter, die Entscheidung der Schiedsstelle und den Rechtsschutz gegen die Entscheidung gelten die entsprechenden Ausführungen zu § 78 g. Daneben besteht die sich aus § 59 SGB X ergebende Möglichkeit der Vertragskündigung (Rn 6).

IV. Übergangsregelungen – Abs. 4

Abs. 4 sieht für Vereinbarungen, die vor dem Inkrafttreten der §§ 78 a ff (1.1.1999) abgeschlossen **8** worden sind, vor, dass diese bis zum Inkrafttreten neuer Vereinbarungen weiter gelten. Kommt es nicht zum Abschluss neuer Vereinbarungen, gelten zwar die alten Vereinbarungen ggf **zeitlich unbeschränkt** weiter, weil der Gesetzgeber nicht vorgesehen hat, dass sie zu irgendeinem späteren Zeitpunkt nach dem 1.1.1999 außer Kraft treten. Weil auch die vereinbarten Entgelte der alten Vereinbarungen weiter gelten, sind die Leistungserbringer aber faktisch auf neue Vereinbarungen angewiesen, wollen sie zwischenzeitlich eingetretene Kostensteigerungen refinanziert bekommen.

§ 78 e Örtliche Zuständigkeit für den Abschluss von Vereinbarungen

(1) ¹Soweit Landesrecht nicht etwas anderes bestimmt, ist für den Abschluss von Vereinbarungen nach § 78 b Abs. 1 der örtliche Träger der Jugendhilfe zuständig, in dessen Bereich die Einrichtung gelegen ist. ²Die von diesem Träger abgeschlossenen Vereinbarungen sind für alle örtlichen Träger bindend.

(2) Werden in der Einrichtung Leistungen erbracht, für deren Gewährung überwiegend ein anderer örtlicher Träger zuständig ist, so hat der nach Absatz 1 zuständige Träger diesen Träger zu hören.

(3) ¹Die kommunalen Spitzenverbände auf Landesebene und die Verbände der Träger der freien Jugendhilfe sowie die Vereinigungen sonstiger Leistungserbringer im jeweiligen Land können regionale oder landesweite Kommissionen bilden. ²Die Kommissionen können im Auftrag der Mitglieder der in Satz 1 genannten Verbände und Vereinigungen Vereinbarungen nach § 78 b Abs. 1 schließen. ³Landesrecht kann die Beteiligung der für die Wahrnehmung der Aufgaben nach § 85 Abs. 2 Nr. 5 und 6 zuständigen Behörde vorsehen.

I. Vereinbarungspartner – Abs. 1

Für den Abschluss der Vereinbarungen ist auf Seiten des Leistungserbringers der jeweilige Träger der Einrichtung zuständig (vgl § 78 b Rn 5). Auf Seiten des Leistungsträgers ist der örtliche Jugendhilfeträger zuständig. **Abs. 1** befasst sich damit, welcher örtliche Träger zuständig ist. Er sieht hierbei zunächst den **Vorrang des Landesrechts** vor, was insofern sinnvoll ist, da die Regelung mit der Anknüpfung daran, wo die Einrichtung gelegen ist, keine besonders sinnvolle Regelung ist (vgl Rn 6). Der Landesrechtsvorbehalt bezieht sich aber **nur** auf die Möglichkeit, die **örtliche Zuständigkeit abweichend** von Abs. 1 Satz 1 **zu regeln, nicht** aber **auf** eine abweichende Bestimmung der **sachlichen Zuständigkeit**, diese kann durch Landesrecht nicht dem überörtlichen Jugendhilfeträger übertragen werden (so auch Wiesner/Wiesner § 78 e Rn 3).   1

Liegt keine landesrechtliche Regelung vor, so ist auf **Leistungsträgerseite der örtliche Jugendhilfeträger, in dessen Bereich die Einrichtung gelegen ist,** zuständig. Damit ergibt sich als Anknüpfungspunkt zunächst, dass nicht der Sitz des Trägers maßgeblich ist, sondern der **Standort der Einrichtung,** insofern wird an den Einrichtungsbegriff angeknüpft (vgl § 78 b Rn 4). So ist bei bundesweit tätigen Trägern, selbst wenn sie an ihren verschiedenen Einrichtungsstandorten jeweils dieselben Angebote machen, der jeweilige örtliche Jugendhilfeträger zuständig.   2

Die **Ermittlung des Ortes,** in dessen Bereich die Einrichtung gelegen ist, kann dann **schwierig** sein, **wenn** die **Einrichtung dezentral** organisiert ist und in unterschiedlichen Orten Leistungen vorhält und/oder erbringt. Für die Bestimmung der Zuständigkeit in diesen Fällen kommt es darauf an, **ob** diese dezentralen Organisationseinheiten jeweils als **eigenständige Einrichtung** iSv Abs. 1 Satz 1 anzusehen sind. Nach der Definition oder Auslegung des Begriffs „Einrichtung" durch Lehre und Rechtsprechung (BVerwG FEVS 45, 52 f) setzt dies voraus, dass „ein in einer besonderen Organisationsform unter verantwortlicher Leitung zusammengefasster Bestand an persönlichen und sächlichen Mitteln, der auf eine gewisse Dauer angelegt ist und für einen größeren, wechselnden Personenkreis bestimmt ist" vorliegt (siehe dazu auch § 78 b Rn 4 mwN). Voraussetzung für eine eigenständige Einrichtung bei dezentraler Organisationsform ist danach, dass die dezentrale Organisationseinheit strukturell und inhaltlich eigenverantwortlich arbeitet. Dies ist idR nicht der Fall, wenn die Verantwortung für die dezentralen Organisationseinheiten der Einrichtung zentralisiert ist. Deshalb liegt der **Einrichtungsort** iSv Abs. 1 nicht dort, wo sich die einzelnen dezentralen Organisationseinheiten der Einrichtung befinden, sondern dort, wo sich die verantwortliche Leitung der Einrichtung, dh in der Regel auch der Trägersitz befindet. Nur wenn die einzelnen Organisationseinheiten im Wesentlichen selbständig und eigenverantwortlich strukturiert sind, wäre für diese dezentrale, eigenständige Einrichtung der dafür örtliche Jugendhilfeträger, in dessen Bereich diese dezentrale, eigenständige Einrichtung liegt, der entsprechende Verhandlungspartner. Denkbar wäre dies vor allem bei überregional und/oder über einzelne Ländergrenzen hinweg tätigen Einrichtungen, bei denen die einzelnen Organisationseinheiten weitgehend inhaltlich und strukturell eigenverantwortlich arbeiten. Auf Länderebene wird man in den Bundesländern, in denen dezentrale Einrichtungsstrukturen gehäuft auftreten, an eine landesrechtliche   3

Bestimmung gem. Satz 1 denken müssen, die für diese Fälle eine praktikable Zuständigkeitsbestimmung treffen kann.

4   Ein besonderes Problem kann sich dann stellen, wenn mit **öffentlichen Einrichtungsträgern** Vereinbarungen abgeschlossen werden. In diesem Fall muss im Hinblick auf unzulässige Insichgeschäfte (s. § 181 BGB, § 58 SGB X) ausgeschlossen werden, dass Vertreter dieses öffentlichen Einrichtungsträgers gleichzeitig auf Seiten des **öffentlichen Jugendhilfeträgers** mitwirken. Daraus ergibt sich unter ordnungspolitischen Gesichtspunkten die Notwendigkeit, dass die öffentlichen Einrichtungen zumindest in eigener Regie, dh vom JA organisatorisch getrennt, zB durch (Eigen-) Betriebe, geführt werden. Dies setzt aber voraus, dass in diesen (Eigen-) Betrieben nicht wieder Vertreter der öffentlichen Jugendhilfe als Mehrheitsgesellschafter der Betriebe an diesen Vereinbarungsabschlüssen bei beiden Vereinbarungspartnern mitwirken. Von der Sache her sinnvoller ist eine eigenständige Rechtsform für Einrichtungen des öffentlichen Jugendhilfeträgers, um die vom Gesetzgeber gewollte Trennung von Leistungsträgerschaft und Leistungserbringerschaft zumindest insofern rechtlich-organisatorisch umzusetzen.

II. Anhörung des in der Einrichtung überwiegend leistungsgewährenden öffentlichen Trägers – Abs. 2

5   Da § 78 e allein an den örtlichen Sitz der Einrichtung anknüpft, kann es sein, dass in der konkreten Einrichtung keine oder nur wenige Leistungsberechtigte aus dem Bereich des für den Abschluss der Vereinbarungen zuständigen Jugendhilfeträgers sind. Die vom zuständigen örtlichen öffentlichen Jugendhilfeträger abgeschlossene Vereinbarung **bindet** aber nach Abs. 1 Satz 2 alle örtlichen Jugendhilfeträger. **Abs. 2** sieht deswegen vor, dass in den Fällen, in denen für die Gewährung der Leistung in der Einrichtung **überwiegend** ein anderer örtlicher Träger zuständig ist, als der nach Abs. 1 für die Vereinbarung zuständige örtliche Träger, dieser andere örtliche Träger im Rahmen der Vereinbarungen zu hören ist (**Anhörungspflicht**). Aus den Gesetzesmaterialien lässt sich kein Hinweis darauf entnehmen, wann eine „überwiegende" Leistungsgewährung iSv Abs. 2 vorliegt. Da es möglich ist (und in der Praxis auch häufig vorkommt), dass Einrichtungen von Leistungsberechtigten in Anspruch genommen werden, für deren Leistungsgewährung die verschiedensten örtlichen Träger zuständig sind, bedeutet der Begriff überwiegend, dass der Leistungsträger gemeint ist, aus dessen Zuständigkeitsbereich **die meisten Leistungsberechtigten** in der Einrichtung die Leistungen in Anspruch nehmen.

6   Auch wenn mit dieser Regelung eine gewisse Einbeziehung des Trägers sichergestellt ist, der überwiegend Leistungen in der Einrichtung gewährt, so ist diese Bestimmung doch nur bedingt ausreichend für die Fälle, in denen die Einrichtung von Leistungsberechtigten aus dem Zuständigkeitsbereich mehrerer externer Leistungsträger in nicht ganz unbedeutendem Umfang in Anspruch genommen wird. Denn hier werden die Leistungsträger, aus deren Bereich nicht die meisten Leistungsberechtigten kommen, nicht einmal mehr angehört. Dabei entsteht das **Problem**, dass ein örtlicher Jugendhilfeträger für die Vereinbarungen zuständig ist, der überhaupt kein (fachliches und wirtschaftliches) **Eigeninteresse** am Abschluss dieser Vereinbarungen hat, aber gleichwohl andere Träger, die ein erhebliches Interesse an diesen Vereinbarungen haben, durch seine Verhandlungsergebnisse bindet. Dieses Problem kann nur dadurch gelöst werden, dass gemäß Abs. 1 Satz 1 Landesrecht dafür Lösungen bereitstellt oder gemäß Abs. 3 die von den örtlich zuständigen Jugendhilfeträgern nach Abs. 1 beauftragten kommunalen Spitzenverbände auf Landesebene mit den Verbänden der Träger der freien Jugendhilfe sowie der Vereinigung sonstiger Leistungserbringer im jeweiligen Bundesland die Vereinbarungen einheitlich abschließen.

7   Zudem ist dieser Träger **nur zu hören**, dh eine Verpflichtung, die Wünsche des zu hörenden Trägers auch konkret zu berücksichtigen, besteht nicht. Allerdings ist der öffentliche Jugendhilfeträger gut beraten, die begründeten Äußerungen des überwiegend die Einrichtung belegenden Jugendhilfeträgers in seine Verhandlungsstrategie einfließen zu lassen. Ein (**Amts-)Haftungsanspruch** (§ 839 BGB iVm § 34 GG) wegen schlechter Verhandlungen wird **idR nicht** bestehen, es sei denn, der verhandelnde öffentliche Jugendhilfeträger hat schuldhaft (vorsätzlich oder fahrlässig) bei den Verhandlungen die Grundsätze der §§ 78 a ff, insbesondere die der Leistungsfähigkeit, Wirtschaftlichkeit, Sparsamkeit und Eignung aus § 78 b Abs. 2 missachtet (§ 823 BGB).

III. Beschlussrecht des Jugendhilfeausschusses

Wegen der jugendhilfepolitischen Bedeutung der Vereinbarungen und der „Überordnung" des JHA **8**
über die Jugendamtsverwaltung (vgl § 70 Rn 5 ff) ist für den verbindlichen Vereinbarungsabschluss
grundsätzlich der JHA gem. § 71 Abs. 3 zuständig, es handelt sich regelmäßig nicht um ein Geschäft
der laufenden Verwaltung iSv § 70 Abs. 2 (so auch Baltz NDV 1999, 24, 26; Wiesner/Wiesner § 78 e
Rn 5; GK-SGB VIII/Struck § 78 e Rn 6; Hauck/Stähr § 78 e Rn 6). Dies gilt in jedem Fall für den erstmaligen Abschluss der dreiteiligen Vereinbarung. Die jährliche Fortschreibung, insbesondere der Entgeltvereinbarung, könnte als laufendes Geschäft der Verwaltung des JA übertragen werden, wenn es
sich um einen reinen Vollzug der dreiteiligen Ausgangsvereinbarung und des dazu ergangenen Beschlusses des JHA im Hinblick auf die regelmäßige Entgeltfortschreibung nach festgelegten Kriterien
handelt. Anderenfalls kann der JHA der Verwaltung einen Verhandlungsauftrag erteilen und ihr einen
Rahmen vorgeben, innerhalb dessen die Verwaltung selbständig abschließen kann oder die Verwaltung
verhandelt selbständig und legt dem JHA das Ergebnis zur Billigung vor.

In der Praxis können sich Probleme mit der **Befangenheit** von Mitgliedern des Jugendhilfeausschusses **9**
ergeben. Das bezieht sich auf die Vertreter der anerkannten Träger der freien Jugendhilfe, die in diesem
Fall als Mitglieder im Jugendhilfeausschuss auf Seiten des öffentlichen Trägers als Vertragspartner
beteiligt sind und auf der anderen Seite als Beschäftigte, Mitglieder usw des Trägers einer Einrichtung
beteiligt sein könnten. In diesem Fall ist das entsprechende Mitglied des JHA wegen seiner konkreten
Befangenheit regelmäßig von der Beschlussfassung auszuschließen (vgl § 71 Rn 23), was angesichts der
Tatsache, dass derartige Vereinbarungen nicht ständig abzuschließen sind, unproblematisch zu bewältigen sein müsste.

IV. Regionale und landesweite Kommissionen – Abs. 3

Bis zum Inkrafttreten der §§ 78 a ff (1.1.1999) wurden (vornehmlich Entgelt-)Verhandlungen zT von **10**
den **kommunalen Spitzenverbänden** und den **Verbänden** bzw **Vereinigungen der Einrichtungen** geführt. Um dies weiterhin zu ermöglichen, bietet **Abs. 3** die dafür nötige rechtliche Basis. Danach können
die in **Satz 1** genannten Verbände/Vereinigungen regionale oder landesweite Kommissionen bilden.
Für eine solche Praxis spricht, dass bei einzelnen Trägern und bei einzelnen örtlichen JÄ Ressourcen
und Kompetenzen, um derartige Verhandlungen zu führen und abzuschließen, oft (noch) nicht in ge-
nügendem Maße vorhanden sind. Andererseits hat sich der Gesetzgeber bewusst für eine örtliche Verantwortung für das Vereinbarungsmanagement (Wiesner/Wiesner § 78 e Rn 1) entschieden, auch vor
dem Hintergrund der zunehmenden Regionalisierung der Jugendhilfe.

Dafür, dass die so nach Landesrecht gebildeten Kommissionen Vereinbarungen nach § 78 Abs. 1 ab- **11**
schließen können, ist gemäß **Satz 2** erforderlich, dass sie einen **ausdrücklichen Auftrag** ihrer Mitglieder
erhalten, und zwar von beiden Seiten, also von dem jeweiligen Träger der Einrichtung und dem örtlich
zuständigen (Rn 2 f) Träger der öffentlichen Jugendhilfe. Auf Seiten des Trägers der Einrichtung kann
einen solchen Auftrag auch der Verband erteilen, sofern der Verband des Trägers der Einrichtung
wiederum in rechtlich korrekter Weise dazu ermächtigt ist (vgl § 78 b Rn 6). Die Auftragserteilung
kann sich etwa auch aus der Satzung des Trägers, des Verbandes oder aus einer entsprechenden Satzung
des öffentlichen Trägers (Jugendamtsatzung usw) ergeben. Der Auftrag kann, sofern dies nicht im
Rahmen der Auftragserteilung anders geregelt ist, widerrufen oder zurückgezogen werden.

Dass der Vereinbarungsabschluss über regionale oder landesweite Kommissionen ein **Fremdkörper im** **12**
Vereinbarungsrecht ist, zeigt sich auch daran, dass sich die Frage, wer bei Beauftragung einer solchen
Kommission ein **Schiedsstellenverfahren** einleiten kann, nicht eindeutig beantworten lässt. Sofern ausdrücklich ein wirksamer Auftrag nach Abs. 3 Satz 2 erteilt worden ist, wird das Schiedsstellenverfahren
dann nicht vom örtlichen Träger nach Abs. 1, sondern von dem nach Abs. 3 beauftragten Spitzenverband eingeleitet. Für die örtlichen Vereinbarungspartner bleibt nur die Möglichkeit, den Auftrag zurückzuziehen oder zu widerrufen und dann, nachdem die andere Partei nach § 78 g Abs. 2 vergeblich
zu Verhandlungen aufgefordert wurde, die Schiedsstelle anzurufen. Eine anschließende ggf mögliche
Klage (vgl § 78 c Rn 19) kann sich nur gegen eine der beiden Vertragspartner nach Abs. 1 und nicht
gegen die Kommission bzw einen Spitzenverband oder Landesverband nach Abs. 3 richten.

Nach **Satz 3** kann **Landesrecht** die **Beteiligung** der für die Wahrnehmung der Aufgaben nach § 85 **13**
Abs. 2 Nr. 5 und 6 zuständigen Behörde, des **überörtlichen Trägers** (zumeist LJÄ), vorsehen. Wegen
der wichtigen Beratung- und Unterstützungsfunktion der LJÄ erscheint es sinnvoll, landesrechtlich eine
derartige Regelung vorzusehen. Von besonderer Bedeutung ist die Beratung durch die LJÄ für die

Einrichtungsträger wie öffentlichen Jugendhilfeträger, die nur in geringem Umfang oder gar erstmals mit entsprechenden Verhandlungen befasst sind.

§ 78 f Rahmenverträge

[1]Die kommunalen Spitzenverbände auf Landesebene schließen mit den Verbänden der Träger der freien Jugendhilfe und den Vereinigungen sonstiger Leistungserbringer auf Landesebene Rahmenverträge über den Inhalt der Vereinbarungen nach § 78 b Abs. 1. [2]Die für die Wahrnehmung der Aufgaben nach § 85 Abs. 2 Nr.5 und 6 zuständigen Behörden sind zu beteiligen.

I. Allgemeines

Um den Abschluss **einrichtungsbezogener Vereinbarungen** zu erleichtern und auch in der Absicht, eine   **1**
gewisse Vereinheitlichung herzustellen, ist der Abschluss von Landesrahmenverträgen (LRV) gesetzlich
vorgesehen. Demgemäß liegen inzwischen LRV vor; diese sind allerdings zT nicht veröffentlicht (Überblick www.jugendhilfe-netz.de). Den LRV kommt eine wichtige **Orientierungs-, Vorbild-, Entlastungs-
und Konsensfunktion** für die einrichtungsbezogenen Vereinbarungen zu. Die LRV sind **öffentlich-
rechtliche Verträge**, was – wie in allen Fällen geschehen – die Schriftform nach § 56 SGB X erfordert.

II. Vertragsparteien

Die **Vertragsparteien** sind nach **Satz 1** einerseits die **Leistungsträger**, die durch die kommunalen Spit-   **2**
zenverbände auf Landesebene repräsentiert werden, sowie andererseits die **Leistungserbringer**, nämlich
privat-gemeinnützige und privat-gewerbliche Leistungserbringer. Da bereits unter den Begriff der
„Träger der freien Jugendhilfe" auch die privat-gewerblichen Träger fallen (vgl § 3 Rn 7), war Grund
für die ausdrückliche Erwähnung der Vereinigung sonstiger Leistungserbringer die Tatsache, dass traditionell trotz der mit dem SGB VIII verbundenen Änderung unter dem Begriff der Träger der freien
Jugendhilfe bisweilen immer noch nur die anerkannten und gemeinnützigen Träger verstanden werden
(vgl § 4 Rn 7 ff). Mit der bewusst offenen Formulierung der Vereinigungen der Träger der Einrichtungen wird deutlich, dass auch die privat-gewerblichen Leistungserbringer hierzu gehören.

Unklar ist, ob alle unter die Begriffe fallenden **Vertragsparteien** (zB alle privat-gemeinnützigen und alle   **3**
privat-gewerblichen Anbieter) den Vertrag abschließen müssen, damit überhaupt ein LRV zustande
kommt. Das würde bedeuten, dass dann, wenn auch nur ein Verband oder eine Vereinigung nicht
abschließt, ein LRV nicht zustande kommen würde. Es bestünde dann nur die Möglichkeit, die nicht
abschließende Organisation auf Zustimmung zum Abschluss des LRV zu verklagen. Dieser Weg wäre
wegen des Grundsatzes der Privatautonomie (zumindest für die privaten Organisationen) ein nicht
gangbarer Weg. Deswegen kommen LRV auch zustande, wenn eine der in Satz 1 angesprochenen
potenziellen Vertragsparteien den LRV nicht abschließt (so auch Griep/Renn RsDE 47 [2001], 78;
Mäßen 2001, 10).

III. Inhalt

Im Gegensatz zu § 79 SGB XII sieht § 78 f über den Inhalt keine weiteren Regelungen vor. Er bezieht   **4**
sich nur allgemein **auf alle in § 78 b Abs. 1 genannten Vereinbarungen.** Dadurch sollen die konkreten
Verhandlungen über die jeweils einrichtungsbezogenen Vereinbarungen entlastet werden. Diese Vereinbarungen bilden aber, wie der Begriff ausweist, **nur den Rahmen** für die einrichtungsbezogenen
Vereinbarungen, dh die Rahmenvereinbarungen können und dürfen die Vereinbarungen nach § 78 b,
c nicht ersetzen, auch nicht mittelbar dadurch, dass die Rahmenvereinbarungen so konkret ins Detail
gehen, dass sie die Vereinbarungspartnerschaft aushöhlen. Konkrete Vereinbarungen können nur
durch die Vereinbarungspartner selbst oder durch beauftragte Kommissionen nach § 78 e Abs. 3 abgeschlossen werden. Allerdings ist davon auszugehen, dass auch bei detaillierten Regelungen in den
LRV für die konkreten Einzelvereinbarungen noch hinreichender Regelungsbedarf besteht, die Rahmenvereinbarung durch die Einzelvereinbarung zu konkretisieren.

IV. Rechtswirkungen, Rechtsschutz

Rahmenverträge als Verträge binden stets nur die **vertragschließenden Parteien.** Im SGB VIII hat der   **5**
Gesetzgeber nicht, wie zB in § 75 Abs. 1 Satz 4 SGB XI, eine allgemeine Verbindlichkeitsklausel vor-
gesehen. Möglicherweise ist der Gesetzgeber davon ausgegangen, dass über die Vertragsparteien der
LRV hinaus alle Einrichtungen eines Landes an den LRV gebunden sind (so für die Sozialhilfe BT-
Drucks. 13/2440, 30). Selbst wenn er eine solche Regelung gewollt hätte, bestünden gegen eine sol-
che unbeschränkte Geltung von LRV erhebliche verfassungsrechtliche Bedenken (ausführlich

Fakhreshafaei, RsDE 52 [2003], 3 ff) und nicht nur vertragsrechtliche Einwände. Sollte ein LRV eine Vereinbarung enthalten, die Geltung für Nicht-Vertragsparteien beansprucht, wäre eine derartige Bestimmung rechtlich unwirksam. **Bindungen** entstehen **nur für die Vertragsparteien des LRV** (so auch Schoepffer 1999, 148; Pöld-Krämer/Fahlbusch RsDE 46 [2001], 20 Fn 70; Brünner 2001, 22).

6　**Bindung für die Einrichtung** kann nur dann entstehen, wenn die jeweilige Vertragspartei des LRV die Einrichtung entsprechend vertreten kann. Dies kann etwa durch einschlägige Satzungsbestimmungen erfolgen (was regelmäßig nicht der Fall sein wird) oder durch eine ausdrückliche Bevollmächtigung gemäß §§ 164, 167 BGB. Ist dies nicht der Fall, kann der Inhalt des LRV für die einrichtungsbezogene Einrichtungsvereinbarung nur dadurch rechtlich verbindlich werden, dass die Vertragsparteien der Einrichtungsvereinbarung den Inhalt des LRV zum Inhalt der Einrichtungsvereinbarung machen, zB durch ausdrückliche Inbezugnahme. Ein übliches Verfahren ist die in den Bestimmungen der LRV vorgesehene **Beitrittsregelung**, die bedeutet, dass die Vertragsparteien der einrichtungsbezogenen Vereinbarungen dem LRV „beitreten" können. Damit wird der Inhalt des LRV für die Parteien der einrichtungsbezogenen Vereinbarungen rechtlich verbindlich. Darüber hinaus kann eine rechtliche Bindung für die einrichtungsbezogenen Vereinbarungen nicht erreicht werden, auch nicht dadurch, dass etwa der Abschluss einer Einrichtungsvereinbarung vom Beitritt zum LRV, von der inhaltlichen Übernahme der Bestimmungen des LRV o.ä. abhängig gemacht wird.

7　Allerdings ist die **Bedeutung** des LRV der für die einrichtungsbezogenen Vereinbarungen nicht verbindlich geworden ist, nicht zu unterschätzen. Diese liegt in der **faktischen Wirkung** des LRV. Denn wenn sich die in Satz 1 genannten Vertragsparteien auf einen LRV verständigt haben, werden in vielen Fällen die einrichtungsbezogenen Vereinbarungen diesen Vorgaben tatsächlich folgen. Die **rechtliche Bedeutung** des LRV für **Einrichtungsvereinbarungen** in den Fällen, in denen der LRV nicht in irgendeiner Weise rechtlicher Inhalt der Einzelvereinbarung geworden ist, besteht ansonsten in zwei Aspekten (vgl auch Schoepffer 1999, 149 f). Für den **Träger der öffentlichen Jugendhilfe** hat der LRV hinsichtlich seines bei dem Abschluss eines einrichtungsbezogenen Einzelvertrages auszuübenden **Ermessens** (§ 78 b Rn 21 f) Bedeutung. Er ist – innerhalb der Grenzen der Ermessensausübung – an die von ihm mit den anderen Vertragsparteien vereinbarten Inhalte des LRV gebunden – natürlich nur insofern, als der LRV für den Träger der Jugendhilfe verbindliche Regelungen beinhaltet. Im Übrigen (zB für Entscheidungen der Schiedsstelle, gerichtliche Verfahren) sind die Vereinbarungen des LRV eine **Aussage zur Auslegung** der vom Gesetzgeber verwendeten **unbestimmten Rechtsbegriffe**. Dies gilt etwa hinsichtlich von Leistungsbeschreibungen, Leistungstypen, personellen und sachlichen Ausstattungen usw.

8　Bezüglich des **Rechtsschutzes** bei den LRV ist zu berücksichtigen, dass der LRV eben keine die Einrichtungsvereinbarung bindende rechtliche Wirkung hat (Rn 5). So käme allenfalls eine Feststellungsklage (§ 43 VwGO) in Frage. Da aber der LRV für die Einzelvereinbarung rechtlich nicht wesentlich ist, fehlt es an einem feststellungsfähigen Rechtsverhältnis (so auch Mäßen 2001, 132). Damit bestehen **keine Rechtsschutzmöglichkeiten** der Einrichtungsträger gegen den LRV.

V. Beteiligung des überörtlichen Jugendhilfeträgers

9　**Satz 2** sieht die **zwingende Beteiligung** des überörtlichen Jugendhilfeträgers, dh in der Regel **der LJÄ** (§ 69 Abs. 3) vor. Diese haben entsprechend § 85 Abs. 2 Nr. 5 und 6 beratende Aufgaben, die sich insbesondere auf die Leistungs- und Qualitätsentwicklungsvereinbarungen beziehen. Der Gesetzgeber ist davon ausgegangen, dass die überörtlichen Träger **wegen** ihres **Sachverstandes** als beratende und unterstützende überregionale Dienstleistungsbehörden wichtige Anregungen, Hinweise und Hilfestellung geben können (BT-Drucks. 13/10330, 18). Die meisten LRV sehen eine entsprechende Beteiligung des überörtlichen Jugendhilfeträgers vor.

§ 78 g Schiedsstelle

(1) [1]In den Ländern sind Schiedsstellen für Streit- und Konfliktfälle einzurichten. [2]Sie sind mit einem unparteiischen Vorsitzenden und mit einer gleichen Zahl von Vertretern der Träger der öffentlichen Jugendhilfe sowie von Vertretern der Träger der Einrichtungen zu besetzen. [3]Der Zeitaufwand der Mitglieder ist zu entschädigen, bare Auslagen sind zu erstatten. [4]Für die Inanspruchnahme der Schiedsstellen können Gebühren erhoben werden.

(2) [1]Kommt eine Vereinbarung nach § 78 b Abs. 1 innerhalb von sechs Wochen nicht zustande, nachdem eine Partei schriftlich zu Verhandlungen aufgefordert hat, so entscheidet die Schiedsstelle auf Antrag einer Partei unverzüglich über die Gegenstände, über die keine Einigung erreicht werden konnte. [2]Gegen die Entscheidung ist der Rechtsweg zu den Verwaltungsgerichten gegeben. [3]Die Klage richtet sich gegen eine der beiden Vertragsparteien, nicht gegen die Schiedsstelle. [4]Einer Nachprüfung der Entscheidung in einem Vorverfahren bedarf es nicht.

(3) [1]Entscheidungen der Schiedsstelle treten zu dem darin bestimmten Zeitpunkt in Kraft. [2]Wird ein Zeitpunkt für das Inkrafttreten nicht bestimmt, so werden die Festsetzungen der Schiedsstelle mit dem Tag wirksam, an dem der Antrag bei der Schiedsstelle eingegangen ist. [3]Die Festsetzung einer Vergütung, die vor diesen Zeitpunkt zurückwirkt, ist nicht zulässig. [4]Im Übrigen gilt § 78 d Abs. 2 Satz 4 und Abs. 3 entsprechend.

(4) Die Landesregierungen werden ermächtigt, durch Rechtsverordnung das Nähere zu bestimmen über

1. die Errichtung der Schiedsstellen,
2. die Zahl, die Bestellung, die Amtsdauer und die Amtsführung ihrer Mitglieder,
3. die Erstattung der baren Auslagen und die Entschädigung für ihren Zeitaufwand,
4. die Geschäftsführung, das Verfahren, die Erhebung und die Höhe der Gebühren sowie die Verteilung der Kosten und
5. die Rechtsaufsicht.

I. Aufgabe und Zusammensetzung der Schiedsstelle – Abs. 1, Abs. 4

Die nach § 78 b Abs. 1 zu schließenden einrichtungsbezogenen Vereinbarungen haben erhebliche Bedeutung, da im Regelfall eine Entgeltübernahme nur stattfindet, wenn zwischen den Einrichtungsträgern und den öffentlichen Trägern entsprechende Vereinbarungen vorliegen. Deswegen ist mit der **Einführung der Schiedsstelle** ein Instrumentarium geschaffen worden, durch das Entscheidungen getroffen werden können, wenn zwischen den Parteien selbst keine Einigung über die Vereinbarungen erzielt werden kann (allgemein zu den Schiedsstellen Schnapp 2004; Schütte NDV 2005, 246 ff). **Bindend vorgeschrieben** ist in **Abs. 1 Satz 1** die Errichtung von Schiedsstellen in den Ländern. Nach Abs. 1 Satz 1 sind diese Schiedsstellen für „Streit- und Konfliktfälle" einzurichten. Abs. 2 bezieht sich dagegen nur auf nicht zustande gekommene Vereinbarungen und diesbezüglich auf Gegenstände, über die keine Einigung erreicht werden konnte. Faktisch befassen sich die Schiedsstellen gegenwärtig auch nur mit dem Dissens bei nicht zustande gekommenen Vereinbarungen. Wegen des weiteren Begriffs „Streit- und Konfliktfälle" in Abs. 1 Satz 1 ist es aber auch denkbar, dass sich die Schiedsstellen etwa mit entsprechenden Streitfällen, zB hinsichtlich der Auslegung von Vereinbarungen, befassen. Weitere bundesgesetzlich bindende Vorschriften finden sich in Abs. 1 Satz 2 und 3. Im Übrigen sind die **Landesregierungen ermächtigt,** durch Rechtsverordnungen **das Nähere** zu bestimmen (Abs. 4; eine Übersicht über die landesrechtlichen Verordnungen findet sich unter www.afet-ev.de/organe_gremien). **1**

Durch **Abs. 1 Satz 2** ist eine **paritätische Zusammensetzung** bindend vorgeschrieben, bestehend aus den öffentlichen Trägern der Jugendhilfe und den Einrichtungsträgern. Entsprechend dem weiten Einrichtungsträgerbegriff (vgl § 78 b Rn 4) sind neben den privat-gemeinnützigen Trägern gegebenenfalls **2** auch weitere private und öffentliche Einrichtungsträger in den Schiedsstellen zu beteiligen. Allerdings weist die Gesetzesbegründung ausdrücklich darauf hin, dass durch organisatorische und personelle Maßnahmen dafür Sorge zu tragen ist, dass die **Vertreter** der Einrichtungen **von öffentlichen Jugendhilfeträgern** nicht einer **Interessenkollision** ausgesetzt werden und damit die vom Gesetzgeber gewollte Parität in der Schiedsstelle unterlaufen wird (BT-D. 13/10330, 19, zur Problematik öffentlicher Einrichtungsträger auch § 78 b Rn 5). Dies kann im Rahmen der **Verordnung nach Abs. 4** durch entsprechende Detailregelungen auf Landesebene sichergestellt werden

3   Bezüglich des Vorsitzenden ist bundesgesetzlich geregelt, dass es sich um einen **unparteiischen Vorsitzenden** handeln muss. Da für die Mitwirkung in der Schiedsstelle generell und für den Vorsitzenden insbesondere **Sachkunde** erforderlich ist, werden die Vorsitzenden meist aus dem Bereich der Jugendhilfe kommen und damit oft entweder bei einem öffentlichen oder bei einem freien Träger der Jugendhilfe beschäftigt (gewesen) sein. Der Begriff der Unparteilichkeit ist deswegen so zu verstehen, dass es sich um einen Vorsitzenden handeln muss, der von den Vertretern der öffentlichen Träger und der Einrichtungsträger in gleicher Weise akzeptiert wird.

4   Im Übrigen wird bundesgesetzlich durch **Abs. 1 Satz 3** nur festgelegt, dass der Zeitaufwand der Arbeit der Mitglieder zu **entschädigen** ist und ihre baren Auslagen zu erstatten sind. In welchem Umfang und in welcher Höhe dies geschieht, wird der **landesrechtlichen Rechtsverordnung** nach **Abs. 4** überlassen.

II. Schiedsstelle, Schiedsstellenentscheidung – Abs. 2

1. Voraussetzungen für die Anrufung der Schiedsstelle – Satz 1

5   Satz 1 nennt die Voraussetzungen für die Anrufung der Schiedsstelle. Die Schiedsstelle kann bezüglich **aller drei** in § 78 b Abs. 1 genannten **Vereinbarungen** angerufen werden. In den meisten Fällen handelt es sich um die Vergütungsvereinbarung. Für eine **Vergütungsvereinbarung** ist erforderlich, dass Leistungs- und Qualitätsentwicklungsvereinbarungen vorliegen, denn die Vergütungsvereinbarung baut auf diesen auf (vgl § 78 c Rn 1).

6   Weitere Voraussetzung ist, dass **mindestens 6 Wochen** nach **schriftlicher Aufforderung** (maßgeblich: Zugang an die andere Vertragspartei) zu Verhandlungen durch eine Partei vergangen sind. Es muss sich um ausdrückliche Aufforderungen zu Verhandlungen handeln, die Übersendung von Leistungsbeschreibung, Überlassung von Entgeltblättern usw reicht nicht aus, wenn damit nicht ausdrücklich eine schriftliche Aufforderung zur Verhandlung verbunden ist. Eine spätere Anrufung nach Ablauf der 6-Wochen-Frist ist möglich. Eine frühere Anrufung ist ausgeschlossen, auch wenn eine Partei Verhandlungen von vornherein ablehnt, da eine solche Auffassung (zB Hauck/Stähr § 78 g Rn 12; Schellhorn/Schellhorn § 78 g Rn 6) mit dem Wortlaut nicht vereinbar ist und der ablehnenden Partei vor dem Hintergrund eines drohenden Schiedsstellenverfahrens 6 Wochen zugestanden werden müssen, um über ihre ablehnende Haltung nachzudenken. Für die schriftliche Aufforderung sieht das Gesetz keine weiteren Anforderungen vor. Solche können sich möglicherweise aus den Landesrahmenverträgen ergeben, sofern diese für die jeweiligen Vertragsparteien gültig sind (vgl dazu § 78 Rn 5 ff). Abs. 1 Satz 2 verlangt ausdrücklich den **Antrag einer Partei**. Durch den Antrag wird der Verhandlungs- und Streitgegenstand konkretisiert. Der Antrag muss „schiedsstellenentscheidungsfähig" sein, also so konkret, dass es der Schiedsstelle möglich ist (sofern sie dem Antrag folgen würde), eine entsprechend konkrete Entscheidung zu fällen und, wie im Antrag verlangt, tenorieren zu können.

2. Rechtscharakter der Schiedsstellentätigkeit

7   Der **Rechtscharakter** der Schiedsstellentätigkeit ist **umstritten**. Er hat **Auswirkungen** auf das bei der Schiedsstelle anzuwendende Verfahren, die **Entscheidungskompetenz** der Schiedsstelle, insbesondere auch für den **Rechtsschutz** gegenüber Entscheidungen der Schiedsstelle, die Klageart, den Umfang der gerichtlichen Überprüfung usw (ausführlich Boetticher/Tammen RsDE 54 [2003], 28 ff). Zwar gab es einige Befassungen damit (insbesondere BVerwGE 108, 47; BVerwG 28.2.2002 – 5 C 25.01 – E 116, 78; VGH BY 6.4.2001 – 12 B 00/2019 – NDV-RD 2001, 70 ff; Armborst RsDE 33 [1996], 1 ff; Hatzl NZS 1995, 448 ff), die sich jedoch zum großen Teil noch auf die alte Rechtslage in der Sozialhilfe bis zum 31.12.1998 beziehen (zur neuen Rechtslage insbesondere Armborst NDV 1998, 191 ff; Armborst Rn 475 ff; Plantholz/Rochon RsDE 45 [2000], 30 ff; Gottlieb NDV 2001, 257 ff; Boetticher/Tammen RsDE 54 [2003], 28 ff; Schütte NDV 2005, 246 ff; Wabnitz 2007, 578 ff). Die Auffassungen bewegen sich zwischen zwei Polen:

Zum einen wird bei der Tätigkeit der Schiedsstelle schwerpunktmäßig das **hoheitliche Handeln** der 8 Schiedsstelle betont, was dazu führt, dass der Schiedsstelle Behördencharakter (auf jeden Fall nach § 1 Abs. 2 SGB X) zuerkannt wird, mit der Folge, dass die Schiedsstelle Verwaltungsakte erlässt (so zB BVerwG aaO; VGH BY aaO; Armborst aaO; Hatzl aaO; Neumann aaO; VG Münster 7.1.2003 – 5 K 1427/99 – RsDE 54 [2003], 84 ff; VG Karlsruhe 14.2.2006 – 8 K 1878/04 – ZFSH/SGB 2006, 545), wobei sich die Frage der gerichtlichen Überprüfung in den üblichen Bahnen rechtsdogmatischer Auseinandersetzung mit umfassender oder eingeschränkter gerichtlicher Überprüfung bewegt (vgl Anhang Verfahren Rn 55 ff; Laffert RsDE 64 [2007], 27 ff, die von einem „Entscheidungsspielraum" ausgeht, der begrenzter als der Beurteilungsraum sei). Zum anderen wird auf die **vertragshelfende Tätigkeit** der Schiedsstelle abgestellt, die Vereinbarungselemente werden in den Vordergrund gestellt und die rechtsgestaltende, vertragsergänzende Funktion betont (gemäß § 61 SGB X iVm §§ 317 ff BGB; vgl Gottlieb aaO; ausführlich Plantholz/Rochon aaO; Wabnitz ZfJ 2001, 37 ff; ders. 2007, 581 f; Boetticher/Tammen aaO, 34 f). Das führt bei konsequenter Betonung der vertragshelfenden Tätigkeit dazu, dass den Vertragsparteien im Verfahren erhebliche Kompetenz eingeräumt wird (zB Dispositionsmaxime), dass davon ausgegangen wird, die Schiedsstelle könne keine Verwaltungsakte erlassen – was dann auch Auswirkungen auf die Frage des Rechtsschutzes hat (Rn 15 ff).

Bei einer Beantwortung der aufgeworfenen rechtlichen Fragen ist davon auszugehen, dass die Schieds- 9 stellentätigkeit Doppelcharakter besitzt, dass **beide Elemente – hoheitliches Handeln und vertragshelfende Tätigkeit** – zusammenfließen: Es handelt sich im Grunde genommen um eine „Zwangs"-Vertragshilfe (Schütte NDV 2005, 247 f: „Zwangsschlichtung"). Denn das Schiedsstellenverfahren ist nicht Ausdruck einer von den Vertragsparteien freiwillig vereinbarten Lösung. Gerade für die Einrichtungsträger bedeutet es – wegen der wirtschaftlichen Notwendigkeit, entsprechende Entgeltvereinbarungen abgeschlossen zu haben (vgl § 78 b Rn 21 ff) –, dass sie sich dem Verfahren unterwerfen müssen, wenn sie – bei Dissens – zu einer Entgeltvereinbarung kommen wollen (hierauf hat zu Recht BVerwGE 108, 50 hingewiesen). Damit sind Lösungen, die entweder allein auf den hoheitlichen Aspekt oder allein auf den vertragshelfenden Aspekt abstellen, nicht geeignet, der rechtlichen Problematik gerecht zu werden. Die Schiedsstelle und ihr Verfahren ist ein **aliud**, sowohl **gegenüber** einem **Verwaltungsakt** (oder urteilsähnlicher Entscheidungen) als auch **gegenüber** einer **vertragsergänzenden** Tätigkeit. Eine Lösung der rechtsdogmatischen Fragen kann deswegen nicht in einer Entweder-Oder-Zuordnung der Schiedsstelle und ihrer Tätigkeit liegen, sondern nur in einer die jeweiligen Handlungsschritte der Schiedsstellentätigkeit in dem geschilderten Spannungsfeld auslotenden Erfassung.

3. Entscheidung der Schiedsstelle

Satz 1 formuliert nur, dass die Schiedsstelle unverzüglich über Gegenstände entscheidet, über die keine 10 Einigung erreicht werden konnte. **Unverzüglich** bedeutet, dass die Schiedsstelle ohne schuldhaftes Zögern zu entscheiden hat; in Verordnungen nach Abs. 4 werden zum Teil konkrete Fristen genannt. Fehlt es an der Benennung solcher konkreten Fristen, dann bedeutet das schuldhafte Zögern nicht, dass der Schiedsstelle nicht genügend Zeit verbliebe, gründlich mit den Parteien mit dem Ziel einer einvernehmlichen Lösung zu verhandeln und dazu zB auch die Verhandlungen auszusetzen (vgl auch Schellhorn/Schellhorn § 78 g Rn 14).

Was inhaltlich Gegenstand der Verhandlung vor der Schiedsstelle ist, richtet sich nach den Anträgen 11 der Parteien. Die gesetzlichen Vorgaben sind hier allerdings unklar. Einerseits wird davon gesprochen, dass jede Partei bereits sechs Wochen nach **Aufforderung zu Verhandlungen** die Schiedsstelle anrufen kann, andererseits wird formuliert, dass die Schiedsstelle über **Gegenstände** entscheidet. Der Begriff Gegenstände scheint darauf hinzuweisen, dass die Schiedsstelle nur über Einzelheiten, jedoch nicht über größere Teile oder gar komplette Vereinbarungsbereiche (zB Entgeltvereinbarungen) entscheiden kann (Wiesner/Wiesner § 78 g Rn 16), weil der Begriff ‚Gegenstand' gedanklich voraussetzt, dass bereits Verhandlungen stattgefunden haben, in denen über Teilgegenstände Einigung erzielt wurde, jedoch andere Gegenstandsbereiche im Dissens blieben.

Dieser im Wortlaut anklingende Widerspruch ist so aufzulösen, dass grundsätzlich Verhandlungen 12 stattgefunden haben müssen und der Gesetzgeber davon ausgeht, dass zumindest **Teilergebnisse** erzielt wurden (vgl Wabnitz 2007, 579 f). Wenn allerdings die **Weigerung, überhaupt zu verhandeln** (zB bei neuen Einrichtungen), oder Verzögerungen dazu führen, dass über Teilbereiche gar keine Einigung erzielt werden kann, ist die Schiedsstelle auch über die **gesamten Gegenstandsbereiche** des § 78 b Abs. 1 Nr. 1 bis 3 anrufbar. Denn ansonsten würde eine Weigerung oder Verzögerung dazu führen, dass der Zweck, zu dem die Schiedsstelle eingerichtet wurde, nämlich bei Dissens wegen der hohen

Bedeutung der Vereinbarung dennoch zu bindenden Entscheidungen zu kommen (vgl Rn 1), unterlaufen würde.

13 Strittig ist der **Umfang der Entscheidungskompetenz** der Schiedsstellen. Der Streit konzentriert sich auf die Frage, ob die Schiedsstelle an Anträge gebunden ist oder ob bzw inwiefern sie bei ihrer Entscheidung und der damit verbundenen Gestaltung frei ist (so ausdrücklich VGH BY aaO, 73 – Rn 7). Die Unklarheit ergibt sich wesentlich aus dem Doppelcharakter der Schiedsstellentätigkeit (Rn 9). Richtigerweise wird man jeweils auf die **konkrete Situation** abstellen müssen. Da ein Antrag jederzeit zurücknehmbar ist, da sich die Parteien im Zusammenhang mit der Schiedsstelle oder außerhalb der Schiedsstelle jederzeit einigen können (und dann den Antrag zurücknehmen werden), unterliegt auch die Verfahrensgestaltung im Grunde genommen der Dispositionsmaxime der Parteien (so zu Recht Plantholz/Rochon aaO – Rn 7). Bei ihrer Entscheidung kann die Schiedsstelle über die von den Parteien gestellten Anträge nicht hinausgehen, sondern muss sich in deren Rahmen bewegen. Dabei kann sie einen Antrag vollständig ablehnen, ihm nur teilweise stattgeben o.ä. Will die Schiedsstelle andere Vergütungsvereinbarungsbestandteile aufgreifen, die nicht in den Anträgen beinhaltet sind – um in einer Art Gesamtpaket zu einer kompromissfähigen Lösung zu kommen –, so ist dies nur mit **Einverständnis der Parteien** möglich.

14 Bezüglich des **Rechtscharakters der Entscheidung** wurde für die Sozialhilfe nach **alter Rechtslage** (bis 31.12.1998) ausgehend von der Gesetzesbegründung (BT-Drucks. 12/5510, 11) weitgehend die Position vertreten, dass es sich bei der Entscheidung der Schiedsstelle um einen **Verwaltungsakt** handle (so VG Münster 7.1.2003 – 5 K 1427/99 – RsDE 54 [2003], 84, 87; VGH BY aaO – Rn 8; auch weiterhin für die Neufassung BVerwG 28.2.2002 – 5 C 25.01 – E 116, 78). In Anschluss an diese (sozialhilferechtliche) Auffassung wird **auch für** § 78 g die Auffassung vertreten, dass es sich bei einer Schiedsstellenentscheidung um einen (vertragsgestaltenden) VA handele (Wiesner/Wiesner § 78 g Rn 2; wohl auch Mrozynski § 78 g Rn 2; Schellhorn/Schellhorn § 78 g Rn 15, wenn auch widersprüchlich zur eigenen Rn 2; VG Karlsruhe 14.2.2006 – 8 K 1878/04 – ZFSH/SGB 2006, 545). Mit der Qualifizierung als VA wird insbesondere das Rechtssicherheits- und Bestandsschutzinteresse des vom Schiedsspruch Begünstigten gewahrt. Die Aussage, dass es sich ausschließlich um einen VA handle, lässt sich nach Änderung der Rechtslage in der Sozialhilfe (insbesondere: Klage nicht gegen die Schiedsstellenentscheidung, sondern gegen die andere Vertragspartei – Rn 15) so in ihrer Ausschließlichkeit **nicht mehr halten**. Darüber hinaus bestehen Zweifel, ob Spruchtätigkeit eine exekutive Verwaltungstätigkeit darstellt und ob es sich insoweit überhaupt um eine hoheitliche Tätigkeit handelt (Wabnitz 2007, 581 f). Allerdings kann die Entscheidung aufgrund der Tatsache, dass dagegen der verwaltungsgerichtliche Weg gegeben ist, auch nicht als nur vertragliche Ergänzung der Vereinbarung (vgl Rn 9) verstanden werden (Wabnitz mit ausführlicher Begründung ZfJ 2001, 33; Busch ZfJ 2000, 384, 385 f). Entsprechend dem **Doppelcharakter** der Schiedsstelle (vgl Rn 9) ist auch die Entscheidung der Schiedsstelle beides: sowohl **verbindliche Regelung** gegenüber den Parteien, als auch Ergänzung, bzw **Gestaltung** der vorliegenden vertraglichen Vereinbarungen. Dies hat Auswirkungen insbesondere beim Rechtsschutz gegen die Schiedsstellenentscheidung, aber auch praktische Bedeutung bezüglich des Verfahrens und des Umfangs der Entscheidungskompetenz (Wabnitz aaO).

4. Rechtsschutz gegen die Entscheidung der Schiedsstelle

15 In **Abs. 2** werden auch einige wesentliche Aspekte des Rechtsschutzes gegen die Entscheidung der Schiedsstelle geregelt. So legt **Satz 2** fest, dass der **Rechtsweg zu den Verwaltungsgerichten** gegeben ist. Seit 1.1.1999 ist gemäß **Satz 3** die Klage gegen die **jeweils andere Vertragspartei** und nicht gegen die Schiedsstelle zu richten. **Örtlich zuständig** ist das Gericht des Sitzes des Klagegegners. Nach **Satz 4** bedarf es auch keines Vorverfahrens, insofern „ersetzt" das Verfahren vor der Schiedsstelle ein Vorverfahren. Der Wegfall des Vorverfahrens ist auch insofern notwendig, weil für den Fall, dass der Träger der Sozialhilfe den privaten Leistungserbringer verklagt, schwer vorstellbar wäre, wie denn ein solches Vorverfahren aussehen könnte. Eine **unmittelbare Klage** vor dem Verwaltungsgericht, **ohne vorherige Anrufung der Schiedsstelle**, ist jedenfalls dann **nicht zulässig**, wenn das Nähere der Schiedsstellen durch Rechtsverordnung bestimmt ist, weil erst dann die anderweitige Rechtszuweisung gem. § 40 Abs. 1 Satz 1 VwGO greift, und vorher die Vorschrift als unfertige Norm betrachtet werden muss (so BVerwGE 100, 305, für die Schiedsgerichte des inzwischen aufgehobenen § 89 h aF; ausführlich Baltz in Kröger 1999, 203, 204).

16 Als **ungeklärt** muss die Frage bezeichnet werden, **welche Klageart** die richtige ist (ausführlich Boetticher/Tammen RsDE 54 [2003], 41 ff; Wabnitz ZfJ 2001, 39; ders. 2007, 583). Da (nach altem

Recht) weitgehend angenommen wurde, dass die Entscheidung der Schiedsstelle ein Verwaltungsakt ist (vgl Rn 14) und da die Klage gegen die Schiedsstelle gerichtet wurde (vgl die Fallkonstellation in BVerwGE 108, 47; vgl auch die durch die Rechtsänderung beeinflusste Situation beim VGH BY 6.4.2001 – 12 B 00/2019 – NDV-RD 2001, 70), ergab sich als Klageart die Anfechtungsklage nach § 42 Abs. 1 VwGO (so auch VG Münster 7.1.2003 – 5 K 1427/99 – RsDE 54 [2003], 84, 87). Nunmehr richtet sich die Klage (Satz 3) gegen die andere Vertragspartei (Rn 15). Hierdurch wird die Möglichkeit einer Anfechtungsklage problematisch, da sich diese ja gegen das Land als Träger der Schiedsstelle richten müsste, die den angegriffenen „Verwaltungsakt" erlassen hat. Neben der Aufhebung des Schiedsspruchs wäre ein weiterer Klageantrag erforderlich, da das Begehren des Klägers, die von ihm gewünschte Vergütung festzusetzen, mit dem Wegfall des Schiedsspruchs noch nicht erreicht wird (bezüglich dieses zweiten Klagebegehrens geht der VGH BY davon aus, dass Verpflichtungsklage zu erheben sei, im Einzelnen VGH BY aaO). Der Gesetzeswortlaut, nach dem die Klage gegen die andere Vertragspartei zu richten ist, spricht allerdings eher dafür, dass nicht (mehr) auf einen neuen Schiedsspruch geklagt werden soll, sondern der Verhandlungspartner unmittelbar durch das Gericht zum Abschluss einer bestimmten Vereinbarung zu verurteilen ist. Dies spricht für die Zulässigkeit einer **allgemeinen Leistungsklage** (Armborst NDV 1998, 192; Gottlieb NDV 2001, 261; vgl auch Boetticher/Tammen RsDE 54 [2003], 51; Wabnitz 2007, 583). Sofern dem Schiedsspruch weiterhin der Rechtscharakter eines Verwaltungsakts zugesprochen wird, muss die allgemeine Leistungsklage in Verbindung mit einer Anfechtungsklage erhoben werden, da der Schiedsspruch einer abweichenden Regelung der Vergütungsvereinbarung durch das Gericht entgegensteht (für Leistungsklage in Verbindung mit Anfechtungsklage Armborst aaO).

Wegen der verschiedenen Betroffenen stellt sich die Frage der **Beteiligung** in Form der Beiladung der Schiedsstelle. Von den wenigen damit befassten Äußerungen (VGH BY aaO – Rn 16; Gottlieb NDV 2001, 261) wird eine Beiladung der Schiedsstelle als nicht erforderlich angesehen. **17**

Während nach alter Rechtslage die Klage keine **aufschiebende Wirkung** hatte, ist dieser Passus nunmehr gestrichen. Damit ergibt sich hinsichtlich der Wirkung einer Anfechtungsklage, dass die Klage regelmäßig aufschiebende Wirkung haben wird. Die aufschiebende Wirkung bedeutet, dass (wenn bereits eine Vergütungsvereinbarung vorlag) die bisherige Vergütung – unabhängig davon, ob eine Erhöhung oder Absenkung beantragt wird – fortzuzahlen ist. **18**

Auch hinsichtlich des **Umfangs der gerichtlichen Überprüfung** (vgl Laffert 2006 sowie Laffert RsDE 64 [2007], 27 ff) macht sich der Doppelcharakter der Schiedsstellenentscheidung (Rn 9) bemerkbar. Da die Entscheidung nicht ausschließlich Vertragsausfüllung ist, ist die gerichtliche Kontrolldichte nicht soweit zurückgenommen, dass eine Überprüfung der Schiedsstellenentscheidung auf die Fälle der offenbaren Unbilligkeit (vgl § 319 BGB) beschränkt wäre. Da die Schiedsstellenentscheidung aber auch kein klassischer Verwaltungsakt ist, ist die Überprüfung nicht so eng, dass vom Grundsatz der vollständigen gerichtlichen Überprüfung ausgegangen werden kann. Insofern hat das BVerwG zu Recht entschieden, dass hinsichtlich der unbestimmten Rechtsbegriffe (insbesondere Wirtschaftlichkeit, Sparsamkeit, Leistungsfähigkeit) der **Schiedsstelle eine Einschätzungsprärogative** zusteht (BVerwGE 108, 47; BVerwG 28.2.2002 – 5 C 25.01 – E 116, 78; unklar Laffert RsDE 64 [2007], 51: Entscheidungsspielraum allerdings begrenzter als der Beurteilungsspielraum von pluralistisch besetzten Ausschüssen). Damit wird **gerichtlich nur überprüft**, ob **19**

■ die Schiedsstelle die widerstreitenden Interessen der Vertragsparteien ermittelt hat,
■ sie alle für die Abwägung erforderlichen tatsächlichen Erkenntnisse gewonnen hat und
■ die Abwägung frei von Einseitigkeiten in einem fairen und willkürfreien Verfahren inhaltlich orientiert an den materiellen Vorgaben des Entgeltvereinbarungsrechts vorgenommen wurde.

Damit ist auf der Basis der rechtsdogmatischen Grundsätze der **Überprüfung bei Einschätzungsprärogativen** zu prüfen, ob eine Überschreitung der Einschätzungsprärogative stattgefunden hat, ob entscheidungsrelevante Gesichtspunkte unberücksichtigt blieben oder ob ein Fehlgebrauch der Einschätzungsprärogative vorliegt. Ist die Entscheidung der Schiedsstelle insofern fehlerhaft, ist der Fall regelmäßig an die Schiedsstelle zur erneuten Entscheidung zurückzuverweisen, eine „Entscheidung" durch die Verwaltungsgerichtsbarkeit dürfte nur ausnahmsweise in Frage kommen.

III. Zeitliche Wirkung der Schiedsstellenentscheidung – Abs. 3

In Anlehnung an § 78 d regelt **Abs. 3** die **zeitliche Wirkung** der Schiedsstellenentscheidung. Danach tritt die Entscheidung zu dem von der Schiedsstelle selbst bestimmten Zeitpunkt in Kraft. Fehlt eine **20**

Bestimmung dieses Zeitpunktes in der Schiedsstellenentscheidung, ist rückwirkend der Tag des Antragseingangs bei der Schiedsstelle maßgebend. Eine weitergehende Rückwirkung über den Zeitpunkt des Antragseingangs bei der Schiedsstelle hinaus ist nur für die Vergütungsvereinbarung, nicht jedoch bei den Leistungs- und Qualitätsentwicklungsvereinbarungen, ausgeschlossen.

21 Für die **Dauer** wird im Übrigen auf § 78 d verwiesen. So gelten die durch die Schiedsstellenentscheidungen ausgeführten oder konkretisierten Vertragsvereinbarungen über den gegebenenfalls in der Schiedsstellenentscheidung festgelegten Vereinbarungszeitraum hinaus so lange, bis neue Vereinbarungen abgeschlossen werden. Auch bezüglich der Schiedsstellenentscheidung gilt hinsichtlich der Dauer die Ausnahme des § 78 d Abs. 3, so dass bei unvorhersehbaren wesentlichen Veränderungen ein gesetzlicher Anspruch auf Neuverhandlungen besteht (iE § 78 d Rn 4).

Weiterführende Literaturhinweise:

Boetticher/Tammen RsDE 54 [2003], 28 ff; *Wabnitz* 2007.

Vierter Abschnitt
Gesamtverantwortung, Jugendhilfeplanung

Vorbemerkung zu den §§ 79-81

Die Vorschriften des Vierten Abschnittes des Fünften Kapitels sichern die erforderliche **jugendhilfepolitische plurale Infrastruktur** gesetzlich ab, damit gewährleistet ist, dass die Leistungsansprüche und anderen Aufgaben des SGB VIII in quantitativer („erforderlich", „ausreichend") und qualitativer („geeignet") Hinsicht erfüllt werden. Die Gesamtverantwortung der öffentlichen Jugendhilfeträger und ihre Verpflichtung zur Planung sind Ausdruck der Tatsache, dass Jugendhilfe auch den Auftrag zur **fachlichen und politischen Gestaltung** hat (Münder 2007, 191).

Der Gesetzgeber überträgt den örtlichen und überörtlichen Trägern der öffentlichen Jugendhilfe die **Gesamtverantwortung** für die Erfüllung der Aufgaben des SGB VIII und verpflichtet sie gleichzeitig, die ausreichende eigene **Ausstattung** ihrer Jugend- und Landesjugendämter **sicherzustellen** (§ 79). Als ein wichtiger Teilbereich und als Voraussetzung zur Wahrnehmung ihrer Gesamtverantwortung werden die öffentlichen Jugendhilfeträger ausdrücklich zur örtlichen und überörtlichen Planungsverantwortung verpflichtet, die in Form der **Jugendhilfeplanung als regionales und überregionales Steuerungsinstrument** (§ 80) erfolgt. Umfasst von den Regelungen der §§ 79 ff sind auch die Finanzverantwortung und die Finanzplanung. Die öffentlichen Träger haben zur Sicherstellung der Pluralität der Trägerlandschaft und der partnerschaftlichen Zusammenarbeit (§§ 3, 4) dabei die anerkannten Träger der freien Jugendhilfe frühzeitig zu beteiligen.

In § 81 wird noch einmal die Bedeutung der Zusammenarbeit der Träger der öffentlichen Jugendhilfe mit allen anderen Stellen und öffentlichen Einrichtungen hervorgehoben und verpflichtend geregelt. Dies hat seinen Grund darin, dass nur durch ein solches **Zusammenwirken aller Institutionen**, die Einfluss auf die Lebenssituation junger Menschen und Ihrer Familien haben, der Auftrag der Kinder- und Jugendhilfe nach § 1 Abs. 3 Nr. 4, dazu beizutragen, positive Lebensbedingungen für junge Menschen und ihre Familien sowie eine kinder- und familienfreundliche Umwelt zu erhalten oder zu schaffen („Einmischungsauftrag der Jugendhilfe"), angemessen und erfolgreich umgesetzt werden kann. Leider bleibt diese **Verpflichtung überwiegend einseitig:** Die gesetzliche Verpflichtung zur Zusammenarbeit richtet sich nur an die öffentlichen Jugendhilfeträger und es fehlt weitgehend an entsprechenden gesetzlichen Regelungen, die im Gegenzug ihrerseits die in § 81 genannten Stellen und Einrichtungen zur Zusammenarbeit mit den Trägern der öffentlichen Jugendhilfe verpflichten.

§ 79 Gesamtverantwortung, Grundausstattung

(1) Die Träger der öffentlichen Jugendhilfe haben für die Erfüllung der Aufgaben nach diesem Buch die Gesamtverantwortung einschließlich der Planungsverantwortung.

(2) ¹Die Träger der öffentlichen Jugendhilfe sollen gewährleisten, dass die zur Erfüllung der Aufgaben nach diesem Buch erforderlichen und geeigneten Einrichtungen, Dienste und Veranstaltungen den verschiedenen Grundrichtungen der Erziehung entsprechend rechtzeitig und ausreichend zur Verfügung stehen; hierzu zählen insbesondere auch Pfleger, Vormünder und Pflegepersonen. ²Von den für die Jugendhilfe bereitgestellten Mitteln haben sie einen angemessenen Anteil für die Jugendarbeit zu verwenden.

(3) Die Träger der öffentlichen Jugendhilfe haben für eine ausreichende Ausstattung der Jugendämter und der Landesjugendämter zu sorgen; hierzu gehört auch eine dem Bedarf entsprechende Zahl von Fachkräften.

I. Bedeutung und Inhalt der Vorschrift

1   Die Vorschrift überträgt die **Gesamtverantwortung**, einschließlich der Planungsverantwortung, für die Erfüllung aller Aufgaben des SGB VIII (§ 2) auf die öffentlichen Jugendhilfeträger (**Abs. 1**). Sie verpflichtet in Konkretisierung dieser Gesamtverantwortung die Träger der öffentliche Jugendhilfe gem. **Abs. 2** gleichzeitig dazu, zu gewährleisten, dass die zu dieser Aufgabenerfüllung erforderlichen und geeigneten Einrichtungen, Dienste und Veranstaltungen den verschiedenen Grundrichtungen der Erziehung entsprechend (§ 9) rechtzeitig und ausreichend zur Verfügung stehen (**Gewährleistungsverpflichtung**). Schließlich soll **Abs. 3** die eigene ausreichende personelle, sächliche und finanzielle **Ausstattung** der Jugend- und Landesjugendämter (§ 69 Abs. 3) sicherstellen.

2   Der Vorschrift kommt damit zentrale Bedeutung bei der Erfüllung und Umsetzung sowohl der Rechtsansprüche und Leistungsverpflichtungen des SGB VIII (GK-SGB VIII/Fieseler § 79 Rn 1 f) als auch der fachlichen und qualitativen Standards der Kinder- und Jugendhilfe zu. So wird die Vorschrift zu Recht als **Fundamentalnorm** bezeichnet (Kunkel NDV 2001, 412), die auch eine **jugendhilferechtliche Garantenstellung** des öffentlichen Jugendhilfeträgers begründet (vgl Wiesner/Wiesner § 79 Rn 1 ff, Kunkel in Becker-Textor/Textor § 79). Dies bedeutet, dass der Träger der öffentlichen Jugendhilfe zu garantieren hat, dass in seinem sachlichen und örtlichen Zuständigkeitsbereich alle im Gesetz genannten Leistungen und anderen Aufgaben erfüllt werden (Kunkel in Becker-Textor/Textor § 79). Sie ist zu unterscheiden von der strafrechtlichen Garantenstellung der MitarbeiterInnen der öffentlichen Jugendhilfe (s. dazu § 1 Rn 39 ff; zu der kritischen Diskussion iE siehe auch ausführlich DV 2001, Wiesner 2005, 332 f, Meysen in Münder/Wiesner 2007). Auch in dieser Hinsicht kann die Gesamtverantwortung nach § 79 allerdings relevant sein: Der öffentliche Träger der Jugendhilfe ist verantwortlich dafür, dass bei einer konkreten Gefährdung des Kindeswohls die zur Abwendung der Gefahr notwendigen Maßnahmen ergriffen werden. Die Verletzung der (jugendhilferechtlichen) Garantenpflicht aus § 79 indiziert im Interventionsbereich somit die Verletzung der (strafrechtlichen) Garantenpflicht, die den Mitarbeiter des öffentlichen Trägers trifft (Kunkel in Becker-Textor/Textor § 79).

3   Mit der Übertragung der Gesamtverantwortung für die zu erfüllenden Aufgaben auf die Träger der öffentlichen Jugendhilfe entspricht der Gesetzgeber den bereits im 3. Jugendbericht (BMJFG 1972) ausgesprochenen Empfehlungen, die Gesamtverantwortung in einem neuen Jugendhilferecht festzuschreiben (BMJFG 1972). Das **BVerfG** hatte schon in seinem Urteil vom 18.7.1967 diese **Gesamtverantwortung** wie folgt **betont**: „Die Gesamtverantwortung dafür, dass Einrichtungen und Veranstaltungen in einer den jeweiligen örtlichen Gegebenheiten angepassten Weise und unter wirtschaftlich sinnvollem Einsatz öffentlicher und privater Mittel bereitgestellt werden, trägt nach § 5 Abs. 1 JWG das Jugendamt" (BVerfGE 22, 180, 201).

II. Adressaten der Norm

Abs. 1 weist den Trägern der **öffentlichen Jugendhilfe** (§ 69) die Gesamtverantwortung für die Aufgabenerfüllung nach dem SGB VIII zu. Damit richtet sich die Wahrnehmung der Gesamtverantwortung neben dem örtlichen Träger auch an den überörtlichen öffentlichen Träger im Rahmen seiner sachlichen Zuständigkeit nach § 85 Abs. 2. Für die Träger der freien Jugendhilfe folgen aus § 79 keine unmittelbaren Pflichten. Für sie können sich Pflichten nur auf der Grundlage von Verträgen mit dem öffentlichen Träger ergeben, in denen sich der Träger der freien Jugendhilfe verpflichtet, Leistungen zu erbringen bzw andere Aufgaben zu erfüllen (Wiesner § 79 Rn 3, Kunkel in Becker-Textor/Textor § 79).

Die **Länder** sind **als oberste Landesjugendbehörden in die** Ausfüllung der **Gesamtverantwortung** im Rahmen ihrer Aufgaben nach § 82 **einbezogen**, die Träger der öffentlichen und der freien Jugendhilfe und die Weiterentwicklung der Jugendhilfe anzuregen und zu fördern. Die Ausgestaltung der Jugendhilfe vor Ort hängt eng mit der Verantwortung der Obersten Landesjugendbehörde zusammen, auf einen gleichmäßigen Ausbau der Einrichtungen und Angebote hinzuwirken und die JÄ und LJÄ bei der Wahrnehmung ihrer Aufgaben zu unterstützen (§ 82 Rn 6). Ein Beispiel ist etwa die finanzielle Förderung der Kindergärten durch die Länder zur Erfüllung des Rechtsanspruches auf einen Kindergartenplatz. Einige Länder fördern auch Einrichtungen der offenen Jugendarbeit im kommunalen Raum (vgl § 15 Rn 3)

III. Gesamtverantwortung, Planungsverantwortung – Abs. 1

1. Gesamtverantwortung

Die Gesamtverantwortung verpflichtet die öffentlichen Träger, für ein den Vorgaben des SGB VIII entsprechendes fachliches Angebot an Veranstaltungen, Einrichtungen und Diensten Sorge zu tragen und die notwendige Infrastruktur vorzuhalten. Die Regelung **verpflichtet** die Träger der öffentlichen Jugendhilfe **nicht** dazu, die sich aus dem Gesetz ergebenden Aufgaben selbst zu erfüllen, also etwa die erforderlichen Leistungen **selbst zu erbringen**. Vielmehr verpflichtet sie Länder und Kommunen eine Jugendhilfeinfrastruktur sicherzustellen, die den fachlichen Erfordernissen dieses Gesetzes entspricht. Die öffentlichen Träger haben die Tätigkeit von Trägern der freien Jugendhilfe anzuregen (§ 4 Abs. 2), haben jedoch daneben die Verantwortung, die Gesamtübersicht zu wahren und eventuelle Lücken in der Aufgabenerfüllung nach dem SGB VIII zu schließen. Damit haben sie die Letztverantwortung hinter dem vorrangigen Betätigungsrecht der freien Träger (vgl § 4 Rn 6).

Die Wahrnehmung der Gesamtverantwortung, unter Einschluss der Planungs- und Finanzverantwortung ist **objektive Pflichtaufgabe** (vgl VorKap. 2 Rn 4 ff).Dies ergibt sich aus der Formulierung „haben" in Abs. 1. **Ein einklagbares subjektives Recht besteht nicht**, mit dem die öffentlichen Jugendhilfeträger (verwaltungs-) gerichtlich gezwungen werden können, die Verantwortung wahrzunehmen und etwa bestimmte Einrichtungen, Dienste und Veranstaltungen bereitzustellen (Münder in Münder/Wiesner 2007). Die Ausfüllung der Gesamtverantwortung durch den einzelnen öffentlichen Jugendhilfeträger hat im pflichtgemäßen Ermessen zu erfolgen. Würde die Aufgabe gar nicht wahrgenommen oder nur in formaler, minimalisierter Form, wäre dies ein Rechtsverstoß gegen objektives Recht, der ein Einschreiten der Rechtsaufsichtsbehörde auslösen könnte bzw müsste (Münder 2007, 46, 182). Allein der **Hinweis auf fehlende finanzielle Mittel** reicht nicht, um sich der Verpflichtung und Verantwortung zu entziehen (Kunkel, NDV 2001, 412 ff mwN; ; im Ergebnis wohl ebenso Wiesner § 79 Rn 19).

Die **Wahrnehmung der Gesamtverantwortung** durch die öffentlichen Träger ist **in der Praxis unterschiedlich**. Der auf unterschiedlichem Niveau erfolgte quantitative und qualitative Ausbau der Angebote und Leistungen der Jugendhilfe durch die JÄ und die erreichten fachlichen Standards belegen diese Entwicklung (Kreft/Lukas u.a. 1993, Liebig 2001, Merchel 2003). Zunehmend ist eine Kollision zwischen den Ansprüchen nach diesem Gesetz und den Haushaltssicherungskonzepten von Kommunen festzustellen. Immer mehr Kommunen haben auf Grund von Haushaltssicherungskonzepten Schwierigkeiten, ihrer Gesamtverantwortung in der Jugendhilfe nachzukommen.

2. Gesamtverantwortung versus Einzelfallverantwortung

Die Wahrnehmung der **Gesamtverantwortung** ist **zu unterscheiden von** der fachlichen und arbeitsrechtlichen (Weisungsrecht) **Verantwortung im Einzelfall**. Die Gesamtverantwortung bezieht sich (nur) auf die Erfüllung der Aufgaben nach dem SGB VIII sowie der Gewährleistungspflicht nach Absatz 2.

Es folgt daraus keine Berechtigung des öffentlichen Trägers zu (arbeitsrechtlichen) Weisungen im Einzelfall (so etwa Westerholt, Baltz, Münder 2001 Nr. 1 zu § 31, aA BAG 6.5. 1998 – 5 AZR 347/97 mit Anmerkung Baltz; ZfJ 2000, 70, mit Anmerkung Kunkel ZfJ 2000, 60). Die Gesamtverantwortung der Träger der öffentlichen Jugendhilfe im Verhältnis zu den Trägern der freien Jugendhilfe bedeutet nur, dass der öffentliche Jugendhilfeträger etwa beim Abschluss von Leistungs-, Entgelt- und Qualitätsentwicklungsvereinbarungen nach §§ 78 a ff, bei Leistung- oder Zuwendungsverträgen nach §§ 74, 77, bei der Erteilung von Zuwendungsbescheiden nach § 74 oder beim Schutz von Kindern und Jugendlichen in Einrichtungen (§§ 45 ff) **sicherstellen** muss, dass die **freien Träger** die von ihnen wahrgenommenen Aufgaben **entsprechend der rechtlichen und fachlichen Vorgaben und Standards** des SGB VIII erfüllen. Er muss insofern die laufende Tätigkeit des freien Trägers auf ihre Gesetzeskonformität hin überwachen. Ein arbeitsrechtliches Weisungsrecht gegenüber dem einzelnen Mitarbeiter oder der Fachkraft lässt sich aus der Gesamtverantwortung weder ableiten noch begründen (Kunkel in Becker-Textor/Textor § 79, Wiesner § 79 Rn 3 a).

3. Planungsverantwortung

10   Inhaltlich mit der Gesamtverantwortung verkoppelt ist die **Planungsverantwortung.** Die Planungsverantwortung erschöpft sich nicht in der Wahrnehmung der Jugendhilfeplanung nach § 80. Dies ergibt sich daraus, dass sich die Jugendhilfeplanung nicht auf den gesamten Bereich des Leistungs- und Aufgabenspektrums erstreckt. So bezieht sich § 80 auf Einrichtungen und Dienste, regelt aber nicht die Planung von Veranstaltungen, die in § 79 Abs. 2 ebenfalls angesprochen werden. Auch die in § 79 Abs. 3 angesprochene Personalplanung findet im Rahmen der Jugendhilfeplanung nach § 80 keine ausdrückliche Erwähnung (Kunkel in Becker-Textor/Textor § 79). Insofern geht die Planungsverantwortung über die Pflichten nach § 80 hinaus.

11   Bei der Ausfüllung und Umsetzung der Planungsverantwortung als Teil der Gesamtverantwortung ist jedoch ein enger **Zusammenhang mit der Jugendhilfeplanung** (§ 80) gegeben. Dort muss verbindlich festgelegt werden, welche Leistungen und Förderschwerpunkte notwendig sind, um ein den Kriterien des § 79 Abs. 2 entsprechendes fachliches Angebot vorhalten zu können. Angesichts der oben angesprochenen wachsenden Finanzprobleme der öffentlichen Träger und der Haushaltssicherungsgesetze ist ein überzeugendes Konzept offensiver Jugendhilfe und eine stärkere Legitimation ihrer Wirksamkeit gefordert. Notwendig ist aber auch ein Prozess der Repolitisierung der Jugendhilfe, um die Bedürfnisse der Kinder und Jugendlichen in politische Entscheidungsprozesse einzubringen und auch durchzusetzen. Die allgemeine Anwaltsfunktion der Jugendhilfe aus § 1 Abs. 3 Nr. 4 stellt Forderungen an die kommunale Jugend-, Familien- und Sozialpolitik. Deren Feststellungen, Defizitanzeigen und Änderungsvorschläge zwingen sowohl zur politischen Auseinandersetzung als auch zur Festlegung von Zielen und Prioritäten im Rahmen der Planungsverantwortung (Wiesner § 80 Rn 6).

12   Bei der Ausfüllung der Gesamt- und Planungsverantwortung haben die öffentlichen Träger das **Wunsch- und Wahlrecht** der Leistungsberechtigten (§ 5) und die Grundsätze der **Pluralität** sowie der **partnerschaftlichen Zusammenarbeit** mit den freien Trägern (§ 4) zu beachten. Beteiligungsrechte der Träger der freien Jugendhilfe ergeben sich direkt aus § 71 und insbesondere aus § 80 Abs. 3 (dazu § 80 Rn 17). Die Grundlagen für ihre Förderung sind in § 74 geregelt.

4. Finanzierungsverantwortung

13   Die Gesamtverantwortung beinhaltet neben der Planungsverantwortung auch die **Finanzverantwortung und -planung** und die **Erfolgskontrolle.** Unter dem Aspekt der Finanzverantwortung hat der öffentliche Träger für die Kosten aufzukommen, die sich durch die Erfüllung der Aufgaben des SGB VIII ergeben. Die Erfüllung der Aufgaben der Jugendhilfe steht nicht etwa unter dem Vorbehalt des Haushaltsplans, sondern umgekehrt steht der Haushaltsplan unter dem Vorbehalt des § 79 Abs. 2 (Kunkel in Becker-Textor/Textor § 79). Dies bedeutet, dass die Vertretungskörperschaft des öffentlichen Trägers finanzielle Mittel in einem Umfang zur Verfügung stellen muss, der zur Erfüllung der Aufgaben nach dem Gesetz erforderlich ist (Kunkel ZfJ 2000, 414; OVG NI B. 12.1.1999 – 4 M 1598/98 - NVwZ-RR 1999, 383). Im Regelfall ist die Finanzverantwortung an die Zuständigkeit für die Aufgabenerfüllung gekoppelt, dh das im Einzelfall nach §§ 85 ff zuständige JA oder LJA hat die Kosten zu tragen. Abweichungen können sich aus den Regelungen über die Kostenerstattung in §§ 89 ff ergeben. Zur Qualitätsentwicklung (und damit auch zur Erfolgskontrolle) enthält das SGB VIII an verschiedenen Stellen Vorgaben (§ 36 – Hilfeplan, Mitwirkung, § 78 a ff – Vereinbarungen u.a. zur Qualitäts-

entwicklung und § 80 – Jugendhilfeplanung; zum inhaltlichen Stand der Jugendhilfeplanung Merchel 1998 und 2004; v. Spiegel 2004).

Immer mehr setzt sich im kommunalen Raum bei der Finanzgestaltung die **Budgetierung** der Mittel durch (Vor§ 69 Rn 23 f). Dies bedeutet, dass die Ämter mit einem zur Verfügung gestellten begrenzten Budget ihre jeweiligen Aufgaben zu erfüllen haben. Der überwiegende Teil der Städte hat das Konzept der Budgetierung übernommen. Die Budgetierung steht der Wahrnehmung der Gesamtverantwortung entgegen, wenn sie für die Wahrnehmung der Aufgaben nach diesem Gesetz keinen hinreichenden finanziellen Spielraum lässt. Deshalb müssen die Chancen und Risiken der Budgetierung immer auch unter dem Aspekt der Erhaltung der Infrastruktur der im gesamten SGB VIII angesiedelten Leistungen beurteilt werden (eine bewertende Zusammenfassung bei Merchel 2003, 56 ff). Jede Budgetierung hat sich der gesetzlichen Vorgabe unterzuordnen, alle Aufgaben der Jugendhilfe ausreichend zu finanzieren (Kunkel in Becker-Textor/Textor § 79) Insbesondere die Diskussion um **Sozialraumbudgets** kann die Gefahr in sich bergen, dass sich die Gesamtverantwortung und Gewährleistungspflicht nicht mehr an der bedarfsgerechten Erfüllung der Aufgaben und der Fachstandards des SGB VIII, sondern an den mit den freien Trägern vereinbarten Sozialraumbudgets orientiert (vgl Vor§ 69 Rn 26 ff). Daher ist zu beachten, dass Sozialraumbudgets nicht nur dann rechtswidrig und unzulässig sind, wenn sie individuelle Rechtsansprüche berühren (**budgetsprengende Rechtsansprüche**), sondern auch dann, wenn sie die Gesamtverantwortung des öffentlichen Jugendhilfeträgers in Frage stellen oder sogar außer Kraft setzen. Eine **Übertragung der Gesamtverantwortung auf freie Träger oder sog. Sozialraumgremien** durch Verträge über Sozialraumorientierungen und/oder über Budgetierung ist mit § 79 unvereinbar und damit **unzulässig** (Wiesner/Wiesner § 79 Rn 1).

IV. Gewährleistungsverpflichtung – das fachliche Angebot der Jugendhilfe – Abs. 2

Abs. 2 weist dem öffentlichen Träger eine **Gewährleistungspflicht** hinsichtlich der rechtzeitigen und ausreichenden Sicherstellung eines für die Erfüllung der Aufgaben nach dem SGB VIII erforderlichen Angebotes unter der Beachtung der verschiedenen Grundrichtungen der Erziehung zu. Dies bedeutet zunächst, dass die erforderlichen Einrichtungen, Dienste und Veranstaltungen überhaupt zur Verfügung stehen müssen. Darüber hinaus werden mit Abs. 2 bestimmte qualitative Anforderungen an die vorgehaltenen Angebote gestellt.

Von zentraler Bedeutung für die Aussage des Abs. 2 ist, was unter den genannten Kriterien erforderlich, geeignet, rechtzeitig und ausreichend sowie unter der geforderten pluralen Breite der Angebote zu verstehen ist. Es handelt sich hierbei um **unbestimmte Rechtsbegriffe**, deren Auslegung und Subsumtion durch den Träger der öffentlichen Jugendhilfe im verwaltungsgerichtlichen Verfahren voll überprüfbar ist. Ein Beurteilungsspielraum kommt den Trägern der öffentlichen Jugendhilfe nicht zu (vgl Anhang Verfahren Rn 87).

Der Begriff der **erforderlichen** Einrichtungen, Dienste und Veranstaltungen bestimmt sich danach, was notwendig ist, um die Aufgaben nach dem SGB VIII zu erfüllen. Leistungen, die mit einem Rechtsanspruch versehen sind, müssen zwingend erfüllt werden. So muss zB HzE immer dann erbracht werden, wenn die Voraussetzungen gemäß § 27 vorliegen. Auch bei (nur) objektiven Rechtsverpflichtungen wie etwa der Jugendarbeit muss allerdings sichergestellt werden, dass Angebote und finanzielle Mittel in einem Umfang zur Verfügung stehen, der eine gesicherte Aufgabenwahrnehmung ermöglicht (Münder 2007, 182).

Eine Einrichtung, ein Dienst oder eine Veranstaltung ist dann **geeignet**, wenn sie bzw er tauglich ist, den Zweck der jeweiligen Aufgabennorm zu erfüllen (Kunkel in Becker-Textor/Textor § 79). Inwieweit ein Angebot oder eine Leistung iSd Abs. 2 geeignet ist, hängt neben der fachlichen Einschätzung auch von dem jeweils vorherrschenden Jugendhilfeverständnis und den damit verbundenen Zielsetzungen ab. Bei einer Entscheidung über die geeignete Hilfeform im Rahmen der HzE sind der Hilfeplan (§ 36) und der im Einzelfall spezifische, sich aus dieser Hilfeplanung ergebende Bedarf Entscheidungsgrundlage. Schwieriger ist es bei der Leistungspalette der Jugendarbeit und der Familienbildung.

Rechtzeitig steht eine Einrichtung, ein Dienst oder eine Veranstaltung dann zur Verfügung, wenn ein Hilfebedarf zu dem Zeitpunkt gedeckt werden kann, in dem er auftritt. Für präventiv zu leistende Hilfen ist der Zeitpunkt maßgeblich, an dem das Bedürfnis nach präventiver Hilfe erkennbar ist. So dürfte angesichts der wachsenden Bedeutung präventiver Jugendhilfe zB im Rahmen der Suchtmittelprophylaxe, der Gewaltprävention und des Kinderschutzes davon auszugehen sein, dass der öffentliche

14

15

16

17

18

19

Träger dafür Sorge zu tragen hat, dass stets eine **differenzierte soziale Infrastruktur** vorgehalten und gesichert werden muss, damit präventives Handeln möglich ist.

20 **Ausreichend** sind Einrichtungen, Dienste und Veranstaltungen, wenn sie in genügender Zahl zur Verfügung stehen, um die Aufgabenzwecke erfüllen zu können, und wenn auch die **Personal- und Finanzausstattung** hierfür ausreichen. Ausreichend ist die Infrastruktur demnach nur, wenn sie den gegebenen Bedarf im Einzelfall decken kann. Im Bereich der Kindertagesbetreuung zB setzt eine ausreichende Versorgung voraus, dass die betreffenden Einrichtungen ortsnah zur Verfügung stehen (OVG SL FEVS 48, 399). Hier ist zudem zu beachten, dass mit §§ 24, 24 a konkrete Vorgaben dafür geschaffen worden sind, welche Anforderungen an ein bedarfsgerechtes und damit ausreichendes Angebot im Kindertagesbetreuungsbereich gestellt werden (vgl § 24 Rn 35 ff, 24 a Rn 3 ff).

21 Die **Breite des Auftrags der Jugendhilfe** (§ 1) hat zur Konsequenz, dass die Jugendhilfe **Erziehung und Bildung** nicht nur als ein personales Angebot versteht, sondern damit den Charakter einer sozialen Infrastruktur der Lebensbewältigung erhält und stärker auch einem sozialpolitischen anstatt einem nur sozialpädagogischen Steuerungsmodus unterworfen wird. Dementsprechend kommt der Gesamtverantwortung und der Planungsverantwortung auch bei der Verbesserung der sozialen Infrastruktur eine besondere Bedeutung zu (BT-Drucks. 11/5948, 97). Das bedeutet für die Praxis des öffentlichen Trägers, dass er die notwendigen Voraussetzungen zur Realisierung dieser Aufgabenstellung schaffen und vor allem stärker in den Feldern der allgemeinen Förderung (zB Jugendarbeit) investieren sollte. Es ist daher notwendig, auch bei der Definition dessen, wann eine Maßnahme „ausreichend" ist, über den Einzelfall bei der Inanspruchnahme von erzieherischen Hilfen hinaus, die Ziele des § 1 Abs. 3 einzubeziehen.

22 Die **Beachtung der verschiedenen Grundrichtungen** der Erziehung ist ein Grundprinzip einer pluralen und demokratischen Jugendhilfe (§ 9 Nr. 1). Daraus leitet sich die Verpflichtung des öffentlichen Trägers ab, bei der Förderung der Träger der freien Jugendhilfe auf die Sicherstellung eines **pluralen Angebots** zu achten. Abs. 1 Satz 1 korrespondiert mit der Verpflichtung des öffentlichen Trägers, gemeinsam mit den Trägern der freien Jugendhilfe dafür Sorge zu tragen, dass Eltern, PSB und junge Menschen ihr Wunsch- und Wahlrecht (§ 5) ausüben und sich bei der Inanspruchnahme der Angebote für Träger ihrer Wahl bzw Wertorientierung entscheiden können. Im Hinblick auf den sinnvollen Einsatz finanzieller Mittel kann dabei jedoch nicht sämtlichen individuellen Erziehungsvorstellungen Rechnung getragen werden (Wiesner/Wiesner § 79 Rn 10).

23 Ausdrücklich erwähnt werden neben Einrichtungen, Diensten und Veranstaltungen auch **Pfleger, Vormünder** und **Pflegepersonen**. Diese Personengruppen werden aufgeführt, weil es sich um Aufgabenfelder handelt, in denen auch Personen angesprochen und für die Wahrnehmung der Aufgaben gewonnen werden sollen, die nicht im Rahmen eines Trägers der Jugendhilfe tätig sind, sondern als Einzelpersonen. In diesem Zusammenhang umfasst die Gewährleistungspflicht auch Informations- und Werbemaßnahmen bzw sonstige geeignete Formen der Öffentlichkeitsarbeit, um die Bereitschaft zur Wahrnehmung dieser Aufgaben zu wecken (Wiesner/Wiesner § 79 Rn 11).

24 Mit der Verpflichtung der öffentlichen Träger in Abs. 2 Satz 2, einen **angemessenen Anteil** der für die Jugendhilfe bereitgestellten Mittel für die **Jugendarbeit** zu verwenden, wird klargestellt, dass die Jugendarbeit ein wesentlicher Bestandteil der Jugendhilfe vor Ort ist und gefördert werden muss. Der Gesetzgeber hat von der Festlegung eines konkreten Prozentsatzes abgesehen, um die Finanzhoheit der Kommunen nicht zu verletzen und um den unterschiedlichen regionalen Verhältnissen innerhalb der Bundesrepublik Rechnung zu tragen (Wiesner/Wiesner § 79 Rn 13).

25 Von der Verpflichtung der öffentlichen Träger in Abs. 2 Satz 2, von den für die Jugendhilfe bereitgestellten Mitteln einen angemessenen Anteil für die Jugendarbeit zu verwenden, ist **bisher kaum Gebrauch gemacht** worden (Vor§ 11 Rn 15). Neben einigen Städten hat lediglich das Land Berlin sich gesetzlich verpflichtet, 10 Prozent der Mittel der Jugendhilfe für die Jugendarbeit zur Verfügung zu stellen (§ 45 Abs. 2 S. 4 AG KJHG Berlin, vgl § 15 Rn 4). Auch aus dieser landesrechtlichen Regelung ergeben sich keine subjektiven Rechtsansprüche auf eine konkrete Förderung (OVG BE 14.10.1998 6 S 94.98 – FEVS 49, 368 ff; VG Berlin U.14.6.1999 – 20 A 30.99 – ZfJ 2000, 194 ff). Die Höhe des Anteils und sein Verbindlichkeitsgrad ist – da es mit Ausnahme des Landes Berlin an landesgesetzlichen Vorgaben fehlt – nur vom örtlichen Haushaltssatzungsgeber zu entscheiden. Die im 11. Kinder- und Jugendbericht (BMFSFJ 2002, 203) empfohlene 15 Prozent Anteilsgrenze der Mittel für die Jugendarbeit sollte in Zukunft nicht mehr unterschritten werden. Hier kommt den Jugendhilfeausschüssen eine wichtige Aufgabe zu.

V. Ausstattung der Jugendämter – Abs. 3

Abs. 3 zielt auf die **fachlich notwendige Ausstattung** der JÄ ab. Eine qualifizierte und an den Interessen **26** und Bedürfnissen junger Menschen orientierte Jugendhilfe zu leisten bedeutet, ein differenziertes Angebot zur Verfügung zu stellen, was eine entsprechende Ausstattung mit Fachkräften, sächlichen und finanziellen Mitteln voraussetzt (vgl § 72).

Abs. 3 verpflichtet die öffentlichen Träger der Jugendhilfe deshalb, eine den Aufgaben dieses Gesetzes **27** entsprechende **personelle, sachliche und finanzielle Ausstattung der JÄ und LJÄ** zu gewährleisten. Der Hinweis auf eine dem Bedarf entsprechende Zahl von Fachkräften (§ 72), ist gerade für kleinere JÄ, zB in kreisangehörigen Gemeinden, von großer Bedeutung. Über diese Norm ist eine entsprechend fachlich notwendige Ausstattung der JÄ sicherzustellen, ohne dass das Gesetz allerdings konkrete Vorgaben macht. Bei der Feststellung des diesbezüglichen Bedarfs sind nicht nur Bevölkerungsdaten zu berücksichtigen, sondern auch die fachliche Ausstattung der im jeweiligen Bereich tätigen Träger der freien Jugendhilfe (Wiesner/Wiesner § 79 Rn 21). In jedem Fall muss jedes JA bzw LJA aber in einem Umfang ausgestattet sein, der es ihm ermöglicht, seiner Gesamtverantwortung gerecht zu werden. Die personelle Ausstattung ist ein Indiz für den Stellenwert der Jugendhilfe vor Ort. Welche Qualifikation die betreffenden Fachkräfte aufweisen müssen, ist eine Frage des Fachkräftegebots nach § 72 (vgl § 72 Rn 3 ff, 20 f).

Aus der Notwendigkeit einer ausreichenden Ausstattung folgt auch, dass in ausreichendem Maße Fi- **28** nanzmittel vorhanden sein müssen. Der öffentliche Träger ist daher verpflichtet, in seinem Gesamthaushalt für den Bereich der Jugendhilfe eine **angemessene Finanzausstattung** bereitzustellen, die es den JÄ und LJÄ ermöglicht, die verschiedenen Aufgaben des SGB VIII sachgerecht zu erfüllen (Wiesner/Wiesner § 79 Rn 16). Die bereitgestellten Finanzmittel müssen ausreichen, um alle Aufgaben wahrnehmen zu können. Besteht für eine Leistung im Einzelfall Ermessen, so können zwar im Rahmen der Ermessensausübung fehlende Finanzmittel ein Grund für die Ablehnung der Leistung sein (VorKap. 2 Rn 8). Hieraus ergibt sich aber keine Befugnis, im Rahmen der Finanzausstattung von vornherein unzureichende Mittel bereitzustellen (Wiesner/Wiesner § 79 Rn 19).

Weiterführende Literaturhinweise:

Kunkel NDV 2001, 412 ff; *ders.* in Becker-Textor/Textor § 79; *Lakies* DV 2001; *Pitschas* 2002.

§ 80 Jugendhilfeplanung

(1) Die Träger der öffentlichen Jugendhilfe haben im Rahmen ihrer Planungsverantwortung

1. den Bestand an Einrichtungen und Diensten festzustellen,
2. den Bedarf unter Berücksichtigung der Wünsche, Bedürfnisse und Interessen der jungen Menschen und der Personensorgeberechtigten für einen mittelfristigen Zeitraum zu ermitteln und
3. die zur Befriedigung des Bedarfs notwendigen Vorhaben rechtzeitig und ausreichend zu planen; dabei ist Vorsorge zu treffen, dass auch ein unvorhergesehener Bedarf befriedigt werden kann.

(2) Einrichtungen und Dienste sollen so geplant werden, dass insbesondere

1. Kontakte in der Familie und im sozialen Umfeld erhalten und gepflegt werden können,
2. ein möglichst wirksames, vielfältiges und aufeinander abgestimmtes Angebot von Jugendhilfeleistungen gewährleistet ist,
3. junge Menschen und Familien in gefährdeten Lebens- und Wohnbereichen besonders gefördert werden,
4. Mütter und Väter Aufgaben in der Familie und Erwerbstätigkeit besser miteinander vereinbaren können.

(3) ¹Die Träger der öffentlichen Jugendhilfe haben die anerkannten Träger der freien Jugendhilfe in allen Phasen ihrer Planung frühzeitig zu beteiligen. ²Zu diesem Zweck sind sie vom Jugendhilfeausschuss, soweit sie überörtlich tätig sind, im Rahmen der Jugendhilfeplanung des überörtlichen Trägers vom Landesjugendhilfeausschuss zu hören. ³Das Nähere regelt das Landesrecht.

(4) Die Träger der öffentlichen Jugendhilfe sollen darauf hinwirken, dass die Jugendhilfeplanung und andere örtliche und überörtliche Planungen aufeinander abgestimmt werden und die Planungen insgesamt den Bedürfnissen und Interessen der jungen Menschen und ihrer Familien Rechnung tragen.

I. Rechtscharakter und Bedeutung der Norm

1 Durch die ausdrückliche **Verpflichtung** der Träger der öffentlichen Jugendhilfe **zur Planung** in § 80 wird die Jugendhilfeplanung als zentrales Instrument zur Überprüfung und Sicherung der Gewährleistungsverpflichtungen des öffentlichen Trägers nach § 79 Abs. 2 konkretisiert (vgl dazu auch den Hinweis auf Planungsverantwortung in § 79 Abs. 1, § 79 Rn 10 ff). Sie ist dementsprechend auch ausdrücklich im **Aufgabenkatalog des JHA** benannt (§ 71 Abs. 2 Nr. 2). Diese Zuordnung der Jugendhilfeplanung zum JHA bedeutet in der Konsequenz, dass eine sachgerechte Einlösung dieses Auftrags nur durch das JA (ggf das LJA) – und nicht durch andere Stellen oder Ämter des öffentlichen Trägers – gewährleistet werden kann.

2 Ebenso wie bei der Gesamtverantwortung nach § 79 handelt es sich bei der Regelung zur Jugendhilfeplanung um eine **objektive Rechtsverpflichtung** (vgl VorKap. 2 Rn 4 ff). Die Träger der öffentlichen Jugendhilfe sind verpflichtet, die Planung gemäß der gesetzlichen Vorgaben durchzuführen und ein Unterlassen oder ein völlig unzureichendes Tätigwerden wäre eine Rechtsverletzung, die Angelegenheit eines kommunalaufsichtsrechtlichen Verfahrens werden kann, da dies das Einschreiten der Rechtsaufsichtsbehörde auslösen könnte bzw müsste. Einzelne Bürger oder Träger der Jugendhilfe haben jedoch keinen subjektiven Rechtsanspruch darauf, dass die Planung vorgenommen wird (vgl Becker/Münder VSSR 1997, 343 ff; Münder/Becker 2000, 207 ff). Auch der Jugendhilfeplan entfaltet regelmäßig keine rechtliche Wirkung (vgl Rn 21). Die gesetzliche Verpflichtung zur Planung beschränkt sich nicht auf einzelne Teilbereiche der Jugendhilfe, sondern es sind **alle Aufgabenfelder** einzubeziehen (dazu Falten/Kreft 2003).

3 Das SGB VIII spricht durchgehend von der Aufgabe der Jugendhilfeplanung, nicht von einer Planerstellung oder einem Jugendhilfeplan. Dies unterstreicht, dass **Jugendhilfeplanung als eine kontinuierliche Aufgabe** zu verstehen ist, bei der es immer wieder aufs Neue für die jeweilige Planungsregion zu bestimmen gilt, ob die vorhandenen Angebote und Dienste und Veranstaltungen der Kinder- und Ju-

gendhilfe im Planungsbezirk weiterhin zeitangemessen und bedarfsgerecht gestaltet sind oder aufgegeben, verändert, fortgeschrieben werden müssen; es geht also darum, ob sie den jeweils aktuellen Standards einer zeitgemäßen Jugendhilfe (vgl dazu Einl. Rn 33) entsprechen. Eine sachgerechte Wahrnehmung dieser Aufgabe setzt voraus, dass hierfür **qualifiziertes Fachpersonal** mit einer angemessenen Eingruppierung sowie eine angemessene Sachmittelausstattung **in erforderlichem Umfange** zur Verfügung steht (vgl Kreft/Falten 2003, 247; Wiesner/Wiesner § 80 Rn 36)

Jugendhilfeplanung wird durchweg als ein durch **Kommunikation und Partizipation** bestimmter Pro-   4
zess charakterisiert (vgl Merchel 1994; Jordan/Schone 2000). In Abgrenzung zu einem schematischen (technokratischen) Planungsverständnis wird damit betont, dass Ziele, Aufgaben, Mittel und Anforderungen im Bereich der Jugendhilfe nicht raum- und zeitunabhängige „objektive" Vorgaben, sondern immer Ergebnis von konkreten Interessenkonstellationen und parteilichen Engagements sind. Besondere Bedeutung kommt hierbei der Auslegung des unbestimmten Rechtsbegriffs des **zu ermittelnden Bedarfs** (Abs. 1 Nr. 2) zu. Die Feststellung des Fehlbedarfs lässt sich hier nicht auf die Ermittlung der Differenz von Bestand und angestrebten Zielen (faktische Nachfrage) reduzieren (vgl Struck ZfJ 1996, 158), darf aber auch nicht allein bzw primär einer politischen Entscheidungen überlassen bleiben. Neben den fachlichen Vorgaben des SGB VIII (§ 79, auch § 80 Abs. 2) und den anerkannten sozialpädagogischen Standards einer bedarfsgerechten Aufgabenerfüllung sind hier die „Wünsche, Bedürfnisse und Interessen der jungen Menschen und der Personensorgeberechtigten" (Abs. 1 Nr. 2) als Vorgaben eines fachpolitischen Konkretisierungs- und Aushandlungsprozesses zu berücksichtigen. In diesem Sinne ist der Begriff des „Bedarfs" normativ unter Berücksichtigung der Adressatenwünsche, der Standards des SGB VIII und der fachlichen und fachpolitischen Ziele des zuständigen Jugendhilfeträgers zu bestimmen (vgl dazu auch BVerwG 27.1.2000 – 5 C 19.99 – ZfJ 2000, 235). Dabei gilt es die fachlich-normativen Aspekte bei der Bedarfsermittlung auszuweisen, damit diese ggf gegenüber politisch-normativen Vorgaben und Restriktionen benannt und mögliche Differenzen zwischen Bedürfnissen, fachlichen Forderungen und politisch Gewolltem und Finanzierbarem sichtbar bleiben (Hoffmann VSSR 1998, 80 ff; Kreft np 2001).

Von der Jugendhilfeplanung werden Leistungen vor allem auf zwei Ebenen erwartet: Einmal soll sie   5
als **soziale (Regional)Entwicklungsplanung** einen Beitrag zu einer übergreifenden sozialen Kommunalpolitik leisten (Jugendhilfeplanung als Teil der kommunalen Entwicklungsplanung; Abs. 4, vgl Rn 19 ff; vgl auch Pitschas 2002, 231 f), zum anderen ist sie als **zielgruppen- und bereichsbezogene Fachplanung**. So haben zB nach § 81 die Träger der öffentlichen Jugendhilfe mit anderen Stellen und öffentlichen Einrichtungen zusammenzuarbeiten, deren Tätigkeit sich auf die Lebenssituation junger Menschen und ihrer Familien auswirkt. Und nach § 1 Abs. 3 Nr. 4 soll Jugendhilfe und natürlich auch die auf dieses Feld bezogene Planung „dazu beitragen, positive Lebensbedingungen für junge Menschen und ihre Familien sowie eine kinder- und familienfreundliche Umwelt zu erhalten oder zu schaffen".

Unabhängig davon, ob Jugendhilfeplanung nun als Teil einer kommunalen Entwicklungsplanung und/   6
oder als bereichsorientierte Fachplanung zu sehen ist, beinhaltet sie immer **analytische, entwicklungsbezogene** und **evaluative** Aspekte. Jugendhilfeplanung hat zugleich **diagnostische** und **handlungsorientierende** Funktionen.

Dabei sind vor allem folgende Aspekte von Bedeutung, die im Planungsprozess miteinander zu ver-   7
binden sind, um Problemlösungen in einem nicht nur partikularen und eingeschränkten Sinne zu leisten (zur Diskussion vgl Merchel 1994 und 2002; Jordan/Schone 2000; Herrmann 2002; Kreft/Falten 2003). Zu diesen **Grundelementen (Standards)** gehören insbesondere

- Sozialberichterstattung und Sozialraumanalyse als Grundlage der Planung;
- Beteiligung und Aktivierung von Betroffenen und Beteiligten (Partizipation – zu den Möglichkeiten BMFSFJ 2002, 192) mit dem Ziel der Bedarfsermittlung;
- bereichs- und zielorientierte Erhebung, Diskussion und Evaluation der Angebotsstruktur, ergänzt um geschlechtsspezifische/multikulturelle Angebots- und Bedarfserhebungen;
- (auf der Grundlage der erhobenen Daten und Fakten) Organisation eines Aushandlungsprozesses (im Spannungsfeld unterschiedlicher Interessen von Leistungsberechtigten, Trägern, Fachkräften und Politik) mit dem Ziel der Erarbeitung fachpolitischer/politischer Prioritätenentscheidungen;
- Maßnahmenplanung (in Verbindung mit Fach- und Ressourcenplanung und Organisationsentwicklung).

Jugendhilfeplanung muss ein regelgeleitetes Verfahren (,Handeln nach den Regeln der Kunst') mit   8
folgenden **qualitativen (Selbst-)Bindungen** sein. Sie

- ist Fachdiskurs und politischer Prozess der Entscheidungsvorbereitung;
- ist ein kontinuierlicher Prozess des Aus- und Bewertens;
- muss handhabbare Ergebnisse produzieren;
- muss Beteiligung sichern: der freien Träger, Leistungsberechtigten, Kinder, Jugendlichen und jungen Erwachsenen;
- muss vor Ort tragfähige Kooperationsformen (auch zwischen konkurrierenden Trägern) gestalten;
- hat Geschlechterdifferenzen darzustellen und zu differenzieren;
- muss mehr sein als beschreibende Berichterstattung; sie muss analysieren, Schwächen/Stärken herausarbeiten, Veränderungsnotwendigkeiten belegen (so Kreft/Falten 2003, 248).

II. Planungsschritte – Abs. 1

9   Abs. 1 beschreibt die einzelnen Schritte, die vom Gesetzgeber für die Jugendhilfeplanung gefordert werden. Jugendhilfeplanung hat danach den **Bestand** zu erheben, den **Bedarf** (vgl dazu Rn 4) unter Berücksichtigung der Wünsche, Bedürfnisse und Interessen der Betroffenen und Beteiligten zu ermitteln und die **Schritte zur Bedarfsdeckung** zu benennen. Dabei ist nicht nur der Aspekt der laufenden Überprüfung (Prozesscharakter der Planung) zu berücksichtigen, auch gilt es, offen zu bleiben für neue Bedürfnisse und unvorhergesehene Bedarfe und zu deren Erfüllung beizutragen (Flexibilität der Planung).

10   Die Planungsschritte nach Abs. 1 beziehen sich auf **alle Handlungsfelder der Kinder- und Jugendhilfe**. Bei den Bestands- und Bedarfsfeststellungen geht es wesentlich um die arbeitsfeldspezifische Konkretisierung unbestimmter Rechtsbegriffe („erforderlich", „geeignet", „rechtzeitig", „ausreichend"), aber auch darum, welcher Mitteleinsatz vor Ort einen „angemessenen Anteil" für die Jugendarbeit sichert (§ 79 Abs. 2 Satz 2). Dies ist nicht mit sog. objektiven Messgrößen zu bewerkstelligen, hier geht es vielmehr um einen **fachlichen und politischen Aushandlungsprozess** (vgl dazu auch Rn 4). Dabei kommt es auch darauf an, durch die Planung die verschiedenen Bedarfe unterschiedlicher Zielgruppen offen zu legen, damit in dem unverzichtbaren Prozess der Prioritätensetzung (ggf der zeitlichen Streckung) deutlich bleibt, wessen Bedürfnisse zurückgestellt werden, wenn denen anderer Vorrang eingeräumt wird. Jugendhilfeplanung ist ein Instrument der Willensbildung und Entscheidungsvorbereitung, sie tritt nicht an deren Stelle, dh Jugendhilfeplanung ersetzt diese nicht, sie muss aber einen Beitrag zur Transparenz der Folgen von fachlichen und politischen Entscheidungen leisten. Im Zusammenhang mit der Maßnahmeplanung ist die Konkretisierung des **finanziellen Rahmens** (zB mittelfristige Finanzplanung) und die Verzahnung der Planung mit verbindlichen Förderungsgrundsätzen von großer Bedeutung (zur rechtlichen Verbindlichkeit der Jugendhilfeplanung vgl Rn 21 ff).

11   Bisher durchgeführte **Bestandserhebungen** waren in ihrer Aussagekraft nicht selten dadurch beeinträchtigt, dass die zugrundeliegenden Daten unzulänglich, unvollständig, veraltet und damit, insgesamt gesehen, nicht hinreichend aussagekräftig waren. Hier bedarf es größerer Anstrengungen, um zu planungsrelevanten Grundlagen zu kommen (Hinweise bei Jordan/Schone 2000, 331 ff). Neben der Nutzung der verbesserten Möglichkeiten, die sich aus der Kinder- und Jugendhilfestatistik (vgl §§ 98 ff) ergeben, ist auch die Zusammenarbeit mit statistischen Ämtern und anderen Stellen, die über jugendhilferelevante Daten verfügen, sowie der verstärkte Einsatz entsprechend qualifizierten Personals bei den JÄ und LJÄ anzustreben. Hier liegt eine wichtige Beratungsaufgabe der LJÄ (vgl § 85 Abs. 2 Nr. 1).

12   Auch die vom Gesetz zwingend geforderte („haben zu") Bedarfsermittlung unter Beteiligung der Betroffenen (zur **Betroffenenbeteiligung** vgl BMFSFJ 2002, 191 ff) stellt erhöhte Anforderungen an die Planung. Schematische Richtzahlen (zB eine angenommene/gesetzte Bedarfsquote im Hortbereich von 20 Prozent, eine Erziehungsberatungsstelle auf 50.000 Einwohner oder wie aktuell durch das KiFöG geforderte Plätze im Krippenbereich für 35 % der 0-3jährigen, vgl § 24 Rn 37 ff) genügen hier nicht. Gerade unter Berücksichtigung der in Abs. 2 genannten Ziele (Lebensfeldbezug, Vernetzung, Kleinräumigkeit, Beachtung sozialer Brennpunkte, Familien- und Erwerbsarbeit) sind hier wesentlich **qualitative und sozialräumlich differenzierte Daten und Informationen** zu erheben, die unterschiedlichen Bedarfslagen gerecht werden.

13   Die gesetzlich vorgegebenen **Teilschritte der Jugendhilfeplanung** (zur Planungsmethode vgl DV 1986; Jordan/Schone 2000) sind nicht als zwingende Vorgaben für einen zeitlichen und planungslogischen Ablauf zu verstehen. Im Interesse eines ergebnisorientierten Vorgehens können im Einzelfall eine (vorläufige) Bedarfsermittlung und darauf basierende Maßnahmenplanungen (auch für Teilbereiche der

Kinder- und Jugendhilfe) sinnvoll sein, ohne dass vorab schon Ergebnisse von ggf zeitintensiven Bestandsanalysen vorliegen müssen. Allerdings bleibt die Verpflichtung, alle Aufgaben nach dem SGB VIII zu planen (Rn 2) und dafür hat sich seit 1990 in vielen Planungen vor Ort die folgende Vorgehensweise bewährt (detailliert bei Kreft/Falten 2003, 246 f):

- Klärung der besonderen Planungsvoraussetzungen in der Planungsregion;
- (Planungs-) Konzeptentwicklung;
- Beschluss des JHA zur Durchführung der Jugendhilfeplanung;
- Gremienbildung;
- Arbeitsphase – Berichterstellung
  (mit Sozialraumbeschreibung, Interessenerkundung/Beteiligung, Bestandserhebung/Bestandsdokumentation, Bewertung der aktuellen Praxis, Bedarfsermittlung mit Ermittlung von Handlungsbedarfen und Handlungsempfehlungen);
- Evaluation – Wirkungskontolle – Fortschreibung.

III. Zielvorgaben – Abs. 2

Abs. 2 beschreibt Ziele, die im Wege der Jugendhilfeplanung verfolgt werden sollen. In einer entwicklungsoffenen Aufzählung („insbesondere") werden **zentrale Zielvorgaben für die Planung** von Einrichtungen, Diensten und Veranstaltungen genannt. So soll Jugendhilfe orts- und bürgernah organisiert werden, ein plurales Leistungsangebot sicherstellen (vgl dazu §§ 4, 5), junge Menschen und Familien in gefährdeten Lebens- und Wohnbereichen (zB in sog. sozialen Brennpunkten, ghettoisierten Wohnsituationen, Neubaugebieten ohne ausreichende Infrastruktur) besonders fördern und dazu beitragen, dass Aufgaben in der Familie und Erwerbstätigkeit besser vereinbart werden können. Das letzte Planungsziel bezieht sich vor allem auf den Bereich der Angebote zur Förderung von Kindern in Tageseinrichtungen und in Tagespflege (§§ 22 ff). Jede Planung hat mindestens diese vier Kriterien nachvollziehbar zu berücksichtigen, weil sonst die nach § 80 vorgegebenen Planungsverpflichtungen nicht eingelöst werden (vgl auch Rn 4). **14**

Die Öffnungsklausel („insbesondere") fordert zudem dazu auf, diese Ziele durch weitere inhaltliche (zB mädchenspezifische Angebote) bzw regional differenzierte Prüfkriterien zu erweitern. Generell sind bei der Planung die **grundsätzlichen Orientierungen** des § 1 Abs. 3, des § 9 Nr. 3 (dazu Bohn 1996 und 2002) und die jeweils **aufgabenspezifischen Zielvorgaben** (vgl zB §§ 11, 13 Abs. 1) zu beachten. **15**

IV. Zusammenarbeit mit anerkannten Trägern der freien Jugendhilfe – Abs. 3

Abs. 3 fordert die Beteiligung der anerkannten Träger der freien Jugendhilfe (§ 75) bei der Planung. Die Regelung schließt sich damit an die Verpflichtung zur Zusammenarbeit des öffentlichen Trägers mit den Trägern der freien Jugendhilfe an, die bereits in anderen Bereichen des Gesetzes verpflichtend vorgeschrieben ist. Die öffentliche Jugendhilfe ist zur **Zusammenarbeit mit der freien Jugendhilfe** verpflichtet (§ 4). Sie soll die freiwillige Tätigkeit auf dem Gebiet der Jugendhilfe anregen und fördern (§ 74), wobei die Förderung von der Bereitschaft freier Träger „abhängig gemacht werden [kann],... Einrichtungen, Dienste und Veranstaltungen nach Maßgabe der Jugendhilfeplanung... anzubieten" (§ 74 Rn 25) und die Betroffenenbeteiligung zu beachten . Die Träger der öffentlichen Jugendhilfe können anerkannte Träger der freien Jugendhilfe an der Wahrnehmung anderer Aufgaben beteiligen (§ 76). **16**

Die Träger der öffentlichen Jugendhilfe haben die anerkannten **Träger der freien Jugendhilfe** „in allen Phasen ihrer Planung frühzeitig zu beteiligen". Diese **Beteiligungspflicht** ist die Konsequenz aus dem Gebot der Partnerschaft des § 4 sowie des Förderungsauftrages der öffentlichen Jugendhilfe aus § 74. Dabei reicht es nicht aus, wenn die anerkannten Träger der freien Jugendhilfe lediglich bei den Beratungen im JHA oder im LJHA über Inhalte, Ziele und Verfahren der Planung unterrichtet werden. Erfahrungsgemäß sind zu diesem Zeitpunkt wesentliche Festlegungen zum Planungskonzept verwaltungsseitig schon erfolgt. Daher ist dem Erfordernis einer „frühzeitigen" Beteiligung dadurch Rechnung zu tragen, dass anerkannte Träger der freien Jugendhilfe schon in der Phase der Konzeptentwicklung, bei der Bestimmung von Gegenstand und Umfang, der Diskussion alternativer Planungsmethoden und der Auswahl der ggf zu beauftragenden Personen oder Institutionen Mitsprachemöglichkeiten bekommen. Aus diesem Beteiligungsrecht freier Träger ergibt sich allerdings kein Vetorecht bei der Erstellung des Jugendhilfeplanes (DV-Gutachten NDV 2001, 266 f). **17**

18　Die Träger der öffentlichen Jugendhilfe sollen im Rahmen von **Arbeitsgemeinschaften** (§ 78 Rn 6) mit anerkannten bzw auch nur geförderten freien Trägern auf ein planvolles Zusammenwirken hinarbeiten. Die nach § 78 anzustrebenden **Arbeitsgemeinschaften** der Träger der öffentlichen und der freien Jugendhilfe können eine gute Basis zur kontinuierlichen und intensiven Planungskooperation sein. § 78 spricht von anerkannten Trägern der freien Jugendhilfe sowie von Trägern geförderter Maßnahmen, die in die Arbeit der anzustrebenden Arbeitsgemeinschaften einzubeziehen seien. Privat-gewerbliche Träger bleiben nach dem Wortlaut des § 78 von der Mitarbeit in Arbeitsgemeinschaften ausgeschlossen (zu den Arbeitsgemeinschaften insgesamt und zur Problematik des Trägerausschlusses vgl §§ 75 Rn 5 f, 78 insb. Rn 6 f).

V. Koordination von Planungen – Abs. 4

19　Abs. 4 fordert im Wege einer Soll-Regelung (vgl VorKap. 2 Rn 8) die Abstimmung der Jugendhilfeplanung mit örtlichen und überörtlichen Planungen in anderweitigen Regelungsbereichen. Hier besteht ein Zusammenhang zur Verpflichtung zur Zusammenarbeit des Trägers der öffentlichen Jugendhilfe mit anderen Stellen und Einrichtungen. Nach § 81 (vgl § 81 Rn 1 ff) haben die **Träger der öffentlichen Jugendhilfe** mit **anderen Stellen** und öffentlichen Einrichtungen **zusammenzuarbeiten**, deren Tätigkeit sich auf die Lebenssituation junger Menschen und ihrer Familien auswirkt. Die (beispielhafte) Aufzählung der Stellen und öffentlichen Einrichtungen macht deutlich, dass hier das **JA und das LJA** angesprochen sind. Dieser Grundsatz ist auch auf die Jugendhilfeplanung zu übertragen. Damit wird eine institutionalisierte Möglichkeit eröffnet, Jugendhilfeperspektiven in andere Politikfelder und Handlungsbereiche hineinzutragen. In einem Landkreis sind auch Gemeinden und Städte ohne eigenes JA in die Jugendhilfeplanung einzubeziehen, wenn dort Einrichtungen und Dienste der Kinder- und Jugendhilfe vorhanden sind oder aufgebaut werden sollen (Kunkel NDV 2001, 412; so auch AG KJHG Niedersachsen, § 13 Abs. 2 Satz 2; vgl Rn 5).

20　Die Regelung des Abs. 4 erfordert sowohl eine **horizontale** als auch eine **vertikale Vernetzung**. Auf horizontaler Ebene ist eine Abstimmung der unterschiedlichen Planungsbereiche von Bedeutung, da die Gestaltung positiver Lebensbedingungen für junge Menschen und Familien nicht allein mit den Mitteln der Jugendhilfe bewirkt werden kann. In diesem Zusammenhang sind zahlreiche andere Faktoren wichtig, wie etwa die Wohnsituation, die Arbeitsmarktlage oder die Versorgung mit Schulen und deren Ausstattung. Wichtig ist es in diesem Zusammenhang, die Interessen junger Menschen und ihrer Familien auch in anderen Planungsbereichen zur Geltung zu bringen. Auf vertikaler Ebene ist es erforderlich, dass die Jugendhilfeplanungen der verschiedenen Ebenen aufeinander abgestimmt sind (Wiesner/Wiesner § 80 Rn 38 f).

VI. Rechtliche Verbindlichkeit des Jugendhilfeplans

21　Aus der Aufnahme von Einrichtungen, Diensten und Veranstaltungen in die Jugendhilfeplanung und der Feststellung von Defiziten und Handlungsnotwendigkeiten (Schritte zur Bedarfsdeckung) alleine resultieren noch **keine Rechtsansprüche auf Förderung** (bzw Bestandsgarantien). Aussagen der Jugendhilfeplanung über den Bedarf und die Schritte zur Bedarfsdeckung begründen noch keine Ansprüche Dritter, weder Einzelner auf Schaffung einer Einrichtung entsprechend der Planung, noch von Trägern der freien Jugendhilfe auf Förderung (vgl hierzu und zum Folgenden Münder/Becker 2000, 207 ff). Vom Rechtscharakter her ist der Jugendhilfeplan (nur) eine fachliche bzw **fachpolitische Willensbekundung** und ein verwaltungsinternes Planungsinstrument (VG Gera 11.9.2001 – GK 1016/99.GE – ThürVBl 2002, 181 ff). Liegt eine Jugendhilfeplanung vor, so sind deren Ergebnisse (zB Bedarfsplanungen) allerdings bei Ermessensentscheidungen, so etwa bei Förderungsentscheidungen, zu berücksichtigen (vgl BVerwG 25.4.2002 – 5 C 18.01 – NDV RD 2002, 100 ff, E 116, 226 ff; Kunkel – ZfJ 2000, 414 – spricht hier von einer „Ermessensbindung durch den Jugendhilfeplan"; vgl auch Rn 23; § 74 Rn 31). Insofern kommt es hier zu einer Verzahnung zwischen Jugendhilfeplanung und Förderung (Münder 2007, 184).

22　Dies bedeutet, dass Jugendhilfeplanung zuerst eine **fachliche, fachpolitische und jugendpolitische Absichtserklärung** darstellt. Welche **Verbindlichkeit** diese Absichtserklärung bekommt, ist abhängig davon, welche Gremien über Ergebnisse der Jugendhilfeplanung beschließen. Nach § 71 Abs. 2 Nr. 2 ist Jugendhilfeplanung Angelegenheit des JHA. Mit dem Beschluss des JHA tritt zwar eine Bindung der Verwaltung und – für die Dauer des Bestandes– eine Selbstbindung des Ausschusses ein. Da der JHA seinerseits aber nach § 71 Abs. 3 nur im Rahmen der Beschlüsse der Vertretungskörperschaft handeln kann, geht die Bindungswirkung zunächst nicht über den Ausschuss hinaus (zum Verhältnis JHA – Verwaltung des Jugendamtes bzw Vertretungskörperschaft vgl §§ 70 Rn 5, 71 Rn 9).

Andererseits hat das SGB VIII das Erfordernis einer Verzahnung von **Förderungsrecht und Jugendhilfeplanung** herausgestellt. Gem. § 74 Abs. 2 Satz 1 iVm § 80 kann (nicht: muss) die Förderung von der Bereitschaft abhängig gemacht werden, Einrichtungen, Dienste und Veranstaltungen nach den Vorgaben der Jugendhilfeplanung (und unter Beachtung der in § 9 genannten Grundsätze) anzubieten (§ 74 Rn 25 ff). Allerdings können **freie Träger** der Jugendhilfe **durch die Planung nicht** darin **eingeschränkt werden**, Einrichtungen und Dienste dort zu schaffen, wo sie es für sinnvoll erachten. Das heißt, freie Träger sind weder positiv noch negativ an die Planungsergebnisse gebunden. Das SGB VIII gibt keine Antwort auf die Frage, welche Folgen aus dem **Fehlen einer Jugendhilfeplanung** für die Förderung (und Veränderungen in der kommunalen Förderungspolitik) resultieren. Nach der Rechtsprechung begründet das Fehlen einer Jugendhilfeplanung noch nicht die Rechtswidrigkeit einer Ablehnung, Streichung oder Kürzung von Fördermitteln auf der Grundlage des § 74, selbst wenn dadurch der Bestand einer Jugendhilfeeinrichtung gefährdet wird(vgl § 74 Rn 34). Demgegenüber gilt es jedoch herauszustellen, dass ohne eine Jugendhilfeplanung eine Änderung der Förderungspolitik nicht mit bedarfserheblichen Begründungen versehen werden kann, denn dies festzustellen wäre gerade eine wesentliche Aufgabe der Jugendhilfeplanung (vgl Baltz NDV 1996, 362; Preis/Steffan FuR 1993, 185, 203). Nach § 74 Abs. 3 Satz 2 iVm § 74 Abs. 3 Satz 1 hat sich die Ermessensausübung an der Befriedigung des erforderlichen Bedarfs auszurichten. Liegt eine Jugendhilfeplanung vor, wird sie indes Grundlage einer Förderungsentscheidung nach pflichtgemäßen Ermessen sein und bei der Beurteilung der Rechtmäßigkeit einer Förderungsentscheidung nach § 74 zu berücksichtigen sein (BVerwG, aaO). 23

Weiterführende Literaturhinweise:

Jordan/Schone 2000; *Münder/Becker* 2000; *Kreft/Falten* 2003.; Hopmann UJ 2005, 87.

§ 81 Zusammenarbeit mit anderen Stellen und öffentlichen Einrichtungen

Die Träger der öffentlichen Jugendhilfe haben mit anderen Stellen und öffentlichen Einrichtungen, deren Tätigkeit sich auf die Lebenssituation junger Menschen und ihrer Familien auswirkt, insbesondere mit

1. Schulen und Stellen der Schulverwaltung,
2. Einrichtungen und Stellen der beruflichen Aus- und Weiterbildung,
3. Einrichtungen und Stellen des öffentlichen Gesundheitsdienstes und sonstigen Einrichtungen des Gesundheitsdienstes,
4. den Stellen der Bundesagentur für Arbeit,
5. den Trägern anderer Sozialleistungen,
6. der Gewerbeaufsicht,
7. den Polizei- und Ordnungsbehörden,
8. den Justizvollzugsbehörden und
9. Einrichtungen der Ausbildung für Fachkräfte, der Weiterbildung und der Forschung

im Rahmen ihrer Aufgaben und Befugnisse zusammenzuarbeiten.

I. Bedeutung und Inhalt der Norm

1 Die Vorschrift normiert die **Zusammenarbeit** der Kinder- und Jugendhilfe mit anderen Leistungsträgern und Organisationen. Zusammenarbeit ist **als ein konstitutives Strukturelement** für die Gestaltung der Förderung und Hilfe zu verstehen. Dies ergibt sich aus der Grundorientierung der Kinder- und Jugendhilfe, ihre Tätigkeit nicht isoliert zu betrachten, sondern immer auch den Blick auf andere Institutionen zu haben, die mit einem anderen Auftrag und Selbstverständnis auf Kinder und Jugendliche einwirken (Querschnittsfunktion). Von besonderer Bedeutung für die Zusammenarbeit sind vor allem solche Bereiche, die eng mit der **Gestaltung der Lebenswelten junger Menschen und ihrer Familien** verbunden sind, und deren Wirken sich auf das Tätigwerden der Kinder- und Jugendhilfe bezieht oder es zumindest tangiert. Angesichts immer komplexer werdender Anforderungen an ein gelingendes Aufwachsen und der Zunahme multikomplexer Problemlagen bei Kindern und Jugendlichen, ist ein Netzwerk von Kooperationen zwingend. Ohne ein Netzwerk dürfte es in zahlreichen Fällen kaum zu adäquaten Lösungsansätzen kommen. Die Norm wendet sich ausschließlich an die öffentlichen Träger. Nur sie können zur Zusammenarbeit mit anderen Stellen verpflichtet werden. Den öffentlichen Trägern wird damit aber auch eine Initiativfunktion für das Zustandekommen des Zusammenwirkens unterschiedlicher Handlungsbereiche und Institutionen zugewiesen.

II. Verpflichtungsgrad der öffentlichen Träger

2 Es handelt sich um eine **objektiv rechtliche Verpflichtung** für die öffentlichen Träger. Es ist ihre Aufgabe sicherzustellen, dass Kinder und Jugendliche umfassende Hilfe erhalten. Angesichts der Unterschiedlichkeit in spezifischen Problemlagen junger Menschen, bedarf es oftmals einer Zusammenarbeit mit den genannten Stellen, um eine adäquate Hilfe und Förderung junger Menschen zu erreichen. Dies entspricht auch der Sozialraumorientierung der Kinder und Jugendhilfe sowie der Bereitschaft anderer Stellen, sich mehr und mehr Partnern gegenüber zu öffnen. Vorgeschrieben wird nicht, in welcher Form die Zusammenarbeit stattfinden soll. Hier ist der öffentliche Träger frei. Das ist auch sinnvoll und zweckmäßig, weil die örtlichen Bedingungen häufig sehr unterschiedlich sind. Zu unterscheiden ist zwischen dem städtischen und dem ländlichen Raum. Sinnvoll können Arbeitsgemeinschaften nach § 78 dieses Gesetzes (s. § 78 Rn 6), aber auch Arbeitskreise und andere Formen sein. In der Praxis sind Kooperationsverträge, zB zwischen Jugendhilfe und Schule, abgeschlossen worden (zB Beher u.a. 2007). Die genannten Stellen und Institutionen werden durch diese Vorschrift grundsätzlich nicht verpflichtet. Für einige dieser Bereiche ist die Zusammenarbeit mit der Kinder und Jugendhilfe aber ebenfalls gesetzlich festgeschrieben, so z.B für die Schule in Schulgesetzen der Länder, für die Polizei, für das Gesundheitswesen und teilweise für die örtlichen Arbeitsagenturen. Soweit vor Ort andere kommunale Stellen verpflichtet werden sollen, kann der Grad der Verbindlichkeit durch Entscheidungen

der Verwaltungsspitze bzw durch den Rat einer Stadt, Gemeinde oder eines Kreises oder durch Fördergrundsätze getroffen werden.

Die Verpflichtung zur Zusammenarbeit bezieht sich auch auf die überörtlichen Träger der öffentlichen Jugendhilfe. Damit sind auch die **Landesjugendämter** einbezogen. Möglichkeiten der Kooperation mit den genannten Partnern ergeben sich vor allem auf der mittleren und oberen Behördenebene. Hier sind die Bezirksregierungen (insbesondere für den schulischen Bereich), und die überörtlichen Sozialhilfeträger (bei Kindern mit Behinderungen) zu nennen. Da die LJÄ auch landespolitische Entscheidungen in der Kinder- und Jugendhilfe umsetzen, können sie die Kooperation breit anlegen. Sie haben die Chance, nicht nur Anregungen zu geben sondern selbst Initiativen zur Verbesserung der Kooperation zu starten.

Die Verpflichtung für die öffentlichen Träger gilt „im Rahmen ihrer Aufgaben und Befugnisse". Gemeint ist vor allem die Aufgabenwahrnehmung im Rahmen der Ziele und Leistungen des SGB VIII. Damit wirkt diese Pflicht auch nur bezogen auf diese Aufgabenbereiche. Die Zusammenarbeit kann sich auf die Institutionen im gesamten sozialen Raum beziehen und auch darüber hinaus. § 81 nennt daher auch Institutionen bzw Bereiche, die außerhalb des SGB angesiedelt sind, so zB die Polizei und die Justizbehörden. Damit werden auch solche Felder genannt, in denen vor Ort bereits Ansätze der Kooperation inzwischen die Regel sind. Für den Einzelfall ergeben sich Grenzen vor allem durch den Sozialdatenschutz, zB hinsichtlich der Weitergabe persönlicher Daten. Die Regeln des **besonderen Datenschutzes** nach §§ 61 ff sind besonders zu beachten.

Freie Träger werden durch diese Norm grundsätzlich nicht verpflichtet. Sie sollen aber einbezogen werden. Eine verbindliche Einbeziehung kann zB über die Jugendhilfeplanung in Verbindung mit besonderen Förderbestimmungen und auf der Grundlage von Leistungs- und Entgeltvereinbarungen nach den §§ 77 ff erreicht werden. So kann sich zB für die Leistung einer Hilfe zur Erziehung eine direkte Verpflichtung zur Zusammenarbeit mit der Schule oder mit den Arbeitsagenturen ergeben. Da freie Träger nahezu zwei Drittel aller bestehenden Angebote und Einrichtungen anbieten und damit die größte Trägergruppe darstellen (Rauschenbach/Schilling 2002), ist eine Beteiligung dieser Träger in die örtlichen und überörtlichen Kooperationsnetze unverzichtbar. Die Träger sind zT bereits über örtliche Arbeitsgemeinschaften nach § 78 einbezogen (s. zu § 78 Rn 6).

III. Bereiche der Zusammenarbeit

Die Gestaltung der Zusammenarbeit ist ein **Instrument der politischen Steuerung vor Ort**. Der Jugendhilfeausschuss kann im Rahmen von Planungsprozessen neue, zB stadtteilorientierte, Handlungsstrukturen entwickeln und dabei die Zusammenarbeit verschiedener Institutionen vorsehen. Versuche sozialräumlicher Zuschnitte, die die Zusammenarbeit stärken und die verschiedenen Bereiche zu einer organisatorischen Einheit zusammenführen sollten, haben zahlreiche Kommunen unternommen (Deinet 2004). Bei den in den Nrn. 1 bis 9 genannten Bereichen handelt es sich um den Kern der Institutionen, die sich ebenfalls mit jungen Menschen befassen. Der Begriff „insbesondere" weist darauf hin, dass die Aufzählung nicht abschließend ist. Weitere Bereiche können einbezogen werden, wenn sich dies als zweckdienlich und notwendig erweist und die Ziele der Kinder- und Jugendhilfe besser erreicht werden können. Es ist daher ein offener Katalog.

Eine **Zusammenarbeit von Jugendhilfe und Schule** findet in allen Schulformen statt. Als Partner auf dem Gebiet der Kinder- und Jugendhilfe fungieren sehr häufig die Wohlfahrtsverbände und kirchliche Organisationen, Jugendverbände, Sportvereine(Sportjugend) und Träger der Jugendsozialarbeit und die örtlichen Jugendämter (Deinet 2004). Durch den Ausbau von Ganztagsschulen ist es in allen Schulformen zu einem Zuwachs an Kooperationen gekommen(Beher u.a. 2007; Holtappels u.a. 2008). Diese dürften sich vor dem Hintergrund der Entwicklung hin zu kommunalen Bildungslandschaften(Aachener Erklärung des Deutschen Städtetages 2008, *www.deutscher Staedtetag.de*; s. auch Vor§ 11 Rn 6) eher noch ausweiten. Immer bedeutender wird die Zusammenarbeit zwischen den Tageseinrichtungen für Kinder und den Grundschulen (JMK/KMK Beschluss 2004 und Beschluss 2009). Die in den Ländern eingeführten Sprachtests und die Sprachförderung im frühen Kindesalter verstärken die Bemühungen einer engeren Kooperation. Weitere Felder sind vor allen die Arbeit mit schulmüden Jugendlichen, die Jugendsozialarbeit und die Schulsozialarbeit sowie die offene und die kulturelle Jugendarbeit.

In fast allen Schulgesetzen bestehen entsprechende Regeln für den **Schulbereich**. so Baden-Württemberg (Schulgesetz für Baden-Württemberg (SchG) – GBl., 533 – insbesondere §§ 1, 41 und 90), Bayern

(Bayerisches Gesetz über das Erziehungs- und Unterrichtswesen – Bay-EUG, insbesondere die Art. 2, 7 und 31), Berlin (Schulgesetz für das Land Berlin, insbesondere §§ 4, 5, 7 und 19); Brandenburg (Brandenburgisches Schulgesetz – BbgSchulG, insbesondere §§ 3, 9 und 18); Bremen (Bremisches Schulgesetz insbesondere die §§ 4 und 12); ansatzweise Hamburg (Hamburgisches Schulgesetz – HmbSG §§ 3 und 51); Hessen (Hessisches Schulgesetz – Schulgesetz -HSchG – insbesondere die §§ 3, 15 und 16); Mecklenburg-Vorpommern (Schulgesetz -SchulG M-V §§ 34, 40 und 59 a); Niedersachsen (Niedersächsisches Schulgesetz – NSchG – insbesondere die §§ 6 und 25), Nordrhein-Westfalen (Schulgesetz insbesondere § 5 b; hier aber auch Erlass zur Einführung der Offenen Ganztagsschule im Primärbereich von Feb. 2003); Rheinland-Pfalz (Landesgesetz über die Schulen in Rheinland-Pfalz insbesondere die §§ 19 und 26, auch hier Erlass zur Einführung von Ganztagsschulen 2003); Saarland (Gesetz zur Ordnung des Schulwesens im Saarland (Schulordnungsgesetz: SchoG, insbesondere die §§ 5 a, 20 a); Sachsen-Anhalt (ausschließlich Gemeinsamer RdErl. des Kultus – und Sozialministeriums; Schleswig-Holstein (Schleswig-Holsteinisches Schulgesetz (Schulgesetz – SchulG), insbesondere die §§ 3 und 83); Thüringen (Thüringer Schulgesetz – ThürSchulG- insbesondere die §§ 2 und 11).

9 Diese gesetzlichen Regelungen werden idR ergänzt durch entsprechende Erlasse, Verordnungen o.ä. Grundlagen der zuständigen Schulministerien. Die Verbindlichkeit zur Kooperation ist in der Praxis sehr unterschiedlich ausgeprägt. In zahlreichen Kommunen sind neue weiterführende Ansätze entstanden. In einigen Ländern sind auch von Landesseite Netzwerken initiiert worden (zB NW Regionale Netzwerke auf der Grundlage von Kooperationsverträgen zwischen dem Schulministerium und den Gebietskörperschaften; *www.schulministerium.nrw.de*). Dennoch gibt es immer wieder Grenzen und Hemmnisse. Verstärkt werden diese dadurch, dass die inhaltliche Gestaltung des Schullebens ausschließlich in der Kompetenz der Länder liegt (innere Schulangelegenheiten), die Kommune aber nur für äußere Schulangelegenheiten (Gebäude, Verwaltungsaufgaben etc.) zuständig ist. Dementsprechend fehlt es oft an **der Bereitschaft, die Schulentwicklungsplanung mit der Jugendhilfeplanung zusammenzuführen.** Kooperationsbemühungen stoßen aber auch an Grenzen. Oftmals besteht die Sorge bei den Trägern der Jugendhilfe, sie würden eher für bestimmte Zwecke instrumentalisiert und ihre Leistungen seien nur punktuell akzeptiert. Es fehlt in diesen Fällen häufig an einer klaren Vereinbarung über die Rolle und den Status der Kinder und Jugendhilfe. Neue Entwicklungen können sich durch die Schaffung kommunaler Bildungslandschaften ergeben(Deutscher Verein 2007, Mack 2008). Die Gestaltung der Zusammenarbeit wird erleichtert, wenn die Zuordnung des Schulverwaltungsamtes, des Schulamtes und des Jugendamtes unter dem Dach eines Dezernats erfolgt.

10 Die **Zusammenarbeit mit Einrichtungen der beruflichen Aus- und Weiterbildung** (Nr. 2) ist unterschiedlich ausgeprägt. Oft sind nur geringe Berührungspunkte zur Kinder- und Jugendhilfe erkennbar. Es geht vor allem um anlassbezogene Kontakte zu den Zusammenschlüssen des Handwerks und der örtlichen Wirtschaft. Kontakte bestehen vor allem auch mit den Berufskollegs. Angesichts der Bemühungen insbesondere im Feld der Jugendsozialarbeit (§ 13) bestehen zahlreiche Formen der Zusammenarbeit vor allem zwischen Jugendwerkstätten und Einrichtungen der berufsbezogenen Aus- und Weiterbildung sowie des örtlichen Handwerks. Eine solche Zusammenarbeit ist vor allem im Kontext lokaler Beschäftigungspolitik sinnvoll.

11 Das **Zusammenwirken mit dem Gesundheitsdienst und sonstigen Einrichtungen des Gesundheitsdienstes** (Nr. 3) ist inzwischen in vielen Jugendamtsbezirken zur Selbstverständlichkeit geworden. Im Kontext der frühen Prävention sind neue Modelle, zB in gemeinsamer Federführung von Jugendamt und Gesundheitsamt, entstanden. Enge Verbindungen bestehen zwischen dem ASD und Einrichtungen des öffentlichen Gesundheitsdienstes im Rahmen der Frühförderung mit der Bekämpfung von Misshandlung und sexuellem Missbrauch. Weitere Aufgabenschwerpunkte liegen in der Suchtmittelprophylaxe, insbesondere im Rahmen des Drogenmissbrauchs und der Bekämpfung der Krankheit AIDS Vielfältige Wechselbeziehungen bestehen auch im Rahmen der Kinder- und Jugendpsychiatrie. Aber auch vor dem Hintergrund der Zuständigkeit der Jugendhilfe für seelisch behinderte Kinder und Jugendliche (§ 35 a) ist Kooperation mit Fachkräften der Kinder- und Jugendpsychiatrie unverzichtbar (BMFSFJ 2009). Befördert werden Verbundsysteme durch gesetzliche Regelungen im Gesundheitsbereich, die die Einführung kommunaler Gesundheitskonferenzen ermöglichen. Forderungen nach einer konsequenteren Umsetzung der Zusammenarbeit auf diesem Gebiet hat die JMK gestellt (JMK 2005 und JFMK 2008). Wichtige Hinweise zur Zusammenarbeit geben auch die Gesundheitsberichte in einigen Ländern und Kommunen, zT auch in Form von Sonderberichten zur Gesundheit von Kindern und Jugendlichen. Auch die Bundeszentrale für gesundheitliche Aufklärung(BzgA) ist ein wichtiger Partner bei der Entwicklung von Strategien zur Gesundheitsförderung (*www.BzgA.de*).

Der **Präventionsansatz im Gesundheitsbereich** ist angesichts des umfassenden Gesundheitsbegriffs der 12
Weltgesundheitsorganisation (WHO) erheblich erweitert worden. Danach umfasst die Gesundheits-
vorsorge über medizinische Gesichtspunkte hinaus vor allem soziale, ökonomische und ökologische
Aspekte. Deutlich wird dies in der Armutsdiskussion, die auf einen eindeutigen Zusammenhang zwischen Armut und Gesundheit hinweist (Butterwege 2000). Die Erfahrungen aus dem Modellprojekt
„Soziale Frühwarnsysteme" in Nordrhein-Westfalen (MGSFF 2005) und des bundesweit angelegten
Nationalen Zentrums Frühe Hilfen (*www.fruehehilfen.de*) zeigen zudem, dass eine systematische Kooperation in Form eines Verbundes die erforderliche Multiprofessionalität in der Prävention sichern
hilft. Hierzu gehört auch der Kontakt zu den örtlich ansässigen Kinder- und Jugendärzten. Damit
verbindet sich auch die Hoffnung, dass die Zahl der Interventionen zu späteren Zeitpunkten reduzier-
bar sein kann.

Die **Zusammenarbeit mit den Stellen der Bundesagentur für Arbeit (Nr. 4)** ergibt sich insbesondere in 13
der Jugendsozialarbeit und der Jugendberufshilfe. Sie sollen ihre Maßnahmen mit denen der Bundesagentur für Arbeit abstimmen (s. § 13 Rn 30 ff.). Gleiches gilt – wenn auch nicht so offensiv formuliert
- für die Agenturen für Arbeit (§ 18 Abs. 1 SGB II). Eine Pflicht zur Zusammenarbeit der Agenturen
für Arbeit mit der Kinder- und Jugendhilfe ist explizit im SGB II aber nicht aufgenommen. Sie kann
aber aus § 18 Abs. 1 SGB II abgeleitet werden. Dort ist zumindest die Zusammenarbeit mit den Trägern
der freien Wohlfahrtspflege und den Gemeinden, Kreisen und Bezirken vorgesehen. In der Praxis bestehen vielfältige Kooperationsformen, auch durch örtliche Verbundsysteme zur Bekämpfung der Jugendarbeitslosigkeit. Ansprechpartner im örtlichen Raum sind vor allem die Arbeitsgemeinschaften
(ARGEn); es können aber auch spezielle JobCenter für unter 25-Jährige sein. Da sich der Prozess der
Arbeitsmarktintegration ausschließlich auf kommunaler Ebene vollzieht, bestehen durchaus Chancen,
dass die Jugendhilfe sich mit ihren Kernkompetenzen einbringen kann (vgl NDV 2005, 397 ff). Dies
gilt nicht nur für Maßnahmen der Jugendsozialarbeit. Neue Ansätze der Zusammenarbeit ergeben sich
auch in anderen Feldern der Jugendhilfe, so zB in der Kindertagespflege zur Rekrutierung von Tagesmüttern und Tagesvätern; in der Fortbildung von Fachkräften, soweit diese in den Arbeitsmarkt integriert werden sollen.

Die **Zusammenarbeit mit Trägern anderer Sozialleistungen (Nr. 5)** ist durch das SGB IX gestärkt wor- 14
den. Wichtige andere Sozialleistungsträgern sind die Krankenkassen und der Träger der Sozialhilfe.
SGB IX nennt die Träger der Jugendhilfe als Rehabilitationsträger (§ 6 Abs. 1 Nr. 6 SGB IX). Damit
haben die Träger der Kinder- und Jugendhilfe einen direkten Leistungsbezug zu anderen Trägern, wie
zB den Rentenversicherungen. Bei der verpflichtenden Bildung von gemeinsamen Servicestellen nach
§ 23 Abs. 1 SGB IX auf örtlicher Ebene durch die Rehabilitationsträger soll die Jugendhilfe eingebunden werden. In der Praxis bedarf es aber noch einer konsequenteren Durchsetzung. Die Jugendhilfe
muss sich in die Servicestellen einbringen und ihre Beratungs- und Leistungskompetenz zur Verfügung
stellen. Berührungspunkte ergeben sich insbesondere bei der Leistungserbringung nach den jeweiligen
Spezialgesetzen, zB nach § 35 a dieses Gesetzes. Ein Zusammenwirken mit dem Sozialhilfebereich ist
häufig schon auf Grund der engen Verzahnung der Leistungen und einer oftmals bestehenden gleichen
betreuten Personengruppe selbstverständlich. Weitere Partner sind die für die Leistung des Elterngeldes
und des Kindergeldes zuständigen Stellen.

Kooperationen mit der Gewerbeaufsicht, den Polizei- und Ordnungsbehörden, den Justizvollzugsbe- 15
hörden, sind häufig anlassbezogen Die Kooperation mit der Gewerbeaufsicht konzentriert sich vor
allem auf Fragen des Jugendarbeitsschutzgesetzes und des gesetzlichen Kinder- und Jugendschutzes.
Hier geht es insbesondere um die Sicherung des Verbots von Kinderarbeit und um verbotenen Verkauf
von Alkohol, Zigaretten o. ä. Eine Kooperation mit den Polizeibehörden ergibt sich vor allem an der
Grenze zwischen Jugendhilfe und Jugendstrafrecht, im Zusammenhang mit der Bekämpfung von Dro-
genmissbrauch und der Kinder- und Jugendkriminalität. Hier bestehen aber auch bewährte Verbundsysteme, wie zB kriminalpräventive Räte. Besonders wichtig ist die Zusammenarbeit in Fragen der
Förderung der Verkehrssicherheit. Hier bestehen eingespielte Ansätze zB im Kindergarten und auch
im außerschulischen Bereich. Weitere Bereiche sind in die Zusammenarbeit einbezogen worden, so zB
im Rahmen der Fußball-Fan-Arbeit, Projekte gegen Gewalt an Schulen, Zusammenarbeit mit den
Frauenberatungsstellen zur Bekämpfung von häuslicher Gewalt u. a. Auf Länderebene sind zT Lan-
despräventionsräte entstanden (so in Schleswig-Holstein, Niedersachsen und Nordrhein-Westfalen),
die ein breites Bündnis in der Präventionsarbeit tätiger Organisationen und Einzelpersonen darstellen.

Kooperationen mit Einrichtungen der Ausbildung für Fachkräfte, der **Weiterbildung** und der **For-** 16
schung (Nr. 9) sind in den letzten Jahren bedeutsamer geworden. Die Umsetzung des Bologna-Prozes-

ses von 1999(KMK/BMBF 2007) führt auch an Fachhochschulen und Universitäten zu einer Veränderung der Studiensituation durch die Einführung von Bachelor- und Masterstudiengängen und zT der Abschaffung des Berufsanerkennungsjahres bei Sozialarbeitern und Sozialpädagogen. Von besonderer Bedeutung sind daher Kontakte zwischen der Praxis der Kinder- und Jugendhilfe und den Ausbildungsstätten der sozialpädagogischen Fachkräfte. Die Träger sind zT bei den neu eingeführten Akkreditierungsverfahren zur Anerkennung von Studiengängen eingebunden. Wachsender Fort- und Weiterbildungsbedarf ist durch neue Praxisansätze gegeben, so zB in der Aneignung von Sprachförderkompetenzen, dem sozialraumbezogenen Management, den Familienzentren, der frühen Bildung, u. ä. Hier sind auf Anregung der Praxis neue Studiengänge an den Hochschulen entstanden. In Bezug auf die Evaluation und Reflektion wird der Bereich der Praxisforschung immer wichtiger (Schäfer 2009). Mit ihr ist es möglich, die Praxis kritisch und unterstützend zu begleiten und weitergehende Lösungsansätze für praktisches Handeln zu entwickeln.

Schäfer

Sechstes Kapitel
Zentrale Aufgaben

Vorbemerkung zum 6. Kapitel

Das sechste Kapitel regelt die Aufgaben **der Länder und des Bundes** auf dem Gebiet der Kinder- und 1
Jugendhilfe. Danach beschränkt sich ihr Tätigwerden im Wesentlichen auf eine Anregungs- und Förderfunktion. Beide nehmen vor allem einen Gestaltungsanspruch wahr. Für die Länder kommt die
Unterstützungsfunktion der örtlichen Jugendämter hinzu. Bund und Länder führen idR keine eigenen
Maßnahmen in den Handlungsfeldern der Kinder- und Jugendhilfe durch. Ihre Bedeutung liegt – neben
den rechtlichen Regelungskompetenzen mit normsetzendem Charakter und der Ausfüllung bzw Umsetzung von gesetzlichen Regelungen – insbesondere in der finanziellen Förderung vor allem überörtlich bzw bundesweit tätiger Träger und Zusammenschlüsse.

Hervorzuheben ist vor allem die **politische Gestaltungsfunktion**. So ergreift der Bund bei besonders 2
zentralen jugend- und familienpolitischen Anliegen Initiativen, die sich in ihren Folgen auch für die
Kommunen, die freien Träger und die Länder auswirken (so zB Initiative zum Ausbau von Plätzen für
unter Dreijährige; Initiierung von Bündnissen für Familie; das Sonderprogramm E&C im Rahmen des
Programms „Soziale Stadt", der Kinderschutzgipfel 2008, der Bildungsgipfel 2008). Die Länder setzen
durch ihre Förderpolitik ihrerseits entsprechende Impulse. Ihnen kommt zudem eine Aufsichtsfunktion
über die kommunal organisierte Kinder- und Jugendhilfe zu. Sie haben aber kein Weisungsrecht in der
inhaltlichen Ausgestaltung der Kinder- und Jugendhilfe gegenüber den Kommunen.

Die **Zuordnung der Kinder- und Jugendhilfe** ist in den Ländern unterschiedlich geregelt. So haben 3
einige Länder eine Aufteilung der Zuständigkeit vorgenommen (zT historisch begründet) zB von Kul-
tusministerien(Jugendarbeit und Tageseinrichtungen für Kindern) und Sozialministerien(Familienhil-
fen und erzieherische Hilfen u.a.). Auch sind die **Leistungsstrukturen der Länder** kaum vergleichbar.
Zentrales Instrument der Länder zur inhaltlichen Gestaltung der Handlungsfelder der Kinder- und
Jugendhilfe sind vor allem Ausführungsgesetze zu Einzelbereichen des SGB VIII (s. § 15 Rn 4; § 26
Rn 1-3). Zur Organisation der Kinder- und Jugendhilfe bestehen nachfolgende allgemeine Ausführungsgesetze:

- **Baden-Württemberg:** Kinder- und Jugendhilfegesetz für Baden-Württemberg in der Fassung vom
  14. April 2005 (GBl., 377), zuletzt geändert durch Art. 41 Verwaltungsreform-Weiterentwick-
  lungsG vom14.10.2008 (GB L. S. 313)
- **Bayern:** Gesetz zur Ausführung des Sozialgesetzes (AGSG) vom 08.12.2006 (GVBL 26/2006 Seite
  942)
- **Berlin:** Gesetz zur Ausführung des Kinder- und Jugendhilfegesetzes (AG-KJHG vom 9. Mai 1995
  (GVBl., 300), in der Fassung der Neufassung vom 27. April 2001 (GVBl., 134) zuletzt geändert
  durch Artikel V des Gesetzes vom 23.06.2005 (GVBl. S. 322)
- **Brandenburg:** Erstes Gesetz zur Ausführung des Achten Buches des Sozialgesetzbuch – Kinder-
  und Jugendhilfe (AGKJHG) idF Bekanntmachung vom Juni 1997 (GVBl., 87), zuletzt geändert
  durch Art. 1 des Gesetzes vom 12. Juli 2007(GVBl. I. S. 118)
- **Freie und Hansestadt Bremen:** Erstes Gesetz zur Ausführung des Achten Buches – Sozialgesetzbuch: Gesetz zur Ausführung des Kinder- und Jugendhilfegesetzes im, Land Bremen (Brem AG
  KJHG) vom 17. September 1991 (Gbl., 318), zuletzt geändert durch Art. 2 des Gesetzes vom
  19. Dezember 2000 – GBl., 491, 496
- **Freie und Hansestadt Hamburg:** Hamburgisches Gesetz zur Ausführung des Achten Buches Sozialgesetzbuch -Kinder- und Jugendhilfe - (AG SGB VIII) 25. Juni 1997 (GVBl., 273), zuletzt geändert durch Gesetz vom 26. Januar 2006, HmbGBl. 2006, 32
- **Hessen:** Gesetz zur Zusammenführung und Änderung von Vorschriften der Kinder- und Jugend-
  hilfe Vom 18. Dezember 2006; Hessisches Kinder- und Jugendhilfegesetzbuch - HKJGB) (GVBL.
  2006 Teil I, S. 709)
- **Mecklenburg-Vorpommern:** Gesetz zur Ausführung des Achten Buches des Sozialgesetzbuches –
  Kinder- und Jugendhilfe – (AGKJHG-Org) vom 23. Februar 1993 (GVOBl. M-V, 158)
- **Niedersachsen:** Gesetz zur Ausführung des Kinder- und Jugendhilfegesetzes (AG KJHG) vom Fe-
  bruar 1993 (GVBl., 63), zuletzt geändert durch Art. 12 des Gesetzes vom 15. Dezember 2006
  (Nds.GVBL S.197)
- **Nordrhein-Westfalen:** Erstes Gesetz zur Ausführung des Kinder- und Jugendhilfegesetzes – AG-
  KJHG vom 12. Dezember 1990 (GV. NW, 664), zuletzt geändert durch Art. II des Gesetzes zur

frühen Bildung und Förderung von Kindern(Kinderbildungsgesetz – KiBiz) vom 25. Oktober 2007(GV. NW,)

- **Rheinland-Pfalz:** Landesgesetz zur Ausführung des Kinder- und Jugendhilfegesetzes (AGKJHG) vom 21. Dezember 1993 (GVBl., 632), zuletzt geändert durch Gesetz vom 24. März 1999 (GVBl., 95)
- **Saarland:** Erstes Gesetz zur Ausführung des Kinder- und Jugendhilfegesetzes (AG KJHG) vom 9. Juli 1993 (Amtsbl., 807)
- **Sachsen:** Ausführungsgesetz zum Sozialgesetzbuch Achtes Buch (SGB VIII) – Kinder- und Jugendhilfe – und anderer Gesetze zum Schutz der Jugend für den Freistaat Sachsen (SächsAGSGB VIII) vom 4. März 1992 (SächsGVBl., 61), zuletzt geändert durch Gesetz vom 26. Juni 1998 – SGVBl. Nr. 10, 261
- **Sachsen-Anhalt:** Kinder- und Jugendhilfegesetz des Landes Sachsen-Anhalt (KJHG-LSA) - Stand: 18. November 2005 GVBL LSA 2000, S. 236
- **Schleswig-Holstein:** Erstes Gesetz zur Ausführung des Achten Buches des Sozialgesetzbuches -Kinder- und Jugendhilfegesetz Jugendförderungsgesetz- (JuFöG) vom 5. Februar 1992 (GVOBl. Sch.-H., 158), zuletzt geändert durch Gesetz vom 19. Dezember 2000 (GVOBl. Schl.-H., 2)
- **Thüringen:** Kinder- und Jugendhilfe-Ausführungs-Gesetz ThürKJAG vom 03. Februar 2006 (GVBl., S. 36).

§ 82 Aufgaben der Länder

(1) Die oberste Landesjugendbehörde hat die Tätigkeit der Träger der öffentlichen und der freien Jugendhilfe und die Weiterentwicklung der Jugendhilfe anzuregen und zu fördern.

(2) Die Länder haben auf einen gleichmäßigen Ausbau der Einrichtungen und Angebote hinzuwirken und die Jugendämter und Landesjugendämter bei der Wahrnehmung ihrer Aufgaben zu unterstützen.

I. Sinn und Zweck der Norm

Die Länder sind für die landesweite Gestaltung der Kinder- und Jugendhilfe von zentraler Bedeutung. **1** Sie haben neben der **Gesetzgebungskompetenz** vor allem auch eine Förderkompetenz, die die Infrastruktur in der Kinder- und Jugendhilfe sichern hilft. § 82 zielt darauf ab, dass die Länder ihre Verantwortung sowohl in rechtlicher Hinsicht – als Oberste Landesjugendbehörden – als auch in politischer Hinsicht wahrnehmen. Die in den Abs. 1 und 2 genannten Aufgaben zielen darauf ab, dass die Leistungsstruktur der Kinder- und Jugendhilfe den aktuellen Anforderungen entspricht und auf gesellschaftliche Veränderungen fachlich reagieren kann.

II. Oberste Landesjugendbehörde, Aufgaben

1. Zuordnung

Die **Oberste Landesjugendbehörde (OLJB)** ist einem Ministerium (Flächenländer), einer Senatsverwal- **2** tung (Berlin, Bremen) bzw der Bürgerschaft (Hamburg) zugeordnet. Die Zuschnitte der Ressorts wechselt bisweilen zu Beginn einer neuen Legislaturperiode, so dass kein eindeutiges Bild der Zuordnung möglich ist. Aktuell sind in folgenden Ländern jeweils zwei Ressorts zuständig: Baden-Württemberg, Bayern, Niedersachsen, Rheinland-Pfalz, Sachsen, Schleswig-Holstein und Thüringen. Die klassische Zuordnung konzentriert sich bisher auf das Sozialministerium. Angesichts der engeren Verbindung zwischen Jugendhilfe und Schule und des Bedeutungsgewinns der frühkindlichen Bildung, haben einige Länder (Niedersachsen, Baden-Württemberg, Rheinland-Pfalz, Sachsen, Schleswig-Holstein und Thüringen) die Zuständigkeit für die Kindertageseinrichtungen den Kultusministerien übertragen. In Stadtstaaten nehmen die Obersten Landesjugendbehörden zT auch kommunale Aufgaben wahr. Die parlamentarische Zuordnung der Kinder- und Jugendhilfe bzw der Kinder- und Jugendpolitik liegt bei den zuständigen Fachausschüssen in den Landesparlamenten. In einigen Ländern und in den Stadtstaaten nimmt die Oberste Landesjugendbehörde auch die Funktion des Landesjugendamtes wahr (s. § 69 Rn 3).

Zur Abstimmung von Angelegenheiten der Kinder- und Jugendhilfe haben die Obersten Landesju- **3** gendbehörden der Länder die „**Arbeitsgemeinschaft der Obersten Landesjugend- und Familienbehörden (AGJF)**" gebildet, die idR zweimal im Jahr zusammenkommt. Sie berät grundsätzliche und aktuelle Fragen der Kinder- und Jugendhilfe, formuliert Empfehlungen zu spezifischen Sachfragen und stimmt länderübergreifende Belange (wie zB rechtliche Fragestellungen) ab. Darüber hinaus bereitet die AGJF die einmal jährlich stattfindende Jugend- und Familienministerkonferenz der Länder vor. Der Vorsitz und die Geschäftsstelle wechseln jährlich.

2. Aufgaben

Abs. 1 weist der Obersten Landesjugendbehörde die Verpflichtung zu, die Tätigkeit der Träger der **4** öffentlichen und freien Jugendhilfe und die Weiterentwicklung der Jugendhilfe anzuregen und zu fördern (**Anregungs- und Förderungsfunktion**). Mit Tätigkeit ist vor allem das sozialpädagogische Wirken und das Bereitstellen einer entsprechenden Infrastruktur gemeint, nicht zwingend auch die finanzielle Förderung. Denn aus dieser Verpflichtung leitet sich grundsätzlich kein genereller Rechtsanspruch von Träger oder Kommunen auf eine bestimmte finanzielle Förderung ab. Die Beteiligung des Landes an der Finanzierung der Kinder- und Jugendhilfe wird durch Ausführungsgesetze, zB für die Jugendarbeit und für die frühkindliche Bildung, geregelt (s. § 15 Rn 4 und § 26, Rn 1-3). Ihre Anregungsfunktion nehmen die OLJFB vor allem durch die Förderung von Projekten wahr, die neue Entwicklungen in der Kinder- und Jugendhilfe aufgreifen und experimentell erproben. Zugleich sind sie für bestimmte hoheitliche Aufgaben zuständig, so zB für die Erlaubnis zum Führen einer Einrichtung. Diese Aufgabe nimmt zwar das Landesjugendamt als überörtlicher Träger der öffentlichen Jugendhilfe wahr (§ 85 Abs. 2 Nr. 6), doch handelt es sich um eine Pflichtaufgabe nach Weisung.

5   Die Förderung von Aktivitäten und Trägern der Kinder- und Jugendhilfe aus Landesmittel nehmen die
     Länder im Rahmen ihrer **Förderprogramme** und auf der Grundlage von Ausführungsgesetzen wahr.
     IdR konzentrieren sich die Länder auf die Finanzierung überörtlicher und landesweiter Aktivitäten,
     ergänzen in einigen Handlungsfeldern die kommunale Förderung und sichern die Infrastruktur ab, vor
     allem bei Tageseinrichtungen für Kinder, der Kinder- und Jugendarbeit und der Familienbildung und
     Familienberatung. Die **Förderstrukturen** sind sehr unterschiedlich, weil sie nach den spezifischen Be-
     dingungen jedes Landes ausgerichtet sind. Teilweise nehmen die Länder mit ihrer Förderung auch eine
     Ausgleichsfunktion wahr, damit insbesondere Regionen, in denen die sozialen Probleme besonders
     intensiv sind, unterstützt werden können.

III. Aufgaben der Länder -Abs. 2

6   Abs. 2 nennt die Länder und nicht die OLJB als Adressaten. Damit wird deutlich, dass es sich bei den
     genannten Aufgaben auch um notwendige politische Entscheidungen handelt. Denn die Aufgaben nach
     Abs. 2 konzentrieren sich im Kern auf eine **Ausgleichsfunktion**. So haben die Länder auf einen **gleich-
     mäßigen Ausbau der Einrichtungen und Angebote** hinzuwirken. Diese Verpflichtung ist angesichts der
     häufig regional unterschiedlichen Problemdichte und den Lebenswelten von Kindern und Jugendlichen
     sowie der unterschiedlichen Finanzkraft der Kommunen besonders wichtig. Denn mit „gleichmäßigem
     Ausbau" ist zugleich der Anspruch der Daseinsvorsorge, wie er sich aus dem grundgesetzlichen Auftrag
     (Art. 20 GG) ableitet, zu realisieren. Gleichmäßig heißt aber nicht alles gleich. Es kann durchaus Un-
     terschiede in den Leistungsstrukturen geben. Gleichmäßiger Ausbau heißt, dass Angebote in allen Ju-
     gendamtsbezirken bedarfsgerecht vorhanden und für die Zielgruppen zugänglich sein müssen. Ange-
     sichts des Leistungsgefälles zwischen den Jugendämtern kommt dem Land die besondere Aufgabe zu,
     durch seine Förderpolitik für einen Ausgleich, zB von strukturbedingten Defiziten, Sorge zu tragen.
     Hierzu bedarf es auch gesetzlicher Regelungen oder finanzrelevanter Entscheidungen.

7   Abs. 2 verpflichtet die Länder, die **LJÄ und die JÄ bei der Wahrnehmung ihrer Aufgaben zu unter-
     stützen**. Die LJÄ führen über ihre Aufgaben nach § 85 hinaus idR auch Förderaufgaben der Obersten
     Landesjugendbehörden durch. Sie sind häufig die zentralen Ansprechpartner der Träger für fachliche
     Entwicklungen. Dem entspricht auch ihre **Beratungsfunktion**. Die Unterstützung der JÄ findet idR –
     neben den länderspezifischen finanziellen Ansätzen – durch Beratung, Information und einen fachli-
     chen Dialog statt. Hierzu dienen landeszentrale Fachveranstaltungen sowie Fortbildungsveranstaltun-
     gen und Beratungsansätze der LJÄ. Die Anregungs- und Förderfunktion soll so gestaltet sein, dass die
     Maßnahmen geeignet sind, auf spezifische Entwicklungen und Probleme in der Jugendhilfe vor Ort
     fachlich bzw fachpolitisch zu reagieren, so zB bei der Entwicklung von Förderschwerpunkten für Mo-
     delle und Experimente oder in Fragen der Jugendhilfeplanung u.a.m. Schwerpunkte ihrer Förderung
     sind idR die Tageseinrichtungen für Kinder, die Kinder- und Jugendarbeit, die Familienbildung und
     die Familienberatung.

§ 83 Aufgaben des Bundes, Bundesjugendkuratorium

(1) Die fachlich zuständige oberste Bundesbehörde soll die Tätigkeit der Jugendhilfe anregen und fördern, soweit sie von überregionaler Bedeutung ist und ihrer Art nach nicht durch ein Land allein wirksam gefördert werden kann.

(2) ¹Die Bundesregierung wird in grundsätzlichen Fragen der Jugendhilfe von einem Sachverständigengremium (Bundesjugendkuratorium) beraten. ²Das Nähere regelt die Bundesregierung durch Verwaltungsvorschriften.

I. Funktion und Rolle des Bundes – Abs. 1

Abs. 1 normiert die **Funktion des Bundes bei der Gestaltung der Jugendhilfe**. Er begrenzt die Tätigkeit **1** auf eine Anregungs- und Förderfunktion. Die Anregungsfunktion kann sich auf alle Ebenen der Jugendhilfe beziehen und umfasst neben allgemeinen fachlichen oder politischen Anstößen zur Weiterentwicklung der Jugendhilfe auch die Förderung von Experimenten und Modellen. Die Anregungs- und Förderungsfunktion des Bundes ist im Rahmen einer Soll-Vorschrift geregelt. Begrenzt wird die Tätigkeit des Bundes durch das Kriterium der überregionalen Bedeutung der Maßnahmen und durch die Bedingung, dass die Maßnahme nicht durch ein Land allein wirksam gefördert werden kann. Abs 1 regelt die Funktion des Bundes als oberste Bundesbehörde. Diese ist durch die Föderalismusreform nicht berührt.

Nach einer Klage der Länder Hessen und Hamburg hat das BVerfG von 1967 (18.7.1967 – 2 BvF 3, **2** 4, 5, 6, 7, 8/; 2 BvR 139,140, 334, 335/62 – E 22, 180 ff),) die Förderkompetenz des Bundes grundlegend klargestellt. Das BVerfG führte hierzu aus, dass über eine Anregungsfunktion hinaus eine Förderkompetenz nur dann gegeben sei, „wenn die Bundesregierung solche Bestrebungen auf dem Gebiet der Jugendhilfe fördert, die der Aufgabe nach eindeutig bundesweiten Charakter haben. Es muss sich dabei um Bestrebungen handeln, die ihrer Art nach nicht durch ein Land allein wirksam gefördert werden können. Die Förderung von Bestrebungen auf dem Gebiet der Jugendpflege durch den Bund wäre demnach zulässig zB bei zentralen Einrichtungen, deren Wirkungsbereich sich auf das Bundesgebiet als Ganzes erstreckt. Die Förderung der internationalen Jugendbegegnungen sind originär der Aufgabenkompetenz des Bundes zuzuordnen. Eine **Förderungskompetenz regionaler oder örtlicher Bestrebungen** ist im Prinzip ausgeschlossen" (BVerfG aaO). Art. 30 GG legt eindeutig die Länderzuständigkeit zur Ausübung staatlicher Befugnisse und zur Erfüllung staatlicher Aufgaben fest. Der Bund darf durch seine Förderung nicht in deren Zuständigkeit eingreifen (Preis 1988, 425 ff).

Die **fachlich zuständige Bundesbehörde** ist aktuell das Bundesministerium für Familie, Senioren, Frau- **3** en und Jugend (BMFSFJ). Auf der parlamentarischen Ebene im Deutschen Bundestag ist der gleichnamige Ausschuss für Angelegenheiten der Jugendhilfe federführend.

Die in Abs. 1 normierte **Anregungsfunktion** realisiert sich idR durch fachliche und fachpolitische **4** Positionen bzw Empfehlungen, zB als Resümee aus Forschungsergebnissen oder Erfahrungsberichten, durch bundesweite Fachveranstaltungen und aus den Ergebnissen der Jugendberichte (s. § 84 Rn 2). Auch in der Beantwortung von parlamentarischen Anfragen, der Herausgabe eigener Publikationen zu spezifischen fachlichen Fragen sowie in der Durchführung eigener Veranstaltungen beteiligt sich der Bund an Weiterentwicklungsprozessen der Kinder- und Jugendhilfe.

II. Förderung von Maßnahmen und Trägern durch den Bund

Zentrales Förderinstrument des Bundes für die Kinder- und Jugendarbeit ist der **Kinder- und Jugend-** **5** **plan**. Er soll – im Rahmen der Kompetenz des Bundes – die Rahmenbedingungen für eine qualitativ erforderliche Leistungsstruktur auf Bundesebene gewährleisten. Gefördert werden insbesondere bundeszentrale Träger der Kinder- und Jugendhilfe, plurale Zusammenschlüsse auf dem Gebiet der Jugendhilfe und Einzelmaßnahmen, wie zB internationale Jugendbegegnungen und Einzelmaßnahmen auf dem Gebiet der politischen Jugendbildung sowie gezielte Projekte zur fachlichen Weiterentwicklung, zB auf dem Gebiet der Medienpädagogik und der kulturellen Jugendarbeit. Ein wesentliches

Anliegen ist die Entwicklung neuer Wege in der Kinder- und Jugendhilfe. Hier setzt der Bund durch die Förderung von Modellen und neuen Initiativen Akzente. Einen weiteren Schwerpunkt setzt der Bund in der Förderung der Freiwilligenarbeit auf der Grundlage der Gesetze zur Förderung des freiwilligen sozialen bzw des ökologischen Jahres.

6   Gefördert werden durch den Bund vor allem Programme und Maßnahmen der Kinder- und Jugendarbeit, **bundeszentrale Organisationen und Zusammenschlüsse der Kinder- und Jugendhilfe** sowie der Familienhilfe. Sie erhalten Mittel für ihre Personal und Sachkosten sowie für Einzelprojekte. Der Bund hat nicht nur eine Förderfunktion, er hat auch ein politisches Gestaltungsinteresse. Dies kommt u. a. in seinen besonderen Aktivitäten zum Ausdruck. Beispiele hierfür sind die Einrichtung lokaler Bündnisse für Familien; die Erstellung und Durchführung des Nationalen Aktionsplans (NAP) „Für ein kindergerechtes Deutschland 2005 bis 2010", die Förderung des Dialogs „Verantwortung Erziehung", die Förderung politischer Beteiligung junger Menschen sowie diverse Programme auf dem Gebiet des Kinderschutzes, der Jugendmedienarbeit und der Bekämpfung sexueller Gewalt bei Kindern und Jugendlichen. Zur Verbesserung und Weiterentwicklung kann der Bund auch durch neue Strukturen Impulse geben, so zB im Kinderschutz nach § 8 a dieses Gesetzes durch das Nationale Zentrum Frühe Hilfen, getragen vom DJI und der BzgA. Ein wesentliches Feld sind auch die internationalen Jugendbegegnungen (s. § 11 Rn 32). Hier fördert der Bund die sog. Zentralstellen und hat spezifische gemischte Fachausschüsse(bezogen auf das jeweilige Land) unter Beteiligung der Träger und der Länder eingerichtet.

7   Eine wichtige Funktion hat der Bund im **Verhältnis zur europäischen Ebene**. Diese hat in den letzten Jahren an Bedeutung erheblich zugenommen. Zahlreiche Programme greifen inzwischen in die Praxis der Träger der Jugendhilfe in Deutschland ein. Das bekannteste Programm ist „Jugend für Europa" welches von der Europäischen Union 1999 aufgelegt wurde. Über dieses Programm wird insbesondere das europäische Freiwilligenjahr gefördert. Aber auch andere Programme wie zB „Sokrates" etc. sind zu nutzen. Die Bundesländer haben zwar über ihre Vertretungen in Brüssel den Zugang zur europäischen Ebene, die institutionelle Vertretung wird aber über den Bund geregelt bzw zum großen Teil von ihm direkt wahrgenommen. Die Bundesländer sind durch Mitglieder der Jugendministerkonferenz und der Arbeitsgemeinschaft der obersten Landesjugend- und Familienbehörden einbezogen. Sie nehmen an den Beratungen der entsprechenden europäischen Gremien teil. Die Kommunen sind über ihre Vertretung – die Kommunalen Spitzenverbände – berücksichtigt. Die Bundesregierung unterstützt auch den **Europäischen Pakt für die Jugend,** den die EU im November 2004 beschlossen hat. Dieser Pakt fördert den Querschnittsansatz im jugendpolitischen Bereich auf EU-Ebene, die Integration jugendpolitischer Themen in die neue sozialpolitische Agenda und Maßnahmen zur besseren Vereinbarkeit von Familie und Beruf (BT-Drucks. 15/5028, 7).

8   Der Bund fördert zur wissenschaftlichen Begleitung, zur **fachlichen Weiterentwicklung** der Kinder- und Jugendhilfe, zur Sammlung von Daten aus der Lebenswelt junger Menschen und zur Reflexion gesellschaftlicher Entwicklungsprozesse das **Deutsche Jugendinstitut (DJI)**. Das DJI ist kein Ressortinstitut des Bundes. Es ist in seiner Rechtskonstruktion ein eigenständig handelndes Institut mit einer entsprechenden inneren Verantwortungsstruktur. An der fachlichen Ausrichtung und Schwerpunkten wirken die Länder, die Kommunalen Spitzenverbände und die Träger der freien Jugendhilfe verantwortlich mit, sowohl in der Mitgliederversammlung als auch im Kuratorium. Begleitet wird das DJI zudem von einem wissenschaftlichen Beirat. Das DJI begleitet die Sachverständigenkommission bei der Erstellung der Kinder- und Jugendberichte. Zudem nimmt es die Funktion als fachlich Stelle zur Bekämpfung der Kinder- und Jugendkriminalität war und führt bundesweite Untersuchungen über Entwicklungen in der Jugendhilfe durch. Die Forschungsergebnisse des DJI (*www.dji.de*) haben bei der Weiterentwicklung der Kinder- und Jugendhilfe einen beachtlichen Stellenwert. Sie dienen insbesondere den Trägern und Fachkräften zur Qualitätsentwicklung in den einzelnen Handlungsfeldern sowie dem Bund und den Ländern für neue politische Impulse in der Kinder- und Jugendhilfe.

III. Bundesjugendkuratorium – Abs. 2

9   In grundsätzlichen Fragen der Kinder- und Jugendhilfe soll sich die Bundesregierung von einem Sachverständigengremium, dem **Bundesjugendkuratorium** (BJK), beraten lassen. Diese Regelung wurde 1961 in das JWG eingefügt. Das BJK wurde durch Verwaltungsvorschrift vom 19.3.1965 errichtet. Das BJK wird von dem(r) jeweils zuständigen Bundesminister(in) für die Dauer einer Legislaturperiode berufen Die Entscheidung über die Berufung obliegt allein der Bundesregierung. Es besteht derzeit aus insgesamt 15 Mitgliedern. Die Mitglieder kommen überwiegend aus dem Bereich der Kinder- und

Jugendhilfe, aber auch aus anderen Disziplinen, wie zB Stadtentwicklung, Migration und Wissenschaft. Zentrale Aufgabe des BJK ist die Beratung der Bundesregierung in Fragen der Entwicklung in den Lebensbedingungen von Kindern, Jugendlichen und ihren Familien und den daraus erwachsenden notwendigen fachlichen Impulsen für die Gestaltung der Jugendpolitik und Jugendhilfe. Damit ist das politische Beratungsspektrum nicht auf das für Jugend zuständige Ressort begrenzt. Auch Fragen und Probleme aus anderen Politikfeldern, wie zB die Bekämpfung der Jugendarbeitslosigkeit, die in die Zuständigkeit des für Arbeit verantwortlichen Ressorts fallen, oder Fragen der Bildungsförderung, für die das Bundesbildungsministerium die Verantwortung hat, kann das BJK aufgreifen. Nach Abs. 2 Satz 2 regelt die Bundesregierung das Nähere über die Wirkungsweise des BJK durch Verwaltungsvorschrift. Diese legt insbesondere die Zahl der Mitglieder, die Dauer der Berufung und die Verfahrensnormen fest.

Das BJK wird begleitet und unterstützt durch ein Sekretariat, das beim Deutschen Jugendinstitut angesiedelt ist. Erfahrungen zeigen, dass mit diesem neuen Weg ein wichtiger Schritt in Richtung qualifizierter und teilweise auch unabhängigerer Beratungskompetenz getan wurde. Dieser Schritt entspricht auch einem anderen Wandel. Die Ergebnisse des BJK werden zT veröffentlicht (*www.bundesjugendkuratorium.de*). **10**

§ 84 Jugendbericht

(1) [1]Die Bundesregierung legt dem Deutschen Bundestag und dem Bundesrat in jeder Legislaturperiode einen Bericht über die Lage junger Menschen und die Bestrebungen und Leistungen der Jugendhilfe vor. [2]Neben der Bestandsaufnahme und Analyse sollen die Berichte Vorschläge zur Weiterentwicklung der Jugendhilfe enthalten; jeder dritte Bericht soll einen Überblick über die Gesamtsituation der Jugendhilfe vermitteln.

(2) [1]Die Bundesregierung beauftragt mit der Ausarbeitung der Berichte jeweils eine Kommission, der mindestens sieben Sachverständige (Jugendberichtskommission) angehören. [2]Die Bundesregierung fügt eine Stellungnahme mit den von ihr für notwendig gehaltenen Folgerungen bei.

1 Die Pflicht der Bundesregierung, dem Deutschen Bundestag in jeder Legislaturperiode einen **Bericht über die Lage der jungen Menschen und die Bestrebungen und Leistungen der Jugendhilfe** vorzulegen, wurde erstmals im Jahre 1961 normiert (§ 25 Abs. 2 JWG). Der Bericht wird seitdem von einer **Sachverständigenkommission** erstellt, dem die Bundesregierung ihre Stellungnahme beifügt. Diese Kommission wird von der Bundesregierung für jeden Bericht neu berufen. Abs. 1 basiert auf dieser Änderung und hat die Verpflichtung zur Vorlage eines Berichtes übernommen. Hintergrund ist die Erkenntnis, dass sinnvolle jugendpolitische Entscheidungen nur auf der Grundlage einer umfassenden Information erfolgen können. Jugendberichte sollen darüber hinaus aber auch dem Parlament Gelegenheit geben, über die Jugendpolitik der jeweiligen Bundesregierung grundsätzlich zu diskutieren. Das macht ihren jugendpolitischen Charakter aus.

2 Die Vorschrift bestimmt, dass die Berichte sich auf spezifische Themen begrenzen. Lediglich jeder dritte Bericht soll einen Überblick über die gesamte Jugendhilfe geben (Gesamtbericht). Bisher sind dreizehn **Jugendberichte** mit folgenden Themenstellungen erschienen:

1. Jugendbericht, vorgelegt 1965: „Bericht über die Lage der Jugend und die Bestrebungen auf dem Gebiet der Jugendhilfe" (BT-Drucks. IV/3515),
2. Jugendbericht, vorgelegt 1968: „Zur Situation der Mitarbeiter in der Jugendhilfe", als Anhang: „Situation der Jugend in der Bundeswehr" (BT-Drucks. V/2453),
3. Jugendbericht, vorgelegt 1972: „Aufgaben und Wirksamkeit der Jugendämter in der Bundesrepublik" (BT-Drucks. VI/3170),
4. Jugendbericht, vorgelegt 1978: „Sozialisationsprobleme der arbeitenden Jugend in der Bundesrepublik – Konsequenzen für Jugendhilfe und Jugendpolitik" (BT-Drucks. 8/2110),
5. Jugendbericht, vorgelegt 1980: „Bestrebungen und Leistungen der Jugendhilfe" – erster Gesamtbericht – (BT-Drucks. 8/3684 und 3685),
6. Jugendbericht, vorgelegt 1984: „Verbesserung der Chancengleichheit von Mädchen in der Bundesrepublik Deutschland" (BT-Drucks. 10/1007),
7. Jugendbericht, vorgelegt 1986: „Jugendhilfe und Familie – die Entwicklung familienunterstützender Leistungen der Jugendhilfe und ihre Perspektiven" (BT-Drucks. 10/6730),
8. Jugendbericht, vorgelegt 1989: „Bericht über die Bestrebungen und Leistungen der Jugendhilfe" -Gesamtbericht -(BT-Drucks. 11/6576),
9. Jugendbericht, vorgelegt 1994: „Bericht über die Situation der Kinder und Jugendlichen und die Entwicklung der Jugendhilfe in den neuen Bundesländern" (BT-Drucks. 13/70),
10. Kinder- und Jugendbericht, vorgelegt 1998: „Bericht über die Lebenssituation von Kindern und die Leistungen der Kinderhilfen in Deutschland" (BT-Drucks. 13/11368),
11. Kinder- und Jugendbericht, vorgelegt 2002: „Bericht über die Lebenssituation junger Menschen und die Leistungen der Kinder- und Jugendhilfe in Deutschland" (BT-Drucks. 8181),
12. Kinder- und Jugendbericht, vorgelegt 2005: „Bildung und Erziehung außerhalb der Schule" (BT-Drucks.15/6014),
13. Kinder- und Jugendbericht, vorgelegt 2009: „Gesundheitsbezogene Prävention und Gesundheitsförderung in der Kinder- und Jugendhilfe" (BT-Drucks. 16/12860)

Das Echo auf die Berichte sowie ihre Berücksichtigung im Deutschen Bundestag und in den Medien ist unterschiedlich. Vorrangig befassen sich die Fachöffentlichkeit und der Ausbildungs- bzw Fortbildungsbereich mit den Feststellungen und Aussagen der Berichte. Ihre Behandlung im parlamentarischen Raum ist bei allen Berichten eher zurückhaltend gewesen.

3 Dass das Instrument „Jugendbericht" sinnvoll ist, zeigt sich an den durch den Bericht gegebenen Impulse und Anstöße für die fachliche Weiterentwicklung der Kinder- und Jugendhilfe. So gilt der 3. Ju-

gendbericht heute noch als ein Lehrbuch der Jugendhilfe. Der 6. Jugendbericht hat eine Vielzahl fachlicher und jugendpolitischer Anstöße in der Frage der Mädchenförderung gegeben. Der 8. Jugendbericht, der als **Gesamtbericht** einen breiten Überblick über Veränderungen in Kindheit und Jugendphase gibt, sowie die Bestrebungen und Leistungen der Jugendhilfe sehr differenziert darstellt, ist auf breite Zustimmung der Praxis gestoßen und hat neue fachliche Anstöße gegeben. Ab dem 10. Bericht wurde der Titel um den Begriff Kinder erweitert und heißt seit dem **„Kinder- und Jugendbericht"**. Während der 10. Kinder- und Jugendbericht sich vor allem der Lage von Kindern widmete und das Thema „Armut bei Kindern" in das Bewusstsein der Öffentlichkeit vermittelte, gab der 11. Jugendbericht wesentliche Impulse für die Bildung und Erziehung in öffentlicher Verantwortung. Der 12. Kinder- und Jugendbericht zeigt insbesondere die Bildungsleistung außerschulischer Bereiche auf und hebt ihre soziale, kulturelle und bildungspolitische Bedeutung hervor. Der 13. Kinder- und Jugendbericht befasst sich va. mit der gesundheitlichen Situation junger Menschen und den Herausforderungen für eine wirksame Gesundheitsförderung in der Kinder- und Jugendhilfe. Er geht auch auf das Zusammenwirken der Kinder- und Jugendhilfe und den Öffentlichen Gesundheitsdiensten ein.

Abs. 2 verpflichtet die Bundesregierung, zur Erstellung des Jugendberichtes eine Sachverständigen- 4
kommission (**Jugendberichtskommission**) einzusetzen. Damit soll es möglich sein, je nach notwendiger thematischer Breite, auch weitere Fachdisziplinen in die Berichterstellung einzubeziehen. Angesichts der ohnehin schon gegebenen umfassenden Darstellung der Lage von Kindern und Jugendlichen entspricht dies auch dem Berichtsaufwand. Der Gesetzgeber hält daran fest, dass es sich bei dem Kinder- und Jugendbericht nicht um einen durch die Bundesregierung zu verantwortenden politischen Bericht handeln soll, sondern um einen unabhängig von ihren Einschätzungen erstellten Fachbericht. Sie ist aber nach Satz 2 verpflichtet, diesem Bericht die **Stellungnahme der Bundesregierung** einschließlich ihrer Schlussfolgerungen beizufügen. Damit kann die Bundesregierung zu den Aussagen und Feststellungen der Sachverständigen Stellung nehmen und zugleich ihre Sichtweise und Leistungen darstellen.

Siebtes Kapitel
Zuständigkeit, Kostenerstattung

Vorbemerkung zum 7. Kapitel

1 Im 7. Kapitel werden die **sachliche und örtliche Zuständigkeit** sowie die **Kostenerstattung** zwischen öffentlichen Jugendhilfeträgern geregelt. Im ersten Abschnitt wird die sachliche Zuständigkeit geregelt (§ 85). Im zweiten Abschnitt wird die örtliche Zuständigkeit für Leistungen (§§ 86 bis 86 b) sowie die Vor- und Weiterleistungspflicht normiert (§§ 86 c, 86 d), es folgen entsprechende Regelungen für die Wahrnehmung anderer Aufgaben (§§ 87 bis 87 e) und die Zuständigkeit für Leistungen im Ausland (§ 88). Im dritten Abschnitt wird die Kostenerstattung zwischen Trägern der öffentlichen Jugendhilfe geregelt (§§ 89 bis 89 h).

2 Mit der Zuständigkeit ist auch geregelt, welcher öffentliche Träger die Kosten der jeweiligen Leistungen und anderen Aufgaben zu tragen hat, da die Zuständigkeit zwingend die **Verpflichtung zur Kostentragung** mit sich bringt (Schindler 2007, Kap. 4.6. Rn 2). Für Fälle, in denen die Anknüpfung zu einer unangemessenen Belastung des zuständigen Trägers und damit nicht zu sachgerechten Ergebnissen führt, beinhalten §§ 89 ff Regelungen zur Kostenerstattung der Träger der öffentlichen Jugendhilfe untereinander. Fragen der Kostenerstattung im Verhältnis zu anderen Sozialleistungsträgern sind im SGB X geregelt.

3 Im 7. Kapitel sind die größten Veränderungen durch das 1. SGB VIII-ÄndG erfolgt. Der Gesetzgeber hat sehr schnell auf Kritik reagiert und versucht, für weitere denkbare Fallkonstellationen ausdifferenzierte Regelungen zu finden. Weitere Änderungen hat es durch das 2. SGB VIII-ÄndG, das KindRG und BeistandschaftsG sowie durch das 2. SGB XI-ÄndG gegeben. Trotz der Änderungen wird im 7. Kapitel derzeit der größte Reformbedarf im SGB VIII erkannt und bereitet das zuständige Bundesressort die Neuregelung im Rahmen eines Projekts vor (JAmt 2007, 466).

Weiterführende Literaturhinweise:

Kunkel ZfJ 2001, 361 ff, 416 ff.; *Schindler* 2007, Kap. 4.6 und 4.7.

**Erster Abschnitt
Sachliche Zuständigkeit**

§ 85 Sachliche Zuständigkeit

(1) Für die Gewährung von Leistungen und die Erfüllung anderer Aufgaben nach diesem Buch ist der örtliche Träger sachlich zuständig, soweit nicht der überörtliche Träger sachlich zuständig ist.

(2) Der überörtliche Träger ist sachlich zuständig für

1. die Beratung der örtlichen Träger und die Entwicklung von Empfehlungen zur Erfüllung der Aufgaben nach diesem Buch,
2. die Förderung der Zusammenarbeit zwischen den örtlichen Trägern und den anerkannten Trägern der freien Jugendhilfe, insbesondere bei der Planung und Sicherstellung eines bedarfsgerechten Angebots an Hilfen zur Erziehung, Eingliederungshilfen für seelisch behinderte Kinder und Jugendliche und Hilfen für junge Volljährige,
3. die Anregung und Förderung von Einrichtungen, Diensten und Veranstaltungen sowie deren Schaffung und Betrieb, soweit sie den örtlichen Bedarf übersteigen; dazu gehören insbesondere Einrichtungen, die eine Schul- oder Berufsausbildung anbieten, sowie Jugendbildungsstätten,
4. die Planung, Anregung, Förderung und Durchführung von Modellvorhaben zur Weiterentwicklung der Jugendhilfe,
5. die Beratung der örtlichen Träger bei der Gewährung von Hilfe nach den §§ 32 bis 35 a, insbesondere bei der Auswahl einer Einrichtung oder der Vermittlung einer Pflegeperson in schwierigen Einzelfällen,
6. die Wahrnehmung der Aufgaben zum Schutz von Kindern und Jugendlichen in Einrichtungen (§§ 45 bis 48 a),
7. die Beratung der Träger von Einrichtungen während der Planung und Betriebsführung,
8. die Fortbildung von Mitarbeitern in der Jugendhilfe,
9. die Gewährung von Leistungen an Deutsche im Ausland (§ 6 Abs. 3), soweit es sich nicht um die Fortsetzung einer bereits im Inland gewährten Leistung handelt,
10. die Erteilung der Erlaubnis zur Übernahme von Pflegschaften oder Vormundschaften durch einen rechtsfähigen Verein (§ 54).

(3) Für den örtlichen Bereich können die Aufgaben nach Absatz 2 Nr. 3, 4, 7 und 8 auch vom örtlichen Träger wahrgenommen werden.

(4) Unberührt bleiben die am Tage des Inkrafttretens dieses Gesetzes geltenden landesrechtlichen Regelungen, die die in den §§ 45 bis 48 a bestimmten Aufgaben einschließlich der damit verbundenen Aufgaben nach Absatz 2 Nr. 2 bis 5 und 7 mittleren Landesbehörden oder, soweit sie sich auf Kindergärten und andere Tageseinrichtungen für Kinder beziehen, unteren Landesbehörden zuweisen.

(5) Ist das Land überörtlicher Träger, so können durch Landesrecht bis zum 30. Juni 1993 einzelne seiner Aufgaben auf andere Körperschaften des öffentlichen Rechts, die nicht Träger der öffentlichen Jugendhilfe sind, übertragen werden.

Abs. 1 weist grundsätzlich dem nach Landesrecht bestimmten **örtlichen Träger** (§ 69 Abs. 1 Satz 2) die **sachliche Zuständigkeit** für die Erfüllung der Leistungen und die Wahrnehmung der anderen Aufgaben nach dem SGB VIII zu. Nur in den in Abs. 2 geregelten Fällen ist nicht der örtliche, sondern der überörtliche Träger (§ 69 Abs. 1) sachlich zuständig. Wer **überörtlicher Träger** ist, bestimmt sich ebenfalls nach jeweiligem Landesrecht (vgl § 69 Rn 2). Die Länder Berlin, Hessen, Saarland, Sachsen, Schleswig-Holstein, Thüringen haben das Landesjugendamt in die Oberste Landesjugendbehörde integriert. Niedersachsen hat das Landesjugendamt aufgelöst und die Aufgaben verschiedenen Landesbehörden zur Ausübung übertragen; Nordrhein-Westfalen und Baden-Württemberg haben kommunale LJÄ; in den anderen Ländern ist das LJA in einer Landesoberbehörde integriert. (vgl ausführlich Schäfer § 69 Rn 2). Auf Kritik ist die **Auflösung der selbstständigen LJÄ** insbesondere in Niedersachsen und Hessen gestoßen (Trenczek DVJJ-Praktikerrundbrief 9/1999, 22). **1**

Der **überörtliche Träger** bekommt nach Abs. 2 eine seinem Charakter nach beratende, fördernde, anregende und planende sachliche Zuständigkeit zugewiesen. Dies zeigt sich insbesondere darin, dass der überörtliche Träger die Verantwortung für den Ausbau der **Fachlichkeit** innerhalb der Jugendhilfe erhält, soweit dies über den Bereich eines örtlichen Trägers hinausgeht. Dieser Ausbau soll durch Be- **2** ratung und die Entwicklung neuer Jugendhilfeansätze vor Ort geleistet werden. Die Beratung erstreckt sich auf die Erfüllung der im Gesetz genannten Aufgaben und ihre methodische Umsetzung. Hierzu sind von den überörtlichen Trägern entsprechende Empfehlungen auszuarbeiten und den örtlichen Trägern der Jugendhilfe zur Verfügung zu stellen (**Nr. 1**). Diese Empfehlungskompetenz ist jedoch weder Weisungs- noch Richtlinienkompetenz.

3   Neben der Sicherung der Aufgabenerfüllung durch die öffentliche Jugendhilfe ist die Zusammenarbeit zwischen den Trägern der öffentlichen und der freien Jugendhilfe insbesondere mit dem Blick auf eine **bedarfsgerechte Entwicklung** der verschiedenen Erziehungshilfen zu fördern (**Nr. 2**). Dies erfolgt häufig und effektiv durch die Zuteilung von (Landes-)Zuschüssen (Steuerung durch Finanzzuwendung). Darüber hinaus sind deutlichere Kooperationsformen und Planungsschritte als in der Vergangenheit zu entwickeln und die Bildung von Arbeitsgemeinschaften durchzusetzen (§ 78). Besondere Bedeutung ist **Nr. 3 und 4** beizumessen, die dem überörtlichen Träger die Verantwortung für neuartige Angebote und Konzepte sowie für die Entwicklung und Durchführung von Modellvorhaben zur Weiterentwicklung der Jugendhilfe aufgeben.

4   Im Verhältnis zu diesen trägerbezogenen Aufgaben sind konkrete **Einzelfallverantwortlichkeiten** wie in **Nr. 5** (Beratung des örtlichen Trägers bei der Auswahl einer Einrichtung oder einer Pflegeperson im Rahmen der Gewährung von Hilfen zur Erziehung) oder in **Nr. 6** (Wahrnehmung von Aufgaben zum Schutz von Kindern und Jugendlichen in Einrichtungen) und der Trägerberatung bei der Planung oder der Betriebsführung von Einrichtungen in **Nr. 7** die Ausnahme.

5   Darüber hinaus werden strukturbezogene Aufgaben verankert wie zB die **Fortbildung von Mitarbeitern in der Jugendhilfe** in Nr. 8. Gerade dies hat sich als zunehmend wichtige Aufgabe des überörtlichen Trägers herausgebildet, da dieser idR leistungsstärker als der örtliche Jugendhilfeträger ist. Der überörtliche Träger vermag als regionale Institution die Erfahrungen vor Ort zu bündeln und auszuwerten. Die Mitarbeiterfortbildung ist für kleinere öffentliche und freie Träger umso wichtiger, als sie zu eigenen Qualifikationsmaßnahmen häufig weder finanziell noch personell in der Lage sind.

6   **Abs. 3** hält fest, dass Aufgaben nach Abs. 2 Nr. 3, 4, 7 und 8 auch vom örtlichen Träger wahrgenommen werden können. Wichtig ist eine Abstimmung zwischen überörtlichem und örtlichem Träger, damit unnötige Doppelleistungen bzw Widersprüche vermieden werden (Wiesner § 85 Rn 30).

7   Sollten bestehende **landesrechtliche Regelungen** eine andere sachliche Zuständigkeit vorsehen, so bleiben diese nach **Abs. 4** grundsätzlich bestehen. Darüber hinaus wird durch die Novellierung auch die Beratung der Einrichtungsträger und die Wahrnehmung der in Abs. 2 Nr. 2 bis 5 enthaltenen Aufgaben als bisher möglicher Zuständigkeitsbereich mittlerer und unterer Landesbehörden erhalten.

8   Gem. **Abs. 5** war bis zum 30.6.1993 eine **Übertragung von Aufgaben** auf andere Körperschaften des öffentlichen Rechts zulässig, obwohl diese nicht öffentliche Träger der Jugendhilfe sind.

Zweiter Abschnitt
Örtliche Zuständigkeit

Vorbemerkung zu den §§ 86–88

Die örtliche Zuständigkeit sowie die Vor- und Weiterleistungspflicht für die Erfüllung von Leistungen ist in §§ 86 bis 86 d und für die Wahrnehmung von anderen Aufgaben in §§ 87 bis 87 e geregelt. Daneben gibt es noch den Sonderfall der in § 88 normierten örtlichen Zuständigkeit bei einem Aufenthalt im Ausland.

Erster Unterabschnitt
Örtliche Zuständigkeit für Leistungen

Vorbemerkung zu den §§ 86 bis 86 d

Die örtliche Zuständigkeit ist nach folgender Systematik geregelt: Bei der Gewährung von Leistungen an Kinder, Jugendliche und Eltern findet § 86 Anwendung, nach dem primär der gewöhnliche Aufenthaltsort (gA) der Eltern maßgebend ist. Haben die Eltern verschiedene gA oder haben nicht beide einen gA, dann ist in folgender Reihenfolge der gA des personensorgeberechtigten Elternteils, des Kindes bzw Jugendlichen oder der tatsächliche Aufenthalt des Kindes oder Jugendlichen entscheidend (OVG SL 3.9.2007 – 3 Q 133/06, FEVS 59, 134). §§ 86 a und 86 b enthalten spezielle, gegenüber § 86 vorrangige Zuständigkeitsregelungen für Leistungen an junge Volljährige (§ 41) und für Leistungen in gemeinsamen Wohnformen für Mütter/Väter und Kinder (§ 19). Maßgebend ist der gA des jungen Volljährigen bzw des/der Leistungsberechtigten nach § 19 vor Beginn der Leistung. Für die Wahrnehmung anderer Aufgaben finden sich spezifische Regelungen der örtlichen Zuständigkeit in §§ 87 bis 87 e. Die gesetzlichen Vorgaben der Zuständigkeit sind zwingend. Träger der öffentlichen Jugendhilfe können von ihnen nicht abweichen, auch nicht im Wege von Vereinbarungen (DIJuF JAmt 2007, 146).

§ 86 Örtliche Zuständigkeit für Leistungen an Kinder, Jugendliche und ihre Eltern

(1) [1]Für die Gewährung von Leistungen nach diesem Buch ist der örtliche Träger zuständig, in dessen Bereich die Eltern ihren gewöhnlichen Aufenthalt haben. [2]An die Stelle der Eltern tritt die Mutter, wenn und solange die Vaterschaft nicht anerkannt oder gerichtlich festgestellt ist. [3]Lebt nur ein Elternteil, so ist dessen gewöhnlicher Aufenthalt maßgebend.

(2) [1]Haben die Elternteile verschiedene gewöhnliche Aufenthalte, so ist der örtliche Träger zuständig, in dessen Bereich der personensorgeberechtigte Elternteil seinen gewöhnlichen Aufenthalt hat; dies gilt auch dann, wenn ihm einzelne Angelegenheiten der Personensorge entzogen sind. [2]Steht die Personensorge im Fall des Satzes 1 den Eltern gemeinsam zu, so richtet sich die Zuständigkeit nach dem gewöhnlichen Aufenthalt des Elternteils, bei dem das Kind oder der Jugendliche vor Beginn der Leistung zuletzt seinen gewöhnlichen Aufenthalt hatte. [3]Hatte das Kind oder der Jugendliche im Fall des Satzes 2 zuletzt bei beiden Elternteilen seinen gewöhnlichen Aufenthalt, so richtet sich die Zuständigkeit nach dem gewöhnlichen Aufenthalt des Elternteils, bei dem das Kind oder der Jugendliche vor Beginn der Leistung zuletzt seinen tatsächlichen Aufenthalt hatte. [4]Hatte das Kind oder der Jugendliche im Fall des Satzes 2 während der letzten sechs Monate vor Beginn der Leistung bei keinem Elternteil einen gewöhnlichen Aufenthalt, so ist der örtliche Träger zuständig, in dessen Bereich das Kind oder der Jugendliche vor Beginn der Leistung zuletzt seinen gewöhnlichen Aufenthalt hatte; hatte das Kind oder der Jugendliche während der letzten sechs Monate keinen gewöhnlichen Aufenthalt, so richtet sich die Zuständigkeit nach dem tatsächlichen Aufenthalt des Kindes oder des Jugendlichen vor Beginn der Leistung.

(3) Haben die Elternteile verschiedene gewöhnliche Aufenthalte und steht die Personensorge keinem Elternteil zu, so gilt Absatz 2 Satz 2 und 4 entsprechend.

(4) [1]Haben die Eltern oder der nach den Absätzen 1 bis 3 maßgebliche Elternteil im Inland keinen gewöhnlichen Aufenthalt, oder ist ein gewöhnlicher Aufenthalt nicht feststellbar, oder sind sie verstorben, so richtet sich die Zuständigkeit nach dem gewöhnlichen Aufenthalt des Kindes oder des Jugendlichen vor Beginn der Leistung. [2]Hatte das Kind oder der Jugendliche während der letzten sechs Monate vor Beginn der Leistung keinen gewöhnlichen Aufenthalt, so ist der örtliche Träger zuständig, in dessen Bereich sich das Kind oder der Jugendliche vor Beginn der Leistung tatsächlich aufhält.

(5) [1]Begründen die Elternteile nach Beginn der Leistung verschiedene gewöhnliche Aufenthalte, so wird der örtliche Träger zuständig, in dessen Bereich der personensorgeberechtigte Elternteil seinen gewöhnlichen Aufenthalt hat; dies gilt auch dann, wenn ihm einzelne Angelegenheiten der Personensorge entzogen sind. [2]Solange die Personensorge beiden Elternteilen gemeinsam oder keinem Elternteil zusteht, bleibt die bisherige Zuständigkeit bestehen. [3]Absatz 4 gilt entsprechend.

(6) [1]Lebt ein Kind oder ein Jugendlicher zwei Jahre bei einer Pflegeperson und ist sein Verbleib bei dieser Pflegeperson auf Dauer zu erwarten, so ist oder wird abweichend von den Absätzen 1 bis 5 der örtliche Träger zuständig, in dessen Bereich die Pflegeperson ihren gewöhnlichen Aufenthalt hat. [2]Er hat die Eltern und, falls den Eltern die Personensorge nicht oder nur teilweise zusteht, den Personensorgeberechtigten über den Wechsel der Zuständigkeit zu unterrichten. [3]Endet der Aufenthalt bei der Pflegeperson, so endet die Zuständigkeit nach Satz 1.

(7) [1]Für Leistungen an Kinder oder Jugendliche, die um Asyl nachsuchen oder einen Asylantrag gestellt haben, ist der örtliche Träger zuständig, in dessen Bereich sich die Person vor Beginn der Leistung tatsächlich aufhält; geht der Leistungsgewährung eine Inobhutnahme voraus, so bleibt die nach § 87 begründete Zuständigkeit bestehen. [2]Unterliegt die Person einem Verteilungsverfahren, so richtet sich die örtliche Zuständigkeit nach der Zuweisungsentscheidung der zuständigen Landesbehörde; bis zur Zuweisungsentscheidung gilt Satz 1 entsprechend. [3]Die nach Satz 1 oder 2 begründete örtliche Zuständigkeit bleibt auch nach Abschluss des Asylverfahrens so lange bestehen, bis die für die Bestimmung der örtlichen Zuständigkeit maßgebliche Person einen gewöhnlichen Aufenthalt im Bereich eines anderen Trägers der öffentlichen Jugendhilfe begründet. [4]Eine Unterbrechung der Leistung von bis zu drei Monaten bleibt außer Betracht.

I. Allgemeines

§ 86 regelt die örtliche Zuständigkeit für Leistungen an Kinder, Jugendliche und ihre Eltern. Anknüp- **1** fungspunkt für die Bestimmung der örtlichen Zuständigkeit ist vorrangig der **gewöhnliche Aufenthalt** (gA) der Eltern (OVG SL 3.9.2007 – 3 Q 133/06, FEVS 59, 134). Sinn und Zweck der Bezugnahme auf die Eltern für die Zuordnung der Zuständigkeit ist, die notwendige Zusammenarbeit mit den Eltern sicherzustellen und die Zugehörigkeit des Kindes zur Familie auch für die Dauer einer stationären Unterbringung anzuerkennen (BR-Drucks. 503/89, 101). Aufgrund der Anknüpfung der örtlichen Zuständigkeit an den gA der Eltern, ändert sich die Zuständigkeit mit dem Wechsel dieses gA. Es handelt sich mithin um eine sog. „wandernde Zuständigkeit" (OVG SL 3.9.2007 – 3 Q 133/06, FEVS 59, 134).

II. Gewöhnlicher Aufenthalt

§ 86 knüpft zur Bestimmung der örtlichen Zuständigkeit des Jugendhilfeträgers grundsätzlich am gA **2** der maßgeblichen Person(en) an. Im Sozialrecht wird der gA in § 30 Abs. 3 Satz 2 SGB I bestimmt. Danach hat jemand den **gewöhnlichen Aufenthalt** dort, wo er sich unter Umständen aufhält, die er-kennen lassen, dass er an diesem Ort oder in diesem Gebiet **nicht nur vorübergehend verweilt**. Zur Begründung eines gA iSd § 30 Abs. 3 Satz 2 SGB I ist ein dauerhafter oder längerer Aufenthalt zwar nicht erforderlich, der Betroffene muss sich jedoch an dem betreffenden Ort bis „auf weiteres" im Sinne eines zukunftsoffenen Verbleibens aufhalten (BVerwG 18.3.1999 – 5 C 11.98, FEVS 49, 434; 3.7.2003 – 5 B 211.02). Prägend sind damit das **subjektive Kriterium** des zukunftsoffenen Verbleibs und das **objektive Kriterium** der Umstände, die erkennen lassen, dass die Person an dem Ort oder in dem Gebiet nicht nur vorübergehend verweilt. Dies ist allein im Wege einer vorausschauenden Be-trachtung zu ermitteln (VGH BY 18.7.2005 – 12 B 02.1197, FEVS 57, 140). Ergibt eine später vor-genommene rückblickende Betrachtung eine abweichende Einschätzung, so ist dies unbeachtlich.

Neben dem zukunftsoffenen Verbleiben ist es zur Begründung des gA auch erforderlich, dass der Be- **3** troffene dort den **Mittelpunkt seiner Lebensbeziehungen** hat (vgl BVerwG 26.9.2002 – 5 C 46.01, FEVS 54, 198 = JAmt 2003, 151). Seinen gA hat jemand somit an dem Ort, den er bis auf weiteres und nicht nur vorübergehend oder besuchsweise zum Mittelpunkt seines Lebens gewählt hat. IdR ist dies der Ort der Wohnung, hierfür kann die polizeiliche Meldung ein Indiz sein, sie ist aber für die Bestimmung des gA nicht entscheidend. Der gA kann auch in einer Einrichtung begründet werden. Da insbesondere Zwang und Unfreiwilligkeit die Begründung eines gA nicht ausschließen (BVerwG 8.12.2006 – 5 B 65.06), kann dieser auch in einer Strafjustizanstalt begründet werden (OVG SL 3.9.2007 – 3 Q 133/06, FEVS 59, 134; Fieseler/Busch JH 2004, 336 ff). Neben dem subjektiven Willen einer Person, an einem bestimmten Ort ihren Lebensmittelpunkt zu wählen, ist es auch erforderlich, dass der Ausführung dieses Willens keine objektiven Hinderungsgründe entgegenstehen (Kunkel ZfJ 2001, 361, 363).

Bei Minderjährigen wird der gewöhnliche Aufenthalt idR durch die Personensorgeberechtigten be- **4** stimmt (BVerwG 26.9.2002 – 5 C 46.01, 5 B 37/01 – FEVS 54, 198 = JAmt 2003, 151). Kinder und Jugendliche können jedoch auch hiervon abweichend einen eigenen gA begründen. Die **Begründung** eines **gewöhnlichen Aufenthalts** iSv § 30 Abs. 3 Satz 2 SGB I bzw die Anwendung von § 86 Abs. 4 Satz 1 setzt **auch bei minderjährigen Kindern** eine **tatsächliche Aufenthaltsnahme voraus** (VGH BW 22.4.2008 – 9 S 2278/07, EuG 2008, 367); diese Voraussetzung kann nicht durch den bloßen Willen eines personensorgeberechtigten Elternteils, an diesem Ort einen gA für das Kind zu begründen, oder entsprechende objektive Vorbereitungshandlungen (etwa Anmietung und Einrichtung einer Wohnung; melderechtliche Anmeldung) ersetzt werden (BVerwG 26.9.2002 aaO; VGH BW 22.4.2008 aaO).

Auch **ausländische Minderjährige** (zB unbegleitete minderjährige Flüchtlinge) können einen gA in der **5** Bundesrepublik begründen (BSG SozR 5870 § 1 Nr. 6; LSG Darmstadt InfAuslR 1987, 187; BSGE 63, 47; OVG NRW – 27.8.1998 – 16 A 3477/97, ZfJ 1998, 467). Bezüglich der Begründung des gA werden

Ausländer nicht grundsätzlich anders als Deutsche behandelt. Zur Situation bei Asylbewerbern vgl § 6 Rn 23 ff.

III. Bestimmung der örtlichen Zuständigkeit

1. GA beider Eltern im Bereich desselben öffentlichen Trägers – Abs. 1

6   **Abs. 1 Satz 1** regelt die örtliche Zuständigkeit für den Fall, dass **beide Eltern** im Bereich **desselben öffentlichen Trägers wohnen**, unabhängig von der Frage, ob sie zusammen wohnen, ob ihnen das Sorgerecht gemeinsam zusteht, und unabhängig davon, wo das Kind seinen Aufenthalt hat (VGH BY 6.9.2006 – 12 BV 04.3588). **Satz 2** regelt den Fall, dass die Eltern nicht miteinander verheiratet sind und die Vaterschaft nicht feststeht. **Satz 3** regelt den Fall, dass nur noch ein Elternteil lebt (DIJuF JAmt 2005, 565).

2. GA der Eltern in den Bereichen unterschiedlicher öffentlicher Träger – Abs. 2

7   **Abs. 2** regelt Situationen, in denen die Eltern **verschiedene gewöhnliche Aufenthalte** begründet haben und zumindest ein Elternteil personensorgeberechtigt ist. **Satz 1** betrifft den Fall, dass nur ein Elternteil die Personensorge hat. Hier ist das JA örtlich zuständig, in dessen Bereich dieser Elternteil seinen gA hat. Der Personensorge wird im Kontext der örtlichen Zuständigkeit eine besondere Bedeutung zugemessen, da der Personensorgeberechtigte die für sein Kind maßgeblichen Entscheidungen trifft und eine Zusammenarbeit des Jugendhilfeträgers mit ihm als besonders wichtig erachtet wird (VG Aachen 11.5.2004 – K 2601/00). Dies gilt auch dann, wenn dem Elternteil Teile der Personensorge entzogen sind. Auf den Umfang der verbliebenen sorgerechtlichen Befugnisse kommt es nach dem eindeutigen Wortlaut von § 86 Abs. 2 Satz 1 Halbs. 2 und dessen Sinn und Zweck einer klaren und eindeutigen Zuständigkeitsabgrenzung nicht an (VGH BW 23.3.2004 – 9 S 575/03, FEVS 56, 211 = JAmt 2004, 546). Während des Ruhens der elterlichen Sorge nach § 1674 BGB steht dem Elternteil, auf den sich die gerichtliche Feststellung bezieht, die Personensorge jedoch iSv § 86 nicht zu (VG Aachen 11.5.2004 – 2 K 2601/00; BVerwG 13.9.2004 – 5 B 65.04, EuG 2007, 187). Die Ausübung der tatsächlichen Alleinsorge ist gegenüber der rechtlichen gemeinsamen Sorge unbeachtlich (VGH BY 11.4.2006 – 12 ZB 05.2302). Auch der tatsächliche Aufenthalt des Kindes oder Jugendlichen ist für die Bestimmung der Zuständigkeit nach Satz 1 ohne Belang. Nach Beginn der Leistung knüpft die örtliche Zuständigkeit noch § 86 Abs. 2 Satz 1 Halbs. 1 auch im Fall einer späteren Entziehung der Personensorge des allein sorgeberechtigten Elternteils weiterhin an ihm an (OVG SN 4.10.2004 – 5 B 770/03. FEVS 56, 107 = JAmt 2005, 200).

8   Die **Sätze 2 bis 4** regeln Fallkonstellationen, in denen die Eltern ein **gemeinsames Sorgerecht** aber unterschiedliche gewöhnliche Aufenthalte haben:

- Hatte das Kind oder der Jugendliche zuletzt (vor Beginn der Leistung) seinen gA bei einem Elternteil, so ist das JA, in dessen Bereich der Elternteil seinen gA hat, örtlich zuständig (Satz 2).
- Hatte das Kind oder der Jugendliche zuletzt den gA bei beiden Eltern, so kommt es auf seinen tatsächlichen Aufenthalt bei einem Elternteil vor Beginn der Leistung an (Satz 3).
- Hatte das Kind oder der Jugendliche zuletzt (6 Monate vor Beginn der Leistung) bei keinem der Eltern den gA, so ist das JA zuständig, wo es/er sich vor Beginn der Leistung gewöhnlich aufhielt (Satz 4).
- Hatte das Kind oder der Jugendliche während der letzten 6 Monate selbst keinen gA, so ist das JA für die Leistung zuständig, wo es/er sich vor Leistungsbeginn tatsächlich aufhielt.

9   Der Begriff des **tatsächlichen Aufenthalts** meint die rein physische Anwesenheit einer Person an einem bestimmten Ort. In Abgrenzung zum gA (Rn 2 ff) kommt es hierbei weder auf die (beabsichtigte) Dauer des Aufenthalts an, noch darauf, dass soziale oder familiäre Bindungen geknüpft werden.

10   An den **Beginn der Leistung** knüpft nach § 86 Abs. 2 Satz 2 bis 4 und Abs. 4 Satz 1 und 2 die Bestimmung der örtlichen Zuständigkeit. Leistung meint in diesem Zusammenhang unabhängig von der Hilfeart und -form alle Maßnahmen und Hilfen, die im Rahmen einer Gesamtbetrachtung zur Deckung eines qualitativ unveränderten, kontinuierlichen jugendhilferechtlichen Bedarfs erforderlich sind (BVerwG 29.1.2004 – 5 C 9.03, E 120, 116 = JAmt 2004, 323). Für die Anknüpfung ist maßgeblich, dass die Leistung ohne Unterbrechung gewährt worden ist (VGH BW 15.9.1997 – 9 S 174/96, FEVS 48, 131). Eine zuständigkeitsrechtlich „neue" Leistung beginnt bei einer geänderten Hilfegewährung im Rahmen eines einheitlichen, ununterbrochenen Hilfeprozesses nicht allein deswegen, weil die geänderte oder neu hinzutretende Jugendhilfemaßnahme oder ein Teil davon einer anderen Nummer des

§ 2 Abs. 2 SGB VIII zugeordnet ist (BVerwG 29.1.2004 – 5 C 9.03, E 120, 116 = JAmt 2004, 323). Hinsichtlich der Formulierung „vor Beginn der Leistung" ist bei einem Wechseln der erzieherischen Hilfe somit nicht auf die einzelne Ausgestaltungsform abzustellen, sondern auf die Jugendhilfeleistung in ihrer Gesamtheit, sofern eine Leistung ununterbrochen gewährt wurde (VGH BY 13.08.1999 – 12 B 97.2814, NDV-RD 1999, 121). Als solche Leistung kommt auch die Betreuung in einer Kindertageseinrichtung in Betracht. Auch für diesen Bereich sind die §§ 86 ff anwendbar (BVerwG 14.11.2002 – 5 C 57.01, ZfJ 2003, 338 = JH 2003, 323 m. Anm. Fischer/Mann).

Der Begriff „vor Beginn der Leistung", auf den in Abs. 2 mehrfach abgestellt wird, ist unpräzise (OVG **11** NW 13.06.2002 – 12 A 3177/00, JAmt 2002, 519 = ZfJ 2003, 74). Teilweise wird versucht, ihn punktgenau zu bestimmen, indem eine Entscheidung des öffentlichen Trägers über das Erbringen einer Leistung ab einem bestimmten Zeitpunkt oder die tatsächliche Leistungserbringung als maßgeblich für den Zeitpunkt des Beginns der Leistung erachtet wird (VGH BY 13.8.1999 – 12 B 97.2814, FEVS 51, 370; VG Hannover 8.7.2008 – 3 A 3779/05). Da es sich bei der Norm um die Regelung der Zuständigkeit handelt, ergibt sich jedoch aus dem Zusammenhang, dass es auf den Zeitpunkt ankommen muss, in dem **im Vorfeld der Leistungsgewährung die örtliche Zuständigkeit geprüft werden muss.** Dies ist dann der Fall, wenn Anlass zu einer solchen Prüfung besteht, was insbesondere bei entsprechender Antragstellung der Fall ist (DIJuF JAmt 2008, 582; Kunkel/Kunkel § 86 Rn 7). Da es in der Kinder- und Jugendhilfe nicht auf einen formellen Antrag ankommt (vgl Anhang Verfahren Rn 23 ff), besteht ohne Vorliegen eines solchen bereits Anlass zur Prüfung, wenn ein konkretes Leistungsbegehren an den Träger der öffentlichen Jugendhilfe herangetragen wird (OVG NW 13.06.2002 – 12 A 3177/00, JAmt 2002, 519 = ZfJ 2003, 74; OVG NW 12.9.2006 – 4 LA 505/04, JAmt 2007, 315; VGH BY 12.7.2006 – 12 ZB 05.804; DIJuF JAmt 2004, 530; 2008, 86; Hauck/Grube § 86 Rn 14). Da maßgebend ist, wann eine Prüfung der örtlichen Zuständigkeit stattzufinden hat und nicht, wann das JA tatsächlich tätig wird (so aber Wiesner § 86 Rn 18: Klärung des Bedarfs etwa durch Aufnahme von Hilfeplangesprächen durch das JA), kann eine verzögerte Behandlung des Falls durch das JA nicht dazu führen, dass sich der zuständigkeitsbestimmende Zeitpunkt (etwa bei einem bevorstehenden Umzug der maßgeblichen Personen) verschieben lässt. Im Falle der Selbstbeschaffung (§ 36 a Abs. 3) findet eine Prüfung der örtlichen Zuständigkeit erst nachträglich statt. Hier kommt es darauf an, welcher Träger der öffentlichen Jugendhilfe zum Zeitpunkt der Selbstbeschaffung örtlich zuständig gewesen wäre (Kunkel ZfJ 2001, 361, 362).

3. Eltern ohne Personensorgeberechtigung – Abs. 3

Abs. 3 regelt den Fall, dass das Sorgerecht keinem Elternteil zusteht und die Eltern **verschiedene gewöhnliche Aufenthalte** haben. Hier knüpft die örtliche Zuständigkeit an drei Fallkonstellationen an: **12** Entweder das Kind oder der Jugendliche hatte zuletzt vor Leistungsbeginn bei einem Elternteil seinen gA, dann bestimmt auch dies die örtliche Zuständigkeit des JA, oder es/er hatte einen eigenen gA an einem dritten Ort, der dann für die örtliche Zuständigkeit ausschlaggebend ist. Falls das Kind oder der Jugendliche überhaupt keinen gA hatte, kommt es darauf an, in welchem Jugendamtsbereich es/er sich vor Beginn der Leistung tatsächlich aufhält.

4. Kein (feststellbarer) gA der Eltern im Inland – Abs. 4

Haben die Eltern keinen gA im Inland, ist der gA nicht feststellbar oder sind sie verstorben, so wird **13** nach **Abs. 4** an den **gewöhnlichen Aufenthalt des Kindes** oder Jugendlichen vor Beginn der Leistung angeknüpft. Ist für die letzten 6 Monate vor Beginn der Leistung ein gA des Kindes oder Jugendlichen nicht feststellbar, so entscheidet der tatsächliche Aufenthalt. Die 6-Monats-Regelung bewirkt, dass der tatsächliche Aufenthaltsort eines Kindes nur in wenigen Fällen ausschlaggebend für die Begründung einer örtlichen Zuständigkeit werden kann.

5. Änderung der Zuständigkeit nach Leistungsbeginn – Abs. 5

Abs. 5 regelt den Fall der Änderung von zuständigkeitsbegründenden Kriterien nach Beginn der Leis- **14** tung (VG Hamburg 16.06.2008 – 13 K 6273/04, JAmt 2008, 382). Nach Abs. 5 verändert sich die örtliche Zuständigkeit dann, wenn **nach Leistungsbeginn** die Eltern **verschiedene gewöhnliche Aufenthalte** wählen. Hier ist dann der gA des personensorgeberechtigten Elternteils entscheidend. Dies entspricht der Regelung des Abs. 2 Satz 1. Üben die Eltern auch nach Trennung oder Scheidung das Personensorgerecht gemeinsam aus oder haben beide kein Personensorgerecht, dann bleibt nach Satz 2 die bisherige örtliche Zuständigkeit weiter bestehen (OVG NW 21.6.2007 – 12 A 3371/05, EuG

2008, 309). Diese Regelung ist dann sinnvoll, wenn ein Elternteil seinen gA beibehält, da dann die Zuständigkeit nach wie vor – wie es der grundsätzlichen Zuständigkeitsregelung entspricht – an den gA eines Elternteils anknüpft. Wechseln beide Eltern ihren gA in einen anderen als den Bereich des bisher zuständigen Trägers, so führt die Regelung des Satzes 2 dazu, dass die Zuständigkeit bei einem Träger erhalten bleibt, in dessen Bereich sich kein Elternteil mehr aufhält (Hauck/Grube § 86 Rn 26).

6. Zuständigkeit bei Dauerpflegeverhältnissen – Abs. 6

15   Abs. 6 regelt die örtliche Sonderzuständigkeit bei **Dauerpflegeverhältnissen**. Die Vorschrift ist anwendbar, wenn ein Kind oder Jugendlicher seit zwei Jahren bei einer Pflegeperson lebt und sein Verbleib bei ihr auf Dauer zu erwarten ist. Pflegeperson ist, wer ein Kind oder Jugendlichen über Tag und Nacht in seinem Haushalt aufnehmen will (§ 44). Ob eine solche Hilfe als Vollzeitpflege oder betreute Wohnform bezeichnet wird, ist unerheblich. Entscheidend ist die Einbindung des Kindes oder Jugendlichen in die Pflegefamilie (DIJuF JAmt 2008, 202; OVG NW 7.6.2005 – 12 A 2677/02, JAmt 2006, 96). Auf Anlass und innere Motive bei der Begründung des Pflegeverhältnisses kommt es nicht an, so dass weder Unentgeltlichkeit noch eine öffentliche Vermittlung gefordert werden (OVG RP 24.10.2008 – 7 A 10444/08, JAmt 2009, 92). Von einem Verbleib auf Dauer ist jedenfalls dann auszugehen, wenn eine Rückkehr des Pflegekindes zu seinen leiblichen Eltern oder einem Elternteil bis auf weiteres ausgeschlossen ist und die Pflegeperson bereit und in der Lage ist, das Kind zukunftsoffen zu betreuen (Kunkel/Kunkel § 86 Rn 51). Wenn nach Abs. 6 eine Sonderzuständigkeit aufgrund eines Dauerpflegeverhältnisses besteht, gilt sie für sämtliche Leistungen der Kinder- und Jugendhilfe (DIJuF JAmt 2007, 353; Hauck/Grube § 86 Rn 31; BT-Drucks. 13/3082, 12). Abs. 6 findet keine Anwendung für Jugendhilfeleistungen, die über den Eintritt der Volljährigkeit hinaus gewährt werden. Hier ist § 86 a vorrangig und abschließend (BVerwG 14.11.2002 – 5 C 56.01, FEVS 54, 289 = JAmt 2003, 319).

16   Ein **Zuständigkeitswechsel nach Abs. 6** erfolgt von Gesetzes wegen, wenn die Voraussetzungen vorliegen (DIJuF JAmt 2006, 31). Wird jedoch die Vollzeitpflege beendet, liegen die Voraussetzungen der Sonderzuständigkeit nicht mehr vor und kommen die Zuständigkeitsregelungen nach Abs. 1 ff zum Tragen (BVerwG 29.1.2004 – 5 C 9.03, E 120, 116 = JAmt 2004, 323; OVG SL 17.02.2006 – 3 Q 44/05, JAmt 2007, 165). Beim Zuständigkeitswechsel kommt es auf eine Übernahmeentscheidung des neu zuständigen JA nicht an (DIJuF JAmt 2002, 18, 19; 2007, 589; Krug/Grüner/Dalichau § 86 Anm. XI; Meysen NJW 2003, 3369, 3370). Das neu zuständig gewordene JA hat sich in engem zeitlichen Zusammenhang mit der Übernahme der Zuständigkeit ein eigenes Bild von dem Pflegekind und der Pflegefamilie zu verschaffen, wobei auch ein **persönlicher Kontakt zum Pflegekind** zu erfolgen hat (BGH 21.10.2004 – III ZR 254/03, NJW 2005, 68 = ZfJ 2005, 167 zur Schadensersatzpflicht aus Amtspflichtverletzung wegen unterlassenem „Antrittsbesuch"; DIJuF JAmt 2007, 589). In der Praxis treten mit diesem Zuständigkeitswechsel oft Probleme auf, weil das eingespielte Verhältnis (sowohl im Hinblick auf fachliche Fragen wie auch im Hinblick auf Fragen des Pflegegelds, vgl § 89 f Rn 2) von JA und Pflegefamilie abgebrochen wird und ein neues Verhältnis begründet werden muss, was oft zu Konflikten und Ungewissheiten führt (vgl § 39 Rn 22).

7. Zuständigkeit für asylsuchende Kinder und Jugendliche – Abs. 7

17   Abs. 7 regelt die örtliche Zuständigkeit für Leistungen an **asylsuchende Kinder und Jugendliche** (§ 6 Rn 18 ff). Wenngleich § 6 voraussetzt, dass sie ihren gA im Inland haben, wird dies über § 6 Abs. 4 vom über- und zwischenstaatlichen Recht, insbesondere dem Haager Minderjährigenschutzabkommen (MSA), überlagert (§ 6 Rn 8). Demnach sind Maßnahmen zum Schutz von Minderjährigen unabhängig von ihrer Staatszugehörigkeit zu ergreifen. Darunter fällt auch die Hilfe zur Erziehung nach dem SGB VIII (DIJuF JAmt 2008, 86). Grundsätzlich ist der Träger örtlich zuständig, in dessen Bereich sich Kind bzw Jugendlicher vor Beginn der Leistung tatsächlich aufhält (Rn 11).

18   Wird ein ausländisches Kind bzw ein ausländischer Jugendlicher nach § 42 Abs. 1 Satz 1 Nr. 3 vom JA in Obhut genommen, so bestimmt sich die örtliche Zuständigkeit nach § 87 und also dem **tatsächlichen Aufenthaltsort**. Eine so begründete örtliche Zuständigkeit bleibt bestehen. Wird ein Jugendlicher in das **Zuweisungsverfahren nach §§ 44 ff AsylVfG** einbezogen, wird damit auch über die künftige örtliche Zuständigkeit entschieden (DIJuF JAmt 2008. 86). Bis zur Zuweisung ist und bleibt der Träger örtlich zuständig, in dessen Bereich sich der Jugendliche tatsächlich aufhält. Kinder bzw Jugendliche im Alter unter 16 Jahren werden von der Zuweisungsregelung nicht erfasst. Für sie bleibt es bei der Bestimmung der örtlichen Zuständigkeit nach Abs. 7 Satz 1. Eine nach Satz 1 oder 2 begründete Zu-

ständigkeit bleibt auch nach Abschluss des Asylverfahrens (unabhängig von seinem Ergebnis) so lange bestehen, bis die Person, an deren Aufenthalt angeknüpft wird, einen anderen gA begründet. Zunächst entscheidet in solchen Fällen der tatsächliche Aufenthalt für die Bestimmung der örtlichen Zuständigkeit, erst nach Beginn bzw Beendigung eines Asylverfahrens kann sich durch die Begründung eines gA im Zuständigkeitsbereich eines anderen Trägers der öffentlichen Jugendhilfe eine andere örtliche Zuständigkeit ergeben.

§ 86a Örtliche Zuständigkeit für Leistungen an junge Volljährige

(1) Für Leistungen an junge Volljährige ist der örtliche Träger zuständig, in dessen Bereich der junge Volljährige vor Beginn der Leistung seinen gewöhnlichen Aufenthalt hat.

(2) Hält sich der junge Volljährige in einer Einrichtung oder sonstigen Wohnform auf, die der Erziehung, Pflege, Betreuung, Behandlung oder dem Strafvollzug dient, so richtet sich die örtliche Zuständigkeit nach dem gewöhnlichen Aufenthalt vor der Aufnahme in eine Einrichtung oder sonstige Wohnform.

(3) Hat der junge Volljährige keinen gewöhnlichen Aufenthalt, so richtet sich die Zuständigkeit nach seinem tatsächlichen Aufenthalt zu dem in Absatz 1 genannten Zeitpunkt; Absatz 2 bleibt unberührt.

(4) [1]Wird eine Leistung nach § 13 Abs. 3 oder nach § 21 über die Vollendung des 18. Lebensjahres hinaus weitergeführt oder geht der Hilfe für junge Volljährige nach § 41 eine dieser Leistungen, eine Leistung nach § 19 oder eine Hilfe nach den §§ 27 bis 35a voraus, so bleibt der örtliche Träger zuständig, der bis zu diesem Zeitpunkt zuständig war. [2]Eine Unterbrechung der Hilfeleistung von bis zu drei Monaten bleibt dabei außer Betracht. [3]Die Sätze 1 und 2 gelten entsprechend, wenn eine Hilfe für junge Volljährige nach § 41 beendet war und innerhalb von drei Monaten erneut Hilfe für junge Volljährige nach § 41 erforderlich wird.

1 Die Vorschrift regelt die örtliche Zuständigkeit für Leistungen an junge Volljährige. Umfasst sind davon nicht nur Leistungen nach § 41, sondern **sämtliche Leistungen**, die jungen Volljährigen auf der Grundlage des SGB VIII erbracht werden, etwa auch solche nach §§ 13 oder 21. Entscheidend ist allerdings, dass es sich um eine Leistung handelt, die unmittelbar zur Förderung bzw Unterstützung des jungen Volljährigen selbst erbracht wird. Handelt es sich dagegen um eine Leistung, für die ein junger Volljähriger in seiner Rolle als Elternteil bzw Personensorgeberechtigter anspruchsberechtigt ist, etwa im Bereich der Hilfen zur Erziehung (§ 27), so ist nicht § 86a, sondern § 86 einschlägig (Wiesner/Wiesner § 86a Rn 1). Für den Begriff „vor Beginn der Leistung" vgl § 86 Rn 10f.

2 § 86a knüpft grundsätzlich an den **gewöhnlichen Aufenthalt** (§ 86 Rn 2ff) des jungen **Volljährigen** an, den dieser vor Beginn der Leistung hatte. Durch diese Anbindung bleiben spätere Wechsel des gA außer Betracht. Mit Abs. 2 werden Einrichtungsorte vor Überlastung geschützt, indem die Zuständigkeit nach dem gA vor Aufnahme in eine Einrichtung maßgeblich ist. Bei einem Wechsel der Einrichtung ist für die Zuständigkeit der gewöhnliche Aufenthalt vor Aufnahme in die erste Einrichtung maßgeblich (Jans u.a./Reisch § 86a Rn 10 mwN).

3 Ist ein gA nicht feststellbar, so wird nach **Abs. 3** der tatsächliche Aufenthalt (§ 86 Rn 9) vor Beginn der Leistung zum Anknüpfungspunkt für die Bestimmung der örtlichen Zuständigkeit gewählt.

4 **Abs. 4** hat den Zweck, Zuständigkeitswechsel zu vermeiden. Er regelt die Fälle, in denen Jugendhilfeleistungen vor Erreichen der Volljährigkeit gewährt worden sind oder nach nur kurzzeitiger Unterbrechung weitergeführt werden. In diesen im Gesetz genannten Fällen bleibt der bisher zuständige örtliche Träger weiterhin zuständig, auch dann, wenn der Hilfeleistungsprozess bis zu 3 Monate unterbrochen war.

§ 86 b Örtliche Zuständigkeit für Leistungen in gemeinsamen Wohnformen für Mütter/Väter und Kinder

(1) [1]Für Leistungen in gemeinsamen Wohnformen für Mütter oder Väter und Kinder ist der örtliche Träger zuständig, in dessen Bereich der nach § 19 Leistungsberechtigte vor Beginn der Leistung seinen gewöhnlichen Aufenthalt hat. [2]§ 86 a Abs. 2 gilt entsprechend.

(2) Hat der Leistungsberechtigte keinen gewöhnlichen Aufenthalt, so richtet sich die Zuständigkeit nach seinem tatsächlichen Aufenthalt zu dem in Absatz 1 genannten Zeitpunkt.

(3) [1]Geht der Leistung Hilfe nach den §§ 27 bis 35 a oder eine Leistung nach § 13 Abs. 3, § 21 oder § 41 voraus, so bleibt der örtliche Träger zuständig, der bisher zuständig war. [2]Eine Unterbrechung der Hilfeleistung von bis zu drei Monaten bleibt dabei außer Betracht.

§ 86 b enthält eine spezielle Zuständigkeitsregelung für Leistungen nach § 19. Die Systematik der Regelungen entspricht der des § 86 a. Leistungsberechtigter für Leistungen nach § 19 ist der Elternteil, der mit dem Kind oder den Kindern die gemeinsame Wohnform in Anspruch nimmt. Mit dieser Vorschrift wird, ebenso wie in § 86 a Abs. 2, an den gA (§ 86 Rn 2 ff) vor Beginn der Leistung (zum Begriff § 86 Rn 10 f.) angeknüpft. Abs. 2 regelt die Zuständigkeit nach dem tatsächlichen Aufenthalt (§ 86 Rn 9), wenn der Leistungsberechtigte keinen gA hat. Abs. 3 entspricht der Regelung von § 86 a Abs. 4 und belässt die örtliche Zuständigkeit bei dem Träger, der bisher zuständig war.

§ 86 c Fortdauernde Leistungsverpflichtung beim Zuständigkeitswechsel

[1]Wechselt die örtliche Zuständigkeit, so bleibt der bisher zuständige örtliche Träger so lange zur Gewährung der Leistung verpflichtet, bis der nunmehr zuständige örtliche Träger die Leistung fortsetzt. [2]Der örtliche Träger, der von den Umständen Kenntnis erhält, die den Wechsel der Zuständigkeit begründen, hat den anderen davon unverzüglich zu unterrichten.

1   § 86 c soll **sicherstellen, dass ein Wechsel der örtlichen Zuständigkeit nicht zur Verzögerung, zum Ausschluss oder zum Ausbleiben der Jugendhilfeleistung führt.** Die Vorschrift führt nicht dazu, dass der bisher zuständige örtliche Träger seine Zuständigkeit anstelle des nach § 86 nunmehr zuständigen Trägers oder neben diesem behält (BGH 21.10.2004 – III ZR 254/03, NJW 2005, 68 = ZfJ 2005, 167; Wiesner/Wiesner § 86 c Rn 3; aA Schellhorn u.a./Schellhorn § 86 c Rn 6). Sie regelt lediglich eine Verpflichtung zur Weiterführung der Leistungsgewährung, nachdem ein anderer örtlicher Träger zuständig geworden und die Zuständigkeit des bisherigen Trägers damit weggefallen ist. Es handelt sich somit streng genommen nicht um eine Zuständigkeitsregelung.

2   Die Vorschrift kommt in erster Linie in den Fällen zur Anwendung, in denen der **Zuständigkeitswechsel** zunächst **unbemerkt** bleibt oder in denen der nach dem Wechsel der Zuständigkeit neu zuständig gewordene Träger seine **Zuständigkeit bestreitet** und daher die Hilfe nicht fortführt. Die bisherige Leistungsverpflichtung bleibt so lange bestehen, bis der nunmehr zuständige örtliche Träger tatsächlich leistet bzw feststellt, dass die inhaltlichen Voraussetzungen für die Leistungsverpflichtung nicht (mehr) bestehen (Rn 3; BVerwG 24.9.2007 – 5 B 154.07; DIJuF JAmt 2004, 419). Damit soll gewährleistet werden, dass der Leistungsberechtigte in jedem Fall die ihm zustehende Leistung erhält. § 86 d gilt hier nicht.

3   Der Wortlaut der Regelung ist insofern missverständlich, als er ohne Einschränkung von einer Verpflichtung zur Gewährung der Leistung spricht, bis der neu zuständig gewordene Träger die Leistung fortsetzt. Eine **Pflicht zur Weitergewährung der Leistung** hängt jedoch von der **materiellen Rechtslage** ab. Der neu zuständige örtliche Träger kann hier in eine neue materiell-rechtliche Prüfung eintreten und aus inhaltlichen Gründen eine Weitergewährung der Leistung ablehnen, wenn er nachweist, dass die Voraussetzungen für die Leistungsgewährung nicht mehr gegeben sind. Insofern kann die „Fortsetzung" der Leistung durch den zuständig gewordenen örtlichen Träger auch in dessen Leistungsablehnung liegen (BVerwG 14.11.2002 – 5 C 51.01, ZfJ 2003, 336). In diesem Fall besteht keine weitere Leistungsverpflichtung des zuvor zuständig gewesenen Trägers.

§ 86 d Verpflichtung zum vorläufigen Tätigwerden

Steht die örtliche Zuständigkeit nicht fest oder wird der zuständige örtliche Träger nicht tätig, so ist der örtliche Träger vorläufig zum Tätigwerden verpflichtet, in dessen Bereich sich das Kind oder der Jugendliche, der junge Volljährige oder bei Leistungen nach § 19 der Leistungsberechtigte vor Beginn der Leistung tatsächlich aufhält.

Ebenso wie § 86 c hat auch die Regelung des § 86 d den Zweck, **Verzögerungen** von Jugendhilfeleistungen aufgrund von Zuständigkeitsunklarheiten oder -streitigkeiten **zu verhindern**. Auch diese Norm begründet keine Zuständigkeit, sondern regelt nur eine Verpflichtung zum Tätigwerden. Die örtliche Zuständigkeit bestimmt sich nach §§ 86 bis 86 b (§ 86 c Rn 1). § 86 d geht § 43 SGB I als lex specialis vor (VGH BY 8.8.2007 – 12 CE 07.1443). **1**

Gerade bei **Hilfen, die sofort notwendig** sind, gibt es immer wieder Schwierigkeiten, die örtliche Zuständigkeit schnell und klar zu bestimmen (OVG NW 12.9.2006 – 4 LA 505/04, JAmt 2007, 315). § 86 d bestimmt, dass es für die Verpflichtung zum vorläufigen Tätigwerden auf den tatsächlichen Aufenthalt vor Leistungsbeginn ankommt (§ 86 Rn 9). Vorläufiges Tätigwerden reduziert nicht die inhaltliche Leistungsverpflichtung des öffentlichen Trägers, sondern richtet sich nach der Leistungsnotwendigkeit (Wiesner/Wiesner § 86 d Rn 5). Dem Träger, der auf der Grundlage der Norm vorläufig tätig geworden ist, steht gegenüber dem zuständigen Träger ein Kostenerstattungsanspruch nach § 89 c zu. **2**

Für die Anwendung von § 86 d ist Voraussetzung, dass die **Art der Hilfe bei Leistungserbringung feststeht**. Die Vorschrift ist nicht einschlägig, wenn nicht die Frage streitig ist, welcher Träger für eine bestimmte Hilfe örtlich zuständig ist, sondern wenn Uneinigkeit darüber besteht, wie die zu gewährende Hilfe rechtlich einzuordnen ist (OVG NW 26.4.2004 – 12 A 2598/02, JAmt 2005, 148, 565). **3**

Zweiter Unterabschnitt
Örtliche Zuständigkeit für andere Aufgaben

§ 87 Örtliche Zuständigkeit für vorläufige Maßnahmen zum Schutz von Kindern und Jugendlichen

Für die Inobhutnahme eines Kindes oder eines Jugendlichen (§ 42) ist der örtliche Träger zuständig, in dessen Bereich sich das Kind oder der Jugendliche vor Beginn der Maßnahme tatsächlich aufhält.

1   Die vorläufige Schutzmaßnahme der **Inobhutnahme** (§ 42) erfolgt durch die örtlichen Jugendhilfeträger. Mit § 87 wird hierfür eine Sonderregelung der örtlichen Zuständigkeit normiert, da schnelles Handeln notwendig ist und langwierige Klärungsprozesse zur Frage der örtlichen Zuständigkeit vermieden werden müssen. Demnach ist beim Vorliegen der Voraussetzungen derjenige örtliche Jugendhilfeträger zur Inobhutnahme verpflichtet, in dessen Bereich sich das Kind oder der Jugendliche **vor Beginn** der Schutzgewährung **tatsächlich** aufhält (DIJuF JAmt 2007, 146). Das ist der Ort, an dem das Kind oder der Jugendliche um Inobhutnahme bittet, die Gefährdung festgestellt oder die Einreise eines unbegleiteten minderjährigen Flüchtlings bemerkt wird.

2   Die Sonderzuständigkeit gilt auch, wenn der Bezirk des Heimatjugendamts nur wenige Kilometer entfernt sein sollte. Nach strenger Wortlautauslegung müsste dies auch den Fall umfassen, wenn sich das Verwaltungsgebäude eines Landkreis-JA auf dem Gebiet einer angrenzenden (bzw im Landkreis gelegenen) kreisfreien Stadt befindet und das Kind oder der Jugendliche zB während einer dort stattfindenden Beratung um Inobhutnahme bittet. Das Kind bzw der Jugendliche befindet sich auf dem Gebiet des anderen Trägers, so dass dessen Zuständigkeit gegeben wäre. Notwendig wäre insoweit ein Vorgehen im Rahmen der Amtshilfe (§ 3 SGB X). Da ein solches Vorgehen dem **Zweck der schnellen Krisenintervention** widerspräche und zudem auch im Hinblick auf den dann vorzunehmenden Kostenausgleich nach § 89 b unsinnig wäre, erfolgt in diesem Fall die Inobhutnahme durch den für die Beratung zuständigen Jugendhilfeträger. Grundsätzlich kann jedoch auch die Zuständigkeit bei einer Inobhutnahme ebenso wenig unter Trägern der öffentlichen Jugendhilfe abgesprochen werden wie bei Leistungen (DIJuF JAmt 2007, 146).

3   Das nach § 87 zuständige JA trägt zunächst die Kosten der Inobhutnahme, hat aber nach § 89 b einen Anspruch auf **Kostenerstattung** gegen den Jugendhilfeträger, dessen Kostenverantwortung letztendlich nach dem gewöhnlichen Aufenthalt entsprechend den leistungsrechtlichen Zuständigkeitsnormen des § 86 begründet ist (DIJuF JAmt 2005, 565). Die sog. Bagatellgrenze (§ 89 f. Abs. 2) gilt in diesen Fällen nicht.

§ 87a Örtliche Zuständigkeit für Erlaubnis, Meldepflichten und Untersagung

(1) Für die Erteilung der Pflegeerlaubnis sowie deren Rücknahme oder Widerrruf (§§ 43, 44) ist der örtliche Träger zuständig, in dessen Bereich die Pflegeperson ihren gewöhnlichen Aufenthalt hat.

(2) Für die Erteilung der Erlaubnis zum Betrieb einer Einrichtung oder einer selbständigen sonstigen Wohnform sowie für die Rücknahme oder den Widerruf dieser Erlaubnis (§ 45 Abs. 1 und 2, § 48a), die örtliche Prüfung (§§ 46, 48a), die Entgegennahme von Meldungen (§ 47 Abs. 1 und 2, § 48a) und die Ausnahme von der Meldepflicht (§ 47 Abs. 3, § 48a) sowie die Untersagung der weiteren Beschäftigung des Leiters oder eines Mitarbeiters (§§ 48, 48a) ist der überörtliche Träger oder die nach Landesrecht bestimmte Behörde zuständig, in dessen oder deren Bereich die Einrichtung oder die sonstige Wohnform gelegen ist.

(3) Für die Mitwirkung an der örtlichen Prüfung (§§ 46, 48a) ist der örtliche Träger zuständig, in dessen Bereich die Einrichtung oder die selbständige sonstige Wohnform gelegen ist.

Für die Erteilung der **Pflegeerlaubnis** sowie deren Rücknahme oder Widerruf (§§ 43, 44) ist der **örtliche 1 Träger** zuständig, in dessen Bereich die **Pflegeperson** ihren **gewöhnlichen Aufenthalt** (zum Begriff § 86 Rn 2) hat. Bei einem Wechsel des gA der Pflegeperson, wechselt auch die örtliche Zuständigkeit. Da die Pflegeerlaubnis nach § 43 auf 5 Jahre befristet ist, wäre der nunmehr zuständige Träger grundsätzlich nicht unmittelbar zum Tätigwerden verpflichtet. Es ist allerdings daran zu denken, dass sich die Voraussetzungen für die Erteilung der Pflegeerlaubnis mit dem Wechsel der für die Tagespflege zur Verfügung stehenden Räumlichkeiten geändert haben. Dies wäre dem nunmehr zuständigen örtlichen Träger mitzuteilen (§ 43 Abs. 3), der dann ggf prüfen muss, ob die Voraussetzungen für die Erlaubnis weiterhin vorliegen (Schindler 2007, Kap. 4.6 Rn 43).

Für die Erteilung der Erlaubnis zum Betrieb einer **Einrichtung** oder einer **selbständigen sonstigen 2 Wohnform** sowie für die Rücknahme oder den Widerruf dieser Erlaubnis (§ 45 Abs. 1 und 2, § 48a), die örtliche Prüfung (§§ 46, 48a), die Entgegennahme von Meldungen (§ 47 Abs. 1 und 2, § 48a) und die Ausnahme von der Meldepflicht (§ 47 Abs. 3, § 48a) sowie die Untersagung der weiteren Beschäftigung des Leiters oder eines Mitarbeiters (§§ 48, 48a) ist gem. Abs. 2 der **überörtliche Träger** oder die nach Landesrecht bestimmte Behörde zuständig, in dessen oder deren Bereich die Einrichtung oder die sonstige Wohnform **gelegen** ist. Die Regelung gilt auch für die Beratung der Träger von Einrichtungen während der Planung und Betriebsführung (§ 85 Abs. 2 Nr. 7). Für die Mitwirkung an der örtlichen Prüfung (§§ 46, 48a) ist gem. Abs. 3 der **örtliche Träger** zuständig, in dessen Bereich die Einrichtung oder die selbständige sonstige Wohnform **gelegen** ist.

Es kommt bei der Ermittlung der örtlichen Zuständigkeit auf den **Standort der Einrichtung oder 3 Wohnform** an, während der Sitz des Trägers nicht maßgeblich ist (Schindler 2007, Kap. 4.6 Rn 42). Dies gilt auch, wenn die einzelne Einrichtung oder Wohnform Teil einer (in einem anderen Bereich gelegenen) Gesamteinrichtung ist (Schellhorn u.a./Schellhorn § 87a Rn 6). Für eine „Gesamteinrichtung" können also – abgestellt auf die jeweilige „Einzeleinrichtung" – mehrere verschiedene örtliche Träger zuständig sein.

§ 87 b Örtliche Zuständigkeit für die Mitwirkung in gerichtlichen Verfahren

(1) ¹Für die Zuständigkeit des Jugendamts zur Mitwirkung in gerichtlichen Verfahren (§§ 50 bis 52) gilt § 86 Abs. 1 bis 4 entsprechend. ²Für die Mitwirkung im Verfahren nach dem Jugendgerichtsgesetz gegen einen jungen Menschen, der zu Beginn des Verfahrens das 18. Lebensjahr vollendet hat, gilt § 86 a Abs. 1 und 3 entsprechend.

(2) ¹Die nach Absatz 1 begründete Zuständigkeit bleibt bis zum Abschluss des Verfahrens bestehen. ²Hat ein Jugendlicher oder ein junger Volljähriger in einem Verfahren nach dem Jugendgerichtsgesetz die letzten sechs Monate vor Abschluss des Verfahrens in einer Justizvollzugsanstalt verbracht, so dauert die Zuständigkeit auch nach der Entlassung aus der Anstalt so lange fort, bis der Jugendliche oder junge Volljährige einen neuen gewöhnlichen Aufenthalt begründet hat, längstens aber bis zum Ablauf von sechs Monaten nach dem Entlassungszeitpunkt.

(3) Steht die örtliche Zuständigkeit nicht fest oder wird der zuständige örtliche Träger nicht tätig, so gilt § 86 d entsprechend.

1 Die Zuständigkeitsregelungen des § 87 b gelten für **alle Fälle der Mitwirkung** im **gerichtlichen Verfahren** (vor dem Familien- und Jugendgericht) sowie für die Beratung und Belehrung im Adoptionsverfahren. Im Hinblick auf das **Jugendstrafverfahren** sieht Abs. 1 Satz 2 mit Verweis auf § 86 a Abs. 1 und 3 eine **Sonderregelung** für die zu Beginn des Strafverfahrens (anders als bei § 105 JGG, dort ist der Zeitpunkt der Tat entscheidend) **volljährigen jungen Menschen** vor.

2 § 87 b verweist auf die **Zuständigkeitsvorschriften für Leistungen** und knüpft damit vorrangig an den gA der Eltern (§ 86 Abs. 1 Satz 1) an bzw an den der nicht verheirateten Mutter (§ 86 Abs. 1 Satz 2), des personensorgeberechtigten Elternteils (§ 86 Abs. 2 Satz 1) usw. Erst wenn sämtliche auf die Eltern bezogene Anknüpfungspunkte fehlen, richtet sich die Zuständigkeit nach dem gA oder hilfsweise nach dem tatsächlichen Aufenthalt des Kindes oder Jugendlichen (§ 86 Abs. 4).

3 Entscheidend ist der **Zeitpunkt** des fachlich notwendigen Mitwirkungsbeginns, also nicht erst der Zeitpunkt, zu dem ein JA von den Justizbehörden informiert wird (aA Wiesner/Wiesner § 87 b Rn 3). Insb. im Hinblick auf ein jugendstrafrechtliches Verfahren hat das JA von sich aus **frühzeitig** mitzuwirken, um ggf Jugendhilfeleistungen zu initiieren und damit ein formelles Verfahren überflüssig zu machen (§ 52 Rn 51).

4 Die örtliche Zuständigkeit des JA richtet sich allein nach dem SGB VIII und ist deshalb **nicht (immer) identisch** mit der Zuständigkeit der Gerichte und sonstigen Justizbehörden (vgl § 88 Abs. 1, §§ 152 ff, 170, 187, 201, 211 FamFG; § 42 JGG; § 143 GVG). Deshalb kann uU die **Amtshilfe** (§ 3 SGB X) eines näher am Ort des Gerichtsverfahren befindlichen JA hilfreich sein. Dies sollte aber nicht mit einem Verwaltungsautomatismus erfolgen, da sich die Zuständigkeitsvorschriften des SGB VIII aus der Zielsetzung der Kinder- und Jugendhilfe begründen (Schindler 2007, Kap. 4.6 Rn 44). So ist die Kenntnis der Lebenswelt, des Lebensmittelpunkts des Kindes oder Jugendlichen und seiner Familie und den dort möglichen Hilfen und Unterstützungsleistungen wesentlich für die Kooperation mit der Justiz. Wird vom JugG eine unzuständige JGH herangezogen (zur sog. Heranziehungspflicht des Gerichts § 52 Rn 12 ff), ist dies nicht nur im Hinblick auf § 38 Abs. 3 Satz 1 JGG eine revisionsrelevante Gesetzesverletzung nach § 337 StPO, sondern gleichzeitig auch ein Verstoß gegen die richterliche Aufklärungspflicht nach § 244 Abs. 2 StPO. Dies wird bei einer entsprechenden Verfahrensrüge zu einer Urteilsaufhebung im Rahmen der Revision führen müssen (Eisenberg § 38 Rn 52; Kiehl DVJJ-J 1997, 41).

5 Nach **Abs. 2 Satz 1** bleibt im Gegensatz zur wandernden Zuständigkeit in § 86 die nach Abs. 1 einmal begründete Zuständigkeit bis zum Abschluss des Verfahrens bestehen. Damit bleibt eine **kontinuierliche Begleitung** des jungen Menschen und seiner Eltern ebenso gesichert wie die sonstige über den aktuellen Verfahrensstand informierte Mitwirkung im gerichtlichen Verfahren. Unter „Abschluss des Verfahrens" ist grundsätzlich die Verfahrensbeendigung durch rechtskräftige Entscheidung zu verstehen. Im Jugendstrafverfahren schließt es auch die Strafvollstreckung und den Vollzug mit ein.

6 Nach **Abs. 2 Satz 2** wird die Zuständigkeit des einmal zuständigen JA zur Erleichterung der Wiedereingliederung junger Strafgefangener nach der Entlassung aus dem Strafvollzug bis über den Entlassungszeitraum verlängert und zwar so lange, bis der junge Mensch einen neuen gA gefunden hat, längstens jedoch bis zum Ablauf von 6 Monaten nach dem Entlassungszeitpunkt. Voraussetzung ist, dass der junge Mensch die letzten sechs Monate vor Abschluss des Verfahrens in einer Justizvollzugs-

anstalt verbracht hat. Der **Schutz der** sog. **Einrichtungsorte** (in deren Gebiet sich ein Gefängnis befindet) ist durch die Regelung des Kostenerstattungsanspruchs nach § 89 e gesichert.

Nach **Abs. 3** werden die Regelungen zur Verpflichtung zum vorläufigen Tätigwerden nach § 86 d für   **7** entsprechend anwendbar erklärt. Dh, im Fall von Bestimmungsschwierigkeiten ist das JA zuständig, in dessen Bereich sich der junge Mensch vor Beginn des gerichtlichen Verfahrens tatsächlich aufgehalten hat. Die Kostenerstattung richtet sich dann nach § 89 c Abs. 1 Satz 2.

§ 87 c Örtliche Zuständigkeit für die Beistandschaft, die Amtspflegschaft, die Amtsvormundschaft und die Auskunft nach § 58 a

(1) [1]Für die Vormundschaft nach § 1791 c des Bürgerlichen Gesetzbuchs ist das Jugendamt zuständig, in dessen Bereich die Mutter ihren gewöhnlichen Aufenthalt hat. [2]Wurde die Vaterschaft nach § 1592 Nr. 1 oder 2 des Bürgerlichen Gesetzbuchs durch Anfechtung beseitigt, so ist der gewöhnliche Aufenthalt der Mutter zu dem Zeitpunkt maßgeblich, zu dem die Entscheidung rechtskräftig wird. [3]Ist ein gewöhnlicher Aufenthalt der Mutter nicht festzustellen, so richtet sich die örtliche Zuständigkeit nach ihrem tatsächlichen Aufenthalt.

(2) [1]Sobald die Mutter ihren gewöhnlichen Aufenthalt im Bereich eines anderen Jugendamts nimmt, hat das die Amtsvormundschaft führende Jugendamt bei dem Jugendamt des anderen Bereichs die Weiterführung der Amtsvormundschaft zu beantragen; der Antrag kann auch von dem anderen Jugendamt, von jedem Elternteil und von jedem, der ein berechtigtes Interesse des Kindes oder des Jugendlichen geltend macht, bei dem die Amtsvormundschaft führenden Jugendamt gestellt werden. [2]Die Vormundschaft geht mit der Erklärung des anderen Jugendamts auf dieses über. [3]Das abgebende Jugendamt hat den Übergang dem Familiengericht und jedem Elternteil unverzüglich mitzuteilen. [4]Gegen die Ablehnung des Antrags kann das Familiengericht angerufen werden.

(3) [1]Für die Pflegschaft oder Vormundschaft, die durch Bestellung des Familiengerichts eintritt, ist das Jugendamt zuständig, in dessen Bereich das Kind oder der Jugendliche seinen gewöhnlichen Aufenthalt hat. [2]Hat das Kind oder der Jugendliche keinen gewöhnlichen Aufenthalt, so richtet sich die Zuständigkeit nach seinem tatsächlichen Aufenthalt zum Zeitpunkt der Bestellung. [3]Sobald das Kind oder der Jugendliche seinen gewöhnlichen Aufenthalt wechselt oder im Fall des Satzes 2 das Wohl des Kindes oder Jugendlichen es erfordert, hat das Jugendamt beim Familiengericht einen Antrag auf Entlassung zu stellen. [4]Die Sätze 1 bis 3 gelten für die Gegenvormundschaft des Jugendamts entsprechend.

(4) Für die Vormundschaft, die im Rahmen des Verfahrens zur Annahme als Kind eintritt, ist das Jugendamt zuständig, in dessen Bereich die annehmende Person ihren gewöhnlichen Aufenthalt hat.

(5) [1]Für die Beratung und Unterstützung nach § 52 a sowie für die Beistandschaft gilt Absatz 1 Satz 1 und 3 entsprechend. [2]Sobald der allein sorgeberechtigte Elternteil seinen gewöhnlichen Aufenthalt im Bereich eines anderen Jugendamts nimmt, hat das die Beistandschaft führende Jugendamt bei dem Jugendamt des anderen Bereichs die Weiterführung der Beistandschaft zu beantragen; Absatz 2 Satz 2 und § 86 c gelten entsprechend.

(6) [1]Für die Erteilung der schriftlichen Auskunft nach § 58 a gilt Absatz 1 entsprechend. [2]Die Mitteilung nach § 1626 d Abs. 2 des Bürgerlichen Gesetzbuchs und die Mitteilung nach Artikel 224 § 2 Abs. 5 des Einführungsgesetzes zum Bürgerlichen Gesetzbuche sind an das für den Geburtsort des Kindes zuständige Jugendamt zu richten; § 88 Abs. 1 Satz 2 gilt entsprechend. [3]Das nach Satz 2 zuständige Jugendamt teilt dem nach Satz 1 zuständigen Jugendamt auf Ersuchen mit, ob eine Mitteilung nach § 1626 d Abs. 2 des Bürgerlichen Gesetzbuchs oder eine Mitteilung nach Artikel 224 § 2 Abs. 5 des Einführungsgesetzes zum Bürgerlichen Gesetzbuche vorliegt.

I. Inhalt

1 Die Vorschrift regelt die örtliche Zuständigkeit für die

- gesetzliche Amtsvormundschaft (Abs. 1 und 2),
- bestellte Amtspflegschaft/Amtsvormundschaft (Abs. 3 Satz 1),
- Gegenvormundschaft (Abs. 3 Satz 3),
- Adoptionsvormundschaft (Abs. 4),
- Beratung und Unterstützung nach § 52 a und die Beistandschaft (Abs. 5),
- Erteilung der schriftlichen Auskunft nach § 58 a (Abs. 6).

sowie die Empfangszuständigkeit und Verpflichtung für die Mitteilung nach § 1626 d Abs. 2 BGB und nach Art. 224 § 2 Abs. 5 EGBGB (Abs. 6).

Der **Regelungsgehalt** ist **sehr komplex**, das Verständnis wird durch zahlreiche Verweisungen innerhalb des § 87 c auf Regelungen im SGB VIII und im BGB erschwert, was zB zu Unklarheiten über die Rechtsfolgen von Aufenthaltswechseln führen kann.

Anknüpfungspunkte für die örtliche Zuständigkeit sind der gA der Mutter (§ 87 c Abs. 1 Sätze 1, 2 **2** sowie iVm § 87 c Abs. 1 Satz 1; § 87 c Abs. 5 Satz 1; Abs. 6 Satz 1), des Kindes oder Jugendlichen (§ 87 c Abs. 3 Satz 1) bzw für die Vormundschaft während des Adoptionsverfahrens die annehmende Person bzw die annehmenden Personen (§ 87 c Abs. 4). Sofern ein maßgeblicher gA nicht festgestellt werden kann, ist der tatsächliche Aufenthalt entscheidend (§ 87 c Abs. 1 Satz 3, Abs. 3 Satz 2; § 87 c Abs. 5 Satz 1 iVm § 87 c Abs. 1 Satz 3). Schließlich regelt § 87 c die örtliche Zuständigkeit für Fälle des Wechsels des gA aus dem Bereich eines JA in den eines anderen (§ 87 c Abs. 2; § 87 c Abs. 3 Satz 3; § 87 c Abs. 5 Satz 2) und es kommt eine Regelung für die Gegenvormundschaft des JA hinzu (§ 87 c Abs. 3 Satz 4).

II. Die einzelnen Regelungsgegenstände

1. Gesetzliche Amtsvormundschaft – Abs. 1

Nach § 1791 c Abs. 1 Satz 1 BGB wird das JA mit der Geburt eines Kindes, dessen Eltern nicht mit- **3** einander verheiratet sind und das eines Vormunds bedarf (§ 1773 Abs. 1 und 2 BGB), Vormund, wenn das Kind seinen gA im Geltungsbereich des BGB hat. Die örtliche Zuständigkeit des JA als **gesetzlicher Amtsvormund** nach § 1791 c BGB ist in diesen Fällen gem. Abs. 1 Satz 1 an den **gewöhnlichen Aufenthaltsort der Mutter** des Kindes gebunden. Die Anknüpfung an den gewöhnlichen Aufenthaltsort der Mutter, nicht den Geburtsort des Kindes, trägt der Unterstützungsfunktion der gesetzlichen Amtsvormundschaft für die (hauptsächlich minderjährigen) Mütter Rechnung und kann zu einer Entlastung der Orte mit Entbindungskliniken führen (GK/Ziegler § 87 c Rn 8).

Abs. 1 Satz 2 betrifft den Fall der erfolgreichen **Anfechtung der Vaterschaft** eines Kindes. Auch in **4** diesem Fall knüpft das Gesetz die Zuständigkeit primär an den gA der Mutter. Für die Feststellung des gA (der Mutter) ist der Zeitpunkt der rechtskräftigen Entscheidung im Rahmen eines Verfahrens zur Anfechtung der Vaterschaft nach § 1592 Nr. 1 oder 2 BGB maßgeblich.

Nach Abs. 1 Satz 3 kommt es auf den **tatsächlichen Aufenthaltsort der Mutter** nur dann an, wenn ihr **5** gewöhnlicher Aufenthaltsort nicht festzustellen ist.

2. Zuständigkeitswechsel durch Abgabe der gesetzlichen Amtsvormundschaft – Abs. 2

Abs. 2 regelt den Fall, dass die **Mutter ihren gewöhnlichen Aufenthaltsort wechselt.** Hier tritt ein Zu- **6** ständigkeitswechsel nicht schon kraft Gesetzes ein, sondern es bedarf hierfür gem. Abs. 2 Satz 1 Halbs. 1 eines Antrags auf Abgabe durch das bislang zuständige JA und der Übernahme und Weiterführung durch das andere JA (OLG BB 30.8.1999 – 9 Wx 19/99, FamRZ 2000, 1295). Antragsberechtigt sind auch das andere JA, jeder Elternteil und jede Person, die ein berechtigtes Interesse des Kindes oder Jugendlichen geltend macht (zB Pflegeperson, Stiefelternteil oder das Kind nach Vollendung des 14. Lebensjahrs). Das bisher zuständige JA hat den Antrag bei dem JA des neuen Aufenthalts der Mutter zu stellen, die anderen Stellen und Personen müssen ihn an das bisher zuständige JA richten.

Die Amtsvormundschaft geht ohne Mitwirkung des FamG allein mit der Erklärung des anderen JA **7** auf dieses über (Abs. 2 Satz 2; nicht schon mit dem Zugang der Erklärung). Das abgebende JA hat den Übergang dem FamG und jedem Elternteil unverzüglich mitzuteilen (Abs. 2 Satz 3).

Bei der Prüfung des Antrags auf Übernahme der Amtsvormundschaft kommt es darauf an, ob durch **8** die Weiterführung bei dem neu zuständigen JA das Kindeswohl besser gefördert wird als bei ihrer Belassung beim bisherigen (OLG BB 30.08.1999 – 9 Wx 19/99, FamRZ 2000, 1295). Insoweit steht dem neuen JA ein (begrenzter) Beurteilungsspielraum zu, der **vom FamG** im Fall der Ablehnung des Antrags nach Anrufung **überprüft** werden kann (dazu GK/Ziegler § 87 c Rn 12 ff mit umfangreichen Rechtsprechungsnachweisen). Anrufungsberechtigt ist der Antragsberechtigte, dessen Übergabeantrag abgelehnt wurde. Die Einlegung des Rechtsbehelfs ist nicht an eine Frist gebunden. Zuständig zur Entscheidung ist das FamG, bei dem die Amtsvormundschaft/-pflegschaft geführt wird. Die Zuständigkeit des bislang tätigen FamG wird durch den Wechsel des zuständigen JA nicht berührt (OLG Hamm FamRZ 1996, 57).

3. Bestellte Amtsvormundschaft/-pflegschaft – Abs. 3

9   Um das Interesse des Kindes oder Jugendlichen auch gegen die Interessen der Eltern zu vertreten, knüpft Abs. 3 Satz 1 für die **bestellte Amtsvormundschaft/-pflegschaft** (§ 1791 b Abs. 1 Satz 1; Abs. 2; § 1915 BGB iVm § 1791 b Abs. 1 Satz 1, Abs. 2 BGB) an den **gewöhnlichen Aufenthalt des Kindes** oder Jugendlichen an. Der tatsächliche Aufenthalt zum Zeitpunkt der Bestellung ist maßgeblich, wenn das Kind/der Jugendliche keinen gA hat (Satz 2). Bei der bestellten Amtsvormundschaft/-pflegschaft leben Kinder bzw Jugendliche oft nicht mehr **mit den Eltern** in einem Haushalt zusammen. Deshalb erscheint es sachgerecht, dass das JA Angelegenheiten der elterlichen Sorge ausübt, in dessen Bereich sich das Kind oder der Jugendliche gewöhnlich aufhält.

10   Ob ein Kind oder Jugendlicher einen **gewöhnlichen Aufenthalt in einer Einrichtung** begründet, wird nach den Feststellungen im Hilfeplan über die Zielsetzung und Dauer der Hilfe im Einzelfall zu beurteilen sein. Dies kann dazu führen, dass die Zuständigkeit des JA als Leistungsträger und als Amtsvormund/-pfleger divergiert, was nicht unbedingt mit Nachteilen für das Kind bzw den Jugendlichen verbunden ist.

11   Anders als bei der gesetzlichen Amtsvormundschaft ist eine **Übernahme** der bestellten Amtsvormundschaft/-pflegschaft **unmittelbar** von JA zu JA **nicht möglich**. Die gerichtliche Bestellung bezieht sich immer auf ein konkretes JA. Der Zuständigkeitswechsel setzt daher eine erneute gerichtliche Entscheidung voraus (RegBegr. BT-Drucks. 11/5948, 105), die eines Antrags auf Entlassung des bisher zuständigen JA bedarf (DIJuF JAmt 2006, 339). Streitig ist, ob nur das nach Abs. 3 Sätze 1 und 2 zuständige JA bestellt werden kann oder auch ein anderes JA. Der Wortlaut der Zuständigkeitsregelungen setzt voraus, dass das örtlich zuständige JA bestellt wird. Dies entspricht dem Zweck der Zuständigkeitsregelungen nach Abs. 3 Sätze 1 und 2, die einen möglichst engen Kontakt des JA mit dem Kind oder Jugendlichen sicherstellen wollen. Da andererseits bei der Bestellung Kriterien des Kindeswohls vorrangig sind (LG Saarbrücken 6.6.2008 – 5 T 215/08, JAmt 2008, 436), hat das FamG einen Entscheidungsspielraum hinsichtlich des zu bestellenden JA (OLG Saarbrücken 20.10.2003 – 2 UF 13/03; OLG Hamm, 19.1.1998 – 15 W 481/97, ZfJ 1999, 32; GK/Ziegler § 87 c Rn 17 ff; aA LG Saarbrücken 1.3.1996 – 5 T 701/95, DAVorm 1996, 904, 905). Nach Abs. 3 Satz 4 gelten die Zuständigkeitsregelungen gem. Abs. 3, Sätze 1 bis 3 für die Gegenvormundschaft des JA entsprechend.

4. Adoptionsvormundschaft – Abs. 4

12   Abs. 4 betrifft das JA als Vormund gem. § 1751 Abs. 1 Satz 2 Halbs. 1 BGB. Mit der Einwilligung eines Elternteils in die **Annahme als Kind** ruht seine elterliche Sorge, regelmäßig wird das JA Vormund (Ausnahme: § 1751 Abs. 1 Satz 2 Halbs. 2). Abs. 4 knüpft an den **gewöhnlichen Aufenthalt der adoptionswilligen Person** an. Die Regelung ist im Rahmen des 1. SGB VIII-ÄndG eingefügt worden. Wechselt die Person ihren gA, so wechselt entsprechend § 87 c Abs. 2 auch die Vormundschaft zum JA des neuen gA.

5. Beratung und Unterstützung nach § 52 a und Beistandschaft – Abs. 5

13   Die durch das BeistandschaftsG (Vor §§ 52 a ff Rn 1 ff) eingefügte Aufgabe nach § 52 a orientiert sich hinsichtlich der örtlichen Zuständigkeit sowie deren Wechsel an der entsprechenden Regelung für die gesetzliche Amtsvormundschaft gem. Abs. 1 Sätze 1 und 3 sowie Abs. 2 Satz 2. Beim Wechsel des gA des allein sorgeberechtigten Elternteils hat das die Beistandschaft führende JA – und nicht der Elternteil – die Weiterführung beim neu zuständigen JA zu beantragen (DIJuF JAmt 2004, 361). Die **Beistandschaft** geht mit der Erklärung des anderen JA auf dieses über; eine Möglichkeit der Verweigerung besteht nicht (DIJuF JAmt 2004, 361). Im Übrigen gilt § 86 c entsprechend. Eine Nichtabgabe bzw Nichtübernahme der Beistandschaft hat daher keine Folgen für die Wirksamkeit der gesetzlichen Vertretung für das Kind (DIJuF JAmt 2004, 232).

6. Erteilung der schriftlichen Auskunft nach § 58 a (Negativattest) – Abs. 6

14   Im Einzelnen regelt Abs. 6 folgende Tatbestände:

- die örtliche Zuständigkeit für die Erteilung der schriftlichen Auskunft nach § 58 a. Hier gilt Abs. 1 (Rn 3 ff): Es ist der gA der Mutter maßgeblich (DIJuF JAmt 2007, 244); ist dieser nicht feststellbar, der tatsächliche (Satz 1);
- die Empfangszuständigkeit für die Mitteilung der beurkundenden Stelle nach § 1626 d Abs. 2 BGB und die Mitteilung nach Art. 224 § 2 Abs. 5 EGBGB über die familiengerichtliche Ersetzung der

Sorgeerklärung des anderen Elternteils nach § 1626 a Abs. 1 Nr. 1 BGB: maßgeblich ist das JA des Geburtsorts des Kindes bzw das Land Berlin (Satz 2);

■ die Verpflichtung dieses JA (bzw des Landes Berlin), dem JA am Ort des gewöhnlichen bzw tatsächlichen Aufenthalts der Mutter Auskunft darüber zu erteilen, ob eine Mitteilung nach § 1626 d Abs. 2 BGB oder eine Mitteilung nach Art. 224 § 2 Abs. 5 EGBGB über die familiengerichtliche Ersetzung der Sorgeerklärung des anderen Elternteils nach § 1626 a Abs. 1 Nr. 1 BGB vorliegt (Satz 3).

§ 87 d Örtliche Zuständigkeit für weitere Aufgaben im Vormundschaftswesen

(1) Für die Wahrnehmung der Aufgaben nach § 53 ist der örtliche Träger zuständig, in dessen Bereich der Pfleger oder Vormund seinen gewöhnlichen Aufenthalt hat.

(2) Für die Erteilung der Erlaubnis zur Übernahme von Pflegschaften oder Vormundschaften durch einen rechtsfähigen Verein (§ 54) ist der überörtliche Träger zuständig, in dessen Bereich der Verein seinen Sitz hat.

Die Vorschrift regelt die örtliche Zuständigkeit für die Wahrnehmung der Aufgaben nach §§ 53, 54, also den Vorschlag geeigneter Personen und Vereine zur Bestellung als Vormund oder Pfleger, den Anspruch von Pflegern und Vormündern auf Beratung und die Aufsicht des JA über die Tätigkeit der Vormünder und Pfleger (Abs. 1) sowie der Erteilung der Erlaubnis an einen rechtsfähigen Verein zur Übernahme von Pflegschaften oder Vormundschaften (Abs. 2). Für die Wahrnehmung der Aufgaben nach § 53 ist der örtliche Träger zuständig, in dessen Bereich der **Pfleger oder Vormund** seinen gewöhnlichen Aufenthalt hat. Für die Aufgaben nach § 54 richtet sich die örtliche Zuständigkeit danach, wo der Verein seinen Sitz hat (Abs. 2). Für die Erteilung der Erlaubnis ist der überörtliche Träger sachlich zuständig (§ 85 Abs. 2 Nr. 10).

§ 87 e Örtliche Zuständigkeit für Beurkundung und Beglaubigung

Für Beurkundungen und Beglaubigungen nach § 59 ist die Urkundsperson bei jedem Jugendamt zuständig.

1   Die Vorschrift betrifft die Beurkundungstätigkeit des JA nach § 59. Die Vorschrift sieht keine Zuständigkeitsbindung vor, insbesondere nicht an den Aufenthaltsort oder an bestimmte Jugendhilfeaufgaben. Demnach kann sich jede Person, die entsprechende Erklärungen abgeben möchte, an jedes JA im Geltungsbereich des SGB VIII wenden.

2   Von Urkunden können zur Erleichterung des Rechtsverkehrs Ausfertigungen hergestellt werden. Im Rechtsverkehr tritt dann an die Stelle der Urkunde die Ausfertigung. Für die Erteilung von Ausfertigungen ist gem. § 48 Satz 1 BeurkG die Stelle zuständig, die die Urschrift jeweils verwahrt.

Dritter Unterabschnitt
Örtliche Zuständigkeit bei Aufenthalt im Ausland

§ 88 Örtliche Zuständigkeit bei Aufenthalt im Ausland

(1) [1]Für die Gewährung von Leistungen der Jugendhilfe im Ausland ist der überörtliche Träger zuständig, in dessen Bereich der junge Mensch geboren ist. [2]Liegt der Geburtsort im Ausland oder ist er nicht zu ermitteln, so ist das Land Berlin zuständig.

(2) Wurden bereits vor der Ausreise Leistungen der Jugendhilfe gewährt, so bleibt der örtliche Träger zuständig, der bisher tätig geworden ist; eine Unterbrechung der Hilfeleistung von bis zu drei Monaten bleibt dabei außer Betracht.

Leistungen der **Jugendhilfe für Deutsche im Ausland** sind in § 6 Abs. 3 als **Ermessensleistungen** vorgesehen, soweit keine Hilfe vom Aufenthaltsstaat erbracht wird (§ 6 Rn 34). Sachlich zuständig sind nach § 85 Abs. 2 Nr. 9 die überörtlichen Träger. Nach Abs. 1 richtet sich die örtliche Zuständigkeit für die Gewährung von Leistungen im Ausland nach dem **Geburtsort des Kindes**. Liegt der Geburtsort im Ausland oder ist er nicht zu ermitteln, so ist das Land **Berlin** zuständig. **1**

Die Vorschrift gilt ihrem Wortlaut nach für sämtliche Leistungen der Jugendhilfe im Ausland, ohne dass zwischen unterschiedlichen Leistungsberechtigten differenziert wird. Teilweise wird daraus gefolgert, dass sich in jedem Fall, in dem Jugendhilfe im Ausland geleistet wird, die örtliche Zuständigkeit ausschließlich nach § 88, nicht jedoch nach §§ 86 ff richte, die Vorschrift also eine abschließende Sonderregelung der Zuständigkeit für diesen Bereich darstelle (Schellhorn u.a./Schellhorn § 88 Rn 5). Die Systematik des Gesetzes lässt jedoch erkennen, dass es sich um eine **Ausnahmeregelung** handelt. Sofern sich eine Zuständigkeit nach §§ **86 ff** feststellen lässt, etwa weil die Eltern des im Ausland befindlichen Kindes einen gA im Inland haben, ist diese **vorrangig** (DIJuF JAmt 2008, 420; 2005, 239). Erst wenn ein Anknüpfungspunkt innerhalb Deutschlands nicht vorhanden ist, kommt § 88 zum Tragen (Jans u.a./Reisch § 88 Rn 1; Wiesner/Wiesner § 88 Rn 3; Kraushaar JH 2001, 106). Wird für Kinder oder Jugendliche, die sich im Ausland aufhalten, HzE geleistet, richtet sich die Zuständigkeit nur dann nach § 88, wenn sich auch die Personensorgeberechtigten im Ausland aufhalten. § 88 kommt auch dann nicht zur Anwendung, wenn eine Leistung im Inland begonnen wird, die einen Auslandsaufenthalt einschließt, etwa eine erlebnispädagogische Maßnahme (Wiesner/Wiesner § 88 Rn 4). **2**

Abs. 2 regelt den Fall, dass bereits vor dem Auslandsaufenthalt Jugendhilfeleistungen im Inland erbracht wurden. Für diesen Fall bleibt die örtliche Zuständigkeit des zuvor tätigen öffentlichen Trägers bestehen. Eine **Unterbrechung** der Jugendhilfeleistung von bis zu 3 Monaten ist dabei unbeachtlich. Erst bei einer längeren Unterbrechung richtet sich die Zuständigkeit nach Abs. 1 (VG Saarlouis 22.08.2008 – 11 K 90/07). Es ist nicht erforderlich, dass dieselbe Hilfe, die bereits im Inland geleistet wurde, im Ausland fortgesetzt wird. Entscheidend ist lediglich, ob vor der Ausreise überhaupt eine Jugendhilfeleistung erbracht wurde. Ausdrücklich geregelt wird in Abs. 2 nur die Fortsetzung der Zuständigkeit des öffentlichen Trägers, der **Leistungen** der Jugendhilfe erbracht hat. Andere Aufgaben sind nicht einbezogen. **3**

Weiterführende Literaturhinweise:

Kraushaar Jugendhilfe 2001, 106.

Dritter Abschnitt
Kostenerstattung

Vorbemerkung zu den §§ 89–89 h

1   Die in den vorgehenden Abschnitten des 7. Kap. geregelte **örtliche Zuständigkeit** klärt, welcher Träger der öffentlichen Jugendhilfe für die Erbringung von Leistungen und anderen Aufgaben der Kinder- und Jugendhilfe zuständig ist. Damit geht auch die finanzielle Belastung der jeweiligen Gebietskörperschaft einher. In der Regel knüpft die örtliche Zuständigkeit nach § 86 am gA der Eltern an. Dies ist in bestimmten Konstellationen aus fachlichen oder sachlichen Gründen unzweckmäßig oder aus tatsächlichen Gründen ausgeschlossen, so dass die örtliche Zuständigkeit davon abweichend geregelt wird. Die vom Grundsatz abweichende Regelung der örtlichen Zuständigkeit kann zu ungerechtfertigten Belastungen von Gebietskörperschaften führen. Die **Vorschriften über die Kostenerstattung** sorgen in dieser Situation für einen **finanziellen Ausgleich**.

2   Dieser **Ausgleich** wird mit den Vorschriften über die Kostenerstattung bewirkt, die folgende erstattungsrelevante Fallgruppen unterscheiden:

- die Zuständigkeit knüpft am **tatsächlichen Aufenthalt** an, weil **ein gA nicht vorhanden** ist (§ 89),
- die Zuständigkeit knüpft aus **fachlichen Gründen am tatsächlichen Aufenthalt** an (§ 89 b),
- die Leistungspflicht knüpft am **tatsächlichen Aufenthalt** an, weil der eigentlich zuständige örtliche Träger **nicht tätig wird** (§ 89 c Alt. 2),
- die Leistungspflicht verbleibt beim bisher zuständigen Träger, da der **neu zuständige Träger nicht tätig** wird (§ 89 c Alt. 1),
- Örtlich zuständig ist der Träger am **Einreiseort** (§ 89 d),
- Örtlich zuständig ist der Träger am **Einrichtungsort** (§ 89 e),
- Örtlich zuständig ist der Träger am **Pflegestellenort** (§ 89 a).

3   Neben den Kostenerstattungsregelungen des SGB VIII kommen ergänzend die **Erstattungsvorschriften der §§ 102 bis 114 SGB X** zur Anwendung (Schindler 2007, Kap. 4.7 Rn 8 f). Von besonderer Bedeutung sind die Vorschriften, die die Rahmenbedingungen des Erstattungsanspruchs regeln, wie etwa der Ausschluss der Erstattung von Verwaltungskosten (§ 109 SGB X; § 89 f Rn 3), die Pflicht zur Geltendmachung des Erstattungsanspruchs innerhalb einer Ausschlussfrist von 12 Monaten (§ 111 SGB X) und die Regelung zur Verjährung der Erstattungs- und Rückerstattungsvorschriften in 4 Jahren nach Ablauf des Kalenderjahrs, in dem sie entstanden sind (§ 113 SGB X; zur Anwendbarkeit DIJuF JAmt 2005, 516). Erforderlich ist, dass das **Erstattungsbegehren klar zum Ausdruck kommt** und auch deutlich wird, welche Leistungen erstattet werden sollen. Deswegen ist es notwendig, dass zumindest die Umstände, die für die Entstehung des Erstattungsanspruchs maßgeblich sind, und der Zeitraum, für den Erstattung gewünscht wird, entsprechend konkret mitgeteilt werden (VGH BY 30.8.2004 – 12 B 00.1434, ZfSH/SGB 2005, 91).

4   Bei einem Streit zwischen den Trägern der öffentlichen Jugendhilfe um die Frage der Kostenerstattung handelt es sich um einen öffentlich-rechtlichen Streit, für den nach § 40 Abs. 1 VwGO der **Verwaltungsrechtsweg** gegeben ist. Nach Abschaffung des gesetzlich vorgesehenen Schiedsstellenverfahrens sind außergerichtliche **Schiedsstellenverfahren** auf freiwillig vereinbarter Basis möglich. Ein solches hindert jedoch nicht die Erhebung einer verwaltungsgerichtlichen Klage, vielmehr ist nach § 173 VwGO iVm § 127 a ZPO die Einrede der Schiedsstellenvereinbarung seitens des beklagten Trägers notwendig; diese Einrede führt dann zur Abweisung der Klage als unzulässig (BVerwG 20.2.1992 – 5 C 22.88, FEVS 42, 353). Richtige Klageart ist die Leistungsklage (OVG NW 27.8.1998 – 16 A 3477/97, ZfJ 1998, 467, 469; Anhang Verfahren Rn 69).

Weiterführende Literaturhinweise:

Menzel/Ziegler 2004. *Schindler* 2007, Kap. 4.7.

§ 89 Kostenerstattung bei fehlendem gewöhnlichen Aufenthalt

Ist für die örtliche Zuständigkeit nach den §§ 86, 86 a oder 86 b der tatsächliche Aufenthalt maßgeblich, so sind die Kosten, die ein örtlicher Träger aufgewendet hat, von dem überörtlichen Träger zu erstatten, zu dessen Bereich der örtliche Träger gehört.

In bestimmten, gesetzlich abschließend benannten Fällen ist statt des gA der **tatsächliche Aufenthalt** 1 maßgebend. Der Gesetzgeber hat entschieden, dass ein örtlicher Träger, der aufgrund des tatsächlichen Aufenthalts zuständig wird, nicht endgültig mit den Kosten der Leistung belastet werden soll. Deshalb sieht § 89 vor, dass diese Kosten vom überörtlichen Träger (§ 69 Rn 2 ff) zu erstatten sind, in dessen Bereich der örtliche Träger liegt.

Die **Voraussetzung**, dass für die örtliche Zuständigkeit der tatsächliche Aufenthalt maßgeblich ist, 2 findet sich in folgenden Fällen:

- die ausnahmsweise maßgebliche örtliche Zuständigkeit nach dem gA des Kindes oder Jugendlichen kann nicht greifen, weil das Kind oder der Jugendliche seit 6 Monaten keinen gA hat (§ 86 Abs. 2 Satz 4 Halbs. 2; § 86 Abs. 3 iVm § 86 Abs. 2 Satz 4 Halbs. 2; § 86 Abs. 4 Satz 2; § 86 Abs. 5 Satz 3 iVm § 86 Abs. 4 Satz 2),
- ein Kind oder Jugendlicher sucht um Asyl nach oder hat einen Asylantrag bereits gestellt (§ 86 Abs. 7 Satz 1),
- der Anspruchsberechtigte einer Hilfe für junge Volljährige hat keinen gA bzw eine vorangehende Hilfe richtete sich bereits nach dem tatsächlichen Aufenthalt (§ 86 a Abs. 3; § 86 a Abs. 4 iVm § 86 Abs. 2, 3 oder 4),
- der Anspruchsberechtigte einer Leistung nach § 19 hat keinen gA bzw eine vorangehende Hilfe richtete sich bereits nach dem tatsächlichen Aufenthalt (§ 86 b Abs. 2; § 86 b Abs. 3 iVm § 86 Abs. 2, 3 oder 4).

Dem tatsächlichen Aufenthalt gleichzustellen ist die Zuständigkeit aufgrund einer Zuweisungsentscheidung der zuständigen Landesbehörde (§ 86 Abs. 7), da ansonsten eine Regelungslücke für die Aufwendung von Kosten bestünde, die erst nach einem Monat nach Einreise des Leistungsberechtigten anfallen (VGH BY 30.11.07 – 12 B 07.232, EuG 2009, 50).

Erstattungspflichtig wird der **überörtliche Träger**, zu dessen Bereich der erstattungsberechtigte örtliche 3 Jugendhilfeträger gehört. Nach § 89 g kann Landesrecht eine andere Körperschaft des öffentlichen Rechts bestimmen, die die Aufgaben der Kostenerstattung wahrnimmt. § 89 ist als **allgemeine Erstattungsnorm** nur anwendbar, sofern keine **speziellen Erstattungstatbestände** vorgehen, also kein Fall der §§ 89 a bis 89 e vorliegt.

§ 89 a Kostenerstattung bei fortdauernder Vollzeitpflege

(1) [1]Kosten, die ein örtlicher Träger aufgrund einer Zuständigkeit nach § 86 Abs. 6 aufgewendet hat, sind von dem örtlichen Träger zu erstatten, der zuvor zuständig war oder gewesen wäre. [2]Die Kostenerstattungspflicht bleibt bestehen, wenn die Pflegeperson ihren gewöhnlichen Aufenthalt ändert oder wenn die Leistung über die Volljährigkeit hinaus nach § 41 fortgesetzt wird.

(2) Hat oder hätte der nach Absatz 1 kostenerstattungspflichtig werdende örtliche Träger während der Gewährung einer Leistung selbst einen Kostenerstattungsanspruch gegen einen anderen örtlichen oder den überörtlichen Träger, so bleibt oder wird abweichend von Absatz 1 dieser Träger dem nunmehr nach § 86 Abs. 6 zuständig gewordenen örtlichen Träger kostenerstattungspflichtig.

(3) Ändert sich während der Gewährung der Leistung nach Absatz 1 der für die örtliche Zuständigkeit nach § 86 Abs. 1 bis 5 maßgebliche gewöhnliche Aufenthalt, so wird der örtliche Träger kostenerstattungspflichtig, der ohne Anwendung des § 86 Abs. 6 örtlich zuständig geworden wäre.

1   Die Bestimmung dient dem **Schutz der Orte von Pflegestellen**, in denen Kinder auf Dauer untergebracht sind. § 86 Abs. 6 sieht vor, dass bei einer Unterbringung in Vollzeitpflege, die auf Dauer angelegt ist, die Zuständigkeit nach zwei Jahren zum Ort des gA der Pflegepersonen wechselt. Dies soll jedoch den Pflegestellenorten (etwa im Umland von Großstädten und Ballungsgebieten; hierzu DIJuF JAmt 2007, 589) nicht zum Nachteil gereichen, deshalb besteht für die Kosten des nach § 86 Abs. 6 zuständigen Jugendhilfeträgers ein Erstattungsanspruch (BT-Drucks. 12/2866, 24).

2   **Erstattungspflichtig** ist der Jugendhilfeträger, der vor dem Zuständigkeitswechsel zuständig war oder gewesen wäre. Damit sind auch die Situationen erfasst, in denen das Pflegeverhältnis nicht auf Grundlage des SGB VIII zustande gekommen ist (zB private Verwandtenpflegeverhältnisse oder als Leistung nach dem SGB XII). Zu erstatten sind die **gesamten Kosten**, die einem Jugendhilfeträger aufgrund seiner Zuständigkeit nach § 86 Abs. 6 entstanden sind (BVerwG 5.4.07 – 5 C 25.05, JAmt 2007, 437), also nicht nur die Kosten für die Vollzeitpflege nach § 33, sondern für alle Jugendhilfeleistungen iSd § 2 Abs. 2 (zB auch Kindergartenbesuch; DIJuF JAmt 2007, 200).

3   Abs. 1 Satz 2 lässt den **Anspruch auf Kostenerstattung mit der Zuständigkeit wandern**. Wechselt die Pflegeperson ihren gA, so steht dem nunmehr nach § 86 Abs. 6 neu zuständigen Jugendhilfeträger der Erstattungsanspruch zu. Auch wenn die Vollzeitpflege als Hilfe für junge Volljährige nach § 41 fortgesetzt wird, bleibt der Anspruch auf Kostenerstattung bestehen. Dies gilt auch für einen anschließenden Wechsel der konkreten Hilfeform nach § 41 (BVerwG 14.11.2002 – 5 C 56.01, E 117, 194, 196; 11.12.2003 – 5 C 57.02, NDV-RD 2004, 98). Um den beabsichtigten umfassenden Schutz des Pflegestellenorts zu gewährleisten, muss Gleiches für eine anschließende Leistung nach § 19 gelten (DIJuF JAmt 2007, 354; VGH BY 11.5.2006 – 12 BV 04.3563, FEVS 58, 132).

4   **Abs. 2 und Abs. 3** regeln, wann es zu einem **Wechsel des kostenerstattungspflichtigen örtlichen Trägers** kommt. Abs. 2 regelt den Fall, wenn der nach Abs. 1 kostenerstattungspflichtige Träger seinerseits einen Kostenerstattungsanspruch hätte (insbesondere nach §§ 89, 89 c, 89 d, 89 e) und eröffnet dem nach § 86 Abs. 6 zuständigen Träger einen Durchgriff auf diesen Anspruch (BVerwG 11.12.2003 – 5 C 57.02, JAmt 2004, 322; VGH BY 18.7.2007 – 12 B 06.955; DIJuF JAmt 2004, 314). Der Umweg über den zwischengeschalteten erstattungsberechtigten und zugleich erstattungspflichtigen Träger wird verhindert. Ein Wahlrecht zwischen zwei Erstattungspflichten steht dem nach § 86 Abs. 6 zuständigen Träger dabei nicht zu (Wiesner/Wiesner § 89 a Rn 8). **Abs. 3** bezieht sich auf die Situation, wenn sich die reguläre Zuständigkeit des erstattungspflichtigen Trägers nach § 86 Abs. 1 bis 5 ändern würde. In diesem Fall wäre seine örtliche Zuständigkeit mit der entsprechenden Kostenfolge aufgehoben. Diese Rechtsfolge soll sich nicht allein aufgrund des Erstattungsanspruchs ändern. Daher wechselt in diesen Fällen die Kostenerstattungspflicht auf den nun („fiktiv") zuständig gewordenen Träger der Jugendhilfe.

§ 89 b Kostenerstattung bei vorläufigen Maßnahmen zum Schutz von Kindern und Jugendlichen

(1) Kosten, die ein örtlicher Träger im Rahmen der Inobhutnahme von Kindern und Jugendlichen (§ 42) aufgewendet hat, sind von dem örtlichen Träger zu erstatten, dessen Zuständigkeit durch den gewöhnlichen Aufenthalt nach § 86 begründet wird.

(2) Ist ein kostenerstattungspflichtiger örtlicher Träger nicht vorhanden, so sind die Kosten von dem überörtlichen Träger zu erstatten, zu dessen Bereich der örtliche Träger gehört.

(3) Eine nach Absatz 1 oder 2 begründete Pflicht zur Kostenerstattung bleibt bestehen, wenn und solange nach der Inobhutnahme Leistungen aufgrund einer Zuständigkeit nach § 86 Abs. 7 Satz 1 Halbsatz 2 gewährt werden.

Da für die **Inobhutnahme** (§ 42) gem. § 87 der Jugendhilfeträger örtlich zuständig ist, in dessen Bereich sich das Kind oder der Jugendliche vor Beginn der Maßnahme tatsächlich aufhält, wird durch **Abs. 1** bestimmt, dass die Kosten von dem Träger zu erstatten sind, dessen Zuständigkeit sich nach dem gA in § 86 richtet. Soweit die örtliche Zuständigkeit in § 86 nicht nach dem gA bestimmt wird, ist dies für die Erstattungspflicht nicht maßgeblich (VG Lüneburg 31.1.2006 – 4 A 254/04). Kann ein maßgeblicher gA nicht festgestellt und folglich kein anderer örtlicher Träger in Anspruch genommen werden, so sind nach **Abs. 2** die **Kosten** vom überörtlichen Träger zu **übernehmen**, zu dessen Bereich der örtliche Träger gehört, der die vorläufigen Maßnahmen zum Schutz von Kindern und Jugendlichen getroffen hat. Ein kostenerstattungspflichtiger örtlicher Träger ist auch dann iSd Abs. 2 „nicht vorhanden", wenn er nicht unmittelbar oder nicht eindeutig feststellbar ist (zB bei anonymer Geburt VGH BY 9.6.2005 – 12 BV 03.1971, NDV-RD 2005, 121).

Die sich aus Abs. 1 oder 2 ergebende Kostenerstattungspflicht wird bei **asylbegehrenden Kindern und Jugendlichen**, bei denen eine Inobhutnahme (§ 42) stattgefunden hat, durch **Abs. 3** auf die anschließend gewährten Leistungen ausgedehnt. Dies steht in Übereinstimmung mit der besonderen Zuständigkeitsvorschrift des § 86 Abs. 7 Satz 1 Halbs. 2, kommt aber nur zur Anwendung, wenn eine Kinder- und Jugendhilfeleistung später als innerhalb eines Monats nach Einreise einsetzte, da ansonsten die Erstattungsvorschriften nach § 89 Abs. 1 bis 3 vorgehen (§ 89 Abs. 5).

§ 89 c Kostenerstattung bei fortdauernder oder vorläufiger Leistungsverpflichtung

(1) ¹Kosten, die ein örtlicher Träger im Rahmen seiner Verpflichtung nach § 86 c aufgewendet hat, sind von dem örtlichen Träger zu erstatten, der nach dem Wechsel der örtlichen Zuständigkeit zuständig geworden ist. ²Kosten, die ein örtlicher Träger im Rahmen seiner Verpflichtung nach § 86 d aufgewendet hat, sind von dem örtlichen Träger zu erstatten, dessen Zuständigkeit durch den gewöhnlichen Aufenthalt nach §§ 86, 86 a und 86 b begründet wird.

(2) Hat der örtliche Träger die Kosten deshalb aufgewendet, weil der zuständige örtliche Träger pflichtwidrig gehandelt hat, so hat dieser zusätzlich einen Betrag in Höhe eines Drittels der Kosten, mindestens jedoch 50 Euro zu erstatten.

(3) Ist ein kostenerstattungspflichtiger örtlicher Träger nicht vorhanden, so sind die Kosten vom überörtlichen Träger zu erstatten, zu dessen Bereich der örtliche Träger gehört, der nach Absatz 1 tätig geworden ist.

1 Die Kostenerstattungsregelung des § 89 c knüpft an die vorrangige **Bestimmung der örtlichen Zuständigkeit nach §§ 86 c und 86 d** an. Verbindendes Element dieser beiden Bestimmungen ist, dass es sich um hilfsweise Zuständigkeitsbestimmungen handelt, weil der endgültige Träger nach §§ 86, 86 a, 86 b noch nicht feststeht oder (noch) nicht tätig wird. Dies darf sich weder zu Lasten der Leistungsberechtigten (§ 86 c Rn 2, § 86 d) noch zugunsten des eigentlich zuständigen Jugendhilfeträgers auswirken. Folglich wird für die hilfsweise Zuständigkeitsbestimmung, die die Interessen der Betroffenen wahren soll, eine umfassende Kostenerstattung gewährt. Maßgeblich ist allein die **objektive Feststellung der Zuständigkeit** nach den allgemeinen Regeln.

2 Ein Anspruch auf Kostenerstattung entsteht nach Abs. 1 Satz 1, wenn trotz eines Wechsels der Zuständigkeit der bislang zuständige Jugendhilfeträger die Leistungsgewährung fortsetzt, da er hierzu nach § 86 c verpflichtet ist. Mit dem Anspruch auf Kostenerstattung nach § 89 c Abs. 1 Satz 1 wird für diesen Träger in Bezug auf die Kostenlast der Zustand wieder hergestellt, der eingetreten wäre, wenn der **Zuständigkeitswechsel unverzüglich vollzogen** worden wäre. Kostenerstattungspflichtig ist der Träger, der zuständig geworden ist, wobei es weder beim erstattungspflichtigen noch dem erstattungsberechtigten Träger auf die **Kenntnis des Zuständigkeitswechsels** ankommt. Nicht vorausgesetzt wird daher auch eine **unverzügliche Unterrichtung** des nunmehr zuständig gewordenen örtlichen Trägers nach § 86 c Satz 2 (BVerwG 14.11.2002 – 5 C 51.01, ZfJ 2003, 336). Unterbleibt diese aber bewusst, so wird ggf aus der fortgesetzten Hilfeleistung eine in Unzuständigkeit, für die auch nach § 105 SGB X kein Erstattungsanspruch besteht (DIJuF JAmt 2006, 184).

3 Einen Anspruch auf Kostenerstattung hat nach Abs. 1 Satz 2 auch derjenige Träger, der vorläufig tätig werden musste, weil die **Zuständigkeit nicht feststeht** (§ 86 d Alt. 1) oder weil der **zuständige örtliche Träger untätig** ist (§ 86 c Alt. 2). Da sich die vorläufige Leistungspflicht in diesen Fällen nach dem tatsächlichen Aufenthalt der Leistungsberechtigten bestimmt, trifft die Erstattungspflicht den Träger, dessen Zuständigkeit aufgrund eines gA nach §§ 86, 86 a, 86 b begründet wird. Ist nach diesen Regeln ein örtlicher Träger nicht vorhanden, trifft nach **Abs. 3** den überörtlichen Träger die Kostenerstattungspflicht, in dessen Bereich der örtliche Träger gelegen ist.

4 Nach **Abs. 2** ist ein **Mehrkostenzuschlag** bei pflichtwidriger Handlung des erstattungspflichtigen Trägers zu zahlen. Pflichtwidrigkeit liegt insbesondere in den Fällen einer **verzögerten Hilfe,** einer **unzureichend erbrachten Hilfe** oder einer rechtswidrig **versagten Hilfe** vor (DIJuF JAmt 2006, 403). Dabei muss ein **ursächlicher Zusammenhang** zwischen der pflichtwidrigen Handlung und der Kostenbelastung des gewährenden Trägers bestehen. Pflichtwidrigkeit liegt auch beim Bestreiten einer offensichtlich gegebenen Zuständigkeit vor (VG Hannover 17.12.2007 – 3 A 655/05, JAmt 2008, 163) und bei vorsätzlicher Verzögerung (OVG NW 12.9.2006 – 4 LA 505/04, JAmt 2007, 315). Dies gilt nicht, wenn die Feststellung mit tatsächlichen oder rechtlichen Schwierigkeiten verbunden ist (VGH BY 18.7.2005 – 12 B 02.1197, FEVS 57, 140). Ebenfalls nicht pflichtwidrig handelt ein Träger, der seine Leistung davon abhängig macht, zunächst Akteneinsicht zu erhalten (OVG SL 14.12.2007 – 3 Q 161/06, JAmt 2008, 35).

5 Der **Mehrkostenzuschlag** beträgt mindestens 50 EUR, grundsätzlich aber ein Drittel der aufgewandten Hilfekosten. Dabei werden die **Bruttoaufwendungen** zugrunde gelegt (OVG NI 13.2.2006 – 12 LC 12/05, FEVS 58, 79).

§ 89 d Kostenerstattung bei Gewährung von Jugendhilfe nach der Einreise

(1) ¹Kosten, die ein örtlicher Träger aufwendet, sind vom Land zu erstatten, wenn

1. innerhalb eines Monats nach der Einreise eines jungen Menschen oder eines Leistungsberechtigten nach § 19 Jugendhilfe gewährt wird und

2. sich die örtliche Zuständigkeit nach dem tatsächlichen Aufenthalt dieser Person oder nach der Zuweisungsentscheidung der zuständigen Landesbehörde richtet.

²Als Tag der Einreise gilt der Tag des Grenzübertritts, sofern dieser amtlich festgestellt wurde, oder der Tag, an dem der Aufenthalt im Inland erstmals festgestellt wurde, andernfalls der Tag der ersten Vorsprache bei einem Jugendamt. ³Die Erstattungspflicht nach Satz 1 bleibt unberührt, wenn die Person um Asyl nachsucht oder einen Asylantrag stellt.

(2) Ist die Person im Inland geboren, so ist das Land erstattungspflichtig, in dessen Bereich die Person geboren ist.

(3) ¹Ist die Person im Ausland geboren, so wird das erstattungspflichtige Land auf der Grundlage eines Belastungsvergleichs vom Bundesverwaltungsamt bestimmt. ²Maßgeblich ist die Belastung, die sich pro Einwohner im vergangenen Haushaltsjahr

1. durch die Erstattung von Kosten nach dieser Vorschrift und

2. die Gewährung von Leistungen für Deutsche im Ausland durch die überörlichen Träger im Bereich des jeweiligen Landes nach Maßgabe von § 6 Abs. 3, § 85 Abs. 2 Nr. 9

ergeben hat.

(4) Die Verpflichtung zur Erstattung der aufgewendeten Kosten entfällt, wenn inzwischen für einen zusammenhängenden Zeitraum von drei Monaten Jugendhilfe nicht zu gewähren war.

(5) Kostenerstattungsansprüche nach den Absätzen 1 bis 3 gehen Ansprüchen nach den §§ 89 bis 89 c und § 89 e vor.

Die Vorschrift regelt einen speziellen **Kostenerstattungsanspruch** des örtlichen Trägers **gegen das Land**   1
(ggf ist Landesrecht nach § 89 g zu beachten) für Kosten, die für Leistungen und andere Aufgaben (insbesondere Inobhutnahmen nach § 42) **unmittelbar nach der Einreise** aufgewendet wurden. In der Praxis hat die Norm in erster Linie Bedeutung für **unbegleitete minderjährige Flüchtlinge**. Die Erstattungspflicht gilt nach Abs. 1 Satz 3 auch für Asylsuchende (§ 86 Abs. 7).

I. Voraussetzungen – Abs. 1

Nach Abs. 1 Nr. 1 setzt der Erstattungsanspruch voraus, dass **innerhalb eines Monats nach Einreise**   2
Jugendhilfe gewährt wurde. Dies umfasst sowohl Leistungen als auch andere Aufgaben (insb. Inobhutnahme). Es muss sich um eine **rechtmäßige Gewährung von Jugendhilfe** handeln (VG Münster 5.2.2004 – 9 K 1325/01, JAmt 2004, 327; BVerwG 8.2.2007 – 5 B 100.06). So ist zB die Inobhutnahme junger Volljähriger grundsätzlich rechtswidrig, muss im Einzelfall jedoch danach beurteilt werden, ob der Hilfe leistende Träger davon ausgehen durfte, dass es sich um einen Minderjährigen handelte (BVerwG 29.6.2006 – 5 C 24.05, JAmt 2006, 511). Der erstattungspflichtige Träger soll nur vor der Belastung mit solchen Kosten geschützt werden, die er selber nicht aufgewandt hätte.

Da ausschließlich die Kosten der Leistungen erstattet werden, die **innerhalb eines Monats nach Ein-   3
reise** begonnen haben, kommt dem Einreisedatum eine wesentliche Bedeutung zu. Der für den Fristbeginn maßgebliche „Tag der Einreise" bestimmt sich nach Abs. 1 Satz 2, der eine Rangfolge enthält. Demnach ist zunächst der Tag des Grenzübertritts maßgeblich, sofern er amtlich festgestellt wurde, dann der Tag, an dem der Aufenthalt im Inland erstmals festgestellt wurde und erst dann der Tag der ersten Vorsprache bei einem JA (Jans u.a./Reisch § 89 d Rn 13). Der Begriff der erstmaligen Feststellung ist entscheidend, wenn der Aufenthalt im Inland durch verschiedene Stellen festgestellt wurde (Jans u.a./Reisch § 89 d Rn 17), bezieht sich jedoch nicht auf einen erstmaligen Aufenthalt im Inland überhaupt. Die Bestimmung der Frist ist nur für den Beginn der Leistung entscheidend, auf die **Dauer der Leistung kommt es nicht an.**

Weitere Voraussetzung ist, dass sich die Zuständigkeit nach dem **tatsächlichen Aufenthalt** der Person   4
richtet, für die Leistungen erbracht werden oder die von der Wahrnehmung einer anderen Aufgabe betroffen ist. Damit ist § 89 d nur anwendbar in Fällen der Zuständigkeit nach § 86 Abs. 2 Satz 4, § 86 a Abs. 3 und 4, § 86 b Abs. 2 und § 87. Ist dagegen Anknüpfungspunkt für die Erbringung von

Jugendhilfe ein gA (von Eltern, Elternteilen, Ehegatten, jungen Menschen) im Inland, kommt eine Kostenerstattung nicht in Betracht (OVG NW 14.4.2002 – 12 A 4007/00, ZFSH/SGB 2003, 97, 99). Dem tatsächlichen Aufenthalt gleichgestellt ist die Zuständigkeit aufgrund einer **Zuweisungsentscheidung der zuständigen Landesbehörde** (§ 86 Abs. 7; VGH BY 30.11.2007 – 12 B 07.232, EuG 2009, 50).

II. Rechtsfolgen – Abs. 2 bis 5

5   Die Rechtsfolge bei Vorliegen der Voraussetzungen ist, dass das **Land erstattungspflichtig** ist. **Welches Land** erstattungspflichtig ist, wird in Abs. 2 und Abs. 3 in Abhängigkeit vom Geburtsort der Person geregelt. **Abs. 2** bezieht sich auf die Fälle, in denen die Person im Inland geboren ist (es sich zB um Auslandsrückkehrer o.ä. handelt). In diesen Fällen ist das Bundesland des Geburtsorts zuständig.

6   **Abs. 3** bezieht sich auf den Fall, dass die **Person im Ausland geboren** ist, und regelt den durch das Bundesverwaltungsamt vorzunehmenden Belastungsvergleich auf dessen Grundlage das erstattungspflichtige Land bestellt wird. Diese Bestellung ist ein Verwaltungsakt (OVG NW 27.8.1998 – 16 A 3477/97, NWVBl 1999, 144, 145; VGH BY 1.10.1992 – 12 CZ 91.3802, FEVS 43, 400, 402 f).

7   Da die Bestimmung dem Schutz der Einreiseorte dient, entfällt der Schutzgedanke dann, wenn nicht im Zusammenhang mit der Einreise ein Bedarf nach Jugendhilfe entstanden ist. Deswegen sieht **Abs. 4** vor, dass § 89 d nicht greift, wenn für einen zusammenhängenden Zeitraum von 3 Monaten weder Leistungen der Jugendhilfe noch andere Aufgaben der Jugendhilfe erbracht wurden. Dabei ist auch zu prüfen, ob stets **Jugendhilfe rechtmäßig erbracht** wurde (Rn 2). Eine nach Abs. 4 wirkende Unterbrechung liegt damit auch vor, wenn für den entsprechenden Zeitraum die materiell-rechtlichen Voraussetzungen für eine Leistungserbringung oder für eine Aufgabenwahrnehmung nicht gegeben waren (OVG NW 17.4.2002 – 12 A 4007/00, ZFSH/SGB 2003, 97, 100).

8   **Abs. 5** stellt klar, dass § 89 d allen anderen Kostenerstattungsansprüchen vorgeht.

§ 89 e Schutz der Einrichtungsorte

(1) [1]Richtet sich die Zuständigkeit nach dem gewöhnlichen Aufenthalt der Eltern, eines Elternteils, des Kindes oder des Jugendlichen und ist dieser in einer Einrichtung, einer anderen Familie oder sonstigen Wohnform begründet worden, die der Erziehung, Pflege, Betreuung, Behandlung oder dem Strafvollzug dient, so ist der örtliche Träger zur Erstattung der Kosten verpflichtet, in dessen Bereich die Person vor der Aufnahme in eine Einrichtung, eine andere Familie oder sonstige Wohnform den gewöhnlichen Aufenthalt hatte. [2]Eine nach Satz 1 begründete Erstattungspflicht bleibt bestehen, wenn und solange sich die örtliche Zuständigkeit nach § 86 a Abs. 4 und § 86 b Abs. 3 richtet.

(2) Ist ein kostenerstattungspflichtiger örtlicher Träger nicht vorhanden, so sind die Kosten von dem überörtlichen Träger zu erstatten, zu dessen Bereich der erstattungsberechtigte örtliche Träger gehört.

Die Vorschrift stellt eine besondere **Schutzvorschrift für kommunale Gebietskörperschaften** dar, in 1
deren Zuständigkeit eine Unterbringung in einer Einrichtung, einer anderen Familie oder einer sonstigen betreuten Wohnform erfolgt ist, die der Erziehung, Pflege, Betreuung, Behandlung oder dem Strafvollzug dient. Entsteht in Zusammenhang mit der Inanspruchnahme einer entsprechenden Leistung ein gA, der wiederum Anknüpfungspunkt für die örtliche Zuständigkeit bei der Gewährung einer Jugendhilfeleistung ist, führt dies zu einer übermäßigen Belastung solcher Gebietskörperschaften und langfristig zur Abwehr bzw zum Nichtentstehen entsprechender Einrichtungen (BT-Drucks. 12/2866, 24). Um dies zu verhindern, hat der Gesetzgeber mit § 89 e für diese Konstellationen einen Erstattungsanspruch gegen denjenigen Träger normiert, in dessen **Zuständigkeitsbereich die maßgebliche Person vor Aufnahme in die geschützte Einrichtung ihren gA** hatte. Soweit die Zuständigkeit für Leistungen nach § 19 oder für junge Volljährige betroffen ist, erfolgt der Schutz der Einrichtungsorte bereits über die Zuständigkeitsregelungen (§ 86 a Abs. 2, § 86 b Abs. 1 Satz 2; Schindler 2007, Kap 4.6 Rn 21). Ebenfalls keine Anwendung findet § 89 e für die Fälle, in denen sich die Zuständigkeit nach § 86 Abs. 6 richtet, da der Schutz der Pflegestellenorte über § 89 a sichergestellt ist.

I. Maßgebliche Personen

Erforderlich ist zunächst, dass sich die Zuständigkeit nach dem **gA von Eltern, Kind oder Jugendlichen** richtet. Abs. 1 Satz 3 stellt klar, dass die Anknüpfung an diese Personen Bestand hat, wenn sich der ursprünglichen Leistung eine Leistung für junge Volljährige oder nach § 19 anschließt und bringt damit die Pflicht zur Kostenerstattung in Übereinstimmung mit der Zuständigkeit nach § 86 a Abs. 4 und § 86 b Abs. 3 (BT-Drucks. 15/3676, 40; 15/5616, 47). Damit bezieht sich Satz 1 allein auf die Zuständigkeitsregelungen nach § 86 Abs. 1 bis 5. Nicht erforderlich ist dagegen ein Wechsel der örtlichen Zuständigkeit. So besteht auch ein Schutz des Einrichtungsorts, an dem ein Kind zur Welt kommt (OVG SN 25.4.2008 – 1 A 93/08, FamRZ 2008, 1982).

Geschützt werden **Einrichtungen, andere Familien oder sonstige Wohnformen** im Zuständigkeitsbereich eines Leistungsträgers. Eine Einrichtung ist ein in einer besonderen Organisationsform gefasster Bestand persönlicher und sachlicher Mittel unter verantwortlicher Trägerschaft einer natürlichen oder juristischen Person, sie existiert unabhängig von wechselnden Personen und ist damit auf eine gewisse Dauer angelegt (BVerwG 6.4.1995 – 5 C 12.93 – E 98, 132). Begrifflich fallen darunter sowohl voll- als auch teilstationäre Formen. Da die Inanspruchnahme teilstationärer Leistungen jedoch nicht zur Begründung eines gA am Einrichtungsort führt, kommt es auf diese in aller Regel nicht an.

Wird der Ort geschützt, an dem sich eine **andere Familie** befindet, die der Erziehung und Pflege dient, 4
muss dies strukturell mit einer entsprechenden Einrichtung vergleichbar sein. Deswegen fallen unter den Begriff der anderen Familie iSd § 89 e nur solche Pflegestellen, die ihre Bereitschaft, Kinder zu betreuen, nicht auf ein ganz bestimmtes Kind beschränken (zB aus dem Verwandtenbereich), sondern **grundsätzlich auswahloffen** sind und für alle Kinder in Frage kommen. Eine andere Familie muss in dieser Weise gewissermaßen institutionalisiert sein (BVerwG 25.10. 2004 – 5 C 39.03, NJW 2005, 1593 = JAmt 2005, 244; VGH BY 27.4.2006 – 12 B 04.3126, EuG 2007, 63; OVG NW 29.5.2008 – 12 A 4144/06). Nicht vorausgesetzt wird eine jugendhilferechtliche Maßnahme (zB Unterbringung durch das JA), denn auch bei der Aufnahme in einer Einrichtung oder in einer sonstigen Wohnform ist nicht erforderlich, dass dies durch den Jugendhilfeträger veranlasst wurde (BVerwG aaO; DIJuF JAmt 2004, 582).

5   Die **sonstige Wohnform** ist begrifflich an § 48 a angelehnt. Auch hier muss es sich nicht um Wohnformen aus dem Bereich der Jugendhilfe handeln, was schon daraus hervorgeht, dass Anknüpfungspunkt gerade der gA von Eltern sein kann.

6   Erforderlich ist für alle geschützten Einrichtungen, dass sie der **Erziehung, Pflege, Betreuung, Behandlung oder dem Strafvollzug** dienen. Entsprechend dem Ansatz des § 89 e sind diese Begriffe nicht eng auszulegen, da sonst der angestrebte weite Schutz der Einrichtungsorte nicht erreicht werden kann. Maßgeblich ist, dass die betroffenen Personen ihren gA an diesem Ort nicht im Rahmen eines regulären Umzugs begründet haben, sondern um eine der genannten Leistungen in Anspruch zu nehmen. Diese Leistungen müssen nicht durch qualifiziertes Fachpersonal erbracht werden. So ist auch der Begriff der Behandlung nicht auf medizinische Behandlungen zu beschränken, sondern maßgeblich ist die Umsetzung eines schlüssigen Gesamtkonzepts (OVG BR 1.6.2005 – 2 A 225/04, JAmt 2005, 420 mit Anm.). Vor diesem Hintergrund kommt es bei der Schutzwürdigkeit des gA in einem Frauenhaus auf eine genaue Bestimmung des Aufenthaltszwecks an (VGH BY 14.9.2006 – 12 BV 05.1241).

II. Rechtsfolgen

7   Die **Erstattungspflicht** entsteht der Gebietskörperschaft, in der die betreffenden Personen vor Begründung des geschützten gA ihren gA hatten. Die Kostenerstattungspflicht bleibt bestehen, wenn sich gem. **Abs. 1 Satz 2** an die ursprüngliche Hilfe weitere Hilfen anschließen. Lässt sich ein gA vor Begründung des geschützten gA nicht feststellen, ist nach **Abs. 2** der überörtliche Träger erstattungspflichtig, in dessen Bereich der geschützte Einrichtungsort liegt.

8   Als **spezielle Norm** geht § 89 e dem § 89 vor. Gegenüber den Bestimmungen der §§ **89 b, 89 c, 89 d** ist § 89 e **nachrangig**. Dies macht insoweit einen Unterschied als § 89 b, § 89 c und § 89 d keine Bagatellgrenzen kennen (§ 89 f Abs. 2).

§ 89 f Umfang der Kostenerstattung

(1) ¹Die aufgewendeten Kosten sind zu erstatten, soweit die Erfüllung der Aufgaben den Vorschriften dieses Buches entspricht. ²Dabei gelten die Grundsätze, die im Bereich des tätig gewordenen örtlichen Trägers zur Zeit des Tätigwerdens angewandt werden.

(2) ¹Kosten unter 1 000 Euro werden nur bei vorläufigen Maßnahmen zum Schutz von Kindern und Jugendlichen (§ 89 b), bei fortdauernder oder vorläufiger Leistungsverpflichtung (§ 89 c) und bei Gewährung von Jugendhilfe nach der Einreise (§ 89 d) erstattet. ²Verzugszinsen können nicht verlangt werden.

Die Vorschrift regelt den **Umfang der Kostenerstattung.** Voraussetzung für die Kostenerstattung ist, dass die Leistungserbringung bzw die Erfüllung der anderen Aufgaben (insb. Inobhutnahme) den Vorschriften des SGB VIII entspricht (BVerwG 21.06.2001 – 5 C 6.00, FEVS 53, 105; 29.11.2006 – 5 B 107.06, EuG 2007, 353; Schindler 2007, Kap. 4.6 Rn 4; DIJuF JAmt 2008, 250) und folglich insbesondere die **materiell-rechtlichen Vorschriften** der **Kinder- und Jugendhilfe** einhält (OVG NW 17.4.2002 – 12 A 4007/00, ZFSH/SGB 2003, 97, 101; VGH BW 16.3.2007 – 12 S 2473/06, JAmt 2007, 370). Was die Einhaltung von **formellen Verfahrensvorschriften** anbelangt (zB Aufstellung, Fortschreibung des Hilfeplans, Dokumentation usw), ist maßgeblich für die Rechtmäßigkeit allein der **Inhalt des Bescheids:** Ist dieser rechtmäßig, wurden jedoch Verfahrensvorschriften nicht eingehalten, so ändert dies an der Rechtmäßigkeit iSd § 89 f nichts, sodass etwa die Nichtdurchführung eines förmlichen Hilfeplanverfahrens einer Kostenerstattung nicht entgegensteht (so ausdrücklich BVerwG 24.6.1999 – 5 C 24.98, FEVS 51, 152, 161 f; Münder 2005 d, 33 ff).

Da die örtlich zuständigen Träger der öffentlichen Jugendhilfe nach zT unterschiedlichen Grundsätzen tätig werden, bestimmt **Abs. 1 Satz 2,** dass die **Grundsätze des jeweils tätig gewordenen örtlichen Trägers** zur Anwendung kommen. Damit ist die Rechtslage und Ermessensausübung am Ort des erstattungsberechtigten Trägers maßgeblich, sodass die Kostenerstattung nicht mit der Begründung verweigert werden kann, dass der kostenerstattungspflichtige Träger andere Maßstäbe und Grundsätze anwendet; dies gilt auch bei der Höhe der Pflegegelder bei Vollzeit- und Tagespflege. Zu beachten ist allerdings der so genannte **Interessenswahrungsgrundsatz** der bedeutet, dass der leistende bzw tätige Träger die Interessen des kostenerstattungspflichtigen Trägers zu beachten hat. Dies bedeutet insbesondere, dass seitens des handelnden Jugendhilfeträgers zu prüfen ist, ob die gewährte Hilfe ggf in eine weniger kostenintensive Hilfeform übergeführt werden kann (BVerwG 12.8.2004 – 5 C 51.3, NVwZ-RR 2005, 119; 8.7.2004 – 5 C 63.03; VGH HE 26.4.2005 – 10 UE 514/04, FEVS 56, 529, 533; VG Karlsruhe 12.7.2005 – 5 K 281/04, ZFSH/SGB 2005, 611, 614 ff).

Erstattet werden die **Nettoausgaben nach Abzug der jeweiligen Einnahmen** (DIJuF JAmt 2007, 144). Hierzu gehören nach §§ 108, 109 SGB X Personal- und Sachkosten, nicht aber Verwaltungskosten. Als Verwaltungskosten sind die Kosten anzusehen, die als allgemeine behördliche Vorhaltekosten in der Jugendhilfe ohnehin anfallen und nicht gesondert im Einzelfall ausgewiesen werden (BVerwG 22.10.1992 – 5 C 23.89, FEVS 43, 133, 139). Bei der Abgrenzung von Verwaltungskosten kommt es entscheidend darauf an, ob die Aufgabe durch den Träger der öffentlichen Jugendhilfe im Rahmen seiner allgemeinen Aufgabenerfüllung oder entweder von einem Träger der freien Jugendhilfe oder einen verwaltungs- und kostenmäßig klar abgegrenzten Dienst beim öffentlichen Träger wahrgenommen wird (VG Hamburg 13.3.2008 – 13 K 1163/07, JAmt 2008, 223). Folglich zählen die Kosten für eine entgeltliche Beauftragung eines Trägers der freien Jugendhilfe mit Leistungen der Kinder- und Jugendhilfe nicht zu den Verwaltungskosten und unterliegen damit der Erstattungspflicht (DIJuF JAmt 2007, 31).

Abs. 2 enthält eine **Bagatellgrenze** von 1.000 EUR. Zu diesem Betrag zählen alle für einen Fall entstandenen und noch nicht verjährten Kosten. Nur für die in Abs. 2 ausdrücklich genannten Bestimmungen (§§ 89 b, 89 c, 89 d) gilt diese Bagatellgrenze nicht.

Im Übrigen sind auch hier ergänzend die **Vorschriften des SGB X** über die Erstattungsansprüche (§§ 102 ff SGB X) zu berücksichtigen, so insbesondere der Ausschluss der Verwaltungskosten in § 109 SGB X, die Ausschlussfrist in § 111 SGB X (dazu OVG NW 17.4.2002 – 12 A 4007/00, ZFSH/SGB 2003, 97, 102; VG Karlsruhe 12.7.2005 – 5 K 281/04, ZFSH/SGB 2005, 611, 617 ff) und die Verjährung in § 113 SGB X (zur Anwendbarkeit DIJuF JAmt 2005, 516).

§ 89 g Landesrechtsvorbehalt

Durch Landesrecht können die Aufgaben des Landes und des überörtlichen Trägers nach diesem Abschnitt auf andere Körperschaften des öffentlichen Rechts übertragen werden.

Die Vorschrift wurde durch das 1. SGB VIII-ÄndG mit Rücksicht auf die Gesetzeslage in Bayern geschaffen. Da die Länder seit der Föderalismusreform bei der Behördeneinrichtung ein Abweichungsrecht haben (Art. 84 Abs. 1 Satz 2 GG; § 69 Rn 1), ist die Regelung mittlerweile rein deklaratorisch.

§ 89 h Übergangsvorschrift

(1) Für die Erstattung von Kosten für Maßnahmen der Jugendhilfe nach der Einreise gemäß § 89 d, die vor dem 1. Juli 1998 begonnen haben, gilt die nachfolgende Übergangsvorschrift.

(2) [1]Kosten, für deren Erstattung das Bundesverwaltungsamt vor dem 1. Juli 1998 einen erstattungspflichtigen überörtlichen Träger bestimmt hat, sind nach den bis zu diesem Zeitpunkt geltenden Vorschriften zu erstatten. [2]Erfolgt die Bestimmung nach dem 30. Juni 1998, so sind § 86 Abs. 7, § 89 b Abs. 3, die §§ 89 d und 89 g in der ab dem 1. Juli 1998 geltenden Fassung anzuwenden.

Diese Übergangsvorschrift gilt nur für § 89 d, also für Maßnahmen der Jugendhilfe nach der Einreise. Maßgeblich für die Anwendung des alten Rechts ist die Tatsache, ob die Bestimmung nach § 89 d Abs. 3 durch das Bundesverwaltungsamt vor dem 1.7.1998 erfolgte. In diesen Fällen ist altes Recht anzuwenden, also § 89 d in der bis zum 30.6.1998 gültigen Fassung (dazu 3. Aufl.). Erfolgte die Bestimmung nach dem 30.6.1998, ist das nunmehr gültige Recht anzuwenden.

Vorbemerkung zum 8. Kapitel

I. Regelungsbereich

Das 8. Kapitel regelt, **welche Personen in welchem Umfang** an den Kosten bestimmter Leistungen und **1** vorläufiger Maßnahmen der Kinder- und Jugendhilfe beteiligt werden, inwieweit Ansprüche der kostenbeitragspflichtigen Personen gegen andere Leistungsträger auf den Träger der öffentlichen Jugendhilfe übergeleitet oder vorrangige Leistungspflichten anderer Sozialleistungsträger festgestellt werden können. Die Vorschriften dienen damit der **Herstellung des Nachrangs** der Leistungen der Kinder- und Jugendhilfe im Verhältnis zu den unterhaltspflichtigen Personen (§ 10 Abs. 2) und den Verpflichtungen anderer (§ 10 Abs. 1, 3 u. 4). Die Kostenbeteiligung erfolgt entweder durch die Erhebung pauschalierter Kostenbeiträge nach § 90 (Rn 5), durch die Erhebung von Kostenbeiträgen nach §§ 91 ff (Rn 6) oder durch den Übergang von Ansprüchen nach § 95.

II. Entwicklung der Kostenbeteiligung im SGB VIII

1. ÄndG zum SGB VIII

Mit dem SGB VIII wurden die Regelungen zur Kostenbeteiligung gegenüber dem JWG neu gefasst, **2** mussten allerdings bereits mit dem 1. ÄndG (Einl. Rn 47) grundlegend geändert werden. Doch auch die Änderungen brachten keine Regelungen, die den Bedürfnissen der Praxis entsprachen. Die Vorschriften waren kompliziert, schwer nachzuvollziehen, rechtssystematisch unbefriedigend und brachten im Einzelfall sehr unterschiedliche Ergebnisse.

Insbesondere die Heranziehung zu den Kosten nach §§ 91 ff wurde durch ganz unterschiedliche Prin- **3** zipien und Instrumente realisiert:

- Es galt zunächst der Grundsatz, dass die Kosten auch derjenigen Leistungen, bei denen eine Heranziehung erfolgen konnte, nur dann vom Träger der öffentlichen Jugendhilfe getragen wurden, wenn den kostenbeitragspflichtigen Personen die Aufbringung der Mittel nicht zumutbar war (sog. „Nettohilfe"). Dieser Grundsatz wurde von vielfältigen Ausnahmen durchbrochen und in der Regel in sein Gegenteil verkehrt (§ 92 aF).
- Die Kostenbeteiligung wurde idR durch die Erhebung eines **öffentlich-rechtlichen Kostenbeitrags** realisiert, der nach den Regelungen des Sozialhilferechts berechnet wurde (§ 93 aF). Die Höhe korrespondierte dabei teilweise mit der Hilfeart, da sich bei vorläufigen Maßnahmen die Beteiligung nach der Höhe des **Einkommens und des Vermögens der kostenbeitragspflichtigen Person** richtete (§ 93 Abs. 2 aF), während bei einer stationären Unterbringung im Rahmen einer Hilfe zur Erziehung oder Eingliederungshilfe die **ersparten Aufwendungen** den Maßstab lieferten (§ 94 Abs. 2 aF).
- Bestand ein **Unterhaltsanspruch** des Kindes oder Jugendlichen gegenüber einem familienfernen Elternteil, so ging der Anspruch auf den Träger der öffentlichen Jugendhilfe über (§ 94 Abs. 3 aF).
- Bei jungen Volljährigen konnte der Träger der öffentlichen Jugendhilfe unter bestimmten Voraussetzungen dessen Unterhaltsanspruch auf sich überleiten (§ 96 aF).

2. Gesetz zur Weiterentwicklung der Kinder- und Jugendhilfe (KICK)

Mit dem Gesetz zur Weiterentwicklung der Kinder- und Jugendhilfe (KICK; Einl. Rn 47) wurde zum **4** 1.10.2005 erneut eine Reform der Vorschriften zur Kostenbeteiligung umgesetzt. Der Gesetzgeber hat sich dabei eine entschiedene **Verwaltungsvereinfachung**, einen **Mindestkostenbeitrag in Höhe des Kindergeldes** und **Kostenbeiträge im Verhältnis zum Einkommen** der kostenbeitragspflichtigen Personen zum Ziel gesetzt (BT-Drucks. 15/3676, 3). Mit dem Kinderförderungsgesetz (KiföG; Einl. Rn 47) wurden zum 16.12.2008 punktuelle Nachbesserungsbedarfe umgesetzt.

a) Pauschalierte Kostenbeteiligung nach § 90

5   Es werden weiterhin **pauschalierte Kostenbeiträge** für die in § 90 Abs. 1 Nr. 1 und 2 genannten Leistungen erhoben, die einen weiten Kreis von Leistungsberechtigten ansprechen und für die Kostenbeiträge daher nicht individualisiert berechnet werden sollen (§ 90 Rn 9). Gleiches gilt grundsätzlich für die Förderung von Kindern in Tageseinrichtungen und – durch das KICK neu hinzugetreten – Kindertagespflege (§ 90 Rn 11 f.). Da sich hier der Staat allerdings in einer verbindlichen gesellschaftlichen Verantwortung sieht und stärker als bei den Leistungen nach § 90 Abs. 1 Nr. 1 und 2 von der Erforderlichkeit dieser Leistungen ausgeht, wird zumindest über landesrechtliche Regelungen die Möglichkeit eröffnet, diese Kostenbeiträge am Einkommen und/oder der Kinderzahl der Eltern zu bemessen (§ 90 Rn 7 ff).

b) Kostenbeteiligung nach §§ 91 ff.

6   Mit der Neuregelung der Kostenbeteiligung nach §§ 91 ff und der darin enthaltenen Beschränkung auf die **Geltendmachung öffentlich-rechtlicher Kostenbeiträge** (§ 92 Rn 2), werden sowohl die Leistungsgewährung als auch die Heranziehung zu den Kosten der gewährten Leistungen und vorläufigen Maßnahmen nunmehr **ausschließlich nach öffentlichem Recht** beurteilt und damit der Kontrolle durch die Verwaltungsgerichte unterstellt (BT-Drucks. 15/3676, 41; vgl § 92 Rn 17). Der Gesetzgeber hat für alle kostenbeitragspflichtigen Leistungen den Grundsatz der Vorleistungspflicht des Trägers der öffentlichen Jugendhilfe aufgestellt (§ 91 Rn 21, § 10 Rn 5). Der Nachrang der Kinder- und Jugendhilfe wird durch die Kostenbeteiligung hergestellt (§ 10 Abs. 2). Der gesetzliche **Forderungsübergang** von Unterhaltsansprüchen des Kindes oder Jugendlichen auf den Träger der öffentlichen Jugendhilfe entfällt damit (BT-Drucks. 15/3676, 42). Auch eine Überleitung von Unterhaltsansprüchen findet nicht mehr statt (dazu auch § 95 Rn 3).

III. Kostenbeitragspflichtige Hilfen; Kostenbeteiligung bei Leistungen und vorläufigen Maßnahmen

7   Ein Kostenbeitrag kann nur erhoben werden, wenn das Gesetz hierfür eine **ausdrückliche Rechtsgrundlage** liefert. Im Bereich der Kostenbeteiligung sind daher **keine Analogien zulässig**. Folglich sind alle Hilfen kostenbeitragsfrei, die in den Regelungen zur Kostenbeteiligung nicht genannt werden. Daraus ergibt sich im Einzelnen Folgendes:

8

1. Keine Kostenbeteiligung	2. Pauschalierte Kostenbeteiligung durch Kostenbeiträge nach § 90	3. Individuelle Kostenbeteiligung durch Kostenbeiträge nach §§ 91 ff.
1.1 Jugendsozialarbeit – § 13 Abs. 1, 2 (außer Unterbringung in sozialpädagoigisch begleiteter Wohnform, § 13 Abs. 3 – vgl. 3.1.1) 1.2 Erzieherischer Kinder- und Jugendschutz – § 14 1.3 Familienberatung – § 16 Abs. 2 Nr. 2 1.4 Beratung in Fragen der Partnerschaft, Trennung und Scheidung – § 17 1.5 Beratung und Unterstützung bei der Ausübung der Personensorge – § 18 1.6 Ambulante Hilfen zur Erziehung (Erziehungsberatung § 28, soziale Gruppenarbeit § 29, Erziehungsbeistand/ Betreuungshelfer § 30, sozialpädagogische Familienhilfe § 31) 1.7 Ambulante Eingliederungshilfe – § 35a 1.8 Nachbetreuung für junge Volljährige – § 41 Abs. 3	2.1 Jugendarbeit – § 11 2.2 Allgemeine Förderung der Erziehung in der Familie – § 16 Abs. 1, Familienbildung – § 16 Abs. 2 Nr. 1, Familienfreizeit/-erholung – § 16 Abs. 2 Nr. 3 2.3 Förderung von Kindern in Tageseinrichtungen und Kindertagespflege – §§ 22 ff.	3.1 Leistungen in vollstationärer Form 3.1.1 Unterbringung in sozialpädagogisch begleiteter Wohnform – § 13 Abs. 3 3.1.2 Leistungen nach § 19 3.1.3 Betreuung und Versorgung in Notsituationen – § 20 in vollstationärer Form 3.1.4 Unterbringung zur Erfüllung der Schulpflicht – § 21 3.1.5 Stationäre Hilfe zur Erziehung (Vollzeitpflege § 33, Heim/sonstige betreute Wohnformen § 34, intensive sozialpädagogische Einzelbetreuung außerhalb der eigenen Familie § 35) 3.1.6 Eingliederungshilfe in Einrichtungen – § 35a 3.1.7 Hilfe für junge Volljährige – § 41 entsprechend Nr. 3.1.5 und 3.1.6 3.2 Vorläufige Maßnahmen 3.2.1 Inobhutnahme – § 42 3.3 Leistungen in teilstationärer Form 3.3.1 Betreuung und Versorgung in Notsituationen – § 20 in teilstationärer Form 3.3.2 Teilstationäre Hilfe zur Erziehung (Tagesgruppe § 32) 3.3.3 Eingliederungshilfe für seelisch behinderte Kinder und Jugendliche in Tageseinrichtungen und anderen teilstationären Einrichtungen nach § 35a Abs. 2 Nr. 2 3.3.4 Hilfe für junge Volljährige, soweit sie den in den Nummern 3.3.2 und 3.3.3 genannten Leistungen entspricht

IV. Rechtmäßigkeit der Leistung, Rechtsschutz

9

Voraussetzung jeglichen Kostenbeitrags ist, dass die Leistungserbringung bzw Aufgabenwahrnehmung, wegen derer die Betroffenen an den Kosten beteiligt werden, rechtmäßig war (VG Arnsberg 23.10.1995 – 11 K 3211/94 – FamRZ 1997, 1373 f; BVerwG 21.6.2001 – 5 C 6/00 – ZfJ 2002, 30). War die Leistungserbringung/Aufgabenwahrnehmung rechtswidrig, ist keine Kostenbeteiligung der Betroffen möglich, insofern findet im Zusammenhang mit der Kostenbeteiligung inzidenter eine Prüfung der **Rechtmäßigkeit der Leistungserbringung bzw der Aufgabenwahrnehmung** statt (OVG NW 29.4.1999 – 16 A 1224/97 – FamRZ 2000, 295). Für den Rechtsschutz ist der Verwaltungsrechtsweg gegeben (Anhang Verfahren Rn 55 ff, § 90 Rn 21; § 92 Rn 17).

V. Fachpolitischer Hintergrund

10

Die Reform der Kostenbeteiligung durch das KICK hat mit Blick auf den **Anwendungsbereich** keine grundlegenden Neuerungen gebracht. Insbesondere die pauschalierte Kostenbeteiligung nach § 90 hat kaum Änderungen erfahren. So ist bspw das Beratungsangebot nach § 16 Abs. 2 Nr. 2 weiterhin kostenfrei, die anderen Angebote der allgemeinen Förderung der Erziehung in der Familie nach § 16 Abs. 2 Nr. 1 und 3 weiterhin beitragsabhängig (§ 90).

11

Während des Gesetzgebungsverfahrens zum KICK ist mit der parallelen Behandlung der Gesetzesinitiative des Bundesrats für ein Gesetz zur Entlastung der Kommunen im sozialen Bereich (KEG; BT-Drucks. 15/4532) die Frage der **Kostenbeitragspflicht für ambulante Leistungen** (insbesondere für therapeutischer Leistungen im Rahmen des § 35 a und Beratungsleistungen nach §§ 17, 18 und 28) in die Diskussion geraten. Bislang hat der Gesetzgeber eine Ausdehnung der Kostenbeitragspflicht unter Hinweis auf das Gebot der **Niedrigschwelligkeit** abgelehnt, da sich nur so die **präventive Zielsetzung** der entsprechenden Leistungen angemessen verwirklichen lässt. Denn sofern eine pauschalierte Beteiligung unabhängig vom Einkommen verwirklicht wird, führt dies zur Abschreckung von Beziehern niedriger Einkommen. Wird hingegen eine einkommensabhängige Beteiligung verwirklicht, so ist absehbar, dass die Kosten für den Verwaltungsaufwand die Einnahmen übersteigen.

§ 90 Pauschalierte Kostenbeteiligung

(1) [1]Für die Inanspruchnahme von Angeboten

1. der Jugendarbeit nach § 11,
2. der allgemeinen Förderung der Erziehung in der Familie nach § 16 Abs. 1, Abs. 2 Nr. 1 und 3 und
3. der Förderung von Kindern in Tageseinrichtungen und Kindertagespflege nach den §§ 22 bis 24

können Kostenbeiträge festgesetzt werden. [2]Soweit Landesrecht nichts anderes bestimmt, sind Kostenbeiträge, die für die Inanspruchnahme von Tageseinrichtungen und von Kindertagespflege zu entrichten sind, zu staffeln. [3]Als Kriterien können insbesondere das Einkommen, die Anzahl der kindergeldberechtigten Kinder in der Familie und die tägliche Betreuungszeit berücksichtigt werden. [4]Werden die Kostenbeiträge nach dem Einkommen berechnet, bleibt die Eigenheimzulage nach dem Eigenheimzulagengesetz außer Betracht.

(2) [1]In den Fällen des Absatzes 1 Nr. 1 und 2 kann der Kostenbeitrag auf Antrag ganz oder teilweise erlassen oder ein Teilnahmebeitrag auf Antrag ganz oder teilweise vom Träger der öffentlichen Jugendhilfe übernommen werden, wenn

1. die Belastung

   a) dem Kind oder dem Jugendlichen und seinen Eltern oder
   b) dem jungen Volljährigen

   nicht zuzumuten ist und
2. die Förderung für die Entwicklung des jungen Menschen erforderlich ist.

[2]Lebt das Kind oder der Jugendliche nur mit einem Elternteil zusammen, so tritt dieser an die Stelle der Eltern.

(3) [1]Im Falle des Absatzes 1 Nr. 3 soll der Kostenbeitrag auf Antrag ganz oder teilweise erlassen oder ein Teilnahmebeitrag auf Antrag ganz oder teilweise vom Träger der öffentlichen Jugendhilfe übernommen werden, wenn die Belastung den Eltern und dem Kind nicht zuzumuten ist. [2]Absatz 2 Satz 2 gilt entsprechend.

(4) [1]Für die Feststellung der zumutbaren Belastung gelten die §§ 82 bis 85, 87, 88 und 92 a des Zwölften Buches entsprechend, soweit nicht Landesrecht eine andere Regelung trifft. [2]Bei der Einkommensberechnung bleibt die Eigenheimzulage nach dem Eigenheimzulagengesetz außer Betracht.

I. Inhalt und Bedeutung der Norm

Mit § 90 erfolgt die **Beteiligung an den Kosten** von Leistungen der Jugendhilfe zur **allgemeinen Förderung von Kindern und Jugendlichen**. Der Umfang der Beteiligung wird nach pauschalierten Kriterien ohne aufwändige Berechnungen bestimmt. Bei der pauschalierten Kostenbeteiligung nach § 90 handelt es sich um eine besondere Form der Gegenleistung für die Inanspruchnahme jugendhilferechtlicher Angebote (BVerwG 25.4.1997 – 5 C 6.96 – FEVS 48, 20) und damit um eine „**sozialrechtliche Abgabe eigener Art**" (OVG NW 13.6.1994 – 16 A 2645/ 93 – NVwZ 1995, 191; 25.9.1997 – 16 A 308/96 – NWVBl 1998, 188; 26.10.2005 – 12 A 2184 – JAmt 2005, 581). Anders als die Regelungen zur Kostenbeteiligung nach §§ 91 ff knüpft die Kostenbeteiligung nach § 90 nicht an einem **individuellen Hilfebedarf** der Leistungsberechtigten an und erfordert daher auch keine individualisierende Kostenbeitragsberechnung. Damit ist die Kostenbeteiligung nach § 90 strikt von der Kostenbeteiligung nach §§ 91 ff zu unterscheiden (OVG BR 6.6.1997 – 1 N 5/96 – NVwZ-RR 1999, 64; OVG HH 21.7.1995

1

– Bf IV 9/94 – NVwZ-RR 1996, 580; BVerwG 25.4.1997 – 5 C 6.96 – FEVS 48, 20). Individuelle Zumutbarkeitsaspekte werden bei § 90 über die Abs. 2 bis 4 berücksichtigt.

2   **Abs. 1** bestimmt den **Anwendungsbereich.** Mit dem KiföG wurde Satz 2 neu formuliert und regelt unmittelbar für den Träger der öffentlichen Jugendhilfe die Pflicht zur Staffelung der Kostenbeiträge, soweit Leistungen der Kindertagesbetreuung betroffen sind. Kriterien der Staffelung werden vorgeschlagen, nicht jedoch verbindlich festgelegt. **Satz 2** enthält im Übrigen die **Öffnungsklausel für den Landesgesetzgeber,** dem vorbehalten ist, die Staffelung zu konkretisieren oder aufzuheben. **Abs. 2** eröffnet dem Träger der öffentlichen Jugendhilfe ein Ermessen für den Erlass oder die Übernahme der Beiträge für Angebote der Jugendarbeit und der allgemeinen Förderung der Erziehung in der Familie nach § 16 Abs. 1, Abs. 2 Nr. 1 und 3. Eine Pflicht zum **(teilweisen) Erlass** bzw **Übernahme** findet sich in **Abs. 3** für die Förderung von Kindern in Tageseinrichtungen und Kindertagespflege nach den §§ 22 bis 24. **Abs. 4** verweist für die Feststellung, ob der Kosten- bzw Teilnahmebeitrag die **zumutbare Belastung** übersteigt, in das SGB XII.

II. Anwendungsbereich – Abs. 1

3   § 90 sieht die pauschalierte Kostenbeteiligung in Form von Kostenbeiträgen **nur bei den in Abs. 1 genannten Angeboten** vor. Eine pauschalierte Kostenbeteiligung über diese Angebote hinaus ist nicht möglich. Eine **Ferienbetreuung nach § 22 a Abs. 3** gehört damit zu den kostenbeitragspflichtigen Leistungen (DIJuF JAmt 2006, 446), während eine **Betreuung von Schulkindern außerhalb des Unterrichts** unter Aufsicht der Schule nicht § 90 unterliegt (VG Schleswig – 23.8.2006 – 15 A 65/06 – ZKJ 2007, 167). Die in § 16 Abs. 2 Nr. 2 genannten Beratungsangebote in Fragen der Erziehung sind kostenbeitragsfrei (VorKap. 8 Rn 7). Der Katalog des Abs. 1 ist **weder durch Landesrecht noch durch Kommunalrecht** (zB Satzung des Jugendhilfeträgers) veränderbar.

4   Kritisch sind Tendenzen zu werten, die Kosten für **Aufwendungen und Veranstaltungen** im Rahmen der Leistungserbringung wie etwa für **Mittagessen** oder den gemeinsamen Besuch eines Schwimmbads, Museums o.ä. von den Eltern gesondert zu verlangen (DIJuF JAmt 2009, 372). Rechnen die Kosten zu den Kosten der Leistung regelt § 90 die Beteiligung der Eltern abschließend. Die Verpflegung mit einer Mahlzeit wird als **Teil der Tagesbetreuungsleistung** angesehen und auch bei einer gesonderten Übernahme dieser Kosten handelt es sich um einen **Teil des Kostenbeitrags** nach § 90 (OVG NI – 11.6.1998 – FEVS 49, 113, 115; VGH BY – 01.04.2004 – 12 B 00.1259). Soweit Landesrecht zur gesonderten Erhebung der Kosten für ein Mittagessen bei den Eltern ermächtigt, stellt dies folglich eine Konkretisierung für einen Teil des Kostenbeitrags nach § 90 dar und keine (unzulässige) Erweiterung der Kostenbeteiligung (DIJuF JAmt 2009, 372). Angesichts des **Förderauftrags in § 22** spricht viel dafür, sämtliche spielerischen, kulturellen und musischen Veranstaltungen im Rahmen der Kindertagesbetreuung als **Inhalt der Leistung nach §§ 22 ff** anzusehen, zu denen Eltern nur im Rahmen der Kostenbeteiligung herangezogen werden. Andernfalls entfiele der Anspruch auf Erlass bzw Übernahme unzumutbarer Beiträge nach Abs. 2 oder 3 und unterstützte damit einen segregativen Bildungsansatz (DIJuF JAmt 2009, 372).

1. Pauschalierte Kostenbeteiligung

5   Mit dem KiföG wurde der Begriff des Teilnahmebeitrags aus § 90 Abs. 1 gestrichen. Die Vorschrift dient als **Ermächtigungsgrundlage** zum Erlass eines Kostenbeitrags in Form eines **Verwaltungsakts.** Ein solch öffentlich-rechtlicher Beitrag ist nunmehr durchgängig – unabhängig von der Zuordnung zur pauschalierten Kostenbeteiligung nach § 90 oder zur individualisierten Berechnung nach §§ 91 ff – unter dem Begriff Kostenbeitrag zu verstehen (BT-Drucks. 16/9299, 41). Mit Teilnahmebeitrag wird dagegen ausschließlich ein nach zivilrechtlichen Vorschriften privatrechtlich vereinbarter Beitrag bezeichnet. Die Ermächtigungsgrundlage in § 90 Abs. 1 ist hierfür nicht erforderlich und bezieht sich daher nicht mehr auf den Teilnahmebeitrag. Diese **sprachliche Einordnung** ist rechtlich zwar nicht zwingend, entspricht aber dem Praxisverständnis und der tatsächlichen Umsetzung und wird nun auch mit dem Gesetz verbindlich vorgegeben (BT-Drucks. 16/9299, 41).

6   Die Ermächtigung zur Festsetzung von Kostenbeiträgen nach § 90 richtet sich an den **Träger der öffentlichen Jugendhilfe,** da nur er einen Kostenbeitrag einseitig durch **Verwaltungsakt** festlegen kann. Dies ist für private Träger, die nicht Teil der öffentlichen Verwaltung sind, ausgeschlossen (Wiesner § 90 Rn 9). Aus einem wirksamen, nicht mehr anfechtbaren Verwaltungsakt kann unmittelbar die Vollstreckung erfolgen. Damit wird der Verwaltung ein erheblicher Vorteil eröffnet (DIJuF JAmt 2002,

121). Der Träger der öffentlichen Jugendhilfe ist jedoch nicht gehindert, für eine von ihm betriebene Kindertageseinrichtung eine **privatrechtliche Organisationsform** zu wählen und dementsprechend auch Teilnahmebeiträge mit den Leistungsberechtigten privatrechtlich zu vereinbaren (Hauck/Stähr § 90 Rn 16; OVG NI – 11.07.1989 – 9 L 39/89 – FEVS 39, 322). **Private Träger** haben diese Wahlfreiheit nicht. Werden Einrichtungen privater (natürlicher oder juristischer) Personen in Anspruch genommen, so können die Träger der Einrichtungen ausschließlich auf der Basis der **mit den Leistungsberechtigten vereinbarten Verträge** entsprechende Entgelte verlangen (iE ebenso BVerwG 25.4.1997 – 5 C 6.96 – FEVS 48, 16). Die Höhe dieses privatrechtlichen Entgelts wird zwischen der privaten Einrichtung und den Eltern vereinbart, auch wenn sie durch sog. Gebührenordnungen o.ä. der privaten Träger festgelegt wird. Der Träger der öffentlichen Jugendhilfe kann weder die Entgelte der privatrechtlichen Nutzung festlegen, noch die privatrechtlich vereinbarten Entgelte erheben (OVG RP 16.5.2000 – 12 A 11586/99 – ZfJ 2000, 433; BVerwG 25.4.1997 – 5 C 6/96 – FEVS 48, 16). Auf die Höhe der zwischen den Nutzern und den privaten Einrichtungen vereinbarten Entgelte haben die Träger der öffentlichen Jugendhilfe allerdings **indirekt Einfluss**, wenn sie die Angebote freier Träger im Rahmen von Zuwendungen fördern und bei den Nebenbestimmungen entsprechende Ausführungen zu der Höhe von Entgelten/Teilnahmebeiträgen usw machen (VG Halle – 22.11.2007 – 4 A 38/05; vgl auch Borsutzky ZfJ 1998, 417 f).

2. Landesrechtsvorbehalt, Staffelungsmöglichkeit

Abs. 1 Satz 1 bietet für die dort genannten Leistungen eine **unmittelbare Ermächtigungsgrundlage** für die Erhebung eines Kostenbeitrags durch den Träger der öffentlichen Jugendhilfe (BVerwG 25.4.1997 – 5 C 6.96 – FEVS 48, 16). Die Formulierung des **Abs. 1 Satz 2** erfordert daher auch bei der Förderung von **Kindern in Tageseinrichtungen** kein Landesrecht für die Festsetzung von Kostenbeiträgen. Der Landesrechtsvorbehalt ermöglicht aber dem Landesgesetzgeber auf die Festlegung von Kostenbeiträgen Einfluss zu nehmen (umfassende Übersicht bei Jans u.a./Degener § 90 Rn 9). **7**

Bundesgesetzlich verbindliche Vorgaben dazu, wie die **Staffelung** zu gestalten ist, enthält § 90 nicht. Insofern besteht eine weite Gestaltungsfreiheit für kommunales Satzungs- bzw Landesrecht. Die Staffelungen können insbesondere (müssen nicht) nach Einkommen, Anzahl der kindergeldberechtigten Kinder in der Familie und täglicher Betreuungszeit differenzieren (zur Staffelung BVerwG 13.4.1994 – 8 NB 4.93 – DVBl 1994, 818; 15.3.1995 – 8 NB 1.95 – NVwZ 1995, 790). Die Staffelung der Kindergartengebühren nach dem Familieneinkommen ist grundsätzlich **verfassungsgemäß** (BVerfG 10.3.1998 – 1 BvR 178/97 – ZfJ 2000, 21; BVerwG 14.5.2004 – 5 B 24.04 – FEVS 56, 297). Mit der beispielhaften Aufzählung von Kriterien ist nunmehr klargestellt, dass diese oder andere Kriterien sowohl kumulativ als auch alternativ berücksichtigt werden können. **8**

Eine **Beitragsstaffelung** ist notwendigerweise **pauschalierend**. Die Pauschalierung ist eine strukturelle Vorgabe des Bundesrechts, die durch Landesrecht (oder kommunales Satzungsrecht) nicht verändert werden kann. Damit bestehen – trotz der identischen Bezeichnung – Unterschiede zum Kostenbeitrag nach §§ 91 ff, der an das individuelle Einkommen anknüpft. Eine Regelung, die zwar als Kostenbeitrag nach § 90 bezeichnet wird, jedoch sehr differenzierend am Einkommen anknüpft (zB sozialhilferechtliche Einkommens- und Bedürftigkeitsanknüpfung), entspricht diesem pauschalierenden Vorgang nicht und verstößt damit gegen Bundesrecht (OVG HB 6.6.1997 – 1 N 5/96 – NVwZ-RR 1999, 64 f; OVG TH – 19.7.2006 – 3 N 582/02 – ThürVGRspr 2007, 141). **9**

Bundesrecht lässt allerdings weitgehend offen, in welcher Weise die Beitragsstaffelung am Einkommen anknüpft. Hier ist die Anknüpfung an **unterschiedlichen Einkommensbegriffen möglich** (DIJuF JAmt 2006, 447; 2008, 475; OVG ST – 22.3.2006 – 3 L 258/03 – JMBl ST 2006, 311), etwa an Bruttobezügen (so OVG NW 13.6.1994 – 16 A 2645/93 – NVwZ 1995, 191; BVerwG 10.9.1999 – 11 BN 2.99 – NJW 2000, 1130), an das Nettoeinkommen (so VGH HE 14.12.1994 – 5 N 1980/93 – NVwZ 1995, 406), das nur um Werbungskosten, Betriebsausgaben und Sparerfreibeträge geminderte Einkommen (BVerwG 15.9.1998 – 8 C 25.97 – NVwZ 1999, 993), auch Einmalzahlungen (zB Abfindungen) können bei der Einkommensberechnung berücksichtigt werden (OVG NW 6.11.1998 – 16 A 2707/97 – NVwZ-RR 2000, 184). Eine **einheitliche Vorgabe** stellt lediglich die Regelung des Abs. 1 Satz 3 dar, mit der die **Eigenheimzulage** grundsätzlich nicht als Einkommen berücksichtigt werden darf. **10**

3. Gleichstellung der Kindertagespflege

11   Mit dem KICK ist die Kostenbeteiligung für die Förderung von **Kindern in Kindertagespflege** mit der in Kindertageseinrichtungen gleich gestellt worden (Rn 11, umfassend DIJuF 2006, 105 ff). Die Einordnung der Kostenbeteiligung für die Förderung in Kindertagespflege in § 90 setzt die **Vorleistung des Trägers der öffentlichen Jugendhilfe** voraus (DIJuF JAmt 2005, 451; 2005 514; 2006, 237; DIJuF 2006, 110), Eltern werden erst nachträglich zur Beteiligung an den Kosten herangezogen.

12   Für die Förderung in Kindertagespflege gilt wie bei der in Tageseinrichtungen die Vorschrift des § 90 als **unmittelbare Ermächtigungsgrundlage** für die Erhebung von Teilnahme- bzw Kostenbeiträgen (Rn 7). Die Höhe der Beiträge soll sich an denen für die Betreuung von Kindern in Kindertageseinrichtungen orientieren (BT-Drucks. 15/3676, 41). Wenngleich eine Differenzierung mit Blick auf die Leistungsinhalte zulässig ist, so sollte sich die unterschiedliche Förderung durch das Land nicht zu Lasten der Kostenbeitragspflichtigen auswirken (DIJuF JAmt 2006, 237; DIJuF 2006, 105 f). Der Kostenbeitrag ist durch den Träger der öffentlichen Jugendhilfe geltend zu machen. Eine Verrechnung der Kostenbeiträge mit dem Tagespflegegeld und folglich die Abwälzung des Eintreibungsrisikos auf die Tagespflegeperson ist unstatthaft (DIJuF JAmt 2007, 355). Jedoch kann mit der Tagespflegeperson eine **Forderungsabtretung** vereinbart werden, mit der sie eine Gegenleistung für ihre Unterstützung bei der Beitreibung der Kostenbeiträge enthält (DIJuF JAmt 2007, 355; DIJuF 2006, 110 ff). Es ist rechtlich nicht als unzulässig anzusehen, wenn die Tagespflegeperson von den Eltern zusätzlich einen Beitrag für ihre Leistung fordert (DIJuF JAmt 2009, 21). Ihre Leistung kann dann allerdings vom Träger der öffentlichen Jugendhilfe nicht als Deckung des Betreuungsbedarfs berücksichtigt werden, da es sich insoweit um ein privates und nicht öffentliches Angebot handelt.

III. Erlass oder Übernahme der Teilnahme- bzw Kostenbeiträge

1. Erlass oder Übernahme nach Abs. 2

13   **Abs. 2** eröffnet dem Träger der öffentlichen Jugendhilfe ein Ermessen, bei der **Jugendarbeit** und der **allgemeinen Förderung der Erziehung in der Familie** den Kostenbeitrag ganz oder teilweise zu erlassen bzw den Teilnahmebeitrag ganz oder teilweise zu übernehmen. Vorausgesetzt wird ein entsprechender Antrag (OVG BB – 14.3.2006 – 6 M 6.06 – FEVS 58, 58). Die Betroffenen sind über die Möglichkeit von Erlass oder Übernahme und bei hinreichenden Anhaltspunkten auch über die Notwendigkeit eines Antrags **aufzuklären bzw zu beraten** (§ 14 SGB I; OVG BE – 14.3.2006 – 6 M 6.06 – FEVS 58, 58). Weitere Voraussetzungen sind die Unzumutbarkeit der Belastung (Rn 17) und die Erforderlichkeit der Förderung für die Entwicklung des jungen Menschen. Bei der Prüfung der **Unzumutbarkeit der Belastung** ist das Einkommen des Minderjährigen und seiner Eltern bzw des jungen Volljährigen der Maßstab. Lebt der Minderjährige nur mit einem Elternteil zusammen, so ist nur dessen Einkommen zu berücksichtigen; Unterhaltsleistungen des anderen Elternteils werden über ihre Anrechnung als Einkommen der anspruchsberechtigten Person berücksichtigt.

14   Zusätzlich muss das entsprechende Angebot für die Förderung der Entwicklung des jungen Menschen erforderlich sein. Der Begriff **Erforderlichkeit für die Entwicklung** umfasst einen weiteren Anwendungsbereich als eine Hilfe zur Erziehung nach § 27, die nur bei „Nichtgewährleistung" des Wohls des Kindes gewährt wird (§ 27 Rn 4 ff). Notwendig ist also kein individuelles erzieherisches Defizit, sondern Erforderlichkeit ist bereits dann gegeben, wenn durch die genannten Jugendhilfeleistungen die allgemeine Entwicklung, die Sozialisationsbedingungen für den Minderjährigen positiver gestaltet werden. Dieser unbestimmte Rechtsbegriff ist als Tatbestandsvoraussetzung von den Gerichten voll überprüfbar (Anhang Verfahren Rn 87). Liegen die Voraussetzungen vor, steht dem Träger der öffentlichen Jugendhilfe eine **Ermessensentscheidung** zu, für die die allgemeinen Grundsätze der Ermessensausübung gelten (VorKap. 2 Rn 8; Anhang Verfahren Rn 868).

2. Erlass oder Übernahme nach Abs. 3

15   Nach **Abs. 3** ist bei der Förderung von Kindern in **Tageseinrichtungen oder in Kindertagespflege** der **(teilweise) Erlass** eines Kostenbeitrags bzw die **(teilweise) Übernahme** eines Teilnahmebeitrags möglich. Ein entsprechender Antrag wird vorausgesetzt (OVG SN – 21.12.2006 – 5 B 904/04). Ihm wird stattgegeben, wenn die **Belastung nicht zumutbar** ist (Rn 17). Nicht vorausgesetzt wird eine Entscheidung, ob die Leistung für die Entwicklung des Kindes erforderlich ist (so ausdrücklich BVerwG 27.1.2000 – 5 C 19.99 – FEVS 51, 347 = NDV-RD 2000, 67; VGH BW 29.9.1998 – 2 S 2417/98 – NVwZ-RR 1999, 129; VGH BY – 15.3.2006 – 12 B 05.1219). Teilweise wird unterschieden, ob ein

Rechtsanspruch auf die Kindertagesbetreuung besteht oder die Betreuung im Rahmen der Bedarfskriterien nach § 24 Abs. 3 erfolgt. In letzterem Fall wird verlangt, dass auch ein Bedarfskriterium erfüllt sein muss, um Erlass oder Übernahme zu rechtfertigen (Hauck/Stähr § 90 Rn 19 c; VG Freiburg – 17.1.2008 – 4 K 624/07). Dies erfordert nicht nur im Zweifel die im Einzelfall schwierige Entscheidung, ob die Leistung für die Entwicklung des Kindes zu einer eigenverantwortlichen und gemeinschaftsfähigen Persönlichkeit geboten ist (§ 24 Abs. 3 Nr. 1), sondern eröffnet im Fall der Ablehnung eine Regelungslücke. Nach dem Wortlaut der Regelung dürfte daher allein auf die Förderung eines Kindes nach §§ 22 ff abzustellen sein, ohne dem den Verpflichtungsgrad des Leistungsträgers gegenüber zu stellen. Da Erlass oder Übernahme die Gewährung einer Sozialleistung darstellen, kann eine **Ablehnung wegen mangelnder Mitwirkung** erfolgen (VG Ansbach – 18.5.2006 – AN 14 K 04.02262; vgl § 97 a Rn 2)

Liegen die Voraussetzungen vor, so „soll" der Beitrag ganz oder teilweise erlassen bzw übernommen **16** werden. Anders als im Fall des Abs. 2 besteht hier also kein Ermessen, sondern ein so genannter **Regelrechtsanspruch**, dh in den Fällen, der Nichtzumutbarkeit hat regelmäßig ein Erlass bzw eine Übernahme zu erfolgen (BVerwG 27.1.2000 – 5 C 19.99 – FEVS 51, 347; OVG NI 26.7.1999 – 12 M 3024/99 – FEVS 51, 323). Davon kann nur ausnahmsweise abgesehen werden, wenn ein atypischer Fall vorliegt. Für einen solchen Ausnahmefall ist der öffentliche Träger beweispflichtig (VorKap. 2 Rn 8). Der Nachweis eines **atypischen Falls** wird sich auf die konkrete Einzelfallsituation beziehen müssen, so dass die Bildung von atypischen Fallgruppen idR rechtlich unzulässig ist. Es darf also nicht für die typischen Konstellationen der Bezieher von Erziehungsgeld oder im Falle von Kindern unter drei Jahren pauschaliert ein atypischer Fall angenommen werden (so OVG NI 26.7.1999 – 12 M 3024/99 – FEVS 51, 323). Der (teilweise) Erlass bzw die Übernahme bezieht sich auf den Kosten- bzw Teilnahmebeitrag. Dabei ist es unerheblich, wie dieser sich zusammensetzt, ob zB die Mittagessenkosten beinhaltet sind (OVG NI 11.6.1998 – 12 L 2301/98 – FEVS 49, 113; vgl Rn 4).

IV. Feststellung der zumutbaren Belastung – Abs. 4

Ob die Belastung **nicht zumutbar** ist und demgemäß nach Abs. 2 erlassen werden kann bzw nach **17** Abs. 3 erlassen werden soll, ist **Tatbestandsvoraussetzung** und damit von den Gerichten voll überprüfbar (OVG HH 20.10.1989 – Bf IV 71/89 – FEVS 41, 240; Anhang Verfahren Rn 87). Die Überprüfung der Zumutbarkeit der Belastung richtet sich grundsätzlich nach den in Abs. 4 ausdrücklich genannten Vorschriften des SGB XII. Dies schließt den **Einsatz von Vermögen** aus. Allerdings kann Landesrecht abweichende Vorschriften zur Bestimmung der Zumutbarkeit erlassen (so § 20 Abs. 2 GTK NI).

Kommen die Vorschriften des SGB XII zur Anwendung, so sind die Bestimmungen über den **Begriff** **18** **des Einkommens** (§§ 82 bis 84 SGB XII) regelmäßig unverändert anwendbar. Da die Kinder- und Jugendhilfe im Verständnis des Sozialhilferechts eine „Hilfe in besonderen Lebenslagen" entsprechend den Kapiteln 5 bis 9 des SGB XII ist, ist als **Einkommensgrenze § 85 SGB XII** maßgeblich. Zumutbarkeit besteht demnach nur dann, wenn das nach §§ 82 bis 84 SGB XII bereinigte Einkommen einen Grundbetrag des 2-fachen Regelsatzes, zuzüglich der Kosten der Unterkunft und zuzüglich eines Familienzuschlages iHv 70 % des Eckregelsatzes für die nicht getrennt lebenden Ehegatten (oder Lebenspartner) und für jede Person, die überwiegend von den Eltern/Elternteil unterhalten wird, übersteigt. Da die Kinder- und Jugendhilfe als Hilfe in besonderen Lebenslagen behandelt wird, ist allerdings § 82 Abs. 3 SGB XII nicht anwendbar (Freibetrag bei Arbeitseinkommen), da diese Bestimmung nur für die Hilfe zum Lebensunterhalt gilt (OVG NI 17.10.2000 – 12 L 1454/00 – FEVS 52, 276). Mit dem KiföG wurde der Verweis auf § 92 a SGB XII wieder aufgenommen, der durch die Änderung des Standorts dieser inhaltlichen Regelung mit dem Gesetz zur Änderung des Zwölften Buches Sozialgesetzbuch und anderer Gesetze (BGBl I 2006, 2670) entfallen war. Unter Anwendung dieser Vorschrift können auch **Empfänger von Sozialhilfe und Bezieher entsprechend niedriger Einkünfte** zu Beiträgen herangezogen werden, wenn sich der monatliche Beitragssatz im Rahmen dessen hält, was durch die (Teilzeit- oder Ganztags-)Betreuung des Kindes an häuslicher Ersparnis erzielt wird (OVG BR 214.1998 – 1 N 1/97 – FEVS 51, 521; DIJuF JAmt 2009, 24).

Die Aussage, dass die Vorschriften des SGB XII nur **entsprechende Anwendung** finden, ist von beson- **19** derer Bedeutung bei den Regelungen über den Einsatz des Einkommens (§§ 87, 88 SGB XII). Das Wort „entsprechend" dient der Wahrung der besonderen Belange der Jugendhilfe bei der Anwendung von Bestimmungen der Sozialhilfe (BVerwG 4.7.1974 – V C 42.73 – E 45, 306). Das ermöglicht sozialpädagogische Implikationen der Jugendhilfe zu berücksichtigen. Im Ergebnis gilt, dass ein Einkommenseinsatz unter der Einkommensgrenze (§ 88 SGB XII) regelmäßig nicht als zumutbar angesehen werden kann (BVerwG 29.9.1971 – V C 115.70 – E 38, 302). Der Einsatz über der Einkommensgrenze (§ 87 SGB XII) bedarf der Abwägung aller in Betracht kommenden Gesichtspunkte des Einzelfalls, wobei sozialpädagogische und erzieherische Aspekte besondere Bedeutung haben und zusätzlich zu den im Sozialhilferecht entwickelten Grundsätzen für den Einsatz des Einkommens über der Einkommensgrenze hinzukommen.

20   Das SGB XII kennt keine Regelung zum generellen **Einsatz zweckidentischer Leistungen** neben einem Kostenbeitrag (DIJuF JAmt 2008, 475). Werden von Dritten – sei es von natürlichen Personen oder Sozialleistungsträgern – finanzielle Leistungen erbracht, die der Kindertagesbetreuung dienen, rechnen diese in der Regel zum Einkommen (DIJuF JAmt 2008, 424). Dies gilt auch für Unterhaltsbeträge, die ausdrücklich für die Zahlung von Kostenbeiträgen für die Kindertagesbetreuung entrichtet werden (BGH 26.11.2008 – XII ZR 65/07 – NJW 2009, 1816 = JAmt 2009, 266; DIJuF JAmt 2009, 306). Liegt das Einkommen dennoch unter der Einkommensgrenze des § 85 SGB XII, so kann nur über § 88 Abs. 1 Nr. 1 SGB XII der Einsatz der Mittel verlangt werden, die für die Kindertagesbetreuung verwendet werden sollen (DIJuF JAmt 2008, 475).

V. Rechtsschutz

21   Verfahrensrechtlich ist die Entscheidungen des öffentlichen Jugendhilfeträgers hinsichtlich der Festsetzung, bzw über den Erlass bzw die Übernahme von Kosten- bzw Teilnahmebeiträgen ein Verwaltungsakt. Gegen diesen stehen die üblichen **Rechtsmittel** zur Verfügung: Widerspruch (im Einzelnen Anhang Verfahren Rn 55 ff) und Klage (Anhang Verfahren Rn 69 ff). Der Widerspruch hat bei belastenden Verwaltungsakten zwar grundsätzlich aufschiebende Wirkung (Anhang Verfahren Rn 53). Die aufschiebende Wirkung entfällt jedoch bei der Forderung von öffentlichen Abgaben und Kosten (§ 80 Abs. 2 Nr. 1 VwGO), was hier der Fall ist (OVG NW 17.9.1993 –16 B 2069/93 – NWVBl 1994, 29; DIJuF JAmt 2006, 28; § 92 Rn 17). Die jeweilige konkrete Klageart richtet sich danach, ob die Aufhebung eines belastenden Verwaltungsakts – bspw die Festsetzung eines bestimmten Beitrags – verlangt wird (dann Anfechtungsklage) oder ob eine begünstigende Entscheidung der Verwaltung verlangt wird – Erlass bzw die Übernahme des Beitrags (dann Verpflichtungsklage); im Einzelnen Anhang Verfahren Rn 69 ff.

Kostenbeiträge für stationäre und teilstationäre Leistungen sowie vorläufige Maßnahmen

§ 91 Anwendungsbereich

(1) Zu folgenden vollstationären Leistungen und vorläufigen Maßnahmen werden Kostenbeiträge erhoben:

1. der Unterkunft junger Menschen in einer sozialpädagogisch begleiteten Wohnform (§ 13 Abs. 3),
2. der Betreuung von Müttern oder Vätern und Kindern in gemeinsamen Wohnformen (§ 19),
3. der Betreuung und Versorgung von Kindern in Notsituationen (§ 20),
4. der Unterstützung bei notwendiger Unterbringung junger Menschen zur Erfüllung der Schulpflicht und zum Abschluss der Schulausbildung (§ 21),
5. der Hilfe zur Erziehung
   a) in Vollzeitpflege (§ 33),
   b) in einem Heim oder einer sonstigen betreuten Wohnform (§ 34),
   c) in intensiver sozialpädagogischer Einzelbetreuung (§ 35), sofern sie außerhalb des Elternhauses erfolgt,
   d) auf der Grundlage von § 27 in stationärer Form,
6. der Eingliederungshilfe für seelisch behinderte Kinder und Jugendliche durch geeignete Pflegepersonen sowie in Einrichtungen über Tag und Nacht und in sonstigen Wohnformen (§ 35 a Abs. 2 Nr. 3 und 4),
7. der Inobhutnahme von Kindern und Jugendlichen (§ 42),
8. der Hilfe für junge Volljährige, soweit sie den in den Nummern 5 und 6 genannten Leistungen entspricht (§ 41).

(2) Zu folgenden teilstationären Leistungen werden Kostenbeiträge erhoben:

1. der Betreuung und Versorgung von Kindern in Notsituationen nach § 20,
2. Hilfe zur Erziehung in einer Tagesgruppe nach § 32 und anderen teilstationären Leistungen nach § 27,
3. Eingliederungshilfe für seelisch behinderte Kinder und Jugendliche in Tageseinrichtungen und anderen teilstationären Einrichtungen nach § 35 a Abs. 2 Nr. 2 und
4. Hilfe für junge Volljährige, soweit sie den in den Nummern 2 und 3 genannten Leistungen entspricht (§ 41).

(3) Die Kosten umfassen auch die Aufwendungen für den notwendigen Unterhalt und die Krankenhilfe.

(4) Verwaltungskosten bleiben außer Betracht.

(5) Die Träger der öffentlichen Jugendhilfe tragen die Kosten der in den Absätzen 1 und 2 genannten Leistungen unabhängig von der Erhebung eines Kostenbeitrags.

I. Inhalt und Bedeutung der Norm

Der zweite Abschnitt des Achten Kapitels befasst sich mit **Kostenbeiträgen für voll- und teilstationär erbrachte Leistungen** sowie für vollstationäre vorläufige Maßnahmen. Wie schon die Überschrift des Abschnitts verdeutlicht, hält der Gesetzgeber an der **Kostenfreiheit für ambulante Leistungen** fest (VorKap. 8 Rn 11). Da das SGB VIII als Bundesgesetz mit § 91 abschließend festlegt, für welche Leistungen und vorläufige Maßnahmen Kostenbeiträge erhoben werden, sind dem Landesrecht zu dieser Frage eigene, abweichende Vorschriften verwehrt. **1**

§ 91 klärt die Frage, für welche Leistungen Kostenbeiträge erhoben werden können (**sachlicher Anwendungsbereich**). Die Frage, wer kostenbeitragspflichtig ist (**persönlicher Anwendungsbereich**), wird in § 92 behandelt. **2**

3   Wichtige Bedeutung kommt der Unterscheidung von **voll- und teilstationären Leistungen** (Rn 4, 12) in den Abs. 1 und 2 zu. Die Abs. 3 und 4 beschäftigen sich mit der Frage des **Umfangs der Kosten der Leistung** und Abs. 5 bestimmt den **Grundsatz der Vorleistungspflicht** durch den Träger der öffentlichen Jugendhilfe.

II. Vollstationäre Leistungen – Abs. 1

4   Um eine **vollstationäre Leistung** handelt es sich in der Kinder- und Jugendhilfe begrifflich, wenn die Leistung **über Tag und Nacht außerhalb des Elternhauses** erfolgt und daher die **Gewährung von Unterkunft** in die Leistung einbezogen ist. Wenn also neue Hilfeformen die **Gewährung von Unterkunft** mit einschließen, erfüllen sie den Tatbestand einer Hilfe nach § 27 in vollstationärer Form (BVerwG 12.12.2002 – 5 C 48.01 – JAmt 2003, 424). Unbeachtlich ist dagegen, wie die Gewährung von Unterkunft konkret ausgestaltet ist. Die Unterkunft kann in einer Einrichtung oder in einem familialen Umfeld mit **durchgehender Betreuung** wie in der Vollzeitpflege gewährt werden, aber auch in einer separaten Wohnung. In letzterem Fall dient die Intensität der sozialpädagogischen Betreuung als Abgrenzungskriterium zwischen einer ambulanten und einer vollstationären Leistung. Nur die intensive sozialpädagogische Einzelbetreuung außerhalb des Elternhauses beinhaltet Leistungen zum Lebensunterhalt nach § 39 und gewährt damit die Unterkunft als Leistung der Kinder- und Jugendhilfe. Unmaßgeblich ist, wer die Wohnung angemietet hat. Ebenfalls unbeachtlich ist die Unterbringung des jungen Menschen außerhalb seines Elternhauses nur für einen Teil der Woche (BVerwG 29.12.1998 – 5 C 23.97 – FEVS 49, 481). Dies ist lediglich für die Höhe des Kostenbeitrags relevant (vgl § 94 Rn 13).

5   Abs. 1 enthält den **Katalog der kostenbeitragspflichtigen vollstationären Leistungen.** Es handelt sich dabei einerseits um einen **abschließenden Katalog,** der andererseits die notwendige Flexibilität für neue Hilfeformen zulässt, indem jede Hilfe zur Erziehung in vollstationärer Form kostenbeitragspflichtig ist.

6   Bei der **Hilfe für junge Volljährige** ist zu beachten, dass diese den in Abs. 1 Nr. 5 und 6 genannten Hilfen entsprechen muss. Keinesfalls zu den kostenbeitragspflichtigen Leistungen gehört daher die **Nachbetreuung** (§ 41 Abs. 3).

7   Die **Unterbringung nach § 19** unterscheidet nicht zwischen den Kosten der Unterbringung des Kindes und des allein erziehenden Elternteils. Sowohl Kinder als auch Leistungsberechtigte nach § 19 werden nach Maßgabe der allgemeinen Regeln zu den Kosten herangezogen (§ 92 Rn 5). Sollte das Kind tatsächlich zu einem Kostenbeitrag herangezogen werden können, der die Kosten seiner Unterbringung deckt **und darüber hinausgeht**, so ist der Kostenbeitrag auf die Höhe der Kosten der Unterbringung seiner Person zu begrenzen. Ein allein erziehender Elternteil ist dagegen zu den **Kosten der Unterbringung seiner Person und des Kindes** heranzuziehen.

8   Den Hauptanwendungsfall der Kostenbeteiligung bei vollstationären Leistungen stellen Leistungen der **Hilfe zur Erziehung** dar. Eine Heranziehung zu den Kosten dieser Leistungen findet nur in den in Abs. 1 Nr. 5 genannten Fällen statt. Damit erfolgt bei allen **vollstationären Leistungen, die auf Grundlage von § 27 erfolgen,** eine lückenlose Kostenbeteiligung (Rn 4).

9   Für **Leistungen nach § 35 a** ist der Anwendungsbereich des § 91 Abs. 1 eröffnet, wenn die Leistung in Einrichtungen, sonstigen Wohnformen oder durch Pflegepersonen über Tag und Nacht und damit vollstationär iSd Kinder- und Jugendhilfe erfolgt. Erhalten Kinder und Jugendliche aufgrund einer **körperlichen oder geistigen Behinderung** Eingliederungshilfe, so ist nicht nur die Leistung vorrangig als Leistung des SGB XII zu gewähren (§ 10 Abs. 4), sondern bedingt auch die Beteiligung an den Kosten dieser Leistung nach dem SGB XII.

10   Die **vorläufige Maßnahme** der **Inobhutnahme** wird grundsätzlich in vollstationärer Form gewährt und ist daher in den Katalog der vollstationären Leistungen integriert. Sie ist als einzige der sog anderen Aufgaben des JA kostenbeitragspflichtig. Bei der Beteiligung an den Kosten einer Inobhutnahme, die gegen den Willen der Eltern durchgeführt wird, ist im besonderen Maße die **Rechtmäßigkeit der Maßnahme** zu prüfen (FG RP 27.4.2005 – 3 K 2592/03 – EFG 2005, 1546).

III. Teilstationäre Leistungen – Abs. 2

11   Der **Katalog der kostenbeitragspflichtigen teilstationären Leistungen** in Abs. 2 ist abschließend (Rn 5). Ebenso wie für die vollstationären Leistungen der Hilfe zur Erziehung, wird auch bei der teilstationären

Hilfe zur Erziehung die Möglichkeit berücksichtigt, flexible Hilfen zu entwickeln, zu denen unter der Voraussetzung von Abs. 2 Nr. 2 zu den Kosten herangezogen werden kann.

Die **Definition einer teilstationären Leistung** entwickelt sich aus der Abgrenzung zur vollstationären **12** Leistung in die eine und zur ambulanten Leistung in die andere Richtung. Teilstationäre Leistungen werden immer **außerhalb des Elternhauses in einem festen räumlichen Umfeld** erbracht. In der Regel handelt es sich um Einrichtungen iSd § 45, in denen sich Kinder oder Jugendliche für einen Teil des Tages oder ganztägig aufhalten (vgl § 45 Rn 7 ff, § 22 Rn 4). Damit wird keine Aussage über die **Tageszeit** getroffen. Teilstationäre Leistungen können auch erbracht werden, indem das Kind oder der Jugendliche zwar regelmäßig über Nacht außerhalb seines Elternhauses untergebracht wird, aber seinen täglichen Lebensmittelpunkt weiterhin in der Familie hat. Bei der Abgrenzung zu ambulanten Leistungen ist entscheidendes Kriterium das der **Betreuung**. Betreuung meint vor allem **Versorgung und Aufsicht**. Teilstationäre Hilfearten sind besondere Betreuungsformen, die sich zwar gegenüber den allgemeinen Formen der Tagesbetreuung durch ihre spezifische Intensität und Ausstattung auszeichnen (Hauck/Stähr § 91 Rn 12), aber im Gegensatz zur ambulanten Leistung nicht ausschließlich auf die Beratung oder die therapeutische Arbeit als Inhalt der Leistung fokussieren.

Das Merkmal der voll- oder teilstationären Hilfe ist konstitutiv. Aus diesem Grund ist der Anwen- **13** dungsbereich der Kostenbeteiligung bei der Betreuung und Versorgung von Kindern in Notsituationen nach § 20 kaum noch eröffnet. Merkmal dieser Hilfe ist in der Regel der Erhalt des gewohnten Lebensumfelds des Kindes (vgl § 20 Rn 1). Aber sowohl die Begriffe voll- als auch teilstationär setzen eine Betreuung **außerhalb des Elternhauses** voraus. Eine Kostenbeteiligung für die im Haushalt erbrachte Hilfe nach § 20 kommt daher nicht in Betracht.

Eine Kostenbeteiligung nach Abs. 2 Nr. 3 kommt unter dem Aspekt der Eingliederungshilfe in einer **14** teilstationären Einrichtung für die Eingliederungshilfe in **Werkstätten für behinderte Menschen** nicht in Betracht, da die erforderliche Betreuung (Rn 12) sich nicht auf die Beaufsichtigung eines Arbeitsvorgangs richtet. Zum anderen spricht auch die Kostenbeteiligung für Leistungen nach § 13 dagegen, die nur möglich ist, wenn die Leistung in vollstationärer Form erfolgt.

Auch nach Abs. 2 kommt ein Kostenbeitrag für die Nachbetreuung von jungen Volljährigen im Rah- **15** men des § 41 Abs. 3 nicht in Betracht (Rn 6).

IV. Inhalt der Kosten – Abs. 3

1. Kosten der Leistung

Zu den Kosten der Leistung gehören primär die Kosten der originären sozialpädagogischen Leistung **16** wie die **Erziehung, Betreuung, Unterstützung** und **Beratung** bei den jeweiligen Hilfen (vgl auch § 39 Rn 7 f). Da hier in aller Regel freie Träger der Jugendhilfe als Leistungserbringer eingeschaltet werden, lassen sich die Kosten der Leistung den jeweiligen **Entgeltvereinbarungen** entnehmen (vgl § 78 c Rn 2).

2. Kosten des notwendigen Unterhalts und der Krankenhilfe

Mit Abs. 3 erfolgt eine **Klarstellung:** Liegen die Voraussetzungen der §§ 39 und 40 vor und muss im **17** Rahmen der Leistungserbringung auch der notwendige Unterhalt sichergestellt und Krankenhilfe geleistet werden, so gehört dies zu den Kosten der Leistung bzw vorläufigen Maßnahme (VGH BY 30.8.2004 – 12 B 00.1434 – FEVS 56, 273). Die Kosten des notwendigen Unterhalts umfassen insbesondere die Kosten für **Unterkunft, Verpflegung** und **Bekleidung** sowie die Kosten für **betriebsnotwendige Anlagen einschließlich der Ausstattung**. Auch diese Kosten lassen sich regelmäßig in entsprechenden Entgeltvereinbarungen (vgl § 78 c Rn 2) entnehmen. Ein darüber hinausgehender Anspruch wird durch Abs. 3 nicht begründet.

V. Verwaltungskosten – Abs. 4

Der Begriff der **Verwaltungskosten** ist dem § 109 SGB X entliehen. Er bezieht sich auf alle Aufwen- **18** dungen des Trägers der öffentlichen Jugendhilfe, die die **Vorhaltung der Personal- und Sachmittel** zur Erfüllung der in § 91 genannten Leistungen betreffen (von Wulffen/von Wulffen § 109 SGB X Rn 2; VG Frankfurt – 14.12.2006 – 3 E 591/04). Dazu gehören alle Aufwendungen, Sach- und Personalkosten, die dem Träger der öffentlichen Jugendhilfe im einzelnen Fall in dem ihm zur Verfügung stehenden Personalapparat (Vorhaltekosten für Sach- und Personalaufwand) und nicht gesondert abgrenzbar entstehen Hauck/Klattenhoff § 109 SGB X Rn 5) Dies gilt ungeachtet der Intensität des jeweiligen Verwaltungsaufwands.

19   Im **Einzelfall** ist allerdings zu differenzieren: Bemessen sich die Kosten nach Pflegesätzen und sind darin Verwaltungskosten enthalten, sind diese gesondert abgrenzbar und daher als Bestandteil der Hilfekosten als Sachkosten zu berücksichtigen (VG Frankfurt – 14.12.2006 – 3 E 591/04). Schließt eine Pflegeperson für ihr Pflegekind eine Haftpflichtversicherung ab, so können diese Kosten als Teil des notwendigen Unterhalts des Kindes übernommen werden (DIV DAVorm 2000, 666). Trotz dogmatischer Bedenken sollten auch die Kosten für den Abschluss einer Sammelversicherung für den Bereich des Pflegekinderwesens anteilig den Kosten der Leistung zugeschlagen werden, da es nicht Leistungsinhalt der Vollzeitpflege ist, Schäden zu ersetzen, die ein Pflegekind verursacht hat (DIJuF JAmt 2004, 365).

20   Der Grundsatz der Unbeachtlichkeit von Verwaltungskosten gilt nur für den Träger der öffentlichen Jugendhilfe. Entstehen **freien Trägern Verwaltungskosten**, so werden diese regelmäßig in die Leistungsvereinbarung mit einfließen und anschließend Teil der Kosten der Leistung sein (BVerwG 22.10.1992 – 5 C 23.89 – NDV 1993, 278).

VI. Vorleistungspflicht des Jugendamts – Abs. 5

21   Abs. 5 stellt den **für alle in den Abs. 1 und 2** genannten Leistungen und vorläufigen Maßnahmen geltenden **Grundsatz der Vorleistungspflicht** des Trägers der öffentlichen Jugendhilfe auf. Das bedeutet, dass der Träger der öffentlichen Jugendhilfe die Kosten dieser Leistungen selbst dann tragen muss, wenn aufgrund der konkreten Einkommenssituation ggf die Kosten in vollem Umfang von den Kostenbeitragspflichtigen zu tragen wären. Eine Prüfung, ob es Gründe für die Vorfinanzierung gibt, findet nicht statt. Die Kostenbeitragspflichtigen werden erst **nachträglich zu den Kosten herangezogen**. Der Grund für die Vorleistungspflicht liegt in der Tatsache, dass die Kinder- und Jugendhilfe keinen Vorrang der Selbsthilfe kennt (§ 10 Rn 5). Es muss sichergestellt werden, dass die Weigerung der Eltern, die Kosten zu tragen, nicht dazu führt, dass die Leistungserbringung an junge Menschen unterbleiben muss (VG Braunschweig 21.11.02 – 3 A 193/01).

§ 92 Ausgestaltung der Heranziehung

(1) Aus ihrem Einkommen nach Maßgabe der §§ 93 und 94 heranzuziehen sind:

1. Kinder und Jugendliche zu den Kosten der in § 91 Abs. 1 Nr. 1 bis 7 genannten Leistungen und vorläufigen Maßnahmen,

2. junge Volljährige zu den Kosten der in § 91 Abs. 1 Nr. 1, 4 und 8 genannten Leistungen,

3. Leistungsberechtigte nach § 19 zu den Kosten der in § 91 Abs. 1 Nr. 2 genannten Leistungen,

4. Ehegatten und Lebenspartner junger Menschen und Leistungsberechtigter nach § 19 zu den Kosten der in § 91 Abs. 1 und 2 genannten Leistungen und vorläufigen Maßnahmen,

5. Elternteile zu den Kosten der in § 91 Abs. 1 genannten Leistungen und vorläufigen Maßnahmen; leben sie mit dem jungen Menschen zusammen, so werden sie auch zu den Kosten der in § 91 Abs. 2 genannten Leistungen herangezogen.

(1 a) Zu den Kosten vollstationärer Leistungen sind junge Volljährige und volljährige Leistungsberechtigte nach § 19 zusätzlich aus ihrem Vermögen nach Maßgabe der §§ 90 und 91 des Zwölften Buches heranzuziehen.

(2) Die Heranziehung erfolgt durch Erhebung eines Kostenbeitrags, der durch Leistungsbescheid festgesetzt wird; Elternteile werden getrennt herangezogen.

(3) [1]Ein Kostenbeitrag kann bei Eltern, Ehegatten und Lebenspartnern ab dem Zeitpunkt erhoben werden, ab welchem dem Pflichtigen die Gewährung der Leistung mitgeteilt und er über die Folgen für seine Unterhaltspflicht gegenüber dem jungen Menschen aufgeklärt wurde. [2]Ohne vorherige Mitteilung kann ein Kostenbeitrag für den Zeitraum erhoben werden, in welchem der Träger der öffentlichen Jugendhilfe aus rechtlichen oder tatsächlichen Gründen, die in den Verantwortungsbereich des Pflichtigen fallen, an der Geltendmachung gehindert war. [3]Entfallen diese Gründe, ist der Pflichtige unverzüglich zu unterrichten.

(4) [1]Ein Kostenbeitrag kann nur erhoben werden, soweit Unterhaltsansprüche vorrangig oder gleichrangig Berechtigter nicht geschmälert werden. [2]Von der Heranziehung der Eltern ist abzusehen, wenn das Kind, die Jugendliche, die junge Volljährige oder die Leistungsberechtigte nach § 19 schwanger ist oder ein leibliches Kind bis zur Vollendung des sechsten Lebensjahres betreut.

(5) [1]Von der Heranziehung soll im Einzelfall ganz oder teilweise abgesehen werden, wenn sonst Ziel und Zweck der Leistung gefährdet würden oder sich aus der Heranziehung eine besondere Härte ergäbe. [2]Von der Heranziehung kann abgesehen werden, wenn anzunehmen ist, dass der damit verbundene Verwaltungsaufwand in keinem angemessenen Verhältnis zu dem Kostenbeitrag stehen wird.

I. Inhalt und Bedeutung der Norm

§ 92 regelt die **Grundsätze der Ausgestaltung der Kostenheranziehung**. Mit dem KiföG (Einl. Rn 47) **1** hat der Gesetzgeber klargestellt, dass von jungen Menschen keine Kostenbeiträge für die Erbringung von teilstationären Leistungen gefordert werden (Abs. 1 Nr. 1 und 2). Der mit dem KiföG eingeführte

Abs. 1a enthält keinen neuen Inhalt, sondern ordnet die zuvor in § 94 Abs. 6 Satz 2 geregelte **Kostenbeteiligung aus dem Vermögen** für volljährige Leistungsempfänger aus systematischen Gründen § 92 zu (BT-Drucks. 16/9299, 42).

2   Zentrale Bedeutung kommt **Abs. 2** zu, der die öffentlich-rechtliche Heranziehung durch Erhebung eines Kostenbeitrags für alle Leistungen nach § 91 Abs. 1 und 2 vorsieht. Die Beschränkung der Kostenbeteiligung auf die Erhebung eines **öffentlich-rechtlichen Kostenbeitrags** hat u.a. zur Folge, dass der Träger der öffentlichen Jugendhilfe im Rahmen des Verwaltungsverfahrens zur Umsetzung der Kostenbeteiligung ausschließlich die Vorschriften des **Sozialverwaltungsverfahrens** (SGB X) beachten muss (vgl Anhang Verfahren Rn 11 ff). Der öffentlich-rechtliche Charakter des Anspruchs bewirkt allerdings auch, dass ein Kostenbeitrag in der Regel nicht im Ausland vollstreckt werden kann (DIJuF JAmt 2007, 29). Außerdem bestimmt Abs. 2 den Zeitpunkt, ab wann ein Kostenbeitrag gefordert werden darf.

3   **Abs. 1 und Abs. 1a** bestimmen, wer für welche Leistung kostenbeitragspflichtig ist und regeln neben einem Teilaspekt der Ausgestaltung zugleich den persönlichen Anwendungsbereich der Kostenbeteiligung. Da sich Abs. 1 ausschließlich auf die Heranziehung aus dem Einkommen bezieht, wird nunmehr systematisch sinnvoll in Abs. 1a die Befugnis geregelt, volljährige Leistungsempfänger zusätzlich aus ihrem Vermögen an den Kosten vollstationärer Leistungen zu beteiligen. In den weiteren **Abs. 3 bis 5** werden die Rahmenbedingungen zur Erhebung eines Kostenbeitrags geklärt. **Abs. 3** beschäftigt sich mit der Frage, ab welchem Zeitpunkt der Kostenbeitrag erhoben werden kann, während die **Abs. 4 und 5** die Fälle regeln, wann von der Erhebung eines Kostenbeitrags trotz Vorliegen der weiteren Voraussetzungen abzusehen ist bzw abgesehen werden soll.

II. Kostenbeitragspflichtige – Abs. 1 und Abs. 1a

1. Allgemeines

4   § 92 Abs. 1 und Abs. 1a legen fest, bei wem für welche Leistung und vorläufige Maßnahme ein Kostenbeitrag zu erheben ist (**persönlicher Anwendungsbereich**). Damit liefert § 92 Abs. 1 als bundesgesetzliche Regelung einen abschließenden Katalog der Kostenbeitragspflichtigen, dem auch durch Landesrecht keine weiteren Kostenbeitragspflichtigen hinzugefügt werden können.

5   Da nicht für jede Leistung oder vorläufige Maßnahme der gleiche Kreis Kostenbeitragspflichtiger heranzuziehen ist, müssen jeder Leistung die jeweiligen Kostenbeitragspflichtigen zugeordnet werden. Grundsätzlich werden die **Begünstigten einer Leistung** zu deren Kosten herangezogen. Dies sind nicht nur Personensorgeberechtigte als Anspruchsinhaber (vgl Vor§ 27 Rn 5), sondern die **Kinder, Jugendlichen, jungen Volljährigen** und **die Leistungsberechtigten nach § 19** deren unterhaltsrechtlicher Bedarf durch eine vollstationäre Leistung gedeckt wird. Zu teilstationären Leistungen werden junge Menschen jedoch ausdrücklich nicht herangezogen. Der Gesetzgeber ist dem Klarstellungsbedarf hierzu (VG Osnabrück – 29.6.2007 – 6 A 119/06 – JAmt 2007, 439; DIJuF JAmt 2007, 30) mit dem KiföG nachgekommen (BGBl I 2008, 2403). **Eltern** werden grundsätzlich zu den Kosten aller voll- und teilstationären Leistungen und vorläufigen Maßnahmen für ihre Kinder herangezogen. Bei **teilstationären Leistungen** hängt die Kostenbeitragspflicht des Elternteils allerdings davon ab, ob der junge Mensch bei ihm lebt. **Ehegatten und Lebenspartner** junger Menschen und Leistungsberechtigter nach § 19 können zu allen in § 91 Abs. 1 und 2 genannten Leistungen und vorläufigen Maßnahmen herangezogen werden. Die **Rangfolge der Heranziehung** wird ausdrücklich erst in § **94 Abs. 1 Satz 2** geregelt.

2. Umfang der Kostenbeteiligung junger Volljähriger – Abs. 1a

6   Für junge Volljährige gilt ebenso wie für Minderjährige, dass sie zu den Kosten sämtlicher sie begünstigenden **vollstationären Leistungen** herangezogen werden können. Abs. 1a ermächtigt den Träger der öffentlichen Jugendhilfe volljährige Leistungsempfänger **zusätzlich aus ihrem Vermögen** zu den Kosten der Leistung heranzuziehen. Abs. 1a regelt auch den **Umfang der Heranziehung aus dem Vermögen**, indem er auf die §§ 90, 91 SGB XII verweist. Demnach ist das **gesamte verwertbare** Vermögen einzusetzen (LPK-SGB XII/Brühl § 90 Rn 4, 9). Das Vermögen wird in Abgrenzung zum Einkommen bestimmt und nach hM als Mittel in Geld oder Geldeswert verstanden, die vor der Bedarfszeit bereits vorhanden waren (vgl § 93 Rn 5). Rechtlich und tatsächlich verwertbar sind Forderungen, wenn sie fällig sind und durch Verbrauch, Übertragung, Beleihung, Vermietung oder Verpachtung nutzbar gemacht werden können (Fichtner/Augstein § 90 SGB XII Rn 2). Eine **Einschränkung** besteht bspw dort, wo Nutzungsrechte ausschließlich an die Person gebunden sind (VGH BY – 07.07.2008 – 12 B 06.2057). § 90 Abs. 2 SGB XII zählt Schonvermögen auf, dessen Verwertung ausgeschlossen ist. Hier-

zu gehört Vermögen, das dem Aufbau einer Lebensgrundlage, zur Gründung eines Haushalts oder zur Beschaffung von angemessenem Hausrat, zur Berufsausbildung oder zur Befriedigung geistiger oder kultureller Bedürfnisse dient. Ebenso kann auf ein angemessenes Hausgrundstück und kleinere Guthaben nicht zugegriffen werden. Soweit verwertbares Vermögen vorhanden ist, kann daraus ein Kostenbeitrag bis zur Höhe der Kosten der Leistung gefordert werden (Hauck/Stähr § 94 Rn 24).

Diese gravierenden Folgen werden in der Sozialhilfe durch eine intensive Härtefallprüfung ggf abgemildert (§ 90 Abs. 3 SGB XII). Die Grundsätze der besonderen Härte in der Sozialhilfe werden beim Einsatz von Vermögen junger Volljähriger durch die Härtefallprüfung in der Kinder- und Jugendhilfe ergänzt (Abs. 5). Demnach muss insbesondere das Leistungsziel beachtet werden, junge Volljährige bei ihrem **Übergang in die Selbstständigkeit** zu unterstützen. Ziel- und Zweckgefährdung der Hilfe sind v.a. zu prüfen, wenn der Wille zur Selbsthilfe des jungen Volljährigen durch die Heranziehung in einer Weise beeinträchtigt wird, der die Zielerreichung ernsthaft gefährdet (W. Schellhorn § 68 SGB XII Rn 21). Ggf ist eine Reduzierung des Kostenbeitrags mindestens bis zur Höhe der **Kosten für den Unterhalt** des jungen Volljährigen vorzunehmen. Eine besondere Härte wird darüber hinaus auch dann anerkannt, wenn Vermögen aus Mitteln stammt, die als Einkommen nicht eingesetzt werden brauchten. Jedenfalls dann, wenn das Vermögen demselben Zweck zu dienen bestimmt ist, wie das frei zu lassende Einkommen, muss von der Heranziehung abgesehen werden (BVerwG 28.03.1974 – V C 29.73 – E 45, 135; 18.5.1995 – 5 C 22.93 – E 98, 256; 4.9.1997 – 5 C 8.97 – E 105, 199; BSG 11.12.2007 – B 8/9 b SO 20/06 R – FEVS 59, 441; 15.4.2008 – B 14/7 b AS 6/07 R – FEVS 60, 1).

3. Ehegatten und Lebenspartner junger Menschen und Leistungsberechtigter nach § 19 – Abs. 1 Nr. 4

Entsprechend ihrer Unterhaltspflicht, sind auch Ehegatten und Lebenspartner junger Menschen und Leistungsberechtigter nach § 19 zu den Kosten einer Jugendhilfeleistung heranzuziehen. Unter Lebenspartner sind nur solche nach dem **Gesetz zur Beendigung der Diskriminierung gleichgeschlechtlicher Lebenspartnerschaften** (LPartG 16.2.2001 BGBl I, 266) zu verstehen (GK-SGB VIII/Busch § 91 Rn 20 ff). Es können also weder die Partner einer eheähnlichen Gemeinschaft noch homosexuelle Partner, die keine Lebenspartnerschaft begründet haben, zu den Kosten herangezogen werden.

4. Elternteile – Abs. 1 Nr. 5

Der Begriff der Eltern bzw Elternteile wird durch §§ **1591 ff BGB** bestimmt (Hauck/Stähr § 92 Rn 9). Als Mutter eines Kindes gilt die Frau, die es geboren hat (§ 1591 BGB). Als Vater kommt in Betracht:

- der Mann, der zum Zeitpunkt der Geburt mit der Mutter des Kindes **verheiratet** ist (§ 1592 Nr. 1 BGB),
- der die Vaterschaft **anerkannt** hat (§ 1592 Nr. 2 BGB) oder
- dessen Vaterschaft **gerichtlich festgestellt** ist (§ 1600 d BGB).

Anders als bei der Mutterschaft kann die Vaterschaft damit zu einem anderen Zeitpunkt als der Geburt des Kindes entstehen. Da zudem die rechtliche Möglichkeit der Vaterschaftsanfechtung besteht, kann die Vaterschaft durch eine **erfolgreiche Anfechtung** entfallen (im Einzelnen Münder 2008, 88 ff). Stiefeltern sind nicht kostenbeitragspflichtig.

Bei der Feststellung der Kostenbeitragspflicht können die Fälle der **Anerkennung, Feststellung oder Anfechtung** relevant werden. Wird die Vaterschaft anerkannt oder gerichtlich festgestellt, so wirkt die Anerkennung oder Feststellung auf den Zeitpunkt der Geburt zurück (MünchKomm/Wellenhofer-Klein § 159 BGB Rn 13 ff; DIJuF JAmt 2008, 373). Ein Kostenbeitrag kann ab dem Zeitpunkt einer **rechtskräftigen** Anerkennung bzw Feststellung erhoben werden. Damit können Ansprüche **rückwirkend geltend gemacht werden** (Rn 23; MünchKomm/Wellenhofer-Klein § 1594 BGB Rn 16; DIJuF JAmt 2008, 373). Für den Vater kann das im Einzelfall – wenn das Kind bereits seit einigen Jahren stationär untergebracht ist – zu schwerwiegenden Belastungen führen. Daher ist in diesen Fallkonstellationen immer zu prüfen, ob die Heranziehung eine besondere Härte darstellt (Rn 31 ff).

Die **Anfechtung einer Vaterschaft** wirkt gem. § 142 Abs. 1 BGB rückwirkend (ex tunc), so dass auch die Wirkungen nachträglich entfallen. Hat der sog. Scheinvater zuvor einen Kostenbeitrag für stationäre oder teilstationäre Leistungen für das Kind entrichtet, so erfolgt die Rückabwicklung gem. § 44 Abs. 4 SGB X (DIJuF JAmt 2004, 30; Anhang Verfahren Rn 49 ff). Hierbei ist zu beachten, dass eine Rückgewährung von Leistungen nur für den Zeitraum von vier Jahren vor der Rücknahme des Verwaltungsakts möglich ist (§ 44 Abs. 4 SGB X). Auf das Rechtsinstitut der Entreicherung kann sich die öffentliche Hand dagegen nicht berufen. Die finanzielle Situation des öffentlichen Leistungsträgers spielt somit keine Rolle (Wolff/Bachof/Stober/Kluth 2007, § 55 Rn 21).

III. Erhebung des Kostenbeitrags – Abs. 2

1. Getrennte Heranziehung von Eltern – Abs. 2, 2. Halbsatz

12 Es gilt die **getrennte Heranziehung von Eltern** (Abs. 2 Halbs. 2). Die gesamtschuldnerische Haftung ist ausgeschlossen, so dass die Entrichtung des Kostenbeitrags eines Elternteils sich in keinem Fall mindernd auf den Kostenbeitrag des anderen Elternteils auswirkt (VG Aachen – 20.5.2008 – 2 K 1125/07).

13 Der Grundsatz der getrennten Heranziehung von Eltern erfordert notwendigerweise eine **getrennte Einkommensermittlung und -berechnung** und entsprechende Berücksichtigung im weiteren Verwaltungsverfahren (§ 1 Abs. 2 KostenbeitragsV). Ausdrücklich findet damit in der Kinder- und Jugendhilfe weder der Begriff der Bedarfs- (§ 7 Abs. 3 SGB II) noch der Haushaltsgemeinschaft (§ 36 SGB XII) Anwendung. Dies gilt nicht nur im Verhältnis der Eltern zueinander, sondern auch gegenüber den dem Haushalt angehörenden Kindern, deren Einkommen ausschließlich ihnen selbst zuzurechnen ist.

2. Leistungsbescheid als Verwaltungsakt

14 Abs. 2 regelt den **Grundsatz** einer rein öffentlich-rechtlichen Kostenheranziehung. Gleichzeitig bietet Abs. 2 die ausdrückliche Rechtsgrundlage zur Erhebung des Kostenbeitrags durch den Erlass eines **kostenheranziehenden Leistungsbescheids**, die für einen belastenden Verwaltungsakt zwingend erforderlich ist (Maunz u.a/Herzog Art. 20 GG Rn 64). Der Leistungsbescheid sollte daher immer auf § 92 Abs. 2 als Rechtsgrundlage verweisen.

15 Bei dem Leistungsbescheid handelt es sich um einen Verwaltungsakt, da er darauf gerichtet ist, unmittelbare Rechtswirkungen für einen Einzelfall zu regeln (§§ 31 ff SGB X; ausführlich Anhang Verfahren Rn 45 ff). Die Erhebung durch einen Verwaltungsakt bedeutet auch, dass der Kostenbeitrag **einseitig durch den öffentlichen Jugendhilfeträger** festgesetzt wird. Dies schließt die Träger der freien Jugendhilfe von der Erhebung von Kostenbeiträgen aus. Die besondere Bedeutung im Erlass eines Verwaltungsakts ist nicht zuletzt darin zu sehen, dass er im Wege der **Verwaltungsvollstreckung** durchgesetzt werden kann. Im Gegensatz zu zivilrechtlichen Unterhaltsansprüchen ist daher ein Titel nicht erforderlich (DIJuF JAmt 2002, 121).

3. Verwaltungsverfahren und Formerfordernis

16 Im Regelfall ist der Verwaltungsakt **schriftlich zu erlassen** (BSG 10.12.2002 – B 9 VG 6/01 R – ZfS 2003, 52). Falls er mündlich ergeht, ist er schriftlich zu bestätigen, denn da der Bürger zu einer Leistung verpflichtet wird, handelt es sich um einen belastenden Verwaltungsakt (OVG HH 20.10.1989 – FEVS 41, 240) und es besteht regelmäßig ein **berechtigtes Interesse** an einem schriftlichen Bescheid (§ 33 Abs. 2 SGB X). Soll der Verwaltungsakt als Grundlage für eine Vollstreckungsmaßnahme dienen, so sollte er schon aus Gründen der Rechtssicherheit in schriftlicher Form vorliegen (BSG 10.12.2002 – B 9 VG 6/01 R – ZfS 2003, 52). Der Verwaltungsakt muss dem Bestimmtheitsgebot entsprechen und begründet werden. Aus der Begründung muss hervorgehen, inwiefern von einem **Ermessen pflichtgemäß Gebrauch** gemacht wurde (VGH HE – 28.6.06 – 7 ZU 2930/05 – NuR 2006, 660; VG Ansbach 15.11.07 – AN 14 K 06.03822). Dem Adressaten muss klar erkenntlich sein, auf welcher gesetzlichen Grundlage er zu den Kosten herangezogen wird, von welchen rechtserheblichen Tatsachen der Leistungsträger bei der Festsetzung des Kostenbeitrags ausging und was genau von ihm verlangt wird (vgl Anhang Verfahren Rn 47).

4. Rechtsschutz

17 Gegen den Kostenbeitragsbescheid kann durch den Adressaten **Widerspruch** und, sofern dieser nicht zum Erfolg führt, anschließend **Anfechtungsklage** erhoben werden (vgl Anhang Verfahren Rn 45 ff, 69 ff). Ungeklärt ist bislang die Frage, ob der Widerspruch gegen einen Kostenbeitragsbescheid **aufschiebende Wirkung** entfaltet. Maßgeblich ist dafür die Beurteilung, ob mit dem Kostenbeitrag öffentliche Abgaben bzw Kosten begründet werden (§ 80 Abs. 2 Satz 1 Nr. 1 VwGO). Zum Teil wird die Auffassung vertreten, dies gelte bei Kostenbeiträgen nach §§ 91 ff nicht, da nur bei der Erhebung solcher Abgaben und Kosten, die sich nach leicht erkennbaren Merkmalen ermitteln lassen und damit keine individuelle Berechnung im Einzelfall erforderlich machen, die aufschiebende Wirkung entfalle.

Zudem werde mit Kostenbeiträgen nach §§ 91 ff keine Finanzierungsfunktion öffentlicher Haushalte erzielt, wie das für öffentliche Abgaben gefordert werde (OVG NW – 17.12.07 – 12 B 1214/07 – JAmt 2008, 40; VGH HE – 5.9.06 – 10 TG 1915/06 – JAmt 2006, 455; VG Aachen – 2 L 193/07 – EuG 2008, 349; VG Halle – 27.7.06 – 4 B 213/06 HAL – JAmt 2006, 414; VG Düsseldorf – 12.12.07 – 19 L 1839/07; VG Hannover – 13.11.07 – 3 B 4331/07 – JAmt 2007, 600; Jans u.a./Degener § 92 Rn 5 ff; Hauck/ Stähr § 92 Rn 16). Die **Gegenmeinung** (OVG NI – 27.8.08 – 4 ME 235/08 – JAmt 2008, 496; VGH BY 19.12.07 – 12 CS 07.2895 – JAmt 2008, 39; OVG NI 10.11.06 – 4 ME 188/06 – JAmt 2007, 163; OVG ST 21.5.08 – 3 M 169/06 – JAmt 2008, 329) vertritt mit Bezug auf die Reform der Kostenbeteiligung mit dem KICK, dass mit dem Kostenbeitrag öffentliche Abgaben erhoben werden, da der Beitrag zur **Deckung der Kosten der Leistung** erforderlich sei. Die stark vereinfachte Berechnungsmöglichkeit und der Umstand, dass die Kosten der Leistung stärker als bislang mit dem Kostenbeitrag verbunden werden (BT-Drucks. 15/3676, 27), zeigen deutlich, dass der Gesetzgeber mit dem KICK die Kostenbeteiligung ausdrücklich mit Blick auf die **Finanzierung der Kinder- und Jugendhilfeleistungen** reformiert hat. Aus diesem Grund ging er auch in der Begründung von einem Wegfall der aufschiebenden Wirkung der Anfechtung aus (BT-Drucks. 15/3676, 41). Auch die Härtefallregelung im Kostenbeitragsrecht kann nicht als Argument für die aufschiebende Wirkung dienen, da Härtefallregelungen auch dem Abgabenrecht nicht fremd sind (VG Lüneburg – 20.1.2009 – 4 ME 3/09). Der Auffassung keine aufschiebende Wirkung anzunehmen ist demnach der Vorzug zu geben, da sie den **Paradigmenwechsel** in der Kostenbeteiligung mit den angemessenen Konsequenzen zur Kenntnis nimmt. Der Rechtsschutz für die Herstellung der aufschiebenden Wirkung erfolgt daher über § 80 Abs. 5 VwGO.

IV. Mitteilungs- und Aufklärungspflicht – Abs. 3

1. Mitteilungspflicht – Abs. 3 Satz 1

Ein Kostenbeitrag kann ab dem Zeitpunkt erhoben werden, wenn dem Pflichtigen zum einen die **18** **Gewährung der Leistung mitgeteilt** und er zum anderen über die **Folgen für seine Unterhaltspflicht** dem jungen Menschen gegenüber **aufgeklärt** wurde (DIJuF JAmt 2008, 480; ausführlich zu den Folgen für die Unterhaltspflicht Rn 26 ff, § 10 Rn 31 ff). Unterbleibt die Mitteilung oder erfolgt sie nicht unverzüglich, so ist die Erhebung eines Kostenbeitrags erst mit dem Zeitpunkt möglich, zu dem sie nachgeholt wird. Es handelt sich bei der Aufklärung also um eine **materiell-rechtliche Voraussetzung für die Erhebung eines Kostenbeitrags** (OVG NW 26.6.2008 – 12 E 683/07 – JAmt 2008, 547). Neben Angaben zu Beginn und Art der Leistung sowie der möglichen Kostenbeteiligung soll die Aufklärung die Folgen der Leistungsgewährung für den zivilrechtlichen Unterhaltsanspruch darstellen (Wiesner/ Wiesner § 92 Rn 14; Kunkel/Kunkel § 92 Rn 14; Schellhorn u.a./Mann § 92 Rn 9; Formbeispiel bei Degener, 82-3). Die Mitteilung spielt daher in erster Linie gegenüber Kostenbeitragspflichtigen eine Rolle, die bislang Barunterhalt für ihr Kind leisteten (VG Neustadt 19.7.2007 – 2 K 15/07.NW – JAmt 2008, 271). An ihren Inhalt hinsichtlich der Folgen für den Unterhalt sind keine übertriebenen Anforderungen zu stellen. Es muss ersichtlich werden, dass die Jugendhilfeleistung für den untergebrachten jungen Menschen bedarfsdeckend wirkt und er in der Regel der Höhe nach keinen Unterhaltsanspruch mehr hat (VG Düsseldorf 19.11.07 – 19 K 3428/07; VG Münster – 3.9.2008 – 6 K 795/07).

Bei einer **durchgehenden vollstationären Unterbringung** braucht regelmäßig kein Unterhalt mehr ge- **19** leistet werden (vgl § 10 Rn 31 ff). Anders kann dies aussehen, wenn sich das Kind weiterhin regelmäßig nicht nur im Rahmen von Umgangskontakten bei einem Elternteil aufhält und die Kostenbeiträge aus diesem Grund nach **§ 94 Abs. 4 reduziert** werden. Für die Dauer des Heimaufenthalts besteht dann weiterhin ein Unterhaltsanspruch (vgl § 94 Rn 13 f). Folglich ist dem Unterhaltspflichtigen mitzuteilen, dass er dem Kind gegenüber keinen (ggf. reduzierten) Unterhalt mehr zu leisten hat, stattdessen jedoch zur Zahlung eines Kostenbeitrags verpflichtet werden kann.

Erfolgt der Leistungsbeginn kurzfristig und lässt dem Träger der öffentlichen Jugendhilfe keine Mög- **20** lichkeit zur Einkommensermittlung bei der kostenbeitragspflichtigen Person, dient die Mitteilungspflicht der **Sicherung seines Anspruchs.** Der Kostenbeitrag kann dann für den Zeitraum ab Erfüllung der Mitteilungspflicht erhoben werden (DIJuF JAmt 2008, 480). Dies gilt auch, wenn ein Kostenbeitragsbescheid aufgrund unrichtiger Angaben der Einkommensverhältnisse (vgl § 97 a Rn 4) nachträglich korrigiert werden muss.

Zum anderen dient die Vorschrift als **Schuldnerschutz.** Der Schuldner soll davor beschützt werden, **21** **doppelt in Anspruch** genommen zu werden bzw ungewollt doppelte Leistungen zu erbringen (BT-

Drucks. 15/3676, 41). Dies kann immer dann der Fall sein, wenn er baruterhaltspflichtig ist (VG Neustadt 19.7.07 – 2 K 15/07.NW – JAmt 2008, 271). Der Informationspflicht liegen insoweit zivilrechtliche Wertungen aus dem Bereich des Schuldnerschutzes zugrunde (vgl § 407 BGB). Selbst wenn weiterhin ein zivilrechtlicher Unterhaltstitel vorliegt, so kann der Unterhaltsschuldner einer Vollstreckung mit einer **Vollstreckungsgegenklage** begegnen (Thomas/Putzo § 767 ZPO Rn 20 ff) Die angemessene Aufklärung der Beteiligten soll unnötigen Abänderungsklagen vorbeugen. Wird die Unterbringung des Kindes beendet, kann wieder aus dem Titel vollstreckt werden. Daher sollte der Kostenbeitragspflichtige ausdrücklich darauf hingewiesen werden, **Belege für die Erfüllung seiner Kostenbeitragspflicht** aufzubewahren, um sich ggf auch gegen eine nachträgliche ungerechtfertigte Vollstreckung wehren zu können. Ebenso wird sich für die Praxis empfehlen, bei der Beendigung einer kostenbeitragspflichtigen Leistung oder vorläufigen Maßnahme, dem Kostenbeitragspflichtigen eine Bescheinigung über die erfolgten Zahlungen auszustellen. Zahlt der Kostenbeitragspflichtige trotz der Mitteilung weiterhin Unterhalt, so entfällt nicht der Anspruch des Trägers der öffentlichen Jugendhilfe auf Zahlung eines Kostenbeitrags.

22　Wenngleich die Mitteilung eine materiell-rechtliche Voraussetzung der Kostenbeteiligung ist, so zielt sie gegenüber dem Kostenbeitragspflichtigen nicht darauf ab, eine verbindliche Rechtsfolge zu setzen. Aus diesem Grund handelt es sich bei der Mitteilung auch **nicht um einen Verwaltungsakt**, vielmehr liegt hier **schlichtes Verwaltungshandeln** vor. Somit sind auch nicht die Bestimmungen für das Sozialverwaltungsverfahren anwendbar. Ein bestimmtes **Formerfordernis** wird für die Mitteilungspflicht demzufolge **nicht verlangt**. Für die Praxis wird sich zur Beweisführung allerdings eine schriftliche Mitteilung empfehlen, die per Postzustellungsurkunde versandt wird (Degener, 82-2).

2. Obliegenheitsverletzung des Unterhaltspflichtigen – Abs. 3 Satz 2

23　Grundsätzlich gilt, dass ein Kostenbeitrag erst ab dem Zeitpunkt der Mitteilung und Aufklärung über die Wirkungen erhoben werden kann. Anderes kann jedoch gelten, wenn die Mitteilung und Aufklärung aus **rechtlichen oder tatsächlichen Gründen** nicht möglich war, die im Verantwortungsbereich des Unterhaltspflichtigen liegen. Die Vorschrift übernimmt die Formulierung aus dem Zivilrecht (§ 1613 Abs. 2 Nr. 2 BGB), mit der auch für den zivilrechtlichen Unterhaltsanspruch die Möglichkeit eröffnet wird, unter diesen Voraussetzungen Unterhalt für die Vergangenheit zu fordern. **Anwendungsbereich** eines rechtlichen Hinderungsgrundes ist insbesondere die **Anerkennung** oder **gerichtliche Feststellung der Vaterschaft** (MünchKomm/Born § 1613 BGB Rn 96). Ebenso wie der Anspruch auf Unterhalt kann auch ein Kostenbeitrag erst mit wirksamer Feststellung oder Anerkennung der Vaterschaft geltend gemacht werden (Rn 10).

24　Als **tatsächlicher Hinderungsgrund** kommt üblicherweise ein Umzug an einen unbekannten Ort insbesondere bei einem Auslandsaufenthalt in Betracht. Notwendig ist weder ein Verschulden noch ein Bezug zur Kostenbeitragspflicht. Es reicht, wenn der Umstand dem Lebensbereich des Pflichtigen zugerechnet werden kann (MünchKomm/Born § 1613 BGB Rn 99).

3. Keine Aufhebung der Mitteilungspflicht – Abs. 3 Satz 3

25　Sobald die Hinderungsgründe entfallen, ist eine unverzügliche Mitteilung und Aufklärung erforderlich. **Unverzüglich** heißt ohne schuldhaftes Zögern (vgl § 121 BGB), somit die sofortige Information zu dem Zeitpunkt, zu dem dies dem Jugendhilfeträger nach seinem Kenntnisstand möglich ist. Dies gilt schon deshalb, da ansonsten der Träger der öffentlichen Jugendhilfe auch seine für die Vergangenheit wirksamen Ansprüche nicht geltend machen kann. Zu berücksichtigen ist, dass die regelmäßige **Verjährungsfrist** von drei Jahren (§ 195 BGB) ab dem Moment zu laufen beginnt, ab dem die Hinderungsgründe entfallen.

V. Einschränkungen – Abs. 4

1. Unterhaltsansprüche vor- und gleichrangig Berechtigter – Abs. 4 Satz 1

26　Mit Abs. 4 wird ausdrücklich bestimmt, dass ein Kostenbeitrag nur erhoben werden darf, soweit **Unterhaltsansprüche vor- und gleichrangig Berechtigter nicht geschmälert** werden (BT-Drucks. 16/9299, 42). Mit den Änderungen im Unterhaltsrecht sind seit dem 1.1.2008 ausschließlich minderjährige unverheiratete Kinder und Kinder im Sinne des § 1603 Abs. 2 Satz 2 BGB **vorrangig unterhaltsberechtigt** (§ 1609 BGB; BT-Drucks. 16/1830, 13). Durch den Bezug auf die Rangfolge in Abs. 4 wird Rangfolge und Wertung des Zivilrechts übernommen, ohne dass die Voraussetzungen eines

Mangelfalls vorliegen müssen (Schindler JAmt 2007, 575; Jans u.a./Degener KostenbeitragsV § 4 Rn 1). Im Rahmen der Kostenbeteiligung kann eine vorrangige Unterhaltspflicht nur bestehen, wenn der Kostenbeitrag für die Unterbringung eines jungen Volljährigen erhoben wird. Hat dieser minderjährige oder privilegierte Geschwister, denen gegenüber der Kostenbeitragspflichtige unterhaltsverpflichtet ist oder muss der Kostenbeitragspflichtige einem Ehegatten Unterhalt leisten, so ist deren Unterhalt vorrangig zu decken (§ 1609 BGB) und darf nicht durch die Erhebung eines Kostenbeitrags gefährdet werden (vgl Anhang § 94, § 4 KostenbeitragsV Rn 8 ff).

Sind minderjährige Kinder untergebracht, sind Unterhaltsansprüche von Ehegatten nicht zu berücksichtigen, da sie in jedem Fall nachrangig unterhaltsberechtigt sind. **Vergleichsberechnungen** werden für sie nicht erforderlich (Schindler JAmt 2007, 575; Anhang zu § 94 Rn 8 ff). Ggf. kann allerdings eine besondere Härte vorliegen (Rn. 32 f). Zu berücksichtigen sind nur weitere unverheiratete Kinder und Kinder im Sinne des § 1603 Abs. 2 Satz 2 BGB, deren (gleichrangige) Unterhaltsansprüche nicht geschmälert werden dürfen. **27**

Wenn die unterhaltsverpflichtete Person nach zivilrechtlichen Berechnungen ihre Unterhaltspflicht gegenüber vor- oder gleichrangig Berechtigten nicht in vollem Umfang erfüllen kann, so ist der Kostenbeitrag des Trägers der öffentlichen Jugendhilfe zu reduzieren (Jans u.a./Degener § 92 Rn 17). Entsprechend einer zivilrechtlichen Vergleichsberechnung – ggf als Mangelfall – ist der **Kostenbeitrag in Höhe des daraus folgenden Unterhaltsanspruchs** festzulegen. **28**

2. Absehen von Heranziehung der Eltern – Abs. 4 Satz 2

Obwohl Eltern gem. Abs. 1 zu allen vollstationären Leistungen für ihre Kinder herangezogen werden können, erfolgt eine grundsätzliche **Einschränkung durch Abs. 4 Satz 2**. Die Vorschrift regelt, dass Eltern einer Schwangeren oder einer ihr leibliches Kind bis zum 6. Lebensjahr betreuenden Minderjährigen, jungen Volljährigen oder Leistungsberechtigten nach § 19 nicht zu den Kosten herangezogen werden. Dies gilt auch für die Erhebung eines Mindestkostenbeitrags nach § 94 Abs. 3 (DIJuF JAmt 2007, 427). Mit der Regelung wird die Unterstützung schwangerer Frauen bezweckt, die von ihren Eltern aus Angst vor der finanziellen Verantwortung nicht zum Abbruch der Schwangerschaft gedrängt werden sollen (BT-Drucks. 12/3711 S. 45 unter Hinweis auf das **Schwangeren- und Familienhilfegesetzes** vom 27.7.1992 BGBl I 1398, 1400). **29**

VI. Absehen von einem Kostenbeitrag in besonderen Fällen – Abs. 5

Die in Abs. 5 genannten Begriffe der Zweckgefährdung, Angemessenheit sowie die Frage der Härtefallregelung gehören zu den so genannten **unbestimmten Rechtsbegriffen**. Ihre Auslegung obliegt zunächst dem Träger der öffentlichen Jugendhilfe und ist dann der **verwaltungsgerichtlichen Überprüfung** voll zugänglich (OVG HH 3.9.1993 – FEVS 44, 448; Anhang Verfahren Rn 87 f). Da die Vorschrift als Sollbestimmung ausgestaltet ist, sind die Voraussetzungen der Ziel- und Zweckverfehlung und der besonderen Härte **grundsätzlich in jedem Einzelfall vor Erhebung eines Kostenbeitrags** zu prüfen und im Kostenbeitragsbescheid zu begründen (VG Ansbach 23.2.2006 – AN 14 K 04.02505). Geschieht dies nicht, ist daran zu denken, dass im verwaltungsgerichtlichen Verfahren bisher fehlende Ermessensausübungen nicht nachgeholt werden können (Kopp/Schenke § 114 VwGO Rn 50). Ob eine Zweckgefährdung oder besondere Härte vorliegt, ist auch beim Einsatz zweckidentischer Leistungen nach § 93 Abs. 1 Satz 2 oder der Erhebung eines Mindestkostenbeitrags nach § 94 Abs. 3 zu prüfen (DIJuF JAmt 2008, 255; aA VG Freiburg 26.6.2008 – 4 K 1466/06). **30**

1. Zweckgefährdung, Härtefälle – Abs. 5 Satz 1

Eine **Gefährdung des Zwecks und Ziels** der Hilfe liegt dann vor, wenn zu erwarten ist, dass die Erhebung eines Kostenbeitrags dazu führt, dass die **sozialpädagogische Hilfe nicht angenommen bzw abgebrochen** wird oder bei ihrer Annahme Nebeneffekte eintreten, die das intendierte Ziel der Hilfe gefährden oder vereiteln würden. Ziel und Zweck der Leistung ergeben sich aus der **konkreten Leistungsnorm** (OVG BB 19.6.2003 – 4 A 4/02 – FEVS 55, 156). Wenn zB durch die Hilfe familiale Lebensverhältnisse stabilisiert werden sollten, die Erhebung eines Kostenbeitrags aber die Gefahr heraufbeschwören würde, dass die gefährdeten Familienstrukturen endgültig zerbrechen, so liegt ein Fall der Zweckgefährdung vor. Von besonderer Bedeutung ist diese Vorschrift auch bei der Erhebung eines Kostenbeitrags für die vorläufige Maßnahme der **Inobhutnahme** (vgl § 91 Rn 11). Da es sich bei der Inobhutnahme immer um eine Maßnahme der Krisenintervention handelt, ist sorgfältig zu prüfen, ob **31** es dem Ziel der Krisenbewältigung entgegenwirkt, in dieser Situation die Eltern mit einem Kostenbeitrag zu belasten.

32   Bei der Bestimmung des **Begriffs der Härte** kommt es darauf an, ob die Anwendung der Rechtsvorschriften zu einem den Leitvorstellungen der §§ 91 bis 94 widersprechenden Ergebnis führen würde (OVG BB 19.6.2003 – 4 A 4/02 – FEVS 55, 156; VG Minden 2.11.2007 – 6 K 2221/07). Dies ist gegeben, wenn **besondere Umstände des Einzelfalls** dazu führen, dass die Belastung mit einem Kostenbeitrag **unzumutbar ist.** Die Erhebung eines Kostenbeitrags stellt zwar regelmäßig eine besondere Belastung der Kostenbeitragspflichtigen dar, die vorgesehenen nach Einkommen gestaffelten Pauschalbeträge berücksichtigen jedoch die typische Situation von Familien – insbesondere weitere Unterhalts- und Kostenbeitragspflichtigen. Bei Vorliegen eines besonderen Härtefalls von einem Kostenbeitrag ganz oder zum Teil abzusehen, eröffnet für den Träger der öffentlichen Jugendhilfe die Möglichkeit **besondere, also atypische Belastungen einer Familie** zu berücksichtigen (BVerwG 26.1.1966 – V C 88.64 – E 23, 149). Hierbei kann es sich bspw um eine chronische Erkrankung eines Familienmitglieds und damit einhergehender finanzieller Belastungen handeln oder die Versorgung eines nicht unterhaltsberechtigten Verwandten bzw ähnlich überobligatorische Leistungen an Dritte.

33   Nachdem mit der Änderung im Unterhaltsrecht die **Schmälerung des Unterhaltsanspruchs des Ehegatten** aufgrund seiner Nachrangigkeit nicht mehr regelmäßig bei der Kostenbeitragsberechnung berücksichtigt wird, ist auch in diesem Kontext die Feststellung einer besonderen Härte möglich (DIJuF JAmt 2008, 252). Dabei muss beachtet werden, dass aufgrund der Entscheidungen des Gesetzgebers es den Betroffenen regelmäßig zugemutet wird, die Einschränkungen hinzunehmen. Für die Feststellung einer besonderen Härte müssen folglich weitere **besondere Umstände des Einzelfalls** hinzukommen. Eine besondere Härte liegt nicht vor, wenn gegen die Erziehungshilfen nach dem SGB VIII vorgetragen wird, dass sie den kulturell anders geprägten Erziehungsvorstellungen bspw von Eltern mit Migrationshintergrund widerspreche (OVG HH 3.9.1993 – FEVS 44, 448). Ebenso handelt es sich nicht um einen Fall der besonderen Härte, wenn für ein Kind mit seelischer Behinderung ein höherer Kostenbeitrag gefordert wird als für eines mit einer geistigen Behinderung, das Leistungen der Eingliederungshilfe nach Sozialrecht erhält. Dies ist vielmehr Konsequenz der Entscheidung des Gesetzgebers (VGH BY 9.10.2007 – 12 C 07.1836). Entsprechend gilt, dass nicht am Kostenbeitrag für das untergebrachte Kind gespart werden kann, um die gewohnte Freizeitgestaltung seiner Geschwister in vollem Umfang aufrecht zu erhalten (VG Münster 3.9.2008 – 6 K 795/07).

34   Wird ein Fall der Ziel und Zweckgefährdung bzw der besonderen Härte erkannt, so soll von der Erhebung eines Kostenbeitrags **ganz oder teilweise** abgesehen werden.

2. Verwaltungsaufwand – Abs. 5 Satz 2

35   Erfordert die Erhebung eines Kostenbeitrags einen **unangemessenen Verwaltungsaufwand** kann von der Erhebung abgesehen werden. Damit ist für den Träger der öffentlichen Jugendhilfe bezüglich der Rechtsfolge ein Ermessen eröffnet (vgl Anhang Verfahren Rn 86). Die Frage, ob es sich tatsächlich um einen unangemessenen Verwaltungsaufwand handelt, ist von den Gerichten voll nachprüfbar (BVerwG 12.7.1979 – 5 C 35/78 – E 58, 209 = FEVS 27, 441; BVerwG 5.10.1972 – V C 71.71 – FEVS 21, 86). Vor dem Hintergrund des Verwaltungsaufwands ist ein Absehen von der Erhebung eines Kostenbeitrags für die vorläufige Maßnahme der **Inobhutnahme** besonders sorgfältig zu prüfen. Grundsätzlich liegt bei einer **Maßnahmedauer von unter drei Tagen** ein unangemessener Verwaltungsaufwand vor. Angesichts der Tatsache, dass von 28.192 Inobhutnahmen im Jahre 2004 lediglich 9.001 über einen Zeitraum von 14 Tagen hinaus durchgeführt werden (vgl Statistisches Bundesamt, Vorläufige Schutzmaßnahmen 2007, Tab. 4), erschiene es gerechtfertigt, einen Zeitraum von mindestens 14 Tagen grundsätzlich **kostenbeitragsfrei** zu stellen (Gemeinsame Empfehlungen 2008, 11.2).

§ 93 Berechnung des Einkommens

(1) [1]Zum Einkommen gehören alle Einkünfte in Geld oder Geldeswert mit Ausnahme der Grundrente nach oder entsprechend dem Bundesversorgungsgesetz sowie der Renten und Beihilfen, die nach dem Bundesentschädigungsgesetz für einen Schaden an Leben sowie an Körper und Gesundheit gewährt werden bis zur Höhe der vergleichbaren Grundrente nach dem Bundesversorgungsgesetz. [2]Eine Entschädigung, die nach § 253 Abs. 2 des Bürgerlichen Gesetzbuchs wegen eines Schadens, der nicht Vermögensschaden ist, geleistet wird, ist nicht als Einkommen zu berücksichtigen. [3]Geldleistungen, die dem gleichen Zweck wie die jeweilige Leistung der Jugendhilfe dienen, zählen nicht zum Einkommen und sind unabhängig von einem Kostenbeitrag einzusetzen. [4]Leistungen, die aufgrund öffentlich-rechtlicher Vorschriften zu einem ausdrücklich genannten Zweck erbracht werden, sind nicht als Einkommen zu berücksichtigen.

(2) Von dem Einkommen sind abzusetzen

1. auf das Einkommen gezahlte Steuern und
2. Pflichtbeiträge zur Sozialversicherung einschließlich der Beiträge zur Arbeitsförderung sowie
3. nach Grund und Höhe angemessene Beiträge zu öffentlichen oder privaten Versicherungen oder ähnlichen Einrichtungen zur Absicherung der Risiken Alter, Krankheit, Pflegebedürftigkeit und Arbeitslosigkeit.

(3) [1]Von dem nach den Absätzen 1 und 2 errechneten Betrag sind Belastungen der kostenbeitragspflichtigen Person abzuziehen. [2]In Betracht kommen insbesondere

1. Beiträge zu öffentlichen oder privaten Versicherungen oder ähnlichen Einrichtungen,
2. die mit der Erzielung des Einkommens verbundenen notwendigen Ausgaben,
3. Schuldverpflichtungen.

[3]Der Abzug erfolgt durch eine Kürzung des nach den Absätzen 1 und 2 errechneten Betrages um pauschal 25 vom Hundert. [4]Sind die Belastungen höher als der pauschale Abzug, so können sie abgezogen werden, soweit sie nach Grund und Höhe angemessen sind und die Grundsätze einer wirtschaftlichen Lebensführung nicht verletzen. [5]Die kostenbeitragspflichtige Person muss die Belastungen nachweisen.

I. Inhalt und Bedeutung der Norm

Das Sozialgesetzbuch liefert für annähernd jeden einzelnen Regelungsbereich einen eigenen Begriff des [1] zu berücksichtigenden Einkommens (bspw § 11 SGB II, § 82 SGB XII, § 18 a SGB IV, § 62 SGB V). Bis Oktober 2005 übernahm die Kinder- und Jugendhilfe den **Einkommensbegriff** des SGB XII. Dies ist mit der Festlegung eines seitdem ausschließlich für das SGB VIII geltenden Einkommensbegriffs in § 93 aufgegeben worden. Die spezifische Zielsetzung der Sach- und Dienstleistungen der Kinder- und Jugendhilfe, die jungen Menschen und ihren Familien zugute kommen und ihre Lebensbedingungen verbessern sollen (§ 1 Abs. 3), verlangt einen darauf zugeschnittenen Einkommensbegriff. Deshalb sind bei Detail- und Abgrenzungsfragen nicht unkritisch die Ergebnisse anderer Sozialleistungsgesetze zu übernehmen, sondern die Bedeutung der Leistung für die **Förderung der Familie** zu berücksichtigen. Den Empfängern von Kinder- und Jugendhilfeleistungen wird – im Gegensatz zur Existenzsicherung – nicht gleichermaßen der Einsatz sämtlicher verfügbaren Geldmittel zugemutet.

2   **Abs. 1 Satz 1** legt fest, welche **Einnahmen** bei der Ermittlung des Kostenbeitrags als Einkommen anzusehen sind. Nur einige wenige benannte Einkunftsarten werden als Einkommen ausdrücklich ausgeschlossen. Mit einem durch das KiföG (Einl. Rn 47) neu eingefügten **Satz 2** werden auch Schadensersatzleistungen nach § 253 BGB vom Einkommen ausgenommen. **Satz 3** legt den Grundsatz fest, dass Mittel, die dem gleichen Zweck dienen wie die Jugendhilfeleistungen, neben dem Kostenbeitrag eingesetzt werden müssen, um damit Doppelleistungen aus öffentlichen Mitteln zu verhindern. Mit **Satz 4** wird geregelt, dass Leistungen, die aufgrund von öffentlich-rechtlichen Vorschriften für einen bestimmten Zweck gewährt werden, nicht dem Einkommen zuzurechnen sind. **Abs. 2** nennt die Posten, die in voller Höhe vom Einkommen abgezogen werden können. **Abs. 3** eröffnet eine weitere Abzugsmöglichkeit für besondere Belastungen.

II. Einzusetzendes Einkommen – Abs. 1

1. Einkünfte in Geld oder Geldeswert – Abs. 1 Satz 1

3   Für die **Ermittlung des Einkommens** der kostenbeitragspflichtigen Person (§ 92 Rn 4), werden alle ihre Einkünfte in Geld oder in Geldeswert zugrunde gelegt. Zu Geld gehören neben Euro als gesetzlichem Zahlungsmittel auch Devisen, Karten-Kontogeld, Schecks und Wechsel. Geldeswert haben Sach- aber auch Dienstleistungen, wenn ihnen ein Marktwert zukommt, sie also in Geldeswert tauschbar sind (Jans u.a./Degener § 93 Rn 5). Hierzu gehört etwa „Kost und Logis". Ausgenommen sind lediglich die nach Sätzen 1 und 2 ausdrücklich genannten Einkünfte (Rn 4) und die in Satz 3 benannten Einkünfte, die aufgrund öffentlich-rechtlicher Vorschriften für einen ausdrücklich benannten Zweck gewährt werden (Rn 10 f). Weitere Ausnahmen ergeben sich durch **spezialgesetzliche Vorschriften** (Rn 9).

2. Ausnahmen nach Abs. 1 Satz 1

4   Nicht zum Einkommen gehört die **Grundrente** nach oder entsprechend dem Bundesversorgungsgesetz (BVG; DIJuF JAmt 2006, 132). Grundrente wird Kriegsbeschädigten mit einer Minderung der Erwerbsfähigkeit (MdE) ab 30 % unabhängig von ihrem Einkommen als Ausgleich für die von ihnen erbrachten Opfer im gesundheitlichen Bereich gewährt (§ 31 BVG). Hierzu zählt ebenfalls die für Hinterbliebene gewährte Grundrente (§§ 38 bis 46 BVG). Mehrere Gesetze sehen eine Leistung **entsprechend dem BVG** vor, die damit ebenfalls vom Einkommensbegriff ausgenommen werden. Hierzu gehören Leistungen für

Opfer von Gewalttaten (§ 1 Abs. 1 Satz 1 OEG),

Kriegsgefangenschaftsopfer (§ 3 UBG),

Wehrdienstopfer (§§ 80 ff SVG),

Grenzdienstopfer (§ 59 Abs. 1 BGSG),

Zivildienstopfer (§§ 42 ff ZDG),

Impfgeschädigte (§ 60 Abs. 1 IfSG),

politische Häftlinge (§ 4 HHG),

zu Unrecht Verhaftete bzw rechtsstaatwidrig Strafverfolgte (§§ 21 ff StrRehaG),

Betroffene aufgrund einer **rechtswidrigen hoheitlichen Verwaltungsentscheidung** (§§ 3 ff VeRehaG).

Ebenso werden Renten und Beihilfen, die nach dem **Bundesentschädigungsgesetz** für einen Schaden am Leben sowie an Körper und Gesundheit gewährt werden, nicht als Einkommen berücksichtigt, soweit sie die Höhe der vergleichbaren Grundrente nicht überschreiten. Der überschießende Betrag darf dagegen als Einkommen berücksichtigt werden.

3. Abgrenzung von Einkommen und Vermögen

5   Der **weite Einkommensbegriff** erfordert zunächst eine Abgrenzung zum Vermögen, da außer jungen volljährigen Leistungsempfängern und volljährigen Leistungsberechtigten nach § 19 die Kostenbeitragspflichtigen ausschließlich aus ihrem Einkommen herangezogen werden (§ 92 Abs. 1 und 1 a). Das Gesetz liefert **keine abschließenden Definitionen** der Begriffe **Einkommen und Vermögen**. Aus diesem Grund hat die Rechtsprechung anhand einer Vielzahl von Einzelfällen eine ausdifferenzierte Fallgruppenzuordnung entwickelt (Brühl info also 2000, 124; LPK-SGB XII/Brühl § 82 Rn 8 ff). Seit Ende der 90er Jahre stützen sich Rechtsprechung wie auch herrschende Lehre zur Abgrenzung auf die so ge-

nannte **Zuflusstheorie** (BVerwG 18.2.1999 – 5 C 35.97 – E 108, 296; ausführlich Grube/Wahrendorf § 82 SGB XII Rn 9 ff; LPK-SGB XII/Brühl § 82 Rn 3 ff). Demnach gilt als Einkommen alles, was jemand in der Bedarfszeit wertmäßig dazu erhält, während Vermögen das ist, was jemand vor Beginn der Bedarfszeit bereits hat (BVerwG 18.2.1999 – 5 C 35.97 – E 108, 296; 22.4.2004 – 5 C 68.03 – E 120, 339; 19.2.2001 – 5 C 4.00 – NDV-RD 2001, 108). Auch ihr Charakter als Faustregel spricht für die Anwendung der Zuflusstheorie in der Kostenbeteiligung der Kinder- und Jugendhilfe, da der Gedanke der **Verwaltungsvereinfachung** in diesem Bereich vorrangig ist.

Eine Ausnahme von der Zuflusstheorie gilt für Erlöse durch Verkauf von Sachvermögen und Auszah- **6** lungen von Guthaben, Darlehen oder Kapital, da hierin lediglich eine **Vermögensumschichtung** liegt (jurisPK-SGB II/Radüge § 12 Rn 32; LSG NI 22.11.2006 – L 8 AS 325/06 ER – FEVS 58, 319). Entsprechende Einnahmen verändern die Vermögenslage nicht und dürfen daher auch nicht als Einkommen angesehen werden.

Für die **Ermittlung des Bedarfszeitraums** liegen keine ausdrücklichen Regelungen vor. Es entspricht **7** jedoch sowohl der realen Einkommenssituation der Betroffenen als auch der Berechnungs- und Anwendungspraxis der Leistungsträger, auf den Kalendermonat abzustellen, innerhalb dessen eine Leistung gewährt wird (BVerwG 22.4.2004 – 5 C 68.03 – E 120, 339; Grube/Wahrendorf § 82 SGB XII Rn 10, DIJuF JAmt 2008, 480). Einnahmen, die vor Beginn des Bedarfszeitraums zugeflossen sind und nicht verbraucht wurden, sind regelmäßig als Vermögen zu werten. **Laufende Mittelzugänge** werden dagegen in der Regel als Einkommen für den jeweiligen Zuflussmonat berücksichtigt (LPK-SGB XII/ Brühl § 82 Rn 5). Es zählt hierzu Einkommen, das zur Deckung des Lebensunterhaltsbedarfs tatsächlich zur Verfügung steht, was die Anrechnung **fiktiver Einnahmen** ausschließt (Grube/Wahrendorf § 82 SGB XII Rn 12; BVerwG 18.02.1999 – 5 C 35.97 – FEVS 51, 1; OVG NI 21.12.1999 – 4 M 4775/99 – FEVS 51, 515).

Bei **einmaligen Leistungen** und **schwankendem Einkommen** ist zu differenzieren. Grundsätzlich gilt die **8** Anrechnung im Kalendermonat des Zuflusses, doch wenn sich aus der Leistung ein anderer Anrechnungszeitraum ergibt, so ist auf diesen abzustellen. So dürfen einmalige Zahlungen oder auch schwankendes Gehalt aufgrund eines dauerhaften Arbeitsverhältnisses als **Jahreseinkommen** ermittelt und auf zwölf Monate aufgeteilt werden (DIJuF JAmt 2008, 480). Lässt sich eine solche Aufteilung auf das monatliche Einkommen dem Rechtsgrund für die Einnahme nicht entnehmen, ist die Anrechnung in der Kinder- und Jugendhilfe nur im Zuflussmonat als Einkommen zulässig, da eine gesetzliche Ermächtigung für eine anderweitige Aufteilung fehlt. Anschließend ist die Einnahme als Vermögen privilegiert (Grube/Wahrendorf § 82 SGB XII Rn 8).

4. Privilegiertes Einkommen – Abs. 1 S. 2 und 4

Nicht zum Einkommen zählen Leistungen, deren gesetzliche Grundlagen eine ausdrückliche Bestim- **9** mung treffen, sie im Rahmen anderer Sozialleistungen **nicht als Einkommen zu werten**. Hierzu zählen insbesondere das **Elterngeld** bis zu einer Höhe von 300 EUR (§ 10 BEEG), **Pflegeversicherungsleistungen** (§ 13 Abs. 5 SGB XI), Leistungen nach dem Gesetz zur Errichtung der Stiftung „Mutter und Kind – Schutz des ungeborenen Lebens" (§ 5 Abs. 2) und Leistungen nach dem Gesetz über die Conterganstiftung für behinderte Menschen (§ 18 Abs. 1 ContStifG).

Liegt eine solche ausdrückliche Privilegierung nicht vor, so kann sich diese aus der **Zweckbestimmung** **10** **der Leistung** ergeben. Schadensersatzleistungen für immaterielle Schäden nach § 253 BGB werden aufgrund ihrer Zielsetzung nicht zum Einkommen gerechnet (zur Rechtslage vor KiföG DIJuF JAmt 2006, 294). Werden öffentliche Mittel zur Förderung eines bestimmten Zwecks eingesetzt, darf diese Zielsetzung nicht durch die Berücksichtigung dieser Mittel als Einkommen und damit ihrer Umwidmung gefährdet werden. Nach Abs. 1 Satz 3 zählen daher Leistungen nicht zum Einkommen, die **aufgrund öffentlichrechtlicher Vorschriften** zu einem bestimmten Zweck gewährt werden. Die Vorschrift schließt damit eine entsprechende Privilegierung privatrechtlicher Leistungen aus und erfordert zum anderen die genaue Ermittlung der Zweckbestimmung. Wenngleich eine **ausdrückliche Zweckbestimmung** gefordert ist, so ist damit keine Formulierung des Gesetzestextes gemeint, die den Wortlaut „zum Zweck" enthält. Ausreichend ist insoweit auch eine so konkrete Benennung der Anspruchsvoraussetzungen, dass sich daraus die Zweckbestimmung eindeutig ergibt (BVerwG 28.5.2003 – 5 C 41.02 – NDV-RD 2004, 8; DIJuF JAmt 2008, 424).

Bei der Ermittlung der Zweckbestimmung ist darauf zu achten, dass in der Konsequenz nur Leistungen **11** privilegiert werden sollen, deren Zweckbestimmung so begrenzt ist, dass sie **nicht zur allgemeinen**

Sicherung des Lebensunterhalts verwendet werden können. Zu anerkannt zweckbestimmten Leistungen gehören Leistungen der Ausbildungsförderung einschließlich des BAföG, Kinderzuschlag, Rehabilitationsleistungen, Aufwandsentschädigungen, Haushaltshilfe oder häusliche Krankenpflege (ausführlich und mwN LPK-SGB XII/Brühl § 83 Rn 9 ff; Grube/Wahrendorff § 83 SGB XII Rn 7 ff). Solange noch auslaufende Ansprüche auf die **Eigenheimzulage** bestehen, kann diese im Rahmen der §§ 91 ff nicht als zweckbestimmte Leistung berücksichtigt werden (BVerwG 28.5.2003 – 5 C 41.02 – NDV-RD 2004, 8). **Wohngeld** gehört zwar grundsätzlich zu den zweckbestimmten Leistungen (VGH BW 17.3.2004 – 12 S 1615/03 – FEVS 56, 90; BVerwG 16.12.2004 – 5 C 50.03 – FEVS 56, 343), da Mietkosten jedoch nicht absetzbar sind (vgl Rn 26, 29), wäre es eine ungerechtfertigte Privilegierung Wohngeld vom Einkommen auszunehmen und wird folglich hinzugerechnet (aA Jans u.a./Degener § 93 Rn 14).

5. Einsatz zweckgleicher Mittel – Abs. 1 S. 3

12   Nach der Ermittlung der Zweckbestimmung ist zu prüfen, ob eine **Identität mit dem Zweck der Jugendhilfeleistung** besteht. Damit soll eine Doppelleistung durch öffentliche Mittel für denselben Zweck vermieden werden (Fichtner/Augstein § 83 SGB XII Rn 1). In dem Fall zählt die Leistung zwar nicht zum Einkommen, aber ein Zugriff ist unabhängig davon möglich (Rn 13 ff). Dies gilt auch für Einnahmen, die nach Satz 1 nicht zum Einkommen rechnen.

13   Der Einsatz zweckgleicher Leistungen kann nach Abs. 1 Satz 3 nur verlangt werden, soweit die Zweckidentität reicht. Zur **Bestimmung der Zweckidentität** ist dem Zweck der jeweiligen Leistung der Zweck der konkret in Frage stehenden Sozialleistung gegenüberzustellen (BVerwG 12.4.1984 – 5 C 3.83 – E 69, 177, 181; 12.2.1987 – 5 C 24.85 – NDV 1987, 294). Zweckidentität besteht in dem jeweilig übereinstimmenden Umfang dann, wenn bezogen auf die jeweils konkreten Leistungen **beide Leistungen der Deckung desselben Bedarfs** dienen (BVerwG 12.7.1996 – 5 C 18.95 – NDV-RD 1997, 13). Bei den Leistungen der Hilfe zur Erziehung, die auch pädagogische und therapeutische Leistungen umfassen (§ 27 Rn 25 ff), wird als Annexleistung der notwendige Unterhalt des Kindes oder Jugendlichen außerhalb des Elternhauses sichergestellt (§ 39 Abs. 1). Zweckgleiche Mittel sind damit grundsätzlich die, die für den Unterhalt des Kindes bestimmt sind. Eine ausdrückliche Zweckbestimmung ist hierfür nicht erforderlich. Allerdings muss sich die Zweckbestimmung der Leistung entnehmen lassen und mit dem Zweck der jeweiligen Jugendhilfeleistung abgestimmt werden (BVerwG 12.7.1996 – 5 C 18.95 – NDV-RD 1997, 13).

14   Es besteht **Zweckidentität** zwischen Waisen-/Halbwaisenrente und Leistungen zum Lebensunterhalt (BVerwG 22.02.2007 – 5 C 28.05 – NDV-RD 2007, 71; 22.12.1998 – 5 C 25.97 – FEVS 49, 385; VGH BW 29.7.1997 – 9 S 1194/96; DIJuF JAmt 2008, 255), ebenso wie bei Leistungen nach dem BAföG (OVG BE 27.7.1995 – 6 S 120.95 – FEVS 46, 245) oder der Berufsausbildungsbeihilfe nach dem SGB III (DIJuF JAmt 2006, 235). Bildungskredite dagegen, die nicht den notwendigen Unterhalt sichern, sondern allein der Beschleunigung der Ausbildung dienen, sind keine zweckidentischen Leistungen (OVG NI 31.5.2007 – 4 LC 85/07 – FEVS 58, 503). **Leistungen nach dem UVG** werden seit dem 1.1.2008 aufgrund der Zweckidentität schon nicht mehr gewährt, wenn die Kinder- und Jugendhilfe Leistungen zum Unterhalt erbringt (§ 1 Abs. 4 Satz 2 UVG; DIJuF JAmt 2008, 27). **Keine Zweckidentität** besteht bspw mit den Sozialzuschlägen für Kinder beim Arbeitseinkommen im öffentlichen Dienst (BVerwG 12.7.1996 – 5 C 18.95 – FEVS 47, 149) und den Leistungen nach dem Opferentschädigungsgesetz (LSG BY 13.2.2007 – L 15 VG 1/06; VG Stuttgart 28.6.2006 – 7 K 2459/05; DIJuF JAmt 2002, 345; zu einem umfassenden Überblick vgl LPK-SGB XII/Brühl § 83 Rn 9 ff).

15   Die zweckidentischen Leistungen sind vom jeweiligen **Anspruchsinhaber**, den zugleich auch eine Kostenbeitragspflicht trifft, zu verlangen (BVerwG 22.12. 1998 – 5 C 25.97 – FEVS 49, 385). Sie können nur in dem **Umfang** gefordert werden, in dem auch die Zweckidentität festgestellt wurde. Dies mag insbesondere im Zusammenhang mit teilstationären Leistungen bedeutsam sein, bei denen zu beachten ist, dass die Sicherstellung des Unterhalts des jungen Menschen außerhalb seines Elternhauses nur in sehr geringem Umfang (regelmäßig in Form einer Mahlzeit) erfolgt. Sollen hierfür zweckidentische Leistungen verlangt werden, so ist sicherzustellen, dass die Leistung auch konkret für diesen Zweck gewährt wird (BVerwG 9.2.2006 – 5 B 53.05). Einnahmemöglichkeit und Verwaltungsaufwand dürften daher regelmäßig in keinem angemessenen Verhältnis stehen.

6. Berücksichtigung von Kindergeld

Das **Kindergeld** rechnet als Einkommen der nach § 62 Abs. 1, § 64 EStG anspruchsberechtigten Person **16** (BT-Drucks. 15/5616; BVerwG 22.12.1998 – 5 C 25.97 – FamRZ 1999, 781; DIJuF JAmt 2006, 186). Wird das Kind stationär untergebracht, so können Eltern in der Regel wählen, wer das Kindergeld bezieht. Über die Wirkungen für den Kostenbeitrag sind sie zu beraten (DIJuF JAmt 2006, 186). Das Kindergeld zählt nicht zu den zweckidentischen Leistungen, da es nach dem Willen des Gesetzgebers dem allgemeinen Zweck der Förderung des Familienlasten- und Leistungsausgleichs dient und nicht direkt für den Lebensunterhalt des Kindes bestimmt ist (BVerwG 22.12.1998 – 5 C 25.97 – FEVS 49, 385; OVG NI 28.5.1997 – 4 L 5905/96 – FEVS 48, 79). Da dieses Ergebnis für die Kinder- und Jugendhilfe unbefriedigend ist, wenn im Rahmen einer vollstationären Unterbringung der gesamte notwendige Unterhalt eines Kindes sichergestellt wird, wird gem. § 94 Abs. 3 ein **Mindestkostenbeitrag** in Höhe des Kindergelds bei der zugleich leistungsberechtigten als auch kostenbeitragspflichtigen Person erhoben (§ 94 Rn 11, Anhang zu § 94 Rn 16).

Zählt nach den allgemeinen Regeln das **Kindergeld für das untergebrachte Kind** damit zum Einkom- **17** men der leistungsberechtigten Person, gilt Gleiches jedoch nicht für das Kindergeld von **Geschwisterkindern**. Das für diese Kinder gewährte Kindergeld steht nicht als Einkommen der Eltern zur Verfügung, mit dem sie den Unterhalt des untergebrachten Kindes decken können. Das Kindergeld soll die Belastung der Familie mit dem Unterhalt für das Kind, für das Kindergeld gewährt wird, ausgleichen und zählt für ein Geschwisterkind insoweit als Leistung, die aufgrund öffentlich-rechtlicher Vorschriften zu einem ausdrücklichen Zweck gewährt wird und nicht als Einkommen zu berücksichtigen ist (DIJuF JAmt 2006, 442; VG Stuttgart 8.11.2006 – 7 K 2229/06 – JAmt 2007, 44; VG Stuttgart 5.6.2007 – 9 K 2738/06 – JAmt 2008, 267; Gemeinsame Empfehlungen 2008, 12.2; DIJuF JAmt 2005, 508).

III. Absetzbare Beträge – Abs. 2

Von dem ermittelten Einkommen werden die in Abs. 2 ausdrücklich benannten Beträge **in voller Höhe** **18** **abgezogen**.

1. Steuern – Abs. 2 Nr. 1

Zu den auf das Einkommen gezahlten Steuern gehören die **Steuern iSd § 3 AO** und damit die Ein- **19** kommen- bzw Lohnsteuer, einschließlich Solidaritätszuschlag, Kirchensteuer, Gewerbesteuer und Kapitalertragssteuer. Bei Selbstständigen ist auch die das Einkommen unmittelbar belastende Mehrwert-/Umsatzsteuer vom Einkommen in Abzug zu bringen (W. Schellhorn § 82 SGB XII Rn 37; LPK-SGB XII/Brühl § 82 Rn 62; aA Fichtner/Augstein § 82 SGB XII Rn 25).

2. Pflichtbeiträge zur Sozialversicherung – Abs. 2 Nr. 2

Pflichtbeiträge zur Sozialversicherung sind die aufgrund der gesetzlichen Versicherungspflicht von Ar- **20** beitnehmern oder sonstigen Versicherten **tatsächlich geleisteten Beiträge zur Kranken-, Pflege-, Renten- und Arbeitslosenversicherung** (W. Schellhorn § 83 SGB XII Rn 38). Hierzu gehören auch die Pflichtbeiträge, die von versicherungspflichtig Selbstständigen im Rahmen der Sozialversicherung gezahlt werden. Auch bei einer freiwilligen Krankenversicherung zählen die demnach zu zahlenden Beträge für die Pflegeversicherung wiederum zur gesetzlichen Versicherungspflicht (§ 20 Abs. 3 SGB XI).

3. Absicherung von bestimmten Risiken – Abs. 2 Nr. 3

Mit der Vorschrift wird einerseits die **gesetzliche Sozialversicherungsfreiheit** (§ 5 SGB VI, § 27 SGB III, **21** § 6 SGB V, § 4 SGB VII) bzw -befreiungsmöglichkeit (§ 6 SGB VI, § 8 SGB V, § 5 SGB VII) bestimmter Personen berücksichtigt und andererseits, dass die üblicherweise durch die Pflichtbeiträge zur Sozialversicherung abgesicherten Risiken zunehmend (zusätzlich) durch **freiwillige Versicherungen** abgesichert werden. Kostenbeitragspflichtige, die der Versicherungspflicht nicht unterliegen oder sich in angemessener Weise zusätzlich absichern, dürfen nicht schlechter gestellt werden. Die Aufzählung der abzugsfähigen Versicherungsleistungen ist hinsichtlich der **versicherten Risiken** abschließend. Unfall- oder Erwerbsunfähigkeitsversicherungen können nur nach Abs. 3 berücksichtigt werden. Eine dem Grunde nach **angemessene Versicherung** ist immer anzunehmen, wenn üblicherweise eine Sozialversicherungspflicht bestehen würde (W. Schellhorn § 82 SGB XII Rn 41; LSG NW 7.4.2004 – L 12 AL 247/03). Auch hinsichtlich der angemessenen Höhe der Versicherungsbeträge dient die Höhe der Beiträge versicherungspflichtiger Personen als Maßstab. Daher sind Versicherungsbeiträge in Höhe der gesetzlichen Versicherungspflicht immer abzugsfähig.

IV. Abzug von Belastungen – Abs. 3

22　Da nur das Einkommen im Rahmen der Kostenbeteiligung berücksichtigt werden kann, das der Bedarfsdeckung potenziell zur Verfügung steht, wird auch im Rahmen der Kinder- und Jugendhilfe die Möglichkeit eröffnet, bestimmte **anerkannte Belastungen** (Rn 26 ff) vom Einkommen abzuziehen (§ 1603 Abs. 1 BGB, § 82 Abs. 2 SGB XII).

1. Pauschalabzug – Abs. 3 Satz 3

23　Belastungen werden durch die Möglichkeit eines Pauschalabzugs in **Höhe von 25 Prozent** des nach Abs. 1 und 2 berechneten Einkommens berücksichtigt. Dieser Pauschalabzug wird immer – also unabhängig vom Nachweis der Belastungen – gewährt. Der pauschale Abzug dient der Verwaltungsvereinfachung (BT-Dr 15/3676, 42).

2. Nachgewiesene Belastungen – Abs. 3 Satz 4 und 5

24　Über den Pauschalabzug hinaus können Belastungen nur abgezogen werden, wenn die kostenbeitragspflichtige Person sie nachweist. In diesem Fall müssen sämtliche nachgewiesene Belastungen auf ihre Abzugsfähigkeit hin überprüft werden.

3. Ausdrücklich benannte Belastungen – Abs. 3 Satz 2 Nr. 1 bis 3

25　Eine Konkretisierung des weiten Begriffs der Belastung erfolgt durch die **insbesondere aufgeführten Belastungsarten.** Hierbei handelt es sich zunächst um Beiträge für öffentliche oder private Versicherungen oder ähnliche Einrichtungen. Ein doppelter Abzug der bereits in Abs. 2 genannten Beträge ist ausgeschlossen. In Betracht kommen daher dort nicht genannte Versicherungen. Da erst die Frage der Angemessenheit Einschränkungen zur Folge hat, zählen hierunter zunächst **alle Versicherungen.** Als dem Grunde nach angemessen dürften in der Regel etwa die Kfz-Versicherung, Unfall- und Erwerbsunfähigkeitsversicherung, die Hausrats- und Familienhaftpflichtversicherung gelten. Weiterhin werden die mit der Erzielung des Einkommens verbundenen notwendigen Ausgaben benannt. Zur Beurteilung, ob es sich um entsprechende Ausgaben handelt, kann auf die Rechtsprechung zum und Auslegung des Begriffs der Werbungskosten aus dem Einkommensteuerrecht (§ 9 EStG) zurückgegriffen werden. Dieser ist allerdings entsprechend der Zielsetzungen der jugendhilferechtlichen Leistungen zu erweitern, so dass hierzu insbesondere auch **Kinderbetreuungskosten** gehören (mwN LPK-SGB XII/ Brühl § 82 Rn 72). Ferner werden Schuldverpflichtungen benannt.

4. Abzugsfähigkeit der Belastungen

26　Der Abzug weiterer, nicht ausdrücklich benannter Belastungen kann nur erfolgen, wenn **Besonderheiten des Einzelfalls** dies als gerechtfertigt erscheinen lassen. So zählen insbesondere allgemeine Ausgaben zur Sicherung des Unterhalts wie Miete, Telefon-, Fernseh- und Rundfunkgebühren, sowie Abwasser-, Schornstein- und Müllabfuhrgebühren nicht zu den abzugsfähigen Belastungen (VGH BY 31.5.1968 – 162 III 66 – FEVS 16, 60).

27　Die **Abzugsfähigkeit von Belastungen** richtet sich danach, ob sie nach Grund und Höhe angemessen sind und die Grundsätze einer wirtschaftlichen Lebensführung nicht verletzen. Ein Verweis auf unterhaltsrechtliche oder sozialhilferechtliche Wertungen greift nur bedingt, denn weiterhin gilt das Ziel, eine jugendhilfespezifische Einkommensberechnung durchzuführen, so dass insbesondere bei der Prüfung, ob Belastungen nach Grund und Höhe angemessen sind, die besonderen Bedürfnisse, die sich aus der familiären Situation ergeben, zu berücksichtigen sind.

28　Der weite Begriff der Belastungen wird erst mit dem Erfordernis der **nach Grund und Höhe angemessenen** Belastungen wirkungsvoll eingeschränkt. Bei der Beurteilung, ob Versicherungsbeiträge sowie insbesondere Schuldverpflichtungen dem Grunde nach angemessen sind, ist von den objektiven Verhältnissen auszugehen (BVerwG 28.5.2003 – 5 C 8.02 – E 118, 211; VG Hannover 9.3.2004 – 7 A 3832/03 – SAR 2004, 101). Sowohl **Einkommensverhältnisse** als auch **Gesamtumstände des Einzelfalls** sind der Prüfung zugrunde zu legen und danach zu beurteilen, ob bei einem vergleichbaren Fall die Abdeckung der fraglichen Risiken durch eine Versicherung bzw die Aufnahme von Schuldverpflichtungen als üblich gelten kann. Dies ist insbesondere dann anzunehmen, wenn sich der Abschluss einer Versicherung bzw Aufnahme von Schuldverpflichtungen als eine Vorsorgemaßnahme darstellt, die unter dem Blickwinkel der Daseinsvorsorge von einem vernünftig und vorausschauend planenden Bürger, der kein überzogenes Sicherheitsbedürfnis hat, als ratsam eingestuft wird (OVG NW 12.12.2001 – 12 A 5824/00 – info also 2002, 266). Besondere kulturelle Traditionen sind ebenfalls zu berücksichtigen. So können Schuldverpflichtungen, die für die Ausrichtung einer Hochzeitsfeier eingegangen wurden grundsätzlich berücksichtigt werden (VGH BY 3.8.2006 – 12 C 06.761), wenn sie im Einzelfall der Lebenssituation der Familie angemessen sind (VG Augsburg – 7.11.2006 – Au 3 K 05.650). Als angemessen gelten regelmäßig Ausgaben, die zur **Erzielung des Einkommens notwendig** sind. Unübliche Versicherungen bzw Schuldverpflichtungen können abzugsfähig sein, wenn besondere Umstände des Einzelfalls vorliegen. Nicht angemessen ist unter diesen Gesichtspunkten in der Regel eine **Rechtsschutzversicherung,** da insoweit das Instrument der Prozesskostenhilfe zur Verfügung steht (VG Oldenburg 31.3.2008 – 13 A 5469/05).

Als der **Höhe nach angemessen** gelten Versicherungsbeiträge bzw Schuldverpflichtungen, wenn sie den   29 üblichen Sätzen entsprechen bzw nur geringfügig abweichen. Da Miete nicht als abzugsfähige Belastung angesehen wird, können Schulden wegen eines Hauskaufs ebenfalls nur insoweit als angemessen anzusehen sein, die den Wohnvorteil beim Wohnen in einem Eigenheim berücksichtigen (VG Schleswig 12.6.2006 – 15 B 24/06). Vor der Anrechnung der Schuldverpflichtungen ist somit ein angemessener Wohnwert abzuziehen (VG Neustadt 19.7.2007 – 2 K 15/07.NW – JAmt 2008, 271; VG Stuttgart 5.6.2007 – 9 K 2738/06; Wiesner § 93 Rn 24).

Als Auffangkriterium ist die Abzugsfähigkeit von Belastungen eingeschränkt, wenn die **Grundsätze**   30 **einer wirtschaftlichen Lebensführung** verletzt sind. Erforderlich ist eine unnötige bzw unangemessene Verschuldung. Das Kriterium ermöglicht, grundsätzlich angemessene Belastungen im Einzelfall nicht zu berücksichtigen, wenn die kostenbeitragspflichtige Person bei ihrer Selbstverpflichtung hätte erkennen müssen, dass dies ihrem Lebensstandard nicht entspricht.

§ 94 Umfang der Heranziehung

(1) [1]Die Kostenbeitragspflichtigen sind aus ihrem Einkommen in angemessenem Umfang zu den Kosten heranzuziehen. [2]Die Kostenbeiträge dürfen die tatsächlichen Aufwendungen nicht überschreiten. [3]Eltern sollen nachrangig zu den jungen Menschen herangezogen werden. [4]Ehegatten und Lebenspartner sollen nachrangig zu den jungen Menschen, aber vorrangig vor deren Eltern herangezogen werden.

(2) Für die Bestimmung des Umfangs sind bei jedem Elternteil, Ehegatten oder Lebenspartner die Höhe des nach § 93 ermittelten Einkommens und die Anzahl der Personen, die mindestens im gleichen Range wie der untergebrachte junge Mensch oder Leistungsberechtigte nach § 19 unterhaltsberechtigt sind, angemessen zu berücksichtigen.

(3) [1]Werden Leistungen über Tag und Nacht außerhalb des Elternhauses erbracht und bezieht einer der Elternteile Kindergeld für den jungen Menschen, so hat dieser einen Kostenbeitrag mindestens in Höhe des Kindergeldes zu zahlen. [2]Zahlt der Elternteil den Kostenbeitrag nicht, so sind die Träger der öffentlichen Jugendhilfe insoweit berechtigt, das auf dieses Kind entfallende Kindergeld durch Geltendmachung eines Erstattungsanspruchs nach § 74 Abs. 2 des Einkommensteuergesetzes in Anspruch zu nehmen.

(4) Werden Leistungen über Tag und Nacht erbracht und hält sich der junge Mensch nicht nur im Rahmen von Umgangskontakten bei einem Kostenbeitragspflichtigen auf, so ist die tatsächliche Betreuungsleistung über Tag und Nacht auf den Kostenbeitrag anzurechnen.

(5) Für die Festsetzung der Kostenbeiträge von Eltern, Ehegatten und Lebenspartnern junger Menschen und Leistungsberechtigter nach § 19 werden nach Einkommensgruppen gestaffelte Pauschalbeträge durch Rechtsverordnung des zuständigen Bundesministeriums mit Zustimmung des Bundesrates bestimmt.

(6) Bei vollstationären Leistungen haben junge Menschen und Leistungsberechtigte nach § 19 nach Abzug der in § 93 Abs. 2 genannten Beträge 75 Prozent ihres Einkommens als Kostenbeitrag einzusetzen.

I. Inhalt und Bedeutung der Norm

1 § 94 legt fest, in welchem Umfang die Kostenbeitragspflichtigen zu den Kosten der Leistung herangezogen werden und stellt dafür den **Grundsatz des angemessenen Umfangs aus dem Einkommen** auf. Der Kostenbeitrag ist nach oben durch die Kosten der Leistung begrenzt (§ 91 Abs. 3; Rn 14 ff). Bis zur Reform der Kostenbeteiligung mit dem KICK (Einl. Rn 47) wurde der Umfang der Kostenbeteiligung in der Kinder- und Jugendhilfe entweder anhand der sozialhilferechtlichen Regelungen ausgestaltet oder auf das Unterhaltsrecht zurückgegriffen und nur in Einzelfragen jugendhilfespezifisch geregelt. In der Regel wurde als Maßstab die Höhe der **ersparten Aufwendungen** angelegt. Mit der jugendhilfespezifischen Bemessung des Kostenbeitrags im Verhältnis von Einkommen und Kosten der Maßnahme stellt die Norm gegenüber dem alten Recht eine **grundlegende Neuerung** dar.

2 § 94 bestimmt die maßgeblichen **Faktoren für den Umfang angemessener Kostenbeiträge**. Abs. 1 enthält den Grundsatz angemessener Kostenbeiträge, die mit **Satz 2** nach oben durch die tatsächlichen Aufwendungen begrenzt werden. **Satz 3** bestimmt die Rangfolge der Heranziehung. **Abs. 2** verlangt die angemessene Berücksichtigung weiterer Unterhaltspflichten. **Abs. 3** liefert die Grundlage zur Erhebung eines Mindestkostenbeitrags in Höhe des Kindergelds, sofern der/die Kostenbeitragspflichtige dies bezieht. In **Abs. 4** findet sich die gesetzliche Verpflichtung des Trägers der öffentlichen Jugendhilfe bei der Erhebung eines Kostenbeitrags zu berücksichtigen, wenn sich der junge Mensch nicht nur im

Rahmen von Umgangskontakten bei einem/einer Kostenbeitragspflichtigen aufhält. **Abs. 5** beinhaltet die Rechtsgrundlage für die Kostenbeitragsverordnung (Anhang § 94). **Abs. 6** schreibt den Umfang der Kostenheranziehung bei den jungen Menschen und Leistungsberechtigten nach § 19 vor.

II. Kostenbeiträge – Abs. 1

1. Einkommen und Kosten der Leistung – Abs. 1 Satz 1 und 2

Abs. 1 Satz 1 fordert die **angemessene Heranziehung der Kostenbeitragspflichtigen aus ihrem Einkommen**. Eine Heranziehung aus dem Vermögen findet ausschließlich bei jungen Volljährigen und volljährigen Leistungsberechtigten nach § 19 statt (§ 92 Abs. 1 a; Rn 6 f). Als Parameter zur Ermittlung der Angemessenheit werden das **Einkommen** und die **Kosten der Leistung** zugrunde gelegt. Um als angemessen gelten zu können, ist der Sozialleistungsträger an **sozialstaatliche Grundsätze** gebunden: Wenn dem Unterhaltsverpflichteten nicht einmal mehr der Sozialhilfebedarf verbliebe und er dadurch selbst anspruchsberechtigt nach dem SGB XII bzw SGB II würde, käme das einer Verletzung der Menschenwürde (Art. 1 GG) und des Sozialstaatsgebot (Art. 20 Abs. 1 GG) gleich (BSG 20.6.1984 – FamRZ 1985, 380; BGH 2.5.1990 – XII ZR 72/89 – Z 111, 194; 16.6.1993 – XII ZR 6/92 – Z 123, 49; § 92 Rn 30). 3

Welcher Kostenbeitrag als angemessen anzusehen ist, wird durch die nach Einkommensgruppen **gestaffelten Pauschalbeträge der Rechtsverordnung** vorgegeben (Anhang § 94), so dass regelmäßig **keine Klärung im Einzelfall** erforderlich ist, außer wenn aufgrund besonderer Umstände des Einzelfalls die Erhebung des Kostenbeitrags zu einer besonderen Härte für den Kostenbeitragspflichtigen führen würde (§ 92 Abs. 5 Satz 1; hierzu § 92 Rn 30 ff). In diesem Fall gilt als angemessen, was dem Kostenbeitragspflichtigen zumutbar ist. Die Angemessenheit eines Kostenbeitrags im Verhältnis zum Einkommen (§ 94 Abs. 1) setzt seine **Vereinbarkeit mit vollstreckungsrechtlichen Grundsätzen** voraus. Die Berechnung des Kostenbeitrags nach §§ 91 ff SGB VIII sowie der Kostenbeitrags V unter Beachtung der Reduzierung bei besonderer Härte oder Ziel- und Zweckverfehlung führt in aller Regel zu einem vollstreckbaren Kostenbeitrag. Eine faktische Übereinstimmung der Höhe des Kostenbeitrags mit der gesetzlichen Pfändungsfreigrenze kann allerdings nur im Einzelfall hergestellt, nicht jedoch abstrakt generell geregelt werden. Daher ist nicht auszuschließen, dass ein korrekt ermittelter Kostenbeitrag ggf nicht in voller Höhe vollstreckt werden kann. Dies führt jedoch nicht zur Verfassungswidrigkeit der Kostenbeitrags V (OVG NI 20.1.2009 – 4 ME 3/09; VGH BY 13.3.2008 – 12 ZB 07.1106). 4

Mit Abs. 1 Satz 2 wird klargestellt, dass die **Kosten der Leistung die Heranziehung begrenzen**. Was zu den Kosten der Leistung gehört, wird in § 91 geregelt (§ 91 Rn 16 f). Dieser Grundsatz unterscheidet sich deutlich von der Erhebung eines Kostenbeitrags in Höhe der **ersparten Aufwendungen**, dem Leitbild vor dem KICK (Rn 1). Das Prinzip, dass den Kostenbeitragspflichtigen durch die Inanspruchnahme von Angeboten und Hilfen keine zusätzliche finanzielle Belastung entstehen sollte (Münder u.a. FK-SGB VIII, 4. Aufl. § 91 Rn 2), wurde aufgegeben. Änderungen im Sozialleistungsrecht der letzten Zeit betonen insbesondere die **Forderung der stärkeren Eigenverantwortung**. Auch im Rahmen der Kostenbeteiligung in der Kinder- und Jugendhilfe verfolgt der Gesetzgeber nunmehr stärker als bislang den Nachrang von Jugendhilfeleistungen gegenüber der elterlichen Unterhaltspflicht (Begründung BT-Drucks. 15/3676, 27 f). 5

2. Rangfolge der Kostenbeitragspflichtigen – Abs. 1 Satz 3 und 4

Abs. 1 Satz 3 und 4 regelt die **Rangfolge der Kostenbeitragspflichtigen**. Vorrangig sind die **jungen Menschen als Leistungsempfänger** zu den Kosten heranzuziehen. Es folgen deren Ehegatten und Lebenspartner. Eltern sind erst nachrangig heranzuziehen. In der praktischen Umsetzung der Kostenbeteiligung wird diese Rangfolge meist in ihr Gegenteil verkehrt, da die jungen Menschen über kein eigenes Einkommen verfügen und weder Ehegatten noch Lebenspartner haben. Die Rangfolge der Heranziehung dient jedoch der **Harmonisierung der öffentlich-rechtlichen Kostenheranziehung mit unterhaltsrechtlichen Vorgaben**: die Verpflichtung von Eltern, für den Unterhalt ihrer Kinder zu sorgen, gilt nur, wenn diese außerstande sind, sich selbst zu unterhalten (§ 1602 Abs. 1 BGB) oder ihr Unterhalt nicht durch Ehegatten bzw Lebenspartner sichergestellt wird (§ 1608 BGB). 6

Der **Rangfolge kommt eine geringe Bedeutung** zu. Die Heranziehung kann grundsätzlich bis zur Höhe der tatsächlichen Kosten durchgesetzt werden. Die Vorschrift erlaubt die Heranziehung mehrerer Kostenbeitragspflichtiger bis insgesamt die **tatsächlichen Aufwendungen** des Trägers der öffentlichen Jugendhilfe gedeckt sind (BT-Drucks. 15/3676, 42; BT-Drucks. 15/5616). 7

8   Erst wenn von einem vorrangig Kostenbeitragspflichtigen ein Kostenbeitrag in Höhe der Kosten der
     Leistung erhoben werden kann, ist ein Zugriff auf demgegenüber nachrangige Kostenbeitragspflichtige
     nicht mehr möglich. Tritt (erst) mit einem Kostenbeitrag der nachrangig verpflichteten Eltern eine
     Leistungsdeckung ein, so kann eine anteilige **Reduzierung ihrer Kostenbeiträge** erforderlich werden.
     Die Reduzierung ist bei beiden in prozentualer Höhe zum jeweiligen Kostenbeitrag vorzunehmen, um
     so eine gleichmäßig angemessene Heranziehung aus dem Einkommen zu gewährleisten.

III. Angemessene Berücksichtigung weiterer Unterhaltpflichten – Abs. 2

9   Abs. 2 schreibt die angemessene Berücksichtigung weiterer vor- oder gleichrangiger Unterhaltspflich-
     ten vor (vgl auch § 92 Rn 26 ff). Die **Berücksichtigung von Unterhaltspflichten** ist ein Prinzip, das sich
     in verschiedenen gesetzlichen Regelungen findet (zB § 850 c Abs. 1 ZPO). Gleiches gilt im Steuerrecht
     und anderen Bereichen. Grundlage ist die **verfassungsrechtliche Wertung** des Art. 6 Abs. 1 GG: Der
     Gesetzgeber ist verpflichtet, gesetzliche Grundlagen zu schaffen, die dem Schutz von Ehe und Familie
     ausreichend Rechnung tragen (Sachs/Schmitt-Kammler Art. 6 GG Rn 30 ff). Wie die Berücksichtigung
     der weiteren Unterhaltsverpflichtungen konkret erfolgt, wird in der KostenbeitragsV geregelt (Anhang
     § 94 Rn 8 ff).

IV. Einsatz des Kindergeldes – Abs. 3

10   Abs. 3 liefert die Ermächtigungsgrundlage, um von den kindergeldberechtigten Kostenbeitragsver-
     pflichteten bei einer Inanspruchnahme vollstationärer Leistungen einen **Mindestkostenbeitrag** in Höhe
     des Kindergelds zu erheben. Der Anspruch verwirklicht eine wesentliche Zielsetzung der Reform der
     Kostenbeteiligung mit dem KICK (BT-Drucks. 16/3676, 28, 42; DIJuF JAmt 2006, 401). Nach stän-
     diger Rechtsprechung kann auf das **Kindergeld** kein Zugriff als auf eine mit der Jugendhilfe zweck-
     gleiche Leistung erfolgen (§ 93 Rn 16). Die Zweckidentität wird abgelehnt, da das Kindergeld als
     Steuererleichterung der Familienförderung dienen soll und nicht ausschließlich für den Unterhalt des
     betreffenden Kindes einzusetzen ist (BVerwG 22.12.1998 – 5 C 25.97 – FEVS 49, 385; OVG NI
     28.5.1997 – 4 L 5905/96 – FEVS 48, 79). Kann ein Kostenbeitrag wegen des geringen Einkommens
     nicht erhoben werden, ist nunmehr in jedem Fall das auf das untergebrachte Kind entfallende Kinder-
     geld einzusetzen (VorKap. 8 Rn 4; VG München 30.4.2008 – M 18 S 08.1326). Der Mindestkosten-
     beitrag gilt nicht für junge Menschen und Leistungsberechtigte nach § 19, deren Kostenbeitrag sich
     ausschließlich nach Abs. 6 richtet (DIJuF JAmt 2006, 235, 401; 2008, 370). In welchen Fällen das
     Kindergeld als Kostenbeitrag eingesetzt werden muss, regelt § 7 KostenbeitragsV.

1. Auszahlung des Kindergeldes durch die Familienkasse nach § 74 Abs. 1 Satz 4 EStG

11   Das Kindergeld kann entweder im Wege der **Auszahlung gem.** § 74 Abs. 1 Satz 4 EstG oder durch
     Geltendmachung eines Erstattungsanspruchs nach § 74 Abs. 2 EstG (Rn 12) in Anspruch genommen
     werden. Die Auszahlung setzt voraus, dass die kindergeldberechtigte Person ihrer Unterhaltspflicht
     nicht nachkommt (BFH 25.5.2004 – VIII R 21/03 – BFHReport 2004, 1212; DIJuF JAmt 2006, 401).
     Die Wertung, dass der Kostenbeitrag an Stelle des Unterhaltsanspruchs tritt (vgl § 10 Rn 31 f), wird
     von den Familienkassen geteilt (DA-FamEStG, Tz. 74.1.1 Abs. 3 Satz 3). Die direkte Auszahlung kann
     nicht nur begehrt werden, wenn eine kindergeldberechtigte kostenbeitragspflichtige Person einen Kos-
     tenbeitrag nicht zahlt, sondern auch wenn sie aufgrund ihrer Einkommensverhältnisse nicht zur Zah-
     lung eines Kostenbeitrags in Höhe des Kindergelds in der Lage ist. Wird der Antrag auf Auszahlung
     an die Familienkasse gestellt, so hat diese den Anspruch zu prüfen und nach pflichtgemäßem Ermessen
     zu entscheiden (FG München 31.7.2007 – 12 K 1664/06 – EFG 2008, 1047). Das Ermessen kann auf
     Null reduziert sein, wenn der gesamte Unterhalt des Kindes durch den Träger der öffentlichen Ju-
     gendhilfe sichergestellt wird (BFH 17.2.2004 – VIII R 58/03 – E 206, 1).

2. Erstattungsanspruch nach § 74 Abs. 2 EStG – Abs. 3 Satz 2

12   Die Regelung, dass der Träger der öffentlichen Jugendhilfe berechtigt ist, das Kindergeld durch **Gel-
     tendmachung eines Erstattungsanspruchs** in Anspruch zu nehmen, dient der Klarstellung. Grundsätz-
     lich gilt, dass der Träger der öffentlichen Jugendhilfe einen Erstattungsanspruch (idR nach § 104
     Abs. 1 SGB X) gegen die Familienkasse geltend machen kann und zur Erfüllung der Voraussetzungen
     zuvor den Kostenbeitrag festgesetzt und einen Bescheid erlassen haben muss (FG BB 13.5.2004 – 6 K
     900/01 – Entscheidungen der Finanzgerichte [EFG] 2004, 1637; BFH 25.5.2004 – VIII R 21/03 –

BFHReport 2004, 1212). Erforderlich ist für die Darlegung die Vorlage (der Kopie) des Kostenbeitragsbescheids (BSG 22.1.1998 – B 14/10 K 24/96 R – NZVwR-RR 1998, 566; DA-FamEStG Tz. 74.3.1 Abs. 1 Satz 6). Die **Familienkasse ist an den Erstattungsanspruch gebunden** (FG NI 4.8.2005 – 10 K 293/03 – StE 2006, 213; DA-FamEStG Tz. 74.3.1 Abs. 3 Satz 5). Für die Geltendmachung des Erstattungsanspruchs ist eine allgemeine Klage zum Verwaltungsgericht erforderlich (BFH 14.5.2002 – VIII R 88/01; FG BB 13.5.2004 – 6 K 900/01 –EFG 2004, 1637). Wird die Auszahlung oder Erstattung des Kindergelds für eines von vier oder mehr Kindern verlangt, wird der Betrag nach Kopfteilen ermittelt (FG TH 5.6.2002 – III 1017/01 – EFG 2002, 1462; DIJuF JAmt 2006, 398). Es empfiehlt sich, bereits den Antrag dementsprechend zu stellen (DIJuF JAmt 2006, 398). Vereinnahmt der Träger der öffentlichen Jugendhilfe Kindergeld nach § 74 Abs. 1 oder 2 EStG, so ist der Betrag auf den verbleibenden Kostenbeitrag anzurechnen (§ 7 Abs. 2 KostenbeitragsV).

V. Quotelung – Abs. 4

Abs. 4 schreibt eine **verbindliche Anrechnung von regelmäßigen Aufenthalten** des untergebrachten 13 jungen Menschen bei einer kostenbeitragspflichtigen Person auf den Kostenbeitrag vor. Anrechnungsfähig sind Aufenthalte beim Kostenbeitragspflichtigen (in der Regel den Eltern), die **nicht nur zur Ausübung von Umgangskontakten** stattfinden. Als Umgangskontakte zählen diejenigen Kontakte, die im Rahmen des Umgangsrechts nach § 1684 BGB ausgeübt werden. Ziel dieser Kontakte kann insbesondere auch der Erhalt der Eltern-Kind-Bindung durch gemeinsam gelebten Alltag sein (MünchKomm/ Finger § 1684 BGB Rn 24 f). Das Umgangsrecht nimmt dabei die **Perspektive der Bedürfnisse des Kindes und seiner Angehörigen** ein (DIJuF JAmt 2007, 428). Auch Aufenthalte bei kostenbeitragspflichtigen Personen, die mit Übernachtung oder längerer Dauer verbunden sind, rechtfertigen daher nicht grundsätzlich eine Reduzierung der Kostenbeiträge, denn für die **Kosten der Umgangskontakte haben die Umgangsberechtigten** aufzukommen; sie zählen nicht zum Unterhalt des Kindes (VG Schleswig 13.6.2002 – 10 A 37/01 – JAmt 2003, 203; OVG RP 21.8.2008 – 7 A 10443/08 – JAmt 2009, 99). Maßgeblich für die Differenzierung ist die **Perspektive der Leistungsgewährung.** Werden in der **Hilfeplanung** Aufenthalte für erforderlich gehalten, die hinsichtlich ihres Zwecks und/oder ihrer Dauer über übliche Umgangskontakte hinausgehen, so ist die anteilige Reduzierung des Kostenbeitrags nach Abs. 4 angezeigt (DIJuF JAmt 2005, 24; 2007, 428; OVG RP 21.8.2008 – 7 A 10443/08). Die **Festschreibung im Hilfeplan** ist für die konkrete anteilige Berechnung heranzuziehen. Dabei sind pragmatisch angemessene, weniger taggenaue Lösungen gefragt. Während sich bei dauerhafter **Internatsunterbringung** eine Umrechnung von Heimwochenenden und Ferienzeiten auf das gesamte Jahr anbietet, um eine gleich bleibenden Kostenbeitrag zu gewährleisten, muss sich bei einer geplanten Rückführung die ansteigende Aufenthaltsdauer im Elternhaus auch in der stetigen Änderung des Kostenbeitrags wiederfinden. Ist in der Hilfe ein regelmäßiger Aufenthalt des Kindes oder Jugendlichen im elterlichen Haushalt an mehreren Tagen pro Woche (bspw die Wochenenden) angelegt, ist eine **Quotelung nach Tagen** angezeigt.

Die Reduzierung ist bei allen Kostenbeiträgen gleichmäßig vorzunehmen (DIJuF JAmt 2007, 428). 14 Nur so ist sichergestellt, dass für die **Unterhaltssicherung des Kindes außerhalb der Jugendhilfeeinrichtung** auch beim familienfernen Elternteil entsprechende Mittel freiwerden. Insoweit besteht ein Unterhaltsanspruch auch gegenüber einer kostenbeitragspflichtigen Person der Höhe nach (DIJuF JAmt 2007, 428). Kann der Unterhalt des Kindes während seiner Aufenthalte bei einer kostenbeitragspflichtigen Person nicht sichergestellt werden, so besteht ein Anspruch gegenüber dem zuständigen Sozialleistungsträger (OVG RP 21.8.2008 – 7 A 10443/08).

VI. Heranziehung der Leistungsempfänger – Abs. 6

Während für Elternteile, Ehegatten und Lebenspartner die Kostenbeiträge der KostenbeitragsV zu 15 entnehmen sind, wird der **Umfang des Kostenbeitrags der jungen Menschen** aus ihrem Einkommen in Abs. 6 abschließend geregelt. Sie haben ihr Einkommen nach den pauschalierten Abzügen nach § 93 Abs. 2 iHv 75 % als Kostenbeitrag einzusetzen. In diesem Zusammenhang muss die Unterhaltsicherungspflicht des Trägers der öffentlichen Jugendhilfe nach § 39 Abs. 1 einbezogen werden (BT-Drucks. 16/9299, 43). Zum Unterhalt gehören auch Mehraufwendungen bspw aufgrund einer Ausbildung (DIJuF JAmt 2006, 235). Eine Heranziehung von jungen Menschen iHv 75 % ihres Ausbildungsgehalt mit der Forderung, dass die verbleibenden 25 % für sog. Werbungskosten verwandt werden, ist rechtswidrig (DIJuF JAmt 2006, 235). Die Änderung der Formulierung von Abs. 6 mit dem KiföG dient insoweit der Rechtsklarheit.

VII. Verordnungsermächtigung – Abs. 5

16   Abs. 5 enthält die gem. Art. 80 Abs. 1 Satz 2 GG erforderliche **Ermächtigungsgrundlage** zum Erlass einer Rechtsverordnung. Das zuständige Bundesministerium wird ermächtigt im Wege einer Rechtsverordnung mit Zustimmung des Bundesrats (Art. 80 Abs. 2 GG) die Festsetzung von Kostenbeiträgen zu bestimmen. Inhalt dieser am 2.10.2005 in Kraft getretenen KostenbeitragsV ist die **Festsetzung von nach Einkommensgruppen gestaffelten und pauschalierten Kostenbeiträgen** von Eltern, Ehegatten und Lebenspartnern junger Menschen. Mit der Streichung von Satz 2 durch das KiföG zog der Gesetzgeber Konsequenzen aus der Erkenntnis, dass eine regelmäßige Anpassung der Kostenbeiträge nicht erforderlich ist, da bei steigendem Einkommen ohnedies ein Kostenbeitrag aus einer nächsthöheren Einkommensstufe gefordert werden kann (BT-Drucks. 16/9299, 43).

17   Hinsichtlich **Inhalt und Ausmaß der Ermächtigung** ist nicht nur die Formulierung in Abs. 5 zu berücksichtigen, sondern auch die weiteren Regelungen zur Kostenbeteiligung. So wird in § 93 festgelegt, welches Einkommen den pauschalierten Kostenbeiträgen zu Grunde zu legen ist. § 91 bestimmt, für welche Leistungen Kostenbeiträge erhoben werden können und § 94 enthält Hinweise zur Frage der **Angemessenheit**. Diese Vorgaben dienen dem Verordnungsgeber als Richtlinien zur inhaltlichen Ausgestaltung der Rechtsverordnung.

Anhang zu § 94, Kostenbeitragsverordnung – KostenbeitragsV

§ 1 Festsetzung des Kostenbeitrags

(1) Die Höhe des Kostenbeitrags, den Elternteile, Ehegatten oder Lebenspartner junger Menschen zu entrichten haben, richtet sich nach

a) der Einkommensgruppe in Spalte 1 der Anlage, der das nach § 93 Abs. 1 bis 3 des Achten Buches Sozialgesetzbuch zu ermittelnde Einkommen zuzuordnen ist, und

b) der Beitragsstufe in den Spalten 2 bis 6 der Anlage, die nach Maßgabe dieser Verordnung zu er-mitteln ist.

(2) Für jede kostenbeitragspflichtige Person wird der jeweilige Kostenbeitrag getrennt ermittelt und erhoben.

§ 2 Wahl der Beitragsstufe bei vollstationären Leistungen

(1) Die Höhe des Beitrags zu den Kosten einer vollstationären Leistung nach § 91 Abs. 1 des Achten Buches Sozialgesetzbuch ergibt sich aus den Beitragsstufen zur jeweiligen Einkommensgruppe in den Spalten 2 bis 4 der Anlage.

(2) Wird die kostenbeitragspflichtige Person zu den Kosten vollstationärer Leistungen für eine Person nach dem Achten Buch Sozialgesetzbuch herangezogen, so ergibt sich die Höhe des Kostenbeitrags aus Spalte 2. Wird sie für mehrere Personen zu den Kosten herangezogen, so ergibt sich die Höhe des Kostenbeitrags für die zweite Person aus Spalte 3, für die dritte Person aus Spalte 4. Ab der vierten vollstationär untergebrachten Person wird nur noch ein Kostenbeitrag nach Maßgabe von § 7 erhoben.

§ 3 Wahl der Beitragsstufe bei teilstationären Leistungen

(1) Die Höhe des Kostenbeitrags für teilstationäre Leistungen nach § 91 Abs. 2 des Achten Buches Sozialgesetzbuch ergibt sich aus den Beitragsstufen zur jeweiligen Einkommensgruppe in den Spalten 5 und 6 der Anlage.

(2) Beträgt die tägliche Förderung durchschnittlich über fünf Stunden, so ergibt sich der maßgebliche Kostenbeitrag aus der jeweiligen Beitragsstufe in Spalte 5, anderenfalls aus der jeweiligen Beitragsstufe in Spalte 6.

§ 4 Berücksichtigung weiterer Unterhaltspflichten

(1) Ist die kostenbeitragspflichtige Person gegenüber anderen Personen nach § 1609 des Bürgerlichen Gesetzbuchs im mindestens gleichen Rang wie dem untergebrachten jungen Menschen oder Leistungs-berechtigten nach § 19 des Achten Buches Sozialgesetzbuch zum Unterhalt verpflichtet und lebt sie mit ihnen in einem gemeinsamen Haushalt oder weist sie nach, dass sie ihren Unterhaltspflichten re-gelmäßig nachkommt, so ist sie

1. bei einer Zuordnung des maßgeblichen Einkommens zu einer der Einkommensgruppen 2 bis 7 je Unterhaltspflicht einer um zwei Stufen niedrigeren Einkommensgruppe zuzuordnen,
2. bei einer Zuordnung des maßgeblichen Einkommens zu einer der Einkommensgruppen 8 bis 20 je Unterhaltspflicht einer um eine Stufe niedrigeren Einkommensgruppe zuzuordnen

und zu einem entsprechend niedrigeren Kostenbeitrag heranzuziehen.

(2) Würden die Unterhaltsansprüche vorrangig Berechtigter trotz einer niedrigeren Einstufung nach Absatz 1 auf Grund der Höhe des Kostenbeitrags geschmälert, so ist der Kostenbeitrag entsprechend zu reduzieren. Würden die Unterhaltsansprüche gleichrangig Berechtigter geschmälert, so liegt eine besondere Härte im Sinne des § 92 Abs. 5 Satz 1 des Achten Buches Sozialgesetzbuch vor. Lebt die kostenbeitragspflichtige Person nicht in einem Haushalt mit der Person, gegenüber der sie mindestens im gleichen Rang zum Unterhalt verpflichtet ist, findet eine Reduzierung nur statt, wenn die kosten-beitragspflichtige Person nachweist, dass sie ihren Unterhaltspflichten regelmäßig nachkommt.

§ 5 Behandlung hoher Einkommen

(1) Liegt das nach § 93 Abs. 1 bis 3 des Achten Buches Sozialgesetzbuch maßgebliche Einkommen eines Elternteils, Ehegatten oder Lebenspartners oberhalb der Einkommensgruppe 30 der Anlage, so ist der Kostenbeitrag nach den folgenden Grundsätzen zu errechnen.

(2) Die Höhe des Kostenbeitrags für vollstationäre Leistungen beträgt

1. 25 Prozent des maßgeblichen Einkommens, wenn der Kostenpflichtige zu den Kosten für eine Person herangezogen wird,
2. zusätzlich 15 Prozent des maßgeblichen Einkommens, wenn der Kostenpflichtige zu den Kosten für eine zweite Person herangezogen wird,
3. zusätzlich 10 Prozent des maßgeblichen Einkommens, wenn der Kostenpflichtige für eine dritte Person herangezogen wird.

Ab der vierten vollstationär untergebrachten Person wird nur noch ein Kostenbeitrag nach Maßgabe von § 7 erhoben. Liegt das nach § 93 Abs. 1 bis 3 des Achten Buches Sozialgesetzbuch maßgebende Einkommen eines Elternteils, Ehegatten oder Lebenspartners oberhalb der Einkommensgruppe 30 der Anlage, so kann eine Heranziehung bis zur vollen Höhe der Kosten für stationäre Leistungen erfolgen.

(3) Die Höhe des Kostenbeitrags für teilstationäre Leistungen beträgt

1. 5 Prozent des maßgeblichen Einkommens für Leistungen mit einer Betreuungszeit von mindestens fünf Stunden und
2. 3 Prozent des maßgeblichen Einkommens für Leistungen mit einer Betreuungszeit von unter fünf Stunden.

(4) Die Kostenbeiträge dürfen die Höhe der tatsächlichen Aufwendungen nicht überschreiten.

§ 6 Heranziehung der Eltern bei Leistungen für junge Volljährige

Bei Leistungen für junge Volljährige ist ein kostenbeitragspflichtiger Elternteil höchstens zu einem Kostenbeitrag auf Grund der Einkommensgruppe 14 heranzuziehen.

§ 7 Einsatz des Kindergelds

(1) Ein Elternteil hat einen Kostenbeitrag in Höhe des Kindergelds zu zahlen, wenn

1. vollstationäre Leistungen erbracht werden,
2. er Kindergeld für den jungen Menschen bezieht und
3. er nach Maßgabe von §§ 2 und 4 keinen oder einen Kostenbeitrag zu zahlen hätte, der niedriger als das monatliche Kindergeld ist.

(2) Bei einer Erstattung nach § 74 Abs. 2 des Einkommensteuergesetzes wird das Kindergeld in voller Höhe vom Kostenbeitrag des kindergeldberechtigten Elternteils abgezogen.

§ 8 Übergangsregelung für Altfälle

(1) Ergibt sich bei der Umstellung der Heranziehung zu den Kosten nach Maßgabe des § 97 b des Achten Buches Sozialgesetzbuch ein Kostenbeitrag, der mehr als 20 Prozent über der bisherigen Belastung liegt, so ist in den ersten sechs Monaten nach der Umstellung bis zur Einkommensgruppe 12 nur eine hälftige Erhöhung vorzunehmen. Danach ist der Kostenbeitrag in voller Höhe zu erheben.

(2) Waren die Eltern bisher als Gesamtschuldner kostenbeitragspflichtig, so ist jedem der beiden Elternteile bei der Vergleichsberechnung nach Absatz 1 die hälftige Belastung zuzurechnen.

§ 9 Inkrafttreten

Diese Verordnung tritt am Tag nach der Verkündung in Kraft.

Anhang zu § 1 der KostenbeitragsV

Maßgebliches Einkommen nach § 93 Abs. 1 bis 3 Achtes Buch Sozialgesetzbuch		Beitrags-stufe 1 vollstationär erste Person	Beitrags-stufe 2 vollstationär zweite Person	Beitrags-stufe 3 vollstationär dritte Person	Beitrags-stufe 4 teilstationär über 5 Std.	Beitrags-stufe 5 teilstationär bis zu 5 Std.
Einkom-mens-gruppe	Euro	Euro	Euro	Euro	Euro	Euro
Spalte 1		Spalte 2	Spalte 3	Spalte 4	Spalte 5	Spalte 6
1	bis 750	0*	0*	0*	0	0
2	751 bis 850	60*	25*	0*	40	24
3	851 bis 950	185*	50*	0*	45	27
4	951 bis 1050	250	100*	50*	50	30
5	1051 bis 1150	275	165*	70*	55	33
6	1151 bis 1300	305	180*	100*	60	37
7	1301 bis 1450	340	205	135*	65	41
8	1451 bis 1600	380	230	150*	75	46
9	1601 bis 1800	425	255	170*	85	51
10	1801 bis 2000	475	285	190*	95	57
11	2001 bis 2200	525	315	210	105	63
12	2201 bis 2400	575	345	230	115	69
13	2401 bis 2700	635	380	255	125	76
14	2701 bis 3000	710	425	285	140	85
15	3001 bis 3300	785	470	315	155	94
16	3301 bis 3600	875	515	345	170	103
17	3601 bis 3900	935	560	375	185	112
18	3901 bis 4200	1 010	605	405	200	121
19	4201 bis 4600	1 100	660	440	220	132
20	4601 bis 5000	1 200	720	480	240	144
21	5001 bis 5500	1 375	825	550	275	165
22	5501 bis 6000	1 500	900	600	300	180

Maßgebliches Einkommen nach § 93 Abs. 1 bis 3 Achtes Buch Sozialgesetzbuch		Beitragsstufe 1 vollstationär erste Person	Beitragsstufe 2 vollstationär zweite Person	Beitragsstufe 3 vollstationär dritte Person	Beitragsstufe 4 teilstationär über 5 Std.	Beitragsstufe 5 teilstationär bis zu 5 Std.
23	6001 bis 6500	1 625	975	650	325	195
24	6501 bis 7000	1 750	1 050	700	350	210
25	7001 bis 7500	1 875	1 125	750	375	225
26	7501 bis 8000	2 000	1 200	800	400	240
27	8001 bis 8500	2 125	1 275	850	425	255
28	8501 bis 9000	2 250	1 350	900	450	270
29	9001 bis 9500	2 375	1 425	950	475	285
30	9501 – 10000	2 500	1 500	1 000	500	300

* Bezieht der kostenbeitragspflichtige Elternteil das Kindergeld, so ist das auf das Kind entfallende Kindergeld (§ 94 Rn 12) in voller Höhe als Kostenbeitrag einzusetzen.

I. Inhalt und Bedeutung der KostenbeitragsV

1   Entsprechend der gesetzlichen Ermächtigungsgrundlage des § 94 Abs. 5 Satz 1 legt die KostenbeitragsV **nach Einkommensgruppen gestaffelte pauschalierte Kostenbeiträge** für Elternteile, Ehegatten und Lebenspartner junger Menschen fest. Für junge Menschen und Leistungsberechtigte nach § 19 ist die Verordnung nicht anwendbar. Für sie ist ausschließlich **§ 94 Abs. 6** maßgeblich. Kernstück der Verordnung ist die **Tabelle in der Anlage**, aus der sich der Kostenbeitrag des einzelnen Kostenbeitragsschuldners nach Berechnung und Staffelung des maßgeblichen Einkommens gem. § 93 entnehmen lässt. Die einzelnen Vorschriften der KostenbeitragsV erläutern die Handhabung der Tabelle und haben vor allem deskriptiven sowie konkretisierenden Charakter.

2   Ziel der KostenbeitragsV ist nicht nur eine **Verwaltungsvereinfachung** sondern eine stärkere **Transparenz**, da die voraussichtlichen Kostenbeiträge der Betroffenen schon vor Inanspruchnahme einer Hilfe über die Tabelle schnell und unkompliziert berechnet werden können (BR-Drucks. 648/05, 7).

3   Die jeweiligen Kostenbeiträge sind in ihrer Höhe so bemessen, dass sie in den unteren Einkommensgruppen **in etwa der Höhe der zivilrechtlichen Unterhaltsansprüche** entsprechen. Dies gilt insbesondere für die zweite und dritte Einkommensgruppe in der ersten Beitragsstufe, die erst im Rahmen des Zustimmungsverfahrens durch den Bundesrat nach Maßgabe einer unterhaltsrechtlichen Vergleichsberechnung eingefügt wurden (BR-Drucks. 648/1/05, 5 ff).

II. Festsetzung des Kostenbeitrags – § 1

4   Abs. 1 erläutert den Aufbau der Tabelle, die der Verordnung angehängt ist. Bei dem in der Tabelle eingesetzten Einkommen handelt es sich um das nach § 93 ermittelte Einkommen, bei dem bereits der Abzug der Belastungen – entweder durch die Pauschale iHv 25 % oder höher, soweit nachgewiesen – nach § 93 Abs. 3 vom Nettoeinkommen erfolgt ist. Es handelt sich damit um das zur Errechnung des Kostenbeitrags **maßgebliche Einkommen**. Absatz 2 wiederholt den bereits gesetzlich in § 92 Abs. 2 Hs 2 aufgestellten Grundsatz der getrennten Heranziehung beider Elternteile (§ 92 Rn 12 f).

III. Wahl der Beitragsstufe bei vollstationären und teilstationären Leistungen – §§ 2 und 3

5   In **§§ 2 und 3** wird die Wahl der Beitragsstufe bestimmt. Für **vollstationäre Leistungen** (§ 2) werden **unterschiedliche Beitragsstufen** anhand der Anzahl der untergebrachten jungen Menschen, für die eine

Kostenbeteiligung erfolgt, festgelegt. Beitragsstufe 1 nennt den Kostenbeitrag für die erste vollstationär untergebrachte Person. Die Frage welche Person die erste, zweite oder dritte vollstationär untergebrachte Person ist, ist nach dem **Zeitpunkt der Unterbringung** zu beantworten. Werden Geschwisterkinder gleichzeitig untergebracht, so ist die Reihenfolge nach dem **Alter der Kinder** zu bestimmen. Dies gilt auch im Fall der Unterbringung von Kindern durch **unterschiedliche örtliche Träger** (ausführlich: Gemeinsame Empfehlungen 2008, 18.8.2).

Das intendierte Ziel, Eltern mit mehreren Kindern besser zu stellen, erfolgt durch die Maßgabe, ab der **6** **vierten untergebrachten Person** nur noch einen Kostenbeitrag in Höhe des Kindergelds zu erheben (§ 2 Abs. 2 Satz 3). Die Besserstellung ergibt sich dabei im Verhältnis der neuen Kostenbeiträge zueinander und der Vorgabe, dass diese Privilegierung ab der vierten untergebrachten Person auch für hohe Einkommen gilt.

Für Kostenbeiträge bei **teilstationären Leistungen** (§ 3) werden zwei Beitragsstufen festgelegt, die sich an **7** der täglichen Betreuungsdauer orientieren. Für die Praxis empfiehlt sich daher eine ausdrückliche Bestimmung der Betreuungsdauer bspw im Hilfeplan. Wird die Leistung mit täglich unterschiedlichen Betreuungszeiten erbracht, so sind die Betreuungszeiten für einen Monat zusammenzurechnen und nach dem sich hieraus ergebenden Querschnitt für die tägliche Betreuungszeit zu schätzen, wobei von einer 5-Tages-Woche auszugehen ist; 25 Wochenstunden bedeuten eine durchschnittliche Betreuungszeit von fünf Stunden und zählen damit noch zur Beitragsstufe 5 (zur Abgrenzung DIJuF JAmt 2005, 513).

IV. Berücksichtigung weiterer Unterhaltspflichten – § 4

§ 4 setzt die in § 94 Abs. 2 und § 92 Abs. 4 gesetzlich geregelten Anforderungen zur Berücksichtigung **8** weiterer Unterhaltspflichten um (§ 94 Rn 25 ff). Ob eine **Unterhaltspflicht besteht**, entscheidet sich nach den unterhaltsrechtlichen Vorgaben des Zivilrechts. Demnach sind Ehegatten (§§ 1360, 1360 a BGB), Lebenspartner (§ 5 LPartG) und Verwandte in gerader Linie (§ 1601 BGB) verpflichtet, einander Unterhalt zu gewähren, wenn außerdem Bedürftigkeit des Berechtigten und Leistungsfähigkeit des Verpflichteten vorliegen (MünchKomm/Luthin § 1602 BGB Rn 1). Da es für die angemessene Berücksichtigung weiterer Unterhaltspflichten bzw für das Schmälerungsverbot auf ihre **Rangfolge nach § 1609 BGB** ankommt, ist zunächst zu ermitteln, ob eine vor- oder gleichrangige Unterhaltspflicht vorliegt. Wenngleich § 1609 BGB im Unterhaltsrecht nur im sog. Mangelfall – dh der Unterhaltsschuldner kann nicht alle Ansprüche befriedigen – Anwendung findet, ist im Rahmen der KostenbeitragsV allein auf die Rangfolge abzustellen, ohne dass ein Mangelfall vorliegen müsste. Es handelt sich bei dem Verweis auf § 1609 BGB mithin um einen Rechtsgrund-, nicht um einen Rechtsfolgenverweis (Schindler JAmt 2007, 575). Ist ein minderjähriges Kind untergebracht, so sind allein seine minderjährigen oder nach § 1603 Abs. 2 Satz 2 BGB privilegierten Geschwister bzw weitere minderjährige bzw privilegierte Kinder der kostenbeitragspflichtigen Person gleichrangig unterhaltsberechtigt. Ehegatten und Lebenspartner – gegenwärtige oder getrennte – werden nicht berücksichtigt. Bei untergebrachten jungen Volljährigen sind dagegen bis auf Enkelkinder, Eltern oder andere entferntere Verwandte alle weiteren Unterhaltspflichten vorrangig zu berücksichtigen.

Die Berücksichtigung weiterer Unterhaltspflichten wird durch eine **Herabstufung in der Tabelle** rea- **9** lisiert. Der Kostenbeitrag wird einer niedrigeren Einkommensstufe zugeordnet. In den unteren Einkommensgruppen (2 bis 7) wird der Kostenbeitrag einer um 2 Gruppen niedrigeren Einkommensgruppe entnommen. Ab Einkommensgruppe 8 wird er nur einer um eine Einkommensgruppe niedrigeren Stufe entnommen. Um immer die angemessene Berücksichtigung vorzunehmen, hat ggf ein **Wechsel bei der Herabstufung** zu erfolgen. Sind bspw in Einkommensgruppe 9 vier weitere, gleichrangige Unterhaltspflichten durch Herabstufung zu berücksichtigen, so sind die ersten beiden um jeweils eine Stufe (bis Einkommensgruppe 7) und die nächsten beiden um jeweils zwei Stufen herabzustufen (VG Trier 15.5.2008 – 2 K 896/07.TR, JAmt 2008, 439). Die Berücksichtigung in der gewählten Form führt dazu, dass eine Schmälerung der Unterhaltsansprüche gleichrangig Berechtigter nicht stattfindet, da der kostenbeitragspflichtigen Person in der Regel ein ausreichendes Einkommen verbleibt, mit dem sie die weiteren Pflichten erfüllen kann.

Mit Abs. 2 Satz 1 wird der Tatsache Rechnung getragen, dass auch bei einer niedrigeren Einstufung **10** für die Kostenbeitragspflicht die Schmälerung vorrangiger Unterhaltsansprüche nicht vollkommen ausgeschlossen werden kann (§ 92 Rn 26 ff). In der Praxis wird das voraussehbar nur in den Fällen möglich, da bei der Heranziehung zu den Kosten der Unterbringung eines jungen Volljährigen eine **Konkurrenz mit Ehegattenunterhalt** besteht (hierzu auch § 92 Rn 26). Bei Ehegattenunterhalt findet eine Pauschalierung – wie bei dem Kindesunterhalt nach der Düsseldorfer Tabelle – nicht statt. Aus diesem Grund kann eine Unterhaltspflicht vorliegen, die mit den Möglichkeiten der KostenbeitragsV nicht angemessen berücksichtigt wird. Daher ist gegebenenfalls eine **Vergleichsberechnung und Reduzierung des Kostenbeitrags** nach Abs. 2 erforderlich.

11   Da die entsprechende gesetzliche Grundlage, die die Schmälerung von Unterhaltsansprüchen gleichrangig Berechtigter verbietet, in § 92 Abs. 4 Satz 1 erst mit dem KiföG zum 16.12.2008 in Kraft getreten ist, nimmt die KostenbeitragsV noch auf die alte Gesetzeslage Bezug, wenn sie sich in Abs. 2 Satz 2 mit dem „Kunstgriff" behilft, eine Schmälerung gleichrangiger Unterhaltsansprüche **als besondere Härte** zu definieren und damit eine Reduzierung des Kostenbeitrags auf gesetzlicher Grundlage zu ermöglichen. Da nunmehr bereits § 92 Abs. 4 Satz 1 die gesetzliche Grundlage liefert, kommt es nicht mehr auf die Einordnung der besonderen Härte an, sondern ist bereits in Satz 1 das Schmälerungsverbot auch für gleichrangige Unterhaltspflichten mitzulesen.

12   Leben Unterhaltsberechtigte und -verpflichtete im gemeinsamen Haushalt geht die KostenbeitragsV davon aus, dass der Unterhalt geleistet wird. Die Erfüllung von Unterhaltspflichten gegenüber Personen außerhalb des Haushalts muss dagegen nachgewiesen werden (Abs. 2 Satz 3).

V. Behandlung hoher Einkommen – § 5

13   § 5 enthält eine Sonderregelung für die Bemessung von Kostenbeiträgen für Personen mit **besonders hohem Einkommen**. Ab Einkommensgruppe 30, dh ab einem monatlichen Nettoeinkommen iHv 12.500 EUR wurde von der Bildung weiterer Einkommensgruppen abgesehen, stattdessen ist jeder Kostenbeitrag anhand der vorgegebenen Prozentsätze konkret zu berechnen. Die **prozentualen Sätze** entsprechen in ihrem Verhältnis dem Verhältnis der pauschalierten Kostenbeiträge der Tabelle zum Mittelwert der jeweiligen Einkommensgruppe. Eine anteilig stärkere Heranziehung besonders hoher Einkommen findet grundsätzlich nicht statt.

14   Die Bedeutung von **Abs. 2 Satz 3** bleibt unklar. Dass eine Kostenbeteiligung bis zur Höhe der tatsächlichen Kosten umgesetzt werden kann, ist bereits gesetzlich in § 94 Abs. 1 Satz 2 festgelegt. Dies gilt selbstverständlich bereits für einen der Tabelle entnommenen pauschalierten Kostenbeitrag und richtet sich **ausschließlich nach der Höhe der tatsächlichen Kosten**. Einen Ermessensspielraum für den Träger der öffentlichen Jugendhilfe kann die Vorschrift nicht eröffnen; dies wäre verfassungswidrig und damit unzulässig. Inhalt, Zweck und Ausmaß einer Rechtsverordnung müssen bereits durch die gesetzliche Ermächtigungsgrundlage bestimmt werden (Art. 80 Abs. 1 Satz 2 GG).

VI. Heranziehung der Eltern bei Leistungen für junge Volljährige – § 6

15   Auch bei der Heranziehung der Eltern bei Leistungen für junge Volljährige wird das **Unterhaltsrecht** berücksichtigt (BR-Drucks. 648/05, 10). Während gegenüber minderjährigen Kindern für die Eltern eine verschärfte Haftung besteht, gilt dies gegenüber den volljährigen Kindern, die nicht im Haushalt der Eltern leben, nicht (§ 1603 Abs. 2 BGB). In der KostenbeitragsV wird diese Wertung übernommen, indem Eltern für volljährige Kinder **maximal** zu einem Kostenbeitrag in Höhe der **Einkommensgruppe 14** herangezogen werden. Damit kann der Kostenbeitrag für die Unterbringung eines jungen Volljährigen immer noch bei 710 EUR liegen. Im Vergleich mit dem Unterhaltsrecht erscheint dies angemessen. Im Hinblick auf die **Kostenbeteiligung in der Sozialhilfe** ergibt sich eine verfassungsrechtlich bedenkliche Ungleichbehandlung. Wird Eingliederungshilfe für einen körperlich oder geistig behinderten Menschen geleistet, so kann der Träger der Sozialhilfe ab dessen Volljährigkeit seinen Unterhaltsanspruch gegen die Eltern gem. § 94 SGB XII nur noch iHv 26 bzw 20 EUR überleiten.

VII. Einsatz des Kindergeldes – § 7

16   Abs. 1 der Vorschrift wiederholt die gesetzliche Grundlage zum Einsatz des Kindergelds nach § 94 Abs. 3. Trotz der etwas anderen Formulierung und Unterteilung in drei Ziffern, entspricht die Vorschrift inhaltlich der gesetzlichen Regelung (§ 94 Rn 10). Abs. 2 schreibt die Verrechnung des Kindergelds mit dem Kostenbeitrag des kindergeldberechtigten Elternteil verbindlich vor. Zwar berücksichtigt die Vorschrift nur den **Erstattungsanspruch nach § 74 Abs. 2 EStG**, aber auch wenn das Kindergeld im Wege der **direkten Auszahlung** nach § 74 Abs. 1 Satz 4 EStG bezogen wird, muss eine Verrechnung stattfinden, um eine unverhältnismäßige Belastung der kostenbeitragspflichtigen Person zu verhindern (§ 94 Rn 11).

§ 95 Überleitung von Ansprüchen

(1) Hat eine der in § 92 Abs. 1 genannten Personen für die Zeit, für die Jugendhilfe gewährt wird, einen Anspruch gegen einen anderen, der weder Leistungsträger im Sinne des § 12 des Ersten Buches noch Kostenbeitragspflichtiger ist, so kann der Träger der öffentlichen Jugendhilfe durch schriftliche Anzeige an den anderen bewirken, dass dieser Anspruch bis zur Höhe seiner Aufwendungen auf ihn übergeht.

(2) [1]Der Übergang darf nur insoweit bewirkt werden, als bei rechtzeitiger Leistung des anderen entweder Jugendhilfe nicht gewährt worden oder ein Kostenbeitrag zu leisten wäre. [2]Der Übergang ist nicht dadurch ausgeschlossen, dass der Anspruch nicht übertragen, verpfändet oder gepfändet werden kann.

(3) Die schriftliche Anzeige bewirkt den Übergang des Anspruchs für die Zeit, für die die Hilfe ohne Unterbrechung gewährt wird; als Unterbrechung gilt ein Zeitraum von mehr als zwei Monaten.

(4) Widerspruch und Anfechtungsklage gegen den Verwaltungsakt, der den Übergang des Anspruchs bewirkt, haben keine aufschiebende Wirkung.

I. Inhalt und Bedeutung der Norm

Mit § 95 wird der Träger der öffentlichen Jugendhilfe ermächtigt, **Ansprüche der kostenbeitragspflichtigen Person gegen Dritte** auf sich überzuleiten. Damit wird ihm neben der Kostenbeteiligung und der Kostenerstattung ein weiteres Instrument zur Verfügung gestellt, um den Nachrang der Jugendhilfe gegenüber Leistungen anderer (§ 10 Rn 2 ff) herzustellen. Die Anwendung von § 95 wird vor allem im Verhältnis zu anderen Stellen, insbesondere Verwaltungsträgern, relevant. **1**

Nicht unter § 95 fallen Ansprüche gegen **Leistungsträger iSd § 12 SGB I.** Hier sind vorrangig die Erstattungs- und Ersatzansprüche nach §§ 102-114 SGB X geltend zu machen. Zur schnelleren Realisierung dieser Ansprüche hat der Träger der öffentlichen Jugendhilfe die Möglichkeit der gesetzlichen Prozessstandschaft nach § 97 (§ 97 Rn 1). **2**

Durch das KICK (Einl. Rn 47) wurde die Überleitung von Ansprüchen gegenüber kostenbeitragspflichtigen Personen ausgeschlossen. Der bisherige Hauptanwendungsfall bei der Überleitung von Ansprüchen, die Überleitung von Unterhaltsansprüchen, wurde mit der Streichung des § 96 ausgeschlossen (VorKap. 8 Rn 6). **3**

II. Voraussetzungen der Überleitung

1. Art des Anspruchs

Die Ermächtigung zur Überleitung von Ansprüchen differenziert nicht hinsichtlich des **Anspruchsgrunds.** Es kann sich daher sowohl um einen vertraglichen als auch um einen gesetzlichen Anspruch handeln, der dem privaten oder öffentlichen Recht angehört. Hierzu gehören bspw Ansprüche auf Herausgabe einer Schenkung nach § 528 BGB, Beihilfeansprüche gegen den öffentlichen Dienstherrn, Versorgungsansprüche, Schadensersatzansprüche oder Ansprüche auf Versicherungsleistungen (Jans u.a./Degener § 95 Rn 8 ff). Ob allerdings auch geschuldete Dienst- statt Geldleistungen übergehen können, ist insbesondere bei der Frage der vorrangigen Leistungspflicht der Schule strittig (befürwortend Wiesner § 95 Rn 6; GK-SGB VIII/Busch § 95 Rn 2; aA Mrozynski § 10 Rn 20). Ansprüche des Hilfeempfängers gegenüber der **Schulverwaltung** können nach § 95 SGB VIII auf den Träger der öffentlichen Jugendhilfe jedenfalls nur dann übergeleitet werden, wenn dieser Leistungen zur Befriedi- **4** gung des gleichen (Hilfe-)Bedarfs erbringt, zu dem die Schulverwaltung vorrangig leistungsverpflichtet ist (Meysen JAmt 2003 56, 57 f; DIJuF JAmt 2002, 247; OVG RP 16.7.2004 –12 A 10701/04 – JAmt 2004, 305, 432; aA VG Göttingen 12.5.2005 – 2 A 84/04 – JAmt 2005, 584 mit Bespr. Sidortschuk JAmt 2005, 552).

2. Anspruchsinhaber und Anspruchsgegner

5   Anspruchsinhaber muss eine der in § 92 Abs. 1 genannten kostenbeitragspflichtigen Personen sein. Es muss ein Anspruch gegen einen anderen (der nicht Leistungsträger iSv § 12 SGB I ist; Rn 1) vorliegen. Dabei kann es sich um eine natürliche oder eine juristische Person handeln (Wiesner § 95 Rn 7).

3. Zeitlicher Rahmen, Rechtmäßigkeit

6   Der Anspruch muss im selben Zeitraum bestehen, in dem die Hilfe gewährt wird. Die Überleitungsanzeige bewirkt gem. Abs. 3 den Übergang nur für den Zeitpunkt ununterbrochener Hilfeerbringung. Als Unterbrechung definiert der zweite Halbsatz einen Zeitraum von mehr als zwei Monaten. Für die Berechnung gelten gem. § 26 SGB X die Fristenbestimmungen des BGB (§ 187 Abs. 2, § 188 Abs. 2, 3 BGB). Rechtmäßigkeit der Leistungserbringung wird für die Überleitung nicht vorausgesetzt, es sei denn die Belange des Dritten werden dadurch in unzulässiger Weise verkürzt (LSG HE 1.11.2007 – L 9 SO 79/07 ER – SAR 2008, 14; Hauck/Stähr § 95 Rn 7; aA LPK-SGB XII/Münder § 93 Rn 14; H. Schellhorn § 93 SGB XII Rn 29).

III. Rechtsfolgen

1. Höhe der Aufwendungen

7   Die Überleitung wird ihrem Umfang nach gem. Abs. 1 grundsätzlich auf die Höhe der Aufwendungen begrenzt, die vom Jugendhilfeträger im gleichen Zeitraum gemacht wurden. Darüber liegende Beträge verbleiben den kostenbeitragspflichtigen Personen.

2. Inhaltliche Begrenzung

8   Eine weitere Begrenzung enthält Abs. 2. Ansprüche können nur insoweit übergeleitet werden, als bei rechtzeitiger Leistung des Anderen Leistungen nicht gewährt oder ein Kostenbeitrag zu leisten wäre. In der Kinder- und Jugendhilfe geht es in aller Regel darum, den Nachrang der Kinder- und Jugendhilfeleistung durch die Erhebung eines Kostenbeitrags wieder herzustellen. Die Überleitung ist in diesem Fall auf die Höhe des Kostenbeitrags der kostenbeitragspflichtigen Person zu begrenzen (Hauck/Stähr § 95 Rn 12). Der übergeleitete Anspruch gegen den Dritten ist als Einkommen der kostenbeitragspflichtigen Person zu berücksichtigen. Bei Verletzung von Leib oder Leben der Erziehungsberechtigten können einerseits Schadensersatzansprüche der Betroffenen entstehen, aber zugleich kann die Verletzung eine Jugendhilfeleistung überhaupt erforderlich machen. Die tatsächlichen Kosten der Leistung sind in der Regel deutlicher höher als die erhobenen Kostenbeiträge. Daher erwächst auch dem Träger der öffentlichen Jugendhilfe aus der Verletzung ein Schaden, den er allerdings nicht unmittelbar geltend machen kann. In diesen Fällen wirkt § 95 wie eine gesetzliche Grundlage zur Drittschadensliquidation (OLG Celle 20.3.2003 – 14 U 188/02 – Neue Zeitschrift für Verkehrsrecht 2004, 307).

3. Kein Ausschluss des Übergangs

9   Gem. Abs. 2 Satz 2 ist die Überleitung nicht übertragbarer oder (ver)pfändbarer Ansprüche nicht ausgeschlossen. Ob der Anspruch rechtlich tatsächlich besteht, wird bei der Überleitung nicht geprüft. Diese Frage bleibt dem (anschließenden) Prozess um den Anspruch selbst vorbehalten.

IV. Überleitungsanzeige

1. Ermessensausübung

10   Ob und inwieweit der Jugendhilfeträger den Anspruch (im Rahmen der genannten Begrenzungen – Rn 7 f) auf sich überleitet, steht gem. Abs. 1 in seinem pflichtgemäßen, zu begründenden Ermessen. Die Ermessensentscheidung erfolgt grundsätzlich gegenüber den kostenbeitragspflichtigen Personen, sollte aber auch gegenüber Dritten erfolgen, da auch für ihn eine wesentliche Veränderung seiner Situation durch die Überleitung erfolgt (LPK-SGB XII/Münder § 93 Rn 46).

2. Formererfordernis

Abs. 4 macht deutlich, dass es sich bei der Überleitung um einen Verwaltungsakt handelt. Daraus **11** folgen wesentliche Formerfordernisse (Anhang Verfahren Rn 45 ff). Die **Überleitungsanzeige** muss inhaltlich hinreichend bestimmt sein (§ 33 Abs. 1 SGB X), insbesondere Leistungsempfänger, Art der Hilfe, der überzuleitende Anspruch nebst Angabe von Gläubigern und Schuldnern müssen bezeichnet werden. Eine förmliche Zustellung ist nicht vorgeschrieben, aus Beweisgründen jedoch zweckmäßig. Die Überleitungsanzeige muss schriftlich erfolgen.

Durch die Überleitungsanzeige wird der Träger der öffentlichen Jugendhilfe **Inhaber des Anspruchs** **12** mit allen Rechten und Pflichten. Der Anspruch ändert sich seinem Wesen nach nicht, dh, der Anspruch des Leistungsberechtigten ist deswegen so geltend zu machen, wie er ohne Überleitung durch den Leistungsberechtigten geltend zu machen gewesen wäre. Der Dritte behält gegenüber dem Jugendhilfeträger alle Einwendungen; §§ 404 ff BGB gelten entsprechend.

V. Rechtsschutz – Abs. 4

Da die Überleitungsanzeige ein Verwaltungsakt ist (Abs. 4), sind die allgemeinen Verwaltungsrechts- **13** mittel gegeben (Anhang Verfahren Rn 55 ff). Nach **Abs. 4** haben Widerspruch und Anfechtungsklage keine aufschiebende Wirkung, so dass die Zahlungspflicht des Drittschuldners nicht vorläufig außer Vollzug gesetzt wird (dagegen § 80 Abs. 5 VwGO). Im Verwaltungsrechtsmittelverfahren ist nur zu prüfen, ob die Überleitungsanzeige nach öffentlichem Recht rechtmäßig ist (Rn 6).

Die **Durchsetzung des übergeleiteten Anspruchs** erfolgt vor dem für diesen Anspruch zuständigen Ge- **14** richt (meist Zivilgericht). Dieses überprüft zunächst, ob die Überleitung wirksam ist, und dann den Bestand und die Höhe des geltend gemachten Anspruchs sowie das Bestehen von Einwendungen des Dritten gegen den Anspruch. Damit erfolgt die eigentliche Überprüfung des Anspruchs erst hier.

§ 96 (weggefallen)

Vierter Abschnitt
Ergänzende Vorschriften

§ 97 Feststellung der Sozialleistungen

[1]Der erstattungsberechtigte Träger der öffentlichen Jugendhilfe kann die Feststellung einer Sozialleistung betreiben sowie Rechtsmittel einlegen. [2]Der Ablauf der Fristen, die ohne sein Verschulden verstrichen sind, wirkt nicht gegen ihn. [3]Dies gilt nicht für die Verfahrensfristen, soweit der Träger der öffentlichen Jugendhilfe das Verfahren selbst betreibt.

I. Inhalt und Bedeutung der Norm

1   § 97 ermöglicht es dem Träger der öffentlichen Jugendhilfe, den **Anspruch des Leistungsberechtigten** gegen einen anderen Sozialleistungsträger im eigenen Namen geltend zu machen und regelt damit eine Prozessstandschaft (LSG NI 14.7.2000 – L 9 V 70/96). Die Vorschrift dient in erster Linie der Sicherung des **Nachrangs der Jugendhilfe** gegenüber vorrangig leistungsverpflichteten Sozialleistungsträgern (vgl § 95 SGB XII für die Sozialhilfeträger). Vorausgesetzt wird immer die Leistungspflicht eines anderen Sozialleistungsträgers. Wenngleich mit dieser zwar regelmäßig ein Erstattungsanspruch einhergeht (§ 89 c, §§ 102 ff SGB X), entfaltet im Gegensatz dazu die Feststellung des Leistungsanspruchs **Wirkung für die Zukunft** (VGH BY 5.4.1990 – 12 B 88.1195 – FEVS 41, 4). Mit der Feststellung der Leistungspflicht des vorrangig verpflichteten Sozialleistungsträgers wird der Träger der öffentlichen Jugendhilfe aus seiner Pflicht zur Vorleistung entlassen (etwa nach § 43 SGB I), da sich ab positiver Feststellung des Anspruchs der (vorrangig) verpflichtete Sozialleistungsträger dieser Verpflichtung nicht mehr entziehen kann. Dadurch dient die Vorschrift zugleich der schnelleren Realisierung von Erstattungsansprüchen (VGH BY 5.4.1990 – 12 B 88.1195 – FEVS 41, 4).

II. Voraussetzung des Feststellungsanspruchs

1. Erstattungsberechtigung

2   Der Feststellungsanspruch setzt die Möglichkeit eines **Erstattungsanspruchs des Trägers der öffentlichen Jugendhilfe** voraus, da ohne diesen die Feststellung ins Leere liefe. Zu den einschlägigen Erstattungsansprüchen zählen die der Leistungsträger untereinander (§§ 102 ff SGB X), zu denen auch der Erstattungsanspruch eines vorläufig oder fortgesetzt leistenden Trägers gehört (§ 43 SGB I, § 89 c SGB VIII). Die Erstattungsberechtigung besteht bereits dann, wenn der Jugendhilfeträger über die Erbringung der Jugendhilfeleistung dem Grunde nach positiv entschieden hat; die tatsächliche Leistungserbringung ist nicht erforderlich (OVG NW 16.2.1994 – 16 A 3286/93 – FEVS 45, 286; DIJuF JAmt 2007, 144). Damit hat die Vorschrift neben dem Erstattungsanspruch einen **eigenen Anwendungsbereich**, denn eine Erstattung ist nur rückwirkend für bereits erbrachte Leistungen möglich, während die Feststellung der Leistungspflicht auf die Zukunft gerichtet ist (von Wulffen/Roos Vor § 102 SGB X Rn 17). Ist für die Gewährung der vorrangigen Leistung ein Antrag erforderlich, so schließt dies den Feststellungsanspruch nicht aus, da § 97 zugleich als Rechtsgrundlage für den Träger der öffentlichen Jugendhilfe dient, den erforderlichen Antrag im Namen des Leistungsberechtigten stellen zu dürfen (Jans u.a./Degener § 97 Rn 7).

2. Sozialleistung

3   Die Feststellung kann nur für **Sozialleistungen** betrieben werden. Dies betrifft alle Leistungen nach dem Sozialgesetzbuch (§ 11 SGB I). Der Begriff Sozialleistung geht jedoch darüber hinaus, da sich die gesetzgeberische Absicht (BR-Drucks. 526/80) auch auf Sozialleistungen anderer Gesetze bezieht (zB des LAG).

3. Feststellungsinteresse

4   Es muss ein **rechtliches Interesse an einer gerichtlichen Feststellung** bestehen. Dies ist ausgeschlossen, wenn eine gemeinsame Entscheidungsspitze für den Jugendhilfeträger und den auf Feststellung in Anspruch genommenen Träger vorhanden ist. Relevant ist dies bei Sozialleistungen, die von den kommunalen Gebietskörperschaften erbracht werden, so zB Ausbildungsförderung, Erziehungsgeld, Sozialhilfe, Eingliederungshilfe nach SGB XII, Unterhaltsvorschuss, Kriegsopfervorsorge und Wohngeld,

auch wenn die Leistung in Bundesauftragsverwaltung erbracht wird (BVerwG 6.11.1991 – 8 C 10.90 – FEVS 42, 221).

III. Rechtsfolgen

1. Allgemeine Rechtsfolgen

Liegen die Voraussetzungen vor, liegt es im **Ermessen des Trägers der öffentlichen Jugendhilfe**, ob er 5 die Feststellung betreibt. Bei der Erwägung sind v.a. seine eigenen Interessen zu berücksichtigen, da die Feststellung nicht im Interesse des Leistungsberechtigten getroffen wird, sondern der Realisierung des Nachrangs der Leistungen nach dem SGB VIII dient (BSG 26.1.2000 – B 13 RJ 37/98 R – FEVS 51, 481). Das Feststellungsverfahren betrifft einen selbstständigen Anspruch und kann neben dem Erstattungsverfahren betrieben werden (VGH BY 5.4.1990 – 12 B 88.1195 – FEVS 41, 4; OVG NW 16.2.1994 – 16 A 3286/93 – FEVS 45, 286). Durch § 97 wird der Jugendhilfeträger nicht materiell Berechtigter des Anspruchs, dem Anspruchsinhaber wird die Verfügung über den Anspruch nicht entzogen. Stattdessen tritt der Träger der öffentlichen Jugendhilfe im Wege einer gesetzlich geregelten Prozessstandschaft neben den Anspruchsberechtigten (BSG 26.1.2000 – B 13 RJ 37/98 R – FEVS 51, 481).

2. Verfahren zum Betreiben der Feststellung

Die Feststellung eines Anspruchs wird nicht notwendig durch eine gerichtliche Klärung betrieben. Be- 6 reits im **Verwaltungsverfahren** kann der Träger der öffentlichen Jugendhilfe die Rechte des Leistungsberechtigten im eigenen Namen vertreten (BSG 26.1.2000 – B 13 RJ 37/98 R – FEVS 51, 481). Der Träger der öffentlichen Jugendhilfe kann daher sowohl einen Antrag auf Sozialleistungen für den Leistungsberechtigten stellen (Rn 2), als auch das Widerspruchs- bzw Anfechtungsverfahren betreiben (BSG 19.12.1991 – 12 RK 24/90 – FEVS 42, 342).

Sind Fristen ohne Verschulden des Trägers der öffentlichen Jugendhilfe verstrichen, so muss er dies 7 nicht gegen sich gelten lassen. Für ihn gelten **Sonderregeln**, wenn er von der Anspruchsberechtigung noch nichts wissen konnte oder er im Falle eines ablehnenden Bescheids diesen nicht kannte. Die Fristen, die er selbst in Lauf gesetzt hat, muss er dagegen beachten.

Der Rechtsweg bestimmt sich nach dem Anspruch, der festgestellt werden soll (BSG 19.12.1991 – 12 8 RK 24/90 – FEVS 42, 342).

§ 97a Pflicht zur Auskunft

(1) [1]Soweit dies für die Berechnung oder den Erlass eines Kostenbeitrags oder die Übernahme eines Teilnahmebeitrags nach § 90 oder die Ermittlung eines Kostenbeitrags nach den §§ 92 bis 94 erforderlich ist, sind Eltern, Ehegatten und Lebenspartner junger Menschen sowie Leistungsberechtigter nach § 19 verpflichtet, dem örtlichen Träger über ihre Einkommensverhältnisse Auskunft zu geben. [2]Junge Volljährige und volljährige Leistungsberechtigte nach § 19 sind verpflichtet, dem örtlichen Träger über ihre Einkommens- und Vermögensverhältnisse Auskunft zu geben. [3]Eltern, denen die Sorge für das Vermögen des Kindes oder des Jugendlichen zusteht, sind auch zur Auskunft über dessen Einkommen verpflichtet. [4]Ist die Sorge über das Vermögen des Kindes oder des Jugendlichen anderen Personen übertragen, so treten diese an die Stelle der Eltern.

(2) [1]Soweit dies für die Berechnung der laufenden Leistung nach § 39 Abs. 6 erforderlich ist, sind Pflegepersonen verpflichtet, dem örtlichen Träger darüber Auskunft zu geben, ob der junge Mensch im Rahmen des Familienleistungsausgleichs nach § 31 des Einkommensteuergesetzes berücksichtigt wird oder berücksichtigt werden könnte und ob er ältestes Kind in der Pflegefamilie ist. [2]Pflegepersonen, die mit dem jungen Menschen in gerader Linie verwandt sind, sind verpflichtet, dem örtlichen Träger über ihre Einkommens- und Vermögensverhältnisse Auskunft zu geben.

(3) [1]Die Pflicht zur Auskunft nach den Absätzen 1 und 2 umfasst auch die Verpflichtung, Name und Anschrift des Arbeitgebers zu nennen, über die Art des Beschäftigungsverhältnisses Auskunft zu geben sowie auf Verlangen Beweisurkunden vorzulegen oder ihrer Vorlage zuzustimmen. [2]Sofern landesrechtliche Regelungen nach § 90 Abs. 1 Satz 2 bestehen, in denen nach Einkommensgruppen gestaffelte Pauschalbeträge vorgeschrieben oder festgesetzt sind, ist hinsichtlich der Höhe des Einkommens die Auskunftspflicht und die Pflicht zur Vorlage von Beweisurkunden für die Berechnung des Kostenbeitrags nach § 90 Abs. 1 Nr. 3 auf die Angabe der Zugehörigkeit zu einer bestimmten Einkommensgruppe beschränkt.

(4) [1]Kommt eine der nach den Absätzen 1 und 2 zur Auskunft verpflichteten Personen ihrer Pflicht nicht nach oder bestehen tatsächliche Anhaltspunkte für die Unrichtigkeit ihrer Auskunft, so ist der Arbeitgeber dieser Person verpflichtet, dem örtlichen Träger über die Art des Beschäftigungsverhältnisses und den Arbeitsverdienst dieser Person Auskunft zu geben; Absatz 3 Satz 2 gilt entsprechend. [2]Der zur Auskunft verpflichteten Person ist vor einer Nachfrage beim Arbeitgeber eine angemessene Frist zur Erteilung der Auskunft zu setzen. [3]Sie ist darauf hinzuweisen, dass nach Fristablauf die erforderlichen Auskünfte beim Arbeitgeber eingeholt werden.

(5) [1]Die nach den Absätzen 1 und 2 zur Erteilung einer Auskunft Verpflichteten können die Auskunft verweigern, soweit sie sich selbst oder einen der in § 383 Abs. 1 Nr. 1 bis 3 der Zivilprozessordnung bezeichneten Angehörigen der Gefahr aussetzen würden, wegen einer Straftat oder einer Ordnungswidrigkeit verfolgt zu werden. [2]Die Auskunftspflichtigen sind auf ihr Auskunftsverweigerungsrecht hinzuweisen.

I. Inhalt und Bedeutung der Norm

1 Um die Kostenbeteiligung realisieren zu können, benötigt der Träger der öffentlichen Jugendhilfe **Informationen über die Einkommens- und zT auch Vermögensverhältnisse** der kostenbeitragspflichtigen Personen. Zusätzlich benötigt er zur Berechnung der Pflegegeldleistungen nach § 39 Informationen von Pflegepersonen (Abs. 2). § 97a regelt die Pflicht dieser Personengruppen zur Auskunftserteilung und liefert damit die erforderliche Rechtsgrundlage zur Durchsetzung des Auskunftsersuchens des Trägers der öffentlichen Jugendhilfe. Ein Rückgriff auf die allgemeinen Bestimmungen zur **Mitwirkung im Sozialleistungsverfahren** nach §§ 60 ff ist nicht möglich, da diese Pflicht sich auf die Mit-

wirkung bei der Gewährung von Leistungen bezieht (GK-SGB I/Kretschmer § 60 SGB I Rn 11 ff). Es geht bei der Kostenbeteiligung gerade nicht um die Gewährung von Sozialleistungen bzw um die Ermittlung ihrer Voraussetzungen, da die kostenbeitragspflichtigen Leistungen der Kinder- und Jugendhilfe unabhängig von Einkommen (und Vermögen) der Leistungsberechtigten gewährt werden (§ 91 Rn 21). Anderes gilt lediglich bei der Auskunft über Einkommen, die zum Zweck des **Erlasses bzw der Übernahme** von Kostenbeiträgen bzw Teilnahmebeiträgen nach § 90 erfolgt (Rn 13,15). § 97a regelt über diese Rechtgrundlage hinaus eine ergänzende Auskunftspflicht des Arbeitgebers und nennt weitere Rahmenbedingungen der Auskunftserteilung.

II. Allgemeine Auskunftspflicht der Abs. 1 und 2

1. Auskunftspflichtige Personen – Abs. 1

Zur Auskunft nach Abs. 1 verpflichtet sind die jeweils kostenbeitragspflichtigen Personen (§ 90 **2** Rn 13; § 92 Rn 4 ff). Im Rahmen der **Kostenbeteiligung nach § 90** besteht bei der Berechnung der Kostenbeitragshöhe, nicht aber bei der Ermittlung des Anspruchs auf Erlass oder Übernahme der Beiträge eine Pflicht zur Auskunft nach § 97a. Bei Letzterem begehrt die kostenbeitragspflichtige Person eine Leistung des Trägers der öffentlichen Jugendhilfe und macht die entsprechenden Angaben im eigenen Interesse und im Rahmen ihrer Mitwirkungspflicht nach §§ 60 ff SGB I. Verletzt sie diese, kann der Leistungsträger den Erlass bzw die Übernahme versagen (VG Ansbach 18.5.2006 – AN 14 K 04.02262). Abs. 1 Satz 2 normiert für die Ermittlung des Einkommens kostenbeitragspflichtiger Minderjähriger eine Auskunftspflicht der Person, der die Vermögenssorge (§ 1626 BGB) zusteht. Die Auskunftspflicht ist damit abschließend geregelt.

Da die Auskunftspflicht von dem Recht zur Datenerhebung zu unterscheiden ist, sind insbesondere für **3** die Frage der Informationsermittlung bei Dritten die **Grundsätze des Datenschutzes zu beachten**. Dritte haben grundsätzlich keine Pflicht zur Auskunft. Der Träger der öffentlichen Jugendhilfe kann jedoch unter den Voraussetzungen des § 62 Abs. 3 Daten bei Dritten erheben. Die Möglichkeit nach § 97a Abs. 4, Daten beim Arbeitgeber zu erheben (vgl Rn 9), stellt eine **gesetzliche Erlaubnis** nach § 62 Abs. 3 Nr. 1 dar, sodass die entsprechende Erhebung beim Arbeitgeber datenschutzrechtlich zulässig ist. Weigert sich die kostenbeitragspflichtige Person Auskunft zu erteilen, kann die Befugnis zur Datenerhebung bei Dritten unter der Voraussetzung bestehen, dass die Erhebung beim Betroffenen einen unverhältnismäßigen Aufwand erfordern würde und keine Anhaltspunkte vorliegen, dass seine schutzwürdigen Interessen beeinträchtigt werden (§ 62 Abs. 3 Nr. 3). Das Auskunftsersuchen ergeht in Form eines Verwaltungsaktes und unterliegt der **Verwaltungsvollstreckung** (BVerwG 21.1.1993 – 5 C 22.90 – NDV 1993, 346). In Betracht kommt insbesondere die Androhung oder Festsetzung eines Zwangsgelds (VG Schleswig 30.8.2006 – 15 A 135/06 – JAmt 2007, 47). Aufgrund der eindeutigen Auskunftspflicht ist die Verwaltungsvollstreckung als unverhältnismäßiger Aufwand anzusehen und kann in der Regel keine Beeinträchtigung der schutzwürdigen Interessen des Betroffenen iSd § 62 Abs. 3 festgestellt werden, sodass die Erhebung bei Dritten zulässig ist (DIJuF JAmt 2007, 80). Wenn die kostenbeitragspflichtige Person Auskünfte über ihre Einkommensverhältnisse verweigert, können daher bspw beim Finanzamt Informationen eingeholt werden.

2. Gegenstand und Umfang der Auskunftserteilung – Abs. 1

Abs. 1 verpflichtet kostenbeitragspflichtige Personen zur Auskunftserteilung über ihre Einkommens- **4** verhältnisse, soweit diese **Informationen für die Kostenbeteiligung erforderlich** sind. Die Pflicht beginnt mit dem Zeitpunkt, da ein Kostenbeitrag verlangt werden kann (vgl § 92 Rn 18) und enthält keine Begrenzung dergestalt, dass der Anspruch nur in bestimmten zeitlichen Abständen geltend gemacht werden kann (VG Schleswig 30.8.2006 – 15 A 135/06 – JAmt 2007, 47; VG Göttingen 10.7.2007 – 2 A 25/06). Der Träger der öffentlichen Jugendhilfe sollte auskunftspflichtige Personen ausdrücklich verpflichten, wesentliche Änderungen ihrer wirtschaftlichen Verhältnisse unverzüglich mitzuteilen (DIJuF JAmt 2005, 564). Da nur junge Volljährige und Leistungsberechtigte nach § 19 aus ihrem Vermögen an den Kosten der Leistung beteiligt werden können (§ 92 Rn 6 f), besteht nur für sie eine Auskunftspflicht bezüglich ihrer Vermögensverhältnisse (BT-Drucks. 16/9299, 44). Erforderlich ist die Auskunftserteilung nur in dem Umfang, wie für die Berechnung des Kostenbeitrags notwendig (VG München 17.9.2008 – M 18 K 07.4137).

a) Kostenbeteiligung nach § 90

5　Die Kostenbeteiligung nach § 90 erfolgt in der Regel durch die Festsetzung pauschalierter Kostenbeiträge, die sich nur dann nach dem Einkommen richten, wenn eine entsprechende Staffelungsmöglichkeit vorgesehen ist (§ 90 Rn 7 f). Beruht die Staffelung auf der Zugehörigkeit zu einer **bestimmten Einkommensgruppe**, so kann der Träger der öffentlichen Jugendhilfe die (geschätzte) Angabe der Einkommensgruppe durch die auskunftspflichtige Person akzeptieren, muss dies aber nicht (Abs. 3 Satz 2).

b) Kostenbeteiligung nach §§ 91 ff

6　Zur Ermittlung eines Kostenbeitrags gem. §§ 91 ff sind **sämtliche Angaben zum Einkommen nach § 93 Abs. 1** erforderlich (§ 93 Rn 3 ff). Für den Nachweis abzugsfähiger Beträge nach § 93 Abs. 2 (und 3 soweit sie die Pauschale übersteigen) ist die kostenbeitragspflichtige Person allein im Eigeninteresse verantwortlich, da nur nachgewiesene Belastungen geltend gemacht werden können (VG München 17.9.2008 – M 18 K 07.4137). Macht sie keine Angaben, bleibt es beim pauschalen Abzug.

3. Auskunftpflichtige Personen und Umfang der Auskunftserteilung – Abs. 2

7　Zur Auskunft nach Abs. 2 verpflichtet sind Pflegepersonen, die einen jungen Menschen, dessen notwendiger Unterhalt nach § 39 Abs. 1 durch den Träger der öffentlichen Jugendhilfe sichergestellt wird, über Tag und Nacht in ihrem Haushalt aufgenommen haben. Die Sätze 1 und 2 regeln dabei einen unterschiedlichen Umfang der Auskunftserteilung. Nach Satz 1 sind Pflegepersonen zur Auskunft über diejenigen Angaben verpflichtet, die zur Berechnung der laufenden Leistungen nach § 39 Abs. 6 erforderlich sind. Dies bezieht sich ausschließlich auf die Auskunft darüber, ob und in welcher Höhe sie für den von ihnen betreuten **jungen Menschen Kindergeld beziehen**. Satz 2 wurde mit Wirkung zum 16.12.2008 durch das KiföG eingefügt und regelt für mit dem Pflegekind in gerader Linie verwandte Pflegepersonen die Pflicht zur Auskunftserteilung über ihre Einkommens- und Vermögensverhältnisse. Diese Regelung ist notwendig, um die Kürzungsmöglichkeit gegenüber unterhaltspflichtigen Pflegepersonen nach § 39 Abs. 4 Satz 4 rechtmäßig umzusetzen (BT-Drucks. 16/9299, 44). Ihre Auskunftspflicht ist damit so umfassend wie die der kostenbeitragspflichtigen Personen und geht mit der Auskunftspflicht zu den Vermögensverhältnissen noch darüber hinaus.

III. Besondere Verpflichtungen – Abs. 3

8　Abs. 3 erweitert den Umfang der Auskunftspflicht um die **Benennung des Arbeitgebers**, die Art des Beschäftigungsverhältnisses und die Pflicht, Beweisurkunden vorzulegen bzw der Vorlage zuzustimmen. Die gesetzessystematisch an dieser Stelle nicht gelungene Einordnung der Pflicht zur Vorlage von Beweisurkunden bezieht sich auf solche, die das Einkommen bzw dessen Höhe und ggf auch den Bestand von Vermögen belegen. Dafür kommen insbesondere Verdienstbescheinigungen, Einkommensteuerbescheide, Steuererklärungen, Bilanzen und Arbeitslosengeldbescheide in Betracht. Die Verpflichtung, den Arbeitgeber bzw die Art des Beschäftigungsverhältnisses anzugeben, besteht dann nicht, wenn dies im konkreten Fall nicht erforderlich ist. Der **Grundsatz der Erforderlichkeit** erfährt in Abs. 3 Satz 2 bei gestaffelten Kostenbeiträgen nach § 90 seine ausdrückliche gesetzliche Formulierung. Der Bezug in Abs. 3 auf Abs. 2 macht mit der Einführung des § 97 a Abs. 2 Satz 2 mit dem KiföG wieder Sinn, wenn (Ur-)Großeltern als Pflegepersonen Auskunft über ihre Einkommens- und Vermögensverhältnisse geben müssen.

IV. Auskunftpflicht des Arbeitgebers – Abs. 4

9　**Abs. 4** schafft einen Auskunftsanspruch über Arbeitsverhältnis und Verdienst gegen den Arbeitgeber für die Fälle, in denen die auskunftspflichtige Person ihrer Pflicht nicht nachkommt bzw **tatsächliche Anhaltspunkte für die Unrichtigkeit** ihrer Auskünfte bestehen. Es darf also nicht lediglich die Vermutung bestehen, dass die Auskunft falsch sein könnte, sondern dem Träger der öffentlichen Jugendhilfe müssen Tatsachen bekannt sein, die diese Annahme rechtfertigen. Dennoch darf erst dann der Arbeitgeber befragt werden, wenn zuvor die auskunftspflichtige Person darüber informiert wurde und ihr eine letzte Frist zur (richtigen) Auskunftserteilung gegeben wurde.

V. Auskunftsverweigerungsrechte – Abs. 5

Abs. 5 gewährt den auskunftspflichtigen Personen (Rn 2) ein **Auskunftsverweigerungsrecht**. Dies gilt **10** für den Fall, dass sie sich bzw Angehörige iSd § 383 Abs. 1 Nr. 1 bis 3 (Verlobte, jetzige und ehemalige Ehegatten, Lebenspartner, Verwandte und Verschwägerte in gerader Linie, Verwandte in der Seitenlinie bis zum 3. Grad, Verschwägerte in der Seitenlinie bis zum 2. Grad – jeweils auch ehemalige) durch die Auskunft der Gefahr aussetzen würden, wegen einer Straftat bzw Ordnungswidrigkeit verfolgt zu werden. Der Träger der öffentlichen Jugendhilfe hat die auskunftspflichtigen Personen über dieses Recht aufzuklären.

VI. Rechtsschutz

Das Auskunftsverlangen ist ein **Verwaltungsakt** (VG Schleswig 30.8.2006 – 15 A 135/06 – JAmt 2007, **11** 47), es gelten insofern die allgemeinen verfahrensrechtlichen Vorschriften (Anhang Verfahren). Die Rechtmäßigkeit des Auskunftsverlangens setzt voraus, dass der vom Auskunftsersuchen Betroffene zum Personenkreis der in Abs. 1 und 2 genannten Auskunftspflichtigen gehört (VG Ansbach 5.4.2007 – AN 14 K 04.02610). Wird die Auskunft durch die unmittelbar Betroffenen selbst (bzw deren gesetzlichen Vertreter) nicht oder nicht vollständig erteilt, so kann die Leistung nicht wegen fehlender Mitwirkung (§ 66 SGB I) verwehrt werden (Rn 1). Die zwangsweise Durchsetzung der Auskunftspflicht richtet sich nach den **Verwaltungsvollstreckungsgesetzen der Länder**. Wenn alle Aufklärungsmöglichkeiten nach § 21 SGB X ausgeschöpft sind (Anhang Verfahren Rn 26 ff) können die Träger der öffentlichen Jugendhilfe eine **Schätzung** vornehmen (OVG NW 10.11.1993 – 25 A 1237/92 – FEVS 45, 68; DIJuF JAmt 2007, 80).

Kommt der Arbeitgeber seiner Auskunftspflicht nicht oder nicht vollständig nach, so stellt dies gem. **12** § 104 Abs. 1 Nr. 4 eine Ordnungswidrigkeit dar.

§ 97 b Übergangsregelung

(aufgehoben)

§ 97 c Erhebung von Gebühren und Auslagen

Landesrecht kann abweichend von § 64 des Zehnten Buches die Erhebung von Gebühren und Auslagen regeln.

1 § 64 SGB X regelt die generelle Kostenfreiheit des sozialrechtlichen Verwaltungsverfahrens und stellt damit sicher, dass es niemand allein aufgrund von Kostengründen unterlässt, die Sozialverwaltung in Anspruch zu nehmen (GK-SGB X/Siewert § 64 Rn 4). Die Kostenfreiheit bezieht sich auf das gesamte Behördenverfahren, zu dem auch das Widerspruchsverfahren gehört. Es dürfen keine Gebühren und Auslagen erhoben werden. Gebühren sind die Gegenleistung für eine besondere Inanspruchnahme, während mit Auslagen tatsächliche Aufwendungen, wie etwa Porto-, Telefon- oder Reisekosten und auch die Kosten für erforderliche Übersetzungen von Schriftstücken, bezeichnet werden (von Wulffen/ Roos § 64 SGB X Rn 4). Nicht zu den Auslagen gehören die allgemeinen Verwaltungskosten (hierzu auch § 91 Rn 18).

2 § 97 c eröffnet dem Landesgesetzgeber einen weiteren Gestaltungsspielraum. Er darf für den Bereich des SGB VIII von der Vorschrift des § 64 SGB X abweichen. Macht er von der Ermächtigung Gebrauch, so darf er regeln, für welche Verwaltungsverfahren der Träger der öffentlichen Jugendhilfe Gebühren und Auslagen erheben darf. Ausweislich der Gesetzesbegründung (BT-Drucks. 154/3676, 43) soll der Landesrechtsvorbehalt allerdings lediglich dafür dienen, es den kommunalen Gebietskörperschaften zu ermöglichen, für bestimmte Dienstleistungen (zB Beurkundung und Beglaubigung) Gebühren und Auslagen zu erheben. Hiervon hat bislang – soweit ersichtlich – nur Brandenburg Gebrauch gemacht (§ 25 Abs. 1 AGKJHG). Danach dürfen die örtlichen Träger der Jugendhilfe die Erhebung von Gebühren und Auslagen für Beurkundungen und Beglaubigungen durch Satzung regeln (bspw. Satzung des Landkreises Uckermark vom 16.04.2008).

Schindler

Vorbemerkung zum 9. Kapitel

I. Neuordnung der Kinder- und Jugendhilfestatistik, Änderungen

Die **Bedeutung präziser empirischer Daten** ist vor allem mit der quantitativen und qualitativen Fort- **1** entwicklung der Kinder- und Jugendhilfe gewachsen. Sie sind die zentrale Grundlage für die Bedarfsplanung in den einzelnen Leistungsfeldern. Mit dem SGB VIII im Jahre 1990 wurde eine **grundlegende Weiterentwicklung der Datenerhebung** (zur Geschichte der Statistik vgl Rauschenbach/Schilling 1997, 23 ff) sowohl quantitativ als auch qualitativ vorgenommen, die vor allem den Planungsaufgaben in Bund, Ländern und Gemeinden Rechnung tragen sollte. Ziel war, ein differenziertes und zugleich breites Bild über quantitative Entwicklungen in den einzelnen Handlungsfeldern zu erhalten, um Veränderungstendenzen erkennen und Schlüsse insbesondere für förderpolitische Strategien ziehen zu können.

Seit dem Inkrafttreten des SGB VIII ist es in der Folgezeit immer wieder zu Ergänzungen, Aktualisie- **2** rungen und Veränderungen gekommen So insbesondere durch das Erste SGB VIII Änderungsgesetz, das KICK und zuletzt durch das KiFöG (s. Einl. Rn 47). Angepasst wurden immer wieder die **Erhebungstatbestände und Erhebungszeiträume** zu einzelnen Bereichen der Statistik. Damit konnten die Qualität der Statistik und deren Verwendungsmöglichkeiten gestärkt und auch ausgebaut werden. Bei den Änderungen handelt es sich weitgehend um redaktionelle Anpassungen (zu den Einzelheiten und Details der Änderungen vgl Münder u.a. FK-SGBVIII, 5. Auflage, VorKap. 9 Rn 3 ff).

Mit dem KiföG wurden einige Anpassungen redaktioneller Art vorgenommen. Die Änderungen be- **3** ziehen sich vor allem auf Erhebungsmerkmale (§ 99), die Hilfsmerkmale (§ 100), auf den Berichtszeitraum (§ 101) und auf die auskunftspflichtigen Stellen (§ 102).

II. Bundesstatistikgesetz und Volkszählungsurteil

Die Vorschriften der §§ 98 bis 103 berücksichtigen die Zielsetzungen des **Bundesstatistikgesetzes** vom **4** 22.1.1987 (BGBl.I, 462, 565, zuletzt geändert durch Gesetz v. 17.1.1996, BGBl.I, 34), das eine inhaltliche Verbesserung der Datenerhebung und der zu erhebenden Daten zum Ziel hatte. Der entscheidende Vorteil der neuen Kinder- und Jugendhilfestatistik liegt darin, dass den Statistischen Landesämtern und dem Statistischen Bundesamt die jeweiligen Daten fallbezogen vorliegen und dort statistisch bearbeitet werden. Auch werden die Zu- und Abgangsmeldungen durch die Statistischen Landesämter direkt ausgewertet, und es entfallen die bisherigen Auswertungsschritte bei den Jugendämtern (Erstellung von Listen aggregierter Daten). Dieses neue Verfahren verspricht eine genauere Datenerfassung und eine Reduzierung der Fehlerquote und erlaubt anspruchsvollere Auswertungsmöglichkeiten (zB Kreuztabellen etc.).

Die Vorschriften der Kinder- und Jugendhilfestatistik berücksichtigen auch die sich aus dem **Volks-** **5** **zählungsurteil** des BVerfG ergebenden Konsequenzen zur Datenerfassung (15.12.1983 – 1 BvR 209, 269, 362, 420, 440, 484/83 – E 65, 1 ff). Dies bestätigt, dass eine Einschränkung der „informationellen Selbstbestimmung" aus Art. 2 Abs. 1 GG iVm Art. 1 GG nur dann zulässig ist, wenn es sich um Datenerhebungen im überwiegenden Allgemeininteresse handelt. Solche Beschränkungen bedürfen einer (verfassungsmäßigen) gesetzlichen Grundlage, aus der sich die Voraussetzungen und der Umfang der Beschränkungen klar und für den Bürger erkennbar ergeben, und die damit dem rechtsstaatlichen Gebot der Normenklarheit entspricht (BVerfGE 65, 1, 44 – im Einzelnen vgl insbesondere die Regelungen in den §§ 63-65). Klargestellt hat das BVerfG aber auch die Bedeutung statistischer Erhebungen für staatliche Planungsprozesse und sie als „unentbehrliche Grundlage für eine am Sozialstaatsprinzip orientierte Politik" gesehen (BVerfGE 65, 47).

Die Kinder- und Jugendhilfestatistik ist **Teil der amtlichen Statistik**. Damit hat sie bestimmte Kriterien **6** zu erfüllen, die keinen Zweifel an ihrer Objektivität aufkommen lassen. Erreicht wird dies auch dadurch, dass sie die einzige Statistik ist, deren Erhebungen als Vollerhebungen durchgeführt werden. Somit gibt sie einen umfassenden Überblick über Entwicklungsprozesse in der Kinder- und Jugendhilfe und stellt so etwas „wie einen Paradigmenwechsel in Sachen Selbstbeschreibung" dar (Rauschenbach/ Schilling 2001,7).

III. Grenzen der Nutzungsmöglichkeiten der Kinder- und Jugendhilfestatistik

7　Die **Ausdifferenzierung der Erhebungsmerkmale** trägt dem Anspruch nach einer qualitativ sinnvollen und schlüssigen Erhebung Rechnung. Damit ist eine Qualitätsverbesserung der statistischen Aufbereitung erreicht worden. Die Datenerfassung konzentriert sich insbesondere auf die Kinder- und Jugendarbeit, die Tageseinrichtungen für Kinder, die Tagespflege, Angebote und Einrichtungen zu den erzieherischen Hilfen und zu Maßnahmen zum Schutz von Kindern und Jugendlichen. Sie kann auch als Grundlage für eine differenzierte Planung der Jugendhilfeangebote durch die Erhebung von Daten bezogen auf die Strukturen und das familiäre Umfeld herangezogen werden.

8　Berücksichtigt werden müssen aber die **strukturellen Ausgangsbedingungen** der statistischen Erhebung, da

- die Leistungen, die in den Ländern und den Gemeinden gewährt werden zT sehr unterschiedlich und kaum miteinander vergleichbar sind;
- die Zuordnung zu den Aufgaben des SGB VIII in einzelnen Handlungsfeldern unterschiedlich ist;
- die Darstellung der Ausgaben und Einnahmen, bezogen auf die verschiedenen Ebenen JÄ, LJÄ und Ministerien, sich nur auf zusammengefasste Summen beziehen und damit Einzelinformationen fehlen.

Deshalb sind **Aussage- und Anwendungsmöglichkeiten** sowohl für die Politikberatung, als auch für eine Vergleichbarkeit fachlicher Entwicklungsprozesse zwischen den Ländern weiterhin begrenzt. Datenlücken bleiben besonders in der Kinder- und Jugendarbeit. Die Problematik der Lücken zeigt sich an der aktuellen Diskussion um den Beitrag der Kinder- und Jugendhilfe zur Bildung junger Menschen. Es besteht nur „eine relativ ungesicherte und uneinheitliche Datenlage" (BMBF 2003, 41). Es bietet sich daher an, neben der Kinder- und Jugendhilfestatistik zugleich auf die Kinder- und Jugendberichte und die Familienberichte des Bundes und der Länder sowie auf die Sozialberichterstattung, zB den Armuts- und Reichtumsbericht zurückzugreifen.

9　Die **Unterschiedlichkeit in den Erhebungszeiträumen** (§ 101 und § 98) bleibt problematisch. Die Erhebung über Maßnahmen der Jugendarbeit und über die Entwicklung von Einrichtungen und Personal, die in Abständen von vier Jahren erfolgt, schränkt die Verwendungsmöglichkeiten erheblich ein. Gerade angesichts einer stärker werdenden Legitimation über die Notwendigkeit der Mittel wäre ein engerer Erhebungszeitraum für diese beiden Bereiche ebenso von Vorteil wie für die Jugendarbeit präzise und zeitnahe Entwicklungsdaten.

IV. Weiterentwicklung der Nutzung in der Praxis

10　Die amtliche Kinder- und Jugendhilfestatistik ersetzt nicht **Datenerhebungen** vor **Ort** oder die **Grundlagenforschung.** Für eine offensive Jugendpolitik sind die kontinuierliche Erfassung von Daten über die **Höhe der Aufwendungen** und die Personalentwicklung von besonderer Bedeutung. Diese Daten sind vor allem für die Landesförderung wichtig, da die Oberste Landesjugendbehörde auf einen gleichmäßigen Ausbau der Einrichtungen und Angebote hinzuwirken und die Weiterentwicklung der Jugendhilfe anzuregen hat (§ 82 Rn 6). Auch die überörtlichen Träger der öffentlichen Jugendhilfe bzw die LJÄ können im Rahmen ihrer Beratungsaufgabe (§ 85) die Ergebnisse nutzen.

11　Zur Aufarbeitung der Daten für die Verwendung in Politik und Praxis wird seit 1999 mit Mitteln des Bundesjugendministeriums und des Jugendministeriums Nordrhein-Westfalen an der Universität Dortmund die „Arbeitsstelle Kinder- und Jugendhilfestatistik" gefördert. Die Arbeitsstelle gibt mit KomDAT einen Informationsdienst heraus, der eine "Übersetzung" der Kinder- und Jugendhilfestatistik vornimmt und zentrale Aussagen aus der Statistik ableitet (Näheres www.akjstat.uni-dortmund.de) Die Arbeitsstelle arbeitet mit den statistischen Ämtern zusammen.

Weiterführende Literaturhinweise:

BMBF 2003; *Schilling,* 2003, 2007; *Rauschenbach/Schilling,* 1997; *Rauschenbach/Schilling/Thole,* 1997; *van Santen* u.a. 2003.

§ 98 Zweck und Umfang der Erhebung

(1) Zur Beurteilung der Auswirkungen der Bestimmungen dieses Buches und zu seiner Fortentwicklung sind laufende Erhebungen über

1. Kinder und tätige Personen in Tageseinrichtungen,
2. Kinder und tätige Personen in öffentlich geförderter Kindertagespflege,
3. Personen, die aufgrund einer Erlaubnis nach § 43 Abs. 3 Satz 3 Kindertagespflege gemeinsam durchführen, und die von diesen betreuten Kinder,
4. die Empfänger
   a) der Hilfe zur Erziehung,
   b) der Hilfe für junge Volljährige und
   c) der Eingliederungshilfe für seelisch behinderte Kinder und Jugendliche,
5. Kinder und Jugendliche, zu deren Schutz vorläufige Maßnahmen getroffen worden sind,
6. Kinder und Jugendliche, die als Kind angenommen worden sind,
7. Kinder und Jugendliche, die unter Amtspflegschaft, Amtsvormundschaft oder Beistandschaft des Jugendamts stehen,
8. Kinder und Jugendliche, für die eine Pflegeerlaubnis erteilt worden ist,
9. sorgerechtliche Maßnahmen,
10. mit öffentlichen Mitteln geförderte Angebote der Jugendarbeit,
11. die Einrichtungen mit Ausnahme der Tageseinrichtungen, Behörden und Geschäftsstellen in der Jugendhilfe und die dort tätigen Personen sowie
12. die Ausgaben und Einnahmen der öffentlichen Jugendhilfe

als Bundesstatistik durchzuführen.

(2) Zur Verfolgung der gesellschaftlichen Entwicklung im Bereich der elterlichen Sorge sind im Rahmen der Kinder- und Jugendhilfestatistik auch laufende Erhebungen über Sorgeerklärungen durchzuführen.

I. Sinn und Zweck der Norm

§ 98 formuliert als zentralen **Zweck der Statistik**, dass sie Grundlage für die Beurteilung der Auswirkungen des Kinder- und Jugendhilfegesetzes ist und Hinweise zur Fortentwicklung geben kann. Daher sollen Daten zu den Leistungsbereichen des Gesetzes sowie über die hierfür getätigten öffentlichen Aufwendungen und die Einrichtungen erhoben werden. Die Kinder- und Jugendhilfestatistik ist als die zentrale amtliche Dateninformation eine **Bundesstatistik**. Sie konzentriert sich auf Daten aus den Bundesländern und von der Bundesebene. Differenzierte Daten zu Entwicklungen in den örtlichen Jugendamtsbezirken enthält die Statistik nicht. Zwar erheben die Jugendämter die Daten, diese werden dann aber zu Länderdaten gebündelt. **Kommunale Daten** finden sich aber in den Auswertungen aller statistischen Landesämter. Die Daten geben einen Überblick über die quantitative Entwicklung der Leistungen, Aufgaben, Einrichtungen und öffentlichen Fördermittel. Für örtliche Planungsprozesse und für Entscheidungen in der Kinder- und Jugendhilfe auf Länder- und der Bundesebene sind sie eine unverzichtbare Grundlage. Die erhobenen Daten geben nur bedingt Auskunft über qualitative Entwicklungen in den Handlungsfeldern. Es lassen sich aber Aussagen zB zur regionalen Verteilung, zur Schwerpunktsetzung, zum Qualifikationshintergrund des Personals etc. ableiten. Sinnvoll ist es daher, die Ergebnisse der statistischen Erhebung mit den regelmäßig erscheinenden Berichten des Bundes und der Länder, teilweise auch einzelner Kommunen, zu verbinden. 1

II. Erhebungstatbestände

Die in den Nrn. 1 bis 12 genannten **Erhebungstatbestände** entsprechen den zentralen Handlungsfeldern der Jugendhilfe. Die Erhebungen der Zahl der Kinder und der tätigen Personen in den Tageseinrichtungen für Kinder und in der Kindertagespflege (Nr. 1 bis 3) sowie in den Nrn. 4 bis 9 konzentrieren sich auf Daten zu den Empfängern, die Leistungen in Anspruch nehmen, und auf Angebote und Leistungen im Rahmen bzw im Kontext der HzE. 2

Die **Erhebung** bezieht sich auf die klassischen Felder der Kinder- und Jugendhilfe. Weitere Erhebungen finden nicht statt, auch wenn neue Leistungen, flexiblere Angebote und Hilfearten, zB im Umfeld des § 27, in der frühen Förderung (zB Familienzentren), in der Jugendarbeit und in der Beratung entstanden sind. Auch die Einbeziehung der Kinder und Jugendhilfe in die Gestaltung von Ganztagsschulen fehlt. 3

Daher bleiben Lücken in den empirischen Daten bestehen. Hier muss auf andere Erhebungen und Studien zurückgegriffen werden. Die Kinder- und Jugendberichte des Bundes (s. § 84 Rn 4) und die neu erschienenen Bildungsberichte (Konsortium Bildungsberichterstattung 2006 und 2008) sowie die Daten des Deutschen Jugendinstituts (www.dji.de) und der Arbeitsstelle Kinder- und Jugendhilfestatistik (www.akjstat.uni-dortmund.de) füllen zT diese Lücke.

4 Nrn. 1 bis 3 nennen die Erhebung der Zahl der **Kinder und der tätigen Personen in den Tageseinrichtungen und der Kindertagespflege.** Angesichts der Aufwertung der Tagespflege im Verhältnis zu den Tageseinrichtungen durch das TAG (vgl Einl. Rn 47) ist diese Erhebung nur folgerichtig. Damit ist eine bessere und empirisch genauere Datenbasis in diesen Bereichen erreicht worden. Die Aufnahme von Plätzen für Kinder unter drei Jahren für den durch das TAG in § 24 a formulierten Übergangszeitraum bis zum Jahr 2010 ermöglicht einen genaueren Überblick über den Ausbau der Plätze vor allem in den westlichen Bundesländern. Die Jährlichkeit der Erhebung garantiert zudem einen aktuellen Überblick über den Ausbau.

5 Die **Erhebungstiefe in der Jugendarbeit** ist deutlich eingeschränkt. Erhoben werden sollen nur Daten zu den mit öffentlichen Mitteln geförderten Angeboten der Jugendarbeit. Zwar machen diese Aktivitäten den größten Teil der Praxis der Träger aus, dennoch sind sie nur ein Teilbereich der vielfältigen Maßnahmen der Träger. Damit fehlt es weiter an Erkenntnissen über Maßnahmen, die mit eigenen Mitteln der Träger finanziert werden und genauere Hinweise über Gesamtaufwendungen für die Jugendarbeit zulassen (s. § 99 Rn 14).

6 Die bundesweite Kinder- und Jugendhilfestatistik beruht auf Angaben der Jugendämter und wird durch die statistischen Landesämter und das statistische Bundesamt ausgewertet und veröffentlicht. Das Statistische Bundesamt veröffentlicht die erhobenen Daten (www.destatis.de). Zur Periodizität und zum Berichtszeitraum s. § 101.

7 Abs. 2 regelt die Erhebung über laufende Sorgerechtserklärungen nach § 1626 a ff BGB. Dies entspricht der Bedeutung dieser Entwicklung für die Gestaltung der Kinder- und Jugendhilfe und den Leistungen insbesondere in der Familienhilfe. Sorgerechtliche Maßnahmen nach § 1666 BGB werden nach Abs. 1 Nr. 9 erhoben.

III. Auskunftspflicht

8 **Auskunftspflichtig** sind die örtlichen Träger der öffentlichen Jugendhilfe, die Kreise und kreisfreien Städte, die kreisangehörigen Gemeinden mit eigenem Jugendamt sowie die kreisangehörigen Gemeinden und Gemeindeverbände ohne eigenes JA, soweit sie Aufgaben der Jugendhilfe erfüllen (Ausgaben und Einnahmen der Jugendhilfe). Auch die Träger der freien Jugendhilfe sind in diese Auskunftpflicht einbezogen, vor allem für die Hilfen nach §§ 28, 29, 30 und 31, sofern diese Leistungen von ihnen erbracht werden. Einbezogen in die Erhebung werden auch die jeweils zuständigen Ressorts der Länder und des Bundes.

§ 99 Erhebungsmerkmale

(1) Erhebungsmerkmale bei den Erhebungen über Hilfe zur Erziehung nach den §§ 27 bis 35, Eingliederungshilfe für seelisch behinderte Kinder und Jugendliche nach § 35 a und Hilfe für junge Volljährige nach § 41 sind

1. im Hinblick auf die Hilfe

   a) Art des Trägers des Hilfe durchführenden Dienstes oder der Hilfe durchführenden Einrichtung,
   b) Art der Hilfe,
   c) Ort der Durchführung der Hilfe,
   d) Monat und Jahr des Beginns und Endes sowie Fortdauer der Hilfe,
   e) familienrichterliche Entscheidungen zu Beginn der Hilfe,
   f) Intensität der Hilfe,
   g) Hilfe anregende Institutionen oder Personen,
   h) Gründe für die Hilfegewährung,
   i) Grund für die Beendigung der Hilfe sowie

2. im Hinblick auf junge Menschen

   a) Geschlecht,
   b) Geburtsmonat und Geburtsjahr,
   c) Lebenssituation bei Beginn der Hilfe,
   d) anschließender Aufenthalt,
   e) nachfolgende Hilfe;

3. bei sozialpädagogischer Familienhilfe nach § 31 und anderen familienorientierten Hilfen nach § 27 zusätzlich zu den unter den Nummern 1 und 2 genannten Merkmalen

   a) Geschlecht, Geburtsmonat und Geburtsjahr der in der Familie lebenden jungen Menschen sowie
   b) Zahl der außerhalb der Familie lebenden Kinder und Jugendlichen.

(2) Erhebungsmerkmale bei den Erhebungen über vorläufige Maßnahmen zum Schutz von Kindern und Jugendlichen sind Kinder und Jugendliche, zu deren Schutz Maßnahmen nach § 42 getroffen worden sind, gegliedert nach

1. Art des Trägers der Maßnahme, Art der Maßnahme, Form der Unterbringung während der Maßnahme, Institution oder Personenkreis, die oder der die Maßnahme angeregt hat, Zeitpunkt des Beginns und Dauer der Maßnahme, Maßnahmeanlass, Art der anschließenden Hilfe,
2. bei Kindern und Jugendlichen zusätzlich zu den unter Nummer 1 genannten Merkmalen nach Geschlecht, Altersgruppe, Staatsangehörigkeit, Art des Aufenthalts vor Beginn der Maßnahme.

(3) Erhebungsmerkmale bei den Erhebungen über die Annahme als Kind sind

1. angenommene Kinder und Jugendliche, gegliedert

   a) nach Geschlecht, Geburtsmonat und Geburtsjahr, Staatsangehörigkeit und Art des Trägers des Adoptionsvermittlungsdienstes,
   b) nach Herkunft des angenommenen Kindes, Art der Unterbringung vor der Adoptionspflege, Familienstand der Eltern oder des sorgeberechtigten Elternteils oder Tod der Eltern zu Beginn der Adoptionspflege sowie Ersetzung der Einwilligung zur Annahme als Kind,
   c) nach Staatsangehörigkeit der oder des Annehmenden und Verwandtschaftsverhältnis zu dem Kind,

2. die Zahl der

   a) ausgesprochenen und aufgehobenen Annahmen sowie der abgebrochenen Adoptionspflegen, gegliedert nach Art des Trägers des Adoptionsvermittlungsdienstes,
   b) vorgemerkten Adoptionsbewerber, die zur Annahme als Kind vorgemerkten und in Adoptionspflege untergebrachten Kinder und Jugendlichen zusätzlich nach ihrem Geschlecht, gegliedert nach Art des Trägers des Adoptionsvermittlungsdienstes.

(4) Erhebungsmerkmal bei den Erhebungen über die Amtspflegschaft und die Amtsvormundschaft sowie die Beistandschaft ist die Zahl der Kinder und Jugendlichen unter

1. gesetzlicher Amtsvormundschaft,
2. bestellter Amtsvormundschaft,

3. bestellter Amtspflegschaft sowie
4. Beistandschaft,

gegliedert nach Geschlecht, Art des Tätigwerdens des Jugendamts sowie nach deutscher und ausländischer Staatsangehörigkeit (Deutsche/Ausländer).

(5) Erhebungsmerkmal bei den Erhebungen über

1. die Pflegeerlaubnis nach § 43 ist die Zahl der Tagespflegepersonen,
2. die Pflegeerlaubnis nach § 44 ist die Zahl der Kinder und Jugendlichen, gegliedert nach Geschlecht und Art der Pflege.

(6) Erhebungsmerkmal bei den Erhebungen über sorgerechtliche Maßnahmen ist die Zahl der Kinder und Jugendlichen, bei denen

1. zum vollständigen oder teilweisen Entzug des elterlichen Sorgerechts
    a) nach § 8 a Abs. 3 das Gericht angerufen worden ist,
    b) gerichtliche Maßnahmen erfolgt sind,
2. das Personensorgerecht ganz oder teilweise auf das Jugendamt übertragen worden ist,

gegliedert nach Geschlecht und Umfang der übertragenen Angelegenheit.

(6 a) Erhebungsmerkmal bei den Erhebungen über Sorgeerklärungen ist die gemeinsame elterliche Sorge nicht verheirateter Eltern, gegliedert danach, ob Sorgeerklärungen beider Eltern vorliegen oder eine Sorgeerklärung ersetzt worden ist.

(7) Erhebungsmerkmale bei den Erhebungen über Kinder und tätige Personen in Tageseinrichtungen sind

1. die Einrichtungen, gegliedert nach
    a) der Art des Trägers und der Rechtsform sowie besonderen Merkmalen,
    b) der Zahl der verfügbaren Plätze sowie
    c) der Anzahl der Gruppen,
2. für jede dort haupt- und nebenberuflich tätige Person
    a) Geschlecht und Beschäftigungsumfang,
    b) für das pädagogisch und in der Verwaltung tätige Personal zusätzlich Geburtsmonat und Geburtsjahr, die Art des Berufsausbildungsabschlusses, Stellung im Beruf und Arbeitsbereich,
3. für die dort geförderten Kinder
    a) Geschlecht, Geburtsmonat und Geburtsjahr sowie Schulbesuch,
    b) Migrationshintergrund,
    c) tägliche Betreuungszeit und Mittagsverpflegung,
    d) erhöhter Förderbedarf.

(7 a) Erhebungsmerkmale bei den Erhebungen über Kinder in mit öffentlichen Mitteln geförderter Kindertagespflege sowie die die Kindertagespflege durchführenden Personen sind:

1. für jede tätige Person
    a) Geschlecht, Geburtsmonat und Geburtsjahr,
    b) Art und Umfang der Qualifikation, Anzahl der betreuten Kinder (Betreuungsverhältnisse am Stichtag) insgesamt und nach dem Ort der Betreuung,
2. für die dort geförderten Kinder
    a) Geschlecht, Geburtsmonat und Geburtsjahr sowie Schulbesuch,
    b) Migrationshintergrund,
    c) Betreuungszeit und Mittagsverpflegung,
    d) Art und Umfang der öffentlichen Finanzierung und Förderung,
    e) erhöhter Förderbedarf,
    f) Verwandtschaftsverhältnis zur Pflegeperson,
    g) gleichzeitig bestehende andere Betreuungsarrangements.

(7 b) Erhebungsmerkmale bei den Erhebungen über Personen, die aufgrund einer Erlaubnis nach § 43 Abs. 3 Satz 3 Kindertagespflege gemeinsam durchführen, und die von diesen betreuten Kinder, sind:

1. Zahl der Kindertagespflege gemeinsam durchführenden Personen,
2. Zahl der von den Kindertagespflege gemeinsam durchführenden Personen betreuten Kinder.

(8) Erhebungsmerkmale bei den Erhebungen über die Angebote der Jugendarbeit nach § 11 sind die mit öffentlichen Mitteln geförderten Maßnahmen im Bereich

1. der außerschulischen Jugendbildung (§ 11 Abs. 3 Nr. 1),
2. der Kinder- und Jugenderholung (§ 11 Abs. 3 Nr. 5),
3. der internationalen Jugendarbeit (§ 11 Abs. 3 Nr. 4) sowie
4. der Fortbildungsmaßnahmen für Mitarbeiter (§ 74 Abs. 6),

gegliedert nach Art des Trägers, Dauer der Maßnahme sowie Zahl und Geschlecht der Teilnehmer, zusätzlich bei der internationalen Jugendarbeit nach Partnerländern und Maßnahmen im In- und Ausland.

(9) Erhebungsmerkmale bei den Erhebungen über die Einrichtungen, soweit sie nicht in Absatz 7 erfasst werden, sowie die Behörden und Geschäftsstellen in der Jugendhilfe und die dort tätigen Personen sind

1. die Einrichtungen, gegliedert nach der Art der Einrichtung, der Art des Trägers, der Rechtsform sowie der Art und Zahl der verfügbaren Plätze,
2. die Behörden der öffentlichen Jugendhilfe sowie die Geschäftsstellen der Träger der freien Jugendhilfe, gegliedert nach der Art des Trägers und der Rechtsform,
3. für jede haupt- und nebenberuflich tätige Person
   a) (weggefallen)
   b) (weggefallen)
   c) Geschlecht und Beschäftigungsumfang,
   d) für das pädagogische und in der Verwaltung tätige Personal zusätzlich Geburtsmonat und Geburtsjahr, Art des Berufsausbildungsabschlusses, Stellung im Beruf und Arbeitsbereich.

(10) Erhebungsmerkmale bei der Erhebung der Ausgaben und Einnahmen der öffentlichen Jugendhilfe sind

1. die Art des Trägers,
2. die Ausgaben für Einzel- und Gruppenhilfen, gegliedert nach Ausgabe- und Hilfeart sowie die Einnahmen nach Einnahmeart,
3. die Ausgaben und Einnahmen für Einrichtungen nach Arten gegliedert nach der Einrichtungsart,
4. die Ausgaben für das Personal, das bei den örtlichen und den überörtlichen Trägern sowie den kreisangehörigen Gemeinden und Gemeindeverbänden, die nicht örtliche Träger sind, Aufgaben der Jugendhilfe wahrnimmt.

I. Sinn und Zweck der Norm

§ 99 legt die Merkmale für die nach § 98 in die Erhebung einzubeziehenden Bereiche des SGB VIII fest **1** (zu Änderungen der Vorschrift vgl VorKap. 9 Rn 2). Die Erhebungsmerkmale stellen die Bereiche dar, die durch die amtliche Kinder- und Jugendhilfestatistik erhoben werden dürfen. Sie sind nicht erweiterbar und bilden insoweit die Grenze der **Erhebungsmöglichkeiten** (s. VorKap. 9 Rn 7 ff).

II. Erhebungsmerkmale

Abs. 1 bezieht sich auf die **Erhebung der Hilfen zur Erziehung, der Eingliederungshilfe für seelisch** **2** **behinderte Kinder und Jugendliche nach § 35 a und der Hilfe für junge Volljährige**. Damit sind alle Hilfen, die im Kontext der Hilfen zur Erziehung stehen, für die Erhebung zusammengeführt und werden durch die gleichen Erhebungsmerkmale erfasst. Grundsätzlich werden die Merkmale in drei Kategorien (Ebenen) aufgeteilt: Zunächst sind Angaben zur Hilfeart zu erheben (Nr. 1 und 2). Da auch bei familienorientierten Hilfeleistungen immer junge Menschen im Zentrum der Leistung stehen, bestimmt Nr. 3, dass bei bestimmten familienorientierten Leistungen auch Angaben über das Geschlecht und das Alter der innerhalb und die Zahl der außerhalb der Familie lebenden jungen Menschen erhoben werden sollen. Die erhobenen Daten erlauben es, genauere Rückschlüsse auf familiäre Zusammenhänge zu ziehen. Das gilt insbesondere für die Erhebung der Gründe für die Hilfegewährung (Nr. 1 h) und des Grundes für die Beendigung der Hilfe (Nr. 1 i). Hier handelt es sich um Daten, mit denen sensibel umzugehen ist.

Abs. 1 Nr.1 enthält Merkmale, die u.a. auf die Art des Trägers, die **Art, Dauer, Umfang und Qualität** **3** **der Hilfe** sowie auf die Gründe für die Hilfegewährung eingehen. Die Intensität der Hilfe (f), die Gründe für die Hilfegewährung (h) und der Grund für die Beendigung der Hilfe (i) sind mit dem KICK neu hinzugekommen. Mit diesen qualitativen Merkmalen kann in Zukunft mehr über die biographische und individuelle Situation des Hilfeempfängers gesagt werden. Für die Gestaltung des Hilfeplans (§ 36) ist von Bedeutung, ob die Hilfeleistung erfolgreich war. Denn im Hilfeplanverfahren kann auch eine weitere Begleitung des jungen Menschen nach Ablauf der Hilfe oder die Notwendigkeit nachfolgender Hilfen (Nr. 2 e) vorgesehen werden.

4   Abs. 1 Nr. 2 enthält die Merkmale für die **Erhebung von Daten der Hilfeempfänger**. Am weitesten reicht das Merkmal „Lebenssituation bei Beginn der Hilfe". Hier geht es insbesondere um die Darstellung der individuellen Umstände, die bei der Aufnahme der Hilfeleistung gegeben waren. Dieses Merkmal korrespondiert mit dem Merkmal Nr. 1 h „Gründe für die Hilfegewährung". Denn diese Gründe müssen sich aus der Lebenssituation ergeben. Mit dieser Erweiterung hat die Kinder- und Jugendhilfestatistik auch einen qualitativen Teil, durch den sich die Zahl und die Art der Hilfen jugendhilfefachlich und jugendhilfepolitisch besser einschätzen lässt.

5   Die in Abs. 1 Nr. 3 genannten Merkmale sind für die **Einschätzung familienorientierter Hilfen** von Bedeutung. Die Erhebung wird begrenzt auf die sozialpädagogische Familienhilfe und andere familienorientierte Hilfen. Sie müssen daher nicht mehr generell bei den in Abs. 1 genannten Hilfen erhoben werden. Mit der Erhebung der innerhalb oder außerhalb der Familien lebenden Kinder in den Fällen, in denen eine Hilfeleistung nach § 31 und nach § 27 gewährt wird, kann die Hilfe besser eingeordnet werden. Die genannten Merkmale sind zusätzlich zu den in Nr. 1 und Nr. 2 enthaltenen Merkmalen zu erheben.

6   Abs. 2 regelt die Erhebungsmerkmale bei Erhebungen über **vorläufige Maßnahmen zum Schutz der Kinder**. Er gilt – bezogen auf den Bereich des § 42 – unverändert weiter. Durch Wegfall des bisherigen § 43 entfällt auch der Bezug in dieser Norm.

7   Abs. 3 bis 6 a sind aus sich heraus verständlich. Abs. 6 a ist neu aufgenommen worden. Es handelt sich um eine notwendige Folgeregelung.

8   Abs. 7 regelt die Merkmale für die Erhebung über **Kinder und tätige Personen in Tageseinrichtungen**. Es handelt sich um auf die Einrichtung bezogene Merkmale, auf die Fachkräfte abgestellte Merkmale sowie um Merkmale, die etwas über die in den Einrichtungen betreuten Kinder aussagen. Diese Erhebung entspricht der fachlichen und politischen Bedeutung der frühen Förderung von Kindern.

9   Mit den auf die Einrichtung bezogenen Merkmalen in Nr. 1 können zukünftig genauer die **Vielfalt und Unterschiedlichkeit der Träger** dargestellt, die tatsächlich vorhandenen Plätze, je nach Art und Anzahl erfasst sowie die Anzahl der Gruppen erhoben werden. Bei den Trägern ist zu unterscheiden nach der Art (zB kirchlicher Träger, Elterninitiative, betriebliche Einrichtung u.a.) sowie nach der Rechtsform (zB e.V., gemeinnützige GmbH, privat-gewerbliche Träger u.a.). Die Erfassung der haupt- und nebenberuflich tätigen Personen ist ebenfalls differenzierter vorzunehmen. Die Erfassung des Beschäftigungsumfangs ist angesichts der verschiedensten Formen an Teilzeit- und Wochenarbeitszeitregelungen sinnvoll. Dass auch die nebenberuflich Tätigen einzubeziehen sind, ist folgerichtig, da die Zahl dieser Arbeitsverhältnisse gewachsen sein dürfte. Die Erhebung der Art des Berufsausbildungsabschlusses und der Stellung im Beruf und im Arbeitsbereich sagt etwas über die Kompetenzen der Beschäftigten aus und gibt einen Überblick über die Zahl der Leitungskräfte und der Gruppenverantwortlichen etc.

10   Die Merkmale für die **Erhebung von in den Tageseinrichtungen geförderten Kindern** in Abs. 7 Nr. 3 ermöglichen einen Überblick über den qualitativen Bedarf. So müssen neben dem Geschlecht und dem Alter vor allem auch der Schulbesuch, ein gegebener Migrationshintergrund, der tatsächliche zeitliche Umfang der Betreuung (c) und vor allem der erhöhte Förderbedarf (d) erhoben werden. Damit kann ein Überblick zB über den Migrationshintergrund gegeben und Rückschlüsse über mögliche Bedarfe in der Sprachförderung gezogen werden. Angesichts der Bedeutung der frühkindlichen Bildung und Erziehung können diese Daten helfen, Rückschlüsse auf qualitative Entwicklungen und Anforderungen zu ziehen, insbesondere aber auch zu dem erreichten Ausbaustand.

11   Abs. 7 a ergibt sich aus der Aufnahme der **Kindertagespflege als Regelangebot** der Betreuung von Kindern im Elementarbereich ins SGB VIII durch das TAG. Die Erhebungsmerkmale in Abs. 7 a orientieren sich an den erforderlichen Daten zur Pflegeperson und den von diesen geförderten Kindern. Dabei ist besonders wichtig, etwas über die Qualitätsvoraussetzungen der Tagesmütter zu erfahren. Mit der Erhebung von Art und Umfang wird die Möglichkeit eröffnet, den bisher begrenzten Blick auf fachpädagogische Abschlüsse zu erweitern und auch andere Qualifikationen einzubeziehen. Eingeschätzt werden kann dadurch auch der Fortbildungs- bzw Weiterbildungsbedarf. Die Notwendigkeit der Er-

hebung darüber, wo die Tagespflege stattfindet (in welchem Räumen, an welchem Ort), ergibt sich auch aus § 43 Abs. 2, der die Erteilung der Erlaubnis an bestimmte Kompetenzen und Räumlichkeiten bindet.

Die Daten über die **in der Tagespflege geförderten Kinder** (Nr. 2) geben Auskunft über Detailaspekte, **12** die für die Bedarfsplanung von Interesse sind, so zB über den erhöhten Förderbedarf (Nr. 2 e) oder über die tägliche Betreuungszeit (Nr. 2 b). Mit der Erhebung über andere, gleichzeitig bestehende Betreuungsarrangements soll der tatsächliche Umfang der Betreuungsleistung transparent werden, zumal die Erlaubnis nach § 43 Abs. 3 sich auf maximal fünf aufgenommene Kinder beschränkt. Erhoben wird seit Inkrafttreten des KiFöG (vgl Einl. Rn 47) auch der Schulbesuch, die Betreuungszeit, die Mittagsverpflegung und die Art und der Umfang der öffentlichen Finanzierung und Förderung (Buchstaben a, c und d.).

Abs. 7 b regelt die Merkmale der **Erhebung über die Kindertagespflege.** Mit der Konzentration auf die **13** nach § 43 Abs. 3 Satz 3 die Kindertagespflege gemeinsam durchführenden Personen und die Zahl der betreuten Kinder sind die Großpflegestellen gemeint. Diese hinsichtlich der Zahl der Betreuungspersonen als auch der Zahl der betreuten Kinder zu erfassen, entspricht der Notwendigkeit, einen Vergleich zwischen der Kindertagespflege und den Kindertageseinrichtungen vornehmen zu können.

Bei den Angeboten der Jugendarbeit (Abs. 8) werden lediglich die klassischen Bereiche der Jugendarbeit **14** erhoben. Damit bleibt der durch die Statistik mögliche Erkenntniswert begrenzt. Neue Entwicklungen auf dem Gebiet der Jugendarbeit werden damit nicht erfasst. Die **Beschränkung der Erhebungen der Angebote in der Jugendarbeit** (§ 11) in Abs. 8 auf die Aktivitäten der außerschulischen Jugendbildung, der Kinder- und Jugenderholung, der internationalen Jugendarbeit sowie der Fortbildungsmaßnahmen für Mitarbeiter führt dazu, dass sich in der Statistik die tatsächliche Angebotsbreite der Jugendarbeit nicht widerspiegelt. Entwicklungsprozesse in der Jugendarbeit und Schnittstellen zu anderen Leistungsbereichen sind kaum sichtbar. Ebenso fehlt es an der Erfassung von Daten hinsichtlich der Aktivitäten zu anderen Bildungsbereichen, wie zB zur Schule. Erhoben werden zudem auch nur die mit öffentlichen Mitteln geförderten Leistungen. Im Unterschied zu den in den Abs. 1 bis 7 und 10 genannten Erhebungsbereichen findet die Erhebung nur alle 4 Jahre statt. Damit soll der besonderen Situation der Jugendarbeit Rechnung getragen werden, da die Erhebung weitgehend von ehrenamtlich Tätigen durchgeführt wird.

Die nach Abs. 9 vorzunehmenden Erhebungen zu **Einrichtungen, Behörden, Geschäftstellen** und den **15** dort tätigen Personen gelten für die Jugendhilfe insgesamt. Damit kann ein Gesamtüberblick über die strukturellen Rahmenbedingungen der Kinder- und Jugendhilfe gegeben werden. Die Erhebung ist für Planungsprozesse und für politische Entscheidungen hinsichtlich des Personalbedarfs von großer Bedeutung.

Die nach Abs. 10 zu erhebenden **öffentlichen Ausgaben und Einnahmen** für die Jugendhilfe geben **16** Hinweise darauf, welchen Stellenwert Kinder und Jugendliche in der Gesellschaft haben. Zudem lassen die Daten Vergleiche zwischen den Ausgaben in den einzelnen Hilfe- bzw Leistungsbereichen zu und geben Hinweise auf länderspezifische Entwicklungen. Über die Erhebung dieser Daten werden damit auch die in der Praxis der Kinder- und Jugendhilfe vorhandenen Schwerpunkte – zumindest nach der Höhe der Ausgaben – erkennbar. Abstimmungen mit der Finanzstatistik und Übereinstimmungen mit den Erhebungstatbeständen und den Haushaltssystematiken sind notwendig (Bertram/Bayer 1990, 273).

§ 100 Hilfsmerkmale

Hilfsmerkmale sind

1. Name und Anschrift des Auskunftspflichtigen,
2. für die Erhebungen nach § 99 die Kenn-Nummer der hilfeleistenden Stelle oder der auskunftsgebenden Einrichtung; soweit eine Hilfe nach § 28 gebietsübergreifend erbracht wird, die Kenn-Nummer des Wohnsitzes des Hilfeempfängers,
3. Name und Telefonnummer sowie Faxnummer oder E-Mail-Adresse der für eventuelle Rückfragen zur Verfügung stehenden Person.

§ 100 legt die Hilfsmerkmale fest, die für die Erhebung deshalb zwingend notwendig sind, weil sie die Möglichkeit von Nachfragen und der Klarstellung eröffnen. Rückfragen und Konkretisierungen sind zur richtigen Darstellung der Daten häufig unerlässlich.

Schäfer

§ 101 Periodizität und Berichtszeitraum

(1) ¹Die Erhebungen nach § 99 Abs. 1 bis 7 b und 10 sind jährlich durchzuführen, die Erhebungen nach Absatz 1, soweit sie die Eingliederungshilfe für seelisch behinderte Kinder und Jugendliche betreffen, beginnend 2007. ²Die übrigen Erhebungen nach § 99 sind alle vier Jahre durchzuführen, die Erhebungen nach Absatz 8 beginnend 1992, die Erhebungen nach Absatz 9 beginnend 2006.

(2) Die Angaben für die Erhebung nach

1. § 99 Abs. 1 sind zu dem Zeitpunkt, zu dem die Hilfe endet, bei fortdauernder Hilfe zum 31. Dezember,
2.– 5.(weggefallen)
6. § 99 Abs. 2 sind zum Zeitpunkt des Endes einer vorläufigen Maßnahme,
7. § 99 Abs. 3 Nr. 1 sind zum Zeitpunkt der rechtskräftigen gerichtlichen Entscheidung über die Annahme als Kind,
8. § 99 Abs. 3 Nr. 2 Buchstabe a und Abs. 6, 6 a und 8 und 10 sind für das abgelaufene Kalenderjahr,
9. § 99 Abs. 3 Nr. 2 Buchstabe b und Abs. 4, 5 und 9 sind zum 31. Dezember,
10. § 99 Abs. 7, 7 a und 7 b sind zum 1. März,

zu erteilen.

Abs. 1 regelt die **Zeiträume** der Erhebung. Danach sind die Daten **grundsätzlich jährlich** zu erheben. **1** Erhebungen über die Angebote der **Jugendarbeit** (§ 99 Abs. 8) und Erhebungen über **Einrichtungen, Behörden und Geschäftsstellen** in der Jugendhilfe und die dort tätigen Personen (§ 99 Abs. 9) sind nur alle vier Jahre vorzunehmen. Die Erhebung für die Daten über Einrichtungen, Behörden und Geschäftsstellen sowie der dort tätigen Personen hat im Jahre 2006 begonnen.

In Abs. 2 werden die jeweils **spezifischen Erhebungszeitpunkte für die Erhebung der HzE, Eingliede- 2 rungshilfe und Hilfen für junge Volljährige** (§ 99 Abs. 1) sowie bei vorläufigen Maßnahmen (§ 99 Abs. 2) und bei den Erhebungen über die Annahme als Kind (§ 99 Abs. 3) festgelegt. Die Erhebung dieser Hilfen außerhalb der Familie wird zukünftig jährlich erfolgen. Die Änderung ist erforderlich geworden, da die bisherige Erhebung zahlreiche Abweichungen produzierte. Daher wird der Erhebungsmodus für diese außerhalb der Familie geleisteten Hilfen geändert. Die Erhebung wird zukünftig jährlich stattfinden.

Der Wegfall der Nrn. 2 bis 5 entspricht den Änderungen in § 99. Mit der Änderung in Nr. 10 wird **3** eine zeitliche Anpassung vorgenommen. Die Erhebungen über Kinder und tätige Personen in Tageseinrichtungen (§ 99 Abs. 7) und über Kinder und tätige Personen in der aus öffentlichen Mitteln geförderten Kindertagespflege (§ 99 Abs. 7 a) sind nunmehr bereits zum 1. März eines jeden Jahres vorzunehmen. Damit sollen datenerhebungstechnische Schwierigkeiten, die durch den bisherigen Stichtag in der Monatsmitte gegeben waren, gemindert werden. Die Erhebung über Plätze in Tageseinrichtungen und in der Kindertagespflege wird auf den 31. Dezember verlegt (bisher 15. März). Diese Änderungen folgen dem zeitlichen Ablauf der **Berichtspflichten** in § 24 a Abs. 3, wonach die Bundesregierung dem Deutschen Bundestag jährlich einen Bericht über die Entwicklungen in diesen Bereichen vorzulegen hat. Um hier unnötigen Mehraufwand bei den örtlichen öffentlichen Trägern zu vermeiden, wird eine entsprechende Harmonisierung der Zeiträume vorgenommen.

§ 102 Auskunftspflicht

(1) ¹Für die Erhebungen besteht Auskunftspflicht. ²Die Angaben zu § 100 Nr. 3 sind freiwillig.

(2) Auskunftspflichtig sind

1. die örtlichen Träger der Jugendhilfe für die Erhebungen nach § 99 Abs. 1 bis 10, nach Absatz 8 nur, soweit eigene Maßnahmen durchgeführt werden,
2. die überörtlichen Träger der Jugendhilfe für die Erhebungen nach § 99 Abs. 3 und 7 und 8 bis 10, nach Absatz 8 nur, soweit eigene Maßnahmen durchgeführt werden,
3. die obersten Landesjugendbehörden für die Erhebungen nach § 99 Abs. 7 und 8 bis 10,
4. die fachlich zuständige oberste Bundesbehörde für die Erhebung nach § 99 Abs. 10,
5. die kreisangehörigen Gemeinden und Gemeindeverbände, soweit sie Aufgaben der Jugendhilfe wahrnehmen, für die Erhebungen nach § 99 Abs. 7 bis 10,
6. die Träger der freien Jugendhilfe für Erhebungen nach § 99 Abs. 1, soweit sie eine Beratung nach § 28 oder § 41 betreffen, und nach § 99 Abs. 2, 3, 7, 8 und 9,
7. die Leiter der Einrichtungen, Behörden und Geschäftsstellen in der Jugendhilfe für die Erhebungen nach § 99 Abs. 7 und 9.

(3) Zur Durchführung der Erhebungen nach § 99 Abs. 1, 2, 3, 7, 8 und 9 übermitteln die Träger der öffentlichen Jugendhilfe den statistischen Ämtern der Länder auf Anforderung die erforderlichen Anschriften der übrigen Auskunftspflichtigen.

1 Abs. 1 stellt klar, dass grundsätzlich eine **generelle Auskunftspflicht** besteht. Lediglich hinsichtlich der Nennung des Namens und der Telefonnummer der für Rückfragen zur Verfügung stehenden Person (§ 100 Nr. 3) ist die Freiwilligkeit gegeben. Ohne eine Auskunftspflicht wäre auch eine Erhebung wenig sinnvoll. Diese Norm trägt damit § 15 BStatG Rechnung, der die Auskunftspflicht normiert.

2 In Abs. 2 Nr. 1 bis 7 sind die **Auskunftspflichtigen** genannt. Unterschieden wird nach Trägern der örtlichen und überörtlichen Jugendhilfe (Nr. 1 und 2), nach Bundes- und Landesministerien (Nr. 3 und 4), nach Trägern der freien Jugendhilfe (Nr. 6) sowie nach Leitern von Einrichtungen, Behörden und Geschäftsstellen (Nr. 7). Gleichzeitig sind die Bereiche, für die sie auskunftspflichtig sind, aufgeführt. Auch für die Träger der Jugendarbeit besteht eine Auskunftspflicht.

3 Durch die Regelung in Abs. 3 bezogen auf die Erhebungen nach § 99 Abs. 1, 2, 3, 8 und 9 soll ein **effektiver Austausch** ermöglicht und den statistischen Ämtern der Zugang zu den Trägern der Jugendhilfe erleichtert werden.

Schäfer

§ 103 Übermittlung

(1) [1]An die fachlich zuständigen obersten Bundes- oder Landesbehörden dürfen für die Verwendung gegenüber den gesetzgebenden Körperschaften und für Zwecke der Planung, jedoch nicht für die Regelung von Einzelfällen, vom Statistischen Bundesamt und den statistischen Ämtern der Länder Tabellen mit statistischen Ergebnissen übermittelt werden, auch soweit Tabellenfelder nur einen einzigen Fall ausweisen. [2]Tabellen, deren Tabellenfelder nur einen einzigen Fall ausweisen, dürfen nur dann übermittelt werden, wenn sie nicht differenzierter als auf Regierungsbezirksebene, im Fall der Stadtstaaten auf Bezirksebene, aufbereitet sind.

(2) Für ausschließlich statistische Zwecke dürfen den zur Durchführung statistischer Aufgaben zuständigen Stellen der Gemeinden und Gemeindeverbände für ihren Zuständigkeitsbereich Einzelangaben aus der Erhebung nach § 99 mit Ausnahme der Hilfsmerkmale übermittelt werden, soweit die Voraussetzungen nach § 16 Abs. 5 des Bundesstatistikgesetzes gegeben sind.

Mit der **Regelung der Übermittlung erhobener Daten** an die zuständigen obersten Bundes- oder Landesbehörden und der Beschränkung ihrer Verwendung gegenüber den gesetzgeberischen Körperschaften auf Zwecke der Planung wird gleichzeitig auch die Beschränkung der Nutzung normiert. Für die Regelung von Einzelfällen verbietet sich eine Übermittlung. Tabellen, die nur einen einzigen Fall ausweisen, dürfen nur dann übermittelt werden, wenn die Erhebungsebene nicht unter einem Regierungsbezirk, in den Stadtstaaten nicht unter der Bezirksebene liegt. Eine tiefer angelegte Ebene birgt die Gefahr, gegen das Prinzip der Anonymisierung zu verstoßen. Die Bestimmungen des Sozialdatenschutzes (§§ 61 ff) und das BStatG sind zu beachten. **1**

Abs. 2 eröffnet auch für die Kinder- und Jugendhilfestatistik die Möglichkeit, dass von Gemeinden und Gemeindeverbänden **erhobene einzelfallbezogene Daten** vom Statistischen Bundesamt bzw von den Statistischen Landesämtern **ausschließlich zu statistischen Zwecken** an die Gemeinden bzw Gemeindeverbände unter den Voraussetzungen des § 16 Abs. 5 BStatG weitergegeben werden können. Danach dürfen statistische Einzeldaten nur dann weitergegeben werden, wenn eine gesetzliche Grundlage vorhanden ist, Art und Umfang der Einzelangaben bestimmt sind und eine Trennung der Stellen von anderen kommunalen Verwaltungsstellen gesetzlich geregelt sowie das Statistikgeheimnis gewährleistet ist (vgl Dorer/Mainbusch/Tubies 1988). **2**

Diese Regelung entspricht dem Volkszählungsurteil des BVerfG (vgl VorKap. 9 Rn 7) und zielt auf die Sicherung des Statistikgeheimnisses ab (vgl Simitis 1984). Voraussetzung für eine solche **Rückübermittlung von Daten** ist, dass die örtliche Statistikstelle den Grundsatz der Trennung von Verwaltung und Statistik sichert. Deshalb muss sie abgeschottet sein, dh „organisatorisch, personell und von anderen Stellen getrennt sein" (Dorer/Meinbusch/Tubies 1988, 100). Diese Voraussetzung macht es jedoch kleineren Gemeinden und kleineren Städten schwer, von einer solchen Möglichkeit Gebrauch zu machen, da sie idR nicht über eine solche Stelle verfügen. Denkbar wäre, dass der zuständige Kreis eine solche Stelle schafft. **3**

Während die nach Abs. 1 rückübermittelten Daten auch für die Planung genutzt werden, ist die **Verwendung der nach Abs. 2 rückübermittelten Daten** auf rein statistische Zwecke begrenzt. Angesichts der hohen Sensibilität der Öffentlichkeit zu personenbezogenen Daten empfiehlt sich bei der Verwendung im Einzelnen eine genaue Überprüfung und Absicherung. Soweit es sich bei den Daten für die Statistik auch um Daten aus dem Hilfeprozess handelt, ist § 64 Abs. 1 zu beachten (§ 64 Rn 1). Ausnahmen regelt § 69 SGB X iVm § 64 Abs. 2. und Abs. 3 (vgl § 64 Rn 5 f), welcher jedoch die Möglichkeit eröffnet, personenbezogene Daten auch zum Zwecke der Jugendhilfeplanung (§ 80) zu nutzen. Dies setzt allerdings eine unverzügliche Anonymisierung der Daten voraus (zur Nutzung von Sozialdaten für Organisationsuntersuchungen vgl § 64 Rn 13). **4**

Zehntes Kapitel
Straf- und Bußgeldvorschriften

§ 104 Bußgeldvorschriften

(1) Ordnungswidrig handelt, wer

1. ohne Erlaubnis nach § 43 Abs. 1 oder § 44 Abs. 1 Satz 1 ein Kind oder einen Jugendlichen betreut oder ihm Unterkunft gewährt,
2. entgegen § 45 Abs. 1 Satz 1, auch in Verbindung mit § 48 a Abs. 1, ohne Erlaubnis eine Einrichtung oder eine sonstige Wohnform betreibt oder
3. entgegen § 47 eine Anzeige nicht, nicht richtig, nicht vollständig oder nicht rechtzeitig erstattet oder eine Meldung nicht, nicht richtig, nicht vollständig oder nicht rechtzeitig macht oder
4. entgegen § 97 a Abs. 4 vorsätzlich oder fahrlässig als Arbeitgeber eine Auskunft nicht, nicht richtig oder nicht vollständig erteilt.

(2) Die Ordnungswidrigkeiten nach Absatz 1 Nr. 1, 3 und 4 können mit einer Geldbuße bis zu fünfhundert Euro, die Ordnungswidrigkeit nach Absatz 1 Nr. 2 kann mit einer Geldbuße bis zu fünfzehntausend Euro geahndet werden.

1 Die Vorschrift regelt Ordnungswidrigkeiten, nicht Straftatbestände. Nach § 1 Abs. 1 OWiG ist eine Ordnungswidrigkeit eine rechtswidrige und vorwerfbare Handlung, die den Tatbestand eines Gesetzes verwirklicht, das die Ahndung mit einer Geldbuße zulässt.

2 Die erforderliche **Erlaubnis nach den §§ 43 Abs. 1, 44 Abs. 1** liegt auch dann nicht vor, wenn eine einmal erteilte Erlaubnis (zB nach § 44 Abs. 3 Satz 2) zurückgenommen oder widerrufen worden ist. Wer keine Pflegeerlaubnis benötigt (vgl iE §§ 43 Abs. 1, 44 Abs. 1 Satz 2), handelt selbstverständlich nicht ordnungswidrig, wenn er oder sie ein Kind oder einen Jugendlichen betreut oder ihm Unterkunft gewährt, ohne das JA davon in Kenntnis zu setzen. Der **Versuch** kann, da nicht ausdrücklich erwähnt, nicht geahndet werden (§ 13 Abs. 2 OWiG). Da Abs. 1 Nr. 1 das fahrlässige Handeln nicht ausdrücklich erwähnt, kann nur **vorsätzliches Handeln** mit einer Geldbuße geahndet werden (vgl § 10 OWiG). Die **Höhe der Geldbuße** beträgt mindestens fünf EUR (vgl § 17 Abs. 1 OWiG) und höchstens 500 EUR (vgl Abs. 2). Grundlage für die Zumessung der Geldbuße sind die Bedeutung der Ordnungswidrigkeit und die Schwere des Vorwurfs, die den Täter trifft (vgl § 17 Abs. 3 OWiG). Je nach den wirtschaftlichen Verhältnissen der Betroffenen kommt im Einzelfall auch eine ratenweise Zahlung der Geldbuße in Betracht (vgl iE § 18 OWiG).

3 Abs. 1 Nr. 2 will absichern, dass nicht eine Einrichtung oder eine sonstige Wohnform iSd **§ 45/ § 48 a** ohne die erforderliche **Erlaubnis** betrieben wird. Ist die Erlaubnis (gemäß § 45 Abs. 2 Satz 5) zurückgenommen oder widerrufen worden, so ist die erforderliche Erlaubnis nicht mehr vorhanden. Dies gilt auch dann, wenn gegen die Rücknahme oder den Widerruf Widerspruch bzw Anfechtungsklage eingelegt worden ist, weil diese (nach § 45 Abs. 2 Satz 6) keine aufschiebende Wirkung haben. Zum Versuch und zur Fahrlässigkeit vgl Rn 3. Die **Höhe der Geldbuße** beträgt zwischen fünf und höchstens 15.000 EUR (vgl Abs. 2), siehe im Übrigen unter Rn 2.

4 Nr. 3 ist aus sich heraus verständlich. Zur Höhe der Geldstrafe vgl Rn 3.

5 Nr. 4 bezieht sich auf die **Auskunftspflichten** des § 97 a Abs. 4, aber nur soweit sie den **Arbeitgeber** betreffen. Erfasst wird sowohl die Situation, dass der Arbeitgeber auf ein Ersuchen des JA gar keine Auskunft, als auch, dass er zwar eine Auskunft erteilt, diese aber nicht richtig oder nicht vollständig ist. Auch das fahrlässige Handeln des Arbeitgebers kann mit einer Geldbuße belegt werden; nicht aber der bloße Versuch (vgl Rn 2). Zur Höhe der Geldbuße vgl Rn 2.

6 Zuständig für die Verfolgung und Ahndung von **Ordnungswidrigkeiten** ist grundsätzlich die Verwaltungsbehörde (§ 35 OWiG). Sachlich zuständig ist die gesetzlich bestimmte Verwaltungsbehörde oder mangels gesetzlicher Bestimmung die fachlich zuständige oberste Landesbehörde (§ 36 Abs. 1 Nr. 1, 2 OWiG). Die Ordnungswidrigkeit wird durch Bußgeldbescheid geahndet (§ 65 OWiG).

Schäfer

§ 105 Strafvorschriften

Mit Freiheitsstrafe bis zu einem Jahr oder mit Geldstrafe wird bestraft, wer

1. eine in § 104 Abs. 1 Nr. 1 oder 2 bezeichnete Handlung begeht und dadurch leichtfertig ein Kind oder einen Jugendlichen in seiner körperlichen, geistigen oder sittlichen Entwicklung schwer gefährdet oder
2. eine in § 104 Abs. 1 Nr. 1 oder 2 bezeichnete vorsätzliche Handlung beharrlich wiederholt.

Die in § 104 Abs. 1 Nrn. 1 und 2 genannten Ordnungswidrigkeiten werden als Straftat bewertet, wenn   1
ein Kind oder Jugendlicher durch die unerlaubte Betreuung bzw. Unterbringung in seiner Entwicklung
schwer gefährdet ist. Damit wird dem Schutzbedürfnis des Kindes oder Jugendlichen entsprochen.
Voraussetzung ist, dass ein ursächlicher Zusammenhang zwischen der Handlung und der Gefährdung
besteht. Bei Nr. 1 muss der Täter die Handlung vorsätzlich begangen haben und dadurch das Kind
oder den Jugendlichen leichtfertig schwer gefährdet haben. Die Leichtfertigkeit der Gefährdung bedeutet, er muss grobfahrlässig gehandelt haben. Bei der Tat handelt es sich wegen der Höhe der Strafandrohung um ein **Vergehen** (§ 23 Abs. 1 StGB). Der Versuch ist deswegen nicht strafbar.

Bei Nr. 2 muss der Träger **vorsätzlich** die in § 104 Abs. 1 Nr. 1 oder Nr. 2 bezeichnete Handlung beharrlich wiederholen. Beharrlich bedeutet, dass der Täter die Handlung aus Missachtung oder Gleichgültigkeit einmal oder mehrmals wiederholt. Dadurch wird der Gefährdungsgrad für das Kind oder den Jugendlichen erhöht.

Zuständiges Gericht ist das Amtsgericht (§ 24 ff GVG).   3

Anhang: Verfahren und Rechtsschutz

I. Legitimation durch Verfahren und Fachlichkeit

Für die Umsetzung des im SGB VIII geregelten **materiellen Rechts** ist der (in der Regel örtliche) Träger **1**
der öffentlichen Jugendhilfe zuständig (§ 79). Das sog. **formelle Recht**, dh das Recht des Verwaltungsverfahrens und des sich ggf anschließenden Gerichtsverfahrens, dient der Durchsetzung und Verwirklichung des materiellen Rechts. Im Rechtsstaat wird **Legitimation** vor allem **durch** das gewählte **Verfahren**, also durch Regeln, *wie* man zu einem Ergebnis kommt, hergestellt (vgl Luhmann 2006;
Trenczek/Tammen/Behlert 2008, 120 f). Dies gilt für die Genese der Rechtsnormen ebenso wie für die
Anwendung der Gesetze und die Rechtskontrolle. Das formelle Recht hat zwar Hilfsfunktion für das
materielle Recht, da aber mit der Festlegung von Verfahrensvorschriften erreicht werden soll, dass es
zu rechtlich korrekten, sachlich akzeptablen Entscheidungen kommt, hat das Verfahren für die materiell zu treffende Entscheidung selbst erhebliche Bedeutung. Dies wird auch durch das **Rechtsstaatsprinzip** (Art. 20 Abs. 3 GG) unterstrichen, das eine klare, berechenbare und faire Verfahrensgestaltung
erfordert. Das Verfahren hat somit für die Sicherung und Durchsetzung individueller Rechte eine zentrale Bedeutung.

Hilfe als Rechtsverhältnis führt andererseits nicht zu einer Verdrängung der außerrechtlichen, insbe- **2**
sondere der sozialpädagogischen Aspekte (s. Rn 16). Die besondere Fachlichkeit der Sozialen Arbeit
zeigt sich in der **transdiziplinären Verschränkung beider Ebenen** (vgl Trenczek/Tammen/Behlert 2008,
19 f).

1. Die verschiedenen Aufgaben des Jugendamtes

Betroffene Bürger können im Verfahren ihr Recht nur dort verfolgen, wo sie subjektive Rechte (An- **3**
sprüche, vgl VorKap. 2 Rn 4 ff) haben bzw wenn in ihre Rechtsposition eingegriffen wird. Art und
Weise der Rechtsverfolgung und des Rechtsschutzes hängen maßgeblich davon ab, auf welchem Feld
der öffentliche Jugendhilfeträger tätig wird. Bei der Entscheidung über die Gewährung von Leistungen
(§§ 11 bis 41) handelt das **JA als Sozialleistungsbehörde**. Bei diesen Sozialleistungen (vgl § 27 Abs. 1
Nr. 1 bis 4 SGB I) kann es sich – zumindest grundsätzlich (vgl VorKap. 2 Rn 4 ff) – um Leistungen
handeln, auf die Rechtsansprüche der Bürger bestehen. Deswegen besteht hier die Möglichkeit, im
sozialrechtlichen Verfahren und in einem ggf anschließenden Gerichtsverfahren die Durchsetzung und
Verwirklichung entsprechender Rechte zu erreichen.

In §§ 42 bis 49 ist das JA auch als **Erlaubnis- und Eingriffsbehörde** tätig. Eigenständige Eingriffsbe- **4**
fugnisse hat das JA selten (vgl §§ 42 Abs. 3, 48). Von Bedeutung ist die Funktion des JA als Erlaubnisbehörde, vor allem für die Pflege- und Betriebserlaubnis (§§ 43 ff). Für den Bürger geht es in diesem
Zusammenhang häufig darum, eine bestimmte Erlaubnis zu erhalten, seltener darum, Eingriffe des JA
abzuwehren. Das JA handelt hier zumeist durch den Erlass von VAen nicht als Sozialleistungsträger,
sondern als allgemeine Verwaltungsbehörde. Auch hier haben die Bürger die Möglichkeit, mittels des
Verfahrens die Durchsetzung bzw Sicherung ihrer Rechte zu verfolgen.

5   Kraft gesetzlicher Regelung oder gerichtlicher Entscheidung, vor allem im Zusammenhang mit § 1666 BGB, kann das JA als gesetzlicher oder bestellter **Amtsvormund/Amtspfleger** tätig werden (§ 1791 b BGB; § 55). Ferner kann das JA **Beistand** nach § 1712 BGB sein (s. Vor§ 52 a Rn 1 ff). Das Innenverhältnis zwischen der Organisationseinheit JA und dem zuständigen Beamten/Angestellten wird in § 55 geregelt. Die einzelnen Beamten oder Angestellten, denen diese Tätigkeit nach § 55 Abs. 2 übertragen wird, handeln als gesetzliche Vertreter von Minderjährigen privatrechtlich. Diese Tätigkeit ist keine verwaltungsrechtliche Tätigkeit, unterliegt somit nicht der verwaltungsrechtlichen, sondern der **zivilgerichtlichen Kontrolle** (OVG NW 28.9.2001 – 12 E 489/01 – NDV-RD 2002, 28 f). Sofern in den Bestimmungen der §§ 52 a ff dem JA Verwaltungsaufgaben übertragen werden (zB § 54), handelt es dagegen als Verwaltungsbehörde und das (allgemeine) **verwaltungsrechtliche Verfahren** ist maßgeblich.

6   Eine besondere Rolle spielt das JA im Rahmen der **Mitwirkung in gerichtlichen Verfahren** vor dem Familiengericht (§ 50) und vor dem Jugendgericht in Strafsachen nach dem JGG (§ 52). Das JA bringt als sozialpädagogische Fachbehörde die Interessen der Minderjährigen (hierzu Vor§ 50 Rn 6) aus seiner Sicht in das gerichtliche Verfahren ein. Das Gericht ist jeweils gesetzlich (nach dem FamFG, JGG) verpflichtet, das JA zu beteiligen. Im Hinblick auf die im Rahmen der Mitwirkung am gerichtlichen Verfahren wahrzunehmenden prozessualen Aufgaben finden die Vorschriften über das Verwaltungsverfahren nach §§ 8 ff SGB X nicht unmittelbar Anwendung, weil die Tätigkeit nicht auf den Erlass eines VAs oder auf den Abschluss eines öffentlich-rechtlichen Vertrags abzielt (sog. schlicht-hoheitliches Verwaltungshandeln). Das JA hat zum einen das jeweilige Prozessrecht zu beachten (FamFG, ZPO, JGG, StPO). Es gelten allerdings uneingeschränkt auch die allgemeinen insb. in den §§ 1-7 SGB X normierten Grundsätze sowie die Regeln des SGB I. Sofern aus Anlass eines gerichtlichen Verfahrens Leistungen der Jugendhilfe geprüft und gewährt werden, ist zudem das durch SGB VIII und X vorgeschriebene sozialrechtliche Verwaltungsverfahren einzuhalten, insbesondere auch eine Hilfeplanung (vgl § 36) durchzuführen (vgl § 36 a; Vor§ 50 Rn 16, § 52 Rn 55).

2. Fachlichkeit und Verfahren bei Trägern der freien Jugendhilfe

7   Die sozialrechtlichen Verfahrensrechtssätze und -grundsätze gelten unmittelbar nur für **öffentlich-rechtliche Körperschaften**, also die Sozialleistungsträger; das folgt schon aus der begrifflichen Definition des Verwaltungsverfahrens nach § 8 SGB X. Die Verfahrensvorschriften gelten **nicht für private Körperschaften**, so auch nicht für die privaten, „freien" Träger, auch nicht im Falle ihrer Beteiligung nach § 76, da dies **keine Beleihung** darstellt (vgl § 76 Rn 3). Freie Träger können deshalb nicht durch VA (Rn 45) entscheiden, weder über die Gewährung einer Leistung noch die Durchführung einer Inobhutnahme. Wenn private Träger im Bereich der Jugendhilfe tätig sind, begründen sich die Rechtsbeziehungen im Rahmen des jugendhilferechtlichen Dreiecksverhältnisses (vgl § 3 Rn 7; VorKap. 5 Rn 7). Freilich gelten auch für private Träger der Jugendhilfe die fachlichen Standards der sozialen Arbeit. Soweit private Träger im Rahmen der Leistungserbringung von öffentlichen Trägern eingeschaltet werden, haben Letztere hierfür durch entsprechende Vereinbarungen (vgl §§ 8 a, 61 Abs. 3, 76, 78 a ff) Sorge zu tragen. Wird die Rechtssphäre von Bürgern durch das Handeln privater Körperschaften im Gegenstandsbereich des SGB VIII tangiert, so gelten die privatrechtlichen Regelungen (zu Haftungsfragen bei Schädigungen, s. § 1 Rn 35, insb. auch zur strafrechtlichen Verantwortlichkeit, s. Trenczek/Tammen/Behlert 2008, 296 ff). Eine Haftung des öffentlichen Trägers für Fehler bei der Aufgabenerfüllung eines privaten Trägers kommt nur dann in Betracht, wenn dem JA selbst bei der Auswahl des Trägers eine Amtspflichtverletzung vorgeworfen werden kann (vgl BGH 23.2.2006 – III ZR 164/05 – JAmt 2006, 197).

II. Aufklärungs-, Beratungs- und Auskunftspflicht öffentlicher Verwaltungsträger

8   Grundlage für die Rechtsdurchsetzung ist zunächst, dass die Betroffenen überhaupt Kenntnis von den ihnen zustehenden Rechten haben. Dies soll über die §§ 13 bis 17 SGB I abgesichert werden, unabhängig von einem sich anbahnenden oder bereits bestehenden Sozialleistungsverhältnis (hierzu Rn 11 ff). Die Leistungsträger, und damit insb. die Mitarbeiter der JÄ, sind nach **§ 13 SGB I** verpflichtet, die Bevölkerung über die Rechte und Pflichten nach dem SGB aufzuklären (**Aufklärungspflicht**), das geschieht in der Regel durch Broschüren, Merkblätter uÄ. Das Unterlassen der Aufklärung hat allerdings keine haftungsrechtlichen Konsequenzen, anders aber, wenn die zB in einem Merkblatt enthaltenen Informationen falsch oder unvollständig sind (Mrozynski § 13 SGB I Rn 13 f).

Darüber hinaus besteht nach § 14 SGB I eine **Beratungspflicht**. Danach hat jede Person einen **Rechts-** **9**
anspruch auf Beratung über seine Rechte und Pflichten nach dem SGB. Zuständig für die Beratung
sind die Leistungsträger, denen gegenüber die Rechte geltend zu machen oder die Pflichten zu erfüllen
sind. An die Äußerung des Beratungsbegehrens dürfen keine überspannten Anforderungen gestellt
werden. Vielmehr muss der Sozialleistungsträger den Berechtigten auch ohne dessen ausdrücklichen
Wunsch beraten, wenn ein konkreter, für den Sozialleistungsträger erkennbarer Anlass dazu besteht.
Die Beratung hat methodisch-fachlich den anerkannten (sozialpädagogischen) Grundsätzen zu entsprechen wie auch verlässliche **Rechtsberatung** (hierzu Trenczek/Tammen/Behlert 2008, 138 ff; vgl
§ 8 Abs. 1 Nr. 2 u. 5 RDG) zu sein. Sie hat sich auf alle Gestaltungsmöglichkeiten zu erstrecken, die
jeder verständige Sozialleistungsberechtigte mutmaßlich für sich nutzen würde (Mrozynski § 14
SGB I Rn 6, mwN). Die Beratung darf sich nicht darauf beschränken, Fragen des Betroffenen zu beantworten, sondern sie ist im Sinne eines umfassenden **Beratungsgespräches** zu verstehen, das den
Beratenen befähigen soll, die ihm zustehenden sozialen Rechte im gegebenen Fall zu beurteilen. Der
bloße Hinweis auf den Gesetzestext oder auf Informationsbroschüren reicht niemals aus. Die Beratung
hat sich auch auf die Information über die tatsächlichen Voraussetzungen zu erstrecken, die erfüllt sein
müssen, damit ein Recht in Anspruch genommen werden kann. Darüber hinaus soll das Beratungsge-
spräch auch dazu dienen, den Betroffenen im Einzelfall zu aktivieren und zu befähigen, seine sozialen
Rechte auch tatsächlich wahrzunehmen (vgl Maas 1996, 44). Ein Anspruch auf **schriftliche Bera-**
tung besteht zwar nicht generell (vgl Mrozynski § 14 SGB I Rn 6), es muss sich aber immer um die
geeignete und erforderliche Beratung handeln (vgl Trenczek/Tammen/Behlert 2008, 78 ff). Handelt es
sich im Einzelfall um eine komplexe Materie, sind die wesentlichen Informationen auch schriftlich
niederzulegen, damit der Leistungsberechtigte für sich selbst eine Entscheidungsgrundlage hat, um die
Informationen in Ruhe, ggf noch mit Dritten, durchzugehen (zu den Rechtsfolgen bei der Verletzung
von Beratungspflichten vgl § 1 Rn 31 ff).

Nach § 15 SGB I besteht eine **Auskunftspflicht**. Diese erstreckt sich auf die Benennung der für die **10**
Sozialleistungen zuständigen Leistungsträger sowie auf alle Sach- und Rechtsfragen, die für die Aus-
kunftssuchenden von Bedeutung sein können. Im Hinblick auf **Verwaltungsvorschriften** muss differenziert werden. Allein verwaltungsintern bindende und steuernde Verwaltungsvorschriften (hierzu
Trenczek/Tammen/Behlert 2008, 42 ff) sind mangels der für eine Rechtsvorschrift charakteristischen
Außenwirkung keine Rechtsnorm, sondern richten sich wie individuelle Weisungen nur an die Mitarbeiter der Behörde. Aus den allgemeinen Beratungs- und Auskunftpflichten ergibt sich kein Anspruch
auf Einsicht bzw Information, ein solcher besteht nur im Rahmen eines konkreten Verwaltungsverfahrens (s. Rn 40; vgl BVerwG NJW 1984, 2590 f; BVerwGE 105, 220 ff). Freilich ist das JA nicht
gehindert, die Bürger möglichst umfassend über Verwaltungsvorschriften zu informieren, zumal
Transparenz für eine moderne, bürgernahe Verwaltung selbstverständlich sein sollte. Eine **Veröffent-**
lichungspflicht gilt aber für solche (abstrakt-generellen) Regelungen der Exekutive, die faktisch rechtliche Außenwirkung gegenüber dem Bürger entfalten und auf diese Weise dessen subjektiv-öffentlichen
Rechte unmittelbar berühren (BVerwGE 94, 335 zur Regelsatzfestsetzung durch Verwaltungsvorschrift), insb. wenn formal in Verwaltungsvorschriften getroffene Ausführungsbestimmungen nach
ihrem Inhalt darauf gerichtet sind, im Außenverhältnis in derselben Weise in subjektive Rechte einzugreifen bzw sich als anspruchskonkretisierende Regelung erweisen (BVerwG 25.11.2004 – 5 CN 1.03
– NDV-RD 2005, 25 ff). Das BVerwG spricht hier sogar von einer (atypischen) unmittelbaren Außenwirkung von Verwaltungsvorschriften. Deshalb ist es rechtsstaatlich geboten, sie so bekannt zu
geben, dass die davon Betroffenen Kenntnis von deren Inhalt nehmen können (vgl BVerfGE 40, 237).
Die Bekanntgabe muss umfassend den gesamten Inhalt der Verwaltungsvorschriften wiedergeben, eine
selektive, erläuternde Wiedergabe ihres Inhalts ist nicht ausreichend. Sie muss in ordnungsgemäßer
Form, regelmäßig in den für die Veröffentlichung von Rechtsnormen vorgeschriebenen amtlichen Medien erfolgen, die Verwendung von Merkblättern uÄ reicht dafür nicht aus (BVerwG 25.11.2004 – 5
CN 1.03 – NDV-RD 2005, 25 ff).

III. Das sozialrechtliche Verwaltungsverfahren

1. Grundsätze

Der allgemeine Begriff des Verfahrens wird umfassend für das Verwaltungs- und das Gerichtsverfahren **11**
verwendet. Für das Verwaltungshandeln im Rahmen des SGB VIII sind wegen § 1 Abs. 1 SGB X das
SGB X und ergänzend das SGB I einschlägig (nicht die Verfahrensgesetze der Länder oder des Bundes).
Soweit das SGB VIII spezifische Verfahrensbestimmungen (zB §§ 36, 61 ff) beinhaltet, gehen diese den

allgemeinen Vorschriften vor (vgl § 37 SGB I). **Verwaltungsverfahren im Sinne des SGB** ist gemäß § 8 SGB X nur die nach außen wirkende Tätigkeit der Behörden, die auf Prüfung der Voraussetzungen, die Vorbereitung bzw den Erlass eines VAs (s.u. Rn 45) oder den Abschluss eines öffentlich-rechtlichen Vertrags (zB §§ 77, 78 a ff) gerichtet ist. Sofern das Verwaltungshandeln (zB Stellungnahme gegenüber Gerichten usw.) nicht auf den Erlass eines VA gerichtet ist, richtet sich das Verfahren nicht unmittelbar nach den §§ 8-66 SGB X (s. Rn 6).

12 Nach § 9 SGB X ist das Verwaltungsverfahren an **keine bestimmte Formen** gebunden, soweit keine besonderen Rechtsvorschriften für die Form des Verfahrens bestehen (vgl zB § 36). Dadurch, dass auf Formvorschriften im SGB VIII verzichtet wird, soll erreicht werden, dass das Verfahren einfach, schnell (vgl § 17 Abs. 1 Nr. 1 SGB I) und zweckmäßig durchgeführt wird (vgl § 9 Satz 2 SGB X). Damit können die Verfahren nach dem SGB VIII insbesondere mündlich durchgeführt werden (zum vermeintlichen Antragserfordernis s. Rn 23; zum VA s. Rn 45).

13 Die **Amtssprache** ist deutsch (§ 19 Abs. 1 Satz 1 SGB X), allerdings gibt es Erleichterungen insbesondere zur Fristwahrung (§ 19 Abs. 2 SGB X). Darüber hinaus dürfen sich EU-Bürger aufgrund des vorrangigen EU-Gemeinschaftsrechts (vgl § 30 Abs. 2 SGB I; Diskriminierungsverbot Art. 12 EG-Vertrag; EWG-VO 1408 / 71) in ihrer offiziellen **Landessprache** an die deutschen Behörden wenden (Trenczek/Tammen/Behlert 2008, 321). Entsprechende Abkommen hat die Bundesrepublik Deutschland auch mit der Türkei, Israel, Schweiz, Kanada und USA getroffen. Hörbehinderte Menschen haben das Recht, zur Verständigung die **Gebärdensprache** zu verwenden (§ 19 Abs. 1 Satz 2 SGB X).

14 Gesetzliche, dh durch Rechtsnormen bestimmte **Fristen** sind einzuhalten (zB Widerspruchsfrist, s. Rn 60). Behördliche Fristen, die die Verwaltung nach pflichtgemäßen Ermessen zur Erledigung ihrer Aufgaben (zB Anhörungsfrist) setzt (§ 26 Abs. 2 ff SGB X), können – ggf auch nach Fristablauf – verlängert werden (§ 26 Abs. 7 SGB X). Die Berechnung von Fristen und die Bestimmung von Terminen richtet sich gemäß § 26 Abs. 1 SGB X nach den entsprechenden Regelungen des BGB (§§ 187-193 BGB).

15 Auf Grundlage der in §§ 8, 27 SGB I normierten Rechte und der sozialrechtlichen Leistungsnormen des SGB VIII entsteht im konkreten Einzelfall ein sog. **Sozialrechts- bzw Sozialleistungsverhältnis** als spezifisch sozialrechtlich ausgestaltetes Schuldverhältnis (s. Trenczek/Tammen/Behlert 2008, 319 ff). Hieraus ergeben sich über die konkrete Leistungspflicht und die allgemeinen Informations- und Beratungspflichten (§§ 13 ff SGB I, s. Rn 8 ff) bzw Mitwirkungspflichten (§§ 60 ff SGB I, Rn 35) hinaus bestimmte Rechte und Pflichten zwischen Leistungserbringer/-verpflichteten und Leistungsempfänger. Treten bei der Erfüllung von Sozialleistungen Fehler oder Mängel auf, spricht man – wie im bürgerlich-rechtlichen Schuldrecht – von Leistungsstörungen, zB weil Leistungsempfänger zu viel, zu wenig oder etwas anderes erhalten haben, als ihnen bewilligt wurde. Soweit dies aufgrund eines fehlerhaften VA erfolgt, gelten hierfür dann spezifische Regelungen (vgl § 45 ff SGB X, s.u. Rn 49). Bei fehlerhafter Beratung und Auskunft oder einer sonstigen Pflichtverletzung können **Haftungsansprüche** aus Amtshaftung gegen den Sozialleistungsträger entstehen (Art. 34 GG, § 839 BGB; s. § 1 Rn 34; zum sozialrechtlichen Herstellungsanspruch s. § 1 Rn 31 ff). Umstritten ist, ob darüber hinaus auch ein öffentlich-rechtlicher Schadensersatzanspruch besteht (vgl BSGE 53, 150 [156]). Ein solcher ist bislang lediglich bei der Verletzung öffentlich-rechtlicher Verträge anerkannt worden.

16 In anderen Sozialleistungsbereichen hat man es oft mit Geldleistungen zu tun. Die Besonderheit des jugendhilferechtlichen Verfahrens liegt darin, dass es zumeist um **sozialpädagogische, personenbezogene Interventionen und Sozialleistungen** geht (vgl Einl. Rn 56). Deshalb kommt dem Verfahren schon bei der Anbahnung, der Prüfung der Interventions- und Leistungsvoraussetzungen (Hilfeplanung; insb. § 36) sowie auch bei der Aufgabenerfüllung und Leistungserbringung eine besondere Bedeutung zu (Maas 1996, 21 ff; Trenczek/Tammen/Behlert 2008, 98 ff). Auch bei der inhaltlichen Ausgestaltung und Durchführung der konkreten Tätigkeit wirken rechtliche Kriterien weit in den Hilfeprozess hinein. Im materiellen Recht zeigt sich dies an dem großen Anteil unbestimmter Rechtsbegriffe (zB „Beratung" in § 18) sowie an den Unklarheiten hinsichtlich der Vollstreckung (Wie soll etwa ein Rechtsanspruch auf Beratung rechtlich vollstreckbar sein?). Nach § 11 SGB I fallen aber auch **Dienst- und Sachleistungen** unter den Begriff der Sozialleistungen. Die Besonderheiten des sozialpädagogischen Handelns können aber nicht generell dazu führen, dass die allgemeinen und sozialrechtlichen Verfahrensvorschriften und Grundsätze nicht zur Anwendung kommen (hierzu Trenczek/Tammen/Behlert 2008, 319 ff). In allen Stufen des Verfahrens ist zu prüfen, ob die Besonderheit der erzieherischen Situation von Kindern, Jugendlichen, Eltern, Familien **im Einzelfall eine besondere Verfahrensgestaltung** erfordert (vgl zB beim „Antrag" – Rn 23; vgl auch Hoffmann ZfJ 2004, 42). Es ist gerade ein Element der

Fachlichkeit (zum sog. Fachkräfteprivileg vgl § 72), die jeweiligen Besonderheiten des Einzelfalls sozialarbeiterisch-methodisch zu erfassen, diese bewusst in den juristisch-normativen Entscheidungsprozess einzubringen und dabei insbesondere Entscheidungsalternativen zu erkennen (zu den Grundlagen der Rechtsanwendung s. Trenczek/Tammen/Behlert 2008, 97 ff). Unabhängig davon bleibt das strukturelle Defizit der verfahrensrechtlichen Rechtskontrolle, dass jeweils nur auf den Einzelfall abgestellt werden kann. Die qualitative Sicherung von Kinder- und Jugendhilfeleistungen muss über **institutionalisierte Qualitätssicherungsverfahren** erreicht werden. Mit §§ 78 a ff ist für den stationären Bereich hierzu ein erster Schritt getan.

Im Sozialverwaltungsverfahren gilt der Grundsatz der **Kostenfreiheit**. Das JA darf deshalb für seine Tätigkeit keine Gebühren und Auslagen erheben (§ 64 Abs. 1 SGB X; Ausnahme: § 25 Abs. 5 Satz 2 SGB X zB im Hinblick auf Kopien). Kosten können deshalb für die Bürger nur entstehen, wenn schon während des Verwaltungsverfahrens ein Rechtsanwalt eingeschaltet wird. In diesem Fall kann – je nach den Einkommensverhältnissen – **Beratungshilfe** nach dem Beratungshilfegesetz beantragt werden (hierzu Trenczek/Tammen/Behlert 2008, 140 f). Die Beratungshilfe besteht nach § 2 Abs. 1 des Beratungshilfegesetzes in Beratung und, soweit erforderlich, Vertretung. Sie wird auch gewährt in Angelegenheiten des Sozialrechts (§ 2 Abs. 2 Nr. 4 Beratungshilfegesetz), dazu gehört auch das Kinder- und Jugendhilferecht. | 17

2. Zuständiger Jugendleistungsträger

Die öffentliche Verwaltung darf nur im Rahmen der ihr durch Rechtsvorschrift eingeräumten **Zuständigkeit** tätig werden. Dies ist Ausdruck der verfassungsrechtlichen Gewaltenteilung und des Rechtsstaatsprinzips (Trenczek/Tammen/Behlert 2008, 322). Nur eine zuständige Behörde handelt rechtmäßig und mit der zu erwartenden Fachlichkeit. Dem Recht der zuständigen Verwaltungsträger entspricht auf der anderen Seite die Pflicht, gegenüber dem Bürger tätig zu werden und hierfür zunächst die notwendigen Kosten zu tragen (zur Gesamtverantwortung vgl § 79). | 18

Die Zuständigkeit zwischen den sachlich und örtlich zuständigen Jugendhilfeträgern ist in §§ 85 ff geregelt. Leistungsträger der öffentlichen Jugendhilfe ist der nach Landesrecht bestimmte Träger, in der Regel eine kommunale Gebietskörperschaft, nicht das JA (s. Rn 21). Bei der Antragstellung auf Sozialleistungen gilt, dass Anträge, sofern erforderlich, zwar grundsätzlich beim zuständigen Leistungsträger (im Bereich der Jugendhilfe also die Kommune, unabhängig bei welchem „Amt") zu stellen sind (§ 16 Abs. 1 SGB I), doch sind sie auch vom nichtzuständigen Leistungsträger (zB Arbeitsverwaltung) entgegenzunehmen und unverzüglich an den zuständigen weiterzuleiten (§ 16 Abs. 2 SGB I). Sofern die **Zuständigkeit des Jugendhilfeträgers** gegenüber anderen Sozialleistungsträgern (zB Arbeitsagentur, Krankenkasse – vgl §§ 10, 13, 35 a) unklar ist oder bestritten wird, kann bei Bestehen eines Rechtsanspruchs auf die Leistung der zuerst angegangene Leistungsträger vorläufig Leistungen erbringen, deren Umfang er nach pflichtgemäßem Ermessen (s.u. Rn 86) bestimmt (§ 43 Abs. 1 Satz 1 SGB I). Wenn der Leistungsberechtigte es beantragt, hat er sogar einen **Anspruch auf vorläufige Leistungserbringung** gegen den zuerst angegangenen Leistungsträger nach § 43 Abs. 1 Satz 2 SGB I. Diese Bestimmung gilt auch wenn zwischen mehreren Trägern der Jugendhilfe streitig ist, wer zur Leistung verpflichtet ist (so zur Sozialhilfe BVerwG NDV 1992, 129). Der Kompetenzstreit zwischen verschiedenen Sozialleistungsträgern soll nicht zu Lasten des Leistungsberechtigten gehen (vgl VGH HE FEVS 43, 191; VGH BY NDV-RD 1997, 19). Auf die Möglichkeit der Beantragung von vorläufigen Leistungen sind die Leistungsberechtigten nach den §§ 14, 15 SGB I hinzuweisen. | 19

Dieser allgemeinen Grundsatzregelung des § 43 Abs. 1 Satz 2 SGB I gehen jedoch **Spezialregelungen** vor. So gilt bei Unklarheiten über die **örtliche Zuständigkeit** zwischen verschiedenen JÄ § 86 d (vgl dort). Bei Rehabilitationsleistungen für **behinderte Personen** ist die Zuständigkeitsklärung nach § 14 **SGB IX** zu beachten (vgl auch § 10 Rn 4, § 35 a Rn 81): Wird bei (irgend-)einem Rehabilitationsträger (zu denen auch die Träger der öffentlichen Jugendhilfe zählen; § 6 Abs. 1 Nr. 6 SGB IX) eine Leistung zur Teilhabe beantragt, so hat dieser innerhalb von zwei Wochen nach Eingang des Antrags festzustellen, ob er zuständig ist (§ 14 Abs. 1 SGB IX). Ist er der Meinung, dass er dies nicht sei, so hat er den Antrag unverzüglich an den nach seiner Meinung zuständigen Rehabilitationsträger weiterzuleiten. Dieser Rehabilitationsträger ist nunmehr zuständig (§ 14 Abs. 2 SGB IX), er kann nicht mehr weiterleiten, sondern hat zu entscheiden. | 20

Die Aufgaben nach dem SGB werden durch die **Behörden** wahrgenommen (§ 1 Abs. 2, 10 Nr. 3 SGB X), das sind die selbstständig und nach außen (dh gegenüber dem Bürger) handelnden Stellen der öffentlichen Verwaltung. Im Bereich der Kinder- und Jugendhilfe handeln für die idR verantwortlichen | 21 kreisfreien Städte und Landkreise (§ 69 Abs. 1) nach außen die (Ober)Bürgermeister bzw die Landräte, alle Mitarbeiter in deren Auftrag und Vertretung. Das JA ist aber im SGB VIII an vielen Regelungen ausdrücklich als **funktional zuständige Stelle** genannt (vgl § 69 Abs. 3, 8 Abs. 2, 8 a 17 Abs. 3, 23 Abs. 4, 37 Abs. 3, 42, …) und fungiert damit als (Jugend)Behörde (Hoffmann 2007 Rn 5). Zudem verpflichtet das **Fachkräftegebot** des § 72 die öffentlichen Träger die ihnen obliegenden Aufgaben nur entsprechend qualifizierten Mitarbeitern zu übertragen. Im Bereich der Jugendhilfe prüfen deshalb idR die **JA-Fachkräfte** (zum Verantwortungsbereich des JHA, s. § 70 Rn 5 ff; zur Problematik des Entscheidungsvorbehalts des JA-Leiters bzw Sozialdezernenten, s. § 36 Rn 34) für den zuständigen Sozialleistungsträger, ob im Einzelfall die gesetzlichen Voraussetzungen für eine bestimmte Sozialleistung erfüllt sind und ob damit eine Sozialleistung gewährt werden muss bzw (sofern ein Ermessen eingeräumt wurde) kann.

22 Die **Amtshilfe** (§ 3 SGB X) überwindet grds. nur die Grenzen der örtlichen, nicht aber der sachlichen Zuständigkeit (Schlink 1982 u. 1985; 1991, 52; Trenczek/Tammen/Behlert 2008, 323). Die Amtshilfe führt weder zu einer Kompetenzverschiebung noch kann eine Behörde eine Aufgabe, die ihr als Sachgebiet bzw Aufgabe nicht zugewiesen ist, von einer anderen erledigen lassen (Gesetzmäßigkeit der Verwaltung).

3. Tätigwerden auf Antrag/von Amts wegen, Selbstbeschaffung, Steuerungsverantwortung

23 Nach § 40 SGB I ist für das Entstehen der Ansprüche auf Sozialleistungen darauf abzustellen, dass die im Gesetz geregelten Voraussetzungen vorliegen. Nach § 18 SGB X wird ein Verwaltungsverfahren von Amts wegen oder auf Antrag durchgeführt. Liegt ein Antrag vor, muss es im Regelfall durchgeführt werden. Es findet sich aber an keiner Stelle des SGB VIII eine Regelung, nach der eine Sozialleistung einen formellen **Antrag** voraussetzt (allerdings kann die Verwendung von Vordrucken zur Angabe von Tatsachen vorgeschrieben werden, § 60 Abs. 2 SGB I). Deshalb darf und muss das JA **von Amts wegen** tätig werden, sobald ihm **Anhaltspunkte für das Vorliegen eines Hilfebedarfs** bekannt werden. Im Hinblick auf die Mitwirkung der Jugendhilfe im gerichtlichen Verfahren hat der Gesetzgeber dies in § 52 Abs. 2 noch einmal ausdrücklich hervorgehoben (s. § 52 Rn 52). Für die Verwaltungsstruktur des Trägers der öffentlichen Jugendhilfe folgt daraus, dass er seine Verwaltung und Organisation offensiv gestalten muss und sich nicht (wie etwa bei Geldleistungen) darauf zurückziehen kann, dass die Bürger von sich aus an die Verwaltung herantreten. Hat das JA – von wem und wie auch immer – von einer bedarfsauslösenden Situation Kenntnis erlangt (vgl Hoffmann 2007 Rn 9), so hat es konkret zu prüfen, ob eine Leistung zu gewähren ist, es ist also von Amts wegen ein Verwaltungsverfahren einzuleiten. Allerdings kann eine Jugendhilfeleistung – auch die HzE – den Leistungsberechtigten nur dann erbracht werden, wenn diese einverstanden sind, es handelt sich um einen zustimmungsbedürftigen VA (Tammen 2007 b Rn 59).

24 Eine besondere Problematik des Kinder- und Jugendhilferechts ist die Tatsache, dass sich durch Zeitablauf die Angelegenheit praktisch erledigen kann. Deswegen wurde unter dem Stichwort der **Selbstbeschaffung von Leistungen** erörtert, ob (mögliche) Leistungsberechtigte sich die Leistung selbst besorgen können. Dies ist allerdings letztlich (nur) eine Frage, inwiefern die Kosten einer selbst beschafften Leistung zu übernehmen sind. Mittlerweile hat der Gesetzgeber geregelt, dass eine Finanzierung einer von den Leistungsempfängern unmittelbar beschafften Jugendhilfeleistung vor Einschaltung des JA – außerhalb der besonderen niedrigschwelligen Angebote (vgl § 36 Abs. 2) – nur noch in Ausnahmesituationen möglich ist. Nach § 36 a Abs. 3 muss der Träger der öffentlichen Jugendhilfe grds. *vor* Inanspruchnahme der Leistungen über den **Hilfebedarf in Kenntnis** gesetzt werden (im Einzelnen § 36 a Rn 39 ff). Eine Kostenübernahme erfolgt grundsätzlich nur aufgrund einer fachgerechten Hilfeplanung (§ 36 a Abs. 2). Selbst wenn die Leistungsvoraussetzungen im konkreten Einzelfall vorliegen, ist der Leistungsträger nur verpflichtet die Kosten einer selbst beschafften Hilfe zu übernehmen, wenn ein Abwarten auf eine Entscheidung des JA (bzw bei einer Ablehnung die Entscheidung über einen Rechtsbehelf) unzumutbar ist, weil die Deckung des Hilfebedarfs keinen zeitlichen Aufschub geduldet hat. Die Grenzen werden hier eng gezogen und nur bei einem sog. **Systemversagen** überschritten (Einzelheiten s. § 27 Rn 48, § 36 a Rn 45). Da § 36 a Abs. 3 nur die Grenzen der Verpflichtung regelt, *kann* der Träger im Rahmen seines Ermessen (s.u. Rn 86 ff) die Kosten einer selbst beschafften Leistung auch dann übernehmen, wenn er nicht im Vorfeld informiert wurde, sofern nur die übrigen Voraussetzungen für die Gewährung der Leistung vorliegen.

25 Die Bedeutung des Hilfeplanverfahrens hat der Gesetzgeber auch bei der Kooperation mit den Gerichten hervorgehoben. Nach § 36 a Abs. 1 trägt der öffentliche Träger der Jugendhilfe die Kosten der

Hilfe grundsätzlich nur dann, wenn sie auf Grundlage einer fachgerechten Hilfeplanung durch die Fachkräfte des Jugendamtes erbracht wird (sog. **Steuerungsverantwortung**). Das gilt auch dann, wenn Eltern durch das Familiengericht oder Jugendliche und junge Volljährige durch den Jugendrichter zur Inanspruchnahme von Hilfen verpflichtet werden (im Einzelnen s. Anhang § 50 Rn 41; § 52 Rn 56).

4. Amtsermittlung und Beweisführung

Das JA hat eine **Ermittlungspflicht**, es hat von sich aus, dh von Amts wegen, den Sachverhalt zu ermitteln (§ 20 Abs. 1 Satz 1 SGB X). Das JA ist für die Aufklärung des Sachverhalts verantwortlich (**Untersuchungsgrundsatz**). Es bestimmt Art und Umfang der Ermittlungen und ist dabei an das Vorbringen und an die Beweisanträge der Beteiligten nicht gebunden (§ 20 Abs. 1 Satz 2 SGB X). Das Ausmaß der Ermittlungen steht im pflichtgemäßen Ermessen (s. Rn 86) der Behörde (BSG 10.8.1993 – 9/9 a RV 10/92 – NJW 1994, 1303). Es hat sich auf alle für den Einzelfall bedeutsamen – sowohl die für die Beteiligten ungünstigen als auch günstigen – Umstände zu erstrecken. Die Regelung, dass die Verwaltung Art und Umfang der Ermittlungen bestimmt, begründet aber für den Bürger nicht etwa die Pflicht, Rechtseingriffe zu dulden, die die Verwaltung für erforderlich hält, dafür bedarf es einer eigenständigen Ermächtigungsnorm (vgl VorKap. 3 Rn 8; Maas 1996, 77 f). **26**

Die Behörde verwendet die **Beweismittel**, die sie nach pflichtgemäßem Ermessen (s. Rn 86) zur Ermittlung des Sachverhalts für erforderlich hält (§ 21 SGB X). Sie kann insbesondere Auskünfte einholen, Beteiligte anhören, Zeugen vernehmen, die schriftliche Äußerung von Beteiligten, Sachverständigen und Zeugen einholen usw (vgl § 21 Abs. 1 SGB X). § 21 Abs. 4 SGB X verpflichtet die Finanzbehörden, unter Durchbrechung des Steuergeheimnisses, Auskünfte über Einkommens- und Vermögensverhältnisse für die dort aufgeführten Personengruppen zu erteilen. Dies ist vor allem im Zusammenhang mit §§ 91 ff von Relevanz. Bei der Beweiserhebung, insbesondere beim Auskunftsersuchen gegenüber anderen Behörden im Rahmen der Amtshilfe (§§ 3 bis 7 SGB X), sind als Schranke stets die **datenschutzrechtlichen Bestimmungen** (siehe dazu §§ 61 bis 68) zu beachten (vgl § 4 Abs. 2 Satz 2 SGB X). Bei Vorliegen eines berechtigten Interesses kann der Betroffene gerichtlich (im Wege der Unterlassungs-, ggf Feststellungsklage) geltend machen, dass die Offenbarung von Sozialdaten rechtswidrig war (BSG 25.10.1978 – 1 RJ 32/78 – E 47, 118). **27**

Die in § 21 Abs. 1 Nr. 4 SGB X geregelte Inaugenscheinnahme ist der Bezugspunkt für den zum methodischen Instrumentarium der Sozialen Arbeit gehörenden **Hausbesuch** (vgl Ollmann ZfJ 2001, 1; Hirschboek ZfSH/SGB 2004, 463; Neuffer 2009, 182 ff). Sofern es um die Prüfung von Leistungsvoraussetzungen geht, ist der Hausbesuch als Inaugenscheinnahme rechtlich zulässig, sofern er verhältnismäßig ist; ob er in der Sache sinnvoll ist, ist eine fachlich-sozialpädagogische Frage. Der regelmäßige, sofortige Hausbesuch durch das JA (vgl Referentenentwurf BKiSchG zur Änderung des § 8 a Abs. 1 Satz 2) ist als **Erstkontakt** oft keine geeignete Intervention und verschüttet die vielfältigen, niederschwelligen Zugänge zur Hilfe. Im Übrigen kann der Hausbesuch eine angemessene Form der Kontaktaufnahme und Hilfe sein, um die Lebenswelt der betroffenen Menschen besser kennen zu lernen und Zugänge zur Hilfe zu eröffnen. Werden Sozialleistungen beantragt, treffen die Folgen der Nichtfeststellbarkeit einer rechtserheblichen Tatsache den Antragsteller (ggf Versagung der Leistung). Insoweit kann die Ablehnung eines Hausbesuches und Zugangsverweigerung rechtliche Konsequenzen haben. Eine Verpflichtung der Bürger, das Betreten (der nach Art. 13 GG verfassungsrechtlich geschützten) Wohnung zu gestatten, folgt daraus jedoch nicht. Auch aus der Mitwirkungsverpflichtung (§ 21 Abs. 2 Satz 1 SGB X) ergibt sich keine solche Pflicht, da die Regelungen über die Mitwirkungspflicht (§§ 60 ff SGB I) die Duldung eines Hausbesuchs nicht kennen (Trenczek/Tammen/Behlert 2008, 327). Geht es um Eingriffe in die Rechtssphäre von Bürgern (§ 42, Erlaubnisüberprüfung o.ä.), so ist ein Hausbesuch ebenfalls rechtlich zulässig, mangels einer gesetzlichen Befugnis darf der Zutritt zur Wohnung von den Mitarbeitern des JA aber nicht erzwungen werden. Zulässig ist das Betreten der Wohnung, wenn die Wohnungsinhaber dies gestatten oder eine ausdrückliche gesetzliche Regelung vorliegt (zB § 46 Abs. 2). Ansonsten ist gemäß Art. 13 Abs. 7 GG ohne ausdrückliche gesetzliche Grundlage das Betreten der Wohnung nur möglich, um eine allgemeine Gefahr oder die Lebensgefahr für einzelne Personen abzuwenden (vgl auch das Nothilferecht nach § 32 StGB); dies kann etwa bei der akuten, nicht anders abwendbaren Gefährdung des Kindeswohls der Fall sein. Bei sonstigem Verwaltungshandeln (zB Mitwirkung im gerichtlichen Verfahren) ist der Hausbesuch rechtlich zulässig, es gibt jedoch – wenn eine Erlaubnis des Wohnungsinhabers nicht vorliegt – keine rechtliche Grundlage für das Betreten der Wohnung (die Argumentation, dass die Eltern ggf aufgrund ihrer elterlichen Sorge dazu verpflichtet seien – so Ollmann ZfJ 2001, 2 – ist rechtlich nicht haltbar). **28**

5. Rechtsstellung der im Verfahren Beteiligten

29 Das zuständige JA ist die Behörde (s. Rn 21), die das Verfahren betreibt, es ist der **Träger des Verfahrens** (nicht „Antragsgegner" iSd § 12 Abs. 1 SGB X) mit entsprechenden Aufgaben und Verpflichtungen. Betroffen durch das Verfahren sind natürliche und juristische Personen, idR des Privatrechts, aber möglicherweise auch des öffentlichen Rechts. Ihre Rechtsstellung richtet sich danach, in welcher Weise sie am Verfahren beteiligt sind, ob als leistungsberechtigte Antragsteller, als Antragsgegner, im Rahmen eines Vertrags usw. Die Stellung der Leistungsberechtigten im Verfahren ist einerseits gekennzeichnet durch Pflichten, am Verfahren mitzuwirken, andererseits durch Rechte, die ihnen im Verfahren ausdrücklich eingeräumt sind.

a) Verfahrensbeteiligte

30 Nach § 12 Abs. 1 SGB X sind **Beteiligte des Verwaltungsverfahrens** der Antragsteller und Antragsgegner. **Antragsteller** ist derjenige, der den Erlass eines VAs (oder den Abschluss eines öffentlich-rechtlichen Vertrages) beantragt hat, er muss nur handlungsfähig sein (nach § 36 Abs. 1 SGB I mindestens 15 Jahre). Die formelle Funktion des Antragstellers ist also unabhängig davon, ob der Antragsteller inhaltlich auch leistungsberechtigt, dh Anspruchsinhaber ist. Beispiel: Bei der HzE sind leistungsberechtigt die Personensorgeberechtigten, nicht aber das Kind/der Jugendliche (vgl § 27 Rn 33 ff); Letzerer kann aber gleichwohl eine HzE beantragen, wenn er das 15. Lebensjahr vollendet hat (§ 36 Abs. 1 SGB I), er ist dann Beteiligter am Verwaltungsverfahren nach § 12 Abs. 1 Nr. 1 SGB X. Das verpflichtet das JA zu prüfen, ob ggf Leistungen in Betracht kommen, und mit den Personensorgeberechtigten/Eltern Kontakt aufzunehmen.

31 Die Behörde ist Trägerin des Verfahrens, nicht **Antragsgegner** (§ 12 Abs. 1 Nr. 1 SGB X). Dieser ist derjenige, gegen den die Behörde nach dem Willen des Antragstellers eine bestimmte (den Antragsgegner belastende) Maßnahme erlassen soll. Das kommt in der Jugendhilfe selten vor (Beispiel: Ein Leistungsträger beantragt beim LJA zu Lasten eines anderen Trägers den Erlass einer Tätigkeitsuntersagung nach § 48).

32 Nach § 12 Abs. 1 Nr. 2 SGB X sind auch diejenigen Beteiligte, an die die Behörde den VA richten will oder gerichtet hat (**Adressat** eines VAs). Hierunter fallen diejenigen, an die sich der VA im Rechtssinne richtet, dh an die Leistungsberechtigten (die HzE richtet sich zB an die Personensorgeberechtigten; die Hilfe nach § 41 an den jungen Volljährigen). Die tatsächlichen Leistungsempfänger (bei HzE gleichzeitig die Kinder/Jugendlichen) und tatsächlichen Leistungserbringer (zB private Träger) fallen nicht darunter.

33 Beteiligte sind ferner nach § 12 Abs. 1 Nr. 3 SGB X diejenigen, mit denen die Behörde einen **öffentlich-rechtlichen Vertrag** schließen will oder geschlossen hat (zB Leistungserbringer bei Vereinbarungen nach § 77, §§ 78 a ff). Schließlich sind Beteiligte nach § 12 Abs. 1 Nr. 4 SGB X diejenigen, die nach § 12 Abs. 2 SGB X von der Behörde zum Verfahren hinzugezogen worden sind. Die Behörde kann (Ermessen) von Amts wegen oder auf Antrag diejenigen, deren „rechtliche" Interessen durch den Ausgang des Verfahrens berührt werden können, als Beteiligte hinzuziehen (**einfache Hinzuziehung**). Die rechtlichen Interessen (bloße ideelle Interessen reichen nicht aus) können sich sowohl aus dem öffentlichen wie auch dem privaten Recht (zB BGB) ergeben. Aus der Formulierung „berührt sein können" folgt, dass die zu Beginn eines Verfahrens häufig noch nicht abschließend zu beurteilende Möglichkeit einer Betroffenheit ausreicht (vgl v. Wulffen/v. Wulffen SGB X § 12 Rn 9). Das können zB der Träger der Einrichtung sein, der die Hilfe unmittelbar erbringen soll, die Pflegeeltern bei einer HzE nach § 33, der betroffene Minderjährige bei allen HzE (sofern dieser nicht bereits als „Antragsteller" Beteiligter ist). Gegen die Ablehnung des Antrags auf Hinzuziehung, die einen VA darstellt, sind Widerspruch und Verpflichtungsklage nach § 44 a Satz 2 VwGO möglich (Zeitler/Schindler SGB X § 12 Rn 5). Hat der Ausgang des Verfahrens „rechtsgestaltende" Wirkung für einen Dritten, muss dieser auf Antrag als Beteiligter zu dem Verfahren hinzugezogen werden (**notwendige Hinzuziehung**); soweit er der Behörde bekannt ist, hat diese ihn von der Einleitung des Verfahrens in Kenntnis zu setzen. Rechtsgestaltende Wirkung hat der Ausgang des Verfahrens nur, wenn der VA selbst (oder der öffentlich-rechtliche Vertrag) unmittelbar in die Rechtssphäre eines Dritten eingreift (v. Wulffen/v. Wulffen SGB X § 12 Rn 13). Eine solche unmittelbar rechtsgestaltende Wirkung für Dritte ist im Jugendhilferecht äußerst selten (möglich zB bei einer Tätigkeitsuntersagung nach § 48, die Wirkung für den Beschäftigten hat).

Von der Verfahrensbeteiligung unterscheidet sich die (vornehmlich sozialpädagogisch ausgerichtete) **34**
Beteiligung (Partizipation), zB nach §§ 8, 36. Nach § 8 Abs. 1 Satz 1 sind Kinder und Jugendliche stets
an allen Entscheidungen zu beteiligen, die sie betreffen. § 36 Abs. 1 Satz 3 regelt die Beteiligung der
Personensorgeberechtigten und Kinder/Jugendlichen bei der Auswahl der Einrichtung oder Pflegestelle.
§ 36 Abs. 2 Satz 2 und 3 regelt die Beteiligung bei der Aufstellung des Hilfeplans. Bei diesen Beteiligungen der §§ 8, 36 handelt es sich nicht um eine Beteiligung am Verwaltungsverfahren im engeren
Sinn, sondern um eine inhaltliche Beteiligung vor dem Hintergrund der Erkenntnis, dass sozialpädagogische Leistungen ihre Wirkung nur dann entfalten können, wenn die Betroffenen aktiv in die
Entscheidung über Hilfen und in die Gestaltung von Hilfen einbezogen werden (vgl § 36 Rn 22 ff).
Deswegen knüpfen diese Beteiligungen auch nicht am formellen Status eines Beteiligten an. Diese Beteiligungsformen haben allerdings keinen eigenständigen Rechtscharakter. Ein Verstoß gegen die Be-
teiligung kann deswegen nur als ein Verstoß gegen den eigentlichen Bescheid, den VA, gerügt werden
(OVG NW 30.1.2004 – 12 B 2392/03 – ZfJ 2004, 498; Münder 2005 d, 27 ff).

b) Mitwirkung der Leistungsberechtigten

Die Mitwirkung desjenigen, der eine Leistung begehrt, kann erforderlich sein, um alle für die Ent- **35**
scheidung erheblichen Tatsachen zu ermitteln. Die Mitwirkung dient damit vor allem der Durchsetzung der Rechte der Beteiligten. Die Rechtsgrundlagen für die Mitwirkung finden sich – neben § 8
Abs. 1 und § 36 in § 21 Abs. 2 SGB X, §§ 60 bis 67 SGB I. Bei der **Mitwirkungspflicht** handelt es sich
nicht um eine selbständige Pflicht, sondern um eine sog. **Obliegenheit**. Dh, dass die fehlende Mitwirkung zur Folge haben kann (nicht muss), dass die Leistung, für die die Mitwirkung erforderlich ist,
nicht bewilligt wird, wenn die Behörde zB die erforderlichen Informationen sich nicht auf andere,
zulässige Weise beschaffen kann. Die begehrte Leistung darf wegen fehlender Mitwirkung nur versagt
oder entzogen werden, nachdem der Leistungsberechtigte auf diese Folge schriftlich hingewiesen worden und seiner Mitwirkungspflicht nicht innerhalb einer ihm gesetzten Frist nachgekommen ist (§ 66
Abs. 3 SGB I). Wird die Mitwirkung nachgeholt und liegen die Leistungsvoraussetzungen vor, dann
ist die Leistung zu erbringen, ggf auch mit Wirkung für die Vergangenheit (§ 67 SGB I).

Zum **Inhalt der Mitwirkungspflicht** nach § 60 Abs. 1 SGB I gehört, dass der Leistungsberechtigte alle **36**
Tatsachen anzugeben hat, die für die Leistung erheblich sind, und auf Verlangen des Leistungsträgers
der Erteilung der erforderlichen Auskünfte durch Dritte zuzustimmen hat. Weiter sind Änderungen in
den Verhältnissen, die für die Leistung erheblich sind (zB Veränderung der Einkünfte) oder über die
im Zusammenhang mit der Leistung Erklärungen abgegeben worden sind, unverzüglich mitzuteilen.
Ferner sind Beweismittel zu bezeichnen und auf Verlangen des zuständigen Leistungsträgers Beweisurkunden vorzulegen, oder ihrer Vorlage ist zuzustimmen. Darüber hinaus soll der Leistungsberechtigte auf Verlangen des Leistungsträgers persönlich zur Erörterung erscheinen (§ 61 SGB X). Die Mitwirkungspflicht umfasst nicht die Duldung eines Hausbesuches (Rn 28). Die Mitwirkungspflichten
nach den §§ 62, 63 SGB I (Untersuchungen, Heilbehandlung) haben praktisch nur Bedeutung, wenn
Leistungen für seelisch behinderte junge Menschen (§ 35 a) in Betracht kommen. Die jeweilige Mit-
wirkungshandlung muss aber stets geeignet und erforderlich sein, um über die Bewilligung entscheiden
zu können, also in einem Zusammenhang mit der begehrten Leistung stehen. Sie muss schließlich
angemessen und persönlich zumutbar sein (iE § 65 SGB I). Ergänzend ist auf die in § 97 a geregelte
Auskunftspflicht zu verweisen (siehe dort).

c) Rechtsstellung der Verfahrensbeteiligten

Während sich die Mitwirkungspflichten ausschließlich an die Leistungsberechtigten richten, geht es **37**
bei den Rechten der Verfahrensbeteiligten um die Rechtsstellung all der Personen, die am Verfahren
beteiligt sein können (vgl Rn 30). In besonderer Weise sind diese Rechte auch für die Leistungsberechtigten von Bedeutung.

Zur Gewährleistung eines fairen, rechtsstaatlichen Verfahrens (insbesondere einer „Waffengleichheit" **38**
mit der Behörde) kann sich ein Beteiligter bei nicht höchstpersönlichen Beteiligungsprozessen durch
einen **Bevollmächtigten** vertreten lassen, der auf Verlangen seine Vollmacht schriftlich vorlegen muss
(§ 13 Abs. 1 SGB X). Das kann jede natürliche geschäftsfähige Person, es muss kein **Rechtsanwalt** sein.
Ist ein Bevollmächtigter bestellt, dann muss sich die Behörde an diesen wenden. Sie darf sich an den
Betroffenen selbst wenden, soweit dieser zur Mitwirkung verpflichtet ist; davon muss der Bevollmächtigte verständigt werden (§ 13 Abs. 3 SGB X). Eine Trennung von Klient und dessen (aus Sicht des JA
unkooperativen) Rechtsanwalt ist gegen dessen Willen aus rechtsstaatlichen Gründen nur in extremen

Fällen bei einem standeswidrigen Verhalten und einer erfolgreichen Beschwerde bei der Rechtsanwaltskammer möglich (DIJuF JAmt 2008, 309). Es ist in aller Regel kontraproduktiv, einen Keil zwischen Rechtsanwalt und seinen Mandanten treiben zu wollen. Demgegenüber dient es dem Kindeswohl, die anwaltlichen Vertreter so frühzeitig und transparent wie möglich in das Verfahren und die Gespräche einzubinden.

39 Zu Verhandlungen und Besprechungen kann ein Beteiligter auch mit einem (oder mehr als einem) **Beistand** erscheinen (§ 13 Abs. 4 SGB X). Das von diesem Vorgetragene gilt als von dem Leistungsberechtigten vorgetragen, soweit dieser nicht unverzüglich widerspricht. Der Beistand dient nur der Unterstützung des Beteiligten und ist nicht dessen Vertreter. Er tritt nicht für den Betroffenen auf, sondern neben ihm. Das Recht der Klienten, sich von einem Rechtsanwalt/Beistand begleiten zu lassen, kann durch das JA nicht beschnitten werden. Unter bestimmten Umständen (§ 15 SGB X) ist auf Ersuchen der Behörde durch das Betreuungsgericht (§ 340 FamFG) für den Beteiligten ein Vertreter zu bestellen, etwa wenn der Betroffene infolge einer psychischen Krankheit oder körperlichen, geistigen oder seelischen Behinderung nicht in der Lage ist, in dem Verwaltungsverfahren selbst tätig zu werden (**Bestellung eines Vertreters von Amts wegen**). Der aufgrund eines familiengerichtlichen Verfahrens eingesetzte Verfahrensbeistand (§ 158 Abs. 4 FamFG; Anhang § 50 Rn 77 ff) tritt – auch soweit er sich im Verwaltungsverfahren engagiert – nicht als (gesetzlicher) Vertreter, sondern ggf. als unterstützender Beistand auf, um die Interessen des Kindes bzw des Jugendlichen zur Geltung zu bringen.

40 Die am Verwaltungsverfahren Beteiligten (Rn 30) bzw der Bevollmächtigte (Rn 38) haben ein **Recht auf Akteneinsicht** in die beim JA über den Vorgang geführte Akte, soweit die Kenntnis zur Geltendmachung oder Verteidigung der rechtlichen Interessen erforderlich ist (§ 25 Abs. 1 SGB X). Das ist immer dann der Fall, wenn ein Anspruch, der vom JA nicht anerkannt wird, durchgesetzt werden soll, zB mittels Widerspruch. Die Einsicht ist auf die Akteteile beschränkt, die für den konkreten Fall von Bedeutung sind und deren Inhalt berechtigte Interessen dritter Personen nicht verletzt. Der Sozialdatenschutz ist hier zu beachten, sodass idR nicht der gesamte Akteninhalt eingesehen werden darf (vgl Proksch 1996, 210 ff; Wilmers-Rauschert 2004; Zilkens ZfJ 2008, 25; VG Göttingen 9.2.2006 - 2 A 199/05). Das Akteneinsichtsrecht bezieht sich nur auf das konkret anhängige, „laufende" Verwaltungsverfahren im Sinne des § 8 SGB X (BVerwG 4.9.2003 - 5 C 48/02 - NJW 2004, 1543). Ein Anspruch auf Einsicht der JA-Akte bei Streitigkeiten im familiengerichtlichen Verfahren besteht daher nicht (OVG HH 30.12.1982 – Bs III 1141/82 – FEVS 35, 138). Außerhalb eines Verfahrens wegen der Erteilung einer Pflegeerlaubnis steht ehemaligen Pflegeeltern ein Akteneinsichtsrecht nicht zu (OVG NW 12.5.1989 – 8 A 1909/87 – DAVorm 1990, 247). Soweit die Akteneinsicht zu gestatten ist, können die Beteiligten gemäß § 25 Abs. 5 SGB X Auszüge oder Abschriften selbst fertigen oder sich Fotokopien durch die Behörde, ggf gegen Aufwendungsersatz (s. Rn 17), fertigen lassen.

41 Für die **Einsichtnahme in** allgemeine **Verwaltungsvorschriften** oder allgemeine Weisungen, die die Behörde in ihrem Sachgebiet erlassen hat, besteht ein Anspruch auf Einsicht, wenn diese der Entscheidung eines konkreten anhängigen Einzelfalls zugrunde gelegt werden. Unabhängig davon ist die Einsichtnahme in allgemeine Verwaltungsvorschriften dann möglich, wenn der Anspruchsteller hieran ein „berechtigtes Interesse" hat (BVerwG 5.6.1984 – 5 C 73/82 – E 69, 278 – NJW 1984, 2590). Zur Veröffentlichung von Verwaltungsvorschriften s. Rn 10.

42 Bevor ein VA erlassen wird, der in Rechte eines Beteiligten eingreift, ist diesem Gelegenheit zu geben, sich zu den für die Entscheidung erheblichen Tatsachen zu äußern (**Anhörungspflicht** – § 24 SGB X). Der Einzelne darf nicht bloßes Objekt des Verwaltungsverfahrens werden und soll vor Überraschungsentscheidungen geschützt werden. Die Beteiligung nach dem SGB VIII (§§ 8, 36) ist unabhängig von der verfahrensrechtlichen Anhörungsverpflichtung. Die Behörde muss das Vorbringen der Beteiligten berücksichtigen und sich spätestens in der Begründung des VAs damit auseinandersetzen, wenn sie anderer Auffassung ist. Da die Bedeutung des Rechts auf Anhörung über eine bloße Verfahrensvorschrift hinausgeht (vgl das prozessuale Grundrecht nach Art. 103 Abs. 1 GG), enthält § 24 Abs. 1 SGB X zugleich einen einklagbaren Anspruch auf Anhörung. Bei Verletzung dieses Anspruchs haftet daher die verpflichtete öffentliche Stelle nach Amtshaftungsgrundsätzen für den dadurch entstandenen Schaden (v. Wulffen/v. Wulffen SGB X § 24 Rn 16; vgl § 1 Rn 31 ff). Wann ein VA „in Rechte eingreift", ist umstritten. Richtigerweise ist davon auszugehen, dass hierunter alle belastenden VAe fallen, einschließlich solcher, durch die einem Beteiligten eine Leistung oder sonstige Begünstigung zumindest teilweise versagt wird (Burdenski/von Maydell/Schellhorn § 24 SGB I Rn 16; Zeitler/Schindler SGB X § 24 Rn 4; Kopp/Ramsauer SGB X § 28 Rn 10; aA Schroeder-Printzen u.a. SGB X § 24, Anm. 3; v. Wulffen/v. Wulffen SGB X § 24 Rn 3). Nach § 24 Abs. 2 SGB X kann (Ermessen) von der Anhörung in den dort abschließend genannten Ausnahmefällen abgesehen werden, etwa bei Gefahr im Verzug (zB Weg- und Inobhutnahme nach § 42, beachte aber § 42 Rn 12).

Die unterlassene oder mangelhafte **Anhörung** (zB zu kurze Äußerungsfrist) macht den so erlassenen **43** VA rechtswidrig und – falls die Anhörung nicht rechtzeitig nachgeholt wird (§ 41 Abs. 1 Nr. 3, Abs. 2 SGB X) – berechtigt zur Aufhebung und ordnungsgemäßen Neubescheidung selbst wenn inhaltlich keine andere Entscheidung hätte ergehen können (§ 42 Satz 2 SGB X). Die Anhörungspflicht schließt ein, dass die Behörde ein etwaiges Vorbringen des Betroffenen zur Kenntnis nimmt und bei ihrer Entscheidung in Erwägung zieht (BVerwG 17.8.1982 – 1 C 22.81 – E 66, 111, 114). Nach § 94 VwGO kann sogar noch im gerichtlichen Verfahren das Gericht auf Antrag die Verhandlung zur Heilung von Verfahrens- und Formfehlern aussetzen, soweit dies im Sinne der Verfahrenskonzentration sachdienlich ist.

Ansonsten sind Verfahrensfehler (selbst die Verletzung der örtlichen Zuständigkeit) letztlich unbe- **44** achtlich, wenn offensichtlich ist, dass sie die Entscheidung in der Sache nicht beeinflusst haben, diese also materiell-rechtlich korrekt ist (§ 42 Satz 1 SGB X). Die Vorschriften über die **Heilung bzw Unbedenklichkeit von Verfahrensfehlern** (§§ 41, 42 SGB X) weichen die verfahrensrechtlichen Garantien auf und sind deshalb nicht unbedenklich (von Wulffen/Wiesner SGB X § 42 Rn 1). Sie sind deshalb mit Blick auf die besonderen Verfahrensvorschriften des SGB VIII restriktiv auszulegen. Im Hinblick auf die Partizipations- und Hilfeplanungsprozesse (zB §§ 5, 8, 9, 36) ist im Grunde nicht denkbar, dass deren Verletzung die Entscheidung in der Sache nicht beeinflusst hat.

6. Die Entscheidung des Jugendamtes

Die Entscheidung des JA, die das Verwaltungsverfahren abschließt, ergeht (dem einzelnen Bürger ge- **45** genüber) im Regelfall durch **Verwaltungsakt (VA)** iSd § 31 SGB X, zumeist als „Bescheid" bezeichnet. Entscheidend kommt es aber auf den Inhalt, nicht auf die Bezeichnung an. Ein VA liegt stets in der Einzelfallentscheidung des JA über die Bewilligung oder Versagung einer Leistung oder Erlaubnis (Beispiele: Entscheidung über die Zuweisung eines Kindergartenplatzes, über den Anspruch nach § 23 Abs. 3, eine HzE, Inobhutnahme; Erteilung einer Pflege-/Betriebserlaubnis, Tätigkeitsuntersagung nach § 48; Förderung nach § 74, Anerkennung nach § 75, Erhebung eines Teilnahmebeitrages, Kostenheranziehung, Überleitung nach § 95). Die Abgabe einer **Stellungnahme** (zB im familien- oder jugendgerichtlichen Verfahren, Vor§ 50 Rn 23 ff) ist kein VA, da keine Entscheidung getroffen und nichts geregelt wird.

Soweit das Gesetz keine bestimmte Form vorgibt (vgl § 9 SGB X, § 95 Abs. 1, s. Rn 12), kann ein VA **46** im Bereich des SGB VIII **schriftlich, mündlich** oder **in anderer Weise** (durch schlüssiges Verhalten) erlassen werden (§ 33 Abs. 2 Satz 1 SGB X); aus Gründen der Rechtssicherheit ist die Schriftform empfehlenswert. Ein mündlicher VA ist nach § 33 Abs. 2 Satz 2 SGB X schriftlich zu bestätigen, wenn hieran ein berechtigtes Interesse besteht und der Betroffene dies unverzüglich verlangt. Dies ist bei für den Betroffenen belastenden oder nachteiligen Entscheidungen schon wegen der Rechtsmittelmöglichkeit stets zu bejahen. Ein VA wird dem Betroffenen gegenüber erst im Zeitpunkt seiner **Bekanntgabe** wirksam (§ 39 Abs. 1 SGB X). Ein schriftlicher VA, der durch die Post übermittelt wird, gilt mit dem dritten Tag nach der Aufgabe zur Post als bekannt gegeben (sog. Zugang; § 37 Abs. 2 SGB X). Das gilt aber nicht, wenn er tatsächlich gar nicht oder zu einem späteren Zeitpunkt zugeht. Im Zweifel hat die Behörde den Zugang des VAs und dessen Zeitpunkt nachzuweisen (§ 37 Abs. 2 Satz 2 aE SGB X). Für die Wirksamkeit der Zustellung eines VAs an Eheleute genügt grundsätzlich nicht die Übergabe nur einer Ausfertigung des VAs (BVerwG 22.10.1992 – 5 C 65.88 – ZfSH/SGB 1993, 198).

Ein schriftlicher oder schriftlich bestätigter VA ist stets schriftlich zu begründen (**Begründungspflicht:** **47** § 35 Abs. 1 SGB X). In der Begründung sind die wesentlichen tatsächlichen und rechtlichen Gründe mitzuteilen, die die Behörde zu ihrer Entscheidung bewogen haben. Die Begründung muss so gefasst sein, dass der Betroffene die Entscheidung auch verstehen kann und eine Überprüfung der rechtlichen und tatsächlichen Erwägungen möglich ist. Die Begründung muss konkret auf den Einzelfall bezogen sein und darf sich nicht in der Aneinanderreihung von Stereotypen oder des Gesetzeswortlauts erschöpfen. In den gesetzlich in § 35 Abs. 2 Nr. 1-5 SGB X ausdrücklich genannten Fällen (zB wenn die Behörde einem Antrag stattgibt) bedarf es einer schriftlichen Begründung nicht. Dann kann der Betroffene allerdings nach § 35 Abs. 3 SGB X binnen Jahresfrist eine schriftliche Begründung verlangen. Die Begründung von Ermessensentscheidungen (Rn 86) muss die Gesichtspunkte erkennen lassen, von denen die Behörde bei der Ausübung ihres Ermessens ausgegangen ist. Nach § 87 Abs. 1 Satz 2 Nr. 7 VwGO ist die **Heilung** einer **unzureichenden Begründung** noch im (vorbereitenden) Gerichtsverfahren unter den dort genannten Voraussetzungen möglich; nach § 94 Satz 2 VwGO kann das Gericht sogar die Verhandlung zur Heilung von Verfahrens- und Formfehlern aussetzen, allerdings unter der strengeren Voraussetzung, dass dies sachdienlich ist. Bei Ermessensentscheidungen kann die Behörde nach § 114 VwGO ihre Erwägungen auch noch im verwaltungsgerichtlichen Verfahren ergänzen (hierzu kritisch Schenke NJW 1997, 88 ff). Alle diese Vorschriften unterlaufen die gebotene Fachlichkeit, da sie die Gefahr in sich bergen, dass die Behörde sich darauf verlässt, ggf noch im Prozess eine ausreichende Begründung nachreichen zu können und damit die in § 35 SGB X gesetzlich geregelte Begründungspflicht mehr und mehr ihre Funktion einbüßt. Eine zureichende **Begründung** kann nicht selbstständig, sondern nur indirekt **erzwungen werden**. Bei Anfechtungsklagen (Rn 70) führt der Mangel der Begründung zur Aufhebung des Bescheids (es sei denn, es greift § 42 SGB X ein); bei Ermessensentscheidungen muss die Behörde die Begründung dann nachholen, wenn sie eine Neubescheidung unter der Rechtsauffassung des Gerichts zu erteilen hat (§ 113 Abs. 5 Satz 2 VwGO).

48 Nach § 36 SGB X hat beim schriftlichen oder schriftlich bestätigten VA eine **Rechtsbehelfsbelehrung** zu erfolgen. Es ist schriftlich zu belehren über den Rechtsbehelf und die Behörde oder das Gericht, bei denen der Rechtsbehelf anzubringen ist, und deren Sitz, die einzuhaltende Frist und die Form (Rn 55 f). Fehlt die Rechtsbehelfsbelehrung oder ist sie unzutreffend, ist damit nicht der VA selbst unwirksam. Vielmehr gilt dann nicht die Widerspruchs- und Klagefrist von einem Monat, sondern eine Anfechtungsfrist von einem Jahr ab Bekanntgabe (§ 37 SGB X) des VAs (§ 70 Abs. 2 iVm § 58 Abs. 2 VwGO).

7. Wirksamkeit und Bestandskraft des Verwaltungsaktes

49 Nur ausnahmsweise, bei besonders schwerwiegenden und offensichtlichen Mängeln, ist der VA nichtig und damit unwirksam (§ 40 SGB X). Ansonsten wird ein VA – auch wenn er rechtswidrig ist – nach § 39 Abs. 1 SGB X mit dem Zeitpunkt seiner Bekanntgabe (Rn 46) **wirksam** (dh er entfaltet Rechtswirkungen nach außen). Er bleibt für den Bürger und die Verwaltung verbindlich, solange und soweit er nicht zurückgenommen, widerrufen, anderweitig (zB aufgrund eines Widerspruchs) aufgehoben wird oder sich durch Zeitablauf oder in anderer Weise erledigt hat (§ 39 Abs. 2 SGB X; Beispiel: Wird dem Träger einer Einrichtung eine Betriebserlaubnis erteilt und ändert sich später die Zweckbestimmung der Einrichtung, so wird die bisherige Erlaubnis nach § 39 Abs. 2 SGB X gegenstandslos, der Träger braucht für die neue Einrichtung eine neue Erlaubnis).

50 Von der Wirksamkeit zu unterscheiden ist die **Bestandskraft** des VAs, dh er kann von dem Betroffenen nicht mehr durch Widerspruch und Klage angefochten (angegriffen) werden. Hält der betroffene Bürger einen (wirksamen) VA für rechtswidrig, muss er also gegen diesen innerhalb bestimmter (Rechtsbehelfs-)Fristen vorgehen, um dessen Bestandskraft zu verhindern (Rn 55 ff).

51 Unter besonderen Voraussetzungen kann im Nachhinein ein bestandskräftiger VA durch die Behörde aufgehoben werden. Man unterscheidet die **Rücknahme** (beim rechtswidrigen VA; §§ 44, 45 SGB X) und den **Widerruf** (beim rechtmäßigen VA; §§ 46, 47 SGB X). Soweit dabei die Rechtsposition des Adressaten bei einem begünstigenden VA betroffen ist, darf das schutzwürdige Vertrauen des Bürgers auf die Rechtmäßigkeit des Verwaltungshandelns und damit auf den Bestand des VA nicht verletzt werden (§§ 45 Abs. 2, 47 SGB X; zur hierzu notwendigen Abwägung, s. Trenczek/Tammen/Behlert 2008, 335 ff).

52 Ein rechtswidriger nicht begünstigender (belastender) VA ist (kein Ermessen) nach § 44 SGB X mit Wirkung für die Vergangenheit und/oder für die Zukunft zurückzunehmen (zB Bescheid über die Ablehnung einer Jugendhilfeleistung, Kostenbescheid). Rechtswidrig ist ein VA, wenn das Recht unrichtig angewendet oder von einem falschen Sachverhalt ausgegangen wurde und deshalb eine Jugendhilfeleistung zu Unrecht nicht erbracht oder Beiträge zu Unrecht erhoben wurden. Ob § 44 SGB X auf die Gewährung von Jugendhilfeleistungen, insbesondere HzE, überhaupt Anwendung findet, war früher streitig, aber im Ergebnis für vergangene Zeiträume und für die sog. wirtschaftliche Jugendhilfe (§ 39) zu bejahen (vgl Zeitler/Schindler SGB X § 44 Rn 6; aA VGH HE FEVS 42, 370). Ein rechtswidriger begünstigender VA darf (Ermessen) nur nach den in § 45 SGB X im Einzelnen geregelten Voraussetzungen ganz oder teilweise zurückgenommen werden. Rechtmäßige, begünstigende VA können nur ausnahmsweise unter ganz besonders strengen Voraussetzungen aufgehoben werden (Widerruf nach § 47 SGB X).

53 Leistungen, die von einem individuellen, besonderen (insb. erzieherischen) Bedarf unabhängig sind, zB Platz in der Tagesbetreuung (vgl VG Göttingen 2 A 2047/02 - 28.01.2004) sind Leistungen, die auf-

grund eines **Dauerverwaltungsaktes** ergeben, sodass im Hinblick auf die Aufhebung §§ 45 Abs. 3, 48 SGB X einschlägig sind (Hoffmann 2007 Rn 51). Umstritten ist dies im Hinblick auf die von einem individuellen Bedarf abhängigen Jugendhilfeleistungen (zB §§ 27, 35 a, 41). Hier wird eine Dauerbe-willigung im Interesse der Effektivität der Hilfegewährung nicht für angezeigt oder zulässig gehalten (vgl BVerwG 8.6.1995 – 5 C 30.93 – NDV-RD 1996, 66, 67). Bei typischerweise langfristigen Hilfen (zB Vollzeitpflege von Waisenkindern) liegt allerdings die Annahme eines Dauerverwaltungsaktes nahe (Hoffmann 2007 Rn 51). Im Übrigen ist bei bedarfsabhängigen, prozesshaften Hilfen eine zeitliche/datumsmäßige Begrenzung zumeist nicht angemessen, vielmehr ist deren Geeignetheit und Erforder-lichkeit im regelmäßigen Turnus zu überprüfen (§ 36 Abs. 2 Satz 2 aE). Liegen die Leistungsvoraus-setzungen nicht mehr vor, ist die Hilfe allerdings aus Gründen der Transparenz des Verwaltungshan-delns formell zu beenden (im Ergebnis ebenso Hoffmann 2007 Rn 52). Sofern eine Leistungsgewäh-rung nicht von vornherein zeitlich befristet ist, stellt sich die Beendigung einer Erziehungshilfe deshalb zumindest entsprechend § 48 SGB X als **Aufhebung eines VAs** bei nachträglicher wesentlicher Ände-rung der Verhältnisse in tatsächlicher oder rechtlicher Hinsicht mit Wirkung für die Zukunft durch einen (weiteren) VA dar. Dies hat zur Folge, dass ein Widerspruch gegen die Beendigung der Leistung **aufschiebende Wirkung hat** (Rn 64). Eine Aufhebung/Veränderung der Leistungen ist im gegenseitigen Einvernehmen (unter Berücksichtigung des § 36) jederzeit möglich (vgl Hoffmann ZfJ 2004, 41).

Soweit ein VA (zu Recht) aufgehoben worden ist, sind bereits erbrachte Leistungen zu Unrecht erfolgt **54** und deshalb zu erstatten. Der Verwaltung steht insoweit kein Ermessen zu (§ 50 Abs. 1 SGB X; **Er-stattungspflicht**). Sach- und Dienstleistungen sind in Geld zu erstatten (§ 50 Abs. 1 SGB X). Die zu erstattende Leistung ist nach § 50 Abs. 3 SGB X durch schriftlichen VA festzusetzen (sog. Erstattungs-bescheid).

IV. Verwaltungskontrolle und Rechtschutz

Im Rechtsbehelfsverfahren soll die Zweckmäßigkeit und Rechtmäßigkeit von Verwaltungsmaßnah- **55** men auf Antrag des Bürgers überprüft werden. Man unterscheidet formlose und förmliche **Rechtsbe-helfe**, im Hinblick auf Letztere das verwaltungsinterne Widerspruchsverfahren sowie das gerichtliche Klageverfahren vor den VG (hierzu Hoffmann 2007 Rn 54 ff; Trenczek/Tammen/Behlert 2008, 143 ff sowie zu informellen Möglichkeiten der Konfliktklärung, insb. der Mediation S. 162 ff). Widerspruch und daran anschließende (Anfechtungs- und Verpflichtungs-)Klagen sind nur bei einem VA im Sinne des § 31 SGB X möglich (zur Frage des Rechtscharakters von Schiedsstellenentscheidungen s. § 78 g Rn 8 u. 14). Bei sonstigem Handeln der Behörde (öffentlich-rechtliche Verträge, Vornahme sonstiger Tätigkeiten – vgl Rn 3 ff) ist kein Widerspruch möglich, hier bleiben nur die formlosen Rechtsbehelfe: Gegenvorstellung, Fachaufsichtsbeschwerde (bei inhaltlicher Kritik), Dienstaufsichtsbeschwerde (ge-gen das Verhalten eines Mitarbeiters), Rechtsaufsichtsbeschwerde (mit der man die Rechtswidrigkeit einer Behördenentscheidung rügt), Petition zum Landtag bzw Bundestag. Diese formlosen Rechtsbe-helfe sind – wie der Name schon nahe legt – form- und fristlos zulässig, entgegen der landläufigen Meinung allerdings nicht grds. fruchtlos. Vielmehr können Nachfragen und Fehlerkorrekturen im in-formellen Gespräch oft geklärt werden. Freilich sollte man dabei stets die Fristen der ggf erforderlichen förmlichen Rechtsbehelfe (Rn 57 ff) nicht aus dem Auge verlieren.

Streitigkeiten auf dem Gebiet des SGB VIII sind **öffentlich-rechtliche Streitigkeiten**. § 62 SGB X ver- **56** weist im Hinblick auf die Kinder- und Jugendhilfe grds. auf die Vorschriften der VwGO. Zwar handelt es sich um eine sozialrechtliche Materie, für die aber nicht die Sozialgerichtsbarkeit zuständig ist, weil deren Zuständigkeit abschließend in § 51 SGG geregelt ist. Vielmehr ist in Angelegenheiten der Kinder- und Jugendhilfe der Rechtsweg zu den Verwaltungsgerichten eröffnet (§ 40 Abs. 1 VwGO), sofern nicht ausnahmsweise eine besondere Rechtswegzuständigkeit (zB der FamG nach § 41 Abs. 3) gegeben ist. Zu beachten ist die vorrangige Zuständigkeit der **Schiedsstellen** in Streit- und Konfliktfällen im Hinblick auf Leistungs- und Entgeltvereinbarungen (s. § 78 g Rn 1). Geht es um eine Entscheidung des JA als Amtspfleger/Amtsvormund, sind die Zivilgerichte zuständig (Rn 5). Zu den Rechtsfolgen sons-tiger Fehler und Verstöße des JA vgl § 1 Rn 31 ff.

1. Widerspruchsverfahren

Das Widerspruchsverfahren hat als Verwaltungsverfahren und als vorgerichtliches Verfahren einen **57** **Doppelcharakter**. Einerseits ist es ein echtes Verwaltungsverfahren, da es von einer Verwaltungsbe-hörde durchgeführt wird. Es ist aber andererseits auch ein vorgerichtliches Verfahren, weil seine Durchführung regelmäßig die Voraussetzung für die Zulässigkeit einer verwaltungsgerichtlichen Klage ist. Nach § 62 SGB X, § 40 VwGO richtet sich das außergerichtliche Widerspruchsverfahren grds. nach den Regelungen der VwGO; die Vorschriften des SGB X/SGB I gelten nur ergänzend. Beim Widerspruch gegen die Inobhutnahme nach § 42 Abs. 3 Satz 2 finden die §§ 40, 68 ff VwGO keine Anwendung (s. § 42 Rn 37; Trenczek 2008, 270 ff). Ein **Widerspruch** gegen belastende VA ist **begründet**, wenn der VA rechtswidrig oder (bei Ermessensentscheidungen) unzweckmäßig ist und dadurch ein Eingriff in die subjektiven Rechte des Widerspruchsführers vorliegt (vgl Trenczek/Tammen/Behlert 2008, 584 ff). Wird ein VA begehrt, so ist der Widerspruch begründet, wenn die Ablehnung des VAs rechtswidrig und der Kläger dadurch in seinen Rechten verletzt ist oder (bei Ermessensentscheidungen) die Ablehnung unzweckmäßig ist und das Ermessen der Behörde zumindest auch im Interesse des Widerspruchsführers eingeräumt ist. Damit aber ein Widerspruchsverfahren durchgeführt werden kann, muss es zunächst überhaupt zulässig sein.

a) Zulässigkeit des Widerspruchs

58 Der Widerspruch ist **statthaft**, wenn ein Widerspruchsverfahren vorgeschrieben ist. Vorgeschrieben ist das Widerspruchsverfahren nach §§ 40, 68 Abs. 1, 2 VwGO, wenn die Aufhebung eines belastenden VAs verlangt wird (Anfechtungsklage – Anfechtungswiderspruch) bzw wenn der Erlass eines abgelehnten VAs verlangt wird (Verpflichtungsklage – Verpflichtungswiderspruch / auch: Versagungsgegenwiderspruch). Nur in den Ausnahmefällen des § 68 Abs. 1 Satz 2 VwGO ist ein Widerspruchsverfahren entbehrlich.

59 Der Widerspruch ist gemäß § 70 Abs. 1 VwGO bei der zuständigen Behörde einzulegen. Das ist die Behörde, die den VA erlassen hat (Ausgangsbehörde), also regelmäßig das JA. Der Widerspruch ist nach § 70 Abs. 1 VwGO **schriftlich** oder zur Niederschrift (Protokoll) der Behörde zu erheben (Ausnahme: Widerspruch gegen die Inobhutnahme, § 42 Rn 36; Trenczek 2008, 271). Die Schriftform ist nur gewahrt, wenn der Widerspruch auch eigenhändig handschriftlich unterschrieben ist, Einlegung durch Telefax genügt (nicht aber durch einfache Fotokopie); eine Email ohne qualifizierende Signatur genügt nicht (VGH HE NVwZ-RR 2006, 377). Einer Begründung des Widerspruchs bedarf es zwar nicht, sofern der Widerspruch aber ohne Begründung eingelegt worden ist, wird zumeist eine Frist zur Begründung gesetzt. Gleichwohl ist der Widerspruchsführer rechtlich nicht zur Begründung seines Widerspruchs verpflichtet, vielmehr gilt – wie im vorhergehenden Verwaltungsverfahren – der Grundsatz der Amtsermittlung (Rn 26).

60 Der Widerspruch ist innerhalb der **Widerspruchsfrist von einem Monat** zu erheben (§ 70 Abs. 1 Satz 1 VwGO). Wird die Widerspruchsfrist ohne Verschulden versäumt, besteht auf Antrag binnen zwei Wochen nach Wegfall des Hindernisses und Nachholung des Widerspruchs die Möglichkeit der Wiedereinsetzung in den vorigen Stand (§§ 70 Abs. 2, 60 VwGO). Fehlt die erforderliche Begründung eines VAs (Rn 47) oder ist die erforderliche Anhörung (Rn 42) unterblieben und deswegen die rechtzeitige Anfechtung des VAs versäumt worden, so gilt die Versäumung gemäß § 41 Abs. 3 SGB X als nicht verschuldet.

61 Widerspruchsbefugt ist nur der, der durch den VA oder dessen Ablehnung in seinen Rechten „beschwert" ist (vgl § 70 Abs. 1 Satz 1 VwGO). Die **Widerspruchsbefugnis** besteht, wenn der Betroffene geltend macht, dass er durch die rechtswidrige oder (bei Ermessen) zweckwidrige Anwendung einer Rechtsnorm, die jedenfalls auch in seinem Interesse besteht, verletzt ist. Entscheidend kommt es also darauf an, ob geltend gemacht werden kann, dass ein **subjektives Recht** auf entsprechende Leistungen besteht (vgl VorKap. 2 Rn 8 ff), widerspruchsbefugt sind also die in den jeweiligen Bestimmungen als Anspruchsberechtigte genannten Personen.

62 Erforderlich ist weiterhin, dass ein **schutzwürdiges Interesse des Widerspruchsführers** darin besteht, dass ein Widerspruchsbescheid ergeht. Daran fehlt es, wenn eine behördliche Entscheidung gar nicht benötigt wird (zB bei einer Einrichtungserlaubnis, wenn die Einrichtung bereits geschlossen wurde). Das bedeutet auch, dass der Widerspruch auf den Punkt zu beschränken ist, durch den sich der Widerspruchsführer belastet fühlt (zB bei einem Kindergartenplatz ggf nur auf den von den Eltern zu entrichtenden Beitrag).

b) Rechte im Widerspruchsverfahren, Wirkung des Widerspruchs

63 Im Widerspruchsverfahren gelten, da es insofern Verwaltungsverfahren ist, für die Widerspruchsführer die gleichen Rechte wie im Verwaltungsverfahren (Rn 11 ff). Die **Wirkung des Widerspruchs** hängt im Übrigen davon ab, ob mit dem Widerspruch ein VA angefochten wird (**Anfechtungswiderspruch**) oder

ein Handeln der Behörde erreicht werden soll (Verpflichtungswiderspruch). Der Widerspruch gegen einen VA, mit dem in eine bestehende Rechtsposition eingegriffen wird (zB Entzug der Pflegeerlaubnis), hat grundsätzlich **aufschiebende Wirkung** (§ 80 Abs. 1 Satz 1 VwGO). Der VA darf dann nicht vollzogen werden. Die aufschiebende Wirkung entfällt aber bei der Anforderung von öffentlichen Abgaben und Kosten (§ 80 Abs. 2 Nr. 1 VwGO). Umstritten ist, ob damit nur solche Geldleistungen gemeint sind, die sich nach leicht erkennbaren Merkmalen bestimmen lassen, wie zB pauschalierte Teilnahmebeiträge für den Kitabesuch (zB Kunkel/Kunkel § 92 Rn 11). In wiederholten Entscheidungen hat insb. das Nds OVG (4 ME 188/06 v. 10.11.2006 - JAmt 2007, 163; 4 ME 235/08 v. 11.8.2008 - JAmt 2008, 497) daran festgehalten, dass sich an der Finanzierungsfunktion von Kitabeiträgen auch dann nichts ändert, wenn deren Höhe sich nicht vorab exakt ermitteln lasse, sondern individuell bestimmt werden müsse (aA Kopp-Schenke VwGO § 80 Rn 37 ff; Redeker/v.Oetzen VwGO § 80 Rn 19 ff). Die Rspr geht deshalb überwiegend davon aus, dass der Widerspruch keine aufschiebende Wirkung hat (vgl Hoffmann 2007 Rn 60). Für die Betroffenen besteht aber in diesen Fällen die Möglichkeit, vor dem VG einen Antrag auf Anordnung der aufschiebenden Wirkung nach § 80 Abs. 5 VwGO zu stellen (zu den Einzelheiten Kopp/Schenke VwGO § 80 Rn 72 ff). Entsprechendes gilt, wenn die aufschiebende Wirkung des Widerspruchs aufgrund besonderer bundesgesetzlicher Bestimmungen entfällt (etwa nach § 45 Abs. 2 Satz 6, § 95 Abs. 4; im Hinblick auf den Widerspruch gegen eine Inobhutnahme findet §§ 68, 80 VwGO keine Anwendung, s. Rn 57) oder vom JA im konkreten Einzelfall die sofortige Vollziehung des VAs angeordnet wurde (§ 80 Abs. 2 Nr. 4 VwGO). In diesen Fällen kann die Wiederherstellung der aufschiebenden Wirkung beantragt werden (§ 80 Abs. 5 VwGO).

Soweit durch das JA die Bewilligung einer begehrten Jugendhilfeleistung abgelehnt wird, führt der Widerspruch (**Verpflichtungswiderspruch**) nicht dazu, dass die Leistung vorläufig als bewilligt gilt. Solange das Widerspruchsverfahren läuft, wird nach wie vor keine Leistung erbracht (zur vorläufigen Leistungserbringung aufgrund einer einstweiligen Anordnung s. Rn 91 ff). Wird eine bisher bewilligte Jugendhilfeleistung beendet, so wurde bisher davon ausgegangen, dass es sich hierbei lediglich um eine Nichtbewilligung für die Zukunft handele, sodass der Widerspruch hiergegen entsprechend in einen Antrag auf Weiterbewilligung umzudeuten sei. Die Weitergewährung der Leistung könne deswegen allein durch Einlegung des (Verpflichtungs-)Widerspruchs nicht erreicht werden, ggf müsse ein Antrag auf Erlass einer einstweiligen Anordnung beim VG eingereicht werden (Rn 91 ff). Im Hinblick auf die Besonderheiten der auf längere Zeit angelegten Jugendhilfeleistungen (vergleichbar mit einem **VA mit Dauerwirkung**, s. Rn 53) lässt sich diese Ansicht so nicht mehr halten. Sofern sich aus dem Inhalt des Bescheids ergibt, dass die Leistung über einen längeren Zeitraum zu erbringen ist, handelt es sich um den Widerspruch gegen die Beendigung einer (längerfristigen) Leistung und damit um einen Anfechtungswiderspruch (nicht einen Verpflichtungswiderspruch), sodass grundsätzlich die aufschiebende Wirkung eintritt (s.o. Rn 53). 64

c) Die Entscheidung der Behörde

Hält die den VA erlassende Behörde den Widerspruch für begründet, so „hilft" sie ihm selbst „ab", indem sie den VA aufhebt oder abändert (sog. **Abhilfeentscheidung**; § 72 VwGO). „Abhelfen" bedeutet, dass dem Begehren des betroffenen Widerspruchsführers (zumindest zum Teil) stattgegeben wird. Hilft die Behörde dem Widerspruch nicht ab, so entscheidet die **Widerspruchsbehörde** über den Widerspruch durch einen schriftlichen **Widerspruchsbescheid**. Da das SGB VIII eine Selbstverwaltungsangelegenheit ist (vgl § 69 Rn 10), ist Widerspruchsbehörde nach § 73 Abs. 1 Satz 2 Nr. 3 VwGO das JA selbst. Im Rahmen der kommunalen Selbstorganisation entscheidet in manchen Kommunen internfunktional der Jugendhilfeausschuss. Der Widerspruchsbescheid ist schriftlich zu begründen, mit einer Rechtsmittelbelehrung zu versehen und förmlich zuzustellen (§ 73 Abs. 3 Satz 1 VwGO). 65

Im Rahmen der verwaltungsinternen Rechtskontrolle findet eine uneingeschränkte **Überprüfung der Recht- und Zweckmäßigkeit** des VA statt. Nach überwiegender Auffassung (zB BVerwGE 51, 310 ff; Wolff u.a. 2004 § 63 Rn 55) kann im Widerspruchsverfahren der (Ursprungs-)VA nach Anhörung des Betroffenen (§ 24 SGB X) deshalb auch zuungunsten des Bürgers abgeändert werden (sog. „**Verböserung**" – reformatio in peius). Beispiel: Der Teilnahmebeitrag nach § 90 Abs. 1 wird gegenüber dem angegriffenen Ursprungsbescheid höher festgesetzt. 66

Im Widerspruchsbescheid ist auch eine Entscheidung darüber zu treffen, wer die **Kosten des Widerspruchsverfahrens** trägt (§ 73 Abs. 3 Satz 2 VwGO). Für die Verwaltungstätigkeit werden keine Gebühren und Auslagen erhoben (§ 64 Abs. 1 SGB X), das gilt auch für das Widerspruchsverfahren (v. Wulffen/Ross SGB X § 64 Rn 2). Soweit der Widerspruch erfolgreich ist, hat die Behörde die zur 67 zweckentsprechenden Rechtsverfolgung oder Rechtsverteidigung notwendigen Aufwendungen (zB Telefon-, Porto-, Fahrtkosten) zu erstatten und auf Antrag festzusetzen (§ 63 Abs. 1 Satz 1, Abs. 2, 3 SGB X). Das gilt auch dann, wenn der Widerspruch nur deshalb keinen Erfolg hat, weil die Verletzung einer Verfahrens- oder Formvorschrift nach § 41 SGB X unbeachtlich ist.

68　Bei Hinzuziehung eines **Rechtsanwalts** oder eines sonstigen Bevollmächtigten sind dessen Gebühren oder Auslagen im Vorverfahren erstattungsfähig, wenn die Zuziehung eines Bevollmächtigten notwendig war. Hierüber ist in der Kostenentscheidung zu entscheiden (§ 63 Abs. 2, Abs. 3 Satz 2 SGB X). Die Hinzuziehung eines Rechtsanwalts ist notwendig, wenn sie vom Standpunkt eines verständigen, nicht rechtskundigen Bürgers für erforderlich gehalten werden durfte und es diesem nach seiner Vorbildung, Erfahrung und seinen sonstigen persönlichen Umständen nicht zumutbar war, das Verfahren selbst zu führen. Da der Bürger nur in Ausnahmefällen in der Lage ist, selbst seine Rechte gegenüber der Verwaltung ausreichend zu wahren, ist die Notwendigkeit regelmäßig zu bejahen, wenn kein Zugang zu einem zuverlässigen kostenlosen Rechtsberatungsangebot besteht (str.; näher hierzu v. Wulffen/Ross SGB X § 63 Rn 24; Kopp-Schenke VwGO § 80 Rn 30).

2. Gerichtsverfahren

69　Ist der Bürger mit der Entscheidung der Verwaltung bzw der Widerspruchsbehörde nicht einverstanden, so wird der durch Art. 19 Abs. 4 GG garantierte Rechtsschutz grundsätzlich durch **Klage** im Verwaltungsrechtsweg gewährt (§ 62 SGB X; Umkehrschluss aus § 51 SGG, s.o. Rn 56; vgl § 78 g Abs. 2 Satz 2 bei Entscheidungen der Schiedsstellen, § 78 g Rn 15). Da in manchen Fällen die lange Dauer von Verfahren faktisch zu einer Verweigerung des Rechtsschutzes führen kann und gerade in Angelegenheiten der Jugendhilfe oft Eilbedürftigkeit besteht, ist hier oft erforderlich, **vorläufigen Rechtsschutz** (Rn 91) in Anspruch zu nehmen. Für die Realisierung des Rechtsschutzes spielen die damit verbundenen Prozesskosten eine nicht unbeachtliche Rolle (Rn 100).

a) Klageverfahren

70　Die VwGO sieht verschiedene **Klagearten** vor. Vor der Erhebung von Anfechtungs- und Verpflichtungsklagen nach § 42 VwGO, die in der Jugendhilfe ganz überwiegend in Betracht kommen, ist die Durchführung des Widerspruchsverfahrens (Rn 57) erforderlich. Mit der **Anfechtungsklage** wird die Aufhebung eines belastenden VAs begehrt, zB Klage gegen den Entzug einer Pflege-/Betriebserlaubnis, gegen einen Kostenbescheid, gegen die Festlegung des Teilnahmebeitrags, gegen einen Überleitungsbescheid nach § 95 Abs. 3. Die Anfechtungsklage hat – wie der Widerspruch – grundsätzlich **aufschiebende Wirkung** (mit den Ausnahmen in § 80 Abs. 2 Nr. 1-4 VwGO). Die **Verpflichtungsklage** ist der Regelfall für Klagen, mit denen eine Sozialleistung begehrt wird, über die durch VA zu entscheiden ist und die abgelehnt oder über die nicht entschieden wurde (Beispiel: Verpflichtungsklage auf Verurteilung der Behörde, einen Kindergartenplatz zuzuweisen). Dies gilt auch für sog. Annex-Leistungen zur „eigentlichen" Sozialleistung, vor allem bei § 39. Anfechtungs- und Verpflichtungsklage sind nur innerhalb einer **Frist von einem Monat** nach Zustellung des Widerspruchs zulässig (§ 74 VwGO). Bei Versäumung der Frist kann unter besonderen Umständen auf Antrag Wiedereinsetzung in den vorigen Stand gewährt werden (§ 60 VwGO). Über die Klagefrist ist in der Rechtsmittelbelehrung des Widerspruchsbescheides zu belehren (§ 73 Abs. 3 VwGO). Unterbleibt die Belehrung oder ist diese inhaltlich unrichtig, kann die Klage nach § 58 Abs. 2 VwGO binnen Jahresfrist erhoben werden.

71　Ist über einen Widerspruch oder über einen Antrag auf Vornahme eines VAs ohne zureichenden Grund in angemessener Frist sachlich nicht entschieden worden, so kann eine sog. **Untätigkeitsklage** nach § 75 VwGO vor dem VG erhoben werden. Als „angemessene Frist" werden drei Monate angesehen, vorher kann die Klage idR nicht erhoben werden, wegen besonderer Umstände des Falles kann auch eine kürzere Frist geboten sein (§ 75 Satz 2 VwGO). Liegt ein zureichender Grund dafür vor, dass über den Widerspruch noch nicht entschieden oder der beantragte VA noch nicht erlassen worden ist, so setzt das Gericht das Verfahren bis zum Ablauf einer von ihm bestimmten Frist, die verlängert werden kann, aus (§ 75 Satz 3 VwGO). Ein solcher „zureichender Grund" wird etwa in besonderen Schwierigkeiten der Sachaufklärung gesehen (Einzelheiten bei Kopp/Schenke VwGO § 75 Rn 13). Ggf kann aber eine einstweilige Anordnung (Rn 91) in Betracht kommen.

72　Wird nicht, wie bei der Verpflichtungsklage, eine Sozialleistung begehrt, sondern soll der Beklagte zu einem (anderen) Tun, Dulden oder Unterlassen verurteilt werden, so ist eine **allgemeine Leistungsklage** möglich, die kein Widerspruchsverfahren (Vorverfahren) voraussetzt. Beispiel: Verurteilung der Behörde zu unterlassen, bestimmte Sozialdaten des Klägers an die Ausländerbehörde weiterzuleiten.

Bei **Kostenerstattungsansprüchen** (zB bei einer im Ausnahmefall zulässigen Selbstbeschaffung, s. Rn 24 und VorKap. 2 Rn 11; § 36 a Rn 39 ff) dürfte die allgemeine Leistungsklage die zutreffende Klageart sein. Ist allerdings die beantragte Kostenerstattung durch einen Bescheid des JA abgelehnt worden, wäre ein Widerspruchsverfahren durchzuführen und die zutreffende Klageart ist die Verpflichtungsklage (Rn 70).

Ebenfalls ohne Vorverfahren kann eine **Feststellungsklage** nach § 43 VwGO erhoben werden, wenn **73** der Kläger die Feststellung des Bestehens oder Nichtbestehens eines Rechtsverhältnisses oder der Nichtigkeit (§ 40 SGB X) eines VAs begehrt und ein berechtigtes Interesse an der baldigen Feststellung besteht. Beispiel: Feststellung, dass die Aufnahme des Kindes in den Haushalt des Klägers keiner Pflegeerlaubnis bedarf.

Alle Klagen sind **schriftlich** oder zur Niederschrift (Protokoll) des zuständigen Verwaltungsgerichts **74** einzureichen (§ 81 Abs. 1 VwGO), dessen Adresse sich regelmäßig aus der Rechtsmittelbelehrung des Widerspruchsbescheides ergibt. Sie muss den Kläger, den Beklagten und den Streitgegenstand enthalten (§ 82 Abs. 1 Satz 1 VwGO). Gegen wen die Klage zu richten ist, ergibt sich aus § 78 VwGO. Beklagter ist regelmäßig der öffentliche Jugendhilfeträger, der den VA erlassen oder den beantragten VA unterlassen hat; es reicht die Angabe der Behörde (also: JA …). Die Klage soll einen bestimmten Antrag enthalten, die zur Begründung dienenden Tatsachen und Beweismittel sollen angegeben werden, die angefochtene Entscheidung und der Widerspruchsbescheid sollen in Urschrift oder in Abschrift beigefügt werden (§ 82 Abs. 1 Satz 2 und 3 VwGO); dies ist jedoch für eine wirksame Klageerhebung ebenso wenig erforderlich wie eine juristische Begründung. **Klagebefugt** ist nur derjenige, der konkret in seinen Rechten betroffen (beschwert) ist.

Vor dem VG kann sich der Kläger durch einen Bevollmächtigten vertreten lassen und sich in der **75** mündlichen Verhandlung eines Beistandes bedienen (§ 67 Abs. 2 VwGO). Ein **Anwaltszwang** besteht in erster Instanz vor dem VG aber **nicht**, man kann den Rechtsstreit dort auch allein führen. Das Gericht hat nach § 86 Abs. 3 VwGO eine umfassende Hinweispflicht im Hinblick auf Formfehler u.a. (s. Rn 78).

Die Klage wird an den Beklagten zugestellt, zugleich ergeht die Aufforderung zur schriftlichen Stel- **76** lungnahme, ggf innerhalb einer bestimmten Frist (§ 85 VwGO). Die Behörde ist zur Vorlage der Jugendamtsakte sowie zu sonstigen Auskünften verpflichtet (§ 99 VwGO). Die Beteiligten (ggf die Bevollmächtigten) haben ein **Akteneinsichtsrecht**. Dieses bezieht sich nach § 100 Abs. 1 VwGO auf die Gerichtsakten und die dem Gericht vorgelegten Akten, zB die Jugendamtsakte. Sie können sich durch die Geschäftsstelle auf ihre Kosten Abschriften (Kopien) anfertigen lassen (§ 100 Abs. 2 VwGO).

Das Gericht hat den Sachverhalt von Amts wegen unter Heranziehung der Beteiligten zu erforschen **77** (**Untersuchungs-/Amtsermittlungsgrundsatz;** § 86 Abs. 1 Satz 1 VwGO). Über das Klagebegehren darf das Gericht nicht hinausgehen (insoweit ist – anders als beim Widerspruchverfahren s. Rn 66 – eine Verböserung nicht möglich), ist aber an die Fassung der Anträge und das Vorbringen der Beteiligten nicht gebunden (§§ 86 Abs. 1 Satz 2, 88 VwGO). Grundsätzlich ist das Gericht gehalten, im Rahmen des Klagebegehrens alle für die Entscheidung maßgeblichen tatsächlichen und rechtlichen Voraussetzungen des geltend gemachten Anspruchs in eigener Verantwortung festzustellen und die Streitsache in vollem Umfang spruchreif zu machen (BVerwGE 69, 198, 201).

Der Vorsitzende des Gerichts hat eine weitgehende **Hinweispflicht**. Er hat nach § 86 Abs. 3 VwGO **78** darauf hinzuwirken, dass Formfehler beseitigt, unklare Anträge erläutert, sachdienliche Anträge gestellt, ungenügende tatsächliche Angaben ergänzt, ferner alle für die Feststellung und die Beurteilung des Sachverhalts wesentlichen Erklärungen abgegeben werden. Die Hinweispflicht hat den Zweck, die sachgemäße Durchführung des Verfahrens zu erleichtern und zu verhindern, dass die Verwirklichung der den Beteiligten zustehenden formellen Verfahrensrechte und materiellen Ansprüche an deren Unerfahrenheit, Unbeholfenheit oder mangelnder Rechtskenntnis scheitert. Sie soll auch zu einer richtigen, dem Gesetz entsprechenden, gerechten Entscheidung des Gerichts beitragen und der Verwirklichung des Rechts der Beteiligten auf rechtliches Gehör (Art. 103 Abs. 1 GG) dienen (Kopp/Schenke VwGO § 86 Rn 22).

Über die Klage wird idR aufgrund **mündlicher Verhandlung**, zu der die Beteiligten zu laden sind, ent- **79** schieden (§ 101 VwGO). Zu ihrer Vorbereitung sollen die Beteiligten Schriftsätze einreichen, wozu sie der Vorsitzende unter Fristsetzung auffordern kann (§ 86 Abs. 4 VwGO). Bleibt ein Beteiligter trotz Ladung der mündlichen Verhandlung fern, kann auch ohne ihn verhandelt und entschieden werden; hierauf ist in der Ladung hinzuweisen (§ 102 Abs. 2 VwGO).

80 Sofern zur Sachverhaltsklärung eine **Beweisaufnahme** notwendig ist, werden die Beweise im Regelfall in der mündlichen Verhandlung erhoben, ausnahmsweise auch vorher durch den Vorsitzenden oder Berichterstatter des Gerichts (§ 87 Abs. 3 VwGO) oder durch ein Mitglied des Gerichts als beauftragter Richter oder durch ein anderes Gericht (§ 96 Abs. 2 VwGO). Zur Vorbereitung der mündlichen Verhandlung können gemäß § 87 VwGO bestimmte Anordnungen getroffen werden, zB die Beteiligten zur Erörterung des Sach- und Streitstandes und zur gütlichen Beilegung des Rechtsstreits (zur Mediation in der Verwaltungsgerichtsbarkeit s. Ortloff NVwZ 2006, 148; Walther ZKM 2006, 144) geladen, Auskünfte eingeholt, die Vorlage von Urkunden angeordnet werden. Als Beweismittel kommen in Betracht: die Inaugenscheinnahme (zB Besichtigung der Wohnung der Pflegeperson), die Vernehmung von Zeugen, Beteiligten, Sachverständigen, die Heranziehung von Urkunden.

81 Nach Aufklärung des Sachverhalts und Klärung der Rechtsfragen wird das Klageverfahren durch Klagerücknahme, Erledigung, Vergleich, Gerichtsbescheid oder Urteil abgeschlossen. Der Kläger kann bis zur Rechtskraft des Urteils die **Klagerücknahme** erklären, nach Stellung der Anträge in der mündlichen Verhandlung allerdings nur mit Einwilligung des Beklagten. Die Klage gilt als zurückgenommen, wenn der Kläger das Verfahren trotz Aufforderung des Gerichts länger als drei Monate nicht betreibt (§ 92 Abs. 2 VwGO). Ist die Klage zurückgenommen oder gilt sie als zurückgenommen, so stellt das Gericht durch Beschluss das Verfahren ein und stellt fest, dass der Kläger die Kosten (vgl Rn 99) zu tragen hat (§ 92 Abs. 3 VwGO).

82 Bewilligt der Beklagte auf die Klage hin doch die begehrte Leistung oder wird auf andere Weise das Begehren des Klägers infolge eines nach Erhebung der Klage eintretenden Ereignisses hinfällig, sodass ihm eine Entscheidung nicht mehr nutzt, tritt die **Erledigung der Hauptsache** ein. Über die Kosten (Rn 99) des Rechtsstreits entscheidet das Gericht durch Beschluss (§ 161 Abs. 2 VwGO). Unter besonderen Voraussetzungen kann die Klage auf eine Fortsetzungsfeststellungsklage nach § 113 Abs. 1 Satz 4 VwGO umgestellt werden.

83 Um den Rechtsstreit vollständig oder zum Teil zu erledigen, können die Beteiligten auch einen gerichtlichen **Vergleich** schließen, soweit sie über den Gegenstand des Vergleichs verfügen können (§ 106 VwGO). Dies ist der Behörde bei Ermessensentscheidungen (s. Rn 86 ff) regelmäßig möglich, wenn sie den Vergleich zur Beseitigung der Ungewissheit über die Sach- oder Rechtslage nach pflichtgemäßem Ermessen für zweckmäßig hält (§ 54 Abs. 1 SGB X). Beispiel: Die Beteiligten sind sich darüber einig, dass die Voraussetzungen für Bewilligung einer HzE in Heimerziehung vorliegen, die Auswahl der Einrichtung nimmt das JA unter Berücksichtigung des Wunsch- und Wahlrechts der Betroffenen (§§ 5, 36) vor.

84 Durch **Gerichtsbescheid** kann das Gericht nach Anhörung der Beteiligten ohne mündliche Verhandlung entscheiden, wenn die Sache keine besonderen Schwierigkeiten tatsächlicher oder rechtlicher Art aufweist und der Sachverhalt geklärt ist (§ 84 Abs. 1 VwGO). Sind die Beteiligten mit dieser Entscheidung nicht einverstanden, stehen ihnen nach § 84 Abs. 2 VwGO innerhalb eines Monats nach Zustellung des Gerichtsbescheids verschiedene Möglichkeiten offen.

85 Nach mündlicher Verhandlung (mit Einverständnis der Beteiligten auch ohne mündliche Verhandlung; § 101 Abs. 2 VwGO) wird durch **Urteil** entschieden (§ 107 VwGO). Hält das Gericht die Klage für unbegründet, wird sie abgewiesen. Soweit der angegriffene VA rechtswidrig und der Kläger dadurch in seinen Rechten verletzt ist, hebt das Gericht den VA und den etwaigen Widerspruchsbescheid auf (§ 113 Abs. 1 Satz 1 VwGO). Ist die Ablehnung oder Unterlassung eines begehrten VAs, etwa einer Sozialleistung, rechtswidrig und der Kläger dadurch in seinen Rechten verletzt, so spricht das Gericht nach § 113 Abs. 5 Satz 1 VwGO die **Verpflichtung der Verwaltungsbehörde** aus, die beantragte Amtshandlung vorzunehmen, wenn diese spruchreif ist, sog. **Vornahmeurteil**. Spruchreife bedeutet Entscheidungsreife für das Gericht. Nur ausnahmsweise – regelmäßig dann, wenn eine Ermessenentscheidung der Behörde im Streit steht – spricht es die Verpflichtung aus, den Kläger unter Beachtung der Rechtsauffassung des Gerichts neu zu bescheiden (§ 113 Abs. 5 Satz 2 VwGO; sog. **Bescheidungsurteil**).

86 **Ermessen** liegt vor, wenn die Behörde bei Vorliegen eines gesetzlichen Tatbestands zwischen verschiedenen Verhaltensweisen wählen kann. Ermessen besteht also nur auf der Rechtsfolgeseite, nicht auf der Tatbestandsseite, und ist an Formulierungen wie „kann", „darf", „ist befugt" o.ä. erkennbar (VorKap. 2 Rn 8; ausführlich Trenczek/Tammen/Behlert 2008, 113 ff). Das Gesetz knüpft hier an den Tatbestand nicht eine zwingende Rechtsfolge, sondern ermächtigt die Verwaltung die Rechtsfolge zu bestimmen. Dabei kann sich das Ermessen darauf beziehen, ob die Verwaltung eine zulässige Maß-

nahme überhaupt treffen will (Entschließungsermessen), oder darauf, welche von verschiedenen zulässigen Maßnahmen sie ergreifen will (Auswahlermessen). Ermessen ist nie „frei", sondern stets pflichtgemäß auszuüben, dh dass die Behörde nicht willkürlich entscheiden darf, sondern stets an den gesetzlich festgelegten **Normzweck** gebunden ist. In der Jugendhilfe muss sich jede Ermessensentscheidung an den im SGB VIII normierten Zielen (insb. § 1 Abs. 1 und 3) sowie dem Zweck der konkreten Leistungsnorm ausrichten. Bei der **Nachprüfung von Ermessenentscheidungen** der Behörde ist das Gericht regelmäßig nur befugt zu überprüfen, ob die gesetzlichen Grenzen des Ermessens überschritten sind oder von dem Ermessen in einer dem Zweck der Ermächtigung nicht entsprechenden Weise Gebrauch gemacht wurde (§ 114 VwGO). Reine Zweckmäßigkeitserwägungen, Billigkeitsüberlegungen und die Frage nach etwaigen besseren, sachgemäßen oder gerechteren Lösungen unterliegen nicht der Beurteilung des Gerichts. Anders ist es, wenn eine sog. **Ermessensreduzierung auf Null** vorliegt, dh wenn aufgrund der Sach- und Rechtslage vernünftigerweise **nur eine Entscheidung** in Betracht kommt. „Soll-Bestimmungen sind keine Ermessensnormen (vgl VorKap. 2 Rn 8).

Vom Ermessen sind die auslegungsbedürftigen, sowohl auf Tatbestands- wie Rechtsfolgenseite einer Norm vorkommenden, sog. **unbestimmten Rechtsbegriffe** und der in diesem Zusammenhang erörterte **Beurteilungsspielraum** zu unterscheiden (hierzu Trenczek/Tammen/Behlert 2008, 104 ff). Unbestimmte Rechtsbegriffe finden sich zahlreich im SGB VIII (zB „Kindeswohl", „geeignet und notwendig", „seelische Gesundheit"). Die Auslegung und Anwendung unbestimmter Rechtsbegriffe im konkreten Fall erfordert im Einzelfall Wertungen und oft auch Prognosen, bei denen auch unterschiedliche Gesichtspunkte gegeneinander abgewogen werden müssen. Trotz dieser Schwierigkeiten muss die Behörde im konkreten Fall eine bestimmte Entscheidung treffen. Deshalb ist umstritten, ob und inwieweit die VG befugt sind, eine solche von der Behörde aufgrund eines unbestimmten Rechtsbegriffs getroffene Entscheidung zu überprüfen und ggf durch eine eigene Entscheidung zu ersetzen. Die Einräumung von – gerichtlich nur eingeschränkt überprüfbaren – Beurteilungsspielräumen ist von der höchstrichterlichen Rechtsprechung auf Ausnahmefälle beschränkt worden (vgl EGMR v.13.7.2000 – 25735 / 94 – NJW 2001, 2315). Eine zu weit gehende Gewährung gerichtsfreier Beurteilungsspielräume wäre rechtsstaatlich bedenklich, da sonst die Rechtsschutzgarantie des Art. 19 Abs. 4 GG unterlaufen würde. Die Rechtsprechung des Bundesverfassungsgerichts (zB BVerfGE 84, 34; BVerfGE 84, 59; 88, 40; BVerfG NVwZ 1992, 55; BVerfG NJW 1993, 917) hat die Anerkennung von Beurteilungsspielräumen erheblich eingeschränkt und klargemacht, dass der Verwaltung auch bei besonderer fachlicher Kompetenz grds. kein Beurteilungsspielraum zusteht. Nicht jede diagnostische, prognostische oder aus anderen Gründen spezifisch-fachliche Kompetenzen erfordernde Entscheidung führt zu einem Beurteilungsspielraum. Das BVerfG stellt den Grundrechtsschutz über die Erfordernisse der Verwaltungspraxis und gesteht der Fachverwaltung aufgrund ihrer Sachkunde keine Letztentscheidungskompetenz zu. Dies gilt auch im Hinblick auf das Kinder- und Jugendhilferecht (ausführlich Ollmann ZfJ 1995, 45; Lakies 1996, 78; Münder JH 2001, 143 f; Münder ZfJ 2001, 402 ff; VGH BW 8.11.2001 – 2 S 1198/99 – ZfJ 2003, 68; OVG BB 1.11.2001 – 4 B 258/01 – ZfJ 2002, 147). Der aA (früher Wiesner/Wiesner 2003 Vor§ 11 Rn 110; Hoffmann ZfJ 2003, 41 ; VG HH 6.1.2000 – 13 VG 4866/99 – ZfJ 2000, 277; OVG RP 11.5.2000 – 12 A 12335/99 – ZfJ 2001, 23; VG Gelsenkirchen 14.7.2000 – 19 K 5288/98 – NDV-RD 2000, 115), die insbesondere darauf abstellt, dass es sich bei einer sozialpädagogischen Entscheidung um eine unvertretbare Entscheidung wertender Natur handelt, kann schon deshalb nicht beigetreten werden, da dies den Rechtsschutz und den Subjektstatuts der – von der Sozialen Arbeit gerade in ihrer Autonomie zu fördernden – Klienten unterlaufen würde. Zudem geht es bei sozialpädagogischem Handeln um auf fachlichen Grundlagen, Erkenntnis- und Erfahrungswissen basierende Diagnosen, Prognosen und sonstigen Bewertungen, die sich – wie in anderen Lebensbereichen auch – einer empirischen Überprüfung am Maßstab fachlicher Standards stellen müssen. Unbestimmte Rechtsbegriffe gibt es auch in anderen Sozialleistungsbereichen. Dort ist anerkannt, dass diese gerichtlich voll überprüfbar sind (vgl zB für den Begriff „schwerpflegebedürftig" in § 53 Abs. 1 SGB V: BSG 30.9.1993 – 4 RK 1/92 – NDV 1994, 266). Die Tatsache allein, dass komplexe fachliche Beurteilungen verlangt werden, kann für die Annahme eines gerichtsfreien Beurteilungsspielraums der Verwaltungsbehörde nicht ausreichen (BVerfGE 88, 40, 45 ff). Dies gilt auch für die HzE (aber auch für § 35 a, § 41), wo diese Frage besonders umstritten ist (vgl § 27 Rn 55 ff). Die Überprüfung der Gerichte bezieht sich insoweit sowohl auf den „erzieherischen Bedarf" als auch auf die geeignete und erforderliche Hilfe (s. § 27 Rn 55 mwN; mittlerweile auch Wiesner/Wiesner § 27 Rn 65 f). Das Gleiche gilt für die Definition und Feststellung der Kindeswohlgefahr zB im Hinblick auf die Interventionen nach § 8 a Abs. 1 oder die Voraussetzungen und damit Rechtmäßigkeit der Inobhutnahme nach § 42. Etwas anderes ist die dem JA in § 8 a Abs. 3 ausdrücklich zugewiesene Einschätzungsbefugnis, ob es bei Vorliegen einer kindeswohlgefährdenden Situation erforderlich ist, das Familiengericht anzurufen (s. § 8 a Rn 50). Auch im Bereich des Jugendmedienschutzes ist ein Beurteilungsspielraum der Bundesprüfstelle für jugendgefährdende Schriften anerkannt (BVerfGE NJW 1991, 1471; BVerwG NJW 1993, 1491). Die Kompetenz der Gerichte zur vollen Überprüfung der Auslegung unbestimmter Rechtsbegriffe bedeutet nicht, dass dies die Gerichte in eigener Sachkunde zu tun haben; sie werden sich dazu – gerade bei schwierigen sozialpädagogischen Fragen – entsprechender Gutachter, Experten, Sachverständiger usw bedienen.

88 Im Urteil entscheidet das Gericht auch über die **Kosten des Rechtsstreits**. Falls der Kläger durch einen Rechtsanwalt vertreten ist, können die im Vorverfahren entstandenen Anwaltskosten nur erstattet werden, wenn das Gericht die Zuziehung eines Anwalts für das Vorverfahren für notwendig erklärt (§ 162 Abs. 2 Satz 2 VwGO; vgl Rn 68).

89 Gegen **Urteile** (bei Gerichtsbescheiden s. Rn 84) des VG steht den Beteiligten das Rechtsmittel der **Berufung** (Überprüfung der Sach- und Rechtslage) zu, wenn sie von dem VG oder dem OVG zugelassen wird. Die Berufung ist, wenn sie von dem Verwaltungsgericht zugelassen worden ist, innerhalb eines Monats nach Zustellung des vollständigen Urteils bei dem Verwaltungsgericht einzulegen (§ 124 a Abs. 2 VwGO) und innerhalb von zwei Monaten nach Zustellung des vollständigen Urteils zu begründen (§ 124 a Abs. 3 VwGO). Wird die Berufung durch das VG nicht zugelassen, so ist die **Zulassung der Berufung** innerhalb eines Monats nach Zustellung des vollständigen Urteils mit Entscheidungsgründen **zu beantragen** und innerhalb von zwei Monaten zu begründen. Der Antrag ist beim VG zu stellen, welches ihn an das OVG/VGH weiterleitet. In dem Antrag sind die Gründe, aus denen die Berufung zuzulassen ist, darzulegen (§ 124 a Abs. 4 VwGO). Lässt das OVG/VGH die Berufung zu, wird das Antragsverfahren als Berufungsverfahren fortgesetzt. Die Berufung ist dann innerhalb eines Monats nach Zustellung des Beschlusses über die Zulassung der Berufung zu begründen (§ 124 a Abs. 6 VwGO). Vor dem OVG/VGH besteht grds. **Anwaltszwang** (§ 67 VwGO; aber Behördenprivileg § 67 Abs. 1 Satz 3 VwGO). Das gilt auch für den Antrag auf Zulassung der Berufung, der beim VG zu stellen ist.

90 Gegen das Urteil des Berufungsgerichts steht den Beteiligten unter besonderen Voraussetzungen die **Revision** zum BVerwG zu (§ 132 VwGO). In der Revisionsinstanz ist neues tatsächliches Vorbringen nur sehr beschränkt möglich. Grundsätzlich ist das BVerwG an die in dem angefochtenen Urteil getroffenen tatsächlichen Feststellungen gebunden (§ 137 Abs. 2 VwGO), und es werden ausschließlich Rechtsfragen geprüft. Vor dem BVerwG besteht grds. **Anwaltszwang** (§ 67 VwGO). Unter besonderen Voraussetzungen besteht die Möglichkeit der **Sprungrevision** gegen ein Urteil des Verwaltungsgerichts (iE § 134 VwGO).

b) Einstweilige Anordnung

91 Wer seine Rechte im Klagewege vor dem VG geltend machen will, braucht einen „langen Atem". Nicht selten dauert es Jahre selbst bis zu einer erstinstanzlichen Entscheidung. Im Jugendhilferecht bedarf es aber häufig einer besonders schnellen gerichtlichen Entscheidung. Das verfassungsrechtliche Gebot des effektiven Rechtsschutzes (grundlegend BVerfGE 40, 272 ff) erfordert die **Gewährleistung eines wirkungsvollen Rechtsschutzes**. Wirksam ist der Rechtsschutz aber nur, wenn er in angemessener Zeit, also rechtzeitig gewährt wird (BVerfGE 55, 349, 369). Im Verwaltungsgerichtsprozess gibt es deshalb die einstweilige Anordnung nach § 123 VwGO. Normalerweise ist der Erlass einer einstweiligen Anordnung dann unzulässig, wenn dies zu einer Vorwegnahme der Hauptsache führen würde. In Hinblick auf Art. 19 Abs. 4 GG gilt dies jedoch dann nicht, wenn eine bestimmte Regelung zur Gewährung eines effektiven Rechtsschutzes schlechterdings notwendig ist, dh, wenn ansonsten schwere und unzumutbare, anders nicht abwendbare Nachteile entstünden, zu deren nachträglicher Beseitigung die Entscheidung in der Hauptsache nicht mehr in der Lage wäre (BVerfGE 79, 69, 74; Kopp/Schenke VwGO § 123 Rn 13). Eine solche Konstellation liegt oft bei der Geltendmachung von Jugendhilfeleistungen vor (für Sozialleistungen ist dies im Übrigen seit langem anerkannt; vgl zB Münder/Conradis SGB II Verfahren Rn 113 ff). In Hinblick auf die **Sicherung des Kindeswohls** ist gerade bei einem Streit um eine HzE nach §§ 27 ff eine einstweilige Anordnung zulässig (Lakies FuR 1995, 148); nichts anderes gilt bei einem Streit um einen Kindergartenplatz. Ggf ist dann in dem einstweiligen Rechtsschutzverfahren die Sach- und Rechtslage erschöpfend aufzuklären, uU sind gar Sachverständigengutachten einzuholen (vgl Lakies FuR 1995, 148).

Für den Erlass einstweiliger Anordnungen ist das Gericht der Hauptsache zuständig, also das **Verwaltungsgericht**. Ist der Rechtsstreit bereits in der Berufungsinstanz anhängig, ist das Berufungsgericht zuständig (§ 123 Abs. 2 VwGO).   **92**

Im Hinblick auf das Verfahren zum Erlass einer einstweiligen Anordnung bestimmt § 123 VwGO die entsprechende Anwendung mehrerer Vorschriften der ZPO (im Übrigen gelten die allgemeinen Regeln, etwa über die Klagebefugnis usw). Danach hat ein Antrag auf Erlass einer einstweiligen Anordnung nur Erfolg, wenn ein Anordnungsanspruch und ein Anordnungsgrund vorliegen. Der **Anordnungsanspruch** liegt dann vor, wenn es überwiegend wahrscheinlich ist, dass der materiell-rechtliche Anspruch auf die begehrte Jugendhilfeleistung besteht. Bei Bestehen eines Rechtsanspruchs und klaren Tatbestandsvoraussetzungen für die begehrte Leistung (zB § 24) ist die Darlegung des Anordnungsanspruchs unkompliziert; anders ist dies bei unbestimmten Rechtsbegriffen (zB bei HzE) und vor allem bei Ermessensleistungen. Ein **Anordnungsgrund** ist dann gegeben, wenn eine besondere Eilbedürftigkeit in der Weise besteht, dass eine sofortige Entscheidung erforderlich ist (dringliche Notlage), um die effektive Rechtsdurchsetzung zu gewährleisten.   **93**

Das Verfahren wird durch einen **Antrag** (schriftlich oder zu Protokoll der Geschäftsstelle) eingeleitet. In dem Antrag müssen der Antragsteller und -gegner bezeichnet sein und der Sachverhalt dargestellt werden, woraus sich ein Rechtsanspruch begründen lässt (Anordnungsanspruch). Zudem müssen die Konsequenzen aufgezeigt werden, die entstehen, wenn über den Antrag nicht alsbald entschieden wird; die besondere Eilbedürftigkeit muss also dargelegt werden (Anordnungsgrund). Die Tatsachen sowohl für Anordnungsgrund, als auch Anordnungsanspruch sind glaubhaft zu machen (§§ 920 Abs. 2, 294 ZPO), zB durch eine eidesstattliche Versicherung, Beifügung von Urkunden, Kopien (vgl zB OVG NW 21.8.2001 – 12 B 582/01 – FEVS 53, 285 ff).   **94**

Der Antrag kann jederzeit gestellt werden, wenn **Eilbedürftigkeit** gegeben ist und das JA nicht rechtzeitig hilft. Eine besondere Frist ist nach dem Gesetz nicht einzuhalten. Allerdings ist es dann, wenn der Betroffene den bestehenden Zustand (etwa die Nichtgewährung einer begehrten Leistung) längere Zeit hingenommen hat, ohne etwas dagegen zu unternehmen, erforderlich, dass in diesen Fällen besonders dazu vorgetragen werden muss, weswegen nunmehr Eilbedürftigkeit eingetreten ist.   **95**

Grundsätzlich wird nach Eingang des Antrags dem Antragsgegner zunächst rechtliches Gehör gewährt, wobei meist kurze Fristen zur Stellungnahme gesetzt werden. Die Beiziehung der Jugendamtsakte erscheint sachdienlich. Es kann aufgrund mündlicher Verhandlung oder ohne mündliche Verhandlung (das ist in der Praxis der Regelfall) entschieden werden. Die Entscheidung des Gerichts ergeht durch **Beschluss** (§ 123 Abs. 3 VwGO). Wegen der Vorläufigkeit des Verfahrens werden iRd einstweiligen Anordnung **keine Leistungen für die Vergangenheit** bewilligt. Für die **Zukunft** wird eine einstweilige Regelung meist auf einen engen Zeitraum begrenzt, oft bis zur Entscheidung in der Hauptsache.   **96**

Gegen Beschlüsse über einstweilige Anordnungen steht den Beteiligten die **Beschwerde** nach § 146 VwGO an das OVG/VGH zu, sie ist gemäß § 147 Abs. 1 VwGO innerhalb von zwei Wochen beim Gericht einzulegen, dessen Entscheidung angefochten wird; sie ist auch zu begründen. Wenn die Begründung nicht mit der Beschwerde eingereicht wurde, ist die Begründung beim OVG/VGH einzureichen. Über die Beschwerde entscheidet das OVG/VGH durch Beschluss, gegen den kein weiteres Rechtsmittel gegeben ist (§ 152 VwGO). Auch im einstweiligen Anordnungsverfahren vor dem OVG/VGH besteht grundsätzlich **Anwaltszwang** (näher § 67 VwGO). Das gilt auch für den Antrag auf Zulassung der Beschwerde.   **97**

Das Verfahren der einstweiligen Anordnung entbindet nicht von der Notwendigkeit, die **Hauptsache** (weiter) zu betreiben, also Widerspruch und Klage zu erheben. Zuweilen wird allerdings im Eilverfahren eine endgültige Lösung erreicht, da die Rechtsfragen zumeist gründlich entschieden werden. Selbst wenn der Erlass einer einstweiligen Anordnung, etwa wegen fehlender Eilbedürftigkeit, abgelehnt wird, kann gleichwohl das Hauptsacheverfahren noch erfolgreich sein.   **98**

c) Kosten/Prozesskostenhilfe

Die Führung von Gerichtsverfahren ist mit Kosten verbunden. In Jugendhilfesachen werden jedoch **Gerichtskosten** nicht erhoben (§ 188 VwGO). Der Begriff Jugendhilfesachen in § 188 VwGO ist umfassend zu verstehen, hierzu gehören auch Verfahren wegen Erteilung einer Pflegeerlaubnis (OVG NI FEVS 51, 47), um Zuwendungen (OVG NI FEVS 48, 298 ff – für einen vergleichbaren Sozialhilfefall) oder um Vereinbarungen zwischen Leistungsträgern und Leistungserbringern (insoweit besteht aber eine vorrangige Zuständigkeit der paritätisch besetzten Schiedsstellen, § 78 g). Eine Kostenbelastung   **99** kann somit durch **eigene Kosten** bzw durch die **Kosten der Gegenseite** entstehen, wenn der Prozess ganz oder teilweise letztlich (dh ggf in der Revision) verloren geht (§ 154 VwGO). Kosten der Gegenseite, dh insbesondere Anwaltskosten, entstehen jedoch meist nicht, da die Behörden sich vor den Verwaltungsgerichten meist selbst vertreten, auch vor dem OVG/VGH und dem BVerwG besteht für Behörden kein Anwaltszwang (sog. **Behördenprivileg**, § 67 Abs. 1 Satz 3 VwGO; vgl § 114 Abs. 3 FamFG im familiengerichtlichen Verfahren). Von den eigenen Kosten (zB auch Porto usw) sind von größerem Umfang die Kosten für die Beauftragung eines **Rechtsanwalts**.

100　Das Verfahren vor den erstinstanzlichen VG kann vom Betroffenen selbst durchgeführt werden, nicht jedoch in der nächsten Instanz, da insoweit **Anwaltszwang** besteht (§ 67 Abs. 1 Satz 1 VwGO). Die Kosten eines Rechtsanwalts übernimmt die Staatskasse, falls **Prozesskostenhilfe (PKH)** bewilligt wird (hierzu Trenczek/Tammen/Behlert 2008, 156 u. 160). PKH wird **auf Antrag** bewilligt, wenn der Antragsteller aufgrund seiner persönlichen und wirtschaftlichen Verhältnisse die Kosten der Prozessführung nicht, nur zum Teil oder nur in Raten aufbringen kann, sofern die beabsichtigte Rechtsverfolgung oder Rechtsverteidigung hinreichende Aussicht auf Erfolg bietet und nicht mutwillig erscheint. Die Beiordnung eines Anwalts erfolgt, wenn die Vertretung durch einen Anwalt erforderlich erscheint (§§ 166 VwGO, 114, 121 ZPO).

Weiterführende Literaturhinweise:

Fichte/Plagemann/Waschull 2008; *Hoffmann* 2007; *Trenczek/Tammen/Behlert* 2008, 97-186, 319-341 u. 404-413.

Stichwortverzeichnis

Fette Zahlen verweisen auf Kapitel, magere Zahlen auf Randnummern. Der Zusatz Anh. verweist auf die Anhänge

Qualitätssicherung
- im Verwaltungsverfahren **Anh. Verfahren** 16

Qualitätsstandards **Vor** 27-41 29

Querschnittsperspektive **14** 2

Querschnittspolitik **1** 30

Quotelung **94** 13 f

Rahmenverträge **78f** 1 ff

Reaktive Jugendhilfe **Einl.** 26

Recht
- formelles **Anh. Verfahren** 1
- subjektives **Anh. Verfahren** 3

Rechte Minderjähriger **1** 12 ff, 20

Rechtliches Gehör **51** 22

Rechtsanspruch **VorKap.** 2 4 ff, **18** 9, 22, **78c** 10
- auf Vereinbarungsabschluss **78b** 21 f
- Hilfen zur Erziehung **27** 12
- subjektiver **Einl.** 1, 54, **VorKap.** 1 6, 1 4 ff, **VorKap.** 2 6 ff

Rechtsansprüche
- Ausbau **Einl.** 52 f

Rechtsanspruchsgesicherte Leistungen **77** 4 ff

Rechtsanwalt **Anh. Verfahren** 38
- Beteiligung an Hilfeplanung **36** 33
- im verwaltungsgerichtlichen Verfahren **Anh. Verfahren** 75
- im Widerspruchsverfahren **Anh. Verfahren** 68

Rechtsanwendung
- im Verwaltungsverfahren **Anh. Verfahren** 16

Rechtsaufsicht **69** 12, 15, **Vor 82** 2

Rechtsbegriff
- Auslegung **Anh. Verfahren** 87

Rechtsbegriff, unbestimmter **Einl.** 57 ff, **VorKap.** 2 12, **78b** 23, **78c** 12, **78f** 7
- Auslegung **27** 55
- Hilfen zur Erziehung **27** 55

Rechtsbehelfe **Anh. Verfahren** 55

Rechtsbehelfsbelehrung **Anh. Verfahren** 48

Rechtsberatung **18** 9, **Anh. Verfahren** 9

Rechtsdienstleistung **Vor 16** 8 ff, **17** 37
- durch das JA **Vor 16** 8
- durch freie Träger **Vor 16** 10

Rechtsdienstleistungsgesetz **Vor 16** 10

Rechtsdurchsetzung bei Volljährigenhilfe **41** 25

Rechtshilfefond **52** 58

Rechtsmittel
- Berufung **Anh. Verfahren** 89 ff
- Revision **Anh. Verfahren** 90
- Sprungrevision **Anh. Verfahren** 90

Rechtsnatur **55** 3

Rechtspflicht zum Tätigwerden **1** 40 ff

Rechtsschutz **Anh. Verfahren** 55 ff
- aufschiebende Wirkung **Anh. Verfahren** 63 ff
- Auskunftspflicht **97a** 11
- Erledigung **Anh. Verfahren** 82
- Gerichtsverfahren **Anh. Verfahren** 69 ff
- Klage **Anh. Verfahren** 69
- Kosten **Anh. Verfahren** 67
- Kostenbeitrag nach § 92 **92** 17
- Kosten- oder Teilnahmebeitrag nach § 90 **90** 21
- Überleitung von Ansprüchen **95** 13 f
- Verwaltungsgericht **Anh. Verfahren** 69
- vorläufiger **Anh. Verfahren** 91

Rechtsstaatsprinzip **52** 51, **Anh. Verfahren** 1

Rechtssubjekt, autonomes **1** 17

Rechtsweg **Anh. Verfahren** 56

Reform- und Managementkonzepte **Vor 69** 23

Regelrechtsanspruch **VorKap.** 2 8, **13** 6

Regelungskompetenz der Länder **15** 2, **Vor 69** 3

Registrierungspflicht **58a** 6

Rehabilitationsleistungen **Anh. Verfahren** 20

Rekonstruktionen **Vor 50-52** 7

Rentenversicherung (Tagespflege) **23** 54 ff

Resilienz **Vor 50-52** 4, 25, **52** 37

Revision **Anh. Verfahren** 90
- im Strafverfahren **52** 47

Risiken, bestimmte
- Kostenbeteiligung **93** 21

Risikoeinschätzung
- Kindeswohlgefährdung **Anh. 50** 33

Risikofaktoren **8a** 13

RJWG **Einl.** 40

Rollenaufteilung
- zwischen Mann und Frau **Einl.** 7

Rückfall **52** 51

Rückgriff des Arbeitgebers **1** 37

Rufbereitschaft
- Inobhutnahme **42** 25

Sachaufwand **39** 7

Sachliche Zuständigkeit **VorKap.** 7 1, **85** 1 ff
- siehe auch Zuständigkeit

Sachlich zuständige Bundesbehörde **83** 3

Sachmittelausstattung **80** 3

Sach- und Finanzverantwortung **69** 6

Sachverständige **Vor 50-52** 35

Sachverständigenkommission **84** 1, 4

Sanktionen
- Jugendstrafrecht **29** 7, **30** 10

Sanktionsforschung, empirische **52** 51

Zum Werk und zu den Autorinnen und Autoren

1976 traf sich eine Gruppe von Juristen, Sozialarbeitern/Sozialpädagogen, Sozialwissenschaftlern in Frankfurt am Main am Institut für Sozialarbeit und Sozialpädagogik, um – da das Ende der Jugendhilferechtsreform wieder einmal nicht absehbar war – den Plan zu realisieren, einen (Frankfurter) Kommentar zum Gesetz für Jugendwohlfahrt/JWG zu verfassen. Er sollte juristisches, sozialwissenschaftliches, sozialpädagogisches, reformorientiertes Material für die rechtliche und fachliche Verbesserung der Lebensbedingungen junger Menschen und ihrer Familien liefern und die Praxis anregen, Neues zu wagen.

Mit dieser Absicht sind von 1978 bis 1988 vier Auflagen zum JWG entstanden, in dieser Tradition stehen die inzwischen fünf Auflagen zum SGB VIII. Die bewusst interdisziplinäre Zusammensetzung gewährleistet, dass die Sichtweisen der verschiedenen Professionen bei der Kommentierung berücksichtigt werden. Um dies konkret umzusetzen, werden die einzelnen Textteile jeweils von einer Autorin/ einem Autor geschrieben und von einem Herausgeber sowie oftmals einer oder mehreren weiteren Autorinnen/Autoren gegengelesen und „gegengearbeitet". Der so diskursiv entstandene Text weist in dieser Auflage erstmals die bzw. den jeweils verantwortliche/n Autor/in auf.

In dieser Weise haben an der 6. Auflage folgende Autorinnen und Autoren mitgewirkt:

Lakies, Thomas (*1960, seit der 1. Auflage SGB VIII 1991)
Studium der Rechtswissenschaften in Marburg und Berlin, 1. und 2. juristisches Staatsexamen. Richter am Arbeitsgericht in Berlin.

Meysen, Thomas (*1967, seit der 5. Auflage SGB VIII 2006)
Studium der Rechtswissenschaften, 1. und 2. juristisches Staatsexamen, Dr. iur.; 1994–2000 wiss. Mitarbeiter und wiss. Assistent am Lehrstuhl für Staats- und Verwaltungsrecht der Universität Freiburg i. Br.; 1996–2000 Lehrauftrag an der Ev. Fachhochschule Freiburg i.Br.; seit 2000 Fachlicher Leiter des Deutschen Instituts für Jugendhilfe und Familienrecht (DIJuF) e.V. in Heidelberg.

Münder, Johannes (*1944, seit der 1. Auflage JWG 1978)
Studium der Rechtswissenschaften und Soziologie, 1. und 2. juristisches Staatsexamen, Dr. iur.; nach Tätigkeiten am Zentrum für interdisziplinäre Forschung (Universität Bielefeld), beim Bundesministerium für Arbeit, an der Fachhochschule Wiesbaden und der Pädagogischen Hochschule Berlin seit 1980 Universitätsprofessor an der TU Berlin Lehrstuhl für Sozialrecht und Zivilrecht (Institut für Sozialpädagogik).

Proksch, Roland (*1944, seit der 1. Auflage SGB VIII 1991)
Studium der Rechtswissenschaften und der Volkswirtschaftslehre, 1. und 2. juristisches Staatsexamen, Dr. iur.; Mediator (BAFM/BMWA); Rechtsanwalt und seit 1982 Professor, von 1991 bis 2006 Präsident der Ev. Fachhochschule Nürnberg (mit den Schwerpunkten Sozial- und Familienrecht, Praxisberatung Konfliktregelung in Familiensachen). 1988/89 Ausbildung zum Mediator in den USA. Geschäftsführer des Instituts für soziale und kulturelle Arbeit gGmbH in Nürnberg.

Schäfer, Klaus (*1945, seit der 1. Auflage SGB VIII 1991)
Studium der Sozialarbeit/Sozialpädagogik (Dipl.-Sozialarbeiter) und Zweitstudium der Erziehungswissenschaft (Dipl.-Pädagoge). Langjähriger Geschäftsführer der Arbeitsgemeinschaft für Jugendhilfe; zahlreiche ehrenamtliche Tätigkeiten in verschiedenen Gremien der Jugendhilfe im kommunalen Bereich und auf Bundesebene, u.a. von 1998–2005 Mitglied des Bundesjugendkuratoriums; Mitglied des Kuratoriums des Deutschen Jugendinstituts. Abteilungsleiter ‚Jugend und Kinder' im Ministerium für Generationen, Familie, Frauen und Integration Nordrhein-Westfalen; Vorstandsmitglied der Arbeitsgemeinschaft für Kinder- und Jugendhilfe – AGJ; Honorarprofessor an der Universität Bielefeld.

Schindler, Gila (*1968, seit der 5. Auflage SGB VIII 2006)
Studium der Sozialarbeit/Sozialpädagogik an der Alice-Salomon-Fachhochschule Berlin; anschließend Studium der Rechtswissenschaften an der Humboldt-Universität zu Berlin und in England an der University of East Anglia, 1. und 2. juristisches Staatsexamen. Seit 2004 Referentin für Kinder- und Jugendhilferecht, zunächst beim Deutschen Institut für Jugendhilfe und Familienrecht (DIJuF) e.V. in Heidelberg und seit 2007 beim Bundesministerium für Familie, Senioren, Frauen und Jugend in Berlin.

Struck, Norbert (*1953, seit der 5. Auflage SGB VIII 2006)
Studium der Erziehungswissenschaft an der Universität Münster (Dipl.-Pädagoge). Praxiserfahrungen in verschiedenen Handlungsfeldern der Hilfe zur Erziehung und ‚Bildungsarbeit'; seit 1991 Jugend-

hilfereferent beim Paritätischen Wohlfahrtsverband – Gesamtverband in Berlin und seit Februar 2006 Vorsitzender der Arbeitsgemeinschaft für Kinder- und Jugendhilfe – AGJ in Berlin.

Tammen, Britta (*1965, seit der 4. Auflage SGB VIII 2003)
Studium der Rechtswissenschaften, 1. und 2. juristisches Staatsexamen. Mehrjährige Tätigkeit als Rechtsanwältin, freiberufliche Tätigkeit für verschiedene Universitäten. Wiss. Mitarbeiterin an der Technischen Universität Berlin (Institut für Sozialpädagogik) und an der FH Darmstadt (Fachbereich Sozialpädagogik). Zur Zeit Vertretungsprofessur für Sozialrecht an der Hochschule Neubrandenburg/ University of Applied Sciences (Fachbereich Soziale Arbeit, Bildung und Erziehung).

Trenczek, Thomas (*1960, seit der 4. Auflage SGB VIII 2003)
Studium der Rechtswissenschaften und der Sozialwissenschaften/Sozialpädagogik in Tübingen und Minneapolis/USA, 1. und 2. juristisches Staatsexamen, Dr. iur.; M.A.; Wiss. Mitarbeiter an der Universität Tübingen und am Kriminologischen Forschungsinstitut Niedersachsen; Praxiserfahrungen u.a. in der Justiz, im Kreis- und Landesjugendamt. 1988–1991 Geschäftsführer der Deutschen Jugendgerichtsvereinigung (DVJJ); eingetragener Mediator (BMJ, Wien; S.C.Qld.; BMWA). Seit 1996 Professor an der Fachhochschule Jena (Jugend- und Strafrecht, Sozialverwaltungsrecht, Kriminologie, Mediation und Konfliktmanagement).

Im Laufe der Zeit sind folgende Autoren als Bearbeiter ausgeschieden:

Baltz, Jochem (*1952): Dipl.-Sozialpädagoge/Sozialarbeiter FH, Ass. iur., Referatsleiter im Niedersächsischen Ministerium für Soziales, Frauen, Familie und Gesundheit (bis zur 5. Auflage SGB VIII 2006)

Hans-Jürgen Bartel (1928–1996): Erzieher, Sozialarbeiter/Sozialpädagoge (grad.); zuletzt Referatsleiter ,Heimunterbringung und Familienpflege' in der Senatsverwaltung für Familie, Jugend und Sport in Berlin (bis zur 3. Auflage JWG 1985)

Reinhard Frenz (*1942): Ass. iur.; Referatsleiter im Landesschulamt Berlin (bis zur 4. Auflage JWG 1988)

Dieter Greese (*1940): Sozialarbeiter (grad.), zuletzt Leiter des Jugendamtes der Stadt Essen (1. und 2. Auflage SGB VIII 1991/1993)

Martin Grieser (*1940): Ass. iur., Professor an der Alice-Salomon-Fachhochschule für Sozialarbeit und Sozialpädagogik in Berlin (bis zur 4. Auflage JWG 1988)

Erwin Jordan (*1946): Studium der Soziologie/M.A., Dr. phil. habil.; Akademischer Oberrat am Institut für Sozialpädagogik, Erwachsenenbildung und empirische Pädagogik der Westfälischen Wilhelm-Universität in Münster und 1. Vorsitzender des Instituts für soziale Arbeit e.V. in Münster (bis zur 4. Auflage SGB VIII 2003)

Horst-Achim Kern (*1943): Dipl.-Verwaltungswirt FH, Geschäftsführender Gesellschafter der Beratungsfirma Prohacon Berlin (bis zur 3. Auflage JWG 1985)

Kreft, Dieter (*1936): Dipl.-Verwaltungswirt FH, Dipl.-Kameralist, Dipl.-Pädagoge, Staatssekretär a.D., Leiter/Geschäftsführer sozialwissenschaftlicher Praxisforschungsinstitute in Berlin, Nürnberg und Frankfurt/Main i.R., Stv. Vorstandsvorsitzender der Stiftung Sozialpädagogisches Institut Berlin, Honorarprofessor der Universität Lüneburg (bis zur 5. Auflage 2006)

Hubertus Lauer (*1942): Ass. iur., Dr. iur., Professor an der Universität Lüneburg/Fachbereich Sozialwesen in Lüneburg (bis zur 3. Auflage SGB VIII 1998)

Georg Zimmermann (1911–1989): Ass. jur., zuletzt Abteilungsleiter „Öffentliche Erziehung" in der Senatsverwaltung für Familie, Jugend und Sport in Berlin (bis zur 3. Auflage JWG 1985).